東堂 成樂寅總長 退任紀念論文集

國家와 憲法 Ⅱ

기본권론

성낙인총장 퇴임기념논문집 간행위원회

法 文 社

State and Constitution Ⅱ

Constitutional Law and Fundamental Rights

2018
Bobmun Sa
Paju Bookcity, Korea

東堂 成樂寅總長 취임 사진

간 행 사

1948년 대한민국 헌법이 제정된 지 올해로 70년이 됩니다. 그동안 우리나라는 어려운 여건 속에서도 산업화와 민주화를 동시에 이룩한, 세계적으로 유례를 찾기 어려운 발전을 거듭하여 왔습니다. 지금 또 다시 새로운 변화와 발전을 요구받고 있습니다. 1987년의 명예혁명과 2017년의 촛불혁명으로 민주화를 위한 도도한 흐름 속에서, 경제적으로 지속적 성장과 적정한 배분이 강하게 요구되고 있고, 계층과 세대 간에서 사회문화적 갈등이 커지고 있습니다. 또한 남북관계가 새로운 전기를 맞고 있어 통일의 기초를 닦고 동북아 및 세계의 평화를 위해 주도적인 역할을 해야 할 상황입니다.

이러한 시대적 과제 앞에서 우리는 헌법의 의미와 중요성을 되새깁니다. 헌법은 국가의 미래상을 제시하는 비전이자 이정표이기 때문입니다. 오늘날 이 땅에 사는 사람들의 이념적, 경제적, 문화적 다양성에도 불구하고 우리의 동일성과 정체성은 바로 '대한민국헌법'에서 찾게 됩니다. 그렇기 때문에 어느 시대보다 지금이야말로 '국가와 헌법'의 관계를 성찰하고 미래의 비전을 다듬어야 할 때입니다. 이러한 시기에 우리나라를 대표하는 헌법이론가이자 헌법실천가인 成樂寅 총장님의 퇴임을 기념하는 논문집을 간행하는 의의가 자못 크다고 할 것입니다.

총장님은 1950년 경남 창녕에서 태어나 대구중학교와 경기고등학교를 거쳐 서울대학교 법과대학을 졸업하고, 동 대학원 박사과정을 수료한 후 프랑스 파리2대학교에서 박사학위를 받았습니다. 1980년 영남대학교 법과대학 교수로 부임하여, 서울대학교 법과대학 교수로 재직하다가 2014년 7월 20일 제26대 서울대학교 총장으로 취임하였습니다.

총장님의 헌법학을 특징짓는 수식어는 '실존적' 헌법학과 '실천적' 헌법학, 그리고 '사랑과 봉사'의 헌법학이라는 것은 본인과 선후배, 후학들이 異口同聲으로 인정하는 바입니다. 여기에 각각 理性과 意志, 그리고 感動이라는 키워드를 연결합니다.

첫째, 실존적 헌법학입니다. 이상을 추구하면서 현실에 안주하는 이상적 현실주의가 아니라, 현실에 기초하면서 끊임없이 이상을 만들어 가는 현실적 이상주의에 바탕을 두고 있습니다. 이러한 의미에서 '理性'의 헌법학입니다. 이는 헌법의 본질을 '권력과 자유의 상호융합과 조화' 속에서 기능하는 '국가법질서의 근간'으로 파악하고 있는 것에서 잘 나타나 있습니다. 이러한 헌법적 이념을 바탕으로 헌법학, 헌법학입문, 언론정보법, 대한민국헌법사, 헌법소송론, 선거법론, 판례헌법 등 수십 권의 저서를 발간하였습니다. 특히 『헌법학』은 올해 제18개정판을 내었으며 우리나라 인문사회계열 전체에서 가장 인용이 많이 되고 있는 책으로 선정되기도 하였습니다.

둘째, 실천적 헌법학입니다. 총장님은 당시 학문으로서의 법학의 불모지 시대에 시민혁명과 민주제의 산실인 프랑스로 유학을 떠나 실천으로서의 헌법학을 체득하였습니다. 그리하여 헌법학을 이론적으로 연구하는 것에 머무르지 않고 헌법이 국민의 생활규범으로 실현되는 '생활법치'를 구현하고자 뜻을 세우고 노력하였습니다. 이러한 의미에서 '意志'의 헌법학입니다. 『헌법과 생활법치』, 『우리헌법읽기』, 『만화 판례헌법』 등 역작을 계속적으로 저술한 것도 이러한 노력의 결과입니다.

셋째, 사랑과 봉사의 헌법학입니다. 사회공동체 속에서 나눔과 소통과 화합을 강조하고 몸소 실천하는 것입니다. 총장으로 취임하여, 경제적으로 어려운 학생들이 부업에 매달리지 않고 학업에 전념할 수 있도록 매달 생활비 30만원을 지원하는 '선한인재장학금'을 도입하였고, 학생회관에서 '1000원의 식사'를 제도화한 것도 이러한 소신의 발로입니다. 뿐만 아니라 그동안 서울대학교 법과대학 학장, 한국공법학회 회장, 한국법학교수회 회장을 포함하여 정부, 국회, 법원 등 헌법기관에서 각종 위원회 위원장을 맡으면서 사랑과 봉사를 몸소 실천하였습니다. 이러한 공로로 황조근정훈장을 비롯하여 한국헌법학회 제정 학술상, 목촌법률문화상, 상허대상 등 많은 상훈을 받았습니다. 그렇기 때문에 '感動'의 헌법학입니다.

이러한 나눔과 소통과 화합으로, 총장님은 헌법학 · 행정법학 등 공법학과 사법학 · 국제법학, 나아가 인문학과 사회과학을 넘나드는, 보수와 진보를 아우르며 세대와 학문적 배경을 뛰어넘는 폭넓은 교류를 하여 왔습니다. 제26대 서울대학교 총장으로 취임하여, 학내외의 어려운 여건 속에서, 특히 촛불혁명의 정치적 격변 중에도, 서울대학교가 흔들림 없이 발전할 수 있도록 기초를 다지고, 올해 7월 퇴임하게 됩니다. 이를 기념하여, 총장님과 그동안 사랑과 존경을 나눈, 다양한 분야의 많은 학자와 실무가들이 '國家와 憲法'이라는 주제를 중심으로 다채로운 논문들을 제출하여 논문집을 간행하게 된 것을 기쁘게 생각합니다. 헌법학자로서, 교수로서, 그리고 공직자로서 한결 같은 길을 걸어온 成樂寅 총장님께 그동안 애쓰신 노고에 감사하면서 이 기념논문집을 올립니다.

2018. 6.

東堂 成樂寅總長 退任紀念論文集 간행위원을 대표하여

간행위원장(서울대학교 법과대학 교수) 박정훈(朴正勳)

차　　례

제3편　憲法과 基本權

제3편

憲法과 基本權

1. 개인의 기본권 보호 관점에서 본 법인의 기본권* – 미국에서의 논의를 중심으로 –

전 상 현**

Ⅰ. 서 설

헌법은 국가의 조직과 구성에 관한 법이다. 국가의 조직과 구성을 법규범으로 규율하려는 목적은 결국 인간의 자유와 권리를 보장하고 실현하기 위한 것이다.[1] 따라서 헌법학은 국가와 인간의 관계에 관한 규범적 고찰이라고 말할 수 있다.

국가와 인간의 관계를 고찰함에 있어서 등장하는 중요한 주제 중 하나는 단체(團體)이다. 인간이 '사회적 동물'로서의 삶의 방식을 유지하는 한 단체는 인간의 생활에서 중요한 비중을 차지할 수밖에 없다. 그러나 종래 우리 헌법학에서 "단체"라는 주제는 크게 조명을 받지 못하였다. 이는 단체에 관한 법적 규율 문제를 주로 사법(私法)상의 단체법 영역의 문제로 이해해 온 것 때문이기도 하지만, 헌법학의 논의가 전통적으로 "국가 vs. 개인"이라는 이분법적 구도를 전제로 전개되어 왔기 때문에 단체라는 존재에 대한 관심이 부족하였기 때문이라고도 볼 수 있다.[2]

그러나 단체는 개인의 기본권 보호와 실현에 영향을 미치는 중요한 변수이다. 단체는, 한편으로는 개인들의 역량을 결집시킴으로써 국가에 맞서 개인들의 자유와 권리를 보호하고 증진하는 수단이 되지만, 다른 한편으로는 단체 자체가 가진 막강한 영향력으로 인해 개인의 자유와 권리에 대한 위협이 되기도 한다.[3] 따라서 단체는 국가와 개인 사이에 놓여 있는 존재로서, 단체에 대한 법적 규율의 문제는 궁극적으로 헌법학의 핵심 주제인 개인과 국가의 관계에 관한 문제라고 할 수 있다. 단체를 헌법적으로 어떻게 이해하고 규율할 것인지에 관한 논의의 하나가 "법인의 기본권" 문제이다. "법인의 기본권" 논의는 "단체"라는 매개체를

---

* 부족한 저를 헌법학 연구의 길로 이끌어 주시고 연구자로서의 삶과 공부에 큰 가르침을 주신 성낙인 선생님께 졸고를 바칩니다. 이 글은 제가 선생님의 가르침으로 시작했던 서울대학교 법학박사 학위과정을 마치면서 작성한 학위논문 "미국헌법상 법인의 기본권에 관한 연구"(2017.8) 중 일부를 요약하고 수정하여 『헌법학연구』 제23권 제3호(한국헌법학회, 2017, 219-264면)에 게재하였던 글입니다.

** 서울대학교 법학전문대학원 부교수

1) 성낙인, 『헌법학』 법문사(2017), 3-6쪽.

2) 권영성, "「法人의 基本權主體性」에 관한 試論", 『서울대학교 法學』 제35권 제1호(1994), 94-96쪽.

3) 단체는 한편으로는 국가와 대립하는 개인과 유사한 지위를 가지는 동시에 다른 한편으로는 개인과 대립하는 국가와 유사한 지위도 동시에 갖고 있다고 할 수 있다. 한편으로는 「基本權主體」로서의 지위를 가지면서도 다른 한편으로는 국가와 유사한 「基本權保障者」로서의 지위를 가지는 "야누스적 성격의 존재"라고 할 수 있다. 권영성, 위의 글, 96쪽.

통해 개인과 국가의 관계를 파악하려는 시도인 동시에, "단체"에 속한 개인 또는 "단체"를 상대하는 개인을 전제로 개인과 단체의 관계를 이해하려는 시도이다.

종래 우리 헌법학에서 법인의 기본권에 관한 논의는, 주로 기본권주체성을 중심으로 진행되었는데,[4] 법인의 기본권 문제를 국가와 개인 그리고 단체 사이의 삼각 구도 하에서 파악하고 단체와 개인 사이의 관계는 기본권의 충돌 관점에서 바라보아야 한다거나,[5] 법인의 기본권주체성 문제는 개별 기본권들의 성질을 기준으로 일률적으로 판단할 것이 아니라 법인 또는 단체가 가지는 고유한 공공성의 강약(强弱)이라는 양적(量的) 문제로 전환해야 한다는 주장[6] 등이 제기된 바 있었으나, 법인의 기본권 문제를 '단체를 통한 개인의 기본권 실현' 또는 '개인의 기본권 실현을 위한 단체의 기본권 제한'의 관점에서 법인의 기본권 문제를 자세하게 검토한 논의는 드물었다. 또한 기존의 논의들에서 법인의 기본권에 관한 비교법적 검토는 대부분 독일의 논의에 치중되었고, 미국의 논의에 대한 소개와 검토는 매우 부족하였다.[7][8] 그러나 독일의 경우에는 "기본권이 그 성질상 내국법인에 적용될 수 있는 때에는 내

4) 허영, "외국인과 법인의 기본권주체성", 『고시계』 제304호(국가고시학회, 1982.6.), 1982, 12-21쪽; 계희열, "공법인의 기본권주체성", 『공법이론의 현대적 과제』 방산구병산박사정년기념논문집간행위원회, 박영사, 1991; 정종섭, "법인의 기본권에 관한 연구 서설", 『헌법논총』 제2집(헌법재판소, 1991), 362-422쪽; 권영성, 앞의 글(주 2), 94-110쪽; 김선택, "공법인의 기본권주체성과 기본권제한의 특수법리로서 기본권의 충돌", 『판례연구』 제7권(고려대학교 법학연구원, 1995), 65-92쪽; 정종섭, "헌법소원심판청구인으로서의 법인·단체", 『헌법재판연구(1)』, 철학과현실사, 1995 157-216쪽; 김승환, 법인의 기본권주체성, 『고시계』 제540호(국가고시학회, 2002.1.), 4-15쪽; 신우철, "'법인'의 '기본권주체성': 비판적 재구성", 『공법연구』 제30집 제3호(한국공법학회, 2002), 183-203쪽; 곽상진, "공법인의 기본권주체성에 관한 소고", 『공법연구』 제30집 제4호(한국공법학회, 2002); 윤진수, "사법상의 단체와 헌법", 『비교사법』 제15권 제4호(한국비교사법학회, 2008.12.), 1-69쪽; 김학성(부분집필), 『기본권의 주체(헌법재판연구 제20권)』 헌법재판소, 2009, 146-292쪽; 권형준, "基本權의 主體에 관한 考察", 『경남법학』 제26집(2010), 7-33쪽 등.
다만, 최근에는 법인의 기본권에 관련된 개별적인 쟁점들에 대한 연구들도 증가하고 있다. 예컨대, 조소영, "법인의 양심에 대한 헌법적 논의", 『법학연구』 제19권 제1호, 연세대학교 법학연구원(2009), 155-184쪽; 김하열, "주식회사의 기본권: 헌법재판소의 판례를 중심으로", 『Business, Finance & Law』 제69호(2015.1.), 6-23쪽; 송진호, "법인의 인격권에 관한 검토-최근의 논의들을 중심으로-", 『법조』 제716호, 법조협회(2016), 122-165쪽; 김현귀, 『법인의 인격권』, 헌법재판소 헌법재판연구원(2015); 김화진, "정치와 종교에 관한 헌법적 가치와 회사법-미국 연방대법원 판결을 중심으로-", 『저스티스』 제149호(2015.8.), 한국법학원, 5-30쪽.

5) 권영성, 앞의 글(주 2), 94-97쪽.

6) 신우철, 앞의 글(주 4), 197-201쪽.

7) 다만, 최근 들어 미국의 논의에 대한 소개들도 등장하고 있다. 예컨대, 김현귀, 앞의 책(주 4); 김화진, 앞의 글(주 4).

8) 법인의 기본권에 관한 논의뿐 아니라 기본권 논의 일반에 관한 비교법적 검토에 있어서 미국의 논의보다는 독일의 논의가 많이 다루어졌던 이유는, 이론적 체계나 설명 방식이 유사한 독일의 논의가 우리의 헌법 해석에 곧바로 적용하기에 더 용이했기 때문이라고 생각된다. 헌법학에서 일반적으로 미국의 이론들에 대한 소개가 제대로 이루어지지 못했던 이유에 대해, 정종섭 교수는 "우리 법체계가 성문법체계이고 많은 부분 대륙법의 내용을 수용하였기 때문이기도 하지만, 독일 법학이 가지고 있는 Dogmatik의 성과로 말미암아 우리 헌법과 유사한 실정법의 규정에 대한 주석서의 내용을 따라가는 것으로도 다소간 이론적 성과를 얻을 수 있는 반면, 미국에 관해서는 많은 판례들을 연구하여야 일정한 이론틀을 도출할 수 있는 어려움 때문이기도 하다."고 평가한 바 있다. 정종섭, "기본권의 개념과 본질에 대한 이론적 논의의 전개", 『한국에서의 기본권이론의 형성과 발전-허영박사화갑기념논문집』 박영사, 1997, 33-34쪽.

국법인에게도 적용된다"는 명문의 조항을 두고 있어(독일기본법 제19조 제3항), 기본권의 성질을 기준으로 법인의 기본권주체성을 인정하는 것은 당연한 것이고, 법인의 기본권 논의도 기본권주체성을 중심으로 논의되는 것이 자연스러운 것이라고 할 수 있다. 그러나 헌법이 법인의 기본권에 관하여 아무런 언급을 하지 않고 있는 우리의 경우 법인의 기본권 논의는 헌법재판소의 판례를 중심으로 이루어질 수밖에 없는바, 헌법의 명문 규정 없이 법원의 판례를 통해 법인의 기본권 논의가 진행되어 왔다는 점에서 우리와 같고, 그 논의의 역사 또한 길어 구체적인 사례들이 풍부할 뿐 아니라, 무엇보다도 '기본권주체성'이라는 추상적 개념을 중심으로 한 논의보다는 법인의 기본권 보호가 개인의 기본권 실현에 대해 미치는 현실적인 문제들을 중심으로 논의가 발전해 온 미국의 논의를 살펴보는 것이 우리에게 더 유용한 것이 될 수 있을 것이다.

이 글은 법인의 기본권에 관한 미국의 논의들을 살펴봄으로써, 법인의 기본권에 관한 논의가 결국은 '단체를 통한 개인의 기본권 실현' 또는 '개인의 기본권 실현을 위한 단체의 기본권 제한'에 관한 것임을 밝히고, "법인의 기본권주체성"과 "법인의 기본권 제한" 문제를 개인의 기본권 실현의 관점에서 설명해 보고자 한다. 이하에서는 먼저 법인의 기본권 문제가 단체에 대한 법적 규율의 문제라는 것을 확인한 후에(Ⅱ), 법인의 기본권주체성 문제와 개인의 기본권 실현의 관계(Ⅲ), 법인의 기본권 제한과 개인의 기본권 실현의 관계(Ⅳ)에 대하여 차례로 살펴본다.

Ⅱ. 단체에 대한 법적 규율 문제로서의 법인의 기본권

1. 단체로서의 법인

법인(法人)이란 법적 의미에서 사람과 마찬가지로 하나의 인격체로 다루어지는 단체, 즉 독립된 법적 주체로 다루어지는 단체를 말한다. 영미법에서는 이를 "corporation"이라고 한다.[9] 중세에는 교회에 소속된 여러 단체들이 그 구성원들의 변화에도 불구하고 하나의 주체로서 계속해서 교회의 재산을 보유할 수 있는지에 대한 문제를 논하기 위해, 주로 교회의 단체성을 의미하기 위하여 corporation이라는 용어를 사용하였으나, 중세 이후에는 그 의미가 점차 확대되어 가정, 지역공동체, 지방자치단체, 국가 등 그 형태와 종류를 불문하고 사람들의 단체를 의미하는 것으로 사용하게 되었다.[10] 오늘날 corporation은 매우 다양한 의미로 사용되는데, 독립된 법인격이 인정되는 법적 주체로서의 법인(法人)을 의미하는 경우 이

9) corporation의 어원(語源)은 신체(body), 사람(human being), 단체(organized body of people) 등을 의미하는 라틴어 "corpus"이다. Oxford Latin Dictionary(1968).

10) Eric W. Orts, *Business Persons*, Oxford University Press(2013), pp. 127-128.

외에도, 법인격의 유무를 떠나 단순히 사람들의 단체를 의미하기도 하고, 회사(會社, company)를 의미하기도 하며, town, borough 또는 city와 같은 지방자치단체를 의미하기도 한다.[11)12)]

법인(corporation)은 개념적으로 두 가지 특성을 지닌다. 하나는 "단체성", 즉 여러 사람들로 구성되어 있다는 것이고, 다른 하나는 "분리성", 즉 그 구성원들과는 분리된 별개의 법적 주체로 인식된다는 것이다. 법인이 가지는 이 두 가지 속성, 즉 "단체성"과 "분리성"은 법인을 둘러싼 법률관계, 특히 이 글에서 살펴보고자 하는 개인의 기본권 실현의 관점에서 바라본 법인의 기본권 문제에 있어서 논의의 전체 과정을 지배하는 핵심적 요소라고 할 수 있다.

(1) 단체성(corporateness)

법인(法人)은 하나의 법적 주체로 인정된 단체(團體)이다. 따라서 "단체성(corporateness)"은 법인의 가장 중요한 특징이며 법인(corporation)의 정의(定義) 그 자체라고도 할 수 있다. 다수의 사람들로 구성된다는 이 단체성으로 말미암아, 법인에 대한 법적 규율은 개인에 대한 법적 규율과는 다른 차원의 논의를 필요로 한다.

한편, 단체를 전제로 하지 않는 법인도 존재할 수는 있다. 영미법에서는 재단법인이라는 개념이 존재하지 않는 대신 "corporation sole"의 개념이 사용되어 왔는데, "단독법인"으로 번역할 수 있는 corporation sole이란 단체로서의 법인을 의미하는 corporation aggregate와 대비되어 사용되는 용어이다. 이는 중세 영국의 커먼로(common law)에서 교회의 재산관계를 규율하기 위하여 고안되어 나중에는 국왕을 비롯한 국가기관의 권리주체성을 설명하기 위한 개념으로 발전하였다.[13)14)] 이러한 corporation sole 관념은 영미법에서 오늘날에도 여전히 인정되고 있지만,[15)] corporation sole이라는 관념을 통해 다루려고 하는 법률관계도 궁

11) 영국을 비롯한 다른 영미법계 국가에서 회사를 의미하는 경우에는 "corporation" 대신 "company"라는 용어를 주로 사용하는 것과 달리, 미국에서는 법인의 종류나 목적 또는 국가기관성 등을 구별하지 않고 모두 "corporation"이라는 용어를 사용하고 있다. Orts, 위의 책, p. 128.

12) 미국에서는 "corporation"이 회사 또는 주식회사를 의미하므로 미국에서 "corporation"에 관한 논의는 회사에 관한 논의라는 주장도 있다. 예컨대, 남기윤, "미국법에서 법인이론의 전개와 그 현 시대적 의의", 『인권과 정의』 제335호(2004.7.), 124쪽. 그러나 미국에서 법인에 대한 논의 중 압도적 다수가 회사에 관한 논의인 관계로 법인(corporation)에 관한 논의가 종종 회사, 특히 주식회사를 전제로 이루어지는 경우가 많을 뿐, 미국에서도 "corporation"은 회사뿐 아니라 모든 종류의 법인을 포괄하는 의미로도 사용된다.

13) Maitland, "The Crown as Corporation", in *The Collected Papers of Frederic William Maitland Vol.3*, (Edited by H. A. L. Fisher), Cambridge Univerity Press(1911), pp. 244-245.

14) 이는 교회의 여러 조직들 또는 국가기관들의 법률관계를 파악함에 있어서, 그 조직이나 기관의 수장(首長, head)의 직위(職位, office) 그 자체를 하나의 법적 주체로 보아, 교회의 재산관계나 국가기관의 권한이나 권리가 그 수장(head)의 직위(office)에 귀속되는 것으로 봄으로써 수장을 맡고 있는 개인의 변경과 공백에도 불구하고 재산관계나 권리가 동일성을 유지하면서 계속될 수 있게 하려는 관념이었는데, 이때 법적 주체로 다루어지는 수장의 직위를 "corporation sole"이라고 한 것이다. Maitland, 위의 글, pp. 210-221.

15) 미국에서는 주로 종교단체가 재산을 소유하거나 거래 기타 사회적 활동을 하기 위하여 법인을 설립하는 경우에 사용되며, 대개는 목사나 주교 등이 설립의 주체가 된다. *Fletcher Cyclopedia of the Law of Corporations*(2016. Sept.) 1. §50. 미국에서 corporation sole 형태로 설립되는 법인들은 주로 우리의 재단

극적으로는 일정한 범위의 사람들을 전제로 하는 조직, 예컨대 교회나 교구(敎區) 또는 국가기관과 같은 "단체"의 법률관계를 설명하기 위한 법기술에 불과하다고 볼 수 있다.[16] 결국 법인 개념의 핵심은 단체성이라고 말할 수 있다.

(2) 분리성(separateness)

단체라고 해서 모두가 법인이 될 수 있는 것은 아니다. 사회적으로 하나의 단체로 인식되는 여러 조직들(association, organization, group) 중에는 법적인 의미에서 하나의 법적 주체로 인정되지 않는 단체들도 존재한다. 다수의 사람들로 구성되어 활동하는 단체라고 해서 모두가 법인으로 인정되는 것은 아니며 단체 자체가 그 구성원들과 분리된 하나의 법적 주체로 인정되는 경우에만 법인이라고 할 수 있는 것이다.[17]

여기서 단체이기는 하지만 하나의 독립된 법적 주체로 인식되지 않는 단체와 법인을 구분 짓는 가장 중요한 요소는 "분리성(separateness)"이다. 단체를 하나의 법적 주체인 법인으로 인식한다는 것은 단체를 구성하는 개인 한 사람, 한 사람 또는 그 개인 구성원들의 총합과는 명백히 구별되는 존재로 인식하는 것이다. 법인으로 인정되기 위해서는 여러 사람으로 구성된 단체임이 인정되어야 할 뿐 아니라 그 단체를 구성하고 있는 개인들과는 구별되는 독립된 존재로 인식되어야 하는 것이다. 이러한 "분리성" 역시 법인의 핵심적 징표이다.

분리성은 법인의 가장 중요한 특징이자 법인을 설립하는 가장 주된 이유 중 하나이다.[18] 단체와 그 구성원의 법적 주체성을 분리시킴으로서 구성원의 변동에 관계없이 법인의 존속이 유지되고, 단체와 구성원의 법인격을 분리시킴으로써 단체 고유의 재산이 확보된다.[19] 영

법인(財團法人)과 같은 기능을 수행하는 것으로 보인다.

16) 단체를 의미하는 "corporation"과 1인을 의미하는 "sole"을 합성한 "corporation sole"이라는 표현은 그 자체로 모순이라고 할 수 있다. Maitland, 앞의 글(주 13), p. 210.

17) 그러나 "법인"이란 법이 정한 절차에 따라 설립되어 명시적으로 법인격이 부여된(incorporated) 단체만을 의미하는 것은 아니다. 법이 정한 절차에 따른 법인격 부여 없이도 법적으로 하나의 법적 주체로 인식되는 단체도 법인(corporation)에 포함될 수 있다. 이른바 비법인사단(unincorporated association)이라 하더라도 독립된 법적 주체로 인정될 수 있다면 그것은 여기서 말하는 법인이라고 할 수 있다. 말하자면 법인이란 하나의 독립된 법적 주체로 인정되는 단체인 것이다.

18) 미국연방대법원은 법인을 설립하는 근본적인 목적이 법인을 구성하거나 소유하는 사람들 또는 그 법인에 고용된 사람들과 분리된 별개의 법적 주체를 만들기 위한 것이라고 하였다. Cedric Kushner Promotions, Ltd. v. King, 533 U.S. 158, 163(2001). 만약 법인이 그 구성원 개인들과 구별되는 독자적인 존재로 인식되지 않는다면 법인의 기능이란 그저 법인을 구성하는 개인 한 사람 한 사람의 이름을 모두 거론하는 대신 하나의 명칭으로 약칭하는 편리성 이외에는 어떤 의미도 없게 될 것이다. Max Radin, "The Endless Problem of Corporate Personality", *Columbia Law Review*, Vol.32, No.4(1932), p. 667.

19) 법적 주체성의 분리가 인정됨에 따라 법인과 구성원의 법적 책임이 분리되고 법인은 구성원의 개별적인 변동에도 불구하고 동일성을 유지하면서 독자적으로 존재할 수 있게 되는데, 이를 회사법의 맥락에서 보면, 회사와 주주의 재산과 책임이 분리되어 주주는 회사의 채무에 대한 책임을 직접 지지 않고 투자할 수 있게 되고(유한책임) 그 결과 자본시장의 형성이 가능해지며, 회사는 주주의 개별적인 변동에도 불구하고 동일성을 유지하면서 영속적으로 존재하고 활동할 수 있게 되는 것이다. Kent Greenfield, "In Defense of Corporate Persons", *Constitutional Commentary*, Vol.30(2015), pp. 313-314.

리법인뿐 아니라 비영리법인도 법인의 설립을 통해 단체의 재산을 그 구성원들이나 운영자들로부터 분리시킴으로써 그 법인의 목적을 위해서만 그 재산이 사용될 수 있도록 할 수 있는 것이다.[20)]

다만, 법인에 대한 법적 규율 문제가 법인의 분리성에서 시작되는 것이기는 하지만, 법인을 그 구성원 개인들과 완전히 무관한 존재로 파악해서는 안 된다. 그 구성원들과 분리된 존재라는 분리성에도 불구하고 법인은 여전히 단체성을 가지며, 법인에 대한 법적 규율은 궁극적으로 그 법인을 구성하는 개인들에 대한 법적 규율과 관련되기 때문이다.

2. 법인에 대한 법적 규율의 사상적 배경

법인에 대한 법적 규율을 둘러싼 여러 논쟁의 밑바탕에는 개인과 국가 그리고 단체 사이의 관계에 대한 이해방식의 차이가 깔려 있다. 국가와 개인의 관계에 관한 이해에 중요한 영향을 미친 사상가들이 단체(또는 법인)를 어떻게 바라보았는지를 살펴보는 것은 법인의 기본권과 개인의 기본권 실현의 관계를 이해하는 데에 중요한 기초가 된다. 이하에서는 주로 미국의 논의에 영향을 주었다고 평가되는 사상가들의 이해를 살펴보기로 한다.

(1) 홉스(Thomas Hobbes)

국가와 개인의 관계에 관한 고전이라고 할 『리바이어던(Leviathan)』에서 홉스는 단체 또는 법인에 관해 상세하게 다루고 있다. 홉스는 사람(person)을 "자연인(natural person)"과 "법인(feigned person 또는 artificial person)"으로 나누어 설명하였는데, "어떤 말이나 행동이 그것을 실제로 행한 사람의 것으로 인식되는 경우가 자연인이고, 의제(fiction)를 통해 다른 사람을 대표하거나 다른 것에 귀속되는 것으로 인식되는 경우는 법인이라고 하였다.[21)] 따라서 법인(artificial person)의 경우에는 다른 사람의 말과 행동을 대신하는 행위자(actor)와 그 말과 행동의 귀속주체인 본인(author)이 존재하고, 법인의 행위는 본인(author)으로부터 위임(commission)이나 허가(license)를 받아 행위하는 것이라고 하였다.[22)]

홉스는 단체(society)라고 해서 모두 법인(corporation)으로 인정되는 것은 아니며, 구성원들에 대해 법적 규율을 강제할 수 있는 대표(common representative)가 존재해야만 법인이라고 하였다.[23)] 대표 기능의 존재 여부가 법인(corporation)과 단순한 모임(society)을 구별하

---

20) Margaret M. Blair, "Locking in Capital: What Corporate Law Achieved for Business Organization in the Nineteenth Century", *UCLA Law Review*, Vol.51(2003), pp. 423-424.

21) Thomas Hobbes, *LEVIATHAN*(Chapter 16), in *HOBBES'S LEVIATHAN*(reprinted from the edition of 1651), Oxford University Press(1909), p. 123. 원문의 표기 중 현대 영어와 일부 다른 표기들(예컨대, "Politicall", "Artificiall" 등)은 현대 영어 표기로 바꾸었다. 번역서로는 토마스 홉스 지음/진석용 옮김, 『리바이어던』, 나남(2012)을 참조하였고, 번역 용어의 선택이나 문장의 내용은 필자의 이해에 기초하여 필요한 경우 수정하였다.

22) Id. p. 124.

는 기준이었던 셈이다.[24] 구성원 전체를 "대표"할 수 있어야만 법인이 된다는 것이다.

한편 홉스는 단체로서의 법인은 그것이 어떤 형태의 것이든 간에 반드시 주권(sovereignty)을 제약하게 된다고 보았는데,[25] 법인을 사람의 내장에 있는 기생충에 비유하면서 그 숫자가 많아질수록 국가(Common-wealth)는 약화된다고 하였다.[26] 홉스는 기본적으로 단체 또는 법인의 존재를 부정적인 것으로 인식하였고, 그 결과 단체로 활동하기 위해서는 반드시 주권의 보유자, 즉 국가로부터 명시적인 승인이나 허가가 있어야 한다고 보았다.[27]

(2) 루소(Jean Jacques Rousseau)

루소는 전체의사(또는 일반의지, volonté générale)의 관념을 통해 단체를 부정적인 것으로 평가했다. 루소에 의하면, 단체의 의사는 그 구성원들에 대해서는 전체의사라고 할 수 있지만 국가에 대해서는 개별적 의사에 불과한데, 단체들이 존재할 경우 투표자의 수는 전체 국민의 수가 아니라 단체의 수가 되고, 그 결과 이견(異見)의 숫자는 적어지지만 어느 한 단체가 다른 단체들을 압도하게 되면 오직 하나의 의견만이 존재하게 되어 국가의 전체의사가 하나의 사적(私的) 의사로 결정될 수 있다고 우려하였다.[28] 따라서 전체의사가 올바르게 표현되기 위해서는 파당적 단체가 존재하지 않아야 하고 시민 각자가 오직 자신의 의견만을 개진하는 것이 중요하다고 보고, 만약 파당적 단체들이 존재한다면 그 숫자를 늘리고 그 단체들 사이에 불평등이 생기지 않도록 방지하는 것이 중요하다고 하였다.[29]

단체가 국가의 주권에 부정적인 영향을 미치는 것으로 보았던 루소의 생각은 프랑스혁명 이후 단체에 대한 법제도의 형성에 반영되어 20세기에 이르기까지 단체의 법인격을 엄격하게 제한하게 되었다.[30]

(3) 로크(John Locke)

단체와 관련하여 로크가 관심을 두었던 것은 특히 종교단체의 자유에 관한 문제였다.[31] 홉스와 달리 로크는 단체의 존재 자체를 부정적인 것으로 보지는 않았는데, 비록 종교단체에

---

23) Id. pp. 177-178.
24) 홉스는 단체를 "system", "society", "corporation" 등의 용어로 표현하였다. Id. pp. 171, 256.
25) Richard Boyd, "The Madisonian Paradox of Freedom of Association", *Social Philosophy and Policy*, Vol.25 No.2(2008), p. 240.
26) Hobbes, 앞의 책(주 21), pp. 256-257.
27) 홉스는 개인들의 영향력을 결집하는 단체는 그것이 나쁜 목적을 위해 만들어진 때에는 부당한 것이고, 그것을 만든 목적이 알려져 있지 않다면 위험한 것이라고 하였다. Hobbes, 위의 책, p. 181.
28) Jean-Jacques Rousseau, *On the Social Contract, in the Major Political Writings of JEAN-JACQUES ROUSSEAU*(translated and edited by John T. Scott), The University of Chicago Press(2012) pp. 182-183.
29) Id. p. 183.
30) Robert A. Horn, *Groups and the Constitution*, AMA Press(1956), p. 6.
31) Horn, 위의 책, pp. 7-8.

국한한 설명이기는 하지만, 단체 자체가 그 본질상 공공에 위협이 되는 것이 아니라 단체에 대한 부당한 탄압이나 자유의 침해가 단체로 하여금 공공에 대한 위협이 되도록 만든다고 보았다.[32)]

이 점은 국가의 주권에 대한 도전 가능성이라는 관점에서 단체의 존재와 활동에 대해 근본적으로 우려하는 태도를 취했던 홉스와는 근본적으로 다른 입장이라고 할 수 있다.[33)]

(4) 매디슨(James Madison)

미국의 연방헌법 제정과정에서 핵심적인 역할을 함으로써 "미국헌법의 아버지"로 불리는 매디슨은 국가와 개인 그리고 단체 사이의 관계에 대하여 기본적으로는 홉스와 같은 입장에서 단체의 존재를 부정적인 시각에서 바라보았다.[34)]

매디슨은 『연방주의자(The Federalist)』 No.10에서 파벌(faction)로 표현되는 '부분적 이익' 또는 '특정한 집단의 이익'이 국가를 지배하는 것에 대한 우려를 표시하면서, 연방국가의 건설을 통해 파벌이 야기하는 문제를 해결하고 통제할 수 있다고 주장하였다.[35)] 다만, 매디슨이 파벌, 나아가 단체에 대하여 기본적으로 부정적인 시각을 갖고 있었고 그 영향력에 제한하여야 한다는 생각을 갖고는 있었지만, 파벌 자체를 근본적으로 없애야 한다거나 없앨 수 있다고는 보지 않았는데, 파벌의 원인은 인간 본성에 잠재되어 있는 것이어서 어느 사회에서든 항상 존재한다고 보았기 때문이다.[36)]

결국 매디슨은 파벌로 표현되는, 단체에 대해 부정적인 시각을 갖고 있었고 그 영향력과 폐해를 최소화할 수 있는 제도를 궁리하기는 하였지만, 단체의 존재 자체를 부정하거나 단체의 결성을 금지하는 입장은 아니었고, 오히려 단체를 결성할 개인들의 자유를 옹호하였다.[37)] 단체가 가질 수 있는 해악을 인식하고 우려하면서도 단체를 결성할 개인의 자유는 보장해야 한다는 입장이었던 것이다.

---

32) John Locke, *A Letter Concerning Toleration*(edited by John Horton and Susan Mendus), Routledge (2004), p. 47. 여기서 로크는 만약 관용의 정신이 정착되어 모든 종교에서 신앙의 자유는 모든 사람의 생래적 권리로 가르치고 이교도들에 대해서도 신앙을 강제할 수 없다는 원칙이 확립되면 분쟁과 소요는 사라질 것이라고 보았다.

33) 로크의 『관용론(A Letter Concerning Toleration)』은 구교도와 신교도가 충돌하고 있던 당시 유럽의 상황에서 신교도(新敎徒)의 입장에서 종교의 자유와 관용을 옹호하는 내용이었다. 송규범, "존 로크의 관용론", 『서양사론』, 제78호(2003), 82쪽.

34) Boyd, 앞의 글(주 25), pp. 244-245.

35) 매디슨은 민주정치를 지지하는 사람은 누구나 파벌의 해악에 대해 우려하지 않을 수 없다고 하면서 연방국가가 지니는 많은 장점 중 하나는 파벌로 인해 야기되는 문제들을 제거하고 통제할 수 있는 것이라고 하였다. James Madison, "Federalist No.10" in *The Federalist*(with an introduction and Notes by Robert A. Ferguson), Barnes & Noble Classics(2006), p. 51.

36) Id. p. 53.

37) 매디슨은 파벌 자체를 없애려는 시도에 대해, 정치적 활동에 필수적 요소인 자유를 없애는 것이라면서, 이는 마치 화재의 피해를 줄이기 위해 모든 생명의 필수적 요건인 공기를 없애는 것과 같다고 비판하였다. Id. pp. 52-53.

(5) 토크빌(Alexis de Tocqueville)

토크빌은 단체의 기능을 매우 긍정적으로 평가하였다. 토크빌은 미국에서 민주주의가 발전할 수 있는 사회적 조건으로 '다양한 단체들의 존재'와 '단체에 대한 시민들의 자발적이고 적극적인 참여'를 들었다.[38] 토크빌에 따르면, 다수의 폭정에 대항하기 위한 필수적인 수단이 결사의 자유, 특히 정치적 결사의 자유이므로 단체는 정치적인 면에서 매우 중요한 기능을 갖는다.[39] 또한 강제적인 노동력 동원이 불가능한 민주주의 사회에서 문명을 유지하고 발전시키기 위해서는 자발적인 단체의 결성과 활동을 통한 역량의 결집이 필수적이므로 사회·경제적인 면에서도 단체의 역할은 중요하다고 보았다.[40] 토크빌은 홉스나 루소, 매디슨이 단체에 대해 품었던 의심과 달리 단체가 사회 전체에 긍정적인 기능을 갖는 것으로 평가했던 것이다.[41]

(6) 평 가

오늘날 헌법의 기초를 이루는 이념에 많은 영향을 미친 근대 사상가들 중에는 단체의 존재와 영향력에 대해 우려를 갖는 경우가 많았다. 특정한 집단이나 세력이 국가에 과도한 영향력을 행사할 가능성이나 개인의 자유를 억압할 가능성을 인식하고 있었기 때문이었다. 그러나 다른 한편으로는, 누구든지 자유롭게 단체를 결성하고 활동할 자유가 있을 뿐 아니라 혼자서는 할 수 없는 많은 일들을 단체를 통해 실현할 수 있다는 점에서 단체의 존재와 활동이 민주주의 실현과 개인의 기본권 실현을 위한 중요한 수단이라는 점을 인정하였다. 단체에 대한 이와 같은 우려와 기대, 또는 통제와 보장이라는 상반된 방향의 인식과 평가는 법인의 기본권 논의에서 그대로 반영되고 재현된다.

3. 법인의 기본권의 양면적 성격

법인의 기본권에 대해서는, 국가와 개인의 관계에 있어서 단체가 가지는 의미를 어떻게 이해하는지에 따라 상반된 방향에서의 접근이 가능하다. 홉스나 매디슨과 같이 단체의 존재를 개인의 자유를 억압할 수 있는 존재로 인식할 경우에는 법인의 기본권은 개인의 기본권을 위협하는 것으로 받아들여질 수 있다. 단체가 지니는 강력한 힘을 고려할 때, 단체 자체를 기본권으로 보호하는 것은 단체에 의해 개인의 자유와 권리가 침해되는 것을 허용하는

38) Alexis de Tocqueville, *Democracy in America*, (traslated, edited, and with an introduction by Harvey C. Mansfield and Delba Winthrop), The University of Chicago Press(2000), p. 489. 여기서 토크빌은 미국인들이 연령이나 신분, 성향 등에 관계없이 모두가 끊임없이 단체를 결성하고, 단체를 결성하는 목적도 다양하여 상업이나 산업을 위해서뿐 아니라, 대학이나 교회, 병원 등을 설립하거나 또는 단순히 오락을 목적으로도 하는 등 수많은, 크고 작은 단체들을 만든다고 하였다.

39) Id. p. 183.

40) Id. pp. 490-492.

41) Mark E. Warren, Democracy and Association, Princeton University Press(2001), p. 30.

것이고, 단체의 권리를 제한하는 것이야말로 오히려 개인의 자유와 권리를 보호하는 것이 될 수 있기 때문이다.[42)]

반면, 토크빌과 같이 개인들이 단체를 통해 자신들의 이익을 실현하고 단체의 힘을 통해 국가권력을 효과적으로 통제함으로써 다원주의적 민주주의가 실현될 수 있다고 보는 입장에서는 법인의 기본권을 확대하고 강화하는 것이 곧 개인의 자유와 권리를 보다 효과적으로 실현하는 길이 될 것이라고 보게 된다. 이러한 입장에서 볼 때 단체는 그 목적이 무엇이건 간에 개인의 자유를 확보하고 정부를 견제하는 기능을 수행하므로, 기업들에게도 정치적 표현의 자유나 종교의 자유 등 폭넓은 기본권을 인정하는 것이 바람직하다는 주장이 가능하게 된다.[43)]

법인은 개인의 자유와 권리를 보다 효과적으로 실현할 수 있는 수단으로 설립되고 존재한다는 점에서 법인의 기본권을 인정하면 개인의 자유와 권리를 실현하는 것이 될 가능성이 큰 것은 사실이다. 법인의 기본권을 인정한 주요한 판결들에서 법인의 기본권을 인정한 근거는, 대부분 '법인의 기본권을 인정하고 보호하는 것이 궁극적으로 법인의 배후에 있는 개인들의 기본권을 보호하고 실현하기 때문'이라는 것이었다.[44)] 예컨대, 주(州) 정부가 조세를 부과함에 있어서 일정한 철도회사에 대해서는 개인과 달리 취급하여 세액 공제의 범위를 제한하는 것이 연방수정헌법 제14조에 위반된다는 판결에서 '법인에게 헌법이나 법률에 의한 보호를 부여하는 것은 법인 그 자체가 아니라 법인을 구성하고 있는 개인들을 보호하기 위한 것이며, 법원으로서는 항상 법인 너머에 있는, 법인에 의해 대표되는 사람들을 주목하고 그들을 보호하여야 한다'고 한 것,[45)] 수정헌법 제5조의 부당한 압수수색 금지조항이 법인에게도 적용되는 근거로 '법인은 결국 개인들의 집합일 뿐이고 단체를 구성한다고 해서 헌법적 권리를 포기하는 것은 아니므로 단체에 대해서도 적용될 수 있는 헌법조항은 법인도 그 조항에 의한 보호를 주장할 수 있다'고 한 것,[46)] 그리고 '헌법상의 권리이든 법률상의 권리이든 간에 법인에게도 권리를 인정하는 목적은 사람의 권리를 보호하기 위한 것'이라는 이유에서 영리법인에게도 종교의 자유를 인정할 수 있다고 한 것[47)] 등이 그 예이다.

---

42) Dan-Cohen, *Rights, Persons, and Organizations: A Legal Theory for Bureaucratic Society*(2nd. Ed.), Quid Pro Books(2016), pp. 158-161.

43) 예컨대, Ronald J. Colombo, "The Corporation as A Tocquevillian Association", *Temple Law Review*, Vol.85 No.1(2012), pp. 21, 35-42; 같은 저자, "The Naked Private Square", *Houston Law Review*, Vol.51(2013), pp. 53-54.

44) 법인의 기본권에 관한 미국연방대법원 판례를 개략적으로 소개하고 있는 것으로는 전상현, "미국헌법상 법인(法人)의 기본권에 관한 소고(小考)", 『미국헌법연구』 제27권 제3호, 미국헌법학회(2016.12.), 204-222쪽.

45) County of Santa Clara v. Southern Pacific Railroad Co. et al., 18 F. 385, 402-403(1883). 이 판결은 법인의 기본권 인정에 관한 leading case라고 할 수 있는 연방대법원의 County of Santa Clara v. Southern Pacific Railroad Co. 판결(1886)의 원심판결이다.

46) Hale v. Henkel, 201 U.S. 43, 76(1906).

47) 134 S.Ct. 2751, 2768.

그러나 다른 한편으로, 법인은 단체가 갖는 힘으로 인해 개인의 자유와 권리를 제한할 수 있는 잠재적 위험을 갖는다는 것 또한 부인할 수 없다. 더욱이 법인은 그 구성원 개인들과는 독립된 법적 주체로 인식되고 활동한다는 점에서 법인의 활동이 그 구성원 개인들의 의사나 이익과 반드시 일치하지 않을 수도 있으며, 심지어는 그 구성원들의 이익과 충돌하는 행위를 할 가능성도 있다. 따라서, 개인의 자유와 권리를 보호하고 실현하기 위해서는 오히려 법인의 기본권을 부인하거나 제한하는 것이 필요하다는 주장 역시 충분히 가능한 것이다.

결국 법인의 기본권 논의는 법인의 기본권이 가지는 위와 같은 양면성, 즉 한편으로는 개인의 자유와 권리의 효과적인 실현을 위한 수단이라는 측면과 다른 한편으로는 개인의 자유와 권리에 대한 잠재적 위협이라는 측면을 어떻게 평가하고 고려할 것인지에 관한 문제라고 할 것이다.

Ⅲ. 법인의 기본권주체성과 개인의 기본권 실현

1. 도구적 개념으로서의 "법인의 기본권"

헌법은 국가권력을 기속하는 규범이다. 국가권력을 헌법으로 통제하려는 목적은 궁극적으로 인간의 자유와 권리를 보장하고 실현하기 위해서다. 헌법이 기본권을 보장하는 목적도 인간을 위한 것이다. 따라서 기본권의 궁극적인 향유(享有) 주체가 인간이라는 점에 대해서는 반론을 제기하기 어렵다.[48)]

법인의 기본권에 관한 논의는 인간의 기본권 실현이라는 관점에서 접근하여야 한다. 법인에게도 기본권이 인정된다는 주장이 아무리 설득력 있게 제시된다 하더라도 법인 그 자체가 기본권 보장의 궁극적인 목적은 아니다. 법인이란 그 자체로서 존재가치를 갖는 것이 아니라 법인을 둘러싼 사람들의 이익에 기여하기 위하여 고안된 제도에 불과하기 때문이다. 단체를 사람과 같은 법적 주체로 인식하고 권리를 부여하는 것은 법적 사고의 세계에서 얼마든지 가능하지만 그 목적은 궁극적으로 인간의 필요에 의한 것이다.[49)] 말하자면 "법인의 기본권"

---

48) 헌법과 헌법상 기본권의 이와 같은 존재 이유는 헌법의 역사에서 분명하게 표현되어 왔다. 현대 헌법의 효시라 할 수 있는 미국연방헌법은 전문(preamble)에서 "우리 미국 국민"은 "우리와 우리 자손들에게 자유의 축복을 보장하기 위하여" 헌법을 제정한다고 선언하였고, 그보다 앞서 미국건국의 기초가 되었던 독립선언문에서는 "모든 인간이 가지는 불가침의 권리를 보장하기 위하여, 인간들 사이에서(among men) 정부(Government)는 수립되는 것"이라고 하였다. 또한 시민혁명을 통한 근대국가 수립의 전형(典型)이라고 할 프랑스혁명에서의 "인간과 시민을 위한 권리선언"(1789)도, 그 전문에서 "인간의 권리(droits de l' Hommes)"를 제시하기 위한 것임을 밝히고 제1조에서 "인간(Les hommes)은 권리에 있어서 자유롭고 평등하게 태어나고 존재한다"고 하였다. 우리의 제헌헌법 역시 전문(前文)에서 "유구한 역사와 전통에 빛나는 우리들 대한국민은 …… 우리들과 우리들의 자손의 안전과 자유와 행복을 영원히 확보할 것을 결의하고 …… 이 헌법을 제정한다."고 하였다.

49) Radin, 앞의 글(주 18), p. 665.

이라는 것은 법인의 배후에 존재하는 사람들에게 그 기본권들을 "실어 나르기 위한 수단"에 불과한 것이다.[50] 법인을 헌법상 기본권의 주체로 인정한다고 하더라도 그 기본권에 의한 보호가 향하는 마지막 종착지는 사람일 수밖에 없다. "법인의 기본권"이란 결국은 인간의 자유와 권리의 실현을 위해 고안된 도구인 것이다.

2. 법인의 단체성과 기본권주체성

(1) 법인의 기본권주체성 인정 근거 – 기본권적 동질성

법인의 기본권이 개인의 기본권 실현을 위한 도구적 개념임을 인정한다면, 법인에게도 기본권 주체성을 인정할 것인지 여부는 그것이 개인의 기본권 실현에 이바지 할 수 있는지 여부에 따라 판단되어야 한다. 그런데 법인의 기본권을 인정하는 것이 언제나 개인의 기본권을 실현하는 결과가 된다고 말할 수는 없다.

예컨대, 특정한 단체의 재산과 경제적 이익을 보호하는 것은 그 단체를 구성하는 개인들의 재산과 경제적 이익을 보호하는 결과가 된다는 점은 부인하기 어렵다. 따라서 법인의 재산권을 인정하는 것은 그 구성원들의 재산권을 보호하는 수단이 된다는 주장은 쉽게 수긍할 수 있다.[51] 그러나 수많은 주주들과 임직원들로 구성된 회사가 특정한 정치적 입장을 지지하기 위하여 정치적 표현의 자유를 주장하거나 특정 종교에 대한 종교의 자유를 주장하는 경우에는, 그 회사의 기본권을 인정하는 것이 곧 회사를 구성하는 개인들의 기본권을 실현하는 것이라고 말할 수 없다. 오히려 회사의 정치적 표현의 자유나 종교의 자유를 인정하면 회사와는 다른 정치적 의견이나 종교적 견해를 가진 구성원 개인들에게는 그들의 기본권 실현이 방해되거나 저지되는 결과가 초래될 수 있다. 법인의 기본권을 인정하는 것이 그 구성원 개인의 기본권을 실현하지 못할 뿐 아니라 오히려 그 기본권 실현을 저해할 수 있는 것이다.

미국연방대법원은 First National Bank of Boston v. Bellotti 판결(이하 "Bellotti 판결")에서 영리법인을 포함하여 법인의 정치적 표현의 자유를 명시적으로 인정하였다.[52] 이 판결에서 반대의견을 제기한 White 대법관은 영리법인인 회사를 구성하는 주주들 개인은 정치적 사안들에 관하여 "이질적(heterogeneous)"이므로 회사의 정치적 표현의 자유를 인정해서는 안 된다고 하였다.[53] 주주들은 경제적 이익을 얻기 위해 주주가 된 것이지 정치적 신념을 표현하기 위해 주주가 된 것은 아니므로 주주들 사이에 공통된 정치적 의견을 상정할 수 없

---

50) Arthur W. Machen, Jr., "Corporate Personality", *Harvard Law Review*, Vol.24 No.4(1911), pp. 265-266.

51) 법적 주체성이 분리되어 있으므로 법인의 재산감소가 곧바로 그 구성원의 재산감소를 의미하는 것은 아니다. 그러나 그 구성원들은 법인의 재산에 대하여 재산적 이해관계를 가지고 있으므로 법인의 재산 감소는 결과적으로 구성원들의 재산적 이익의 감소로 이어지는 것이다.

52) 435 U.S. 765(1978).

53) Id. at 806.

고, 따라서 법인을 구성하고 있는 개인들의 정치적 표현의 자유를 근거로 법인의 정치적 표현의 자유를 인정할 수는 없다는 것이었다.[54)]

White 대법관의 이러한 지적은 법인의 기본권주체성 논의에 있어서 매우 중요한 통찰이라고 할 수 있다. White 대법관의 주장은 바꾸어 말하면, 법인이 주장하는 특정 기본권에 관하여 구성원 개인들 사이에 "동질성(homogeneity)"이 인정되는 경우에만 법인에게도 기본권을 인정할 수 있다는 것으로 이해할 수 있다. 주식회사의 경우, 주주들 사이에 존재하는 경제적 이익에 관한 동질성으로 인해 법인의 재산권이나 경제적 자유를 기본권으로 인정하는 것은 허용될 수 있지만, 주주들 사이에 아무런 동질성을 인정할 수 없는 정치적 표현의 자유나 종교의 자유에 관해서 주식회사의 기본권을 인정할 수는 없다는 것이다.

따라서 연방대법원이 수정헌법 제14조의 평등보호조항과 적법절차조항에 근거하여 법인의 재산권을 인정한 것이나,[55)] 특정한 정책에 대해 공통된 의견을 가진 사람들로 구성된 단체(법인)에 대해 그 정책에 관련된 정치적 표현의 자유를 인정한 것,[56)] 그리고 종교단체로서의 법인 또는 종교적 목적으로 설립된 법인에게 종교의 자유를 인정한 것[57)] 등은 타당한 것이었지만, 경제적 이익을 목적으로 설립된 영리법인에게도 정치적 표현의 자유를 인정하고,[58)] 종교의 자유를 인정한 것,[59)] 그리고 법인의 설립목적이나 종류를 묻지 않고 모든 법인에 대해 정치적 표현의 자유를 인정할 뿐 아니라 그 보호의 정도에 있어서도 법인과 개인을 동일하게 취급한 것[60)] 등은 '개인의 기본권 실현'이라는, 법인의 기본권을 인정하는 궁극적인 목적에 비추어 보았을 때 부당한 판단이었다고 하지 않을 수 없다.

결국 법인에게도 기본권을 인정할 것인지 여부는 특정한 기본권에 의한 보호에 있어서 법인의 구성원 개인들이 동질성을 갖는지 여부, 즉 법인을 구성하는 개인들 사이의 "기본권적 동질성" 여부에 따라 판단되어야 한다.

(2) 기본권적 동질성의 인정 기준 – 법인의 설립목적

법인의 존재 이유가 궁극적으로 그 구성원들의 이익을 위한 것이라면 적어도 법인의 설

---

54) Id. at 804-806.

55) 연방대법원은 1886년 선고한 County of Santa Clara v. Southern Pacific Railroad Co. 판결에서 수정헌법 제14조의 평등보호조항이 법인에게도 적용된다고 보았고(118 U.S. 394, 396), 이어 1889년 Minneapolis & St. Louis Railway Co. v. Beckwith 판결에서는 법인이 수정헌법 제14조의 적법절차조항에 의한 재산권 보호를 주장할 수 있다고 판시하였다(129 U.S. 26).

56) 예컨대, 연방대법원은 낙태를 반대하는 목적으로 설립된 비영리법인인 "Massachusetts Citizens for Life"에 대해 정치적 의사표현의 자유를 인정하고 위와 같은 법인에 대하여 연방선거에서의 정치자금 기부를 제한한 것에 대해 위헌으로 결정한 바 있다[479 U.S. 238(1986)].

57) Church of Lukumi Babalu Aye, Inc. v. Hialeah, 508 U.S. 520(1993).

58) First National Bank of Boston v. Bellotti, 435 U.S. 765(1978).

59) Burwell v. Hobby Lobby Stores, Inc., 134 S.Ct. 2751(2014).

60) Citizens United v. FEC, 558 U.S. 310(2010).

립목적의 실현을 위한 기본권에 대해서는 구성원 모두가 기본권적 동질성을 갖는다고 말할 수 있다. 법인의 구성원들은 적어도 법인의 설립목적에 관해서는 동일한 의사와 이해관계를 가진다고 할 수 있기 때문이다. 따라서 법인의 기본권이 인정되는 범위는 결국 법인의 설립목적에 의하여 결정된다.[61)]

미국의 논의에서 법인에 대한 법적 보호의 인정 근거와 범위에 관한 leading case로 원용되는 Trustees of Dartmouth College v. Woodward 판결(이하 "Dartmouth 판결")[62)]에서 연방대법원은 "법인은 볼 수도, 만질 수도 없고 오로지 법적 사고(思考) 안에서만 존재하는 가공적 존재(artificial being)"라면서, "그것은 그저 법의 피조물(creature)로서 법인설립을 위한 특허장에서 명시적으로 부여하였거나 법인의 존속에 부수되는(incidental to its very existence) 재산만을 보유할 뿐"이라고 설시하였다.[63)] 여기서 법인의 기본권과 관련하여 주목할 만한 부분은 "법인설립을 위한 특허장에서 부여하였거나 법인의 존속에 부수되는"이라는 부분이다. 위 판결 당시에는 법인이 의회의 특허장에 의해 설립되었고[64)] 법인의 "헌법상 기본권" 문제는 아직 논의되지 않았고 법인의 법적 주체성 또는 법인에 대한 법적 보호의 문제로만 다루어지고 있었는데,[65)] 위 판결에서의 설시를 오늘날 법인의 헌법상 기본권 논의와 관련지어 이해해 본다면, "법인설립의 목적과 그 존속에 부수되는"이라는 표현을 법인의 기본권 인정 범위로 이해할 수도 있기 때문이다.

앞서 본 Bellotti 판결(1978)에서 또 다른 반대의견을 제시한 Rehnquist 대법관은, 법인이 누릴 수 있는 기본권의 범위를 "법인의 존속에 부수되는(incidental to its very existence)" 것으로 제한하였는데[66)] 이는 위에서 본 Dartmouth 판결에서의 설시를 원용한 것이었다. 법인의 존속에 "부수된다(incidental)"는 의미는 법인의 존속에 당연히 포함되는 활동을 의미한다고 볼 수 있다.[67)] Rehnquist 대법관에 의하면 법인에게 인정할 수 있는 기본권의 범위란 결

61) Kent Greenfield, 앞의 글(주 19), pp. 321-322.

62) 17 U.S. 518(1819). Dartmouth College는 식민지시대(1769년)에 영국 국왕의 특허장(Charter)에 의해 New Hampshire 주(州)에 설립된 사립대학이었는데, New Hampshire 주 의회가 1816년 법률을 제정하여 위 대학의 이사회 정원을 늘리고 늘어난 정원에 해당하는 이사를 주 정부가 임명하도록 하는 등 주 정부가 위 대학의 운영에 관여할 수 있도록 하자, 위 대학의 이사회(Trustees of Dartmouth College)가 위 New Hampshire 주 법률이 연방헌법의 계약보호조항(Article I, section 10, clause 1.)에 위반된다고 주장한 사건이었다.

63) Id. at 636. 이러한 설시는 영국법에서의 법인에 관한 전통적인 이해 방식을 그대로 이어받은 것이었다.

64) 미국의 건국 초기 법인에 관한 제도와 현황 및 발전 과정에 대한 설명으로는 Lawrence M. Friedman, *A History of American Law*(3rd ed.), Touchstone(2001), pp. 129-139.

65) 위 Dartmouth 판결은 이미 존재하는 계약상 의무의 내용에 대해 주(州) 정부가 변경을 초래하는 내용의 입법을 하지 못하도록 규정한 연방헌법상의 계약보호조항(Article I section 10 clause 1)에 의한 보호를 법인도 주장할 수 있는지 여부에 관해 판단한 것이지만, 법인의 기본권 주체성 문제로 논의된 것은 아니었다.

66) 435 U.S. 765, 824(1978).

67) 따라서 궁극적으로 법인의 설립목적에 도움이 되는 모든 활동을 여기서 말하는 "법인의 존속에 부수되는" 것이라고 볼 수는 없다. 예컨대, 영리회사가 장기적으로 보았을 때 경제적 이윤의 추구에 도움이 된다는 이

국 법인의 설립목적과 그 목적의 수행에 필수적으로 따르는 활동에 한정되는 것이다.

한편, 법인은 동시에 여러 가지 설립목적을 가질 수 있고 그 설립목적을 달성하는 데에 도움이 되는 행위들도 여러 영역에 걸쳐 존재하므로 법인의 설립목적을 기준으로 법인의 기본권을 인정하려는 시도는 무의미하다는 반론이 있다. 영리를 목적으로 하는 법인도 영리의 목적과 공익적 목적을 함께 추구할 수 있으며, 영리목적의 달성을 위해 다양한 비영리적 활동들이 이루어질 수 있으므로, 설립목적을 기준으로 법인이 주장할 수 있는 기본권 결정하는 것은 쉽지도 않고 명확한 기준도 제시하지 못한다는 것이다.68) 그러나 법인의 설립목적이 복수인 경우라면 그 설립목적들에 동의하여 법인을 구성한 개인들 사이에 기본권적 동질성이 인정되는 기본권의 종류가 복수로 존재할 수 있다는 것을 의미할 뿐, 법인의 설립목적과 무관한 기본권들에 대해서는 여전히 그 구성원 사이에 기본권적 동질성을 인정할 수 없으며, 법인의 설립목적 달성을 위한 다양한 활동들도 법인의 설립목적을 보호하는 기본권에 의해 보호될 수 있으므로, 법인의 설립목적을 기준으로 법인의 기본권을 인정하는 것은 가능할 뿐 아니라 또한 타당하다.

3. 법인의 분리성과 기본권주체성

(1) 법적 주체의 분리에 따른 문제점

법인과 구성원의 법적 주체성이 분리된다는 것은 법인을 그 구성원 개인들과 동일시할 수 없음을 의미한다. 이는 법인의 구성원 개인들이 갖는 특성이 그대로 법인의 특성이 될 수 없음을 의미하는 동시에, 법인에 대해 발생하는 일정한 법적 효과를 그 구성원들에 대한 법적 효과로 볼 수 없음을 의미한다. 법인에게 일정한 손해가 발생하였다고 해서 그 구성원들에게도 동일한 손해가 있다고 할 수 없고, 마찬가지로 법인에게 일정한 이익이 생긴다고 해서 구성원에게도 동일한 이익이 생기는 것은 아닌 것이다.69)

이러한 법적 주체성의 분리를 인정하게 되면, 법인의 기본권을 통해 그 구성원 개인들의 기본권을 보호하고 실현한다는 것이 어떻게 가능한지에 대해 의문이 제기된다. 법적 주체성이 분리되어 있다면 법인의 기본권과 그 구성원들의 기본권 역시 구별되어야 하고, 법인의 기본권침해가 그 구성원들의 기본권침해라고 할 수 없듯이 법인의 기본권 실현도 구성원들의 기본권 실현은 아니기 때문이다. 그러나 법인의 기본권과 개인의 기본권 실현의 관계에

유에서 정치적 의견을 개진하는 것과 같은 행위는, 영리법인의 설립목적에 비추어 보았을 때 법인의 존속에 부수되는 활동이라고 보기는 어렵다.

68) Wayne Batchis, "*Citizens United* and the Paradox of "Corporate Speech": From Freedom of Asscociation To Freedom of *The* Association", *New York University Review of Law & Social Change*, Vol.36 No.5(2012), p. 20.

69) Dan-Cohen, 앞의 책(주 42), p. 57-59.

있어서 법인의 분리성에 기인하는 이러한 의문들에 대해서는 "대표와 위임" 그리고 "기본권의 불일치"라는 개념으로 설명할 수 있다.

(2) 대표와 위임

법인이 그 구성원들과 구별되는 별개의 존재임을 인정하는 것은 법인의 기본권 인정의 근거를 그 구성원들의 기본권 보호에서 찾는 것과 일견 모순된다.[70] 그러나 법인은 그 구성원들과 분리하여 별개의 법적 주체로 존재하지만, 법인은 언제나 그 구성원들에 의해 설립되고 또한 법인의 존속도 그 구성원들의 존재에 의존한다. 법인과 구성원 사이의 분리성에도 불구하고 법인의 설립과 존속은 그 구성원들에 의존하는 것이다.

미국의 법인본질론에 있어서 이른바 실재론의 토대를 마련한 Ernst Freund는 법인이 그 구성원들과 구별되어 독자적으로 존재하고 활동하는 존재임을 "대표(representative)" 원리로 설명하였다.[71] 법적 주체의 면에서 법인과 그 구성원들은 분리되고 절연되지만, 법인은 구성원들을 대표하여 그들이 법인설립을 통해 실현하려는 목적을 수행하는 존재라는 것이다. 이러한 대표의 원리는 법인이 갖는 분리성에도 불구하고 법인이 그 구성원들의 기본권에 근거하여 기본권을 주장하는 것에 대한 설명을 제공할 수 있다. 법인과 그 구성원들은 법적 주체성에서는 구별되지만 법인에게 그 구성원들은 아무런 관계가 없는 제3자가 아니라, 법인의 존속과 활동의 근거가 되는 사람들이기 때문이다.

한편 법인이 그 구성원들을 대표하기 위해서는 구성원들로부터 권한의 위임이 필요하다. 앞에서 보았듯이 홉스는 법인의 경우 행위자(actor)의 말과 행동이 본인(author)에게 귀속되도록 하기 위해 반드시 본인으로부터 권한의 위임(commission) 또는 허가(license)가 필요하다고 하였는데, 법인이 그 구성원들을 대표하기 위해 그 구성원들로부터 권한을 위임받는다는 것은 분리성에도 불구하고 법인이 그 구성원들의 기본권 실현을 위해 그 구성원 개인들이 갖고 있는 기본권을 주장하는 근거로 작용할 수 있는 것이다.

이와 같은 대표의 원리, 다시 말해 구성원들로부터 법인에게의 권한 위임은 법인이 주장할 수 있는 기본권의 내용과 범위를 정하는 기능을 갖는다. 법인의 행위는 구성원들로부터 위임받은 권한의 행사라는 점에서 정당성을 갖지만, 구성원들이 전혀 위임한 바 없거나 위임의 취지에 반하는 행위에 대해 법인이 자신의 기본권을 주장할 수는 없음을 의미한다. 만약 법인이 그 구성원들이 위임한 바 없는 행위에 대해서까지도 기본권을 주장할 수 있다면, 이는 개인의 기본권 실현을 위한 도구라는 법인의 기본권 개념에 반하는 것이 되기 때문이다. 법인의 기본권이 그 구성원들의 기본권을 실현하기 위한 것이라면 법인이 주장할 수 있는

70) Kent Greenfield, 앞의 글(주 18), pp. 313-314.
71) Ernst Freund, *The Legal Nature of Corporations*, The University of Chicago Press(1897). pp. 49-82.

기본권의 범위는 그 구성원들로부터 권한이 위임된 활동에 관한 것에 제한된다고 보아야 한다. 그런데 구성원들이 법인에 대해 위임하는 권한의 범위란 결국 법인의 설립목적의 실현에 관한 것이라고 할 수 있으므로, 법인에게 인정되는 기본권의 범위는 법인의 설립목적에 의해 제한되는 것이다.

(3) 기본권의 불일치 가능성

법인에게 특정한 기본권을 인정하는 경우에 정작 그 구성원에게 실현되는 기본권은 법인의 기본권과 다른 것일 수 있다. 예컨대, 회사가 자신의 영업활동에 보다 유리한 상황을 조성하기 위해 특정한 정치적 사안이나 인물에 대한 찬성이나 반대의 의사를 표시하는 행위는 회사에게 있어서는 정치적 표현의 자유에 속하는 영역이라고 할 수 있지만, 그러한 행위가 회사를 구성하는 개인들의 정치적 표현의 자유를 실현하는 것은 아니다. 만약 회사의 그러한 정치적 의사표시가 회사가 원하는 경제정책의 실현에 도움이 되고 그 결과 회사의 영업실적이 좋아지더라도, 회사의 구성원들에게는 정치적 표현의 자유가 실현되는 것이 아니라 경제적 이익이 증대될 뿐이다.

Bellotti 판결(1978)에서 연방대법원은, '금융기관 등 일정한 범위의 법인 및 그 임원은 주(州)의 국민투표(referendum)나 공직선거에 영향을 미치기 위한 일체의 금품지출행위를 할 수 없다'고 규정한 매사추세츠 주 법률이 법인의 정치적 표현의 자유를 침해한다고 하였다. 그러나 위 사건에서 문제되었던 것은 개인소득세를 누진세로 변경하는 입법을 허용하려는 주(州) 헌법개정에 반대하는 광고를 은행(법인)이 신문에 게재하려는 것이었는데, 은행(법인)이 위와 같은 정치적 표현행위를 하려고 했던 이유는 은행의 경제활동에 유리한 정책을 실현하려는 것이었고, 이는 법인의 구성원 개인들에게는 정치적 표현의 자유가 아니라 경제적 이익 실현의 문제였던 것이다.[72] 또한 Burwell v. Hobby Lobby Stores, Inc. 판결[73](이하 "Hobby Lobby 판결")에서 연방대법원은 특정 종교의 교리에 반하는 목적의 금전지출(피임관련 의료행위에 대한 의료보험료 납부)이 영리회사의 종교의 자유를 침해한다고 보았지만, 회사에게 특정 의료행위에 대한 의료보험료 납부를 강제한다고 해서 주주 개인들의 종교의 자유에 제한이 발생하지는 않는다. 주주 개인에게 문제가 되는 것이 있다면, 회사의 금전지출로 인한 재산적 불이익뿐이라고 할 수 있다.

이처럼 법인과 그 구성원의 법적 주체성이 분리됨으로써 법인이 주장하는 기본권과 그로 인해 보호되거나 실현되는 개인의 기본권은 종종 일치하지 않을 수 있다. 이러한 불일치가 발생하는 경우에도 '구성원의 기본권 실현'을 이유로 법인의 기본권을 인정한다면, 이는 구성

---

72) Note, "Constitutional Rights of the Corporate Person", *The Yale Law Journal* Vol.91 No.8(1982), p. 1655.

73) 134 S.Ct. 2751(2014).

원 개인의 기본권을 왜곡하는 결과를 초래한다. 경제적 이윤을 위해 회사의 투자자가 되기로 한 개인의 결정을 그 회사에게 자신의 정치적 표현을 대표할 권한까지 위임한 결정으로 바꾸어 버리는 것이기 때문이다.[74)]

Ⅳ. 법인의 기본권 제한과 개인의 기본권 실현

1. "법인의 기본권 제한"의 의미

법인이 당사자가 되어 기본권의 침해를 주장한다고 해서 그 사건들이 모두 법인의 기본권 제한에 관한 사건이라고 할 수는 없다. "법인의 기본권 제한"이 문제되는 경우란, 개인과 달리 법인에 대해서만 특별한 법적 규율을 가하거나, 개인과 동일한 법적 규율이지만 법인에 대해 적용되는 과정에서 법인의 특성에 따른 고유의 쟁점이 제기되는 경우라고 할 수 있다. 따라서 개인과 법인 모두에 대해 아무런 차이 없이 공통적으로 적용되는 법적 규율에 대해서는 비록 법인이 기본권침해를 주장하더라도 이는 "법인의 기본권 제한" 문제라기보다는 "법인이 당사자인 사건"에 불과하다고 할 수 있다.[75)]

"법인의 기본권 제한"이 헌법적으로 문제되기 위해서는 개인이 아니라 "법인"에 대한 특별한 법적 규율이 인정되어야 한다. Santa Clara 판결(1886)에서는, 과세대상재산의 가액을 평가함에 있어 "두 개 이상의 county에서 철도를 운영하는 철도회사"의 재산에 대해서는 세액공제의 범위를 제한한 것이 법인의 재산권과 평등권을 침해하는지가 문제되었고, Bellotti 판결(1978)에서는 금융 등 일정한 범위의 사업을 수행하는 법인에 대해 공직선거나 국민투표에 영향을 미치는 금품지출을 금지한 것이 법인의 정치적 표현의 자유를 침해하는지 문제되었는데, 이러한 사안들은 법인이라는 이유로 특별한 법적 규율을 가하는 것들로서 법인의 기본권 제한에 관한 문제임이 분명하다. 또한 Hobby Lobby 판결(2014)은, 종교의 자유를 제한하는 정부의 조치에 대해서는 엄격한 심사에 의해 그 위헌성을 판단하도록 한 종교자유회복법(Religious Freedom Restoration Act) 조항을 개인에게만 적용할 것인지 아니면 법인에게도 적용할 것인지에 관한 것이었으므로 역시 법인의 기본권 제한에 관한 것이었다고 할

74) Wayne Batchis, 앞의 글(주 68), p. 45.

75) 이는 법인도 당사자가 될 수 있는지의 문제이다. 법인도 당사자의 지위를 가질 수 있는지에 대해서는 소송법에서 중요한 쟁점이 될 수 있지만, 기본권 침해 여부에 관한 본안 판단에서는 특별한 의미를 갖지 못한다. 법인에게도 당사자 지위가 인정된다면 본안의 문제는 기본권 제한의 한계에 관한 일반 이론으로 충분히 해결할 수 있기 때문이다. 우리의 경우 소송법적 차원에서 법인이 헌법재판소법 제68조 제1항의 헌법소원을 청구할 수 있는지가 중요한 문제이기는 하지만, 이것이 법인의 기본권에 관한 논의의 전부로 인식되어서는 곤란하다. 우리 헌법의 논의에서는 "기본권주체성"이라는 주제로 소송법적 차원에 논의가 집중되어 있으나 "법인의 기본권 제한"의 문제, 즉 "기본권 제한에 있어서 법인의 기본권이 갖는 특성"에 관한 논의가 오히려 더 중요하다고 볼 수 있다.

수 있다.

요컨대, "법인의 기본권 제한" 문제는 법인에 대한 특수한 법적 규율의 정당성 및 한계에 관한 논의이다. 이 점을 인식하는 것은 법인의 기본권 제한에 대한 위헌심사에 있어서 매우 중요하다. 법인의 기본권 제한의 위헌 여부를 법인에 대한 특수한 법적 규율의 정당성 및 한계에 관한 문제로 인식할 때에만, 개인의 기본권 제한에 대한 위헌심사와 달리 법인의 기본권 제한에 대한 위헌심사가 갖는 고유한 특성이 제대로 이해될 수 있기 때문이다. 예컨대, 법인의 정치자금지출을 제한하는 것이 법인의 정치적 표현의 자유를 침해하는지 여부를 심사함에 있어서의 쟁점은 "왜 정치자금지출을 제한하는가"가 아니라, "정치자금지출을 왜 '법인에게는' 제한하는가"이다. 기본권 제한의 내용 그 자체가 아니라 법인이라는 이유로 그 제한을 가하는 것이 정당한지가 심사되어야 한다. 다시 말해, 법인의 기본권 제한에 대한 위헌심사에서는 "법인의 특수성"이 쟁점인 것이다.

2. 법인의 기본권 제한의 정당화 근거

자연인이 누리는 기본권도 무제한적으로 보장되는 것은 아니고 다른 헌법적 가치를 위해 제한될 수 있음은 물론이다. 그러나 법인의 기본권에 대해서는 법인이 갖는 특성으로 인해 개인의 기본권 제한과는 다른 차원에서 기본권 제한이 정당화될 수 있다.

(1) 법인의 공공적 성격

연혁적으로 고찰할 때, 영미법에서는 공법인과 사법인의 구별이 없었고 모든 법인은 국가 기능의 일부를 수행하거나 공공적 기능을 수행하기 위해 국가의 특허에 의해 설립되었다. 미국에서도 전통적으로 법인은 국가 기능의 일부를 대신하여 수행하거나 국가가 승인하는 공공의 이익을 위해 존재하고 활동하는 것이라는 관념이 지배적이었다.[76] 따라서 법인에 대한 폭넓은 규제는 국가에 대한 규제와 마찬가지로 당연한 것으로 받아들여졌고[77] 국가에 의해 권능을 부여받았으므로 개인에게는 적용되지 않는 국가의 규제가 당연히 정당화될 수 있었다.[78]

한편 1800년대 중반부터 법인설립이 자유화되면서 법인설립 과정에 대한 국가의 관여는 약화되고 공공사업과 무관한 사업을 목적으로 하는 법인의 설립이 일반화되면서, 단지 법인

76) 미국 건국 초기의 법인들은 비영리법인과 영리법인의 구별이 명확하지 않았고 영리법인도 넓은 의미에서는 공공적 성격의 사업을 수행하는 이른바 준-공법적(quasi-public) 목적을 위해 설립되었다. Margaret M. Blair, 앞의 글(주 20), p. 428.

77) Adolf A. Berle, Jr., "Constitutional Limitations on Corporate Activity-Protection of Personal Rights from Invasion Through Econcomic Power", *University of Pennsylvania Law Review*, Vol.100 No.7(1952), pp. 942-944.

78) Ernst Freund, *Standards of American Legislation*, (2nd Ed.) The University of Chicago Press(1965), p. 41.

이라는 이유만으로 그것이 국가 기능의 일부를 수행하고 있다거나 모든 법인이 공공적 성격을 갖고 있다고 볼 수 없게 되었다.

그러나 오늘날 대규모 단체로 구성된 법인들이 정치·경제·사회·문화의 영역에서 개인들에게 미치는 영향력은 국가가 개인에 대해 가지는 영향력에 못지않을 뿐 아니라 대규모 법인들의 막강한 영향력으로 인한 개인의 자유와 권리의 침해 현상도 종종 발생함에 따라, 대규모 법인들에 대해서는 헌법상 기본권의 향유자로 볼 것이 아니라 오히려 국가와 같이 헌법의 수범자로 보아야 한다는 주장들이 다시 제기되고 있다.[79] 특히 대기업들에 의한 자본집중과 경제력 남용은 물론이고, 고용관계를 통한 개인에 대한 영향력, 교육이나 문화 영역에 대한 관여 등을 통해 기업이 사실상 국가의 통치작용과 유사한 기능을 갖게 됨에 따라 대규모 법인들에 대해서는 전적으로 사법(私法)적 규율에 맡길 수 없고, 그 법인이 갖는 과도한 영향력에 대한 규제의 필요성이 더욱 커지게 되었다.[80] 요컨대, 대규모 법인의 경우에는 개인들에 대한 영향력에 있어서 국가와 유사한 정도의 지위를 가지게 되었다고도 볼 수 있다.[81]

물론, 위와 같은 주장들은 사회적 현상에 대한 평가로서 일면만을 다소 과장되게 표현한 것일 수 있고, 법인 일반의 법적 지위에 대한 규범적 설명으로는 부족하다고 할 수도 있다. 또 법인에는 다양한 종류와 규모의 법인들이 모두 포함되는데, 거대기업이나 전국적인 규모의 거대 단체들처럼 사회적으로 영향력이 막강한 법인들만을 상정하여 법인의 성격과 법적 규율을 논의하는 것도 타당하지 못하다고 할 수도 있다.[82] 그러나 오늘날 대규모 법인의 사회적 영향력과 대규모 법인의 활동이 개인의 자유와 권리에 대해 미치는 강력한 효과를 인식하는 것은 법인의 기본권제한의 정당성과 한계를 논의함에 있어서 반드시 고려해야 하는 현실이다. 이러한 현실을 염두에 둘 때에만, 법인의 기본권 제한이 개인의 기본권 제한과 같은 차원에서 논의될 수 없음을 분명하게 인식할 수 있기 때문이다.

미국에서는 기업이나 단체들이 개인에 대해 가지는 강력한 영향력을 인식하여 공법과 사

79) 대기업, 전국적 규모의 노동조합, 소비자단체 등과 같은 대규모 단체들은 오늘날 사회적·경제적으로 막강한 영향력을 행사하게 되었는데, 그러한 단체들의 영향력을 고려할 때 단체와 국가의 관계를 재고해야 한다는 주장으로는 Wolfgang G. Friedmann, "Corporate Power, Government by Private Groups, and the Law", *Columbia Law Review*, Vol.57(1957), pp. 164-165. 여기서 저자는 국가와 단체 사이의 관계를 역사적인 맥락에서 변증법적으로 설명한다. 근대국가의 형성은 다양한 단체들이 가졌던 경제적·사회적 영향력을 국가가 모두 흡수하는 과정이었고 이에 따라 사회적 다원주의자들은 국가로부터 단체의 자율성 확대를 주장하였다면, 현대에 들어서는 다양한 성격의 대규모 단체들이 국가가 보유하던 주권의 일부를 다시 넘겨받는 시대가 도래함으로써 근대국가 형성기와는 반대로 국가와 단체의 관계에 있어서 단체에 대한 통제의 필요성이 제기되었다는 것이다.

80) Id. pp. 177-179.

81) Allison D. Garrett, "The Corporation as Sovereign", *Maine Law Review*, Vol.60(2008), pp. 143-164.

82) Blair & Pollman, "The Derivative Nature of Corporate Constitutional Rights", *William & Mary Law Review*, Vol.56 No.5(2015), p. 1712.

법의 엄격한 구별 자체에 대해서도 이미 비판이 제기되어 왔다.[83] 특히 회사에 대한 법적 규율이 사회 전체에 대해 미치는 영향력을 고려할 때 회사법은 단순히 주주의 이해관계를 중심으로 한 사법(私法)상의 권리의무 관점에서 파악해서는 안 되고, 제3자의 이해관계를 포함한 사회적 공익을 고려하는 공법(公法)적 관점에서 이해하여야 한다는 주장도 제기되고 있다.[84][85]

따라서 법인을 둘러싼 법률관계를 계약관계에 기초한 순수한 사법(私法)상의 권리의무 관계로 파악하고 법인에 대해서도 개인과 동일한 자유와 권리가 보장되어야 한다고 주장하는 것은 법인과 개인 사이의 관계에 대한 정확한 이해라고 할 수 없다. 사적(私的) 단체들이라 하더라도 그 단체들이 갖는 공공적 성격을 부인할 수 없기 때문이다. 법인의 기본권 제한에 있어서는 법인이 가지는 이러한 공공적 성격이 충분히 고려되어야 한다.

(2) 법인으로부터 개인의 보호

법인은 그 단체성으로 말미암아 일반적으로 개인에 비해 더 큰 영향력을 다른 개인과 사회에 미친다. 따라서 막강한 영향력을 행사하는 법인들에 대해서는 그 법인에 의한 침해로부터 개인의 자유와 권리를 보호하기 위한 헌법적 통제가 필요하다.[86] 앞서 언급한 바와 같이 모든 법인이 현실적으로 개인에 대해 막강한 영향력을 행사하는 것은 아닐 테지만, 개인의 자유와 권리에 대한 침해의 가능성은 단체성을 속성으로 갖는 모든 법인에게 잠재되어 있기 때문이다.

법인이 개인의 자유와 권리에 대해 가지는 영향력은 크게 두 가지 방향으로 문제될 수 있다. 하나는 법인의 외부에 대한 영향력이고 다른 하나는 법인 내부 구성원에 대한 지배력이다.

83) Horwitz, "The History of the Public/Private Distinction", *University of Pennsylvania Law Review*, Vol.130(1982), p. 1428.

84) 예컨대, David Millon, "Theories of The Corporation", *Duke Law Journal*, Vol.1990(1990), pp. 251-261; Kent Greenfield, *The Failure of Corporate Law*, The University of Chicago Press, 2010, pp. 35-36. 여기서 Greenfield는, 회사법상 주주의 권리라는 것이 회사법의 구조와 내용을 결정하기 이전부터 규범적 전제로 존재하는 것이 아니라 회사법의 구조와 내용을 어떻게 정할 것인지에 대한 정치적 토론과 결정의 결과물이며, 미국의 역사에서 적어도 건국 후 처음 백 년 동안 회사는 국가가 추구하는 공익의 증진을 목적으로 설립되고 공적 의무가 부과된 기관으로 이해되어 왔고, 오늘날에도 회사에 대한 국가의 규제는 기본적으로 정당한 것으로 평가되어야 한다고 주장한다.

85) 회사법의 영역에서 회사의 공공적 성격을 강조하면서 회사에 대한 법적 규율도 기존의 '주주의 사적 이익의 극대화' 관점에서 벗어나 회사를 둘러싼 이해관계인과 회사의 사회적 영향력을 고려하여야 한다는 입장에서 회사의 본질과 회사법의 역사, 회사지배구조이론 등에 관한 미국에서의 논의를 상세하게 소개하고 있는 국내 문헌으로는 손창완, 『진보회사법 시론-회사법의 경제민주주의적 해석』, 한울아카데미(2017).

86) Arthur S. Miller, "Toward 'Constitutionalizing' the Corporation: A Speculative Essay", *West Virginia Law Review*, Vol.80(1978), pp. 200-203.

1) 법인 외부의 개인 보호

단체를 결성하는 목적은 궁극적으로 인력과 자원의 결집(accumulation)을 통한 영향력의 강화에 있다. 영향력의 강화는 단체를 구성하는 목적이라고 할 수 있으며, 단체를 구성하는 개인들의 입장에서는 기본권의 효과적인 보호와 실현을 의미한다. 그러나 바로 이 점에서 법인에 대한 기본권 제한의 필요성 또한 커진다.

기본권의 행사는 종종 다른 사람의 기본권 행사를 제한한다. 기본권이 서로 충돌하는 것이다. 그런데 법인과 개인 사이의 기본권 충돌의 경우에는 개인과 개인 사이의 기본권 충돌에 비해 법인의 기본권을 제한하는 방식으로 그 충돌이 조정될 가능성이 크다. 개인에 의해 법인의 기본권이 침해되기 보다는 법인에 의해 개인의 기본권이 침해될 가능성이 더 크기 때문이다. 예컨대, 개인이 계약의 자유를 주장하면서 다른 사람과의 거래를 거부하는 경우 개인의 기본권 행사는 기본적으로 존중될 수 있지만, 만약 기업이 계약의 자유를 들어 상품이나 서비스의 공급을 거부하는 등 거래를 거절하는 경우에는, 개인과 동일한 정도의 보호를 받기 어렵다.[87] 법인의 기본권을 보호하고 강화하는 것은 자칫하면, 개인에 대해 막대한 영향력을 행사할 수 있는 단체들에 대해 그 영향력을 더욱 강화해 주는 결과에 이를 수 있기 때문이다.

개인의 기본권 보호 관점에서 본다면, 어떻게 하면 법인의 기본권 보호를 강화할 것인지를 고민하기보다는 오히려 어떻게 하면 법인의 과도한 영향력을 통제하여 법인에 의한 침해로부터 개인의 자유와 권리를 보호할 것인지를 고민하는 것이 더 중요한 문제가 되는 것이다.[88]

2) 법인 내부 구성원에 대한 보호

법인의 기본권을 인정한다는 것은 법인으로 구성된 단체에 대하여 단체 자신의 자율권을 보장한다는 의미이기도 하다.[89] 그런데 단체의 자율권을 보장한다는 것은 그 자율권의 범위에 속하는 영역에 있어서는 개인에 대한 국가의 법적 규율 또는 보호가 배제된다는 것을 의미하기도 한다. 따라서 단체의 자율권을 확대하는 것은 단체의 소수 대표들이 단체 구성원에 대해 가지는 권한과 지배력의 강화로 이어질 수 있고, 개인들의 자유를 보장하기 위해 단체의 자율권을 인정한 것이 오히려 개인들의 자유와 권리가 단체 또는 단체의 지배세력으로부터 위협받는 상황을 초래할 수도 있다.[90] 예컨대, 종교의 자유를 통해 보호되는 중요한 내용

87) Adolf A. Berle, Jr., 앞의 글(주 77), pp. 948-951.

88) Randall p. Bezanson, "No Middle Ground? Reflections on the *Citizens United* Decision", *Iowa Law Review*, Vol.96(2011), p. 656.

89) Daniel J.H. Greenwood, "NeoFeudalism: The Surprising Foundations of Corporate Constitutional Rights", *University of Illinois Law Review*, Vol.2017(2017), p. 169.

90) Id. pp. 169-170.

중 하나는 종교단체 내부의 자율성(autonomy)인데,[91] 종교단체의 자율성 보장은 종교단체에 속하는 개인들의 종교의 자유를 강화하는 수단이지만 다른 한편으로는 그 단체에 속한 개인들에 대한 종교단체의 지배력 강화를 가져오기도 하는 것이다.[92]

따라서 법인의 기본권 제한은 법인의 지배로부터 법인 내부의 개인의 자유와 권리를 보장하기 위한 수단으로도 그 정당성을 인정할 수 있게 된다.[93] 예컨대, 기업의 표현의 자유를 제한하는 것은 기업의 표현을 지지하는 구성원들에 대해서는 자유와 권리에 대한 제한일 수 있지만, 기업의 표현 내용에 반대하는 구성원들에 대해서는 오히려 자유와 권리를 보호하는 수단으로서 정당화될 수 있는 것이다.[94][95] 정치적 의사표현을 위해 설립된 단체가 아닌 법인이 정치자금을 기부하고자 하는 경우에는 법인의 일반재정에 의한 지출을 금지하고 반드시 별도의 기금 조성(PAC, Political Action Committee)을 통해서만 정치자금을 기부할 수 있도록 하는 것은 그 법인의 구성원 개인들 중에서 법인의 정치적 표현 내용에 반대하는 사람들의 자유와 권리를 보호하기 위해 필요한 것이다. 정치적 표현을 위해 설립되지 않은 법인은 정치적 표현의 자유의 주체가 될 수도 없다고 보아야 하겠지만, 만약 그러한 법인에게 정치적 표현의 자유를 인정한다 하더라도 위와 같은 제한은 정당화될 수 있다고 보아야 한다. 법인에게는 정치적 표현의 자유를 제한하는 것이겠지만, 법인의 표현에 동의하지 않는 구성원 개인들에게는 오히려 정치적 표현의 자유를 보호하는 것이기 때문이다.[96]

법인의 기본권 주장이 법인 내부 구성원들의 자유와 권리에 대해 가지는 잠재적 위협에 대한 고려 없이 법인의 기본권을 무조건 확대하는 것은, 자칫하면 개인의 자유와 권리가 국가로부터가 아니라 법인 또는 그 법인을 지배하는 사람들로부터 침해되는 결과를 초래할 수 있다. 법인의 기본권은 궁극적으로 개인들의 자유와 권리를 보호하고 실현하기 위한 것임에도 법인의 기본권 보호가 오히려 개인의 자유와 권리에 대한 위협으로 작용할 수 있음을 인식하여야 하는 것이다. 이러한 위협으로부터 법인 내부의 개인을 보호하기 위해 법인의 기본권을 제한할 수 있는 것이다.

---

91) Corporation of Presiding Bishop of Church of Jesus Christ of Latter-day Saints v. Amos, 483 U.S. 327, 342.(Brennan 대법관의 별개의견).

92) 종교단체의 자율성 인정에 대해서는 종교단체에 대해 국가의 규제로부터 벗어난 독립된 주권적 영역을 인정하는 것이어서 부당하다는 비판이 있다. 대표적으로, Richard Schragger & Micah Schwartzman, "Against Religious Institutionalism", *Virginia Law Review*, Vol.99(2013), pp. 932-956.

93) Daniel J.H. Greenwood, 앞의 글(주 89), pp. 169-170.

94) Victor Brudney, "Business Corporation and Stockholders' Rights Under The First Amendment", *The Yale Law Journal*, Vol.91 No.2(1981), p. 256.

95) 법인의 표현에 반대하는 구성원의 보호 문제에 관한 서술은 전상현, "미국헌법상 법인(法人)의 표현의 자유에 관한 소고(小考)", 『아주법학』 제10권 제4호, 아주대학교 법학연구소(2017.2.), 188-191쪽 참조.

96) Charles R. O'Kelley, Jr., "The Constitutional Rights of Corporations Revisited: Social and Political Expression and the Corporation after *First National Bank v. Bellotti*", *Georgetown Law Review*, Vol.67 (1979), p. 1380.

3. 법인의 기본권 제한에 대한 심사

(1) 심사기준의 완화

미국의 위헌심사에서 오늘날 가장 일반적으로 적용되는 심사방법의 하나는 "이익형량에 의한 심사(balancing test)"이다.[97] 연방대법원은 형량에 의한 심사에 있어서 형량의 대상이 되는 이익들을 유형화하여 일정한 범주에 속하는 이익들이 제한되는 경우에는 심사의 강도를 높이거나 완화하는, 이른바 이중기준(two-tier review 또는 double standard)을 확립하여 적용해 왔다.[98] 표현의 자유나 평등권 침해에 대한 심사에서 심사의 강도가 높아지는, 일정한 영역의 기본권 또는 이익이 제한되는 경우에는 위헌 결정의 가능성이 그만큼 높아지게 된다.[99]

그런데 법인의 기본권에 대한 제한에 있어서는 이중기준에 의한 강화된 심사기준이 적용될 가능성이 거의 없다. 예컨대, 평등보호의 영역에서 엄격심사가 적용되는 영역으로는 인종(race), 국적(national origin), 이민 또는 귀화(alienage) 등이 있고, 엄격심사와 합리성심사의 중간단계의 심사 영역으로는 성별(gender)나 적서구별(illegitimacy) 등이 꼽히는데,[100] 법인에 대한 차별은 위와 같은 엄격심사나 중간단계의 심사 영역에 속할 가능성이 거의 없다. 평등심사에서 심사기준을 높이는 요소들은 대부분 개인이 가지는 특성에 근거한 차별취급의 경우인데, 유색인종들로 구성된 법인이라고 해서 그 법인을 유색인종으로 볼 수는 없듯이[101] 법인에게는 사람 개인의 특성을 부여할 수 없기 때문이다. 무엇보다도, 앞에서 살펴 본 바와 같이 법인의 기본권 제한은 법인에 대한 특수한 법적 규율이라고 할 수 있는데, 이는 대부분 개인과 법인 사이의 차별이거나 아니면 법인의 유형이나 종류에 따른 차별 취급에 해당

---

97) 이는 문제되는 기본권 또는 헌법조항의 중요성, 기본권에 대한 제한의 정도, 기본권 제한의 정당화 근거 등에 대한 형량을 통해 기본권 침해 여부를 판단하는 심사방법으로서, 헌법상 원칙(principles)은 물론 정책적 고려(policies)까지도 포함하여 기본권 제한과 관련된 모든 이익과 충돌하는 가치들을 형량(balancing)의 결과에 따라 위헌 여부를 가리는 것이다. Kathleen M. Sullivan, "The Justices of Rules and Standards", Harvard Law Review, Vol.106(1992), p. 60.

98) 위헌심사기준으로서의 "이중기준(Double Standard)"의 의미와 역사적 형성과 전개에 관해서는 이우영, "미국의 위헌심사기준으로서의 이중기준(二重基準)(Double Standard)", 『서울대학교 法學』, 제50권 제1호(2009), 419-454쪽 참조.

99) 엄격한 심사기준의 적용은 대부분 위헌결정으로, 합리성심사기준의 적용은 대부분 합헌결정으로 이어진다. 이우영, 위의 글, 437-438쪽. 다만, 구체적인 사건들에서 서로 충돌하는 이익을 어느 정도로 평가하고 고려하느냐에 따라 심사기준의 엄격성 여부에도 불구하고 서로 다른 결론이 도출될 수는 있다. 이 점에서 이익형량에 의한 심사는 이른바 이중기준과 같은 심사강도에 관한 원칙들을 무의미하게 만들 수도 있다. Kathleen M. Sullivan, 앞의 글(주 97), pp. 60-61.

100) 이우영, 위의 글(주 98), 433-434쪽. 여기서 소개하고 있는 이른바 신평등보호(new equal protection) 법리 하에서 엄격심사기준의 적용을 요하는 것으로 보는 영역들, 즉 주간(州間) 이동의 자유, 정치과정에서의 평등한 접근권, 형사사건에서의 사법절차의 평등한 접근권 등에 대해서도 마찬가지다.

101) 흑인이나 유색인종에게 양도가 금지된 토지를 흑인들로만 구성된 법인에게 양도한 것은 그 토지에 부가된 금지를 위반한 것이 아니라는 판결로는 People's Pleasure Park Co. v. Rohleder 109 Va. 439(1908).

하는바, 개인과 법인 사이의 차별취급은 물론이고 법인의 유형이나 종류에 따른 차별취급도 강화된 심사기준이 적용되기는 어렵다.

한편 엄격심사기준이 적용되는 대표적인 영역이라고 할 수 있는 표현의 내용에 근거한(content-based) 규제[102] 또는 표현행위의 사전제한(prior restraint)과 같은 규제는 표현의 내용을 규제하거나 표현행위 자체를 금지하는 경우를 말하는데, 이러한 유형의 규제들은 "표현의 자유" 제한의 문제이고 그 제한에 대해 법인이 당사자가 되어 다툴 수는 있겠지만 그 규제가 "법인의 표현의 자유" 제한 문제라고는 보기 어렵다. 또한 오늘날 미국에서 법인의 기본권과 관련한 가장 뜨거운 논쟁 대상 중 하나인 '정치적 표현을 위한 금전지출 제한'에 관하여 보더라도, 그러한 금전지출이 정치적 표현과 밀접하게 관련된 행위(conduct related to speech)라는 점은 부인하기 어렵지만, 금전지출행위를 일반적인 표현행위와 동일시할 수 없고, 무엇보다도 금전지출의 방식을 제한하는 것이 표현의 내용에 근거한(content-based) 제한은 아니므로[103] 엄격한 심사기준이 적용될 여지가 없는 것이다.[104]

결국 법인의 기본권 제한이 문제되는 경우에는 평등원칙의 적용이나 표현의 자유에 의한 보호 등에 있어서도 엄격한 심사기준이 적용될 가능성은 거의 없다.

(2) 형량의 대상

이익형량에 의한 심사에 있어서 중요한 문제는 어떤 이익과 어떤 이익을 서로 형량할 것인가이다. 자연인의 기본권 제한의 경우에는 개인에게 가해지는 불이익을 전제로 하지만, 법인의 기본권 제한에 있어서는 단체, 즉 법인을 구성하는 여러 사람들에 관계되기 때문에 형량의 대상으로 고려하여야 하는 불이익도 개인의 경우와 다를 수밖에 없다.

법인이 기본권 침해를 주장하는 경우에 기본권 침해 여부의 판단은 법인이라는 베일(corporate veil) 뒤에 존재하는 개인들에 대한 법적 효과를 기준으로 판단되어야 한다.[105] 따라서, 법인의 기본권이 제한되는 경우에 형량의 대상으로 삼아야 할 것은 법인의 배후에 있는 개인들의 불이익이다. 그런데 법인의 기본권 제한이 법인의 배후에 존재하는 개인들에게 미치는 법적 효과는 법인을 구성하는 모든 개인들에게 동일하게 작용하지 않을 수 있다. 법인의 기본권을 제한하는 것이 일부 구성원들에게는 기본권 제한을 의미하지만 다른 일부 구

---

102) 이우영, 앞의 글(주 98), 430-432쪽.

103) J. Skelly Wright, "Politics and the Constitution: Is Money Speech?", *The Yale Law Journal*, Vol.85 No.8 (1976), pp. 1005-1009. 여기서는 전쟁에 반대한다는 의사를 표현하기 위해 징집영장(draft card)을 불태우는 행위는 순수한 의미에서의 표현(pure speech)에 해당하지는 않으므로 제한이 정당화될 수 있는 것처럼 [United States v. O'Brien 391 U.S. 367(1968)], 금전지출 행위를 정치적 표현의 자유에 속하는 행위로 보더라도 그러한 행위에 대한 규제는 폭넓게 허용되어야 한다고 주장한다. Id. pp. 1006-1007.

104) 금전지출을 표현행위로 볼 것인지의 문제를 법인의 표현행위와 관련지어 서술한 것으로는 전상현, 앞의 글(주 95), 191-192쪽 참조.

105) Meir Dan-Cohen, 앞의 책(주 42), p. 124.

성원들에게는 오히려 기본권을 보호하는 효과를 갖는 경우도 있다. 그러므로 법인의 기본권 제한으로 인한 불이익을 형량하기 위해서는 법인의 기본권 제한을 통해 오히려 기본권이 보호되는 개인들의 이익도 반드시 고려되어야 한다. 이는 법인의 기본권 제한으로 인한 불이익의 크기가 그만큼 줄어들 수 있음을 의미한다.

한편, 법인의 기본권 제한으로 인하여 개인에게 발생하는 불이익이란 결국은 법인을 이용하여 기본권을 실현할 수 있는 기회의 제한이라고 할 수 있다. 예컨대, 법인의 정치적 표현의 자유가 제한되는 경우에도 그 법인의 구성원 개인은 자신의 정치적 표현을 얼마든지 주장하고 보호받을 수 있으며, 법인에게 종교의 자유가 인정되지 않는 경우에도 그 구성원 개인이 개별적으로 누리는 종교의 자유에는 아무런 영향이 없는 것이다.

또한 법인의 특정한 기본권이 제한되는 경우에도 정작 법인의 구성원 개인에게 발생하는 불이익은 문제된 기본권에 의해 보호되는 이익과는 전혀 다른 것이 될 수도 있다. 예컨대, 법인의 서류나 사무실에 대한 압수수색이 이루어지는 경우 법인은 부당한 압수수색의 금지를 주장할 수 있지만 그 법인의 구성원들에게 발생하는 불이익은 형사절차에서의 절차적 권리나 사생활의 비밀에 관한 불이익이 아니라, 법인 내부의 정보가 공개되거나 법인이 형사적 제재를 받게 됨으로써 그 구성원 개인에게도 초래될 수 있는 불이익이라고 할 수 있는데, 이는 형사절차적 기본권이나 사생활의 비밀에 의해 보호되는 이익과는 무관한 것이라고 할 수 있다.

결국 법인의 기본권 제한으로 인해 개인에게 발생되는 불이익은 그 내용과 정도에 있어서 개인의 기본권이 직접 제한되는 경우와는 명백하게 차이가 있으며, 이러한 사정들은 법인의 기본권 제한에 대한 심사에서 반드시 고려되어야 한다.

V. 결 어

이 글은, 미국에서의 법인의 기본권에 관한 논의를 빌어서 법인의 기본권 논의가 결국은 '단체를 통한 개인의 기본권 실현' 또는 '개인의 기본권 실현을 위한 단체의 기본권 제한'에 관한 것임을 밝히고 "법인의 기본권주체성"과 "법인의 기본권 제한" 문제를 개인의 기본권 실현의 관점에서 설명해 보고자 하였다.

단체는 개인의 자유를 보호하고 실현하기 위한 수단이라는 점을 강조하면, 법인의 기본권 보호는 곧 개인의 기본권 실현이라고 주장할 수 있겠지만, 단체가 개인의 자유를 억압할 수 있는 권력이기도 하다는 점을 인식한다면, 법인의 기본권 제한은 오히려 개인의 기본권 보호를 위해 필요한 것이라고 볼 수도 있다.

법인은, 사람들의 단체라고 하는 단체성(corporateness)과 동시에 그 구성원들과는 구별되는 분리성(separateness)을 갖는데, 이러한 법인의 특성은 법인의 기본권 논의 전반에 걸쳐 중요한 고려 요소가 된다. 법인의 기본권을 인정하는 궁극적인 목적은 개인의 기본권을 보호하고 실현하기 위한 것이므로, 여러 개인들로 구성된 법인은 그 개인들 사이에 기본권적 동질성이 인정되는 범위에서만 기본권을 인정할 수 있으며, 법인은 그 구성원들과 구별되는 별개의 존재이기는 하지만 구성원들로부터 대표행위를 위임받은 범위 내에서만 기본권을 주장할 수 있다. 이러한 기본권적 동질성과 위임의 범위는 결국 법인의 설립목적에 의해 정해진다고 할 수 있다.

한편 기본권 제한에 대한 위헌심사에 있어서도 법인의 경우에는 개인의 경우와 동일하게 접근해서는 안 된다. 단체로서 법인이 갖는 공공적 성격과 사회적 영향력으로 인해 법인의 기본권 제한은 개인의 기본권 제한의 경우에 비해 정당화될 가능성이 크다. 법인 외부 또는 내부의 개인들에 대해 법인이 갖는 영향력과 지배력으로 인한 위협으로부터 개인의 자유와 권리를 보호하기 위해 법인의 기본권 제한이 정당화될 수 있다. 나아가 위헌심사에서 구체적인 법익형량을 함에 있어서도, 그 형량의 대상에 포함시켜야 할 이익 또는 불이익의 내용과 크기는 개인의 기본권에 대한 제한의 경우와 같을 수 없으며, 여기서도 법인의 특성이 반드시 고려되어야 한다.

요컨대, 법인의 기본권 논의에 있어서는 법인의 기본권을 인정하는 목적이 궁극적으로 개인의 기본권 보호와 실현을 위한 것임을 인식하고, 기본권의 인정 범위와 그 제한의 정당성을 검토하는 모든 단계에서 개인의 기본권 논의와는 구별되는, 법인이 가지는 특성을 충분히 고려하는 것이 필요하다고 할 것이다.

2. 기본권의 상충에 관한 연구*

정 재 황**

Ⅰ. 서 설

기본권을 향유하는 주체인 인간들이 더불어 살아가면서 자신의 기본권의 행사에 있어서 다른 사람들의 기본권행사와 서로 충돌하는 현상이 나타난다. 사인(私人)들 간의 기본권의 상충현상은 일상에서 어렵지 않게 찾아볼 수 있다. 흔히 들려지는 예로, 언론사가 보도 등에서 어느 사람의 명예에 관한 언급을 한 경우의 언론·출판의 자유와 명예권·인격권 간의 상충, 소음을 발생하는 공장의 운영으로 인근 주민의 숙면권, 쾌적한 환경에서 생활할 권리를 침해받는 경우에 공장운영이라는 영업의 자유와 환경권 간의 상충, 집회와 시위 때문에 통행권이 방해될 경우에 집회의 자유와 왕래(통행)의 권리의 충돌 등이 그것이다.

기본권은 국가나 헌법의 존재목적이고 인간의 생활에 기본적인 권리이므로 최대한의 기본권보장이 요구됨은 물론이다. 따라서 이러한 상충에 있어서 그 해결을 위하여 상충되는 기본권들을 불가피하게 희생시킬 수밖에 없더라도 이러한 희생을 최소화하고 조절함으로써 가능한 한 상충되는 기본권들을 최대한 보장할 수 있는 방법을 찾아야 한다. 이러한 상충과 조절에 있어서 보다 근본적으로 상충현상이 헌법이론적으로 어떠한 의미를 가지는지, 특히 상충의 문제가 과연 그 자체로서의 의미를 가지는 것인지, 그리하여 실제의 사안의 해결에 있어서 상충해결을 위한 조절의 방법들이 특수한 법이론으로 설정되고 적용되는 것인지 하는 의문이 제기된다.

그동안 기본권의 상충에 대해서는 국내에서도 연구가 있었다. 그리고 우리 헌법재판소도 직접적으로 기본권의 충돌의 문제로서 적시하면서 이를 다룬 판례들을 보여준 바 있었다. 이러한 판례들에 대하여 보다 근본적인 시각에서 심층적 분석이 이루어질 필요가 있다. 판례의 분석이 가지는 중요한 의미는 그 분석을 통하여 위에서 제기한 근본적인 문제들에 대해 실제적인 차원에서 논의하게 한다는 데에 있다. 이는 앞으로의 판례이론의 발전을 위한 연구이기도 함은 물론이다. 본 연구에서는 위와 같은 과제를 두고 먼저 기존에 제시되어 온 이론들에 대해 살펴본 뒤 판례를 분석해보고 이어 보다 근본적인 검토를 해보고자 한다.[1)]

---

* 성낙인 서울대학교 총장님의 퇴임을 축하드리고자 헌법이론의 기초적 연구로서 기본권이론에 관한 이 논문을 헌정한다. 이 논문은 이미 발간된 것인데(정재황, 기본권의 상충에 관한 연구, 성균관법학 제19권 제2호) 이후 나온 헌법재판소의 판례들을 추가하였고, 대법원의 판례들도 추가하여 가필한 것이다.

** 성균관대학교 법학전문대학원 교수

1) "우리 헌법학에서도 독자적인 영역으로서 정착되어 가는 기본권충돌의 문제는 그 나름대로 의미가 있으며,

Ⅱ. 기본권상충의 개념과 문제상황

1. 개 념

기본권의 상충이란 복수의 서로 다른 기본권주체들이 하나의 같은 사안에서 그들 간에 각자의 기본권을 주장함으로써 서로 충돌을 야기하여 각 기본권주체가 국가에 대하여 자신의 기본권의 보호를 요구하고 있는 상황을 말한다. 헌법재판소도 "기본권의 충돌이란 상이한 복수의 기본권주체가 서로의 권익을 실현하기 위해 하나의 동일한 사건에서 국가에 대하여 서로 대립되는 기본권의 적용을 주장하는 경우를 말하는데,[2] 한 기본권주체의 기본권행사가 다른 기본권주체의 기본권행사를 제한 또는 희생시킨다는 데 그 특징이 있다"라고 한다.[3] 기본권의 상충은 복수의 기본권주체간의 문제, 즉 기본권주체의 복수성이라는 점에서 어느 한 기본권주체에 있어서 그의 여러 기본권들이 아울러 영향을 받는 경우인 기본권경합과는 구별된다.

상충되는 권리는 기본권으로서 보호되는, 즉 기본권의 보호범위 내에 들어가는 기본권들 간의 충돌이어야 한다. 어느 기본권주체가 자신의 기본권의 보호범위 내에 들어가지 않는 행위를 행하여 다른 기본권주체의 기본권을 침해하면서 상충이 있다고 하고 그 행위를 한 기본권주체가 자신의 기본권의 보호를 요구할 수는 없다. 예를 들어 파업권을 행사하면서 인간의 생명, 안전을 해하는 행위까지도 이를 할 수 있다고 주장하는 경우 이는 이미 정당한 파업권의 범위를 벗어난 것이므로 충돌이라고 할 수 없다.[4] 각 기본권이 가지는 규범영역의 확정이 항상 간단하고도 쉽게 이루어지는 것은 아니다. 기본권영역은 헌법 자체가 일의적으로 규정한 경우가 아니라면 기본권규범의 해석을 통하여 확정될 경우가 많을 것이므로 해석자에 따라 주관적일 수 있다. 또한 규범영역은 시대적 상황이나 사회적 여건 등에 따라 달리 나타날 수도 있다.

기본권상충 자체는 사실의 문제이다. 국가의 개입이 없더라도 있을 수 있는 사실이다. 기본권상충에 있어서 기본권주체가 국가에 그 해결을 위한 개입을 요구하거나 국가가 필요에 의해 개입하게 되면 헌법적 문제로 부각된다. 따라서 헌법적 문제로서의 기본권상충의 개념

그 해결을 위하여 고유한 법리를 개발하고 발전시켜 나가야 한다"(성낙인, 헌법학 제18판, 법문사, 2018, 966면).

2) "기본권의 충돌은 서로 다른 기본권주체가 서로 각기 충돌하는 권익을 실현하기 위하여 서로 대립되는 기본권의 적용을 국가에 대하여 주장하는 것이다"(성낙인, 헌법학 제18판, 법문사, 2018, 963면).

3) 헌재 2005.11.24. 2002헌바95, 판례집 17-2, 401면.

4) 이러한 취지의 예를 들고 있는 문헌으로, G. Vedel, La place de la déclaration de 1789 dans le ≪bloc de constitutionnalité≫, La Déclaration des Droits de l'Homme et du Citoyen et la Jurisprudence, Colloque des 25 et 26 mai 1989 au Conseil constitutionnel, P.U.F., Paris, 1989, 58면.

은 국가가 그 해결을 위하여 개입하는 상황에 있는 것을 포함하는 것으로 볼 것이다.

요컨대 헌법적 문제해결을 요하는 기본권의 상충은 ① 복수의 기본권주체의 존재, ② 충돌되는 진정한 기본권(보호범위 내의 권리)의 존재, ③ 국가에 대한 보호요청이 있을 것을 그 개념요소로 한다.

2. 기본권상충과 기본권의 제3자효문제

기본권상충이 기본권주체들간의 문제이므로 사인들간에 기본권의 효력이 미친다는 제3자효가 요구되는 상황 내지 문제와 기본권상충의 상황 내지 문제가 서로 다른 성격의 것인지 여부가 기본권상충의 개념 내지 성격의 규명을 위해 논의되고 있다. 기본권의 제3자적 효력은 기본권의 충돌과 문제상황이 다르다는 견해들이 있다. 문제상황이 다르다고 보는 견해는 그 논거로 "제3자효력문제는 대체로 어느 일방의 사인이 사실적인인 힘에 의하여 다른 사인의 기본권을 침해하는 경우에 제기되는 문제인데 대하여, 충돌문제는 대체로 사인과 사인간의 기본권이 국가공권력을 매개로 하여 상호 대립하는 상황에서 국가공권력이 그 대립을 해소하기 위해 여기에 개입하는 경우에 제기되는 문제이기 때문이다"라고 한다.[5] 생각건대 첫째, 기본권의 사인들 간의 효력을 인정하지 않는다면 충돌상황에 있는 사인들이 각각 주장하는 권리가 기본권으로서 보호되지 않는 것이라는 결론에 이르게 되고 사인인 각 기본권주체가 자신의 기본권이 기본권상충의 문제는 없는 것이 된다. 제3자효가 인정되지 않으면 어느 사인이 다른 사인으로부터의 '기본권'의 침해가 있었다고 주장할 충돌이 없게 된다. 따라서 기본권들이 사인들 간에 상충이 된다는 것은 제3자효의 인정을 전제로 하여야 한다. 둘째, 사인들인 기본권주체들 간의 충돌은 그 충돌에 있어서 각 기본권주체의 기본권의 효력을 어느 정도 인정할 것인가 하는 문제가 되므로 그것은 곧 사인들 간 기본권의 효력인 제3자효 문제가 되는 것이다. 셋째, 국가공권력이 그 대립을 해소하기 위해 개입하는 경우에 기본권상충이 문제된다고 하나 기본권의 제3자효가 문제되는 상황도 사인들 간에 국가에 의한 기본권의 보호가 요구될 상황이다. 국가가 아닌 사인과 또다른 3자인 사인 간, 즉 사인들인 기본권주체들 간에 아무런 분쟁이 없다면 물론이고 분쟁이 있더라도 그들 간의 자율적인 평화로운 해결이 이루어지는 경우라면 국가와 헌법이 개입할 것은 아니고 헌법적 문제가 되지 않을 것이다.[6] 기본권의 제3자효의 문제도 결국 다른 사인과의 관계에서의 자신의 기본권을 국가가 보호해달라는 요구가 있을 때 헌법적 문제가 된다.[7] 제3자효의 문제나 기본권의 상

---

5) 권영성, 헌법학원론, 2007년판, 법문사, 2007, 335면.

6) 미국에서 기본권의 제3자효가 많이 적용된 예가 흑백 간 분쟁의 사안들이었다는 점을 상기하더라도 이를 이해할 수 있다.

7) 프랑스에서 기본권이라는 용어 보다 '공적' 자유(libertés publiques)라는 용어가 자주 쓰이는데 '공적'이란 국가에 의한 침해이든 사인에 의한 침해이든 그 구제, 보호는 공적인 국가의 개입으로 이루어진다는 관념

충문제나 모두 국가의 개입에 의한 해결이 필요하기에 문제의 성격이 다르지 않다. 기본권이 사인들 간에 효력을 가지는 것도 결국 국가가 입법이나 재판작용에 의해 이를 보호하기 때문이라는[8] 점에서 제3자효 문제의 상황과 기본권상충의 상황은 다르지 않다. 기본권상충문제는 "대립되는 두 기본권주체와 국가권력의 3각관계의 문제라고도 말할 수 있을 것이다."[9] 기본권의 대사인(제3자)적 효력도 국가권력의 개입이 있어 헌법적 문제로 되어 3각관계의 문제로 자리잡는다. 그래서 사인들 간의 기본권의 효력을 '제3자'적 효력이라고 부르지 않는가. 한편 여기서 기본권의 제3자효의 실제성에 대한 보다 근본적인 검토가 필요하다. 앞서 제3자효가 문제되는 상황도 결국 국가의 개입을 요하는 상황이라고 하였는데 그렇다면 국가권력의 개입으로 사인들 간만의 문제가 아니라 결국 대국가적 효력의 문제로 귀결된다.

Ⅲ. 해결방식에 관한 학설이론

1. 해결방식들

우리나라에서는 그동안 기본권상충의 해결방식에 관해 아래와 같은 방안들이 제시되어 왔다. 그 방안들은 독일에서 많이 거론되어 온 것들이다. 해결방법으로서 입법의 자유영역이론, 기본권의 서열이론, 법익형량론, 실제적 조화(규범조화)이론 등이 제시되고 있다.[10]

(1) 여러 방식들

1) 입법의 자유영역이론

헌법에서 기본권상충의 해결에 관한 규정을 두고 있지 않을 때에는 원칙적으로 기본권충돌의 해결을 입법자의 자유로운 형성에 맡겨야 하고 법원이나 헌법재판소의 해석에 의해서 해결하는 것은 적절하지 않다고 보는 이론이다. 이 이론에 대해서는 무엇보다도 다양한 기본권충돌현상이 많은데 이에 대해 일일이 입법이 정형화하여 정하는 것이 어렵고 기본권충돌의 해결문제는 헌법해석의 문제인데 헌법해석은 입법자만이 아니라 법원, 헌법재판소도 행하는 것이라는 점에서 비판을 받고 있다.[11]

때문이다(이러한 취지로, L. Richer, Les Droits dl'Homme et du Citoyen, Economica, Paris, 1982, 4면). 이러한 관념이 여기서 시사하는 바 있다고 할 것이다. 프랑스에서의 공적 자유권의 개념에 대해서는, 졸저, 기본권연구 Ⅰ, 길안사, 1999, 149면 이하 참조.

8) J. Rivero et H. Moutouh, Libertés publiques, t. I, P.U.F., 9e éd., Paris, 2003, 163-164면.

9) 허영, 한국헌법론, 전정3판, 박영사 2007, 264면.

10) 이러한 독일의 이론에 대해서는, 계희열, 헌법학(중), 신정판, 박영사, 2004, 124면 이하; 성정엽, 기본권충돌에 대한 헌법이론적 접근, 공법학연구, 창간호, 1999, 945면 이하; 홍성방, 기본권의 경합과 충돌, 안암법학, 제9호, 1999, 5면 등 참조.

11) 계희열, 위의 책, 125면 등 참조.

2) 서열이론

기본권들 간에는 상하의 우열관계가 있다고 보고 기본권의 충돌시에 상위의 기본권을 하위의 기본권에 우선하여 보호하여야 한다는 이론이다. 이 이론에 대해서는, 이 이론이 기본권의 서열관계가 인정되는 것을 전제로 하는 이론인데 인간의 생명권, 존엄권과 같은 상위의 위치를 인정할 수 있는 기본권이 있긴 하나 기본권들에 대해 확정적인 서열인정이 불가능하기에 문제가 있다는 비판을 받고 있다.

3) 법익(이익)형량론

법익(이익)형량론은 상충되는 각 기본권의 법익(이익)을 상호 비교하여 보다 더 큰 법익(이익)을 가진 기본권을 우선하여 보호한다는 방법론이다. 우리나라에서는 이 법익형량의 방법에 대해 법익형량 결과 법익이 큰 기본권을 택하고 법익이 적은 기본권을 희생하여야 한다는 점에 문제가 있다는 지적들이 있다.

4) 실제적 조화의 원리(규범조화적 해석)[12)]

이는 충돌되는 기본권들 중 어느 한 기본권을 전적으로 희생시키지 않고 양 기본권이 최대한 존중되도록 하는 방안을 찾아야 한다는 것이다. 즉 "두 기본권이 상충하는 경우에도 이익형량에 의해 어느 하나의 기본권을 다른 기본권에 우선시키지 않고, 헌법의 통일성을 유지하기 위해서 상충하는 기본권 모두가 최대한으로 그 기능과 효력을 나타낼 수 있는 조화의 방법을 찾으려는 것"을 규범조화적 해석이라고 한다.[13)]

규범조화적 해석(실제적 조화)의 방법론으로는 "상충하는 기본권 모두에게 일정한 제약을 가함으로써 두 기본권 모두의 효력을 양립시키되 두 기본권에 대한 제약은 필요한 최소한에 그치도록 하는" 과잉금지의 방법과, "상충하는 기본권을 다치지 않는 일종의 대안을 찾아내서 기본권의 상충관계를 해결하려는" 대안식 해결방법(代案式 解決方法), 최후수단의 억제방법이 있다고 한다.[14)]

5) 형평성의 원칙

이 이론은 위의 실제적 조화의 원리에 유사한 이론으로 보인다. 이 이론은 "충돌하는 기본권 모두가 최대한으로 그 효력을 유지할 수 있게 함으로써, 각 기본권간에 형평이 유지될 수 있도록 하는 원칙"이라고 하며, 이 원칙을 위한 방법으로 "모든 기본권에 비례적으로 공평하게 제약을 가함으로써 각 기본권의 핵심영역을 유지함은 물론 기본권 모두의 효력을 양립시키려는" 공평한 제한의 원칙, "공평한 제한까지도 수용하기 어려울 경우에는, 기본권 모두의 효력을 유지하는 代案 내지 절충안을 찾아내는 방법"을 말하는 代案(折衷案)發見의 원

---

12) 독일의 이 이론에 대해 '규범조화적 해석'보다 '실제적 조화의 원리'로 번역하는 것이 적절하다는 지적[계희열, 헌법학(상), 신정판, 박영사, 2004, 80면, 주68]이 있다. 본고에서는 이 이론에 관한 언급에서 겸용한다.

13) 허영, 앞의 책, 266면.

14) 허영, 위의 책, 267-268면.

칙, 두 가지 방법을 들고 있다.[15)]

6) 규범내용확정

제1차적 해결준거로서 충돌되는 기본권의 규범내용의 확정을 들고 있는 견해가 있다. 어느 기본권의 보호영역(내용)이 무엇인지를 먼저 설정하여 어느 행위가 보호될 기본권의 범위에 속하는지를 먼저 파악하여야 한다는 것이다. “이러한 기본권의 해석론을 통해 기본권충돌의 문제로 보이는 많은 부분들이 기본권의 類似衝突의 문제로 여과될 수 있을 것이다”라고 한다.[16)]

(2) 국내의 학설의 입장

국내에서는 위의 여러 방법론들 중에 어떠한 방법으로 기본권상충을 해결할 것인지에 대해 여러 견해들이 표명되고 있다. “기본권충돌의 문제를 그래도 가장 적절하게 해결해 주는 방법은 충돌하는 기본권을 어느 하나도 희생시키지 않고 모두 최대한 실현시키는 실제적 조화의 원리에 따른 해결이라고 하겠다”라는 견해,[17)] “상충하는 기본권의 문제는 ‘이익형량’과 이들 ‘규범조화적 해석방법’을 모두 동원해서 다각적인 검토를 해야 하는 매우 복합적인 성질의 사안”이라는 견해,[18)] 제1차적 해결준거로 규범내용확정에 따라 해결하고, 이로써 해결되지 않으면 제2차적 해결준거로 법익형량원칙과 형평성원칙으로서의 공평한 제한의 원칙, 대안(절충안)발견의 원칙을 적용하고, 이로써도 해결되지 아니할 경우에 최종적으로 제3차적 해결준거인 입법에 의한 해결을 할 수밖에 없다고 보는 견해,[19)] “이익형량의 방법을 적용하되, 가치서열이론에 따라 기본권을 위계질서화하여 비교·형량하여야 하며, 궁극적으로는 규범조화적 해석을 통해 기본권의 최적화를 기해야 할 것이다”라는 견해,[20)] “기본권의 충돌의 경우에 어느 것이 우선하는가는 구체적인 경우마다 비교형량(이익형량, 법익형량)에 따른다”라는 견해,[21)] “과잉금지의 원칙이나 비례의 원칙 등에 입각하여 규범조화적인 해석을 하는 것이 바람직할 것이나, 실제로는 이를 통해서도 명확한 결론을 도출하기란 쉽지 않다”라는 견해,[22)] 실제적 조화의 이론에 따라 해결되는 것이 바람직하다는 견해,[23)] “현재 실질적인 비중을 갖고 있는 것은 실제적 조화와 법익형량의 두 가지라고 할 수 있다”라는 견해,[24)] 사안관련성에서 가장 직접적인 기본권을 고려하되 법익형량에 의하여 양자택일을 할 수밖에 없

15) 권영성, 앞의 책, 341면.
16) 권영성, 위의 책, 340면
17) 계희열, 앞의 책, 128면.
18) 허영, 앞의 책, 268면.
19) 권영성, 앞의 책, 339-342면.
20) 윤명선, 기본권 충돌시의 효력문제, 고시연구, 1996.4., 81면.
21) 양건, 헌법강의 I, 법문사, 2007, 247-248면.
22) 성낙인, 헌법학, 제7판, 법문사, 2007, 276면, 제18판, 법문사, 2018, 968면.
23) 홍성방, 헌법학, 개정4판, 현암사, 2006, 311면.
24) 장영수, 헌법학, 제2판, 홍문사, 2007, 505-506면.

는 경우에는 우월한 지위에 있는 기본권을 보호하고 그렇게 할 수 없는 경우에는 비례적 제한원칙에 따라 적정한 조화점을 찾아내게 되는데 이 과정에서 대안을 마련하는 방식도 고려되고 대안마련이 어려운 경우에는 결국 특정 기본권을 불가피하게 후퇴시킬 수밖에 없는데, 이런 때에는 과잉금지원칙에 합치하여야 한다는 견해[25] 등이 있다.

2. 각 해결방법들에 대한 평가

(1) 입법의 자유영역론, 제3차해결준거로서의 입법에 의한 해결

입법의 자유영역이론이나 제3차해결준거로 입법에 의한 해결을 제시하는 이론은 상충해결의 방식에 관한 이론이 아니라 그 해결을 할 임무를 누가 수행하는가 하는 해결의 주체문제에 관한 것이므로 애초에 해결방법들 중의 하나로 보기 힘들다. 물론 입법자가 기본권상충해결의 임무를 수행한다. 그러나 기본권상충의 해결을 '어떻게' 할 것인가 하는 것이 해결방식의 문제이므로 상충을 해결하는 입법을 함에 있어서 어떤 방법을 취할 것인가가 제시되어야 하는데 아무런 해결기준을 제시하지 않고 그냥 입법에 해결을 맡긴다는 것은 결국 전혀 문제해결을 가져오게 하는 것이 아니고 문제를 그대로 남겨두는 것이다. 따라서 입법의 자유영역론은 입법자가 해결임무를 수행한다고 보는 것은 맞으나 기본권상충을 해결하기 위한 방법이나 준거는 아니다.

(2) 서열이론

첫째, 서열이론이 항상 어느 기본권이 다른 기본권 보다 어떠한 상황관계에서도 우선한다고 보는 고정적 서열관계를 전제하는 입장이라면 이는 받아들이기 곤란하다. 물론 인간의 생명권, 존엄권과 같이 어느 나라, 어느 시대에서나 객관적으로 상위의 기본권으로서 자리잡고 있는 기본권이 있다. 그러나 항상 기본권들의 상하의 자리매김이 고정적으로 확정되어 있는 것은 아니라고 볼 것이다. 개별 사안에서의 상충되는 기본권들 간의 실질적인 우열관계 내지는 각각의 상대적인 중요도를 측정하고 판단하는 것은 가능할 것이다.

둘째, 우열(중요도)이 파악된 뒤 일률적으로 상위 기본권은 전적으로 보장하고 하위 기본권은 일방적으로 이를 희생시키는 양자택일식, 승자독식적인 적용을 하여야 한다는 서열이론이라면 이를 받아들일 수 없다. 이는 기본권의 최대보장의 원칙에 반한다. 하위의 기본권이기에 상위의 기본권을 위하여 희생이 된다고 할지라도 전적인 희생이 불가피한 경우(이러한 경우에도 기본권의 본질적 내용은 침해될 수 없기에 전적인 희생이라는 표현이 부적절한 면이 있긴 하다. 원칙적으로 본질적 내용을 제외한 완전한 희생을 의미한다)가 아니라면 완전한 희생을 가져오지 않고 상위의 기본권의 행사에 방해가 되지 않는 범위 내에서 최대한 이를 보장해주

25) 정종섭, 헌법학원론, 제2판, 박영사, 2007, 296면.

어야 할 것이기 때문이다.[26] 예를 들어 공중이 다니는 거리에서의 통행의 자유가 그 곳에서의 상행위(商行爲)의 자유보다도 더 우선하고 후자가 열위에 있다. 후자는 통행의 필요성에 따라, 통행의 불편을 막기 위해 제한될 수 있기 때문이다. 하지만 보행의 자유에 지장을 주지 않는 정도의 상행위는 허용될 수 있다.[27] 그렇다면 개별 충돌사안마다 그 실질적인 우열관계 내지 중요도를 따지고 실질적인 우열의 판단결과 우열관계가 나타나는 경우에 열위의 기본권을 전적으로 희생시키지 않는다면 상충되는 각 기본권의 우열관계 내지 상대적 중요도를 따지는 판단과정은 타당성을 가진다.

중요도나 서열에 대한 판단과정은 다음 단계의 과정인 법익형량에 있어서 상충되는 기본권들의 이익을 비교하기 위한 과정으로서의 의미를 가진다. 이는 법익형량이 상충되는 각 기본권의 법익의 양과 비중을 상대적으로 측정・비교하는 것인데 이러한 상대적 측정을 위해 먼저 어느 기본권이 실질적으로 더 우선적이고 중요한 것인가를 파악하는 것이 필요하기 때문이다.

물론 실질적으로 서열 내지 중요도에 차이가 나타나지 않거나 두드러지지 않는 경우도 있을 것이다. 동종의 기본권들 간의 충돌이 주로 그러할 것이다. 이 경우에는 대등한 조절이 이루어질 것이다. 예컨대 서로 다른 의견을 표명하여 충돌이 예상되는 두 集會에 대해 이를 금지하지 않고 적절한 경찰적 조치를 예방하는 가운데 그 대립되는 집회들의 개최를 허용하는 것은 이러한 조절이 된다.[28]

---

26) 기본권 간의 서열(hiérarchie)에 따른 제한을 인정하면서도 하위 기본권을 전적으로 희생시키지 않고 상위 기본권의 주체의 이익을 위하여 일정 범위 제한될 경우가 있다고 보는 견해로, J. Rivero et H. Moutouh, 앞의 책, 167면 참조.

27) J. Rivero et H. Moutouh, 위의 책, 같은 면은 이러한 법리가 나타난 프랑스 최고행정법원(Conseil d'Etat)의 판례로 1951년 6월 22일에 선고한 Daudignac판결을 들고 있다. 이 판결의 사안은, 길거리에서 사진촬영을 해 주는 영업이 번창하자 이러한 영업에 대해 사진관 영업자들이 반발하고 보행자들은 그들의 통행에 방해가 되고 그들의 사전동의 없는 촬영으로 초상권이 침해된다는 항의를 많이 함에 따라 여러 市들에서 이를 규제하게 되었고 그 규제로서 사전허가를 받도록 한 市長의 規則들이 만들어졌는데 이 규칙에 대해 행상 촬영영업을 하던 사람이 제기한 월권소송(recours pour excès de pouvoir)이었다. 최고행정법원은 시장이 그러한 행상 촬영의 영업행위가 통행과 공공질서에 대해 가져올 수 있는 불편을 방지하는 데 필요한 조치를, 특히 통행인들의 의사에 반하여 통행인들을 촬영하는 행위를 금지하거나 필요한 경우에는 일정한 거리 또는 일정한 시간대에 이러한 영업을 금지하는 조치를 취할 권한은 가지나 그렇더라도 사전의 허가제로 하는 것은 법이 부여한 권한을 넘어선 것이라는 취지로 이를 취소하는 판결을 하였다. 이 판결은 제한되는 노상의 상행위의 자유라도 가능한 한 보장이 이루어져야 하고 의사에 반한 촬영금지, 일정한 거리(장소), 시간대에 한정하는 정도의 기본권제한으로 목적달성이 가능하다고 보고 그 보다 더 강한 사전허가제는 잘못된 것이라는 취지이다. 이 판결의 내용과 그 평석에 대해서는, M. Long, P. Weil,G. Braibant, P. Delvolvé et B. Genevois, Les grands Arrêts de la Jurisprudence administrative, 11e éd., Dalloz, Paris, 1996, 454면 이하 참조.

28) 이러한 조절지침이 제시된 프랑스 최고행정법원(Conseil d'Etat)의 판례로 1933.5.19.에 선고한 Benjamin판결을 들 수 있다. 이 판결의 사안을 보면, 서로 대립되는 두 집회에 대해 모두 금지한 시장의 처분에 대해 제기된 월권소송인데, 최고행정법원은 먼저 시장이 가지는 공공질서를 위한 권한과 집회의 자유의 존중이 서로 조절되어야 한다고 보고, 사안에서 시장이 내세운 금지의 사유 는 집회를 금지하지 않고서 자신의 권한에 속하는 경찰적 조치를 취하여 공공질서를 유지할 수 없을 정도로 중대한 사유가 아니라고 보아 문제

(3) 법익(이익)형량론

법익(이익)형량론의 의미 내지 기능이 어떠하다고 보는가에 따라 그 적용의 가치성이 달라진다. 법익형량이론에 대해서는 법익이 큰 기본권을 택하고 적은 기본권을 희생하여야 한다는 점에 문제가 있다는 지적들이 우리나라에서 있다. 그러나 법익형량론이 형량 결과 이익이 적은 기본권을 언제나 완전히 희생하는 것으로 보는 양자택일식의 방법이라면 이를 받아들이기 곤란하다. 이는 역시 기본권의 최대보장원칙에 부합하지 않기 때문이다. 충돌되는 기본권들 각각에 대한 법익의 측정 결과 어느 한 기본권만을 보장하고 다른 기본권을 (본질적 내용을 제외하고[29]) 완전히 희생하여야 할 경우가 있을 것이나 그러한 경우가 아니라면 측정된 각 기본권의 이익의 정도에 그치게 할 수 있다. 이러한 법익형량의 방법은 쌍방의 적절한 양보를 통한 최적치를 찾기 위하여 조금씩 양보하게 하는 방법으로 활용될 수 있으므로 바로 실제적 조화의 방법이 된다. 이러한 법익형량의 방법은 결코 실제적 조화라는 달성해야 할 목표와는 무관한 별개의 것이 아니라 그 목표를 실현하는 수단으로서의 의미를 가진다.

상충하는 기본권 각각을 어느 정도 희생, 양보하게 하느냐를 가늠하기 위해서 이익(법익)형량이 필요하다. 법익형량 자체가 해결의 종료를 가져오는 것은 아니다. 법익형량은 이를 통해 상충하는 기본권들 각각에 대해 어느 정도의 보호, 희생을 가져오게 하는지 그 양 내지 범위를 측정하게 된다. 법익형량의 결과 어느 한 기본권을 위해 다른 기본권이 (본질적 내용을 제외하고) 전적으로 희생되어야 할 경우가 아니라면 각 기본권이 가지는 이익의 정도에 상응하여 각 기본권이 희생하게 될 것인데 여기서 그 희생이 최소한으로 되도록 하는 방안을 찾아야 한다. 이 점에서 결국 법익형량은 최소희생을 찾는 것을 그 기능적 목적으로 하는 비례원칙을 적용하기 위한 과정이 된다.

(4) 실제적 조화원리(규범조화적 해석)

실제적 조화원리는 그것 자체가 해결을 가져오게 하는 구체적 방법이 아니라 지향하고 달성하여야 할 목표 내지 결과이다. 규범조화적 방법이라는 설명아래 다시 규범조화를 가져오는 방법으로 비례(과잉금지)원칙, 대안식 해결방법 등을 구체적인 방법으로 제시하고 있다는 것은 규범조화적 해석이 하나의 방법이라기 보다 해결방향 내지 목표임을 보여주는 것이다.

서열이론이나 법익형량론, 비례(과잉금지)원칙이 실제적 규범조화에 이르기 위한 판단과정

의 처분을 취소하는 판결을 하였다. 이 판결에 대해서는, Rec., 541면; M. Long, P. Weil, G. Braibant, P. Delvolvé et B. Genevois, 위의 책, 282면 등 참조)을 들 수 있다.

29) 사실 중요도가 우위인 기본권의 보장을 위하여 하위의 기본권의 본질적 내용까지도 제한되는 경우가 예외적이긴 하지만 있을 수 있는데 이 문제에 대해서는 뒤의 VI. 근본적 검토에서 상충해결의 한계 문제로서 다룬다.

이고 규범조화를 이루기 위한 방법이 된다. 상충되는 기본권들 간의 실질적인 중요도를 따지고 각 기본권의 법익을 상대적으로 측정・비교하여 가능한 한 어느 한 쪽을 일방적으로 희생시키지 않고 각 법익에 상응하는 보호와 제한을 가져오게 하고 각 기본권이 희생되는 정도가 최소화되도록 비례원칙에 따른 해결방안을 찾는 것은 상충되는 기본권들의 보장에 있어서 최적치를 찾아 조절하는 과정 내지 방법이기 때문이다.

한편 서열론, 법익형량론, 비례원칙 등을 적용하여 상충해결을 함에 있어서 기본권의 본질적 내용의 보장에 어려운 문제가 없지 않다. 그것은 중요도가 우위인 기본권의 보장을 위하여 하위의 기본권의 본질적 내용까지도 제한되는 경우가 예외적이긴 하지만 있을 수 있다는 것이다. 이 문제에 대해서는 뒤의 Ⅵ. 근본적 검토에서 상충해결의 한계 문제로서 다룬다.

실제적 조화(규범조화적 해석)의 한 방법이라고 하는 대안식 해결에 대해 검토가 필요하다. 규범조화적 해석의 한 방법으로서의 대안해결에서 말하는 대안이란 상충되는 기본권들 어느 것이나 건드리지 않는 방법으로서의 대안을 의미하는 것으로 이해된다. 그렇게 이해함으로써 절충안과는 구별된다고 볼 것이다. 그런데 상충되는 상황을 그대로 둔 채 어느 기본권도 다치지 않게 하는 대안을 찾을 수는 없다. 그러한 대안이 발견될 수 있다면 이는 애초에 충돌의 문제가 발생하지 않을 경우라는 것을 의미한다. 원래의 상황을 변화시키면서 해결하는 대안은 있을 수 있다. 예를 들어 비좁은 노상에서의 행상의 영업이 통행에 방해가 된다고 할 때 그 상황을 그대로 둔 상태에서 충돌되는 통행의 자유와 행상의 자유 어느 것이나 건드리지 않고 해결을 할 수는 없을 것인데 상황을 바꿀 수 있는 경우 예를 들어 도로의 확장 내지 광장의 건설로 상황이 변화될 수 있다면 두 자유권이 모두 충분히 보장될 수 있을 것이다. 그러나 상황의 변화를 가져올 수 없는 경우에 어느 기본권도 영향을 받지 않게 해결하는 대안을 찾을 수 없다. 이는 아래에서 살펴볼 우리 헌법재판소의 결정례에서도 나타난 사례인 흡연권과 혐연권의 충돌사안에서 별도의 흡연구역이나 금연구역의 설정이 상충상황 자체에서의 대안이라고 볼 수 없다는 사실에서도 파악된다. 흡연구역이나 금연구역은 흡연자와 비흡연자가 함께하지 않는 공간이므로 당연히 충돌이 없기 때문이다. 충돌이 있게 되는 상황인 흡연자와 비흡연자가 함께하는 상황에서는 두 주체의 흡연권과 혐연권이라는 두 기본권을 모두 건드리지 않는 대안은 있을 수 없고 우월한 기본권인 건강을 위한 혐연권을 보장하고 흡연권을 부정할 수밖에 없다. 절충식 해결방법도 특별한 별도의 의미를 가지지 못한다. 이는 상충하는 기본권들에 대해 서로간에 각각 가장 적게 희생하게 하는 방안을 찾는 것이므로 비례(과잉금지)원칙이 내포하는 최소침해원칙의 적용을 의미하고 이는 결국 규범조화의 방법론이 그 구체적 방법으로 제시하는 대안식 방법 외에 또다른 방법인 과잉금지원칙의 적용에 해당되는 것이기 때문이다.

(5) 규범영역의 확정론

규범영역의 확정은 근본적으로 상충이 존재하는지 여부를 가리기 위한 전제적 판단이지 이것이 해결 자체를 가져오는 것은 아니다. 상충문제에 해당되지 않는 사안을 거르는 과정은 될 것이다. 기본권규범의 보호범위에 들어가지 않는 사안의 경우에는 상충이 애초에 없는 상황이므로 규범내용의 확정이 상충 자체의 해결과정의 하나가 되는 것은 아니다. 따라서 더구나 기본권상충의 개념에서 기본권규범의 보호영역을 벗어난 경우의 충돌은 기본권상충이 아니라고 보면서 규범내용의 확정을 기본권상충해결의 준거로 보는 견해는[30] 기본권상충 여부의 식별까지 기본권상충과정에 포함시키지 않는 한 논리적으로 모순이다.

Ⅳ. 헌법재판소의 판례

우리나라의 헌법재판소도 그동안 기본권의 충돌을 명시적으로 언급하면서 그 해결을 위한 법리에 대해 직접 다루었던 몇 건의 판례들을 내놓은 바 있다. 이러한 판례들을 검토하면서 위에서 우리가 논의한 바의 실제성을 살펴보고자 한다.

1. 판례의 해결방법

헌법재판소는 "두 기본권이 충돌하는 경우 그 해법으로는 기본권의 서열이론, 법익형량의 원리, 실제적 조화의 원리(=규범조화적 해석) 등을 들 수 있다"라고 한다. 그리하여 헌법재판소는 자신이 "기본권 충돌의 문제에 관하여 충돌하는 기본권의 성격과 태양에 따라 그때그때마다 적절한 해결방법을 선택, 종합하여 이를 해결하여 왔다"라고 밝히고 있다.[31]

2. 구체적 판례

기본권상충의 문제를 다룬 헌법재판소의 판례로는 아래와 같은 사안들이 있었다.

(1) 반론권(인격권)과 보도기관의 언론의 자유의 충돌

정기간행물의 보도에 의한 인격권 등의 침해를 받는 피해자에게 반론의 게재를 요구할 수 있는 반론권은 보도기관이 누리는 언론의 자유에 대한 제약이 된다. 따라서 헌법재판소는 이러한 반론권(인격권)과 보도기관의 언론의 자유가 충돌한다고 보고 "이와 같이 두 기본권이 서로 충돌하는 경우에는 헌법의 통일성을 유지하기 위하여 상충하는 기본권 모두가 최대한으로 그 기능과 효력을 나타낼 수 있도록 하는 조화로운 방법이 모색되어야 할 것이고,

30) 예를 들어, 권영성, 앞의 책, 336면("기본권을 주장하는 자의 행위가 당해 기본권규정의 보호범위를 벗어난 것인 때에는 진정한 의미에서의 기본권충돌의 문제는 발생하지 않는다"), 340면("일단(제1차적으로는) 기본권의 규범내용을 해석론을 통하여 확정하는 작업의 차원에서 해결의 실마리를 찾아야 할 것이다").

31) 헌재 2005.11.24. 2002헌바95, 판례집 17-2, 401면.

결국은 이 법에 규정한 정정보도청구[32)]제도가 과잉금지의 원칙에 따라 그 목적이 정당한 것인가 그러한 목적을 달성하기 위하여 마련된 수단 또한 언론의 자유를 제한하는 정도가 인격권과의 사이에 적정한 비례를 유지하는 것인가의 여부가 문제된다"라고 보았다. 결국 헌법재판소는 반론권과 언론자유 간의 충돌에 있어서 그 해결방법으로 이처럼 과잉금지원칙을 적용하였다. 그리하여 과잉금지원칙심사의 결과 "정정보도청구권제도는 그 명칭에 불구하고 피해자의 반론게재청구권으로 해석되고 이는 언론의 자유와는 비록 서로 충돌되는 면이 없지 아니하나 전체적으로는 상충되는 기본권 사이에 합리적인 조화를 이루고 있는 것으로 판단된다"라고 하여 합헌결정을 하였다.[33)]

(2) 흡연권과 혐연권(건강권)의 충돌

헌법재판소는 흡연권은 헌법 제10조, 제17조에 근거하고 혐연권(비흡연자가 담배연기를 꺼리고 흡연으로부터 자유로울 권리)은 헌법 제10조, 제17조, 나아가 건강권과 생명권에 기하여서도 인정된다고 보았다. 그리하여 헌법재판소는 혐연권은 이처럼 사생활의 자유뿐만 아니라 생명권에까지 연결되는 것이므로 혐연권이 흡연권 보다 상위의 기본권이라고 보면서 "상하의 위계질서가 있는 기본권끼리 충돌하는 경우에는 상위기본권우선의 원칙에 따라 하위기본권이 제한될 수 있으므로, 결국 흡연권은 혐연권을 침해하지 않는 한에서 인정되어야 한다" 고 보았다. 그리고 헌법재판소는 흡연권의 제한이 비례(과잉금지)원칙을 위반하였는지를 심사

32) 이 결정이 있었던 당시에 정기간행물의등록등에관한 법률은 '정정보도청구권'제도를 규정하였고 바로 이 결정에서 그것이 문제되었는데 헌법재판소는 명칭에 불구하고 이를 실질적인 '반론권'제도로 보고 판단하였다. 그뒤 동법이 개정되어 '반론권'으로 변경되어 규정되었고 현재는 언론중재 및 피해구제 등에 관한 법률이 반론권제도에 대해 규정하고 있다.

33) 헌재 1991.9.16. 89헌마165, 판례집 3, 529면 이하. [결정이유요지] ▷ 제한의 목적: 이 법이 정한 정정보도청구권은 위에서 본 바와 같이 정기간행물의 보도에 의한 인격권 등의 침해를 받는 피해자에게 반론의 게재를 요구할 수 있는 즉 이른바 "반론권"을 뜻하는 것으로서 헌법상 보장된 인격권, 사생활의 비밀과 자유에 그 바탕을 둔 것이며, 나아가 피해자에게 반박의 기회를 허용함으로써 언론보도의 공정성과 객관성을 향상시켜 제도로서의 언론보장을 더욱 충실하게 할 수도 있다는 뜻도 함께 지닌 것이다. 따라서 그 제도의 목적은 정당하다. ▷ 제한의 적정성: 이 법은 첫째, 반론의 대상을 사실적인 주장에 국한함으로써 의견의 진술 등 가치판단의 표현에 관한 언론의 자유를 보장하고 있고(이 법 제16조 제1항), 둘째, 사실적 주장이라고 하더라도 피해자가 정정보도청구권의 행사에 정당한 이익을 갖지 아니하거나 청구된 정정보도의 내용이 명백히 사실에 반하는 경우 또는 사업적인 광고만을 목적으로 하는 경우에는 정정보도문의 게재를 거부할 수 있도록 하여 청구권의 행사범위를 축소하여 있으며(이 법 제16조 제3항 단서), 셋째, 정정보도청구권의 행사는 일간신문 또는 통신의 경우에는 14일 이내, 그 밖의 정기간행물인 경우에는 1월 이내 로 제한하여 단기의 제척기간을 채택하여 언론기관이 장기간 불안정한 상태에 빠져 있는 위험을 방지하고 있고(이 법 제16조 제1항), 넷째, 정정보도는 사실적 진술과 이를 명백히 전달하는 데 필요한 설명에 국한되고 위법한 내용을 포함할 수 없으며, 정정보도문의 자수는 이의의 대상이 된 공표내용의 자수를 초과할 수 없고(이 법 제16조 제4항·제5항), 다섯째, 정정보도사건의 심판청구의 전심절차로서 언론중재위원회의 중재를 필요적으로 규정함으로써 당사자간의 자율적인 교섭에 의한 해결의 기회를 보장하고 있다(이 법 제19조 제1항). 또한 내용상 반론의 제도인 점에서 언론기관의 이름으로 하는 정정보도가 아니라 피해자의 이름으로 해명한다는 점에서 언론기관의 명예 및 신뢰성을 직접적으로 떨어뜨리는 것으로는 되지 아니하도록 장치가 되어 있다. 따라서 현행의 정정보도청구권은 언론의 자유를 일부 제약하는 성질을 가지면서도 반론의 범위를 필요·최소한으로 제한함으로써 양쪽의 법익 사이의 균형을 도모하고 있다.

하였는데 이를 위반하지 않았다고 판단하여 합헌성을 인정하였다.[34)]

(3) 근로자의 단결권과 노동조합의 단결권[조직강제(유니언 샵)] 간의 충돌

근로자가 노동조합에 가입할 것을 고용조건으로 하고 가입하지 않은 것을 해고사유로 하는 이른바 유니언 샵(Union Shop, 조직강제)은 근로자 개인의 기본권인 단결하지 않을 권리나 노동조합선택권 등의 기본권과 상충한다. 바로 이러한 문제가 헌법재판의 대상이 된 바 있다. 즉 노동조합및노동관계조정법 제81조 제2호 단서(2006.12.30. 개정되기 전의 규정)가 노동조합이 당해 사업장에 종사하는 근로자의 3분의 2 이상을 대표하고 있을 때에는 근로자가 그 노동조합의 조합원이 될 것을 고용조건으로 하는 단체협약의 체결은 부당노동행위에서 제외하여 단체협약을 매개로 한 조직강제(유니언 샵)협정의 체결을 용인하고 있다. 이 단서규정이 근로자의 단결권을 보장한 헌법 제33조 제1항 등에 위반되는지 여부가 논란되어 헌법재판이 제기되었다. 헌법재판소는 충돌이론을 적용하여 심사하고 합헌으로 결정한 바 있다. 헌법재판소는 이 결정에서, 아래에서 보듯이, 노동조합의 단결권(조직강제권)과 충돌되는 개별 근로자의 단결권이 ⅰ) 단결하지 아니할 자유 또는 ⅱ) 단결선택권 두가지라고 보아 각각 나누어 판시하였다.

---

34) 헌재 2004.08.26. 2003헌마457, 기각, 판례집 16-2(상), 361면. [결정이유요지] 가. 흡연권의 헌법적 근거-흡연자들이 자유롭게 흡연할 권리를 흡연권이라고 한다면, 이러한 흡연권은 인간의 존엄과 행복추구권을 규정한 헌법 제10조와 사생활의 자유를 규정한 헌법 제17조에서 그 근거를 찾을 수 있다. 나. 흡연권의 제한 가능성 (1) 기본권의 충돌-위와 같이 흡연자들의 흡연권이 인정되듯이, 비흡연자들에게도 흡연을 하지 아니할 권리 내지 흡연으로부터 자유로울 권리가 인정된다(이하 이를 '혐연권'이라고 한다). 혐연권은 흡연권과 마찬가지로 헌법 제17조, 헌법 제10조에서 그 헌법적 근거를 찾을 수 있다. 나아가 흡연이 흡연자는 물론 간접흡연에 노출되는 비흡연자들의 건강과 생명도 위협한다는 면에서 혐연권은 헌법이 보장하는 건강권과 생명권에 기하여서도 인정된다. 흡연자가 비흡연자에게 아무런 영향을 미치지 않는 방법으로 흡연을 하는 경우에는 기본권의 충돌이 일어나지 않는다. 그러나 흡연자와 비흡연자가 함께 생활하는 공간에서의 흡연행위는 필연적으로 흡연자의 기본권과 비흡연자의 기본권이 충돌하는 상황이 초래된다. 그런데 흡연권은 위와 같이 사생활의 자유를 실질적 핵으로 하는 것이고 혐연권은 사생활의 자유뿐만 아니라 생명권에까지 연결되는 것이므로 혐연권이 흡연권보다 상위의 기본권이라 할 수 있다. 이처럼 상하의 위계질서가 있는 기본권끼리 충돌하는 경우에는 상위기본권우선의 원칙에 따라 하위기본권이 제한될 수 있으므로, 결국 흡연권은 혐연권을 침해하지 않는 한에서 인정되어야 한다. (2) 공공복리를 위한 제한-흡연은 비흡연자들 개개인의 기본권을 침해할 뿐만 아니라 흡연자 자신을 포함한 국민의 건강을 해치고 공기를 오염시켜 환경을 해친다는 점에서 개개인의 사익을 넘어서는 국민 공동의 공공복리에 관계된다. 따라서 공공복리를 위하여 개인의 자유와 권리를 제한할 수 있도록 한 헌법 제37조 제2항에 따라 흡연행위를 법률로써 제한할 수 있다. (3) 이 사건 조문의 흡연권 제한-이 사건 조문은 위와 같은 근거에서 청구인을 포함한 흡연자의 흡연권을 일정부분 제한하고 있다. 다. 과잉금지원칙의 위반여부-이 사건 조문은 국민의 건강을 보호하기 위한 것으로서(국민건강증진법 제1조 및 국민건강증진법시행규칙 제1조 참조) 목적의 정당성을 인정할 수 있고, 흡연자와 비흡연자가 생활을 공유하는 곳에서 일정한 내용의 금연구역을 설정하는 것은 위 목적의 달성을 위하여 효과적이고 적절하여 방법의 적정성도 인정할 수 있다. 또한 이 사건 조문으로 달성하려고 하는 공익(국민의 건강)이 제한되는 사익(흡연권)보다 크기 때문에 법익균형성도 인정된다. 나아가 이 사건 조문이 형식적으로 이 사건 조문의 각 호에 규정된 시설에 해당하더라도 실제로 피해를 주지 않는 곳에서는 금연구역지정의 의무를 부과하지 않고 있는 점 등에 비추어 볼 때, 흡연자들의 흡연권을 최소한도로 침해하고 있다고 할 수 있다. 그렇다면 이 사건 조문은 과잉금지원칙에 위반되지 아니한다.

1) 근로자의 단결하지 아니할 자유와 노동조합의 적극적 단결권 간의 충돌

헌법재판소는 개별 근로자가 노동조합에 가입하지(단결하지) 않을 자유는 헌법 제33조 제1항의 근로3권규정에 포함되지 않고 헌법 제10조의 행복추구권에서 파생되는 일반적 행동자유 또는 제21조 제1항의 결사의 자유에서 그 근거를 찾을 수 있다고 보아 소극적, 보충적 자유라고 본다. 반면에 단결권은 '사회적 보호기능을 담당하는 자유권'으로서의 성격을 가지고 일반적인 시민적 자유권과는 질적으로 다른 권리로서 설정되어 헌법상 그 자체로서 결사의 자유에 대한 특별법적인 지위를 가진다고 보고 근로자의 노동조합의 조직강제권도 자유권을 수정하는 의미의 생존권(사회권)적 성격을 함께 가지는 만큼 노동조합의 적극적 단결권은 근로자 개인의 단결하지 않을 자유보다 중시된다고 본다. 그리하여 헌법재판소는 "노동조합에 적극적 단결권(조직강제권)을 부여한다고 하여 이를 두고 곧바로 근로자의 단결하지 아니할 자유의 본질적인 내용을 침해하는 것으로 단정할 수는 없다"라고 판시하였다.[35] 헌법재판소는 근로자의 단결하지 않을 자유와의 충돌에 있어서 근로자의 단결하지 않을 자유에 대한 제한이 합헌적인 것인지에 대해 비례(과잉금지)원칙에 따른 심사를 하지는 않았다. 따라서

---

35) 헌재 2005.11.24. 2002헌바95·96, 2003헌바9(병합), 판례집 17-2, 401-402면. [심판대상조문] 노동조합및노동관계조정법 제81조(부당노동행위) 사용자는 다음 각 호의 1에 해당하는 행위(이하 "부당노동행위"라 한다)를 할 수 없다. 1. 생략 2.……. 다만, 노동조합이 당해 사업장에 종사하는 근로자의 3분의 2 이상을 대표하고 있을 때에는 근로자가 그 노동조합의 조합원이 될 것을 고용조건으로 하는 단체협약의 체결은 예외로 하며, 이 경우 사용자는 근로자가 당해 노동조합에서 제명된 것을 이유로 신분상 불이익한 행위를 할 수 없다. [결정이유요지] 근로자의 단결하지 아니할 자유와 노동조합의 적극적 단결권의 충돌: 노동조합의 조직강제는 근로자의 단결하지 아니할 자유를 제한할 여지가 있는데, 이 사건 법률조항은 지배적 노동조합의 경우 일정한 형태의 조직강제를 용인하고 있으므로 여기서 근로자의 단결하지 아니할 자유와 노동조합의 적극적 단결권(조직강제권)이 충돌하는 상황이 생긴다. 헌법 제33조 제1항에서 보장된 근로자의 단결권은 단결할 자유만을 가리킬 뿐이고, 단결하지 아니할 자유 이른바 소극적 단결권은 이에 포함되지 않는다고 보는 것이 우리 재판소의 선례라고 할 것이다(헌재 1999.11.25. 98헌마141, 판례집 11-2, 614, 623-624 참조). 그렇다면 근로자가 노동조합을 결성하지 아니할 자유나 노동조합에 가입을 강제당하지 아니할 자유, 그리고 가입한 노동조합을 탈퇴할 자유는 근로자에게 보장된 단결권의 내용에 포섭되는 권리로서가 아니라 헌법 제10조의 행복추구권에서 파생되는 일반적 행동의 자유 또는 제21조 제1항의 결사의 자유에서 그 근거를 찾을 수 있다. 이와 같이 근로자의 단결하지 아니할 자유와 노동조합의 적극적 단결권이 충돌하는 경우 단결권 상호간의 충돌은 아니라고 하더라도 여전히 헌법상 보장된 일반적 행동의 자유 또는 결사의 자유와 적극적 단결권 사이의 기본권충돌의 문제가 제기될 수 있다. 살피건대, 근로자는 노동조합과 같은 근로자단체의 결성을 통하여 집단으로 사용자에 대항함으로써 사용자와 대등한 세력을 이루어 근로조건의 형성에 영향을 미칠 수 있는 기회를 갖게 된다는 의미에서 단결권은 '사회적 보호기능을 담당하는 자유권' 또는 '사회권적 성격을 띤 자유권'으로서의 성격을 가지고 있고(헌재 1998.2.27. 94헌바13등, 판례집 10-1, 32, 44 참조) 일반적인 시민적 자유권과는 질적으로 다른 권리로서 설정되어 헌법상 그 자체로서 이미 결사의 자유에 대한 특별법적인 지위를 승인받고 있다. 이에 비하여 일반적 행동의 자유는 헌법 제10조의 행복추구권 속에 함축된 그 구체적인 표현으로서, 이른바 보충적 자유권에 해당한다. 따라서 단결하지 아니할 자유와 적극적 단결권이 충돌하게 되더라도, 근로자에게 보장되는 적극적 단결권이 단결하지 아니할 자유보다 특별한 의미를 갖고 있다고 볼 수 있고, 노동조합의 조직강제권도 이른바 자유권을 수정하는 의미의 생존권(사회권)적 성격을 함께 가지는 만큼 근로자 개인의 자유권에 비하여 보다 특별한 가치로 보장되는 점 등을 고려하면, 노동조합의 적극적 단결권은 근로자 개인의 단결하지 않을 자유보다 중시된다고 할 것이어서 노동조합에 적극적 단결권(조직강제권)을 부여한다고 하여 이를 두고 곧바로 근로자의 단결하지 아니할 자유의 본질적인 내용을 침해하는 것으로 단정할 수는 없다.

단결하지 않을 자유에 대한 문제의 제한이 최소제한에 그치고 있는 것인지에 대한 심사는 이루어지지는 않았다고 볼 것이다.

2) 근로자의 단결선택권과 노동조합의 집단적 단결권의 충돌

헌법재판소는 개인적 단결권은 헌법상 단결권의 기초이자 집단적 단결권의 전제가 되기 때문에 이 두 기본권간의 충돌에 있어서는 기본권의 서열이론이나 법익의 형량을 통하여 어느 기본권이 더 상위기본권이라고 단정할 수 없고 어느 쪽을 우선시키고 다른 쪽을 후퇴시킬 수는 없다고 보았다. 따라서 이러한 경우 헌법의 통일성을 유지하기 위하여 상충하는 기본권 모두가 최대한으로 그 기능과 효력을 발휘할 수 있도록 조화로운 방법을 모색하되(규범조화적 해석), 법익형량의 원리, 입법에 의한 선택적 재량 등을 종합적으로 참작하여 심사하여야 한다고 보았다. 그리하여 헌법재판소는 비례심사를 하였는데 그 제한목적이 정당하고 그 목적달성에 효과적이고 적절한 방법이며 근로자의 단결선택권을 필요·최소한으로 제한하고 있고 두 기본권 사이에 균형을 도모하고 있다고 하여 합헌으로 결정하였다.[36)]

---

36) 헌재 2005.11.24. 2002헌바95·96, 2003헌바9(병합), 위 주에서 인용된 결정과 같은 결정, 판례집 17-2, 402-405면. [심판대상조문] 위 주 부분을 참조. [결정이유요지]-근로자의 단결선택권과 노동조합의 집단적 단결권의 충돌 (가) 심사의 방법: 이 법률조항은 특정한 노동조합의 가입을 강제하는 단체협약의 체결을 용인하고 있으므로 근로자의 개인적 단결권(단결선택권)과 노동조합의 집단적 단결권(조직강제권)이 동일한 장에서 서로 충돌한다. 이와 같이 개인적 단결권과 집단적 단결권이 충돌하는 경우 기본권의 서열이론이나 법익형량의 원리에 입각하여 어느 기본권이 더 상위기본권이라고 단정할 수는 없다. 왜냐하면 개인적 단결권은 헌법상 단결권의 기초이자 집단적 단결권의 전제가 되는 반면에, 집단적 단결권은 개인적 단결권을 바탕으로 조직·강화된 단결체를 통하여 사용자와 사이에 실질적으로 대등한 관계를 유지하기 위하여 필수불가결한 것이기 때문이다. 즉 개인적 단결권이든 집단적 단결권이든 기본권의 서열이나 법익의 형량을 통하여 어느 쪽을 우선시키고 다른 쪽을 후퇴시킬 수는 없다. 따라서 이러한 경우 헌법의 통일성을 유지하기 위하여 상충하는 기본권 모두가 최대한으로 그 기능과 효력을 발휘할 수 있도록 조화로운 방법을 모색하되(규범조화적 해석), 법익형량의 원리, 입법에 의한 선택적 재량 등을 종합적으로 참작하여 심사하여야 한다. (나) 제한목적의 정당성: 이 법률조항이 예정하고 있는 조직강제는 근로자의 단결체인 노동조합의 조직유지 및 강화에 목적이 있고, 이를 통하여 궁극적으로는 근로자 전체의 지위향상에 기여하는 만큼 단결권을 보장한 헌법의 이념에도 부합하는 것이어서 그 목적의 정당성을 인정할 수 있다. (다) 제한되는 기본권 상호간에 적정한 비례의 유지: 노동조합이 그 조직을 유지·강화하기 위하여 특정한 노동조합의 조합원이 될 것을 고용조건으로 하는 단체협약을 체결하는 것은 그 목적을 달성하기 위하여 효과적이고 적절한 방법이라고 할 수 있다. 유니언 샵협정과 같은 단체협약상의 조직조항을 이용하는 것 외에 달리 실효성 있는 대체적 수단을 상정하는 것도 용이하지 않다. 다만 근로자 개인의 단결선택권을 무리하게 침해하지 않도록 하는 조화로운 범위 내에서 일정한 한계를 설정하는 것이 요청된다. 이러한 관점에서 볼 때 먼저 이 법률조항은 단체협약을 매개로 한 조직강제를 적법·유효하게 할 수 있는 노동조합을 일정한 범위로 한정하고 있다. 즉 조직강제 또는 이에 따른 해고 등 신분상 불이익에 대한 정당성을 뒷받침할 정도로 충분한 지배적 조직, 즉 당해 사업장에 종사하는 근로자의 3분의 2 이상을 대표하고 있는 노동조합일 것을 요건으로 하고 있다. 또한 지배적 지위에 있는 노동조합의 권한남용으로부터 개별근로자를 보호하기 위하여 사용자는 근로자가 당해 노동조합에서 제명된 것을 이유로 신분상 불이익한 행위를 할 수 없도록 규정하여 근로자의 단결선택권이 제한되는 조직강제의 범위를 오직 근로자가 자발적으로 노동조합을 탈퇴하거나 이에 가입하지 않는 경우로 한정하고 있어 근로자의 단결선택권을 필요·최소한으로 제한하고 있다. 나아가 궁극적으로 지배적 노동조합에 가입을 원하지 않는 개별근로자들도 노동조합의 활동에 의한 과실, 즉 노동조합이 획득한 근로조건을 실질적으로 향유하므로 조직강제는 개별근로자의 단결선택권을 일부 제약하는 면이 있으나, 이를 허용하는 노동조합의 범위를 지배적 지위에 있는 노동조합으로 제한하는 등 근로자의 단결선택권과 노동조합의 집단적 단결권(조직강제권) 사이에 균형을 도모하고 있고, 상충·제한되는 두 기본권 사

(4) 채권자의 재산권과 채무자 · 수익자의 일반적 행동자유권 간의 충돌

헌재는 채권자취소권제도에 대한 위헌소원심판에서 "채권자취소권이 행사되면 채권자의 재산권인 채권의 실효성은 확보될 수 있는 반면, 채무자와 수익자 간의 법률행위가 취소되고 수익자가 취득한 재산이 채무자의 책임재산으로 회복되게 됨으로써 채무자 및 수익자의 일반적 행동의 자유 내지 여기에서 파생되는 계약의 자유와 수익자의 재산권이 제한되는 결과를 가져오게 된다. 즉 이 사건 법률조항으로 인하여 채권자의 재산권과 채무자 및 수익자의 일반적 행동의 자유, 그리고 채권자의 재산권과 수익자의 재산권이 동일한 장에서 충돌하는 문제가 발생하게 되는 것이다.

따라서 이 사건의 쟁점은 이러한 기본권의 충돌과 그 해결방법이고, 구체적으로는 채권자취소권제도의 목적의 정당성과 채권자취소권의 행사로 인하여 제한되는 채무자와 수익자의 기본권제한의 정도가 비례성을 유지하고 있는가가 문제된다"라고 판시하였다. 그리하여 "헌법의 통일성을 유지하기 위하여 상충하는 기본권 모두가 최대한으로 그 기능과 효력을 발휘할 수 있도록 조화로운 방법을 모색하되(규범조화적 해석), 법익형량의 원리, 입법에 의한 선택적 재량 등을 종합적으로 참작하여 심사하여야 할 것이다"라고 하였다. 그러면서 결국 비례심사를 행하였고 합헌결정을 하였다.[37)]

(5) 사생활보호를 위한 정보공개 금지

공공기관이 보유·관리하는 개인정보를 공개하면 개인의 사생활의 비밀 또는 자유를 침해할 우려가 있다고 인정되는 경우에 이를 비공개할 수 있도록 규정하고 있는 '공공기관의 정보공개에 관한 법률'(2004.1.29. 법률 제7127호로 개정된 것, 이하 '정보공개법'이라 한다) 제9조 제1항 제6호 본문(이하 '이 사건 법률조항'이라 한다)이 알권리(정보공개청구권)를 침해하는지 여부에 대해 헌재는 이 사안에서 "국민의 알권리(정보공개청구권)와 개인정보 주체의 사생

이에 적정한 비례관계도 유지되고 있다. (라) 입법에 의한 선택적 재량: 입법자는 보완·상충관계 에 있는 두 기본권을 최대한 보장하는 최적정(最適正)의 경계를 설정하는 것이 필요하다. 직접적인 강제방법을 피하고 사용자와의 단체협약이라는 간접적인 수단을 매개로 하여 가입을 강제하고 있고, 실제로 이를 통하여 제한되는 단결권의 범위도 근로자의 단결선택권에 한정될 뿐 단결권 자체를 전면적으로 박탈하는 것은 아니며, 노동조합의 조직강제를 위하여 선택할 수 있는 여러 가지 수단 가운데 달리 더 유효·적절한 수단을 상정하기도 쉽지 아니한 점 등을 감안한다면, 이는 입법자에게 부여된 입법 선택적 재량의 범위를 벗어난 것이고 할 수 없다. (마) 따라서 전체적으로 상충되는 두 기본권 사이에 합리적인 조화를 이루고 있고 제한에 있어서도 적정한 비례관계를 유지하고 있으며, 또 근로자의 단결선택권의 본질적인 내용을 침해하는 것으로도 볼 수 없다. 따라서 이 법률조항은 근로자의 단결권을 보장한 헌법 제33조 제1항 등에 위반되지 않는다.

* 참고: 위 노동조합 및 노동관계조정법 제81조 제2호는 2006.12.30.에 개정되어 복수노조를 허용하고 제명뿐아니라 탈퇴하여 새로 노동조합을 조직하거나 다른 노동조합에 가입한 경우에도 신분상 불이익을 받지 않도록 하여 결국 유니언 샵의 단체협약은 자발적 비가입 근로자에 대해서만 강제하는 효력을 가지도록 바뀌었는데 이 개정규정은 2010.1.1.부터 시행에 들어가고 그 이전까지는 종전규정에 의한다.

37) 헌재 2007.10.25. 2005헌바96.

활의 비밀과 자유가 서로 충돌"한다고 보았다. 헌재는 역시 "이러한 경우에는 헌법의 통일성을 유지하기 위하여 상충하는 기본권 모두가 최대한으로 그 기능과 효력을 발휘할 수 있도록 조화로운 방법을 모색하되(규범조화적 해석), 법익형량의 원리, 입법에 의한 선택적 재량 등을 종합적으로 참작하여 심사하여야 한다"라고 판시하면서 결국 비례심사를 하였다. 그리하여 헌재는 "국민의 알권리(정보공개청구권)를 일부 제약하는 면이 있으나, 비공개대상으로 정할 수 있는 개인정보의 범위를 공개될 경우 개인의 사생활의 비밀 또는 자유를 침해할 우려가 있다고 인정되는 정보로 제한하는 등 국민의 알권리(정보공개청구권)와 개인정보 주체의 사생활의 비밀과 자유 사이에 균형을 도모하고 있고, 상충·제한되는 두 기본권 사이에 적정한 비례관계도 유지되고 있다"라고 판단하였고 합헌으로 결정하였다.[38] 이 결정에서 헌재는 "기본권들이 충돌하는 경우에 기본권의 서열이나 법익의 형량을 통하여 어느 한 쪽의 기본권을 우선시키고 다른 쪽의 기본권을 후퇴시킬 수는 없다"라는 판시를 하고 있는데, 이는 위에서 언급한 대로 서열이론이나 법익형량론이 하위의 기본권을 완전히 희생시키는 방법이 아니라면 받아들일 수 있고 더구나 법익형량은 헌재가 채택하고 있는 규범조화적 해석방법인 비례원칙 방법의 한 요소이므로 타당하지 못한 판시이다.[39]

(6) 대화자의 통신의 비밀과 공개자의 표현의 자유

공개되지 아니한 타인간의 대화를 녹음 또는 청취하여 지득한 대화의 내용을 공개하거나 누설한 자를 처벌하는 통신비밀보호법(2001.12.29. 법률 제6546호로 개정된 것) 제16조 제1항 제2호 중 '대화의 내용'에 관한 부분(이하 '이 사건 법률조항'이라 한다)이 과잉금지원칙에 반하여 대화의 내용을 공개한 자의 표현의 자유를 침해하는지 여부에 대한 판단에서 헌재는 "이 사건 법률조항에 의하여 대화자의 통신의 비밀과 공개자의 표현의 자유라는 두 기본권이 충돌하게 된다"라고 보았다. 그리하여 "이와 같이 두 기본권이 충돌하는 경우 헌법의 통일성을 유지하기 위하여 상충하는 기본권 모두 최대한으로 그 기능과 효력을 발휘할 수 있도록 조화로운 방법이 모색되어야 하므로, 과잉금지원칙에 따라서 이 사건 법률조항의 목적이 정당한 것인가, 그러한 목적을 달성하기 위하여 마련된 수단이 표현의 자유를 제한하는 정도와 대화의 비밀을 보호하는 정도 사이에 적정한 비례를 유지하고 있는가의 관점에서 심사하기로 한다"라고 하였고 역시 비례심사를 하여 합헌결정을 하였다.[40]

(7) 학부모의 '교원의 교원단체 및 노동조합 가입에 관련된 정보에 대해 알권리'와 교원의 '사생활의 비밀과 자유, 개인정보자기결정권'과의 충돌

공시대상정보로서 교원의 교원단체 및 노동조합 가입현황(인원 수)만을 규정할 뿐 개별

---

38) 헌재 2010.12.28. 2009헌바258.
39) 이런 취지의 지적으로, 정재황, 신 헌법입문, 제8판, 266-267면.
40) 헌재 2011.8.30. 2009헌바42.

교원의 명단은 규정하고 있지 아니한 구 '교육관련기관의 정보공개에 관한 특례법 시행령' 제3조 제1항 별표 1 제15호 아목 중 "교원" 부분(이하 '이 사건 시행령조항'이라 한다)이 과잉금지원칙에 반하여 학부모들의 알 권리를 침해하는지 여부가 문제된 사안이다. 헌재는 "이 사건은 교원의 교원단체 및 노동조합 가입에 관한 정보의 공개를 요구하는 청구인들의 알 권리 및 그것을 통한 교육권과 그 정보의 비공개를 요청하는 정보주체인 교원의 사생활의 비밀과 자유 및 이를 구체화한 개인정보 자기결정권이 충돌하는 문제상황이다"라고 하여 충돌을 인정하였다. 그리고 "이와 같이 두 기본권이 충돌하는 경우에는 헌법의 통일성을 유지하기 위하여 상충하는 기본권 모두 최대한으로 그 기능과 효력을 발휘할 수 있도록 조화로운 방법이 모색되어야 한다. 따라서 이 사건 법률조항 및 이 사건 시행령조항이 알 권리를 제한하는 목적이 정당한 것인가, 그러한 목적을 달성하기 위하여 마련된 수단이 알 권리를 제한하는 정도와 개인정보 자기결정권을 보호하는 정도 사이에 적정한 비례를 유지하고 있는가의 관점에서 이 사건을 심사하기로 한다"라고 하면서 비례심사를 하였고 합헌으로 보았다.[41]

(8) 대학의 자율권과 직업선택의 자유의 충돌

이는 "교육부장관이 학교법인 ○○에게 한 법학전문대학원 설치인가 중 여성만을 입학자격요건으로 하는 입학전형계획을 인정한 부분(이하 '이 사건 인가처분'이라 한다)이 남성인 청구인의 직업선택의 자유를 침해하는지 여부"가 문제된 사안이다. 헌재는 학교법인의 법학전문대학원 입학전형 계획은 학교법인 이화학당이 학생의 선발 및 입학 전형에 관하여 대학의 자율성을 행사한 것이고, 이 사건 인가처분은 이러한 대학의 자율성 행사를 보장하는 것이고 따라서 이 사건 인가처분에 의하여 법학전문대학원을 입학하려는 청구인의 직업선택의 자유(청구인이 법학전문대학원에 입학하여 종국적으로 변호사시험에 응시할 수 있는 기회를 제한하게 되므로, 이 사건 인가처분으로 인하여 변호사를 직업으로 선택하고자 하는 청구인의 직업선택의 자유가 침해되었는지 여부가 문제된다고 보아서)와 사립대학의 자율성이라는 두 기본권이 충돌하게 된다고 보았다. 헌재는 직업선택의 자유와 대학의 자율성 사이에 "적정한 비례관계를 유지하고 있다"라고 판단하여 기각결정을 하였다.[42]

(9) 명예권과 표현의 자유의 충돌

모욕죄 조항에 대한 심사에서 나타난 판례이다. 헌재는 "심판대상조항이 공연히 타인을 모욕한 경우에 이를 처벌하는 것은 위와 같이 헌법 제10조에 의하여 보장되는 외부적 명예를 보호하기 위함이다. 그와 반면에 심판대상조항은 표현의 자유를 제한하고 있으므로 결국

41) 헌재 2011.12.29. 2010헌마293.
42) 헌재 2013.5.30. 2009헌마514.

심판대상조항에 의하여 명예권과 표현의 자유라는 두 기본권이 충돌하게 된다"라고 보았다. 비례성심사를 하여 합헌결정을 하였다.[43)]

3. 헌법재판소 판례에 대한 평가

위에서 본 대로 헌법재판소는 "두 기본권이 충돌하는 경우 그 해법으로는 기본권의 서열이론, 법익형량의 원리, 실제적 조화의 원리(=규범조화적 해석) 등을 들 수 있다"라고 하나 실제적 조화의 원리 자체가 해법은 아니다. 규범조화적 방법을 적용한 것으로 평가되고 있는 반론권결정에서도 결국 그 해결은 비례(과잉금지)원칙에 따라 이루어졌는데 이는 위에서 지적한 대로 규범조화적 해석 자체가 해결을 가져오는 것이 아니라는 사실을 판례에서 실제로 보여주었다고 할 것이다. 흡연권결정은 상충해결에 있어서 서열이론이 처음으로 명시적으로 적용된 예이다. 그러나 흡연할 자유의 기본권성에 대해서는 논란이 있을 것인데 그 문제는 규범영역의 확정 문제로 위에서도 언급한 대로 상충해결 자체가 아니라 그 이전의 상충 여부에 대해서부터 논의하게 할 성질의 것이 되나 우리 헌법재판소는 행복추구권과 사생활의 자유를 근거로 비교적 간단히 기본권성을 인정하고 있다. 여하튼 상충상황이 있고 그 해결방법에 대해 살펴보는 것이 주 목적인 이번의 본 연구에서는 이 사례가 상충해결에서 어떠한 법리를 전개했는지를 보기 위해 일단 헌법재판소가 기본권으로 인정한 입장에서 그 해결법리에 국한하여 살펴보면, 첫째, 헌법재판소는 비흡연권(건강권)의 이익이 크고 흡연자와 비흡연자가 공존할 때 그 이익, 즉 건강의 보호는 열위의 기본권의 행사인 흡연행위를 막는 방법 밖에 없기 때문에 열위의 기본권(흡연권)의 행사가 우위의 기본권(혐연권)을 위한 범위에서는 완전히 금지된다고 보아 양자택일의 해결을 하였다. 이로써 흡연권의 기본권성을 실제에서 많이 감쇄시킨 결과를 가져온다. 둘째, 그러면서도 흡연권 자체의 완전한 박탈을 받아들이지 않고 상충상황이 아닌 상황에서의 최소제한을 위한 비례원칙의 심사가 있었다. 이러한 심사에 대해서는 상충상황 자체에서 양자택일을 할 수밖에 없더라도 상충 외의 장에서 열위의 기본권이 보장될 수 있는 방안을 마련할 것을 의미한다.

유니언 샵 결정의 경우에 ⅰ) 근로자의 단결하지 않을 자유와 노조의 단결권 간의 충돌에 대해서는 기본권서열이론으로 해결하여 노동조합의 적극적 단결권은 근로자개인의 단결하지 않을 자유보다 중시된다고 보고 근로자의 단결하지 않을 자유의 본질적 내용을 침해하지 않는다고 보았다. ⅱ) 근로자의 단결선택권과 노조의 단결권간의 충돌에 대해서는 비례(과잉금지)원칙을 적용한 판단을 하여 결론을 내렸다. 그런데 ⅰ)의 경우에 헌법재판소의 판단이 충분하지 못했다. 왜냐하면 법익형량에 의한 방법과 비례원칙, 특히 최소침해원칙을 위배하지 않았는지 여부에 대해 판단을 할 필요가 있었는데 이에 대한 판단이 결여되었기 때

43) 헌재 2013.6.27. 2012헌바37.

문이다. 위 사안은 단결하지 아니할 자유를 최소한으로 제한하는 방안은 없는지를 검토할 수 있었던 사안이었다. 심판대상조문 자체도 단결하지 않을 자유를 완전히 박탈하고 있는 것은 아니다. 즉 모든 노동조합이 아니라 당해 사업장에 종사하는 근로자의 3분의 2 이상을 대표하는 노동조합의 경우에만 유니언 샵을, 그것도 유니언 샵이 당연히 인정되는 것이 아니라 단체협약의 체결로써 할 수 있게 하고 근로자가 제명된 경우는 제외되며 근로자가 오직 자발적으로 탈퇴하거나 비가입한 경우에 한정하고 있으므로 이런 점들을 두고 법익형량을 하고 비례원칙을 위배하였는지를 따져볼 수 있었고 또한 판단하였어야 했다. 마냥 노동조합의 단결권이 근로자의 단결하지 않을 자유에 비해 중시된다고만 판시한 것은 서열론도 중요도가 낮은 기본권이라 할지라도 가능한 한 최소제한에 그치도록 하기 위한 법익형량과 비례원칙으로 나아가는 과정으로서 적용되어야 한다는 점에서 서열판단으로 마무리할 것이 아니고 다음의 법익형량, 비례원칙 등에 의한 심사가 필요하였다. 요컨대 근로자의 단결하지 않을 자유를 최소한으로 제한하는 방안이 없는지를 살펴보아야 하였고 그것은 당해 사안에서 가능했을 뿐아니라 결국 이를 위해 법익형량방법, 비례원칙을 적용하여 판단하였어야 했다.

ii)에 대한 판단에 있어서 규범조화적 방법을 택한 이유를 밝히면서 "개인적 단결권이든 집단적 단결권이든 기본권의 서열이나 법익의 형량을 통하여 어느 쪽을 우선시키고 다른 쪽을 후퇴시킬 수는 없다고 할 것이다. 따라서 이러한 경우 헌법의 통일성을 유지하기 위하여 상충하는 기본권 모두가 최대한으로 그 기능과 효력을 발휘할 수 있도록 조화로운 방법을 모색하되(규범조화적 해석; 1991.9.16. 89헌마165, 판례집 3, 518, 528 참조), 법익형량의 원리, 입법에 의한 선택적 재량 등을 종합적으로 참작하여 심사하여야 한다"라고 판시하고 있다. 이러한 헌법재판소의 판시에 대해서 는 다음과 같은 점들에서 문제가 있고 검토가 필요하다. 첫째, "어느 쪽을 우선시키고 다른 쪽을 후퇴시킬 수는 없다"라고 본 것은 상충되는 기본권들 간에 대등관계일 경우에만 규범조화적 해석방법이 적용될 수 있다고 보는 관념이 판례의 입장에 자리잡고 있는 것으로 이해하게 한다. 그러나 대등관계가 아니고 상충되는 기본권들 중 어느 한 기본권이 더 중요하여 이를 보다 더 보호하더라도 이를 규범조화적 해결이 아니라고 볼 것은 아니다. 50 대 50의 동등한 보호 내지 제한이 아니라 각 기본권들의 중요도와 법익에 상응하여 예를 들어 70대 30의 보호를 해줌으로써 최적치를 구하는 것도 규범조화적 해결이 될 수 있다. 둘째, 헌법재판소는 "조화로운 방법을 모색하되(규범조화적 해석), 법익형량의 원리 … 등을 종합적으로 참작하여 심사하여야 한다"라고 하여 결국 규범조화적 해석에 있어서 법익형량의 법리를 적용하여야 한다고 판시하였다. 이는 법익형량원리가 규범조화의 한 방법이 된다고 보는 입장이다. 그러면서도 그 다음의 판단에서는 전반적으로 주로 비례(과잉금지)원칙의 위배여부를 심사하였다. 이는 법익형량을 비례원칙과 동일시하는 것인지 아니면 비례원칙심사에 있어서 최소피해원칙의 준수 여부를 심사하는 가운데 법익형량을 묵시적으로 담고 있는 것인지 명확한 입장을 알 수 없다. 헌법재판소가 "근로자의 단결선택권과 노동조합의 집단적 단결권(조직강제권) 사이에 균형을 도모하고 있고"라고 하는 판시를 하고 있긴 하다. 우리는 앞서 각 기본권이 가지는 이익의 정도에 상응하게 각 기본권이 최소한으로 희생되도록 하는 방안을 찾기 위한 판단, 즉 규범조화를 위한 비례원칙의 준수 여부를 가리기 위한 한 과정으로서의 법익형량에 대해 지적한 바 있다.

여하튼 위 결정에서 헌법재판소는 결국 비례원칙심사를 통해 합헌성을 인정하고 있다. 즉 조직강제의 목적의 정당성을 인정할 수 있다고 보았고, 문제의 심판대상규정의 방법이 그 목적을 달성하기 위하여 효과적이고 적절한 방법이며, 근로자의 단결선택권을 필요・최소한으로 제한하고 있다고 보았고, 근로자의 단결선택권과 노동조합의 집단적 단결권(조직강제권) 사이에 균형을 도모하고 있고, 상충・제한되는 두 기본권 사이에 적정한 비례관계도 유지되고 있다고 판단하여 결국 비례원칙심사를 한 것이다.[44]

끝으로 헌법재판소는 입법자의 선택적 재량의 한계에 대해 심사하고 있다. 그러나 비례(과잉금지)원칙의 준수가 사실 입법자의 재량의 한계를 이루므로 이러한 심사는 사실상 불필요하고 중복된다. 당장 헌법재판소가 앞서 비례원칙심사에서 "유니언 샵협정과 같은 단체협약상의 조직조항을 이용하는 것 외에 달리 실효성 있는 대체적 수단을 상정하는 것도 용이하지 않다"라고 판시하였는데 뒤의 입법자의 선택적 재량에 관한 심사에서도 "노동조합의 조직강제를 위하여 선택할 수 있는 여러 가지 수단 가운데 달리 더 유효・적절한 수단을 상정하기도 쉽지 아니한 점 등을 감안한다면, 이는 입법자에게 부여된 입법 선택적 재량의 범위를 벗어난 것이고 할 수 없다"라고 판시하여 그 취지가 같다. 요컨대 위의 헌법재판소의 판례들에서는 결국 주로 비례(과잉금지)원칙을 적용하여 상충문제를 해결하였다. 헌법재판소가 비례원칙을 적용하지 않은 사안(근로자의 단결하지 않을 자유와 노동조합의 단결권과의 충돌사안)에 있어서도 실은 이를 적용하였어야 하였다.

Ⅴ. 대법원의 판례

대법원도 기본권상충에 관한 판결들을 보여주었다.

1. 해결방법

대법원은 기본권상충문제를 조화적 방법, 이익형량 등을 통해 해결한다고 본다.

44) 이 부분 판시의 자세한 것은 판례집 17-2, 403-404면; 위 주의 [결정이유요지] 참조.

2. 구체적 판례

(1) 반론보도청구권과 언론기관의 언론의 자유 간의 충돌

대법원은 "반론보도청구권은 언론기관의 언론의 자유와 서로 충돌하는 면이 있음을 피할 수 없다. 이와 같이 서로 충돌하는 두 헌법적 이익 사이의 갈등은 상충하는 이익 모두가 최대한으로 그 기능과 효력을 나타낼 수 있도록 하는 조화로운 방법을 모색함으로써 두 이익이 최적으로 실현될 수 있는 경계획정을 통하여 해결하게 된다"라고 판시하였다.[45)]

(2) 종립학교의 종교교육의 자유, 운영의 자유와 학생들의 소극적 종교행위의 자유, 소극적 신앙고백의 자유 간의 충돌

이 사안에서 대법원은 "이와 같이 하나의 법률관계를 둘러싸고 두 기본권이 충돌하는 경우에는 구체적인 사안에서의 사정을 종합적으로 고려한 이익형량과 함께 양 기본권 사이의 실제적인 조화를 꾀하는 해석 등을 통하여 이를 해결하여야 하고, 그 결과에 따라 정해지는 양 기본권 행사의 한계 등을 감안하여 그 행위의 최종적인 위법성 여부를 판단하여야 한다"라고 판시하였다.[46)]

(3) 인격권과 표현의 자유 간의 충돌

이러한 충돌을 다룬 대법원 판례로, "대법원은 변호사 정보 제공 웹사이트 운영자가 변호사들의 개인신상정보를 기반으로 변호사들의 '인맥지수'를 산출하여 공개하는 서비스를 제공한 사안"이 문제된 것을 들 수 있다. 대법원은 "정보주체의 동의 없이 개인정보를 공개함으로써 침해되는 인격적 법익과 정보주체의 동의 없이 자유롭게 개인정보를 공개하는 표현행위로서 보호받을 수 있는 법적 이익이 하나의 법률관계를 둘러싸고 충돌하는 경우에는, 개인이 공적인 존재인지 여부, 개인정보의 공공성 및 공익성, 개인정보 수집의 목적·절차·이용형태의 상당성, 개인정보 이용의 필요성, 개인정보 이용으로 인해 침해되는 이익의 성질 및 내용 등의 여러 사정을 종합적으로 고려하여, 개인정보에 관한 인격권의 보호에 의하여 얻을 수 있는 이익(비공개 이익)과 표현행위에 의하여 얻을 수 있는 이익(공개 이익)을 구체적으로 비교 형량하여, 어느 쪽의 이익이 더욱 우월한 것으로 평가할 수 있는지에 따라 그 행위의 최종적인 위법성 여부를 판단하여야 한다"라고 판시하였다. 대법원은 "이상과 같은 인맥지수의 사적·인격적 성격, 그 산출과정에서의 왜곡가능성, 그 이용으로 인한 원고들의 이익 침해와 공적 폐해의 우려, 그에 반하여 그 이용으로 인하여 달성될 공적인 가치의 보호 필요성 정도 등을 종합적으로 고려하면, 피고가 이 사건 개인신상정보를 기반으로 한 인맥지수를 공개하는 서비스를 제공하는 표현행위에 의하여 얻을 수 있는 법적 이익이 이를 공개하지

---

45) 대법원 2006.11.23. 선고 2004다50747 판결. 대법원 2009.1.15. 자 2008그202 결정.

46) 대법원 2010.4.22. 2008다38288.

아니함으로써 보호받을 수 있는 원고들의 인격적 법익에 비하여 우월하다고 볼 수 없어, 결국 피고의 이 사건 인맥지수 서비스 제공행위는 원고들의 개인정보에 관한 인격권을 침해하는 위법한 것이다"라고 판단하였다.[47)]

Ⅵ. 근본적 검토

위에서의 이론에 대한 평가와 판례에 대한 분석을 통해 다음과 같은 점들이 파악된다.

첫째, 기본권상충의 해결에 있어서 가능한 한 어느 한 기본권을 완전히 희생시키지 않고 각각의 기본권에 대해 최소한의 희생을 요구하는 데 그치도록 하여야 한다. 그리하여 전체적으로 최대한의 기본권보장이 이루어지도록 하여야 한다. 따라서 상충되는 기본권들에 대한 최소한의 제한을 가져오는 방법을 찾는 것이 결국 중요하고 관건임을 알 수 있다. 서열이론, 법익형량론도 상충되는 기본권들 모두가 가능한 한 최대한 보장되고 최소한의 제한에 그치게 하는 방향으로 적용되어야 하고, 비례(과잉금지)원칙의 적용을 요구하는 것도 결국 그것 때문이다.

둘째, 기본권상충이란 결국 기본권제한을 가져오는 원인을 이룬다.[48)] 상충되는 기본권들의 각 주체에게 기본권의 희생을 요구하고 있기 때문이다. 충돌의 문제가 있는가 하는 것은 제한의 필요성이 있는가를 의미한다. 위에서 살펴본 헌법재판소결정례에서 흡연권결정은 기본권의 충돌이 기본권제한가능성을 가져오는 사유임을 명시적으로 밝히고 있다. 그러나 그 외 반론권결정에서나 근로자의 단결선택권결정에서도 사실상 기본권들 간의 조절을 위해 기본권이 제한되고 이는 이 두 결정들에서도 기본권제한에 대해 적용되는 비례(과잉금지)원칙을 적용하고 있는 사실을 두고 보더라도 그러하다. 기본권상충이 어느 나라, 어느 시대에서나 나타나는 현상이라는 점에서 다른 나라의 이론을 참조하면, 예컨대, 프랑스에서 학자들은 기본권제한의 사유로 기본권상충의 현상인 기본권공존(coexistence des libertés)에서의 대립을 들고 있고,[49)] 기본권제한이 이루어지는 한 경우로 기본권상충을 해결하는 기본권조절을 들고 있기도 하다.[50)]

셋째, 기본권상충의 해결을 위한 과정은 각 기본권의 최소한 희생으로 최적치를 가져오게 하는 것으로 상충되는 기본권들 간의 조절을 수행하는 것이다. 기본권상충에 있어서 이의 해결은 각 기본권주체의 입장에서는 기본권의 제한을 받는 것이고 이를 제한하는 입법자 등의

47) 대법원 2011.9.2. 선고 2008다42430 전원합의체 판결.
48) 정재황, 신 헌법입문, 제8판, 박영사. 2018, 267-268면.
49) J. Rivero et H. Moutouh, 앞의 책, 164면 이하 참조.
50) J. Morange, Droits de l'Homme et Libertés publiques, 5e éd. revue et augmentée, P.U.F., Paris, 2000, 423면 이하 참조.

입장에서는 상충되는 기본권주체들 간의 기본권조절을 수행하는 것이 된다. 기본권상충의 해결이 기본권제한의 문제이고 그 해결은 기본권들 간의 조절로서의 의미를 가진다는 점에서 오늘날 기본권제한은 일방적 기본권침해가 아니라 기본권의 최대한의 보장을 위한 기본권조절로서의 의미를 가지는 것이다.[51] 기본권의 조절은 각 기본권의 최대한 보장이라는 점에서 기본권의 실효성을 가져오기 위한 것이기도 하다.[52]

넷째, 위와 같은 파악은 기본권상충의 해결을 위해서도 결국 기본권제한의 법리가 적용된다는 것을 의미한다. 기본권상충의 해결이 최소한의 희생을 지향하고 기본권제한에 있어서의 핵심도 최소한의 제한에 있다는 점을 보더라도 그러하다. 실은 규범조화적 해석을 위한 방법론의 하나로 들려지고 있는 과잉금지의 방법도 우리 헌법재판소가 기본권제한의 법리로서 확립하여 적용하고 있는 법리라는 사실에서도 그러하다. 그리고 위에서 행한 헌법재판소의 판례에 대한 분석에서 나타났듯이 실제에 있어 결국은 주로 비례(과잉금지)원칙을 적용하여 상충문제를 해결하였고 비례원칙을 적용하지 않은 사안에서도(근로자의 단결하지 않을 자유 사안) 이를 적용하였어야 충분한 심사로 볼 수 있었던 사실을 보더라도 그러하다. 이처럼 기본권상충을 종국적으로는 비례(과잉금지)원칙과 같은 기본권제한원칙들에 의해 해결한다는 점에서 앞서 우리가 언급한 대로 기본권의 상충문제를 기본권제한의 문제와 다른 성격의 것으로 볼 것이 아니라는 것을 실증하고 있다. 요컨대 결국 기본권상충에 고유한 또는 특유한 해결방법이 있다고 볼 것이 아니라 기본권상충에 대한 해결도 기본권제한의 방법에 따라 이루어진다고 볼 것이다.[53]

결론적으로 상충되는 기본권들의 실질적인 중요도(서열)를 살펴 각각의 법익의 정도를 측정, 비교하고 각 기본권의 법익의 정도에 상응하는 제한과 보호를 가져오게 하며 각 기본권이 제한되는 정도를 최소화하기 위한 비례(과잉금지)원칙을 적용한다. 중요도와 법익의 비교, 비례(과잉금지)원칙의 적용에서 어느 한 기본권을 우선하여야 하더라도 다른 기본권을 가능한 한 최소한의 범위에서 제한하도록 하여야 하고 본질적 내용을 침해하지 않아야 한다. 상충에서의 실질적 중요도(서열)에 대한 파악과 법익형량은 각각의 기본권을 어느 정도까지 제한하는 것이 피해최소성을 갖추는 것인지에 대한 측정과 판단을 위한 것이라고 볼 것이다.

한편 비례(과잉금지)원칙 등 기본권상충의 해결방법은 그 상충을 위한 조절에서의 한계를

51) 이러한 지적에 관해서는 졸저, 기본권연구 I, 길안사, 1999, 345면 이하 참조.

52) 기본권의 조절이란 조절되는 권리들의 실효성 그 자체(effectivité même)라고 보는 견해로, V. Saint-James, La Conciliation des Droits de l'Homme et des Libertés en Droit public français, P.U.F., Paris, Publications de la Faculté de droit et des Sciences économiques de l'Université de Limoges, 1995, 470면 등 참조.

53) "우리나라에서는 일반적 제한원리로 헌법 제37조 2항의 일반유보에 따라 이익형량과 과잉금지, 비례의 원칙으로서 처리할 수 있기 때문에(기본권상충은) 특별히 논란할 필요가 없다"라고 보는 견해로, 김철수, 헌법학개론, 제19 전정신판, 박영사, 2007, 416면, 418면 참조.

이루는 것이기도 하다. 또한 상충해결을 위한 조절에 있어서 기본권의 본질적 내용을 침해할 수 없다는 것도 한계를 이룬다. 하위의 기본권이라도 상충해결에 있어서 그 본질적 내용을 침해하여서는 아니된다. 이러한 한계는 결국 우리 헌법 제37조가 기본권제한의 한계로서 본질적 내용의 침해금지를 명시하고 있으므로 기본권상충의 해결이 기본권제한의 문제임을 의미하는 것이기도 하다. 그런데 기본권상충해결에 있어서 본질적 내용의 보장에 있어서 사실 예외적이긴 하지만 어려운 경우가 나타날 수 있다. 즉 상위의 기본권의 보장을 위하여 하위의 기본권의 본질적 내용까지도 제한되는 경우가 나타날 수 있다. 상충되는 상황에서 본질적 내용을 보호하지 못할 상황이라면 가능한 한 그 상충 외의 영역에서 본질적 내용을 보장하는 방안을 강구하여야 한다. 그러한 예로, 위의 흡연권결정에서 보았듯이 흡연권은 비흡연자와 함께 있을 때 전혀 보장될 수 없는 것인데, 다만, 비흡연자와 함께 있지 않은, 즉 비상충 상황에서 보장이 이루어진다. 그러나 어느 기본권의 본질적 내용을 침해할 수밖에 없고 상충을 벗어날 수도 없는 경우에 해결과 조절의 방법을 찾기가 어렵다는 점에서 사실 기본권상충해결론의 현실적 한계가 있다. 예를 들어 임신중절을 하지 않을 경우에 모의 생명유지가 어려울 경우에 본질적 내용만으로 이루어진 두 생명권이 상충하고 자의 생명권을 보호하면 모의 생명권을 상실하게 된다. 이러한 문제는 종전에도 기본권제한에서의 한계 문제로 이미 거론되어 왔던 문제이다.

기본권상충에서의 조절은 입법자, 행정청, 그리고 자주 재판관에 의하여 이루어진다.[54] 이 점 기본권의 제한도 입법자, 행정청에 의해, 그리고 재판을 통해 실질적으로 이루어진다는 점에서도 기본권상충해결에 관한 판단을 하는 주체와 차이가 없고 이 점 또한 기본권상충에서의 조절은 기본권제한의 의미를 가짐을 볼 수 있다. 행정은 법집행작용이고 행정이 기본권제한을 하려면 법률에 근거를 두어야 하므로 일차적으로는 입법자에 의한 조절이 이루어진다.[55] 헌법 제37조 제2항도 기본권제한을법률로써 하도록 규정하여 원칙적으로 입법자에 의한 조절이 이루어진다. 조절을 함에 있어서 입법자의 입법재량이 인정될 수 있을 것이나 재량에도 한계가 있다. 입법자의 조절은 위헌법률심판의 기회에 헌법재판소에 의한 통제를 받게 되고 이로써 이차적으로 헌법재판소에 의한 조절이 이루어질 수 있다. 법원에 의해서도 조절이 이루어질 수 있는데 법원은 추상적인 법률을 집행한 행정처분 등에 대해 그 법률적용이 타당하였는지를 검토하면서 보다 구체적인 법익형량에 들어갈 수 있다.[56]

---

54) J. Morange, 앞의 책, 423면.

55) B. Genevois, La Jurisprudence du Conseil constitutionnel-Principes directeurs, Éd. STH, Paris, 1988, no342, 205면; G. Drago, La conciliation entre principes constitutionnels, D.S., chr., 1991, 267면.

56) "기본권의 충돌이 입법에 의하여 구체적으로 규율되어 그 입법 자체가 문제되는 경우, 기본권의 충돌문제는 그 입법의 합헌성문제로 해결할 수 있다.… 기본권의 충돌문제는 입법을 통하여 기본권제한의 한계문제로 전화된다. 그런데 이를 규율하는 입법이 없거나, 그 입법만으로는 규율이 불충분하여, 행정청의 처분 등 입법이 아닌 국가의 다른 작용이 문제되는 경우에도 또한 비례의 원칙으로 해결이 가능하다. 왜냐하면 비

Ⅶ. 결 어

우리나라에서 기본권상충현상과 그 해결방안을 다각적으로 찾으려는 노력은 기본권의 최대한 보장을 위한 노력으로서의 가치를 지닌다고 본다. 그러나 그 법리와 법리의 실제적 적용에 대해서 근본적인 검토가 필요하다. 위의 분석을 통해 기본권상충의 문제는 기본권제한과 조절의 문제로 귀결되는 것으로 파악되었다. 그리고 기본권상충론에 있어서 상충되는 기본권들을 최소한으로 제한하여 조절하는 것이 핵심적인 과제이다. 이를 위해 기본권제한에 있어서 보다 정교한 이론을 구축해가야 한다. 사실 위에서 살펴본 해결방법인 법익형량론이나 비례원칙 등에 대해서도 한계 내지 문제점이 지적되고 있다. 보다 객관적이고 설득력 있는 해결을 가져오게 하기 위한 보다 치밀한 헌법적 법리의 개발이 요구된다. 그기에 헌법학 연구의 과제가 있기도 하다. 그리하여 보다 기본권실현의 실질을 가져오고 기본권의 최대한 보장을 위한 법리를 발전시켜 나가야 한다.

례의 원칙은 입법 외의 모든 국가작용에 적용되는 원칙이기 때문이다. 이러한 점에서 기본권의 충돌문제는 그 중요성이 반감된다." 성낙인, 헌법학 제18판, 법문사, 2018, 971-972면.

3. 사적 자치(私的 自治)에 관하여*

송 덕 수**

Ⅰ. 서 설

사적 자치는 민법의 가장 대표적인 기본원리이다. 따라서 민법을 올바르게 해석하기 위하여서는, 사적 자치에 대한 정확한 이해가 선행되어야 한다. 무엇보다도 타당한 법률행위 이론을 세우기 위하여 사적 자치의 체계적이고도 깊이 있는 이해가 필요하다. 왜냐하면 법률행위제도는 사적 자치를 법세계에서 실현시켜 주는 수단이기 때문이다. 그리하여 본고에서 사적 자치에 관하여 자세히 살펴보려고 한다. 구체적으로는, 먼저 사적 자치의 의의와 헌법적 기초에 대하여 논술한 뒤, 사적 자치의 발현형식 즉 사적 자치의 영역을 설명하고, 이어서 그 실현수단으로서의 법률행위에 대하여 기술하고, 끝으로 사적 자치의 한계에 관하여 살펴볼 것이다.

Ⅱ. 사적 자치의 의의

사적 자치(Privatautonomie)라 함은 개인이 법질서의 한계 내에서 자기의 의사에 기하여 법률관계를 형성할 수 있다는 원칙을 말한다.[1] 즉 개인이 법질서의 제한에 부딪치지 않는 한 자유로운 자기결정(Selbstbestimmung)에서, 그리고 국가의 간섭이나 도움을 받음이 없이 법률관계를 규율할 수 있다는 원칙이다.

역사적으로 보면 사적 자치는 계약체결의 자유로부터 시작되었으며, 내용결정의 자유는 그 후에 발전하였다.[2] 그리고 자연법이론은 이들을 더욱 발전시켰다. 그리하여 자연법이론에서 비로소 계약자유 내지 사적 자치가 독립한 가치 및 사회적으로 의미 있는 형성원칙

---

* 이 논문은 사회과학논집(이화여자대학교 법정대학) 제11집(1991.12.30), 37면-53면에 수록된 것이다. 이 논문은 기본적으로는 발표 당시의 원문을 그대로 유지하였으나, 한자를 모두 한글로 바꾸고 띄어쓰기를 하는 등 최소한의 변경을 가하였고, 현재에 더욱 큰 의미를 갖게 하기 위하여 꼭 필요한 범위에서 현재의 학설과 사적 자치에 관한 헌법재판소 결정을 추가하였다. 추가한 부분은 "[ ]"으로 표시하여 원문과 구별되게 하였다.

** 법학과 조교수[현재 이화여자대학교 법학전문대학원 교수]

1) 일반적으로는 사적 자치의 원칙을 설명하면서 「법질서의 한계 내에서」라는 문구를 삽입하지 않는다. 그러나 사적 자치와 법질서의 관계를 오해하지 않게 하려면 이를 추가하는 것이 좋다. 사적 자치와 법질서의 관계에 대하여는 뒤에 「법률행위의 효력근거」의 문제로서 설명한다(본고 Ⅴ. 2. 참조).

2) J. von Staudingers Kommentar zum Bürgerlichen Gesetzbuch mit Einführungsgesetz und Nebengesetzen, Erster Buch Allgemeiner Teil, §§90-240, 12. Aufl., 1979, Einl zu §§104-185 Rn. 6.

(Gestaltungsprinzip)으로 고양되었다.[3] 그러나 계약자유가 실제로 인정된 뒤에도 오랫동안 그것을 가리키는 포괄적인 개념은 없었다. 행위자의 의사가 작용하는 당사자의 자유로운 행위를 민법이론의 핵심으로 삼고 있는 Savigny도 계약자유라는 표현을 사용하지 않았다. 그 후에 비로소 민법학에서 사적 자치라는 표현이 사용되게 되었다.[4]

Ⅲ. 사적 자치의 헌법적 기초

사적 자치는 인간의 일반적인 자기결정(Selbstbestimmung) 원칙의 일부분이다.[5] 그리고 자기결정의 원칙은 법질서에 선재하면서도 법질서에서 실현되어야 하는 가치로서 자유민주주의를 표방하는 모든 나라의 헌법이 이를 보장하고 있다. 「자유민주적 기본질서」(헌법 전문, 제4조, 제8조 참조)를 채택하고 있는 한, 개인의 자기결정이 없는 국가공동체는 생각할 수 없기 때문이다.[6] 그러나 이러한 자기결정의 원칙과 그 일부분으로서의 사적 자치가 헌법에서 반드시 명문으로 규정되어야만 하는 것은 아니다.[7]

우리 헌법은 사적 자치에 관하여 직접 명시적으로 규정하지는 않고 있다. 그렇지만 헌법 제10조는 「모든 국민은 인간으로서의 존엄과 가치를 가지며, 행복을 추구할 권리를 가진다」라고 규정하고 있으며, 제37조 제1항에서 「국민의 자유와 권리는 헌법에 열거되지 아니한 이유로 경시되지 아니한다」라고 규정하고 있다. 이들 규정이 사적 자치를 보장하는 핵심규정이라고 할 수 있다. 여기에 관하여 좀더 부연하여 설명하기로 한다.

우리의 통설에 의하면, 인간의 존엄과 가치는 모든 기본권질서의 이념적 출발점인 동시에 모든 기본권보장의 목적이다.[8] 그리고 행복추구권은 헌법에 규정된 모든 개별적 기본권은 물론이고 헌법에 열거되지 않은 자유와 권리까지도 그 내용으로 하는 포괄적 기본권이다.[9]

---

3) Manfred Wolf, Grundlagen des Vertrags und Schuldrechts, 1974, S. 25.

4) 예컨대 Cosack, Lehrbuch des deutschen bürgerlichen Rechts, 3. Aufl., 1900, §51, 4: Staudinger Dilcher, a.a.O., Einl zu §§104-185 Rn. 6에서 재인용.

5) Flume, Allgemeiner Teil des Bürgerlichen Rechts, Zweiter Band Das Rechtsgeschäft, 3.Aufl., 1979, S. 1; Erman, Handkommentar zum Bürgerlichen Gesetzbuch, 1. Band, 7. Aufl., 1981, Einl §104 Rn. 1; Palandt Kommentar, Bürgerliches Gesetzbuch, 44. Aufl., 1985, Überbl v §104 Anm. la.

6) Flume, a.a.O., S. 1은 사적 자치 없는 법질서는 없고, 다만 사회주의적인 질서에서는 사적 자치가 좁은 범위에 제한된다고 한다. 그러나 매우 좁은 범위에서 인정되는 사적 자치를 「원칙」으로서 표현할 수는 없으므로, 그와 같은 설명은 올바르지 않다.

7) Weimar헌법은 제152조에서 계약의 자유를 명문으로 규정하고 있었다. 그러나 사적 자치 내지 계약자유를 헌법에 명문화하지 않았다고 하여 그에 대한 보장이 약하다고 할 수는 없다.

8) 권영성, 헌법학원론, 신정판, 1989, 295면; 허영, 헌법이론과 헌법(중), 전정판, 1989, 172면. 그에 비하여 김철수, 신고 헌법학개론, 보정판, 1989, 308면은 인간의 존엄과 가치·행복추구권을 주기본권으로 이해한다. [현재의 헌법 문헌들의 태도를 추가로 정리한다. 현재도 다수의 학자는 인간의 존엄과 가치는 기본권 보장의 이념적 기초이고 기본권 보장의 최고 원리이며, 구체적인 권리인 기본권이 아니라고 한다(정종섭, 헌법학원론, 제11판, 2016, 410면; 전광석, 한국헌법론, 제12판, 2017, 284면). 그에 대하여 인간의 존엄과 가치가 기본권으로서의 성격도 가지고 있다는 견해도 있다(성낙인, 헌법학, 제18판, 2018, 1030면).]

그 결과 행복추구권을 통하여 헌법은 열거되지 않은 자유와 권리도 보장한다. 이 점은 헌법 제37조 제1항에 의하여 다시 분명하게 확인되고 있다.[10)]

개인의 자기결정 내지 사적 자치는 인간의 존엄과 가치라는 목적을 실현하는 수단이 되고 있는 행복추구권에 포함된다.[11)] 따라서 헌법 제10조와 제37조 제1항에 의하여 사적 자치는 우리 헌법상 보장된다.[12)] 그러나 이들 규정만이 근거로 되는 것은 아니다. 그 이외에 헌법 제23조(재산권의 보장), 제15조(직업선택의 자유), 제21조 제1항(결사의 자유), 제119조(경제상의 자유) 등과도 관련을 맺고 있다. 즉 사적 자치는 헌법 제10조에 의하여 일반적으로 보장되며, 개별적인 기본권들에 의하여 보충되고 있다. 이렇게 사적 자치가 기본권의 일종으로

---

9) 권영성, 앞의 책, 303면; 구병삭, 신헌법원론, 신고판, 1988, 342면. [성낙인, 앞의 책(주 8), 1041면도 이와 같은 입장이다. 전광석, 앞의 책(주 8), 292면도 유사하다. 그에 비하여 정종섭, 앞의 책(주 8), 433면; 허영, 한국헌법론, 전정13판, 2017, 346면은 행복추구권이 구체적 권리가 아니라고 한다.]

10) 이는 헌법 제10조가 전국가적 자연권을 포괄적으로 선언하여 실정법에 의한 보장을 하고 있다고 하는 입장에서의 설명이다. 그에 비하여 기본적 인권을 실정법적 권리로 이해하는 입장에서는 헌법 제37조 제1항은 헌법에 열거되지 않은 권리를 창설하는 것이라고 본다.

11) 서독기본법(Grundgesetz) 제2조 제1항은 「모든 사람은 타인의 권리를 침해하지 않는 한, 그리고 헌법적 질서나 도덕률(Sittengesetz)을 위반하지 않는 한, 자신의 인격의 자유로운 발현(Entfaltung)의 권리를 갖는다」라고 규정하고 있어서, 서독의 학자들은 대체로 사적 자치의 근거를 이 규정-또는 그와 함께 인간의 존엄을 규정한 동법 제1조-에서 찾는다. Manfred Wolf, a.a.O., S. 27; Medicus, Allgemeiner Teil des BGB, 1982, Rn. 172; Erman-Brox, a.a.O., Einl §104 Rn. 1; Palandt-Heinrichs, Überbl v §104 Anm. la; Staudinger-Dilcher, a.a.O., Einl zu §§104～185 Rn. 8 참조.
[우리 헌법 학자들은 일반적인 행동권으로서 행복추구권에서 계약의 자유가 파생된다고 하거나(전광석, 앞의 책(주 8), 292면), 헌법재판소가 행복추구권(또는 인간의 존엄과 가치 및 행복추구권)에 계약의 자유 등이 포함되어 있다고 함을 설명하고 있다(성낙인, 앞의 책(주 8), 1043면; 정종섭, 앞의 책(주 8), 435면; 허영, 앞의 책(주 9), 347면. 그런데 맨 뒤의 문헌은 행복추구권을 구체적인 기본권으로 파악하지 않으려고 한다).
우리 헌법재판소는 계약자유에 대해서 판단한 경우도 있고, 사적 자치에 대해서 판단한 경우도 있다. 헌법재판소는 계약자유에 관하여, 헌법 제10조가 규정하고 있는 행복추구권 속에는 일반적 행동자유권이 들어있고, 이 일반적 행동자유권으로부터 계약의 자유가 파생된다고 한다. 그리하여 계약의 자유 또한 행복추구권에 의하여 보호된다고 한다(헌재 1991.6.3. 89헌마204; 헌재 1998.5.28. 96헌가5; 헌재 1999.5.27. 97헌바66; 헌재 2001.2.22. 99헌마365; 헌재 2004.10.28. 2003헌바70; 헌재 2005.4.28. 2004헌바65). 그리고 사적 자치에 관하여는, 한편으로는 "헌법 제10조는 국민의 행복추구권과 여기서 파생된 일반적 행동자유권 및 사적자치권을 보장"하고 있다고 하고(헌재 1998.8.27. 96헌가22 등; 헌재 2001.5.31. 99헌가18 등), 다른 한편으로는 "사적 자치의 원칙이란 자신의 일을 자신의 의사로 결정하고 행하는 자유뿐만 아니라 원치 않으면 하지 않을 자유로서 우리 헌법 제10조의 행복추구권에서 파생되는 일반적 행동자유권의 하나"라고 한다(헌재 2003.5.15. 2001헌바98; 헌재 2009.6.25. 2007헌바39; 헌재 2010.5.27. 2008헌바61). 생각건대 사적 자치는 포괄적인 개념인 일반적 행동자유권 안에 포함되는 것으로 보아야 하며, 그 점에서 후자의 판시가 옳다. 헌법재판소가 사적 자치에 관하여 판단한 결정 하나를 직접 인용한다.
"사적 자치의 원칙이란 자신의 일을 자신의 의사로 결정하고 행하는 자유뿐만 아니라 원치 않으면 하지 않을 자유로서 우리 헌법 제10조의 행복추구권에서 파생되는 일반적 행동자유권의 하나이다. 사적 자치의 원칙은 법률행위의 영역에서는 계약자유의 원칙으로 나타나는데 계약자유의 원칙은 계약의 체결에서부터 종결에 이르기까지 모든 단계에서 자신의 자유의사에 따라 계약관계를 형성하는 것으로서 계약의 내용, 이행의 상대방 및 방법의 변경뿐만 아니라 계약 자체의 이전이나 폐기도 당사자 자신의 의사로 결정하는 자유를 말한다."(헌재 2010.5.27. 2008헌바61)]

12) 계약자유의 헌법적 보장에 관하여는 특히 이주흥, "계약자유의 헌법적 의미", 민사판례연구 XIII, 1991, 391면 이하 참조.

서 헌법상 보장되고 있지만, 사적 자치를 구현하여야 하는 사법질서의 내용은 헌법으로부터 추론될 수 없다.[13] 헌법은 단지 사적 자치를 허용하는 근본결단만 내리고 있으며, 사적 자치의 형식과 한계를 정하는 것은 사법에 맡겨져 있다.[14] 그러나 이것이 사법이 아무런 제약 없이 제정될 수 있다는 의미는 아니다. 사법의 입법자는 사적 자치의 허용이라는 헌법의 근본결단을 존중하여야 한다. 따라서 사적 자치를 법률로 제한하는 경우에는 이를 위반하지 않도록 주의하여야 한다.[15]

민법을 비롯한 사법질서는 전술한 헌법적 기초의 바탕 위에서 사적 자치의 형식과 한계를 정하고 있다. 그러나 사적 자치를 직접적·포괄적으로 규정하고 있지는 않으며, 그것을 당연한 전제로 한 많은 규정을 두고 있을 뿐이다. 사적 자치의 구체적인 형식 및 한계에 대하여는 다음에서 살펴보기로 한다.

Ⅳ. 사적 자치의 발현형식(영역)

1. 서 설

사적 자치의 발현형식은－정확하지는 않지만－사적 자치의 내용의 문제라고 할 수 있다. 그런데 이 문제는 우리나라의 문헌에서는 「법률행위 자유의 원칙」이라는 제목 아래서 설명되고 있다. 이는 법률행위가 사적 자치를 실현하는 수단이라는 점에 기인한다.[16][17] 그에 비하여 독일에서는 「법률행위 자유의 원칙」이라는 표현은 전혀 사용되지 않고 있다. 생각컨대 「법률행위 자유의 원칙」이라는 용어가 사용되어서는 안 되는 부당한 것이라고는 할 수 없다. 그러나 그 용어는 사적 자치가 인정되는 영역과 그 밖의 자치영역을 설명하는 데 적당하지 않다. 또한 사적 자치의 귀결이 법률행위 자유임에도 불구하고, 이를 역으로 설명하게 되는 결과를 가져온다. 사견처럼 법률행위를 사적 자치적 행위유형의 추상화개념으로 이해할 경우[18]에 더욱 그렇다. 뿐만 아니라 그 용어는 뿌리도 불분명하다. 그러므로 여기서는 「법률행위의 자유」라는 표현은 사용하지 않고, 일관하여 사적 자치라고 표현하기로 한다.

---

13) Flume, a.a.O., S. 18; Manfred Wolf, a.a.O., S. 30. 헌법으로부터 사법질서의 내용을 추론하는 견해에 대하여는 Flume, a.a.O., S. 20을 참조.

14) Manfred Wolf, a.a.O., S. 30.

15) 사적 자치의 제한도 헌법 제37조 제2항의 일반적인 법률유보 하에 놓인다고 할 수밖에 없으나, 다른 기본권의 경우와는 구별하여야 한다. 즉 사적 자치는 공공복리의 현저한 요구가 있는 때에만 제한될 수 있다고 하여야 한다.

16) 곽윤직, 민법총칙, 신정판, 1990, 329면.

17) 곽윤직, 앞의 책, 329-30면은 사적 자치의 「가장 중요한 내용」이 법률행위 자유의 원칙이라고 하나, 법률행위 자유의 원칙이라는 표현을 사용할 경우, 그것과 사적 자치는 동일한 것으로 보는 것이 옳다. 이 문제에 관하여는 후술 Ⅴ. 1. 참조.

18) 그에 관하여는 송덕수, “법률행위의 의의”, 고시연구 1991년 9월호, 144면 이하 참조.

사적 자치가 인정되는 생활영역은 무척 다양하다. 따라서 사적 자치의 발현형식에도 여러 가지가 있다. 가장 중요한 것으로서 계약의 자유가 있고, 그 밖에 단체결성의 자유, 유언의 자유, 권리행사의 자유도 있다.

2. 계약의 자유

계약은 법률관계를 사적 자치적으로 형성하는 가장 주된 형식이다. 그런 까닭에 때로 사적 자치는 계약의 자유와 동의어로 사용되기도 한다. 그러나 사적 자치는 계약자유보다는 넓은 개념이다. 법질서에 의하여 사적 자치적인 규율이 인정되지만 계약에 의하여 지배되지는 않는 영역도 있기 때문이다.

계약의 자유는 광의로 이해될 수도 있고 협의로 이해될 수도 있다. 광의로는 당사자가 합의(채권계약 · 물권적 합의 · 가족법상의 합의 등)에 의하여 법률관계를 형성하는 것인 한 그 영역을 불문한다. 따라서 물권적 합의나 혼인의 합의의 자유도 여기에 포함된다. 그에 비하여 협의의 계약의 자유는 채권계약의 자유이다. 한편 계약의 자유는 체결의 자유, 상대방선택의 자유, 내용결정의 자유, 방식의 자유를 내용으로 한다. 그런데 이들 각각의 자유는 계약이 채권계약인가 아닌가에 따라 인정되는 범위에서 차이가 있다.

체결의 자유와 상대방선택의 자유, 그리고 방식의 자유는 채권계약뿐만 아니라 물권계약 · 가족법상의 계약에서도 일반적으로 인정된다. 그에 비하여 내용결정의 자유는 채권계약에서는 넓게 인정되지만, 그 밖의 계약에서는 좁은 범위에서만 인정될 뿐이다. 민법은 채권계약의 유형(전형계약)을 정해 놓고 있다(제554조 이하의 계약법 각칙). 그러나 계약을 체결하는 자가 반드시 그러한 유형의 계약을 체결하여야 하는 것은 아니다. 내용상 전혀 다른 종류의 계약을 체결하여도 무방하다. 민법이 정하고 있는 유형의 계약을 체결하는 경우에도, 강행규정이 문제되지 않는 한, 민법이 규정하는 바와 다르게 채권관계를 형성할 수 있다. 그런가 하면 여러 유형의 계약의 요소를 가지는 계약도 체결할 수 있다(이른바 혼합계약). 이렇게 채권계약에 관하여는 내용결정의 자유가 광범위하게 허용된다. 물론 내용결정의 자유가 절대적으로 인정되는 것은 아니다. 민법의 계약규정 가운데에는 강행규정도 있으며, 계약의 한계를 정한 규정도 있기 때문이다. 그에 비하여 물권계약 · 가족법상의 계약에 있어서의 사정은 채권계약의 경우와 전혀 다르다. 물권의 종류와 내용은 법률(및 관습법)에 의하여 강행적으로 정해지기 때문에(민법 제185조의 물권법정주의), 물권변동을 위한 합의는 내용에 있어서 법질서에 의하여 확정된다. 예컨대 지상권은 양도할 수 있다는 내용으로만 설정될 수 있다. 가족법상의 계약도 마찬가지이다. 가령 혼인은 민법이 규정하는 권리 · 의무만을 성립시킬 뿐이다. 그러나 물권계약이나 가족법상의 계약에서 내용결정의 자유가 전면적으로 부정되는 것은 아니다. 예컨대 지역권에 있어서 토지(승역지)의 이용방법은 당사자가 자유롭게 결정할 수 있으며(민법 제291조 참조), 혼인의 경우 재산관계에 관하여 부부가 자치적으로 그 내용을 결정할 수 있다(민법 제829조).

3. 단체결성의 자유

법질서가 단체의 설립을 허용하고 설립자에 의하여 설정된 목적을 구속적인 것으로 승인하는 단체결성의 자유도 사적 자치의 하나의 중요한 발현형식이다. 단체에는 법인과 인적 조합이 있으나, 우리 법상 조합은 채권계약 가운데 하나이므로 여기의 단체는 법인만을 의미한다고 할 것이다. 회사(합명회사 · 합자회사 · 주식회사 · 유한회사)가 그 전형적인 예이나, 비영리 사단법인도 많이 있다.

단체결성의 자유는 다시 두 가지로 세분되어야 한다. 하나는 성립단계에 있어서의 설립의 자유이고, 다른 하나는 그 다음 단계에 있어서의 단체와 그 구성원 사이의 법률관계 형성의 자유이다.[19] 설립의 자유는 단체, 즉 법인의 종류에 따라 제한되기도 한다. 각종의 영리법인(회사)은 그 설립이 비교적 자유로우나(상법 제172조 참조), 민법상의 비영리법인은 행정관청의 허가가 있어야 하므로 설립의 자유가 상당한 제약을 받는다(민법 제32조). 그 밖에 각종의 특별법이 법인의 설립을 위하여 행정관청의 인가를 요구하는 경우도 있다. 그리고 단체와 그 구성원 사이의 법률관계 형성의 자유는 구성원의 단체(법인)에 대한 권리 · 의무를 정관에 의하여 규율하는 것을 말한다.

4. 유언의 자유

상속법 분야에서 유언의 자유가 인정된다. 그리하여 개인은 누구에게 자신의 재산을 남겨줄 것인가를 유언의 방법으로 자기의 자유로운 의사에 따라 결정할 수 있다. 그리고 법질서는 이러한 결정을 승인한다. 유언에 정당성이 있는가는 묻지 않는다. 예컨대 부가 유증하면서 자녀들을 정당한 이유 없이 차별한 경우에도 그것은 정당한 것으로 인정된다. 법질서가 관여하여 법률규정에 의하여 상속이 일어나도록 하는 것은 유효한 유언이 없는 때만이다. 그렇다고 하여 유언에 전혀 제한이 없는 것은 아니다. 우선 유언은 일정한 방식에 따르지 않으면 효력이 생기지 않는다(민법 제1060조, 제1065조 이하). 또한 유언이 선량한 풍속 기타 사회질서에 반하는 경우에도 무효이다(민법 제103조). 그리고 유언자는 법정상속인의 일정한 상속분에 대하여는 자유로이 처분할 수 없는 유류분에 의하여 제한을 받는다(민법 제1112조 이하).

---

19) Manfred Wolf, a.a.O., S. 21.

5. 권리행사의 자유

권리행사의 자유, 특히 소유권의 자유도 사적 자치의 발현형식의 하나이다. 소유권·채권·형성권과 같은 권리를 가지는 자는 자신의 자유로운 의사에 의하여 그것을 행사할 권능이 있다. 그러나 권리행사 모두가 사적 자치행위에 속하는 것은 아니다. 권리를 사적 자치적인 규율, 즉 의사표시의 방법으로 행사하는 경우에만 권리행사가 사적 자치행위에 해당한다. 그리고 권리행사에는 소유권양도·채권양도와 같이 계약의 방식인 것도 있고, 소유권의 포기·해지권 취소권 해제권 추인권의 행사와 같이 (일방적인) 단독행위의 방식인 것도 있다. 그 가운데 전자에 대하여는 전술한 계약자유에 대한 설명이 참고되어야 한다. 그러한 계약은 물권계약 또는 준물권계약이기 때문이다.

6. 사적 자치 이외의 자치

법질서는 기술한 자유 이외에도 많은 영역에서 자유활동을 허용한다. 영업의 자유, 경쟁의 자유, 의견의 자유, 정보의 자유, 일반적인 행동의 자유 등이 그 예이다. 그러나 이들은 사적 자치에 속하지 않는다. 사적 자치의 현저한 특징은 법질서가 자기결정만을 보장하는 데 있는 것이 아니고, 자유로운 자기결정에서 행하여진 결정에 법적 구속성(Rechtsverbindlichkeit)을 부여하는 데 있다.[20] 그런데 법질서는 계약의 자유, 단체결성의 자유, 유언의 자유, 권리행사의 자유의 영역에서만 법적으로 구속력 있는 규율을 허용하고 있으며, 기타 단순히 자유로운 활동의 영역에서는 그렇지 않다.[21] 예컨대 법질서는 자유로운 영업활동이나 경제활동, 자유로운 의견표명 또는 자유로운 산책을 허용하되, 그러한 활동에 법적 구속성을 부여하지 않는 방식으로만 허용한다. 그러나 권리의 행사에 있어서도 권리의 단순히 사실적인 행사(사용)의 경우에는 자기결정에 의한 법적 구속력 있는 규율은 행해지지 않는다. 그러한 한 이러한 행사도 본래의 의미의 사적 자치에 해당하지 않게 된다.[22]

V. 사적 자치의 실현수단으로서의 법률행위

1. 사적 자치에 대한 법률행위의 의미

개인이 자기의 의사에 기하여 법률관계를 형성하는 것은 법률적으로 「법률행위」를 함으로써 가능하게 된다. 그리하여 법률행위는 사적 자치를 실현하는 수단이라고 설명된다. 그런데 견해에 따라서는 사적 자치를 실현하는 「가장 중요한」 수단이 법률행위라고 한다.[23] 이

20) Manfred Wolf, a.a.O., S. 21.
21) Manfred Wolf, a.a.O., S. 21-22.
22) Manfred Wolf, a.a.O., S. 22.

는 사적 자치를 실현하는 수단 가운데에는 법률행위가 아닌 것도 있다는 전제에 서 있다. 사적 자치의 개념이 반드시 확정적인 것은 아니기 때문에, 그러한 견해가 절대적으로 부당하다고 할 수는 없다. 그러나 행위자의 「의사」에 따른(정확하게는 의사표시의 내용대로) 법률효과가 발생하는 법률요건은 법률행위밖에는 없고, 사적 자치는 자신의 의사에 기하여 법률관계를 창조적으로 규율하는 것이므로, 법률행위 이외의 사적 자치 실현수단을 상정하는 것은 적절하지도 않고 특별한 의미도 없다. 오히려 법률행위는 사적 자치를 실현하는 「유일한」 수단으로 보아야 할 것이다. 어쨌든 사적 자치는 사법의 여러 분야에서 법률행위를 통하여 달성된다.

2. 법률행위의 효력근거

법률관계의 사적 자치적 형성행위인 법률행위에 있어서 행위자의 의사대로(정확하게는 행위자가 의욕한 것으로 표시된 대로) 법률효과가 발생하는 근거는 무엇인가? 여기에 대하여 독일에서 견해가 나뉘고 있다. 학자에 따라서는 법률효과는 그것이 의욕되었기 때문에 발생한다고 하여 근거를 법률행위(당사자의 의사)에서 찾기도 하나,[24] 다수설은 법률효과는 그것이 의욕되었다는 이유만으로 발생하는 것이 아니며 법질서에 의하여 시인되기 때문에 발생한다고 하여 법률행위(당사자의 의사)와 법질서의 양자가 모두 근거라고 한다.[25] 우리나라에는 독일의 다수설과 같은 견해만 나타나 있다.[26]

생각건대 법률행위의 효력근거는 제1차적으로는 법률행위(당사자의 의사)에서 찾아야 한다.[27] 사적 자치가 인정되는 범위에서 법률행위에 의한 법률효과는 법률행위의 내용대로 발생하기 때문이다. 그렇지만 그러한 결과는 법질서가 시인하기 때문에 가능하게 된다. 법률관계의 사적 자치적인 형성은 때로 입법(Rechtssetzung)으로 오해되기도 한다. 그것에 의하여 법적으로 구속력 있는 규율이 설정되기 때문이다. 그러나 그것은 결코 입법이 아니다.[28] 우선 국가의 입법권한이 사인에게 위임되었다는 근거가 없다.[29] 또한 사적 자치적 행위에는 법

---

23) 장경학, 민법총칙, 1985, 398면; Erman-Brox, a.a.O., Einl §104 Rn. 1.

24) Hübner, Allgemeiner Teil des Bürgerlichen Gesetzbuches, 1985, Rn.339. Ernst Wolf, Allgemeiner Teil des bürgerlichen Rechts, 3. Aufl., 1982, S. 296은 스스로에 관한 결정과 스스로에 관하여 결정하는 각자의 자연권이 효력근거라고 한다.

25) Flume, a.a.O., S. 2; Larenz, Allgemeiner Teil des deutschen Bürgerlichen Rechts, 6. Aufl., 1983, S. 302; Manfred Wolf, a.a.O., S. 63; v. Tuhr, Allgemeiner Teil des Bürgerlichen Rechts, Zweiter Band, Erste Hälfte, 1957, S. 145-146; Lange-Köhler, BGB Allgemeiner Teil, 17. Aufl., 1980, S. 227; Erman-Brox, a.a.O., Einl §104 Rn. 4.

26) 이영준, 민법총칙, 1987, 90면.

27) 동지 Larenz, a.a.O., S. 302.

28) Flume, a.a.O., S. 5; Manfred Wolf, a.a.O., S. 22. 동지 이영준, "법률행위 및 그 자유개념의 재검토", 법조 1985년 8월호, 46면.

29) 헌법 제75조, 제95조와 비교할 수 있는 규정이 사적 자치 영역에는 없다.

사상의 실현이라는 법의 실질적 성질도 없다. 입법자로부터는 그가 법사상을 실현시킨다는 의도를 기대하게 되지만, 가령 매매계약을 체결하는 자는 자신의 이익을 위하여 그것을 행한다.[30] 사적 자치적인 규율의 법적 구속성은 사인들 스스로 부여하는 것이 아니며, 이미 설정된 법에 의하여 주어지는 것이다. 법질서는 사적 자치적으로 규율할 수 있는 법률관계를 규정하고 있을 뿐만 아니라, 그러한 법률관계를 일정한 행위유형에 의해서만 사적 자치적으로 형성할 수 있도록 하고 있다. 따라서 법률관계의 사적 자치적 형성은 그 형식과 내용에 있어서 법질서에 의하여 결정된다.[31] 개인은 사적 자치 영역에서 사적 자치적인 형성행위 즉 법률행위를 할 수 있지만, 법질서에 의하여 허용된 유형의 것만 승인된 방식으로 하여야 한다. 법질서는 그 밖에도 여러 가지 방법으로 사적 자치를 제한한다. 선량한 풍속 기타 사회질서에 반하는 법률행위를 무효로 규정하는가 하면(민법 제103조), 법률행위가 유효하기 위하여 관청의 협력(예컨대 농지매매의 경우의 소재지관서의 증명)을 요구하기도 한다. 요컨대 법질서는 일정한 한계를 설정하여 두고 그 범위 안에서 행하여지는 법률행위의 효력을 승인하고 있다. 이러한 점에서 볼 때 법률행위의 효력근거에서 법질서를 배제하는 것은 온당하지 않다. 결국 법률행위의 효력근거는 법률행위(당사자의 의사)와 법질서 양자에서 찾아야 하며, 그러한 독일의 다수설은 타당하다.

3. 법률행위에 의한 법률효과와 법률에 의한 법률효과

법률행위가 궁극적으로는 법질서에 의하여 법적 효력을 가진다는 점에서는 법률행위에 의한 법률효과도 언제나 법률에 의한 법률효과이다.[32] 그러나 법질서는 사적 자치를 허용하는 한에서는 단순히 법률행위에 법적 효력을 부여하는 데에만 관여한다. 그리하여 법률행위에 있어서는 당사자의 의사에 따라(정확하게는 당사자가 의욕한 것으로 표시된 대로) 법률효과가 발생하게 된다. 그에 비하여 법률행위 이외의 법률요건에서는 법률이 문제되는 현상, 특히 인간의 행위를 법적으로 평가하여 법률효과를 규정함으로써, 법률효과는 단지 법률에 의하여서만 발생하게 된다. 이렇게 볼 때, 법률행위에 의한 법률효과와 법률에 의한 법률효과는 구별될 수 있다고 하겠다. 예를 들어 양자를 비교해 보기로 한다.[33] 가령 매매계약(법률행위)이 체결된 경우에는, 민법 제568조에 의하여 매도인은 매매목적이 된 권리를 이전할 의무를 지고 매수인은 대금을 지급할 의무를 진다(법률효과). 그에 비하여 어떤 자가 고의 또는 과실로 인한 위법행위로 타인에게 손해를 가한 경우에는, 그는 민법 제750조에 의하여 피해자에게 가해행위로 인한 손해를 배상할 의무가 있다(법률효과). 이들 가운데 매매계약의 법률

---

30) Flume, a.a.O., S. 5.
31) Flume, a.a.O., S. 2.
32) Flume, a.a.O., S. 3.
33) 이 예는 Flume, a.a.O., S. 3을 참고한 것이다.

효과는, 계약당사자 사이에 매도인이 매수인에게 매매목적이 된 권리를 이전하고 매수인이 매도인에게 대금을 지급하기로 합의하였기 때문에 발생한다. 법질서는 계약당사자의 합의에 효력을 부여한다. 그에 비하여 불법행위에 있어서 손해배상의무라는 법률효과는, 법질서가 고의 또는 과실로 인한 위법한 가해행위에 대하여 가해자가 피해자에게 손해배상의무를 부담하여야 한다고 평가하기 때문에 발생한다.

주의할 것은, 법률행위에 의한 법률효과 가운데에는 행위자가 규율하지 않은 것도 있다는 점이다. 특히 계약의 경우에는 당사자가 합의하지 않았음은 물론이고 전혀 생각조차 하지 않은 수많은 법률효과가 계약에 기하여 발생한다. 예컨대 매매계약에 있어서 목적물이 인도전에 멸실된 경우의 채무불이행으로 인한 손해배상청구권(민법 제390조) · 계약해제권(민법 제546조) · 위험부담(민법 제537조, 제538조), 목적물에 하자가 있는 경우의 하자담보책임(민법 제580조, 제581조) 등이 그렇다. 이러한 법률효과는 법질서에 의하여 부여된 것이기는 하지만 매매계약에 의한 법률효과이다.[34][35] 불법행위의 경우와 다른 점은 그러한 법률효과는 법질서에 의하여 합의를 고려하여 부여된다는 데 있다. 가령 매도인이 계약체결 후에 과실로 매매목적물을 멸실시킨 때에는, 매도인의 이러한 행위는—민법 제750조의 경우와 달리—자동적으로가 아니고 매매계약을 고려하여 평가된다.[36] 매도인은 그의 귀책사유로 매매계약을 불능으로 만들었기 때문에, 그는 매수인에게 손해배상의무를 부담하고 매수인은 계약을 해제할 수 있다(민법 제390조, 제546조).

법률행위에 의한 법률효과와 법률에 의한 법률효과를 정리하면 다음과 같다. 법률행위의 경우에는 법적 판단에 있어서 언제나 자기결정의 실현이 문제된다. 예컨대 매매계약에서 당사자가 합의한 것은 그것이 합의되었기 때문에 효력이 있다. 따라서—예외적인 경우(가령 강행법규나 사회질서에 반한 경우)를 제외한다면—합의된 법률효과가 정당한지 여부는 문제되지 않는다. 정당성은 합의, 즉 자기결정에서 발견된다.[37] 합의는 법질서가 설정한 한계 안에서는 법적인 판단에 선행한다. 이 점은 법률행위에 의하여 규율되지 않은 법률효과에 있어서도 같다. 그러한 법률효과는 문제되는 현상의 법적 평가로부터 생기기는 하지만, 법률행위가 법

---

34) Flume, a.a.O., S. 3.

35) 법률행위(계약)는 독일보통법 이래 essentialia negotii, naturalia negotii, accidentalia negotii의 세 부분으로 나누어진다. 법률행위의 필수불가결한 그리고 종류를 결정하는 구성부분을 essentialia negotii(본질적인 구성부분)라고 한다. 그리고 essentialia negotii가 확정된 경우에, 법질서(임의규정)가 법률행위에 결합시키는 효과를 naturalia negotii(자연적인 구성부분)라고 한다. 한편 당사자들은 본질적이지 않은 점에 관하여 합의를 행할 수 있고, 또 naturalia negotii와 다르게 합의할 수도 있는데, 이러한 부분을 accidentalia negotii(부수적인 구성부분)라고 한다(v. Tuhr, a.a.O., S. 194; Enneccerus-Nipperdey, Lehrbuch des Bürgerlichen Rechts, Erster Band Allgemeiner Teil des Bürgerlichen Rechts, Zweiter Halbband, 15. Aufl., 1960, S. 1151). 본문의 법률효과는 위의 셋 가운데 바로 naturalia negotii에 해당한다.

36) Flume, a.a.O., S. 3.

37) Flume, a.a.O., S. 5.

적인 판단에 선행한다. 법적인 평가는 법률행위를 고려하여 행하여져야 한다. 예컨대 계약상의 채무의 이행불능을 이유로 한 손해배상청구권은, 배상의무자가 상대방을 계약이 이행되었다면 있었을 재산상태에 있게 하여야 함으로써, 계약에 의한 내용을 가지게 된다. 결국 법률행위의 경우에는, 그것이 효력이 있는 한, 법적인 판단에 있어서 단순히 법률행위를 추종하게 된다.[38] 그에 비하여 다른 경우의 법적인 판단에 있어서는 문제되는 현상, 특히 인간의 행위를 법적으로 평가하게 된다.

Ⅵ. 사적 자치의 한계

1. 서　　설

법률관계의 사적 자치적인 형성은 법질서의 승인하에서만 가능하다. 즉 사적 자치는 법질서의 한계 내에서만 허용된다. 따라서 사적 자치에 관하여는, 그것이 인정되는 영역 외에 법질서가 설정하고 있는 한계도 살펴보아야 한다. 그런데 구체적인 법질서에서의 사적 자치의 인정범위, 그리하여 그 한계는 자유민주주의 국가인지 아닌지에 따라 큰 차이가 있다. 자유민주주의 국가에서는 사적 자치가 당연히 인정되고 제약이 많지 않은 데 비하여, 사회주의 국가에서는 제약이 매우 많거나 사적 자치가 거의 인정되지 않는다. 같은 자유민주주의 국가라 하더라도 사적 자치에 대한 제약에 있어서 차이를 보일 수 있다.

역사적으로 보면, 사적 자치는 19세기에는－유럽에서－광범위하게 인정되었고 제약이 많지 않았다. 그 결과 경제는 이전과는 비교할 수 없을 정도로 발전하였다. 그런데 개인에게는 심각한 문제가 발생하였다. 당시의 법이론은 개인에게 자유경쟁 상태에서 자신의 능력을 발휘하게 하면 급부와 반대급부 사이의 조절이 적정하게 이루어질 것이라고 보았다. 그러나 그러한 생각이 잘못이었음을 곧 깨닫게 되었다. 실제에 있어서는 경제력의 현저한 차이로 인하여 상상한 바와 같은 조화가 이룩되지 않았다. 사적 자치적인 자유는 모든 자에 대하여 동등하게 보장되었지만 모든 자에 의하여 동등하게 행사될 수는 없었다.[39] 예컨대 생산수단의 소유자로서의 기업은 재산이 없는 자와 고용계약을 체결하는 경우 그의 소유권을 적절히 이용하게 될 것이다. 무재산의 근로자는 그의 생계를 위하여 기업의 의사에 따라 고용계약을 맺을 수밖에 없으며, 이 때 법률에 형식적으로 규정된 소유권은 그에게는 아무런 도움도 주지 못한다. 주택의 소유자와 임차인의 관계도 그와 유사하다. 사적 자치의 영역에서 이와 같은 문제점이 발생하게 되자, 사적 자치에 대하여 보다 많은 제약이 가해져야 한다고 주장되었으며, 문제점을 해결하기 위한 입법(특히 노동법·경제법)이 행하여지기도 하였다. 그리하여

38) Flume, a.a.O., S. 5.
39) Manfred Wolf, a.a.O., S. 25.

민법의 계약법에도 강행규정이 점차 늘게 되었다.

이처럼 19세기에 비하여 오늘날(20세기) 사적 자치가 많은 제약을 받고 있는 현상을 우리 문헌은 대체로 법률행위 자유의 원칙의 「수정」이라고 설명하고 있다.[40] 그러나 그러한 설명은 자칫 사적 자치의 의미를 오해하게 할 우려가 있다. 20세기의 법질서에서 사적 자치는 그에 대한 제약이 증가하였다는 점만이 19세기와 다르다. 사적 자치가 본질적으로 달라진 것이 아니다. 19세기이든 20세기이든 인간의 존엄과 가치를 존중하는 한 사적 자치는 법질서의 원칙으로서 당연히 인정된다. 또한 사적 자치는 시대나 국가를 불문하고 법질서의 한계 내에서 인정되는 것이므로, 제약의 증가가 그것의 본질을 변경시키는 것은 아니다.[41] 그럼에도 불구하고 우리의 문헌처럼 사적 자치가 「수정」되었다고 하면, 그것이 「변질」된 것으로, 그리하여 오늘날에는 별의미가 없는 것으로 잘못 파악하게 할 가능성이 있다. 우리 문헌에서 말하는 「수정」은 「제약이 증가하여 한계가 보다 엄격해졌다」는 정도로 이해되어야 할 것이다. 사적 자치는 오늘날 우리 사법질서(민법)에 있어서도 중요한 기본원칙 가운데 하나이며, 그것이 가지는 의미는 결코 가볍게 취급되지 않아야 한다.[42]

우리 민법은 근대초기의 민법전에 비하여 사적 자치의 문제점의 제거에 다소 적극적이다. 신의성실의 원칙과 권리남용금지의 원칙을 민법의 앞부분에서 규정하고 계약법에 강행규정을 많이 삽입시킨 점이 이를 뒷받침한다. 그러나 결코 충분하지는 않다. 민법은 여전히 계약의 자유와 소유권의 자유를, 그것들의 행사가 타당한 결과를 가져올 것인가를 충분히 고려함이 없이, 단지 형식적으로 보장하고 있다. 그리하여 경제적인 약자를 보호하기 위하여 사적 자치, 특히 계약의 자유를 제한하는 사회적인 입법이 뒤따르게 되었다. 노동법, 주택임대차보호법 등이 그 대표적인 예이다. 그리고 그러한 입법은 현재에도 나날이 증가하고 있다. 이하에서 우리 법질서가 사적 자치에 대하여 가하고 있는 제약, 즉 한계를 영역별로 개괄적으로 살펴보기로 한다.

2. 계약자유의 한계

사적 자치의 주된 발현형식으로서의 계약의 자유는 채권계약을 포함한 넓은 의미의 것이기 때문에, 계약자유의 한계도 모든 계약에 관하여 논의되어야 한다. 그렇지만 한계가 특히 문제되는 것은 채권계약이기 때문에, 계약자유의 한계를 채권계약과 관련하여 설명하려고 한

40) 곽윤직, 앞의 책, 73-76면; 김증한, 신고 민법총칙, 1983, 45-46면; 장경학, 앞의 책, 86-90면; 김용한, 민법총칙론, 전정판, 1986, 40-41면, 248면; 김주수, 민법총칙, 제2판, 1989, 65-66면, 252-254면; 김기선, 한국민법총칙, 삼개정증보판, 1985, 47-49면.

41) 동지 이영준, 앞의 책, 94면.

42) 고상용, 민법총칙, 1990, 325면은 「사적 자치의 쇠퇴」라고 하고 있는데, 이는 사적 자치를 경시하는 표현으로서 바람직하지 않다.

다. 물권계약이나 가족법상의 계약에 있어서의 자유의 한계로는, 계약의 종류와 내용이 법에 의하여 미리 정하여진다는 점(이른바 유형강제)[43]과 그러한 계약이 강행규정이나 사회질서에 반하는 내용을 가지는 경우에는 채권계약과 마찬가지로 무효로 된다는 점 정도를 언급할 수 있다.

계약(채권계약)자유의 한계에는 외적인 한계(Aussenschranken)와 내적인 한계(Innenschranken)가 있다. 전자는 계약당사자 쌍방이 모두 자유로운 자기결정에서 행위한 경우에도 계약자유에 일반적으로 끌어들여지는 한계이고, 후자는 당사자 일방의 자기결정이 타방당사자의 우월적 지위에 의하여 위협받는 경우에 생기는 한계이다.[44] 내적인 한계는 계약당사자에 의한 사적 자치적 규율에서 일반적으로 일정한 영역을 제거하는 것이 아니고, 따라서 엄밀한 의미에서 「한계」가 아니다. 그것은 오히려 계약당사자의 자치적인 규율에 맡겨진 영역 안에서 당사자 사이에 존재하는 불평등한 지위 때문에 약자가 보호되어야 하는 때에 작용한다. 따라서 그 때에는 양당사자의 자유가 아니고 한 당사자, 즉 우월적인 지위의 계약당사자의 자유만이 그 행사에 있어서 제한된다.[45] 이러한 계약자유의 두 한계 가운데 중요한 것은 내적인 한계이다.

계약자유의 외적인 한계로는 강행규정과 민법 제103조를 들 수 있다. 우리 법상 계약은 그것이 강행규정에 반하는 경우에는 무효이다(민법 제105조 참조). 그런 까닭에 강행규정은 계약자유의 한계를 형성한다. 그런데 계약자유를 제한하는 강행규정 가운데에는 계약자유의 내적인 한계에 관한 것이 많다. 그러나 모두가 그런 것은 아니다. 강행규정 중에는 약자보호를 위하여서가 아니고 사회일반의 이익 또는 제3자의 이익을 위하여 두어진 것도 있다. 그 예로는 광업권의 대차를 금지하고 있는 광업법 제11조, 어업권의 임대차를 금지하고 있는 수산업법 제33조 등을 들 수 있다. 이와 같은 규정 때문에 광업권자나 어업권자가 광업권이나 어업권의 명의를 타인에게 대여하는 계약을 체결하면 그 계약은 무효이다. 학교법인(사립대학의 경우)의 기본재산의 처분에 관한 계약에는 교육부장관의 허가를 요구하는 사립학교법 제28조, 농지의 매매계약에 소재지관서의 일정한 증명을 요구하는 농지개혁법 제19조 제2항, 규제구역으로 지정된 토지에 관한 거래계약이 유효하려면 관할 도지사의 허가를 받아야 한다고 하는 국토이용관리법 제21조의 3 등도 같은 맥락에서 파악할 수 있다. 다른 한편으로 계약의 자유는 민법 제103조에 의하여 제한을 받는다. 동조에 의하면, 계약은 강행규정에 반하지 않을지라도 선량한 풍속 기타 사회질서에 반하는 경우에는 무효이다. 계약이 국민의 정

43) Hübner, a.a.O., Rn. 341; Staudinger-Dilcher, a.a.O., Einl zu §§104-185 Rn. 10.

44) Manfred Wolf, a.a.O., S. 36, 42.

45) Manfred Wolf, a.a.O., S. 42. 그에 비하여 이영준, 앞의 논문, 49면은 계약의 자유를 강자의 계약의 자유와 약자의 계약의 자유로 구분하여 고찰하는 것 자체가 불가능하다고 한다. 그러나 이러한 설명은 받아들일 수 없다.

의로운 도덕관념에 어긋나는 경우까지 법질서가 그 효력을 인정할 수는 없을 것이다. 사회질서에 반하는 계약의 예로는 인신매매, 남녀가 불륜관계를 맺기로 약속한 경우(이른바 첩계약)를 들 수 있다. 헌법상의 기본권이 사인 사이에도 간접적으로 적용된다는 입장(간접적용설 내지 공서양속설)에 있게 되면,[46] 민법 제103조는 기본권규범과 사법관계를 매개하는 중요한 역할을 하게 된다.

계약의 당사자가 서로 대등한 지위를 보유하여 각자가 자유롭게 계약의 자유를 행사할 수 있는 경우에는, 법질서로서는 허용할 수 없는 한계만을 설정하는 것으로 충분하다. 그러나 실제에 있어서는 계약당사자의 일방이 우월적인 지위를 갖고, 그리하여 쌍방의 자기결정 대신에 그 자의 일방적인 결정이 행하여지는 때가 많이 있다. 그러한 때에는 우월한 당사자의 계약자유는 약자의 보호를 위하여 제한되어야 한다. 이것이 계약의 내적 한계의 문제이다. 법질서도 이러한 입장에서 많은 강행규정을 두고 있다. 우선 전기·수도·가스 등과 같은 생활필수품을 공급하거나 공공교통기관을 경영하는 기업은 법률상 또는 사실상 독립적인 지위를 가지고 있는데, 이러한 공익적 독점기업에 대하여 각종의 특별법에서 계약체결을 강제하고 있다. 전시나 경제적 위기가 닥친 때에는 식량을 적정하게 분배하기 위하여 계약체결을 규제할 수도 있다(양곡관리법 제15조의 2). 그런가 하면 경제적 약자 보호를 위하여 법질서가 직접 계약의 내용에 간섭을 가하기도 한다. 민법 제607조·제608조, 임대차에 관한 규정(민법 제652조 참조), 근로기준법을 비롯한 노동법, 이자제한법, 주택임대차보호법, 가등기담보 등에 관한 법률, 약관의 규제에 관한 법률 등이 그 예이다.

3. 단체결성의 자유의 한계

단체, 즉 법인의 결성에 관하여 법질서는 일정한 유형을 규정해 놓고 있다. 민법상의 비영리법인, 상법상의 합명회사·합자회사·주식회사·유한회사, 각종 특별법상의 법인 등이 그것이다. 이러한 법인의 설립과 관련하여 가해지고 있는 제약(행정관청의 허가나 인가 등)에 대하여는 앞에서 기술하였다(본고 Ⅳ. 3.). 그러므로 여기서는 그 밖의 한계에 대하여만 설명하면 될 것이다.

법인의 일정한 형식의 허용이나 금지에 의하여 공동의 경제생활은 보다 쉬워질 수도 있고 어려워질 수도 있다.[47] 따라서 단체결성의 자유와 강행규정 사이의 한계를 파악하는 일이 의미가 있을 것이다. 그런데 이는 주로 회사와 관련되는 문제로서, 상법 및 경제법에서 다루어져야 한다. 그러므로 여기서는 특별히 제기될 수 있는 문제점만을 지적하기로 한다.[48] 우

---

46) 김철수, 앞의 책, 264-265면; 구병삭, 앞의 책, 307면; 권영성, 앞의 책, 267면; 허영, 앞의 책, 103면 참조.
47) Manfred Wolf, a.a.O., S. 23.
48) 그에 관하여 Manfred Wolf, a.a.O., S. 23 참조.

선 회사의 설립자(구성원)가 상법이 정하고 있는 유형에 구속당하는지, 그들이 여러 회사의 혼합 형태로 회사를 설립할 수 있는 자유가 있는지가 문제된다. 그리고 법률이 정한 회사의 여러 기관 사이의 업무분담과 그들의 통제가 변경되거나 회사의 구성원 아닌 제3자가 의사 형성과정에 영향을 미치도록 할 수 있는가도 문제된다.

4. 유언의 자유의 한계

유언에 의하여 이익을 얻는 자는 원칙적으로 부가적인 재산상의 이익을 얻게 된다. 그러나 그는 유언자의 유언의 자유를 제한할 수 있는 권리나 이익이 거의 없다.[49] 왜냐하면 원칙적으로 누구도 타인의 사망 후에 재산에 대한 청구권을 가지지 않기 때문이다. 따라서 유언의 자유는 넓은 범위에서 인정된다. 전술한 바와 같이(본고 Ⅳ. 4.), 유언의 자유에 대하여 일정한 방식의 요구, 유류분, 민법 제103조에 의한 제한이 가해지기는 한다. 그러나 그것이 대단히 의미 있는 제한은 되지 못한다. 우선 유언을 일정한 방식에 따르도록 한 것은 법률관계를 명확하게 하기 위한 목적에서이다. 그리고 유류분제도는 확실히 유언의 자유를 제약하는 것이기는 하다. 그러나 유류분권이 유언자가 그가 원하는 자에게 유증하는 것을 방해하지는 않는다. 유언자는 자유롭게 유증할 수 있으며, 유류분권리자는 수유자에 대하여 단지 채권적인 청구권만을 가질 뿐이다.[50] 한편 유류분제도를 넘어서서 유언의 자유가 민법 제103조에 의하여도 제한될 수 있는가에 대하여 의문이 제기될 수 있다. 유언자가 가족 대신에 그가 사랑하는 다른 자에게 유증하는 것이 사회질서에 반한다고 할 수는 없을 것이기 때문이다. 법질서는 사생활의 영역에서는 선량한 풍속의 파수꾼의 임무를 수행하지 않아야 한다. 그러나 법정상속인(유류분권리자)이 유언자의 생전에 그의 노력으로 유언자의 재산을 증가시키는 데 이바지 한 경우에는, 그의 유류분청구권 외에 추가적인 전보청구권(Ausgleichsanspruch)을 보장하는 것이 적절할 것이다.[51] 그럼에 있어서 민법 제103조가 유언의 자유의 한계로서 기능을 하게 된다.

5. 권리행사의 자유의 한계

권리가 계약의 형태로 행사되는 경우의 권리행사 자유의 한계는 계약자유의 한계의 문제이기도 하다. 따라서 여기서는 권리가 일방적으로, 즉 단독행위의 형태로 행사되는 경우의 한계에 관하여만 살펴보기로 한다.

일방적인 권리행사는 강행규정에 의하여 제한되기도 한다. 예컨대 근로계약의 경우의 사

49) Manfred Wolf, a.a.O., S. 24.

50) 동지 Manfred Wolf, a.a.O., S. 24; 곽윤직, 민법개설, 개정수정판, 1991, 659면. 그러나 김주수, 친족·상속법, 제4전정판, 1991, 665면은 유류분권리자의 권리가 형성권이라고 한다.

51) Manfred Wolf, a.a.O., S. 24.

용자의 해고권(해지권)은 제한된다.[52] 그런가 하면 권리남용금지의 원칙(민법 제2조 제2항)에 의하여 제한될 수도 있다. 또한 권리의 행사가 신의성실의 원칙(민법 제2조 제1항)에 반하는 경우에는 권리남용으로 된다. 그리고 실효의 원칙을 인정한다면 이 원칙에 의하여 권리의 행사가 실효될 수도 있다.

52) 근로기준법 제27조 참조. 그러나 피용자는 자유롭게 해지권을 행사할 수 있다(민법 제660조).

4. 황금들녘의 아름다움: 법해석의 한 단면* – 임대주택법상의 임차인에 관한 해석 문제 –

김 재 형**

Ⅰ. 서　설

여기 가을 들녘의 황금물결을 노래하는 –그 모습을 깨뜨리고 싶지 않은– 아름다운 판결문이 있다.

> "가을 들녘에는 황금물결이 일고, 집집마다 감나무엔 빨간 감이 익어 간다. 가을걷이에 나선 농부의 입가엔 노랫가락이 흘러나오고, 바라보는 아낙의 얼굴엔 웃음꽃이 폈다. 홀로 사는 칠십 노인을 집에서 쫓아내 달라고 요구하는 원고의 소장에서는 찬바람이 일고, 엄동설한에 길가에 나앉을 노인을 상상하는 이들의 눈가엔 물기가 맺힌다.
>
> 우리 모두는 차가운 머리만을 가진 사회보다 차가운 머리와 따뜻한 가슴을 함께 가진 사회에서 살기 원하기 때문에 법의 해석과 집행도 차가운 머리만이 아니라 따뜻한 가슴도 함께 갖고 하여야 한다고 믿는다. 이 사건에서 따뜻한 가슴만이 피고들의 편에 서 있는 것이 아니라 차가운 머리도 그들의 편에 함께 서 있다는 것이 우리의 견해이다."[1]

많은 이의 심금을 울렸던 화제의 이 판결은 법해석에 관한 중요한 문제를 제기하고 있다. 여기에서는 이 판결을 소개하고 이 판결에서 제기되는 법해석의 몇 가지 문제에 관하여 검토하고자 한다. 美文의 판결을 글쓰기의 대상으로 삼는 위험을 감수하고 판결에 경의를 표하면서 이 판결에서 제기한 문제를 논의의 장으로 끌어내어 법적 논증의 대상으로 삼아보고자 한다.

Ⅱ. 연구대상 판결: 대전고등법원 2006.11.1. 선고 2006나1846 판결

1. 사실관계

원고(대한주택공사)는 임대주택사업으로 1999.2.19. 피고 A와 임대주택 한 채(24평형)에 관하여 임대차기간을 5년으로 정하여 임대차계약을 체결하였다. 피고 B는 피고 A의 아버지로서 1999.6.1. 위 임대주택에 입주하여 지금까지 홀로 살고 있다. 피고 A는 피고 B의 둘째 딸로서 1988.9.16. 혼인한 후 따로 살고 있다. 당시 시행되던 임대주택법[2]상의 임대의무기간이 경과하자 원고는 위 임대

---

* 이 논문은 2010년 9월에 발간된 법학평론 창간호(서울대학교 출판문화원), 200-243면에 발표한 것이다.

** 대법관, 전 서울대학교 법학대학원 교수

1) 이는 아래 연구대상 판결문의 일부이다.

주택 전부를 분양전환하기로 결정하였다. 임대주택법 제15조 제1항, 동 시행령 제13조 제2항 제1호[3]는 우선분양권리자로 "입주일 이후부터 분양전환 당시까지 당해 임대주택에 거주한 무주택자인 임차인"으로 규정하고 있는데, 위 임대주택의 임차인인 피고 A 부부는 다른 주택을 소유하고 있기 때문에 그 임대주택을 분양받을 수 없었다. 피고 B는 원고에게 임대차계약의 명의자는 형식상 딸로 되어 있을 뿐이고 실제로는 자신의 거주를 위하여 임차한 것이며 자신이 혼자서 계속하여 그 임대주택에 거주하였으므로 자신 명의로 분양해 줄 것을 요청하였다. 그러나 원고는 피고 B의 요청을 거절하고 피고들에 대하여 임대주택의 명도를 요구하였다.

2. 고등법원 판결의 내용

이 사건의 쟁점은, 피고 B가 임대주택법 제15조에서 정한 임차인으로서 임대주택을 우선분양받을 권리가 있는지 여부이다. 1심은 이를 부정하여 원고의 청구를 인용하였으나, 항소심은 이와 달리 1심 판결을 취소하고 원고의 청구를 기각하였다. 임대주택법 제15조 제1항의 "임차인"의 의미를 해석함에 있어서 이 사건 사안과 같은 특별하고도 예외적인 사정을 참작하는 실질적 의미의 임차인으로 해석하여야 하고, 피고 B는 그 실질적 의미의 임차인 요건을 갖추었으며, 피고 B는 이 사건 임대주택에 관하여 우선분양을 받을 권리를 가진다고 하였다. 그 이유는 다음과 같다.

(1) 입법부가 임대주택법을 제정하여 임대주택사업을 지원하는 한편 일정한 규제를 가하고 있는 것은, 임대주택 건설을 촉진하고 국민주거생활의 안정을 도모하기 위한 것이다(법 제1조). 우리 사회에는 개인의 다양한 사정에 의하여 주택을 임차하려는 상당한 수요가 있는 반면에 투자금액 회수에 오랜 시간이 걸리는 등의 사정으로 임대주택의 공급은 항상 부족한 문제점이 있다. 또한 경제적, 관행적 이유에서 보증금(전세금)이 비싸기 때문에 목돈이 없는 사람들은 주택을 임차하기 어렵고 장기임대주택을 구하기도 어려운 것이 실정이다. 그래서 입법부는 임대주택법을 통하여 장기주택임대를 영업으로 하는 주택임대업자를 지원하여 임대주택의 공급을 늘리는 한편 부족한 임대주택이 실수요자에게 제공되도록 하기 위한 여러 제도적 장치를 마련하였다. 그러므로 이 법률을 해석하고 적용함에 있어서 이 법률이 달성하고자 하는 위와 같은 공익적 목적을 충분히 참작하여야 마땅하다. 게다가 우리 사회에서 임대주택의 건설과 임대사업 영위에 가장 큰 몫을 차지하고 있는 원고 공사의 존재이유가 바로 국민생활의 안정과 공공복리의 증진이라는 공익적 이유에 있음(대한주택공사법 제1조)도 간과할 수 없다.

(2) 임대주택법은 주택임대업자가 임대의무기간 후 임대주택을 분양전환하여 투자자금을 일시에 회수할 수 있는 길을 열어주면서도 일정한 요건을 갖춘 자에게 우선분양의 권리를 보장함으로써 주

---

2) 2005.7.13. 법률 제7598호로 개정되기 전의 것. 이하 '임대주택법'이라고 한다.

3) 이 판결에는 '임대주택법 제15조 제1항 제1호'라고 기재하고 있으나, 이는 2005.7.13.자로 개정된 법에 신설된 조항으로서 이 사건에 적용되지 않는다(이 점은 맨 뒤의 추기에 기재한 상고심 판결에 지적되어 있다). 위 개정 이전의 임대주택법 제15조 제1항에는 임대사업자가 "대통령령이 정하는 무주택세대주인 임차인"에게 우선분양전환하여야 한다고 정하고 있을 뿐이고, 이 규정에 따른 임차인에 관하여 동 시행령 제13조 제2항 제1호에서 "입주일 이후부터 분양전환 당시까지 당해 임대주택에 거주한 무주택자인 임차인"이라고 정하고 있다.

거와 생활의 안정을 도모하고 있다. 같은 법 제15조 제1항, 동 시행령 제13조 제2항 제1호[법조항은 주 3에 기재한 이유로 필자가 수정한 것임]는 우선분양권의 발생요건으로 "입주일 이후부터 분양전환 당시까지 당해 임대주택에 거주한 무주택자인 임차인"으로 규정하고 있는데, 여기서 무주택자를 요건으로 하고 있는 것은 임대주택이라는 한정된 자원의 분양에 있어서 아직 주택을 소유하고 있지 못한 서민을 배려하기 위한 것이고, 실제 거주한 임차인을 요건으로 하고 있는 것은 한정된 자원의 분양에 있어서 실수요자를 우선 배려하기 위한 목적일 것이다. 따라서 위 규정에서 말하는 "임차인"의 의미를 밝히고, 이 사건에서 피고 B가 그에 해당하는지를 판단함에 있어서 위 규정의 목적을 충분히 고려하여야 한다.

(3) 이 사건의 구체적 사안을 보면, 이 사건 아파트의 임차 목적은 분명히 피고 B의 주거공간을 구하는 것이었지 피고 A의 주거공간을 구하는 것이 아니었다. 이 사건 아파트를 임차하여 그곳에 거주하겠다는 결정을 한 자는 피고 B이었고 보증금으로 지급된 자금 역시 그의 것이었다. 다만, 피고 B가 처의 병수발로 자리를 뜰 수 없었던 절박한 사정이 있었기 때문에 직접 원고 사무실을 찾아가 자신의 명의로 계약을 체결하지 못하고 둘째 딸인 피고 A에게 계약체결을 부탁하였다. 이 사건에서 피고 A가 자신의 명의로 아버지의 주거에 관한 임대차계약을 체결하면서 법적으로 허용되지 않는 어떠한 이익을 얻거나 법적 규제를 회피하려 하였던 것은 아니다. 이러한 사정에 비추어 볼 때 피고 A가 아버지의 이름이 아닌 자신의 이름으로 원고와 임대차계약을 체결한 것은 법적 권리에 관하여 정확한 지식과 정보를 갖지 못하였기 때문에 저지른 실수였던 것으로 보인다.

만일 위와 같은 실수가 개입되지 않았더라면 피고 B가 임대주택을 우선분양받을 권리를 갖게 되었을 것이라는 점에 대해서는 의문의 여지가 없다. 피고 B는 현재 75세의 고령에 홀로 살고 있는 노인이다. 경제적 활동을 할 능력을 잃었고 넉넉한 재정능력도 갖고 있지 못하다. 이런 사정에 놓여 있는 피고 B에 대하여 임대차계약 체결과정에서 있었던 작은 실수 때문에 이제 와 그 주거공간에서 계속 거주할 권리를 갖지 못한다고 하기에는, 원인이 된 피고들 측의 잘못과 그 결과 사이에 균형을 잃었다는 느낌을 지울 수 없다.

(4) 법률용어로서의 "임차인"이라는 단어가 임대차계약의 양 당사자 중 부동산을 빌리는 측 당사자를 의미한다는 사실은 굳이 법률가가 아니더라도 잘 알고 있다. 그러나 법률 문언의 올바른 의미를 밝히기 위해서는 법률용어로서의 의미만이 아니라 그 법률이 달성하고자 한 정책목표와 우리 사회가 법체제 전체를 통하여 달성하고자 하는 가치를 아울러 고려하여야 한다. 위 법률의 문언만이 아니라 위 법률이 달성하고자 한 정책적 목표와 위 법률이 의도한 계획의 관점에서 보면, 피고 B의 주거안정은 당초부터 위 정책목표와 계획상의 보호범위 내에 있었던 것이지 그 바깥에 있었다고 생각되지 않는다. 정책적 목적과 계획을 분명하게 하기 위하여 사용된 언어가 그 정책적 목적과 계획의 실행을 제한하고 억제하는 방향으로 해석되고 집행되는 것은 옳은 일이 아니다.

이러한 법해석학의 관점에서 볼 때, 이 사건에서 피고 B가 무주택자이고 이 사건 아파트에 대한 실수요자였음에도 불구하고 위에서 본 특별한 사정 때문에 임대차계약상의 임차명의인이 아니라고 하여 그의 권리를 부정하는 것이 이 법의 공익적 목적과 계획에 부합한다고 생각되지 않는다. 오히려 이 법상의 임차인의 요건을 그렇게까지 문언적, 법형식적으로 해석할 것이 아니라 이 사건과 같은 특별한 사정이 있는 예외적 사안에서 임대차계약의 목적과 재정적 부담과 실제 거주자라는 실질적 측면에서 사회적 통념상 임차인으로 충분히 관념될 수 있는 피고 B가 위 법상의 임차인 요건을 갖추었다고 보는 것이 위 법의 공익적 목적과 계획에 부합하는 해석이다.

(5) 가장 세심하고 사려 깊은 사람도 세상사 모두를 예상하고 대비할 수는 없는 법이다. 가장 사

려 깊고 조심스럽게 만들어진 법도 세상사 모든 사안에서 명확한 정의의 지침을 제공하기는 어려운 법이다. 법은 장래 발생 가능한 다양한 사안을 예상하고 미리 만들어두는 일종의 기성복 같은 것이어서 아무리 다양한 치수의 옷을 만들어 두어도 예상을 넘어 팔이 더 길거나 짧은 사람이 나오게 된다. 미리 만들어 둔 옷 치수에 맞지 않다고 하여 당신의 팔이 너무 길거나 짧은 것은 당신의 잘못이니 당신에게 줄 옷은 없다고 말할 것인가? 아니면 다소 번거롭더라도 옷의 길이를 조금 늘이거나 줄여 수선해 줄 것인가? 우리는 입법부가 만든 법률을 최종적으로 해석하고 집행하는 법원이 어느 정도 수선의 의무와 권한을 갖고 있다고 생각한다. 이는 의회가 만든 법률을 법원이 제멋대로 수정하는 것이 아니라 그 법률이 의도된 본래의 의미를 갖도록 보완하는 것이고 대한민국헌법이 예정하고 있는 우리 헌법체제의 일부라고 생각한다.

Ⅲ. 이 사건의 쟁점

이 사건 임대차에 적용되었던 임대주택법과 그 시행령은 우선분양을 받을 수 있는 권리자로 "입주일 이후부터 분양전환 당시까지 당해 임대주택에 거주한 무주택자인 임차인"이라고 규정하고 있었다. 이 사건 건물의 임대차계약서에는 피고 A가 임차인으로 기재되어 있으나, 위 주택에 거주하지도 않고 무주택자도 아니기 때문에 위 규정에 따라 우선분양을 받을 수 없다. 위 건물에 실제로 거주하고 있는 사람은 피고 B로서 피고 A의 아버지이며 무주택자이다. 이와 같은 경우 피고 B가 위 규정에 따라 임대주택을 우선분양받을 수 있는지 문제되고 있다. 1심은 임대차계약상의 명의인인 피고 A를 임차인으로 보았다. 2심은 이와 달리 위 규정에서 말하는 임차인을 "이 사건 사안과 같은 특별하고도 예외적인 사정을 참작하는 실질적 의미의 임차인"(이하 '실질적 의미의 임차인'이라고 한다)이라고 하고, 이 사건에서 피고 A의 아버지로서 실제 거주자인 피고 B가 '실질적 의미의 임차인'[4]이라고 판단하였다.

이 사건에서 쟁점은 두 가지로 나누어 볼 수 있다. 첫째, 임대차계약의 당사자에 관한 문제로서, 임대차계약서상의 명의자가 아닌 실제 거주자를 임차인으로 볼 수 있는지 여부이다. 둘째, 임대주택법상의 임차인을 이른바 '실질적 의미의 임차인'이라고 볼 수 있는지 여부이다. 이 두 문제는 밀접한 관계가 있으나, 첫 번째 문제는 계약의 해석에 관한 문제이고, 두 번째 문제는 법률의 해석에 관한 문제이다.[5]

---

4) 이 판결은 "사회적 통념상 임차인으로 충분히 관념될 수 있는 피고 B가 위 법상의 임차인 요건을 갖추었다"라고 표현하기도 한다. 이는 피고 B를 임차인으로 본 것이라고 생각할 수도 있으나, 그보다는 '실질적 의미의 임차인'과 유사한 의미로 사용한 것으로 볼 수도 있다.

5) 필자는 재판연구관으로부터 처음에 첫 번째 쟁점에 관하여 검토할 것을 요청받았으나(아래 추기 참조), 두 번째 쟁점도 포함시키기로 하였다.

Ⅳ. 임대차계약에서 임차인이 누구인지 여부: 계약의 당사자 확정 문제

이 사건 임대차계약에서 임차인이 임대차계약을 체결한 딸인지, 아니면 실제로 거주하는 아버지인지 문제되고 있다. 계약에서 명의자와 행위자가 다른 경우,[6] 특히 행위자가 다른 사람의 이름으로 계약을 체결하는 경우에 계약 당사자의 확정 문제로 다루어지고 있다. 이 경우 계약의 당사자를 확정하는 문제는 계약의 해석 문제이다. 따라서 계약의 해석에 관한 방법이나 기준이 여기에도 그대로 적용된다.

1. 계약의 해석

법률행위 또는 계약의 해석[7]에는 다양한 방법이 있다. 종래 계약 해석의 방법을 대체로 자연적 해석, 규범적 해석, 보충적 해석으로 구분하였다.[8] 자연적 해석은 표현의 문자적·언어적 의미에 구속되지 않고 표의자의 실제의 의사, 즉 내심적 효과의사에 따라 계약을 해석하는 것을 말한다. 규범적 해석은 내심적 효과의사와 표시행위가 일치하지 않는 경우에 상대방의 시각(Empfängerhorizont)에서 표시행위의 객관적 의미에 따라 계약을 해석하는 것으로, 의사표시의 상대방이 적절한 주의를 기울이면 이해되었어야 하는 내용이 해석의 기준이 된다. 보충적 해석은 계약에 흠결이나 공백이 있는 경우에 이른바 가정적인 당사자 의사(hypothetischer Parteiwille)에 의하여 계약을 보충하는 것이다. 여기에서 가정적인 당사자 의사라 함은 당사자들이 만일 계약에 흠결이 있는 사항을 알았더라면 규정하였을 것이라고 추측되는 것을 말한다.

최근에는 이와 같이 계약의 해석 방법을 세 가지로 나누어 설명하는 방법이 계약 해석의 실제를 반영하지 못한다는 이유로 문언 해석, 객관적 해석, 주관적 해석, 규범적 해석, 보충적 해석으로 구분하는 견해가 있다.[9] 이는 분류 방식의 문제로서 이와 같은 분류 방식에 따라 실제 결론이 달라지는 것은 아니지만, 이 견해가 계약 해석의 실제 모습을 좀 더 구체적으로 보여주고 있다는 점에서 의미가 있다.

---

6) 대리도 이에 속한다고 볼 수 있는데, 이 경우에는 대리행위의 효과가 본인에게 귀속하기 때문에(민법 제114조), 계약의 당사자는 본인과 상대방이다.

7) 여기에서는 계약이 문제되고 있기 때문에, 법률행위의 해석 중에서 계약의 해석에 관해서 다룬다.

8) 이영준, 민법총칙, 개정증보판, 박영사, 2007, 286면 이하; 백태승, 민법총칙, 개정판, 법문사, 2004, 371면 이하; 곽윤직 편, 민법주해(Ⅱ), 1992, 181면 이하(송덕수 집필).

9) 윤진수, "계약 해석의 방법에 관한 국제적 동향과 한국법," 민법논고 Ⅰ, 박영사, 2007, 244면 이하. 이 견해는 객관적 해석과 규범적 해석을 구분하고 있는데, 객관적 해석을 합리적인 당사자가 계약을 이해하는 방식대로 해석하는 것이라고 하고, 규범적 해석에는 유효해석의 원칙, 엄격해석의 원칙, 작성자 불이익의 원칙이 있다고 설명한다(위 논문, 269면 이하.). 한편, 문언 해석은 문언의 의미를 밝히는 것으로 객관적 해석의 일종으로 생각할 수 있으나, 주관적 해석에서도 문언에 따라 당사자의 실제 의도를 밝히는 것이기 때문에, 주관적 해석과도 관련된다.

여기에서는 당사자의 의도를 중시할 것인지 여부에 따라 계약의 해석을 크게 주관적 해석[10]과 객관적 해석[11]으로 구분해 보고자 한다.[12] 주관적 해석은 당사자들의 공통된 의도에 따라 계약을 해석하는 것이다. 가령 당사자들의 공통된 의도가 계약서에 기재된 문언과 다른 경우에 당사자의 의도가 우선한다. 중요한 예로 "잘못된 표시는 해가 되지 않는다(*falsa demonstratio non nocet*)"는 원칙[13]을 들 수 있는데, 이는 어떤 표시를 하면서 당사자들이 통상적인 의미와 다르게 이해한 경우에 당사자들이 공통적으로 의도한 대로 효력을 인정하는 것이다. 이와 달리 객관적 해석은 합리성이나 신의성실의 원칙 등 객관적 기준을 고려하여 해석하는 것으로, 합리적인 사람이라면 계약에 어떠한 의미를 부여하였을지에 따라 계약을 해석하는 것이다. 현재는 주관적 해석과 객관적 해석 중에서 어느 하나만을 채택하는 경우는 거의 없고 이 두 방법을 결합하여 사용하고 있다.[14]

대법원 판결도 하나의 해석 방법을 고수하는 것이 아니고 여러 가지 해석 방법을 이용하여 개별 사안에 따라 적정한 결론을 도출하고 있다. 주관적 해석에 속하는 판결로는 가령 대판 1993.10.26. 93다2629, 2636(공 1993, 3165)을 들 수 있다. 이 판결은 계약의 해석에서 "형식적인 문구에만 얽매여서는 아니 되고 쌍방 당사자의 진정한 의사가 무엇인가를 탐구하여야 하는 것"이라고 한 다음, 부동산 매매계약에서 당사자들이 계약서에 기재한 목적물이 아니라 당사자들이 실제로 매도하기로 의도한 목적물에 관한 매매계약이 성립하였다고 판단하였다.[15] 이는 "잘못된 표시는 해가 되지 않는다"는 원칙에 해당한다. 이와 달리 객관적 해

10) 이는 다수설에서 말하는 '자연적 해석'에 상응하는 것이다.

11) 이는 다수설에서 말하는 '규범적 해석'에 상응하는 것이다.

12) 법률행위의 해석이 의사표시의 본질과 관련이 있는지 문제된다. 자연적 해석이나 주관적 해석은 의사주의 이론과 관련이 있고, 규범적 해석이나 객관적 해석은 표시주의 이론과 관련이 있다. 이 사건에서는 보충적 해석이 문제되지 않기 때문에 이에 관해서는 다루지 않고자 하는데, 보충적 해석을 계약의 해석으로 볼 것인지, 아니면 법의 적용이라고 볼 것인지는 논란이 있다. 계약의 해석으로 보는 견해로는 이영준(주 8), 307면 이하; 민법주해(Ⅱ), 206면(송덕수 집필)이 있고, 법의 적용이라고 보는 견해로는 엄동섭, "법률행위의 보충적 해석," 한국민법이론의 발전, 박영사, 1999, 82면 이하; 윤진수(주 9), 257면; 김진우, "계약의 공백보충," 비교사법 제8권 2호(2001. 12), 420면이 있다. 보충적 해석은 엄밀하게 말하면 계약의 공백이나 흠결을 보충하는 것으로서, 계약의 해석이라고 할 수 없을 것이다.

13) 이를 '오표시 무해의 원칙'이라고도 한다.

14) 유럽계약법원칙 제5:101조는 해석의 일반원칙에 관하여 규정하고 있는데, 당사자들의 공통된 의도(common intention)가 문언의 문자적 의미와 다른 경우에도 그와 같은 의도에 따라 계약을 해석하여야 하고(제1항・제2항), 당사자의 의도를 증명할 수 없는 경우에는 당사자들과 동일한 유형의 합리적 인간들이 동일한 상황에서 계약에 부여하였을 의미에 따라 계약을 해석하여야 한다(제3항)고 정하고 있다. 제5:102조는 계약을 해석할 때에 고려해야 할 사정으로 계약 체결 경위, 당사자의 행태, 계약의 성질 및 목적, 거래관례, 거래계의 해석, 관행, 신의성실 및 공정거래 등을 들고 있다. 당사자의 의도를 중시하는 것을 주관적 방법(subjective method)이라고 하고, 객관적 기준을 중시하는 것을 객관적 방법(objective method)이라고 하는데, 위와 같은 고려요소는 위 두 경우 모두에 적용된다. Ole Lando & Hugh Beale ed., *Principles of European Contract Law*, Part Ⅰ & Ⅱ, 2000, p. 288.

15) 즉, 일반적으로 계약의 해석에 있어서는 형식적인 문구에만 얽매여서는 아니 되고 쌍방 당사자의 진정한 의사가 무엇인가를 탐구하여야 하는 것이므로, 부동산의 매매계약에 있어 쌍방 당사자가 모두 특정의 甲 토지를 계약의 목적물로 삼았으나 그 목적물의 지번 등에 관하여 착오를 일으켜 계약을 체결함에 있어서는

석 또는 규범적 해석을 채택하였다고 볼 수 있는 판결들이 있다. 가령 대판 1996.7.30. 95다29130(집 44-2, 민 76)은 당사자가 표시한 문언에 의하여 그 객관적인 의미가 명확하게 드러나지 않는 경우에는 그 문언의 내용과 그 법률행위가 이루어진 동기 및 경위, 당사자가 그 법률행위에 의하여 달성하려고 하는 목적과 진정한 의사, 거래의 관행 등을 종합적으로 고찰하여 사회정의와 형평의 이념에 맞도록 논리와 경험의 법칙, 그리고 사회 일반의 상식과 거래의 통념에 따라 합리적으로 해석하여야 한다고 판결하였다.[16] 이 판결은 법률행위의 해석에서 당사자의 진정한 의사도 고려하고 있지만, 거래의 관행 등 객관적 요소들을 고려하여 법률행위를 합리적으로 해석하여야 한다고 하였다. 이 유형에 속하는 판결들은 내심적 의사보다는 표시행위에 의하여 추단된 의사를 강조한다. 당사자의 내심적 의사의 여하에 관계없이 당사자 사이의 계약의 내용을 합리적으로 해석하여야 한다는 판결,[17] 계약의 해석은 당사자가 그 표시행위에 부여한 객관적인 의미를 확정하는 것이라는 판결,[18] 당사자의 내심의 의사보다는 외부로 표시된 행위에 의하여 추단된 의사를 가지고 의사표시를 해석하여야 한다는 판결[19] 등이 이에 속한다.[20]

위와 같은 대법원 판결들을 보면 당사자의 진정한 의사를 중시하는 듯한 판결도 있고, 계약서의 문언을 중시하는 듯한 판결도 있다. 판결의 표현만을 보면, 서로 모순되는 것처럼 보인다. 그러나 앞의 판결은 주관적 해석이 문제되는 사례에 관한 것이고, 뒤의 판결은 객관적 해석이 문제되는 사례에 관한 것이다. 따라서 대법원 판결들은 구체적인 사례에서 사안의 특성을 고려하여 강조점을 달리한 것이라고 이해할 수 있다.

계약서상 그 목적물을 甲 토지와는 별개인 乙 토지로 표시하였다 하여도 위 甲 토지에 관하여 이를 매매의 목적물로 한다는 쌍방당사자의 의사합치가 있은 이상 위 매매계약은 甲 토지에 관하여 성립한 것으로 보아야 할 것이고 乙 토지에 관하여 매매계약이 체결된 것으로 보아서는 안 될 것이며, 만일 乙 토지에 관하여 위 매매계약을 원인으로 하여 매수인 명의로 소유권이전등기를 마쳤다면 이는 원인이 없이 경료된 것으로써 무효라고 하지 않을 수 없다고 하였다.

16) 처분문서에 속하는 계약서를 작성한 경우에는 계약서의 문언을 중시하지만, 이 경우에도 계약의 해석에 관한 법리가 적용된다. 김재형, 근저당권연구, 박영사, 2000, 123면 이하.

17) 대판 1993.10.26. 93다3103(공 1993, 3167); 대판 1999.11.26. 99다43486(공 2000, 47) 등.

18) 대판 1994.3.25. 93다32668(공 1994, 1320); 대판 1995.5.23. 95다6465(공 1995, 2239); 대판 1996.7.30. 95다29130(집 44-2, 민 76); 대판 1996.10.25. 96다16049(공 1996, 3422); 대판 1998.3.13. 97다45259(공1998, 1023); 대판 2000.11.10. 98다31493(공 2001, 1).

19) 대판 1993.5.27 93다4908, 4915, 4922(공 1993, 1877); 대판 1993.8.24. 92다47236(공 1993, 2585); 대판 1994.10.11. 93다55456(공 1994, 2954); 대판 1995.2.10. 94다16601(공 1995, 1290); 대판 1996.4.9. 96다1320(집 44-1, 민 313); 대판 2002.2.26. 2000다48265(공 2002, 785); 대판 2002.6.28. 2002다23482(공 2002, 1816) 등 다수.

20) 한편 대판 2006.11.23. 2005다13288(공 2007, 24)은 "계약당사자 쌍방이 계약의 전제나 기초가 되는 사항에 관하여 같은 내용으로 착오를 하고 이로 인하여 그에 관한 구체적 약정을 하지 아니 하였다면, 당사자가 그러한 착오가 없을 때에 약정하였을 것으로 보이는 내용으로 당사자의 의사를 보충하여 계약을 해석할 수도 있으나, 여기에서 보충되는 당사자의 의사란 당사자의 실제 의사 내지 주관적 의사가 아니라 계약의 목적, 거래관행, 적용법규, 신의칙 등에 비추어 객관적으로 추인되는 정당한 이익조정 의사를 말한다고 할 것이다."라고 판결하였다. 이는 보충적 해석을 인정한 것으로 볼 수 있다.

결국 당사자들 사이에 서로 합치하는 공통된 의도가 있는 경우에는 그 의도에 따라 계약을 해석하여야 한다. 그렇지 않은 경우에는 계약의 문언이 해석의 출발점이다. 문맥에 따라 동일한 문언이 다른 의미를 가질 수 있음은 물론이다. 그러나 계약의 문언이나 그 맥락만으로 계약의 의미를 확정할 수 없는 경우가 적지 않다. 이러한 경우에는 의사표시를 하는 당사자의 의도와 목적이 무엇인지, 상대방이 의사표시를 어떻게 이해하였는지, 계약체결의 경위와 거래 관행이 어떠하였는지 등 제반사정을 고려하여 계약을 해석하여야 한다. 이와 같이 계약의 해석에서 고려해야 할 사항은 대체로 계약당사자의 사정과 거래 관행 등 객관적 사정으로 구분할 수 있다. 대법원 판결에서 논리와 경험의 법칙, 그리고 사회 일반의 상식과 거래의 통념을 고려하여야 한다고 하는 것도 그 정당성을 인정할 수 있다. 그 이유로 계약당사자는 그와 같은 사정을 고려하여 계약을 체결한다고 볼 수 있다는 점을 들 수 있다. 다만 대법원 판결에서 계약을 해석하는 단계에서 들고 있는 '사회정의와 형평의 이념'은 계약해석의 단계에서 고려할 사항을 벗어난 것으로, 계약에 대한 내용통제의 단계에서 고려할 수 있는 문제라고 생각한다.

2. 타인 명의로 계약을 체결한 경우 계약당사자의 확정 문제: 판례의 태도를 중심으로

(1) 타인의 명의를 모용(冒用)한 경우

타인 명의로 계약을 체결한 경우 계약당사자의 확정 문제에 관해서 대판 1995.9.29. 94다4912(공 1995, 3584)에서 그 판단기준을 포괄적으로 제시하고 있다. 사실관계 중 계약의 당사자에 관련된 부분은 다음과 같다. A는 자신의 명의로 사업자등록을 할 수 없는 사정이 있어서 평소 친분이 있던 B 몰래 그의 명의로 케논판매본부라는 상호로 문구류 판매업을 시작하였다. A와 피고는 1989.12.2. 대리점계약을 체결하였는데, 피고가 A에게 사무기기 및 용품을 공급하고 A가 이를 실수요자에게 판매하기로 한 것이다. A는 위 대리점계약상의 영업보증금의 지급담보를 위하여 B의 승낙도 없이 마치 자신이 B인 것처럼 임의로 B의 명의를 사용하여 원고와의 사이에 피보험자를 피고로 하고 보험가입 금액을 금 1천만원, 보험기간을 1989.12.2.부터 1990.12.1.까지로 하는 지급계약 보증보험계약(이하 이 사건 보험계약이라 한다)을 체결하였다.

이 사건 보험계약의 당사자가 A와 B 중에서 누구인지 문제되었다. 원심은 이 사건 보험계약의 당사자가 A라고 판단하였다. 그러나 대법원은 원심 판결을 파기환송하였는데, 다음과 같은 기준을 제시하였다.

> "타인의 이름을 임의로 사용하여 계약을 체결한 경우에는 누가 그 계약의 당사자인가를 먼저 확정하여야 할 것으로서, 행위자 또는 명의인 가운데 누구를 당사자로 할 것인지에 관하여 행위자와 상대방의 의사가 일치한 경우에는 그 일치하는 의사대로 행위자의 행위 또는 명의인의 행위로서 확

정하여야 할 것이지만, 그러한 일치하는 의사를 확정할 수 없을 경우에는 계약의 성질, 내용, 목적, 체결경위 및 계약체결을 전후한 구체적인 제반사정을 토대로 상대방이 합리적인 인간이라면 행위자와 명의자 중 누구를 계약당사자로 이해할 것인가에 의하여 당사자를 결정하고, 이에 터잡아 계약의 성립 여부와 효력을 판단함이 상당할 것이다."

대법원은 이 사건에 대한 구체적인 판단에서 원고와 이 사건 보험계약을 체결한 당사자가 A라고 판단한 것은 타당하지 않다고 하였다. 그 이유는 두 부분으로 나누어 볼 수 있다. ① 이 사건에서 A가 마치 자신이 B인 것처럼 행세하여 원고와 계약을 체결하였고, 원고는 A가 B인 줄로만 알고 이 사건 보험계약을 체결한 것이다. 따라서 원고와 A 사이에 A를 이 사건 보험계약의 당사자로 하기로 하는 의사의 일치가 없었던 것으로 보인다. ② 이 사건 보험계약은 보험계약자가 피고에 대하여 계속적 거래관계에서 부담하게 될 물품대금 채무의 이행을 담보하기 위한 영업보증금의 지급을 보증하는 계약이다. 채무자인 보험계약자의 신용상태가 그 계약체결의 여부 및 조건을 결정하는 데 중요한 요소로 작용하였다고 볼 수 있다. A는 자신의 명의로 사업자등록조차 할 수 없는 처지였음에도 불구하고 이러한 사정을 숨긴 채 보험가입에 아무런 지장이 없는 B인 것처럼 행세하여 그의 명의로 이 사건 보험계약을 청약하였고 이에 원고는 실제로 계약을 체결한 A가 서류상에 보험청약자로 되어 있는 B인 줄로만 알고 그 계약이 아무런 하자 없는 당사자에 대한 것이라는 판단 하에 이 사건 보험계약을 체결하였다고 여겨진다(원고는 이 사건 문제가 생긴 뒤에 비로소 A에 대한 전산조회를 하여 보고 그가 증권교부 부적격자임을 알았다는 것이므로 이 사건 계약체결 당시 A를 당사자로 생각하였더라면 원고는 계약을 체결하지 아니하였을 것으로 보인다). 이에 비추어 보면 객관적으로 볼 때 원고는 A가 제출한 청약서상에 보험계약자로 되어 있는 B를 보험계약의 상대 당사자인 주채무자로 인식하여 그와 이 사건 계약을 체결하는 것으로 알았으리라고 인정된다. ③ 원고와 이 사건 보험계약을 체결한 당사자는 A가 아니라 B라고 보아야 할 것인데, 실제는 A가 B로부터 아무런 권한도 부여받음이 없이 임의로 B의 이름을 사용하여 계약을 체결한 것이므로 이 사건 보험계약은 특별한 사정이 없는 한 그 계약 내용대로 효력을 발생할 수는 없다.

이 사건에서 구체적인 판단 부분은 계약당사자의 확정에 관한 위 법리를 적용한 것이다. 먼저 원고와 A가 A를 이 사건 보험계약의 당사자로 하기로 하는 의사의 일치가 없었다고 판단하고 있다(위 ① 부분). 즉, A를 계약의 당사자로 하는 것에 관하여 주관적 의사의 합치가 없다는 것이다. 그 다음에 객관적으로 볼 때 원고는 A가 제출한 청약서상에 보험계약자로 되어 있는 B를 보험계약의 상대 당사자인 주채무자로 인식하여 그와 이 사건 계약을 체결하는 것으로 알았을 것이라고 판단된다고 하였다(위 ② 부분). 이는 상대방이 명의자와 행위자 중 누구를 계약의 당사자로 인식하였다고 볼 수 있는지를 판단한 것이다.[21] 이와 같은 경우에 계약의 당사자가 계약상의 명의자인 B라고 볼 여지가 있으나, 이 사건은 A가 B의 명의를 모용하여 계약을 체결하는 경우로서 계약의 효력이 발생하지 않을 것이다(위 ③ 부분). B에게는 계약을 체결하려는 의사가 전혀 없고, B가 A에게 계약을 체결할 권한을 수여하지도 않았기 때문이다.

(2) 타인의 명의를 차용(借用)한 경우

타인의 명의를 차용하여 계약을 체결하는 경우, 즉 타인의 명의를 사용하여 계약을 체결하는 것에 관하여 그 타인의 승낙을 받은 경우에는 어떠한가? 대판 1998.3.13, 97다22089(공 1998, 1011)는 이러한 사례에 관한 것이다. A가 차량지입계약에 따라 피고의 승낙 하에 피고 명의로 B 자동차 회사로부터 이 사건 차량을 할부로 매수하고, 그 할부 대금의 지급보증을 위하여 C 보증보험회사와 사이에 역시 피고 명의로 할부판매보증보험계약(이하 '이 사건 보증보험계약'이라 한다)을 체결하였다. 대법원은 위 대법원 1995.9.29. 판결의 법리를 인용한 다음, 이 사건 보증보험계약의 당사자는 피고라고 하였다. 그 이유로 A가 이 사건 차량 할부구입계약 및 보증보험계약을 체결함에 있어서, 그 할부대금을 완전히 자신이 부담하기로, 즉 자기의 계산으로 하려고 한 것이었으므로, 내심의 의사는 자신이 계약당사자가 될 의사였을지 모르지만, 상대방인 자동차회사 및 보험회사에 대하여는 피고 명의를 사용하였을 뿐만 아니라, 상대방 회사로서도 피고 회사와 A 사이의 지입관계를 알면서 이 사건 보증보험계약을 체결하였다고 볼 만한 아무런 사정이 없고, 피고도 A에게 자신의 명의를 사용하여 계약을 체결할 것을 승낙하였다는 점을 들고 있다.

(3) 예금계약의 경우

금융거래, 특히 예금계약에서 당사자를 결정하는 기준에 관해서는 판례가 금융실명제 실시를 전후로 바뀌었다. 금융실명제 실시 전에는 '예금을 실질적으로 지배하고 있는 자'를 예금주로 보고, 그 명의자가 누구인지 또는 금융기관이 누구를 예금주라고 믿었는지는 상관없다고 하였다.[22] 그러나 금융실명제 실시 이후에 원칙적으로 예금명의자를 예금주로 보고, 예외적으로 금융자산의 출연자와 금융기관 사이에 거래명의인이 아닌 출연자에게 금융자산채권을 귀속시키기로 하는 명시적 또는 묵시적 약정이 있는 경우에는 그 출연자를 예금주로 보았다.[23] 다수의 대법원 판결에서는 명의인을 계약의 당사자로 보는 원칙을 「금융실명거래

21) 그 후 이 판결의 태도를 따르고 있는 판결들이 많이 나왔다. 대판 1995.10.13. 94다55385(집 43-2, 민 290); 대판 1996.7.30. 95다1019(공 1996, 2618); 대판 1998.3.13. 97다22089(공 1998, 1011); 대판 1999.6.25. 99다7183(공 1999, 1500); 대판 2001.5.29. 2000다3897(공 2001, 1455). 이에 관하여 상세한 것은 송덕수, "타인의 명의를 빌려 체결한 토지분양계약의 효력," 민사판례연구(XIV), 1992, 95면 이하; 송덕수, "이른바 계약명의신탁의 효력과 구상권의 제한," 판례실무연구(II), 1998, 337면 참조.

22) 대판 1987.10.28. 87다카946(집 35-3, 민 183); 대판 1988.12.27. 88누10060(공 1989, 250); 대판 1995.8.22. 94다59042(공 1995, 3239) 등 다수.

23) 대판 1998.11.13. 97다53359(공 1998, 2855) 등 다수. 이러한 판례에 찬성하는 견해로는 윤진수, "계약당사

및 비밀보장에 관한 법률」(이하 '금융실명법'이라 한다) 제3조 제1항의 규정에서 곧바로 도출하고 있다. 이 규정은 금융기관이 거래자의 실지 명의에 의하여 금융거래를 하여야 한다고 규정하고 있을 뿐이고, 명의인을 예금계약의 당사자로 보아야 한다고 규정한 것은 아니다. 그러나 금융실명제의 실시 이후에는 금융기관에게 명의인과 거래를 하려는 의사가 있다고 보아야 한다.[24] 따라서 종래의 판례가 위와 같이 원칙적으로 명의인을 계약의 당사자로 본 것은 타당하지만, 이와 다른 약정을 쉽게 인정하여 출연자를 예금자로 보는 예외를 넓게 인정한 것은 문제가 있다고 생각한다.[25]

(4) 소 결

행위자와 상대방의 의사가 일치한 경우에는 그 일치한 의사에 따라 계약의 당사자를 확정하여야 한다. 타인의 명의로 계약이 체결되었으나, 당사자 사이에 그 계약 명의에도 불구하고 행위자를 계약당사자로 하기로 의사가 일치된 경우에 행위자를 계약의 당사자로 보아야 한다.[26] 이는 계약의 해석에서 자연적 해석 또는 주관적 해석에 따른 것이다. 그러나 당사자의 의사가 합치되지 않은 경우에는 의사표시의 상대방의 관점에서 합리적인 인간이라면 누구를 계약의 당사자로 이해하였을 것인지를 기준으로 판단하여야 한다. 이 경우에 계약의 성질, 내용, 목적, 체결경위 및 계약체결을 전후한 구체적인 제반 사정을 고려하여야 한다. 행위자와 명의자가 다른 경우에 의사가 불분명하다면 실제로는 명의자가 계약의 당사자가 되는 경우가 많을 것이다.[27] 왜냐하면 상대방은 명의자를 계약의 당사자로 인식하는 경우가 통상적이기 때문이다.

한편 타인 명의로 예금거래를 하는 경우에 명의자와 출연자 중 누가 예금계약의 당사자

자의 확정에 관한 고찰-특히 예금계약을 중심으로-," 판례실무연구(Ⅱ), 1998, 387면 이하가 있고, 이에 대하여 비판적인 견해로는 송덕수, "금융실명제하에 있어서 예금계약의 당사자 내지 예금채권자의 결정," 판례실무연구(Ⅱ), 1998, 354면; 전경근, "예금계약에 관한 연구," 서울대 법학박사학위논문, 1999, 177면 등이 있다. 위와 같은 판례와 학설에 대한 필자의 견해는 김재형, "금융거래의 당사자에 관한 판단기준," 민법론 Ⅲ, 박영사, 2007, 69면 이하.

24) 대판 1996.4.23. 95다55986(공 1996, 1575) 등 다수.

25) 상세한 것은 김재형(주 23), 69면 이하 참조. 그 후의 판례 변경에 관해서는 아래 추기 참조.

26) 대판 1999.6.25. 99다7183(집 47-1, 민 308)은 원심이 이와 같은 경우에 행위자를 계약의 실질적인 당사자라고 판단한 조치가 수긍이 간다고 판결하였다. 여기에서 '계약의 실질적인 당사자'라는 표현은 명의자가 아닌데도 계약의 당사자로 인정되는 자를 가리키는 것으로 볼 수도 있으나, 그와 같은 표현을 사용할 필요 없이 계약의 당사자라고 하는 것이 나을 것이다. 또한 대판 2003.12.12. 2003다44059는 일방 당사자가 대리인을 통하여 계약을 체결하는 경우에 계약의 상대방이 대리인을 통하여 본인과 사이에 계약을 체결하려는 데 의사가 일치하였다면 대리인의 대리권 존부 문제와는 무관하게 상대방과 본인이 그 계약의 당사자라고 판단하였다.

27) 대판 2001.5.29. 2000다3897(공 2001, 1455)은 이 사건 공급계약에서 원고가 A를 계약의 상대방으로 알고 있었고, B 또한 계약에 따른 경제적 효과는 자신에게 귀속시킬지라도 법률상의 효과는 A에게 귀속시키려는 의사를 가지고 있었으며, A 역시 계약의 전면에 직접 나서지는 않았으나 이 사건 공급계약에 따라 공급자로서의 책임을 지겠다는 의사를 가지고 있었다는 이유로 명의자인 A를 계약의 당사자라고 판단하였다. 명의자를 계약의 당사자로 본 최근의 판결로는 대판 2007.9.6. 2007다31990(공 2007, 1540).

재는 국토해양부령)이 정하는 표준임대차계약서를 사용하여야 한다(제18조 제1항). 임대사업자와 임차인은 제1항의 규정에 의한 표준임대차계약서를 사용하여 체결된 임대차계약을 준수하여야 한다(제18조 제3항).[31)]

임대주택법의 위와 같은 규정은 금융실명제의 경우[32)]와는 다르지만, 이는 위 법률에 따라 임대차계약을 체결한 경우에 임차인이 누구인지를 결정하는 데에도 영향을 미칠 수 있다. 임대주택법에서 임차인이 우선분양을 받을 수 있도록 하고 있고, 표준임대차계약서를 사용하도록 하였기 때문에, 임대주택법에 의한 임대차에서는 임대차계약서에 기재된 임차인을 임차인으로 보아야 할 필요성이 매우 크다. 그렇지 않으면 임차인으로서 우선분양을 받을 수 있는 사람을 확정하는 일이 곤란해질 것이다. 그리고 표준임대차계약서와 달리 임대차계약을 체결하는 것은 법률과 그 시행령을 위반한 것이고, 이와 같은 계약은 그 내용대로 효력이 생기지 않을 수 있다.[33)] 임대차계약서에 임차인을 실제와 다르게 기재한다면 이는 표준임대차계약서에 따라 임대차계약을 체결한 것으로 볼 수 없다. 임대인의 입장에서 표준임대차계약서와 달리 임대차계약을 체결하는 것을 기대할 수 없다. 따라서 임대인은 위 법률에 따라 임대차계약서에 기재된 임차인을 임차인으로 보고 계약을 체결하려는 의사가 있다고 보아야 한다. 또한 임차인도 임대차계약서상의 임차인 명의를 다른 사람으로 기재해서는 안 된다는 것을 알았을 것이라고 보아야 하고, 임차인이 이를 알지 못했다고 하더라도 이와 같은 임차인의 인식이나 기대는 법의 보호범위를 벗어난 것이다.

피고들은, 원고의 직원이 "이 사건 임대차계약의 임차인 명의를 누구로 하든지 상관없이 피고들이 이 사건 아파트를 우선 분양받을 수 있다."고 약속하였다고 주장하고 있다. 그러나 이와 같은 주장을 받아들이기는 쉽지 않다. 이 주장이 사실이라고 하더라도 원고가 임차인을 피고 B로 인정한 것이라고 볼 수는 없다. 이를 위해서는 위 직원이 원고를 대리할 권한이 있는 사람인지 여부, 위 직원이 위와 같은 약속을 할 권한이 있는지 등을 입증하여야 할 것이다.

(3) 이와 관련하여 '관계인을 위한 행위'[34)] 이론이 적용될 수 있는지 생각해 볼 수 있다. 독일 민법(제164조)에서 우리 민법(제114조)과 마찬가지로 대리의 경우에 현명주의에 따라 대리임을 표시하여야 한다. 그러나 일상생활상의 거래나 부부간의 일상가사대리의 경우에는 이 이론에 따라 현명이 필요하지 않다고 한다. 상대방은 누구와 계약을 체결하는지에 관하여

전환 당시까지 무주택자인 임차인

5. 분양전환 당시 당해 임대주택의 임차인인 국가기관 또는 법인

31) 현재는 임대주택법 시행령 제32조.

32) 금융실명법 제3조 제1항에서는 실지명의로 금융거래를 하여야 한다고 명시적으로 규정하고 있다.

33) 이 규정이 강행규정인지에 해당하는지 여부는 논란이 될 수 있다.

34) Geschäft für den, den es angeht. 이영준(주 8), 581면은 그 번역어로 '귀속행위'라는 용어를 사용한다.

이해관계가 없기 때문이다. 독일의 판례와 다수설은 이를 설명하기 위하여 '관계인을 위한 행위' 이론을 채택하고 있는데,[35] 이는 법률행위의 성질상 누구와 법률행위를 하는가가 무의미하고 당해 법률행위가 자기를 위한 것이 아니라 타인을 위하는 것임이 주위사정에 비추어 명백한 경우에는 그 법률효과가 직접 타인에게 발생한다는 것이다.[36] 우리나라에서 이를 인정할 것인지에 관하여는 논란이 있다.[37]

이 이론을 채택한다고 하더라도 이 사건에서 피고 A의 임대차계약 체결행위가 아버지인 피고 B를 위한 행위로서 그 효과가 피고 B에게 귀속하여야 한다고 볼 수 없다. 왜냐하면 이 사건 임대차계약 체결 당시 임차인이 누구인지는 매우 중요한 사항으로서 임대인도 임차인이 누구인지에 관하여 이해관계가 있다고 볼 수 있고, 피고 A의 행위가 피고 B를 위한 것임이 명백하다고 볼 수도 없기 때문이다.

(4) 이 사건에서 원고는 피고 A와 사이에 임차인 이름을 피고 A로 정하여 임대차계약을 체결하였다. 따라서 임대차계약의 명의인과 행위자가 모두 피고 A이다. 따라서 당사자들이 피고 A의 아버지인 피고 B를 계약의 당사자로 하기로 하는 약정을 하지 않았다면 피고 A를 임차인으로 보아야 한다. 만일 피고 B를 계약의 당사자로 하기로 하였다면, 이는 임대주택법과 그 시행령에 위반하는 것으로서 그 효력이 문제될 것이다. 이 판결도 피고 B를 임차인으로 단정하지 않고, 실질적 의미의 임차인이라는 표현을 사용하였는데, 이는 피고 B를 임차인으로 보는 데 문제가 있다고 보았기 때문이라고 생각된다. 결국 실질적 의미의 임차인이라는 표현은 피고 B가 임차인이 아니지만 분양을 받을 수 있는 자격이 있다는 결론을 도출하는 매개 개념으로 사용된 것으로 볼 수 있다.

Ⅴ. 임대주택법상의 임차인에는 이른바 '실질적 의미의 임차인'도 포함되는지 여부: 법률의 해석 문제

임대주택법은 주택을 분양전환받을 수 있는 사람을 임차인으로 규정하고 있다. 위 Ⅲ.에서 본 바와 같이 피고 B는 임차인이라고 볼 수 없다. 그런데도 2심 법원은 피고 B를 '실질적 의미의 임차인'으로 보아 법의 보호 범위로 끌어들이고 있다. 이는 법률의 문언과는 다른 해석으로, 법률에 규정된 문언의 의미를 그보다 넓게 해석한 것으로 볼 수 있다.

35) Karl Larenz/Manfred Wolf, *Allgemeiner Teil des deutschen bürgerlichen Rechts*, 9. Aufl., 2004, S. 838ff.

36) 은행계좌에 대해서는 이 이론이 적용되지 않는다고 한다. Hans-Peter Schwintowski & Frank A. *Schäfer*, *Bankrecht*, 2. Aufl., 2004, §6, Rn. 45. 다만 Werner Flume, *Allgemeiner Teil des Bürgerlichen Rechts*, *Bd. 2. Das Rechtsgeschäft*, 4. Aufl., 1992, S. 767은 저축예금의 경우에 예입은 관계인을 위한 행위에 해당한다고 한다. 이에 관해서는 김재형(주 23), 49면 이하 참조.

37) 찬성하는 견해로는 이영준(주 8), 583면 이하 등이 있고, 반대하는 견해로는 곽윤직, 민법총칙, 제7판, 박영사, 2002, 270면 등이 있다.

이 판결은 법률의 해석에서 "그 법률이 달성하고자 하는 정책목표와 우리 사회가 법체제 전체를 통하여 달성하고자 하는 가치"를 고려하여야 한다고 하였다. 이 사건에서 "위 법률이 달성하고자 한 정책적 목표와 위 법률이 의도한 계획의 관점"에서 피고 B의 주거안정을 보호하는 방향으로 법률을 해석하여야 한다고 보았다.

위와 같이 임대주택법에 임차인이라고 규정하고 있는데, 이를 실질적 의미의 임차인으로 볼 수 있는가? 이는 정당화될 수 있는가?

1. 법률의 해석

(1) 법률의 해석은 법학의 고전적인 주제이자 끊임없이 새롭게 다루어지고 있는 주제이다. 법률을 해석하는 기준이나 방법에 관해서도 논란이 계속되었다. 그 분류 방식은 다양하지만, 전통적으로 문언해석, 논리적·체계적 해석, 역사적 해석, 목적론적 해석으로 구분해 왔다.[38] 문리해석은 법률 문언의 의미를 탐구하는 해석이고, 체계적 해석은 법규정의 체계와 문맥에 따라 해석하는 것이다. 역사적 해석은 입법자의 의도에 따라 법률을 해석하는 것으로, 주관적 해석에 속한다. 이에 반하여 목적론적 해석은 법률의 목적을 중시하는 해석으로 객관적 해석에 속한다.[39] 여기에서 나아가 최근에는 헌법합치적 해석[40]이 주목을 받기도 하고, 법원리를 고려하여 법률을 해석하거나,[41] 법에 대한 경제적 분석을 토대로 법해석론을 전개하기도 한다.[42]

법률의 해석에서 법률의 문언에 따라 해석하는 것이 원칙이다.[43] 따라서 이른바 '문언의 가

---

38) 상세한 것은 심헌섭, "합리적 법학방법론," 분석과 비판의 법철학, 법문사, 2001, 214면 이하. 민법교과서에서도 이와 같이 설명하고 있다. 곽윤직(주 37), 40면 이하; 이영준(주 8), 31면 이하.

39) 이는 사비니가 법률의 해석원칙에 관하여 문법적 요소, 논리적 요소, 역사적 요소, 체계적 요소라는 4가지 요소로 구분하여 설명한 것(Friedrich Carl von Savigny, *System des heutigen römischen Rechts*, Bd. 1, 1840, S. 199ff.)에서 유래한다. 입법자의 의사를 중시하는 사비니의 주관주의적 태도가 받아들여지고 있지는 않지만, 법해석에 관한 그의 설명방식은 그 후 여러 나라에서 많은 영향을 끼쳤다. 현재 독일에서도 이와 유사한 방법으로 법률의 해석을 설명하고 있다. Larenz/Wolf(주 35), S. 81ff.; Karl Larenz, *Methodenlehre der Rechtswissenschaft*, 1960, S. 16, 320ff.; 라렌츠·카나리스, 허일태 역, 법학방법론, 세종출판사, 2000, 183면 이하; 라인홀트 치펠리우스, 김형배 역, 법학방법론, 제3판, 삼영사, 1995, 73면 이하 참조.

40) 대결(전) 2006. 6. 22, 2004스42(집 54-1, 가 290)는 성전환자의 호적정정을 허용하였는데, 다수의견에 대한 보충의견에서 김지형 대법관은 "이러한 헌법합치적 법률해석은 국가의 최고규범인 헌법을 법률해석의 기준으로 삼아 법질서의 통일을 기하여야 한다는 법원리에 그 기초를 두고 있는 것"이라고 하고, "… 이러한 한계를 벗어나지 않는 이상, 합헌적 법률해석은 민주적 정당성을 가진 입법자가 제정한 법률을 헌법에 합치되도록 해석함으로써 법률의 효력을 유지하려는 것이므로 입법권을 최대한 존중하는 것이고 국민주권의 원리에도 부합한다."라고 한다.

41) Larenz/Wolf(주 35), S. 84f.

42) 박세일, 법경제학, 개정판, 박영사, 2000, 757면 이하.

43) 우리 판례도 이러한 입장에 입각하고 있다. 민법에 관한 판결로는 대판 1994.8.12. 93다52808(공 1994, 2291) 등이 있다. 흥미롭게도 대법원 전원합의체 판결이나 결정에서 반대의견이 다수의견을 비판하면서 문언해석의 원칙을 중요한 논거로 들고 있는 경우들이 있다. 대판(전) 1998.4.23. 95다36466(집 46-1, 민 227)에서 반대의견은 "이 사건의 경우와 같이 법규가 있고 그 의미 내용 역시 명확하여 달리 해석할 여지가 없는 경우에는 다른 것을 다르게 취급하여야 한다는 정의의 요청(이른바 목적론적 축소해석의 경우) 또

능한 의미(möglicher Wortsinn)'가 무엇인지, 문맥상 문언이 어떠한 의미를 갖는지를 탐색하는 것이 중요하다. 그러나 문언의 해석으로 해결할 수 없는 경우에는 입법자의 의도나 법률의 목적을 추가적으로 고려하여 법률을 해석하여야 한다.[44] 실제로 여러 판결들에서 법률의 문언과 입법취지, 법률의 목적 등을 고려하여 법률을 해석하고 있다.[45] 대판 2006.11.16. 2006도4549(집 54-2, 형 600)는 형사사건에 대한 판결인데, 반대의견은 다음과 같이 설명하고 있다.

> "형벌법규의 해석 역시 그 규범적 의미를 명확히 하여 이를 구체적 사실에 적용할 수 있도록 하는 작업으로서, 죄형법정주의의 요청상 위와 같은 제한이 있기는 하나, 다른 법률과 마찬가지로 우선 법문상 어구나 문장의 가능한 언어적 의미내용을 명확하게 하고(문리해석), 동시에 다른 법률과의 관련성 등을 고려하여 논리적 정합성을 갖도록 해석하여야 하는 것이며(논리해석), 형벌법규의 문언이나 논리에 따르는 것만으로는 그 규정의 법규범으로서 의미를 충분히 파악할 수 없는 경우에는 법질서 전체의 이념, 그 형벌법규의 기능, 입법 연혁, 입법 취지 및 목적, 그 형벌법규의 보호법익과 보호의 목적, 행위의 형태 등 여러 요소를 종합적으로 고려하여, 형벌법규의 통상적인 의미범위 내에서 그 의미를 구체화할 수 있는 것이다(목적론적 해석)."

(2) 그런데 법률의 문언과 입법의도나 목적이 충돌하는 경우에 법률의 문언을 우선할 것인지, 아니면 입법자의 의도나 법률의 목적을 우선하여야 할 것인지 문제된다. 통상 법률의 문언, 입법자의 의도, 법률의 목적의 순으로 고려하여야 한다는 견해가 있다.[46] 법률의 문언은 법률해석의 출발점이다.[47] 그러나 입법자의 의도를 우선해야 할 것인지, 아니면 법률의 목적을 우선해야 할 것인지는 쉽게 판단하기 어렵다. 법률은 문장으로 나타난다. 입법자의 입법의도는 법률의 문언에 표현되어 있어야 하는 것이고, 입법자가 마음속에 품은 생각이 모두

는 합헌적인 해석의 요청(이른바 헌법합치적 해석의 경우)에 의하여, 그 법규의 적용 범위를 예외적으로 제한하여 해석할 필요가 있는 등의 특별한 사정이 없는 한, 설사 다수의견이 보는 바와 같이, 명문의 규정이 거래의 관행과 조화되지 아니하는 점이 있다고 하더라도, 법원으로서는 모름지기 국회의 입법 작용에 의한 개정을 기다려야 할 것이지 명문의 효력규정의 적용 범위를 무리하게 벗어나거나 제한하는 해석을 하여서는 아니 될 것이다."라고 하였다. 대결(전) 2006.6.22. 2004스42(집 54-1, 가 290)에서 반대의견은 "다수의견의 견해는 호적법 제120조에 대한 문리해석이나 입법 취지 등과는 관계없이, 객관적으로 명백한 호적법 제120조의 규정내용에 일부 내용을 추가·제거 또는 변경하는 것과 동일한 효과를 가져오는 것으로서 정당한 유추해석의 한계를 벗어나는 것"이라고 하였다. 한편, 대결(전) 1994.12.20. 94모32(집 42-2, 형 529)는 형법 제170조 제2항에 정한 '자기의 소유에 속하는 제166조 또는 제167조에 기재한 물건'의 해석이 문제되었는데, 반대의견은 "형벌법규의 해석은 문언해석으로부터 출발하여야 하고, 문언상 해석 가능한 의미의 범위를 넘어서는 것은 법창조 내지 새로운 입법행위"라고 하였다. 이 판결을 둘러싸고 형법의 해석에 관하여 흥미 있는 논쟁이 있었다. 신동운·김영환·이상돈·김대휘·최봉철, 법률해석의 한계, 법문사, 2000. 또한 대판 1997.10.24. 97다21444(공 1997, 3587)는 세법의 해석에 관하여 문리해석에 따라야 한다고 하면서 그 이유로 "과세 요건과 면세 요건의 명확성을 요구하는 조세법률주의의 원칙"을 들고 있다.

44) 이 경우 입법자의 의도는 입법경위 등에서 드러나는 것을 가리킨다. 법률의 해석에서는 법률행위의 해석과는 달리 입법자의 주관적 의도는 중요하지 않기 때문이다. 라렌츠/카나리스(주 39), 218면.

45) 대판 1997.4.22. 96다54195(공 1997, 1540) 등 다수.

46) 심헌섭(주 38), 217면.

47) 가령 "문언은 해석의 알파이자 오메가"(Mary Ann Glendon, "Comment," *A Matter of Interpretation*, 1998, p. 106)라는 표현처럼, 법해석을 포함한 모든 해석에서 문언의 비중과 중요성을 강조하는 표현이 많다.

입법자의 입법의도인 것은 아니다. 물론 언어 표현의 한계로 말미암아 입법자의 의도를 알지 못하고서는 법률 문언의 의미를 알 수 없는 경우가 있다. 이와 같은 경우에는 법률 문언의 의미를 밝히는 데 입법자의 의도를 고려할 수밖에 없다. 그렇다고 하더라도 일반 국민에게 법률의 문언에 나타나지 않은 입법자의 주관적 의사 또는 주관적 의도를 탐구하여 그에 따라 행동하라고 할 수는 없다. 또한 법률의 목적은 법률의 해석에서 매우 중요한 위치를 차지한다. 법률의 목적을 고려하지 않고 법률을 해석하는 것이 불가능한 경우가 적지 않다. 실제로 법률의 목적을 고려하여 법률을 해석하는 경우를 쉽게 찾을 수 있다. 판결에서 입법취지라는 표현을 사용하고 있는 경우에도 그것이 실제로 입법자의 주관적 의도라기보다는 법률의 객관적인 목적을 가리키는 경우가 많다. 따라서 법률의 해석은 문언에서 출발하여야 하지만, 예외적으로 입법자의 의도나 법률의 목적이 우선하는 경우도 있음을 인정하여야 할 것이다.

2. 법률의 문언과 다른 해석의 허용 여부

(1) 입법자의 의도나 법률의 목적이 법률의 문언과 다른 경우에 그 문언과 달리 해석할 수 있는가? 이는 법해석의 한계를 넘는다고 볼 수도 있지만, 일반적으로는 법해석에 포함시켜 논의를 하였다. 예외적인 경우이기는 하지만, 법률의 문언과 달리 법규정을 해석하는 것을 부정할 수는 없다.[48] 중요한 것은 어떠한 경우에 법규정의 문언과 달리 해석할 수 있는지 여부이다.

(2) 어떠한 경우에 법률문언을 넘은 해석과 법률문언에 반하는 해석이 가능한지를 판단하는 기준을 찾기는 쉽지 않다. 이에 관해서는 여러 입장이 있다. 이른바 문언주의(textualism)는 법관이 법률의 문언에 충실할 것을 요구하기 때문에, 문언과 달리 해석하는 예외를 매우 좁게 인정한다. 대표적으로 미국 연방대법원의 스칼리아(Scalia) 대법관의 견해를 들면, 입법자의 의사를 확인할 수 없으므로 문언에 따라 법률을 해석하여야 한다고 한다.[49] 이와 달리

---

48) 가장 명백한 경우가 이른바 '편집상의 오류'에 해당하는 경우이다. 대판(전) 1978.4.25, 78도246(집 26-1, 형 86)은 형법 제55조 제1항 제6호의 벌금을 감경할 때의 「다액」의 2분의 1이라는 문구는 「금액」의 2분의 1이라고 해석하여 그 상한과 함께 하한도 2분의 1로 내려가는 것으로 해석하여야 한다고 판단하였는데, 그 근거 중 하나로 입법과정에서 표현을 잘못하였다는 점을 들고 있다. 특히 대판 2006.2.23. 2005다60949(공 2006, 491)는 "위와 같은 구 신협법[신용협동조합법을 가리킨다. 인용자 주]과 현행 신협법 관련 규정들의 전체적인 체계 및 법률 제6957호의 개정 목적과 경위 등에 비추어 보면, 법률 개정과정에서 현행 신협법 제89조 제5항이 신설되고 종전의 제5항이 제6항으로 항이 바뀌었으므로 제7항에서 인용하는 제5항도 '제6항'으로 변경하였어야 할 것인데 이를 변경하지 않고 그대로 둔 것은 법률개정과정상의 실수에서 비롯된 것임이 분명하므로, 현행 신협법 제89조 제7항이 인용하고 있는 '제5항'을 '제6항'으로 바로잡아 적용한다고 하더라도 이것이 법규정의 가능한 의미를 벗어나 법형성이나 법창조행위에 이른 것이라고는 할 수 없다." 고 판결하였다. 이에 관해서는 최봉경, "편집상의 오류," 서울대학교 법학 제48권 1호(2007.3), 338면 이하; 최영헌, "법률개정 과정에서 오류가 있었음이 명백한 경우 문언과 달리 해석할 수 있는지 여부," 대법원판례해설 통권 제60호(2006.12), 341면 이하.

49) Antonin Scalia, "Common-Law Courts in a Civil-Law System: The Role of United States Federal Courts in Interpreting the Constitution and Laws," *A Matter of Interpretation*, 1998, pp. 23-25.

입법자의 의도나 법률의 목적에 따라 법률을 해석하여야 한다는 견해[50]에서는 문언을 넘는 해석이나 문언에 반하는 해석을 인정할 수 있다. 드워킨(Dworkin)은 판단을 하기 어려운 사건(이른바 hard case)에서 법의 원리(principle)에 따라 재판을 하여야 한다고 주장하였다.[51] 나아가 해석의 방법으로 구성적 해석(constructive interpretation)을 주장하는데,[52] 이는 법률을 해석하는 시점에서 법의 원리를 고려하여 그 법률이 최선의 상태가 되도록 해석하는 것을 허용하기 때문에, 법률의 문언에 반하는 해석을 허용하게 될 것이다.

(3) 한편 법률의 문언을 넘는 해석(praeter legem)과 법률의 문언에 반하는 해석(contra legem)을 구분할 필요가 있다. 법률의 문언을 넘는 해석은 법률에 공백 또는 흠결이 있는 경우에 이를 보충하는 해석이다. 이에 해당하는 예로는 유추 또는 유추해석을 들 수 있다. 법률의 문언에 반하는 해석은 문언의 의미와는 달리 해석하는 것을 가리킨다. 법률의 문언을 넘는 해석은 매우 빈번하게 행해지는 데 반하여, 법률의 문언에 반하는 해석은 극히 예외적인 경우에 한하여 인정된다.

이 판결을 맡았던 재판장은 법률의 해석에 관한 논문을 발표한 적이 있는데,[53] 그 논문에서 다음과 같은 경우에 법률문언을 넘은 해석과 법률문언에 반하는 해석이 가능하다고 하였다. "① 법률에 흠결이 있는 경우, ② 법률의 내용이 상호 모순적이거나 충돌하는 경우, ③ 법률에 명백한 실수가 있는 경우, ④ 법률의 내용이 심하게 비합리적이거나 반도덕적인 경우, ⑤ 사회변화로 규범상황이 변한 경우 등."[54] 나아가 법률의 문언과 달리 해석한 결과가 정당한 것인지는 합리성과 도덕성에 근거하여 논증이 정당한 것인지에 따라 판단하여야 한다고 설명하기도 하였다.[55] 이는 위 ④에서 말하는 "법률의 내용이 심하게 비합리적이거나 반도덕적인 경우"와 관련된 것으로 볼 수 있다.

대판 1994.8.12. 93다52808(공 1994, 2291)은 "민사법의 실정법 조항의 문리해석 또는 논리해석만으로는 현실적인 법률적 분쟁을 해결할 수 없거나 사회적 정의관념에 현저히 반하게 되는 결과가 초래되는 경우에 있어서는 법원이 실정법의 입법정신을 살려 법률적 분쟁을

50) 미국에서는 입법자의 의도를 중시하는 견해를 의도주의(intentionalism), 입법 목적을 중시하는 견해를 목적주의(purposivism)라고 한다. 이에 관해서는 남기윤, "미국의 법사고와 제정법 해석방법론," 광운대학교 법과대학 비교법연구소, 2008, 68면 이하; 최봉철, "문언중심적 법해석론 비판," 법률해석의 한계, 법문사, 2000, 149면 이하 참조.

51) Ronald Dworkin, *Taking Rights Seriously*, 1977, p. 84.

52) Ronald Dworkin, *Law's Empire*, 1986, p. 55(로널드 드워킨, 장영민 역, 법의 제국, 아카넷, 2004, 83면. 또한 Andrei Marmor, *Interpretation and Legal Theory*, 1992, p. 36도 참조.

53) 법관이 법률의 해석에 관한 법리를 구체적인 재판과정에서 어떻게 적용하고 있는지 살펴보는 것도 의미 있는 일일 것이다.

54) 박철, "법률의 문언을 넘은 해석과 법률의 문언에 반하는 해석," 법철학연구 제6권 제1호(2003), 232면.

55) 박철(주 54), 232면은 "어떤 법률문제에 대하여 법률의 문언을 넘은 해석이나 법률의 문언에 반하는 해석에 의하여 답을 찾았다면 그 해석의 정당성은 합리성과 도덕성에 근거하여 얼마나 설득력 있게 논증되었는가에 의하여 결정될 것이다."라고 한다.

합리적으로 해결하고 정의관념에 적합한 결과를 도출할 수 있도록 유추해석이나 확장해석을 할 수 있다"고 한다.[56] 문리해석에 따를 경우 매우 불합리한 결과를 초래하는 경우에도 법률의 문언과 다른 결과를 인정한 판결도 있다.[57] 나아가 대판(전) 1998.4.23, 95다36466(집 46-1, 민 227)은 어음면상 발행지의 기재가 없으나 어음면의 기재 자체로 보아 국내어음으로 인정되는 경우, 그 어음의 효력을 인정하였는데, 다수의견에 대한 보충의견은 "일반적으로 모든 법은 법규정의 본질을 바꾸는 정도의 것이 아닌 한도에서 이를 합리적으로 해석함으로써 뒤처진 법률을 앞서가는 사회현상에 적응시키는 일방 입법기관에 대하여 법률의 개정 등을 촉구하는 것은 법원의 임무에 속하는 일이라 할 것이고, 그 뒤처진 법규정의 재래적 해석·적용이 부당한 결과를 초래한다는 것을 알면서도 법률 개정이라는 입법기관의 조치가 있을 때까지는 이를 그대로 따를 수밖에 없다고 체념해 버리는 것은 온당치 않은 태도"[58]라고 하였다.

법률의 문언이 법률의 목적이나 법질서 전체의 목적이나 원칙에 맞지 않을 때에는 그 문언과 달리 해석해야 하지만, 그 경우는 매우 예외적인 경우로 한정해야 할 것이다.

3. 임대주택법상 임차인의 의미

임대주택법상의 임차인은 임대차계약상의 임차인을 가리킨다는 것은 법률의 문언상 명백하다. 이러한 입장이라면, 이 판결에서 임대주택법상의 임차인을 '실질적 의미의 임차인'으로 해석하는 것은 법률의 문언에 반하는 해석으로 보아야 할 것이다.[59] 따라서 위와 같은 해석은 매우 엄격한 경우에만 허용될 수 있다.

그러나 분양전환을 청구할 수 있는 자를 임차인으로 한정한 것이 심히 비합리적이어서 법률의 문언과 다르게 해석해야 할 사유에 해당한다고 볼 수 없다. 위 법규정에 흠결이 있다고 볼 수 없고, 법규정의 내용이 서로 모순되거나 충돌하지도 않는다. 법률에 명백한 실수

---

56) 이 판결에서는 민법 제496조가 고의의 불법행위로 인한 손해배상채권에 대한 상계를 금지하고 있는데, 중과실의 불법행위로 인한 손해배상채권에 대한 상계도 금지되는지 여부가 문제되었다. 대법원은 "민법 제496조의 경우에 있어서는 위에서 본 그 입법취지나 적용결과에 비추어 볼 때 고의의 불법행위에 인한 손해배상채권에 대한 상계금지를 중과실의 불법행위에 인한 손해배상채권에까지 유추 또는 확장 적용하여야 할 필요성이 있다고 할 수 없다."고 판단함으로써 이를 부정하였다.

57) 대판 1999.12.10. 98다9038(공 2000, 154). 약관의 규제에 관한 법률은 제15조에서 "국제적으로 통용되는 약관 기타 특별한 사정이 있는 약관으로서 대통령령이 정하는 경우에는 제7조 내지 제14조의 규정의 적용을 조항별, 업종별로 제한할 수 있다."고 정하고 있고, 그에 따른 대통령령 제3조에서는 국제적으로 통용되는 운송업을 그 해당 업종의 하나로 정하고 있다. 이 판결은 "위 제15조의 문리해석상으로는 위 법률 제6조의 적용은 배제되지 않는다고 볼 수 있으나, 약관이 구체적으로 무효가 되는 경우들을 규정한 위 법률 제7조 내지 제14조에 대하여 약관이 일반적으로 무효가 되는 경우를 포괄적으로 규정하고 있는 제6조가 적용되게 되면 구체적 무효조항들의 적용을 배제하는 제15조의 규정 취지가 거의 완전히 몰각되는 불합리한 결과를 가져오게 되므로 제6조 역시 대통령령으로 정하는 특정 업종들의 약관에는 적용이 없다."고 판단하였다.

58) 이는 형사판결인 대판(전) 1978.4.25. 78도246(집 26-1, 형 86)에서 다수의견에 나와 있는 표현이다.

59) 물론 이것이 법률의 문언을 넘는 해석에 해당한다고 볼 수도 있다.

도 없고 그 내용이 비합리적이거나 반도덕적이지도 않다. 위 규정을 제정할 당시에 예상하지 못한 사회변화로 규범상황이 변하였다고 볼 수도 없다.

법률의 문언에 따른 해석이 헌법에 배치되는 결과가 되는 경우에는 헌법합치적 법률해석을 통하여 법률의 문언과 달리 해석하는 것이 가능하다. 여기에서 나아가 법의 기본원리 또는 법원칙에 기하여 법률의 문언과 달리 해석할 수도 있다. 그러나 합리성과 도덕성을 이유로 법률의 문언과 달리 해석하는 것을 넓게 인정한다면 법률의 의미를 찾기 어렵게 될 수 있다. 법률에서 합리성이나 도덕성을 고려할 것인지 여부, 이를 고려한다면 무엇이 합리적이고 무엇이 도덕적인 것인지에 대하여 입법자가 판단을 하고 있다고 볼 수 있다. 그런데도 합리성과 도덕성을 기준으로 법률의 문언과 다른 해석을 허용한다면, 이는 입법자의 결단에 반하는 것이기 때문이다.[60] 따라서 합리성이나 도덕성에 기한 논증을 토대로 법률의 문언과 다른 해석을 정당화하는 것은 극히 예외적인 경우에만 허용된다고 보아야 한다.

이 사건에서 다른 사람 이름으로 임대차계약을 체결한 사람에게 우선분양전환권을 부여하는 것이 합리성과 도덕성 기준에 부합하는지는 의문이다. 다른 사람 이름으로 임대차계약을 체결하였다면, 이는 임대주택법을 위반한 것이다. 임대주택법에 따라 임대차계약을 체결하려면, 표준임대차계약서에 따라 임대차계약을 체결하여야 하는데, 다른 사람 이름으로 계약을 체결하는 것은 이를 위반한 것으로 볼 수 있기 때문이다. 자금제공자이자 실제 거주자라는 이유로, 집 없는 노인으로서 계약 명의자의 아버지라는 이유로 보호를 하는 것이 합리성과 도덕성에 부합하는가? 이 사건에서 피고 B를 '실질적 측면에서 사회적 통념상 임차인으로 볼 수 있는 사람'이 아니라면, 위 질문에도 긍정적인 답변을 하는 것이 쉽지만은 않을 것이다. 피고 B가 법률에 위반한다는 사실을 몰랐다고 하더라도 이를 보호하는 방향으로 법률을 해석하기는 어렵지 않을까.

4. 임대주택법의 목적에 관한 이해

이 판결에서 법률의 목적이나 계획을 고려하여 법률의 규정에 벗어나는 해석을 한 것으로 볼 수 있다. 임대주택법의 목적이나 계획에 비추어 실질적 의미의 임차인을 보호범위에 포함시킬 수 있는지 검토해 보자.

임대주택법은 제1조에서 그 목적을 밝히고 있다. 첫째, 임대주택의 건설을 촉진하는 것이다. 이 판결은 장기주택임대를 영업으로 하는 주택임대업자를 지원하여 임대주택의 공급을 늘리는 것이라고 설명하고 있다. 둘째, 국민주거생활의 안정을 도모하는 것이다. 임대주택을 실수요자에게 제공하는 것이 이에 속할 것이다.

이와 같은 목적에서 다른 사람 이름으로 임대차계약을 체결한 사람을 보호해야 한다는

60) 이것이 법률문언의 의미를 입법자의 의도에 따라 해석하여야 한다는 의미는 아니다.

결론을 도출할 수 있을 것인가? 그러나 이와 같은 목적은 매우 추상적인 것으로서 구체적인 결론을 도출하는 데 실질적인 도움이 되지 않는다.[61] 위와 같은 목적은 이 판결의 결론과 다르게 판단할 것을 요청할 수도 있다. 즉, 임대주택을 대량으로 공급하는 원고가 주택공급을 늘릴 수 있도록 원고를 지원하려면, 임차인이 다른 사람 이름으로 임대차계약을 체결하는 것을 막아야 하기 때문이다. 그렇지 않으면 실수요자가 누구인지 확인하는 절차를 거쳐야 하고, 이는 더 많은 시간과 비용을 사용해야 하는 결과를 초래한다.

임대주택법은 우선분양권의 발생요건으로 "입주일 이후부터 분양전환 당시까지 당해 임대주택에 거주한 무주택자인 임차인"에 해당할 것을 요구하고 있다. 여기서 무주택자를 요건으로 하고 있는 것은 임대주택이라는 한정된 자원을 분배하는 데 아직 주택을 소유하고 있지 못한 서민을 배려하기 위한 것이고, 실제 거주한 임차인을 요건으로 하고 있는 것은 실수요자를 우선 배려하기 위한 목적이라고 볼 수 있다. 그러나 이 규정은 당해 임대주택에 거주하는 무주택자 중에서 임차인만을 보호하고 있다. 위 주택에 거주하는 사람이 여러 명이더라도 임차인만이 위 주택에 대한 우선분양권이 있다.

이 규정에서 임차인의 범위에 무주택자로서 다른 사람 이름으로 임차를 한 사람도 포함시킬 수 있는가? 세 가지 견해를 상정할 수 있다. 첫째, 자신의 이름으로 임대차계약을 체결할 수 없는 사람을 넓게 보호할 필요가 있다는 견해이다. 이 사건에서 피고 B가 임대차보증금을 지급하였고, 임차건물에 실제로 거주하고 있기 때문에,[62] 이와 같은 실질적 의미의 임차인을 보호하는 것이 법률의 보호목적에 합치한다는 것이다. 둘째, 다른 사람 이름으로 건물을 임차하였다고 하더라도 무주택자로서 계약의 해석상 임차인에 해당하면 이 규정에 따라 보호하여야 한다는 견해이다. 위 규정에서 임차인이라고 규정하였기 때문에, 임차인에 해당하면 충분하다고 볼 수 있다. 셋째, 이 규정에 의하여 보호를 받으려면 무주택자로서 임차인에 해당하여야 하고, 또한 임대차계약서에 임차인으로 기재되어야 한다는 견해이다. 자신의 자금으로 주택을 임차하였다고 하더라도 다른 사람으로 임대차계약을 체결하는 경우에는 법률에 위반한 것으로 우선분양권자에서 배제하여야 한다는 것이다.

임대차계약에서 그 이용목적이나 자금의 출처는 계약의 당사자를 결정하는 데 중요한 요소는 아니다. 누가 목적물을 사용할 것인지, 누가 보증금으로 지급할 자금을 제공하였는지에 따라 임차인이 달라지지 않는다. 임차건물에 실제로 거주한 사람을 임차인으로 볼 수도 없다. 임차인이 자신의 이름으로 임대차계약을 체결하고 다른 사람에게 임차건물에 거주하게 할 수도 있다. 이 판결은 피고 B를 보호범위에 포함시키면서 임대목적, 자금 제공자, 실제

61) 원고 공사의 존재이유는 국민생활의 안정과 공공복리의 증진이라는 공익적 이유에 있다고 하는데(대한주택공사법 제1조), 이것도 마찬가지이다.

62) 판결문상으로도 피고 B가 거주하고 있는 것에 관해서는 증명이 충분하다고 볼 수 있으나, 피고 B의 자금으로 임대차보증금을 지급한 것인지는 불분명하다.

거주자를 고려하고 있으나, 이와 같은 요소들은 임대차계약에서 임차인을 결정하는 요소는 아니다. 또한 임대주택법에 따라 임대를 하는 것은 대량거래에 속하고, 법률에 규정한 대로 표준임대차계약서에 따라 임대차계약을 체결하여야 한다. 이 경우에 표준임대차계약서와 달리 임대차계약을 체결하는 것은 법률을 위반한 것이 될 뿐만 아니라, 임차인이 누구인지 확정할 수가 없거나 불명확하게 되어 우선분양권자를 정하는 업무가 혼란에 빠질 수 있다. 따라서 임대인인 원고 입장에서는 임대목적, 자금제공자, 실제 거주자와는 무관하게 임대차계약서에 임차인으로 기재된 사람을 임차인으로 인식하였다고 보아야 한다. 나아가 피고 A 명의로 아버지인 피고 B의 주거에 관한 임대차계약을 체결한 것이 탈법행위를 하려고 한 것인지 문제될 수 있다. 이 판결은 위와 같이 임대차계약을 체결한 것이 법적으로 허용되지 않는 어떠한 이익을 얻거나 법적 규제를 회피하려 하였던 것은 아니라고 한다. 그러나 정말 그러한 것인지는 쉽사리 알 수 없는 일이다.

5. 소 결

민법은 제618조에서 임대차에 관한 정의규정을 두고 있다. 이 규정에 따르면 임대차계약을 체결하여 목적물의 사용수익권을 갖고 차임을 지급할 의무를 부담하는 사람을 임차인이라고 보아야 한다. 임대주택법에 임차인에 관한 규정이 없으므로, 임대주택법상의 임차인도 결국 일반 규정인 민법 규정에 따라 정할 수밖에 없다. 이 판결은 이른바 '실질적 의미의 임차인'이라는 개념을 도입하여 임차인의 개념을 넓히고 있으나, 이는 법률에서 예정한 것이 아니다. 임대차계약상의 임차인 이외에 목적물을 실제로 사용·수익하거나 보증금·차임 등을 실제 출연하는 사람이 따로 있더라도 그를 이른바 '실질적 의미의 임차인'으로서 보호하는 것이 입법자의 의도나 입법목적에 부합한다고 볼 수도 없다.

Ⅵ. 결 어

계약의 당사자가 누구인지 명확하지 않은 경우에 계약의 해석, 즉 법률행위의 해석을 통하여 계약의 당사자를 확정하여야 한다. 다른 사람 이름으로 계약을 체결한 경우에 계약의 당사자에 관하여 당사자의 의사가 일치하였다면 그 일치한 의사에 따라 계약의 당사자를 확정하여야 한다. 이는 계약의 해석에서 자연적 해석 또는 주관적 해석에 따른 것이다. 그러나 당사자의 의사가 합치되지 않은 경우에는 의사표시의 상대방의 관점에서 합리적인 인간이라면 누구를 계약의 당사자로 이해하였을 것인지를 기준으로 판단하여야 한다. 계약체결행위를 한 사람이 명의자가 아닌 경우에 당사자의 의사가 불분명하다면 일반적으로 명의자를 계약의 당사자로 보아야 할 것이다. 왜냐하면 상대방은 명의자를 계약의 당사자로 인식하는 경우가 통상적이기 때문이다.

법률의 해석은 해석의 일종이라는 점에서 계약의 해석과 유사한 면이 많다. 가령 법률의 문언이 해석의 기초가 된다는 점에서 계약의 해석과 마찬가지이다. 법률의 해석에서 문리해석이 원칙이지만, 추가적으로 입법취지나 법률의 목적 등을 고려하여 법률을 해석하여야 한다. 이 경우 법률의 문언과 입법의도나 목적을 서로 대척적인 것으로 보아야 하는 것은 아니다. 왜냐하면 법률의 문언은 입법취지나 법률의 목적을 실현하기 위한 것이기 때문이다. 그런데 계약의 해석에서는 당사자의 주관적 의도가 매우 중요한 데 비하여 법률의 해석에서는 입법자의 주관적 의도가 아니라, 객관적인 자료에 드러난 입법취지나 법률의 목적이 중요한 의미를 갖는다.

법률의 문언과 입법의 의도 또는 목적이 상충하는 경우에도 법률의 문언에 따라 법률을 해석하는 것이 원칙이다. 그러나 법률의 문언에 따를 경우에 현저히 부당한 결과를 초래하는 경우에는 입법의도나 법률의 목적을 고려하여 법률을 합리적인 의미를 갖도록 해석하여야 할 것이다. 이와 같은 예외적인 경우에 한하여 법률의 문언과 달리 법률을 해석하는 것을 허용하여야 한다.

이 판결은 추운 겨울에 임대주택에 살고 있는 노인을 쫓아내려는 원고의 청구를 배척하여 '따뜻한 가슴'을 느끼게 하는 '아름다운 판결'로 언론에 보도되었다. 또한 이 판결은 법해석에 관한 성찰의 계기를 제공한다는 의미에서 단순한 화제의 판결로만 남겨둘 수 없는 판결이다. 그러나 아쉽게도 이 판결의 결론에 찬성하지 않는다. 이 사건에서 임차인은 임대차계약서에 있는 대로 딸이라고 보아야 한다. 임대인으로서는 아버지를 임차인으로 생각할 수 없었다고 보아야 할 것이다. 이러한 상태에서 무주택자로서 임차건물에 거주하고 있는 아버지를 보호하기 위하여 임차인 개념을 넓히려는 시도는 그 반대쪽에 있는 가치를 침해할 것이다. 만일 법률이 모든 국민에게 똑같이 공정하게 적용되어야 하고 법적 안정성을 유지하며 임대주택법의 목적을 달성하기 위하여 원고의 청구를 받아들이지 않는다고 판결한다면, 그 판결은 아름답지 않은 것일까? 그렇다고 말할 가능성이 높다. 그러나 반대의 결론에 아름다움이라는 표현을 사용할 수 없을지 몰라도, 그것이 감정적·정서적 호소력이 떨어진다고 하더라도, 잘못이라고 말할 수는 없을 것이다. 정(正)과 미(美)가 항상 같이 가는 것은 아니고, 가끔은 그 간극을 받아들여야 한다. 어쩌면 그 간극에서 새로운 사고가 돋아나기 시작하는 것이 아닐까.

[추기]

필자는 이 판결에 대한 상고사건이 대법원에 계류되어 있던 2008년에 당시 재판연구관인 문광섭 판사로부터 이 판결에 관하여 검토할 것을 요청받고 이 글의 초고를 작성하였다.

2008년 11월 25일 글의 제목을 "임대주택법상의 임차인에 관한 해석 문제"로 바꾸어 상고사건의 주심인 차한성 대법관께 제출하였는데, 이번에 글의 제목을 처음 생각대로 바꾸고 법률의 해석에 관한 부분의 문헌을 보충하고 표현을 가다듬는 등 대폭 수정하였다.[63] 평소에 관심이 있던 주제에 관하여 글을 쓸 기회를 갖게 된 것에 감사한다.

이 판결의 상고심 판결인 대판 2009.4.23. 2006다81035(공 2009, 724)는 원심 판결을 파기환송하였는데, 법률의 해석에 관한 대법원의 견해를 종합적으로 정리하여 제시하고 있다는 점에서 주목하여야 할 판결이다. 대법원의 판결이유는 다음과 같다.

> (1) "법은 원칙적으로 불특정다수인에 대하여 동일한 구속력을 갖는 사회의 보편타당한 규범이므로 이를 해석함에 있어서는 법의 표준적 의미를 밝혀 객관적 타당성이 있도록 하여야 하고, 가급적 모든 사람이 수긍할 수 있는 일관성을 유지함으로써 법적 안정성이 손상되지 않도록 하여야 한다. 그리고 실정법이란 보편적이고 전형적인 사안을 염두에 두고 규정되기 마련이므로 사회현실에서 일어나는 다양한 사안에서 그 법을 적용함에 있어서는 구체적 사안에 맞는 가장 타당한 해결이 될 수 있도록, 즉 구체적 타당성을 가지도록 해석할 것도 또한 요구된다. 요컨대, 법해석의 목표는 어디까지나 법적 안정성을 저해하지 않는 범위 내에서 구체적 타당성을 찾는 데에 두어야 할 것이다. 그리고 그 과정에서 가능한 한 법률에 사용된 문언의 통상적인 의미에 충실하게 해석하는 것을 원칙으로 하고, 나아가 법률의 입법 취지와 목적, 그 제·개정 연혁, 법질서 전체와의 조화, 다른 법령과의 관계 등을 고려하는 체계적·논리적 해석방법을 추가적으로 동원함으로써, 앞서 본 법해석의 요청에 부응하는 타당한 해석이 되도록 하여야 할 것이다.
>
> 한편, 법률의 문언 자체가 비교적 명확한 개념으로 구성되어 있다면 원칙적으로 더 이상 다른 해석방법은 활용할 필요가 없거나 제한될 수밖에 없고, 어떠한 법률의 규정에서 사용된 용어에 관하여 그 법률 및 규정의 입법 취지와 목적을 중시하여 문언의 통상적 의미와 다르게 해석하려 하더라도 당해 법률 내의 다른 규정들 및 다른 법률과의 체계적 관련성 내지 전체 법체계와의 조화를 무시할 수 없으므로, 거기에는 일정한 한계가 있을 수밖에 없다."
>
> (2) "결론적으로, 임대주택법 제15조 제1항에서 규정하는 '임차인'이란 어디까지나 위 법률이 정한 요건과 절차에 따라 임대주택에 관하여 임대사업자와 임대차계약을 체결한 당사자 본인으로서의 임차인을 의미한다고 할 수밖에 없고, 이와 달리 당사자 일방의 계약목적, 경제적 부담이나 실제 거주사실 등을 고려한 '실질적 의미의 임차인'까지 포함한다고 변경, 확장 해석하는 것은 앞서 본 법률해석의 원칙과 기준에 어긋나는 것으로서 받아들일 수 없다."
>
> (3) "이 사건 임대차계약의 당사자 본인으로서의 임차인은 계약체결행위를 실제로 하였고 또한 계약서상으로도 임차인으로 표시되어 있는 피고 A라고 볼 수밖에 없다."

원심 판결에서 법해석에 관하여 상세한 이유를 제시하고 있었기 때문에 대법원도 그에 상응하여 법해석에 관한 입장을 천명할 수밖에 없었을 것이다. 대법원은 법해석의 방법과 기준을 제시하기 위하여 법적 안정성과 구체적 타당성이라는 법의 이념 또는 목적에서 출발하

---

63) 대법원 판결을 포함하여 새롭게 글을 쓸까도 생각했으나, 원심 판결을 검토한 이 글도 대법원 판결의 배경을 이해하는 데 의미가 없지 않다고 생각되어 이 글을 공간하고자 한다.

고 있다. 즉, 법해석에서 법적 안정성과 구체적 타당성이 충돌하는 경우가 있는데, 대법원은 법해석에서 법적 안정성을 깨뜨려서는 안 된다고 한다. 즉, "법해석의 목표는 어디까지나 법적 안정성을 저해하지 않는 범위 내에서 구체적 타당성을 찾는 데에 두어야 할 것"이라고 한다. 나아가 법해석의 방법은 문언해석이 원칙이고 추가적으로 입법취지나 목적 등 여러 요소를 고려하여야 한다고 하고 있다. 이것은 일반적인 경우에 법해석에 관한 판단기준으로 받아들여질 수 있을 것이다. 그러나 예외적으로 구체적 타당성을 위해서 법적 안정성을 깨뜨리는 법해석을 해야 하는 경우도 있을 것이다.

이 사건에서 원심 법원은 이른바 '실질적 의미의 임차인'이라는 개념을 도입하여 임차인의 개념을 넓히고 있으나, 대법원은 이와 같은 개념을 인정하지 않고 민법상 임차인과 동일한 것으로 보고 있다. 또한, 대법원은 원심 판결의 이유와 기록에 있는 사실을 토대로 피고 A가 이 사건 임대차계약을 체결하였고 임대차계약서에도 피고 A가 임차인으로 기재되어 있으므로, 임차인을 피고 A로 보아야 한다고 하였다. 이에 관한 판단은 원심과는 다른 사실관계를 토대로 하고 있지만, 자기 명의로 임대차계약을 체결한 사람을 임차인으로 인정한 것이다.

한편, 위 대법원 판결에 앞서 대판(전) 2009.3.19. 2008다45828(공 2009, 456)은 금융실명제 하에서 예금주의 결정기준에 관한 종전의 판례를 변경하였다. 즉, "본인인 예금명의자의 의사에 따라 예금명의자의 실명확인 절차가 이루어지고 예금명의자를 예금주로 하여 예금계약서를 작성하였음에도 불구하고, 위에서 본 바와 달리 예금명의자가 아닌 출연자 등을 예금계약의 당사자라고 볼 수 있으려면, 금융기관과 출연자 등과 사이에서 실명확인 절차를 거쳐 서면으로 이루어진 예금명의자와의 예금계약을 부정하여 예금명의자의 예금반환청구권을 배제하고, 출연자 등과 예금계약을 체결하여 출연자 등에게 예금반환청구권을 귀속시키겠다는 명확한 의사의 합치가 있는 극히 예외적인 경우로 제한되어야 할 것이고, 이러한 의사의 합치는 금융실명법에 따라 실명확인 절차를 거쳐 작성된 예금계약서 등의 증명력을 번복하기에 충분할 정도의 명확한 증명력을 가진 구체적이고 객관적인 증거에 의하여 매우 엄격하게 인정하여야 한다."고 하였다. 그리하여 "그에 이르지 아니한 명시적 또는 묵시적 약정에 의하여서도 예금명의자가 아닌 출연자 등에게 예금반환청구권이 귀속될 수 있다."고 한 종래의 판례, 즉 대판 2000.3.10. 99다67031(공 2000, 248) 등을 변경하였다. 이 글의 본문에서 들었던 종래의 판례가 변경 또는 폐기되었다. 위 두 판례를 통하여 대법원은 다른 사람 이름으로 계약을 체결한 경우에 원칙적으로 명의인을 계약의 당사자로 보아야 한다는 태도를 강화하고 있다고 말할 수 있을 것이다.[64]

64) 위 두 판결에 관해서는 김재형, "2009년 분야별 중요판례분석(3) 민법(상)," 법률신문 제3826호(2010.3.18), 12면도 참조.

5. 프랑스민법상 의사자치원칙이 헌법적 가치인가?*

박 현 정**

Ⅰ. 서 설

프랑스 계약법은 意思自治의 原則(autonomie de la volonté)에 의해 지배된다. 이 원칙은 계약을 하는 자가 바로 正義를 말한다(Qui dit contractuel dit juste), 즉 합의된 것이라면 정당하다는 것이다. 이러한 의사자치이론은 프랑스민법 개정전 제1134조(현행 제1103조)[1]에 명시되었던 계약구속력원칙을 정당화하였다. 그런데, 19세기 프랑스 민법전 제안자들에 대한 의사자치이론의 영향이 정확히 무엇이었는지에 대해서는 오늘날 여전히 논쟁거리이다. 유력설은 의사자치이론이 민법전 그 자체보다는 학설에 의한 민법의 해석에 더 큰 영향을 주었다고 본다. 그러나 이 의사자치이론은 오늘날에는 쇠퇴하는 것으로 보인다.[2] 무엇보다도 意思自治의 原則이 憲法的 價値로 고려될 수 있는가 하는 문제가 있다. 프랑스법원은 이를 어렵게 인정했다. 프랑스 헌법위원회[3]는 1994년에 契約自由의 原則[4]이 헌법상의 가치가 아니라고 판결하였다.[5] 그러나 1998년에 재론하기를, "입법자는 1789년 인간과 시민에 관한 권리선언 제4조에서 규정한 자유를 명백하게 부인할 수 없는 만큼, 합법적으로 체결된 계약의 경제성에 대하여는 중대한 손해를 끼칠 수 없다"고 하였다.[6] 이를 두고 법률의 개입을 체결

---

* 본 논문은 서울대 법학박사학위논문(2006년 8월)인 "프랑스 민법학상의 신의칙(bonne foi)에 관한 연구"의 제2장의 일부를 가필 개고하였음을 밝혀 둡니다.

** 동아대학교 법학전문대학원 교수, 법학박사

1) 재는 2016년 개정으로 제1103조에 규정되었다.
Article 1103 Modifié par Ordonnance n° 2016-131 du 10 février 2016-art. 2
Les contrats légalement formés tiennent lieu de loi à ceux qui les ont faits.

2) S. PORCHY-SIMON, *Droit civil, Les Obligations*, Dalloz, 2002, p. 27.

3) 성낙인, 헌법학, 법문사, 2018년, 750면, 프랑스의 헌법재판소는 종래 일반법원형도 아니고 헌법재판소형도 아닌 제3의 특수기관형으로 지칭되기도 하였으나, 오늘날 위헌법률심판이 활성화됨에 따라 헌법재판소의 한 유형으로 분류된다.

4) 1970년대 헌법위원회가 활성화되기 전에 1967년에 행정재판소의 일종인 국참사원(Conseil d'État)에서 계약자유를 프랑스 헌법 제34조의 기본원칙으로 인정하였었다, *cf.* CE 5 mai 1967, *Conseil national de l'ordre des médecins*, *Rec. CE* p. 348.

5) Cons. const. 3 août 1994, n° 94-348 DC, *JCP* 1994 Ⅱ 22404, note Y. BROUSSOLE, "qu'aucune norme de valeur constitutionnelle ne garantit le principe de la liberté contractuelle…". Puis-ce qui traduisait déjà un infléchissement du propos-que si "le principe de liberté contractuelle n'a pas en lui-même valeur constitutionnelle", sa méconnaissance peut être invoquée "dans le cas où elle conduirait à porter atteinte à des droits et libertés constitutionnellement garantis"(Cons. const., déc. n° 97-388 DC, 20 mars 1997: JO 26 mars, p. 4661). 어떠한 헌법적 가치규범도 계약자유의 원칙을 보장하지 않은 점을 고려할 때…

6) Décis. n° 98-401, *JO* 14 juin 1998, p. 9033, Considérant, enfin, que le législateur ne saurait porter à

중의 계약으로 한정한다고 해석하기도 한다.[7)]

Ⅱ. 意思自治原則의 固守

1. 契約拘束力의 原則

계약을 규율하는 중요한 법원칙이 바로 계약구속력의 원칙이다. 계약이 유효하게 성립하면 당사자들 사이에는 그 계약의 내용에 따른 법률효과가 발생한다. 즉, 당사자간에는 합의된 대로의 채권·채무가 발생된다. 이를 계약의 구속력이라고 한다.[8)] 이것은 두 가지 의미를 갖는데, 첫째, 계약 당사자들은 계약을 체결하거나 체결하지 않을 자유가 있지만, 일단 계약을 체결한 이상에는 반대의 약정을 하지 않는 한 이를 엄격히 준수하여야 한다. 둘째, 계약구속력의 원칙은 법관을 구속하므로 법관은 어떠한 형태로든 당사자들의 계약관계에 개입하여 이를 변경할 수 없다. 당사자의 채무의 내용이나 이행의 방법 등은 계약을 하는 당사자간의 합치된 의사에 의하여 정하여진다. 그 합의의 전제가 된 제 사정은 당사자의 의사를 해석하는 데 한 참고자료가 될 뿐이고 계약의 내용을 직접적으로 결정하지는 않는다. 이렇게 계약에 의하여 정하여진 것만이 구속력을 갖는 것이고 그 전제가 된 제사정은 원칙적으로 계약의 구속력에는 아무런 영향을 미치지 않는다. 따라서 계약의 전제가 된 제사정이 후에 변경되더라도 그것이 계약의 내용과 구속력에 영향을 미치지 않는 것이 원칙이다. 이러한 이유에서 파기원은 계약의 이행과정에서 예상하지 못한 경제적 상황의 도래로 인하여 계약상의 형평이 깨어지더라도 이에 개입하는 것을 부정하여 왔다. 그러나 다른 계약법원칙들과 마찬가지로 계약구속력의 원칙도 세월과 함께 침식되어 왔다. 그 주요한 원인은 바로 정의와 형평의 이념이다. 정의와 형평의 이념에 의하면 계약은 그 이행단계에 있어서도 당사자들을

---

l'économie des conventions et contrats légalement conclus une atteinte d'une gravité telle qu'elle méconnaisse manifestement la liberté découlant de l'article 4 de la Déclaration des droits de l'homme et du citoyen de 1789.

7) S. PORCHY-SIMON, préc., p. 28.

8) 고대법에서 중세시대까지는 일정의 종교적 선서나 법정의 방식의 준수 혹은 기독교적 도덕률과 같은 당사자 외적인 객관적 규범에 의해 계약이 구속력을 갖는 것으로 생각되었다. 그리고 근세에는 인간의 의사를 인정하면서 의사자치의 원칙을 인정하게 되었고 따라서 계약의 구속력은 계약으로 스스로를 구속하기를 원하는 당사자의 의사 그 자체에 근거한다고 보았다. 그러다가 법실증주의가 우세한 19세기에는 계약이 구속력을 갖는 것은 계약이라는 사회적 사실에 실정법 질서가 그 법적 결과를 부여하기 때문이라고 하였다. 오늘날 다수학자들은 계약의 구속력의 근거는 당사자의 법률행위적 의사의 합치에 의한 사적·자치적 법률관계의 형성과 이를 인정하는 실정법 질서의 양자에 있다고 한다. 그런데 실정법 질서는 왜 사적·자치적 법률관계의 형성을 승인하고 이에 법적인 효과를 인정하는 가에 대해서는 견해가 나누어진다. 즉, 일부 학자들은 인간의 자기결정과 존엄성의 인정은 하나의 근본가치이기 때문이라고 하며, 일부 학자들은 계약의 메카니즘을 통하여 당사자들 사이에 정당성이 보증되기 때문이라고 하며, 다른 학자들은 계약의 구속력을 인정함으로써 신뢰보호를 통한 거래의 안정을 기할 수 있고 또 신의성실은 모든 사람들에게 요구되는 도덕률이기 때문이라고 한다, 金旭坤, "계약의 구속력의 근거에 관한 일고찰", 성균관법학, 1987, 207-209면.

실망시켜서는 안된다. 이러한 의도에서 일정한 법률은 계약구속력의 원칙에 대한 예외를 인정하고 있다.[9)]

2. 豫測不能論의 不認定

일단 유효하게 계약을 맺으면 지켜야 한다. 하지만 일정한 경우에는 계약을 지키는 것이 당사자에게 부당할 수 있다. 그 부당함을 방지하기 위하여 나온 것이 사정변경이론이다. 법률행위가 어떠한 상황의 존재를 전제로 하여 성립되었지만 애초에 그 상황이 존재하지 아니하였거나, 후에 그 상황이 변경되었거나 소멸하였으므로 법률행위의 내용을 그대로 관철하는 것이 오히려 불합당하게 되는 경우가 생길 수 있다. 이때 그 법률행위에 어떠한 법률효과를 부여할 것인가에 관하여 영·미에서는 契約目的不到達의 法理, 독일에서는 行爲基礎論, 프랑스에서는 豫測不能論, 우리나라와 일본에서는 事情變更의 原則이 논의된다. 사정변경의 원칙은 계약의 상황이 체결당시의 당사자의 표상 또는 기대에 현저히 어긋나는 결과 그로부터 발생하는 계약위험을 어떻게 하면 당사자에게 공평하게 분산시킬 수 있는가의 문제를 해결하기 위한 것이다. 계약상의 균형이 현저하게 파괴된 경우까지 계약에 의한 구속을 강요하는 것은 정당하지 않다는 것이다. 사정변경의 원칙에 의해 계약을 수정하거나 해소하는 것은 일견 계약은 지켜야 한다는 계약충실의 원칙에 위배될 수 있다. 하지만 계약의 바탕이 되는 사정과 당사자의 의사 등을 고려해 볼 때, 실질적으로는 오히려 계약 당사자들의 관계를 타당하게 하는 점에서 계약충실의 원칙에 부합한다고 볼 수도 있다. 프랑스에서의 예측불능론은 그 요건으로 계약의 근본적 훼손, 계약체결 후의 돌발 상황으로 예를 들면 천재지변이나 불가항력, 그리고 당사자의 귀책사유의 부존재이다. 그 법률적 구제는 무엇보다도 계약의 수정이나 계약의 종료를 들 수 있고 다른 예로 손해의 분배가 있을 수 있다.[10)] 그러나 프랑스의 민사법원은 계약의 구속력을 강조하여 1876년 Canal de Craponne 판결[11)]이래로 예측불능론을 인정하지 않는 태도가 유지되고 있다. 그러나 이러한 사정변경원칙에 대한 판례의 태도가 장래에도 계속 동일하게 유지될 것이라고 프랑스 법학자들이 모두 확신하지는 않는다.

---

9) 예를 들면 1948년 9월 1일 법률 제4조[선의의 점유자는 최초계약조건에 따라 거주권을 향유] 또는 1953년 9월 30일 상사임대차에 관한 특별법상의 계약에서는 그 내용의 수정을 인정한다. 南孝淳 譯, Benard GROSS, “프랑스 계약법: 근래의 변화와 미래의 전망”, 서울대 법학 제38권 3·4호, 1997, 24면 참조.

10) 계약목적에 비추어 일방 당사자의 위험범위에 속하는 사정변경에 대해서는 적용되지 않는다. 따라서 계약상 특정 위험의 인수·부담에 대한 판단을 포함하는 계약의 해석이 선행되어야 한다. 특히, 당사자가 사정변경을 예견하였거나 또는 예견할 수 있었을 경우 사정변경이 당사자의 귀책사유로 인한 경우에는 사정변경이론의 적용을 배제하는 중요한 한계표준으로 작용한다.

11) Cass. civ., 6 mars 1876, *D.P.* 76. 1. 193, note GIBOULOT, *S.* 76. 1. 161, *Grands arrêts de la jurisprudence*, n° 94.

3. 私的自治의 原則的 認定論

사적 자치의 원칙은 소유권절대 및 과실책임주의와 더불어 근대민법의 3대 원칙을 이룬다. 이 원칙은 개인이 자기의 법률관계를 그의 자유로운 의사에 의하여 형성할 수 있는 것을 인정하는 원칙으로 의사자치의 원칙이라고도 일컫는다. 그 중 가장 전형적인 형태로 의사의 합치인 계약자유의 원칙이라고도 부른다. 또 법률행위의 자유의 원칙이기도 하다.[12] 이는 사법의 기본원리로서 인정되어 있다. 그 내용은 체결의 자유, 상대방선택의 자유, 내용결정의 자유, 방식의 자유 이 네 가지를 드는 것이 보통이다.[13] 의사자치의 원칙은 개인철학과 경제자유와 강하게 연관되고 그 개념은 칸트에 기인한다. 칸트는 의사가 그 자체로 법이 되고 개인 스스로 고유의 윤리를 정의할 의사를 가질 자격이 있다고 하였다. 이러한 이론은 법학자들에 의해 법의 영역에 이식되었고 그 후 민법학자들은 당사자들의 의사를 강조한 계약의 해석을 하였다.[14] 계약은 당사자가 원한다면 또 원한다는 이유로만 존재하는 것이고 이러한 계약은 법률관계의 원인인 동시에 수단으로서 당사자의 자유의사에 전적으로 근거를 둔다는 것이다. 의사자치이론을 통해 민법의 수많은 규정들이 설명될 수 있다. 이 이론은 계약의 체결단계에서는 계약의 체결여부와 계약의 상대방이나 내용을 자유롭게 결정할 계약자유의 원칙을 정당화하고 낙성주의와 이로부터 유래하는 계약적 합의의 강력한 보호를 정당화한다. 당사자들의 합의를 존중하는 것은 당사자들이 그 의무를 원했기 때문이다. 그리고 이 이론은 계약의 이행단계에서는 계약구속력원칙을 정당화하고 또한 계약은 제3자에 대해서는 권리나 의무를 발생시킬 수 없다는 계약의 상대효 원리도 정당화하는데, 그 의미는 어느 누구도 사전에 의사가 명백하게 표시되지 않고서는 채권자나 채무자가 될 수 없다는 것이다.[15]

4. 새로운 解釋論

계약의 절대적인 원칙으로서 의사의 자치원칙은 프랑스 민법전에는 나타나지 않는다. 그리하여 위와 같은 私的自治의 原則的 認定論의 견해에 일부 학설은 의혹을 제기했다. 쁠라뇰교수 등(M. PLANIOL, G. RIPERT et P. ESMEIN)은 원칙적 인정론을 너무 단순화한 시각이

---

12) 우리헌법 제10조 행복추구권의 수단으로 일반적 행동자유권의 행사가 곧 사적 자치이다. 이 원칙을 우리 민법은 특별히 규정하고 있지는 않다. 우리 민법 제105조는 이 원칙을 간접적으로 규정한다고 하고 제103조이하와 채권편의 계약에 관한 규정들은 모두 이 원칙을 전제로 한다.

13) 郭潤直, 民法總則(民法講義 Ⅰ), 박영사, 2000, 56-57면; 郭潤直, 債權各論(民法講義 Ⅳ), 박영사, 2001, 11면.

14) 이 개념의 생성에 관한 연구로서는 E. GOUNOT, *Le principe de l'autonomie de la volonté en droit privé*, thèse Dijon, 1912; V. RANOUIL, *L'autonomie de la volonté*, PUF, 1980.

15) Article 1199 Modifié par Ordonnance n° 2016-131 du 10 février 2016-art. 2
Les tiers ne peuvent ni demander l'exécution du contrat ni se voir contraints de l'exécuter, sous réserve des dispositions de la présente section et de celles du chapitre Ⅲ du titreⅣ.

라고 하면서 다음의 이유로 반대했다. "개정전 제1134조 제3항 bonne foi에 기해 계약은 당사자의 의도에 따라야 한다는 주장이 있다. 그러나 信義則의 기원이 되는 로마법전통에서 신의성실의 개념은 의사의 자치(autonomie de la volonté)와는 연관되지 않는다. 로마의 엄격법에 대립하는 信義則은 성실성과 정직성이 요구되는 기존의 규정되지 않은 의무를 이행하기 위한 것이다."[16] 이러한 이해는 어떠한 잘못된 의혹도 없다. 의사를 계약의 하나뿐이고 유일한 근거로 여기는 것은 제1135조[17]가 증명하는 것처럼 분명히 프랑스 민법전 제정자들의 견해가 아니었다. 왜냐하면 이 조문은 계약의 내용에 독자적으로 당사자들의 의지 외에 다른 것들을 포함시킨다. 그러므로 제1134조에서 의사자치원칙의 주장을 확신한다면 바로 뒤 제1135조는 일치성이 없다. 제1134조 제3항 信義則과 제1135조를 모두 고려할 때, 프랑스 민법전 제정자들이 의사자치원칙을 주장하고 싶었다면, 누구에게나 읽힐 수 있는 민법전을 원하였던 그들이었으므로 분명히 간접적인 우회적 방법으로 하지는 않았을 것이다.[18]

Ⅲ. 20世紀 이후의 立場 變化

1. 過去의 信義則 運用

信義則 규정의 일반성에도 불구하고 19세기말까지는 계약상의 권리를 주장하거나 계약관계를 규율하기 위하여 信義則을 적용하는 경우는 거의 없었다. 그리하여 일방당사자의 의사의 흠결이 있는지를 알기 위하여 계약을 체결하게 된 정황이 면밀히 검토되어 착오를 근거로 하는 무효가 폭넓게 인정되었다.[19] 나아가 계약은 신의에 따라 성실히 이행되어야 한다는 프랑스 민법 개정전 제1134조 제3항의 규정은, 당사자는 그들의 합의를 지켜야 하는 데 이러한 합의는 그들이 사용한 말보다는 그들의 진정한 의도에 따라 해석되어야 한다는 의미정도로 보였다.[20] 프랑스 민법은 信義則이 합의의 유효성여부를 결정짓는 것으로 여기지 않

16) 계약의 해석에서 信義則을 적용시킬 수 없다는 논증을 위하여 信義則이 의사자치와 무관계함을 내세웠다, M. PLANIOL, G. RIPERT et P. ESMEIN, *Traité pratique de droit civil français, Les Obligations*, L.G.D.J., Paris, 1932, 그 후 저서에서는 이 부분이 빠져 있다, M. PLANIOL, G. RIPERT et P. ESMEIN, préc., 1952, p. 508. 그러나 30년대와 같은 입장을 여전히 채택하는 학자들이 있다. 특히, 대표적인 주석서에서 제1134조 제3항 信義則을 논할 때 autonomie de la volonté를 전제하는 것이 아니라 autonomie de l'art. 1134 al. 3(la bonne foi)를 논하고 있다, A. RIEG, *J.-Cl(civil)*, Collection des Juris-Classeurs, Éditions Techniques, 1993-1994, Fasc. 11, N° 88. 그 외에도 同旨로 B. JALUZOT, *La bonne foi dans les contrats: Etude comparative des droits français, allemand et japonais*, thèse Jean-Moulin-Lyon 3, 2000, Dalloz, Paris, 2001, p. 160.

17) 개정전 프랑스 민법전은 제1134조 제3항에서 bonne foi를, 제1135조에서 équité를 규정한다.

18) B. JALUZOT, préc., p. 161.

19) B. Nicholas, *The French Law of Contract*, 2nd ed., Clarendon Press Oxford, 1992, p. 153 ff.

20) V. MARCADE, *Explication théorique et pratique du Code Napoléon*, t. 4, Paris, 1869, p. 396 et s., R. Zimmermann/S. Whittaker(ed.), *Good Faith in European Contract Law*, Cambridge University Press, 2000, p. 34에서 재인용.

았다.

2. 權利濫用理論[21)]의 認定

우선, 독일 구민법 제226조[22)]와 스위스민법 제2조 제2항에 규정된 조항에 대응하여 프랑스 민법에서도 權利濫用理論을 인정해야 한다는 주장이 제기되었다.[23)] 이 주장이 보편적으로 받아들여진 것은 아니었지만,[24)] 가해의 의사[25)] 및 경제적·사회적 목적의 일탈[26)]의 두 요건이 강조되었다. 후자의 요건은 권리개념에 반한다는 점, 법적 불안정성 및 법관재량의 남용가능성 등의 문제에도 불구하고 프랑스 학설이 수용하였다. 반면 프랑스 판례는 처음에 權利濫用理論을 채택하려 하지 않았지만, 곧 권리남용으로 인한 불법행위 손해배상책임에 일반규정인 개정전 제1382조와 제1383조[27)]를 적용하였다. 이러한 상황 하에서 계약상 권리의 남용이라는 개념도 개정전 제1134조 제3항의 信義則에 의하여 지지되었다. 그리고 계약으로부터 직접 생기는 것은 아니지만 계약에 부수하는 권리들도 남용될 수 있는 것으로 여겨졌는데 예를 들면, 오랜 협상 끝에 상반되는 행동양식으로 '계약의 체결을 거부하는 권리'가 남용될 수 있다는 것이다.[28)] 그리하여 현대 프랑스 계약법에서는 계약의 이행단계에서는 權利濫用과 信義則이 같이 인정되고, 계약의 체결이전단계에서는 불법행위책임이 인정된다.[29)]

(1) 權利濫用의 意義

프랑스 사법제도는 계약법에서 信義則과 더 일반적인 이론인 권리남용을 구분한다. 이처

---

21) 권리남용의 개념과 연혁은 M. JEANTIN, *J.-Cl.(civil)*, Collection des Juris-Classeurs, Éditions Techniques, art. 1382 à 1386, Fasc. 131-1, "Abus de droit", 1993, n° 1 이하 참조.

22) 독일 민법 제226조[권리남용의 금지] 권리의 행사가 타인에게 손해를 가하는 것만을 목적으로 하는 경우에는 이는 허용되지 않는다(신·구조문 동일), 梁彰洙 譯, 獨逸民法典, 박영사, 2002, 95면.

23) R. SALEILLES, *Etude sur la théorie générale de l'obligation d'après le premier projet de code civile pour l'empire allemand*, s.n., 3e éd., Paris, 1925; J. GHESTIN et G. GOUBEAUX, *Traité de droit civil, t. 1, Introduction générale*, L.G.D.J., 3e éd., Paris, 1990, p. 674 et s.

24) 특히 M. PLANIOL는 반대견해를 취하고 있다, *Traité élémentaire de droit civil*, t. 2, L.G.D.J., 10e éd., Paris, 1926, p. 297 et s.

25) G. RIPERT, *La règle morale dans les obligations civiles*, L.G.D.J., 4e éd., Paris, 1949, nos 157 et s.

26) 이 견해는 L. JOSSERAND의 영향을 크게 받았다, L. JOSSERAND, *De l'esprit des droits et de leur relativité: Théorie dite de l'abus des droits*, Dalloz, Paris, 1927.

27) Art. 1382. Tout fait quelconque de l'homme, qui cause à autrui un dommage, oblige celui par la faute duquel il est arrivé, à le réparer. 타인에게 손해를 야기하는 인간의 모든 행위는 자신의 과책으로 그 손해가 발생한 자로 하여금 이를 배상하도록 의무를 지운다. Art. 1383. Chacun est responsable du dommage qu'il a causé par son fait, mais encore par sa négligence ou par son imprudence. 모든 사람은 그의 행위로 인하여 야기된 손해뿐만 아니라 자신의 태만 또는 부주의로 인하여 야기된 손해에 대해서도 책임을 져야 한다.

28) B. STARCK, H. ROLAND et L. BOYER, *Droit civil*, t. 3, *Les Obligations*, Litec, 6e éd., Paris, 1999, p. 376 et s.

29) R. Zimmermann/S. Whittaker(ed.), pp. 34-35; B. JALUZOT, préc., pp. 539-540.

럼 프랑스 민법에서는 계약의 이행에서 信義則이 요구되고 역으로 信義則 위반은 계약을 무효로 하거나 제재를 받지만, 19세기 후반까지 프랑스법률가들은 계약에 대한 판단을 할 때 信義則에 근거할 필요를 거의 찾지 못했다. 의사자치주의가 법학 사고를 지배했기 때문이다. 그러나 19세기 말 · 20세기 초부터 프랑스법률가들이 민법에서 일반적으로 권리남용의 역할을 인정하였으며, 이것은 계약법 및 불법행위법의 발전에 중요한 영향을 주었다. 프랑스에서 20세기 초에 있었던 권리남용에 관한 논쟁을 보면, 권리는 오직 다른 사람을 가해할 의사에서 행사된 경우에만 남용된 것이라 할 수 있었다. 이는 도덕적인 관점에서만 본 것이다. 그러나 더 일반적인 입장은 법적 권리의 행사는 오직 그것이 사회적 · 경제적 목적을 달성한 것일 때만 용인되어야 한다는 것이었다. 권리남용이라는 표현의 성공과 그 불명확함으로 인해 법사회화의 수단 즉, 개인의 권리의 가치를 감소시키는 수단이 되었다.[30] 권리남용의 문제는 20세기 초 Clément-Bayard 사건[31]에서 어느 소유권자가 자신의 소유지 위에 세운 철로 만든 표지들로 인하여 인근지역에서 피해를 입자 그 소유권자의 책임문제로 제기되었던 것이다.[32] 권리를 행사하는 자가 손해배상책임이 있는가? 그리고 그렇다면 어떤 요건 하에서 그런가? 이에 대한 문제가 논쟁을 불러 일으켰다. 어떤 요건 하에서 그러한지는 권리의 남용에 대한 요건을 정해야 하는 것이고 그러자면 권리는 각양각색이어서 통일된 해결책을 이끌어 내기가 어려웠다.

(2) 濫用되는 權利

모든 권리가 권리남용에 의해 제한을 받는 권리인가에 대하여 학설은 이 법제도는 권리자가 어떤 경우에 그들의 권리를 행사할 수 없는지를 예상할 수 없게 되기 때문에 개인적 자유를 해치거나 권리자에게 있어서 불확실성이 지배하게 될 위험을 발견했다. 이것이 학설이 권리남용의 분야를 제한하려고 시도했던 이유이다. 학설은 이러한 이유로 권리의 성질에 따라서 권리를 구분하려고 시도했으며, 이중 특정 권리는 자유재량적인 성질을 가지고 있고 악용하더라도 그 효력이 좌지우지되지 않는다. 다른 구분은 권리의 권원에 따른 것이었다. 이와 같이 권리의 속성에 따른 구별로 남용되지 않는 권리를 자유재량적 권리라고 하는 이론이 있고, 권리의 권원이 법률에 근거한 계약상 권리에 대한 남용이론의 적용을 거부한 파기원 판결들이 있다. 예외적으로 남용이 되지 않는 권리를 보면, 가해의 의사에 의하여, 권리가 사회적 · 경제적 목적에서 벗어난 사실에 의하여 또는 귀책사유라는 일반적 개념에 의하여 남용을 결정한다고 하더라도 관습적 규범으로서 그러한 절대적인 범위를 정한 요건을

30) R. Zimmermann/S. Whittaker(ed.), pp. 694-696.

31) Cass. req. 3 août 1915, *D.* 1917. Ⅰ. 79.

32) 소유권남용에 근거한 프랑스 최초의 판례는 이웃건물에 통풍장애 및 일조량감소를 유발할 의도로 가짜굴뚝을 축조한 인접가옥소유자의 행위에 대한 것으로 Arrêt Doerr. Colmar, 2 mai 1855, *D.P.* 1856, Ⅱ, P. 9, 朴秀坤, "프랑스법에서의 근린폐해이론의 전개", 환경법연구 제24권 2호, 2002, 261면에서 재인용.

받아들이지 않는 것이다. 특별히 엄격하게 그 행사가 제한되어야만 하는 권리[33]와 이와는 반대로 이러한 제한이 배제되어야만 하는 권리[34]가 있다.

1) 性質에 의한 制限

프랑스의 학설은 자유재량적 권리이론을 가지고 권리남용이 적용되는 분야를 제한하려고 했다. 자유재량적 권리이론에 따르면, 일정한 권리들은 남용이 그 어떤 상황에서도 생길 수 없는 절대적인 것이다.[35] 이 이론은 20세기 초 큰 성공을 거두었으며, 법관이 그 어떤 제어력도 없었던 여러 권리들을 겨냥했으며, 이들 중에는 계약상 권리가 특별한 위상을 차지하고 있었다. 학자들도 모든 계약상 권리가 자유재량적이지는 않지만 남용의 가능성이 소극적으로 예상된다고만 서술할 뿐이었다.[36] 이 권리들 중 특정 몇몇은 자유재량적이며 특히 "계약을 해지할 권리는 확정된 진정한 권리이며, 이는 그 계약이나 계약에 편입된 조항의 조건에 따라 달라진다. 이 권리는 일반적으로 법 혹은 계약 그 자체에 의해 명확해진 제한안에서 자유재량적이다. 제한이 합법적이라면 자유로운 해지는 계약 당사자들의 자의에 의해 정당화된다. 계약의 체결자들은 일방당사자의 자의적인 결정에 의해 계약이 종결될 것이라는 사실을 인정할 수 있다."[37] 이러한 이론의 프랑스 판례에 대한 영향을 보면, 해약조항에 대한 프랑스 판례가 권리남용이론을 부인하였다. 판례는 해약조항의 실행은 자동적이며 이러한 권리의 행사에 있어서 그 권리자가 법관에 의한 제한을 받지 않고 누리는 권리라고 오랫동안 간주해 왔고 지금도 가끔 그렇게 간주하고 있다. 프랑스 판례의 계약에서 남용을 인정하지 않으려는 이 소극적 태도에 대한 또 다른 예들을 본다. 1968년 1월 4일 원고가 은행이 그에게 신용을 부여하지 않겠다고 했기 때문에 입었다고 주장하는 손해를 배상해 달라는 청구에 대하여 파기원 민사 2부는 기각했다. 즉, 계약상의 권리에 권리남용이론이 적용되는 것을 부정하였다.[38] 그러나 그 후 해약조항의 실행이 문제가 된 사안에서 파기원은 자유재량적 권리이론을 완전히 단념한다. 파기원 민사 3부는 해약조항의 실행에 대하여 "악의(mauvaise foi)"를 이유로 제재를 가할 수 있다고 판단한 것이다.[39] 매수인이 2년 전부터 아파트를 점유하고 있으며 매매 대금 34,000프랑 중 33,000프랑이 이미 지급되었음에도 불구하고 해제권이 행사되자 파기원은 "항고법원은 해약권이 악의적으로 실행되고 따라서 이러한 해약은 아무런

---

33) 1970년 6월 4일의 법률 제70-459조에서 남편에게 부여된 가장의 자격에 기한 특권.

34) 프랑스 구민법 제179조 존속이 비속의 결혼에 부당하게 이의를 하여 생긴 손해배상에 대한 책임배제와 유추해석으로 미성년의 자에 대하여 부모가 혼인에 관하여 동의하거나 동의하지 않을 권리.

35) *Cf.* A. ROUAST, "Les droit discrétionnaires et les droits contrôlés", *RTD civ.* 1944, p. 1; D. ROETS, "Les droits discrétionnaires: une catégorie juridique en voie de disparition?", *D.* 1997, chron. 92.

36) 동지로 J. FLOUR et J.-L. AUBERT, *Les obligations, le fait juridique*, 6e éd., 1994, n° 127.

37) A. ROUAST, préc., n° 21, p. 14.

38) Cass. civ. 2e, 4 janv. 1968, *Bull. civ.*, Ⅱ, n° 2; *RTD civ.* 1972. p. 398, obs. G. DURRY.

39) Cass. 3e civ., 11 mai 1976, *Garelik c. Epx. Uzan*, *D.* 1978, p. 269, note J.J. TAISNE.

법적 효력을 가지지 못한다는 사실을 추론해 낼 수 있다"고 하였다.[40)]

2) 權原에 의한 制限

계약상의 권리는 두 가지 상이한 권원에서 비롯될 수 있다. 계약상의 권리가 당사자의 의사에 기한 것과 계약상의 권리가 법이 인정하는 것이 있다. 첫 번째 부문에서 권리남용이 적용되는 것에는 제기될 수 있는 반론이 없다. 두 번째 부문에 대해서 보자면, 입장이 나뉜다. 권리남용에 기초하여 법이 인정하는 계약상의 권리의 행사를 제한하는 이론이 가능한 반면 프랑스 판결들은 이를 부정한다. 권리남용을 법이 인정하는 계약상의 권리에 적용하는 것을 부정하는 것은 파기원 민사 3부 1995년의 두 판결[41)]을 보면 이러한 결론이 나온다. 이 사안에서는 임대인이 임대건물을 매매하려고 하자 1989년 7월 6일 법률[42)]이 문제되었다. 임차인의 권리를 행사하지 못하도록 임대인이 임대건물 재산가액을 명백히 과대평가한 것이었다. 베르사이유 항소법원은 이러한 태도에 제재를 위해서 信義則을 적용했다. 1993년 6월 4일과 8일 판결에서 항소법원은 "임대인은 信義則에 의거하여 계약의 해지통고를 할 의무가 있다. 즉, 합리적인 매매대금을 명시하기 위해서 해당지역과 당시 부동산시장의 객관적 상황 및 인근지역의 부동산시세에 맞춰야 한다. 임대인은 고의적으로 임차인의 권리를 불법적으로 침해하기 위해서 협상이 불가능한 가격을 제시하지 못한다."[43)] 파기원은 상고를 기각했지만 信義則을 부정하고 탈법행위(fraude à loi)의 금지를 적용했다. 파기원의 信義則에 대한 부정은 항소법원이 제기한 것을 거부했다는 것이다. "항소법원은 임대인회사의 탈법행위의 의도를 인정했다. 이 회사가 임차인의 선매권의 실행을 방해하려는 의도를 가지고 자의적으로 합의가 불가능한 가격을 임차인에게 제시했다고 결론을 내렸다."[44)] 1989년 7월 6일 법률 제15조-2를 실행할 때 확실히 남용임에도 불구하고 파기원은 이 제한을 信義則이나 권리남용에 의거하기를 거부하고 그 제한을 탈법행위의 개념에 의거했다. 여기서 프랑스 민법에서는 당사자의 의사에 의한 계약상 권리의 행사는 권리남용이나 信義則에 근거하여 제한될 것이고, 반면 법이 인정하는 계약상의 권리는 탈법행위금지에 의해 제한될 것이라는 사실을 추론할 수 있다. 탈법행위에 대한 권리남용을 구별할 필요가 바로 여기에 있다.[45)]

---

40) 반대하는 학자에 따르면 해약권의 행사는 여전히 이러한 권리는 자유재량적이라고 한다. 즉, "해약권의 실행은 본질적으로 후회하는 권리이고, 원칙적으로 자유재량적이며 특별한 정당화를 할 필요가 없다"고 한다, J.-L. AUBERT, obs. sous Cass. 3e civ., 11 mai 1976, *Def.* 1977, n° 37, p. 456.

41) Cass. 3e civ., 5 juill. 1995, 2 espèces, *JCP* 1995, Ⅱ, 22528, note. B. BEIGNIER.

42) Art. 15-2, Loi du 6 juillet 1989, "임대인이 임대주택을 매매하기 위하여 임차인에게 임대차계약의 해지통고를 하는 경우, 해지통고가 무효로 되지 않기 위해서는 매매대금을 임차인에게 명시하여야 한다. 해지통고를 받은 날로부터 2개월 이내의 임차인의 청약은 유효하다."

43) Cité par Cass. 3e civ., 5 juill. 1995, préc.

44) 두 번째 판결도 同旨로, "탈법행위란 법적 해지를 정당화시키며 그 효력에 영향을 미치는 것이기 때문에 임대인이 부당한 가격을 제시한 것은 임차인의 권리행사를 막기 위한 것이었다."

45) 그러나 파기원이 이 두 개념간의 관계를 인정하지 않아도 信義則(bonne foi)에 근거하여 탈법행위(fraude à loi)가 성립이 된다, B. JALUZOT, préc., p. 412.

(3) 權利濫用의 要件

1) 提起된 要件

대체로는 크게 다음으로 나눌 수 있다. 가장 협의의 개념에 따르면 권리자가 가해의 의사로 권리를 행사하는 경우이다. 이 의사가 객관적으로 적법한 행위를 위법하게 하는 것이다. 그러한 의사가 그 행위의 유일한 동기를 구성했던 경우는 일반적으로 남용은 명백하다. 그러나 권리자가 오로지 자신의 이익을 추구하기 위한 경우는 판단하기 어렵다. 소유권자가 자신의 땅에서 물을 얻기 위하여 우물을 팠지만 동시에 이웃의 물을 빼앗게 된 경우이다. 소수는 이와 같은 경우는 손해배상책임이 없다고 한다. 이러한 견해는 받아들이기 어렵게 보인다. 이와 같은 경우에 가해의 의사는 비난받을 만하다. 따라서 권리자가 오로지 자기 자신의 이익을 추구하기 위함에도 불구하고 가해의 의사는 인정되어 권리남용을 구성하는 것으로 보아야만 한다. 앞의 가정에서는 증명은 쉽다. 간접적이지만 확실하게 가해자가 그렇게 행위할 어떠한 이해관계도 가지지 않았다는 점으로부터 증명이 된다. 뒤의 가정에서는 가해의 의사는 적극적으로 입증되어져야 하고 원고가 그 존재를 증명하지 못하게 되는 경우도 있다. 이와 관련하여 프랑스 판례에 따르면 중과실이라는 용어로도 쓰이는 중대한 귀책사유를 고의의 악의적인 의도로 볼 수 있는 가해의 의사와 일반적으로 동일시하고 있다.[46] 권리남용은 넓은 의미에서는 경제적 혹은 사회적 목적에서 벗어난 권리의 행사이다. 가장 널리 알려진 이론은 권리의 상대성원칙이다. 권리가 상대적이라는 말은 권리가 일정한 목적과 공공의 이익을 위하여만 권리자에게 주어진다는 말이다. 남용이란 권리를 이러한 목적에서 벗어나서 다른 목적에서 행사하여서 생기는 것이다. 남용적 행사란 그 제도가 예정하고 있는 것, 그 정신, 그 목적에 반대되는 그러한 행위이다. 확실히 이러한 이론에는 권리의 주관적 행사와 이에 재량을 주는 사고와는 상충되는 이념이 있다. 그러나 이 이론이 충분한 것은 아니다. 조스랑에 따르면 리뻬르는 사회적 개념을 주장했다.[47] 오늘날은 좀 더 널리 전체주의라고 일컬어진다. 전체주의에 따르면 권리자는 항상 자신이 행사하는 권리의 목적을 정당화하여야 한다. 이 권리라는 것은 그에게 더 이상 어떠한 특별한 특권을 더 주지는 않는다. 그러나 이 특별한 특권이 권리의 본질자체를 구성하는 것이므로 이와 같이 본다면 권리는 이제는 사회적 작용으로 국가가 일시적으로 양도한 것일 뿐이다. 이렇게 된다면 개인적 권리의 부정에까지 이르게 된다. 권리의 상대성원칙은 위험을 수반하지 않을 수 없다. 이 이론은 필연적으로 법관이 그와 같은 권리가 사회적인 목적에 따라서 행사되었다거나 혹은 그렇지

46) J. FLOUR et J.-L. AUBERT, *Les obligation*, t. 2, *Le fait juridique*, Quasi-contrats Responsabilité délictuelle, Armand Colin, 1999, p. 113.

47) G. RIPERT, "Abus ou relativité des droits", *Rev. crit.* 1929, p. 33, cité par L. JOSSERAND, *De l'esprit des droits et de leur relativité*, préc., n° 369.

않았다거나 하는 것을 구별할 수 있는 후의 이야기이다. 그렇다고 해서 권리의 행사를 공공의 이익에 맞도록 하는 것이 적절하다는 점을 부정할 수는 없다. 그러나 이러한 이익에 객관적으로 충실한 권리들을 선험적 법이나 규칙에 맞는 범위에 의하여 행사의 한계를 결정하는 것은 바로 입법적인 힘이다. 그것은 임의로 할 수 없는 그러므로 권리를 주장하는 자를 불안정하게 만드는 방식에 의하여 귀납적으로 확인하는 사법적인 힘이 아니다. 프랑스 판례는 매우 신중하고 또 그 정신이 원칙적으로 사적 자치에 기초하므로 권리의 상대성원칙을 완전히 취할 수는 없었다. 그렇다고 해서 가해의 의사에 의하여서만 남용여부가 결정되는 그러한 제한적 요건을 채택한 것으로도 보이지 않는다. 판례의 입장에 관하여 오늘날 진행되고 있는 해석에 따르면 권리를 행사함에 있어서 고의가 아닐지라도 귀책사유를 인정할 수 있다고 한다. 통상의 평가방법에 따라서 권리자가 사려 깊은 보통의 주의력을 가진 자가 행사하는 방식으로 권리를 행사하지 않은 한, 다시 말해 추상적 평균인이 기울였을 주의인 성실함과 신중함을 가지고 행위하지 않은 한 이러한 귀책사유는 존재한다. 보통은 피할 수 있었던 손해에 대한 발생가능성을 예견할 수 없었다는 사실, 그리고 그 손해를 피하는 방식으로 행위하지 않았다는 사실이 귀책사유가 된다. 반면, 권리는 당연히 권리자에게 일정한 위법성을 조각시킨다. 따라서 보다 무거운 귀책사유, 즉 어떤 경우는 고의의 귀책사유 혹은 어떤 경우는 중과실을 요구하는 것이 불가피해진다. 일반화하여 다음과 같은 결론을 내릴 수 있다. 손해를 야기한 자가 권리자라는 사실자체로 자동적인 위법성정당화사유가 되거나 귀책사유가 조각되는 사유가 되지는 않는다. 이러한 경우에도 불법행위 손해배상책임의 일반요건이 적용되지만 제한적 의미에서 완화시킬 수는 있다.[48] 결국, 사례에 따라 구별하는 것이 적절하다.

(ⅰ) 加害의 意思 로마법에서 온 가장 오래된 요건은 가해의 의사(animus vicino nocendi)이다. 이 요건은 프랑스든 독일이든 모든 학설과 판례에 의해 제기되었다. 오랫동안 프랑스 법원이 받아들인[49] 이 요건의 적용은 프랑스학자들이 지지하였다.[50] 리뻬르는 이를 권리남용의 유일무이한 요건으로 보았다.[51] 이 개념에 대하여 프랑스 법학자들은 여러 가지 일반화를 형성했다. 예를 들어, 1976년 5월 11일 파기원 민사 3부 판결평석에서는 "행사의 필요성이 없고 가해의 의사가 있으며 정당한 동기가 부재하다면 해약권의 남용으로 추정된다"고 서술한다.[52] 그러므로 권리가 타인에게 피해를 주려는 의도를 가지고 실행되는 순간부터가 권리남용이다. 여기에는 권리남용에 대한 고전적인 관점, 즉 "소송을 복잡하게 하기 위

48) J. FLOUR et J.-L. AUBERT, préc., p. 115.

49) *Cf.* par ex. Cass. 3e civ., 22 févr. 1968, *Labune c. Ménard*, *Bull. civ.*, Ⅲ, n° 71; *D.* 1968. p. 607, note Ph. M.; *RTD civ.* 1972. p. 397, obs. G. DURRY.

50) L. JOSSERAND, *De l'esprit des droits et de leur relativité*, n° 268.

51) G. RIPERT, *La règle morale dans les obligations civiles*, préc., n° 101.

52) Cass. 3e civ., 11 mai 1976, *Garelik c. Epx. Uzan*, *D.* 1978, p. 269, note J. J. TAISNE.

한 트집"의 방지를 탄생시켰던 관점이 반영되어 있다. 가해의 의사에 대한 조사는 주관적인 것이다. 이것은 권리남용제도가 존재하고 필요로 하는 목적을 달성해 내기에는 지나치게 협소하고 윤리적이다.[53] 이러한 맹점을 개념 확장을 통해 해결해 보려는 시도가 있었다. 예를 들어 프랑스법에서는 가해의 의사에 대한 증명이 가벼워졌다. 법관은 가해의 의사를 사실정황에 의거하여 추정한다. 자신의 권리를 상대방에게 해가 되는 방향으로 행사한 계약 당사자가 정당한 근거를 가지고 있지 않다면, 법관은 추정으로 가해의 의사를 인정할 수 있다. 나아가 프랑스법해석은 약화된 요건의 가해의 의사, 즉 중과실을 인정하려는 경향을 보인다. 이렇게 가해의 의사로 행위를 하거나 중대한 과실로 행위하거나 동등하게 다뤄진다. 이러한 동질화의 근거는 과실을 저지른 자의 의사가 가해의 의사를 암시하거나 그것도 아니라면 최소한 자신의 행위가 피해를 줄 수 있을 것이라는 인식을 내포한다는 것이다. 그러므로 이 두 행위는 동일하게 제재를 받는 것이다. 하지만 이런 식의 확장은 전혀 충분치 않다. 프랑스 파기원상사부는 1997년 6월 3일 SNC Cabinet Mercure c. SA SIDR 판결에서 항소법원은 계약의 남용적 해지에서 가해의 의사를 찾아내라고 했지만 파기원상사부는 항소판결을 파기했다. "계약해지상의 남용이 언제나 계약을 해지하는 당사자의 가해의 의사에서만 비롯되는 것은 아니다."[54]

(ii) **善良한 風俗** 프랑스법은 이 요건을 적용하지 않는다. 이 요건은 확실히 제한적인 개념이며 이것이 이 선량한 풍속개념의 특징이다. 선량한 풍속의 개념이 이렇게 이해되었기 때문에 이 개념은 권리남용의 정의에 전혀 속하지 않는다.[55] 선량한 풍속의 정의가 매우 포괄적인 것임에도 불구하고, 이것은 "사회질서를 위해 근본적이라고 간주되는 사회 윤리적 원칙"이다.[56] 판례는 여기서 "착취, 도박, 마약" 등을 추론해 냈다. 이는 공창의 설립이나 착취와 연관이 있던 관습 혹은 불법적 관계를 유지하려는 목적을 가지고 있었던 동거인들에 대한 관용을 포기하면서 이루어진 것이다.[57] "바람직한 계약의 실행"에서 gute Sitten이라는 독일개념을 보는 것이 훨씬 더 정확할 것이다. 그러나 프랑스법에서는 거의 발전되지 않은 이 개념은 권리남용의 요건으로는 제기되지 않는 듯하다.[58]

---

53) 이런 의미에서 Ch. JAMIN, "La recherche de nouveaux équilibres entre les parties dans les réseaux intégrés de distribution", *Petites aff.* 1996, n° 29, pp. 24-30.

54) Cass. com. 3 juin 1997, *SNC Cabinet Mercure c. SA SIDR, Bull. civ.*, IV, n° 171; *JCP* 1997 IV 1578; *JCP* 1997 I 4056, n° 8 et s., obs. Ch. JAMIN, "L'abus du droit de résilier un contrat ne résulte pas exclusivement d'une intention de nuire"; *D.* 1998, somm. comm. p. 113, obs. D. MAZEAUD; *RTD civ.* 1997, obs. J. MESTRE, "L'absence de volonté de nuire n'excut pas l'abus dans la résiliation", pp. 935-936.

55) Article 1104 Modifié par Ordonnance n°2016-131 du 10 février 2016-art. 2
Les contrats doivent être négociés, formés et exécutés de bonne foi.
Cette disposition est d'ordre public.

56) F. TERRÉ, Ph. SIMLER et Y. *Droit civil, Les Obligations*, Dalloz, 8e éd., Paris, 2002, 1438 n° 386.

57) B. JALUZOT, préc., p. 415.

(iii) **信義則** 대부분의 법체계는 권리남용의 요건으로 신의성실에 의존한다. 프랑스법에서 특정 학자들은 최근 판례에 따라서 "계약상으로 信義則은 일반적으로 계약상 권리의 남용에 대한 핵심적 요건 중 하나"라고 하면서 이러한 방향을 따르고 있다.[59] 예를 들면 대금결정권의 남용에 관해서 "가해의 의사가 있을 때만 권리남용이 있는 것이 아니라 대금을 결정하는 권리를 가진 계약 당사자가 信義則의 위반, 즉 악의(mauvaise foi)를 가지고 행위했을 때도 남용은 존재한다."[60] 이러한 사고가 새로운 것은 아니며 30년대에 쁠라놀교수 등이 저술한 것이다. "우리가 계약상 권리남용이라 부르는 것들은 때로는 단순히 信義則과 반대된 행위로 구성된다."[61]

(iv) **當事者의 利益** 권리가 남용적인지 아닌지를 결정하기 위해서 당사자의 이익의 개념이 있다. 이 개념은 특정 프랑스학자[62]와 독일학자에 의해 채택된다. 메디쿠스교수가 설명하듯이, "권리를 법적으로 보호되는 이익으로 이해한다면 이 이익에 소용이 없는 권리의 실행은 남용적인 것으로 간주할 수 있다. 이것의 조건은 권리에 의해 보호받아야 하는 이익의 정확한 결정이다."[63] 다른 학자들은 기대 가능한 법적인 이익의 필요성, 혹은 더 정확히 말하자면 이러한 이익의 부재시 남용의 존재[64]를 제기한다. 조스랑에 따르면 "경제적인" 이 요건은 세기 초에 굉장한 성공을 거두었다.[65] "만약 권리를 법적으로 제한할 수 있는 이익으로 간주한다면, 권리남용의 요건은 실질적 이익 없는 권리의 행사다."[66] 그러나 이익에 대한 개념은 부정확해서 혼란을 불러온다. 어떤 학자들은 "자신에게 유효성없이 권리를 행사하거나 타인에게 피해가 갈 수 있는 방법으로 권리를 행사하는" 것에 대한 금지를 제기했다.[67] 반면 살레이유와 같은 다른 학자들은 권리남용이 "권리의 비정상적 행사, 즉 권리의 사회적 혹은 경제적인 목적에 반대되는 행사, 보편적 양심에 의해 부인되는 행사, 그리하여 결과적

58) *Cf.* par ex. Cass. ass. plén., 1er déc. 1995, note J. GHESTIN, *JCP* 1996. Ⅱ. 22656, n° 42; note Ch. JAMIN, "Réseaux intégrés de distribution: de l'abus dans la détermination du prix au contrôle des pratique abusives", *JCP* 1996. Ⅰ, 3959, n° 5.

59) Cass. ass. plén., 1er déc. 1995, note J. GHESTIN, *JCP* 1996. Ⅱ. 22656, n° 31.

60) *Ibid.*, n° 42.

61) M. PLANIOL, G. RIPERT et P. ESMEIN, préc., n° 379. 그러나 그 후 저서에서는 임대차계약의 남용적 해지의 거부에 대하여 信義則 위반이라기 보다는 권리남용이라고 한다, M. PLANIOL, G. RIPERT et P. ESMEIN, préc., 1952, p. 510.

62) M. ROTONDI, *RTD civ.* 1980, p. 66.

63) D. MEDICUS, *Allgemeiner Teil des BGB*, 5. Aufl., C. F. Müller, 1992, n° 134.

64) Cité par H. et L. MAZEAUD, *Les obligations, théorie générale*, 1985, n° 458, p. 469.

65) 국내의 관련 문헌으로는 尹眞秀, "權利濫用禁止의 經濟的 分析", 私法과 法執行, 법문사, 2001; 尹眞秀, "美國 契約法上 Good Faith 原則", 버튼교수의 주장; 尹眞秀, "Economic Analysis of the Abuse of Right Doctrine", 한국법경제학회 & <BK21법학연구단>법제도비교연구센터 공동 국제학술대회, 2005년 6월 등.

66) M. ROTONDI, *RTD civ.* 1980, p. 66.

67) PARDESSUS, *Traité des servitudes*, 8e éd., p. 51, cité par L. JOSSERAND, *De l'esprit des droits et de leur relativité*, préc., n° 288.

으로 권리의 요건을 넘어서는 행사"라고 했는데, 이는 "모든 권리는 사회적인 관점에서 보면 상대적이기 때문이다."[68] 이 두 학자는 동일한 것에 대해 말하는 게 아니다. 전자는 계약 당사자의 사적인 이익을 든 반면, 후자는 사회의 관점에서 본 이익을 논거로 들고 있다. 그러므로 이익의 개념을 끌어오는 것은 그 의미의 이중성 때문에 모든 남용을 결정짓는 데 필요한 일원적 기준을 제공하지는 않는다.

(v) **道德的 基準** 다른 윤리적 요건들이 제기되었지만 오늘날 우월적 위상을 차지하지는 못하고 있다. 信義則이나 선량한 풍속 외 다른 윤리적 요건은 형평이나 충실로 인용된다.[69] 그런데 이 모든 개념은 적절치 않다. 남용의 결정에 있어서 어떤 요건에 대한 탐구는 좀 더 포괄적인 명확화를 가능케 해야 하는데 윤리적 요건들은 남용자체에 대한 개념의 불확실성보다 더 큰 불확실성을 안겨주며 남용에 대한 개념을 정확히 하는 데 전혀 도움이 되지 않는다. 구체적으로 말하자면, 윤리적 요건들은 법관이 사실상황을 통해 판결을 내리는 데 완벽한 자유를 허락할 뿐이다. 이는 아마도 조스랑의 이론이 대단한 성공을 거둔 이유일지도 모른다. 왜냐하면 그의 이론은 요건의 윤리적 측면이 두드러져 보였기 때문이다.

(vi) **權利의 社會·經濟的 機能** 학설상 가장 큰 성공을 거둔 개념은 조스랑이 권리의 사회적 기능을 통해 발전시킨 개념이다. 권리의 사회적 기능과 권리를 분리하는 것은 권리남용의 특징이 될 것이다. 이 이론은 뒤기에 의해 성립된 "권리에 대한 사회적 이론"[70]에서 영감을 받았다. 이 이론은 "개인은 더 이상 특권을 가지지 않을 것이며, 개인은 그들의 자유로운 의지에 따라서 자신의 개인적 이익에 있어서 그 특권을 누린다. 그들은 오늘날 그저 사회적 기능을 가질 뿐이다. 권리는 사회적 이익 안에 존재하지 그들의 권리자의 이익 안에 존재하지 않는다. 그 권리를 행사할 가능성은 권리가 기능하는 사회적 이익에 의해 제한되고 조건지어진다."[71] 조스랑은 권리의 사회적 기능이라는 개념을 다시 취했으며 이를 권리남용의 개념에 적용시켰다. 그는 권리의 사회적 기능과 권리를 분리시킴으로써 권리남용의 요건을 세운다.[72] "개인주의를 공동체를 위한 것으로 만든" 이 이론에 따르면, 권리는 상대적인데 왜냐하면 권리는 그 목적에 따라 달라지기 때문이다.[73] 여기서 그는 이예링의 이론을 참고하면서 이렇게 서술한다. "각각의 권리는 이 목적을 향해 있어야 한다고 확신한다. 각각의 권리들은 수행해야 할 자신만의 과제를 가지고 있으며, 이는 각각의 권리가 제도의 정신에 맞게 실현되야만 한다는 것을 말하는 것이다. 권리는 그들과 일치하는 기능의 지도안에 존재

---

68) R. SALEILLES, *Etude sur la théorie générale de l'obligation*, préc., 2ᵉ éd., p. 371.
69) *Cf.* par ex. note L. AYNÈS, sous Cass. ass. plén., 1ᵉʳ déc. 1995, *D.* 1996, p. 20.
70) L. DUGUIT, *Les transformations générale du droit privé depuis le Code Napoléon*, 1999.
71) R. DAVID, *Le droit français*, t. 1, Institut de droit comparé de Paris, 1960, pp. 179-180.
72) *Cf.* L. JOSSERAND, *De l'esprit des droits et de leur relativité*, préc., n° 291, p. 368.
73) *Ibid.*, n° 292.

해야 하며, 그렇지 않으면 권리자들은 권리남용을 저지른다. 남용적 행위는 제도의 목적, 그 정신 및 그 궁극성과는 반대된다."[74] 이 개념은 특히 프랑스에서 격렬한 비판의 대상[75] 이 되었지만 외국에서는 괄목할만한 성공을 거두었다. 권리남용에 대한 이 요건은 학설의 흥미를 상당히 끌었지만, 판례부문에서는 별다른 관심을 끌지 못했다. 이 요건은 그 어떠한 사법권에 의해서도 인정되지 못했다.[76]

(vii) 權利의 外部·內部的 限界 권리의 내적인 제약에 대한 이 이론을 채택해서 프랑스법에 도입하면서 다음과 같은 서술이 있다. "이 학설의 독창성은 권리의 초월이 대리인에게 인정받은 권한의 남용에 있다고 한 것이다. 권리의 내적 한계는 법에 의해 공식적으로 표시된 적이 거의 없다. 그러므로 이것은 일반원칙에, 즉 그러한 제한들을 찾아야 하는 법체계의 정신에 존재한다."[77]

2) 具體的 事實狀況

사실상 프랑스 법관들은 그 어떤 명확한 요건도 강조하지 않는다. 나아가 그들은 다양한 요건과 사실요소들을 고려한다. "이 문제에 있어서 법관은 스스로를 그 어떤 체계 안에도 가두는 것을 거부하고 있다는 것은 명백하다."[78] 고려되는 주관적 판단과 객관적 판단 이 두 가지를 다양한 요소에 대한 판단에서 프랑스법과 독일법간에 대비를 볼 수 있는데 프랑스 학설은 자주 주관적 판단에 치우친다. "이것은 조스랑이 옹호한 주관적인 개념이기 때문에, 프랑스 민법 개정전 제1134조 제3항에 대한 강조점은 (필연적으로 가해의 의사를 넘지만) 문제되는 행위의 주관적인 분석은 전혀 포기하지 않는 남용에 대한 이해로 귀결된다"[79]는 것이다. 결론적으로 권리남용은 그 요건의 무제한성에 의해서 그 판단이 법관의 재량에 달리게 된다. 이 때문에 계약 당사자들은 언제 어떤 상황이 남용적인지 여부를 예상할 수 없다. 이런 의미에서 독일법에서는 권리남용을 신의성실의 일반적 원칙에서 파생된 법칙으로 여긴다. 그러므로 이 권리남용의 제도는 信義則이 법해석적 구성의 중심적 요소다. 그러나 프랑스 민법에서는 권리남용이론과 信義則의 관련성에 대하여 인위적인 것이라고 본다.

3. 權利濫用의 論據, 信義則

프랑스법에서는 권리남용이론과 信義則의 두 제도가 오랫동안 서로 독립적이라고 여겨져 왔으며 信義則이 권리남용이론의 기초로서 제기된 적이 없었다. 그러나 이러한 경향은 바뀌

---

74) *Ibid.*, n° 92.
75) 특히 M. PLANIOL, G. RIPERT et P. ESMEIN, préc., n° 1491.
76) B. JALUZOT, préc., p. 419.
77) J. GHESTIN et G. GOUBEAUX, préc., n° 697.
78) G. DURRY, *RTD civ.* 1972, p. 398.
79) D. MAZEAUD, obs. sous Cass. com. 3 juin 1997, *SNC Cabinet Mercure c. SA SIDR, D.* 1998, somm. comm. pp. 113-114.

게 되었는데 그것은 권리남용을 계약에 적용시키는 문제가 생길 때 여러 학자들이 信義則을 권리남용의 근거로 내세웠기 때문이다. 이런 의미에서의 서술들은 다양하다. 한 학자는 이렇게 썼다. “계약상 권리남용이론의 확고한 도입을 부정하려고 하는 것은 헛된 일이다. 이 도입은 개정전 제1134조 제3항이 계약에 信義則의 이행을 부과하고 있는 것과 일치하기 때문에 법적으로 정당하다.”[80] 최근에는 프랑스 학설이 권리남용문제를 제기할 때 信義則의 개념이 가장 자주 문제가 된다. 개념 간에 혼선이 있어서 프랑스에서는 변호사가 신의칙 위반을 주장하면 법관이 계약상 권리의 남용으로 인정하기도 한다. 두 개념을 잇는 관계가 일반적으로 불명확함에도 불구하고 두 가지 큰 방향을 구분하는 것은 가능하다. 우선 信義則은 권리남용을 도입한 법해석적 구성을 지원하는 기능을 하고 또한 信義則은 권리남용의 요건으로서 제기된다. 권리남용의 요건으로서 제기되는 信義則에 관한 프랑스의 학설과 판례의 태도는 위 권리남용의 요건에서 이미 검토하였다. 여기서는 권리남용의 기초로서의 信義則을 검토한다. 계약상 권리남용의 토대는 프랑스법에서 권리남용이론의 전통적인 방식으로 모든 불법적 책임에 근거한다. 이러한 논거는 손해를 입은 자에게 충분한 보상을 제공하지만 이는 불법적 책임이 연관된 경우에 한한다. 이러한 입장은 권리남용이 계약법의 분야에 적용되지 않는다면 그 어떤 곤란도 야기하지 않는다. 최근까지도 판례는 이러한 입장이었고 남용이 언급된 유일하게 유의미한 가정은 계약체결 전의 단계였다. 그런데 이 때는 불법적 책임의 차원에서만 제재를 받을 뿐이다. 오늘날 상황은 달라져서 파기원의 법해석이 점차적으로 계약실행에 권리남용을 적용하고 있다. 契約上 損害賠償責任과 不法行爲 損害賠償責任의 非倂合原則에 근거하여 권리남용의 근거로서 불법행위만을 인정하는 것은 불가능해졌다. 이것이 개정전 제1134조 제3항의 信義則이 이러한 남용에 대한 제재를 위해서 자주 언급되는 이유이다. 파기원의 민사 1부는 특히 1994년 11월 29일의 판결에서 이러한 움직임에 동참하여 개정전 제1134조 제3항의 근거 하에 다음과 같이 판결했다. “GST-Alcatel사가 불법적 이익을 취득하려는 목적으로 요금을 인상하기 위해서 자신의 독점권을 남용했으며 信義則을 가지고 계약을 이행해야 한다는 의무를 무시했다는 것이 증명되지 않았다, 항소법원은 위에서 기술된 규정들(개정전 제1134조 제3항 信義則)을 위반한다.” 파기원에 의하면, 계약상 권리를 남용하는 것은 信義則에 대한 위반으로 귀결된다고 한다.[81] 그리고 나아가 파기원 연합부 판결은 1995년 대금결정에 대한 권리남용의 경우에 전통적인 권리남용이론[82]을 적용하지 않고 계약법에 관한 가장 포괄적인 두 조항, 즉 개정전 제1134조 제3항과 제1135조에 근거

---

80) note J. J. TAISNE, sous Cass. 3e civ., 11 mai 1976, *D.* 1978, p. 269.

81) Cass. 1re civ, 29 nov. 1994(1^{e} et 2e espèces), *Sté GST-Alcatel Est c Kobloth*, *JCP* 1995, Ⅱ, 22371, note J. GHESTIN; *D.* 1995, jp. pp. 122-124, note L. AYNÈS; *JCP* 1995, Ⅰ, n° 662, obs. L. LEVENEUR; *RTD civ.* 1995, p. 358, obs. J. MESTRE; *RTD com.* 1995, p. 464, obs. BOULOC.

82) 그 요건으로서 가해의 의사 및 효과로서 불법행위책임으로 요약될 수 있다.

하였다.[83] 계약에서 성립된 권리의 남용을 제재할 때 信義則에만 의존해야 하는 것인가[84]는 답변이 나지 않은 상태로 남는다. 信義則은 피할 수 없이 계약상 권리남용의 개념을 만들어 내지만, 이는 일반적 권리남용과는 구분되는 것이다. 따라서 개념의 통일성의 면에서 개정전 제1135조 형평의 원칙이 더 확대된 법적 근거를 제공하는 것처럼 보인다. 사실상 이 조문은 새로운 법해석적 구성에 필요한 모든 여지를 가지고 있다. 2세기 전까지 프랑스 법학자들이 인정하지 않던 개념들은 형평, 관습, 의무의 성질이다. 그러나 이 개념들은 권리남용이론의 법구성에 적절하고 현실적인 논거를 제공해 왔다. 계속적 계약에서 대금결정의 통제의 논거로서 信義則 보다는 형평이 더 적절하다는 견해도 있다.[85]

4. 契約段階別 關係-權利濫用과 信義則

계약상 권리남용이론의 적용은 信義則과 분리가 되는 것은 어렵다. 이는 계약 당사자의 권리를 제한하는 권리남용이론의 본질에서 비롯된다. 계약법에 권리남용금지이론이 적용되면 계약 당사자의 계약상 권리는 그것이 남용이라는 이유로 제한된다. 그런데 계약상 권리의 남용적 행사는 계약에 있어서 信義則에 따르지 않는 계약 이행으로 된다. 이 두 개념을 계약법에 동시에 적용하는 것은 중언부언하는 결과를 초래한다. 왜냐하면 모든 계약상 권리남용은 信義則의 위반으로 구성될 것이기 때문이다. 물론 信義則의 모든 위반이 권리남용을 구성하지는 않는다. 두 개념간의 혼동을 피하는 유일한 방법은 각각의 적용 부분에 대한 확실한 원칙을 준수하고 제한적인 권리남용금지이론을 계약 분야에 적용하는 것을 거부하는 것이다. 프랑스 법관들은 지난 몇 십년 동안 계약적 권리남용에 저항했던 것처럼 보이지만 오늘날에는 계약에 권리남용을 적용하는 법관수가 증가하고 있다. 이러한 전개과정을 통하여 현대프랑스의 논의가 자주 권리남용의 개념에서 信義則을 요구하는 쪽으로 가는지를 설명할 수 있다. 사실 프랑스식 사안분석은 계약적 상황에서 信義則과 권리남용이론 사이의 선택은 파기원이 그 문제를 스스로 다루기를 원하느냐 아니면 하급법원에 넘겨주기를 원하느냐에 달린 문제이다. 이에 이르면 두 원칙・이론 간의 차이는 단지 기술적인 것으로 보인다.[86] 이

---

83) Cass. ass. plén., 1er déc. 1995(4 espèces), *D.* 1996, jp. note L. AYNÈS, pp. 13-21; *RTD civ.*, 1996, obs. J. MESTRE, "Feu l'article 1129 sur le terrain du prix", pp. 153-155; *JCP* 1996. Ⅱ. 22656, note J. GHESTIN, n° 42; *JCP* 1996. Ⅰ. 3959, note Ch. JAMIN, "Réseaux intégrés de distribution: de l'abus dans la détermination du prix au contrôle des pratique abusives", n° 5. 최근 동지의 판결로 Cass. 1re civ., 30 juin 2004, *Bull. civ.*, Ⅰ, n° 190, p. 157, *RTD civ.(4)*, 2004, obs. P.-Y. GAUTIER, pp. 749-752; *RTD civ.(1)*, 2005, obs. J. MESTRE et B. FAGES, "abus dans la fixation du prix", pp. 126-127.

84) 이 질문에 적극적으로 답하는 것은 信義則과 권리남용의 동일시이다. 두 개념 사이에 종속관계를 만들어낼 것이며, 信義則을 상당히 넓힐 것이다.

85) B. JALUZOT, préc., p. 435.

86) 프랑스법에서 信義則(bonne foi)의 문제는 사실문제로서 하급법원의 법관이 판단하는 범위내에 있고, 반면 권리남용(abus de droit)의 문제는 법률문제로서 최종적으로 파기원이 통제할 수 있다.

와 같이 프랑스 민법에서는 권리남용과 信義則을 거의 분리하기 힘든 것으로 본다. 프랑스 민법상 권리남용이론의 출현은 우선 信義則의 판례상의 적용보다도 앞선다. 信義則과 권리남용의 관계는 권리남용의 요건으로서 信義則이 인정된다. 권리남용에 대한 다른 요건들도 있지만, 현재 프랑스 계약법에서는 권리남용의 기본 원리는 信義則과 동일성이 인정되고 있다. 하지만 信義則과 권리남용이론 간의 혼동을 피할 필요는 있다. 이 두 개념 간의 실제적인 구별은 가능한데, 이것에 적용될 수 있는 기준은 계약상 권리의 존재여부이다. 계약상 권리의 행사와 관련된 법적인 문제는 권리남용의 문제이다.[87] 이러한 점은 이론적 논의를 확장하는 단점이 있으나 信義則의 범위를 명확히 하는 장점을 가진다.[88] 다음에서 계약의 성립, 실행 및 종료의 단계별로 권리남용과 信義則의 연관성을 검토해 본다.

(1) 締約時

조스랑은 계약의 협상 단계에서 '계약을 체결하지 않을 권리'의 남용이 있을 수 있다고 하였다. 이 남용의 반대 측면은 계약을 체결할 적극적 의무일 것이다. 이를 인정하는 것[89]은 계약의 성립 요건으로서 합의의 필요성을 부정하는 것이 될 수도 있다. 그러나 다양한 체약강제 중에서 일정한 이유로 일정 상대방과 체약을 거절하는 것을 법이 금지하는 경우가 있다. 예를 들면 자녀의 수 때문에 주택의 임대를 거절하는 경우를 들 수 있다. 이러한 법적 해결은 계약을 체결하지 않을 권리의 행사가 남용으로 된 것이다. 그러나 전통적 판례에 따르면 체약 거절이 행위자의 이해에 반하더라도 계약을 강제하지는 못한다.[90] 그러므로, 협상의 결렬은 권리남용을 구성하는 가해의 의사가 있었던 것이 아니고 또한 그것이 불법행위책임이 아니기만 한다면 구속을 벗어나서 자유롭다.[91] 그러나 최근 프랑스 판례는 契約締結時 當事者行爲中 制限되는 行爲로서 同時兩立하는 協商, 締約意圖없는 協商, 非合理的 條件强要, 協商의 一方的 破棄의 경우에 信義則을 적용하는 경향이 있다.

(2) 履行時

전통적인 이론은 계약의 이행에 있어서 권리남용의 여지는 크지는 않다고 보았다.[92] 그러나 이제 프랑스 민법 信義則은 채무자뿐만 아니라 채권자에게도 요구된다. 우선 권리를 적

87) 예를 들면, 계약상 해제 조항에 기한 해제권의 행사는 권리남용금지로 제재되야 한다는 것이다.

88) B. JALUZOT, préc., p. 540.

89) 학자들은 권리남용의 개념이 일방당사자의 계약을 체결할 권리에 대한 다양한 입법적 제한에 반영되어 왔다고 한다. J. Bell, S. Boyron, S. Whittaker, *Principles of French Law*, 1998, pp. 313-314.

90) Cass. req., 24 nov. 1924, *S.* 1925. I. 217; Paris, 30 mai 1961, *D.* 1961. p. 669.

91) 위 경우 청약철회가 효력이 없거나 손해배상책임을 발생시키는 권리남용이 되지 않는다. Cass. com., 22 avr. 1997, *SA Iveco Francce c SA Mabo*, *D.* 1998, jp. p. 47, note P. CHAUVEL; J. MESTRE, "D'une rupture fautive de pourparlers", *RTD civ.(3)*, 1997, pp. 651-652.

92) 채무가 성립되면 채무자는 자신에게 청구되는 대로 이행해야 한다. 그래서 채무자는 남용을 이유로 손해를 주장할 수 없고 채권자는 자신에게 이행되야 하는 것을 청구할 정당한 이해가 있다는 것이다. J. FLOUR et J.-L. AUBERT, *Les Obligations*, t. 2, *L'acte juridique*, n° 127.

절하지 않은 때에 행사하는 것은, 예를 들면 채무자가 채권자에게 이행을 하는 데 어려움을 느끼는 경우 남용을 구성할 수 있는 것이다. 행사된 권리가 부수적인 성질을 띠는 경우에도 그러하다. 예를 들면 임차권의 양도에 있어서 법적으로 관습적으로 임대인의 양도에 대한 동의를 필요로 한다. 이러한 동의의 완강한 거부는 남용으로 판단될 수 있다. 파기원은 다른 마을에 전근된 임차인에 대하여 임대차를 기간보다 앞당겨 미리 해지하는 것을 거절한 사안에서 가해의 의사에 의하여 성립된 남용을 구성한다는 주장을 인정하였다.[93] 그리고 임대인이 임대장소를 자신의 영업을 하기 위하여 필요한 최소한의 변형공사를 하였다고 임대의 갱신을 거절하는 것에 대하여 동일한 태도를 취하였다.[94] 최근 판례들이 정면으로 계약 이행상의 권리남용의 문제를 제기하고 있다.[95]

(3) 解約時

信義則은 기간이 정해져 있지 않은 계약에 있어서 원칙적으로 인정되지만 기간이 정해져 있는 계약에 있어서 예외적으로 인정된다. 판례는 항상 남용을 인정하는 것만은 아니나 남용을 광의로 정의하여 고의적 유책사유뿐만 아니라 발생할 손해배상의 결과를 생각지 못하고 경솔하게 계약을 깨뜨리는 모든 유책사유에 의하여 성립될 수 있다고 한다.[96]

5. 信義誠實義務의 成立

(1) 附隨的 義務[97]의 認定

프랑스 민법상 信義則에 대한 다음의 입장변화는 信義則 規範에 기하여 附隨的 義務를

93) Cass. 3e civ., 22 févr. 1968, *D.* 1968, p. 607.

94) Cass. 3e civ., 12 oct. 1971, *D.* 1972, p. 210.

95) Cass. 1re civ, 29 nov. 1994(1^{e} et 2e espèces), *Sté GST-Alcatel Est c Kobloth, JCP* 1995, Ⅱ, 22371, note J. GHESTIN; note L. AYNÈS, *D.* 1995, jp. pp. 122-124; *JCP* 1995, Ⅰ, n° 662, obs. L. LEVENEUR; *RTD civ.* 1995, p. 358, obs. J. MESTRE; *RTD com.* 1995, p. 464, obs. BOULOC; Cass. ass. plén., 1er déc. 1995(4 espèces), *D.* 1996, jp. note L. AYNÈS, pp. 13-21; *RTD civ.*, 1996, obs. J. MESTRE, "Feu l'article 1129 sur le terrain du prix", pp. 153-155; *JCP* 1996. Ⅱ. 22656, note J. GHESTIN, n° 42; *JCP* 1996. Ⅰ. 3959, note Ch. JAMIN, "Réseaux intégrés de distribution: de l'abus dans la détermination du prix au contrôle des pratique abusives", n° 5. 최근 동지의 판결로 Cass. 1re civ., 30 juin 2004, *Bull. civ.*, I, n° 190, p. 157, *RTD civ.(4)*, 2004, obs. P.-Y. GAUTIER, pp. 749-752; *RTD civ.(1)*, 2005, obs. J. MESTRE et B. FAGES, "abus dans la fixation du prix", pp. 126-127.

96) 이와 같은 해결은 유추에 의하여 근로계약이 사용자에 의하든 근로자에 의하든, 남용적으로 해지되는 경우 손해배상을 최초로 인정한 판례에도 나타난다. 그러나 이러한 점에 입법부가 개입하여, 1890년 12월 27일의 법률(제1790조)와 1928년 7월 19일의 법률(제23조, Livre Ⅰ, C. trav.)에 따라, 파기원은 남용의 증명책임은 그것을 주장하는 자에게 있다고 하였다. 이것은 수많은 학설이 반대하였다. 현재는 판례가 태도가 나뉘어져 있다, J. FLOUR et J.-L. AUBERT, pp. 121-122.

97) 우리 민법상의 부수의무의 개념도 주된 급부의무에 대비되는 주의·배려의무로서 그 발생근거를 신의성실의 원칙에서 찾는다, 지원림, "채무구조론-계약상의 의무를 중심으로", 민사법학, 26, 2001, 575면. 부수의무를 보호의무와 동의어로 사용하는 견해도 있다, 윤형렬, "채권법상 부수의무의 체계적 지위", 민사법학, 13·14, 1996, 175면. 그 외 편집대표 郭潤直/梁彰洙 집필부분, 民法注解 Ⅳ, 215-220면; 郭潤直, 債權總論(民法講義 Ⅲ), 23-24면 참조.

具體化하는 것에서 나타나기 시작하였다. 먼저 프랑스 判例가 附隨的 義務를 순차적으로 承認하였다. 附隨的 義務의 類型을 보면, 프랑스 민법에서 가장 널리 알려진 분류방법은 안전의무, 정보제공의무, 고지・설명・경고・조언・상담의무, 협력의무, 충실의무, 성실의무, 신의성실하게 협상에 임할 의무 및 신의성실하게 계약을 체결할 의무, 보호의무 등의 분류이다.[98]

1) 安全義務

19세기 말경에 프랑스 법학자들이 주장하기를 계약법은 산업재해의 피해자가 불법행위의 유책사유를 입증할 필요가 없이 손해배상청구를 할 수 있도록 하는 데 일조하여야 한다고 하였다. 이러한 목적을 달성하기 위하여 계약상 안전의무를 인정할 것을 주장하였다. 이러한 점이 산업재해에 있어서는 성공하지 못하였지만,[99] 법원에 의하여 차량수송과정에서 사고를 당한 경우에 채택되어 1911년 일반수송물에 있어서 승객의 안전의무가 인정되었다.[100] 법원은 그 후 이를 일반화하여 그 의무의 한계를 명확히 하면서도 그것을 확장하여 다양한 상황에서 적용하였다.[101] 이러한 전개는 그 당시 비판이 없지는 않았지만 당연히 불법행위의 적용 영역인 것을 계약의 영역에서 적용하도록 요구하는 것이었다. 안전의무는 이제 현대법의 특징으로 자리를 잡았다.[102] 그리하여 법원으로 하여금 계약법과 불법행위법 간에 상호 유연한 교차 선택을 할 수 있도록 하고 있다. 오늘날 안전의무 자체는 더 이상 계약분야에만 머물지 않고 있다. 즉, 안전의무는 계약책임과 불법행위책임의 구별을 초월하는 경향이 나타난

---

98) B. JALUZOT, préc., p. 513.

99) 19세기 말에 이르러 기계의 발달로 인하여 근로자의 재해가 많이 발생하였으나, 당시의 불법행위로 인한 손해배상책임은 과실 책임에 기초하고 있었던 관계로 근로자들의 보호가 문제되었다. 근로자가 근로 중 입은 손해를 배상하기 위하여 두 가지의 시도가 있었다. 하나는 안전의무의 위반으로 인한 계약상 손해배상책임을 인정하는 시도였다. 사용자는 근로계약의 체결에 의하여 안전의무를 부담하게 되는바 근로 중에 사고가 발생하였다는 것은 사용자가 안전의무를 이행하지 않은 것임을 말하는 것이라고 보았다. 그러나 이 시도는 너무 시대를 앞서간 것이어서 당시 判例나 학설에 의하여 수용되지 못하였다. 다른 하나는 건물의 붕괴로 인한 손해에 관한 제1386조를 확대해석하는 시도였다. 기계는 대부분의 경우 부동산에 고정되어 있으므로 이를 용도에 의한 부동산으로 볼 수 있고 따라서 건물과 동일하게 취급할 수 있다고 보았다. 그러나 이 시도 역시 실패하였는바, 제1386조의 적용요건인 관리의 해태 또는 구조상의 결함을 입증하는 것이 사용자의 과실을 입증하는 것만큼이나 어려운 것이었기 때문이다. 마침내 判例는 1896년 예인선의 보일러가 폭발하여 근로자가 사망한 사건에서, 제1384조 제1항을 적용하여 사용자의 불법행위책임을 인정하기에 이르렀다. 判例는 제1384조 제1항은 동물과 건물뿐만 아니라 관리중인 물건으로 인하여 발생하는 손해를 규율하는 일반규정이라고 보았던 것이다. 이러한 해석은 프랑스 민법전 제정자들은 감히 예상할 수 없었던 것이었지, 근로자의 보호라는 시대의 요구에 의하여 필요한 해석이었던 것이다, Cass. civ. 16 juin 1896, *D.* 1897, 1, p. 433.

100) Cass. civ., 21 Nov. 1911, *D.* 1913, I. p. 249, H. CAPITANT, F. TERRÉ et Y. LEQUETTE, *Les grands arrets de la jurisprudence civile*, t. 2, Dalloz, 2000, p. 543 et s.

101) A. Tunc, "Methodology of the civil law in France", Tulane Law Review 50, 1976, Civil Law by R. Rogowski, New York University Press, 1996, p. 333.

102) 안전의무는 결과채무와 행위채무 모두 인정된다, Ph. MALAURIE, L. AYNÈS, et Ph. STOFFEL-MUNK, *Droit civil, Les Obligations*, Defrénois, 2003, pp. 475-477.

다. 이러한 경향은 특히 교통사고에 관한 1985년 7월 5일 법률과 제조물책임과 관련한 1998년 5월 19일 법률의 제정 이후 현저하다. 왜냐 하면, 양 법 모두 계약관계에 있는 피해자뿐만 아니라, 제3의 피해자에게도 아무런 구별 없이 적용되고 있기 때문이다. 계약상 안전의무는 계약 이행에 있어서 형평의 중요한 모델을 보여주고 있다. "안전의무는 계약의 객관적 결과의 예이다. 그 의무의 근거를 찾을 수 있는 곳은 사실상 프랑스 민법 제1135조 형평이다"는 입장도 있다.103) 그러나 계약상 안전의무의 위반은 당사자에 있어서 성실의무의 위반으로 볼 수 있으므로 이 성실의무는 계약을 신의성실하게 이행할 것이므로 결국 프랑스 민법 信義則의 위반으로 볼 수 있다.104) 안전의무의 내용 중에는 정보제공의무와 완전히 구별되지 않아서 안전의무의 약화된 형태로 정보제공의무가 인정되는 경우가 있다. 예를 들면, 1996년 3월 6일 파기원 민사 1부판결로 "매매목적물에 치사량의 독성이 없는 경우면 안전의무에서 근거를 찾을 수 없으므로 매도인에게는 정보제공의무외에는 남지 않는다"는 점이다.105) 결국 프랑스 민법에서는 계약의 이행중에 이 의무를 위반하면 계약상 손해배상책임106)을 지고 계약의 체결단계에서는 불법행위 손해배상책임을 진다.107)

2) 情報提供義務

프랑스 민법전은 이 의무를 규정하고 있지 않다. 그러나 판례는 1894년부터 이를 인정하기 시작하였다.108) 정보제공의무는 개정전 제1134조 3항의 信義則의 이념과 관련되어 매매계약의 내용에서 전형적으로 도출되었다.109) 처음에는 특별한 입법 없이 정보제공의무의 개념이 주로 협상을 하는 계약 당사자가 어떤 조건하에서 다른 당사자의 결정과 관련된 정보를 공개하여야 하는지에 관한 문제를 판단하는 데 사용되었다. 그러나 현대의 법학이론은 이보다도 훨씬 넓다. 예를 들면, 물건의 위험에 대하여 고지하지 않은 경우 손해배상책임을 인정하는 데에도 이 의무의 위반이 적용된다. 그런데 흥미로운 것은 정보제공의무의 이론은 이제 독립성과 통일성의 단계를 획득하여 그 모체로부터 해방되어 최근에는 소비자계약법110)의 중요한 내용으로서 공식적인 인정을 받았다.111) 정보제공의무의 내용과 제도를 보면, 정

103) P. JOURDAIN, *RTD civ.* 1997, p. 433.

104) 안전의무를 인정한 최초의 판결인 파기원민사부 1911년 11월 21일 판결에서는 관련법조문으로 제1135조가 아닌 제1134조를 들고 있음, H. CAPITANT, F. TERRÉ et Y. LEQUETTE, préc., p. 543.

105) Cass. 1re civ., 6 mars 1996, *Clochard*, *Bull. civ.*, I, n° 128.

106) 그러나 계약 이행중이라도 제3자에게 손해를 가하면 불법행위손해배상책임을 진다, Y. LAMBERT-FAIVRE, "Fondement et régime de l'obligation de sécurité", *D.* 1994, Chron. p. 82.

107) B. JALUZOT, préc., p. 521.

108) "프랑스 민법 제1135조 규정에 따라 매매계약과 관련되어 *Lépine* 부인이 자신의 주택에 대하여 예기치 못한 사실에 관한 정보를 제공할 의무를 가지고 있었다. 그런데 이 의무를 지키지 못하였고 그리하여 발생한 직접적이고 개인적인 손해를 배상할 책임을 진다," Cass. req., 15 janv. 1894, *Vve Lépine*, *S.* 1898, p. 118.

109) M. FABRE-MAGNAN, *De l'obligation d'information dans les contrats, Essai d'une théorie.*

110) 1993년 7월 26일 법에 의한 소비자보호법에는 소비자에게 중요한 정보를 주기 위한 계약의 의무적 기재사항, 남용적 조항에 대한 항변 등 증대된 보호를 규정하였다.

보제공의무라는 것은 완전히 혼합적인 산물이라고 하는 것을 쉽게 알 수 있다. 이것은 계약적 관계인지 아닌지에 상관없이 관련정보가 있을 수 있다는 것을 사실상 설명해 준다. 계약체결 전단계에서 정보는 당사자의 합의를 이끌어 낼 수도 있지만 이 의무의 위반은 기망적 침묵에 의한 사기에 근접시키기도 한다.[112] 계약을 이행할 때 이 의무를 위반하면 채무불이행이 되지만 정보를 주지 않은 것에 대하여 손해배상책임을 구성하기도 한다. 상대방에게 손해를 입혀서 계약을 침해하거나 유책사유가 있으면 손해에 대해 책임을 져야 한다.[113] 이 의무는 동시에 협력의무, 성실의무 또는 보호의무와 양립되기도 한다. 다른 경우로는 정보제공의무 자체가 계약에서 주된 채무로 발생하기도 하고 계약외의 이익을 위하여 당사자에게 필요하기도 하다. 예를 들면 제3자에게 정보를 제공하여야 하기 때문에 이에 관한 권리를 취득하는 경우가 그러하다. 정보제공의무는 법원이 강제이행으로 부과할 수도 있다.[114] 계약체결 전단계는 전문직업인의 정보제공, 조언 및 이익충돌방지의무, 계약성립 후에는 이행상의 정보제공과 조언의무로 나눌 수 있다. 파브르마냥은 다음의 두 가지를 정보제공의무의 요건으로 파악하였다.[115] 하나는 실체적 사실에 관한 요건으로서, 정보는 상대방을 위하여 유용하고 불법이 아닌 사실에 대한 것이어야 한다. 그리고 다른 하나는 주관적 요건으로서 해당 정보가 상대방에 대하여 중요한 의미를 갖는다는 것을 의무자가 인식하고 있어야 한다.

3) 協力義務[116]

성실한 조력의무(devoir de collaboration loyale)로도 표현되는 협력의무는 19세기 초에 독일판례에 의하여 처음 인정되었지만 독일 민법의 영향에 따라[117] 프랑스 민법학에서도 이 의무를 信義則 규범의 주요한 구체화의 하나로서 인정하였다.[118] 파기원은 이 이론을 정립하

---

111) 이제는 obligations d'information은 信義則의 둥지를 떠나 信義則과 구별되는 독자적인 요소를 갖춘 법원칙이 되었다. 이와 같은 것으로 하자로 인한 매도인의 담보책임도 들 수 있는데 이는 역사적으로는 계약법에 있어 信義則의 발전과 밀접한 관련은 있어도 오늘날 독자적인 법적 책임의 기초로 보고 있다.

112) mauvais foi의 사기로 인한 정보제공의무 위반에 관하여는 Ch. LARROUMET, *Droit civil,* t. 3, *Les Obligations, Le contrat,* Economica, 3e éd., 1998, p. 309 et s.

113) 계약전 정보제공의무의 위반으로 계약관계가 아니면 불법행위책임을 져야 한다고 주장하면서 자세한 사례들을 상세하게 검토하고 있는 J.-F. ROMAIN, préc., p. 853 et ss. 참조. 특히 조언(conseil)의무위반으로 인한 계약상 채무불이행손해배상책임과 불법행위책임 모두를 논한 P. JOURDAIN, "Responsabilité délictuelle et responsabilité contractuelle," *RTD civ.(2),* 1998, pp. 379-385.

114) 프랑스법상 강제이행에 대하여는 金炯錫, "강제이행", 서울대 법학 제46권 4호, 2005, 250-258면.

115) M. FABRE-MAGNAN, préc., n°s 688 et s.

116) PECL 제1:202조는 대표적인 信義則상 부수의무로 협력의무를 규정한다, 梁彰洙, "유럽契約法原則에서의 채무불이행법리", 저스티스 제34권 제2호, 2001, 27면.

117) 영향을 미친 독일 이론은 A. HUECK, *Der Treuegedanke im modernen Privatrecht,* Sitzungsberichte der Bayerischen Akademie der wissenschaften Jahrgang, 1946/47, Munich, 1947. 그 외 보편적으로 법학방법론상 법학연구자에게는 실무에 제안할 수 있는 규범구체화의 과제가 있다고 하면서 이론을 전개한 Ph. HECK, "Begriffsjurisprudenz und Interessenjurisprudenz", 1929, 金炯錫 譯, "개념법학과 이익법학-필립 헤크", 서울대 법학연구 4, 1997, 195면 참조.

118) Y. PICOD, "L'obligation de cooperation dans l'exécution du contrat", *JCP,* 1988, Doctr. I 3318, 협력의무의 인정여부를 객관적·주관적 두 기준으로 판단하고 있다. 주로 객관적인 기준을 논하고 위험한 목적물

지는 않았지만 주목은 하였다.[119] 이 협력의무의 법규 구체화를 보면, 프랑스법에서는 이 의무를 입법에 의하여 구체화 하였다는 점을 알 수 있다. 1957년 3월 11일의 문학과 예술의 무체재산권에 관한 법률 제55조에 따르면 판권자는 발행자에게 원작의 복제본을 제조하고 배분하게 할 수 있다. 판례로는 유일하게 1990년 6월 19일 빠리 항소법원이 이를 인정하였다.[120] 협력의무의 개념에 대한 다양한 규정들을 해석해 보면, 이 의무가 특히 문서를 열람하여야 할 경우에 인정되었다는 것을 확인할 수 있다. 계약의 일방당사자가 상대방에게 계약상의 의무를 이행하도록 하기 위하여 문서를 제출토록 한다. 이 주제와 관련하여 일반규범을 정립하는 데는 어려움이 있다. 학자들은 여러 가지의 방식들을 제안하는 데, 그 하나에 따르면 협력의무가 관습과 信義則에 의해 정해진 범위 내에서 계약을 이행하도록 하는 의무를 성립시킨다.[121] 다른 학자에 따르면 독일 학설의 영향에 따라 그것은 자신에게 과해지는 의무의 범위를 판단하기 위하여 상대방의 이익을 고려에 넣는 것과 관련된다.[122] 협력의무의 내용을 보면, 이 협력의무의 개념 속에는 두 가지 기준이 있다. 계약의 목적과 상대방의 이익이 그것이다. 상대방의 이익이라는 것은 비판의 대상이 될 수 있고 또 계약의 목적이라는 것은 사실상 계약위반이 될 수 있는 것을 결정하지 못할 수도 있다. 예를 들면, 임대계약이나 매매계약에서 한 당사자가 변제의무를 이행하지 못하면 계약의 목적에 대한 침해가 증명되지만 프랜차이즈 가맹계약이나 자동차판매대리점 독점양도계약과 같은 계속적 계약에서도 반드시 그러한가? 대다수의 상황에 있어서 상대방의 이익은 서로 상반된다. 상대방의 이익을 고려하지 않는 것이 자신의 이익을 도모하게 되는 것이다. 그렇지 않다면 일방 당사자에게 협력의무라는 이름으로 그의 이익을 희생하도록 하는 것을 요구할 수 없을 것이다. "자기 자신의 적절한 이익을 부정하는 극단적인 이타심"을 요구할 수는 없는 것이다. 같은 말로 "정기적이고 무한정의 헌신"을 요구할 수는 없는 것이다.[123] 그렇다면 결국 상대방의 이익을 고려한다는 것은 사실상 그 타인의 이익을 해하지 않는다는 것을 말한다.[124]

4) 忠實義務

프랑스 민법전의 제한된 규정에도 불구하고 信義則은 계약의 이행뿐만 아니라 체결 등 일반적 효력으로 확장되고 있다.[125] 그 예로 충실의무(obligation de loyauté)를 든다. 충실의

을 인도할 채무자의 엄격한 협력의무로 지시・경고(instruction)의무를 예시하고 있다. 그 외 Y. PICOD, *Le devoir de loyauté dans l'exécution du contrat,* 1987 참조.

119) J. MESTRE, "D'une exigence de bonne foi à un esprit de collaboration", *RTD civ.*, 1986, p. 100 et s.

120) Paris, 19 juin 1990, *Cts. Tollemer c. de Bouillé, D.* 1991. jp. 515, note Y. PICOD.

121) B. STARCK, H. ROLAND et L. BOYER, préc., n° 1202.

122) *JCP* 1994 I. 3803, n° 7, obs. Ch. JAMIN.

123) Cass. com., 19 déc. 1989, *VAG c. Paris-Biarritz Auto, Bull. civ.*, Ⅳ, n° 327, *RTD civ.* 1990, p. 652, obs. J. MESTRE.

124) B. JALUZOT, préc., p. 513.

125) J. MESTRE, "Où le devoir de loyauté fait naître pour l'un des contractants le droit de rester

무는 다음의 신의성실의 일반적 의무와 용어가 혼용되기도 한다. 信義則의 구체적 부수의무로서 협력의무와 충실의무의 중요성에 대하여 프랑스 법학자들간에 별다른 이론없이 일반적으로 인정되고 있다.[126)]

5) 保護義務

보호(protection)의무는 부수적 의무의 분류 중 마지막 카테고리이다. 이 의무는 안전의무, 신중의무,[127)] 담보의무[128)] 등을 포함한다.[129)] 담보의무도 안전의무와 같이 계약의 객관적 결과의 사례로 사실상 프랑스 민법 개정전 제1135조 형평이 그 의무의 근거된다는 견해가 있다.[130)] 그러나 이 의무의 위반은 당사자에 있어서 성실의무의 위반으로 결국 프랑스 민법 信義則의 위반으로 볼 수 있다.[131)] 프랑스 민법전에서 매도인의 담보의무는 독립된 제도로 정착되었다.[132)]

(2) 一般的 義務[133)]의 認定

프랑스 민법전은 신의성실의무를 계약상의 의무로 규정하고 있지는 않다. 그러나 신의성실의무를 계약상의 일반적 의무로 인정할 것인가 하는 논의는 최근 프랑스에서 이루어지고 있는 중요한 논의 중의 하나에 해당한다.[134)] 프랑스에서 이 의무는 1989년 12월 19일의 파기원판결에서 최초로 채택되었다. 이 판결에서 항소심의 용어를 그대로 사용했다. "VAG사가 계약을 이행함에 있어서 경업금지의무를 위반하여 자신의 신의성실의무(obligation de bonne foi)를 지키지 않았다."[135)] 그 후에도 이러한 용어는 다른 여러 판결들에서 채택이 되었다.

---

concurrentiel", *RTD civ.(1)*, 1999, pp. 98-99.

126) 프랑스의 대표적 법률주석서인 *Juris-Classeur*시리즈 중 민법의 관련항목(Fascicule)에서 신의성실의무로는 협력의무(obligation de coopération)와 충실의무(obligation de loyauté)를 들고 있다, A. RIEG, "contrat et obligation", *J.-Cl.(civil)*, Collection des Juris-Classeurs, Éditions Techniques, art. 1134 et 1135, Fasc. 11, 1993, n° 90 et n° 99.

127) prudence 의무는 불법행위상의 의무이다, Cass. com., 17 juin 1997, *Bull. civ.*, Ⅳ n° 187.

128) 담보(garantie)의무는 안전(sécurité)의무에 포섭된다, Ph. MALAURIE et L. AYNÈS, *Cours de droit civil, Les Contarts spéciaux*, Cujas, 6e éd., 1992, N° 248.

129) 프랑스 민법에서는 거의 인정되지 않지만 앵글로색슨법에서 인정되는 경감(mitigation)의무도 이 부류에 포섭된다. 이는 합리적 조치를 함으로써 상대방의 손해를 경감할 의무이다, 梁彰洙, "유럽契約法原則에서의 채무불이행법리", 저스티스 제34권 제2호, 2001, 45면. 그 외 우리 판례상 "보증인의 이익을 고려하여 대출을 삼감으로써 채권회수불능에 빠지지 않도록 조치해야 할 信義則상의 의무가 은행에게 있다 할 수 없다", 梁彰洙, "채권자의 보증인에 대한 배려의무에 관한 서설", 서울대 법학 제41권 1호, 2000, 98면 참조.

130) P. JOURDAIN, *RTD civ.* 1997, p. 433.

131) B. JALUZOT, préc., p. 520.

132) 南孝淳, "프랑스 民法에서의 賣渡人의 擔保責任 Ⅰ·Ⅱ", 서울대 법학 제34권 1·2호, 1993 참조.

133) 일반적 의무는 계약상의 신의성실의무(obligation de bonne foi)로 줄여서 信義則(bonne foi)의 일반적 의무나 신의성실의무로 표현함.

134) J. GHESTIN과 Ph. MALAURIE간의 Cass. com., 27 févr. 1996, *Vilgrain c. Mme Alary, Bull. civ.*, Ⅳ, n° 65 사건에 관한 논쟁이 그 예이다. 이 사안은 매매목적물의 가치에 대한 매도인의 일반적인 정보제공의무가 있느냐 여부가 쟁점이었다. 부정하는 입장으로 *D.* 1996, jp. p. 519, note Ph. MALAURIE; 매매대금미확정으로 제1129조상 매매계약이 무효로 되는점을 피하기 위하여 부정하는 입장으로 *D.* 1996. jp. p. 591, note J. GHESTIN.

동시에 파기원은 충실의무라는 信義則 의무와 아주 구별이 어려운 구제수단을 적용한다. 1994년 5월 31일 파기원상사부는 항소심 용어를 그대로 사용했는데 1996년 2월 27일에는 스스로 그 용어를 사용했다. "Vilgrain은 충실의무(devoir de loyauté)를 지키지 않았다."[136] 이 충실의무라는 용어는 완전히 최초로는 1969년 파우 항소법원에서 계약체결 전단계에서 손해배상책임영역에서 행한 결정에서 사용된 적이 있었다.[137] 결국 용어의 혼용으로 볼 수 있는데, 판례는 동일한 사실을 의미하는 데 다른 두 용어를 사용하는 것으로 보인다. 두 개념간의 유일한 차이점은 그 적용범위에 있어서 나타난다. 신의성실의무라는 표현은 계약의 이행단계에서만 사용되고 반면 충실의무는 계약체결 전단계에서도 사용된다. 프랑스 법관이 계약체결 전단계에서 만약 신의성실의무라는 표현을 쓴다면 신의성실하게 계약을 체결할 의무를 의미한다.[138]

프랑스판례는 이 의무가 계약 당사자에게 적용되는 범위를 구체적인 단계로 구별하고 있다. 이것은 대체로 계약체결 전단계에서의 당사자간 관계, 계약의 일반적인 이행, 해제 조항의 실행 및 계속적 계약관계에서의 일방적 해지 등이다.

1) 締約時

계약체결전의 법률관계에 대해서 파우 항소법원은 협상행위에 있어서 공정과 성실의무를 위반한 경우를 제재했다.[139] 베르사이유 항소법원은 협상을 하면서 4년 동안 계약이 체결되기를 기대했던 상대방의 신뢰를 저버린 회사의 충실의무위반에 대하여 손해배상책임을 인정했다.[140]

2) 履行時

대다수의 판결은 계약의 일반적인 이행과 관련이 있다. 법관은 다양한 상황하에서 이행의 경우에 일방당사자의 상대방에게 손해를 가하는 행위태도에 대하여 손해배상을 명한다. VAG c Paris-Biarritz Auto 판결[141]은 매년 갱신하는 자동차독점양도계약에서 양도인이 원고(이전 양수인)와 같은 구역에서 경합하는 다른 양수인에게 권한을 주었다. 그러자 원고가 계약의 해지 및 손해에 대한 배상을 청구하였다. 양도인은 계약위반의 주장에 대한 방어를 하였지만 실패했고 파기원은 사실심법원이 인정한 신의성실의무의 위반에 대한 손해배상을 인정했다.[142]

---

135) Cass. com., 19 déc. 1989, *VAG c. Paris-Biarritz Auto, Bull. civ.*, Ⅳ, n° 327, *RTD civ.* 1990. p. 649, obs. J. MESTRE.

136) Cass. com., 27 févr. 1996, *Vilgrain c. Mme Alary*, préc.

137) Pau, 14 janv. 1969, *Miroiterie Fraisse, D.* 1969. jp. p. 716.

138) B. JALUZOT, préc., p. 500.

139) Pau, 14 janv. 1969, préc.

140) Versailles, 21 sept. 1995, *Sté Poleval c. Sté Laboratoires Sandoz, RTD civ.* 1996, obs. J. MESTRE p. 145.

141) Cass. com., 19 déc. 1989, préc.

142) 그 외에도 Cass. 3e civ., 17 nov. 1993, *SCI Windsor Poissy c. Epx Roulaud.*

3) 解除時

파기원의 일반적 입장은 해제 조항을 신의성실의무로서 제한한다. 이러한 관점에서 "채권자에 의하여 해제권의 행사가 악의(mauvaise foi)로 행해진다면 개정전 제1134조 제3항에 의거하여 해제권을 취득하지 못한다"고 하였다.[143)]

4) 解止時

이 부분이 최근 십년 동안 나타난 信義則 의무의 본질적 부분이다. 일반적으로는 충실의무의 형식으로서 표현된다. 다수의 판결들이 자동차독점양도(판매대리점)계약에 관하여 있었다. VAG France c. Éts. Gauthier 판결에서 해지하려는 양도인의 행위를 제재하였다. 결론적으로 "양도인이 잘못이 없는 Gauthier사에게 그 자신의 의도를 알리지 않음으로서 충실의무를 지키지 않았다. 항소법원은 VAG France사가 자신의 해지할 권리를 남용했다고 판단할 수 있었다."[144)]

(3) 附隨的·一般的 義務의 關係

附隨的 義務의 法的 根據는 信義誠實義務이다. 예를 들면 신의성실의무가 상대방에게 정보를 제공할 의무를 유래시킨 것이거나 상대방에게 손해를 끼치지 않을 의무를 만드는 것이다. 그러나 학설이 信義則을 모든 부수적 의무의 유일한 근거로 보지는 않는다.[145)] 이것은 독일법과의 중요한 차이점이다. 프랑스의 법관은 자주 계약상의 새로운 의무를 인정할 때 그 근거로 信義則을 든다. 이 규정에 근거함으로써 법적인 근거가 있는 계약상의 의무가 탄생하는 것이다. 예를 들면 Syndicat des copropriétaires "le parc de Ramonville" 판결이 그러하다. 파기원 민사 3부는 "信義則 의무를 지키지 않아서 정보제공과 조언의 의무를 위반했고 그리하여 손해배상책임을 진다. 항소법원은 제1134조 제3항을 위반하였다"[146)]고 하였다. 그러나 동시에 최근 몇 년에는 항소법원이 점점 더 프랑스 민법 개정전 제1135조인 형평을 함께 인용하고 있다. 파기원 민사 1부도 형평을 인용한 이전의 결정을 반복한다. "매도인의 매매목적물 인도의무는 매수인에게 정보를 제공을 하고 설명하고 경고하고 조언할 의무까지 미친다. 이 판결의 법적 근거는 제1604조 및 제1135조이다."[147)] 이 형평의 적용은

---

143) Cass. 1re civ., 31 janv. 1995, *Époux Bourdon c. Banque hypothécaire européenne*, *Bull. civ.*, I, n° 57, *D.* 1995, jp. p. 389, note Ch. JAMIN; *RTD civ(3)*. 1995, obs. J. MESTRE, "La résiliation d'un contrat peut valable se faire par post-scriptum", p. 625.

144) Cass. com., 5 avr. 1994, *VAG France c. Éts. Gauthier*, *Bull. civ.*, Ⅳ, n° 149; *C.C.C.* août-sept. 1994, comm. 159, p. 5, obs. L. LEVENEUR; *RTD civ.* 1994, obs. J. MESTRE, p. 604; *D.* 1995. p. 355, note G. VIRASSAMY; *D.* 1995, somm. comm. p. 90, obs. D. MAZEAUD; *JCP* 1994 I. 3803, n° 7, obs. Ch. JAMIN.

145) 안전의무의 근거가 그러하다, Y. LAMBERT-FAIVRE, "Fondement et régime de l'obligation de sécurité", art. préc., pp. 81-85.

146) Cass. 3e civ., 11 juin 1996, *Syndicat des copropriétaires "le parc de Ramonville"*, *JCP* 1996. Ⅳ. 1775; *Def.* 1996, art. 36381, p. 1007, obs. D. MAZEAUD.

프랑스 민법에서 아주 최근의 일이다. 1894년 판결[148]이 후에는 거의 적용이 없었던 조문이었기 때문이다. 여기서 프랑스법체계에서 계약법상 법관의 스스로의 역할개념의 변화의 징후가 있는 것이다.

Ⅳ. 결어: 現代 프랑스 民法學上의 논의

1. 意思自治原則의 修正

의사자치원칙은 19·20세기에 이론적으로 격렬한 논쟁의 대상이었는데, 계약법의 지도원리를 둘러싸고 그 위치를 재고하기에 이르렀다. 다양한 요소들이 영향을 주었고 그 개념을 수정하기에 이르렀다. 동 원칙의 쇠퇴의 원인을 보면, 첫 번째는 의사자치의 기초가 되는 원리의 재고이다. 의사자치원칙은 개인주도의 자유로운 거래를 전제로 한다. 자치적 의사는 정말로 자유로워야 한다. 불평등한 상황이 전개되는 경우에는 이러한 자유는 반대로 불공평의 원인이 될 것이다. 약자인 당사자는 자신의 이익을 방어할 수 없고, 강자인 당사자는 자신이 곧 법을 말하게 될 것이다. 그러므로 20세기에 계약 당사자들은 근로관계나 보험, 유통, 소비자관계와 같은 불평등한 상황에 처하는 수많은 사례에서 의사는 겉으로만 자치적이었기에 의사자치원칙은 속임수로 보였다. 그리하여 입법자는 의사자치의 전통적 개념과 단절되어 일정한 유형의 계약 당사자들을 보호하여야 했다. 의사자치원칙의 쇠퇴의 두 번째 원인은 입법과 사법의 개입의 증가이다. 의사자치원칙은 이러한 법상황에서 실제로 쇠퇴일로에 있다. 계약은 더 이상 당사자들의 유일한 법이 될 수 없고, 당사자들을 보호한다는 의미에서 입법자나 법원의 빈번한 간섭을 받았다. 이러한 변화의 예는 계약자유원칙에 반하는 것으로 보일 수 있다.[149] 프랑스 헌법위원회에 의해 의사자치의 원칙이 헌법적 가치의 원리로 직접적으로 인정된 것은 아니더라도 이러한 상황은 여러 가지의 제한의 대상이 된다. 많은 계약이 입법자에 의해 강제되었다. 예로 강제적인 보험이 그러하다. 계약 당사자를 선택할 자유는 축소되었고 계약자체의 내용의 결정도 자주 강행규정에 의해 강제되었다. 특히 소비자보호법, 신용보호법, 보험법에 부합하는 계약의 표준화 현상을 보면 알 수 있다. 그리하여 의사자치개념의 수정은 의사자치원칙의 명백한 쇠퇴의 사실로부터 두 결론이 도출될 수 있다. 하나는 계약법의 지도원리로서의 의사자치개념을 버리고 다른 근거들을 탐색할 것을 제안한다. 그러나 다수의 학자들은 위 변화로부터 의사자치개념의 수정이 요청된다고 하여 의사자치원칙을

---

147) Cass. 1re civ., 25 juin 1996, *Mme Frugier-rippe c. coopérative informatique de pharmacie, JCP* 1996. Ⅳ. 1964.

148) Cass. req., 15 janv. 1894, *Vve Lepine, S.* 1898, p. 118.

149) 그러나, 이러한 경우를 오히려 더 계약의 자유에 부합한다고도 볼 수 있다, *Cf.* Cass. com., 21 janv. 1997, *D.* 1997, jp. p. 414, note Ch. JAMIN.

더 이상 모든 채무의 원인과 수단이 당사자들의 합의라고 해석할 수 없다고 한다. 더구나 개정전 프랑스 민법전 자체도 제6조[150]와 제1134조 제3항에서 계약이 더 우월한 명령에 지배되어 의사가 완전한 자치를 가질 수 없다고 하여 의사자치원칙을 완전히 고수한 것은 아니었다.[151] 의사가 계약에서 역할을 한다고 하더라도 이것은 법이 의사에게 그러한 지위를 인정하였기 때문이다. 따라서 계약의 구속력은 의사자체에서 나오는 것이 아니라, 법이 의사에 부여한 힘으로부터 나오는 것이다.[152] 그러므로 의사는 어떠한 침해도 감수할 수 도 있다. 그러나 의사자치원칙이 더 이상 계약법을 설명하는 유일한 원리로서 여겨지지 않는다고 하더라도 그 영향은 여전히 중요하다. 의사자치원칙은 실제로 현행법 하에서 중심적인 기능을 수행한다. 그러나 이러한 영속성은 그 개념자체의 굴절(완전한 자치적 의사가 아니라, 법에 의해 위임된 의사)에 의해, 소비자보호법의 발전이 보여주는 바와 같은 약한 당사자의 보호의 요청과 결합되어서만이 보장될 수 있다.[153]

2. 信義則 適用의 增加

최근 프랑스 계약법의 변화 중 가장 중요한 현상은 信義則의 잦은 등장이라고 할 수 있다. 프랑스 민법 개정전 제1134조 제3항은 20년 전까지만 하더라도 학설과 판례도 이 규정에 대하여 특별한 의미를 거의 인정하지 않았고 따라서 본 조항은 무용지물의 규정으로 생각되었다. 이 점이 다른 입법례 예를 들면 독일법(독일 민법전 구 제242조), 스위스법(스위스

150) Article 6 Créé par Loi 1803-03-05 promulguée le 15 mars 1803
On ne peut déroger, par des conventions particulières, aux lois qui intéressent l'ordre public et les bonnes moeurs. 개별약정에 의하여 공공질서와 선량한 풍속에 관한 법률을 위반할 수 없다.

151) S. PORCHY-SIMON, préc., p. 29; B. JALUZOT, préc., p. 161.

152) 이러한 관점에서 볼 때 흥미를 끄는 연구들은 최근 다양한 영역에 서로 다른 관점에서 전개되고 있지만 위케의 "법적 의제: 법률행위의 분석"을 보면, 의사와 법적 의제의 관계에 대해서는 이 책의 서문에서 A. DONAT 교수가 이해하기 쉽게 써 놓았다. 법적 의제의 연구는 의사에 관한 연구라고도 할 수 있다는 것이다. 의사주의 법률행위이론의 허구성을 지적하는 견해는 지금까지 없었던 것은 아니다. 의사자율의 원칙에 대한 비판이론들은 모두 이와 같은 논란공격을 담고 있다. 그러나 이 책의 저자는 법적 의제에 착안하였다. 먼저 행위를 할 것인가 하지 않을 것인가를 결정하는 것으로서 법률행위에서의 의사가 필요불가결함을 인정한다. 그러나 법주체의 의사만으로 바로 법률효과가 발생하는 것은 아니다. 의사와 법률효과를 연결시키는 것은 법이 부여하는 구속력이다. 가정적 구조로서 법규범이 존재하고 법주체에 의한 그 구체화가 준비되어 있다는 입장이다. 저자에 따르면 자연적 의사와 법적 의사는 같지 않다고 한다. 법규범이 의사표시를 방향짓고 틀지우는 것은 법적 의제라고 하여야 하며 법규범을 주체가 작동시키지 않고 법규범자체가 의무를 지우는 경우와는 구별된다고 한다. 더 나아가 저자는 의사란 어떠한 이익을 표시하는 목적을 갖지 않으면 법적 의미가 없다고 말한다. 법적 의사는 실체적 요소인 표명된 이익과 형식적 요소인 개인의 권한자유의 표상으로 이루어져 있는데 저자는 법률행위에서 개인의 지배영역은 그것이 개인의 목적을 충족시킨다는 점에서 찾아야 하므로 법률행위 이론은 의사가 아니라 이익개념을 핵심으로 하는 원인(cause)에 의하여 재편되어야 한다고 주장한다, G. WICKER, *Les fictions juridiques. Contributions à l'analyse de l'acte juridique*, LGDJ, 1997; 李準珩 譯, 大村敦志, "20세기가 민법에 끼친 영향-인, 물, 계약을 둘러싼 현대 프랑스 민법학의 연구동향-"(1), 중앙법학 제5집 제2호, 2003년 1월, 300-302면.

153) 프랑스 민법전과 소비자보호법의 관계는 S. PORCHY-SIMON, préc., p. 29 et s.

채무법 제2조 제1항) 또는 信義則에 상당히 중요성을 부여하고 있는 국제상사법과 다른 커다란 차이였다. 그러나 최근 20-30년 전부터는 판례는 信義則을 자주 원용하고 있다. 信義則은 계약의 정신에 합당한 이행, 즉 유익하고 공정한 이행을 요구한다. 그리고 信義則은 당사자에게 적극적인 행위를 요구한다. 당사자들에게 정보제공의무나 협력의무를 요구한다. 또 계약을 상황에 부합하게 할 의무도 信義則상의 의무에 포함된다고 볼 수 있으므로, 언젠가는 판례도 사정변경의 원칙을 완강히 배척하는 현재의 태도를 버리게 될지도 모른다. 요컨대 만일 계약이 변하여 시대의 요구에 적응하여 왔다면 그 경로가 계약은 그 개념자체의 정체성을 상당히 상실하였을 것임이 분명하다. 저명한 법학자들이 강조하고 있는 바와 같이 계약을 규율하는 법원칙들은 상대적인 것이 되고 말았다. 즉, 현재 계약은 어느 정도범위까지만 구속력이 있는 것이다. 이러한 현상은 계약법의 체계에 불확실성을 초래하므로 많은 불편을 야기하게 될 것이다. 이러한 면은 법관들이 계약상대효의 원칙 또는 信義則을 취급하는 태도를 보면 명백하게 알 수가 있다. 법원의 이러한 태도는 결국 사법의 간섭과 불확실성을 초래하고 말 것이라는 우려로 이러한 상황에서는 계약법을 재구성하여야 하여야 하는 문제를 제기한다.[154] 현대 프랑스契約法上 信義則은 그 廣範圍性이 특징이다. 보다 일반적으로 프랑스 민법학자들은 다소 나누어져 있다 한쪽 극단은[155] 信義則을 실질적 중요성을 가지고 있지 않다고 보고 법적 안정성을 위협하고 형평, 관습 또는 법률이 합의의 성질에 따른 당사자의 의무를 보충시키는 권한을 무용하게 만든다고 비판한다. 다른 한쪽 극단에서는[156]가 있는데, 그는 계약의 협력적 본질을 강조하고 계약 당사자는 일종의 협력체를 구성하여 계약은 일종의 파트너쉽이므로 그 안에서 각자는 공동의 이익을 위하여 행위하여야 하고 이 공동의 이익이란 각자가 추구하는 목적의 합 내지는 그 이상이라고 하였다. 그러나 대다수의 법률가는 스스로 중도의 입장을 취하고 있다.[157] 즉, 信義則에 대하여 우호적인 법률가도 이 개념을 자기 자신의 이익을 부정하는 완전히 절대적인 이타주의개념으로 가는 것을 인정하지는 않는다. 결국 信義則은 불명확한 개념으로 남아서 그것은 오로지 보다 구체적인 내용을 가진 다른 법적인 개념의 주형으로서만이 효과적으로 표현될 수 있다.[158] 이러한 선천적인 취약점은 이 개념의 불분명한 본질에서 나오는 것으로서 실무에서는 본질적으로 도덕상의 개념으로 남아 있고 계약의 모든 단계를 규율하는 행위의 표준이다. 그러나 신의성실의 개념은 다소 제한적이기는 하나 법적인 도구로서의 유용성이 있고 많은 실제적인 법적 문제

154) 南孝淳 譯, Benard GROSS, "프랑스 계약법: 근래의 변화와 미래의 전망", 서울대 법학 제38권 3·4호, 1997, 17면 이하.

155) J. FLOUR et J.-L. AUBERT, *Les Obligations*, t. 2, *L'acte juridique*, pp. 289-290.

156) R. DEMOGUE, *Traité des obligations en général*, t. 6, Paris, 1931, pp. 9.

157) J. CARBONNIER, *Droit civil, t. 4, Les Obligations*, PUF, 22e éd., Paris, 2000, p. 160.

158) P. JOURDAIN, "La bonne foi dans la formation du contrat, rapport français", dans Travaux de l'Association Henri Capitant(éd.), préc., p. 121 et s.

해결에 영감을 불러 넣는 것을 누구도 부인하지는 못한다. 이와 같은 이유로 이 원칙을 법의 일반원칙으로 볼 수 있는가라는 문제에 관한 논쟁은 열려 있다고도 볼 수 있다. 법원은 계약의 신의성실한 이행의 개념과 계약의 성립으로부터 생기는 권리는 남용하여 행사되어서는 안된다는 개념 모두를 인정한다. 그리고 여기서의 신의성실의 원칙의 적용이 프랑스 실무에서 특히 독일과 비교하여 다소 한정적이기는 하지만 그 중요성은 확실히 증가하고 있다.[159)]

3. 意思自治原則과 信義則의 關係

意思自治原則의 수정과 쇠퇴와 관련하여 이 원칙이 헌법적 가치로 고려될 수 있는가[160)]에 대하여 프랑스 헌법위원회는 1994년에 契約自由의 原則이 헌법상의 가치가 아니라고 판결하였다.[161)] 이후에 관련 판결들이 이어졌다.[162)163)164)165)166)] 프랑스에서 헌법위원회의 결정

159) R. Zimmermann/S. Whittaker(ed.), pp. 37-38.

160) 행정재판소의 일종인 국참사원(Conseil d'Etat)에서 1967년에 계약의 자유를 프랑스헌법 제34조의 기본원칙으로 인정하였다, CE 5 mai 1967, *Rec. CE* p. 348. 1970년 프랑스 헌법위원회가 활성화되고 첫 결정은 프랑스헌법 전문이 헌법적 효력이 있다는 것이었다. 프랑스 헌법은 그 전문에서 1789년 인간과 시민에 관한 권리선언의 정신을 이어 받고 있다.

161) Cons. const., 3 août 1994, n° 94-348 DC, "어떠한 헌법적 가치규범도 계약자유의 원칙을 보장하지는 않는다." J.-M. PONTIER, "프랑스에서의 행정계약의 유형," 서울대법대 제91차 포럼 2006.

162) Cons. const., 26 janv. 1995, n° 94-358 DC, "헌법적 가치의 기본적 원리와 권리에 어긋나지 않는 한도 내에서는 그리고 그 수정이 이전의 법률규정의 적용으로 성립되고 실행중인 계약에 효력을 미친다는 사실 그 자체로는 본질적으로 헌법위반이 아니므로, 입법부가 공공이익의 목적에서 이전의 규정을 수정, 삭제, 추가하는 것은 허용된다."

163) Cons. const., 20 mars 1997, n° 97-388 DC, "인간과 시민에 관한 권리선언 제4조로부터도 혹은 다른 어떠한 헌법적 가치규범으로부터도 의사자치라고 불리는 헌법적 원리가 생기는 것이 아닌 것과 마찬가지로, 계약자유의 원칙은 그 자체로는 헌법적 가치를 가지고 있지는 않다."

164) Cons. const., 10 juin 1998, n° 98-4010, "입법자는 1789년 인간과 시민에 관한 권리선언 제4조에서 규정한 자유를 명백하게 부인할 수 없는 만큼, 합법적으로 체결된 계약의 경제성에 대하여는 중대한 손해를 끼칠 수 없다", 이 결정을 이전 결정과 반대로 보는 S. PORCHY-SIMON, préc., n° 66. p. 28; Ph. MALAURIE, L. AYNÈS, et Ph. STOFFEL-MUNCK, *Droit civil, Les Obligations,* Defrénois, 2003, p. 211. 그 외 평석으로 JO 14 juin 1998, p. 9033, note B. TEYSSIÉ, 만약 "계약자유의 원칙이 그 자체로는 헌법적 가치를 가지지 않는다면," 그 불인정은 "계약자유가 헌법적으로 보장되는 권리나 자유의 침해를 가져오는 경우" 그러하다.

165) Cons. const., 13 janv. 2000, n° 99-423 DC, *JO* 20 janv. 2000, p. 993, note B. TEYSSIÉ, 헌법위원회는 정당한 공공이익의 동기를 제외하고는 1789년 인간과 시민에 관한 권리선언 제4조와 1946년 헌법전문 제8항에서 생기는 "헌법상의 요구에 위반하는 침해"를 피하기 위해서 합의를 수정하는 것을 반대한다, le Conseil constitutionnel s'oppose, sauf motif d'intérêt général suffisant, à la remise en cause des conventions, à l'abri d'une "atteinte contraire aux exigences constitutionnelles" ressortant de l'article 4 de la Déclaration des droits de l'homme et du citoyen et du huitième alinéa du Préambule de la Constitution de 1946(Cons. const., déc. n° 99-423 DC, 13 janv. 2000).

166) Cons. const., 11 déc. 2003, n° 2003-486 DC, "정부의 동의의 조건에 대하여 협상하는 당사자들을 명확하게 함으로써 입법부는 계약자유의 침해하지 않았다…이런 행정부가 공공이익의 목적에서 이미 투자한 특별한 범위내에서는 합의나 동의의 효과를 무력화시킬 수 있는 정부의 권한이 부여된 경우, 계약자유에 추가의 침해를 가져 오지는 않는다."

들은 민법에서 중요한 法源을 구성한다.[167] 입법자는 프랑스 헌법전문[168]의 1789년 인간과 시민에 관한 권리선언 제4조[169]에 위반되는 입법을 할 수 없으므로, 적법하게 성립된 계약에 공익 목적 이외에 법률이 개입할 수는 없다.[170] 한편, 의사자치 또는 계약자유가 법률로는 인정이 되는 원칙이므로 일반조항인 信義則(혹은 권리남용금지원칙)의 적용을 통하여 사인 간에 간접적용되어서, 계약 당사자의 경제적 자유를 중대하게 제한할 수 없도록 한다.[171]

결론적으로, 현대 프랑스 민법은 프랑스 민법전의 살아있는 기능적 역할을 유지하기 위하여 의사자치원칙의 수정을 수용하면서 동시에 증가하고 있는 상사관계 등을 규율하는 특별법과 법리 등을 포섭하기 위하여 프랑스 민법전에 규정된 일반원칙인 信義則의 적용증가로써 변화하는 현대의 변용된 계약양상에 맞는 규율들을 한다. 프랑스에서 현재 信義則의 적용범위는 민사부, 상사부, 독점규제영역, 소비자보호부문 등 많은 특별 계약상의 채권관계까지 포섭하여서 그 프랑스 민법전의 규정의 적용영역이 확대되어 일반원칙을 주석하는 민법학의 입지는 넓혀지고 있다.

167) 南孝淳, “프랑스 민법상의 동거계약에 관한 연구”, 서울대 법학 제44권 1호, 2003, 49면.

168) 프랑스에서도 헌법전문의 규범적 성격을 인정하여 1789년 인권선언과 1946년 헌법전문의 법규범성을 인정하지만(성낙인, 프랑스헌법학, 제4편 제1장 제2절 헌법위원회의 결사의 자유판결, 667면 이하), 인권과 국민주권에 직접적인 관련성이 없거나 또는 모순될 수 있는 내용은 그 헌법적 가치를 인정하지 아니한다, 성낙인, 헌법학, 법문사, 2018년, 130면.

169) “자유란 타인을 침해하지 않는 모든 것을 할 수 있다는데 있다. 따라서 각 개인의 자연권의 행사는 사회의 여타 구성원에게 동일한 권리의 향유를 보장해 주는 경우에만 제한이 있다. 이러한 제한은 법률에 의해서만 정해질 수 있다,” 성낙인, 프랑스 헌법학, 1995년, 908면.

170) 동일 취지로 S. PORCHY-SIMON, préc., n° 66. p. 28; Ph. MALAURIE, L. AYNÈS, et Ph. STOFFEL-MUNCK, préc., p. 340; F. TERRÉ, *Intrduction générale au droit*, Dalloz, 6e, 2003, p. 293.

171) 信義則이 적용되기 때문에 프랜차이즈 가맹 본부가 독점 지배적이고 자의적인 지위를 이용하여 대금 결정의 남용을 할 수는 없으므로 가맹점 사업자는 시장법리에 따라 가맹금 중 정기 납입 경비를 협상할 경제적 자유를 갖는다, Cass. com., 21 janv. 1997, *D.* 1997, jp. note Ch. JAMIN, pp. 414-416 참조.

6. 국가 민사법의 공간적 효력범위*

장 준 혁**

[獻呈辭]

평생을 헌법학의 연구 및 교육에 헌신하여 오신 성낙인 총장님께 이 글을 헌정드립니다. 미국 법학계에서 학제적 연구가 강조되기 앞서 프랑스 공법학은 정치학과 관련지어 연구되어 왔습니다. 총장님께서는 그 전통과 지혜의 도입에 힘쓰셨습니다. 법에 대한 회의주의가 심해져 법이 정치적 기회주의의 도구로 전락하고 민주정이 그 성공을 위한 조건인 미덕의 결여와 정치공학에 의해 휘둘리는 세태를 조용히 꾸짖으시면서, 비교법적 감각과 학제적 안목으로 법률가와 시민사회에 방향을 제시하셨습니다. 국가 및 사회에 대한 봉사에도 심혈을 기울이셨습니다. 한편으로는 법조계 외부로부터의 질타로부터 전문직역으로서의 자율성을 지키고, 다른 한편으로는 법률가들 스스로 직능단체의 전문성과 건강성을 지키는 자정능력 배양의 필요성을 역설하셨습니다. 법률가와 비법률가 간의 지성적 대화를 통하여, 비법률가가 법을 어떻게 바라보고 법적 과정에 어떻게 참여해야 할지 조언을 아끼지 않으셨습니다. 또한 서울대학교 총장으로 봉직하시면서 학문의 연구 및 교육의 전당으로서 대학의 기틀을 다지는 데 힘쓰셨습니다.

총장님께서는 대한민국의 허약한 정치·사회적 전통을 눈앞에 두고, 전문직역으로서의 자율성이 여전히 허약한 법률가집단과, 연구·교육을 맡은 법학계가 고유의 전문성과 자정능력을 갖추도록 온 힘을 기울이셨습니다. 그리고 시민사회의 관점에서 법, 법률가직역, 법학교육을 어떻게 바라보고 접근할지에 대해서도 조언을 아끼지 않으셨습니다. 대한민국에서 民主政의 원리를 무난히 구현하는 길을 모색하시면서, 그 성공의 조건인 美德[1]에 대해 염려하시

---

* 이 글은 拙稿, "국제사법학의 과제", 성균관법학 제28권 제3호(2016.9), 105-155면에서 국제사법의 法源에 관한 국제법설과 국내법설의 대립에 대해 약술하면서 국가법의 공간적(국제적) 타당범위론에 대해 검토했던 부분(110-122면)을 발췌하여 수정, 가필한 것이다.

** 성균관대학교 법학전문대학원 교수

1) 몽테스키외는 전제정은 공포, 군주정은 명예심, 민주정은 미덕이라는 정신적 요소가 있어야 성공할 수 있고, 그것이 없으면 각기 부패한다고 하여, 민주정의 건강한 작동을 위한 필수요소로서 美德(la vertu)을 들었다. Montesquieu, De L'Esprit des lois(1748), Premiere partie, Livre Ⅲ Des Principes des trois gouvernements, Chapitre Ⅲ Du principe de la démocratie. 몽테스키외는 이런 간략한 서술과 몇 개의 예시만으로 충분한 설명이 되었다고 본 듯하다. 그러나 오늘날 한국의 독자가 이것만 읽고 "미덕"이 무엇을 말하는지 분명히 이해하기란 쉽지 않다. 이는 현대 한국사회에서 "미덕"의 존재가 미미함을 방증하는 것일 수도 있고, 미덕이 존재하고 작동할 수 있는 사회적 기초가 달라졌기 때문일 수도 있다. 프랑스의 정치인 슈벤느망은 민주주의 성공요소로서 "소속감(sentiment d'appartenance)"을 이야기한다. Jean-Pierre Chevènement, "Le sentiment d'appartenance est nécessaire à la démocratie", Le Figaro Magazine, 1 juillet 2016. 이는 대중정치의 시대에도 민주정에 대해 낙관적 관점을 유지하는 입장으로 이해된다. 조금 다른 각도이기는 하

면서, 미덕의 시금석인 습속의 순화와, 민주정에 대한 안전장치인 제도(institutions)와 법치의 배양에도 힘쓰셨습니다. 여기에서 일일이 언급하지 못하는 헌신적 노력에 깊은 존경을 표하며 졸고를 바칩니다.

I. 서 설

한국의 실체법이나 절차법 학계의 표준적 문헌에서는, 私法關係에서의 實體準據法의 결정과 國際裁判管轄(國際裁判管轄權)[2]의 문제를 國家立法權이나 國家司法權의 한계의 논리로 설명하는 경향이 보인다.[3] 즉, 국제사법은 '편면적 저촉규정'(편면적 국제재판관할규정과 편면적 법률저촉규정[4])으로 구성하는 것이 기본형이어야 한다고 말한다. 한국의 국제재판관할을 인정하고 한국 실체사법을 적용하는 문제가 한국의 입법권과 사법권의 타당범위(효력범위)에 대한 제한(즉 국가입법권과 국가사법권의 경계획정)이라고 본다.

이 사고방식에서는 '국제사법의 法源에 관한 국제법설'의 영향이 엿보인다. 오늘날의 국제법설은 국가법으로 존재하는 국제사법이 공통된 방향으로 발달하여 국제공법으로 수렴하

지만, 영국의 좌파 평론가・소설가 조지 오웰은 애국심에 대해 언급한 바 있다. George Orwell, Notes on Nationalism, Polemic, No. 1(October 1945)(1945년 5월 집필), England your England and Other Essays(1953)에 재수록, <http://orwell.ru/library/essays/nationalism/english/e_nat>에 원문 수록. 그는 종족주의적 민족주의를 "민족주의(nationalism)"라 하고, 종족주의적 지향 없이 현존하는 국가에 충실하려는 형태의 민족주의를 "애국주의(patriotism)"이라 하여 대비시키는 독특한 용어구별을 시도했다. 실제로는 어느 쪽의 성격이 두드러질지가 불분명하고 양자 간의 경계가 모호한 두 개의 경향에 대해, 마치 서로 분리된, 전혀 다른 것으로 서술하는 점은 문제라고 생각된다. 그러나 바로 그 점 덕분에, 대중정치 시대의 환경하에서 국민 개개인에게 어떤 형태의 국가의식 내지 행동양식이 '바람직한가'에 대한 그의 당위론을 읽을 수 있다. 이 에세이의 서두에서 오웰은 제2차 세계대전이 고비를 넘기고 승전을 향해 진행될 때, 전쟁의 장기화에 따라 런던 시민들이 전쟁에 무감각해지고 오히려 전쟁에서 오는 경제적 호황을 즐기는 듯한 정신상태에 빠져 있음을 관찰했다. 그는 이를 프랑스어로 "la longeur"(길게 느껴지는 시간 속에서 지루함 내지 다소의 무감각에 빠져 정지된 듯한 시간을 즐기는 몽롱한 무료함)라고 표현했는데, 이를 가리켜 '애국주의의 약화 내지 형해화'라고 평가했음직하나, 이 글에서 직접 그런 평가를 밝히지는 않았다.

2) "국제재판관할권"이라 함은 "국제재판관할"을 권한이라는 각도에서 서술한 것에 불과하다. 즉, "국제재판관할"과 "국제재판관할권"은 문맥에 따라 표현을 달리한 것에 불과하다. 즉, A국 법원들이 관할한다, A국에 국제재판관할이 있다, A국이 (혹은 A국 법원들이 혹은 구체적으로 문제된 A국 법원이) 국제재판관할권을 가진다는 것은 모두 표현상 차이에 불과할 뿐, 개념상 차이가 없다. 이것은 이 계약은 A와 B 간의 계약이다 라는 것과, A와 B는 이 계약의 당사자이다 라는 것이 문맥과 표현상 차이에 불과한 것과 마찬가지이다.

3) 이 글은 國際"私"法을 다루는 글이므로, '민사관계'에 대한 준거법과 국제재판관할만을 언급한다. 또, 재판권과 국제재판관할에 관한 언급도 '국가'법원의 그것만을 언급한다.

4) "법률저촉규정"이라는 용어는 프랑스어의 "règles de conflict de lois"을 번역한 용어이다. 독일어로는 "저촉규정(Kollisionsreglen)"이라고만 하면 곧 법률저촉규정만을 말한다. 이를 따른다면 "법률저촉규정"이라는 표현보다는 "저촉규정"이라는 간명한 표현을 쓰는 것이 좋을 것 같아 보인다. 그러나 "저촉규정"이라는 표현은 (독일어권을 벗어나는 순간) '民事司法秩序 간의 저촉'-즉 프랑스어로 "재판관할저촉(conflit de juridictions)"-까지 포함하는 의미가 될 수 있어 곤란하다. "저촉법(Kollisionsrecht)"이라는 용어를 '준거법 결정에 관한 법'의 의미로, 즉 '좁은 의미의 국제사법'(좁은 의미의 '저촉법')의 의미로 쓰는 것은 독일어권에서는 일반적이지만 영어권이나 프랑스어권에서는 낯설다. 영어나 프랑스어권에서 "저촉(conflict of laws, conflit de lois)법"이라 하면 국제민사소송법과 좁은 의미의 국제사법을 모두 포함하는 의미이다.

는 것이 바람직하다는 견해가 우세한데, 그것보다는 실정 국제공법이 이미 한국의 입법관할을 한계짓고 획정지워주고 있다고 보는 견해에 가까와 보인다.

그렇지만 한국의 민사소송법학계와 민법·상법학계는 '국제공법에 의한 외적 제한'을 별로 언급하지 않는다. 국제법설에 직접 의존하기보다는, 후베르(Ulrich Huber)(1636~1694)의 국제사법 기초이론[5]처럼 하나의 주권국가가 다른 주권국가들의 존재를 의식하여 스스로 자발적으로(국제공법의 요구에 의해서가 아니라는 의미에서 자발적으로) 자국의 입법관할을 정형적으로 한계짓고 있다고 보면서, 여기에서 더 나아가지 못하고 머무르는 태도로 보인다. 그래서 이런 학설경향은 일견 無害한 듯이(즉 이에 대한 문제제기의 실익이 없는 것처럼) 보이기도 한다.

그러나 국가법의 효력범위 획정으로써 국제사법을 대신하려 하거나, 국제사법이 하는 일이 국가법의 효력범위 획정이라고 말하는 것은 무리한 시도이다. 개념구조를 혼란시키고 실제 법률문제의 해결을 방해한다. 이 글에서는 국가법의 공간적(국제적, 준국제적) 효력범위와 국제사법의 관계를 명확히 하고, 두 문제의 혼동이 낳는 문제점을 지적한다.

Ⅱ. 국가주권의 영토적 효력범위

1. 영토국가의 민사재판권은 그 영역에만 미치고 그 영역 내에서 민사재판권을 독점한다

영토국가는 그 영역 내에서 배타적으로 영토주권을 가진다. 국가의 主權(sovereignty)은 다른 상위의 권력에서 권위를 빌어오지 않는 것, 즉 스스로 최상의 것이라는 점에서 高權(Hoheit)이라고도 한다. 오늘날의 국가는 영토국가이다. 국가주권의 효력범위, 즉 국가법의 공간적 효력범위에 관해서는 영토주의가 제1원리이다.

국가법의 공간적 효력범위에 관한 영토주의는 두 측면을 가진다. 우선 민사법 분야로만 좁혀 이야기한다. 첫째, 한 국가의 영토고권은 그 국가의 영토에 두루 미치고 그것에만 미치는 것이 원칙이다(적극적 의미). 둘째, 그 국가의 영토 내에서는 그 국가가 民事立法權과 民事司法權을 배타적으로 독점하는 것이 원칙이다(소극적 의미). 이 두 측면은 상호 결부되어 있고, 영토국가의 國家主權 개념에 들어 있다. 아래에서는 두 측면을 차례로 살펴보는데, 영토내의 민사입법권 독점을 첫째의 점과 결부시켜 설명한다.

(1) 국가의 영토고권은 그 영역에만 미치고 그 영역에서 입법고권을 독점한다

원칙적으로 국가의 영토고권은 그 영역에만 미친다. 그래서 대한민국법은 대한민국이라는 영토국가의 법으로서 존재한다. 대한민국에서 바라볼 때, 가령 대한민국의 법원 기타 관청의

5) 李好珽, 國際私法, 經文社, 1981, 51-52면 참조.

관점에서는 외국법은 '외국'법이고, 또 외국의 '법'이다. 왜냐하면 외국은 자신의 영역에서 영토고권을 가지고, 그에 따라 적법(legitimate)하게 입법했기 때문이다. 마찬가지로, 대한민국에서는 외국의 법원(기타 관청)은 '외국'의 법원(기타 관청)이고 외국의 '법원(기타 관청)이다.

그런데 국가의 영토고권이 그 영역에만 미치는 점에도 예외는 있다. 리츨러는 영토고권의 역외효와 선행적 입법의 두 가지를 언급한다.[6)]

첫째, 국가의 영토고권이 예외적으로 그 국가의 영역 밖에도 미치는 경우가 있다. 대한민국의 경우에는 준국제적 관계(남북한관계)에서 이런 경우가 있다. 남북한을 아우르는 넓은 의미의 대한민국은 아직 완성된 형태로 존재하지 않는다. 남한에만 실효적 지배가 미치는 分邦으로서의 대한민국, 즉 좁은 의미의 대한민국이 있고, 헌법적으로는 이것이 넓은 의미의 대한민국을 대표하고 있다. 넓은 의미의 대한민국 내에는, 적성단체의 북한정권의 실효적 지배를 받는 북한지역이 있다. 한 국가의 영토 내의 일정 부분을 실효적으로 지배하는 적성국가라는 형태의 分邦이다. 그런데 때로는 좁은 의미의 대한민국의 법률이 넓은 의미의 대한민국 전체에 효력을 미치는 경우가 있을 수 있다. 판례는 남한(좁은 의미의 대한민국)의 저작권법이 북한지역에서도 독점적으로 효력을 가진다고 해석한다.[7)]

둘째, 법적 의미에서, 국가가 소멸되고 일정한 과도기를 거쳐 새로운 국가가 수립되어 기존 국가를 승계하는 경우가 있는데, 법적 의미에서 국가가 부존재하던 시기에 임시적 통치기구가 '향후 존재하게 될 국가'를 위해 국가주권을 행사하는 경우가 있다. 특히 우리의 주목을 끄는 것은 그런 기구가 국가수립 전에 미리 입법권을 행사하는 경우이다.

독일에서는 1945년에 독일제국이 소멸하고 1948년에 독일연방공화국이라는 새로운 국가가 수립되어 독일제국을 승계(국가승계, state succession)한 것으로 설명한다. 그래서 1945~48년 사이에 점령당국이 한 입법의 독일연방공화국에 대한 효력을 어떻게 설명할지 문제된다. 독일의 리츨러는 국가 성립 전에 임시적 통치기구가 '앞으로 성립할 국가'를 위해 국가주권을 행사한 것으로 이를 설명했다.[8)]

대한민국에도 비슷한 문제가 있다. 1910년에 대한제국이 소멸했다.[9)] 1910년부터 1945년까지는 일본에 병합되었다가,[10)] 일본이 통치권 행사를 포기하여 1945년 9월 8일부터 1948년 8월 14일까지는[11)] 미국과 소련의 점령당국[12)]에 의한 임시적 통치를 받았다. 북위 38도선

6) Riezler, Die räumliche Bregrenzung des Privatrechts, 1949, S. 8-10.
7) 서울민사지법 1989.7.26. 자 89카13692 결정(하집1989(2), 195).
8) Riezler, 전게서, S. 10.
9) 이 점은 1910년의 병합조약이 무효라고 하더라도 달라지지 않는다.
10) 1910년의 병합조약이 무효라고 보는 입장에서는, 병합조약에 의한 적법한 병합이 아니라, 강제병합이라고 본다.
11) 좀 더 확인을 요하나, 우선 이 글에서는 대한민국의 성립시점은 1948년 8월 15일 0시라고 전제한다.
12) 미군의 북위 38도선 이남의 점령은 적법한 應戰 과정에서 패전국 영토 일부(점령개시시 기준)를 점령한 적

이남에서는 在朝鮮美陸軍司令部軍政廳(United States Army Military Government in Korea, 약칭 USAMGIK)(미군정청)이 국가 수립에 앞서 법령을 공포, 시행했다. 그 법령의 대부분은 38도선 이남에만 미쳤지만, 일부는 한반도와 그 부속도서 전역에 법적 효력이 미쳤다. 1910년부터 1948년 8월 14일까지는 법적인 의미의 국가는 존재하지 않았다.[13] 1910년부터 1945년까지는 일본에 병합되어 있다가, 1945~48에 걸쳐 국가분할이 일어났다. 1948년 8월 15일에 대한민국이 수립되어 법적 국가질서의 공백상태가 해소되었다. 대한민국은 대한제국을 승계했다.[14] 그런데 일본에 병합되어 일본 총독부의 통치를 받을 때 공포, 시행된 법령과,

---

법한 것이다. 더구나 새로 대한민국이라는 국가가 수립되어 국가분할을 완료하기까지 과도적으로 통치하는 것이어서, 민족자결권과도 배치되지 않는다. 그러나 소련군의 북위 38도선 이북의 점령은 그 점령의 개시는 적법했으나, 북한에 위성정부를 수립하고 소련의 지도를 받는 코민테른(Communist International, 약칭 Comintern, 공산주의 인터내셔널)(공식적으로는 1943년 해체, 1947년에 코민포름으로 대체) 체제에 편입시키는 정치공작이 이어지면서 곧바로 정당성을 상실하고 강제점령(강점)의 성격이 분명해졌다. 한반도와 그 부속도서에 단일국가를 출범시키기 위해 단일정부를 수립하기 위한 총선거를 실시하도록 하는 국제연합 총회 결의(1947년 11월 14일 결의 제112호) 준수를 거부했다. 이로써 소련군의 강제점령이라는 성격이 한층 명확해졌다. 북한정권은 이미 남한지역에서 비정규전을 '수행 또는 지도'하여 적성단체의 성격을 분명히 하고 있었다. 예: 조선인민유격대의 전신으로 1946년에 조직된 야산대, 1946년 대구 10·1폭동. 북한정권의 이러한 본질은, 총선거 거부에 의해 재확인되었으며, 북한정권은 총선거 방해공작을 한층 강화하였다. 특히, 해방직후 재일 공산주의자의 귀국으로 시작된 제주도의 무장게릴라·대중선동 활동이 병행되었으며, 이에 의해 1948년 3월 10일의 총선거가 제주도에서는 실시되지 못했고, 1948년 4월 3일 제주 4·3폭동을 기점으로 제주도의 치안기능까지 장악하게 된다. 대한민국 건국 후에도 남한지역에서의 군사·민중봉기와 북한정권의 수도 점령으로 남한지역을 흡수, 적화통일하고자 하였다. 예: 여수순천 군사반란(1948년 10월 19~27일), 조선인민유격대가 태백산유격지구, 영남유격지구, 지리산유격지구, 호남유격지구, 제주유격지구로 나누어 수행한 "빨치산"(파르티잔, 유격대)(조선인민유격대가 스스로 "빨치산"이라고 불렀다) 무장게릴라활동. 이러한 제반 반국가활동에서 북한의 조선로동당과 남조선로동당의 관계의 명확한 규명은 북한과 미국에 보관된 사료의 검토를 기다려야 한다.

13) 건국헌법과 이를 계승한 8차례의 개정헌법의 어느 것도, 대한민국이 이미 1919년에 건국되었다거나, 1919~45년 혹은 1919~48년 사이에 '구 대한민국'이 있었고 그것을 1948년에 '신 대한민국'이 승계했다고 말하지 않는다. 이와 관련하여 다음의 점에 주의할 필요가 있다. 첫째, 설사 건국헌법 전문에서 대한민국이 1919년에 이미 건국되었다고 말했더라도 그것은 아무런 법적 의미를 가질 수 없다. 대한민국은 1948년에 비로소 국가의 요건을 갖추어 존재하게 되었지, 1919~48년 사이에 국가로서 존재한 일이 없다. 이 점을 후속 입법으로 뒤집을 수도 없다. 따라서 대한민국이 이미 건국된 후에 헌법을 개정하면서 전문에서 대한민국 임시정부의 법통을 계승한다는 언급을 넣은 것(1987년 8차 개정헌법 전문: "3·1운동으로 건립된 대한민국임시정부의 법통……을 계승")도 아무런 법적 의미를 가질 수 없다. 게다가 후속 헌법에서도 "*法統*"을 계승한다고 표현했을 뿐이다. "*法統*"을 계승한다 함은 국가가 그대로 존속하면서 헌법만 제정 또는 개정하거나, 앞서 존재한 국가를 계승한다는 의미가 아니다. 둘째, 1919년에 건국되어 1948년까지 존속한 '상해임시정부를 정부로 가지는 구 대한민국'을 '신 대한민국'이 국가 대 국가로서 승계(국가승계)하는 것도 아니다. 건국헌법 전문의 위 문구는 전혀 이런 뜻이 아니다. 설사 전문에서 그렇게 표방하더라도, 이것은 법적 의미를 가질 수 없다. 왜냐하면 1919~48년 사이에 '상해임시정부를 정부로 가지는 구 대한민국'이라는 국가가 존립한 적이 없기 때문이다.

14) 1948년 헌법 전문에서는 "기미 삼일운동으로 대한민국을 건립하여 세계에 선포한 위대한 독립정신을 계승하여 이제 민주독립국가를 재건"한다고 표방한다(전문은 조문이 아니어서 '규정한다'는 표현을 쓰기 어색하다). 1919년에 대한민국이 설립된 것도 아니다. 구 대한민국이 신 대한민국보다 앞서 존재했고 후자가 전자를 승계(국가승계)하는 것도 아니다. 이 점들은 헌법전문이 이미 분명히 하고 있다. 첫째, "독립정신을 계승"하는 것이지, '기미 삼일운동으로 건립한 대한민국을 승계'하는 것이 아니다. 이는 문법적으로 명백하다. 기미 삼일운동에서는 "대한민국을 건립하여 세계에 선포"하는 활동을 했지만, 이것은 "독립정신"을 분명히 한 것일 뿐, 이것만으로 대한민국이 성립하지는 못했다. 임시정부의 등장으로도 달라지지 않았다. 그러나

미군정청에 의하여 공포, 시행된 법령의 효력의 승계는 국가승계로 근거지울 수 없다. 새 국가(대한민국)의 법이 이를 인정해야 효력이 인정된다. 1948년 대한민국 헌법(건국헌법) 제100조[15]는 그 효력이 유지된다고 규정하여 이 문제를 입법적으로 해결했다.

(2) 국가는 그 영역 내에서 민사재판권을 독점한다

영토국가는 그 장소적 타당범위인 그 국가영역 내에서 民事司法權을 독점한다. 그래서 한 국가의 영역에서 타국 司法權의 행사는 인정되지 않는다. 한국의 법원공무원이 타국에서 司法作用(예: 송달실행, 증거수집)을 행할 수 없고, 외국의 司法作用이나 司法行政作用이 한국 영토 내에서 행해지는 것도 主權侵害로서 불가하다. 그런데 여기에도 예외가 있다.

첫째, 國際法(國際公法)[16]上의 강행법규[17]의 실현을 위한 국제법정의 재판권은, 한 국가의 영토 내 재판권 독점을 깨뜨린다. 이 경우에도 국가의 재판권이 원칙이고 국제법정의 재판권은 예외이다.

둘째, 영토국가가 스스로 자국 영토 내에서 재판권 독점을 일부 포기할 수 있다. 몇 가지 형태가 있다.

그 하나는 일정 한도에서 국가재판권 독점을 포기하고 타국의 재판권을 인정하는 것이다. 즉, 자국 영토 내에서 국가재판권의 행사를 제한하거나,[18] 외국이 자국 내에 공관을 두고 영

그 "독립정신"이 이어져 대한민국의 건립이 이루어졌다. 이 점들을 아우르는 표현이 전문의 표현이다. 둘째, "민주독립국가를 재건"한다는 표현을 썼다. 1910년에 대한제국이 소멸하여 법적 의미의 국가는 소멸했지만, 민족국가를 가질 수 있는 실체가 소멸한 것은 아니어서 역사적 의미의 국가가 소멸하지는 않았다. 그렇기 때문에 역사서술에 있어서는 '한국은 1910~48년 사이에는 국가질서를 가지지 못했다'고 말할 수 있다. 이런 상황에서, 대한제국이 소멸한 자리에 대한민국을 새로 수립했다. (1) 이 새 국가는 "민주"정체를 그 본질적 요소로 하는 국가이다. 이 점을 "민주……국가"라고 표현했다. (2) 이 국가는 주권국가이다. 그 주권을 다른 정치적 권위에서 빌려오지 않는다. 이 점을 "독립국가"라고 표현했다. (3) 대한민국 건국에 의해 역사적 의미의 국가가 "재건"되었다. "재건"이라 하여, 대한제국을 승계하는 국가승계를 암묵적으로 표현한다. 이 세 가지 점을 합쳐, "민주독립국가를 재건"한다고 표현했다.

15) "현행법령은 이 헌법에 저촉되지 아니하는 한 효력을 가진다." 특히 군정법령만이 효력을 유지한다고 하지는 않는다. 그러나 대한민국의 임시정부는 법령을 반포, 시행한 일이 없다. 상해임시정부도 마찬가지이다. 그만큼 임시정부로서의 실체가 미약했다. 한편, 대한제국이 1910년 당시 가지고 있던 법은 구법질서로서, 대한민국의 법질서에 맞지 않는 것은 효력을 유지할 수 없다.

16) 이 글에서는 '국제법'과 '국제공법'을 동의어로 쓴다. 국제(공)법은 원래 萬國公法(the law of nations)이라 했는데, 그 후 '국제법(international law, Völkerrecht)'이라는 용어가 일반화되었다. 국제사법과 구별하여 '국제공법'이라고 부르기도 하는데, 이 용어를 쓰면 '국제적 법'을 크게 국제사법과 국제공법으로 대분류할 수 있어 편리하다.

17) "강행법규(ius cogens)"라고만 말하면 어느 법질서의 강행법규를 말하는지 드러나지 않는다. "강행법규(ius cogens)"라는 개념은 하나의 법질서 안에서 임의로 그 적용을 면하는 것이 불가능한 법규를 말하는 것이다. 개별 국가의 법질서에도 강행법규가 있고, 전세계적으로 기본적으로 단일한 법질서를 이루는 국제법질서(국제공법질서)에도 강행법규가 있다. 사실 法史的으로는 국제공법은 뒤늦게 발달했고, 국제법학자들은 국가법질서에서 강행법규가 인정되는 것이 보편적임에 착안하여 국제공법에서도 강행법규의 개념을 인정하기 시작했다.

18) 한국에 대하여 발효한 다자조약으로는 '외교관계에 관한 비엔나협약'(Vienna Convention on Diplomatic Relations)(1961)(대한민국에 대해서는 1971.1.27. 발효) 제22조 이하와, '영사관계에 관한 비엔나협약'(Vienna Convention on Consular Relations)(1963)(대한민국에 대해서는 1977.4.6. 발효) 제31조 이하에서 각종 특

사재판권을 병행적으로 혹은 독점적으로 행사하도록 허락하는 것이다. 실제로 19세기에는 영사재판권을 인정하는 양자조약이 자주 체결되었고, 영사재판권의 대상인 외국인에 대해서는 국가재판권의 행사를 제한하는 예가 많았다.[19] 오늘날에는 영사재판권을 인정하는 예는 찾아보기 어렵지만, 在外公館에서 재외국민에 대한 행정권과 사법행정권 행사를 허락받는 일이 통례화되어 있다. '영사관계에 관한 비엔나협약' 제5조가 "영사기능"으로 열거하는 것이 그것이다. 또, 주둔군지위협정(Status of Forces Agreement, 약칭 SOFA)과 국외주재 법집행인력 지위협정(보통 법집행협정, law enforcement agreement라 약칭)에서도 접수국(주둔지국)의 재판권 행사를 일부 포기하는 것이 통례이다.

다른 하나는 私的 裁判을 합의에 의한 裁判權(consensual jurisdiction), 즉 임의적 재판권의 형태로 인정하여 국가재판권의 행사를 제한하고 또 보충하는 것이다. 국내외에서 행해지는 상사중재재판권이 그것이다. 대한민국도 국내적으로는 중재법, 국제적으로는 '외국 중재판정의 승인 및 집행에 관한 뉴욕협약'[20]에 의하여 商事仲裁라는 私的 裁判과 그 임의적 사법권에 대하여 국가법원에 의한 재판과 그 강제적 사법권을 대체하는 효력을 인정한다.

또 다른 하나는 국가가 중재법정이나 국제법정(국제법상의 법원)[21](예: 상설중재재판소,[22] 국제사법재판소[23])의 재판권에 합의하는 것이다. 이것도 합의에 의한 재판권(consensual jurisdiction)이다. 이 한도에서도 국가의 자국영토 내 司法權 독점은 깨어진다. 이 합의는 구체적 사건에 대하여 할 수도 있고, 구체적 사건이 발생하기 전에 조약에 의하여 추상적으로 할 수도 있다.[24] 후자의 경우에는, 他方이 재판이나 중재를 신청하기만 하면 재판 또는 중재절차가 진행되므로, 구체적 사안에 당면해서는 마치 강제적 재판권(mandatory jurisdiction)처럼 기능한다.

셋째, 權力的 作用(국가권력의 행사)이 아닌 것은 일국이 타국 영토에서 실행해도 무방하다. 국가의 권력행사라 하더라도 '강제적' 권력작용이 아닌 한 무방하다는 견해도 있다. 그

권과 면책을 규정한다. 특히 외교관계에 관한 비엔나협약 제31조와 영사관계에 관한 비엔나협약 제43조에서 재판면제를 규정한다.

19) Travers Twiss, La juridiction consulaire dans les pays de l'Orient et spécialement au Japon(1893) 등 참조.

20) Convention on the Recognition and Enforcement of Foreign Arbitral Awards. 1958. 6. 10. 성립. 대한민국에 대해서는 1973.5.9. 발효.

21) 그 권한이 국제공법에서 나오는 법원을 말한다. 설립준거법이 국제공법일 필요는 없다.

22) Permanent Court of Arbitration, 약칭 PCA. 네덜란드 덴하그(헤이그) 소재.

23) International Court of Justice, 약칭 ICJ. 네덜란드 덴하그(헤이그) 소재.

24) 조약으로 국제법정의 재판권에 따르기로 미리 동의하는 예: 유엔해양법협약(United Nations Convention on the Law of the Sea) 제188조. 조약으로 중재절차에 미리 동의하는 예: '국가와 타방국가 국민간의 투자분쟁의 해결에 관한 협약'(Convention on the Settlement of Investment Disputes between States and Nationals of Other States, 약칭 ICSID 협약, ICSID Convention)(1965)(대한민국에 대해서는 1967.3.23. 발효) 제36조 이하, 다자적 또는 양자적 투자협정의 투자자·국가간 분쟁해결(Investor-State Disputer Resolution)절차.

래서 미국은 일국법상의 임의적 증거수집과 임의적 증거조사가 타국 영토에서 행해지는 것은 무방하다는 입장이다.[25] 또, 송달실행지국법상 근거 없이 송달이 실행되는 경우에도, 원고나 그 소송대리인이[26] 직접 송달실행지국에 가서 송달하는 것이면 몰라도, '우편에 의한 송달'(Zustellung durch die Post), 즉 우편서비스(국영 또는 사영)에 맡기는 송달은 도대체 강제적으로 실행되는 것이라 할 여지가 없어 송달실행지국의 주권침해가 성립할 여지가 없다는 것이 미국의 입장이다. 그러나 임의적 증거수집・조사라도 강제적 재판권의 작용으로 행해지는 한, 강제적 권력작용으로 보아야 한다. 재판상 또는 재판외 서류의 송달도 마찬가지이다. 재판서류의 송달은 강제적 재판권의 실행(의 일환)에 해당하므로, 송달의 실행 자체에는 강제성이 없더라도 항상 강제적 재판권의 행사에 해당한다. 가령 외국의 법원공무원, 또는 '법정의 공무원'의 직무를 맡은 소송당사자나 소송대리인의 위임을 받아 우편(국영이든 사영이든)배달부가 송달을 실행하는 경우가 있다. 그가 송달실행지국의 법(국내법이나 그 국가에 대해 발효한 조약)이 허용하지 않음에도 그 국가에서 재판상 서류를 송달실행하면, 그것은 항상 송달실행지국의 주권침해이다. 송달실행과정에서 외적으로 드러나는 강제력 행사가 없었어도 같다(예: 우편배달부가 영문을 모르는 당사자나 동거가족에게 우편물을 교부하고 수신인이 이를 순순히 수령한 경우). 재판외 서류의 송달도 마찬가지이다. 강제력 있는 권력작용을 위한 국외송달은 송달실행지국법이 허용하지 않는 한 그 국가의 주권침해이다.

2. 영토주의는 국가재판권의 대인적, 대물적 효력범위 문제와 차원을 달리한다

영토주의를 기본원리로 하는 오늘날의 영토국가에서 구체적 사건이나 문제가 국가재판권의 영토적 범위 내에 속하면, 그 국가는 재판권을 행사할 권한과 의무를 동시에 가진다. 다만 국가재판권의 대인적, 대물적 효력범위가 제한되는 한도에서는 속지적 재판권이 제한된다. 그래서 국가재판권의 대인적, 대물적 효력범위 문제는 국가재판권의 영토적 효력범위 문제와 대등한 층위에 존재하는 문제라고 하기 어색하다. 셋 다 국가재판권의 효력범위 문제이긴 하지만, 영토적 효력범위의 한계는 근본적인 것이기 때문이다.

실제 문제의 해결에서도 이 차이가 드러난다. 재판권을 행사하려 하는 국가법원은 국가재판권을 가장 먼저 검토하고 국제재판관할, 절차준거법 등의 문제를 검토한다. 그래서 가령 재외공관에 파견되어 있는 대한민국 사법협력관에게 소장이 제출되면, 대한민국 사법협력관

25) 대표적으로 김・장 법률사무소는 이 국제공법적 논점에 대한 미국의 입장을 충실히, 일관되게 대변한다. 그래서 미국소송을 위하여 미국 변호사가 한국에서 '法廷外 증인신문'(deposition)을 하는 것은 임의적 증거수집(내지 조사)이므로 한국의 주권침해(영토내 사법권 독점 침해)가 아니라는 입장을 견지한다. 그러면서도 스스로 논리의 궁색함을 아는지, '주한 미국영사관' 내에서 하면 특히 더 무방하다고 말한다.

26) 미국의 민사소송법들에서는 원고나 그 소송대리인이 법정지국의 법원 공무원(officer of the court)의 직능을 맡아 송달을 실행할 권한을 인정한다.

은 역외재판권 결여를 이유로 그 접수조차 거부한다. 또, 역외재판으로 내려진 외국판결의 승인이 한국법원에서 구하여지면, 한국법원은 무엇보다 재판권 결여의 외국판결임(민사소송법 제217조 제1항 제3호: 국제사법상의 공서위반)을 이유로 승인거절해야 한다. 즉, 국가재판권은 영토적 효력범위에 일차적 초점이 있으며, 그것이 구체적 사건 해결에서 첫 단추가 된다. 대인고권과 대물고권도 제한될 수 있지만, 그 제한은 당사자의 포기에 의해 극복될 수도 있고, 기타 사정에 의해 유연하게 처리될 수도 있어서, 구체적으로 살펴야 한다. 예컨대 한국법원에 외국국가를 상대로 하는 소장이 제출되면, 한국법원은 주권면제의 예외가 인정됨이 확인되지 않는 한 소장 접수나 소장 부본의 송달시도를 거부해서는 안 된다.

3. 一國에 의한 타국 주권과 그 행사의 승인: 抵觸法의 역할

영토국가는 외국의 영토주권과 그 행사에 대해서도 일정한 의미를 부여한다. 즉, 한 영토국가는, 자국의 영역 내에서 법적 규율을 함에 있어서도, 외국 영토주권을 일정한 방법으로 승인한다. 저촉법(law of conflict of laws)이 하는 일이 이것이다. 오늘날 저촉법은 국가법으로 존재한다.

첫째, 외국의 주권도 '주권'으로 파악하고, 그래서 외국의 법도 '법'으로 인정한다. 그래서 외국법도 법으로 파악하여 외국법이라고 부른다. 외국법원, 외국소송, 외국의 비송절차도 '외국'이라는 표현을 붙여 이렇게 부른다. 이것이 저촉법의 출발점이다.

둘째, 자신의 법에 의해 외국법과 외국절차에 대해 '법적' 의미를 부여한다. 물론 자신의 주권은 그 영토적 효력범위에 한정되므로, '자국 내에서의 효력'에 관해서만 그렇게 할 수 있다. 이것은 저촉법에 의해 이루어진다.

오늘날 저촉법은 기본적으로 국가법이다. 즉, 한 영토국가는 자신의 영토주권을 행사하여 저촉법을 형성한다. 그 국가의 저촉법은 그 국가의 영역에서 저촉법으로서의 효력을 가진다. 그래서 그 저촉법에 의해 타 영토국가의 영토주권에 대해 일정한 의미를 부여하고, 그 외국이 그 영토주권을 행사하여 자신을 위해(자신의 영역 내에서 효력을 가지도록) 만든 법에 '외국법'이라는 의미를 부여한다. 그래서 외국의 司法節次를 승인하거나 고려하고(외국판결의 승인집행, 외국법원에의 중복소송에 대한 의미부여), 외국의 실체법을 준거실체법으로 삼아 조사, 적용한다. 이러한 저촉법적 접근방법은 민사관계에서는 일반적이다. 즉, 각국은 國際私法을 발달시키고 있다.

저촉법적 규율, 즉 외국법의 적용, 외국절차의 승인, 외국에서 절차가 진행될 가능성을 고려한 자국 국제재판관할의 규율 등은, 私法 분야에서는 대체로 유연한 형태로 이루어진다. 부동산물권은 예외이지만, 순수한 사법적 규율로서의 성격이 강할수록 국제사법적 규율은 내용과 방법 양면에서 유연하고 다양하게 이루어진다. 저촉법의 꽃은 국제사법이다. 반면에,

권력적 관계를 다루는 공법분야와, 私法 내에서도 국가가 후견적으로 개입하는 등으로 공법적 성격이 있는 규율에서는, 국제'사'법만큼 유연한 저촉법적 규율을 하기 어려운 경우가 많다. 공법적 성격이 강한 규율에 대해서는, 그 입법을 한 국가(준거법소속국)가 전속적으로 소송관할과 비송관할을 행사해야 한다는 사고방식이 강하다. 그러나 이런 분야라 하여 저촉법이 없어지고 국가 입법관할권론만 남는 것은 아니다. 공법적 성격이 강한 실질법이라 하여, 준거법결정이 국가입법관할권 획정으로만 해결되는 것은 아니며, 오히려 관건은 입법자의 입법의사에 있다.

Ⅲ. 국가 민사사법권의 대인적 효력범위

1. 문제제기

국가사법권의 대인적 효력범위에 대한 제한은 국제공법이 부과하는 주권면제의 제한 외에는 특별한 제한이 없는 것처럼 여겨지곤 한다. 법정지국이 국제재판관할을 가지고 있을 때에는(원고에 대해서는 복종관할, 피고에 대해서는 일반관할이나, 합의관할, 응소관할을 포함한 특별관할), 재판권도 있음이 자명한 경우가 대부분이기 때문이다. 원고에 대해서는 복종에 의해 당연히 재판권이 인정되고, 피고에 대해서도 소재, 복종, 동의, 복종간주 또는 동의간주 등이 인정될 것이다. 그러나 국외에 소재한 증인의 경우에는 국가 민사재판권의 대인적 효력범위가 관건이 된다. 국내 민사소송법 표준서들은 주권면제 외에도 국가 민사사법권의 대인적 효력범위에 대한 일반적 제한이 있다고 말하는데, 그 서술내용에는 다소 차이가 보인다. 이에 관하여 간략히 살펴본다.

2. 민사소송법 표준서들의 서술례

국내 민사소송법 표준서들은 국가의 민사재판권(民事司法權)의 인적 효력범위의 문제로서 主權免除[27]를 언급한다. 그리고 여기에서 그치지 않고, '국가 민사재판권의 인적 효력범위에 대한 일반론'으로서 '국가 재판권이 자국민과 국내 소재자에 일반적으로 미친다'거나 '국내에 소재하는 자에게 일반적으로 미친다'는 서술도 함께 하는 예가 있다. 국내 소재자에게 효력이 미친다는 서술례[28]와, 일국의 민사소송법은 자국민과 국내 소재자에게 효력이 미친다고 언급하는 서술례[29]로 나뉜다.[30]

---

27) 이 글에서 "주권면제"라 하면 외교면제나 영사면제 등으로 특화된 하위영역도 포함하는 넓은 의미이다.

28) 이시윤, 전게서, 59면; 김홍엽, 전게서, 36면.

29) 金洪奎・姜泰源, 民事訴訟法(제2판, 2010), 三英社, 36면. 독일 문헌으로는 Lüke, Zivilprozessrecht, 9. Aufl. 2006, Rn. 58.

30) 한편, 鄭東潤・庾炳賢, 民事訴訟法(제4판, 2014), 法文社, 47면에는 이런 서술이 없고, 절차법에 대한 법정지법주의는 당사자의 국적도 불문한다는 서술이 있을 뿐이다. 그러나 대한민국 민사소송법의 인적 효력범

3. 검　　토

(1) 대부분의 경우에는 영토고권과 분리하여 대인고권을 따로 이야기할 필요가 없다

민사소송법 교과서의 도입 부분에서, 국가 민사재판권이 그 영토적 효력범위 내에서는 모든 사람에게 두루 미치는 것이 원칙이라는 점을 언급하는 것은 의미가 있다. 국가재판권의 효력범위를 정하는 제1원리는 영토주의이며, 민사재판권의 인적 효력범위도 우선 영토주권에 의해 정해지는 것이기 때문이다. 더 나아가 법정지국과의 인적 연결점(국적, 주소, 상거소 등)에 의해 법정지국의 민사재판권이 국외 소재자에게도 미치는가는 까다로운 문제이므로, 국내적 맥락의 민사소송법만 다루는 교과서에서는 생략해도 무방하리라 생각된다. 그래서 민사소송법 교과서의 서두에서 간략히 서술할 때에는, 국가 민사소송법은 우선 국내 소재자에게 미친다는 점만을 언급하고 나머지는 생략하는 것도 무방하여 보인다. 위에서 인용한 서술례도 그런 취지로 이해된다.

국가 민사재판권이 '국내 소재자'에게 또는 '자국민'과 '국내 소재자'에게 효력이 미친다는 점을 나란히 서술하는 예도 있음을 보았는데, 국가재판권의 인적 효력범위 개념의 개괄적 설명 내지 예시라고 본다면 별 문제는 없다고 생각된다. 그러나 국가 민사재판권은 '국내 소재자'에게 미친다 라는, 영토주권에서 도출되는 부분, 즉 가장 기본적인 부분만 서술하는 것이 아니라, 한 걸음 더 나아가 '국내 소재자'와 '국민'에게 미친다고만 하고 서술이 끝맺어지면 독자의 오해가 생길 수 있다. 무엇보다, 국가재판권의 인적 효력범위가 영토적 효력범위와 완전히 따로 정해지는 것처럼 보일 우려가 있다. 게다가, 국가재판권이 미치는 인적 범위가 국내 소재자와 그 국민에 한정된다고 단정할 수 없다. 그리고 국가재판권이 외국 소재자에 대해 역외적으로 행사될 때에는 그곳의 국가의 영토주권과의 충돌 문제가 있다.

첫째, 국가재판권의 인적 효력범위는 국가재판권의 영토적 효력범위와 따로 정해지는 것이 아니다. 국가 민사재판권이 국내 소재자에게 미치는 것은 영토고권의 작용일 뿐이다. 나아가 국민에게도 일반적으로 국가 민사재판권이 미친다고 할 수 있는지는 다툼이 있을 수 있는 문제인데, '영토국가'의 국민으로서 국가 민사재판권에 포괄적으로 복종 내지 동의하고 있기 때문이라고 설명하는 것이 타당하다고 생각된다. 국적 자체에 의하여 국적소속국의 재판권의 대인적 효력범위에 속한다고 하는 것도 논리적으로 불가능하지는 않지만, 이렇게 하면 그 국가는 영토국가이기만 한 것이 아니라, 영토국가와 인적 집단을 겸하게 된다. 이것이 오늘날 승인될 수 있는지에 대해서는 견해가 나뉠 수 있다.

둘째, 국가 민사재판권이 국내 소재자와 국적자에게만 미칠 수 있는 것은 아니다. '외국 거주 외국인'이라도, 가령 한국법원에 소장을 제출했거나, 한국법원에 제소된 후 한국의 국

위에는 주권면제 법리를 제외하면 별다른 제한이 없다고 서술하고 있는 것도 아니다.

제재판관할을 다투지 않고 본안에 대해 변론하였거나(즉 "응소"하였거나), 한국법원을 선택하는 국제재판관할합의를 한 경우에는 한국의 민사재판권이 미친다. 재판권은 소재, 복종, 동의 등에 의하여 사람에게 미칠 수 있으며, 그러한 사유가 있다고 '간주'할 여지도 있다. 외국에서의 송달이나 증거수집의 형태로 민사재판권이 행사되는 경우에도, 그 인적 효력범위가 반드시 국내 소재자와 자국민에 국한되는 것은 아니다. 오히려 법정지국 거주자가 국내 거소를 보유한 채 외국에 소재하는 경우에도 법정지국 민사재판권의 인적 효력이 미친다는 입법례도 있다.[31)]

셋째, 대한민국에서의 민사소송을 위하여 대한민국 밖에서 송달이나 증거수집·조사를 하는 것이 한국법상 허용되는 경우에도, 다시 송달실행지국과 증거수집·조사 실행지국의 영토고권과의 관계가 문제된다. 그리고 이 문제는 일국의 대인고권과 타국의 영토고권의 충돌과 타협의 문제로 다루어지기도 한다. 근거가 어떻든 '역외적 재판권 행사'의 일종이라고 분류하고, 영토주의의 맥락에서 일국의 재판권 행사가 역내적 범위에 머물러야 하는가, 일정 한도에서 역외적으로도 미칠 수 있느냐를 논하는 경우도 많다. 구체적 문제의 해결은 국제민사소송법의 해당 분야(국외송달, 국내적 의제송달, 국외증거수집 등)에서 찾아야 한다. 그러나 이 문제의 본질이 영토적 재판권과 대인적 재판권의 충돌 문제라고 말한다 하여 그로부터 해결책을 연역할 수 있는 것이 아님은 물론이다. 그리고 역외적 재판권 행사의 근거가 영토고권에서 파생한 대인고권인지, 영토고권으로부터 독립적으로 구성된 대인고권인지, 혹은 오히려 속지주의의 확장인 효과주의(effect theory)인지에 따라 답이 곧바로 나오거나 달라지는 것도 아니다.

송달과 증거수집·조사라는 각론분야별로 역외적 재판권 행사(예: 국외송달)의 한계, 논리적으로 재판권의 역외행사를 피하면서도 실질적으로 동일한 효과를 거두는 형태(예: 국내소재, 인적 소속, 복종, 동의 등을 의제하여 국내에서 실행이 완료되는 송달) 등을 각론적으로 검토해야 한다. 요컨대 국가재판권 간의 경계획정만으로, 국외송달이나 국외증거수집·조사의 국제민사소송법 문제가 완전히 해결되는 것도 아니다. 가령 일국이 자국 재판권을 역외적용하여 외국에서 증거조사를 하려 하면, 증거조사에 대한 거부권에 대하여 법정지법과 증거조사의 실행지법 중 어느 것을 우선시킬지, 양자를 중첩적용할지, 선택적으로 적용할지의 문제에 부딪친다.[32)] 국가주권(국가관할권)의 경계획정만으로 이런 문제들을 해결할 수 없고, 절차준

31) 미국 연방 제정법은 민사재판권에 국한하지 않고 미국 연방법원의 재판권이 일반적으로 해외 소재 국민 또는 거주자(resident)에게 미친다고 규정한다. 28 U.S.C. § 1783(a).

32) 그러나 증인이 한국에 주소를 가지는 한국인으로서 해외에 유학 등으로 일시적으로 체류하는 것에 불과하고, 대한민국 법원이 사법공조절차에 의하여 증인을 소환하는 것에 불과하여 증인 소재지국의 영토주권과의 충돌도 없는 경우에는, 재판권 행사를 게을리해서는 안 될 것이다. 재판의 직무를 맡은 법관이 재판권을 적정하게 행사하는 것은 권한이자 의무이기 때문이다. 언론보도에 의하면, 영상의학전문의 양승오, 의사 김상진, 이장휘, 치과의사 김우현 등 7인의 의료전문가가 서울시장 선거과정에서 박원순의 아들 박주신에 대

거법의 결정이라는 세부적 해결을 해야 한다.

(2) 주권면제도 영토고권에 대한 예외이다

주권면제는 한 국가가 타국을 재판의 대상으로 삼을 수 없다는 이유에서 국가재판권의 자체를(즉 그 행사만이 아니라) 제한하는 법리이다. 재판권면제의 이론적 근거는, 독자적으로 최고의 주권을 가지는 주권국가들 사이에서, 한 국가가 다른 국가를 재판의 대상으로 삼을 수 없다는 데 있다. "주권", 즉 "고권"이라는 개념 자체에 내재한 제한이고, 복수의 국가가 병존함으로써 드러난다.

하여 의학적 전문지식에 근거하여 병역비리 의혹을 제기한 데 대해, 공직선거법상의 허위사실 유포죄를 인정하고 검찰의 구형보다도 훨씬 높은 액수의 벌금을 선고한 예가 있다. 서울중앙지법 2016.12.7. 선고 판결(형사27부, 재판장 심규홍 부장판사)(공간되지 않아 사건번호는 알지 못함). 그런데 항소심 공판에서 재판장(서울고법 형사6부, 재판장 정선재 부장판사)의 공판진행과 "나의 사건검색" 사이트를 통해 밝혀진 바에 의하면, 1심법원은 검찰을 통해 증인의 소재지인 영국 법무부에 체류지 확인을 요청했고, 영국 경찰에 의해 거주지가 확인되었고, 대한민국 검찰이 이를 법원에 보고했고, 이에 따라 1심법원이 영국 체류지와 증인의 대한민국내 주소지에 소환장을 발송했으며, 이에 따라 1심판결로부터 약 20일 전인 2016.11.18. 증인이 영국 경찰서를 방문하여 소환장을 수령했다고 한다. 그렇다면 1심법원은 응당 스스로 발급한 소환장에 따라 증인이 출석하기를 기다려 신문절차를 진행하고, 증인이 출석거부를 하는 경우 법률이 정한 제재를 가하고, 그렇게 함으로써 재소환에 응하도록 간접강제하고, 그럼에도 출석거부를 반복할 때에는 그것이 사실판단에 어떤 추단효를 가져다주는지 판단했어야 한다. 무엇보다 피고인의 혐의 유무를 밝히는 데 결정적 중요성을 가지는 증인인 데다가, 법원 스스로 혐의 유무를 판단하는 데 필요한 증인이라고 판단하여 소환한 증인이므로 더욱 그렇다. 그러나 1심법원은 이러한 일련의 절차를 전혀 밟지 않았다. 2016.11.18. 전에 선고기일을 정했더라도 증인소환장을 발급하여 국제형사사법공조절차가 진행중인 상태에서 선고기일을 정한 것이 되어 이상하다. 2016.11.18.의 증인소환장 송달실행 후에 선고기일을 정한 것이라면, 법원의 판단으로 소환한 증인을 신문하지 않겠다고 법원 스스로 태도를 돌변한 것이 되어 더욱 이상하다. 법원이 불필요한 오해를 사지 않으려면 함부로 국가의 재판권 행사를 포기하지 않고 정상적으로 절차를 진행하면 된다. 그러나 1심법원은 그렇게 하지 않았다. 필자로서는 자세한 사정은 알 수 없으나 언론보도 내용을 종합하면, 증인소환장 수령 소식이 들려 오자 서둘러 판결선고하여 1심 공판절차를 종결한 것이 아닌가 라는 의혹이 제기될 여지가 있다. 이것이 사실이라면, 이렇게 할 실익이 무엇이었는가 라는 의구심이 든다. 재판부의 내심의 의도는 알 도리가 없다. 다만 이런 서두른 판결선고가 1심법원에게, 혹은 피고인 양승오 등이 유죄로 인정되어 엄벌을 받도록 하는 데 이익을 가지는 사람들에게, '객관적으로' 어떤 이익을 가져다 줄 만한 일이었는가를 생각해 볼 수는 있을 것이다. 1심법원이 서둘러 1심 재판절차를 종결해 버리면, 증인을 신문하지 않아도 된다. 사실에 접근할 기회를 가지지 않고 판결효에 기댈 수 있다. 증인에게 소환불응에 따른 법적 제재를 가하지 않아도 된다. 서둘러 선고하고 의외의 높은 형량을 선고함으로써, 마치 혐의의 입증은 별 쟁점이 아니고 양형이 주된 쟁점인 것처럼 '의제설정'(agenda-setting)할 수 있다. 마치 유죄의 증거는 충분하여 재판을 2년이나 끌 필요도 없었는데, 피고인들이 억지 변론을 하느라 2년이나 허비되었으므로 한층 더 엄중히 징벌한다는 것이 이 사건의 핵심인 것처럼 보이게 할 수 있다. 그래서 형사재판의 사실판단의 엄격성의 요구를 여론의 관심으로부터 멀어지게 할 수 있다. 또, 공적 권위에 도전하는 행태를 높은 선고형으로 징벌한다고 내세움으로써, '병무청과 검찰의 권위에 도전하는 데 대한 징벌'이 사건의 본질인 것처럼 초점을 흐릴 수 있다. 사실관계 규명에 결정적 증인에 대한 증인소환이 실행되었음에도 불구하고 증인신문을 전격적으로 건너뜀으로써, 사실판단의 기회를 항소심으로 좁힐 수 있다. 항소심 재판부에게는 '굳이 1심법원도 불필요하다고 본 증인을, 그것도 해외에 체류하여 소환에 어려움을 겪은 증인을 꼭 소환해야 하느냐'라는 질문을 던지는 효과를 거둘 수 있다. 사실은 해외 체류자에 대한 증인소환의 절차적 번거로움이 모두 해결된 상태였음에도, 마치 '오랜 시일을 걸쳐 소환하려 했으나 여전히 증인신문이 이루어지지 못했다'는 외관을 창출할 수 있다. 그리고 '그런 상태에서 판결을 미룰 수 없었다'는 변명을 시도할 수 있다. 또, 항소심으로 하여금 다시 증인을 소환하는 절차를 밟는 번거로움을 겪도록 할 수 있다. 그 사이 증인이 체류지를 바꾸어 소환절차가 지연되는 일도 생길 수 있다.

민사소송법학에서는 주권면제를 국가사법권의 인적(대인적) 한계의 문제로 이야기한다. 그러나 이러한 서술방식에 대해서도 재검토가 필요하다.

첫째, 주권면제는 국가의 대인고권의 포괄성에 대한 예외가 아니다. 오히려 영토고권에 대한 예외이다. 물론 영토국가의 대인고권 자체가 이미 영토고권에서 파생된 개념이기 때문이기 때문이다.[33] 이 점은 "領土外性(exterritorality, Exterritorialität)"과 이를 번역한 표현인 "治外法權"이라는 용어에 정확히 표현되어 있다.

둘째, 한 국가가 타국을 재판의 대상으로 삼을 수 없다는 생각에서 주권면제 법리가 인정되는 것은 맞다. 그러나 주권면제는 재판권에 대인적 한계로만 나타나는 것이 아니다. 대인적 한계와 대물적 한계 양면에서 타나난다. 즉, 재판권면제는 국가재판권의 인적 범위와 물적 범위를 제한한다.[34] 그렇다면 주권면제를 국가재판권의 대인적 한계와 대물적 한계라고 할 것인가? 그것은 논리적으로는 불가능하지 않으나, 주권면제가 어떤 제한으로 나타나는가를 기술하는 것에 불과하다. 가령 '주권면제가 대인고권과 대물고권에 대한 예외이다'라고 서술하는 것은 부적당해 보인다. 주권면제가 어디까지나 '영토고권'에 대한 예외라는 점이 흐려져서는 안 된다.

셋째, 주권면제는 포기할 수 있다. 만약 국가재판권이 대인적 효력의 측면에서 이미 스스로 제한을 부과하는 것이 주권면제였다면, 타국이 주권면제를 포기한다 하여 법정지국의 대인적 효력범위가 늘어날 수 없다. 또, 국가의 대인고권이 국제공법에 의해 외적으로 제한받는 것이 '주권면제 포기'에 의해 효력을 잃는다고 설명하는 것도 그다지 적절한 것은 아니다. 왜냐하면 현대의 영토국가는 영토고권 개념으로부터 독립적으로 대인고권을 가지는 것이 아니기 때문이다. 결국, 주권면제를 국가재판권의 대인적 효력범위의 한계라고 하면, 주권면제의 포기를 설명할 수 없거나, 적절히 설명할 수 없다. 주권면제는 영토고권에 대한 제한이라고 해야 주권면제의 포기를 적절히 설명할 수 있다.

넷째, 주권면제의 사항적 범위에 대해서는 권력적 행위에 대해서만 주권면제를 인정하는 제한적 면제설이 국제적으로 통설화되고 있다. 상업행위의 예외의 범위를 어떻게 정할지, 고의불법행위의 예외(흔히 불법행위의 예외라 함)도 인정할지 여부와 범위, 집행면제의 범위 등에 관해서도 견해가 나뉜다. 그렇다면 동일한 사람(외국의 국가원수, 외교관 등)이 어떤 성질의 행위를 하는지, 동일한 물건이 어떤 용도를 위해 보유되고 있는지에 따라 대인적, 대물적 효력범위가 좌우된다고 설명하는 것은 어색하다. 오히려 영토고권의 제한을 어디까지 인정할지 정할 때 행위의 성질, 목적, 물건의 용도가 기준이 된다고 하는 것이 적절하다.

---

33) 그래서 대인고권이라는 개념이 꼭 필요한 것은 아니다.

34) Othmar Jauernig(金洪奎 역), 獨逸民事訴訟法, 신원문화사, 1992(Zivilprozessrecht, 21. Aufl. 1985의 번역), 30면 참조(주권면제(치외법권)을 物的 治外法權과 人的 治外法權으로 나누어 서술).

요컨대, 주권면제는 국가재판권의 인적 범위와 물적 범위 양쪽의 제한으로 나타나기는 하지만, 주권면제에 의하여 제한되는 국가사법권은 영토고권의 성질을 가진다. 국가사법권이 대인고권과 대물고권으로 나타나기도 하지만, 국가의 대인·대물고권은 국가의 영토고권과는 차원을 다소 달리한다. 그래서 주권면제를 대인고권과 대물고권에 대한 예외라고 하는 것은 어색하고, 영토고권에 대한 예외로 이해하는 것이 바람직하다. 그래야만 주권면제 법리를 적절히 설명할 수 있다.

(3) 영토고권으로부터 분리된 대인고권도 인정되는가

영토고권에 의존하지 않고 대인고권 자체를 독립적으로 인정하여 국가재판권을 인정할 수 있는지 문제된다. 역외적 재판권을 인정할 수 있는지의 문제이다. 앞서 검토한 '영토주권에서 파생되는 대인고권'과 '영토주권에 대한 예외로서 국가재판권의 대인적, 대물적 범위의 제한으로 나타나는 주권면제'는 본질적으로 영토주권의 문제인데, 여기에서의 문제는 이와 다르다.

역외적 재판권은 영어로는 "extraterritorial jurisdiction", 줄여서 "extraterritoriality(역외성)"이라고 한다. 19세기에 서유럽과 미국이 루마니아, 터키를 포함하여 東方이나 아시아, 아프리카 지역에 진출하면서 재외국민에 대한 본국의 재판권을 보장받는 조약을 체결하고, 이를 이론적으로 역외적 재판권으로 근거지웠다. 흔히 우호통상조약의 한 내용이 되었다. 이것은 이를 인정하는 조약에 의해 비로소 인정되는 것으로 이해되었고, 그 조약의 폐기에 의하여 사라졌다. 오늘날에는 외국영토에서 역외적 재판권이 인정되는 예는 찾아보기 어렵다. 다만 공해, 남극, 우주 등과 같이 국가영역에 속하지 않는 장소에 관해서는 대인적 재판권 내지 역외적 재판권의 논리가 쓰일 가능성이 남아 있다.

오늘날 "역외성"이라는 표현이 다른 의미로 쓰인다. 재판권의 역외성을 가리키는 것이 아니라 국가의 입법관할권 내지 그 적용의지가 그 국가의 영역 외에도 미치는 것을 가리킨다. 즉, 효과주의나 속인주의라는 저촉법원칙에 근거하여 준거법소속국 영역 외에서 일어난 행위에 대하여 그 실체법을 적용하는 것을 말한다. 지적재산권법, 경쟁법의 분야에서는 역외적용도 속지주의의 일환으로 이해되고 있다. 여기에서 역외성(extraterritoriality)(역외적용, extraterritorial application)은 '엄격한 속지주의'(strict territoriality)를 넘어서는 속지주의를 말한다.

요컨대 국가재판권의 대인적 효력범위는, 주권면제를 제외하면, 주로 역외적 대인고권의 맥락에서 문제된다. 그 외에 국가재판권의 대인적 효력범위로 이야기되는 것은 영토적 효력범위 문제의 본질을 가지는 경우가 대부분이다. 그리고 국가재판권 간의 경계획정에 의해 역외적 대인고권과 영토고권의 충돌을 해결하는 접근방법으로는 구체적 논점을 해결하기에 부족하다. 오히려 국가재판권의 효력범위가 서로 중첩되도록 내버려 둔 상태에서, 국제재판관할(권), 절차준거법, 國際司法共助 등의 국제민사소송법의 각론 문제로 풀어야 한다.

나아가, 개념적으로는 국제공법 법리로 분류되는 주권면제 법리조차도 현실적으로는 각국의 주권면제법이 다양한 형태로 발달하고 있다. 국제공법에서는 국제공법 법리의 내용에 대한 각국의 입장 차이로 본다. 그래서 각국의 실정 주권면제법이 중요한 차이를 보임에도 불구하고 주권면제를 국제공법의 문제로 다루는 것을 주저하지 않는다. 이것은 논리적으로 가능한 태도이다. 그러나 그렇다 하여 각국의 주권면제법이 상이한 내용으로 존재하는 것을 무시할 수는 없다. 학설·국가실무의 차이와 대립을 애써 무시하거나 다수견해를 통설이라 하여 밀어붙이려 하는 것은 바람직한 일이 아니다. 또, 주권면제법을 국제민사소송법의 일부로 다루어 연구하는 것을 놓고 국제법의 고유영역을 빼앗긴다고 생각할 것도 아니다. 국제민사소송법학에서 주권면제법을 다룬다 하여 주권면제 법리가 근원적으로 국제공법 법리임이 바뀌는 것은 아니다. 국제민사소송법에 특유한 문제를 다루는 법으로서 국제민사소송법을 상정하여 연구, 교육함이 적절하다. 국제민사소송법의 法源에는 국제공법과 국내법(국가법)이 포함된다. 이는 이상한 일이 아니다. 국가재판권, 국제재판관할(주권면제의 예외가 인정되어 국가재판권을 행사하려면 국제재판관할이 있어야 한다), 송달(외국주권자에 대한 송달도 문제된다), 증거조사 등의 국제민사소송법 문제들을 유기적으로 함께 연구하는 것은 바람직하다.

결국, 국가재판권의 인적 효력범위에 대해서는 그것이 적어도 기본적으로는 영토적 효력범위에서 도출되는 문제임을 분명히 하고, 국내소재자에게만 미치는 것이 원칙이라는 정도로 대강의 추상적 원칙만을 언급하면서, 우선 민사소송법의 영토적 효력범위(영토고권에 의한 민사재판권 독점)의 세부 내용과 그 효과의 문제로 다루는 것이 타당하다. 그리고 구체적 검토는 국제민사소송법의 각론에 미루어, 국제재판관할, 국제송달, 국제적 증거수집·조사, 국제도산, 국제적 상속재산관리 등에 따라 논의함이 바람직하다.

Ⅳ. 민사소송법의 對物的 효력범위: 그것이 곧 국제민사재판관할인가?

1. 문제제기

오늘날 각국이 민사재판제도를 만들 때, 이것을 대한민국과 속지적으로 관련 있는 사안에 대해서만 미치도록 하려고, 그런 용도로만 국가 민사사법제도를 만든다고는 생각하기 어렵다. 그런데 한국의 민사소송법학계에서는 바로 그러한 사고방식이 다수설 내지 통설이다. 이것은 부당하지 않은가? 민사관계의 국제재판관할을 국가 민사사법권의 대물적 한계(타당범위)의 문제라 할 수는 없지 않은가?

2. 민사소송법 학설

한국 민사소송법 표준서를 보면, 國家司法權의 대물적(물적) 한계가 곧 國際裁判管轄－일어로는 국제관할(internationale Zuständigkeit)－ 문제라고 서술하는 예가 자주 보인다.[35)]

그런 사고방식의 가장 직선적 서술은 註釋 新民事訴訟法에서 볼 수 있다. 이 주석서의 김능환 집필부분은 國際裁判管轄이란 國家法(국내법) 차원에서 자율적으로 國家司法權의 對物的 限界를 정하는 문제라고 서술한다.[36)]

송상현・박익환 공저 교과서에도 이러한 사고방식이 나타나 있다. 다소의 완곡한 뉘앙스를 담고자 한 흔적이 보이기는 한다. 즉, 국가재판권의 한계라는 표현과 국가재판권의 '행사'의 한계라는 표현이 혼재되어 있다. 즉, 해당 부분의 소제목에서는 국제재판관할을 민사재판권 "行使"의 대물적 한계라고 하면서도, 본문에서는 "우리나라 법원이 행사할 수 있는 재판권의 한계의 문제"라고 서술한다.[37)] 뒷부분의 서술은 '재판권의 행사의 한계'가 아니라 '재판권의 한계'를 이야기하는 취지로 이해된다. 이 교과서는 스스로 이 점을 분명히 한다. 즉, 국제재판관할이 "재판권의 한계의 문제이기도 하고, 국가간의 재판업무의 분담문제로 볼 수도 있다"고 덧붙인다.[38)] 이 교과서는 국제재판관할을 국가재판권의 '존재'의 한계로 보는지 '행사'의 한계로 보는지를 명확히 정리하기를 미루고 있는 태도로 이해된다. 이미 국가재판권 자체에 한계가 있다면 굳이 '행사'의 한계를 이야기할 필요가 없고, 국가재판권의 존재 자체에 한계가 있다고 서술함이 적절할 것이다. 그럼에도 불구하고 '존재'의 한계라고도 말하고 '행사'의 한계라고도 말하는 것은, 국제재판관할을 국가재판권의 '무엇'의 한계라고 보는지 완결적으로 입장정리하기를 보류하는 태도로 이해된다.

김홍규・강태원 공저 교과서는 국가의 민사재판권의 물적 효력범위에 섭외사건이 포함되는 것은 국제재판관할이 있을 때에 한한다고 서술하기도 하고,[39)] 민사재판권의 "物的 범위"와 "涉外事件에 대하여 미치는 범위"를 별개의 문제인 듯이 언급하기도 한다.[40)] 다만 국제재판관할을 국가의 민사재판권의 효력범위의 문제로 봄은 분명하다.

국제재판관할을 재판권의 대물적(물적) 효력범위(한계)의 문제로 서술하는 태도의 유래에

---

35) 註釋 新民事訴訟法(I)(韓國司法行政學會, 2003)(金能煥 집필부분), [제2조 前論], 114면; 이시윤, 新民事訴訟法(제10판, 2016), 博英社, 61면; 鄭東潤・庾炳賢, 전게서, 105-106면; 金洪奎・姜泰源, 전게서, 36-37, 41면; 김홍엽, 민사소송법(제6판, 2016), 박영사, 40면 등.

36) 註釋 新民事訴訟法(I)(韓國司法行政學會, 2003)(金能煥 집필부분), 제2조 前論, 114면.

37) 宋相現・朴益煥, 民事訴訟法(新訂7판, 2014), 박영사, 58면.

38) 국제재판관할을 '국가재판권의 대물적 한계' 문제로 보지 않을 수 있다고 언급한 부분은 주목할 만하다. 그러나 국제재판관할을 '국가재판권의 대물적 한계'로 설명하느냐 '재판업무의 국제적 분담'에 관한(법정지국의) 절차법적 규율일 뿐이라고 설명하느냐 사이에서 전자 쪽으로 기운 점은 아쉽다.

39) 金洪奎・姜泰源, 상게서, 36-37면.

40) 金洪奎・姜泰源, 상게서, 41면.

대해서는, 일본법과 일본 민사소송법 학설의 영향이라는 지적이 있다. "구[2002년 전면개정 전] 민사소송법 제203조 제1호가 국제재판관할이라고 규정해야 할 것을 재판권이라고 규정하고, 다수의 민사소송법 학자들이 일본 학설을 따라 부당하게도 국제재판관할을 재판권의 대물적 제약으로 설명한" 데에서 이런 개념·용어상 혼란이 유래한다는 것이다.[41)]

실로 2002년 전면개정 전 민사소송법(1960년 4월 4일 법률 제547호) 제203조 제1호의 "法律 또는 條約으로 外國法院의 裁判權을 否認하지 아니한 일"이라는 규정은 일본 민사소송법(明治 23년=1890년 4월 21일 법률 제29호) 제200조 제1호가 "法令 또는 條約에서 外國裁判所의 裁判權을 부인하지 않을 것"이라고 규정한 것을 표현만 조금 다듬어 그대로 옮긴 것이다. 독일 민사소송법 제328조 제1항 제1호(2008년 12월 17일에 개정된 조문으로 인용함)가 "외국법원이 속하는 국가의 법원들이 독일 법률에 의하면 관할이 없는(nicht zuständig) 경우"라고 규정하여 분명히 '국제재판관할'을 언급하고 있는 것과 대조된다.

독일 학설은 국제사법학계와 민사소송법학계 양쪽에서 다음의 점을 명확히 한다. 첫째, 재판권과 국제재판관할권을 분명히 구별한다.[42)] 둘째, 국가법원의 국제재판관할권을 국가재판권의 물적 효력범위의 문제로 서술하지 않는다.[43)] 로젠베르크, 슈밥, 고트발트의 민사소송법 체계서는 국제재판관할을 재판권의 '행사범위'의 문제로 설명하는데,[44)] 이것은 재판권과 국제재판관할의 개념적 관계를 정확히 반영한 것이다. 이 교과서는 나아가 국가법원의 국제재판관할권이 기본적으로 각국의 국내법의 문제임을 분명히 하고,[45)] "통설에 의하면 국제법은 내국관련에 관하여 아무런 최소요구(최소기준)도 알지 못한다"고 덧붙임으로써,[46)] 민사분야의 국제재판관할법의 法源의 현황을 적절히 개관하고 있다. 그리고 각국의 국제재판관할에 관한 국내법적 법과 실무로부터 국제공법의 일반원칙을 간취하려는 시도가 무익한 것임을 친절히 가르쳐주고 있다.

3. 검 토

국제민사재판관할의 문제를 민사사법권의 대물적 한계로 이해하는 것은 마치 간명하고 유효적절한 설명처럼 보여지기도 한다. 主權免除는 국가사법권의 대인적(인적) 한계, 國際裁

---

41) 석광현, 국제민사소송법: 국제사법(절차편), 박영사, 2012, 34면.
42) 예: Lüke, 전게서, Rn. 58, 84; Jauernig(金洪奎 역), 전게서, 32면.
43) 이연주, "국제재판관할의 체계적 지위에 관하여", 민사소송 제18권 1호(2014.5.), 13면(독일 문헌 인용). 예컨대 Lüke, 전게서, Rn. 57 ff.에서 민사재판권의 한계에 대하여 서술하는 것을 보면, 민사재판권(민사사법권)의 '물적 한계'에 대한 언급이 아예 없다. 한국 문헌 가운데에도 호문혁, 민사소송법(제11판, 2013), 法文社, 17-19면은 같은 태도이다.
44) Rosenberg/Schwab/Gottwald, Zivilprozessrecht, 16. Aufl. 2004, § 31 Rn. 1(국제재판관할은 "각국이 그 재판권……을 사물적(사항적) 그리고 인적으로 어떤 범위에서 행사할지"의 문제이다).
45) 상게서, § 31 Rn. 1.
46) 상게서, § 31 Rn. 2.

判管轄은 국가사법권의 대물적(물적) 한계라 하여, 주권면제와 국제재판관할의 문제를 구별하면 되는 것 같이 여겨질 수도 있다. 실제로 영미법의 국제재판관할법은 국제재판관할의 범위가 일단 국가사법권의 대물적 타당범위의 제한으로 제한된다고 보는 데에서 출발한다.

그러나 여기에는 중요한 문제가 있다.

첫째, 영미법계처럼 다양한 국제재판관할사유들을 소재, 복종, 동의의 세 가지 재판권근거 중 하나로 밀어넣으려 해서는, 국제재판관할법의 정상적 발달이 저해될 우려가 있다. 원피고의 이익형량이 전면에 서야 함에도, 국가이익을 전면에 세우게 되고, 그것도 국가이익간의 형량보다는 '재판권 범위 내이냐 밖이냐'에 초점을 두게 되기 때문이다. 특히 의무이행지관할, 불법행위지관할 등 '사안의 성질에 근거한 특별관할'(jurisdiction ratione materiae)을 '법률관계의 현장'이라는 事案根接性(Sachnähe)의 고려로 설명하지 못하고, '동의의 간주', 피고가 소재한다고 간주되는 역내 장소에서 송달을 실행함에 의한 '송달관할' 등의 편법적 이론구성에 과도하게 의존하게 된다.[47] 그래서 영미법계는 기본적으로는 국제재판관할을 재판권의 '영토적' 효력범위 내에서만 인정하지만(코몬로상 도출되는 부분), 역내적 국제재판관할을 넘어서는 직접관할[48]을 제정법으로 확장시켜 왔다.[49] 영미법계는 외국재판의 승인의 이론적 근거를 기득권이론(vested rights theory)으로 설명하여, 간접관할의 규율에서도 이미 '재판권의 효력범위론'의 한계를 벗어나 있다. 게다가 법형성방법론에 있어서의 영미법 특유의 보수성[50]은 한국법의 기본원리의 일부가 아니다. 그런데 굳이 유독 국제사법에서만, 국제재판관할을 국가재판권의 물적 한계라 하여, 국제재판관할을 '국가재판권의 영토적 효력범위 내'로 한정시키도록 스스로를 속박하여, 다시 그 한계를 벗어나기 위해 법리구성의 왜곡을 해야 하는 상황으로 몰아갈 이유가 전혀 없다.

둘째, 국제재판관할을 재판권의 대물적 한계로 보면, 한국의 법원 기타 관청에서 외국법

47) 그 현대적 예는 Restatement(First) of Conflict of Laws(1934), § 43에서 볼 수 있다. Restatement(Second) of Conflict of Laws(1971), § 28에서도 이 점이 크게 바뀌지 않았다.

48) 영국에서는 역외송달에 의한 관할로 설명한다. 미국에서는 "long-arm jurisdiction"(長臂管轄, 長腕管轄)이라 한다. 덴마크 코펜하겐대학교의 미국인 국제사법교수 루코프스키는 "extraterritorial jurisdiction(역외재판관할)"이라 부른다. Lookofsky & Hertz, Transnational Litigation and Commercial Arbitration(4th ed. 2017).

49) 그러나 이것은 '법정지 영역 밖에서의 송달이 예외적으로 적법한 경우'에 그러한 송달에 의하여 국제재판관할이 성립한다는, 송달관할이라는 개념에 여전히 의존하고 있다. 그러나 이 개념은 역외적인(국가영역 밖에서의) 국제재판관할권 행사를 정당화하는 데 초점이 있을 뿐이다. 여기에 너무 신경을 써서는, 일반관할과 '사안의 성질에 의한(ratione materiae) 관할', '합의관할' 등을 사물적절하게 포착하기 어렵다. 게다가, '국제재판관할이 있을 수 있다는 전제 하에 송달을 하여 그것이 적법히 실행되면 국제재판관할권이 확립된다'고 이론구성하는데, 이처럼 송달법의 활용으로부터 국제재판관할법을 도출하려 하는 이론구성에는 취약점이 있다.

50) 영미법계의 법형성방법론상의 특징 중 하나는, 기존의 이론구성에서 근본적 문제가 발견되더라도 즉시 시정하지 않고 기존의 이론이 형해화될 때까지 세칙과 예외를 쌓아올리는 것이다. 그 때까지는 기존의 기본원칙과 이를 수정하기 위한 제정법 간에 이론적 모순을 감내한다.

원의 국제재판관할 유무를 판단하는 것, 즉 한국법원이 외국의 간접관할(indirect jurisdiction)을 규율하는 것을 설명하기 곤란해진다. 왜냐하면 주권은 각 국가의 고유의 것으로서, 국제공법을 위반하지 않는 범위 내에서 자신의 재판권의 대물적 범위를 어떻게 정할지는 각국의 재량(주권)에 맡겨진 문제이기 때문이다.

셋째, 각국 국제재판관할법 내의 보편타당한 내용이나 공통된 내용들을 놓고, 성급히 일반적 국제관습법[51]의 인식자료로 삼게 되기 쉽다. 주권면제법에서는 '각국의 주권면제법'에서 보편타당하거나 공통된 내용을 발견하여 '일반적 국제관습법으로서의 주권면제법'의 내용을 끌어내는 작업을 하게 되는데,[52] 그와 같은 작업을 각국 국제재판관할법이나 국제재판관할법 통일조약(내지 국제기구 입법)에 대해서도 하도록 유도할 우려가 있다. 각국의 입법자와 법해석자가 국제재판관할의 문제의 타당한 해결을 꾀하는 것을, 무리하게 '국제공법 법리에 대한 입장 표명이자 관행(practice)'이라고 의미부여하는 것이다. 이런 접근은 국제재판관할법을 불필요하게 국제공법화시킬 수 있어 위험하다. 사물적절한 입법·해석례를 들어 국가 법형성권의 손발을 묶을 수 있기 때문이다. 국내법이나 법통일조약을 놓고 성급하게 국제공법의 일반원칙에 대한 함의를 이야기함으로써, 오히려 각국의 입법자, 법해석자, 조약교섭당국을 위축, 경직시킬 수 있다. 그 결과 국제재판관할법의 발달이 저해될 수 있다.

넷째, 어떤 국가에 의해 국제재판관할이 크게 부당하게 규율된다 하여, 그것이 곧바로 국가재판권의 한계 유월이나 타국 재판권의 침해인 것은 아니다. 한 국가의 인적, 장소적 타당범위를 침범하는 타국의 고권행위는 전자의 국가의 주권(재판권)의 침해이다. 그리고 주권면제는 국가 사법권에 대한 實定 국제공법상의 제한이거나 국제공법에 근거한 제한이기를 지향하는 국가법상의 법리여서, 그 위반은 곧 주권침해를 의미한다.[53] 그런데 국제재판관할을

---

51) 일반적으로 타당하는(가령 일정한 지역에서만 타당하는 것이 아닌) 국제관습법을 말한다. 이것은 헌법 제6조 제1항이 말하는 "一般的으로 승인된 國際法規"에 포함된다. 民法總則(I)-總則(1)(1992)(崔秉祚 집필부분), 42면.

52) 주권면제법은 이상적으로는 세부적 내용까지 국제공법의 일반원칙으로 존재할 필요가 있다. 그러나 현실적으로는 절대적 면제설과 제한적 면제설 중 어느 것이 타당한지도 국제공법의 일반원칙으로 확립되어 있지 않다. 제한적 면제설을 따를 경우 주권면제가 인정되는 경우와 아닌 경우를 어떤 기준으로 구별할지의 문제에 대해서도 그러하다. 오히려 각국은 자신의 주권면제법을 다양한 형태로 발달시키고 있다. 실정적 국제공법 원칙으로서 주권면제 법리를 내실화하는 작업은, 주권면제에 관한 각국의 법과 실무, (제한적으로 보급된) 조약과 그에 따른 실무 등으로부터 '국제관습법으로서의 주권면제 법리'의 내용을 구체적 내용까지 확인하거나, 주권면제에 관한 국제조약에 의하여 각국 주권면제법을 통일함으로써 이루어지도록 되어 있다. 문영화, "외국국가의 재산에 대한 민사집행법에 의한 강제집행", 성균관법학 제27권 제2호(2015.6.), 304-305면은 국가법원이 외국국가에 대한 주권면제를 판단함에 있어 국제관습법이 없으면 국내법에 의하여야 한다고 설명하기도 하고(304면), 국내법이 없으면 국제관습법에 의하여야 한다고 설명하기도 한다(305면). 그러나 일반적 국제관습법은 헌법 제6조 제1항에 따라 한국법을 구속하므로, 전자의 서술은 타당하고 후자의 서술은 타당하지 않다.

53) 재판권 없이 내려진 판결은 당사자에 대하여 판결효가 미치지 않는다는 의미에서 법률상 당연히 무효이다. 이시윤, 전게서, 66면; 鄭東潤·庾炳賢, 전게서, 115면; 宋相現·朴益煥, 전게서, 62면; 호문혁, 전게서, 967면; 金洪奎·庾炳賢, 전게서, 115면; 석광현, 전게서, 64면. 독일의 통설도 同旨이다. 예: Lüke, 전게서, Rn.

무리하게 재판권의 대물적 효력범위의 한계로 다루면, 국제재판관할을 정하는 실정법(주로 국내법)이 위반되었거나, 입법론적으로 부당한 국제재판관할법적 규율이 행해지는 것을 국제공법 위반으로 다루게 된다. 이것은 명백히 부당하다.

다섯째, 국제재판관할은 그 위반의 효력에 있어서도 재판권(Gerichtsbarkeit) 문제와 구별된다.[54] 한 국가(가령 한국)가 국제재판관할권을 가지는 사안에 대해 다른 국가(가령 외국)가 끼어들어 국제재판관할권을 주장하고 행사하더라도, 그것이 곧 주권침해인 것도 아니고, 국제공법 위반으로 직결되는 것도 아니다.[55] 국제재판관할을 과도하게 넓게 긍정하는 것, 즉 과잉관할(exorbitant jurisdiction)이 곧바로 국제공법 위반인 것도 아니다. 재판권 없이 내려진 재판은 무효이다. 그러나 국제재판관할권이 없이 내려진 재판은 유효하다. 그것이 한국법원의 재판이면 상고심에서 법률위반(한국법 위반)을 이유로 취소될 수 있고(민사소송법 제423조),[56] 외국법원의 재판이면 한국의 간접관할에 어긋남을 이유로 한국에서 재판으로서의 효력이 부정될(민사소송법 제217조 제1항 제1호) 뿐이다.

여섯째, 주권면제 법리는 구체적으로 누구에게 그리고 어떤 사물에 대해 미치는지 이야기해야 한다. 후자는 주권면제의 대물적 범위의 문제이다. 또, 주권면제의 예외가 인정되어 국가재판권이 인정되는 경우에도, 구체적으로 그 대인적, 대물적 범위가 문제된다. 그런데 국제재판관할의 문제를 무리하게 '재판권의 대물적 한계'라고 부르면, 이 문제들과 불필요한 혼동을 빚을 뿐이다.

일곱째, 주권면제의 예외가 적용되는 사안에서도 국가재판권을 행사하려면 국제재판관할이 있어야 한다. 물론 미국 외국주권면제법(Foreign Sovereign Immunities Act, FSIA)[57]처럼 이 요건을 주권면제법 규정체계 내에 포함시켜 규정하는 입법례도 있다. 즉, 주권면제에 대한 예외를 인정하여 국가재판권을 행사하려면 법정지국과 "속지적 관련(territorial nexus)"이

---

58. 그러나 독일의 소수설은 재판권의 흠결이 '간과'된 채 내려진 본안판결만이 당연무효라고 한다. Jauernig(金洪奎 역), 전게서, 31면.

54) 석광현, 전게서, 33면.

55) 오히려 각국은 국제재판관할의 규율에 있어 국제공법에 의해 거의 제약받지 않는다. '재판의 거절'로 인하여 기본적 인권으로서의 '재판받을 권리'의 침해가 있어서는 안 된다는 고려와, '아무런 내국관련 없이' 자국의 국제재판관할을 긍정해서는 안 된다는 제한(이를 부정하는 견해로 Rosenberg/Schwab/Gottwald, 전게서, § 31 Rn. 2) 정도가 있을 수 있다고 이야기될 뿐이다. 그러나 그러한 국제공법적 원칙(내지 고려)은 너무 추상적이어서, 국제재판관할법의 구체적 내용형성에 거의 영향을 주지 못한다. Schack, Internationales Zivilverfahrensrecht, 6. Aufl. 2014, Rn. 20(국제법의 일반원칙 가운데 "대부분의 원칙은 워낙 일반적이어서, 구체적 문제의 해결에 도움되지 않는다"). 이 문헌은 국제재판관할법에서는 아예 국제공법상의 제한이 전혀 없다고 말한다. 상게서, Rn. 21("[한 국가가 타국에서 고권행위를 할 수 없다는 원칙과 주권면제 법리를 제외하면] 각국은 그 국제민사절차법의 형성에 있어 자유롭다. 각국은 자신의 국제재판관할의 범위를 자유롭게 정할 수 있다."). 상게서, Rn. 215면에서도 同旨로 서술.

56) 그것은 일반적으로 절대적 상고이유도 아니다. "전속"적 국제재판관할규칙에 위반된 경우에만 민사소송법 제424조 제1항 제3호의 절대적 상고이유("전속관할에 관한 규정에 어긋난 때")에 해당한다.

57) 1976년 제정. 28 USC §§ 1330, 1332, 1391(f), 1441(d), and 1602-1611.

있어야 한다.[58] 그러나 이렇게 한다 하여 규율의 본질이 바뀌는 것은 아니다. 즉, 여기에서 말하는 속지적 관련 요건은 국제재판관할의 요건이다.[59] 미국에서 입법기술적으로 조문의 위치에 대해 유연하게 접근했을 뿐이다.[60] 그런데 국제재판관을 가리켜 무리하게 '국가재판권의 대물적 한계'라고 부르면, 이 점에 관해서도 실익 없이 개념적 혼란만 일으키게 된다.

Ⅴ. 민법의 인적·장소적 효력범위론의 검토

1. 문제제기

대한민국 민법에는 스스로 인적·장소적 타당범위를 전제하는 규정, 즉 자기제한적 실체규범이 거의 없다. '좁은 의미의 국제사법'에 의해 대한민국 민법의 인적·장소적 효력범위가 한정지워지고 있는 것도 아니다. 그리고 이를 전제로 하여, 구체적 사안에 어느 나라의 법이 적용되는지를 정하는, 국제사법(좁은 의미)이라는 법이 따로 존재한다.

그런데 대한민국 민법·상법의 표준서들에서는 대한민국 민상법의 인적·장소적 효력범위가 일정한 범위로 한정된다는 서술이 나온다. 이런 서술은 국제사법은 아주 간단한 것으로 보거나, 대한민국 국제사법을 대한민국 민상법의 부록으로 취급하는 사고방식이 보인다. 이런 서술과 접근방법은 어떻게 평가되어야 하는가? 그것은 타당한가?

---

58) 28 U.S.C. § 1330(b).

59) 미국 판례와 문헌에서 이 점을 분명히 하는 설시·서술례로, *Samantar v. Yousuf*, 130 S.Ct. 2278, 2292 fn. 20(2010){*Samantar v. Yousuf*, 130 S.Ct. 2278, 2292 fn. 20(2010){28 U.S.C. § 1330(b)는 "면제에 대한 예외가 적용되고 재판상 송달이 28 U.S.C. § 1608에 따라 이루어지면 외국에 대한 인적 재판관할권(personal jurisdiction)을 자동적으로 [긍정되게] 하는" 조문이다}; Scoles, Hay, Borchers & Symeonides, Conflict of Laws(4th ed. 2004), 470면("미국 FSIA는 대인적 재판관할권과 사물적 재판관할권을 연계시키고 있다. 외국이 동법의 조문에 의하여 면제되지 않는 경우에는 그 국가에 대한-대인적 및 사물적-재판관할권이 존재한다."). 한국 문헌으로는 石光現, "外國國家에 대한 民事裁判權의 行使와 主權免除: 制限的 主權免除論을 취한 대법원 1998.12.17. 선고 97다39216 전원합의체 판결에 대한 평석", 國際私法과 國際訴訟 제2권, 박영사, 2001, 234-235면; 장준혁, "주한미군 소속 고용인의 비직무활동 및 고용관계에 관한 실체재판면제와 그의 임금·퇴직금채권에 대한 집행면제", 판례실무연구(비교법실무연구회) 〔XI〕 (상), 사법발전재단, 2014, 주92, 93이 있는 문단.

60) 순수한 국내적 국제재판관할이라면 보통법(common law)에 맡겨도 되지만, 이를 넘는 국제재판관할은 제정법(statute)에 의하여 적극적 근거를 부여해야 한다는 것이 오늘날 영미법계의 입장이다. 그런데 외국이나 그와 동일시되는 자 또는 외국공무원에 대하여 국제재판관할을 인정하는 일(국제재판관할을 인정하여 재판권을 행사하는 것)은 코몬로에 낯설다. 그래서 코몬로에만 맡겨두어서는 논란의 소지가 있으므로, 국제재판관할의 근거법규를 제정법규로 마련해 놓는 것이 좋다. 그래서 규정된 것이 "속지적 관련" 요건이다. 이 규정은 본질적으로 국제재판관할에 대한 규정이지 재판권에 대한 규정이 아니므로, 미국 연방법전(연방법규집)(US Code) 제28제 '司法府와 司法節次'(Title 28 Judiciary and Judicial Procedure)에서 FSIA와 별도로 규정하는 것도 방법이 될 수 있다. 그러나 미국 연방의회는 FSIA를 입법할 때 이 국제재판관할법 조문을 FSIA의 조문체계 내에 넣어 함께 입법했다.

2. 민상법 학설

우리나라의 민상법 표준서 중 상당수는 좁은 의미의 국제사법을 '대한민국' 민상법의 '국제적 효력범위'의 구체화장치로 본다. 민상법의 인적·장소적 타당범위와 국제사법의 관계에 대한 국내 실체법학계의 서술은 대체로 다음 세 가지이다.

제1유형은 민상법의 속지적 효력범위를 한정적으로 보되, 민상법과 국제사법의 분업관계는 인정한다. 일국 민법의 인적 타당범위는 당사자의 국적(속인주의)과 국내 소재(속지주의) 어느 하나만 의해서도 인정된다고 하고, 민법의 인적 타당범위에 대하여 속인주의와 속지주의가 둘 다 인정됨으로써 복수의 국가의 민법의 인적 효력범위가 서로 충돌하는 문제가 생기는데, 이 문제는 민법이 스스로 해결하지 못하고 국제사법에 맡겨질 뿐이라고 한다.[61] 상법 교과서에도 비슷한 설명이 보인다. 즉, 상법의 인적 효력범위는 당사자의 국적,[62] 장소적 효력범위는 행위지를 기준으로(엄격한 속지주의) 하며, 상법의 인적, 장소적 효력범위를 따지는 것만으로는 법률충돌을 피할 수 없고 그 해결은 국제사법의 몫이라고 한다.[63]

제2유형은 국제사법에 의한 실체준거법의 결정이 국가법의 타당범위의 세부적 획정작업에 불과하다고 보는 것이다. 국가 민법의 인적·장소적 효력범위가 국내적 사안으로 제한된다고 하는 점은 첫 번째 서술유형과 같지만, 민법과 국제사법의 명확한 분업관계를 인정하는 대신, 국제사법은 민법이 못다한 '국가법의 국제적 효력범위 획정작업'을 마무리짓는 역할을 한다고 본다. 즉, 민법은 국제사법의 부속법이라고 본다. 그 서술내용은 대체로 다음과 같다. 한국 민법은 (그 인적 효력범위에 관한) 속인주의와 (장소적 효력범위에 관한) 속지주의를 병용할 뿐이어서 "어느 나라의 법이 적용되는지"를 끝까지 해결해주지 못한다. 그러므로 복수의 국가의 법이 경합하여 적용되고자 할 때 "어느 나라의 법이 적용되는지"는 국제사법에 의하여 비로소 결정되는 경우가 많다.[64] 국제사법은 각국법(편면적 저촉규정에서는 '내국법')의 場所的(涉外的, 國際的) 適用範圍를 정하는 법이다. 요컨대, 일반사법으로서의 민법이 인적, 장소적 타당(효력)범위를 제한하는 입법의사로 제정되었고, 그래서 국제사법적 규율의 큰 틀은 이미 실체법규 내에 내재하여 있으며, '국제사법'은 나머지 세부문제를 규율하는 세칙에 불과하다는 것이다.

제3유형은 일부 상법 표준서의 설명인데, 국가 상법의 국제적 효력범위는 제한적이지만,

---

61) 김증한·김학동, 민법총칙(제10판, 2013), 박영사, 50면; 곽윤직·김재형, 민법총칙(제9판, 2013), 박영사, 53면; 김형배·김규완·김명숙, 민법학강의(제14판, 2015), 신조사, 24면; 송덕수, 新민법강의(제8판, 2015), 박영사, A-30, 24면; 강태성, 민법총칙(제6판, 2016), 大明出版社, 46면. 송덕수는 민법의 인적·장소적 "적용범위"라고 표현하지만 내용은 '효력범위'에 대한 것이다.

62) 바로 위 각주에서 든 민법 교과서들과는 달리 당사자의 국내 소재에 대해서는 언급이 없다.

63) 李哲松, 商法總則·商行爲(제13판, 2015), 博英社, 66면; 정경영, 상법학강의(개정판, 2009), 博英社, 24면.

64) 池元林, 民法講義(제14판, 弘文社, 2015), 1-39.

국제사법에 의하여 그것이 다시 확대되기도 하고 축소되기도 한다는 것이다. 즉, 국제사법은 국가법의 섭외적 효력범위를 그대로 유지시키거나 수정하는 법이라고 본다. 상법의 장소적·인적 효력범위는 각각 '영토 내'와 '한국인'에 국한되는데, 국제사법은 각국법에 대한 이와 같은 효력범위 획정에 대한 예외를 정할 수 있고, 그 결과 A국법이 B국에서 속지적으로 적용되기도 하고 A국법이 B국인에 대해 속인적으로 적용되기도 한다는 것이다.[65]

3. 검 토

이상과 같은 민상법 표준서들의 설명에는 중요한 문제점이 있다. 세 가지 측면으로 나누어 지적한다.

(1) 국제사법을 국가입법관할론의 논리에 얽매이게 하여 국제사법의 발달을 가로막는 문제점

이 문제점은 두 번째와 세 번째의 서술유형에서 발견된다. 그 두 서술유형에서는 국가 민상법의 입법자가 미리 정해 둔 '인적, 장소적 타당범위'가 국제사법의 규율내용을 결정하는 것이 원칙이라고 말한다. 이처럼 국가입법권의 획정론으로 국제사법 전반을 설명하려 해서는 현대 국제사법을 설명하기 곤란하다. 이것은 드물게 존재하는 자기제한적 실체법규를 식별하고 설명하는 데 쓰여야 할 '실체법규의 인적, 장소적 타당(효력)범위' 개념을 가지고 국제사법 전반을 설명하려 하는 것으로서, 해석론상 무리이다. 당사자자치를 포함한 다양한 연결규칙이 인정되고, 양면적 저촉규정이 지배하며, 외국법의 조사·적용의 문제와 공서양속에 의한 준거외국법의 적용배제 문제가 존재하는 현대 국제사법을 설명하는 데 애로에 부딪친다. 구체적 문제점을 몇 가지만 지적하면 다음과 같다.

1) 한국 민상법의 입법자가 스스로 구체적 적용의지를 형성하여 두지 않은 다종다양한 섭외적 법률관계에 한국법이 적용되는 것을 이론적으로 설명하기 곤란하다. 예를 들면, 오늘날의 국제사법 하에서는 당사자자치가 폭넓게 인정된다. 한국과 전혀 관계없는 법률관계에 대해서도 당사자의 의사에 의하여 한국법이 원용될 수 있다(국제사법 제25조). 한국 민법의 입법자가 채권계약법과 이와 관련된 각종 채권총칙, 민법총칙 규정을 입법하면서 '쌍방 계약당사자가 합의하여 준거법으로 원용하면 민법의 효력범위에 넣겠다는 입법의사를 가지고 입법하였다'고 설명하는 것은 어색하다. 그것은 '국제사법이 당사자자치를 인정하여 준거법으로 삼으면 준거법이 되고자 한다'라는 말에 불과하여, 단순한 동어반복일 뿐 별 의미가 없다. 민법학계 통설식의 설명방법의 허점을 형식적으로 메우는 점 외에는 별다른 의미가 없다. 그것은 국제사법의 문제를 무리하게 민법의 국제적 효력범위의 문제로 삼으려는 시도에 불과하다.

---

65) 註釋 商法-總則·商行爲(1)(鄭東潤 편집대표, 韓國司法行政學會)(제4판, 2013)(정동윤 집필부분), 70면; 정찬형, 상법강의(상)(제17판, 2014), 박영사, 50면.

2) 현대 국제사법에서는 복수의 준거법을 지정한 뒤 그 중 하나를 우선시키는 규율방법을 종종 채용한다. 누적적 연결, 택일적 연결, 단계적 연결, 보정적 연결 등이 그것이다. 국가 민법의 국제적 효력범위론으로는 이를 설명하기 곤란하다.

3) 준거외국법 불명시 한국법을 보충적으로 적용하는 것(내국법보충설)도 적절히 설명할 수 없다.

4) 公序條項(국제사법 제10조)에 의하여 준거외국법의 적용을 배제하고 법정지법을 보충적으로 적용하는 것도 설명하기 곤란하다. '국제적' 公序良俗이 '국내적' 공서양속보다 좁게 이해되는 것도, '국제적' 공서의 개입이 준거외국법의 適用結果가 문제될 때 비로소 인정되는 것도 적절히 설명할 수 없다.

5) Huber식 영토주의에 따라 인적(속인적), 장소적(속지적) 타당범위론을 장소적(속지적) 타당범위론(Huber의 제1원칙과 제2원칙)[66]으로 축약하더라도, 이것이 '실체사법의 국제적 타당범위가 곧 국제사법을 결정한다'는 사고방식을 정당화해주는 것은 아니다. 오히려 그러한 사고방식의 무력함을 밝혀 준다. 물론, 현대 국제사법을 Huber식 영토주의'에서 출발하여' 설명하는 것은 논리적으로 가능하다. Huber의 국제사법이론의 출발점을 이루는 영토주의(속지주의)에 따르면, 당사자가 한국법원에서 '재판받기 위해' 한국에 와 있는 것(또는 소장을 제출하거나 소송대리인을 선임하는 등으로 한국의 재판권에 복종하고 있는 것)만으로도 한국법의 '屬地的' 적용이 정당화된다. 그러나 엄격한 속지주의와 禮讓을 가지고 국제사법을 기초지우고자 하는 Huber의 국제사법이론은, 국제사법이 국제공법 아닌 국가법으로 존재하는 것이 정상임을 피력하는 데 초점이 있는 것이지, Huber식 속지주의로부터 현대 국제사법이 도출되는 것이 아니다. '재판받기 위하여 한국 영토 내에 있는 당사자에게도 속지법을 적용한다'는 의미의 Huber식 속지주의는 전면적 법정지법주의를 의미하므로, 다시 '본격적 의미의 국제사법'에 의해 극복되지 않으면 안 된다. 더구나, 양면적 저촉규정을 위주로 구성되는 국제사법(한국의 현행 국제사법도 그러하다)을 설명하는 데까지 나아가면, '논리전개의 출발점'으로서의 'Huber식 속지주의'는 거의 퇴색되어 버리게 된다. 그래서 붸히터(Wächter)의 법정지법주의[67]와 마찬가지로 Huber의 속지주의(법정지법주의)도, 전면적으로 법정지의 실체사법만 적용한다는 것이 아니라, 첫째, 세계적 통설에 구애받지 않고 법정지국 고유의 국제사법을 형성하고자 하며, 둘째, 속지주의를 속인주의에 비하여 다소 강조한다는 점에 특색이 있을 뿐이다.

요컨대, 국제사법적 규율이란 '민상법의 국제적 타당(효력)범위의 구체화'라고 보는 사고

66) 제1원칙: "各 국가의 法律은 그 嶺土 안에서만 적용되며, 그의 모든 臣民을 구속한다. 嶺土 밖으로는 미치지 못한다." 제2원칙: "한 국가의 嶺土 안에 있는 모든 사람은, 永住者든 一時的 居住者든, 그 국가의 臣民으로 본다." 李好珽, 전게서, 52면의 번역을 전재함.

67) 李好珽, 전게서, 58-59면 참조.

방식은 근거가 약하다. 국제사법을 '민법에 내포된 민법의 국제적 타당범위론'을 구체화하는 세부 뒷처리 작업을 하는 법으로 취급하여서는 곤란하다.

(2) 국제법설에 과도한 무게를 실어 국제사법의 발달을 저해하는 문제점

민상법의 국제적 효력범위를 제한적으로 보고 국제사법을 그 연장선상에 놓는 견해의 또 하나의 문제점은, 상술한 두 번째와 세 번째 사고방식이 국제법설에 과도한 무게를 실어주어, 오히려 국제사법의 발달을 저해할 수 있는 점이다.

국제사법의 淵源에 대한 국가법설(국내법설)의 입장에서는, 각국 국제사법이 '최밀접관련' 국법을 지정함에 있어 어떤 공통점이 발견되더라도, 이를 놓고 국제사법에 관한 國際慣習法이 생겨났다고 말할 일이 없다. 私法關係의 準據法의 결정을 '국제공법의 문제'로 다루어 그런 국제사법적 규율을 하는 것이 아니기 때문이다. 그러나 국제법설에 따르면 국제사법은 이미 국제공법으로 존재하고 있거나, 아직은 국제사법이 각국의 국가법(국내법)으로 존재하고 있지만 그것이 장차 성문 또는 불문의 국제공법으로 바뀌어야 한다고 본다. 그래서 각국 국제사법 간에 공통점이 발견되는 경우 이를 근거로 국제관습법의 형성을 점검하게 된다.

그런데 문제는 국제사법을 '민법의 국제적 타당범위의 구체화'로 보는 사고방식이 국제법설과 결부되면, '실체법규를 입법하는 국가의 입법관할권'의 국제공법에 의한 경계획정이 곧 국제사법이라고 보는 사고방식으로 흐르게 된다는 점이다. 물론, '각국이 채용한 국제사법규칙이 보편타당한 것으로 널리 보급되면 이에 따라 국제사법의 국제공법화의 폭이 그만큼 넓어지고 각국의 국제사법에 대한 형성자유가 제한된다'는 점은 국제법설의 기본입장에 해당한다. 그런데 '국가 민상법의 인적·장소적 효력범위'론이 국제법설과 결부되면, 이렇게 형성되는, 국제사법에 관한 국제관습법이 '국가가 어떤 인적·장소적 효력범위를 가지는 국내입법을 할 수 있는지' 자체를 제한하는 내용을 가지게 된다고 하게 된다. 이것은 각국의 주권에 큰 위협이 된다. 각국의 국제사법이 명쾌하게 공통된 내용을 가지게 됨으로써, 국가 입법관할권 자체가 제한받게 되는 것이기 때문이다. 그 결과 각국은 자국 국제사법에 '보편타당'한 규율을 두고자 힘씀에 있어 불필요하게 조심스러워지게 될 수 있다. 이렇게 하여, 국제법설은 준거법 결정에 관해서도 국제사법의 발달을(특히 각국 국내법에 의한 국제사법의 발달을) 오히려 저해할 수 있다.

끝으로, 민법학계에서 국제사법이 민법의 규율(민법 내에 함축되어 있는 '민법의 국제적 타당범위'에 대한 규율)의 세칙에 불과하다고 보는 서술방식이 왜 부당한지를, 해외의 입법례에 비추어 다시 한번 살펴보고자 한다. 특히, 국제사법(좁은 의미)을 민법총칙에 포함시켰던 독일민법전 제1초안과, 국제사법을 포함하는 민법전인 프랑스민법전이 시사하는 바를 생각해 본다.

독일민법전 제1초안에 민법총칙이 편제상 포함된 것은, '민사실체법'의 총칙이 아니라 '민사법(법률저촉법과 실체사법 포괄)'의 총칙을 표방하였기 때문에 가능하였다. 그러나 독일민법도, 한국민법도 더이상 그런 의미의 민법총칙을 상정하지 않는다. 말하자면, '국제사법'과 '민법'을 함께 묶는 법전은 독일에서도 한국에서도 존재하지 않는다. 한국에서는 이런 형태의 법전 편찬이 시도된 일도 없다. 민사실체법의 일반사법이 민법이라고 보는 입장(예: 한국, 독일, 일본의 민법전)과, '민법총칙에 국제사법을 포함시키는 방식'은 양립불가능하다.

한편, 프랑스민법전은 민법만 규율하지 않고 넓은 의미의 국제사법까지 규율하는 초대형 법전이기를 추구한다. 그러나 실제로는 국제사법에 대해서는 립서비스 차원에서 몇 개의 대원칙만 명시했었다. 각칙규정은 최근에서야 몇 개를 신설했을 뿐이다. 프랑스민법전의 이름만 보면 "민법전(Code civil)"이라 하여 한국 민법과 별로 다르지 않아 보이지만, 프랑스민법전에는 국제사법 규정이 몇 개 있다. 한국 민법학자로서는 민법전에 국제사법이 포함된 것을 보고, 민법의 국제적 타당범위를 구체화하는 것이 곧 국제사법이라고 보아야 하는 것은 아닐까 라는 인상을 받게 될지도 모르겠다.

그러나 프랑스민법전의 국제사법에 대한 접근방법은 한국 민법의 그것과 다를 뿐만 아니라, 한국 민법학설이 내세우는 사고방식과는 현저한 거리가 있다. 첫째, 프랑스민법전은 한국이나 독일의 민법전과 같은 스케일의 법전이 아니다. 넓은 의미의 국제사법도 함께 입법한 법전이다. 둘째, 그럼에도 불구하고 실제 입법작업에서는 국제사법이 소홀히 다루어져 있다. 준거법 결정에 관해서는 매우 포괄적인 규정만 두고 있다가(제3조) 최근에서야 혼인과 친자 등에 관한 국제사법 규정을 몇 개 추가하였을 뿐이다(제309조, 제311-14조 내지 제311-18조, 제370-3조 내지 제370-5조, 제1837조). 국제재판관할에 관해서는 단순하게 국적에 따라 규율하면 그만이라는 '검증되지 않은 발상'을 입법화한 뒤 아직까지 개정하지 않고 그대로 두고 있다.[68] 따라서 국제사법 규정체계의 입법모델로서의 프랑스민법전의 위상은 그다지 높지 않다. 셋째, 프랑스민법전의 어느 부분을 보아도, '실체사법의 국제적(인적, 장소적) 타당범위로

---

68) 프랑스민법전의 제정시에 국제사법 규정에는 그다지 큰 관심을 기울이지 않은 것으로 보인다. 준거법결정에 관한 규정만을 보면, 프랑스민법전에 원래 규정된 것은 부동산소재지법주의(제3조 제2항), 사람의 신분과 능력에 관한 본국법주의(제3조 제3항)라는, 준거법결정에 관한 기본원칙만을 명시한 것과, 민법전 제정 후에 국제사법 학자들에 의하여 '국제적 강행법규의 특별연결론'의 근거조항으로 활용된 조항(제3조 제1항) 뿐이다. 그 외의 국제사법규정들은 근래에 추가된 것으로서, '국제사법'이라는 이름의 법률을 별도로 입법하려는 몇 차례의 시도가 좌절된 후에 민법전 내에 조금의 국제사법규정이라도 규정하기로 한 결과에 불과하다. 그리고 국제재판관할에 관해서도 프랑스민법전 내의 규정은 원고국적관할(제14조)와 피고국적관할(제15조) 규정뿐이다. 이 두 규정은 내용적으로도 문제가 있어, 기초작업이 충분히 이루어진 것으로 보기 어렵다. 기초작업 중에는, 국제재판관할은 국적국관할로 규율하면 충분하고 또 국적국의 국제재판관할에 대해서는 아무런 제한도 규정할 필요가 없다는 낙관이 지배하고 있었던 듯하다. 특히 제14조와 제15조의 입법적 문제점을 극복하는 일은 해석론에 맡겨져 학설·판례에 큰 짐이 되어 왔다. 이에 관해서는 우선 南孝淳, "프랑스民法상의 國籍專屬裁判管轄規定: 프랑스判決의 國內法上의 執行에 있어서 相互保證要件의 檢討", 서울대 법학 제41권 4호(2001), 249-277면 참조.

부터 국제사법이 도출된다'는 취지의 규정을 찾을 수 없다.

(3) 민상법의 법규들을 모두 자기제한적 실체법규로 보게 되는 문제점

민상법 표준서들의 서술에 따르면, 민상법의 법규들이 전부 自己制限的 實體法規라고 보는 결과가 된다. 이 문제점은 세 가지 서술례에 모두 해당된다.[69)]

자기제한적 실체법규라 함은, 속인적 혹은 속지적 차원에서 스스로 국제적 타당(효력)범위를 제한하고 있는 실체법규, 즉 '제한적'인 '장소적 적용의지'를 가지고 입법된 실체법규를 말한다.[70)] '실체법규의 인적, 장소적 타당(효력)범위' 개념은, 드물게 존재하는 자기제한적 실체법규를 식별하고 설명하는 데 쓰여야 한다. 이 개념을 가지고 국제사법 전반을 설명하려 함은 해석론상 무리이다. 우선 몇 가지 문제점을 들어 본다.

첫째, 自己制限的 實體法規는 예외적이고 드물다. 국제사법과 민법의 학계의 통설에서 民法典 내에 그런 법규가 있다고 지적된 것은 단 한 개도 없다. 특별법에서도 판례에서 대한민국 실체법규를 가리켜 자기제한적 실체법규라고 한 것은 아직 없다. 오히려 민법과 상법의 실체규범은 보편적 적용가능성을 상정하는 입법의사로, 즉 보편적인 '장소적[71)] 적용의지'를 가지고 입법되는 것이 일반적이다.[72)] 즉, 一國의 실체사법은 특별한 '장소적 적용의지' 없이, 즉 '장소적 적용의지'에 관하여 특기할 만한 생각 없이 無心하게 입법되는 것이 보통이다. 순수한(또는 전통적인) 私法으로서의 성격이 강할수록 더욱 그렇다. 一般私法인 민법은 특히 더 그렇다. 요컨대 국가의 민상법이 전반적으로 자기제한적 실체법규라고 말하는 것은 매우 비현실적이다.

둘째, 오늘날의 국제사법은 국제적 강행법규 등의 예외를 제외하면, 법률관계에서 출발하여 어느 나라의 법에 의할지를 찾아가는 방향으로 접근한다. '어떤 장소와 관련된 어떤 성질의 법률관계(예: 한국에서 체결된 계약)는 원래 한국법이 규율하려고 하는 것이므로 이것으로 국제사법적 판단은 끝난다'는 식으로 말하지 않는다. 예컨대, 한국 민상법은 한국에서 체결된 계약에 적용되고자 하며 이것으로써 국제사법적 규율은 완결된다 라고 말하지 않는다. 오히려, 계

69) 제1서술유형에서 민상법과 국제사법의 역할이 엄격히 나뉜다고 한 점은 타당하다. 그러나 그 서술례에서도 민상법의 인적·장소적 효력범위가 자기제한적 실체법규처럼 제한되는 것이 일반적이라고 서술하는데, 이는 근거가 약하다.

70) 해석에 의하여 그러한 공간적(장소적) 적용범위에 대한 규율을 발견하는 것은, 실체법규가 스스로 의욕하는 공간적(장소적) 적용범위에 대한 '목적론적 감축'(목적론적 축소해석)(teleologische Reduktion)에 해당한다. Kropholler, Internaitonales Privatrecht(6. Aufl. 2006), § 12 Ⅱ.

71) 여기에서 '장소적'이라 함은 '국제적'인 적용관계를 말한다. 속인법으로 적용되는 것이든, 속지법으로 적용되는 것이든 포괄한다.

72) 이 점은 19세기말에 이미 확립된 것이어서인지, 오늘날 출간되는 체계서에서 이 점을 명시적으로 언급하는 예가 자주 눈에 띄지는 않는다. Kropholler, 전게서, § 12 Ⅱ는, 해석에 의해 어떤 실체법규를 자기제한적 실체법규로 해석하는 것은 '목적론적 감축'(teleologische Reduktion)이라고 함으로써, 일반적으로 실체사법 법규는 보편적인 공간적(장소적) 적용의사를 가지고 입법되는 것임을 전제하고 있다.

약은 어떤 장소의 법에 의해야 하는지, 즉 어떤 連結素(connecting factor, Anknüpfungsmoment) - 연결점(point de rattachement, Anknüpfungspunkt)이라고도 한다 - 이 놓인 곳의 법에 의해 규율해야 하는지 묻는다. 그리고 연결점은 다양하다. 속인적, 속지적 연결점에만 국한되는 것도 아니다. 당사자가 그곳의 법의 적용을 의도한다는 점에 착안하여, 즉 意思를 연결점으로 하여 준거법을 정하기도 한다. 실체법규가 스스로 인적, 장소적 효력범위를 한정하고 있다 라는 설명방법만으로는, 현대 국제사법의 접근방법의 많은 부분을 감당할 수 없다. 오늘날 이런 설명방법은 부적당하다.

셋째, 실체법규가 스스로 인적, 장소적 효력범위를 한정한다 라는 설명에만 의존하면, 어떤 사안에 복수의 국가의 법이 적용되고자 하는 경우, 그리고 어떤 사안에 아무 국가도 자국법을 적용하고자 하지 않는 경우에 적절히 대처할 수 없다. 또, 외국이 그 민상법의 공간적(국제적) 효력범위를 스스로 어떻게 정하고 있는지를 확인하기도 쉽지 않다.

넷째, 실체법규의 인적, 장소적 효력범위를 구체화하는 것이 국제사법이라고 함으로써, 오히려 자기제한적 실체법규를 식별해내는 일에 방해가 된다. 국제사법은 실체사법과 달리 어떤 분야(예: 계약, 불법행위, 부당이득) 전체를 규율대상으로 하는 것이 원칙이므로, 국제사법의 기본임무가 실체법규에 내포된 '공간적(국제적) 효력범위의 자기제한의 적용의지'를 밝혀내는 것이다 라고 하면, 가령 계약법 가운데 특정 법규를 놓고 자기제한적 실체법규인지를 따지는 작업을 하기가 매우 어색해진다. 예컨대 외화채권의 급부대용권에 대한 민법 제378조는 이행지가 대한민국 영역 내인 경우에 한하여 적용되고자 하는 자기제한적 실체법규로 해석할 여지가 있다. 가령 이미 '한국 계약법은 이 계약에도 적용되고자 한다'고 말한 다음에, '예외적으로 민법 제378조는 이 계약에 적용되고자 하는 것이 아닐 수 있다'고 말하는 것이 되어버린다. 이렇게 설명해서는 국제사법적 규율을 적절히 할 수 없다. 왜 그런지는 이어서 설명한다.

다섯째, 실체특별법규[73]를 식별해 내는 데에도 방해될 수 있다.

요컨대, 민법을 비롯한 대부분의 실체법규는 '국제적' 적용범위에는 연연하지 않고 보편적 적용의지를 가지고 제정되고, 각국의 실체사법이 국제적 법률관계에 어떻게 적용되는지는 각국 국제사법에 맡겨져 있을 뿐이라고 해야 한다. 涉外公法과 국제적 강행법규(국제사법 제7조 참조)를 별론으로 하면, 一國 실체사법규정의 국제적 적용범위가 '그 실체법규의 타당(효력)범위'에서 곧바로 확인되는 경우는 드물다. 개별 국가의 실체사법의 인적, 장소적 효력범위의 획정이 곧 국제사법(혹은 국제사법의 기본골격)이라고 보는 것은 무리이다. 심지어 자기제한적 실체법규도 먼저 國際私法에 의하여 실체관계의 準據法으로 지시됨으로써 비로소 적

73) 그 개념에 관한 상세는 Kropholler, 전게서, § 12.

용이 가능해진다. 어느 실체법규가 국제적 효력범위를 스스로 제한하고 있을 때, 그러한 제한을 적용하기에 앞서 國際私法이 먼저 개입한다.

(4) 소 결

어느 모로 보든, 국제사법을 민법(에 내포된 민법의 속인적, 속지적 타당범위론)의 구체화로 보려는 시도는 타당성을 가지기 어렵다. 그것은 사비니에 의해 극복된지[74] 오래된, '실질법규에서 출발하는 사고방식'의 일종에 불과하다. 우리나라에서는 본격적인 수준의 성문 국제사법(1910년의 일본 法例 依用, 1961년 涉外私法 입법)이 존재하여 온 지 오래되었다. 그럼에도 불구하고 국제사법을 민법의 국제적 효력범위론의 세칙 정도로 간주하는 설명방식이 지금까지도 지속되고 있는 것은 이해하기 어렵다. 더구나 법칙학설이 사비니에 의해 "완벽하게 극복된"[75]지 한 세기 반이 넘었는데도[76] 민상법 교과서에 국한된 것이기는 하지만 법칙학설적 서술이 반복되고 그것이 현행 국제사법의 원론인 것처럼 쓰여 있는 것은 아쉬운 일이며, 정리될 때가 되었다.

후베르의 총론적 기초이론과 이를 받아들인 스토리(1779~1845)의 설명[77]은, 겉으로 보기에는 국제사법을 국제법에 종속시키는 듯이 여겨질 수 있다. 그러나 후베르와 스토리가 초점을 둔 것은, 오히려 국가법시대와 국제사법의 국가화시대에 처해서도, 국제사법이 보편타당한 기준을 찾아나가는 노력을 계속하고자 한 것이라고 함이 타당할 것이다. 국가주권 개념과 '보편타당한 연결기준의 탐구'를 조화시키고, 속인법원리보다 속지법원리를 강조하면서 국제사법을 국제법으로부터 해방시키는 것이, 속지법시대의 국제사법의 과제였다. 후베르의 4대 원리는 이 작업의 서두에 해당하였고, 이 작업의 마무리는 사비니에 의해 행해졌다. 동시대의 스토리는 각론 즉 실제적 국제사법적 논의에서는 사비니와 같이 법률관계별로 검토하면서도, 총론에서는 속지법시대의 국제사법의 뿌리가 된 후베르의 오래된 4대 원리를 채용하여, 미국 국제사법의 역사성을 보여주었다. 후베르와 스토리의 국제사법 저작이 앞부분의 총론에서 4대원리를 내세웠다 하여, 국가입법관할권 개념에 의해 국제사법 전반을 일관되게 설명하려 한 것으로 이해하는 것은 후베르와 스토리의 각론 서술과 맞지 않는다. 후베르와 스토리에게 있어, 일반이론(4대 원리)과 각론 사이에는 큰 공백이 있었다. 그 보충은 후대의 과제로 미루어 놓는다는 것이 후베르와 스토리의 암묵적 취지었던 듯하다. 이 점이 간과되어

74) 李好珽, 전게서, 60면. 법칙학설의 극복은 붸히터(Carl Georg von Wächter)(1797~1880)에서 시작되어 사비니(1779~1861)에서 완성되었다. 李好珽, 전게서, 57-63면 참조.

75) 李好珽, 전게서, 59면.

76) Savigny의 국제사법 체계서인 System des heutigen Römischen Rechts, Bd. Ⅷ(현대로마법체계 제8권)는 1849년에 출간되었다.

77) Joseph Story, Commentaries on the Conflict of Laws, Foreign and Domestic: In Regard to Contracts, Rights, and Remedies, and Especially in Regard to Marriages, Divorces, Wills, Successions, and Judgments(1st ed. 1834), p. 20.

서는 안 된다. 그리고 이 공백은 사비니가 법률관계분류설을 정립함으로써 비로소 메워지게 된다.

요컨대, 국제사법을 국가법의 속인적, 속지적 타당범위론으로 설명하는 접근방법이나, 각국은 자국법의 속인적, 속지적 타당범위만을 정할 수 있으므로 '편면적 국제사법'이 국가주권 개념의 논리필연적 귀결이라고 말하는 접근방법은 오래 전에 그 한계를 드러내고 사멸했다. 이러한 설명방법을 여전히 유지하는 것은 부당하고 무익하다. 국제사법 문제의 적절한 규율에 불필요한 방해가 될 뿐이다.

Ⅵ. 私法關係의 저촉법에 대한 이론으로서 국가관할권론이 가지는 한계

1. 국제사법 전체를 국가관할권론으로 이해하는 접근방법의 비현실성

국가주권의 효력범위에 대한 제한은 국제공법적 제한이면서 동시에 이를 각국이 내면화하고 있어, 국제공법적 한계설정과 각국의 국가주권 효력범위 주장범위가 일치한다고 하는 것으로 설명하려는 시도가 있다. 즉, 국제재판관할, 국외송달, 국외증거조사, 국제사법공조를 포함한 국제민사소송법의 전반, 그리고 사법분야의 준거법 결정에 관한 각국의 국내법 전반을 '국제공법에 의한 국가주권(국제공법상의 국가관할권)의 경계획정' 작업으로 인식하려는 시도가 있다. 그러나 이것은 오늘날 거의 전반적으로 국내법의 지위를 가지는 각국 국제사법(국제민사소송법을 포함하는 넓은 의미)을 국제공법으로 간주하려는 무리한 시도에 불과하다. 그런 접근방법에 의해서는 私益을 비롯한 관련 이익들을 적절히 형량, 처리하지 못하고, 국제공법의 관점과 이익만을 지나치게 강조하게 된다.

이런 접근방법은 세계정부를 전제하는 것만큼이나 허황된 것으로 생각된다. 심지어, 설사 세계가 하나의 국가를 구성하게 된다 하더라도, 현재의 국가들은 '세계적 단일국가'의 分邦이 될 것이고, 그 分邦들은 자신의 準國際私法을 정할 '分邦으로서의 主權'을 가지게 될 것이다.[78] 이것을 획일적으로 일괄 박탈하여, '모든 저촉법적 문제는 국제공법이 국제공법의 원리에 따라 독점적, 완결적으로 정한다'고 하는 것은 적절치 않다. 논리적으로만 따지만 불가능한 것은 아니나, 사물적절성을 잃은 위험한 사고방식이다. 이런 접근은 '세계정부의 국제공법적 이익'을 위해 다른 이익을 왜소화하고 무시하는, 획일적이고 단순하며 거칠고 둔탁한 법을 낳을 것이다.

국제공법상의 국가관할권 개념에 과도한 무게를 두어, 국가주권의 효력범위로부터 국제민사소송법과 좁은 의미의 국제사법을 도출(연역)하려는 접근방법은 한국에서도 폐기되어야 한

78) Kegel/Schurig, Internationales Privatrecht(9. Aufl. 2004), § 1 Ⅲ; 李好珽, 전게서, 1-2면.

다. 국가주권의 효력범위에 대한 국제공법적 제한은 각국이 내면화해야 하는 것이기도 하며, 따라서 국제사법(국제민사절차법을 포함하는 넓은 의미)과 涉外公法은 국제공법의 일부여야 한다는 사고방식은 낡은 것이다. 국제사법의 法源에 대한 국제법설은 아직도 유효하나, 이것은 실정 국제공법에서 국제사법을 도출하는 사고방식, 즉 私法 분야에서의 '국가관할권'론이 곧 국제사법이라는 사고방식과는 거리가 있다. 국제공법에서 말하는 국가관할권론, 즉 국가주권의 효력범위론에서 도출될 수 있는 국제사법원칙은 극히 한정적이며 고도의 추상적 원칙에 불과하다는 점에, 국제법설도 동의한다. 그래서 세부적인 국제사법 원칙·규칙은 각국의 교섭에 의해 국제사법 통일조약을 만듦으로써 국제법화하여 나가야 한다고 주장한다.

2. 실정 국제사법에서 법의 일반원칙을 간취하는 작업의 역할과 한계

법칙학설이 국제사법을 지배하던 시대에는, '자연법적 권위를 가지는 법칙학설은 법의 일반원칙(general principles of law)[79]으로서 국제공법이다'라는 의미의 국제법설을 주장할 여지도 상당히 있었지만, 법칙학설의 범유럽적인 학설적 권위가 무너지고 국제사법이 국가화(국가법화)된 오늘날에는 설 땅이 없다. 오늘날의 국제법은 만민법을 제외하는 개념이다. '제민족에 공통된 實體私法' 또는 '제민족에 공통된 國際私法 및 實體私法'이라는 의미의 萬民法은 오늘날의 國際法의 개념에 들어가지 않는다. 그래서 현대에 국제법이라 하면 국제공법만을 말한다.

그래서 오늘날 각국 국제사법에 공통된 원리를 간취하여 '법의 일반원칙'으로 인식하는 것은, '만민법'이라는 개념 하에 국제공법과 '법의 일반원칙'을 묶었던 시대에서와는 전혀 다른 의미를 가진다. 즉, 그런 인식작업에 의해 '개별 국가의 국내법으로 존재하는 국제사법'이라는 존재가 가지는 독자적 의미가 사라지고(즉 그것의 국내법적 지위가 '국제공법의 국내법적 지위' 문제로 격하되고) '국제공법으로서 전세계에 통일적인 국제사법'만이 남는 것이 아니다. 즉, 각국에 공통된 국제사법 원리를 간취하여 '법의 일반원칙'으로 인식하는 경우에도, 그런 인식작업에 의해 '개별 국가의 국내법으로 존재하는 국제사법'이라는 존재가 눈앞에서 사라지고(독자적인 法源으로서의 지위가 없음이 밝혀지고) '국제공법으로서 전세계에 통일적인 국제사법'만 남는(본질은 그것임이 밝혀지는) 것은 아니다. 각국 국제사법에서 '법의 일반원칙'을 발견하는 작업은 각국의 국제사법이 형식에 불과하고 본질은 국제사법도 국제공법이었음이 밝혀지는 작업이 아니다. 오히려 각국 국제사법(과 국제사법통일조약[80])으로부터 '법의 일반원

79) 문명국가들의 법에 공통된 일반적 법원칙은 국제공법의 보충적 법원으로 인정된다. 국제사법재판소(International Court of Justice) 헌장(Statute) 제38조 제1항.

80) 어느 국가들의 국제사법이 국제사법통일조약에 의해 서로 통일되어 있는 경우도 있다. 그러나 이런 입법례를 고찰대상으로 하는 것도, '문명국가들의 입법례'를 고찰하는 작업의 일환에 불과하다. 즉, 국제사법통일조약도 그 입법권은 국가주권에서 나온 것이어서(그래서 국제사법통일조약의 개개 체약국이 이를 스스로

칙'을 간취하는 작업은 별도의 의미와 기능을 가진다. 국제법정에서 *私法關係*를 재판하게 되어 국제사법적 판단을 하게 되었는데 어느 특정 국가의 국제사법을 따를 수 없는 경우가 있다. 국제법정은 어느 국가에도 속하지 않아 특정 국가의 국제사법규칙을 반드시 따라야 하는 것은 아니다. 만약 특정한 한 국가의 국내법원을 대신하여 긴급적 재판권을 행사하는 국제법정이라면, 그 국가의 국제사법을 따르면 된다. 하지만 그 국가가 국제사법을 마련해 두고 있지 않은 경우도 있다. 또, 복수의 국가의 국내법원들을 대신하여 국제법정이 재판하는 경우도 있다. 또, 국제법정에서 *私法關係* 외의 법률관계를 재판하면서 부수적으로(가령 선결문제로) *國際私法的* 판단을 해야 하는 경우가 생기기도 한다. 또, 중재법정이 특정한 한 국가의 재판권에 대한 대안으로서 재판권을 행사하는 것이 아니라, 복수의 국가의 재판권을 대체하는 중재법정도 있다. 특히 국제조약에 의하여 재판권을 부여받은 중재법정이 그 대표적 예이다. 이런 경우들에는, 국제법정이나 국제중재법정은 '문명국가들의 국제사법들'로부터 '그 공통된 원칙'을 간취하여 차용해야 한다. 각국 국제사법에서 '법의 일반원칙'을 발견하여 국제공법의 *法源*으로 삼는 일은 바로 이 작업이다. 그것은 각국의 국제사법을 통폐합하는 것이 아니라, 여러 나라 국제사법에 공통된 내용을 참조하여, '국제공법질서' 자체적인 국제사법을 그때그때 갖추는 것에 불과하다. '일반적 법원칙'의 탐구에서 국제사법통일조약을 중요하게 참고하는 경우에도 같다.[81] 요컨대, 어느 국가에도 속하지 않아 어떤 국제사법규칙을 따라야 할지 막막한 국제법정에서, '문명국가들의 국제사법들'로부터 '그 공통된 원칙들'을 차용하는 것에 불과하다. 즉, 국제법정에서 사법관계를 판단할 때에도 국제사법적 판단을 피할 수 없는 경우가 있는데, 국제공법질서는 독자적인 국제사법을 가지고 있지 않으므로, 여러 나라 국제사법에 공통된 내용을 참조하여 임시로 '국제공법질서 자체적인 국제사법'을 갖추어 적용하는 것에 불과하다.

요컨대, 국제사법 전체가 '일반적 법원칙(general principles of law)'론이라고 하는 설명방법은 법칙학설이 초국가적 자연법적 권위를 인정받던 시대가 종료함으로써 그 수명을 다하였다. 또, 국제사법 전체가 국가주권의 내재적 한계를 구체화하는 것이라고 설명하는 '국가관할권론'은 오늘날의 국제사법의 모습과 너무나 동떨어져 있어, 채용하기 곤란하다. 그리고 국제법정이나 국제법상의 중재법정에서 국제사법적 판단을 해야 할 일이 생겼을 때, 여러 국제사법 입법례를 비교하여 '법의 일반원칙'을 추출하여 사용하는 예가 있고, 이렇게 함으로써

서명, 비준, 철회할 권한을 가지고 각 체약국은 국제사법통일조약을 철회할 수 있다), 그 조약으로써 통일적으로 규율하는 국제사법규칙체계도, '국가들의 입법례'의 일종일 뿐이다.

81) 국제법정이나 국제법상의 중재법정에서 국제사법적 판단을 하기 위해 부득이하게 국제사법에서 법의 일반원칙을 탐색하는 경우, '국제조약과 문명국가들의 국내법'을 검토하여 공통적 원리를 간취한다 라고 말하곤 한다. 여기에서 '국제조약'을 고찰대상으로 하는 것은, '국제사법이 국제공법에 포함되며, 그처럼 국제공법화되어 있는 국제사법 원칙을 찾아낸다'라는 의미가 아니다. 단지, 여러 국가가 국제사법을 통일한 입법례이므로, 그것에 좀 더 무게를 두고 '법의 일반원칙'을 찾는 것에 불과하다.

국제공법질서가 고유의 국제사법을 갖추도록 해 주기는 하지만, 그에 의해 국제사법이 국제공법화되는 것은 아니다. 단지 국제공법질서가 그때그때 필요에 따라 여러 나라의 국제사법의 공통점을 간취하여 '借用'하는 것에 불과하다. 고대 그리스·로마시대로부터 국내법으로 존재해 온 국제사법이 곧 국제공법이라고 인식하여 각국 국제사법 입법·학설·판례의 차이를 '단일 국제공법'에 대한 국가별 견해·실무 차이로 보려 하는 것은 매우 위험한 사고방식이다.[82] 오늘날의 국제법설은, 각국 국제사법의 공통점을 중심으로 국제사법통일조약을 만들 수 있는 경우에는 그렇게 하는 것이 바람직하다는 주장에 머무른다.

3. 현대 국제사법에서 준거법을 결정할 때 국가입법관할권론은 극히 부수적 역할밖에 못 한다

현대 국제사법은 법률관계분류설을 원칙으로 하고 구체적 실질법규의 입법의사에서 출발하는 것을 예외로 하며, 이러한 국제사법 방법론에서 국가관할권론은 별로 의미를 가지지 못한다. 현대 국제사법에서 국가관할권론이 뚜렷한 의미를 가지는 것은, 국적을 규율할 입법관할권은 그 국가(국적소속국)가 가진다는 단 한 가지 점뿐이 아닐까 생각된다.

무엇보다, 법률저촉법을 국가입법관할권론으로 환원시키는 접근방법 자체에 기능적 한계가 있다. 적어도 민사관계의 법률저촉법에 관한 한, 입법관할권론은 수명을 다했다.[83] 이미 사비니가 법률관계에서 출발하는 방법론을 국제사법의 기본적 방법으로 채택했을 때, 입법관할론은 설 땅을 잃었다. 입법관할론의 자리에는, 원칙적으로는 '법률관계에서 출발하는 국제사법'이 들어섰고, 부분적으로는 구체적 국가법규에 표현된 국가입법자의 장소적(공간적) 입법의사에 착안하는 입법의사론이 들어섰다.[84] 후자는 '법칙학설의 현대적 부활'이라고 이야기되기도 하나, 법칙학설에 내재한 국가법규의 국제적 입법관할론이 부활한 것이 아니다. 오히려 *私法*에 관한 한, 국가법규의 국제적 입법관할에 대한 별다른 (국제법적 혹은 국가법적) 제약이 없는 것이 일반적이다. 국가입법자가 *實質私法* 법규의 공간적(국제적) 적용범위를 스스로 정하는 경우는 매우 적다. 그렇게 하는 경우에도 그것만으로 국제사법 문제가 해결되지는 않는다. 대한민국 입법자가 자기제한적 실체법규를 만들었더라도, 그 법규의 공간적(국제적) 포섭범위로서 예정된 사안에 대해 한국법이 적용되어야 하는지 아니면 외국법이 적용되어야 하는지는 결정한 일이 없기 때문이다. 자기제한적 실체법규도 그 본질은 실체법이다. 자기제한적 실체법규는 '다른 영토국가가 병존'하는 세계의 현실을 고려하면서 입법된 것이지만, 국

82) 오늘날 혹자가 '萬民法(ius gentium)'의 정신에 입각하여, 각국이 고대 로마에서 물려받은 부분을 중요한 부분으로 하여 발달시켜 온 민법을 전면적으로 이미 세계단일법, 국제공법인 것으로 인식하려 한다면, 혹독한 비판을 받을 것이다.

83) "governing law"라는 표현에 대해서도, 이것은 입법관할론에 맞는 표현이므로 그다지 적절치 않고, "applicable law"라는 표현을 선호하는 견해도 있다. Ehrenzweig, Conflicts in a Nutshell(3d. ed. 1974), § 5.

84) Kropholler, 전게서, § 3 참조.

제사법의 문제를 본격적으로 해결하는 것이 아니다. 그런 입법의사가 없다. 오히려, 한국법이 실체준거법이 되더라도 한국법의 일부로서 자기제한적 실체법규는 다시 스스로 자신의 공간적(국제적) 포섭범위를 제한하고 있을 뿐이다.

요컨대, 국가입법권론은 국제사법의 기초이론으로서 설 땅을 잃은지 오래되었다. 그 자리에는 주로 사비니의 법률관계분류설이 자리잡았다. 또, 보조적으로는 '구체적' 실질법규의 입법의사에서 출발하는 접근방법이 들어섰다. 후자는 국제적 강행법규론과 자기제한적 실질법규론을 말한다.

Ⅶ. 영토국가와 국제사법의 미래

1. 영토국가의 미래

7세기 경부터 유럽에서는 봉건질서의 속지화 경향이 있었고,85) 점차 영토국가의 국왕이 그 지배지역의 봉건적 권력을 왕권에 복속, 편입시키는 정치과정이 일어났다. 다른 한편으로는 초국가적 법·정치질서의 일부인 로마카톨릭교회와 영토국가의 분리가 일어났다. 즉, 영토국가가 교황의 종교적, 초국가적 권력으로부터 독립된 법적, 정치적 질서를 세웠다. 이 과정에서 영토국가를 하나로 묶어 주는 요소가 필요했다. 습속과 문화를 공유하는 '나라(the land)'라는 것이 역사적 존재로서 실재한다는 인식이 국가의 내적 통합에서 중요한 역할을 하기도 했다. 공통의 기억으로서 종족 고유의 신화가 재발견되거나 재구성되어 한 민족국가를 내적으로 결속시키는 데 쓰이기도 했다. 그래서 오늘날의 국가의 대부분은 민족국가를 표방한다. 즉, '하나의 민족이 하나의 국가를 구성해야 한다'는 정치사상인 민족주의에 의하여 국가의 존재이유와 통합원리로 삼는다. 사람이 집을 가지듯이 민족도 일정한 영토(정확히 말하면 영해, 영공을 포함하여 영역)를 가지는 국가를 가져야 한다는 것이다. 민족국가 성립과 존속의 정치적 기초는 '과거(혹은 그 기억)와 현재의 공유'에 있다. 그것은 '일정한 땅'에 사는 '일정한 인적 집단'이 가지는 것일 수도 있고, 단순히 '일정한 땅'에 사는 사람들이 가지는 것일 수도 있고, 또는 '일정한 인적 집단'이 가지는 것일 수도 있다. 땅에의 소속과 민족에의 소속 중 어느 쪽에 중점이 있는지는 차이가 있다. 그러나 민족국가도 일정한 영역을 요소로 하여 그 위에 존재할 수밖에 없다. 민족의식을 가진 인적 집단이 새로운 땅으로 이주하여 국가를 세우는 경우에도 같다. 즉, 그들은 일정한 땅에 함께 거주했던 기억을 가지고 새로운 땅으로 함께 이주하여 민족국가를 세운다. 결국, 모든 민족국가는 영토적 민족국가이다.

85) 오늘날의 영국에서 로마제국의 지배가 종식되고 한편으로는 바이킹(Danes)의 침략기를 거치는 가운데, 앵글족(the Angles), 색슨족(the Saxons), 유트족(the Jutes)의 통치자들이 여러 왕국을 세워 일정한 영토를 지배했다. 그것은 5세기까지 거슬러 올라간다. 5세기부터 10세기까지 영국에 존재한 영토국가들의 국가질서에 관한 개관으로는 우선 Dorothy Whitelock, The Beginnings of English Society, Penguin, 1952 참조.

오늘날 국제정치학계에서 우세한 설명은 상이한 영토에 상이한 민족국가들이 병존하면서 상호 경쟁하고 충돌한 결과가 영토적 민족국가라고 한다. 유럽의 민족국가들이 자신의 민족 구성원이 거주하는 땅을－그 땅에 타 민족 구성원도 거주하고 있더라도－자신의 영토로 편입하고자 수세기간 전쟁을 벌인 결과가 오늘날의 영토적 민족국가라는 것이다. 즉, 민족이라는 자기인식은 신화에 불과하며, 실제는 종족이라는 이름으로 뭉친 국민집단의 생존권역 확장의 탐욕이 영토적 민족국가의 수립과 발달의 원동력이 되었고, 그것이 국제정치적 역학에 따라 이른 결과가 오늘날의 영토적 민족국가들의 국제질서라고 말한다. 이러한 국제정치학계의 통설의 근저에는, 오늘날의 영토국가의 존립은 베스트팔렌조약(1648)에 따라 현상동결의 방식으로 국제정치질서를 구성한 데 의존한다는 관점, 즉 영토국가는 지정학적 세력균형과 대안부재에 기초하여 존속하는 불안정한 것이라는 관점이 깔려 있다. 그래서 세계화의 과정에서 영토주의적 민족국가가 어떻게 변모하거나 해체 내지 무력화될 것인가 라는 관점에서 근대 이후의 국가모델을 바라본다.

이에 대해서는 領土主義의 재인식에 의하여 민족국가의 항속성이 도모되고 설명될 수 있다는 반론이 유력하게 제기되고 있다. 영국의 형이상학자이자 정치철학자 로저 스크루턴(Roger Scruton)은 일정한 인적 집단에 의해 구성되는 종족국가(ethnic state) 개념을 떠나, 영토국가 개념에 의해 민족주의를 재정의할 것을 주장한다. 영토국가의 인적 자기동일성은, 국경으로 나뉘어 땅에서, 즉 국경 내에서 어떤(물론 변화하지만 변화속의 항속성을 가진) 문화를 공유하고 살아온 사람들(그런 의미에서 국민)로써 정의되므로, 그것은 종족적 배타성을 가지지 않는다. 그 땅의 문화를 공유하며 살아온 사람은－실정적 의미의 국가의 국적법상의 국적이 아니라 역사적 의미에서의 국가를 이야기하는 한－영토적 민족국가의 구성원의 자격을 가진다. 종래 보수주의의 비판자들은, 국경, 영토주의, 국가적 문화, 전통을 강조하면 종족적 민족주의의 극우사상으로의 길이 열린다 하여, 인적 이동이 빈번해진 현대사회에서 보수주의가 딜레마에 놓인다고 지적하곤 했으나, 이 부분은 스크루턴의 영토국가론에 의하여 정치철학적으로 극복되었다.[86)]

2. 영토국가가 소멸해도 속지법질서가 인법질서로 전면 교체되지 않는 한, 국제사법은 남는다

영토국가를 기본단위로 하는 오늘날의 세계질서의 지속성 여하에 대해서는, 앞서 본 대로 견해가 나뉘지만, 이런 형태의 세계질서가 사라지더라도 국제사법에는 본질적 변화가 초래되지 않을 것이다. 즉, 영토적 민족국가의 결속력이나 대외적 단절성이 약화된다 하여, 국제적 私法關係의 규율에 대해 본질적 변화를 가져올 수는 없다.

86) 그의 견해에 대해서는 Roger Scruton, How to be a Conservative(2014); Fools, Frauds and Firebrands: Thinkers of the New Left(2015), ch. 9 참조.

국제사법은 근대적 민족국가 등장의 전후를 불문하고 또 종족국가적 특성의 강화나 약화에도 불구하고 면면히 '공간적(장소적) 정의'를 추구해 왔다. 국제사법은 영토국가의 주권을 베스트팔렌 국제질서에 의존하여 존립하는 불안한 것으로 보는 국제정치학계(내지 그 영향을 받은 국제공법학계)의 목소리에 전혀 귀기울일 필요를 느끼지 못한다. 또 국적법에서 혈통주의(ius sanguinis, Abstammungsprinzip)가 종종 민족국가적 자의식에 기반하고 있는 점에 대해 개의치 않는다. 오늘날에 현존하는 국가들은 기본적으로 영토국가들이므로(종족국가를 표방하는 국가도 영토국가이다), 장소적(공간적) 법률저촉이 생긴다는 점과, 그래서 이것을 해결하는 것이 국제사법의 임무임을 받아들인다. 그리고 오늘날의 국가들은 자신의 국적법을 가지고 있고 이에 따라 국적이 정해지고 있다는 점을 받아들인다. 그리고 '공간적(장소적) 적절성'이 있는 법을 준거법으로 삼는다. 때로는 국적을 속인적 연결점으로 삼는다. 국제사법은 '인적 법질서'를 연상시키는 "우리나라"라는 표현을 쓰지 않으며, "內國(Inland)"[87]과 "外國(Ausland)"을 구별한다. 실정 국제사법을 포함한 실정법에서는 내국이라는 표현 대신 대한민국이라는 고유명사를 써서 평이하게 표현한다.

국제적 시민사회의 성장과 내실화는 국제사법을 혹은 사비니의 국제사법 방법론을 해체시키는 것이 아니라 오히려 강화한다. 이미 사비니 스스로, 내국법이나 외국법 적용의 근거를 "국가주권"으로부터 도출할 수 없고,[88] 법률관계가 "本據(Sitz)"를 두는 '장소'를 찾아 그곳의 법을 적용하는 것으로 국제사법의 이론적 근거를 설명했다.[89] 여기에서 법률관계의 본거지의 법이 어떤 법이냐가 문제될 뿐, 그 법을 만든 것이 민족국가이냐, 민족주의적 결속력이 얼마나 강하냐, 국경통제를 얼마나 하는 국가이냐는 아무 관련이 없다. 사비니는 국제교류의 증대와 국제적 공동체의 발달이 '법률관계에서 출발하는 접근방법'의 유효적절함을 입증함을 이미 분명히 자상하게 설명한 바 있다.[90]

> "여러 나라의 國民들간의 去來(交通)가 多樣해지고 활발해지면 질수록 위와 같은[실질법규에서 출발하는 국제사법] 原則을 고집하지 않고 오히려 그와는 反對되는[법률관계에서 출발하는] 原則으로 轉換하는 것이 바람직스럽다는 것을 確信하게 될 것이다. 法律關係의 取扱에 있어서의 所望스러운 相互性이 이러한 結果를 가져다 줄 것이며 이로부터 나오는 內國人과 外國人에 대한 平等한 評價는 諸國民과 個人들의 共通의 利益에 의하여 요구되고 있다."

---

87) 영어에서는 內國이라는 표현은 보이지 않는다. 법률조문, 판례, 학술문헌에서 자국을 가리킬 때에는 "the United States", "the United Kingdom", "Australia" 등으로 고유명사를 쓰도록 되어 있다. "내국"과 비슷한 일상어로는 "the land", "this land", "this country" 등이 있다. 흥미롭게도 이런 표현들에는 오늘날의 국가가 속지주의의 지배를 받는 국가, 즉 영토국가임이 반영되어 있다. 영어권에서는 국가의 영토국가적 본질이 식자층과 공중에 의해 널리 인식되고 있다고 볼 여지가 있다.

88) 李好珽, 전게서, 60면.

89) Kegel/Schurig, 전게서, § 3 IX; 李好珽, 전게서, 61면.

90) 李好珽, 전게서, 60면의 번역을 옮김(꺾쇠 내는 본 필자의 주석). 이 부분의 원문은 Kegel/Schurig, 전게서, § 3 IX에도 전재되어 있다.

"우리가 이러한 考察을 통하여 도달하게 되는 立場은, 相互 交通하는 諸國民의 國際法的 共同體(völkerrechtliche Gemeinschaft der mit einander verkehrenden Nationen)의 立場이며 이러한 立場은 時代의 進展에 따라 部分的으로는 共通의 기독교倫理(gemeinsame christliche Gesittung)의 영향과 部分的으로는 이 立場이 모든 當事者들에게 가져다 주는 진정한 利益의 영향하에, 점점 더 一般的 承認을 발견하게 되었다."

영토국가적 성격이 또는 민족국가적 성격이 사멸하거나, 로마카톨릭 교회질서와 같은 초국가적 질서가 국가주권을 제약하게 되어 국가주권 개념의 본질이 바뀌더더라도, 국제사법에서는 여전히 '국가'를 이야기하게 된다. 영토적 민족국가들 간의 국경이 국제적 교류·거래에 어느 정도로 제약이 되는가(예: 쇄국주의냐 자유무역주의냐)는 국제사법의 필요성에 영향을 미치지 않는다. 국경의 중요성이 절대시되는 경우, 즉 철저한 쇄국적 국제관계 하에서도 국제사법이 사멸하는 것이 아니라, 국제사법에서 속지주의가 유난히 강조되거나[91] 국제사법이 비교적 드물게 쓰일 뿐이다.[92] 국경의 실제적 의미가 거의 없어지는 경우도 같다. 가령, 국제적 교류에서 국경이 '마을의 경계' 정도의 의미밖에 못 가지게 되고, 각국법이 상당히 비슷해지더라도－로마법과 같은 공통법이 대부분이고 지역법(local law)은 조금밖에 남지 않게 되더라도－국제사법은 남는다. 오히려 국제적 교류가 많아짐에 따라 국제사법의 세세한 논점들까지 자주 문제될 것이다.

국가들 간의 국경이 얼마나 항구적이냐, 하나의 민족국가가 둘로 쪼개어질 가능성은 얼마나 되는가, 하나의 민족이 여러 국가로서 존재하거나 여러 국가에 나누어 거주하는 상태가 얼마나 지속될 것인가, 혹은 이런 상태의 여파로 민족의식이 약화되어 민족이 재구성되거나 민족 관념이 변모 내지 해체될 것인가 등은 전혀 국제사법의 관심대상이 아니다. 심지어 민족국가 이념이 포기되어 하나의 국가가 여러 개로 쪼개어지거나, 민족국가 이념이 과도하게 강화되어 여러 국가가 한 개로 합쳐지는 일이 빈발하더라도, 국제사법을 본질적으로 바꾸지 못한다. 국제사법은 국가분할과 국가병합을 국제사법적으로 다루는 기준을 가지고 있다. 첫째, 국가분할의 경우에는, 어느 시점(분할 전 또는 후)을 기준으로, 즉 어느 시점에 존재한 국가를 기준으로 그 국가의 국제사법에 의할지를 정해야 한다. 이 문제는 이미 국제사법학에서 다루고 있고 그 해결책을 실제 사안에 적용하고 있다.[93]

설사 전세계가 한 개의 국가로 통합되어도, 모든 법이 완전히 통일되지 않는 한,[94] 국제

91) 속지주의가 과도하게 강조된 나머지 외국법의 적용가능성을 전혀 인정하지 않는다면, '본격적' 의미의 국제사법적 규율은 행해지지 않는 것이다.

92) 예컨대 해난(해양사고)으로 조선 땅에 상륙한 네덜란드인 하멜은 조선에서 조선의 혼인거행방식에 따라 혼인했다.

93) 이에 관한 상세는 Kropholler, 전게서, § 28 Ⅳ.

94) 심지어 국제공법도 지역적 특칙을 가지기도 한다. 즉, 국제관습법(관습국제법)이 예외적으로 일정한 지역에서 다른 내용을 가지기도 한다.

사법은 준국제사법으로 바뀌어 존속한다.[95] 공간적(장소적)으로 법이 다른 문제를 다루는 것이 국제사법이다. 영토국가간에 법이 다르면 '國際'私法이, 국가 안에서 공간적(장소적)으로 법이 다르면 '準國際'私法이라 한다. '국제사법적 판단을 먼저 하고 준국제사법적 판단을 한다'는 적용순서가 다르고, 명칭이 다를 뿐이지, 본질은 같다.[96] 둘 다 공간적(장소적) 저촉법이다. 문제의 본질이 같으며 해결방법이 같다.

이상을 요약하면 다음과 같다. 첫째, 영토국가의 결속력 내지 대외적 단절의 약화는 국제사법에 본질적 영향을 주지 않는다. 국제사법으로 다룰 사안이 증감하거나, 자주 문제되는 사안유형이 달라질 수는 있다. 둘째, 민족국가 이념이 포기되거나 그 이념이 과도하게 강화되어 영토국가가 여러 국가로 쪼개어지는 일이 일어나더라도, 국제사법에는 영향이 없다. 국가분할과 국가병합시에 '준거'국제사법을 어느 시점(에 존재한 국가)에서 찾을지에 대한 국제사법학의 논의가 쓰이는 일이 늘 수 있지만, 이것도 국제사법의 일부이다. 셋째, 국가주권 개념 자체가 없어져도 국제사법은 남는다. 국제사법은 국가'주권' 개념에 의존하지 않는다. 넷째, 모든 국가가 단일 세계국가로 통합되더라도, 법이 장소적(공간적)으로 다르면 장소적(공간적) 저촉법은 필요하므로, 국제사법 대신 준국제사법이 필요해진다. 국제사법과 준국제사법은 '공간적(장소적) 저촉법'이라는 본질을 같이하므로, 이것은 본질적 변화가 아니다.

결국, 장소적(공간적) 저촉법은 법의 영토적 타당범위를 따지는 속지법질서 자체가 사라지지 않는 한 존속한다. 영토적 민족국가들로 구성된 국제정치질서의 안정성 여하 자체에 국제사법이 관심을 가질 일은 없다. 영토적 민족국가의 형해화 내지 해체를 말하는 정치학계나 국제공법학계(특히 국제관계법)의 목소리는 '국제정치'질서를 다루는 분야에는 들어맞지만 국제사법에서는 지엽적 문제에 불과하다.

3. 속지법질서가 전면적으로 사라지고 인법질서로 대체되면 인제사법이 남는다

만약 속지법실서가 전면적으로 사라지고 인법질서로 대체된다면 어떻게 될 것인가? 즉, 카톨릭교회가 카톨릭 성직자들과 교인들을 교회법적으로 규율하는 것과 같은 인법질서만이 남고, 속지법질서는 완전히 소멸한다면 어떻게 되는가? 그러면 이제는 국제사법 대신 인제사법이 전면에 서게 된다.

법률저촉법 내에서 국제사법이나 준국제사법이 완전히 사라지고, 사안에 적용되는 적절한 인법질서를 찾는 작업, 즉 인제사법적 판단작업만 남는다면, 법률저촉법의 본질이 바뀌고 인류가 일찌기 알지 못한 형태로 법률저촉법의 본질이 바뀔 것인가? 그렇게 생각되지 않는다. 이미 種族法主義[97] 시대에는 人際私法이 법률저촉법에서 큰 비중을 가졌다. 종족법주의 시

95) Kegel/Schurig, 전게서, § 1 Ⅲ; 李好珽, 전게서, 1-2면.
96) Kegel/Schurig, 전게서, § 1 Ⅲ; 李好珽, 전게서, 1-2면.

대에, 국제사법적 논점이 전혀 없는 사안에서는, 법률저촉법 논점으로 실제로 문제된 것은 인제사법뿐이었다. 이것은 이미 국제사법의 역사에서 경험한 일이다.

아무리 人法主義, 즉 사람이 속한 인적 집단의 법에 따라 규율되어야 한다는 규율원리가 강조되더라도, 속지법주의가 완전히 사라지지 않는 한, 국제사법적 판단을 먼저 하고 인제사법적 판단은 그 다음 순서로 해야 한다. 중동의 이슬람국가에서 유태인의 신분법(친족상속법을 포함하는 넓은 의미)관계를 규율할 때 이미 그렇게 하고 있다.

요컨대, 다양한 법이 병존하는 한 법률저촉법의 필요성은 없어지지 않는다. 속지법질서가 완전히 사라지더라도 마찬가지이다. 또 속지법질서가 가지는 의미가 적어지더라도 그것이 완전히 사라지지 않는 한, 국제사법적 논점을 먼저 판단한 후 그 결과 내에서 인제사법적 판단을 해야 한다.

Ⅷ. 餘論: "우리 법"이라는 표현에 대하여

근대 이후 영토국가의 주권의 핵심적 요소가 대인고권이 아니라 영토고권이라면, "우리나라" 민사소송법, 민법, 상법, "우리" 민사소송법, 민법, 상법이라는 표현도 어색한 것이 아닌가 라는 의문이 들 수 있다. 이 점에 대하여 간략히 첨언한다.

"우리나라" 법이나 "우리" 법이라는 용어가 반드시 부당한 것은 아니다. "우리"라는 표현을 쓰더라도 이것이 어떤 '법에 先在하는' 인적 집단을 가리키는 것이 아니라면 문제는 없다. 첫째, 영토국가의 기본원칙인 영토주의(속지주의)(territorialism)의 개념에 충실하게, '여기(대한민국에) 사는 우리'라든지, '이 나라(대한민국) 법질서의 권위에 따르는 우리'라는 의미라면 문제는 없다. '우리나라'라는 표현에도 특별한 '인적' 소속의 의미를 담지 않고 영토국가의 의미에서 쓰면 문제는 없다. 즉, '대한민국에 사는 우리가 사는 바로 그 나라'라든가 '대한민국 법질서의 권위에 전면적으로 복종하는 우리가 복종하는 그 나라'라는 의미라면 무방하다. 둘째, 영토국가로서의 대한민국의 법의 전문적 운용을 책임진 법률가로 양성되어 대한민국법을 그 현장에서 연구자, 교육자나 실무가로 일하는 사람들 사이에서, 그 전문적 종사의 대상을 가리키는 의미라면 문제가 없다. 즉, '주로 대한민국 법률가들(법률가집단)에게 연구, 교육과 실무가 맡겨져 있는 법'이라는 의미에서 우리나라 법, 우리나라 민사소송법, 우리나라 민법, 우리나라 상법이라고 말할 수 있다. 그리고 이를 줄여서 "우리" 법, "우리" 민사소송법, 민법, 상법이라고 약칭해도 별 문제는 없을 것이다. 그런 두 가지 의미 중 하나라면 문제될 것이 없다.

그러나 "우리" 법, "우리나라" 법이라는 표현이 항상 위와 같은 축어적 표현으로만 쓰이

97) 이에 관해서는 李好珽, 전게서, 36-40면 참조.

는 것은 아닌 것으로 보인다. 오히려 '법에 앞서 존재하는' 人的 집단을 가리켜 "우리"라고 말하는 경향도 있는 듯하다. 그런데 "우리"라 하면, 은연중에 "우리"와 "남"(또는 "너희"[98])을 단절, 대비시키는 배타적, 대립적 사고방식으로 흐르기 쉽다. 그 결과, 대내외적으로 우리와 남을 대비시키는 의미를 담게 되기 쉽다. 구체적으로 다음과 같은 폐해를 유발할 가능성이 있다.

첫째, "우리 법"은 "우리"의 관점으로 이해되어야 한다는 내재적 접근방법으로 이어질 여지가 있다. 내재적 접근방법에만 치우치면 내부의 사정에 대한 연민과 이해, 자기정당화에 빠져 내부의 미해결 문제를 외부의 탓으로 돌리는 인지적 편향으로 흐르게 된다. 그래서 자신의 불행을 타자의 탓으로 돌리는 사고방식과 분노의 性情을 낳을 수 있다.[99] 대외적 관계에서 대한민국을 억울한 피해자로 보게 되고, 대한민국 내에서도 소집단의 배타적 자의식과 피해의식을 낳게 된다. 내재적 접근방법은 사랑이 아닌 증오의 방법이 된다. 관점의 편향과 감정의 개입은 합리적 접근을 방해한다. 사물적절한 해결을 추구하는 대신, 이익대립을 내부자와 외부자 간의 대립으로만 바라보게 한다. 나와 남의 이익, 손해, 염려는 동질성 없이 대립하는 것으로 보게 된다. 관찰자가 사랑하려 한 '우리'에 대해서도 '상처받아 왜곡된 존재'로 보는, 자기비하 내지 혐오를 가지게 될 수 있다. '우리 법'을 이렇게 바라볼 때, 전문직업인으로서, 국민으로서, 세계사회의 일원으로서의 애정과 소속감이 저해되기 쉽다. 국가와 사회에 대한 애정과 소속감이 피폐해진 자리에 미덕이 자리잡기 어렵다. 미덕의 결핍은 민주주의의 부패를 낳는다.

둘째, '우리가 우리 법을 가진다'는 人法主義的 사고방식이 될 수 있다. 법질서가 국가별로 따로 존재하는 현실 앞에서 "우리 법"이라고 하면, '우리가 우리 법을 배타적으로 공유한다'는 국제적으로 배타적인 사고방식을 유발할 우려가 있다. 이것은 민족주의를 종족주의적인 것으로 타락시키는 결과를 낳을 수 있다. 그래서 영토국가로서가 아니라 인적 집단으로서 대한민국을 상정하는 경향으로 흐를 우려가 있다. 대한민국은 '인적 집단'으로서의 종족이 그 종족의 이익증진을 위해 세운 국가라고 보거나, 반국가적 전체주의 정권과도 연대하여 종족

98) 영어로는 우리를 "they" 즉 "them"과 대비시킬 때에만 이런 배타적 의미가 있고, "you"라고 하면 오히려 한 개인과 다른 개인이 '집단에의 소속'을 떠나 인간 대 인간으로-"나(I)"와 "너(you)"로서-조우하는 느낌이 있다고 한다. 이러한 한 인간으로서의 마주침은 철학자 마르틴 부버의 주제가 되기도 하였다. Martin Buber, Ich und Du(1923). 또한, 영어로 "you"라 하면 어떤 한정된 집단을 가리킨다기보다, 내 말을 듣는(내 글을 읽는) 여러분 혹은 그 각자라는 의미가 종종 부각된다. 그러나 한국어로 "우리"와 "너희(들)"이라 하면 두 배타적 집단이 맞부딪쳐 각 그룹의 이해관계를 내세워 정면으로 충돌하는 의미가 강해진다. 그 결과, 프랑스어나 영어로 "우리"라고 할 때보다, 한국어로 "우리"라고 하면 '두 인적 집단의 배타적 대립양상'을 가져올 가능성이 그만큼 더 가까이 있다.

99) 在英 신학자·철학자 지영해 교수는 내재적 접근방법이 가져오는 심리적 작용을 상세히 분석했다. 지영해, "이병태교수 vs 박찬운교수: 헬조선의 정치학", <https://www.facebook.com/Younghae.Chi>(2017.7.24.). 그 수정본은 뉴데일리(http://www.newdaily.co.kr) 칼럼으로 게재될 예정이라고 한다. 내재적 접근방법의 폐해에 관한 필자의 이해는 이 글에 의존했다.

국가를 세웠어야 한다고 보게 될 우려가 있다. 법적 고려대상인 여러 가지 이익들을 무리하게 '국가이익'으로 포섭하려 하거나, '국가이익'의 뒤로 항상 물러나도록 하게 될 우려가 있다. 종족국가의 이익은 여하한 다른 이익과의 형량 여지도 없는 절대적인 것으로 생각하게 될 수 있다. 종족주의적 민족국가의 無缺的 완성에만 골몰하게 되면, 현존하는 국가질서의 근간을 뒤흔드는 반국가적 사고방식에 빠지는 역설적 결과에 빠질 수도 있다. 이는 책상 위의 염려만이 아니다. '인권탄압적 공포정치가 한반도 전역을 70년간 지배하더라도 종족통일국가가 세워졌더라면 좋았을텐데 남한지역을 중심으로 대한민국이 수립되어 안타깝다'는 생각이 표출되는 예가 보인다.[100)]

이런 염려는 단순한 기우라고 생각되기도 하나, 항상 그런지 조심스러워지기도 한다. 근래의 사법부 내에는 "양심"에 의한 재판의 개념을 잘못 이해한 나머지, 일정한 정책적 또는 정치적 문제의식, 관점(perspective), 또는 "의식(consciousness)"[101)]에 따른 재판을 할 것을 표방하는 일부 법관들의 움직임이 있다. 구체적 예로는 우리법연구회와 국제인권법연구회라는 정파적 법관(혹은 전직법관)서클이 눈에 띈다. 우리법연구회가 문제의식과 접근방법을 표방하는 것을 보면, 내재적 접근방법으로 타자에 의해(혹은 타자의 영향력의 맹종에 의해) 한국

100) 예: 대한민국은 "태어나서는 안 될 나라"라는 제16대 대통령 노무현(2003~2008) 발언. 이 발언이 진지한 것이었다면, 이는 헌법과 법률을 수호할 대통령의 직무를 정면으로 배반하는 것으로서, 대통령의 탄핵사유인 '내란이나 외환의 죄에 준하는 중대한 헌법·법률위반'에 해당한다고 생각된다. 헌법 제65조 제1항은 직무상의 헌법·법률위반을 탄핵사유로 규정하나, 대통령은 제84조의 형사면책을 받으므로, 대통령에 대해서는 형사면책의 예외사유인 내란, 외환의 죄에 준하는 정도로 헌법이나 법률을 중대하게 위반한 것만 탄핵사유가 된다고 해석해야 한다

101) 한국에서는 "의식 있는" 법관상, 변호사상 등이 곧잘 이야기된다. 이것이 '다각화된 사회'에서 언론출판을 통해, 역사에 대한 결정론에 바탕을 둔 좌파사상에 따른 "의식화"(내지 그 입문단계) 작업을 수행하는 것이 아닌가 생각되기도 한다. 직접 대면하는 조직화가 아니더라도, 느슨한 형태로나마 "소속감공유적(consociational)" 조직을 구성하는 일은 가능할 것으로 생각되기 때문이다. 역사의 전개방향에 대한 결정론적 시각에서 이를 쟁취하기 위해 지식인층의 정치운동을 조직화하는 데 필수적인 중요한 "교양"작업으로서 "의식화(conscientization)" 작업이 이야기된다. 좌파 정치운동에서 "意識化" 작업을 명시적으로 강조한 것은 Paulo Freire, Pedagogy of the Oppressed(1921)가 시초라고 한다{프레이리의 의식화 교육론에 관해서는 프레이리의 의식화 교육론에 관해서는 김부태, "파울루 프레이리 교육론의 정치적 성격", 교육철학 제60집(2016.9.), 1-38면; 조정봉, "프레이리 '문화서클'의 교육적 실천", 교육철학 제63집(2017.6.), 79-104 등 참조. 참조}. 그러나 이미 변증법적 유물론(유물사관)은 지식인만이 수행할 수 있는 극적인 지적 체험의 필요성을 암시하고 있다. 한편으로는 자본주의 사멸의 필연성을 이야기하면서 다른 한편으로는 '투쟁'에 의해 '쟁취'하지 않으면 자본주의는 사멸하지 않는다고 하여 필연·당위 복합론을 제시한다. 엄밀히 말하면 필연론으로도 당위론으로도 충분히 근거제시하지 못하였으면서도 양 논리를 결부시킨다. 그래서 식자층에게 '절대 완성되지 않으나 절대로 완성되어야 하며 절대로 완성될 수밖에 없는' 일에 영구히 종사할 수 있도록 일거리를 제공한다. 이것은 지식인에게만 가능하고, 직업상 외톨이가 되기 쉬운 지식인에게 조직화의 사명과 가능성을 제시하는 점에서 지식인을 고무시킨다. 그리고 의도적이든, 의도적이지 않든, 이런 논리적 미스테리를 믿음과 실천으로 극복하는 과정에서 카타르시스를 얻을 수 있도록 하는 극적 레토릭이 제공된다. 이런 논리적 모순을 넘어서는 지적 체험이 적어도 개인적 차원에서 이루어진 바탕 위에서만, 유물사관을 기초이념으로 하는 정치조직이 비로소 순조롭게 구성되고 작동할 수 있다. 바로 이처럼 유물사관이 필수적 실천프로그램으로서 제시한 지적 체험은, 지식인의 조직화의 필수요소였다. 그것은 이미 "의식화"라고 부를 수 있는 것이었다.

법에 가해진 왜곡을 점검하고 "고민"하는 모임으로 여겨진다. 상술한 대로, 이런 접근은 반외세적 사고방식이나, 대한민국 내에서 분파를 나누어 책임을 전가하는 사고방식의 씨앗이 될 수 있다. "우리 법"이라는 용어가 이런 사고편향을 암묵적으로 조장할 수 있고, 이를 담는 그릇으로 쓰일 우려가 있다.[102] 법률가가 아무리 스스로 객관성을 기하더라도, 언어가 사고를 지배할 위험으로부터 완전히 자유로울 수 없다. 오히려 고도로 전문화된 직역일수록 위험이 클 수 있다. 법률직역은 법률가 개개인이 양심에 따라 직무를 수행하도록 되어 있다. 한 명의 법률가가 져야 하는 짐이 크다. 그만큼 사고편향의 위험성에 더욱 예민하게 대응하고, 조심스럽게 안전장치를 갖출 필요가 있다. 개인의 지적 능력으로 사고편향을 위험을 제어할 수 있다는 자신감만으로는 부족하다.

국제인권법연구회는 우리법연구회의 후신이라고 하는데, 일정한 정책적 또는 정치적 성향을 가진 법관들이 주축을 이루는 모임이라고 한다. 만약 그런 성향이 실제로 있고 구성원들이 그 성향에 충실한다면, 국제인권법의 관심대상을 선별하여 일정한 정책적 또는 정치적 색채의 사안에는 혜택을 주고[103] 다른 색채의 사안에는 혜택을 주지 않는 편향성이 나타날 우려가 있다.[104] 법적 규율의 최종단계를 맡은 법원에서 이런 소집단 조직화 작업이 벌어지고,

102) 오스트리아 출신 심리학자 브루노 베텔하임에 의하면, 사람이(언어 또는 동작으로) 자기 생각과 다른 표현을 지속적으로 반복하는 경우, 그 표현의 내용을 자신의 것으로 내면화하지 않으려면, '불가피하게 혹은 편의상 이 표현을 할 뿐이며 언행불일치가 어떤 이유로 정당화되는지'를 그때마다 되새겨야 한다. 이것은 큰 부담이다. 그래서 '나는 그렇게 생각하기 때문에 이렇게 표현하는 것이다'라고 생각하도록, 즉 생각을 행동에 일치시키도록 동기부여된다. 그래서 儀式(ritual)에 의해 사람의 생각이 조종될 여지가 있다. Bruno Bettelheim, "Remarks on the Psychological Appeal of Totalitarianism", American Journal of Economics and Sociology, Vol. 12, No. 1(1952), pp. 89~96(Surviving and Other Essays, Knopf, 1979에 재수록). 한편, 조지 오웰은 언어나 행동에 의한 표현행위가 강제되었을 때, 그 표현행위와 일치하는 생각을 하되, 동시에 그런 생각은 편의적인 것임을 자각하는 것도 가능하다고 보고, 이를 "二重思考(double thinking)"라고 불렀다. George Orwell, Nineteen Eighty-Four, 1949. 그런데 고도의 통제사회에서 이를 실천하여 양심의 자유의 숨쉴 공간을 찾고자 한 주인공 윈스턴은 자신의 뜻을 같이하는 사람을 한 명도 찾지 못하고, 결국 정신적으로 굴복하여 '위대한 형(Big Brother)'를 흠모하게 된다.

103) 예: 한국현대사에 대한 내재적 접근방법이 지나친 나머지, '대한민국의 비쇄국주의적 기조에 반대하는 정치집단'의 무장·비무장투쟁을 진압하는 과정에서 발생한 정부불법행위에 대해서는 소멸시효의 예외를 각별히 너그럽게 인정한다든지, 그 사건의 소식을 접한 일반 공중까지도 정신적 법익을 침해당하지 않을 인적 보호범위 내에 넣어 위자료청구권을 인정하는 일. 국제인권법연구회 결성 전의 일이기는 하지만, 필자가 직접 경험한 예로는, 한 법관이 한국민사법학회와의 공동학술행사 연구발표에서 '과거사 사건은 일반 민사사건과는 차원이 다르다'고 말한 것을 들은 일이 있다.

104) 사실 전 법원을 아우르는 판사들만의 전국조직으로서 실무연구회 외의 연구회 활동을 하는 것 자체에 조심스러운 점이 있다. "법원식구"로서의 소박한 소속감은 원만한 직장생활에 기여하는 부분이 있겠지만, 서로 다른 법원에서 일하는 법관들까지 하나로 모여, 마치 檢事同一體의 원칙처럼 法院同一體의 원칙과 같은 것을 추구하여 '법관들의 공통된 관점'을 서로 강화하는 결과가 되는 것은 바람직하지 않아 보인다. 법관들끼리 연구회를 가지게 되면, 사안의 주인공인 私人, 국가, 행정기관 등의 이익을 덜 중시하고 법원의 편의를 더 강조할 우려가 있다. 그래서 민사판례연구회, 비교사법실무연구회, 국제거래법실무연구회와 같이 학계를 포함한 인접직역과의 교류 속에서 연구회를 가지는 것이 바람직하다고 생각된다. 물론, 주제에 아무런 제한도 두지 않거나, 어떤 실질적 분야(예: 물권, 부동산등기, 가족, 신탁, 국제운송)로 한정하는 연구회는 위험성이 적을 것이다. 그러나 일정한 문제의식 내지 관점(perspective)(가령 포스트모더니즘연구회, 해체법학연구회), 접근방법(가령 법경제학연구회, 過去事是正研究會) 또는 접근의 차원(가령 사법심사연구회, 인권법연

그것도 "인권"이라는 중요한 관념을 배타적으로 독점하는[105] 단일조직이 등장하고 영향력을 행사한다는 점이 특히 위험해 보인다. 약간의 사상적 편향만으로도 심각한 결과를 빚을 수 있어, 언제 이런 위험이 현실화될지 불안정해 보인다.

사법부의 독립은 개인적 정치의식으로부터의 독립을 당연한 전제로 한다. 인격적 성숙, 전통, 제도, 문화에 의하여 뒷받침되어야 한다. 또 형상화된 상징과 儀禮(ritual)로써 권위를 보여주고 일탈을 제약해야 한다. 사법적 전통과 문화는 개인 차원의 실행에 의해 확인, 강화되고, 이런 모습이 상징물과 의례와 함께 공중에게 보여져야 한다. 그런데 도리어 그나마 이어져 온 사법부의 전통과 문화에 도전하여 이를 해체하려는 움직임이 보인다. 이런 생각이 널리 확산되는 것만으로도, 법관의 독립이 방해된다. 사법적 전통과 문화에 감싸여지고 또 이를 지탱해야 할 법관들이, 언론과 정치집단의 사상공세로부터 스스로를 차단하려 하지 않고, 오히려 법원 내 여론에 의해 외부의 영향을 증폭시키고 외부의 압박 구현을 돕게 된다. 사법부 내에 어떤 특정한 정치적 "의식"을 공유하는 조직이 형성되어 사법전통 해체·재구성을 주도하게 되면, 이는 사법부 내의 '법관 독립에 대한 위협의 증폭 및 실행 메커니즘'이 조직화됨을 의미한다. 그 앞에 놓인 법관 개인의 독립은 한층 더 위험해지고, 사법전통 해체, 사법부 권위추락은 가속화될 것이다.

구회)을 정하고 그것을 공유하는 것을 표방하는 연구회는 특히 위험해 보인다. 연구회 회원들이 문제의식, 관점 등이 극단화될 수 있다. 위계의식이 강하고 동조화(synchronization)의 심리경향이 강한 사회(예: 한국사회)에서는 특히 그렇다. 일정한 문제의식, 관점, 접근방법 등을 가지고 법관 생활을 오래 해 온 선배법관, 상급법관이 후배법관, 평판사에게 모범을 보이고, 회원들이 이에 맞추어 나가는 일이 벌어질 우려가 있다. 미국처럼 개인주의가 강한 나라에서도, 동일한 사고성향을 가진 사람들끼리 집단을 이루면 그 집단의 관점이 구성원들의 당초 평균치보다 더 극단적인 쪽으로 흐르게 된다는 것이 미국의 법심리학자 캐스 선스틴 교수의 지적이다. Cass R. Sunstein, Going to Extreme: How Like Minds Unite and Divide, Oxford University Press, 2011. 그 결과, 대한민국 법관이 일정한 문제의식, 관점, 접근방법 등을 공유하고 조직 내적으로 동조화하는 법관들과, 그 외의 법관들로 양분될 수 있다. 이와 같이 법정책적(또는 정치적) 문제의식, 관점 등에 관하여 일정한 특징을 보이는 판사들과 그렇지 않은 판사들로 양분되고 그 편차가 크고 선명해지는 것 자체도 문제이지만, 이것이 '양심에 따른 재판'을 저해할 수 있어 더욱 문제이다. 먼저, 일정한 문제의식, 관점 등을 공유하고 강화하는 판사집단에 속한 법관은 '법관으로서 지녀야 할 양심'보다는 '그 법관집단이 함양하고 다짐한 정책적(또는 정치적) 관점'에 휘둘릴 우려가 있다. 또, 그런 판사집단에 속하지 않은 법관은, 특정 법관집단의 '관점'함양·보급운동의 회오리로부터 부지불식간에 영향을 받을 수 있다. 개인으로서의 법관은 섬세하게 외부의 사물을 접하면서 법관으로서 마땅히 가져야 할 양심을 가다듬으려 할 것이다. 그런데 일정한 정책적(또는 정치적) 관점을 법관집단의 본질을 꿰뚫어 보지 못한 가운데, 상당수의 다른 법관들이 조직적으로 특정 관점을 내세우는 것을 보게 되면, '그들도 똑같은 법관으로서 존중받아야 마땅하지 않은가'라는 생각을 하게 되고, 인지부조화를 피하기 위해 그 법관집단이 주장하는 견해도 경청할 만한 견해로서 존중하게 될 가능성이 있다. 더구나 그런 정치적 법관집단이 엘리트법관들로 구성되어 있다면, 그 집단의 견해를 모범으로 삼아 참고할 가능성이 있다.

105) 지배적 영향력을 가진 識者集團에 의한 '觀念의 獨占'이 가지는 위험에 관해서는 인터넷신문 뉴데일리(newdaily.co.kr) 주필 박성현이 "뱅모"라는 필명으로 쓴 인터넷 칼럼, "관념, 세뇌, 현실", 2018.4.28.자 트위터(@bangmo) 게시 참조. 박성현은 "관념을 장악"하여 "관념의 힘으로……현실을 왜곡·지배"하는 현상의 위험을 경고하고, 지난 30년간 한국의 좌파가 "민족, 평화, 진보, 젠더, 평등, 자유, 복지, 역사, 정의 [등의] 관념들에 대한 독점적 지배권을 구축"하여 "관념을 비틀어 자신들의 입장을 강화하는 의미를 담아"내는 작업을 진행했다고 지적한다.

법률심이 구체적 사건에 적용될 법률론을 판시하면서 방론으로 '입법적 해결은 논외로 하고'라고 언급하여 입법론을 시사하는 경우가 있다. 그런데 법관의 법형성권한의 내재적 한계와 권력분립론적 한계를 무시하고 이를 뛰어넘거나, 개인적인 연구자의 자격을 넘어 전국적 사법부 조직 내의 파워그룹을 형성하여 입법론적 논의에 뛰어드는 것은 위험해 보인다. 이런 형태로 집단화되는 순간 3권분립의 정신과 부딪치게 된다. 더구나, 일정한 정신적, 사회적 所與의 바탕 위에서 정상작동하는 구미 선진국의 법제도를 그런 기반이 없는 국가에 단순이식하는 경우, 오작동과 각종 부작용을 낳기 쉽다.[106] 그래서 입법론은 어떤 분야(즉 사물)에 일상적으로 종사하는 사람들이 스스로 가지고 있는 문제의식이나, 그들을 가까이에서 관찰하여 얻은 문제의식에서 출발하는 것이 좋다. 그리고 그들의 목소리를 일방적으로 반영하거나 짐을 타자에게 떠넘기는 일이 없도록, 이해관계인에게서 떨어져 바라보고 이익형량할 필요가 있다. 절차법에 대해서까지 대법원이 법안발의권을 가지지 못하는 이유도 여기에 있다. 그런데 사안의 가장 최종단계를 맡은 법원은 현장에서 가장 멀리 있다고도 할 수 있다. 또 판사는 개별 사안만을 접하고 그것도 원고가 소제기한 것만을 접하므로, 한 분야에 관련되는 다양한 목소리들을 접하기 어렵다. 법관이 구체적 사건을 다루면서 추상적 법을 구체적 사안에 적용할 때와 달리, 구체적 사안을 재판한 경험으로부터 일반적 차원으로 법률론을 내세울 때에는(입법론을 주장하는 경우가 바로 대표적이다) "episodic"한 접근의 문제점이 극단화될 수 있다.

Ⅸ. 결 어

근대 주권국가는 인적 국가가 아니라 영토국가이다. 그래서 대인고권이 아니라 영토고권을 제1원리로 한다. 대인고권도 영토주권으로 설명한다. 따라서 국가법의 타당범위(효력범위)로서 가장 중요한 것은 영토적 타당범위이다. 그리고 이것은 강제력 있는 공권력 행사의 장면에서 비로소 부각된다. 그래서 민사소송법의 영토적 타당범위는 중요하지만, 실체사법이 일정한 영토적 타당범위를 전제하고 제정되었다고 말하는 것은 무리이다. 한 국가가 외국에서 대인고권을 행사하는 경우(예: 재외공관에서의 영사송달, 협의이혼의사확인, 가족관계등록을 위한 신고 수리)에도, 그것은 대인고권에서 도출되는 것이 아니다. 주재국과의 조약에 의하여 주재국이 영토주권 독점을 양보함으로써, 보통은 잘 드러나지 않는 대인고권이 비로소 부각되어 영토주권을 기능적으로 보완할 뿐이다. 또, 대인고권은 외국에서의 송달과 증거수집,

106) 제도개혁이 실제로 가져오는 변화 특히 손실은 설계자가 염두에 두거나 일반국민이 미리 예상할 수 있는 범위를 훨씬 벗어나는 것이 통례이며, 이는 개혁에 대하여 조심스럽게 접근하는 정치적 보수주의의 한 근거가 된다. Michael Oakeshott, "On being Conservative", in: Rationalism in Politics and Other Essays (1962), p. 172.

증거조사와 같이 일정한 맥락에서 비로소 부각될 뿐이다.

주권면제 법리는 국가주권의 "대등"성과 "고권"성에서 개념상 도출되는 것이고, 국제공법의 일부로 분류된다. 그러나 주권면제는 포기할 수 있는 등 예외가 있고, 주권면제의 인정범위에 대한 법리는 변화하고 있다. 주권면제 법리는 그 자체의 원리와 고려에 따라 발달하고 있다. 주권면제를 국가의 대인고권의 한계로 설명하는 것은 개념설정의 단계에서 그렇게 설명하는 것으로 만족하는 것이 좋다. 주권면제가 개념적으로 '국가의 대인고권의 내재적 한계'라고 정리하는 것은 맞다. 그러나 그렇다 하여 주권면제 법리의 모든 내용이 '국가주권의 대인적 타당범위' 개념에서 연역된다고 할 수는 없다.

민사법에서는 국가법의 대물적 타당범위가 문제되는 예도 한정적이다. 물권법이 대물적 적용범위를 스스로 한정하고 있고, 회사법이 한국법에 의해 설립된 회사로 대물적 적용범위를 한정하는 데에서 출발하는 것 등을 예시할 수 있다. 그러나 일반적으로는 민사소송법의 대물적 타당범위(예: 부동산소재지 전속관할, 집행력의 영토적 제한)는 민사소송법의 영토적 타당범위에 의해 이미 설명된다. 또, 민상법에서도 민상법 일반의 대물적 타당범위를 이야기하는 것은 부당하며, 개별적 분야 내지 법규별로 그것이 자신의 섭외적 타당범위를 스스로 제한하고 있는 자기제한적 실체법규인지를 따져야 한다.

만약 의식적으로 국내법의 대외적 효력범위론으로 만족하여 이렇게 국제사법을 왜소화하는 접근방법이 있다면, 그것은 국제사법 전반을 국제공법의 일부로 흡수하여 버리려는 시도이거나, '국제사법이 이미 전면적으로 국제공법일 뿐임을 인식하는' 접근방법을 국내법(자율법)적으로 模寫하는 것이리라 생각된다. 그러나 국가관할권론에 의하는 것이든, '법의 일반원칙'이라는 이름으로 하는 것이든, 그런 접근방법은 비현실적이며, 국제사법을 내용적으로 형해화시킬 우려가 있다. 영토국가의 변모도 국제사법의 임무에 본질적 영향을 주지 않는다. 사비니에 의해 정립된 법률관계분류설과 '입법의사 존중'의 작업틀을 굳이 내버릴 이유가 없다. 국제사회의 발달, 내실화는 사비니의 국제사법 방법론을 약화시키는 것이 아니라, 그 쓰임새를 증가시키고 그 실용성을 입증할 뿐이다. 또한, 국가법의 입법관할권론이나 대외적 효력범위론을 가지고는 '私法關係'의 공간적(장소적) 저촉법, 즉 國際'私'法을 대체할 수 없다. 만약 그런 대체가 일어난다면 국제사법을 초보적 형태로 퇴화시킬 뿐이다.

요컨대, 한국법이 스스로 자신의 효력범위를 정함으로써 국제사법(private international law)을 대체할 수 없다. 국제사법의 대강을 정하는 것도 아니다. 이 둘 중 하나로 서술하는 한국 민사소송법, 민법, 상법 학계의 일반적 서술은 수정되어야 한다. 물론 국가법의 효력범위론이 국제사법과의 관련되는 점이 있지만, 국가법의 효력범위를 한정하는 것은 국제사법과 성질상 별개의 규율이다. 첫째, 국가법이 보편법이나 초국가법이 아니라 그 국가의 법으로서만 효력을 가진다. 그래서 한국법은 외국에서는 외국법으로 불리우게 되고, 한국법원은 외국에서 외국법원으로 불리우게 된다. 그래서 국제사법의 과제를 제공한다. 둘째, 국제사법에 의해 일국법이 실체준거법으로 지정되었을 때, 실질법 스스로 섭외적(국제적) 적용범위를 한정하는 자기제한적 실체규범이 있다. 국제사법에 의해 준거법을 지정한 후에, 준거법소속국의 실체규범이 그런 입법의사를 담고 있는지를 확인해야 한다.

7. 위험에 대한 의심과 위험여부의 확인* – 법치주의에서의 안전을 위한 시론적 고찰 –

김 성 태**

Ⅰ. 서 설

오늘날 법익 손상에 효과적으로 대처하기 위하여 구체적인 위험에 대한 방지 작용뿐만 아니라 위험 전 단계[1] 혹은 위험인지의 여부가 불분명한 상황에서의 국가 등 행정주체의 활동이 주목받고 있다. 이와 같은 활동은 특히 생명·신체의 안전과 같이 중대한 법익에 대한 침해 가능성이 있거나 법익 침해로 인한 피해가 광대한 경우에 효과적으로 대응하기 위한 것으로서, 예컨대 환경오염, 원자력 사고, 사람 혹은 가축에 대한 전염병,[2] 그리고 현재 전 세계적으로 이슈가 되고 있는 테러 등의 예방 및 방지에서 강조되고 있다. 주로 경찰 및 질서행정청에 의하여 이루어지는 이와 같은 활동을 법적으로 설명하고 규율하기 위한 이론적 도구로서 위험 개념 외에 이미 오래전부터 리스크, '위험에 대한 의심(위험의심: Gefahrenverdacht)'과 같은 관념이 검토되어왔다. 이 가운데 위험에 대한 의심은 위험의 존재 여부가 명확하지 않은 경우를 지칭하는 것으로서 이러한 관념에 터잡아 이른바 '위험여부의 확인(Gefahrerforschung)'과[3] 같은 활동이 행해지는 것으로 이해되어 왔다.

위험이 불확실한 상황에서 이에 대응하기 위한 작용이 최근 부쩍 강조되고 있지만, 경찰의 경우 임무 수행과정에서 위험이 존재하고 있는지 확실치 않은 경우에 맞닥뜨리는 것은 늘 있어온 일이다. 이러한 까닭에 독일에서는 이미 오래전부터 위험의심의 관념을 정립하면서 이와 관련된 경찰활동의 적법성을 검토해왔고, 그의 영향으로 국내 문헌에서도 위험의심

* 이 논문은 행정법연구 제51호(2017.12)로 간행·발표된 것으로서 헌법·행정법의 연구와 법치주의의 실현에 헌신하시고 교육행정가로서도 뛰어난 업적을 남기신 성낙인 서울대 총장님의 총장 퇴임을 기념하기 위하여 본 논문집에 다시 수록한 것이다.

** 홍익대학교 법과대학 교수

1) 독일연방헌법재판소는 2008년(BVerfGE 120, 274(328)) 및 2010년(BVerfGE 125, 260(330))의 판결에서 위험 전 단계(Vorfeld von Gefahren)를 "위험이 가까운 장래에 발생한다는 점이 아직 충분한 개연성을 갖고 확인될 수 없는 상황"이라고 설명하고 있다. 최근의 판결(BVerfG Urteil v. 20. 04. 2016-1BvR 966/09)에서도 비슷한 맥락에서 "손상에 이르는 인과진행을 아직 충분한 개연성을 가지고 예상할 수 없는 상황"으로 기술하고 있다.

2) 2003년 급성호흡기증후군(SARS)이나, 감염이 의심되는 자에 대한 격리가 문제되었던 2015년 중동호흡기증후군(MERS), 최근 몇 년간 계속하여 발생하고 있는 조류인플루엔자(AI)와 같은 예를 생각할 수 있다.

3) 이를 '위험존재의 확인'으로 표현하는 문헌으로는 서정범(역), 독일경찰법론, 1998년, 옆번호 61; 이기춘, 경찰질서법상 위험개념 및 표현위험과 위험의 의심(서정범/김연태/이기춘, 경찰법연구, 2009년), 137면.

이 다루어지고 있다.[4)] 위험여부의 확인 역시 독일에서 주로 1980~90년대 환경법 사례들을 검토하며 정립·발전되어온 개념으로서[5)] 위험의심에 따른 작용들 가운데 우선적으로 고려되며, 현재는 행정청에 의한 정보수집 등과 밀접하게 관련된 활동으로서도 고찰되고 있다.[6)] 위험여부확인 활동 가운데 권리침해성(Eingriff)을 갖는 경우가 '위험여부확인조치(Gefahrerforschungseingriff)'이다.

위험에 대한 의심이나 위험여부의 확인이 꽤 오랜 시간 언급되었음에도 불구하고 실제로 발생하는 불확실한 위험상황을 설명하며 적법하고 효과적으로 대처하기 위한 관념으로서 그 내용이나 기능, 효용성이 충분히 해명되었다고 단언하기는 어렵다. 수많은 논의가 이루어졌던 독일에서도 여전히 논란이 있고, 비교적 간단한 정도의 고찰에 그치고 있는 우리의 경우에는 더욱 그러하다. 독일의 경우 개별 법규정이 없는 때에는 경찰법상 일반수권조항이 경찰에 의한 위험여부확인조치의 법적 근거가 될 수 있는 것으로 설명하기도 하지만, 위험의심이라는 도그마틱적 형태에 따라 행해지는 위험여부확인조치를 '위험'에 대한 방지를 규정하고 있는 일반수권조항에 의해 정당화하는 것은 옳지 않다는 지적이 있고, 위험의심 개념의 본질에 관한 이견도 여전하다. 우리의 경우 위험의심에 대한 깊고 정교한 이론적 검토가 행해지고 있는 것은 아니어서 실제적 필요에 따라 행해지는 위험여부확인 등 침해적 조치의 적법성에 대한 의구심이 클 수 있다.

이 글은 이처럼 보다 분명한 이해가 필요한 위험의심과 위험여부확인에 대해 그 개념 및 내용, 법 적용에서의 의의와 기능을 명확히 함으로써 위험이 불확실한 상황에서 이에 대처하기 위한 국가적 활동이 적법하게 행해지도록 함에 그 목적이 있다. 이를 위해 아래에서는 위험의심의 개념, 위험·외견상 위험 등과의 구별, 위험여부확인 등의 내용과 법적 근거, 위험여부확인에서의 경찰책임과 손해의 전보 등을 고찰한다. 이러한 고찰에 있어서는 독일의 학설·판례를 함께 살피는바, 상당한 정도의 논의를 축적하고 있어 유용한 자료로 활용될 수 있을 뿐만 아니라, 기본적으로 우리 경찰법 내지 질서행정법이 독일의 위험 도그마틱을

---

4) 위험에 대한 의심을 다루고 있는 국내 문헌의 예로는 정하중, 독일경찰법의 체계와 한국 경찰관직무집행법의 개선방향(상), 사법행정(1994.2), 4면 이하; 김남진, 경찰상의 위험과 위험의 혐의 등, 고시연구 2001년 9월호, 87면 이하; 이기춘, 앞의 글; 이호용, 경찰권 발동에 관한 외관상위험과 위험혐의의 법적 평가와 손실보상, 한국공안행정학회보 23권(2006년), 95면 이하; 구형근, 독일경찰법상 외관상 위험과 위험의 혐의, 법학논총 제17집 제1호(2010년), 521면 이하; 이상해, 경찰처분의 실질적 적법성에 관한 일고찰, 경북대 법학논고 제40집(2012.10), 319면 이하 등.

5) 그러한 예로서는 VGH Baden-Württemberg, DÖV 1985, 687; Hess. VGH, DÖV 1987, 260; Bay. VGH, DVBl. 1986, 942 참조.

6) 이러한 현상을 지적하며, 나아가 동의에 의한 정보수집활동으로서의 위험여부확인조치의 적법성을 검토하는 문헌으로는 Wapler, Alles geklärt? Überlegungen zum polizeirechtlichen Gefahrenerforschungseingriff, DVBl. 2. 2012, S. 86; 테러방지를 위한 정보활동들과 관련하여 검토하고 있는 문헌으로는 Darnstädt, Karlsruher Gefahr, DVBl. 5. 2011, S. 263 ff.; 경찰상 표준조치로서의 정보수집권한에 관한 부분에서 위험의심을 다루는 문헌의 예로는 Gusy, Polizeirecht, 6. Aufl., Rdnr. 193 이하.

거의 그대로 받아들이고 있어 우리법제에서도 보편적인 것으로서 검토될 수 있기 때문이다.

Ⅱ. 危險에 대한 疑心

1. 의 의

위험에 대한 의심은 기준이 되는 시점에 위험할 수도 그리고 위험하지 않을 수도 있는 불명확한 사정'의 경우에 있게 된다. 위험의심에 있어 위험은 불가능한 것은 아니지만 그렇다고 확실하게 긍정되지도 않는다. 즉, 사실관계의 파악(Diagnose)이나[7] 인과진행의 예측(Prognose)에[8] 있어 불확실성이 존재하여 법익손상의 개연성에 대한 판단이 어려운 경우에 위험의심의 관념이 인정된다.[9] 위험의심은 결과적으로 '위험에 대한 우려(Besorgnis einer Gefahr)'가 있는 경우이다.[10]

독일에서의 통상적인 설명에 따르면, 위험의심에서는 비록 위험에 대한 우려가 있기는 하지만 사정을 종국적으로 판단하기 위해서는 여전히 파악되지 않는 부분의 충족이 있어야 함을 경찰 혹은 위험방지행정청 스스로 인식하고 있다는 점에 그 특징이 있다고 한다. 즉, 개연성이 충분치 않아 위험이 존재하지 않을 수도 있다는 것을 경찰공무원이 알고 있는 경우에 위험의심이 있게 된다는 것이다.[11] 이와 같은 설명은 위험의심의 본질을 올바르게 이해한 것으로서 타당하지만, 그러나 다소 부정확한 서술이다. 법률이 일정한 위험의심 상황을 특정하여 —즉, 후술하는 이른바 추상적 위험의심— 이를 대상으로 조치의 발령을 명시하는 경우 이에 근거하여 조치를 취하는 경찰공무원은 위험이 존재하지 않을 수도 있음을 '알고 있는 경우'가 아닐 수도 있기 때문이다.

위험의심이 '의심'이라는 표현이 사용된다고 하여 경찰공무원 등의 일정한 의심 '행위'를 말하는 것은 아니며, 위험이 의심되는 '상황'을 뜻한다는 점에 주의하여야 한다. 즉 위험의심

---

7) 예컨대 20분 후에 어떤 디스코텍에서 폭탄이 폭발할 것이라는 익명의 전화가 경찰에게 걸려온 경우 경찰은 자신의 경험에 의하면 90%이상 실제로는 폭탄이 존재하지 않는다고 생각한다. 그러나 경찰은 폭탄이 존재하는 경우를 염두에 두어야만 한다. 또 다른 예로, 누군가 자신의 집 뒤에서 땅에 다량의 검은 액체를 쏟아 붇는 것을 경찰이 발견하였다. 그것이 폐유와 같은 환경오염물질인지 혹은 단순히 더러운 물인지 경찰이 알지 못하는 경우 경찰은 위험인지의 여부가 불확실한 상황에 직면하게 된다. 이와 같은 사실관계의 확인이 불분명한 상황은 그것이 위험으로 확인되지 않는 동안에는 이른바 위험에 대한 의심에 해당한다. Götz, Allgemeines Polizei- und Ordnugsrecht, 13. Aufl., Rdnr. 154; Gusy, 앞의 책, Rdnr. 193.

8) 특정 의약품으로 인해 발생할 수 있는 부수적인 유해성이 불분명한 경우를 생각해볼 수 있을 것이다.

9) Gusy, 앞의 책, Rdnr. 113; Ibler, Gefahrenverdacht und polizeiliche Generalklausel, in: Jochum/Fritzemeyer/Kau(Hrsg.), Festschrift für Kay Hailbronner, 2013, S. 740; Knemeyer, Polizei- und Ordnungsrecht, 10. Aufl., Rdnr. 97; BVerwGE 116, 655 참조; 이와 같이 이해하는 국내 문헌으로는 정하중, 앞의 글, 16면; 이상해, 앞의 글, 320면.

10) Petri, Der Gefahrerforschungseingriff, DÖV 1996, S. 444.

11) Ibler, 앞의 글, 740; Knemeyer, 앞의 책, Rdnr. 96; Darnstädt, Gefahrenabwehr und Gefahrenvorsorge, 1983, S. 94; Petri, 앞의 글, S. 445; Poscher, Der Gefahrenverdacht, NVwZ 2001, S. 141.

은 '가능할 수 있다는 정도로 보이는 위험상황(als möglich erscheinende Gefahrenlage)'을[12] 의미한다. 이 점에서는 위험의심을 '위험이 의심되는 상황'으로 표현하는 것이 더 정확할 수 있다. 다만 종래 국내 문헌들에서 주로 '위험혐의' 혹은 '위험의 의심'과 같은 번역 용어를 사용해왔고, 추상적 위험에 대한 의심의 관념이 인정될 수 있음에도 불구하고 '상황' 이라는 표현을 덧붙여 위험의심이 구체적 사정과 관련하여 한정되는 것처럼 오인될 수 있다는 점에서 여기에서는 일단 '상황' 이라는 표현은 제외하고 위험에 대한 의심 혹은 위험의심이라는 용어를 사용하기로 한다.

한편, 위험의심은 '위험야기에 대한 의심(Verursachungsverdacht)'과는 다른 관념이다. 위험의심에 있어서는 위험한 사정의 존재 자체가 불확실하지만, 위험야기에 대한 의심에 있어서는 위험은 존재하지만 누가 위험을 야기한 자인지가 불분명하며 이에 대한 확인을 필요로 한다.[13]

2. 危險과의 구별 문제

경찰상 위험이란 어떠한 상태나 행위가 그의 객관적으로 예상될 수 있는 진행이 저지되지 않는다면 경찰상 보호법익을 손상할 개연성이 있는 경우를 말한다. 즉, 위험은 가정적인 사건진행에 따르면 공공의 안녕과 질서의 관념에 포함되는 규범, 권리, 법익이 외부로부터의 영향으로 훼손되는 것을 의미하는 손상이 발생되는 경우에 성립된다. 결국 위험에 있어서는 법익손상과 손상발생의 개연성이라는 두 가지 요소가 중요한 의미를 갖는다. 우리 문헌들에서의 위험에 대한 설명이 조금씩 다르더라도 그 본질적 내용은 독일 학설 및 판례에서의 위험 관념을 거의 그대로 받아들인 것으로서 특별히 큰 차이가 있는 것은 아니다.[14]

이와 같이 이해되는 위험은 위험의심과 개연성에 있어서 서로 구별된다고 보는 것이 독일에서의 일반적인 견해이다. 즉 위험의심과 위험은 '충분한 개연성'이 경계가 되며, 위험의심에 있어서는 손상발생의 개연성이 위험에서보다 더 작다는 것이다.[15] 이러한 독일에서의 구별을 조금 더 보완해서 설명한다면, 위험의심에서의 개연성이 위험보다 작다는 것은 작용이 행해지는 시점까지 일정 정도의 개연성을 갖추고 있는지가 ―사전적 관점에서― 불분명하여 위험과 같은 정도의 충분한 개연성을 갖지 못한다는 의미이다. 만약 위험에 이르는 정도의 손상발생 가능성이 없거나 낮다는 점, 즉 충분한 개연성 없음이 작용시점에서 확인된

12) OVG Magdeburg, Urteil v. 21. 3. 2012-3L 341/11, NVwZ 2012, 720.

13) Knemeyer, 앞의 책, Rdnr. 334; Petri, 앞의 글, S. 445 참조.

14) Gusy, 앞의 책, Rdnr. 108; Götz, 앞의 책, Rdnr. 140; BVerwGE 45, 51(57); 김성태, 예방적 경찰작용에서의 추상적 위험·구체적 위험, 행정법연구(2003년 하반기), 252면 등 참조.

15) Gusy, 앞의 책, Rdnr. 194; Knemeyer, 앞의 책, Rdnr. 96; Sailer, M. Haftung für Polizeikosten, in: Lisken/Denninger(Hrsg.), Handbuch des Polizeirechts, 4. Aufl., Rdnr. 52.

경우라면 이는 위험의심이 아닌 위험의 부존재 혹은 리스크에 해당된다.[16)]

위험을 법적 보호이익에 대한 손상이 발생한다는 충분한 개연성이 존재하는 상황으로 이해하는 경우, 위험상황은 – 가능한 것이 아닌 – 실제적인 것으로 보여야 한다. 즉, 작용을 행하는 경찰공무원이 알려진 정보들에 근거해서 법익이 어쩌면(möglicherweise) 위험한 것이 아닌가의 정도가 아닌, 실제로(wirklich) 위험에 처해있다고 여길 수 있는 상황이 바로 위험에 해당한다. 결국 특정 사정이 위험상황을 나타내는 것인지 혹은 그렇지 않은 것인지 문제되고 있는 경우는 위험의심이, 문제되지 않고 손상발생의 개연성이 인정되는 경우 위험이 된다.[17)]

한편, 개연성을 기준으로 위험의심을 위험과 구별하더라도 결과적으로 위험의심은 낮은 개연성 정도의 위험과 다르지 않다고 하거나, 위험의심에서도 위험과 마찬가지로 실제와 관련된 정보 및 그에 터잡은 예측이 문제되어 위험의심이 위험의 하위 개념이 된다고 하여 위험의심 개념이 도그마틱상 과도한 것이라 주장되기도 한다. 더불어 위험의심 개념에 의해서 본래 허용되지 않던, 법으로부터 자유로운 경찰 활동 영역이 창설될 수 있다는 문제점이 지적되기도 한다.[18)]

위험의심과 위험 둘 모두 본질적으로 예측적 판단과 관련하여 형성된 개념이라는 점, 경찰 및 질서행정청의 임무수행과정에서 위험이 위험의심 혹은 외견상 위험과 결부되어 나타나는 경우가 많다는 점,[19)] 또한 충분한 개연성이라는 요소가 반드시 엄격하게 해석되는 것만은 아니라는 점[20)] 등에서 보면 이와 같은 주장은 어느 정도 타당한 면이 있다. 그러나 위험의심은 법치국가원리가 구현되는 경찰 및 질서행정 작용에서 그 요건이 되는 '최소'의 근거

16) Darnstädt는 위험 전 단계를 손상에 이르는 인과진행을 아직 충분한 개연성을 가지고 예상할 수 없는 상황으로 파악하는 연방헌법재판소의 판결(BVerfG Urteil v. 20. 04. 2016-1BvR 966/09)과 관련하여 인과진행에 대한 부족한 예견은 구체적인 위험발생의 불확실성을 의미한다고 하면서, 이 경우 구체적 위험예측이 이루어지지 못하는 것은 손상발생 개연성의 정도에서가 아니라 개연성있는 손상발생이 구체적으로 충분히 설명될 수 없기 때문이라고 하고 있다. Darnstädt, Ein personenbezogener Gefahrbegriff, DVBl. 2. 2017, S. 92.

17) Schoch, Gefahrenabwehr nach der Generalklausel, JuS 1994, S. 669; Wapler, 앞의 글, S. 87, 89 참조.

18) Darnstädt, 앞의 책, S. 96; Darnstädt, Karlsruher Gefahr, S. 265; Knemeyer, 앞의 책, Rdnr. 96; 사전적 관점에서 보유하고 있는 정보와 근거자료에 입각하여 인식될 수 있는 사정과 위험방지법에 특유한 입증정도의 감축에 따라 위험은 존재하든지 아니면 존재하지 않든지 양자택일적으로 결정되므로 위험의심 개념은 일부 위험상황을 묘사하는 표현일 뿐이며 이렇게 막연한 개념으로 얻어지는 것은 전혀 없다고 보고 위험의심이라고 언급되는 많은 사례들은 위험사례가 될 것이라는 설명(이기춘, 앞의 글, 166면; 또한 Schenke, Polizei- und Ordnungsrecht, Rdnr. 59 이하) 역시 이와 비슷한 맥락이라 할 수 있다.

19) 위험의 외관이나 의심이 있는 경우를 외견상 위험으로 분류하면서 외견상 위험을 진정한 경찰상 위험으로 파악하는 견해로는 Hoffmann-Riem, "Anscheinsgefahr" und "Anscheinsverursachung" im Polizeirecht, in: Wacke(Hrsg.), Festschrift für Gerhard Wacke zum 70. Geburtstag, 1972, S. 327 ff.; 이기춘, 앞의 글, 145면.

20) 실제로 독일의 문헌들 가운데에는 법익 손상의 단순한 가능성(bloße Möglichkeit) 혹은 손상발생과 동떨어지지 않은 가능성(nicht entfernte Möglichkeit)의 경우에도 위험이 인정될 수 있다고 설명하기도 한다. Götz, 앞의 책, Rdnr. 142; Knemeyer, 앞의 책, Rdnr. 108 참조.

와 관련된 개념으로서[21] 어느 정도 그 유용성을 인정할 수 있다. 우선, 위험의심의 개념에 의해 실제 발생되는 사례들의 체계적인 분류와 관련 규정의 해석 및 적용을 보다 정교하게 할 수 있고, 위험여부확인조치 및 사전대비의 올바른 입법적 규율에 도움이 될 수 있다.[22] 또한 비례원칙에 따라 규율의 적법성 여부를 판단함에 있어서도 위험의심과 위험에 대한 개념적 구별이 의미를 가지며, 손실보상에 있어서도 양자는 차이가 발생할 수 있다. 나아가 위험과의 개념적 구별을 통해 법률상 위험 상황을 요건으로 하는 침해적 조치의 위험의심 상황으로의 과도한 확장도 피할 수 있다고 본다.[23]

3. 具體的 혹은 抽象的 위험에 대한 의심

위험이 특정의 개별사례와 관련된 경우에 위험은 구체적이다. 그에 비해 일정한 사정에서 일반적으로 충분한 손상발생의 개연성이 인정되는 경우의 위험은 추상적이다.[24] 종래 독일 문헌에서 나타나고 있는 위험의심에 관한 검토는 주로 '구체적 위험'에 대한 의심을 염두에 두고 있는 것으로 보인다.[25] 이 경우의 위험에 대한 의심은 구체적인 사실관계의 존재를 요하게 된다. 즉, 경찰 및 질서행정청이 합리적인 평가와 충분한 사실 규명의 기준을 적용하면 그것이 주어지는 시점에 위험을 구성하는, 어떠한 상황 존재에 대한 근거가 있어야 한다.[26] 예컨대 독일 연방토양보호법(Bundes-Bodenschutzgesetz: BBodSchG) 제9조 제2항에서의 위험여부확인은 구체적 근거에 따른 위험의심을 그 요건으로 하고 있는바, 이와 같은 규정에서 구체적 위험에 대한 의심의 관념을 파악할 수 있다.[27]

그러나 구체적 위험에 대한 의심 이외에도 '추상적 위험'에 대한 의심도 인정될 수 있다고 본다. 즉 구체적 위험에 대한 의심이 구체적인 행위나 특정 위험인물과 같은 개별사례에서의 위험의심임에 비하여 추상적 위험에 대한 의심에서는 이와 같은 개별사례의 존재를 요하지 않는다. 단지 일반화 혹은 추상화에 의하여 관념적으로 형성된, 일반적이고 추상적으로 묘사된 사정에서의 위험에 대한 의심이면 족하다. 예컨대 실재가 아닌 관념적인 대규모 축구경기를 상정하고 그와 같은 경기가 있다면 팬들 간 싸움이 발생할 수도 있지 않을까 하는

---

21) Denninger, E. Polizeiaufgaben, in: Lisken/Denninger(Hrsg.), Handbuch des Polizeirechts, 4. Aufl., Rdnr. 50.

22) Petri, 앞의 글, S. 445 참조.

23) 그러한 예로는 후술하는 맹견법규명령의 사례(BVerwG, Urteil v. 20. 08. 2003-6 CN 4/02) 참조.

24) 추상적 위험과 구체적 위험의 개념 및 구별에 관한 상세한 논의는 김성태, 앞의 글, 257면 이하 참조.

25) 예컨대 Gusy, 앞의 책, Rdnr. 113; Götz, 앞의 책, Rdnr. 154; Knemeyer, 앞의 책, Rdnr. 98에서의 각 위험의심에 대한 설명 참조; 구체적 사실의 존재를 요한다고 명시하고 있는 문헌으로는 Petri, 앞의 글, S. 446.

26) Götz, 앞의 책, Rdnr. 154.

27) § 9 II Satz 1 BBodSchG: Besteht auf Grund konkreter Anhaltspunkte der hinreichende Verdacht einer schädlichen Bodenveränderung oder einer Altlast, kann die zuständige Behörde anordnen, daß die in § 4 Abs. 3, 5 und 6 genannten Personen die notwendigen Untersuchungen zur Gefährdungsabschätzung durchzuführen haben.

추측이 이에 해당한다. 이러한 상황을 추상적 위험으로 보아야 하는 것은 아닌가 의문이 제기될 수도 있지만 추상적 위험은 단순히 가능성과 연관된 것 이상이어야 한다. 앞에서 위험의심과 위험을 구별하면서 설명한, 가능한 위험과 실제적 위험이라는 차이에 따라 추상적 위험에 대한 의심과 추상적 위험 역시 구별될 수 있다. 추상적 위험에 있어서도 충분한 개연성의 징표는 요구되며,[28] 이는 알려진 일정 사정이 확실히 손상을 야기하는 것은 아니지만 적어도 탄탄하고 납득할 수 있는 예상에 따라 실제적인 위협이 될 수 있는 정도의 것이어야 한다. 그에 비해 추상적 위험에 대한 의심은 위협적인 상황은 아니며, 단지 그러한 상황에 대한 추측(Mutmaßung)의 경우일 뿐이다.[29]

추상적 위험에 대한 의심과 추상적 위험의 구별은 독일 연방행정재판소의 이른바 '맹견법규명령에 관한 결정'에서[30] 그 예를 발견할 수 있다. 법률에 의한 법규명령의 수권 범위가 문제되었던 이 결정의 사실관계를 보면, 브란덴부르크 내무부는 개의 사육과 통제에 관한 법규명령을 발령하였다. 맹견법규명령이라 불리는 이 명령 제8조 제1항에서는 種別 특징을 근거로 위협적 속성(gefährdende Eigenschaft)이 인정될 수 있는 개들이 언급되었고, 제2항에서는 특히 잠재적으로 위험한 개 종류의 목록을 두고 있다. 이 법규명령은 브란덴부르크 질서행정청법(Ordnungsbehördengesetz: OBG) 제25조를 법률상 근거로 하였는바, 동조는 공공의 안녕과 질서에 대한 위험의 방지를 위한 질서행정청의 법규명령 발령을 수권하고 있다.[31] 이 사안에서 연방행정법원은 맹견법규명령에서의 개 종류 목록이 근거법률에 합치하지 않는다고 판단하였는바, 대략 다음과 같은 논거를 들고 있다.

법규명령에 대한 수권규정에서의 위험 개념은 추상적 위험으로 정의될 수 있다. 즉 여기에서의 위험은 일정한 생활사정이 경험법칙에 따르면 일반적으로 충분한 개연성을 가지고 공공의 안녕과 질서에 대한 위험과 연결되는 상황을 의미한다. 이와 같은 정의로써 불확정개념인 동조의 위험이 충분히 정확히 표현되고, 확대해석은 헌법상의 특정성원칙에 반한다. 위협의 잠재성을 가진 개의 종에 속한다는 것만으로는 추상적 위험에 해당하는 것이 아니라 단지 위험에 대한 의심만이 인정될 수 있다. 당시의 인식수준에 따르면 특정의 원인관련성이 긍정도 부정도 할 수 없는 것이어서 제외시킬 수 없는 손상가능성은 추상적 위험을 구성하는 것이 아니라 단지 위험에 대한 의심 혹은 '우려의 가능성(Besorgnispotenzial)'에 해당할 뿐이다. 단순한 위험에 대한 의심만으로 예컨대 종 목록에 있는 개의 사육을 허가받게 하거

28) 이 점에서는 추상적 위험과 구체적 위험은 다르지 않다. Walker, Abstrakte und konkrete Gefahr, Diss., 1994, S. 110 ff.; Petri, 앞의 글, S. 445; BVerwG, Urteil v. 20. 08. 2003-6 CN 4/02 참조.

29) Wapler, 앞의 글, S. 88, 89; 같은 견해로는 Ibler, 앞의 글, S. 745.

30) BVerwG, Urteil v. 20. 08. 2003-6 CN 4/02.

31) § 25 I OBG BB: Das für Inneres zuständige Mitglied der Landesregierung und im Benehmen mit ihm die zuständigen Minister können innerhalb ihres Geschäftsbereichs ordnungsbehördliche Verordnungen zur Abwehr von Gefahren für die öffentliche Sicherheit oder Ordnung erlassen.

나 혹은 이른바 제외감정서에 의하도록 하는 것과 같은 위험방지를 위한 자유 제한 조치를 (위험에 대한 수권법률조항에 근거하여 법규명령에) 규정하는 것은 정당하지 않다.[32)]

4. 리스크, 外見上 危險과의 구별

(1) 리스크와의 구별

위험과 리스크(Risiko)를 구분하지 않고 사용하기도 하지만, 경찰법학에서는 위험과 리스크를 달리 이해하는 것이 일반적이다. 리스크의 경우 그 의미가 반드시 통일적인 것은 아니지만 대개 아직 위험에 이르지 않은 혹은 정확히 측정되기 어려운 손상발생의 가능성 정도로 파악할 수 있다.[33)] 주지하다시피 이 개념은 주로 환경법, 원자력법, 기타 이른바 '안전법' 영역에서 주로 사용된다. 리스크 개념은 위험이 불확실하더라도 손상되는 법익이 중대하거나, 실제 피해(손상)가 발생하면 피해에 대한 통제 가능성이 낮은 경우에 이들 피해를 사전에 예방하고 대비하는 작용을 설명할 때 주로 원용된다. 손상발생의 가능성이 정확히 측정되기 어려워 위험이 불확실하다는 특징에 착안해서 리스크를 이해하는 경우 리스크는 결과적으로 위험의심과 비슷한 개념이 된다. 그러나 작용 시점에 위험에 이르지 않는 정도의 손상발생의 경미한 가능성으로 판단되고 그럼에도 사전대비가 필요한 경우를 지칭하는 의미의 리스크는 작용시점에서 여전히 손상발생의 개연성 여부가 불분명한 위험의심과는 개념적으로 구별된다. 그러나 리스크와 위험의심 두 관념은 위험 앞쪽 단계에서 사전대비 혹은 예방조치로서 일정한 작용이 이루어지면서 엄격하게 구별되지 않고 혼용되기도 한다.

(2) 外見上 危險과의 구별

외견상 위험(Anscheinsgefahr)은 평균적 의미의 경찰공무원이 개입시점에서 합리적으로 판단하여 위험의 존재를 확신할 수 있지만 실제로는 위험이 없었던 경우를 뜻한다. 외견상 위험이 인정되기 위해서는 순수하게 주관적인 예측이 아닌, 경험칙에 기한 위험요건판단의 근거가 요구된다. 외견상 위험은 경찰공무원이 회피불가능한 동기의 착오에 기하여 위험을 인정하는 경우라는 점에서 구체적인 사안에서 위험의 존재가 불확실함을 경찰공무원 스스로 알고 있는 위험의심과 차이가 있다. 즉, 외견상 위험에 있어서 경찰공무원은 개연성이 있다고 판단하여 위험의 존재에 대해서 의심하지 않지만, 위험의심에서는 경찰공무원은 위험이 가능하더라도 확실치 않다고 보아 손상발생의 개연성이 상대적으로 낮다고 주관적으로 확신하고 있다.[34)]

---

32) BVerwG, Urteil v. 20. 08. 2003-6 CN 4/02; Wapler, 앞의 글, S. 89.

33) Di Fabio, Gefahr, Vorsorge, Risiko, Jura 1996, S. 566; Neumann, Vorsorge und Verhältnismäßigkeit, 1994, S. 88 참조; 공법에서의 리스크 개념이 갖는 의미에 대해서는 김중권(역), 공법상의 리스크 조종(Di Fabio, Risikosteuerung im öffentlichen Recht-zwischen hoheitlicher Überwachung und regulierter Freiwilligkeit), 중앙법학 제6집 제3호(2004년 10월), 457면 이하 참조.

외견상 위험의 관념이 문제되는 경우는 개별사례에서의 위험판단 및 작용에서이고 이 점에서 외견상 위험은 구체적 위험과 관련된다. 따라서 구체적 위험뿐만 아니라 추상적 위험에 대한 의심의 관념을 인정하는 입장에서는 외견상 위험과 위험의심은 문제되는 위험의 종류에서도 차이가 있게 된다. 외견상 위험은 작용 시점에서의 경찰공무원에게는 위험과 동일한 것이기 때문에 위험방지작용을 행하게 된다. 그에 비해 위험의심에서는 위험여부의 확인 작용이 우선적으로 고려된다.

이와 같이 외견상 위험과 위험의심은 서로 다른 개념이고 작용 내용에서도 차이가 있지만, 실제 사례에 있어 양자가 반드시 명확하게 구별되는 것은 아니다. 한 쪽에서 외견상 위험으로 파악하고 있는 상황을 다른 쪽에서는 위험에 대한 의심으로 파악하기도 한다. 독일에서의 한 사례를 예로 들면,

> "노동자의 죽음과 관련하여 폭력행위 및 경찰과의 충돌이 있었고, 그 후로도 계속적인 폭력행위가 예상되고 있다. 경찰은 경찰서 앞에 머문 일단의 젊은 사람들을 경찰 투입을 정탐하려는 자들로 여겼다. 경찰은 정탐행위를 막기 위해 이들을 얼마간 유치하였다. 추후 경찰의 조사와 행정소송절차에서 이들이 체포되어있던 사람들을 만나고 법적 조력을 하려는 것 외에 다른 행위를 한다는 근거를 얻지 못하였다."

뮌스터 고등행정법원은 이 상황을 외견상 위험으로 보았고, 외견상 위험이 경찰의 유치행위를 정당화할 수 있다고 판시하였다.[35] 그러나 이 사례에 대해서 경찰은 경찰서 앞에 서있던 사람들이 정찰을 하려 한다는 것에 대한 의심만을 가졌을 뿐이어서 실제로는 위험에 대한 의심만이 존재한다고 해석하는 견해가 있으며[36] 이와 같은 해석 역시 가능하다고 본다.

---

34) Denninger, 앞의 책, Rdnr. 48; Knemeyer, 앞의 책, Rdnr. 96; Poscher, 앞의 글, S. 141; Schenke, 앞의 책, Rdnr. 59 참조.

35) OVG Münster, DVBl. 1979, 733.

36) Götz, 앞의 책, Rdnr. 167; Götz는 다른 사례도 예를 들며 외견상 위험이 아닌 위험의심 혹은 위험만이 문제된다고 설명하고 있다. A는 자신의 집에 3개월 된 사자를 데리고 있고 아침에 도로로 외출하였다. 흥분한 B가 경찰에 전화하여 어린 사자가 길에서 자유롭게 이리 저리 뛰어다닌다고 신고하였다. 곧바로 현장에 경찰관이 보내졌고, 경찰관은 행인들에게 탐문하였다. 어린 사자를 보았음이 확인되었지만, 동물의 크기에 대해서는 상이한 진술들이 있었다. 경찰관이 투입되었고 방송을 통해 사자를 찾았다. A는 그 사자는 자신의 집에 있다고 신고하고 이 점이 확인되었다. 경찰은 그에게 조치의 직접시행 비용을 요구하였다. 이 사례에서 함부르크 고등법원은 외견상 위험의 관념을 인정하였다. 방대한 증거조사에서 법원은 사자를 데리고 한 A의 산책이 실제로 외견상 위험의 인상을 불러일으킬 수 있었던 진행이었는지를 밝히려 하였다. 증거조사의 결과가 명확하지 않았고 법원은 행정청이 입증책임을 진다고 하며, A가 위험의 외관을 야기하지 않았기 때문에 그에게 비용을 청구할 수 없다고 판시하였다(OVG Hamburg, NJW, 1986, 2005). Götz는 이 사례에서도 위험과 위험의심 간 선택이 이루어질 수 있을 뿐이며, 실제로는 사자가 자유로이 뛰어다니는 것이 아니었기 때문에 단순히 위험의심만 있었다고 보고 있다. 이 경우에 있어서 사자를 찾는 것은 위험여부의 확인이며 사전대비적으로 필요한 안전조치를 행한 것에 해당한다고 한다(Rdnr. 169).

Ⅲ. 危險疑心에 대한 作用

1. 危險與否의 確認 등

위험의심의 경우 어떠한 작용을 할 수 있는가는 기본적으로 비례원칙에 따라 정해지는 바,[37] 전형적인 대처 모습으로서 위험여부확인의 관념이 인정되고 있다. 즉, 위험이 존재하는지가 불분명한 상태에서 위험의 존재 여부를 확인하기 위한 규명 작용이 있게 된다. 법익 손상의 발생을 막기 위해 필요하다고 여겨지는 범주 내에서 행하는, 문제가 되는 현장의 확인, 의심되는 물건의 조사, 시추와 같은 것이 이러한 예에 해당한다.[38] 위험여부의 확인은 위험을 요건으로 교란자에 대하여 행하는 위험방지조치의 '전치 형태'로서 자리한다.

위험의심 상황에서 행해지는 위험여부의 확인은 위험에 이르지 않은 단계에서의 작용으로서 위험이 존재하는 경우를 사전대비하는 성격을 갖는다.[39] 사전대비라는 점에서는 경찰임무로서의 '위험사전대비(Gefahrenvorsorge)'와 공통적이다. 다만, 위험사전대비의 활동은 위험이 발생하는 경우 신속하고 효과적인 방지작용이 행해질 수 있도록 하거나 전문가 등의 조력이 가능케 하기 위한 구체적 위험 앞쪽 단계에서의 활동으로서, 위험존재에 대한 구체적 근거를 요구하는 것은 아니며 주로 추상적 위험에 대한 활동으로 이해된다. 이와 같은 위험사전대비의 모습은 독일의 보충초안 제1조 제1항 임무규범에서도 파악할 수 있다.[40] 그에 비해 위험의심에서의 위험여부확인은 주로 구체적 위험에 대한 의심에 착안하여 이의 대응과 관련하여 검토되어온 관념이다. 추상적 위험에 대한 침해성을 갖는 위험사전대비조치는 위험에 대한 개개의 구체적 근거가 결여되어 있어 구체적 위험의 존재를 요건으로 하는 경찰법상 일반수권조항은 근거가 될 수 없다.[41] 이 점은 종래 위험여부확인조치에서 일반수권조항을 그 근거로 하던 것과 차이가 있다.

이 글에서 위험여부의 확인으로 설명하고 있는 독일의 'Gefahrerforschung' 개념은 위험에서의 진상규명(Sachverhaltsaufklärung)을 포함하는 의미로 사용되기도 한다(Gefahrerforschung 개념의 이중적 기능).[42] 즉, 존재하는 위험에서의 일시적 혹은 계속적인 진상규명을 의미하기도 하는바, 이미 인식된 위험이나 위험야기자에 관한 보다 상세한 사정의 조사와 같은 것이

---

37) Knemeyer, 앞의 책, Rdnr. 97; Sailer, 앞의 책, Rdnr. 52.

38) Gusy, 앞의 책, Rdnr. 196 참조.

39) Losch, Zur Dogmatik der Gefahrenerforschungsmaßnahme, DVBl. 1994, S. 781.

40) 보충초안에서의 위험사전대비 임무지정과 사전대비 개념에 관한 상세한 설명은 김성태, 독일경찰법 임무규범에서의 새로운 개념에 관한 고찰, 행정법연구 제8호(2002년 상반기), 277면 이하 및 282면 참조.

41) Petri, 앞의 글, S. 445.

42) Pieroth/Schlink/Kniesel, Polizei- und Ordnungsrecht, 6. Aufl., §4 Rdnr. 61; Müllensiefen, Gefahrenabwehr und Gefahrerforschung durch den Grundeigentümer, 1997, S. 71.

이에 해당한다. 이는 위험을 방지하는 작용의 한 부분을 구성하며, 존재하는 위험에 대한 작용이라는 점에서 일반수권조항의 원용도 허용될 수 있다.[43)]

주의를 요하는 점은, 위험여부의 확인이 위험의심에 대응한 전형적인 작용으로 설명되지만 그렇다고 하여 확인이나 조사를 넘어서는 다른 작용이 전혀 고려되지 않는다는 의미는 아니다. 위험의심으로 인하여 사실관계의 규명을 위한 수단이 우선적으로 행해지지만, 파악된 사건의 진행을 임시적이며 사전대비적으로 중단시키는 조치를 취하는 것도 인정될 수 있다. 여전히 의심이 있고 생명·신체의 안전 등과 같은 중대한 법익이 위태로워질 우려가 있는 경우에는 더 나아가 종국적인 위험방지조치(예컨대 의심가는 물건의 폐기, 의심가는 식품의 판매금지)가 검토될 수도 있다.[44)] 위험의심 상황을 포함하여 위험을 방지하는 것은 위험의 존재를 증명하는 데에 그치는 것이 아니라 최종적으로는 위험의 효과적인 방지 및 제거를 위한 것이어야 하기 때문이다.

2. 危險與否確認措置 등의 法的 根據

개별 법률에서 위험의심에 대한 작용과 관련된 규정을 마련하고 있는 경우 위험여부확인 등 활동이 해당 기관의 임무로서 인정될 수 있다. 경찰법이나 경찰관직무집행법의 경우 공공의 안녕과 질서의 유지를 경찰의 임무로 정하고 있어 위험의심을 이유로 한 위험여부확인 등이 경찰의 임무범위에 포함된다고 할 것이다. 독일에서와는 달리 경찰임무를 위험의 방지로 명시하지 않고 경찰법상 보호법익의 온전한 상태를 '유지'하는 것으로 되어 있어 위험의심과 같은 위험 전 단계에서의 활동을 임무에 포함시키는 해석이 좀 더 용이한 것처럼 보이기도 한다.[45)]

임무에 포함되는 위험여부확인 등이 시민의 자유, 재산과 같은 권리를 제한하는 경우에는 그에 대한 별도의 법률적 근거를 요한다(임무와 권한의 분리원칙). 아래에서는 이와 관련하여 개별적인 수권조항과 경찰법상 일반수권조항에 대해서 살펴본다.

(1) 個別授權條項에 의한 規律

기본권 침해가 수반되는 위험여부확인조치 등은 법률에 개별적으로 수권규정이 마련된 경우 그에 따라 행해질 수 있다. 위험이 불확실한 상황에서 기본권침해적인 작용이 있다고 해서 반드시 비례원칙에 반하는 것은 아니다. 위험의심 단계에서 위험여부확인을 위한 권리

---

43) Wapler, 앞의 글, S. 88.

44) Denninger, 앞의 책, Rdnr. 48; Knemeyer, 앞의 책, Rdnr. 97; 이기춘, 앞의 글, 149면; BVerwGE 39, 190(196) 참조.

45) 우리 경찰법제에서의 일반적 임무지정으로서의 '공공의 안녕과 질서의 유지'의 의미와 위험 앞쪽 단계에서의 임무지정에 대한 상세한 검토는 김성태, 예방적 경찰작용에서의 추상적 위험·구체적 위험, 264면 이하 및 독일경찰법 임무규범에서의 새로운 개념에 관한 고찰, 284면 참조.

침해적 조치가 허용될 수 있는지 그리고 어느 정도로 허용될 수 있는지는 기본권의 보호와 조치의 현실적 필요를 고려하면서 헌법적 한계 내에서 입법정책적으로 정할 수 있다. 경우에 따라서는 위험의심을 위험과 동일하게 취급하면서 위험에서와 같은 조치를 발할 수 있게 규정하는 것도 가능하다.[46]

위험의심에서의 개별수권조항은 위험이 확인되기 전까지 기다리는 것으로는 위험방지가 효과적으로 이루어지기 어렵고 위험이 현실화하는 경우 그 피해가 큰 식품안전, 보건위생, 환경 등에 관한 질서행정법에서 중요한 의미가 있다. 테러대비를 위한 법제에 있어서도 마찬가지이다. 경찰 및 질서행정법으로 분류될 수 있는 몇 개의 법률들을 살펴보면, 위험의심에서의 위험여부확인조치 등을 수권한 것으로 볼 수 있는 예들을 발견할 수 있다. 물론 이들 규정에서 위험의심이 조치의 요건으로 파악된다고 하여 위험의 경우가 배제된다는 의미는 아니다. 위험의심의 경우까지 조치의 요건이 확대되면 위험의 경우는 당연히 포함되기 때문이다.

1) 경찰관직무집행법

경찰관직무집행법은 제3조에서 경찰관은 수상한 행동이나 그 밖의 주위 사정을 합리적으로 판단하여 볼 때 어떠한 죄를 범하려 하고 있다고 의심할 만한 상당한 이유가 있는 사람을 정지시켜 질문할 수 있다고 규정하고 있다. 이 조항에서는 구체적 위험에서의 정지 및 질문도 가능하다는 점이 당연히 인정되지만, 구체적 위험이 아닌 위험의심 단계에서의 위험여부확인조치를 규정한 것으로 파악함에 무리가 없다.[47]

제7조 제2항에서 “흥행장(興行場), 여관, 음식점, 역, 그 밖에 많은 사람이 출입하는 장소의 관리자나 그에 준하는 관계인은 경찰관이 범죄나 사람의 생명・신체・재산에 대한 위해를 예방하기 위하여 해당 장소의 영업시간이나 해당 장소가 일반인에게 공개된 시간에 그 장소에 출입하겠다고 요구하면 정당한 이유 없이 그 요구를 거절할 수 없다.”고 규정한 것은 사람이 많이 모여 위험이 발생할 수 있는 전형적인 일정한 장소를 상정하고 그와 같은 일정한 장소가 있다면 그 장소에서 위험이 발생할 수도 있지 않을까 하는 우려에 따라 관리자 등에게 의무를 부과한 것으로서, 추상적 위험에 대한 의심 및 그에 대한 입법적 규율의 경우로 파악할 수 있다. 다만, 장소출입권한을 행사하는 경찰관 측면에서 본다면, 경찰이 이러한 장소에 실제 출입을 할 때에는 사고신고와 같은 특별한 사정이 없는 한 통상적으로는 위험여부가 불분명하다고 생각하기 보다는 손상발생의 개연성이 낮은 상태로 인식하고 출입한다는 점에서 이른바 ‘일반적으로 존재하는 위험(allgemein bestehende Gefahr)’과 관련된 것

46) 독일 전염병예방법(Infektionsschutzgesetz) 제16조 제1항은 위험과 위험의심의 경우를 함께 그 요건으로 하면서 관할행정청이 전염병 방지를 위해 필요한 조치를 발할 수 있음을 규정한 것으로 해석할 수 있다.

47) 독일의 경우 잠재적으로 위험한 장소에서의 신원확인 허용이(모범초안 제9조) 위험의심 상황에서의 위험여부확인조치의 예로 해석되기도 한다. Götz, 앞의 책, Rdnr. 159.

으로 설명될 수도 있다.[48)]

제10조의4에서는 사형・무기 또는 장기 3년 이상의 징역이나 금고에 해당하는 죄를 범하는 것으로 의심할 만한 충분한 이유가 있는 사람이 경찰관의 직무집행에 항거하거나 도주하려고 할 때 사람에게 위해를 끼치는 무기의 사용이 가능한 것으로 정하고 있다. 이 조항은 의심이라는 용어를 사용하고 있기는 하지만 다른 요건과 결합하여 무기의 사용을 허용하는 모습을 취하고 있다. 요건 가운데 항거는 그 자체 적법한 공무집행에 대한 방해 행위에 해당하여 법질서 위반으로서의 위험을 구성하거나 경찰관의 생명, 신체의 안전에 대한 위험이 될 수도 있다. 도주의 상황에서는 무기의 사용이 갖는 높은 침해의 강도 때문에 비례원칙상 위험의심 정도로는 허용되기 어렵다. 또한 '의심할 만한 충분한 이유가 있는'을 위험의심 정도가 아닌 위험과 같은 의미로 해석해야할 수도 있다. 이와 같은 점들을 고려하면 이 조항을 위험의심에서의 위험방지조치를 위한 규정 예로 파악할 수는 없다고 본다.

2) 테러방지법

테러방지법의 경우 제9조는 국가정보원장이 테러위험인물에 대하여 출입국・금융거래 및 통신이용 등 관련 정보를 수집할 수 있고(제1항), 테러위험인물에 대한 개인정보와 위치정보를 「개인정보 보호법」 제2조의 개인정보처리자와 「위치정보의 보호 및 이용 등에 관한 법률」 제5조의 위치정보사업자에게 요구할 수 있는 것으로 정하고 있다. 동법에서의 테러위험인물은 "테러단체의 조직원이거나 테러단체 선전, 테러자금 모금・기부, 그 밖에 테러 예비・음모・선전・선동을 하였거나 하였다고 의심할 상당한 이유가 있는 사람"(제2조 제3호)으로 정의되어 있어 제9조는 테러에 대한 위험의심 상태에서의 위험여부확인 등 조치로서 정보활동을 규정한 것으로 볼 수 있다. 테러위험인물의 정의를 보면 테러위험이 뚜렷하지 않은 단순한 테러위험의 가능성 정도에서도 조치를 허용하는 것으로 파악될 수 있기 때문이다. 또한 이렇게 해석하는 것이 테러의 －급박한 상황에서의 방지나 제압만이 아닌－ 예방 및 대응활동 등에 필요한 사항을 규율하기 위한 테러방지법의 입법목적에 합치한다. 다만, 이 조항에 따른 정보활동은 개인정보자기결정권에 대한 침해의 강도가 매우 큰 것으로서 정보수집의 요건, 대상, 내용 등이 상세히 규정되어 있지 않아 규범명확성원칙을 충족하는지, 실제 이루어지는 정보수집 방식이 비례원칙에[49)] 합치할 수 있는 것인지에 대한 의구심을 갖게 한다.[50)]

48) 일반적으로 존재하는 위험에 대해서는 김성태, 예방적 경찰작용에서의 추상적 위험・구체적 위험, 269면 이하 참조.

49) 개인정보수집의 적법성 확보를 위한 일반원칙으로서의 규범명확성원칙 및 비례원칙에 대해서는 김성태, 개인관련정보에 대한 경찰작용, 경찰법연구 창간호(2003년 6월), 102면 이하 참조.

50) 우리와 다르게 매우 상세한 테러방지 규정을 마련한 독일 연방사법경찰청법(BKAG)의 개인정보관련 침해적 조치의 수권규정 일부에 대해서 독일연방헌법재판소는 규범명확성, 비례원칙, 목적구속원칙 등에 따라 헌법에 합치하지 않는다고 판시하고 있다(BVerfG Urteil v. 20. 04. 2016-1BvR 966/09). 이 판결에 대한 개관

제2조의 테러위험인물의 정의는 독특한 모습을 보이고 있다. 일정한 행위가 행해지고 그 행위로 인한 법익 손상의 개연성이 있는 경우가 아닌, 이미 일정한 행위를 하였다는 것으로부터 곧바로 위험을 고려하고 있기 때문이다. 동조에서 보이는 것처럼 구체적 행위 및 그에 따른 손상발생의 개연성이 아닌, 테러위험인물이라고 하는 개인의 성향(Disposition)이 강조되어 작용이 이루어지는 것과 관련하여 최근 독일의 일부 견해는 '개인관련위험(personenbezogene Gefahr)'의 개념을 제시하기도 한다. 이는 테러위험 전 단계에서 안전행정청의 조치가 개인정보의 수집에 초점이 맞추어지게 되는 상황에서 행위자가 아닌 행위와 관련된 고전적인 위험 관념은 적당치 않으며, 테러 기도가 추정되지만 계획된 행위 자체는 불분명한, 수많은 테러 우려의 경우들에 적합하도록 위험 관념이 수정되어야 한다는 점을 근거로 하고 있다.[51]

한편, 외국인테러전투원으로 출국하려 한다고 의심할 만한 상당한 이유가 있는 내국인·외국인에 대하여 관계기관의 장이 일시 출국금지를 법무부장관에게 요청할 수 있도록 한 조항(동법 제13조 제1항)은 위험의심에서 위험여부확인을 넘어서는 임시적 조치를 수권한 것이다.

3) 식품위생법 및 감염병예방법

식품위생법 제15조 제1항은 "식품의약품안전처장은 국내외에서 유해물질이 함유된 것으로 알려지는 등 위해의 우려가 제기되는 식품등이 제4조 또는 제8조에 따른 식품등에 해당한다고 의심되는 경우에는 그 식품등의 위해요소를 신속히 평가하여 그것이 위해식품등인지를 결정하여야 한다."고 규정하여 위험의심에서의 전형적인 위험여부확인을 명시하고 있다. 제2항에서는 "식품의약품안전처장은 제1항에 따른 위해평가가 끝나기 전까지 국민건강을 위하여 예방조치가 필요한 식품등에 대하여는 판매하거나 판매할 목적으로 채취·제조·수입·가공·사용·조리·저장·소분·운반 또는 진열하는 것을 일시적으로 금지할 수 있다. 다만, 국민건강에 급박한 위해가 발생하였거나 발생할 우려가 있다고 식품의약품안전처장이 인정하는 경우에는 그 금지조치를 하여야 한다."고 하여 위험여부확인 과정에서 위험방지조치를 미리 행할 수 있음을 규정하고 있다. 특히 위험의심과 위험을 구별하여 전자에 대한 조치는 재량행위로 후자에 대한 조치는 기속행위로 정함으로써 비례원칙을 고려한 모습도 보이고 있다.

제86조는 식중독 환자나 식중독이 의심되는 자를 진단하였거나 그 사체를 검안(檢案)한 의사 또는 한의사나, 집단급식소에서 제공한 식품등으로 인하여 식중독 환자나 식중독으로 의심되는 증세를 보이는 자를 발견한 집단급식소의 설치·운영자가 지체 없이 관할 시장·

은 이상학, 테러방지 수권규정과 기본권침해의 한계, 공법학연구 제17권 제3호(2016년 8월), 109면 이하 참조.

51) 이와 같은 시도로는 Darnstädt, Ein personenbezogener Gefahrbegriff, S. 93 f.

군수・구청장에게 보고하고 식중독 환자나 식중독이 의심되는 자의 혈액 또는 배설물을 보관하는 데에 필요한 조치를 하여야 하며(제1항), 시장・군수・구청장은 제1항에 따른 보고를 받은 때에는 지체 없이 그 사실을 식품의약품안전처장 및 시・도지사에게 보고하고 대통령령으로 정하는 바에 따라 원인을 조사하여 그 결과를 보고하도록 하며(제2항), 식품의약품안전처장은 제2항에 따른 보고의 내용이 국민보건상 중대하다고 인정하는 경우에는 해당 시・도지사 또는 시장・군수・구청장과 합동으로 원인을 조사할 수 있는 것(제3항)으로 규정하고 있다. 제1항에서 정한 조치와 제2항 및 3항에 따른 식품의약품안전처장 등의 원인 조사는 위험의심에서의 위험여부확인조치를 포함하는 것으로 볼 수 있다. 제1항에서 식중독 의심과 관련하여 의사 등에게 보고와 조치 의무를 부과하는 것은 식중독 의심자를 진단한 경우 그 자를 원인으로 한 식중독의 확산이 있을 수도 있다는 일반적인 관념적 가능성에 착안한 것으로서, 식중독 발생의 효율적인 예방 및 확산방지를 위하여 입법자가 법률로서 의무를 부과한, 추상적 위험에 대한 의심에서의 조치 례가 된다.

감염병예방법의 경우 보건복지부장관, 시・도지사 또는 시장・군수・구청장이 감염병을 예방하기 위하여 감염병병원체에 감염되었다고 의심되는 자를 적당한 장소에 일정한 기간 입원 또는 격리시키는 조치에 관한 규정(제49조 제1항 제14호가 감염)이 위험의심에서의 위험방지조치의 수권에 해당될 수 있다.[52)]

(2) 警察法上 一般授權條項

전술한 바와 같이 위험의심에 있어서 권리침해적 방식에 의한 위험여부의 확인 등을 법률에서 개별적으로 규정하기도 한다. 그러나 개별적인 수권규정이 마련되지 않은 경우가 있고 이 때 일반적 수권조항에 근거한 조치 발령 가능성이 문제된다. 경찰법의 경우 일반수권조항에 대해서는 그 허용성과 존재여부에 관하여 상당한 논란이 있다. 우리와 달리 독일에서는 경찰법에 명시적인 일반수권조항을 두고 있고, 비록 그 요건이 불확정법개념으로 정해져 있으며 명확성이 부족하다는 비판이 있지만, 충분한 정도의 특정성을 갖추고 있어 일반수권조항이 법치국가원리에 합치한다고 보는 것이 압도적인 견해이다.

경찰관직무집행법에서 일반수권조항을 인정할 수 있다는 국내 견해에서도 위험여부확인조치 등이 이에 근거하여 행해질 수 있는지에 대해서는 깊이 검토되고 있지 않다. 독일에서는 위험의심 상황에서 경찰법상 일반수권조항에 근거하여 위험여부확인조치가 행해질 수 있다고 보는 것이 종래의 일반적 견해이다. 위험을 구성하는 사정이 존재하는가가 문제되는 위

---

52) 독일 운전면허명령(Fahrerlaubnis-Verordnung) 제13조에서 운전면허의 발급이나 연장을 위해 알콜중독자가 아니라도 알콜남용의 징후를 보이는 자에게 의학적 소견서를 제출케 한 것이 위험의심에 따른 조치를 규정한 것으로 해석되고 있다. VGH Mannheim, Urteil v. 18. 6. 2012-1 S 1281/12; Ibler, 앞의 글, S. 741 참조.

험의심 역시 손상발생에 대한 개연성 판단의 하나에 해당하여 위험의심과 위험을 동일시할 수 있다거나, 혹은 현실적 필요에 따라 위험의심이 있는 사태의 진상을 규명하는 조치가 행해질 수 있고, 나아가 사태의 진행을 중단시키고 필요한 안전조치(예컨대 익명의 자에 의한 폭파 위협이 있는 경우 건물을 비우게 하는 조치)까지도 일반수권조항에 근거하여 발할 수 있다는 것이다.[53] 판례에서도 위험의심의 경우 경찰이 일반수권조항에 의거하여 침해적 방식으로 개입할 수 있다는 입장이 발견된다.[54] 아래 사례에서의 법원의 판시는 학설과 판례에서 나타나고 있는 이와 같은 모습을 보여주는 예에 해당한다.

> "어느 집에서 며칠 전부터 개가 짖어 경찰이 순찰을 하게 되었다. 집은 비어있는 것으로 보였고 집안 몇 곳에는 불이 켜져 있으며 개가 짖고 있다. 벨을 누르고 사람을 불렀지만 문은 열리지 않았다. 이웃은 집에 살던 사람이 일주일 전에 집을 비웠고 스페인 이주를 계획했다고 알려주었다. 매일 누군가 그 집을 지나갔고 아마도 개를 돌봤다고 하였다. 이웃은 경찰에게 개주인의 휴대전화 번호를 주었지만 그 번호로는 아무도 연락되지 않았다. 경찰은 소방대의 도움을 받아 집안으로 들어갔다. 그 과정에서 작은 창문 하나가 깨졌다. 경찰은 집에 난방이 되고 있고 개를 위한 물과 먹이가 준비되어 있음을 확인하였다. 그러나 경찰은 개가 충분히 돌아다닐 수 있는지에 대하여 확인할 수 없다는 이유로 개를 동물수용시설에 보냈다. 이어서 깨진 창문에 안전조치를 하고 문을 잠궜다. 이 일들과 관련된 비용이 개주인에게 부과되었다."

이 사례에서 뒤셀도르프 행정법원은 개주인의 비용부담의무 여부의 확정과 관련하여 쟁점이 된, 경찰의 주거진입을 적법한 것으로 판단하였다. 법원은 경찰법상 일반수권조항에 의하여 행해지는 위험여부확인조치가 문제된다고 하면서, 물건의 상태 혹은 사람의 행위가 경찰상 보호법익에 대한 손상을 초래할 수 있거나 이미 초래하고 있다는 의심이 구체적인 근거에 의하여 존재하는 상황에서는 행정청은 위험의심을 보다 분명히 밝히기 위해 일반수권조항에 근거하여 비례원칙에 따라 필요한 조치를 명할 수 있음이 판례와 학설에서 명확하게 인정된다고 하였다. 그러한 한도에서는 위험의심은 이미 위험에 해당하며, 위험여부확인조치는 따라서 위험퇴치를 위한 초기단계(Vorstufe) 및 불가피한 첫걸음이라고 설시하고 있다.[55]

---

53) Darnststädt, 앞의 책, S. 94 ff; Götz, 앞의 책, Rdnr. 155; Losch, 앞의 글, S. 781; Poscher, Der Gefahrenverdacht, S. 142; 또한 독일행정절차법 제24조의 직권조사원칙과 함께 일반수권조항의 적용을 주장하거나 가행정행위로서 위험여부확인조치를 발하는 것으로 이론구성하기도 한다. 그에 대한 개략적인 설명은 Petri, 앞의 글, S. 446 참조.

54) OVG Nordrhein-Westfalen, DVBl. 1982, 654; Bay VGH, Bay VBl. 1997, 406; VG Düsseldorf, NVwZ-RR 1999, 743.

55) VG Düsseldorf, Urteil v. 01.12.2010-18 K 2192/10.

Ⅳ. 警察法上 一般授權條項 援用에 대한 批判的 檢討

1. 危險疑心과 危險 同一視의 問題點

독일 주경찰법의 일반수권조항은 경찰 작용의 근거로서 전적으로 '위험'을 그 요건으로 하고 있다. 이에 따라 일반수권조항에 의해 허용될 수 있는 침해적 조치는 위험의 존재를 필요로 한다. 경찰관직무집행법에 일반수권조항의 존재가 분명하지 않은 우리의 경우 해석을 통해 일반수권조항을 긍정하는 입장에서도 독일에서와 마찬가지로 위험, 특히 구체적 위험의 존재를 일반수권조항에 근거한 조치 발동의 요건으로 보고 있다. 위에서 예를 든 짖는 개 사례에서와 같이 일반수권조항에 근거한 위험여부확인조치를 인정하는 견해에서는 결과적으로 위험의심의 경우를 위험과 마찬가지인 것으로 보며, 위험여부확인조치는 '위험에 대한 조사(Gefahrermittlung)'로서 위험방지의 제1단계가 된다.

이와 같은 이해는 그러나 개념적으로는 정확한 것이 아니라 할 것이다. 위험의심이 아닌 위험이 존재하지만 위험의 원인 또는 그에 상응하는 책임자가 불확실하다면 위험방지의 첫 번째 단계로서 원인 혹은 교란자 조사를 위한 침해적 조치(위험원인조사조치 및 교란자조사조치)를 고려할 수 있고,[56] 이러한 조치는 일반수권조항에 별 문제 없이 포섭될 수 있다.[57] 그러나 일반수권조항에 근거한 위험에서의 위험방지조치의 허용 논리가 위험의심에서의 위험여부확인조치에 곧바로 적용될 수는 없다. 일반수권조항에서의 위험은 앞서 언급한 '실제적인 위험(wirkliche Gefahr)'이지만, 위험의심은 단지 '있을 수 있는 위험(mögliche Gefahr)'과 관련될 뿐이기 때문이다. '실제한다는 것(Wirklichkeit)'과 '가능하다는 것(Möglichkeit)'은 개념적으로 다른 것이다.[58]

이른바 주관적 위험 관념에[59] 의하더라도 위 판시와 같은 입장이 뒷받침될 수는 없다.

---

56) 예컨대 지하수 혹은 지표수의 오염은 확인되고, 인근 공장이 오염의 원인이라는 의심이 있는 경우 원인조사 또는 교란자조사조치의 동기가 된다.

57) Götz, 앞의 책, Rdnr. 156; Poscher, Gefahrenabwehr. Eine dogmatische Rekonstruktion, 1999, S. 134; Schenke, 앞의 책, Rdnr. 61 참조.

58) 위험의심에서 사전적 관점에서는 여전히 위험은 존재하지 않는다는 설명(Gusy, 앞의 책, Rn. 195)은 이와 같은 맥락에서 이해할 수 있다.

59) 모든 합리적인 제3자가 아닌, 작용을 담당하는 경찰공무원에게 법익손상의 충분한 개연성이 인정될 수 있는 경우에 그 존재가 긍정되는 위험이 주관적 위험의 관념에 해당한다. 경찰에 의한 사실확인과 예측은 현장에서 시간적 압박이 있는 상황에서 통상적으로 완전하게 이루어지지 못하는 것으로서, 사후적 관점에서 잘못된 것이라 하더라도 위법한 것은 아닌 것으로 이해한다. 그에 비해 합리적인 제3자의 관점에서 엄격하게 사후적으로 판단하여 인정되는 경우의 위험이 객관적 위험 관념이다. 객관적 위험 관념에서는 위험이 실제 존재하는 것으로 확인되는 경우에만 위험요건을 필요로 하는 경찰조치가 정당화된다. 주관적 위험 관념은 위험방지법의 합목적성, 효과적 법익보호의 관점에서 주장됨에 비해 객관적 위험 관념은 경찰권 남용 억제 및 사법적 통제 가능성의 고양 등을 근거로 한다. 주관적 위험 관념에 대해서는 Denninger, 앞의 책, Rdnr, 46; Gusy, 앞의 책, Rdnr. 114; Hofmann-Riem, 앞의 글, S. 327 f; 이상해, 경찰법상 위험상황의 판

주관적 위험 관념에 따르면 위험이 존재하느냐의 문제는 현재의 작용 시점에서 당해 작용을 행하는 개인의 관점에서 평가된다. 즉 투입된 경찰공무원이 위험이 존재한다는 결론을 얻고 이것이 납득할만한 것이라면 그의 작용은 적법한 것이 된다.[60] 외견상 위험 역시 주관적 위험 관념에서는 결과적으로 위험이 된다. 투입된 경찰공무원 입장에서는 그에게 주어진 사정에 따라 실제적 위험이 있다고 인정할 수 있는 경우이기 때문이다. 그러나 위험의심에 있어서는 작용을 행하는 경찰공무원 자신에게 위험의 존재 여부가 확실하지 않다. 따라서 주관적 위험 관념하에서도 위험의심이 곧바로 위험이 되는 것은 아니다. 그럼에도 불구하고 위험과 위험의심 두 상황을 동일시하여 일반수권조항을 근거로 침해적 조치를 허용하는 것은 양자 간의 근본적 차이를 간과하는 것이다.[61]

위험의심에 있어서는 위험의 존재를 긍정할 수 있는, 이른바 상대적 위험 관념에서와 같은 혹은 비례원칙에 터 잡은 감축된 개연성도 갖추고 있지 않다. 위험의심은 경험칙에 따른 합리적 판단에 따를 때 경찰공무원 등에 의해 인식된 내용이 아직 위험의 존재를 긍정하는 것까지 정당화하지는 않는 경우이다. 그러므로 위협받는 법익이 중요하고 중대한 손상이 문제된다 하더라도 여전히 위험의심인 상태가 위험이 될 수는 없다. 따라서 이 상태에서 위험을 요건으로 하는 일반수권조항에 의한 침해적 조치를 행하는 것은 위법하다는 비판이 제기될 수 있는 것이다. 설령 조치가 일정한 작용을 명하는 것이 아닌 수인의무의 부과 정도에 불과하더라도 마찬가지이다.[62] 이와 같은 비판은 특히 현대의 발달된 과학기술에 의거한 개인정보수집과 같은 위험여부확인조치를 고려하면 더욱 분명해진다. 비밀리에 타인의 컴퓨터 하드디스크에서 정보를 수집하거나 통신을 감청하는 것 혹은 주거 내외에서의 비밀 녹음이나 촬영이 가능한 상황에서 예컨대 불특정 다수의 생명, 신체의 안전을 훼손하는 테러에 대한 것이라 하더라도 위험여부가 불분명한 위험의심에서 이들 수단을 이용한 위험여부확인조치가 위험을 요건으로 하는 일반수권조항에 따라 이루어질 수 있다고는 누구도 쉽게 동의할 수 없을 것이다.

경찰상 일반수권조항이 위험여부확인조치를 정당화한다는 견해들이 참고판례로서 거론하는 독일의 1980년대 사례들은[63] 대개 예컨대 오염된 지하수를 통해 혹은 감염된 병의 확산을 통해 위험이 존재하고 있음이 이미 확인된 것과 같은 상황들이 문제된 것이라고 지적되기도 한다. 즉 이 사례들에서 언급된 위험여부확인은 위험이 존재하느냐에 대한 것이 아니라

단에 관한 일 고찰, 홍익법학 제13권 제3호(2012), 554면 이하; 이호용, 앞의 글, 92면 이하; 독일에서의 주관적 위험 관념의 전개에 대해서 상세히 설명하고 있는 국내 문헌으로는 이기춘, 앞의 글, 141면 이하 참조.

60) BVerwGE 45, 51=DVBl. 1974, 842; BVerwGE 49, 36=NJW 1975, 2158 참조.

61) Wapler, 앞의 글, S. 87. 결론에 있어 같은 취지의 비판으로는 Götz, 앞의 책, Rdnr. 155.

62) 비슷한 취지로는 Schenke, 앞의 책, Rdnr. 62.

63) 예를 들어 BVerwGE 12, 87; VGH Baden-Württemberg, DÖV 1985, 687; Hess. VGH, DÖV 1987, 260; Bay. VGH, DVBl. 1986, 942.

실은 위험의 원인 및 원인야기자 혹은 위험의 정도에 대한 조사와 관련된 것이며, 종종 이와 같은 판례에서 위험의심의 관념은 전혀 나타나지 않기도 한다는 것이다. 결국 이들 판례들은 위험의심의 상황이 아닌, '조사되지 않은 위험'에 대해 판시하고 있으며, 따라서 위험의심과 위험의 동일시가 판례에서의 지배적인 견해라고 하면서 일반수권조항에 의한 위험여부확인조치를 정당화하는 것은 옳지 않게 된다.[64)]

2. 危險疑心을 危險과 區別하는 判決 例

경찰법상 일반수권조항은 아니지만, 위험의심과 위험을 엄격하게 구별하며 위험방지에 관한 법률규정이 위험여부확인조치에 대한 근거규정이 될 수 없다는 논리는 공개수배의 적법여부가 문제되었던 함부르크 고등행정법원의 아래 결정에서[65)] 나타나고 있다.

> "2005년 8월 한 목격자가 세 명의 남성을 아랍인 혹은 알바니아인으로 생각하였다. 그는 버스정류장에서 그들이 어떻게 경찰차를 구별하는지를 관찰하고 '겁먹지 마. 배낭을 내게 줘. 우리가 내일 하는 것에서 무슨 일이 일어나든지 상관없어. 우리는 알라의 영웅이 되는거야.'라고 말하는 것을 들었다고 생각하였다. 경찰은 이 목격자가 버스에서 찍은 촬영물을 가지고 이들을 확인한 후 사진을 공개하기로 결정하였다. 이에 대한 법적 근거로서 구(舊) 함부르크주 경찰의 정보처리에 관한 법(Gesetz über die Datenverarbeitung der Polizei: PolDVG HH) 제21조 제1문 제2호가 원용되었다. 동규정에 의하면, 경찰은 공익에 대한 현저한 불이익을 예방하거나 제거하기 위하여 특히 위험방지를 위하여 필요한 경우 개인정보를 공공기관 이외의 기관에 대해서도 전달할 수 있다. 세 남자의 사진은 지역TV의 뉴스프로그램, 인쇄매체, 인터넷에서 볼 수 있게 되었고, 혐의가 있다는 아랍어 설명이 동반되었다. 이들에 대한 조사가 이루어진 후 이들이 체첸공화국 출신이고 아랍어를 쓰지 않는다는 사실이 밝혀졌다. 이들의 주거에 대한 수색에서 의심스러운 것은 발견되지 않았다."

함부르크 고등행정법원은 테러리스트로 추정된 이 세 사람에 대한 공개수배가 적법한 것이었는지에 대하여 결정해야 했는바, 세 사람에 대한 개인정보자기결정권이 위법하게 침해되었음을 이유로 공개수배가 위법하다고 보았다. 법원은 주법률이 단지 위험의 방지만을 위하여 공개수배를 허용할 뿐 단순한 위험의심에 대해서는 그러하지 아니하다는 점을 그 근거로 들었다. 법원은 경찰법상 위험의 개념은 의문이 있는 법문에서는 통상적인 언어사용에 상응하여 구체적 위험으로 이해되어야 함을 강조하면서, 이 사례에서는 공개수배가 중요한 법익에 대한 구체적으로 예상되는 손상을 방지하기 위한 목적이 아닌, 세 사람으로부터 위험이 발생하는지의 여부를 알아내기 위하여 그들의 신원확인을 의도하여 이루어졌던 것으로 판단하였다. 작용 시점의 사실 및 인식상태에 따르면 조치는 결과적으로 순수한 위험여부확인조치에 해당한다고 보았던 것이다. 경찰의 정보처리에 관한 법 제21조 제1문 제2호는 공개수

64) Wapler, 앞의 글, S. 88.
65) OVG Hamburg, DVBl. 2009, 993.

배가 공공복리에 대한 불이익의 예방을 위해서도 허용된다고 규정하고 있고 이와 같은 표현에 따르면 위험 전 단계의 조사가 포함될 수도 있지만, 법원은 이 사례에서 그와 같은 해석은 헌법에 위배된다는 입장을 피력하고 있다. 헌법합치적인 해석에 따르면 해당규정으로부터 위험여부확인이나 위험대비와 같은 전 단계조치가 인정되어서는 안 된다는 것이다. 법원은 이 점에 대해서는 특정성원칙을 그 근거로 하고 있다. 즉, 만약 위험 전 단계상황이 당해 규범에 포함되어야 한다면 당해 규범은 그에 상응하는 규정 역시 포함하고 있어야만 한다. 그러나 법규정은 전개과정에서 고려될 수 있는 조치나 그에 대한 계획, 법익에 대한 위협에 미리 준비하는 구체적인 행위를 요구하고 있지 않으며, 위험이 존재할 수 있다는 결론에 이르게 하는 사실의 존재도 요건으로 하고 있지 않다. 결국 전 단계조치와 관련된 수권이 특정되지 못한 것으로 보고 있다.[66)]

위험의심에서의 위험여부확인 이외의 침해적 조치가 일반수권조항에 근거하여 행해질 수 없다는 판례도 발견된다. 전술한 맹견법규명령 사건에서 연방행정법원은 위험의심 상황에서 위험 규명은 행해질 수 있다고 보았지만, 위험방지를 요건으로 하는 일반적인 수권조항에 근거한 자유제한적 조치는 제외하고 있으며, 이에 대해서는 법률에서의 개별적인 수권이 필요하다고 보았다.[67)] 이러한 법원의 결정 후 브란덴부르크주는 질서행정청법에 맹견법규명령을 위한 개별수권규정(§ 25a OBG BB)을 마련하고 있으며, 동규정에서 위험한 개들로 인한 위험에 대비하기 위한 조치들과 법규명령발령을 허용하고 있다.

또한 집회주최자에게 공공의 안녕과 질서에 어떠한 위해를 가하거나 참여자에게 그와 같은 행동을 요구하지 말 것을 요청하는 경찰의 '위험인물 계도(Gefährderansprache)'에 대해서 막데부르크 고등행정법원은 장래에 구체적인 위험상황이 발생할지도 모른다는 우려 정도로는 일반수권조항인 작센안할트경찰법 제13조는 근거가 될 수 없다고 판시하고 있다. 동조에 의한 경찰처분 발령 요건인, 동법 제3조 제3호의 구체적 위험에 해당하지 않기 때문이라는 것이다. 장래에 구체적 위험사태가 발생할 수 있다는 우려에서 일반수권조항에 의한 위험여부확인조치는 정당화될 수 있지만, 중단을 위한 조치를 사전대비적으로 하는 것은 허용되지 않는다고 한다.[68)]

66) 이를 통해 법원은 순수한 정보 작용에 있어서도 법률로써 특정된 근거가 필요하다는 점을 강조하고 있다. 이와 같은 규범특정성의 요구는 조사로 인한 관계인의 기본권에 대한 침해가 강하면 강할수록 더 강조된다. Wapler, 앞의 글, S. 90 참조.

67) 구체적 위험이 아닌 위험의심만으로는 일반수권조항을 근거로 한 침해적 조치를 발할 수 없다고 본 다른 판례로는 VGH Mannheim, Urteil v. 25. 10. 2012-1 S 1401/11; VGH Mannheim, Urteil v. 9. 9. 2012-1 S 1281/12; Ibler, 앞의 글, S. 742 참조.

68) OVG Magdeburg, Urteil v. 21. 3. 2012-3L 341/11, NVwZ 2012, 720; 이 판결의 보다 상세한 내용과 위험인물 계도에 대한 검토는 김성태, 경찰의 위험인물 계도에 대한 법적 고찰, 홍익법학 제17권 제4호(2016년 12월), 647면 이하 참조.

3. 整 理

위험의심에서의 위험여부확인조치 등을 위한 일반수권조항의 원용은 개념적 차이에도 불구하고 위험의심을 위험과 구별하지 않고 있다는 비판은 피할 수 없다. 위험의심과 위험을 구별하지 않는 경우 위험여부의 규명을 위한 순수한 의미의 위험여부확인조치와 위험의 방지 및 제거를 위한 조치의 경계가 희미해지면서 비례원칙에 반하는 작용이 행해질 가능성도 있다. 최종적으로는 위험 전 단계에서의 조치를 법률로써 적절히 규율하는 노력을 기울이지 않게 될 수도 있다.

이처럼 위험의심과 위험의 개념적 구별이 필요하지만 그럼에도 불구하고 실질적 필요성의 측면에서 일반수권조항을 원용한 위험여부확인조치를 어느 정도까지는 긍정하여야 한다고 본다. 인과관계의 진행을 중단하는 조치를 취할 수 있도록 위험여부를 확인할 권한이 인정되지 않으면 추후 법익침해의 방지가 불가능하거나 효과적으로 이루어지기 어려운 경우가 있기 때문이다. 이와 같은 경우에는 부득이 일반수권조항을 유추 적용하여 위험여부확인조치를 행하는 것이 허용되어야 한다(유추적용). 이 조치를 통해 구체적 위험의 존재가 확인된 경우 당해 위험에 대해서 규정하고 있는 개별수권조항에서의 표준적인 위험방지조치를 행하거나, 개별수권조항이 없는 경우 다시 보충적으로 일반수권조항에 근거한 위험방지조치를 행하는 구조를 생각할 수 있다(직접적용). 또한 원칙적으로 위험여부를 확인하는 조치에 한정하여 일반수권조항의 유추적용을 인정하되, 위협받는 법익의 가치, 법익손상의 정도, 시간적 급박성 등을 고려하여 지극히 예외적인 경우에는 사태진행의 중단 및 필요한 안전조치를 위험여부확인조치와 더불어 함께 발하는 것이 허용된다고 본다(유추적용).

일반수권조항의 유추적용을 인정하더라도 위험여부확인조치 등의 내용 및 방식에 있어서는 비례원칙의 준수가 강조되어야 한다. 예컨대 기술적 수단을 이용한 민감한 개인정보의 비밀 수집 및 처리와 같은 것이 단지 일반수권조항에 의거해서 위험여부확인조치로서 행해져서는 안 된다. 또한 개별 법규정이 종류, 내용, 정도, 상황 등을 특정하여 위험의심 요건을 명시하면서 위험여부확인조치 등을 규정한 경우 이 요건에 해당하지 않는다면 일반수권조항을 보충적으로 원용하여 조치를 취하는 것은 인정될 수 없다고 본다. 나아가 개별 법규정에서 위험의심에서의 침해적 조치의 범주가 명시적으로 정해지면 일반수권조항에 근거하여 이를 넘어서는 조치를 취하는 것도 허용되지 않는다.

위험의심과 위험의 개념을 구별하면서 위험의심에서의 일반수권조항 원용을 이와 같이 이해한다면 위험이 불분명한 상황에서 일반수권조항을 근거로 처음부터 과도한 기본권 침해가 이루어질 가능성을 조금이라도 낮출 수 있을 것이다. 그러나 이와는 별개로, 종국적으로는 기본권보장과 안전의 확보가 균형을 이루는 개별 법규정의 마련이 요망된다. 필요한 조치가 충분한 법적 근거를 가지고 있지 못하다는 문제의 인식은 잘 맞지 않는 규정을 끌어들이는 쪽이 아니라 충분한 법적 근거를 마련하는 쪽으로 귀결되어야 한다. 위험여부확인조치를 비롯하여 위험의심에서의 침해적 조치에 대해 규범명확성원칙, 비례원칙 등에 따라 개개의 법규정에서 구체적으로 규율하는 것이 바람직하다.[69]

Ⅴ. 危險與否의 確認과 警察責任, 損害塡補

1. 危險與否確認의 相對方과 警察責任

위험의심 상황에서 경찰 혹은 질서행정청 스스로 위험여부를 확인하기도 하지만, 누군가에 대해서 위험여부확인조치가 행해지는 경우 조치는 통상 당해 상황이 위험이라면 경찰책임자가 되는 자에 대해서 이루어지게 된다.[70] 이른바 '의심교란자(Verdachtsstörer)'가 조치의 상대방이 되는 것이다. 경찰긴급상태에서 예외적으로 비교란자에 대한 위험방지조치가 행해지는 것과 마찬가지로, 위험의심이 위험이었다 하더라도 교란자는 아닌 자에게 위험여부확인조치가 행해지는 경우도 인정될 수 있다. 결과적으로 누가 조치의 상대방이 되어야 하는가의 문제에 있어서는 위험의심은 위험과 크게 차이가 있는 것은 아니다. 이러한 한도에서는 위험의심은 위험과 구별되는 개념으로서 특별한 의미를 갖지 않는다. 그러나 위험의심에서 위험여부의 확인이 개인정보의 수집 및 처리와 같은 방식으로 이루어지는 경우 의심교란자에 대한 정보활동은 비례원칙에 따라 위험에서보다 더 엄격하게 제한될 필요가 있다고 본다. 의심교란자와 함께 부득이 의심교란자 이외의 자에 관한 정보를 수집·처리하게 되는 경우(예컨대 특정인에 대한 장기관찰, 개인관련 데이터의 비교조사에 의한 특정인의 검색)에도 마찬가지이다.

위험의심에서 종국적으로 위험이 존재하지 않는다면, 의심교란자는 경찰책임자가 아니다. 위험이 존재하는 경우에는 경찰책임이 존재할 수도 존재하지 않을 수도 있지만, 위험이 없는 경우에는 경찰책임은 성립될 수 없기 때문이다.[71]

2. 違法한 危險與否確認과 損害賠償

위험의심은 항상 불확실한 사정과 관련되지만, 위험의심 상황이라 여긴 것이 실제에 있어 위험을 구성하지 않으며 위험의심을 정당화하지도 않는 사정이라면 결과에 있어 오상위험과

69) 같은 취지의 주장으로는 Ibler, 앞의 글, S. 744; Knemeyer, 앞의 책, Rdnr. 96; Wapler, 앞의 글, S. 88.
70) Di Fabio, Vorläufiger Verwaltungsakt bei ungewissem Sachverhalt, DÖV 1991, S. 631; VGH Mannheim, DÖV 1985, 687(688) 참조.
71) Knemeyer, 앞의 책, Rdnr. 97; VGH Mannheim, NVwZ 1990, 784; Poscher, Gefahrenabwehr, 1999, S. 20; 이기춘, 앞의 글, 138면 참조.

같은 문제가 발생한다. 충분한 정보나 근거자료 없이 경찰공무원의 개인적인 억측이나 가정적 판단에 의하는 오상위험에서 시민의 자유영역에 개입하는 침해적 조치가 위법인 것과 마찬가지인 것이다.[72] 따라서 —합리적이고 객관적인 경찰공무원의 사전적 관점에서의 판단에 의하면—[73] 위험의심이 인정될 수 없음에도 불구하고 이러한 상황에 반응하여 위험여부를 확인하는 과정에서 타인에게 손해를 입히는 경우 당해 작용은 위법한 것으로서 손해에 대한 배상이 이루어져야 한다.

침해성을 띤 위험여부확인조치가 법률의 근거 없이 행해지거나, 비례원칙에 위반한 과도한 방식으로 행해지는 경우 역시 위법을 구성하게 되며 이때에도 손해배상책임이 인정될 수 있다. 후자의 경우에는 경찰관직무집행법 제11조의2에 따른 손실보상이 문제될 수도 있다.

손해배상 시 기본적으로 국가배상책임의 법리가 적용된다. 손해가 발생한 자에 의한 위험의심의 야기는 경찰공무원의 과실여부 및 그 정도에 관한 평가와 국가 등 행정주체의 배상액 산정에 있어 고려될 수 있다.[74]

3. 適法한 危險與否確認과 損失補償

적법한 위험여부의 확인과정에서 발생한 손실이 누구에게 귀속되는가에 대해서는 국내에서 그다지 많이 논의되지 않았고, 독일에서는 주로 외견상 위험과 함께 검토하는 모습이 일반적이다. 위험여부확인에 관련된 자가 손실보상을 청구할 수 있는가의 문제는 경찰책임에 따른 경찰비용의 부담과 그 궤를 같이 한다. 경찰에 의한 작용의 경우 주지하는 바와 같이 우리법은 경찰이 조치를 직접 시행함에 따른 경찰책임자의 비용부담을 규정하고 있지 않아 위험여부확인에서 발생한 비용의 부과는 통상 문제되지 않는다.[75] 그에 비해 경찰관직무집행법은 제11조의2에서 경찰관의 적법한 직무집행으로 인하여 재산상의 손실을 입은 자에 대한 보상을 명시하고 있다. 동조가 손실발생의 원인에 대하여 책임이 없는 자가 재산상의 손실을 입거나(1항 1호) 손실발생의 원인에 대하여 책임이 있는 자가 자신의 책임에 상응하는 정도를 초과하는 재산상의 손실을 입은 경우(1항 2호)에 국가의 보상책임을 인정하고 있기 때문에, 위험여부확인으로 재산상 손실을 입은 자가 보상을 받기 위해서는 손실발생 원인에 대한 책임자인지의 여부가 판단되어야 한다.

---

72) Denninger, 앞의 글, Rdnr. 49; Götz, 앞의 책, Rdnr. 160.

73) 이와 같은 기준을 인정하고 있는 판결로는 대판 2012.12.13. 2012도11162; 대판 2013.6.13. 2012도9937.

74) § 46 VI Satz 2 VEMEPolG 참조; 위법한 경찰조치에 따른 손해배상에서 피해자가 손해발생 및 확대의 원인을 제공한 경우 배상액 산정에서 이를 참작하는 판결 예로는 대판 1999.3.23. 98다63445 참조.

75) 경찰비용의 부과를 규정하고 있는 독일의 경우 행정절차법 제24조에 행정청의 직권조사원칙이 규정되어있어 교란자로 의심받는 자에게 위험여부확인 작용에 따른 수인의무 혹은 사실관계규명의무를 부과할 수 있는지 그리고 그에 따른 비용을 부담시켜야 하는지에 대한 논란이 있다. 그에 대해서는 Breuer, Rechtsprobleme der Altlasten, NVwZ 1987, S. 754; Götz, 앞의 책, Rdnr. 156; Papier, Die Verantwortlichkeit für Altlasten im öffentlichen Recht, NVwZ 1986, S. 256 ff.; Schenke, 앞의 책, Rdnr. 62 참조.

독일의 경우 비용 및 손실부담의 측면에서도 위험의심을 위험과 동일시하는 모습이 나타나기도 하는바, 예컨대 앞서 검토한 짖는 개 사례에서 뒤셀도르프 행정법원은 경찰공무원이 주택 창문을 깨뜨린 것에 따른 비용을 누가 부담하는가에 대해 결정하면서, 경찰의 활동을 초래하게 된 상황이 개주인의 리스크영역[76]에 놓여 있음을 근거로 개주인에게 비용부담의 의무가 있다고 판시하고 있다. 자신의 행위가 타인에게 손상을 가져오는 것인지에 대한 해명의 리스크(책임)를 공중에게 전가하는 것은 부당하다거나,[77] 혹은 위험하게 보이는 행위를 하는 자는 그에 결부된 불이익을 자신이 감수하여야 함을 강조하는 입장에서는[78] 이와 같은 판시는 긍정적으로 평가될 수 있다.

그러나 위험의심 사례에서 행해지는 경찰작용의 적법성 판단이 사전적 관점에서 이루어지는 것과는 달리 작용에 따른 비용 및 손실의 공평한 배분에 있어서는 사후적 관점(ex post Perspektive)에서의 판단이 강조되어야 한다. 위험의심에서 위험여부확인조치로 인한 손실은 실제로 위험이 존재하는 경우 위험방지조치에서의 한 부분을 구성하게 되며, 위험의심을 야기한 자는 위험을 야기한 경찰책임자가 되어 경찰관직무집행법상 손실발생의 원인에 대하여 책임이 있는 자로서 원칙적으로 보상은 인정되지 않는다. 그에 비해 사전적 관점에서 보면 정당한 근거에 따라 위험의심이 있었지만 사후에 위험이 존재하지 않는 것으로 판명되거나 위험의심을 더 이상 유지할 수 없는 경우, 위험의심에 따라 이루어진 위험여부확인이 위법하게 되지는 않지만, 잠정적인 책임자(의심교란자)로서 조치가 발해졌던 자는 최종적으로 경찰책임자가 아닌 것으로 되며, 손실발생의 원인에 대하여 책임이 없는 자로서 그러한 조치로 자신에게 발생한 손실에 대한 보상을 청구할 수 있다.[79] 위험이 없는 경우 일반적 행동자유권을 갖는 개인에게 종국적인 책임을 물을 수는 없으며,[80] 근거 있는 의심에 따라 경찰책임

---

76) 독일 경찰법에서 경찰책임과 비용부담의 판단기준으로 제시되는 리스크영역(Risikosphäre) 혹은 책임범위(Verantwortungsbereich)에 대한 설명은 Gusy, 앞의 책, Rdnr. 327 이하 참조.

77) Classen, Gefahrerforschung und Polizeirecht, JA 1995, S. 611.

78) Martensen, Materielle Polizeipflicht und polizeiliche Verpflichtbarkeit des Bürgers in Anscheins- und Verdachtlagen, DVBl. 1996, S. 286.

79) Gusy, 앞의 책, Rdnr. 196. 460, 470; Götz, 앞의 책, Rdnr. 155; Sailer, 앞의 책, Rdnr. 52; Petri, 앞의 글, S. 449 참조; 위험이 존재하지 않는다는 사후적 판단에 따라 외견상 위험 내지 위험의심에 책임이 없는 조치의 상대방은 비교란자로서 손실보상청구권이 인정된다고 한 예로는 BGHZ 117, 303=BGH NJW 1992, 2639; OVG Nordrhein-Westfalen, NVwZ 2001, 1314.

80) 통상 외견상 위험의 경우로 설명되었던 다음과 같은 고전적 사례에서의 비용의 귀속에서도 이러한 논리가 확인될 수 있다. "한 여성이 이웃집에서 누군가를 때리는 것 같은 소리가 나 경찰에 신고한다. 문 밖에서는 신체 상해가 일어날 충분한 개연성이 있는 것으로 보인다. 경찰이 문을 열고 집으로 들어간다. 거기에서 경찰은 강도장면을 연기하는 극단사람들과 마주하게 된다." 이 사례에서 공공의 안녕과 질서에 대한 위험은 어느 시점에도 존재하지 않는다. 그러나 경찰의 개입을 초래했던 상황은 극단사람들의 리스크영역에 놓여 있다. 그렇다고 경찰투입 비용을 그들에게 부과할 수 있는가? 실제로 위험이 있었음이 확인되면, 즉 이 사례에서 누군가 다른 사람을 공격하고 구타했다면 그와 같은 행위를 한 자는 교란자로서 경찰투입 비용을 부담하게 된다. 그러나 어느 시점에도 위험이 존재하지 않았다면 추측상의 교란자에게 비용이 부과될 수는 없다. 예외적으로 추측상의 교란자가 고의 혹은 중대한 과실로 행위를 했을 때에는 조치에 든 비용을 지불

자가 될 가능성이 있는 자에게 임시적이며 사전대비적인 위험여부확인조치를 발할 권한을 경찰에게 인정하는 것에 상응하여 상대방에게는 교란자로서의 성격이 확인되지 않는 경우 손실보상청구권이 인정되어야 하는 것이다.[81] 다만, 예외적으로 위험여부확인에 관련된 자가 자신의 행위로 위험의심을 귀속적으로(zurechenbar) 야기한 경우에는 손실발생 원인에 대하여 책임이 있는 자로서 보상청구권이 부인된다.[82]

경찰관직무집행법에서 규정하고 있지 않은, 재산상 손실 이외의 것(신체 혹은 건강에 대한 침해, 자유박탈 등)에 대한 보상은 앞에서 검토한 내용 및 행정상 손실보상의 일반적 법리에 따라 판단된다.[83]

한편, 개개의 법률에서 의험의심 상황을 위험과 동일시하며 필요한 조치를 수권한 경우 위험의심 상황이 추후 위험으로 판명되지 않는다 하더라도 관계인은 조치에 따른 보상을 받지 못할 수도 있다. 적시된 상황이 조치의 근거가 될 수 있음을 법률로써 정하고 이에 따라 관계인에 대한 사회적 구속 내 의무의 확장이 인정될 수도 있기 때문이다.[84] 그러나 부과된 의무가 특별한 희생에 해당하는 경우 공적 부담 앞의 평등이라는 관점에서 손실보상이 이루어져야 한다는 헌법적 한계는 여전히 유효하며, 법률로써 미리 보상규정을 마련하는 것도 가능하다.[85]

Ⅵ. 결　　어

위험에 대한 의심과 위험여부의 확인은 그 의의와 내용, 유용성의 검토에 있어 종래 '열악한 위치'에 놓여 있었다. 그러나 안전을 내세우며 위험 전 단계 혹은 불분명한 위험에서의 국가적 활동이 강조되고 있는 최근 사회의 모습에서 두 개념에 관한 정교한 고찰이 필요함

해야 할 의무가 있다. Wapler, 앞의 글, S. 91 참조; 외견상 위험 상황에서 이루어진 경찰조치는 적법하되, 사실관계의 종료 후 비용상환청구권이나 손실보상 내지 손해배상에 있어서는 공평에 기한 사후적 관점에서 조정이 필요하다고 설명하는 국내 문헌으로는 이기춘, 앞의 글, 161면.

81) Götz, 앞의 책, Rdnr. 169 참조; 이와 같은 판단 기준에 따라 앞서의 짖는 개 사례를 살펴보면, 개가 어떠한 상태인지를 보기 위해 창문을 깨뜨린 것이 적법하더라도 명백하게 충분히 자신의 동물에 대한 돌봄을 행했던 개주인에게 판결에서와 같이 비용을 부담시키는 것은 적절치 않으며, 그에게 발생한 비용에 대한 손실보상청구권이 인정되어야 한다. 개가 어떻게 돌봐지고 있는지를 주인이 누구에게도 알리지 않았다는 사실만으로 그가 책임이 있는 자가 되는 것으로 평가할 수는 없는 것이다. 자신의 개를 일정시간 제3자에게 돌보게 하는 것은 금지되고 있지 않으며 이웃에서 발생할 수 있는 오해를 미리 제거해야할 의무는 없는 것이다. Wapler, 앞의 글, S. 92 참조.

82) Sailer, 앞의 책, Rdnr. 54; 또한 이와 같이 파악한다면 경찰관직무집행법 제11조의2에서 '손실발생의 원인에 대하여 책임이 있는 자'가 반드시 위험을 야기한 '경찰책임자'와 동일하게 이해되는 것은 아니라 할 것이다.

83) 현행법제에서 경찰의 작용에 따른 비재산적 손실에 대한 보상의 문제를 다루고 있는 문헌으로는 정남철, 경찰작용과 손실보상, 행정법연구 제41호(2015.2), 154면 이하.

84) Götz, 앞의 책, Rdnr. 159, 428 참조.

85) 예컨대 가축전염병예방법이 전염병확산 위험의심에 따라 살처분한 가축의 소유자나 소각 또는 매몰한 물건의 소유자에게 국가나 지방자치단체가 대통령령으로 정하는 바에 따라 보상금을 지급하도록 규정하고 있는 것(제48조 제1항)은 종국적인 위험존재 여부와는 상관없이 입법적으로 보상을 결정한 경우에 해당한다.

은 앞서의 논의에서 충분히 드러난다. 이들 개념은 실제 발생되는 상황들의 체계적인 분류와 적법한 법집행, 타당한 입법적 규율에 도움이 되며 법치주의, 비례원칙에 합치하는 위험여부 확인조치 등의 법률적 근거 마련에 활용될 수 있다.

앞서 위험의심과 위험여부확인의 이해를 위하여 살핀 것 가운데 특히 주의를 요하는 내용들을 간략히 정리해보면, 위험의심과 위험과의 경계는 손상발생의 개연성이 되지만, 위험의심에서 위험보다 개연성이 낮다는 것은 위험이라 볼 수 있는 충분한 개연성 자체가 불분명하다는 의미에서 개연성이 낮다는 의미이다. 위험의심과 그에 따른 작용은 주로 구체적 위험과 관련되지만, 추상적 위험에 대한 의심의 관념도 인정될 수 있으며 우리 법제에서도 그와 같이 파악될 수 있는 예가 있다. 위험의심은 리스크와 구별되지만 중복되는 부분도 있다. 외견상 위험과는 개념적으로는 구별되며, 고려되는 대응 작용의 내용에 있어 차이가 있다. 손실의 귀속에 대한 판단에 있어서는 비슷하게 취급될 수 있다.

일반수권조항의 관념을 우리 경찰관직무집행법에서 인정하더라도 이에 근거하여 행하는 권리침해적인 위험여부확인조치 등은 그것이 위험이 아닌 위험의심에 대한 것이라는 점에서 엄격하게 보면 조치 발령 요건에 포섭되지 못한다는 문제를 안고 있다. 그러나 위험여부확인조치 등에 대해서는 실질적 필요성 측면에서 경우에 따라 일반수권조항의 유추적용을 인정하여야 한다. 동시에 조치의 내용 및 방식에 있어 비례원칙의 준수가 강조되어야 한다. 종국적으로는 위험에 대한 효과적인 대처와 기본권보호가 조화를 이루도록 법률에서 위험여부확인조치 등의 근거를 규범명확성, 비례원칙 등에 따라 적정하게 마련하여야 한다.

위험의심에서의 위험여부확인조치의 상대방은 위험에서와 다르지 않으며, 통상적으로 위험인 경우라면 경찰책임자가 되는 자에 대해서 행하게 된다. 그러나 개인정보의 수집 · 처리와 같은 방식으로 위험여부확인이 이루어지는 경우 의심교란자에 대한 정보활동은 비례원칙에 따라 위험에서보다 더 엄격하게 제한되어야 한다. 사전적 관점에서 합리적이고 객관적인 경찰공무원의 인식과 경험법칙에 따라 판단된 위험의심 상황에서 행해진 위험여부확인조치는 사후에 위험이 존재하지 않았던 것으로 판명되더라도 그 이유만으로 위법하게 되지는 않는다. 위험이 실재하지 않았던 경우 위험의심에 의해 잠정적인 경찰책임자로서 조치가 발해졌던 자는 종국적으로 경찰책임자가 아니며, 적법한 직무집행으로 손실이 발생했다면 원칙적으로 손실발생의 원인에 대하여 책임이 없는 자로서 보상이 이루어져야 한다.

8. 인신의 자유의 법치국가적 보장에 관한 연구*

김 상 겸**

Ⅰ. 서 설

권리구제 또는 법률분쟁을 해결하는데 있어서 대표적인 방법은 사법절차인 소송이다. 공식적인 통계를 보면 우리나라는 소송국가라 할 수 있다. 2017년 사법연감에 따르면 2016년 민·형사소송을 위시한 각 소송사건의 합계는 674만7513건이다. 이 중에 형사소송은 171만4271건으로 전체 소송사건의 약 25%가 조금 넘는다.[1] 형사사건이 많다는 것은 형벌권을 위임받은 국가가 많은 부담을 갖게 된다는 것을 보여준다. 왜냐하면 형사소송에서 피고는 국민이기 때문에, 다른 한편에서 국가는 피고인의 기본권을 보장해야 할 책무가 있기 때문이다.

헌법은 제12조에서 형사피의자와 형사피고인의 권리를 신체의 자유에 포함시켜 보장하고 있다. 이는 거대한 국가권력으로부터 인신을 보호하기 위한 기본권의 역사에서 찾을 수 있다. 또한 인간의 삶에 있어서 신체의 자유와 안전이 제대로 보장되어야만 다른 자유와 권리도 의미를 갖게 된다.[2] 헌법이 신체의 자유에서 국가의 형벌권의 통제하는 것은 국가권력에 의한 기본권 침해가 많았기 때문이다. 현대국가에서도 국가의 형벌권 행사와 관련된 인권침해방지가 중요한 국가의 과제인 것도 이런 맥락에서 볼 수 있다. 우리나라도 지속적으로 검찰개혁과 사법개혁을 거론하는 것도 국민의 인신의 자유의 보장문제와 연결되어 있기 때문이다.

형사피의자와 형사피고인에 관련된 인권문제는 우리 헌법이 규정하고 있는 인신의 자유 중에서도 특히 신체와 자유와 관련되어 있다. 헌법상 신체의 자유 조항에는 죄형법정주의, 영장제도와 구속적부심제도, 검사의 영장신청권, 변호인조력권, 고문금지 등 인신의 보호를 위한 다양한 내용이 포함되어 있다. 이런 권리들은 형사피의자와 형사피고인에게 해당하는 권리이지만, 자유권의 방어권적 성격을 고려한다면 자명한 것이다.

우리나라는 민주화 과정에서 인권문제가 본격적으로 다뤄지기 시작하였다. 과거 권위정부

---

* 본 논문은 성낙인 총장님의 정년을 기념하기 위한 것으로 원래는 "법치국가원리와 인신의 자유"라는 제목으로 대검 공법연구회 편, 「형사법과 헌법이념」 제4권, 박영사, 2013, 33-64면에 수록된 것을 부분적으로 수정한 것이다.

** 동국대학교 법과대학 교수

1) 2016년 법원에 접수된 비송사건은 1223만1057건으로 소송사건을 합치면 무려 1897만8570건이다(법원행정처 편, 2017사법연감, 553면 참조).

2) 성낙인, 「헌법학」, 법문사, 2018, 1097면.

하에서 인권문제는 그 당시 상황에서 적극적으로 다뤄질 수 없었지만, 민주화 운동의 결과로 1987년 헌법이 개정되면서 전면에 드러났다. 그 후 몇 차례의 정권교체가 이루어지면서 국민의식에서 인권문제는 중요한 화두가 되었다. 그러다보니 과거의 관점에서 인권문제를 보는 시각이 여전히 남아있었고, 그 상황에서 오히려 과거를 보상받으려는 것처럼 인권지상주의가 팽배해지면서 모든 문제를 인권으로 풀어가려는 경향이 없는 것은 아니다.[3] 그러나 이제 국가실정법이 규범력을 가지고 현실에서 적용되고 있는 한 인권문제도 실정법의 테두리 내에서 다루어져야 한다.

현행 헌법은 인간의 존엄과 가치를 규정한 제10조를 필두로 하여 자유권, 참여권, 청구권과 사회권 등으로 기본권을 나열하고 있다. 이 중에서도 천부적 인권으로부터 출발한 자유권은 기본권 중에서 핵심이라 할 수 있다. 물론 오늘날 국가가 국민의 기본생활을 보장하고 복지를 위하여 노력하고 있는 상황에서 사회권의 중요성을 간과할 수는 없다. 그렇지만 사회권은 국가의 재정능력을 담보로 보장되는 것이기 때문에 자유권이 기본권의 중심에 있다는 것은 부인할 수 없는 사실이다.

헌법이 규정하고 있는 자유권 중에서 인신의 자유는 인간의 존재와 관련하여 중심에 있는 기본권이라 할 수 있다.[4] 기본권의 역사에서도 보듯이 인간은 자신이 갖고 있는 신체의 자유를 위하여 오랫동안 투쟁하였다. 기본권의 역사는 국가권력으로부터 신체의 자유를 보장받기 위하여 지속적으로 투쟁하였고 수많은 희생을 통하여 쟁취하였다는 것을 보여준다. 또한 자유를 보장받기 위해서는 국가권력을 효율적으로 통제할 수 있는 방법이 필요하다는 것을 깨닫게 되었고, 그 결과 권력분립원칙이 등장하였다. 나아가 국가권력을 통제하기 위해서는 인간의 자의적인 지배를 벗어나 이성적인 법에 의한 통치가 필요하다는 것도 알게 되었다. 특히 국가를 지배하는 최고규범의 중요성을 인식하면서 근대 입헌주의가 출발하였다.

그렇지만 이성에 기초한 법의 지배만으로 모든 문제가 해결될 수 없는 것이 인간사회이다. 더구나 형식적인 법의 지배가 오히려 법을 운용하는 자에 의하여 오・남용이 되는 경우도 많았기 때문에, 법에 의한 권리보호를 실질화하기 위한 여러 제도들을 지속적으로 만들었다. 그 과정에서 이런 모든 제도를 아우르는 기본적 원리도 형성하였다. 법치국가원리는 이런 역사적 경험을 바탕으로 근대 이성국가론에 기초하여 등장하였고, 오늘에 이르기까지 그 구체적인 모습을 다듬어왔다.

오늘날 법치국가는 인간의 기본적 권리를 보장하고 국가권력을 효율적으로 통제하여 국민을 위한 국가를 말한다. 이 법치국가는 헌법을 통하여 구체적인 구조를 형성하여 현대 헌법에서 기본원리로 자리 잡았다. 법치국가가 지향하고 목표로 하는 흠이 없는 권리보호는 인

---

3) 소위 떼법이니 국민정서법은 국가실정법에 대한 불신에서 나타난 결과라고 볼 수 있다.

4) 성낙인, 앞의 책, 1097면.

간의 오랜 경험 속에서 이성을 바탕으로 하여 국가가 가야하는 방향의 종착점에 있다.[5] 그렇지만 법치국가는 단지 실정법의 틀 속에서만 이루어지는 것은 아니다. 독일의 헌법학자 헤세(K. Hesse)가 언급한 것처럼 국민의 준법의지가 법치국가 실현의 바탕이다.

본고는 인신의 자유를 보장하기 위한 역사적 과정과 그 의미를 다시 한 번 정리함으로써 오늘날 법치국가의 위기를 이야기하는 헌법현실을 논하고자 한다. 이를 위하여 먼저 법치국가의 역사적 전개과정을 검토하여 헌법상 법치국가원리를 조명하고, 이를 바탕으로 기본권의 역사 속에서 인신의 자유와 이를 보장하기 위한 절차적 기본권에 대하여 검토한다.

Ⅱ. 법치국가원리의 의의와 내용

1. 법치국가의 의의와 역사[6]

(1) 법치국가의 개념

법치국가(Rechtsstaat)라는 용어는 오늘날 우리 사회 여러 분야에서 보편적으로 사용되고 있다. 그러나 어느 누구도 이렇게 빈번하게 사용되고 있는 법치국가에 대하여 그 의미를 명확하게 이야기하는 사람은 없다. 헌법학계 역시 법치국가에 대하여 쉽게 정의하지 못하고 있다. 일반적으로 법치국가는 법이 지배하는 국가로 정당한 법에 의하여 국민의 권리가 보장되고 국가권력이 통제되는 국가 정도로 정의할 수 있다. 그렇지만 법치국가는 일의적으로 그 의미를 정의할 수 없는 오랜 역사를 갖고 있다.

이미 인류사회는 그 역사의 출발점에서부터 법이란 규범을 통하여 사회를 통제하였다. 이렇게 법이란 존재가 오랜 역사를 가지고 있었지만, 인간의 이성이 뿌리를 내리기 전에 법의 역할을 국가권력의 지배수단으로 활용되었을 뿐, 오늘날 의미의 법은 아니었다. 현대 법치국가에서 법이란 인간의 이성에 기초하는 합리성과 타당성을 가진 정당한 법을 말한다. 물론 이러한 법도 법치국가론이 등장한 초기에는 형식성에만 초점을 맞추었기 때문에 국민의 대표기관에 의하여 제정된 법이면 충분하다고 보았다. 아무튼 법치국가론이 등장한 이후 법치국가는 그 초기부터 법의 존재와 그 규범력이 성패를 가름하였다.

이렇게 법의 존재를 핵심에 두고 등장한 법치국가론은 독일에서부터 그 용어가 만들어지고 형성되었다.[7] 그렇기 때문에 법치국가의 개념은 독일의 근대국가와 입헌주의적 헌법의

---

5) Berkemann, Das verdeckte summarische Verfahren der einstweiligen Anordnung des Bundesverfassungsgerichts, JZ 1993, 161.

6) 법치국가원리에 관하여 필자는 이미 여러 논문에서 자세히 기술하였다. 이 논문에서도 그동안 발표된 내용을 정리한 것이기 때문에 새로운 내용이 없다는 것을 밝혀둔다. 김상겸, “법치국가원리의 역사와 구성요소에 관한 고찰”, 아·태공법연구 제5집(1998), 173면 이하; 김상겸 “법치국가실현을 위한 국가의 적극적 의무”, 공법연구 제38집 제1호 제1권(2009.10), 299면 이하 등 참조.

7) 법치국가(Rechtsstaat)라는 용어는 19세기 전반에 나타난 표현으로서, 독일이외의 국가에서는 그 용례를 찾

형성과 맞물리면서 정립되었다. 그런 점에서 법치국가는 그 개념을 정의하기 위해서는 법적 현실을 기반으로 하여 동태적으로 정의될 수밖에 없다. 즉 법치국가의 개념은 그 용어의 출현과 함께 근대 헌법의 역사 속에서 정립되었으며, 한 시대에 확정된 정태적 개념이라기보다 시대정신과 시대적 상황에 의하여 주어진 헌법현실 속에서 여러 시대를 거치며 형성되어 온 동태적 개념이라고 할 수 있다.[8)]

나아가 법치국가는 독일이란 한 국가의 헌법사 속에서 형성되어 온 개념으로, 독일의 헌법사와 그 궤를 같이 한다. 또한 법치국가론은 그 이념이나 본질적인 면에서 영미법상의 법의 지배(rule of law)와 근본적인 차이가 없지만, 형식적인 면에서 상이한 방향으로 전개되었다.[9)] 독일에서 출발한 법치국가는 근대의 인본주의와 합리주의, 계몽주의와 입헌주의, 이성주의와 자유주의 등 여러 사상적 배경 속에서 헌법현실에서 발생하는 정치적 상황에 많은 영향을 받았다.[10)] 법치국가는 권리보장의 역사 속에서 형성되고 변천하면서, 국가권력으로부터 국민의 권리보호라는 독일식의 방법으로 구체화되었다.[11)] 따라서 법치국가론은 전체적으로 볼 때 권리보호를 위한 방법으로 전개된 원리이다.

법치국가의 개념은 헌법현실 속에서 역사와 함께 구체화되었기 때문에 법치국가를 형성하며 발전시킨 독일에서도 시대에 따라 견해가 변천하였다.[12)] 즉 법치국가의 개념은 19세기 자유민주적 법치국가에서 20세기 사회적 법치국가로 변천하였다.[13)] 19세기 초반 새로운 국가의 유형으로 등장한 법치국가를 학자들은 "개인의 자유를 위하여 활동이 제한되고, 명확성을 갖는 법률을 제정하며 시민의 권리를 보호하기 위한 법원을 설치하는 국가"라고 정의하였다.[14)] 19세기 중반 혁명이 좌절된 독일은 법치국가의 개념을 형식적으로 정의하여, 법치국가란 단지 법에 의하여 국가의 활동을 명확하게 규정하는 국가로서,[15)] 행정의 법률적합성과

아보기 어렵다. Dreier, Der Rechtsstaat im Spannungsverhältnis zwischen Gesetz und Recht, JZ 1985, 353.

8) Hesse, Grundzüge des Verfassungsrechts der Bundesrepublik Deutschland(Verfassungsrecht), Neudruck von der 20. Aufl., 1999, Rn. 183ff.; Schmidt-Aßmann, Der Rechtsstaat, in: Handbuch des Staatsrechts (HdbStR) I, 1987, § 24 Rn. 17.

9) 양자 간의 관계에 대하여 맥코믹(MacCormick)은 외형상의 차이만 존재한다고 보았다. MacCormick, Der Rechtsstaat und die rule of law, JZ 1984, 65ff. 참조.

10) 법치국가는 칸트(Kant)의 이성국가론에 가장 큰 영향을 받았다. 이에 대하여 Weber-Fas, Geistiger Vater der Rechtsstaatlichkeit, ZRP 1999, 461ff. 참조.

11) 각국의 헌법사는 법치를 다양한 형태로 보여주고 있다. 영미는 권리보호를 위한 절차적 보장을 통하여, 프랑스는 정치적 상황과 연계하여 법치(Etat de droit)를 보여주었다. 프랑스의 법치주의에 관하여 성낙인, 프랑스헌법론, 1995, 701면 이하 참조.

12) 법치국가 개념정의의 어려움에 대하여 Hofmann, Geschichtlichkeit und Universalitätsanspruch des Rechtsstaats, Der Staat 34(1995), 1ff. 참조.

13) 법치국가의 개념은 시대적·내용적 관점에 따라 형식적 법치국가와 실질적 법치국가를 구분하여 정의할 수 있다. BVerfGE 2, 380(381); Kunig, Das Rechtsstaatsprinzip, 1986, S. 63ff.

14) 이런 저의를 내린 대표적인 문헌으로는 Robert von Mohl, Das Staatsrecht des Königreichs Württemberg, Bd. I, 1829, § 8f.

독립된 행정법원에 의한 권리구제 등을 요소로 한 국가를 의미하였다.[16] 20세기 들어오면서 법치국가는 바이마르 공화국을 거쳐 국가사회주의 시대에 이르러 사라졌다가 본 기본법 시대에 와서 다시 부활되었다. 민주주의를 기초로 새롭게 등장한 사회적 법치국가는 국가와 사회생활의 형성을 위하여 헌법의 구속력·권력분립·행정의 법률적합성·권리의 절차적 보장·신뢰보호 등의 요소로 구성되어 법이란 수단과 기준으로 국가권력의 자의적 행사를 통제함으로서 정치적 통일과 법적 평화, 나아가 사회적 정의의 실현을 목표로 하는 국가를 의미하였다.[17]

역사적 과정을 거치며 정립된 독일의 법치국가의 개념은 우리에게 있어서도 대동소이하다고 할 수 있다.[18] 법치국가를 정의하는 학계의 견해에 의하면 법치국가란 인치가 아닌 의회의 제정법률에 의하여 법치가 이루어지는 국가,[19] 국가공동생활에 법우선의 원칙이 적용되어 자유·평등·정의를 실현시키려는 국가,[20] 또는 민주이념 내지 가치의 법적 실현시키고자 하는 국가,[21] 그 밖에 법에 의하여 국가권력의 근거와 범위의 한계가 설정되는 국가[22]를 말한다.[23] 이러한 견해들을 종합하면 법치국가란 법이 지배하는 국가로서, 기본권보장, 국가권력의 헌법질서에 대한 기속성과 권력분립 등의 요소를 축으로 하여 법적 평화와 통일성, 실질적인 사회정의 실현을 목표하는 국가라고 할 수 있다.

(2) 법치국가의 역사적 형성과정

오늘날 법치국가라는 용어는 다양한 분야에서 보편적으로 사용됨으로써 일반용어화되었지만, 헌법학에서 법치국가는 하나의 기본원리로 헌법해석에 있어서 가장 중요하게 적용되는

---

15) Friedrich Julius Stahl, Philosophie des Rechts, Bd. 1, Rechts- und Staatslehre auf der Grundlage christischer Weltanschauung, 2. Halbband, 5. unveränderte Aufl., 1978, S. 137; 그 외에도 Bähr, Der Rechtsstaat, 1864(Neudr. 1963), S. 50ff.; Rudolf von Gneist, Der Rechtsstaat und die Verwaltungsgeschichte in Deutschland, 1879, S. 270ff.; Lorenz von Stein, Rechtsstaat und Verwaltungsrechtspflege, in: Zeitschrift für das private und öffentliche Recht 6(1879), 50ff. 등.

16) 자세히는 Mayer, Deutsches Verwaltungsrecht, Bd. 1, 1924, S. 70.

17) 사회적 법치국가는 독일 기본법 제28조 제1항과 1992년 독일 기본법 제38차 개정에서 유럽연합을 규정하는 조항으로 바뀐 제23조 제1항에 근거를 갖고 있다. 이에 대하여 Benda, Der soziale Rechtsstaat, in: Benda/Maihofer/Vogel(Hrsg.), Handbuch des Verfassungsrechts, 2. Aufl., 1994, S. 720ff.; Hesse, Verfassungsrecht, § 6; Lipphardt, Grundrechte und Rechtsstaat, EuGRZ 1986, 149ff.; Richter/Schuppert, Casebook Verfassungsrecht, 3. Aufl., 1996, S. 440f.; Schmidt-Aßmann, in: HdbStR I, § 24 Rn. 1ff.; Stern, Staatsrecht Ⅰ, S. 781ff.

18) 독일의 법치국가론을 개괄적으로 소개하고 있는 문헌은 허영, 「헌법이론과 헌법」, 1998, 253면 이하.

19) 권영성, 「헌법학원론」, 146면.

20) 허영, 「한국헌법론」, 143면.

21) 실질적·민주적 법치국가의 개념으로서, 강경근, 「헌법학」, 183면 이하.

22) 최대권, 「헌법학강의」, 1998, 315면.

23) 우리 문헌과 판례를 보면 독일로부터 유래하는 법치국가(Rechtsstaat)라는 표현을 법치주의라는 표현과 함께 쓰고 있다. 헌법재판소 판례에서 법치국가라고 표현한 결정은 헌재 1998.9.30. 97헌바38, 법치주의의 원칙이라고 언급한 결정은 헌재 1998.11.26. 97헌바31; 헌재 1998.11.26. 97헌바65, 법치주의의 원리라고 표현한 결정은 헌재 1998.5.28. 96헌가1 등이 있다.

기준이다.[24] 이미 언급한 것처럼 법치국가는 그 용어가 독일로부터 출발하고 독일의 역사 속에서 형성되어 온 원리라는 점에서 독일의 헌법사적 전개과정을 살펴보는 것이 필요하다.[25]

법치국가는 법치의 이념과 근대 국가론이 결합하면서 등장한 용어로 19세기 중부 유럽의 정치적 혼란 속에서 독일로부터 출발하였다.[26] 18세기말 프랑스의 시민혁명은 인접해 있는 독일 제 지방(支邦)국가에 충격을 주었다. 그 결과 19세기에 들어오자 독일 제 지방의 군주와 영주들은 외부로부터 밀려오는 변화를 차단하고 내부의 안정을 위한 노력을 경주하였다. 그렇지만 계몽주의를 통하여 형성된 시민계급의 확산과 유럽을 풍미하는 자유주의의 물결을 제어하기는 힘들었다. 이로 인하여 독일의 제 지방은 인권의 보장과 내부적 안정을 위한 법체계의 구축이 필요하였고, 그 결과 우선 국가의 기본규범으로서 헌법을 제정하였다.[27] 19세기 초 독일 제 국가의 이러한 변화는 칸트(Kant)의 관념론을 배경으로 한 법치국가를 형성하는데 있어서 일조를 하게 되었다.[28] 형식적이나마 독일 제 지방의 헌법제정으로 인하여 당시 독일의 국법학자 몰(v. Mohl)은 '기본권보장과 권력분립'을 법치국가에 있어서 핵심이라고 보았다.[29] 그래서 몰은 "개인의 자유를 보장하기 위하여 명확성을 갖는 법률을 제정하고, 시민의 권리를 보호하기 위한 법원을 설치하는 국가"를 법치국가로 보고 새로운 국가유형이라 생각하였다.[30] 이렇게 독일에서는 초기 법치국가를 "국가권력의 자의적 행사를 방지하고 법에 의하여 기본권을 보장"하는 국가로 보았다.[31]

19세기 중반까지 독일은 혼란 속에서 지방들의 제국의 주도권 다툼은 격심하였고, 특히 프로이센과 오스트리아의 경쟁은 1849년 프랑크푸르트헌법을 좌초시키고 자유주의와 민주주의를 퇴보시키면서 법치국가의 이상적인 전개를 불가능하게 하였다. 이런 상황으로 법치국가론은 초기와 달리 형식화되면서 소위 형식적 법치국가가 등장하였다. 이를 두고 당시의 국법학자 슈탈(Stahl)은 "법이란 방법으로 그 내용과 관계없이 국가활동의 방향과 한계를 정하는

---

24) 현행 헌법은 규정 어디에도 '법치' 또는 '법치국가'라는 용어를 사용하고 있지 않다.

25) 법치의 정신이나 이념은 오래 전부터 동·서양에서 발아되었지만, 이것이 국가와 결합하여 헌법상 기본원리화된 것은 독일이라는 점에서 여기서는 법치국가와 관련하여 독일에만 국한한다.

26) 법치국가론이 등장하는 시기에 대해서는 여러 견해가 존재한다. 법치국가의 탄생역사에 대하여 자세히는 Böckenförde, Entstehung und Wandel des Rechtsstaatsbegriffs, in: FS für Arndt, 1969, S. 53; Dreier, Der Rechtsstaat im Spannungsverhältnis zwischen Gesetz und Recht, JZ 1985, 353.

27) 그 결과 남부 독일의 국가들은 헌법을 제정하고 입헌군주국임을 표방하였다. 예를 들면 1818년 바이에른(Bayern)왕국과 바덴(Baden)공국, 1819년 뷔르템베르그(Württemberg)왕국에서 헌법을 제정하였다.

28) Karpen, Der Rechtsstaat des Grundgesezes, S. 55ff.

29) v. Mohl, Das Staatsrecht des Königsreichs Württemberg, Bd. I, 1829, S. 6f.

30) v. Mohl, a. a. O., S. 8f.

31) 이 시기의 법치국가는 시민적 자유주의 사상이 많은 영향을 미쳤다는 점에서 시민적 법치국가라고 한다. 독일에서 자유주의 사상은 벨커(Carl Theodor Welcker)와 훔볼트(Wilhelm von Homboldt) 등에 의하여 확산되었다. Welcker, Die letzten Gründe von Recht, Staat und Strafe, 1813(Neudr. 1964), S. 25; Homboldt, Ideen zu einem Versuch, die Gränzen der Wirksamkeit des Staats zu bestimmen, 1851, in: Flitner/Giehl(hrsg.), W. v. Humboldt, Werke, Bd. I, 3. Aufl., 1980, S. 56ff. 참조.

국가”를 법치국가로 보았고,[32) 베어(Bähr)나 그나이스트(Gneist)는 “국가권력의 행사에 있어서 법률적합성”만 법치국가의 핵심적인 요소로 보았다.[33) 이러한 경향은 20세기 초 바이마르헌법이 제정될 때까지 지속되었다.[34)

1919년 독일은 공화국으로 새롭게 출발하면서 헌법에 기본권을 규정하였고 권리구제절차와 헌법재판을 도입하면서 법치국가의 틀을 갖추었다. 바이마르헌법은 최초로 사회적 기본권을 규정하였지만, 전후의 시대상황으로 인하여 자유권적 기본권만 보장되었고, 의회는 국가조직에 관한 법률의 제정에만 초점을 맞추었다.[35) 더구나 의회가 제정한 법률들은 법실증주의가 지배하는 가운데 내용의 정당성은 고려되지 못하였다.[36) 바이마르헌법은 자유와 평등, 정의를 기본적 가치로 내세웠지만 헌법질서에 대한 가치판단이 결여되어 형식논리에 함몰되었다.[37) 1933년 국가사회주의가 등장하면서 바이마르공화국은 몰락하였고, 이와 함께 법치국가의 이념도 사라졌다.

제2차 세계대전이 끝난 후 독일은 1949년 본 기본법을 제정하면서 법치국가원리를 명문으로 도입하였다. 이는 인간의 존엄과 생명을 경시하였던 쓰라린 과거의 반성에 기반한 것으로 기본법은 인간의 존엄과 가치를 제1조 제1항에 두면서 헌법질서에 대한 국가권력의 기속을 통하여 헌법의 최고 규범성을 확인하였다. 그뿐만 아니라 국민의 권리를 보호하기 위한 권리구제절차와 헌법재판을 명시하고 헌법본질에 대한 헌법개정금지 조항을 규정함으로써 법치국가의 실질적 보장을 위한 노력을 기본법에 담았다. 아무튼 오랫동안 혼란과 오욕으로 점철되었던 독일의 헌법사는 법치국가가 수많은 시행착오를 거치면서 이루어진 산물이라는 것을 보여준다. 비록 법치의 이념이 고대 그리스부터 사상적으로 형성되어 왔다고는 하지만, 독일의 예에서 보듯이 법치국가는 역사 속에서 시대정신과 결합하면서 형성되었다고 볼 수 있다.[38) 그렇지만 오늘날 우리가 언급하는 법치국가는 그 용어뿐만 아니라 형성과정과 내용에 있어서 인간의 이성을 기초한 이성국가론에서 출발한 독일의 이론이라는 것을 부인할 수

---

32) Stahl, Philosophie des Rechts, Bd. 1, Rechts- und Staatslehre auf der Grundlage christischer Weltanschauung, 2. Halbband, 5. unveränderte Aufl., 1978, S. 137.

33) Bähr, Der Rechtsstaat, 1864(Neudr. 1963), S. 50ff.; v. Gneist, Der Rechtsstaat und die Verwaltungsgeschichte in Deutschland, 1879, S. 270ff. 그 외에도 마이어(Mayer)나 슈타인(v. Stein) 역시 형식적 법치국가론에 가담하였다. v. Stein, Rechtsstaat und Verwaltungsrechtspflege, in: Zeitschrift für das private und öffentliche Recht 6(1879), 50ff.

34) Böckenförde, Gesetz und gesetzgebende Gewalt, 2. Aufl., 1982, S. 59.

35) Preuß, Deutschlands republikanische Reichsverfassung, 2. Aufl., 1923, S. 95.

36) 헬러(Heller)는 이를 두고 내용적으로 공허한 규범주의라고 비판하였다. Heller, Rechtsstaat oder Diktatur, 1930, S. 11.

37) 특히 Karpen, Der Rechtsstaat des Grundgesetzes, S. 85ff.

38) 최봉철교수는 서구의 법치사상이 그리스의 플라톤과 아리스토텔레스로부터 시작된다고 보고 있다. 최봉철, “한국의 법문화와 법치주의의 과제”, 연세대 법학연구 제11권 제1호(2001), 76면. 그런 맥락에서 본다면 동양에는 법가사상을 설파한 한비자나 상앙자가 법치사상의 선구자라 할 수 있다.

는 없다.[39)]

2. 법치국가의 헌법적 근거와 구성요소

(1) 헌법적 근거

현행 헌법은 독일 기본법과 달리 법치국가를 명문화하고 있지 않다. 그래서 법치국가에 대하여 무엇을 어떻게 해석하고 구체화해야 하는지 여부는 그 요소나 내용에 해당하는 것에 관한 규정을 찾아서 포섭시키는 수밖에 없다. 법치국가론은 불문의 헌법상 기본원리로서 적용되고 있다. 법치국가는 단지 규범에 대한 국가권력의 기속성만 규정하는 그런 법질서를 갖는 일종의 백지개념은 아니다. 따라서 전체국가 같은 개념이 헌법에 규정될 경우 법치국가개념 속에서 용인될 수 없다. 이런 국가는 국가권력이 법률에 구속된다고 하여도 단지 형식적 법치국가일 뿐 진정한 의미에서 법치국가라고 볼 수 없다.[40)]

법치국가는 그 역사에서 보는 것처럼 헌법국가를 전제로 자유에 기초하여 정의라는 이념의 실현을 목표로 한다. 법치국가원리를 구성하는 헌법규정은 총체적 국가생활에서 기준과 형태를 부여한다.[41)] 법치국가에서 법은 핵심으로서 임의적이 아닌 이성·정당성·정의의 관념에서 도출된 내용을 담고 있기 때문에 법우선(Primat des Rechts)의 원칙이 국가생활을 지배한다.[42)] 법의 지배나 법률의 지배는 인간의 자의적 행사를 막으며, 국가권력의 헌법과 법기속은 평등과 법적 안정성에 최소한의 기준을 세움으로서 법적 영속성을 형성시킨다.[43)] 국가 공권력은 궁극적으로 인간의 존엄과 가치의 대한 보장을 목표로 행사되어야 한다. 법치국가는 기본권보장과 권력분립의 두 요소에 의하여 자유와 평등, 정의를 보호한다.

법치국가의 전체적인 형태는 헌법에 직접적인 규정은 없지만, 헌법의 개별적 조항으로부

---

39) 여기서 다이시(Dicey)에 의하여 체계화된 영미의 법의 지배(rule of law)와 법치국가원리를 구분할 것인지 문제가 있다. 맥코믹(MacCormick)은 양자가 국가의 존재에 대한 규범성의 문제에서 외형적으로 구별될 뿐, 그 핵심에 있어서는 큰 차이가 없다고 한다. 그러나 법치국가원리는 독일의 특수한 헌법사 속에서 형성된 것이기 때문에 양자 간에는 차이가 있다고 보는 노이만(Neumann)의 견해도 있다. 이에 대하여 자세히는 MacCormick, Der Rechtsstaat und die rule of law, JZ 1984, 65ff.

40) 형식적 법치국가는 행정의 법률적합성, 권력분립, 법원의 독립 등을 요소로 하며 법률의 기준에 의하여 국가권력을 통제한다. 단순히 법률의 기속만을 강조하는 경우 법률의 내용과 질은 결정적일 수밖에 없다. 독일은 이미 형식적 법치국가가 아주 쉽게 불법국가(Unrechtsstaat)로 변하는 역사적 경험을 하였다. 이에 대하여 참고할 문헌으로는 Merten, Rechtsstaat und Gewaltmonopol, 1975, S. 10ff.; Thoma, Rechtsstaatsidee und Verwaltungsrechtswissenschaft, JöR 4(1910), 199ff.

41) Hesse, Der Rechtsstaat im Verfassungssystem des Grundgesetzes, in: Forsthoff(Hrsg.), Rechtsstaatlichkeit und Sozialstaatlichkeit, 1968, S. 557ff.; Maunz/Zippelius, Deutsches Staatsrecht, § 12 II.

42) BVerfGE 7, 89(92).

43) 그러나 국가권력이 법에 기속된다는 의미는 그 자체의 한계를 갖는다. 특히 불법이 법의 형식으로 나타날 때 행정과 사법의 법기속은 그 역기능으로 인하여 오히려 법치국가의 이념이 무의미해진다. 이러한 모순의 시정은 법률이 제정절차의 합법성과 민주적 정당성을 가짐으로서 해결된다. 또한 입법자가 헌법과 법에 기속됨으로서 법률의 내용적 정당성을 확보하게 되며, 나아가 헌법재판을 통하여 입법권도 기본권에 기속된다. Wahl, Der Vorrang der Verfassung, Der Staat 20(1981), 485ff. 참조.

터 하나의 조합된 형태로 구성된다. 예를 들어 권력분립원칙은 개개의 조항이 모여서 구성된다. 헌법은 제40조에 입법권, 제66조 제4항에 행정권과 제100조 제1항에 사법권, 그리고 제111조에 헌법재판소 등 개별적으로 규정하고 있다. 이외에 국가권력의 법기속성은 개별 조항에 명문화되어 있다. 입법작용의 헌법과 법기속성은 규범통제조항(제107조 제1항, 제111조 제1항 제1호)을 통하여, 사법작용은 헌법과 법률에 기속되며(제103조), 행정작용에 있어서는 행정의 법률적합성(제107조 제2항)과 국가기관의 조직과 직무에 대한 법률주의(제96조, 제102조 제2항) 등이 적용된다. 이와 함께 헌법은 국민의 기본권과 함께 국민의 권리를 보호하기 위하여 사법절차적 보장을 규정하고 있다(제12조, 제27조, 제101조, 제103조, 제109조).[44]

그러나 법치국가의 원리는 이와 같이 개개의 규정들이 모여서 형성된 집합개념은 아니다. 법치국가는 헌법사의 과정에서 형성·발전해 온 헌법의 원리이기 때문에 개개의 조항이 갖는 내용을 단순히 해석하는 것만으로 정립될 수 없다. 헌법은 추상적 내용을 명문화한 것이기 때문에, 각 조항은 역사에 기초하여 현실과 결부된 해석을 통하여 정확한 의미를 얻게 된다.[45] 이러한 점에서 볼 때 법치국가원리를 근거하는 헌법의 규정들은 인간의 존엄과 가치, 권력분립, 국가권력의 헌법과 법률에 대한 기속 등이며, 이 규정들은 헌법의 개정대상에 포함되지 않는다.[46]

(2) 법치국가의 구성요소

법치국가는 독일의 헌법사 속에서 점철된 경험을 통하여 그 내용을 형성해 왔다. 오늘날에 이르기까지 법치국가를 충족시키는 그 구성요소는 대체로 헌법의 우위원칙을 토대로 하여,[47] 기본권 보장을 위한 국가권력의 기속, 권력분립원칙, 법우선의 원칙에 따른 국가권력의 법에 대한 기속, 기타 파생원칙 등이다.[48]

우선 법치국가는 권력분립과 국민의 대표기관에 의하여 제정된 법률이라는 조건을 갖춘 헌법국가를 전제로 한다.[49] 법치국가는 헌법국가를 전제로 하여 국가권력을 법질서 내에서 통제함으로서 법치국가적 자유를 실현시킨다.[50] 헌법은 제10조 이하에서 인간의 기본적 권리에 대하여 예시하여 규정하고 있다. 특히 헌법이 명문화하고 있는 인간의 존엄과 가치에 대한 존중과 보호는 실질적 법치국가에 있어서 가장 핵심적인 구성요소라고 할 수 있다.[51]

44) 헌법규정에 대한 그 밖의 내용은 홍성방, "법치주의의 원리", 법정고시, 1998.5, 101면 이하, 참조.
45) Kunig, Das Rechtsstaatsprinzip, S. 481ff.
46) 독일 기본법 제20조 제1항의 국가구조와 국가방침규정 등의 경우 헌법기본질서에 있어서 본질적인 규정이 아니므로 개정가능성을 갖는다는 견해가 있다. Stern, Staatsrecht, Bd. I, S. 172f.
47) Wahl, Der Vorrang der Verfassung, Der Staat 20(1981), 485ff.
48) Dreier에 의하면 법치국가는 발전과정에서 민주주의의 바탕 하에 다섯 가지의 특징적 요소를 갖고 있다고 한다. 즉 기본권·권력분립·행정의 법률적합성·독립된 법원에 의한 권리보호·국가의 공권력행사의 예측가능성 등이다. Dreier, JZ 1985, 353.
49) Friesenhahn, Recht, Staat, Wirtschaft, Bd. 2, 1950, S. 242.
50) Schmidt-A mann, in: HdbStR I, § 24, Rn. 28; Stern, Staatsrecht, § 20 Ⅳ, 1 참조.

인간고유의 가치는 존중되어야 하며, 인간이 자신의 인격을 형성하고 발현하기 위한 자치의 핵심영역과 정신적 · 도덕적 개성은 존중되고 촉진되어야 한다. 그래서 이를 구체화하기 위한 인간의 자유와 평등은 개별 기본권을 통하여 보장된다. 또한 이를 위하여 헌법은 제1조 제2항에 국가권력의 대국민 기속성을 명문화하고, 제10조 제2문에서 기본권보장에 대하 국가의 책무를 확인하고 있다.

국민의 기본권보장에 초점을 맞추고 있는 법치국가는 국가권력의 집중을 배제하기 위하여 권력분립원칙을 한 요소로 하고 있다. 현행 헌법은 제40조에 입법권, 제66조 제4항에 행정권, 제101조 제1항에 사법권 등을 규정하여 권력분립원칙을 간접적으로 명시하고 있다.[52] 권력분립원칙은 서로 독립된 국가의 기능을 담당하고 있는 기관들의 권한배분에 관한 원칙으로, 인적 구성 면에서 기본적으로 한 국가권력의 조직에 속한 구성원이 다른 조직에 속해서는 안 된다는 것을 말한다.[53] 권력분립원칙은 제도화된 상호 견제적 통제를 통하여 권력의 오용과 남용을 막고, 이를 통하여 시민의 자유는 보호받게 된다.[54] 권력분립원칙은 국가권력의 집중에 의한 권한행사의 오 · 남용을 막기 위하여 권력의 분리와 분산에 초점을 두고 있지만, 견제와 균형의 논리 속에서 국가기능의 활성화를 위한 구성원의 교류와 권한의 통합도 허용된다.[55]

법치국가를 구성하는 또 다른 중요한 요소는 행정과 사법의 헌법과 법률에 의한 기속이다. 국민으로부터 정당성을 직접 확보하고 있지 못한 행정과 사법은 헌법과 법률에 따라 작용되어야 한다. 행정의 법률기속은 법치행정의 틀 속에서 법률의 우위와 유보(Vorrang und Vorbehalt des Gesetzes)원칙의 적용으로 나타난다.[56] 또한 사법의 법률기속은 재판에 있어서 소송법의 적용으로 구체화된다. 물론 여기서 법률은 정당성이 전제되어야 하다. 왜냐하면 민주적 법치국가에서 법률은 무조건 정당성을 획득하는 것은 아니기 때문이다.[57] 법률이 기본권이나 헌법에 합치되는지 여부가 문제되는 경우에는 위헌법률심판이나 법률의 개정과 폐지

51) Dürig, Der Grundsatz von der Menschenwürde, AöR 81(1956), 117; Maihofer, Rechtsstaat und menschliche Würde, 1968; Starck, Menschenwürde als Verfassungsgarantie im modernen Staat, JZ 1981, 457, 참조.

52) 독일 기본법은 제20조 제2항 제2문에 “국가권력은 입법, 행정과 사법의 특별한 기관에 의하여 행사된다.” 라고 하여 권력분립의 원칙을 규정하고 있다.

53) 대통령제에서 이 원칙은 대체로 엄격하게 지켜지나, 내각책임제의 경우에는 입법부의 집권다수당에 의하여 내각이 구성되는 관계로 이 원칙은 단지 사법부와의 관계에서만 준수된다고 볼 수 있다. 현행 헌법은 대통령제를 채택하고 있으나, 의원매각제의 요소를 가미하여 국회의원의 행정부 각료겸직을 허용하고 있다.

54) 권력분립의 역사적 발전과정에 대해서는 Stern, Staatsrecht, Bd. Ⅱ, § 31 Ⅰ.

55) Stern, Staatsrecht Bd. Ⅱ, § 38 Ⅰ 5a.

56) Hesse, Verfassungsrecht, Rn. 200f.; Maunz/Dürig, Staatsrecht, § 12 Ⅲ, 4; Pietzcker, Vorrang und Vorbehalt des Gesetzes, JuS 1979, 710.

57) Klein, Legitimität gegen Legalität?, in: Festgabe zum 10jährigen Jubiläum der Gesellschaft für Rechtspolitik, 1984, S. 645ff.; Merten, Rechtsstaat und Gewaltmonopol, S. 22ff.; Würtenberger, Legitimität und Gesetz, in: FG für Rechtspolitik, S. 533ff.

로 해결해야 한다.

법치국가는 기본권보장과 권력분립원칙의 명문화로만 실현되는 것은 아니다. 그래서 법치국가는 권리보호를 실질적으로 실현하기 위한 절차를 필요로 한다. 또한 국가는 법률분쟁에 있어서 법의 효력을 관철해야 할 의무를 갖는다. 흠이 없는 권리보호를 위하여 법치국가는 사법제도와 적법한 절차를 구축해야 한다. 절차적 정의에 충실한 절차야말로 정당하고 합의가 가능한 결과를 끄집어 낼 수 있다.[58] 국가의 재판청구권보장, 사법절차와 행정절차의 법치국가적 기본원칙들은 절차적 정의의 구축에 기여한다.

이상과 같은 요소들 이외에도 법치국가는 그 실현을 위한 여러 파생원칙을 갖고 있다. 법치국가의 파생원칙들은 기본권보장과 국가권력의 관계 속에서 도출되며, 이에는 법적 안정성과 신뢰보호의 원칙, 비율성(Propotionalität)과 비례성,[59] 그리고 국가책임의 원칙 등이 있다. 먼저 법적 안정성은 법의 목적 중에 한 요소로서,[60] 법의 명확성(Klarheit), 확정성(Bestimmtheit), 통찰성(Übersichtlichkeit)에 의하여 구성된다. 법적 안정성은 현행법이 적용되고, 필요한 경우 강제적으로 관철되어야 한다는 전제조건을 갖는다. 그 다음 신뢰보호원칙(Vertrauensschutzprinzip)은 법적 안정성 속에서 형성된다.[61] 법규의 지속적인 효력은 신뢰를 형성하게 되고, 그 신뢰는 바로 법규로부터 보호받는다. 이러한 신뢰보호는 과거에 기인하는 법률관계에 대하여 부담적인 법적 결과를 가져오는 소급입법을 제한한다.[62]

비례성원칙은 법치국가에 있어서 중요한 파생원칙이다.[63] 비례성원칙은 국가권력의 행사를 통하여 이루려는 목적과 그 목적을 위한 수단 간의 합목적성을 판단하기 위한 원칙으로, 적합성과 필요성, 그리고 협의의 비례성원칙으로 구분한다.[64] 또한 국가책임의 원칙은 법치

58) Zippelius, Rechtsphilosophie, 1989, § 36.

59) 법익과의 관계에서 비율성(Proportionalität)과 비례성(Verhältnismä igkeit)은 구분된다.

60) Bull, Die „Sicherheitsgesetze„ im Kontext von Polizei- und Sicherheitspolitik, in: Bull(Hrsg.), Sicherheit durch Gesetze?, 1987, S. 25ff.; Horn, Einführung in die Rechtswissenschaft und Rechtsphilosophie, 1996, S. 224f.; Würtenberger, Artikel Rechtssicherheit, in: Ergänzbares Lexikon des Rechts 2, 1991, S. 480; Zippelius, Rechtsphilosophie, 2. Aufl., 1989, § 23.

61) Pieroth, Die neuere Rechtsprechung des Bundesverfassungsgerichts zum Grundsatz des Vertrauensschtzes, JZ 1984, 971ff.

62) 현행 헌법은 제13조 제2항에 의하여 명시적으로 참정권의 제한과 재산권에 박탈에 한하여 소급입법을 금지하고 있다.

63) 법치국가원리와 비례성원칙에 대해서는 Dechsling, Das Verhältnismäßigkeitsgebot, 1989; Kutscher/Ress, Der Grundsatz der Verhältnismäßigkeit in europäischen Rechtsordnung, 1985, S. 5f.; Lerche, Übermaß und Verfassungsrecht, 1961; Ossenbühl, Zumutbarkeit als Verfassungsmaßstab, in: Rühters/Stern(Hrsg.), Freiheit und Verantwortung, 1984, S. 315; Wendt, Die Garantie der Grundrechte und das Übermaßverbot, AöR 104(1979), 414ff. 참조. 법치국가원리에서 비례성원칙이 파생되지 않는다고 보는 견해로는 Kunig, Das Rechtsstaatsprinzip, S. 460ff.

64) 비례성의 원칙에 관하여는 Hirschberg, Der Grundsatz der Verhältnismäßigkeit, 1981; Jakobs, Der Grundsatz der Verhältnismäßigkeit, 1985; Wieacker, Geschichtliche Wurzeln des Prinzips der verhältnismäßigen Rechtsanwendung, in: FS für Fischer, 1979, S. 867ff.; 경찰법상 비례성원칙에 대한 문헌으로는 Würtenberger/Heckmann/Riggert, Polizeirecht in Baden-Württemberg, Rn. 342ff.

국가에서 현실적으로 공법상 손해전보제도를 통하여 구체화된다.[65] 이 원칙은 기본권이 침해되어 원상회복이 불가능할 때, 피해에 대하여 물질적으로 보상할 것을 요구한다. 이러한 공법적 보상체제는 보통 두 가지의 유형으로 구분되는데,[66] 개인의 권리가 국가의 적법한 행위로 침해되어 발생하는 손실에 대한 보상과 위법한 행위로 인하여 발생한 손해에 대한 배상이 있다. 오늘날 손해전보제도는 행정법상 채무관계(verwaltungsrechtliches Schuldverhältnis)의 불이행 등으로 인하여 발생한 피해에 대한 보상청구권, 위법한 고권행위의 결과로 인하여 발생한 피해의 원상회복을 위한 결과제거청구권 등 다양하게 확대되고 있다.[67]

Ⅲ. 인신의 자유의 의의와 연혁

1. 자유권의 핵심으로 인신의 자유

(1) 기본권으로서 인신의 자유

인간의 권리는 인간이 인간으로서 향유하는 권리를 말한다. 이러한 인간의 권리가 실정헌법에 명문화되면서 기본권이란 용어가 등장하였다. 기본권이란 인간의 권리 중 가장 기본적인 권리를 지칭하는 것으로 성문헌법에 용례에 처음 등장한 것이 1849년 독일 프랑크푸르트 헌법이다. 이 이후 독일은 인권보다는 기본권이란 용어를 사용하고 있으며, 우리의 경우도 강학상·실무상 인권보다 기본권이란 용어를 사용하고 있다. 물론 오늘날 양자를 보편적으로 거의 동일하게 쓰고 있지만, 헌법이 보장하는 인간의 기본적 권리를 기본권이라 할 때 인권과 기본권을 동일하게 취급할 수는 없다. 왜냐하면 인권은 중세 이후 근대에 이르기까지 형성된 인권사상을 바탕으로 인간이 인간으로서 당연히 가지는 권리 즉 천부적·생래적 권리를 의미하고, 기본권은 실정헌법이 보장하는 국민의 기본적 권리를 의미하기 때문에 양자 간에는 권리의 주체나 내용 등에서 차이가 있다.[68] 또한 기본권이란 용어는 독일에서 출발한 것으로 인간이 개인으로서 또한 자기가 속한 국가공동체의 구성원으로서의 권리까지 포함한 기본적인 권리를 규범화한 것이라고 볼 수 있다.[69] 그리고 기본권도 인간의 권리라는 점에서 인권이란 사실에는 다름이 없다.

나아가 인권과 기본권의 구별의 의미는 인권의 국제화 경향 속에서 점차 그 실익이 없어

65) W. Jellinek, Verwaltungsrecht, 3. Aufl., 1931, S. 321; Schmidt-Aßmann, in: HdbStR I, § 24 Rn. 5.

66) Kimminich, in: Bonner Kommentar Grundgesetz, Art. 14; Maurer, Enteignungsbegriff und Eigentumsgarantie, in: FS für Dürig, 1990, S. 293; ders., Allgemeines Verwaltungsrecht, S. 656ff.; Papier, in: M/D, GG, Art. 14; ders., Staatshaftung, in: HdbStR VI, § 157 Rn. 1ff.; ders., Die Entschädigung für Amtshandlungen der Polizei, DVBl. 1975, 567.

67) Ossenbühl, Staatshaftungsrecht, §§ 34ff.; Steinberg/Lubberger, Aufopferung, Enteignung und Staatshaftung, §§ 4, 7.

68) 대다수의 헌법학자들은 인권과 기본권을 구별하고 있다. 대표적으로 권영성, 앞의 책, 285면.

69) Dreier, in: Dreier, GG, Bd. 1, Vorb. Rn. 35ff. 참조.

지고 있다.[70] 또한 상당수의 국가가 규정하고 있지 않은 권리라도 기본권에 준하는 권리, 즉 기본권과 동등한 권리(grundrechtsgleiche Rechte) 또는 기본권과 유사한 권리(grundrechtsähnliche Rechte) 등도 헌법에서 포섭하여 기본권의 포괄성을 인정하고 있다.[71] 이는 우리 헌법 역시 제37조 제1항에서 찾아볼 수 있다. 즉 동조항은 열거되지 않은 권리라 하여도 기본권적 특성을 갖는 권리는 기본권으로 본다고 규정하여 헌법상 열거된 기본권에만 국한하지 않는다는 것을 명문화하고 있다.

헌법에 열거된 기본권은 인간의 역사적 경험을 통하여 헌법적 보장을 요구하는 인권들이 명문화된 것이다. 이러한 기본권 중에서 중심에 서 있는 기본권이 자유권이다. 자유권은 인간의 자유를 대상으로 그 개별적 유형을 권리화한 것이다. 이렇게 헌법이 자유권을 중심으로 기본권을 구성한 것은 인간에게 있어서 자유가 그 무엇보다도 중요한 가치이기 때문이다. 인간은 자유를 통하여 그 존엄과 가치를 발현하고, 개성을 신장한다. 하나의 인격체로서 인간은 자유를 통하여 인간다운 삶을 추구한다. 그래서 현대 헌법에서 자유권은 헌법이 보장하는 기본권에 있어서 중심에 있다.

헌법이 규정하고 있는 자유권에는 인신 즉 신체의 자유에 관한 기본권과 내면의 정신적 자유권이 있다. 물론 그 외에도 경제적 자유와 관련하여 경제적 기본권, 정치적 자유와 관련하여 정치적 기본권 등이 있다. 이런 자유권의 영역에서도 핵심적인 기보권의 하나가 바로 인신의 자유라 할 수 있다. 인신의 자유는 인간의 생명·신체·활동에 관한 자유로 인간으로서 가져야만 하는 천부적 권리이다.

(2) 현행 헌법상 인신의 자유

현행 헌법은 인신, 즉 신체의 자유와 관련하여 제12조에 7개항에 걸쳐 상세히 규정하고 있을 뿐만 아니라 신체의 자유와 관련하여 제13조, 제27조, 제28조 등을 통하여 보장하고 있다. 우선 헌법 제12조 제1항은 제1문에서 모든 국민이 신체의 자유가 있다는 것을 선언하고 있다. 헌법상 신체의 자유는 인신의 자유를 말하는 것으로 신체의 자유로운 활동뿐만 아니라, 이에 전제가 되는 신체의 안전까지 포함하여 법률과 적법절차에 의하지 아니하고는 침해받지 않는 것을 의미한다. 헌법재판소 역시 신체의 자유는 신체의 안전성이 외부로부터 물리적인 힘이나 정신적인 위협으로부터 침해당하지 않을 자유와 신체활동을 임의적이고 자율적으로 할 수 있는 자유를 말하는 것이라 판시하고 있다.[72] 이렇게 신체의 자유는 인간의 시원적 요구이며, 인간생존을 위한 최소한의 조건으로 근대 입헌주의헌법이래 헌법에서 보장

70) 권영성, 앞의 책, 285면.

71) 독일 기본법 제93조 제1항 제4a호는 기본권과 동등한 권리(grundrechtsgleiche Rechte)라는 표현으로 기본권의 포괄성을 인정하고 있다. 이에 대하여 자세히는 Pieroth/Schlink, Grundrechte, Rn. 51ff.; Stern/Sachs, Staatsrecht Ⅲ/1, S. 358ff.

72) 헌재 1992.12.24. 92헌가8.

되고 있다.

헌법은 신체의 자유와 관련하여 죄형법정주의원칙을 선언하고 법률주의에 따라 실체적 보장을 하고 있다.[73] 그뿐만 아니라 헌법 제13조 제1항에서는 일사부재리의 원칙 및 이중처벌금지의 원칙을 규정하여 신체의 자유를 보장하고 있다. 또한 헌법 제13조 제3항은 근대형법의 기본원칙이라 할 수 있는 자기책임의 원칙에 따른 연좌제금지를 규정하여 신체의 자유를 보장하고 있다. 나아가 헌법은 신체의 자유에 대한 실체적 보장뿐만 아니라, 절차적 보장도 명문화하고 있다. 신체의 자유를 제한하는 체포·구속·수색·압수·심문·처벌 등은 법률과 적법한 절차에 따라야 한다고 하여 절차적 보장을 요구하고 있다. 헌법에 의한 신체의 자유에 대한 적법절차는 공권력에 의한 국민의 생명·자유·재산의 침해는 반드시 합리적이고 정당한 법률에 의하여 정당한 절차를 통하여 행사해야만 유효하다는 원칙으로, 신체의 자유를 보장하기 위해서는 절차적 공정성이 담보되어야 한다는 것을 의미한다.[74] 그리고 헌법은 헌법 제12조 제3항에서 영장제도를 규정하여 범죄수사에서 부당한 신체의 자유침해를 방지하고 있으며, 제5항에서는 구속이유와 변호인의 조력을 받을 권리에 대한 고지제도, 제6항에서는 구속적부심사제도를 규정하여 절차적 보장을 확대하고 있다. 또한 이 외에도 형사피의자와 형사피고인의 권리를 보장하기 위하여 헌법 제27조 제4항에 의한 무죄추정권, 제12조 제2항에 의한 고문을 받지 아니할 권리와 묵비권, 제12조 제7항의 자백의 증거능력 및 증명력의 제한, 제12조 제4항의 변호인의 조력을 받을 권리와 제27조에 의한 신속하고 공개된 재판을 받을 권리를 규정하고 있다.

2. 자유권보장의 역사

(1) 근대 자유권의 신장 역사

인간은 자유와 권리에 대하여 오랜 투쟁의 역사를 갖고 있다. 인간의 권리는 기나긴 역사를 통하여 하나씩 쟁취한 것이다. 특히 인간의 자유는 강력한 지배권력으로부터 보호받아야 할 권리로 보고 투쟁하여 쟁취하였다. 근대 이후 자유권은 헌법에 의하여 성문화되면서 기본권으로 자리를 잡았다.

인신의 자유와 관련하여 자유권의 역사는 인간의 권리투쟁의 역사와 동일선상에서 그 궤적을 갖고 있다. 기본권은 자유권으로부터 출발하기 때문에 근대에 이르기까지 기본권의 역사는 자유권의 역사라고도 할 수 있다.[75] 기본권의 역사는 항상 언급되고 있는 것처럼 1215

---

73) 헌재 1995.9.28. 93헌바50(우리 헌법 제12조 제1항 후문과 제13조 제1항 전단에 규정하고 있는 죄형법정주의는…).

74) 헌재 1993.7.29. 90헌바35.

75) 기본권의 역사는 권리 중심의 법체계가 형성되기 시작한 중세 이후부터 보아야 한다. 이에 대해서는 최대권, 헌법학강의, 1999, 175-176면; Pieroth, Geschichte der Grundrechte, Jura 1984, 568ff. 참조.

년 영국의 마그나 카르타(Magna Charta Libertatum)에서부터 시작된다.[76][77] 이 대헌장은 오늘날의 관점에서 볼 때 왕과 귀족간의 세력다툼의 결과로 나타난 단순한 문서로 볼 수도 있지만, 그 체결의 당사자가 누구였든지 불문하고 왕의 권력을 제한하는 것을 내용으로 하는 문서였다는 점에서 기본권의 역사에서 그 의미를 부여할 수밖에 없다.

유럽대륙 특히 영국으로부터 시작된 기본권의 역사는 대헌장 이후에도 계속하여 17세기에 이르기까지 영국에서 전개되었다.[78] 17세기 영국은 종교와 신앙의 자유의 관련 속에서 국왕과 의회의 갈등과 대립, 사회계약론의 등장과 혁명으로 많은 변화를 경험하면서 의회주의의 토대를 형성하기 시작하였으나,[79] 기본권의 역사에서 17세기는 신체의 자유나 언론의 자유 등 자유권적 기본권이 명문으로 보장되기 시작한 중요한 시기였다. 1628년 권리청원(Petition of Right), 1679년 인신보호법(Habeas Corpus Act)과[80] 1688년 명예혁명의 결과로 나온 1689년 권리장전(Bill of Right) 등은 인간의 자유와 권리를 보장받기 위한 투쟁의 산물이었다.[81]

유럽대륙이 시민혁명에 휩싸이면서 구체제가 붕괴되고 새로운 정부형태의 근대국가가 출현하면서 지구촌 기본권의 역사도 새롭게 전개되기 시작하였다. 18세기는 인권의 역사에서 한 획을 긋는 시기였다. 영국의 입헌군주제 식민지배로부터 탈피하여 독립을 선언한 1776년의 미국은 같은 해 Virginia주의 권리장전을 필두로 Maryland(1776), Massachusetts(1780) 등 각주와 1791년 연방의 권리장전에서 자연적 인권을 승인하고 최고규범인 헌법에 규정함으로서 자유권을 중심으로 기본권의 근거를 실정법화 하였다.[82]

1789년 프랑스 시민혁명에서 나온 인간과 시민의 권리선언(Déclaration des droits de l'homme et du citoyen)은 기본권의 역사에서 가장 중요한 상징으로 절대군주제의 구체제를 타파하고 인간의 천부적 권리를 천명하였다. 이 권리선언은 1791년과 1795년 헌법에 수용되었고, 이후 프랑스뿐만 아니라 1831년 벨기에는 프랑스 인권선언에 규정되었던 기본권조항

---

76) Magna Charta이전에는 1188년 스페인왕국에서 개인의 명예권, 주거권과 소유권, 피고의 적법한 절차에 관한 권리 등을 규정한 Cortes von Léon 이다. 이에 대해서는 Bleckmann, Staatsrecht Ⅱ, 3. Aufl., 1989, S. 3ff. 참조.

77) 마그나 카르타에 대하여 자세히는 Voigt, 750 Jahre Magna Charta Libertatum, JuS 1965, 218ff. 참조.

78) 이 시기에 대륙에서도 영국의 대헌장에 준하는 형태의 권리선언이 있었다. 예를 들면 1514년 독일에서 귀족의 권리를 보장한 튀빙엔협약(Tübinger Vertrag) 등이다.

79) 물론 17세기 중반의 Cromwell의 혁명은 방법의 과격성으로 인하여 실패하였으나, 그 사상적 기초를 제공한 John Milton의 인문주의와 청교도적 엄정주의는 그의 후계자 John Locke에 의하여 구체화되어 인권의 형성에 큰 영향을 미쳤다.

80) 인신보호법에 대해서는 Duker, A Constitutional History of Habeas Corpus, 1980; Riedel, Die Habeas Corpus Akte, EuGRZ 1980, 192ff. 참조.

81) 17세기 영국의 시민혁명에 대하여 개괄적인 문헌으로는 한상범, 「금서를 통해 본 근대사상사」, 1981, 116-160면.

82) Dreier, in: Dreier, GG, Bd. 1, 1996, Vorb. Rn. 8; Pieroth, Jura 1984, 571f.; Zippelius, Allgemeine Staatslehre, § 32 Ⅲ.

의 대부분을 그들의 헌법에 명문화하는 등 전 유럽에 영향을 미치게 되었다.[83] 프랑스의 인권선언은 구체제의 붕괴 속에서 이루어졌다는 특색을 갖고 있기 때문에 미국의 인권선언과는 중요한 차이를 갖고 있다. 그것은 신분의 타파에 의한 평등사상의 대두로서 자유권뿐만 아니라 평등권이 기본권의 핵심으로 떠오르게 된 것이다.[84]

프랑스의 인권선언은 주변 국가에 혁명의 바람을 불러일으키고 인권의식을 전파하였다. 그러나 소국으로 분할되어 있던 독일에서는 혁명을 우려한 영주들의 개혁정책으로 인하여 19세기 초기에는 커다란 변화가 없었다.[85] 그렇지만 19세기 중반에 들어오면서 독일도 혁명의 분위기가 감돌기 시작하였다. 1848년 프랑크푸르트 파울교회에 모인 지식인과 각 지방국가의 대표들은 입헌주의에 입각한 독일제국의 결성과 독일민족의 기본권을 위한 헌법을 약속하고, 1849년 일명 프랑크푸르트헌법(Frankfurter Verfassung)이라 불리우는 독일제국의 헌법을 제정하였다.[86] 그러나 이 헌법은 당시로서는 너무 진보적이고 획기적으로 기본권을 규정하고, 사법적 보장과 헌법재판 등을 규정하여 기존 세력으로부터 환영받지 못하였고, 또한 제국의 주도권을 차지하기 위하여 프로이센왕국과 오스트리아제국이 다투는 바람에 효력을 발생시키지 못하고 역사 속으로 사라졌다.[87]

1848년 혁명의 좌초는 독일의 기본권 역사의 후퇴를 가져왔다. 물론 1850년 프로이센의 헌법은 제2장 프로이센국민의 권리에서 학문의 자유와 정치적 자유를 규정하고 있었으나 법률유보를 통한 형식적인 권리에 불과하였고, 1871년 독일제국의 비스마르크헌법은 기본권규정을 포기하고 단지 제3조에 영업의 자유만 규정함으로서, 전통적인 자유권적 기본권은 제국의 법률을 통하여만 구체적으로 보장받게 되었다.[88] 이것은 19세기 초부터 형성되기 시작하여 전개된 법치국가의 사상과 맞물려 1919년까지 미루게 되었다.[89]

(2) 20세기의 자유권 역사

20세기는 두 차례의 세계대전을 겪으면서 기본권에 있어서도 사회적 기본권과 인간의 존엄과 가치라는 새로운 인식을 통하여 발전을 가져왔다. 1918년 제1차 세계대전이 독일의 패

83) Pieroth, Jura 1984, 574.
84) Hofmann, Zur Herkunft der Menschenrechtserklärungen, JuS 1988, 841ff.; ders., Die Grundrechte 1789-1919-1949, NJW 1989, 3177ff.; Stourzh, JZ 1976, 402.
85) 19세기 초 독일의 각 支邦은 헌법에 기본권을 규정하여 혁명의 여파를 차단하려고 노력하였다. 예를 들면 1818년 바이에른(Bayern)왕국과 바덴(Baden)공국, 1819년 뷔르템베르그(Württemnerg)왕국의 헌법 등이다. 그러나 이들 헌법에 규정된 기본권이란 오늘날 현대적 의미에 있어서 기본권이라고 보기에는 어렵다. 왜냐하면 기본권의 주체는 단지 귀족이나 자유시민에게 한정되어 있었기 때문이다.
86) 이 프랑크푸르트헌법을 파울스키르헨헌법(Paulskirchenverfassung)이라고도 부른다.
87) 이 부분에 있어서 자세히는 Huber, Deutsche Verfassungsgeschichte seit 1789, Bd. I, 2. Aufl., 1975, S. 640ff.
88) Huber, in: FS für Scheuner, 1973, S. 163f. 참조.
89) 이러한 사실은 형식적 법치국가의 개념형성에 영향을 미쳤다.

전으로 끝이 나면서 독일의 제2제국의 시대도 종언을 고하고, 1849년 좌절되었던 프랑크푸르트헌법상 기본권규정을 부활시킨 1919년 바이마르헌법이 탄생되었다. 동 헌법은 제2장에 독일인의 기본권과 기본의무(제109-165조)를 규정, 자유권뿐만 아니라 사회적·경제적 기본권까지 수용하였다. 바이마르헌법의 기본권은 기존 상태의 유지가 아니라 새로운 민주적이고 사회적 국가질서에서 발생할 불평등을 해소하고 사회적 정의의 실현을 위한 진보된 내용을 갖고 있었다.[90] 예를 들면 소유권의 사회적 의무(제153조 제3항)나 노동권의 보장(제157조 제1항) 등이다. 이러한 것들 특히 소유권의 경우 전통적인 기본권에 대한 새로운 해석을 요구하는 것으로 당시에 상당히 충격적인 것이었다.[91]

바이마르헌법의 기본권조항은 노동권과 사회권 등 기본권영역의 확대를 통하여 20세기 기본권의 역사에 새로운 지평을 열었으나, 불행하게도 당시의 시대적 상황은 이러한 노력이 정상적으로 추진되도록 힘을 실어줄 수가 없었다.[92] 헌법의 규범력이 최대한 보장되지 못함으로서 즉 헌법의 우위(Vorrang der Verfassung)원칙이 확립되지 못한 상황에서 헌법에 규정된 찬란한 기본권규정들은 입법의 뒷받침 없이 단지 규정으로서만 남아있게 되거나, 또는 행정의 법률적합성(Gesetzmäßigkeit der Verwaltung)의 원칙만 강조하여 형해화되었다.[93] 그러나 다른 한편에서 신체의 자유, 죄형법정주의, 사법보장, 국가책임과 소유권 등은 실질적 규범력을 갖고 적용되었으며 판례와 학설을 통하여 발전함으로서 바이마르 기본권이 단지 프로그램규정(Programmsätze)라고 일부에서 단정하였던 것은 전체를 보지 못하였던 것이라고 할 수 있다.[94] 아무튼 바이마르헌법이 기본권 역사에 공헌한 것은 포괄적인 기본권규정을 통하여 기본권의 영역을 확대하였다는 데 있다.

바이마르헌법은 여러 장점에도 불구하고 1933년 국가사회주의자들에 의하여 효력을 상실하였고, 이와 함께 적어도 제2차 세계대전이 끝날 때까지 독일과 유럽 등에서 기본권의 문제는 논의의 한계를 가질 수밖에 없었다. 이러한 경험으로 인하여 인류사회는 헌법을 수호하기 위한 제도적 장치가 마련되어야 한다는 필요성과 전쟁의 잔혹함과 참혹성으로 인한 반작용으로 인간의 존엄과 가치에 대한 헌법적 선언과 보장이 필요하다는 요구가 대두되었다. 이

90) Apelt, Geschichte der Weimarer Verfassung, 2. Aufl., 1964, S. 351ff.; Thoma, in: Anschütz/Thoma (Hrsg.), Handbuch des Deutschen Staatsrechts, Bd. 2, 1932, S. 607ff.

91) Huber, Verfassungsgeschichte, Bd. 6, S. 95; Rittstieg, Eigentum als Verfassungsproblem, 2. Aufl., 1976, S. 252ff.; Scheyhing, Deusche Verfassungsgeschichte der Neuzeit, 1968, S. 226.

92) Kelsen, Allgemeine Staatslehre, 1925, S. 155; Thoma, Die juristische Bedeutung der grundrechtlichen Sätze der deutschen Reichsverfassung im allgemeinen, in: Nipperdey(Hrsg.), Die Grundrechte und Grundpflichten der Reichsverfassung, Bd. 1, 1929, S. 3ff.

93) Bauer, Geschichtliche Grundlagen der Lehre vom subjektiven öffentlichen Recht, 1986, S. 90ff.; Jellinek, System der subjektiven öffentlichen Rechte, 2. Aufl., 1905, S. 103; Thoma, Das System der subjektiven öffentlichen Rechte und Pflichten, in: HdbDStR Ⅱ, S. 607ff.

94) 이와 관련하여 참조할 문헌으로는 Apelt, Geschichte der Weimarer Verfassung, S. 351ff.; Dreier, in: Dreier(Hrsg.), GG, Bd. 1, Vor. Rn. 11ff.; Pieroth, Rückwirkung und Übergangsrecht, 1981, S. 293ff.

에 의하여 독일의 경우 1949년 본기본법을 제정하면서 기본권규정을 헌법의 첫 부분에 두고 제1조에 인간의 존엄성을 규정하여 역사적 교훈을 실정헌법화 하였다.[95] 이 규정은 이후 여러 국가의 헌법에 도입되었다.[96]

전후 기본권의 역사는 그 이전과 달리 기본권에 대한 인식과 의식의 보편화를 추구하는 새로운 양상으로 전개되었다. 1948년 유엔인권선언을 필두로 한 기본권의 국제화는 1950년 유럽인권협약(EMRK)과 1961년 유럽사회헌장,[97] 그리고 1966년 국제인권규약 등 국제적 협정을 통하여 확산됨으로써, 인간의 기본적 권리가 한 국가의 법체제 속에 한정되어 보장되는 것뿐만이 아니라는 것을 보여주었다.[98] 특히 유럽연합은 자유권을 중심으로 한 인권협약이래,[99] 인간의 자유와 권리를 보장하기 위하여 지속적으로 의정서를 체결하고 200년에 와서는 유럽 기본권헌장을 제정하였다. 이 기본권헌장은 아직 발효되지 못하고 있지만 2004년 로마 유럽헌법에 그대로 편입되었다. 아무튼 20세기 후반에 오면서 이후 기술의 발전과 사회의 격변은 환경권, 지적재산권, 정보권 등 새로운 유형의 기본권과 그 보장이 요구됨으로써 자유권으로부터 출발한 기본권의 역사는 계속 진행되고 있다는 것을 보여주고 있다.

Ⅳ. 인신의 자유를 위한 절차적 보장

1. 법치국가실현을 위한 효과적인 권리보호

헌법현실에서 완벽한 권리보호는 하나의 이상이다. 그렇지만 법치국가는 흠이 없는 권리보호를 위하여 노력해야 하고, 이를 위하여 실정법에 제도적 장치를 규정하여 법의 효력을 관철시켜야 할 의무를 갖는다. 헌법은 권리보호를 위하여 사법절차를 보장하고 있다.

---

95) 독일 기본법 제1조 제1항의 인간의 가치(Menschenwürde)에 대해서는 Dürig, in: Maunz/Dürig, GG, Art. 1 Abs. I; Häberle, Menschenwürde als Grundlage der staatlichen Gemeinschaft, in: Isensee/Kirchhof, HdbStR I, 1987, Rn. 6ff.; Nipperdey, Die Würde des Menschen, in: Grundrechte, Bd. Ⅱ, 1954, S. 21ff.; Stern, Die Menschenwürde als Wurzel der Menschen und Grundrechte, in: FS für Scupin, 1983, S. 627ff.; Vitzthum, Die Menschenwürde als Verfassungsbegriff, JZ 1985, 210ff.

96) 우리의 경우 역시 1962년 제5차 개정헌법(제3공화국헌법)에서 독일 기본법의 제1조를 모방하여 인간의 존엄과 가치를 규정하기 시작한 이래, 현행 헌법 제10조에 "모든 국민은 인간으로서의 존엄과 가치를 가지며"라고 하여 기본권보장의 기준으로서 인간의 존엄과 가치를 선언하고 있다.

97) 국제적 인권선언이나 규약, 또는 협정이 구속력을 갖기 시작한 것은 유럽으로부터 출발한다. 자세히는 Bleckmann, Staatsrecht Ⅱ, S. 8ff.

98) 이 외에도 이 시기에 인권보호에 관한 국제협정은 1954년 난민의 지위에 관한 협정, 1976년 여성의 정치적 권리에 관한 협정 등이 있다. Dreier, in: Dreier, GG, Bd. 1, Vorb. Rn. 19ff. 참조.

99) 유럽인권협약 제1장은 실체적 기본권을 규정하고 있는데 그 내용을 보면 제2조 생명권, 제3조 고문과 비인간적 형벌의 금지, 제4조 노예제와 강제노동의 금지, 제5조 인신의 자유, 제6조 적법절차, 제7조 죄형법정주의, 제8조 사생활과 가족생활 및 주거의 보장, 제9조 종교의 자유, 제10조 표현의 자유, 제11조 집회와 결사의 자유, 제12조 혼인과 가족형성의 자유, 제13조 효과적인 사법구제청구권 및 제14조 차별금지 등이다.

(1) 총체적인 권리보호

효과적인 권리보호는 국가의 사법보장의무와 공권력침해에 대한 권리구제를 위한 절차적 기본권으로부터 도출된다.[100] 효과적인 권리보호는 헌법에 근거하여 법원에 의한 보호를 전제로 한다. 이를 위하여 법치국가원리는 권력분립을 통하여 사법부의 존재를 보장하고 있으며(헌법 제101조 이하), 법원의 재판을 제도적으로 보장하고 있다.[101] 효과적인 권리보호에 있어서 사법은 공권력을 통제하고, 정치적 절차를 감시하며, 법을 체계화시켜 모든 면에서 법적 안정성을 구체화시킬 수 있는 시민의 법의식을 형성시킨다.[102] 효과적인 권리보호는 법원에 의한 권리보호로서, 효율적인 절차를 통하여 가능한 한 흠이 없고, 예상하지 못하는 방법이나 정당하지 않은 방법으로 방해받지 않는 총체적인 권리보호를 의미한다.

권리보호를 위한 사법절차의 헌법적 보장은 재판청구권이란 기본권의 형태로 나타난다. 우리 헌법은 제27조 제1항의 재판청구권을 통하여 기본적으로 기본권의 차원에서 권리보호를 보장하고 있으며, 동 조항은 단지 주관적 공권에 있어서만 아니라 사법상(私法上) 권리보호에 있어서도 마찬가지로 근거가 된다.[103] 헌법분쟁의 경우는 법치국가적 사법보장절차의 정점인 헌법재판을 통하여 헌법질서가 보호되고 존중된다.

(2) 적정한 권리보호

효과적인 권리보호는 법원에 의한 효과적인 통제에 대한 요구뿐만 아니라, 신속하고 공정한 절차를 통하여 권리보호의 가치가 존재하는 시간적 범위 내에서 즉 적시에 보호되어야 한다는 것을 포함한다.[104] 이는 효율적인 절차를 통하여 효과적인 권리보호가 구체적으로 실

---

100) Lorenz, Das Gebot des effektiven Rechtsschutzes des Art. 19 Abs. 4 GG, Jura 1983, 393; Schenke, Die bedeututng der verfassungsrechtlichen Rechtsschutzgarantie der Art. 19 Abs. 4 GG, JZ 1988, 317; Kim, Vorläufiger Rechtsschutz durch die einstweiligen Anordnung des Bundesverfassungsgerichts, S. 6ff.; 절차적 기본권에 대한 우리의 문헌은 장석조, "판결의 편취와 절차적 기본권", 법조 1997.10, 31-71면.

101) 권영성, 앞의 책, 519면; 허영, 앞의 책, 352면 참조; 독일문헌으로는 Papier, in: HdbStR Ⅵ, § 154 Rn. 3; Schmidt-Aßmann, in: M/D, GG, Art. 19 Abs. Ⅳ Rn. 14.

102) Schmidt-A mann, in: HdbStR Ⅰ, § 24 Rn. 71.

103) 독일의 경우 공권력 침해에 대한 구제는 기본법 제19조 제4항에서, 사법상(私法上) 구제는 법치국가원리를 근거로 하고 있다. 이에 관하여 BVerfGE 35, 382(401); 46, 166(178f.); 49, 252(257); 58, 1(40); Bettermann, Die Rechtsweggarantie des Art. 19 Abs. 4 GG in der Rechtsprechung des Bundesverfassungsgerichts, AöR 96(1971), 528ff.; Dütz, Rechtsstaatlicher Grichtsschutz im Privatrecht, S. 115ff.; Hesse, Verfassungsrecht, S. 150; Krebs, in: v. Münch/Kunig, GG, Art. 19 Rn. 52ff.; Krüger, in: Sachs, GG, Art. 19 Rn. 112; Leibholz/Rinck, GG, Art. 19 Rn. 446ff.; Lorenz, Der Rechtsschutz des Bürgers und die Rechtsweggarantie, 1973, S. 150ff.; Papier, in: HdbStR VI, § 154; Schenke; in: BK, GG, Art. 19 Abs. 4; Schmidt-Aßmann, in: M/D, GG, Art. 19 Abs. Ⅳ; ders., Die Bedeutung der verfassungsrechtlichen Rechtsschutzgarantie des Art. 19 Abs. 4 GG, JZ 1988, 317ff.; Schulze-Fielitz, in: Dreier, GG, Art. 19 Ⅳ; Schoch, in: Schoch/Schmidt-Aßmann/Pietzner, VwGO, Vorb § 80 Rn. 9ff.

104) 권리보호에서 신속성과 공정성은 핵심적인 요소이다. Krüger, in: Sachs, GG, Art. 19 Rn. 143; Lorenz, Jura 1983, 399; Papier, in: HdbStR VI, § 154 Rn. 77; Schmidt, Die Bewältigung von verwaltungsgerichtlichen Massenverfahren, DVBl. 1982, 150; Schmidt-Aßmann, in: M/D, GG, Art. 19 Abs. Ⅳ Rn. 2;

현되어야 한다는 것이다.[105] 이를 위하여 법규범은 분쟁에 있어서 당사자가 보호를 요구하는 법익의 원상회복과 상이함 사이에 가능한 한 간격을 좁히기 위하여 재판이라는 수단을 이용하는 것을 헌법적으로 보장받고 있다.[106]

시간적인 관점에서 보면 권리보호의 효과성은 장기간의 소송과 소송의 지연으로 인하여 판결이 늦어지는 경우 감소되거나 상실되는 등 침해될 수 있다. 권리보호가 늦어져서 현실적으로 사실관계가 종료되어 분쟁의 대상이 없어지거나, 권리침해가 성립되어 회복하지 못하는 상황이 된다면 더 이상 권리보호는 효과적이지 못하게 된다.[107] 권리보호를 위한 헌법적 보장은 보호가능한 시간 내에 이루어져야 한다는 것이다. 적시의 권리보호는 사법적 절차가 적정한 시간 내에 진행되어 한다는 것을 전제로 한다.[108] 신속하고 적시의 절차는 절차당사자의 재판에 대한 요구를 보장하는데 상응하게 된다.[109] 우리 헌법재판소 역시 효과적인 권리보호를 위하여 사법절차가 적정한 시간 이내에 이루어져야 한다는 것을 강조하고 있다.[110]

그러나 사법적 절차인 재판은 그 판결이 선고될 때까지 사실판단과 관련법의 해석을 위한 최소한의 시간을 필요로 한다. 즉 법원은 올바른 판결을 위하여 당사자들의 사실적·법률적 상태의 조사와 그들의 진술 등을 청취하는 작업을 하여야 한다. 사회 각 영역에 있어서 많은 부분의 법제화는 법률의 홍수라는 현상을 가져오고, 이는 법률분쟁이 증가하게 되는 원인이 되며 바로 소송의 증가로 이어진다. 소송의 증가는 사법부의 업무과중과 재판의 지연 등을 야기한다. 이 결과 시간을 요하는 재판에 있어서는 적시의 권리보호가 어렵게 되는 요인이 된다.[111] 따라서 권리보호가 제대로 관철되지 못함으로서 헌법적 보장은 그 의미가 상

---

ders., NVwZ 1983, 5; Schulze-Fielitz, in: Dreier, GG, Art. 19 Rn. 83f.; Ule, Effektiver Rechtsschutz in einer funktionsfähigen Rechtspflege?, DVBl. 1982, 821.

105) 권리보호에 있어서 효과적인 권리보호인가, 효율적인 권리보호 인가의 문제는 양 표현의 상관성에서 볼 때 크게 문제가 된다고 보지는 않는다. 다만 양 개념 역시 독일의 표현을 차용하여 쓰고 있다는 점에서 절차적인 관점에서 볼 때 효율성의 문제가 강조되나, 권리라는 실체적 관점에서 본다면 효과성의 의미가 강조된다고 본다. 독일의 용례도 효율적인 절차(Effizienz des Verfarens)와 효과적인 권리보호(Effektivität des Rechtsschutzes)라고 하고 있다. Krüger, in: Sachs, GG, Art. 19 Rn. 112; Papier, in: HdbStR VI, § 154 Rn. 15; Schenke, in: BK, GG, Art. 19 Abs. 4 Rn. 383ff.

106) Dombert, Zeitnahe, effektiver Rechtsschutz?, SächsVBl. 1995, 74; Kloepfer, JZ 1979, 210.

107) Krebs, in: v. Münch/Kunig, GG, Art. 19 Rn. 64; Krüger, in: Sachs, GG, Art. 19 Rn. 143; Papier, in: HdbStR VI, § 154 Rn. 77; Schenke, in: BK, GG, Art. 19 Abs. 4 Rn. 422; Schmidt-Aßmann, in: M/D, GG, Art. 19 Abs. Ⅳ Rn. 262f.; Wassermann, in: AK, GG, Art. 19 Abs. 4 Rn. 53.

108) Badura, Grenzen und Alternativen des gerichtlichen Rechtsschutzes in Verwaltungsstreitsachen, JA 1984, 85; Lorenz, Jura 1983, 399.

109) 예를 들면 BVerfGE 55, 349(369).

110) 헌재 1992.4.14. 90헌마82; 1995.11.30. 92헌마44.

111) 오늘날 이런 현상은 한 국가에 해당하는 것이 아니라 소위 헌법국가로서 법치국가를 기본원리로 채택하고 있는 국가의 공통된 현상이라고 볼 수 있다. 관련 독일문헌으로는 Böckenförde, Die Überlastung des Bundesverfassungsgerichts, ZRP 1996, 281ff.; Hill, Rechtsshcutz des Bürgers und Überlastung der Gerichts, JZ 1981, 805; Schoch, Vorläufiger Rechtsschutz und Risikoverteilung im Verwaltungsrecht, 1988, S. 165ff.

실된다. 그러나 다른 한편에 있어서 재판이 정상적으로 진행된다 하여도 사실관계가 너무 빠르게 진행되어 판결에 이르기도 전에 권리보호의 의미가 상실되는 경우도 발생할 수 있다. 즉 사실관계가 완성됨으로 인하여 원상회복이 불가능한 상황이 발생되거나, 이로 인하여 소의 이익이 상실된다면 사법절차를 통한 효과적인 권리보호는 무의미해진다. 이러한 경우 법원의 판결 전에 권리보호의 관점에서 원하지 않는 방향으로 사실관계를 완성되는 것을 방지하기 위하여 잠정적 권리보호제도는 효과적인 권리보호의 중요한 제도로서 역할을 한다.[112)]

나아가 적정한 시간 내의 효과적인 권리보호는 정당한 권리의 관철을 보장함으로서, 사실상 성공적인 권리보호가 되어야 한다는 것을 의미한다.[113)] 여기서 정당한 권리보호를 위해서는 공정한 절차를 통하여 사법보장이 이루어져야 한다는 의미도 내포한다. 우리 헌법의 재판청구권에는 공정한 재판을 받을 권리를 명시적으로 표현되어 있지 않다. 그러나 재판청구권은 당연히 법원에 의하여 공정한 재판을 받을 것을 보장한다고 보기 때문에, 적정한 권리보호를 위해서는 신속한 재판을 받을 권리뿐만 아니라 공정한 재판을 받을 권리도 포함한다.[114)] 우리 헌법재판소도 헌법 제27조 제1항의 재판청구권에 공정한 재판을 받을 권리도 포함된다고 보고 있다.[115)] 따라서 공정한 재판청구권은 법치국가의 원리에 바탕을 두고 나오는 효과적인 권리보호를 위한 수단으로서 절차적 기본권이다.

2. 법적 청문청구권

사법절차에 있어서 청문권(Recht auf Gehör)은 절차적 기본권(Prozeßgrundrecht)에 속하는 권리로서 사법부의 중요한 과제이며,[116)] 법관의 법형성 속에서 구체적으로 발전한다.[117)] 청문권은 인간의 가치를 존중하는 정신에 근원을 두고 있는 법치국가적 요구이다. 그러나 청문권은 인간을 단지 소송의 대상으로서 보는 것만은 아니다. 청문권은 주관적 소송기본권으로서 뿐만 아니라, 국가의 사법의무를 요구할 수 있는 절차법의 객관적 원리이다.[118)] 즉 청

---

112) 잠정적 권리보호는 실정법에서 특히 소송법상 가처분 또는 가압류의 형태로 다양하게 전개되고 있다. 잠정적 권리보호의 내용에 관하여 자세히는 Kim, Vorläufiger Rechtsschutz durch die einstweilgie Anordnung des Bundesverfassungsgerichts, S. 3ff.

113) BVerfGE 94, 166(226); Kloepfer, JZ 1979, 211; Schenke, JZ 1983, 322.

114) 공정한 재판을 받을 권리에 대해서는 독일에서도 공정한 절차청구권(Anspruch auf ein faires Verfahren)으로서 절차적 기본권에 포함시키고 있다. Tettinger, Fairne und Waffengleichheit, 1984, S. 2f.

115) 헌재 1996.12.26. 94헌바1. 이외에 헌법 제12조 제1항 적법한 절차의 규정 역시 근거로 보는 견해도 있다. 장석조, 앞의 논문, 443면 이하.

116) 청문권은 청문청구권(Anspruch auf Gehör), 또는 법적 청문청구권(Anspruch auf rechtliches Gehör) 등으로 표현되기도 한다. 우리의 경우도 청문청구권(한수웅), 법적 청문청구권(장석조) 등의 명칭으로 사용되고 있다.

117) Wassermann, in: Alternativkommentare Grundgesetz, Art. 103 Abs. 1 Rn. 2ff.

118) Mauder, Der anspruch auf rechtliches Gehör, seine Stellung im System der Grundrechte und seine Auswirkung auf die Abgrenzungsproblematik zwischen Verfassungs- und Fachgerichtsbarkeit, 1986, S. 10ff.

문권은 객관적 절차원리로서 모든 절차법 내지 소송법에 있어서 필수적 요소이다. 헌법에서 청문권은 사법절차의 구성요소이며 절차적 기본권이다.[119)]

효과적인 권리보호를 위한 절차적 기본권의 범주에서 청문청구권은 우리 헌법에 명문의 규정이 없기 때문에 기본권으로 인정하는 경우 어떤 조항으로부터 도출시켜 법적 근거를 마련할 것인가의 문제가 있다. 먼저 재판청구권을 독일과 달리 명문의 규정을 두고 있지 아니한 우리는 그 취지에 따라 헌법 제27조 제1항의 재판청구권에서 나온다고 보는 견해와 기본권규정 이외의 열거되지 아니한 기본권으로서 헌법 제37조 제1항에 근거가 있다고 보는 견해 등이 있다.[120)] 재판청구권은 사법보장과 법원접근권 등 사법적 권리보호에 대한 청구권이며, 일정한 기간 이내에 효과적인 권리보호를 요구하는 절차적 기본권이다. 이런 점에서 소송의 주체인 당사자들이 자신의 권리와 관련된 법원의 결정에 있어서 자신의 견해를 표명한다는 것은 효율적인 절차를 보장해야 하는 법치국가의 요청이며, 이러한 견해표명권(Recht auf Stellungnahme)은 기본적으로 재판청구권의 내용 속에 포함된다고 생각된다.[121)]

청문청구권은 법원에서의 법적 청문을 그 내용으로 하며,[122)] 소송당사자는 소송절차에서 진술을 하기 위하여 소송과 관련된 정보접근권과 문서열람권, 이를 통하여 구체화단계에서 의미있는 진술할 수 있는 권리이다.[123)] 나아가 진술하기 위하여 소송당사자의 변호인조력청구권 법적 청문의 범주에 속한다고 볼 수 있다.[124)] 청문청구권은 내용적으로 적정한 절차권(Recht auf faires Verfahren)에 속하기 때문에, 적정한 절차를 요구할 수 있는 청구권의 요소이나, 실제로 그 자체를 보장하지는 않는다. 즉 청문의 기회보장만 할 뿐이다.

3. 재판청구권과 심급제도

현행 헌법은 법원에 의한 권리보호의 수단으로서 재판청구권과 신속한 재판과 공개재판 등을 규정하고 있다. 그러나 사법행위로 인한 침해에 대한 권리의 구제나 권리보호의 문제는

---

119) Knemeyer, Rechtliches Gehör im Gerichtsverfahren, in: HdbStR VI, 1989, § 155 Rn. 16; Wassermann, Recht auf Gehör(Art. 103 Abs. 1 GG), DRiZ 1984, 427.

120) 이에 대하여 자세히는 장석조, 앞의 논문, 443면 이하 참조. 장석조의 견해에 의하면 실정헌법의 문맥상 청문청구권의 근거는 헌법 제27조 제1항의 재판청구권에 둘 수 없고, 동법 제37조 제1항의 열거되지 않은 권리로 본다. 이에 반하여 한수웅의 견해에 의하면 청문청구권은 권리구제절차가 개설되었다는 것을 전제로 계속적인 법원절차의 형성에 관한 권리이기 때문에 구태여 재판청구권과 구별하여 볼 필요가 없다는 것이다. 한수웅, 헌법논총 제10집(1999), 356면 이하 참조.

121) 독일은 우리와 달리 양자를 기본법 제19조 제4항과 제103조 제1항에 개별적으로 규정하고 있는데, 이는 독일의 사법보장의 역사성에 기인하는 것이다. 이에 대하여 Mauder, Der anspruch auf rechtliches Gehör, S. 10ff. 참조.

122) 여기서 행정절차에서의 청문은 제외한다. 이 경우는 법치국가의 원리에 의하여 보호받는다.

123) Wassermann, DRiZ 1984, 427ff.; 헌재 1998.9.30. 98헌가7 참조.

124) Kopp, Das rechtliche Gehör in der Rechtsprechung des Bundesverfassungsgerichts, AöR 106(1981), S. 619.

앞에서 언급한 규정에서 찾을 수 없다. 법치국가적 관점에서 사법부 역시 직접 헌법에 기속된다는 것에는 의문의 여지가 없다.[125] 따라서 법원에 의한 침해의 경우 권리보호의 제도적 장치의 유무 역시 법치국가의 과제라고 할 수 있다. 특히 우리의 경우 법원의 판결에 대한 헌법소원을 불허하고 있기 때문에 더욱 문제가 된다.[126] 여기서 논의는 법원에 대한 권리보호의 문제로 실정법의 테두리 내로 국한할 수밖에 없다. 이러한 관점에서 심급제도는 제한적이기는 하나 법원 자체에 의한 권리보호를 위한 제도로서 고려된다.[127] 헌법은 제101조 제2항에 법원은 대법원과 각급법원으로 조직된다고 규정하여 간접적으로 상하의 심급제를 규정하고 있으며, 제110조 제2항에 군사법원의 상고심은 대법원에서 관할한다고 함으로서 심급제에 대한 직접적인 표현을 쓰고 있다. 이러한 헌법적 근거 아래에서 법원조직법과 각 소송법은 재판의 심급제도를 규정하고 있다.[128]

그러나 헌법상 규정된 심급제도는 권리보호를 위한 절차적 기본권은 아니다. 오히려 헌법 제102조 제2항의 규정 자체는 사법부의 과제를 대법원과 각급법원에 분산하는 일종의 조직규범이며, 또한 이를 통하여 사법행위의 통일성과 일체성을 보장한다는 의미를 갖고 있다. 이러한 심급제도의 의미는 입법자에 의한 상소가능성의 완전한 폐지 내지 정당한 근거없이 배제하는 것을 방지하기 위한 것이며, 그런 행위는 곧 위헌이라는 의미를 갖는다.[129] 나아가 심급제도는 재판청구권이 법원에 의한 권리보호이며 법원에 대한 권리보호는 아니기 때문에, 하급심의 오류나 다툼이 있는 법률문제에 대한 통일적인 해결을 이끌어냄으로써 법적 평화를 통한 국민의 신뢰를 높일 수 있는 장점을 갖는다.[130] 우리 헌법재판소는 재판청구권이란 사실관계와 법률관계에 관하여 최소한 한번 이상의 재판을 받을 권리, 하나 이상의 심급이면 충분하다고 본다.[131] 즉 심급제도의 단계문제는 입법자의 입법형성권에 속하는 것으로 재판

125) Grawert, Verfassungsmäßigkeit der Rechtsprechung, JuS 1986, 753.

126) 어떤 논의에도 불구하고 헌법소원제도가 사법행위, 즉 법원의 판결에 대한 통제제도로서도 작용함으로서 최대한의 흠이 없는 권리보호{BVerfGE 30, 1(25)}를 추구하는 법치국가에 있어서 개인의 권리보장이라는 주관적 기능 외에 헌법질서의 보장이라는 객관적 기능도 갖는다는 것에 이론이 없다. 독일의 경우 헌법소원의 대상의 다수는 법원의 판결이다. 민주적 헌법국가에서 사법부의 정당성의 확보와 헌법의 우위라는 관점에서 헌법소원의 대상에 대한 실정법 개정의 문제는 다시금 검토되어야 한다. 현 헌법소원에 대한 법적 근거는 헌법 제111조 제1항 제5호, 헌법재판소법 제2조 제5호와 제68조 제1항이다. 참고로 헌법소원제도의 개관에 관한 독일문헌은 Benda/Klein, Lehrbuch des Verfassungsprozeßrechts, 1991, S. 129ff.; Dörr, Die Verfassungsbeschwerde in der Praxis, 1990; Gusy, Die Verfassungsbeschwerde, 1988; Lechner/Zuck, BVerfGG, 4. Aufl., 1996, § 90ff.; Pestalozza, Verfassungsprozeßrecht, 3. Aufl., 1991, S. 165ff.; Schlaich, Das Bundesverfassungsgericht, 4. Aufl., 1997, S. 127ff.; Schmidt-Bleibtreu, in: Maunz/Schmidt-Bleibtreu/Klein/Ulsamer, BVerfGG, § 90ff.; Zuck, Das Recht der Verfassungsbeschwerde, 2. Aufl., 1988.

127) 이외에 재심제도도 고려될 수 있으나 논의에서 제외한다. 재심에 대한 규정으로는 민사소송법 제422-431조, 형사소송법 제420-440조 등이다.

128) 권영성, 앞의 책, 745면.

129) 같은 견해로는 한수웅, 앞의 논문, 349면 이하.

130) Brandner, in: FS für Hans Erlich Brandner, S. 696f.

131) 헌재 1992.6.26. 90헌바25.

청구권으로만 3심제를 요구할 수는 없다고 본다.

법원은 타 국가권력의 침해로부터, 또는 법률분쟁으로부터 실질적인 정당한 결정을 통하여 정의를 형성시킴으로서 국민의 권리를 보호하는 과제를 부여받고 있다. 심급제도의 헌법적 보장은 그것이 주관적 권리로서의 보장을 말하는 것은 아니며, 어디까지나 권리보호는 원칙적으로 개인의 권리보호를 의미한다. 그러나 객관적 질서규범으로서 심급제도는 다단계의 심급에 대한 주관적 권리의 요구와 충돌하지 않는다.[132] 즉 심급제도는 상급심에 의하여 하급심을 통제함으로서 권리보호를 위한 법원에 대한 법원의 자체적 통제로서 법치국가적 장치라고 볼 수 있다.

4. 영장제도

인신의 자유를 보장하기 위한 사법절차와 관련하여 영장제도는 그 출발점에 있다. 헌법은 제12조 제3항에서 "체포·구속·압수 또는 수색을 할 때에는 적법한 절차에 따라 검사의 신청에 의하여 법관이 발부한 영장을 제시하여야 한다."라고 규정하고 있다. 또한 헌법 제16조 제2문에서는 "주거에 대한 압수나 수색을 할 때에는 검사의 신청에 의하여 법관이 발부한 영장을 제시하여야 한다."라고 명시하고 있다.

이미 17세기 인신의 자유를 제한하는 정당한 방법으로 등장한 영장제도는 수세기를 거쳐 1948년 건국헌법 제9조에 안착하였다. 건국헌법에서는 단지 법관에 의한 영장발부권만 규정하였다. 그러다가 제5차 개정헌법에서 '검찰관의 신청에 의한'이란 표현이 삽입됨으로써 검찰의 영창청구권이 헌법에 명문화되었고, 1972년 유신헌법에서는 '검사의 요구에 의하여'란 표현으로 바뀌었다가, 1980년 헌법에서 '검사의 요구'가 '검사의 신청'으로 대체되어 현행 헌법까지 그대로 오고 있다.

영장제도는 수사기관이 형사절차와 관련하여 신체의 자유를 침해하는 강제처분을 하는 경우 중립적 지위에 있는 법관이 발부한 영장에 의하도록 하는 제도이다.[133] 헌법이 규정하고 있는 영장제도는 체포·구속·압수·수색의 필요성 유무를 공정하고 독립된 지위를 가진 사법기관이 판단하게 함으로써 수사기관의 권한남용을 방지하고 피의자·피고인의 방어권을 제도화하려는 것이다.[134] 그런 점에서 영장제도는 인신의 자유를 제약하는 강제처분의 위법성 및 부당성 여부를 법관에게 유보시켜 절차적으로 보장하기 위한 중요한 제도라 할 수 있다.[135]

이 영장제도와 관련하여 논란이 되고 있는 것은 영장제도 자체가 아니라, 검사의 영장신

132) Voßkuhle, Rechtsschutz gegen den Richter, 1993, S. 203ff.
133) 헌재 1997.3.7. 96헌바28(병합).
134) 권영성, 앞의 책, 425면.
135) 김선택, 영장청구권 관련 헌법규정 연구, 2008년, 10면.

청권이라 할 수 있다. 이는 이미 본 바와 같이 헌법은 그 변천과정에서 영장신청과 관련하여 검사에게 독점권을 주고 있는데, 이에 대하여 외국의 헌법례에서 찾아볼 수 없는 특이한 경우라는 점에서 반론이 있기 때문이다. 그동안 이 헌법규정에 대한 연구는 여러 국가기관과 학계에서 진행되었지만, 입장의 차이만 보였고 명확한 논거를 제시하지는 못하였다.[136]

이 규정과 관련하여 제기된 주장은 우선 검사의 독점적 신청권에 대하여 헌법의 개정 유무를 떠나서 법률로 이에 대한 예외를 둘 수 있는지 여부, 그리고 헌법개정시 이를 개정할 수 있는지 크게 두 가지로 나눌 수 있다. 우선 헌법에 규정된 검사의 영장신청권은 신체의 자유와 관련하여 준사법기관이라 할 수 있는 검사에게 부여하고 있는 권한이면서 의무라는 점에서 현행 헌법 하에서 예외는 허용될 수 없다고 볼 수 있다. 그 다음 논의는 차후 헌법개정에서 이 규정을 변경할 수 있는지 여부인데 이는 헌법개정권자의 의지에 달렸다. 즉 영장제도가 독립된 사법기관에 의하여 발부된다면 그 신청에 관한한 주권자인 국민의 의사에 의하여 결정될 문제이다. 다만 헌법현실적 측면에서 볼 때 전문성을 가진 검사의 신청권을 헌법개정에서 삭제하는 경우 수사권을 가진 여러 국가기관에서 영장을 신청할 권한을 갖게 된다면, 이것이 현행 제도와 비교하여 국민의 인신의 자유를 보장하는 데 얼마나 유리한지 여부를 따져 보아야 할 것이다.

Ⅴ. 결 어

오늘날 우리는 법치국가의 위기를 지적하면서 법치국가가 실현되지 않고 있다는 것을 우려한다. 그렇지만 법치국가가 무엇인지, 또한 법치국가를 실현하기 위하여 어떤 노력을 기울여야 하는지에 대해서는 명확한 답변을 하지 못하고 있다. 이는 실정법 자체의 문제도 있지만 국민의 준법의지에도 많은 문제가 있다. 또한 법치국가를 이야기 하면서 정작 법치국가가 어떤 발전과정을 거쳐 형성되어 온 것인지에 대해서는 알지 못한다. 물론 법치국가를 형성하고 발전시켜온 독일 역시 법치국가의 실현을 위한 국가의 책무에 대하여 비판하고 국가의 노력이 부족함을 탓하기도 한다.

현대 법치국가에 있어서 핵심은 헌법의 우위원칙 하에서 국민의 기본권보장과 국가권력의 통제이다. 이는 법치국가가 지향하는 흠이 없는 권리보호를 통하여 그 의미를 알 수 있다. 법치국가는 오랜 역사를 통하여 그 내용을 구축하면서 형성되어 왔다. 법치국가가 실현되기 위해서는 헌법질서 하에서 이를 위한 국가의 책무와 국민의 준법의지가 있어야 한다.

법치국가는 인신의 자유를 위시한 국민의 기본권을 보장하기 위하여 국가권력의 행사를 국민의 합의와 민주적 절차를 통하여 만든 헌법과 법률이라는 제도 속에서만 가능하게 한다.

136) 김상겸, "검사의 영장청구에 관한 헌법적 연구", 형사법의 신동향 통권 제57호(2017.12), 1면 이하 참조.

법치국가는 효과적인 권리보호를 위하여 사법보장의 의무를 갖고 있다. 즉 국가의 기본권보장과 권리보호를 위한 국가의 사법적 보호의무는 헌법으로부터 형성되는 최고의 기본결정이다. 이를 위하여 소송제도와 그 소송을 전담할 국가기관의 조직과 권한 등 권리구제절차가 보장되어야 한다.

현행 헌법은 법치국가원리 하에서 인신의 자유를 보장하기 위한 여러 제도를 갖고 있다. 특히 인신의 자유를 위한 영장제도와 재판청구권은 국가의 사법보장의무와 공권력침해에 대한 권리구제를 위한 중요한 제도이며 권리이다. 인신의 자유에 대한 효과적인 보장은 단순히 법원에 재판청구권의 행사로 끝나는 것이 아니라, 신속하고 공정한 절차를 통하여 기본권보장의 가치가 무의미하게 되지 않는 적정한 시간적 범위 내에서 이루어져야 한다는 것을 포함한다. 기본권의 절차적 보장을 위한 제도와 권리는 법치국가의 실현을 위하여 포기할 수 없는 핵심이다.

9. 유죄답변협상 도입의 필요성과 실현 방안* -'자백감면절차' 신설을 위한 제언-

조 국**

Ⅰ. 서 설

'유죄답변협상'[1]은 "피고인의 자기유죄 인정행위와 [국가의] 공식적 양보(concession)의 교환"[2] 절차를 말하는 것으로, 영미의 경우 이 절차에서 검사는 피의자·피고인이 공소사실의 일부에 대하여 자백하는 경우 나머지 공소사실을 취소하거나 상대적으로 가벼운 범죄로 기소할 것-'공소사실협상'(charge bargaining)-, 또는 상대적으로 가벼운 형을 선고받을 수 있도록 구형량을 낮추어줄 것-'형량협상'(sentence bargaining)-을 약속한다.[3]

과거 한국 검찰은 유죄답변협상이 수사기관에 가져다줄 편의와 효율에 매혹을 느끼면서도, 이 제도의 도입은 바로 '당사자처분권주의'의 도입을 의미하는 것이기에 그 도입에 대해서도 신중한 태도를 보이고 있었다.[4] 검찰은 한국 형사절차의 골간은 실체적 진실발견에 중점을 두는 직권주의이며, 검사는 단지 당사자의 하나가 아니라 사실상의 예심기능을 수행하는 '준(準)사법기관'이라는 점을 강조하고 있었기 때문이다.

---

* 이 글은 한국법학원, 『저스티스』 제90호(2006.4)에 발표된 것을 재수록한 것이다.

** 서울대학교 법학전문대학원 교수/대통령 민정수석비서관

1) 영미식의 '답변협상'(plea bargaining)은 '기소인부절차'(arraignment)와 결합되어 있기 때문에 당사자간에 협상이 합의에 이른 후 기소인부절차에서 피고인이 판사 앞에서 유죄를 인정하면 이후 증거조사는 생략되고 바로 양형절차로 이전한다. 한국 형사절차에서는 이러한 '기소인부절차'가 없으며, '무죄(not guilty)답변', '불항쟁(nolo contendere)의 답변', '유죄(guilty)의 답변' 등의 구분 역시 존재하지 않는다. 이러한 점에서 우리 형사절차에서는 '유죄답변협상'이라는 용어보다는 '자백감면(減免)협상'이라는 용어가 적확하겠지만, 유죄답변협상이라는 용어가 대중적으로 사용되고 있기에 양자를 병용하기로 한다.

2) Albert W. Alschuler, "Plea Bargaining and Its History," 79 *Colum. L. Rev.* 1, 3(1979).

3) Fed. R. Crim. P. § 11(c)(1); National District Attorneys' Association, National Prosecution Standards Stds. § 66.2(2d ed. 1991).

4) 예컨대, 2001년 류혁상 검사는 "우리나라의 형사소송절차에 유죄협상제도를 공개적으로 도입할 수 있을 것인가의 문제에 있어 그 필요성과 그 설득력 있는 근거는 충분하다고 할 수 있으나, 직권주의를 근간으로 한 정의관념과 국민적인 정서는 이를 용납할 수는 없을 것으로 보인다"라고 자신의 연구를 결론짓고 있었고[류혁상, "유죄협상제도의 운용실태 및 도입가능성 연구"(미발표 해외연수검사논문, 2001), 76-79면, 이 미발표논문은 대검찰청 기획조정부를 통하여 입수하였다. 이하에서는 '류혁상 I'로 약칭한다], 또한 2003년 박형관 검사는 유죄답변협상은 "급증하는 업무부담을 효율적으로 줄일 수 있다는 점, 피고인과 검사, 판사간 서로의 입장을 공식적으로 재판절차 이전에 나타낼 수 있는 절차로 매우 유용하다"라고 평가하면서도, 이 제도와 긴밀한 관련이 있는 배심재판의 도입이 어렵고, 유죄 여부에 대하여 검사와 피고인이 협상을 하는 것에 대한 국민은 정서적으로 거부감을 가지고 있으며, 양형에 대한 객관적 기준이 부족하다는 점 등의 이유로 "유죄협상제도를 지금 도입하거나 접목하려는 것은 시기상조"라고 결론지은 바 있다[박형관, "미국 유죄협상(Plea Bargaining) 제도의 의의 및 기능", 『해외연수검사연구논문집』(Ⅰ) 제18집(법무연수원, 2003), 277-278면].

그런데 2003년 대법원 산하 조직되었던 '사법개혁위원회'의 건의를 실현하기 위하여 2004년 대통령 직속으로 '사법제도개혁추진위원회'가 설치되고, 이 조직이 형사재판에서 배심제를 도입하고, 공판중심주의를 대폭 강화하고 검사작성 피의자신문조서의 증거능력을 제한하는 등 증거법 개혁을 추진하는 것을 내용으로 형사사법개혁을 선도하게 되자 검찰은 기존의 입장을 바꾸기 시작하였다.

검찰은 이러한 제도적 변화가 수사와 공소유지에 많은 부담을 가져올 것임을 우려하게 되었고, 또한 '검찰사법'(prosecutorial justice)라고 불릴 정도로 강력했던 형사절차에서 검사의 지위가 약화될 것을 우려하게 되었다. 그리하여 검찰은 이러한 상황을 타개하는 방안으로 영미식 유죄답변협상의 도입을 전격적으로 주장하게 된다. 즉, 2005년 1월 16일 대검찰청은 법원의 공판중심주의에 대응하여 유죄답변협상과 면책조건부증언취득 제도를 도입을 추진할 방침을 공식적으로 발표하였다.[5]

검찰의 유죄답변협상의 도입 추진 발표 이후 심도 있는 학술적 논의는 아직 이루어지지 않고 있으며, 검찰의 입장에 대하여 다른 형사사법관련 국가기관이나 절차관여자들은 공식적인 입장을 밝히지 않고 있다. 또한 사법개혁위원회의 건의사항에는 유죄답변협상의 도입이 포함되어 있지 않았기에, 사법제도개혁추진위원회도 이 점에 대한 연구를 진행하고 있지 않으며 단지 경죄사건의 신속처리절차를 개편하는 형사소송법 개정법률안만을 의결한 바 있다.

한국 형사사법체제의 전면적 혁신이 임박한 상황 아래에서 이 논문은 이러한 변화와 더불어 유죄답변협상의 도입이 어떠한 맥락에서 그리고 어떠한 이유로 필요한지, 유죄답변협상의 제도화가 추진될 경우 예상되는 쟁점은 무엇이며, 이 제도화가 합헌적으로 이루어지기 위해서는 어떠한 점을 유의해야 하는지 등을 검토한 후, 그 도입의 원칙과 구체적 방안을 제시하는 것을 목표로 한다.

Ⅱ. 문제상황

1. 비공식적이지만 실재하는 자백감면협상

먼저 현행 제도 아래에서도 형사소송법상의 간이·신속절차인 '약식절차'를 통하여 자백감면협상이 사실상 이루어지고 있음을 확인할 필요가 있다. 약식절차는 지방법원의 관할사건에 대하여 검사의 청구가 있을 때 공판절차 없이 벌금, 과료 또는 몰수의 형을 과하는 절차인데,[6] 법원의 판단 또는 검사나 피고인의 청구를 통하여 정식재판으로 회부되는 길이 열려 있지만,[7] 사실상 의미에서 검사의 약식명령의 청구가 사건을 종결하게 된다.

5) <경향신문>(2005.1.16); <동아일보>(2005.1.16); <조선일보>(2005.1.16); <한겨레신문>(2005.1.16).

6) 형사소송법 제448조 제1항.

그 결과 약식절차는 현재 검사와 피의자 사이에 명시적 또는 묵시적 협상이 진행되는 통로로 사용되고 있다.[8)] 예컨대, 2명의 피고인이 합동으로 타인의 물건을 절취한 경우에 피고인이 죄를 뉘우치고 혐의가 가볍다는 이유로 검사가 단순 절도로 의율하여 약식기소를 하고 법원이 그대로 벌금형을 선고하는 사례, 범행을 자백할 경우 벌금 1,000만원에 약식기소하는 대신 벌금 500만원으로 약식기소하는 사례 등이 비일비재함은 검찰 내부에서도 인정하고 있으며,[9)] 법원도 이에 대하여 제동을 걸고 있지 않는 상황이다.

2005년 사법제도개혁추진위원회는 '약식절차'를 '서면신속절차'로 변경하면서,[10)] 현행과 달리 서면심판으로 공소기각, 면소, 형의 면제, 무죄의 재판도 할 수 있도록 규정하여 간이·신속한 사건처리라는 취지가 살지 못하고 정식재판절차로 회부되는 문제점을 해결하고자 하고 있다.[11)] 그리고 서면심판의 청구방식은 현행과 같이 공소의 제기와 동시에 서면으로 하도록 하면서, 그 서면에 검사의 양형의견을 기재하도록 하여 현재의 실무를 입법화하였고, 검사로 하여금 피의자에게 서면심판을 청구하는 취지와 양형에 관한 의견을 미리 통지하도록 하여 피의자가 절차 진행상황을 알 수 있도록 하였다.[12)] 이러한 검사의 양형의견을 기재한 통지는 당사자측을 사실상 유죄답변협상으로 초치(招致)하는 것이다.

한편 새로이 신설되는 '출석신속처리절차'에 따르면, 피의자 또는 변호인이 반대하지 않는 경우 검사가 공소제기와 동시에 출석신속절차에 의한 재판을 신청하고, 이 경우 출석신속재판을 청구하는 서면에 검사의 양형의견을 기재하도록 하며,[13)] 이 때 사실관계가 단순하고 증거가 명백하여 피고인이 출석하기만 하면 그 날로 재판을 종결할 수 있다면, 피의자의 동의-변호인이 있는 경우 변호인의 동의도 필요-를 전제로 검사의 신청에 따라 지체 없이 공판기일을 열어 출석당일날 심리가 이루어질 수 있다.[14)] 출석신속절차에서는 피고인에 대하여

---

7) Id. 제450조, 제453조 제1항. 그리고 피고인은 정식재판청구권을 포기할 수 없다(Id. 제453조 제1항).

8) 신현주, 『형사소송법』(2002), 836면; 하태훈, "형사소송절차상의 협상제도", 한국비교형사법학회, 『비교형사법연구』 제6권 제2호(2004), 220면. 이는 독일 형사소송법 제407조 제1항의 '과형명령'(Strafbefehl)이 '자백협상'(Absprachen)의 통로로 이용되고 있는 것과 유사하다[Susanne Stemmler, *Incentive Structures and Organizational Equivalents of Plea Bargaining in German Criminal Courts* 49-50(The Pennsylvania State University, Ph.D. dissertation, 1994)].

9) 금태섭, "Plea Bargaining 제도와 그 도입문제"(대법원 형사실무연구회 발표문; 2005.11.21), 22면[이하 '금태섭 I'로 약칭]; 조두영, "수사상 협상을 통하여 얻게 된 증거"(하), 법조협회, 『법조』 통권 513호(1999.6), 71면, 주 98.

10) 사법제도개혁추진위원회, 형사소송법개정법률(안), 제447조의2.

11) Id. 제448조. 그리고 동 법안은 약식명령에 대한 정식재판청구사건에서의 불이익변경금지를 폐지하여(Id. 제475조의2) 영업범 등에서 불이익변경금지의 원칙이 현저히 남용되고 간이·신속한 절차인 약식절차의 본질이 훼손되는 현실을 교정하고자 하였다. 약식명령에서 불이익변경금지의 원칙이 적용되어 발생한 문제에 대해서는 송광섭, "경미사건의 효율적 처리방안", 한국형사법학회, 『형사법연구』 제19호(2003년 여름), 71면; 오종근, "영업범과 약식명령의 불이익변경금지", 한국비교형사법학회, 『비교형사법연구』 제3권 제1호(2001), 409면 등을 참조하라.

12) Id. 제449조.

13) Id. 제447조의6.

1년을 초과하는 징역 또는 금고의 형을 선고할 수 없고, 단 형의 집행을 유예하는 경우에는 예외를 두었다.[15]

사법제도개혁추진위원회 기획추진단은 이 규정에 대한 설명에서 "집행유예로 과형을 제한하게 되면 사실상 답변거래나 양형협상으로 이어지게 되는 문제점이 있고, 실형 선고가 불가능할 경우 검사로서는 이 절차로 기소할 유인이 없게 되는 점 등을 고려"[16]하였다고 밝히고 있다. 그렇지만 이러한 공식적 입장에도 불구하고 이 절차는 검사와 피의자 사이에 유죄답변협상이 진행되는 새로운 통로로 사용될 가능성이 크다. 예컨대, 법정형이 6년 이하의 징역인 범죄를 범한 피의자에 대하여 1년 이하의 징역을 선고하거나 2년 이상의 집행유예를 선고할 때 사용할 수 있는데, 이 절차에 의한 재판의 신청에 피의자나 변호인의 동의가 있어야 하므로, 필연적으로 양 당사자 측의 대화와 협상이 예정되기 때문이다.

형사절차는 단지 법조문의 기계적 적용으로 운영되지 않으며 그 법조문은 사회학적 맥락과 환경에서 작동하기 마련이다. 비공식적이지만 우리 형사절차에서 이미 활용되고 있는-그리고 사법개혁추진위원회의 새로운 경죄사건의 신속절차 아래에서도 재생산될-자백감면협상의 존재를 외면하거나 이를 금지해야 한다고 선언한다고 하여 그 존재가 증발하지는 않는다. 오히려 필자는 법적 요건과 절차 없이 암암리에 은밀히 운영되고 있는 협상을 제도속으로 끌고 들어와 정형화하고 투명화할 필요가 있다고 판단한다. 현재와 같이 당사자간의 협상이 암묵적으로 진행되도록 방치된다면 협상력의 부족 또는 결여로 인하여 피의자는 약간의 형사상 혜택을 받는 조건을 검사의 요구를 받아들이게 되며, 또한 협상 과정에 대한 감시와 통제는 불가능해지기 때문이다.

2. 형사재판 개혁으로 인한 증가할 부담

2004년 사법개혁위원회의 건의에 기초하여, 2005년 7월 18일 사법제도개혁추진위원회는 피고인의 방어권을 강화하고 공판중심주의적 법정심리절차의 확립을 위한 형사소송법 개정 방안을 의결한 바 있다. 그 주요내용은 증거개시제도의 도입,[17] 공판준비절차의 도입,[18] 증거조사절차 등의 개선,[19] 수사과정의 투명화와 적법절차의 보장을 위한 규정의 대폭 강화,[20] 위법수집증거배제의 원칙을 명시하고, 검사 작성의 피고인의 진술을 기재한 조서의 증거능력

14) Id. 제447조의8.

15) Id. 제447조의5.

16) 사법제도개혁추진위원회 기획추진단, "경죄사건의 신속처리절차 도입 방안"(2005.9.15), 6면.

17) 사법제도개혁추진위원회, 공판중심주의적 법정심리절차 확립을 위한 형사소송법 개정안, 제266조의3, 제266조의4, 제266조의11, 제266조의16.

18) Id. 제266조의2, 제266조의5 내지 10, 제266조의12 내지 15.

19) Id. 제54조, 제56조의2, 제150조의2, 제151조, 제221조의2, 제267조의2, 제275조의3, 제290조, 제290조의2, 제292조, 제292조의2, 3, 제294조, 제318조의4.

20) Id. 제198조, 제244조, 제244조의2 내지 5.

을 인정하기 위한 요건을 강화하는 등 증거능력 규정의 개선,[21] 진술거부권의 강화 및 피고인신문제도의 개선[22] 등 피고인의 방어권 강화 등이다.

그리고 사법개혁위원회는 '사법의 민주화'는 '국민을 위한 사법'만으로 부족하고 '국민에 의한 사법'이 필요하다는 요구를 수용하여 이를 제도화할 것을 건의했고, 이에 사법제도개혁추진위원회는 한국 형사소송의 역사에서 최초로 국민의 형사재판참여 제도 실시를 위한 '국민의 형사재판참여에 관한 법률(안)'을 성안·의결하였으며, 이는 2005년 11월 29일 국무회의에서 의결되었다. 2007년부터 2012년까지 1단계 제도 시행 초기에는 현실을 감안하여 전국적으로 연간 약 100~200건 정도의 사건을 대상으로 이 제도가 적용된다.[23] 국민참여 형사재판에서는 철저한 공판중심주의적 심리절차가 관철되는 바, 증거개시 제도, 공판준비절차 등이 도입되고, 모두절차의 강화, 증거조사절차의 개선, 피고인신문의 위치 변경 등 공판절차가 전면적으로 개편된다.[24]

이상과 같은 사법제도개혁추진위원회의 형사재판 개혁방안이 온전히 현실화된다면, 한국 형사재판은 과거와 완전히 달라진 모습이 될 것이다. '공판중심주의적 법정심리절차'의 확립은 공판중심주의를 형해화시킨 과거 '조서재판'의 폐해를 극복하고 피고인의 방어권을 강화하는 데 기여할 것이 분명하며, 국민참여형 형사재판의 도입은 근대 민주주의 형사사법의 핵심을 늦게나마 수용하는 것으로 형사재판의 '민주성'과 '투명성' 및 법조에 대한 국민의 신뢰를 고양시킬 것으로 예상된다.

그런데 남은 문제는 이상과 같은 새로운 형사재판이 제대로 운영되기 위해서는 인적·물적 자원이 과거에 비하여 매우 많이 필요하게 된다는 점이다. 먼저 사법제도개혁추진위원회의 형사재판 개혁방안이 이전과 비교하여 피의자·피고인의 방어권을 강화하고 있다는 점에서 수사와 공소유지에 보다 많은 부담을 줄 것이다. 그리고 우리 현실에서 공판중심주의가 확실하게 실현되기 위해서는 형사 법관과 공판 관여 검사가 현재보다 5배 내지 10배 정도 증원되어야 할 것으로 예상되고 있으며,[25] 직접주의와 구두주의에 철저한 재판은 과거에 비하여 훨씬 많은 시간을 요구하게 된다.

---

21) Id. 제307조, 제308조의2, 제312조, 제312조의2, 제314조, 제316조, 제318조의2.

22) Id. 제275조, 제283조의2, 제285조 내지 제287조의2, 제296조의2.

23) 그리하여 동 법안은 고의로 사망의 결과를 야기한 범죄, 강도와 강간이 결합된 범죄, 강도 또는 강간에 치상·치사가 결합된 범죄, 일정 범위의 부패범죄 등을 중심으로 법률에 구체적으로 규정된 중한 범죄를 대상사건으로 삼고, 나머지 범죄에 대하여는 합의부 관할 사건 중 대법원규칙이 정하는 사건을 대상사건에 포함시키고 있다[사법제도개혁추진위원회, 국민의 형사재판참여에 관한 법률(안), 제5조]. 그리고 피고인이 국민참여재판을 원하지 아니하는 경우에는 대상사건에서 제외시키도록 하고 있다(Id. 제8조). 조직폭력 사건이나 성폭력 사건 등 사안에 따라 국민참여재판이 부적절한 경우가 있으므로 법원이 사법참여재판에서 당해사건을 제외하는 결정을 할 수 있다(Id. 제9조).

24) Id. 제36-71조.

25) 유중원, "공판중심주의 실현의 전제조건", <법률신문>(2005.5.12).

한편 국민참여형 형사재판과 변화된 증거조사절차는 모든 형사소송 관여자에게 보다 많은 시간과 노력을 요구하게 된다. 국민참여형 형사재판은 2007년 이후 5년간은 제한된 범위의 사건에 적용되는 것으로 예정하고 있다고 하지만 사회적 이목은 이 재판에 집중될 것이고, 이 사건을 담당하는 소송관여자의 부담은 커질 수밖에 없다. 또한 예정대로라면 2012년에는 국민참여형 형사재판의 대상사건이 확대될 것이기에 그 부담은 보다 가중될 것으로 예상된다.[26)]

사법제도개혁추진위원회는 공판준비절차의 도입, 경죄사건의 신속처리절차의 재구성 등을 통하여 이러한 부담을 해소하려고 의도하였고, 이 새로운 절차는 현행 절차에 비하여 재판의 효율성을 높일 것임은 분명하다. 그렇지만 쟁점 및 증거를 미리 정리하는 것을 반드시 필요한 일이지만, 이것만으로 직접주의와 구두주의가 관철되는 사건진행, 국민참여형 형사재판이 수반하는 부담을 해소할 수 있을 것이라고 장담할 수 없다. 그리고 경죄사건의 신속처리절차는 대상사건에서 단기 1년을 초과하는 징역 또는 금고를 선고하는 중한 사건은 제외되어 있다.

물론 형사사법 관련 인력과 예산을 대폭 증가할 수 있다면 사법제도개혁추진위원회의 개혁방안의 성공은 쉽게 보장될 수 있을 것이지만, 이러한 예산증액은 매우 어려운 것이 현실이다. 그리고 이러한 대폭적 예산증강이 가능하다고 하더라도 "한정된 사회의 자원을 사법절차에 지나치게 많이 투자하는 것은 불합리하다"[27)]는 점도 인식해야 한다. 이러한 맥락에서 공판중심주의와 시민참여형 형사재판을 오랫동안 운영해온 외국의 형사사법체제가 이와 병행하여 운영해온 (준)유죄답변협상의 도입을 고민할 필요가 있다.

Ⅲ. 유죄답변협상 도입 찬반론 검토

1. 도입반대론

물론 유죄답변협상의 도입에 대해서는 강력한 비판이 존재한다. 첫째, 유죄답변협상에 대한 가장 근본적 비판은 이 제도가 형사사법의 본질인 정의에 반한다는 것이다. 더 큰 범죄를 밝힌다는 명분으로 범죄인과 협상하여 작은 범죄를 덮어주거나, 그가 지은 범죄보다 가볍게 처벌하는 것, 또는 똑같은 범죄를 행하고도 어떤 이는 중형을 받고 어떤 이는 유죄협상으로 가벼운 처벌을 받는 것이 정의의 관념에 부합할 수 없다는 비판이다.[28)] 미국에서도 유

26) 안경환 · 한인섭 두 교수는 연간 1,000-2,000건 정도로 전망하고 있다[안경환 · 한인섭, 『배심제와 시민의 사법참여』(집문당, 2005), 98면].
27) 금태섭 I(각주 9), 3면.
28) "유죄협상제 도입 문제 있다", <법률신문> 제3333호, 사설(2005.1.25.); 장영수, "범인 잡으려 정의 희생하나", <국민일보>(2005.1.28).

죄답변협상이 공중이나 법원의 개입 없이 형사처벌을 당사자의 손에 맡김으로써 형사분쟁을 "사적인 것"으로 만들고, 유무죄에 대해서는 객관적인 사회적 결정이 이루어져야 하고 범죄인은 자신의 범죄에 조응하는 형벌을 받아야 한다는 관념을 훼손하여 형사제재의 도덕적 힘으로 약화시키고 형법에 대한 입법부의 의도를 왜곡시키며, 궁극적으로 피고인과 공중의 시각에서 체제의 도덕적 정당성을 손상시킨다는 비판이 존재한다.[29] 같은 맥락에서 류전철 교수는 다음과 같이 비판한다.

> "우리의 형사사법체계를 법관, 검사, 피고인들만의 것으로 볼 수 있는가? … 만일 우리 형사사법체계가 효율적인 운영이라는 측면에서 그들만의 타협과 협상의 산물로 비춰지게 된다면 결국 형사사법체계에 대한 공공의 기대는 크게 훼손되게 될 것이며 마치 거래의 능력을 가진 자와 그러한 능력 없는 자의 차별적 결과는 유전무죄 무전유죄라는 항간의 형사사법체계에 대한 회의적인 시각을 다시 상기시키게 할 것이다."[30]

둘째, 유죄답변협상은 피의자의 자백을 강요하고 법관에 의해 재판받을 헌법상의 권리를 침해한다는 비판이다. 한국의 수사기관은 피의자에게 허위의 자백을 강요하거나 유도함으로써 억울한 피고인을 적지 않게 만들어 온 역사에서 자유롭지 못한데, 유죄답변협상은 피의자에게 일정한 이익을 약속하고 자백을 받겠다는 것은 "수사편의주의의 한 방편"이며, 이는 헌법상의 원칙인 무죄추정원칙, 증거재판주의, 자백배제법칙, 자백의 보강법칙 등과 충돌한다는 것이다.[31] 유죄답변협상에서는 피고인의 운명은 충분한 조사, 증언이나 증거의 제출, 공정한 사실발견 없이 결정될 수 있으므로 무고한 피고인이 유죄시인을 하게 되는 상황이 조성될 수 있다는 것이다.[32]

그리고 반대론자들은 배심재판 제도가 가져 올 수 있는 재판 지연과 고비용의 돌파구의 하나로서 이 제도를 도입하고, 판사가 그 협상 내용을 확인하는 절차를 둔다고 하더라도 이미 대륙법적 재판의 제도가 몸에 익은 우리의 현실에서 "법관의 재판을 받을 권리가 허전하

29) Peter Arenella, "Rethinking the Functions of Criminal Procedure: The Warren and Burger Courts' Competing Ideologies," 82 *Geo. L. J.* 185, 219(1983). 카플란 교수는 유죄답변협상을 다음과 같이 비판한 바 있다: "답변협상은 법의 위엄이란 사기이며 법은 터키 장터(Turkish bazaar)와 같다는 점을 범죄인에게 확신시킨다. 구매자와 판매자 사이에 도덕적 구별이 없는 것과 똑같이, 범죄인과 그의 변호인, 검사, 판사 그리고 보호관찰관 사이에도 도덕적 구별이 없는 것이다"[John Kaplan, "American Merchandising and the Guilty Plea: Replacing the Bazaar with the Department Store," 5 *Am. J. Crim. L.* 215, 218(1977)].

30) 류전철, "형사소송에서 유죄협상제도(Plea Bargaining)의 도입 가능성", 한국비교형사법학회, 『비교형사법연구』 제7권 제1호(2005), 218-219면. 단, 류 교수는 수사편의의 관점에서 유죄답변협상을 도입하는 것은 비판하면서도, 강화된 공판중심주의의 성공을 위해서는 유죄답변협상의 도입이 필요하다고 본다(Id. 223면).

31) 법률신문 사설(각주 28); 강경근, "배심재판 없는 유죄협상제도는 문제 있다", <법률신문>(2005.1.31); 류전철(각주 30), 221-222면.

32) Albert W. Alschuler, "Implementing the Defendant's Right to Trial: Alternatives to the Plea Bargaining System," 50 *U. Chi. L. Rev.* 931, 934(1983); Johnathan D. Casper, *American Criminal Justice: The Defendant's Perspective* 95(1972); Phillip R. Spicer, "Overview: Plea Bargaining in Texas," 14 *St. Mary's L.J.* 57, 74-75(1982).

게 될 것"이라는 점을 지적한다.[33)]

셋째, 유죄답변협상 제도 도입시 검사의 재량권 남용이 우려된다는 비판이 있다. 기소독점주의와 기소편의주의에 따라 막강한 권한을 갖고 있는 검찰이 범죄자와 유무죄를 두고 협상하거나 형량을 거래할 수 있는 권한까지 갖게 된다면 검찰의 재량권이 지나치게 확대될 것이라고 강한 우려가 존재한다. 이경재 변호사는 다음과 같이 지적한다.

> "우리나라의 현실에서 피고인이 비록 변호인의 조력을 받는다하더라도 검사와 대등한 지위에서 형벌을 두고 교섭할 가능성은 희박하다. 불평등한 합의나 검찰의 요구조건을 수용하는 대신, 약간의 형사상 이익을 얻는 수준에 지나지 않을 위험이 농후하다. 검사 개개인의 독자성이 강조되는 현실에서 개개 검사의 형벌협상과정을 감독·통제할 적정한 방법도 강구하기 마땅치 않을 것이다."[34)]

2. 도입찬성론

유죄답변협상의 도입을 찬성하는 첫째의 이유는 효율성이다. 류혁상 검사의 말을 빌자면,

> "모든 사건을 복잡화되고 장기화된 재판절차, 많은 비용과 시간이 소요되는 증거절차 라는 동일한 절차를 통하여 처리하는 것은, 합리적인 방법이 아닐 뿐만 아니라 실제로 가능하지도 않다. … 피의자의 선택에 따라 절차를 이원화하여, 혐의유무가 다투어지는 사건에 대하여는 보다 많은 시간과 절차를 투입하여 방어권의 행사를 충분히 보장하고, 다툼이 없는 사건은 신속하게 절차를 진행하여 교정과정으로 이행할 수 있게 된다. 유죄답변을 하는 피의자는 결과에 대한 예측가능성을 가질 수 있게 되고, 수사 및 소추기관, 나아가 법원의 입장에서는 선택과 집중의 원리에 따라 중요사건에 역량을 집중할 수 있게 된다."[35)]

미국의 배심재판은 시민에 의한 재판을 보장하는 미국 형사절차의 핵심으로 상찬(賞讚)되고 있지만, 실제 형사사건의 대다수는 배심재판이 아닌 당사자간의 유죄답변협상과 이에 기초한 판사의 양형선고를 통하여 처리되고 있는 것이 현실이다.[36)]

둘째, 유죄답변협상은 국가형벌권을 협상에 좌우되도록 만든다는 비판에 대하여 금태섭 검사는, 이 제도는 "범죄를 인정하는 피의자에 대하여 불필요한 절차의 낭비 없이 신속하게 교정 및 사회복귀 절차를 개시하는 제도"이지 범죄자와 '협상'을 하기 위한 제도는 아니라고

---

33) 강경근(각주 31).

34) 이경재, "국내실정에 불필요 … 부작용만 클 것", <국회보>(2005.3), 95-96면.

35) 류혁상, "유죄협상제도(Plea Bargaining) 도입의 필요성", <법률신문>(2005.1.31)[이하 '류혁상 II'로 약칭]. 미국에서 유죄답변협상의 합헌성과 적법성을 공식적으로 인정한 1970년 'Brady v. United States 판결'을 인용하자면, "정식재판을 피함으로써, 모자라는 사법과 검찰의 자원들은 피고인의 유죄 여부에 대한 본질적인 다툼이 있는 사건이나 정부가 증명의 부담을 계속 유지할 수 있다는 점에 대한 근본적인 의문이 있는 사건을 위하여 보존되어야 한다"[Brady v, United States, 397 U.S. 742, 752(1970)].

36) 현재 중죄 사건의 94%, 연방사건의 95%가 유죄답변협상에 의해 처리되고 있는 바, 미국에서 배심재판은 사실상 예외적 현상이다[Ronald Jay Allen, Joseph L. Hoffmann, Debra A. Livingston & William J. Stuntz, *Comprehensive Criminal Procedure* 1161(2nd ed. 2005)].

반박한다.[37] 그리고 범행을 자백하고 뉘우치는 것은 형법 제51조에 따라 당연히 양형에 고려되는 사항으로서 자백하는 피고인에게 보다 가벼운 처벌을 부과하는 것은 일반의 법감정에 배치되는 것이 아니라는 점을 강조한다.[38]

셋째, 유죄답변협상 제도는 피의자의 헌법적 권리를 침해할 우려가 있다는 비판에 대하여, 검찰은 협상과정에 변호인의 참여를 필요적 요건으로 만들면 문제가 없다고 답한다.[39] 그리고 현실에서는 실제 진행되고 있는 수사기관과 피의자 간에는 명시적, 묵시적 협상이 이루어지는데, 이러한 협상이 비공식적으로 이루어짐으로 인해서 형사 사법에 대한 신뢰를 떨어뜨리고 피의자의 인권을 침해할 소지가 있는 바, 이러한 협상의 근거와 절차를 법정화하는 것이 피의자가 충분한 정보 없이 자백하는 것을 방지할 수 있게 하여 오히려 피의자를 보호할 수 있다고 반박한다.[40]

한편 무고한 피고인이 유죄답변을 할 수 있다는 문제점에 대해서는, 이러한 문제가 유죄답변협상만이 아니라 배심재판이나 판사에 의한 재판에서도 피할 수 없는 것이기에 특별한 것이 아니라는 반박이 제기되고 있다.[41] 그리고 검찰은 유죄답변협상의 결과에도 불구하고 법관은 유무죄 및 형량을 최종적으로 결정할 권한이 있으므로 법관에 의한 재판을 받을 권리가 침해된다는 주장은 이 제도에 대한 오해라고 반박한다.[42]

넷째, 검찰권 남용성에 대한 우려에 대해서 검찰은, 검찰권 행사에 대한 형사소송법상의 각종 통제, 시민단체나 언론기관의 감시기능, 높아진 국민의 법의식을 고려할 때 유죄답변협상에서 검찰권이 자의적으로 행사될 것이라는 것은 기우라고 답한다.[43] 그리고 법원의 양형기준이 만들어져 공개된다면 검사가 이에 따라 유죄답변협상을 진행할 것이기에 피고인이 부당한 처분을 받지 않을 수 있을 것이고, 피해자 또는 고소인이 있는 범죄의 경우에는 유죄답변협상의 내용을 피해자와 고소인 등에게 고지하는 등 감시 장치를 마련하는 방법으로 제어할 수 있을 것이라고 보고 있다.[44]

---

37) 금태섭, "Plea Bargaining 제도 도입 필요성", <국회보>(2005.3), 90면 [이하 '금태섭 Ⅱ'로 약칭].
38) Id.
39) 금태섭 Ⅰ(각주 9), 24면; 김봉주, "미국의 답변협상의 실태와 자백감면절차 도입방안"(검찰청 연구자료, 2005.3.5), 96, 109면[이 논문은 대검찰청 기획조정부를 통하여 입수하였다].
40) 금태섭 Ⅰ(각주 9), 22면; 류혁상 Ⅱ(각주 35).
41) Frank H. Easterbrook, "Criminal Procedure as a Market System," 12 *J. Legal Stud.* 289, 1970-1972 (1983). 이러한 맥락에서 그는 "답변협상의 "불완전성"은 예상되는 정식재판의 불완전성을 반영한다"라고 말한다(Id. at 1978).
42) 금태섭 Ⅱ(각주 37), 91면.
43) 금태섭 Ⅰ(각주 9), 24면; 금태섭 Ⅱ(각주 37), 91면.
44) 김봉주(각주 39), 96-97면.

3. 소 결

유죄답변협상 도입을 둘러싼 이러한 찬반론은 각자의 견고한 철학적 근거와 일관된 논리를 가지고 있기에 평행선을 달릴 수밖에 없다. 도입반대론이 제기하는 유죄답변협상의 문제점은 경각심을 가지고 주목해야 하는 바이지만, 반대론은 이미 현실에서 비공식적으로 운영되고 있는 유죄답변협상을 어떻게 할 것인가에 대해서는 답을 하지 않고 있고, 피의자의 자백에 대하여 일정한 혜택을 주는 공소권행사의 정당성 여부에 대한 답 역시 제시되지 않고 있다. 한편 검찰이 제시하는 도입찬성의 논거에 타당한 점이 많이 있지만, 영미식 유죄답변협상을 그대로 도입하겠다는 제안이 한국 형사사법의 구조 속에 실현될 수 있을지 의문이고, 변호인 참여만으로는 제어되지 않는 공소권 남용의 문제 그리고 유죄답변협상의 도입이 헌법적 원칙 또는 권리와의 충돌하는지 여부 등에 대한 고민은 부족하다고 본다. 생각건대, 현 시기 우리에게 필요한 것은 이러한 양 입장의 문제의식에 유의하면서 헌법적 원칙에 부합하면서도 형사사법체제에서의 자원의 효율적 사용을 보장하는 방식으로 유죄답변협상을 제도화하는 것이다.

Ⅳ. 유죄답변협상/자백감면의 정당성과 합헌성

형사실무에서 은밀히 운영되고 있는 유죄답변협상을 정형화·투명화하면서 이를 통하여 새로운 형사재판으로 인한 부담을 경감하는 것을 기획한다고 하더라도 이 기획이 반드시 헌법적 원칙 안에서 이루어져야 함은 물론이다. 그렇지 못한 유죄답변협상은 피의자의 "법률적 자살"[45]을 초래할 수 있기 때문이다. 따라서 유죄답변협상을 제도화할 경우 예상되는 논점은 미리 검토할 필요가 있다.

1. 형사정의와 자백감면

헌법적 논의 이전에 먼저 유죄답변협상이 형사정의의 관념에 반한다는 비판을 살펴보기로 하자. 형사정의의 목적은 실체적 진실을 정확히 밝히고 그에 따라 범죄인을 정확히 벌하는 것일진대, 효율과 신속도 좋지만 형사정의의 목적이 '협상'에 왜곡되는 것이 아닌가 하는 비판은 충분한 근거가 있다. 그렇지만 자백을 한 범죄인에게는 일정한 혜택이 부여되어야 한다는 점도 형사정의의 한 내용이라는 점을 유의해야 한다.

먼저 형법 제52조는 "죄를 범한 자가 수사기관에 자수한 때는 그 형을 감경 또는 면제할 수 있다"라고 규정하고 있고, 형법 제152조의 위증·모해위증죄나 제156조의 무고죄를 범한

45) Andrew Sanders & Richard Young, *Criminal Justice* 395(2nd ed. 2000).

자가 그 공술한 사건의 재판 또는 징계처분이 확정되기 전에 자백 또는 자수한 때에는 형을 감면하도록 규정하고 있다(형법 제153조, 157조). 그리고 국가보안법 제16조도 자수자에 대한 형의 감면을 규정하고 있고, 부패방지법 제35조는 "이 법에 의한 신고를 함으로써 그와 관련된 자신의 범죄가 발견된 경우 그 신고자에 대하여 형을 감경 또는 면제할 수 있다"라고 규정하고 있으며, 특정범죄신고자등보호법 제16조도 동법 제2조에 규정된 특정 범죄를 신고하여 이와 관련된 자신의 범죄가 발각된 경우 형을 감경 또는 면제할 수 있도록 규정하고 있다.

그리고 형사소송법은 영미법계 국가처럼 애초에 '기소편의주의'를 채택하고 있으며, 검사는 "범행후의 정황"(형법 제51조) 등을 고려하여 공소를 제기하지 않을 수 있으며(형사소송법 제247조), 구형량에 대한 재량 역시 가지고 있다. "범행후의 정황"의 예로는 뉘우침의 여부, 재범의 위험성 여부, 사회적 평가의 변화 등이 포함된다.[46] 또한 국가보안법 제20조 제1항은 기소유예와 유사한 공소보류처분을 두고 있다. 그리고 형사소송법 제247조 제2항은 일죄의 일부기소를 전제하고 있으며, 검사는 제1심 판결선고 전까지 공소제기를 철회할 수도 있다(형사소송법 제255조 제1항).

요컨대, '협상'이라는 용어가 부정적 이미지를 만들어내지만, 이러한 "교섭적 정의"(negotiated justice)[47]의 바탕에는 피의자의 자백에 대한 국가형벌권의 우호적 대응이라는 형사정의의 다른 측면이 존재하고 있다. 그리고 자백감면절차를 도입한다는 것은 실체적 진실발견을 외면하고 형사정의를 왜곡하겠다는 것이 아니라, **피의사실이 인정된 것을 전제**로 하여 검사가 피고인의 자백에 대하여 형사정책적 고려를 하는 것을 보다 구체화·공식화하는 것을 뜻한다. 자신의 범죄에 대하여 자백을 하거나 범죄수사에 협조를 한 범죄인에 대하여 공소와 구형에서 혜택이 주어지는 것은 범죄인의 재사회화를 지향하는 개별적 정의(individualized justice)의 원칙에 부합하며, 국민의 법의식·감정에도 부합하는 바, 이를 정의에 반하는 것이라고 폄하(貶下)할 것은 아니다.

2. 형사소송의 구조

한편, 유죄답변협상의 제도화를 반대하는 논리의 저변에는 한국 형사절차의 구조가 대륙법식 직권주의라는 점에 대한 강조가 깔려 있다. 유죄답변협상이 발생학적으로나 논리적으로 코몬 로 법계의 형사사법체제와 긴밀히 결부되어 있는 것은 사실이지만, 전형적인 직권주의 형사절차를 가지고 있는 대륙법계 국가에서 속속 자신의 방식으로 유죄답변협상을 제도화하고 있다.

---

46) 사법연수원, 『검찰실무 I』(2003), 145면 이하.

47) John Baldwin & Michael McConville, *Negotiated Justice: Pressure to Plead Guilty*(1977).

예컨대, 독일의 경우 기소법정주의를 취하고 있지만, 1970년대 독일 형사사법의 참여자들은 피의자·피고인이 자백을 하면 기소와 양형에서 일정한 혜택을 부여하는 '자백협상'(Absprachen)이라는 실무를 개발하여 운영해 왔으며 독일의 법원도 이를 용인하고 있다.[48] 그리고 1989년 이탈리아 형사소송법은 영미식 '형량협상'(sentencing bargaining)을 제도화한 '형벌에 대한 당사자 공동신청 제도'(applicazione della pena su richiesta delle parti)를 입법화하였다. 이 제도에 따르면 공판이 열리기 전에 검사와 피고인이 선고형량에 대해 합의를 하면, 판사에게 선고를 요청하고, 이 때 판사는 공소사실과 형량에 대한 당사자의 결정이 정확한지 확인한 후 당사자가 합의한 대로 판결을 선고한다. 이 때 협상으로 합의된 형량이 5년을 넘지 않는 한에서 통상의 선고형은 1/3만큼 감경된다.[49] 또한 프랑스도 2004년 형사소송법 개정을 통하여 '유죄를 미리 인정한 경우의 기소'(De la comparution sur reconnaissance préalable de culpabilité) 제도를 법제화한다. '유죄승복'(Plaider coupable)라고 불리는 이 제도는 피의자가 피의사실을 인정하고, 그 주형이 벌금형 또는 5년 이하 자유형에 해당하는 경죄일 경우에 적용될 수 있는데, 검사는 직권, 피의자 또는 변호인의 신청에 의하여 미리 유죄를 인정한 경우의 기소절차를 개시할 수 있다.[50] 이 절차를 개시되어 검사가 구금형을 제안할 경우, 그 기간은 1년을 초과할 수 없고 그가 받게 될 징역형의 2분의 1이 넘어서는 안 된다. 그리고 검사는 그 형의 전부 또는 일부가 유예될 수 있음도 제안할 수 있다.[51]

한편, 현재의 한국 형사소송구조가 직권주의라고 단정할 수 있는지 의문이다. 한국의 형사절차의 골간과 운영방식에 대륙법적 요소가 강하게 있음은 사실이다. 그렇지만 사법개혁제도추진위원회의 활동이 전개되기 이전에도 대법원은 당사자주의를 강화하는 판결을 여럿 내려왔고, 특히 헌법재판소는 1995년 이래 우리 형사소송구조가 기본적으로 당사자주의적 구조를 취하고 있음을 계속 밝히고 있다.[52] 그리고 사법제도개혁추진위원회에서 성안하고 있는

48) Joachim Herrmann, "Bargaining Justice-A Bargain for German Criminal Justice?," 53 *U. Pitt. L. Rev.* 755(1992); Bernd Shünemann, "Die Verständigung im Strafprozess-Wunderwaffe oder Bankrotterklärung der Verteidigung?", 1989 *NJW* 1895; Thomas Swenson, "The German "Plea Bargaining" Debate", 7 *Pace Int'l L. Rev.* 373(1995) 참조 요망.

49) Stephen P. Freccero, "An Introduction to the New Italian Criminal Procedure", 21 *Am. J. Crim. L.* 350, 375-376(1994); Maximo Langer, "From Legal Transplants to Legal Translations: The Globalization of Plea Bargaining and the American Thesis in Criminal Procedure", 45 *Harv. Int'l L.J.* 1, 46-53(2004); William T. Pizzi & Luca Marafioti, "The New Italian Code of Criminal Procedure: The Difficulties of Building an Adversarial Trial System on a Civil Law Foundation", 17 *Yale J. Int'l L.* 1, 21-23(1992).

50) 프랑스 형사소송법 제495-7조. 다만, 이 절차는 18세 이하 소년, 언론 관련 경죄, 과실치사에 관한 경죄, 정치 관련 경죄, 다른 특별법에 별도의 소추절차를 정하고 있는 경죄에 대하여는 적용하지 아니한다(Id. 제495-16조).

51) Id. 제495-8조 제2항.

52) "형사소송의 구조를 당사자주의와 직권주의 중 어느 것으로 할 것인가의 문제는 입법정책의 문제 … 우리나라 현행 형사소송법은 직권주의를 취한 구 형사소송법과는 달리 당사자주의를 대폭 도입하였는바, … 현행 형사소송법은 … 소송절차의 전반에 걸쳐 기본적으로 당사자주의 소송구조를 취하고 있는 것으로 이해

여러 형사소송법 개정방안은 당사자주의를 더욱 강화하려는 목적으로 만들어진 것임도 기억할 필요가 있다.

3. 법관에 의해 재판받을 권리–기소인부절차의 도입?

한편 2005년 검찰은 사법제도개혁위원회 내부 토론에서 신속처리절차를 위한 형사소송법 개정시 '미리 유죄를 인정한 경우의 특례절차'를 신설하는 법안을 제출하였는데, 이는 유죄답변협상 이외에 '기소인부절차'(arraignment)까지 도입하는 것을 의도하고 있다.[53] 기소인부절차에서는 피고인이 판사 앞에서 유죄를 인정하면 이후 증거조사는 생략되고 바로 양형절차로 이전한다.

그렇지만 기소인부절차를 제도화할 경우 피의자는 법관으로부터 재판받기 이전에 **사실상** 유죄가 확정되므로 헌법 제27조 제1항이 규정하는 법관에 의하여 재판을 받을 권리를 침해한다는 비판이 충분히 가능하다. 기소인부절차에서도 판사가 유죄답변의 "사실적 기초"(factual basis)를 확인하고,[54] 판사는 최종적으로 당사자간의 합의를 거부할 수 있는 권한을 보유하고는 있다는 이유로[55] 합헌론을 전개할 수 있을 것이고, 현행 간이공판절차에서도 증거조사가 매우 간략하게 형식적으로 이루어지고 있는데 "겉치레적인 증거조사 절차를 생략"하더라도 판결의 적정성은 유지될 것이라는 주장도 있다.[56] 그렇지만 증거조사의 압축과 증거조사의 생략은 헌법적으로 다른 의미를 가진다. 사건의 효율적 처리가 중요하다고 하여 법관으로부터 재판받을 권리를 완전히 누락시킬 수는 없다. 그리고 자백의 증거능력이 인정된다고 할지라고 자백의 증명력에 대한 판단은 항상 법관에게 맡겨져야 한다는 원칙도 위태롭게 된다. 따라서 유죄답변협상을 도입하면서 기소인부절차까지 도입하는 것은 위헌의 소지를 만드는 것이다.

그리고 유죄답변협상 중 형량협상이 이루진다고 하더라도 그 협상이 판사의 양형권한을

되고, 또한 재판실무도 그와 같은 전제하에 운용되고 있다"[헌법재판소 1995.12.30. 선고 92헌마44 결정(강조는 인용자)].

53) 동 법안은 공소사실과 형벌 또는 불기소처분에 대하여 당사자가 합의를 하고, 검사가 이 합의된 형벌 또는 불기소처분에 대하여 법원에 승인을 청구하면, 법원은 피고인의 유죄인정의 사실적 기초를 간단히 확인한 후 합의된 형벌이나 불기소처분을 승인 또는 불승인할 수 있도록 제도의 틀을 짜고 있다['미리 유죄를 인정한 경우의 특례절차(안)', 제38-41조].

54) Fed. R. Crim. P. § 11(b)(3).

55) 미국 유죄답변협상에서 당사자 사이의 유죄답변협상의 결과를 판사가 승인해야 의무는 없다. 그렇지만 판사가 검사와 피고인간에 이루어진 약정을 자유롭게 거부할 수는 없으며, "(i) 피고인을 괴롭힘(harassment)으로부터 보호하는 것과 같은, 피고인에 대한 공정성(fairness to the defense), (ii) 적정하고 적법한 소추의 이익에 도움이 되지 아니하는 처분을 피하는 것과 같은, 소추의 이익에 대한 공정성(fairness to the prosecution interest), (iii) 판사가 보유하고 있는 양형 권한의 보호 등"의 점을 고려하여 협상거부를 판단해야 한다[United States v. Ammidown, 497 F. 2d 615, 622(D.C. Cir. 1973)].

56) 금태섭 I(각주 9), 20면.

구속한다면 위헌이다. 협량협상은 검사의 구형량에 대한 것이어야 하지, 판사의 선고형에 대한 것이어서는 안 될 것임은 물론이다. 이 점에서 형사소송법 제448조 제1항에 "지방법원이 약식명령을 하고자 하는 때에는 검사의 청구액을 초과할 수 없다"는 단서를 추가하자는 김봉주 검사의 약식절차 개정제안은 기소인부절차 도입과 마찬가지의 위헌 소지가 있으므로 동의하기 어렵다.[57)]

4. 자백배제법칙

'과학수사'가 강조되고 있지만 사실 형사절차에서 수사기관의 피의자신문은 피의자의 자백을 획득하는 데 그 초점이 맞추어져 있다. 이러한 자백중심의 수사는 진술거부권을 비롯한 피의자의 인권 침해의 위험성을 항상 수반하기 마련이다. 그리하여 헌법 제12조 제7항과 형사소송법 제309조는 자백획득 과정에 적정절차의 이념을 위배하는 수사기관의 위법행위가 있어 자백의 임의성이 의심스러운 경우 그 자백의 증거능력을 배제해야 함을 명문으로 규정하고 있다. 따라서 유죄답변협상이나 자백에 따른 혜택을 고지하는 절차에서 검사의 언동이 자백배제법칙에 위배되는 것이 여부는 반드시 검토되어야 한다.

(1) 금지되어야 할 '위협' – "초과기소"와 "답변 묶기" 기법

먼저 미국의 유죄답변협상 실무에서 검사가 사용하는 있는 두 가지 기법에 대한 검토가 필요하다. 즉 경한 죄에 대하여 자백하지 않으면 중한 죄로 기소하겠다고 위협하는 '초과기소'(overcharging)나, 피의자가 자백을 하지 않으면 피의자의 배우자나 다른 가족구성원 등을 처벌하겠다고 위협하는 '답변 묶기'(plea wiring)가 문제이다.

그러나 헌법과 형사소송법에 규정되어 있는 자백배제법칙의 취지를 생각할 때 이상의 기법은 금지되어야 한다. 중한 죄의 혐의가 상당하지 않은데 '초과기소'의 위협을 하는 것은 전형적인 위협으로 금지된다. 그리고 경한 죄의 혐의가 약하고 중한 죄의 혐의가 충분히 인정된다면 검사는 피고인은 중한 죄로 기소하면 되고, 중한 죄의 혐의입증에 자신이 없다면 예비적 기재 또는 택일적 기재를 통하여 법원에 판단을 구하면 되는 것이기에 '초과기소'는 원칙적으로 허용되어서는 안 된다. 그리고 피의자의 가족구성원에게 범죄혐의가 없는데 '답변 묶기'의 위협을 한다면 당연히 불법이고, 가족구성원에게 혐의가 있다고 하더라도 가족구성원에 대한 기소위협을 통하여 획득한 피의자의 자백은 임의성이 의심스럽다고 보아야 할 것이다. 형사소송법 제309조는 "임의성이 없는 자백"만 아니라 "임의성이 **의심스러운** 자백"을 배제할 것을 명문으로 요구하여 그 적용범위를 확장하고 있음을 기억할 필요가 있다.

이러한 기법이 금지되지 않는다면 자백감면절차에서 변호인이 필요적으로 참여한다고 하

---

57) 김봉주(각주 39), 115면.

더라도 공정한 '협상'이 진행되기는 힘들다. 미국의 판례는 이러한 기법이 위헌이 아니라는 입장을 취하고 있으나,[58] 영국 검찰청 규칙은 이를 금지하고 있고,[59] 미국 내에서도 많은 비판이 있다. 예컨대, '미국법학원'(American Law Institute)이 만든 1975년 '인부전 형사절차 모범법안'(Model Code of Pre-Arraignment Procedure)은 검사가 이하의 세 가지 전술을 사용하는 것을 "부당한 압력"(improper pressure)으로 규정하여 금지시키고 있다. 즉, (i) 범죄가 증명가능한 사실로 뒷받침되지 않는다고 믿으면서 피의자를 기소하거나, 기소하겠다고 위협하는 것, (ii) 당해 관할권에서는 통상 피의자의 행위로 기소되지 않는 범죄로 피의자를 기소하거나, 기소하겠다고 위협하는 것, (iii) 피의자가 무죄답변을 하면 이후 피의자에 대하여 유죄평결이 내려졌을 경우, 형량이 유시한 사건으로 무죄답변을 한 피고인에게 통상 선고되는 형량보다 중한 형량이 선고될 것이라고 위협하는 것 등.[60] 그리고 1989년 '캐나다 법개혁위원회'의 유죄답변협상 관련건의서는 "피고인이 무죄답변을 하였는데 이후 피고인이 유죄평결을 받게 되면 검사가 피고인이 기소된 범죄에 대하여 무죄답변을 하고 유죄평결을 받은 다른 유사한 피고인에 대하여 통상 가해지는 구형보다 더 중한 구형을 할 것이라는 위협"을 금지하고 있다.[61]

(2) '약속'에 따른 자백[62]

다음으로 '약속'의 문제가 있다. 임의성을 의심케 하는 기타의 방법 가운데 대표적인 예는 자백의 대가로 불법·부당한 이익을 제공하겠다고 약속하고 자백을 획득하는 것이다. 약속한 이익은 형사처벌과 관계있는 것임을 요하지 않으며, 가족의 보호, 약물중독자에 대한 약물의 제공의 약속 등과 같이 일반적, 세속적인 이익의 제공도 포함된다.[63] 그리고 변호인의 조력을 받을 권리 등 피의자의 헌법적 권리를 행사하지 않으면 혜택을 제공하겠다는 약속 역시 불법이다.

그리고 불이행이 예정된 이익제공을 약속하는 "거짓 약속"은 자백배제법칙이 명문으로 금지하는 '기망'에 해당되어 금지된다는 점은 이론이 없을 것이다.[64] 그리고 약속을 할 권한

58) Bordenkircher v. Hayes, 434 U.S. 357(1978); United States v. Pollard, 959 F.2d 1011(D.C. Cir. 1992).
59) Code for Crown Prosecutions, para, 12.
60) American Law Institute, *Model Code of Pre-Arraignment Procedure*, §350.3.
61) Law Reform Commission of Canada, *Plea Discussions and Agreements* 41(Working Paper 60, 1989).
62) 이에 대한 자세한 논의는 조국, 『위법수집증거배제법칙』(박영사, 2005), 제2편 제5장을 참조하라.
63) 배종대·이상돈, 『형사소송법』(제5판, 2004), 554면; 신동운, 『형사소송법』(1993), 593면: 이재상, 『형사소송법』(제6판, 2002), 485면.
64) 판례도 특정범죄가중처벌등에관한법률을 적용하지 않고 가벼운 수뢰죄로 처벌받게 해주겠다고 약속하고 획득하고는 실제로는 특정범죄가중처벌등에관한법률 위반으로 기소한 경우[대법원 1984.5.9. 선고 83도2782 판결. 이 판례의 경우 다수의 교과서에는 '약속'에 의한 자백의 사례로 인용하고 있으나, 실제 약속이 지켜지지 않았다는 점을 주목하면 '기망'에 의한 자백의 사례라고 보아야 할 것이다], 피고인의 신문에 참여한 검찰주사가 피의사실을 자백하면 피의사실 부분을 가볍게 처리하고 보호감호청구를 하지 않겠다는 각서를 작성해주면서 자백을 유도하고는 이후 검사가 보호감호청구를 한 경우 피고인의 자백을 배제하였다(대법원

이 없는 자가 약속을 하는 경우도 기망에 해당할 것이다. 예컨대, 사법경찰관이 자신이 불기소처분을 내려주겠다고 권한 밖의 처분을 약속하면서 자백을 받는 것이다. 또한 검사가 피의자가 유죄판결이 내려질 수 없음을 알고 있으면서도 불기소 또는 공소취소하겠다고 제안하며 자백을 받는 것도 금지됨은 물론일 것이다.

그런데 현재 판례와 학설은 피의자의 자백을 획득하기 위한 **일체의** 약속이 금지되는 것인지, 아니면 검사가 피의자에게 자백을 하면 **법률이 허용하는 범위 내에서** 이익을 부여하겠다고 약속하는 것은 허용되는 것인지에 대하여는 세밀한 논의를 전개하지 않고 있다.

이에 대하여 피의자에게 이익을 약속하는 것 자체가 피의자의 자유로운 의사결정을 저해하는 불공정한 국가기관의 행위라고 파악하는 견해도 있다.[65] 법원의 경우는 단지 법관이 구체적인 사건에 따라 제반사정을 참작하여 자유로운 심증으로 피의자가 그 진술을 임의로 한 것인지의 여부를 판단하고 있는 것으로 보인다.[66]

예컨대, 대법원은 "일정한 증거가 발견되면 피의자가 자백하겠다고 한 약속이 검사의 강요나 위계에 의하여 이루어졌다든가 또는 불기소나 경한 죄의 소추 등 이익과 교환조건으로 된 것으로 인정되지 않는다면 위와 같은 자백의 약속 하에 된 자백이라 하여 곧 임의성 없는 자백이라고 단정할 수는 없다"[67]라고 판시하였으나, 한편 공판개시 이전에 검사가 피고인에게 최소한 피해자를 밀쳤다고만 시인하면 공소장을 변경하여 벌금형이 선고되도록 하여 주겠다고 제의하자 피고인이 동의하고 자백한 경우,[68] 검사는 별건의 특정범죄가중처벌등에 관한법률위반(사기) 및 사문서위조 등의 혐의로 지명수배되어 있다가 긴급체포된 후 구속되어 수사 받고 있던 피고인에게 다른 피고인에게 뇌물을 주었다는 진술을 하면 사기의 점에 대해서는 무혐의처분을 하고, 사안이 가벼운 사문서위조 부분에 대해서만 분리기소하기로 약속하고 피고인의 자백을 획득한 경우[69]에 대해서는 자백의 증명력만을 문제로 삼았다. 상술한 1983년 '박상은양 살해사건' 판결의 문언을 그대로 읽는다면 "불기소나 경한 죄의 소추 등 이익과 교환조건"으로 획득한 자백은 임의성이 없는 것으로 증거능력이 배제되어야 하겠으나, 다른 판결과의 입장과 종합하여 이해하자면 판례가 이러한 경우 일률적 자백배제의 입장을 취하고 있다고 보이지는 않는다.

생각건대, 현행 법체제는 검사가 피의자의 자백과 수사에 대한 협조 여부를 참작하여 적용법조 선택, 입건 또는 기소 여부 결정 및 기소할 경우 구형량의 선택 등에 있어 재량을

1985.12.10. 선고 85도2182 판결).

65) 박상기 · 탁희성, 『자백의 임의성과 증거능력에 관한 연구』(한국형사정책연구원, 1997), 42면.

66) 대법원 1993.7.27. 선고 93도1435 판결.

67) 대법원 1983.9.13. 선고 83도712 판결(세칭 '박상은양 살해사건').

68) 대법원 1987.4.14. 선고 87도317 판결.

69) 대법원 2002.6.11. 선고 2000도5701 판결.

행사할 수 있는 권한을 부여하고 있는 바, 이러한 권한의 행사방식으로 이루어지는 선처약속을 통하여 자백을 획득하는 것은 합법이라고 보아야 한다.[70] 이러한 검사의 권한을 행사하기 위해서는 피의자의 자백 의사를 확인해야 하고, 이 확인과정에서 피의자의 자백과 수사협조에는 어떠한 혜택이 수반할 것인가를 고지하는 것은 통상적인 공소권행사의 절차이며, 이는 피고인이 객관적 정보에 기초한 합리적 선택을 할 수 있도록 도움을 주는 것이다. 이러한 혜택제공의 약속이 피의자의 의사결정에 일정한 영향을 미치는 것은 당연한 것이지만, 이것 자체만으로 피의자의 자백의 임의성이 의심스럽게 된다고 단정할 수는 없다.

한편, 합법적 약속에 의한 자백획득을 허용한다고 할 때 수사기관이 증거확보도 하지 않고 선처를 약속하여 자백을 받아내려고 노력하는 자백중심의 수사관행이 더욱 심화되지는 않을까 하는 우려가 생길 것이다. 이러한 정당한 우려를 해소하려면 유죄답변협상 절차에는 변호인의 참여가 의무화되어야 한다. 미국의 경우는 유죄답변협상시에 피고인이 변호인의 조력을 받을 권리의 포기의 의미를 이해하고 또한 포기할 능력이 있는 경우 이 권리를 포기할 수 있지만,[71] 프랑스는 2004년 형사소송법 개정으로 '유죄승복'(Plaider coupable) 제도를 도입하면서 범죄사실을 인정하는 피의자의 자백은 기록되고 검사에 의한 형벌의 제안은 변호인이 참석한 가운데 이루어지며, 이 때 피의자는 변호인의 조력을 받을 권리를 **포기하지 못한다**고 규정하고 있는바,[72] 후자의 예가 우리에게 중요한 참조가 될 것이다.

5. 진술거부권

자백배제법칙과도 연관되어 있는 문제이지만, 유죄답변협상을 도입하게 되면 헌법 제12조 제2항에 의해 보장되는 "형사상 자기에서 불리한 진술을 강요당하지 않을 권리" 즉, 진술거부권이 침해될 것이라는 비판이 예상된다.

진술거부권의 행사로 인하여 피의자가 통상적으로 받아야 할 법적인 처벌수위를 초과하게 된다면 이는 분명한 재량남용일 것이다.[73] 그렇지만 검사가 피의자에게 진술거부권을 고지한 후 수집된 증거를 변호인입회 하에 피의자에게 제시하고 자백의 의사를 확인하면서 자백을 할 경우 소추와 구형에 있어서 일정한 혜택이 있을 것이라고 말하는 것이 불리한 진술을 '강요'하는 것이라고 보기는 힘들다. 오히려 피의자가 합리적 선택을 할 수 있는 정보를 공식적으로 제공하는 것으로 보아야 할 것이다.

한편, 피의자가 진술거부권을 행사한 경우에 검사가 이를 구형에 반영할 수 있는가의 문제가 남아 있다. 대법원은 "형법 제51조 제4호에서 양형의 조건의 하나로 정하고 있는 범행

70) 조두영, "수사상 협상을 통하여 얻게 된 증거"(상), 법조협회, 『법조』 통권 512호(1999.5), 115면.
71) Faretta v. California, 422 U.S. 806(1975).
72) 프랑스 형사소송법, 제495-8조 제4항.
73) 조두영(각주 70), 102면.

후의 정황 가운데는 형사소송절차에서 피고인의 태도나 행위를 들 수 있는데, 모든 국민은 형사상 자기에게 불리한 진술을 강요당하지 않을 권리가 보장되어 있으므로(헌법 제12조 제2항), 형사소송절차에서 피고인은 방어권에 기하여 범죄사실에 대하여 진술을 거부하거나 거짓진술을 할 수 있고, 이 경우 범죄사실을 단순히 부인하고 있는 것이 죄를 반성하거나 후회하지 않고 있다는 인격적 비난요소로 보아 가중적 양형의 조건으로 삼는 것은 결과적으로 피고인에게 자백을 강요하는 것이 되어 허용될 수 없다고 할 것이나, 그러한 태도나 행위가 피고인에게 보장된 방어권 행사의 범위를 넘어 객관적이고 명백한 증거가 있음에도 진실의 발견을 적극적으로 숨기거나 법원을 오도하려는 시도에 기인한 경우에는 가중적 양형의 조건으로 참작할 수 있다"고 판시하고 있다.[74]

이 판례에 따라 구별해보자면, 범죄사실의 단순부인이 있다고 하여 중한 구형을 하는 것은 금지되지만, 객관적이고 명백한 증거가 있음에도 진실의 발견을 적극적으로 숨기거나 법원을 오도하기 위하여 진술거부권을 행사한 경우에는 중한 구형이 가능하다고 할 것이다.

6. 평등원칙

한편, 검사가 유죄답변 또는 자백을 한 피의자에게 소추와 구형량에서 일정한 혜택을 주게 될 경우 이는 유죄답변이나 자백을 하지 않은 피의자에게는 반사적으로 불이익을 주게 되므로 이것이 헌법 제11조의 평등원칙에 반한 '공소권 남용'[75]이 아닌가 하는 비판이 예상된다.

미국에서도 유죄답변협상은 유죄답변을 한 사람과 그렇지 않은 사람 사이에 심각한 양형상의 편차를 발생시킨다는 점에 대한 비판이 제기되고 있다. 유죄답변을 하지 않은 사람은 헌법상 권리를 행사하였다는 이유로 중한 형벌을 받을 부담을 진다. 그리하여 사실상 동일한 범죄를 범한 피고인 중 헌법상의 권리를 주장하는 사람이 그 권리를 포기하는 사람보다 중한 벌을 받게 되는 문제가 발생할 수 있는 것이다.[76] 한편 동일한 범죄를 범한 공동피고인 중 죄질이 중한 피고인이 경한 피고인보다 경한 양형을 받을 기회가 많아진다는 '전도된 양형'(inverted sentencing)[77] 현상도 발생한다. 왜냐하면 검사는 다른 범죄인을 기소하기 위하여 정보 제공 등 피고인의 협조가 필요한데, "피고인의 죄가 중하면 중할수록, 그가 검사에게 제공할 정보와 조력을 많이 가지고 있기 때문"[78]이다.

---

74) 대법원 2001.3.9. 선고 2001도192 판결.

75) 공소권남용 이론에 대해서는 김재봉, "공소권남용과 주관적 요건", 형사판례연구회, 『형사판례연구』 제9호(2001); 이은모, "공소권남용론에 대하여", 한국형사법학회, 『형사법연구』 제11호(1999) 등을 참조하라.

76) Albert W. Alshuler, "The Changing Plea Bargaining Debate," 69 *Calif. L. Rev.* 652, 658(1981).

77) Daniel C. Richman, "Cooperating Clients," 56 *Ohio St. L. J.* 69, 81, n. 49(1995).

78) United States v. Brigham, 977 F.2d 317, 318(7th Cir.1992). 또한 United States v. Griffin, 17 F.3d 269, 274(8th Cir.1994)(Bright, J., dissenting)를 참조하라.

이러한 '차별적' 기소는 그 자체가 금지되는 것이 아니며, 이것이 공소권남용의 요건에 해당할 때 금지되는 것이다. 먼저 대법원은 "동일한 구성요건에 해당한 행위를 한 공동피의자 중 일부만을 기소하고 다른 일부에 대하여는 불기소처분을 하였다 할지라도 그것만으로 평등권을 침해하였거나 공소권을 남용하였다고 볼 수 없다"고 판결하여 이를 공소권남용의 문제로 보지 않고 있다.[79] 그리고 대법원은 공소권 남용을 인정하기 위한 판단기준으로서 "소추재량권의 현저한 일탈"을 제시한다. 그 판단 요소는 (ⅰ) 검사의 자의적인 공소권 행사, (ⅱ) 그로 인한 피고인의 실질적 불이익을 들면서, 자의적 공소권 행사의 외연을 단순한 직무상의 과실에 의한 경우가 아니라, (ⅲ) 미필적으로 어떠한 의도가 있어야 하는 경우로 제한하고 있다. 미국의 경우도 '선별적 기소'(selective prosecution) 또는 '차별적 기소'(discriminatory prosecution) 그 자체가 위헌이라고는 보고 있지 않다.[80] 이상의 맥락에서 볼 때 검사가 공소에 대한 합리적 근거와 기준을 가지고 자백을 한 피의자를 불기소하거나 소추와 구형에서 일정한 혜택을 준 것은 자백을 하지 않은 피의자에 대한 합리적 차별이므로 이는 허용되는 것이다.

그러나 미국의 1998년 'United States v. Rodriguez 판결'[81]에서 나타난 실례를 같이, 검사의 차별적 기소의 결과 공동피고인 간의 형량이 매우 현격한 차이를 보인다면 평등원칙 위반이 될 수 있을 것이다. 이 사건에서 검사는 코카인 판매를 공모한 혐의로 6명의 피고인을 기소하였는데, 유죄답변을 행한 공동피고인 중 3명은 17-60개월을 형을 받은 반면, 유죄답변을 거부한 다른 공동피고인 3명은 235-260개월의 형을 받았다.[82] 그리고 '전도된 양형' 현상과 같이, 자백을 하지 않은 피의자에 대한 검사의 조치가 유사한 불법을 범한 피의자가 통상 받아야 하는 수준보다 중한 처분을 받은 것이 입증된다면 이는 재량남용이라 할 것이다. 이러한 형량편차의 문제는 궁극적으로는 양형기준제의 도입과 이를 기준으로 하는 검사의 합리적 공소권 행사를 통하여 해결되어야 할 것이다.

7. 소결 – '암시장'에서 '규제되는 시장'으로

현재 우리 형사절차 실무에서 유죄답변협상은 "검찰청 조사실의 문 뒤에서 일어나는「존재하지만 존재가 부정되는」 비선절차"[83]이다. 유죄답변협상을 도입할 것인가에 대한 찬반론이 벌어지고 있지만 협상은 이미 존재하고 있는 것이다. 이러한 협상 자체를 금지하자는 주

---

79) 대법원 1990.6.8. 선고 90도646 판결.
80) United States v. Berrios, 501 F.2d 1207(2d Cir. 1974).
81) 162 F.3d 135(1st Cir. 1998).
82) 단, 동 판결은 이러한 편차가 소추측의 재량에 속하는 것이며, 양형의 편차 그 자체만으로 피고인의 재판을 받을 권리에 대하여 위헌적 부담을 주는 것은 아니라고 판시하였다.
83) 신현주(각주 8), 836면.

장이 제기되고 있지만,[84] 기소편의주의와 자백에 대한 감면을 규정하고 있는 우리 형사소송법이 이러한 금지를 예정하고 있는 것인지 의문스럽고, 또한 그러한 금지가 실제 실무를 변화시킬 수 있는지 역시 회의적이다. 오히려 이러한 협상의 요건과 절차를 헌법의 요청에 부합하도록 적극적으로 제도화함으로써 협상절차를 투명화하고 검사의 권한남용을 통제하는 것이 타당하다고 본다. 사실 자백감면을 공식화하지 않고 현재처럼 방치할 때 오히려 검찰권 남용에 대한 통제가 더 어려워진다는 점을 유념할 필요가 있다. 사실 자백감면을 공식화하지 않고 현재처럼 방치할 때 오히려 검찰권 남용에 대한 통제가 더 어려워진다는 점을 유념할 필요가 있다. 이제 우리 형사절차에서 유죄답변협상은 '암시장'에서 진행될 것이 아니라 '규제되는 시장'으로 나와 이루어져야 한다.[85] 이러한 작업이 성사되면 사법제도개혁추진위원회의 새로운 형사재판 방안으로 인한 형사사법체제의 부담은 자연스럽게 해소되는 효과를 가져 올 것이다.

V. 유죄답변협상의 제도화 방안

1. 원 칙

유죄답변협상의 제도화는 헌법적 원칙과 피의자의 방어권을 보장하면서도, 수사와 공판 모두에 신속과 효율을 확보하는 "이익의 상호성"[86]이 가능하도록 이루어져야 한다. 이러한 점에서 필자는 먼저 자백감면과 관련된 절차와 요건을 신설하여 피의자의 권리를 보장하면서 합법적 약속에 의한 자백획득절차를 공식화·투명화하고자 한다.

먼저 자백감면절차의 개시는 검사의 기소재량의 일부이지, 피의자나 그의 변호인이 절차개시의 청구권을 가지는 것이 아님은 확인해둘 필요가 있다. 즉, 피의자나 그의 변호인이 절차개시 청구를 할 수 있지만 그 청구를 검사가 받아야 할 의무는 없는 것이다. 1977년 'Weatherford v. Burseys 판결'[87]의 판시를 빌자면, "답변협상을 요구할 헌법상의 권리란 존재하지 않는다. 검사는 정식재판절차에 회부하기로 판단한 이상 유죄답변협상을 할 필요가 없다."[88]

둘째, 판사가 자백감면협상에 관여하는 것은 금지되어야 한다. 영국의 경우 협상에 대한 토론은 판사와 변호인과 검사 양쪽 모두가 참석한 상태에서 판사와 함께 이루어지도록 하고 있고,[89] 독일의 '자백협상'에서는 판사가 협상에서 적극적 참여자로 나서고 있다.[90] 그러나

84) 윤동호, 『형사절차와 협상』(형사정책연구원, 2003), 118, 134, 140면.
85) Allen, Hoffmann, Livingston & Stuntz(각주 36), at 1206.
86) Brady, 397 U.S. at 752; Bordenkircher, 434 U.S. at 363.
87) 429 U.S. 545(1977).
88) Id. at 561.

우리의 경우 자백답변협상에 판사의 개입을 허용한다면 편견 없는 중립적 판단자라는 판사의 역할은 크게 훼손되고, 피의자는 판사조차 또 다른 협상의 파트너로 간주할 위험이 있으며, 또한 판사의 개입이 피고인이 자백을 하도록 조장하는 부당한 유인이 될 수 있을 것이기에 이는 금지되어야 한다고 본다.[91] 미국 연방형사소송규칙이 이러한 입장을 취하고 있으며,[92] 캐나다의 법원도 엄격하게 수탁판사의 협상개입을 제한하고 있다.[93]

셋째, 영미의 경우 유죄답변협상은 검사가 피의자를 기소하기 전 또는 기소한 후 모두 이루어질 수 있다. 그렇지만 우리나라의 경우 공소제기 후에도 자백감면절차의 개시를 허용한다면 공판 과정에서 피고인의 권리가 침해될 소지가 있고, 소송절차를 왜곡할 우려가 있으므로 검사는 공소를 제기하기 전까지만 자백감면절차를 개시할 수 있도록 제한함이 타당할 것이다.[94] 실제 영국에서는 정식재판이 거의 다 진행되어 형사사법의 인적·물적 자원이 다 소요되고 난 거의 마지막 단계에서 피고인이 유죄답변을 하여 이전까지의 재판과정이 무위로 돌아가는 이른바 "깨어진 재판"(cracked trial) 현상에 대한 비판이 많이 제기되고 있다.[95] 이러한 현상으로 인하여 경찰, 검찰, 법원은 물론 증인으로 참여하는 감정전문가, 보통 시민 등의 자원이 헛되게 낭비되고 있는 바, 이는 "행정적 악몽"일 뿐만 아니라 자신의 사건에 대하여 진정으로 싸우기를 희망하는 피고인에게는 방해물로 작용하기 때문이다.[96]

넷째, 제4장에서 상술한 것처럼 2004년 프랑스 형사소송법의 예에 따라 자백감면절차에서 변호인의 참여를 **필요적**으로 하고,[97] 절차에 들어가기 전에 주요 수사기록에 대한 열람·등사가 보장되어 피의자와 변호인이 검사와 공정한 협상을 할 수 있도록 하는 한편,[98] 절차에 들어가기 전에 피의자에게 그의 권리와 자백감면관련 핵심사항을 고지하도록 의무화

89) Turner [1970] 2 Q.B. 321. 단, 이 경우 판사가 피고인이 유죄답변을 하지 않고 유죄평결을 받으면 보다 중한 형을 선고받을 것이라고 말하는 것은 금지된다.

90) Herrmann(각주 49), at 757; Maximo Langer, "From Legal Transplants to Legal Translations: The Globalization of Plea Bargaining and the American Thesis in Criminal Procedure", 45 *Harv. Int'l L.J.* 1, 40-41(2004); Stemmler(각주 8), at 115.

91) Joshua Dressler, *Understanding Criminal Procedure* 668-669(3rd ed. 2002); Wayne R. LaFave, Jerold R. Israel & Nacy J. King, *Criminal Procedure* 990-991(2nd ed. 2000); Law Reform Commission of Canada, *Plea Discussions and Agreements* 16(Working Paper 60, 1989).

92) Fed R. Crim. P. §11(e)(1).

93) Wood(1975), 26 C.C.C.(2d) 100.

94) 김봉주(각주 39), 100면.

95) Andrew Ashworth, *Criminal Process: An Evaluative Study* 270-271(1994); Mike McConville & Geoffrey Wilson eds., *The Handbook of the Criminal Process* 364-365(2002).

96) Ashworth(각주 95), at 271.

97) 프랑스 형사소송법, 제495-8조 제4항. 변호인의 조력을 받을 권리가 임의동행의 형식으로 수사기관에 연행된 피의자 또는 피내사자에게도 인정되는 것처럼(대법원 1996.6.3. 자 96모18 결정), 이들에 대한 자백감면절차의 경우에도 변호인의 참여가 필요적이 되어야 함은 물론이다.

98) 사법제도개혁추진위원회, 공판중심주의적 법정심리절차 확립을 위한 형사소송법 개정안, 제266조의3, 제266조의4, 제266조의11, 제266조의16 등 참조 요망.

하고, 협상사항을 서면화하도록 해야 한다. 이러한 투명한 절차를 통하여－미국 알슐러 교수의 용어를 빌자면[99]－검사가 피의자를 소추할 필요가 없는데도 소추하거나－“수평적 부당소추”(horizontal overcharging), 또는 증거가 충분하지 않음에도 불구하고 최고 수준의 위반행위로 기소하거나－“수직적 부당소추”(vertical overcharging)－, 또는 두 가지 방법을 모두 사용하는 문제점 등은 바로 견제될 수 있기 때문이다.

다섯째, 자백감면절차를 통하여 검사가 자백을 획득한 경우 검사가 법원에 대하여 기존의 간이공판절차 및 사법제도개혁추진위원회가 신설한 출석신속절차와 서면신속절차에 의한 심판을 신청할 수 있도록 형사소송법을 개정할 필요가 있다. ‘간이공판절차’는 일본 형사소송법 제291조의2의 ‘간이공판절차’의 영향을 받아 만들어졌는데, 일본의 경우는 “사형 · 무기 또는 단기 1년 이상의 징역 또는 금고에 해당하는 사건”의 경우에는 적용되지 않지만,[100] 한국의 간이공판절차는 1997년 형사소송법 개정으로 그 대상범죄가 모든 범죄로 확대되었다. 그렇지만 현재 간이공판절차에 의한 심판할 것인가 여부는 법원만이 결정할 수 있고, 검사에게는 신청권한이 없기 때문에 활용빈도는 낮은 것이 현실이다.[101] 따라서 검사에게도 간이공판절차 신청권을 부여하여 자백감면절차가 간이공판절차로 이어지도록 만들어야 한다.

그러나 필자는, 제4장에서 언급하였듯이 2005년 검찰의 ‘미리 유죄를 인정한 경우의 특례절차(안)’과 같이 증거조사를 생략하는 ‘기소인부절차’를 도입하려는 입장은 반대한다. 자백감면절차는 영미식의 유죄답변협상과는 달리, 자백을 통해 공소사실의 증명을 용이하게 함으로써 합의는 공판을 단축시키기는 것이지 공판 자체를 대체하는 것은 아니어야 한다고 보기 때문이다. 따라서 자백감면절차에 뒤이은 간이공판절차나 경죄사건의 신속처리절차에서 판사는 자백감면절차에 만들어진 서면의 성립진정과 진술의 임의성을 확인해야 함은 물론, 피고인의 자백이 신빙할 수 없다고 인정되거나 간이공판절차로 심판하는 것이 현저히 부당하다고 인정할 때에는 그 결정을 취소할 수 있어야 한다.

여섯째, 자백감면절차를 통하여 합의된 사항이 공판정에서 당사자 일방에 의해 지켜지지 않을 때 어떻게 할 것인가의 문제가 있다. 먼저 피의자가 공판정에서 자백을 거부할 경우 검사는 당연히 미리 고지한 처분 내용을 변경할 수 있어야 한다.[102] 그리고 검사가 약속을 지키지 않은 경우는 검사의 자백감면절차에서의 행위는 금지되는 ‘기망’에 해당되므로 자백감면절차에서 확보한 피의자의 자백의 증거능력은 부정되어야 함은 물론이다.[103]

---

99) Albert W. Alschuler, “The Prosecutor's Role in Plea Bargaining,” 36 *U. Chi. L. Rev.* 50, 85(1968).

100) 일본 형사소송법 제291조의2.

101) 제1심 형사사건 중 간이공판절차로 심판된 사건의 비율은 1997년 51.0%, 1998년 56.1%를 기록한 이후에는 계속 감소하여 2001년 이후에는 36-38%대를 유지하고 있다[법원행정처, 『사법연감』(1998-2004) 참조].

102) 참조가 되는 미국 판결로는 Ricketts v. Adamson, 483 U.S. 1(1987)이 있다.

103) 참조가 되는 미국 판결로는 Santobello v. New York, 404 U.S. 257(1971); State v. Carpenter, 358 A.2d 676(R.I. 1976); State v. Lordan, 363 A.2d 201(N.H. 1976); United States v. Lieber, 473 F.Supp. 884

문제는 피의자가 공판정에서 자백감면절차에서 합의된 자백을 거부한 경우나, 법원이 간이공판절차로 심판하기로 한 결정을 취소하는 경우에 자백감면절차에서 이루어진 피고인의 자백의 증거능력이다. 자백감면절차를 형사소송법으로 편입하는 이상 그 요건을 충족하여 획득된 피의자의 자백은 이후 공판정에서 피고인이 자백을 거부하더라도 증거능력을 인정해야 한다는 주장이 가능하다. 그러나 피의자가 공판정에서 자백을 거부할 경우에도 자백감면절차에서 만들어진 서면의 증거능력을 인정한다면, 수사기관이 자백감면절차를 편리한 증거수집의 절차로 이용할 가능성이 많다.[104] 그리고 엄격히 말할 때 자백감면절차는 **피의자신문이 종료된 후**에 피의자의 자백을 전제로 형벌권의 양보 여부와 정도를 결정하는 공소권 행사의 일환으로 전개되는 절차이다. 따라서 수사의 일환인 피의자신문에서 만들어지는 검사작성 피의자신문조서와 자백감면절차에서 만들어지는 서면은 그 성격을 달리하지 않을 수 없다. 이러한 점에서 피의자가 법원의 결정전까지 자백동의를 철회하거나 또는 법원의 결정취소가 있은 경우 자백감면절차에서 이루어진 진술은 피고인의 유죄의 증거로 사용할 수 없도록 해야 할 것이다. 미국의 경우는 피고인은 자신의 유죄답변이 법원에 의하여 수용되기 전에는 그 답변을 철회할 수 있고, 이 경우 답변협상에서의 어떠한 진술도 증거로 채택되지 않는다.[105]

일곱째, 검찰의 경우 미국식 유죄답변협상을 그대로 도입하려고 하면서 미국 검사의 매우 광범한 소추재량까지 도입하려는 것으로 보인다. 그러나 자백감면절차에의 변호인 참여, 재정신청 등 불기소처분에 대한 사후통제장치만으로 자백감면절차에서의 부당한 검찰권 행사에 대한 제어가 충분히 이루어질 수 없다. 제4장에서 상술하였듯이, '초과기소', '답변묶기' 등의 기법사용, '전도된 양형' 현상을 초래하는 기소 등을 막기 위하여－양형기준제가 도입을 될 경우 이를 참조하여－검찰예규로 감경의 최고와 최저를 규정하고, 이러한 실무에 대해서는 '공소권남용' 이론에 기초한 법원의 통제도 강화되어야 한다.

마지막으로 피해자 또는 고소·고발인의 입장을 고려하는 제도적 장치가 필요하다. 즉, 검사가 자백감면절차의 내용과 결과에 대하여 피해자 또는 고소·고발인에게 통지하고, 피해자 등이 재판과정에서 자신의 의견을 충분하게 진술할 수 있는 기회를 보장할 필요가 있다.[106]

(E.D.N.Y. 1979); United States v. Hall, 730 F.Supp 646(M.D. Pa. 1990); United States v. Barone, 781 F.Supp. 1072(E.D. Pa. 1991); United States v. Hawley, 93 F.3d 682(10th Cir. 1996); United States v. Brye, 146 F.3d 1207(10th Cir. 1998); United States v. Nolan-Cooper, 155 F.3d 221(3rd Cir. 1998) 등이 있다.

104) 김봉주(각주 39), 106면.

105) Fed. R. Crim. P. § 32(1).

106) 김봉주(각주 39), 110면.

2. 법　　안

이상의 원칙을 기초로 필자가 제안하는 법안은 다음과 같다.

(1) 자백감면절차의 신설

제245조의2(자백감면의 절차) 검사는 피의자가 공판정에서 범죄사실을 자백하겠다는 의사를 표시하는 경우에는 직권 또는 피의자나 변호인의 신청에 의하여 자백감면의 절차를 개시할 수 있다.

제245조의3(형벌 및 불기소처분의 제안) 검사는 형법 제51조에 규정된 사항 및 수사에의 협조 등 기타 사정을 참작하여 피의자에게 형벌을 제안하거나 피의사실의 전부 또는 일부에 대하여 기소하지 아니할 것을 제안할 수 있다.

제245조의4(필요적 변호) 검사는 변호인의 참여 없이는 자백감면의 절차를 진행하지 못한다.

제245조의5(고지사항) 검사는 제245조의3의 제안을 하고자 할 때에는 피의자에게 다음 각 호의 사항을 고지하여야 한다.

1. 진술을 거부할 수 있는 권리, 변호인을 선임할 수 있는 권리 및 정식재판을 받을 권리
2. 피의사실의 요지 및 그 법정형
3. 자백감면절차를 통하여 결정하고자 하는 검사의 처분
4. 피의자가 자백한 사건에 관한 재판절차
5. 기타 공정한 절차를 위하여 필요한 사항

제245조의6(자백감면절차의 방식) ① 제245조의3의 제안에 대하여 피의자와 변호인이 동의하는 경우에는 검사는 죄명, 피의사실의 요지, 피의자의 자백 또는 피의자의 수사협조 사항, 검사의 처분 내용 등을 기재한 서면을 작성하여야 하고, 피의자 및 변호인으로 하여금 간인한 후 서명 또는 기명날인하게 한다.

② 피의자 또는 변호인은 제458조의2 제2항의 법원의 결정전까지 동의를 철회할 수 있다. 동의가 철회될 경우 검사는 제245조의5에서 고지한 처분과 다른 처분을 할 수 있다.

③ 자백감면절차와 관련하여 형사소송법 <u>제266조의3, 제266조의4, 제266조의11, 제266조의16,</u> 제274조의2를 준용한다.[107)]

제245조의7(고소인 및 피해자 통지) 검사가 피의사실의 일부 또는 전부를 기소하지 아니하는 처분을 하는 경우 그 처분의 대상이 되는 사건의 고소인·고발인 또는 피해자에게 자백감면의 내용과 결과를 통지하여야 한다. 다만, 통지로 인하여 수사 또는 재판에 지장을 초래할 우려가 있다고 인정되는 때에는 그 사유가 해소될 때까지 통지를 유예할 수 있다.

(2) 간이·신속한 재판절차에 의한 심판

1) 사법제도개혁추진위원회의 출석신속절차 및 서면신속절차 보완

제447조의6(출석신속재판의 청구) ① 검사는 신속처리사건에 대하여 공소제기와 동시에 서면으로 출석신속절차에 의한 재판(이하 "출석신속재판"이라 한다)을 청구할 수 있다. 다만, 피의자 또는 변호인의 의사를 확인하여 제2편 제3장의 공판절차(이하 "통상처리절차"라 한다)에 의한

107) 밑줄 그은 부분의 조문은 사법제도개혁추진위원회의 '공판중심주의적 법정심리절차 확립을 위한 형사소송법 개정안'상의 '증거개시' 관련 조문임.

심판을 원하는 경우에는 그러하지 아니하다.

② 제1항의 서면에는 양형에 관한 의견을 기재하여야 하며, 제245조의6 제1항의 서면을 제출할 수 있다.

③ 검사는 출석신속재판을 청구함과 동시에 수사서류와 증거물을 법원에 제출하여야 한다.

제449조(서면심판의 청구) ① 서면심판의 청구는 공소의 제기와 동시에 서면으로 하여야 한다.

② 제1항의 서면에는 양형에 관한 의견을 기재하여야 하며, 제245조의6 제1항의 서면을 제출할 수 있다.

③ 검사는 서면심판을 청구하는 경우에 미리 피의자에게 서면심판을 청구한다는 취지와 양형에 관한 의견을 통지하여야 한다.

④ 검사는 서면심판을 청구함과 동시에 수사서류와 증거물을 법원에 제출하여야 한다.

2) 기존 간이공판절차의 보완

제458조의2(간이공판절차의 결정) ① 피고인이 공판정에서 공소사실에 대하여 자백한 때에는 법원은 그 공소사실에 한하여 간이공판절차에 의하여 심판할 것을 결정할 수 있다. [**※제286조의2(간이공판절차의 결정)** 삭제]

② 법원은 그 관할에 속하는 사건에 관하여 검사의 청구가 있는 때에는 간이공판절차에 의하여 심판할 것인지를 결정하여야 한다.

제458조의3(간이공판절차의 청구) ① 검사는 피고인이 자백감면절차에서 공소사실을 자백하기로 하는 때에 공소의 제기와 동시에 제245조의6 제1항의 서면을 함께 제출하여야 한다.

② 제1항의 청구에는 피의자의 유죄 인정이 사실에 근거한 것임을 인정할 자료를 제출하여야 한다.

제458조의4(고소인, 피해자의 의견진술권) 검사가 자백감면절차에 따라 승인 청구한 불기소처분의 고소인 또는 피해자는 제458조의5의 심리에 출석하여 서면 또는 구두로 의견을 진술할 수 있다.

제458조의5(법원의 심리와 결정) ① 검사가 간이공판절차를 청구한 때에는 법원은 지체 없이 기일을 열어 검사, 피의자 및 변호인을 출석시킨 가운데 승인 여부를 심리하여야 한다.

② 법원은 제245조의6 제1항의 서면의 성립진정과 진술의 임의성을 피고인에게 확인하여야 하며, 이 때 피고인에게 동 서면상의 검사의 처분과 달리 선고할 수 있음을 고지하여야 한다.

제458조의6(결정의 취소) ① 법원은 간이공판절차로 심판하기로 결정하기 전에 피고인이 자백을 철회하는 때에는 공판절차로 심판할 것을 결정하여야 한다.

② 법원은 제458조의2의 결정을 한 사건에 대하여 피고인의 자백이 신빙할 수 없다고 인정되거나 간이공판절차로 심판하는 것이 현저히 부당하다고 인정할 때에는 그 결정을 취소하여야 한다. [**※제286조의3(결정의 취소)** 삭제]

제458조의7(간이공판절차에서의 증거조사) 제458조의2의 결정이 있는 사건에 대하여는 제161조의2, 제290조 내지 제293조, 제297조의 규정을 적용하지 아니하며, 법원이 상당하다고 인정하는 방법으로 증거조사를 할 수 있다. [**※제297조의2(간이공판절차에서의 증거조사)** 삭제]

제456조의8(증거사용의 제한) 피의자 또는 변호인이 제245조의3의 검사의 제안에 동의하지 아니하거나 제458조의2 제2항의 법원의 결정전까지 동의를 철회하거나 또는 제458조의6의 법원의 결정취소가 있는 경우 피의자가 검사의 제안을 고지 받은 이후에 이와 관련되어 한 진술은 유죄의 증거로 하지 못한다.

3. 소 결

이러한 법안이 성사될 경우 기소인부절차를 도입하는 것과 같이 현재의 형사재판구조를 완전히 바꾸지 않고서도 유죄답변협상의 취지를 한국 형사사법의 구조 속에 실현시킬 수 있다. 즉, 현재 수사절차에서 비공식적·비공개적으로 진행되고 있는 자백감면을 둘러싼 협상을 정형화·투명화하여 피의자의 권리를 보장함과 동시에 수사와 공소의 효율성을 높일 수 있으며, 자백감면합의가 이루어진 경우 검사는 사안의 성격에 따라 출석신속절차, 서면신속절차 또는 간이공판절차를 선택하여 심판을 청구할 수 있도록 하여 재판의 신속을 도모할 수 있고,[108] 어느 경우든 증거조사 절차는 포기되지 않고 간이화됨으로써 재판받을 권리 침해라는 위헌시비로부터 자유로워질 것이다.

Ⅵ. 결 어

최근 검찰이 유죄답변협상의 도입을 주장하게 된 직접적 계기는 사법제도개혁추진위원회가 추진하고 있는 형사사법개혁방안이 검찰의 수사와 공소유지에 많은 부담을 줄 것이라는 우려 때문이었다. 그렇지만 유죄답변협상의 도입 여부는 단지 수사와 공소의 편의 차원에서만 검토되어서는 안 된다. 먼저 유죄답변협상의 도입 여부는 공판중심주의를 철저하게 실현하고 형사재판에 시민참여를 보장하는 형사재판 개혁이 성공적으로 작동하기 위해서 형사사법을 위한 자원을 어떻게 효율적으로 분배·사용할 것인가의 차원에서 고민되어야 한다. 현재 사법제도개혁추진위원회가 마련한 경미사건 신속처리절차만으로 새로운 형사재판으로 야기될 부담을 충분히 경감하지 못한다고 판단하기 때문이다. 다음으로 이는 형사절차 실무에서 이미 비공식적·비공개적으로 활용되고 있는 자백감면협상을 정형화·투명화한다는 의미에서 고려되어야 한다. 실재하는 협상을 외면하기보다는 그 요건과 절차를 헌법의 요청에 부합하도록 제도화하는 것이 오히려 피고인의 인권보호와 검사의 재량남용 방지를 위해 타당하기 때문이다.

그렇지만 영미식으로 유죄답변협상에 따른 합의가 있을 경우 증거조사를 생략하거나, 판사의 양형권한까지 제한하는 유죄답변협상을 도입하자는 제안은 바로 위헌의 문제를 일으킬 것이기에 타당하지 않다. 그리고 미국 유죄답변협상에서는 허용되는 검사의 각종 협상기법 중 일부는 자백배제법칙이나 평등원칙 위반 등의 위헌소지가 있으므로 자백감면절차에서 금지되어야 할 것이다.

---

108) 이 경우 사법제도개혁추진위원회의 '출석신속처리절차'를 새로운 간이공판절차 속에 흡수하여 재편하는 방식도 고려해볼 만하다.

현재 한국 법률가 내부의 관념과 분위기, 국민 대중의 여론 등을 고려할 때 유죄답변협상을 한국 형사사법절차 속에 제도화하는 것이 단기간 내에 이루어지지는 않을 것이다. 그렇지만 사법제도개혁추진위원회가 의결한 새로운 형사재판의 실현의 성공을 위하여 자원의 효율적 사용을 촉진하고, 현재 아무런 통제규정 없이 검사의 주도에 따라 은밀히 진행되고 유죄답변협상을 정형화·투명화하는 작업은 외면할 수 없는 과제로 설정되어야 한다. 향후 형사사법 이론가와 실무가가 공동의 논의를 진행하여 헌법의 정신에 부합하면서 형사사법의 효율성을 증대시킬 수 있는 유죄답변협상이 제도화되도록 노력해야 할 것이다.

10. 낙태죄의 위헌성에 관한 고찰

신 옥 주*

Ⅰ. 서 설

우리나라의 형법에서 낙태를 원칙적으로 금지하고 범죄로 처벌하는 데에는 태아의 생명에 대하여 형량이 불가능한 절대적인 기본권으로 보는 시각이 투영되어 있다. 국가는 태아의 생명을 보호하기 위한 의무가 있으며, 태아의 생명은 그 자체로서 보호를 받아야 하고, 법이 정한 특정한 사정이 있지 않는 한 국가가 생명침해 행위를 금지하고 처벌하는 것은 기본권보호를 위한 적합한 수단이라고 보는 것이다. 따라서 산모의 자기결정권과 태아의 생명에 대한 권리가 형량되는 경우, 태아의 기본권을 우위에 위치 지우게 된다. 헌법재판소의 2012.8.23. 2010헌바402 형법 제270조 제1항 위헌소원에서도 태아생명의 절대적 보호필요성에 기반하여 국가의 기본권보호의무를 다하였는지의 관점에서 낙태문제를 접근하고 있으며, 형벌로 낙태를 처벌하는 것이 인간존엄의 핵심인 태아의 생명보호를 위하여 적절하고 효과적인 수단이라고 보고 있다. 낙태를 처벌함으로써 여성의 자기결정권이 침해되었는지 여부는 모자보건법상의 정당화사유에 의하여 여성의 자기결정권이 보호를 받고 있으므로 헌법 제37조 제2항에 따라 그 제한이 정당화되는 합헌적 기본권제한이라고 보고 있다. 그러나 기본권 충돌에서 헌법재판소의 이러한 해결방법은 법과 규범의 괴리에서 발생하는 낙태를 둘러싼 사회현실과 여성이 처하게 되는 사회경제적 현실을 포섭하여 문제를 해결하는 데에 기여를 하지 못할뿐더러, 태아의 생명보호도 큰 역할을 담당하지 못한다.

태아가 '되어 가는 사람'으로서 그 생명을 보호받아야 한다는 점은 명확하다. 그러나 다른 한 편으로는 출산을 하지 않기로 한 산모의 결정도 존중되어야 하며 자기결정권으로서 보호를 받아야 한다. 산모의 자기결정권의 보호는 낙태라는 이름으로 태아의 생명을 없애는 결과를 초래하기 때문에 각국마다 사회, 문화, 역사, 종교 등 종합적 관점에서 접근을 상이하게 하고 있다. 대부분 서구 국가의 낙태법제에서 공통적으로 나타나는 것은 태아의 생명에 대한 권리를 인정하여 국가의 기본권보호의무를 강조하면서 일정한 시기에는 생명에 대한 제한이 가능하다고 봄으로써 여성의 자기결정권도 함께 보호하는 점이다.

낙태는 pro-life vs. pro-choce의 대립구도가 아니라 다양한 관점에서 접근해야 한다. 국가의 기본권보호의무를 매개로 하여 태아의 생명에 대한 권리를 보호와 여성의 자기결정

* 전북대학교 법학전문대학원 교수

권이 조화를 이룰 수 있는 방안을 찾을 필요가 있다. 이때 국가의 태아생명을 보호하기 위한 기본권보호의무를 다시 생각해야 한다. 임신과 출산, 양육은 사회적 관계 속에서 이해되어야 하는 것이므로 낙태에 대한 처벌이 사인에 의한 기본권 침해에 있어서 태아생명을 보호하기 위한 최적의 기본권 보호수단이라는 생각에서 벗어나 국가의 기본권보호의무를 태아와 출산아동의 사회적 여건의 형성을 통한 생명보호까지로 확장하여 생각해 볼 필요가 있다.

이하에서는 현행 형법과 모자보건법상 낙태관련 규정이 헌법적 관점에서 볼 때 위헌이라는 점과 합헌적인 방향으로 개정할 필요성이 있다는 점을 밝히고자 한다. 이러한 연구의 목적은 태아의 생명권이 매우 중요하지만 산모의 자기결정권도 존중되어야 하는 기본권이며 양 기본권의 충돌시 국가의 기본권보호의무를 매개로 양자를 조화롭게 해결하는 방안을 마련할 수 있도록 이론적 토대를 제공하려는 것이다.

Ⅱ. 낙태를 둘러싼 기본권충돌의 조화로운 해결필요성

1. 여성의 몸에 대한 주체성회복의 필요성

일제 강점기 이전에는 존재하지 않았던 낙태죄는 1912년 일제의용형법 제212조 "잉태가 부녀가 약물을 쓰거나 또는 기타의 방법으로 타태[1]한 경우에는 1년 이하의 징역에 처한다" 규정을 통해 적용되기 시작했다. 해방 후 1947년에 조직된 법전편찬위원회는 인구증가를 중요하게 여겨 1953년 형법에 낙태죄를 존립시켰으며, 자구수정만 있었을 뿐 그 내용이 현재까지 유지되고 있다.[2] 그러나 당시에도 낙태죄의 규정의도와는 달리 낙태가 성행하였는데, 학자들은 그 원인을 경제적인 측면에서 찾고 있다. 한 연구자[3]는 수많은 인구가 한정된 지표내에서 살면서 발생된 곤궁의 문제를 해결하기 위해 형법상 금지된 낙태가 발생한다고 보고, 그에 대한 대책으로 산아제한이 필요하다고 주장한다. 그에 따르면, 국민들이 낙태라고 하는 건강하고 안전한 산아제한의 방법을 자발적으로 광범위하게 사용해야 하고, 국가는 ① 모체의 생명 또는 건강의 보호라는 의학적 시각에서 볼 때 낙태죄의 위법성의 인정하에서 위법성이 조각되는 약간의 사례만 인정할 것이 아니라 낙태조치를 광범위하게 허용해야 하며, ② 유전적, 우생학적 견지에서도 낙태가 장려되어야 할 경우가 많이 있고, ③ 강간죄 등의 범죄행위로 인한 수태의 경우 자연분만을 강요하는 것은 이해할 수 없는 것이라고 하고 있다. 이 세 가지의 경우가 낙태죄 규정에서 고려되지 않는 점에 대해서는 사회일반의 이상과 감정에 부합하지 않고 영아살해 및 영아유기죄에 있어서의 특별규정과 비교하여 볼 때,

1) 墮胎. 사전적 의미는 "복약(服藥)하거나 기타의 인위적인 수단(手段)에 의(依)하여 생활력(生活力) 있는 태아(胎兒)를 분만기(分娩期)가 되기 전(前)에 모체(母體) 밖으로 떨어지게 함"이다.

2) 이경직, 기독교와 철학 제8호, 74쪽.

3) 김차봉, 낙태죄와 산아제한, 경희법학 제5권 0호, 1963, 188-190쪽.

균형상 맞지 않다고 보고 있다.

이처럼 낙태에 대한 긍정적 인식은 1962년 제1차 경제개발 5개년 계획이 수립된 후 경제발전을 위하여 산아제한이 필요하다는 주장에 힘을 실어주게 되었다. 그 결과로 1973년 모자보건법이 제정되었다. 입법취지에는 본법이 '모성보호와 한계상황에 처한 임부의 선택권 존중'을 위한 것이라고 나와 있으나 산아제한을 위한 가족계획법 성격[4]을 가진다. 형법상 금지되는 낙태가 모자보건법에서 인공임신중절의 이름으로 합법화 될 수 있는 허용한계가 만들어졌다. 그러나 국회가 아닌 비상국무회의에 의해 비공개로 입법이 되었기 때문에 국민이 법에 대하여 인식하기 어려웠고, 낙태 자유화, 혹은 불처벌을 위한 사회적 요구와 이를 수렴한 사회적 합의의 결과물이 아니라 인구조절방법의 일환으로 낙태의 길을 열어둔 것이었다는 문제를 가지고 있었다.[5]

국가주도적 경제개발의 시기에 국가의 적극적 산아제한 정책[6]은 형법상 낙태죄[7]를 무용하게 만들었다. 시민들은 낙태에 대한 불법인식이 거의 없이 의료기관에서 낙태시술을 받았으며[8] 낙태죄에 대한 관심은 매우 적었다고 볼 수 있다.[9] 형법상 낙태죄는 현저히 낮은 수사동기와 법원의 무관심으로 인하여 법학강의 논의의 주제로 전락했다는 평가를 받기도 하였고, 더 심각한 현상은 형법상 낙태금지규정이 모자보건법 제14조의 인공임신중절 허용규정[10]과 상호작용하면서 일반인들의 시각에서는 낙태가 정상적 행위라고 하는 허구의 믿음이 생겼다는 점이다. 이러한 이유로 인해 낙태행위는 사회적 관심을 끌지 못했다.[11]

그런데 초저출산국이 된 이후 정부는 형법의 낙태죄와 모자보건법상의 인공임신중절 정당화 사유를 엄격하게 해석 · 적용함으로써 출산율을 제고하려는 경향을 띠게 되었다. 이명박

4) 조희원, 한국의 낙태규제정책: 쟁점과 딜레마, OUGHTOPIA Vol.28 No.1 Spring 2013, 2013.5, 116, 각주 8) 참조.

5) 이경직, 기독교와 철학 제8호, 74쪽.

6) 국가에 의한 불법낙태수술도 있었음. 소록도 한센인 강제불임시술과 강제낙태시술이 시행되었다. 이에 대해서는 최근 국가배상책임 인정되었다. 위 강제낙태수술 당시 피해자들은 낙태하면 결혼을 할 수 있게 해주겠다는 등의 회유에 따라 낙태수술에 동의하였는데, 법원은 이를 진정한 의사에 따른 동의라고 볼 수 없다고 판단하였다(서울중앙지방법원 2015.7.16. 2013가합521666 판결). 이 강제낙태는 형법상 부동의낙태죄에 해당함에도 불구하고 당시에 신고조차 되지 않았다. 최현정, 낙태죄의 문제점 및 개선방향, 이화젠더법학 8(3), 2016.12. 각주 28)

7) 형법 자기낙태죄(제2692조 제1항), 동의낙태죄(제269조 제2항), 업무상동의낙태죄(제270조 제1항), 부동의낙태죄(제270조 제2항), 낙태치사상죄(제269조 제3항, 제270조 제3항).

8) 신동일, 모자보건법 제14조: 개정 필요성과 방향, 151-152.

9) 조희원, 한국의 낙태규제정책: 쟁점과 딜레마, OUGHTOPIA: The Journal of Social Paradigm Studies, 124쪽.

10) 모자보건법 제14조 제1항 정당화 사유: i) 본인이나 배우자가 대통령령으로 정하는 우생학적 또는 유전학적 정신장애나 신체질환이 있는 경우, ii) 본인이나 배우자가 대통령령으로 정하는 전염성질환이 있는 경우, iii) 강간 또는 준강간에 의하여 임신된 경우, iv) 법률상 혼인할 수 없는 혈족 또는 인척간에 임신된 경우 및 v) 임신의 지속이 보건의학적 이유로 모체의 건강을 심각하게 해치고 있거나 해칠 우려가 있는 경우에는 의사에 의해 배우자 동의를 받아 24주 내에 시행할 수 있다.

11) 신동일, 모자보건법 제14조: 개정 필요성과 방향, 144쪽.

정부에서 2009년 보건복지부 장관이 "낙태율을 반으로만 줄여도 출산율 증가에 큰 도움이 된다"는 발언을 하였다. 박근혜 정부에서도 낙태금지를 통하여 저출산 해결을 꾀하는 모습을 볼 수 있었다. 1966.9.22. 보건복지부 장관이 의료법 시행규칙을 개정하여 모자보건법 제14조에서 허용하는 예외적 임신중절을 제외하고 불법적 낙태를 시술하는 의사들에 대하여 비도덕적 진료행위로 규정하고 최장 12개월의 의사면허처분을 하려고 시도하였었다.[12] 여성들과 의료계가 낙태죄의 엄격한 적용과 이를 위한 법령의 개정에 대하여 저항을 하면서 낙태죄에 대한 논의가 시작되었다.

낙태죄관련의 형법과 모자보건법상 규정과 적용에 있어서 큰 문제점은 여성의 자기 몸에 대한 결정에서 여성이 소외된 채 국가의 인구정책을 추진하는 데에 중요한 도구로 활용되고 있다는 점에 있다. 국가가 여성을 객체화하여 존엄성을 침해할 뿐만 아니라 여성을 출산의 도구로 인식하고 여성의 몸을 통제하는 반인권적이며, 국가주의적인 행태로서 민주국가에서는 용인하기 어려운 것이다.[13] 국민의 신체와 생명의 가치는 국가정책의 대상 및 수단이 되어서는 안 되기 때문에 출산억제정책 또는 저출산대책의 일환으로 정책적 고려에 의해 규범, 생명에 관한 규범이 제·개정되는 일은 없어야 한다.[14] 형법상 낙태죄와 모자보건법상 인공임신중절의 문제에서 여성이 기본권의 주체로서 고려되어야만 하는 것이다.

2. 인간의 존엄과 가치에서 도출되는 기본권으로서 태아의 생명권과 여성의 자기결정권

인간존엄에 대한 정의를 내리는 것은 매우 어렵고 그 보호범위를 정하기도 어렵다. 인간존엄을 적극적으로 규정하는 입장은 칸트의 철학적 전통에 따른 기독교적 자연권사상의 인간존엄이해에 기반하여 인간존엄이란 고유가치와 독자성, 근본, 인간본성 그 자체 등과 같이 가치(Wert)로 이해한다. 다른 견해는 인간존엄의 결정적인 점은 정체성형성의 능력(Leistung)이라고 본다. 인간은 고유의 자기결정의 태도에 근거하여 존엄하다는 것으로서, 자신의 존엄을 만드는 것은 자신 스스로임을 분명하게 한다. 이 견해는 특정한 철학적 근거를 갖기보다는 정체성형성을 가능하게 하는 법치국가원칙, 사회국가원칙, 평등권과 자유권 등 기본법상의 근본결정과 같이 다른 것과의 관계에서 인간존엄이 명확하게 나타난다고 파악한다.[15] 독일의 연방헌법재판소는 인간존엄을 적극적으로 정의하기보다는 어떠한 공적인 행위가 인간존엄의 침해로서 인식될 수 있는지의 소극적 방법으로 접근하고 있다.[16] 즉, 인간존엄은 특

12) 2016.10.28. 개정안을 철회하였다. 신옥주, '미혼모'의 인권제고를 위한 법제개선방안 비교법적 고찰, 법학논집 제21권 제2호, 2016.12. 236쪽.

13) 신옥주, 실질적 성평등 실현의 관점에서 살펴본 이명박 정부의 성평등정책 평가 및 제언, 민주법학 제50호 (2012.11.), 34쪽.

14) 이재학, 낙태죄의 비범죄화 논란에 대한 소고-생명과 자유의 하합의 관점에서, 법학논고 59, 2017.8., 136-137쪽.

15) Pieroth/Schlink, Grundrechte Staatsrecht II, 7. übrtarbeitete Auflage, S. 87.

히 시간과 상황에 따르는 것으로서 어떠한 상황에서 인간존엄이 침해되었는지는 일반적으로 말할 수 없고, 구체적인 사안에서 말할 수 있다고 접근한다.[17] 독일 연방헌법재판소는 인간을 국가에서 단순한 객체로 만드는 것[18]은 인간존엄에 반한다고 보며, "굴욕(Erniedrigung), 낙인(Brandmachung), 박해(Verfolgung), 멸시(Ächtung)",[19] "잔혹하고 엄격한 판결(grausames oder hartes Urteil)"[20]을 대표적인 인간존엄의 침해로 들고 있다.[21] 국가는 인간존엄을 존중하고 보호해야 한다. 존중의 의미는 침해를 하지 않는다는 것이며, 보호의 의미는 단순히 존중하는 것을 넘어 국가의 명시적이고 적극적인 행위를 요구하는 것으로 이해된다.[22]

현행헌법 제10조에서는 인간의 존엄과 가치, 행복추구권, 그리고 국가의 기본권보장의무를 규정하고 있다. 인간의 존엄과 가치에서 파생되는 권리로서 먼저 생명권을 들 수 있다.[23] 인간의 존엄을 헌법 최고의 가치로 보는 것은 이 권리가 생명을 전제로 하기 때문이라고 할 수 있다. 대법원은 생명이 "존엄한 인간존재의 근원이다."[24]이라고 판시함으로써 생명권의 도출근거를 헌법 제10조에서 찾는 판결을 한 바 있다. 헌법재판소도 "인간의 생명은 고귀하고, 이 세상에서 무엇과도 바꿀 수 없는 존엄한 인간 존재의 근원이다. 이러한 생명에 대한 권리, 즉 생명권은 비록 헌법에 명문의 규정이 없다 하더라도 인간의 생존본능과 존재목적에 바탕을 둔 선험적이고 자연법적인 권리로서 헌법에 규정된 모든 기본권의 전제로서 기능하는 기본권 중의 기본권"[25]으로 보고 있다.

성적 자기결정권,[26] 자기운명에 대한 자기결정권,[27] 재생산에 대한 자기결정권[28] 등 인간

---

16) Pieroth/Schlink, S. 87-91.
17) BVerfGE 30, 1, 25.
18) BVerfGE 9, 89, 95; 57, 250, 275; 30, 1.
19) BVerfGE 1, 97, 104.
20) BVerfGE 1, 332, 347.
21) 신옥주, 생명의료영역에서 여성인권존중의 필요성, 법학논집 제22권 제2호, 2017.12. 13쪽.
22) 신옥주, 생명의료영역에서 여성인권존중의 필요성, 법학논집 제22권 제2호, 2017.12.
23) 생명권의 헌법상 도출근거에 대해서는 제10조, 10조와 제12조 또는 제37조 제1항 등으로 견해가 나뉘어 있다. 권영성, 헌법학, 2018, 1085쪽.
24) 대법원 1963.2.28. 62도241 판결; 1967.9.19. 67도988 판결 "생명은 한 번 잃으면 영원히 회복될 수 없고, 이 세상 무엇과도 바꿀 수 없는 절대적 존재이며, 한 사람의 생명은 고귀하고 전 지구보다 무겁고 또 귀중하고 엄숙한 것이며 존엄한 인간존재의 근원이다"
25) 헌재 2008.7.31. 2004헌바81 민법 제3조 등 위헌소원
26) 헌재 2002.10.31. 99헌바40 등, 형법 제304조 위헌소원 "헌법 제10조에서 보장하는 인격권 및 행복추구권, 헌법 제17조에서 보장하는 사생활의 비밀과 자유는 타인의 간섭을 받지 아니하고 누구나 자기운명을 스스로 결정할 수 있는 권리를 전제로 하는 것이다. 이러한 권리내용 중에 성적자기결정권이 포함되는 것은 물론이다. 성적자기결정권은 각인 스스로 선택한 인생관 등을 바탕으로 사회공동체 안에서 각자가 독자적으로 성적 관(觀)을 확립하고, 이에 따라 사생활의 영역에서 자기 스스로 내린 성적 결정에 따라 자기책임 하에 상대방을 선택하고 성관계를 가질 권리를 의미하는 것이다." 또한 헌재 2015.2.26. 2009헌바17 등, 형법 제241조 위헌소원 등에서는 "헌법 제10조는 개인의 인격권과 행복추구권을 보장하고 있고, 인격권과 행복추구권은 개인의 자기운명결정권을 전제로 한다. 이 자기운명결정권에는 성행위 여부 및 그 상대방을 결정할 수 있는 성적 자기결정권이 포함되어 있으므로, 심판대상조항은 개인의 성적 자기결정권을 제한한다. 또한, 심판대상조항은 개인의 성생활이라는 내밀한 사적 생활영역에서의 행위를 제한하므로 헌법 제17조가

의 자기결정권도 기본적으로 인간으로서 가지는 존엄과 가치, 행복추구권에서 도출된다. 헌법재판소는 자기결정권과 자기책임의 관계에 대하여 "헌법상의 인간상은 자기결정권을 지닌 창의적이고 성숙한 개체로서의 국민이다. 우리 국민은 자신이 스스로 선택한 인생관·사회관을 바탕으로 사회공동체 안에서 각자의 생활을 자신의 책임하에 스스로 결정하고 형성하는 민주적 시민이다"[29]고 설시하고 있다. 동재판소에 따르면 헌법 제10조가 정하고 있는 행복추구권에서 파생되는 자기결정권 내지 일반적 행동자유권은 이성적이고 책임감 있는 사람의 자기 운명에 대한 결정·선택을 존중하되 그에 대한 책임은 스스로 부담함을 전제로 하며, 이러한 자기책임의 원리는 인간의 자유와 유책성, 그리고 인간의 존엄성을 진지하게 반영한 원리로서 그것이 비단 민사법이나 형사법에 국한된 원리라기보다는 근대법의 기본이념으로서 법치주의에 당연히 내재하는 원리이다.[30]

3. 재생산에 있어서 여성의 자기결정권의 보호필요성

(1) 낙태죄를 통한 임부의 자기결정권침해의 위헌성

현행 형법상의 낙태죄 규정은 태아의 생명권을 절대적 우위에 둠으로써 기본권인 여성의 자기결정권을 전혀 인정하지 않고 있다. 헌법재판소는 2012.8.23. 2010헌바402 결정에서 태아 자체로 모와 별개의 생명체이고 특별한 사정이 없는 한 인간으로 성장할 가능성이 크므로 태아에게도 생명권이 인정돼야 하며, 낙태를 처벌하지 않거나 형벌보다 가벼운 제재를 가하게 된다면 현재보다도 훨씬 더 낙태가 만연하게 될 것이고, 성교육과 피임법의 보편적 상용, 임부에 대한 지원 등은 불법적인 낙태를 방지할 효과적인 수단이 되기에는 부족하다고 설시하면서 낙태죄처벌로 인한 여성의 자기결정권의 제한이 합헌이라고 보았다.

그러나 여성의 재생산에 대한 자기결정권은 임신과 출산에 대해 스스로 결정하고 그 결

보장하는 사생활의 비밀과 자유 역시 제한한다."고 판시하고 있다.

27) 헌재 2009.11.26. 2008헌마385, 입법부작위 위헌확인 "생명과 직결되는 치료행위라 할 수 있는 연명치료의 중단은 생명권 주체인 환자 본인의 의사를 떠나서 그 정당성을 찾을 수 없기 때문에 여기서 '무의미한 연명치료를 중단하고 자연스럽게 죽음을 맞이할 이익'은 헌법 제10조에 근거를 둔 자기운명결정권(헌재 1990.9.10. 89헌마82, 판례집 2, 306, 310 참조)의 한 내용으로서 '연명치료 중단에 관한 자기결정권'으로 포섭될 수 있을 것이다."

28) 헌법재판소는 2012.8.23. 2010헌바402, 형법 제270조 제1항 위헌소원에서 헌법 제10조에서 개인의 인격권과 행복추구권을 보장하고 있고 개인의 인격권·행복추구권에는 개인의 자기운명결정권이 전제되는 것이라고 보고 있다. 그리고 이 자기운명결정권에는 임신과 출산에 관한 결정, 즉 임신과 출산의 과정에 내재하는 특별한 희생을 강요당하지 않을 자유가 포함되어 있는데 형법상 자기낙태죄 조항은 "부녀가 약물 기타 방법으로 낙태한 때에는 1년 이하의 징역 또는 200만 원 이하의 벌금에 처한다."고 규정함으로써, 태아의 생명을 보호하기 위하여 태아의 발달단계나 독자적 생존능력과 무관하게 임부의 낙태를 원칙적으로 금지하고 이를 형사처벌하고 있으므로, 헌법 제10조에서 도출되는 임부의 자기결정권, 즉 낙태의 자유를 제한하고 있다고 파악하고 있다.

29) 헌재 1998.5.28. 96헌가5 기부금품모집금지법 제3조 등 위헌제청.

30) 헌재 2013.5.30. 2011헌바360등, 구 교통세법 제17조 제8항 위헌소원.

과를 감당하는 것으로서 국가에 의하여 보호되어야 하는 기본권이다. 헌법재판소 다수의견은 위에서 언급한 결정(헌재 2010헌바402)에서 "입법자는 일정한 우생학적 또는 유전학적 정신장애나 신체질환이 있는 경우와 같은 예외적인 경우에는 임신 24주 이내의 낙태를 허용하여(모자보건법 제14조, 동법 시행령 제15조), 불가피한 사정이 있는 경우에는 태아의 생명권을 제한할 수 있도록 하고 있다. 나아가 자기낙태죄 조항으로 제한되는 사익인 임부의 자기결정권이 위 조항을 통하여 달성하려는 태아의 생명권 보호라는 공익에 비하여 결코 중하다고 볼 수 없다. 따라서 자기낙태죄 조항이 임신 초기의 낙태나 사회적·경제적 사유에 의한 낙태를 허용하고 있지 아니한 것이 임부의 자기결정권에 대한 과도한 제한이라고 보기 어려"운 것이라고 하고 있다. 그러나 형법의 낙태죄 규정에 의해 태아의 생명권은 절대적으로 보호되지만 임부의 자기결정권을 전면적, 일률적으로 금지하고 있어 위헌이라고 할 것이다. 재생산 영역에서 자율성을 전제로 하는 여성의 자기결정권은 사회적 강요, 국가적 권력 등 모든 종류의 타인결정으로부터 개인의 자주성으로 이해되는 것이며, 한 개인이 특정 사안에서 무언가 또는 누군가와의 관계에서 어느 정도 독립적으로 결정할 수 있는지의 문제이다. 모자보건법상의 인공임신중절은 특정한 임신의 경우 출산으로 인한 심신의 고통으로 인해 선택의 여지가 거의 없는 경우 이루어지는 것이기 때문에 임부 개인의 자율적 결정이라고 볼 수 있는 것이 아니다. 또한 자기낙태죄 조항이 임신 초기의 낙태나 사회적·경제적 사유에 의한 낙태를 허용하지 않아서 임부의 자기결정권을 비례원칙에 맞지 않게 과도하게 제한한다는 관점으로 접근하기보다는 현행 낙태죄 처벌규정이 임부의 자기결정권을 위헌적으로 침해하고 있고, 이를 해결하기 위하여 태아의 생명보호와 임부의 자기결정권을 모두 실현시킬 수 있는 방안으로서 임신 초기의 낙태나 사회적·경제적 사유에 의한 낙태의 허용이 고려될 필요가 있다는 접근을 하는 것이 바람직 하다고 생각한다.

(2) 사회적 관계속에서 파악한 여성의 자기결정권

여성의 몸과 관련이 깊은 재생산의 영역에서 여성의 자기결정권은 고립된 개인으로서의 여성의 권리로 이해하기 보다는 사회적·법적인 전체적 체계와의 관계 속에서 자기결정을 위한 충분한 설명을 듣고 자율성에 기반하여 스스로 결정을 내릴 수 있는 권리로 이해할 필요가 있다. 1970년대 유럽에서 여성의 임신중단의 자유를 위하여 주장이 되기 시작한 여성의 자기 몸에 대한 자기결정권[31)]은 자유주의적, 개인주의적 인간관에 기초하여 있었다. 그러

31) 미국에서는 Roe사건 이후로 낙태를 프라이버시권으로 인정한다. 모성이 국가의 강제사항이 아니라 여성의 선택사항임을 보여준 것이라는 데에 의의가 있으나, 낙태의 사회적 맥락이 은폐되고 사회적 불평등에 기인한 문제라는 관점을 간과한 한계도 존재한다. 이선순, 2014.6. 190쪽.
낙태가 개인의 성생활의 자유에 따라 보장이 되기는 하지만, 단순한 내밀한 사적 영역이 아니라 건강, 의료, 사회복지 등을 위하여 국가의 개입이 필요한 영역으로 보아야 하기 때문에 개인적인 의견으로는 낙태를 사생활의 권리로 접근하는 논의는 큰 실익이 없다고 본다.

나 초음파기술의 발전과 더불어 의료현장에 예상하지 못했던 큰 변화가 생기게 되었다. 이전에는 낙태여부의 결정이 임신사실에만 기초하여 이루어졌던 것에 비하여 태아의 질병유무의 상태, 출산 후 질병이 있는 아동과의 삶에 대한 전망 등이 새롭게 낙태결정을 위한 고려사항으로 떠오르게 되었다. 따라서 자유주의적 인간관에 따라 사회적 관계성을 무시한 채 추상적 개인에 기초한 자기결정권은 더 이상 개인적인 삶의 형성의 차원이 아니라 장차 태어나는 아이가 사회의 삶에 대한 가치에 상응하는지와 함께 모에 대한 사회적 부담에 대하여도 살펴야 하는 점을 고려하는 자기결정권으로 변하게 되었다. 낙태결정에서 사회적 맥락을 고려해야 한다는 요청은 낙태결정 당시에는 아직 존재하지 않는 낙태결정 이후의 상황들에 대하여 여성이 항상 불충분하게 준비될 수밖에 없는 데 따른 책임과 부담, 그리고 선택 후 결국은 여성 홀로 그 결과를 떠 앉아야 하는 것과도 깊은 관계가 있다. 여성의 자기결정권은 사회적 맥락 하에서 복합적인 관계를 고려한 자율성으로 이해하여야 한다. 여성의 재생산, 건강은 고도로 삶의 관계와 사회적 사실들에 의해 좌우된다. 그런데 개인적인 자기결정권의 강조 하에서 사실은 사회적으로 강요되는 것들에 대하여 여성이 개인적으로 결정하고 책임을 질 수 있는 것처럼 최면이 되고 있다.[32] 따라서 여성의 자기결정권의 실현을 위해서는 사회국가원칙하에서 자유를 향유하기 위한 평등한 여건을 국가가 마련해야한다는 의미에서의 임신, 출산, 양육과 관련된 사회적 여건형성의 요청이 전제된다. 이러한 전제가 충족된 후에 임신, 출산, 양육과 관련된 결정권은 자율적 인간이 사회적 관계 속에서 자유롭게 내릴 수 있는 것으로 생각된다.

(3) 재생산권과 낙태에 대한 자기결정권의 관계에 대한 이해

1994년 유엔 카이로 총회[33] 이후 여성의 재생산권 논의가 활발하게 전개되고 있다. 자기결정권과 재생산권의 법적 성격을 비교하여 보면 자기결정권은 자유권적인 성격을, 그리고 재생산권은 자유권적 성격과 함께 사회권적 성격을 가지고 있다. "재생산권이란 개인의 혼인상태, 연령, 계급 등과 상관없이 성관계, 피임, 임신, 출산, 임신 종결을 비롯한 재생산활동에 대한 자유권적 권리이자 출산 이후 건전한 양육을 위한 사회적 국가적 책임까지를 포괄하는 사회권적 권리이다."[34]는 표현에서 나타나듯이 재생산권의 내용으로는 건강관리를 위한

32) 신옥주, 생명의료영역에서 여성인권존중의 필요성, 24-26쪽.

33) 1994년 6월 카이로에서 개최된 UN ICPD(International Conference on Population and Development) 회의는 재생산의 권리론을 구체화하는데 크게 기여했으며, 재생산권 개념에 들어 가 있는 세 가지 윤리적 기초가 다음과 같이 정리되었다: "ⅰ) 신체적 통합과 자기결정의 중요성, ⅱ) 섹슈얼리티와 출산에 있어서의 양성평등 원리, ⅲ) 이 권리를 실현시키기 위한 사회권 또는 이를 가능케 하는 사회적 조건 마련의 필요성이 그것이다." 양현아, 낙태에 관한 다초점 정책의 요청: 생명권 대 자기결정권의 대립을 넘어, 한국여성학 26(4), 2010.12. 63-100쪽; 장복희, 국제인권법상 재생산권 소고, 경희법학 제50권 제3호, 2015. 187-190쪽. UN회원국은 재생산의 건강정책과 프로그램에서 낙태서비스를 제공하는데 있어서 기본적으로 국제기구나 기관에 의하여 압력을 받지 않아야 하고 자체 재생산건강과 프로그램을 개발시키는 것은 각 체약국의 주권행사이다. 일차적으로 낙태문제는 국가의 자율과 책임을 인정한다.

사회권과 자유권으로서 재생산을 위한 자기결정권이 포함되어 있는 것으로서 사회권과 자유권이 서로 결합된 권리들의 체계[35]라는 특징을 나타낸다.

낙태에 대한 자기결정권은 재생산을 위한 개인적 결정권으로서, 아이를 낳을 여부를 결정할 권리, 생식 내용에 관한 자기결정권, 여성의 재생산권은 여성이 성관계에 있어서 스스로 통제하고 자율적으로 결정할 수 있는 자유로운 성적 권리를 확보하는 것을 포함하며, 원치 않은 임신으로부터 자유로울 권리와 출산의 규모와 터울을 결정할 수 있는 권리를 그 내용으로 하며 자유권에 속한다고 볼 수 있다. 그리고 여성의 건강관리에 대한 권리로서 여성의 신체적, 정신적 건강과 안전을 위한 지원을 요구할 수 있는 권리는 사회권으로 볼 수 있는 것이다.

(4) 낙태에 있어서 여성의 자기결정권 보호의 필요성

현재 우리사회에서 임신과 출산, 그리고 양육을 하는 과정에서 다양한 '임신갈등'[36]에 처하게 된 다수의 미혼, 혹은 기혼의 여성들이 존재 한다. 특히 혼인을 하지 않은 채 임신을 한 여성의 경우 사회 · 경제적 궁박의 사유로 낙태를 고민하고, 출산 후에는 베이비 박스 등을 통한 유기를 고민한다. 또한 출산 후에도 입양여부의 선택을 두고 고민하게 되며, 스스로 양육을 하는 경우 '미혼모'라는 사회적 신분으로 인한 편견과 차별과 경제적 어려움을 겪는 일이 많다.[37] 법정혼을 중심으로 임신과 출산을 이해하고 있기 때문에 재생산과 모성에 대한

34) 양현아, 낙태에 관한 다초점 정책의 요청: 생명권 대 자기결정권의 대립을 넘어, 한국여성학 26(4), 2010. 12. 63-100. 다른 글에서는 재생산권을 인권의 기본축인 자유권과 사회권이 서로 결합된 권리들의 체계로서 자식의 수, 터울, 시기를 자유롭고 책임있게 결정할 수 있는 기본적 권리 및 그 권리를 행사할 수 있는 정보와 수단, 그리고 가장 높은 수준의 성적 · 재생산적 건강을 확보하는 권리라고 정의하고 있다. 양현아 편, 범죄에서 권리로: 낙태죄에서 재생산권(2005), 227쪽; 여성차별철폐조약 제16조e에서 '아이의 수 및 출산의 간격을 자유롭게 또 책임을 가지고 결정할 남녀의 동일한 권리'라고 규정하고 있다. 박찬걸, 낙태죄 합리화 정책에 관한 연구, 법학논총 제27집 제1호, 220쪽.

35) 양현아, 낙태에 관한 다초점 정책의 요청: 생명권 대 자기결정권의 대립을 넘어, 한국여성학 26(4), 2010. 12. 63-100; "모든 사람은 획득 가능한 최고수준의 육체와 정신적 건강을 누릴 권리가 있다. 남녀평등의 기반 위에서, 가족계획과 성적인 건강을 포괄하는 재생산 건강관리가 포함된 건강관리 서비스에 대한 보편적인 접근을 보장하기 위하여, 국가는 모든 적절한 수단을 강구해야 한다. 재생산 건강관리 프로그램은 어떠한 형태의 강요도 없이 최대한의 서비스를 제공해야 한다. 모든 커플과 개인들은 자유롭고 책임 있게 그들이 자녀의 수와 터울을 결정할 권리를 가지며 이를 위한 정보, 교육, 수단을 획득할 권리를 가진다." 윤진숙, 법조 2012.1(Vol. 664), 48쪽; 이선순도 "임부의 자기결정권을 사회적 맥락을 탈각한 채 태아 생명공익 임부 자기결정권은 개인적 권리로 단정할 수 있는가?"라고 질문하며 사회권성을 강조하고 있다. 이선순, 낙태논쟁 속 법담론의 탈관계성 비판-낙태죄 헌법소원을 중심으로-, 젠더와 문화 7(1), 2014.6. 169-203.

36) 임신 · 출산갈등 개념은 독일형법 낙태조항상의 임신갈등규정과 '임신갈등의 회피와 극복을 위한 법률(Gesetz zur Vermeidung und Bewältigung von Schwangerschaftskonflikten(Schwangerschaftskonfliktgesetz- SchKG) Ausfertigungsdatum: 27.07.1992. Vollzitat: "Schwangerschaftskonfliktgesetz vom 27. Juli 1992(BGBl. I S. 1398), das zuletzt durch Artikel 14 Nummer 1 des Gesetzes vom 20. Oktober 2015(BGBl. I S. 1722) geändert worden ist". 약칭: 임신갈등법)'에서 착안한 것으로서, 여성이 임신부터 낙태, 출산, 그리고 그후 입양과 양육에 이르기까지 겪게 되는 갈등을 말한다. 신옥주, '미혼모'의 인권제고를 위한 법제개선방안 비교법적 연구, 법학논집 제21권 제2호, 2016.12. 236쪽 이하 참조.

37) 신옥주, '미혼모'의 인권제고를 위한 법제개선방안 비교법적 연구, 법학논집 제21권 제2호, 2016.12. 237-

권리가 여성의 권리라고 하는 사회적 인정이 아직은 부족한 현실이다. 임신갈등여성을 위한 공적인 관리시스템이 정비되지 않은 현실에서 형법 제269조에 따른 원칙적인 낙태금지와 처벌은 여성에게 미래의 고난 강제하는 것으로서 여성의 자기결정권을 침해하여 임신, 출산, 양육에 수반되는 부담을 여성에게 온전히 떠맡기는 결과를 초래하게 된다.[38)]

헌법재판소는 자기낙태죄 조항으로 말미암아 임부의 자기결정권이 제한된다는 사실을 인정하면서도, 그 제한의 정도가 자기낙태죄 조항을 통하여 달성하려는 태아의 생명권 보호라는 공익에 비하여 결코 중하다고 볼 수 없다고 판시하고 있다. 동 재판소는 또한 비록 자기낙태죄 조항이 낙태 근절에 큰 기여를 하지 못한다고 하더라도 이 조항이 존재함으로 인한 위축효과 및 이 조항이 없어질 경우 발생할지도 모를 인명경시풍조 등을 고려하여 보면, 자기낙태죄 조항으로 달성하려는 공익이 결코 가볍지 않고, 따라서 자기낙태죄 조항으로 달성하려는 공익과 제한되는 사익 사이에 법익균형성도 충족된다고 하면서 자기낙태죄규정이 합헌이라고 판단하고 있다.[39)] 그러나 헌법재판소 다수의견이 나타내고 있는 낙태처벌이 갖는 위축효과를 이유로 낙태죄의 존치를 주장하다는 시각은 처벌의 위험을 가지는 낙태죄를 존치시킴으로써 여성의 성과 낙태를 적절히 통제하려는 반인권적이며 반여성적인 시각을 내포하고 있다. 헌법재판소는 이러한 시각을 기반으로 하는 판결을 통해 국가가 낙태죄를 처벌함으로써 나타나는 여성의 자기결정권의 침해와 불법적 낙태로 인해 받게 되는 심신의 고통, 그리고 낙태죄의 처벌이 실질적인 태아의 생명보호를 위해 미흡하다는 문제점을 직시하고 해결책을 마련하도록 하기보다는 낙태죄를 존치시켜 국가의 생명보호의무를 가장 손쉽고 경제적이며, 안이한 수단을 통해 실현할 수 있도록 돕고, 여성들에게는 가장 고통을 야기하는 방법으로 여성을 낙태의 불법성을 주지[40)]시키고 훈육시키는 것이다.[41)] 동 결정에서 소수의견이 밝히고 있듯이 태아의 생명보호는 여성의 자기결정권을 고려하여 질적인 관점에서 접근할 필요가 있다.

243쪽.

38) 이인영, 출산정책과 낙태규제법의 이념과 현실, 페미니즘연구, 제10권 제1호(2010), 45쪽.

39) 헌재 2012.8.23. 2010헌바402, 형법 제270조 제1항 위헌소원.

40) 2014년 한국여성정책연구원 연구보고서에 따르면 여성 1,007명, 남성 201명, 총 1,208명을 대상으로 조사한 결과 '현행법에서 특별한 경우를 제외하고 낙태를 범죄로 규정하고 있다'는 물음에 대하여 여성의 82.3%, 남성의 76.6%가 알고 있다고 응답하였다. 한국여성정책연구원, 2014 연구보고서 21, 피임과 낙태정책에서의 재생산건강권 보장방안: 일반 국민조사를 중심으로, 10쪽.

41) 이러한 관점에서 낙태죄가 사문화되지 않았으며 가장 경제적인 방법으로 여성을 통제하는 살아있는 규범이라는 견해로는 양현아, 낙태에 관한 다초점 정책의 요청: 생명권대 자기결정권의 대립을 넘어, 한국여성학 26권 4호, 78쪽.

4. 태아 생명권제한의 가능성 및 필요성

(1) 생명의 절대성에 기초한 태아의 생명보호의 문제점

낙태[42]란 자연분만기 이전에 태아를 인공적으로 모체 밖으로 배출하거나 모체안에서 살해하는 행위로서 위험범설에 입각하여 태아의 사망여부는 낙태죄의 성립에 영향이 없다고 보는 것이 다수설과 판례의 태도이다.[43] 태아의 생명이 낙태죄의 보호법익으로 되는 것은 의문이 없다. 이와 더불어 임부의 동의유무에 따라 낙태죄 형의 경중에 차이가 있고, 낙태치사죄를 무겁게 벌하고 있는 점 등을 볼 때, 임부의 신체도 낙태죄의 부차적인 보호법익이 된다고 할 수 있다. 재생산과정에서 여성의 자기결정권을 보장한다는 것은 결국 낙태를 통하여 태아의 생명이 소멸되는 것을 의미하기 때문에 태아의 생명을 절대적인 것으로 이해하지 않고 제한가능하다고 보는 것이 생명권과 자기결정권의 조화로운 보장을 위한 출발점이 된다. 2012년 헌법재판소의 낙태죄결정에서 소수의견이 설시하고 있듯이 "태아는 생성중인 인간으로서 생물학적으로 모체 내에서 모체에 종속되어 있어 생명의 유지와 성장을 전적으로 모체에 의존하고 있는 불완전한 생명이며, 임신과 출산은 기본적으로 모(母)의 책임 하에 대부분이 이루어지므로, 원하지 않은 임신 내지 출산이 모(母)와 태아 그리고 우리 사회 전체에 불행한 결과를 초래할 수 있다는 현실(미혼모 문제, 해외입양문제, 영아유기 · 치사 문제, 고아문제 등)을 감안하면, 임신기간 중 일정 시점까지는 임부의 자기결정권을 존중해 줄 필요가 있다."[44] 고 이해할 필요가 있는 것이다.

태아는 형성과정에 있는 인간으로서 사람이라고 보기는 어렵다[45]는 점은 형법상 낙태죄

---

42) 형법상 낙태죄의 전제가 되는 '낙태'행위는 자연분만기 전에 자궁에서 발육 중인 태아를 인공적으로 배출시키거나, 모체 내에서 살해하는 것을 의미한다. 모자보건법 제2조 제7항에 따른 '인공임신중절수술'은 태아가 모체 밖에서는 생명을 유지할 수 없는 시기에 태아와 그 부속물을 인공적으로 모체 밖으로 배출시키는 수술을 말한다. 이에 따라 낙태는 인공임신중절보다는 더 넓은 개념이 된다. 일반적으로 합법적 유산의 경우에는 인공임신중절이라고 하고, 비합법적인 경우에는 낙태라고 해도 될 것이다. 이병규, 낙태에 대한 헌법적 논의, 법학논총 제28집, 2012년 7월, 138쪽; 이재학, 낙태죄의 비범죄화 논란에 대한 소고-생명과 자유의 하합의 관점에서, 법학논고 59, 2017.8. 113-151.

43) 대법원 2005.4.15. 선고 2003도2780. 이에 대하여 낙태죄의 보호법익은 태아의 생명이며, 낙태죄는 침해범이라는 의견이 있다. 자연적 분만기 이전에 생존능력이 있는 태아를 모체 밖으로 배출하는 것만으로는 낙태죄를 구성하지 않게 되고, 태아를 모체 밖으로 배출하고 이로 인하여 태아가 사망하거나 모체 내에서 태아를 고의로 살해한 후 배출한 경우에만 낙태죄의 성립을 긍정해야 한다고 본다. 사람의 생명을 보호하는 살인죄를 침해범으로 규정하고 있으면서 태아의 생명에 대하여는 위험범으로 보호의 범위를 확대해야 할 이유는 없기 때문이다. 태아의 생명을 더 두텁게 보호하기 위하여 태아의 생명을 침해하는 행위 이전에 위태화를 초래하는 행위만으로도 낙태죄를 구성한다고 하는 목적론적 해석으로 볼 것이 아니라 역으로 태아의 생명에 대한 위태화를 가벌성의 영역에서 배제하고자 하는 시도라고도 볼 수 있다. 즉 미수범을 처벌하지 않는다는 이유로 위험범이라고 해석하는 것은 타당하지 않다고 한다. 박찬걸, 낙태죄 합리화 정책에 관한 연구, 법학논총 제27집 제1호, 202, 205쪽.

44) 헌재 2012.8.23. 2010헌바402, 형법 제270조 제1항 위헌소원.

45) 태아는 적어도 형법적인 영역에서 사람으로 취급되지 아니한다. 법원은 태아는 사람이 아니라고 명시적으로 판시한 바 있다(대판 2004.3.26. 2003도6570). 또한 업무상과실치사의 점에 대한 판단(대법원 2007.6.29.

와 살인죄를 구분하고 있는 점에서도 나타난다. 헌법재판소도 태아를 생성중인 사람으로서 파악하고 있다. 헌법재판소는 또한 "모든 인간은 헌법상 생명권의 주체가 되며, 형성 중의 생명인 태아에게도 생명에 대한 권리가 인정되어야 한다. 따라서 태아도 헌법상 생명권의 주체가 되며, 국가는 헌법 제10조에 따라 태아의 생명을 보호할 의무가 있다."[46]고 하면서 태아를 생명권의 주체라고 밝히고 있다.[47]

그러나 기본권은 자연인이 주체가 될 수 있는 것이다. 헌법재판소처럼 태아를 사람으로 보지 않으면서 생명권의 주체성을 인정할 수 있다고 보기는 어려운 점이 있다. 기본적으로 합의가 될 수 있는 부분은 태아의 생명은 존엄하므로 국가가 적극적으로 태아의 생명을 보호하기 위한 의무를 진다는 점이다. 견해의 차이가 나타나는 부분은 태아생명을 절대적인 것으로서 보고 국가의 기본권보호의무가 낙태에 대한 형벌을 통해 실현되어야만 실행된다고 볼 수 있는지, 혹은 태아생명에 대한 질적인 보호가 가능한 지에 관해서이다.

우리의 형법의 낙태죄규정은 태아생명의 절대성과 처벌을 통한 생명보호 의무실현이라는 태도를 취하고 있고 헌법재판소도 2012년 자기낙태죄의 결정[48]에서 "태아가 비록 그 생명의 유지를 위하여 모(母)에게 의존해야 하지만, 그 자체로 모(母)와 별개의 생명체이고 특별한 사정이 없는 한 인간으로 성장할 가능성이 크므로 태아에게도 생명권이 인정되어야 하며, …"라고 판시하고 있다. 동재판소는 낙태를 처벌하지 않거나 형벌보다 가벼운 제재를 가하게 된다면 현재보다도 훨씬 더 낙태가 만연하게 되어 자기낙태죄 조항의 입법목적을 달성할 수 없게 될 것이고, 성교육과 피임법의 보편적 상용, 임부에 대한 지원 등은 불법적인 낙태를 방지할 효과적인 수단이 되기에는 부족하다고 설시하면서 자기낙태죄 조항으로 제한되는 사익인 임부의 자기결정권이 자기낙태죄 조항을 통하여 달성하려는 태아의 생명권 보호라는 공익에 비하여 결코 중하다고 볼 수 없다고 판단하고 있다. 태아의 독자적 생존능력을 기준으로 태아의 생명에 대한 권리를 제한할 수 없고 생명권의 온전한 보호를 위하여 임부의 자기결정권이 전혀 인정하지 않는 정도로 제한되는 것이 과도한 제한은 아니라는 관점에서 태아의 생명권과 여성의 자기결정권을 대립시키고, 태아의 생명은 임신 순간부터 인간의 생명과

선고 2005도3832 판결 [업무상과실치상])에 있어 사람의 생명과 신체의 안전을 보호법익으로 하고 있는 형법의 해석으로는 규칙적인 진통을 동반하면서 분만이 개시된 때(소위 진통설 또는 분만개시설)가 사람의 시기라고 봄이 타당하다고 함은 종래 대법원이 취하여 온 견해(대법원 1982.10.12. 선고 81도2621 판결, 대법원 1998.10.9. 선고 98도949 판결 등 참조)라고 확인하고 있다.

46) 헌재 2008.7.31. 2004헌바81 민법 제3조 등 위헌소원.

47) 한편으로 동재판소는 초기배아에 대해서는 기본권의 주체성을 부인하면서, 출생전 형성과정중에 있는 생명에 대하여 기본권 주체성을 인정할 수 있는지, 어떤 시점부터 기본권 주체성을 인정할 수 있는지, 어떤 기본권에 대하여 기본권 주체성을 긍정할 수 있는지 등의 문제는 생물학적 지식을 토대로 한 자연과학의 발전성과 헌법의 규범론적 해석을 종합적으로 고려하여 결정하여야 한다고 판시하고 있다. 헌재 2010.5.27. 2005헌마346, 생명윤리 및 안전에 관한 법률 제13조 제1항 등 위헌확인. 헌재 2012.8.23. 2010헌바402, 형법 제270조 제1항 위헌소원에서 태아의 생명권 인정.

48) 헌재 2012.8.23. 2010헌바402, 형법 제270조 제1항 위헌소원.

동일하게 보호받아야 하고, 생명에 대한 박탈행위는 인간의 기본적인 윤리가치를 파괴하며 그로 인하여 인명경시의 풍조를 발생시킬 수 있으며 또한 법규범의 현실문제에 대한 역할의 관점에서 낙태 행위에 대한 가벌성을 인정해야 하고 한다는 사고[49]에 기초하고 있다.

그러나 인간이나 생명개념에 관한 고민이나 구체적 논의가 없는 생명존중론은 생명 그 자체에 주목하기보다는 오로지 낙태죄 규정을 유지하는 수단이 될 가능성이 높다. 생명이 있다는 점으로 인해 인간의 생명권과 '되어가는 사람'인 태아의 생명에 대한 권리를 동일하게 보기는 어렵다고 본다. 태아를 수정란부터 출산에 이르기까지 동일한 가치를 갖는다고 보는 것은 무리이다. 태아뿐만 아니라 산모의 전 생애에 걸쳐 주기별 삶을 고려하여 인간으로서의 존엄과 가치에서 도출되는 자기결정권도 고려되어야 한다.[50]

사람의 생명권도 절대적인 것은 아니어서 제37조 제2항에 의한 법률유보의 대상이 된다. 헌법재판소는 지금까지 "모든 인간의 생명은 자연적 존재로서 동등한 가치를 갖는다고 할 것이나 '그 동등한 가치가 서로 충돌하게 되거나 생명의 침해에 못지아니한 중대한 공익을 침해하는 등'의 경우에는 국민의 생명ㆍ재산 등을 보호할 책임이 있는 국가는 어떠한 생명 또는 법익이 보호되어야 할 것인지 그 규준을 제시할 수 있는 것이다."라고 하는 태도를 견지하고 있다. 형성중인 사람으로서의 태아의 생명을 사람에 대한 생명에 대하여 똑 같은 것으로 보고 동일한 수준의 보호를 요구할 수는 없는 것이다. 태아의 생명보호는 임부의 자기결정권을 고려하여 일정정도 제한이 될 수 있는 가능성을 열어두어 두 기본권을 조화롭게 보장하는 해결책을 모색할 필요성이 인정될 수 있는 것이다. 그럼에도 불구하고 모자보건법상의 인공임신중절의 정당화 사유를 제외하고는 태아의 생명을 형량이 불가능한 절대적인 것으로 주장되면서 낙태에 대한 원칙적 금지와 처벌이 정당화되고 있다. 낙태에 대한 법의 이러한 태도는 출생 후 사람의 생명에 대한 법의 태도와 비교하여 볼 때,[51] 태아의 생명에 대한 권리를 매우 두텁게 보호하는 것으로서 타당성과 체계정당성을 상실한다고 할 것이다.

(2) 영아살해죄 규정과 낙태죄 규정의 부정합성

낙태죄규정의 모순점은 형법 제251조의 영아살해죄[52] 규정과 비교하여 보면 잘 나타난다. 영아살해죄는 많이 발생하는 범죄는 아니지만 보호 및 양육의무가 있는 산모가 분만후 영아를 살해하는 경우에 특정의 동기를 참작하여 형을 감경한다는 점에서 문제가 된다. 영아

---

49) 이경직, 기독교와 철학 제8호. 80-81쪽.

50) 이선순, 낙태논쟁 속 법담론의 탈관계성 비판-낙태죄 헌법소원을 중심으로-, 젠더와 문화 7(1), 2014.06. 180쪽.

51) 법과 판례에서는 태아를 사람과 달리 취급하고 있다. 배아훼손 생윤법 제51조 제2항 3년이하 징역 또는 5천만원 이하 벌금; 형법 제269조 제1항 낙태 1년이하 징역 또는 200만원 이하 벌금; 형법 제251조 영아살해 10년 이하 징역; 형법 제250조 제1항 살인죄 사형, 무기, 또는 5년 이상 징역; 형법 제159조 사체 2년이하의 징역 500만원 이하 벌금, 신현호, 377쪽.

52) 전보경, 법학논총 제37권 제3호, 170쪽.

살해죄 발생건수를 보면 1990년 7건이었다가 1992년 20건으로 급증하였다. 그 후 1999년 18건, 2000년 17건, 2002년 10건으로 감소한 상태로 발생하다 2010년 18건으로 증가하고, 2012년에는 16건이 발생하였다. 22년 동안 20건 이상 발생한 해는 1992년 한 해뿐이고, 10건에서 18건이 12년, 3건에서 9건 발생한 해가 9년이다.

형법 제251조의 규정에 따라 ① 직계존속이 치욕을 은폐하기 위하거나, ② 양육할 수 없음을 예상하거나, ③ 특히 참작할 만한 동기로 인하여 분만중 또는 분만직후의 영아를 살해한 때에는 10년 이하의 징역에 처하게 된다. 부양의무가 있는 직계존속이 사회·경제적 동기, 특히 참작할 만한 동기로 분만 중이나 직후에 사람을 살해하는 경우, 이를 참작하여 일반살인죄에 비해 감경[53]하고 있는 것이다.[54] 특히 참작할 만한 동기는 직계존속이 치욕을 은폐하기 위하거나, 양육할 수 없음을 예상하거나의 두 요건에 해당하지 않으면서 책임감경의 필요가 있는 사안을 포섭하기 위한 일반조항이다. 그 예로는 질병, 기형아, 장애아, 생육가망이 없다고 판단한 경우, 혼인생활을 더 이상 계속할 수 없는 명백한 상황이 해당한다고 본다.[55] 이 규정과 낙태죄를 비교할 때, 낙태죄의 모순성이 잘 나타난다. 즉, 형성중인 사람에 대하여는 사회·경제적 동기의 낙태가 허용되지 않아 모든 낙태가 불법이 되어 처벌대상이 되지만, 사람인 영아에 대한 살해의 경우에는 사회·경제적 동기뿐만 아니라 특히 참작할 만한 동기까지 광범하게 동기가 참작되어 형을 감경하고 있는 것이다.[56]

사람의 생명보호의 관점에서 볼 때, 부양의무가 있는 산모가 사회·경제적 동기 등으로 영아를 살해하는 경우 동기를 참작하여 형을 감경하는 것보다 오히려 일정한 기간내에 사회·경제적 사유로 낙태를 허용하는 것이 더욱 바람직하다고 볼 수 있다. 독일형법에서 생명과 관련된 산모의 범죄에 대하여 취하는 방식을 보면 낙태정당화 사유와 함께 상담조건부 12주 이내의 낙태를 허용하면서 부양의 무있는 직계존속의 영아유기와 영아살해에 대하는 가중처벌을 하고 있다는 점이 참고가 될 수 있을 것이다. 현행형법상의 영아살해규정과 유사하게 독일에서도 1998년 제6차 형법개정 전까지는 '혼인외' 아동에 대한 살해는 처벌상의 특권이 주어졌었다. 형법 제217조 "혼인외의 아동을 분만 중 또는 분만 직후에 살해한 모는 3년이상 15년 이하의 자유형에 처한다"는 규정을 두고 있었던 것이다. 동 규정은 이전 세기에 '미혼모(nichtverheiratete Mütter)'[57]들에 대해 가해진 사회적 압력(사회적 배제, 직업의 상실, 전시효과 등)을 근거로 하여 불법행위가 경감된다는 데에서 기인하였다. 혼인 중의 영아

53) 배종대, 「형법각론」, 홍문사, 2013, 75쪽; 이영란, 「형법학 각론강의」, 형설출판사, 2010, 34쪽; 오영근, 「형법각론」, 대명출판사, 2002, 43쪽.

54) 동조항의 폐지 또는 해석론에 대해서는 성낙현, 영아살해죄의 해석론과 입법론, 법조 2010.7(Vol. 646) 5쪽 이하; 변종필, 영아범죄에 대한 입법론적 검토, 비교형사법연구 제10권 제2호 122쪽 이하.

55) 전보경, 법학논총 제37권 제3호, 173-174쪽.

56) 전보경, 법학논총 제37권 제3호, 181쪽.

57) 지금은 사용되지 않는 용어이다. 현재는 단독양육인(Alleinerziehende)라고 부른다.

에 대한 살해에 대해서는 동 규정이 적용되지 않았다. 동 규정은 사회의 변화와 더불어 혼인외 자에 대한 인정과 이들의 동등지위가 인정이 되고 더 이상 시대에 맞지 않는 것으로 평가되어 1998년 삭제되었다. 현재는 독일형법 제221조의 유기[58]는 제212조 살해(Totschlag)에 해당하여 5년이상 15년의 자유형에 처해지거나 212조나 213조에서 규정하는 덜 중대한 사안에 해당하여 1년이상 10년 이하의 처해지게 된다. 아동살해에서 욕심, 잔인함, 배려없는 사리사욕과 같은 특징이 나타나면 아동살해는 제211조의 살인죄로 평가될 수 있다.

(3) 태아생명제한의 필요성

태아는 독립된 인격체가 아니라 전적으로 임부에게 의존하여 유지되는 생명으로서 여성의 몸안에서 생명이 발전하고 인간공동체와 관계를 맺는 중요한 존재이다. 태아의 생명에 대한 질적 접근을 통하여 "태아의 생명은 사람의 생명과 달리 비교할 수 있는 법익"이라고 볼 수 있는 것이다.[59] 태아는 생성중의 인간으로서 태아의 생명을 인간의 생명에 준하는 법익으로 보호해야 한다는 명제는 타당하다. 그러나 태아의 생명은 보호되어야 하지만 사람의 생명처럼 절대적 의미를 부여할 수 없으므로 임부의 자기결정권이 라는 법익과 충돌될 때에는 일정한 상황에서 법익균형성의 관점에서 그 제한이 가능하다는 명제도 또한 타당한 것이다.[60] 헌법재판소도 2008년 내린 결정에서는 태아도 헌법상 생명권의 주체가 되며, 국가는 헌법 제10조에 따라 태아의 생명을 보호할 의무가 있다고 인정하면서도, 인간존엄의 보호정도의 차이가 있을 수 있음을 설시하고 있다. 즉, 태아는 형성 중의 인간으로서 생명을 보유

---

58) § 221 Aussetzung
(1) Wer einen Menschen
1.in eine hilflose Lage versetzt oder
2.in einer hilflosen Lage im Stich läßt, obwohl er ihn in seiner Obhut hat oder ihm sonst beizustehen verpflichtet ist, und ihn dadurch der Gefahr des Todes oder einer schweren Gesundheitsschädigung aussetzt, wird mit Freiheitsstrafe von drei Monaten bis zu fünf Jahren bestraft.
(2) Auf Freiheitsstrafe von einem Jahr bis zu zehn Jahren ist zu erkennen, wenn der Täter
1.die Tat gegen sein Kind oder eine Person begeht, die ihm zur Erziehung oder zur Betreuung in der Lebensführung anvertraut ist, oder
2.durch die Tat eine schwere Gesundheitsschädigung des Opfers verursacht.
(3) Verursacht der Täter durch die Tat den Tod des Opfers, so ist die Strafe Freiheitsstrafe nicht unter drei Jahren.
(4) In minder schweren Fällen des Absatzes 2 ist auf Freiheitsstrafe von sechs Monaten bis zu fünf Jahren, in minder schweren Fällen des Absatzes 3 auf Freiheitsstrafe von einem Jahr bis zu zehn Jahren zu erkennen.

59) 박찬걸, 낙태죄의 합리화 정책에 관한 연구, 법학논총, 제27권 제1호(2010), 201쪽; 태아의 발전단계에 따라 그 합법성의 단계를 달리해야 한다고 주장한다. 헌법재판소는 이 사안에서 입법자가 형법과 모자보건법 등 관련규정들을 통하여 태아의 생명에 대한 직접적 침해위험을 규범적으로 충분히 방지하고 있으므로, 태아가 사산한 경우에 한해서 태아 자신에게 불법적인 생명침해로 인한 손해배상청구권을 인정하지 않고 있다고 하여 단지 그 이유만으로 입법자가 태아의 생명보호를 위해 국가에게 요구되는 최소한의 보호조치마저 취하지 않은 것이라 비난할 수 없다고 하고 있다.

60) 박찬걸, 낙태죄 합리화 정책에 관한 연구, 법학논총 제27집 제1호, 210쪽.

하고 있으므로 국가는 태아를 위하여 각종 보호조치들을 마련해야 할 의무가 있지만 그와 같은 국가의 기본권 보호의무로부터 태아의 출생 전에, 또한 태아가 살아서 출생할 것 인가와는 무관하게, 태아를 위하여 민법상 일반적 권리능력까지도 인정하여야 한다는 헌법적 요청이 도출되지는 않기 때문에 인간이라는 생명체의 형성이 출생 이전의 그 어느 시점에서 시작됨을 인정하더라도, 법적으로 사람의 시기를 출생의 시점에서 시작되는 것으로 보는 것이 헌법적으로 금지된다고 할 수 없다는 것이다.[61] 태아의 보호범위, 방법, 기준, 절차 등은 정치, 경제, 사회, 문화, 종교, 윤리, 관습, 가족관계 등에 따라 달라 질 수밖에 없다. 그러나 태아를 수정란부터 만출 직전까지 동일한 가치를 갖는 생명권의 주체로 보는 것은 무리가 있다.[62]

또한 낙태죄 규범과 낙태현실의 부조화로 인하여 태아생명보호가 잘 이루어지고 있지 못하다는 문제를 해결할 필요가 있다.[63] 법규범은 사회현실을 반영한 사회구성원간의 합의의 결과이다. 낙태와 같이 찬성과 반대의 논의가 접점을 찾기 어려운 사안일수록 법규범의 제정과정에서 법규범에 담을 핵심적 가치와 내용에 대한 논의와 이에 대한 합의가 이루어져야 한다. 그러나 살펴 본 바와 같이 형법상 원칙적 낙태의 금지와 모자보건법상 예외적 인공임신중절을 위한 정당화사유의 규정은 공론화를 통한 사회적 합의의 결과물이라고 보기 어렵다. 정부의 인구정책에 기여하기 위하여 법적용이 거의 되지 않은 채로 오랜 시간이 경과한 후 현재 우리나라에서 낙태는 불법이자 불처벌의 대상이 되었고, 가장 엄하게 낙태를 처벌하는 국가에 속하지만 실제는 가장 많이 낙태를 하는 나라에 속하게 되었다.[64]

낙태건수에 대한 편차는 연구자마다 매우 크게 나타나기는 하지만,[65] 2004년 보건복지부가 임신중절 실태조사 잠정분석결과를 보면 낙태 건수는 35만 590건으로 났다.[66] 우리나라와 유사한 법률을 가진 일본[67](낙태율 10.4)에 비해서도 높은 낙태율(15.8)을 보인다. 많은

---

61) 헌재 2008.7.31. 2004헌바81 결정 민법 제3조 등 위헌소원.

62) 신현호, 낙태죄에 관한 제문제, 저스티스(2010), 373쪽.

63) 여성 1,007명, 남성 201명, 총 1,208명을 대상으로 사회경제적 사유로 낙태를 해야하는 상황으로 가정하고 여성들의 낙태의향을 물어 본 결과 ① 태아성별이 원하는 것이 아닌 경우에 대해서는 여성 4.9%, 남성 4%, ② 기혼이지만 임신계획이 없는 경우에 대해서는 여성 20.6%, 남성 13.4%, ③ 미혼인데 임신한 경우에 대해서는 여성 73.4%, 남성 60.7%, ④ 경제사정이 어려워 아이를 기를 수 없는데 임신한 경우에 대해서는 여성 39.1%, 남성 33.3%가 낙태의향이 있다고 대답하였다. 한국여성정책연구원, 2014 연구보고서 21, 피임과 낙태정책에서의 재생산건강권 보장방안: 일반 국민조사를 중심으로, 19쪽.

64) 비영리 연구기관인 구트마허연구소(Guttmacher Institute)가 지난 20일(현지 시각) 발표한 'Abortion Worldwide 2017: Uneven Progress and Unequal Access' 보고서에 따르면 콜럼비아와 멕시코는 34건, 파키스탄이 가장 많은 50건이었다. 낙태율이 가장 높은 곳은 남미와 캐러비안 베이 인근 국가들이었는데 이들국가들은 낙태가 법률로 엄격히 금지되는 곳들이다. https://www.huffingtonpost.kr/entry/abortion_kr_ 5ab1baf3e4b008c9e5f2810f?utm_id=naver

65) 신옥주, 실질적 성평등 실현의 관점에서 살펴본 이명박 정부의 성평등정책 평가 및 제언, 민주법학 제50호 (2012.11.), 33쪽.

66) 검찰수사 2011년 71건; 2010년 51건; 2009구 30건; 2008년 16건; 2007년 82건, 주노호, 낙태에 관한 규정의 현황과 모자보건법의 합리적 개정방안, 한국의료법학회지 제20권 제2호(2012), 52쪽; 이화젠더법학 제8권 제3호(2016년 12월) 227-228쪽; 신현호, 낙태죄에 관한 제 문제, 저스티스, 2010.12, 373쪽.

낙태건수에 비해 처벌률이 0.005%[68]에 불과해 사실상 처벌하지 않고 있다. 낙태죄의 5가지 유형을 모두 포함하여 1989년부터 2009년까지 한해 평균 40건이 낙태죄로 입건되었고 그중 평균 5.6건이 기소되었다. 2009년 이전에는 주로 집행유예와 선고유예가 선고되었는데 2010년부터 유기징역도 선고되고 재산형 선고 늘어나는 점이 눈에 띈다.[69] 현실적으로 낙태처벌의 처벌률이 낮아 규범으로써 효력을 잃었다고 보고 낙태규정이 사문화되었다고 평가된다.[70]

강한 규제로 낙태를 없애지 못하고 위험한 낙태를 만들 뿐이라는 한 보고서[71]의 지적처럼 낙태가 엄격히 금지된 나라에서 낙태가 매우 많이 일어나고 있으며, OECD의 임신초기 12주내 낙태가 불처벌되는 나라에서 여성의 낙태율은 낮다.[72]

우리나라에서 태아의 생명보호를 위한 낙태죄 규정이 규범력을 상실하여 제 힘을 발휘하지 못하게 된 것이 현실을 통해 낙태죄의 규정을 통해서는 임신 전 기간에 걸쳐 생명가치에 대하여 존중을 하고 생명을 지키기 위한 주의를 다하라고 하는 헌법적 요청은 충족될 수 없게 된다는 점은 명확하게 드러난다고 할 수 있다. 따라서 국가의 생명보호의무가 낙태의 전면적 금지와 이에 대한 처벌만을 통하여 충족된다고 보는 사고에서 벗어나 입법을 통하여 여성이 임신 중 또는 출산 후 겪게 되는 어려움을 도와주는 것까지 포함시키는 것으로 확장함으로써 현실과 규범 간의 부조화를 해소하고 규범력 확보를 통한 태아의 생명권의 실질적 보호를 하여야 한다.

---

67) 일본은 우리와 유사한 구조를 갖고 있는데, 형법에서 낙태죄 처벌, 특별법에서 예외적으로 낙태를 허용하고 있다. 국민우생법은 우수한 민족소질 보호와 그 증가를 위하여 제정된 법으로서 우생학적으로 열등한 유전성 질환자 단종행위를 정당화하고 대다수 일본여성의 임신중절 금지. 1948년 우생보호법은 제2차대전 후 경제적 최악상황에서 인구증가를 억제하고 음성적 낙태방지 목적. 정당화사유를 의학적, 윤리적, 우생학적 사유 둠. 1949년 경제적 사유추가. 1996년 모체보호법으로 대체. 도도부현(都道府県)의 구역을 단위로 설립된 공익사단법인인 의사회가 지정하는 의사(지정의사)는 ① 임신의 계속 또는 분만이 신체적 또는 경제적 이유에 의하여 모체의 건강을 현저히 해할 우려가 있는 자와 ② 폭행 또는 협박에 의하여 또는 저항 또는 거절할 수 없는 사이에 간음되어 임신한 자에 대하여 본인 또는 배우자의 동의를 얻어 인공임신중절을 행할 수 있다(모체보호법 제14조 제1항). 배우자를 모르는 때, 그 의사표시를 할 수 없는 때 또는 임신 후 배우자가 없게 된 때에는 본인의 동의만으로 족하다(모체보호법 제14조 제2항). 인공임신중절이란 태아가 모체 외에서 생명을 유지할 수 없는 시기에 인공적으로 태아와 그 부속물을 모체 외로 배출하는 것을 말한다(모체보호법제2조 제2항). 주호노, 낙태에 관한 규정의 현황과 모자보건법의 합리적 개정방안, 한국의료법학회지 제20권 제2호(2012), 66쪽.

68) 이병규, 낙태에 대한 헌법적 논의, 법학논총 제28집, 2012년 7월, 135-168쪽.

69) 최현정, 낙태죄의 문제점 및 개선방향, 이화젠더법학 8(3), 2016.12. 232-234쪽.

70) 그러나 여성의 성적 실천, 임신과 출산에 대하여 여전히 일정한 규범력을 가지고 있다고 보는 견해도 존재한다. “국가가 특별히 수사하고 처벌하지 않아도 낙태가 불법이라는 인식을 심어주고, 낙태한 여성들에게 죄의식을 가지게 하며, 성교시 임신의 두려움을 갖게 한다면 낙태죄의 규범력은 국민들에게 살아 있는 셈”이라는 것이다. 양현아, 여성낙태권의 필요성과 그 함의, 한국여성학, 제21권 1호, 30-32쪽. 또한 가끔 한 번씩 처벌함으로써 불법성을 더욱 각인시키는 정책으로 전환되었다고도 판단하고 있다. 양현아, 낙태에 관한 다초점 정책의 요청: 생명권대 자기결정권의 대립을 넘어, 한국여성학 제26권 제4호, 76쪽.

71) https://www.huffingtonpost.kr/entry/abortion_kr_5ab1baf3e4b008c9e5f2810f?utm_id=naver

72) 2013년부터 2015년까지 OECD국가에서 여성 1000명당 낙태율은 다음과 같다. https://de.statista.com/statistik/daten/studie/70858/umfrage/jaehrliche-schwangerschaftsabbrueche-in-europa/

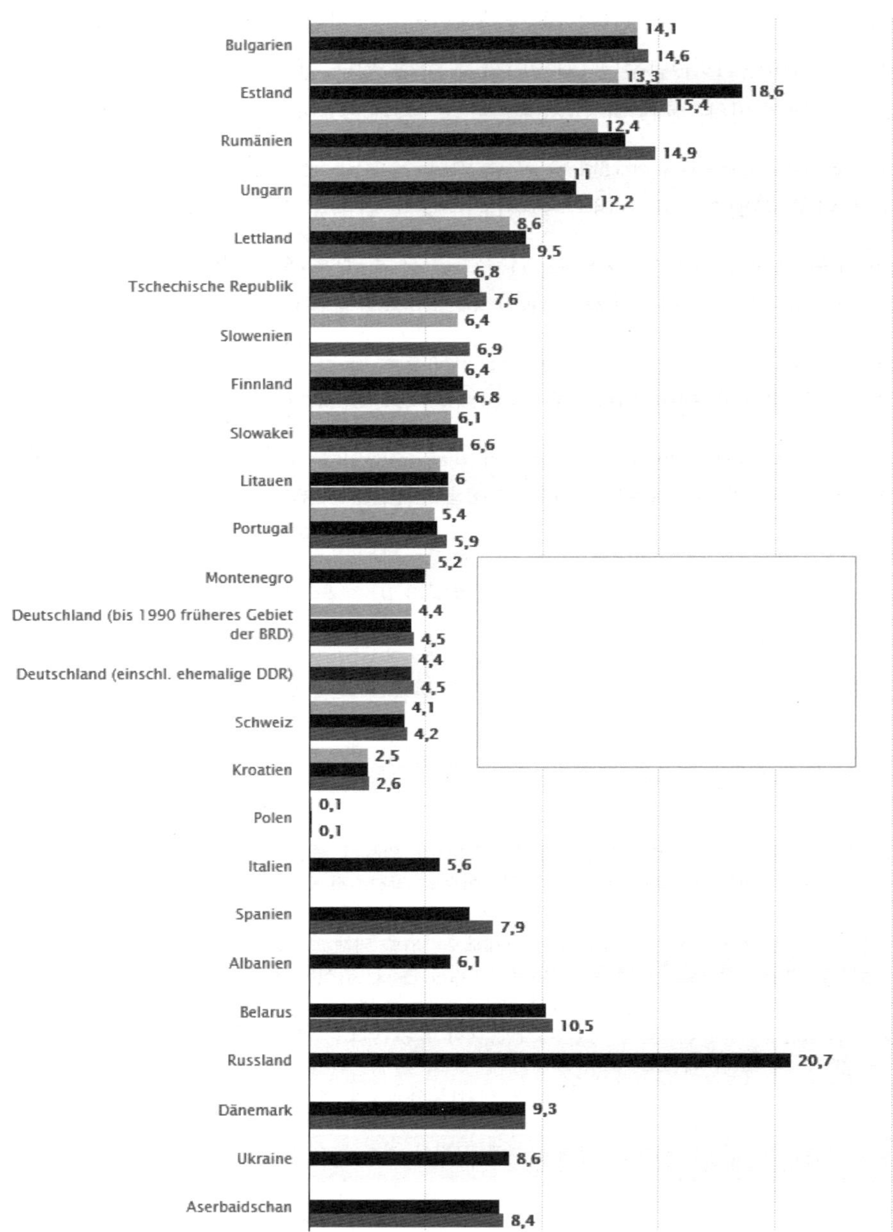
Bulgarien
14,1
14,6
Estland
13,3
18,6
15,4
Rumänien
12,4
14,9
Ungarn
11
12,2
Lettland
8,6
9,5
Tschechische Republik
6,8
7,6
Slowenien
6,4
6,9
Finnland
6,4
6,8
Slowakei
6,1
6,6
Litauen
6
Portugal
5,4
5,9
Montenegro
5,2
Deutschland (bis 1990 früheres Gebiet der BRD)
4,4
4,5
Deutschland (einschl. ehemalige DDR)
4,4
4,5
Schweiz
4,1
4,2
Kroatien
2,5
2,6
Polen
0,1
0,1
Italien
5,6
Spanien
7,9
Albanien
6,1
Belarus
10,5
Russland
20,7
Dänemark
9,3
Ukraine
8,6
Aserbaidschan
8,4
Schwangerschaftsabbrüche pro 1.000 Frauen
2013
2014
2015

Ⅲ. 낙태를 둘러싼 기본권의 조화로운 보호방안

1. 태아의 생명보호를 위한 국가의 기본권보호의무

태아의 생명권과 여성의 자기결정권을 대립적으로 세우고, 태아의 생명권을 형량할 수 없는 우월적 기본권으로 파악한 후 태아의 생명에 대한 보호가 그다지 문제되지 않는 시기에서부터 태아의 생명 보호를 이유로 인간의 존엄에서 도출되는 여성의 자기결정권을 전혀 보호하지 않는다면, 헌법 제37조 제2항에 상응하지 않는 과도한 제한하는 것이다. 전체 사회적 관계속에서 여성과 아동에 대한 관계를 고려하지 않고 일반적인 원칙 하에서 가치의 서열화, 권리의무의 일률적인 형량과 확정을 하는 것은 다양한 삶의 관계가 반영될 수 없다. 우리나라의 낙태현실에서 잘 나타나듯이 모성에 대한 고려없이 태아의 생명보호라는 공익은 허구적일 수밖에 없다. 인간이나 생명개념에 관한 고민이나 구체적 논의가 없이 주장되는 태아 생명의 절대적 생명존중론은 생명 그 자체에 주목하고 태아의 생명을 보호하는 결과를 가져오지 못한다. 이는 단지 낙태죄 규정을 유지하는 수단이 될 가능성이 높다.[73)]

태아의 생명권과 임부의 자기결정권이 충돌하는 경우 양 기본권을 형량하여 조화롭게 모두 보호할 수 있는 방법이 필요하다. 태아의 생명은 사람의 생명이 아니라 생성 중인 생명이므로 사람의 생명과 같이 보호해야 할 법익이라고는 할 수 없기 때문에 일정한 범위에서는 제한이 가능하고 여성의 자기결정권이 보호되어 일정 범위내에서 낙태를 결정할 자유가 인정되어야 한다.[74)] 이때 여성의 자기결정권을 보호하기 위한 조치들은 태아의 생명박탈의 효과를 가져오게 되므로 헌법 제10조에 따른 국가의 태아의 생명보호를 위한 기본권보호의무를 다하였는지가 검토되어야 한다. 국가의 기본권보호의무의 이행은 입법자의 입법을 통하여 비로소 구체화되는 것이고, 국가가 그 보호의무를 어떻게 어느 정도로 이행할 것인지는 입법자가 제반사정을 고려하여 입법정책적으로 판단하여야 하는 입법재량의 범위에 속하는 것이다.[75)] 헌법재판소도 국가의 기본권보호의무 이행은 입법자에 의해 구체화되고, 원칙적으로 한 나라의 정치·경제·사회·문화적인 제반여건과 재정사정 등을 감안하여 입법정책적으로 판단하여야 하는 입법재량의 범위에 속하는 것이라고 보고 있다. 기본권보호의무를 충족했는지에 대한 판단은 국가가 국민의 법익보호를 위하여 적어도 적절하고 효율적인 최소한의 보호조치를 취했는가를 기준으로 하여 기본권보호를 위한 조치를 전혀 취하지 않았거나, 취한조치가 목적을 달성하기에 명확하게 부적절한 경우에만 의무위반이 인정된다. 다만

---

73) 이선순, 낙태논쟁 속 법담론의 탈관계성 비판-낙태죄 헌법소원을 중심으로-, 젠더와 문화 7(1), 2014.6. 190쪽.

74) 박찬걸, 낙태죄 합리화 정책에 관한 연구, 법학논총 제27집 제1호, 211쪽.

75) 헌재 2008.7.31. 2004헌바81 민법 제3조 등 위헌소원.

유일한 수단인 특정조치를 취하지 않은 때에도 보호의무의 위반을 확인하게 된다.

자기낙태죄에 대한 결정에서 헌법재판소 다수의견은 태아의 생명을 보호하는 임신 후 몇 주가 경과하였는지 또는 생물학적 분화 단계를 기준으로 보호의 정도를 달리할 것은 아니라고 하면서, 태아의 생명 보호를 위해 낙태를 방지하는 방법으로 비형벌적 제재가 아닌 형벌적 제재를 택한 것이 지나치게 과도한 방법이 아니라고 한다. 자기낙태죄 조항이 형벌로써 낙태를 규제하고 있음에도 불구하고 여전히 불법적인 낙태가 성행하고 있고 그에 대한 처벌이 거의 이루어지지 않고 있는 현실에서, 만일 낙태를 처벌하지 않거나 형벌보다 가벼운 제재를 가하게 된다면 현재보다도 훨씬 더 낙태가 만연하게 되어 자기낙태죄 조항의 입법목적인 태아생명보호를 할 수 없게 될 것이라고 하는 것이다. 동 재판소는 또한 성교육과 피임법의 보편적 상용, 임부에 대한 지원 등은 원하지 않는 임신을 미연에 방지하는 수단이 될 수 있을지는 모르나 불법적인 낙태를 방지할 효과적인 수단이 되기에는 부족하다고 보고 있다.[76] 그러나 우리의 현실에서 보듯이 생명보호를 위하여 국가형벌권의 범위를 확대·강화한다고 해서 곧 확실하고도 효율적인 생명법익의 보호로 이어지지 못하고 낙태죄가 사문화된 것은 생명보호의 수단으로서 낙태죄가 적절한지에 대한 의문을 불러 일으킨다. 형벌은 이 경우 국가가 취할 수 있는 유효적절한 수많은 수단 중의 하나일 뿐이지, 결코 형벌까지 동원해야만 보호법익을 유효적절하게 보호할 수 있다는 의미의 최종적인 유일한 수단이 될 수 없다.[77] 또한 태아에 대한 국가의 보호의무에는 출산을 방해하는 요소를 제거하는 것뿐만 아니라, 여성이 임신 중 또는 출산 후 겪게 되는 어려움을 도와주는 것까지 포함된다고 보아야 한다. 태아의 생명보호는 임부의 신체적·사회적 보호를 포함할 때에야 비로소 실질적인 의미를 가질 수 있기 때문이다.[78]

2. 태아생명보호와 여성의 자기결정권 조화를 위한 입법례

(1) 프랑스의 Vo/Frankreich 사건[79]

프랑스에서는 1975.1.17. 낙태합법화를 위한 법이 의회에서 의결되었으며, 당시 발의했던 보건부장관의 이를 따서 “Loi Veil”이라 불린다. 낙태의 권리는 여성이 궁박상태에 있어야 한다는 특정한 조건과 결부되어 임신 10주 이내의 낙태가 처벌되지 않는다고 규정되어 있었다. 5년의 기한을 가진 한시법으로서 의결되었으나 1979년 판결에서 확고하게 기한방식에 따른 낙태자유가 자리를 잡게 되었다. 2001년 법은 의학적 사회적 발전에 적응하게 되어 낙

76) 헌재 2012.8.23. 2010헌바402, 형법 제270조 제1항 위헌소원 다수의견.

77) 신옥주, 생명의료영역에서 여성인권존중의 필요성, 10-11쪽.

78) 헌재 2012.8.23. 2010헌바402, 형법 제270조 제1항 위헌소원 소수의견.

79) Kerstin Blau, Neuere Entwicklung in der Schutzpolitik des RGMR am Beispiel des Falles “Vo/Frankreich”, Heft 3-2005-ZEuS. S. 402-410.

태약의 사용이 자유롭게 되었었다. 또한 특정한 전제조건하에서 미성년자도 이 권리를 사용할 수 있게 되었다. 2014년 남녀평등법에서 궁박상황 조건이 삭제되었으며 12주 내의 낙태 자유로 변경되었다. 오늘날에는 임신을 계속하고 싶지 않은 모든 여성은 임신중단을 할 수 있게 되었다. 프랑스 항소심(Cour de Cassation)이나 헌법위원회(Conseil Constitutionnel)에서는 태아의 기본권 주체성에 대해서는 결론을 내리고 있지 않다. 태아의 생명에 대한권리가 인정되지만 제한적이라고 보고 있다. 또한 태아의 생명보호를 위하여 기본권보호개념을 사용하지 않는다.

유럽인권재판소에서 1994.7.8. 결정한 Vo/Frankreich 사건은 우리에게도 많은 시사점을 준다. 처음으로 유럽재판소는 태아의 보호를 위하여 국가에게 처벌의무가 주어질 수 있으므로 국가가 태아의 과실치사에 대하여 행위자가 처벌이 되도록 규정을 하여야 하는지에 대한 판단을 하였다. 이 사안은 태아와 산모의 보호법익이 충돌하는 산모의 자유의사에 의한 임신중단이 아니라 의사가 임신 중단을 위해 병원을 찾은 Vo와 정기검사를 받으러 병원을 방문한 임신 약 21주의 Vo를 잘못 인식해서 정기검진을 위해 온 임산부 Vo에게 임신중절수술을 한 경우이다. Vo는 프랑스가 이러한 경우를 위한 범죄구성요건을 만들지 않아 낙태시술을 한 의사를 처벌을 할 수 없게 된 결과 태아에게 불리하게 되었으므로 처벌형태로 이루어지는 국가의 생명보호의무를 다하지 못했다고 주장하면서 유럽인권재판소에 유럽인권협약 제2조 생명권의 침해를 이유로 제소하였다.[80]

유럽인권재판소는 태아에게 모의 권리를 통해서 제한이 되는 것이긴 하나 생명에 대한 권리를 인정되는 것이 가능하다고 보았다. 동재판소는 태아가 유럽인권협약 제2조상의 사람인지라는 추상적 질문에 대답하는 것은 바람직하지도 않고 또한 가능하지도 않다고 설시하고 있다. 동재판소는 프랑스가 동 협약 제2조에서 도출되는 생명보호를 다하였는지의 문제를 프랑스가 생명보호를 위한 절차적인 보호의무를 충족시키고 있는지의 문제로 판단하였다. 동재판소는 동협약 제2조의 원칙에 따라 국가는 사인 사이에 기본권이 침해되지 않도록 하는 소극적 기본권보호의무뿐만 아니라 사회적 차원의 급부를 위한 적극적 기본권보호의무, 그리고 절차적 보호라고 불리는 절차나 조직법상의 보호의무를 충족시켜야 한다고 보았다. 그리고 경우에 따라서는 법시스템에서 효과적인 처벌적 제재를 마련할 것이 요구될 수 있지만 이 사안처럼 과실치사의 경우 처벌이 반드시 필요한 것은 아니라고 보았다. 프랑스의 법에서 태아의 생명보호의무는 과실치사에 대해서는 민사상 청구만으로도 충족되고, 또한 당해 병원과 의사에 대한 형사적 재재나 징계처분과 함께 절차적 보장을 하고 있기 때문에 보호의무의 충족을 위하여 충분하다고 하면서, 프랑스는 이러한 보호의무를 충실하게 이해하고

80) EGMR, Vo/Frankreich, Urteil v. 8.7.2004, Nr. 53924/00, http://hudoc.echr.coe.int/hudoc(31.8.2005)

있다고 판단했다.

(2) 독일 연방헌법재판소의 낙태결정

1974.4.26. 연방의회는 제218조에 대한 제2차 개정을 통하여 기한방식을 도입하였다. 제218a조는 산모의 동의를 얻어 의사의 상담 후 행해지는 12주 내의 낙태는 허용되며 처벌되지 않는다고 규정하고 있었다. 1975.2.25. 연방헌법재판소는 어떠한 정당화사유 없이 임신 12주째까지의 임신중절 불처벌을 규정한 기한방식이 헌법에 반한다고 결정하였다.[81] 동재판소는 입법자들에게 임신중단에 대하여 처벌을 통해 근본적인 위협을 줌으로써 태어나지 않은 생명의 헌법적 보호가 효과가 있게 되도록 할 것을 주문하였다. 태아의 생명권은 산모의 자기결정권보다 우선된다고 본 연방헌법재판소는 기본권의 이해속에서 기한방식으로 임신중단을 처벌가능성에서 배제시키는 한 헌법에 반한다고 보았다. 따라서 형법 제218a조의 새 규정이 기본법 제1조 제1항 2문과 밀접한 관계에 있는 제2조 제1항 1문에서 직접적으로 도출되는 태아의 생명보호를 위한 국가의 기본권보호의무가 지켜지지 않아 헌법에 위배된다고 결정했다. 연방헌법재판소는 국가의 기본권보호의무의 충족에 있어서 재량의 여지를 인정하기는 했지만 생명의 효과적인 보호를 보장하기 위한 최후수단으로서 국가의 처벌이 필요하다고 보았다.

1990.10.3. 통일 후 기한방식을 채택하고 있었던 구동독의 형법상 낙태규정과 정당화 사유방식을 규정하는 서독의 낙태규정이 새롭게 형성될 필요가 있었다. 임산부 및 가족원조법(Schwangeren- und Familienhilfegesetz)에서 착상 후 처음 12주 내 임산부의 상담의무를 전제로 한 낙태는 법률에 위반되지 않고(nicht rechtswidrig), 허용된다고 하는 기한방식을 규정하였다. 1993.5.28. 연방헌법재판소는 1992년 임산부 및 가족원조법이 낙태를 더 이상 법에 위반되지 않는다고 규정하고 있기 때문에 기본법 제1항 인간존엄과 제2항 생명권에 반하고 무효라고 결정하였다. 그러나 한편으로는 개정법률의 12주내 상담조간부 기간규정은 임신 전기간동안 임신중절이 불법이고 법적으로 금지된다는 원칙에 반하기는 하지만, 여성이 출산강제로 겪게 될 상황을 고려하면, 위 기간규정을 준수한 자를 처벌하지 않는 것(straffrei)은 합헌이라고 판시함으로써 상담조건부 기한방식의 임신중절이 새로이 도입될 수 있는 여지와 합헌가능성도 열어주었다. 동재판소는 태아의 생명을 보호하기 위하여 상담의무의 기준도 엄격할 것을 요구하면서 형법에서 새로이 규정할 낙태와 상담의무, 낙태 불처벌을 위한 새로운 규정이 마련될 수 있도록 돕기 위해 다음과 같은 기속력있는 기준들을 제시하고 있다[82]: ① 낙태는 여전히 법률에 위반되나, 특별한 전제하에서 불처벌된다. ② 헌법에 합치되는 상담의

81) BVerFGE 39, 1.

82) Wissenschaftliche Dienste, Deutscher Bundestag, Sachstand WD 7-3000-064/17, Abschluss der Arbeit 10.05.2017.

무는 태어나지 않은 생명의 보호에 기여해야 한다. ③ 임산부에게 아동과 함께 사는 삶에 대한 전망을 열어 주어야 한다. ④ 임산부는 자기책임하에서 양심적으로 결정할 수 있는 능력이 있어야 한다. ⑤ 아동의 생명권이 임산부에 대하여 우위임이 분명해져야 한다. ⑥ 낙태에서 가능하면 제3자의 관여(부, 가까운 식구 등)가 있어야 한다. ⑦ 상담일지(인적 사항, 낙태 이유, 조력제안과 정보, 대화시간, 기타 관여한 사람들)의 작성.

이 결정에 따라 입법자들은 임신 및 가족원호개정법(Schwangeren- und Familienhilfeänderungsgesetz: FHÄndG)의 규정을 개정하여 특히 상담목적과 상담절차를 강화하였다. 현행 제218a조 제1항에서 상담조건부 12주 이내의 자유 임신중절을 규정하고 있는데 임신중단의 위법성을 배제할 뿐만 아니라, 범죄구성요건에서도 배제했다는 점[83]이다. 그리고 임신중절의 정당화사유로 의학적 사유, 질병적 사유, 윤리적 혹은 범죄적 사유, 궁박상황 혹은 사회적 정당화 사유를 두고 있다. 가족원호 개정법은 1995년 소위 임신갈등법(Gesetz zur Vermeidung und Bewältigung von Schwangerschaftskonflikten, Schwangerschaftskonfliktgesetz-SchKG)으로 개정되었다. 임신갈등법에서 임신갈등에 있는 사람들에 대하여 연령별 그룹별로 법적, 제도적, 그리고 실무적으로 매우 개별화된 맞춤형 정보제공과 상담을 하고 있고, 자신의 신분을 노출시키고 싫어하지 않는 여성들에게 16년 동안 익명이 보장되는 제한적 익명 출산을 할 수 있도록 한다. 형법 제218조에서는 원칙적으로 낙태를 처벌한다고 규정하고 있다. 그리고 제218a조에서는 중절시술이 시행되기 최소 3일 전에 상담을 한 임신부가 임신중절을 요청하고, 상담증명서를 의사에게 제시하고, 의사로부터 임신중절시술이 시행되고, 임신 12주가 지나지 않은 경우 시행이 되면 임신중절이 불처벌(Straflosigkeit des Schwangerschaftsabbruchs) 된다고 규정한다.[84]

3. 재생산관련 법제의 체계적 정비 필요성

현행 형법상 낙태죄 규정을 임신초기의 단계에서의 여성의 재생산에 대한 자기결정권과 조화를 이룰 수 있도록 하는 방안이 고려될 필요가 있다. 이를 위해서는 재생산과 관련된 일련의 법제가 체계적으로 정비되어야 한다. 독일의 경우 여성이 임신부터 낙태, 출산 후 입양까지 발생하는 갈등을 임신갈등으로 보고 이러한 갈등을 해소 혹은 극복할 수 있도록 연방차원에서 법제 정비를 하고 지원체계를 마련했다. 먼저 형법 제218조에서 낙태를 금지한다. 그리고 제218a조에서는 12주 이내의 임신갈등여성에게 상담을 거쳐 3일의 숙려기간 후 의사에 의해 낙태를 허용한다. 여기에서 주목해서 볼 점은 낙태를 고민하는 임신여성을 형법

83) Auf diesen Widerspruch weist auch Eser hin, in: Schönke-Schröder, Strafgesetzbuch, 29. Auflage 2014, Vorbemerkungen zu den §§ 218 bis 219b, Rn. 8.

84) 자세한 내용은 신옥주, '미혼모'의 인권제고를 위한 법제개선방안 비교법적 연구, 법학논집, 21권 2호 (2016.12.) 참조.

에서는 그 이유를 불문하고 '임신갈등'에 있는 여성으로 파악하고 이들에게 상담을 통하여 구체적인 조력이 이뤄질 수 있도록 하고 있는 점이다. 임신갈등법에서는 임신갈등상담소에서 모든 사람에게 건강상담과 임신갈등 상황이 발생하지 않도록 예방적 상담활동을 하는 한편, 상담중심으로 임신갈등이 극복 또는 해결될 수 있도록 시스템을 구축하고 있다. 임신갈등여성에 대한 상담은 결론을 제시하지 않는 개방적 상담이며, 내용은 출산 후 아이와 함께 인간다운 생활하기에 충분한 급부의 내용에 대한 구체적이고 상세한 정보, 조력기관 및 유관단체들에 대한 정보제공에 이르기까지 광범위하다. 임신갈등여성은 상담 후 3일의 숙려기간을 거쳐 임신중단을 할 수 있다. 또한 임신갈등여성은 제한적 익명출산을 선택할 수 있는데, 그 경우 임신갈등상담소에 익명출산을 밝히는 제1회 상담에서만 실명을 밝히게 되며, 그 서류는 국가가 보관한다. 그 이후 진료, 치료, 출산, 출생신고, 신분등록까지의 모든 절차에서 산모는 서류에서 익명으로 남게 된다. 양육포기된 아동은 입양되며 아동에게는 16세가 되면 자신의 친모에 대한 서류를 열람할 권리가 보장된다. 출산 후 아동과 함께 생활하는 경우 우리나라와 같이 '미혼모'에 대한 사회적 편견이 없고 인간다운 삶을 향유하기에 충분한 다양한 경제적 급부와 주택지원 등을 받게 된다.

우리나라에서 여성의 재생산권과 태아의 생명을 보호하기 위하여 다음과 같은 법제정비의 방안을 생각해 볼 수 있다. 먼저 형법상 낙태규정을 개정하여 임신 12주내 상담을 거친 낙태에 대한 불처벌을 규정할 필요가 있다. 그리고 법체계상 현행 모자보건법 제14조의 인공임신정당화사유는 형법의 낙태죄장에 규정하는 것이 바람직하다고 생각한다. 모자보건법 제14조에서는 형법에서 규정하는 상담에 관한 구체적 규정을 둘 필요가 있다. 독일의 경우와 같이 상담소는 누구에게나 개방될 필요가 있으며, 상담은 전문적이고 상세하며 실질적 도움을 줄 수 있도록 구성되어야 한다. 그리고 낙태를 하지 않고 출산 후 단독으로 양육하는 경우 '미혼모' 가족을 위하여 인간다운 생활을 할 수 있는 수준의 지원이 이루어질 수 있도록 한부모가족지원법, 국민기초생활보장법 등의 정비도 필요하다고 생각한다.[85)]

Ⅳ. 결　　어

여성의 재생산에 대한 자기결정권은 임신과 출산에 대해 스스로 결정하고 그 결과를 감당하는 것으로서 헌법 제10조의 인간의 존엄과 가치에 뿌리를 둔 인격권에서 그 근거를 도출할 수 있다. 현행 형법의 낙태죄 규정은 태아의 생명권을 우위에 둠으로써 이러한 여성의 자기결정권을 전혀 인정하지 않고 있어 위헌적이다.

모자보건법상의 낙태정당화 사유로 인한 인공임신중절은 임신유지를 하는 것이 심신의

---

85) 신옥주, '미혼모'의 인권제고를 위한 법제개선방안 비교법적 연구, 법학논집, 21권 2호(2016.12.) 참조.

건강을 매우 크게 해치게 되는 특정한 사유들로 인한 것이어서 여성이 자유로이 판단하고 선택한 자기결정권의 행사라고 보기 어렵다.

태아가 생명이 있는 형성중의 사람으로서 생명에 대한 권리를 가지며 생명을 보호를 받아야 한다는 점은 명백하다. 인간의 생명은 고귀하고, 이 세상에서 무엇과도 바꿀 수 없는 것으로서 존엄한 인간 존재의 근원이다. 이러한 생명에 대한 권리는 기본권 중의 기본권으로서 헌법 제10조 인간의 존엄과 가치에 뿌리를 두고 있다. 국가는 태아의 생명을 침해하지 않아야 할 뿐만 아니라 제3자의 침해로부터 태아의 생명을 보호하기 위한 의무를 진다. 국가의 생명보호의무를 실현하기 위해 형법에서 낙태죄를 규정하고 있으며 태아생명의 절대적 보호를 강조하면서 어떠한 예외도 두지 않고 낙태를 처벌하고 있다. 그러나 우리나라의 낙태 현실을 볼 때, 낙태를 금지하고 처벌을 통하여 태아의 생명이 보호되어 국가가 생명보호의무를 이행하고 있다고 평가할 수 없다. 이제는 처벌을 통한 생명보호정책에서 시각을 전환하여 임신과 출산이 온전히 보호받을 수 있는 사회적 시스템구축을 생명보호로 전환될 필요가 있다.

다른 한편으로 낙태에 대한 전면적 금지를 통해 여성이 재생산에 있어서 가지는 자기결정권이 전혀 보호되지 못하고 있다. 현재 우리사회에서 임신과 출산, 그리고 양육을 하는 과정에서 다양한 '임신갈등'에 처하게 된 여성들이 많이 존재 한다. 특히 혼인을 하지 않은 채 임신을 한 경우 사회·경제적 궁박의 사유로 낙태를 고민하고, 출산 후 유기, 입양 그리고 양육을 두고 고민하는 많은 여성들이 있다. 이들은 사회적 신분으로 인한 편견과 차별과 경제적 어려움을 겪는 일이 많다. 여성이 처한 이러한 현실을 살피지 않고 태아의 생명을 절대시하여 보호하고 낙태를 원칙적으로 처벌하는 것은 여성의 자기결정권을 심각하게 침해한다고 할 수 있다.

태아의 생명과 여성의 자기결정권을 조화롭게 보호하기 위한 유기적 해결 방안을 마련할 필요가 있다. 형법에서 임신중단을 고민하는 여성을 임신갈등여성으로 포착한 후 상담조건부 기한방식의 낙태를 불처벌하고 상담소를 통하여 임신, 낙태, 출산, 입양에 관한 종합적이고 전문적인 상담이 제공될 필요가 있다. 또한 국가는 여성이 사회·경제적 사유로 강요된 낙태를 하지 않도록 사회국가원칙에 따라 사회·경제적 조건을 먼저 형성하고 국민의 인식개선작업을 적극적으로 도와야 한다. 즉, 경제적 취약계층이 임신, 출산, 양육에 있어서 인간다운 삶을 향유하기 위한 사회적 급부를 받고, '미혼모'에 대한 사회적 차별이 제거가 되어야 한다.

11. 동성애 · 동성혼의 헌법적 수용에 대한 비판*

음 선 필**

Ⅰ. 서 설

1. 문제 제기

2017년 국회 개헌특별위원회가 본격적으로 활동함에 따라 자문위원회의 연구보고서가 작성되었고[1], 그 후 2018.3. 문재인 대통령이 개헌안을 발의하면서 개헌논의가 드디어 개헌의 법적 절차를 밟게 되었다. 이 과정을 통하여, 오랜 기간의 묵은 과제였던 1987년헌법의 개정작업이 현실화되면서 그동안 다양하게 준비되었던 개헌안들이 제시되었다. 개헌논의과정에 수많은 의제들이 확정되었는데, 그중에 도덕적으로 민감한 사항으로 등장한 것이 바로 동성애 · 동성혼의 허용 내지 수용 여부였다.

여러 단체나 기관에서 제시한 개헌안은 「성적 지향(sexual orientation)」을 차별의 금지사유로 명시함으로써 사실상 동성애를 옹호 · 허용 · 정당화하고 있으며, 나아가 혼인 및 가족생활의 성립요건을 「양성평등」에서 「(성)평등」으로 변경함으로써 동성혼을 허용 · 인정하려고 하고 있다.

성적 지향으로서 동성애를 합법화하는 것은 결국 동성혼의 인정으로 나아가게 된다. 물론 동성애가 동성혼과 개념적으로 구별되며, 동성애가 반드시 필연적으로 동성혼으로 이어지는 것은 아니다. 왜냐하면 동성애 지지자들의 이론과 실천이 결혼 제도 자체를 부정하는 데서 출발하였기 때문이다. 그런 이유에서 동성애 지지자 중에는 동성혼의 도입을 거부하는 입장을 취하기도 한다.[2] 그렇지만 동성애가 동성혼의 논리적 전제가 되는 것은 사실이라고 하겠다. 그런 까닭에 동성혼 지지자들은 동성애를 먼저 합법화시키는 것이 아주 효과적인 입법전략이라고 여긴다. 그런 점에서 성적 지향을 차별의 금지사유로 명시하려는 시도는 사실상 동성혼의 허용을 요구하는 것으로 보아도 무방하다고 하겠다. 따라서 이 글에서는 한국에서 이른바 「동성애 · 동성혼 개헌」이 과연 헌법적으로 수용될 수 있는가에 초점을 맞추어 논의를 전개하고자 한다.

---

* 이 글은 『홍익법학』, 제18권 제3호, 2017.9, 89-119면에 실린 것으로 상황의 변화에 따라 약간 개고하였음을 밝힌다.

** 홍익대학교 법과대학 교수

1) 국회헌법개정특별위원회 자문위원회는 2017.2.2.부터 활동을 시작한 이래 11개월에 걸쳐 논의한 성과를 2018.1.에 보고서 형태로 작성, 공표하였다.

2) 마이클 브라운, 자유와인권연구소 역, 『성공할 수 없는 동성애 혁명』, 쿰란출판사, 2017, 382면.

2. 용어의 이해

논의의 정확성을 위해 먼저 핵심어에 해당하는 용어들을 개념적으로 명확히 할 필요가 있다. 「성적 지향」은 매우 다의적으로 사용되고 있다. 미국심리학회(The American Psychological Association)의 설명에 의하면,[3] 성적 지향은 「남성, 여성 또는 양성에 대한 지속적인 정서적, 낭만적, 성적인 끌림(attraction)의 유형」을 의미하고 또한 「그러한 끌림이나 이와 연관된 행위 등에 기초한 자신의 정체성에 대한 자각」을 의미한다. 이러한 개념정의는 대체로 통용되고 있다. 그런데 성적 지향은 개인의 성향에 따라 다양하게 분류되곤 한다. 반대 성에 이끌림을 뜻하는 이성애(異性愛), 같은 성에 이끌림을 뜻하는 동성애(同性愛), 두 성 모두 또는 때에 따라 둘 중 한 성에 이끌림을 뜻하는 양성애(兩性愛), 이분법적인 남성과 여성 외에도 모든 성에 이끌릴 수 있음을 뜻하는 범성애(凡性愛), 성적 이끌림이 없음을 뜻하는 무성애(無性愛) 등으로 분류되나, 이러한 분류의 기준이 명확하지 않다는 점에서 많은 논란이 있다. 그런데 흔히 논란의 주된 대상이 동성애인 까닭에 「성적 지향=동성애」로 인식되는 경향이 있다. 그런 점에서 동성애를 인정(지지, 옹호)하는 것은 바로 양성애, 범성애, 무성애 등을 인정하는 것으로 이해하여도 무방하다고 하겠다. 따라서 이 글에서 동성애에 대한 언급은 다른 모든 성적 지향에 대해서도 동일하게 적용된다고 하겠다.

여기서 법적 논의의 대상이 되는 동성애가 단순히 내면(內面)에 그치는 심리적 경향(끌림)을 의미하는 것이 아님을 주의하여야 한다. 내면의 경향에 해당하는 끌림(성적 선호, sexual preference)이 심리학 · 의학의 관심대상임에 반하여, 입법의 대상 또는 규율의 대상으로서 동성애는 동성간 성행위를 의미한다.[4] 그 대표적인 성행위로는 항문성교 기타 이와 유사한 행위이다.[5] 이처럼 구체적인 형태로 어떻게 나타나든지 간에 외적으로 드러난 동성간 성행위를 동성애로 파악하고자 한다. 왜냐하면 내면의 의식, 인지, 의지 자체만으로는 법적 규율의 대상이 되지 않기 때문이다.

한편 동성혼은 문자 의미에 충실하면 동성간 결합으로 이해되나, 현실적으로는 동성간 결합으로 그치는 것이 아님을 주의하여야 한다. 동성애를 인정하는 것은 곧 양성애도 인정하는 것이 되기 때문에 동성혼은 결국 동성과 이성을 막론하고 1+1+1, 1+2, 2+2 등의 결합

---

3) http://www.apa.org/topics/lgbt/orientation.aspx(2018.3.30. 검색)

4) 동성간의 우정과 동성애는 엄연히 구별된다. 흔히 동성애를 동성간의 애정(사랑)의 한 형태로 보기 쉬운데, 이는 개념적으로 대단히 혼란스러운 결과를 가져온다. 애정(사랑)의 개념 자체가 대단히 포괄적이기 때문이다. 그러한 점에서 동성애 인식에 관한 여론조사(한국갤럽의 동성결혼, 동성애에 대한 여론조사, 2017년 5월 30일-6월 1일)에서 "귀하는 남자끼리, 여자끼리의 동성애도 사랑의 한 형태라고 보십니까, 혹은 그렇지 않습니까?"라는 설문의 결과를 분석함에 있어서 이를 동성애를 찬성 또는 반대로 해석하는 것은 타당하지 않다고 본다. 어의상(語義上), 동성애는 사랑(愛)의 한 유형에 해당하는 개념일 수밖에 없기 때문이다.

5) 이러한 동성간 성행위가 나중에 검토하게 될 군형법의 규율대상이 되는 동성애 개념에 해당한다.

을 의미하는 일부다처, 일처다부, 난혼(亂婚, 잡혼(雜婚), promiscuity)으로 연결된다. 아울러 동성혼이 혼인의 한 형태로 인정된다면, 동성혼을 형성한 자들에게 자녀를 입양할 수 있는 권리도 인정되는 등 혼인의 포괄적 지위를 보장받게 될 것이다. 그런 점에서 동성혼의 인정은 동성 커플 2인만의 문제에 그치는 것이 아니라, 1부1처제를 근간으로 하는 전통적인 혼인제도의 기본적인 변화를 의미하는 것이다.

3. 글의 구성

동성애 · 동성혼의 문제는 법과 도덕의 관계, 인간의 본질에 대한 근본적인 인식의 차이, 인권과 정치의 결합 등과 맞물려서 수많은 논점을 포함하고 있다. 이 문제는 인간의 가장 기본적인 욕망인 성욕을 대상으로 의학 · 심리학 · 철학 · 사회학 · 여성학 등 다양한 학문적 논의를 바탕으로 종교규범 · 도덕규범 · 법규범의 긴장 또는 갈등 관계를 다루는 까닭에, 자칫 「규범의 늪」 또는 「규범공동체의 내전 상태」에 빠져들 가능성이 매우 크다. 그러나 이 글에서는 동성애 · 동성혼이 헌법적으로 수용될 수 있는가에 초점을 맞추어 논의를 전개하고자 한다.

먼저, 동성애와 동성혼의 법적 근거를 굳이 헌법에 두려고 하는 개헌시도의 이유를 알아본다(Ⅱ). 그 후에 동성애 내지 성적 지향에 관한 문제로서 동성애의 허용 여부와 동성애에 기인한 차별 금지의 타당 여부를 살펴보고(Ⅲ), 동성혼의 허용 여부를 검토한다(Ⅳ). 이상의 논의를 바탕으로 동성애 · 동성혼을 인정하려는 개헌논의에 대한 평가를 결론으로 제시하고자 한다.

Ⅱ. 동성애 · 동성혼의 헌법적 수용의 의미

현재 진행되는 동성애 · 동성혼 개헌의 의미를 제대로 이해하려면 먼저 그 배경을 알 필요가 있다. 다름 아니라, 이는 지금까지 수차례 진행되었던 「차별금지법」의 제정 시도와 맞닿아 있으며 또한 그 연장선상에 있다.

2006.7.25. 국가인권위원회가 국무총리에 차별금지법안을 권고하여 2007.4.부터 차별시정위원회, 법무부, 노동부, 국가인권위원회 등으로 구성된 "차별금지법 제정추진기획단"에서 국가인권위원회 권고법안을 기초로 조정안을 마련하였으며, 2007.7.부터 차별금지법 제정추진업무가 법무부로 이관되어 입법예고, 규제심사 등을 거쳐 2007.12.12. 국회에 제출된 바 있다.

제17대국회에서 「차별금지법안」은 정부제출안(2007.12.12.)과 노회찬의원 대표발의안(2008. 1.28.)이 있었으나 심사 중 임기만료로 폐기되었고, 제18대국회에서는 박은수의원이 대표발의한 「차별금지기본법안」(2011.9.15.)과 권영길의원이 대표발의한 「차별금지법안」(2011.12.2.)이 있었으나 심사 중 임기만료로 폐기되었다. 제19대국회에서는 김재연의원이 대표발의한 「차별금지법안」(2012.11.6.), 김한길의원이 대표발의한 「차별금지법안」(2013.2.12.)과 최원식의원이 대표발의한 「차별금지법안」(2013.2.20.)이 있었는데, 김재연의원의 법안은 심사 중 임기만료로 폐기되었고 나머지 법안은 철회되었다. 제20대국회에 들어와서는 차별금지법의 제정 움직임이 별로 없었는데, 그 이유는 차별금지법 제정 대신에 개헌이라는 새로운 논의의 장(場)이 열리게 되었기 때문이다. 즉 법률 제정 아닌 헌법의 개정으로 그 장을 옮기게 되었다.

차별금지법의 핵심 사항에 해당하는 차별금지사유에 「성적 지향」, 「성정체성」 등이 포함되면서 차별금지법안은 동성애 · 동성혼을 옹호하는 대표적인 법률안이 되었다. 이러한 차별금지법의 제정 시도가 강력한 반대에 부딪쳐 무산됨에 따라 그 입법의 헌법적 근거를 마련하기 위해 개헌시도가 이뤄지게 된 것이다.

이러한 개헌으로 말미암아 기대되는 효과는 크게 다음 네 가지로 요약된다.

첫째, 헌법의 명문화로 국가의 최고 법규범으로서의 효력을 확보하게 된다. 헌법은 국가공동체의 최고 법규범으로서 입법, 집행, 사법 등 모든 국가작용의 근거가 되며, 법규범 효력의 근거 및 해석의 기준이 된다. 헌법 제36조 제1항은 "혼인과 가족생활은 개인의 존엄과 양성의 평등을 기초로 성립되고 유지되어야 하며, 국가는 이를 보장한다."라고 규정하고 있다. 헌법 제36조 제1항은 혼인과 가족에 관련되는 공법 및 사법의 모든 영역에 영향을 미치는 헌법원리 내지 원칙규범으로서의 성격도 가지는데, 이는 적극적으로는 적절한 조치를 통해서 혼인과 가족을 지원하고 제삼자에 의한 침해 앞에서 혼인과 가족을 보호해야 할 국가의 과제를 포함하며, 소극적으로는 불이익을 야기하는 제한조치를 통해서 혼인과 가족을 차별하는 것을 금지해야 할 국가의 의무를 포함한다.[6)]

따라서 동성혼을 명문으로 규정하거나 이를 해석상 허용하는 문구를 헌법에 포함하면, 국가는 동성혼을 적극적으로 지원하고 보호하거나 적어도 소극적으로 차별하는 것을 금지해야 하는 의무를 지게 된다.

둘째, 헌법상 차별금지사유 또는 차별금지영역으로 명시되는 경우에는 그렇지 않은 경우에 비하여 더 강력한 보호를 받게 된다. 헌법상 평등조항의 차별금지사유를 제한적 열거로 이해하는 경우는 물론이고 이를 예시적 규정으로 이해하더라도, 명시된 차별금지사유는 차별의 위헌성을 심사함에 있어서 「합리성 심사」가 아닌 「엄격한 심사」를 받게 됨으로써 결과적으로 강력한 보호의 대상이 된다. 이러한 차이는 헌법소송실무에서 매우 중요하다. 이러한 이유에서 「성적 지향」, 「성평등」의 문구를 헌법에 명시적으로 도입하려고 하는 것이다.

---

6) 헌재 2002.8.29. 2001헌바82.

셋째, 헌법의 명문화는 사회 공동체의 가치체계로 간주되는 계기가 된다. 헌법규정, 특히 기본권규정은 사회 공동체에 모두 적용되는 가치체계로 인식되고 있으므로, 명문화된 기본권 규정은 그만큼 강력한(실효적인) 보장(보호)을 받게 된다.

그러한 이유에서 헌법상 근거를 갖게 되는 동성애·동성혼은 공공분야만이 아니라 사적 분야에서도 존중할 것을 요구할 수 있게 된다. 즉 사인(私人)도 원칙적으로 동성애·동성혼을 차별하지 못하고 존중하여야 할 헌법상 의무를 지게 된다(기본권의 제3자적 효력, 기본권의 대사인적 효력).

마지막으로, 헌법상 명문화된 차별금지사유는 동성애·동성혼을 포함하는 차별금지법 제정의 헌법적 근거가 되는바, 이에 따라 동성애·동성혼에 대한 차별금지법리가 실정법의 근거 하에 강력하게 적용될 것이다.

Ⅲ. 동성애의 허용 및 동성애에 기인한 차별 금지의 문제

동성애를 지지하는 입장에서는 이를 적극적으로 허용·옹호하는 방식을 취하거나, 소극적으로 이에 기인한 차별행위를 금지하는 방식을 주장한다.

1. 동성애의 허용 여부

(1) 동성애에 대한 규범의 태도

동성애를 금지하고 나아가 처벌할 것인가, 아니면 방임하거나 허용할 것인가에 대하여 각 국가공동체는 상이한 태도를 취하고 있다. 왜냐하면 동성애를 다루는 성도덕에 관하여는 각 공동체마다 고유한 종교적 확신, 윤리적 양심 및 이성적 판단에 따라 상이한 기준이 형성되어 있기 때문이다. 각 공동체 내에서 형성된 가치체계에 따라 동성애는 부도덕한 행위로 판단되거나 더 나아가 범죄행위로 규정되기도 하며,[7] 또는 도덕적으로나 법으로도 허용되는 행위로 평가되기도 한다.[8] 경우에 따라서는 도덕적으로 금지되지만 법적으로는 허용되는 행위로 평가되기도 한다.

여기서 도덕규범과 법규범의 관계가 중요하다.[9] 사회공동체 규범의 안정성과 실효성을

---

7) 지난 20년간 에이즈로 인한 사망자가 약 2,500만 명에 이르는 등 에이즈로 큰 고통을 겪고 있는 아프리카의 대다수 국가는 동성애를 법으로 금지, 처벌하고 있다. 미국의 막대한 원조를 받는 우간다가 반동성애법을 통과시키는 과정에서, 이를 반대하는 미국 오바마 대통령의 4억 달러 지원 중단의 경고에도 불구하며 이를 밀어붙인 것은 유명한 일화이다. 그래서 우간다의 반동성애법이 「4억달러짜리 법안」이라고 불리게 되었다(동아일보, 2014년 2월 26일자).

8) 동성애뿐 아니라 동성혼을 합법화한 국가는 유럽과 아메리카 등의 23개국이다. 자세히는 http://www.pewforum.org/2017/08/08/gay-marriage-around-the-world-2013/ (2018.3.30.검색)

9) 법과 도덕의 관계를 얘기할 때 도덕의 의미가 단일하지 않음을 주의하여야 한다. 도덕을 다양한 관점에서 고찰하고 분석하기도 하지만, 법과의 관계를 논함에 있어서는 H. Henkel처럼 도덕을 자율도덕, 종교도덕,

확보하기 위해서는 도덕규범과 법규범이 상호 일치하여야 할 것이다. 이러한 규범간의 조화가 잘 드러나는 법영역의 하나가 바로 헌법이다. 처벌의 수단을 활용하여 도덕규범을 가언명제(假言命題)식으로 보호하는 형법과 달리, 헌법은 정언명제(定言命題)식으로 도덕규범을 법규범으로 확인하고 보호하고 있다. 법규범의 실효성을 확보하기 위해서라도 법규범은 도덕규범과 일치함으로써 그 지지를 확보하여야 한다.[10]

그러나 법규범이 도덕규범의 모든 것을 반영하는 것은 아니다. 그 규율대상과 방식, 효력의 면에서 차이가 있기 때문이다. 때로는 도덕규범이 요구하는 바를 법규범이 강제하지 못하는 경우가 있더라도, 이는 법이 「도덕의 최소한」이라는 점에서 용인되어야 할 것이다. 그러나 도덕규범이 금지하는 바를 법규범이 처벌하기는커녕, 오히려 방임하고 더 나아가 조장하는 것은 대단히 심각한 문제가 된다. 이러한 규범의 혼란은 사회적 혼란으로 이어진다. 그런 까닭에 다수가 지지하는 도덕규범과 소수가 주장하는 법적 자유 · 권리 간에 긴장관계가 나타날 수밖에 없다.[11] 이 경우, 소수가 주장하는 법적 자유 · 권리에 대해서는 제한의 법리가 적용되는 것이 일반적이다.

(2) 현행법상 동성애의 허용 여부

대한민국의 경우, 통상 은밀하게 이뤄지는 동성애 즉 동성간 성행위는 대체로 부도덕한 것으로 인식되고 있다. 반면에 법적으로 따져보면, 민간인끼리의 동성애는 처벌의 대상이 되지 않지만, 군인간의 동성애는 군형법에 의하여 처벌의 대상이 된다. 그런 점에서 대한민국은 동성애에 대하여 법적으로는 「제한적 금지」의 태도를 취하고 있다고 하겠다.[12] 동성애 옹호자들은 이러한 제한적 금지를 위헌으로 주장하면서 군형법상의 동성애 처벌조항의 폐지를 요구하고 있다.

사회도덕, 인본도덕(人本道德, Humanmoral) 네 가지로 나누는 것이 적절하다고 본다. 양심에 따른 순수당위를 의미하는 자율도덕, 신앙의 세계에서 구속력을 갖는 종교도덕, 일정한 사회의 윤리적 요구에 해당하는 사회도덕, 특정 공동체의 「사회인」 아닌 「인간」에 보편적으로 타당한 인본도덕 중에서 법과 많은 관련성을 지닌 것은 사회도덕과 인본도덕이라고 본다(자세한 것은 심헌섭, 『법철학 Ⅰ』, 법문사, 1983, 118-123면). 그러나 사안에 따라서는 종교도덕이 강력한 목소리를 내는 경우도 있다. 사회의 다수가 종교적 배경을 가지고 있는 경우나, 동성애 · 동성혼처럼 사안 자체가 종교적 논쟁의 대상인 경우가 그러하다. 그러한 점에서 이 글에서는 도덕규범을 종교도덕, 사회도덕, 인본도덕을 아우른 개념으로 사용하고 있다.

10) 라드브루흐의 말처럼, 도덕만이 법의 의무지우는 힘을 밑받침해줄 수 있기 때문이다. G. Radbruch, 최종고 역, 『법철학』, 삼영사, 1981, 77-78면.

11) 법과 도덕 사이의 당위적 문제가 정말 문제되는 것은 법이 어떤 「지배적」인 도덕과 맞서고 있을 때이다(심헌섭, 위의 책, 130면). 그래서 동성애에 대하여 헌법재판소는 아래와 같은 입장을 취하고 있다(헌재 2011. 3.31. 2008헌가21). "어떤 행위를 범죄로 규정하고 이를 어떻게 처벌할 것인가 하는 문제는 원칙적으로 입법자가 우리의 역사와 문화, 입법 당시의 시대적 상황과 국민 일반의 가치관 내지 법 감정, 범죄의 실태와 죄질 및 보호법익 그리고 범죄예방효과 등을 종합적으로 고려하여 결정하여야 할 국가의 입법정책에 관한 사항으로서 광범위한 입법재량 내지 형성의 자유가 인정되어야 할 분야이다."

12) 1994년 5월 개정 전 독일 형법은 남성간 동성애(계간, 鷄姦)을 처벌하는 조항(제175조)을 둠으로써 일반적 금지의 형태를 취하였다. 그러나 이 조항은 동 · 서독 통일 이후 형법의 정비과정에서 폐지되었다.

이와 관련하여 가장 중요한 쟁점은 동성애 즉 동성간 성행위가 헌법상 보장되는 인권인가의 여부이다. 동성애 허용론자(지지자)들은 법과 도덕을 준별(峻別)하여, 또는 사회윤리보다 개인의 자유를 중시하여 동성간 성행위가 「일반적 행동자유권」이나 「성적 자기결정의 자유」,[13] 「사생활의 자유」 등에 포섭되어 보장된다고 주장한다.[14]

이에 반하여 동성애 반대론자들은 인권의 도덕적 기초를 강조하면서, 인간의 존엄성 존중에 부합하지 않는 동성애는 인권으로서의 자격이 없다고 보아 그 권리성을 부인한다.[15] 이러한 반대론의 구체적인 논거는 다양하다. 인권이 인간으로서 누릴 수 있는 정당한 자격 내지 가치라고 보는 기본입장은 동일하지만, 동성애를 인권으로 볼 수 없다는 논거는 다양하게 제시되고 있다. 존재론적(ontological) 판단에 따르면, 창조질서에 반한다는 신앙고백에 의하여, 또는 도덕가치질서 및 자연법질서에 반한다는 양심 및 이성의 판단에 의하여, 동성애는 그 자체로서 인권으로서의 자격이 없다고 본다. 한편 목적론적(teleological) 판단에 따르면, 동성애는 인간의 존엄성 존중에 전혀 도움이 되지 않는다는 점에서, 또는 건강에 해로울 뿐 아니라 생식 및 종족번식에 전혀 도움이 되지 않는다는 점에서,[16] 인권으로 보호할 가치나 명분이 없다고 본다.

이처럼 도덕철학의 입장에 따라 동성애의 권리성 유무는 상반되게 판단되고 있다. 그렇다면 법규범 자체만의 논의로 국한할 때, 법해석론에 따라 동성애의 권리성을 인정할 수 있는가?

현행법상 명문의 근거가 없는 상황에서 동성애의 권리성은 해석에 따라 판단할 수밖에 없다.[17] 헌법상 기본권의 주체를 일반 국민이라고 보는바, 이러한 국민에는 고결한 성품을 가진 사람만이 아니라 저속하고도 이기적으로 보이는 사람도 포함된다고 보아야 하기 때문

---

13) 성적 자기결정의 자유는 성 관계의 형성 및 유지의 자유, 성 관계의 상대를 선택하는 자유 등을 내용으로 한다. 이를 강조하는 입장에서는 근친상간(近親相姦) 심지어 수간(獸姦)도 허용되어야 한다고 주장한다.

14) 예컨대 헌재 2011.3.31. 2008헌가21 결정의 반대의견은 동성애 처벌은 군인의 성적 자기결정권이나 사생활의 자유를 침해하는 것으로 보았다. 이와 비슷한 취지로는 도중진, "군형법상 추행죄에 관한 소고", 『형사정책연구』, 제26권 제3호, 2015.9, 46면 및 각주 58 참조.

15) 예컨대 조영길, "성적 지향을 차별금지사유에 포함하는 헌법개정 추진의 부당성", 동성애 동성혼 개헌반대 국민연합 창립대회 세미나 자료집(2017.7.27.), 47-48면; 길원평·민성길, "동성애에 대한 기독교 세계관적 고찰", 『신앙과 학문』, 제19권 제1호, 2014, 7-36면.

16) 동성애에 관한 규범적 판단에 앞서 자연과학적 판단이 필요하다. 동성애에 관한 의학적 판단자료로는 김선영·권석만, 『국내 남자 동성애자의 심리성적 행동 특성과 HIV 감염』, 한국연구재단(NRF) 연구성과물, 1999; 질병관리본부, 『국가 에이즈관리사업 평가 및 전략 개발 연구보고서』, 2014.

17) 논자에 따라서는 동성애의 법적 근거를 국제인권법에 해당한 여러 조약이나 이른바 soft law 등에서 찾으려고도 한다. 그 주된 근거로 동성애에 대한 차별금지에 관한 국제인권법을 제시하곤 한다. 그러나 국제법적으로, 성문법이든 관습법이든, 동성애 및 동성혼에 대하여 확립된 근거는 없다고 본다[유정우, "자연적 결혼과 가족제도를 강화하는 헌법 개정의 필요성-유엔 내 동성애·동성혼 논의의 현황에 대한 올바른 이해를 중심으로-", 동성애 동성혼 개헌반대 국민연합 창립대회 세미나 자료집(2017.7.27.), 107-118면]. 설령 차별금지에 대한 법적 근거가 인정된다고 하더라도, 이것이 바로 동성애·동성혼의 허용 근거라고 보기에는 그 논리가 빈약하다고 하겠다.

에 일반적 행동자유권, 성적 자기결정의 자유나 사생활의 자유가 동성애의 근거가 될 수 있다는 주장을 전적으로 배척할 수만은 없다고 하겠다.[18] 현행법상 동성애 자체를 일반적으로 처벌하는 조항이 없다는 사실이 법적 차원에서 동성애를 허용하는 근거가 되며, 또한 그 헌법적 근거로 앞의 열거한 권리나 자유를 들 수 있다는 주장은 나름 그럴 듯하다.

그러나 이와 같이 동성애가 비록 나름대로의 법적 근거가 있다고 하더라도, 동성애가 내심의 영역이 아닌 외적으로 드러난 동성간 성행위인 까닭에, 이에 대하여는 당연히 헌법 제37조 제2항에 의하여 제한(금지)이 가능하다.

그러한 금지의 입법례로는 공연히 음란한 행위를 처벌하는 형법 제245조(공연음란죄)와, 동성 군인간 동성애를 처벌하는 군형법상 제92조의6(추행죄) 등을 들 수 있다. 이중 특히 논란이 되는 것은 공연히 드러나지 않더라도 동성간 성행위를 처벌하는 군형법 조항이다.[19] 이 조항이 동성애를 처벌하는 것에 대하여 위헌성을 주장하며 이를 폐지할 것을 요구하는 위헌법률심판청구가 몇 차례 있었다.[20]

이에 대하여 헌법재판소는 일관되게 동성애를 "일반인에게 객관적으로 혐오감을 유발하고 선량한 성도덕관념에 반하는 성만족행위"로 평가하면서,[21] "구 군형법 제92조의 「기타 추행」은 군이라는 공동사회의 건전한 생활과 군기의 확립을 입법목적으로 하는데, 동성 군인 사이의 성적 만족행위를 금지하고 형사처벌하는 것은 이러한 입법목적을 달성하기 위한 적절한 수단이며, 우리나라의 안보상황과 징병제도 하에서 단순한 행정상의 제재만으로는 동성 군인간의 추행행위를 효과적으로 규제하기 어려우므로, 위 조항은 과잉금지원칙에 위배되지 아니한다."라고 판단하였다.[22]

(3) 결 어

군형법상 동성애 금지와 관련하여, 우리의 일반적 행동자유권의 전거(典據)에 해당하는 독일 기본법 제2조 제1항의 「인격의 자유로운 발현권」이 타인의 권리를 침해하거나 헌법질서 또는 도덕률[공서양속(公序良俗), Sittengesetz]에 반하지 않는 한도 내에서 인정됨을 유

---

18) 여기서 인간의 본질에 관한, 보다 근본적인 질문이 제기된다. 인간의 본질을 어떻게 파악하느냐에 따라 인간에 대한 「정당한」 취급의 판단기준이 달라진다. 인간을 창조주의 고귀한 피조물로 보느냐, 무신론적인 실존 그 자체로 보느냐, 아니면 본능적 욕구에 충실한 욕망의 복합체로 보느냐에 따라 인권의 개념과 내용이 달라질 수밖에 없다. 인간의 본질에 관한 간단하면서 포괄적인 소개로는 레즐리 스티븐슨, 임철규 역, 『인간의 본질에 관한 일곱 가지 이론』, 종로서적, 1981.

19) 이에 관한 폭넓은 연구로는 이상현, "군형법상 항문성교 기타 추행죄 연구: 법제사, 법익론 및 판례 비교를 중심으로", 『법학논총』 제36집, 2016; 도중진, "군형법상 추행죄에 관한 소고", 『형사정책연구』, 제26권 제3호, 2015.9; 박찬걸, "군형법상 추행죄의 문제점과 개선방안", 『한양법학』 제35권, 2011.8.

20) 이와 관련한 헌법재판소 결정에 대한 분석으로 조영길 외 7인, 『군형법 92조의 6 합헌판결의 의미와 과제』, 바른 성문화를 위한 국민연합, 2017; 정연주, "군형법상 추행죄의 헌법적 문제", 『공법학연구』, 제12권 제2호, 2011.5.

21) 대법원도 이와 동일한 평가를 내리고 있다. 대판 2008.5.29. 2008도2222.

22) 헌재 2002.6.27. 2001헌바70; 헌재 2011.3.31. 2008헌가21; 헌재 2016.7.28. 2012헌바258.

념하여야 할 것이다. 이에 따르면 인격의 자유로운 발현권이, 타인의 권리를 침해하거나 헌법질서에 반하지 않는다 하더라도, 공서양속에 반하면 제한되어야 한다.[23] 따라서 동성애가 일반적 행동자유권이라 하더라도 공서양속에 반하면 당연히 제한(금지)되어야 할 것이다. 이를 우리 헌법의 표현대로 하자면, 질서유지에 반하는 동성애는 제한(금지)되어야 한다.

요컨대, 도덕적 정당성을 갖추지 못한 동성애의 허용에 대한 국민적 합의가 이뤄지지 않은 상황에서, 동성애가 사실상 은밀히 행해지는 것은 논외(論外)로 하더라도, 이를 어떤 형태로든 헌법 차원에서 규범적으로 수용하는 것은 올바르지 않다고 본다.

2. 동성애에 기인한 차별 금지의 문제

동성애를 둘러싼 법적 문제는 주로 차별문제로 부각되었다.[24] 동성애자에 대한 차별의 합리성이 문제가 되면서, 동성애가 과연 평등권 내지 평등원칙의 보호 범위에 속하는가 여부가 핵심 논점이 되었다. 이와 관련하여 동성애 내지 성적 지향이 평등조항의 차별금지사유로 인정되는가, 차별금지사유의 하나인 "성별"에 성적 지향이 포함되는가, 이른바 "성평등(gender equality)"조항의 신설이 허용되는가 여부가 문제되고 있다.

(1) 동성애 내지 성적 지향이 평등조항의 차별금지사유로 명시될 수 있는가?

입법기술적으로 볼 때, 동성애에 대한 차별 여부는 헌법상 평등조항에 동성애 내지 성적 지향을 차별금지사유로 명문화할 것인가의 문제가 된다.

국가인권위가 제시한 헌법개정안 제15조 제2항은 "누구든지 모든 영역에서 성별, 종교, 인종, 언어, 출신지역, 장애, 나이, 성적 지향, 학력, 사상, 정치적 의견, 사회적 신분 등 어떠한 이유로도 부당한 차별을 받지 아니한다."라고 하고 있으며, 대화문화아카데미 2016년 헌법안 제10조 제2항은 "모든 사람은 성, 종교, 종족, 연령, 신체적 조건이나 정신적 장애, 출신, 성적 지향 또는 사회적 신분 등에 의하여 정치적·경제적·사회적·문화적 생활의 모든 영역에 있어서 차별을 받지 아니한다."라고 하고 있다.

한편 2017년 국회 개헌특위는 차별금지사유의 확대에 공감하면서 추가할 구체적인 차별

---

23) 따라서 근친상간(近親相姦)이 아무리 비공개적이고 당사자들의 일반적 행동자유권 또는 성적 자유결정권에 따르고 타인에게 해를 끼치지 않는다고 하더라도, 공서양속의 공익을 해치는 행위로서 처벌 등 제한될 수 있다고 하여야 할 것이다. 독일 형법 제173조는 근친상간을 처벌하고 있다. 이처럼 독일 형법은, 성적 자기결정권을 침해하는 범죄와는 별도로, 비록 당사자간의 합의에 의한 행위라고 하더라도 근친상간을 처벌의 대상, 즉 범죄행위로 규정하고 있다.

24) 동성애에 기인한 차별을 다룬 대표적인 법률은 국가인권위원회법이다. 2001년에 제정된 동법은 2005.7.29. 일부 개정되었는데, 이때 「평등권침해 차별행위」의 정의규정이 제2조에 신설되면서 차별기준의 하나로서 「성적 지향」이 포함되었다. 그 후 동위원회는 동성애에 기인한 차별의 금지를 위해 다양한 활동을 펼쳤다. 성적 지향에 기인한 차별금지법안의 제정을 권고하였고(2006.7.24.), 동성애를 금지한 군형법 폐지의견서를 헌법재판소에 제출하였으며(2010.10.5.), 동성애와 에이즈문제 등에 관한 보도를 사실상 제한하는 인권보도준칙을 한국기자협회와 협약하였다(2011.9.23.).

금지사유로 장애, 인종, 언어 등을 제시하고 있으나, 성적 지향을 명시하자는 견해는 소수의 견에 그쳤다.[25]

이와 관련하여 다음 네 가지 논점을 검토할 필요가 있다. 먼저, 헌법상 차별금지사유가 제한적 규정(열거규정)이냐 아니면 예시적 규정이냐를 따져볼 필요가 있다. 현행 헌법 제11조 제1항 제2문은 차별금지사유로 "성별 · 종교 또는 사회적 신분"을 규정하고 있는바, 이러한 차별금지사유가 제한적 규정(열거규정)이냐 아니면 예시적 규정이냐에 관하여 견해가 나뉘고 있다.

학계의 다수 견해와 헌법재판소 판례는 이를 예시적 규정으로 본다.[26] 이에 따르면, 명문으로 추가되지 아니하였다고 하여도 차별금지사유로 인정되지 않는 것은 아니다. 그렇다면 성적 지향을 굳이 차별금지사유로 추가할 필요가 없다는 결론에 이르게 된다.[27]

그러나 헌법상 차별금지사유로 명시되는 경우에는 그렇지 않은 경우에 비하여 더 강력한 보호를 받게 됨을 주의할 필요가 있다. 차별의 위헌 여부를 심사함에 있어서 차별금지사유로 명시된 사항에 대해서는 보다 엄격한 심사기준을 적용하게 됨으로써 결과적으로 더 강한 보호를 받게 되는 것이다. 이는 헌법소송실무에서 매우 중요하다. 이러한 이유에서 차별금지사유로 명문화 되느냐 여부가 중요하게 된다. 그러한 점에서 예시적이라 하더라도 차별금지사유를 추가로 명시하고자 한다면, 그만큼 국민적 합의를 확인할 수 있는 사항으로 제한할 필요가 있다고 본다. 왜냐하면 명문화된 차별금지사유는 별다른 해석의 여지없이 그대로 규범력이 인정되기 때문이다.

한편, 차별금지사유를 제한적 열거라고 보는 입장에서는 새로운 사유를 추가함에 있어서 이에 대한 국민적 합의를 더욱 요구하게 된다. 이 입장에서는 차별금지사유를 제한적으로 열거하지 않고 "…… 등" 또는 "…… 그 밖의 사유"의 표현으로 차별금지사유를 사실상 해석에 의하여 추가할 수 있게 하는 것을 용납하지 않는다.

---

25) 국회헌법개정특별위원회, 『헌법개정 주요의제』, 2017.8, 20면; 국회헌법개정특별위원회 자문위원회, 『국회헌법개정특별위원회 자문위원회 보고서』, 2018.1, 59-60면.

26) 권영성, 『헌법학원론』, 법문사, 2010, 394면; 김철수, 『헌법학신론』, 박영사, 2009, 433면; 허영, 『한국헌법론』, 박영사, 2015, 352면; 성낙인, 『헌법학』, 법문사, 2017, 1066면. 한편 헌법의 규범형식을 중시하여, 헌법 제11조 제1항 제2문의 차별금지사유는 열거적인 것으로 보고, 이 조문에 명시되지 않은 차별금지사유는 동조항 제1문에 따라 판단되어야 한다고 보는 견해도 있다(계희열, 『헌법학(중)』, 박영사, 2005, 242면; 정종섭, 『헌법학원론』, 박영사, 2015, 453면). 이에 반하여, 헌법이 명시하고 있는 차별금지사유는 일반적 평등조항에 대한 특별평등조항에 해당한 것으로서 제한적으로 명시한 것이라고 보는 견해도 있다(한수웅, 『헌법학』, 법문사, 2015, 586-587면). 평등조항의 차별금지사유를 예시적으로 보는 헌법재판소의 판례로는 헌재 1992.4.28. 90헌바24; 헌재 2000.2.24. 99헌바17등.

27) 이처럼 성적 지향을 차별금지사유로 명시하지 않더라도 해석상 차별금지사유의 하나로 인정할 수 있게 된다면, 평등조항에 차별금지사유를 "…… 등" 또는 "…… 그 밖의 사유"로 표현하든 그렇지 아니하든 사실상 차이가 없는 셈이 된다. 따라서 차별금지사유의 규정을 어떤 방식으로 하느냐보다는 성적 지향을 과연 차별금지사유의 하나로 볼 수 있는가 여부를 면밀히 검토하는 것이 중요하다.

요컨대, 차별금지사유를 예시적으로 보든 제한적 열거로 보든 간에, 새로운 금지사유를 추가하기 위해서는 국민적 합의가 반드시 필요하다고 본다. 따라서 국민적 합의가 이뤄지지 않은 동성애 내지 성적 지향은 차별금지사유로 추가할 수 없다고 보아야 한다.

둘째, 차별금지사유의 명문화는 역사적 배경과 당위적 요구를 고려하여야 한다. 현행 헌법에 성별, 종교, 사회적 신분이 차별금지사유로 특별히 명시된 것은 그만한 역사적 배경과, 사회적 공감에 따른 당위적 요청이 있기 때문이다.[28] 따라서 그러한 배경과 요청이 부족한 것을 차별금지사유로 명시하는 것은 타당하지 않다고 볼 것이다.

한국의 상황에서 볼 때, 성적 지향은 차별금지사유로 인정될 만한 차별의 기준이라고 볼 수 없다. 국가인권위원회의 「2016년 12월말 현재 사건처리 현황」[29]에 따르면, 국가인권위원회 설립일인 2001년 11월 25일부터 2016년 12월 31일까지 15년 여 동안 성적 지향에 따른 차별로 접수된 진정사건은 81건이었다. 이는 성별·임신·인종·종교 등을 이유로 제기된 전체 차별 진정사건 총 2만 3,407건 중 0.3%에 불과한 수치이다. 그나마 44건은 차별행위에 해당되지 않아 각하됐고, 18건은 기각됐다. 정작 차별행위에 해당된 11건에 대해서는 모두 권고결정이 내려졌다. 한편 명확한 차별행위가 발생했을 때 국가인권위원회가 내놓는 수사의뢰나 조정, 고발 및 징계권고 결정은 단 1건도 없었다.

이러한 통계자료는 한국에서 성적 지향에 기인한 차별이 일반화되지 않고 있음을 단적으로 잘 보여준다. 따라서 성적 지향을 차별금지사유로 명시할 어떤 명분도 없다고 할 것이다.

셋째, 헌법상 명시된 차별금지사유가 도덕적 판단의 대상이 아님을 주의하여야 한다. 즉 성별이나 사회적 신분처럼 도덕적으로 무관하거나(amoral, nonmoral), 종교처럼 도덕 이상의(beyond moral) 사항이라고 할 것이다. 통상의 차별금지사유는 개인이 선택할 수 없는 상태에서 주어진 소여(所與, das Gegebene)이거나, 내면의 자아(自我)와 동일시할 정도로 개인의 정체성(正體性)과 매우 긴밀한 것으로 이해되고 있다. 즉, 개인의 귀책(歸責)으로 돌릴 수 없는 사유이거나 다른 선택을 요구할 수 없는 사유인 것이다. 그러므로 이러한 사유로 차별하는 것은 개인의 책임능력의 범위를 벗어나는 까닭에 부당하다고 볼 수밖에 없다.

반면에 도덕적 판단은 도덕적 행위의 선택가능성을 전제로 하기 때문에, 그러한 행위의 선택 여부에 대하여는 도덕적 판단이 가능하다고 본다. 성적 지향은, 통상의 차별금지사유(성별, 종교, 사회적 신분, 연령, 언어, 인종, 출신지역, 신체적 장애, 정치적 신념)와는 달리, 도덕적 판단의 대상이 되는 까닭에 언제든지 차별의 사유가 될 수 있다고 볼 것이다. 오늘날 동성애가 부득이한 선천적 소인(素因)의 결과로서 치유 불가능한 것이라고 보는 견해가 타당성

28) 한수웅, 앞의 책, 586면.

29) https://www.humanrights.go.kr/site/program/board/basicboard/view?menuid=001003004&pagesize=10&boardtypeid=20&boardid=617177.

을 잃게 됨에 따라[30] 동성애에 기인한 차별이 부당하다고 볼 수 없다.[31]

넷째, 동성애 내지 성적 지향을 차별금지사유로 명시하는 경우에 발생할 수 있는 문제점을 고민하여야 한다. 동성애가 차별금지사유로 명시되면, 이를 근거로 하여 차별금지법이 제정될 수 있다. 이에 따라 성적 지향에 대한 차별적 발언이나 행동, 즉 일정한 성적 지향에 대한 도덕적 · 법적 판단으로 표출된 언행이 규제 또는 처벌의 대상이 될 수 있다.[32] 이로 말미암아 성소수자는 보호되는 측면이 있으나, 이와 함께 일반 다수의 표현의 자유, 학문의 자유, 종교의 자유가 침해되는 측면이 있다.[33] 따라서 차별적 언행이 동성애자 개인에 대한 명예훼손이나 모욕이 아닌 한, 즉 민사상의 불법행위나 형사상의 범죄행위에 해당되지 않는 한, 동성애 자체에 대한 윤리적 · 법적 · 학문적 · 종교적 표현은 허용되어야 할 것이다.[34]

이상의 논의를 종합해 볼 때, 동성애 내지 성적 지향을 차별금지사유로 명시하는 것은 합당치 않다고 본다.

(2) 헌법 제11조 제1항 제2문의 차별금지사유인 “성별”이 양성(남 · 여성) 아닌 제3의 성을 포함한 개념인가?

오늘날 성평등 개념은 남성 · 여성의 양성 평등을 의미하는 것 이상으로 성적 지향 또는 성정체성에 기한 차별금지를 포함하는 것으로 이해되고 있다.[35] 그래서 성평등은 다양한 성의 존재를 전제로 하여 이들에 대한 차별금지를 의미하게 되었다.

헌법 제11조 제1항 제2문의 차별금지사유인 “성별”이 양성(남 · 여성) 아닌 제3의 성을 포함한다고 보는 입장에서는 현행 헌법 조항만으로도 이미 성평등이 보장되는 것으로 주장하기도 한다.[36] 과연 이러한 해석이 타당한가를 살펴본다.

30) 이에 관하여는 길원평 외, 『동성애 과연 타고 나는 것일까?』, 아론누리, 2014.

31) 그뿐 아니라 동성애에 기인한 차별이 반드시 부당한 것이 아님을 주의할 필요가 있다. 차별 자체는 가치중립적인 표현이다. 차별의 동기, 목적, 방식, 정도, 결과 등에 따라 그 차별이 타당하거나 부당하다고 평가된다. 동성애에 기인한 차별이 공익을 목적으로 하거나, 동성애자의 치유 또는 사회복귀를 돕고자 한다면, 그러한 차별은 필요할 뿐만 아니라 유익하다고 할 것이다.

32) 예컨대 지난 2012년과 2013년 민주통합과 통합진보당에서 각 발의한 차별금지법안은 국가인권위원회법 제2조 제3호 성적지향 문구를 근거로 동성애 및 동성애 성행위에 대하여 비판 내지 반대활동을 하면 징벌적 손해배상을 포함한 민사손해배상 및 형사처벌 등 강제적 제재를 부과하고 있다.

33) 이러한 현상은 광범위한 차별금지법을 도입한 많은 나라에서 이미 많이 나타났으며 심각한 사회현상이 되고 있다. 이에 관한 사례에 관하여는 Christian Concern, Gospel Freedom(http://www.christianconcern.com/sites/default/files/CCO3023_Gospel_Freedom_Booklet.pdf) 참조.

34) 이러한 점에서 보면 동성애와 에이즈문제 등에 관한 보도를 사실상 제한하는 인권보도준칙의 타당성에 의문이 든다.

35) 오늘날 성평등 개념에 관한 설명으로는 한국법제연구원, 『성평등 관련 해외입법동향 및 지원체계에 관한 법제분석』, 64-65, 115-118면 참조.

36) 이러한 해석은 국제연합인권규약(International Covenant on Human Rights) 중 「시민적 · 정치적 권리에 관한 국제규약」(B규약) 제2조와 제26조의 차별금지사유로 명시된 성(sex)에 성적 지향이 포함되는 것으로 해석하는 것과 동일하다. 그러나 이러한 해석에 대하여는 견해가 갈리고 있다. 자세히는 유정우, 앞의 논문, 108, 111면. 유정우는 생물학적 성별(sex) 개념을 확장시켜 성적 지향을 포함하는 것으로 해석하는 것은 성적 지향이 남녀 이분법적 성별 구분 자체를 부정하는 개념이므로 논리적 모순을 범하는 것이라고 비판한다.

헌법상 차별금지사유로 명시된 것은 헌법에 명문화될 만큼 오랜 세월에 걸쳐 그러한 차별이 존재했고, 이에 대한 금지의 요청이 국민적 합의를 이뤄서 헌법적 가치로까지 승인되었기 때문이다. 현행 헌법상 평등권 내지 평등원칙조항에서 차별금지사유로 명시된 “성별”은 제헌헌법부터 계속 규정되어왔다. 역사적으로 한국에서 여성에 대한 차별이 구조적으로 심각하였기에, 성별에 의한 차별금지는 곧 남녀평등을 의미할 정도로 “성별”은 남녀성의 표징으로 이해되었다. 이러한 이해는 우리나라 헌법학계, 헌법재판소 및 대법원 판례의 확고한 입장이다.

따라서 헌법 제11조의 차별금지사유인 “성별”을 “양성”으로 이해하지 않고 “다양한 성”으로 파악하는 것은 전통적으로 유지되어온 확고한 해석에 반한다. 따라서 이러한 주장을 내세우는 자는 그에 대한 논증의 책임을 져야 한다. 즉 성별이 양성에 국한되고 다양한 성을 포함하지 않는다는 사실이 아니라, 그 반대의 사실(성별이 다양한 성을 포함한다는 사실)을 입증하여야 할 것이다. 따라서 현행 제11조의 “성별”에 의한 차별금지가 남녀평등만이 아니라 다양한 성의 평등을 의미할 정도로 다양한 성에 대한 차별이 오랫동안 지속되었고, 또한 이러한 차별에 대한 금지의 요구가 국민적 합의를 이룰 정도로 헌법적 가치를 지닌 것이라는 주장과 그 논거를 제시하여야 한다. 만약 이러한 근거를 제대로 제시하지 못하면, 이러한 주장은 설득력이 없다고 보아야 한다. 전통적이고 확고한 해석을 따르는 기존의 헌법교과서나 판례는 “성별”이 “남녀양성”을 의미하는 것으로 서술하고 있지, 굳이 이에 다양한 성이 포함되지 않는다고 별도로 설명하고 있지 않다.[37)]

참고로, 『대화문화아카데미 2016년 새헌법안』은 헌법 제11조의 차별금지사유를 sex 아닌 gender로 해석되는 식으로 하기 위하여 “성별”을 “성”으로 표현을 바꾸는 것을 논의한 바 있다.[38)] 이는 대화문화아카데미에서도 성별을 양성으로 이해하고 있음을 보여준다고 하겠다.

만약 헌법 제11조의 차별금지사유로서 “성별”이 다양한 성을 포함한 것으로 파악한다면 “성적 지향”을 함께 차별금지사유로 명시하는 것은 사실상 중복된 의미를 가진 셈이 되어 무의미하다고 할 것이다. 그런데 국가인권위법 제2조 제3호에서 이들을 동시에 열거하고 있다는 사실은 “성별”이 양성을 전제로 한 개념을 보여주는 것이다. 따라서 국가인권위조차도 성별을 이와 같이 이해하고 있다고 할 것이다. 이러한 모습은 국가인권위 개헌안 제15조 제2항에서도 동일하게 나타나고 있다.

(3) “성평등” 조항의 신설이 필요한가?

일부 개헌안[39)]은 일반적 평등조항 외에 별도로 성평등(gender equality) 조항을 규정하고

---

37) 의학적으로 존재하는 중성(中性)도 성별에 의한 차별을 받지 않는다는 견해(정종섭, 『헌법학원론』, 박영사, 2015, 454면)가 아주 드물게 있다.

38) 대화문화아카데미, 『2016년 새헌법안』, 2016, 167면.

있다. 성평등 조항의 신설 취지는 여성의 권익을 보호하고 양성평등을 실질적으로 구현하는 것으로 소개되고 있다.

그런데, 앞에서도 언급한 바와 같이, 오늘날 성평등이라는 개념이 동성애에 대한 차별금지와 관련하여 사용되고 있음을 명확히 인식할 필요가 있다. 많은 입법례에서는 성평등의 개념을 「남녀차별의 극복」 내지 「남녀평등의 실현」으로 이해하는 것 이상으로 「성적 지향」 또는 「성정체성」을 이유로 한 차별의 금지로 확대하고 있다. 그러므로 「성평등」을 「양성평등」으로 오인하지 않아야 할 것이다.

생각건대, 일반적 평등권 내지 평등원칙 규정 외에 별도의 성평등 조항을 둘 필요가 없다고 본다. 왜냐하면 고용, 노동, 임금 등에서 여성의 차별금지는 이미 근로의 권리에 관한 조항에서 보호되고 있으며, 혼인 및 가족생활에서 여성의 지위 및 권익 보호는 이미 혼인조항에서 보장되고 있기 때문이다. 따라서 일반적인 평등 이외에 양성평등의 실질적 구현을 강조하고자 한다면, 별도의 성평등 조항을 둘 필요 없이, 일반 평등조항 내에 "국가는 부당한 차별을 개선하기 위하여 노력하고, 특히 양성평등의 실질적 실현을 위하여 노력하여야 한다."라는 규정을 신설하면 될 것이다.

한편, 국가인권위원회 개헌안에는 「성평등」의 표현이 발견되지 않는다. 그러나 성적 지향과 성정체성(sexual orientation and gender identity)에 기인한 차별 금지를 포함할 뿐만 아니라 성소수자에 대한 평등까지도 의미하는 성평등 개념이 인권위 개헌안에 잘 녹아들어가 있다.

인권위 개헌안 제15조 제2항[40]과 제3항[41]을 종합해 보면, 「성적 지향을 이유로 부당한 차별」은 금지되며, 국가는 성별과 장애뿐 아니라 「성적 지향으로 인한 현존하는 차별을 철폐하고 실질적 평등을 실현하여야」한다. 이는 성적 지향을 이유로 한 성소수자에 대한 차별을 철폐하고 이들을 실질적으로 평등하게 대할 것을 요구하는바, 결과적으로 성평등을 사실상 헌법적으로 보장하는 것이다.

이상의 논의를 종합해 보면, 일반 평등조항 외에 별도로 성평등 보장 규정의 신설은 필요하지 않다고 본다. 대신 일반 평등조항 내에 "국가는 부당한 차별을 개선하고 또한 양성평등의 실질적 실현을 위하여 노력하여야 한다."라는 규정을 신설하면 될 것이다.[42]

---

39) 2018년 국회헌법개정특별위원회 자문위원회 보고서의 조문시안 제15조, 2014년 국회 헌법개정자문위원회 개헌안 제16조와 「나라살리는 헌법개정 국민주권회의」 개헌안 제15조는 성평등에 관한 규정을 별도로 두고 있다.

40) "누구든지 모든 영역에서 성별, 종교, 인종, 언어, 출신지역, 장애, 나이, 성적 지향, 학력, 사상, 정치적 의견, 사회적 신분 등 어떠한 이유로도 부당한 차별을 받지 아니한다."

41) "국가는 성별과 장애 등으로 인한 현존하는 차별을 철폐하고 실질적 평등을 실현한다."

42) 2018.3. 대통령이 발의한 개헌안 제11조 제2항은 "국가는 성별 또는 장애 등으로 인한 차별상태를 시정하고 실질적 평등을 실현하기 위하여 노력해야 한다."라는 규정을 신설하고 있다.

이하에서는 동성애 내지 성적 지향의 정점인 동성혼의 허용 여부를 검토하고자 한다.

Ⅳ. 동성혼 허용의 문제

1. 동성혼에 대한 이 세대의 흐름

오늘날 동성간의 결합을 법적 보호를 받는 혼인으로 인정할 것인가에 대하여 국가마다 다양한 논의가 이뤄지고 있다. 2000년 12월 세계 최초로 네덜란드가 동성혼을 합법화한 이래, 유럽과 아메리카 등에서 여러 차례 합법화가 이뤄졌다. 2017년 8월 현재, 23개 국가가 동성혼을 일반적으로 허용하는 법률을 제정하였는데, 이러한 추세는 특히 2010년 이후에 두드러졌다.[43)]

동성혼을 허용하게 된 계기는 법원 및 헌법재판소의 판결, 의회의 입법, 국민투표이다. 법원의 판결에 의하여 동성혼이 허용된 대표적인 사례가 미국이다.[44)] 그리고 아시아에서 최초로 동성혼을 허용한 대만도 법원의 판결에 의하여서이다.[45)] 한편 국민투표에 의하여 동성혼을 결정한 나라는 아일랜드이다(2015.5.22.). 다수의 국가는 의회의 입법에 의하여 동성혼을 합법화하였다.

동성혼의 합법화 여부를 판단하는 방식 중에 가장 논란이 되는 것은 사법부의 판결이다. 왜냐하면 민주적 정당성이 결여된 극소수의 법관이 가장 도덕적 쟁점이 되는 동성혼의 허용 여부를 판단하고 이에 규범적 효력을 인정하기 때문이다. 동성혼의 허용을 초래한 미국 연방대법원의 Obergefell v. Hodges 판결에서도 이러한 문제점이 중요한 논점이었다. 간단히 말

---

43) 23개의 국가 외에 스코틀랜드와 그린란드를 포함하면 25개이다. 이 중 18개가 2010년 이후에 동성애를 합법화하였다.

44) 미국에서는 오랜 기간에 걸쳐 동성혼에 관한 판결이 내려졌다. 최근 대표적인 판결로는 남녀간의 결합만을 혼인으로 인정한 혼인보호법(The Defence of Marriage Act, DOMA) 제3조가 위헌이라고 판단한 United States v. Windsor, 133 S. Ct. 2693(2013)와, 각 주는 동성혼을 금지할 수 없다고 판단한 Obergefell v. Hodges, 576 U.S. 2015가 있다. 미국의 동성혼 관련 판례에 관한 연구로는 김웅규, "미국연방대법원의 동성결혼 합헌판결에 대한 헌법적 고찰", 『법학연구』, 제27권 제1호, 충북대학교 법학연구소, 2016; 박승호, "미국헌법상 동성애자의 권리: Romer 사건과 Lawrence 사건 검토를 중심으로", 『미국헌법연구』, 제22권 제2호, 미국헌법학회, 2011; 성중탁, 동성혼에 관한 최신 미연방대법원 Obergefell *et al.* v. Hodges 사건 판례와 그 시사점, 『법학논고』, 제53집, 경북대학교 법학연구원, 2016; 최경호, "미연방대법원 최근 판결(United States v. Windsor, Hollingsworth v. Perry)을 통하여 살펴본 미국에서 동성혼 관련 헌법적 논의", 『법학논총』, 제31권 제1호, 한양대학교 법학연구소, 2014; 하정훈 외, "미국의 동성결혼 판결 소개-United States v. Windsor 판결 및 Perry v. Schwarzenegger 판결을 중심으로-", 『공익과 인권』, 제14권, 서울대학교 공익인권법센터, 2014; 최희경, "동성애자권리에 대한 로렌스 판결의 의미와 영향", 세계헌법연구, 제17권 제2호, 2011; 김지혜, "동성혼에 대한 미국 판례의 전개", 『법과 사회』, 제46호, 2014; 권혁남, "미국 동성간 결혼 합헌 판결에 대한 비판적 고찰", 『인문사회』, 아시아문화학술원, 6권 2호, 2015; 류성진, "동성애에 대한 미국 연방대법원의 최근 결정과 시사점: United States v. Windsor(2013)의 분석과 의미", 『공법학연구』, 제14권 제4호, 2013.

45) 대만에서는 2017년 5월 법원의 판결에 의하여 동성혼을 허용하지 않은 법률조항이 위헌선고를 받았다.

해서, 입법부가 판단해야 할 사항을 왜 사법부가 판단하느냐가 위 판결의 소수(반대)의견의 핵심주장이었다. 바로 이러한 이유 때문에 동성혼 지지자들은 힘들고 어려운 입법과정을 거치기보다는 사법부의 재판절차를 활용하여 자신들의 목적을 달성하려는 전략을 취하기도 한다.[46]

2. 동성혼 허용을 위한 헌법개정의 시도

헌법개정을 통하여 동성혼을 허용하자는 주장들은 많은 학자와 인권활동가에 의하여 이뤄졌다.[47] 그러나 정작 이를 개헌안으로 담아내는 경우는 그리 많지 않다. 현재 제시된 개헌안 중에서 동성혼을 허용하는 근거로 활용될 수 있는 헌법개정안으로는 2014년 국회 헌법개정자문위 안(제16조 제2항)과 2016년 대화문화아카데미 새헌법안(제38조 제1항)을 들 수 있다. 위 조항들은 "혼인과 가족생활은 개인의 존엄과 <u>성평등</u>을 기초로 성립되고 유지되어야 하며, 국가는 이를 보장한다."라고 규정하고 있다. 앞에서 지적한 것처럼, 성평등은 양성평등 이상으로 다양한 성적 지향을 가진 자들의 평등을 포함하고 있기 때문에 동조항들은 동성혼을 허용하는 훌륭한(?) 근거가 될 수 있다.

2018년 국회헌법개정특별위원회 자문위원회 보고서는 조문시안 제15조 제3항을 "혼인과 가족생활은 개인의 존엄과 <u>평등을</u> 기초로 성립되고 유지되어야 하며, 국가는 이를 보장한다."라고 하여 '양성평등'을 '평등'으로 변경하였다. 또한 인권위 개헌안 제32조 제1항은 "<u>모든 사람</u>은 존엄과 <u>평등에 기초하여</u> 혼인하고 가족을 구성할 권리가 있다. 혼인과 가족은 국가의 특별한 보호를 받는다."라고 하여, 혼인의 주체를 남녀(양성)가 아닌 "모든 사람"으로 변경하고, 사람들의 "평등"에 기초하여 혼인이 성립됨을 규정하고 있다. 그리고 이러한 혼인은 국가의 특별한 보호를 받음을 강조하고 있다. 이는 남녀 양성의 평등한 혼인만이 아니라, 동성간의 평등한 혼인을 당당히 인정하는 것이다. 나아가 모든 사람의 평등에 기초한 결혼이 자칫 난혼(亂婚)을 정당화하는 논거가 될 수 있음은 이미 지적한 바와 같다. 이처럼 인권위 개헌안은 동성애자 등 성소수자들을 위한 성평등 보장의 결정판이라 할 수 있는 동성혼을 분명히 보장하고 있다.

이처럼 헌법개정을 통하여 동성혼을 수용하려는 시도, 즉 동성혼의 「헌법화」(constitutionalization)는 세계적으로 그 유례가 없을 정도로 대담한(?) 시도라고 할 것이다. 법원의 판

---

46) 미국 연방대법원이 헌법의 문언(文言)을 넘어서 헌법의 의미를 발견하는 것은 결국 법관 자신의 가치관을 투영하는 결과를 초래하기 때문에, 이러한 접근을 정당화하는 비해석주의적 방식(non-interpretivism)이 부당함을 조목조목 비판한 J. Ely의 지적은 여전히 타당하다고 본다. 자세히는 John H. Ely, *Democracy and Distrust-A Theory of Judicial Review*, Harvard University Press, 1980, pp. 43-72.

47) 동성혼의 허용은 헌법개정을 필요로 한다는 것이 학계의 통설이다. 왜냐하면 헌법 제36조 제1항에서 혼인을 "양성의 평등을 기초로 성립"하도록 한 규정은 혼인이 남녀 양성의 결합을 의미하는 것으로 해석되기 때문이다.

결이나 의회의 입법, 또는 국민투표에 의한 입법과도 비교할 수 없는 강력한 의지의 표현이라고 할 것이다. 과연 동성혼이 헌법화할 정도의 가치와 국민적 합의가 있다고 볼 것인가?

3. 동성혼에 대한 헌법의 태도와 국민의 인식

오랜 세월 동안 혼인 및 가족생활이 담당해온 공동체에서의 공적 기능을 고려해서, 모든 공동체는 혼인 및 가족제도에 관하여 나름대로 개념, 전통, 문화 및 규범체계를 지니고 있다.

혼인 및 가족생활은 사회와 국가의 발전을 위한 공적 기능을 수행하고 있다.[48] 가족생활의 터전인 가정은 사회의 존속과 발전을 위해 사회구성원을 지속적으로 재생산하고, 자녀를 보호·양육하여 사회구성원으로 육성하며, 근친상간이나 혼외 성관계를 금지함으로써 반사회적인 성행위를 규제하고, 구성원의 경제적 수요를 해결하며, 구성원들의 정서적 만족을 충족시킨다. 따라서 각 국가와 사회는 오랜 역사를 통하여 혼인 및 가족생활을 제도화하여 특별한 보호의 대상으로 삼아왔다. 이러한 제도적 요청은 국제인권법으로도 확인되었다.[49]

대한민국은 종교적 확신과 양심 그리고 혼인 및 가족생활의 공적 역할의 효과적 수행에 대한 합리적 판단에 근거하여, 혼인이 남자와 여자의 결합이라는 인식을 견고하게 유지하여 왔다.

역사적으로 볼 때, 대한민국의 헌법에서 혼인 및 가족제도의 성립요건은 1인의 남자와 1인의 여자의 결합이었다. 1948년헌법 제20조가 "혼인은 남녀동권을 기본으로 하며 혼인의 순결과 가족의 건강은 국가의 특별한 보호를 받는다."라고 규정한 이래, 1980년헌법 제34조 제1항은 "혼인과 가족생활은 개인의 존엄과 양성의 평등을 기초로 성립되고 유지되어야 한다."라고 규정하였다. 현행 1987년헌법 제36조 제1항은 "혼인과 가족생활은 개인의 존엄과 양성의 평등을 기초로 성립되고 유지되어야 하며, 국가는 이를 보장한다."라고 규정하고 있다.

이에 따라 헌법재판소는, 헌법 제36조 제1항은 인간의 존엄과 양성의 평등이 가족생활에서도 보장되어야 한다는 요청에서 기본권의 성격을 갖는 동시에 혼인과 가족생활에 관한 제도적 보장을 역시 규정한다고 판단하면서,[50] 제도보장으로서의 혼인은 일반적인 법에 의한 폐지나 제도 본질의 침해를 금지한다는 의미의 최소보장의 원칙이 적용되는 대상으로서 혼인제도의 규범적 핵심을 의미하고[51] 여기에는 당연히 일부일처제가 포함된다고 판단한 바

48) 권영성, 앞의 책, 278면.

49) 양차대전으로 인구의 감소와 인간의 존엄성 파괴를 겪은 인류는 국제인권법의 시발점이 된 세계인권선언에서 한 남자와 한 여자의 결합을 전제로 하는 「자연적 가족」 보호의 중요성을 명시하였다. 세계인권선언 제16조 (3)항은, 「가족은 사회의 자연적이며 기초적인 구성단위(natural and fundamental group unit of society)이며, 사회와 국가의 보호를 받을 권리를 가진다」고 규정하고 있다.

50) 헌재 2002.3.28. 2000헌바53; 헌재 2011.2.24. 2009헌바89등 참조.

51) 헌재 1994.4.28. 91헌바15등 참조.

있다.[52)]

한편 헌법 제36조 제1항이 존엄과 양성의 평등을 강조하는 것은 혼인과 가족관계에서 종래의 가부장적이고 봉건적인 질서를 용인하지 않겠다는 의미이지, 혼인관계를 양성간에만 한정하는 의도를 가진 것으로 해석하기 어렵다는 견해[53)]가 있다. 이에 따르면, 현행법상 혼인의 상대를 선택할 권리에 대해서 법적으로 규율하고 있지 않기 때문에 동성혼도 가능하다고 본다. 이 논리에 따르면, 동성혼을 허용하기 위해 굳이 개헌할 필요가 없게 된다. 그러나 이 견해는 제헌헌법 제정 당시, 그리고 그 이후에도 동성혼의 존재를 인식하지 않았기 때문에 이에 대한 배척의 의사가 없었으리라고 판단하는 우(愚)를 범하고 있다. 만약 제헌헌법 제정 당시 동성혼의 존재를 알았더라면 이를 더 확실하게 배척하였으리라는 점은 불문가지(不問可知)의 사실이라 하겠다. 또한 이 견해는 "양성의 평등을 기초로 성립"되는 혼인의 주체가 남녀 양성이라는 지극히 상식적인 해석을 배척하는 무리수를 두고 있다는 비판에서 자유로울 수 없다.

따라서 동성혼을 인정하려는 입장은 헌법제정권자 그리고 그 이후의 헌법개정권자인 국민의 의사를 명백히 배제하는 것이다. 여기서 「현재의 국민」이 과연 「남자와 여자의 결합」 또는 「일부일처제」를 거부하고 동성혼을 수용하려는 의사를 정말 가지고 있는가를 확인할 필요가 있다. 지금까지의 자료[54)]에 의하면, 대다수 국민은 동성혼을 부정적으로 인식하고 있다. 그럼에도 불구하고 동성혼을 인정하는 방향으로 헌법을 개정하려는 것은 허용될 수 없다고 할 것이다.

4. 헌법상 혼인조항의 본질과 동성혼

동성혼에 대하여 종합적인 판단을 내리기 위해서는, 동성혼을 개인의 자유의 관점에서만 바라볼 것이 아니라 혼인 및 가족제도의 헌법상 의의 및 가치(공익적 관점), 인간으로서의 존엄 및 가치(인권 존중의 관점)의 측면에서 볼 수 있어야 한다.[55)]

---

52) 헌재 2014.7.24. 2011헌바275.

53) 한상희, "동성혼은 원래 합법이다", 동성혼인 합법화해야 하나?, 중앙일보, 2015.7.31.; 김선화, "동성혼의 법제화에 관한 고찰", 『이화젠더법학』, 제7권 제3호, 2015.12, 36, 50-51면.

54) 2017.5.30~6.1.에 걸친 한국갤럽의 「동성결혼, 동성애에 대한 여론조사」에 의하면, 찬성 34%, 반대 58%, 모름/응답 없음 8%였다. http://www.gallup.co.kr/gallupdb/report Content.asp?seqNo=837(2017.8.30. 검색)

55) 동성혼과 관련하여 혼인과 가족보호에 관한 논의는 다양하게 이뤄지고 있다. 이덕연, "혼인과 동성간의 생활공동체", 『헌법판례연구』, 제5권, 2003; 조홍석, "새로운 형태의 가족: 헌법적 가능성과 한계", 『공법학연구』, 제8권 제4호, 2007; 이준일, "헌법상 혼인의 개념", 『공법연구』, 제37집 제3호, 2009; 고보혜, "헌법상 국가의 혼인과 가족 보호의무와 그 실현방안에 관한 연구", 전남대 박사학위논문, 2011; 김병록, "헌법적 존속보호 대상으로서 혼인과 가족", 『법학논총』, 제22권 제2호, 2015; 김수정, "유럽에서의 동성혼 합법화 경향-특히 영국과 프랑스를 중심으로-", 『가족법연구』, 제29집 제1호, 2015; 신옥주, "헌법상 혼인과 가족제도에 관한 고찰", 『아주법학』, 제9권 제3호, 2015; 정문식, "헌법상 혼인과 가족생활의 보호 의미와 변화", 『한양법학』, 제28권 제3집, 2017 등.

혼인이 중요한 국가적 보호의 대상이 되는 까닭은 무엇보다도 가족제도의 사회적·헌법적 기능 때문이다. 즉 혼인이 사회와 국가를 존속시키는 가족공동체의 형성에 결정적인 역할을 하기 때문에 그에 상응한 법적 보호를 받게 되는 것이다.

남자와 여자 간의 애정관계의 형성 및 유지가 개인적 차원의 관심사라고 한다면, 남자와 여자의 결합으로서 혼인은 사회적 차원의 과제라고 할 것이다.[56] 혼인이 자연스럽게 임신·출산·양육을 통하여 부모로서의 본성을 함양하고, 가족공동체를 형성하며 나아가 국가를 존속시키기 때문이다. 따라서 혼인은 헌법적 보호의 대상이 된다.

그런데 가족을 이루는 혼인이 아무리 중요하다고 하더라도 당사자의 자유로운 의사를 무시하고 혼인을 성립하게 할 수는 없다. 왜냐하면 혼인의 성립을 각 당사자의 결정 아닌, 상대방이나 다른 가족 또는 사회의 결정에 따르게 하는 것은 각 당사자의 인간의 존엄과 평등을 무시하는 것이 되기 때문이다. 따라서 각 당사자에게 혼인의 자유를 인정하여야 한다. 혼인의 자유는 혼인의 여부·시기·방식·상대방을 결정할 수 있는 주관적 권리와, 이러한 결정에 따른 혼인과 가족생활에 대해서 국가 및 제3자로부터 부당한 간섭을 받지 아니할 자유를 의미한다.[57] 그래서 강제혼, 매매혼, 약탈혼, 지나친 조혼(早婚)은 허용될 수 없다.

그러한 점에서 혼인의 자유는 혼인 및 가족생활에서의 인간의 존엄성과 평등을 위해 절대적으로 요청된다고 볼 것이다. 따라서 혼인의 자유가 헌법 제10조의 일반적 행동권 또는 행복추구권에서 도출되는 것이 아니라, 인간의 존엄성과 평등권의 특별법적 규정인 헌법 제36조 제1항의 혼인조항에서 기인한다고 볼 것이다.[58] 이처럼 혼인의 자유가 근본적으로 가족의 중요성에서 기인하는 까닭에 일반적인 행동의 자유나 평등권보다도 더 강하게 보장받도록 하는 것이 현행 헌법의 입장이라고 본다.[59]

이러한 점에서 볼 때, 동성혼은 헌법상의 혼인조항이 예정한 바가 아니라고 할 것이다. 비록 동성간의 결합이나 동서(同棲)가 설사 다른 헌법적 근거[60]를 갖는다고 하더라도, 동성

---

56) 그런 점에서 혼인은 개인의 감성적 관계를 능가하는 사회적 공공재이다(정영화, 『헌법』, 일조사, 2011, 473면).

57) 정극원, "혼인의 자유에 관한 헌법재판소의 판례의 동향", 『세계헌법연구』, 제14권 제1호, 2008, 300면.

58) 혼인조항인 제36조 제1항의 성격은 다양하게 파악되고 있다. 동조항은 기본권체계상의 지위와 규정의 내용을 고려할 때 복합적인 성격을 지니고 있다. 가족 및 혼인생활에 관한 헌법원리를 선언한 원칙규범, 민주적인 혼인제도 및 가족제도를 보장한 제도보장, 모든 국가기관을 직접 구속하는 직접효력규정, 혼인 및 가족에 대한 국가의 보장을 요구하는 사회권, 그리고 인간의 존엄성 및 평등에 기인하는 혼인의 자유권으로서의 성격을 지니고 있다고 본다.
이와 같이 혼인조항이 다양하게 파악하게 되는 것은 혼인 자체가 여러 다른 측면을 보여주며 법은 그것을 매우 다양한 견지에서 규제할 수 있기 때문이다. 그래서 라드브루흐는 법이 혼인을 성(性)의 생활공동체, 사랑의 생활공동체 내지는 윤리적 생활공동체로서, 혹은 친자관계, 교육의 장소 내지는 인구정책의 기관으로서, 혹은 경제단위로서, 혹은 사회의 사회적·문화적 원세포(原細胞)로서, 혹은 세속적·국가적 제도로서, 혹은 종교적·교회적 제도로서 고찰할 수 있다고 보았다. 라드브루흐, 앞의 책, 205면.

59) 한편 혼인의 자유를 가족생활의 중요성과 분리하여 오로지 성적 자기결정권 내지 개인의 인격권, 행복추구권, 사생활의 자유에서 그 근거를 찾는 것은 혼인의 자유를 피상적·부분적으로 이해한 까닭이라고 본다.

혼은 헌법상의 혼인조항으로 보호되는 대상이 아니라고 할 것이다. 혼인 및 가족제도를 보호하는 혼인조항의 본질에 비춰볼 때, 동성혼과 남녀간 혼인은 매우 다른 가치를 가진다고 볼 것이다. 미국에서 동성애자들이 동성혼에 이르는 중요한 이유로 사랑, 반려자 의식 등을 들기도 하지만, 일반적인 부부에 비하여 법적 보호와 혜택(legal rights and benefits)에 대한 기대감이 배나 많다는 점은 동성혼의 실제적인 동기가 무엇인가를 암시한다고 하겠다.[61] 따라서 동성혼을 남성과 여성간의 혼인과 달리 취급한다고 하여도, 이는 평등권을 침해하거나 평등원칙에 위배되는 것은 아니라고 본다.[62]

5. 결　어

앞에서 언급한 바와 같이, 동성혼에 대한 전체적인 판단을 위해서는, 동성혼을 개인의 자유의 관점에서만 바라볼 것이 아니라 혼인 및 가족제도의 헌법상 의의 및 가치(공익적 관점), 인간으로서의 존엄 및 가치(인권 존중의 관점)의 측면에서 볼 수 있어야 한다. 동성혼을 혼인의 한 유형으로 인정하려 한다면 무엇보다 혼인의 헌법상 의의와 가치를 제대로 이해하여야 할 것이다. 오늘날 헌법이 국가로 하여금 자유의사에 따른 계약으로서 또한 사회제도로서 혼인을 보호하도록 하는 것은 혼인의 공적 기능 때문임을 명심해야 할 것이다. 현실적으로 볼 때, 동성혼은 인간의 존엄성을 고양(高揚)하는 가치나, 공익에 봉사하는 기여가 대단히 미흡한 행위양식이라 하지 않을 수 없으므로 헌법상 혼인조항의 보호대상이라고 볼 수 없다. 물론 동성간의 결합 또는 동서(同棲)에 대한 일정한 법적 보호가 필요하다고 보더라도, 이는 헌법화의 대상이 아니라 사회보장의 차원에서 배려하여야 할 입법대상이라고 보아야 할 것이다.[63]

---

60) 논자에 따라서는 동성혼이 일반적 행동자유권 · 성적 자기결정권(제10조), 사생활의 자유(제17조)에 의해 보호된다고 한다. 예컨대 김선화, 앞의 글, 38-42면.

61) David Masci et al, 5 facts about same-sex marriage(http://www.pewresearch.org/fact-tank/2017/06/26/same-sex-marriage/), p. 3. 미국의 동성애자 대부분은 경제력이 약한 남자 동성애자들인바, 이들은 동성혼을 유지할 경우 상속권, 입양권, 육아수당 등의 사회보장제도에 따른 경제적 혜택 등의 법적 보호와 혜택을 누리는 것에 커다란 기대를 갖는다고 한다. 동성혼을 통하여 얻게 될 법적 혜택에 관한 설명으로는 https://www.liveabout.com/the-benefits-of-gay-marriage-1411846(2017.8.30. 검색)

62) 미국의 판결들은, 동성혼을 인정하지 않는 것이 성 또는 성적 지향을 이유로 한 차별이므로 평등권을 침해하거나 평등원칙에 위배된다고 보았다. 그러나 이러한 논리가 우리에게는 그대로 들어맞지 않는다고 본다. 왜냐하면 미국의 헌법과 달리, 우리 헌법에는 혼인 및 가족생활의 기본권 및 제도적 보장을 규정하는 혼인조항이 있기 때문이다.

63) 2018.3. 대통령이 발의한 개헌안(제39조)은 현행 헌법상의 혼인조항(제36조 제1항)을 그대로 존중하고 있다.

V. 결　　어

1. 정　　리

최근 논의되고 있는 여러 개헌안에서 「성적 지향(sexual orientation)」을 차별의 금지사유로 명시함으로써 사실상 동성애를 옹호·허용·정당화하고 있으며, 나아가 혼인 및 가족생활의 성립요건을 「양성평등」에서 「(성)평등」으로 변경함으로써 동성혼을 허용·인정하려고 하고 있다.

동성애·동성혼의 문제는 법과 도덕의 관계, 인간의 본질에 대한 근본적인 인식의 차이, 인권과 정치의 결합 등과 맞물려서 수많은 논점을 포함하고 있다. 자칫 이 문제는 「규범의 늪」 또는 「규범공동체의 내전 상태」에 빠져들 가능성이 매우 크다.

현재 진행되는 동성애·동성혼 개헌의 시도는 지금까지 수차례 진행되었던 「차별금지법」의 제정 시도와 맞닿아 있으며 또한 그 연장선상에 있다.

동성애를 지지하는 입장에서는 이를 적극적으로 허용·옹호하는 방식을 취하거나, 소극적으로 이에 기인한 차별행위를 금지하는 방식을 주장한다. 동성애를 인권으로 볼 것인가에 관하여는 의견이 갈리고 있다. 설사 동성애가 일반적 행동자유권이라 하더라도, 공서양속에 반하면 당연히 제한(금지)되어야 할 것이다.

도덕적 정당성을 갖추지 못한 동성애를 허용할 것인가에 대한 국민적 합의가 이뤄지지 않은 상황에서, 이를 어떤 형태로든 헌법 차원에서 규범적으로 수용하는 것은 올바르지 않다고 본다.

지금까지 동성애를 둘러싼 대부분의 법적 문제는 차별문제로 부각되었다. 동성애자에 대한 차별의 합리성이 문제가 되면서, 동성애가 과연 평등권 내지 평등원칙의 보호 범위에 속하는가 여부가 핵심 논점이 되었다. 생각건대, 동성애 내지 성적 지향이 평등조항의 차별금지사유로 인정될 수 없으며, 현행 헌법상 차별금지사유의 하나인 "성별"에 성적 지향이 포함되지 않는다고 본다.

일반 평등조항 외에 별도의 성평등 보장 규정의 신설은 필요하지 않다고 본다. 그 대신에 일반 평등조항 내에 "국가는 부당한 차별을 개선하고 또한 양성평등의 실질적 실현을 위하여 노력하여야 한다."라는 규정을 신설하면 될 것이다.

동성혼에 대한 전체적인 판단을 위해서는, 동성혼을 개인의 자유의 관점에서만 바라볼 것이 아니라 혼인 및 가족제도의 헌법상 의의 및 가치(공익적 관점), 인간으로서의 존엄 및 가치(인권 존중의 관점)의 측면에서 볼 수 있어야 한다. 오늘날 헌법이 국가로 하여금 자유의사에 따른 계약으로서 또한 사회제도로서 혼인을 보호하도록 하는 것은 혼인의 공적 기능 때문임을 명심해야 할 것이다. 현실적으로 볼 때, 동성혼은 인간의 존엄성을 고양(高揚)하는 가치나, 공익에 봉사하는 기여가 결여된 행위양식이라 하지 않을 수 없으므로 헌법상 혼인조항의 보호대상이라고 볼 수 없다. 물론 동성간의 결합 또는 동서(同棲)에 대한 일정한 법적 보호가 필요하다고 보더라도, 이는 헌법화(constitutionalization)의 대상이 아니라 사회보장의 차원에서 배려하여야 할 입법대상이라고 보아야 할 것이다.

2. 동성애 · 동성혼 관련 개헌논의절차의 적절성에 대한 의문

동성혼 개헌논쟁은 기본적으로 「인권과 정치의 결합」으로 나타난다. 동성애 · 동성혼 자체에 대한 논쟁은 도덕적 · 종교적 · 법적 논쟁에 그치나, 동성애 · 동성혼을 헌법으로 수용하려는 개헌시도는 정치적 투쟁으로서의 성격을 가질 수밖에 없다. 동성애 · 동성혼의 지지세력이 증가함에 따라 동성혼 개헌을 둘러싼 찬반논의는, 민주정치체제의 속성상, 정치적 대결구조를 취하게 된다. 그러한 까닭에 동성혼 개헌은 이를 지지하는 세력의 정치적 승리를 의미하게 된다. 그래서 선거공약으로 동성애 · 동성혼 지지를 내세운 정치세력은 자신의 정치적 지위를 유지 · 강화하기 위해서라도 개헌논의에 매달리게 된다.

이와 관련하여, 지금과 같은 방식으로 진행되는 개헌작업이 과연 어느 정도로 긴절(緊切)하게 필요한가에 관한 진지한 질문을 할 필요가 있다. 헌법 전반적으로 많은 것을 다루려다 보면, 개별적으로 중요한 사항에 대한 면밀한 검토는 무시되거나 생략된 채, 끼워팔기식으로 또는 주고받는 거래식으로 대충 처리될 수 있음을 주의하여야 한다. 만약 이를 알고 의도적으로 진행하려 한다면 개정(改正)이 아니라 나쁜 개악(改惡)이 될 것이다.

그런 점에서 헌법개정의 범위, 순위, 속도 등에 대한 절차적 분화가 요구된다. 헌법의 개정과정에서 많은 사항들이 동시에 논의되고 한꺼번에 표결의 대상이 되는 까닭에 다른 논점에 묻혀서, 의도적이든 비의도적이든 간에, 동성혼 관련 규정이 포함된 헌법개정안이 통과될 가능성이 있다. 그러한 점에서 쟁점에 따라 국민의 합의를 확인할 수 있는 개헌절차의 분화가 필요하다고 본다.

특히 권력구조의 개편, 그 중에서도 정치권력의 합리적 재구성을 위해 헌법규범을 재정립하려 한다면, 힘들고 비용이 많이 드는 형식적 의미의 헌법의 개정보다, 그보다 먼저 선거법, 정당법, 정치자금법, 국회법 등의 법률(실질적 의미의 헌법)의 개정이 더 시급하다고 볼 것이다.

요컨대 권력구조의 개편을 빌미로 삼아 또는 권력구조 중심의 개헌에 대한 비판적 인식을 완화시키기 위하여, 면밀한 검토 없이 일부 기본권을 대상으로 개헌작업을 진행하려는 것은 바람직하지 않다.

3. 동성애 · 동성혼의 헌법적 수용론자에 대한 질문

오늘날 동성애를 허용하고 동성혼을 인정하려는 거대한 흐름이 전 세계를 돌고 있다. 이런 시점에, 우리 헌법을 개정하는 과정에서 동성애 · 동성혼에 대한 분명한 입장을 취하는 것이 우리가 원치 않음에도 불구하고 「세계사적 일」이 되고 말았다. 종래 이른바 선진국들의 법제를 모방하였던 우리가 여전히 이러한 시대적 흐름에 따라가야 할 것인가, 아니면 우리의 신앙적 확신 · 도덕적 가치 · 이성적 판단에 따라 우리 자신의 길을 선택할 것인가라는 중대한 기로(岐路)에 서있다고 볼 수 있다.

현재의 선택을 지혜롭게 하는 방법의 하나가 미래의 시점에서 지금을 바라보면서 어떠한 평가를 할 것인가라는 사후 소급적인(*ex post facto*) 사고(思考)를 취하는 것이다. 그런 점에서 동성애 · 동성혼을 헌법적으로 수용하려는 자들은 다음의 질문에 진지하게 답하여야 할 것이다.

동성애 · 동성혼을 허용하는 개헌이 “유구한 역사와 전통에 빛나는 우리 대한국민은 …… 우리들과 우리들의 자손의 안전과 자유와 행복을 영원히 확보할 것을 다짐하면서 1948년 7월 12일에 제정되고 …… 개정된 헌법을 이제 국회의 의결을 거쳐 국민투표에 의하여 개정한다.”라는 헌법 전문(前文)의 정신에 과연 부합하였다고 우리들의 자손은 판단할 것인가?

12. 부실감사와 미필적 고의 – 헌법상 책임원칙의 형법에의 구체적 적용례 –

이 용 식*

Ⅰ. 서 설

형법상 범죄에 고의과실이 요구된다고 하는 책임원칙은 헌법상의 원칙이다. Jubilar이신 성낙인 교수님도 이 점을 강조하고 있다.[1] 본고에서는 헌법상 책임원칙이 형법에 적용되는 논리과정을 구체적인 판례를 통하여 살펴보려고 한다. 부실감사에서 외부감사인의 책임과 그 책임내용과 정도를 확인하는 판결들이 나오고 있다. 대법원은 회계감사 대상 기업이 분식회계로 재무제표를 작성했음에도 '적정의견'으로 부실감사한 회계법인에 대하여 기업과 함께 피해 주주들에 배상책임이 있다고 한다.[2] 다만 감사인이 투자자에 책임을 지더라도, "회계법인이 회계감사를 부실하게 해 분식행위를 밝히지 못한 과실 책임과 경영진이 횡령・부실대출 등의 범죄 행위를 저지른 고의 책임은 그 발생 근거 및 성질에서 차이"가 있어 책임비율은 차등을 둬야 한다고 본다.[3] 과실과 고의의 대비, 손해의 공평타당한 분배라는 면에서 민사적 손해배상제도의 이념을 고려한 것으로 형사책임과는 결을 달리한다고 보더라도, 외부감사인의 책임에 관하여 종래와 온도차를 보여주는 판례들이 보인다.

주식회사의 외부감사에 관한 법률(이하 '외부감사법')에서는 외부감사인의 의무와 책임을 규정하고 벌칙조항을 둬 형사적 대처를 예고하고 있다. 그에 따라 기업의 분식회계 사건 등에서 외부감사인의 부실감사에 대한 책임이 논의되어 왔다.[4] 부실감사에 대한 형법적 평가, 그 가운데 외부감사법에 의한 감사인의 형사책임에 대하여는 논의가 많지 않았는데[5] 최근 하급심에서 이를 주된 심판대상으로 하는 판결이 나왔다.[6] 이 사안에서 외부감사인 소속 회계사들은 수년간 외부감사를 하면서 기업이 분식회계 한 사실을 파악하고도 감사 보고서를 허위 작성한 혐의 등으로 기소되었다. 판결에서 심판된 형사책임은 외부감사법상의 감사보고

---

* 서울대학교 법학전문대학원 교수

1) 성낙인, 헌법학, 제18판, 2018, 법문사, 1097면 이하.

2) 대법원 2017.4.28. 선고 2014다82750 판결.

3) 대법원 2016.9.30. 선고 2013다85172 판결.

4) 정준우, "외감법상 외부감사인의 책임에 관한 비판적 검토", 경제법연구 제14권 제1호, 2015, 285면 이하; 이준섭, "감사인의 피감사회사에 대한 부실감사책임", 증권법연구 제7권 제1호, 2006, 167면 이하; 정준우, "부실감사에 대한 감사위원의 법적 책임", 상사판례연구 제18권 제3호, 2005, 213면 이하 등 참고.

5) 한석훈, "회계부정의 형사책임 개선과제", 선진상사법률연구 제78호, 2017, 189면 이하; 이상돈, 『경영과 형법』, 2011, 367면 이하; 이상돈, "부실감사죄의 형법정책과 헌법재판의 방향", 저스티스 제83호, 2005, 198면 이하; 이상돈, "부실감사의 형사책임", 안암법학 제11호, 2000, 105면 이하 참고.

6) 서울중앙지법 2017.6.9. 선고 2016고합1357, 2017고합57(병합) 판결.

서 허위 기재, 감사조서 변조, 후속사건 존재 은폐, 허위 보고 등이다. 양벌규정에서 법인 책임의 문제와 회계기준에 대한 관점을 포함한 외부감사인 책임 일반에 관한 논제도 담고 있다.

이 판결에서는 특히 외부감사법 제20조 제2항 등에 규정된 감사보고서 허위 기재에 대한 판단을 하면서 행위자들에 미필적 고의를 인정하고 있다. 재판이 계속 중인 중간 판단임에도 불구하고 외부감사법상 감사인의 형사책임을 묻고 있으면서 구체적으로는 감사인의 미필적 고의를 확인하고 있다는 점에서 주목된다. 이 사건의 쟁점 가운데 하나는 외부감사인에게 분식회계를 용인하거나 감수한 '미필적 고의'가 있는지, 그렇지 않고 사태에 대한 인식을 가진데 그친 '인식있는 과실'인지에 있다. 고의 인식의 정도와 유형 및 그 방식에 대한 논의는 사실 오래된 이야기이다.[7] 그 가운데 미필적 고의와 인식 있는 과실은 구성요건 실현과 법익침해에 대한 인식을 공통의 전제로 하고 있다는 점에서 여러 시도에도 불구하고 아직도 구별에 곤란을 겪고 있는 영역이다. 본 사안에서는 외부감사법상 감사인의 부실감사에 대한 책임, 그 가운데 허위기재를 중심으로 한 형사책임의 전제로서 미필적 고의가 문제되고 있다는 특수성이 있다. 따라서 이 사안이 담고 있는 논제가 오래된 이야기에 그치지 않고 새로운 법리를 유발하는 계기가 되는지, 단순히 고전적 법리의 파생적인 적응현상에 불과한지에 대한 검토가 필요하게 되었다.

대상판결에서는 공동정범 관계에 있는 행위자들에 대한 고의의 인정여부가 문제된 외부감사법상 몇 가지 구성요건이 있으며 그에 대한 판단도 산재되어 있으나, 논의의 집중을 위하여 사안을 한정된 범위에서만 분석한다.[8] 본고에서는 대상판결이 판단한 내용을 기초로 미필적 고의 내지 고의 인정과 관련된 쟁점을 추출하여(Ⅱ. 이하), 부실감사에서 문제된 미필적 고의에 대한 본질론(Ⅲ.) 및 행정형법에서 고의인식의 방식 문제에 대한 검토를 거쳐(Ⅳ.) 제한적 범위에서 판결에 대한 관견(Ⅴ.)을 구하고자 한다.

Ⅱ. 허위 기재의 구성요건과 고의 판단

1. 대상판결: 서울중앙지법 2017.6.9. 선고 2016고합1357, 2017고합57(병합) 판결

(1) 사건 개요

1) D조선해양의 분식회계 및 사기대출

D조선해양은 실행예산을 이중으로 관리하며 결산용 실행예산을 임의로 축소하여 진행률

---

7) von Weber, "Über die verschiedenen Arten des Dolus", Neues Archiv des Criminalrechts Bd. 7, 1825, S. 549 ff.

8) 대상판결문은 113면에 걸쳐 부실감사의 형사책임에 관한 증거판단과 사실인정, 관련 법리를 설시하고 있다. 사실관계는 다른 고려 없이 판결에서 인정된 부분을 기초로 논의한다.

을 상승시킴으로써 매출액을 과대계상하는 동시에 공사손실충당부채 전입액을 감소시켜 매출원가를 과소계상하는 등의 방법으로 분식회계를 하였다. 분식회계 규모는 자기자본(순자산) 기준으로 2012회계연도에 6,842억 원(당기순이익 4,454억 원), 2013회계연도에 1조 7,189억 원(당기순이익 1조 347억 원), 2014회계연도에 2조 5,190억 원(당기순이익 8,001억 원) 상당이다. 이 과정에서 피고인 A회계법인은 2012, 2013, 2014회계연도 D조선해양의 외부감사인으로서 위와 같이 분식된 재무제표에 대한 감사보고서에 '적정의견'을 기재하였다.

D조선해양 경영진은 위와 같이 분식된 재무제표를 이용하여, 금융기관으로부터 합계 4조 9,257억 4,100만 원을 대출받아 편취하고, 합계 2조 8,139억 800만 원 상당의 신용장 보증한도를 책정받아 그 금액 상당의 재산상 이익을 편취하였으며, 합계 10조 4,289억 1,500만 원 상당의 선수금 환급보증을 받아 그 금액 상당의 재산상 이익을 편취하고, 신용평가기관으로부터 신용등급을 부정 취득하여 합계 8,500억 원 상당의 무보증사채를 발행·매매, 합계 1조 3,000억 원 상당의 기업어음을 발행·매매하였다. 분식회계를 통하여 수천억 원대 흑자를 달성한 것처럼 허위로 작성한 재무제표를 이용하여 한국산업은행으로부터 성과급 수령이 가능한 MOU 평가결과를 받은 뒤 대표이사 등 임원들에게 합계 99억여 원, 종업원들에게 합계 1,212억여 원의 성과급을 지급하였다. 위와 같은 범죄사실로, D조선해양 전 대표이사와 전재무총괄부사장은 항소심에서 각각 징역 9년, 징역 6년을 선고받았다.[9)]

2) 외부감사인 A회계법인과 소속 회계사들의 감사보고서 허위기재

피고인들은 공모하여 아래와 같이 2013, 2014회계연도 감사보고서에 만연히 '적정의견'을 기재함으로써 2013, 2014회계연도 감사보고서에 기재하여야 할 사항을 기재하지 아니하거나 거짓으로 기재하였다. ① D조선해양이 편성한 실행예산의 적정성과 신뢰성에 대하여 전문가적 의구심을 가질 수 있는 여러 가지 객관적인 단서를 확인하여 실행예산 왜곡 가능성을 인지하고도 충분한 감사 없이 감사보고서에 '적정의견'을 허위 기재하였다. ② D조선해양이 산업은행과의 MOU상 목표 영업이익 달성을 위해 회계기준상 영업손익에 반영해야 하는 손실을 영업외비용으로 처리하겠다고 하자 회계기준에 위배되는 회계처리라는 사실을 알면서도 이를 수용하였다. ③ D조선해양이 장기매출채권에 대한 대손충당금을 회계기준에 위배된 임의의 방식으로 설정하고 있다는 사실을 알면서도 이를 인정해주고, 대손충당금 설정액이 적정하다는 결론을 뒷받침하기 위해 회사가 설정한 금액과 유사한 금액이 산출되도록 평가방식을 수정하여 조서를 작성하였다.[10)]

9) 대상판결과는 별건으로 진행되고 있는 D조선해양의 분식회계 및 사기대출 등 사건에서 대표이사 등의 특정경제범죄의가중처벌에관한법률의 사기·배임 등에 대한 판단은 서울중앙지방법원 2017.1.18. 선고 2016고합726, 2016고합751(병합) 판결[1심] 및 서울고등법원 2017.7.17. 선고 2017노460 판결[항소심] 참고(대법원 계류 중).

10) 이상은 감사보고서 허위 기재에 해당하는 판시 내용이며, 그 외 인정된 사실은 다음과 같다. ① 후속사건

(2) 판결 이유

회계감사기준에 의하면 감사인은 회사의 재무제표 및 회사가 제출하는 자료들은 왜곡될 소지가 있기 때문에 '전문가적인 의구심'을 가지고 감사업무를 계획·수행해야 하고, 부정이나 오류에 의하여 재무제표가 중요하게 왜곡표시되어 있을 가능성이 존재하는 상황에 직면한 경우 감사인은 재무제표가 실제로 중요하게 왜곡표시 되었는지 여부를 결정하는 데 적합한 감사절차를 수행하여야 한다.

감사인은 감사의견 형성의 기초가 될 합리적인 감사결론을 도출할 수 있도록 충분하고 적합한 감사증거를 확보하여, 독립성을 유지하며 감사범위의 제한을 받지 아니하고 회계감사기준을 준수하여 감사를 실시한 결과 재무제표가 기업회계기준에 따라 중요성의 관점에서 적정하게 작성되었다고 판단되는 경우에만 '적정의견'을 표명해야 하고, 재무제표에 중요한 영향을 미치는 감사범위의 제한 또는 기업회계기준 위배사항이 있는 경우 그 중요성 등을 고려하여 '한정의견', '부적정의견', '의견거절' 등 적절한 감사의견을 표명하여야 한다.

주식회사의 외부감사에 관한 법률이 정한 '감사보고서에 거짓으로 기재를 한 경우'란 행위자인 외부감사인이 감사보고서의 내용에 자신이감사한 사실에 관한 인식이나 판단의 결과를 표현함에 있어서 자신의 인식판단이 감사보고서에 기재된 내용과 불일치하는 것임을 알고서도 내용이 진실 아닌 기재를 한 때를 말한다.

외부감사인이 재무제표에 분식회계의 내용이 있다는 점을 구체적으로 알지 못하였다고 하더라도, 재무제표에 영향을 미치게 될 중요한 부정이나 오류의 가능성을 보여주는 여러 표지가 있음을 인식하였고 또 그러한 경우 감사범위를 확대하여야 함을 알고 있었던 이상, 감사절차를 수정 또는 추가하여 감사범위를 확대하지 아니한 채 만연히 감사보고서에 '적정의견'을 기재하였다면 이는 허위의 기재에 해당할 뿐만 아니라 그것이 허위라는 점에 대하여 적어도 미필적 고의는 있었던 것[강조 필자]으로 보아야 한다.[11)]

존재 은폐: 2014회계연도 재무제표에 수정 반영하여야 하는 후속사건의 존재를 확인하고도 D조선해양이 2015회계연도 1분기에 반영하게 해달라고 하자 이를 수용하고 날짜가 조작된 공문을 다시 제출받아 고의로 후속사건에 해당한다는 진실을 감추었다. ② 감사조서 변조: 매뉴얼조서가 누락된 상태로 2014회계연도 감사조서가 확정된 이후 내부감리가 시작되자 누락된 조서를 사후에 작성하여 작성일을 소급하여 기재한 후 몰래 편철하여 감사조서를 변조하였다. ③ 반기검토보고서 허위보고: D조선해양이 2015회계연도 반기에 약 3조원의 손실을 공시하자, 그러한 손실이 2015회계연도 반기에 갑자기 발생한 것이 아니라 2014회계연도 이전에 숨겨온 과거 손실을 바로잡은 것이라는 사실을 알면서도, 2015회계연도 상반기에 갑자기 발생한 외부요인으로 인한 것이라고 허위 보고하였다.

11) 서울중앙지법 2017.6.9. 선고 2016고합1357, 2017고합57(병합) 판결을 재구성한 것으로, 대상판결의 항소심은 12월 7일 선고.

2. 외부감사법상 허위 기재의 구성요건과 미필적 고의의 판단근거

(1) 허위 기재에 대한 해석과 고의 판단

대상판결에서 감사인이자 회계사인 행위자들에 대한 판단은 감사보고서 허위 기재(외부감사법 제20조 제2항 제4호; 구 외부감사법 제20조 제3항 제2호)와 감사조서 변조(외부감사법 제20조 제2항 제2호, 제14조의2 제3항), 후속사건 존재 은폐 및 허위 보고(구 공인회계사법 제53조 제2항 제1호, 제15조 제3항) 여부를 대상으로 한다. 판결은 위 적용법조에 대하여 각 성립을 인정하면서 기능적 행위지배에 기초한 공동정범을 인정하고 있다. 외부감사법은 허위기재 행위에 대하여, 감사인이나 그 소속 공인회계사 등이 "감사보고서에 기재하여야 할 사항을 기재하지 아니하거나 거짓으로 기재를 한 경우"를 구성요건으로 두고 벌칙을 규정하고 있다.[12)]대상판결은 행위자들이 감사보고서에 만연히 '적정의견'을 기재함으로써, 감사보고서에 기재하여야 할 사항을 기재하지 아니하거나 거짓으로 기재하였다고 하여 본조에 해당됨을 밝히고 있다.

허위 기재에 해당하는지에 대한 판단은 감사보고서 허위 기재에 이르게 된 감사인의 구체적 감사행위에 대한 평가를 전제하고 있다. 감사인의 의무는 외부감사법에 따라 주식회사에 대한 감사업무를 수행할 때 일반적으로 공정·타당하다고 인정되는 회계감사기준에 따라 감사를 실시하여야 한다는 것이다. 감사인의 일반 의무를 판시에서는 다음과 같이 구체화하여 표명하고 있다. ① "감사인은 '전문가적인 의구심'을 갖고 재무제표가 중요하게 왜곡표시 되지 않았다고 합리적 확신을 가질 수 있을 정도로 충분하고 적합한 감사증거를 수집하여야 하고, 부정이나 오류에 의하여 재무제표가 중요하게 왜곡표시 되어 있을 가능성이 존재하는 상황에 직면한 경우 재무제표가 실제로 중요하게 왜곡표시 되었는지 여부를 결정하기 위해 그에 적합하도록 감사절차를 수정 또는 추가하여 감사범위를 확대하여야" 한다. ② "감사인은 감사의견 형성의 기초가 될 합리적인 감사결론을 도출할 수 있도록 충분하고 적합한 감사증거를 확보하여, 독립성을 유지하며 감사범위의 제한을 받지 아니하고 회계감사기준을 준수하여 감사를 실시"하여야 한다. ③ "재무제표가 기업회계기준에 따라 중요성의 관점에서 적정하게 작성되었다고 판단되는 경우 '적정의견'을 표명하고, 그 이외의 경우에는 '한정 의견', '부적정의견', '의견 거절' 등 적절한 감사의견을 표명하여야 하며, 감사보고서에 기재하여야 할 사항을 기재하지 아니하거나 거짓으로 기재하여서는 아니 된다."는 점이다.

---

12) 제20조(벌칙) ① (생략) ② 「상법」 제401조의2 및 제635조제1항에 규정된 자, 그 밖에 회사의 회계업무를 담당하는 자, 감사인 또는 그에 소속된 공인회계사나 제9조제4호에 따른 감사업무와 관련된 자가 다음 각 호의 어느 하나에 해당하는 행위를 하면 5년 이하의 징역 또는 5천만원 이하의 벌금에 처한다. <개정 2013.12.30.> 1.-3.(생략) 4. 감사보고서에 기재하여야 할 사항을 기재하지 아니하거나 거짓으로 기재를 한 경우

허위 기재 행위는 감사인이 감사보고서에 기재할 사항을 기재 않거나 거짓 기재한 경우를 말한다. '감사보고서에 거짓으로 기재를 한 경우'란 행위자인 외부감사인이 감사보고서의 내용에 자신이 감사한 사실에 관한 인식이나 판단의 결과를 표현할 때, 자신의 인식판단이 감사보고서에 기재된 내용과 불일치하는 것임을 알고서도 내용상 진실 아닌 기재를 한 때에 성립한다고 본다. 행위자의 인식이나 판단의 결과를 고려하므로 고의에 대한 판단이 허위 기재인지 여부의 중요한 관건이 될 수 있다. 특히 외부감사인이 감사보고서에 기재된 자신의 인식이나 판단은 진실에 부합하므로 허위가 아니라거나, 허위라는 점을 몰랐다고 주장하는 경우에 허위 기재에 대한 고의 판단 방법은 "그 기재의 허위성 및 허위 기재의 고의는 사물의 성질상 그와 상당한 관련성이 있는 간접사실을 증명하는 방법에 의하여 증명할 수밖에 없"다고 한다. 무엇이 상당한 관련성이 있는 간접사실에 해당하는가는 대법원의 판단 방식에 따라,[13] "정상적인 경험칙에 바탕을 두고 치밀한 관찰력이나 분석력에 의하여 사실의 연결상태를 합리적으로 판단하는 방법에 의"하도록 한다. 그렇다면 사안에서 고의인정을 위한 간접사실들이 무엇인지, 판시내용을 구체적으로 확인할 필요가 있다.

(2) 고의 인정을 위한 판단 구조와 간접사실

허위 기재에서 허위성 및 허위 기재의 고의는 "사물의 성질상 그와 상당한 관련성이 있는 간접사실을 증명"함으로써 판단한다. 감사보고서 허위기재에 관한 고의 판단을 위하여 판결이 인정한 간접사실은 크게 세 가지 측면에서 적시되고 있다.[14] 첫 번째로는, 실행예산 왜곡 가능성을 인지하고도 충분한 감사 없이 '적정의견'을 허위 기재한 점이다. 회계감사기준과 감사방침에 위반하여 "추가 검증이나 감사절차 범위의 확대 없이 […] 증빙자료 없는 서면답변만을 이메일로 제출받은 뒤 그 해명의 진위 여부를 전혀 검증하지 아니한 채 '적정하다'고 감사를 종결하고, […] 감사보고서에 만연히 '적정의견'을 기재"하였다는 점을 인정한다. 두 번째는, 회계기준에 위반된 회사의 영업외비용으로의 '계정 변경요청'을 수용한 후 '적정의견'을 허위 기재한 점이다. "D조선해양의 회계기준에 위배된 계정변경 요청을 수용하였고, 그 금액적 규모가 재무제표에 중요한 왜곡표시를 초래할 수 있다는 사실을 인식했음에도 만연히 감사보고서에 '적정의견'을 기재"하였음을 확인한다. 세 번째 사실은, 장기매출채권 대손충당금 설정 방식의 회계기준 위반 및 대손충당금 과소설정 가능성을 인지하고도 충분한 감사 없이 '적정의견'을 허위 기재한 부분이다. "회계기준에 따라 장기매출채권을 개별 평가

13) 대법원 2013.1.10. 선고 2012도9151 판결; 대법원 2011.7.28. 선고 2010도9652 판결; 대법원 2010.1.14. 선고 2009도9963 판결; 대법원 2009.2.26. 선고 2008도522 판결; 대법원 2007.8.23. 선고 2005도4471 판결; 대법원 2005.4.29. 선고 2003도6056 판결 등 참조.

14) 이는 모두 감사보고서 허위 기재에 관한 판시사항이며, 그 외 후속사건의 존재 은폐, 감사조서 변조, 반기검토보고서 허위 보고, 회계법인의 범행과 양벌규정 적용에 대하여 판시한 부분은 앞서 언급한 대로 논외로 한다.

할 경우 대손충당금이 급증할 우려가 있는 상황임을 명백히 인식하였음에도, [⋯] 회계기준에 위반되는 것이라는 점을 알면서도 이를 그대로 용인"하였다는 점이다.

그 가운데 첫 번째 사실관계인 실행예산의 왜곡가능성을 인지하고 충분한 감사 없이 '적정의견'을 허위 기재한 부분에 대한 법원의 판단구조는 다음과 같다. 판시에서는 먼저 규정에 따른 의무내용을 확인하면서, 회계감사기준이나 감사방침에는 실행예산과 같은 중요 계정에는 "질문과 분석적 검토 이외에 세부테스트, 근거 데이터 검증, 문서 검사 등 입증감사절차를 거치도록" 규정하고 있다고 한다. 그리고 "실행예산의 적정성 및 완전성 등에 대하여 사업계획 등 실행예산 추정의 근거가 된 자료를 제출받아 결산된 실행예산과의 차이를 확인하고", 담당 사업부서로부터 "근거 데이터, 관련 문서 등 객관적인 자료를 제출받아 검증하는 등 입증감사절차를 거쳐야" 한다는 구체적 의무를 도출한다. 이를 행위사실과 대비한다. 즉 행위자들은 "지속적으로 실행예산 추정의 신뢰성 및 적정성에 대하여 전문가적 의구심을 가질 수 있는 다수의 객관적 단서들을 구체적으로 확인"하였다는 것이다.

이 과정에서 법원이 고의의 판단을 위해 '인식'과 관련하여 인정한 간접사실은 다음 네 가지로 제시된다. ① 객관적 단서와 사실 확인을 통하여 대상회사의 "실행예산 추정의 신뢰성 및 적정성에 의문이 있다는 점과 실행예산에 대한 감사 절차가 충분하지 않다는 점을 인식"하였고, ② "회계기준에 위반하여 실행예산에서 미확정 C/O를 차감시키는 회계처리 방식으로 사업계획 상 실행예산보다 결산용 실행예산을 축소하여 결산을 함으로써 진행률 및 매출이 과대 왜곡되는 분식회계가 진행되고 있을 개연성이 매우 높다는 사실을 인식"하였다. ③ "피고인들을 비롯한 감사팀과 D조선해양 측은 D조선해양의 실행예산 처리가 회계기준에 위배된다는 사실과 이러한 사실이 대주주인 한국산업은행 등 외부에 공개되지 않도록 은폐해야 한다는 인식까지도 공유"하였고, ④ "피고인들을 비롯한 감사팀원들은 [⋯] 지속적으로 실행예산 추정의 신뢰성 및 공사손실충당부채의 적정성에 대하여 전문가적 의구심을 넘어서 회계기준에 위반하여 실행예산을 축소시킴으로써 진행률 및 매출이 과대 왜곡되는 분식회계가 이루어지고 있다는 확신을 가질 만한 여러 객관적인 단서들과 D조선해양 관계자들의 진술을 확인"하였다는 점 등이다.

(3) 미필적 고의에 대한 단서와 근거

판시 내용 가운데 허위 기재에 대한 미필적 고의의 인정은 허위 기재에 해당한다는 점과 동시에 표명되고 있다. 그리고 (미필적) 고의의 인정 근거는 사실관계에 대한 확인을 통해 간접적으로 이뤄지고 있다. 즉 "외부감사인이 재무제표에 분식회계의 내용이 있다는 점을 구체적으로 알지 못하였다고 하더라도, 재무제표에 영향을 미치게 될 중요한 부정이나 오류의 가능성을 보여주는 여러 표지가 있음을 인식하였고 또 그러한 경우 감사범위를 확대하여야 함을 알고 있었던 이상, 감사절차를 수정 또는 추가하여 감사범위를 확대하지 아니한 채 만연히 감사보고서에 '적정의견'을 기재하였다"는 전제를 통해, 이것이 허위 기재에 해당하며 동시에 허위라는 점에 적어도 '미필적 고의'는 있었다고 한다.[15] 고의에 관한 이러한 결론적 판단을 위해 법원은 가설적 의무를 제시하고 사실관계 확인을 통해 그에 대한 구체적 증명을 시도하고 있다.

첫째로, 법원은 감사인의 고의 판단을 위한 전제로 '전문가적 의구심'[16]을 해소하기 위한 충분한 감사절차를 요구한다. "피고인들은 D조선해양의 실행예산 편성에 문제가 있다는 점에 대하여 전문가적 의구심을 가질 수 있는 여러 가지 단서를 확인하였고, […] 이상 징후가 계속해서 확대되고 있어 […] 문제점을 인식하고 있는 상황이었으므로, 감사인인 피고인들로서는 전문가적 의구심을 해소하기 위한 추가적인 감사절차를 수행하는 등 감사의견 형성을 위한 충분한 감사증거를 수집했어야" 한다. 또 "회계원칙에 위배된 방식으로 실행예산을 편성하고 있음을 명백히 인식하게 되었으므로 감사범위 확대를 통한 감사증거 확보의 필요성이 더욱 커졌음에도" 불이행하였다. 그리고는 문서검사, 질문을 통한 분석, 관찰 및 재계산, 재고실사확인 등만으로는 전문가적 의구심을 해소하기 위한 충분한 감사절차라고 할 수 없다고 적시한다.

둘째, 법원은 재무제표에 중요한 왜곡표시가 없다는 점에 대한 '합리적인 확신'[17]을 요구한다. "D조선해양측의 거짓말과 비협조 등으로 피고인들이 감사절차를 수행하는 데 현실적인 어려움이 있었던 것으로 보이는 사정"이 있지만, "외부감사법에서 감사인에게 회계장부와 서류에 대한 열람, 등사, 회계자료 제출 요구권을 부여하고 있어(제6조) […] 회사가 감사인의 요구를 거부하여 재무제표에 중요한 영향을 미치는 감사범위의 제한을 받은 경우 '한정의견'이나 '의견거절'을 하는 것도 가능"하다는 점을 확인한다. 그리고 "현실적 어려움에도 불구하고 감사인은 충분하고 적합한 감사증거를 확보한 상태에서 회사의 회계처리에 중요한 왜곡표시가 없다는 점에 대하여 합리적인 확신을 가지고 감사의견을 표명해야 한다"는 점에서, 형식적으로 회계감사기준에 부합하는 감사절차를 수행한 것이라고 하더라도 감사의견을 형성하기에 충분한 감사증거를 확보하지 못했다면 감사인이 합리적 확신을 얻었다고 할 수 없다고 보았다.

셋째는 '적정의견'을 허위 기재한 부분이다. "감사인은 합리적인 감사의견 형성의 기초가

---

15) 이와 관련하여서는 대법원 2007.8.23. 선고 2005도4471 판결 등도 참조.

16) 전문가적 의구심에 대하여 「기업회계기준서 200」은 "오류나 부정으로 인한 왜곡표시 가능성을 나타내는 것일 수 있는 상황에 유의하면서, 의문을 갖는 마음과 감사증거에 대한 비판적인 평가를 포함하는 태도"라고 정의한다.

17) 「기업회계기준서 200」에서는 "합리적인 확신이란 높은 수준의 확신을 의미한다. 감사인은 충분하고 적합한 감사증거를 입수하여 감사위험, 즉 재무제표가 중요하게 왜곡표시되어 있음에도 불구하고 부적합한 의견을 표명할 위험을 수용가능한 수준으로 감소시켰을 때 이러한 확신을 얻는다."고 한다.

되는 충분하고 적합한 감사증거를 확보"하여, "독립성을 유지하며 감사범위의 제한을 받지 아니하고 감사를 실시한 결과 재무제표가 중요성의 관점에서 적정하게 작성되었다고 합리적 확신을 갖게 되었을 경우에만 '적정의견'을 표명"하여야 한다. 그런데, "피고인들은 D조선해양이 회계기준에 위배된 방식으로 장기매출채권에 대한 대손충당금을 설정하고 있어 재무제표에 중요한 왜곡표시가 존재할 가능성을 인식했음에도 만연히 감사보고서에 '적정의견'을 기재"하였다.

결론적으로 법원은 "피고인들이 만연히 감사보고서에 '적정의견'을 기재하였다면 이는 허위 기재에 해당하고, 그것이 허위라는 점에 대하여 피고인들에게 미필적 고의가 있었던 것으로 보아야 한다"고 하여, 미필적 고의의 인정 이유를 단서와 증명의 구조 속에서 파악하여 제시하고 있다. 법원이 미필적 고의를 인정하면서 설시한 이와 같은 사실관계 및 판단구조에 대하여는 미필적 고의에 관한 일반적 논의를 대비함으로써 구체적으로 검토할 수 있다.

Ⅲ. 미필적 고의의 본질

1. 미필적 고의의 체계적 지위

(1) 인식과 의사의 관계

형법 제13조에 기반하여 구성요건의 주관적 측면을 담당하고 있는 고의는 객관적 구성요건요소를 인식하고 실현하려는 의사를 가리킨다. 이는 구성요건적 불법을 실행한다는 점에 대한 행위자의 인식과 결정을 뜻한다. 이때 고의는 구성요건실현에 대한 인식이라는 인지적 측면과 그에 대한 의사 또는 의욕이라는 의지적 측면으로 구성된다.[18] 고의에서 인식적 부분은 구성요건요소에 관한 사실을 대상으로 한다. 기술되지 않은 구성요건요소로서 인과관계에 대한 사정, 즉 인과과정을 포함한 객관적 구성요건요소에 관한 사태, 곧 모든 행위사정과 행위상황이 인식의 대상이 된다.[19] 고의의 의지적 요소는 행위자가 구성요건에 관한 자신의 행위를 조종하는 부분에 관련된다.[20] 반드시 계획이나 목적에 제한되지 않기 때문에 심정적으로 즉흥적이거나 일시적인 상태에서 이뤄지는 행동에도 의지적 요소는 존재할 수 있다. 고의

18) 형법 제13조의 표현에도 불구하고 인식은 고의의 필요조건일 뿐 충분조건이 될 수 없다는 데에는 대체로 합의를 보고 있다. 김성돈, 『형법총론』(제5판), 2017, 201면 참고. 고의에 대한 구체적 논의로, 김일수, "구성요건고의의 귀속에 관한 고찰", 성시탁교수 화갑기념논문집, 1993, 109면 이하; 조준현, "형법에 있어서 고의개념의 체계적 지위", 성신법학 제1호, 2001, 107면 이하; 박광민 · 김범식, "규범적 구성요건요소에 대한 고의의 인식정도", 성균관법학 제18권 제3호, 2006, 489면 이하 및 Jakobs, "Gleichgültigkeit als dolus indirectus", ZStW 114(2002), 584; Fukuda, "Bedeutungskenntnis und Vorsatz", FS-Hirsch, 1999, 175; Schünemann, "Vom philologischen zum typologischen Vorsatzbegriff", FS-Hirsch, 1999, 363 참고.

19) 행정형법에서 고의에 요구되는 인식의 범위, 정도, 능력을 포함한 고의의 구체적 의미에 대한 논의로는 후술 Ⅳ. 이하.

20) 한정환, 『형법총론』(제1권), 2010, 203면.

의 의적 측면은 지적 측면과 밀접한 연관을 가지고 대개는 인식적인 부분을 전제하고 있다.[21] 인식이 전혀 없는 상태에서 의욕한다는 것은 상정하기 어렵기 때문이다. 고의의 인정여부는 고의가 요구되는 행위시에 행위자가 가진 의사내용을 확인함으로써 판단 가능하다.[22] 행위자의 의사내용은 곧 행위자의 인식 속에 포함되어 있는 구성요건적 사실에 대한 인식과 의지를 말한다.

고의를 지적인 측면에서 구분하는 관점에서는 미필적 고의는 불확정적 고의로 이해한다. 구성요건 실현을 인식하였거나 확실히 예견한 경우에 인정되는 확정적 고의와 달리, 불확정적 고의는 구성요건에 대한 인식이나 예견이 불명확한 경우에 인정된다. 불확정적 고의에는 미필적 고의 외에 택일적 고의와 개괄적 고의가 있다고 한다.[23] 확정적 고의와 불확정적 고의의 구분은 주로 인식의 차원에서 구별의 중점을 두고 의지적 측면에 대한 반영 여부는 명확하지 않은 관계로 이를 고려한 구분이 논의되고 있다. 의도적 고의와의 대비를 통해, 미필적 고의를 파악하는 것이다. 의도적 고의(Absicht)는 목적[24]과 의도와 같이 지적요소와 무관하게 의적 요소가 강한 고의이다. 행위자가 구성요건 실현을 직접적으로 목표하거나 중간목표로서 의욕했을 때 인정된다. 목표지향적 의사에 결합되는 인식은 가능성에서 확실성까지 넓게 잡는다. 직접고의 가운데 상대적으로 높은 수준의 고의로 독일에서는 1급의 직접고의[25]로 분류한다.

이렇게 볼 때, 미필적 고의(dolus eventualis)는 지적 요소와 의적 요소가 모두 약한 고의를 지칭한다. 행위자가 구성요건의 실현 가능성만 인식하고 실현을 감수하는 의사만 있을 때 인정되는 고의이다. 제한적 고의라고 할 수 있으며, 직접고의에 대하여는 조건부 고의(bedingter Vorsatz)이다.

---

21) 김일수 · 서보학, 『새로쓴 형법총론』(제12판), 2014, 127면. 배종대, 『형법총론』(제12판), 2016, 231면은 제13조가 의적 요소를 내포한다는 측면에서 인식과 의욕은 서로 전제하는 관계로 본다.

22) 이용식, "공격객체의 특정과 고의의 인정여부", 서울대 법학 제45권 제3호, 2004; 현대 형법이론 I, 2008, 164면 참고.

23) 이재상 · 장영민 · 강동범, 『형법총론』(제9판), 2017, 170면. 판례도 미필적 고의를 불확정 고의의 일종으로 파악한다. 대법원 2004.6.24. 선고 2002도995 판결.

24) 직접고의에서 목적이나 목표과 목적범에서 목적의 관계에 대하여는 논란이 있다. 이때 목적이나 의도는 목적범에서의 목적이 아니라 구성요건에서 고도의 고의를 의미한다고 하여 체계상 구분하는 견해(김성돈, 『형법총론』(제5판), 210면; 박상기, 『형법총론』(제9판), 2012, 119면; 손동권 · 김재윤, 『새로운 형법총론』, 2011, 153면), 목적범의 목적 등도 직접고의라는 견해(배종대, 『형법총론』(제12판), 238면), 구성요건의 취지와 내용에 따라 양자를 나누는 견해(한정환, 『형법총론』(제1권), 204면) 등이 그것이다.

25) 이에 대해, 지정 고의(Wissentlichkeit)는 의적 요소는 다소 약하지만 지적 요소가 확실한 고의를 일컫는다. 행위자가 구성요건 실현을 강하게 의도하지는 않았더라도 구성요건 실현을 확실히 인식하고 실행하였을 때에 인정되는 고의이다. 직접고의 가운데에서 상대적으로 낮은 단계의 2급의 직접고의라고 할 수 있다. 이재상 · 장영민 · 강동범, 『형법총론』(제9판), 170면 참고.

(2) 인식과 의사의 동시 고려

구성요건의 주관적 표지로서 고의를 객관적 구성요건요소에 대한 인식과 의사라고 할 때, 미필적 고의는 인식과 의사 양면에서 확정적 고의와 다른 특색을 지닌다. 미필적 고의는 지적 측면에서 또 의적인 측면에서 약한 고의를 가리킨다. 지적인 면에서 행위자가 구성요건적 결과발생의 가능성은 인식하였지만 확실하게 인식하지 못한 경우를 포함한다. 의적인 면에서는 구성요건실현에 대하여 강한 의욕이 없고 약한 의사가 있는 경우이다. 구성요건의 실현과 결과발생 혹은 그 가능성에 대한 인식은 있지만 능동적으로 의욕하지는 않았다는 점에 고유한 색깔이 있다. 결과발생에 대해 수긍하거나 타협하는 태도를 보인 것이다.[26] 요컨대, 미필적 고의는 인식의 측면에서는 구성요건적 결과발생에 대하여 확실하게 인식하지 못한 상태로, 결과발생의 가능성 정도를 불확실하게 인식한 상태를 통상 전제한다. 의사와 관련하여서는 구성요건실현에 대하여 강한 의지나 적극적 의사가 없는, 약한 정도의 의지적 상태를 보인다.

인식있는 과실이 결과의 발생에 대한 인식은 있지만 의욕이 없는 경우라고 할 때, 적어도 인식면에서는 미필적 고의와 공유하는 부분이 있으므로 이 둘의 관계 내지 구별이 문제되어 왔다. 즉 확실한 정도는 아니더라도 구성요건적 결과의 발생 가능성에 대한 인식이 있다는 점에서 인식있는 과실과 미필적 고의는 유사한 측면이 있다. 그렇지만 견해에 따라서는 인식의 측면에서도 미필적 고의와 인식있는 과실은 차이를 가진다고 이해하기도 한다. 보다 분명한 경계를 주장하는 쪽에서는 의적인 측면에서의 차이를 들고 나온다. 인식있는 과실은 의지적 부분이 완전히 없거나 거의 없다고 할 정도임에 반해, 미필적 고의는 약하기는 하지만 의사가 전무할 정도까지는 아니라는 것이다.

종래 인식있는 과실과의 구별을 위해 제기되었던 다양한 견해들은 사실 미필적 고의의 본질을 찾고자 하는 노력이었다고 할 수 있다. 인식있는 과실과의 차이점을 도출하고 그 대비를 통하여 미필적 고의만의 고유한 성격을 규정지으려는 시도들이다.[27] 물론 둘의 차이나 구분을 명확하게 하기보다는 이미 그 자체로 미필적 고의를 설명하려는 견해들도 있다. 미필

---

26) 한정환, 『형법총론』(제1권), 206면.

27) 장영민, "미필적 고의에 관한 약간의 고찰", 형사판례연구[23], 2015, 55면 이하; 손동권, "미필적 고의와 인식 있는 과실의 구별", 일감법학 제9호, 2004, 55면 이하; 성낙현, "미필적 고의와 인식 있는 과실의 구분", 고시연구 2003/11, 47면 이하; 김용욱, "미필적 고의와 과실의 구분에 관한 연구", 비교형사법연구 제3권 제2호, 2001, 90면 이하; 문채규, "미필적 고의", 안동대학 논문집 제11권 제1호, 1989, 219면 이하 참고. 또한 Lesch, "Dolus directus, indirectus und eventualis", JA 1997, 802; Puppe, "Der Vorstellungsinhalt des dolus eventualis", ZStW 103(1991), 141; Brammsen, "Inhalt und Elemente des Eventualvorsatzes", JZ 1989, 71; Küpper, "Zum Verhältnis von dolus eventualis, Gefährdungsvorsatz und bewußte Fahrlässigkeit", ZStW 100(1988), 758; Herzberg, "Das Wollen beim Vorsatzdelikt und dessen Unterscheidung vom bewusst fahrlässigen Verhalten", JZ 1988, 573; Herzberg, "Die Abgrenzung von Vorsatz und bewusster Fahrlässigkeit", JuS 1986, 249.

적 고의의 성격을 인식의 측면에서 접근하는 견해들, 고의에서 의적인 측면의 부각하고 특히 인식있는 과실과의 관점에서 경계짓고자 한 견해들이 논의되어 왔다.

2. 미필적 고의의 본질에 관한 일반적 논의

(1) 인식측면에서의 접근

미필적 고의의 본질에 관하여, 가능성설(Möglichkeitstheorie)은 구성요건적 결과발생의 가능성을 인식하면 미필적 고의의 성립을 충족한다는 입장이다.[28] 인식설(Vorstellungstheorie)로도 불린다. 결과발생가능성에 대한 예상이나 인식만으로 고의가 성립하게 되므로, 인식있는 과실의 자리가 매우 좁아진다. 과실은 인식의 가능성조차 없는 경우에 상정할 수 있다. 가능성설은 인식있는 과실의 존재나 그 경계는 선명하게 드러내지는 못하였지만 미필적 고의의 고의로서의 성질은 잘 드러내었다고 할 수 있다. 그러나 법익침해에 대한 가능성을 인식하였으나 괜찮을 것이라고 안이하게 생각했거나 결과발생이 없을 것이라고 믿은 경우, 또 결과발생의 가능성을 인식했지만 경솔하게도 진지하게 이를 고려하지 않은 경우에는 모두 행위자에게 일정한 인식은 인정되지만 과실로 취급하지 못하는 불편한 결과에 다다른다.[29] 가능성설은 과실로 취급해야 할 인식있는 과실을 미필적 고의의 영역으로 끌어가서 고의를 확장하는 결과에 이르게 된다.

개연성설(Wahrscheinlichkeitstheorie)은 결과발생의 가능성을 인식한 경우를 인식있는 과실로 두고, 결과발생의 가능성을 넘어서는 더 높은 확률을 가진 개연성을 인식한 경우를 미필적 고의로 정의한다.[30] 개연성 판단에 대하여는 견해가 나뉘지만, 법익에 대한 구체적 위험을 예측한 경우나 결과를 일으킬 수 있는 중한 위험에 관련된 원인요소에 대한 인식이 있는 경우 등이 그 예가 된다.[31] 개연성과 가능성은 정도의 차이로서 실제 사례에서 구별이 곤란할 것이라는 점이 지적된다. 고의의 의지적 요소를 고려하지 않고 무시한다는 면은 가능성설과 같은 비판이다.

인식의 측면에서 미필적 고의를 규정짓고 또 그 안에서 인식있는 과실과의 한계를 찾으려는 시도들은 인식에 대한 특성만으로는 고의의 선명히 본질을 드러낼 수 없다는 점에서 비판을 피할 수 없게 된다. 가능성 안에 이미 진지한 인식이나 결과에 대한 수용을 담고 있다면 별론이겠지만,[32] 고의의 의적 측면을 고려함이 없이 인식만으로는 인식있는 과실과의

28) Schröder, FS-Sauer, 1949, S. 207 ff., 245; Schmidhäuser, GA 1957, 312; Schmidhäuser, JuS 1980, 241 ff.
29) Roxin, AT I, 4. Aufl., 2006, 12/42 f.
30) H. Mayer, AT, 1953, S. 250 ff.
31) Roxin, AT I, 12/45.
32) Vgl. Herzberg, JuS 1986, 259; Küpper, ZStW 100(1988), 761.

구별이 불가능하게 된다.

이이 대해, 무관심설(Gleichgültigkeitstheorie)은 구성요건의 실행으로 가능한 부수결과에 대하여 좋다고 생각하여 긍정적으로 시인하거나 어찌되든 상관없다고 하여 무관심하게 수락한 경우에 미필적 고의가 존재한다고 본다.[33] 인식있는 과실은 가능한 부수결과에 대해 바람직하지 않다고 보아 발생하지 않기를 원하는 때에 해당한다. 무관심은 주관적인 감정을 나타내는 정서적인 측면이 강한 기준이고 소극적이면서 중립적인 태도를 나타내고 있다. 결과발생에 대하여 관심 밖이라는 태도, 즉 결과발생을 바라지 않았다고 하여 항상 고의를 부정하는 것은 타당하지 않다고 지적된다.[34] 아울러 고의 판단에 무관심이라는 중립적이고 소극적인 태도로 기준을 세울 수 있는지에 의문이 들 수 있다.

회피설(Vermeidungstheorie)은 결과발생 가능성에 대한 인식을 전제로 하여 결과발생을 회피하겠다는 조종의사로 기한 회피행위가 없었을 때 미필적 고의가 인정된다고 한다.[35] 인식있는 과실은 결과발생을 회피하려는 통제의사를 발동하였을 때 존재하게 된다. 결과방지의사의 객관적 표명을 주요한 기준으로 삼기에 방지의사설이라고도 한다. 결과발생 가능성을 인식하고 행위를 결행하더라도 결과를 바라지 않았다는 회피의지의 존재와 결과발생의 방지를 위한 시도가 있었다고 하여 고의를 배제하는 점은 설득력이 약하다.[36] 회피의사가 고의를 충전하는 적극적인 개념이 아님은 분명하다. 고의의 성립을 부인하기 위한 수단으로서 의미가 있지만 고의를 개념규정하는 데에까지는 나아가기 어렵다.

(2) 의적인 측면의 부각

인식있는 과실과의 관계에서 미필적 고의에 본질을 모색하려는 시도들은 다양하게 제기되어 있지만,[37] 우리에게 유력하게 지지를 받고 있는 견해는 용인설과 감수설이다. 용인설과 감수설은 특히 결과발생에 대한 행위자의 의지적 측면을 기준으로 삼아 미필적 고의를 규정하려는 점에서 앞서의 입장들과 차별성이 있다.

용인설(Billigungstheorie)은 승낙설(Einwilligungstheorie) 또는 인용설이라고도 하는데, 구성요건적 결과발생의 가능성을 인식하고 내적으로 용인하거나 승낙하는 심정적·정서적 태도가 미필적 고의를 구성한다고 본다.[38] 내적인 용인이나 승낙이 없는 경우에는 인식있는 과실

---

33) Engisch, Untersuchungen über Vorsatz und Fahrlässigkeit im Strafrecht, 1930, S. 186 ff.; Engisch, NJW 1955, 1689.
34) Roxin, AT I, 12/40.
35) Arm. Kaufmann, ZStW 70(1958), 64 ff., 73 ff.
36) Roxin, AT I, 12/54.
37) 각주 26의 문헌 외에 우선 성낙현, 『형법총론』(제2판), 2011, 174면 이하; Roxin, AT I, 12/47-71 참고.
38) 김성돈, 『형법총론』(제5판), 207면; 배종대, 『형법총론』(제12판), 246면; 신동운, 『형법총론』(제9판), 2015, 197면; 오영근, 『형법총론』(제2판보정판), 2012, 180면; 임웅, 『형법총론』(제8정판), 2016, 166면; 정성근·박광민, 『형법총론』(전정판), 2012, 153면.

이 된다.

결과에 대한 인식이나 예상에 더해 그 결과를 내심으로 받아들여 동의하는 상태를 일컫는다. 인식 외에 의지적 측면을 분명하게 요구하고 있으며, 그 의지의 양상은 결과에 대한 승낙, 동의, 인용의 형태라고 표현한다. 따라서 결과발생을 원하지 않은 경우, 결과를 희망하지 않은 때에는 미필적 고의로 의율할 수 없다는 점에 특색이 있다.[39] 다만, 결과발생이나 법익침해에 대한 희망이나 환영은 주관적인 의사 가운데에서도 감정적인 측면이므로 고의의 성립기준이 될 수 없다는 비판이 있다.[40] 용인이나 승낙은 감정적 요소이므로 책임과 관계되거나 양형 사유에 불과하여 체계상 구성요건적 고의의 판단기초가 되기 어렵다는 지적이다. 이는 구성요건적 고의에 요구되는 의지적 측면이 감정적 요소나 정서적 태도로 판단될 수 없다는 전제 위에 있다.

감수설(Abfindungstheorie)은 묵인설(Hinnahmetheorie) 또는 진지설이라고도 하는데, 결과발생의 가능성에 대하여 진지한 고려 위에 결과발생의 위험을 감수한 때에 미필적 고의가 인정된다고 한다.[41] 인식있는 과실은 구성요건적 결과발생을 회피할 수 있다고 신뢰한 경우에 성립된다. 인식에 관하여는 '결과발생 가능성에 대한 진지한 고려'를 기준으로 세워 결과실현의 위험성에 관한 가중적인 인식을 요구한다. 의적인 측면에서는 '결과발생의 위험을 감수'한다는 결정을 제시하고 있다. 감수설에 대하여는 감수 또한 심정적 정서적 태도임을 부인할 수 없으며, 이 점에서 용인설과 별차이가 없다는 지적이 제기되어 있다. 용인과 감수의 구별 곤란에 대응하여 이른바 타협설을 제기하기도 한다.[42] 감수설과 같은 진지한 인식과 숙고를 전제로 하면서, 결과발생에 대한 수동적 묵인이 아닌 스스로의 결단으로 능동적으로 타협한 때를 미필적 고의로 이해한다.

(3) 대법원의 불분명한 입장

대법원이 미필적 고의를 인정하면서 일정한 근거를 원용하고 있는데 그 의미에 대하여는 약간의 논란이 있다. 먼저, 인식가능성만 언급하며 고의를 인정하거나 미필적 고의는 결과발생 가능성이나 위험을 인식하거나 예견하면 족하다고 하는 것과 같이 아예 용인의 표현이나 의지적 측면을 언급하지 않는 판결들[43]이 있다. 그 연장에서 목적이나 의도가 있어야 하는 것은 아니고 인식이 있으면 족하다는 설시,[44] 결과발생 가능성을 인식·예견하는 것으로 족

39) Roxin, AT I, 12/38 f.

40) 한정환, 『형법총론』(제1권), 209면.

41) 김일수·서보학, 『새로쓴 형법총론』(제12판), 132면; 박상기, 『형법총론』(제9판), 128면; 손동권·김재윤, 『새로운 형법총론』, 157면; 이재상·장영민·강동범, 『형법총론』(제9판), 176면; 이정원, 『형법총론』, 2012, 127면. 독일 판례와 학설의 기본 입장이다. BGHSt 7, 363; 36, 9; 39, 181; BGH NJW 2006, 1822; S/S/Sternberg-Lieben, 15/81 ff.; Fischer, StGB, 15/10 ff.; Wessels/Beulke, AT, Rn. 221 ff.

42) 한정환, 『형법총론』(제1권), 208면.

43) 대법원 2000.8.18. 선고 2000도2231 판결; 대법원 1998.6.9. 선고 98도980 판결.

하고 결과발생을 희망하거나 목적으로 할 필요는 없다는 판시[45] 등이 있기 때문에, 대법원의 입장은 가능성설에 가깝다고 평하기도 한다.[46] 그러나 이것만 두고 가능성설로 단정하기는 이르다.[47] 판례를 인식만 요구하는 가능성설에 가두게 되면 인식 있는 과실의 존재를 평가절하하여 고의를 확장하는 결과를 초래한다. 이런 관점에서는 판례가 말하는 결과발생가능성에 대한 예견이라는 표현 안에 인용과 같은 의지적인 측면이 전제되어 있다고 해석할 수 있다.

다수의 판결에서 대법원은 미필적 고의를 "범죄사실의 발생가능성에 대한 인식과 용인"이라고 설시한다.[48] 즉 대법원은 미필적 고의 혹은 고의 인정에 구성요건실현 가능성에 대한 인식과 그 결과를 용인하는 내심의 의사를 요구한다.[49] 표현상으로는 용인설의 문구를 취하고 있어 판례를 용인설로 보는 쪽이 많다.[50] 그러나 용인이라는 말이 명확하고 일의적인 의미내용을 담고 있는 것은 아니기 때문에 판례의 용례만으로는 그 취지와 범위를 확정지을 수 없으며 여기에는 별도의 해석이 필요하다. 즉 판례의 표현만으로는 어느 쪽에 해당하는지 분명하게 판명하기는 어렵다. 내용적으로는 단순한 심정적 희망을 고의에 포함시키지 않는다는 점에서 판례의 입장은 독일의 용인설과는 다른 내용이라고 하거나,[51] 감수설쪽에 가까우며 사실상 감수설을 취한 판례도 있다고 한다.[52] 결국 판례의 입장에 대한 해석도 용인설과 감수설에 대한 경도에 따라 이해가 달라질 수 있음을 보여준다.

3. 소 결

(1) 용인설과 감수설의 대비

용인설과 감수설을 대비하면 대체로 둘은 유사하다는 결론에 이르게 된다. 감수설도 정서적·심정적 태도를 포함하고 있으며, 용인과 감수, 인용과 묵인을 경험적으로 구별하기 어렵다는 이유에서이다.[53] 실무상으로 인용은 감수를 전제할 수밖에 없고 실제 결과로서도 큰 차이가 없다고 본다. 현재 우리 나라에서 주장되는 용인설은 본래 용인설 아니라 감수설과 다

---

44) 대법원 2006.4.14. 선고 2006도734 판결; 대법원 1987.7.21. 선고 87도1091 판결.

45) 대법원 1994.12.22. 선고 94도2511 판결; 대법원 1994.3.22. 선고 93도3612 판결; 대법원 1988.6.14. 선고 88도692 판결.

46) 박상기, 『형법총론』(제9판), 124면; 박상기, "고의의 본질과 대법원 판례의 입장", 형사판례연구 [10], 42면 이하.

47) 김성돈, 『형법총론』(제5판), 208면; 배종대, 『형법총론』(제12판), 243면; 오영근, 『형법총론』(제2판보정판), 181면; 이재상·장영민·강동범, 『형법총론』(제9판), 173면 참고.

48) 대법원 2008.9.25. 선고 2008도5618 판결; 대법원 2007.10.11. 선고 2007도6012 판결.

49) 대법원 2010.10.28. 선고 2010도2877 판결; 대법원 2004.2.27. 선고 2003도7507 판결; 대법원 1987.2.10. 선고 86도2338 판결; 대법원 1985.6.25. 선고 85도660 판결 등.

50) 김일수·서보학, 『새로쓴 형법총론』(제12판), 128면; 이재상·장영민·강동범, 『형법총론』(제9판), 173면; 임웅, 『형법총론』(제8정판), 161면; 신동운, 『형법총론』(제9판), 194면 등.

51) 한정환, 『형법총론』(제1권), 209면.

52) 손동권·김재윤, 『새로운 형법총론』, 158면; 신동운, 『형법총론』(제9판), 196면.

53) 배종대, 『형법총론』(제12판), 242면; 정성근·박광민, 『형법총론』(전정판), 189면.

를 바 없다고 한다.[54] 또한 용인설을 결과발생을 인정하고 받아들인다는 점에서 다분히 수동적인 측면으로 이해하면 결과발생에 대한 진지한 인식과 감수라는 감수설과 차이가 없다고 한다.[55] 이와는 달리, 용인설의 적극성과 감수설의 소극적인 부분을 대비시키면서 양설이 차이를 부각시키는 견해가 있다. '용인'이 실현되어도 좋다는 긍정적이고 적극적인 태도인데 비하여, '감수'는 실현을 어쩔 수 없는 것이라고 받아들이는 소극적 행위 결정이라고 본다.[56] 따라서 감수의 고의 인정범위가 크다고 보아 형사정책적으로 용인설을 지지하기도 한다. 이런 해석은 독일어의 용인을 결과를 내심으로 희망하거나 환영하는 태도로 보는 문의를 수용한 결과로 보인다.

(2) 제한적 해석과 능동적 태도의 요구

용인설에서도 인식의 측면이 여전히 중요하게 고려되며, 의적인 요소가 정서적인 차원에서 판단되는 경우가 없지 않다. 차별설의 지적과 달리 감수설도 의적인 측면을 용인설만큼 고려한다고 파악할 수도 있다. 그런 점에서, 현재 논의되는 용인설과 감수설은 사실상 큰 차이를 발견하기 어렵다는 것은 사실상 인정할 수밖에 없다. 먼저 용인과 감수라는 용어가 언어적으로 자명하게 각각의 내용이 한정되고 그 인정범위의 광폭이 명확하게 구분되는 것은 아니다.[57] 어의에 기대어 용인이 적극적이며 감수가 소극적인 의사라는 분석도 있지만, 용인과 감수의 용례가 반드시 그러한지는 확실하지 않다. 오히려 상대적인 차원에서 용인은 소극적 수용의사이며 감수는 적극적 의지가 투영된다고 구분해도 어색하지 않다. 감수를 결단으로 보거나 감행으로 볼 때는 불가능하지 않은 해석이다. 의지 측면에서 이와 같이 엇갈린다면, 인식측면에서 접근해 볼 수도 있다. 용인설은 기본적으로 인식에 대한 특별한 조건을 부과하고 있지 않다. 그에 대해 감수설은 진지하게 이해한다는 점을 요건으로 한다. 그러나 이런 차이를 설정한다하더라도 실제 문제해결에서 차이를 확인하는 일은 쉽지 않은 일이다.

용인과 감수의 어의를 통해서 선험적으로 구별하는 데에는 한계가 존재할 수밖에 없다. 어의 자체가 명확하지 않다는 점도 있으며, 어의의 한계에 공통 인식을 갖더라도 어의의 다양한 어감 가운데 어디에 중점을 두느냐에 따라 서로 다른 이해도 가능하다. 즉 두 용어는 단어가 가진 뜻 자체에 의해 자명하게 구분된다기보다는 의미부여에 따라 차이가 발견될 수 있을 뿐이라고 해야 한다. 그런 측면에서는 실제 판례에서는 미필적 고의의 기준으로서 용어의 표현이 어떤 취지로 소비되는가, 즉 구체적으로 미필적 고의의 내용을 어떤 맥락에서 설

---

54) 김성돈, 『형법총론』(제5판), 207면; 김일수 · 서보학, 『새로쓴 형법총론』(제12판), 132면; 오영근, 『형법총론』(제2판보정판), 181면; 이정원, 『형법총론』, 127면; 임웅, 『형법총론』(제8정판), 160면.
55) 한정환, 『형법총론』(제1권), 209면.
56) 신동운, 『형법총론』(제9판), 196면. 비판은 김일수 · 서보학, 『새로쓴 형법총론』(제12판), 132면 주 38.
57) 사전적으로는 '용인하다'(Ernstnehmen; billigen)가 '동의하다, 승인하다, 인가하다, 시인하다'의 의미를, '감수하다'(Sich-Abfinden mit)는 '타협하다, 화해하다, 받아들이다, 납득시키다'라는 의미를 갖는다.

정하고 한계짓는가 하는 점이 더욱 중요하다. 판례가 "결과발생에 대한 인식이 있음은 물론 나아가 이러한 결과발생을 용인하는 내심의 의사가 있음을 요한다"라고 할 때는, 인식 외에 의지적 요소를 분명히 요구하고 있다는 점은 알 수 있다. 그런데 "용인하는 내심의 의사"가 어느 정도의 의사인지는 명확하지 않다. 다른 판례에서는 미필적 고의에서 결과발생을 "희망하거나 목적으로" 하는 점은 그 요건이 아니라고 하고 있으므로, 결과발생에 대한 적극적 의지는 아니다. 즉 의사를 요구하되 소극적이고 수동적인 의사에 한정하여 파악하고 있다. 그렇다면 오히려 결과발생을 인정하고 받아들인다는 의미에서 사용한다는 인상을 갖게 된다.

미필적 고의 사례들을 보면 의지적 측면으로서 구성요건실현에 대한 결단이나 감행이 들어있다는 점을 알 수 있다. 물론 아주 적극적인 정도까지는 아니더라도 일종의 능동적이고 일정 부분 적극적인 측면은 필요하다고 해야 한다. 고의의 일종으로서 미필적 고의가 인식있는 과실에 대해 갖는 구별실익은 결국 형의 경중의 차이에 기반한다고 볼 때, 미필적 고의의 성립범위는 가급적 제한적으로 접근해야 마땅하다고 보여진다. 이제, 외부감사법이 속한 행정형법에서 미필적 고의를 비롯한 고의를 판단하는 방법은 무엇인지 검토할 필요가 있다. 일반 형법에서와 마찬가지로 보면 되는지, 달리 볼 특별한 사정이 있는지, 일반인과 전문가 수준에서 고의의 인식 방식과 판단방식은 어떠한지에 대한 확인이다.

Ⅳ. 행정형법에서 고의 인식의 양태

1. 행정형법과 고의 판단의 규범화

(1) 행정형법에서 고의 인정의 특수성

형법전으로 표상된 형식적 형법 외에 실질적 형법에는 형법상 구성요건의 변형 또는 가중된 형태를 규율하는 특별형법과 행정의무 위반행위에 대해 형벌을 부과하는 이른바 행정형법이 포함된다. 형사특별법을 위시하여 교통형법, 환경형법, 의료형법, 조세형법, 건축형법, 경제형법과 같이 소위 핵심형법을 보충하는 형법을 널리 부수형법이라고 지칭한다. 부수형법은 형법에 대한 보충적 자원으로 자리하고 있지만 그 효력면에서는 특별법우선원칙의 적용을 받는다.[58] 그런데 행정형법을 비롯한 부수형법의 영역에서 고의 인식에 차별성이 있는지에는 논의가 있다.

형법 내적인 부분에 대한 인식과 외적인 영역에서의 인식을 차별을 두자는 입장은 종래 독일제국법원에서 인식이 결여된 착오에 관하여 형법에서와 비형법에서의 문제를 구분하고 비형법상 착오는 고의를 조각한다던 논리에 관련된다. 형법 외적인 법역에서 발생한 비형법

58) 이재상 · 장영민 · 강동범, 『형법총론』(제9판), 4면 주1.

범을 형법범과 달리 취급하고자 하는 입장은 가령 선행범죄의 가벌성에 대한 인식 문제를 비형법적 영역으로 인정하게 됨으로써 새로운 문제를 가져오기도 한다.[59] 이 착상은 기본적으로 합목적적 고려가 중시된다는 점에서 비형법범에서는 구성요건착오를 넓게 인정하여 범죄성립을 제한하고자 한 것이다. 그런데 고의론에 와서 부수형법을 특수하게 취급한다며 인식의 정도를 낮게 잡게 되면 고의의 인정범위는 넓어지게 된다. 따라서 비형법범에 대한 인식을 달리 취급하는 입장에 대하여는 형법 외적인 영역이라고 하여 달리 볼 합리적 근거가 없다는 지적이 뒤따른다. 행위자가 인식하는 규범영역이나 형식이 다르다고 하여 획일적으로 차별취급할 이유는 없다고 한다. 즉 핵심형법이든 부수형법이든 행위자가 구성요건에 해당하는 사실을 인식해야 한다는 점에서는 달리볼 것이 없으며 그 정도에 차이를 둘 것은 아니라는 점이다.[60]

행정형법에서는 외부적 사실의 인식만으로 고의에 필요한 충분한 인식을 인정하기는 어려운 것이 사실이다. 행정형법에서 고의 인식에는 행위의 사회적 의미에 대한 인식이 구성요건의 구체적인 적용과 불가분하게 결합되어 있다. 그에 따라 고의에 필요한 사실의 인식범위는 기본적으로 의미의 인식에 미쳐야 한다고 보지만, 그 인식의 정도에 관하여는 형법과 달리 볼 여지가 있다. 구성요건에 해당하는 사실의 의미를 인식한다는 점만으로는 행정형법에서 요구하는 고의를 적절히 담보하지 못하는 경우가 생긴다. 일정한 행정행위에 대한 행위자의 인식을 기초로 바로 고의를 근거지워서는 안 된다. 가령 분식회계에 대한 인식, 부실감사에 대한 인식으로 허위기재에 대한 인식을 인정할 수는 없다. 허위기재 행위는 행위자가 허위기재에 대한 의미인식을 충족한 경우에만 성립될 수 있다. 이처럼 형법범이나 비형법범이나 고의에 요구되는 구성요건적 사실에 대한 인식이 필요하다는 점, 그때의 인식은 의미의 인식이라는 점은 동일하다고 할 수 있다. 그렇지만 행정범의 경우에는 사실의 인식에 요구되는 의미인식의 정도가 고려되어야 한다.[61] 의미의 인식이 외형적 사실 속에 이미 포함되어 있는 자연범의 경우와는 차이가 있기 때문이다.

(2) 고의의 규범적 의미

행정형법에서도 구성요건적 사실에 대한 인식이 필요하며 그 방식은 사실의 의미에 대한 인식을 통해 이뤄진다는 점을 살펴보았다. 그런데 사실의 인식에 대한 판단이 사실 자체에 대한 인식여부를 거쳐 확인되지 못하고 다른 사정에 대한 인식으로 대체되는 경우가 있다. 사실 인식에 대한 판단이 다른 차원의 인식과 혼재되어 진행된 결과, 사실 그 자체에 대한 인식이 기준으로 작동하지 못하는 문제이다. 고의 인정을 위한 사실의 인식은 법률적 판단을

59) Vgl. Roxin, AT I, § 12 Rn. 104; Roxin, FS-Tiedemann, 2008, S. 377 ff.
60) Vgl. Roxin, AT I, § 21 Rn. 5; Schroth, Vorsatz und Irrtum, 1998, S. 17.
61) 행정형법에서 특수한 의미인식의 수준에 관하여는 후술 Ⅳ. 3. 이하 참고.

의미하는 것은 아니지만, 사실의 규범적 의미에 대한 인식을 필요로 한다고 이해하고 있다. 즉 구성요건적 규제의 기초가 된 사실의 속성에 대한 인식을 요구한다. 그런데 이 때 필요한 사실의 인식이라는 것이 구체적으로는 사실 그 자체의 인식으로 결정되지는 않고, 위법한 사실의 인식이라든가 구성요건적 이익침해에 대한 인식, 혹은 법익침해에 대한 인식으로 치환되어 판단하는 경우가 있다. 그러나 사실의 인식을 규범적 관계에서만 이해하는 것은 문제가 있다. 규범에 대한 인식을 기초로 주관적 구성요건요소인 고의를 인정하는 것은 고의개념에 대한 혼란을 부추기고 고의에 대한 체계적 토대를 뒤흔드는 일이 된다. 규범적인 측면에서 모종의 인식이 인정되는 경우에 심지어 구성요건적 사실에 대한 인식이 없이도 고의가 인정되는 불합리가 발생하기 때문이다. 구성요건적 사실에 대한 인식이 없는 경우에는 비록 규범적 차원의 인식이 존재하더라도 고의 성립을 부정하여야 한다.

고의에 요구되는 사실의 인식은 구성요건에 유형화된 내용을 인식하는 것이다. 개별적 구성요건은 객관적으로 평가될 수 있는 구성요건적 사실을 투영하고 있다. 고의의 인식대상은 구성요건에 해당하는 객관적 사실이어야 한다. 구성요건적 사태의 실질적 내용에 대한 인식을 통해 고의를 판단하게 된다. 고의에 해당하는 인식으로 금지에 대한 인식과 같은 규범적 인식을 추정할 수는 있다. 물론 이때 고의는 규범적 인식의 존재를 추정할 만한 내용과 정도를 갖추어야 한다. 구성요건 사실에 대한 실질적 내용의 인식, 즉 의미의 인식은 사회적 의미라는 규범적 의미내용을 뜻한다. 이때 인식의 정도는 직접 규범적 인식을 환기할 수 있는 수준으로 요구된다. 이와 같은 관점에서 사실의 인식과 규범 인식은 구별된다고 하더라도, 어떤 경우에 사실의 인식이 규범인식을 환기할 정도에 이르는지는 의미 인식의 개별적 내용을 확인해야 한다.

고의가 성립하기 위해서는 구성요건사실에 대한 의미의 인식이 요구된다.[62] 고의 인식대상으로서 사실에 대한 의미가 확인되어야 한다. 다만 여기서 사실에 대한 의미 인식이 무엇을 뜻하는지는 분명하지 않다. 구성요건요소는 규범적 판단을 담고 있다. 그에 따라 사실에 대한 판단도 순수한 사실판단이나 가치중립적인 판단은 아니다.[63] 사실과 규범적 의미가 혼재되어 있다는 점은 사실에 대한 인식을 판단하는 과정에 어려움을 가중시킨다. 그 때문에 앞서와 같이 규범적인 차원에서 인정된 인식을 기초로 사실을 추단하는 형태로 전도하기도 한다. 그러나 사실에 대한 인식이 있었다는 판단을 거쳐 규범적 차원의 인식을 추론하는 구조는 일반적으로 인정되지만, 구성요건적 법익침해라든가 위법에 관계된 사실의 인식에 대한 인정으로부터 구성요건적 고의를 추정하는 상황이 발생한다면 이는 경계하여야 한다. 기본적으로는 고의 인정을 위해 필요한 사실에 대한 인식과 금지나 위법성을 근거짓는 규범적 인

62) Vgl. Roxin, FS-Tiedemann, S. 380 f.
63) 오영근, 『형법총론』(제2판보정판), 130면.

식은 서로 별개의 차원을 갖고 호환될 수 없는 것으로 이해하여야 한다. 구성요건의 환기기능에 입각하여 구성요건적 사실에 대한 인식을 통하여 위법성 차원의 인식을 추론하는 것은 인정될 수 있지만, 그 반대의 시도는 수용할 수 없다.

고의에 필요한 사실을 인식한다는 것은 구성요건에 규정된 결과나 위험의 실현에 관한 모든 상황과 행위, 상황의 진행 일체를 인지한다는 뜻이다. 즉 모든 구성요건요소들에 대한 내용을 구체적으로 인식한다는 의미이다. 여기서는 행위자의 구체적인 인식의 존재 형태와 확인 방법이 전제되어 있다. 행위자에게 고의를 인정하기 위하여는 구성요건적 사실을 인식하여야 하지만, 엄밀하게는 행위자가 조문에 규정된 구성요건과 그 표지를 인식해야 한다는 뜻은 아니다. 행위자에게 요구되는 인식은 행위자가 경험하는 구성요건적 사실을 가리킨다. 즉 고의의 인식대상으로서 사실이란 구성요건적 사실에 해당하는 행위상황을 말한다. 그리고 그 사실은 형법적으로 의미있는 중요한 사실에 한정된다. 구성요건요소에 대한 인식방법으로서 의미의 인식은 모든 표지에 필요하다고 보지만, 인식의 대상이 되는 사실의 의미에 관하여 그 대상과 정도는 다시 논란이 된다.

2. 전문가의 인식 수준과 정도

(1) 일반인 수준에서의 인식

구성요건적 사실의 인식이 고의에 필요적 요건이라고 하지만, 그 인식의 범위와 정도, 또 행위자의 인식 능력은 차이가 있다. 인식의 기준을 어디에 잡는가 하는 점은 고의 인정에서도 중요한 문제이다. 이에 관해 일반적으로는 행위자가 특별히 인식한 사정과 일반인의 보통의 인식수준을 고려하여 인식의 차원을 결정하게 된다고 보지만, 반드시 그렇지만은 않다. 특히 일반인을 중심으로 사실의 인식이나 그 가능성을 들어 행위자의 인식을 결정하는 경우에는 문제가 될 수 있다.

고의 인정을 위해 필요한 사실에 대한 의미 인식은 전문가 수준의 규범적 판단은 요구되지 않는다. 비전문가인 문외한의 입장에서 사실에 대한 의미 인식을 한다면 고의 인정에는 충분하다고 본다.[64] 구성요건의 모든 표지는 규범성을 배제할 수 없으며, 구성요건적 사실에 대한 의미 인식은 표지의 속성을 가리지 않고 요구된다고 하지만, 표지의 속성에 관련된 인식의 차원은 특히 규범적 표지에서 문제된다. 행위자에게는 사실을 인식하는 동시에 그 사회적 의미내용을 제대로 인식할 것이 요구된다.[65] 규범적 표지에서는 특히 이러한 사실에 대한 단순 인식으로는 충분하지 않고 그 사회적 의미에 대한 내용을 문외한의 수준에서 인식해야

64) 김성돈, 『형법총론』(제5판), 216면; 김일수 · 서보학, 『새로쓴 형법총론』(제12판), 127면; 이재상 · 장영민 · 강동범, 『형법총론』(제9판), 169면; 임웅, 『형법총론』(제8정판), 168면 등.

65) 김성돈, 『형법총론』(제5판), 216면; 이재상 · 장영민 · 강동범, 『형법총론』(제9판), 169면; 오영근, 『형법총론』(제2판보정판), 187면. Vgl. S/S/Sternberg-Lieben, § 15 Rn. 43a.

한다.[66] 문외한과 평행한 평가를 규범적 표지에서 강조하는 이유는 비전문가인 일반인이 규범적 요소를 제대로 인식할 것이라는 점을 기대하기 어렵다는 데에 기인한다.[67] 다만 문외한의 평행한 평가를 받아들인다고 하여 법적인 의미의 인식을 완전히 포기하는 것은 아니다. 일반인과 평행한 수준의 인식이 있으면 족하는 말은 법적 전문가의 인식을 요구하지 않겠다는 것을 전제하기도 하지만, 다른 측면에서는 전문가적 수준에서 전문가처럼 인식할 것은 요구되지 않더라도 전문가적 이해의 본질을 일반인의 수준에서 인식하면 족하다는 의미를 갖는다. 이는 전문가적 수준에서의 의미 인식을 일반인인 행위자에게 요구하지 않겠다는 뜻이다.

문외한과 평행한 평가라는 기준이 구체적 사안의 적용에는 불명확한 점이 있다는 부분은 논의의 심화를 막는 장애물이 된다. 그 점을 의식하여 입법자가 설정해 놓은 전문가적 인식의 요구를 해석을 통해 완화할 수는 없다고 지적된다.[68] 구성요건 표지에 담긴 고유한 의미에 대한 인식이 고의의 내용이 되지, 문외한으로서 일반적 이해가 그 기준을 대체할 수 없다는 말이다. 이런 입장에서는 사실에 대한 인식 수준을 상대적으로 낮게 설정하게 되면 고의가 확대될 가능성이 있다는 점을 고려하고 있다. 이때에는 착오로 넘어가야 할 부분이 고의로 남게 된다. 그러나, 문외한의 평행한 평가로 고의 성립에 차이를 가져올 수 있다하더라도, 그 방향이 반드시 한쪽으로 열려있는 것은 아니다. 문외한의 평행한 평가에 따라 고의 인식의 범위가 반드시 줄어드는 것, 즉 고의 성립이 늘어나야 하는 것은 아니다.[69] 전문가적 수준의 인식이 일반인의 수준과 형식적으로 차이가 없는 경우에는 인식 범위는 차이가 생기지 않는다. 두 수준이 실질적으로 차이가 없는 경우에도 외견상 일반인의 인식 수준을 요구하지만 본질에서는 차이가 없다.

(2) 전문가에 대한 고의 인정의 범위

행정형법 영역에서 구성요건적 사실에 대한 구체적 인식은 일반적인 형법에 비하여 어렵다고 할 수 있다. 형법 외적 영역에 존재하는 행정법규의 내용을 구체적으로 인식하기는 쉽지 않다. 이를 액면 그대로 수용하게 되면, 행정형법 영역에서 비형법범의 착오의 가능성은 늘어나고 고의의 성립 범위는 줄어들게 된다. 그러나 이런 결과를 받아들이는 것은 형법과 부수형법을 달리 취급하는 데 이르게 된다. 그렇게 볼 특별한 이유나 근거나 없다고 보는 입장에서는 행정형법에서 행위자가 모든 것을 인식하는 것이 어렵기 때문에 고의에 필요한 인식 수준을 완화하여 고의의 성립 범위를 유지하려 든다. 그에 따라 행정법규의 특수성을

66) Kaufmann, Die Parallelwertung in der Laiensphäre, 1982, S. 18 ff.
67) Vgl. Schulz, FS-Bemmann, 1997, 246 ff.
68) NK-Puppe, § 16 Rn. 45 ff.; MK-Joecks, § 16 Rn. 40; Herzberg/Hardtung, JuS 1999, 1073 ff.; Kindhäuser, GA 1990, 407.
69) Vgl. Wessels/Beulke, AT, Rn. 243.

고려한 구체적 인식에 대한 판단을 하지 않고, 기본적인 범위에서 행정행위에 대한 규율을 두게 된 제도적 원리나 침해가 예상되는 보호법익에 대한 인식으로 고의의 인식 범위를 조절하게 된다. 이 경우 고의의 인식 범위는 형법범에 비해 동일한 수준이 되거나 오히려 확대될 수 있다. 그렇지만, 행정형법에서 일반인인 행위자에게 고의가 갖는 의미는 특별한 데가 있다. 앞서 기술한대로 행정형법에서 일반인 행위자에게 고의로 의미인식이 요구되는 점은 공통적이지만 형법의 외부에 존재하는 비형법적 영역이라는 특수성으로 인해 인식의 대상에는 달리 고려해야 할 부분이 있다. 이 사정은 행위자에게 불리하게 적용하여서는 안 된다.

문외한의 평행한 평가는 일반 행위자의 인식을 전문가적 수준으로 요구하지 않고 일반인에 두는 경우를 기본적으로 전제하고 있다. 그런데 행위자가 일반인이 아니라 전문가인 경우도 상정할 수 있다. 대상판결에서도 행위자는 감사인으로서 회계사라는 전문적 영역에서 고유한 지식과 능력을 보유한 전문가라고 할 수 있다. 문외한의 평행한 평가를 그대로 적용하면 전문가인 행위자에게도 전문가 수준의 인식을 요하지 않으므로 고의 성립이 완화될 수 있다. 실제 부수형법에서는 특히 전문가에게 착오의 인정 범위를 상대적으로 축소하고 고의를 넓게 인정하려는 경향이 있다. 그렇다고 하여 문외한으로서 소박한 인식에 대한 요청을 포기하거나 예외를 인정하려는 것은 아니다. 전문가로서 행위자가 특별히 인식한 사정을 고의에 반영하는 일은 당연한 귀결이다. 그렇지만 전문가이지만 행위자가 인식하지 못한 사정이 있다면 전문가로서 그 인식 가능성이 추정된다는 사정을 들어 당해 사정에 대한 인식을 전제하는 구조에 이르러서는 안 된다. 전문가인 행위자가 전문적인 지식과 능력을 보유했음에도 구체적 상황을 인식하지 못하였다는 사실이 확인되는 경우에는 비록 전문가라 하더라도 일반인의 소박한 인식의 차원에서 고의에 필요한 인식의 존재 여부를 판단하여야 한다.

3. 행정형법에서 구체적 고의의 확인

(1) 인식에 대한 기대와 인식 수준의 완화

행정형법이 부수형법으로서 누리는 특수한 지위로 인하여 일반 형법에 비하여 인식이 어렵다는 점은 인정되고 있다. 자연범과 법정범의 차이에서와 마찬가지로, 살인이나 절도와 같은 자연범에서는 그 행위가 금지되어 있으며 금지되는 구체적 내용, 즉 구성요건적 사정이 무엇인가를 행위자가 인식하고 있고 또 인식할 것이 기대된다고 본다. 그러나 핵심 형법의 확장된 형태, 즉 구성요건이 변형되거나 형이 가중되는 방식의 형사특별법이 아닌 다음에는 부수형법에서 행위자에게 기대할 수 있는 인식이라는 것은 상대적으로 축소될 수밖에 없다. 가령 도로교통법이나 변호사법상의 어떤 금지와 구체적 내용에 대하여 행위자가 형법에서와 같은 수준으로 인식하고 있을 것을 기대하기는 어렵다.

이런 전제에서 행정형법에서 인식에 대한 기대수준이 낮다는 점을 고려한다면 인식대상이나 인식수준을 완화하는 방식을 통해 고의의 인정 범위를 유지하려 한다. 고의에 필요한 구성요건에 관한 인식을 따질 때, 인식의 차원이 있다면 더 낮은 차원의 일반적 인식만으로 고의를 충족한다고 보게 된다. 즉 어떤 구성요건에 관하여 일반적이고 추상적인 차원의 1차적 인식과 전문적이고 구체적인 수준의 2차적 인식이 있다고 한다면, 1차적 인식만으로 고의 성립을 가늠하는 것이다. 본래 입법의도와 규정목적을 고려할 때 특정한 행정형법에서 1차적 인식과 함께 2차적 인식의 요구를 전제로 구성요건해당성을 설정했음에도 불구하고 1차적 인식으로 고의에 필요한 인식을 만족시킨다고 보아 고의의 인식 수준을 완화하는 것이다.

고의의 인정에 관한 인식 수준의 구체성 논의는 이처럼 이른바 일반적인 고의와 구체화된 고의의 구분을 전제하고 있다.[70] 그리고 구성요건 표지 가운데 특히 행위대상과 인과과정의 인식에서 인식의 구체성 문제가 제기된다. 여기서는 행위대상에 대한 인식 문제를 예로 삼아 살펴보겠다. 일반적인 고의란 구성요건요소 일반에 대한 고의를 가리킨다. 예컨대, 살인죄에서 행위객체로서 사람 일반에 대한 고의가 여기에 해당한다. 구체적 고의는 행위자가 인식하고 의욕한 특정인에 대한 고의를 의미한다. 이 경우 구체적 고의의 경우는 물론 일반적 고의의 경우에도 살인죄의 고의로 인정됨에는 아무런 지장이 없다. 형법은 기본적으로 일반적인 고의를 고의의 요건으로 삼고 더 구체화된 고의를 요구하지 않는다.[71] 살인의 경우 객체가 사람이라는 점에 대한 인식으로 족하다. 그렇지만 이때 일반적 고의는 두 가지 측면의 의미를 내포하고 있다. 하나는 누구든지 상관없다는 불특정인에 대한 의사로서 일반적 고의이다. 이는 대상자 전부에 대한 고의를 전제하고 있다는 점에서 특정인에 대한 살인 의사와 대비된다. 다른 하나의 의미는 이를테면 다른 존재가 아닌, 더 구체화가 필요없는 어떤 사람이라는 점에 대한 인식이다. 이때는 일반적인 고의이지만 불특정인 모두를 전제한다기보다는 특정 개인을 염두에 두기 때문에 구체화된 고의로서 특정인에 대한 경우에서와 유사한 인식이다.

고의의 인정에는 일반적인 고의로 충분하며 법률이 고의의 구체화를 일반적으로 요구하지 않는다. 행위대상에 대한 개별적 인식은 요구되지 않으며 구성요건이 전제하는 종류에 속한다는 인식이면 된다고 한다.[72] 이때 일반적인 고의의 의미는 전자와 같은 특정인이 아닌 불특정인 모두를 향하는 고의라기보다는, 후자의 특정인을 포함하는 사람이라는 공통의 속성에 대한 인식을 가리킨다고 할 수 있다. 불특정인이라는 일반적인 사람 개념 안에는 형식논리적으로 특정인인 사람이 포함되어 있다. 이를 부정할 수는 없다.

그러나 행위자가 특정인을 인식한 것과 행위자가 불특정인 모두를 인식한 것은 구분되어

70) 착오에서 그 의미에 대하여는 이용식, 현대 형법이론 I, 167면 이하 참고.
71) Roxin, AT I, 23/26.
72) 배종대, 『형법총론』(제12판), 236면.

야 한다. 불특정인에 대한 일반적인 고의가 특정인에 대한 구체적 고의와 치환되거나 대체될 수는 없다. 불특정인을 살해한다는 의미내용에는 특정인이 아니더라도 다른 사람 누구든지를 살해한다는 점에 적어도 미필적 인식은 있다.[73] 그에 비해 특정인에 대한 살해 인식에서는 특정인이 아닌 불특정인에 대한 인식이 미필적으로라도 당연히 전제되는 것은 아니다. 그렇게 보면, 불특정인에 대한 고의를 가진 경우에는 특정인에 대한 고의를 포함한다고 볼 수 있지만, 그 역도 같이 성립한다고 보기는 어렵다.[74] 특정인에 대한 고의를 가진 경우에는 불특정 일반인에 대한 고의로 확장될 수 없다. 불특정인에 대한 인식의 관점에서 특정인에 대한 인식을 본다면, 충분조건은 되지만 필요조건은 성립하지 않는다.

여기서 행위자가 일반 사람에서 더 나아가 구체적인 특정의 사람을 인식하고 그에 대해 고의를 갖고 있는 경우에는 고의를 어떻게 인정하여 평가하는지가 문제된다. 구체화된 고의가 존재하는 상황에서, 행위자의 인식이 일반적인 고의에 대한 것이 아니라 구체화된 고의에 닿아 있는 경우에는 일반적 고의로 충분하다고 판단할 것인지, 아니면 구체화된 고의를 기준으로 일반적인 고의를 뒤집을 수도 있는 평가를 내려야 하는지 검토가 필요하다.

(2) 구체화된 고의

물론 구체화된 고의 안에는 일반적 고의가 기본으로 내포되어 있다.[75] 구체화된 고의가 인정되는 경우 일반적 고의는 전제되는 구조가 통상적일 수 있다. 그렇지만 구체화된 고의에 관계된 인식을 가진 행위자에게 일반적 고의가 전제될 수 없는 경우도 상정 가능하다. 행위자가 어떤 사람이든 사람이라면 살해하겠다고 인식한 것이 아니라 특정인을 지정하여 그 사람을 살해하겠다고 생각한 경우를 예로 볼 수 있다. 이 경우 행위자의 고의는 특정인을 향하고 있을 뿐 특정인이 아닌 다른 누군가, 즉 일반적인 사람이면 누구나를 염두에 두고 있지는 않다.

이 때 행위자의 인식은 일반적인 고의로서 사람에서 더 나아가 구체화된 고의인 특정인에 닿아 있다고 할 수 있다. 이 점에서는 특정인도 사람이라는 측면에서 일반적인 고의를 충족한다고 볼 수 있지만, 이 경우는 고의가 특정인에 머물렀을 경우에 한정된다는 점이 특징적이다. 오히려 이 경우에는 일반적인 고의의 대상인 사람에 대하여는 고의가 없고, 그 구체화된 형태로서 특정인에 대하여 고의가 있다고 볼 수 있다. 그에 따라 특정인이 아니라 다른 사람이 등장하는 경우에는 고의를 인정하기 어려울 수 있다. 행위자가 특정인을 살해의 대상으로 삼았더라도 그것만으로 누구라도 살해의 대상이 될 수 있다는 점을 당연히 전제하

73) Backmann, JuS 1971, 118.

74) 이용식, 현대 형법이론 I, 171면. 배종대, 『형법총론』(제12판), 236면은 구성요건이 정한 종류 가운데 개별 대상을 행위자가 특정하였는데 같은 종류의 다른 대상에 결과가 발생한 경우에는 고의성립이 문제될 수 있다고 한다.

75) Vgl. Puppe, Vorsatz und Zurechnung, S. 11.

는 것이 아니다. 행위자에게 일반 사람에 대한 고의는 오히려 존재하지 않으며,[76] 특정인에 대한 고의가 일반 사람에 대한 고의로 대체될 수는 없기 때문이다.

결국 행위자가 인식한 바를 실현했는가의 여부는 잠재적으로 인정되는 일반적인 인식이 아니라 사실상 존재하는 그의 구체적 인식에 의하여 결정하여야 한다.[77] 따라서 일반적인 고의의 인정만으로 고의가 온전히 확인되었다고 단정할 수는 없고 때에 따라서는 구체적 고의를 따져봐야 할 필요가 있다. 구체화된 고의가 문제되는 사안에서 일반적인 고의만으로 고의를 판단하는 것은 고의의 구체화를 부정하여 행위자는 갖고 있는 않은 가상의 일반적 고의를 부당하게 행위자에게 전용하는 결과가 된다.[78] 행위자가 갖고 있는 고의는 행위시에 실제로 존재한 구체화된 고의이다.[79] 현실에서 구체화된 고의가 행위자의 고의이며 구성요건에 규정된 그대로의 잠재적이며 추상적인 일반적 고의가 아니다. 구체화된 고의는 단순한 일반적인 고의와는 질적으로 다른 차원을 갖는다.

주의할 것은 고의의 구체화가 모든 경우에 반드시 필요한 부분은 아니라면 점이다.[80] 불특정인을 대상으로 하는 경우와 같이 단순히 사람을 살해한다는 의사로 충분한 경우도 있다. 즉 구체적인 인식이 없다고 하여 곧바로 고의가 부정되는 것은 아니다. 문제는 행위자가 보다 구체적인 인식을 가지고 있을 때 이를 어떻게 고려할 것인가에 있다. 요컨대, 특정인을 인식하고 의욕한 경우와 같이 구체화된 관념을 가진 경우에는 일반적 인식만으로 고의를 인정하는 것은 곤란하고 구체화된 인식에 기반한 고의가 요구된다.

(3) 일반적인 고의와 구체적인 고의의 의미론적 관계

구성요건은 법기술상의 고려 때문에 일반적이고 추상적인 규범명제의 형태로 존재한다. 고의의 귀속에는 구성요건 가운데 중요하거나 본질적인 속성에 대한 인식으로 충분하다. 그렇지만 구체적인 개별상황에서는 구성요건의 실현에 의하여 침해되거나 침해받을 위험이 있는 구체적 법익의 보호를 도모할 수 있는 접근이 요청된다. 구성요건은 일정한 추상화를 수반하며 지나친 개별화나 특정화가 불가능한 속성을 지니지만, 그 추상적이고 일반적 속성이 행위자의 구체적 의사를 무시하고 그대로 적용되어야 한다는 의미는 아니다. 즉 행위자가 직면한 구체적 행위상황 안에서 규범의 적용방향을 찾아야 한다.[81] 행위자가 의도하지 않았던 사실에 대하여는 비록 그것이 실현되었다 하더라도 당해 죄책을 인정할 수 없다.

외부감사인의 부실감사행위와 그에 수반되는 구체적인 행위에 대한 대상판결 사례에서는

---

76) MK-Joecks, 16/65.
77) Vgl. MK-Joecks, 16/65; Schlehofer, Vorsatz und Tatabweichung, 1996, S. 173.
78) MK-Joecks, 16/65; Kühl, AT, 13/33.
79) 이용식, 현대 형법이론 I, 169면 이하 참고.
80) LK-Schroeder, 16/9.
81) Vgl. LK-Schroeder, 16/9; 이용식, 현대 형법이론 I, 176면.

단지 추상적으로 혹은 일반적인 측면에서만 감사보고서 허위 기재라는 죄책을 인정할 수는 없다. 보다 구체적으로 행위자가 실제로 기재한 일정한 보고서에 따라 특정한 허위 기재가 고려된다. 행위자가 허위 기재하려 한 그 보고서를 허위 기재하였다는 사실에 대하여 구성요건해당성을 인정할 수 있다. 만약 행위자가 다른 사실을 기재하려고 의도했다면 이는 실현사실과는 구별되는 것으로서 별개로 취급된다. 허위 기재의 죄책을 인정하기 위하여는 행위시에 행위자가 하려고 의도하는 것에 구체적으로 조응하는 사실이 있는가에 대한 판단이 선행되어야 한다.

행위자가 이미 대상회사의 재무제표를 비롯한 회계자료에 대하여 구체적이고 특정한 인식을 전제로 하고 있는 이상 그에 상응하는 고의를 확인할 필요가 있다. 즉 이 경우에는 분식회계나 회계부정에 대한 추상적이고 일반적인 고의로는 외부감사법이 규정하는 허위기재의 고의를 인정할 수 없다. 사실의 측면에서 허위기재에 대하여 행위자가 잠재적이고 포괄적으로 가진 인식과 의사로는 부족한 점이 생긴다. 구성요건에 대응하는 일반적인 고의가 아니라 현실에서 행위자가 실제로 가진 구체적인 사실에 대한 구체적인 인식과 의사가 확인되어야 한다. 즉 행위자가 가진 구체적 고의가 필요하고 그 부분에 대한 인부 판단이 있어야 한다.

Ⅴ. 결　어

1. 판례에 대한 검토

판례는 부실감사 행위에 대한 외부감사인의 책임에 관하여 형법적 평가를 내리고 있다. 특히 허위 기재와 관련하여서는 고의의 판단 방식과 기준, 미필적 고의 판단을 위한 사실인정 내용이 구체적으로 제시되고 있다. 이 부분에서 대상판결이 주목되는 점은 두 가지이다. 먼저 대상판결에서는 고의 인정을 위해 필요한 '인식'과 관련된 부분에서는 충실히 사실관계를 인정하고 이를 법리 전개의 토대로 채택하고 있다. 미필적 고의 인정을 위하여 지적인식을 강조하고, 사실 인정을 통해 다양한 관점에서 여러 단계에서 인식의 존재 여부를 확인하고 있다. 다만 고의를 인정하는 전제로 판례에서 적시되는 '인식'은 허위 기재의 구성요건적 사실에 대한 직접적 인식을 대상으로 하지 못한다. 허위 기재에 대한 직접적 인식을 단일하게 설명하기보다는 그 전제가 되거나 기초를 이루는 간접사실에 대한 인식을 다각도에서 중첩하여 포착하는 방식으로 이뤄지고 있다. 물론 이 또한 고의를 형성하는 인식이 된다.

판례가 용인설의 관점에서 인식만으로 (미필적) 고의를 판단한 것인지, 그에 따라 형법이 인식만 규정하고 있는 것과 마찬가지로 의사를 따로 요구하지 않는다는 전제로까지 나아간 것인지는 단정하기 어렵다. 판례는 또 '인식' 외에 '개연성', '확신'과 같은 표현을 들어 설명하고 있는데 이것이 '인식'에 관한 것인지, '의사'에 관한 것인지, 그 사용의 의미는 분명하지 않다. 어쨌든 행위자의 인식은 거듭 확인되고 적시되고 있다. 반면 미필적 고의에 요구되는 의사와 관련된 내용은 상대적으로 찾아보기 어렵다. 미필적 고의의 본질상 의적 측면은 약할 수밖에 없다고 하더라도 판례에서 의적인 측면이 불분명하게 처리되고 있음은 부정하기 어려운 사실이다. 미필적 고의에 관하여 의적 측면이 형식적으로는 용인으로 평가되겠지만 실제로 용인인지 감수인지는 판례의 표현 자체로서는 명확하게 판단할 수 없다. 그래서 사실 판단과정에서 의지적 부분에 대한 포섭과정이 한층 구체적으로 확인될 필요가 있다는 점은 분명하다. 인식있는 과실과의 차별성을 확보하지 못한 상태로 고의를 인정하게 되면 고의 인정 범위를 확대하게 되는 위험을 안게 된다.

행위자가 어떤 경우라도 허위기재를 해도 좋다라든가, 부실감사에 대하여 특별한 제한 없이 수용하고 있을 때와 같이 불특정에 대한 인식을 갖고 있다면, 일반적인 고의에 대한 판단을 거쳐 일반적인 고의를 인정함으로써 행위에 대한 평가는 충분하다. 이 경우에는 구체적으로 관념하지 않은 특정의 사실에 대하여도 적어도 미필적 인식이 있었다고 볼 여지가 있다. 이와 달리, 문제된 외부세계에 대하여 또는 관념에 관하여 행위자가 구체적인 인식을 형성하고 있을 때에는 그에 상응하는 구체적인 고의가 확인되어야 해당 행위에 대한 고의를 인정할 수 있다. 특정의 사태에 행위자의 인식이 향하고 있을 때에는 행위자가 구체적으로 인식하고 있지 않은 사태 일반에 대한 것이라든가 행위자의 인식 바깥에 존재하는 다른 구체적 사태에 대하여는 기본적으로 고의를 인정하기 어렵다고 보아 엄격하게 판단하여야 한다.

2. 결 어

사실에 대한 확정은 재판부의 몫이다. 사실 인정에 대한 비평은 제외하고 아쉬운 점이 있다면, 법리판단의 근거가 되는 사실 인정에 대한 적시, 그리고 법리판단에 대한 근거와 포섭과정에 대한 제시가 충실하지만 여전히 부족하게 보여질 때가 있다는 것이다. 법원 판결에서 일반적으로 발견되는 경향성이라 어쩔 수 없는 실무의 사정이 있는가도 싶지만 계속 기대를 놓지 못하는 부분이기도 하다.

판례는 어떤 사정들을 인식하고도 만연히 기재하였다는 사실을 들어 허위 기재이자 허위에 대한 미필적 고의가 인정된다는 식으로 판단구조를 피력하고 있다. 미필적 고의가 인정되는 데 필요한 인식 외적인 측면, 즉 의지적 부분에 관한 사실 인정과 이에 대한 판단이 부각되지 못한 관계로 미필적 고의에 관한 사실에서 법리로 가는 과정이 논리 단계적으로는 비약되는 인상이 없지 않다.

미필적 고의에서 지적 측면은 물론 의지적 부분에 대한 판단도 일반인을 고려하면서 행위자의 입장에서 판단하여야 한다.[82] 그러나 실제 판단에서는 행위자의 인식 유무를 직접 확인하지 않고 일반인의 인식 가능성을 기준으로 삼아 행위자의 인식가능성 및 행위자의 용인 여부를 추론하기도 한다.[83] 그리고 이때 행위자가 전문가인 경우에는 전문가로서 인식 가능한 지식과 능력이 일반인에 비해 크다고 할 수 있으므로, 행위자가 많이 알고 있는 경우에 인식 가능성은 물론 실현 의지도 보다 쉽게 인정되는 결과에 이른다.[84] 인식에 기반하여 의지를 판단하는 부분은 의사가 인식을 전제하는 경우에 일정 부분 불가피한 사정이 있지만, 그럼에도 인식에 대한 판단과 의지에 대한 판단을 독자적으로 엄밀히 파악하려는 시도가 필요하다.

전문가의 경우는 일반인과 달리 보아야 할 지점이 존재하지만 그것이 추정과 단정, 부당한 전제로 인해 행위자에게 불리한 결과로 귀일되어서는 안 된다. 부수형법은 일반인의 기준에서 보면 고의 인식을 기대하기 어려운 경우가 많다. 이를 고려하여 입법취지를 살려 규범력을 갖추고자 고의에 요구되는 인식대상을 완화하여 고의를 쉽게 인정한다면 행위자의 관점에서는 그저 불리한 해석이 하나 더 부과되는 결과에 이르게 된다. 고의 인식에 일반적 고의의 인식으로 족하다고 보면 행정형법의 규범력을 효과적으로 확보할 수 있을지는 몰라도, 행위자에게는 그 정도만큼의 고의 성립범위가 확대되는 일에 다름아님을 주의하여야 한다.

82) "행위자가 범죄사실이 발생할 가능성을 용인하고 있었는지의 여부는 […] 외부에 나타난 행위의 형태와 행위의 상황 등 구체적 사정을 기초로 하여 일반인이라면 당해 범죄사실이 발생할 가능성을 어떻게 평가할 것인가를 고려하면서 행위자의 입장에서 그 심리상태를 추인하여야" 한다. 대법원 2009.9.10. 선고 2009도5075 판결.

83) 대법원 2004.5.14. 선고 2004도74 판결. 같은 지적으로 김성돈, 『형법총론』(제5판), 211면.

84) "자동차의 운전에 대하여 충분한 지식과 경험을 가졌다고 볼 수 있는 운전자에게는 […] 사실을 쉽게 알고도 이러한 결과발생을 용인하는 내심의 의사, 즉 미필적 고의가 있었다고 봄이 경험칙상 당연하다." 대법원 1995.1.24. 선고 94도1949 판결.

13. 언론의 자유에 관한 미국의 이론*

박 용 상**

Ⅰ. 서 설

언론의 자유 및 미디어에 관한 규율을 논함에는 사상적 배경에 따라 다양한 논의가 전개되어 왔다. 베이커교수는 민주주의에 관한 상이한 여러 비전은 미디어가 어떻게 민주사회에 봉사해야 하는가에 관한 여러 적극적 비전을 제시한다고 말한다.[1)]

현대에서 통치의 원리로 널리 보편화된 자유민주주의는 개인주의·자유주의 사상과 국민주권 사상에 기반한 공화주의 사상 양자에 의해 구성되고 있다는 점에 이의를 제기하는 학자는 없다. 언론의 자유를 이해함에 있어서도 양자의 요소 중 어떤 것을 중시하는가 또는 양자를 어떻게 적절히 조화시키는가 하는 문제는 현대 헌법학에서 가장 논란되는 문제이다.

이 글에서는 국가(정부)와 언론의 관계에 관하여 미국에서 논의되고 있는 이론과 그에 의해 설명되는 법리의 관계[2)]를 설명한다. 먼저, 개인적 자율을 우선시키는 자유주의 원리는 정부 기타 모든 구속으로부터 자유로운 생활을 추구하는 개인의 자유를 강조하며, 따라서 헌법상 언론의 자유 조항은 언론의 자유에 대한 국가의 불필요한 침해를 금지한다고 한다. 이러한 사고에 의할 때 사상의 시장은 국가권력의 구속 없는 자발적인 사상의 경쟁에서 진리, 즉 공동체의 복리를 추구하는 기구로 상정된다.

다른 한편, 국민주권에 초점을 두는 공민적 공화주의(civic republicanism)는 언론의 자유에 있어서 공동체적 차원을 강조하면서 공동선(common good)의 추구 및 공민적 덕목(civic virtue)의 필요성을 강력한 소망으로 인식한다.[3)]

---

* 이 글은 박용상, 언론의 자유(박영사, 2013) 69-81면에서 논급한 부분을 새로 확충 보완한 것이다.

** 변호사, 전 헌법재판소 사무처장

1) "언론 자유에 관한 올바른 이론(theory)의 정립이 중요한 것은 수정헌법 제1조의 법리(doctrines)가 명확성, 일관성, 관리성을 가지고 적용될 기준을 마련하기 때문이다. 이론은 이미 판례에 의해 정립된 여러 언론자유의 법리를 적용함에 올바른 길을 제시하며, 단순한 기술적 판단이나 가치와 무관한 행사를 배제하는데 있다. 개개 사건의 해결에 있어서 실용적 이유뿐 아니라 핵심 원리를 찾아 언론 자유의 법리를 조직화함으로써 그 법리를 적용함에 법관 개인의 이념적 선입견을 주입할 수 없게 한다."(C. Edwin Baker, MEDIA CONCENTRATION: GIVING UP ON DEMOCRACY, 54 FLLR(Florida Law Review, December, 2002) 839, 915).

2) 수정헌법 제1조에 관한 법리(doctrines)의 기능은 이론(theory)에 의해 헌법에 귀속된 목적을 구현하는 동시에 개별 판결에 원칙적인 근거를 제공하는데 있다. 이론의 요건이 구체적 사건의 현실 상황에 의미를 거의 갖지 못하는 경우 또는 법리가 일관성 없는 이론에 연계되도록 요구되는 경우 법리는 혼란을 겪게 된다(Robert Post, Reconciling Theory and Doctrine in First Amendment Jurisprudence, 88 Cal. L. Rev. 2353 (2000), http://scholarship.law.berkeley.edu/californialawreview/vol88/iss6/11).

이 개인주의적·자유주의적 국면과 민주적·공화적인 요소를 통합하여야 한다는 요청은 언론의 자유를 이해함에서 있어서 항구적인 변증법적 긴장 속에 있다.[4] 이하 이 글에서 민주주의를 기본으로 하는 현대의 정치체제 하에서 미디어에 대한 규율이 어떠해야 하는가에 관하여 종전 전통적 입장인 시장 자유주의의 논거와 그에 대한 비판적 이론을 함께 살피고, 이를 수정하려는 공민적 공화주의와 공동체주의의 입장을 살핀다.[5]

Ⅱ. 시장 자유주의

1. 사상적 배경

미국에서 언론의 자유를 위한 정당화 이론으로서 가장 전통적인 것은 시장자유주의(market liberalism) 이론이다, 이것은 합리성, 경험주의 및 연역적 추론 등 계몽주의 원리를 기본으로 하는 고전적 자유주의 사상에 따라 자유롭고 이성적인 정치체를 전제로 한다. 자유주의적 민주주의에서 적용되는 공리주의 또는 시장 모델은 자율의 가치를 강조하면서 개인의 추구나 소득에 대한 구속은 최소한에 그쳐야 하고, 정부는 경쟁적인 이익의 타협을 위해 공정하고 지속적인 구조를 유지하는 데 의의를 갖는다.[6] 이 이론에 의하면 갈등에 기반하는 민주주의 절차에서 인간은 이기적이지만 이성적이기 때문에 민주적 참여자는 개인의 이익에 유리한 조건을 극대화하기 위해 상호간 설득 및 타협을 행한다고 가정한다.[7]

시장자유주의가 기본으로 하는 '사상의 시장'(marketplace of ideas) 이론은 밀턴의 아레오파지티카에서 시작된 진리의 발견에 관한 밀의 공리주의적 사고에 뿌리를 갖는다.[8] 자유주의 사상에 중요한 근거를 제공한 벤덤(Jeremy Bentham)과 밀(John Stuart Mill) 등 공리주의자는 정치조직 모델의 전제로 자유(liberty)를 강조하며, 이를 인간 행복의 핵심을 구성하는 근본가치인 개성(individuality)을 성취하는 수단으로 보았다. 그들에 의하면 좋은 정부는 개인적 추구에 대한 구속을 최소화하면서 최대다수의 최대행복(greatest happiness for the

---

3) R. Randall Rainey, S.J., THE PUBLIC'S INTEREST IN PUBLIC AFFAIRS DISCOURSE, DEMOCRATIC GOVERNANCE, AND FAIRNESS IN BROADCASTING: A CRITICAL REVIEW OF THE PUBLIC INTEREST DUTIES OF THE ELECTRONIC MEDIA, 82 GEOLJ(Georgetown Law Journal, December, 1993), 269, 318.

4) Rainey, id., p. 319.

5) "개인들의 자유에 근거하는 사회에서 실재 문제는 각 개인들 자신의 자유로운 목적 추구를 공동선에 조화시키는 방법을 찾는데 있다. 개인의 자유를 침해하지 않으면서 집단적 실체를 구성하는 것이 가능한 방법을 찾는 것이 중요하다."(Bernard Manin, On Legitimacy and Political Deliberation, *Political Theory*, Vol. 15, No. 3(Aug., 1987), 338, 351, Translated from the French by Elly Stein and Jane Mansbridge).

6) Christina S. Drale, COMMUNICATION MEDIA IN A DEMOCRATIC SOCIETY, Communication Law and Policy, Spring, 2004, p. 213, 218.

7) Drale, id., p. 219.

8) Frederick Schauer, Hohfeld's First Amendment, 76 George Washington Law Review(June 2008), 914, 920.

greatest number)을 실현하는 정부이다. 민주주의는 자유로이 선택된 개인적 이익들을 총합하여 다수파의 이익을 결정하는 합리적 방법이고, 그렇게 최대행복을 향한 수단을 의미하기 때문에 이 목적을 달성하는 데 가장 적합한 것으로 간주된다.[9] 시장에 터잡은 자유주의적 민주주의는 국민의 선거 절차에서 정당성을 찾게 되는데, 시민들은 그 절차 내에서 활동해야 하며, 선거 절차에서 나타난 다수의 의사에 따르는 도덕적 의무를 지게 된다. 이 다수결 원칙은 헌법에 의해 보호되고, 개인은 헌법에 의해 자의적인 정부행동으로부터 보호받게 된다.[10]

2. 내용 – 사상의 자유시장론

자유주의 이론에서 미디어는 정부의 도구가 아니며, 국민이 정부를 견제·비판하고 판단할 수 있는 자료나 견해를 제공하는 하나의 기구이다. 그러므로 미디어가 정부의 통제나 영향으로부터 자유로워야 하는 것은 당연하다. 진리를 밝히기 위해 모든 사상은 공정하게 청취되어야 하며, 이를 위해 사상과 정보의 자유시장이 존재하지 않으면 안 된다. 거기서 다수파이든 소수파이든, 강자이든 약자이든 모두가 같은 권리를 갖고 미디어에 접근할 수 있어야 한다.

시장 자유주의 이론은, 첫째 진리의 발견에 있어서 '사상의 자유시장'이라고 하는 하나의 상정된 기구의 존재를 가정하였고, 둘째 그것은 사상의 자유경쟁을 담당하는 자유방임적인 자본주의적 기업에 의해 뒷받침되는 것이었다.

그에 의하면 인간은 진리를 찾는 이성적 존재이다. 그러나 인간은 불가피하게 누구나가 의견을 달리하고 있다. 따라서 어떠한 의견이 진리인가를 찾아내지 않으면 안 되는데, 그 최선의 방법은 모든 사상이 자유롭게 발표되는 사상의 자유시장에 의존하는 것이다. 이 과정에서 자유로이 개진된 의견과 사상은 서로 정당성의 주장과 오류의 색출에 의해 공개적인 대결을 행한다. 이러한 대결에서 진리는 그 자신의 힘 때문에 승리할 것이고 그른 사상은 도태(淘汰)될 것이다. 설사 오류가 일시적으로 우세하게 된다 할지라도 그것은 계속적으로 자유시장의 과정 속에서 시정되고 종국적으로는 진리가 달성되는 '자동조정 과정'(self-righting process)이 행해진다. 그러므로 국가는 이 사상의 시장에 개입하여서는 안 되고, 오로지 이성의 발휘에 의하여 시장의 기능이 더욱 원활히 수행되도록 보장하지 않으면 안 된다. 언론에 대한 통제나 제한은 허용될 수 없고 시장기능의 회복을 위한 국가의 개입은 최소한에 그쳐야 한다.[11]

9) Drale, id., p. 215.
10) Drale, id., p. 219.
11) 이상 Fred S. Siebert, Theodore A. Peterson, Wilbur Schramm, Four Theories of the Press, University of Illinois Press, 이규종, 한병구 공역, 매스콤의 4 이론(보문각 1971 수정판) 69면 이하 참조.

한편, 자유주의적 언론제도는 자본주의의 성장과 함께 자유기업을 기반으로 하는 커뮤니케이션 미디어에 의존한다. 커뮤니케이션 수단은 사적으로 소유되고 그들은 공개적인 시장에서 경쟁하는 것이다. 누구나 원하는 사람은 자신의 자본으로 커뮤니케이션 기업을 설립하고 운영할 수 있으며, 공중의 욕구를 만족시킴으로써 부수를 확장하고 광고수입을 증대하는 방법에 의해 이윤을 추구하게 된다. 따라서 커뮤니케이션 수단의 국가독점은 물론 사적인 커뮤니케이션기업에 대한 국가의 간섭은 허용될 수 없다.[12)]

이상 민주주의의 시장모델은 바람직한 결과를 보장하기 위해 절차에 의존한다는 절차주의를 특징으로 한다. 그것은 대규모의 경험적 합의는 존재하지 않기 때문에 이를 포기해야 하고 절차주의에 의존할 수밖에 없다고 생각한다. 시장모델의 대표적 이론가인 홈즈는 공개된 '언론의 자유시장'이라는 가설에 의탁하여 진리가 사상의 자유로운 거래를 통하여 나타난다고 보았다. 그는 언론자유에 관하여 "바라는 궁극적인 선은 사상의 자유 거래에 의해 더 잘 달성될 수 있고, 진리의 최선의 시험은 시장의 경쟁에서 인정받는 사상의 힘"[13)]이라고 주장하였다.[14)]

이렇게 홈즈에 있어서 시장의 경쟁은 언론의 자유의 개념을 지배한다. 그것은 사상의 시장이 국가의 규제 없이 개인들에 의해 자유로이 운영될 것을 최선으로 생각하며, 설사 그 시장에 독점이나 기타 폐해가 야기된다 하더라도 시장은 이를 자동적으로 조정할 수 있으므로 이에 대한 국가의 간섭이나 규제는 원칙적으로 배제되어야 한다고 생각한다.

이러한 입장에서 시장론은 헌법 해석에 있어서도 언론의 자유에 대한 정부의 간섭을 배제하는데 역점을 두었고, 결국 자유방임주의적 경향을 벗어나지 못하였다. 이러한 사고에 영향을 받은 미국의 판례는 언론의 자유에 대한 제한을 가급적 허용하지 않는 입장을 취한다. 그것은 국가의 엄격한 중립성 원리와 결합하여 언론 내용에 대한 실체적 규제(content-based regulation)를 원칙적으로 위헌으로 취급하며, 특히 견해를 차별하는 규제(viewpoint discrimi-

---

12) 전게 매스컴의 4이론 83-85면.

13) "사람들은 수많은 신념이 다투어 혼란스러움을 깨달았을 때 그들은 자신의 행동 기초로 믿는 것 이상으로, 원해진 궁극적 선은 사상의 자유 교환에 의해 더 잘 성취될 수 있고, 진리의 최선의 시험은 시장의 경쟁에서 스스로 승인되는 사상의 힘이며, 진리는 그들의 원망이 안전하게 수행될 수 있는 유일한 터전임을 믿게 될 것이다. 어쨌든 그것이 우리 헌법의 이론이다.… 모든 생이 시험이듯이 그것은 시험이다.… 시험이 우리 시스템의 일부이지만, 나는 우리가 혐오하고 죽음으로 가득 찬 것으로 믿는 의견의 표현에 대하여, 그들이 우리의 나라를 구하기 위해 즉각적인 견제가 요구되는 합법적이고 긴박한 법의 목적을 가지고 직접적인 간섭을 즉각적으로 위협하는 것이 아니면, 이를 견제하려는 시도에 대해 영구적으로 경계해야 한다고 생각한다."(Abrams v. United States, 250 U.S. 616, 630(1919)(Holmes, J., dissenting)).

14) Abrams 사건에서 홈즈의 반대의견은 사상의 자유시장("free trade in ideas")이란 비유를 통하여 자유언론에 관한 경제적 견해를 전개한 것으로 알려지고 있으며, 그것은 진리의 가치를 시험의 개념에 연결하여 논하는 미국 실용주의(pragmatism)의 인식론을 차용한 것이었다. 그의 시장론은 수정헌법 제1조에 관해 언급된 최초의 이론이었고, 이후 직접적이고 강력한 법리적 영향을 갖게 되었다(Robert Post, Reconciling Theory and Doctrine in First Amendment Jurisprudence, 88 Cal. L. Rev. 2353, 2359(2000), http://scholarship.law.berkeley.edu/californialawreview/vol88/iss6/11).

nation)는 절대적으로 금지하는 입장을 취하고 있다.[15] 이 입장에 의하면 방송 규제에 있어서도 구조규제 이외에 공평원칙 등 실체적 내용규제와 언론에 대한 액세스권을 인정하지 않는다.

미국 연방대법원의 판례는 이러한 입장에서 음란 표현, 나치주의자, Ku Klux Klan 등의 인종차별적 언론의 권리도 인정한다.[16] 이러한 판례의 태도는 인종, 성, 공화주의 등을 주제로 하는, 인종차별 비판론자, 여성주의자, 공민적 공화주의자(civic republicans) 등 진보적 헌법학자와 법적 행동주의자(legal activists)들로부터 강력한 비판을 받게 되었다.

3. 평가 및 비판

민주주의의 시장자유주의 모델은 가장 오랜 역사를 가지며, 미국에서 정책입안가들과 법원의 주된 사상으로 인식되어 왔다. 실상 그것은 인간의 역사를 권위와 질곡에서 해방하여 개인에게 진정한 언론의 자유를 가져다 준 사상적 틀이었다. 자유주의 철학은 인간은 이성적이며 도덕적인 존재이므로 각 개인들이 자신의 이익을 추구함으로써 사회 전체의 이익이 도모될 것이기 때문에 자유방임주의적 자유시장경제를 최선의 제도로 보았다. 이러한 자유주의적 언론관은 사상적, 사회적 상황이 변하고 사상의 시장(marketplace of ideas)이 여러 문제를 야기하게 되자, 자유 언론을 현실적으로 파악하려는 학자들에 의해 비판받게 되었다. 그러한 비판은 저널리즘적인 측면에서 사회적 책임론자들에 의해 제기되었고, 나아가 헌법학자들에 의해 법리적 비판이 이어졌다.

첫째로, 먼저 언급할 것은 인간관과 국가관에 관한 사상적 변화였다. 자유주의 사상이 전제로 한 계몽주의의 합리적·이성적 인간관은 현대에 이르러 과학적 및 철학적 사고의 전개에 따라 도전받게 되고,[17] 모든 사람이 진리만을 말할 것이라든가, 사상의 자유시장이 언제

---

15) 언론 내용규제에 관한 미국 판례의 상세한 논의는 박용상, 언론의 자유(박영사, 2013) 352-362면 참조. 다만, 이 견해차별 금지의 원리는 여러 법리적 수정을 거치고 있다. 연방대법원 판례에 의하면 견해의 표현이 즉각적으로 범죄행위 또는 심각한 사회적 해악을 제기할 가능성이 있다면 규제가 허용될 수 있다(Brandenburg v. Ohio, 395 U.S. 444(1969)). 또 원하지 않는 수용자에게 공격적 표현을 밀어 넣는 것을 방지하기 위한 한계(이른바 captive audience의 법리)도 정당화될 수 있고(eg., FCC v. Pacifica Found., 438 U.S. 726(1978)), 학교나 군대 등 일정한 한정된 상황에서는 넓은 재량에서 언론을 통제할 수도 있게 되었다(Bethel School Dist. No. 43 v. Fraser, 475 U.S. 675(1986)(schools); Greer v. Spock, 424 U.S. 828(1976)(military)).

16) Andrea Dworkin, The ACLU: Bait and Switch, 1 Yale J.L. & Feminism 37, 37(1989). 미국 판례는 공적 담론에서 난폭하거나 공격적인("outrageous" or "offensive") 언론(Cohen v. California, 403 U.S. 15, 22(1971)), 과장이나 비방("exaggeration" or "vilification")으로 가득 찬 언론(Cantwell v. Connecticut, 310 U.S. 296, 310(1940)), 저속한 언론(Reno v. ACLU, 521 U.S. 844, 869(1997)), 수용자의 존엄을 파괴하는 언론(Boos v. Barry, 485 U.S. 312,322(1988)), 인신공격("aggression and personal assault")의 수단으로 인식되는 언론(Time, Inc. v. Hill, 385 U.S. 374, 412(1967)(Fortas, J.d,i ssenting))에도 헌법적 보호가 미친다고 판시하여 왔다(Post, id., p. 2369).

17) 우선 과학적 관점에서 찰스 다윈의 진화론과 아인슈타인의 상대성 원리는 진리를 상대적인 것으로 인식하게 만들었다. 나아가 계몽주의와 합리주의 철학은 여러 방면에서 도전받게 되었다. 근대철학의 틀을 부수고

나 진리를 가져다 줄 것이라는 기대는 더 이상 통용되지 않았다. 개인의 자유와 권리를 인간의 본성에서 나오는 자연권으로 파악하던 자유주의적 태도에 대해서는, 언론의 자유도 그 사회성을 이해하여 공공의 복리를 배려할 사회적 의무를 수반한다는 측면이 강조되었고, 국가는 자본주의의 성장이 가져온 여러 문제를 해결하기 위해 적극적 역할이 기대되었다.

둘째, 사상의 시장은 현대 대중 사회의 사회적·경제적·기술적인 변화에 힘입은 자본주의 발달에 따라 큰 변화를 가져왔다. 언론계는 미디어의 기업화 및 집중 현상이 심화되고 그에 따라 언론을 통해 자기의 의견이나 사상을 표현할 수 있는 사람들의 수는 크게 줄었으며, 국민 모두에게 토론의 자유가 보장되고 '사상의 자유시장'이 확대될 것이라는 자유주의의 신화는 깨지고 만 것이다. 이와 같이 매스컴 기업의 독점적 구조 하에서는 전통적 자유주의 이론이 말하는 사상의 자유시장이 독점되며, 반대파가 자유로이 참여하는 사상교환에 의한 자동조정작용 역시 그 기능이 마비되고 독점적 소수에 의해 왜곡되고 변형되게 된다.[18]

셋째 자유주의적 정치철학은 상대주의적 선(善) 관념을 구현하는 개인주의 원리와 국가의 중립성 의무에 무비판적으로 의존함으로써 자멸의 위험을 초래한 바 있다. 자유주의적 언론제도는 제1차 세계대전을 계기로 등장한 파시즘 및 나치즘 세력과 1차 대전 후 체제를 확립한 공산주의세력에 의해 좌우 양면으로부터 도전받게 되었다. 이념적 과격주의의 파괴적 영향에 무관심하던 자유주의는 20세기 초 그가 부르짖던 자유를 파괴하는 세력에게 권력을 넘겨주게 되었고,[19] 20세기 중반에 이르러 확대된 전체주의 체제 하에서 인민들의 자유와 기본권은 철저히 유린되었으며, 그들에 의해 유발된 양차 세계대전은 인류에게 전대미문의 잔혹한 피해를 주었다. 이렇게 전 세계를 휩쓴 격동에도 불구하고 미국에서 개인주의 및 자유주의의 기조는 유지되었다.

포스트모더니즘의 새로운 지평을 연 대표적인 3인의 철학자는 니체, 프로이트와 마르크스였다. 니체는 근대 철학의 기반이었던 주체와 진리의 개념을 철저하게 비판하고 그에 기반한 윤리학을 해체하였다. 마르크스는 인간(주체)은 사회관계에 의해 만들어진다고 하는 한편, 영원한 진리를 부인하면서 지식은 역사적·사회적 조건 속에서 실천되는 현실성과 힘이라고 주장하였으며, 프로이트에 의한 무의식의 발견은 근대 주체 철학의 통일성, 투명성, 중심성의 자아 개념을 철저하게 붕괴시켰다. 프로이트의 정신분석학은 인간의 비이성적 측면을 간파하여 인간은 진리를 추구하는 도덕적인 존재라기보다 욕망의 충동에서 벗어나지 못하는 존재로 파악하였다.

18) 전게 매스컴의 4 이론 119-123면.

19) 유럽에서 대중이 열정적으로 파시즘이나 공산주의를 포용하였다는 사실 때문에 자유주의의 중립성 원리와 상대주의적 관용 정신에 대한 지성적 신앙은 폐기되었다. 실제로 나치의 전체주의 체제와 공산주의 체제에서 표현의 자유가 철저하게 유린된 역사적 경험을 한 바 있는 유럽 대륙에서는 2차대전 후 자유의 적에 대하여 투쟁하는 새로운 민주주의의 사고가 등장하였다. 1948년 제정된 독일 기본법은 인간의 존엄을 존중하는 '자유민주주의적 기본질서'를 헌법상 최고의 가치로 규정하고(독일 기본법 제2조 제2항), 이를 수호하기 위해 이른바 '투쟁적·방어적 민주주의'(streitbare od. abwehrbereite Demokratie)의 개념을 채용하면서, 이를 구현하는 실천적 제도로서 정당해산제도와 기본권실권제도를 헌법에 규정하고 있다(이에 관한 상세한 논술은 박용상, 언론의 자유(박영사 2013) 39-49면 참조).

1) 진리 발견 절차로서의 시장의 허상

먼저, 진리에 관한 이론으로서 사상의 시장의 취약성을 비판하는 견해를 보자. 예를 들어, 선스타인교수는 언론의 자유시장이라는 홈즈의 관념은 사상의 자유로운 거래를 통하여 진리가 발견될 것으로 가정할 뿐, 진리를 적극적으로 정의하지 못하기 때문에 진리의 이해에 관한 회의주의를 드러내는 것이라고 하여 이를 배척한다.[20] 그에 의하면 시장의 경쟁이 실제로 진리를 정의하거나 독자적으로 정의되는 진리로 이끈다는 점에 관해 아무 증거도 제시하지 못하였으며,[21] 또 자유시장이 자연적으로 안정과 균형을 유지하며 다양하다는 가정은 우리의 경험에 비추어 받아들일 수 없고, 설령 그 가정이 옳다 하더라도 시장이 우리의 모든 공적 이익의 요구를 충족시킨다는 보장을 주지 않는다는 것이다. 더욱이 편협한 정보취득에 맡겨진 시스템에서 자유의 보장은 존재하지 않는다고 주장한다.[22]

또 진리의 발견과 관련하여 사상의 시장론은 순환론(circularity)과 동어반복(tautology)에 불과하다는 비판도 나온다.[23] 자유시장논자들은 진리를 단순히 공개된 토론의 과정에서 살아남는 것으로 정의하고, 나아가 사상의 자유롭고 공개적인 토론이 지식을 성취하는 유일한 합리적 방도라고 가정한다.[24] 여기서 지식과 진리는 단순히 이성적 사고 활동으로부터 나온다고 가정되고 있다.[25] 그러나 포스트가 지적한 바와 같이 시장의 진리추구 기능은 단순히 자유로운 언론의 작용에만 의하는 것이 아니라, 상대방을 경청하여 자신의 입장을 수정할 용의와 능력, 그리고 객관성, 공평성, 예절 및 상호존중의 소망을 가져오는 이성의 관습 등 공유하는 사회적 관행에 대한 소임을 요한다.[26]

이에 관해 Frederick Schauer교수는 사상의 시장에서 진리에 관한 합의가 이루어진다고 보는 것은 자유언론이 지식을 증가시킨다는 잘못된 가정의 피할 수 없는 귀결이라고 하면서 자유시장 어프로치는 심각한 취약성을 갖는다고 주장한다.[27] 샤워의 비판에 의하면 시장은

---

20) Cass Sunstein, Democracy and the Problem of Free Speech note 7, at 25(1993).

21) Id.

22) Brandon K. Lemley, EFFECTUATING CENSORSHIP: CIVIC REPUBLICANISM AND THE SECONDARY EFFECTS DOCTRINE, 35 J. Marshall L. Rev.(John Marshall Law Review, Winter 2002) 190, 197.

23) Rainey, id., p. 323.

24) Id. at 19.

25) Rainey, id., p. 325.

26) Robert Post, RECONCILING THEORY AND DOCTRINE IN FIRST AMENDMENT JURISPRUDENCE, 88 CALR(California Law Review, December, 2000) 2353, 2365.

27) FREDERICK SCHAUER, FREE SPEECH 19-29(1982). "진리를 오로지 사상의 시장에서 의견의 힘에 의해서만 정의하는 형태의 주관논법(subjectivism)은 … '진실한', '선한', '건전한' 또는 '현명한' 등 우리의 단어의 사용을 모든 인식에 의해 왜곡한다. 주관론은 더 큰 언론의 자유를 주장할지 모르나, 진리로부터의 논증에 관련된 방법으로 그러는 것이 아니다. 오로지 절차적 조건에 의해 진리(그리고 다시 지식)를 정의하는 것은 자유언론에 관한 중요한 질문에 대해 하등 대답하는 것이 없다. 만일 자유언론이 지식을 산출하는 과정을 정의하기 때문에 그것이 정당화되는 것이라면, 그리고 그 지식이 다시 바로 그 동일한 과정에 의해 정의된다면, 우리는 아무것도 말하는 것이 아니다."

합리적 담론에 의해 지식 및 진리를 찾아낼 수 없고, 그 때문에 사상의 시장은 민주사회에서 진리가 식별되는 방법을 위한 비유로서 적절치 않으며, 이렇게 규제없는 상업 시장에서 공익이 가장 잘 봉사될 수 있다는 신념은 의심스러운 것이다. 더욱이 오늘날 우리의 문화에 팽배한 인식론상의 회의주의와 상대주의의 여건에 비추어 보면 의문은 더 커진다.[28)]

나아가, 사상의 시장론은 사상의 시장에 단기적으로 오류가 유행하더라도 인간은 이성에 의해 장기적으로 진리를 찾아낸다는 자기수정과정(self-righting process)의 가정을 중요한 내용으로 하고 있다. 그러나 채피교수 등 사회적 책임론자들은 이러한 가정이 실제로 작용하지 않는 것이 명백하며, 진리의 종국적 승리를 단언하는 밀턴의 비전은 환상에 불과하다고 주장한다. 진리를 위한 진지한 탐구의 기준을 사용하지 않는 사회에서 토론은 자기시정을 행하지 않는다는 것이다.[29)] 그러한 가정에 장애가 되는 원인은, 첫째 언론 시장의 집중 경향으로 인한 다양성의 위축, 둘째 이윤추구 경향에 의해 진정한 토론과 사실보도를 외면한 채 상업적 이익에 몰두하는 보도 경향, 셋째 대상에 불리한 정보와 갈등에 관한 자극적 정보를 선호하는 공공 독자들의 태도 등이 제시된다.[30)]

더욱이 이러한 새로운 사고는 인간이 이성적 존재라기보다 감정적 존재이며, 미디어들은 목적과 수단에 관하여 이성적 토론을 이끄는 사실과 사상에 관한 보도를 제대로 행하지 못하고 있다는 점을 배경으로 한다.[31)] 채피에 의하면 공중은 해로운 거짓에 관해 무책임하며, 그 무책임은 독자들의 교육 기타 자질에 따라 달라진다고 한다. 사회의 통일성(unity)은 도덕적·정치적 장치에 의한 결과이지 자유 자체의 필연적인 귀결일 수 없다는 것이다. 사회적 책임론자들은 이러한 문제에 대처하기 위해 언론인의 윤리를 찾아 이를 존중하는 태도와 함께 신중하고 해가 없는 정치적 통제로서 국가의 간섭이 요청된다고 주장한다.[32)]

2) 시장의 왜곡 현상

나아가 사상의 시장은 방임되는 경우 심각한 왜곡에 빠지게 된다는 점이 지적된다. 볼킨에 의하면 매스 미디어가 민주주의를 위해 중요한 기능을 행함에도 불구하고 매스 미디어와 민주적 자치 간에는 심각한 갈등이 야기된다고 한다. 매스 미디어가 소수자에 의해 소유되고 그 소유는 그 상대적 소수 그룹에 공적 담론과 토론을 형성할 막강한 권한을 준다. 그로부

28) Rainey, id., p. 325.
29) Chaffee, Government and Mass Communications, Archon Books 1965, p. 23.
30) Chaffee, id., p. 24-26.
31) Chaffee, id., p. 26-27.
32) 채피는 "언론은 자유로울 뿐 아니라 성과가 있어야 한다. …간섭이 없는 것만으로는 토론의 성과를 가져올 수 없다. 우리는 토론이 행해지는 방법을 개선하기 위해 적극적 조치를 취해야 한다. 최근에는 진리가 논쟁으로부터 그들의 논리가 우리를 기대하도록 인도하는 자동적 방법으로 나타날 것 같지 않기 때문에 밀턴과 밀의 주장은 의문시되었다. 한가지 이유는 현재 이성은 과거보다 더 칭송되지 않으며, 그 대신 의식적 무의식적 감정이 인간의 행동을 지배하기 때문이다"(Chaffee, id., p. 27).

터 나오는 위험은 그들이 지배적 지위를 우려할 방법으로 남용한다는데 있다.[33)]

첫째, 매스 미디어를 통제하는 사람들은 그들이 지지하는 견해를 촉진하기 위해 공적 이슈에 관한 보도를 왜곡하려는 경향을 갖는다. 매스 미디어의 소유가 상대적으로 소수의 부유한 개인과 기업 집단의 손에 집중된 세계에서는 부자의 아젠다와 관심이 우세하게 되고, 진지한 이슈와 현상 타파를 위한 진지한 대안의 토론은 제한된다. 그 결과 사람들은 그 주변 세계에 관하여 잘못된 정보와 왜곡된 상을 얻게 되고, 이것은 결국 민주주의의 기능에 해로운 영향을 미친다.[34)]

둘째, 이들 매스 미디어는 공공이 고려해야 할 중요한 정보, 이슈 및 견해를 충분히 다루지 않을 것이다. 결과적으로 사람들은 숙고의 대상으로서 제한된 이슈와 사고대상으로 제한된 수의 사고방법, 취급 대상으로서 이 제한된 이슈에 대해서만 노출되게 될 것이다.[35)]

셋째, 매스미디어가 광고수입 기타 이득을 추구하기 위해 높은 구독율을 달성하려는 과정에서 공적 담론의 질은 저하될 것이다. 매스 미디어는 공적 쟁점의 토론을 과도히 단순화하거나 침묵시키며, 공적 문제에 관한 숙고를 센세이셔널리즘과 오락으로 대체하고, 뉴스와 정치를 연예와 구경거리로 변형시킨다. 광고수입과 영리의 끝없는 동력은 진지한 담론을 몰아내고 정신을 마비시키는 연예로 바꾼다. 이것은 공공을 점차 중요한 시사적 공적 이슈에 관하여 관심을 잃게 함으로써 공공을 무력하게 한다.[36)]

3) 새로운 사상 등장의 장애

한편, 사상의 시장은 시장론자들이 주장한 바와 같이 그 기대에 부응하는 기능을 이행하지 못하며, 다수의 주류적 생각에 반대하여 이를 시정할 수 있는 새롭고 혁신적인 생각이 등장할 수 있는 기회를 제공하지 못한다는 점이 지적되기도 한다. 1967년 배런 교수는 그의 유명한 논문[37)]에서, 사상의 자유시장은 의견형성 과정의 설명으로서나 수정헌법 제1조를 위한 논거로서나, 낭만적인 환상에 불과할 뿐 현실과는 거리가 멀다는 점을 강조하고, 이를 시정하기 위해 미디어에 대한 액세스권의 필요성을 강조하였다. 배런 교수는 집중된 사적 미디어 권력은 자유로운 사상 생활에 정부의 억압만큼 위협적일 수 있고, 실제로도 그랬으며, 미국에서 언론의 자유는 국가의 간섭에 의해서가 아니라 매스미디어의 사적 억압에 의해 큰 위기에 처해 있다고 논했다.[38)]

33) Jack M. Balkin, DIGITAL SPEECH AND DEMOCRATIC CULTURE: A THEORY OF FREEDOM OF EXPRESSION FOR THE INFORMATION SOCIETY, 79 NYULR(New York University Law Review April, 2004) 1, 30.
34) Balkin, id., p. 30.
35) Balkin, id., p. 30.
36) Balkin, id., p. 30.
37) Jerome A. Barron, Access to the Press-A New First Amendment Right, 80 Harvard Law Review, 1641.
38) Barron, id., p. 1646.

배런은 매스 미디어는 그의 영리에 도움되지 않는 정보의 전파를 거부할 것이고, 상업적인 호소력을 가진 부드럽고 얼빠진 오락을 선호하여 비정통적인, 인기없는, 그리고 새로운 사상을 꺼리게 될 것이기 때문에, 자유시장이 언론의 자유를 촉진한다는 것을 부인하였다.[39] 그는 이러한 사적 검열의 권한에 주목하여 이미 언론을 관리 통제하는 자 이외에 그들의 생각에 반하는 사상을 가진 자에 대하여도 보호를 베풀어야 한다는 점을 강조하였다.[40]

4) 숙의적 민주주의에 의한 비판

현대의 모더니스트는 시장론의 이러한 문제를 직시하고 이른바 숙의적 민주주의(deliberative democracy) 이론에 기초해 새로운 미디어 이론을 제시하였다. 예를 들어, 롤즈(John Rawls)[41]와 하버마스(Jurgen Habermas)[42]는 공공선(public good)을 결정하는 공리주의적 방법을 배척하고, 그 대신 평등, 공정성, 합리성(reasonableness)과 이성적 커뮤니케이션행위(rational communicative action)를 강조하는 숙의적 민주주의를 지지한다.

그들은 공동의 이익을 고려하는 공적 숙의(public deliberation)를 민주적 관행의 본질적 구성요소로 강조하고, 경쟁적인 이익이 아니라 공동의 이익에 초점을 맞추어 강요가 없는, 자유에 기반한 평등한 절차를 요구한다. 그들의 주장에 의하면 숙의절차(deliberative processes)를 복잡하게 하고 왜곡하는 관점과 권력은 불균형한 것으로 이루어졌기 때문에 이를 상업적 기업의 중개에 맡기는 시장론은 문제가 있으며, 실체적인 공적 이익을 지킬 의무가 필요하다

39) Barron, id., p. 1647.

40) Barron, id., p. 1641.

41) John Rawls는 현대 미국의 자유주의 논의에서 중심적 위치를 차지하는 정치철학자이며 그의 이론은 미국의 법학에 가장 큰 영향을 미쳤다고 평가된다. 롤즈는 1971년 그의 주저 '정의론'(A Theory of Justice)에서 공정으로서 정의(justice as fairness)의 개념을 발표하였고, 1993년 '정치적 자유주의'(Political Liberalism)는 현대 다원사회의 관점에서 이를 수정 보완하였다. 그는 합리적 개인들이 원초적 상황(original situation)의 무지의 장막("veil of ignorance") 뒤에서 숙의에 의해 합의할 수 있는 이성적 원리(reasonable principles)를 찾아 이를 공정으로서의 정의라는 개념으로 제시하였다. 이러한 정의 개념은 평등하고 자유로운 개인이 합리적으로 숙의하여 합의한 것이므로 정당화의 근거가 되며, 이에 의해 질서정연한 사회("well-ordered" society)가 성취된다고 보았다. 종교적, 도덕적, 철학적 신념이 공존하는 현대의 다원적 사회에서 정의의 이론은 합의의 중첩("overlapping consensus")에 의해 이루어진다. 이러한 교리들 간의 중첩적 합의는 입헌민주정체에서 얻을 수 있는 가장 가능성 있는 사회적 화합의 기초를 이루며, 그가 주장하는 정치적 자유주의는 자유로운 공적 이성에 근거하는 특정한 형태의 자유주의를 대표한다(이상 정치적 자유주의, John Rawls 저, 장동건 역(동명사 1998) 참조).

42) 공민적 공화주의의 기초가 된 숙의적 민주주의이론은 하버마스에 의해 체계화되었다(Jürgen Habermas, Between Facts and Norms: Contributions to a Discourse Theory of Law and Democracy(William Rehg trans., MIT Press 1996); Jürgen Habermas, Popular Sovereignty as Procedure, in DELIBERATIVE DEMOCRACY: ESSAYS ON REASON AND POLITICS 43(James Bohman & William Rehg eds., 1997)). 하버마스에 의하면, 인간의 합리적 의사소통의 가능성과 능력만이 자본과 권력의 기계적 메커니즘으로부터 인간적 삶을 가능하게 하는 생활세계를 지켜낼 수 있다고 생각한다. 정치적 권력투쟁은 숙의적 정치(deliberative Politik)를 통하여 제어되고 순치되는 것이며, 민주주의가 정당성의 효력을 발휘하려면 오직 이러한 숙의적 논증을 통해서만 가능하다. 민주주의적 법치국가는 특히 공론장(公論場)에서 미디어가 올바른 기능을 함으로써 유지될 수 있고, 정치적 공론장에서 올바른 의제들이 다뤄지고 최선의 논증이 가동되어야 한다. 통제되지 않은 폭력, 허위 선전 선동, 상호 비난, 탈정치화한 오락산업이 지배하는 왜곡된 공론장에서는 대중매체가 파괴적 힘으로 전락하게 된다.

고 한다. 더욱이 상업적인 시장 권력, 정치적 편견, 그리고 인간 지식의 주관성은 서로가 모아져 사상의 시장이 중립적 중개 구조로 운영되는 것을 방해한다. 공적 대화가 언론인들의 해석활동에 의해 변덕스런 민주적 결정에 연결되는 경우 사상의 상업적 시장이 자유롭고 건강한 사상의 교환을 촉진한다는 생각은 나이브한 것이다. 언론인들은 비판적 정보의 편집, 포맷의 선택, 공적 이슈의 선정 및 논쟁의 형성, 그리고 대표적 대변자의 선별 등에 의해 정보의 왜곡을 의도할 수 있다. 더욱이 시장은 공적 담론의 복잡성에 민감하게 반응하지 않는다.[43)]

이러한 숙의적 민주주의의 반성적 고찰은 후술하는 공민적 공화주의 및 공동체주의의 터전이 되었다. 이들 이론은 자유주의적 언론관에 대해, 특히 그것이 가정하는 사상의 시장론의 결함을 시정하기 위해 언론의 자유의 민주주의적 성격을 강조하고, 정부가 여러 방법으로 매스 미디어를 규제해야 한다고 주장한다. 그 대표적인 것이 ① 미디어 집중의 제한 및 예방, ② 방송으로 하여금 공적 이슈를 다루고 이를 공정하게 다루는 프로그램을 제공하도록 하는 공익 의무를 부과하고, ③ 방송매체로 하여금 공적 토론의 아젠다를 확대하기 위해 다양하고 넓은 표현행위자 그룹에게 액세스를 허용하도록 하는 것이다.

Ⅲ. 공민적 공화주의

1. 사상적 배경

시장자유주의가 20세기에 이르러 언론 시장의 집중과 매스 미디어가 야기하는 여러 폐단을 해결하는데 무력하였음을 비판하고, 언론의 자유에 관하여 민주주의적 요청을 강조하면서 새로이 등장한 것이 공민적 공화주의(civic republicanism)였다.

종전의 자유주의적 견해는 여러 이익집단의 다양한 이기적 욕망이 표출되는 가운데 이들을 중개하고 이들 경쟁적 이익 간에 타협을 도모하여 사회적 문제를 해결해야 한다는 다원주의적인 입장을 전제하였다. 그러나 공민적 공화주의자들은 이러한 다원주의적 견해에 반대하여, 능동적 시민 모두가 참여하는 정치적 숙의절차에서 결정된 공동선에 우월적 지위를 부여하고, 그에 반하는 여러 사적인 선호는 규제되어야 한다고 생각한다. 그들에 의하면 정치는 숙의절차(deliberative process)를 기능적으로 운영하여 도출되는 공동선(common good)을 추구해야 하며, 자유란 개인적 권리를 보호하는 것이라기보다 공민적 생활의 참여를 의미한다고 생각한다.[44)]

---

43) Rainey, id., p. 323.

44) Brandon K. Lemley, EFFECTUATING CENSORSHIP: CIVIC REPUBLICANISM AND THE SECONDARY EFFECTS DOCTRINE, 35 J. Marshall L. Rev.(John Marshall Law Review, Winter 2002) 190.

공민적 공화주의는 멀리 고대 그리스 아리스토텔레스의 고전적인 민주주의 이론에 뿌리를 가지며, 근대에 이르러 로크와 매디슨(James Madison)의 고전적 공화주의를 거쳐 미국 헌법에도 중요한 기본원리로 구현되고 있다. 이들은 공동선, 공동의 목적, 공동체를 위한 공동의 가치체계를 추구하고 형성하려는 데 민주주의의 우선적 목표를 제시한다.[45)]

공화주의적 정치이론의 특징은 개인의 자율보다 민주적 숙의에 초점을 맞추며, 정부는 이성적 숙의를 통하여 공적 이익을 촉진할 능력을 가진다고 생각하고, 정부와 공적 결정은 중요한 공적 정책 이슈에 관하여 공적 숙의와 합의를 촉진하기 위해 구성되어야 한다고 생각한다.[46)] 그것은 이 숙의과정에서 선에 관한 여러 관념 중에서 최선을 찾으려고 한다는 점에서 기존의 전통과 환경 속에 존재하는 도덕적 선을 찾아 이를 구현하려는 정적이고 강요적인 공동체주의(communitarianism)와 구별된다.[47)]

2. 내 용

(1) 공익의 추구 및 국가 규제의 확대

공민적 공화주의의 일반적 특징은 공동선을 찾기 위한 공적 숙의의 중요성을 강조하면서 국가가 이를 위해 적극적으로 노력하여야 한다고 생각한다.[48)]

공민적 공화주의의 선구자인 Alexander Meiklejohn교수는 공화적 사회에서 진정한 통치자는 선출된 공무원이 아니라 정치 공동체의 구성원들 자신이라는 전제에서 그들은 그러한 역할을 위해 숙의와 결정 내림에 관련되는 모든 정보와 의견을 필요로 하며, 정부는 정치체 전체에 관련된다고 생각되는 이슈에 관하여 견해의 표현을 제한할 수 없다고 주장하였다.[49)] 그는 정치적 언론은 "자기통치 프로그램의 필요성"에서 우월성을 갖는다고 보고, 수정헌법

---

45) James Madison은 공화적 정치시스템은 일정한 가치를 선택하거나 우선적 가치형성의 기회를 마련하여야 하며, 사회에 실제로 분출하는 갖가지 욕망을 극복하고 이기적인 대규모 이익단체의 압력을 초월하여 더 일관된 공동선의 가치를 실현하여야 하여야 하고, 그러한 우월적 가치를 실현할 수 있도록 기획된 방법으로 통치하여야 한다고 보았다(THE FEDERALIST No. 51, at 324(James Madison)(Clinton Rossiter ed., 1961). 또 우드 교수는 "개인적 이익을 전체의 더 큰 선을 위해 희생하는 것이 공화주의의 본질을 형성하였고 미국인들을 위해 혁명의 이상주의적 목적을 포함하였다. … 이 공화주의적 사상은, 그들의 사회와 정치가 구축되고 운영되어야 할, 미국인들의 개념을 생각하고 형성하는데 도왔다"고 술회한다(GORDON S. WOOD, THE CREATION OF THE AMERICAN REPUBLIC 1776-87 53-54(1969)).

46) Cass Sunstein, Beyond the Republican Revival, 97 Yale L.J. 1539, 1554(1988).

47) Lemley, id., p. 190.

48) 공민적 공화주의는 선의의 조정자로서 정부의 역할을 강조하면서 언론에 대한 정부규제를 확대하는 입장을 취한다. 자유언론의 이러한 정치적 기능을 촉진하는 정부의 역할에 관해 Meiklejohn은 "의회는 언론의 자유에 관한 모든 행동이 금지되어 있지 않다. 그 자유를 제한하는 입법은 금지되지만, 이를 확대하거나 풍요하게 하는 것은 그렇지 않다. … 연방 입법부가 명백히 자치의 성공에 기여하는 일반적 지성을 함양하는 적극적 사업을 수행하는 것은 금지되지 않는다. 오히려 그 적극적 영역에서 합중국 의회는 언론의 자유를 촉진할 무겁고 기본적인 의무를 갖는다"고 주장하였다(ALEXANDER MEIKLEJOHN, FREE SPEECH AND ITS RELATION TO SELF-GOVERNMENT(1948), at 16-17).

49) Alexander Meiklejohn, The First Amendment Is an Absolute, 1961 Sup. Cr. REv. 245, 255-57.

제1조의 목표는 공적 관심 사항의 숙의에 필요한 정보의 산출에 있다고 주장하였다.[50] 그럼에도 언론의 기회는 현실적으로 제한되어 있으므로 거기서 우선되어야 할 것은 정치적 언론이며, 언론 자유의 핵심은 "모든 사람이 발언해야 하는 것이 아니라 발언되어야 할 가치 있는 것이 모두 발언되어야 한다"는 데 있다고 주장하였다.

Fiss교수는 자유언론은 공적 관심사에 대한 풍부한 공적 토론을 산출하는 사회민주적 기능을 가지며, 이를 위해 필요하면 국가가 개입하여 이를 보장해야 한다고 한다. 즉, 자유언론의 공동체적 목표는 공적 토론을 풍요롭게 하는 것이고, 진정한 집단적 자기결정(collective self-determination)을 위해 공적 토론이 충분히 풍요하게 되는 것을 보증하기 위해서라면 자율의 원리는 희생될 수 있다는 것이다.[51] 그러한 목적에서 국가의 역할은 상업적 시장에서 체계적으로 무시되고 경시되는 다양한 사상, 견해 및 표현행위자를 공공에게 제시하도록 보증하는 민주주의의 본질적 조건을 보존하는 데 있다.[52] 따라서 피스 교수는 담론의 사회적 구조가 열려있도록 보장하기 위해 능동적 국가(activist state)에 의한 일정 형태의 실체적 내용규제(substantive content regulations)를 지지한다.[53]

공민적 공화주의에 기초하여 언론의 자유에 관한 헌법적 법리를 체계화한 학자는 Cass Sunstein 교수였다. 선스타인은 공개된 언론의 자유시장에서 사상의 자유로운 거래를 통하여 진리가 나타난다고 보는 홈즈의 관념을 거부하고, 오히려 정부의 숙의적 힘을 가져오는데 필요한 시민의 의무로서 공적 토론과 정치적 적극주의를 확인하는 매디슨적 언론자유의 개념을 옹호한다.[54] 선스타인은 수정헌법 제1조는 숙의적 민주주의를 달성하는 정치적 도구라고 보며, 언론의 자유시장은 공동선을 촉진하기 위한 규제기구로 바뀌어야 한다고 주장한다.[55]

공화주의자는 적합하게 구성된 정치제도 하에서 잘 기능하는 숙의절차의 결과 발견될 수 있는 공동선을 추구하며, 정부가 그 권능에 속하는 토론과 논의 등 적절한 양의 숙의를 거쳐 도달한 결정은 실질적으로 옳기 때문에 그것은 다른 가치에 우선한다고 생각한다.[56] 정부

---

50) Alexander Meiklejohn, POLITICAL FREEDOM: THE CONSTITUTIONAL POWERS OF THE PEOPLE 27 (1948).

51) Owen M. Fiss, Free Speech and Social Structure, 71 IOWA L. REV. 1405, 1411(1986).

52) Owen M. Fiss, Why the State?, 100 HARV. L. REV. 781, 788(1987).

53) 여기서 피스의 적극적 국가가 의도하는 것은 사회주의 이론이 주장하는 바와 같이 시장을 대체하거나, 시장 실패론이 의도하는 바와 같이 이를 완전하게 만들려는 것도 아니며, 오히려 시장을 시정하기 위해 행동함으로써 이를 보완하려는 것이다(Id.).

54) Cass Sunstein, Democracy and the Problem of Free Speech note 7, at 27-28.(1993).

55) 이에 관해 Cass Sunstein교수는 정치적 담론의 변화적 차원("transformative dimension")을 인식하고, 숙의, 정치적 평등, 합의주의(consensualism), 그리고 시민적 교양(liberal arts of citizenship)에 대한 소임을 강조하였다. 선스타인이 생각하는 정치적 자유는 정치 이전의 욕망들을 구현하는 것이 아니라, 상이한 공공선의 개념들이, 정치적 평등자들 사이의 실체적 합의(substantial "agreement among political equals")를 생성할 목적으로 토론과 대화를 통해 상호작용하도록 하는데 있다고 한다(Cass R. Sunstein, Beyond the Republican Revival, 97 YALE L.J. 1539, 1545(1988)).

56) Steven G. Gey, THE CASE AGAINST POSTMODERN CENSORSHIP THEORY, 145 UPALR(University of

는 그러한 과정에 의해 이러한 결정을 할 권한이 있을 뿐 아니라, 이 실천적 이성('practical reason')은 사회적 이슈를 해결하는 데 이용될 수 있고, 그에 대한 반대는 개인의 선호와 무관하게 국가가 규제할 수 있다는 것이다.[57)]

(2) 미디어 정책

위와 같은 기본적 입장에서 공민적 공화주의자들은 정치적 언론의 중요성과 우월성을 강조하면서 정치적 숙의를 달성하기 위해 국가는 언론시장에 개입하여 적극적 언론 활성화 대책을 추진하여야 하는 한편,[58)] 이러한 정치적 숙의와 무관한 또는 그에 장애가 되는 언론은 제한할 수 있다고 주장한다. 공민적 공화주의자들은 언론의 정치적 차원을 우선시키면서 공적 사안 담론에서 상업적 힘, 정치적 편견 또는 개인적 자유의 과장된 견해에 의해 야기된 왜곡을 시정하기 위한 여러 대책을 제안하였다.[59)]

공화주의자들은 먼저 적극적 언론 조성 정책으로서 다음과 같이 주장한다.

첫째, 중요한 것은 정치 공동체의 설립목적인 공동선의 발견을 위한 미디어의 역할을 촉진하는데 있다.[60)] 공동선에 관한 지식은 정치적 합의 또는 외적인 사적 선의 총합 이상의 것이므로 국가 전체 또는 그 정치적 부분을 위해 최선의 것을 확인하는 절차는 선거인들의 시간, 노력 및 지적 자원의 상당한 헌신을 요한다. 그러므로 미디어에게는 공공의 단합(public unity), 동료의식 및 시민의식(civic-mindedness)을 함양할 소임이 부과된다.[61)]

둘째, 선거와 투표에 임하여 정치적 쟁점과 후보자에 관하여 충분한 보도가 이루어져야 함은 물론, 평상시에도 공적 사항에 관한 체계적·포괄적인 보도체제가 도입되어야 한다.[62)]

Pennsylvania Law Review, December, 1996) 193, 211.

57) Cass R. Sunstein, Interest Groups in American Public Law, 38 Stan. L. Rev. 31, 32(1985).

58) 이러한 입장에서 선스타인은 언론의 자유에 관하여 정부의 간섭을 배제하는데 역점을 두어 온 과거의 자유방임주의적 헌법해석을 벗어나 언론에 관해 뉴딜적 사고를 도입하여, 오히려 정부의 규제를 도입하여야 한다고 주장한다(Lemley, id., p. 199. Cass Sunstein, Democracy and the Problem of Free Speech note 7, at 35.(1993)). 선스타인은 일반 시민들의 가치나 의견에 영향을 미치는 미디어가 실제로 행하는 현실에 깊은 우려를 표명하면서 국가가 선의의 조정자로서 미디어의 활동에 개입하여야 한다고 주장한다.

59) Rainey, id., p. 327.

60) 헌법이 다루는 공동선("common good"), 공공복리("common weal") 또는 공익("public interest")은 정치적 또는 사회적 윤리에서 도출되는 가치들 속에, 그리고 사회적 공존을 위해 본질적이라고 간주되는 의무에 상응하여 응축된 것이다. 헌법적으로 승인된 공통된 가치들 중 두드러진 것은 사회적 평화, 인간의 존엄, 안보, 국제 친선, 환경 보호, 그리고 통합(unity) 등이다. 이들 가치는 개인의 처분이나 정부의 권위적 강제 영역 밖에 존재하며, 이들 가치지향적 의무의 구현은 시민사회(citizenry)를 강화하기보다는 가치질서의 명령을 집행하는 공권력(public authorities)을 강화한다(Gunter Frankenberg, COMPARING CONSTITUTIONS: IDEAS, IDEALS, AND IDEOLOGY-TOWARD A LAYERED NARRATIVE, 4 INTLJCL (International Journal of Constitutional Law, July, 2006) 456).

61) 최근의 저술에서 선스타인은 이기적인 집단, 더욱이 개인 일반의 이기주의는 미국의 집단의식에 분열을 가져왔고, 기술과 디지털 세대의 지식 편식현상에서 보듯이 현대 사회는 경험의 공유에 터잡은 집단의식 대신에 극단적인 파편화(fragmentation)에 직면하고 있다고 생각한다(Cass Sunstein, republic.com 3-22 (2001). Lemley, id., p. 200).

62) R. Randall Rainey, S.J., THE PUBLIC'S INTEREST IN PUBLIC AFFAIRS DISCOURSE, DEMOCRATIC

셋째, 미디어 집중의 제한 및 예방 대책을 추구함에 적극성을 보인다. 공화주의자들은 바람직한 결과를 보장하기 위해 공정한 절차에 의존하는 숙의적 민주주의에 따라, 미디어는 모든 이해관계인이 공적 대화나 숙의에 참여할 수 있는 '공적 영역'(public sphere)으로서 봉사해야 한다고 생각한다(public sphere doctrine).[63] 여기서 대중의 참여는 정당한 민주주의 절차의 필수적인 부분이며, 공적 영역에서 일반의 상호작용은 공동선에 구성적이라고 가정된다.[64] 따라서 개인 각자는 중개적 채널(mediated channels)인 매스 미디어에 대하여 액세스할 수 있어야 하며, 그것은 공공텔레비전, 공공 액세스 채널, 제한없는 인터넷 액세스, 미디어 소유의 다양성, 미디어 소유의 제한, 지방주의(localism), 그리고 일반 시민의 적극적 참여를 극대화하도록 의도된 여러 구조와 정책의 형태를 취할 수 있다.

특히 방송매체와 관련하여 공화주의자들은 방송으로 하여금 공적 이슈를 다루고[65] 이를 공정하게 다루는 프로그램을 행하도록 공적 이익 의무를 부과하고,[66] 방송매체로 하여금 공

GOVERNANCE, AND FAIRNESS IN BROADCASTING: A CRITICAL REVIEW OF THE PUBLIC INTEREST DUTIES OF THE ELECTRONIC MEDIA, 82 GEOLJ(Georgetown Law Journal, December, 1993) 269, 331

63) 하버마스의 담론적 민주주의("discourse theory of democracy") 이론에 의하면 미디어는 감시기능 이외에 다음과 같은 중심적 기능을 행한다(Jürgen Habermas, Between Facts and Norms: Contributions to a Discourse Theory of Law and Democracy(William Rehg trans., MIT Press 1996)). 첫째, 미디어는 사회 전반의 공적 영역의 도구로서 공동의 문제, 가치 및 해결책을 다루고 모든 집단이 공동선에 관한 사회전반의 토론에 참여하도록 허용하는 것이어야 한다. 둘째, 미디어는 집단의 이해가 문제되는 경우 이익집단의 정체성을 위해 결정하고 다원적인 사회적 타협과정에 정치적 참여를 능동화하기 위한 수단을 마련해 주어야 한다. 셋째, 미디어는 사회의 소외되거나 억압된 하위집단들에게 자신들의 공동선의 탐구·확인과 자기 실현을 위한 영역을 마련해 주어야 한다(Nancy Fraser, Rethinking the Public Sphere: A Contribution to the Critique of Actually Existing Democracy, in Habermas and the Public Sphere 109, 137(Craig J. Calhoun ed., 1992)). 집단은 변함 없는 이익을 내세우지 아니하고는 생존할 수 없기 때문이다.

64) Drale, id., p. 223.

65) 선스타인은 수정헌법 제1조는 민영방송에 대한 정부의 강화된 감독을 허용하는 것으로 해석되어야 하고, 거기에는 어린이 프로그램에 관하여 중립적인 전문가에 의한 강제적 내용 심의와 공적 관심사에 관한 특수한 프로그램 편성 의무가 포함된다고 주장하였다(Cass R. Sunstein, A New Deal for Speech, 17 Hastings Comm. & Ent. L.J. 137, 160(1994)).

66) 미디어정책과 관련하여 선스타인은 소수가 장악한 방송미디어에 우려를 표명하고, 평등과 공적 토론에 적합한 아젠다의 마련에 초점을 둔다. 이러한 입장에서 그는 공적 사항에 관한 편성의무, 공적 쟁점과 견해의 다양성을 고취하는 가이드라인의 설정, 반박권 등을 법제화할 것을 주장한다(Cass R. Sunstein, Free Speech Now, 59 U. Chi. L. Rev. 255, 289(1992)). 또 영리에 취약하나 높은 품질의 프로그램 제작을 위해 민영방송에 의한 의무적 보조를 시행할 것을 제안한다(Id.). 이러한 공민적 공화주의의 원리에 의한 미디어정책은 FCC가 공평원칙을 수립 성안함에 있어서, 그리고 추후 법원이 전파 미디어의 공적 이익 의무를 심사함에 있어서 영향을 주었다(R. Randall Rainey, S.J., 345). 공화주의자들은 그러한 헌법적 지평에서 보면 방송 규제에서 공평원칙은 부활되어야 한다고 생각한다. 그러한 규제는 방송사업자의 언론의 자유에 부담을 주는 것이 아니라, 그들의 편집적 자유를 공적 사안과 공민적 통치에 관한 공공의 이익에 봉사하도록 향하게 하는 것이다. 연방대법원도 Associated Press v. United States, 326 U.S. 1(1945)에서 자유언론의 이러한 사회 민주적 기능에 의거하였다. 사회 민주적(social-democratic) 견지에 의하면 공적 사안 담론에서 사상의 상호작용은 전적으로 상업적 시장의 힘에 의해 중개되어서는 안된다. 그러나 불행하게도 과거 10년간 공평원칙의 합헌 여부 및 능률에 관한 논의는 한편에서 오직 전적으로 상업적 시장의 탈규제의 변수 안에서 다른 편에서는 방송사업자의 언론의 자유라는 관점에서 이루어져 왔다. 공공이 필요로 하는 사항에 대한 액세스라는 관점은 등한시된 것이다(Rainey, id., p. 330). 시장의 신화와 탈규제정책은 방송사업자에게 크나큰 혜택을 주었으며, 이렇게 방송업계에 유리하게 진행된 상황을 되돌려 이를 공적 이익 의무를 지우는 것은 업

적 토론의 아젠다를 확대하기 위해 다양하고 넓은 표현행위자의 그룹에게 액세스를 허용해야 한다고 한다.[67)]

(3) 언론의 자유의 제한

다음, 언론 자유의 제한에 관하여 공화주의자들은 시장자유주의자들의 주장을 비판하고, 새로운 어프로치를 취한다. 선스타인을 비롯한 포스트모던 언론 이론가들은 집단적·공적인 가치결정은 개인들의 가치결정보다 필연적으로 우월하며, 따라서 말하고 듣고 볼 것을 결정하는 사적 결정은 수정헌법 제1조에서 허용되는 것 이상으로 국가의 간섭과 통제에 종속될 수 있다고 한다.[68)] 선스타인은 언론자유의 대중적 관념에 반대하여, 공동선의 달성에 의미 없는 무가치한 언론에 대하여는 헌법적 보호를 거부하여야 하며,[69)] 민주적 소망과는 거의 관계가 없고 심각한 사회적 해악을 야기하는 많은 언론에 대하여는 헌법적으로 보호할 필요가 없다고 주장한다.[70)] 그 결과 정부는 음란물 또는 혐오언론과 같이 반사회적 언론과 무가치한 언론 또는 부정적 가치의 언론("no-value" or "negative value" speech)을 금지할 수 있을 뿐 아니라, 대중적이지만(인기 있지만) 저질의 경박한 텔레비전의 오락프로그램과 같은 비계몽적인 표현행위의 편식을 방지할 노력을 행하여야 한다고 한다.

이들은 언론의 자유를 절대적인 가치로 보는 종전 판례와 다수설의 입장을 배격한다는 점에서 주목을 요한다. 미국에서 종전의 판례와 다수설은 상대주의적 자유주의(relativistic liberalism)에 기초하여 언론의 자유는 사상의 검증 및 사회적 발전을 촉진하는 완전한 도구로서 헌법상 최고의 가치를 갖는다고 보아, 예를 들어 음란 표현, 혐오언론 기타 반사회적 언론에 대하여도 보호를 베풀어 왔다.

그러나 공화주의자를 위시한 이른바 포스트모던 이론가들은 종전의 이러한 형식주의적 언론관에 반대하고, 언론의 자유도 여러 헌법적 가치 중의 하나로서 다른 중요한 사회적 목표, 예를 들어 선, 평등 및 진리를 위해서는 제한될 수 있다는 입장을 취한다.[71)] 인종, 성, 공화주의 등을 주제로 하는, 인종차별 비판론자, 여성주의자, 공민적 공화주의자(civic

계의 반발 때문에 힘겨운 것으로 생각되고 있다(Rainey, id., p. 330). 미국법상 방송의 공평원칙에 관한 상세한 논의는 박용상, 언론의 자유, 149-159면 참조.

67) 예를 들어, 배런 교수는 미디어 집중에 대한 대책의 하나로서 미디어에 대한 액세스권을 법제화하여야 한다고 주장하였다. 그는 미국의 방송 허가 시스템에 비추어 보면 방송사업자는 그 자신의 개인적 이익만을 위해 방송을 운영할 수는 없고, 공정성 의무를 포함하는 공적 이익 기준이 핵심적 의미를 갖는다고 주장하였다(Jerome A. Barron, FREEDOM OF THE PRESS FOR WHOM?(1975) 74; Jerome A. Barron, What Does the Fairness Doctrine Really Mean?, 12 HASTINGS COMM. & ENT. L.J. 205, 229-30(1989)). 미디어에 대한 액세스권에 관한 상세한 논의는 박용상, 언론의 자유, 221-245면 참조.

68) Steven G. Gey, THE CASE AGAINST POSTMODERN CENSORSHIP THEORY, 145 UPALR(University of Pennsylvania Law Review, December, 1996) 193, 266.

69) Cass Sunstein, Beyond the Republican Revival, 97 Yale L.J. 1539, 1554(1988).

70) Cass Sunstein, Democracy and the Problem of Free Speech xviii.(1993).

71) Gey, id., p. 194.

republicans) 등 진보적 헌법학자와 법적 행동주의자(legal activists)들은 과거 판례가 음란물 제조자, 나치주의자, Ku Klux Klan 등에게 자유언론의 권리를 옹호하여 왔다고 비판한다.[72] 이들은 자유언론은 공화적 이상과 조화를 이루어야 하며,[73] 인종, 성 및 사회적 평등 등을 해치는 반사회적 언론은 헌법적으로 제한될 수 있다고 생각한다.

3. 비판 및 평가

공민적 공화주의는 미국 판례의 지나친 자유주의적 성향을 비판하고 이를 극복하기 위해 민주적 참여와 토론에 의한 공동선의 추구·실현을 언론의 자유의 비전으로 제시 주장하고 있다.[74] 그리고 일정 분야에서 그러한 주장은 미국의 언론 정책에 상당한 영향을 미쳤다.

첫째, 공화주의가 터잡고 있는 숙의적 민주주의는 개인들은 경쟁적인 이익이 아니라 공동의 이익에 초점을 맞추어 공적 숙의 과정에 참여할 것이 요구된다는 점에서 의무론적인(deontological) 특징을 갖는다. 그것은 민주주의적 절차의 규칙과 그들이 근거하는 핵심가치를 존중하여야 할 의무를 시민에게 부과한다. 즉, 민주주의에서 자유롭고 이성적인 참여자이어야 하는 시민들에게는 토론이나 문제 해결의 형태와 조건에 대한 합의, 그 절차의 결과를 준수한다는 합의, 그리고 자율, 공정 및 안보의 가치에 대한 일정한 정도의 승인과 설복(說伏)을 요구한다.[75] 그러나 개인은 정치에 무관심한 것이 일상적이며, 과도한 참여의 요청에 의해 긴장된 생활을 하려 하지 않을 것이다.

둘째, 공화주의자들은 정부의 정책 결정에 시민의 직접 참여를 강조하지만, 그것이 구체적으로 행해질 방도가 막연하다는 비판이 제기된다.[76] 숙의적 민주주의는 위와 같이 이상적 이론을 설파하지만, 그러한 이상은 역사상 실현되기 어려웠고,[77] 현실적으로도 정치에 무관

---

72) Andrea Dworkin, The ACLU: Bait and Switch, 1 Yale J.L. & Feminism 37, 37(1989).

73) Lemley, id., p. 198.

74) James Bohman에 의하면, 숙의적 민주주의는 자유롭고 평등한 시민들의 공적 숙의가 정당한 정치적 결정과 자치에 핵심이라고 본다. 그들은 시민 참여와 공공선의 개념에 따라 정부가 시민들의 공적 추론(public reasoning)을 통해 형성되는 “인민의 의사”(will of the people)를 구현해야 한다는 강력한 민주주의적 이상을 추진하였고, 대중적 및 포괄적 참여(popular and inclusive participation)라고 하는 급진적인 정치적 비전을 추구하였다(James Bohman, The Coming of Age of Deliberative Democracy, The Journal of Political Philosophy: Volume 6, Number 4, 1998, p. 400).

75) Drale, id., p. 220.

76) Steven G. Gey, THE CASE AGAINST POSTMODERN CENSORSHIP THEORY, 145 UPALR(University of Pennsylvania Law Review, December, 1996) 193, 212.

77) Meiklejohn은 언론의 자유로서 민주적 숙고를 강조하였으나, 거기에는 소규모 동네회의(town meeting) 형태의 직접민주제가 상정되었을 뿐, 참여의 요소가 강하지 않았다(Jack M. Balkin, Media Access: A Question of Design, 76 George Washington Law Review(June 2008), 933, 945). 숙의적 민주주의의 대표적 형태로 생각되는 공회당 민주주의(town hall democracy)의 이상은 실제 지속적인 형태로 존재한 바 없었고, 현대 생활의 실제에서 모든 참석자가 각 발언자에 평등하게 노출되는 환경은 조성될 수 없다(Martin H. Redish and Gary Lippman, Freedom of Expression and the Civic Republican Revival in Constitutional Theory: The Ominous Implications, 79 Cal. L. Rev. 267, 291(1991). http://scholarship. law.berkeley.edu/

심한 개인들에게 그들이 행할 수 있는 정도를 넘는 과도한 도덕적 요구를 한다는 점에 문제가 있다. 미디어를 전국적 또는 지방적 차원에서 공적 포럼으로 이용한다고 하는 이상도 그러한 공공의 내재적 이익을 가정하지만, 그러한 생각은 비현실적인 것이다.

셋째, 이성중심의 합의지향적 목적론에 치중하였던 숙의적 민주주의론자들은 최근까지 숙의의 이상적 개념을 합리성, 자유 및 평등이라고 하는 추상적인 원리로부터 연역적으로 도출하였다. 그러나 현대의 다원적 사회의 현실 속에서 지속적인 이익의 갈등 때문에 합의를 성취하는 것이 쉽지 않았고, 숙의절차는 이성적 합의를 추구하는 과정에서 소수파와 억압된 집단 등 불이익 집단의 구성원을 배제하거나 소외시키는 문제를 야기한다고 비판받게 되었다.[78] 그 숙의절차에서 다수파에 의해 선택된 목적에 배치되는 견해를 갖는 자에 대하여 규제와 통제의 대상으로 해야 한다고 하는 점에서 문제가 있다는 것이다. 결국 공적 숙의는 일부 능동적 시민이나 전문가에 의해 관리될 수밖에 없고 엘리트주의에 빠질 수밖에 없다. 여기에 공화주의 이론의 취약점이 있다.

자유주의자들의 비판에 의하면, 공동선을 개인의 자율에 우선시키고 비정치적 언론을 경시하는 공화주의적 사고는 미국 헌법 판례가 끈질기게 옹호하여 온 자유주의적 전통을 잠식할 것이고,[79] 현실적으로 보아 다수 대중이 살아가는 현대 대중사회에서 모든 시민들에게 공적 숙의 및 참여의 의무를 전제로 하는 것은 비현실적인 것이라고 한다.

공화주의에 대한 이러한 비판에 대응하여 현대의 숙의적 민주주의론자들은 처음의 주장을 수정·보완하려는 이론적 시도를 전개하게 되었다.

첫째, 숙의적 민주주의론자들은 다원주의를 숙의개념에 조화시키는 새로운 숙의 개념을 찾아 이를 재정의하고 실현하는 방안을 추구하게 되었다. 그들은 민주적 숙의가 현실적으로 실행되기 어렵더라도, 민주주의는 끊임없는 학습에 의존하는 것이며 숙의는 학습의 한 형태임을 인식하여야 한다고 설파한다.[80] 그에 의하면 "완전한 숙의는 문제나 이슈의 신중한 검사, 가능한 해법들의 확인, 평가기준의 정립 및 재확인, 그리고 이들 기준을 최적 해법의 확인에 사용함을 포함한다"고 한다.[81]

---

californialawreview/vol79/iss2/1).

78) Jane Mansbridge, et al, Norms of Deliberation: An Inductive Study(2006), Journal of Public Deliberation: Vol. 2: Iss. 1, Article 7. http://www.publicdeliberation.net/jpd/vol2/iss1/art7.

79) "현대의 공민적 공화주의는 언론의 자유의 핵심 가치를 위협하며, 공민적 공화주의의 기본적인 철학은 언론 자유의 가치에 기초되는 규범적 개념, 즉 개인의 지성적 완전성(intellectual integrity)에 대한 신념, 그리고 정부가 보편적인 도덕적 진리를 확인할 수 없다는 일반적인 도덕적 회의주의(moral skepticism)를 부인한다"(Martin H. Redish and Gary Lippman, Freedom of Expression and the Civic Republican Revival in Constitutional Theory: The Ominous Implications, 79 Cal. L. Rev. 267(1991). http://scholarship.law.berkeley.edu/californialawreview/vol79/iss2/1).

80) Bernard Manin, On Legitimacy and Political Deliberation, *Political Theory*, Vol. 15, No. 3(Aug., 1987), 338-368, Translated from the French by Elly Stein and Jane Mansbridge.

81) Simone Chambers에 의하면 "숙의란 이성적이고, 정통한 의견을 산출할 것을 목표로 한 토론과 논의이며,

새로운 숙의의 개념에 의하면, 이성적 논증의 방법에만 치우치던 토론에 감정적 호소를 포함하여 참여자들이 경험, 언어, 그리고 사고 및 논쟁 방법에 관해 상호간 이해를 도모하는 열려진 토론(open-ended discussion)을 허용하여야 하며, 거기서는 이전에 집단 내에서 인식·승인되지 않던 시각의 등장을 용이하게 하여, 공정성과 포용성이 촉진되게 된다.[82]

둘째, 애당초 숙의적 민주주의는 대중의 직접적 참여라는 급진적 비전을 추구하면서 자유민주주의의 정책결정과정으로 이미 제도화된 대의제와 투표 및 다수결제도, 그리고 사법심사제도를 거부하는 태도를 취하였다.[83] 그러나 최근에 전개된 숙의적 민주주의는 다원주의, 복잡성 및 사회적 불평등 등 현대의 사회적 조건에 비추어 헌법과 법률에 규정된 이들 제도를 불가피하거나 차선책으로 받아들이면서 숙의적 이상을 촉진할 수 있도록 이를 재해석하고 그 결점을 보완하려는 시도를 전개하고 있다.[84]

현대의 어떤 민주주의도 일정 종류의 대의제도(representative institutions) 없이는 상상하기 어렵고,[85] 투표와 대표는 시간과 자원의 주어진 제약에 당면하여 실용적으로 필요하기도 하다.[86] 다만, 양 메커니즘은 심각한 숙의의 왜곡을 가져올 가능성 때문에, 규범적으로 차선책이고 이를 수정하는 숙의론적 방안이 강구되어야 한다는 것이다.

이를 위해 국가 정책 결정에 영향 미치는 여론 형성의 공론장에서 공정하고 정통한 숙의를 보장하는 방안이 강구되어야 하고, 숙의절차를 지도하는 규범을 찾아내어 실무에 활용하

그 속에서 참여자들은 토론, 새로운 정보, 그리고 동료 참여자의 주장에 비추어 선호를 수정할 용의를 갖는다. 비록 합의가 숙의의 최종 목표일 필요는 없고 참여자들은 그들의 이익을 추구하도록 기대된다 하더라도, (영향받는 모든 자에 대한 정당화로 이해되는) 결과의 정당성에서 우선적 이익(overarching interest)은 이상적으로 숙의를 특징짓는다"(Mansbridge, et al, id., p. 6).

82) 선거인이 공적 토론과 논의에 적극적으로 참여해야 한다는 생각(의무론적 사고)은 고전적 민주주의뿐 아니라 공민적 공화주의와 공동체주의 이론에서도 중심적인 생각이다(Rainey, id., p. 321).

83) 원래 숙의적 민주주의자들은 투표, 다수결, 대의, 법원 및 헌법 등에 관해 그들은 더 직접적인 민주주의를 위한 공적 추론(public reasoning)이 불가능한 장소라고 보아 이를 거부하여 왔다. 1980년대 초기에 숙의민주주의자들은 선거와 협상을 통해 이루어지는 총합(aggregation), 그리고 전략적 행위(strategic behavior)에 의존하는 경쟁적 다원주의(competitive pluralism)에 반대하였다. 그들은 단순한 절충이나 협상의 균형(compromise or bargaining equilibrium)보다 정당성을 창출하는 합의(consensus)나, 결정에 의해 영향받는 모든 사람들의 동의(agreement)를 중시하였고, 그것은 시장보다는 포럼의 분명하게 발전된 합리성에 의해 정확히 확립되었다고 생각하였다(James Bohman, The Coming of Age of Deliberative Democracy, The Journal of Political Philosophy: Volume 6, Number 4, 1998, p. 400).

84) James Bohman, The Coming of Age of Deliberative Democracy, The Journal of Political Philosophy: Volume 6, Number 4, 1998, pp. 400-425.

85) 숙의적 민주주의는 대면적 집회에 의한 통치(rule by face-to-face assembly)로만 의미될 수 없다(Bohman, id. p. 418).

86) 보만에 의하면, 투표와 대표, 양 제도는 민주주의의 인식론적 성질을 고양하고, 진행되는 집단적 기획(enterprise) 내에서 숙의와 참여의 기회를 마련하게 된다고 한다(James Bohman, The Coming of Age of Deliberative Democracy, p. 415). 또 새로운 숙의론자들은 특히 토론에서 다기한 시각이 존재하는 경우에, 대의(representation)는 숙의를 고양하며, 의견의 다양성은 정당이나 의회 구조 안에서 가장 잘 봉사된다고 주장하는 한편, 집단 정체성(group identity)을 고려하는 대표는 다양한 사회적 시각과 관련해 특히 집단 갈등의 문제 해결에 상당히 적합하다고 주장하기도 하였다(Bohman, id., p. 416).

는 방안 등이 제시되었다. 이러한 새로운 숙의적 민주주의는 지나친 개인적 자유방임주의를 배격하는 한편, 공동체의 진지한 숙의과정을 무시하고 대중적 열정에만 호소하려는 기도를 시정하는 역할도 떠맡게 될 수 있다.[87)]

Ⅳ. 공동체주의

1. 사상적 기초

공동체주의자들은 개인주의적 자유주의에 입각한 기존의 민주주의 이론이 원자론적 경향 때문에 부정적인 사회심리적 효과를 야기하였음을 지적하면서 이를 배척하고, 공동체의 요구와 가치를 추구 실현하려 한다.[88)]

공동체주의자들은 Heidegger나 Wittgenstein 등 현대 실존주의 철학자들의 사고에 따라 인간은 사회에서 구현되는 존재라는 점을 강조한다. 우리의 일상생활에서는 자율적으로 형성된 인생계획을 실현하기보다 의도되지 않은 전통에 의해 지배되는 경우가 많고, 우리 행동의 대부분은 우리의 배후에 존재하면서 이를 투영하는 과정에서 이루어진다는 것이다.

1980년대에 등장한 초기의 공동체주의자들은 개인의 자율을 최고의 가치로 보는 롤즈류의 자유주의적 관점에 대한 비판에 초점을 맞추었다. 자유주의는 정치가 오직 개인의 자율적 선택의 힘을 유지·촉진하기 위한 조건을 보장하는 데만 관심을 가져야 한다고 주장하였음에 반하여, 공동체주의자들은 인간은 사회적 존재로서 특정한 사회의 전통과 생활형태에 의존하여 살아간다는 점을 중시하여 인간의 자율적 선택에 의하지 않은 사회 전체의 복지를 증진하는 공동의 애착으로서 관습과 전통을 유지·촉진하는 데 정치의 목적이 주어진다고 생각하였다.[89)]

1990년대의 제2세대 공동체주의자들(Amitai, Etzioni, William Galston 등)은 정치적 소외, 무제한한 탐욕, 고독, 도시범죄, 이혼율의 증가 등 부정적 사회현상을 지적하고 이에 대해 비판하면서, 실제적인 정치적 영역에 관심을 돌려 심화되는 단편화 사회에서 공동생활의 붕

87) Joseph Bessette는 매디슨의 사고를 따라 의회에서 숙의의 역할을 강조하면서, 숙의가 대중의 열정을 시정하는 역할을 할 수 있다고 생각한다. 그는 정당 시스템을 통한 전문화 및 전문지식의 함양, 상임위원회 및 그 숙의작업의 존중, 그리고 논쟁에서 포퓰리즘의 규제 등 숙의를 촉진함에 돕는 일련의 비공식적 규범을 확인하였다(Bohman, id., p. 420).

88) 자신을 공화주의자로 칭하는 Michael Sandel은 국가적·정치적 공동체를 강조하면서 공민적 참여와 공적 정신을 증진하는 조치를 주장한다(Michael Sandel, Democracy's Discontent, Cambridge: Harvard University Press(1996)).

89) Taylor, Philosophy and the Human Sciences: Philosophical Papers 2, Cambridge: Cambridge University Press(1985), ch. 1; MacIntyre, Against the Self-Images of the Age, Notre Dame: University of Notre Dame Press, (1978) chs.18-22 and Whose Justice? Which Rationality?, Notre Dame: University of Notre Dame Press, (1988) ch.1.

괴에 저항하는 의미의 정책을 촉진하고 사회적 책임을 강조하였다.[90]

이와 같이 공동체주의자들은 자유와 공동체의 요구 사이에서 후자에 더 근접하는 경향을 갖는다. 그럼에도 공동체주의자는 기존의 기본적인 시민적·정치적 자유를 인정하여 권위주의에 빠져들 우려를 완화한다. 공동체주의자는 공동체의 우위를 호소하는 것이 아니라 사회질서와 자유간의 균형을 유지할 필요를 주장한다.[91]

2. 내　　용

민주주의에 관한 공동체주의(Communitarianism) 모델은 시장모델을 배척하고 숙의적 민주주의의 개념에 따라 시민들의 책임있는 참여를 요건으로 생각하며,[92] 선량한 사회에서 자율은 도덕적으로 정의된 사회질서와 조화를 이루어야 한다고 한다. Michael Sandel에 의하면 "권리는 그 정당화를 위해 그들이 봉사하는 목적의 도덕적 중요성에 의존하여야 한다."[93] 여기서 정당성의 소재(所在)는 결과의 초월적 가치에로 옮겨짐을 알 수 있다. 적절한 도덕적 가치는 형식적 숙고에 앞서 선험적으로 명시적으로 결정된다.[94]

그 때문에 자유주의자들은 자율보다 공동체의 가치를 중시하는 공동체주의가 독재를 가져올 것이라고 비판한다. 이러한 비판을 의식한 공동체주의자들은 그들 모두가 동의하는 공통의 가치 체계를 추구하며, 그 때문에 논쟁적 사안에서 다수파 집단이 도덕적 우월성을 가진다고 하는 일방적 주장을 이론적으로 차단할 수 있다고 말한다.

공동체주의는, 그 규칙이 어떻게 잘 준수되는가라고 하는 의무론적 의미에서가 아니라, 그것이 얼마나 잘 공동체의 도덕적 명령을 이행할 수 있는가라고 하는 결과 자체의 내재적 선(善)의 의미에서 민주주의 절차의 결과를 평가하기 때문에 목적론적이다.[95] 목적이 수단보다 훨씬 더 중요한 것이다. Etzioni에 의하면 동의는 옳음에 반드시 구성적인 것은 아니며, 외적 기준을 발견하기 위해 절차의 외부로 나가는 것이라고 한다.[96] 이 외적 기준은 불변적

90) http://plato.stanford.edu/entries/communitarianism/ 이러한 의미에서 공동체주의자들은 현존하는 여러 가치있는 형태의 공동생활을 찾아, 이들을 확인하고 보호·촉진하도록 고안된 정책을 마련하는데 정책목표를 두었다. 거기에는 지역공동체, 역사공동체, 심리적 공동체가 있다. 이 중에서 수세대 역사를 공유하는 역사공동체는 과거와 미래를 이어주는 것으로 사람들의 생활에 의미와 희망을 불어넣는다. 여기에는 민족공동체와 언어에 기반한 인종문화적 집단이 있다. 서유럽에서는 국민을 국가에 연결시키는 공통성의 유대(bonds of commonality)를 배양하는 의미에서 국가에 대한 봉사(national service), 국사 교육 등이 행해진다.

91) Etzioni, The New Golden Rule, New York: Basic Books(1996).

92) Benjamin Barber, STRONG DEMOCRACY: PARTICIPATORY POLITICS FOR A NEW AGE(1984); Robert Bellah et al., HABITS OF THE HEART: INDIVIDUALISM AND COMMITMENT IN AMERICAN LIFE (1985); Amitai Etzioni, THE SPIRIT OF COMMUNITY: RIGHTS RESPONSIBILITIES AND THE COMMUNITARIAN AGENDA(1993).

93) Michael Sandel, LIBERALISM AND THE LIMITS OF JUSTICE 7-11(2nd ed. 1998).

94) Drale, id., p. 221.

95) Amitai Etzioni, THE NEW GOLDEN RULE: COMMUNITY AND MORALITY IN A DEMOCRATIC SOCIETY 85-118(1996).

인 것으로 추정되지만, 공동체의 도덕적 위계는 역사적 또는 상황적 위기에 따라 변화할 수 있다. 공동체주의적 민주주의자들의 공민적 의무는 공동선의 도덕적 틀 내에서 정치적 절차에 완전하고 정통한 참여를 요구한다.[97)]

공동체주의자에 있어 미디어 이용은 그 공동체의 규범과 가치를 인식하면서 공동체 속으로 완전히 통합되어야 한다. 한 공동체가 공동선의 지도적 가치를 추구한다면, 미디어는 숙의적 민주주의자가 생각하는 공적 영역과 마찬가지로 도덕적 토론의 포럼으로 이용될 수 있다. 또 커뮤니케이션 기술은 공공의 도덕적 의식을 고양하고 공동선의 초월적 가치를 찾도록 더 가까이 가는 수단으로 이용된다. 그러나 공동체가 그 가치를 일단 확인했다면 미디어의 역할은 공공이 그들 가치를 전개하고 실행하는 데 도와야 한다. 한 공동체는 사회적 정의, 평등, 진실 및 해악으로부터의 보호 등의 가치를 그들의 지도원리로 채택할 수 있고, 그 경우 최선의 미디어 이용은 ① 교육, 공공사, 문화, ② 비진실성, 편협 및 시민의 불평등 취급에 대한 제재, ③ 해롭다고 생각되는 프로그램 콘텐트에 대한 한계,[98)] ④ 그리고 권한 격차를 완화하는 액세스 규칙 등 요구되는 프로그램 범주의 형태로 표명될 수 있다. 그 가치가 여하하든, 공동체가 어떻게 정의되든, 공동체주의자는 공동체에서 생활의 질을 향상하는 데 관심을 갖는다(public improvement doctrine).[99)]

민주주의에 관한 공동체주의 모델은 특정한 도덕적 원리에 집착함으로써 과정보다는 결과의 가치를 평가하기 때문에 언론 내용 규제와 커뮤니케이션 기술의 이용에 많은 도덕적 원리를 적용할 수 있고, 미디어 이용을 위해 많은 가능성을 열어준다.[100)] 이러한 입장에서 콘텐트 규제가 광의의 도덕적 합의 하에 채용된 분야는 청소년 수용자를 대상으로 한 콘텐트, 청소년을 남용하는 콘텐트(아동 포르노 등), 폭력을 직접 선동하거나 공적 안전을 위협하는 내용, 국가안보를 해하는 내용, 그리고 타인에게 개인적 또는 직업(전문)적 가해를 야기하는 내용(예를 들어 명예훼손, 사기, 왜곡, 저작권 침해 등) 등이다. 그럼에도 부정적인 사회적 행위를 야기하는 콘텐트에 대한 취급 여하에 대하여는 정책결정자, 사회 개혁가 및 자유주의자들 사이에서 아직 크게 논란되는 쟁점이다.[101)]

---

96) Etzioni, id. at 102.

97) Drale, id., p. 221.

98) 연방대법원이 취하는 전통적인 음란 개념(Miller v. California, 413 U.S. 15(1973))은 공동체의 도덕 기준을 판단 준거로 한다는 점에서 공민적 공화주의의 공동체주의적 결정 모델의 귀결로 볼 수 있다. 그것은 음란의 요인으로서 공동체에 대한 공격성을 들며, 그러한 표현은 본질적으로 사회적으로 무가치한 것이라고 보기 때문이다(Redish and Lippman, id., p. 304).

99) Drale, id., p. 225.

100) Drale, id., p. 225.

101) Drale, id., p. 231, http://plato.stanford.edu/entries/communitarianism/

3. 평가 및 비판

공동체주의 모델은 공민적 공화주의와 같이 공적 담론과 그 타협에 의한 해결(negotiated settlement)의 관계를 핵심적 내용으로 한다.[102] 그러나 공동체주의자들은 미디어의 자유에 관하여 공적 숙의보다는 이미 결정된 가치를 전파하는 데 중점을 둔다는 점에서 비판받는다.[103] 그들에 의하면 매스 미디어는 공적 영역에 숙의를 마련하기보다 공적 개선 콘텐트를 배포하는 과업에 중점을 두기 때문이다. 이에 관하여 칸교수는 공동체주의자들이 중요시하는 공동체와 권위("community and authority")는 적극적 자유의 선택과 조화될 수 없으므로 담론의 공동체가 권력의 정치적 구조를 정당화하는 데 성공하지 못했다고 비판한다.[104]

무엇이 공적 개선을 구성하는가에 관한 합의를 달성하는 과업은 어려운 일이지만, 그럼에도 공동체주의자들은 대규모의 경험적 합의는 존재할 수 없기 때문에 절차주의(proceduralism)에 의존해야 한다는 주장을 반대한다. 그들의 주장에 의하면 공동체주의에서 공동의 가치를 발견하기 위한 과정은 길고 힘들지만, 효율적인 민주적 실행의 시발점이다. Etzioni에 의하면, 사회의 공통 가치는 여러 레벨에서, 그리고 많은 장소에서 시민들의 광범위한 도덕적 대화를 통하여 노출된다고 한다.[105]

이 레벨에서 공동선의 어떤 요소에 관하여 합리적으로 합의를 기대할 수 있을 것인가에 관하여는 의문이 있다. 이에 관하여 공동체주의자는 최소주의('minimalist')의 어프로치를 취하여, 함께 모여 살게 되는 인간의 조건('the human condition')으로서 적어도 상호간의 협동, 존중 및 관용이라는 기본적 형태에 관하여는 합의가 존재하는 것으로 본다.[106] 공동체주의적 목적의 일부는 공공으로 하여금 기본적 형태의 상호적 협력 및 존중이 어떠해야 하는가에 관한 토론을 행하게 함으로써 도덕적 의식을 고양하는 것이다. 이것은 도덕적 목적을 가진 것이라 하더라도 공적 영역을 환기한다.[107]

실제로 구체적 문제에 관하여 합의 여부를 보자면, 인권의 핵심 부분의 타당성에 대한 논란은 거의 없다. 노예제, 집단적 인종학살, 살해, 고문, 자의적인 장기구금 및 체계적인 인

---

102) Rainey, id., p. 323.

103) Redish와 Lippman에 의하면, 공동체주의적 결정 모델은 공동체의 집단적 의사와 무관한 외적인 가치판단에 의거한다는 점에서 언론 자유의 가치에 놓여있는 개인주의와 지적 다원주의를 무시하는 것이라고 한다. 그것은 복잡하고 다양하게 구성된 현대의 대중적 다원주의 사회에서 실체적 가치에 관해 규범적으로 옳은 대답은 얻어낼 수 없다는 포스트모더니즘의 공통된 인식에 반하는 것이다(Redish and Lippman, id., p. 270). 공공 의사의 평가와 무관한(외적) 수단에 의해 도출된 절대적·도덕적 진리를 사회에 부과하려는 생각은 기본적으로 사회적 및 개인적 자기결정의 신념과 어울리지 않는다는 것이다(Id. p. 278).

104) Paul W. Kahn, Community in Contemporary Constitutional Theory, 99 YALE L.J. 1, 81-85(1989).

105) Drale, id., p. 221.

106) SISSELA BOK, COMMON VALUES 1-9(1995).

107) Drale, id., p. 230.

종차별 등이 금지되어야 한다는데 모든 사람이 일치한다. 그러나 이러한 최소한의 보편적인 도덕적 강령('minimal and universal moral code') 이외에 형법, 가족법, 사회적 · 경제적 권리, 극빈자의 권리 등 인권에 관하여는 상이한 견해가 대립한다. 이에 대하여는 종교, 철학, 인간의 본질에 관하여 기본적 관점이 대립한다. 이 경우 인권규범에 관한 강요되지 않은 순수한 합의는 그러한 규범의 궁극적 정당화에 관한 이견을 허용하는 경우에만 가능하다. 상호간의 차이를 인정하고 자신이 틀릴 수 있음을 승인하지 않고는 차이가 극복될 수 없는 것이다. 이를 위해 Charles Taylor는 상호간 교류에 의해 반성의 기회를 가져야 한다고 주장한다.[108] 그에 의해 상호간 다른 견해를 추상함으로써 인권 규범에 관하여 합의의 중복('overlapping consensus')을 이루어 내기 위해 노력하여야 한다는 것이다.[109] 공동체의 이익이 자유주의 정책의 과잉에 의해 위협받는 범위 또는 공동체적 유대의 육성이 시민사회에 남겨져야 할 범위 여하에 관하여는 추상적이 대답이 어렵고, 경험적 분석에 의해서 찾아질 수 있다.

V. 결 어

미국은 헌법상의 자유민주주의를 구현하는 과정에서 위에서 언급한 여러 관점을 실용주의적으로 조화시키고 통합하는 과정을 밟아왔다. 자유민주주의는 헌법 상 미국의 정치적 지도이념이다. 그것은 '상징의 체계'로서 정치행위에 의미를 부여하고 정책결정을 정당화하는 기능을 수행하며, 국민적 정체성을 형성하고, 정치공동체를 통합시키는 기능을 담당한다. 그것은 자유주의와 공화주의 전통을 실용주의적으로 결합하여 개인과 공동체, 자유와 평등, 권력의 집중과 분산, '시장'(market)과 '포럼'(forum), 민주적 정당성과 애국심, 전통과 개혁 등 상반된 요소들을 조화시키고 개인의 자율성과 집단적 유대를 동시에 실현하는 것을 이상으로 한다.[110]

1. 각 모델의 요약

민주주의의 통치체제를 실현함에 있어서뿐 아니라 언론의 자유를 이해함에 있어서도 개

108) Taylor, Conditions of an Unforced Consensus on Human Rights, in The East Asian Challenge for Human Rights, J. R. Bauer and D. Bell, (eds.), New York: Cambridge University Press(1999).

109) Taylor 1999, 124.

110) 한때 자유민주주의 이념이 역사적 현실 속에서 배반된 사례도 있었다. 1940년대 경제적 불평등과 자본주의의 폐해는 노동헌법을 도입함으로써, 그리고 인종차별은 1960년대에 이르러 평등의 정신을 받아들임으로써 극복할 수 있었다. 안보와 국부의 증진이라는 국가이익을 추구하는 정치적 현실주의는 냉전시대 이래 경제력과 군사력이 모든 문제 해결의 관건이라는 인식을 보편화했다. '팍스 아메리카나'는 군사력 위주의 세계전략에서, 군산복합체와 파워엘리트가 결합하여 개입주의에 의해 전쟁과 음모를 결과하였다. 그러나 이러한 움직임은 정치이념의 전통에 호소하는 민권운동과 반전운동 등 내재적 비판과 개혁능력에 의해 견제되어 왔다. 이념과 현실의 괴리에도 불구하고 이념의 중요성을 인식하면서 그 간극을 좁히려는 노력은 미국의 위상을 높이는 동력으로 작용해 온 것이다.

인주의·자유주의적 요청과 국민적 합의를 요구하는 민주주의적 요청은 수정헌법 제1조의 전통에서 항구적인 변증법적 긴장 속에 있다.[111)]

커뮤니케이션 미디어가 어떻게 정의되든 좋은 사회("good society")를 뒷받침하여야 함은 물론이다.[112)] 위 여러 민주주의의 모델에 있어서 그 기본적인 사상이 미디어에 요구되는 역할을 결정하게 되지만, 하나의 모델이 하나의 이용론만을 고집하여야 하는 것은 아니며, 여러 요소에 의해 서로 복잡하게 얽혀지게 된다. 역사적으로 보면 미국 등 대부분의 선진 제국에서는 시장모델이 선호되어 왔다. 그 이유는 시장모델은 자유민주주의의 역사와 함께 성장하여 왔으며, 이미 형성되고 가정된 정당성을 갖는 의견, 신념, 선호 및 관습에 의존하기 때문이다.

그러나 시장자유주의 모델은 본래 보수적이며, 기업의 자본적 영향 때문에 모델 속에 내재하는 약점을 갖는다. 시장 모델이 제대로 기능하기 위해서는 시장 자체가 소유의 집중 없이 또는 정부의 간섭에 불구하고 건강하고 효율적인 경쟁을 유지할 수 있어야 한다. 그 시장에서 다수파의 의견이 우세해야 한다 할지라도 그것은 자본주의자들만의 좁은 이익이나 국가의 관료주의에 의해 쉽게 압도되는 것이어서는 안 된다. 이것은 입법자가 경합하는 이익을 강요 없이 고려할 수 있도록 그들에 대한 기업 및 로비스트의 영향을 제한하는 정책을 요하게 된다.[113)]

이러한 구조적 또는 본래적 결함을 시정하기 위해 숙의적 민주주의와 그에 기반한 공민적 공화주의 및 공동체주의자들의 비판과 대안이 참고될 수 있음은 물론이다. 다만 이들은 공동체와 권위를 개인의 선택과 자율보다 앞세움으로써 자유주의자들의 비판을 받았고, 그 이성적 논증에 의한 합의 지향적 특성 때문에 소수자의 소외나 배제를 초래한다고 비판받고 있다. 어쨌든 현대 민주주의가 확립한 입헌주의, 그리고 대의제 및 다수결주의와 이를 보완하는 정당제도 및 여론에 의한 지배 등 국정 운영을 위한 의사결정 체제는 지선이 아니더라도 불가피한 차선의 제도라고 보아야 하고, 이들 제도 운영의 각 단계와 부문에서 정통하고 참여적인 숙의가 이루어져야 함은 분명하다. 여기에 전술한 바와 같이 기존 숙의제도의 운영에서 지적된 결함을 시정하려는 현대 숙의적 민주주의자들의 노력을 참조할 필요가 있다.

2. 미디어 정책의 목표 – 선택과 조화

드레일교수에 의하면, 한 나라의 커뮤니케이션 정책결정에서 상술한 어느 한 이론만이 배타적으로 채택될 이유는 없다. 그는 선택된 방도와 무관하게 민주주의 사회에서 미디어에 관

111) Rainey, id., p. 319.
112) Drale, id., p. 222.
113) Drale, id., p. 233.

한 책임있고 효율적인 공적 정책을 설정하려는 자들은 그들이 좋은 사회("good society")를 구성한다고 믿는 바를 명백히 설명함으로써 그들이 선호하는 이론을 명백히 밝혀야 한다고 한다. 다음 단계는 그러한 이론의 한계를 정직하게 평가하고, 그 쟁점들을 합리적으로 다루는 것이다. 여러 경합되는 가치가 좋은 사회라고 하는 하나의 무정형한 개념에 포괄될 것인데, 정책 결정자들은 이들을 분류해 내고, 어떠한 가치가 가장 중요하며 또는 공동의 사회적 필요를 다루기 위해 어떻게 경합적 가치들이 통합될 수 있는가를 더 세심하게 생각하여야 한다.[114)]

예를 들면, 시장모델을 공화주의자의 공적 영역 모델 또는 공동체주의자의 공적 개선 모델과 결합하는 경우 그것은 보호되는 공적 미디어 섹터를 제외하고 나머지를 공개시장에 방임하는 정책을 취하게 될 것이다. 이 경우 공적 미디어 섹터는 국립공원이나 공립학교와 마찬가지로, 우리의 생활과 생존의 질에 본질적이라고 생각되지만, 순수하게 사유화된 시장에서 생존하지 못하게 될 정보자원들을 제공할 것이다.[115)]

이론적 요구의 맥락에서 미디어 자체의 잠재력과 한계를 실제적으로 평가하는 것도 중요하다. 그들 어떤 미디어의 물리적 또는 제도적 성질이 현실적으로 그 모델의 목표에 반하여 작용한다면 모든 미디어에 숙의를 위한 공적 영역이 존재한다고 고집하는 것은 옳지 않다. 실제적이 되기 위해서는 문제된 모델의 성공적 구현의 경험적 증거가 찾아져야 하고 제안된 노력이 이 맥락에서 평가되어야 한다.[116)]

시장모델의 공리주의적 기준에 의하더라도 너무나 큰 불확실성은 최대다수의 최대행복을 저해케 한다.[117)] 시장 모델이 가능한 최선의 선택은 아니더라도, 그것은 자유로운 생활을 담보하는 기본적 토대이다. 그러므로 차선의 방책으로서 시장모델을 취하면서도 그 약점을 보완하기 위해 여타의 모델이 제시하는 바에 의해 그 약점을 보완하는 다양한 노력이 필요하다.

즉, 민주주의적 숙의, 공적 개선 또는 사회적 정의를 촉진하게 될 방안을 보완적으로 모색하는 것이 옳을 것이다. 바람직한 미디어 제도는 숙의적 대화를 위해 공적 영역을 창출하고, 인간의 조건을 고양하는 한편, 현상유지의 지배적 문화에 대한 개선을 꾸준하게 추진해야 한다. 이러한 논의 과정에서 최근의 커뮤니케이션 기술 발전이 미디어 정책 및 법에 대해 갖는 의미와 영향을 간과하여서는 안 될 것이다.[118)]

---

114) Drale, id., p. 234.
115) Drale, id., p. 234.
116) Drale, id., p. 234.
117) Drale, id., p. 235.
118) Drale, id., p. 235.

3. Baker–Curran의 제안

베이커교수에 의하면 민주적 이론은 미디어가 견제기능, 감시견기능 또는 제4부로서의 기능을 수행하는 이외에 다음의 기능을 다해야 한다고 주장한다.[119] 첫째, 미디어는 사회 전반의 공적 영역의 도구로서 공동의 문제, 가치 및 해결책을 다루고, 모든 집단이 공동선에 관한 사회전반의 토론에 참여하도록 허용하는 것이어야 한다. 둘째, 미디어는 집단의 이해가 문제되는 경우 이익집단의 정체성을 위해 결정하고 다원적인 사회적 타협과정에 정치적 참여를 능동화하기 위한 수단을 마련해 주어야 한다. 셋째, 미디어는 사회의 소외되거나 억압된 하위집단들에게 자신들의 공동선의 탐구 및 확인과 자기실현을 위한 영역을 마련해 주어야 한다. 집단은 변함 없는 이익을 내세우지 아니하고는 생존할 수 없는 것이다.[120]

이상의 논의와 관련하여 미디어 소유규제정책에 관한 베이커 교수의 견해는 경청할 필요가 있다. 베이커 교수는 민주주의 사회에서 미디어의 역할에 관한 적극적 비전이 독점규제정책에 의미를 갖는다고 논한다.[121] 물론 현존 조건 하에서 어떠한 시장 시스템이 이들 여러 민주적 기능 모두를 수행하는 미디어를 만들어낼 수 있을 것이다. 실제적 정책문제는 시장이 어떤 민주주의적 기능을 부적절하게 성행하게 하고 미디어들이 그에 부응하게 하는가 여부이다.

이상적 정책이 추상적으로 명쾌하게 설명될 수는 없으나, 미디어의 민주주의적 역할에 관한 적극적 비전이 상황적이고 가변적인 특별한 조건에 답하는 정책을 안내하도록 도울 수 있다는 것이다. 그는 법적 정책이 미디어의 조직과 구조형태의 다양성을 뒷받침한다는 James Curran의 주장을 따라 각각 다른 구조적·재정적 기초 위에 조직되고, 다른 목표와 기능을 가지며, 다른 동인에 반응하는 5개의 미디어 섹터를 상정한다.[122]

James Curran이 생각하는 5개의 섹터는 ① 핵심 섹터(사회적 책임을 지향하는 BBC와 같은 공적 방송 시스템), ② 다원적인 민주적 기능을 수행하는 시민적 미디어 섹터, ③ 미디어 전문직에 의해 통제되고 그들의 전문직 내적인 이상에 봉사하는 전문적 섹터, ④ 사적인 기업섹터 및 ⑤ 시장의 부적합성을 보상하고 새로운 경쟁형태를 전개하는 사회적 시장 섹터 등이다.[123]

이렇게 구분된 조직 형태에 있어서는 정부의 영향이나 미디어 시장의 실패 또는 부패도

---

119) C. Edwin Baker, MEDIA CONCENTRATION: GIVING UP ON DEMOCRACY, 54 FLLR(Florida Law Review, December, 2002) 839, 916.

120) C. Edwin Baker, id. p. 916. Nancy Fraser, Rethinking the Public Sphere: A Contribution to the Critique of Actually Existing Democracy, in Habermas and the Public Sphere 109, 137(Craig J. Calhoun ed., 1992).

121) Baker, id., p. 915.

122) Baker, id., p. 918.

123) James Curran, Rethinking Media and Democracy, in Mass Media and Society 120, 140-48(James Curran & Michael Gurevitch eds., 3d ed., 2000).

같지 않을 것이고, 이들 모든 조직형태를 손상할 것 같지 않기 때문에 이러한 다원성은 안전을 제공할 것이다. 이렇게 이러한 미디어 구조의 복수성은 미디어의 견제기능뿐 아니라 각각의 비전이 추구하는 미디어의 여러 민주주의적 과업을 더 잘 수행할 수 있게 할 것이다.[124)]

커랜의 제안은 미디어 소유에 관한 최종적 논점으로서 소유에 관한 관심은 누가 최종적으로 미디어 콘텐트를 통제하는가, 그리고 이들 사람이 어떻게 이 권력을 행사할 것인가에 관계된다. 즉, 이상적 정책은 단순한 소유 집중 이상으로 미디어 주체 내에서 결정의 통제를 구성하는 규칙이 대응하는 가치에 근거한 관심이다. 소유에서 여러 광범위한 사회적 집단과 관련하여 어떠한 사람의 집단이나 어떤 개인이 통제를 행하여야 하는가 역시 중요하다. 일반적인 민주주의적 목표는 콘텐트 또는 주제 범주의 다양성은 물론 소스와 견해의 다양성을 증가하는 것이다.[125)]

4. 헌법상 보호받는 언론과 그 제한

최근 미국 헌법학자들 사이에는 수정헌법 제1조의 보호범위(First Amendment coverage) 문제와 관련하여 자유주의자와 공화주의자 간에 치열한 공방이 벌어진 바 있다. 한편에서 시장자유주의자들은 수정헌법 제1조는 정보적 가치가 있는 모든 표현행위를 보호하며, 거기에는 내용 및 견해차별 규제를 금지하는 모든 법리가 적용된다고 주장한 반면,[126)] 공화주의자들은 그 중에서 자치 내지 참여적 성격을 갖는 공적 사안에 관한 정치적 언론 언론만이 수정헌법 제1조의 완전한 보호를 받을 뿐, 기타의 언론은 적법절차 조항(수정헌법 제5조)에 의해서만 보호받을 수 있고, 그만큼 제한이 가능하다는 입장을 고수하였다.[127)]

양자의 차이는 정치적 결정에 관련된 커뮤니케이션과 사적 커뮤니케이션의 구별 및 법적 취급의 차이로 귀결된다. 이들 이론의 대립은 특히 명예훼손, 저작권, 강요된 언론, 음란, 광고, 내용 차별 규제 등 여러 분야에서 두드러진다.

물론 어느 입장에 의하더라도 반대법익을 침해·위해하는 언론에 대한 제한이 불가능한 것은 아니지만, 그 제한의 기준이나 형량 결과에는 큰 차이를 보인다. 자유주의적 입장에서 표현행위는 그 내용이 다른 법익을 침해하는 것이라 하더라도 수정헌법 제1조의 보호적 법

---

124) C. Edwin Baker, id. p. 918.

125) C. Edwin Baker, id. p. 918.

126) 미국의 판례도 기본적으로 이러한 입장을 취하고 있다. C. Edwin Baker, Autonomy and Free Speech, 27 Const. Comment. (2011); Eugene Volokh, The Trouble with "Public Discourse" as a Limitation on Free Speech Rights, 97 Va. L. Rev. 567, 584(2011); Martin H. Redish & Abby Marie Mollen, UNDERSTANDING POST'S AND MEIKLEJOHN'S MISTAKES: THE CENTRAL ROLE OF ADVERSARY DEMOCRACY IN THE THEORY OF FREE EXPRESSION, 103 Northwestern University Law Review, 1303.

127) Robert C. Post, Participatory Democracy and Free Speech, 97 VA. L. REV. 477(2011); James Weinstein, Participatory Democracy as the Basis of American Free Speech Doctrine: A Reply, Virginia Law Review, Vol. 97:3 p. 634(2011).

리가 모두 적용되기 때문에 그 제한에는 엄격심사를 받게 되고 필수적 법익을 보호하기 위해 최소제한 수단이 채용되지 않는 한 허용되지 않는다. 더욱이 이러한 사고는 견해차별 금지의 법리와 결합하여 인종차별적 언론, 혐오언론, 국기 소훼행위 등 다른 법익을 침해하는 언론도 모두 보호하게 된다. 그러나 이러한 결론은 국제인권규범이나 유럽 제국의 일반적 경향에 반하고, 우리의 경우에도 받아들이기 어려운 점이 있다.

그에 반해 공민적 공화주의 이론의 주창자들은 그 중에서 참여적 언론 내지 자기 결정(self-determination)에 관련되는 언론만이 위와 같은 완전한 헌법적 보호를 받을 뿐, 기타의 언론은 그 밖의 헌법 조항(적법절차조항 등)에 의해서만 보호받게 된다고 주장한다. 특히 견해차별을 절대적으로 금지하는 판례와 자유주의자들의 주장에 관해 공화주의자들은 언론의 자유 역시 여러 헌법적 가치의 하나로서 선, 평등, 진리 등 다른 중요한 사회적 가치를 위해서는 제한될 수 있다는 입장을 취하고 있음은 전술한 바와 같다.

이상 미국에서 논란된 이론적 대립은 언론자유의 보호범위와 보호정도를 구분함이 없이 혼동하여 함께 다루는데서 연유한다는 점이 지적될 수 있다. 정보가 제시되는 표현적 행위이면 모두 원칙적으로 보호범위 내에 든다고 생각해야 하지만, 그러한 표현행위가 모두 같은 수준의 언론조항의 보호를 받을 수는 없을 것이다.[128] 그럼에도 미국 판례는 수정헌법 제1조가 적용되면 원칙적으로 언제나 엄격심사가 행해지고 견해차별이 금지되는 것으로 간주하면서,[129] 일정한 예외 범주에 해당하는 경우에는 언론조항이 적용되지 않고 규제가 가능한 것으로 취급하여 왔다. 이러한 판례의 입장은 보호범위와 보호정도를 혼동하게 하였고, 언론자유에 관해 상이한 입장을 취하는 이론 역시 이러한 판례의 입장을 해석함에 있어서 상이한 주장을 내게 되어 혼란이 가중되어 왔다.[130]

또 이러한 대립의 이유는 미국 수정헌법 제1조가 언론의 자유를 제한할 수 없는 절대적 자유로 규정한데서 야기되는 것이고, 독일이나 우리의 경우와 같이 헌법상 언론의 자유가 다른 법익과 비교·형량에 의해 보호되는 상대적 기본권으로 생각되는 경우와 다를 수 있다.

---

128) "보호범위에 든다는 것은 그것이 우선 헌법 상 언론조항의 적용을 받는다는 것을 의미할 뿐, 보호범위에 드는 언론 모두가 같은 정도의 헌법상 보호를 받음을 의미하는 것은 아니다. 그 보호의 정도는 그 규제에 대한 사법심사에 따라 달라지며, 표현행위의 여러 상황에 따라 별도의 심사를 거쳐 결정된다"(Frederick Schauer, Towards an Institutional First Amendment, Minnesota Law Review, 89: 1256, 1263(2005)).

129) 미국 판례는 공적 담론에서 난폭하거나 공격적인("outrageous" or "offensive") 언론(Cohen v. California, 403 U.S. 15, 22(1971)), 과장이나 비방("exaggeration" or "vilification")으로 가득 찬 언론(Cantwell v. Connecticut, 310 U.S. 296, 310(1940)), 저속한 언론(Reno v. ACLU, 521 U.S. 844, 869(1997)), 수용자의 존엄을 파괴하는 언론(Boos v. Barry, 485 U.S. 312,322(1988)), 공격과 개인적 습격("aggression and personal assault")의 수단으로 인식되는 언론(Time, Inc. v. Hill, 385 U.S. 374,412(1967)(Fortas, J.d,issenting))에도 헌법적 보호가 미친다고 판시하여 왔다.

130) 살피건대, 보호범위는 자유주의자들의 주장에 따라 모두 포함 어프로치를 취하되, 그 후 규제의 합헌 여부 판단 단계에서는 정치적 언론과 기타의 언론을 구별하여, 전자는 엄격심사를 받는 것으로, 후자는 완화된 심사 기준에 의해 규제될 수 있는 것으로 보는 것이 합리적 해결책이라고 보인다.

14. 최근 미연방 대법원 판결에 나타난 자유스런 언론의 범위*

- U.S. v. Xavier Alvarez 판결을 중심으로 -

신 평**

Ⅰ. 서설: 언론의 자유와 그 제한

정권이 바뀌었다. 그러나 같은 보수색깔을 가진 정권이다. 그래서 그런지 과거 언론관계법을 둘러싸고 보수와 진보진영에서 벌어진 엄청난 공방[1]은 일어날 낌새를 보이지 않는다. 보다 차분하게 언론의 자유에 관하여, 그 속에 담겼으리라고 보는 이념적 색채를 탈각시키고 그 기본적인 의미를 새겨볼 수 있다.

사람은 외부세계와 적절한 교통을 하며 자신의 원만한 인격체계를 만들어갈 수 있고, 존엄성을 가진 인간이 된다. 언론의 자유는 이를 위해 필수적인 기능을 한다. 그리고 사회시스템으로서의 민주정치가 그 역할을 제대로 수행해나가기 위해서도 정보의 자유스러운 유통과 취득이 필수전제로 된다. 언론의 자유가 있어야 이 전제가 충족된다.[2] 언론의 자유는 가히 '민주정치의 생명선'[3]이라는 말을 얻을 수 있고, 또 언론의 자유는 국가질서형성의 적극적 권리로 성격이 변화했다는 진단을 내릴 수도 있다.[4]

미국의 에머슨은 언론의 자유가 갖는 특성을 네 가지로 추출하여 아름답게 표현한 일이 있다. 첫째 훌륭한 사회의 본질적인 요소인 개인의 자아실현, 둘째 진리에의 도달, 셋째 사회 구성원들에게 공개적인 토론을 통한 의사결정에 참여함을 가능하게 하는 것, 넷째 사회의 경직성을 탈피한다는 의미에서의 안정과 변화의 균형이다.[5]

---

* This research was supported by Kyungpook National University Research Fund, 2011.

** 경북대학교 법학전문대학원 교수

1) 2008년 2월에 노무현 정부에서 이명박 정부로 권력이양이 되자, 이명박 정부는 국정수행의 가장 큰 과제로 소위 '미디어법'의 개정에 나섰다. 우여곡절을 겪으며 미디어법들은 거대신문사의 방송업 진출 허용 등을 골자로 하는 내용으로 2009년 7월에 가까스로 국회를 통과한다. 야당이 이에 반발하며 헌법재판소에 두 차례에 걸친 권한쟁의심판을 청구하였으나 무위에 그친다. 이에 관한 설명 및 노무현 정부에서 왜곡된 언론자유를 시정한다는 명목으로 추진된 언론개혁입법과 그에 대한 역습에 관하여 신평,『한국의 언론법』전면개정판 높이깊이, 2011, 146-152쪽 참조.

2) 같은 뜻: 헌법재판소 1998.4.30. 95헌가16 출판사 및 인쇄소의 등록 등에 관한 법률 제5조의 2 제5호 등 위헌제청.

3) 김철수,『헌법학신론』제21전정신판 박영사, 2013, 859쪽.

4) 김철수,『헌법학개론』제19전정신판 박영사, 2007, 841쪽.

5) Thomas I. Emerson, Toward a General Theory of The First Amendment(1966), at 4-11. 여기에서는 염규호, "미국에서의 명예훼손과 사생활침해,"『언론중재』(언론중재위원회, 1994. 여름), 37-42쪽에서 참조하여 요약하였음.

우리가 세계적인 시각으로 언론자유의 현상을 둘러볼 때, 언론자유에 관해 가장 폭넓은 보장을 허용하며 또 그에 관한 논의가 가장 치열하게 전개되는 곳은 바로 미국이다. 그러나 미국에서도 처음부터 언론의 자유가 잘 보장되었다고는 할 수 없다. 영국 커먼 로(common law)에서 연원하는 소위 '엄격책임의 원칙'[6]은 언론의 자유에 대해 결코 호의적이었다고 할 수 없다. 그러나 1960년대의 미국을 뜨겁게 달구었던, 인종차별에 항의하는 행동에 적용되었던 명예훼손 배상책임을 부정하기 위해 연방대법원이 개입한 사건을 계기로 하여 과거의 완고한 원칙은 커다란 반전의 커브를 그리게 된다. 이 뉴욕타임즈 사건[7]에서 인정되었던 '현실적 악의이론', 그리고 '의견과 사실의 이분론'을 양대축으로 하여 연방대법원은 과감하게 언론자유를 신장시키는 쪽으로 법리를 발전시켜왔다.

실로 세계 언론 자유의 신장은 미국 연방대법원이 이렇게 키워나온 언론자유의 내용을 하나의 원천으로 하여 그곳에서 흘러나온 물이 평원을 적신 결과라는 말을 할 수 있을 정도이다. 미국 사회가 누리게 된 언론의 자유를 하나의 모델로 삼고자 한 다수 국가에서 그 내용들에 일정한 규범력을 부여, 적용하였고, 우리 한국도 이런 면에서 예외가 아니었다.

잘 아는 대로, 1787년 제정된 원래의 미국헌법에서는 시민의 권리에 관한 조항은 없었는데, 1789년 발의되어 1791년 효력을 발휘한 수정헌법(The Amendment) 제1조에서 제10조까지 권리장전(The Bill of Rights)이 들어가게 되고, 그 중에서도 제1조(The First Amendment)에 언론의 자유가 종교의 자유와 함께 규정되었다. 그만큼 당시의 미국에 있어서도 언론자유의 중요성을 자각하고 있었다고 하겠는데, 수정헌법 제1조 중 언론·출판의 자유에 관한 부분을 따로 떼어본다면 다음과 같다. "Congress shall make no law……abridging the freedom of speech, or of the press……"(의회는 언론·출판의 자유를 제한하는 법률을 만들 수 없다.)

이렇게 미국의 수정헌법 제1조는 의회가 언론의 자유를 제한하는 법률 자체를 만들 수 없다는 식으로 규정하였다.[8] 그러나 그렇다고 하여 미국에서 언론의 자유에 관해 그 규제나

---

6) 언론의 자유 범위를 제한하는데 있어서 가장 중요한 카테고리로 작용하는 명예훼손의 문제에 관해, 전통적 영미이론은 명예훼손적 표현을 일응 법적 규제의 대상이 되는 허위라고 추정한 위에 발표의 행위자가 명예훼손적 의미를 전할 의도를 갖고 있었는지 여부, 발표가 허위라는 점을 알았는지 여부, 발표의 결과 사람의 명예가 훼손될 것을 의도했는지 여부, 이런 점들에 있어서 과실이 있었는지 여부를 불문했다. 이에 관한 상세한 내용은, 塚本重賴, 『英米法における名譽毁損の硏究』 東京: 中央大學出版部, 1988, 59-64쪽 및 179-191쪽 참조.

7) New York Times v. Sullivan, 376 U.S. 254, 84 S. Ct. 710. 11 L. Ed. 2d 686(1964).

8) 우리 헌법이 제21조 제1항에서 "모든 국민은 언론·출판의 자유와 집회·결사의 자유를 가진다."라고 규정하였음에도, 제37조 제2항의 일반적 법률유보 조항 외에 바로 제21조 제4항에서 "언론·출판은 타인의 명예나 권리 또는 공중도덕이나 사회윤리를 침해하여서는 아니 된다."는 조항을 두었으니, 미국 수정헌법 제1조와는 규정의 내용 자체에서 우선 상당한 차이를 보인다. 물론 이 차이가 양국의 언론자유의 내용에서 본질적 차이로 연결될 것인가에 관해서는 아직 어느 누구도 긍정적인 입장을 보인 일이 없다. 하지만 전반적으로 보아, 언론자유의 보장의 범위에 관해 한국보다는 미국의 쪽이 보다 더 넓게 잡고 있다는 느낌을 가

제한을 가하는 입법이 없었다고는 할 수 없다. 수정헌법 제1조의 명문과 현실의 불일치에 관해 연방대법원은 다음과 같이 해석하며, 조화를 시도하였다. 즉, 일반적으로 수정헌법 제1조는 어떤 표현을 그 메시지, 신념(idea) 혹은 내용(content)을 이유로 제한하는 권한을 정부가 가지지 않는다는 것을 의미한다.[9] 이렇게 헌법을 해석하면, 헌법은 언론에 대한 내용 기반(content-based)의 제한은 효력이 없다는 추정을 요구하게 되고, 따라서 정부는 그 적헌성 즉 내용 기반의 제한이 아니라는 사실에 대한 입증책임을 지게 된다.[10]

이와 같은 선례를 바탕으로 하여, 연방대법원은 최근 구체적으로 내용 기반의 제한으로서 허용되는 범주를 분명하게 나타내는 판결[11]을 하였다. 과거의 판례가 수립한 내용 기반의 제한의 위헌성 원칙을 보다 구체적으로 드러낸 것이 이번 판결이다. 이 판례로써 그 범주들을 초과하는 내용 기반의 제한은 위헌이라는 결론을 내릴 수 있게 되었으니, 미국에서 허용되는 언론의 자유는 보다 명확하게 모습을 드러내었다고 할 수 있다. 불안정성, 불명료함의 제거는 그만큼 언론자유의 보다 더 단단한 보장을 의미한다고 할 수 있고, 그 점에서 이 판례가 가지는 중요성이 배가된다고 하겠다. 이 논문은 바로 이 판례에서 적시된 미국에 있어서의 언론자유의 보장범위에 관해 살피려고 한다.

Ⅱ. 사안의 개요

피고인이자 피상고인인 자비에르 알바레즈(Xavier Alvarez)는 원래 거짓말을 잘 하는 사람이었다. 과거 디트로이트 레드 윙즈 팀에서 하키선수를 했다느니, 멕시코 출신의 신인여배우와 결혼을 했다는 정도는 좋았다. 그러나 그가 '의회영예메달'(the Congressional Medal of Honor)을 수여받았다는 거짓말을 했을 때, 이것은 연방형사법규인 '무용표절법'(武勇剽竊法, the Stolen Valor Act[12])를 위반한 결과를 초래했다.

피고인은 2007년 정부기구인 삼협용수배분이사회(The Three Valley Water District Board)에 이사 자격으로 첫 출석하였는데, 자신을 다음과 같이 소개했다. "나는 해병대에 25년 근무하고 2001년 퇴직했다. 1987년에 의회영예메달을 수여받았다."[13] 이런 발언에 대한 평가로 연방대법원의 다수의견은, 그것은 자신이 얻을 수 없었던 존경을 얻기 위한 불쌍한 시도

질 수 있으리라고 본다.

9) Ashcroft v. American Civil Liberties Union, 533 U.S. 564, 573, 122 S. Ct. 1700, 152 L. Ed. 2d 771(2002).

10) Ashcroft v. American Civil Liberties Union, 542 U.S. 656, 660, 124 S. Ct. 2783, 159 L. Ed. 2d 690 (2004).

11) *U.S. v. Xavier Alvarez* 132 S. Ct. 2537, 183. L. Ed. 2d 574(2012). 그러나 최신의 판례여서 아직 공식판례집인 U.S.(United States Reports)에는 오르지 못했다.

12) 18 U.S.C. §704(2005).

13) 617 F. 3d 1198, 1201-1202(CA9 2010).

였고, 그런 진술이 그가 그 메달을 수여받았던 사람들이 가질 수 있었던 고용이나 재정적 이익 혹은 특권의 부여 따위를 확보하기 위해 행해진 것은 아니었다고 했다.[14)]

피고인은 의회영예메달을 수여받았다고 거짓말한 행위로 무용표절법을 위반했다고 하여 기소되었다. 제1심 연방지방법원에서 무용표절법이 수정헌법 제1조에 위반한다는 그의 주장이 배척되었다. 피고인은 항소법원인 제9 순회법원에서, 수정헌법 제1조를 주장할 권리를 유보한 채 자신의 행위에 대한 유죄인정을 했다. 제9 순회법원은 무용표절법이 수정헌법 제1조에 위배되어 무효라고 판단하며, 제1심 유죄판결을 뒤집었다.[15)16)] 연방대법원은 이송영장(certiorari)[17)]을 발하였다.[18)]

피고인이 의회영예메달을 수여받은 적이 있다는 말은 완전히 거짓말이었고, 그 거짓말을 다른 의미로 해석할 여지는 전혀 없었다. 따라서 그는 무용표절법을 위반하였고,[19)] 또 의회영예메달이라는 것 때문에 가중처벌을 받게 되었다.[20)]

Ⅲ. 쟁　점

1. 개　론

주지하는 바와 같이, 우리 형법에서는 허위의 사실뿐만 아니라 진실의 사실일지라도 이를 공연히 적시하여 타인의 명예를 훼손한 경우 명예훼손의 죄책을 지고,[21)] 이것이 명예훼손 혹은 인격권침해에 관한 기본적인 법규의 역할을 한다. 그리하여 민사상의 손해배상책임의 경우에도 이것이 근거가 되어 진실의 사실인 경우에도 손해배상책임을 질 수 있게 된다. 그러나 미국에서는 허위진술의 경우에만 원칙적으로 민사배상의 대상이 된다. 그러나 모든 허위진술의 경우에 그렇게 되는 것은 아니다. 결국 허위진술 중 어느 것은 책임을 지고, 또 어느

---

14) 132 S. Ct. 2537, 2542; 183 L. Ed. 2d 574, 585.

15) 617 F. 3d, *supra*, 1218.

16) 이보다 조금 후 제10 순회항소법원에서는 무용표절법이 합헌이라는 판단을 내렸다. United States v. Strandlof, 667 F. 3d 1146(2012).

17) 미국 연방대법원에 대한 상고의 인정여부는 전적으로 연방대법원의 재량에 맡겨진다. 실제로는 사건의 중요성이나 판례통일의 필요성 등을 고려하여 9명의 대법관 중 4명의 찬성이 있으면 이송영장이 발부되어 사건이 연방대법원에 계속되게 된다. 이상의 설명은, 田中英夫(編),『英米法辭典』東京: 東京大學出版會, 1991, 133-4면의 해설 참조.

18) 565 U.S. _, 132 S. Ct. 457, 181 L. Ed 2d 292(2011).

19) §704(b)의 규정내용은 다음과 같다. “미국 군인을 위해 의회가 수여를 허락한 어떤 군사훈장이나 메달을 구두로 혹은 글로 자신이 받았다고 허위로 주장하는 자는 벌금 혹은 6개월 이하의 징역 또는 양자를 함께 하여 처벌된다.”

20) 가중처벌을 규정한 §704(c)의 규정은 다음과 같다.
“(c) 의회영예메달을 받았다고 하는 허위주장은 가중처벌한다.
(1) 위반자는 벌금 혹은 1년 이하의 징역 또는 양자를 함께 하여 처벌된다.”

21) 형법 제307조 제1항 “공연히 사실을 적시하여 사람의 명예를 훼손한 자는 2년 이하의 징역이나 금고 또는 500만 원 이하의 벌금에 처한다.”

것은 책임을 지지 않느냐는 문제가 떠오른다. 여기에서 논하는 연방대법원의 판결은 이에 관한 준거를 제시하는 점에서 그리고 그것이 처음으로 명확하게 제시되었다는 점에서 대단히 큰 의미를 갖는다고 하겠다.

2. 허위진술의 속성

우리가 얼핏 생각할 때는 허위진술로 타인의 명예나 인격권을 침해하면 예외 없이 법적 책임을 지는 것이 타당해 보인다. 하지만 인간사에서 때로는 허위진술에 대해 부정적으로 바라볼 수 없는 경우가 왕왕 있다. 대단히 역설적으로, 허위진술 자체가 때로 유용한 경우가 있을 수 있다. 또 허위진술에 대해 무조건적으로 칼을 휘두른다면 그것이 정상적인 언론에 미칠 나쁜 효과가 걱정되지 않을 수 없는 때도 있다.

먼저 허위진술이 긍정적으로 작용하는 경우를 보자. 연방대법원은 다양한 예를 드는데, 먼저 사회적 맥락에서 허위진술이 당혹감을 방지하고, 프라이버시를 보호하며, 어떤 사람을 편견에서 지키고, 아픈 사람에게 위안을 제공할 수 있다고 한다. 공적 맥락에서 말하자면, 위험을 앞에 두고 공황상태를 방지하거나 침착함을 유지하게 한다. 심지어 기술적, 철학적, 과학적 맥락에서 '소크라테스의 방법론'이 제시하듯 허위진술에 대한 검증은, 설사 그것이 고의적으로 잘못 인도하기 위해 만들어진 것이라도, 궁극적으로 진리를 깨닫는데 도움을 주는 사고의 형태를 촉진할 수 있다.[22)]

한편으로는 허위진술의 보호가 언론자유의 신장으로 연결되는 경우가 있을 수 있다. 이것은 어떤 진술의 허위성이 때때로 판명되기 쉽지 않다는 점을 연상하면 쉽게 이해된다. 연방대법원은 허위진술에 대해 형사적 기소를 한다는 위협은 화자(話者)로 하여금 진실한 진술을 못하게 할 수 있다. 그래서 수정헌법 제1조의 투사거리 안에 있는 종류의 언론을 위축시키게 된다.[23)] 그리하여 범의(犯意, mens rea)의 존재를 법원이 요구하게 되고, 이로써 정직한 화자가 단순한 부주의로 말의 책임을 지게 된다는 우려를 줄일 수 있게 되어 보다 가치 있는 언론을 위한 '숨 쉴 공간'(breathing room)을 마련하게 된다고 한다.[24)]

3. 허위진술의 취급에 관한 상반된 태도

허위진술에 법적 책임을 지우는 것이 부당한 경우가 있을 수 있음은 위에서 본 바와 같

---

22) 132 S. Ct. 2537, 2553. L. Ed. 2d 574, 597: 638 F. 3d 666, 673-675(CA9 2011). 뉴욕타임즈 사건에서는 다음과 같이 판시되었다. "어떤 진술이 허위라도 공공적 토론에 가치 있는 공헌을 할 수 있다. 왜냐하면 그것은 진리가 거짓과 충돌할 때 생기는 보다 분명한 개념 그리고 보다 생생한 인상을 주기 때문이다." New York Times Co., supra, at 279, n. 19, 84 S. Ct. 710, 11 L. Ed. 2d 686.

23) upra, 132 S. Ct. at 2553. L. Ed. 2d at 597: Gertz v. Robert Welch, Inc., 418 U.S. 323, 340-341, 94 S. Ct. 2997, 41 L. Ed. 2d 789.

24) Id, 132 S. Ct. at 2553. L. Ed. 2d at 597.

다. 이것은 수정헌법 제1조가 보장하려고 하는 공적이거나 사적인 대화 그리고 표현에서 개방적이고 활기찬 견해의 표출이 있으려면, 어느 정도의 허위진술을 허용함은 불가피하다는 일반적 인식으로 나타난다.[25] 그러나 현실적으로 허위진술을 어떻게 취급할 것이냐 하는 점에 관해서는 입장의 차이가 있을 수 있고, 이 점은 이 사건에서도 현저하게 부각되었다.

이 사건에서 미국 정부는 허위진술에 관하여 완강한 태도를 보인다. 허위진술은 일반적으로 헌법적 보호의 대상에서 벗어난다고 주장했다. 그러면서 과거 연방대법원 판결에서 단편적으로 나타났던 허위진술에 대한 배척의 판시를 열거하였다. “사실에 관한 허위진술은 진리를 찾아나가는 사상의 시장기능을 저해하므로 특히 무가치하다.”[26] “허위진술은 진실한 진술처럼 수정헌법 제1조에 의해 보호되는 것이 아니다.”[27] “진실하지 않은 언론은 상업적이건 어떤 것이건 보호되어온 것이 아니다.”[28] “거짓된 정보의 전파는 그 자체로써 수정헌법 제1조의 보증을 수반하지 않는다.”[29] “사실의 허위진술에는 어떤 헌법적 가치도 없다.”[30] “고의에 의한 그리고 현실적 악의(reckless dis regard of the truth)에 의한 허위진술은 헌법적 보호를 받지 못한다.”[31]

그러나 이러한 판시들은 연방대법원이 허위진술 전반에 관해 확실한 입장을 밝히기 위해 선언한 것들은 아니다. 그것은 전체 문장의 맥락 속에서 의미를 찾아야 하는 단편적 설시에 불과했던 것이라고 보아야 한다. 연방대법원은 이와 같은 사건들에서는 이 사건의 무용표절법의 문제처럼 오로지 허위진술만을 타깃으로 하지는 않았던 것이니,[32] 이를 갖고 미국정부가 주장하는 것처럼 허위진술 전반이 금지된다고 할 수 없다고 했다. 그리고 고의나 현실적 악의를 손해배상을 위해 요구하는 것은 보다 더 언론을 잘 보장하려고 하는 것이지 이를 거꾸로 제한하는 쪽으로 근거를 삼아서는 안 된다고 하였다. 즉 어떤 언론을 수인하도록 고안된 원칙을 언론을 제한하는 원칙의 근거로 삼을 수는 없다는 것이다.[33]

이 사건에서 연방정부는 과거 법원에서 일반적으로 허용된다고 판시했던 허위언론에 대한 규제를 세 개 들며 그 입장을 정당화하려했다. 첫째 정부관료에게 행해진 허위진술에 대한 형사적 제재이고,[34] 둘째 위증죄 처벌규정이며, 셋째로 허위로 자신이 정부 관료인양 혹

25) Id, *132* S. Ct., at 2544, L. Ed. 2d, at 587. New York Times Co., supra, at 271, 84 S. Ct. 710, 11 L. Ed. 2d 686에서는 다음과 같이 판시하였다. “잘못된 진술은 자유로운 토론에서 불가피하다.”

26) Hustler Magazine, Inc. v. Falwell, 485 U.S. 46, 52, 108 S. Ct. 876, 99 L. Ed. 2d 41(1988).

27) Brown v. Hartlage, 456 U.S. 45, 60-61, 102 S. Ct. 1523, 71 L. Ed 2d 732(1982).

28) Virginia Bd. of Pharmacy v. Virginia Citizens Consumer Council, Inc., 425 U.S.771, 96 S. Ct. 1817, 48 L. Ed. 2d 346.

29) Herbert v. Lando, 441 U.S. 153, 171, 99 S. Ct. 1635, 60 L. Ed 2d 115(1979).

30) Gertz, supra, at 340, 94 S. Ct. 2997, 41 L. Ed 2d 789.

31) Garrison v. Louisiana, 379 U.S. 64, 75, 85 S. Ct. 209, 13 L. Ed 2d 125(1964).

32) Supra, 132 S. Ct. at 2546. L. Ed. 2d at 588.

33) *Ibid.*

34) 18 U. S. C. §1001. 내용은 ‘행정, 입법, 사법의 각 관할영역에 있어서 허위, 가공, 혹은 사기성의 진술이나

은 정부를 대신해서 행위하는 듯이 표시하는 사람을 처벌하는 규정이다.[35)]

다수의견은 이와 같은 정부의 주장을 철저하게 논박한다. 그러한 제한들은 결코 모든 허위진술의 금지가 엄격한 수정헌법 제1조의 심사를 벗어나는 원칙을 수립하는 것이 아니라고 하였다.[36)] 위 첫째의 경우는 정부 관료에게 대해 그리고 공적인 사항에 관련된 대화에서 행해진 허위진술을 제재한다는 것으로, 허위진술을 누구에게 행해지건 그리고 어떤 때건, 어떤 맥락에서건 보호되지 않는다고 한다는 뜻을 갖지 않는다.[37)] 둘째의 점에 관해서 보자면, 연방대법원이 연방법규건 주법규건 위증죄에 관한 규정의 합헌성은 전혀 문제되지 않는다고 판시한 것은 맞다.[38)] 그러나 그것이 수정헌법 제1조의 보호를 받지 못하는 것은 단순히 허위이기 때문만은 아니다. 위증은 법원으로 하여금 진실에 바탕을 두지 않은 판단을 내리도록 하기 때문이다. 위증은 법의 기능과 영역을 해치고, 법적 시스템의 기초인 판단의 일체성을 위협한다.[39)] 쉽게 말해서, 사법정의의 실현을 방해하는 측면에서 처벌되는 것이지 단순히 허위성에 초점을 맞추어 처벌되는 것이 아니라는 것이다. 셋째의 경우도 마찬가지다. 이때도 단순히 허위로 말하는 것을 처벌하는 것이 아니다. 예컨대 미국 정부의 관리나 피고용인 사칭을 금지하는 것이다.[40)] 그 규정이 허위로 인한 재정적, 재산적 손실의 입증을 요하는 것은 아닐지라도 정부 서비스 그 자체의 일반적 평판과 위신을 유지하는데 그 규정의 목적이 한정되어 있다.[41)]

4. 소 결

위에서 본 바와 같은 정부의 주장이 유지될 수 없는 것이라면, 결국 피고인의 행위가 다음의 Ⅳ항에서 말하는 제한되는 언론의 범주에 포함되지 않는 한 그것을 내용에 있어서 제한하는 법규정은 수정헌법 제1조를 위반하는 것이 된다. 연방대법원은 수정헌법 제1조가 그에 위반하는 범주의 언론을 마음대로 정하는 것을 의미하지는 않지만,[42)] 지금까지 몇 가지 범주의 언론이 역사적으로 보호받지 못하는 사실을 천명해왔으며, 이것이 아직 판례법에서 특정되거나 토의되지는 않았다[43)]고 하였다. 그리하여 다음과 같이 9개의 제한되는 범주를

표현하는 모든 자'를 처벌한다는 것이다.

35) 예컨대 § 912, § 709.

36) Id, 132 S. Ct. at 2546. L. Ed. 2d at 588.

37) *Ibid.*

38) United States v. Grayson, 438 U.S.41, 54, 98 S. Ct. 2610, 57 L. Ed. 2d 582(1978); Konigsberg v. State Bar of Cal., 366 U. S. 36, 51, n. 10, 81 S. Ct. 997, 6 L. Ed. 2d 105(1961).

39) United States v. Dunnigan, 507 U.S. 87, 97, 113 S. Ct 1111, 122 L. Ed. 2d 445(1993) 참조. 이 사건에서 "우리 재판제도를 옹호하기 위해서 위증죄 규정의 합헌성은 의문의 여지가 없다."고 판시되었다.

40) 132 S. Ct. at 2546. L. Ed. 2d, 589.

41) United States v. Lepowitch, 318 U.S. 702, 704, 63 S. Ct. 914, 87 L. Ed. 1091(1943).

42) United States v. Stevens, 559 U. S., at ___, 130 S. Ct. 1577, at 1586, 176 L. Ed. 2d 435.

43) *Ibid.*

제시하였다.

Ⅳ. 제한되는 언론의 범주

1. 개 설

이렇게 하여 연방대법원은 다음과 같이 수정헌법 제1조의 언론의 자유를 제한하는 어떤 입법도 허용되지 않는다는 문면과 어떤 면에서는 상치되는, 내용적 제한이 허용되는 다음 9개의 범주를 제시하였다. 다시 말하자면, 이 범주들을 벗어나는 언론의 자유를 그 내용에 있어서 제한하는 어떠한 것도 수정헌법 제1조를 위반하는 것으로 판시한 것이다. 이것은 지금까지의 연방대법원 판례들을 치밀하게 분석하고 종합하여,[44] 제시된 것이다. 이 판례는 이처럼 다소 애매한 수정헌법 제1조의 해석, 문면의 적용영역에 관한 명확한 지침을 세우는 것이다.[45] 또 그럼으로써 광대한 자유로운 언론과 사고의 영역이 항상 전통 속에서 보호되어 번창할 수 있고 나아가서 더 신장될 수 있다는 믿음을 제시한다. 그러므로 이 기준의 제시는 언론자유의 내용을 규정지어온 역사에서 큰 의미를 가진다고 하겠다.

2. 내용에 있어서 언론의 자유가 제한되는 9가지 카테고리들

(1) 절박한 무법적 행동(imminent lawless action)의 선동

한국에서는 '명백하고 현존하는 위험의 원칙'이 미국에서의 언론자유를 제한하는 기준으로 되고 또 이를 존중하여 받아들이는 학설과 판례가 지배적이나 그렇지 않다. 절박한 무법적 행동 즉 폭동과 같은 것을 일으킬 수 있는 혹은 이를 그 목적으로 삼고 있는 언론은 수정헌법 제1조에 의해 보호받지 못한다는 것이다.[46]

(2) 외 설

우리도 그렇지만, 미국 판례상 외설의 정의는 변화해왔다. 현재 기준으로 되고 있는 것은 밀러사건[47]에서 확립된 '밀러기준'(The Miller Test)이다. 기준은 세 가지로 나누어볼 수 있다. 첫째 평균인이 동 시대 지역 공동체기준을 적용하여 그 표현물을 전체적으로 평가한 끝에 호색적 흥미를 유발하는 것으로 인정된다(An average person, applying contemporary local community scandals, finds that the work, taken as a whole, appeals to prurient interest.).

---

44) 이 제한의 범주들은 '역사적이고 전통적인 것'으로서 '법조계에는 친숙한 것'이다. Stevens, supra, 559 U.S. ___, ___, 130 S. Ct. 1577, at 1584, 176 L Ed 2d 435(2010).

45) Supra, 132 S. Ct. at 2544. L. Ed. 2d at 587.

46) 이상의 설명에 관한 자세한 사항은, 신평, 전게서, 30-32면 참조. 이 원칙을 처음으로 적용하여 '명백하고 현존하는 위험의 원칙'에서 판례변경을 꾀했다고 평가받는 사건은 Brandenburg v. Ohio, 395 U.S. 444, 89 S. Ct., 1827, 23 L. Ed 430(1969).

47) Miller v. California, 413 U.S. 15, 93 S. Ct. 2607, 37 L. Ed 2d 419(713).

둘째 그 표현물이 명백히 불쾌한 느낌을 주는 방법으로, 해당 주법에 의해 특정하게 정의된 성행위를 묘사한다(The work depicts in a patently offensive way sexual conduct specifically defined by applicable state law.). 셋째 문제적 표현물이 진지한 문학적, 예술적, 정치적 혹은 사회적 가치를 결여한다(The work in question lacks serious literary, artistic, political or scientific value.).[48)]

(3) 명예훼손

명예훼손은 자유로운 언론의 범위를 정하는 가장 중요한 기준이다. 언론의 자유를 벗어나는 것으로 법적 책임을 지는 대부분의 경우가 명예훼손이기 때문이다. 이 판결에서 연방대법원은 명예훼손에 관한 이해를 위해 가장 긴요한 과거 두 개의 판례를 들었다. 첫째는 공직자의 직무행위에 대한 비판은, 그것이 현실적 악의(actual malice) 즉 허위인 점을 실제로 알았다든가 혹은 이에 가까운 정도로 중대한 의심을 안고 있은 경우가 아니면 명예훼손의 책임을 지지 않는다는 판례,[49)] 둘째 사람의 표현을 사실적시와 의견의 표명으로 나누어 후자에 해당하면 명예훼손의 책임을 지지 않는다는 의견특권론을 수립한 판례[50)]이다. 앞의 판례에 관해서는 공인을 향한 언론에 대해 실질적인 보호를 제공한 것으로, 뒤의 판례에 관해서는 사인을 향한 명예훼손에 대해서 일정한 한계를 설정한 것으로 설명을 붙였다.

(4) 범죄적 행동의 필수요소(speech integral to criminal conduct)

노동조합과 비노조원, 그리고 그 사이에 낀 회사 간의 갈등에 관한 판례[51)]를 들었다. 어떤 언론이 법을 위반하는 범죄적 행동의 필수적인 요소일 때에는 그것은 수정헌법 제1조에 의해 보호되는 것이 아니라는 뜻이다.

(5) 도전적인 말(fighting words)

어떤 사상적 표현의 일단을 이루는 것이 아니면서, 남에게 상처를 주고 즉각적으로 평화를 파괴시키는 언급은 보호되지 않는다는 판례[52)]를 들었다.

---

48) 밀러기준에 관한 상세한 설명은 신평, 전게서, 126-131면 참조.

49) New York Times v. Sullivan, 376 U.S. 254, 84 S. Ct. 710. 11 L. Ed. 2d 686(1964).

50) Gertz v. Robert Welch, Inc., 418 U. S. 323, 94 S. Ct. 2997, 41 L. Ed. 2d 789(1974).

51) Giboney v. Empire Storage & Ice Co., 336 U. S. 490, S. Ct. 684, 93 L. Ed. 834(1949). 이 판례에 관한 개략적 해설로는 위키피디아의 자매사이트인 위키소스 http://en.wikisource.org/wiki/Giboney_v._Empire_Storage_%26_Ice_Company/Opinion_of_the_Court 참조. 이 사건에서 상고인은 얼음 등을 운반하는 노동조합의 구성원이고, 피상고인은 얼음을 제조하여 판매하는 회사였다. 상고인 등은 피상고인에게 위 노조의 구성원이 아닌 행상들에게는 얼음을 판매하지 말도록 요청하였으나, 이 요청에 따라는 피상고인의 행위는 주의 반통상억제법(antitrade restraint law)에 위반하는 것이었다. 피상고인이 상고인 등의 요청을 거절하자 상고인 등은 피상고인 회사의 앞에서 평화적인 피켓팅을 하며 시위를 벌였다. 주 대법원은 피상고인의 행위의 정당성을 인정하는 동시에 피켓팅의 금지명령(injunction)은 수정헌법 제1조에 위반하지 않는다고 판시했고, 연방대법원은 상고를 기각했다. 결국 이 사건에서 노조의 피켓팅을 통한 시위는 주법을 위반하는 법죄적 행동의 필수성분으로서 용납될 수 없다는 것이다.

52) Chaplinsky v. New Hampshire, 315 U.S. 568, 62 S. Ct. 766, 86 L. Ed. 1031(1942). 이 판례에 관한 개략

(6) 아동 포르노그래피

아동 포르노그래피의 경우 앞에서 든 밀러기준을 충족하지 않아도, 즉 밀러 기준에 달하지 않는 행위도 처벌의 대상이 된다는 판례[53)]가 언급되었다. 이 판례에서 “아동 포르노그래피를 평가함에 있어서 음란기준은 다음과 같이 조정되어야 한다. 즉 사실인정자[54)]는 그 표현물이 평균인의 호색적 흥미를 유발하는 것인지, 나타난 성적 행위가 명백히 불쾌한 방법으로 행해지는지, 문제된 표현물이 전체로서 고려되어야 하는지에 관하여 인정할 필요가 없다.”고 판시되었다.

(7) 사 기

상업적 언론에 적용된 것으로서, 광고가 수정헌법 제1조의 보호를 받으나 허위의 혹은 기만적인 광고(false or deceptive advertisements)는 금지된다는 판례[55)]를 들었다.

(8) 진정한 위협

18세의 소년이 농담조로 당시의 린든 B. 존슨 대통령을 총으로 쏴버리겠다는 것이 문제된 사건에서 단순한 정치적 과장(political hyperbole)은 진정한 위협(true threats)과 구별되어야 한다고 판시한 판례[56)]를 들었다.

(9) 기타: 정부가 방지권한을 가진, 심각하고 절박한 위협(speech presenting some grave and imminent threat the government has the power to prevent)

국가안보문제가 걸린 따위의 아주 극단적인 경우가 아닌 한 사전억제는 위헌이라고 판시한 판례[57)]를 들었다.

Ⅴ. 판　　단

Kennedy 대법관이 법정의견(the judgement of the Court)을 기술하였는데, 여기에는

적 설명은 위키피디아 http://en.wikipedia.org/wiki/Chaplinsky_v._New_Hampshire 참조. 그리고 소위 fighting words를 포함하는 hate speech(증오언론)에 관한 설명으로, Don R. Pember & Clay Calvert, Mass Media Law 2009-2010 Edition(New York; McGraw-Hill Higher Education, 2008), pp. 117-123. 참조.

53) New York v. Ferber, 458 U.S. 747, 102 S. Ct. 3348, 73 L. Ed. 2d 1113(1982).

54) 원문에는 ‘trier of fact’라고 표기되었는데, 이것은 배심재판의 경우 배심, 배심 없는 재판에서는 법관을 지칭한다. 田中英夫(編), 같은 책, 864면.

55) Virginia Bd. of Pharmacy v. Virginia Citizens Consumer Council, Inc., 425 U.S. 748, 771, 96 S. Ct. 1817, 48 L. Ed. 2d 346(1976). 이 판례에 관한 설명으로는 위키피디아 http://en.wikipedia.org/wiki/Virginia_Bd._of_Pharmacy_v._Virginia_Citizens_Consumer_Council,_Inc. 참조.

56) Watts v. United States, 394 U.S. 705, 89 S. Ct. 1399, 22 L. Ed. 2d 664(1969)(per curiam). 이 판례의 개략은 위키피디아 http://en.wikipedia.org/wiki/Watts_v._United_States#Watts_v._United_States 참조.

57) Near v. Minnesota ex rel. Olson, 283 U.S. 697, 716, 51 S. Ct. 625, 75 L. Ed. 1357(1931), 그러나 이 범주의 제한은 가장 유지되기가 어려운 것이라고 하였다. New York Times Co. v.United States, 403 U.S. 713, 91 S. Ct. 2140, 29 L. Ed. 2d 822(1971)(per curiam) 참조.

Roberts 대법원장과 Ginsberg, Sotomayor 대법관이 따랐고, 동의의견(Concur)에는 Breyer, Kagan 2명의 대법관이, 반대의견(Dissent)에는 Alito, Scalia, Thomas 3인의 대법관이 가담하였다. 위헌이라고 판단한 다수의견은 대체로 보아, 다음의 2단계로 논리를 전개하였다.

1. 법의 취지

사실 무용표절현상은 미국사회에서 널리 행해지고 있다. 그 예를 보자. 한 해에 600명 이상의 버지니아 주민들이 허위로 명예훈장(the Medal of Honor)을 수여받았다고 주장했다.[58] 후즈후(Who's Who)인명사전에 최고의 무공훈장을 받았다고 등재된 사람 333명을 조사했더니 그 3분의 1은 입증이 되지 않았다.[59] 심지어는 어떤 판사가 명예훈장을 두 개나 받았다며 그 위조된 훈장을 법정에 버젓이 전시한 예까지 보고되었다.[60]

나아가 무용표절법에 의해 금지된 거짓말은 실제적으로 해악을 끼치기도 한다. 많은 경우 해악은 가시적 성질을 갖는다. 사람들은 재정적, 물질적 보상을 위해 가령 수익성 좋은 계약의 체결이나 정부보조금의 지원을 받기 위해 훈장 등을 받았다고 거짓으로 말한다.[61] 예컨대 미국 한 지역에 대한 조사에서, 12인이 국가보훈처를 속여 제대군인 수당에서 140만 달러 이상을 빼낸 것이 발각되었다.[62]

이 같은 미국사회에서의 병든 현상을 염두에 두며, 그리고 이를 치유하기 위해 무용표절법이 생겨나고 적용되어왔다고 할 수 있다. 그리고 무용표절법 외에도 많은 연방법률이 허위진술을 처벌해왔다. 그중에서 가장 유명한 것은, 미국 정부의 행정, 입법, 사법 분야 관할권 안의 문제에 있어서 고의적으로 행해지는 실질적으로 허위의, 가공의 혹은 사기적인 진술이나 외관을 범죄로 처벌하는 법률[63]이다. 다음으로 들 수 있는 것은, 연방정부를 대신해서 혹은 그 승인 하에 말하고 있는 것처럼 허위로 외관을 만들어내는 행위, 즉 연방공무원을 사칭하는 행위를 처벌하는 법률[64]이다. 이렇게 하여 연방기관이 관련되는 영역에 있어서 행해지는 허위진술을 처벌하는 연방형사법규가 무려 100개를 넘는다고 한다.[65] 판례도 지금까지

58) Colimore, Pinning Crime on Fake Heroes: N. J. Agent Helps Expose and Convict Those with Bogus U.S. Medals, Philadelphia Inquirer, Feb. 11, 2004, http://articles.philly.com/2004-02-11/news/25374213_1_medals-military-imposters-distinguished-flying-cross.

59) Crewdson, Claims of Medals Amount to Stolen Valor, Chicago Tribune, Oct. 26, 2008, http://www.chicagotribune.com/news/local/chi-valor-oct25,0,4301227.story?page=1.

60) Young, His Honor Didn't Get Medal of Honor, Chicago Tribune, Oct. 21, 1994, http://articles.chicagotribune.com/1994-10-21/news/9410210318_1_congressional-medal-highest-fritz.

61) New York Daily News, May 6, 2007, http://www.nydailynews.com/news/crime/war-crime-fbi-targets-fake-heroes-article-1.249168.

62) 11 Dept. of Justice, Northwest Crackdown on Fake Veterans in "Operation Stolen Valor," Sept. 21, 2007, http://www.justice.gov/usao/waw/press/2007/sep/operationstolenvalor.html.

63) 18 U. S. C. § 1001.

64) 18 U. S. C. § 912.

이런 법률들에 대해 호의적이었다. 권한 없이 미국의 군 제복을 입는 행위를 처벌하는 법규가 그 자체로 유효하다고 판시[66]한 외에 이런 법률들에 대해 그 적헌성 여부에 관한 판단을 내리지 않았다.[67] 이러한 상황에서 무용표절법이 수정헌법 제1조에 비추어 유효한 것인지에 관한 이 사건 판단이 이루어지게 되었다.

2. 법의 위헌성 판단

(1) 법의 부정적 효과

연방대법원은 먼저 이 법률이 표현의 자유에 대해 아마도 가질 부정적 효과에 대해 언급한다. 이 법률은 표면적인 문언의 해석상 허위진술이 언제, 어느 곳, 또 누구에게 행해지든 적용되는 것으로 본다.[68] 더욱이 그 법규정이 전면적으로 그리고 거의 전례 없이 큰 적용영역을 가지는 것은 수정헌법 제1조와 배치된다고 하였다.[69] 이 사건에서 거짓말은 공공의 회합에서 이루어졌다. 그러나 그 규정은 집 안에서 이루어진 개인적이고 귓속말의 대화에도 똑같이 적용될 것이다. 그 규정은 무용표절이라는 한 가지 주제에 관하여 행해진 허위진술을 어떤 때나 상황에서건 억압하려고 할 것이다. 또 거짓말이 어떤 물질적 이익을 얻기 위해 행해졌느냐 하는 점도 전혀 묻지 않는다.[70] 이렇게 된다면, 정부는 연방대법원의 그 어느 사건에서나 헌법적 전통 그 어디에서건 전례가 없었던 광범한 검열권한을 얻게 된다.[71] 이 결과는 수정헌법 제1조가 도저히 참아낼 수 없는 것이다.

(2) 무용표절법이 꼭 필요한가에 대한 회의

무용표절법으로써 달성하려고 한 정부의 의도가 과연 적절했는지도 의문이다. 민주주의 사회에서는 대체로 어느 해악을 끼치는 언론에는 반론, 반박이 등장하여 그 해악을 제거한다. 이런 과정이 이루어질 수 없는 경우에만 법률로써 그 언론에 대한 처벌을 꾀함이 타당하다.

이 사건에서 보면, 피상고인은 공적 회합에서 거짓말을 했다. FBI가 이에 대한 수사를 개시하기 전에 이미 그는 거짓말쟁이 취급을 받았다. 거짓말이 명백히 드러나자 그는 온라인상으로 조롱받았고,[72] 그의 행동은 보도가 되었다.[73] 급기야 다른 이사에 의해 사임요청이 이

---

65) United States v. Wells, 519 U. S. 482, 505-507, and nn. 8-10, 117 S. Ct. 921, 137 L. Ed. 2d 107(1997) (Stevens, J., dissenting) 참조.

66) Schacht v. United States, 398 U.S. 58, 61, 90 S. Ct. 1555, 26 L. Ed. 2d 44(1970).

67) Supra, 132 S. Ct. at 2558. L. Ed. 2d at 602.

68) *Ibid*, 132 S. Ct. at 2547. L. Ed. 2d at 590.

69) *Ibid*.

70) *Ibid*. San Francisco Arts & Athletics, Inc. v. United States Olympic Comm., 483 U.S. 522, 539-540, 107 S. Ct. 2971, 97 L. Ed. 2d 427(1987) 참조.

71) *Ibid*, supra, 132 S. Ct. at 2548. L. Ed. 2d at 592.

72) Brief for Respondent 3.

루어졌다.[74] 이러한 일련의 사태를 두고 볼 때 이 사건 외에서도 훈장 등 수여에 관한 거짓말이 있었을 때 비슷한 결과로 이끌어졌을 가능성이 크다.[75]

연방대법원은 그리하여 다음과 같은 의미심장한 결론을 내린다. 허위의 말에 대한 치료제는 진실의 말이다. 이것은 자유로운 사회에서의 통상적인 과정이다. 비이성적 행위에 대한 대응은 이성적 행위, 무지에 대한 것은 계몽이, 새빨간 거짓말에 대한 것은 단순한 진실이 그 적절한 대응이다.[76]

(3) 엄격한 심사의 불통과

어느 언론의 내용을 제한하려고 하는 경우 그것은 수정헌법 제1조와의 관계에서 자의적인 접근이 허용되지 않는다. 지금까지 연방대법원은 이런 경우 '가장 엄격한 심사의 원칙(the most exacting scrutiny)'을 견지해왔다.[77] 무용표절법은 이 심사의 원칙을 통과하지 못한다는 것이 연방대법원의 견해이다.[78]

미국에서 언론의 자유가 가장 발달되었다고, 그래서 그것이 저수지의 물처럼 흘러나와 평원을 적시며 풍성한 결실을 맺게 한다는 인식을 우리가 하는 것은, 미국헌법에 대한 그들의 탁월한 해석에 기초한다. 언론과 사상의 자유는 결코 국가의 은혜로운 조치에서가 아니라 인민의 불가침의 권리에서 흘러나온다. 정부의 언론에 대한 억제는 허위의 노출을 더욱 어렵게 할 뿐이다. 사회는 공개적이고 역동적이며 합리적인 의론을 가능하게 하는 권리와 시민적 의무를 가진다.[79]

정부는 이 법률을 옹호하기 위해 여러 주장을 한다. 첫째로 상당량의 군사기록이 일실되었기 때문에 훈장 등 수여 주장에 대한 입증이 불가능하고, 따라서 반론의 허용에 의해 거짓주장이 드러날 수 있는 기회가 없다고 한다. 그러나 입증가능한 기록이 없다면 이 법률에 의한 형사적 기소 자체가 어려워질 것이다.[80] 둘째 정부는 무용처벌법이 위헌으로 된다면 많은 이에 관한 허위주장들이 도전받지 않고 남을 것이라고 주장하나, 그에 대한 논박이 제 기능을 다하지 못할 것이라는 점에 관해 입증하여야 할 것임에도 이를 전혀 하지 않았다.[81]

---

73) Ortega, Alvarez Again Denies Claim, Ontario, CA, Inland Valley Daily Bulletin(Sept. 27, 2007) 참조.

74) Bigham, Water District Rep Requests Alvarez Resign in Wake of False Medal Claim, San Bernardino Cty., CA, The Sun(May 21, 2008).

75) *Ibid*, supra, 132 S. Ct. at 2549-2550. L. Ed. 2d at 593.

76) *Ibid*. Whitney v. California, 274 U.S. 357, 377, 47 S. Ct. 641, 71 L. Ed. 1095(1927)(Brandeis, J., concurring) 참조.

77) Turner Broadcasting System, Inc. v. FCC, 512 U.S. 622, 642, 114 S. Ct. 2445, 129 L. Ed. 2d 497 (1994).

78) *Ibid*, supra, 132 S. Ct. at 2548. L. Ed. 2d at 591.

79) *Ibid*, 132 S. Ct. at 2550. L. Ed. 2d at 593.

80) *Ibid*.

81) *Ibid*. 132 S. Ct. at 2550. L. Ed. 2d at 594.

오직 허약한 사회만 진실을 유지하기 위해 정부의 보호나 간섭이 필요할 것이라고 하여,[82] 미국사회는 그런 사회가 아니라는 자신감을 피력한다. 끝으로 우리 헌법상의 기본권제한입법에 대한 해석원칙과 유사하게, 적용할 수 있는 효과적인 여러 방법들 가운데서 가장 덜 제한적인 방법을 택했어야 하고, 그 하나의 방법으로서 정부 주도의 훈장 등 수여에 관한 데이터베이스 구축을 들며 그런 방법을 취하지 않은 채 이 법률을 적용하는 것[83]은 위헌이라는 결론을 내린다.

이와 같은 이유로 무용표절법은 언론의 자유를 제한하려는 입법에 적용되는, '가장 엄격한 심사의 원칙'을 통과하지 못한 위헌의 법률인 것이다. 수정헌법 제1조는 우리가 옹호하는 언론 뿐 아니라 우리가 혐오하는 언론도 보호하는 것으로 이것은 어쩔 수 없는 부담이다.[84] 결국 피상고인이 한 거짓말도 수정헌법 제1조의 보호대상이 되고, 그것이 앞에서 본 9개의 제한 범주에 들지 않는 한 이를 규제할 수 없다는 것이 된다.

Ⅵ. 동의의견과 반대의견

1. 동의의견

Breyer 대법관이 기술하고 Kagan 대법관이 가담한 동의의견은, 다수의견과 결론을 같이 하면서도 언론자유의 내용을 제한하는 9개의 범주 설정에는 반대한다.[85] 즉 무용표절법은 가족 간이나 사적인 대화에 대해서도 적용될 만큼 그 적용의 범위가 너무 넓은 점에서, 그리고 부주의한 거짓말에 대해서도 화자가 기소될 염려를 할 수 있을 정도로 언론의 위축효과가 분명하므로[86] 이 법 자체에 대한 위헌의 결론에 찬의를 표한 것이다.

2. 반대의견

Alito 대법관이 기술하고 Scalia, Thomas 대법관이 가담한 반대의견은, 다수의견과는 정반대로 허위진술은 수정헌법 제1조의 보호를 받을 자격이 없다는 데서 출발한다. 다만 보호받는 언론에 '숨 쉴 공간'(breathing space)이 충분히 주어지기 위해서는 허위진술에도 때때로 전략적으로 보호의 수단이 주어질 것이 필요하다는 논리에 선다.[87]

공인에 대한 명예훼손적 진술이 현실적 악의에 기한 것일 때 한해서 책임을 진다는 원칙,[88] IIED(intentional infliction of emotional distress)[89]의 경우에도 역시 현실적 악의가 요

82) *Ibid*, 132 S. Ct. at 2550-2551. L. Ed. 2d at 594.
83) *Ibid*, 132 S. Ct. at 2551. L. Ed. 2d at 594.
84) *Ibid*.
85) *Ibid*.
86) *Ibid*, 132 S. Ct. at 2555. L. Ed. 2d at 597-598.
87) *Ibid*, 132 S. Ct. at 2563. L. Ed. 2d at 607.

구된다는 원칙,[90] 그 외 몇 가지 상황에서 요구되는 엄격한 심사의 원칙[91]에 의해 어쩔 수 없이 허위진술의 경우에도 수정헌법 제1조의 보호가 미치게 되나, 이것은 어디까지나 가치 있는 언론이 위축됨을 방지하려는 목적에서 인정되는 것이다.[92]

그리고 다수의견이 말하는 것처럼 정부 주도로 훈장 등의 수여에 관한 데이터베이스를 만드는 것이 불가능하고,[93] 이 사건 무용표절법이 해석상 다섯 가지의 의미 있는 점에서 제한을 받는다는 것을 역설하며[94] 그 합헌성을 내세웠다.

Ⅶ. 결 어

미국사회는 수정헌법 제1조를 금과옥조로 내걸며 언론의 자유를 풍성하게 누려왔다. 그리고 이 놀라운 현상은 조금씩 세계 각국으로 전파되어 나가며 문명사회의 틀을 만들어왔다고 할 수 있다. 하지만 수정헌법 제1조에 의한 자유언론의 보호가 현실적으로 무제한의 것이 될 수 없음은 역시 인간의 이성과 지성이 가리키는 바이다. 그렇다면 우리에게 이토록 소중한 언론자유를 최대한으로 보장하되 불가피하게 이를 보장할 수 없는 어느 영역을 인정하지 않을 수 없다.

무용표절법에 대한 위헌판단을 내린 미국 연방대법원의 이 사건 판결은, 바로 이와 같은 딜레마를 딛고 언론자유의 범위를 보다 명확하게 제시하려고 하였다. 이처럼 언론자유를 총체적인 관점에서 조망하며 그 보호의 범위를 획정한 것은 일찍이 없었던 일이다. 그 많은 미국 수정헌법 제1조의 해설서에서건, 또 연방대법원의 오래 된 수정헌법 제1조 해석의 판단에서건 이러한 시도는 이때까지 없었다. 이와 같은 뜻에서 연방대법원은 이 사건의 판시로 언론자유에 관한 '법의 발견'을 행했다고 할 수 있다.

---

88) New York Times Co. v. Sullivan, 376 U.S. 254, 279-280, 84 S. Ct. 710, 11 L. Ed. 2d 686(1964)(civil liability); *Garrison*, 379 U.S., at 74-75, 85 S. Ct. 209, 13, L. Ed. 2d 125(criminal liability) 참조.

89) 딱 들어맞는 말로 번역하기가 쉽지 않으나, 굳이 번역하자면 '의도적인 감정적 고통야기'정도로 번역할 수 있음. 이것은 원래 '현실적 악의' 입증부담을 피하기 위한 소송형태로 출발했으나 연방대법원이 1988년 공인이 이 형태의 소송에서 승소하기 위해서는 역시 현실적 악의를 입증해야 한다고 판시하였고(Don R. Pember & Clay Calvert, supra, pp. 199-202), 이 사건에서 반대의견도 역시 이 점을 피력했다. 미국법 연구회(American Law Institute)가 펴낸 리스테이트먼트(Restatement of the law of Torts)에서는 IIED가 성립하기 위한 네 가지의 요건을 설정하였다. ① 피고의 행위가 의도적이거나 부주의했을 것, ② 피고의 행위가 과도하고 터무니없었을(outrageous) 것, ③ 피고의 행위가 원고에게 감정적 고통을 야기했을 것, ④ 감정적 고통은 극심했을(severe) 것의 네 가지이다(*supra*, p. 199).

90) Falwell, 485 U.S., at 55-56, 108 s. Ct. 876, 99 L. Ed. 2d 41.

91) Madigan, 538 U.S., at 620, 123 S. Ct. 1829, 155 L. Ed. 2d 793; BE&K Constr., 536 U.S., at 531, 122 s. Ct. 2390, 153 L. Ed. 2d 499; Hartlage, 456 U.S., at 61, 102 s. Ct. 1523, 71 L. Ed. 2d 732 참조.

92) Supra, 132 S. Ct. at 2563-2564. L. Ed. 2d at 608.

93) *Ibid*, 132 S. Ct. at 2559. L. Ed. 2d at 603-604.

94) *Ibid*, 132 S. Ct. at 2557. L. Ed. 2d at 601.

언론자유는 이제 보다 명확한 내용을 갖추게 되었다. 문제가 되는 어떤 언론의 내용이 다음의 9가지 범주에 해당하지 않는 한 수정헌법 제1조의 보호를 받는다. 부연하자면, ① 절박한 무법적 행동(imminent lawless action)의 선동, ② 외설, ③ 명예훼손, ④ 범죄적 행동의 필수요소, ⑤ 도전적인 말(fighting words), ⑥ 아동 포르노그래피, ⑦ 사기, ⑧ 진정한 위협, ⑨ 정부가 방지권한을 가진, 심각하고 절박한 위협의 9가지 예외적 범주에 들어가지 않는 언론은 어떤 법적 책임으로부터도 면책되는 것이다.

또 이 사건 판결은, 허위진술이라도 그것이 항상 수정헌법 제1조 보호범위 밖에 위치하는 것이 아니라 그것이 위 9개의 범주에 들어가지 않는 한 수정헌법 제1조의 보호를 받게 된다는 점을 설파하였다. 그러기 위해 연방대법원은 허위진술이 우리 사회에서 때때로 긍정적으로 작용하는 경우가 있고, 허위진술의 보호가 보다 궁극적으로 언론자유의 신장으로 연결될 수도 있다는 점을 지적하였다. 공교롭게 이와 같은 판시는, 이보다 전에 한국 헌법재판소의 한 결정에서 나타난 보충의견과 일맥상통하는 점을 갖는다.[95)]

그런데 한국 형법에서는 허위진술뿐만 아니라 진실한 진술일지라도 공연히 이를 적시하여 타인의 명예를 훼손한 경우 명예훼손의 죄책을 지고, 또 민사상의 손해배상책임을 지게 된다. 미국의 이 사건 연방대법원 판결이 허위진술의 경우에도 원칙적으로 수정헌법 제1조의 보호를 받아 면책된다고 하는 것과는 상당한 차이를 이루게 된다. 그동안 진실한 사실일 경우 명예훼손의 책임을 지는 것이 과연 헌법상 언론의 자유를 부당하게 침해하는 것이 아니냐 하는 의구심이 일각에서 제기되어 왔다.[96)]

나라에 따라 언론자유의 보호범위, 보호의 형태가 같을 수는 없다. 그러나 미국 연방대법원이 수정헌법 제1조 해석에 기초하여 언론자유를 적극적으로 신장하려 한 노력은 비단 미국사회를 바꾸었을 뿐만 아니라, 그 여파가 세계 각국으로 번지며 미국을 하나의 모범으로 하여 언론자유가 보다 더 중시되는 커다란 결과를 수확했음을 잘 알고 있다. 따라서 이 사건 미국 연방대법원 판결이 허위진술까지 원칙적으로 언론자유의 보호영역 안에 있는 것으로 본 판시는, 진실한 사실조차 공연히[97)] 명예훼손의 효과를 가지는 경우 언론자유의 보호영

95) 헌법재판소 2010.12.28. 2008헌바157 전기통신기본법 제47조 제1항 위헌소원, 일명 미네르바 사건에 관한 결정에서 이강국, 이공현, 조대현, 김종대, 송두환의 5인 재판관은 보충의견에서 이렇게 판시했다. "'허위사실의 표현'도 헌법 제21조가 규정하는 언론·출판의 자유의 보호영역에는 해당하되, 다만 헌법 제37조 제2항에 따라 국가안전보장·질서유지 또는 공공복리를 위하여 제한할 수 있는 것이라고 해석하여야 할 것이다."라고 했다.

96) 예컨대, 신평, 같은 책, 233면.

97) 이 공연성의 요건은 사실 명예훼손의 성립에 있어서 그다지 중요한 역할을 하지 못한다. '불특정 또는 다수인이 인식할 수 있는 상태'를 의미하는 이것은 그 충족이 쉬울뿐더러, 한국의 대법원 판례가 제시하는, 특정된 한 사람에게 한 말도 그것이 결과적으로 불특정 또는 다수인에게 전파할 가능성이 있으면 공연성이 인정된다는 소위 '전파성 이론'에 의할 때 이 요건은 큰 의미를 갖지 못한다. 즉 명예훼손의 성립을 억제하는 기능을 거의 수행하지 못하는 것이다. 그만큼 한국에 있어서 명예훼손이 될 수 있는 범위는 넓게 된다.

역 밖으로 내미는 한국법의 체계에 의문을 던지는 하나의 중요한 계기를 이룬다고 볼 수 있지 않을까 한다. 우리는 이 점에서 다시 한 번 진실한 사실도 명예훼손을 성립시킨다는 형법 제307조 제1항의 위헌성 여부에 관하여 곰곰이 사색할 필요가 있다고 하겠다. 이미 앞에서 본 헌법재판소 결정의 보충의견은 이와 같은 사색의 밑바탕을 충분히 제공하였다고 본다.

15. 초연결사회에서 네트워크 액세스권의 헌법적 의미

이 동 훈*

Ⅰ. 서 설

디지털 미디어의 발전으로 인해, 가정에서 사물인터넷이나 스마트폰으로 세계의 구석구석을 손금 보듯이 알 수 있고, 원하는 정보·지식을 인터넷으로 누구나 얻을 수 있는 초연결사회가 되었다. 초연결사회는 디지털 기술을 통해 사람과 사람, 사람과 사물, 사물과 사물, 온라인과 오프라인이 일대일 또는 일대 다수, 다수 대 다수로 긴밀하게 연결되는 사회를 말한다.

초연결사회는 오프라인의 물리적·현실적 공간보다는 오히려 온라인인 사이버공간이 보다 자유로운 커뮤니케이션 활동을 제공하게 하여 준다. 초연결사회는, 사이버 공간에 기존 오프라인의 언론 매체 한계를 넘어서서 정보유통의 쌍방향성, 시간과 공간의초월성, 수용자의 익명성 등의 특성이 나타난다. 일상생활에 정보 기술이 깊숙이 들어오면서 모든 사물들이 거미줄처럼 인간과 연결되어 있는 사회. 센서 기술과 데이터 처리 기술 발달로 많은 데이터들이 수집되고 스마트폰 보급으로 개인을 둘러싼 네트워크는 점점 더 촘촘해졌다. 초연결 사회 도래는 소셜 네트워킹 서비스(SNS, 누리소통망 서비스), 증강 현실(AR) 같은 서비스로 이어졌다.

특히 소셜 네트워킹 서비스(SNS, 누리소통망 서비스)는 인터넷과 모바일 등 온라인 미디어를 통해 의견, 사상, 체험, 시각 등을 서로 공유하기 위해 사용하는 플랫폼을 말한다. 소셜미디어를 통해 공유하는 콘텐츠는 비디오·오디오 ·이미지·텍스트 등의 다양한 형태를 갖는다. 구체적으로 트위터, 페이스 북, 카카오 톡 등과 같은 소셜 네트워크가 대표적이다. 사용자 참여와 공유는 소셜 네트워크 서비스(이하 SNS라 한다) 패러다임의 특성을 보여준다.

소셜미디어 이용자들은 트위터, 페이스북, 미투데이, 마이스페이스, 유튜브 등으로 자신의 생각, 정보, 의견 등을 단문 메시지를 통해 다른 사람들과 소통하고 있다. SNS는 공통의 관심사를 갖는 SNS이용자 상호간 팔로워를 형성하고, 팔로우끼리 콘텐츠와 정보를 공유하고 다양한 의견 교환을 할 수 있는 서비스를 구축하였다. 이제는 인터넷 여론을 주도하는 포털의 영향력이 점차 줄어들고 SNS의 영향력이 커지는 시대로 인터넷 매체의 환경이 전환되었다.

---

* 세명대학교 법학과 교수

2016년 10월 24일 저녁 JTBC 뉴스룸에서 일명 「최순실 파일이 담긴 태블릿PC」 보도에 분노한 국민들이, SNS를 통해 10월 29일 광화문에서 제1차 국정농단 규탄 촛불집회를 시작으로, 대통령 하야를 주장하였고 2017년 3월 10일 헌법재판소는 국회의 탄핵소추를 인용하여 박근혜 대통령을 파면시켰다. 분명한 것은 우리 국민 모두가 SNS를 통하여 촛불 힘으로 자랑스러운 새 역사를 쓰게 됐다는 점이다. 돌멩이 하나 던지지 않고 이뤄 낸 세계사에서 찾아보기 힘든 시민 혁명이자 명예혁명이요 위대한 촛불 혁명이다. 촛불혁명의 단초는 언론이 아니라 소셜미디어다.

촛불 혁명을 야기한 SNS는 이제 '탈(脫)언론' 시대의 소통의 주요수단이 되었다. '탈(脫)언론' 시대는 소수가 다수를 감시하는 '전자 감시(electronic panopticon)'의 원리[1]에 대한 반작용으로 다수인 국민(시민단체나 네티즌포함)이 SNS 등을 통하여 소수 권력지배자인 국가를 감시하는 '전자 역감시(electronic synopticon)'원리[2]가 작동한다.

이 논문은, 종전의 국가가 갖던 '전자 감시' 원리에 의한 언론권 이론으로는 '탈(脫)언론' 시대를 규율할 수 없다는데 초점을 두고, 소셜미디어의 발전을 계기로 능동적 '디지털 수용자'[3]가 된 국민이 갖는 전자역감시적 원리가 작동하는 '네트워크 액세스권'을 논하고자 한다.

Ⅱ. 초연결사회에서 언론자유 환경변화

1. 전통적 언론자유 3면 관계 문제점

근대국가에서 전통적 언론의 자유의 구조는 「국가」 대 「언론과 국민」의 양면 관계였다. 근대국가에서 「국가」는 「언론과 국민」을 통제하고 감시하는 '파놉티콘'이라는 시스템을 설계하고 지배하는 주체였다. 국가만이 지식과 정보를 지배하고 통제하는 유일한 주체였다. 국가

---

1) 파놉티콘(panopticon)은 그리이스어에서 나온 말인데, pan은 fully(모두), opticon은 visible(볼 수 있는)의 뜻이다. 즉 파놉티콘은 '모든 것을 볼 수 있다'라는 뜻이다. 파놉티콘은, 프랑스 철학자 미셸 푸코(M. Foucault)가 1975년에 발표한 '감시와 처벌'이라는 저서에서, 영국의 철학자 벤담(Jeremy Bentham)이 1791년에 제안한 원형감옥 파놉티콘에서 착안하여 19세기 이후 서구사회를 지배한 권력이 '군주권력'에서 '규율권력'으로 역전된 과정을 비유하면서, '스펙터클사회'에서 '감시사회'로의 변화를 함축한 말이다. 본 글은, 전자감시(electronic panopticon)는 소수의 권력자(국가와 언론 등)가 디지털미디어를 매개로하여 정보나 지식을 수집 관리하여 대다수의 국민을 감시, 통제, 지배한다는 말이다.

2) 시놉티콘(synopticon)이란 말은, 국가(소수 권력자)가 언론과 국민을 감시하는 파놉티콘에 대항하여 언론과 국민이 국가(소수권력자)를 감시하는 미디어의 발달을 시놉티콘이라고 한다. 본 글에서 전자시놉티콘은 대다수의 국민이 소수의 권력자(국가)와 언론을 퍼스널미디어를 통해 감시한다는 의미이다. 전자파놉티콘과 달리 전자시놉티콘은 권력자와 대중이 동시에(syn) 서로를 보고 감시하는 쌍방향적 메커니즘이다. 더욱 상세한 것은, Thomas Mathiesen, "The Viewer Society: Michel Foucault's 'Panopticon' Revisited", Theoretical Criminology 1, 1997, pp. 215-234.

3) 이은미외 8인, 디지털수용자, 커뮤니케이션북스, 2003년, 11-12면 참조할 것: 최근 제3의 물결로 지칭되는 뉴테크날러지의 혁명과 디지털 기술의 발전은 더 이상 국민을 일방적인 정보를 받아들이는 수동적인 입장에서가 아니라 정보의 수용자이자 생산자의 역할을 동시에 수행하는 디지털미디어의 주체자가 되었다.

는 '파놉티콘'이라는 시스템 속에서 비인격화된 「보이지 않는 규율권력」으로 「보이는 다수 피지배층」인 국민(언론 포함)을 한 방향으로 관리하고 통제를 하였다. 이는 이념적으로 「국가로부터 언론의 자유」, 바꾸어 말하면, 「국가에 의하여 언론이 억압받지 않는 자유」를 의미하였다.

근대국가 시대에는 「국가권력」과 「언론미디어(국민포함)」의 양면관계이었다. 언론의 자유의 보장을 두고 「국가권력」 대 「언론미디어 · 국민」과의 사이에 긴장관계가 성립하였다. 언론미디어와 시민과는 한편이 되어 언론자유를 쟁취하기 위해 국가의 억압과 통제에 대항하였다.[4)]

현대국가로 진행됨에 따라 언론기관도 거대화 · 독점화 · 집중화하여 국가처럼 힘이 강해지면서, 자기들이 확보한 다양한 정보를 통제하게 되고 상업적 저널리즘에 빠져 국민의 의견이나 사상, 여론 등을 영리위주로 왜곡하는 현상이 나타나게 되었다. 그 결과 언론의 자유의 한 축인 국민만 약자로 소외되었다. 이렇게 되자 근대국가에서 정보를 보내는 측인 국가와 수동적으로 정보를 받는 측으로 대응하던 언론과 국민이, 정보를 보내는 측인 능동적 언론미디어와 정보를 받는 측인 수동적 수용자(국민)라는 2개 계층으로 분리되었다.

배런(J. A. Barron)은 언론미디어의 거대화 · 독점화 · 집중화로 '미디어 경영가(media manager)'라는 새로운 계급을 낳게 했으며, 수정헌법 제1조가 보장하는 언론의 자유는 국민을 배제하고 그들만의 독점물이 되었다고 주장한다.[5)]

원래 언론의 자유의 향유 주체로서 언론미디어와 국민이 일체를 이룬다고 생각되었던 양자 간에, 언론미디어의 거대화와 집중화 현상으로 언론미디어의 힘이 강해지면서, 언론과 국민 간에 일정한 간극이 생기게 되었다. 이로 이해 언론미디어의 언론 자유(알권리와 보도의 자유)와 국민의 언론 자유(알권리와 액세스권)의 분리가 필연적으로 발생하게 되었다. 국가와 언론미디어에서 정보를 일방적으로 받는 국민(수동적 수용자)은 자신의 의견표명이나 사상의 주장을 위해서는, 국가나 언론에 자신의 정보, 의견이나 사상 등을 전달하고 싶어도 국가와 언론에 비해 전달 수단이 너무나 미약하고, 설사 전달된다 하더라도 국가는 국가비밀로 언론은 보도와 편집의 자유라는 미명하에 해당 정보, 의견, 사상 등은 관심 대상이 되지 않고 무시당하기가 십상이다.

이러한 언론과 국민의 간극 때문에 종전의 국가권력과 언론미디어(국민포함)의 양면구조관계에서 「국가」 대 「언론미디어」 대 「국민」의 3면 관계가 되었고, 이 관계 중 가장 약자이고 수동적인 국민에게 언론자유의 균형적 힘을 실어주기 위해 데모, 집회, 의견광고, 독자투

4) 堀部政男, アクセス權, 東京: 東京大學出版會, 1982, 32頁.
5) J. A. Barron, Freedom of the Press for whom? the Right of Access to Mass Media, Bloomington: Indiana University Press, 1973, p. 56.

고 등의 방식으로 언론이나 국가에 관심을 끌어 국민들의 정보, 의견이나 사상 등을 표명할 수 있는 액세스권을 부여하게 된 것이다.

그러나 액세스권이 등장하더라도 소셜미디어 등장 이전까지는, 국가와 언론미디어들의 정보 독점과 정보 통제 등으로 국민들의 언론자유는 제한적이고 불균형적이고 편파적으로 보장되고 있었다. 국가와 언론미디어는 국민에게 불충분한 정보를 제공하거나, 국민들이 알기를 원하는 진짜정보를 제공하지 않거나, 정보조작을 통하여 왜곡된 사실을 보도하거나 자신들에게 불리한 정보를 제공하지 않는 것도 상당하다. 심지어 국가와 언론은 여론 조작이나 정보 통제를 통해 자신들에게 유리한 국면을 만들기도 한다.

반면 일반국민들은 자신의 의견이나 주장을 알리기 위해 독자투고나 우편, 전화, e-mail, 의견광고, 반론권행사 등을 하더라도 전달범위는 극히 제한적이거나 과도한 시간이 들고, 언론미디어를 이용하고 싶어도 과도한 비용이 들고, 편집권이나 편성권 자유 침해, 보도의 자유 침해 등의 이유로 보도가 거부되거나 편집을 당하는 경우도 상당하다. 국가는 정보 비밀보호를 이유로 국민들의 의견이나 주장을 실질적으로 묵살하고 경우에 따라서는 국민들의 여론을 호도하기도 한다. 이는 국민에게 진정한 언론자유의 보장을 주는 것이 아니라 오히려 국가와 언론이 국민의 언론 자유를 억압하고 침해하는 것이다. 이러한 현상은 형식적 언론자유 3면 관계에 나타날 수밖에 없는 구조적 불평등한 문제이다.

2. 초연결사회에서 언론자유 3면관계

소셜미디어의 등장은 형식적 언론자유 3면관계의 구조적 불평등한 문제를 보완하는 계기가 되었다. 지금까지 일반국민들은 자신의 의견이나 주장을 알리기 위해 독자투고나 우편, 전화, e-mail, 의견광고, 반론권행사 등을 하더라도 국가와 언론기관에 의해 제약을 당해 불완전한 액세스권을 행사하였다. 소셜미디어의 발달은 일반국민들의 의견이나 주장을 SNS와 인터넷에 올리면 국가와 언론미디어의 전달력만큼 현장성과 속보성으로 파급력이 커지게 된 것이다.

인터넷과 SNS의 발달로 통제자인 국가의 「보이지 않는 존재」와 피통제자인 국민의 「보여 지는 대상」들이 서로 통제되고 영향을 미치는 쌍방향적 커뮤니케이션의 관계가 되었다. 즉, 디지털 미디어의 다매체·다채널화가 되어 과거 국가와 언론 중심의 소수 채널과 집중화에서 벗어나 다중심·분산화 된 네트워크가 쌍방향적 커뮤니케이션의 관계가 되었다. SNS와 인터넷은 쌍방향적 커뮤니케이션의 대표적 네트워크이고, 국민은 SNS와 인터넷을 통하여 다양한 여론 형성과 정보교환 등으로 전자역감시적 원리가 작동하는 네트워크 액세스권을 행사하게 된 것이다.

소셜미디어 사회는, SNS와 인터넷의 발달로 지구촌 어느 곳에 있는 정보일지라도 누구나 검색할 수 있고, 정보나 지식의 생산자와 소비자 역할을 뒤바꾸는 것이 가능하고, 능동적으로 지식을 추구할 수 있고, SNS나 인터넷을 통해 사상이나 의견, 주장 등을 전 세계에 대량적으로 알릴 수 있다.

그러나 네트워크 중심의 소셜미디어 사회에서는 상호작용성, 상호연결성으로 구성된 디지털미디어의 특성과 부합되는 전자감시(electronic panopticon)와 전자역감시(electronic synopticon) 배분과 균형문제가 중요한 쟁점이 된다.

국가와 언론매체는, 자신들이 개발하는 디지털 네트워크 기술의 우위로 국민보다 월등히 앞서는 정보와 지식의 갖게 되어 정보의 배분과 균형의 불평등 문제가 초래되었다. 이 문제를 해결하기 위해 상대적으로 지위가 약한 국민의 입장에서는 정보의 불평등에 대한 반발로 네트워크 액세스권이론이 등장하게 되었다.

이 네트워크 액세스권이론 때문에, 종전의 국가와 언론의 형식적 언론자유의 3면 관계에 소외받는 국민이 국가와 언론에 대해 전자역감시를 함으로써 국민도 네트워크 권력 관계를 규율할 수 있는 힘을 갖게 되어, 「국가와 국민」, 「언론과 국민」, 「국가와 언 론」 상호간 힘의 관계가 새롭게 재편되고 있는 것이다.

소셜미디어 사회의 핵심인 네트워크 권력관계에 대해, 국가는 전자감시를 활용함으로써 국가의 권력을 더 강력하게 만들기도 하고, 언론은 전자역감시 원리가 작동되는 알권리와 보도의 자유를 통해 언론의 권력을 강하게 만들기도 하고, 국민은 전자역감시 원리가 작동되는 알권리와 네트워크 액세스권을 행사하여 국가와 언론을 감시하여 강한 국민이 되기도 한다.

이렇게 볼 때 네트워크 구조는 결코 중립적인 것이 아니며, 경우에 따라 중앙집권화를 강화시키기도 하고 분권화현상으로 나타나기도 한다.[6] 이러한 중앙집권화와 분권화의 반복현상으로 전자감시 원리와 전자역감시 원리가 긴장관계가 되어 완전한 균형을 잡는 것은 불가능하다. 국가 전체에 큰 영향을 주는 박근혜 탄핵사건 등 대형이슈가 있을 때는 국민의 전자역감시 원리의 힘이 더 세 국가와 언론을 압도하게 된다.

소셜미디어 사회에서는 소수 권력지배자인 국가가 다수인 국민을 감시하는 '전자감시(electronic panopticon)' 원리에 대한 반작용으로, 다수인 국민(단체와 NGO 포함)은 SNS와 인터넷을 통하여 소수 권력지배자인 국가를 감시하는 '전자역감시(electronic synopticon)'원리가 작동하는 네트워크 액세스권을 행사하게 되어, 국가는 국민의 여론에 따르게 할 수 있다.

앨빈 토플러(Alvin Toffler)가 지칭했듯이 소셜미디어 시대의 수용자는 '생비자'(prosumer)[7]

6) Jan van Dijk, The Network Society, Sage Publications, 1999, pp. 78-79.

7) '생비자'(prosumer)란 '생산자'(producer)와 '소비자'(consumer)의 성격을 동시에 지니는 개인의 특성을 나타내는 합성어이다. 이는 소셜미디어 사회에서 수동적 주체와 능동적 주체를 동시에 표현한 신조어이다.

로서의 특성을 가진다. '생비자'로서의 개인은 단순히 정보를 수용하는 존재가 아닌, 미디어를 이용해 정보를 생산하고서로 교환하며, 소비하는 모습을 갖고 있다. 또한 '생비자'의 성격을 가지는 개인은 정보를 대량으로 방출하는 언론미디어보다는 정보의 홍수속에서 꼭 필요한 정보를 찾아주는 검색기능이 발달한 소셜미디어를 필요로 한다.[8)]

이처럼 소셜미디어 사회에는 국민이 SNS와 인터넷매체 등을 통하여 전자역감시 원리가 작동되는 네트워크액세스권을 행사하여 자신들의 의견이나 정보를 능동적으로 주장할 수 있다. 이것은 기존의 수동적인 수용자 개념에 머무르던 국민을 적극적으로 자신의 사상이나 의견을 주장할 수 있는 능동적 수용자의 개념인 생비자로 변화를 시켰다.

소셜미디어사회는 국민에게 SNS의 대중화를 초래하였고, 이 SNS의 영향력이 국가와 언론만큼 커지게 되자, 국가 대 언론미디어 대 국민(생비자)의 3면관계 구조가 균형을 이루게 되었다. 국가는 '전자감시(electronic panopticon)'의 전통적 주체가 되고, 언론과 국민에게는 전자역감시(electronic synopticon)의 주체가 되었으며, 특히 국민은 소셜미디어의 참여와 공유로 능동적 수용자의 지위인 생비자가 되었다.

Ⅲ. 초연결사회와 네트워크 액세스권

1. 새로운 권력관계인 네트워크 이론의 등장

근대 이전의 군주제와 근대사회의 특징은 권력자와 국민의 권력지배관계로 구분하였다. 근대 이전의 군주권력은 백성들이 한사람의 군주를 숭배하였다. 당시 국왕은 자신에게 도전하는 반역자를 군중이 운집한 장소에서 공개처형을 하였다. 국왕의 권력 절대성을 보여주는 공개처형은 국왕이 「보여주는 인격화의 존재」인 권력규율 관계로 국민을 통치하였다.

국왕의 권력 절대성을 무너뜨린 근대사회에서는, 권력자는 국민이고 그 국민이 소유한 주권을 위임 받은 국가권력은 근대 사회 이전의 「보여주는 인격화의 존재」와 다르게 「보이지 않는 인격화의 존재」인 권력규율 관계로 국민을 통치하였다.

그러나 푸코(M. Focault)는 근대국가에서 권력규율 관계를 주권의 소유에서 나오는 것으로 보지 않았다. 푸코가 말하는 권력에 대한 접근 중 특징적인 것은 권력에 대해 소유를 주장한 마르크스주의자의 관점과 비교된다.[9)] 마르크스주의자는 권력이 경제적 관계로부터 발생하고 권력은 소유되는 것이라고 말하고 있다. 푸코는 "기존의 사회과학에서 권력을 다루는 통상적 방식과 다르게 망(網), 네트워크로 설명을 한다. 즉 권력을 어떤 개인이나 집단이 소유하고 발휘하는 것이 아니라 특정한 개체를 넘어선 네트워크의 효과로 여긴다."[10)] 이는 소

8) 김영석, 디지털미디어와 사회, 나남출판, 2003, 50면.
9) Smart, B, Foucault, Marxism and Critique, London: Routledge and Kegan Paul, 1983.

수의 권력자가 자신의 권력절대성을 소유하기 위한 행동으로 국민을 통치하는 것이 아니라, 네트워크 효과인 감시시스템으로 국민을 통제하는 것이다. 근대 이전에는 공개처형 등 보여주기 위한 처벌이었으나 근대국가에서는 처벌 역시 네트워크의 효과인 감시시스템을 통해서 비공개적 처벌을 하는 것이다. 이런 감시시스템이 푸코(M. Focault)가 말한 '모두 볼 수 있다'라는 의미의 파놉티콘(panopticon)이다. 국가는 「비인격화된 보이지 않는 네트워크」를 통하여 국민을 규율하고 통제하게 된다.[11]

이런 설명은 통상 주권 혹은 주권자를 중심으로 전개되었던 권력규율 관계 이론에 충격을 주었다. 왕이 권한을 가진 것처럼 보이는 것은, 신하들이 복종하고 궁전이 존재하며 왕권을 정당화하는 각종 지식이 네트워크 효과로 존재하기 때문이다. 권력을 파악하기 위해서는 바로 이러한 네트워크에 접근해야 하지 왕이라는 주권자에게만 주목해서는 곤란하다.[12] 이는 권력이 바로 네트워크 관계망으로 기능을 하며, 그 관계망의 총체적 효과가 바로 지식이다. 지식이 바로 권력의 작동이다.[13]

푸코가 말하는 권력은 억압하는 권력이 아니라 인간행동에서 에너지를 생산하고 키워내는 적극적 권력이라는 점이다. 푸코가 말하는 권력은 "살게 내버려두고 죽게 만드는 대신, 죽게 내버려두고 살게 만드는" 권력이다.[14] 즉 금지 사항을 위반하면 목숨을 앗아가는 처벌위주의 부정적 권력이 아니라, 체제에 필요한 인간을 길러내는, 유용하면서도 순종적인 주체를 양성하는 적극적인 권력이다. 근대 사회에서는 사형과 같은 권력에 의한 극단적 처벌이나 위협은 아주 예외적 상황이 아니면 일어나지 않는다. 하지만 권력의 작동은 결코 약해지지 않는다. 억압이나 위협이 없어도 알아서 생산 활동에 매진하는, 자발적으로 체계에 도움이 되는 방식으로 삶을 꾸려가는 '법 없이도 살 사람들'의 범람은 푸코가 말한 적극적 권력의 작동을 증명한다.[15]

그러나 푸코가 말한 네트워크 권력이나 적극적 권력은 푸코 이후 여러 영역 학자들에 의해 비판적으로 검토하면서 재구성된다. 가장 대표적인 것인 교환이론과 네트워크 권력이론, 루크(Steven Lukes)나 크렉(Stewart Clegg)이 주장하는 3차원 권력(Three-Dimensional Power)이다. 이들은 현대권력이론의 대표적인 논의들이며, 푸코의 성과를 발전시키거나 대체했다고 여겨진다.[16]

---

10) 조원광, "미셸 푸코 권력이론의 재조명", 경제와 사회, 2012년 여름호(통권 제94호), 243면.

11) 장승권외, 디지털권력, 삼성경제연구소, 2004년, 13-14면: 더욱 상세한 것은 M. Sarup, An Introductory Guide to Post-Structuralism and Postmodernism, New York: Harvester Wheatsheaf. 1988. 참고할 것.

12) Foucault, Michel, 박정자 역, 사회를 보호해야 한다, 동문선, 1998, 46면.

13) 조원광, 전게논문, 243면.

14) Foucault, Michel, 박정자 역, 전게서, 278-279면.

15) 조원광, 전게논문, 244면.

16) 조원광, 상게논문, 245면.

어쨌든 네트워크 권력이론은 "소유권에 기초한 자원의 배타적 활용이나 점유권을 주장하지 않는다. 그보다는 특정자원에 대한 복수 행위자의 공유 또는 공동 통제를 허용한다. 자금이나 원료와 같은 물리적 자원의 경우에는 네트워크에 참여하는 복수 행위자에 의한 자원의 공유나 간접적 통제가 사실상 불가능할 것이다. 이에 비해 정보나 지식자원의 경우에는 복수 행위자에 의한 자원의 공유나 공동 통제가 용이할 것이다. 네트워크가 '강력한 소수'[17]에 대항할 수 있는 권력을 얻을 수 있는 것은 공유 과정 속에서 자발적 상호작용을 통해 각자가 갖고 있는 것들의 단순한 합 이상의 생성적 잉여를 창출할 수 있기 때문이다."[18] 이것을 바탕으로 네트워크는 강력한 소수집단의 권력에 대항할 수 있는 네티즌이나 SNS 이용자들이 나타난다.

현대국가에서는 네티즌이나 SNS 이용자들이 디지털 미디어의 발달로 전자역감시라는 새로운 네트워크 권력관계망을 만들어 가고 있다. 전자감시를 설계하고 관리하는 것은 국가이다. 국가는 지식을 지배하고 관리하고 국민을 통제한다. 국가는 전자감시라는 시스템 안에서 네트워크 권력관계망을 통제하는 주체이며 보이지 않는 존재이다. 반면에 보이는 대다수 피지배층인 국민은 네트워크 권력관계망의 주변부에 속하며 보이는 대상이다.

그런데 최근 소셜미디어 사회인 탈(脫)언론 시대에서는 이 네트워크 권력관계망이 바뀌고 있다. 통제관리자인 보이지 않는 존재인 국가와 통제 대상인 보여 지는 존재인 국민이 서로 통제하고 영향을 미치는 쌍방향적 네트워크 권력관계망이 되어 간다. SNS와 인터넷의 발달은 한방향의 시선만이 존재하는 것이 아니라, 다중심 혹은 분산화 된 네트워크 권력관계망이 쌍방향으로 마주 보고 있다. 다중심과 분산화된 네트워크 권력관계망에서 국가와 언론은 전자감시의 원리가 작동되고, 국민에게는 전자역감시 원리가 작동된다. 전자감시의 주체인 국가와 언론, 전자역감시의 주체인 국민이 서로 인터넷과 SNS 등에서 다양한 여론형성과 정보교환하는 네트워크 관계망 시스템이 오늘날 「비인격화된 보이지 않는 규율 권력」의 행사 방식이 된다. 따라서 소셜미디어 사회에서는 기존의 전자감시 주체인 국가와 언론에 대응하는 전자역감시 주체로 국민은, 국가와 상호 감시와 역감시적 긴장관계가 「비인격화된 보이지 않는 규율 권력」으로 되어, 네트워크 권력관계망의 주체가 되는 것이다.

인터넷 매체인 포털 사이트 게시판, 블로그, 홈페이지, 미니홈피 등과 SNS에서 자기 자신의 사상이나 의견, 정보 등을 올리는 소셜미디어 공간은 한편으로는 개개인의 사적공간이 되고, 다른 한편으로는 공공광장(public sphere)이 된다. 단순히 자신의 취미나 사적 견해 등에 대한 글은 사적 공간이지만, 그 글을 보고 누군가가 찬동하는 글을 올리거나 반대하는 글을 올려 많은 사람들에게 관심을 받게 되면 그때부터 공적공간이 된다. 소셜미디어 공간이 공적

17) 강력한 소수의 대표적 예는 국가, 지방정부, 언론사, 방송사 등이다.
18) 장승권 외, 전게서, 99-100면.

공간이 되면 국민들 간 다양한 여론형성과 정보교환으로 토론을 하게 되고, 이 토론을 실천하는 사회적, 정치적, 문화적, 경제적 운동이 시작되는 과정이 바로 네트워크 액세스권이다.

누구나 정보 공유와 참여하는 소셜미디어 공간은, 국민이 국가의 정책이나 실정에 대한 비판과 언론의 거대화, 독점화에 따른 비판 등의 토론이나 대안 제시 등의 내용은 사회적 영향력이 국가와 언론만큼 파급력이 강하게 되었다. 경우에 따라서는 기존 언론보다 더 빠른 속보성과 현장성을 갖추고 있다.

이처럼 소셜미디어는 SNS와 인터넷 매체인 블로그, 홈페이지, 포털 사이트 게시판 등을 통해 다양한 정치적, 문화적, 사회적 운동 등을 하는 네트워크 액세스 시도가 점차 많아지고 있다. 이러한 시도는 소셜미디어 공간을 국가의 전자감시에 대항하는 전자역감시의 원리가 작동되는 사회 공론 장소로 인식할 때 가능한 것이다.

인터넷과 SNS를 전자역감시적 사회 공론 장소로 본다면, 지금까지 불완전한 권리에 머물던 액세스권이, 사회문제, 정치문제, 경제문제, 환경문제, 소비자 주권문제 등 각종 현안을 해결할 수 있는 시민운동으로 구체화되는 네트워크 액세스권이 되어, 전자민주주의를 구현할 수 있게 된다.

네트워크 액세스권은 인터넷이나 SNS 등을 통하여 홈페이지, 블로그, 게시판, 트위터, 페이스 북 등에 여론형성과 정보교환적인 글을 올려 국민의 관심을 끌게 하는 기본권이다. 네트워크 액세스권은 퍼스널미디어의 발전으로 과거 국가나 언론기관으로부터 소외 받던 국민이 능동적으로 네트워크 권력관계의 중심에 서서 행사할 수 있는 기본권이다.

소셜미디어 시대는 언론자유의 3면 관계 구조에서 전자감시의 객체이며 가장 소극적이고 수동적인 국민이, 퍼스널미디어의 사회적 특성을 이용하여 국가와 언론에 대해 전자역감시의 주체가 될 수 있는 네트워크 액세스권을 만들어 준 것이다. 이 네트워크 액세스권은 지금까지 우리가 경험하지 못했던 새로운 권력현상을 국민에게 주는 것이다. 과거에 국가와 언론이 독점하던 네트워크 권력관계망을 특히 국민에게도 공유하는 새로운 권력현상을 갖게 한 것이다. 즉, 기존의 전자감시 주체인 국가와 언론에 대응하는 새로운 전자역감시 주체인 국민이 국가와 언론과 같은 지위의 「비인격화된 보이지 않는 규율 권력」으로 되어, 국가 대 언론 대 국민이 서로 균형을 갖는 언론자유의 3면 관계 된 것이다. 이 균형적 언론자유 3면 관계를 이루는 핵심적 한 축이 바로 '네트워크액세스권' 인 것이다.

2. SNS와 네트워크 액세스권

2010년 6.2 지방선거, 2011년 4.27 지방 재보궐선거, 그 해 10월 서울시장 보궐선거, 2012년 12월 대통령 선거, 2016년 4.13 국회의원 총선거까지 SNS을 통한 선거운동, 2016년 10월 24일부터 2017.3.10. 대통령 탄핵인용까지 일련의 촛불집회 등에서 소셜미디어를 통해 정치에 대한 분노가 표출되면서, 기존의 인터넷 매체(인터넷 홈페이지, 포털 게시판, 블로그 등)보다 SNS가 훨씬 더 중요한 역할을 담당했다. SNS는 이들에게 기존 권력관계의 통제에서 벗어날 수 있는 새로운 네트워크 권력관계망의 장을 제공하여 주었다.

그 결과 가장 소외받는 수동적 국민이 오히려 SNS를 통해 적극적으로 여론, 정보공유, 정보참여 등을 주도하는 쌍방향적 언론자유의 3면관계가 구축되었고, 국가와 언론기관뿐만 아니라 국민에게도 네트워크권력망을 공동지배할 수 있는 소셜미디어 사회가 되었다.

SNS와 인터넷의 발전으로 우리 사회의 전자감시적인 기존의 비인격화 된 보이지 않는 규율 권력이 어느 정도 붕괴되고 있음을 알 수 있었다. 이제는 국가와 언론의 양면적 규율권력에서 국가, 언론, 국민이 모두 참여하는 쌍방향적 3면 관계의 규율권력으로 변화가 되었다.

네티즌(국민)이 인터넷과 SNS를 통한 여론형성과 정보교환 그리고 이를 통한 사회운동은, 기존의 '전자감시'의 권력에 대한 새로운 접근으로 나타나고 그 결과 '전자역감시'라는 작동원리가 구체화하는 새로운 권력관계가 만들어 지고 있다. 이 새로운 권력관계를 만들어 내는 사람은 지금까지의 국가나 언론미디어로부터 소외받아온 국민들이다. 이들은 신문이나 방송에서 자신의 견해를 주장하는 기회가 전혀 없거나 별로 없었던 수동적 수용자들이다.

소셜미디어 사회는, 인터넷과 디지털 네트워크 기술의 발달로 이들 수동적 수용자들의 입장인 국민들이 능동적 언론권의 주체가 되어, 전 세계 어느 곳에 있는 정보일지라도 검색하여 이용할 수 있고, 정보의 생산자와 소비자의 역할을 언제라도 바꿀 수 있게 함으로써 적극적으로 지식을 추구할 수 있고, SNS와 인터넷을 통해 자신의 사상이나 의견, 주장 등을 전 세계에 적극적으로 알릴 수 있다. 이는 국가가 갖는 은폐적·수직적·불평등적인 전자감시적인 원리의 구현에 대한 반작용으로 투명적·수평적·평등적인 전자역감시적인 원리가 나타난다.

원래는 국가와 언론매체는 자신들이 갖는 네트워크 권력망의 우위로 국민보다 월등히 앞서는 정보와 지식을 갖고 있어서 네트워크 관계망의 배분과 균형의 불평등 문제가 많았다. 이 문제를 해결하기 위해 국민에게 네트워크 액세스권을 갖게 하였고, 이것이 언론자유의 3면 관계 구성원들 간 역학관계를 바꾸고 있으며, 국가와 국민, 언론과 국민, 국가와 언론 간의 역학관계가 새롭게 재편되고 있다.

디지털사회의 핵심인 디지털미디어와 네트워크는 전자감시를 활용함으로써 국가의 권력을 더 강력하게 만들기도 하고, 상대적으로 힘이 약한 국민이 전자역감시 원리를 내세워 국정에 참여함으로써 국민에게 힘을 실어주기도 한다.[19] 이렇게 볼 때 네트워크 권력 관계망은 결코 중립적인 것이 아니며, 경우에 따라 중앙집권화를 강화시키기도 하고 분권화현상으로

19) 이동훈, 유비쿼터스 사회에서의 언론권주체-전자파놉티콘과 전자시놉티콘을 중심으로-, 성균관법학 제17권 제2호, 성균관대학교 비교법연구소, 2005, 81면.

나타나기도 한다.[20] 중앙집권화와 분권화의 반복현상으로 전자감시 원리와 전자역감시 원리가 완전히 균형을 잡는 것은 불가능하지만, 현실적으로 힘이 약한 국민에게 힘을 실어주는 것이 네트워크 액세스권이다.

SNS와 인터넷의 사이트, 팟 캐스트, 블로그, 홈페이지 등은 자기 자신의 사상이나 의견, 정보 등을 올리는 소셜미디어 공간이다. 그러나 이 소셜미디어 공간에 쓴 글은 언론만큼 사회적 영향력이 상당하게 된 것이다. 소셜 미디어와 인터넷 사이트등은 사적공간이지만 거기에 실린 콘텐츠는 불특정다수가 접근할 수 있다는 점에서 퍼스널 미디어(personal media)의 특성을 갖는다. 이들 퍼스널 미디어는 경우에 따라서는 기존 언론보다 더 빠른 속보성과 현장성도 갖추고 있다. 이제 소셜미디어 공간의 블로그, 홈페이지, 게시판, 팟 캐스트등은 개개인의 미디어의 장으로 활용되고 있다.[21]

개개인의 미디어의 장은 처음에 언론의 주목을 받지 못하고 언론의 관심 밖인 사건들이 인터넷이나 SNS 등에서 주요한 관심과 토론거리가 되면, 언론에서 뒤늦게 관심을 갖고 주요뉴스로 보도하는 경우도 상당히 많다. 지금까지 언론자유 3면 관계 구조에서 전자감시의 객체이며 가장 소극적이고 수동적인 국민이, 소셜 미디어의 사회적 특성을 이용하여 전자역감시의 주체가 될 수 있는 계기를 만들어 준 것이 퍼스널 미디어의 발전이다. 퍼스널 미디어는 지금까지 우리가 경험하지 못했던 새로운 권력현상이 나타나고 있음을 볼 수 있으며, 소셜미디어 공간에서 네티즌의 활발한 여론형성과 정보교환과 토론에 의한 결론 도출로 국민들의 자발적·참여적 사회운동을 하게 된다.

소셜미디어 사회는, 소셜미디어 공간에서 국가와 언론은 국민을 대상으로 다양한 여론 형성과 정보교환을 수단으로 전자감시의 주체가 되고, 국민은 네트워크 액세스권으로 전자역감시의 주체가 된다. 즉 국민은 SNS와 인터넷을 통해 자신의 사상이나 의견 등을 국가와 언론에 개진하는 전자역감시의 주체가 되는 것이다. 소셜미디어나 인터넷 게시판 등을 전자역감시적 사회 공론의 장소로 본다면, 지금까지 불완전한 권리에 머물던 액세스권이, 각종 사회문제, 정치문제, 경제문제, 환경문제, 소비자 주권문제 등 각종 현안을 해결할 수 있는, 시민운동으로 구체화되는 네트워크 권력인 액세스권이 되어, 전자민주주의를 구현할 수 있게 되었다.

---

20) Jan van Dijk, *op. cit.*, pp. 78-79.

21) 이동훈, 전게논문, 81면.

Ⅳ. 네트워크 액세스권과 전자민주주의

1. 전자민주주의의 의의

후기산업사회에서 정보 사회로의 발전은 근로자의 대다수가 정보관련 종사자로 구성되고 정보가 In Put과 Out Put 요소로 작동되는 사회로의 이행을 말한다. 컴퓨터와 디지털미디어를 통한 인터넷과 SNS의 획기적인 발전에 힘입은 정보사회는 정보 플랫폼 구축이 관건이다. 미국의 '국가정보기간망'(NII: National Information Infrastructure)과 이의 확장 형태인 '세계정보기간망'(GII: Global Information Infrastructure), 일본의 '신사회자본'과 이의 확장형태인 '아시아정보기간망'(AII: Asia Information Infrastructure), 우리나라의 '초고속정보통신망' 등이 대표적인 예이다.

정보사회의 발전은 국가주도의 정보구축 사업에서만 나타나는 것이 아니라, 국민들에게도 초고속 정보 통신망을 통해 인터넷과 SNS를 통해 다양한 자신의 주장, 사회적 캠페인이나 메시지 전달 등 소셜미디어 공간이 엄청나게 다양하다.

소셜미디어의 공간을 사적 공간이 아닌 사회적 공론의 공간으로 본다면, 지금까지 불완전한 권리에 머물던 액세스권은, 사회문제, 정치문제, 경제문제, 환경문제, 소비자 주권문제, 의료문제 등 각종 현안을 해결할 수 있는, 국민여론으로 구체화되는 네트워크 액세스권으로 발전하여, 전자민주주의를 실현 할 수 있게 되었다.

전자민주주의란 이러한 소셜미디어 공간을 통해 이루어지는 사회적 합의 민주주의를 말한다. 다시 말해 전자민주주의란 커뮤니케이션 관련 소셜미디어 공간에서 각종 여러 문제를 토론하고 비판하여 사회적 합의를 도출하는 누름식 전자투표의 결과에 따르게 하여 민주적 정당성이 나오는 것이다.

이 점에서 전자민주주의는 대의민주주의의 단점을 보완할 수 있고, SNS와 인터넷을 통해 정당이나 정치적 지도자와의 다양한 의견교환 등을 실현시켜 정치적 의사 결정과정에 일반시민들의 참여가 이루어지는 민주주의라고 정의를 내릴 수 있다.[22]

국민이 SNS와 인터넷 매체를 통해 일련의 정치과정에 직접 참여함으로써 간접민주주의의 단점을 해결하고 직접민주주의의 실현 가능성을 높이는 한편, 궁극적으로는 정부가 사라지고 없는 새로운 정치 이념을 지향한다. SNS와 인터넷 매체를 통한 국민여론 수렴, 선거 운동 캠페인 및 홍보, 온라인 투표, 사이버 국회, 전자공청회, 정책결정에 따른 시민의 참여 및 토론을 비롯해 자신이 지지하는 후보나 정책 등을 SNS와 인터넷 매체를 통해 다른 사람들에

22) 김영석, 전게서, 536면.

게 알리는 모든 정치적 행위 등이 전자민주주의의 내용이다.

2. 네트워크액세스권과 전자민주주의

지금까지 국민은 국가에 대해서 그리고 언론매체에 대해서 자신의 생각이나 주장을 표명하는 기회가 전혀 없었거나 적었다. 국민은 국가와 언론이 지배하는 네트워크 권력관계 규율에 수동적으로 참여하였다. 이 점에서 언론자유의 3면 관계의 한 축에서 균형을 갖지 못하고 불완전한 언론의 자유를 보장받았다.

그러나 소셜미디어 사회에서는, 국민이 SNS와 인터넷 매체를 통한 국민여론 형성과 선거운동 캠페인 및 홍보, 온라인 투표, 사이버 국회, 전자공청회, 정책결정에 따른 시민의 참여 및 토론, 정보공유 등을 함으로써, 국민도 국가와 언론과 대등하게 새로운 네트워크 권력관계 규율의 한 축으로 참여하게 된다.

소셜미디어 사회에서는 인터넷과 SNS의 발달은 국민에게 전자감시의 권력관계 규율에서 벗어날 수 있는 전자역감시의 새로운 장을 제공하여 준 것이다. 이는 언론자유의 3면 관계 중 가장 소외받는 수동적 입장인 국민에게 네트워크 액세스권을 보장함으로써, 균형적 언론자유의 3면 관계로 변화되고, 국가와 언론기관뿐만 아니라 국민에게도 네트워크 권력관계 규율이동 현상이 나타나는 다분권화 시대가 되었다.

SNS와 인터넷의 발달로 이제 국가, 언론, 국민들이 함께 서로 통제하는 쌍방향 네트워크 관계가 되었다. 국가 이외에 언론과 국민도 쉽게 네트워크에 접근하기 위해 망중립성의 보장이 필요적이다. 망중립성은 네트워크를 이용하는 언론이나 국민에게 비용 부담 없이 SNS와 인터넷을 이용할 수 있어 전 국민이 값싸게 모두 참여할 수 있는 쌍방향적 네트워크 권력 환경에 기여를 한다.

또 망중립성은 중심적 네트워크보다는 다중심 혹은 분산화 된 네트워크를 만들어 내었고, 그 결과 국가나 언론으로부터 소외받던 국민 중심의 새로운 네트워크 권력관계 규율인 전자역감시적 성격이 강한 네트워크액세스권을 등장하게 한 것이다. 디지털 미디어의 다매체·다채널화를 통한 인터넷과 SNS의 발달은 네트워크액세스권 이론을 나오게 하였다.

네트워크 액세스권은 SNS와 인터넷을 통하여 소셜미디어 공간 상 여론형성과 정보교환적인 글을 올리고 이를 통하여 사회여론화 하여 언론의 관심을 끌게 하는 것이다. 이 네트워크 액세스권은 SNS와 인터넷을 통해서 소셜미디어 공간을 사적 광장이 아닌 공공광장(Public Sphere)으로 볼 때 존재 의의가 있다.

종전에는 공공광장(Public Sphere)은 모든 주권자인 국민들에게 의사소통의 공간으로서 열려진 공간은 아니었다.[23] 그러나 이제는 공공광장(Public Sphere)은 SNS와 인터넷을 통해

---

23) Habermas, Jurgen, "The emergence of the public sphere", The Polity Reader in Cultural Theory(eds by

서 국민들은 활발하게 자신의 사상이나 의견, 정보 등을 개진하는 언론의 자유시장의 역할을 한다.

SNS와 인터넷을 통해 행사되는 네트워크액세스권은 직접민주주의 혹은 참여민주주의의 확대를 도모할 수 있게 된다. 전자투표의 방식의 활성화를 통해 시민들은 그들의 대표자들에게서 정책결정권을 다시 가져올 수 있고, 이를 통해 그들 자신이 정책결정을 내릴 수 있게 되었다.

3. 전자민주주의 역기능과 순기능

인터넷이나 SNS를 통하여 국민의 알권리를 충족시키기 위해, 공공의 광장(Public Sphere)으로서 여론 형성과 그 여론을 실천하는 네트워크 액세스권이 작동하는 전자민주주의가 가동하기 시작하였다. 네트워크 액세스권으로 민의를 수렴하는 방식으로 전자투표를 확대하는 것은, 전자민주주의의 발전을 보여주긴 하지만, 이것이 바로 전자민주주의의 완성을 의미하지는 않는다. 전자민주주의를 실현하기 위해서 필요로 하는 커뮤니케이션의 기술적 측면에는 국가나 언론의 정보나 자료의 통제와 조작의 용이성, 완전한 비밀보장의 한계성, 거짓정보나 가짜뉴스 등의 여러 문제가 나타날 수 있다.

또 디지털미디어를 많이 이용하는 국가와 언론은, 국민보다 정보와 지식의 격차를 월등하게 늘리면서 사회구성원의 일거수일투족을 감시 관찰 지배하게 되어, 정보와 지식의 불균형을 초래하는 전자민주주의의 역기능적 문제가 있다.

전자투표의 경우, 정보통제하는 국가의 역량에 따라 항상 투표조작과 부정선거 가능성을 고려하여야 한다. 투표하는 유권자들이 선거현안과 선거쟁점뿐만 아니라 심지어 후보자들의 신상에 대해 충분히 알고 있지 못하는 경우가 다반사이고, 자신이 투표한 결과가 초래할 정치적 파장에 대해서 모른 체 투표할 가능성은 항상 있다. 또한 정치적 현안에 대한 충분한 사고를 거치지 않고 거짓뉴스나 가짜정보에 현혹된 즉각적인 반응이 '여론'이라는 형태로 겉포장 되어 나타날 가능성도 생각해야만 한다. 소셜미디어 공간은 공공광장(Public Sphere)이지만 진짜 뉴스와 가짜뉴스, 진짜정보와 가짜정보의 판별은 언론의 자유 시장에 맡기다 보면 진실은 시간이 많이 걸린다. SNS와 인터넷의 특성은 속보성이므로 충분한 의사토론과 합의의 과정이 부재한 전자식 여론조사는 민주적 정통성이 없음은 당연하다.

이러한 위험성은 직접민주주의의 확대와 정치과정에서의 효율성 확대라는 전자투표가 '효율성'이라는 도구적 관심에 의해서만 고려될 때 더욱 크게 나타날 것임은 당연하다. 만약 이러한 위험성들이 고려되지 않는 한 전자투표는 직접민주주의의 절차 혹은 형식만 갖춘 '누름식'(push button)민주주의로 전락할 가능성이 크다.[24]

Habermas, Jurgen), Cambridge: Polity Press, 1994.

일부 악의적인 통치자, 언론미디어, 수용자가 SNS나 인터넷을 이용하여 거짓정보와 페이크 뉴스(fake news)를 전파하는 경우 선거와 정치에 영향을 끼친다. SNS를 통해 10월 29일 광화문에서 시작된 촛불집회 이후로 탄핵을 찬성하는 촛불집회와 탄핵에 반대하는 맞불진영은 나중에 진실이 드러날 때까지 자기들은 옳다고 확신한다. 이를 '탈진실'(post-truth)시대[25]라고 한다.

오프라인 시대의 액세스권은 언론(사상)의 자유 시장에 맡기면 해결이 가능하나, '탈진실' 시대는 기득권에서 나온 객관적 사실보다 감정과 개인적 신념이 여론형성에 더 큰 영향을 미친다. 2016년 영국 브렉시트 국민투표와 미국의 대통령선거에서 여론조사와 달리 결과가 나온 것은 객관적 사실(fact)의 여론(기득권의 언론미디어의 여론 조사)보다는 소셜미디어와 인터넷의 가짜 뉴스를 더 믿는 대중이 증가하는 것을 의미한다. 소셜미디어와 인터넷의 대중화는 국민 개개인 모두를 뉴스생산자로 만들었다. 거짓정보와 가짜뉴스 자체는 언론(사상)의 자유 시장에 중대한 위협을 주는 민주주의의 적이다.

이처럼 전자민주주의는 근본적인 변혁이나 민주주의의 이상적인 완성과는 일정한 거리가 있다. 다시 말해서 전자민주주의는 시민들의 정치참여를 양적으로는 확대할 수 있으나, 질적인 변화를 의미하지는 않는다.[26] 샤피로(Shapiro)도 전자민주주의에 대해 역기능을 이야기하고 있다. 그는 바로 누름식 전자민주주의로 표현하면서, 네트워크가 개인에게 정치와 관련하여 더 큰 통제력을 행사하는 상황이 쉽게 오지는 않을 것이라고 하였다.[27]

다른 한편, 전자민주주의의 순기능으로, 인터넷 매체와 소셜 미디어를 이용한 시민단체나 네티즌들이 탈진실을 경계하고 자신들의 의견이나 주장의 여론형성을 확장함으로써 국가라는 권력자와 언론미디어에 대해 국민(시민단체나 네티즌들)간에 활발한 상호감시와 견제를 벌이는 순기능이 있다.

탈(脫)언론 시대는 우리가 경험하지 못했던 네트워크액세스권(즉, 인터넷이나 SNS를 통한 여론형성과 정보교환 그리고 이를 통한 사회운동)의 새로운 가능성으로 순기능적 측면의 전자민주주의의 실현을 보여준다.

소셜미디어 사회에서 SNS를 통하여 나타나는 현상을 순기능으로 보든 역기능으로 보든, 그 현상은 전자민주주의의 현실이 되었다.

이러한 디지털 환경변화를 고려할 때 앞으로 소셜미디어와 인터넷에 대한 국가의 규제정책은 '언론의 보도의 자유와 알권리의 자율적 경쟁'과 '네티즌을 포함한 국민의 알권리와

24) 김영석, 전게서, 540-541면.
25) '탈진실'시대라는 말은 2016년말 영국 옥스퍼드 사전이 뽑은 올해의 단어이다. 객관적 사실보다 감정과 개인적 신념이 여론 형성에 더 큰 영향을 미치는 상황을 뜻한다.
26) 김영석, 상게서, 541면.
27) Andrew L. Shapiro, The Control Revolution, New York: A Century Foundation Book, 1999, pp. 15-16.

액세스권에 의한 역감시시스템'을 근간으로 하여 이루어질 필요가 있다.

V. 결 어

촛불 혁명을 야기한 SNS는 이제 '탈(脫)언론' 시대의 소통의 주요수단이 되었다. '탈(脫)언론' 시대는 소수가 다수를 감시하는 전자 감시의 원리에 대한 반작용으로 다수인 국민(시민단체나 네티즌포함)이 SNS 등을 통하여 소수 권력지배자인 국가를 감시하는 '전자 역감시원리가 작동한다. 이를 소셜미디어 사회라고 한다.

소셜미디어 사회는 보이지 않는 통제관리자인 조직 내 지식 엘리트인인 관리자들이 보여지는 대다수 피지배층인 국민들과 함께 서로 통제되고 영향을 미치는 쌍방향 관계가 되어가는 것이다.

소셜미디어 사회는 이러한 쌍방향적 커뮤니케이션의 특성 때문에, 사이버 공간에서 국가는 국민을 대상으로 다양한 여론 형성과 정보교환을 수단으로 전자감시의 주체가 되고, 언론은 국가를 감시하고 그 내용을 국민에게 알권리와 보도의 자유로 전달한다. 그리고 국민은 국가와 언론을 감시하는 전자역감시의 주체가 되어, SNS와 인터넷에서 소셜미디어 공간에 자신의 사상이나 의견 등을 개진하거나 정보공유와 정보참여를 하는 네트워크 액세스권을 갖는다.

네트워크 액세스권은 SNS와 인터넷을 통하여 홈페이지, 블로그, 게시판에 여론형성과 정보교환적인 글을 올리고 이를 통하여 사회운동화 하여 언론의 관심을 끌게 하는 시민운동이다. 이는 국민(네티즌)들이 소셜미디어와 인터넷등을 통하여, 기존의 국가나 언론의 정보유통으로는 할 수 없던 여론형성을 자발적으로 하는 시민운동이다. 이러한 시민운동은 신문, 라디오, 텔레비전과 같은 기존의 오프라인 언론은 물론, SNS와 인터넷을 통해서 포털 사이트의 게시판, 홈페이지, 팟 캐스트, 블로그 등을 소셜미디어의 공공광장(Public Sphere)으로 활발하게 이용하고 있다.

이 점에서 SNS와 인터넷을 통하여 네트워크액세스권의 행사는 궁극적으로 직접민주주의 혹은 참여민주주의의 확대를 가져 오게 한다. 전자투표의 방식의 활성화를 통해 시민들은 그들의 대표자들에게서 정책결정권을 다시 가져올 수 있고, 이를 통해 그들 자신이 정책결정을 내릴 수 있게 되었다. 또한 소셜미디어와 인터넷의 발달로 네트워크액세스권을 통해 국민이 소셜미디어 상의 공공광장(Public Sphere)을 주도하는 디지털미디어 수용자가 되었다. 이는 간접민주정보다 국민의 국정참여를 더욱 풍성하고 효율적으로 할 수 있는 직접민주정인 누름식 전자민주주의의 등장은 필연적이다.

그러나 전자역감시 원리가 작동되는 네트워크액세스권은 국민에게 자동적으로 보장되는 것은 아니다. 정치나 사회 제반 문제에 대해 시민단체의 적극적 감시활동과 대안제시, 끊임없는 국가권력에 대한 감시와 비판, 언론(기업 포함)의 개인정보침해에 대한 감시, 거짓뉴스나 거짓정보에 대한 판별력 등 국민 스스로가 공공광장(Public Sphere)의 주도권을 갖고 자기 성찰적 감시를 할 때, 비로소 네트워크 액세스권의 순기능이 발휘될 것이다.

소셜미디어나 인터넷 게시판 등을 전자역감시적 사회 공론의 장소로 본다면, 지금까지 불완전한 권리에 머물던 액세스권이, 각종 사회문제, 정치문제, 경제문제, 환경문제, 소비자 주권문제 등 각종 현안을 해결할 수 있는, 시민운동으로 구체화되는 네트워크 권력인 액세스권이 되어, 다양한 분야에서 전자민주주의를 구현할 수 있게 되었다.

16. 미국 위헌법률심사기준의 정립 과정에서 우월적 지위 이론(Preferred Position Doctrine)의 의의 – 표현의 자유 법리를 중심으로 –

이 우 영*

Ⅰ. 서설: 연구의 목적과 범위

이 글에서는 미국에서의 법률의 위헌성 심사기준의 정립 과정에서 우월적 지위 이론(preferred position doctrine)이 갖는 의의를 특히 표현의 자유 법리를 중심으로 분석한다. 이는 궁극적으로 한국의 표현의 자유 영역에서의 위헌법률심사 기준의 발전적 정립을 모색하기 위함이다. 표현의 자유는 국가권력의 간섭이나 방해 없이 자유롭게 사상과 의견을 표명하고 전파하며 또한 의사의 형성을 위한 정보를 수집할 수 있는 권리로서 의사의 표현과 교환 및 보다 넓은 맥락에서의 여론 내지 공동체 내 공감대의 형성을 통해 민주주의 정치과정에서 큰 의미와 영향력을 갖는 핵심적인 기본권이자 제도보장의 성격도 갖는다.[1] 표현의 자유를 포함한 기본권의 헌법적 보장에 있어 관련 법률의 위헌성 심사에 적용되는 기준은 당해 기본권의 실제적 보장 내용과 범위를 결정한다는 점에서 기본권 보장 법리에서 핵심적 기능을 한다. 이 글에서는 한국의 표현의 자유 법리에서의 위헌법률심사기준의 발전적 정립 모색 노력의 일환으로서, 한국의 표현의 자유의 법리에 지속적으로 상당한 영향을 주어 온 미국의 표현의 자유의 법리의 발전 과정을 분석하여, 비교법적 관점에서 시사점을 찾아본다. 보다 구체적으로는 미국 표현의 자유 법리에서 법률의 위헌성 심사의 기준이 정립되어 가는 과정에서 우월적 지위 이론이 갖는 개념적 의의와 역할을 연구한다.

헌법을 정점으로 하는 법체계가 궁극적으로 추구하는 것은 인간으로서의 존엄과 가치를

---

* 서울대학교 법과대학/법학대학원 교수

1) 표현의 자유를 규정한 대한민국 헌법 제21조의 문언은 다음과 같다. ① 모든 국민은 언론·출판의 자유와 집회·결사의 자유를 가진다. ② 언론·출판에 대한 허가나 검열과 집회·결사에 대한 허가는 인정되지 아니한다. ③ 통신·방송의 시설기준과 신문의 기능을 보장하기 위하여 필요한 사항은 법률로 정한다. ④ 언론·출판은 타인의 명예나 권리 또는 공중도덕이나 사회윤리를 침해하여서는 아니된다. 언론·출판이 타인의 명예나 권리를 침해한 때에는 피해자는 이에 대한 피해의 배상을 청구할 수 있다. 헌법재판소도 표현의 자유는 정신활동의 자유로서 사상 또는 의견의 자유로운 표명과 그것을 전파할 자유를 의미하여 개인이 인간으로서의 존엄과 가치를 유지하고 행복을 추구하며 국민주권을 실현하는 데 필수불가결한 것으로 오늘날 민주국가에서 국민이 갖는 가장 중요한 기본권의 하나임을 일관되게 판시하여 왔다. 헌재 1992.2.25. 선고 89헌가104, 헌재판례집 제4권, 64면 이하(93면) 등. 또한 헌법재판소는 표현의 자유는 "현대자유민주주의의 존립과 발전에 필수불가결한 기본권이며 이를 최대한도로 보장하는 것은 자유민주주의의 기본원리의 하나"라고 한다. 헌재 1992.6.28. 선고 90헌가23, 헌재판례집 제4권, 300면 이하(306면). 표현의 자유의 헌법적 의의와 표현의 자유의 헌법적 보장의 목적에 대한 상세한 분석과 설명은 성선제, "언론의 자유의 사상적 기초," 헌법학연구 제7권 제1호(한국헌법학회, 2001), 181면-206면 참조.

포함한 기본권의 최대한 보장이다. 기본권의 최대한 보장을 위해서는 철학과 논리에 기초한 실체법적 차원에서의 법리가 개발되어야 함과 동시에 관련 절차법적 제도 역시 이를 뒷받침해야 한다. 기본권 보장의 맥락에서 위헌법률심사의 기준은 이와 같은 실체법적, 절차법적 노력을 유기적으로 함축하고 있다. 우리 헌법학과 헌법재판실무에서 공히 기본권의 최대한 보장을 위한 법리 개발 및 정립의 노력과 이러한 취지의 위헌법률심판의 기준에 관한 연구가 풍부하게 진행되고 있는 시점에서,[2] 이 연구도 실체적 및 제도적 양 관점에서 미국 표현의 자유 법리의 발전 과정 특히 표현의 자유 법리에서 위헌법률심사의 기준이 정립되어 가는 과정에서의 우월적 지위 이론의 진화 과정과 개념적·실무적 의의 및 역할을 분석하여, 한국 표현의 자유 법리에서의 위헌법률심사기준의 연구에 일조하고자 한다. 헌법이 보장하는 기본권은 궁극적으로 헌법의 해석과 적용의 과정을 포섭하는 헌법의 실현을 통해 그리고 헌법재판의 장(場)에서는 원칙적인 법률의 합헌성 추정 하에 관련 법률의 위헌성을 심사하는 기준의 강도와 척도에 따라 실질적 내용과 범위를 부여받음으로써 보장되며, 이 때 재판작용을 통한 법률의 위헌성 판단 과정에서의 헌법의 해석은 관련 법익간의 비교형량(balancing)을 본질로 하며 입법적 성격과 기능을 가진다는 것을 이 연구의 전제로 함을 밝힌다.

Ⅱ. 미국 표현의 자유 법리의 발전 과정에서 우월적 지위 이론 (Preferred Position Doctrine)과 법률의 위헌성 심사 기준

1. 법률의 합헌성 추정과 위헌법률심사

기본권의 보장과 국가의 구성 원리 및 기능을 규정하는 헌법은 해석을 통해 적용됨으로써 실현된다. 입헌주의와 법치주의 및 국민주권 원리에 입각한 국가의 법체계와 민주주의 정치과정 전체에 비추어 볼 때 국가의 최고법인 헌법은 국민에 의해 민주적으로 선출된 대표로 구성된 의회가 사전에 합의된 바의 절차에 따라 숙의를 통해 입법함에서 비롯된 민주적 정당성에 근거하여 합헌성이 추정되는 법률의 개념과 기능을 전제할 때에 그 최고법으로서의 의의가 더욱 분명해진다. 즉, 헌법은 '민주적 정당성에 근거하여 합헌성이 추정되는 바의 법률'의 상위법이다. 한편 헌법의 규정은 법률에 의해 구체화되고 현실화되며, 이러한 과정에서 법률은 기본권의 내용과 보장 범위를 규정하며 헌법을 실현한다. 법률은 민주적 정당성에 근거하여 그 합헌성을 추정받으나, 한국의 헌법재판소에 의한 위헌법률심판 내지 미국의 사법부에 의한 위헌법률심사(judicial review)와 같은 법률의 위헌성 심사 제도를 통해 입증책임 그리고 심사기준의 강도 및 척도라는 양대 요소의 적용을 받아 위헌으로 판단되면 법

---

2) 이러한 취지의 근래의 포괄적·체계적 연구의 예로서 헌법재판소의 「기본권 영역별 위헌심사의 기준과 방법」(2008) 참조.

률로서의 효력을 상실한다. 즉, 헌법이 보장하는 기본권의 내용과 범위가 법률을 통해 외연이 정해지며 실현되고, 이에 법률의 위헌성 심사에 적용되는 기준이 기본권의 보장 내용 및 범위와 핵심적으로 관련된다. 이와 같이 법률의 위헌성 심사 기준 특히 그 강도의 문제는 곧 관련 기본권의 내용과 보장 범위와 직결된다.

헌법은 최고법으로서 의도된 바의 추상성과 개방성을 가지고 이에서 비롯된 유연성과 적응성을 통해 공동체의 변화하는 상황과 가치를 반영해 가며, 그 궁극적 목적은 기본권의 최대한 보장이다.[3] 이러한 맥락에서 민주적 정당성에 기초한 법률의 헌법실현기능과 그러한 법률에 대한 위헌법률심판의 입법적 기능을 유기적 관련성 하에서 분석하여, 법률의 위헌성 심사 기준의 강도를 핵심으로 한 기본권의 보장 기제를 체계적으로 연구하는 것은 기본권의 보장에 있어 일반론으로서도 그리고 특정 기본권의 영역에서도 반드시 필요하다. 공동체의 정치과정은 관련된 각 요소가 유기적으로 상호작용을 하는 속에서 변화해 가며, 헌법을 포함한 법 역시 이러한 과정 속에서 실현된다. 법률의 위헌성 심사를 통해 헌법을 실현하며 입법적 기능을 가지는 위헌법률심판 역시 이와 같은 넓은 맥락에서 재판작용이면서도 정치작용이자 입법작용으로서의 성격을 갖고, 이에 이러한 관점에서 분석되어야 한다.[4] 독립된 헌법재판소가 존재하지 않으며 사법부가 미국 고유의 연방주의 하에서 위헌법률심사를 통해 위헌법률심판의 기능을 담당해 온 미국에서도 정치과정의 유기성과 그 속에서의 헌법의 법률을 통한 구현, 법률의 위헌성 심사를 포함한 사법 작용의 입법적 기능이라는 개념 하에서 기본권의 최대한 보장을 위한 법률의 위헌성 심사 기준의 정립 노력이 진행되어 왔다.[5]

헌법의 실현 과정에서 헌법 규정에 담긴 원칙을 규명하기 위해서는 원칙에 표명된 추상적 당위를 이해해야 함과 동시에 이러한 원칙이 공동체의 변화하는 상황과 가치 속에서 공동체에 공익을 실현하는 공공정책으로서 갖는 의의를 각 요소간의 유기적 상호관계와 상호작용 속에서 이해해야 한다.[6] 이러한 관점에서 보면 특히 입법적 기능을 갖는 위헌법률심판

3) 이 점과 관련하여 헌법의 개념과 본질을 헌법의 특성과 기능에 비추어 설명한 것으로 성낙인, 헌법학(제11판)(법문사, 2011), 27면-31면; 정종섭, 헌법학원론(제6판)(박영사, 2011), 29면-39면 참조.

4) 성낙인, 앞의 책(주 3), 1233면-1238면; 정종섭, 앞의 책(주 3), 980면-992면; 박수철, 입법총론(한울 아카데미, 2011), 561면-591면; Christopher Wolfe, THE RISE OF MODERN JUDICIAL REVIEW(revised edition)(Rowman & Littlefield Publishers, Inc., 1994), 206면, 225면 참조.

5) Christopher Wolfe, 앞의 책(주 4), 225면 참조. Wolfe는 미연방대법원의 Holmes대법관이 특히 Vegelahn v. Guntner, 167 Mass. 92, 104 판결(1896)과 Pennsylvania Coal Co. v. Mahon, 260 U.S. 393, 413 판결(1922), 그리고 Olmstead v. U.S., 277 U.S. 438, 469 판결(1928)에서 유기적으로 변화해 가는 사회에서 사법작용의 역사성 고려 필요성을 강조하며 이러한 점에서 사법작용의 입법적 성격을 주시한 점을 이와 같은 맥락에서 분석하였다.

6) 보다 넓은 일반적 맥락에서 이러한 문제를 분석하며 일반적으로 같은 취지의 분석을 한 것으로서 D. L. d'Avray, RATIONALITIES IN HISTORY, Cambridge University Press(2010), 66면-145면; Brian Bix, JURISPRUDENCE: THEORY AND CONTEXT(fifth edition)(Carolina Academic Press, 2009), 159면-252면 참조.

맥락에서의 헌법의 해석은 헌법 규정의 문언의 어의를 밝혀내는 것에 그쳐서는 안 되고 잠재적·현실적인 상충의 여지를 가진 공동체의 다양한 이해관계간의 비교형량이어야 한다.[7] 이러한 비교형량은 공익을 염두에 두어 공동체에 가장 바람직한 선택은 무엇인가를 결정하는 작업이며, 이러한 비교형량의 과정에는 정도 내지 단계의 구별이 따르게 된다.[8] 이와 같이 법률의 위헌성 판단을 위해 필수적인 비교형량을 위해서는 한국의 헌법재판소 내지 당해 법률이 재판의 전제가 된 사안에서의[9] 법원, 또는 미국의 경우 각급 법원 그리고 최종적으로는 연방대법원은 어떤 의미에서든 경중의 정도 내지 단계를 정해야 한다는 의미에서 법익과 가치를 정량화해야 하는데, 이러한 판단의 과정에서 헌법 규정 특히 헌법 규정의 문언으로부터 판단의 기준을 직접적으로 찾아내어 판단을 정당화하기는 어려운 경우가 대부분이다. 미국의 경우를 본다면, 예를 들어 표현의 자유 법리에 있어, 표현의 자유는 헌법에 의해 보장되는 기본권이되 무제한적으로 허용될 수 없으므로 특정 법률의 제한이 필요불가결한 공적 목적을 위한 것이고 또한 법률이 기본권을 가장 덜 침해하는 수단을 채택하고 있다고 하면 그러한 법률상의 제한은 합헌성 추정을 깨지 않는 즉 위헌적이지 않은 제한이라고 할 때, 이와 같이 사법적 재판과정을 통해 기본권의 제한의 한계 즉 보장의 범위를 판단해야 하는 법관은 과연 어떠한 입법목적이 필요불가결한 것이고 어떠한 수단이 그러한 입법목적의 달성을 가능하게 하는 모든 대체적 수단 중에 기본권을 가장 덜 침해하는 수단인지를 판단해야 한다. 그러므로 이러한 위헌법률심판에서의 헌법의 해석은 비교형량의 큰 틀 속에서 그 시점의 당해 공동체에 존재하거나 바람직하다고 판단되는 바의 공공정책에 부합하도록 관련 법률의 입법목적과 수단 및 기타 관련 요소들을 추정적으로 판단하는 과정이 된다.[10] 즉 기본권의 보장을 포함한 헌법의 실현을 위한 헌법의 해석에서 한국의 위헌법률심판과 미국의 사법적 위헌법률심사와 같은 입법적 성격을 가진 재판작용에서의 비교형량이 핵심적인 기능을 한다.

---

7) 이익형량을 개념과 구조의 면에서 정치하게 분석한 것으로 김도균, "법적 이익형량의 구조와 정당화문제", 법학 제48권 제2호(서울대학교 법학연구소, 2007); 김태수, "표현의 자유와 법익형량-인격권침해적 표현을 중심으로-", 공법연구 제35집 제4호(한국공법학회, 2007); 장철준, "이익의 관점에서 바라본 표현의 자유-토마스 스캔런(Thomas Scanlon)의 표현의 자유 이론 연구-", 법과 사회 제35권(법과사회이론학회, 2008) 참조. 이와 같은 이익형량에 대한 이해를 바탕으로 위헌법률심사에서의 헌법과 법률의 해석 및 적용에 이익형량이 필수적으로 행해진다는 명제를 도출할 수 있다.

8) Christopher Wolfe, 앞의 책(주 4), 225면 참조.

9) 대한민국 헌법 제107조 제1항 및 헌법재판소법 제41조 제1항 참조.

10) 미국 헌법학의 전통에서 이러한 입장을 대표적으로 보여주는 예로서 미연방대법관을 역임한 벤자민 카도조(Benjamin N. Cardozo)가 Yale Law School의 Storr Lectures에서 취한 입장(이후 1921년 "The Nature of the Judicial Process"로 출판되었다)을 들 수 있다. Cardozo는 위 강의와 저작에서 법률의 합헌성 추정하에서의 법률의 위헌성 판단을 위한 헌법 해석은 논리(logic), 역사적 현황(history), 관행(custom)과 사회학(sociology)의 네 가지 점에 따라 이를 고려하여 이루어져야 한다고 하였다. Benjamin N. Cardozo, THE NATURE OF THE JUDICIAL PROCESS(CreateSpace, 2009).

미국 연방 형성기 헌법 법리의 핵심적 논의를 담은 미연방 초기의 문헌인 「Federalist Papers」 78번[11]과 1803년의 미연방대법원의 Marbury v. Madison 판결[12]에서는 미연방헌법에 문언적 근거가 없으나 미국 헌법학과 헌법실무의 핵심적 기제가 된 법원의 위헌법률심사 내지 사법적 위헌법률심사를 "성문헌법의 사법적(司法的) 보장" 내지 "재판작용을 통한 성문헌법의 실현"으로 이해하였다. 이는 이러한 역할을 담당하는 법관 내지 사법부를 주권자인 국민의 우위에 있다고 이해한 것이 아니라, 주권자인 국민의 헌법적 의사를 어느 한 시점의 일시적 다수의 의사의 우위에 두고 이를 실현하는 기능을 법관 내지 사법부에 부여한 것이다. 즉, 미국의 연방제도와 미연방헌법상의 권력분립 구조 하에서 미국의 위헌법률심사제도는 개인의 기본권과 공동체 공익의 보장과 증대를 위해 주권자인 국민의 헌법적 의사에 비추어 어느 특정 시점의 정치과정상의 다수를 견제하는 의의와 기능을 가진다. 미국의 헌법학에서는 20세기 초반 헌법의 실현을 위한 헌법의 해석은 곧 재판작용에 의한 입법이라는 관점으로 위헌법률심사제도를 이해함으로써 헌법재판의 입법적 성격을 중시함과 동시에 미국의 위헌법률심사제도의 공익관념에 입각한 입헌주의의 실현기제로서의 의의와 기능을 설명하는 논리의 단초가 등장하였다.[13] 이러한 논리는 이하에서 분석하는 일련의 진화 과정을 겪으며 정립되어, 이후 특히 표현의 자유의 영역에서 헌법적 법리의 근간을 이루었다.

2. 법률의 위헌성 심사에서의 비교형량과 법해석의 객관적 기준 모색의 노력

입헌주의와 대의민주주의하에서의 대표에 의한 입법은 그 민주적 정당성에 근거하여 합헌성 추정을 받는다. 한편 법률은 해석을 통해 적용되는데, 법률의 해석은 입법자가 의도한 바의 의미를 발견해내는 것에 그치지 않는다. 우선 입법자가 의도한 바의 진정하고 유일한 의미가 존재하는지의 문제가 있으며, 복수의 구성원을 가진 기관인 국회의 입법의도를 밝히는 과정에서 법률안의 대표발의자 내지 법률안 발의를 위해 동의하고 서명한 의원들의 의도가 상대적으로 중시되어야하는 것인지의 문제도 있다.[14] 기본권 보장 법리에서 이와 같은 법률의 해석 특히 그 해석의 방법론이 갖는 함의는, 구체적 사안에서 법률을 적용함에 있어

11) Alexander Hamilton, James Madison, John Jay, THE FEDERALIST PAPERS(SoHo Books, 2011).
12) Marbury v. Madison, 5 U.S.(1 Cranch) 137(1803).
13) Benjamin N. Cardozo, 앞의 책(주 10) 참조.
14) 위헌법률심사의 맥락에서의 법률의 해석에 있어 입법의도 내지 입법자의 의도는 입헌민주주의하에서 핵심적인 해석방법론이 된다. 이 때 입법의도 내지 입법자의 의도는 법률의 해석의 주체가 재구성한 바의 입법의도 내지 입법자의 의도일 수밖에 없는데, 보다 구체적으로 어떤 기준으로 입법의도 내지 입법자의 의도를 재구성해 내어야 하는지가 중요한 논점이 된다. 예를 들어, 우리나라의 경우를 보면, 입법부로서의 국회라는 기관의 의사를 상정하더라도, 구체적 입법절차상 법률안을 제출 내지 발의한 자의 의도, 보다 구체적으로 대표발의의원 및 법률안발의요건의 개념 하에 법률안의 발의에 서명하여 동의한 의원 등의 의도가 보다 비중 있게 고려되어야 할 것인지 등의 문제가 있게 된다. 이러한 점을 구체적 입법절차와 연관시켜 분석한 것으로서 William N. Eskridge, Jr., Philip P. Frickey, Elizabeth Garrett 공저, LEGISLATION AND STATUTORY INTERPRETATION(Foundation Press, 2000). 211면-247면, 특히 211면-222면 참조.

요구되는 바의 입법자의 의도 확정을 위해서는 입법자의 의도를 유추하고 재구성해야 하며, 이러한 역할이 법원 즉 재판부를 구성하는 법관에 의해 행해진다는 것이다. 즉, 법률의 실현 과정에서의 법률의 해석의 기준이자 방법론으로서의 입법자의 의도는 해석자에 의해 재구성된 바의 입법자의 의도이며, 특히 구체적 사안에서의 사실관계에 법률을 적용하는 단계에서 입법자의 의도를 찾아내어 필요하고 적절한 경우 유추를 통해 법률의 의미를 밝혀 적용하는 경우 이러한 과정은 기능상 입법기능과 등가적이라는 점은, 위헌법률심사에서의 심사기준의 논의에서 중요한 헌법적 의의를 갖는다.[15] 이와 같은 맥락에서 법률의 해석은 입법자가 기관 전체로서 의도한 의미를 찾아내어 확정하고 선언하는 이상의 기능을 하여, 특히 법률의 문언을 보완하고 문언에 행간의 여백이 있는 경우 그러한 여백을 채우는 과정에서 입법적 기능을 수행한다.[16] 이러한 법률의 해석의 입법적 기능은 헌법이 그 의의와 역할로 인해 문언상 추상성과 개방성을 가지며 법률을 통해 실현된다는 점에서 더욱 큰 헌법적 의의와 상징성을 갖는다.

즉, 합헌성 추정을 받는 법률을 적용하는 과정에서의 법률의 해석의 입법적 기능은 변화하는 현실 속에서 헌법이 지속성과 일관성을 유지하면서 실현되고 보장되는 기제에서 입헌주의와 민주주의의 조화적 실현의 과정을 반영하며, 위헌법률심판기준의 정립을 위한 연구에서 핵심적 전제이자 맥락이 된다. 위헌법률심사의 과정에서 성문헌법의 문언에 비추어 법률을 해석한다고 하더라도, 문언이 추상적이고 개방적일수록 법률의 목적의 정당성과 채택된 수단의 목적과의 상관성 정도를 판단함에 있어 구체적 사실관계를 염두에 두며 필요한 경우 문언의 여백을 채우는 과정을 거쳐 해석하게 된다. 이와 같이 입법적 성격을 갖는 해석의 과정에서 법률의 '목적의 정당성'과 '수단의 목적과의 상관성'을 공익 내지 공동체의 복리의 증가를 핵심적 요소의 하나로 하여 판단한다면, 변화하는 상황에서의 헌법 해석 내지 법률의 위헌성 판단은 구체적 상황의 변화와 함께 공익 내지 공공복리에 대한 개념과 이해의 차이에 따라 변화하게 된다. 그렇다면 대의민주주의의 원칙으로서의 의회입법의 원칙에 비추어, 그리고 사법적 판단의 일관성이 정의의 실체적 · 절차적 구현에서 갖는 의의에 비추어, 헌법의 실현의 맥락에서 법률의 해석 내지 위헌법률심판의 기준에 일응의 '객관성'을 도입할 필요성이 더욱 설득력을 갖게 된다.[17] 이는 위헌법률심판에서의 헌법과 법률의 해석 내지 위헌

---

15) 이러한 의미에서 위헌법률심판과 법률에 대한 헌법소원의 헌법재판이 법률의 제정과 등가의 행위로 평가될 수 있고 소극적인 입법작용이라고 할 수 있음을 설명한 것으로서 성낙인, 앞의 책(주 3), 1234면-1235면; 정종섭, 앞의 책(주 3), 981면 참조.

16) 법률의 해석의 기준과 방법론으로서의 입법자의 의도 확정이 입법적 기능을 갖는다는 것은, 헌법이 그 개념과 역할로 인해 추상성과 개방성을 갖고 법률을 통해 실현된다는 맥락에서 볼 때 더욱 중요성을 갖는다. Benjamin Cardozo는 헌법의 실현의 맥락에서 법률 해석에서의 입법자의 의도 확정의 입법적 기능을 강조했다. Benjamin Cardozo, 앞의 책(주 10), 특히 17면 참조.

17) Cardozo는 미국의 맥락에서 헌법의 실현에서의 법률의 해석의 중요성을 강조하고 그러한 법률의 해석의

법률심사에 적용되는 기준이 곧 헌법이 보장하는 기본권의 보장 범위 및 한계와 동전의 양면의 관계에 있음을 생각하면 더욱 분명해진다.

위헌법률심사에 적용하는 기준을 위 문단에서 제시한 '객관적 기준'의 필요성 면에서 분석함에 있어서는 다음의 점들이 논의의 전제가 된다. 첫째, 객관적 기준을 도입하는 이유 내지 필요성이 자유와 권리가 사법적 판단에 의해 자의적으로 제한되는 것을 방지하기 위함이라고 할 때, 법률을 해석하는 해석 주체의 주관적 가치체계 특히 정치적 가치체계를 법률해석의 과정에서 배제하는 것이 가능한지의 문제가 있다. 둘째, 특히 법체계 전체가 공동체의 변화에 적응하고 진화하는 것이며 그러할 필요가 있다는 관점에서 볼 때, 법률의 해석주체가 그 시대의 가치체계를 해석에 반영해야 하되 또한 법률의 해석 주체의 해석에 따라 공동체 행위 기준 내지 가치관이 변화한다면, 법률의 해석에서 추구하고 적용해야 할 객관적 기준이 시대의 가치를 반영하고 선도할 수 있어야 한다는 의미의 기준점이 무엇인지의 난제가 있다. 이에 헌법의 실현과 보장의 맥락에서 사법적으로 법률을 해석하는 해석의 주체가 권리와 자유의 자의적 제한을 지양하기 위해 그 해석에 있어 정의와 이성에 따라 일응 객관적 기준을 적용해야 한다는 명제 하에서도, 해석 주체가 그 시대의 가치 및 이에 비추어 판단한 바의 공익 내지 공공복리에 일관된 해석임을 설득력 있게 보일 수 있는 한, 해석의 주체에게 상당한 재량의 여지가 주어지게 됨을 알 수 있다.

이를 보다 구체적인 법률의 위헌성 심사에 적용하면, 위헌법률심사는 헌법에 위배되는 법률의 효력을 무효로 선언한다는 일차적 의미를 넘어서 '그 개념과 역할상 추상성과 개방성을 갖는 헌법이 보장하는 자유와 권리에 구체적 시점과 상황에서 헌법과 법률의 해석을 통해 내용과 효과를 부여하는 것'으로 이해할 수 있다.[18] 한편, 미국의 위헌법률심사 법제를 통해 사법부가 해석하는 대상인 법률은, 입법부가 의도적으로 다양한 해석의 여지가 있는 입법을 한 결과로 이해될 수도 있고, 입법부가 숙의를 통해 도출하였어야 하는 입법과제에 대한 결론을 입법과정을 통해 제시하는 데 실패한 결과로 이해될 수도 있다. 특히 후자의 경우 위헌법률심사를 통해 사법부가 이를 해결하게 될 때 그 심사 기준의 문제가 입헌주의와 민주주의의 조화의 문제로 더욱 큰 헌법적 의미를 갖는다. 미국의 헌정사에서 위헌법률심사의 과정에서 법률을 해석하는 법관은 헌법의 실현과 보장에서 입법적 내지 법률형성적 성격의 상당한 재량과 권한을 가져 왔으며, 이와 같은 사법적 법률의 해석을 통해 헌법이 보장하는 자유와 권리의 내용이 상당 부분 구체화되어 왔다. 이러한 과정은 미국 사법제도 내에서의 법관의 역할에 대한 이해의 변화를 반영하기도 한다.[19]

입법적 기능에 비추어 공동체 구성원 개개인의 기본권 보장의 일관성을 위해 법원에 의한 법률 해석에 객관적 기준이 필요하다고 하였다. Benjamin Cardozo, 앞의 책(주10), 88면-89면.

18) Cardozo는 이 점에 대해 입법자가 입법자로서 부담하는 입법의 의무의 일부를 사법부에 전가한 경우라고 설명하였다. Benjamin Cardozo, 앞의 책(주 10), 93면.

보다 형식적인 권력분립관하에서는[20] 사법권을 제한적으로 이해하므로, 법관이 법률의 해석을 통해 당시대의 가치체계를 반영하는 의미에서의 판단기준의 객관성을 사법적 판단에 도입한다는 전제 자체에 회의적이다. 즉, 형식적 권력분립관하에서는 입법부가 법률의 제정을 포함한 정치과정상의 결정을 통해 당시대의 가치를 효과적으로 대표하고 반영함을 전제하고 사법부는 가변성을 가진 당시대의 가치가 아닌 세대를 거쳐도 불변하는 원리를 규명하고 보장하는 역할을 담당한다고 전제한다. 헌법의 권리 규정은 원리를 반영하는 것이며, 원리 내지 이러한 원리를 반영하는 권리가 헌법에 모두 명시적으로 규정될 수는 없기 때문에 입법부에게 법률의 제정을 통해 이러한 권리를 정의하고 보호하는 책무가 주어지는 것으로 본다. 이러한 관점에서는 사법작용에서 법률을 해석하는 법관은 헌법의 정신에 충실해야 하므로 법해석의 과정에 당시대의 가치를 반영하여서는 안 된다고 본다. 이에 비해 보다 근래에 등장한 기능주의적 권력분립관하에서는 헌법의 실현에 있어서 위헌법률심사를 담당하는 사법부의 역할을 보다 적극적인 것으로 이해한다. 헌법이 당시대의 가치에 따라 진화해가는 것이 곧 살아있는 헌법으로서의 헌법의 실현의 과정의 일부이며 이러한 헌법의 실현에서는 헌법이 보장하는 권리를 구체화하고 관련된 권리 및 이해관계를 형량하는 과정에 당시대의 가치체계가 반영되어야 한다고 본다.[21]

특히 20세기 이후 당시대의 가치체계를 반영하는 살아있는 헌법, 진화하는 헌법의 개념을 핵심으로 하는 헌법의 실현과 보장의 개념이 부각되면서, 당시대의 가치와 정신을 반영함에 있어 '객관적 기준'의 필요성과 역할이 중요한 헌법적 논점으로 논의되기 시작하였다.[22] 이에 당시대의 가치체계 내지 당시대에 통용되는 합리적 기준으로서의 객관적 기준을 어떻게 결정할 것인지의 문제, 그리고 나아가 이러한 법원의 판결 특히 위헌법률심판에서의 법해석이 공동체의 가치를 선도해 간다면 그 정당화 근거는 무엇인지에 관한 논의가 대두되었다. 위헌법률심사에서와 같은 헌법의 사법적 해석에서 공익, 공공복리 내지 공동체의 가치에 비추어 객관적 기준을 추구할 때 필수적으로 수반되는 것이 다양한 가치와 이해관계 사이의

---

19) 이와 같은 분석은 미국 위헌법률심사제도를 입법부과 사법부의 관계 속에서 사법부의 역할에 중점을 두어 시기별로 연구한 Christopher Wolfe의 연구에 기초한 것이다. Christopher Wolfe, 앞의 책(주 4). 미국의 위헌법률심사제도와 시기적 특징 일반에 대해서는 Kathleen M. Sullivan, CONSTITUTIONAL LAW(17th edition)(Foundation Press, 2010) 그리고 Erwin Chemerinsky, CONSTITUTIONAL LAW(3d edition)(Aspen Publishers, 2006)를 주로 참조하였다.

20) 미국 헌정에서의 권력분립의 형식주의적 그리고 기능주의적 이해에 대해서는 Erwin Chemerinsky, 앞의 책(주 19), 특히 348면 및 관련 부분 참조.

21) 이러한 분석은 Kathleen M. Sullivan, 앞의 책(주 19); Erwin Chemerinsky, 앞의 책(주 19); 그리고 Christopher Wolfe, 앞의 책(주 4)(특히 119면-257면)의 분석에 종합적으로 기초한 것이다.

22) Benjamin Cardozo, 앞의 책(주 10)의 논의가 이러한 중요한 예이다. 관련하여 조홍식, 「사법통치의 정당성과 한계」(제2판)(박영사, 2010); 임지봉, "사회변동과 사법적극주의", 법사회학연구 창간호(한국법사회학회, 2002) 참조.

비교형량이다.[23)] 비교형량은 '정도의 차이'에 대한 판단을 필연적으로 요하고, 이에 입법적 성격을 갖는다. 이러한 위헌법률심사에서의 방법론 내지 도구로서의 비교형량은 법률의 합헌성 추정의 개념하에 입법부의 판단과 결정을 존중하는 방향으로 사용될 여지도 크다. 그러나 법률의 위헌성 심사에 관한 일련의 미연방대법원 판례의 동향에서 보듯,[24)] 위헌법률심사에서의 비교형량은 입법부의 입법에 대해 실질적으로는 위헌성의 추정으로 인식될 만큼 입법부의 판단에 대한 존중의 정도를 낮추는 방향으로 사용될 여지도 있다. 특히 1930년대 후반 이후 미연방대법원은 후자의 방향으로 판례를 정립해 갔으며, 표현의 자유 법리의 정립 과정에서도 이러한 흐름이 나타난다.

3. 비교형량과 우월적 지위 이론의 개념적 상관관계

미연방헌법은 수정1조(First Amendment)에서 미연방의회는 표현의 자유를 침해하는 법률을 제정하여서는 안 된다("Congress shall make no law … abridging the freedom of speech, ….")라고 규정하고 있다. 이러한 미연방헌법 수정1조는 미국의 법제 전반에 걸쳐 '의사의 자유로운 표출'을 선호하는 추정을 형성한다. 의사의 표현에 대한 사전제한(prior restraint)은 금지되며, 의사의 표현에 대해 사후적으로 책임을 부과하는 경우에도 의사의 자유로운 표출이 선호된다.[25)] 이를 위헌법률심사의 맥락에서 보면, 관련 법률을 해석하는 해석의 주체가 특히 위헌법률심사의 맥락에서 이와 같은 일반 원리로서의 표현의 자유를 국가안보, 질서유지, 공공복리 등의 다른 원리 내지 법익과 비교형량하여 구체적인 상황에서 무엇이 어느 정도 우선해야 하는지를 결정해야 할 때에도 표현의 자유에 대한 선호가 적용된다고 할 수 있다. 미국의 표현의 자유 법리의 발전 과정에서 정립된 '명백하고 현존하는 위험의 법리(clear and present danger test)'[26)] 역시 이와 같은 비교형량의 양태 내지 비교형량에 적용된 기준

---

23) 이러한 의미에서의 객관적 기준의 추구는 사회학적 연구 등을 바탕으로 하여, 법학과 다양한 학문의 거시적 차원에서의 통섭을 유도하기도 한다. 법률 해석의 객관적 기준과 공익 개념의 헌법적 상관성에 대한 분석의 기초로서 Daniel A. Farber, Philip P. Frickey 공저, LAW AND PUBLIC CHOICE: A CRITICAL INTRODUCTION(University of Chicago Press, 1991) 등을 참조하였다.

24) 이하의 본문에서 분석한 South Carolina Highway Department v. Barnwell Brothers, 303 U.S. 177(1938); U.S. v. Carolene Products, Co. 304 U.S. 144(1938); 그리고 Kovacs v. Cooper, 336 U.S. 77(1949) 판결의 흐름을 보면 이러한 점이 잘 나타난다.

25) 이와 같은 표현의 자유의 헌법적 중요성과 기능 나아가 표현의 자유의 헌법적 보장의 근거 및 목적에 대해서는 풍부한 선행연구가 있다. 특히 이 중에서 표현의 자유의 헌법적 중요성에 대한 Emerson의 다음과 같은 정리는 이제 고전이 되었다. 표현의 자유는 첫째, 개인의 자아와 인격의 형성 및 발전을 위해 필수불가결하며, 둘째, 진리추구의 필수적 방편이고, 셋째, 민주주의하에서 정치적·사회적 결정과 결단에 있어 사회구성원의 참여를 확보하는 수단이며, 넷째, 사회의 안정과 변화간의 균형의 매개가 된다. Thomas I. Emerson, "Toward a General Theory of the First Amendment," 72 Yale law Journal 877, 878(1963). 표현의 자유의 헌법적 보장에 대한 원론적 내용을 다룬 국내의 심층적 연구로서는 성선제, "언론의 자유의 사상적 기초," 헌법학연구 제7권 제1호(한국헌법학회, 2001), 181-206면; 강경근, "한국의 헌법학-언론의 자유를 소재로-," 헌법학연구 제6권 제1호(한국헌법학회, 2000), 특히 54-56면 등 참조.

26) 미국 표현의 자유 법리에서의 명백하고 현존하는 위험의 원칙은 Schenck v. United States, 249 U.S. 47

이다. 명백 · 현존하는 위험의 법리는 표현의 자유를 제한하는 법률의 위헌성 여부를 판단함에 있어 의사의 자유로운 표현에 대한 선호를 유지한 채로 표현의 자유와 다른 법익을 비교형량하는 것으로 이해할 수 있다. 즉, 헌법이 선호하는 표현의 자유 쪽으로 기울어져 있는 저울을 반대쪽으로 기울도록 하기 위해 요구되는 구체적 요건으로서 표현이 초래할 다른 법익에 대한 위해의 심각성과 즉시성을 요구하는 법리이다.[27)]

이하에서는 보다 구체적으로 법률의 합헌성 추정 하에서 법률의 위헌성을 판단할 때 적용되는 법률의 위헌성 심사의 기준을 표현의 자유 법리의 맥락에서 검토한다. 위헌법률심사에서는 첫째, 헌법 규정의 문언에서 사용된 개념의 정의에 심사대상 법률이 보호 · 증진을 의도하는 법익이 포섭되는지의 판단 단계와, 둘째, 적용되는 심사기준하의 관련 법익간의 비교형량의 단계를 통해, 심사대상 법률의 위헌성에 대한 판단이 이루어진다. 이와 관련하여 미국 표현의 자유 법리에서는 첫째, 미연방헌법 수정1조의 보호 범위에 포함되는 표현과 보호 범위 밖에 있어서 보호의 정도가 덜하거나 보호받지 않는 표현으로 범주화(categorization)하는 관점 내지 방식과 둘째, 이러한 범주화를 전제하지 않고 관련 법익을 비교형량해야 한다는 관점 내지 방식(balancing on sliding scale)이 상호 발전적 비판의 관계를 이루며 존재하고 있다.[28)] 미국 표현의 자유 법리에서 음란물 규제 법리나 명예훼손 법리를 보면 이와 같은 유형의 표현을 미연방헌법 수정1조의 온전한 헌법적 보호 범위의 밖에 위치시키는 범주화 법리가 근간이 됨을 볼 수 있다.[29)] 이에 비해 범주화를 전제로 하지 않는 비교형량에

(1919) 판결을 통해 최초로 제시되었고, Whitney v. California, 274 U.S. 357(1927) 판결에서는 '급박성(imminence)'의 요건이 추가되었다. 명백 · 현존하는 위험의 원칙은 이후 Dennis v. United States, 341 U.S. 494(1951) 판결을 거쳐 다소 후퇴하였으나, Brandenburg v. Ohio, 395 U.S. 444(1969) 판결을 거쳐 표현의 성격(nature)과 위험성(danger)에 핵심을 두어 표현의 자유 제한 법률의 위헌성을 판단하는 원칙이자 기준으로 정립되었다. 표현의 자유를 제한하는 법률의 위헌성 심사에서 명백 · 현존하는 위험의 원칙을 적용한 근래의 미연방대법원의 판례로서는 Virginia v. Black, 538 U.S. 343(2003) 등이 있다. 미국 표현의 자유 법리에서의 명백 · 현존하는 위험의 원칙을 연구한 국내의 연구로서 임지봉, "미국헌법상의 표현의 자유와 사전억제금지의 원칙", 미국헌법연구 제20권 제2호(미국헌법학회, 2009); 임지봉, "명백 · 현존하는 위험의 원칙과 표현의 자유", 공법연구 제34집 제4호(한국공법학회, 2006) 참조.

27) 이와 같은 명백하고 현존하는 위험의 법리는 우리나라의 표현의 자유 법리와 관련하여 오래 전부터 국내 학계에서 표현의 자유의 외연과 실질적 보장의 확대를 위해 중요한 위헌법률심사의 기준으로 소개되고 논의되어 왔다. 관련 판례를 보면, 국가보안법 제7조의 합헌성 판단과 관련하여 헌재 1990.4.2. 선고 89헌가113, 헌법재판소판례집 제2권(49면 이하); 헌재 1996.10.4. 선고 95헌가2, 헌법재판소판례집 제8-2권(283면 이하); 헌재 2004.8.26. 선고 2003헌바85 등 일련의 판례에서 명백 · 현존하는 위험의 원칙을 부분적으로 적용했다고 볼 수 있는 여지가 있으나, 동 원칙의 관련 개념을 적용하여 오히려 표현의 자유를 제한하는 제한의 정당화 근거를 도출하였다. 즉, 명백하고 현존하는 위험의 원칙은 우리나라에서 표현의 자유의 실질적 보장을 위한 중요한 합헌성 판단의 기준으로 인식되고 논의되어 왔으나, 이 원칙이 표현의 자유를 보장하는 방향으로 원칙대로 적용된 판례는 없다. 위 헌법재판소 판례들을 명백 · 현존하는 위험의 원칙에 비추어 정교하게 분석하고 표현의 자유의 최대한 보장을 위해 명백 · 현존하는 위험의 원칙을 적용할 것을 촉구하는 취지의 연구로서, 헌법재판소, 앞의 책(주 2), 311면-326면 참조.

28) 미국 표현의 자유 법리에서의 범주화와 비교형량을 심층적으로 분석한 것으로 특히 Kathleen M. Sullivan, 앞의 책(주 19) 참조.

29) Kathleen M. Sullivan, 앞의 책(주 19).

서는 그 핵심이 '정도의 판단'에 있다. 명백하고 현존하는 위험의 법리도 이와 같은 비교형량으로써 상대적으로 더 잘 설명된다. 즉, 1919년의 Schenck v. United States 판결[30]에서 미연방대법원의 홈즈(Oliver Wendell Holmes)대법관이 판시한 것처럼, 명백하고 현존하는 위험의 법리하에서는 법관이 문제된 표현의 유형보다는 당해 표현의 현실적·잠재적 위험성의 심각성과 급박성의 정도에 초점을 맞추어 당해 표현이 수반하는 위험이 얼마나 심각하고 명백하며 또한 얼마나 급박한 것인지를 판단하게 된다.

비교형량의 경우 법관이 적용하는 판단의 기준은 법관 개인의 주관적 가치체계 내지 선호체계일 수도 있고, 법관이 인식하는 바의 당해 공동체에서 당시대에 통용되는 합리적 기준일 수도 있다. 특히 후자의 경우 판단에 적용되는 기준은 적어도 법관에게 있어 헌법의 문언 자체에서 도출된 것이라기보다는 당해 공동체의 당시대의 가치체계를 반영한 것으로 인식된다. 물론 표현의 자유 및 이와 관련된 다양한 법익과의 상관성하에서 그 보장의 필요성의 '정도'의 문제는 표현의 자유에 관한 공공정책의 수립과 집행에서 언제나 고려되어야 할 것이나, 이러한 '정도'의 문제에 대해 어느 지점에서 답을 찾을 것인지의 판단이 위헌법률심사에서 핵심이 되므로, 이러한 판단을 정치과정을 통해 입법부에게 하도록 할 것인지 아니면 사법적 판단의 과정 속에서 사법부가 할 수 있도록 할 것인지에 관련 논의의 핵심이 있다. 보다 전통적인 관점에서는 표현의 자유의 헌법적 보장 범위의 밖에 있는 표현을 상정하더라도 그러한 표현을 제한하는 것이 공동체 전체의 입장에서 바람직한지를 판단하는 것은 정치과정을 통해 법과 공공정책의 차원에서 입법부와 행정부가 해야 할 일이라고 본다. 이에 비해 보다 근래의 자유주의적 관점에서는, 어떠한 표현이든지 사회적 효용이 있으며 공직선거를 통해 선출된 대표는 특히 정치과정에 대해 비판적인 표현을 권한을 남용하여 억제할 동기를 갖고 있기 때문에, 어느 지점에서 비교형량의 균형점을 찾을 것인가의 문제는 공동체에 현실적인 명백한 위험이 되는 표현을 정치적 동기 없이 판단할 수 있는 사법부가 결정해야 한다고 본다.

대략 1930년대 후반 이후[31] 미연방대법원은 사법부의 위헌법률심사 기능의 입법적 성격을 보다 명시적으로 인정하는 특징을 보인다. 이 시기에도 위헌법률심사에 대한 미연방대법원 판례의 입장은 법률을 헌법에 비추어 보아 법률이 헌법에 위배되는 경우 법률을 위헌무효로 선언하는 사법부의 권한은 헌법을 실현하여야 할 사법부의 의무에서 비롯된다는 Marbury v. Madison 판결[32]에서의 입장을 그대로 유지하고 있으나, 이 시기의 미연방대법원 판례들은 위헌법률심사의 입법적 기능에 대한 명확한 이해와 인식을 담고 이를 강조하고

30) 249 U.S. 47(1919).
31) 이와 같은 구체적 시기의 구별은 저자 본인의 분석에 더불어 Christopher Wolfe, 앞의 책(주 4)의 관점을 따른 것이다.
32) 5 U.S.(1 Cranch) 137(1803).

있다. 위헌법률심사의 입법적 기능에 대한 이와 같은 근래의 명확한 인식을 잘 보여주는 법리가 곧 위헌법률심사에서의 비교형량이다. 비교형량에서는 법관이 연방 또는 주(州)정부가 특정 권한을 행사할 수 있는지의 여부 등 특정 권한의 범주적 구분만을 하는 것이 아니라, 행사되는 권한의 허용 가능한 '정도'를 판단한다. 이와 같은 적합한 허용 정도의 판단은 입법적 성격 내지 정책형성적 성격을 갖는다. 즉, 법관이 비교형량 하에서 판단을 함에 있어서는 특정 법률 내지 특정 법률조항의 입법목적이 어느 정도 중요한지, 그러한 입법을 통해 입법의 취지를 어느 정도 달성할 수 있는지, 입법을 통해 제한되는 법익이 입법을 통해 증진되는 법익과 어떻게 형량되는지 등 다양한 관련 쟁점을 '정도'의 판단을 통해 결정한다. 이 때 헌법의 문언 자체에는 이에 대한 답이 명시적으로 제시되어 있지 않으므로, 구체적인 실제의 사안에서 이러한 '정도'의 판단을 하기 위해서는 법관이 무엇인가 다른 정당화의 근거를 찾아내야 한다. 그 근거가 무엇이든 이는 당해 영역에서의 공공정책에 준하는 성격과 내용을 가지므로, 이와 같이 위헌법률심사에서 비교형량을 하는 법관은 성격상 입법과 등가적 기능과 효력을 갖는 판단을 하게 된다.

위헌법률심사에서 비교형량을 통해 법률의 위헌성을 판단하더라도 이러한 비교형량의 입법적 기능에 비추어 사법부가 비교형량을 대단히 제한적이며 법률의 합헌성 추정에 최대한 부합하도록 입법부 판단을 존중하는 방향으로 운용할 여지는 충분히 있다. 예를 들어 미연방대법원의 스톤(Harlan Fiske Stone)대법관은, 법률의 합헌성 추정을 최대한 유지하되 다만 그 추정의 범위가 상대적으로 좁은 예외적 상황 내지 경우가 있다는 관점에서, 법원이 그리고 궁극적으로 미연방대법원이 위헌법률심사에서 비교형량을 통해 입법부의 판단을 번복하는 것은 통상의 민주적 정치과정을 통해 권익의 보호를 기대하기 어려울 것으로 추정되는 정치·사회적 소수자의 권익 보호에 국한되어야 한다는 입장을 제시하였다.[33] 그러나 이후의 실제 운용에 있어 미국에서의 위헌법률심사의 방법론 내지 기준으로서의 비교형량은 입법부의 판단에 대한 존중의 정도를 대폭 낮추는 방향으로 운용되었으며, 나아가 이하에서 분석하는 바와 같이 우월적 지위(preferred position) 이론의 전개에 단초를 제시하였다.

4. 미국 표현의 자유 법리에서 우월적 지위 이론과 이단계 심사기준(double standard)

미연방대법원의 선도적 판결들을 중심으로 미국의 위헌법률심사의 기준이 정립되어 온 과정을 보면, 기본권의 보장 범위의 확대와 충실화를 위해 통상의 심사기준보다 상대적으로 엄격한 내지 강화된 심사기준의 도입이 필요하다는 입장이 대략 20세기 중반 이후 점차 설득력을 얻게 되어 위헌법률심사의 기준이 이단계 내지 이중 심사기준(double standard)으로

---

33) South Carolina Highway Department v. Barnwell Brothers, 303 U.S. 177(1938); U.S. v. Carolene Products, Co. 304 U.S. 144, 152(1938), n. 4.

정립되었다. 이러한 위헌법률심사 기준의 정립 과정의 초기에 미연방대법원의 스톤대법관은 1938년 U.S. v. Carolene Products, Co. 판결[34]에서 기본권의 더욱 실질적인 보장을 위해 전통적·원칙적 심사기준인 합리성 심사기준(rationality review)보다 상대적으로 엄격한 즉 강화된 심사기준("more exacting scrutiny")이 적용되어야 할 예외적 경우가 있음을 주장하고 이와 같은 강화된 심사기준을 적용할 대상을 예시적으로 제시하였다. 이 중에서 특히 다수결적 의사결정에 기초를 둔 통상의 정치과정의 바깥에 위치한 정치적·사회적·문화적 소수자의 권익 보장을 위한 경우, 이러한 경우에는 통상의 다수결적 민주주의 정치과정을 통해 스스로의 권익을 지킬 수 없는 공동체 구성원의 권익 보호를 위해 사법부가 위헌법률심사의 기제를 통해 보다 적극적으로 개입해야 하므로, 심사대상인 법률의 합헌성 추정의 범위를 상대적으로 좁게 보아야 한다는 논리를 전개하였다.[35]

구체적 사안에서 특정 법익이 다른 법익보다 우선적으로 내지 더욱 강하게 보장받아야 한다든지 반대로 그러한 특정의 사안에서 다른 법익이 우선적으로 내지 더욱 강하게 보장받아야 한다는 결론이 도출되는 이상, 법률의 위헌성 심사라는 개념 속에는 언제나 비교형량이 포함된다고 할 수 있다. 그러나 미연방대법원이 20세기 이후 위헌법률심사의 방법론이자 기준으로서 비교형량을 명시적으로 적용함으로써 사법작용을 통한 공공정책의 논의와 형성의 범위를 확대했을 뿐 아니라 이러한 공공정책 형성의 정당화 논리도 발전되어 온 점은 분명하다. 즉, 미연방대법원이 위헌법률심사에서의 비교형량을 통한 정책형성적 내지 입법적 기능을 인식하고 이러한 기능을 적극적으로 수행함으로써, 이후 위헌법률심사의 입법적 기능을 수용한 헌법적 법리가 더욱 발전하고 정립되게끔 되었다. 표현의 자유 법리를 이러한 관점에서 분석할 때, 명백하고 현존하는 위험의 법칙은 표현으로 인해 야기되는 위험의 심각성과 급박성을 한 쪽에 두고 다른 한 쪽에는 자유로운 의사 표현의 헌법적 중요성을 둔 비교형량을 요한다. 이 때 저울이 표현의 자유를 보장하는 쪽으로 기울어진 상태에서 비교형량이 이루어진다. 명백하고 현존하는 위험의 원칙하의 비교형량에서의 저울의 추의 위치는 곧 미연방대법원을 포함한 사법부가 표현의 자유라는 기본권에 대해 일응의 "우월적 지위(preferred

34) 304 U.S. 144, 152(1938).

35) U.S. v. Carolene Products, Co. 304 U.S. 144, 152(1938), n. 4("narrower scope for operation of the presumption of constitutionality"). 이에 대한 정밀한 분석으로는 Felix Gilman, "The Famous Footnote Four: A History of the Carolene Products Footnote," 46 Southern Texas Law Review 163(2004) 참조. 그러나 미연방대법원의 스톤대법관이 지적한 이와 같은 경우에도, 국민이 선출한 대표로 구성된 합의제 기관인 의회의 의결과정에는 소수자를 포함하여 특히 이해관계가 있는 자가 적어도 제도적으로 숙의 및 의결의 과정에서 필요한 관련 정보를 얻고 이해관계를 포함한 입장을 표명할 접점 내지 계기가 사법부에서의 위헌법률심사 기제에 비해 더 많이 주어져 있다고 할 수도 있다. 미국 연방의회에서의 입법과정에 대한 이러한 관점에서의 제도 분석은 William N. Eskridge, Jr., Philip P. Frickey, Elizabeth Garrett 공저, LEGISLATION AND STATUTORY INTERPRETATION(2d edition)(Foundation Press, 2006); Abner J. Mikva, Eric Lane 공저, AN INTRODUCTION TO STATUTORY INTERPRETATION AND THE LEGISLATIVE PROCESS(Aspen Publishers, 1997) 등 참조.

position)" 즉 가중치를 부여한 결과이다.

이와 같은 위헌법률심사의 기준으로서의 우월적 지위 이론은 우월적 지위를 부여받은 기본권을 제한하는 법률에 대해 입증책임의 전환과 함께 상대적으로 강화된 내지 보다 엄격한 심사기준을 적용하는 위헌법률심사의 이단계 내지 이중 기준(double standard)의 법리로 진화하였다. 즉, 비교형량에서 우월적 지위에 있는 내지 가중치를 부여받은 기본권을 제한하는 법률에 대해서는 위헌의 주장이 있고 그 위헌성에 대한 사법적 심사가 행해질 때 위헌을 주장하는 측이 아닌 정부로 하여금 당해 법률이 위헌이 아님을 입증할 입증책임을 부담하게 하고 당해 법률이 채택한 입법목적 실현 수단이 입법목적 실현을 위한 대안적 내지 대체적 수단 중에서 기본권을 가장 덜 침해하는 것일 것을 요하는 최소침해성(least restrictive alternative; no less restrictive alternative)을 가져야 하는 강화된 심사기준(strict scrutiny)을 적용하여 위헌성을 심사한다는 것이 이단계 내지 이중 기준의 핵심적 내용이자 의의이다.[36] 대의민주주의에서 의회의 입법에 대한 민주적 정당성에 근거한 합헌성 추정과 의회에 대해 독립적인 헌법기관이 재판작용을 통해 그러한 입법의 합헌성을 심사하여 합헌성 추정이 깨어지는 경우 위헌무효가 되는 위헌법률심사라는 전체적 맥락에서 이러한 분석이 갖는 함의는, 만약 특정 기본권에 대해 위헌법률심사에서 가중치를 주어 비교형량할 수 있다면, 또는 법률의 위헌성에 대한 이단계 내지 이중 심사기준 하에서 더욱 엄격한 기준을 적용하여 심사할 수 있다면,[37] 이러한 영역에서의 의회의 입법권은 상대적으로 제한되어 있다고 할 수 있는지의 논의를 촉발한다는 것이다. 이에 심사대상인 법률의 위헌성을 입증할 입증책임을 법률이 위헌이 아님을 입증할 책임으로 공권력에게 전환할 수 있는지, 입증의 정도 곧 법률의 위헌성 심사의 기준의 강도를 강화한다고 할 때 그 엄격성은 어느 정도인지 등 실제의 위헌심사에서의 핵심적 쟁점들을 법률의 합헌성 추정의 맥락에서 논리적으로 분석할 필요가 있다.

5. 미연방대법원 판례를 통해 본 우월적 지위 이론 관련 논의

우월적 지위 이론(preferred position doctrine)의 의미를 논한 미연방대법원의 일련의 판

36) 이와 같이 미연방대법원이 중심이 되어 정립해 온 미국의 위헌법률심사기준으로서의 이단계 내지 이중 기준의 핵심적 내용과 의의를 입증책임 전환과 심사강도의 면에서 체계적으로 설명한 대표적인 원론서로서 Kathleen M. Sullivan, 앞의 책(주 19) 참조. 관련하여 Bruce A. Ackerman, "Beyond Carolene Products," 98 Harvard Law Review 713(1985) 및 Jeffrey M. Shaman, "Cracks in the Structure: The Coming Breakdown of the Levels of Scrutiny," 45 Ohio State Law Journal 161(1984); 그리고 관련 법리를 우리나라의 맥락에서 분석한 연구로서 김문현, "평등에 관한 헌법재판소판례의 다단계위헌심사기준에 대한 평가", 미국헌법연구 제17권2호(2006) 참조.

37) 이와 같은 논의의 흐름이 잘 드러난 미연방대법원의 판례는 실제 "preferred position"이라는 표현이 사용된 Jones v. Opelika, 316 U.S. 584(1941)판결에서의 스톤(Stone)대법관의 반대의견, Murdock v. Pennsylvania, 319 U.S. 105(1943) 판결에서의 더글라스(Douglas)대법관의 다수의견 등이 있다.

례를 보면 우월적 지위 이론의 개념과 역할에 대한 이해가 반드시 일치하지는 않았음과 함께 그럼에도 불구하고 적어도 개념의 공통분모가 존재함을 알 수 있다. 미연방대법원의 1949년의 Kovacs v. Cooper판결[38]에서는 공공도로에서의 확성기 사용을 금지한 뉴저지(New Jersey)주 트렌턴(Trenton)시(市)의 조례(Ordinance No. 430)가 연방헌법이 보장하는 표현의 자유에 비추어 위헌인지가 쟁점이 되었다. 리이드(Stanley Forman Reed)대법관이 집필한 이 판결의 5 대 4 다수의견에서는 연방헌법이 보장하는 표현의 자유는 비교형량에서 우월적 지위를 부여받으나 비교형량을 통해 제한될 수 있음을 판시한 후 심사대상인 조례는 연방헌법이 보장하는 표현의 자유에 비추어 위헌이 아니라고 하였다. 별개의견을 제시한 프랑크퍼터(Felix Frankfurter)대법관은 다수의견이 사용한 표현의 자유의 우월적 지위("the preferred position of freedom of speech") 개념을 비판하였는데, 프랑크퍼터대법관의 비판의 핵심은 다수의견이 표현의 자유에 우월적 지위를 부여한다는 논리하에 의사의 표현과 소통을 제한하는 법률을 위헌으로 추정한다는 것이었다.[39] 프랑크퍼터대법관 역시 표현의 자유는 전체로서의 기본권 체계에서 헌법적 중요성의 면에서 우월적 지위("a preferred constitutional position")를 갖는다고 보았으나, 표현의 자유가 구체적 상황에서 상충하는 여타의 기본권 내지 법익과 비교형량될 때 그 비교형량의 일차적 권한과 책임은 다른 기본권 영역에서와 동등한 정도로 입법부에게 주어진다고 보았다.

결국 Kovacs v. Cooper판결에서 다수의견과 프랑크퍼터대법관의 별개의견간의 표현의 자유의 기본권으로서의 '우월적 지위(preferred position)' 개념에 대한 이해의 차이는 표현의 자유의 보장에 관한 입법적 판단에 대해 사법부가 위헌법률심사를 통해 어느 정도의 통제권을 갖는지에 대한 입장의 차이이다. 프랑크퍼터대법관이 Kovacs v. Cooper판결의 별개의견에서 지적하였듯이,[40] 이 판결의 다수의견의 입장은 표현의 자유를 제한하는 입법에 대한 위헌법률심사에서 비교형량시 표현의 자유의 우월적 지위를 인정해야 한다는 점에서는 프랑크퍼터대법관과 다르지 않으나, 표현의 자유를 제한하는 입법이 위헌이 아님을 입증할 입증책임을 정부에게 부담시키고 정부가 이를 상대적으로 높은 기준하에서 입증하여야 한다는 논리 전개의 전제로서 다수의견은 표현의 자유를 제한하는 입법에 대해서는 합헌성이 아닌 위헌성을 추정하였다. 이에 비해 프랑크퍼터대법관은, 표현의 자유와 같은 특정의 기본권의 헌법적 중요성을 인정하여 이러한 기본권에 일응의 우월적 지위를 인정하더라도, 그 필연적 결과로 이러한 기본권을 제한하는 법률을 합헌이 아닌 위헌으로 추정하거나 입증책임을 전환해야 하는 것은 아니라고 보았다. 즉, 표현의 자유를 제한하는 입법에 대한 위헌법률심사에

38) 336 U.S. 77(1949).
39) Kovacs v. Cooper, 336 U.S. 77, 90(1949).
40) 336 U.S. 77, 90(1949).

있어서도 그 심사기준은 다른 영역에서와 같이 통상의 합리성 심사기준을 적용하여 입법에 합리적 근거가 있는지를 판단하면 족하다고 보았고, 다만 위헌법률심사에서 입법에 합리적 근거가 있는지를 판단함에 있어서 관련 기본권의 헌법적 중요성을 고려해야 한다고 하였다. 특히 입법부작위가 아닌 입법부가 실제 입법을 한 경우, 입법부가 당해 법률이 제한하는 권리의 헌법적 중요성을 입법과정에서 고려하였음이 추정되기 때문에, 입법부의 판단을 존중하여 심사대상 법률이 합리적 근거가 없는 경우에만 합헌성 추정을 깨고 법률을 위헌으로 판단한다는 것이 Kovacs v. Cooper판결에서의 프랑크퍼터대법관의 별개의견의 논지이다.

이러한 점에서 Kovacs v. Cooper판결 이전의 미연방대법원 판례인 Whitney v. California 판결[41]을 보면, 브랜다이스(Louis Brandeis)대법관은 명백하고 현존하는 위험의 법칙의 의미에 대해 표현에 대한 입법을 통한 제약 내지 제한이 명백하고 현존하는 위험이 존재한다는 번복 가능한 추정("rebuttable presumption")을 도출해낼 뿐이라고 하였다.[42] 표면적으로 보면 이는 입법부의 입법을 존중하는 방향의 합헌성 추정이다. 그러나 만일 입증책임과 심사강도에 대한 위헌법률심사에서의 원칙적 법리와 기준이 적용된다면 표현의 자유를 제한하는 법률의 위헌성을 주장하는 당사자가 당해 법률이 위헌임을 입증할 책임을 부담하고 이 때의 입증의 책임은 당해 법률이 표현의 자유를 제한한다는 쟁점 제기 후 제한되는 표현이 유발하는 위험의 심각성과 급박성이 그다지 높지 않음을 보이면 족하다. 따라서 위헌성 심사의 기준을 충족하기 위해 표현으로 인해 유발되는 위험이 지극히 심각할 것("extremely serious")과 그러한 위험 발생의 급박성이 지극히 높을 것("extremely high")이 요구된다면, 이러한 엄격한 심사기준하의 합헌성 추정은 실질적으로는 위헌성을 추정하되 형식적으로 입법부 존중적인 포장을 한 것과 다르지 않다고 할 수 있다.

프랑크퍼터대법관은 1949년의 Kovacs v. Cooper 판결[43]의 별개의견에서 U.S. v. Carolene Products, Co. (1938) 판결[44]의 각주4번에 제시된 스톤(Stone)대법관의 논지의 취지에 대해 논하면서, 스톤대법관의 논지를 위 Carolene Products 판결의 각주4번에서 제시한 바의 '위헌법률심사에서 상대적으로 엄격한 기준이 적용되어야 하는 입법'에 대해 위헌성을 추정하자는 것이 아니라 이와 같은 입법에 대해 합헌성 추정의 범위 내지 정도가 축소될 여지가 있을지에 대해 의문을 제시한 것이라고 이해하였다.[45] 그러나 프랑크퍼터대법관은 1951년 미연방대법원의 Dennis v. United States 판결[46]에서는 Carolene Products 판결의 각주4번에

41) 274 U.S. 357(1927).
42) U.S. v. Carolene Products, Co., 304 U.S. 144(1938).
43) 336 U.S. 77(1949).
44) 304 U.S. 144(1938).
45) Kovacs v. Cooper, 336 U.S. 77, 91-92(1949).
46) 341 U.S. 494(1951).

서 제시한 바의 '위헌법률심사에서의 엄격심사기준 도입 및 적용의 가능성'에 대해 이는 이와 같은 일부 입법에 대해서는 합헌성 추정을 부정한 것이라고 판시하기도 하여,[47] 표현의 자유 법리에서 우월적 지위 이론하에 표현의 자유를 제한하는 법률에 대해 합헌성 추정이 원칙대로 유지되지만 그 추정의 범위 내지 정도만 축소된다고 보는지 아니면 이러한 법률에 대해서 위헌성을 추정한다고 보는지에 대해 일관성 있는 입장을 유지하지는 않았다. 관련 논리를 위헌법률심사에서의 입증책임과 심사기준의 강도라는 보다 넓은 맥락에서 볼 때, 법률의 합헌성 추정하에서 위헌을 주장하는 당사자가 심사대상인 법률이 위헌임을 입증할 입증책임을 부담하는 것이 원칙이고, 표현의 자유의 법리 전체에서 의사표현의 자유의 헌법적 중요성과 헌법적 보장의 필요성에 비추어 표현의 자유가 '보장되는 것'이 원칙이다. 만약 표현의 자유를 정부가 제한한다면, 이러한 제한이 예외적으로 허용되어야 하고, 원칙과 예외의 일반론을 적용할 때 위헌법률심사에서 법원이 예외를 설정한 정부로 하여금 그러한 예외가 정당화됨을 입증하도록 할 수 있을 것이다. 이와 같이 본다면 명백하고 현존하는 위험을 기준으로 표현의 자유를 제한하는 입법의 합헌성을 심사하는 것은 구체적 상황에서 구체적 표현이 유발하는 위험의 심각성과 급박성의 입증을 요하여 그 기준의 성격 자체상 정부의 구체적 입증을 요한다고 할 수 있다.

이상을 종합하여 볼 때, 미연방대법원이 일련의 판례를 통해 표현의 자유의 헌법적 중요성과 헌법적 보장 필요성을 우월적 지위 이론을 통해 상대적으로 강하게 인정하였지만 이와 같은 인정이 표현의 자유를 제한하는 법률에 대해 합헌성을 추정하는 대신 위헌성을 추정한다거나 입증책임을 전환시키지는 않는다는 프랑크퍼터대법관의 논리는 법률의 합헌성 추정과 위헌법률심사에서의 입증책임 및 심사강도의 법리에서 일응 논리의 일관성을 유지하게 하지만, 미연방대법원의 관련 판례의 동향을 정확하게 반영하지는 않는다. 또한 미연방대법원이 표현의 자유에 대해 우월적 지위를 인정하면서도 비교형량을 통해 표현의 자유와 상충하는 권리와 법익을 보장할 필요성을 인정한 판례들도 있다.[48] 표현의 자유의 우월적 지위를 인정하더라도, 표현의 자유를 제한하는 입법에 대해 합헌성이 아닌 위헌성을 추정하는 것은 입헌주의, 대의민주주의, 권력분립과 의회입법원칙의 근간에 비추어 논리적 정합성을 갖지 못할 뿐 아니라 특히 비교형량을 통한 위헌법률심판의 입법적 기능을 인정하고 존중하더라도 당위적 필요성을 갖지 않는다. 법률의 합헌성 추정의 대원칙하에서도 입증책임의 전환 내지 보다 엄격한 위헌심사기준의 적용을 논리적으로 정당화할 수 있으며, 이 점에서 Kovacs v. Cooper 판결의 별개의견에서의 프랑크퍼터대법관의 논지에서와 같이 다만 합헌성 추정의 범위 내지 정도가 축소된다고 이해할 수 있다. 이 점은 표현의 자유를 제한하는 법률에 대

47) Dennis v. United States, 341 U.S. 494, 526-527(1951).
48) Prince v. Massachusetts, 321 U.S. 158(1944) 등 참조.

한 위헌성 심사에서 표현의 자유의 헌법적 중요성을 충실히 반영하면서도 관련 모든 법익간의 균형 있고 조화로운 실현을 추구하는 관점에서 위헌법률심사의 기준을 정립해 가는 우리나라의 헌법재판소의 노력에 많은 시사점을 준다.

Ⅲ. 결어: 우리나라에의 시사점

1. 법률의 합헌성 추정의 관점에서

미국에서는 위헌법률심사의 기준에 관해 미연방대법원의 1938년 United States v. Carolene Products, Co. 판결[49]의 스톤대법관의 각주4번에서 개념적 가능성이 제시된 이후 일련의 판례를 통해 이단계 내지 이중 기준(double standard)이 정립되었다. 전통적 기준으로서 입법부에 대한 존중과 법률의 합헌성 추정에 충실하며 상대적으로 낮은 기준인 합리성 심사기준(rationality review)을 법률의 위헌성 심사에서 원칙적 기준으로 하되, 비교형량에서 가중치를 적용받는 우월적 지위를 인정받는 기본권 내지 권익의 평등한 보장을 다수결적 대의제 정치과정에 기대함에 의심의 여지가 있는 소수의 법익 보호 등 특정의 경우에는 보다 강화된 내지 상대적으로 높은 기준인 엄격심사기준(strict scrutiny) 및 중간심사기준(intermediate scrutiny)을 적용하여 심사대상 법률의 위헌성을 판단하는 법리이다. 이와 같은 법률의 위헌성 심사 기준으로서의 이단계 내지 이중 기준 법리하에서 미연방대법원의 일련의 판례와 학계의 논의를 거쳐 입증책임 관련 법리도 정립되었다. 즉 통상의 원칙적인 합리성 심사기준이 적용되는 경우 법률이 위헌임을 주장하는 당사자가 당해 법률이 위헌적으로 권리를 제한 내지 침해함을 입증할 입증책임을 부담하는 데 비해, 강화된 기준인 엄격심사기준이 적용되는 경우 심사대상 법률이 위헌적으로 권리를 침해한다는 주장에 대해 당해 법률이 위헌이 아님을 입증할 책임을 정부가 부담한다. 이러한 법리는 미국의 헌법학의 흐름에서 헌법의 실현에 있어서의 사법부의 역할에 대한 이해에 획기적 변화가 있었음을 보여주며, 이 점에서 우리나라에 시사하는 바가 크다.

미국의 위헌법률심사 법리의 정립 과정에서 고전적 관점에서는 법원의 위헌법률심사의 근간이 되는 정당성 근거를 입법부가 제정한 법률에 대한 헌법의 우위로 보아 법관이 법률을 해석하여 적용하는 과정에서 그 상위법인 헌법에 비추어 합헌성의 추정 하에 법률의 효력을 검토하는 것으로 이해하였으며, 이러한 기능은 대단히 제한적인 것으로 보았다. 입증책임은 당해 법률이 위헌임을 주장하는 당사자에게 주어졌으며, 사법부는 입법부가 반영하고 상징하는 지혜와 공익에 비춘 책임감을 존중하여 입법부가 제정한 법률의 합헌성을 추정하

49) 304 U.S. 144(1938).

여야 한다는 입장을 취했다.[50] 연방헌법이 보장하는 기본권 중 특정 기본권의 헌법적 중요성이 상대적으로 더욱 강하게 인정되는 경우에도 이러한 상대적 우위가 입법부의 입법에 대한 존중 나아가 입법부가 제정한 법률의 합헌성의 추정의 범위 내지 정도에 영향을 주지 않는다고 보았다. 이는 기본권간의 상대적 중요성 내지 우위 역시 입법부가 입법의 과정에서 고려하는 요소 중 하나이며 입법부는 이러한 기능을 수행하기에 적합한 구성방식과 합의제 기관으로서의 능력을 갖추고 있다고 보았기 때문이다.

이후 미연방대법원의 1938년의 United States v. Carolene Products, Co. 판결[51]을 분기점으로 하여 미국의 위헌법률심사 기제가 크게 변화하였는데, 이러한 근래의 미국의 위헌법률심사 기제는 무엇보다도 헌법의 실현에 있어 담당하는 역할의 면에서 입법부와 사법부의 관계가 다양한 정치, 사회, 경제, 문화적 요소에 의해 크게 변화한 데에 기인한다. 즉, 근래의 관점에서는 헌법의 실현 과정에서 위헌법률심판의 입법적 기능 특히 위헌법률심판에서의 비교형량의 정책형성적 그리고 입법적 성격을 기능적 권력분립관에 입각하여 명시적으로 긍정하면서, 긴장관계에 놓일 수 있는 입헌주의와 대의민주주의를 조화롭게 실현할 수 있는 연결고리가 되는 위헌법률심판의 기능을 중시한다. 이에 적어도 일정한 영역 내지 유형의 입법에 대해서는 위헌법률심사에서 입법부가 입법을 정당화해야 할 것이 요구되어, 이러한 입법에 대한 위헌성의 주장이 있으면 입법부가 당해 입법이 위헌이 아님을 강화된 기준 하에서 입증할 책임을 부담한다.

보다 구체적으로 보면, 미국에서 특히 다수결적 대의제 정치과정에서 정치적·사회적 소수자의 민권 보장과 관련하여 보다 근대적인 위헌법률심사 법리의 출발점이 된 판결인 1938년의 United States v. Carolene Products, Co. 판결[52]에서 미연방대법원은 법률의 합헌성 추정의 범위를 상대적으로 축소할 수 있는 가능성에 대한 법리를 제시하였다. 이 판결에서 스톤대법관은 입법부의 입법에 대해 합헌성 추정의 범위가 축소되는 경우를 예시적으로 제시하였는데, 첫째, 심사대상인 법률이 미연방헌법의 기본권 규정(the “Bill of Rights”) 등이 구체적으로 금지하는 영역에 관한 것일 때, 둘째, 심사대상인 법률이 투표권, 표현의 자유, 결사의 자유와 같이 입법부가 제정하는 법률이 가진 문제점을 통상의 정치과정을 통해 교정해 갈 수 있게끔 하는 데에 핵심적인 의의를 가진 기본권을 제한하거나 이러한 정치과정을 제약하는 경우, 셋째, 심사대상인 법률이 특정의 인종적 내지 종교적 소수자와 같이 다수로부터 배제된 소수자로 하여금 동등하지 못한 처우를 규정하고 통상의 정치과정을 통해 이러

50) Christopher Wolfe, 앞의 책(주 4) 254면-255면 참조(“The decent respect due to the wisdom, the integrity, and the patriotism of the legislative body, by which any law is passed, required the courts to presume in favor of its validity.”).

51) 304 U.S. 144(1938).

52) 304 U.S. 144(1938).

한 상태가 교정될 수 있는 가능성이 제약되어 있을 때가 이러한 경우이다.[53] 이후 일련의 미연방대법원 판결에서는 이를 적어도 일정한 예외적 경우에는 법률의 합헌성에 의심의 여지가 있다고 추정하고 당해 입법의 필요성을 강화된 기준하에 입증할 입증책임을 정부에 전환하여 부담시키는 것으로 이해하였다.

스톤대법관이 제시한 위의 세 경우 중에서 첫 번째 경우에는 미연방헌법의 규정 자체에서 문언상의 근거를 찾을 수 있으나, 다른 두 경우에는 그렇지 않다. 넓은 맥락에서 볼 때 자유와 평등의 보장은 미연방헌법의 법리상 적법절차조항 내지 평등보호조항을 통해 헌법적 보장의 대상이 된다고 하겠다. 그러나 헌법의 실현과 위헌법률심판의 입법적 기능의 관점에서 미국의 법리 변화가 주는 핵심적 시사점은, 대의민주주의 정치과정의 온전성을 위한 헌법적 교정 장치의 필요성 내지 대의민주주의에서 소수자의 법익의 보장을 포함한 헌법의 실현을 위헌법률심사를 통해 구현할 역할을 법원에게 부여하는 것은 그 자체로서 법관에게 헌법의 문언 이외의 공공정책과 공동체의 공익적 가치를 근거로 하여 헌법을 실현할 역할을 부여하는 것이라는 이해가 헌법 법리의 진화 과정에서 설득력을 얻었다는 점이다. 이와 같은 이해가 Marbury v. Madison 판결[54]에서 최초로 제시된 연방법원의 위헌법률심사권한의 근거를 보충하며 진화하여 비교형량의 맥락에서 특히 표현의 자유의 영역에서 명백·현존하는 위험의 원칙과 우월적 지위 이론을 거쳐 오늘날의 미국에서의 연방법원의 위헌법률심사의 기준으로서의 이단계 내지 이중 기준 법리를 뒷받침해 왔다.[55] 이러한 근거에 기초하여 위헌법률심사 법리가 입증책임 법리와 함께 심사에 있어서의 이단계 내지 이중 기준의 개념으로 정립됨으로써 오늘날까지 미국에서의 위헌법률심사 법리에서 위헌법률심사의 역할이 특정의 헌법상의 기본권의 보장을 넘어 전체로서의 헌법의 실현으로 확장될 수 있었으며, 이는 다른 한 편으로는 경제적 권리 내지 재산권의 영역보다 민권과 평등권의 영역에서 입증책임의 전환과 이단계 내지 이중 심사기준을 중심으로 한 위헌법률심사 법리가 보다 정치하게 정립되는 계기가 되었다.

---

53) 304 U.S. 144, 152(1938), n. 4.

54) 5 U.S.(1 Cranch) 137(1803).

55) 이러한 정립 및 변천의 과정과 이에 대한 특히 표현의 자유 법리에서의 분석과 평가에 대해서는 Lynn A. Baker, Ernest A. Young, "Federalism and the Double Standard of Judicial Review," 51 Duke Law Journal 75(2001); Jed Rubenfeld, "The First Amendment Purpose," 53 Stanford Law Review 767(2001); David R. Dow, R. Scott Shields, "Rethinking the Clear and Present Danger Test," 73 Indiana Law Journal 1217(1998); David R. Dow, "The Moral Failure of the Clear and Present Danger Test," 6 William & Mary Bill of Rights Journal 733(1998); Cass R. Sunstein, "Free Speech Now," 59 University of Chicago Law Review 255(1992); Robert F. Nagel, "How Useful is Judicial Review in Free Speech Cases?," 69 Cornell Law Review 302(1984); Thomas I. Emerson, "First Amendment Doctrine and the Burger Court," 68 California Law Review 422(1980); C. Edwin Baker, "Scope of the First Amendment Freedom of Speech," 25 UCLA Law Review 964(1978) 등 참조.

2. 법률의 위헌성 심사에서의 심사강도의 관점에서

기본권의 영역에서 법률의 위헌성 심사 기준은 법률 및 기타 공권력작용이 기본권을 침해하여 위헌인지의 여부를 판단하는 데 사용하는 기준으로서, 심사척도와 심사강도를 정하는 기준으로 기능하며, 미국의 위헌심사기준으로서의 이단계 내지 이중기준에서 보듯이 심사의 강도에 차등을 두어 심사강도에 따라 심사척도를 달리하는 형태로 작용할 수도 있다. 한국의 헌법재판소는 원칙적으로 공권력의 기본권 제한의 위헌 여부를 판단함에 있어 헌법 제37조 제2항의 적용으로서 과잉금지원칙을 사용하여, 제한 목적의 정당성, 수단의 적합성, 피해의 최소성, 법익의 균형성이라는 요건에 따라 판단하고 기본권에 따라 요건이 추가 내지 배제하지 않는다. 이러한 과잉금지원칙과 함께 명확성의 원칙, 적법절차의 원칙, 신뢰의 원칙 등의 위헌심사기준이 적용되며, 특히 표현의 자유와 관련하여서는 사전검열금지원칙이 적용된다. 헌법재판소는 기본권의 종류나 기본권 제한의 유형에 따라 심사의 강도를 강화하거나 완화해야 하는 경우가 있다고 설시하고 있으나, 평등원칙의 경우를 제외하면 심사의 강도는 과잉금지원칙을 적용하는 과정에서 참작되고 별도의 심사척도를 적용하는 방식으로 적용되지는 않는다.

한국의 헌법재판소는 표현의 자유를 "개인이 인간으로서의 존엄과 가치를 유지하고 행복을 추구하며 국민주권을 행사하는 데 필수불가결한 것으로 오늘날 민주국가에서 국민이 갖는 가장 중요한 기본권의 하나"라고 여러 차례에 걸쳐 설시하여 표현의 자유가 민주주의 체제에서 갖는 중요성을 강조해 왔다.[56] 특히 1991년의 결정에서는 "언론의 자유는 바로 민주국가의 존립과 발전을 위한 기초가 되기 때문에 특히 우월적인 지위를 지니고 있는 것이 현대 헌법의 특징이다"라고 하여 표현의 자유가 다른 기본권에 비해 '우월적인 지위'를 갖고 있다고 설시하였다.[57] 그러나 '표현의 자유의 우월적 지위'라는 표현은 이후의 헌법재판소 결정에서 다시 사용된 바는 없다. 이와 같이 헌법재판소는 표현의 자유의 중요성을 명시적으로 강조해 왔으며 구체적 사건에서 과잉금지원칙을 적용하면서 각 요건을 상대적으로 엄격하게 심사함으로써 표현의 자유를 실질적으로 보장하고 그 외연을 확대하는 방향으로 법리를 발전시켜 왔으나, 표현의 자유의 영역에서 위헌심사의 기준에 강화된 내지 보다 엄격한 심사강도가 이론적 · 체계적으로 반영되고 있다고 보기는 힘들다.

다만, 표현의 자유의 보다 구체적인 영역에서 헌법재판소는 표현의 자유를 제한하는 법률

56) 헌재 1992.2.25. 선고 89헌가104, 헌재판례집 제4권 64면 이하, 93면; 헌재 1992.11.12. 선고 89헌마88, 헌재판례집 제4권 739면 이하, 758면; 헌재 1998.4.30. 선고 95헌가16, 헌재판례집 제10권1집 327면 이하, 338면; 헌재 2002.4.25. 선고 2001헌가27, 헌재판례집 제14권1집, 251면 이하, 265면; 헌재 2009.5.28. 선고 2006헌바109, 헌재판례집 제21권1집(하), 545면 이하, 563면 등.

57) 헌재 1991.9.16. 선고 89헌마165, 헌재판례집 제3권 518면 이하, 524면.

의 위헌성 심사에 있어 다음과 같은 입장을 보인다. 우선, 정치적 표현의 자유에 관하여 "선거운동의 자유는 널리 선거운동에서 자유로이 의사를 표현할 자유의 일환이므로 표현의 자유의 한 태양이기도 하다"라고 전제한 후 "선거운동은 국민주권 행사의 일환일 뿐 아니라 정치적 표현의 자유의 한 형태로서 민주사회를 구성하고 움직이게 하는 요소이므로 그 제한입법에 있어서도 엄격한 심사기준이 적용된다"고 설시하였다.[58] 이로부터 헌법재판소가 정치적 의사표현의 자유의 영역에서 이와 같은 표현의 자유가 민주주의 정치 과정에서 수행하는 역할을 강조하여 상대적으로 강화된 위헌성 심사 기준을 적용하는 것으로 추론할 수 있으나, 위헌심사의 기준에 이러한 입장이 구체적으로 어떻게 반영되는지가 헌법재판소의 판례에 언급된 바는 없다. 다른 한편, 이른바 상업적 표현의 자유의 영역에서는, 특정의료기관이나 의료인의 기능 및 진료방법에 대한 광고를 금지하는 의료법 조항의 위헌 여부가 문제된 사건에서, 헌법재판소는 상업광고 규제에 대한 과잉금지의 원칙하의 심사에서 피해의 최소성은 당해 규제가 입법목적을 달성하기 위해 필요한 최소한의 제한인지를 심사하기보다는 "입법목적을 달성하기 위하여 필요한 범위 내의 것인지를 심사하는 정도로 완화되는 것이 상당하다"고 판시하였다.[59] 이 결정에서는 헌법재판소가 상업적 표현의 경우 구체적으로 과잉금지원칙의 요건 중 피해의 최소성에 관해 심사강도가 완화된다고 하면서, 피해의 최소성 요건을 두 단계로 세분하여 '입법목적을 달성하기 위하여 필요최소한의 제약인지를 심사'하는 것과 '입법목적을 달성하기 위하여 필요한 범위 내의 것인지를 심사'하는 것으로 나누고, 상업적 표현의 경우에는 후자의 기준에 따른다고 하여, 심사강도의 차이를 심사척도에 구체적으로 반영시키고 있다. 이는 심사강도의 차이를 위해 과잉금지원칙이 아닌 새로운 심사척도를 사용하는 것은 아니지만 과잉금지원칙의 적용에 있어 그 요건을 세분화하여 과잉금지원칙 내에 심사강도의 차이를 반영하고 심사척도를 정교화한 것이다.

또한 헌법재판소는 표현의 자유 법리에서 의사의 표현에 대한 내용규제와 방법규제를 구별하여, "국가가 개인의 표현행위를 규제하는 경우 표현내용에 대한 규제는 원칙적으로 중대한 공익의 실현을 위하여 불가피한 경우에 한하여 엄격한 요건 하에서 허용되는 반면, 표현내용과 무관하게 표현의 방법을 규제하는 것은 합리적인 공익상의 이유로 폭넓은 제한이 가능하다"라고 하면서, "표현의 방법에 대한 제한은 합리적인 공익상의 이유로 비례의 원칙의 준수하에서 가능하다"라고 하여, 표현내용에 대한 규제와 표현방법에 대한 규제를 구분하고 이에 따라 심사강도에 차등을 두었다.[60] 그러나 이와 같은 판례로부터 헌법재판소가 표현의

---

58) 헌재 1994.7.29. 선고 93헌가4, 헌재판례집 제6권2집, 15면 이하.

59) 헌재 2005.10.27. 선고 2003헌가3, 헌재판례집 제17권2집, 189면 이하. 헌법재판소는 세무사 자격이 있는 변호사에게 세무사 및 유사한 명칭을 사용하지 못하도록 규정한 세무사법 조항의 위헌여부가 문제된 사건에서도 같은 취지의 판시를 하였다. 헌재 2008.5.29. 선고 2007헌마248, 헌재판례집 제20권1집(하), 287면 이하, 296면.

자유를 제한하는 입법의 위헌성 심사에서 새로운 심사척도를 채택하였다고 볼 수는 없으며, 다만 위헌심사기준으로서의 과잉금지원칙의 적용에 있어 과잉금지원칙을 얼마나 엄격하게 적용할 것인지 여부를 판단하는 요소로서 표현내용 규제와 표현방법 규제를 구별하고 있다고 하겠다.

헌법재판소는 표현의 자유를 제한하는 입법의 위헌성 심사에 있어 그 기준으로서 사전제한금지원칙, 명확성 원칙, 신뢰의 원칙, 적법절차원칙과 함께 헌법 제37조 제2항하에서 과잉금지원칙을 적용하면서, 그 세부요건을 구체화하는 방식으로 심사강도와 심사척도를 조율하여 심사강도에 있어 차등을 두는 것을 의도하는 것으로 분석된다. 이는 법리의 일관성을 유지하는 한편 특히 과잉금지원칙의 요건 중 피해의 최소성과 법익의 균형성을 통해 유연성을 발휘할 수 있는 장점을 가진다. 헌법재판소의 판례를 중심으로 분석할 때 한국의 표현의 자유 법리에서 표현의 자유를 제한하는 법률의 위헌성 심사의 기준은 표현의 유형과 표현영역 등 다양한 요인에 따라 심사의 강도를 조절하려는 헌법재판소의 입장으로 요약될 수 있다. 이러한 심사강도의 조절 관점에서 볼 때 위헌심사의 원칙적 기준인 과잉금지원칙과 표현의 자유 관련 판례에서 헌법재판소가 언급한 '엄격한 심사기준'간의 논리적·체계적 관계는 아직 불분명하다. 헌법재판소가 위헌심사의 기준으로 적용하는 바의 과잉금지원칙은 포괄성과 보편성에 기해 일관성을 부여하는 장점이 있다고 하겠으나, 헌법재판소에 의한 법률의 위헌성 판단에 폭넓은 재량을 부여하는 측면이 있다. 이에 기본권의 영역이나 제한의 태양 등의 요소를 기준으로 과잉금지원칙의 요건을 세분화하고 정교화하여 심사강도의 차이가 심사척도의 차별화를 통해 기준으로서 반영될 수 있도록 한다면 법리의 일관성을 유지하면서도 구체적 사안의 심리에 기초한 유연성을 반영하여 경직화를 막음으로써, 표현의 자유의 중요성 및 다른 권익과의 조화의 헌법적 실현을 위헌법률심사의 기준을 통해서도 이루어 갈 수 있을 것이다. 미국 표현의 자유 법리의 발전과정에서 우월적 지위 이론이 갖는 의의가 한국의 표현의 자유 법리에서 표현의 자유를 제한하는 입법에 대한 위헌성 심사 기준의 정립 노력에 시사하는 바도 여기에 있다.

60) 헌재 2002.12.18. 선고 2000헌마764, 헌재판례집 제14권2집, 856면 이하, 859면.

17. 사이버명예훼손 · 모욕행위에 대한 형사규제의 개선방안*

김 신 규**

Ⅰ. 서　설

사이버공간에서 이루어지는 각종 사이버범죄[1] 중에서, 특히 사이버명예훼손 · 모욕행위는 스마트폰의 보급이나 인터넷 이용의 대중화로 모바일이나 컴퓨터 사용이 현대사회의 필요불가결한 의사소통의 중요한 수단이 되었지만 사이버공간의 비대면성 · 익명성으로 인해 누구나 쉽게 범죄에 빠져들기 쉬운 환경에 노출됨으로써 정보통신망을 이용한 사이버명예훼손 · 모욕행위는 필연적으로 증가할 수밖에 없는 현실이다. 2016년 경찰백서에 의하면 경찰청의 사이버명예훼손 · 모욕사건의 발생건수가 2014년에 8,880건이 2016년에는 14,908건으로 그 수가 대폭 증가하였으며, 2016년 검찰청의 사이버명예훼손 건수도 법무연수원 범죄백서에 의하면 2014년 5,942건에서 2015년 7,321건으로 계속 증가하는 추세에 있다. (아래 표-1, 2 참조)

〈표 1〉 경찰청의 사이버명예훼손 · 모욕 발생 및 검거현황

	2014년		2015년		2016년	
사이버 명예훼손 · 모욕	발생	검거	발생	검거	발생	검거
	8,880	6,241	15,043	10,202	14,908	10,539

[2016년 경찰청 경찰백서 참고]

---

* 이 글은 2015.8.24.-26. 중국 산서성 타이위안(太原)시 산서대학에서 개최한 제15회 한중형법학술심포지엄에서 발표한 내용을 수정하였으며, 비교형사법연구 제19권 제4호(20180.1.31)에 게재한 원고를 가필하여 성낙인 총장님의 퇴임을 기념하여 투고한 것이다.

** 목포대학교 법학과 교수, 법학박사

1) 사이버범죄에 관한 최근의 연구동향은 모바일, 빅데이터(big data)와 클라우드시스템(cloud system), 사물인터넷(IoT: internet of things)의 등장과 페이스북, 트위터, 싸이월드와 같은 SNS를 활용하는 의사소통방식의 변화로 인해, 정부나 기업이 필요로 하는 빅데이터를 활용하는 과정에 클라우드시스템의 암호관리상의 과실이나 해킹에 따른 개인정보유출과 드론(Drone)에 의한 영상수집에 따른 개인정보유출문제, 스마트폰, 노트북, 태블릿 PC 등 모바일 기기보급의 대중화와 스마트 시계, 스마트 안경, 스마트 카의 등장으로 인간의 삶의 행태를 사물인터넷(IoT)에 의존하는 시대가 도래하여 사물인터넷과 관련된 각종 범죄행위, 그리고 인터넷 전자금융사기 방법의 진화에 따른 피싱(fishing), 파밍(Pharming), 스미싱(Smishing), 인터넷해킹(internet Hacking)을 비롯한 다양한 형태의 신종 전자금융사기범죄, 각종 사이버테러, 사이버도박, 사이버음란물유통 등의 범죄도 여전히 중요한 이슈가 되고 있다. 인터넷의 부정적 기능을 유해정보의 유통이라는 측면에서 살펴보면, 사회내 특정 개인이나 집단 등에 대하여 인종, 계층, 문화적 배경의 차이를 이유로 이들의 명예를 훼손하거나 차별적이고 악의적인 적대감의 표출행위, 아동 포르노그라피 등과 같은 음란물 유포행위 등으로 유형화할 수 있다(Majid Yar, Cybercrime and society, Thousand Oaks, CA, Sage, 2006, pp. 98-99).

〈표 2〉 검찰청의 사이버명예훼손(정보통신망법위반) 발생현황(2009 – 2015)

	연도	2009년	2010년	2011년	2012년	2013년	2014년	2015년
정보통신망법 (명예훼손)	건수	2,884	3,255	3,608	4,809	5,439	5,942	7,321
	인원	4,199	4,645	4,834	6,348	7,813	8,318	10,376

[법무연수원 범죄백서 2016][2)]

이와 같이 정보통신망을 이용한 쌍방향 의사소통이 실시간으로 이루어지는 정보화시대에는 사회구성원간의 다양한 의사소통이 사이버공간에서 이루어짐으로써 사회구조의 민주화, 개방화에 크게 기여하는 순기능도 크지만,[3)] 반면에 사이버음란물, 사이버도박, 사이버사기, 사이버스토킹, 사이버테러행위, 사이버성폭력, 사이버명예훼손행위 등 그 역기능도 동시에 수반됨으로써 그 대책이 시급한 실정이다.[4)] 특히 사이버세계의 쌍방향성, 지속성, 다양성, 탈통제성, 비대면성, 익명성, 동시성, 정보의 광범위한 확산성이라는 특성으로 인해 인터넷상의 포털게시판이나 댓글, 블로그, 홈페이지, 인터넷카페, 메신저, 페이스북, 트위터 등 다양한 소셜네트워크서비스를 이용하여 타인의 명예를 침해하는 내용의 글을 게시하거나 사진이나 동영상을 올리거나 퍼온 글이나 사진 등을 복사하여 옮기거나 사이버 홀리건에 의한 명예훼손·모욕행위 등 그 행태도 다양하다.

그런데 이러한 사이버명예훼손·모욕행위로 인한 피해의 심각성을 인식하면서도 이에 대한 형사법적 규제로는 현실세계에서 이루어지는 명예훼손 등을 상정하여 제정된 형법 제33장 명예에 관한 죄의 장에 규정되어 있는 제307조(명예훼손), 제308조(사자의 명예훼손), 제309조(출판물 등에 의한 명예훼손), 제311조(모욕)와 정보통신망 이용촉진 및 정보보호 등에 관한 법률(이하 '정보통신망법'이라 한다) 제70조의 사이버명예훼손죄에 관한 규정만이 있을 뿐이고,[5)] 이 규정들에 대한 헌법이론적 입법론적 논란의 경향은 크게 두 가지로 나누어진다.

2) 법무연수원, 범죄백서 2016, 통권 제33호, 147면 참조.
3) 유석진/이원우/이현태, "인터넷의 정치적 이용과 정치참여", 국가전략 제11권 제3호, 세종연구소, 2005, 144-146면 참조.
4) 김봉수, "SNS범죄에 대한 의미론적 고찰"-「사이버범죄」로의 포섭 및 그 한계를 중심으로-, 전남대학교 법학논총, 제33집 제3호, 2013, 175면 참조.
5) 국가적 법익에 관한 죄 중 국교에 관한 죄로서 외국원수나 외교사절에 대한 명예훼손 또는 모욕죄로서, 형법 제107조 제2항의 '외국원수에 대하여 모욕을 가하거나 명예를 훼손한 자는 5년 이하의 징역이나 금고에 처한다', 제108조 제2항의 '외교사절에 대하여 모욕을 가하거나 명예를 훼손한 자는 3년 이하의 징역에 처한다'는 규정이 있고, 공직선거법 제250조(허위사실공표죄) 제2항에 '당선되지 못하게 할 목적으로 연설·방송·신문·통신·잡지·벽보·선전문서 기타의 방법으로 후보자에게 불리하도록 후보자, 그의 배우자 또는 직계존·비속이나 형제자매에 관하여 허위의 사실을 공표하거나 공표하게 한 자와 허위의 사실을 게재한 선전문서를 배포할 목적으로 소지한 자는 7년 이하의 징역 또는 500만원 이상 3천만원 이하의 벌금에 처한다', 제251조(후보자비방죄) '당선되거나 되게 하거나 되지 못하게 할 목적으로 연설·방송·신문·통신·잡지·벽보·선전문서 기타의 방법으로 공연히 사실을 적시하여 후보자(候補者가 되고자 하는 者를 포함한다), 그의 배우자 또는 직계존·비속이나 형제자매를 비방한 자는 3년 이하의 징역 또는 500만원 이하의

그 하나는 표현의 자유가 위축되지 않도록 보다 넓게 이해하는 경향으로서 형법 제307조 제1항의 사실적시명예훼손죄는 위헌이므로 폐지되어야 한다는 견해와 형법 제310조의 위법성조각사유의 범위를 확대하는 방향으로 법률을 개정하거나 해석해야 한다는 견해 및 모욕죄 자체를 폐지하자는 견해가 여기에 속하며, 다른 하나는 헌법상의 표현의 자유도 타인의 인격권을 침해하지 않도록 일정한 한계가 있으므로 공공의 이익을 위해 부득이하게 침해할 경우에는 제한적 · 예외적으로 위법성이 조각된다고 보는 견해로서 표현의 자유보다는 개인의 인격권으로서의 명예라는 가치를 더 중시하는 경향을 들 수 있다. 후자의 입장에서는 사이버명예훼손 · 모욕행위로 인한 피해가 심각한 사회적 현상이므로 이에 효율적으로 대처하기 위해 종래의 형법규정이나 정보통신망법 제70조의 사이버명예훼손죄만으로는 미약할 뿐만 아니라 사이버세계에서 이루어지는 각종 사이버범죄는 전통적인 범죄에 비해 불법성이 더 크기 때문에, 사이버세계라는 새로운 환경변화에 부합되게 형법이나 특별형법의 내용을 제정 · 개정하는 것이 사이버명예훼손 · 모욕죄에 대한 효율적인 대책이고, 무분별하게 표현의 자유를 강조하여 범죄의 사각지대를 방기하는 것은 무책임하다는 입장을 취하게 된다. 이러한 견해의 대립은 결국 표현의 자유와 인격권으로서의 명예의 보호라는 가치를 국가안전보장 · 질서유지 또는 공공복리를 위하여 본질적인 권리의 내용을 침해하지 않는 범위 내에서 어떻게 합리적으로 한계지어 입법화하고 해석할 것인가라는 문제로 귀결되어진다고 할 수 있다.

따라서 이 글에서는 먼저 헌법상 표현의 자유와 명예의 보호와의 관계를 살펴보고, 다음으로 사이버명예훼손 · 모욕행위에 대한 현행 형사규제의 내용을 검토한 후, 마지막으로 외국의 입법동향과 국회에 제출된 법률개정안의 내용을 살펴보면서 우리 현실에 부합되는 사이버명예훼손 · 모욕행위에 대한 합리적인 형사규제방안을 모색해보기로 한다.

Ⅱ. 사이버명예훼손 · 모욕행위에 대한 형사규제의 내용

1. 표현의 자유와 명예의 보호와의 관계

인격권으로서의 명예의 보호는 헌법 제10조의 "모든 국민은 인간으로서의 존엄과 가치를 가지며, 행복을 추구할 권리를 가진다. 국가는 개인이 가지는 불가침의 기본적 인권을 확인하고 이를 보장할 의무를 진다"라는 규정에 그 근거를 두고 있으며, 표현의 자유는 헌법 제21조 제1항의 "모든 국민은 언론 · 출판의 자유와 집회 · 결사의 자유를 가진다"라는 규정에 근거를 두고 있다. 표현의 자유란 사상 또는 의견의 자유로운 표명(발표의 자유)과 그것을 전파할 자유(전달의 자유)를 의미하는 것으로서 그 의사표현의 매개체는 어떠한 형태이든 특별

벌금에 처한다. 다만, 진실한 사실로서 공공의 이익에 관한 때에는 처벌하지 아니한다.'고 규정하고 있다.

한 제한이 없으므로, 사람은 누구나 자신의 의견을 자신의 방식대로 표현할 다양한 권리를 가지며 인쇄매체, 방송매체, 영상매체, 정보통신매체를 이용하여 발표할 수 있다.[6)]

그러나 헌법 제21조 제4항에는 "언론·출판은 타인의 명예나 권리 또는 공중도덕이나 사회윤리를 침해하여서는 아니된다. 언론·출판이 타인의 명예나 권리를 침해한 때에는 피해자는 이에 대한 피해의 배상을 청구할 수 있다."고 하여 표현의 자유에는 타인의 명예나 권리를 침해해서는 안되는 한계가 있음을 선언하고 있고, 제37조에 제2항에는 "국민의 모든 자유와 권리는 국가안전보장·질서유지 또는 공공복리를 위하여 필요한 경우에 한하여 법률로써 제한할 수 있으며, 제한하는 경우에도 자유와 권리의 본질적인 내용을 침해할 수 없다." 고 하여 표현의 자유권이든 명예권이든 일정한 제한을 받는 기본권임을 명시하고 있다.

명예의 보호는 헌법 제10조의 행복추구권과 인간의 존엄성 보장에 헌법적 근거를 두고 있는 일반적 인격권으로부터 파생되는 기본권으로서, 자유로운 의견교환과정에 대한 한계일 뿐만 아니라 동시에 민주주의를 구성하는 중요한 요소인 동시에 효과적인 명예보호는 표현의 자유와 동등하게 민주주의가 제대로 작동하기 위한 기본조건에 속한다고 할 수 있다.[7)]

따라서 비록 표현의 자유가 민주주의의 자유로운 의사형성이 가능하도록 하는 자유권의 하나로서 외부의 간섭으로부터 방해받지 않을 권리라고 하더라도 표현의 자유를 통한 개인의 명예가 침해된 경우에는 국가에 의한 효과적인 명예보호를 필요로 한다. 명예란 사람의 품성, 덕행, 명성, 신용 등 인격적 가치에 대한 사회적 평가로서 헌법상의 기본권인 인격권의 한 내용을 이루기 때문에 이러한 사회적 평가를 저하시키는 일체의 행위가 명예훼손행위이고, 이에 관하여 헌법 제21조 제4항에는 "언론·출판은 타인의 명예나 권리 또는 공중도덕이나 사회윤리를 침해하여서는 아니된다"고 하여, 표현의 자유가 타인의 명예나 권리를 침해해서는 안된다는 점을 명시하고 있다. 결국 표현의 자유와 인격권은 모두 헌법상의 기본권이므로, 양자가 충돌하는 경우에 어떠한 기준에 의하여 합리적으로 비교형량하여 조화롭게 조정할 것인지 문제된다.

미국의 경우에는 초기에 엄격책임(strict liability)의 원칙에 입각하여 공정한 논평(fair comment) 또는 공정한 보도(fair report privilege)를 제외하고는 명예훼손적 공표가 있는 경우에는 법적 책임을 부담하였으나, 미국 연방대법원의 Garrison v. Louisiana 판결과 1964년 New York Times v. Sullivan 판결[8)]을 통하여 공인이 자신과 관련된 명예훼손적 표현에 대하여 허위사실의 주장으로 인한 손해배상을 받기 위해서는 그 표현이 '현실적 악의'(actual malice)에 의하여 행해졌음을 공인 스스로 입증해야 한다는 원칙, 이른바 '공인이론'을 확립

---

6) 정종섭, 헌법학원론 제4판, 2009, 박영사, 582면 이하.
7) 한수웅, "표현의 자유와 명예보호", 저스티스 제84호, 2005.4, 27면.
8) Garrison v. Louisiana, 379 U.S. 64(1964).

하여 현재에 이르고 있으며, 이 때 공인(public figure)의 범주에 대하여는 공직자에서 전면적 · 제한적 공적 인물로, 그리고 부수적 공적 인물로 그 범위를 차츰 확장시켜 왔으며, 공인이란 개념은 시대와 문화에 따라 가변적인 개념으로서 시사적인 인물[9]이나 일반 대중이 관심을 가지는 사람도 공인이 될 수 있다.[10]

그리고 명예훼손과 관련하여 인격권(명예)의 영역이 개인의 내밀한 영역인지, 사적 영역인지, 사회적 영역인지에 따라, 공인이라 하더라도 비방할 목적으로 표현하거나 내밀한 영역에 대한 표현은 알권리의 대상이 된다고 할 수 없으므로 인격권에 대한 침해가 된다. 또한 사인이라 하더라도 공적 관심사항(public concern)에 대한 공정한 논평이나 공공의 이익(public interest)에 관한 곳인 때에는 명예훼손적 결과를 가져오더라도 허용하고 있다.

그 밖에도 인격침해적인 표현이 사실적시인가 가치판단인가 여하에 따라, 가치판단 영역에 대하여는 국가가 개입하면 표현의 자유가 위축될 우려가 있으므로 법적 규제에 신중을 기해야 하며, 내심의 의견표명이라 하더라도 타인의 인격에 대한 모멸감을 주는 행위는 법적 규제의 대상이 된다.

미국은 일반적으로 표현의 자유를 명예보호보다 우위에 두고 있지만, 영국은 명예보호를 우위에 두어 언론의 자유에 대한 우대 없이도 민주주의와 언론의 자유가 잘 보장되는 국가이다. 따라서 표현의 자유와 인격권간의 한계는 절대적으로 어느 쪽이 우위에 있는 것이 아니라 시대상황과 헌법질서에 따라 가변적으로 정해질 수밖에 없고, 인격권 중 본질적인 부분을 침해하는 영역과 표현의 자유가 위축되는 영역 사이에 최적화를 지향하는 영역에서 그 한계선이 결정된다고 할 수 있다.

대법원 판례도 "언론 · 출판의 자유와 명예보호 사이에 한계를 설정함에 있어서는, 당해 표현으로 인하여 명예를 훼손당하게 되는 피해자가 공적인 존재인지 사적인 존재인지, 그 표현이 공적인 관심 사안에 관한 것인지 순수한 사적인 영역에 관한 속하는 사안에 관한 것인지 등에 따라 그 심사기준에 차이를 두어, 공공적 · 사회적인 의미를 가진 사안에 관한 표현의 경우에는 언론의 자유에 대한 제한이 완화되어야 하고, 특히 공직자의 도덕성 · 청렴성이나 그 업무처리가 정당하게 이루어지고 있는지 여부는 항상 국민의 감시와 비판의 대상이 되어야 한다는 점을 감안하면, 이러한 감시와 비판기능은 그것이 악의적이거나 현저히 상당성을 잃은 공격이 아닌 한 쉽게 제한되어서는 안된다"고 판시하고 있으며,[11] 헌법재판소도 "신문보도의 명예훼손적 표현의 피해자가 공적 인물인지 아니면 사적 인물인지, 그 표현이

9) 독일 잡지에 게재된 모나코 캐롤라인 공주의 사진을 유럽인권재판소는 사생활을 침해했다고 판시했으나, 독일연방헌법재판소는 공인의 사회적 역할모델이라는 점에서 언론의 보도를 허용하는 결정을 한 바 있다.
10) 정치인 · 연예인 · 운동선수 · 언론인 · 작가 · 종교지도자 · 각계의 전문가, 기타 공적인 관심의 대상이 되는 사람도 모두 공인이라 볼 수 있지만, 공적인 논쟁의 장에 들어오지 않은 경우에는 사인으로 보아야 한다.
11) 대법원 2004.2.27. 선고 2001다53387 판결.

공적인 관심사안에 관한 것인지 순수한 사적인 영역에 속하는 사안인지의 여부에 따라 헌법적 심사기준에 차이가 있어야 한다. …형법 제310조 소정의 '오로지 공공의 이익에 관한 때'라는 요건은 언론의 자유를 보장한다는 관점에서 그 적용범위를 넓혀야 한다. …형법 제309조 소정의 '비방의 목적'은 그 폭을 좁히는 제한된 해석이 필요하다. 법관은 엄격한 증거로써 입증이 되는 경우에 한하여 행위자의 비방목적으로 인정하여야 한다."고 판시함으로써 언론의 자유가 자기실현과 사회적 가치인 자기통제의 실현수단임을 명시하였다고 할 수 있다.[12)]

요컨대 인격권을 침해하는 표현이 알권리의 대상인 경우에는 먼저 '공인'인가 여부를 판단기준으로 하고, 다음으로 침해방법의 적절성과 피해의 최소성의 심사는 인격권의 영역이 사회적 영역과 사적 영역 및 내밀한 영역의 어디에 속하는지 여부와 표현이 가치판단인지 사실의 주장인지 여부를 심사하며, 이러한 요소를 판단기준으로 삼아 구체적 사정에 따른 법익형량심사를 통해 위법성여부를 판단하는 이른바 법익형량의 원칙이 표현의 자유와 명예훼손의 한계를 지어주는 기준으로 타당하다.

2. 사이버명예훼손·모욕행위에 대한 형사규제의 내용

(1) 사이버명예훼손행위에 대한 형사규제

1) 형법상의 명예훼손죄와 정보통신망법 제70조의 관계

사이버명예훼손이란 인터넷상의 포털게시판이나 댓글, 카페, 메신저, 전자우편, SNS 등의 사이버 공간을 이용하여 타인의 명예를 훼손할 만한 글을 게시하거나 사진이나 동영상을 올리거나 퍼온 글이나 사진이나 동영상을 사실 확인과 동의 없이 게시함으로써 타인의 명예를 훼손하는 행위를 말한다. 이러한 사이버명예훼손행위가 발생했을 경우에 정보통신망법 제70조의 사이버명예훼손죄에 해당하는지, 아니면 형법 제309조의 출판물 등에 의한 명예훼손죄에 해당하는지 양 규정간의 관계가 문제된다.

형법전 제33장에 규정되어 있는 명예에 관한 죄의 내용을 살펴보면, 명예훼손죄(제307조), 사자 명예훼손죄(제308조), 출판물 등에 의한 명예훼손죄(제309조), 모욕죄(제311조)를 두고 있고, 제310조에는 진실한 사실로서 오로지 공공의 이익에 관해서 제307조 제1항의 사실적시 명예훼손행위를 한 경우에는 위법성이 조각된다고 규정하고 있다. 그리고 소추요건으로써 사자에 대한 명예훼손죄와 모욕죄는 고소가 있어야 공소를 제기할 수 있는 친고죄로, 제307조 보통 명예훼손죄와 제309조 출판물 등의 명예훼손죄는 피해자의 의사에 반하여 처벌할 수 없는 반의사불벌죄로 규정하고 있다.

이와 달리 정보통신망법 제70조에 규정되어 있는 사이버명예훼손죄는 비방목적으로 정보통신망을 이용하여 공공연하게 사실·허위사실을 나타내어 타인의 명예를 훼손하는 행위를

12) 헌재 1999.6.24. 97헌마265 결정.

처벌하는 규정인데, 이 규정은 형법 제309조의 출판물 등에 의한 명예훼손죄의 구성요건과는 '비방의 목적으로'라는 주관적 구성요건요소와 '사실·허위사실을 적시'한다는 구성요건요소는 동일하고, 다만 '공공연하게'라는 공연성의 요소와 '정보통신망을 이용한' 명예훼손행위라는 점에서 행위실행의 수단과 방법에 있어서 차이가 있을 뿐이며, 법정형도 자유형의 상한에는 차이가 없으나 벌금형만 더 무겁게 규정하고 있다. 따라서 사이버공간에서 이루어지는 정보통신망법 제70조에 해당하는 사이버명예훼손행위 이외의 사이버명예훼손행위나 사이버사자명예훼손행위 및 사이버모욕행위에 대해서는 정보통신망법에 특별한 형사규제조항이 없기 때문에 형법상의 명예훼손·모욕죄로 처벌할 수밖에 없다.

이러한 현행 입법체계 하에서 정보통신망법 제70조의 사이버명예훼손죄와 형법 제309조의 출판물 등에 의한 명예훼손죄의 관계를 어떻게 이해할 것인지 문제되는데, 이에 대하여 정보통신망법 제70조의 사이버명예훼손죄를 형법 제309조의 출판물 등에 의한 명예훼손죄의 특별구성요건으로 보는 견해와 정보통신망법 제70조를 형법 제307조에 대한 불법가중적 구성요건이며 형법 제309조와는 무관한 별도의 독자적인 구성요건으로 보는 견해가 대립한다.

전자의 입장에서는 형법 제309조의 법문 중 '기타 출판물'이라는 문언 속에 인터넷이 포함된다고 해석하여 사이버명예훼손행위에 대한 기본적 구성요건은 형법 제309조이며, 정보통신망법 제70조는 형법 제309조의 가중적 구성요건으로 보게 되어,[13] 정보통신망을 이용하여 비방의 목적으로 공연히 사람의 명예를 훼손한 경우에는 사이버명예훼손행위로서 정보통신망법 제70조에 해당하지만, 이 때 공연성의 요건을 충족하지 못한 사이버명예훼손해행위에 대해서는 일반구성요건인 형법 제309조를 적용할 수 있게 된다는 입장을 취한다. 말하자면 제309조의 '신문, 잡지 또는 라디오 기타 출판물 등'이라고 규정하고 있는 입법취지를 고려해보면 이 규정의 취지는 전파가능성이 높은 행위수단을 열거하고 있는 열거규정이기 때문에 인터넷이 '기타 출판물'에는 해당하지는 않지만 '라디오에 준하거나 그 이상의 전파성을 가지는 매체'에 해당하여 여기에 포함되는 것으로 해석하더라도 죄형법정주의에 위배되지 않는다는 것이다.[14]

따라서 정보통신망법 제70조[15]의 "사람을 비방할 목적으로 정보통신망을 통하여 공공연하게 사실을 드러내거나 또는 거짓의 사실을 드러내어 다른 사람의 명예를 훼손하는 행위"를 처벌하는 규정은 형법 제309조의 가중적 구성요건이라고 할 수 있으며, 이와 같이 이해

13) 강동범, "사이버명예훼손행위에 대한 형법적 대책", 형사정책 제19권 제1호, 2007.6, 52면.
14) 최석윤, "인터넷 명예훼손 및 모욕죄와 형법적 대응방안", 비교형사법연구, 제12권 제2호, 546면.
15) 사람을 비방할 목적으로 정보통신망을 통하여 공공연하게 사실을 드러내어 다른 사람의 명예를 훼손한 자는 3년 이하의 징역 또는 3천만원 이하의 벌금에 처한다.
② 사람을 비방할 목적으로 정보통신망을 통하여 공공연하게 거짓의 사실을 드러내어 다른 사람의 명예를 훼손한 자는 7년 이하의 징역, 10년 이하의 자격정지 또는 5천만원 이하의 벌금에 처한다.
③ 제1항과 제2항의 죄는 피해자가 구체적으로 밝힌 의사에 반하여 공소를 제기할 수 없다.

할 경우에는 비방의 목적으로 정보통신망[16]을 이용하여 공공연하게 사실을 드러내어 명예를 훼손한 경우에는 정보통신망법 제70조에 해당하지만, 이 요건 중에서 공연성의 요건을 충족하지 못한 경우에는 일반적 구성요건인 형법 제309조의 출판물 등에 의한 명예훼손죄가 적용되어진다는 입장을 취하게 된다.

반면에 정보통신망법 제70조의 사이버명예훼손죄를 형법 제309조와는 별개의 독자적인 구성요건으로 이해하는 견해에 의하면, 인터넷 등 정보통신망을 이용한 명예훼손행위에 대하여는 형법 제309조가 적용될 수 없기 때문에 형법 제307조가 적용될 수밖에 없는데, 이러한 점을 고려하여 정보통신망법 제70조가 제정되었으므로 정보통신망을 이용한 명예훼손행위에 대해서는 정보통신망법 제70조가 적용될 뿐이라는 입장을 취하게 된다.[17] 말하자면 정보통신망법 제70조는 사이버공간에서의 명예훼손행위에 대해서만 적용되는 독자적인 구성요건으로서의 성격을 지니기 때문에 사이버명예훼손행위가 공연성이 결여된 때에는 형법상의 명예훼손죄로 처벌하는 것은 불가능하며,[18] 오프라인 명예훼손행위는 형법상의 명예훼손죄로 규율되며 사이버명예훼손행위에 대해서는 정보통신망법상의 명예훼손죄에 의해 규율되는 이원적인 법체계라는 입장을 나타낸다.[19]

형법 제309조의 기본취지가 정보의 대량전달이나 광범위한 확산을 유발시키는 매체를 통한 명예훼손을 제307조의 보통 명예훼손죄에 비하여 가중처벌하기 위한 규정이라는 점을 고려하여 '기타 출판물'에 인터넷을 포함시킨 것은 이러한 입법취지에 부합하는 합목적적인 해석이고, 또한 정보전달매체의 형태보다도 그 기능이나 효과에 중점을 둘 경우에는 '기타 출판물'의 범주에 정보의 전파가능성이 가장 높은 인터넷이 포함된다고 해석함으로써 일견 타당성이 있어 보인다.

그러나 법문해석에 있어서 제1차적 해석은 문리해석이므로 문언의 가능한 범위를 벗어나면 유추해석이 된다. 여기서 '기타 출판물'이라는 문언을 충실하게 아무리 확장해석하더라도 인터넷 등 정보통신망을 여기에 포함된다고 해석하는 것은 피고인에게도 불리한 유추해석이 되어 죄형법정주의에 반하게 된다. 따라서 '기타 출판물'에는 인터넷 등의 정보통신망을 이용

16) 여기서 "정보통신망"이란 「전기통신사업법」 제2조제2호에 따른 전기통신설비를 이용하거나 전기통신설비와 컴퓨터 및 컴퓨터의 이용기술을 활용하여 정보를 수집·가공·저장·검색·송신 또는 수신하는 정보통신체제를 말한다(정보통신망법 제2조 제1항 제1호).

17) 윤종행, "사이버명예훼손죄에 있어서 비방의 목적과 공익관련성", 형사정책 제18권 제1호, 2006, 301면.

18) 신영호, "'종속형' 인터넷 신문기사의 명예훼손에 대한 법적용을 통해 본 정보통신망법 명예훼손죄의 해석론 및 대법원 판례의 중요쟁점에 대한 비판적 검토", 법학연구 제52권 제3호, 부산대학교 법학연구소, 2011, 8, 8면; 권창국, "사이버공간에서의 표현의 자유와 한계-사이버공간에서의 명예훼손대한 형사법적 규제와 인터넷실명제 도입문제를 중심으로-", 형사정책연구 제19권 제4호, 형사정책연구원, 2008 겨울호, 12-13면.

19) 최정일, "사이버명예훼손죄의 구성요건 분석 및 형사법적 규제방안에 대한 소고", 법학연구 제23권 제2호, 경상대학교 법학연구소, 2015, 209면; 박수희, "사이버명예훼손에 대한 형사법적 규제 및 개선방안", 한양법학 제27권 제1호, 2016.2, 143면.

하는 행위는 포함되지 않는다는 후자의 입장이 타당하다.

또한 제309조의 출판물 등에 의한 명예훼손죄의 경우에도 공연성의 요건을 문언으로 규정하고 있지는 않지만 제307조의 일반 명예훼손죄나 제311조의 모욕죄 모두 공연성을 요건으로 규정하고 있는 입법체계를 고려해보면, '신문, 잡지 또는 라디오 기타 출판물 등'의 전파성이 강한 정보전달수단을 이용하는 명예훼손행위는 당연히 불특정 또는 다수인이 인식할 수 있는 상태 또는 불특정 또는 다수인에게 전파될 가능성이 있는 상태에 있으므로 당연한 내용을 구태여 이중적으로 규정할 필요가 없기 때문에 법문에 표시되지 않았다고 보는 입장이 보다 합리적이라고 생각된다. 따라서 사이버명예훼손죄에 다른 요건을 구비하고 공연성의 요건이 구비되지 않았을 경우에는 형법 제309조의 적용이 가능하다고 해석하는 견해는 타당하지 않으며, 사이버명예에 관한 죄 중에서 정보통신망법 제70조에 해당하지 않은 경우에는 형법의 명예에 관한 죄에 해당할 경우에는 일반 형법이 적용된다고 할 수 있다.

결국 형법의 명예훼손에 관한 죄의 규정보다도 나중에 제정된 정보통신망법 제70조의 사이버명예훼손죄는 일반 형법상의 명예훼손죄에 대한 특별행정형법상의 벌칙규정이라 할 수 있으며, 정보통신망법 제70조는 신속하고 광범위하게 정보가 확산되는 매체특성을 지닌 정보통신망을 이용한 명예훼손행위라는 점에서 일반 명예훼손죄보다도 불법이 가중된 특별구성요건으로 이해하는 것이 입법취지나 구성요건의 내용을 살펴볼 때 합목적적이다. 따라서 형법 제307조의 보통 명예훼손죄에 대하여, '신문, 잡지 또는 라디오 기타 출판물'이라는 광범위한 전파가능성이 있는 매체를 수단으로 하는 행위수행방법과 초과주관적 구성요건인 '비방의 목적'이라는 행위불법이 가중된 가중적인 구성요건이 형법 제309조이고, 정보통신망법 제70조의 사이버명예훼손죄는 형법 제309조와는 별개의 보다 전파가능성이 높은 정보통신망을 수단으로 하는 독자적인 구성요건으로써 형법 제307조의 일반 명예훼손죄의 불법가중적 구성요건이라고 이해하는 입장이 타당하다.

2) 사이버명예훼손죄의 구성요건의 의미검토

정보통신망법 제70조 제1항에서는 "사람을 비방할 목적으로 정보통신망을 통하여 공공연하게 사실을 드러내어 다른 사람의 명예를 훼손한 자는 3년 이하의 징역 또는 3천만원 이하의 벌금에 처한다"고 규정하고, 동조 제2항에서는 "사람을 비방할 목적으로 정보통신망을 통하여 공공연하게 거짓의 사실을 드러내어 다른 사람의 명예를 훼손한 자는 7년 이하의 징역, 10년 이하의 자격정지 또는 5천만원 이하의 벌금에 처한다"고 하여 사이버명예훼손죄를 처벌하면서, 이를 반의사불벌죄로 규정하고 있다. 정보통신망법 제70조 사이버명예훼손죄의 구성요건과 형법 제309조의 출판물 등에 의한 명예훼손죄의 구성요건요소간의 차이는 법문 중 '정보통신망을 통하여'라고 하여 사실 또는 거짓의 사실을 전파하는 행위수단의 차이 외에는 본질적으로 차이가 없다. 사이버명예훼손죄의 구성요건요소중 제309조의 출판물 등에 의한 명예훼손죄와의 구성요건상의 중요한 차이는 '정보통신망을 통하여' 명예를 훼손한다는 점과 '공공연하게'라고 하여 공연성의 요건이 추가되어 있다는 점이고, 그 밖에 '비방할 목적으로'라는 문언은 초과주관적 구성요건요소인 점에서 동일하며, '사실 또는 거짓의 사실을 드러내어'라는 문언은 제309조에서 말하는 '진실한 사실 또는 허위의 사실을 적시하여'라는 문언을 보다 용이하게 이해할 수 있도록 법문을 순화한 표현에 불과하다. 아래에서는 사이버명예훼손죄에 추가된 '정보통신망을 통하여'와 '공공연하게'라는 추가된 구성요건요소의 의미와 사이버공간에서 이루어지는 명예훼손행위이므로 사이버공간이라는 행태특수성에 따르는 관련 쟁점들도 함께 살펴보기로 한다.

(i) 명예의 주체문제 일반 명예훼손죄의 경우에 명예의 주체는 모든 자연인이나 법인이 모두 명예의 주체가 된다. 그러나 사이버공간은 현실세계에서와 달리 인터넷사용명의자와 실명자가 일치하는 경우에는 명예의 주체문제를 특별히 달리 판단해야 할 이유가 없지만, 사이버공간에서는 사용자가 ID나 핸들네임(Handlename)을 사용하여 표현행위를 하는 것이 일반적이므로, 이 경우에 ID나 핸들네임을 명예의 주체로 인정할 수 있는지 문제된다.

이에 대하여 긍정설은 ① 사이버공간도 가상의 공간이 아니라 현실세계와 관계된 공간이므로 ID나 핸들네임에 대한 명예훼손을 당한 피해자는 향후에 같은 이름으로 사이버공간에서의 활동을 하는 것이 현저하게 제약을 받게 되어 사이버활동의 자유가 침해받으며 사이버공간에서의 사회적 평가도 저하될 수 있다는 점, ② 인터넷공간에 게재된 사실관계 등으로 ID나 핸들네임의 배후의 실존인물을 추론할 수 있게 된다는 점, ③ 사이버공간에서는 현실적으로 ID나 핸들네임 등이 자신의 실체를 확인할 수 있는 상징적인 기호로 사용되고 있는 점을 고려할 때 ID나 핸들네임에 대하여도 명예의 주체성을 인정해야 한다는 견해이다.[20]

이에 반해 부정설은 사이버공간이라는 특수성을 고려하여 명예의 주체의 범위를 과도하게 확대하여 인정할 경우에는 새로운 ID나 핸들네임(Handlename)에 대하여 모두 명예의 주체를 인정하게 되므로 이렇게 되면 과도하게 표현의 자유를 위축시킬 우려가 있기 때문에 이를 부정해야 한다는 견해이다.[21]

헌법재판소[22]와 판례[23]는 아이디(ID)나 핸들네임만 알 수 있을 뿐 주위사정을 종합해보더라도 명예훼손의 대상인 피해자를 알아차릴 수 있을 때에는 특정인에 대한 명예훼손죄가 성립하지만 그렇지 않을 때에는 명예훼손죄가 성립하지 않는다고 판시한 바 있다.

생각건대 아이디(ID)나 핸들네임 자체는 사이버공간에서의 가명으로서 익명성이 보장되고 그 실제 소유자가 누구인지 알기도 전에 수시로 변경도 가능하기 때문에 원칙적으로 명예의

20) 강동범, 전게논문, 48면.
21) 권창국, 전게논문, 19면; 최정일, 전게논문, 214면.
22) 헌재 2008.6.26. 2007헌마461 결정.
23) 의정부지법 2014.10.13. 선고 2014고정1619 판결; 대법원 1982.11.9. 선고 82도1256 판결.

주체가 될 수 없다. 다만 ID나 핸들네임으로부터 그 실제 소유자가 누구인지를 추론하여 알 수 있는 경우, 즉 특정할 수 있는 경우에는 ID나 핸들네임의 익명성이 보장되지 않으므로 명예의 주체가 될 수 있다.[24)]

따라서 ID나 핸들네임에 대한 명예훼손행위는 인터넷상의 명예훼손행위와 ID나 핸들네임의 관련정보를 전체적·종합적으로 판단하여 그 배후인물을 특정할 수 있는 경우에는 인정된다고 하겠다. 이를 ID나 핸들네임의 배후인물에 대한 특정이 가능한 경우를 'ID나 핸들네임과 현실세계의 배후인물의 규범적 결합이 인정되는 경우'라는 표현을 사용하는 견해도 있지만, 이러한 견해는 오히려 명예의 주체성을 판단하는 데 있어서 언어의 혼동을 가져온다. 따라서 '규범적인 결합'이라는 모호한 개념을 판단기준으로 삼을 것이 아니라, 오히려 사이버명예훼손행위에 대하여는 인터넷상의 ID 등과 명예훼손행위 등 관련 자료를 종합적으로 판단하여 명예훼손의 대상으로서의 배후인물을 특정할 수 있는 경우에는 명예의 주체가 될 수 있지만, 반대로 특정인을 알 수 없는 없는 경우에는 명예에 관한 죄가 성립하지 않는다고 해석하는 판례의 태도가 타당하다고 생각된다.

그 밖에도 명예에 관한 죄는 개인적 법익에 대한 죄이므로 국가나 지방자치단체는 개인적 기본권인 인격권의 주체가 될 수 없으므로 명예훼손·모욕죄의 보호대상인 명예의 주체가 될 수 없어서 본죄의 피해자도 될 수 없다고 보아야 한다. 대법원 판례[25)]도 개인적 법익으로서 개인이나 법인의 명예를 보호법익으로 하는 명예훼손죄에 있어서는 국가나 지방자치단체는 기본권의 수범자일 뿐 기본권의 주체가 아니므로 외부적 명예의 주체에 포함되지 않는다는 입장을 취하여 동일한 입장을 취하고 있다.

(ii) 사이버공간에서의 공연성의 의미 형법상 명예훼손죄나 모욕죄의 구성요건에는 '공연히'라고 하여 공연성을 공통의 객관적 구성요건요소로 기술하고 있기 때문에, 명예훼손죄나 모욕죄의 보호법익은 사람의 인격적 가치에 대한 사회적 평가인 외부적 명예라고 보는 것이 통설의 입장이다. 정보통신망법 제70조에 규정된 사이버명예훼손죄의 구성요건요소에도 '공공연하게'라고 하여 문언적 의미에서는 일반 명예훼손죄와 마찬가지로 '공연성'을 그 요건으로 규정하고 있는데, '공연성' 요건의 법적 성격에 대하여는 견해가 대립한다.

---

24) 정정원, "SNS 게시물의 작성, 재게시행위와 인터넷상 명예훼손", 법과 정책연구 제12집, 한국법정책학회, 2012.9, 850면.

25) 대법원 2016.12.27. 선고 2014도15290 판결["형법이 명예훼손죄 또는 모욕죄를 처벌함으로써 보호하고자 하는 사람의 가치에 대한 평가인 외부적 명예는 개인적 법익으로서, 국민의 기본권을 보호 내지 실현해야 할 책임과 의무를 지고 있는 공권력의 행사자인 국가나 지방자치단체는 기본권의 수범자일 뿐 기본권의 주체가 아니고, 정책결정이나 업무수행과 관련된 사항은 항상 국민의 광범위한 감시와 비판의 대상이 되어야 하며 이러한 감시와 비판은 그에 대한 표현의 자유가 충분히 보장될 때에 비로소 정상적으로 수행될 수 있으므로, 국가나 지방자치단체는 국민에 대한 관계에서 형벌의 수단을 통해 보호되는 외부적 명예의 주체가 될 수는 없고, 따라서 명예훼손죄나 모욕죄의 피해자가 될 수 없다."]고 판시한 바 있다.

첫 번째로, 사이버명예훼손죄에 있어서 공연성을 요건으로 규정한 것은 공연성이 없는 사이버상 개인간의 정보전달행위는 제외시켜 사회적으로 유해한 행위만을 금지시킴으로써 표현의 자유에 대한 지나친 제한을 억제하기 위한 요건으로 보는 견해로서, 이에 따르면 공연성이 없는 사이버명예훼손행위에 대해서는 처벌하지 않겠다는 입법자의 의지가 표현된 규정이라고 해석하게 된다.[26)]

두 번째로, 공연성의 요건이 사이버명예훼손행위에 대한 처벌범위를 제한하는 기능을 수행하지만, 명예훼손죄의 본질상 공연성은 당연한 성립요건이므로 굳이 이를 규정할 필요가 있는가에 대하여 의문을 제기하는 견해가 있으며, 세 번째로, 광범위한 전파가능성이 있는 열려있는 정보통신망을 이용한 명예훼손적인 게시물은 항시 불특정 또는 다수인에게 전파될 가능성이 있으므로 정보통신망을 통해 게시하는 행위, 그 자체가 이미 공연성의 요건을 충족하기 때문에 정보통신망법의 관련 법문에 '공공연하게'라는 문언이 표시된 것은 주의적 규정에 불과하다고 보는 견해[27)]도 있다.

생각건대 정보통신망을 이용한 명예훼손행위는 사이버공간의 개방성으로 인해 불특정 또는 다수인이 접근하여 정보를 알 수 있으므로 사이버 공간의 각종 인터넷게시판에 글 등의 정보를 게시하는 것은 당연히 공연성의 요건을 충족한다. 그러나 사이버공간의 정보전달행위 중에는 개인 간의 전자메일이나 1 대 1 채팅을 하는 경우 등 지극히 제한된 사람 사이에 정보전달이 이루어지는 경우에는 공연성의 요건이 충족된다고 할 수 없으므로 모든 사이버공간에서는 당연히 공연성의 요건이 충족된다고 이해하는 견해는 설득력이 없다. 따라서 현행 정보통신망법상의 사이버명예훼손죄가 사이버공간의 개방성에도 불구하고, 특히 '공공연하게'라고 하여 공연성의 요건을 규정하고 있는 것은 사이버공간이라 하더라도 개인 간의 사적인 정보통신망 이용행위에 대해서는 표현의 자유를 확보해주면서, 사이버상에 게시된 정보가 불특정 또는 다수인이 직접 인식할 수 있는 상태에 이른 경우일 때, 즉 사이버공간에서도 공연성의 요건을 구비한 경우에만 사이버명예훼손행위로 처벌할 수 있도록 제한하고 있다고 해석하는 견해[28)]가 타당하다고 생각한다.

그런데 여기서 문제는 '공연성'의 의미를 어떻게 이해할 것인가이다. 사이버명예훼손죄에 있어서도 공연성의 의미를 일반 명예훼손죄에 있어서의 공연성의 의미와 동일하게 통설[29)]은 '불특정 또는 다수인이 직접 인식할 수 있는 상태'를 의미한다고 보고 있으며, 이와 달리 대법원 판례는 일관되게 '불특정 또는 다수인에게 전파될 가능성이 있는 상태'[30)]라고 하여 전파

---

26) 윤종행, 전게논문, 303면.
27) 정대관, "사이버공간에서의 명예훼손죄", 성균관법학회, 성균관대학교비교법연구소, 2005, 44면.
28) 박광민, "인터넷상의 명예훼손에 대한 형사법적 규제", 형사법연구 제24호, 한국형사법학회, 2005, 104면; 김혜정, "인터넷상 명예훼손·모욕죄의 형사법적 통제에 관한 소고", 홍익법학 제12권 제1호, 2011, 334면.
29) 김일수/서보학, 형법각론, 193면; 이재상, 형법각론, 189면 참조.

가능성이론의 입장을 취하고 있다. 학설 중에는 사이버공간에서의 공연성의 의미는 현실세계에서의 공연성의 의미와는 다르게 규정되어야 한다는 견해도 있다. 이 견해에 따르면 일반 명예훼손죄에 있어서 '공연성'이란 오프라인상의 표현행위 내지 의사소통과정을 포착하여 고안된 개념이므로 이를 온라인상의 의사소통과정에 그대로 적용하는 것은 타당하지 않고, 사이버공간에서의 공연성은 '게재된 정보의 존속성'이라는 개념으로 전환해야 한다고 주장하면서, 행위자가 게재한 명예훼손자료가 행위자에 의하여 완전하게 제어가능하고 즉각적으로 삭제·회수될 수 있다면 오프라인 공간에서의 정보의 확산가능성을 기초로 한 공연성의 개념과 유사한 제한적 기능을 온라인 공간에서도 기대할 수 있다는 주장을 펴고 있다.[31]

생각건대 오프라인상의 전파가능성이론을 온라인상에 게재된 명예훼손자료가 사용자에 의하여 완전히 제어 가능하고 즉시 삭제, 회수될 수 있다면 구태여 사이버상 '게재된 정보의 존속성'이라는 개념을 사용할 필요가 없으며, 이러한 경우에는 통설의 입장에서 불특정 또는 다수인이 직접적으로 인식가능한 상태가 아니기 때문에 당연히 공연성의 요건을 충족하지 못한다. 또한 '게재된 정보의 존속성'이 사이버공간에서 매우 짧게 존재한 경우에도 사이버공간의 개방성과 동시성이라는 특징을 고려해보면 불특정 또는 다수인이 인식할 수 있거나 불특정 또는 다수인에게 전파될 가능성이 있으므로 사이버공간에서의 '정보의 시간적인 존속성'만으로는 공연성 판단의 준거기준으로는 적절치 않다고 하겠다.

한편 대법원은 사이버명예훼손죄에 있어서도 공연성의 의미에 대하여 여전히 전파가능성이론을 취하여, "명예훼손죄의 구성요건인 공연성은 불특정 또는 다수인이 인식할 수 있는 상태를 의미하므로 비록 개별적으로 한 사람에 대하여 사실을 유포하였다 하더라도 그로부터 불특정 또는 다수인에게 전파될 가능성이 있다면 공연성의 요건을 충족한다 할 것이다."[32]라고 하면서 "인터넷 블로그의 비공개 대화방에서 일대일로 대화하면서 상대방의 비밀을 지키겠다는 말을 듣고 인터넷을 통하여 일대일로 이루어졌다는 사정만으로 그 대화 상대방이 대화내용을 불특정 또는 다수인에게 전파할 가능성이 없다고 할 수는 없는 것이고, 또한 상대방이 비밀을 지키겠다고 말하였다고 하여 그가 당연히 대화내용을 불특정 또는 다수인에게 전파할 가능성이 없다고 할 수도 없다"고 판시한 바 있다.[33] 이와 같이 판례는 공연성의 의미에 대하여 전파가능성이론을 취하여 한 사람에 대하여 사실을 유포하더라도 불특정 또는 다수인에게 전파될 가능성이 있으면 공연성이 인정된다는 입장이다. 이러한 판례의 입장에 따르면 사이버공간에서 이루어지는 지극히 사적인 정보전달행위도 모두 전파가능성이 있기

30) 대법원 2010.10.28 선고 2010도2977 판결; 대법원 2008.10.23. 선고 2008도6515 판결.
31) 권창국, 전게논문, 16-17면.
32) 대법원 2011.9.8. 선고 2010도7497 판결.
33) 대법원 2008.2.14. 선고 2007도8155 판결: 대법원 1985.4.23. 선고 85도431 판결; 대법원 1990.7.24. 선고 90도1167 판결.

때문에 공연성의 요건을 충족하게 되어 가벌성의 확장을 초래하게 된다.

그러나 대법원 판례의 입장은 첫째로, 인터넷 등 사이버공간에서 이루어지는 의사소통의 방식을 미쳐 예상하지 않은 상태에서 종래의 현실세계에서 이루어지는 의사소통방식에 따른 일반 명예훼손죄에 있어서의 공연성의 의미에 대한 해석을 그대로 사이버명예훼손죄에도 적용함으로써 사이버공간에서의 사인간에 이루어지는 현대 민주사회의 발전을 위해 필요한 의사소통의 방식인 표현의 자유를 과도하게 규제하게 되어 민주사회의 발전에 역행하고 입법취지에도 어긋나는 결과를 가져온다는 점이다. 즉 사이버공간은 의사소통방식의 개방성·광범위성으로 인해 사이버 공간에서 이루어지는 모든 명예훼손행위는 전파가능성이 있는 행위로 가벌적이 되므로 사이버공간 이용자들에게 자기통제로 작동하여 표현의 자유가 사실상 규제되는 결과가 된다. 둘째로, 사이버명예훼손죄에 규정되어 있는 '정보통신망을 통하여', '공공연하게'라는 문언의 의미에 비추어 보면, 정보통신망을 이용한다는 사이버공간의 특성을 고려하여 '공공연하게'라는 문언의 의미를 해석해야 함이 타당한데도, 이를 사이버공간의 특성을 전혀 고려하지 않은 채 종전과 같이 전파가능성의 의미로 동일하게 해석하는 것은 죄형법정주의에 위배되는 유추해석이며, 또한 '공공연하게'라는 문언은 '숨김이나 거리낌이 없이 그대로 드러나 있다'는 사전적 의미를 가지는데, 문언의미를 충실하게 해석하면 '불특정 또는 다수인이 직접적으로 인식할 수 있는 상태'라고 보아야 하며, 대법원 판례와 같이 '불특정 또는 다수인에게 전파될 가능성이 있는 상태'라고 해석하는 것은 문언의 가능한 범위를 초과한 유추해석으로서 죄형법정주의에 위반된다. 따라서 사이버명예훼손죄에 있어서도 '공공연하게'의 의미는 '불특정 또는 다수인이 직접적으로 인식할 수 있는 상태에서'라는 의미로 이해하는 통설의 입장이 타당하다고 생각한다.

(iii) '사실을 드러내어'의 의미 사이버명예훼손죄에 있어서 '사실을 드러내어'라는 문언의 의미는 사람의 인격적 가치에 대한 사회적 평가를 저하시킬만한 충분한 구체적인 사실을 지적·표시하는 것을 말하며, 이를 일반 명예훼손죄에서는 '사실의 적시'라고 표현하고 있다. 여기서 '사실'이란 현실적으로 발생하고 증명가능한 과거나 현재의 상태를 말하고, 원칙적으로 장래에 대한 사실적시는 의견진술에 불과하지만 과거나 현재의 사실이 포함되어 있는 경우에는 사실에 포함될 수도 있다. 그리고 '사실'은 행위자가 직접 경험한 사실이 아닌 추측이나 풍문에 의한 사실도 포함되어지지만 추상적인 사실이나 가치판단은 당연히 여기에서 제외된다.[34]

대법원 판례[35]도 "명예훼손죄에 있어서의 '사실의 적시'란 가치판단이나 평가를 내용으로 하는 의견표현에 대치되는 개념으로서 시간과 공간적으로 구체적인 과거 또는 현재의 사실

34) 김신규, 형법각론, 청목출판사, 2015, 229면.
35) 대법원 2008.10.9. 선고 2007도1220 판결.

관계에 관한 보고 내지 진술을 의미하는 것이며, 그 표현내용이 증거에 의한 입증이 가능한 것을 말하고, 판단할 진술이 사실인가 또는 의견인가를 구별함에 있어서는 언어의 통상적 의미와 용법, 입증가능성, 문제된 말이 사용된 문맥, 그 표현이 행하여진 사회적 상황 등 전체적 정황을 고려하여 판단하여야 한다."고 하거나, "객관적으로 피해자의 사회적 평가를 저하시키는 사실에 관한 보도내용이 소문이나 제3자의 말, 보도를 인용하는 방법으로 단정적인 표현이 아닌 전문 또는 추측한 것을 기사화한 형태로 표현하였지만, 그 표현 전체의 취지로 보아 그 사실이 존재할 수 있다는 것을 암시하는 방식으로 이루어진 경우에는 사실을 적시한 것으로 보아야 한다."[36]고 하여 하여 이러한 입장을 취하고 있다.

사이버명예훼손죄에 있어서도 '사실을 드러내어'라는 문언의 의미는 일반 명예훼손죄의 '사실적시'와 동일한 의미를 지니지만, 사실적시의 방법이 '정보통신망을 통하여' 사이버공간에서 인터넷게시판이나 인터넷사이트 등에 글, 사진, 동영상 등이 전자정보의 형태로 게시되기 때문에 전파가능성이 매우 높고 그 범위가 광범위하며 피해가 신속하게 확산된다는 점이다. 따라서 사이버공간에서의 사실의 적시란 웹사이트나 인터넷게시판에 피해자의 명예를 훼손하는 각종 정보들을 글, 사진, 동영상의 형태로 게시한 경우와 파일로 다운로드가 가능하거나 다운로드후 각종 리더프로그램을 이용하여 그 내용파악이 가능한 경우에는 당연히 사실적시에 해당한다.

그러나 타인이 작성한 정보를 복사하여 다른 제3자의 웹사이트에 게시하는 경우, 이른바 퍼온 글이나 원정보가 게시된 다른 인터넷 게시판이나 웹사이트 등의 초기화면으로 링크(Link)설정한 경우에 이를 사실적시로 볼 수 있는지가 문제된다.

'퍼온 글'의 경우에는 '사실의 적시'에 해당한다는 점에 대하여는 다툼의 여지가 없으나, 책임의 정도에 대하여는 견해가 대립한다. 최초로 명예훼손적 정보를 사이버공간에 게시하여 유포시킨 사람이나 최초는 아니지만 해킹, 불법복제 등의 불법적인 방법으로 정보를 획득하여 이를 유포한 사람이나 타인의 사이버 게시판 등에서 복제한 정보에 일정부분 본인이 가공을 하여 다시 게시한 경우에는 정범으로 이해하는 데는 다툼이 없다. 문제는 타인이 게시한 정보를 단순히 복사하여 다시 게시한 경우에는 게시물에 대한 주도적인 행위지배가 있다고 보기 어려우므로 방조범으로 보아야 한다는 취지의 주장을 하는 견해[37]가 있다. 그러나 정범과 방조범인가의 여부는 행위지배의 형태에 따라 달라지므로 이 경우에는 최초의 게시자와 후순위 게시자 사이의 관계에 따라 기능적 행위지배가 있는 경우에는 공동정범이 되지만, 그렇지 않은 경우에는 정보를 복제하여 다시 독자적으로 게시한 경우이므로 정범이 된다고 보아야 한다. 다만 시간이 지날수록 정보가 확산되어 다수인에게 알려지게 됨으로써 후순

---

36) 대법원 2008.11.27. 선고 2007도5312 판결.

37) 박광민, 전게논문, 47면; 정정원, 전게논문, 855면; 권창국, 전게논문, 17-18면.

위복제참가자일수록 가벌성은 경감되어진다고 할 수 있지만, 명예훼손행위자에게 특별히 방조의 고의가 없는 이상 방조범 또는 편면적 방조범으로 이해하는 것은 타당하지 않다. 이와 달리 단순히 명예훼손적 사실이 게시된 웹사이트나 인터넷게시판 등으로 링크시켜 놓은 경우에는 사실의 적시에 해당한다고 할 수 없다. 왜냐하면 사실의 적시란 사실을 직접 표시·지적하는 것을 말하는데, 인터넷링크란 링크하고자 하는 웹페이지나, 웹사이트 등의 서버에 저장된 개개의 저작물 등의 웹 위치정보나 경로를 나타낸 것에 불과하기 때문에, 비록 인터넷 이용자가 링크 부분을 클릭함으로써 링크된 웹페이지나 개개의 저작물 등에 직접 연결된다 하더라도 위와 같은 링크를 하는 행위를 사실의 적시라고 볼 수는 없기 때문이다. 대법원 판례[38]도 같은 입장이다.

사이버명예훼손행위의 기수시기에 대하여는 정보를 하드디스크나 램 등에 장치하거나 기억시키는 단계가 아니라 그 정보가 화면에 표시되어 현실적으로 인식되는 단계에 이르러야 비로소 기수가 된다.[39] 왜냐하면 본죄는 보호법익인 외부적인 명예에 대한 추상적인 위험만 발생하여도 기수가 성립되는 추상적인 위험범이므로 모욕죄와 달리 구체적인 사실적시가 있어야 불특정 또는 다수인이 인식할 수 있는 상태가 되기 때문이다.

(iv) 비방의 목적 사이버명예훼손죄의 주관적 구성요건요소에는 사람의 명예를 공공연하게 훼손한다는 사실에 대한 인식과 의사라는 고의 이외에도 초과주관적 불법요소로서 '비방의 목적'이 있어야 한다는 것이 통설[40]의 입장이다. 이에 반해 '비방의 목적'을 명예훼손의 고의와 구별되는 독자적인 불법가중적 요소로 보지 않는 견해도 있는데, 이 견해에 의하면 형법 제309조나 정보통신망법 제70조를 가중 처벌하는 주관적, 심리적 요소인 '비방의 목적'에 있는 것이 아니라 전파성이 높은 매체를 수단으로 이용하였기 때문에 불법이 가중되어 가중 처벌한다는 입장을 나타낸다.

그러나 이 견해는 형법 제309조의 출판물 등에 의한 명예훼손죄나 정보통신망법 제70조의 사이버명예훼손죄가 가중 처벌되는 것은 전파성이 높은 범행수단이라는 객관적인 요소와 행위자의 '비방의 목적'이라는 주관적인 요소가 모두 행위불법을 가중했다는 점을 도외시하고 있으므로 타당하지 않다. 사이버명예훼손죄는 '비방의 목적'이라는 초과주관적인 불법요소와 '정보통신망을 이용하여 공공연하게' 명예훼손을 하는 행위수행 방법의 불법으로 인해 일반 명예훼손죄에 비해 불법이 가중된 불법가중적 구성요건이라고 이해하는 통설의 입장이 타당하다.

여기서 '비방의 목적'이란 사람의 인격적 가치에 대한 사회적 평가를 저하시키려는 목적,

38) 대법원 2009.11.26. 선고 2008다77405 판결; 대법원 2010.3.11. 선고 2009다80637 판결; 대법원 2015.3.12. 선고 2012도13748 판결 등 참조.

39) 박수희, 전게논문, 152면.

40) 손동권/김재윤, 새로쓴 형법각론, 율곡출판사, 2013, 198면.

즉 사람의 명예에 대한 가해의 목적이나 의도가 있는 경우를 의미하는 점에서는 형법 제309조의 출판물 등에 의한 명예훼손죄에 있어서의 '비방의 목적'과 그 의미가 동일하다. 사실 또는 허위사실을 공공연하게 사이버공간에 드러내어 게시한 행위가 피해자의 인격에 대한 가해의 목적이나 의사가 있었는가를 판단하는 데 있어서는 행위자의 주관적인 의도의 강도와 방향성, 객관적으로 나타난 게시물의 내용, 표현방법, 주변상황 등을 종합적·전체적으로 고려하여 판단하여야 한다.

대법원 판례도 같은 입장에서, "'사람을 비방할 목적'은 가해의 의사 내지 목적을 요하는 것으로서, '사람을 비방할 목적'이 있는지 여부는 당해 적시사실의 내용과 성질, 당해 사실의 공표가 이루어진 상대방의 범위, 그 표현의 방법 등 그 표현 자체에 관한 제반 사정을 감안함과 동시에 그 표현에 의하여 훼손되거나 훼손될 수 있는 명예의 침해 정도 등을 비교·고려하여 결정하여야 한다. 그리고 이와 같은 '사람을 비방할 목적'은 공공의 이익을 위한 것과는 행위자의 주관적 의도의 방향에 있어 상반되는 관계에 있다고 할 것이므로, 적시한 사실이 공공의 이익에 관한 것인 경우에는 특별한 사정이 없는 한 비방할 목적은 부인된다고 봄이 타당하고, 공공의 이익에 관한 것에는 널리 국가·사회 기타 일반 다수인의 이익에 관한 것뿐만 아니라 특정한 사회집단이나 그 구성원 전체의 관심과 이익에 관한 것도 포함되며, 행위자의 주요한 동기 내지 목적이 공공의 이익을 위한 것이라면 부수적으로 다른 사익적 목적이나 동기가 내포되어 있더라도 비방할 목적이 있다고 보기는 어렵다."고 판시하고 있다.[41]

판례의 의미를 요약해보면, 첫째로 원칙적으로 사실적시가 공공의 이익에 관한 것인 때에는 특별한 사정이 없는 한 비방의 목적은 부인되며, 둘째로 공공의 이익에 관한 것에는 널리 국가·사회 기타 일반 다수인의 이익에 관한 것뿐만 아니라 특정한 사회집단이나 그 구성원 전체의 관심과 이익에 관한 것도 포함되고, 셋째로 행위자의 주요한 동기 내지 목적이 공공의 이익을 위한 것일 때에는 부수적으로는 사익의 목적이나 동기가 내포되어 있더라도 비방의 목적이 있다고 할 수 없다는 것이다. 무엇보다도 원칙적으로 사실적시가 공공의 이익에 관한 것인 때에는 특별한 사정인 없는 한 '비방의 목적'이 없다고 판시함으로써 행위자의 주관적인 의도 내지 목적보다는 적시사실의 공익성이 있으면 '비방의 목적'을 부정하거나 주요한 동기가 공공의 이익을 위한 경우에도 이를 부정함으로써 '비방의 목적'의 의미를 협소하게 해석하고 있다고 할 수 있다.

그러나 이러한 대법원 판례의 입장에는 다음과 같은 논증에 오류가 있다. 첫째, 행위자의 주관적인 의도 내지 목적의 방향에 있어서 '비방의 목적'과 '공공의 이익을 위한 것'과는 서

41) 대법원 2007.1.26 선고 2004도1632판결; 대법원 2009.5.28. 선고 2008도8812 판결; 대법원 2014.5.29. 선고 2013도3517 판결.

로 상반되는 관계에 있다는 논리적인 전제 자체에 오류가 있다는 점이다. 즉 사실을 적시하여 명예훼손행위를 하는 행위자는 상대방을 '비방할 목적'과 '공공의 이익을 위한다는 목적' 중 어느 하나를 주된 목적으로 할 경우도 있지만 이와 달리 양자를 주된 동기 내지 목적으로 할 수도 있기 때문에 양자를 서로 상반되는 관계로 이해하는 전제는 잘못이다. 따라서 행위자의 주된 동기 내지 목적이 '공공의 이익을 위한 것'이라면 다른 사익적 목적이나 동기가 내포되어 있더라도 '비방의 목적'이 있다고 할 수 없다는 논지는 설득력이 없다. 둘째, 행위자가 적시한 사실이 객관적으로 '공공의 이익에 관한 것'인 때에는 특별한 사정이 없는 한 '비방의 목적'이 부정된다고 판시한 것은 논리적인 비약이고 설득력이 없다. 왜냐하면 행위자가 적시한 사실이 결과적·객관적으로 '공공의 이익에 관한 것'이라 하더라도 행위자는 주관적으로 '비방의 목적'을 가질 수 있을 수 있고, 또한 '공공의 이익에 관한 사실적시'라는 결과적·객관적 요소로 인해 행위자의 주관적인 동기 내지 목적인 주관적 구성요건요소가 부정된다고 연결지우는 것은 비논리적이기 때문이다.

따라서 대법원 판례가 형법 제310조의 위법성조각사유의 요건인 '공공의 이익'의 내용인 적시사실의 공익성, 즉 '공공의 이익에 관한 것'과 행위자의 주관적 동기 내지 목적의 공익성을 의미하는 '공공의 이익을 위한다는 것'의 요건을 범죄체계상으로도 다른 초과주관적 구성요건요소인 '비방의 목적' 유무를 판단하는 준거기준으로 삼은 것은 잘못이라 하지 않을 수 없다. 또한 '공공의 이익을 위한 주관적인 동기 내지 목적'과 '비방의 목적'인 주관적인 동기가 행위자에게 모두 주요한 동기 내지 목적으로 병존할 경우에는 양자를 더 이상 비교형량하여 판단할 수 없게 되어버린다는 점도 문제이다.

결국 '비방의 목적'이 명예훼손의 고의와 본질적으로 다른 점이 없다는 비판을 설사 받아들인다 하더라도, 초과주관적 불법요소인 '비방의 목적'은 인식이나 의사의 강도라는 면에서는 명예훼손의 고의보다 높으며, 또한 단순명예훼손죄의 경우에는 미필적 고의만으로도 충분하지만 사이버명예훼손죄는 '비방의 목적'이라는 요소로 인해 그보다는 훨씬 높은 강도의 인식과 의사를 요구한다는 점에서 사이버명예훼손죄의 성립범위를 제한하는 역할을 수행하기 때문에 의미 없는 규정이라고 할 수 없다.[42]

입법론적으로 사이버명예훼손죄와 출판물 등에 의한 명예훼손죄에 규정되어 있는 '비방의 목적'이라는 문언은 불합리하므로 그 폐지를 주장하는 다양한 견해들이 있다. 즉 사물논리적으로 사이버명예훼손죄의 구성요건이 '비방의 목적' 유무에 의해 범죄성립이 결정되므로 부당하고 '비방의 목적'은 구성요건요소가 아니라 양형에서 고려할 사항이라는 견해,[43] 반대로 '비방의 목적'이 구성요건에 부가됨으로써 악의적인 댓글 등의 사이버명예훼손행위에 효과적

42) 김태명, "인터넷상의 명예훼손의 실태와 대책", 법학연구 제28집, 전북대법학연구소, 2008.
43) 이정원, "사이버공간에서의 명예훼손에 대한 형법적 규제", 법학논문집 제32집 제1호, 2008, 39면.

인 대처가 되지 못하도록 구성요건을 너무 좁게 제한하고 있다는 견해,[44] 명예훼손의 고의와 ‘비방의 목적’은 본질적으로 다르다고 보기 어려울 뿐만 아니라 ‘비방의 목적’이 인정되는 경우에는 오히려 형법 제310조에 의한 위법성조각이 불가능하기 때문에 이를 삭제해야 한다는 견해,[45] 일반 명예훼손죄의 경우에는 명예훼손행위가 진실한 사실로서 공공의 이익에 관한 것일 때에는 명예훼손죄의 구성요건해당성이 충족되어도 형법 제310조에 해당되어 위법성이 조각되지만, 사이버명예훼손죄나 출판물 등에 의한 명예훼손죄는 명예훼손의 고의 외에 상대방에 대한 ‘비방의 목적’이라는 초과주관적 규성요건요소가 더 추가되기 때문에 제310조의 위법성조각유가 적용될 여지가 없게 되므로 이를 폐지해야 한다는 견해,[46] ‘비방의 목적’은 그 내용이 불명확하므로 죄형법정주의의 명확성의 원칙에 위배된다는 견해 등이다.

생각건대 사이버명예훼손죄에 규정되어 있는 ‘비방할 목적’이라는 문언의 의미가 불명확하여 명확성의 원칙에 반한다는 견해에 대하여는, 타인의 인격에 대한 사회적인 평가를 저하시키고자 하는 의도 내지 목적이라는 점에서 단순한 명예훼손적 고의와는 구별되고, 다른 법령에서도 일상적으로 사용하고 있을 뿐만 아니라 일반인도 그 내용을 알 수 있으며, 나아가 ‘비방의 목적’과 ‘비판의 목적’은 구별되기 때문에 이러한 주장은 설득력이 없다. 2016년 2월 25일 헌법재판소도, “‘비방할 목적’은 고의 외에 추가로 요구되는 주관적 구성요건요소로서 사람의 명예에 대한 가해의 의사나 목적을 의미한다. ‘비방’이나 ‘목적’이라는 용어는 정보통신망법에서만 사용되는 고유한 개념이 아니고, 일반인이 일상적으로 사용하거나 다른 법령들에서도 사용되는 일반적인 용어로서, 특별한 경우를 제외하고는 법관의 보충적 해석 작용 없이도 일반인들이 그 대강의 의미를 이해할 수 있는 표현이다. 심판대상조항에서 사용되는 의미 또한 일반적으로 사용되는 의미범위를 넘지 않고 있으므로, ‘비방할 목적’이 불명확하다고 보기 어렵다. 또한 ‘비방할 목적’과 공공의 이익을 위하여 사물의 옳고 그름에 대한 판단을 표현하는 ‘비판할 목적’은 서로 구별되는 개념이고, 대법원도 적시한 사실이 공공의 이익에 관한 것일 때에는 특별한 사정이 없는 한 비방할 목적은 부인된다고 판시하여, 비방할 목적과 공공의 이익에 대한 판단기준을 분명하게 제시하고 있다. 따라서 심판대상조항은 명확성원칙에 위배되지 아니한다.”고 결정한 바 있으며,[47] 나아가 표현의 자유에 대한 과도한 규제로서 과잉금지의 원칙에 위배된다는 주장에 대해서는, “우리나라는 현재 인터넷 이용이 상당히 보편화됨에 따라 정보통신망을 이용한 명예훼손범죄가 급증하는 추세에 있고, 인터넷 등 정보통신망을 이용하여 사실에 기초하더라도 왜곡된 의혹을 제기하거나 편파적인 의견이나 평가

44) 김재중, “스포츠맨, 연예인에 대한 인터넷상 ‘악플’의 제재방안”, 스포츠와 법, 제10권 제3호, 2007, 183면.

45) 주승희, “현행 사이버 명예훼손죄 법리의 문제점 및 개선방안 관련 최근 논의 검토”, 형사정책연구 제20권 제1호, 한국형사정책연구원, 2009, 604면 이하 참조; 김혜정, 전게논문, 332-333면 참조.

46) 최정일, 전게논문, 219; 박수희, 전게논문, 150면.

47) 헌법재판소 2016.2.25. 선고 2013헌바105, 2015헌바234 결정(병합).

를 추가로 적시함으로써 실제로는 허위의 사실을 적시하여 다른 사람의 명예를 훼손하는 경우와 다를 바 없거나 적어도 다른 사람의 사회적 평가를 심대하게 훼손하는 경우가 적지 않게 발생하고 있고, 이로 인한 사회적 피해는 심각한 상황이다. 따라서 이러한 명예훼손적인 표현을 규제함으로써 인격권을 보호해야 할 필요성은 매우 크다. 심판대상조항은 이러한 명예훼손적 표현을 규제하면서도 '비방할 목적'이라는 초과주관적 구성요건을 추가로 요구하여 그 규제 범위를 최소한도로 하고 있고, 헌법재판소와 대법원은 정부 또는 국가기관의 정책결정이나 업무수행과 관련된 사항에 관하여는 표현의 자유를 최대한 보장함으로써 정보통신망에서의 명예보호가 표현의 자유에 대한 지나친 위축효과로 이어지지 않도록 하고 있다. 또한, 민사상 손해배상 등 명예훼손 구제에 관한 다른 제도들이 형사처벌을 대체하여 인터넷 등 정보통신망에서의 악의적이고 공격적인 명예훼손행위를 방지하기에 충분한 덜 제약적인 수단이라고 보기 어렵다. 그러므로 심판대상조항은 과잉금지원칙을 위반하여 표현의 자유를 침해하지 않는다."고 판단함으로써,[48] 사이버명예훼손죄가 표현의 자유를 과도하게 제한하지 않고 오히려 '비방할 목적'이라는 초과주관적 구성요소를 부가함으로써 규제범위를 최소화하고 있으며, 명예훼손행위에 대한 민사구제 등 다른 방법이 반드시 형사규제보다 약하다고 할 수 없다는 입장을 취하고 있는데, 이러한 헌법재판소의 결정은 사이버공간을 이용하고 있는 현실태를 고려하면서 표현의 자유와 인격권으로서의 명예권이라는 가치를 균형있게 반영한 사이버명예훼손죄의 입법취지를 고려한 합리적인 결정이다.

(v) 소추요건으로서의 반의사불벌죄의 의미 사이버명예훼손죄는 피해자의 의사에 반하여 처벌할 수 없는 반의사불벌죄로 규정되어 있다. 이 조항에 대해서는, 첫째로 사이명예훼손죄는 그 피해가 광범위하고 피해회복이 어렵고 지속적이며 가해자가 다수이고 피해자의 의사를 고려하는 전통적인 수사방법으로는 한계가 있기 때문에 이를 피해자의 의사에 좌우되는 반의사불벌죄로 규정할 것이 아니라 아예 폐지하자는 입장이 있으며, 둘째는 형법 제309조의 출판물 등에 의한 명예훼손죄를 반의사불벌죄로 규정하고 있는 점과 형사정책적인 측면을 고려하여 사이버명예훼손죄도 현재와 같이 반의사불벌죄로 규정하는 것이 타당하다는 입장[49]도 있다.

생각건대 현행법상 형법상의 명예에 관한 죄는 친고죄나 반의사불벌죄로 규정하고 있으며, 사이버명예훼손죄는 반의사불벌죄로 규정하고 있다. 원래 친고죄와 반의사불벌죄는 형사소송절차상 소추요건으로서 범죄피해자의 가해자에 대한 처벌의사를 고려하여 범죄가 발생했을 때에 친고죄의 경우에는 고소권자의 고소가 없을 때에는 수사기관이 반드시 수사해야 할 의무가 있다고 할 수 없지만, 이와 달리 반의사불벌죄의 경우에는 피해자의 고소가 없더

48) 헌법재판소 2016.2.25. 선고 2013헌바105, 2015헌바234 결정(병합).
49) 최정일, 전게논문, 224-225면; 박수희, 전게논문, 152면.

라도 수사기관의 수사의무가 발생한다는 점에서 차이가 있다. 또한 명예에 관한 죄는 다른 개인적 법익에 대한 죄와 달리 가해자의 표현의 자유와 피해자의 명예의 보호라는 가치가 충돌하는 영역이므로 이를 형사규제가 아닌 민사상의 손해배상문제로 해결하도록 하는 국가들이 많다는 사실은 형법규제의 최후수단성과 보충성의 원칙과 명예훼손죄에 대해서는 피해자의 의사를 존중해야 함을 의미한다. 피해자가 가해자처벌을 희망하지 않는데도 불구하고 수사기관이 사이버공간에서 타인의 명예를 훼손한다는 주관적인 혐의만으로도 수사가 가능한 반의사불벌죄 규정은, 표현의 자유를 위축하도록 할 뿐만 아니라 불필요하게 사이버수사 인력의 낭비를 초래한다. 그러므로 사이버명예훼손죄를 비롯한 형법상 명예에 관한 죄의 경우에는 모두 친고죄로 규정함으로써, 사이버공간뿐만 아니라 현실세계에서도 표현의 자유가 위축되지 않도록 명예에 관한 죄에 대한 전반적인 개정이 필요하다.

(2) 사이버모욕행위에 대한 형사규제의 내용

사이버모욕행위에 대해서는 정보통신망법에는 별도의 처벌규정을 두고 있지 않다. 따라서 사이버모욕행위가 발생한 때에는 형법 제311조의 모욕죄가 적용된다. 모욕죄의 구성요건은 '공연히 사람을 모욕하는 자'라고 하여 명예훼손죄와 마찬가지로 '공연성'을 요건으로 하기 때문에 모욕죄의 보호법익은 사람의 외부적인 명예라고 보는 것이 통설의 입장이다.

모욕행위란 사람의 인격적인 가치에 대한 사회적 평가를 저하시킬 만한 경멸적 감정을 표현함으로써 성립하게 되는데, 판례는 상대방의 인격적 가치에 대한 사회적 평가를 저하시킬 만한 것이 아닌, 표현이 다소 무례하고 저속한 방법으로 표시된 경우에는 모욕행위에 해당하지 않는다고 하여 모욕죄의 구성요건해당성이 조각된다고 판시한 경우도 있고,[50] 이와 달리 모욕에 해당하는 경멸적인 표현을 한 경우라 하더라도 표현을 하게 된 동기와 경위, 모욕적 표현의 정도와 비중 등에 비추어 사회상규에 위배되지 않을 때에는 위법성이 조각된다고 하여,[51] 후자의 경우에는 모욕행위는 있지만 사회상규를 벗어나지 않을 때에는 정당행위로서 위법성이 조각된다는 입장을 취하고 있다. 결국 판례의 입장은 다소 무례하고 저속한 표현인 경우에는 모욕행위에 해당하지 않고, 그 정도를 넘어서는 경멸적인 표현일 때에는 모욕행위에 해당하지만 이때에도 사회상규를 벗어나지 않을 때에는 정당행위로서 위법성이 조각된다는 입장을 취하여 모욕행위에 대해서는 구성요건과 위법성단계에서 이중적인 심사를 하여, 모욕죄에는 형법 제310조의 공공의 이익에 관한 사실적시 위법성조각사유조항이 적용되지 않는 점을 고려하여 공익에 관한 사안을 비롯한 타인에 대한 다소 경멸적인 비판이나 평가가 타인에 대한 모욕행위에 해당한다 하더라도 사회상규를 벗어나지 않을 경우에는 위

50) 대법원 2015.9.10. 선고 2015도2229 판결; 대법원 2015.12.24. 선고 2015도6622 판결.
51) 대법원 2008.7.10. 선고 2008도1433 판결.

법성이 조각된다는 입장을 취하여, 모욕행위에 대한 과도한 처벌을 제한하는 역할을 하고 있다.

모욕죄에 관한 학계의 논의동향은 모욕행위는 표현의 자유를 지나치게 제한할 뿐만 아니라 형사적 규제가 필요할 정도의 가벌성이 없으므로 폐지해야 한다는 견해와 존치론이 크게 대립하고 있으며, 존치론은 다시 사이버모욕행위에 대하여도 별도의 구성요건신설 없이 일반 모욕죄 규정의 적용만으로 충분하다는 입장과 사이버모욕행위로 인한 피해가 심각하고 일반 모욕죄보다 불법성이 크므로 사이버모욕죄라는 가중적 구성요건을 별도로 신설해야 한다는 입장으로 나누어지고 있다. 그 밖에도 친고죄로 규정되어 있는 모욕죄와 달리 사이버모욕죄의 경우에는 반의사불벌죄로 규정하자는 주장이 제기되고 있는 실정이다.

Ⅲ. 사이버명예훼손·모욕행위에 대한 형사규제의 개선방안

1. 외국의 입법동향

명예훼손행위에 대한 외국의 입법례를 살펴보면, 영미법계 국가들은 이를 형법적 규제의 대상으로 보지 않고 민사상의 불법행위로 취급하여 손해배상책임의 문제로 해결하고 있다. 이에 반해 대륙법계인 독일의 경우에는 독일형법전 제14장에 모욕에 관한 죄의 규정을 두고서 정보통신 또는 이와 유사한 수단이나 방법으로 행하여진 사이버명예훼손·모욕행위에 대해서도 일반형법을 그대로 적용하며, 예외적인 경우를 제외하고는 모두 친고죄로 규정하고 있고 공공의 이익에 관한 경우에는 모두 위법성조각사유가 적용된다. 그 밖에도 특히 정치인에 대한 명예훼손죄를 별도로 규정하고 있는데 이 경우에는 공연성을 요건으로 하지만, 일반 명예훼손·모욕죄의 경우에는 공연성이 요건이 아니지만, 공공연하게 또는 집회에서 하거나 문서의 유포를 통해서 이루어진 경우에는 형을 가중하고 있다.[52] 따라서 독일의 경우에는 우리나라보다 명예에 관한 죄가 성립되기 용이하므로, 별도로 정보통신망을 이용한 명예훼손 등에 대해서도 별도의 처벌규정 없이 일반 형법이 적용된다는 점이 우리 형법과 다르다.[53]

일본의 경우에는 '출판물 등에 의한 명예훼손죄'나 '정보통신망을 통한 명예훼손행위'에 대하여 가중처벌하고 있지 않으며, 모욕죄에 대해서도 구류 또는 과료에 처한다고 규정하고 있고,[54] 모두 공연성을 공통의 요건으로 하고 있는 점에서는 우리 형법과 동일하지만 형벌의 정도는 우리나라보다 가벼우며, 명예훼손죄나 모욕죄 모두 친고죄이고 공공의 이익에 관한 사실적시명예훼손행위에 대하여는 처벌하지 않도록 규정하고 있다.[55] 스위스나 오스트리아의

52) 독일 형법 제185조, 제186조, 제187조, 제190조, 제192조, 제193조, 제194조 참조.
53) 이재일, "독일 형법전 체계 내에서의 명예훼손 및 모욕에 관한 죄", 최신외국법제정보, 2008.10, 18면.
54) 일본 형법 제231조.
55) 일본 형법 제232조 참조.

형법도 사실적시명예훼손행위에 대하여는 형사처벌을 면책하고 있다.

영국의 경우에는 우리나라와 마찬가지로 사실적시·허위사실적시 명예훼손행위나 사자에 대한 허위사실적시 명예훼손행위 및 모욕행위를 처벌하면서, 진실한 사실이거나 진실한 사실이라고 믿을 만한 상당한 이유가 있고 공표행위의 주요 목적이 공익을 위한 경우에는 위법성을 조각하는 규정을 두고 있었지만, 유럽인권협약에 따라 2010년 1월 이 규정을 폐지하여 비범죄화하였고,[56] 프랑스는 공연성이 없는 명예훼손·모욕행위를 위경죄로 벌금형에 처하고, 공연성이 있는 명예훼손·모욕행위에 대하여 언론과 출판의 자유에 관한 법률에 의해 처벌하고 있다.[57]

중국의 경우에는 사이버 검열과 관련된 법률이 60개가 넘으며, 그 하위법령 중에 "타인을 모욕하고 비방해서 그것이 범죄를 구성할 때에는 형사책임을 추궁받는다"는 규정이 있는데, 중국 형법 제246조에서는 "폭력 또는 기타 방법으로 타인을 공연히 모욕하거나 사실을 날조하여 타인을 비방하고, 사안이 중한 경우에는 3년 이하의 유기징역, 구역, 관제 또는 정치권리박탈에 처한다"고 규정하고 있고, 원칙적으로 피해자의 고소가 있어야 처벌되는 친고죄로 규정하면서도, 다만 사회질서 및 국가이익에 중대한 위해를 가한 경우에는 비친고죄로 규정하여 처벌이 가능하도록 규정하고 있다.[58]

이와 같이 사이버모욕죄의 불법성을 살펴보면, 법적 제재에 있어서 형벌필요성이나 당벌성의 관점에서 형법의 보충성이나 최후수단성을 고려할 때 과연 형사제재가 필요한지, 나아가 헌법상의 비례원칙이나 과잉금지의 원칙에 위배되지는 않은지 살펴볼 필요가 있다.

사이버모욕행위의 불법성의 정도에 대한 평가는 각국의 사이버환경에 따른 이용자들의 사이버문화와 피해의 양태에 따라 법적 규제의 방법과 내용이 달라진다고 할 수밖에 없다. 따라서 사이버명예훼손·모욕행위에 대하여는 각 나라마다 규제의 방법이나 정도는 사회적 필요성에 따라 형사정책적 고려하에 합리성을 찾아가야 함이 입법론적으로 타당하다고 생각한다. 다만 사이버범죄는 국경이 없는 범죄라는 특성 때문에 외국에 서버를 둔 웹사이트를 통해 내국인에 의해 범행이 이루어지는 경우에 현실적으로 형사사법절차상의 어려움으로 처벌의 한계문제는 발생하지만 형사사법공조를 통한 해결방안을 모색할 수 있다.

2. 명예에 관한 죄에 대한 최근 형법 일부개정법률안의 주요내용

명예에 관한 죄에 대한 국회의원이 발의한 법률개정안에는 금태섭 의원과 유승희 의원의 개정법률안이 있다. 먼저 2016.9.20. 금태섭 국회의원이 대표발의한 형법 제307조 제1항과

56) 정태호/김훈집, "영국의 명예훼손죄 폐지와 그 교훈", 경희법학 제50권 제1호, 2015, 32면.
57) 법무부 간행, 프랑스 형법, 2008.11, 382면 참조.
58) 법무부 간행, 중국형사법, 2008.3, 95면 참조.

제309조 제1항 및 제311조의 폐지를 내용으로 하는 형법 일부개정법률안의 제안이유를 살펴보면 다음과 같다.

먼저 사실적시 명예훼손죄 폐지의 논거로서, ① 표현의 자유는 민주주의의 근간을 이루는 매우 중요한 기본권으로 최대한 보장되어야 하며, 특히 진실한 사실은 자유로운 의사형성과 진실발견의 전제가 되므로 민주주의 사회에서는 누구나 진실한 사실을 널리 알리거나 자유롭게 표현할 수 있어야 한다. 그런데 우리나라는 허위사실은 물론 진실한 사실을 적시한 경우에도 형사처벌하고 있어, 헌법이 보장하는 표현의 자유, 언론·출판의 자유를 심각하게 제한하고, ② 고소·고발 남발 등 명예훼손죄를 정치적·사회적으로 악용하는 사례가 많이 발생하고 있으며, 특히 정부의 정책, 정치인 활동, 공직비리에 대한 비판·의견제시, 정치적 풍자나 비평, 패러디 및 기사, 논평, 사설 등의 표현을 제한하는 등 현행법을 악용해 다양한 비판과 여론형성을 방해하고 있는 실정이다.[59)]

③ 그런데 세계 많은 나라들은 표현의 자유를 억압하고 정치적으로 악용될 소지가 있다는 이유로 명예훼손죄를 폐지하거나 폐지 논의를 하고 있으며, 가령 미국의 경우에도 'Garrison v. Louisiana' 사건 이후 뉴욕, 캘리포니아, 일리노이, 텍사스 주를 포함한 많은 주들의 명예훼손 처벌조항이 위헌처분되거나 주의회에 의해 자발적으로 폐기되고 있고, 유럽안보협력기구(OSCE)가 명예훼손 비범죄화 캠페인을 한 이후 많은 유럽 국가가 명예훼손죄를 폐지하고 있으며, 나아가 유엔인권위원회, 월드뱅크, 유럽의회의 사무총장 등의 여러 국제기구에서 세계 각국에 명예훼손죄의 폐지를 촉구한 바 있고, 실제로 진실한 사실을 적시하는 행위를 형사처벌하는 국가는 거의 없는 실정이다. 이에 사실 적시 명예훼손죄를 삭제하여 가처분 또는 손해배상 등 민사책임은 별론으로 하더라도 형사처벌은 받지 않도록 함으로써 헌법이 보장하고 있는 표현의 자유, 언론·출판의 자유를 실질적으로 보호하고자 하는 데 있다고 기술하고 있다.

모욕죄에 대하여는, ① 역사적으로 보호하려는 법익이 주로 공권력·기득권층의 외적 명예에 불과하여 자유와 평등을 최우선 가치로 내세우는 현대 민주주의 이념과는 부합하지 않으며, ② 실제 사적 다툼에서 상대방을 공격하기 위한 수단으로 남용되는 사례가 많이 있고, ③ 특히 고소를 통하여 사법시스템을 이용할 자력이 있는 기득권층이 자신에 대한 적대적인 감정이나 견해를 가진 사람의 의사표명을 통제하는 수단으로 악용되고 수사력의 낭비를 초래하고 있으며, ④ 최근 집회·시위중 단순한 의견이나 감정표출에 관하여 경찰에 대한 모욕죄를 적용하여 정당한 의견 표명 행위를 위축시키는 경우가 발생하고 있고, ⑤ 더욱이 '모

59) 그 예로 광우병 위험성을 제기한 PD수첩, 정부의 환율정책을 비판한 인터넷 논객 미네르바, 떡값검사 명단을 발표한 노회찬 의원, 국정원의 민간단체 사찰 의혹을 제기한 박원순 변호사는 물론 우병우 전민정수석의 부동산 구입 관련 의혹을 제기한 조선일보까지 국가기관과 공무원, 기업 등에 의해 '명예훼손죄, 모욕죄' 규정을 악용하여 고소하는 사례가 빈번하게 발생하고 있다는 점을 들고 있다.

욕'의 개념이 명확하지 않아 처벌대상이 되는 표현을 사전에 예측하는 것이 사실상 불가능하다는 점과 ⑥ 모욕행위에 대하여는 가처분 또는 손해배상 등 민사책임은 별론으로 하더라도 형사처벌을 받지 않도록 함으로써 헌법이 보장하는 언론 · 출판의 자유를 실질적으로 보호하고자 하는 데 있다고 하여 폐지논거를 제시하며, 명예훼손죄에 있어서도 검찰이 자의적으로 수사를 착수하는 등 정치적으로 악용되지 않도록 고소가 있어야 공소를 제기할 수 있도록 친고죄로 개정하는 내용이다.

다음으로 2016년 9월 7일 유승희 의원이 대표발의한 '정보통신망법' 일부개정법률안은 이 법 제44조의7(불법정보의 유통금지 등) 제1항 제2호의 규정내용 중, "사실이나 또는 거짓의 사실을 드러내어"라는 법문을 "거짓의 사실을 드러내어"로 개정하고, 동조 제2항의 단서규정의 내용은, 현재 방송통신위원회가 임의로 심의하여 정보서비스제공자 또는 게시판의 관리 · 운영자로 하여금 그 취급을 거부 · 정지 또는 제한하도록 명할 수 있고, 다만 피해자가 구체적으로 밝힌 의사에 반하여 그 취급의 거부 · 정지 또는 제한을 할 수 없다고 규정하고 있는 것을, "동조 제1항 제2호에 따른 정보의 경우에는 해당정보로 인하여 피해를 받은 자가 신청한 경우에만 방송통신위원회가 심의할 수 있고"라고 하여, 허위사실적시 사이버명예훼손행위에 대하여 피해자가 심의신청을 하는 경우에만 방송통신위원회가 심의하도록 하고 있으며, 정보통신망법 제70조 제3항의 벌칙조항을 반의사불벌죄에서 친고죄로 개정하는 내용을 담고 있다.

3. 사이버명예훼손 · 모욕행위에 대한 형사규제의 개선방안

(1) 사이버명예훼손죄의 형법에의 편입문제

사이버명예훼손죄의 형법에의 편입문제는 사이버공간에서 이루어지는 각종 명예훼손 · 모욕행위가 정보통신망법 제70조의 사이버명예훼손죄에 해당하는 경우 이외에는 형법 제307조(명예훼손), 제308조(사자의 명예훼손), 제309조(출판물 등에 의한 명예훼손), 제311조(모욕)가 적용되는 이원적인 현행 범죄구성요건체계 때문이다. 이에 대하여는 행정형법의 형태로 규정되어 있는 사이버명예훼손죄를 일반 형법전에 편입하여 규정하는 것이 바람직하다는 견해, 즉 법적용의 혼선과 입법취지 및 죄형법정주의를 고려할 때 특별형법이나 행정형법의 양산은 법체계상 바람직하지 않으므로 형법의 명예에 관한 죄의 장에 편입하여 정비하자는 견해[60]와 사이버범죄의 특수성을 고려하여 사이버범죄에 관한 특별법을 제정하여 그 속에 포함시키자는 견해,[61] 그리고 과도기적인 상황이지만 현행 정보통신망법의 벌칙조항을 부분개정하자는 견해로 크게 나누어진다.

---

60) 박수희, 전게논문, 154면.

61) 이향신, "인터넷상의 표현규제에 관한 비교법적 고찰", 언론과 법 제8권 1호, 2009, 185면.

범죄체계의 통일성이라는 측면에서 보면 사이버명예에 관한 죄를 형법 속에 편입하여 사이버명예훼손에 관한 죄의 조항을 추가하거나 문언을 개정하는 방법이 바람직하다고 할 수 있다. 그러나 사이버범죄에는 사이버명예에 관한 죄만 있는 것이 아니라, 다양한 형태의 신종 사이버범죄가 끊임없이 발생하고 있으며 오늘날과 같은 제4차 산업혁명시대에는 향후에도 부단히 발생할 것으로 예상되어진다. 그런데 사이버범죄가 형법전에 편입되어 있을 경우에는 이러한 신종범죄가 발생할 때마다 형법을 수시로 개정해야 하는데, 형법개정은 특별법보다도 시간이 오래 걸릴 뿐만 아니라 사이버공간에서 이루어지는 다양한 행태의 사이버범죄를 일반 형법에 포섭하기에는 가변성과 예외성이 너무 많다. 따라서 입법론적으로는 새롭게 발생하는 다양한 형태의 사이버범죄에 효과적으로 대처할 수 있도록 신속한 입법화가 필요하므로, 형법에 규정하는 것보다는 가칭 '사이버범죄의 처벌에 관한 특례법'을 제정하여 그 안에서 사이버명예에 관한 죄를 신설하는 것이 바람직하다고 생각한다. 다만, 현실적으로 이러한 법률제정이 단기간에 이루어지기 어렵다면 과도기적으로 현행 정보통신망법의 내용을 개정하거나 또는 형법에 관련조항을 편입시켜 법체계의 통일성과 균형성을 유지하도록 개정하는 방안이 모두 가능하다고 생각한다. 현실적으로 형법전 속에 모든 특별형법이나 행정형법의 내용을 모두 담기에는 오늘날 형사규제영역도 독자성을 가지고 전문화・세분화되어 가기 때문이다.

(2) 사이버명예훼손・모욕행위에 대한 죄의 구성요건의 재정립

형법 제33장의 명예에 관한 죄와 정보통신망법 제70조의 사이버명예훼손죄의 구성요건의 정비문제와 관련해서는 크게 세 가지 방향을 들 수 있다. 하나는 형법 제307조 제1항의 사실적시 명예훼손죄와 형법 제309조 제1항의 출판물 등에 의한 명예훼손죄, 제311조의 모욕죄, 그리고 제310조의 위법성조각사유에 관한 규정을 폐지하며, 일반 명예훼손죄와 정보통신망법 제70조의 사이버명예훼손죄의 소추조건으로서의 반의사불벌죄 규정을 모두 친고죄로 개정해야 한다는 형법 일부개정법률안의 내용으로써 개인의 명예보다도 표현의 자유를 강조하는 입장이고, 이와 반대로 사이버명예훼손죄의 형벌규정을 가중하고 사이버명예훼손죄, 사이버사자명예훼손죄, 사이버모욕죄에 관한 규정을 신설하여 일반 명예훼손죄보다 가중처벌하며, 친고죄의 일부를 반의사불벌죄로 개정하자는 견해로서 표현의 자유보다도 개인의 명예보호를 강조하는 입장이며, 마지막으로는 현행 사이버명예훼손죄를 비롯한 명예에 관한 죄의 규정 중에서 상대적으로 죄형이 불균형한 부분을 고치거나 표현의 자유가 위축될 우려가 있는 규정을 합목적적으로 개정하자는 절충적인 입장이다. 아래에서는 그 당부를 살펴보면서 현실에 부합되는 합리적인 방안을 모색하기로 한다.

1) 사실적시 명예훼손죄(제307조 제1항)와 출판물 등에 의한 명예훼손죄(제309조 제1항)의 폐지문제

형법 제33장의 명예에 관한 죄 중에서 제307조 제1항의 사실적시 명예훼손죄에 대하여는 위헌규정이라는 견해와[62] 비범죄화하자는 견해[63]가 2000년대 초부터 여러 차례 제기되어 왔으나, 헌법재판소는 2013년 6월 모욕죄에 관한 위헌소송에서 헌법재판관 5대 3의 다수의견으로 합헌결정을 한 바 있고,[64] 2016년 2월에는 정보통신망법 제70조 제1항의 사실적시 사이버명예훼손죄에 대한 위헌심판사건에서 합헌결정을 하였으나,[65] 그 후에도 제307조 제1항이나 정보통신망법 제70조 제1항의 사실적시 명예훼손죄나 사이버명예훼손죄에 대해 헌법이론적으로 표현의 자유에 대하여 과도한 제한규정으로서 위헌이므로 폐지되어야 하고, 형법이론적으로는 형법적으로 보호할 가치가 없는 허명(虛名)에 불과하므로 폐지되어야 한다는 견해[66]를 반영하여, 형법 제307조 제1항의 사실적시 명예훼손죄와 제309조 제1항의 출판물 등에 의한 사실적시 명예훼손죄 및 제311조 모욕죄를 폐지하는 것을 내용으로 하는 형법 일부개정법률안이 국회에 상정되어 있으며, 이러한 조항들을 폐지해야 하는 가장 큰 이유로는 과도한 형사규제가 표현의 자유를 심각하게 제한하고, 이로 인해 형사고소·고발이 남발·악용될 뿐만 아니라 다양한 비판과 여론형성을 방해하며, 선진외국의 입법례에 비추어 보아도 형사처벌하는 국가는 거의 없다는 것을 근거로 제시하고 있다.

생각건대 형법 일부개정법률안이 사이버공간에서의 익명의 표현의 자유의 확대를 통해 건전한 사회비판을 가능하게 하고 사회적 약자와 소수자의 권리를 보장한다는 측면에서 그 가치는 충분히 인정된다. 그러나 익명의 표현의 자유라는 미명하에 개인의 명예를 심각하게 훼손하는 악의적인 경멸적 표현의 경우에는 규제의 대상이 되지 않을 수 없다. 규제방법은 국가마다 역사적·문화적·사회적·정치적 상황에 따라 다르지만, 우리나라와 같이 정보통

---

62) 신평, "새로운 명예훼손법 체계의 구축에 관한 시도", 공법연구 제31집 제3호, 2003; 박경신, "사실적시에 의한 명예훼손 처벌행위의 위헌성", 세계헌법연구 제16권 제4호, 2010; 손태규 "형법상 명예훼손죄의 폐지", 공법연구 제41집 제2호, 2012.

63) 김준호, "형법 제307조 제1항의 비범죄화에 관한 소고", 공익과 인권 제4권 제2호, 2007.

64) 헌재 2013.6.27. 2012헌바37 결정.

65) 헌재 2016.2.25. 2013헌바105, 2015헌바234 결정(병합). 헌법재판소 김이수, 강일원 재판관의 반대의견을 살펴보면, 심판대상조항은 진실한 사실을 적시하고자 하는 사람에게 스스로 표현행위를 자제하게 되는 위축효과를 야기한다. 진실한 사실을 적시하여 사람의 명예를 훼손하는 경우에는 '비방할 목적'과 공공의 이익을 위한 '비판할 목적'의 구별이 항상 명확한 것은 아니다. 따라서 심판대상조항에서 '비방할 목적'이라는 초과주관적 구성요건이 존재한다고 하여 진실한 사실을 적시한 표현행위에 대한 처벌가능성이 제한되거나, 표현의 자유에 대한 위축효과가 완화된다고 보기 어렵다. 또한, 인터넷 등 정보통신망에서 비방할 목적으로 이루어지는 명예훼손행위를 규제할 필요가 있다고 하더라도 반박문 게재 등 형사처벌 외에 다른 덜 제약적인 명예훼손 구제에 관한 제도들이 존재한다. 심판대상조항은 허위의 명예나 과장된 명예를 보호하기 위하여 표현의 자유에 대한 심대한 위축효과를 발생하는 형사처벌을 하도록 규정하고 있으므로 법익균형성원칙에 위배된다. 따라서 심판대상조항은 과잉금지원칙을 위반하여 표현의 자유를 침해한다.

66) 김성돈, "진실적시명예훼손죄 폐지론", 형사정책연구, 제27권 제4호, 2016. 겨울, 94면 이하.

신망 이용률이 가장 앞서가고 악성댓글이 사이버공간에 만연한 현실에서 건전한 사이버문화 확산을 위한 이용자교육·홍보를 통한 자율적 규제, 정보통신서비스제공자 등에 대한 방송통신위원회 등의 행정적 규제만으로는 피해예방에 한계가 있고, 피해자가 입게 되는 명예훼손의 정도도 심각하다고 할 수 있다. 더구나 사실적시 명예훼손죄 등을 폐지할 경우에 가해자에게 민사책임을 물을 수밖에 없는데, 미국과 같은 강력한 징벌적 손해배상제도가 마련되어 있지 않은 현실에서 피해자가 민사소송을 제기하여 손해배상을 받는다는 것은 현실적으로 쉬운 일이 아니어서, 결국 피해자가 피해를 감내하게 되는 법의 사각지대가 생겨 무질서를 초래하게 된다.

또한 형법 일부개정법률안에 의하면, 사실적시 명예훼손행위의 경우에도 개인의 사적 생활과 공적 생활 및 공인의 사적 생활과 공적 생활관계인가를 구분하지 않고, 공공연하게 현실공간에서나 신문·잡지 또는 라디오 기타 출판물 등에 의해 진실한 사실을 적시하여 사람의 명예를 훼손한 경우에는 형사처벌이 되지 않지만, 사이버공간에서의 사실적시 명예훼손행위에 대하여는 정보통신망법 제70조 제1항의 사이버명예훼손죄는 그대로 두어 처벌하고 있으므로 죄형불균형의 문제가 발생한다는 점이다. 이것은 개정안이 사실적시 사이버명예훼손행위에 대한 형사규제의 필요성을 인정해서가 아니라 2016년 2월 25일 헌법재판소의 정보통신망법 제70조 제1항에 대한 위헌심판소원사건에서 사실적시 사이버명예훼손죄가 명확성의 원칙과 표현의 자유를 침해하지 않는다고 합헌결정[67]을 했기 때문이라고 생각된다.

그 밖에도 사인의 사적 생활이나 공인의 지극히 사적 생활에 대한 비방목적의 사실적시 명예훼손행위의 경우에는 표현의 자유를 넘는 인격권으로서의 명예권에 대한 심각한 침해이므로 즉각적인 피해방지대책이 필요하고, 이러한 행위는 형사규제를 해야 할 필요성과 가벌성이 충분하다고 할 수 있다. 또한 사람의 명예는 허위로 형성되었거나 과대·과장된 허명(虛名)이라고 하여 전혀 보호할 필요성이 없다고 하는 것은 무분별하게 명예훼손을 초래할 우려가 있으며, 우리나라의 현실에서 형벌을 대체할 만한 수단이 충분치 않은 점이나 언론기관과 국가권력과 시민과의 관계가 각 나라마다 상대적인 우월관계가 다르다는 점을 고려할 때 사실적시 명예훼손죄를 폐지하기 전에 해결해야 할 선결과제가 아직은 많이 남아 있다.[68]

따라서 형법 제307조 제1항과 제309조 제1항은 완전히 폐지할 것이 아니라, 제307조 제1항에는 '비방할 목적으로'라고 하여 초과주관적 구성요건요소를 부가함으로써 사실적시 사이버명예훼손죄의 구성요건과 균형을 맞추며, 제309조 제1항에는 '신문·잡지 또는 라디오 기타 출판물 등'이라는 문언을 '신문·잡지 기타 출판물 또는 라디오·텔레비전'으로 개정하

67) 헌재 2016.2.25. 2013헌바105, 2015헌바234(병합결정).

68) 권순민, "명예훼손죄의 비범죄화에 대한 논의와 그 대안에 관한 연구-형법 제307조 제1항의 사실 적시 명예훼손죄를 중심으로-", 법학논총 제40권 제2호, 2015, 158면.

여 텔레비전을 명문화할 필요가 있다.[69] 결국 사실적시 명예훼손죄는 완전히 폐지할 것이 아니라 '비방할 목적'이라는 초과주관적 요소를 부가함으로써 표현의 자유를 확대하고 형사처벌의 범위를 축소하는 방향으로 개정하는 것이 우리 현실에 부합되는 개정방안이라고 생각한다.

2) 모욕죄(제311조)의 폐지와 사이버모욕죄의 신설문제

모욕이란 구체적인 사실적시 없이 사람의 인격적 가치에 대한 사회적 평가를 저하시킬 만 한 피해자의 도덕성에 대하여 가지고 있는 추상적인 판단이나 경멸적인 감정을 표현하는 것을 말한다.[70] 모욕적인 욕설을 하는 언어에 의한 감정표현뿐만 아니라 침을 뱉거나 법률상 경의를 표시해야 할 의무자가 이를 표시하지 않는 거동의 방법으로도 가능하다.[71]

그러나 모욕행위가 있는 경우에도 일반적인 위법성조각사유인 건전한 사회통념에 비추어 '사회상규에 위배되지 아니하는 행위'일 경우에는 형법 제20조의 정당행위로서 위법성이 조각된다. 대법원 판례[72]도 같은 입장에서, "골프클럽 경기보조원들의 구직편의를 위해 제작된 인터넷 사이트 내 회원 게시판에 특정 골프클럽의 운영상 불합리성을 비난하는 글을 게시하면서 위 클럽담당자에 대하여 한심하고 불쌍한 인간이라는 등 경멸적 표현을 한 사안에서, 게시의 동기와 경위, 모욕적 표현의 정도와 비중 등에 비추어 사회상규에 위배되지 않는다"고 하거나, "상대방을 불쾌하고 할 수 있는 무례하고 저속한 표현이기는 하지만 객관적으로 피해자의 인격적 가치에 대한 사회적 평가를 저하시킬 만한 모욕적인 언사에 해당하지 않는 경우에는 모욕죄의 구성요건에 해당하지 않는다"고 판시한 바 있다.[73]

또한 헌법재판소는 2013.6.27. 형법 제311조 모욕죄에 관한 위헌소원심판사건에서, 모욕죄의 '모욕'이란 문언은 명확성의 원칙에 위배되지 아니하고, 모욕행위에 대하여도 형사처벌해야 할 불법성과 필요성이 있으며, 표현의 자유와 명예보호 사이에서 적절한 조화를 도모하고 있어서 표현의 자유를 침해한다고 볼 수 없다는 요지의 합헌결정[74]을 한 바 있다.

우리 사회의 사회적·정치적인 사건을 계기로 사이버공간에서의 모욕행위가 그 사건에 크게 영향을 미쳤을 때마다, 한편으로는 일반모욕죄보다 처벌을 강화하는 사이버모욕죄를 신설하자는 주장과 다른 한편으로는 모욕죄 자체를 폐지하자는 견해가 대립되면서 존폐문제가 논의되어 왔다. 오늘날 사이버공간에서의 모욕행위는 스마트폰이나 인터넷사용의 일상화로 인해 더욱 증가하고 있는 실정이며 그 피해도 심각한 수준이고, 사이버공간의 익명성으로 인

69) 조국, "사실적시 명예훼손죄 및 모욕죄의 재구성", 형사정책 제25권 제3호, 2013.12, 40면 참조.
70) 대법원 2008.7.10. 선고 2008도1433 판결; 대법원 2008.12.11. 선고 2008도8917 판결.
71) 이경재, "모욕죄의 쟁점사항과 관련판례 고찰-대법원 2015.12.24. 선고 2015도6622 판결-", 법조 719권, 2016.10, 643면.
72) 대법원 2003.11.28. 선고 2003도3972 판결; 대법원 2008.7.10. 선고 2008도1433 판결.
73) 대법원 2015.9.10. 선고 2015도2229 판결; 대법원 2015.12.24. 선고 2015도6622 판결.
74) 헌재 2013.6.27. 2012헌바37 결정.

해 가해자를 특정하기도 어려워 피해자에 대한 고소도 용이하지 않다는 점이 오프라인상의 모욕행위와는 차이가 있다.

사이버모욕죄의 신설을 긍정하는 견해는, 사이버모욕행위에 대해 오프라인상의 모욕행위를 예상하여 규정하고 있는 일반 모욕죄의 규성요건을 해석·적용하는 것은 유추해석에 해당하여 부당할 뿐만 아니라 사이버명예훼손죄와의 입법균형을 고려할 때도 사이버모욕죄 조항의 신설이 필요하다는 입장이다.[75] 또한 모욕죄의 보호법익은 개인의 인격권이지만 사이버공간에서의 모욕행위는 단순히 개인의 인격권만을 침해하는 것이 아니라 사이버공간의 질서를 침해하고 전반적으로 공익을 훼손하는 범죄이므로 가중처벌되어야 하며, 일반 모욕죄와는 달리 이를 친고죄로 할 것이 아니라 반의사불벌죄로 규정하는 것이 타당하다는 견해인데,[76] 이러한 취지를 반영한 형법 일부개정법률안이 새누리당 의원들에 의해 발의되기도 하였다. 그 밖에도 사이버공간에서에서의 기본권침해사례를 보면 개인·관련기업·행정기관의 자율적 규제에 맡겨두기에는 그 폐해가 심각하므로, 표현의 자유를 보호하기 위한 자율적인 인터넷문화정착을 위한 자정노력도 필요하지만 표현의 자유도 개인의 명예권보호라는 측면에서 사이버공간에서의 언어표현의 자유를 일정하게 규제하는 사이버모욕죄의 도입이 필요하다고 주장하기도 한다.[77]

이에 반해 사이버모욕죄의 신설이 불필요하다는 입장에서는, 사이버공간에서의 모욕행위가 익명성·광범위한 전파성 등의 특징이 있지만 오프라인세계와는 달리 비대면적이고 반론권이 있으므로 반드시 일반 모욕행위보다 불법이 가중된다고 볼 수 없고, 사이버 공간에서의 자유로운 의사표현을 통해 사이버토론문화가 형성되고 이를 통해 참여민주주의를 실현하는 자유민주국가의 의사소통과정이 사이버공간인데 사이버모욕죄를 도입할 경우에는 사이버토론문화가 위축되고 결과적으로 표현의 자유가 제한될 우려가 있으며,[78] 형법상의 모욕죄조차도 가벌성이 미약할 뿐만 아니라 타인의 인격권에 대한 침해는 사적 분쟁으로서 민사책임으로 해결하면 충분하기 때문에 입법론적으로 비범죄화해야 한다거나, 헌법상의 표현의 자유를 과도하게 제한하는 위헌규정이므로 이를 폐지해야 한다는 견해,[79] 일반 모욕죄가 있는데도 불구하고 사이버모욕죄를 신설하는 것은 실효성에 의구심이 드는 과잉입법이고 국가에 의해 국민을 전자감시화한다는 견해도 있다. 그 밖에도 형법 일부개정법률안 제안이유에는 모욕죄는 주로 공권력이나 기득권층의 외적 명예를 보호하는데 있으므로 불평등하며, 사적 분쟁을

75) 박수희, 전게논문, 155면 이하.
76) 이재교, "인터넷실명제와 사이버모욕죄", 한국재경신문, 2008.12.5.
77) 이승현, "청소년 사이버폭력에 대한 법제적 대응방향", 형사정책연구 소식, 2017. 봄, 25면.
78) 권창국, 전게논문, 21-22면; 박혜진, "사이버모욕죄 도입에 대한 비판적 검토", 안암법학 제28호, 2009, 319면.
79) 이상현, "사자(死者)의 명예훼손죄에 대한 비교법적 연구와 시사점", 경상대학교 법학연구소 법학연구 제24권 4호, 2016, 199면 이하 참조; 정태호/김훈집, "영국의 명예훼손죄 폐지와 그 교훈", 경희법학 제50권 제1호, 2015, 32면 이하 참조.

해결하는 수단으로 기득권층이 주로 악용하고, 모욕의 개념이 불명확하여 수범자가 사전에 예측하기 어렵다는 점 등을 적시하고 있다.

생각건대 인터넷의 익명성과 광범위한 전파성으로 인해 국가권력에 대한 비판적 여론형성의 장으로서 민주적 의견수렴에 매우 중요한 순기능도 하지만, 반면에 비방의 목적으로 개인의 사적인 비밀이나 허위사실을 전파시켜 개인의 명예를 악의적으로 훼손함으로써 심각한 폐해를 야기하는 역기능도 있다. 이러한 사이버모욕행위에 대한 규제방법으로는 먼저 사이버공간의 이용자나 정보통신서비스제공자(ISP: Internet Service Provider, OSP: On line Service Provider)에 의한 자율적 규제가 먼저이고, 다음으로 행정적 규제가 필요한지 검토해야 하며, 마지막으로 형사적인 규제방안을 모색하는 것이 형법의 보충성과 최후수단성의 원칙에 부합된다.

그러나 사이버공간에서의 이용자들의 사이버문화가 우리나라와 미국은 현실적으로 다르고, 사람의 체면이나 사회적인 위신 등 사람에 대한 사회적 평가인 명예에 대한 인식도 다르므로 미국의 징벌적 손해배상제도로서 충분하다는 주장은 설득력이 떨어진다. 현실적으로 징벌적 손해배상제도가 도입되더라도 우리나라의 현실에서는 피해자가 민사소송을 통해 징벌적 손해배상을 청구할 수 있는 사람보다는 민사소송의 장기화와 소송비용 등의 사유로 포기하는 사람이 오히려 많을 것이다. 이 경우에는 사이버공간의 악성적인 모욕행위는 건전한 사회발전에 큰 걸림돌이 되며, 심각하고 지속적인 사이버모욕행위에 대하여도 이를 사인간의 민사분쟁의 영역으로 돌려버리게 되므로, 개인간의 각종 보복행위라는 제2차적인 범죄를 유발하게 할 우려도 있다. 또한 모욕죄가 주로 공권력 · 기득권층의 외적이 명예를 보호하기 때문에 자유와 평등의 가치를 최우선하는 민주주의 이념에 부합되지 않는다는 주장은, 모욕행위의 피해자가 주로 공권력 · 기득권층이라는 점을 논리적 · 경험적으로 전제하는 것인데 그 반대의 경우도 많을 뿐만 아니라 경험적으로도 모욕행위는 특정계층의 문제만이 아니기 때문에 설득력이 없다. 결국 모욕죄의 폐지는 징벌적 손해배상제도와 용이한 민사구제절차방안마련이라는 선결조건, 사이버문화, 명예에 대한 국민감정 등을 고려할 때 아직은 시기상조라고 생각한다.

따라서 형사책임에 갈음하는 사이버명예훼손 · 모욕행위에 대한 징벌적 배상책임제도가 마련되어 있지 않은 상태에서 이를 비범죄화하여 폐지하는 내용의 개정법률안에는 찬성하기 어렵다. 그러나 모욕죄 적용의 남용을 방지하기 위하여 적용범위를 축소할 필요가 있는데, 이를 위해 '비방할 목적으로'라는 초과주관적 구성요소를 제311조의 모욕죄에 부가하여 규정하고, 형벌은 자유형을 폐지할 것이 아니라 감경하고 벌금형은 높이는 입법적 개선방안을 통해 현실에 부합되게 구성요건의 내용과 법정형을 개정하는 방안이 합리적이라고 생각한다.

아울러 사이버모욕죄의 신설문제는, 먼저 제311조의 일반 모욕죄를 개정하여 '비방할 목적으로'라는 주관적 구성요건의 문언을 부가함으로써 경미한 모욕행위는 비범죄화하고, 사이버모욕죄는 피해의 광범위성으로 인한 불법성이 크므로 정보통신망법 제70조에 추가신설하거나 형법전에 사이버명예훼손죄를 편입하여 함께 규정하는 방안이 현실적이고 죄형균형적인 측면에서 합리적이라고 생각한다. 나아가 허위사실유포나 혐오표현(Hate speech)[80]에 대한 형사처벌의 필요성이 근자에 주장되기도 하는데, 이 경우에도 이를 모욕죄로 처벌할 수도 있으므로 처벌의 공백을 메울 수 있다. 그 밖에도 모욕죄나 사이버모욕죄에 대하여는 표현의 자유에 대한 수사기관의 부당한 개입을 방지하기 위해서는 반드시 친고죄로 개정되어야 한다.

3) 죄형균형을 위한 법정형의 합리적인 조정 및 기타 사이버 명예에 대한 죄의 신설문제

현행 형법 제33장에 규정되어 있는 명예에 관한 죄와 정보통신망법 제70조의 사이버명예훼손죄의 중에서 사실적시 명예훼손죄와 모욕죄의 법정형 중에 자유형은 감경할 필요가 있으며, 상대적으로 벌금형은 현실에 맞게 죄형균형을 고려하여 상향조정할 필요가 있다.

현재 제307조 제1항의 사실적시 명예훼손죄는 2년 이하의 징역이나 금고 또는 500만원 이하의 벌금에 처하도록 규정하고 있는데, 자유형은 반으로 감경하고 벌금은 상향조정하여 '1년 이하의 징역이나 금고 또는 1천만원이하의 벌금'으로, 동조 제2항의 허위사실적시명예훼손죄는 5년 이하의 징역, 10년 이하의 자격정지 또는 1천만원 이하의 벌금으로 규정되어 있는 것을 '5년 이하의 징역, 10년 이하의 자격정지 또는 2천만원 이하의 벌금'으로 벌금형만 상향조정하며, 제309조 제1항의 출판물 등에 의한 사실적시 명예훼손죄의 경우에는 3년 이하의 징역이나 금고 또는 700만원 이하의 벌금을 자유형은 그대로 둔 채 벌금형만 '1천500만원 이하의 벌금'으로 상향조정할 필요가 있다. 사자의 명예훼손죄도 500만원 이하의 벌금을, '1천만원 이하의 벌금'으로 상향조정, 제309조 제1항의 출판물 등에 의한 사실적시 명예훼손죄는 자유형을 3년에서 2년으로 낮추고 벌금형은 1천500만원으로 상향조정, 동조 제2항은 벌금형을 1천500만원에서 '3천만원'으로 상향조정할 필요가 있다.

모욕죄를 처벌하는 일본 형법에는 가벌성이 적다고 하여 구류 또는 과료에 처하도록 규정하고 있으며, 오스트리아 형법 제115조에는 3개월 이하의 자유형 또는 180일수 이하의 벌금형에 처하도록 규정하고 있다.[81] 모욕죄는 가벌성에 비해 법정형이 높으므로 현재 '1년 이하의 징역이나 금고 또는 200만원 이하의 벌금'이라는 규정은 폭행죄의 벌금형이 500만원 이하인 것을 고려하여, '3개월 이하의 징역이나 금고 또는 500만원 이하의 벌금'으로, 그리고 사이버모욕죄를 신설할 경우에는 '3개월 이하의 징역이나 금고 또는 1천만원 이하의 벌

80) 이상경, "사이버공간에서의 표현의 자유와 반사회적 혐오표현의 규제", 헌법학연구 제21권 제4호, 한국헌법학회, 2015, 230면 참조; 정완, "인터넷상 허위사실유포의 규제 필요성에 관한 고찰", 경희법학 제51권 제1호, 2016, 73면 이하.

81) 법무부, 오스트리아형법(2009.12), 72면.

금'으로 개정하여 죄형의 균형을 도모할 필요가 있다.

한편 사이버 사자명예훼손죄를 신설하자는 견해도 있으나, 형법 제308조의 사자에 대한 명예훼손죄는 공연히 허위사실을 적시했을 때만 처벌되고, 출판물 등에 의한 사자명예훼손죄가 별도로 규정되지 않은 점을 고려하면, 사자명예훼손죄는 사이버공간에서 이루어지더라도 현행 제308조의 법정형의 범위내에서 양형단계에서 이를 조절하면 충분하므로 별도의 구성요건은 불필요하다고 생각되며, 그 밖에도 사자명예훼손죄를 비범죄화하자는 주장도 있으나, 사자명예훼손죄는 허위사실을 적시하는 경우이므로 가벌성이 높고, 사자의 사회공동체에 남아 있는 인격적 가치인 사자의 명예나 유족의 추모심을 중시하는 우리의 전통문화를 고려하면 비범죄화를 시도하는 것은 시기상조라고 생각된다.[82)]

(3) 형법 제310조 위법조각사유규정의 확대적용문제

형법 제307조 제1항의 사실적시 명예훼손행위가 형법 제310조의 공공의 이익에 관한 것일 때에는 위법성이 조각된다. 그런데 형법 제307조 제1항보다도 불법성이 가벼운 제311조의 모욕행위가 모욕죄의 구성요건에 해당하는 경우에도 공공의 이익에 관한 경우이거나 사회통념을 벗어나지 않은 불법성이 경미한 경우에도 형법 제310조는 적용되지 않고 형법 제20조의 사회상규에 위배되지 아니하는 행위에 해당하여 위법성이 조각된다고 해석하는 것이 일반적인 견해이다. 이와 달리 모욕죄는 명예훼손죄보다는 불법성이 작으므로 제310조의 위법성조각사유에 관한 규정을 적용할 수 있다는 견해, 즉 제310조의 법문에는 제311조의 적용이 명시적으로 나타나 있지 않더라도 이 규정을 유추적용하는 것은 바람직할 뿐만 아니라 행위자에게 유리하기 때문에 죄형법정주의에 위배되지 않는다는 견해도 있다.[83)]

생각건대 사실적시 명예훼손죄의 경우에는 '공공의 이익'에 관한 명예훼손행위일 경우에는 위법성조각사유에 해당하게 된다. 또한 사실적시 명예훼손죄의 특별법인 공직선거법 제110조에는 후보자등의 사생활 비방금지규정을 두면서도, "진실한 사실로 공공의 이익에 관한 때에는 벌하지 아니한다"고 규정하고 있고, 동법 제251조는 후보자비방죄를 규정하면서 같은 위법성조각사유를 명시하고 있다. 따라서 모욕죄보다도 불법성이 큰 후보자비방죄나 사실적시 명예훼손죄는 공공의 이익에 의한 위법성조각이 가능한데, 이 보다도 법정형이 낮은 모욕죄에 대하여 '공공의 이익'에 의한 위법성조각이 불가능하다는 것은 적정성의 원칙에 반한다고 하지 않을 수 없다.[84)] 또한 방송, 신문, 잡지 등 정기간행물, 뉴스통신 및 인터넷신문과 같은 언론이 타인의 명예훼손 · 모욕행위를 하여 인격권을 침해했을 때에는 공공의 이익에 관한 것인 때에는 언론중재 및 피해구제 등에 관한 법률 제5조 제2항[85)]에 의하여 면책되

82) 이상현, 전게논문, 221-222면.
83) 김상호, "형법상 모욕과 비방", 저스티스 통권 제103호, 2008.4, 69면 참조.
84) 조국, 전게논문, 36면.

도록 규정하고 있다.

따라서 현재 형법 제307조 제1항에 해당하는 행위에 대해서만 적용하도록 규정된 형법 제310조의 위법성조각사유에 관한 규정을, 제309조 제1항 사실적시 출판물 등에 의한 명예훼손죄, 제311조 모욕죄, 정보통신망법 제70조 제1항의 사실적시 사이버명예훼손죄에도 확대적용하도록 개정하는 것이 죄형균형의 원칙에 부합된다. 아울러 제310조의 '진실한 사실로서 오로지 공공의 이익에 관한 때'라는 규정을, '주된 목적이 공공의 이익에 관한 것인 때'로 개정하여, 행위자의 사실적시 명예훼손·모욕행위의 주된 목적이 공공의 이익에 관한 것이 때에는 위법성이 조각되어야 한다. 이와 달리 공적 영역이나 공인에 대한 명예훼손행위에 대하여 위법성조각사유를 확대하려는 개정안[86]도 있으나, 공인과 사인, 공적 영역과 사적 영역으로 나누어서 규정하는 데는 더 많은 세심한 논의가 필요하다고 생각한다.

(4) 반의사불벌죄규정을 친고죄로 변경필요

형법 제309조의 사자에 대한 명예훼손죄와 제311조의 모욕죄를 제외하고는 형법의 명예에 관한 죄와 정보통신망법의 사이버명예훼손죄는 반의사불벌죄로 규정되어 있다. 따라서 사이버명예훼손죄의 경우에 피해자의 고소 없이도 사이버공간에서의 명예훼손행위에 대한 수사기관의 적극적인 수사가 가능하기 때문에 익명성을 지닌 사이버공간에서의 명예훼손행위자를 조기에 발견하여 가해자를 특정함으로써 피해확산을 신속히 저지하고 수사의 효율성을 기할 수 있다는 장점은 있다. 또한 사이버공간에서의 명예훼손·모욕행위는 대부분 공연성의 요건을 구비하여 피해의 확산가능성이 크다는 점도 부정할 수 없다.

그러나 명예주체인 피해자의 의사를 고려함이 없이 수사기관이 적극적으로 개입하여 가해자에 대한 조사가 가능하도록 하는 것은 언론과 개인의 표현의 자유를 과도하게 제한할 우려가 클 뿐만 아니라 개인이나 언론의 표현의 자유에 대한 자기검열을 요구하게 됨으로써 표현의 자유는 사실상 위축받게 된다. 더군다나 정치인이나 연예인 등 공인에 대한 비판적이고 모욕적인 표현들이 수사의 대상이 되기 때문에 이들에 대한 비판적 의사표현이 위축되어짐으로써 공인이나 공적 영역에 있어서의 사회의 투명성이나 효율성을 저해할 우려가 매우 크다고 할 수 있다.[87]

결국 명예에 관한 죄에 대한 반의사불벌죄 규정은 피해자의 고소 없이도 수사기관의 임

85) [언론중재 및 피해구제 등에 관한 법률] 제5조 제2항 인격권 침해가 사회상규(社會常規)에 반하지 아니하는 한도에서 다음 각 호의 어느 하나에 해당하는 경우에는 법률에 특별한 규정이 없으면 언론 등은 그 보도 내용과 관련하여 책임을 지지 아니한다.
1. 피해자의 동의를 받아 이루어진 경우 2. 언론 등의 보도가 공공의 이익에 관한 것으로서, 진실한 것이거나 진실하다고 믿는 데에 정당한 사유가 있는 경우

86) 조국, 전게논문, 39면 이하.

87) 박혜진, 전게논문, 339면.

의적인 수사를 가능하게 함으로써 표현의 자유가 위축되어지고, 수사기관이 이를 정치적으로 악용할 때에는 시민사회 구성원들의 표현의 자유를 통제하는 수단으로 전락될 우려가 있으며, 수사기관이 불필요한 수사를 하게 됨으로써 수사력의 낭비를 가져온다. 따라서 정보통신망법 제70조의 사이버명예훼손죄와 형법 제33장의 명예에 관한 죄는 모두 친고죄로 개정하여 피해자의 고소가 있을 경우에만 현실적으로 수사에 착수할 수 있도록 하여야 할 것이다.

Ⅳ. 결 어

민주주의의 근간인 표현의 자유와 언론출판의 자유를 최대한 보장하고, 특히 진실한 사실을 토대로 한 자유로운 의사형성을 가능케 하는 사이버토론문화의 활성화를 위해서는 현실세계든 사이버공간이든 표현의 자유는 최대한 확대되어야 한다. 그러나 표현의 자유를 남용하여 인격권으로서의 타인의 명예에 대한 사이버명예훼손 · 모욕행위가 발생했을 경우에는 그에 부합하는 적절한 규제방안이 마련되어야 하는데, 이에는 자율적 규제와 행정적 규제 및 법적 규제를 생각할 수 있으며, 법적 규제 중에서도 민사법적 분쟁해결이 우선이고 형사법적 규제는 보충성, 최후수단성의 원칙에 부합되도록 최대한 자제됨이 옳다.

그러나 사이버명예훼손 · 모욕행위의 형사법적 규제의 필요성과 정도를 판단하는 기준으로는, 결국 헌법에 보장되어 있는 표현의 자유라는 가치와 인격권으로서의 개인의 명예권을 조화롭게 비교형량하면서 그 사회가 처한 현실적 상황을 고려하면서 합리적인 규제방안을 모색할 수밖에 없다.

이 글에서는 이러한 점을 염두에 두면서 사이버명예훼손 · 모욕행위에 대한 현행 형사법적 규제의 내용과 문제점을 살펴보면서 입법적인 개선방안을 제시하였다. 덧붙여서 사이버명예훼손 · 모욕행위에 대한 규제는 국가마다 그 기준이 다를 뿐만 아니라 일반 사이버범죄와 같이 외국에 ISP를 둔 범죄의 경우에는 가해자를 특정하거나 게시물을 삭제하기 위해서는 국제적인 협력체계의 구축이 필요하다. 나아가 국내외 ISP에 대한 적절한 규제와 정보의 자기결정권을 강화하는 제도도 마련되어야 하고, 사이버명예훼손 · 모욕행위에 대한 무거운 민사책임을 지우는 징벌적 손해배상제도의 도입, 사이버문화의 개선, 행정적 규제 등의 선결과제들의 해결 없이 사실적시 명예훼손죄나 모욕죄를 폐지하는 것은 시기상조라고 생각되며, 사이버명예훼손 · 모욕행위에 대한 형사법적 규제의 기본법인 형법의 명예에 관한 죄와 정보통신망법 제70조의 사이버명예훼손죄는 죄형균형의 원칙에 부합되게 필자가 제시한 바와 같이 새롭게 재정립할 필요가 있다.

형법 및 정보통신망법	개정 시안(사견)
제307조(명예훼손) ① 공연히 사실을 적시하여 사람의 명예를 훼손한 자는 **2년** 이하의 징역이나 금고 또는 500만원 이하의 벌금에 처한다. ② 공연히 허위의 사실을 적시하여 사람의 명예를 훼손한 자는 **5년** 이하의 징역, 10년 이하의 자격정지 또는 1천만원 이하의 벌금에 처한다. **제308조(사자의 명예훼손)** 공연히 허위의 사실을 적시하여 사자의 명예를 훼손한 자는 2년 이하의 징역이나 금고 또는 500만원 이하의 벌금에 처한다. **제309조(출판물등에 의한 명예훼손)** ① 사람을 비방할 목적으로 신문, 잡지 또는 라디오 기타 출판물에 의하여 제307조제1항의 죄를 범한 자는 3년 이하의 징역이나 금고 또는 700만원 이하의 벌금에 처한다. ② 제1항의 방법으로 제307조제2항의 죄를 범한 자는 7년 이하의 징역, 10년 이하의 자격정지 또는 1천500만원 이하의 벌금에 처한다. **제310조(위법성의 조각)** 제307조제1항의 행위가 진실한 사실로서 오로지 공공의 이익에 관한 때에는 처벌하지 아니한다. **제311조(모욕)** 공연히 사람을 모욕한 자는 1년 이하의 징역이나 금고 또는 200만원 이하의 벌금에 처한다. **제312조(고소와 피해자의 의사)** ① 제308조와 제311조의 죄는 고소가 있어야 공소를 제기할 수 있다. ②제307조와 제309조의 죄는 피해자의 명시한 의사에 반하여 공소를 제기할 수 없다. **정보통신망법 제70조(벌칙)** ① 사람을 비방할 목적으로 정보통신망을 통하여 공공연하게 사실을 드러내어 다른 사람의 명예를 훼손한 자는 3년 이하의 징역 또는 3천만원 이하의 벌금에 처한다. ② 사람을 비방할 목적으로 정보통신망을 통하여 공공연하게 거짓의 사실을 드러내어 다른 사람의 명예를 훼손한 자는 7년 이하의 징역, 10년 이하의 자격정지 또는 5천만원 이하의 벌금에 처한다. ③ 제1항과 제2항의 죄는 피해자가 구체적으로 밝힌 의사에 반하여 공소를 제기할 수 없다.	**제307조(명예훼손)** ① **사람을 비방할 목적으로 공공연하게 사실을 드러내어** 사람의 명예를 훼손한 자는 **1년 이하의 징역이나 금고 또는 1천만원 이하의 벌금**에 처한다. ② **공공연하게 허위의 사실을 드러내어** 사람의 명예를 훼손한 자는 5년 이하의 징역, 10년 이하의 자격정지 또는 **2천만원 이하의 벌금**에 처한다. **제308조(사자의 명예훼손)** **공공연하게 허위의 사실을 드러내어** 사자의 명예를 훼손한 자는 2년 이하의 징역이나 금고 또는 **1천만원 이하의 벌금**에 처한다. **제309조(출판물등에 의한 명예훼손)** ① 사람을 비방할 목적으로 **신문·잡지 기타 출판물 또는 라디오·텔레비젼**에 의하여 제307조제1항의 죄를 범한 자는 **2년 이하의 징역**이나 금고 또는 **1천500만원 이하의 벌금**에 처한다. ② 제1항의 방법으로 제307조제2항의 죄를 범한 자는 7년 이하의 징역, 10년 이하의 자격정지 또는 **3천만원 이하의 벌금**에 처한다. **제309조의2(사이버명예훼손)** ① **사람을 비방할 목적으로 정보통신망을 통하여 공공연하게 사실을 드러내어 다른 사람의 명예를 훼손한 자는 3년 이하의 징역 또는 3,000만원 이하의 벌금**에 처한다.(정보통신망법 제70조 제1항) ② **사람을 비방할 목적으로 정보통신망을 통하여 공공연하게 거짓의 사실을 드러내어 다른 사람의 명예를 훼손한 자는 7년 이하의 징역, 10년 이하의 자격정지 또는 5,000만원 이하의 벌금**에 처한다.(정보통신망법 제70조 제2항) **제310조(위법성의 조각) 제307조제1항, 제309조 제1항, 제309조의2 제1항, 제311조 및 제311의2 행위가 진실한 사실로서 주된 목적이 공공의 이익에 관한 때에는 처벌하지 아니한다.** **제311조(모욕)** **사람을 비방할 목적으로 공공연하게** 모욕한 자는 3개월 이하의 징역이나 금고 또는 500만원 이하의 벌금에 처한다. **제311조의2(사이버모욕)** ① **사람을 비방할 목적으로 정보통신망을 통하여 공공연하게 다른 사람을 모욕한 자는 3개월 이하의 징역이나 금고 또는 1,000만원 이하의 벌금**에 처한다. **제312조(고소)** **본장의 죄는 고소가 있어야 공소를 제기할 수 있다.**

18. 정보헌법과 커뮤니케이션 분야의 쟁점

지 성 우*

Ⅰ. 서 설

민주주의 국가에서 국민이 자신의 의견을 자유롭게 표현할 수 있는 표현의 자유는 건전한 사회 형성과 유지를 위한 기초이기 때문에,[1] 사상의 자유로운 교환을 위한 열린 공간을 확보하는 것은 필수적이다.[2] 이렇게 민주주의를 실현하기 위해서는 자기의 생각이나 의견을 자유롭게 표명하고 전달할 수 있는 자유가 전제되어야 하므로 거의 모든 국가에서 정보를 수집·가공하고 표현하는 자유는 특별히 높은 수준의 보호를 받고 있다.[3]

인터넷은 이용의 편의성과 광범위한 접근성으로 인해 그동안 단순히 소극적인 정보의 소비자들로만 인식되던 이용자들을 적극적인 정보의 생산자로 변모시켰다. 인터넷에서 유통되는 정보는 지워지지 않고 언제든지 검색이 가능하다. 디지털화된 정보는 저렴한 비용으로 누구나 복제·수정·조작·저장이 매우 용이하며 원본과 거의 구별할 수 없을 정도로 완벽한 복제물을 생산할 수 있다. 또한 디지털 기술은 관련기사를 매우 신속하고 정확하게 검색·집적하고 데이터베이스화할 수 있도록 해주었다. 이에 따라 과거의 언론기사는 실질적으로 유통기한이 있었던 반면, 현재에는 데이터베이스 기기의 성능이 허락하는 한 유통기한도, 정보로서의 가치상실도 발생하지 않게 되었다.

최근 페이스북(facebook), 트위터(twitter), 블로그(blog)나 인터넷 게시판 등 개인 미디어들을 통해 전달되는 정보들이 이전의 개인 간의 통신수단들과는 비교할 수조차 없을 만큼

---

* 성균관대학교 법학전문대학원 교수

1) '자유로운' 표명과 전파의 자유에는 자신의 신원을 누구에게도 밝히지 아니한 채 익명 또는 가명으로 자신의 사상이나 견해를 표명하고 전파할 익명표현의 자유도 그 보호영역에 포함된다고 할 것이다. 헌재 2008헌마324.

2) 민주주의 국가에서 자신의 사상을 자유롭게 표현하고 정보를 전달할 수 있는 권리는 불가결한 본질적 요소이다. 헌재 1998.4.30. 95헌가16; 헌재 1991.9.16. 89헌마165; 헌재 1992.11.12. 89헌마88; 헌재 1998.4.30. 95헌가16. 한국헌법학회(2011). 헌법주석서, 법제처, 630-634면; 성낙인(2014). 헌법학, 법문사, 1123면; Klaus Stern(2006). *Das Staatsrecht der Bundesrepublik Deutschland* Bd. Ⅳ/Ⅰ, C.H. Beck, §109f.; Isensee/Kirchhof(2011). *Handbuch des Staatsrechts der Bundesrepublik Deutschland* Bd. Ⅳ, C.F.Müller, §141f.; 언론의 자유와 대비되는 통신의 자유에 대해서는 정종섭(2014). 헌법학원론, 박영사, 653면 이하 참조.

3) 특히 미국에서의 표현의 자유에 관한 역사적 관점에서의 고찰은 Austin Sarat(2010). Speech and Silence in American Law, Cambridge Uni. Press, pp. 143-172; Fraleigh/Tuman(2011). *Freedom of Expression in the Marketplace of Ideas, Sage* 등을 참조. 또한 미국에서의 표현의 자유의 역사적 전개에 대해서는 박지웅·이지은(역, 2007). 우리가 싫어하는 생각을 위한 자유, 간장. [원문: Anthony Lewis(2007). *Freedom for the Thought That We Hate: a biography of the First Amendment,* Basic Books]을 참조.

큰 영향력을 발휘하고 있다. 이러한 개인 미디어들은 현재까지 개인 간의 통신행위로서 표현의 자유의 대상이 되는 것으로 인식되고 있지만, 현실적으로는 언론에 버금가는 사회적 영향력을 획득하게 되었다.[4] 개인 미디어의 발전으로 인해 기존의 언론사들이 심각한 경제적인 영향을 받고 있고, 개인의 표현이라도 사회적 영향력이 클 경우에는 규범적 차원에서는 언론에 준하여 다루어야 하는 것이 아닌지에 대한 논의도 진행 중이다.

이와 같이 향후 사이버공간에서의 의사전달 양식의 변화로 인해 해결해야 할 다양한 입법적 과제들이 산적해 있다. 디지털 혁명과 전송기술의 발전으로 인한 표현의 자유의 통로 확대라는 긍정적인 측면을 보다 발전시켜 나가기 위해서는 사이버공간의 출현에 따른 부작용이 최소화되도록 하는 규범을 정립하려는 노력이 절실하게 필요하다.[5]

이를 위해 우선 정보화의 이론적 토대가 되는 정보인권의 개념 정립 및 유형화가 매우 중요하다. 근대 입헌주의적 헌법 이래로 기본적 인권의 보장은 국가의 의무이자 헌법의 최고 목표로 인정되어 왔으며, 정보사회에서 특히 중점적으로 논의되어야 할 정보인권을 보장하려면 우선 정보화와 관련된 헌법 규범을 체계적 고찰, 해석하여야 한다.[6] 나아가 정보사회에서 발생하는 다양한 문제를 해결하기 위한 정보기본권 보장과 적정한 제한의 문제에 관한 논의는 '정보'의 개념이나 주체 또는 구체적 내용을 중심으로 통합적으로 이루어져야 한다.

이하에서는 정보와 관련된 기본권의 체계정합적 해석을 위한 전제로서 먼저 정보의 개념과 아울러 '정보'를 중심으로 독자적·통합적인 정보기본권을 체계화·재구조화할 수 있는 가능성에 대해 고찰하기로 한다.

Ⅱ. 정보헌법의 성립과 체계적 해석의 가능성 모색

1. 정보인권(또는 정보기본권)의 인정 필요성

지난 1948년 12월 10일 제3차 국제연합총회에서 채택된 세계인권선언 채택 당시만 해도 인권의 개념과 범위는 전통적인 자유권과 정치적 참정권의 보장에 한정되어 있었다. 그 후 기본권 개념은 시대의 변화에 따라 경제적·사회적·문화적 권리에까지 그 영역과 범위가 확장되어 왔다. 최근에는 '4세대 인권'이라 일컬어지는 기본권 중 '정보인권', '디지털인권', '사이버인권' 등의 중요성이 부각되고 있다.

---

4) 이인호(2002). 디지털시대의 정보법질서와 정보기본권, 『법학논문집(중앙대)』 제26집 제2호, 199-257면을 참조.

5) 인터넷의 발전과 법적 문제점에 관해서는 von Andreas Bonin/Oliver Köster(1997). *'Internet im Lichte neuer Gesetze'*, ZUM 41, S. 821-829; Claus D. Müller-Hengstenberg(1999), *'Überfordert die IT Technologie die Rechtssysteme?'*, ZUM 43, S. 214-222 등을 참조.

6) 정종섭(2007). 『기본권의 개념』, 금붕어, 166면.

근대 시민혁명 이후 기본권 역사의 변화과정을 살펴보면 사회적 기본권의 출현과 그에 따른 자유권의 사회권화 현상 및 기본권의 다양한 성격과 기능에 입각한 기본권의 다기능화 현상이 '제1의 기본권 변혁'이었다면 정보화로 인한 변화는 '제2의 기본권 변혁'이라고 볼 수 있다. 이와 같은 '기본권의 진화'에 있어 핵심은 정보화로 인한 '기본권의 콘텐츠(Contents) 변화와 분화 현상' 또는 '기본권 보호영역(Schutzbereich)의 변화와 분화 현상'이다.[7)]

지식정보사회로의 이행과 전 지구적 네트워크가 구성되면서 보편윤리로서의 인권 개념에 대한 반성적 숙고와 사회적 의미의 변화가 요구되고 있다. 또한 아날로그 문명시대와는 달리 전자적 네트워크와 컴퓨터에 의해 물리적 시·공간의 제약이 쉽사리 극복되고 있는 정보사회에서는 보편인권(Universal Human Rights) 개념이 세계적으로 관심과 논쟁을 불러일으키고 있다. 즉 문화적으로 서로 다른 사회들이 상호 긴밀히 연결되면서, 정보화를 고려한 개방적 인권 개념을 새롭게 정립하는 것이 필요하게 되었다는 것이다.[8)] 이와 같은 필요성을 규범적인 측면에서 구체화하고 있는 개념이 '정보인권(CRI: Citizens' Right to Information; Cyber right in information society)'이다.

2. 정보인권 vs. 정보기본권 개념의 대립

'정보인권'이라 함은 '자유민주주의적 가치체계 하에서 진실하고, 입증가능하며, 이해가능하고, 정확하며, 신뢰성 있으며, 타당한, 적시의 그리고 실질적 접근이 가능한 정보에 대한 권리'라고 정의할 수 있다.[9)]

우리나라에서 정보에 관한 권리를 본격적으로 논의하게 된 계기는 지난 2002년 교육행정시스템(NEIS)을 둘러싼 논쟁이 격화되면서부터이다. 당시 시민단체를 중심으로 '정보인권'이라는 용어가 국민들 사이에 광범위하게 확산되었고, 이후 '사생활의 비밀과 자유', '정보통신의 비밀보장', '개인정보자기결정권과 관련된 프라이버시권'뿐만 아니라 '알권리 또는 정보접근권', '정보생산 및 제공권과 관련된 온라인에서의 표현의 자유' 및 '정보문화향유권'까지 확장되었다.

정보인권 또는 정보기본권의 구체적인 정의에 대해서는 매우 다양한 견해가 있다. 대체로 현재까지는 정보인권과 정보기본권의 개념이 혼용되고 있으며, 각 기관·단체에서는 각자의

---

7) 이러한 기본권 진화는 '기본권의 정보권적인 성격'으로부터 발생하였으며, 정보화로 인해 관련 주요 기본권의 내용과 기능에 많은 변화가 발생하였다. 이시우(2002). '정보화 사회와 기본권의 변천', 『헌법학연구』 제8권 제3호, 91면.

8) 이상훈(2004). 정보화시대의 인권과 보편윤리, 『IT의 사회·문화적 영향 연구』 04-11, 정보통신정책연구원, 7면.

9) 정보인권에 관한 다양한 논의에 대해서는 Jóef Oleńki(2003). *The Citizens' Right to Information and the Duties of a Democratic State in Modern IT Environment*, International Statistical Review Vol. 71-1, John Wiley & Sons, pp. 33-48.

설립목적과 성격에 부합하는 용어를 선택, 사용하고 있다. 예를 들면 국가인권위원회에서는 기관의 정책과 사업방향에 비추어 '정보인권'이라고 명명하고 있다. 한편, 법학 분야, 특히 정보와 관련된 다양한 분야를 다루고 있는 대표적인 학자들은 정보인권과 정보기본권이라는 용어를 함께 사용하고 있는 듯하다.[10)]

'인권'개념은 인간의 자연적 권리라는 측면에서 법학 뿐 만 아니라 철학·사회학 등에서도 널리 논의되고 있다. 따라서 정보인권이라는 용어는 정보기본권보다는 매우 보편적이고, 다른 학문분야에서도 친숙하게 사용되는 편이다. 반면 기본권은 인간의 자연권 내지 천부인권사상에 기초하여 그것이 한 국가의 실정헌법체계에 편입되어 헌법적 가치를 갖는 국민으로서의 자유와 권리를 포괄하는 용례이고, 일반 국민들에게는 인권이라는 용어보다 활용빈도가 낮다.[11)]

우리나라 헌법학의 일반적인 용례와 달리 국제기구와 세계 각국에서, 또한 다른 학문분야에서 인권과 기본권의 용어를 혼용하고 있다. 즉 세계 인권기구에서는 '인권'의 측면을 강조하고, 우리나라 국가인권위원회 역시 기관의 성격과 정책방향을 강조하기 위해, 시민단체는 그동안 국가로부터 과도하게 제한되어 온 인권의 개념을 확대하기 위해 정보인권이라는 용어를 사용하고 있다.

---

10) 1. 김배원, '정보기본권이란 정보를 중심으로 밀접한 관련성을 갖는 기본권들을 정보기본권 내지 정보헌법이라는 이름으로 행복추구권, 평등권, 자유권, 참정권, 청구권, 사회권과 대응한 하나의 기본권계열로 파악하여 통합적인 관점에서 독자적인 지위를 보장하도록 한 것이다.' 김배원(2001). '정보관련 기본권의 독자적, 통합적 보장을 위한 시론', 『헌법학연구』 제12권 제4호.

2. 김상겸, '정보기본권은 정보사회로 진입하면서 정보와 관련된 인간의 권리에 대한 논의가 시작되면서 등장하였고, 정보와 관련된 인간의 기본권을 통칭하는 용어라고 할 수 있으며, 정보기본권은 정보와 관련된 인간의 기본권을 의미한다.' 김상겸(2008). '정보국가에 있어서 개인정보보호에 관한 연구', 『세계헌법연구』 제14권 제3호.

3. 권건보, '정보인권이란 의사소통에 필요한 정보에 손쉽게 접근하여 수집하고 이를 자유롭게 전파하고 활용할 수 있도록 하고, 나아가 자신에 관한 정보를 스스로 통제할 수 있도록 하는 기본적 인권을 총칭하는 개념이다.' 권건보(2012). '정보인권의 증진과 국가인권위원회의 역할', 위원회 설립 10년 기념 공동심포지엄, 국가인권위원회.

4. 이인호, '헌법상 정보질서를 구현하기 위하여, 정보의 자유(공적 정보의 자유)와 정보 프라이버시(사적 정보의 보호)를 통해 국민 개개인이 정보유통에 대한 통제력을 지니게 되는 권리'. 이인호(2008). '정보인권 논의가 시사하는 헌법학적 프레임: 디지털시대에 있어서 정보를 둘러싼 권력과 자유의 긴장과 조화', 『법학연구』 제3호, 가톨릭대학교 법학연구소.

5. 이창범, '정보인권이란 디지털 정보와 매체를 안전하게 보호받고 자유롭고 차별 없이 이용할 수 있는 정보사회의 권리로서 정보의 생산에 참여할 권리, 정보를 공개하고 공유할 권리, 정보에 접근할 권리, 정보를 향유할 권리, 자신에 관한 정보를 통제할 권리로 구성된다.'

6. 이민영, '정보인권이란 정보가 수집·가공·유통·활용되는 과정과 그 결과로 얻어진 정보가치에 따라 인간의 존엄성이 훼손되지 않고 이를 통해 삶의 조건이 개선될 수 있도록 하는 최소한의 권리를 말한다.' 이민영(2012). '정보인권의 법적 의의와 좌표', 국가인권위원회.

7. 하우영, '정보기본권이란, 헌법상 보장된 기존의 인권 개념이 정보화라는 시대적 특성에 따라 확대·발전된 것으로서, 국민이 정보사회에서 자유롭고 평등하기 위해서 반드시 보장받아야 할 권리를 말한다.' 하우영(2003). '노동정보 처리와 정보인권 보호', 『한국정보보호학회지』 제13권 제6호.

11) 성낙인(2014). 앞의 책, 882면.

여기에서는 '정보인권'이란 '정보통신기술에 의하여 디지털화된 정보가 수집·가공·유통·활용되는 과정과 그 결과로 얻어진 정보가치에 따라 인간의 존엄성이 훼손되지 않고, 자유로우며 차별 없이 이용할 수 있는 기본적 권리'라고 정의하기로 한다.[12)]

현재 국내·외적으로 인권과 기본권이라는 표현이 광범위하게 혼용되고 있기 때문에 정보관련 분야에서도 정보인권과 정보기본권이 서로 동일한 의미로 사용되는 경우도 있을 것이고, 헌법학 이외의 분야에서는 양자 간의 차이점을 그리 심각하게 생각하지 않을 수 있다. 또한 인류의 문명 및 공동체 건설의 핵심은 의사소통이며, 이러한 의사소통을 활발하고 자유롭게 하는 것이 정보인권의 주요 내용이라 보고, 정보와 관련된 인권으로서의 측면을 강조하기 위해 정보인권이라는 용어를 사용하기도 한다.[13)]

그러나 적어도 헌법학에서의 연구대상은 인권사상을 바탕으로 하여 헌법전 또는 헌법학에 투영된 국민의 권리에 관한 연구라는 점을 명확히 인식해야 한다. 본래 기본권 이론이란 자연권사상에 바탕을 둔 천부인권론에 기초하여 헌법에서 보장하고 있는 일련의 자유와 권리에 관한 규범적 이해의 체계를 밝히는 것이 목적이기 때문에 국가 내적인 권리를 연구대상으로 할 경우에는 인권이라는 용어보다는 기본권이라고 표현하는 것이 타당하다.

이러한 일반적인 기준을 정보법 분야에 적용한다면 헌법적 측면에서의 연구대상은 인류가 지향해야 할 보편타당한 기준으로서의 '정보인권'이라는 개념보다는 실제적으로 국가 내에서 국가에 의한 확인과 보장을 통하여 헌법이라는 실정법의 구성부분이 된 '정보기본권'이어야 할 것이다.

이처럼 정보인권은 개념 정의에 있어 정보가 인류의 보편적 혹은 세계적 인권의 주요한 축이라는 점을 강조하고 있다. 하지만 헌법적 측면에서는 정보기본권이라는 용어를 사용하는 것이 기본권적 성격을 명확하게 밝히는데 도움이 될 것이다.

이하에서는 헌법상 정보기본권에 대한 체계정합적 해석[14)]의 가능성에 대해 살펴본다.

3. 정보기본권의 체계정합적 해석 필요성

(1) 현행 헌법상 기본권 체계와 구조

헌법은 국가법체계에 있어 근본규범이자 최상위법이다. 헌법이라 함은 국가적 활동의 기초가 되고 하위법령의 입법기준과 해석기준이 되는 국내 최고법규이므로 국가의 과제는 곧 헌법의 과제이기도 하다.

헌법(憲法)이라는 용어는 영어의 constitution과 독일어의 Verfassung을 번역한 것으로

12) 국가인권위원회(2013). 정보인권보고서, 11면.

13) Klang/Murray(2005). *Human Rights in the Digital Age*, Routledge Cavendish, pp. 11-26.

14) 이 문제에 대해서는 Friedrich Schoch(1998). *Öffentlich-rechtliche Rahmen-bedingungen einer Informationsordnung*, VVDStRL 57, S. 213f.

국제(國制)・헌장(憲章)・국헌(國憲) 등으로 표현되어 왔다. 헌법은 원래 국가의 조직・구조・체제를 의미하는 것이었으나, 오늘날 '국가적 공동체의 존재형태와 기본적 가치질서에 관한 합의를 법규범적인 논리체계로 정립한 국가의 기본법(Grundrecht)'으로 이해되고 있다. 따라서 헌법은 정치적 현실(存在: Sein)을 규율할 뿐만 아니라, 정치공동체의 바람직한 형태를 제시하는 규범틀이며, 법단계(Rechtsstufen)에 있어서 한 국가의 최고법규범으로서 국가적 공동생활에 관한 당위(當爲; Sollen)로서의 법규범(Norm)이 된다.

최상위의 규범으로서 헌법은 정치적 측면에서 국가구성적・국민합의적・평화유지적・국민통합적 기능을 발휘하는 동시에 규범적 측면에서는 법질서창설적・기본권보장적・공권력통제적 기능을 하고 있다.

현행 헌법은 제2장 '국민의 권리와 의무' 중 제10조에서 인간의 존엄과 가치가 기본권 보장의 출발점이며, 모든 국가기관을 구속하는 헌법규정이자 동시에 개인의 기본권으로 보고 있다. 이어서 제10조 전문 후단에서는 '… 행복을 추구할 권리를 가진다.'라고 하여 다른 개별 자유권에 대한 일반적 자유권으로서 헌법 제12조 내지 제13조에 규정된 개별자유권에 의하여 각 생활영역이나 법익별로 구체화되어 있다.

헌법 제11조에는 일반적 평등권이 규정되어 있으며, 이 규정은 다시 '성별, 종교 또는 사회적 신분'을 기준으로 하는 헌법 제11조 제1항 후문, '사회적 특수계급제도 및 훈장 등 영전의 특전을 부인하는 헌법 제11조 제2항 및 제3항, '능력'이란 특정 징표만을 차별의 기준으로 고려할 것을 규정하는 제31조 제1항(교육을 받을 권리), 근로영역에서 여성에 대한 차별금지를 규정하는 제32조 제4항, 근로기회에서 국가유공자에 대한 우대를 명령하는 제32조 제6항, 혼인과 가족생활에서 양성의 평등을 요구하는 제36조 제1항의 특별평등권이 규정되어 있다.

나아가 헌법 제12조 내지 23조에서는 개별 생활영역별로 자유권을 규정하고 있으며, 제24조와 제25조에서는 국민의 참정권을, 제26조 내지 제30조에서는 청구권적 기본권을, 제31조 내지 제36조에서는 사회적 기본권을 규정하고 있다.

(2) 정보관련 헌법 규정

우리 헌법은 자유로운 정보유통의 이념에 근거하여 정보유통에 대한 통제권을 각기 다른 차원에서 개인에게 부여함으로써 개인의 자유를 고양하고 민주주의를 확보하는 기본적인 원칙을 표방하고 있다.

정보와 관련된 기본권 조항을 살펴보면 제17조의 사생활의 비밀과 자유, 제18조 통신의 자유, 제21조 제1항에서는 언론・출판의 자유와 집회・결사의 자유를 보장하고, 제2항에서는 검열금지의 원칙을 규정하고 있다. 또한 제22조 제1항에서는 학문의 자유,[15] 예술의 자유,[16] 제26조는 청원권, 제27조 제3항은 공개재판을 받을 권리, 제31조는 교육을 받을 권리와 대학의 자율성을 보장하고 있다. 나아가 제45조는 국회의원의 면책특권, 제50조는 국회회의공개의 원칙, 제109조는 재판의 심리·판결의 공개원칙, 제127조는 국가의 정보개발의무 등을 규정하고 있다.[17]

이 이외에도 헌법재판소는 정보공개청구권 역시 헌법적으로 확인된 기본권의 하나로 인식하고 있다.[18]

이와 같이 현행 헌법은 '정보'를 기준으로 하여 정보관련 기본권들을 체계정합적으로 규정하지 않고 필요에 따라 다양한 기본권들에 편입시켜 규정하고 있다. 최근에는 이러한 헌법의 규정에도 불구하고 헌법해석을 통해 정보를 기준으로 하여 일정한 체계 하에 정보기본권을 재구조화·체계화하거나 헌법 개정시에 정보기본권을 정보관련 기본권의 상위 기본권으로 규정해야 한다는 주장이 제기되고 있다. 이하에서는 독자적·통합적인 정보기본권의 형성과 해석이 가능한지에 대해 고찰해보기로 한다.

---

15) 「학문의 자유는 진리를 탐구하는 자유를 의미하는데 그것은 단순히 진리탐구에 그치지 않고 탐구한 결과에 대한 발표의 자유 내지 가르치는 자유 등을 포함하는 것이다.」(헌재 1992.11.12. 89헌마88)

16) 「예술의 자유의 내용으로서는 예술창작의 자유, 예술표현의 자유, 예술적 집회 및 결사의 자유가 포함된다.」

17) 이에 대해서는 이인호(2002), 전게논문, 223면. 여기에서는 제17조 사생활의 비밀과 자유 및 제18조 통신의 자유에 대해 별도로 다루고 있다.

18) 「우리나라는 헌법 제21조에 언론·출판의 자유 즉 표현의 자유를 규정하고 있는데, 이 자유는 전통적으로는 사상 또는 의견의 자유로운 표명(발표의 자유)과 그것을 전파할 자유(전달의 자유)를 의미하는 것으로서, 개인이 인간으로서의 존엄과 가치를 유지하고 행복을 추구하며 국민주권을 실현하는데 필수불가결한 것으로 오늘날 민주국가에서 국민이 갖는 가장 중요한 기본권의 하나로 인식되고 있는 것이다. 그런데 사상 또는 의견의 자유로운 표명은 자유로운 의사의 형성을 전제로 하는데, 자유로운 의사의 형성은 충분한 정보에의 접근이 보장됨으로써 비로소 가능한 것이며, 다른 한편으로 자유로운 표명은 자유로운 수용 또는 접수와 불가분의 관계에 있다고 할 것이다. 그러한 의미에서 정보에의 접근·수집·처리의 자유 즉 '알 권리'는 민주국가에 있어서 국정의 공개와도 밀접한 관련이 있는데 우리 헌법에 보면 입법의 공개(제50조 제1항), 재판의 공개(제109조)에는 명문규정을 두고 행정의 공개에 관하여서는 명문규정을 두고 있지 않으나, '알 권리'의 생성기반을 살펴볼 때 이 권리의 핵심은 정부가 보유하고 있는 정보에 대한 국민의 알권리 즉, 국민의 정부에 대한 일반적 정보공개를 구할 권리(청구권적 기본권)라고 할 것이며, 또한 자유민주적 기본질서를 천명하고 있는 헌법 전문과 제1조 및 제4조의 해석상 당연한 것이라고 봐야 할 것이다. '알 권리'의 법적 성질을 위와 같이 해석한다고 하더라도 헌법 규정만으로 이를 실현할 수 있는가 구체적인 법률의 제정이 없이는 불가능한 것인가에 대하여서는 다시 견해가 갈릴 수 있지만, 본건 서류에 대한 열람·복사 민원의 처리는 법률의 제정이 없더라도 불가능한 것이 아니라 할 것이고, 또 비록 공문서 공개의 원칙보다는 공문서의 관리·통제에 중점을 두고 만들어진 규정이기는 하지만 '정부공문서 규정' 제36조 제2항이 미흡하나마 공문서의 공개를 규정하고 있는 터이므로 이 규정을 근거로 해서 국민의 알권리를 곧바로 실현시키는 것이 가능하다고 보아야 할 것이다.」(헌재 1989.9.4. 88헌마22. 헌재 1991.5.23. 90헌마133에서도 같은 취지로 결정함)

Ⅲ. 정보기본권 체계의 재구조화와 체계적 해석의 시도

1. 정보의 분류에 따른 정보기본권의 체계화

(1) '보호의 대상'으로서의 정보와 '관리의 대상'으로서의 정보

정치공동체 내에서 정보의 통제는 권력의 기초이자 자유의 조건이다. 공동체 내에서 정보를 누가 얼마만큼 장악하고 통제할 수 있는가의 문제는 당해 공동체의 권력구조와 국민의 자유를 결정하는 기본조건이 된다. 따라서 누가 어떻게 정보를 통제하느냐, 정보의 유통권에 대한 통제권의 장악주체가 누구이냐가 정보법질서의 핵심적인 이슈이다.

우리 헌법은 국민의 자유와 민주주의의 확보를 위하여 기본적으로 정보유통에 대한 통제권을 국민이 갖고 있는 것을 원칙으로 하고 있다. 이를 통하여 국민들은 정보에 대한 통제력을 가지고 자신의 운명을 스스로 결정함으로써 인격을 보호하고 개인의 존엄과 자유의 최소한의 조건을 충족시키게 되는 것이다.

정보 중 개인적 차원의 '사적 성격의 정보'는 '보호의 대상'으로서 개인의 자기정보결정권을 중시하여 정부나 기업이 디지털화된 기술을 이용하여 개인의 정보를 무한대로 축적·처리·가공·이용하지 못하도록 하고, 정보주체에게 그 수집·이용·제3자 제공에 대한 일정 정도의 통제권을 부여함으로써 보다 적극적으로 개인의 자유를 보장하도록 하고 있다.

반면, '공적 성격의 정보'는 '관리의 대상'으로서 정부 또는 특정 단체나 개인에 의하여 독점되어서는 안 되며, 국민 누구나 널리 자유롭게 접근하고 이용하며 유통시킬 수 있어야 한다. 공적 정보는 국민들이 공유함으로써 정부가 독점할 때 발생할 수 있는 폐해를 예방하고 국민들이 정보공유를 통해 공론의 장을 형성할 수 있도록 함으로써 민주주의의 확보에 기여한다.

이와 같이 헌법상의 정보질서는 '국민의 자유와 민주주의의 확보'라고 하는 자유민주주의의 기본이념 달성을 위하여 '정보유통에 대한 통제권이 국민에게 있다'는 점을 확인·선언하고 있다. 이러한 헌법원리를 구체적으로 구현하기 위해 단행법적으로 '사적 성격의 정보'는 '정보프라이버시'를 강조하여 당해 정보주체에게 그 유통에 대한 통제권을 부여하고 있다. 반면, '공적 성격의 정보'에 대해서는 '정보의 자유'를 강조함으로써 최대한 많은 국민들에게 공평하게 전달·이용될 수 있도록 하고 있다.

일반적으로는 세계 어느 나라에서나 위와 같이 두 가지의 측면만을 강조함으로써 매스미디어를 통한 '표현의 자유' 또는 '정보공개청구권'을 최대한 보장하되 개인의 프라이버시에 관계되는 분야에 대해서는 철저히 개인에게 그 통제권이 부여되어야 하는 것으로 보고 있었다.

그러나 최근에는 이와 아울러 '정보보안권'의 개념이 인정될 수 있는 것인지에 대해 논의되고 있다. 특히 9・11테러 이후에 정보가 보호의 대상에 그칠 것인지 아니면 일정 범위와 헌법적 한계 내에서 관리의 대상이 될 수도 있는 것인지에 대해서도 논의되고 있다.

(2) 정보과정에서 국민의 지위에 따른 분류

우리 헌법이 보호하고자 하는 정보과정은 '개인이 정보의 주체인 경우'와 '객체인 경우'로 구분할 수도 있다.[19]

먼저 개인이 정보의 주체인 경우에는 개인이 정보를 수집할 수 있는 권리와 아울러 수집된 정보에 기초하여 의견을 형성하고, 형성된 의견이 표현되는 과정 및 정보에 대한 이용과정이 보호될 수 있다.

반면, 개인이 정보의 객체인 경우에는 프라이버시권 보호, 개인정보자기결정권 보호 문제 등이 논의될 수 있다.

2. 정보기본권 체계의 재구조화 가능성

(1) 헌법개정시 독자적인 정보기본권의 규정 가능성

기존 표현의 자유와 정보 관련 기본권의 관계에 관한 다양한 논의를 종합하여 차기 헌법개정시에 정보기본권의 개념을 신설하는 방안을 고려해볼 수 있다.[20] 만일 정보기본권의 개념을 인정하여 당해 개념이 헌법에 명시적으로 규정되는 경우에는 동시에 다른 정보관련 규정들도 개정함으로써 정보 관련 기본권들의 내용과 체계적 해석이 가능해진다.

헌법개정의 구체적인 방안과 관련해서는, 1) 알 권리 및 정보공개청구권을 헌법에서 신설하는 경우에 표현의 자유 속에 포함시킬 것이 아니라 별개의 조항으로 두어 독자적인 권리로서 규정하는 방안, 2) 정보라는 개념을 매개로 하여 연계되는 권리들을 '정보기본권'이라는 표제 하에서 ① 정보통신의 안전과 비밀보장, ② 정보제공권과 알 권리(정보수령권・정보수집권・정보공개청구권), ③ 자기정보통제권(개인정보자기결정권), 그리고 ④ 정보통신기반을 확립하고 유지할 국가의 의무에 관한 규정을 두어 체계화하는 방안이 제안된 바 있다.[21]

문제는 이렇게 표현의 자유를 배제한 채 정보기본권의 개념을 설정하면 '정보와 관련된 기본권'이라고 정의되는 정보기본권의 체계와 부합하지 않는다는 것이다. 즉 이 견해는 표현의 자유와의 관계에서 표현의 자유 영역을 그대로 두고 현대사회에서 '정보'와 관련된 몇 개의 기본권만을 선별적으로 '정보기본권'의 영역에 편입시키는 결과가 될 수도 있다.

---

19) 이하의 분류에 대해서는 전광석(1999). '정보사회의 헌법구조', 『헌법학연구』 제5권 제2호, 302면 이하.

20) 이와 같은 견해 중 대표적으로는 김배원(2001). '정보관련 기본권의 독자적・통합적 보장을 위한 시론', 헌법학연구 제7권 제2호, 106-107면; 김배원(2006). '정보기본권의 독자성과 타당범위에 대한 고찰', 헌법학연구 제12권 제4호, 199면 이하 참조. 여기에서는 정보기본권이 헌법 개정 없이도 체계적 해석에 의해 독자적인 기본권으로서 인정될 수 있다고 한다.

21) 한국헌법학회(2006). 헌법개정연구위원회 최종보고서, 156면.

(2) 헌법해석에 의한 정보기본권의 인정여부와 기본권 체계의 재구조화의 가능성

정보기본권에 대한 개념이 매우 혼재되어 있는 것과 마찬가지로 정보기본권의 유형에 대한 분류는 학자들마다 매우 상이하다. 만일 헌법 개정에 의해 정보기본권을 규정하지 않을 경우에는 현행 헌법 체계하에서 해석에 의해 '정보'를 중심으로 하는 기본권들을 재구조화할 수 있는 가능성과 당위성이 있는지에 대해 다양한 견해가 개진되고 있다.

먼저 이인호 교수는 크게 정보의 자유, 정보프라이버시권으로 분류하고, 정보의 자유에는 표현의 자유, 정보공개청구권(정보접근권), 정보참여권, 정보문화향유권이 있으며, 정보프라이버시에는 정보프라이버시권, 개인정보자기결정권이 있다고 본다.[22)]

김배원 교수는 정보기본권을 정보통신의 안전성과 비밀보장, 정보제공권, 알권리, 자기정보통제권으로 분류하고 하고 있다.[23)]

강경근 교수는 정보의 보호와 정보의 자유로 구분하고, 정보의 보호에는 정보프라이버시권과 정보보안권이, 정보의 자유에는 정보공개청구권이 속한다고 주장하고 있다.[24)]

권건보 교수는 정보인권을 정보의 자유와 자기정보통제권으로 나누고, 정보의 자유에는 온라인에서의 표현의 자유, 정보접근권, 정보문화향유권이 이에 속하며, 자기정보통제권에는 개인정보자기결정권이 포함된다고 한다.[25)]

또한 이민영 교수는 정보인권의 유형으로 크게 정보참여권, 프라이버시, 정보향유권으로 나누고, 정보참여권에는 정보접근권, 정보보안권, 정보영업권을 인정할 수 있다고 한다. 또한 프라이버시에는 개인정보자기결정권, 사생활의 자유권을, 정보향유권에는 표현의 자유, 정보평등권 등이 속할 수 있다고 보고 있다.[26)]

명재진 교수는 사적정보의 보호(정보통신의 안전성, 개인정보 보호, 정보사회에서의 인격권, 자기정보통제권)와 공적정보의 자유(정보접근권, 알권리)라는 틀로 분류하고 있다.[27)]

이와 같이 정보기본권의 분류체계에 대해 매우 다양한 견해가 대립하고 있다. 이것은 당해 분야에 대한 기본적인 인식이 매우 상이하다는 것을 의미한다. 위의 견해들에서 제시하고 있는 기준들은 모두 일응 타당한 기준을 제시하고 있지만, 정보기본권의 모든 특징을 집대성하는 것은 매우 어렵거나, 또는 어쩌면 체계적인 배열과 해석이 불가능할지도 모른다. 이것

---

22) 이인호(2008). '정보인권 논의가 시사하는 헌법학적 프레임: 디지털시대에 있어서 정보를 둘러싼 권력과 자유의 긴장과 조화', 『법학연구(카톨릭대)』 제3호, 37-92면.

23) 김배원(2006). '정보기본권의 독자성과 타당범위에 대한 고찰-헌법개정과 관련한 체계구성을 중심으로', 『헌법학연구』 제12권 제4호.

24) 강경근(1997). 『헌법학』, 법문사, 651-837면.

25) 권건보(2012). '정보인권의 증진과 국가인권위원회의 역할', 「국가인권위원회의 성과, 그리고 도전과 전망」, 국가인권위원회 · 헌법학회 공동심포지엄 발제문.

26) 이민영(2010). '정보인권의 법적 의의와 좌표', 「정보인권의 법적 보장과 그 구체화」, 국가인권위원회 · 가톨릭대학교 공동학술세미나 발제문.

27) 명재진 · 이한태(2011). '현대 법학계의 정보인권 연구동향', 『정보화 정책』 제18권, 제1호, 3-23면.

은 다음과 같은 두 가지 이유에서이다.

첫째, 기존의 '정보'와 관련된 기본권들이 '정보'를 기준으로 하여 정립된 것이 아니라 이미 각기 다른 근거에 의해 인정되고 헌법에 편입·규정되어 나름대로 독자적인 체계를 구축하고 있기 때문이다.

즉 '정보'와 관련된 기본권들을 모두 '정보'라는 기준으로 포섭하고 체계화해야 한다는 주장은 비교적 최근에 제시된 것인데 반하여, 정보관련 기본권들은 각기 독자적인 내용을 형성하고 체계화되어 있다. 예를 들면 프라이버시권은 사생활의 비밀의 자유의 영역에서 독자적인 지위와 내용을 확립하고 있기 때문에 다른 영역 내지 기본권의 내용으로 편입시킨다면 기존의 기본권 체계가 유지되기 어렵다는 문제점이 있을 수 있다.

이와 같이 정보기본권으로 통합되어야 할 개별 기본권들이 이미 정보적 활동과 직·간접적으로 관련되는 기본권들(언론·출판의 자유, 학문·예술의 자유, 인격권, 사생활의 비밀과 자유, 통신의 자유 등)에 의해 현재 일정한 체계에 의해 보장되고 있다. 따라서 이와 같은 영역에 포함되지 않으면서도 새로이 발생하는 사회현상에 대응하기 위한 정보관련 기본권의 성격과 내용을 규명해 온 기존의 해석과 체계화의 방법에 의할 경우에는 정보를 기준으로 하여 독자적인 기본권을 제시하기가 매우 어렵다.

이렇게 정보기본권만이 가지는 특수한 영역이 존재한다고 해서 곧 모든 '정보관련 기본권'을 '정보기본권'으로 일원화하여 체계적으로 해석해야 한다면 기본권 해석에 있어 또 다른 예기치 않은 문제가 발생할 여지가 있다.[28]

둘째, 정보기본권으로 편입시켜야 하는 대상 중 이론적·실제적으로 가장 문제가 되는 것은 '표현의 자유'와의 관계를 어떻게 정립하는가에 관한 것이다.

표현의 자유는 개인의 인격발현의 요소이나 자유민주적 국가질서를 구성하는 요소로서 개인의 내심의 사상이나 의견을 외부에 표현하고 타인에게 전달하는 것을 보장하는 자유를 말한다.

특히 우리나라에서 표현의 자유는 인간의 정신적 자유와 정치적 자유를 확보하는 데 중추적인 역할을 하였으며, 민주주의의 실현에 매우 핵심적인 자유이다.

이러한 표현의 자유는 인터넷 시대에도 여전히 미디어를 통해 국민들의 의사를 형성하고 권력을 통제하는 기제로 활용되어 왔다. 따라서 논리구조로는 표현의 자유 역시 정보의 자유의 한 발현형태에 속하지만 표현의 자유, 특히 미디어를 통한 언론의 자유가 독자적인 기본권으로서가 아니라 정보기본권 중 하나의 하부내용인 것으로만 기본권 체계를 재구조화하기에는 여전히 심정적인 거부감이 있을 수 있다.

---

28) 같은 견해로 국가인권위원회(2013). 앞의 보고서, 14면,

이렇게 정보기본권에 대한 다양한 분류체계는 아직 전 세계적으로 일정한 기준을 확립하고 있지는 못하고 있으며, 개별 기본권들의 특징을 표현하고 있는 것에 불과하기 때문에 어쩌면 차라리 정보기본권을 유형별로 분류하려고 시도하기보다는 디지털화된 정보를 통해 발생하는 기본권의 문제에 대해 현상적으로 접근하는 것이 현실적일 수도 있다.[29]

이러한 개념상의 차이와 체계적 해석의 어려움에도 불구하고 만일 '정보기본권'이라는 독자적인 기본권 영역을 창출할 수 있다면 크게 공적 정보의 자유와 사적 정보의 자유라는 기본체계 속에 세부적으로 프라이버시권, 표현의 자유권, 정보접근권, 정보문화향유권 등을 정보기본권의 내용으로 포섭할 수 있을 것이다.

이하에서는 당해 기본권들과 아울러 향후 멀티미디어 시대에 학계의 관심이 필요한 몇 개의 기본권과 관련된 이론적 문제를 제시하고자 한다.

3. 정보기본권의 구체적인 내용과 체계적 해석의 시도

(1) 알권리(정보접근권)의 해석과 관련하여

정보와 의견의 표명과정은 '정보의 수령 → 의견형성 → 의견의 표명 및 전달'의 순서로 진행된다.

가장 먼저 정보의 수령과정인 정보접근권은 우리 헌법에서 명시적으로 규정하고 있지는 않지만 표현의 자유의 전단계로서 자유롭게 접근가능할 수 있는 정보원으로부터 정보를 수집할 수 있는 권리를 보호한다.

독일 기본법 제5조 제1항 제1문 후단에서는 '일반적으로 접근가능한 정보원으로부터 정보를 수집할 수 있는 권리'를 정보의 자유(Informationsfreiheit)라고 규정하고 있으며, 이는 '알권리'를 보장한다고 새기는 것이 일반적이다. 독일 기본법의 당해 조항에서 보장하고 있는 '알권리'란 단지 좁은 의미의 정보의 자유, 즉 정보수집방해배제청구권만을 의미하는 것으로서 전적으로 자유권적 성격을 지닌다.[30]

우리 헌법재판소는 초기부터 알권리를 헌법상의 기본권으로 인정하는 견해를 견지하고 있으며, 독일에서의 알권리보다 넓은 개념으로 해석하고 있다. 헌법재판소의 결정례에 의하면 헌법 제21조의 표현의 자유를 헌법적 근거로 하여 (명문의 규정은 없으나) 헌법해석을 통하여 '정보의 자유(국가의 방해를 받지 않고 자유롭게 정보를 얻을 권리)'와 한 보 더 나아가 '정보공개청구권(국가로부터 정보의 공개를 청구할 수 있는 적극적 권리)'도 알권리에 포함하여 해석하고 있다. 이러한 판례의 태도에 의하면 알권리란 '자유권적 성격의 정보의 자유'와 '청구권적 성격의 정보공개청구권'을 포함하는 포괄적인 의미로 사용되고 있다.[31]

---

29) 기본적으로 이러한 입장을 취하고 있는 견해로는 국가인권위원회(2010). 전게서.
30) 이에 대해서는 한수웅(2014). 전게서, 766면.

하지만 이러한 헌법재판소의 결정은 첫째, 알권리의 헌법적 근거를 표현의 자유라는 자유권으로 상정하면서도 알권리에서 정보공개청구권이라는 청구권적 기본권까지 도출하는 논리적 근거가 희박하다는 문제점이 있다.

둘째, 우리 헌법상 자유권으로서의 알권리(정보의 자유)와 청구권으로서의 알권리(정보공개청구권)를 구별하는 기준은 무엇인가의 문제가 제기된다.

첫 번째 문제에 대해서는 필자 역시 헌법재판소의 결정과는 다른 견해를 갖고 있으므로 별도의 논의는 생략한다.

두 번째 문제, 즉 알 권리에는 자유권적 성격의 정보수집방해배제권 이외에도 청구권적 기본권인 정보공개청구권이 있다고 하는 헌법재판소의 견해를 수용하는 경우에는 양자의 구별기준을 어떻게 설정하는가 하는 문제가 남게 된다.

구체적인 경우에 양자의 구별기준이 그리 쉽지는 않지만 해당 정보원이 일반적으로 접근가능한 것인가에 따라 구별할 수 있다고 본다.

자유권적 성격의 알권리는 국가나 제3자의 조력 없이도 스스로의 자력으로 얻을 수 있는 정보 즉 '일반적으로 접근가능한' 정보를 국가의 방해를 받지 않고 자유롭게 얻을 권리인 정보의 자유(또는 정보수집방해배제권)를 의미한다. 반면 청구권적 성격의 알권리(정보공개청구권)는 일반적으로 접근할 수 없는 정보에의 접근권을 의미한다.

이러한 의미에서 포괄적 의미의 정보의 자유는 특히 자유권적 성격의 알권리 즉, 일반적으로 접근가능한 정보로부터의 정보를 수집하는 국민의 권리를 침해하는 국가의 행위를 배제할 수 있는 정보수집방해배제권으로부터 출발한다.

(2) 통신의 자유의 내용 확장의 가능성

1) 통신의 자유의 내용과 중요성

헌법 제18조에서는 '모든 국민은 통신의 비밀을 침해받지 아니한다'고 규정하여 통신비밀의 불가침성을 보장하고 있다.

고대로부터 개인의 통신수단은 서신으로부터 출발하였는데, 근대 이후에 이르러 개인 간의 사신(私信)도 대부분 우체국이라는 국가기관을 이용해야만 했고, 이로 인해 검열로부터의 자유와 개인의 서신의 비밀보장이 문제되었다. 더욱이 현대국가에서 전자기술과 인터넷의 발전에 힘입어 도·감청 및 해킹 등 기술이 발전하면서 개인의 통신을 보호해야 하는 필요성이 매우 커졌다.

통신의 자유를 논의함에 있어 먼저 주목해야 할 점은 통신의 자유에 대한 대부분의 문헌들은 통신의 자유에 대해 '통신영역에서의 비밀보호' 문제에만 주목하고 있다는 점이다.

---

31) 헌재 1989.9.4. 88헌마22(임야조사 열람신청).

즉 통설은 통신의 자유라 함은 서신·우편·전신의 통신수단을 통하여 개인 간의 의사나 정보의 전달과 교환(의사소통)이 되는 과정에서 통신의 내용과 통신이용의 상황이 개인의 의사에 반하여 공개되지 아니할 자유를 의미한다고 보고 있다.

이러한 측면에서 살펴보면 통신의 비밀은 일차적·원칙적으로는 주관적 방어권으로서 국가권력이 자유로운 의사소통을 하는 국민의 권리에 대해 과도하고 불필요하게 도·감청하거나 통신과정에 개입하는 것은 기본권 침해이므로 금지된다는 것을 의미한다.

현재 국내에서는 통신의 자유를 이렇게 '통신의 비밀보장'이라는 측면으로 한정해서 고찰하는 것이 통설적 견해인 것으로 보인다.[32] 통신의 자유를 통신의 비밀보장이라는 의미로 파악하는 경우에는 통신의 자유는 개인이 대상이 되는 경우로서 사생활의 보호의 일종이라는 체계적 지위를 가진다. 많은 학자들은 이러한 일반적인 견해에 따라 통신의 자유를 사생활의 비밀의 자유의 장에서 설명하고 있다.[33]

2) 멀티미디어 시대의 통신의 자유의 확장가능성

하지만 향후 현대적 의미에서의 통신의 자유의 내용은 단순히 통신의 비밀과 개인의 의사소통과정을 국가의 침해로부터 보호하는데 그쳐서는 안 된다. 통신의 자유의 진정한 의미와 궁극적인 목적은 단순히 개인의 의사소통과정을 국가의 침해로부터 보호하는데 그치지 않고, 통신행위의 근간이 되는 기반시설을 마련함으로써 '국민의 자유로운 의사소통의 전제조건을 창출·유지'할 것을 요구할 수 있는 권리까지 포함하는 개념으로 확장되어야 한다.

현대적인 통신기술은 국가의 영역과 민간의 영역에 걸쳐 광범위하게 연관되어 있으며, 최근(2014년) 모통신사의 통신장애시 수십만 명의 통신이 일시에 마비되는 결과가 발생한 바 있다. 정부기관과 민간 통신사의 대규모 시설 마비시 발생하는 통신장애 상태는 통신의 비밀을 지키지 못하는 것과 비교하면 국민들에게 결코 적지 않은 피해를 발생시킬 수 있다.

이러한 국민의 기본권 침해를 예상하면 멀티미디어 시대에는 통신의 자유를 과거와 같이 단순히 통신의 비밀을 보장하는 것이 궁극적인 목적인 것으로 보고 좁은 공간에 가둬두어서는 안 된다. 통신의 비밀보장은 결국 '국민의 자유로운 의사소통'을 위한 도구적·중간적 성격을 가지는 것이다. 따라서 '국민의 자유로운 의사소통'이라는 궁극적인 기본권 보장을 위해서는 '통신의 비밀 보장'이라는 소극적 의미의 내용과 아울러 국민이 국가에 대하여 국가 및 민간이 관리하는 기간통신시설을 유지·보수하고 발전시킬 것을 요구할 수 있는 적극적인 권리까지도 포함하는 보다 포괄적인 개념으로 확장·발전시키는 것이 필요하다.

다만 이러한 국민의 '청구가능성'을 단순히 '국가의 기본권 보호의무'의 영역으로 해석할

32) 이에 대해서는 성낙인(2014). 전게서, 1225면; 이준일(2013). 헌법학강의, 홍문사, 570-581면; 전광석(2014). 전게서, 332-334면; 정종섭(2014). 전게서, 653-664면.

33) 예를 들면 한수웅 교수는 제3편 제4장 제5절 사생활보호의 자유권에서 설명하고 있다. 한수웅(2014). 『헌법학』, 법문사, 688면.

것인가? 아니면 통신의 자유의 일종으로서 기본권의 하나로 인정할 수 있는 것인가에 대해서는 미래지향적인 관점에서의 논의가 필요할 것으로 보인다.

(3) 정보의 자유와 표현의 자유의 체계적 해석의 시도

1) 독일 기본법상 표현의 자유와의 비교법적 고찰

우리 헌법 제21조 제1항과 비교·고찰되는 독일 기본법 제5조에서는 표현의 자유(Meinungsfreiheit)를 (1) 의사표현의 자유(Meinungsäußerungsfreiheit), (2) 의사전파의 자유(Meinungsverbreitungsfreiheit), (3) 정보의 자유(Informationsfreiheit),[34] (4) 신문의 자유(Pressefreiheit), (5) 방송의 자유(Rundfunkfreiheit), (6) 영화의 자유(Filmfreiheit) 등 6개의 자유권으로 분류하여 직접 기본법에 규정하고 이들 각 기본권들을 각각 독립적인 특성과 기능을 가지는 개별적인 기본권으로 보아,[35] 기본권별로 상이한 법적 성격과 내용을 고찰하고 있다.

즉 독일 기본법 제5조의 해석에 의하면 표현의 자유 중 의사표현의 자유, 의사전달의 자유, 정보의 자유는 그 주된 내용이 방어권적 성격이 강한 주관적 공권인 반면, 매스커뮤니케이션의 자유에 속하는 신문의 자유, 방송의 자유는 주관적 공권성이 인정되기는 하지만 제도적 보장으로서의 성격을 가지는 이중적 성격을 가지고 있다고 한다. 특히 그 중 방송의 자유는 공적 의견형성(öffentliche Meinungsbildung)이라는 기능적 측면에서는 신문의 자유와 동일하나, 신문의 자유와 비교할 때 그 기술적·경제적 희소성과 사회적 영향력으로 인하여 객관적 성격이 강하게 나타나게 되므로 더욱 엄격한 제한이 가능한 기본권으로 보고 있다.[36]

이러한 독일 측의 견해에 따를 경우 방송의 자유의 행사는 다양한 견해에 입각한 활발한 토론이 전제된 민주주의를 가능하게 하는 한도에서만 보장된다는 것이다. 즉 기본법 제5조에서 보장하고 있는 방송의 자유는 국민 개개인이 방해받지 않고 자기의 의사를 표현할 수 있는 개인의 주관적 공권 이상의 성격을 가지는 것으로서 국민의 의사형성에 봉사하는 '도구적인 성격의 자유권'으로 이해하고 있다. 다시 말하면 방송의 자유는 개인의 주관적 자유권의 보장에 주안점이 있는 것이 아니라, 이의 보장을 통한 민주주의 질서의 확립이라는 목적에 봉사하는 자유로 본다. 이러한 해석은 기본권 주체의 방송의 자유의 행사보다는 다양한 공적 의견형성이라는 기능적 측면에 초점을 두고 있기 때문에 방송을 받아들이는 수용자측면의 입장이 우선시된 기본권의 가치표현으로 보고 있다.[37]

---

34) 독일 기본법상의 '정보의 자유(Informationsfreiheit)'는 가령 신문이나 방송 등과 같이 모든 국민이 자유로이 접근할 수 있는 일반적 정보원에의 접근을 방해받지 않을 자유를 의미하는 것으로서, 제도적 보장으로서의 성격보다는 주관적 공권으로서의 성격을 가진다. Vgl. Alfred Katz(2002). Staatsrecht, Heidelberg 15. Aufl. S. 352f.

35) Vgl. BVerfGE 8, 104(112); 20, 56(88).

36) Vgl. Pieroth/Schlink(2002). Grundrechte Staatsrecht Ⅱ, Heidelberg 18. Aufl. S. 133ff.

2) 현행 헌법상의 표현의 자유의 해석

(i) 한국 헌법상의 표현의 자유의 구조와 문제점 이렇게 표현의 자유를 6개의 기본권으로 분리하여 그 내용과 법적 성격을 개별적으로 고찰하는 독일 기본법 제5조와는 달리 우리나라의 통설에 의하면 헌법상 '표현의 자유'라 함은 헌법 제21조의 '언론·출판의 자유'와 '집회·결사의 자유'를 총칭하는 개념으로 새기고 있다.[38] 학자에 따라, 표현의 자유에 대한 사고의 체계에 따라 그 구체적 내용에는 차이가 있으나,[39] 대체로 언론·출판의 자유는 '언론기관을 통한 표현의 자유'로, 집회·결사의 자유는 '다수의 집합적 의사에 의한 표현의 자유'로 파악하고 있다.[40] 한편 언론·출판의 개념에 관하여는 사상·양심 및 지식·경험 등을 표현하는 모든 수단, 즉 담화·연설·토론·연극·방송·음악·영화·가요 등과 문서·도서·사진·조각·서화·소설·시가 기타 형상에 의한 의사표현이라고 한다.

이와 같이 우리 헌법학계에서는 대부분 위의 기본권들을 개별적·구체적으로 분류하여 연구하지 않고 이를 언론·출판의 자유라는 제하에 포괄적으로만 고찰함으로써 각 기본권간의 상이한 법적 성격과 내용이 분화되지 않고 있다. 이런 해석에 의할 경우에는 표현의 자유 중 개인적으로 자신의 의사를 표현·전파할 자유와 이러한 의사를 언론기관을 통하여 표현하는 경우 그 기본권적 규범구조와 제한의 정도가 기본권별로 상이함에도 불구하고 이를 모두 '언론·출판의 자유'라는 하나의 기본권으로 다룸으로 인하여 개별적 기본권들의 법적 성격과 기본권의 보호범위가 불명확해진다는 문제점이 있다.

(ii) 검 토 이러한 문제점을 해결하기 위해서는 헌법 제21조의 언론·출판의 자유를 해석함에 있어 표현의 자유의 내용으로 파악되어야 하는 기본권들을 분리하여 그 개념과 법적 성격에 대하여 개별적으로 연구하여야만 한다.

하지만 그간 국내에서는 이를 '언론·출판의 자유'라고 총칭하여 전체적으로만 파악함으로써 표현의 자유의 내용을 이루는 개별 기본권에 대한 연구가 미비했다. 따라서 우선 통설이 일반적으로 '표현의 자유'의 일부로 인정하고 있는 헌법 제21조 제2항의 '집회·결사의

---

37) Vgl. BVerfGE 12, 205(260); 31, 314(326); 35, 202(222f.); 57, 295(319); 83, 238(295); 87, 181(197).

38) 권영성(2010).『헌법학원론』. 법문사. 495면.

39) 허영 교수는 언론·출판의 자유의 내용으로서 (1) 의사표현의 자유, (2) 정보의 자유(알권리), (3) 보도의 자유, (4) Access권 등을 들고 있다. 허영(2014). 한국헌법론, 박영사, 574-588면. 반면 권영성 교수께서는 고전적 언론·출판의 자유와 현대적 언론·출판의 자유를 구별하여 전자는 불특정 다수인을 상대로 자신의 의견이나 사상을 자유로이 표명하거나 전달할 수 있는 자유이며, 후자에는 (1) 알권리, (2) 액세스권, (3) 반론권, (4) 언론기관설립의 자유, (5) 언론기관의 자유 등이 포함된다고 설명하고 있다. 권영성(2010). 전게서, 495면.

40) 권영성(2010). 전게서, 495면. 다만 '표현의 자유'의 법적 성격에 관하여 김철수 교수는 자유권적 성격과 제도보장의 성격을 공유하는 것으로 보는 반면, 권영성 교수는 이 두 가지 법적 성격에 더하여 개인의 인격발현과 정치적 의사형성을 위하여 정보를 수집·청구할 수 있는 청구권적 성격을 가지는 총합적 기본권으로 파악하고 있다는 차이점이 있다. 하지만 이러한 기본권적 성격에 관한 차이점에도 불구하고 '표현의 자유'는 언론·출판의 자유와 집회·결사의 자유로 구성된다고 이론 구성하는 데에는 견해가 일치한다.

자유'와 '언론·출판의 자유'는 서로 다른 조항으로 분리하여 규정하여야 한다. 또한 헌법 제21조에 규정되어 있는 '언론·출판의 자유'를 법문의 규정에 불구하고 '표현의 자유'라고 총칭하는 한편, 이 표현의 자유에는 헌법 제21조에서 직접 규정하고 있는 의사표현의 자유(Meinungsäußerungsfreiheit), 의사전파의 자유(Meinungsverbreitungsfreiheit), 신문·출판의 자유(Pressefreiheit), 방송의 자유(Rundfunkfreiheit) 등 상이한 기본권이 포함되어 있다고 해석하는 한편, 이러한 기본권들을 개별적으로 분리하여 규정함으로써 기본권 해석상의 구조적 혼란을 막아야 한다.[41]

3) 방송에 대한 자유의 내용과 특징의 재해석

표현의 자유 중 특히 방송의 자유는 우리 헌법에 있어서는 언론·출판의 자유의 일종으로,[42] 독일 기본법에 있어서는 표현의 자유(Meinungsfreiheit)의 일종으로서[43] 민주주의를 실현하기 위한 방법적 기초인 동시에 민주정치의 창설적인 전제가 되는 중요한 기능을 가지므로 방송의 자유는 단지 개인의 주관적 공권으로서의 성격뿐만이 아니라 국가권력과 모든 사회구성원이 반드시 존중하고 실천해야 하는 객관적 가치질서(objektive Wertordnung)로서의 성격을 아울러 가지고 있다고 한다.[44] 따라서 입법자는 자유롭고 포괄적이며 진실에 부합하는 의사형성이 보장될 수 있도록 제도의 보장을 통하여 방송제도를 형성해야 한다고 한다.[45] 이러한 의미에서 연방헌법재판소는 방송의 자유는 주관적 공권으로서의 성격뿐만이 아니라 사회의 다양한 의견형성에 기여하고 봉사하는 자유(dienende Freiheit)로서 이러한 공적 의견형성의 매개체(Medium)이자 중요한 요소(Faktor)[46]이므로 방송의 공적 의견형성 기능을 유지하기 위해서는 입법자에 의한 적절한 방송제도의 보호와 다양성 확보에 적합한 방송제도의 창설이 가능할 뿐만 아니라 나아가 이러한 방송제도의 형성임무가 입법자에게 부여되어 있다[47]고 판시하고 있다.

---

41) 헌법상 표현의 자유의 해석에 관한 상세한 논의는 성낙인(1994). '한국 언론법제의 특징과 문제점', 『언론중재』 50, 6-20면; 권영호(2002.11). '언론·출판의 자유에 관한 연구', 『고시계』 47-11, 39-52면; 권영호(1997). '헌법 제21조 언론·출판의 자유의 해석에 관한 연구', 『제주대 법과 정책』 3, 209-223면; 권영호(1993). '알권리와 언론·출판의 자유', 『단국대법학논총』 19, 207-239면; 양건(1989). '방송에서의 표현의 자유와 공적 규제: 헌법론적 소고', 『방송연구』 28, 34-49면; 양건(1995). '표현의 자유에 관한 법과 현실의 변화', 『한양대법학논총』 12, 211-230면 등을 참조.

42) 허영(2014). 전게서, 582-585면; 권영성(2010). 전게서, 499면 이하; 장영수(2014). 『헌법학』, 홍문사, 673면.

43) Vgl. Günter Herrmann(1994). Rundfunkrecht, München, S. 116ff.

44) 방송의 자유의 제도적 보장으로서의 성격을 강조하는 입장으로는 대표적으로 Vgl. Peter Lerche(1965). Rechtsproblem des Werbefernsehens, Frankfurt a. M., S. 15ff.; Stern/Bethge(1968). Funktionsgerechte Finanzierung der Rundfunkanstalten durch den Staat, München, S. 23ff.
반대로 방송의 자유의 주관적 공권성을 강조하는 견해는 대표적으로 Martin Bullinger(1980). Kommunikationsfreiheit im Strukturwandel, Baden-Baden, S. 59ff.; Karl-Ebert Hain(1993). Rundfunkfreiheit und Rundfunkordnung(Diss.), Baden-Baden, S. 30ff.

45) Vgl. BVerfGE 57, 295(321).

46) Vgl. BVerfGE 12, 205(261).

47) Vgl. BVerfGE 12, 205(262); 31, 314(325f.); 57, 295(322).

하지만 방송의 자유와 흔히 비교되는 프레스의 자유도 역시 방송의 자유와 마찬가지로 공적 의견형성기능(Funktion der öffentlichen Meinungsbildug)을 가지고 있어 방송의 자유와 같이 자유로운 의견형성에 봉사하는 자유로 이해되고 있다.[48)]

독일 연방헌법재판소의 판례에 따르면 신문의 자유와 방송의 자유는 모두 여론형성의 매개체 및 요소로서 필수적인 현대적 매스커뮤니케이션 수단이라고 보고 있다. 그러므로 신문의 자유도 방송의 자유와 같이 이중적 성격, 즉, 주관적 공권이자 제도적 보장으로서의 성격을 가지고 있다고 보고 있으므로 방송의 자유나 프레스의 자유 양자는 모두 주관적 공권이자 제도적 보장의 이중적 성격(Doppelcharakter)을 가지고 있다고 한다.[49)] 따라서 이러한 이중적 성격은 방송의 자유에만 인정되는 고유한 특성이 아니라 언론·출판의 자유의 공적 의견형성 기능에서 유래하는 공통적인 성격이라고 보아야만 한다.[50)] 이런 견지에서 보면 일단 신문의 자유와 방송의 자유는 동일한 기본권적 의미와 기능을 갖고 있다. 주관적 공권이자 제도적 보장으로서의 이중적 성격은 방송의 자유의 고유한 법적 성격이 아니며, 언론·출판의 자유가 갖는 공통된 성격이다.

그런데 이렇게 동일한 규범구조와 기능을 가지고 있는 신문의 자유에 비하여 그동안 방송의 자유는 양국에서 그 제도적 성격을 더욱 강조하여 특별한 제한을 받아 왔는데, 방송의 자유의 특징은 이렇듯 단순히 방송의 자유가 이중적 성격을 가졌다는 데에 있는 것이 아니고, 동일한 기본권적 구조와 사회적 기능을 가지는 신문의 자유에 비해서도 상대적으로 특별한 제한을 받아왔다는 데에서 찾아야 한다. 따라서 방송의 자유의 규제근거와 특수성을 논할 때에는 반드시 이러한 방송의 자유의 다층적 구조에 관한 이해가 선행되어야 할 것이다.

4) 멀티미디어 시대 방송의 자유의 기본권적 성격의 변화가능성

방송과 영화가 처음 대중매체로 등장할 당시에 양 미디어의 특별한 매력 때문에 사회적 영향이 크다는 것이 일반적인 견해였다. 하지만 방송뿐 아니라 舊매체에 비하여 공중에 의견과 정보의 전파가능성을 고양하는 새로운 기술적 혁신들에 대한 반응도 역시 다르지 않았다.

---

48) Vgl. BVerfGE 12, 205(261); Löffler/Ricker(2000). Handbuch des Presserechts, München 4. Aufl. S. 15ff.

49) 프레스의 자유의 해석에 대하여 대표적인 판결이 Spiegel판결이다. 이 판결에서 연방헌법재판소는 자유스럽고 공권력에 의해 왜곡되지 않으며 검열에 복종하지 않는 프레스는 자유국가의 근본요소이며 현대민주주의를 위하여 필수불가결하다고 판시하고 있다. 또한 프레스의 자유와 그 공적 과업에 대하여 "프레스는 국민과 그 대표자간의 중개자"이며, "기본법 제5조 제1항이 보도라고 규정하여 법문상 협의로 규정되어 있기는 하지만 본질적으로 방송과 프레스는 구별되지 않는다"고 판시하고 있다. 하지만 이러한 기능상의 동일성에도 불구하고 프레스 분야에서는 방송과는 달리 입법자에 의한 법적 형성의 필요성이 인정되지 않는다고 판시하여 국가적 형성보다는 프레스 기관의 설립·존속에 있어 개인의 주관적 공권을 보장함으로써 다수의 프레스기관에 의한 다양한 의견형성에 주안점을 두고 있다. Vgl. BVerfGE 20, 162(174ff.); Christoph Degenhart(1999). in: Dolzer/Klaus(Hrsg.), Bonner Kommentar zum Grundgesetz, Art. 5 Abs. 1, 2, Heidelberg, Rn. 388ff.

50) Vgl. Christoph Degenhart(1999). a.a.O., Rn. 638ff.

역사적으로 고찰해보면 새로운 미디어의 출현에 따라 당해 미디어가 舊미디어를 능가하는 잠재적 영향력이 있다고 인정되는 때에는 그 정치적·사회적 잠재력을 제한하여야 한다는 사고가 팽배하였다. 가령 인쇄술과 신문이 출현했을 때에도 인쇄매체의 사회적 영향력의 확대를 제한하려는 시도가 있었으나, 표현의 자유의 확대와 더불어 점진적인 자유화가 진행되다가 결국 프레스에 대한 검열제도가 폐지되었다. 이렇게 새로운 미디어의 영향력과 위험성에 근거한 미디어의 출현 초기에 가해졌던 제한은 점차 축소되다가 마침내 폐지되기에 이르렀다.[51)]

'신문의 자유'도 '방송의 자유'와 마찬가지로 주관적 측면과 객관적 측면이 동시에 존재하지만, 신문의 자유의 경우에는 역사적 형성과정에서 이미 개인의 자유로운 표현활동을 통한 주관적 측면의 보장으로부터 자연스럽게 객관적 측면, 즉 사회의 다양한 의견표현이 보장된다는 인식이 역사적 발전과정을 통하여 사회적 공리로서 정착되었다. 이에 반하여 '방송의 자유'는 아직 이러한 사회적 공리를 형성하지 못하고 있다.[52)] 예를 들면 독일에서는 역사적으로 방송이 제2차 세계대전 중 나찌 정부의 정치적 선전도구(das politische Propagandainstrument)로 이용당함으로써 방송의 자유가 개인에게 부여된 주관적 공권으로 인정받기도 전에 이미 그 사회적 영향력과 위험성을 경험하게 되었던 것이다. 또한 우리나라에 있어서도 방송의 자유는 자신의 의견을 표현하고 전파하는 개인의 자유권이지만 수용자의 입장에서 보면 이렇게 표현된 의견을 인지할 수 있는 자유를 포함하고 있으며,[53)] 방송의 자유는 이러한 공적 의견형성에 봉사하는 자유라고 볼 것이다.[54)]

방송이 신문에 비하여 상대적으로 국가권력의 영향력을 크게 받아 온 우리의 언론사에 비추어 '신문의 자유'와는 달리 그 남용의 위험성이라는 측면에서 주관적 측면의 보장만을 통하여 만족한 결과를 얻을 수 없으므로 방송의 자유를 신문의 자유보다 더욱 강하게 제한할 필요성이 있다.

이상에서 검토한 바와 같이 방송의 자유가 신문의 자유와 비교하여 더욱 엄격하게 규제

51) 독일의 경우 인쇄술이 발명된 직후인 1450년 교회와 국가의 사전허가 없이 인쇄물을 발행하는 것을 금지하였다. 그 후 1819년 오스트리아, 프로이센, 러시아 3국은 당시 지배권력에 결정적인 위협이 되고 있던 프랑스 대혁명의 혁명사상으로부터 자신들의 지배권을 보호하기 위하여 인쇄물에 대한 강한 검열제도를 도입하였다. 그 후 1848년 프랑크푸르트헌법과 1919년 바이마르헌법에 이르러서야 비로소 프레스의 자유는 본질적인 권리로 헌법에 수용되었다. 미국의 경우에는 1776년 버지니아 헌법에서야 언론의 자유를 기본권으로 인정하였다. 한편 프랑스에서는 1791년과 1795년에 기본권으로 인정되었다가 삭제되었으며 1872년에 이르러서야 비로소 기본권으로 인정받기에 이르렀다. 프레스의 자유의 역사적 전개에 대한 개략적인 설명은 Noelle-Neumann/Schulz/Willke(1999). Publizistik und Massenkommunikation, Frankfurt a.M. 5. Aufl., S. 421ff.

52) Vgl. Reimut Jochmischen(1999). Medienaufsicht in der Kontroverse-Konzentration, Kontrolle und KEK, K&R 2, S. 433ff.(S. 439ff.).

53) Vgl. BVerfGE 57, 295(319).

54) Vgl. BVerfGE 57, 295(320).

되는 이유는 그간 우리나라의 방송제도가 정착되는 과정에서 형성된 방송에 대한 '일반적인 사회적 인식'에서 찾아야 하지 않을까 한다. 따라서 '방송의 자유'에 있어서 '신문의 자유'와 마찬가지로 주관적 측면의 보장으로부터 자연스럽게 객관적 측면이 보장된다는 사고가 사회적 공리로 정착될 때까지는 방송이 다른 언론매체는 물론이고 인터넷 상의 표현의 자유에 비하여 달리 취급되어야 하는 필요성이 있는 것이다.

(4) 기본권으로서의 '인터넷 자유(Internetfreiheit)'의 성립가능성

1) 개 설

통신망과 통신망을 연동해 놓은 망의 집합을 의미하는 인터네트워크(internetwork)의 준말인 인터넷은 현재 전 세계를 연결하는 거대한 통신망 자체를 의미하게 되었다.

인터넷에는 PC통신과 같이 모든 서비스를 제공하는 중심이 되는 호스트 컴퓨터나 관리조직이 없으며, 자유롭게 접속하여 전 세계의 정보를 수집할 수 있고 자신의 의견을 개진할 수 있다. 인터넷을 통해 국민들은 다양한 경로와 저렴한 비용으로 정보를 제공받으며 의견을 표현할 수 있게 되었고, 소수의 경제적 강자에 의해 독점되었던 신문이나 방송과는 달리 누구나 쉽게 이용할 수 있게 되어 민주주의의 제고에 크게 기여하였다.

더욱이 최근 트위터, 페이스북 등 기존의 방송이나 신문 등 매스미디어에 버금가는, 또는 어쩌면 월등한 사회적 영향력을 가지는 개인미디어들의 발달, 방송통신의 융합과 멀티미디어에 대한 멀티캐스트의 등장으로 인한 건전한 멀티캐스트 규제 제도의 필요성이 커지고 있다. 특히 최근 방송과 유사한 사회적 영향력을 가졌지만 개인 간의 통신이라는 법적 한계 때문에 규범적 규제의 대상에서 제외되고 있는 다양한 멀티캐스트들에 대해 표현의 자유를 보장하면서도 사회적 해악을 제거할 수 있는 효율적인 규제방안이 강구되어야 한다.

방송과 통신은 지금까지 각 영역에서 독립적으로 발전해왔지만, IT의 발달에 따라 양 영역의 경계가 점점 허물어지면서 방송·통신의 융합은 전 세계적으로 보편적인 현상이 되었다. 이러한 멀티미디어의 발전으로 인해 표현의 자유가 고양되는 장점이 있는 반면에 아동·청소년에 대한 보호, 명예훼손 등 매우 심각한 피해가 발생하고 있다.

이러한 현상을 효과적으로 규율하기 위하여 인터넷 영역에서 방송이나 신문 등과 같이 독자적인 자유권 즉 '인터넷의 자유(Internetfreiheit)'를 인정해야 한다는 견해가 있다.

인터넷의 이용관계를 인터넷 접근 → 인터넷 이용이라는 시간적 흐름에 비추어 살펴보면 인터넷 이용에 있어 발생하는 표현의 자유, 명예훼손, 잊혀질 권리, 인터넷 범죄 등 다양한 문제들은 인터넷에 게재한 표현 내용이 광범위하고 빠른 속도로 확산되고 대규모의 피해가 발생한다.

하지만 인터넷의 이용에 있어 발생하는 문제점들은 이미 헌법상 표현의 자유, 형사법에

의한 처벌, 정보관련법에 의한 규제 등의 대상이 되므로 별도의 기본권을 창출할 필요가 있는지에 대해서는 의문이다.

이에 반하여 '인터넷에 접근할 수 있는 권리'는 기존의 알권리(정보접근권 및 정보공개청구권)와는 다른 구조로 형성되어 있기 때문에 독자적인 기본권의 하나로 인정될 수 있는지에 대해 논의할 여지가 있다.

2) 인터넷 접근권(Access right)의 기본권화 가능성

지난 2010년 BBC · 글로브스캔 등의 의뢰로 EAI 여론분석센터가 분석한 국제여론조사결과에 의하면 26개국 27,973명 중 79%에 해당하는 국민들은 인터넷 접근권(Access right)을 기본권 차원에서 논의해야 한다고 답변했다고 한다. 특히 한국에서는 인터넷을 기본권으로 인정해야 한다고 답변한 비율이 96%에 달했다.[55]

인터넷에 대한 접근권은 기존의 정보의 자유나 액세스권과는 내용적으로 약간 상이하다. 기존의 정보의 자유는 나치스 시대의 광범위한 언론통제와 서구 민주주의의 발달과정에서 언론에 대한 접근을 통해 국민의 알권리를 충족하는 것이 주요 목적이었다. 따라서 정보의 자유는 '일반적으로 접근할 수 있는 정보원으로부터 방해받지 않고 정보를 수집하고 수집된 정보를 취사 · 선택하여 활용할 수 있는 자유'로 정의하고 있다.

하지만 최근 논의되고 있는 인터넷상에서의 접근권은 이렇게 전통적인 의미에서의 공개된 정보에의 접근권이 아니고 끊김 없이 인터넷에 접속할 수 있는 '인터넷 접속권'을 의미한다.

지난 2009년 EU의회는 전자커뮤니케이션 공통규제 프레임워크 디렉티브(EU Regulatory framework for electronic communications networks and services)를 개정하여 인터넷 접속권을 표현의 자유와 동등한 기본권으로 규정하였으며, 인터넷에 대한 개방성과 망중립성을 보장하도록 하고 있다.[56]

인터넷 접속권을 기본권으로 인정하는 문제는 i) 인터넷에 접속하는 데 소요되는 비용의 부담과 유지보수의 의무, ii) 망중립성 등 크게 두 가지의 문제로 구분할 수 있다.

전자의 경우 만일 인터넷 접속권을 기본권으로 인정한다면 국가가 접속에 소요되는 비용과 유지보수 의무를 부담해야 한다. 또한 망중립성을 인정한다면 국민과 콘텐츠 사업자들이 인터넷에 접속하여 자유롭게 활동할 수 있는 기술적 기반을 마련해주어야 한다.

우리나라에서는 망중립성의 경우 최근 인터넷망 사업자와 스마트TV 제조업체간, 인터넷 메신저, mVoIP서비스를 제공하는 인터넷서비스제공사업자 등이 상호간에 망사용권을 두고

---

55) EAI 여론분석센터(2010). 26개국 76%, 인터넷 접근권, 인간의 기본권이다. BBC · 글로브스캔 · 매일경제 · 동아시아연구원 공동 여론조사.

56) Europa Press release(2009.11.5.), "Agreement on EU Telecoms Reform paves way for stronger consumer rights, an open internet, a single European telecoms market and high-speed internet connections for all citizen"(MEMO/09/491).

논쟁하고 있다.

하지만 이미 해외에서는 지난 2000년 에스토니아에서 인터넷 접속이 기본권이라는 법안을 통과시켰고, 2009년 프랑스 헌법위원회에서도 실질적으로 인터넷 접속이 기본권이라고 한 바 있다. 우리나라는 국민의 대다수가 인터넷 접근권이 기본권이라고 생각하고 있기 때문에 만일 이렇게 인터넷에의 접속을 기본권이라고 한다면 인터넷 접속과 망중립성의 문제에 대해 구체적으로 어떠한 입법조치가 필요할 것인지 고민해보아야 할 것이다.

(5) 잊혀질 권리의 확대 가능성

1) 잊혀질 권리의 현실적 필요성

인터넷 공간은 가장 표현촉진적이고 참여적인 시장이며, 쌍방향적 의사표시가 실시간으로 이루어지는 매체로서 기존의 공간과 시간의 개념은 물론 인터넷에서의 표현물의 유통구조를 획기적으로 변화시켰다. 그리하여 인터넷상의 디지털화된 정보는 변색되지 않으며 관심의 영역에서 사라지지도 않는다. 디지털화된 정보는 저렴한 비용으로 매우 손쉽게, 누구나 복제가 가능하고,[57] 내용의 수정·조작·저장이 매우 용이하며 원본과 거의 구별할 수 없을 정도로 완벽한 복제물을 생산할 수 있다. 또한 디지털 기술은 관련기사를 매우 신속하고 정확하게 검색·집적하고 데이터베이스화할 수 있도록 해주었다. 이에 따라 과거의 언론기사는 실질적으로 유통기한이 있었던 반면, 현재에는 데이터베이스 기기의 성능이 허락하는 한 유통기한도, 정보로서의 가치상실도 발생하지 않게 되었다.[58]

최근 개인의 자기관련정보통제권에 대한 법적 인식이 확산되면서 네덜란드 출신의 운영자들이 '웹2.0 자살기계(suicidemachine.org)'라는 프로그램을 개발하였다. 여기에서는 사회관계망 사이트에 올린 글과 사진을 모두 지워버리고 계정 자체를 없애주는 서비스를 하고 있으며, 일본어로 '할복(割腹)'을 뜻하는 '세푸쿠(seppukoo.com)'라는 서비스사업자들도 온라인 계정의 삭제를 도와주는 사이트를 운영하고 있다.

2) 잊혀질 권리의 확대 가능성

최근 EU에서는 'right to be forgotten(잊혀질 권리)'를 법제화할 수 있는 근거를 마련하려는 노력을 계속하고 있다.

유럽평의회(EC)는 지난해 2010.4.11 유럽평의회의 명의로 유럽의회, 평의회, 경제·사회이사회와 종교이사회에 보내는 '유럽연합 내에서의 정보보호에 대한 포괄적 접근(A comprehensive

57) 복제의 개념에 대해서는 Malkan, Jeffrey(2005), 'What is a copy?', 「Cardozo Arts and Entertainment Law Journal」, pp. 419 이하; 정상조(2003). '창작과 표절의 기준', 『서울대학교 법학』 제44권 제1호, 107면 이하 참조.

58) 신문 등의 종이매체에 비교하여 인터넷상의 정보유통의 특징에 대해서는 보다 상세한 사항에 대해서는 이재진·구본권(2008), '인터넷상의 지속적 기사유통으로 인한 피해의 법적 쟁점', 『한국방송학보』 22-3, 178면 이하 참조.

approach on personal data protection in the European Union)'이라는 결정문[59]을 통해 EU 각국이 '잊혀질 권리'를 도입할 수 있는 법적 근거를 마련하였다. EC는 이 결정문에서 그동안 EU 각국은 지난 1995년 정보보호지침(1995 Data Protection Directive)[60] 이래로 '기본권과 개인의 자유의 보호(The protection of fundamental rights and freedoms of individuals)' 특히 '정보보호에 관한 기본권(fundamental right to data protection)'과 아울러 내국시장에서의 개인정보의 자유로운 유통의 확보(achievement of the internal market-the free flow of personal data)라는 측면을 모두 고려하는 정책을 표방하여 왔다. 하지만 현재에는 개인정보보호와 관련된 주위 환경이 근본적으로 변화함으로써 정보보호의 문제에 대한 인식을 새로이 하여야 할 때가 왔다고 파악하고 있다.

이 결정문에서 EC는 현재의 상황을 "현재 기술이 개인들에게 그들의 행동과 성향을 쉽게 공유하게 하고 그것을 공개적이고 전세계적으로(publicly and globally)으로 전례 없는 규모로(unprecedented scale)이용할 수 있게 해주었다."고 지적하고 있다. 또한 결정문에서는 장차 SNS, 클라우드 컴퓨팅(cloud computing)을 통해 자신의 정보가 다른 누군가의 하드웨어에 저장되어 더욱 큰 침해의 위험에 노출되게 되므로 정보보호기관, 사업자, 개인 등에 대해 1995년 정보보호지침에서와는 다소 다른 기준을 적용하지 않으면 안 될 사회적·법적 필요성이 발생하고 있다고 하였다.[61]

EU 통신위원인 비비안 레딩(Vivian Reding)은 지난 2010년 Facebook사에 대해 개인정보보호를 위한 진지한 노력하도록 한 경고(warning)[62]를 제대로 이행하지 않았다고 불만을 토로했다. 레딩(V. Reding)위원은 '미국에 기반한 소셜네트워크회사들은 유럽의 수백만의 사용자들에 관한 문제에 있어서는 EU의 규제를 따라야 한다'고 하였다. 미국측의 기사에 의하면 이 결정문의 의미를 '향후 Facebook과 다른 SNS 사업자들이 좀 더 강한 정보보호조치를 하여야 하며, 사용자들에게 자신들의 정보에 대한 통제권을 주어야 한다'는 것으로 새기고 있다.

이렇게 개인정보보호의 법적 규제수준을 한 단계 격상시켜 '잊혀질 권리'를 도입하여 입

---

59) COM(2010) 609, 2010.4.11, Brussels.

60) Directive 95/46/EC of the European Parliament and of the Council of 24.10.1995 on the protection of individuals with regard to the processing of personal data and on the free movement of such data (OJ L281, 23.11.1995, p. 31). See the Study on the economic benefits of privacy enhancing technologies, London Economics, July 2010(http://ec.europa.eu/justice/policies/privacy/docs/studies/final_report_pets_16_07_10_en.pdf), p. 14 참조.

61) EC, 'A comprehensive approach on personal data protection in the European Union', COM(2010) 609, 2010.4.11, Brussels.

62) 기사원문에서는 '권고' 아니라 '경고'(warning)이라는 강한 표현을 사용하고 있다. 아마도 레딩(V. Reding) 위원의 권고가 매우 강력한 것이었음을 강조하는 표현으로 보인다. Telegraph, 2011.3.17(http://www.telegraph.co.uk/technology/Internet/8388033/Online-right-to-be-forgotten-confirmed-by-EU.html)

법화하려는 노력은 단순히 개인정보보호를 강화해야 한다는 고려에서뿐만이 아니라 SNS, 클라우드컴퓨팅서비스 등을 통해 점점 강화·확대되는 미국의 영향력으로부터 벗어나려는 EU 국가들의 의도가 담긴 것으로 보인다. 즉 현재 EU국가들이 인터넷상의 '잊혀질 권리'를 주장하면서 '정보에 대한 자기통제권'의 확대를 주장하는 것은 단순히 개인의 권리를 확보한다는 차원을 넘어 인터넷을 통한 미국의 정치적·사회문화적 영향력의 확대를 경계하는 조치를 취하기 위한 것으로 평가된다. 더욱이 향후 미국회사들이 주도하게 될 클라우드컴퓨팅서비스가 보편화되면 유럽의 주요기업들의 정보가 이 클라우드컴퓨팅서비스를 운영하는 기업의 서버에 저장되게 되는데, 이 경우 자칫 유럽 각국의 주요정보가 통째로 미국에 넘어가게 될지도 모른다는 문제의식의 표현인 것이다.

유럽연합은 2012년 1월 집행위원회가 인터넷에서 정보 주체의 권리를 강화하기 위해 사용자 정보에 대해 삭제를 요구할 수 있는 권리를 포함시킨 데이터보호법 개정안을 확정했다. 세계에서 처음으로 잊혀질 권리가 입법화된 것이다. 유럽연합 거주자에게 서비스를 제공하는 인터넷 사업자는 서버가 유럽연합 밖에 있더라도 이 법의 적용을 받게 되고, 위반시 100만 유로 또는 1년 매출의 2%에 해당하는 벌금이 부과되도록 규정하고 있다. 이 개정안이 발효되기 위해서는 27개 회원국의 정부 대표로 구성된 이사회와 유럽의회의 승인을 거쳐야 한다.

이러한 잊혀질 권리의 현실적인 확대가능성과 함께 향후 이론적으로는 잊혀질 권리와 개인정보자기결정권 중 자기정보삭제권의 관계에 대해 고찰해보아야 한다.

개인정보자기결정권이란 자신에 관한 정보가 언제, 어떻게 그리고 어느 범위까지 수집, 전달, 가공, 이용될 수 있는지에 대해 정보주체가 자율적으로 결정할 수 있는 권리를 의미한다.[63] 개인정보자기결정권의 내용 중 하나로 자기정보삭제권이 인정되고 있기 때문에 향후 기존의 자기정보삭제요구권과 잊혀질 권리의 관계 및 체계적 지위에 대해서는 지속적인 연구가 필요하다.[64]

Ⅳ. 결　　어

우리 헌법은 '정보인권', '정보권' 내지 '정보기본권'에 대해 전혀 규정하고 있지 않지만 '국민의 자유와 권리는 헌법에 열거되지 아니한 이유로 경시되지 아니한다'라는 규정에 비추

63) 우리나라에서는 '자기정보통제권 또는 개인정보자기결정권' [권영성(2010). 전게서, 456면]; '정보자기결정권' [김일환(2001). '정보자기결정권의 헌법상 근거와 보호에 관한 연구', 공법연구 제29집 제3호]; '자기정보에 대한 통제권'(성낙인, 전게서, 1207면); '자기정보통제권' [차맹진(1991), 프라이버시와 자기정보통제권, 박사학위논문(인하대)] 등으로 불리고 있다.

64) 잊혀질 권리에 관한 종합적인 논의는 지성우(2011), '소위 잊혀질 권리(Right to be forgotten)에 관한 탐색적 연구', 정보법학 제15권 제3호, 55-85면; 조소영(2012). 잊혀질 권리: 정보의 웰다잉(well-dying)을 위한 법리 검토, 공법연구 제41권 제2호, 433-457면을 참조.

어 ‘헌법에 명시적으로 규정되지 않은 기본권의 하나’로 정보기본권을 인정할 수 있을 것이다.

이렇게 정보기본권을 인정하는 경우에는 헌법 제37조 제2항에 근거하여 정보적 활동의 특성에 따라 정보생활의 법률관계를 분류하고, 이에 대응하는 국민의 기본적 인권을 추출하여 정보기본권의 유형을 구체화할 수 있을 것이다.

종래 정보기본권에 대하여는 시민사회를 중심으로 정보환경의 변화에 대응하는 정보사회에서의 인권 문제에 관심을 가진다는 측면에서 검토되어 왔다. 향후에는 기본권의 일반이론에 의해 정보기본권을 인정하고 이에 대한 체계적 지위를 부여하는 방안을 고려해볼 수도 있을 것이다.

정보인권을 기본권의 하나인 정보권 내지 정보기본권이라는 명문의 규정을 두는 헌법개정에 의해 인정할 것인가는 방법론적·헌법정책적 합의와 결단이 필요한 문제이다. 또한 차기 헌법개정시에는 아마도 정보인권이 기본권의 하나로 규정될 수도 있는 가능성도 매우 높다.

하지만 이와 같은 헌법개정의 필요성과는 달리 현행 헌법 체계하에서 헌법해석학적 측면에서 정보권이 이론적으로 독자적인 기본권의 하나로 인정될 수 있는 것인가에 대해서는 보다 심도 있는 토론이 필요하다.

정보기본권의 내용이 추상적이고 광범위하기 때문에 전체적인 개요를 일의적으로 설명하기는 매우 어렵다. 하지만 현행 헌법을 해석함에 있어 특정 기본권 또는 몇몇 기본권을 근거로 하여 정보관련 기본권을 해석하는 것은 지양되어야 할 것이다. 개별 기본권적 관점에서 정보화사회에서의 발생하는 문제점에 대응하는 접근방식을 소극적 방법보다는 정보를 중심으로 하여 전개되는 정보화사회의 헌법사항을 독자적·통합적으로 다루려는 노력이 필요하다.

이러한 논의는 기존의 기본권 체계를 전반적으로 재구성해야 하는 문제가 수반되기 때문에 헌법학계에서 향후 이 문제에 대해 지대한 관심을 기울여야 할 것이다.

19. 헌법 개정과 재산권 조항*

김 광 수**

Ⅰ. 서설: 헌법 개정의 의의

헌법이 개정된 지 30년이 흐른 시점에서 그간의 변화를 반영하고 미래의 희망을 담는 헌법으로 개정하려는 움직임은 자연스러운 현상이다. 현 정부에서 지방선거에 맞추어 헌법 개정안을 내놓고 국민의 동의를 받겠다고 하면서 헌법 개정은 이제 구체화, 가시화되고 있다. 헌법은 국민의 정치적 위상과 기본권에 직접적인 영향을 끼치는 최고의 규범이므로 개정의 방향에 대해서 많은 국민들이 관심을 가지고 있고, 또 가져야 한다. 헌법 제정 이후에 수차례의 헌법 개정이 있었는데 이번 헌법 개정 논의는 몇 가지의 특징을 보인다. 첫째는 분명한 쟁점이 없는 개정 움직임이다. 헌법 개정은 흔히 정치적인 큰 사건과 결부되며 주로 권력을 가진 자의 편의나 권력의 연장을 위하여 이루어져왔다. 이번 헌법 개정 논의가 대통령의 탄핵 및 그에 따른 새 대통령의 선출과 시기적으로 연결되지만 사실 헌법 개정 논의는 소위 탄핵정국 이전부터 존재하였다. 둘째는 개정의 주체가 모호하다. 국회 내 헌법개정위원회가 구성되어 활동하고 있으나 그 활동이 국민들에게 소상히 알려지지 않고 있으며 따라서 국민적인 공감도 형성하지 못하고 있다. 대통령이 헌법 개정안을 내겠다고 하였는데 그 중심은 국민의 기본권 강화와 지방분권에 있는 듯하다. 그간 국회(및 언론) 중심의 헌법 개정 방향이 주로 대통령 중임제, 의원내각제 및 이원적 정부제 논의와 같은 통치형태 중심의 논의로부터 이제와서 기본권과 지방분권이 중심이 된다는 이야기는 쟁점이 뚜렷하지 않거나 합의되지 않고 있다는 의미이다. 하여간 이 헌법 개정의 중심적 과제가 무엇인가라는 논의만 보더라도 정치권 및 국회 내에서조차 헌법개정안의 합의 도출이 쉽지 않을 것으로 전망된다. 셋째는 시급한 개정 쟁점이 없는 상황에서도 헌법 개정에 대한 국민의 기대 내지는 희망은 작지 않다. 그간 사회 내 발생한 부조리한 사건과 헌정 행태를 시정할 수 있는 돌파구로 얼마간은 헌법 개정에 기대고 있는 형국이다. 헌법 개정 논의는 우리 사회 문제의 해결에 부차적인 과제이다. 사회에서 벌어지고 있는 여러 법적 문제의 해결을 위해서는 헌법의 개정보다는 기존 법의 올바른 해석과 준수가 선결과제라고 생각한다. 즉 우리 사회의 문제는 좋은 법이 없다기보다는 선진적인 법질서 혹은 법문화가 정착되지 못해서 발생하고 있다.

---

* 이 글은 한국국가법학회에서 발간하는 국가법연구 제14집 1호(2018년 2월)에 게재된 내용을 일부 수정하였다.

** 서강대학교 법학전문대학원 교수

과거의 헌법개정은 집권자의 권력연장이나 독재에 맞서는 국민들의 요구에 의하여 실현되었다. 오늘의 헌법 개정논의는 소위 촛불 혁명으로 분출된 국민의 개혁요구를 반영하는 노력과 함께 그간의 대통령 중심제로 인한 권력집중과 독선의 폐해를 시정하라는 요청 그리고 국민소득의 증가와 사회의 발전에 맞추어 국민의 기본권을 신장하고 지방분권을 확대하여 국가의 거버넌스를 보다 민주적으로 하고, 수도권과 지방의 균형 있는 발전을 도모하고자 하는 노력이 동시에 이루어지고 있다. 헌법은 이제 명목적 규정이 아닌 살아 있는 최고 규범으로 재탄생하고 있다. 헌법이 일부 세력이나 계층의 전유물일 수 없듯이 헌법 개정의 논의 또한 일부에 독점될 수 없으며 모든 국민의 기대와 여망에 부응할 수 있도록 최대공약수를 만들어 가야 한다. 이 글에서는 헌법 제23조의 재산권 보장의 개정 논의를 중심과제로 한다. 그간 정치권 및 시민사회에서의 헌법 개정 토론은 주로 기본권과 통치기구를 중심으로 이루어져 왔는데, 재산권이 가지는 중요성을 감안하면 아쉬운 부분이다. 필자는 오랜 기간 재산권에 관한 관심을 가지고 연구해 왔으므로 이번 헌법 개정 움직임과 관련하여 재산권 조항의 개편방안을 제시하고자 한다.

Ⅱ. 재산권의 현대적 의의와 헌법개정

과거에는 재산이 요즘과 같이 생활의 큰 부분을 차지하지 않았다. 필자가 아는 한 사회 내 재산권[1] 이외에도 명예라든지 자존심이라든지 교양이라든지 하는 비재산적인 가치가 인정되고, 이를 통해서 어느 정도로는 사람 행세를 할 수 있었다. 그런데 지금은 어떤가? 아직 교양 있는 분들은 혹은 종교적인 경건한 분들은 재산 가치를 그리 높지 않게 생각하거나 혹은 다른 가치와 비교해서 균형 있게 다루려고 한다. 그러나 사회의 일반적인 인식은 그렇지 않다. 과거 재판 사건에 얽히게 되면 친척이나 친구를 찾았다. 그러나 지금은 혹시 아는 사람이 연결되더라도 그보다는 유능한 변호사에게 의뢰하는 것이 나으며, 유능한 변호사는 바로 많은 수임료를 통하여 확보할 수 있다. 일반인들은 "하늘이 무너져도 정의를 세워라."라는 말보다는 '유전무죄 무전유죄(有錢無罪 無錢有罪)'라는 말을 더 지지하지 싶다. 물론 우리 사법부의 모든 부분이 타락되었다면 이 사회가 유지되지도 못할 것이다. 그리고 필자가 아는 한 사법부는 다른 어떤 기관보다도 유능하며 헌신적이다. 그러나 많은 사람들이 아직도 유전무죄적 사법 현상을 믿고 있다면 필경 무언가는 잘못되어 있다는 이야기다. 돈이 있으면 있는 죄도 없게 하거나 가볍게 할 수 있다면 돈에 관한 권리 즉, 재산권의 중요성은 아무리 강조해도 지나치지 않게 된다.

1) 재산권은 헌법적인 용어인데, 재산에 대해서 주어지는 권리이므로 편의상 일단은 재산권과 재산을 구별 없이 쓰기로 한다.

유전무죄라고 하는 말은 언뜻 재산권의 보장보다 사법질서 혹은 정의 회복이 우선시되어야 할 것으로 비친다. 사법의 운용이 재산의 다과에 영향받지 않고 국민 모두에게 정의로운 방향으로 이루어진다면 이런 아름답지 못한 말도 사라질 수 있을 것이다. 그러나 좀더 생각해 보면, 사법이란 과거에 있었던 법위반에 대한 단죄(혹은 시비)인데 그 법적 다툼이란 무엇 때문에 발생하는 것인가? 만일 재산이 사회에서 가장 강력한 단일의 가치라고 한다면 결국 모든 분쟁에는 재산적 이익이 그 배경에 자리하고 있는 것이고, 재산권의 적정한 보장과 재산적 질서의 회복이 사법적 질서의 회복에 앞서야 한다고 말할 수 있겠다.

헤겔이 재산권(Eigentum)을 인간의 자유와 연결시켜 설명한 이래,[2] 그리고 아담 스미드나 존 로크가 재산권의 정당화 사유를 인간의 노동과 연결시켜 설명한 이래 근대적 헌법에서는 재산권의 보장이 중요한 제도이자 국민의 권리로서 자리잡고 있다. 재산권의 보장에서 연유하는 노동착취를 빌미로 생산재의 사회화 혹은 국유화를 주장한 사회주의 헌법은 역사 속에서 그 세력을 잃었으며 북한 등 일부의 헌법에서만 남아 있다. 그렇다고 하여도 재산권의 절대적인 보장이 정당화되는 것은 아니다. 우리 헌법에서 재산권의 범위와 한계는 법률로 정한다고 규정하고 있듯이 재산권은 민주주의와 법치주의의 틀 내에서 그 위상이 주어졌다. 우리 헌법은 재산권 제도를 보장하고 있으며 이를 기반으로 사회 내 재화 및 서비스의 생산과 유통 그리고 배분이 이루어지고 있다. 그러니까 우리 헌법은 자본주의 생산양식에 기초하고 있으며 이를 폐지하거나 본질적인 내용을 변경하려는 논의는 헌법 개정의 범위를 넘어서게 된다. 즉, 이 글의 범위나 대상은 아니다.

재산권 보장이 원리로 작동하는 사회 내에서도 재산의 분배 문제로 인하여 파생되는 무수한 사회적 문제가 존재한다. 위에서 언급한 재산의 다과에 의한 편파적인 사법 운용의 혐의가 그 한 예일 것이다. 그 이외에 다음의 부작용을 생각할 수 있다. 첫째는 아마도 절대적으로 재산이 없는 사람들의 빈곤에 따르는 문제일 것이다. 헌법이 보장하는 평등은 '법 앞의 평등'으로서 '기회의 평등'을 의미하며 결과적인 평등을 보장하고 있지 않다. 그러므로 재산을 애초에 모을 수 없었거나, 상속이나 증여받을 수 없었거나 혹은 합법적으로 취득할 수단을 가지지 못했던 사람들은 그 재산적 무능력으로 인하여 재산권 중심의 사회체계 내에서 인간으로서의 자격과 능력을 의심받게 되고 종내에는 사람의 구실을 못하게 되는 처지로 내몰린다. 둘째는 상대적으로 재산이 많은 사람의 재산이 없는 사람에 대한 재산을 빌미로 한 폭력과 비이성적 영향력의 행사일 것이다. 요즘 언론에서는 이를 "갑질"이라고 표현하고 있다. 물론 갑질은 군대 내에서나 직장 내에서와 같이 권력을 매개로 하여 일어날 수 있으나 재산의 다과에 의한 갑질이 수적으로 많다. 이를 범위를 넓혀 생각해 보면 노동법적인 문제

2) G. Wilh. F. Hegel, Grundlinien der Philosophie des Rechts, Felix Meiner, 1955, p. 55 이하.

로 전환되기 쉬울 듯하다. 셋째는 사회내 가진 사람과 못 가진 사람의 그 재산적인 격차가 크며, 그 격차가 시간이 지남에 따라서 점차로 더 벌어지는 문제와 이로 인한 부작용일 것이다.[3] 경제학자들 간에 논쟁은 있겠으나 대체적인 관찰 결과는 자본이 차지하는 몫과 노동이 차지하는 몫에는 일정한 비율이 존재해 왔는데 최근에는 그 비율이 자본에 유리하게 움직이고 있다고 한다. 그럴 경우에는 위에서 말한 절대적인 빈곤자의 숫자가 증가하게 된다. 과거에는 사회 내 부의 분배 상태를 알려주는 지니 계수나 소득분포 곡선 등에 의하면 우리나라는 비교적 평등한 사회였으나 현재는 완만하게 불평등한 방향으로 움직이고 있다.[4] 소득의 불평등을 이끄는 요인으로는 고령자 비율의 증가, 비정규직의 확대 및 여성에 대한 불평등한 처우 등이 있다. 마지막으로 생산 및 소비 활동에 의한 환경변화를 들 수 있다. 그간 인류는 자연을 이용과 정복의 대상으로 보고 경제활동을 하였는데 인간 경제활동의 규모가 증가하면서 이제는 인간의 활동으로 인하여 오히려 자연환경이 변화하는 시점에 도달하였다. 지구 기후의 변화는 그간 인간들의 경제활동으로 인하여 초래되었으며, 이러한 추세가 계속될 때에는 자원의 고갈과 지구환경의 파괴로 인하여 더 이상 인류의 지속적인 생존이 어렵다고 보고되고 있다. 이를 재산권 행사의 측면에서 본다면 재산권의 사회적 구속에는 타인과의 관계에 의한 제약 이외에 지구환경의 보전을 위한 제약까지 포함되어야 함을 의미한다. 이러한 논의는 1987년의 헌법 개정 시에는 없었으며, 국제사회에서도 1992년 리우 환경회의를 통하여 부각되었기 때문에 이번 헌법 개정시에 특별한 의미를 가지는 논의라고 생각한다.

한편 헌법은 최고의 국가 규범이지만 형식적으로 매우 간략히 표현되며 내용적으로는 국가의 사회적 개입에 대한 한계라는 원칙이 있기 때문에 위의 문제 해결을 위한 조문을 모두 헌법에 담기는 어렵다. 헌법이 재산권에 대하여 직접적으로 규정하고 있는 조항은 제23조의 3개항에 불과하다. 그리고 근대 헌법은 국가와 사회의 분리라는 이원적 구조에 의하고 있기 때문에 헌법에서는 "재산권은 보장된다."라고 하는 틀만을 제작하고 그 구체적인 내용이나 형태는 법률에 맡기고 있다. 헌법재판소는 재산권의 보장을 본질적 내용의 침해금지, 평등의 원칙 및 비례의 원칙(과잉금지) 그리고 직업선택 및 영업활동의 자유라고 하는 형식원리에 의하여 판단하고 있다. 즉, 재산권에 대한 보장은 헌법의 제도로서 유지되어야 하지만 그 구체적인 내용은 당시의 사회적 인식이나 여론 및 경제적인 형편에 의하여 변화할 수 있는 여지가 있다. 그렇다고 해도 헌법은 적어도 현재의 재산권의 의미와 사회적 기능을 고려하여 그 내용이나 행사방법에 대하여 일정한 방향을 제시해 주어야 할 것이다.

헌법상 재산권 보장의 직접적 기능은 제23조 제3항에 의한 수용에 따른 보상에서 찾을

---

3) Thomas Piketty, CAPITAL in the Twenty-First Century(trans. by Arthur Goldhammer), 2014, p. 301 이하.

4) 지니 계수는 0이 완전평등 상태이고 1이 완전 불평등 상태인데 우리나라는 0.3으로 나온다. 다른 통계에 의하면 0.4로 측정되기도 한다.

수 있다. 재산권에 대한 '수용, 사용 및 제한'은 개인의 재산권에 대한 직접적인 침해이자 극단적인 공권력의 행사를 의미하기 때문에 이를 가능하게 하는 헌법적인 근거를 마련하는 의미가 있다. 다시 말하면 재산권 보장의 한계를 헌법에서 직접 규정하는 의의를 가지고 있다. 개인과 개인 사이에 재산권은 매매나 증여 교환 등에 의하여 이동되지만 국가는 공권력 작용을 통하여 개인의 재산권을 박탈하는 점에서 극단적인 형태를 지니며 그에 대한 보상도 국가법 체계에 의하여 이루어지기 때문에 개인의 재산권에 대한 국가의 개입은 강력하고 치명적으로 나타난다. 그래서 재산권 보장은 헌법 제23조 제3항을 통하여 상징적으로 표현된다. 예를 들면 1972년 12월 27일 시행된 제4공화국 헌법(일명 유신헌법) 제20조 제3항은 "공공필요에 의한 재산권의 수용·사용 또는 제한 및 그 보상의 기준과 방법은 법률로 정한다."고 규정하고 있었다. 즉, 보상의 기준을 법률에 전적으로 위임함으로써 동조 제1항이 규정하고 있었던 '재산권의 보장'이 명색만인 것으로 만들었다. 다시 말하지만 헌법 개정시 재산권에 관해서는 제23조 제3항의 공용수용과 그에 따르는 보상의 기준 및 절차가 중요한 의미를 지닌다. 이상과 같은 문제의식을 바탕으로 이하 논의를 전개하기로 한다.

Ⅲ. 재산권 조항의 내용

1. 헌법 제23조 제1항

(1) 연 혁

헌법 제23조 제1항은 "모든 국민의 재산권은 보장된다. 그 내용과 한계는 법률로 정한다."고 규정하고 있다. 1948년 제정된 헌법 제15조는 제1항에서 "재산권은 보장된다. 그 내용과 한계는 법률로써 정한다."고 규정하고 있었다. 두 조문을 서로 비교해 보면 약간의 표현상의 차이만 있을 뿐이고 거의 똑같다. 이후에 조문 번호는 달라졌지만 제1항의 내용은 변함없이 지속하고 있다.

(2) 내 용

재산권의 보장은 자유민주주의 국가의 근본적인 제도로서의 지위를 가진다. 재산권은 사회적으로 축적된 인간활동의 가치이며 이를 통해 인간의 생존과 생활이 가능하게 된다. 재산권의 보장은 사회적 제도로서의 성격과 함께 헌법상 기본권의 보장이라는 의미를 가진다. 민법은 소유권이나 점유권 등 권리가 가지는 내용을 중심으로 규율하고 있지만 헌법에서 보장하는 재산권은 재산적인 가치를 중심으로 규율하고 있다. 그러나 분명히 헌법은 '재산권'을 보장하고 있기 때문에 단순히 '경제적인 이익을 얻을 기회' 등 사실상의 이익은 직접적으로 보장하지는 않는다.

재산권의 내용과 한계는 법률로 정한다. 이는 적극적으로는 재산권에 대해서 반드시 국민의 대표기관인 국회에서 그 내용을 규율하라고 하는 의미를 가진다. 그리고 소극적으로는 법률 하위 입법인 행정입법에 의하여 재산권의 내용을 규율해서는 안 된다는 의미이다. 헌법과 행정법에서 재산권의 내용을 법률에 의하여 규율 및 내용형성 하는 것은 당연한 것으로 인정된다. 가령 국토의 계획 및 이용에 관한 법률(국토계획법)에서는 전국의 토지를 용도지역 및 용도지구 등으로 구분하여 각 지역 및 지구에 따른 이용방법을 규율한다. 이는 법률에 의한 토지재산권의 내용으로 토지재산권자의 재산권은 입법에 의하여 규율된 바로 한정된다.[5]

2. 헌법 제23조 제2항

(1) 연 혁

헌법 제23조 제2항은 "재산권의 행사는 공공복리에 적합하도록 하여야 한다."고 규정하고 있다. 제23조 제1항에 의하여 그 내용이 규정된 재산권을 행사함에 있어서도 그 방법은 공공복리에 적합하도록 하라는 것이다. 公共福利는 소위 불확정 헌법개념으로 그 의미에 대해서는 여러 해석이 가능하지만 대체로 '불특정 다수의 이익'이라든지 '사회 공동체의 이익'에 유사한 것으로 해석된다. 연혁상 이미 1948년의 헌법에 "재산권의 행사는 공공복리에 적합하도록 하여야 한다."는 규정을 두고 있었다. 그리고 비교법적으로 고찰하면 바이마르 헌법 제153조 제3항에서 "재산권은 의무를 수반한다. 그 행사는 동시에 공동선에 이바지하여야 한다"고 규정하고 있었다.[6] 그리고 약간의 표현상의 차이는 있지만 독일 기본법 제14조 제2항에도 동일한 내용을 찾아볼 수 있다.[7]

(2) 내 용

재산권의 내용과 한계는 법률에 의하여 정해지기 때문에 그 안에서는 재산권자가 자유롭게 사용, 수익 및 처분을 할 수 있는 권능을 가진다. 재산권자의 권리 행사방법이 헌법에 위반되기 때문에 무효나 취소의 대상이 되는 경우는 상정하기 쉽지 않다. 그래서 헌법 제23조 제2항은 우선 재산권자가 헌법 제23조 제1항에서 정하고 있는 재산권의 내용 및 범위를 준수하도록 하는 경고 및 촉구의 의미를 가지는 것으로 해석할 수 있다. 그리고 또한 국가기관에서 재산권의 내용과 한계를 설정할 때, 이를 통하여 그 재산권자의 재산권 행사가 공공복리에 이바지할 수 있도록 하라는 명령적 의미를 가진다. 사실 제2항은 그 자체로는 공허

---

5) 재산권 보장의 헌법적 의미에 대해서는 성낙인, 헌법학, 법문사, 2018, 1319면; 정종섭, 헌법학원론, 박영사, 2015, 700면; 한수웅, 헌법학, 2018, 851면; 허영, 헌법이론과 헌법, 박영사, 2017, 593면 참조.

6) Die Verfassung des Deutschen Reichs §153 "Eigentum verpflichtet. Sein Gebrauch soll zugleich Dienst sein fur das Gemeine Beste."

7) GG §14 (2) Eigentum verpflichtet. Sein Gebrauch soll zugleich dem Wohle der Allgemeinheit dienen.

한 내용으로 들리지만 만일 제2항이 없다고 생각하면 재산권의 사회적 성격이 매우 달라질 수 있다. 일반적인 생각과는 달리 '절대적 재산권'은 존재하지 않는다. 재산권은 사회적 가치이며, 공동체의 유지와 번영을 위하여 제한을 받을 수밖에 없다. 제2항은 이를 명시적으로 표현하는 규정이며, 이를 통하여 재산권의 제한이 정당성을 획득하는 근거가 된다. 이는 입법자가 재산권의 내용을 형성할 때 적용됨과 아울러 재산권자가 법률에 의해 보장되는 재산권을 행사함에 있어서도 적용된다.

3. 헌법 제23조 제3항

(1) 연 혁

제23조 제3항은 공공필요에 의한 공용수용 시 그에 대한 보상을 지급하도록 하는 수용조항이다. 여기서는 "공공필요에 의한 재산권의 수용·사용 또는 제한 및 그에 대한 보상은 법률로써 하되, 정당한 보상을 지급하여야 한다."고 규정한다. 1948년 헌법에는 "공공필요에 의하여 국민의 재산권을 수용, 사용 또는 제한함은 법률이 정하는 바에 의하여 상당한 보상을 지급함으로써 행한다."고 규정하고 있었다. 이 조문은 바이마르 헌법의 재산권 조항에서 출발하였다. 바이마르 헌법 제153조 제2항은 "공용수용은 일반의 복리를 위해서 법률적 근거 위에서만 이루어질 수 있다. 라이히 법에서 달리 규정하지 않는 한 수용에 따르는 적정한 보상을 지급하여야 한다."고 규정하고 있었다.[8] 그런데 현재의 규정은 독일 기본법의 공용수용 조항에 가깝게 규정되어 있다. 독일 기본법 제14조는 "공용수용은 오직 일반의 복리를 위해서만 이루어질 수 있다. 수용은 보상의 방법과 정도를 규율하는 법률에 의해서 혹은 법률의 근거 위에서만 이루어질 수 있다. 보상은 일반과 당사자의 이익을 적정히 형량하여 결정하여야 한다.…"[9] 재산권의 '수용·사용 또는 제한'이라는 용어를 수용으로 통일하자는 논의도 존재하지만, 수용·사용 또는 제한 간에는 태양의 차이가 존재하고, 1948년 헌법부터 존재해 온 조항이므로 특별한 사정이 없는 한 그대로 유지하는 것도 나쁘지 않다고 판단된다.

(2) 내 용

1980년 헌법 제22조 제3항은 "공공필요에 의한 재산권의 수용·사용 또는 제한은 법률로써 하되, 보상을 지급하여야 한다. 보상은 공익 및 관계자의 이익을 정당하게 형량하여 법

8) "Eine Enteignung kann nur zum Wohle der Allgemeinheit und auf gesetzlicher Grundlage vorgenommen werden. Sie erfolgt gegen angemessene Entschädigung, soweit nicht ein Reichsgesetz etwas anderes bestimmt. …".

9) "Eine Enteignung ist nur zum Wohle der Allgemeinheit zulässig. Sie darf nur durch Gesetz oder auf Grund eines Gesetzes erfolgen, das Art und Ausmaß der Entschädigung regelt. Die Entschädigung ist unter gerechter Abwagung der Interessen der Allgemeinheit und der Beteiligten zu bestimmen. …".

률로 정한다."고 규정하고 있었다. 공용수용의 요건과 절차 및 보상을 법률로써 정하도록 하고 있는 점에서 일견 현행 헌법과 유사해 보인다. 그러나 현행 수용 조항은 공용수용의 요건과 그에 대한 보상을 모두 '법률로써' 정하도록 하고 있는 점에서 분명 이전의 헌법과 다르다. 그 의미가 처음에는 분명하게 드러나지 않았지만 1998년 헌법재판소에서 개발제한구역의 설정과 그에 대한 보상 사건에서 토지이용제한으로 인하여 재산권자에게 특별한 희생이 부과되었는데도 이에 대한 보상규정을 두고 있지 않은 구 도시계획법 제21조에[10] 대한 위헌 결정을 함으로써 이 부분이 명확하게 되었다.[11] 이에 관하여 중요한 판결 요지는 다음과 같다.

> "도시계획법 제21조에 규정된 개발제한구역제도 그 자체는 원칙적으로 합헌적인 규정인데, 다만 개발제한구역의 지정으로 말미암아 일부 토지소유자에게 사회적 제약의 범위를 넘는 가혹한 부담이 발생하는 예외적인 경우에 대하여 보상규정을 두지 않은 것에 위헌성이 있는 것이고, 보상의 구체적 기준과 방법은 헌법재판소가 결정할 성질의 것이 아니라 광범위한 입법형성권을 가진 입법자가 입법정책적으로 정할 사항이므로, 입법자가 보상입법을 마련함으로써 위헌적인 상태를 제거할 때까지 위 조항을 형식적으로 존속케 하기 위하여 헌법불합치결정을 하는 것인바, 입법자는 되도록 빠른 시일 내에 보상입법을 하여 위헌적 상태를 제거할 의무가 있고, 행정청은 보상입법이 마련되기 전에는 새로 개발제한구역을 지정하여서는 아니되며, 토지소유자는 보상입법을 기다려 그에 따른 권리행사를 할 수 있을 뿐 개발제한구역의 지정이나 그에 따른 토지재산권의 제한 그 자체의 효력을 다투거나 위 조항에 위반하여 행한 자신들의 행위의 정당성을 주장할 수는 없다."

즉, 국토의 합리적 이용을 위하여 이루어지는 국토계획은 원칙적으로 합헌적이다. 그러나 국토이용계획에 따른 제한은 합리적인 범위 내에서 허용되며, 그 한계를 벗어나는 이용계획은 토지소유자에게 수인을 기대할 수 없는 가혹한 부담(특별한 희생)을 강요하는 것이므로 위헌적인 토지이용규제가 된다. 이 상태를 제거하기 위해서는 입법자가 입법정책적으로 보상입법을 마련하여야 하며, 그 이전에는 당해 조항은 헌법불합치한 상태에 놓이게 된다. 토지소유자는 입법자에 의한 보상입법이 있을 때 그에 근거하여 권리행사를 할 수 있다. 다시

---

10) (구) 도시계획법 제21조(개발제한구역의 지정) ① 건설부장관은 도시의 무질서한 확산을 방지하고 도시주변의 자연환경을 보전하여 도시민의 건전한 생활환경을 확보하기 위하여 또는 국방부장관의 요청이 있어 보안상 도시의 개발을 제한할 필요가 있다고 인정되는 때에는 도시개발을 제한할 구역(이하 "開發制限區域"이라 한다)의 지정을 도시계획으로 결정할 수 있다. <개정 1972.12.30>
② 제1항의 규정에 의하여 지정된 개발제한구역안에서는 그 구역 지정의 목적에 위배되는 건축물의 건축, 공작물의 설치, 토지의 형질변경, 토지면적의 분할 또는 도시계획사업의 시행을 할 수 없다. 다만, 개발제한구역 지정 당시 이미 관계법령의 규정에 의하여 건축물의 건축·공작물의 설치 또는 토지의 형질변경에 관하여 허가를 받아(관계법령에 의하여 허가를 받을 필요가 없는 경우를 포함하다) 공사 또는 사업에 착수한 자는 대통령령이 정하는 바에 의하여 이를 계속 시행할 수 있다. <개정 1972.12.30, 1981.3.31>
③ 제2항의 규정에 의하여 제한될 행위의 범위 기타 개발제한에 관하여 필요한 사항은 대통령령으로 정하는 범위안에서 건설부령으로 정한다. <개정 1972.12.30, 1981.3.31>

11) 헌법재판소 1998.12.24. 선고 89헌마214, 90헌바16, 97헌바78 병합 결정.

말하면 보상을 신청할 수 있다. 재산권의 제한과 그에 대한 보상의 방법에 관한 헌법재판소의 결정은 독일 연방헌법재판소의 재산권 구조에 관한 판단과 그 맥락을 같이 한다.[12] 1981년 소위 자갈채취 판결이 나오기 이전에 연방법원은 사회적 구속을 넘는 재산권의 제약에 대해서는 법원이 당사자의 청구에 의하여 보상을 해 주도록 판결할 수 있다고 보았다. 그러나 1981년 판결에서 헌법재판소는 사회적 구속을 넘는 재산권 행사에 대해서 바로 보상을 청구할 수는 없고 헌법재판소에 당해 입법의 합헌성 여부에 관한 판단을 받은 이후에 그 결과에 따라서 당해 입법이 합헌이면 이를 수인하여야 하지만 만일 위헌이면 입법자의 개정입법을 기다려서 그에 따른 권리구제 방법을 취하여야 한다고 하였다. 이를 경계이론과 분리이론으로 설명하기도 한다. 분리이론에 의하면 보상은 헌법의 수용과 보상의 연결조항(Junktim-Klausel)에 의하여 수용의 근거가 되는 법률에 함께 규정되어야 한다. 위 1998년 헌법재판소 결정은 헌법 제23조의 재산권 보장의 구조에 대해서도 의미있는 설시를 하고 있다.

> "입법자가 도시계획법 제21조를 통하여 국민의 재산권을 비례의 원칙에 부합하게 합헌적으로 제한하기 위해서는, 수인의 한계를 넘어 가혹한 부담이 발생하는 예외적인 경우에는 이를 완화하는 보상규정을 두어야 한다. 이러한 보상규정은 입법자가 헌법 제23조 제1항 및 제2항에 의하여 재산권의 내용을 구체적으로 형성하고 공공의 이익을 위하여 재산권을 제한하는 과정에서 이를 합헌적으로 규율하기 위하여 두어야 하는 규정이다. 재산권의 침해와 공익간의 비례성을 다시 회복하기 위한 방법은 헌법상 반드시 금전보상만을 해야 하는 것은 아니다. 입법자는 지정의 해제 또는 토지매수청구권 제도와 같이 금전보상에 갈음하거나 기타 손실을 완화할 수 있는 제도를 보완하는 등 여러 가지 다른 방법을 사용할 수 있다."

이 결정요지의 의미는 헌법 제23조 제1항에 의하여 재산권에 대한 내용결정을 하는 때에는 가혹한 부담이 발생하는 예외적인 상황을 완화하기 위하여 (재산권의 내용규율적) 보상규정을 두어야 한다는 것이다. 독일에서는 이를 '조정(調整)을 의무로 하는 내용규정 및 한계규정(Ausgleichspflichtigen Inhalt- und Schrankenbestimmung)'이라고 한다.[13] 헌법재판소는 이 결정을 통하여 다음을 확인하였다. 첫째로 재산권의 내용결정은 합리적인 범위 내에서 이루어져야 하며, 이 한계를 넘는 내용규정에 대해서는 그 위헌성을 제거하기 위하여 입법자에게 보상등의 방법으로 재산권자의 가혹한 부담을 완화하기 위한 입법 조치를 하여야 하는 의무가 부과된다. 둘째로 재산권자는 자신의 재산권에 대해 사회적 구속을 넘는 과도한 제약이 가해지고 있음을 이유로 해서 법원에 보상을 청구할 수는 없고 입법자의 보상입법을 기다려서 권리를 행사하여야 한다. 셋째로 재산권에 대한 사회적 구속을 넘는 가혹한 부담을 완화

12) BVerfGE 58, 300.
13) 콘라드 헷세 著/桂禧悅 譯, 독일헌법원론, 박영사, 283면.

하기 위한 방법은 금전적 보상 이외에 다양한 조절적인 조치가 가능하다. 이 글에서는 헌법 제23조 제3항에 대한 개정의견은 제시하지 않았다. 그러나 제1항을 제안한 이면에는 제3항의 해석에 관한 실질적인 변경이 포함되어 있으므로 사실상 제3항의 (소극적) 개정 논의를 포함하고 있다고 할 수 있다.

4. 재산권 조항 상호간의 관계

헌법 제23조 제3항은 수용, 사용 및 제한과 그에 따르는 보상에 관하여 규정하고 있다. 수용은 재산권의 박탈을 수반하는 강력한 공권력의 행사이다. 수용은 입법에 의하여 직접 일어날 수도 있고, 법의 규정에 의한 행정행위(처분)에 의하여 이루어질 수도 있다. 사용은 재산권의 변동 없는 일시적인 이용을 의미하며, 제한은 재산권자의 재산권 행사 방법을 일정 방법으로만 허용함을 의미한다. 제23조 제3항이 규정하는 수용, 사용 및 제한은 사전에 보상을 규정하는 보상조항이 전제되어 있는 점에서 공통적이다. 재산권자의 재산권 행사 방법이 일정한 방향으로 제약되지만 그에 대한 보상이 없는 경우에는 원칙적으로 제1항에 의한 내용결정으로 보아야 한다. 만일 그 내용결정으로 인하여 예외적으로 가혹한 부담이 부과되는 때에는 내용결정 자체가 위헌적일 수 있다. 이를 피하기 위하여 예외적으로 조절적인 보상을 두는 경우가 있을 수 있는데 이 경우에는 헌법 제23조 제3항에 의한 제한에 따르는 보상과 구별이 되지 않을 수 있다. 다만 제23조 제3항의 제한은 제1항에 따르는 재산권의 내용결정이 있은 후에 사후적으로 이루어지는 데 비해서 제23조 제1항의 내용결정에 의한 조절적인 보상은 내용결정과 함께 이루어지는 차이가 있다. 가령 위 1998년 헌법재판소의 결정 이후 입법된 「개발제한구역의 지정 및 관리에 관한 특별조치법」 제17조에서는 "개발제한구역의 지정에 따라 개발제한구역의 토지를 종래의 용도로 사용할 수 없어 그 효용이 현저히 감소된 토지나 그 토지의 사용 및 수익이 사실상 불가능하게 된 토지의 소유자로서 1. 개발제한구역으로 지정될 당시부터 계속하여 해당 토지를 소유한 자 및 2. 토지의 사용·수익이 사실상 불가능하게 되기 전에 해당 토지를 취득하여 계속 소유한 자는 국토교통부장관에게 당해 토지의 매수를 청구"할 수 있도록 하였다. 이는 재산권의 내용결정에 따르는 조절적인 보상으로 수용보상과는 다르다. 수용은 공익사업에 필요한 재산을 취득하는 절차이지만 여기서는 개발제한구역의 유지 및 관리 이외에 특별한 사업이 이루어지지 않는다. 매수청구의 주체는 재산권자인 점에서 수용과 구별된다. 그리고 '제한'도 아니게 되는데 왜냐하면 매수청구를 하여 매수가 이루어지면 재산권의 변동이 있어서 '제한'의 대상이 되는 토지의 이전이 발생하기 때문이다.

Ⅳ. 재산권 조항의 개정 방향

1. 재산권의 의의와 보장

(1) 재산권을 통한 자유, 생존 및 노동

앞에서 헌법상 재산권의 존재이유에 관한 질문은 본고의 범위를 넘기 때문에 거론하지 않는다고 밝혔다. 그러나 재산권이 그 자체의 가치보다는 재산권 제도를 통하여 자유를 신장하고, 노동의 가치와 결과물을 보호하며 또한 생존을 유지하는데 이바지함을 언급하였다. 재산권은 특히 생존의 보호 앞에서는 그 한계를 가진다. 국세징수법 제31조의 압류금지 재산에는 체납자와 그 동거가족의 생활에 없어서는 아니 될 의복, 침구, 가구와 주방기구(제1호), 체납자와 그 동거가족에게 필요한 3개월간의 식료와 연료(제2호), 「주택임대차보호법」 제8조 및 같은 법 시행령의 규정에 따라 우선변제를 받을 수 있는 금액(제13호) 및 체납자의 생계유지에 필요한 소액금융재산으로서 대통령령으로 정하는 것(제14호) 등이 포함되어 있다. 즉, 국민의 생존에 필요한 최소한의 재산은 국세징수법에 의해서도 박탈할 수 없다. 헌법은 제34조 제1항에서 인간다운 생활의 권리를 보장하고 있다. 그러므로 재산권의 보장은 인간다운 생활이 침해되지 않는 범위에서만 가능하다. 이러한 원리는 사적 자치를 규율하는 민사집행법 제195조에서 규정하는 압류를 금지하는 물품에 있어서도 확인할 수 있다. 특히 여기에는 주로 자기 노동력으로 농업을 하는 사람에게 없어서는 아니될 농기구·비료·가축·사료·종자, 그 밖에 이에 준하는 물건(제4호), 주로 자기의 노동력으로 어업을 하는 사람에게 없어서는 아니될 고기잡이 도구·어망·미끼·새끼고기, 그 밖에 이에 준하는 물건(제5호), 전문직 종사자·기술자·노무자, 그 밖에 주로 자기의 정신적 또는 육체적 노동으로 직업 또는 영업에 종사하는 사람에게 없어서는 아니 될 제복·도구, 그 밖에 이에 준하는 물건(제6호) 등이 포함되어 있다. 이러한 물품의 압류를 금하는 이유는 이로써 인간다운 생활을 계속하도록 하는 의미와 함께 노동이 인간에게 대하여 가지는 중요성을 인정한 이유이기도 할 것이다. 이는 법률에 의한 재산권 내용결정 및 재산권 행사의 한계 규정에 해당한다. 그런데 그 근거는 헌법상 분명하지 않다. 이를 보완하기 위하여 제23조 제1항의 재산권의 내용 및 한계를 결정할 때는 재산권자의 이익과 공공복리를 형량하여 결정하여야 한다고 첨가하면 좋겠다. 재산권은 인간이 생존 및 생활을 영위하기 위한 물질적인 토대이므로 국민으로서 반드시 보유해야 하는 헌법상의 권리이다. 재산권이 국민의 존재 및 존속을 지탱하는 요소라고 생각하면 재산권에는 공공성이 포함되어 있으며, 그 공공성은 해당 재산권자로부터 박탈할 수 없는 본질적인 한계를 형성한다고 말할 수 있다. 그러므로 재산권에는 공익과 사익의 형량과 조화가 본질적으로 포함되어 있는 것이다.

(2) 재산권의 존속보호와 가치보호

헌법재판소의 소위 분리이론은 재산권에 대한 존속보호로 연결된다. 경계이론은 위법한 재산권의 침해를 수인하되 사후적으로 그에 대한 보상을 받음으로써 권리구제를 한다는 의미인데 존속보호는 위법한 재산권의 침해상태에 대한 항의 및 쟁송에 방점이 찍히고, 이로써 구제되지 않는 부분에 대해서 보충적으로 구제함을 의미한다. 헌법상 존속보호와 가치보호의 관계에 대해서 명확하지는 않다. 그러나 재산권을 수용, 사용 및 제한을 가능하도록 하면서 그에 대한 보상을 법률로써 하도록 하는 부분은 우리 헌법상 재산권 보장이 존속보호의 틀 안에 있음을 의미한다고 하겠다.

2. 재산권의 한계

(1) 재산권과 공익

재산권도 사회적인 가치인 이상 공익과 무관하게 정의될 수 없다. 헌법 제23조 제2항은 "재산권의 행사는 공공복리에 적합하도록 하여야 한다."고 규정하여 이를 표현하고 있다. 문언상으로 재산권자의 재산권 행사 방법에 관한 규정으로 보이지만 입법자나 국가기관에도 입법이나 법집행시 재산권과 공공복리의 조화를 이루도록 하라는 방침을 주고 있다.

(2) 공동체의 유지와 재산권

1987년 헌법 체계 이후에 새롭게 기후변화 이슈가 중요한 법적인 의제로 부상하였다. 이를 실천하기 위한 '지속가능한 발전'의 이념은 재산권에 대해서도 적용되어야 할 것이다. 지속가능 사회란 개발과 환경이 조화되는 사회를 의미하며, 정의론적으로는 현세대와 후세대의 환경이용권에 대한 공평한 분배를 의미한다.[14] 기후변화의 주요 원인이 되는 이산화탄소 가스의 배출은 생산과 유통 및 소비 활동에 의하여 유발되는데 이를 다른 말로 표현하면 재산의 이용 및 재산권의 행사과정에서 발생하는 국제적 문제이다. 지구의 기후변화가 인간의 활동에 의하여 초래되었고, 기후변화를 중지하거나 완화하는 수단은 재산권 행사의 방법 변경임을 생각하면 헌법 재산권 조항에 이를 수용하여야 한다. 현행 헌법이 규정하는 공공복리에는 현세대의 이익만이 포함되어 있다. 지속가능한 발전의 이념은 현세대만이 아니고 미래 세대의 복리를 포함하는 합리적인 소비를 요구한다. 그래서 제23조 제2항에 이를 추가하여 "재산권의 행사는 또한 국가 및 사회의 지속가능한 발전에 적합하도록 이루어져야 한다."고 규정하여야 한다. 지속가능한 원리를 헌법에 도입하면 헌법의 면모를 현대적으로 변모시키는 효과가 있을 것이다. 유럽연합을 비롯한 서구 사회는 지속가능 발전을 중심으로 개발법제를 전개하고 있는데. 이는 기후변화에 적극적으로 대응하는 의미가 있다. 우리 사회도 지속가능

14) 졸고, 지속가능사회의 법해석과 사법, 환경법연구 제37권 제3호, 2015/11, 86면 이하 참조.

발전의 헌법적 법리를 중심으로 하는 개발 및 환경 법제의 조화가 시급하다.

3. 재산권의 침해와 보장

(1) 수 용

수용은 법률에 의한 직접적인 수용도 가능하며 법률의 규정에 의한 재결의 형식에 의해서도 가능하다. 전자의 예는 하천법 제10조에 의한 하천구역의 결정과 동법 제79조에 의한 토지매수청구의 예에서 찾아볼 수 있다. 하천법이 2008년 개정되기 전에는 하천구역의 지정으로 토지가 그에 편입된 토지소유자에 대하여 이를 공용부담으로 보고 행정청이 손실보상을 하도록 하는 규정이 있었다. 구 하천법 제74조는 "제2조 제1항 제2호 가목에 해당되어 새로이 하천구역(지방2급하천의 하천구역을 제외한다)으로 되었거나 제2조 제1항 제2호 라목의 규정에 의하여 하천구역으로 지정된 토지에 대하여는 관리청이 이를 보상하여야 한다."고 규정하고 있었다. 그런데 현재의 규정은 개발제한구역의 지정 및 관리에 관한 특별조치법과 같이 재산권의 내용결정 및 그에 대한 부담완화로서의 보상적 규율의 형식으로 규정하고 있다. 그러니까 수용에 따른 보상과 내용결정에 따르는 조절적 보상의 경계가 모호해지고 있다.

(2) 사 용

사용에 관한 예는 많다. 가령 공간정보의 구축 및 관리 등에 관한 법률 제101조는 측량 또는 수로조사를 위하여 타인 토지에 대한 출입을 가능하게 하고 있으며, 그에 대한 손실보상을 하도록 하고 있다. 보상액은 당사자 간의 협의에 의하되 협의가 이루어지지 않으면 토지수용위원회에 재결을 신청할 수 있다.

(3) 제 한

제한은 내용결정과 달리 이미 존재하는 재산권에 대한 일시적인 규율을 의미한다. 과거에는 개발제한구역의 지정 등 국토계획법상의 용도지역, 지구제를 제23조 제3항의 제한으로 설명하기도 하였으나 지금은 이를 제1항에 의한 내용결정 및 한계설정으로 보고 있다. 현행법상 제한에 가장 가까운 예는 가축전염병 예방법에 의한 각종 조치 후에 재산적인 손실을 당한 가축업자에 대한 손실보상을 들 수 있다. 이는 재산권의 내용결정이라고 볼 수 없으며, 공익목적을 위한 수용이나 사용이 아닌 점에서 제한이라고 볼 수 있다. 그리고 헌법에 정한 보상이 사전에 규율되어 있는 점도 제한의 정의에 부합한다. 헌법 제122조에 의하면 국가는 국민 모두의 생산 및 생활의 기반이 되는 국토의 효율적이고 균형 있는 이용·개발과 보전을 위하여 법률이 정하는 바에 의하여 그에 관한 필요한 제한과 의무를 과할 수 있다. 오늘날 이 조항은 국토계획에 따르는 재산권의 내용결정에 해당한다.

V. 재산권 조항과 관련된 헌법 조항 검토

1. 인간다운 생활의 보장

헌법 제34조는 "모든 국민은 인간다운 생활을 할 권리를 가진다."고 규정한다. 인간다운 생활을 하기 위해서는 생활의 수단인 재산(권)이 뒷받침되어야 한다. 재산은 주택, 의류, 식품 및 생활비 등 다양한 형태를 띨 수 있는데 이를 보장하는 방법은 공공주택 및 임대주택 관련법, 국민기초생활 보장법, 국민연금법 등 관련 법률에서 정하고 있다. 국민의 생활 및 생존보장은 재산권의 보호와는 다른 차원이며, 오히려 재산권보다는 국민의 생활에 더 근원적이고 직접적일 수 있다. 이러한 사회보장 급부의 수령권은 신재산권(new property)로 불리며 재산권의 새로운 형태로 부각되고 있다.[15)]

재산권과 인간다운 생활이 교차하는 영역은 공익사업법 상의 생활보상이다. 생활보상의 헌법적 기초에 관해서 헌법 제34조의 인간다운 생활 보장을 근거로 보는 설, 헌법 제34조와 헌법 제23조의 재산권 보장을 통일적으로 파악하는 설 등 다양한 견해가 있다.[16)] 헌법재판소는 제34조를 생활보상의 근거로 보는데 비하여[17)] 대법원은 그 근거를 헌법 제23조와 제34조를 통일적으로 파악하는 듯하다.[18)] 생활보상과 관련된 최근 쟁점은 세입자의 보호이다. 주택세입자들은 이주대책에서 제외되며, 상가세입자들은 생활대책에서 제외된다. 세입자의 사회적 보호를 위해서 세입자의 생활권에 대한 적절한 평가와 보상규정이 필요하다. 그리고 임차인의 영업장의 권리금 보상도 중요한 쟁점으로 부각되었다. 권리금은 상관습상의 거래 대상인데 그 권리적 성격을 어떻게 규정하는가가 중요한 관점이 된다. 재산권의 생존보장적, 그리고 노동가치적 성격을 생각하면 이들 이익의 실질을 파악하여 재산권의 입법 및 해석에 반영하여야 한다.

2. 경제 민주주의

헌법 제119조 제1항은 "대한민국의 경제질서는 개인과 기업의 경제상의 자유와 창의를 존중함을 기본으로 한다."고 규정하고 있다. 이 규정은 국가보다는 개인과 기업의 자유로운 생산활동을 우선시하는 것으로 읽히며, 헌법 제23조 제1항의 재산권 보장조항과 맥락을 같이 한다. 동조 제2항은 "국가는 균형 있는 국민경제의 성장 및 안정과 적정한 소득의 분배를 유지하고, 시장의 지배와 경제력의 남용을 방지하며, 경제주체간의 조화를 통한 경제의

---

15) Stanley N. Katz edit., Legal History, p. 483.
16) 정하중, 행정법개론, 2017, 584면.
17) 헌재결 2006.2.23. 2004헌마19 결정.
18) 대법원 2003.7.25. 선고 2001다57778 판결, 대법원 2011.10.13. 선고 2008두17905 판결.

민주화를 위하여 경제에 관한 규제와 조정을 할 수 있다."고 규정한다. 이는 헌법 제23조 제2항의 "재산권의 행사는 공공복리에 적합하도록 하여야 한다."는 규정과 연결된다. 여기서의 공공복리는 '경제의 민주화'이며 그 수단 혹은 지향점은 국민경제의 성장 및 안정, 적정한 소득의 분배, 시장의 지배와 경제력의 남용 방지 그리고 경제주체 간의 조화이다. 경제 민주주의에 관한 헌법규정은 기업의 조직 및 영업의 방법에 대한 규제 근거가 되는데, 이는 곧 재산권의 행사에 해당한다는 점에서 헌법 제23조와 교차하는 영역이기도 하다. 헌법 제119조의 해석을 놓고 제1항과 제2항 가운데 어느 것이 원칙적이고 또한 우선적인가 하는 논의가 있다. 자유주의적 입장에서는 당연히 제1항이 우선되어야 할 것이지만, 이 조항의 연혁이나 성격을 먼저 생각하면 제2항이 우선시된다. 그런데 이 두 조항은 동전의 양면과 같아서 어느 조항이 우선되느냐가 불필요한 것으로 들리기도 한다. 그러니까 이 두 조항은 상호보완적인 성격이 있는 것으로 이해하여야 한다.

3. 무형적 재산의 보호

헌법 제127조는 "국가는 과학기술의 혁신과 정보 및 인력의 개발을 통하여 국민경제의 발전에 노력하여야 한다."고 규정한다. 과학기술의 혁신은 지적재산권의 보장을 통하여 견인된다. 그런데 우리 헌법상의 재산권 조항은 이 부분에 관하여 특별한 배려가 없다. 물론 헌법이 보장하는 재산권은 유형의 재산과 무형의 재산을 포괄하는 개념이지만 무체재산권에 관한 명확하고 분명한 보호의식이 없는 현실을 감안하면 이에 관해서도 특별한 언급이 있어야 할 것으로 본다.

4. 지속가능한 발전 원리와 재산권 조항

1992년 세계 리우 환경회의에서 채택된 지속가능한 발전(sustainable development)의 원리는 「국토기본법」과 「국토의 계획 및 이용에 관한 법률」을 비롯한 다수 법률에서 기본적인 법적 원리로 채택되어 있다. 지속가능한 발전의 원리가 화석연료의 과다연소로 인한 기후변화를 억제하고, 환경과 개발의 조화를 도모하여 사회의 지속가능한 유지 및 발전을 이끄는 점에서 우리 헌법에 도입되어야 한다.[19] 그 위치는 바로 재산권 조항이라고 할 수 있다. 개발은 토지의 이용에서부터 비롯되는데, 토지는 바로 국민의 가장 기본적인 재산권이다. 토지재산권을 지속가능 발전의 원리에 적합하게 이용함으로써 기후변화에 대응하고 쾌적한 환경을 유지할 수 있다. 공장의 가동과 영업활동 및 자동차 운행도 국민의 일상생활에 없어서는 안 되는 재산이다. 공회전을 하지 않고 적정하게 자동차를 운용하여 배기가스의 배출을 억제함으로써 지속가능한 사회 발전에 기여할 수 있다.

---

19) 졸고, 지속가능사회의 법해석과 사법, 85면.

5. 기본적 재산에 대한 논의

과거와 달리 청년들의 취업기회가 줄어들고 재산형성이 힘든 상황에서 국민들의 계속적 생활 및 생존을 보장하는 방법으로 기본소득에 관한 논의가 활발하다. 북유럽에서는 시험적으로 실시되고 있기도 하고, 국가적으로 투표에 부쳤다가 부결된 예도 있다. 특히 인공지능의 발달에 따라 단순 기능직을 비롯한 일자리가 대폭 사라질 것으로 예측되면서 국민들의 기본적인 생활을 위한 소득보장 방법은 긴급한 과제가 되어 있다.[20] 우리나라에서는 일부 지방자치단체에서 '청년수당' 등의 이름으로 논의된 예가 있으나 아직 제도적으로 정착되지는 않았다. 사회의 일원으로 출발하기 위해서는 최소한의 재산이 보장되어야 한다. 가령 주거생활에 이용되는 주택의 임대차 및 구입 비용이나 자동차 구입 등은 생활에 반드시 필요한 부분이다. 정부에서는 주택의 마련과 관련하여 사회초년생들에게 다양한 대출과 저리의 지원을 하고 있는데 입법에 의하여 이에 관한 제도화가 필요하다. 지원하는 방법은 대부금, 보조금, 공영주택 건설, 임대주택 건설, 임대 원룸 건축 등을 생각해 볼 수 있다. 재산이 국민의 자유와 권리행사를 가능하게 하는 최소한의 지렛대인 점을 생각해 보면 기본소득과 함께 기본재산에 관한 논의도 향후 필요할 것으로 생각한다.[21]

Ⅵ. 결　　어

그간 국회를 비롯한 정치권에서 헌법 개정에 관한 논의가 있어 왔다. 1987년의 헌법 체계는 민주화를 위한 국민의 열망을 반영하였으며, 대통령의 직접선거와 5년 단임제 그리고 지방자치의 실시 및 헌법재판제도의 활성화를 통하여 국가 및 사회 발전에 큰 기여를 해 왔다. 헌법 개정 후 30년이 지난 시점에서 그간의 사회변화와 과학기술의 발전 등을 감안하여 이를 헌법에 반영하기 위한 헌법 개정이 필요한 시기가 되었다. 그러나 헌법 개정의 시급성과 개정 절차 및 개정의 대상과 폭에 관하여 헌법 개정권자인 국민의 의견을 수렴하는 데는 적지 않은 난관과 복잡함이 있을 것으로 보인다.

이 글에서는 헌법 제23조에 의한 재산권 보장의 의의와 구조를 설명하고, 그간의 법운용 및 실무에서 나타난 헌법 재산권 조항의 해석을 헌법 개정 시 어떻게 반영할 것인가 논의하였다. 그리고 마지막에는 이를 정리하여 헌법 제23조 재산권 조항의 개정안을 제안하였다. 이 부분에 대한 논의는 그간 활성화되지 않았으므로 이번 글에서는 최소한의 내용만을 담았다. 재산권 조항은 우리 사회 및 경제의 근간일뿐더러 국민의 생존보장, 경제민주화, 과학기

20) 노호창, 기본소득에 관한 개관과 입법 사례의 검토, 노동법연구 제36호, 2014.3, 403면 이하,
21) 김용민, 노동의 종말과 '기본소득' 그리고 새로운 대안사회, 문학과 환경 제13권 2호, 2014/12, 7면이하.

술의 발전 등에도 직접적으로 연결되는 핵심적 헌법조항이다. 재산권 조항은 위의 분야와 연결되며 또한 위 분야의 헌법 조항과 연동된다. 이 글에서는 재산권과 관련되는 조항의 검토를 포함하고 있는데, 현대적 재산권은 사회보장, 지적 재산권, 경제 민주주의, 기본소득 등과 연동되며 밀접한 관계를 맺고 있기 때문이다. 다시 말하면 이 부분에 관한 논의는 재산권 논의를 완성시키는 의미를 가지기 때문이다. 그러므로 재산권 조항의 구체적 형성은 다른 부분의 논의 또한 참조하여 향후 미세 조정되어야 한다. 필자가 구상하는 재산권 조항의 개정안을 제시하면서 글을 맺기로 한다.

〈헌법 제23조 재산권 조항 개정안〉

현행	개정안
제23조 ① 모든 국민의 재산권은 보장된다. 그 내용과 한계는 법률로 정한다. ② 재산권의 행사는 공공복리에 적합하도록 하여야 한다. ③ 공공필요에 의한 재산권의 수용·사용 또는 제한 및 그에 대한 보상은 법률로써 하되, 정당한 보상을 지급하여야 한다.	제23조 ① 모든 국민의 재산권은 보장된다. 그 내용과 한계는 법률로 정한다. <u>재산권의 내용과 한계를 정할 때에는 재산권자의 이익과 공공복리를 적절히 형량하여야 한다.</u> ② 재산권의 행사는 공공복리에 적합하도록 하여야 한다. <u>재산권의 행사는 또한 국가와 사회의 지속가능한 발전에 합치하여야 한다.</u> ③ 공공필요에 의한 재산권의 수용·사용 또는 제한 및 그에 대한 보상은 법률로써 하되, <u>적정한 보상</u>을 지급하여야 한다. ④ <u>국가는 국민들이 생존에 필요한 기본적 재산을 형성하고 유지할 수 있도록 노력하여야 한다.</u>

20. 토지재산권에 대한 헌법재판소 초기 결정의 의미와 영향 - 토지거래허가제와 그린벨트 사건을 중심으로 -

권 건 보*

Ⅰ. 서 설

토지는 유한한 자원으로서 그에 대한 수요에 상응하여 공급이 늘어날 수 없는 고정적이고 비대체적인 성질을 가지고 있다. 특히 우리나라는 인구에 비하여 이용 가능한 토지의 면적이 절대적으로 부족한 편이다.[1] 국토교통부의 2016년 도시계획현황통계 조사결과에 의하면 우리나라 전체 용도지역별 면적은 106,059.8㎢로, 농림지역 49,285.4㎢(46.47%), 도시지역 17,609.5㎢(16.60%), 자연환경보전지역 11,958.4㎢(11.28%)로 조사되었으며, 우리나라 총 인구 5,170만여 명 중에 91.82%인 4,747만여 명이 도시지역에 거주하는 것으로 조사되었다. 그런데 용도지역 상 도시지역의 분포를 살펴보면 녹지지역이 71.70%, 공업지역이 6.63%, 상업지역이 1.88%, 주거지역이 15.03%를 차지하고 있다.[2] 주거지역의 면적은 2,646.9㎢로, 이를 전 국토의 면적에 대비해볼 때 국민이 주거에 이용될 수 있는 토지는 약 2.5% 정도에 불과한 것으로 파악된다. 이러한 현실적 여건 하에서 국토의 효율적 이용과 개발을 위해 토지재산권에 대한 제한과 의무의 부과가 강하게 요청될 수밖에 없다고 할 것이다. 이러한 사정은 1988년 이후 소위 '토지공개념' 법제화 논의의 강력한 배경으로 작용한 바 있다.[3] 그리고 토지재산권의 특유한 사회적 기속성을 의미하는 '토지공개념'의 이론은 헌법재판소의 판례를 통하여 대체로 수용되고 있는 것으로 평가되고 있다.[4]

우리나라에서 토지거래허가제도는 토지의 투기적 거래나 지가의 급등을 막고자 1978년에 「국토이용관리법」의 개정을 통해 도입되었고, 그에 따라 1985년에 토지거래허가구역이 처음으로 지정 고시되었다. 하지만 이러한 토지거래허가제에 대해서는 그동안 사유재산제도의 본질적 내용을 제한하는 위헌적인 제도라는 문제제기가 많이 있었다. 이에 1989년 헌법재판소는 토지거래허가제가 헌법이 명문으로 인정하고 있는 재산권의 제한의 한 형태로서 헌법에 위반되지 않는다고 판단하였다(헌법재판소 1989.12.22. 선고 88헌가13 결정).

---

* 아주대학교 법학전문대학원 교수, 법학박사

1) 성낙인, 헌법학, 법문사, 2018, 1348면.

2) 국토교통부 2017.8.29.자 보도자료, "국토면적의 16.6%인 도시지역에 인구 91.82% 거주" 참조.

3) 성낙인, "토지재산권과 토지공개념 실천법제", 「행정법연구」 제18호, 행정법이론실무학회, 2007.9. 501면 이하 참조.

4) 성낙인, 헌법학, 법문사, 2018, 1349면.

이른바 '그린벨트'는 「국토의 이용 및 계획에 관한 법률」에서 규정하는 "개발제한구역"을 지칭한다. 개발제한구역제도는 1971.1.19. 개정된 「도시계획법」에 의해 처음 도입되었는데, 이는 도시의 평면적인 확산을 방지하고 대도시 주변의 녹지를 보존하는 데 크게 기여하였다. 하지만 그 지정 구역 안에서는 원칙적으로 그 구역지정의 목적에 위배되는 건축물의 건축 등이 제한됨으로써 구역 내 주민들의 생활에 불편을 초래하고, 개발제한구역의 지정으로 인한 개발가능성의 소멸과 그에 따른 지가의 상대적인 하락이나 지가상승률의 감소를 초래하는 등 특정 토지소유자들의 재산권을 제한한다는 점에서 문제가 있었다. 특히 개발제한구역 내의 토지에 대한 사용제한으로 토지소유자가 입게 되는 피해가 막심한데도 아무런 보상 없이 그 제한을 감수하도록 한 것을 둘러싸고 오랫동안 위헌 논란이 제기되어 왔다. 이에 대하여 1998년 헌법재판소는 개발제한구역제도 자체는 사회적 제약에 해당되는 것으로서 합헌이지만, 토지소유자에게 수인할 수 없는 정도의 극심한 희생을 초래하는 경우에는 적절한 보상조치가 이루어지지 않는 한 헌법상 허용될 수 없다는 취지로 헌법불합치결정을 내렸다(헌법재판소 1998.12.24. 선고 89헌마214등 결정).

위의 두 가지 결정은 토지재산권 규제 입법에 대해 헌법재판소가 고심 끝에 내놓은 아주 중요한 의미를 가진 판례들이다. 특히 이들은 헌법재판소 출범 초기에 나온 결정들로 토지재산권의 보장과 그 제한 및 한계 등에 대한 일반론을 확립하고 있어서 수많은 후속 판례들에서 그 법리들이 계속 원용되고 있다. 뿐만 아니라 이들이 헌법이론적 측면에서나 사회정책적 측면에서나 상당한 영향을 끼쳤다는 점을 부인하기 어렵다.

이하에서 토지거래허가제와 개발제한구역제도에 관한 두 가지 판례를 중심으로 토지재산권에 대한 헌법재판소 초기 결정이 갖는 의미를 짚어보고, 나아가 그것이 헌법이론과 판례, 정책, 입법 등에 미친 영향에 대해 살펴보고자 한다.

Ⅱ. 토지거래허가제 결정의 의의와 영향

1. 국토이용관리법 제21조의3 제1항 및 제31조의2의 위헌심판[5]의 개관

(1) 국토이용관리법상 ① 토지거래허가구역 내에 있는 토지 소유권을 이전하는 계약을 체결하려는 당사자는 공동으로 관할 도지사의 허가를 받도록 한 제21조의3 제1항(토지거래허가규정) 및 ② 위 조항에 위반하여 허가 없이 토지거래계약을 체결하는 자에게 2년 이하의 징역 또는 500만원 이하의 벌금에 처하도록 하는 제31조의2(벌칙규정)가 각 헌법에 위반되는지 문제되었다. 그 밖에도 ③ 토지거래의 불허가처분을 받은 자에게 토지매수청구권을 부

5) 헌재 1989.12.22. 88헌가13, 판례집 1, 357 [합헌].

여한 동법 제21조의15(매수청구규정)가 심판의 대상이 되는지 등이 문제되었다.

(2) 구체적으로는 먼저 위 ①의 토지거래허가규정에 대해서는 사유재산제도의 본질적 내용을 침해하는지, 우리 헌법상 경제질서와 관련된 사적자치의 원칙 내지 보충의 원리에 위배되는지, 헌법상 과잉금지원칙에 위배되는지 등이 문제되었다. 다음으로 위 ②의 벌칙규정과 관련하여서는 허가받지 않은 토지거래에 대해 벌금형 외에도 자유형까지 부과한 것, 그 거래의 효력을 부인하는 외에 형사처벌까지 할 수 있도록 한 것 또는 과도한 처벌조항까지 둔 것 등이 과잉금지원칙에 위배되는지, 죄형법정주의의 명확성원칙에 위배되는지 등이 문제되었다. 한편 위 ③의 매수청구규정과 관련하여서는 재판의 전제성 유무, 헌법 제23조 제3항의 정당보상 원칙 준수 여부가 문제되었다.

(3) 이에 대해 헌법재판소는 위헌의견이 종국심리에 관여한 재판관의 과반수가 되지만 위헌결정의 정족수인 6인에 미달이어서 주문에 "헌법에 위반된다고 선언할 수 없다"라고 결정하였다. 이른바 위헌불선언결정의 주문을 채택한 것이다. 재판관들의 의견을 구체적으로 살펴보면 다음과 같다.

먼저 재판관 4인(조규광, 이성렬, 변정수, 김양균)은 위 ①과 ②의 규정에 대해서는 합헌, 위 ③의 규정은 재판의 전제성이 없어 심판대상이 아니라는 의견을 제시하였다. 다음으로 재판관 1인(이시윤)은 위 ①의 규정은 합헌, 위 ②의 규정은 과도한 제재로서 과잉금지원칙에 위배되어 위헌, 위 ③의 규정은 재판의 전제성이 없지만 잠재적인 위헌성을 내포하고 있어 보완입법을 촉구해야 한다는 의견을 제시하였다. 그 다음으로 재판관 3인(한병채, 최광률, 김문희)은 위 ③의 규정이 토지거래가 불허된 자의 피해에 대한 적절한 구제수단이 될 수 없어 정당보상의 원리에 반하여 위헌, 위 ①의 규정은 위 ③의 규정과 불가분의 관계에 있어도 토지거래허가제도 위헌, 위 ②의 규정도 위헌성이 인정되는 토지거래허가제의 처벌법규로서 당연히 위헌이라는 의견을 제시하였다. 다만 주문은 위 ①과 ③은 입법의 공백으로 인한 사회적 혼란을 우려하여 개정촉구를 하되, 위 ②는 형벌 관련 조항이라는 점에서 위헌임을 선고해야 한다는 입장이었다. 마지막으로 재판관 1인(김진우)은 위 ①, ②, ③ 모두 위헌이며, 주문에서 위 ①과 ③에 대해 입법의 공백으로 인한 사회적 혼란을 염려할 필요가 없어 위 ②와 함께 위헌임을 선고해도 된다는 입장이다.

2. 주요 논점의 분석

(1) 재산권 제한과 그 한계의 법리

이 결정에서는 일반론으로 헌법상 재산권 보장의 기본이념과 재산권 관념의 역사적 변천을 살핀 후, 재산권 제한의 근거로서 재산권의 형성적 법률유보와 재산권행사의 사회적 의무성을 들면서 토지재산권에 대한 엄격한 규제의 필요성을 언급하고 있다. 나아가 재산권 제한의 한계로서 사유재산권의 본질적 내용 침해 금지와 과잉금지의 원칙, 사적자치의 원칙 내지 보충의 원리 등을 제시되고 있다.

여기서 토지소유권의 개념이 고대, 중세, 근대, 현대에 이르기까지 어떻게 변해왔는지, 토지는 재화로서 어떠한 특수성을 가지며 그에 대한 헌법상의 특별한 규율은 어떠한지 등이 개관되고 있다. 그리고 우리 국민의 토지에 대한 강한 소유욕이 전통적으로 내려 온 가족주의적 농업사회에서 비롯된 것이고, 이러한 관념이 오늘날까지 생산과 주거에 필요한 정도를 넘어 토지를 보유하려는 경향으로 이어지고 있음을 분석한 것도 매우 흥미롭다. 이러한 내용들은 토지재산권의 본질을 이해하는 데 있어 매우 의미 있는 분석이라 생각된다. 토지재산권에 대한 선구적 판례로서의 위상을 잘 보여주는 대목이라고 생각된다.

한편 재산권의 본질적 내용 침해 금지와 관련하여 토지재산권의 본질적 내용을 "토지재산권의 핵이 되는 실질적 요소 내지 근본요소"로 정의하고, 그에 대한 침해는 "그 침해로 사유재산권이 유명무실해지고 사유재산제도가 형해화되어 헌법이 재산권을 보장하는 궁극적인 목적을 달성할 수 없게 되는 지경에 이르는 경우"로 설명하면서 그에 해당되는 사례로 "사유재산제도의 전면적인 부정, 재산권의 무상몰수, 소급입법에 의한 재산권 박탈 등"을 예시하고 있다. 이처럼 재산권의 본질적 내용과 그 침해의 의미를 적극적으로 규명하고자 한 것은 헌법 제37조 제2항 후단에 의해 금지되는 기본권의 본질적 내용 침해의 본질을 파악하는 데 있어서도 매우 의미 있는 내용이라 할 수 있다.[6] 나아가 "기본권의 본질적인 내용의 침해가 설사 없다고 하더라도 과잉금지의 원칙에 위반되면 역시 위헌임을 면하지 못한다고 할 것이다."라고 판시한 부분 역시 헌법 제37조 제2항의 과잉금지원칙과 본질적 내용 침해금지 간의 관계를 설명하는 데 있어서 중요한 전거가 될 수 있다. 헌법재판소는 대체로 전자에 위배되면 후자에도 위배되는 것으로 보는 경향이 있지만, 이 결정에서 본질적 내용 침해금지를 과잉금지원칙과 별도의 검토가 필요한 독자적 원칙으로 파악하고 있다는 점에서 특별히 관심을 끈다. 기본권의 본질적 내용 침해금지와 관련한 학설 중 절대설의 입장에 선 결정으로 이해할 수 있을 것이다.[7]

(2) 토지거래허가제의 위헌성

1) 재산권의 본질적 내용 침해 여부

먼저 이 사안에서 토지거래에 대한 허가제는 재산권의 핵심적 요소인 처분권을 원칙적으로 박탈하는 것이라는 점에서 사유재산제의 부정이자 재산권의 본질적 내용 침해라는 주장이 제기되었다.

하지만 이에 대해 다수의견은 토지재산권의 경우는 토지의 특수성에 비추어 다른 여타

6) 성낙인, 헌법학, 법문사, 2018, 1005면.
7) 한수웅, 헌법학, 법문사, 2017, 507면 참조.

재산권에 비하여 보다 강한 사회적 제한을 받게 되고, 헌법 제120조 제2항과 제122조, 제119조 제2항 등에 근거하여 입법자는 토지재산권에 대해 엄격한 규제를 할 수 있다고 본다. 이를 통해 토지거래허가제 관련 규정이 토지재산권의 내용과 한계를 정하고 토지재산권의 사회적 기속성을 구체화한 법률로서 헌법 제23조 제1항과 제2항에 의해 정당화될 수 있는 여지를 찾고 있다.

이에 따라 토지거래허가제가 토지의 거래를 전면 금지하는 것은 아니라는 점, 거래불허가 처분에 대한 불복수단이 존재하고 토지매수청구권도 부여된다는 점 등을 들어 사유재산제도의 부정이라 할 수 없고, 헌법이 명문으로 인정하고 있는 재산권의 제한의 한 형태라 할 수 있어 재산권의 본질적 내용의 침해라고 볼 수 없다고 판단하였다.

2) 토지거래허가제의 과잉금지원칙 위배 여부

토지거래신고자나 조세제도 등과 같은 덜 제한적인 수단이 존재함에도 과도한 피해를 초래하는 수단을 선택하여 과잉금지원칙에 위배된다는 주장에 대해, 다수의견은 토지거래신고제나 조세제도, 행정지도 등 덜 제한적인 수단으로는 토지의 투기를 억제하는 데 효과를 거두지 못했다는 점, 토지거래허가구역으로 지정된 지역 내의 토지에 대한 선별적 제한이라는 점 등을 들어 반박하고 있다. 다만 법익의 균형성에 대한 검토는 별도로 거치지 않은 채 과잉금지원칙에 위배되지 않는다고 결론을 내리고 있다.[8)]

한편 다수의견은 토지거래허가제에 대해 과잉금지원칙의 위배 여부를 왜 검토하는지 아무런 설명도 하지 않고 있다. 혹시 토지거래허가제가 헌법 제23조 제1항과 제2항에 따른 재산권의 사회적 제약에 해당하는데도 과잉금지원칙의 위배 여부를 검토하는 것인지, 아니면 재산권 제한의 정도가 심하여 동조 제3항에 따른 공용제한에 해당하는지를 밝히기 위해 이를 검토하는지 그 이유를 찾기 힘들다. 반대의견에서 헌법 제23조 제3항의 정당보상의 원리 위배 여부가 본격 거론되고 있음에도 그와 무관하게 과잉금지원칙을 검토하는 이유를 밝히지 않은 점은 아쉬운 대목이다. 이러한 점에서 이 결정에서는 헌법 제23조의 규범구조에 따른 위헌성 심사기준의 채택 문제에 대해 별다른 고민이 없었던 것으로 보인다. 하지만 토지매수청구제도를 심판의 대상이 된다고 보았다면 반대의견과 같이 정당보상의 원칙에 의해 토지거래허가제의 위헌성을 심사할 것인지 아니면 그럼에도 과잉금지원칙으로 위헌성 심사를 할 것인지 숙고할 수밖에 없었을 것이다.

(3) 벌칙규정의 위헌성 여부

허가받지 않은 토지거래에 대해 그 거래의 효력을 부인하는 외에 형사처벌을 할 수 있도록 한 것이나 벌금형 외에도 자유형까지 부과한 것이 과잉금지원칙에 위배되는 것이 아닌지

8) 이에 대한 지적으로는 김배원, "한국헌법상 토지재산권의 보장과 제한-헌법재판소 판례를 중심으로-", 토지법학 제20호, 토지법학회, 2005, 29면.

논란이 되었다.

이에 대해 4인의 합헌의견은 중간생략등기와 명의신탁제도를 통해 사실상 토지거래가 가능하여 법률행위의 효력 부인만으로 투기적 거래에 효과적으로 대처하기 어렵다는 점, 투기에서 얻어지는 이득이 막대하여 벌금형으로는 그 범죄에의 유혹을 차단하기 어렵다는 점, 형벌의 수단이나 정도의 선택은 입법재량의 문제라는 점 등을 들어 과잉금지원칙에 위배되지 않는다고 판단하였다.

하지만 재판관 이시윤의 반대의견에서는 허가 없이 토지거래의 계약을 체결한 경우 그 계약을 무효화하는 규정을 둔 상태에서 그에 대한 벌칙으로 벌금형 이외에 자유형까지 부과한 것은 과도한 제대로서 과잉금지원칙에 위배된다고 보았다. 여기서 토지매수청구제도가 거래불가 처분에 따른 피해의 보전에 미흡하여 위헌적 요소를 내포하고 있다는 점도 그에 대한 벌칙을 무겁게 보는 이유로서 고려되고 있다.

(4) 토지매수청구제도의 위헌성

4인의 위헌의견에서는 토지거래허가제는 토지에 대한 권리를 자유롭게 처분할 수 있는 권리를 강력하게 규제하는 제도로서, 비록 그것이 공공복리를 위한 것이라 할지라도 헌법 제23조 제1항과 동조 제3항에 비추어 그 규제에 따른 피해의 구제수단으로 적정한 가격으로 환가할 수 있는 길이 열려 있어야 합헌적인 것이 될 수 있다고 한다. 그런데 토지매수청구권은 매매알선청구권에 불과한 허구적인 것이고 매수가격도 수용에 따른 보상가격에 미치지 못하여 실효성이 없다고 할 것이어서, 토지에 대한 권리를 정당한 가격으로 환가할 수 있는 적정한 수단이 되지 못한다고 본다. 따라서 토지거래불허가에 따른 피해의 적절한 구제방법이 될 수 없는 토지매수청구규정은 재산권보호와 정당보상의 원리에 위배되어 헌법 제23조 제1항과 동조 제3항에 위반된다고 판단하였다. 재판관 이시윤의 위헌의견도 대체로 위와 같은 이유로 헌법 제23조의 정당보상의 원리에 위배된다고 보았다.

이러한 입장은 재산권에 대한 규제로 인한 피해의 정도가 수인가능성을 넘어 특별한 희생을 초래할 경우 보상을 요하는 공용제한으로 넘어간다는 이른바 경계이론(Schwellenthorie)의 논리를 연상시키고 있다.

(5) 판례의 평가

토지거래허가제는 토지재산권의 핵심적 부분인 처분권과 수익권을 침해한다는 점에서 토지소유권자의 수인의 기대가능성이 없는 특별희생을 야기한다고 볼 수 있고, 토지거래불허가결정으로 인해서 발생하는 특별희생은 외관상 공공필요에 의한 재산권 침해로 인하여 야기된 것으로 볼 수 있다는 점에서 토지거래허가제에 대해 헌법 제23조 제3항에 따른 공용침해의 근거법률로서 정당화될 수 있는지의 여부가 검토되어야 한다는 견해가 있다. 이러한 입장에서는 재판관 3인의 위헌의견과 마찬가지 논리로 토지거래불허가처분에 따른 매수청구제도 정당보상의 원칙에 부합되지 못하여 토지거래허가제는 헌법 제23조에 위반된다고 본다.[9)]

하지만 거래불허가처분에 대한 불복수단이 존재하는 점, 매수청구를 통한 환가의 가능성이 열려 있다는 점, 토지매수가 성사되지 않더라도 토지거래구역 지정 기한이 끝나 그 지정에서 해제되면 자유로운 토지거래가 가능하다는 점 등에 비추어 토지거래허가제가 토지소유자에게 수인불가능한 정도의 특별한 희생을 초래한다고 단언하기 어렵다고 본다. 설령 토지거래의 길이 막혀 재산권 행사가 현저히 어렵게 된다고 하더라도 그것을 공공필요에 따른 재산권의 수용 등에 해당되는 것으로 보아 반드시 정당한 보상을 해주어야 하는지는 이론의 여지가 있다고 할 것이다. 이러한 문제에 대해서는 다음에 소개하는 판례에서 본격적으로 다루어지고 있는바, 뒤에 가서 자세히 살펴보기로 한다.

3. 판례의 영향

(1) 이론적 영향

토지거래허가제 사건에 대한 헌법재판소의 결정은 재산권, 특히 토지재산권의 보장과 그에 대한 제한 및 한계, 토지재산권에 대한 규제의 헌법적 근거 등에 대한 일반론을 전개함으로써 토지재산권에 관한 많은 후속 판례에 법리적 기반을 제공하였다는 점에서 큰 의미를 가진다고 할 것이다.

한편 토지거래허가제 사건에서 헌법재판소의 결정을 통해 토지거래허가제도가 위헌 판단을 받지는 않았지만, 매수청구규정과 벌칙규정에 대해서는 위헌의견이 다수였다는 점에서 입법자에게 토지거래허가제의 법적 문제점과 합헌적 규율의 방향을 제시하였다고 생각된다.

(2) 후속 판례: 국토이용관리법 제21조의3 제7항에 대한 헌법소원[10)]

이 사건에서는 무허가 거래계약의 사법상 효력발생을 부인하는 국토이용관리법 제21조의3 제7항의 위헌 여부가 문제되었다.

1997.6.26. 헌법재판소는 먼저 국토이용관리법 제21조의3 제1항의 토지거래허가제와 관련하여 위의 토지거래허가제 결정(헌재 1989.12.22. 88헌가13)을 원용하면서 “재산권의 본질적 내용을 침해한다거나 과잉금지의 원칙에 위배된다 할 수 없고 또 헌법상의 경제질서의 기본원칙에 위배되지도 아니한다.”고 하여 종전과 같이 합헌임을 선언하였다.

그런 다음 헌법재판소는 동법 제21조의3 제7항에 대해 “토지거래허가제의 목적달성을 위하여 필요한 것이고 또 그 규제의 방법이 이른바 과잉금지의 원칙에 저촉된다고도 할 수 없

9) 정연주, “헌법과 토지공법”, 헌법의 규범력과 법질서(허영교수정년기념논문집), 박영사, 2002, 372-378면 참조.

10) 헌재 1997.6.26. 92헌바5, 판례집 9-1, 595 [합헌].

으므로, 이 조항이 사유재산제도나 계약자유의 원칙에 근본적으로 배치된다거나 재산권보장을 규정한 헌법 제23조와 자유경제체제를 천명한 헌법 제119조 제1항에 위반된다고 할 수 없다."고 판단하였다.

(3) 후속 입법

헌법재판소가 1989.12.22. 토지거래허가제에 대한 합헌결정을 내린 이후에 동 제도는 여러 번의 법률 개정을 거치는 동안에도 그 골격을 대체로 유지하였다.

다만 1993.8.5. 개정된 「국토이용관리법」은 제21조의3 제1항에서 "토지구역"을 "허가구역"으로, "토지등의 거래계약"을 "토지거래계약"으로, "관할 도지사의 허가"를 "시장·군수 또는 구청장의 허가" 등으로 일부 문구를 수정하였고, 제21조의15 제2항에서는 "예산과 제21조의4 제1항 제1호에 규정된 가격의 범위 내에서" 매수하게 하였던 것을 "예산의 범위 안에서 공시지가를 기준으로" 매수하게 하면서 "이 경우 토지거래계약의 허가신청서나 신고서에 기재된 가격이 공시지가보다 낮은 때에는 허가신청서 또는 신고서에 기재된 가격으로 매수할 수 있다."는 문구를 추가하였다. 그리고 동법 제31조의2에서 벌칙을 "2년 이하의 징역 또는 500만원 이하의 벌금"에서 "2년 이하의 징역 또는 계약체결 당시의 당해 토지가격의 100분의 30에 상당하는 금액 이하의 벌금"(공시지가를 기준으로 산정한 가격)으로 수정되었다. 이러한 토지매수청구권과 벌칙조항의 문구 수정은 언뜻 이 사건 결정에서 위헌의견이 지적한 내용을 고려한 것으로 보이지만, 자세히 살펴보면 소수의견에서 지적된 문제를 해소하는 내용과는 거리가 있다.

이후 1999.2.8. 개정된 「국토이용관리법」 제21조의3 제1항에서 토지거래허가의 대상을 토지의 소유권과 지상권 이외에 전세권이나 임차권과 같은 사용·수익 목적의 권리도 포함되는 것으로 하였던 것에서 소유권과 지상권만 그 대상이 되도록 범위를 축소하였다. 이는 전세권과 임차권이 일반적으로 투기대상이 되는 경우가 거의 없다는 판단에 따른 것으로 보인다. 이와 함께 허가대상 면적규모가 상향조정되면서, 토지거래허가제에 의한 규제가 다소 완화되는 방향으로 나가게 되었다.

그 이후 토지거래허가제 조항은 2002.2.4. 제정된 「국토의 계획 및 이용에 관한 법률」 제118조에서, 매수청구권은 동법 제123조에서 각각 규정되었고, 미허가 토지거래계약체결에 대한 벌칙 조항은 동법 제141조에서 "2년 이하의 징역 또는 계약 체결 당시의 개별공시지가에 의한 해당 토지가격의 100분의 30에 해당하는 금액"으로 변경되었다.

최근 위 토지거래허가구역 관련 조항들은 2016.1.19. 제정된 「부동산 거래신고 등에 관한 법률」 제4장으로 옮겨 규정되었는데, 토지거래계약 조항은 동법 제11조, 매수청구권은 제16조, 벌칙 조항은 제26조 제2항에서 동일한 내용으로 각각 규정되어 있다.

(4) 정책적 변화

우리나라는 1970년대에 접어들면서 산업사회의 고도의 발달, 국민소득의 증가를 이룩하였으나 급속한 산업화·도시화와 함께 인구의 폭발적인 증가로 도시지역을 선두로 전국의 토지가격이 급등하여 토지가 투기의 대상이 되는 현상이 생겨나게 되고 아울러 공해문제에 따른 환경보전의 필요성이 절실해지게 되었다.

투기적 거래 및 지가의 급격한 상승을 억제하는 데는 토지거래신고제로서는 그 한계가 명백히 드러났고 조세적 방법도 실제 과표의 현실화율이 지나치게 낮고, 단기 전매시에 그 실효성이 적을 뿐 아니라 그 기능이 사후적 조치에 불과하여 사전방지의 효과를 기대할 수 없었다. 이에 정부는 1978년. 12. 5. 「국토이용관리법」을 개정하여 토지거래허가제도를 도입하였으며, 토지거래허가구역은 1985년도 처음으로 지정 고시하였다.

이러한 토지거래허가제는 선진 외국의 여러 나라에서도 이미 시행하고 있는데, 가령 독일은 1961.7.28. 토지이용의 합리성을 위하여 토지거래법(Grundstuckverkehrgesetz)을 통한 거래인가제도를 운영하고 있고, 일본도 1998.9.1.부터 국토이용계획법에 의한 토지거래허가를 통하여 토지투기를 억제하고 있다.

이 사건 결정에 의하면 1989.4.25.까지 토지거래허가제 실시를 위한 규제구역은 1985. 8월초 28㎢를 지정한 이래 1988.2.19.에 653㎢, 1988.9.7.에 8,638㎢(전 국토의 9.4%)를 지정한 바 있고, 그 지정기간은 각각 3년이었다. 1988년 한 해 동안 2회에 걸쳐 규제구역을 지정하게 된 것은 1987년부터 전국의 지가가 전년대비 23%이상 급격히 상승하였고 1988년에는 전년대비 46%이상 극심하게 상승하였다고 한다.[11] 1980년대 후반의 토지가격 폭등은 아시안게임과 올림픽 개최를 전후하여 건설경기가 특수를 누리면서 부동산 투기 열풍이 일어난 때문으로 분석된다. 이에 정부는 연이어 공시지가제도 도입, 분당, 일산 등 5개 신도시 건설 추진 등 긴급 부동산투기 억제대책을 내놓게 되었다. 이러한 분위기 속에 1989.12.30. 이른바 토지공개념 3법, 즉 '택지소유상한에 관한 법률' '개발이익환수에 관한 법률' '토지초과이득세법'이 제정되었다.

토지거래허가제에 대한 합헌 결정은 이러한 상황에서 나온 것으로, 당시 토지의 투기적 거래를 차단하고 지가가 급격한 상승을 억제해야 한다는 국민적 공감대가 이 결정에 상당부분 영향을 미쳤을 것으로 짐작된다. 헌법재판소의 합헌결정으로 토지거래허가제의 위헌성을 둘러싼 오랜 시비는 일단 수그러들게 되었고, 그 결과 정부 당국도 토지의 투기적 거래를 차단하여 지가의 안정을 꾀하는 정책을 계속 시행해나갈 수 있게 되었다. 토지거래허가제는 IMF 등 경제적 침체기를 거치면서 상당수의 지역이 토지거래허가구역에서 지정 해제되기

11) 헌재 1989.12.22. 88헌가13, 판례집 1, 357, 366.

도 하였으나, 특정 지역을 중심으로 개발수요로 인한 지가 폭등의 조짐이 나타날 경우 토지거래허가구역으로 지정되기도 하였다.

2014.2.6. 국토교통부는 토지거래허가구역 28만 7,228㎢를 해제하였는데, 해제된 면적은 기존 허가구역(48만 2,371㎢)의 59% 규모였다. 그 전에 이미 강원, 충북, 충남, 전북, 전남, 경북, 제주 등 7개 시·도는 국토부 지정 허가구역이 존재하지 않았는데, 여기에 더하여 대구, 광주, 울산, 경남 등 4개 시·도의 거래허가구역도 무두 해제되었다. 이러한 조치는 부동산 관련 각종 규제를 풀어 경기를 살리겠다는 당시 박근혜 정부의 의지가 반영된 것이었다. 토지거래허가구역 지정해제를 통하여 지방세수가 증가되고 지역개발사업이 활성화되는 부수적 효과도 기대되었다. 당시 국토부에 따르면 2008년 이전에는 전국 토지 평균 지가 상승률이 5~6%였지만 2009년 0.96% 오른 이후 매년 1% 내외의 상승률을 기록하는 등 안정된 모습을 보여 왔다. 하지만 이로써 토지거래허가구역 제도는 유명무실화된 것으로 받아들여졌다.[12)]

2015.12.14.에도 국토교통부는 중앙도시계획위원회 심의를 거쳐 38.948㎢의 땅을 토지거래허가구역에서 해제한다고 발표하였다. 이는 전체 토지거래허가구역(149,455㎢) 면적의 26.1% 수준이다. 수도권에서는 경기 성남시와 광주시, 과천시, 하남시 일대 14.94㎢가 토지거래허가구역에서 빠졌다. 지방에서는 대전 18.57㎢와 부산 5.43㎢ 등이 포함되었다. 개발사업이 완료·취소됐거나 땅값이 안정세를 보이는 지역을 중심으로 토지거래허가구역을 해제하였다고 한다. 반면 정부 부처 등 중앙행정기관 이전에 따른 개발 수요로 투기 우려가 큰 세종시와 수서발 KTX가 출발하는 수서역 인근의 서울 강남구와 서초구 등은 토지거래허가구역으로 재지정하였다.[13)]

토지거래허가구역은 대통령선거나 국회의원선거, 지방선거 등을 앞두고 지역주민들의 민원을 해결하는 차원에서 그 해제가 공약사항이 되는 경향이 있다. 지나치게 정치적 이익을 위해 토지거래허가제가 운영되는 것은 바람직하지 못하다고 본다.

한편 법리적 차원에서 토지거래허가제는 정당한 보상이 주어지지 않아 위헌이라는 주장이 여전히 제기되고 있다.[14)] 현행법상 토지의 매수가액 산정 기준이 공시지가를 기준으로 하게 되어 있지만, 공시지가는 아직도 실거래가와 차이가 많이 나는 실정이다. 이에 감정평가액으로 토지의 매수가격을 산정하도록 해야 한다는 주장이 나오고 있다.[15)]

우리나라는 국토면적이 협소한데다 이용 가능한 면적이 세계에서 유래가 없을 정도로 협

---

12) 조선비즈, 2014.2.5.자 기사 "정부 토지거래허가구역 59% 해제 … 규제 풀어 경기 살린다" 참조.

13) 한국경제 2015.12.14.자 기사 "'분당신도시 두 배 크기' 토지거래허가구역 해제" 참조.

14) 정연주, "헌법과 토지공법", 헌법의 규범력과 법질서(허영교수정년기념논문집), 박영사, 2002, 372-373면 참조.

15) 아시아투데이, 2015.6.15.자, "토지거래허가구역내 땅, 제값 받을 길 열렸다" 기사 참조.

소하다는 점에서 토지재산권에 대한 제한과 의무가 더 많이 따를 수밖에 없다고 본다. 따라서 토지거래허가제도의 틀은 유지하면서, 지가상승의 우려에 따라 허가구역의 지정과 해제를 탄력적으로 해나가는 것이 바람직할 것이다. 허가구역 지정 시 토지소유자에게 보다 실효적인 매수청구권의 행사가 보장되도록 할 필요가 있다고 본다.

Ⅲ. 그린벨트 결정의 의의와 영향

1. 도시계획법 제21조에 대한 위헌소원[16)]의 개관

(1) 청구인들은 도시계획법 제21조 제1항에 따라 1972.8.25. 개발제한구역으로 지정된 토지 위에 관할관청의 허가를 받지 아니하고 1978.경부터 1980.경까지 사이에 건축물을 건축하여 소유하고 있다는 이유로 인천 서구청장으로부터 위 건축물에 대한 철거대집행계고처분 등을 받고, 서울고등법원에 위 서구청장을 상대로 위 건축물철거대집행계고처분 등의 취소를 구하는 행정소송을 제기하였다. 위 청구인들은 위 소송계속 중 서울고등법원에 도시계획법 제21조가 손실보상 없이 재산권을 제한하므로 재산권의 본질적 내용을 침해한다는 등의 이유로 헌법 제23조 제1항·제3항 및 제37조 제2항에 위반된다고 주장하면서 위헌심판제청을 신청하였으나 위 신청이 기각되자, 1989.9.5. 기각결정정본을 송달받고 같은 달 19. 이 사건 헌법소원심판을 청구하였다.

(2) 이 사건 심판의 대상은 도시계획법(1971.1.19. 법률 제2291호로 제정되어 1972.12.30. 법률 제2435호로 개정된 것) 제21조의 위헌 여부이다.[17)]

(3) 헌법재판소는 도시계획법 제21조에 규정된 개발제한구역제도 그 자체는 원칙적으로 합헌적인 규정인데, 다만 개발제한구역의 지정으로 말미암아 일부 토지소유자에게 사회적 제약의 범위를 넘는 가혹한 부담이 발생하는 예외적인 경우에 대하여 보상규정을 두지 않은 것에 위헌성이 있다고 보았다.

하지만 보상의 구체적 기준과 방법은 헌법재판소가 결정할 성질의 것이 아니라 광범위한

---

16) 헌재 1998.12.24. 89헌마214 등, 판례집 10-2, 927 [헌법불합치].

17) 제21조(개발제한구역의 지정) ① 건설교통부장관은 도시의 무질서한 확산을 방지하고 도시주변의 자연환경을 보존하여 도시민의 건전한 생활환경을 확보하기 위하여 또는 국방부장관의 요청이 있어 보안상 도시의 개발을 제한할 필요가 있다고 인정되는 때에는 도시개발을 제한할 구역(이하 '개발제한구역'이라 한다)의 지정을 도시계획으로 결정할 수 있다.
② 제1항의 규정에 의하여 지정된 개발제한구역 안에서는 그 구역지정의 목적에 위배되는 건축물의 건축, 공작물의 설치, 토지의 형질변경, 토지면적의 분할 또는 도시계획사업의 시행을 할 수 없다. 다만, 개발제한구역 지정 당시 이미 관계법령의 규정에 의하여 건축물의 건축·공작물의 설치 또는 토지의 형질변경에 관하여 허가를 받아(관계법령에 의하여 허가를 받을 필요가 없는 경우를 포함한다) 공사 또는 사업에 착수한 자는 대통령령이 정하는 바에 의하여 이를 계속 시행할 수 있다.
③ 제2항의 규정에 의하여 제한될 행위의 범위 기타 개발제한에 관하여 필요한 사항은 대통령령으로 정하는 범위 안에서 건설교통부령으로 정한다.

입법형성권을 가진 입법자가 입법정책적으로 정할 사항이므로, 입법자가 보상입법을 마련함으로써 위헌적인 상태를 제거할 때까지 위 조항을 형식적으로 존속케 하기 위하여 헌법불합치결정을 내렸다(재판관 7인의 의견).[18)]

이에 대해서는 단순위헌결정을 내려야 한다는 조승형 재판관의 반대의견, 헌법 제37조 제2항 소정의 기본권제한 한계요건 및 평등원칙에 위반되지 않는다는 이영모 재판관의 반대의견이 제시되었다.

2. 주요 논점 분석

(1) 토지재산권 제한의 근거와 내용

토지는 원칙적으로 생산이나 대체가 불가능하여 공급이 제한되어 있고, 우리나라의 가용토지면적은 인구에 비하여 절대적으로 부족한 반면에, 모든 국민이 생산 및 생활의 기반으로서 토지의 합리적인 이용에 의존하고 있으므로, 그 사회적 기능에 있어서나 국민경제의 측면에서 다른 재산권과 같게 다룰 수 있는 성질의 것이 아니므로 공동체의 이익이 보다 강하게 관철되어야 한다.[19)] 이러한 점에서 헌법 제122조는 "국가는 국민 모두의 생산 및 생활의 기반이 되는 국토의 효율적이고 균형 있는 이용·개발과 보전을 위하여 법률이 정하는 바에 의하여 그에 관한 필요한 제한과 의무를 과할 수 있다"고 규정함으로써 토지재산권에 대한 광범위한 입법형성권을 부여하고 있다.

이 사건 법률조항에 의한 개발제한구역의 지정은 도시지역을 대상으로 하여 수립되는 도시계획상의 토지이용계획의 하나로서 구역의 지정에 관한 계획에 따른 토지이용제한의 한 형태이다. 그리고 개발제한구역 내에 있는 토지는 원칙적으로 지정 당시의 상태에 따른 사용이 가능하고, 단지 장래에 있어서 구역의 지정목적에 반하는 사용방법만이 금지되고 있다.

(2) 위 법률조항의 위헌성 검토 내용

이 사건에서 청구인들은 개발제한구역 내의 토지에 대한 사용제한이 토지 소유자에게 수

---

18) 이에 따라 "입법자는 되도록 빠른 시일 내에 보상입법을 하여 위헌적 상태를 제거할 의무가 있고, 행정청은 보상입법이 마련되기 전에는 새로 개발제한구역을 지정하여서는 아니 되며, 토지소유자는 보상입법을 기다려 그에 따른 권리행사를 할 수 있을 뿐 개발제한구역의 지정이나 그에 따른 토지재산권의 제한 그 자체의 효력을 다투거나 위 조항에 위반하여 행한 자신들의 행위의 정당성을 주장할 수는 없다." 한편 "입법자가 도시계획법 제21조를 통하여 국민의 재산권을 비례의 원칙에 부합하게 합헌적으로 제한하기 위해서는, 수인의 한계를 넘어 가혹한 부담이 발생하는 예외적인 경우에는 이를 완화하는 보상규정을 두어야 한다. 이러한 보상규정은 입법자가 헌법 제23조 제1항 및 제2항에 의하여 재산권의 내용을 구체적으로 형성하고 공공의 이익을 위하여 재산권을 제한하는 과정에서 이를 합헌적으로 규율하기 위하여 두어야 하는 규정이다. 재산권의 침해와 공익간의 비례성을 다시 회복하기 위한 방법은 헌법상 반드시 금전보상만을 해야 하는 것은 아니다. 입법자는 지정의 해제 또는 토지매수청구권제도와 같이 금전보상에 갈음하거나 기타 손실을 완화할 수 있는 제도를 보완하는 등 여러 가지 다른 방법을 사용할 수 있다."고 판시하였다. 판례집 10-2, 927, 929-930.

19) 헌재 1989.12.22. 88헌가13, 판례집 1, 357 참조.

인하기 어려운 특별한 희생을 야기하는데도 동법에서 개발제한구역으로 지정된 토지에 대한 손실보상의 규정을 두고 있지 않아 헌법 제23조 제3항에 위반된다고 주장하고 있다.

하지만 헌법재판소는 헌법 제23조 제3항의 공용제한에 해당하는지, 그에 따라 정당보상의 원칙에 위배되는지 등에 대한 검토를 전혀 하고 있지 않다.

오히려 다수의견에서는 위 법률조항의 성격을 분석하여 개발제한구역 내의 토지에 대한 사용제한이 사회적 제약의 범위를 넘는지 여부만 검토하고 있다. 동 조항이 "입법자가 토지재산권에 관한 권리와 의무를 일반·추상적으로 확정하는 규정으로서 법질서 안에서 보호받을 수 있는 권리로서의 재산권의 내용과 한계를 정하는 재산권을 형성하는 규정인 동시에 공익적 요청에 따른 재산권의 사회적 제약을 구체화하는 규정"[20]에 해당하므로, 사회적 제약을 넘는지 안 넘는지가 중요하게 되고, 그에 대한 판단에는 과잉금지의 원칙(비례의 원칙)을 기준으로 삼고 있다.

그 결과 1) 구역지정 후 토지를 종래의 목적으로 사용할 수 있는 원칙적인 경우에는 과잉금지원칙에 부합되므로 재산권의 사회적 제약을 넘지 않아 내용과 한계를 합헌적으로 규율한 것으로 본다. 그리고 2) 구역지정 후 토지를 종래의 목적으로도 사용할 수 없거나 또는 토지를 전혀 이용할 수 있는 방법이 없는 예외적인 경우에는 사회적 제약의 범위를 넘어 감수하라고 할 수 없는 특별한 재산적 손해가 발생한다고 볼 수 있다며, 개발제한구역 내의 토지 중 지정 당시의 지목이 대지로서 나대지의 상태로 있었던 토지나 사정변경으로 인한 용도의 폐지된 토지를 그에 해당하는 경우로 예시한다. 이러한 예외적인 경우에도 아무런 보상 없이 이를 감수하도록 하고 있다면 비례의 원칙에 위반되어 당해 소유자의 재산권을 과도하게 침해하는 것으로 헌법에 위반된다는 것이다.

결론적으로 도시계획법 제21조에 규정된 개발제한구역제도 그 자체는 원칙적으로 합헌적인 규정인데, 다만 개발제한구역의 지정으로 말미암아 일부 토지소유자에게 사회적 제약의 범위를 넘는 가혹한 부담이 발생하는 예외적인 경우에 대하여 보상규정을 두지 않은 것에 위헌성이 있다고 한다.

입법자가 도시계획법 제21조를 통하여 국민의 재산권을 비례의 원칙에 부합하게 합헌적으로 제한하기 위해서는, 수인의 한계를 넘어 가혹한 부담이 발생하는 예외적인 경우에는 이를 완화하는 보상규정을 두어야 하는데, 이러한 보상규정은 헌법 제23조 제3항의 공용제한에 따른 정당한 보상이 아니다. 이는 헌법 제23조 제1항 및 제2항에 의하여 재산권의 내용을 구체적으로 형성하고 공공의 이익을 위하여 재산권을 제한하는 과정에서 이를 합헌적으로 규율하기 위하여 두어야 하는 규정인 것이다. 따라서 재산권의 침해와 공익간의 비례성을

---

20) 헌재 1998.12.24. 89헌마214 등, 판례집 10-2, 927, 947.

다시 회복하기 위한 방법은 금전보상 이외에도 지정의 해제 또는 토지매수청구권제도와 같이 금전보상에 갈음하거나 기타 손실을 완화할 수 있는 제도를 보완하는 등 여러 가지 다른 방법을 사용할 수 있다.

(3) 재산권의 사회적 제약과 공용제한의 구별 기준

재산권의 사회적 제약을 규정하는 재산권의 내용 및 한계규정과 공용제한 간의 관계에 대해서는 독일에서 발전한 경계이론과 분리이론이 있다. 그 내용은 다음과 같이 요약해볼 수 있을 것이다.

먼저 경계이론(Schwellentheorie)은 재산권에 대한 제한이 사회적으로 수인할 수 있는 범위를 넘어서게 되면 곧 바로 공용제한이 된다는 견해로, 사회적 제약과 공용제한은 단지 피해의 정도에 있어서 차이가 난다고 본다. 이에 따르면 사회적 제약을 넘어서는 특별희생이 있으면 공용제한이 되므로 반드시 보상이 필요하나, 그렇지 않은 경우에는 별도의 보상이 요구되지 않는다. 특별희생의 존부를 판단하는 기준으로 형식설과 실질설이 존재하나,[21] 여러 학설들을 구체적인 상황에 따라 종합적으로 활용하여 사회적 제약인지 공용제한인지를 판단해야 한다는 것이 독일과 우리의 통설이라고 할 수 있다.

다음으로 분리이론(Trennungstheorie)은 재산권의 내용규정과 공용제한을 헌법적으로 독립된 별개의 제도로 파악하여 재산권의 사회적 제약은 재산권의 내용규정의 영역이고, 공용제한은 수용규정의 영역으로서 둘은 상호 구별되는 다른 체계를 구성한다고 보는 견해이다. 사회적 제약은 규제조치가 일반적·추상적인 형태를 띠고 재산권자의 권리와 의무를 장래에 있어 규율함을 목적으로 하는 경우로 보고, 공용제한은 규제조치가 개별적·구체적인 형태를 띠고 침해를 통해서 재산권자의 법적 지위를 전면적으로 혹은 부분적으로 박탈 내지 제한함을 목적으로 하는 경우로 파악한다. 헌법 제23조 제1항과 제2항의 사회적 제약이 과도하다고 하여 동조 제3항으로 넘어가는 것이 아니라, 재산권의 사회적 제약규정을 규율하는 일반원리(비례의 원칙, 신뢰보호의 원칙, 평등의 원칙 등)에 따라 그 정당성이 검토될 수 있을 뿐이라고 한다.[22]

(4) 보상의 요부와 형식

경계이론에 의하면 개발제한구역 내의 토지에 대한 사용 제한은 사회적 제약일 수도 있

21) 개별행위설 내지는 특별희생설로 대별되는 形式說에 의하면 법률이 불특정 다수인에게 일반적으로 가한 재산권 규제는 불평등하게 희생을 가한 것이 아니고 누구에게나 공공복리를 위하여 가해지는 부담이기 때문에 보상을 할 필요가 없다. 한편 재산권 규제의 성질이나 정도 등의 실질적 표준에 의하여 사회적 제약의 한계를 정하고자 하는 實質說에는 보호가치설, 수인한도설, 목적위배설, 사적 효용설, 상황기속성설, 사회적 구속성설 등이 있다.

22) 분리이론은 1981.7.15. 독일 연방헌법재판소의 자갈채취 판결(BVerfGE 58, 300)에 의해 정립되었다고 알려진다.

고 공용제한이 될 수도 있다. 만일 보호가치설, 수인한도설, 목적위배설, 사적 효용설, 상황기속성설, 사회적 구속성설 등을 종합적으로 고려할 때 특별희생을 야기한다고 판단되면, 그 경우는 공용제한에 해당하게 되어 헌법 제23조 제3항에 따라 반드시 정당한 보상을 해주어야 한다. 그리고 이 경우에 요구되는 보상은 교환가치의 보장을 의미하는 금전보상에 의한다. 이러한 입장에 따르면 이 사건 법률조항에 의하여 개발제한구역 지정 후 토지를 종래의 목적으로 사용할 수 있는 원칙적인 경우에도 사안에 따라서는 수인의 기대가능성이 없는 특별희생을 야기할 수 있다면 보상이 필요하게 된다. 그럼에도 헌법재판소가 오로지 구역지정 후 토지를 종래의 목적으로도 사용할 수 없거나 또는 토지를 전혀 이용할 수 있는 방법이 없는 예외적인 경우에만 보상, 그마저도 금전보상 이외의 조정적 보상을 요구하는 것은 문제가 있다는 지적이 있다.[23]

한편 분리이론에 따르면 재산권의 내용 규정이 비례의 원칙을 비롯한 일정한 헌법적 한계를 벗어나게 되더라도 당연히 공용제한으로 전환되는 것이 아니라 사회적 제약을 범위를 넘는 위헌적 재산권 침해가 되는 것이다. 이처럼 수인의 한계를 넘어 가혹한 부담이 발생하는 예외적인 경우에는 이를 완화하는 보상규정을 두어야 한다. 이러한 보상규정은 입법자가 재산권의 내용을 구체적으로 형성하고 공공의 이익을 위하여 재산권을 제한하는 과정에서 이를 합헌적으로 규율하기 위해 두어야 하는 것으로, 이것을 독일에서는 '조정적 보상의무 있는 내용규정'(ausgleichspflichtige Inhaltsbestimmung)이라고 부른다.[24] 이에 따른 조정적 보상은 헌법 제23조 제3항에 의한 금전보상의 방식이 아니라, 헌법 제23조 제1항에 의한 구제수단(토지매수청구권, 전면적 금지의 해제, 경과조치 등)이 강구되어야 한다.[25] 이러한 점에서 우리 헌법재판소도 분리이론에 있어 '조정적 보상의무 있는 내용규정'의 개념을 수용하고 있다고 볼 수 있다.[26]

(5) 판례의 평가

도시계획법 제21조에 대한 헌법재판소의 이 사건 결정은 여러 대목에서 분리이론을 수용한 흔적을 엿볼 수 있다. 학계에서도 대체로 이와 같은 평가가 이루어지고 있다.[27]

---

23) 정연주, "헌법과 토지공법", 헌법의 규범력과 법질서(허영교수정년기념논문집), 박영사, 2002, 417면.

24) 정남철, "재산권의 사회적 구속과 수용의 구별에 관한 독일과 한국의 비교법적 고찰", 공법연구 제32집 제3호, 2004, 378면 이하 참조.

25) 이를 '조정적 보상의무 있는 내용규정'(ausgleichspflichtige Inhaltsbestimmung)이라고 부르기도 한다. 정남철, "재산권의 사회적 구속과 수용의 구별에 관한 독일과 한국의 비교법적 고찰", 공법연구 제32집 제3호, 2004, 378면 이하 참조.

26) 김문현, "재산권의 보장과 한계-헌법재판소판례에 대한 평가를 중심으로-", 헌법논총 19집, 헌법재판소, 2008, 591면.

27) 한수웅, "재산권의 내용을 새로이 형성하는 법규정의 헌법적 문제", 저스티스 제32권 제2호, 1999, 35면; 정연주, "재산권보장과 이익형량", 공법연구 제29집 제3호, 2003, 54면; 김문현, "재산권의 사회구속성과 공용수용의 체계에 대한 검토-소위 '분리이론'의 한국헌법상 수용에 대한 평가를 중심으로-", 공법연구 제32집

우선 헌법재판소는 입법형식과 입법목적에 의해 사회적 제약과 공용제한을 구분하는 태도를 취하고 있다. "이 사건 법률조항은 입법자가 토지재산권에 관한 권리와 의무를 일반·추상적으로 확정하는 규정으로서 법질서 안에서 보호받을 수 있는 권리로서의 재산권의 내용과 한계를 정하는 재산권을 형성하는 규정인 동시에 공익적 요청에 따른 재산권의 사회적 제약을 구체화하는 규정이기도 하다."라는 판시가 바로 이를 말해 준다. 이는 피해의 정도에 따라 사회적 제약과 공용제한을 구별하는 경계이론과 확실히 차이가 나는 것이다.

또한 사회적 제약을 구체화한 규정이라고 보면서도 개발제한구역 내의 토지에 대한 사용제한이 비례의 원칙에 위배되는지 살펴서 보상이 필요한 사회적 제약인지 아닌지를 따지고 있는 것도 분리이론에 의하지 않으면 설명되기 어렵다. 그리고 사회적 제약을 넘는 수인불가능한 특별한 손해에 대해 금전보상 외에도 지정의 해제나 토지매수청구권과 같이 금전보상에 갈음하거나 기타 손실을 완화할 수 있는 제도를 보완하는 등 여러 가지 다른 방법을 사용할 수 있다고 한 것 역시 분리이론에 의해 설명이 가능하다.

이 결정을 통해 헌법재판소는 도시계획법 제21조에 대하여 헌법불합치결정을 내림으로써 10년 가까이 끌어오던 사건을 해결하였다.

개발제한구역제도는 1971.1.19. 개정된 도시계획법에 의해 처음 도입된 이래 도시의 평면적인 확산을 방지하고 대도시 주변의 녹지를 보존하는데 크게 기여하였다. 하지만 그 지정구역 안에서는 원칙적으로 그 구역지정의 목적에 위배되는 건축물의 건축 등이 제한됨으로써 구역내 주민들의 생활에 불편을 초래하고, 개발제한구역의 지정으로 인한 개발가능성의 소멸과 그에 따른 지가의 상대적인 하락이나 지가상승률의 감소를 초래하는 등 특정 토지소유자들의 재산권을 제한한다는 점에서 문제가 있었다. 특히 개발제한구역내의 토지에 대한 사용제한으로 토지소유자가 입게 되는 피해가 막심한데도 아무런 보상 없이 그 제한을 감수하도록 한 것을 둘러싸고 오랫동안 위헌 논란이 제기되어 왔다.

이에 대해 헌법재판소는 개발제한구역제도 자체는 사회적 제약에 해당되는 것으로서 합헌이지만, 가령 구역지정 후 토지를 종래의 목적으로도 사용할 수 없거나 또는 토지를 전혀 이용할 수 있는 방법이 없는 경우에도 그 피해를 마냥 감수하도록 한다면 그것은 도저히 헌법상 용인된다고 볼 수 없다고 판단하였다. 이로써 개발제한구역 지역으로 인한 토지소유자들의 피해가 상당 부분 해소될 수 있게 되었지만, 그러한 피해의 보전이 반드시 금전보상에 의할 필요는 없고 구역지정의 해제나 토지매수청구권 등의 방법도 보상적 조치의 일환으로 강구될 수 있음을 밝혀 국가의 재정적 부담을 덜어주었다.

제4호, 한국공법학회, 2004, 9면; 정남철, "재산권의 사회적 구속과 수용의 구별에 관한 독일과 한국의 비교법적 고찰-이른바 조정적(조절적) 보상의무 있는 내용규정의 도입가능성-", 공법연구 제32집 제3호, 2004, 376-377면; 최갑선, "토지재산권의 보장 내용과 한계", 헌법재판 주요 선례연구 1, 헌법재판소 헌법재판연구원, 2012, 224면 등.

3. 판례의 영향

(1) 이론적 영향

학계에서는 그동안 재산권의 사회적 제약과 공용제한의 문제가 주로 경계이론을 중심으로 논의되어 왔다. 하지만 이 사건 결정을 계기로 분리이론에 대한 관심이 높아졌고, 헌법재판소의 이러한 태도에 대하여 찬반논의가 활발하게 진행되고 있다.[28)]

분리이론의 수용에 대해 찬성하는 입장에서는 분리이론이 재산권에 대한 위헌적인 침해를 배척하고 재산권 주체에게 구체적인 재산권의 존속을 보장하는 존속보장에 바탕을 두고 있기 때문에 헌법 제23조 내에서 주어지는 재산권의 자유보장적 기능에 더 합치된다고 한다.[29)] 또한 분리이론은 헌법재판소에 재산권 규제법률에 대한 위헌심사권을 부여하고, 입법자에게는 재산권 규제의 입법을 재산권의 내용규정과 수용규정 중 어느 것으로 할지 선택권을 부여하고, 법원에게는 입법자가 수용의 형식을 택하여 보상규정을 둔 경우에 한하여 구체적으로 정당한 보상인지에 대한 판단권을 부여하므로 헌법상 권력분립질서에 더 부합한다고 한다.[30)]

분리이론 채택에 대한 비판론에서는 독일 기본법 제14조 제3항은 보상을 요하는 재산권 침해의 형태로서 단지 '공용수용'만을 규정하고 있는 데 반하여 우리 헌법 제23조 제3항은 보상을 요하는 공용제한으로 '수용' 이외에도 '사용 또는 제한'까지 추가로 명시하고 있으므로 분리이론상의 협의의 형식적 수용개념은 우리 헌법상으로는 받아들이기 어렵다는 점을 지적하고 있다.[31)][32)] 또한 분리이론에서는 사회적 제약 내에서 조정적 보상의무 없는 내용규정과 조정적 보상의무 있는 내용을 구별하기 위해 종래 경계이론에서 사용되는 수인한도설이나 목적위배설 등이 동원되고 있는데, 이는 기존의 경계이론에서 완전히 벗어나지 못하고 있음을 보여주는 부분이라고 한다.[33)]

아무튼 이 사건 결정은 헌법 제23조의 규범적 구조에 대한 학문적 논의가 한층 더 심화될 수 있는 계기를 마련해주었다는 점에서 큰 의미를 부여할 수 있을 것으로 본다.

---

28) 최갑선, "토지재산권의 보장 내용과 한계", 헌법재판 주요 선례연구 1, 헌법재판소 헌법재판연구원, 2012, 224면 이하 참조.

29) 한수웅, "재산권의 내용을 새로이 형성하는 법규정의 헌법적 문제", 저스티스 제32권 제2호, 1999, 36면.

30) 한수웅, 위의 논문, 38면.

31) 김문현, "재산권의 보장과 한계-헌법재판소판례에 대한 평가를 중심으로-", 헌법논총 19집, 헌법재판소, 2008, 589면.

32) 우리 헌법은 독일 기본법은 독일 기본법상 수용 개념과 별로 다르지 않다고 하는 견해에 대한 비판은 이명웅, "헌법 제23조의 구조", 헌법논총 11집, 헌법재판소, 2000, 332-333면 참조.

33) 정하중, "헌법상의 재산권보장체계에 있어서 경계이론과 분리이론", 서강법학연구 제5권, 2003, 79면 참조.

(2) 후속 판례: 택지소유상한에관한법률 제2조 제1호 나목 등 위헌소원[34)]

앞서 살펴본 헌법재판소의 태도는 1999.4.29. 택지소유상한제도에 대한 위헌결정에서 다음과 같은 판시를 통해 더욱 분명해짐을 볼 수 있다.[35)]

> "헌법 제23조에 의하여 재산권을 제한하는 형태에는, 제1항 및 제2항에 근거하여 재산권의 내용과 한계를 정하는 것과, 제3항에 따른 수용·사용 또는 제한을 하는 것의 두 가지 형태가 있다. 전자는 "입법자가 장래에 있어서 추상적이고 일반적인 형식으로 재산권의 내용을 형성하고 확정하는 것"을 의미하고, 후자는 "국가가 구체적인 공적 과제를 수행하기 위하여 이미 형성된 구체적인 재산적 권리를 전면적 또는 부분적으로 박탈하거나 제한하는 것"을 의미한다. 그런데 법은, 택지의 소유에 상한을 두거나 그 소유를 금지하고, 허용된 소유상한을 넘은 택지에 대하여는 처분 또는 이용·개발의무를 부과하며, 이러한 의무를 이행하지 아니하였을 때에는 부담금을 부과하는 등의 제한 및 의무부과 규정을 두고 있는바, 위와 같은 규정은 헌법 제23조 제1항 및 제2항에 의하여 토지재산권에 관한 권리와 의무를 일반·추상적으로 확정함으로써 재산권의 내용과 한계를 정하는 규정이라고 보아야 한다."[36)]

이러한 입장은 헌재 1999.10.21. 97헌바26, 도시계획법 제6조 위헌소원, 헌재 2005.9.29. 2002헌바84, 도시계획법 부칙 제10조 제3항 위헌소원 등에서도 유지되고 있다.

(3) 후속 입법

이 사건 결정에 따라 「도시계획법」이 개정(법률 제6243호 전문개정 2000.1.28)되었고, 동법 제34조에 따라 개발제한구역 안에서의 행위제한 기타 개발제한구역의 관리에 관하여는 따로 「개발제한구역의 지정 및 관리에 관한 특별조치법」(법률 제6241호 2000.1.28)이 제정되었다. 이 법률에서는 헌법재판소의 결정취지에 따라 매수청구제도를 제16조 이하에서 마련하고 있다.[37)]

---

34) 헌재 1999.4.29. 94헌바37 등, 판례집 11-1, 289 [위헌].

35) 이 사건에 대한 평가는 성낙인, "재산권보장과 토지공개념 실천법제", 「행정법연구」 제18호, 행정법이론실무학회, 2007.9.521면 이하를 참조할 것.

36) 헌재 1999.4.29. 94헌바37, 택지소유상한에관한법률 제2조 제1호 나목 등 위헌소원(위헌).

37) 제16조(토지매수의 청구) ① 개발제한구역의 지정으로 인하여 개발제한구역 안의 토지를 종래의 용도로 사용할 수 없어 그 효용이 현저히 감소된 토지 또는 당해 토지의 사용 및 수익이 사실상 불가능한 토지(이하 '매수대상토지'라 한다)의 소유자로서 다음 각 호의 1에 해당하는 자는 건설교통부장관에게 당해 토지의 매수를 청구할 수 있다.
1. 개발제한구역의 지정 당시부터 당해 토지를 계속 소유한 자
2. 토지의 사용·수익이 사실상 불가능하게 되기 전에 당해 토지를 취득하여 계속 소유한 자
3. 제1호 또는 제2호의 자로부터 당해 토지를 상속받아 계속 소유한 자
② 건설교통부장관은 제1항의 규정에 의하여 매수청구를 받은 토지가 제3항의 규정에 의한 기준에 해당되는 때에는 이를 매수하여야 한다.
③ 매수대상토지의 구체적인 판정기준은 대통령령으로 정한다.
제17조(매수청구의 절차 등) ① 건설교통부장관은 토지의 매수청구를 받은 날부터 2월 이내에 매수대상 여부 및 매수예상가격 등을 매수청구인에게 통보하여야 한다.
② 건설교통부장관은 제1항의 규정에 의하여 매수대상토지로 통보를 한 때에는 5년의 범위 안에서 대통령

(4) 정책적 변화

개발제한구역제도가 1971.7.30. 도입된 이후 1977.4.18.까지 모두 8차례에 걸쳐 전국토의 5.4%에 해당하는 5,397.1㎢의 개발제한구역이 전국적으로 지정되었다. 이러한 개발제한구역 덕분에 우리는 주요 도시 주변에 녹색 개방 공간을 가질 수 있었다. 그리고 도시의 무분별한 외연 확장을 통제할 수 있었으며, 무엇보다 도시의 생명벨트를 유지하고 있다.[38] 그러나 지금까지 개발제한구역 유지는 땅의 소유자 내지 이용자에게 적절한 보상 없이 과중한 행위제한을 가하는 방식으로 이루어져 왔다. 이러한 점 때문에 헌법재판소는 헌법불합치결정을 통해 개발제한구역제도의 합헌성을 인정하면서도, 개발제한구역 내 토지소유자의 피해가 막심한 경우 구역지정의 해제나 토지매수청구권 등을 통한 보상적 조치를 강구할 것을 주문하였던 것이다.

이러한 헌법재판소의 결정에 따라 2000.1.28. 관리계획, 토지매수, 주민지원, 훼손부담금제도 등을 내용으로 하는 「개발제한구역의 지정 및 관리에 관한 특별조치법」이 제정되었다. 이를 계기로 '선 환경평가 및 도시계획, 후 해제'의 원칙이 마련되는 등 개발제한구역 관리가 종합적이며 계획적으로 이루어지게 되었다. 김대중 정부(1998~2003)에서는 총 781㎢의 그린벨트가 해제되었다. 구체적으로 춘천 · 전주권 등 중소도시권 해제를 결정하고, 수도권 등 7개 대도시권은 구역을 유지하였으며, 해제총량(343㎢)이 부여되었다.

노무현 정부(2003~2008)에서도 총 654㎢의 그린벨트가 해제되었다. 구체적으로는 국민임대주택 사업을 위한 구역 67㎢, 주민불편 해소를 위해 집단취락지구 119㎢, 산단 등 지역현안사업을 위한 구역 9㎢ 및 잔여 중소도시권 458㎢ 등을 해제하였다.

이명박 정부(2008~2013) 출범 직후 2008.9.9. '대통령과의 대화'에서 주택 분양값 인하를 위한 그린벨트 해제 가능성이 시사되었고, 곧 이어서 10년간 주택 500만 호 공급을 위한 308㎢의 그린벨트 해제 대책이 발표되었다. 그 결과 보금자리주택(45㎢) 등 국책사업 및 지

령이 정하는 기간 내에 매수계획을 수립하여 당해 매수대상토지를 매수하여야 한다.

③ 매수대상토지를 매수하는 가격(이하 '매수가격'이라 한다)은 지가공시및토지등의평가에관한법률에 의한 공시지가를 기준으로 당해 토지의 위치 · 형상 · 환경 및 이용상황 등을 고려하여 평가한 금액으로 한다. 이 경우 매수가격의 산정시기 및 산정방법 등은 대통령령으로 정한다.

④ 제1항 내지 제3항의 규정에 의하여 매수한 토지는 토지관리및지역균형개발특별회계법에 의한 토지관리및지역균형개발특별회계의 재산으로 귀속된다.

⑤ 제1항 내지 제3항의 규정에 의하여 토지를 매수하는 경우의 매수절차 기타 필요한 사항은 대통령령으로 정한다.

第26조(이의신청) ① 제17조의 규정에 의하여 통보받은 매수 여부의 결정 또는 매수가격에 이의가 있거나 제17조의 규정에 의한 부합금의 부과 · 징수에 관하여 이의가 있는 자는 토지수용법에 의한 중앙토지수용위원회에 이의신청을 할 수 있다.

② 제1항의 규정에 의한 이의신청에 대하여는 행정심판법 제6조 및 제6조의2의 규정에 불구하고 중앙토지수용위원회가 심리 · 의결한다.

38) 헌재 1998.12.24. 89헌마214 등, 판례집 10-2, 927, 942-943.

자체 지역현안사업 추진을 위해 총 88㎢의 그린벨트가 해제되었다.

박근혜 정부 하에서 2015.5.6. 국토교통부는 30만㎡ 이하의 소규모 그린벨트 해제 권한을 지방자치단체로 이관하고 그린벨트 내 특산물 판매·체험시설 허용 등을 내용으로 한 그린벨트 규제완화대책을 발표하였다. 이를 통해 지역 투자 활성화에 도움이 될 것으로 기대하고 있다. 다만, 난개발 방지를 위해 2009년 수립한 '2020년 광역도시계획'에 따라 현재 남은 전체 해제총량(233.5㎢)는 그대로 유지하기로 하였다.[39]

하지만 이러한 개발제한구역의 대대적 해제는 개발제한구역제도의 근간을 유지하려는 헌법재판소의 고심에 찬 결정의 취지와 배치되는 것이라고 본다. 왜냐하면 헌법재판소는 극심한 피해의 보상을 위한 조치로 지정의 해제 이외에도 매수청구권제도나 기타 손실완화 조치 혹은 금전보상 등을 여러 방법을 같이 예시하였기 때문이다. 이에 따르면 입법자가 「개발제한구역의 지정 및 관리에 관한 특별조치법」 제16조에서처럼 매수청구권제도를 도입할 수도 있는 것이고, 정책 당국이 꼭 필요한 개발제한구역의 경우 그 지정을 유지하면서 그 피해의 보상을 위한 금전보상의 방법도 선택할 수 있는 것이다. 그럼에도 불구하고 개발제한구역의 지정을 대부분 해제해버린 데는 토지거래의 활성화를 통해 경기를 부양하려는 경제적 요인이나 선거를 의식하여 지역 사회의 민원을 해결하기 위한 정치적 고려 등이 복합적으로 작용하였다는 점을 부인하기 어려울 것이다.

그 동안 그린벨트는 도시 주변의 개방 녹지로서 도시 확산 방지, 환경보전, 유보지 확보 등에 크게 기여해 왔으며, 이를 보전하는 것은 미래 세대에게 건강한 삶의 터전을 물려준다는 의미도 가질 수 있다. 이러한 점에서 개발제한구역제도의 근간은 계속 유지될 필요가 있으며, 다만 제도의 합리적인 운영을 위한 방안을 모색해나가야 할 것이다. 개발제한구역제도를 둘러싼 갈등은 기본적으로 그린벨트의 혜택을 누리는 사람과 그 피해를 보는 사람이 따로 존재한다는 데서 비롯되는 측면이 크다고 본다. 이러한 점에서 그린벨트의 혜택을 누리고 있는 국민 전체가 개발제한구역 지정에 따른 피해의 보상을 위해 소요 경비의 일부를 분담하려는 자세를 견지하는 것이 바람직하다고 본다.

Ⅳ. 결 어

1989년 토지거래허가제에 대한 헌법재판소의 결정은 재산권, 특히 토지재산권의 보장과 그에 대한 제한 및 한계, 토지재산권에 대한 규제의 헌법적 근거 등에 대한 일반론을 전개함으로써 토지재산권에 관한 많은 후속 판례에 법리적 기반을 제공하였다는 점에서 큰 의미를 가진다고 할 것이다. 토지거래허가제 사건에서 헌법재판소의 결정을 통해 토지거래허가제

39) 국토교통부 2015.5.6.자 보도자료, "실생활 불편해소를 위해 반세기만에 그린벨트정책 전환" 참조.

도가 위헌 판단을 받지는 않았지만, 매수청구규정과 벌칙규정에 대해서는 위헌의견이 다수였다는 점에서 입법자에게 토지거래허가제의 법적 문제점과 합헌적 규율의 방향이 제시되었다고 생각된다. 이에 따라 토지거래허가제도의 틀은 유지하면서, 지가상승의 우려에 따라 허가구역의 지정과 해제를 탄력적으로 해나가는 것이 바람직할 것이다. 다만 토지거래허가구역은 대통령선거나 국회의원선거, 지방선거 등을 앞두고 지역주민들의 민원을 해결하는 차원에서 그 해제가 공약사항이 되는 경향이 있다. 지나치게 정치적 이익을 위해 토지거래허가제가 운영되는 것은 바람직하지 못하다고 본다.

1998년의 도시계획법 제21조에 대한 위헌소원 사건에 대한 헌법불합치결정 이후 학계에서는 분리이론에 대한 관심이 높아졌고, 헌법재판소의 이러한 태도에 대하여 찬반논의가 활발하게 진행되고 있다. 헌법 제23조의 규범적 구조에 대한 학문적 논의가 한층 더 심화될 수 있는 계기를 마련해주었다는 점에서 큰 의미를 부여할 수 있을 것으로 본다.

개발제한구역은 지금까지 상당히 엄격하게 관리되어 왔고, 최소한의 민주적·계획적 절차를 걸쳐 해제할 곳은 대부분 해제된 상태다. 이러한 상황에서 무분별한 해제나 그에 상응하는 조치는 개발제한구역제도의 근간을 흔들 수 있다고 본다. 다만 그린벨트에 대한 엄격한 개발행위 제한으로 인하여 주민들의 고통과 희생이 대단히 큰 것이 사실이다. 따라서 그린벨트의 유지에서 발생하는 갈등과 모순을 해결하는 방안들이 모색되어야 할 것이다. 헌법재판소의 결정에서 제시된 여러 가지 판단기준들이 그러한 제도적 보완책을 마련하는 데 있어서 참고가 될 수 있을 것이다.

21. 토지에 대한 종합부동산세 과세대상구분과 국민의 재산권 보호*
– 헌법재판소 2010.12.28.선고 2008헌가27,2010헌바153,365(병합) 사건을 중심으로 –

이 진 수**

Ⅰ. 서설: 사건의 개요

본 결정사안은 보유하고 있는 토지에 대하여 종합부동산세 부과처분을 받은 A회사와 B회사가 종합부동산세 부과처분을 다투는 사건에서 종합부동산세법 일부조항의 위헌법률심판제청신청을 하였고, 그에 대하여 수원지방법원이 이를 받아들여 위헌법률심판제청을 한 사건(2008헌가27)과, 전주지방법원 및 수원지방법원이 이를 받아들이지 않아 헌법소원에 이른 사건(2010헌바153,365)이 병합 심리된 사건이다. 각 사건별 개요는 다음과 같다.

1. 2008헌가27 사건

제청신청인은 성남시 ○○구 ○○동 일원에서 회원제골프장인 ○○컨트리클럽을 운영하는 회사로서 그 소유의 위 골프장 내 원형보전임야가 종합부동산세의 종합합산 과세대상임을 전제로 종합부동산세를 신고·납부한 후 성남세무서장에게 위 원형보전임야가 종합합산 과세대상임을 전제로 한 위 신고·납부는 위헌·위법인 법령에 근거한 잘못된 것이므로 종합부동산세를 환급해 달라는 취지의 경정청구를 하였다.

성남세무서장은 위 원형보전임야는 별도합산 과세대상으로 규정되어 있지 아니하므로 종합합산 과세대상에 해당하고, 위 경정청구는 종합부동산세 과세물건 및 세액적용의 오류가 아닌 종합부동산세법 및 관련 법률 자체에 대한 불복으로서 위 법률조항들에 위헌성이 없다는 이유로 제청신청인의 경정청구를 거부하였다.

이에 제청신청인은 위 거부처분에 불복하여 조세심판청구를 거쳐 수원지방법원에 위 거부처분의 취소를 구하는 소를 제기한 후 그 소송계속 중 종합부동산세법 제11조, 지방세법 제182조 제1항 제1호, 제2호에 대하여 위헌법률심판제청신청을 하였고, 위 법원은 이를 일부 받아들여 "종합부동산세법 제11조 중 '지방세법 제182조 제1항 제2호의 규정에 의한 별도합산 과세대상'에 관한 부분"에 대하여 위헌법률심판을 제청하는 결정을 하였다.

2. 2010헌바153 사건

청구인 ○○관광개발 주식회사는 익산시 ○○동 일원에서 회원제골프장인 '○○C.C.'를 운영하는 회사로서 그 소유의 위 골프장 내 원형보전임야가 종합부동산세의 종합합산 과세대상임을 전제로

---

* 이 글은 필자가 영남법학 제33호(2011.12)에 기고한 글을 일부 수정·보완한 것이다.

** 영남대학교 법학전문대학원 부교수, 법학박사

2005년부터 2007년까지의 종합부동산세를 신고・납부하였다.

위 청구인은 익산세무서장에게 위 원형보전임야가 종합합산 과세대상임을 전제로 한 위 신고・납부는 위헌・위법인 법령에 근거한 것으로서 잘못된 것이라고 주장하면서 종합부동산세를 환급해 달라는 취지의 경정청구를 하였으나, 익산세무서장은 이를 거부하는 처분을 하였고, 청구인은 조세심판청구를 거쳐 전주지방법원에 위 거부처분의 취소를 구하는 행정소송을 제기한 후 그 소송계속중 종합부동산세법 제11조, 지방세법 제182조 제1항에 대하여 위헌법률심판제청신청을 하였다.

이에 대하여 전주지방법원은 2010.2.16. 당해 사건 청구를 기각함과 아울러 위헌법률심판제청신청을 기각하는 결정을 하였고, 위 청구인은 2010.2.22. 위 기각결정을 송달받은 후 같은 해 3.24. 헌법소원심판을 청구하였다.

3. 2010헌바365 사건

청구인 ○○관광 주식회사는 경기도 광주시 ○○면 ○○리 일원에서 회원제골프장인 '○○CC'를 운영하는 회사로서, 그 소유의 위 골프장 내 원형보전임야가 종합합산과세대상임을 전제로 세액을 계산하여 종합부동산세 977,150,758원을 신고・납부한 후 이천세무서장에게 위 원형보전임야가 종합합산과세대상임을 전제로 한 위 신고・납부는 위헌・위법인 법령에 근거한 잘못된 것이므로 종합부동산세를 환급해 달라는 취지의 경정청구를 하였다.

이천세무서장은 위 청구인의 경정청구를 거부하였고, 위 청구인은 이에 불복하여 조세심판청구를 거쳐 수원지방법원에 위 거부처분의 취소를 구하는 행정소송을 제기하여 그 소송계속중 종합부동산세법 제11조, 지방세법 제182조 제1항에 대하여 위헌법률심판제청신청을 하였다.

이에 대하여 수원지방법원은 당해 사건 청구를 기각하는 판결을 선고함과 아울러 위헌법률심판제청신청을 기각하는 결정을 하였고, 위 청구인은 위 기각결정문을 송달받은 후 위 법률조항들과 함께 구 지방세법 시행령 조항에 대하여 헌법소원심판을 청구[1)]하였다.

Ⅱ. 사건의 쟁점

1. 심판대상 조문

본 사건의 심판대상 조문은 종합부동산세법(2005.1.5. 법률 제7328호로 제정된 것) 제11조의 '지방세법 제182조 제1항 제2호의 규정에 의한 별도합산과세대상' 중 '별도합산과세하여야 할 상당한 이유가 있는 것으로서 대통령령이 정하는 토지' 부분이다.

종합부동산세법 제11조(과세방법) 토지에 대한 종합부동산세는 국내에 소재하는 토지에 대하여 지방세법 제182조 제1항 제1호의 규정에 의한 종합합산과세대상(이하 "종합합산과세

---

1) 헌법재판소는 "헌법재판소법 제68조 제2항의 규정에 의한 헌법소원심판청구는 법률이 헌법에 위반되는 여부가 재판의 전제가 되는 때에 당사자가 위헌제청신청을 하였음에도 불구하고 법원이 이를 배척하였을 경우에 법원의 제청에 갈음하여 당사자가 직접 헌법재판소에 헌법소원의 형태로써 심판신청을 하는 것이므로, 그 심판의 대상은 재판의 전제가 되는 법률인 것이지 대통령령은 그 대상이 될 수 없다"는 결정(2005헌바51)을 원용하여 이 사건 심판청구 중 구 지방세법 시행령 조항에 대한 부분은 그 심판대상이 될 수 없는 대통령령에 대한 것이므로 부적법하다고 판단하여 헌법소원심판을 각하하였으므로, 본고에서는 종합부동산세의 위헌 여부에 대한 헌법재판소 판단 부분만 다루기로 한다.

대상"이라 한다)과 동법 제182조 제1항 제2호의 규정에 의한 별도합산과세대상(이하 "별도합산과세대상"이라 한다)으로 구분하여 과세한다.

종합부동산세법 제11조에서는 토지에 대한 종합부동산세의 과세대상 구분을 전적으로 지방세법에 의존하여 종합합산과세대상과 별도합산과세대상으로 구분하고 있는바, 과세대상 구분에 대하여 규정하고 있는 지방세법(2005.1.5. 법률 제7332호로 개정된 것) 제182조 제1항 제2호를 살펴보면 다음과 같다.

> **지방세법 제182조(과세대상의 구분)** ① 토지에 대한 재산세 과세대상은 종합합산과세대상, 별도합산과세대상 및 분리과세대상으로 구분한다.

2. 별도합산과세대상

과세기준일 현재 납세의무자가 소유하고 있는 대통령령이 정하는 건축물의 부속토지 및 별도합산과세하여야 할 상당한 이유가 있는 것으로서 대통령령이 정하는 토지. 다만, 제1항 제1호 가목 및 나목의 규정에 의한 토지는 이를 별도합산과세대상으로 보지 아니한다.

또한, 위 지방세법 제182조 제1항 제2호에서는 대통령령에 별도합산 과세대상 토지에 대한 사항의 결정을 위임하고 있으므로, 이에 해당하는 대통령령 조항[구 지방세법 시행령(2006.12.30. 대통령령 제19817호로 개정되고, 2008.6.25. 대통령령 제20887호로 개정되기 전의 것)]을 살펴본다.

> **구 지방세법 시행령 제131조의2(별도합산과세대상토지의 범위)** ③ 법 제182조 제1항 제2호 본문에서 "별도합산 과세하여야 할 상당한 이유가 있는 것으로서 대통령령이 정하는 토지"라 함은 다음 각 호의 어느 하나에 해당하는 토지를 말한다.
>
> 14. 다음 각 목에 규정된 임야. 다만, '체육시설의 설치·이용에 관한 법률'에 따른 회원제골프장용 토지내의 임야를 제외한다.
>
> 가. '체육시설의 설치·이용에 관한 법률 시행령' 제12조에 따른 스키장 및 골프장용 토지 중 원형이 보전되는 임야

3. 쟁점사항

종합부동산세 별도합산 과세대상 토지에 관하여 지방세법상의 별도합산 과세대상 토지 위임규정을 원용하고 있는 종합부동산세법(2005.1.5. 법률 제7328호로 제정된 것) 제11조의 '지방세법 제182조 제1항 제2호의 규정에 의한 별도합산과세대상' 중 '별도합산 과세하여야 할 상당한 이유가 있는 것으로서 대통령령이 정하는 토지' 부분이 조세법률주의 및 포괄위임입법금지원칙에 위배되는지 여부가 본 사건의 쟁점이 되었다.

특히, 토지에 대한 종합부동산세의 과세방법 중 별도합산과세대상에 관하여 규정하고 있

는 종합부동산세법 제11조는 과세대상 구분에 관하여 지방세법 제182조 제1항 제2호의 조항을 원용하고 있고, 위 지방세법 조항은 또다시 별도합산과세대상 토지를 대통령령에서 정하도록 위임하고 있으므로, 위 지방세법 조항이 포괄위임입법금지 원칙에 위배되는지 여부는 이 사건 심판대상인 종합부동산세법 제11조의 위헌 여부를 판단함에 있어서 가장 주요한 쟁점이 되었다.

Ⅲ. 헌법재판소의 판단

1. 다수의견: 합헌

헌법재판소는 재판관 8인의 다수의견으로 종합부동산세법 제11조의 '지방세법 제182조 제1항 제2호의 규정에 의한 별도합산과세대상' 중 '별도합산 과세하여야 할 상당한 이유가 있는 것으로서 대통령령이 정하는 토지' 부분은 헌법에 위반되지 아니한다고 판단하였다.

헌법재판소 다수의견은 "어떠한 토지를 별도합산과세의 대상으로 삼을 것인지의 문제는 경제적 상황의 변천, 토지정책의 향방, 관련법규의 변경 등에 대응하여 탄력적·유동적으로 규율할 필요가 크고, 국회가 제정하는 법률에서 이를 열거적으로 망라하기란 부적절할 뿐만 아니라 그 대상을 선정하는 작업이 전문적·기술적·가변적이므로 하위법령에 위임할 필요성을 인정할 수 있다"고 하면서, "종합합산과세대상 및 분리과세대상과의 세율 등의 비교, 이 사건 지방세법조항과 함께 별도합산과세대상으로 규정되어 있는 '건축물의 부속토지' 부분의 의미 및 이를 별도합산대상으로 규정한 취지, 이 사건 지방세법조항의 신설 경위, 양도소득세 중과세대상인 '비사업용 토지'의 범위를 별도합산과세대상과 연계하여 규정하고 있는 구 소득세법 및 법인세법 조항과의 유기적 해석 등을 종합해 보면, 별도합산과세대상은 경제활동에 제공되는 토지로서 그 용도나 업종의 특성상 상당 규모의 토지 보유가 통상적이어서 일률적으로 종합합산과세에 의한다면 납세의무자의 세부담이 과중해지는 경우이되 적정 규모를 초과하지 않는 토지를 그 대상으로 할 것임을 예측할 수 있으므로, 이 사건 법률조항은 조세법률주의 및 포괄위임입법금지원칙에 위배되지 아니한다."고 판단하였다.

2. 소수의견: 위헌

이에 대하여 목영준 재판관은 이 사건 법률조항은 포괄위임금지 원칙에 반하여 헌법에 위반된다는 반대의견을 제시하였다. 종합부동산세는 지방세법상의 재산세와는 그 목적과 과세표준을 달리하고, 납세의무자의 조세부담도 현저히 무거우므로, 과세대상 토지의 범위를 대통령령에 위임하는 경우 그 위임의 요건과 범위를 더욱 엄격하게 한정하여야 하는데, 이 사건 법률조항은 별도합산과세대상 토지에 관한 대강의 기준과 외연 자체를 위임할 불가피한 사정이 없음에도 불구하고 종합부동산세의 과세대상이 되는 토지 중 어떠한 토지가 별도합산 과세하여야 할 상당한 이유가 있는지 여부에 관한 판단을 전적으로 대통령령에 위임함으로써 납세의무자인 국민은 법률의 규정만으로는 그 소유의 토지가 종합부동산세상 종합합산과세대상인지 별도합산과세대상인지를 짐작조차 할 수 없게 되었음을 지적하였다. 나아가 "법령상 그 보유가 강제되고 개발 및 처분이 금지되는 회원제골프장 내 원형보전임야에 대하여 종합부동산세를 과세하고 나아가 별도합산과세대상에서도 제외한 것은 종합부동산세나 별도합산과세제도의 취지에 부합하는 것으로 볼 수 없는바, 이러한 부당한 결과를 초래한 근본적인 원인은 이 사건 법률조항이 종합부동산세의 과세대상을 직접 규정하지 아니한 채 종합부동산세와는 입법목적과 규율대상이 다를 뿐만 아니라 세부담의 정도면에서도 현저한 차이를 보이는 재산세의 과세대상 구분에 관한 지방세법상의 위임조항을 그대로 원용하여 포괄위임한 데 있다 할 것"이라고 하여, 결국 이 사건 법률조항은 포괄위임입법금지 원칙에 반하여 헌법에 위반된다고 판단하였다.

Ⅳ. 검 토

1. 토지에 대한 보유세 과세체계

(1) 의 의

우리나라의 현행 조세체계에서 물건을 소유하고 있다는 사실 자체를 과세대상으로 삼는 이른바 '보유과세'는 부동산에 대한 재산세, 종합부동산세, 그리고 자동차에 대한 자동차세 등이 있다. 이 중 재산세와 종합부동산세는 토지, 주택, 일반건물 등 부동산에 부과되는 조세인데, 일반 국민들의 경우 보유하고 있는 총자산 중 부동산이 차지하는 비중이 크기 때문에 결과적으로 국민의 재산권에 큰 영향을 미치게 되는 중요한 조세에 해당한다. 그러한 이유에서 그동안 부동산 투기 등에 대응하는 정책과세로 재산세와 종합부동산세가 활용되어 왔다.

토지 보유에 대하여는 재산세와 종합부동산세가 부과되는데, 토지를 관념상 3개의 유형으로 분류하여 각 유형마다 다른 과세구간과 세율을 적용하고 있다. 즉, 토지를 그 용도, 경제적 목적 등을 기준으로 종합합산, 별도합산 그리고 분리과세 대상토지로 구분하고 있다. 현행 지방세법은 토지에 대한 재산세 과세대상을 위의 3가지 유형으로 구분하고 있고, 종합부동산세법은 이 중 종합합산 대상토지와 별도합산 대상토지를 그대로 원용하여 과세하고 있다.[2)]

(2) 지방세법상 종합합산, 별도합산, 분리과세

지방세법 제106조 제1항에서는 종합합산, 별도합산, 분리과세의 대상토지를 열거하고 있는데, 법률에는 기본적인 사항만 유보되어 있고 상세한 내용은 대부분 대통령령에 위임되어 있다. 각 과세대상 구분에 해당하는 토지를 살펴본다.

1) 분리과세

먼저 분리과세대상토지로는 공장용지 · 전 · 답 · 과수원 및 목장용지로서 대통령령으로 정하는 토지, 산림의 보호육성을 위하여 필요한 임야 및 종중 소유 임야로서 대통령령으로 정하는 임야, 골프장용 토지와 같은 항에 따른 고급오락장용 토지로서 대통령령으로 정하는 토

2) 지방세법상 분리과세 대상토지에 대하여는 종합부동산세가 과세되지 않는다.

지, 공장부속토지로서 개발제한구역의 지정이 있기 이전에 그 부지취득이 완료된 곳으로서 대통령령으로 정하는 토지, 기타 위의 토지와 유사한 토지 중 분리과세하여야 할 타당한 이유가 있는 것으로서 대통령령으로 정하는 토지로 되어 있다(지방세법 제106조 제1항 제3호).

2) 별도합산

별도합산대상토지로는 공장용 건축물의 부속토지 등 대통령령으로 정하는 건축물의 부속토지 및 차고용 토지, 보세창고용 토지, 시험·연구·검사용 토지, 물류단지시설용 토지 등 공지상태나 해당 토지의 이용에 필요한 시설 등을 설치하여 업무 또는 경제활동에 활용되는 토지로서 대통령령으로 정하는 토지로 되어 있다(지방세법 제106조 제1항 제2호).

3) 종합합산

분리과세나 별도합산 대상이 아닌 토지는 모두 종합합산 대상으로 분류하고 있다(지방세법 제106조 제1항 제1호).

(3) 종합부동산세의 경우

종합부동산세의 경우에 지방세법과 별도로 과세대상 구분을 만든 것이 아니라 지방세법의 과세대상 구분을 그대로 받아들이고 있다. 종합합산과세대상은 지방세법 제106조 제1항 제1호에 따른 종합합산과세대상을, 별도합산과세대상은 지방세법 제106조 제1항 제2호에 따른 별도합산과세대상을 원용하여 사용하고 있다(종합부동산세법 제11조). 그리고 종합부동산세법의 경우 토지과세대상 구분에 대한 사항을 대통령령에 위임하고 있지 않다.

2. 과세대상 구분의 중요성

토지에 대한 과세대상 구분이 중요한 이유는 그것이 국민의 납세의무의 본질적 내용인 세액에 큰 차이를 가져오게 되어 그 결과 국민의 재산권에 큰 영향을 미치기 때문이다. 먼저, 똑같은 토지라고 해도 관념적 구분인 과세대상 구분에 따라 세율과 합산방식이 달라진다. 즉, 분리과세 토지는 각 필지별로 0.2%의 단일세율로 과세되며 합산과세가 되지 않는다. 반면, 종합합산 토지는 시·군·구 관내에 있는 모든 종합합산 토지의 가액을 모두 합산하여 과세표준에 따라 0.2~0.5%의 누진세율로 과세된다. 예를 들어, 갑과 을이 각기 과세표준[3]이 1억원인 토지 2필지를 가지고 있는 경우에 갑의 토지는 모두 분리과세 대상이고 을의 토지는 종합합산 대상이라고 가정하면, 갑이 납부할 재산세는 연간 40만원인 반면, 을이 납부할 재산세는 연간 75만원이 되어 과세대상 구분에 따라 세액에 큰 차이가 발생하게 되는 것이다. 별도합산대상 토지인 경우 과세표준에 따라 0.2~0.4%의 누진세율로 과세된다.[4]

---

3) 재산세의 과세표준은 「개별공시지가」에 지방세법 시행령으로 정하는 「공정시장가액비율」(현재 70%)을 곱한 금액을 말한다.

4) 지방세법 제111조(세율) ① 재산세는 제110조의 과세표준에 다음 각 호의 표준세율을 적용하여 계산한 금액을 그 세액으로 한다.

다음으로, 과세대상 구분에 따라 종합부동산세액뿐만 아니라 납부의무 자체의 존부에 차이를 가져오게 된다. 토지에 대한 종합부동산세는 지방세법상 종합합산대상토지와 별도합산대상토지에만 부과되므로 분리과세대상토지가 되면 종합부동산세를 낼 의무가 없게 된다. 또한 종합합산대상토지와 별도합산대상토지가 재산세에 있어서는 납세액에 큰 차이를 가져오지 않지만, 종합부동산세에 있어서는 과표공제금액, 과표구간, 세율 등에 있어 큰 차이가 있어 결과적으로 납세액에도 큰 차이를 가져오게 된다.

먼저 과세표준에서의 공제금액을 보면, 종합합산과세대상토지의 경우 납세의무자가 전국에 보유하고 있는 종합합산과세대상 토지의 공시가격을 합산한 금액에서 5억원을 공제함에 비해 별도합산과세대상토지의 경우는 납세의무자가 전국에 보유하고 있는 별도합산과세대상토지의 공시가격을 합산한 금액에서 80억원을 공제하여 과세표준을 산정한다(종합부동산세법 제13조 제1항 및 제2항).

다음으로 세율을 살펴보면, 종합합산대상토지는 과세표준 15억원 이하 0.75%, 45억원 이하 1.5%, 45억원 초과 2.0%의 세율이 적용됨(종합부동산세법 제14조 제1항)에 비해, 별도합산대상토지는 과세표준 200억원 이하 0.5%, 400억원 이하 0.6%, 400억원 초과 0.7%의 세율이 적용(동조 제4항)되므로 세율에 있어서도 큰 차이가 있음을 알 수 있다.

예를 들어, 전국에 공시지가 100억원 상당의 토지를 가지고 있는 갑, 을, 병이 있는 경우에 갑의 토지는 모두 종합합산, 을의 토지는 모두 별도합산, 그리고 병의 토지는 모두 분리과세 대상이라고 가정한다. 이 때 갑, 을, 병이 납부하는 종합부동산세를 계산해 보면,[5] 갑은 1억 5천 2백만원, 을은 8백만원, 병은 0원이 된다. 이 사례를 통하여 동일한 가액의 토지

---

1. 토지

가. 종합합산과세대상

과세표준	세율
5,000만원 이하	1,000분의 2
5,000만원 초과 1억원 이하	10만원+5,000만원 초과금액의 1,000분의 3
1억원 초과	25만원+1억원 초과금액의 1,000분의 5

나. 별도합산과세대상

과세표준	세율
2억원 이하	1,000분의 2
2억원 초과 10억원 이하	40만원+2억원 초과금액의 1,000분의 3
10억원 초과	280만원+10억원 초과금액의 1,000분의 4

다. 분리과세대상

1) 전·답·과수원·목장용지 및 임야: 과세표준의 1천분의 0.7

2) 골프장 및 고급오락장용 토지: 과세표준의 1천분의 40

3) 그 밖의 토지: 과세표준의 1천분의 2

5) 토지에 대한 종합부동산세 계산시 토지에 대하여 부과된 재산세를 공제하도록 되어 있는데(종합부동산세법 제14조 제7항 및 동법 시행령 제5조의3 참조), 이 부분은 설명의 편의상 생략하도록 한다.

를 보유하고 있다고 하더라도 그 토지의 과세대상 구분에 따라 연간 납부하여야 하는 종합부동산세 세액에 막대한 차이를 가져오게 됨을 알 수 있다. 결국, 별도합산 대상토지와 종합합산 대상토지의 구분은 재산세에서보다는 종합부동산세에서 더 큰 의미를 갖는다고 할 수 있다.

3. 과세대상 구분방식에 대한 헌법재판소의 입장

(1) 분리과세대상토지에 대한 지방세법 구분방식 관련: 헌재 2010.2.25. 선고 2008헌바34

위 사건에서는 재산세 분리과세대상 토지를 대통령령에 위임하고 있는 구 지방세법(2005.1.5. 법률 제7332호로 개정되고, 2008.2.29. 법률 제8864호로 개정되기 전의 것) 제182조 제1항 제3호 라목의 '분리과세하여야 하는 상당한 이유가 있는 것' 부분이 조세법률주의 및 포괄위임입법금지원칙에 위반되는지 여부가 문제되었다.

이에 대하여 헌법재판소는 이 사건 법률조항 중 '분리과세하여야 할 상당한 이유가 있는 것'이라는 부분은 다소 추상적·포괄적이기는 하나 분리과세의 제도적 성격상 분리과세표준에는 매우 다양하고 상이한 요소들이 혼재되어 있어 분리과세대상 토지의 종류나 범위를 적절히 분류할 수 있는 공통적 표지를 발견하기가 어렵고, 또 분리과세의 대상으로 삼을 것인지의 문제는 경제상황의 변천, 토지정책의 향방, 관련법규의 변경 등에 대응하여 탄력적·유동적으로 규율할 필요가 크므로 국회제정법률로 개별적·구체적으로 상세히 규율하는 것은 부적절하며, 종합토지세를 대체한 토지분 재산세 및 분리과세제도의 취지에 분리과세대상 토지를 예시하고 있는 가목 내지 다목 등 관련 법조항을 종합하여 보면, 대통령령에 위임될 분리과세대상 토지의 대강을 전혀 짐작할 수 없는 것도 아니어서 위 조항은 조세법률주의나 포괄위임입법 금지의 원칙에 위반된다고 보기 어렵다고 판단하였다.[6)]

(2) 별도합산대상토지에 대한 지방세법 구분방식: 헌재 2010.12.28. 선고 2009헌바145, 243(병합)

위 사건에서는 재산세 별도합산과세대상 토지의 범위를 대통령령에 위임하고 있는 지방세법(2005.1.5. 법률 제7332호로 개정된 것) 제182조 제1항 제2호 본문이 헌법상 조세법률주의 및 포괄위임입법금지원칙에 위반되는지 여부가 문제되었는데, 헌법재판소는 "어떠한 토지를 별도합산과세의 대상으로 삼을 것인지의 문제는 경제상황의 변천, 토지정책의 향방, 관련법규의 변경 등에 대응하여 탄력적·유동적으로 규율할 필요가 크므로 국회제정법률로 개별

---

6) 이에 대하여 목영준 재판관은 위헌입장의 반대의견을 제시하였는데, 그 내용을 살펴보면 다음과 같다. "이 사건 법률조항의 규정만으로는 어떠한 토지가 분리과세하여야 할 상당한 이유가 있는 토지인지 그 대강조차 상정하기 어렵고, 분리과세대상 토지의 공통적 표지를 발견하기 어려울수록 법률이 그 내용을 직접 규정하여야 할 뿐 아니라, 토지정책의 변경가능성을 감안하더라도 분리과세대상 토지의 대강이나 기본적 윤곽도 정함이 없이 그 내용 전부를 포괄적으로 위임하여야 할 필요성이 있다고 보기 어렵다. 따라서 이 사건 법률조항은 포괄위임입법금지원칙에 반하여 헌법에 위반된다."

적·구체적으로 상세히 규율하는 것은 부적절할 수 있다. 또한 '건축물의 부속토지'와 같이 경제활동에 제공되고 있는 토지에 대하여 조세정책상 보다 낮은 세금을 부과하고자 하는 별도합산과세제도의 입법취지, 지방세법상 별도합산과세대상 토지를 비사업용 토지의 범주에서 제외하고 있는 소득세법 및 법인세법 관련규정 등을 종합해 보면 대통령령에 위임될 별도합산과세대상 토지의 대강을 전혀 짐작할 수 없는 바도 아니다. 따라서 이 사건 법률조항은 조세법률주의나 포괄위임입법금지원칙에 반한다고 할 수 없다."고 판시하여 합헌 결정을 하였다.

(3) 조세법률주의 및 포괄위임입법금지원칙 위반 여부에 대한 판단기준

헌법재판소는 조세법률주의 및 포괄위임입법금지원칙과 관련하여 "헌법 제38조와 제59조가 규정하고 있는 조세법률주의는 과세요건법정주의와 과세요건명확주의를 핵심내용으로 하는 것으로 과세요건을 법률로 명확하게 규정함으로써 국민의 재산권을 보장함과 동시에 국민의 경제생활에 법적 안정성과 예측가능성을 보장하는 것을 그 이념으로 하고 있다"고 인정하면서, "경제현실의 변화나 전문적 기술의 발달 등에 즉응하여야 하는 세부적인 사항에 관하여는 국회제정의 형식적 법률보다 더 탄력성이 있는 행정입법에 이를 위임할 필요가 있다"고 하여 위임의 필요성과 불가피성을 인정하고 있다. 나아가 위임을 하는 경우에도 법률에 이미 하위법령으로 규정될 내용 및 범위의 기본사항이 구체적으로 규정되어 있어서 누구라도 당해 법률로부터 하위법령에 규정될 내용의 대강을 예측할 수 있어야 하므로, 법률의 위임은 반드시 구체적이고 개별적으로 한정된 사항에 대하여 행하여져야 한다고 하여 포괄위임입법은 금지됨을 천명하고 있다.[7] 다만, 위임의 구체성·명확성 내지 예측가능성의 유무는 당해 특정조항 하나만을 가지고 판단할 것이 아니라 관련법조항 전체를 유기적·체계적으로 종합하여 판단하여야 하고 위임된 사항의 성질에 따라 구체적·개별적으로 검토하여야 할 것이라고 판시[8]하여 예측가능성을 전제로 위임사항의 성질에 따라 위임의 필요성에 대하여는 개별적, 구체적 검토가 가능함을 인정하고 있다.

위와 같은 기준에 입각하여 헌법재판소는 토지 과세대상 구분에 대한 사건들에서 별도합산, 분리과세 대상토지를 정한 지방세법 규정과 그 위임을 받아 세부적 사항을 정한 지방세법 시행령 규정들에 대하여 조세법률주의 및 포괄위임입법금지원칙에 반하지 않는다고 일관되게 판시하고 있다. 즉, 토지에 대한 과세대상구분과 관련된 지방세법 조항들이 위임의 필요성과 예측가능성을 모두 충족하고 있다고 판단하고 있다.

먼저, 분리과세 규정에 대하여 헌법재판소는 '분리과세하여야 할 상당한 이유가 있는 것'

---

7) 헌법재판소 2006.7.27. 2006헌바18 결정 등 참조.
8) 헌법재판소 1996.6.26. 93헌바2 결정, 헌법재판소 2002.3.28. 2001헌바24 결정 등 참조.

이라는 부분은 다소 추상적·포괄적이기는 하나 분리과세의 제도적 성격상 분리과세표준에는 매우 다양하고 상이한 요소들이 혼재되어 있어 분리과세대상 토지의 종류나 범위를 적절히 분류할 수 있는 공통적 표지를 발견하기가 어렵다는 점, 분리과세의 대상으로 삼을 것인지의 문제는 경제상황의 변천, 토지정책의 향방, 관련법규의 변경 등에 대응하여 탄력적·유동적으로 규율할 필요가 크므로 국회제정법률로 개별적·구체적으로 상세히 규율하는 것은 부적절하다는 점, 그리고 종합토지세를 대체한 토지분 재산세 및 분리과세제도의 취지에 분리과세대상 토지를 예시하고 있는 관련 법조항을 종합하여 보면, 대통령령에 위임될 분리과세대상 토지의 대강을 전혀 짐작할 수 없는 것도 아니라는 점 등을 근거로 하여 조세법률주의나 포괄위임입법 금지의 원칙에 위반된다고 보기 어렵다고 판단하였다.[9] 특히, 위임의 필요성과 관련하여 경제상황의 변천, 토지정책의 방향 등에 대응하여 탄력적, 유동적 대응의 필요가 크다는 점을 위임입법의 근거로 인정하고 있다.

다음으로, 별도합산 규정에 대하여도 헌법재판소는 구체적으로 어떠한 토지를 별도합산과세대상에 포함시킬 것인지를 정함에 있어서는 당해 경제활동(업종)과 토지와의 관련성, 업종에 따른 토지의 적정 보유규모 등 다양한 변수를 고려하여야 한다는 점, 즉 어떠한 토지를 별도합산과세의 대상으로 삼을 것인지의 문제는 경제적 상황의 변천, 토지정책의 향방, 관련 법규의 변경 등에 대응하여 탄력적·유동적으로 규율할 필요가 크기 때문에 국회가 제정하는 법률에서 이를 열거적으로 망라하기란 부적절할 뿐만 아니라 그 대상을 선정하는 작업이 전문적·기술적·가변적이므로 하위법령에 위임할 필요성을 인정할 수 있다고 판시[10]하여 위임의 필요성의 인정 근거로 탄력적, 유동적 규율을 위한 국회입법의 한계, 위임사항의 전문적, 기술적, 가변적 성격 등을 들고 있다.

4. 검　토

헌법 제59조는 "조세의 종목과 세율은 법률로 정한다."라고 규정함으로써 '조세법률주의'를 선언하고 있다. 조세법률주의란 행정부의 일방적이고 자의적인 조세부과를 금하고 반드시 국회가 제정한 법률에 의하여만 조세를 부과할 수 있다는 원칙을 말한다.[11] 이와 같은 조세법률주의의 이념은 결국 과세요건을 법률로 규정하여 국민의 재산권을 보장하는 '과세요건법정주의'와 과세요건을 명확하게 규정하여 국민생활의 법적 안정성과 예측가능성을 보장하는 '과세요건명확주의'에 있다고 할 수 있다.[12] 헌법규정상 조세의 종목과 세율을 법률로 정하도록 되어 있으나, 과세요건법정주의의 의미는 여기에 그치지 아니하고 납세의무를 발생하게

9) 헌법재판소 2010.2.25. 선고 2008헌바34 결정 참조.
10) 헌법재판소 2010.12.28. 선고 2009헌바145,243(병합) 결정 등 참조.
11) 성낙인, 헌법학(제11판), 2011, 법문사, 984면.
12) 성낙인, 전게서, 985면.

하는 납세의무자, 과세물건, 과세표준, 세율 등 과세요건과 조세의 부과, 징수절차를 모두 국민의 대표기관인 국회가 제정한 법률로써 정하여야 한다는 원칙을 의미하는 것이다.[13)]

그러나 위에서 살펴본 헌법재판소 판시와 같이 경제상황의 변천, 토지정책의 방향 등에 대응하여 탄력적, 유동적으로 규율할 필요가 크기 때문에 국회가 제정하는 법률에서 이를 열거적으로 망라하기란 부적절할 뿐만 아니라 그 대상을 선정하는 작업이 전문적·기술적·가변적이므로 하위법령에 위임할 필요성이 큰 경우에는 부득이 위임입법에 의한 과세가 허용된다. 문제는 위임입법의 허용한계와 그 판단기준에 관한 것이다.

토지에 대한 보유세, 특히 종합부동산세의 경우 위에서 이미 살펴본 바와 같이 과세대상의 구분에 따라 납세의무자인 국민이 납부하여야 하는 세액에 큰 차이가 발생하게 되므로 토지에 대한 과세대상구분은 국민의 기본권인 재산권의 보호범위에 있어 큰 영향을 미치는 중요한 사항에 해당한다고 보아야 한다. 즉, 토지에 대한 과세대상구분이 종합부동산세의 과세표준과 세율에 결정적 역할을 하게 되므로 이것은 법률유보에 관한 중요사항유보설[14)]에서 강조하는 '중요한 결정'에 해당한다고 보아야 할 것이다. 국민의 재산권 보호라는 관계법익의 중대성을 기준으로 할 때, 종합부동산세의 과세표준과 세율을 좌우함으로써 세액에 결정적으로 영향을 미치게 되는 '과세대상구분'은 의회가 반드시 명확하고 자세하게 규율하여야 하는 즉, 의회가 이행해야 할 입법상의 '규율밀도'가 높은 사항에 해당한다고 할 것이어서 위임입법에 대한 보다 엄격한 규율이 필요하다고 할 것이다.

이러한 시각에서, 위의 헌법재판소 결정 2건에 있어 지방세법상의 과세대상 구분에 대한 위임규정이 위헌이라고 판단한 소수의견에 오히려 주목해야 한다고 본다. 소수의견은 분리과세 규정에 대한 2008헌바34호 결정(위의 1번)의 반대의견에서 ① 재산세의 분리과세대상에 대한 표준세율은 종합합산과세대상 및 별도합산과세대상의 세율과 현저히 다르므로 당해 토지가 어느 과세대상에 해당되는지는 납세의무자의 재산권에 중대한 영향을 미치게 된다는 점, ② 조세법규는 국민의 재산권을 직접 제한하는 것이므로 구체성·명확성의 요구가 강화되어 그 위임의 요건과 범위가 더 엄격하게 규정되어야 하는데 지방세법상 분리과세 규정은 조항의 규정만으로는 어떠한 토지가 분리과세하여야 할 상당한 이유가 있는 토지인지 그 대강조차 상정하기 어렵다는 점, 그리고 ③ 분리과세대상 토지의 공통적 표지를 발견하기 어려울수록 법률이 그 내용을 직접 규정하여야 할 뿐 아니라, 토지정책의 변경가능성을 감안하더라도 분리과세대상 토지의 대강이나 기본적 윤곽도 정함이 없이 그 내용 전부를 포괄적으

13) 성낙인, 전게서, 985면.

14) 중요사항유보설에서는 사안이 일반공중 및 시민에게 중요할수록 입법자에 대한 요구는 더욱 더 높아지며, 규율의 밀도에 관해서도 개별시민의 기본권들이 결정적으로 침해되거나 위협받을수록, 그 일반공중에 대한 효과가 큰 비중을 가지면 가질수록, 또한 하나의 문제복합체가 공중들간에 논란이 되면 될수록 법률의 규율이 더욱 정확하고 상세해져야만 한다고 한다. 이에 대하여는 홍준형, 행정법, 2011, 법문사, 20면 참조.

로 위임하여야 할 필요성이 있다고 보기 어렵다는 점을 근거로 동 조항은 포괄위임입법금지 원칙에 반하여 헌법에 위반된다고 보았다.

한편 소수의견은 종합부동산세 별도합산 규정에 대한 2009헌바145,243호 결정(위의 2번)에서는 종합부동산세의 납세의무자에 대한 부담이 지방세의 납세의무자에 대한 부담에 비하여 현저히 크기 때문에 종합부동산세에서는 보다 엄격한 규율이 필요하다는 전제에서 별도합산 관련조항이 종합부동산세가 과세되는 별도합산과세대상 토지를 별도로 규정하지 않은 채, 단지 재산세 별도합산과세대상 토지를 대통령령에서 정하도록 위임하고 있는 지방세법조항을 그대로 원용함으로써, 종합부동산세와 지방세의 차이점을 간과하였음을 지적하였다. 즉, "종합부동산세법상 과세표준이 동일한 경우 해당 토지가 종합합산과세대상인지 별도합산과세대상인지 여부에 따라 초과누진세율의 차이가 최고 2.4%(%p의 의미로 보인다-필자)까지 날 뿐 아니라, 과세표준 구간기준도 별도합산과세의 경우에는 160억 원 및 960억 원인데 반하여 종합합산과세의 경우 17억 원 및 97억 원으로 매우 낮아 과세대상토지가 종합합산과세대상인지 별도합산과세대상인지에 따라 납세의무자의 조세부담에 엄청난 차이가 발생하게 되므로, 그 위임의 요건과 범위를 더욱 엄격하게 한정하여야 한다."고 하여 종합부동산세에 있어서는 규율밀도가 보다 높아야 한다는 취지의 의견을 제시한 것으로 보인다.

V. 결 어

대표적인 침해행정인 과세처분에 있어서, 그것도 아주 극소수의 국민이 아주 높은 세율로 부담하게 되는 종합부동산세에 있어서 정책적 필요성, 전문성, 기술성만을 근거로 위임입법을 폭넓게 인정하는 것은 국민의 기본권인 재산권에 대한 본질적인 침해에 해당한다고 본다. 본질성설의 입장에서, 국민의 기본권인 재산권에 큰 영향을 미치는 규율효과의 중대성을 감안할 때 그 규율밀도는 재산세와 동일한 수준이어서는 안 되고 보다 엄격한 입법적 규율이 있어야 할 것으로 본다. 그러한 점에서 본 사건의 반대의견이 타당하다고 생각한다.

또한, 현실적인 위임의 필요성으로 인해 현행 규율방식에 대하여 헌법재판소가 향후에도 불가피하게 합헌판단을 계속 한다고 하더라도, 현행규정과 같이 복잡하고 사실상 시행령에 의존하는 과세대상구분방식은 향후 자신에게 부과될 조세액에 대한 국민들의 예측가능성을 보장하기 어렵다는 점을 감안하여, 입법자는 현행 지방세법의 과세대상 구분을 종합부동산세법에도 그대로 적용할 것인지, 아니면 종합부동산세가 고액의 세금이고 전국의 모든 토지가 합산과세된다는 점을 감안하여 보다 정밀한 입법적 규율을 할 것인지에 대하여 진지한 고민과 입법적 결정을 해야 할 것으로 생각한다.

나아가, 토지에 대한 3단계 과세대상 구분체계를 계속 유지할 것인지 아니면 과세대상

구분을 없애거나 2단계로 간소화할 것인지에 대한 고민을 해야 한다고 본다. 과세대상구분에 따른 토지 가치의 차이는 이미 해당 토지의 공시지가에 반영되므로, 과세대상구분체계를 단일체계화 또는 중간단계로 2단계 간소화한다고 하여 공평과세에 반하게 되지는 않을 것으로 본다. 보완이 필요하다면 과표구간에 따른 누진세율을 인상하는 등의 방법으로 충분히 조정이 가능할 것이다.

어떠한 법률 조항이 위헌이 아니라고 하여 그것이 반드시 그 법률조항이 가장 바람직한 조항이라는 의미는 아닐 것이다. 보유세 특히 납세자의 부담이 무거운 종합부동산세에 있어 국민의 재산권 보호와 예측가능성 보장을 위한 입법, 행정, 사법의 각자의 역할을 기대해 본다.[15)]

15) 이 사건 이후에도 헌법재판소는 별도합산과세의 대상을 규율하고 있는 구 지방세법(2000.12.29. 법률 제6312호로 개정되고, 2005.1.5. 법률 제7332호로 개정되기 전의 것) 제234조의15 제2항 본문 중 "별도합산과세의 대상이 되는 건축물의 부속토지로서 대통령령이 정하는 건축물의 부속토지" 부분 및 구 지방세법(1989.6.16. 법률 제4128호로 개정되고, 2005.1.5. 법률 제7332호로 개정되기 전의 것) 제234조의15 제3항 본문(이하 '이 사건 종합토지세 관련 규정'이라 한다), 구 지방세법(2005.1.5. 법률 제7332호로 개정되고, 2010.3.31. 법률 제10221호로 개정되기 전의 것) 제182조 제1항 제2호 본문 중 "대통령령이 정하는 건축물의 부속토지" 부분(이하 '이 사건 토지분 재산세 관련 규정'이라 하며, 이 사건 종합토지세 관련 규정과 함께 '이 사건 법률조항들'이라 한다)이 조세법률주의 또는 포괄위임입법금지원칙에 위반되는 것이 아니라고 판단하였다(헌법재판소 2012.4.24. 2010헌바405 결정).

22. 헌법상 계약의 자유와 M&A 양해각서의 이행보증금 약정에 관한 해석론*
- 대법원 2016.7.14. 선고 2012다65973 판결을 중심으로 -

남유선**, 강호균***

Ⅰ. 서 설

한화그룹의 대우조선해양 기업인수 사건은 매우 치열하게 진행된 입찰과정에서부터 양해각서의 체결과정, 기업인수의 무산, 그리고 이에 따른 이행보증금의 반환 소송에 이르기까지 수년 간 동안 우리 사회를 뜨겁게 다룬 이슈이다. 위 소송은 한국산업은행의 전부승소를 선고한 하급심들과 달리 최근 2016년 7월 14일 대법원이 이행보증금을 감액한 일부를 반환받는 방향으로 파기환송 판결을 선고하면서 이에 대한 비판적 분석이 따르고 있다.

위 사건의 간략한 경위는 다음과 같다.

> 2008.11.14. 한화그룹(이하 '한화'라고 한다)은 한국산업은행과 사이에 위 은행이 보유하는 대우조선해양 주식회사 주식의 매매에 관하여 법적 구속력이 있는 양해각서(MOU)를 체결하였다. 이 양해각서에는 한화가 2008.11.19. 매매대금의 5%인 약 3150억원의 이행보증금을 한국산업은행에게 납부한 다음 대우조선해양 및 그 계열회사에 대한 기업실사(확인실사)를 할 수 있으나 확인실사가 이루어지지 않았다 하더라도 2008.12.29.까지는 최종계약을 체결하는 대신 거래종결시한으로 정한 2009.3.30.까지 한화에게 책임 없는 사유로 확인실사나 가격조정절차가 완료되지 아니하면 한화가 최종계약을 해제하고 계약금 원금 및 이자 전액을 돌려받을 수 있다고 규정하였다. 이에 한화는 2008.11.19. 위 양해각서에 따라 이행보증금 약 3150억원을 모두 지급하였다. 그러나 한화가 한국산업은행에게 확인실사 후 최종계약의 체결, 매매대금지급조건의 완화에 관한 협조를 요청하면서 양측의 갈등이 시작되었다. 한화는 2009.1.9.경 주식 최종매매대금 중 약 3.8조원은 자산매각을 통하여 자체조달하고, 나머지 약 2.5조원에 해당하는 지분은 5년이 경과한 이후 일시 매수하겠다는 내용의 자금조달계획안을 전달하였으나 한국산업은행은 위 양해각서의 내용에 위배되고 본입찰제안 당시의 계획안과 현저한 차이가 있으므로 구체적이고 실현가능한 인수자금조달계획안을 촉구하였고, 한화가 위 입장을 고수하자 한국산업은행은 2009.1.22. 한화의 귀책사유로 인하여 최종계약이 체결되지 못하였으므로 양해각서를 해제하고, 한화가 납부한 이행보증금 및 이에 대한 이자는 위약벌로 몰취한다는 통지를 하였다.
>
> 이에 한화는 2009.11.23. 서울중앙지방법원에 위 이행보증금 및 이에 대한 이자의 반환을 구하는 소장을 접수하였다. 그리고 양측은 7회의 변론기일을 거쳐 치열한 공방 끝에 2011.2.10. 제1심에

---

* 본 논문은 남유선, "M&A계약에 있어서의 기업실사(due diligence)와 이행보증금에 관한 연구", 금융법연구 제14권 제3호, 한국금융법학회, 2017의 내용을 수정 · 보완하였다.

** 국민대학교 법과대학 교수

*** 법무법인 웅빈 변호사, 고려대학교 대학원 박사과정

서 피고 승소 판결(서울중앙지방법원 2009가합132342)이 선고되었고, 2012.6.14. 제2심에서도 피고 승소 판결(서울고등법원 2011나26010)이 선고되었다. 그러나 2016.7.14. 제3심에서 파기환송판결(대법원 2012다65973)이 선고되었고, 2018.1.11. 후행사건에서 이행보증금 약 3150억원 중 40%인 약 1260억을 반환하라는 판결(서울고등법원 2016나10959)이 선고되었다.

위와 같은 한화와 한국산업은행간의 이행보증금 반환 소송은 최초 소장이 접수된 2009.11.23.부터 대법원 판결 및 후행판결이 나오기까지 약 7년이라는 오래 기간이 소요되었다.

위 소송에서 핵심 쟁점이 된 것은 한화가 대우조선해양 주식회사의 주식을 매매하는 '기업인수과정(M&A)에서 양해각서(MOU)가 갖는 의미', 그리고 구체적 내용으로서 '실사(due diligence)[1]의 이행여부'와 '이행보증금의 성격 규명'이 문제되었다.

따라서 본고에서는 먼저 M&A계약의 구조와 양해각서(MOU)에 대한 일반적인 이해를 선행적으로 검토하고, 대상 사건의 하급심과 대법원의 논리를 구체적으로 분석하고 이를 비판적으로 검토하기로 한다.

Ⅱ. M&A계약의 구조 및 교섭과정[2]

1. M&A계약의 구조[3]

(1) 사전준비단계[4]

사전준비단계는 M&A를 추진하기 위해 검토해야 할 사항을 담당할 전담부서(TFT: task force team)를 구성하는 것으로부터 시작한다. TFT의 조직구성이 어렵거나 전문성이 부족할 경우에는 M&A 전문중개회사(M&A Boutique)와 협의 진행하는 것이 효율적이다. TFT 또는 M&A Boutique에서 대상기업의 인수를 위한 M&A의 기본적인 계획을 수립할 필요가 있으며, 초기 시장조사의 방법은 가급적 M&A 기본계획에서 수립한 인수 희망업종과 그와 관련되는 후보대상회사로 범위를 좁혀 실시하는 것이 많은 시간을 단축하고 효율성을 높일 수 있다.

---

1) Due Diligence를 최초 번역, 도입함에 있어서 "실사"라는 한자어를 붙여 통용되었다. 영문자 앞글자를 따서 DD라고도 칭하며, 번역어로는 기업실사, 확인실사라고도 일컫는다. 이 사건 대상판결에서는 "확인실사"라는 용어를 주로 사용하고 있다.

2) 'M&A계약의 구조 및 MOU의 의의 및 법적 구속력'에 관해서는 남유선, M&A계약교섭단계에서의 법적 책임에 관한 연구: 대법원 2008.2.14. 선고 2006다18969 판결을 중심으로, 증권법 연구 제10권 제1호, 한국증권법학회, 2009, 참조.

3) 이에 관해서는 박상호, 블루오션 M&A 전략, 140-144면, 두남, 2006 참조. 이에서 M&A의 계약의 구조를 크게 사전준비단계, 거래협상단계, 계약체결 및 사후관리 단계로 나누는데, 이에 따르면 거래협상단계의 최대산물이 양해각서(MOU, Memorandum Of Understanding, LOI, Letter Of Intent)의 체결이라고 할 수 있다.

4) 사전준비단계에 관하여는 이하 [그림 2] 참조.

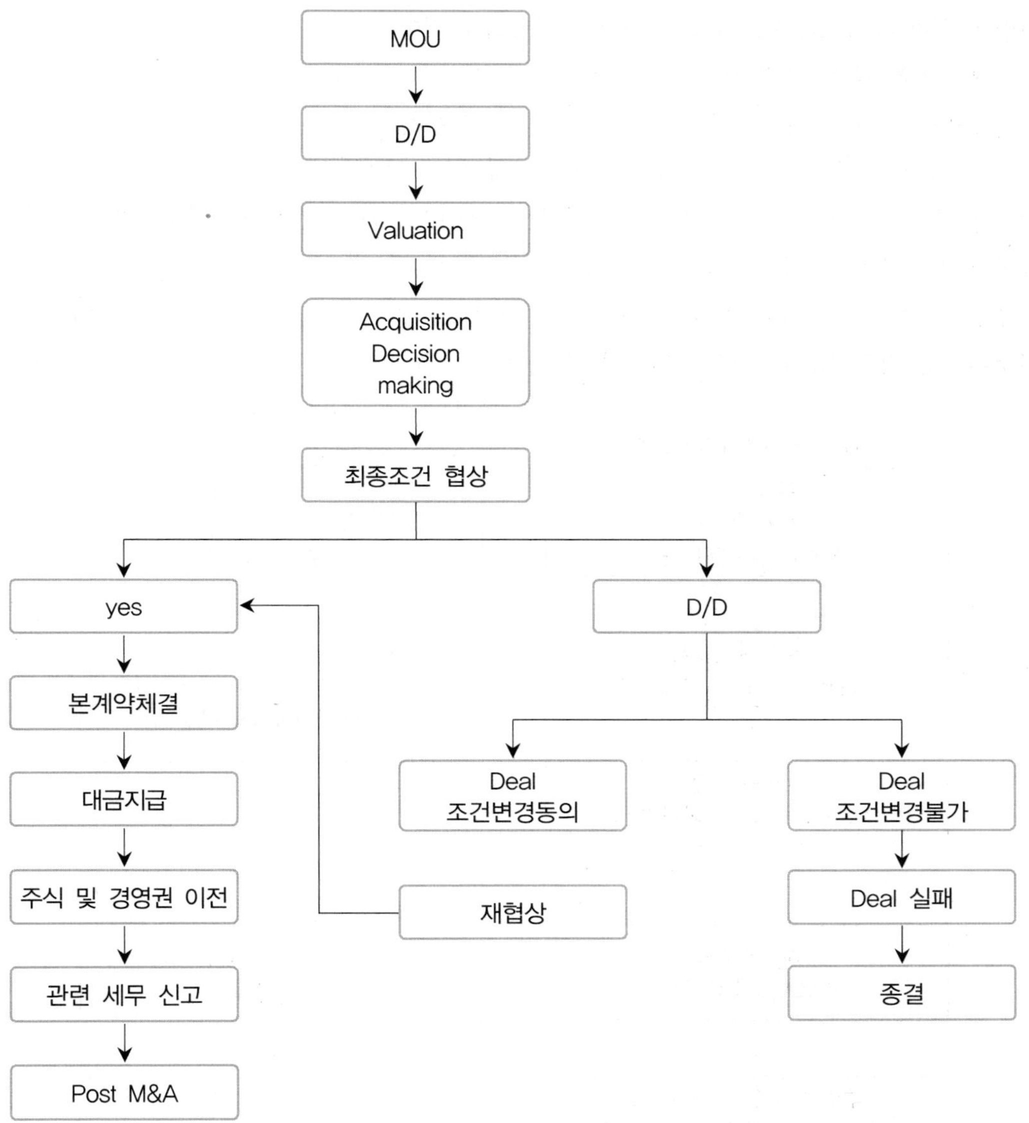

[그림 1] 인수에 대한 의사결정구조

또한 사전준비단계에서 M&A를 추진하기 위한 가장 중요한 과정 중 하나는 모든 업무의 시작에서부터 종결일까지 신뢰를 바탕으로 함께 일할 수 있는 대리인(Agent)을 선정하는 것이다. 대리인의 선정결과에 따라 M&A 업무가 성공적으로 종료될 수도 있고 그 반대로 결론지어질 수도 있다. 또한 모든 M&A업무의 종결일 이후 사후관리 차원에서까지 여러 가지 중요한 일들을 담당할 수 있으므로 신중한 접근과 선정이 이루어져야 한다고 본다. 대리인의 역할에 따라 빠른 시간 내에 인수측이 희망하는 업종과 대상회사를 선정할 수 있음은 물론,

인수를 위한 투자자금을 최소화 하거나 지급방법에 있어 유연성을 발휘할 수 있다.

M&A 진행업무를 위한 대리인(Agent)이 선정되면 이어서 M&A 자문계약을 체결한다. M&A 자문계약의 주요 내용은 대리인의 주요역할과 업무진행에 따른 지급수수료의 결정이다. M&A 수수료의 지급은 인수 측 입장에서 보았을 때 기업인수의 취득원가로 보아야 할 것이며, 대리인의 입장에서는 회사의 영업매출이 될 것이다. 그러기에 M&A 자문계약체결 시 대리인의 역할에 따른 적정한 M&A 수수료가 결정되어야 한다.

M&A 진행을 위한 사전준비단계의 마지막 과정으로 인수 측 당사자와 대리인은 인수 측의 인수목적과 경영전략에 적합한 후보대상기업을 선정하기 위한 정보의 수집과 분석을 한다.

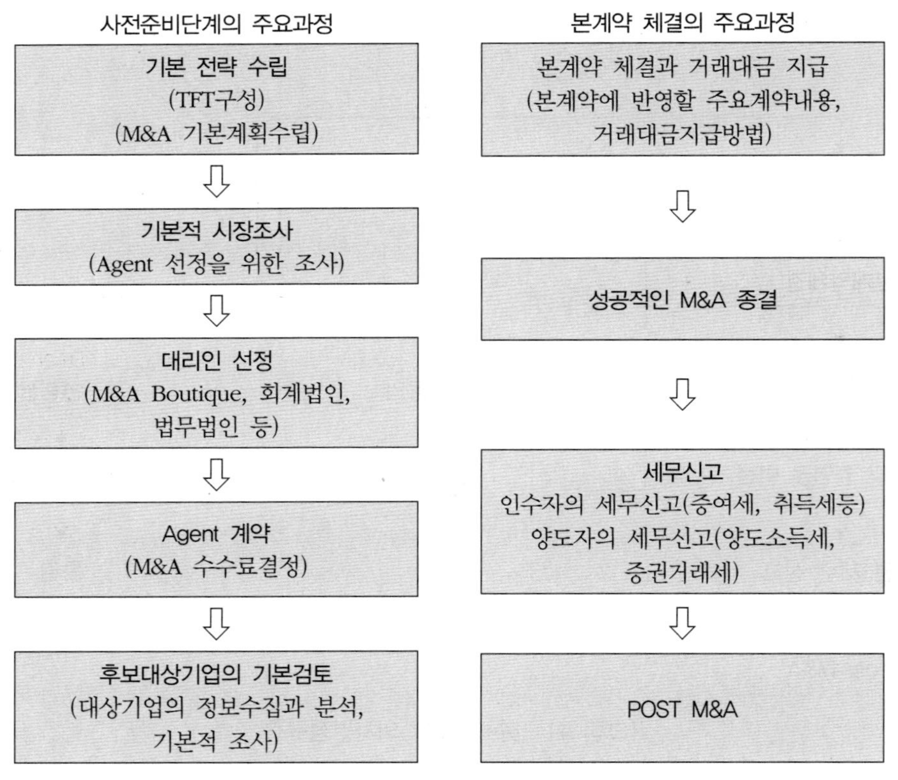

[그림 2] 사전준비단계와 본계약 체결의 주요과정

(2) 거래협상단계

사전준비단계에서 후보대상기업에 대한 기본적인 탐색과 제반사항들을 검토한 다음 인수의 향이 있을 경우 인수측은 후보대상기업의 대주주 또는 경영자에게 양해각서(MOU, Memorandum Of Understanding, LOI, Letter Of Intent)를 제시한다.[5)]

5) 양해각서의 의의 및 용어, 분류에 관하여는 이하 별도의 장에서 검토하도록 한다.

이러한 인수의향서에는 상세한 내용을 표현하기보다 기본적인 인수의향을 밝히고 후보대상기업을 검토하기 위한 기본적인 자료를 요청하고자 하는 것이며 동시에 비밀유지를 약속하는 것이 일반적이다.

교섭 및 협상에서 인수 측 또는 인수 측 대리인이 여러 과정과 검토를 거쳐 후보 대상기업을 탐색한 후 후보 대상기업 측의 대주주 또는 경영진과 직접 교섭하고 협상하는 과정으로 경우에 따라서는 양도 측의 대리인과 협상하기도 한다. 교섭과 협상은 구체적인 거래(Deal)를 성사시키기 위한 첫 관문이며 시험대이다. 또한 거래를 원만하게 마무리하고 최상의 조건을 만들어가는 전략이다.

M&A의 대상기업이 선정되었다면 대상기업에 대한 정밀실사를 하기 위해 인수자측과 양도자측간에 양해각서(MOU, Memorandum Of Understanding, LOI, Letter Of Intent)를 체결한다.

M&A계약교섭단계에서의 양해각서(MOU) 체결은 아주 큰 의미가 있다. 비록 M&A의 본계약은 되지 않았지만 당사자 간 그 동안의 여러 과정과 협상을 통해 M&A에 상당한 의견교환이 이루어졌음을 뜻하고 서로 신뢰하고 업무를 진행할 수 있는 Partnership이 형성되었음을 암시한다.

양해각서를 체결 후 인수대상기업에 대한 본격적인 정밀실사(Due Diligence)를 실행한다. 정밀실사를 하기에 앞서 인수 측은 실사를 위한 준비자료를 대주주와 대상기업에 먼저 서면으로 요청을 한다. 정밀실사는 M&A 본계약을 위해 가장 핵심적이고 중요한 의사결정의 수단이 되며 대상기업의 가치평가(Valuation)를 위한 마지막 과정이다. 실사의 결과에 따라 거래가 성사 될 수 있고 그렇지 않을 수도 있다. 또한 거래 가격에 많은 영향을 미치게 된다.

최종조건협상의 과정은 희망 거래가격을 포함한 모든 거래조건에 대한 이견 부분을 중점적으로 협의해가는 과정이다. 이 과정을 마무리하면 실질적인 M&A 업무는 사실상 종결되는 것으로 해석할 수 있다. 최종조건협상에 임하기 전까지 당사자는 우호적인 분위기에서 실질적이고 중요한 현안에 대해 많은 대화와 협상이 이루어지며, 또한 양해각서(MOU)체결 이후 정밀실사 등을 진행하는 과정에서 대상기업과 대주주에 대해서 자세한 검토가 이루어 지게 된다.

그 결과 인수 측 입장에서 인수가능여부에 대한 판단과 인수할 경우 그 가치를 얼마로 할 것이며 기타조건을 어떻게 정할 것인지에 대한 확실한 의사결정(Decision Making)을 하게 된다.

(3) 계약체결 및 사후관리 단계

인수대상기업이 발행한 대주주 등이 소유한 주식인수를 통한 대상기업의 경영권 획득에 대한 M&A의 최종적 조건협상이 마무리되었다면 지체 없이 本契約을 위한 계약서를 작성하고자 할 것이다.

계약서 작성 시 중점적으로 검토하여야 할 내용은 당사자 간 서면에 의한 합의사항(특히 양해각서를 체결한 경우 그 합의사항)과 메모 또는 구두형식으로 합의한 사항들이 빠짐없이 계약서에 반영될 수 있도록 하여야 한다.[6)]

한편, M&A 본 계약에 따라 거래대금을 지급하며 거래당사자는 주식양수도와 관련되는 세무신고를 하여야 한다. M&A에 대한 본 계약을 체결하고 거래당사자의 각자에 해당하는 세무신고를 마무리함으로써 M&A의 모든 과정은 종결된다. 그러나 대상기업의 경영은 M&A 이후부터가 시작이므로 M&A이후 사후관리는 성공적인 M&A로 가는 데 간과할 수 없는 필수적인 것이기도 하다.

2. 양해각서(MOU)의 의의와 용어의 문제

(1) 의 의

양해각서(MOU, Memorandum of Understanding)는 본래 그 기원은 외교협상 과정에서 당사국이 조약 체결까지는 이르지 못하더라도 양국의 입장을 서로 확인하고 이를 준수하기로 하는 서면합의로부터 비롯된다. 私人간의 거래에 있어서도 본 계약을 체결할 단계는 아니나 당사자 쌍방이 상호 이해 내지 양해한 바를 대강 기재하여 메모(각서) 형식으로 서로 교환하는 경우에 MOU 형태가 이용되고 있다.

따라서 양해각서(MOU)란 장래의 계약에 대한 일방 또는 쌍방당사자의 예비적 합의나 양해를 반영하는 계약체결 전 단계에 사용되는 성문의 도구라고 일응 정의될 수 있다.[7)] 이러한 정의를 분설해 보면, 첫째로 양해각서는 장래에 계약이 체결될 것을 전제로 한다. 즉, 모든 양해각서는 최종계약에 대한 준비단계이다. 둘째로 양해각서는 어디까지나 계약전단계이지 계약자체는 아니다. 그러나 양해각서로부터 여러 법적 의무가 도출되는 경우도 많다.[8)] 양해각서는 그 형식에 있어서도 단순한 일방적 선언에서부터 당사자가 서명하고 계약에 유사하며 정교한 장문의 문서로 된 것에 이르기까지 다양하다.

---

6) 통상의 계약서에는 당사자표시, 전문, 정의규정, 매매대상, 매매대금, Closing, Closing of Conditions, Representations&Warranties, Covenants, Indemnification, Termination, Miscellaneous 등을 정하여 열거한다.

7) 이에 관해서는, 김동훈, 계약의향서(Letter of Intent)에 관한 연구, 한국법학원, 저스티스 제31권 제1호, 1998.3, 52면, Lake & Dretta, Letters of Intent and other precontractual documents-comparative analysis and forms, 2. ed.(1994)at 5(이하에서 Lake & Dretta로 인용), 또한 당사자간 신속한 협상종결과 거래계약의 체결을 위해 예비적으로 정하는 서류로서 원칙에 대한 합의(Agreement in Principle)라고도 한다. 이에 관해서는, Stephen L. key, The Ernest & Young Management Guide to Mergers and Acquisitions(John Wiley & Sons, 1989) p. 76 참조.

8) 이에 관하여 양해각서는 당사자들이 진지하게 임해야 할 도덕적인 의무(Moral Obligation)를 부과하며, 의도적이든 의도적이지 않든 당사자간에 사후의 의견불일치를 회피하기 위해 거래의 기본조건을 명기해 둔다는 데에 그 의의가 있다고 하는 견해가 있다. 송종준, M&A거래계약의 구조와 법적 의의, 정동윤 화갑기념논문집, 법문사, 1999, 202면 참조, Key, *op. cit.*, p. 76 재인용.

(2) 용어의 문제

거래에서 계약체결 전단계의 합의 등에 대한 명칭으로 쓰이는 것은 매우 다양하다. 예컨대 heads of agreement, protocol, letter of intent, letter of understanding, memorandum of intent, term sheet 등이다. 이 중에서도 Memorandum of Understanding라는 용어가 가장 널리 쓰이며 다른 용어들을 대체해 나가는 듯이 보이는 것이 최근 거래실무 관행이 아닌가 한다.[9]

이 중에서 특히 양해각서(MOU)와 계약의향서(Letter of Intent)를 구별하는 입장에서는 전자는 장래에 상대방의 흥미를 불러일으킬 것을 주로 의도하며 따라서 구속력이 없고 일방적이며 보다 예비적인 성격을 갖는데 비해 후자는 구속력을 가지는 후속의 긴 중간적인 초안으로 보기도 한다. 그러나 양자를 구별하지 않는 입장이 실무상 더 우세한 듯하며 널리 계약체결전단계의 합의를 담은 문서 일반을 포괄해서 양해각서(MOU)라 부를 수 있을 것이다.[10]

3. 양해각서(MOU)의 분류[11]

보통 MOU는 아래 분류와 같이 형식적으로 구분해 볼 수 있으나, 실제로는 단일한 MOU가 여러 측면을 갖고 있는 경우가 많다.

(1) 기록의 MOU(Memorialization MOU)

MOU의 가장 중요한 용도는 예비적 합의나 부분적 합의 또는 협상과정 중 합의에 이르지 못한 부분 등을 기록하는 것이다. 이로써 장기의 복잡한 계약과정에서 협상자들의 기억의 부담을 경감시키고, 이미 합의된 부분을 계약의 일부로서 종결시킴으로써 이 부분을 재협상의 대상으로 삼지 않고 장래 협상의 효율성을 높이는 동시에 이미 합의된 부분에 당사자의 신뢰에 기초하여 최소한 도덕적 구속감을 발생시키는 효과를 갖고자 하는 것이다.

(2) 확약의 MOU(Assurance MOU)

MOU의 주요한 기능의 하나는 이를 통해 일방당사자의 장래의 계약의 협상에 대한 의도

---

9) 반면에 오히려 LoI(Letter of Intent)가 가장 널리 쓰이고 있다는 견해로는 김동훈, 전게논문, 53면. 특히 LoI의 특성으로서 "불투명한 회색지대"(graue Zone des Ungeklärten)라는 표현을 인용하고(Lake & Draetta, p. 11 참조) 교섭초기단계에 법률가의 참여 없이, 법적 구속력이나 책임문제등에 대한 뚜렷한 인식 없이 도덕적 책임감이나 장래의 신용, 또는 신속한 이행을 목표로 하는 경우가 많고, 다른 한편으로는 상대방으로 하여금 행동을 취하거나 장래의 계약의 기대하에 비용을 지출하도록 하면서도 자신은 계약에의 체결이나 상대방의 지출비용에 대한 배상등에 관해 아무런 법적 의무를 지지 않으려는 의도의 표출이라고 한다.

10) M. Lutter, Der Letter of Intent-Zur rechtlichen Bedeutung von Absichtserklärungen(1981), S. 3 참조. 이에서 주로 LoI를 일반적이라고 하나 최근 국내 실무관행이나 대법원(대법원 2008.2.14. 선고 2006다18969 판결)의 용어선택에 비추어 양해각서(MOU)로 통일하고자 한다.

11) MOU의 분류는 Lake & Dretta, 12-17면을 참조함.

의 진지성 등의 당사자의 계약에 임하는 태도를 나타내는 것이라 할 수 있다. 즉 복잡한 거래에서 잠재적 대상자들과의 접촉을 가진 후 특정 상대방을 구체적 협상의 상대로 지정했다거나[12] 적어도 협상의 대상이 축소되었다는 것을 보여주기도 하고 또 앞으로 보다 핵심적인 문제에 집중하여 협상을 진행시키겠다는 의도를 보이기도 한다. 이것은 타방당사자로 하여금 은행 등과 결재수단 등의 금융관련문제를 협상하거나 그 밖의 이해관계에 있는 제3자에게 제시하여 성실히 당해 거래를 추진해 나가는데 도움을 주기도 한다.

(3) 협상계획의 MOU(Framework MOU)

MOU는 종종 장래의 협상의 전반적인 구도를 설계함에 있어서 이용되기도 한다. 특히 M&A거래에서는 협상자체가 하나의 큰 업무이므로 예컨대 협상의 책임자는 누구이며 협상의 주요일정, 양 당사자의 노력의 범위, 협상중의 합의의 성격 등이 정해진다. 또 협상에 부수적인 상표권의 보호나 비밀유지의무, 협상중의 비용분담의 문제 등이 정해지기도 한다.

4. MOU의 구속력의 문제[13]

(1) 일반이론

일반적인 MOU의 법적 구속력에 관한 이론을 정립하기는 상당히 곤란한 측면이 있다. 즉, 무엇보다 실무에서 쓰이는 MOU의 형태나 내용이 무척 다양하기 때문이다. 그것은 최종계약과 거의 차이가 없는 완전한 계약으로 평가되는 것에서부터 단순한 장래의 계속적 협상의 기초가 되는 메모에 이르기까지 여러 스펙트럼에 걸쳐 존재하기 때문이다.[14]

그러나 비교적 표준적, 전형적인 내용을 가진 MOU를 대상으로 특히 대륙법에서는 다음과 같이 분석하기도 한다.[15] 우선 주된 급부에 관한 계약의 관점에서 볼 때 대개 핵심적 결정을 미뤄두고 부수적 권리・의무 등에 관한 것을 담는 MOU는 주된 급부에 관한 계약체결의 청약이나 계약자체로서 보기는 힘들다는 점이며 그렇다면 조건부계약체결의 청약으로 볼 여지가 있기도 하겠으나 대개의 경우 조건이 객관적으로 성취여부 등을 확정할 수 없는 경우가 많아(acceptable, satisfactory 등의 표현을 사용하는 경우 등) MOU의 발신자에게 판단의 여지가 주어지는 경우가 많다.

---

12) 특히 M&A거래에 있어서 우선협상대상자를 지정하는 것 등도 이에 포함된다고 할 것이다.

13) 일반적인 효력범위를 결정하는 문제가 구체적인 개별조항의 분석을 통해서 가능하므로 이러한 관점에서 MOU의 법적 구속력과 관련해서 검토해야 할 것은 기업인수계약상 거래보호조항(deal protection clauses)이라고 하면서 다음과 같은 조항들에 대한 효력을 연구하는 것에서 해답을 찾으려는 시도가 있다. 즉, 경합하는 제3의 인수자로부터 우호적 인수자와의 거래를 보호하기 위하여 인수계약에 삽입하는 우선협상의무(no-shop), 경쟁인수의 제한(lock-up), 위약금의 지급(break-up fee)에 관한 조항 등과 같은 일련의 규정을 말한다. 송종준, 거래보호조항의 의의와 유효성, 인권과 정의, 2009.6 참조.

14) 이에 관하여는 김동훈, 전게논문, 60면 참조.

15) Carter & Furmston, Good Faith and Fairness in the Negotiations of Contracts, 8 Jounal of Contract Law 7(1994).

또 대륙법은 예약이라는 제도를 갖고 있으나 MOU는 앞으로 체결될 합의의 주요부분이 미정으로 남아있고 수신자에게 부담을 지우는 내용이 많아 예약과는 달리 당사자에게 주된 급부에 대한 구속의식이 있다고 보기 힘들다. 따라서 MOU는 일종의 계약준비단계의 합의로 볼 수 있으며 이 범위 내에서는 법적인 구속의사가 일정범위에서 나타나고 있다고 볼 수 있으며 이를 통해 당사자들은 불분명한 계약의 장래에 대하여 확실성을 추구하는 목적을 달성하려고 한다. 이하에서 MOU의 구속력과 관련된 개별적 문제들을 다루어 본다.

(2) 구속력배제조항(Non-binding Clause)을 갖는 MOU

MOU도 역시 계약의 연장선상에서 사적자치가 우선되는 영역이므로 당사자들이 명시적으로 어떤 구속력을 부여하기를 거절하는 구속력배제조항(non-binding clause or contractual negation clause)등은 존중되어야 한다. 이는 계약법의 전통적인 원칙이며 당연하다고 할 것이다.

(3) 진행지시(Instruction of Process)를 포함하는 MOU

많은 MOU에서 한 당사자가 타방에게 협상중인 계약의 이행을 시작할 것을 요청하는 경우가 있는데 이를 '진행지시' 또는 '진행위임(authorization to proceed)이라 한다. 특히 건설계약이나 각종 공사계약 등에서 공사기간을 단축하기 위하여 이런 조항을 많이 포함한다. 때로는 MOU의 당사자가 상대방의 명시적 위임없이 이행을 시작하는 경우도 있다. 이런 경우 협상의 단계와 계약의 이행의 단계가 중첩된 상태가 되어 그 법적 판단이 혼란스러워진다. 영미법계, 특히 미국법에서는 이행의 시작을 구속력 있는 완전한 합의가 MOU에 의해 형성되었다는 것을 암시하는 것으로 보며 또 영미법계나 대륙법계나 기이행된 부분에 관해서는 예정된 후속계약이 불발로 끝나더라도 그 손해를 배상받을 수 있는 것으로 보고 있다.[16)]

(4) 기타 구속력 있는 개별약정들(Binding-Clauses)[17)]

최근의 M&A사례에서 대부분의 경우는 MOU에 개별적으로 구속력이 있는 약정들을 포함하고 있는 경우가 많다. 이러한 약정들은 협상의 주된 내용에 관한 것이기보다는 협상과 관련된 부수적인 의무들을 담고 있으며 주된 거래와 관계없이 구속력이 있는 것으로 해석되어야 할 것이다.

1) 비용분담규정

협상의 진행과정에 드는 여러 형태의 비용을 어떻게 부담할 것인가에 대한 약정이 포함되는 경우가 많으며 대륙법계에서는 MOU의 구속력과는 관계없이 이러한 규정의 구속력을 인정하는 경향이며 영미법에서도 약정된 분담부분 이상의 비용을 부당이득의 반환 등으로서

---

16) Lake & Dretta, at 108-116.

17) Lake & Dretta, at 124-132.

소구할 가능성을 인정하고 있다.

2) 비밀유지의무약정(Confidentiality Agreements)

비밀유지약정(confidentiality agreements)도 MOU에 자주 포함되는 약정이다. 또 이를 분명히 하기 위해 별도의 문서로 된 약정을 맺는 경우도 많다.[18] 이 약정은 특히 라이센스 계약이나 기술적 지원 등을 내용으로 하는 계약에서 잠재적 계약당사자가 협상과정에서 제출되거나 알게 된 상대방의 기술적, 영업적정보 등을 설령 계약체결이 좌절되더라도 노출시키지 않을 의무를 지우는 것을 내용으로 한다. 비밀유지의무의 기간은 약정에서 정하기도 하나 약정이 없다면 정보의 제공자가 정보의 비밀성에 이해관계를 가지고 있는 한 계속된다고 보아진다.

이러한 비밀유지의무의 위반은 위반당사자에게 손해배상책임을 발생시키는데 대륙법계에서는 이른바 계약체결상의 과실이론 등이 이를 뒷받침하며 영미법에서도 타인의 재산(영업기밀 등의 정보 및 아이디어)의 유용(Misappropriation) 등으로 배상책임을 인정하고 있다.

3) 배타적 협상의무규정

상대방과의 협상중에 다른 경쟁적 협상을 병행하지 않을 것을 약속하는 규정도 그 자체로 양 당사자를 구속하는 것이라고 보아야 하며 위반시 그에 대한 법적 책임을 물을 수 있다.

4) 위약금규정

위약금조항의 유효성은 위약금의 법적 성질에 의할 것이나 이는 엄연히 계약법의 적용을 받으므로, 당사자들의 정한 바대로 그 효력을 가진다고 보아야 할 것이다. 이 경우는 영미법상의 손해액의 예정이며, 위약금조항에 대한 손해배상액의 예정에 관한 일반원칙과 비양심성 법리(Doctrine of Unconscionability)가 적용된다고 한다. 반면에, 회사법상 경영판단의 원칙이 적용되면 그 유효성을 긍정할 수 있는 경우에도 위약금의 성격을 위약벌로 파악하면 무효가 될 수 있다고 한다. 즉 손해액의 예정일 경우에는 영미의 학설에서는 첫째, 손해액이 불확실할 것과 둘째, 그 금액이 합리적일 것을 그 요건으로 하여 인정되며 특히 후자의 요건에 초점을 맞추고 있다고 한다.[19]

Ⅲ. 대법원 2016.7.14. 선고 2012다65973 판결의 분석

1. 사실관계

(1) 한화컨소시엄을 대리한 원고 한화케미칼 주식회사는 2008.11.14. 피고들(한국산업은행, 한국자산관리공사)을 대리한 피고 한국산업은행(이하 '피고 산업은행'이라 한다)과 피고들이 보유하는 대

18) 이에 관한 비밀유지약정서의 sample은 별지2 참조.

19) 이에 관하여는 송종준, 전게논문 참조.

우조선해양 주식회사 주식의 매매에 관하여 법적 구속력이 있는 양해각서를 체결하였다(이하 '이 사건 양해각서'라고 한다). 이 사건 양해각서에는 원고가 2008.11.19. 매매대금의 5%인 약 3150억원의 이행보증금을 피고 한국산업은행에게 납부한 다음 대우조선해양 및 그 계열회사에 대한 확인(기업)실사를 할 수 있으나 확인실사가 이루어지지 않았다 하더라도 2008.12.29.까지는 최종계약을 체결하는 대신 거래종결시한으로 정한 2009.3.30.까지 원고 측에게 책임 없는 사유로 확인실사나 가격조정절차가 완료되지 아니하면 원고가 최종계약을 해제하고 계약금 원금 및 이자 전액을 돌려받을 수 있다고 규정하고 있다. 이에 원고는 2008.11.19. 위 양해각서에 따라 이행보증금 약 3150억원을 모두 지급하였다. 그리고 피고 산업은행은 2008.12.5. 원고에게 이 사건 양해각서에 따라 작성된 최종계약 초안을 제공하였다.

(2) 그러나 원고는 2008.12.26. 이 사건 양해각서 체결 승인에 관한 2008.11. 이사회결의 이후의 국내외 경제상황 변경 및 대상회사의 가치변동 상황을 고려해야 하므로 최종계약 체결 승인 여부 판단을 위하여 대상회사에 대한 확인실사를 거쳐 위 이사회결의의 기초가 된 사실관계에 중대한 상위 또는 변화가 없는지 여부를 확인하거나 이러한 사정을 보완할 수 있는 장치를 강구하여야 하고, 자금조달계획을 재검토하여야 할 사정변경이 있으므로 지급조건을 완화하는 방향으로 협의가 이루어져야 한다는 내용의 결의를 하였다. 그리고 피고 산업은행에게 ① 확인실사 후 최종계약의 체결, ② 매매대금지급조건의 완화에 관한 협조를 요청하는 취지의 공문을 보냈다.

(3) 이에 피고 산업은행은 같은 날 원고에게 이 사건 양해각서 규정에 따라 최종계약체결일인 2008.12.29.까지 최종계약을 체결할 것을 촉구하였다. 그러나 2008.12.29. 최종계약이 체결되지 않자, 그 다음날인 2008.12.30. 원고에게 양해각서 제12조 제1항, 제2항에 따라 양해각서를 해제하고 이행보증금을 몰취할 수 있으나, 2009.1.30.까지 양해각서의 해제를 유보할 것이니 실현가능하고 구체적인 자체자금 조달계획을 조속히 제시하고 추진하여 2009.1.8. 15:00까지 자체자금 조달계획을 서면으로 제출하라는 통지를 하였다.

(4) 이에 원고는 2009.1.9.경 이 사건 주식 최종매매대금 중 약 3.8조원은 자산매각을 통하여 자체조달하고, 나머지 약 2.5조원에 해당하는 지분은 5년이 경과한 이후 일시 매수하겠다는 내용의 자금조달계획안을 전달하였다. 그러나 피고 산업은행은 2009.1.13. 원고에게 약 3.8조원만을 자체조달한다는 계획안은 이 사건 양해각서의 내용에 위배되고 본입찰제안 당시의 계획안과 현저한 차이가 있으므로 구체적이고 실현가능한 인수자금조달계획안을 2009.12.15.까지 제출할 것을 촉구하였으나 원고는 2009.1.9.자 계획안을 다시 검토하여 달라는 취지로 답변하였다.

(5) 이에 피고 산업은행은 2009.1.22. 원고에게 원고의 귀책사유로 인하여 최종계약이 체결되지 못하였으므로 이 사건 양해각서를 해제하고, 원고가 납부한 이행보증금 및 이에 대한 이자는 위약벌로 몰취한다는 통지를 하였다.

그리고 원고도 2009.6.18. 피고들에 대하여 최종계약이 체결되지 못한 것은 대상회사에 대한 확인실사를 하지 못하였기 때문이므로 원고의 귀책사유 없이 최종계약이 체결되지 않은 것이고, 국내 금융시스템의 마비상태가 상당기간 지속되어 이 사건 주식 인수의 거래종결이 불가능하였으므로 이 사건 양해각서를 해제한다는 취지의 통지를 하였다.

2. 소송의 경과

소송경과 / 심급	소 제기일	변론 과정	판결 선고
[제1심] 서울중앙지방법원 2009가합132342	2009.11.23. 소장 접수	2010.12.30. 변론종결 (7회의 변론기일)	2011.2.10. 판결선고
[제2심] 서울고등법원 2011나26010	2011.3.24. 항소장 접수	2012.5.3. 변론종결 (5회의 변론기일)	2012.6.14. 판결선고
[제3심] 대법원 2012다65973	2012.7.30. 상고장 접수	2012.9.13 상고이유 등 법리검토 개시	2016.7.14. 파기환송 판결선고
[후행사건] 서울고등법원 2016나10959		2017.11.23. 변론종결 (6회의 변론기일)	2018.1.11. 파기환송 후 사건

(1) 제1심의 판단[20)]

1) 확인실사에 관한 판단

피고 산업은행이 확인실사를 저지하는 대상회사 노조를 상대로 "선협상 후실사 원칙"에 합의하여 주거나, 원고의 대상회사에 대한 확인실사 자료 제공요청을 거부하여 확인실사가 개시되지 못하였다는 점에 관하여 이를 인정할 만한 증거가 없다.

2) 신의성실의 원칙 및 귀책사유에 관한 판단

원고는 이 사건 이행각서에 따라 노조실사저지 해소를 위하여 신의성실의 원칙에 따라 협조할 의무의 이행을 다하였다고 할 수 없고, 따라서 피고들의 책임 있는 사유로 인하여 확인실사가 무산됨으로써 이 사건 양해각서에 따른 최종계약의 체결에 이르지 못하였다고 할 수 없다.

3) 국내 금융시스템의 마비상태 지속으로 인한 해제권 취득 주장에 관한 판단

미국에서 촉발된 서브프라임 모기지 대출부실로 인한 금융위기는 2008. 초경부터 가시화되어 이 사건 양해각서 체결 전인 2008.9.경 이미 구체화되어 있었는바, 원고는 이 사건 양해각서 체결 당시 인수자금 조달의 어려움을 충분히 예상하였거나 예상할 수 있었음에도 이를 감수하고 이 사건 양해각서를 체결하였고, 원고가 본입찰에 참여하고 이 사건 양해각서를 체결함에 있어 그 자금조달을 자신하여 온 점 등에 비추어 보면, 이 사건 양해각서 제12조 제1항 제9호에 정한 국내 금융시스템의 마비 상태가 지속되어 대부분의 금융거래가 중단된 상태에 이르렀다고 보기 어렵다.

4) 민법 제544조에 따른 해제 주장에 관한 판단

원고는 피고들이 2009.1.22. 원고에게 이 사건 양해각서의 해제 및 이행보증금의 몰취를 통보함으로써 이 사건 양해각서 이행거절의 의사표시를 하였다고 할 것이므로 피고들의 이행거절을 이유로 민법 제544조에 따라 이 사건 양해각서를 해제한다고 주장한다.

20) 서울중앙지방법원 2011.2.10. 선고 2009가합132342 판결.

그러나 이 사건 주식매매에 관한 최종계약은 매수인들인 원고가 본입찰제안서 및 이 사건 양해각서에 정한 거래조건과 상반된 주장을 하며 최종계약의 체결을 거부함으로써 그 체결에 이르지 못하였다고 할 것이므로, 이 사건 양해각서는 2008.12.29.까지 최종계약이 체결되지 않았음을 이유로 이 사건 양해각서를 해제한다는 취지의 피고들의 2009.1.22.자 해제통지로써 적법하게 해제되었다고 할 것이고, 따라서 피고들이 2009.1.22.자 해제통지로써 이 사건 양해각서 이행거절의 의사를 표시하였다고 할 수 없다.

5) 이 사건 양해각서 제12조 제1항에 따른 해제 주장에 관한 판단

피고들이 이 사건 양해각서에 의하여 반드시 최종계약 체결 전에 원고에게 확인실사기회를 제공할 의무를 부담한다고 할 수 없으며, 오히려 원고는 확인실사의 개시 또는 종료 여부와 관계없이 2008.12.29. 전에 최종계약을 체결할 의무를 부담할 뿐만 아니라, 피고들의 귀책사유로 인하여 확인실사가 무산되었다고 할 수도 없는 점 및 최종계약체결시점에 이르러 원고가 금융위기로 인하여 인수자금조달에 어려움을 겪었다는 사정만으로 국내금융시스템의 마비상태가 상당기간 지속되어 대부분의 금융거래가 중단되었다고 할 수도 없음은 위에서 살펴본 바와 같으므로, 원고의 위 주장은 모두 이유 없다.

6) 이행보증금 몰취에 정당한 이유가 없음을 이유로 한 이행보증금 반환 주장에 관한 판단

원고가 이 사건 주식인수를 위한 자금조달에 어려움이 발생하였다는 점만으로는 최종계약을 체결하지 않은데 정당한 이유가 있다고 할 수도 없으므로, 피고들이 이 사건 양해각서 제12조 제2항에 따라 이행보증금을 몰취한 것은 정당하다고 할 것이고, 따라서 원고의 위 주장은 이유 없다.

7) 감액 주장에 관한 판단

원고는, 이 사건 양해각서 제12조 제2항의 이행보증금 몰취 조항은 그 성격상 손해배상액의 예정에 해당한다고 할 것인데, 피고들의 귀책사유로 확인실사가 무산되어 최종계약체결에 이르지 못한 점, 위 이행보증금 몰취 조항이 편면적 몰취 구조를 취하고 있는 점, 이행보증금의 액수가 약 3,150억 원에 이르는 점 등 이 사건 양해각서 체결 및 그 해제 경위에 비추어 그 액수가 부당히 과다하므로 대폭 감액되어야 하고, 설사 위 이행보증금 몰취 조항이 손해배상액의 예정이 아니라 위약벌에 해당한다고 하더라도 그 액수가 부당하게 과다하여 선량한 풍속 기타 사회질서에 반하므로, 일부 무효라고 주장한다.

그러나 확인실사가 개시되지 않았다는 점이 이 사건 거래가 무산된 결정적인 원인이 된 것은 아니라고 할 것이고, 이 사건 주식매각절차가 무산된 실질적인 원인은 원고가 인수자금조달의 어려움을 충분히 예상할 수 있었던 상황이었음에도 무리하게 이 사건 주식 인수를 추진하다가 자금조달에 실패하여 이 사건 주식 인수를 포기한 데에 있으므로 이행보증금 등 몰취에 관한 이 사건 양해각서 제12조 제2항은 위약벌이라고 할 것이고, 그 액수가 3,200억 원에 이른다고 하더라도 위 조항이 선량한 풍속 기타 사회질서에 반하여 그 일부 또는 전부가 무효라 할 수 없다. 또한, 설사 이행보증금 등 몰취에 관한 위 조항이 손해배상액의 예정에 해당한다고 하더라도 위에서 살펴본 각 사정에 비추어 보면, 그 액수가 부당히 과다하다고 할 수 없으므로, 이를 감액하지 아니함이 상당하다.

(2) 제2심의 판단

1) 거래조건의 변경요구와 최종계약 미체결에 '정당한 이유'가 있다는 주장

① 2008년 세계적인 경제위기의 여파로, 대상회사의 3/4분기 파생상품거래손실이 2,314억 원에

이르러 종전 누적 파생상품거래손실의 1.5배를 상회하고, 2008.12.말경 순현금성자산은 2008.6.말보다 1조 5,000억 원 이상 급감하였으며, 신규 수주 중단 및 기존 수주 취소 등 조선업계의 불황으로 2009년에는 대상회사에 최대 2조 3,000억 원의 자금부족이 예상되었으므로, 현금흐름할인법(discounted cash flow method, dcf법)에 의하여 산정한 대상회사의 주식가치는 이 사건 양해각서 체결 전과 비교하여 급락한 점, ② 원고가 보유하고 있던 3조 원을 초과하던 현금이 5,000억 원 수준으로 급감하고, 대출금리 인상으로 자금차입비용이 증가하였으며, 재무적 투자자들이 추가수익률을 요구하기 시작한 반면, 원고 등이 보유한 자산가치가 하락하여 자산의 추가매각이 불가피해지는 등 자금조달비용이 급증한 점, ③ 이러한 상황에서 대상회사의 부실 파악을 위하여는 확인실사가 필수적이며 피고들은 확인실사를 제공할 의무가 있음에도 불구하고 대상회사 노조에게 "선협상 · 후실사 원칙"에 합의하여 주고 원고의 정보제공요청마저 거부하였던 점, ④ 위와 같은 사정변경에 따라 피고들에게 계약 수정을 위한 교섭의무 및 신의성실의 원칙에 따른 협조의무가 발생함에도 불구하고, 피고 산업은행은 원고가 요구한 최종계약 초안 수정 및 협상 요청을 거절한 점 등에 비추어 보면, 원고가 피고 산업은행에게 거래조건 등의 변경을 요청한 것은 지극히 합리적인 범위 내라고 할 것이므로, 이 사건 양해각서 제12조 제2항 제4호의 '정당한 이유'가 있는 때에 해당하여 피고들의 이행보증금 몰취요건이 충족되지 아니하였다.

2) 이 사건 양해각서의 의의 및 불공정성 여부 판단

이 사건 양해각서 제3조 제2항은 본 양해각서는 매도인들과 매수인들 사이에 법적인 구속력이 있는 것으로 규정하고 있음을 명문으로 규정하고 있고, 원고는 대상회사에 대한 예비실사 단계, 입찰제안 단계 및 양해각서 체결을 위한 협의과정에서 국내 유수 법무법인의 법률자문과 세계적인 투자자문사의 인수자문 등 인수합병절차 전문가들로부터 최고 수준의 자문을 받았고, 특히 우선협상대상자 선정 후 양해각서 최종안 협의과정에서는 그 문구 내용의 의미와 효력 등에 관하여 면밀한 검토를 하며 진행하였던 사실, 원고와 피고는 우선협상대상자 선정 후 2008.10.29. 회의를 가진 이래 양해각서 수정안을 수차 교환하며 교섭한 사실, 위 과정에서 피고측은 2008. 말까지 최종계약 체결과 거래종결을 요구하였는데, 원고는 연내 최종계약 체결은 몰라도 거래종결은 불가능하다는 입장을 표명한 사실, 피고측은 다시 "확인실사가 완료되지 않더라도 2008.12.19.까지 최종계약을 체결한다."는 수정안을 제시하였고, 원고는 위 수정안에 "단 최종계약의 체결은 2008.12.29.까지 확인실사가 2주 이상 정상 진행된 것을 조건으로 한다."는 단서를 덧붙인 수정안을 제시한 사실, 피고측이 위 단서 조항을 거부하여 최종적인 양해각서는 "확인실사가 완료되지 않더라도 2008.12.29.까지 최종계약을 체결"하되, "거래종결의 선행조건"을 추가함으로써 확인실사가 전혀 이루어지지 않거나 일부만 이루어졌더라도 최종계약을 체결하되, 거래종결시까지 확인실사나 가격조정절차가 완료되지 아니하면 원고가 최종계약을 해제하고 계약금 원금 및 이자 전액을 돌려받을 수 있도록 하는 내용으로 확정되었던 사실, 피고측은 거래종결일을 2009.2.말로 할 것을 제안하였으나 원고에게 유리한 2009.3.30.로 정해진 사실, 원고가 소속된 한화그룹은 국내 10대 재벌에 속하고, 피고 산업은행이 이 사건 인수과정 중 또는 무산 이후 원고측에 불이익한 조치를 취한 바 없는 사실을 인정할 수 있다.

3) 확인실사와 최종계약 체결, 거래종결의 관계

기업인수 거래에 있어 확인실사를 통하여 기업가치의 정확한 평가가 이루어지고 있다 하더라도 확인실사가 반드시 최종계약체결 전에 선행되어야만 하는 것은 아니라 할 것이며, 사적자치의 원칙상 당사자 의사에 따라 최종계약 체결 이후에 확인실사를 하기로 정할 수도 있다고 할 것이다.

양해각서 체결일인 2008.11.14.로부터 최종계약 체결일인 2008.12.29.까지 약 45일의 기간이 있음에도 불구하고 실사기간은 그 절반에 미치지 못하는 3주로 예정하는 등 동종 규모 다른 기업의 인수를 위한 확인실사 기간에 비하여 상대적으로 짧았던 점, 원고와 피고들은 이 사건 양해각서 체결 당시 대상회사 노조의 실력저지로 인하여 확인실사가 지연될 수 있다는 인식을 공유하고 있었던 점, 이 사건 양해각서의 법적 구속력에 의하여 확인실사를 거친 후 최종계약을 체결하더라도 매매대금의 조정은 3% 내외에 그치고, 확인실사 완료 전 입찰대금을 매매대금으로 하여 최종계약을 체결하더라도 이후 확인실사 및 가격조정절차를 거쳐 대금의 3% 범위내에서 최종 매매대금을 정하게 되어 있고 거래종결시까지 확인실사 및 가격조정절차가 매수인의 귀책사유 없이 완료되지 아니할 경우 최종계약을 해제할 수 있어 최종계약 체결전 확인실사의 실익이 크지 아니하였던 점과 대상회사에 우발채무나 드러나지 아니한 부실이 발견될 가능성이 지극히 낮았던 점에 비추어 보면, 이 사건 양해각서 제7조 제4항의 2008.12.29.까지 확인실사가 완료되지 아니한 경우에도 당사자들은 최종계약을 체결할 의무를 부담한다는 규정은, '확인실사가 완료되지 아니한 경우'는 '확인실사가 개시되었으나 2008.12.29.까지 완료되지 아니한 경우'뿐만 아니라, '확인실사가 2008.12.29.까지 개시되지 못한 경우'도 포함한다고 해석함이 상당한바, 피고들이 최종계약의 체결에 앞서 반드시 대상회사에 대한 확인실사가 개시 또는 완료될 수 있도록 조치할 의무를 부담한다고 할 수 없고, 오히려 원고는 이 사건 양해각서에 정한 바에 따라 최종계약체결기한인 2008.12.29. 무렵 확인실사가 완료 또는 개시되었는지 여부를 불문하고 최종계약을 체결할 의무를 부담한다고 할 것이고, 이와 같이 해석하는 것이 당사자의 의사에 부합한다고 할 것이다.

4) 양해각서 체결의 기초가 무너진 중대한 사정변경이 있었는지 여부

(i) 대상회사의 자산가치의 하락 여부 원고가 주장한 사정이 본입찰 및 양해각서 체결의 기초가 사실상 붕괴된 경우에 해당한다거나, 확인실사 또는 그에 준하는 자료가 제공되지 아니 한다면 최종계약을 체결할 수 없을 정도의 사정변경이라고는 볼 수 없다.

(ii) 원고의 자금조달비용의 증가 여부 원고의 자금조달비용이 급증한 근본적이고 주요한 이유는 인수자금의 대부분을 보유현금이 아니라 차입방식에 의하여 조달하려 하였기 때문이지 예상하지 못한 경제위기로 인한 것이 아니며, 이는 실제로 보유현금이 없어 차입에 의존하여야 함을 잘 알면서도 실제와 다르며 지킬 수도 없는 자금조달계획을 제출한 원고가 예상할 수 있었고 자초한 사정이었다고 할 것이다.

(iii) 확인실사 미실시에 대한 피고들의 귀책사유 유무 기업의 인수합병절차에서 원고는 이 사건 양해각서 체결 당시 대상회사의 노조가 확인실사를 저지하고 있어 확인실사가 최종계약 체결 시한인 2008.12.29. 이내에 개시 또는 완료되지 않을 수도 있다는 점을 예상할 수 있었던 점, 비록 피고들이 확인실사기회제공에 관한 1차적인 책임을 부담한다고 하더라도, 원고도 제3자 즉 노조의 방해로 확인실사가 완료되지 아니할 경우 이를 해결하기 위하여 신의성실의 원칙에 따라 피고들에게 최대한 협조할 의무를 부담한다고 할 것인 점, 원고는 노조실사저지 해소에 있어 가장 핵심적인 쟁점이었던 고용보장, m&a성과금 지급 등과 관련하여 본입찰제안서, 이 사건 양해각서를 통하여 피고 산업은행과 사이에 이미 합의한 것과 달리 양해각서 체결 이후 부정적인 태도 변화를 보였을 뿐만 아니라 이 사건 양해각서상 '비밀유지약정'을 이유로 본입찰제안서 및 이 사건 양해각서의 노사관계에 관한 사항의 공개를 거부하였는바, 이는 노조의 실사저지를 해소하는 데 있어 중대한 걸림돌이 되었던 점, 노조의 요구사항 중 일부 경영관련사항(거래종결일로부터 일정기간 매각대상 주식의 처분 금지, 계열사 채무보증, 담보 제공 금지 등)은 대상회사의 인수 후 부실화 방지를 위하여

반드시 필요한 사항으로 본입찰제안서나 양해각서에 이미 포함되어 있었던 것인 점 등을 더하여 보면, 원고는 이 사건 이행각서에 따라 노조실사저지 해소를 위하여 신의성실의 원칙에 따라 협조할 의무의 이행을 다하였다고 할 수 없고, 따라서 피고들의 책임 있는 사유로 인하여 확인실사가 무산됨으로써 이 사건 양해각서에 따른 최종계약의 체결에 이르지 못하였다고 할 수 없다.

5) 몰취된 이행보증금 감액 주장에 관한 판단

(i) 이행보증금 몰취규정의 성격 이행보증금 등이 3,150억 원에 이르기는 하나, 이는 약 6조 3,000억 원에 이르는 주식 매매대금의 5%로서 인수거래 규모에 연동하는 것이므로 위 약벌 액수만을 따로 떼어내어 부당히 과다하다고 판단할 수는 없는 점, 이 사건 주식매각은 부실화된 대상회사에 수년간 투입된 공적자금의 회수를 위하여 추진된 것으로서 국가경제와 산업구조에 미치는 영향이 크고, 국민들의 지대한 관심 속에서 진행되었는바, 신속한 최종계약의 체결 및 거래종결이 매우 중요한 의미를 가지고 있었던 점, 주식매각이 무산될 경우 피고들 및 대상회사가 입게 될 신인도의 추락이나 매각 또는 경영정상화의 기회상실로 인한 계량화하기 어려운 손해와 손실을 입게 되는 점에 비추 어보면, 위 이행보증금 몰취조항은 비록 양해각서 해제에 따른 유일한 구제수단이라 하더라도 손해의 발생 및 손해액에 대한 입증곤란을 방지하고 법률관계를 간이화하기 위하여 둔 것이라기보다는, 예비입찰, 예비실사, 본입찰을 거쳐 최우선협상대상자로 선정된 원고에 이 사건 주식인수에 있어 우선적 지위를 보장하되 이 사건 양해각서에 정한 바에 따른 최종계약의 체결 및 거래종결을 강제하기 위하여 둔 것으로 보이는 점, 주식매각절차가 무산될 경우 매각절차에 대한 신뢰성과 국민경제에 미치는 영향 등에 비추어 보면, 이 사건 양해각서 체결 당시 당사자들은 계약체결을 강제하기 위하여 이행보증금은 위약벌로 감액이 허용되지 아니하는 것으로 정하기로 하는 데에 의사의 합치가 있었다고 할 것이니, 이 사건 양해각서상 이행보증금 몰취규정은 이를 위약벌로 봄이 상당하다.

(ii) 위약벌 약정의 일부 또는 전부가 무효인지 여부 이행보증금의 위약벌 몰취규정은 본입찰안내시 이미 명시되어 있었고, 이 사건 주식 인수거래의 규모나 성격에 비추어 위약벌 몰취규정이나 그 금액이 지나치게 과다하다거나 불공정하다고 볼 수 없는 점과 금융위기로 인한 대상회사 가치의 하락과 자금조달 금융조건의 악화 등은 양해각서에 명기한 최종계약 체결시한을 확인실사 후로 미룰 정당한 사유가 될 수 없는 점, 최종계약 체결 후에도 거래종결 시한까지 확인실사 불능시 계약해제가 가능함에도 최종계약체결을 미루면서 피고들이 받아들일 수 없는 거래조건의 변경을 요구하거나 정보의 제공을 요구하는 등 확인실사개시나 거래성사를 위한 적극적인 의지가 없었던 것으로 보이는 점, 워크아웃기업 인수에 대한 진지한 검토나 진정성 없이 인수절차에 임하여 우선협상자의 지위를 얻고도 최종계약 체결이나 인수거래 성사에 최선을 다하지 아니하는 당사자에 대하여는 제재가 필요하며, 사적자치에 의하여 당사자 사이에 정해진 위약벌 약정은 존중되어야 하는 점 등을 종합적으로 고려하면, 이 사건 양해각서상의 위약벌 약정은 일반 사회관념에 비추어 현저히 공정성을 잃었다거나 공서양속에 반하여 그 전부 또는 일부가 무효라고 볼 수 없으므로, 이와 다른 전제에선 원고의 위 주장은 이유 없다.

6) 가사 이행보증금 등 몰취에 관한 위 조항이 손해배상액의 예정에 해당한다고 하더라도 위에서 살펴본 각 사정에 비추어 보면, 그 액수가 부당히 과다하다고 할 수 없으므로, 이를 감액하지 아니함이 상당하다.

(3) 대법원의 파기환송 판결

1) 원고의 책임 있는 사유로 양해각서가 해제되었는지 여부

원고가 대상회사의 자산가치 하락, 자금조달비용의 급증, 확인실사 미실시 등의 사정을 들어 매각대금의 분할 납부, 이 사건 주식의 분할매각, 확인실사 후 최종계약 체결 등 본입찰제안서나 이 사건 양해각서 등의 내용과 명백히 상반되는 주장 및 요구를 하며 2008.12.29.까지 최종계약 체결을 거부한 데에는 정당한 이유가 없고, 원고 측의 책임 있는 사유로 양해각서가 해제되었으므로, 이는 이 사건 양해각서 제12조 제2항이 규정하고 있는 '매수인들이 본입찰제안서, 본 양해각서 및 매수인들이 본건 거래의 조건에 관한 매수인들의 최종입장으로서 매도인들에게 서면으로 통지한 내용과 상반된 주장을 하는 등 매수인들의 책임 있는 사유로 양해각서가 해제되는 경우에는, 매수인들이 기납부한 이행보증금 및 그 발생이자는 위약벌로 매도인들에게 귀속된다'는 조항에 해당한다. 원고와 피고 산업은행 사이의 합의에 따라 확인실사의 완료 여부를 최종계약의 체결이 아닌 그 거래종결의 선행조건으로 정하였다고 하여 그것이 사적 자치의 합리적인 범위를 벗어나 계약불체결의 자유를 본질적으로 침해하거나 양해각서의 본질에 반하여 무효라고 볼 수 없으므로, 원고의 위 주장도 받아들일 수 없다.

2) 위약벌 약정인지 아니면 손해배상액 예정인지 여부

이 사건 양해각서 제12조 제2항에서와 같이 '매수인들의 책임 있는 사유에 의하여 양해각서가 해제되는 경우에 매수인들이 납부한 이행보증금 및 그 발생이자는 매도인들에게 귀속된다'고 정한 것이 위약벌 약정인지 아니면 손해배상액 예정인지는 구체적 사건에서 개별적으로 결정할 의사해석의 문제이다.

그런데 위약금은 민법 제398조 제4항에 의하여 손해배상액의 예정으로 추정되므로, 위약금이 위약벌로 해석되기 위해서는 특별한 사정이 주장 · 증명되어야 하며, 계약을 체결할 당시 위약금과 관련하여 사용하고 있는 명칭이나 문구뿐만 아니라 계약 당사자의 경제적 지위, 계약 체결의 경위와 내용, 위약금 약정을 하게 된 경위와 그 교섭과정, 당사자가 위약금을 약정한 주된 목적, 위약금을 통해 그 이행을 담보하려는 의무의 성격, 채무불이행이 발생한 경우에 위약금 이외에 별도로 손해배상을 청구할 수 있는지 여부, 위약금액의 규모나 전체 채무액에 대한 위약금액의 비율, 채무불이행으로 인하여 발생할 것으로 예상되는 손해액의 크기, 그 당시의 거래관행 등 여러 사정을 종합적으로 고려하여 위약금의 법적 성질을 합리적으로 판단하여야 한다.

한편 민법 제398조 제2항에 의하여 법원이 예정액을 감액할 수 있는 '부당히 과다한 경우'란 손해가 없다든가 손해액이 예정액보다 적다는 것만으로는 부족하고, 계약자의 경제적

지위, 계약의 목적 및 내용, 손해배상액 예정의 경위 및 거래관행 기타 여러 사정을 고려하여 그와 같은 예정액의 지급이 경제적 약자의 지위에 있는 채무자에게 부당한 압박을 가하여 공정성을 잃는 결과를 초래한다고 인정되는 경우를 뜻하는 것으로 보아야 한다(대법원 2014다3115판결 등 참조).

이 사건에서 ① 이 사건 양해각서 제12조 제2항에는 '매수인의 귀책사유로 이 사건 양해각서가 해제되는 경우 매수인들이 기납부한 이행보증금 및 그 발생이자는 위약벌로 매도인들에게 귀속 된다'고 규정되어 있으나, 제11조에는 '본 양해각서가 해제되는 경우, 매도인들이나 매수인들은 본 양해각서에서 규정한 권리의 행사 이외에는 본건 거래와 관련하여 상대방 당사자에게 어떠한 손해, 손실 또는 비용에 대한 배상이나 보전 기타 여하한 사유를 원인으로 한 청구도 하지 아니한다'고 규정되어 있고, 제12조 제4항에는 '매도인들과 매수인들은 본 양해각서가 해제될 경우, 본조 제2항,제3항에 규정된 구제수단만이 유일한 구제수단이며, 기타의 손해배상이나 원상회복 등 일체의 다른 권리를 주장할 수 없음을 확인한다'고 규정되어 있다.

② 위 조항들을 함께 살펴보면, 매수인들의 귀책사유로 양해각서가 해제됨으로써 발생하게 될 모든 금전적인 문제를 오로지 이 사건 이행보증금의 몰취로 해결하고 기타의 손해배상이나 원상회복청구는 명시적으로 배제하여, 매도인들에게 손해가 발생하더라도 매도인들은 이에 대한 손해배상청구를 할 수 없도록 한 것으로 보인다.

③ 이 사건 양해각서 체결 당사자들이 진정으로 의도하였던 바는 이행보증금을 통하여 최종계약 체결을 강제하는 한편 향후 발생할 수 있는 손해배상의 문제도 함께 해결하고자 하였던 것으로 보이고 이는 이 사건 양해각서 제12조 제4항에서 이행보증금 몰취를 유일한 '구제수단'으로 규정하면서 '기타'의 손해배상을 주장할 수 없다는 데에서 잘 드러난다.

④ 양해각서 단계에서 기업인수가 결렬될 경우 피고들이 입는 손해의 산정이 어려우므로 이행보증금에 손해배상에 관한 법률관계를 간편하게 처리하기 위한 기능이 있다는 점은 부정하기 어려우며, 막대한 금액이 걸린 계약을 체결하면서 오로지 사전적인 채무이행 확보에만 관심을 가지고 사후적인 손해의 처리는 전혀 고려의 대상에 두지 않았다고 당사자의 의사를 해석하는 것은 부자연스럽다.

⑤ 또한 손해배상액 예정의 목적은 손해의 발생사실과 손해액에 대한 증명 곤란을 배제하고 분쟁을 사전에 방지하여 법률관계를 간이하게 해결하는 것 외에도 채무자에게 심리적으로 경고를 줌으로써 채무이행을 확보하려는 데에도 있는 것이므로, 당사자가 채무이행의 확보에 중점을 두었다고 하여도 손해배상액의 예정으로서의 실질이 부정되지 아니한다.

⑥ 원고 측으로서는 대상회사의 재무상태 등에 대한 정보를 제대로 인식, 이해하지 못한 상황에서 이 사건 양해각서를 체결한 것으로 보인다.

⑦ 한편 피고들이 원고 측을 포함한 본입찰 적격자들에게 송부한 본입찰안내서에 첨부된 양해각서 초안에도 이행보증금을 위약벌로 몰취하는 조항(제12조 제2항)이 포함되어 있었으나, 당시 함께 송부된 본입찰안내서에 위 양해각서 초안에 수정제안사항이 있을 경우 양해각서 초안 수정요청서를 제출할 수 있지만 피고들이 수용하기 어려운 내용을 제시하는 경우 우선협상대상자 선정 대상에서 제외될 수 있다는 내용이 기재되어 있는 상황이었으므로, 우선협상대상자로 선정되기를 원하는 원고로서는 위 위약벌 몰취 조항에 대하여 별다른 이의를 할 수 있는 상황이 아니었던 것으로 보인다.

⑧ 나아가 당초 본입찰안내서에 첨부된 양해각서 초안에는 대상회사에 대한 확인실사 및 가격조정 완료 후 최종계약을 체결하는 것으로 예정되어 있었다가(원고 측으로서도 최종계약 체결 전에 확인실사가 완료된다는 인식 아래에 입찰에 응하였을 것으로 보인다), 이 사건 양해각서의 협의 과정에서 피고 산업은행의 요구로 갑자기 이 사건 양해각서 제7조 제4항 에 확인실사 실시와 상관없이 2008.12.29.까지 최종계약을 체결하기로 하는 조항이 삽입되어 거래구조가 근본적으로 변경되었는바, 그 과정에서 원고 측은 확인실사 없이 최종계약을 체결하는 위험에 대한 합리적 판단을 하지 못한 채 이러한 계약체결의무를 부담함은 물론, 이에 덧붙여 종전의 거래조건을 전제로 하였던 이행보증금 몰취 약정까지 그대로 하게 된 것으로 보인다.

위와 같은 사정들을 종합하여 볼 때, 이 사건 이행보증금은 손해배상액의 예정으로서의 성질을 가지는 것으로 보아야 하고, 이는 이 사건 양해각서에서 '이행보증금 및 그 발생이자는 위약벌로 매도인들에게 귀속된다'고 규정하고 있다고 하여 달리 볼 것이 아니다.

나아가, ① 워크아웃기업의 경우 협상 단계에서 미처 예상하지 못했던 우발채무가 발생하거나 자산가치가 실제보다 과장된 것으로 드러날 가능성도 배제할 수 없고, 특히 대상회사는 2001.8.26. 워크아웃절차를 종료한 후 7년이나 지나 기업인수가 추진되었다.

② 이 사건 양해각서에는 대상회사의 자산가치에 대한 진술 및 보장조항이 없고 매수인에 대한 편면적 위약금 규정만이 존재할 뿐이다.

③ 앞서 본 바와 같이 양해각서 초안에는 대상회사에 대한 확인실사 및 가격조정 완료 후 최종계약을 체결하는 것으로 예정되어 있었다가, 이 사건 양해각서의 협의 과정에서 피고 산업은행의 요구로 이 사건 양해각서에 확인실사 실시와 상관없이 2008.12.29.까지 최종계약을 체결하기로 하는 조항이 삽입되어 거래구조가 변경되었음에도 불구하고, 종전의 거래조건을 전제로 하였던 매도인 면책규정 등 매수인에게 불리한 규정들이 이 사건 양해각서에 포함되게 되었다.

④ 원고 측은 막대한 이행보증금을 지급하고도 확인실사의 기회를 전혀 갖지 못하였다.

⑤ 원심은 이 사건 양해각서 제8조 제2항 제7호 (마)목 및 제9호에 의하여 원고 측이 대

상회사 노조의 실사저지 해소를 위하여 신의성실의 원칙에 따라 협조할 의무를 부담함에도 이를 다하지 않았다고 판단하였으나, 위 조항은 확인실사 및 가격조정이 완료되지 않은 상태에서 최종계약을 체결할 경우를 대비하여 최종계약 자체에 삽입할 내용으로 추가된 것에 불과한 것으로 보이고, 최종계약이 체결되지 않은 이상 원고 측이 대상회사 노조의 실사저지 해소를 위하여 신의성실의 원칙에 따라 협조할 의무를 부담한다고 보기 어렵다.

⑥ 이 사건 양해각서가 해제되어 최종계약 체결이 무산된 것 자체로 인하여 피고들이 입은 손해는 통상적으로 최종계약이 유효하게 체결될 것으로 믿었던 것에 의하여 입었던 손해, 즉 신뢰이익 상당 손해에 한정된다고 할 것이다.

위와 같은 사정들을 종합하여 볼 때, 이 사건 양해각서에서 이행보증금 몰취 조항을 두게 된 주된 목적이 최종계약의 체결이라는 채무이행을 확보하려는 데에 있었다고 하더라도, 3,150여억 원에 이르는 이행보증금 전액을 몰취하는 것은 부당하게 과다하다고 할 것이다.

3) 결 론

그러므로 원심판결을 파기하고, 사건을 다시 심리·판단하게 하기 위하여 원심법원에 환송하기로 판결한다.

Ⅳ. 대법원 판례 법리에 대한 헌법적 검토

1. M&A 계약의 특수성에 관하여: 매도인 우위의 계약관행

양해각서란 계약을 최종적으로 체결하기 전까지 당사자 사이에 협상에 관한 내용이나 합의내용의 골격을 작성하는 문서로서, 종래 법적 구속력이 없는 형태로 체결되는 것이 일반적이었다. 그러나 우리나라의 워크아웃기업이나 회생기업의 인수절차와 같이 구조조정이나 회생절차를 거쳐 우발채무의 발생가능성이 상대적으로 낮은 반면 대규모의 공적 자금이 투입된 기업의 매각절차로서 절차의 공정성과 투명성이 요구되고, 다수의 인수희망자로부터 경쟁입찰의 방식을 통하여 선정된 우선협상대상자에 대한 계약체결 강제의 필요성이 중요시되는 경우 최종계약의 체결 전에 법적 구속력이 있는 양해각서를 체결하는 것이 통상적이다. 우리나라는 금융위기 이후 공적자금이 부여되어 국책은행이나 한국자산관리공사 등이 보유하게 된 지배주식을 매각하는 경우 매도자 우위의 계약관행이 형성되어 왔다. 공적자금이 투입된 사정에 비추어 양해각서 작성의 단계부터 우선협상대상자를 강하게 구속하여 매각절차를 안정시켜야 할 필요가 있기 때문이다. 따라서 양해각서 내용이 매도인에게 일방적으로 유리하다고 하더라도(예를 들어 이 사건에서와 같이 매수인의 편면적 위약금 규정) 이를 매도인의 우월적 지위 남용이라거나 불공정 계약이라고 볼 수 없다.

이와 같이 양해각서는 체결 당사자들의 의사에 따라 법적 구속력이 없는 것에서부터 강한 법적 구속력을 지니는 것까지 다양한 스펙트럼을 지니는 것이 가능하고, 당사자의 경제적 지위나 능력, 협상력, 법적 쟁점에 대한 검토능력이 대등하다고 할 수 있다. 따라서 이는 법원의 후견적 간섭이나 보호가 필요한 영역이라기보다 사적 자치의 영역으로서 당사자 사이의 합의는 헌법상 계약의 자유로서 존중되어야 할 것이다.

이러한 측면에서 대법원은 "원고와 피고 산업은행 사이의 합의에 따라 확인실사의 완료 여부를 최종계약의 체결이 아닌 그 거래종결의 선행조건으로 정하였다고 하여 그것이 사적 자치의 합리적인 범위를 벗어나 계약불체결의 자유를 본질적으로 침해하거나 양해각서의 본질에 반하여 무효라고 볼 수 없다"고 하여 이 부분에 대해서는 원심의 입장을 인정한 것으로 보인다.

2. 손해배상액의 예정과 위약벌 경계의 불분명성

위약벌 약정인지 아니면 손해배상액 예정인지는 구체적 사건에서 개별적으로 결정할 의사해석의 문제이다. 다만 대법원은 위에서 이 사건 양해각서가 사적 자치의 합리적인 범위를 벗어나 계약불체결의 자유를 본질적으로 침해하거나 양해각서의 본질에 반하여 무효는 아니라고 하면서도 이와 반대되는 논거를 손해배상액의 예정에 대한 해석에서 적용하는 오류를 범하고 있다. 즉 논거 ①과 ②에서 양해각서가 해제될 경우 이행보증금의 몰취로 해결하고 기타의 손해배상이나 원상회복청구는 명시적으로 배제된다는 내용과 논거 ③과 ④에서 막대한 금액이 걸린 계약을 체결하면서 오로지 사전적인 채무이행 확보에만 관심을 가지고 '사후적인 손해의 처리'는 전혀 고려의 대상에 두지 않았다고 당사자의 의사를 해석하는 것은 부자연스럽다고 하면서 ⑤에서 당사자가 채무이행의 확보에 중점을 두었다고 하여도 손해배상액의 예정으로서의 실질이 부정되지 아니한다고 결론내리고 있다. 나아가 ⑥과 ⑦논거에서는 원고로서는 대상회사의 재무상태 등에 대한 정보를 제대로 인식, 이해하지 못한 상황에서 이 사건 양해각서를 체결한 것으로 보인다고 하여 원고가 이 사건 계약에서 약자의 지위이고 이를 보호할 필요가 있다는 논증을 하고 있고, ⑧논거에서는 이 사건 양해각서의 협의과정에서 피고 산업은행의 요구로 갑자기 확인실사 실시와 상관없이 2008.12.29.까지 최종계약을 체결하기로 하는 조항이 삽입되어 거래구조가 근본적으로 변경되었다고 하면서 마찬가지로 원고의 약자적 지위를 강조하며 이에 비추어볼 때 이 사건 이행보증금은 손해배상액의 예정으로서의 성질을 가지는 것이라고 하였다.

그러나 공적자금이 투입되는 M&A 실무상 매도인 우위의 관행을 인정하면서 사적 자치의 합리적인 범위를 벗어나 계약불체결의 자유를 본질적으로 침해하거나 양해각서의 본질에 반하여 무효라고 볼 수 없다고 하였음에도 불구하고, 매수인이 약자의 지위를 갖고 있다는 이유로 이 사건 이행보증금의 법적 성질을 손해배상액의 예정으로 파악하는 것은 모순이다.

결국 계약의 자유라는 사적 자치의 문제이냐 아니면 법원이 후견적으로 개입하여 약자를 보호할 것인가의 문제에 당면하는데, 대법원은 양자택일의 단순한 문제 속에서 같은 주제를 놓고 서로 다른 결론을 내리고 있는 것이다.

또한 이 사건 양해각서상 이행보증금에 관하여 위약벌이라고 명시해놓았음에도 불구하고 구체적 사정을 고려하여 손해배상액의 예정이라고 해석하는 것은 당사자 간에 계약상 명시적 규정을 통해 법적 구속력을 발생시키고자 하는 사적자치 원칙을 형해화하고 헌법상 계약자유의 본질적 내용을 침해하는 것이다. 위약벌이라고 써놓고는 손해배상액의 예정이라고 읽는 셈[21)]이 되는 것이다.

3. 기업인수과정에서 확인실사(due diligence)[22)]의 의미

한편 이 사건에서 원고만이 약자이거나 피해자가 되는 것은 아니다. 오히려 이 사건 양해각서의 내용에 의하면, 최종계약 체결 이후 거래종결일(2009.3.30.)까지도 매수인의 책임 없는 사유로 확인실사가 완료되지 않은 경우, 매수인은 최종계약을 해제하고 계약금을 반환받을 수 있는 안전장치를 확보하고 있다.

워크아웃 기업의 인수에는 확인실사(due diligence)가 중요한 의미를 가질 수 있지만 대등한 사적 주체가 서로 합의한 사적 자치의 원칙은 고도로 존중되어야 하는 영역이다. 따라서 기업인수 거래에 있어 확인실사를 통하여 기업가치의 정확한 평가가 이루어지고 있다 하더라도 확인실사가 반드시 최종계약 체결 전에 선행되어야만 하는 것은 아니라 할 것이며, 헌법상 계약의 자유와 사적자치의 원칙상 당사자 의사에 따라 최종계약 체결 이후에 확인실사를 하기로 정할 수도 있다고 할 것이다.

4. 이행보증금의 감액 범위

(1) 감액의 고려요소로서 이행보증금의 기능

우리나라 M&A 관행은 우선협상대상자와의 계약체결이 무산되면 대상회사에 상당한 가치감소가 생기는 특징을 갖는다. 그러므로 계약체결의 무산을 최대한 막는 것이 사회적으로나 개인적으로나 바람직하다. 그렇기에 매수인에게 이행보증금의 부담을 지우고 쉽게 그 지위를 벗어날 수 없도록 이행보증금의 몰취가능성을 설정하게 되는 것이다. 입찰하는 매수인으로서는 이행보증금이 몰취될 확률을 감안하여 그 기대비용만큼 할인된 가격으로 입찰을

21) 최승재, “기업인수합병시 이행보증금의 법적 성격과 감액 가능성에 대한 연구”, 증권법연구 제17권 제3호, 한국증권법학회, 2016, 48면 참조.

22) Due Diligence를 최초 번역, 도입함에 있어서 “실사”라는 한자어를 붙여 통용되었다. 영문자 앞글자를 따서 DD라고도 칭하며, 번역어로는 기업실사, 확인실사라고도 일컫는다. 이 사건 대상판결에서는 “확인실사”라는 용어를 주로 사용하고 있다.

할 것이기 때문이다. 만일 매수인이 양해각서의 내용을 위반하여 최종계약에 이르지 못한 경우에도 이행보증금을 상당히 반환받을 수 있다고 한다면 비효율적인 인수시도가 횡행하게 되어 기존 M&A 관행에 막대한 부정적 영향을 주고 불필요한 혼란을 초래하게 될 것이다. 따라서 이 사건의 이행보증금이 인수금액의 5% 수준이라는 통상의 범위[23)]를 넘지 않는 범위에서 몰취가능성을 설정한 것은 계약체결의 강제를 도모하고 대상회사의 가치를 유지하기 위하여 합목적적인 성격을 갖는다고 할 것이다.

(2) 감액의 범위로서 신뢰이익의 손해

대법원은 손해배상액의 예정이라는 단어를 채무이행의 확보를 위한 위약벌의 의미와 손해의 증명을 피하기 위한 좁은 의미의 손해배상액의 예정의 의미를 통합하여 파악하고 있다. 또한 피고들이 입은 손해는 통상적으로 최종계약이 유효하게 체결될 것으로 믿었던 것에 의하여 입었던 손해, 즉 신뢰이익 상당 손해에 해당한다고 판시하고 있는데 이는 후자의 손해배상액의 예정의 의미를 전제로 한 것으로 보인다. 따라서 이 사건 이행보증금을 위약벌이 아닌 손해배상액의 예정으로 보더라도 그 감액범위는 신뢰이익의 손해에 국한되는 것으로 해석함이 타당하다

물론 신뢰이익의 손해를 구체적으로 어떻게 산정할 것인지의 문제는 구체적인 입증자료에 근거하여 판단해야 할 것이나, 상론한 바와 같이 M&A 거래 관행의 특수성과 이행보증금의 기능적 특성을 고려할 때 이행보증금은 기본적으로 채무이행의 강제를 위한 위약벌적 기능이 강조되어야 하므로 감액되는 범위는 신뢰이익의 손해로서 최소한의 범위로 판단함이 타당하다.

이와 같은 측면에서 대법원의 파기환송 판결 이후 진행된 후행사건에서 "이행보증금 몰취 규정의 기능 중에서 이 사건 주식 매매계약의 최종적인 체결을 담보하고자 하는 이행 확보적 기능의 중요성 등을 충분히 고려한다 하더라도, 3150여억 원에 이르는 이 사건 이행보증금 전액을 몰취하는 것은 부당하게 과다하고 인정된다."라고 하면서 몰취되는 이행보증금의 범위를 60%(약 1890억 원)로 인정하고 그 나머지인 이행보증금의 40%(약 1260억 원)만을 원고에게 반환하라고 한 판결은 일응 타당하다.

---

23) 미국의 경우 ① Verizon Communications Inc.의 Vodafon Americas Finance 1 Inc. 인수 사례에서 매수자금 조달 실패 시 매각대금 1300억 달러(약 148조 50억원) 중 7.69%인 100억 달러(약 11조 3850억원)을 위약금으로 정하였고, ② Prizer Inc.의 Wyeth 인수 사례에서 매각대금 680억 달러(약 77조 4180억원) 중 6.62%인 45억 달러(약 5조 1232억원)을 위약금으로 정하였고, ③ Merck & Co., Inc.의 Schering-Plough Corporation 인수 사례에서 매각대금 411억 달러(약 46조 7923억원) 중 6.08%인 25억 달러(약 2조 8462억원)을 위약금으로 정하였고, ④ Berkshire Hathaway and 3G Capital의 HJ Heinz Company 인수 사례에서 매각대금 280억 달러(약 31조 8780억원) 중 5%에 해당하는 14억 달러(약 1조 5939억원)을 위약금으로 정한 바 있다.

V. 결　어

우리나라는 금융위기 이후 공적자금이 투입되어 국책은행이나 한국자산관리공사 등이 보유하게 된 지배주식을 매각하는 경우 양해각서 작성의 단계부터 우선협상대상자를 강하게 구속하여 매각절차를 안정시켜야 할 필요성이 강하여 매도자 우위의 계약관행이 형성되어 왔다. 따라서 양해각서의 내용상 매수인만의 편면적 위약금 규정을 두고 있는 것을 불공정계약이라거나 매도인의 우월적 지위 남용이라고 볼 수 없다.

또한 이 사건 양해각서상 이행보증금에 관하여 위약벌이라고 명시해놓았음에도 불구하고 구체적 사정을 고려하여 손해배상액의 예정이라고 해석하는 것은 법리상 큰 문제가 있다. 당사자 간에 계약상 명시적 규정을 통해 법적 구속력을 발생시키고자 하는 헌법상 계약의 자유를 침해하고 사적자치 원칙의 본질을 형해화하기 때문이다. 당사자 간에 명문으로 위약벌이라고 규정해놓고 손해배상액의 예정이라고 해석하는 것은 당사자 간에는 하늘이라고 쓰고 제3자가 땅이라고 읽는 것에 다름 아니다.

대법원의 판결이 이처럼 법리상 문제가 있는 이유는 최근에 나타난 대우조선해양의 부실사태를 고려하여 나름의 조정을 하기 위함인 것으로 보인다. 그러나 이행보증금의 반환 여부에 대한 판단은 한화그룹과 한국산업은행이 최초에 양해각서를 체결했던 시점의 대우조선해양을 기준으로 판단해야 하는 것이지, 그로부터 7년이 지난 뒤 경제상황과 정치적 상황에 맞물린 대우조선해양의 사정을 기준으로 판단하는 것은 타당하지 않다.

오히려 작금의 대우조선해양이 저평가되고 있는 이유로는 한화그룹이 한국산업은행과 체결한 양해각서의 이행사항을 위배하여 대우조선해양 인수가 무산됨으로써 인수절차가 원활히 진행되지 못한 영향이 더 크다고 볼 것이다.

결국 대법원의 입장은 모호하게도 손해배상액의 법적성질에 대해서 극히 이례적인 판단을 하고 있는 것이고, 이는 향후 M&A 거래실무에도 부정적인 영향을 끼칠 것으로 예측된다.

한편 이 사건 대법원 판결 중 "원고측에 귀책사유로 양해각서가 해제되었으므로, 확인실사여부와 상관없이 계약을 체결할 의무를 부담하는 것에 대한 유효성을 인정하는 M&A 거래의 특수성과 관행에 부합하는 판단"을 유지하여야 할 것이다. 또한 기본적으로 이행보증금의 성격을 위약벌로 보고 이행보증금의 대부분은 계약 체결의 강제를 위하여 마련해둔 것으로 이해하는 것이 타당하다 할 것이다.

나아가 이 사건 이행보증금을 위약벌이 아닌 손해배상액의 예정으로 보더라도 M&A 거래 관행의 특수성과 이행보증금의 기능적 특성을 고려할 때 이행보증금은 기본적으로 채무이행의 강제를 위한 위약벌적 기능이 강조되어야 하므로 이행보증금의 감액범위는 신뢰이익의 손해에 국한하여 최소한의 범위로 판단하는 것이 타당하다.

이러한 점에서 후행소송에서 몰취되는 이행보증금의 범위를 60%로 인정하고 그 나머지인 이행보증금의 40%만을 원고에게 반환하라고 한 판결은 M&A 계약 과정에 있어서의 헌법상의 사적자치 원칙을 인정한 대법원 판결의 기본적인 입장과 우리나라 조선·해운산업에 미치는 부정적인 영향을 고려할 때 다소 과한 측면이 있어, 추가적인 논의가 필요할 것으로 사료된다.

23. 사회적 기본권 및 헌법원리 실현을 통한 빈곤극복의 과제와 복지재정지출의 한계*

이 상 경**

Ⅰ. 서 설

개인의 자유를 실질적으로 실현하기 위하여 필요한 최소한 혹은 적절한 수준의 삶의 조건을 보장하기 위해 우리 헌법은 사회적 기본권을 규정하고 있다.[1] 국가는 사회적기본권 실현의 과제를 갖고 있기 때문에, 헌법 규범적으로 볼 때 빈곤을 개인의 문제만으로 치부해서는 안된다. 빈곤의 원인은 소득을 확보할 수 없다는 데 있다. 소득을 확보할 수 없는 상황은 경우에 따라서는 개인의 문제일 수도 있지만, 소득활동의 의사가 있어도 적어도 구조적으로 경제 과정에 충분히 참여할 수 없는 상황인 경우에 소득활동으로부터 소외된 빈곤계층의 문제는 국가·사회적인 문제가 된다. 따라서 국내외적으로 인정되고 있는 일반적인 빈곤의 기준에 따라 먼저 빈곤의 원인을 규명하고 이를 극복하기 위한 국가와 노력이 무엇인지를 헌법적으로 살펴보는 것이 필요하다. 국가는 다양한 방법으로 빈곤계층이 인간적인 삶을 누릴 수 있는 물질적 기반을 조성해야할 의무를 지고 있다. 일반적으로 절대적 빈곤의 경우 기준이 되는 평균소득의 1/3 미만을 의미하며, 상대적 빈곤은 1/2 미만을 기준으로 삼는다. 또는 유엔개발계획(UNDP)의 기준처럼 "절대적 빈곤은 최소한의 요건을 의미하는 몇 가지 절대적 기준을 근거로 규정하는 반면, 상대적 빈곤은 지역 사회의 대부분의 사람들에 비해 뒤처지는 상태"로 규정되기도 한다.[2] 다른 한편 헌법 규범적으로 볼 때 빈곤은 단지 '저소득'만을 의미하는 것이 아니라 빈곤층의 자기 정체성에 대한 불존중의 태도와 이로부터 발현되는 무력감 및 정책결정과정으로부터 소외를 포함하여 각종 사회적 서비스혜택으로부터 배제를 일컫기도 한다. 따라서 빈곤은 사회·경제적으로 소외된 약자인 빈곤층이 겪게 되는 정치·경제·사회·문화의 모든 영역으로부터의 소위 '왕따' 혹은 배척(exclusion)까지도 포섭하는 개념으로 파악되어야 한다. 예컨대, 경제적 양극화로 말미암은 빈곤소외계층은 교육혜택으로부터의 배척으로 인한 교육양극화를 겪게 되며, 더 나아가 정치적 영향력의 감소에 따라 정치

* 본 글은 공법연구 제44집 제3호(2016.2)에 게재한 것으로, 성낙인 총장님의 퇴임을 기리기 위한 봉헌논문집에 재투고한 것임을 밝혀둡니다.

** 서울시립대학교 법학전문대학원 교수, 법학박사(J.S.D., J.D.)

1) 전광석, 한국헌법론, 제11판(집현재, 2016년), 217면 참조.

2) 석인선, 생계보장에 대한 헌법상 권리 논의 전개-미국의 경우를 중심으로, 헌법학연구 제17권 제4호(2011), 273면; 유엔개발계획 한국대표부 역, 1997 인간개발보고서-빈곤의 퇴치와 인간개발(1998), 13면 참조.

적 참여의 기회의 배제에 따른 정치적 영향력의 양극화를 낳게 된다. 정치적 참여의 배제 혹은 정치적 영향력의 감소는 국가·사회의 경제적 의사결정에의 영향력 감소 및 참여배제로 인한 불균형을 가속화 시켜 악순환의 고리를 형성하게 된다.[3] 빈곤은 인간존엄, 평등의 원칙, 인권의 불가분성 및 상호의존성의 원칙에 위반되는 것이다. 빈곤상태에 있는 개인은 사적인 자유뿐만 아니라 공적인 자유 또한 행사하기 어렵기 때문에 사회적으로도 소외될 수밖에 없다. 빈곤은 인간다운 삶을 누릴 수 있는 전제요건이 부정되고 있는 상황이기 때문에 전체로서의 인권이 부정되고 있는 것을 내포하고 있으며 이러한 부정적인 고리는 끊이지 않고, 오히려 악순환의 고리를 형성하게 된다. 빈곤은 인간존엄권을 포함한 기본권의 박탈로 이어지고, 이는 사회적 배제로 연결되며, 이로 말미암아 빈곤이 심화되고 세습되기 때문에 결국 최악의 나락으로 떨어지게 되는 구조적 문제를 안고 있다.[4] 빈곤은 원인의 측면에서든, 영향의 관점에서든 더 이상 한 개인의 문제 혹은 개별 가구의 문제로 치부할 수만은 없는 국가와 사회의 구조적인 문제이다. 우리 헌법이 보장하는 '인간다운 생활'을 하지 못하는 개인차원의 궁핍문제이기도 하지만, 일을 열심히 해도 해결될 수 없는 빈곤의 문제는 구조적인 것이며, 이러한 빈곤은 사회통합과 지속가능한 경제발전을 가능케 해주는 신뢰자본의 형성과 성장 동력의 유지 및 재창출에 가장 큰 걸림돌이 되고 있다.[5] 그럼에도 불구하고 빈곤문제를 극복하기 위하여 국가는 무엇을 언제, 어떻게, 언제 할 수 있고 또 해야만 하는가라는 근본적인 물음 앞에 서게 된다. 빈곤을 헌법문제로 자리매김하기 위하여 우리 헌법상의 다양한 원리들에서 빈곤의 해법을 찾아야만 하는 국가의 의무를 도출해야 한다. 또 사회적 기본권의 법적 성격을 보다 구체적인 것으로 보고 사법심사의 엄격한 잣대를 대어 보는 방법도 고려해볼 수 있다.[6] 사회적 기본권을 기준으로 하는 사법적 심사의 가능성이 취약한 이유는 권리의 실현에 있어서 이념이 추상적으로는 명확하지만 구체적으로는 불명확하며, 그 실현에 있어서 다른 기본권과의 조율 내지 조정이 필요할 뿐만 아니라 사법부의 권한에 속하지 않는 국가재정능력에 좌우되기 때문이다.[7] 이러한 점에서 헌법재판소가 사회적 기본권의 법적 성격과 효력에 대한 해석에서 지나치게 소극적인 입장을 취하는 것을 비판하며 사회권실현을 헌법학의 주요 과제로 삼고 그 규범성에 대한 인식전환의 필요성을 강조하는 입장도 있다.[8] 인간다운 최저생활의 보장과 같은 절대적 정의를 실현하는 국가의 과제는 적극적으로

3) 이덕연, 헌법으로 본 빈곤(사회양극화)문제와 예산과정, 공법연구 제39집 제3호(2011), 240면.

4) 석인선, 앞의 논문, 274면.

5) 이덕연, 앞의 논문, 259면 참조.

6) 이와 관련된 자세한 논의는, Matthias Klatt, Positive Rights: Who decides? Judicial review in balance, I·CON(2015), Vol. 13 No. 2, 354-382 참조.

7) 전광석, 사회적 기본권의 실현구조, 세계헌법연구 제12권 제1호(2006), 286면.

8) 사회권을 적극적으로 사법심사절차에 편입시키고 이를 통해 사법부가 국가에 대하여 인권의 촉진과 실현을 위한 구체적이고 현실적인 작위의 의무를 선언하고 집행하는 예들을 살펴보고 그것이 우리나라의 법체계

사법심사의 대상이 되어야 하는바, 최저생활보장의 이념은 명확하며, 타인의 기본권과의 조정이 필요하지 않을 뿐만 아니라 국가의 재정소요가 그렇게 큰 것이 아니기 때문이다.[9] 이런 점에서 최저생활보장의 기본권을 기준으로 헌법적 심사의 가능성을 헌법재판소는 인정하고 있다.[10] 더불어 1990년대 이후 경제성장의 한계와 세계화의 진행, 저출산・고령사회의 심화, 이전부터 진행된 가족구조의 변화, 그리고 2008년 전 세계의 재정위기 등이 복합적으로 작용하여 사회복지정책과 복지담론에 내재해 있던 지속가능성의 문제를 중요한 화두로 만들었다.[11] 빈곤을 퇴치하고 인간다운 삶을 보장하기 위한 복지재정의 부담능력에 대한 평가는 재정적 위기 대응 내지 관리의 문제로 정책의제(policy agenda)화되어, 세계 각국은 재정적자의 문제를 보전하기 위한 다양한 방법들을 구상하게 되었다. 궁극적으로 빈곤퇴치를 위한 재정적 지출은 국가가 반드시 지출해야 해야 하는 의무지출 혹은 복지지출의 문제인데 이러한 지출에 대한 통제와 더불어 국가의 재량지출마저 통제하려는 움직임이 시작되었다. 신자유주의적인 발상이라는 비판을 들으면서도 각국은 재정적자의 문제를 해결하기 위한 해법을 찾기 위한 노력을 경주하고 있는 중인바, 재정적자가 과연 유해한 것인지, 재정지출을 줄이지 않으면서도 지속적으로 복지정책을 유지할 수 있는 것인지, 재정적자를 줄이기 위한 노력을 실효성이 있는지 등 다양한 의문이 든다. 이러한 문제의식을 바탕으로 먼저 빈곤퇴치를 위한 국제적 기준을 검토한 연후(Ⅱ), 헌법원리 및 사회적 기본권의 실현을 통한 빈곤극복 문제를 살펴보고(Ⅲ), 다음으로 빈곤과 미국에서의 사회보장수급권의 법적 규명을 통해, 보다 의미 있는 빈곤해소를 위한 국가의 역할이 무엇인지를 고민하면서, 특히 미국에서 빈곤해소를 위해서 늘려야할 복지지출에 대한 통제문제가 오히려 화두가 되고 있으므로 작금의 세계적인 재정적자의 악화추세와 관련하여 이를 어떻게 바라봐야 할 것인가를 고찰하기로 한다(Ⅳ).

Ⅱ. 빈곤퇴치를 위한 국제적 기준

빈곤을 퇴치하고 인간존엄성을 회복하기 위하여 국가의 정책목표는 탈정치적 우선순위화(non politicized prioritization)가 이루어져야 한다. 이를 통해 국가가 다른 정책목표에 우선순위를 두고 빈곤집단 혹은 빈민에 대한 사회적 배려를 잠식하는 정치적 불균형은 견제되어야 한다. 그만큼 탈정치화를 위한 제도적 장치의 마련이 이루어져야 한다는 뜻이다. 국제기

내에서 어떻게 수용될 수 있을 것인지에 대해 논의하고 있는 것에 대한 자세한 내용은, 한상희, 사회권과 사법심사-여전히 "생성 중인 권리"의 복권을 위하여, 공법연구 제39집 제1호(2009), 107-119면 참조.

9) 전광석, 앞의 논문, 286면.

10) 헌재 1997.5.29. 94헌마33; 헌재 2004.10.28. 2002헌마328 등 참조.

11) 전광석(편), 지속가능성과 법학의 과제, 연세대학교 대학출판문화원(2012년), 189면 이하 참조.

구와 국제협약 등을 통해 정하여진 사회적 기본권과 관련된 기준은 국내정치의 장에서 소모적인 분배를 위한 투쟁에 객관적인 기준으로 작용할 수 있기 때문에 탈정치화의 중요한 기초가 된다.[12)]

특히 경제적 · 사회적 · 문화적 권리에 관한 국제규약(International Covenant on Economic, Social and Cultural Rights)[13)] 제11조 제1항은 "이 규약의 당사국은 모든 사람이 적당한 식량, 의복 및 주택을 포함하여 자기 자신과 가정을 위한 적당한 생활수준을 누릴 권리와 생활조건을 지속적으로 개선할 권리를 가지는 것을 인정한다. 당사국은 그러한 취지에서 자유로운 동의에 입각한 국제적 협력의 본질적인 중요성을 인정하고, 그 권리의 실현을 확보하기 위한 적당한 조치를 취한다."[14)]고 규정한다. 또한 유엔인권위원회가 빈곤퇴치를 위한 국제기구들의 활동을 정리하여 발표한 보고서에는 빈곤문제에 대한 인권적 관점을 전반적으로 검토하고 있다. 특히 인간개발의 관점에서 빈곤을 정의하고 빈곤의 양적 측정과 인간빈곤지수(Human Poverty Index)를 개발하여 활용하도록 권장하고 있다.[15)] 더불어 국제사회에서는 주거권이 인간의 기본적인 권리라는 인식 하에 주거권을 법적 권리로 구체화하고 정착시키는데 지속적인 노력을 경주해 왔다. 1948년 유엔 세계인권선언은 '적절한 주거에 대한 권리'를 규정하여 최초로 주거권을 명시적으로 선언하였으며 주거에 대한 권리가 인권의 실현에 있어서 매우 중요하고 핵심적인 권리라는 점을 강조하였다. 유엔의 경제적 · 사회적 · 문화적 권리에 관한 국제규약 제11조에서도 적절한 주거의 지속적인 향상에 대한 권리를 규정하여 주거권의 보편적인 권리로서의 성격을 분명히 하였다. 국제사회의 주거권의 실현을 위한 노력은 유엔의 주도로 '인간정주회의'가 개최되면서 더욱 구체화되었는데 제1차 회의는 1976년 '인간정주에 관한 밴쿠버 선언'으로 결실을 맺었다. 제1차 회의는 유엔인간정주위원회의 설립과 사무국 기능을 하는 유엔인간정주센터를 탄생시켰고 이를 토대로 국제사회에서 지속적인 주거권 실현노력이 가능하게 되었다. 1996년 제2차 인간정주회의에서는 주거권에 대한 매우 구체적인 내용을 담은 해비타트 의제가 채택되어 주거권이 진일보 하였다. 최근 UN은 2016년부터 2030년까지 국제사회의 새로운 공동 목표인 '지속가능개발목표'(SDGs, Sustainable Development Goals)를 2015년 9월 UN총회에서 채택하였다. 새롭게 채택된 '지속가능개발목

---

12) 전광석, 앞의 논문, 289면; 사회보장규범의 국제적 기준에 관한 자세한 사항은 전광석, 국제사회보장법론(법문사, 2002) 참조.

13) 채택일 1966.12.16/발효일 1976.1.3/당사국 수 143/대한민국 적용일 1990.7.10.

14) Article 11
  1. The States Parties to the present Covenant recognize the right of everyone to an adequate standard of living for himself and his family, including adequate food, clothing and housing, and to the continuous improvement of living conditions. The States Parties will take appropriate steps to ensure the realization of this right, recognizing to this effect the essential importance of international co-operation based on free consent.

15) 자세한 것은 유엔개발계획(UNDP) 한국대표부 역, 1997 인간개발보고서-빈곤퇴치와 인간개발(1998) 참조.

표'(SDGs, Sustainable Development Goals)는 총 17개 과제와 169개 세부사항으로 구성되어 있다. 이 가운데 Post-2015 목표 11번은 '포용적이고(inclusive), 안전하며(safe), 복원력 있고(resilient), 지속가능한(sustainable) 도시 확립'으로 설정되었다. 하부 전략으로 7개의 실행 목표(Action Targets)와 3개의 이행 방법(Means of Implementation: MOI)을 제시하고 있는데, 그 구조는 [그림 1]과 같다.

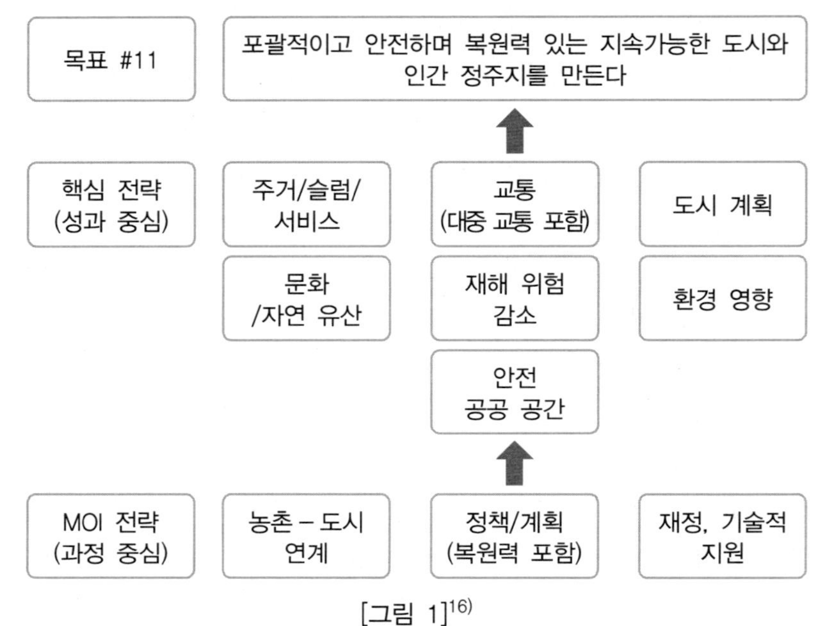

[그림 1][16)]

주요 실행 목표와 세부 전략은 기존 '새천년개발목표(MDGs)'[17)]에서 포괄적으로 다루던 섹터별 이슈를 도시문제 해결을 위한 구체적 목표로 발전시킨 것이었으며, 도시화를 문제 요인으로 제한하기보다 적극적 발전 대안으로 체계화하였고, 도시의 시스템 개선 및 물리적 인프라 지원 목표로서 11.1(주거, 도시 불량주거지 개선), 11.2(교통 인프라), 11.3(통합적 도시계획) 등을 세웠다. 주거 및 교통, 기반 시설 등의 계획과 지원은 도시 마스터플랜의 수립과 통합되어 실행되어야 하는 항목으로 2030년까지 성과 달성을 목표로 하였다. 특히 주거, 도시 불량주거지개선(11.1)의 세부목표(Target)별 성과지표(Indicator) 분석에서는 2030년까지, 모두에게 적절하고, 안전한 보유 가능한 주거(Affordable Housing) 및 기본 서비스 접근이

16) 출전: UN-HABITAT 2015.
17) UN은 국제사회가 공동으로 대처해야할 공동목표를 선정하고 이를 해결하기 위해 노력해온바, 2000년 UN은 '새천년개발목표'(MDGs, Millennium Development Goals)를 채택하고 2015년까지 빈곤의 감소, 보건, 교육의 개선, 환경보호 등 8가지를 실천 목표로 삼았다.

가능하도록 하고 도시 불량주거지 개선을 목표로 하였다. 특히 MDGs 7d의 결과에서 언급된 도시 불량주거지 개선을 위한 식수환경, 위생시설 개선과 내구적인 주택공급, 적정 거주면적 확보와 더불어 보편적 주거문제 해결을 목표로 삼았다. 도시인구의 증가, 특히 개발도상국 도시의 난개발과 도시 불량주거지, 난개발(sprawl)의 확장에 따른 도시 빈곤층에 대한 기본적 삶의 조건인 주거문제와 기본서비스 접근권의 확보는 가장 시급히 요구되는 개선사항이며, 동시에 사전 대응을 위해서도 실현가능한 범위의 도시계획 상에서 반드시 선결되어야 할 전제이므로 이를 위한 성과지표로 도시 불량주거지 등에 거주하는 도시인구 비율과 도시 내 주거지 유지를 위한 지출비용 비율이 제시되었다. 특히 세부목표 11.1.1에서는 도시 불량주거지나 비계획적 정착지에 사는 도시 인구 비율을 제시하였는데 이 지표의 이론적 해석에 있어 도시 불량주거지의 정의가 상당히 중요하므로 UN-HABITAT는 조사와 통계 데이터의 구축을 위하여 아래 다섯 가지 조건이 결핍된 생활 여건을 도시 불량주거지로 분류하여 빈곤계층의 불량주거의 기준을 제시하였다. 첫째, 기본적 용수 취득의 접근성(가족이 사용하기에 충분한 수량, 적절한 가격, 어렵지 않게 가족 구성원이 사용할 수 있어야 함), 둘째, 기본적 위생환경의 접근성(정화 처리시설이 있고, 적당한 인원이 사용할 수 있고, 공동화장실 내 개별 부스가 설치되어야 함), 셋째, 토지 소유권의 보장(토지 소유 상태를 증명 할 수 있는 문서를 보유하거나, 퇴거로부터 실질적 보호를 받을 수 있어야 함), 넷째, 주택의 내구성(위험하지 않은 지역에 영구적이고 적합한 구조로 건축되어야 함), 마지막으로 충분한 거주 공간(같은 방을 2명 이상이 공유하지 않음)을 확보하도록 하였다. 도시 불량주거지 지역 주민의 고통 정도와 박탈감을 모든 거주민에게 동등하게 적용하기는 어려우며, UN-HABITAT의 조사에 따르면 도시 불량주거지 지역의 20%는 극심한 빈곤층이며 이들은 상기 5가지 기본 생활 요건 중 3개 이상이 충족되지 못한 삶을 살고 있음이 확인되었다.

그 외에도 1986년 '사회권 규약의 이행에 관한 림버그 원칙(Limburg Principles)'을 거쳐, 사회권규약위원회가 발표한 1990년 일반논평 Ⅲ, 1998년 일반논평 Ⅸ 등에서는 사회권의 사법적 집행가능성에 대한 국제적 합의를 도출한 바 있다. 또한 1997년 사회권의 침해에 관한 마스트리히트 가이드라인(Maastricht Guideline)은 자유권 보장과 마찬가지로 사회권의 보장에 있어서도 존중(respect), 보호(protect) 및 실현(fulfill)을 다해야할 국가의 의무가 여전히 타당함을 선언하였다. 이에 더하여 사회권 실현을 위한 국가의 작위의무(obligation of conduct), 일정한 결과를 창출해야하는 결과의무(obligation of result) 및 국가의 부작위에 의한 의무위반(violations through acts of omission)이 규범적 차원에서 인정될 수 있음을 선언하고 있다. 마스트리히트 가이드라인이 선언하고 있는 최소한의 핵심의무(minimum core obligations)는 우리 헌법 제37조 제2항에서 규정하고 '본질성 침해금지'와 맥락을 같이하고 있다고 봐야 한다.[18] 사회권실현이 지연되는 경우 '정의의 부정'으로 볼 수밖에 없는 절박한 궁핍의 해소나, 헌법 규범적으로 용인될 수 없는 상태에서 방치되고 있는 복지사각지대를 보살피기 위해서 필요한 경우라면 개별국의 사법부는 비록 상당한 재정 부담이 수반되는 법적 판단과 적극적인 구제·보호조치를 명하는 판결을 내릴 수 있어야 한다. 사법부는 이와 같은 경우 종래 약한 사법적 구제조치가 아니라 강한 사법적 해결책을 요청할 수 있는 국제인권법적인 근거가 존재하고 있다. 이렇게 국제인권기준은 사회권의 구체적 실현문제를 사법부가 관장할 수 있는 법적 문제로 고양하여 현실적인 구속력을 부여하고 있다. 이제 노동자, 빈민과 같은 사회적 약자의 보호문제는 헌법적 권리, 사회적 기본권으로 재인식되어야 하며, 사회적 기본권의 특유한 헌법적 이념이 일반 정치적인 관점 혹은 정책적인 고려에 의해서 희석되어서는 안 될 뿐만 아니라, 오히려 사회권의 이념이 사회정책적 관점을 통하여 일반 정치이념 혹은 정치적 관점을 통제할 수 있어야 한다.[19]

Ⅲ. 빈곤과 헌법상의 원리 및 사회적 기본권

1. 빈곤과 헌법상의 원리

우리 헌법상 '인간다운 생활을 할 권리'는 사회적 양극화로 표현되는 소득불평등의 한 극, 즉 빈곤문제에 대한 헌법 또는 국가의 수인한도를 설정해 놓은 규범적 지표이다. 주관적 공권일 뿐만 아니라 객관적 법질서로서의 성격을 함께 갖고 있는 인간다운 생활을 할 권리에서 국가의 구조적인 원리인 사회국가원리와 그에 따른 국가의 존립근거 및 당위적인 과제를 유출해내는 관점에서는 이해하는 경우, "생활무능력자를 궁핍으로부터 해방시키지 못하는 국가는 존립의 이유와 정당성 자체가 의문시될 수밖에 없다."[20] 이러한 입장에서 볼 때 시장의 실패를 개인의 책임으로 귀속시킬 수 없는 구조적이고도 제도적인 요인으로 보고 절대적 빈곤의 원인으로 파악하게 된다. 빈곤의 형성과 빈곤의 구조 그 자체의 문제와 빈곤문제에 대한 국가·사회의 태도 혹은 접근방법에 대한 헌법적 고민을 별개로 나누어야 한다. 시장의 성공과 시장의 실패 문제는 빈곤의 형성 관련되며, 사용자 계층 혹은 자본가 계층에 대한 신자유주의적인 접근 방법은 구조적 빈곤을 형성하게 된다. 빈곤문제를 국가화 혹은 사회화하여야 하는가의 문제는 헌법 이념적 문제 혹은 헌법적 접근방법의 문제이고, 사회적 기본권 이념의 대표적인 등장배경으로서의 빈곤 혹은 빈민의 문제는 사회의 변화에 따라 새롭게 출현한 사회문제를 가장 심각하게 노정한 것으로 이러한 취약집단을 헌법상 보호의 대상으로 편입한 것이다.[21] 빈곤문제는 이제 단순한 사회적 현안을 넘어서 최고의 정치경제규범인 헌

18) 한상희, 앞의 논문, 96면 참조.
19) 전광석, 앞의 논문(사회적 기본권의 실현구조), 284면.
20) 허영, 한국헌법론, 제11판, 2015년, 545면 이하 참조; 이덕연, 앞의 논문, 246면 참조.
21) 전광석, 앞의 논문, 285면; 전광석(역), 복지국가의 기원(법문사, 2005) 참조.

법이 최우선적으로 관심을 가져야 하는 '헌법문제'로 되었다. 따라서 국민통합의 헌법적 과제와 함께 민주주의원리와 국민통합의 원리, 사회국가원리, 법치국가원리, 지속가능발전원리 등 헌법상의 기본원리를 통해서 빈곤문제를 조명하여야 한다. 우리 헌법상 사회국가원리는 "개인과 사회 전체의 지속가능성과 역동적인 발전가능성을 담보할 수 있는 장유와 평등의 절충"을 헌법과제로 제시하며, 사회정의의 이념을 토대로 하는 가치배분의 정치경제적 질서인바 그 성패는 일면 근본적으로 얼마나 많은 국민들의 헌법지향적인 도덕적 심성[22]과 '절제된 기대'를 공유하는 것에 달려 있다. 따라서 빈곤문제에 대한 국가와 사회전체 및 소득상위계층의 태도는 이를 중요한 헌법문제, 즉 사회국가원리를 통한 지속적인 발전을 결정하는 문제로 바라봐야 한다.[23] "우리가 소득상위계층의 집단에게 빈곤문제를 함께 고민하고 또한 가나한 사람들을 부끄럽지 않게 하는 태도와 구체적인 협력을 요청할 수 있는 것은 원인제공자로서 책임을 추구할 수 있기 때문이 아니라, 사회통합의 기본원리로 사회국가원리를 수용한 헌법공동체의 구성원이기 때문에 가져야 하는 '동반의식'에서 그 규범적 근거가 찾아진다."[24]

모든 국민에게 적정한 최저수준 이상의 생활을 보장하여 빈곤을 극복하는 것은 사회국가의 목표이다. 국가의 권력이 국민에 의해 뒷받침되는 국민주권원리에 의하면, 사회국가원리의 핵심과제인 '사회경제적 통합'은 정치공동체로서의 국가의 존립근거이자 이유다. 관념적인 존재일 뿐인 국민이 '사회경제적 통합'의 헌법적 과제를 통하여 사회경제적인 현실 조건 속에서 구체적이고도 개별적인 삶을 영위하게 된다. 만일 이때 국가가 사회국가원리의 실현을 위한 노력을 다하지 않는다면, 국가가 우리 사회의 빈곤문제, 특히 가난과 가난한 사람들에 대한 사회 전체의 태도를 현 상태에서 방치하고 그 추세를 되돌리려고 최선의 노력을 다하지 않는 것이 되어, 이는 우리 헌법상 최고의 가치인 '인간의 존엄'과 이를 실현하기 위한 수단으로 채택한 헌법의 기본권리들 또한 국민통합의 요청에 정면으로 위배된다.[25]

또한 무책임한 나태와 게으름에 대한 평가가 아니라 구조적인 빈곤의 문제를 해결하기 위하여 적어도 절대적 빈곤선 이상의 분배를 실현하기 위해 국가가 가능한 모든 수단을 동원하지 않는다면 이에 대한 사법적 평가 혹은 심사가 이루어져야 할 것이며, 백보 양보하여 사법적 심사의 가능성은 차치하고서라도 객관적으로 법치주의원칙에 의해 위헌적인 부작위

22) J. Rawls에 의하면, 정서(emotion)을 사회적으로 형성되는 지적인 태도(intelligent attitude)로 보면서 정의원칙을 지지하는 도덕적 심성교육의 중요성을 강조한다. A Theory of Justice, 479면; 만일 교육이 중요하다면, 이는 그 수단과 방법의 측면에서 개방적이고 민주적인 대화를 통한 교육이어야 하며, 경제적 가치 배분의 정당성에 대한 지속적인 '구체적인 자기반성'을 내용으로 하는 헌법교육이어야 한다. 이덕연, 앞의 논문, 247면.

23) 이덕연, 앞의 논문, 247면.

24) 이덕연, 앞의 논문, 245면.

25) 이덕연, 앞의 논문, 259면 참조.

로서 평가될 수 있어야 한다. 사회권에 대한 사법심사의 가능성, 법원의 개입가능성에 대해서는 다양한 논의가 있다. 사회구조적 모순에 의한 빈곤의 형성의 문제 그리고 이에 대한 국가의 대응책에 관해서는 적어도 사법심사의 가능성을 인정할 수 있다. 그것이 입법부의 형성의 재량 혹은 행정부의 정책에 좌우될 수밖에 없는 현실을 인정하더라도, 법을 수단으로 하여 모든 국가생활에서 절차 및 과정상의 정당성을 담보하기 위한 것이 법치국가원리라면 앞서 언급한 바와 같이 좀 더 강한 사법적 처방 내지 구제수단을 강구하도록 노력하는 것이 국가의 책무이다. 우리 헌법재판소도 이러한 관점에서 "입법부나 행정부가 국민으로 하여금 인간다운 생활을 영위하도록 하기 위하여 객관적으로 필요한 최소한의 조치를 취할 의무를 다하였는지의 여부를 기준으로 국가기관의 행위의 합헌성을 심사하여야 한다는 통제규범으로 작용하는 것"이라고 판시하여 최저생계기준에 관한 사법적 심판 가능성을 인정하고 있다.[26]

우리 헌법상 최고의 가치인 인간 존엄성에 부합되는 사회발전과 경제의 지속적인 발전을 위해서는 기존의 정치경제적인 토대와 형식적 법치주의의 운용처럼 비춰지는 법치주의 이념의 구현 상황에 대해 비판적으로 반성하여야 한다. 빈곤 또는 분배의 문제를 개인의 차원 혹은 집단의 이익의 문제로만 볼 것이 아니라, 헌법을 준거로 하여 온 국민 공유하여야 하는 공공선의 이상과 가치의 관점에서 바라보고 이해하는 것이 필요하다. 특히 소득상위계층에게 국가의 존립과 발전의 근거로서의 민주주의, 국민통합, 법치주의 및 지속가능발전원칙에 대한 이해를 요청하고 대화와 타협을 통해서 빈곤계층에 대한 배려와 협력의 태도를 취하도록 변화시키는 계기를 만들어야 한다. 이는 부분적으로는 헌법을 통하여 해결되어야 하는 숙제이다.

2. 빈곤과 사회보장권

(1) 서

우리 헌법은 전문에서 실질적 평등사회의 이념을 천명하고, 제10조에서 모든 국민은 인

---

26) 헌재 1997.5.29. 94헌마33 [1994년 생계보호기준 위헌확인보건복지부장관이 고시한 생활보호사업지침상의 "94년 생계보호기준"이 헌법상의 행복추구권과 인간다운 생활을 할 권리를 침해하는 것인지의 여부] [결정요지] 1. 모든 국민은 인간다운 생활을 할 권리를 가지며 국가는 생활능력없는 국민을 보호할 의무가 있다는 헌법의 규정은 입법부와 행정부에 대하여는 국민소득, 국가의 재정능력과 정책 등을 고려하여 가능한 범위 안에서 최대한으로 모든 국민이 물질적인 최저생활을 넘어서 인간의 존엄성에 맞는 건강하고 문화적인 생활을 누릴 수 있도록 하여야 한다는 행위의 지침 즉 행위규범으로서 작용하지만, 헌법재판에 있어서는 다른 국가기관 즉 입법부나 행정부가 국민으로 하여금 인간다운 생활을 영위하도록 하기 위하여 객관적으로 필요한 최소한의 조치를 취할 의무를 다하였는지의 여부를 기준으로 국가기관의 행위의 합헌성을 심사하여야 한다는 통제규범으로 작용하는 것이다. 그러므로 국가가 인간다운 생활을 보장하기 위한 헌법적인 의무를 다하였는지의 여부가 사법적 심사의 대상이 된 경우에는, 국가가 생계보호에 관한 입법을 전혀 하지 아니하였다든가 그 내용이 현저히 불합리하여 헌법상 용인될 수 있는 재량의 범위를 명백히 일탈한 경우에 한하여 헌법에 위반된다고 할 수 있다…후략.

간의 존엄과 가치와 행복추구권을 가지며 국가는 개인의 가지는 불가침의 기본적 인권을 확인하고 이를 보장할 의무를 명시함으로서 기본권보장의 대원칙을 선언하고 있다. 또한 생존권적 기본권보장의 세계적 경향에 따라 생존권보장에 관한규정을 두고 있다. 즉 모든 국민은 인간다운 생활을 할 권리를 가진다고 규정한 헌법 제34조 제1항은 생존권적 기본권보장의 대원칙을 정한 것이며, 동조 제2항에서는 국가는 국민의 인간다운 생활을 보장하기 위하여 사회보장 · 사회복지의 증진에 노력할 의무를 진다고 규정하고 있다. 헌법 제34조의 기본이념을 구체화하기 위해 사회보장법기본법을 두었다. 특히 제34조 제5항에서 신체장애자 및 질병 · 노령 기타의 사유로 인한 생활무능력자의 인간다운 생활을 보장받기 위하여 국가의 보호를 받을 권리를 명시하고, 이를 보장하기 위한 법률로 국민기초생활보장법 등을 두고 있다. 1999년 제정된 국민기초생활보장법은 보편적인 건강하고 문화적인 최저생활보장을 처음으로 법제한 것이었다. 기존의 생활보호법은 65세 이상의 노인 등 연령 및 신체적 상활을 기준으로 보호의 대상을 선별하였던 한계가 있었으며, 따라서 결코 보편성을 갖는 제도가 아니었다.[27] 아래에서는 기초생활보장과 4대 사회보험을 위주로 살펴본다.[28]

(2) 기초생활보장

2014년에 이른바 맞춤형 사회보장의 일환으로 국민기초생활보장법이 전면적으로 개정되었고 2015년 7월부터 시행되고 있다. 기존에는 최저생계비를 기준으로 수급자 선정 기준 및 급여 기준이 적용되었으나 전면 개정 후에는 중위소득을 기준으로 적용하도록 하였기 때문에 이로써 절대적 빈곤개념에서 상대적 빈곤개념으로의 전환이 이루어졌다. 또한 기존에 통합급여체계에서 개별급여체계로 전환되었다. 구체적으로 생계급여, 주거급여, 의료급여, 교육급여, 해산급여, 장제급여 및 자활급여에 대해서 급여의 종류별로 수급자 선정기준과 최저보장수준을 결정한다. 예컨대 생계급여, 교육급여, 의료급여의 경우 소득인정액은 중위소득의 각 30% 이상, 50% 이상, 40% 이상으로 하며, 2015년 선정기준인 소득인정액은 생계급여, 주거급여, 교육급여, 의료급여에 있어서 구체적으로 각 중위소득의 28%, 43%, 50%, 40%로 결정되었다. 이로써 소득인정액이 최저생계비를 조금 상회한다는 이유로 생계급여뿐 아니라 모든 급여에 대한 수급 자격을 상실하기 때문에 최저생계비 미만의 소득수준을 유지하면서 기초보장수급대상자에서 벗어나는 것을 꺼려하던 종래의 문제점이 어느 정도는 해소되었다. 또한 부양능력에 대한 판정 기준 역시 더 이상 최저생계비가 아니라 중위소득으로 하며, 급여별로 차등화 되었고, 재산의 소득환산액을 완화하여 적용하였다. 개별적인 빈곤상황에 대

27) 이정식, 인간다운 생활을 할 권리실현을 위한 공적 부양의 개선방안, 세계헌법연구 제16권 제3호(2010), pp. 381-420.

28) 보다 자세한 것은, 국가인권위원회, 제3기 국가인권정책기본계획 권고안 수립을 위한 연구(사회권)(2015), 32면 이하 참조.

한 효율적인 보호를 위하여 급여별로 독립 법률을 제정하고, 또 관할 부서를 달리하게 되었다. 예컨대 주거급여를 위하여 주거급여법을 제정하고 이를 국토교통부가 관할하게 하게 되었다.[29)]

(3) 4대 사회보험

비정규직의 규모가 증가하였지만 이들의 사회보험 가입률은 여전히 낮아 빈곤의 악순환의 고리가 끊어지지 않고 있다. 또한 건강보험에 비해서 국민연금 가입비율이 낮기 때문에 노인빈곤의 원인이 될 가능성이 높아 지속가능발전의 관점에서 문제가 될 소지가 많다. 거의 모든 국민이 건강보험에 가입되어 있지만 보장률은 아직 60-65%에 머물고 있어서 건강불평등의 문제가 심화되고 있고, 특히 법정비급여의 범위가 아직 넓어서 빈곤계층의 중증병질환에 대한 의료보장이 어려운 실정이다. 노인장기요양보험에서 수급자 선정 및 급여 수준에 문제가 있는바, 특히 대상노인인구 대비 수급률은 6% 정도 그치고 있어 노동력을 상실한 노년 빈곤층의 경우 보험혜택을 전혀 받지 못하게 된다. 또한 2007년 법률 개정을 통하여 국민연금의 재정적 지속가능성을 유지하는 목적으로 국민연금의 급여의 수준이 낮아져, 특히 저소득가입자의 경우 국민연금의 급여수준이 최저생활을 보장할 수 없는 수준이 되었다. 더불어 고용유형의 변화로 인하여 실업한 경우 보험료를 납부할 수 없기 때문에 연금수급요건을 충족할 수 없는 문제가 있고 이러한 이유로 노인빈곤을 증가시키는 원인이 될 수 있다. 우리나라의 노인빈곤율이 OECD국가 평균에 비해서 3배 이상 높다는 문제가 있음에 주목해야 한다.

(4) 향후 대책

중위소득을 수급자 선정 및 급여기준으로 전환하는 것은 상대적 빈곤개념을 채택하였다는 의미 외에 선정 및 급여기준이 객관화하였다는 것을 의미한다. 그러나 소득수준 및 소득분포의 변동에 따라서 기존의 제도가 악화되거나 혹은 최저생계비를 미달하는 선정 및 급여기준이 적용될 가능성이 있으므로, 여전히 최저생계비를 객관적으로 계측하고 새로운 선정 및 급여기준과 비교할 필요가 있다. 특히 기존에 의식주 등 물질적 최저생활수준 외에 사회경제적 및 문화적 참여를 위한 요소가 반영되지 못했던 문제가 중위소득의 기준이 도입되었다고 자동적으로 해결되는 것은 아니다. 사회권 규약 제11조가 규정하고 있는 '적절한 생활수준에 대한 권리'의 내용은 비차별, 평등, 참여, 책임성을 구성요소로 하고 있다는 점을 고려하여 수급자 선정 및 급여기준 책정에 이러한 내용을 반영하여야 한다. 또한 중위소득 및 최저생계비를 심의 · 의결하는 중앙생활보장위원회가 입법목적에 충실하게 기능하여야 하는바, 현재 중앙생활보장위원회는 보건복지부 장관이 위원장이고, 전문가, 공익대표, 공무원 등

29) 주거권, 주거급여 등에 관하여는 본장 3. 참조.

이 참여하여 균형 있게 구성되어 있으나 실제 사회복지의 관점이 충실히 반영되지 못하고 있다는 비판을 받고 있다. 국민기초생활보장은 한편으로 모든 국민에게 최저생활을 보장하고, 다른 한편 궁극적으로 수급자의 지위를 벗어나서 스스로 생활능력을 가질 수 있도록 하여야 한다. 특히 후자의 관점에서 자활급여에 관한 구상이 보다 적극적으로 이루어져야 한다. 2000년대 이후 근로빈곤층이 확대되고 있으므로 자활급여가 활성화되어야 한다. 자활급여는 수급자에 대한 소득보장과 직업훈련 및 알선, 그리고 직업의 지속성을 보장하는 과제를 가지며, 이처럼 복합적인 과제를 갖기 때문에 의료급여 및 주거급여와 마찬가지로 독립적인 법률을 제정하여 시행할 필요가 있다. 실제 "빈곤예방 및 저소득층 자립지원법"의 제정이 오랜 동안 논의된 바 있다. 기초급여대상자 다수가 생계급여대상자이기 때문에 이들에 대한 자활사업이 벅찬 과제여서 현재 자활급여가 독립하지 못한 상황이다. 그러나 기초연금법, 장애인연금법 등을 통하여 노인 및 장애인 등이 독자적으로 소득보장의 대상이 되면서 자활급여를 독립할 필요성과 가능성은 커지고 있다. 취업빈곤층과 비취업빈곤층에 대한 훈련프로그램 및 조직을 정비하고, 사례관리를 통하여 맞춤형 자활지원이 이루어져야 하는바, 현재 보건복지부와 고용노동부의 협력을 위하여 자활기관협의체가 예정되어 있지만 전혀 기능을 수행하지 못하므로, 특히 취업빈곤층에 대하여 근로소득의 일부를 소득인정액 산정에서 공제하여 근로유인을 강화하여야 할 필요가 있다.

3. 빈곤과 주거권

사회권으로서의 주거권에 대한 인식정립이 필요하다. 이미 국제적 기준을 통해 검토한 바와 같이 빈곤층의 주거환경은 열악하기 짝이 없으며 이러한 주거상황을 인간다운 삶의 조건에 맞게 개선시키는 노력을 국가는 경주해야 한다. 그러한 관점에서 주거권을 주거의 자유의 관점에서만 바라보는 것이 아니라 주거기본법 제2조가 규정하고 있는 바와 같이 "국민은 관계 법령 및 조례로 정하는 바에 따라 물리적·사회적 위험으로부터 벗어나 쾌적하고 안정적인 주거환경에서 인간다운 주거생활을 할 권리를 갖는다."고 할 것이다.[30] 사회권으로서의

---

30) 주거기본법은 최소한의 주거기준을 갖춘 주거권을 보장하도록 규정하는 입법으로 이와 같이 주거권을 규정한 법제는 우리나라가 유일하며, 2015년 12월 23일자로 시행되었다. 주거기본법의 주요 내용은 다음과 같다:
제14조(주거환경의 정비 등) ① 국가 및 지방자치단체는 주거환경을 정비하고 노후주택을 개량하여 주민의 삶의 질이 개선될 수 있도록 지원하여야 한다.
② 제1항에 관하여 필요한 사항은 따로 법률로 정한다.
제15조(주거비 보조) ① 국가 및 지방자치단체는 주거비 부담이 과다하여 주거생활을 영위하기 어려운 저소득가구에게 주거급여를 지급하여야 한다.
② 제1항에 관하여 필요한 사항은 따로 법률로 정한다.
③ 국가 및 지방자치단체는 제1항 및 제2항에 따른 주거급여 대상이 아닌 저소득가구에게도 예산의 범위에서 주거비의 전부 또는 일부를 보조할 수 있다.
제16조(주거약자 지원) ① 국가 및 지방자치단체는 장애인·고령자 등 주거약자가 안전하고 편리한 주거생활을 영위할 수 있도록 지원하여야 한다.

주거권 개념을 정립하기 위한 교육과 홍보가 필요하며, 최저주거기준의 정립은 인간다운 생활을 할 수 있는 최소한 물리적 공간을 보장하려는 노력이므로 주거권의 보장에 있어서 매우 유의미한 부분이다. 구조·성능·환경기준을 구체적으로 설정하여 최소한의 주거기준으로 정립하고 최저주거기준의 면적 및 방수, 시설기준을 현실 여건에 맞게 조정해야 한다. 빈곤층의 최저주거기준 미달가구 해소를 위한 구체적인 대책 마련이 시급하다. 따라서 정부는 이러한 과제를 이행하기 위한 방안으로, '3단계 주거환경 개선 사업'을 추진하고, 거주민의 주거권을 고려한 택지개발사업 및 주거환경 정비계획을 수립하고 이행하는 방안을 마련 중이다. 또한 빈곤계층을 위하여 적절하고 안정적인 주거에 대한 기준 마련하고 적절하고 안정적인 주거를 보장하기 위한 법·제도를 정비해야 한다. 특히 내 집 마련이 어려운 저소득 빈곤층의 주거 안정을 위해 공공 부문의 충분한 임대주택 공급이 필요하나, 도시 영세민을 위한 도심 내 임대주택은 여전히 부족한 상황이고 최근에는 전세시장의 수급불안도 심화되고 있는 상황이다. 현재 국가는 주거급여법을 제정하여 생활이 어려운 사람에게 주거급여를 실시하여 국민의 주거안정과 주거수준 향상에 이바지하려는 노력을 경주하고 있다. 주거급여법이 제대로 작동하기 위해서는 관여 부처, 즉 국토교통부와 보건복지부가 서로 협력하여 유기적으로 업무를 수행해야 한다.[31]

---

② 제1항에 관하여 필요한 사항은 따로 법률로 정한다.

제17조(최저주거기준의 설정) ① 국토교통부장관은 국민이 쾌적하고 살기 좋은 생활을 하기 위하여 필요한 최소한의 주거수준에 관한 지표로서 최저주거기준을 설정·공고하여야 한다.

② 제1항에 따라 국토교통부장관이 최저주거기준을 설정·공고하려는 경우에는 미리 관계 중앙행정기관의 장과 협의한 후 주거정책심의위원회의 심의를 거쳐야 한다. 공고된 최저주거기준을 변경하려는 경우에도 또한 같다.

③ 최저주거기준에는 주거면적, 용도별 방의 개수, 주택의 구조·설비·성능 및 환경요소 등 대통령령으로 정하는 사항이 포함되어야 하며, 사회적·경제적인 여건의 변화에 따라 그 적정성이 유지되어야 한다.

제18조(최저주거기준 미달 가구에 대한 우선 지원 등) ① 국가 및 지방자치단체는 최저주거기준에 미달되는 가구에게 우선적으로 주택을 공급하거나 개량 자금을 지원할 수 있다.

② 국가 및 지방자치단체가 주거정책을 수립·시행하거나 사업주체가 주택건설사업을 시행하는 경우에는 최저주거기준에 미달되는 가구를 줄이기 위하여 노력하여야 한다.

③ 국토교통부장관 및 지방자치단체의 장은 주택의 건설과 관련된 인가·허가 등을 할 때 그 건설사업의 내용이 최저주거기준에 미달되는 경우에는 그 기준에 맞게 사업계획승인신청서를 보완할 것을 지시하는 등 필요한 조치를 하여야 한다. 다만, 도심 지역에 건설되는 1인 가구 등을 위한 소형주택 등 대통령령으로 정하는 주택에 대해서는 그러하지 아니하다.

④ 국토교통부장관 및 지방자치단체의 장은 최저주거기준에 미달되는 가구가 밀집한 지역에 우선적으로 임대주택을 건설하거나 「도시 및 주거환경정비법」에서 정하는 바에 따라 우선적으로 정비사업을 시행할 수 있도록 하기 위하여 필요한 조치를 할 수 있다.

31) 주거급여법의 주된 내용은 다음과 같다.

제1조(목적) 이 법은 생활이 어려운 사람에게 주거급여를 실시하여 국민의 주거안정과 주거수준 향상에 이바지함을 목적으로 한다.

제2조(정의) 이 법에서 사용하는 용어의 뜻은 다음과 같다.

1. "주거급여"란 「국민기초생활 보장법」 제7조제1항 제2호의 주거급여로서 주거안정에 필요한 임차료, 수선유지비, 그 밖의 수급품을 지급하는 것을 말한다.
2. ~ 8. 생략

또한 도시 저소득 주민이 집단으로 거주하는 지역 중 정비기반시설이 극히 열악하고 노후불량 건축물이 과도하게 밀집한 지역들에 대한 주거환경 개선이 지속적으로 필요하다. 택지개발사업 및 주거환경정비계획 수립 시에 주민의 의견 수렴을 충실히 하여 거주민의 거주권을 고려할 필요가 있다. 장애인·고령자 등 주거약자의 주거 안정과 주거 수준 향상을 목적으로 2012년 2월 제정된 '장애인·고령자 등 주거약자 지원에 관한 법률'이 충실이 시행될 수 있도록 해야 한다. UN의 사회권규약위원회에서도 2001년 최종권고안에서 취약집단 혹은 한계계층에 속한 사람들이 이용할 수 있는 적절한 주거를 보장할 것, 주거문제에 관한

제3조(국가와 지방자치단체의 의무) 국가와 지방자치단체는 다음 각 호의 사항을 고려하여 주거급여에 관한 정책을 수립·시행하여야 한다.
1. 수급자가 쾌적하고 안전한 주거생활을 할 수 있도록 할 것
2. 주거급여에 필요한 재원을 조성할 것
제4조(다른 법률과의 관계) 주거급여에 관하여 이 법에서 정하지 아니한 사항에 대하여는「국민기초생활 보장법」에 따른다.
제5조(수급권자의 범위) ① 수급권자는 부양의무자가 없거나 부양의무자가 있어도 부양능력이 없거나 부양을 받을 수 없는 사람으로서 소득인정액이「국민기초생활 보장법」제20조제2항에 따른 중앙생활보장위원회의 심의·의결을 거쳐 결정하는 금액(이하 이 항에서 "주거급여 선정기준"이라 한다) 이하인 사람으로 한다. 이 경우 주거급여 선정기준은 기준 중위소득의 100분의 43 이상으로 한다.
② 제1항의 부양의무자가 있어도 부양능력이 없거나 부양을 받을 수 없는 경우는 국민의 소득·지출 수준 등을 고려하여 대통령령으로 정한다.
제6조(보장기관) ① 주거급여는 수급권자 또는 수급자의 거주지를 관할하는 특별시장·광역시장·특별자치시장·도지사·특별자치도지사와 시장·군수·구청장이 실시한다.
② 수급권자나 수급자가 거주지를 변경하는 경우의 처리방법과 보장기관 간의 협조, 그 밖에 업무처리에 필요한 사항은 국토교통부령으로 정한다.
③ 보장기관은 수급권자·수급자에 대한 조사와 수급자 결정 및 급여의 실시 등 이 법에 따른 보장업무를 수행하게 하기 위하여「사회복지사업법」제14조에 따른 사회복지 전담공무원을 배치하여야 한다.
제7조(임차료의 지급) ① 제2조제1호의 임차료(이하 "임차료"라 한다)는 타인의 주택 등에 거주하는 사람으로서 국토교통부장관이 정하는 사람에게 지급한다.
② 임차료의 지급기준은 국토교통부장관이 수급자의 가구규모, 소득인정액, 거주형태, 임차료 부담수준 및 제3항의 지역별 기준임대료 등을 고려하여 정한다.
③ 국토교통부장관은 임차료의 지급수준을 정하기 위하여 가구규모,「주거기본법」제17조의 최저주거기준 등을 고려하여 지역별 기준임대료를 정할 수 있다.
④ 임차료는「국민기초생활 보장법」제27조의2제1항에 따라 수급자 명의의 지정된 계좌로 지급하여야 한다. 다만, 수급자가 국가, 지방자치단체, 한국토지주택공사 또는 지방공기업이 임대하는 주택 등을 임차한 경우에는 해당 수급자와 임대차계약을 체결한 임대인 명의의 지정된 계좌로 지급할 수 있으며, 국토교통부령으로 정하는 불가피한 사유가 있는 경우에는 국토교통부령으로 정하는 바에 따라 그 지급방법을 달리할 수 있다. [시행일: 2015.12.23] 제7조
제8조(수선유지비의 지급) ① 제2조제1호의 수선유지비(이하 "수선유지비"라 한다)는 주택 등을 소유하고 그 주택 등에 거주하는 사람에게 지급한다.
② 수선유지비의 지급기준은 국토교통부장관이 수급자의 가구규모, 소득인정액, 수선유지비 소요액, 주택의 노후도 등을 고려하여 정한다.
③ 수선유지비를 현금으로 지급하는 경우에는「국민기초생활 보장법」제27조의2제1항에 따라 수급자 명의의 지정된 계좌로 지급하여야 한다. 다만, 국토교통부령으로 정하는 불가피한 사유가 있는 경우에는 국토교통부령으로 정하는 바에 따라 그 지급방법을 달리할 수 있다.
④ 수선유지비의 지급 절차 및 방법 등에 관하여 필요한 사항은 국토교통부령으로 정한다.
제9조(주거급여의 실시) 주거급여의 신청, 결정, 변경 등 주거급여의 실시 등에 관한 사항은 제10조부터 제14조까지에서 정한 것을 제외하고는「국민기초생활 보장법」을 준용한다.

진정이나 지원요청을 다룰 정부 내 전담부서(focal point)를 설치할 것, 가장 취약하고 소외된 개인 및 집단에게 주거 안정성을 갖춘 적정한 비용의 주거를 제공할 목적의 프로그램을 실현하기 위해 충분한 자금을 배분할 것 등을 강조하고 있다.

국가는 주거소외계층을 위해 저렴하고 안정적인 주거공간 확보를 위한 임대주택 공급정책을 추진과제로 삼고 이행방안을 마련하여 집행하고 있다. 예컨대, 영구임대, 국민임대, 10년 임대 등 다양한 유형의 임대주택을 수요자 맞춤형으로 공급하려고 하고 있다. 또한 저소득층 주거환경 개선사업을 지속적으로 추진하고 관련 법령을 정비하겠다는 정책을 추진과제로 삼고 이행 중이다. 거주민을 위한 주거권을 고려한 택지개발사업 및 주거환경정비계획을 수립·이행하고 있다. 이에 더하여 노숙인, 비주택 거주민 등의 주거취약계층에 대한 정확한 실태파악과 이들을 위한 전문적이고 다양한 주거지원체계 마련해야 한다. UN의 사회권규약위원회 2001년 최종권고안에서는 노숙자 또는 비닐하우스와 같은 특히 기준미달의 조건에서 생활하는 모든 사람들을 지원하는 즉각적 조치를 권고한 바 있다. 또한 UN의 2009년도 사회권규약위원회의 최종권고안에도 노숙자 문제의 범위 및 원인들을 조사하고 노숙자들에게 적절한 생활수준을 보장하고, 노숙자 문제를 다룰 전략을 채택하고, 주거안정성을 갖춘 적정한 비용의 주거 제공에 있어서 우선순위가 노숙자 또는 주거기준에 매우 미달하는 상황에 살고 있는 사람들에게 주어질 것 등을 권고한 바 있다. 따라서 이들에게 주거지원체계를 마련하는 것은 노숙인의 인권보호를 실현하는 가장 중요한 수단이 될 수 있다. 그리고 향후 노숙인 지원은 거리에서 긴급한 상황에 대응하고 시설 보호를 확대하는 것에서 영구적인 주거 대안을 확보할 수 있게 지원하는 방향으로 이동해야 하며 나아가 지원주택의 형태가 중요하게 활용되어야 한다. 즉 노숙인 보호시설은 단순한 숙소로서의 기능을 지양하고 자립생활을 위한 지원체계로 구축되어야 한다. 더불어 강제철거시 거주민의 인권보호문제는 주거권 영역에서 중요한 부분을 차지한다는 점에서 장기적인 안목과 다양한 관점에서의 이 문제에 대한 해결 노력이 병행되어야 하며, 시간이 들더라도 주민에 대한 설득이 최우선적으로 이루어져야하고 강제적인 공권력의 집행은 최소화해야 한다.[32)]

4. 빈곤과 건강권

우리나라는 미국과 같은 일부 서구선진국에 비해 의료보험체계가 잘 갖추어져 있지만 아직도 현재의 의료보험 체계 하에서 저소득 빈곤층의 의료급여의 보장성을 강화하여 빈곤층의 건강권을 보장해야 하는 문제가 있다. 이에 따라 2012년부터는 의료급여수급자 건강검진

32) 주거권을 재산권적으로 구성하여, 점유의 법적 안정성, 주거의 존속보장을 꾀하고, 강제퇴거를 금지하려는 논의에 관하여는, 이계수, 주거권의 재산권적 재구성: 강제퇴거금지법 제정운동에 붙여, 민주법학 제46호 (2011), 32면 이하 참조.

을 실시하고 있으며, 2013년 10월부터는 저소득 희귀난치질환·중증질환자의 진료비(급여) 전액 면제 및 희귀난치성 질환인정 상병 확대(107→141개)를 시행하고 있어 그나마 다행이다. 앞으로도 지속적으로 저소득 빈곤층을 위하여 의료급여 수급권자의 본인부담 단계적 완화와 비급여 본인부담 완화를 위하여 단계적으로 급여범위를 확대할 필요가 있다. 또한 의료급여환자의 차별을 개선하여 정신과, 혈액투석 등 일부 정액수가 운영 대상에 대하여 수가를 현실화하고 중증도를 반영할 필요가 있다. 지난 3년간 건강보험 보장률은 3% 낮아진 반면 비급여 의료비에 건강보험 본인부담금을 포함한 의료비 가계 직접 부담률은 35%에서 38%로 증가하였다. 아래의 <표 1>에서 알 수 있듯이 비급여 의료비(C)에 건강보험 본인부담금(A)을 포함한 의료비 가계 직접 부담률(A+C)은 26조 2,000억(2009년)에서 36조 1,000억(2013년)으로 증가하였다. 구체적으로, 건강보험 본인부담금은 2009년 10조 4000억 원에서 2013년 12조 8000억원으로 연평균 5.3%씩 증가하고 비급여 의료비는 2009년 15조 8000억원에서 2013년 23조3000억원으로 매년 평균 10.2%씩 증가하였다. 따라서 건강보험의 보장성을 확대할 필요가 있다.

〈표 1〉 건강보험 진료비 및 비급여 의료비 발생 추이: 2009~2013[33)]

(단위: 조원, %)

	2009	2010	2011	2012	2013	연평균 증감율
건강보험 본인부담금(A)	10.4	11.1	11.7	12.1	12.8	5.3%
건강보험 공단부담금(B)	28.9	32.5	34.6	35.7	38.1	7.2%
비급여 의료비(C)	15.8	17.9	19.6	21.4	23.3	10.2%
개인부담 진료비(A+C)	26.2	29.0	31.3	33.5	36.1	8.3%
총 진료비(A+S+C)	55.1	61.5	65.9	69.2	74.2	6.7%

사회적 취약계층의 보장성 확대방안 및 사회적 약자에 대한 보장성 확대 방안은 「2014~2018 건강보험 중기보장성 강화 계획」을 통해서 구체화하고 있다. 예컨대 임산부와 선천적 기형 및 신생아에 대한 보장성 확대, 그리고 청소년 및 청장년의 치과·만성질환·정신질환·비만 등에 대한 지원을 확대하고 노인의 틀니·치매·호스피스 및 완화의료에 대한 지원을 확대함으로써 보장성을 강화하고 있다. 또한 현행 보험료 부과체계에 대한 논의가 진행중인 것을 감안하면 개선되는 보험료 부과체계는 보험료 부과체계의 형평성을 달성하고 사회연대 원칙 그리고 소득재분배 효과가 발생할 수 있어야 한다. 구체적으로 저소득층의 보험료 경감, 고소득자 무임승차 배제, 지역가입자 보험료의 재산비중 축소 등 구체적인 부분에

33) 출처: 국회예산정책처, 「2016년 예산안 부처별 분석(보건복지위·여성가족위원회)」, 2015.10.

대한 세부사항의 합의가 필요하며, 이러한 제도는 어떠한 형태로 개편되든 현실적으로 문제점들이 나타날 것이므로 지속적인 평가와 개선이 수반되어야 한다.

Ⅳ. 빈곤과 사회보장급부권(welfare rights)의 성격 및 사회보장지출의 확대 · 통제 – 미국의 경우

1. 사회보장급부권의 성격

미국의 경우 금융위기 이후에 중산층이 몰락하고 있고 경제상황도 상당히 악화되어 사회적 · 경제적 약자의 생존권 보장은 사회적으로 중요한 쟁점이 되고 있으며, 헌법질서 속에서 동일 사회의 구성원의 지위를 가지고 있으면서도 그들 간의 실제적 불평등의 조건과 상황의 모순은 심화되고 있다. 특히 빈곤층이 지속적으로 증가하는 추세에 있고 또 인종과 편부모 가정 중심의 빈곤과 결합되어 상황은 더욱 악화되고 있는 실정이다. 따라서 빈곤층의 인간다운 생활을 할 권리를 헌법상의 권리로 구성하는 문제가 오래전부터 진보적인 헌법학자들에 의해 논의 제기되었으며 그것은 여러 측면에서 사회보장급부권 혹은 복지권(welfare rights)이라는 논의로 전개되어 왔다. 찰스 블랙, 피터 에델만, 프랭크 마이클만과 같은 미국 헌법학자들의 논의는 20세기 중반 이후 최근에 이르기까지 지속적으로 강화되고 있는 평등주의 정치철학과 그에 따른 민주적 사회복지 정책규범의 흐름 속에서 미국 헌법학계에서의 헌법상 복지권에 관한 이러한 새로운 지류를 해석해내고 논증하고 있다는 점에서 유의미하게 평가되어야 한다.[34)]

미국은 근본적으로 빈곤의 문제에 대해 자유주의적 접근방법을 취한다. 최저생계에 대한 헌법상 권리의 제시에 대한 초기 미국 헌법학계의 반응은 헌법은 오직 정부의 행위를 제한하는 소극적인 자유만을 포함하고 있는 것이며, 적극적인 정부 책무를 창설하지는 않는다는 것이었다. 사회 · 경제적 권리를 보호하는 헌법은 정부권력의 남용적 혹은 억압적 행사를 예방하는 그 중심적 기능을 약화시킴으로써 입헌적 권리 전체를 위험에 빠뜨릴 수 있다고 한다. 또 사법부가 특히 사회 · 경제적 권리들을 보장하는 것은 사법부 자신의 역량을 초월하는 것일 뿐만 아니라 그러한 권리보장을 집행할 수단도 결여하고 있다. 따라서 사법부가 그런 일을 하고자 한다면, 헌법적 과제 전체에 대한 불신을 초래하고, 과제해결이 불가능한 관리자적 입장에 처하게 될 것이라고 주장한다. 물론 "빈곤의 문제를 개인의 나태와 무능력의 문제로 환원시키는 신자유의적인 시각에서 빈곤문제를 통제와 격리에 초점을 맞추어서 경찰행정이나 형사법 또는 형사정책의 관점에서 접근하는, '가난을 엄벌'하는 식의 정책도 국민통

34) 석인선, 앞의 논문, 267-305면.

합의 헌법적 과제와 조화되기 어렵다."[35]고 해야 하므로 이는 그야말로 미국적인 논의인 것이다. 특히 시민권적 접근과 해석에 따르면 사회적 보호에 대한 국가개입의 최소화 그리고 개입에 대한 개인적인 거부도 중요한 하나의 측면일 수 있다. 시민권적인 접근은 스스로를 보호할 개인의 책임과 사회적 보호에 대한 개인 의사결정권 확보의 중요성을 강조한다. 또 하나의 시민권적인 시각의 주요 특징은 '법 앞에 평등에 기초한 청구권'을 강조한다는 점이다. 현대 국가에서는 개인이 기본적으로 법적 불평등을 호소할 수 있으며 경제적 빈곤계층은 자신들의 위한 평등보호를 요청할 수 있는 법적 근거 하에 그러한 법적 주장을 요구할 수 있는 정당성을 부여받은 것으로 본다. 따라서 경제적 빈곤계층은 소송을 통하여 평등보호를 주장할 수 있는 시민적 지위로서의 시민권을 갖는다. 결국 이러한 관점에서는 사회보장급부권을 청구권으로 바라보고 사회보장급부권의 침해사태에 대해 법적인 청구권을 통해 자신의 권리를 보호하고 확보한다는 견지에서 사회보장급부권을 이해하고 있는 것이다.[36] 시민권의 사적 소유권 개념이 사회보장급부권의 주된 내용이 되기 때문에 일단 법률에 의해 부여된 권리는 수급자 자격을 갖는 자의 사적 소유권이 되고 이 권리에 대한 불이행 혹은 침해가 발생하는 경우 법률적인 청구에 기초하여 그 권리를 획득케 하는 방법을 통하여 사회보장급부권이 행사되고 실현될 수 있다. 예컨대, 연방대법원은 Goldberg사건[37]에서 사전에 이의를 제기할 수 있는 기회를 부여하지 않고 내려진 급여정지 처분이 문제된 사건에서 복지수급자격이 법령상 실체적 권리이며, 행정업무의 부담 경감과 재정부담의 감축이라는 공익을 고려하더라도 복지수급자격이 부당하게 박탈되는 것은 수급자의 생계를 위협한다는 점에서 복지수급자의 이익을 보호할 필요성이 더 크다고 하면서 사전에 청문의 기회를 부여하지 않은 수급정지결정을 수정헌법 제14조의 적법절차원칙에 대한 위반으로 판단하였다. 궁극적으로 연방대법원은 사회보장급부권을 재산권의 일종으로 판단한 결과라고 할 수 있다.[38] 다만 이러한 논증을 시도하는 이들은 사회보장급부권의 사적소유권적 성격이 완전해지기 위해서는 반드시 타인들로부터 동의를 얻어야 하며 그런 동의의 형성과정을 통해 사회보장급부권이 도덕적으로 정당성을 갖게 된다고 본다. 따라서 시민권적인 관점에서 볼 때, '복지의존(welfare dependency)'은 개인주의적 사상이 우세한 공간과 시대적 배경 하에서는 부정적인 사태이다. 다만 이에 대해서는 여러 비판이 가능할 것으로 보인다. 최근 들어 소외계층의 배려문제 혹은 잉여의 배분문제와 관련하여 시민권적인 시각에서 백사장의 모래알처럼 취급되던 개개인에 대한 새로운 평가가 이루어질 수밖에 없는 상황이 도래했기 때문이다. 시민권적

35) 이덕연, 앞의 논문, 243면.

36) Robert Goodin, Reason for Welfare, Responsibility, Rights and Welfare, Westview Press Inc.(1988), 19-54면 참조.

37) Goldberg v. Kelly, 397 U.S. 254(1970).

38) 동지, 홍석한, 미국연방헌법과 복지권 논의, 미국헌법 제23권 제1호(2012), 352면 참조.

시각에서는 당연히 최대한의 자유·최소한의 개입 원칙에 따르기 때문에 개인의 생활에 국가의 관여는 필연적인 것이 결코 아니다. 그렇지만 현대사회에서 국가의 역할이 과연 시민권의 방해금지라고 하는 소극적 차원에 머물러 있어야만 하는가라는 반문이 생긴다.

미국에서의 사회권 개념은 사회적 성과와 유산의 공유를 강화하는 차원에서 사회서비스를 통해 이루어지는 국민을 위한 국가의 의무 규정과 책임 수행을 핵심적인 내용으로 한다. 사회권적 접근의 핵심은 국민의 사회서비스에 대한 권리 승인이라는 점에서, 국민의 복지 확대에 있어 사회권은 매우 핵심적인 기능을 수행해왔다. 사회적 성과에 대한 공유 차원에서 또한 인간다운 삶의 질을 확보하는 차원에서 국민 개개인이 갖는 사회적 혜택(social benefits)의 수급 권리를 중심으로 사회권은 논의되어 왔기 때문에 복지국가 발전에 매우 유용한 개념적 틀이 될 것이다.[39] 사회보장급부권에 대한 사회권적 접근은 복지수혜의 대상을 포괄적으로 상정하면서 국민에게 어떠한 사회서비스를 제공할 줄 것인가의 문제에 천착한다. 따라서 사회권적 접근은 사회적 성과의 공유차원에서 보편적인 사회복지 프로그램들의 제도화에 초점을 두고 있는 것이다. 앞서 논의되었던 시민권적 접근은 복지혜택의 대상을 선별(누구에게 줄 것인가의 문제에 중점)하고 사회보장급부권의 윤리적·도덕적 담론을 주된 내용으로 한다면 사회권적 접근은 복지수혜 대상의 포괄성(무엇을 줄 것인가의 문제에 중점)·사회적 생산물의 재분배·사회서비스 제공주체로서의 국가의 책임으로서의 사회보장급부권의 내용을 다루고 있다.

위 두 가지 접근방법 중 기본적으로 시민권적인 접근이 미국 내에서의 주류적인 시각이므로 사회보장급부권의 내용으로 요보호자들이 시민의 한 사람으로서 특정한 복지수혜를 받는데 있어 어떤 윤리적인 권리를 갖는가 하는 것이 주된 논란거리이다. 더불어 요보호자들은 누구이어야 하는가의 논의도 핵심쟁점이기 때문에 미국에서의 사회보장급부권 규정의 핵심은 수혜자에 대한 적격성(eligibility)의 판단에 있다. 이는 미국의 경우 사회보장급부권의 대상자가 요부양아동이 있는 가족, 정년퇴직자, 영구적인 장애인들과 같이 선별적인 사회구성원에 한정되기 때문에 적격성에 대한 자격부여(entitlement)가 논의에서 큰 의미를 지닌다. 이들만이 법적으로 복지수혜를 받을 수 있는 권리를 지니기 때문에 미국에서의 사회보장급부권은 특별한 계층의 사람들에게 부여되는 특별한 권리(privileges)라는 해석도 가능하다. 이런 관점에서 사회보장급부권이란 자신을 돌보거나 삶의 즐거움을 증진시키는 데 있어 타인의 노력에 의해 형성된 재원에 대해서 복지혜택자격부여를 요구할 수 있는 권리라고 정의된다. 이러한 정의에서 미국에서의 사회보장급부권이 의료부조나 노령부조 그리고 피부양자녀가 있는 가족에 대한 부조(Aid to Family with Dependent Children) 등의 특별한 계층의 특

39) 강철희·홍현미라, 복지권에 관한 비교연구-영국과 미국을 중심으로, 사회보장연구 제19권 제1호(2003), 142면 참조.

권적 의미를 갖게 된다. 공공복지프로그램에 의한 사회보장급부권의 개념은 현금 복지급부를 의미하는 피부양자녀가 있는 가족에 대한 부조, 보충적인 소득보장(노령부조, 시각장애인에 대한 지원, 영구적 장애인에 지원), 의료부조, 의료보호, 실업보험 등이다. 이와 더불어 공공주택제공, 식품구입권(food stamps)제공 등은 정부보조금에 의해 지원되며 경제기획사무소에서 제공되는 법률서비스, 가족복지서비스 및 노동유인프로그램에 의해 지원되는 직업안내서비스 등의 복지서비스의 형태로 지원된다.[40] 시민권적인 시각은 시장경제상황에서의 '자율성 확보'를 이념을 토대로 하기 때문에 각 개인이 스스로를 보호할 책임이 있다는 것을 강조한다. 따라서 국가에 의한 사회적 보호를 받을 경우에는 개인적 책임성에 대한 침해와 자율성확보의 실패라는 인식을 제공하기 때문에 시민권적 시각에서는 사회보장급부권에 대해 부정적인 의미를 부여한다. 다만 이러한 시각에서는 사회적 보호에 대한 '개인의 의사결정권'의 중요성을 강조하기 때문에 시민권적 관점에서는 사회보장급부권의 해석에 있어서 가장 중요한 요소가 '책임성'이 된다. 따라서 모든 개인은 자신의 행복을 위해, 삶을 위해 스스로의 책임을 형성하고 수행할 수 있어야 함을 강조하면서 이와 같은 책임성원칙을 부과할 수 없는 아동이나 자율능력이 손상되거나 지체되어 책임성원칙을 적용할 수 없는 개인에게 복지급부의 수혜 자격을 부여해야 한다.[41]

하지만 시장의 실패로 인한 작금의 빈곤의 문제는 개인의 책임성 문제라기보다는 그 본질과 구조에 비춰볼 때 '정치경제학적 문제'로 거시적으로 파악되어야 한다.[42] 따라서 소위 최고 '정치경제규범'인 헌법의 관점에서 이를 접근할 때 빈곤극복의 국가·사회적 의무를 도출할 수 있을 것이다. 시장의 자율에 맡기는 것만이 경제의 '지속가능한 발전'을 위한 추동력과 가치배분의 공평성이 동시에 확보되고 또한 시장만이 궁극적으로 빈곤문제의 해결을 위한 최선의 대안이 될 수 있다고 보는 자유시장의 신화론의 입장은 사회국가원리와 함께 사회적 시장경제질서를 취하고 있는 우리 헌법에서는 재고되어야 한다.[43]

2. 빈곤 극복을 위한 사회보장지출의 확대 및 통제

(1) 수입·지출균형예산제도 및 예산통제법

미국에서 장기간의 복지지출의 증대로 발생한 재정적자를 제도적으로 억제하고자 2003년부터 수입·지출균형예산제도를 재도입하려는 논의가 의회에서 제기된 바 있다.[44] 실질적으

40) 이상경, 미국의 사회보장급부권 논의와 복지실현의 헌법적 방법, 공법연구 제41집 제2호(2013년), 6-10면 참조.

41) 이러한 입장은 Donald J. Moon에 의해서 대표되며 자세한 것은, Introduction: Responsibility, Rights, and Welfare, Responsibility, Rights and Welfare, Westview Press Inc.(1988), 1-15면 참조.

42) 이덕연, 앞의 논문, 242면.

43) 이덕연, 앞의 논문, 246면.

44) 이상경, 미국의 수입·지출균형예산제도의 규범적 재조명-관련입법의 도입배경, 균형예산을 위한 헌법개정

로 수입 · 지출균형예산준칙은 의회에서 활용되고 있었다. 이러한 자체 규칙만으로는 미국의 재정적자의 증대를 억제할 수 없었기에 오바마(Obama) 정부에서는 대통령이 중심이 되어 2009년 6월 하원에 수입 · 지출균형예산제도를 법제화하는 법안을 제출하였고, 상원의 수정안을 2010년 2월 4일 하원이 통과시켰고, 2월 12일 대통령이 서명함으로써 입법화되었으며 "The Statutory Paygo Act"[45]라 불린다.[46] 만일 의회가 수입 · 지출균형예산원칙을 지키지 못하여 재정수지가 영향을 받으면 대통령은 영향을 받은 만큼 직접지출을 감소시키는 명령을 내려야 하는데 이를 강제삭감(Sequestration)절차라 한다. 역사적으로 볼 때 2013년 3월까지는 강제삭감절차가 실질적으로 적용된 예는 없으나 의회가 수입 · 지출균형예산원칙을 반드시 지키도록 하는데 큰 역할을 한 것으로 평가된다.[47] 강제삭감명령이 개시되면 직접지출 중 강제삭감대상인 사업들에 대하여 무조건 일률적으로 같은 비율(예컨대 4%씩)로 지출을 삭감시킨다. 다만, 동법의 위반으로 인하여 동법의 적용 면제되는 분야가 아닌 의무지출 항목에 대하여 일률적인 예산삭감이 4% 이상 이루어지는 경우에도 의료보장[48]과 관련된 예산

논의 및 균형예산제도의 비판적 검토와 시사점을 중심으로, 세계헌법연구 제17권 제2호(2011년), 348-350면 참조.

45) Public Law 111-139.

46) 실정법상의 세입-지출 균형원칙은 말 그대로 세입-지출 균형원칙을 실정법으로 제정해 놓고 규율하는 방식이다. 현재 실정법상의 세입-지출 균형원칙은 오바마 정부 하의 2010년 신법 제정으로 새로운 국면을 맞이한 상황이다. 이를 처음 규정한 예산통제법은 1985년 예산균형 및 비상적자 통제법(Balanced Budget and Emergency Deficit Control Act of 1985)을 개정한 법률이었는데, 이 1985년의 법 제252장에 세입-지출 균형원칙이 수립되어 있었다. 이 요건에 의하면 한 회계연도에 새로운 직접 비용을 유발하거나 수입을 감소시키는 법률을 제정하기 위해서는 당해 회계연도에 순비용(net cost)을 발생시키지 말아야 한다. 예산통제법상의 세입-지출 균형원칙은 1990년 포괄재정조정법(Omnibus Budget Reconciliation Act)로만 규율되었던 상당한 정도의 적자 감소 상태를 유지하기 위한 목표였다. 실정법상의 세입-지출 균형원칙은 1993년의 포괄재정조정법(Omnibus Budget Reconciliation Act)에 의하여 그 효력이 1998회계연도까지 연장되었으며 1997년의 예산통제법에 의하여 2002회계연도까지 다시 연장되었으나, 세입-지출 균형원칙 기록표(scorecard) 상의 모든 잔액을 0으로 맞추는 Public Law 107-312를 통과됨으로써 그 끝을 맞이하게 되었다. 이 법에 의거한 관리예산처(Office of Management and Budget: OMB)장의 이 같은 조치로 2003회계연도와 2006회계연도까지 매년 세입-지출 균형원칙 강제조정(sequestration)을 회피하게 된다. Robert Keith, "Termination of the "Pay-As-You-Go"(PAYGO) Requirement for FY2003 and Later Years", CRS Report RS21378, (2002), 1면.

47) 실정법상의 세입-지출 균형원칙에 따라 적자가 발생한 경우 조치할 수 있는 주요한 수단은 자동적, 전반적으로 발생하는 강제조정(sequestration)의 방법이다. 관리예산처장은 행정부 예산안이 의회에 제출되는 시점에 선제 보고의 형식으로 강제조정보고서(sequestration report)를 작성하여 제출한다. 그리고 의회의 예산안 심의 도중에는 그 개정 보고서를 작성, 제출하며, 회기 마감 15일 전까지는 최종 보고서를 작성한다. 의회예산처(Congressional Budget Office) 또한 관리예산처의 최종 보고서가 제출되기 이전에 강제조정에 대한 자체 보고서를 작성하지만 이는 권고적 효력만을 갖는다. 관리예산처장의 최종 보고서가 발행되어 강제조정의 실행 요건을 완전히 충족하게 되면 대통령은 즉시 강제조정 명령을 발동한다. 강제조정은 자동적, 전면적으로 적용되는 효과를 통하여 매우 강력한 힘을 보유한다고 볼 수 있다. 관리예산처장의 보고에 의하여 시작되는 이 절차는 제정 목표 위반 시 대통령에게 즉시 강제조정 명령을 부과한다. 또한 이 명령에 의해 실행되는 삭감은 각 범주 내에서 "통일된 삭감 비율(uniform reduction percentage)"에 의한다. 더 자세한 내용은 CRS Report RL31137, Sequestration Procedures Under the 1985 Balanced Budget Act by Robert Keith 참조.

48) 균형예산 및 긴급재정적자 통제법(BBEDCA) section 256(d)에서 정하고 있는 의료보장항목.

의 삭감은 4%를 초과하지 못하도록 규정하고 있다.[49] 이는 수입・지출균형예산준칙으로 인한 무분별한 사회보장의 후퇴를 경계하기 위함으로 해석된다. 복지지출은 저소득층, 빈곤층을 위한 정책이지만 무한정한 복지지출이 국가재정이 부담이 되는 것은 사실이기 때문에 우리도 수입・지출균형예산준칙을 도입하려면 이러한 점을 심각하게 고민해야 한다. 2016년 2월을 기준하여 현재 국회에 Pay-go법안이 계류 중이다. 정치인들은 선거와 관련하여 국민의 인기를 의식하지 않을 수 없다. 표심을 얻으려면 선심공세가 필요한데 그 때 주로 복지재정의 과다계상 및 과다지출이 문제된다. 빈곤의 문제를 해결하기 위해서는 국가의 재정적자의 문제는 뒤로하고 강력한 복지정책드라이브를 걸어야 하는 것이 맞지만, 어느 정도 수준에서 이것이 억제되어야 하는지는 여전히 문제로 남는다. 복지지출의 통제를 위해 The Statutory Paygo Act와 같은 법이 만들어져도 의원들은, 그리고 정치인들은 가계부 쓰듯 예산에 맞춰가며 복지지출을 하려하지 않는다는 점도 기억할 필요가 있다. 달러화와 같은 기축통화의 경우 국가재정적자가 크게 문제되지 않겠지만(필요한 경우 화폐를 발행하면 되므로) 우리나라의 경우 국제금리의 조그마한 변동에도 엄청난 영향을 받는데, 국가재정적자 상태를 그대로 두고만 볼 수는 없다는 딜레마가 있다. 빈곤퇴치를 위한 재정지출의 한계점은 어디에 두어야 하는가? 어떻게 의무지출・복지지출을 통제해야 하는가? 이는 여전히 화두이다.

미국은 경제위기와 복지지출확대로 엄청난 재정적자 상태에 직면하여 이를 해결하기 위해 2011년 예산통제법(Budget Control Act of 2011)에 예산통제의 두 가지 방법으로 재량지출 한도와 채무한도 준칙을 채택하였다.[50] 2011년 8월 2일 발효된 예산통제법은 부채상한의 증대를 규정하고 연방예산적자(federal budget deficit)를 줄이려 고안된 절차를 수립하였다.[51] 예산통제법은 재량지출 및/또는 의무지출(직접지출)에 대한 강제삭감절차를 개시하는 두 가지 주요한 구성요소를 규정하고 있다. 첫째, 예산통제법 제1장은 2012~2021년 사이의 각 회계연도의 재량지출의 한계 또는 상한(caps)을 수립하고 있다. 만일 의회가 어느 회계연도에 예산통제법에 의해 허용된 지출한계 이상으로 예산을 사용한다면 강제삭감의 자동감축절차(the automatic reduction process of sequestration)가 초과부분을 취소하게 될 것이다. 2012 회계연도와 2013 회계연도에는 지출한도가 '안보(security)'와 '비안보(nonsecurity)'의 범주로 구분되었고, 안보는 광범위하게 정의되어 국방부에 대하여, 재향군인업무부(Department of Veterans Affairs: VA), 국토안보부(Department of Homeland Security: DHS) 및 국무부(State)를 포함한다.[52] 2014 회계연도에는 안보와 비안보의 구분은 이루어지지 않았으며, 예

49) 2010 Pay As You Go Act Section6(a)(1).

50) 정영화, 국가의 공공부채에 대한 헌법경제학-재정준칙의 법제화를 중심으로-, 세계헌법연구 제20권 제3호, 110면.

51) 이에 대한 자세한 논의는 CRS Report R41965, The Budget Control Act of 2011, by Bill Henriff Jr., Elizabeth Rybicki, and Shannon M. Mahan을 참조.

산통제법 제1장은 매년도 단일한 재량지출한도를 수립한바 있다. 둘째, 예산통제법 제4장은 채무감축에 관한 초당파적인 상·하원 양원 합동 특별위원회를 규정하고 있다. 양원 합동 특별위원회가 제안한 최소 1.2조 달러의 재정적자감축에 관한 예산안이 의회에서 입법화되지 못하는 경우에는 2013~2021 회계연도기간에 걸쳐 1.2조 달러의 감축을 실행하도록 의도된 일련의 자동지출감축이 작동될 것이다. 이러한 자동지출감축은 2013~2021 회계연도에 각각 의무지출에 관한 강제삭감절차를 포함하고 있으므로, 2013 회계연도에는 의무지출의 1년간의 삭감이 작동되고 2014~2021 회계연도에 걸쳐 보다 낮은 재량지출한도가 설정될 것이다. 지출감축은 안보 범주와 비안보 범주를 대상으로 구분되어 균등하게 이루어지게 된다. 그러나 이러한 용어들이 재정의 되어, '안보'는 국방부의 예산으로 구성되고, '비안보'는 모든 다른 정부지출(VA, DHS, 그리고 State)을 포함하게 된다. 이렇게 재정의된 안보와 비안보 사이의 구별은 2014~2021 사이의 각 회계연도에 그대로 유지된다. '안보-비안보'의 구별은 강제삭감이 이러한 범주 안에서 부과되기 때문에 중요하다. 만일 의회가 주어진 회계연도에 어느 범주에 허용된 예산을 넘어 사용하게 되면, 초과지출은 그 제한 위반이 이루어진 범주 안에서 취소된다. 양원 합동 특별위원회 사실은 예산통제특별법에 의해 정해진 마감일까지 1.2조 달러의 재정적자 감축을 위한 특별한 목표달성을 위한 예산법률을 만들어내지 않았고, 의회는 2012년 1월 15일까지 그러한 법률을 후속적으로 제정하지 않았기 때문에, 법에 의해 정해진 자동예산집행절차가 작동되었다. 이러한 절차가 영향을 미치려고 했던 첫 회계연도는 2013 회계연도였다. 그 예산연도를 위한 강제삭감은 원래 2013년 1월 2일 작동하도록 예정되어 있었다. 그러나 이 강제삭감을 2013년 3월 1일까지 연기시키도록 하는 법률이 제정되었고 강제삭감이 되어야 하는 합계액을 240억 달러($24 billion)로 감축했다.[53] 개정 예산통제법에 아래에서는 현재 2013 회계연도에 850억 달러에 상응하는 예산항목(budgetary resources)의 취소를 요구하며, 이는 국방(defense)(즉, 협의의 안보)과 비국방(nondefense) 사이에 평등하게 균분된다.[54] 2013년 3월 1일 오바마 대통령은 예산통제법 하의 양원 합동 특별위원회의 (결의)실패로 인한 강제삭감명령발동에 서명을 하였다. 예산관리처는 2013 회계연도에 필요한 지출감축을 달성하기 위하여 각 예산항목에 적용될 감축비율을 포함하는 보고서를 발간하였다. 예산관리처는 필요한 850억 달러를 취소하기 위하여 감축비율에 따라 각 비면제계정에 대하여 연간 지출비율의 일정한 비율(%)만큼 삭감하여야 하며, 2013년도 지출감축은

---

52) OMB는 2012 회계연도의 재량지출액이 예산통제법상의 지출한도의 범위 내였으므로 당해 연도에는 강제삭감이 필요하지 않았다. 또한 OMB는 2013년 4월 9일에 마찬가지로 2013 회계연도 재량지출한도가 예산통제법의 규정을 위반하지 않았고 2013 회계연도의 한도를 유지하기 위한 재량지출강제삭감이 필요치 않게 되었다고 보고한 바 있다.

53) American Taxpayer Relief Act of 2012, P.L. 112-240 참조.

54) Karen Spar, CRS Budget "Sequestration" and Selected Program Exemptions and Special Rules(June 13, 2013), 1-4면 참조.

7개월에 걸쳐 이루어져야 한다고 하였다. 예산관리처에 따르면 비면제 국방지출은 약 13%, 비면제 비국방 지출에 대해서는 약 9%가 실질적인 감축비율이 될 것이라고 하였다.[55] 예산관리처가 산정한 2014 회계연도 강제삭감 비율은 비면제 의료보호 지출에 공히 2%, 비면제 비국방의무지출에 7.3% 및 비면제 국방의무지출에 9.8%이다. 주의할 것은, 2014 회계연도와 그 이후의 회계연도의 강제삭감은, 감축된 재량지출 한도를 위반하게 되는 경우가 아닌 한, 의무지출에만 유효하게 될 것이라는 점이다. 국방지출은 광범위하게 재량적인 것이기 때문에, 2014 회계연도의 강제삭감은 주로 비국방 지출에 영향을 미치게 된다. 어떤 프로그램은 강제삭감으로부터 면제되며, 특별 규정은 다른 강제삭감을 규율한다. 이와 관련된 대부분의 규정들은 수정된 균형예산 및 긴급적자 통제법(the Balanced Budget and Emergency Deficit Control Act: BBEDCA) 제255조와 제256조에 있다. 이러한 규정들은 예산통제법상의 강제감축이나 PAYGO법상의 강제감축에 적용된다. 그러나 이러한 규율들을 특정한 프로그램에 적용하는 것은 강제감축을 작동시키는 특정한 규정에 따라 다른 양상으로 나타난다. 특정한 프로그램이나 계정상의 강제삭감의 영향에 대한 의문점은 법령상의 규정들을 살펴보는 것으로 충분하게 해소되지 않는다. 강제삭감 하에서는 256조의 특별 규정에 의해 예외로 인정되지 않는 한 모든 비면제 "프로그램, 프로젝트, 및 사업"은 통일된 비율(%)로 감축되어야만 한다. 그러나 강제삭감에 복종하는 예산항목의 총액과 특별 프로그램과 특별 규정에 적용되는 법령상의 요건에 대한 해석을 포함하는 수많은 요소들이 잠재적으로 강제삭감절차에 영향을 미친다. 균형예산 및 긴급적자 통제법(BBEDCA) 제255조(2 U.S.C. 905)는 강제삭감으로부터 면제되는 프로그램들을 정하고 있고, 제256조(2 U.S.C. 906)는 특별 규정을 두고 있다. 이 규정들은 2010년 2월 PAYGO법에 의해 최근 개정되었다; 그러나 1990년대부터 2013년 3월까지는 실제로 강제삭감절차가 실행된 적이 없다.[56]

(2) 평 가

우선, 2013년도와 2014년도의 강제삭감액의 결정에도 불구하고 오바마 대통령은 강제삭감명령을 전혀 발동하지 않았다. 의무지출과 재량지출의 감축은 필시 민심의 이반으로 나타나고 다음 선거에 민주당이 불리해 질 것을 우려하지 않을 수 없었기 때문일 것이다. 미국처럼 빈곤에 대한 문제를 자유주의적인 관점에서 접근하는 나라도 국가가 현재 지출하고 있는 복지재정액에 대한 감축에는 엄청난 부담을 느끼고 있는 것으로 보인다. 그만큼 흑자재정 혹은 균형재정의 운용을 통한 대처가 어렵다는 얘기다. 나아가 강제삭감의 면제 프로그램과

55) 자세한 것은 이상경, 미국 재정법제의 현황과 시사점, 세계헌법연구 제21권 제3호(2015년), 167면 이하 참조.

56) Karen Spar, CRS Budget "Sequestration" and Selected Program Exemptions and Special Rules(June 13, 2013), 6면 참조.

특별 규정을 통하여 수많은 복지지출이 거의 강제삭감의 대상에서 제외되어 있다는 점도 주목해야 한다.[57] 수많은 사항들을 모두 열거하고 분석하기에는 지면이 부족하지만, 여전히 국

---

57) 면제 및 예외의 내용은 다음과 같다:

1. 255조 면제 프로그램(Section 255 Program Exemptions)
   - 사회보장급여(Social Security benefits)(노령, 전쟁생존자 및 장애)와 철도노동자퇴직급여 1 영역
   - VA에 의해 집행되는 모든 프로그램 및 제2차 세계대전 참전군인들을 위한 특별 급여
   - 순이자(Net interest)(budget function 900)
   - 환불가능세금증명에 의한 개인 지급금
   - 대통령의 재량에 따라(의회에 고지를 조건으로), 군인계정 전체를 면제로 하거나, 혹은 감축된 강제삭감 비율을 적용할 수 있다
   - "다른" 예산계정이나 사업들: 일부의 예는 다음과 같다
     사적인 기부, 유증 또는 자발적인 기여 등으로부터 유래하는 사업이나 재화와 용역에 대한 자발적인 지급에 의해 재정적으로 지원되는 사업
     실업신용기금에 대한 선급금
     다양한 형태의 퇴직, 건강보호 및 장애신용기금에 대한 지급금
     인디언 부족이나 원주민 신용기금
     의료시설보장 및 대출 기금
   - 특정한 연방 퇴직 및 장애 계정 및 사업
   - 특정한 예산계정에서의 연방정부의 사전 법적 의무
   - 저소득층 프로그램: 다음을 포함한다.
     학문적 경쟁력/우수 장학 프로그램
     어린이 보호 및 발달 기금 아래에서의 의무적 재정지원
     어린이 영양보호 프로그램(학교점심, 학교아침, 어린이 및 성이 보호 음식, 그리고 다른 것들을 포함하나 특별 우유는 배제됨)
     어린이 건강보험 프로그램
     농산품보조음식 프로그램
     빈곤가족의 임시지원(Temporary Assistance for Needy Families: TANF)과 TANF 임시기금
     가족부양프로그램
     연방무상학비보조금(Federal Pell Grants)
     의료보호(Medicaid)
     입양 보호 및 영구화 프로그램
     영양보충지원프로그램
     보충적 사회보장수입
   - 의료보호 D부분 저소득 특별 및 비용분담 보조금; 의료보호 D부분 재해지원지급금 및 자격요건구비 개인 상여금
   - 특별한 경제 회복 프로그램
   - 다음의 "분할 처리(split-treatment)" 프로그램들(프로그램의 예산항목이 예산사용안의 의무적 한계조항에 복종하는 한도 내에서)
     연방지원 고속도로
     고속도로 안전 교부금
     NHTSA 운영과 연구 및 국립 운전자 등록
     자동차 안전 운전 프로그램
     자동차 안전 교부금
     운송교부금(Formula and Bus Grants)
2. 256조 특별 규정(Section 256 Special Rules)

제256조는 특정한 프로그램이나 지출유형에 대하여 강제삭감의 특별 규정을 정하고 있다. 제256조의 특별 규정은 대부분 의무지출 프로그램에 적용된다. 아래는 제256조에 포함되는 프로그램들이다.
   - 고등교육법 제4장-B와 제4장-D에 의한 학자금융자
   - 의료보호

민의 복지를 위한 재정정책은 일정한 모멘텀이 있다는 것, 즉 재정지출의 증대, 적자재정의 운용이 그 방향성이라는 것을 알 수 있으며, 이러한 방향성을 정당화하기 위해 다양한 입법적 기술이 사용되고 있는 것이다. 우리에게도 빈곤을 극복해야할 헌법적 과제와 재정적자의 통제문제가 시급하기 때문에 이러한 고민이 남의 일만은 아닌 것이다.

V. 결 어

우리나라의 경우 가구소득이 최저생계비 기준 120% 이하인 차상위계층을 포함한 절대빈곤층이 전체 가구의 거의 5분의 1에 해당하고 또 이 빈곤층이 스스로의 노력만으로 가난에서 벗어나기를 기대하기 어려운 상황이다. 이는 우리 사회와 경제의 지속가능한 발전에 큰 걸림돌이 되고 있다. 특히 장애인, 여성, 노인, 최근에 급증하고 있는 조손가정 등 빈곤의 영향이 집중적으로 전가되고 있는 사회적 약자 집단의 궁핍하고 피폐한 삶들은 헌법 제34조의 '인간다운 생활을 할 권리'를 기본권으로 규정하고 있는 국가의 존재이유를 되묻게 한다. 반면에 빈곤의 예방과 극복을 위한 국가의 정책적 개입은 미흡하다. 최근에 상당히 증대되기는 했지만, GDP 대비 10%를 넘지 못하는 사회복지예산의 절대적, 상대적 규모는 OECD 국가들에 비해 여전히 턱없이 부족하다. 이러한 상황에서 벗어나기 위해서는 국가와 사회의 지속적인 협력과 노력이 필요한 것은 물론이지만, 우선 빈곤문제에 대하여 폭넓은 공감을 토대로 하여 사회 전체의 태도가 바르게 정립되는 것이 선행되어야 한다. 복지정책의 지향점과 대강에 대한 거시적 합의가 도출되지 못하고 있다. 이에 더하여 정부개입의 적정한 수준과 방법을 포함하여 해마다 반복되는 복지예산의 많고적음을 둘러 싼 논란도 끊임이 없다. 이는 빈곤문제에 대한 사회적 태도의 불분명함에 기인한다. 빈곤문제의 해소 또는 완화를 위해서는 국가의 전방위적인 정책적 개입이 요구된다. 지금까지 빈곤해소·퇴치를 위한 사회복지지출 규모의 확대해야 하는 헌법적 정당성의 근거를 검토하였고, 이와 함께 미국에서 논의되고 있는 재정적자의 통제방안을 살펴보았다. 이를 바탕으로 빈곤극복의 국가적 방향성이 결정되어야 한다. 그러나 사회적 불평의 해소를 국가의 과제로 인정하는 것과는 별도로, 헌법을 척도로 국가에 대하여 어떤 유효한 지침과 한계를 제시할 수 있는 것인지의 문제가 남아 있다.[58) "사회복지정책의 초점은 '건강하고 문화적인 최저생활'을 하지 못하고 있는 빈곤층, 특히 복

– 지역 및 이민자 건강보호소, 원주민(인디언) 건강검진 및 시설 및 재향군인의 의료보호
– 어린이 지원 집행(Child Support Enforcement)
– 연방지급금(federal pay)
– 연방행정비용(federal administrative expenses)
– 실업보상(Unemployment Compensation)
– 농산물신용공사(Commodity Credit Corporation)

58) 자세한 것은 이덕연, 앞의 논문, 231-264면 참조.

지사각지대에 있는 소외된 사회적 약자집단의 고단한 삶을 배려하는 사회적 안전망의 확충에 맞추어져야 하고, 이에 필요한 재원을 마련하는 것은 예산당국자나 국회의 정책적 재량이나 입법형성 또는 이른바 '가능성'에 유보되어 있지 않은, 말하자면 단순한 정책방침이 아니라 헌법의 구속력 있는 명령에 따른 최우선의 당위적인 국가의 과제인 것이다. 헌법상 '인간다운 생활을 할 권리'가 예산의 유무에 의하여 좌우될 것이 아니라 그것이 재원조달과 예산편성을 지도하고 지배해야 한다."[59] 또한 "헌법재판소의 말대로 사회적 기본권과 국가의 다른 중요한 헌법적 의무들은 상호간의 경쟁관계 속에서 현실적인 재정능력의 범위 내에서 여러 국가목표를 균형 있게 고려하여 사안마다 선택과 집중 또는 조정을 통해 우선순위를 결정해 나갈 수밖에 없고, 그 판단은 말 그대로 '광범위한 정책적 재량'에 맡겨질 수밖에 없다. 하지만, 문제는 대부분의 경우 이 결정은 정부의 예산부처와 소관 부처의 재량에만 맡겨져 왔는데, 사회복지정책기조의 전향적인 변화와 이를 뒷받침해주는 일관된 복지예산정책은, 헌법 도그마탁의 관점에서 보면, 본질적으로 중앙예산기관과 소관 행정청의 정채기술적인 재량만으로 구현될 수 있는 것이 아니다. 광범위한 '입법재량' 또는 '정책적 재량'은 토론과 설득을 통해 창조적 타협을 도출하는 정치적 형성의 의무를 전제로 하는 것이지, 재량의 포기를 정당화하거나 용인하는 것이 아니다. 국회에 대한 헌법의 명령에는 단순한 추상적인 수권 및 위임법률의 제정을 넘어서 재정민주주의의 중심에 있는 예산심의 및 결정권의 주체로서 '복지정책 대토론회'를 주관하고, 이를 통해 정부가 제안한 정책의 범위를 넘어서 적정한 복지서비스의 수준과 내용 및 사업별 우선순위에 대한 정치적, 정책적 재량을 하라는 요청이 포함되어 있다."[60] 이는 사실상의 예산편성과 재정정책입안을 행하는 정부와 이를 통제하고 민의를 대변해야 하는 국회가 서로의 영역을 견제와 균형의 원리에 의해 감시하고 통제해 나가면서 빈곤대책을 마련해야 한다는 뜻일 것이다. 다만 국회의 역할이 현재로서는 주도권을 쥐고 있지 못하는 것은 일반 정치이념이 사회복지정책에 우선하기 때문이라는 점을 지적하지 않을 수 없다. 즉, 국회의원도 선거에 대한 의식을 하지 않을 수 없고, 인기에 영합하기 않을 수 없기 때문에 재정에 대한 통제를 감행하거나 복지지출을 줄일 수는 없는 것이다. 따라서 그들에게 국가의 재정 상태를 고려하여 사회보장·사회복지정책을 공약하고 실현하라는 것은 공헌한 메아리이다. 부자증세를 통해 재원을 조달하는 것은 어떨까. 표가 우수수 떨어지는 소리가 들리는가. 그렇다고 재정적자의 급격한 누적에도 불구하고 복지재정지출의 증대를 통해 전향적으로 그리고 전방위적으로 빈곤해소를 위한 정책을 입안하고 집행하도록 하는 것이 정말 민의를 위하는 길일까. 미국은 왜 Paygo Act와 예산통제법을 통하여 복지재정지출에 제동을 걸고 있는 것일까. 빈곤해결을 위한 복지정책을 뒷받침하는 헌법이념이 미

59) 이덕연, 앞의 논문, 253면.
60) 이덕연, 앞의 논문, 258면.

국과 우리가 서로 다른 까닭에 혜안이 필요할 때다. 빈곤문제에 대한 신자유주의적 접근을 경계하면서도 빈곤 극복 및 해소를 위한 적자재정을 고수하다 국가의 곳간이 텅텅 비어버리는 사태를 막을 수 있는 방책을 찾아야 하기 때문이다.

24. IMF 구제금융 이후의 한국의 노동법제 발전*

이 철 수**

Ⅰ. 서 설

노동법제는 경제적 상황, 사회적 맥락, 이데올로기의 복합적 산물인바,[1] IMF 구제금융이 우리의 노동법제에 지대한 영향을 미쳤다는 사실은 긴 설명이 필요 없다. 대표적으로 IMF를 계기로 인류 역사상 유래를 찾아보기 힘들 정도로 사회경제적 이슈에 관해 사회적 대타협이 성공을 거두었고, 이는 21세기 초중반의 노동법제의 형성을 규정하는 주요 변수로 작용하였다. 1953년 일본법을 계수하여 마련된 노동 4법은 이후 정변이 거듭될 때마다 파란만장한 변화를 경험해 왔지만, IMF 이후만큼 질적, 양적으로 많은 변화를 겪은 적은 없었다. 또한 사회적 대타협과 이후의 노동법제의 제·개정의 과정을 살펴보면, 대부분 노사관계 주체인 노·사·정의 참여와 대화를 통해 사회적 조합주의(social corporatism)를 실험하였다는 점이 특징적이다. 과거 권위주의 정부 시절의 법개정과 달리 어느 일방의 의사가 지배적으로 관철될 수가 없었다는 것을 의미하고, 그만큼 법제의 내용이 나름대로의 역사성과 사회성을 반영하고 있다고 평가할 수 있다. 이는 곧 과거의 궤적을 통해서 IMF 이후의 법제 변화를 읽어야 의미내용을 제대로 파악할 수 있다는 것을 의미한다고 할 수 있다.

IMF이후 우리 노동법제의 형성에 영향을 미친 사건으로 리먼 브라더스(Lehman Brothers Holdings) 붕괴로 상징되는 미국발 금융위기를 꼽을 수 있다. 작년 대선에서 여야 대선 후보 모두 경제민주화를 경쟁적으로 주창한 사실을 상기시키지 않더라도, 분명 종전의 신자유주의의 탐욕과 시장만능주의를 경계하는 새로운 시대사조가 대세를 형성하고 있는 듯하다. 부의 양극화 해소와 사회적 관점의 강조는 단순히 인권보장적 동기에서뿐만 아니라 경제회생의 전제조건으로 자리매김하게 된다.[2] 이러한 흐름은 최근 하도급근로자와 특수직종사자의

---

* 이 글은 서울대학교 법학 제55권 제1호 2014년 3월 205-252면에 실린 논문이다.

** 서울대학교 법과대학 교수

1) Blain과 Gennard의 공식에 따르면 R(rule) = F(A. T. E. S. I)의 방정식이다. A는 이 법칙에 포함된 배우(사용자, 근로자, 정부), T는 기술, E는 시장에서의 경제발전, S는 사회, I는 이데올로기를 상징한다. Blain/Gennard, "Industrial Relations Theory", *British Journal of Industrial Relations*, 1970(Heijden, "Post-Industrial Labour Law and Industrial Relations in the Netherlands", *Labour Law in Post-Industrial Era*, Dartmouth, 1994, 143면에서 재인용).

2) 이와 관련한 스티글리츠의 진단을 들어보자. "경제위기로 인해 발생한 문제에 접근할 때, 자동 안전판과 사회보호를 유지하는 것이 얼마나 중요한지를 기억해야 한다. 건전하고 지속가능한 경제를 위해서는 그 밑에 기본으로 깔려 있는 총수요 부족의 문제를 반드시 짚고 넘어가야 한다." Joseph Stiglitz, "The Global Crisis, Social Protection and Jobs", *International Labour Review*, Vol. 148(2009), No. 1-2, p. 13.

보호문제뿐만 아니라 복지수요의 증대와 밀접한 연관성을 지니고 있다고 할 수 있다.

IMF 이후의 대대적인 법제의 진화과정을 어떻게 정리해야 할지 규범학을 공부하는 필자로서는 매우 난감한 일이다. 어느 하나의 관점으로 통일적으로 도식화할 수 없는 성격의 작업이기도 하려니와 그렇다고 하여 단순히 사실 기술적으로 법 내용을 개별적으로 소개하는 것은 법제변화의 전체적 맥락을 놓칠 우려가 있다고 생각되었다. 그래서 법제형성과정에 직접 참가한 필자의 경험과 기존의 연구를 활용해 본고를 재구성해 보려고 시도하였다.

제2장에서 한국노동법제의 변천사를 약술한다. 이는 IMF 이전의 노동법제의 변천사와의 연관성 속에서 IMF를 이해하기 위함이다.

제3장에서 IMF 이후의 구체적 법제정 또는 개정 내용을 일별한다. 본장에서는 필자의 주관을 배제하고 사실 기술적으로 정리하고자 한다.

제4장에서는 2000년대 초중반 노동법학계의 주요담론을 소개한다. 전체적인 맥락 속에서 법제의 변화를 이해할 수 있게 하기 위함이다. 신자유주의적 사조가 그 당시의 담론에 많은 영향을 미친 점을 확인할 수 있을 것이다.

제5장에서는 최근의 입법론상, 해석론상의 쟁점을 정리, 소개한다. 신자유주의적 사조가 한풀 꺾인 상황에서 현재진행형으로 진행되는 쟁점 중 필자가 의미 있다고 생각하는 것들을 선별한 것이다.

Ⅱ. 우리나라 노동법제의 변천: 효율성과 형평성의 변증법적 지양을 위한 기나긴 과정

1. 노동법제의 발전

1953년에 우리의 노동법의 골격이 갖추어진 이후 짧은 기간 동안 그 변천사는 우리의 정치사만큼이나 변화무쌍하였다. 노동사회학에서 한국의 노동체제(labor regime)에 관해 논란되고 있지만,[3] 필자는 한국의 노동법제의 전개를 명목적 생성의 시기(미군정기와 1953. 3. 8. 노동법 제정 이후), 경제적 효율화 강조의 시기(1961-1987), 사회적 형평화의 모색의 시기(1987-1997), 사회적 형평화와 경제적 효율화 조화의 시기(1998년 노동법 대개정 이후)로 나누어 살펴보고자 한다.

---

3) 대표적으로 1998년 이전의 단계를 정책의사결정과정에서 노동자를 포섭하는가의 여부(수용-배제), 노동시장의 작동방식(시장적-제도적), 국가와 노동운동과의 관계(자율-억압)의 세 가지 기준에 따라 노동체제를 분류하는 장홍근 교수의 연구를 들 수 있다(장홍근, 한국노동체제의 전환과정에 관한 연구, 서울대학교 사회학과 박사학위논문, 1999, 30-35면 참조). 이 외에도 87 레짐의 성격과 한계를 분석한 최근의 연구로 노용진, "우리나라 노동조합과 노사관계의 변화-2000년대 후반을 중심으로", 유경준 편집, **노동조합의 경제적 효과와 근로자대표권 연구**, 한국개발연구원(2014.3) 참조.

(1) 명목적 생성의 시기

한국에서는 1953년에 들어서야 비로소 근로기준법, 노동조합법, 노동쟁의조정법, 노동위원회법이 제정되어 노동법제의 기본골격이 형성되었다. 그 이전에는 사안에 따라 임시방편적으로 단행법령이 제정·운영되었는바, 미군정이 제정·시행한 몇몇 법령이 중요한 지침으로 작용하였다. 1953년의 노동관계법은 한국 노사관계의 현실을 반영하거나 외국법제에 관한 면밀한 조사와 연구를 통해 제정된 것이 아니고, 미군정기의 노동정책 하에서 형성된 법적 관행의 일정 부분을 수용하면서 기본적으로는 일본의 노동관계법을 계수[4]한 것이었다.

이 당시의 집단적 노동관계법은 노동조합의 자유설립주의를 보장하고 협약자치를 최대한 존중하는 등 집단적 자치의 원칙에 비교적 충실한 입법이었지만, 근대적 의미의 노사관계가 형성되어 있지 않은 상황이라 법의 실효성을 기대하기가 힘들었다.

(2) 경제적 효율성 강조의 시기

산업화에 박차를 가한 제3공화국(1961-1970)에서부터 정치적 정당성의 결여로 정권유지에 급급했던 유신체제(1971-1979)와 제5공화국(1980-1986)의 권위주의 정부 하에서는 노동관계법은 경제적 효율성 내지 기능적 효율성을 극대화시키기 위한 도구로서의 성격이 강하였다. 노사협의회를 매개로 한 협조적 노사관계의 진작이라는 구호도 그 실상은 노동삼권의 위축을 도모한 것이었다. 노동정책 역시 그 특수성이 무시된 채 경제정책에 종속되었고 그 결과 노동자의 단결활동은 철저히 제약받았다. 노동시장에서 노사의 집단자치가 작동되지 않고 국가가 주도권을 행사하는 가부장적 노사관계가 형성되었다.

이 당시의 법개정 경향을 형식적으로 보면, 집단적 노동관계법 영역에 있어 규제와 억압을 강화하고 개별적 노동관계법 영역에 있어 노동자 보호를 강화한 것으로 정리할 수 있을 것이다. 그러나 실질적으로 보면, 근기법의 수규자인 사용자가 법을 준수하지 않은 것은 물론이고 국가가 이를 수수방관하는 경우가 많았기 때문에, 보호법으로서 기능은 한계가 있을 수밖에 없었다.

(3) 정치적 민주화와 사회적 형평성의 모색

1987년에서 1997년에 이르는 노동관계법의 개정과정은 이전 시기의 법개정 과정과는 뚜렷한 차이를 보이고 있다. 우선 절차적인 측면에서 보면 1987년에 이루어진 노동관계법의 개정은 노동관계법의 제정 이후 최초로 정상적인 입법기관에 의해 정치권의 토론과정을 거쳐 여야의 합의로 이루어졌다. 법 내용의 측면에서 볼 때에 집단적 자치는 부분적으로 후퇴하기도 하였지만 전체적으로 볼 때에 꾸준하게 확대되어 왔다. 집단적 자치의 확대는 노동운

4) 최근 제정 노동법과 일본 노동법의 비교를 통하여 그 차별성에 드러낸 논문으로는 강성태, "제정 노동법의 주요내용과 특징", 노동법학, 제48호, 한국노동법학회(2013.12), 160면 이하 참조.

동의 발전에 조응하는 것이었다.

1990년에 들어와 WTO체제로 세계경제질서가 재편되고 한국이 ILO 회원국에 가입함에 따라 국제화·세계화의 시각에서 노동법을 재검토할 필요성이 제기되었다. 아울러 계속되는 노동계의 법개정 요구와 함께 노동의 유연성제고 및 기업경쟁력 강화를 기치로 사용자 측에서 근기법 개정을 강력히 주장하였다. 이것이 김영삼 정부에서 노사관계개혁위원회가 발족된 계기이다. "노사관계 개혁위원회(약칭: 노개위)"는 이전의 양대노총을 포함하는 노동계 대표의 참여가 보장되었을 뿐 아니라 노사관계 개혁과 관련된 주요 현안을 둘러싼 중앙차원의 실질적인 협의가 이루어졌다는 점에서, 사회적 협조주의의 효시를 이룬다고 평가할 수 있다. 노개위에서의 심도 있는 논의와 노동법 총파업, 개정법의 폐지, 재제정의 우여곡절을 거친 끝에 현행법이 마련되었는바, 집단적 노동관계법 영역에서 위헌성이 논란된 문제조항이 상당히 개선되었고 개별적 노동관계법 영역에서는 노동의 유연성을 제고시키는 규정이 도입되었다. 아울러 합리적으로 제도를 개선한 부분도 많이 발견된다.

이 시기는 노동관계법 개정의 절차·내용면에서의 정상화 과정이라고 평가할 수 있다. 이러한 정상화는 사회 전반의 민주화에 의하여 비로소 가능하였다. 1987년의 이른바 6월 항쟁에서 시작되는 한국의 민주화의 진전은 노동관계법의 개정과 직접적인 관련성을 가진다.

(4) 사회적 형평성과 경제적 효율성의 조화 모색

1997.11.21. 국제통화기금(IMF)에 자금지원요청을 하기에 이른 1997년 하반기의 외환·금융위기는 한국이 1960년대 이후 40여 년의 경제성장과정에서 경험하지 못했던 초유의 위기상황이었다. 외환·금융위기에 의한 경제위기로 대량실업사태와 임금저하현상이 속출하였고, 1997년 노동법체계에 대한 재검토가 불가피하게 되었다.

노사관계에서 이러한 움직임은 노사정위원회 발족의 요인으로 작용하였다. 노사정위원회에서의 합의 등을 기초로 하여, 새로운 제도가 도입되기도 하고 기존의 제도가 일부 수정됨으로써, 1998년 후 노동관계법제는 상당 부분 변모하게 된다. 뒤에서 자세히 살펴보는 바와 같이 개별적 노동관계법 영역에서는 정리해고 법제가 근로기준법의 개정을 통해 일부 수정되었고, 근로자파견제가 새로이 도입되었으며, 사용자 도산시 임금채권 등의 보호를 내용으로 하는 근로기준법의 개정 및 임금채권보장법의 제정 등의 변화가 있었다. 집단적 노동관계법 영역에서는, 교원의 노동조합 설립이 가능하게 되었으며 공무원의 직장 내 단결활동이 공무원직장협의회를 통해 일부 가능하게 되었고, 노동조합의 정치활동의 범위가 노조법상의 관련조문의 삭제 및 정비 그리고 정치관계법의 개정을 통해 확대되는 등의 변화가 있었다.

2. IMF 구제금융과 사회적 대타협의 성공

1997년 하반기의 외환·금융위기를 계기로 노사정위원회가 발족하면서 대대적인 노동법제 개선안이 채택되고 이는 이후 2000년대의 법제 형성에 지대한 영향을 미치게 되었다.

1997.12. 정부와 IMF가 구제금융 협상을 시작하자, 재벌을 필두로 한 많은 기업들은 자체 구조조정계획을 속속 발표하였다. 이런 급박한 사태 전개 속에서 민주노총은 12.3. '경제위기 극복과 고용안정을 위한 노사정 3자기구'를 구성할 것을 공식적으로 제안하였다. 1997.12.19. 대통령선거에서 승리한 김대중 대통령 당선자는 12. 24. 경제계 인사와 한국노총 및 민주노총 측을 연이어 만나 3자회의기구의 구성을 제의하였다. 이틀 뒤(12.26.) 김대중 대통령 당선자는 'IMF극복을 위한 노사정협의회'의 구성을 공식적으로 제안하였다. 선거 직후에 3자 기구 구성문제가 가장 시급한 현안으로 다루어진 것은 각 경제주체 간의 사회적 합의 도출을 조건으로 100억불을 조기에 지원받기로 IMF와 약속했기 때문이었다.

노동계는 처음에 노사정협의체가 정리해고를 합법화하기 위한 수순이라는 의구심에서 반발하였다. 왜냐하면 금융·외환위기의 해소를 위하여 당선자 측과 경제정책 담당자를 구성원으로 하여 1997.12.22. 구성된 비상경제대책위원회에서 정리해고제도와 파견제도의 도입을 강구하고 있었던바, 노사정협의체가 이 목적에 이용되는 것으로 판단하였기 때문이다. 그러나 김대중 당선자 측에서 정리해고문제뿐만 아니라 재벌개혁 등 경영계개혁추진방침, 교원·공무원의 노동기본권, 노조의 정치활동 보장 등 노동계의 요구사항을 논의하기로 수용함으로써 노사정위원회의 출범이 가능하게 되었다. 1998.1.15. 공식발족한 제1기 노사정위원회는 재정경제원장관과 노동부장관, 양 노총 위원장, 전경련과 경총 회장, 각 정당 4명 등 모두 10명으로 구성되었다. 그 산하에 실무(기초)위원회, 전문위원회를 두고 필요에 따라서 분과위원회를 설치할 수 있도록 하였다.

제1차 회의에서 김대중 대통령 당선자는 정부의 우선적 고통 분담, 노사 공정대우, 국가경쟁력 우선이라는 3가지 원칙을 제시하였고, 1998.1.19. 의제로서 10개의 논의과제를 선정하였다. 논의과제 중 노동법제도와 직접 관련된 것은 "노동기본권 보장 등 민주적 노사관계 확립"과 "노동시장의 유연성 제고방안"이었다. 전자와 관련하여서는 공무원·교원의 노동기본권 보장 문제, 노조 정치활동 허용범위 확대 등 국제기준에 따른 노동기본권 보장 문제, 노사정 정책협의기구 제도화 문제, 노사 교섭구조 개선방안 등이 구체적 의제로서 포함되어 있었다. 후자와 관련하여서는 고용조정에 관한 법제 정비, 파견근로자 등 비정규고용 관련 제도 정비 등이 설정되어 있었다. 다음 날인 1.20. 노사정위원회는 '경제위기 극복을 위한 노사정 간의 공정한 고통분담에 관한 합의문'을 발표하였다. 역시 정리해고에 대한 직접적인 언급은 없었으나, 관련되는 내용으로, 노동조합은 "기업의 급박한 경영상의 사유가 있을 경우 실업발생을 최소화하기 위해 임금, 노동시간 조정에 적극 노력"하겠다는 내용을 담고 있었다.

노사정위원회는 논의대상 10개 의제를 확정한 후 전문위원회를 중심으로 쟁점사항에 대한 논의를 계속하였다. 노동계의 탈퇴선언 등 우여곡절이 있었으나, 110개 의제 중 90개 의제에 관하여 합의하였다.

1998.2.6. 노사정위원회는 총 90개 항목에 걸친 '경제위기 극복을 위한 사회협약'을 체결하였는데 그중 노동법제와 직접 관련된 것은 다음과 같다.

먼저 정리해고제도와 관련하여, ① 조문명을 종래의 '경영상 이유에 의한 고용조정'에서 '경영상의 이유에 의한 해고의 제한'으로 바꾼다. ② 경영상의 이유에 의하여 노동자를 해고하고자 하는 경우에는 긴박한 경영상의 필요가 있어야 하되, 경영악화를 방지하기 위한 사업의 양도·합병·인수의 경우에도 긴박한 경영상의 이유가 있는 것으로 본다. ③ 합리적이고 공정한 기준에 의한 해고 대상자 선정에서 성차별 금지를 명문화한다. ④ 해고일 60일 전에 노동자대표에게 해고회피방법 및 선정기준을 통보하고 성실히 협의하며 노동부에 사전신고한다. ⑤ 정리해고된 자에 대해서는 재고용노력의무규정을 신설하기로 하고, 부칙소정의 정리해고 2년 유예규정을 삭제하였다.

근로자파견제도와 관련하여서는, 1998.2. 임시국회에 다음과 같은 내용의 '파견근로자보호등에관한법률(안)'을 제출할 것을 합의하였다. ① 노동자파견 대상 업무에 있어, 전문지식, 기술 또는 경험 등을 필요로 하는 업무에 대해서는 Positive System을 채택하여 대통령령으로 정하는 업무로 하고, 단순 업무 분야는 Negative System을 채택하여 출산, 질병, 부상 등으로 결원이 생긴 경우 또는 일시적·간헐적으로 인력 확보가 필요한 경우에는 법령이 금지하는 업무를 제외하고 허용하도록 하였다. 다만, 후자의 경우에는 노동자 대표 또는 과반수 노조와 사전에 성실히 협의하도록 하였다. ② 파견기간은 1년 이내로 하고 당사자가 합의한 때에는 1회에 한하여 연장할 수 있도록 하였다. ③ 그 밖에 차별금지 등 파견노동자보호조치와, 쟁의중인 사업장에의 파견금지, 정리해고 후 일정한 기간 동안 당해 업무의 파견금지 등 노동자파견의 제한, 파견사업주와 사용사업주의 책임소재 등을 명확히 하도록 합의하였다.

사업주의 도산시 근로자의 임금채권을 보장하는 법안을 1998.2. 임시국회에 제출하도록 합의하였다. 구체적으로는 사업주부담금 등으로 조성된 임금채권보장기금을 설치하고, 5인 이상 사업장의 노동자에 대하여 임금채권 최우선변제 범위인 '최종 3월분의 임금 및 최종 3년간의 퇴직금' 중 대통령령으로 정하는 금액을 동 기금에서 대신 지급한 뒤 구상권을 통하여 회수하도록 하였다. 그 밖에 영세사업장의 노동자보호를 위하여 5인 미만 사업장에 근로기준법의 일부조항을 적용할 수 있도록 관련법령을 개정할 것을 합의하였다.

노동기본권보장과 관련하여, ① 공무원에 대하여 정부는 1999.1. 부터 직장협의회 설치를 위한 관련 법안을 1998.2. 임시국회에 제출하고, 노동조합결성방안은 국민여론을 수렴하여 2단계로 추진한다고 합의하였다. ② 교원에 대해서는 1999.7.부터 교원의 노동조합결성권이 보장되도록 1998년 정기국회에서 관련 법률의 개정을 추진한다는 데 합의하였다. ③ 그 밖에 1998년 상반기 중 선거법과 정치자금법 개정을 통하여 노동조합의 정치활동을 보장하며, 노동기본권의 확충을 위하여 실업자에게 초기업단위노조의 가입자격을 인정하고, 노동협약 일방해지 통보기간을 기존 3월에서 6월로 연장하는 개정안을 1998.2. 임시국회에 제출할 것을 합의하였다.

노사정위원회 구성 이후의 법개정 내용을 살펴보면, 노동유연성의 제고와 노동기본권의 보장을 양축으로 하여 노사 간의 이해를 절충하기 위한 과정으로 평가할 수 있다. 어느 요인이 우세하였는가에 관해서는 각 주체 간에 평가가 상이하지만, 과거와 같이 노동기본권을 무시한 채 경제성장이라는 효율성의 관점에서 단선적으로 노동입법을 좌지우지할 수 없게 되었다. 이하 법개정 내용을 살펴보기로 한다.

Ⅲ. IMF 구제금융 이후의 노동법제의 제·개정 내용

1. 경영상 이유에 의한 해고규정 개정(1998.2.20. 근기법 개정)

노동시장의 유연성 제고 방안에 관한 노사정위원회의 합의로 1998년 2월 20일에 정리해고 관련 규정이 개정되었다.

주요 내용은 현행 시행유예조항을 삭제하고, '긴박한 경영상의 필요성'의 요건과 관련하여, 기업의 양도와 인수·합병의 경우 해고의 정당성 유무에 대한 다툼을 해소하기 위해 '경영악화를 방지하기 위한 사업의 양도·인수·합병'은 '긴박한 경영상의 필요'에 포함된다고 명문화하였다. 해고회피 노력과 관련하여 남녀차별금지규정을 신설하였다. 해고절차와 관련하여, 해고협의를 위한 통보기간을 종전의 30일에서 60일로 연장하고 일정 규모 이상의 인원을 해고하고자 할 때에는 노동부장관에게 신고하도록 개정하였다. 그 밖에 우선 재고용 규정 및 정부의 생계안정 노력을 신설하였다.

2. 파견근로자 보호 등에 관한 법률 제정(1998.2.20. 법률 제5512호)

외환위기를 맞으며 '노동시장의 유연성 제고'가 경제위기 극복을 위한 필수 과제 중의 하나가 되면서 1998년 2월 9일 노사정위원회의 합의에 기하여 도입이 결정되었고, 「파견근로자 보호 등에 관한 법률」이 공포되었다(1998.7.1. 시행).

주요내용은 근로자파견대상 업무는, 먼저 전문지식, 기술 또는 경험 등을 필요로 하는 업무(제조업의 직접 생산 공정 업무 제외)의 경우 Positive System으로, 나머지는 Negative System으로 하였다. 파견기간은 1년 이내로 하되 당사자 합의시 1년 더 연장할 수 있도록 하였다. 이때 사용자가 파견근로자를 2년을 초과하여 사용한 경우 해당 근로자를 고용한 것으로 간주하였다. 파견근로자 보호조치로서, 파견근로자와 일반근로자간의 차별대우금지, 성별·종교·신분 등을 이유로 한 파견계약해지의 금지, 파견근로자에 대한 파견취업조건의 사전고지 등을 규정하였다. 또한 임금, 산재보상 등에 대해서는 파견사업주가, 근로시간, 휴일, 산업안전보건 등에 대해서는 사용사업주가 그 책임을 지도록 하여, 파견근로자에 대한 사용자의 책임소재를 명확히 하였다. 그리고 쟁의행위 중인 사업장에 쟁의행위에 영향을 미칠 목적의 파견은 금지하고, 경영상의 이유로 인한 해고 후 일정기간 동안은 당해 업무에 파견근로자를 사용하지 못하도록 하였다.

3. 임금채권보장법 제정(1998.2.20. 법률 제5513호)

기업의 도산 급증과 체불임금 대량발생으로 근로기준법상 임금채권 우선변제만으로 근로자의 임금채권 보장의 실효성을 기할 수 없게 되자, 기업의 도산 등으로 인해 사업주의 임금지급이 곤란하게 된 경우 사업주를 대신하여 임금채권보장기금에서 일정 범위의 체불 임금을 지불할 수 있도록 하는 제도를 도입하게 되었다.

주요내용으로, 적용범위를 산재보험적용 5인 이상 사업장으로 하고, 사업주가 파산 등의 사유로 임금을 체불하는 경우 최종 3개월분의 임금 및 최종 3년간의 퇴직금을 지급하도록 하였다. 그리고 노동부장관은 임금채권보장기금을 설치하고 그 재원 조성을 위하여 적용대상 사업장의 사업주로부터 부담금을 징수할 수 있도록 하였다.[5)]

4. 교원의 노동조합설립 및 운영에 관한 법률 제정(1999.1.29. 법률 제5727호)

1998.2.7.에 노사정 대타협으로 체결된 '경제위기 극복을 위한 사회협약'의 후속조치의 하나로, 노사정위원회는 1998.10.31. 그동안 입법형식 및 교섭구조 등 몇 가지 쟁점을 둘러싸고 벌여 온 '교원노조' 설립문제에 대해 최종합의를 이루었다. 입법형식은 노동관계 특별법으로 하였으며, 구체적 내용은 입법체계 · 조직체계 · 교섭구조 · 단체교섭사항 · 노동기본권 보장의 범위 · 교섭창구 단일화 · 노조가입 자격 · 노조전임자관련 · 교원노조의 정치활동 사항을 주요 골간으로 하였다.

주요 내용은 다음과 같다:

① 단결권 및 단체교섭권을 인정하되, 법령 · 조례 및 예산 등에 의해 규정되는 내용과 법령 또는 조례에 의해 위임을 받아 규정되는 내용에 대해서는 단체협약으로서의 효력을 가질 수 없도록 하였다.

② 교원노조의 가입자격을 초 · 중등교육법 제19조에서 규정하고 있는 교원으로 한정하였다.

③ 교원노조의 정치활동은 일절 금지하였다.

④ 교원은 특별시 · 광역시 · 도 단위 또는 전국단위에 한하여 노조를 설립할 수 있도록 하였다.

⑤ 노조와 조합원의 쟁의행위는 일절 금지되었다.

5. 근로시간 단축(2003.9.15. 근기법 개정)

1998.5.17. 노사정위원회에 '근로시간단축특별위원회'가 구성되고, 동년 10.23.에 노사정 대표들은 근로시간 단축에 관한 기본 틀에 합의하였다. 그 내용은 ① 주 40시간, 연간 2,000시간 이내로 근로시간을 단축할 것, ② 휴일 · 휴가를 합리적으로 조정하고 실제 사용하는 휴일 · 휴가 일수를 확대할 것, ③ 업종별 · 규모별로 개정된 제도를 단계적으로 시행할 것이었다. 이후 20여 차례의 차관

---

5) 이후 1999.12.31. 개정에서 적용대상을 상시근로자 1인 이상 사업장으로 확대하였고, 2000.12.30. 개정에서는 최종 3월분의 휴업수당을 지급대상에 포함시켰다.

급 및 장관급 고위협상을 전개한 결과 대부분의 쟁점사항[6]에 대하여 공감대가 형성되었다. 그러나 임금수준 보전 및 연월차휴가 가산일수문제에 대해 이견을 좁히지 못하여 협상에 난항을 겪다가 결국 국회가 단독으로 법안을 처리키로 하여 '03.9.15. 법률 제6974호'로 공포되었다.[7]

주요 내용은 다음과 같다:

① 기준근로시간을 44시간에서 40시간으로 단축하였다.

② 탄력적 근로시간제를 실시할 수 있는 기간을 '1월 이내'에서 '3월 이내'로 연장하고, 특정주의 연장근로시간의 상한을 56시간에서 52시간으로 단축하였으며, 서면합의시에 기재할 단위기간도 당연히 1월 이내에서 3월 이내로 바뀌었다.

③ 사용자는 근로자대표와의 서면합의에 따라 제55조의 규정에 의한 연장근로·야간근로 및 휴일근로에 대하여 임금을 지급하는 것에 갈음하여 휴가를 부여할 수 있다는 규정을 신설하였다.

④ 월차유급휴가를 폐지하고, 여성인 근로자에 대하여 월 1일의 유급생리휴가를 주도록 하던 것을 무급화하여 사용자의 부담을 경감하도록 하였다.

⑤ 1년 개근한 근로자에 대하여 10일, 9할 이상 출근한 자에 대하여 8일의 유급휴가를 주고, 1년마다 1일의 휴가를 가산하도록 하던 것을 1년간 8할 이상 출근한 자에 대하여 15일의 유급휴가를 주며, 2년마다 1일의 휴가를 가산하되, 휴가일수의 상한을 25일로 정하였다.

⑥ 사용자가 연차유급휴가의 사용촉진을 위한 조치를 하였음에도 불구하고 근로자가 휴가를 사용하지 아니한 경우, 사용자에게 그 미사용한 휴가에 대하여 보상할 의무를 면제하여 근로자의 연차유급휴가의 사용을 촉진하였다.

⑦ 유급휴가의 대체에 관하여 제60조는 '사용자는 근로자 대표와의 서면합의에 의하여 제59조의 규정에 의한 연차유급휴일에 갈음하여 특정근로일에 근로자를 휴무시킬 수 있다'고 규정하였다.

6. 공무원의 노동조합 설립 및 운영 등에 관한 법률 제정(2005.1.27. 법률 제7380호)

노사정위원회는 1998.2.6. 사회협약을 통해 공무원노조 허용에 대해 1단계로 공무원직장협의회 설치를 허용하고 2단계로 공무원노동조합을 허용하는 것에 합의하였다. 그 결과 일차적으로 1998.2.24.에 「공무원직장협의의 설립·운영에 관한 법률」을 제정, 2001.7.1.부터 시행하였다. 그러나 공무원 노동조합과 관련하여서는 명칭, 시행시기, 노동권인정범위, 노조전임자 등의 쟁점에 대해 이견이 해소되지 않아 입법이 지연되었다. 2004.10.19.에 정부안이 국회에 제출되어 2005.1.27. 「공무원의 노동조합 설립 및 운영 등에 관한 법률」이 제정되었다.[8]

주요내용은 6급 이하 또는 이에 준하는 직급의 공무원에 대하여 단결권·단체교섭권을 보장하되 쟁의권은 인정하지 않는 것을 골자로 한다. 다만, 단체교섭권과 관련하여서는 교원노조와 마찬가지로 교섭사항과 교섭방식(제3자 위임금지), 협약의 효력에 일정한 제한을 두었다.

7. 직권중재제도 폐지(2006.12.30. 노조법 개정)

노사관계 선진화방안의 일환으로 2006.3.15.부터 노사정대표자회의(한국노총, 민주노총, 경총, 대

---

6) 근로시간단축일정, 탄력적 근로시간제, 초과근로상한선, 선택적 보상휴가제, 유급주휴제, 초과근로수당할증율, 휴가사용촉진방안, 생리휴가 및 모성보호, 중소기업지원방안, 근로시간단축지원위원회 설치에 관해 공감대가 형성되었다.

7) 노동부, "제3편 근로자보호정책", 노동행정사(2008), 85면.

8) 노동부, 공무원 노조법령 주요내용 및 쟁점 해설(2006), 75-82면.

한상의, 노사정위원회)를 구성·운영하여 입법을 추진하여 2006.12.30. 노조법 개정을 통해 필수공익사업에 대한 직권중재제도가 폐지되었다.

개정법은 그에 갈음하여 기존의 필수공익사업에 항공운수사업과 혈액공급사업을 추가하고 필수공익사업에 대체근로를 허용하였다. 그리고 필수공익사업에서 파업시에도 유지하여야 할 필수유지업무에 대한 협정을 노사간 자율적으로 체결토록 하는 필수유지업무제도를 도입하였다. 필수유지업무란, 필수공익사업의 업무 중 그 업무가 정지 또는 폐지되는 경우 공중의 생명·보건 또는 신체의 안전이나 공중의 일상생활을 현저히 위태롭게 하는 업무로서 쟁의행위기간 중에도 업무 유지·운영 의무가 부과된다.[9)]

8. 비정규직 근로자 관련 입법 및 차별금지제도 도입(2006.11.30.)

IMF 경제위기 이후 비정규직 근로자가 급증하면서 이들의 보호문제가 우리 사회의 주요 이슈로 부각됨에 따라 이 문제를 보다 집중적이고 합리적으로 접근하여 해결책을 모색하기 위한 비정규근로자대책특위가 2001.7. 노사정위원회 내에 설치되었다. 비정규직근로자대책특위는 비정규근로자의 개념, 근로감독 강화, 사회보험 적용확대를 골자로 하는 기본 합의를 도출하였으나, 구체적 규율내용에 있어 노사간 합의에 이르지 못하였다. 주된 쟁점은 비정규직 차별금지 방식, 기간제 근로의 사유제한 여부 및 기간제한 방식, 파견대상업무 및 기간 제한방식 등이었다. 노사정위원회 논의결과는 정부로 이송되어 정부안으로 2004년 11월 국회에 제출되었으나, 노동계로부터 큰 반발을 불러일으키며 법안심의가 중단되었다. 이후 수차례 노사정 대화에서 합의에 이르지 못하고 갈등을 빚었으나, 2006.11.30. 「기간제 및 단시간근로자 보호 등에 관한 법률」안이, 이어 동년 12.21. 「파견근로자보호 등에 관한 법률」 개정안이 2년여 만에 국회에서 통과되었다.[10)]

「기간제 및 단시간근로자 보호 등에 관한 법률」은 기간제 근로의 남용을 막되 시장 유연성과의 조화를 꾀하는 한편 기간제 및 단시간 근로자에 대한 근로조건을 보호하는데 근간을 두고 있다. 이에 따라 기간제 근로는 총 사용기간을 2년으로 제한하고 그 기간을 초과하는 경우 무기계약으로 간주하였다. 단시간 근로자에 대해서는 소정근로시간을 초과하는 근로의 상한을 1주 12시간으로 제한하였다.

파견근로자와 관련하여서는, 파견업무는 종전의 대상업무 열거방식을 유지하되 전문지식·기술·경험 이외에 업무의 성질도 고려하여 대통령령에서 조정할 수 있도록 하였다. 파견기간은 2년으로 하되 그 기간을 초과하는 경우 종전의 고용간주 규정에서 고용의무 규정으로 개정하였다. 또한 고용의무는 기간초과뿐만 아니라 파견대상업무 위반, 무허가 파견 등 모든 불법파견에 적용되도록 명문화하고, 이어 2012.2.1. 개정에서는 종전에 불법파견이라도 2년 이내로 근로한 경우 직접 고용의무 규정의 적용이 배제되는 문제점을 해소하고자 불법파견일 경우 사용기간에 관계없이 사용사업주에게 직접고용의무를 부여하도록 개정함으로써 불법파견시 고용의무와 관련한 기존의 다툼을 해소하였다.

또한 기간제·단시간 및 파견근로자에 대한 차별금지 원칙을 각 법률에서 명문화하고 노동위원회에 차별시정위원회를 설치하는 등 구제절차를 마련하였다.

---

9) 노동부, 노동조합 및 노동관계조정법령 제·개정 변천사(2009), 50-52면.
10) 노동부, "제3편 근로자보호정책", 노동행정사(2008), 96-102면.

9. 부당해고 관련 제도 개선(2007.1.26. 근기법 개정)

2003.11. 노사관계제도선진화 연구위원회가 노동부장관에게 제출한 '노사관계법 · 제도 선진화 방안'은 해고보호 관련규정으로서 '부당해고 구제기관과 절차, 부당해고 구제방식, 형사처벌규정의 존치여부, 근로계약 체결 및 해고통지, 정리해고자에 대한 재고용, 도산절차에 있는 기업에 대한 정리해고, 정리해고 시 사전통보기간의 단축, 변경해지제도'에 관한 개선안을 제시하였다. 그러나 노사정간 합의에 이르지 못한 채 논의만 계속되던 중 2006년 9월에 비로소 노사정대표자 대타협이 이루어지면서 2007년 1월 26일 부당해고 관련 권리보상제와 이행강제금 도입 등을 포함한 근로기준법 개정 법률안이 공포되었다.[11)]

주요 내용으로, 정당한 이유 없는 해고 등에 대한 벌칙 조항을 삭제하되 부당해고에 대한 노동위원회의 구제명령을 이행하지 않는 자에 대해 이행강제금을 부과하고, 형사처벌은 확정된 구제명령을 이행하지 않는 자에 대해서만 가능하도록 하였다.

부당해고 시 근로자가 원직복직을 원하지 아니하는 경우에는 구제명령으로써 원직복직을 명하는 대신 근로자가 해고기간 동안 지급받을 수 있었던 임금 상당액 이상의 금품을 지급할 것을 명할 수 있도록 하는 금전보상제를 도입하였다.

사용자가 근로자를 해고할 경우 해고사유와 해고시기를 근로자에게 서면으로 통지하도록 하고, 이를 준수하지 않은 경우 해고의 효력을 부정하였다.

10. 노조전임자 및 복수노조 관련 문제

1997.3. 노조법 개정시 노조전임자 급여지급 금지조항이 신설된 이후 노동계는 노사자율원칙을 근거로 전임자 급여지급 금지규정의 삭제를 주장해 왔고, 경영계는 무노동무임금원칙 및 잘못된 관행의 시정을 위하여 현행규정이 존치되어야 한다는 입장을 펴서 이 문제를 둘러싸고 노사간 첨예하게 대립되었고, 이에 1998.2.6. 노사정대타협 시 전임자 급여문제를 노사정위원회에서 재논의하기로 합의하였다. 이와 함께 한편, 1997년 노조법 개정시 사업 또는 사업장 단위에서의 복수노조를 허용하면서 부칙에서 교섭창구 단일화를 위한 단체교섭의 방법 · 절차 등을 강구하도록 규정하여, 노조전임자 규정과 함께 2001년 말까지 그 시행이 유예되었다.

그러나 이에 대한 노사간 논의가 합의되지 못하고 2001.3.28. 개정시 그 시행이 2006.12.31.로 유예되었고, 2006.12.30. 그 시행일이 다시 2009.12.31.까지 유예되었다. 이 같은 우여곡절 끝에 2010.1.1. 전임자 급여지급 금지 및 사업장 내 복수노조 허용이 법률로 규정된 지 13년 만에 비로소 시행되게 되었다.

전임자 급여지급 금지와 함께 근로시간면제제도가 도입되었고, 복수노조의 허용과 함께 교섭창구 단일화 제도가 도입되었으며, 각 제도는 2010.7.1. 및 2011.7.1.부터 적용되었다.

11. 모성보호 및 고용평등을 위한 제도 정비

'국민의 정부'와 '참여정부'는 특히 모성보호, 차별에 대한 시정제도의 체계화 및 확대, 저출산 · 고령화 대책 등을 적극적으로 추진하여, 이와 관련한 입법이 많이 이루어졌다.

성차별과 관련하여, 1999.2.8. 개정된 「남녀고용평등법」은 차별의 정의규정에 간접차별의 개념을

---

11) 노동부, "제3편 근로자보호정책", 노동행정사(2008), 86-88면.

추가하였고, 같은 날 「남녀차별금지 및 구제에 관한 법률」이 제정되어 고용, 교육, 재화・시설・용역의 제공과 이용, 법과 정책의 집행에서 공공기관 종사자의 남녀차별행위와 성희롱을 금지하는 등 실질적인 고용평등이 실현될 수 있도록 하였다. 이어 2005.12.30. 개정 「남녀고용평등법」은 여성고용촉진을 위해 적극적 고용개선조치를 도입하였다. 한편 모성보호로서, 2001.8.14. 개정된 「근로기준법」에서 산전후휴가기간을 종전의 60일에서 90일로 확대했고, 임신 중인 여성근로자의 시간외 근로를 절대적으로 금지하였다. 또한 2007.12.21.의 개정에 따라 「남녀고용평등법」의 명칭이 「남녀고용평등과 일・가정 양립 지원에 관한 법률」로 변경되고, 배우자의 출산휴가・육아기 근로시간 단축제도 등 근로자 보호규정이 신설되었다. 2010.2.4. 개정으로 육아휴직의 적용대상 확대, 2012.2.1. 개정으로 출산전후휴가 또는 유사산휴가에 대해서도 출산전후휴가급여가 지급되고 배우자 출산휴가의 연장, 육아기 근로시간 단축제도의 허용의무, 가족돌봄 휴직제도의 신설 등 가정생활과 직장생활의 양립을 지원하기 위한 제도가 확충되었다.[12)]

한편으로, 고용평등을 실현하기 위한 고용차별 규제 범위도 넓어졌다. 2001년 5월에 제정된 「국가인권위원회법」으로 19가지의 차별사유에 의한 차별이 규제되는 한편, 인권침해와 차별행위의 구제기관으로서 국가인권위원회가 설치되었다. 2006년 12월에 국회를 통과한 비정규직법안은 기간제, 계약직, 파견직이라는 이유로 정규직과 합리적 이유 없이 차별대우하는 것을 금지하였고, 차별에 대한 시정처리는 노동위원회에 신설될 차별시정위원회가 담당하도록 하였다. 아울러 「고용상 연령차별금지 및 고령자고용촉진에 관한 법률」 및 「장애인차별금지 및 권리구제 등에 관한 법률」은 각각 연령 또는 장애를 이유로 한 고용상 차별을 금지하고 시정명령 등 그 구제를 규정하였다.

Ⅳ. 2000년대 초중반의 노동법상의 주요담론

1. 유연안정화(flexicurity) 논의와 노사관계제도선진화 입법안의 채택

'노동시장 유연화'는 이 당시 최고의 유행어[13)] 중 하나였다. 노동법학계에서도 예외는 아니었다.[14)] 많은 선진국에서 노동시장 유연화를 지향하는 정책이 시행되었고, 우리나라도 이 흐름에서 벗어나기 어렵다는 점에 인식의 공감대가 형성되어 있었다. 이러한 신자유주의적인 사조는 전통적인 고용보호법제(Employment Protection Law: EPL)의 존재의의와 충돌하는 측면이 있기 때문에, 이를 어떻게 해소하는가가 주요 관심사로 부각되었다. 2004년 OECD 보

12) 김엘림, "여성노동에 관한 노동법 60년사의 성찰", 노동법 60년사 학술토론대회(자료집), 한국노동법학회, 2013, 144-151면.

13) 노동시장 유연화와 관련하여 국제적 수준에서 논의를 주도한 것은 경제학자들이었다. 다수의 경제학자들은 1980년대 중반 이후 유럽 국가들의 실업률이 줄어들지 않은 것은 유럽 노동시장의 구조적 경직성과 비효율성 때문이고, 그것에는 높은 수준의(또는 엄격한) 고용보호법제가 중요한 원인을 제공하였다고 보았다. 이러한 논의는 1990년대에 들어오면 OECD 수준에서도 공론화된다. OECD는 '1994년 OECD 고용전략'(OECD Jobs Study)에서 총 10개항의 정책 권고를 한 바 있는데, 그중 제6항에서 '민간부문에서 고용확대를 방해하는 고용보장규정의 개선'(Reform employment security provisions that inhibit the expansion of employment in the private sector)을 명시적으로 채택하기도 하였다.

14) 노동시장 유연화는 일반적으로 "외부환경 변화에 대응하여 인적자원을 신속하고도 효율적으로 배분・재분배할 수 있는 노동시장의 능력"(어수봉, "노동시장의 유연성 제고", **노동동향분석**, 제10권 제3호(1997), 56면)으로 이해되고 있는 것 같다.

고서[15]가 적절히 지적한 바와 같이, 한편으로는 지속적으로 변화하는 시장에 적응해야 한다는 기업 측의 필요와 다른 한편으로는 고용보장이라는 근로자 측의 필요를 어떻게 조화시켜야 하는가(how to keep a balance)가 핵심적인 이슈로 부상하였다. 뒤에 소개하는 근로계약법제론도 이러한 흐름의 연장선상에 있다고 할 수 있다.

이러한 상황 속에서 학자들 중심으로 구성된 '노사관계제도선진화위원회'의 논의를 거쳐 2003.9.4. '노사관계법 · 제도 선진화방안'(이하 '선진화방안'이라 한다)이 마련되었고 이를 토대로 노사정 타협을 거쳐 2006년 선진화입법안이 채택되었다.

선진화방안의 주요 내용은, 단결권 분야에서 조합원 인정 범위 및 근로자의 개념, 노조전임자, 유니언 숍 협정, 부당노동행위제도 등이, 단체교섭 분야에서 단체교섭 대상사항, 복수노조 창구단일화 방안, 단체협약의 유효기간, 제3자 지원신고제 등이, 노사협의 분야에서 근로자위원 선출 방식, 협의사항 조정, 노사협의회의 기능 확대 · 조정, 노사협의회의 합의 또는 의결된 사항의 효력, 근로자위원에 대한 편의제공의 확대, 파견 · 사내하청근로자 등의 의견청취기회 부여, 사전정보제공 및 비밀유지의무의 강화, 정기회의 개최 관련 규제 완화 등이, 쟁의행위 분야에서 쟁의행위 찬반투표, 직장폐쇄, 대체근로, 조합활동으로 인한 손해배상책임과 관련한 압류 · 가압류 제한 등이, 분쟁조정절차와 관련하여 조정대상의 재검토, 조정, 필수공익사업 직권중재제도의 재검토, 긴급조정제도, 사적조정 활성화 및 노동위원회제도 활성화 방안 등이, 해고법제와 관련하여 부당해고 구제기관과 절차, 부당해고 구제방식, 형사처벌 규정의 존치 여부, 근로계약 체결 및 해고통지, 정리해고자에 대한 재고용, 도산절차에 있는 기업에 대한 정리해고, 정리해고시 사전통보기간의 단축 등이, 기업변동과 관련하여 사업양도와 고용승계, 승계의무배제에 관한 특칙, 고용승계와 근로관계로 인한 채무의 귀속, 고용승계와 취업규칙의 효력, 고용승계와 단체협약의 효력, 고용승계 원칙 입법화 방안 등이, 임금과 관련하여 임금체불에 대한 합리적 개선방안, 통상임금 · 평균임금 개념의 명확화 등이다.

2003.9.4. 노동부는 유연안정성의 제고를 위해 근로기준제도의 유연성이 제고되어야 하고, 그 실천방안으로서, 첫째, 해고제도의 경직성을 완화하고 부당해고 구제제도의 실효성을 제고하는 방안을 모색해야 한다, 둘째, 영업양도와 같은 기업 변동의 필요성과 근로자의 권익 보호를 조화시켜야 한다, 셋째, 주5일제 실시와 관련하여 근로시간제도의 탄력성을 제고하여야 하고, 넷째, 성과주의 임금체계나 임금피크제를 도입함으로써 임금제도를 합리화하여야 한다고 제안하였다.[16]

정부는 선진화방안을 노사정위원회 본회의에 회부하고, 그 논의 결과를 지켜본 후 노사

---

15) OECD, *OECD Employment Outlook*, 2004, 61면 이하 참조.

16) 노동부, 노사관계 개혁방안(2003.9.4), 12-13면.

합의에 이르지 못할 경우, 선진화방안을 중심으로 하여 노사관계 법과 제도를 개선해 나가겠다고 밝혔다. 이후 민주노총의 불참, 비정규직 법안의 국회 논의 등의 사정으로 선진화방안에 대한 논의가 지연되기도 하였으나 2005.9.5. 노사정위원회는 선진화방안에 대한 노사정위원회의 논의 결과를 노동부에 이송하였다.

2005.11. 노동부장관은 11월 중 선진화방안 관련 법안을 정기국회에 제출할 방침을 발표하고 이후 열린 우리당과의 당정협의를 진행하였으며, 2005.12. 선진화방안 중 24개 사항에 대해서 입법을 추진키로 결정하였고, 2006.1.23. 노동부는 24개 합의사항[17]을 2006.4. 임시국회에 상정할 예정이라고 발표하였다.[18] 노동부는 2003년 이래 선진화방안을 일괄하여 입법해야 한다는 입장이었으나, 2006.2. 이상수 노동부장관은 그동안 선진화방안에 대하여 충분히 논의되지 않았다는 점, 노사정간 논의 없이 입법예고하고 국회에 입법안을 상정할 경우 비정규직 법안처럼 그 입법이 지연될 수밖에 없다는 점 등을 고려하여 충분한 논의를 거쳐 단계적으로 선진화방안을 처리할 방침이라고 밝혔다.[19]

노사관계제도선진화연구위원회의 제안들 가운데 체불임금과 관련된 반의사불벌죄화와 미지급 임금에 대한 지연이자제도의 도입은 2005.3.31. 「근로기준법」 개정에 반영되었고, 해고와 관련된 형사처벌 규정의 삭제 및 이행강제금제도와 금전보상제의 도입 그리고 해고의 서면통지제도의 도입은 2007.1.26. 「근로기준법」 개정에 반영되었다.[20] 그리고 2004년 정부는 노사정위원회에서의 논의를 토대로 마련한 「근로자퇴직급여보장법」(안)을 국회에 제출하였고, 2005.1.27. 동법이 제정되면서 퇴직금제도와 함께 퇴직연금제도가 법제화되었다.[21]

---

17) 24개 합의사항 중에는 선진화방안에 따라 법률개정안을 제출하기로 합의된 18개 합의사항과 법률 개정이 필요하다고 합의되기는 하였으나 그 구체적인 내용을 합의하지 못한 이른바 쟁점합의사항 6개가 포함되어 있다. 합의사항은 실업자의 조합원 자격 인정, 유니온 숍, 부당노동행위, 단체협약 유효기간, 제3자 지원신고제, 쟁의행위 찬반투표, 직장폐쇄, 쟁의행위 규제 합리화, 긴급조정제도, 사적조정 활성화, 노동위원회 개선, 노사협의회 근로자위원 선출방식, 사전정보제공 · 비밀유지의무의 신설, 근로자위원에 대한 편의제공 · 합의사항의 조정, 정기회의 개최시기 변경, 기업변동시 근로관계 등이다. 이 내용들은 노동조합및노동관계조정법, 근로기준법, 근로자참여및협력증진에관한법률, 노동위원회법 등 4개의 법률과 관련되어 있다. 쟁점합의사항은 전임자 급여지급, 교섭창구 단일화, 대체근로, 필수공익사업의 직권중재제도, 부당해고에 대한 형사처벌조항의 존치 여부, 정리해고시 사전통보기간의 단축 등이다.

18) 노동부, 노사관계 법 · 제도 선진화 방안 설명자료(2005.12), 3면.

19) 이상수 장관은 선진화방안 중 노동위원회제도 개선 관련 사항은 그 내용에 비추어 볼 때 2006.4. 또는 6. 임시국회에서 우선 처리할 수 있고, 노조전임자 임금지급방식과 복수노조의 교섭창구 단일화 방안의 경우 2006.9. 정기국회에서 입법되어야 하므로 위 두 쟁점은 우선 처리할 필요가 있다고 보고 있고, 나머지 쟁점들은 충분한 논의를 거쳐 처리한다는 입장을 밝혔다(2006.3.12.자 서울경제신문).

20) 2007년 「근로기준법」 개정에 관한 연구로 권혁, "현행 근로기준법 상 우선재고용의무제도의 법이론적 문제점", **노동법학**, 제25호, 한국노동법학회(2007); 김홍영, "부당해고 구제절차에서의 금전보상 제도 및 이행강제금 제도", **노동법학**, 제25호, 한국노동법학회(2007); 박은정, "해고의 절차-「해고사유 등 서면통지의무」 제도의 도입을 계기로 살펴 본 근로기준법상의 해고절차에 대한 몇 가지 의문-", **노동법학**, 제25호, 한국노동법학회(2007); 이철수, "개정 해고법제의 주요 내용과 그 평가", **노동법연구**, 제22호, 서울대학교 노동법연구회(2007) 참조.

21) 노동부, "제3편 근로자보호정책", **노동행정사**(2006), 93면.

2. 근로계약법제 논의[22]

(1) 논의의 배경 – 유연화와 규제완화론

20세기 말부터 선진국에서 노동법의 화두는 노동법의 탄력화 및 규제완화로 모아졌다. 유연화의 배경으로 경제의 지구화, 경제의 불안정화, 실업문제의 심각화, 급속한 기술혁신 및 산업구조의 변화, 국가의 규제기능 축소, 고용형태의 다양화 등이 거론되고 있다.[23] 아울러 근로자들의 생활환경, 인생관 등이 다양화되고 이에 따른 다양한 근로방식이 요구되고 있다는 점도 노동법의 유연화를 촉진하는 한 요인이 되고 있다.[24]

유연화는 근로조건의 결정 시스템과 내적 연관성을 가진다. 예컨대 파트타임 근로, 재택근무의 보급은 적어도 부분적으로는 그러한 근로형태를 희망하는 근로자의 존재를 원인으로 하는 것인바, 이 경우 법률이나 단체협약에 의한 근로조건의 집단적·획일적 결정의 의의를 후퇴시키고 개별계약에 의한 근로조건 결정의 비중을 증대시키게 된다. 전통적인 관점 하에서 근로조건은 국가의 근로자보호법을 최저기준으로 하여 주로 단체협약, 취업규칙에 의해 결정되는데, 유연화의 추세는 국가법이나 산업별 단체협약의 비중을 저하시키고 하위수준(사업장수준 또는 개인수준)에서 결정의 자유를 확대할 것을 요구한다. 요컨대 유연화로 인해 최저기준을 정한 법률적 규제의 완화, 법률규정으로부터 당사자 자치로의 이전, 그리고 단체협약으로부터 사업장 혹은 개인수준으로의 중심 이동 등이 수반될 수밖에 없다.[25] 이는 통상 규제완화 또는 분권화(decentralization)의 경향으로 표현되는바, 결국 노동법의 유연화의 현상 형태는 규제완화, 즉 크게 '법률적 규제의 완화'와 '근로조건 결정시스템의 변경'으로 나타난다.

노동보호법제를 채택하고 있는 대륙법계에서는 법률상의 규제완화가 강하게 요구되었다. 그 전형적인 예가 독일과 일본이다. 독일에서는 1980년 후반부터 비정규고용 범위의 확대, 폐점시간을 포함한 근로시간제도의 유연화, 해고제한의 완화, 최저기준의 저하 등을 위해 지속적으로 법을 개정하여 왔다.[26] 일본에서는 1998년의 법개정을 통해 근로계약기간, 근로시간 등에서 노동의 유연화를 제고시키고 있다.[27]

---

22) 이하의 내용은 졸고, "근로계약의 해석론적, 입법론적 과제", 노동법학, 제15호, 한국노동법학회(2002.12)를 참고한 것임.

23) 西谷 敏, "勞働法における規制緩和と彈力化", 勞働法における規制緩和と彈力化(日本勞働法學會誌 93号), 總合勞働硏究所(1999), 9-14.

24) Zöllner, "Flexibilisierung des Arbeitsrechts", *ZfA*, 1988, S. 268; Däubler, "Perspektiven des Normal-arbeitsverältnisses", *AuR*, 1988, S. 305; Matthies/Mückenberger/Offe/Peter/Ra-asch, *Arbeit*, 2000, 1994, S. 20ff(西谷 敏, 앞의 논문, 13면에서 재인용).

25) 西谷 敏, 앞의 논문, 6-8면 참조.

26) 자세한 내용은 和田肇, "ドイシ勞働法の變容ー標準的勞働關係概念お中心にー", 勞働法における規制緩和と彈力化(日本勞働法學會誌 93号), 總合勞働硏究所(1999) 참조.

이와 더불어 근로조건을 결정함에 있어 법률 외적인 시스템의 비중이 높아지는 경향이 보인다. 20세기부터 이미 유럽제국에서는 법률적 규제가 완화되면서 산별단체협약이나 집단적 협정을 중시하는 방향으로 근로조건 결정시스템이 제도화되어 왔다. 산업별 단체협약에 의한 횡단적 근로조건 결정이 후퇴하고 기업 수준의 노사관계의 중요성이 증가되는 경향이 보인다.

(2) 근로계약법제 논의

위에서 언급한 규제완화의 경향과 맞물려 보수적인 노동법학자들은 이른바 '근로계약법제론'을 주창하기에 이른다. 근로계약법제론의 구체적 내용은 논자마다 차이가 있지만 대체로 종속노동론을 비판하고 개별근로자의 자유로운 의사를 존중하는 방향으로 법질서가 새로이 모색되어야 한다는 것이다. 하경효 교수의 표현대로 "노동법체계에서 자유와 강제에 대한 새로운 사고가 요구되며 기존의 자유로운 의사결정과 사적자치에 대한 불신에서 벗어나 자유와 자율영역을 확대할 필요가 있다"[28]는 것이다.

근로계약법제의 효시는 김형배 교수이다. 김 교수는 1990년대 중반부터 줄곧 현재의 근로자상은 노동보호법제가 마련되기 시작한 19세기 당시의 근로자상과는 사회적·경제적·정치적 위상을 달리하며, 그들이 보유하고 있는 학력·기능·기술의 정도에 있어서도 커다란 차이가 있을 뿐만 아니라 기업 내에서의 위치와 영향력도 전혀 비교될 수 없다고 전제한 후, 19세기적 상황에서 이루어졌던 보호 관념을 오늘의 상황에 그대로 적용할 수는 없으며 비현실적 보호 관념은 과감히 수정되어야 하고 형해화된 보호규정은 삭제하는 것이 바람직하다고 주장해오고 있다.[29] 요컨대 근로기준법은 근로자보호법으로서의 성격을 탈피하고 근로자들에게 참여의 권한과 함께 책임도 부여하는 근로계약기본법으로 재구성되어야 한다는 것이다.

2000년대에 들어와 하경효 교수는 노동법의 독자성에 의문을 제기하면서 보다 적극적인 입론을 개진하고 있다. 하 교수는 노동법도 사법질서의 일부분이고 본질적으로 사법질서에 귀속되어야 하며 노동법은 근로자보호뿐만 아니라 이해관계조정의 규율체계로 이해되어야 한다고 전제한다. 그에 따르면 예컨대 임대차보호법과 노동법상의 보호의 차이는 양적인 차이에 불과하며 공히 당사자의 구조적 불균형을 시정해야 한다는 공통된 과제를 안고 있다고 한다.[30] 다만 노동법은 집단자치(Tarifautonomie)체계를 통해 사적자율의 기능흠결을 보완하

---

27) 자세한 내용은 野村晃, "JR不採用事件(中勞委命令取消訴訟)", 勞働法における規制緩和と彈力化(日本勞働法學會誌 93号), 總合勞働研究所(1999) 참조.

28) 하경효, "노동법의 기능과 법체계적 귀속", 社會變動과 私法秩序(김형배교수정년퇴임기념논문집)(2000), 247면 참조.

29) 김형배, "한국노동법의 개정방향과 재구성," 법학논집, 제30집, 고려대학교 법학연구원(1994), 15면 참조.

30) 하경효, 앞의 논문, 245-246면 참조.

는 데에 차이가 있을 뿐이라고 진단한다.[31] 따라서 노동법은 근로자보호뿐만 아니라 이해관계조정의 규율체계로 이해되어야 하고 법의 해석·적용·발견에 있어서 노동법만의 고유한 방법론은 인정되기 어렵다고 전제한 후, 노동법학도 규범학의 범주를 벗어날 수 없고 학문적 논증에 따라야지 근로자이익보호라는 이데올로기적 선 판단에 영향을 받아서는 안 된다는 점을 강조한다. 스위스와 네덜란드의 경험을 인용하면서 민법전의 고용편의 내용과 노동법상의 근로계약에 관련된 내용을 통합 규율할 필요성을 제안하고 있다.

'종속노동론'에 터 잡은 전통적 노동법학 방법론의 한계를 지적하는 선을 넘어, 듣기에 따라서는 노동법의 독자적 존재의의를 부인하는 듯한 뉘앙스를 풍기는 이러한 접근방식이 2000년대에 학자들의 관심을 끈 사실만으로도 이 당시의 유연화 내지 규제완화의 패러다임이 어느 정도로 강력했는지를 가늠할 수 있다. 필자는 근로계약법론은 개별의사를 존중하고 법운용상의 구체적 타당성을 제고시키기 위한 합리화 과정으로 이해하면 족하다고 주장하면서 그 당시 다음과 같은 입장을 피력하였다:[32]

> "근로계약법제 또는 노동법의 유연화가 근로기준법의 보호법적 기능을 등한시하거나 노동보호법의 반대개념으로 논의되는 것은 경계하여야 한다. 노동의 유연화 추세는 분명 노동법의 독자성을 와해시키려는 경향성을 지니고 있다. 그러나 대부분의 국제조약과 우리 헌법이 상정하고 있는 바와 같이, 생산수단으로부터 분리된 근로자는 특별히 보호되어야 한다는 기본 관념을 포기하지 않는다면, 고용보장과 유연화의 긴장관계를 상생적으로 해결하려는 노력을 기울이지 않으면 안 된다. 현재의 노동법구조 내에서의 개선을 최대한 시도하지 않은 채 다른 패러다임의 도입을 논의하는 것은 자칫 문제의 본질을 호도할 우려가 있다."
>
> "근로계약법론은 무차별적인 노동보호법의 경직성을 완화하기 위한 '방법론상의 회의'일 뿐 결코 시민법으로의 회귀를 지향해서는 안 될 것이다. 이런 점에서 일본의 최종보고서에서 제안하는 바와 같이 근로계약법을 근로기준법과 민법의 중간영역에 존재하는 별도의 법영역으로 설정하는 데에 찬성하지 않는다. 근로계약법의 신설이 우리나라의 노사지형에서 어떠한 '풍토적' 함의를 지닐 것인가에 대해서는 좀 더 비판적 안목이 필요하다. 우리 사회에서 노동법이 시민법의 안티테제로서 제대로 기능하는지에 대해 비판적 문제의식을 가진다면, 근로계약법이 자칫 시민법 원리를 무차별적으로 확산하는 기제로 작용하는 것을 경계할 필요가 있기 때문이다."

3. 산별체제 논의[33]

(1) 문제의 소재

2000년 중반 우리나라 노사관계에서의 가장 큰 변화는 '산별노조'(초기업별 노조)와 관련이 있다. 1990년대 말 IMF 경제위기는 기업별노조 체제의 한계를 극명하게 보여주었고, 이

---

31) 하경효, 앞의 논문, 244면 참조.

32) 졸고, "근로계약법제와 관련한 방법론적 검토", **노동법의 존재와 당위**(김유성교수정년기념논문집)(2006), 41면.

33) 이하의 내용은 졸고, "산별체제로의 전환과 법률적 쟁점의 재조명", **노동법연구**, 제30호, 서울대학교노동법연구회(2011.3)에 의존한 것임.

에 따라 노동계는 노동조합의 조직형태를 기존의 기업별노조 중심에서 산별노조 중심으로 전환하는 운동에 속도를 냈다. 노동조합이 자율적이고 의도적으로 진행한 최근의 산별노조 전환은 적어도 외견상으로는 상당한 성과를 거두었다.[34)]

그런데 우리나라에서는 오랜 기간 동안 기업별 교섭 관행이 주종을 이루어 온 관계로 산별화가 진행된 이후에도 사업장 차원의 노조(그것이 단위노조이든 산별노조의 지부나 분회이든 상관없이)가 독자적 교섭이나 조합활동을 행하는 경우가 많다. 그만큼 중앙집중화가 덜 진전되어 있고 이는 구미제국의 산별노조와 대비되는 특징이라 할 수 있다. 그리고 산업별로 중앙집중화의 정도, 교섭권한의 분배, 조합재정관리 등에서 상당한 편차를 보이고 있기 때문에 통일적인 해법을 찾기가 용이하지 않은 상황이다. 그리고 사용자가 초기업별 교섭을 꺼려하고 사용자단체도 제대로 결성되지 않는 등 우리나라에 특유한 문제 상황이 많이 발생한다. 산별노조로의 조직형태의 전환이 광범위하게 진행되고 있고 산별협약과 지부별 협약의 기능적 분화도 어느 정도 정착되어 가고 있지만, 산별화의 정도와 방식 · 산별교섭의 진행 정도 · 사용자단체의 결성 여부 · 쟁의행위의 결정단위 · 조합비 배분방식 등에 있어서 산업별마다 일정한 편차를 보이고 있다. 아직도 산별체제로의 전환은 진화과정에 있다고 총평해도 무방할 것으로 보인다.

우리의 현실태를 감안하여 산별노조의 전환과 관련하여 발생할 수 있는 분쟁을 예상하면 다음과 같이 유형화할 수 있을 것이다:

첫째, 기존의 기업별 단위노조를 산별노조의 지부나 분회로 전환할 때 발생하는 분쟁.

둘째, 산별 단위노조의 지부나 분회를 기업별 노조로 바꿀 때 발생하는 분쟁 또는 소속 산별노조를 변경하려고 할 때 발생하는 분쟁.

셋째, 지부 분회가 단체교섭을 행하고 단체협약을 체결하려고 할 때 발생하는 분쟁.

넷째, 지부의 단체협약이 단위노조의 단체협약과 충돌할 때 발생하는 분쟁.

다섯째, 단위노조의 의사와 무관하게 독자적으로 쟁의행위에 돌입하려고 할 때 발생하는 분쟁.

(2) 해석론상의 쟁점

산별체제로의 전환으로 인해 새로운 유형의 분쟁이 발생할 가능성이 높기 때문에 기존의 이론들을 우리의 현실에 맞게 재구성하는 작업이 실무적 차원에서나 학문적 차원에서 공히 요구된다.

---

34) 노동부 발표에 따르면 2009년 현재 산별노조 등 초기업별 노조(지역 및 업종 포함)의 조합원 비중은 전체의 52.9%(조합원 수 868,467명)를 차지한다. 상급단체별로는 민주노총 80.5%, 한국노총 40.2%, 미가맹노조 31.1%로, 산별노조로의 전환은 민주노총이 주도하고 있음을 알 수 있다. 은수미, "산별노조와 산별교섭: 보건의료산업과 공공부문을 중심으로", 대법원 연구용역 세미나 9월 10일 발표문, 2면.

제도론적인 측면에서 보면 초기업별 산별노조와 사업장내 의사결정시스템(예컨대 기업내 노동조합, 노사협의회, 근기법상의 근로자대표 등) 간의 관계 설정이 검토될 필요가 있다.

해석론적 차원에서는 산별노조 지부·분회의 의사결정능력·협약체결능력(교섭당사자성)·쟁의행위능력, 산별 단체협약과 지부·분회 단체협약간의 충돌, 조직형태의 변경, 지부재산에 대한 처분권의 귀속, 산별노조 간부의 사업장 출입권, 쟁의행위에 있어서의 산별노조의 책임, 부당노동행위의 주체 및 구제 신청권자, 산별노조 활동과 업무상 재해의 인정 여부, 산별노조와 창구단일화의 관계 등의 쟁점이 부각된다.

이러한 해석론상의 쟁점 중에 하부조직의 교섭당사자성과 조직형태의 변경 논의가 주로 논의되었다.

1) 하부조직의 교섭당사자성

하부조직의 교섭은 단위노동조합의 총체적 의사와 현장근로자들의 개별적 요구의 가교로 기능하는바, 법리적 관점에서 보면 단위노조 통제권과 하부조직의 독자성 내지 실체성의 조화에 관한 문제이다.

하부조직의 당사자적격성을 둘러싼 논의는 2가지 논점으로 정리할 수 있을 것이다.

첫째, 단위노조로부터의 교섭권한의 위임 여부에 상관없이 하부조직이 그 자체로 독자적인 단체교섭권을 가지는가?

둘째, 하부조직에 고유의 단체교섭권이 인정될 경우 단위노조의 통제권과 관련하여 하부조직의 교섭권한이 어느 정도로 제약받는가?

전자는 하부조직의 단체교섭의 당사자성에 관한 문제이고 후자는 교섭권의 내재적 한계에 관한 문제인바, 논의는 주로 전자에 집중되고 있다. 지부가 단체교섭의 당사자가 될 수 있다는 의미는 교섭영역에서뿐만 아니라 조합활동이나 쟁의행위에서도 독자적인 의사결정권을 가진다는 것이다.

대법원은 지부가 일정한 사단적 실체를 가지는 경우에는 독자적인 단체교섭권 및 협약체결능력을 가질 수 있다고 해석하고 그 판단기준은 다음과 같다:

> "노동조합의 하부단체인 분회나 지부가 독자적인 규약 및 집행기관을 가지고 독립된 조직체로서 활동을 하는 경우 당해 조직이나 그 조합원에 고유한 사항에 대하여는 독자적으로 단체교섭하고 단체협약을 체결할 수 있고, 이는 그 분회나 지부가 노동조합및노동관계조정법시행령 제7조의 규정에 따라 그 설립신고를 하였는지 여부에 영향받지 아니한다."[35]

지부의 교섭·협약능력을 인정하는 대법원 판결에 대하여 학설의 대다수는 비판적 입장을 취하고 있다.[36] 그 내용의 핵심은 ① 지부의 실체성만을 이유로 하는 단체교섭 당사자의

---

35) 대법원 2001.2.23. 선고 2000도4299 판결.

인정은 조합조직의 원리나 대표성의 원칙에 반하고,[37] 산별노조의 단체교섭권을 형해화한다는 점,[38] ② 지부는 독자적인 노동조합이 아니기 때문에 산별노조 규약상의 수권이나 위임에 의해서만 단체교섭이 가능하다는 점, ③ 지부의 조직적 실체성 여부와 산별노조 규약에 합치하는 지부의 교섭능력 여부는 별개의 문제[39]라는 점 등이다.

학설 중에도 예외적으로 지부의 단체교섭 당사자 지위를 인정하는 입장이 보인다. ① 산하조직이 그 명칭과 달리 상급노조에 대한 가입·탈퇴를 단체로서 하는 등 실질적으로는 단위노조와 다를 바 없는 경우,[40] ② 산별노조가 형식적으로는 산별 단위노조이지만 실질적으로는 산별 연합단체로서의 지위를 갖는 경우[41]에는 지부의 당사자성을 인정하고 있다.

이러한 논의에 대해 필자는 다음과 같은 주장을 피력한 바 있다:

> "부정설은 실질적으로 지부가 교섭당사자로서 활동하고 있을 뿐만 아니라 단위노조와의 관계상 교섭권(한)의 배분 내지 조정이 이루어지고 있는 현실태를 적절히 반영하지 못하고 있다는 점, 향후 창구단일화의 결과 과반수 지위를 획득한 대표노조에 대해서는 지부의 조직형태를 취하고 있다 하더라도 단체교섭당사자성을 부여할 것을 예정하고 있는 현행법제도를 설명할 수 없다는 점에서 법리상 수긍하기 힘들다."[42]
>
> "만약 단위노조가 교섭권의 배분·조정에 성공하지 못해 형해화의 결과를 초래한다면 그 원인을 지부의 당사자성의 유무에서 찾을 것이 아니라 단위노조 자체의 단결력 또는 조정·규제 능력의 미비 등 다른 실질적 요인에서 찾아야 할 것이다. 거꾸로 생각해 보면 조합민주주의의 요청 상 하부조직이라도 사단적 실체를 가지는 단체에 대해서는 그에 상응하는 법률적 지위를 부여하는 것이 오히려 바람직하다는 점을 고려하면 지부의 당사자성을 일률적으로 부정할 일은 아니다."[43]

2) 조직형태의 변경

1997년 노조법이 새로이 제정되면서 그동안 해석론에서 사용되던 '조직형태의 변경'이라는 법률상의 용어가 처음으로 등장하게 된다. 제정 노조법은 제16조 제1항에서 총회의 의결사항 중 하나로 '조직형태의 변경에 관한 사항'(제8호)을 추가하고, 같은 조 제2항에서 "… 조직형태의 변경에 관한 사항은 재적조합원 과반수의 출석과 출석조합원 3분의 2 이상의 찬성이 있어야 한다."라고 규정하였다. 이 규정들은 현재까지 유지되고 있는바, 제16조 제1항(총

---

36) 필자는 이 판결 이전에 이미 동일한 취지의 주장을 한 바 있다. 이에 관해서는 졸고, "하부조직과 상부연합단체의 단체교섭 당사자성", **노동법의 쟁점과 과제**(김유성교수 화갑기념논문집), 법문사, 2000 참조.

37) 김형배, **노동법**, 박영사(2010), 812면; 이승욱, "산별노동조합의 노동법상 쟁점과 과제", **노동법연구**, 제12호, 서울대학교 노동법연구회(2002), 216면.

38) 임종률, 위의 책, 111-112면; 하갑래, **집단적노동관계법**, (주)중앙경제(2010), 255-256면.

39) 김기덕, "산업별노조의 단체교섭 주체에 관한 법적검토", **노동과 법**, 제5호, 금속법률원(2004), 132-134면.

40) 임종률, 앞의 책, 112면.

41) 이승욱, 앞의 글, 217-218면.

42) 졸고, "산별체제로의 전환과 법률적 쟁점의 재조명", **노동법연구**, 제30호, 서울대학교노동법연구회(2011.3), 55면.

43) 앞의 논문, 56면.

회의 의결사항)은 '조직형태의 변경에 관한 사항'(제8호)을 '연합단체의 설립・가입 또는 탈퇴에 관한 사항'(제6호) 및 '합병・분할 또는 해산에 관한 사항'(제7호)과, 같은 조 제2항은 '조직형태의 변경'을 '합병・분할・해산'과 독립하여 병렬적으로 규정하고 있다.

동 규정은 단위노조가 초기업적 단위노조의 지부로 조직형태를 변경하는 경우 또는 상부연합단체가 단위노조로 조직형태를 변경하는 경우 해산절차나 별도의 설립절차를 거치지 않고 동일한 법률상의 자격을 부여하기 위해[44] 마련된 것이다. 실제 조직형태의 변경 방식은 1990년대 후반부터 가속화된 산별노조의 건설 과정 및 이후의 조직이탈 수단으로 가장 널리 사용되었다. 조직형태의 변경이 실무상으로나 학계에서나 논의와 주목의 대상이 된 것은 바로 이 때문이다.

그러나 노조법은 조직형태 변경의 의의나 요건 또는 그 효과에 대해서는 아무런 규정을 두지 않았고, 그 때문에 조직형태 변경의 실체적 사항들(요건과 효과 등)에 관해서는 여전히 해석론에 맡겨져 있다. 조직형태의 변경의 효과와 관련하여 법률적 지위가 그대로 유지되는 관계로 원칙적으로 조직형태의 변경이 있더라도 재산관계나 단체협약이 유지 또는 승계된다고 보아야하는 점에서 학설은 거의 일치한다. 그러나 조직대상의 의의와 범위에 관해서는 견해의 대립이 심각하다.

우선 조직형태의 요건 설정에 있어 '동일성'(또는 '실질적 동일성')을 포함시킬 것인가가 다투어지는바, 판례와 다수설은 이를 요건사실로 이해하고 필자도 동일한 입장을 피력한 바 있다. 그 결과 기업별 노조가 산별노조의 지부 내지 하부조직으로 변경하는 경우에는 대부분의 학설이 조직형태의 변경으로 인정하고 있다. 그런데 기이하게도 그 반대의 경우, 다시 말해 산별 단위노조의 하부조직에서 독립하여 기업별 단위노조로 조직형태를 변경하거나 다른 산별 단위노조의 하부조직으로 편입하는 경우에는, 이를 조직형태의 변경으로 보지 않는 경향이 강하였다. 결국 산별노조로 편입할 때와 하부조직에서 이탈할 때 양자를 구별하여 조직변경에의 해당성 여부에 차이를 두어야 한다는 것이다. 편입의 경우는 독자적 행위능력이 인정되는 기업별 단위노조가 행한 결정임에 반하여 이탈의 경우는 행위능력이 없는 지부 또는 하부조직의 결정이기 때문에 그 효과를 인정할 수 없다는 것이다. 결국 이 문제는 앞에서 언급한 바 있는 지부의 교섭당사자성의 문제와 궤를 같이 한다. 필자는 판례와 같이 독립적인 실체를 가지는 지부나 하부조직도 독자적 행위능력을 가진다고 보기 때문에 이러한 이론적 경향에 반대하였다:

> "위 학설에 이런 질문을 던져보자. 만약 기업별단위노조가 산별노조의 단순한 하부조직(독립적 실체가 없고 따라서 행위능력이 인정되지 않는 지부 또는 분회)으로 편입되는 경우를 조직형태의 변

---

44) 노사관계개혁위원회, '96 노동관계법・제도 개혁안(1996.11), 70면.

경이라 할 수 있을까. 필자는 이 경우에는 '이탈'할 때와 마찬가지로 조직형태의 변경에 해당되지 않는 것으로 본다. 왜냐하면 이 경우의 편입은 독자적 의사결정능력을 가지는 하나의 사회적 실체(entity)가 그러한 능력이 상실된 하부조직이나 부품으로 질적으로 전환하는 것이기 때문에 이미 실질적 동일성을 인정할 수 없기 때문이다. 조직형태의 변경의 정의에서 간취되듯 이 문제는 '존속'에서 '존속'으로의 수평적 이동을 전제한다. 편입할 때에 조직형태의 변경에 해당된다고 하는 말은 편입된 후에도 독자적 의사결정능력을 가진다는 점을 전제해야만 가능하다. 그렇지 않으면 조직형태의 변경에 부여되는 법적 효과 즉 '재산관계 및 단체협약의 주체로서의 지위 부여'[45]를 기대할 수 없기 때문이다. 요컨대 '편입'할 때와 '이탈'할 때를 구별할 수 없다는 점이다. 단순한 하부조직으로 편입할 경우가 조직형태의 변경이 아니듯이 이탈할 경우에도 조직형태의 변경이 아니거나, 하부조직으로 편입할 경우가 조직형태의 변경에 해당된다면 마찬가지로 이탈할 때에도 조직형태의 변경에 해당된다고 보는 경우 외의 다른 경우의 수는 논리적으로 상정할 수 없다."[46]

V. 최근의 해석론상 · 입법론상의 쟁점

1. 사내하도급 근로자[47]

사내하도급은 전형적인 도급계약과는 이질적인 특성을 지니고 있고 파견규제를 회피하기 위해 탈법적으로 이용되는 경우가 많아서 노동법의 영역에서 다수의 법률적 쟁점을 제공하고 있다.

첫째, 원청회사의 하도급 결정과 관련한 쟁점이다. 이 경우 하도급 결정이 단체교섭의 대상사항이 되는지가 다투어질 수 있고, 경영상 해고 법리와 고용승계 문제와도 연관된다고 할 수 있다.

둘째, 위장도급의 경우 원청회사의 계약 책임을 묻고자 하는 경우에 발생하는 문제이다. 원청회사와의 근로계약관계의 존재를 주장하거나 파견법상의 고용의제조항(구법) 또는 고용의무조항의 적용을 주장하는 방식으로 제기된다.

셋째, 근로계약의 성립 여부와 상관없이 원청회사에 단체교섭을 요구하거나 부당노동행위 책임을 묻는 경우에 발생하는 문제이다. 이는 이른바 사용자책임의 확대 이론과 연결되어 있다.

넷째, 원청회사와 하청회사의 불공정거래를 둘러싼 다툼이다. 이는 기본적으로 경제법의 영역에서 다루어질 성질의 문제라고 할 수 있다.

법원의 판결을 통해 주로 다투어진 사건은 위장도급이 행해진 경우 두 번째와 세 번째의 쟁점에 관한 것이다.[48]

45) 대법원 1997.7.25. 선고 95누4377 판결.

46) 이철수, 앞의 논문, 76-77면.

47) 이상의 내용은 졸고, "판례를 통해 본 사내하도급의 법적 쟁점", 노동법실무연구(김지형대법관퇴임기념논문집), 노동법실무연구회(2011.11)에 전적으로 의존한 것임.

도급관계로 위장하기 위해서는 반드시 수급인의 외형을 띠는 자를 설정하게 되는데, 이 경우 외형상 수급인이 실체를 전혀 가지지 않는 경우와 그렇지 않는 경우로 나누어 볼 수 있다. 실체를 가지지 않은 경우로 현대미포사건처럼 수급인의 법인격이 형해화되어 있는 경우 또는 수급인의 관련 행위가 직업안정법상의 유료직업소개사업을 한 것에 불과한 경우를 상정할 수 있을 것이다. 수급인의 실체가 없게 되면 근로계약관계의 성립 여부나 책임의 추급 여부를 원청회사에 물을 수밖에 없을 것이다(사용자책임의 전환). 수급인의 실체가 인정되면 어느 누구에게 사용자책임을 물을 것인가가 해석론상의 쟁점이 될 것이다. 이 경우에 기존의 파견법제가 어떻게 영향을 미치는지를 두고 입장의 대립이 존재한다.

행정지침 등에서 도급과 파견 또는 위장도급과의 구별기준을 마련하고 있으나 현실적으로 그대로 적용하는 데에는 한계가 있다. 사내하도급의 경우 근로계약적 요소와 도급계약적 요소가 비정형적으로 혼합되어 있을 뿐만 아니라 기업, 업종 및 산업마다 매우 유동적인 형태를 취하고 있기 때문이다. 사내하청은 그 속성상 혼합계약적 성격을[49] 지닐 수밖에 없다. 일의 완성을 목적으로 하는 도급계약을 이행하는 과정에서 하청근로자는 법률적으로는 하청회사의 이행보조자의 지위에 있지만, 실제적으로는 원청회사의 장소적 공간에서 자신의 노동력을 제공하기 때문이다. 근로장소를 지배하는 원청회사의 지시를 완전히 배제하는 것은 현실적으로 불가능하고 하청근로자들의 근로조건은 원청회사라는 매개변수를 거치지 않을 수 없다고 보는 것이 보다 현실적인 진단이다. 관련 판결문에서 자주 발견되는 '우월적 지위', '어느 정도의 종속성' 등의 표현은 이를 방증해 준다.

그런데 법해석론적 차원에서는 이러한 사실들을 종합적으로 고려하여 도급인지 파견인지 규범적 선택을 하여야 하고, 그 선택의 결과에 따라 현실은 사상되고 전혀 다른 경로를 거치게 된다. 즉 '노동법으로 갈 것인가? 경제법과 상법으로 갈 것인가?'의 선택을 강요받는다. 현재 노동부의 지침이나 법원의 해석처럼 도급과 파견을 모순 개념으로 이해하는 한, 40%의

48) 주요 사례를 유형적으로 정리하면 다음과 같다.
① 법인격 부인론을 원용하여 묵시적·직접적 근로관계를 인정한 사례
– 경기화학 사건: 대법원 2002.11.26. 선고 2002도649 판결.
– 현대미포조선 사건(용인기업 사건): 대법원 2008.7.10. 선고 2005다75088 판결.
– SK 사건(인사이트코리아 사건): 대법원 2003.9.23. 선고 2003두3420 판결.
② 근로자(불법)파견관계로 보아 파견법상 근로관계(고용간주)를 인정한 사례
– 울산 현대자동차 사건: 대법원 2010.7.22. 선고 2008두4367 판결.
– 아산 현대자동차 사건: 대법원 2010다106436 사건계류 중
– 예스코 사건: 대법원 2008.9.18. 선고 2007두22320 전원합의체 판결.
– 한국마사회 사건: 대법원 2009.2.26. 선고 2007다72823 판결.
– SK와이번스 사건: 대법원 2008.10.23. 선고 2006두5700 판결.
③ 근로관계는 부정하지만 노사관계(부당노동행위)는 인정한 사례
– 현대중공업 사건(사내하청업체의 노조설립에 대한 지배·개입의 부당노동행위 인정): 대법원 2010.3.25. 선고 2007두8881 판결

49) 이영면·박지순·권혁, 원하청도급관계에서의 노동법적 쟁점 및 과제, 노동부 용역보고서(2007.10), 302-304면.

지휘·명령 요소가 존재하더라도 보다 우세한 60%의 도급적 요인으로 인해, 노동법적 보호의 관념은 해석론의 세계[50]에서는 반영되기 어렵다.

판례를 통하여 위장도급의 경우 수급사업자의 실체성이 부인되는 경우에는 원사업자와 수급사업자의 근로자 간에 묵시적으로 근로계약이 성립한 것으로 해석하거나(묵시적 근로계약론 또는 법인격 무시론), 수급사업자의 실체성이 인정되는 경우에는 불법파견으로 보아 파견법상의 사용자 책임을 묻고 있다. 후자의 경우 위법한 근로자공급사업으로 보아 고용의제규정 또는 고용보호규정을 적용할 필요 없이 원사업자가 수급사업자의 근로자를 사용한 시점부터 직접 근로계약관계가 존재한 것으로 보아야 한다는 유력한 비판론이 제기되고 있다. 또한 집단적 노동관계의 경우에는 사용자 개념의 외연을 확대하여 근로계약관계가 존재하지 않는 경우에도 부분적으로 사용자 책임을 물을 수 있도록 하고 있다(사용자책임의 확대론). 사용자책임의 확대가 지배·개입의 경우에 국한되는지 아니면 단체교섭에까지 미치는지에 관해서는 아직 대법원 판결을 통해 본격적으로 다루어지지 않았지만, 다수설은 이를 적극적으로 해석하고 있다. 학설이나 판결을 통해 원사업자에게 계약책임 또는 파견법상의 책임을 묻기 위한 법적 해결방법에 다음과 같은 문제점이 극복되어야 할 것이다.

원사업주와 근로자 간의 계약관계의 성립을 전제로 한 법리 구성은, 우선 법률의 규정에 의하지 않은 채 해석으로서 당사자의 의사에 반해 계약관계 당사자가 되도록 강제하여 각종 책임을 부담하도록 하여야 하는 것이 해석재량을 일탈한 것이 아닌지에 관한 방법론상의 고민이 따른다. 아울러 수급사업자와 근로자 간의 근로계약관계의 효력이 어떻게 되는지, 원사업자와 수급사업자의 책임 귀속 내지 배분 문제를 어떻게 해결할 것인지에 관한 이론적 해명이 필요하고, 기존의 수급사업자와 근로자 간에 형성된 각종 법률관계(대표적으로 임금)를 어떻게 재해석하여야 하는지가 해석론적 과제로 남게 된다.

파견법제를 통한 규제방식은 우선 고용간주나 고용의무 규정을 두어 계약을 강제하는 방식을 취하고 있기 때문에 계약자유의 원칙을 침해할 소지가 있어 위헌성 여부가 논란될 여지가 있다. 또한 현행법에서는 고용이 강제된 경우의 구체적 근로조건, 당사자 간에 근로조건에 관한 합의를 이루지 못한 경우에 대비한 해결방법이 제시되지 않고 있다. 무엇보다도 비판론이 제기하는 바와 같이 위법파견의 경우 사용사업주와의 근로계약관계 성립 시점에 관해서는 전적으로 해석론에 맡겨져 있는바, 일본의 예에서 보듯 이 문제는 '논란의 늪'에 빠

50) 도급과 파견의 이원적 구분법에 대한 비판적 견해를 피력하면서 하도급을 노동법의 프리즘에 편입시키기 위한 고심어린 연구로는, 이병희, "파견과 도급의 구별기준 및 파견법상 직접고용간주규정의 적용범위", **사법논집**, 제43집, 법원도서관(2006); 조임영, "근로자파견관계의 판단방식과 기준", **노동법연구**, 제22호, 서울대학교노동법연구회(2007); 오윤식, "위장도급의 준별과 그 법적 효과", **민주법학**, 제37호, 민주주의법학연구회(2008); 전형배, "대법원 판례의 위장도급 유형 판단기준", **노동법학**, 제36호, 한국노동법학회(2010); 권형준, 앞의 논문; 도재형, "사내하도급 관계에서 근로자 파견의 인정기준", **법조**(2011.8) 등 참조.

질 수 있는 hard case여서, 탈법행위의 유형과 위법성의 정도 등을 감안한 입법론적 작업이 필요할 것이다.

위와 같은 연유로 사내하도급과 관련한 입법론적 대응방안을 특별히 강구하여야 할 것으로 보인다. 입법론의 출발점은 노동법 아니면 상법이라는 양자택일의 이분법(all or nothing)을 지양하는 데에서 찾아야 할 것이다. 이는 근로자 개념의 어려움을 타개하기 위한 한 방편으로 ILO가 권고하는 이른바 '계약노동'(contract labor)에 관한 해법과 유사하다. 사내하청의 문제를 노동시장과 재화시장의 중간영역에 존재하는 회색지대(gray zone)로 위치지우고, 이러한 법현상에 대해서는 해석론상의 조작을 지양하고 '있는 사실 그대로(as it is)' 실태에 즉응하는 해법을 찾아야 할 것이다. 일례로 원청회사의 장소적 공간에서 발생하는 근로조건, 예컨대 근로시간, 산업안전, 성희롱 방지 등의 배려의무, 산업재해 등에 대해서는 원청회사에 사용자 책임을 지우고 이러한 사항과 관련하여 하청근로자에게 집단목소리(collective voice) – 그것이 단체교섭이든 경영참가의 방법이든 – 를 보장하는 방법을 생각해 볼 수 있을 것이다. 다면적 근로관계의 외양을 띠면서 규범의 세계에서는 양면적 근로관계로 평가받기도 하는 하도급은 '히드라'와 같은 존재이다. 최근의 판결들을 통해 이제 막 해석론적 쟁점이 추출되고 법원이 나름대로의 이론을 모색하고 있지만, 이 이상한 생물체를 잘 추스르기 위해서는 국회와 정부도 진지한 고민을 기울여야 할 것이다.

2. 통상임금

(1) 2012년 금아리무진 판결 이후 통상임금의 범위를 둘러싸고 소송이 봇물처럼 터지고 있다. 2013년 6월 현재 163개 사업장에서 관련 소송이 진행 중이고 업종별로는 운수업(101개 사업장), 제조업(44개 사업장)이 주류를 이루고 있다. 통상임금에서 제외된 수당을 포함시켜 연장근로수당이나 주휴수당 또는 연차휴가 수당 등에 있어 미지급된 차액을 추가로 지급할 것을 요구하는 사안들이다. 고정상여금을 비롯하여 하계휴가비, 명절 귀향비, 선물 또는 선물비, 유류티켓, 직무수당, 조정수당, 판매수당, 가계안정비, 대민활동비, 특수업무수당, 급식비와 교통보조비 등 논란이 되는 수당의 카탈로그도 실로 다양하다.

정기상여금이 통상임금에 포함될 수 있다는 2012년의 금아리무진 판결(대법원 2012.3.29. 선고 2010다91046 판결)로 통상임금 문제가 세인의 관심을 끌게 되었지만, 법리적 관점에서 보면 그 이전의 사건과 성격을 달리하는 것은 아니다. 그러나 다른 수당과 달리 고정상여금이 통상임금에 포함되면 산업계에 미치는 영향[51]이 워낙 크기 때문에 판결의 결과에 대한 관심은 물론이고 법제도적 관점에서 재검토가 필요[52]하다는 지적이 거셌다.

51) 영향효과와 관련하여 경총의 38조, 한국노동연구원의 21조, 한국노총의 5.7조 등 다양한 진단이 나오고 있다. 임금제도개선위원회, 통상임금관련자료(2013.6.27), 12면 이하 참조.

그런데 금아리무진 사건 이후 고정상여금이 통상임금에 포함되는지의 여부와 관련된 사건이 하급심에서 많이 다루어졌으나 법원마다 결론을 달리하거나 상호모순적인 판결이 나와[53] 혼선이 빚어졌다.

(2) 이러한 혼선을 해결하기 위해 대법원은 공개변론과 연구를 거쳐 2013년 12월 18일 전원합의체 판결(대법원 2013.12.18. 선고 2012다89399 판결, 대법원 2013.12.18. 선고 2012다94643 판결)을 내리게 된다. 하급심에서 의견의 대립을 보인 부분이 '고정성'의 요건이었기 때문에 전원합의체 판결에서 이와 관련하여 보다 구체적인 해석기준을 제시하고 있다

동 판결에 따르면 고정성이란 초과근로를 제공할 당시에 그 지급여부가 업적, 성과 기타 추가적인 조건[54]과 관계없이 사전에 이미 확정되어 있는 것을 의미하고, '고정적인 임금'은 '임의의 날에 소정근로시간을 근무한 근로자가 그 다음 날 퇴직한다 하더라도 그 하루의 근로에 대한 대가로 당연하고도 확정적으로 지급받게 되는 최소한의 임금'을 의미한다.[55] 고정성 요건과 관련하여 판결문에서는 "이 요건은 통상임금을 다른 일반적인 임금이나 평균임금과 확연히 구분짓는 요소로서 통상임금이 연장·야간·휴일 근로에 대한 가산임금을 산정하는 기준임금으로 기능하기 위하여서는 그것이 미리 확정되어 있어야 한다는 요청에서 도출되는 본질적인 성질이다"라고 설시하고 있다.[56] 기존의 대법원 판결에서 고정성의 유무를 '실제 근무성적에 따라 지급 여부 및 지급액이 달라지는지의 여부'[57]에 따라 판단한 것에 비하여 진일보한 입장을 취하고 있다.

이러한 해석론에 따라 근무일수나 근무실적에 따라 지급액의 변동이 있게 제도가 설계되어 있더라도 고정성이 인정될 수 있는 길을 열어 놓았다고 할 수 있다.

> "매 근무일마다 일정액의 임금을 지급하기로 정함으로써 근무일수에 따라 일할 계산하여 임금이 지급되는 경우에는 실제 근무일수에 따라 그 지급액이 달라지기는 하지만, 근로자가 임의의 날에 소정근로를 제공하기만 하면 그에 대하여 일정액을 지급받을 것이 확정되어 있으므로, 이러한 임금은 고정적 임금에 해당한다."[58]
>
> "지급 대상기간에 이루어진 근로자의 근무실적을 평가하여 이를 토대로 지급 여부나 지급액이

---

52) 경총은 인건비 상승과 일자리 감소(37만개)의 문제점을 지적하면서 정기상여금을 통상임금에서 제외하는 내용의 근로기준법시행령 개정을 요구하였고, 노동계는 정기상여금을 통상임금에 포함토록 '통상임금 산정지침'(노동부 예규)의 변경을 요구하였다. 민주당 홍영표 의원과 진보당의 심상정 의원이 법률개정안을 발의하였다. 그리고 정부에서도 임금체계의 합리화와 임금제도의 개선을 위해 임금제도개선위원회를 발족시켜 논의를 하였다. 위의 자료, 1-2면 참조.

53) 이에 관한 최근의 분석자료로 김성수, "통상임금에 관한 최근 판결례분석", <현행임금법제의의 문제점과 해결책은 무엇인가?> 법무법인 지평지성 주최 세미나자료집(2013.7.9) 참조.

54) 추가적인 조건이란 초과근무를 하는 시점에 그 성취 여부가 불분명한 조건을 의미한다.

55) 대법원 2013.12.18. 선고 2012다89399 판결, 11면.

56) 대법원 2013.12.18. 선고 2012다89399 판결, 10면.

57) 대법원 1996.2.9. 선고 94다19501 판결; 대법원 2012.3.15. 선고 2011다106426 판결 등 참조.

58) 대법원 2013.12.18. 선고 2012다89399 판결, 12면.

정해지는 임금은 일반적으로 고정성이 부정된다고 볼 수 있다. 그러나 근무실적에 관하여 최하 등급을 받더라도 일정액을 지급하는 경우와 같이 최소한도의 지급이 확정되어 있다면, 그 최소한도의 임금은 고정적 임금이라고 할 수 있다."[59]

이러한 해석론에 따르면 일반적인 정기상여금의 경우 이미 사전에 확정되어 있어 고정성이 인정됨은 당연하다고 본 것이다.

그런데 지급일이나 기타 특정시점에 재직 중인 근로자에게만 지급하기로 정해진 임금과 관련하여 기존의 입장과 달리 색다른 해석론을 개진하고 있다. 이러한 재직요건은, 특정 시점에 그 성취 여부가 이미 확정되어 있는 근속연수요건 등과 달리, 그 성취 여부가 불분명하기 때문에 소정근로의 대가로 보기 힘들고 비고정적이라는 것이다. 기왕에 근로를 제공했던 사람이라도 특정시점에 재직하지 않는 사람에게는 지급하지 아니하고, 그 특정시점에 재직하는 사람에게는 기왕의 근로 제공 내용을 묻지 아니하고 모두 이를 지급하는 것이라면, 이러한 조건은 임금청구권의 발생을 위한 일종의 '자격요건'으로 파악하여야 하고 자격의 발생이 장래의 불확실에 사실에 의존하기 때문에 비고정적이라는 논리를 펴고 있다.[60] 복리후생비 판결에서 명절상여금을 고정상여금과 달리 비고정적인 임금으로 판단한 이유이다. 이렇게 해석하면 향후 복리후생비의 대부분이 통상임금에 포함되지 않을 수 있게 될 것이다. 왜냐하면 1임금 지급기를 초과해서 지급되는 복리후생비의 경우 중도에 퇴사하면 그 지급을 청구하지 않는 것이 일반적인 관행이기 때문이다.

(3) 전원합의체 판결은 '사전확정성'을 고정성 판단에 있어 핵심적 요소로 삼고 있어 지급액의 절대고정성에 함몰되어 있던 기존의 논의를 극복할 수 있는 길을 열어준 점에서 보다 진일보한 해석론을 개진한 것이라 평가할 수 있다. 지급액의 변동 여부에 따라 기계적으로 고정성 유무를 판단하던 다수의 하급심 판결[61]들은 더 이상 지지될 수 없게 되었다. 대상판결이 발표되기 전 금아리무진 판결을 평석하면서 필자가 지적한 논지와 동일한 맥락이다[62]:

"통상임금은 법정수당을 산출하기 위한 도구개념이기 때문에 그 기능을 제대로 수행하기 위해서는 사전에 미리 확정될 것이 요구된다. 그리고 통상임금개념을 도입한 입법취지에 비추어 근로의 가치를 적정하게 반영하여야 한다. 통상임금의 개념 요소 중의 하나인 '고정성'도 이러한 통상임금의 사전확정성과 적정반영 필요성이라는 요청에 부합하는 방향으로 해석되어야 한다." 이와 관련 정인섭 교수는 고정성을 사전확정성으로 이해하면 족하고, "앞으로 소정근로를 제공하면 받게 될 '현재의 시점에서 확정할 수 있는 임금'[63]이면 고정성의 요건이 충족된 것으로 보아야 한다고 주장하는 바,

59) 대법원 2013.12.18. 선고 2012다89399 판결, 14면.

60) 대법원 2013.12.18. 선고 2012다94643 판결, 2-3면 참조.

61) 이에 관한 자세한 소개는 졸고, "통상임금에 관한 최근 판결의 동향과 쟁점-고정성의 딜레마", **서울대학교 법학**, 제54권 3호(통권 제168호), 서울대학교 법학연구소(2013.9), 893면 이하 참조.

62) 졸고, 위의 논문, 899-900면.

63) 정인섭, "임금법상 비교대상임금과 통상임금", **노동법연구**, 제21호, 서울대학교 노동법연구회(2007), 138면 참조.

통상임금의 취지를 잘 살린 탁견이라 할 수 있다. 따라서 사전확정성을 저해할 소지가 있는 제 조건을 규정하였다 하더라도, 이를 임금 또는 통상임금의 본질에 영향을 미치지 않는 방향으로 해석해야 할 것이다. 당사자의 주관적 의지로 인해 객관적 법질서가 형해화될 위험이 있고 그로 인해 법적안정성[이] 심각하게 훼손되기 때문이다."

그런데 전원합의체 판결은 재직자에게만 지급하는 복리후생비의 경우 고정성이 결여된다는 이유를 들어 통상임금에 해당되지 않을 수 있다고 판시하여 기존의 판례법리[64]를 변경하고 있다. 이러한 재직요건은 임금청구권의 발생을 위한 자격요건이고 그 성취 여부가 불분명하기 때문에 소정근로의 대가로 보기 힘들고 비고정적이라는 것이다. 그 결과 복리후생비의 일반적 관행을 고려하면 대부분의 복리후생비가 통상임금에 해당되지 않게 되고 이는 임금이분설을 취하고 있던 시절과 유사한 결과를 초래할 가능성이 높다.

이 점과 관련하여 정기상여금 판결에서 '일정한 근무일수를 충족하여야만 하는 임금'[65]의 개념을 도입하고 있는 점이 눈에 띈다. '일정 근무일수를 충족하여야만 지급되는 임금'은 소정근로를 제공하는 외에 일정 근무일수의 충족이라는 추가적인 조건을 성취하여야 비로소 지급되는 것이라는 것이다. 나아가 이러한 임금군은 이른바 '소정근로'에 대한 대가의 성질을 가지는 것이라고 보기 어렵다는 것이다. 그러면서도 재직요건이 부가되어 있다 하더라도 재직기간까지의 기간에 비례한 만큼의 임금이 지급되는 경우에는 고정성이 부정되지 않는다고 한다.[66]

필자는 전원합의체 판결이 왜 종전의 견해를 바꾸었는지 이해하기 힘들다. 기존의 대법원 판결 등을 통해 복리후생비의 문제는 일단락되었고 이 점과 관련하여 노사 공히 별 이의를 제기하지 않아 분쟁의 여지가 사라진 사안에서, 전합판결과 같이 재직요건의 구체적 내용과 당사자의 명시적, 묵시적 합의나 관행의 존재 등을 들어 달리 해석할 여지를 남기는 것은 통상임금의 사전확정성이나 법적안정성의 견지에서 바람직하지 않기 때문이다. 더구나 이러한 재직요건이 존재하면 정기상여금의 경우에도 통상임금성이 부정된다는 주장이 나와 노사갈등의 새로운 불씨가 되고 있는 사정을 고려하면, 이 점은 비판적으로 검토되어야 할 것이다.

(4) 현행의 통상임금제도는 다음과 같은 문제점을 안고 있다.

첫째, 통상임금문제는 기본적으로 임금체계의 복잡성에서 기인하는 것이다. 이 복잡성은 정부의 임금가이드라인정책, 사용자의 임금유연화 전략, 노동조합의 전략적 동조 등의 복합적 요인이 작용한 것이다. 둘째, 기본급의 비중이 매우 낮은 기형적인 구조를 취하고 있으며

64) "복리후생적 명목의 급여가 지급일 당시 재직 중일 것을 지급조건으로 하는지 여부에 관하여 심리하지 아니한 채 해당 급여가 단체협약 등에 의하여 일률적·정기적으로 지급되는 것으로 정해져 있다는 사정만으로 통상임금에 해당한다고 판단한 대법원 2007.6.15. 선고 2006다13070 판결 등을 비롯한 같은 취지의 판결들은 이 판결의 견해에 배치되는 범위 내에서 이를 모두 변경하기로 한다." 대법원 2013.12.18. 선고 2012다89399 판결, 16면.

65) 대법원 2013.12.18. 선고 2012다89399 판결, 12면.

66) 대법원 2013.12.18. 선고 2012다89399 판결, 13면.

제수당 종류와 비중, 상여금의 비중이 사업장마다 천차만별[67]이다. 노사의 상호양해로 임금체계가 형성된 대규모, 유노조 사업장일수록 수당의 종류가 많고 임금체계가 복잡하고 상여금이 차지하는 비중이 높다. 셋째, 통상임금이 노동의 가치를 적정하게 반영하지 않음으로써 실질적으로 초과근무할증률을 낮추는 효과[68]가 있고 이는 장시간 근로를 조장한 측면이 있다. 넷째, 임금체계의 개선을 위한 어떠한 노력도 발견할 수 없었다. 정부는 기존의 예규를 고집하였고 노사는 기업별 교섭을 통해 단기적 이익 조정에 급급하였다.

현행의 임금체계상의 난맥상은 정부정책, 노사관계적 측면에서 그 원인을 찾을 수 있는 바, 이 중 통상임금과 관련하여 가장 큰 문제는 통상임금의 소정근로의 가치를 적정하게 반영하지 못함으로써 근로시간 단축을 위한 가산임금제도의 취지를 살리지 못하고 오히려 장시간 근로를 조장하는 요인으로 작용했다는 점이다. 최근의 상여금 소송은 거의 대부분이 초과근로수당의 계산에 관련된 것으로 기본적으로 장시간근로의 문제이다. 나아가 업종, 기업규모, 고용형태, 노사관계의 지형에 따라 임금체계의 차별성이 심하고 임금구성 항목 간의 불균형성, 기형성으로 인해 생기는 노동사회학적 병리가 심각하다. 이런 기현상에 법은 일조하지 않았는가? 향후 문제해결에 법은 기여할 수 없는가? 필자의 소견으로는 지금까지 법해석상의 혼선으로 인해 문제의 심각성을 배가시켰으며, 향후 합목적적인 법해석을 통해 문제해결에 일조해야 한다고 생각한다. 이러한 역할은 종국적으로 법원의 몫이다. 그러나 통상임금을 둘러싼 해석론상의 난맥상은 기본적으로 우리 임금체계의 복잡성과 기형성에서 기인하는 문제이기 때문에, 임금체계의 개선이 선행되어야 할 것이다.

3. 새로운 종업원대표제의 모색

(1) 현행법상 종업원의 집단목소리(collective voice)를 반영하는 제도로 근로기준법상의 근로자대표, 노동조합, 노사협의회를 상정하고 있다. 이들 제도간의 규범적 위상과 기능이 불분명하고 때로는 착종되어 있어서 법운용상 혼선을 빚고 있다. 더구나 기능적인 측면에서 노동조합의 대표성에 관해 의문이 제기되는 등 특히 사업장 차원의 노사관계에서 많은 변화가 일어나고 있다. 더구나 복수노조 시대를 맞이하여 소수노조의 발언권 보장도 중요한 이슈로 부각되고 있다.

근기법상의 '근로자대표'는 1990년대 후반 이후 새롭게 등장한 개념이다. 근로기준법에 이 개념이 도입되었지만 현재는 근로자퇴직급여보장법 등 여타의 법률에서 이용되고 있다. 그러나 근로자대표는 법제도적 측면에서 보면 과반수노조가 존재하지 않는 경우 대표성의

---

67) 이에 관한 가장 최근의 통계자료로 임금제도개선위원회, 임금제도개선위원회논의자료 2(2013.7.24) 참조.

68) 김유선 박사의 분석에 따르면 소정근로에 대한 시간당 임금 평균이 18,000원임에 비해 초과근로에 대한 시간당 임금 평균이 14,000원으로 추정되는 기이한 현상이 발생한다(임금제도개선위원회, 통상임금관련자료(2013.6.27), 17면). 이것이 연장근로의 유인으로 작용함은 물론이다.

취약이라는 치명적 약점을 안고 있을 뿐만 아니라 개념의 모호성으로 인해 해석론상 다툼이 많아 법적 안정성을 훼손시키고 있다.

한편, 근참법에서는 상시근로자 30인 이상 사업장에서 의무적으로 노사협의회제도를 설치할 것을 법적으로 강제하고 있다. 그러나 규모가 작고 노조설립의 가능성이 낮은 사업장에서는 사용자들이 노사협의회 설치를 꺼려하거나 그 운영이 다분히 형식에 치우치고 있는 실정이고, 노사협의회가 종업원 전체의 이익을 대변해야 함에도 불구하고 정규직 또는 노동조합 중심으로 운영되어 사업장내 취약근로자를 대변하지 못하고 있다. 근로자 위원 선출절차 이행의 주체가 불명확하고 근로자 참여를 위한 절차규정이 미비함으로써 무노조 사업장의 경우 직접선거를 행하는 사업장은 50%에 미치지 못하고 회사가 지명하거나 추천하는 경우(22.8%) 또는 일부 선거 일부추천을 행하는 사업장(17.3%)도 다수이다.

노동조합을 헌법 제33조의 근로3권을 향유할 수 있는 유일한 단체로 전제하고 있는 현재의 주류적 해석론(노동조합중심주의)에 따르면, 임의단체인 노동조합과는 조직상 구별되는 종업원대표 제도를 법정화하고 여기에 권한을 강화하고자 하는 방안은, 자칫 노동조합의 약체화 또는 단체교섭의 위축 등을 이유로 위헌론의 시비를 불러일으킬 소지가 없지는 않다. 그러나 노동조합의 조직률 하락으로 인한 대표성 약화, 고용형태의 다양화로 인한 다원적 채널의 필요성, 취약근로자의 조직화 미비 등의 현실적 요인을 고려하면 노동조합 외의 대안을 모색하는 일은 필요하다 할 것이다.

노동조합중심주의에 따라 노동조합을 제외한 여타의 종업원대표는 보충적 지위에 불과하다는 점을 시인한다 하더라도, 노동조합이 없거나 소수노조가 존재하는 경우 종업원 전체의 의견을 반영할 수 있는 상시적 메커니즘의 필요성이 존재한다. 그렇다면 현행의 근기법상의 근로자대표나 노사협의회가 그 대안이 될 수 있을까? 현행의 근로자대표나 노사협의회는 문제점을 노정하고 있을 뿐만 아니라 그 대표성이 의심을 받고 있어 집단적 노사자치를 담보하기가 어렵다.

(2) 이러한 이유로 상설적인 대표시스템 모델을 몇몇 학자들이 제시하고 있다. 눈에 띄는 공통점은 노사동수로 구성되는 협의체(committee) 모델을 선호하고 있다는 점이다. 필자는 종업원들만으로 구성되는 위원회 방식(work council) 방식을 제안하고자[69] 한다.

노사협의회는 노사동수의 회의체 기관으로 협의와 의결 기능을 수행하고 있으나, 여기에 참여하는 근로자위원들을 근로자대표기관으로 볼 수 있는지가 불분명하다. 근로자들의 선거 또는 과반수 노동조합의 위촉을 통해 선출된다는 점에서 대표기관으로서의 형식적 정당성은

69) 필자는 종래 협의회 방식을 주장하였으나 본고를 통해 그 입장을 변경하고자 한다. 사업장 차원의 대표 개념의 재정립의 배경과 비교법적 분석에 관해서는 졸고, "통일적인 종업원 대표시스템 정립을 위한 소고", 산업관계연구, 제21권 제1호, 한국노사관계학회(2011.3) 참조.

인정될 수 있으나, 대표기관이라 함은 적어도 피대표자의 이익을 위해 그의 의사를 대신 결정하고 반영할 수 있는 절차적 시스템과 독립적 활동을 보장받아야 할 것인데, 노사협의회의 근로자대표는 그러한 독립성을 보장받지 못하고 있고, 의결절차상으로도 근로자측의 의결을 실현시키거나 사용자측의 일방적 조치를 저지시킬 법적 권한들(동의권, 거부권, 이의제기권 등)을 가지고 있지 못하다. 그간의 경험을 보면 실제 노사협의회는 어떠한 '주체'로 상정되기보다는 법상의 경영참여 기능을 수행하기 위한 '형식'으로 관념되어 왔다고 볼 수 있다. 그 결과 노사협의회는 근로조건결정권을 가지는 독립된 실체로 인정되기 어렵다. 협의 및 의결사항과 관련하여 근참법상 이행의무와 처벌규정을 두고 있으나, 이행의무와 관련하여 노사협의회 또는 근로자 대표가 사법상 청구를 행할 수 있는지에 대해서는 의문이 있다. 근참법상의 참여권은 사법상의 권리침해에 대한 손해배상이나 방해배제로 구성하기가 어려움이 있고 현행 근참법도 이 점을 고려하고 있지 않다.[70)]

이에 반해서 근기법상의 근로자대표와 사용자가 체결한 서면합의의 경우에는 직·간접적으로 당해 사업장의 근로자들의 근로조건을 결정 내지 변경하는 효력이 인정된다. 단체협약과의 규범적 위계 또는 개별 근로자의 개별적 동의 내지 취업규칙의 변경이 필요한지의 여부와 관련하여 입장의 대립이 있지만, 적어도 계약 주체로서의 실체성은 전제되어 있다고 할 수 있다.

새로이 구상하고자 하는 대표시스템은 경영참여의 기제로서뿐만 아니라 사업장 차원의 근로조건의 결정주체로서의 역할을 부여하고자 하기 때문에 위원회 방식이 보다 효과적일 것으로 보인다. 요컨대 독일의 종업원위원회 내지 사업장위원회와 같이 종업원들만으로 구성되는 단체로 관념하여 강한 실체성(entity)을 부여하는 것이 필요할 것이다.

제 외국의 예에 비추어 종업원대표를 제도화하기 위해서는 입법이 개입하는 것이 보편적인데, 그 정당성을 부여받기 위해서는 종업원대표가 종업원 전체를 대표하는 정통성을 가질 수 있어야 한다. 노조의 경우 이러한 정통성이 조합원의 의사에 기초한 수권에서 나온다. 반면 종업원대표제의 경우 근로자가 종업원집단의 일원이라는 이유만으로 대표-피대표 관계가 설정되어 버리므로 종업원대표가 대표로서의 정통성을 가지기 위해서는 집단적 수권을 통해서 그 대표성 내지 정통성을 인정받아야 할 것이다. 그리고 그 정통성은 바로 민주적 선거를 통해서 구현될 수밖에 없고 이 점이 입법에 충분히 반영되어야 할 것이다. 제 외국의 예에 비추어 사업장내 근로자 대표시스템의 정비에 있어 역사적 경로와 현재의 법제도가 상이함에도 불구하고 대부분의 입법례에서 대표의 민주적 정통성에 비상한 관심을 가지는 것도 바로 이러한 연유에서이다. 필자가 노사동수의 회의체 방식인 노사협의회보다는 독일식

70) 신권철, "노사협의회의 법적 지위와 역할", **노동법연구**, 제35호, 서울대학교 노동법연구회(2013), 285면 이하 참조.

의 종업원위원회 방식을 제안하는 것도 같은 맥락이다.

(3) 종업원위원회가 설치될 경우 그 권한을 어느 정도 허용할 것인지는 입법정책상의 문제이긴 하지만 노동조합의 근로3권을 침해하지 않은 범위에서 설계되어야 할 것이다. 왜냐하면 헌법의 개정 없이 해석론으로 노동조합중심론을 부정하기는 어렵기 때문이다. ILO는 다원적인 의사소통 채널을 권장하고 있으면서도, 종업원대표제가 기존 노동조합을 약화 또는 대체하거나 새로운 노동조합의 결성을 방해하지 말 것을 줄곧 강조해 오고 있다. 이를 위해 종업원대표의 기능을 단체교섭의 대상사항에 포함되지 않거나 근로조건의 결정과 관련해 다른 제도로써 일반적으로 다루어지지 않는 상호 관심사로 국한할 것을 권고한다. 이러한 점들을 감안하면 현행의 근참법 제5조에서 명시하고 있듯이 종업원위원회가 노동조합의 단체교섭 기능을 위축시키는 방식으로 설계되어서는 안 될 것이다.

종업원위원회가 법정화될 경우 현행의 유니온숍제나 사업장 차원의 일반적 구속력제도는 재검토가 요구되고 취업규칙제도도 근원적으로 개선이 필요하다.

유니온숍 제도는 개인의 소극적 단결권 내지 단결선택의 자유를 침해하여 위헌성이 논란되는 점은 물론, 과거 노동조합 외의 다른 대안에 대한 발상이 존재하지 않던 시절에 단결강제의 일환으로 인정되던 것이고 현재 선진제국에서 그 합법성을 인정하는 예가 오히려 극소수에 불과하다는 점을 고려하면 전향적인 개선이 필요하다. 사업장 차원에서 상설적인 종업원위원회가 존재하게 되면 종업원의 근로조건 개선을 위해 노조에 가입할 것을 강제하는 방식보다는 종업원위원회의 대표성을 강화하는 방안을 모색하는 것이 보다 합리적이다.

사업장 차원의 일반적 구속력 제도는 그 취지가 불분명하고 비조합원의 무임승차를 조장하는 문제점을 안고 있을 뿐만 아니라, 근로조건 통일화를 그 제도적 취지로 이해한다 하더라도 상설적인 종업원위원회에게 그 기능을 맡기면 되지, 굳이 이러한 법적 의제를 행할 필요는 없을 것이다.

사용자가 일방적으로 작성하는 취업규칙에 법규범성을 인정하는 것 자체가 원리적으로 문제가 있다. 이 제도는 과거 종업원의 대표시스템이 제대로 작동하지 못할 경우에 대비하여 국가가 후견자적 견지에서 근로조건유지 개선을 도모하기 위해 안출된 제도라는 점, 그럼에도 불구하고 현실적으로는 사용자의 주도에 의해 당사자의 계약의사가 무시되기 일쑤라는 점 등을 고려하면, 종업원위원회가 집단협정을 통해 근로조건을 형성하도록 하는 것이 바람직하고 또한 이러한 접근은 제 외국의 예에 비추어 보편적인 현상이다.

Ⅵ. 결　어

1. 1980년대부터 거세게 전세계를 강타한 신자유주의적 사조가 우리의 특수한 IMF 구제

금융 위기와 맞물려 우리의 노동법제가 어떻게 변화, 발전해 왔는지를 살펴보았다. 그리고 2008년 미국발 금융위기를 계기로 신자유주의에 대한 반성과 새로운 패러다임의 필요성에 대한 인식은 우리 법제에도 상당한 영향을 미치게 되고 그 결과 하도급근로자 보호와 같이 양극화, 불평등 해소문제가 노동사회법제의 주요관심사로 등장하게 된다. 본고에서 다루지 않았지만, 특수직 종사자 보호나 간접고용의 합리적 규율과 관련한 최근의 법 개정 논의, 정년법제의 개정 등도 이러한 흐름과 맥을 같이한다고 평가할 수 있을 것이다.

1987년 이전 정변이 있을 때마다 비정상적 입법기관에서 개악을 거듭해오던 우리의 부끄러운 노동법 개정사에 비추어 보면, IMF 이후 우리의 노동법제는, 내용상으로는 국제기준에 부합하는 방향으로, 과정상으로는 정상화를 찾아가는 방향으로 발전을 거듭해왔다고 총평해도 무방할 것이다. 2000년대 초반 노동의 유연화와 탈규제 논의가 대세를 점했지만, 근로시간 단축과 비정규직 보호를 위한 법제가 전문가 집단, 노사정위원회 또는 국회 등의 공론화 과정을 거쳐 국민적 관심 속에서 마련되었다는 사실을 보면 — 그 결과에 대해 평가가 각기 상이하지만 — 사회적 조합주의가 다각도로 실험되어 왔다고 할 수 있다.

앞에서 살펴본 대로 노사정위원회를 통한 1998년의 2.6. 대타협은 IMF를 돌파할 수 있게 한 원동력이었다. 그 이후 합의에 이르지 못한 사항이라도 사회적 대화를 통해 일차적으로 갈등을 흡수하였고 입법 또는 정책과정에 정제된 논의거리를 제공한 점은 제대로 평가받아야 할 것이다. 한 때 우리나라 학자들이 벤치마킹하고자 했던 아일랜드 모델도 기실 우리의 노경총 임금합의와 유사할 뿐이라는 점을 고려한다면, 우리의 사회적 대화는 저평가된 측면이 많다. 근본주의적 시각에서 사회적 대화를 폄훼하거나 그간의 노사관계개혁위원회나 노사정위원회의 활동에 대해 부정적 평가를 하는 것은 온당하지 않다고 생각한다. 특히 사회적 대화를 위한 전제조건이 성숙되지 않았다는 등을 이유로 노동계가 소극적인 자세를 취하는 것은 현명한 선택이 아니라 할 것이다. 왜냐하면 사회적 조합주의는 총체적으로 보면 노동의 발언권을 강화시켜 주기 때문이다. 경제정책 부서의 의견이 지배적이고 사회정책 부서의 목소리는 뒷전으로 밀릴 수밖에 없는 현 정부조직 구도 하에서, 단기적이고 가시적인 성과만을 강조하는 것은 현실성이 떨어질 뿐만 아니라 모험주의의 오류를 범하는 것이 된다. 사회적 조합주의를 소외된 노동의 목소리를 제도적으로 수렴하고 산업민주주의를 진작시켜 나가기 위한 과정으로 이해한다면, 최소한 그 형식과 방법론은 존중되어야 할 것이다. 정부조직 내에서 노동·복지·사회정책 영역의 발언권을 강화시키기 위해서라도 징검다리 역할을 하는 사회적 협의기구는 반드시 필요하다.

2. 본고에선 자세히 다루지 않았지만 판례법리를 볼 때에도 2000년대 초반과 후반의 경향에는 많은 차이가 발견된다.

2000년대 초반의 노동판례의 흐름에 대해 이흥재 교수는 단호하게 노동법의 위기라고 진단한 바 있다. 그는 시민법적 인식으로의 회귀 및 시민법적 인식 지속이라는 비판적 관점을 제시하면서, 구체적으로 특수형태근로종사자에 대한 근로자성 인정의 인색, 경영해고 요건 충족에 대한 완화된 해석, 단체교섭의 상대방으로서의 사용자 인정의 엄격성, 해고의 절차적 제한에 대한 엄격성 결여, 쟁의행위에 대한 획일적인 업무방해죄 적용, 직권중재제도의 합헌성 인정 등의 문제점을 제시하였다.[71] 필자도 이 교수의 입장과 기본적으로 인식을 같이한다.

그러나 이용훈 대법원장이 재직한 2000년대 후반에는 근로권과 노동삼권의 보장 측면에서 보다 전향적인 흐름을 띠게 된다. 개별적근로관계법 분야에서는 대체로 근로자보호의 관점이 많이 부각되고 과거에 비해 노동법원리에 보다 충실하게 접근하고 있다. 근로자성 판단에 있어서 완화된 해석의 도입, 대기발령의 합리적 제한 법리, 노조전임자 활동의 업무재해성 인정의 확대 등을 그 예로 들 수 있다. 무엇보다도 현대미포조선 사건에서의 묵시적 근로관계의 인정, 예스코 사건에서의 불법파견에 대한 고용의제조항의 적용, 현대중공업사건에서의 사용자 책임의 확대 등 일련의 대법원 판결은, 구체적 타당성을 기하기 위한 과감한 해석론을 시도하고 그 이후의 노사관계에 많은 영향을 끼쳤다. 집단적노사관계법 분야에서는 보다 엄격하고 세밀해진 법리를 적용함으로써 과거의 보수적인 입장이 일정부분 완화되었다. 산별조직에서의 전임자 활동범위의 확대, 안전보호시설 위반의 쟁의행위에 대한 책임 제한, 일반 조합원의 민사책임 제한, 단체교섭 거부에 대한 위자료 지급 인정, 쟁의행위 찬반 투표에서의 평조합원의 의사 존중 등이 대표적인 사례로 꼽힌다. 특히 위법쟁의행위의 업무방해죄 성부와 관련된 대법원 2011.3.7. 선고 2007도482 전원합의체판결은 기존의 법리를 변경하여 보다 엄격하고 신중한 접근을 통해 근로자의 단체행동권의 보장을 도모하고자 한 점에서 매우 의미있는 판결이라 할 수 있다.

이런 점에서 보면 최근의 몇몇 판결들, 예컨대 시민법논리에 치중한 손배가압류 판결, 근로권보다 경영권을 우월시하는 판결기조, 신의칙 법리 원용을 통한 근로자에 대한 사실상의 경영책임 부과 등의 사례는 본고에서 살펴 본 노동법제의 진화과정에 비추어 보면 매우 퇴영적인 자세를 취하고 있다고 할 수 있다. 이와 더불어 휴일근로가 연장근로에 포함되지 않는다는 노동부의 해괴한 해석, 코레일 파업의 대처과정에서 보여준 대화의 부재, 경제부처의 노동행정에의 간섭 등의 일련의 흐름들은 경제민주화라는 시대적 흐름에 역행하는 우려할 만한 사태라 아니할 수 없다.

71) 이흥재, "대법원의 근로관계 인식에 대한 재조명", 서울대학교 법학, 제43권 제3호, 서울대학교 법학연구소 (2002.9), 205-228면 참조.

25. 노동법의 헌법상 근거로서 헌법 제119조의 가능성*

이 승 욱**

Ⅰ. 서 설

최근 우리나라에서 급속하게 진행되고 있는 노동시장의 이중화 또는 분절 현상은 기존의 노동법체계에 의해서 해소되기 어려운 성격을 가지고 있다. 현행 노동법체계는 기간의 정함이 없는 풀타임 남성 고용을 대상으로 한 이른바 표준적 노동관계를 전제로 하고 있다. 그러나 노동시장의 분절 현상은 이러한 전제를 와해시키고 있다. 그 결과, 청년, 고령자, 여성 등 노동시장에서 전통적으로 배제되어 온 집단에 대해서는 노동법의 전통적인 근거가 되어 온 헌법 제33조가 예정한 기능이 작동하지 않고 있다. 바꾸어 말하면 노동삼권을 내용으로 하는 헌법 제33조는 근로자 전체가 아니라 그 일부에 대해서만 유용하고 그 보호를 목적으로 하는 노동법의 근거로서 여전히 기능하지만, 노동시장 전체를 포섭하는 노동법의 근거로서는 한계를 노출하고 있는 것이다.

그렇다면, 일자리를 포함한 전체 노동시장 규율에 관한 기존의 규범적 구조가 현재와 미래의 노동시장의 변화에 적절하게 대응할 수 있도록 되어 있는지, 그것이 아니라면 노동시장을 둘러싼 제도적 규율의 규범적 근거와 좌표를 어디에 설정하여야 하는지에 대한 근본적인 문제를 제기할 필요가 있다.

지금까지의 우리나라의 경제정책이나 사회정책을 돌이켜 보면, 노동시장의 이른바 분절화 내지 파편화(segmentation) 현상을 도외시하고 경제의 양적 성장에만 초점을 두어 온 것을 부정할 수 없다. 개별 기업차원에서도 '사업장의 균열'(fissured workplace)이라고[1] 불리는 상황을 감수하면서 비용의 최소화와 수익의 극대화를 통한 성장에만 집중하여 왔다. 그 결과, 경제성장의 혜택을 누리는 자와 거기에서 완전히 배제된 자가 뚜렷하게 나뉘면서 양자 사이에는 심각한 경제적·사회적 불평등과 이로 인한 사회적 갈등이 발생하고 있다.

물론 사회적 불평등은 오늘날에만 존재하는 사회현상은 아니다. 문제는 그러한 불평등을

* 이 논문은 이승욱, "분절된 노동시장 극복을 위한 새로운 법규범의 모색", 법과사회 제56호, 법과사회이론학회, 2017, pp. 153-188을 일부 보완, 전재한 것이다. 성낙인 교수님께서 오랜 동안 베풀어 주신 학은에 보답하기에는 턱없이 부족한 글이지만, 이 논문을 계기로 하여 이 주제에 대한 연구에 매진하여 향후 성과로 보답할 것을 스스로 다짐해본다.

** 이화여자대학교 법학전문대학원 교수

1) David Weil, The Fissured Workplace: Why Work Became So Bad for So Many and What Can Be Done to Improve it, Harvard Univ. Press, 2014(국역본은 송연수 역, 균열일터, 황소자리, 2015) 참조.

시정하기 위하여 우리가 지금까지 고안하여 온 법제도나 사회시스템이 전혀 또는 거의 기능하지 않는 상황이 도래하고 있다는 데 있다. 그렇다면 경제성장의 과정에서 도태되거나 배제된 자에 대해 어떠한 규범적 관점을 가지고 어떠한 방법과 수단을 통하여 사회에 재통합시킬 것인가, 그리고 그러한 사회통합을 위한 제도적 환경은 어떻게 갖추어야 하는가라는 질문은 늦은 감이 있으나 지금 하여야 하는 것이고, 그 답변에 대한 고민도 지금 이 시점에서 개시하여야 한다.

이러한 문제의식 하에서 본고에서는 노동시장에 내재하는 구조적 문제점과 그에 대응하기 위한 제도의 한계를 검토하고(Ⅱ), 이를 극복하기 위해 포섭적 노동시장 형성이라는 새로운 규범적 요청을 살펴본 후(Ⅲ), 그러한 요청을 수용하는 노동법의 새로운 헌법상 근거로서 헌법 제119조 제2항이 하나의 대안이 될 수 있음을 제시하고자 한다(Ⅳ).

Ⅱ. 노동시장의 구조적 문제점과 규범적 대응의 한계

1. '의제된 상품'으로서의 노동

노동시장은 어떤 형태로든 노동을 상품으로 전제한다. 시장은 수요와 공급의 공식을 전제로 하고 있고, 노동시장 역시 마찬가지이다. 1919년 국제노동기구(ILO) 설립 당시 필라델피아선언에서 "노동은 상품이 아니다"는 선언을 하였으나, 노동은 여전히 상품으로서, 정확하게는 '가상의' 상품('fictive' commodity)으로서[2] 노동시장의 대상이 되고 있다.

인간의 노동은 그 소유자와 물리적으로 분리될 수 없는 점, 재산이 없다면 어떠한 형태의 계약에 의하든 노동력을 팔아야 생존할 수 있는 점 등에서 다른 상품과 본질적인 차이가 있다. 따라서 노동이 시장에 편입되는 양상도 다음과 같은 점에서 다른 상품과는 근본적인 차이가 있다.[3]

첫째, 다른 시장과 달리 노동시장은 노동의 '공급'을 규제하지 못한다. 노동의 양과 질은 기본적으로 시장이 아니라 가정(家庭)이 결정한다. 노동은 시장에서 판매되기 위하여 생산되는 것이 아니다. 둘째, 노동은 수요와 공급에 의해 할당되는 것이 아니라 제도에 의해 그 가격, 즉 임금이 결정된다. 동일한 사회집단이라고 하더라도 후천적인 능력이나 기술보다는 성별, 인종과 같은 선천적인 속성에 의해 제도적으로 임금의 격차가 발생하는 것이다.[4] 노동의 가격을 결정하는 제도에는 젠더나 인종적인 이데올로기 이외에도, 이윤을 증대시키려는 사용자의 전술, 직무 구분과 같은 제도를 야기하는 규범과 관행, 노동시장의 분리, 내부노동시장

---

2) Jamie Peck, Work-Place: The Social Regulation of Labor Market, Guilford Press, 1996, p. 24.
3) Jamie Peck, 앞의 책, pp. 26-40.
4) Jamie Peck, 앞의 책, p. 30.

등 다양한 것이 있다.[5] 셋째, 노동은 통제의 대상이 된다. 노동은 부분적으로만 상품화된다. 인간은 노동할 자신의 능력을 파는 것이지 자기 자신을 파는 것이 아니다. 기업이 성공하기 위해서는 근로자의 협력이 필수적이고, 이 협력은 한편에서는 사용자의 억압과 다른 한편에서는 근로자의 동의가 결합된 형태로 이루어진다. 나아가 고용관계의 내용은 대등한 교섭에 의해 상세하게 결정되는 것이 아니라 불명확하고 불확정적인 근로계약과 사회규범에 의해 그 내용의 윤곽만이 결정된다. 그 구체화는 노동과정을 통하여 사용자의 지시와 감독을 통하여 이루어진다. 넷째, 노동의 공급은 노동의 재생산(reproduction of labor) 내지 사회적 재생산(social reproduction)으로서의 성격을 가진다. 사회적 재생산은 인구의 일상적·세대적인 유지로 이어지는 사회과정과 노동을 말한다. 여기에서는 주로 여성에 의해 수행되는 무급의 가사노동이 핵심적인 역할을 한다. 그러나 여기에 종사하는 자는 노동시장에서도 배제되어 있고, 노동시장을 규율하는 법과 제도에서도 배제되어 있다.

이와 같이 노동은 시장의 대상이 될 수 없는 사회적 성질을 가지고 있으나, 현실적으로는 그 대상이 되고 있다는 점에서 노동시장에 대한 규율의 딜레마가 발생한다. 노동은 시장 그 자체가 아니라 제도나 규율에 의해 시장에 편입된다고 할 수 있다. 노동시장은 본질적으로 사회규범이나 제도, 법규제와 무관하게 존재할 수 없는 것이다. 그러나 여기에서 문제는 노동시장을 규율하는 법제도, 특히 노동법은 주로 노동에 대한 통제와 소득의 분배에 그 관심을 집중하고 있고, 노동공급 및 사회적 생산과 관련한 규제는 노동법의 적용대상으로 하지 않는다는 점이다. 예컨대 무상으로 이루어지는 가사노동은 전통적으로 가족법의 적용대상이 되어 왔으나, 현행 노동법의 적용대상은 아니다. 현재의 노동법은 노동시장에 관한 문제 모두를 본질적으로 포섭할 수 없다는 근본적인 한계가 있는 것이다. 바꾸어 말하면, 노동시장에 관한 문제를 포섭하기 위해서는 '계약'을 중심으로 이루어진 현행 노동법의 적용범위를 넘어서서 '노동시장'이라는 관점에서 법적 규율을 하여야 할 필요성을 제기하여야 하는 것은 불가피하다.

2. 노동시장의 구조적 문제점

노동시장 분절 내지 파편화는 최근의 현상이 아니다. 노동시장이 핵심인력을 중심으로 한 1차적인 내부노동시장과 주변인력을 대상으로 한 2차적인 외부노동시장이라는 이중적 구조(dual market)로 구성되어 있다는 논의는 이미 1970년대 초부터 등장했다. 1980년대 이후 신자유주의적 조류 속에서 노동의 유연화라는 기조 하에 다양한 외부 노동력의 활용이 확산

5) R. Tarling and F. Wilkinson, 'Economic Functioning; Self Sufficiency and Full Employment' in J. Michie and J. Grieve-Smith eds., Full Employment Without Inflation, Oxford University Press, 1995(Judy Fudge, Labour as a 'Fictive Commodity': Radically Reconceptualizing Labour Law, in G. Davidov & B. Langille ed., The Idea of Labour Law, Oxford, 2014, p. 130 재인용).

되었다.[6]

최근 이러한 경향은 더욱 가속화되고 있으며 국가를 불문하고 보편적으로 나타나고 있다. 우리나라도 예외는 아니다. 한편에서는 기업경쟁력 확보를 위한 노동비용절감과 기업의 수직적 해체(vertical disintegration)라는 구조변화에 수반하여 아웃소싱, 하도급, 파견근로, 노무도급 등 외부 노동력 이용으로 인한 사업장의 균열이 일상화되고 있고, 직접고용에서도 기간제나 단시간근로자의 이용 등 다양한 형태의 비전형 근로가 전례 없는 규모로 활용되고 있다. 글로벌 경제의 대두에 따른 국경을 넘는 기업 간 경쟁과, 상품과 자본의 국가 간 이동 장벽의 제거 등 노동시장을 둘러싼 외부환경의 변화는 이러한 경향을 가속화시키고 있다. 다른 한편 노동 공급 측의 변화도 노동관계의 변용에 영향을 미치고 있다. 근로자의 개별화 현상, 노동조합 조직률의 전반적인 저하, 여성의 노동참가율 증가와 결부된 전통적인 가족구조 변화 등은 노동관계의 구조와 성격을 근본적으로 바꾸는 요인으로 작용하고 있다.

이러한 경향은 모두 노동시장의 분절화로 이어지고 있다. 노동시장이 분단되고 그것이 구조화되고 있는 것이다. 노동시장의 분절화는 필연적으로 불평등과 차별의 영속화로 이어질 수밖에 없다.[7] 핵심적인 부문에서의 높은 질의 일자리와 주변부문에서의 한계적인 일자리 사이의 격차는 소득불평등과 직접적으로 연관되며, 노동시장의 분절화는 성별, 연령 등 인적 속성에 기한 차별과도 무관하지 않다.

규범적인 관점에서 이와 같은 노동시장의 분절화를 극복하고 시정하는 임무는 전통적으로 노동법이 부담하여 왔다. 그러나 뒤에서 본 바와 같이 노동시장의 분절화에서 기인하는 각종 문제를 현재의 노동법제도가 해결할 수 없다. 따라서 노동시장 분절화 현상은 곧 노동법의 규범적 위기이다.[8]

---

6) 노동시장 분절에 관한 이론과 모델에 대한 상세한 것은, S. Deakin, Addressing labour market segmentation: The role of labour law, Working Paper No.52, International Labour Office, 2013, pp. 3-4 참조.

7) 우리나라의 경우 1993년에는 500인 이상 사업장에서 근로하는 자의 비중은 전체 근로자의 24.8%, 30인 미만 사업장에서 근로하는 자의 비중은 20.0%였으나, 2014년에는 500인 이상 사업장 종사자 14.4%, 30인 미만 사업장 종사자 24.6%로 역전되었다. 대규모 사업장 종사자와 중소규모 사업장 종사자의 비율이 역전된 것은 금융위기가 발생하였던 1997년 이후부터이다. 또한 30인 미만 사업장 종사자의 임금 대비 500인 이상 사업장 종사자의 임금은 1993년에는 135.1%였으나, 2014년에는 194.0%로 2배 가까이 벌어지고 있다(고용노동부, 고용형태별 근로실태조사, 사용근로자 10인 이상 사업체의 상용근로자 기준, 2017).

8) 노동시장의 분절화에 대응하여, 분절화된 노동을 대상으로 각각의 법규제를 시도하는 경우에는 노동법 자체도 분절화되어 통일성과 일관성을 상실한다는 문제가 발생한다. 이러한 입법적 어프로치를 채택한 영국에서 이러한 문제점이 단적으로 나타나고 있다. 영국에서는 1996년 고용권법(Employment Rights Act 1996)을 통하여 전통적인 노동법의 적용대상인 '근로자'(employee)에 추가하여 이른바 특수형태고용종사자와 유사한 '취업자'(worker) 개념을 도입하여(제230조 제3항) 이들에 대해 일부 노동법상의 보호를 부여하였고, 2013년에는 '성장과 인프라법'(Growth and Infrastructure Act)에 의해 고용권법 제205A조에 이른바 '주주근로자'(employee shareholder) 범주를 추가하였다. 주주근로자에 대해서는 대표적으로 해고규제가 적용되지 않는다. Einat Albin and Jeremias Prassl, Fragmenting Work, Fragmented Regulation: The Contract of Employment as a Driver of Social Exclusion, in M. Freedland etc, eds., The Contract of Employment, Oxford University Press, 2016, pp. 209-230에서는 그 결과 영국의 현대 노동법은 근로자를 유형별로 분

3. 규범적 대응의 한계

(1) 표준적 노동관계의 붕괴와 노동법의 한계

노동관계의 변용에도 불구하고 그것을 규율하는 법제도는 여전히 이른바 표준적 노동관계(Standard Employment Relationship, Normalarbeitsverhältnis) 모델을 전제로 하고 있다. 표준적 노동관계법리는 1980년대 독일 노동법학에서 처음으로 제시된 것으로,[9] 우리나라를 포함하여 일본, 영국 등 여러 국가에서 법규제의 모델이 되는 고용관계로서의 지위를 차지하고 있었다.

표준적 노동관계는 국가와 시기에 따라 다소 차이는 있지만, 남성 근로자가 가정 내 주된 소득수입자로서 기간의 정함이 없는 근로계약을 체결하고 연공서열제 임금체계 하에서 풀타임으로 근무하는 노동관계를 공통적인 내용으로 하고 있다. 구체적인 근로조건은 노사간의 교섭력의 불평등을 시정하기 위해 노동조합을 통한 집단적 교섭에 의해 결정된다. 요컨대 지금까지 노동시장과 직접적인 관련성을 가지는 노동법은 표준적 노동관계를 전제로 하면서, 근로자와 사용자 사이에 교섭력의 격차 또는 불평등이 존재한다는 현실을 고려하여, 이를 시정하기 위하여 노동조합을 통한 집단적 교섭에 의해 직접적으로는 노사간의 교섭력의 불평등을, 그리고 결과적으로 소득분배의 불평등을 시정하는 체제로 이루어져 있다고 할 수 있다. 따라서 기존 노동법의 핵심적 목적은 근로자와 사용자 사이의 교섭력의 불평등을 시정함으로써 근로자 보호를 위하여 근로자와 사용자 사이에서 소득의 공정하고 합리적인 재분배를 실현하는 데 있다고 평가할 수 있다.

오늘날 우리나라의 노동법체제도 이러한 모델을 전제로 형성되어 있다. 「노동조합 및 노동관계조정법」(이하 '노조법')은 헌법 제33조의 노동삼권 보장의 이념을 전제로 노사 간의 집단적인 교섭력 불평등을 해결하기 위한 구체적인 제도를 두고 있다. 근로기준법(이하 '근기법')은 사용자와 근로자의 1대 1의 관계 하에 원칙적으로 기간의 정함이 없는 근로계약관계에서 근로시간에 상응하는 임금을 지급하는 모델을 전제로 하여, 법에 위반하는 근로계약에 직접 개입하는 방식으로 사용자와 근로자 사이의 개별적인 교섭력의 격차를 시정하고 있다.

그런데, 표준적 노동관계 모델을 전제로 한 기존의 노동법 시스템은 현재 노동시장의 분절화에서 기인하는 불평등과 차별을 해결하는 데에는 한계가 있다. 노동시장의 분절화는 표준적 노동관계 모델의 잠식과 해체를 초래한 원인이라고 할 수 있기 때문에, 표준적 노동관

류하고 각각에 대해 노동법적 보호를 달리 한 19세기로 회귀하였다고 비판하고 있다(p. 230).

9) Mückenberger, U., Die Krise des Normalarbeitsverhältnis, Zeitshrift für Sozialreform, 1985, SS. 415-433; Deakin, S. & Mückenberger, U., From Deregulation to a European Floor of Rights: Labour Law, Flexibilisation and the European Single Market, Zeitschrift für internationales Arbeits-und Sozialrecht, 3 (2), 1985, S. 153-207 등.

계모델을 전제로 한 기존의 노동법제도가 노동시장 분절화로 인하여 발생한 불평등과 차별을 해결할 수 없는 것은 논리적으로 당연하다. 노동시장의 분절화로 인해, 노사 간의 교섭력의 불평등을 해소함으로써 노사 간의 소득재분배 기능을 실현한다는 노동법의 목적은 실현 불가능하게 되고 있다. 다양하게 분할된 노동시장에서 다양한 형태의 노동관계를 맺고 있는 다수의 자가 존재하는 상황에서 근로자의 관심이나 이해관계는 개별화될 수밖에 없고, 근로자의 개별화 현상이 진행되면 노동조합 조직률의 저하는 그 필연적인 결과가 된다. 분할된 노동시장에서 노사간의 교섭력 격차를 노동조합에 의해, 특히 기업별 노동조합에 의해서 극복하는 것은 사실상 불가능하다. 분절된 노동시장의 주변부는 구직자, 청년, 고령자, 가사노동에 종사하는 여성 등 전통적으로 노동조합이 조직되기 어려운 집단을 대상으로 형성되어 있는 경우도 많다. 이 경우 노동조합을 통한 교섭력 격차의 시정은 사실상 불가능하다. 노동조합에 의한 노사 간의 소득의 수직적인 공정한 재분배라는 노동법의 기본적인 목표가 좌절되고 있는 것이다.

그런데, 교섭력의 격차는 근로자와 사용자 사이에만 존재하는 것은 아니다. 노동시장의 분절에 따라 정규직과 비정규직 사이에는 외형상으로도 분리된 노동시장이 존재하지만, 동일한 사용자 하에서 내부노동시장을 형성하고 있는 정규직과 비정규직 사이에도 대 사용자의 관계에서 교섭력의 격차로 인한 대우의 차이가 발생하게 된다. 이로 인해 근로자 사이의 소득의 수평적 재분배라는 노동법의 '제3의 기능'도 작동하지 않는다.[10] 나아가 하청이나 파견과 같이 사용자가 다른 경우 또는 종속적 자영인과 같이 형식적인 사용자가 존재하지 않는 경우에는 교섭력의 격차를 시정할 수 있는 노동법 수단 자체가 존재하지 않는다.

노사 간의 교섭력의 격차를 헌법상 노동삼권이나 노동법제도에 의해 시정할 수 있다는 전제 자체에도 문제가 있다. 노동법학이나 노동경제학에서 전통적인 이해는 근로자의 종속성의 배경에는 노사 간의 교섭력 격차가 존재한다고 보는 것이 일반적이지만, 노동의 공급이 수요를 상회하는 상태가 항상 존재한다는 경험적 증거도 없기 때문에[11] 노사 간의 교섭력 격차를 당연히 상정하고 있는 노동법제도의 전제 자체에 대해서 의문이 제기될 수밖에 없는 것이다.

결국, 노동시장의 분절로 인하여 근로자와 사용자의 관계에 중점을 두고 있는 표준적 노동관계의 형성이 사실상 불가능한 상황에서는 노사 간의 교섭력의 격차와 이로 인한 분배의 불평등을 헌법상 노동삼권이나 노조법을 통하여 시정하는 것을 기대하기는 어렵다. 또한 근기법을 통하여 국가가 계약내용에 직접 개입하는 데에도 한계가 있다. 이른바 특수형태고용

---

10) Guy Mundlak, The Third Function of Labour Law: Distributing Labour Market Opportunities among Workers, in G. Davidov & B. Langille ed., The Idea of Labour Law, Oxford, 2014, p. 315ff.

11) Collins, Labour Law as a Vocation, 105 Law Quarterly Review 477-481(1989).

종사자와 같이 근로계약을 매개로 계약내용을 통제하는 것이 불가능한 다양한 노무제공형태가 나타나고 있기 때문이다. 요컨대 노동법의 규범적 목적은 노동시장의 분절화가 진행된 상황에서는 사실상 실현될 수가 없다고 솔직하게 인정할 필요가 있다.[12)]

(2) 노동시장 분절화에 대한 규범적 대응의 지체

표준적 노동관계를 전제로 하는 법제도는 이와 같은 노동관계의 변화에 즉각적으로 대응하지 못하고 있다.[13)] 이는 법제도에 내재하는 특성에서 기인한다고 할 수 있다. 루만(N. Luhmann)과 토이브너(G. Teubner)의 시스템론에[14)] 기반을 둔 자성적 노동법이론(reflexive labour law theory)에 따르면 법제도는 경제와 함께 진화하고 경제에 의해 간접적으로 영향을 받는 자율적인 사회시스템이지만('인지적 개방성'(cognitive openness)), 동시에 경제로부터 부분적으로 폐쇄된 사회시스템으로 파악되고 있다('기능적 폐쇄성'(operational closure)).[15)]

이러한 입장의 함의는 첫째, 법은 경제의 압력에 즉각적으로 반응하지 않기 때문에 고용관계가 구성되는 방법에 관한 경제의 변화가 바로 법형태와 법개념의 변화로 치환되지 않는다는 것이다. 법이 고용을 규율하는 방법은 넓은 의미에서 '기능적'이지만, 동시에 법의 내부담론과 절차에 의해 형성되어 경로의존적(path-dependent)이기도 하기 때문이다.[16)] 둘째, 의

12) Einat Albin and Jeremias Prassl, Fragmenting Work, Fragmented Regulation: The Contract of Employment as a Driver of Social Exclusion, M. Freedland etc, The Contract of Employment, Oxford University Press, 2016에서는 노동시장의 분절화는 법규제의 분절화로 이어져 노동법시스템 자체의 붕괴로 이어질 위험을 지적하고 있다.

13) 독일에서 '표준적 노동관계로부터의 이탈'에 관한 논의로, Raimund Waltermann, Abschied vom Normalarbeitsverhältnis?, NJW-Beil., 2010, S. 81ff 참조.

14) 토이브너(Teubner)의 이론을 상세하게 소개하면서 경제질서에서의 국가의 역할을 설명한 논문으로는 김연식, "토이브너의 헌법 다원주의의 관점에서 본 경제 영역에서 국가의 역할", 법과사회 제46호, 2014, 327-372면 참조. 이 논문에서는 토이브너가 주장하는 맥락적 조정의 역할을 강조하면서도 사회에 대한 국가의 영향력과 규제능력은 필수적이라고 주장하고 있다(364면).
그런데, 노동법의 영역에서는 토이브너의 이론은 다른 관점에서 이해될 수 있다. 토이브너가 주장하는 이른바 규제의 트릴레마(regulatory trilemma)를 회피하기 위해서 다양한 부분사회의 자기통제과정을 손상시키지 않는 형태의 간접적·추상적 통제에 법의 임무를 한정하여야 한다는 이른바 '자성적 법' 내지 '재귀적 법'(reflexive law)은 노동법의 영역에서는 규제수단의 선택에 있어서 상당한 장점이 있는 것으로 평가되고 있다(Deakin, The Regulation of Women's Pay: From Individual Rights to Reflexive Law?, Centre for Business Research Working Paper No.350, University of Cambridge, 2007, p. 7ff). 따라서 노동법의 실현수단을 모색할 때 국가에 의한 법적 강제에 대신하여 단체교섭과 같은 공식적인 자기규제시스템, 특정한 맥락에서 당사자의 행동을 규율하는 비공식적인 묵시적 사회규범이나 관습에 대하여 존중할 필요가 있고, 이는 부분사회 내 행위자의 자치적인 절차적 룰 형성이라는 관점에서 바람직하다는 점에서 토이브너 이론에서 함의를 찾고 있다. 요컨대 토이브너의 이론은 노동법의 관점에서는 노동법의 규제수단 내지 실현수단과 관련하여 의미를 가진다. 즉, 국가에 의한 일률적인 강행법적 강제에 대신하여, 노사당사자에 의한 자치적이고 절차적인 자기규제 수단의 우월성과 규제수단의 선택의 우선순위를 정하는 근거로서 이용될 수 있는 것이다. 이러한 관점에서 2000년대 이후 영국 노동법에서는 실체적 규제에 대신하여 당사자에 의한 자기규제가 노동법의 1차적 이행수단으로 기능하고 있다.

15) Rogowski, Reflexive labour law in the world society, Edward Elgar, 2015, p. 80ff.

16) Deakin and Wilkinson, The Law of the Labour Market: Industrialization, Employment and Legal Evolution, Oxford, 2005, p. 16.(이하 'Deakin & Wilkinson, The Law of the Labour Market'로 인용)

도적인 정책 변화의 수단으로서 법을 이용하는 데에는 한계가 있다는 점이다. 이는 법의 변화가 경제 운영의 변화를 유도할 수 없다는 의미가 아니라, 법제도의 효율성을 당연한 것으로 받아들일 수 없으며, 사회적 행위자 측의 자기규제와 법규제가 연계된 문제인 경우가 많고, 보다 일반적으로는 다른 하위시스템의 기능적 요소와도 연계되어 있다는 것을 의미한다. 따라서 법은 이런 의미에서 '자성적'(自省的) 또는 '재귀적'(再歸的)(reflexive)이면서도 동시에 경제와 노사관계시스템 내에서의 자기규제역량을 제약하는 측면도 가진다.[17)]

요컨대 표준적 노동관계모델을 전제로 하고 있는 노동법제도가 노동시장 분절화에 대해 신속하고 효율적으로 대응하지 못한 이유는 노동시장의 분절화는 기존의 노동법제도가 적절하게 대응할 수 없는 성질을 가지고 있을 뿐만 아니라, 기존 노동법제도가 전제로 하는 표준적 노동관계모델은 시장과는 기능적으로 분리된 노동법제도의 고유한 요구에 부응하는 측면도 있기 때문이다.

결국 기존 노동법제도를 통해 노동시장 분절화로 인하여 발생하는 소득의 불평등과 차별의 영속화를 시정하는 것에는 한계가 있고, 이 점에서 노동법제도는 기능부전상태에 있다고 하여도 과언이 아니다. 기존 노동법을 수단으로 하여 분절된 노동시장을 표준적 노동관계로 복귀시키는 것은 사실상 불가능하기 때문이다.

이상의 논의가 시사하는 것은 급격한 노동관계의 변용에 대해 기존의 노동법시스템은 제대로 대응하지 못하고 있을 뿐만 아니라 원래 예정하였던 기능도 유지하지 못하고 있다는 점이다. 이는 법제도가 경제제도나 정치제도와 같은 다른 부분사회에 대해 미치는 영향의 한계와도 본질적으로 관련되는 것이기는 하지만, 노동법의 관점에서 보면 현재의 노동법만으로 노동시장의 변화에 대응하는 데에는 한계가 있다는 것을 의미한다.

Ⅲ. 새로운 노동시장 구축을 위한 규범적 요청

1. 사회적 배제의 근절과 포섭적 노동시장의 구축

분절된 노동시장으로부터 배제되거나 탈락된 자는 노동, 교육, 직업훈련, 공동체 활동, 정치 등 사회의 각 영역에서 사회적으로 배제된다. 사회적 배제(social exclusion)는 논자에 따라 다양하게 정의되고 있는데,[18)] 사회적 배제란 "사회적 · 정치적 · 경제적 활동에 참가하기

---

17) Rogowski, 앞의 책, p. 33 이하에서는 이와 같은 자성적 또는 재귀적 법에 관한 일반적 논의를 상세하게 소개하고 있다.

18) 예컨대 실버(Silver)는 사회적 배제를 개인과 사회 사이의 유대가 붕괴될 때 배제가 발생하는 '사회적 유대의 단절', 차별을 통하여 시장에서 분리된 특수한 영역이 형성되는 형태의 사회적 배제인 '특수화', 특정 사회집단이 이익을 독점하기 위해 다른 사회집단의 사회 · 경제적 기회를 제한 · 배제하는 형태의 사회적 배제인 '독점'으로 설명하고 있다(Silver, Social Exclusion and Social Solidarity: Three Paradigms, 133 International Labour Review 531(1994)). 또한 레비타스(Levitas)는 영국을 사례로 하여 사회적 배제는, 전체 사회에서

위하여 필요한 자원을 개인이나 가족, 집단이나 지역사회로부터 박탈당하는 과정이다. 이 과정은 주로 빈곤이나 저소득의 결과이기는 하지만 차별이나 교육, 생활환경 등의 요소도 작용한다. 이 과정을 통하여 사람들은 생활의 중요한 기간에 대해 다수의 사람들이 향유하는 제도나 서비스, 사회적 네트워크, 발전의 기회로부터 분리된다"고 이해할 수 있다.[19)]

노동법제도의 관점에서 보면 사회적 배제는 다음과 같은 의미를 가진다. 첫째, 노동법제도의 적용대상에서 완전히 제외되어 기본적인 노동권을 박탈당하게 된다. 둘째, 노사관계의 발언권(voices)을 상실하여 노사관계의 시민권(citizenship)을 박탈당한다. 셋째, 센(Sen)이 말하는 잠재역량(capabilities)[20)] 또는 선택의 자유의 박탈을 초래한다. 센에 의하면 박탈로 인한 문제의 다수는 배제 그 자체가 아니라 '불리한 포섭'(unfavourable inclusion)과 불리한 참가에서 야기된다.[21)]

이상과 같은 사회적 배제에 관한 논의는 EU 차원의 정책으로 적극적으로 수용되고 있다. 1992년 EU집행위원회가 발간한 보고서인 '연대의 유럽을 향하여: 통합의 촉진과, 사회적 배제에 대한 투쟁의 강화'에서는 사회적 배제를 다음과 같이 지적하고 있다.[22)]

> 사회적 배제는 과정과 결과로서의 상태와의 양자를 가리키는 동적인 개념이다.…사회적 배제는 또한 오로지 소득을 가리키는 것으로서 종종 이해되어 왔던 빈곤의 개념 보다도 더 명확하게 사회적 통합과 아이덴티티의 구성요소로 되는 실천과 권리에서 개인이나 집단이 배제되는 메커니즘 또는 사회적 교류에의 참가로부터 개인이나 집단이 배제되는 메커니즘이 가지는 다차원적인 성격을 부각하고 있다. 이는 노동생활에의 참가라는 차원을 넘어선다. 그것은 주거, 교육, 보건 나아가 사회적 서비스에의 접근 등의 영역에서도 나타나는 것이다(European Commission, 1992, para.11).

이에 따르면, 사회적 배제는 과정과 결과로서의 상태 양자를 의미하는 동적인 개념으로서, 단순한 빈곤을 넘어 개인이나 집단이 공동체에의 통합, 실천 및 권리로부터 배제되는 다

본 경제적 불평등과 빈곤에 초점을 둔 '재분배주의', 개인의 비행과 도덕적 퇴행에 초점을 둔 '도덕적 언더클래스', '노동에서의 배제'로 분류한다. 그는, 재분배주의에 의한 사회적 배제는 복지급여를 통해 극복할 수 있고, 도덕적 언더클래스에 의한 배제는 윤리적·문화적 측면에서의 포섭으로 접근하여야 하며, 노동에서의 배제는 노동시장에의 참가, 즉 일자리에 중점을 둔 '사회적 통합'에 의해 해소될 수 있다고 주장하고 있다(Levitas, What is Social Exclusion?, in D. Gordon, P. Townsend eds., Breadline Europe, The Policy Press, 2000, pp. 357-383).

19) Pierson, Tackling Social Exclusion, Routledge, 2002, p. 7.

20) 우리나라에서는 capability 또는 capabilities를 '역량'이라고 번역하는 경우가 대부분이지만(아마티아 센(김원기 역), 자유로서의 발전, 갈라파고스, 2017; 누스바움(한상연 역), 역량의 창조, 돌베개, 2015 등), 센이 전개하고 있는 전체적인 논지를 고려하면(아래의 각주 38 참조), capabilities는 다양한 가능성과 선택의 전제가 된다는 점을 고려하여, 정태적인 뉘앙스를 가진 '역량'이라는 번역보다는 동태적인 뉘앙스를 가지는 '잠재역량' 또는 '잠재능력'으로 번역하는 것이 적절할 것으로 보인다. 이하에서는 capability 또는 capabilities를 '잠재역량'으로 번역한다.

21) A. Sen, 'Social Exclusion: Concept, Application and Scrutiny' 1 Social Development Papers, Office of Environment and Social Development Asian Development Bank, 2000, p. 28.

22) Towards a Europe of Solidarity: Intensifying the Fight against Social Exclusion, fostering integration (European Commission, COM(1992) 542 final).

차원적인 메커니즘을 가지고 있으며, 소득·노동에서의 배제, 나아가 주거·교육·보건·서비스에 대한 억세스에서의 사회적 배제도 문제된다는 점을 명확히 하고 있다.

사회적 배제에 관한 논의는 사회적 배제의 요인이 사회구조적인 문제에 있고, 구체적으로는 탈산업화의 경제산업구조 변화라는 사회구조의 변화로 인한 것이며, 이로 인해 남성비숙련근로자의 수요가 감소하고, 사회보험 중심의 종래의 복지국가 모델이 붕괴할 수 있다는 위기의식을 반영하고 있다.[23] 사회적 배제의 확산에 대한 위기의식은 EU의 정치구조에 직접적으로 반영되고 있다.

1996년 유럽사회헌장(European Social Charter)에서는 모든 자는 사회적 배제로부터 보호받을 권리가 있다고 규정하고(전문 Part I 30. 및 제30조), 1997년 10월 암스테르담조약에서는 사회적 배제와의 투쟁(fight against social exclusion)이 EU의 주요 목표의 하나로 추가되었고 사회적 결속(social cohesion) 강화를 명시하였다(제2조). 유럽공동체설립조약 (구) 제137조 제1항에서는 '사회적 배제에 대한 투쟁'(j)을 공동체의 임무로 명시하였다(현 제153조 1항(j)). 나아가 2000년 니스 정상회의에서는 사회적 배제를 극복하고 사회적 포섭을 실현하기 위한 방안으로, ① 고용에의 참가 및 자원·권리·재화·서비스에 대한 모든 사람의 억세스를 촉진하고, ② 배제의 리스크를 방지하며, ③ 취약한 사람들을 지원하고, ④ 배제를 극복하기 위하여 모든 이해관계자를 동원한다는 목표가 채택되었다. 최근 EU는 지속가능한 포섭적인 성장을 위한 '유럽 2020년 전략'(European 2020 strategy)에서 빈곤과 사회적 배제의 감소를 5개 목표의 하나로 설정하고 있다.[24] EU에서는 경제의 글로벌화와 사회경제시스템의 재편에 의해 발생한 사회적 배제라는 새로운 빈곤이 경제성장에 의해 해결되지 않는 문제라고 파악한 후, 그 극복을 EU의 중요한 과제의 하나로 설정하고 있는 것이다.[25]

사회적 배제 사상은 노동법학에도 침투하고 있다. 영국의 대표적인 노동법 학자 중 한명인 콜린스(Hugh Collins)는 노동법의 목적을 사회적 포섭, 경쟁력, 시티즌십으로 재구성하고 있다.[26] 그에 따르면, 노동법의 역할과 목적을 노동시장에서의 차별 규제로 한정하지 않고,

---

23) Building an Inclusive Europe(European Commission, COM(2000) 79 final), para. 2. 2.

24) 나머지 목표는 고용, R&D, 기후변화, 교육이다.
https://ec.europa.eu/info/strategy/european-semester/framework/europe-2020-strategy_en

25) 개별 국가 차원에서도 EU의 구상이 구현되고 있다. 예컨대 영국에서는 사회적 배제와 사회적 통합 이론이 적극적으로 정책에 반영되었다. 특히 영국노동당은 1997년 내각에 '사회적 배제 실무단'(Social Exclusion Unit)을 설치하고, 2006년에는 '사회적 배제 태스크포스'를 운영하여, 종래 부와 권리의 재분배를 통한 평등의 달성이라는 목표를 사회적 배제 철폐를 위한 조건 정비로 대체하고, 모든 시민이 시장경제에 의해 부여된 기회에 완전히 참가할 수 있도록 교육, 훈련, 기능 기타 재정적 지원을 모든 시민에게 제공하기 위하여 제도적 정비를 하였다. Office of the Deputy Prime Minister, The Social Exclusion Unit, 2004; '사회적 배제 태스크포스'에 대해서는 http://webarchive.nationalarchives.gov.uk/20090113224530/http://www.cabinetoffice.gov.uk/social_exclusion_task_force.aspx 참조(2017.10.1. 방문).

26) Hugh Collins, Employment Law, Oxford, 2003에서 콜린스는 노동법체계를, '사회적 포섭'(Social Inclusion), '경쟁력강화'(Competitiveness), '시티즌십'(Citizenship)으로 재분류하고 있다.

장애인, 고령자, 여성 등 사회에서 배제된 다양한 사람과 집단을 대상으로 하여 사회적 배제의 원인이 되는 구조적 문제에 대처하는 것이 중요하다는 관점에서, 일가정양립, 채용, 해고, 최저임금제도를 사회적 포섭을 실현하기 위한 장치의 하나로 파악하고 있다.[27] 특히 이하에서 살펴보는 바와 같이 사회적 배제를 고용차별금지법의 이념으로 격상시키면서 고용차별의 패러다임을 전환시키려는 시도를 하고 있다. 이를 통하여 콜린스는 노동법의 목적을 교섭력의 시정에 두는 대신, 사회적 포섭(social inclusion)에 두면서, 포용적 노동시장(inclusive labour market)을 위한 규율체제로서의 노동법체계를 구상하고 있는 것이다.

2. 고용차별의 패러다임 전환

앞에서 본 바와 같이 노동시장의 분절화는 소득의 불평등만이 아니라 여성, 장애인, 고령자, 청년 등 노동시장의 취약자 내지 사회적으로 배제된 집단에 대한 차별을 영속화시키는 효과를 가진다. 따라서 이러한 차별을 용인한다면 이들에 대한 사회적 포섭은 불가능하다. 그렇다면 사회적 배제로서의 차별을 시정하기 위한 규범적 대응방안이 문제되는데, 이하에서는 종래 평등대우원칙이라는 형식적 평등의 관점을 벗어나, 사회적 포섭을 지향점으로 하여 고용차별의 패러다임을 전환하여야 한다는 콜린스의 주장을 중심으로 살펴본다.[28]

오늘날 고용차별금지법에서는 첫째, 임신여성이나 장애인에 대해 평등대우가 아니라 오히려 상이한 취급이 요구되는 경우가 있다. 둘째, 간접차별이 문제로 되는 국면에서는 평등대우원칙이 허용되지 않는다. 셋째, 역사적으로 축적되어 온 구조적 불이익을 제거하기 위하여 다른 취급이 인정되는 경우, 즉 적극적 차별시정조치도 존재한다. 이와 같이 차별금지법제에서는 평등대우가 아니라 오히려 상이한 대우가 요구되거나 또는 인정되는 경우가 있다. 여기에서 평등을 실질적인 의미로 이해하여 상이한 대우를 인정하는 입장(즉 배분적 정의론)과, 엄격한 의미에서의 평등대우를 요구하는 입장 사이에는 긴장관계가 존재하고 있다.[29]

콜린스는, 고용차별금지법의 이념으로서 기존에 주장되고 있는 '기회의 평등', '평등한 존중'(equal respect)이라는 개념은 '평등대우'의 요청과 '상이한 대우'의 요청 사이의 긴장관계를 해소할 가능성을 가지고 있다고 인정하면서도, 다음과 같은 문제가 있다고 비판한다. 우선, '평등한 존중'이라는 개념에는 '평등대우'라는 이념 자체가 포기될 우려가 잠재되어 있다. 예컨대 적극적 우대조치에 의해 상이한 대우를 받은 백인남성은 자신의 존엄은 손상되지 않

27) Hugh Collins, Employment Law, Oxford, 2003, pp. 51-96.

28) 이하의 논의는, Hugh Collins, Discrimination, Equality and Social Inclusion, 66 Modern Law Review 16 (2003); Hugh Collins, Social Inclusion: A Better Approach to Equality Issues?, 14 Transnat'l L. & Contemp. Probs. 897(2005)를 요약한 것이다.

29) Hugh Collins, Social Inclusion: A Better Approach to Equality Issues?, 14 Transnat'l L. & Contemp. Probs. p. 901-904(2005).

을 수는 있지만 평등대우를 받을 권리는 침해될 수 있다. '기회의 균등'은 실질적 평등과 평등대우원칙을 양립시킬 수 있는 유용한 개념이기는 하지만 어떠한 경우에 평등대우가 요구되고, 어떠한 경우에 상이한 대우가 요구되는가에 대한 기준을 제시할 수 없다.[30)]

나아가 콜린스는 고용차별금지법의 목적으로서 주장되고 있는 '다양성'(diversity) 기준에도 문제가 있다고 비판하고 있다. 다양성 기준은 고용과의 관계에서 직장의 다양성을 촉진하는 것을 지향하는 입장이다. 이에 따르면 다른 문화적 배경을 가진 사람들에 대해서는 다른 평가기준을 설정하여 각종 단체나 제도가 다양한 문화적 배경을 가진 광범위한 유형의 사람들에 의해 구성되는 것이 바람직하다고 파악한다.

다양성 이념은 제도나 단체에 다양성이 결여되어 있는 경우에 형식적인 평등대우를 포기하고 다양성을 촉진하는 적극적 우대조치를 요구한다는 점에서 장점은 있지만, 어떠한 때에 다른 대우가 요구되는가를 명확히 할 수 없다. 즉 콜린스에 의하면 다양성은 어디까지나 도구개념이고 그 자체가 공정한 기준을 제시하는 것은 아니라고 한다. 예컨대 민간기업 고용에서의 다양성은 단순히 직장의 다양성만을 촉진하는 것이 아니라 당해 기업의 효율성의 향상을 목적으로 하고, 적극적 우대조치도 그러한 효율성의 관점에서 정당화될 수 있다. 이에 대하여 교육기관의 경우에 다양성은 자신과 다른 다양한 학생과의 교류의 기회가 교육에 중요하다는 맥락에서 사용된다. 나아가 경찰관 구성의 다양성은 경찰을 다양한 인종으로 구성함으로써 시민의 신뢰를 높일 수 있다는 의미로 사용되는 것이다. 이와 같이 다양성은 문제로 되는 사회관계에 따라 지향하는 목적이 다른 것이고, 그 자체가 고용차별에 관한 공정한 기준을 제공하는 것은 아니다.[31)]

이러한 비판을 전제로 콜린스는 평등대우의 요청과 상이한 대우의 요구를 정합적으로 통합하는 이념으로서 '사회적 포섭' 이념을 제시하고 있다. 콜린스에 따르면 사회적 포섭은 정의의 목적 또는 원칙이다.[32)] 그는 사회적 포섭에 고용차별금지법의 새로운 이념의 지위를 부여하는 데에는 다음과 같은 의의가 있다고 한다.

첫째, 사회적 배제의 관점을 통하여 고용차별금지법에 의해 보호되어야 할 구조적 불이익을 받는 집단이나 불이익의 성질 및 불이익을 창출하는 구조가 명확해질 수 있다.[33)] 예컨대 고용에서의 연령차별의 경우, 평등대우원칙의 관점에서는 일정한 연령층으로 한정한 법적 규제는 정당화되지 않지만, 사회적 배제의 관점에서는 구조적으로 불이익을 받고 있는 고령자 또는 청년과 같은 연령층에 대한 법적 우대가 정당화될 수 있다. 또한 평등대우원칙의 관점은 문제로 되고 있는 불이익의 질을 명확히 파악하지 못한다. 그러나 사회적 배제 기준은

30) Hugh Collins, 위의 논문, p. 906.
31) Hugh Collins, 위의 논문, p. 910-913.
32) Hugh Collins, Discrimination, Equality and Social Inclusion, 66 Modern Law Review 16(2003), p. 22.
33) Hugh Collins, Discrimination, Equality and Social Inclusion, p. 27-30.

'채용' 차별이 사회로부터의 배제를 창출하고 있는 점을 명확히 하고, '채용'이 주된 규제대상으로 되어야 한다는 것을 제시할 수 있다. 노동에의 억세스가 고용차별금지법에 의한 사회적 포섭의 주요사항으로 되는 이유는 고용, 즉 사용자에 의한 직업의 배분이 부를 획득하는 주요수단으로서의 중요성을 가지고 있기 때문이고, 동시에 노동 자체가 사회와의 관계나 자존이라는 사회적 포섭의 목적으로 되기 때문이다.

둘째, 고용차별금지법에서의 평등대우원칙은 불이익취급에 대한 비교대상자를 요구한다. 그러나 고용차별 판단에서 비교대상을 설정하는 것은 매우 어렵다. 실제 고용차별소송에서 잘못된 비교대상집단을 선정하여 패소하는 일은 우리나라에서도 빈번하게 이루어지고 있고, 영국을 포함한 다른 나라에서도 마찬가지이다. 그러나 사회적 포섭 법리는 이와 같은 어려움을 수반하는 비교대상자의 존재에 대한 입증을 요구할 필요가 없다는 점에서 장점이 있다.[34)]

셋째, 사회적 배제의 금지, 즉 사회적 포섭의 촉진은 적극적 우대조치로서 배제되고 있는 자가 그 능력에 적합한 일자리를 얻는 것에 대한 장애를 극복할 수 있도록 합리적 배려를 사용자에게 요구하는 의의를 가진다. 고용차별금지법에서 '사회적 포섭'을 지향점으로 한다면, 배분적 개입의 상황에서 국가 내지 사용자는 사회적으로 배제된 집단에 대해 우선적인 지위를 부여하고 이들을 사회적으로 포섭할 의무를 부담한다고 한다. 피차별자에 대한 특별조치 내지 우대조치로서의 적극적 우대조치는 사회적 포섭을 달성하는 수단이 되는 것이다.[35)] 이러한 논리에 따르면, 우리나라에서는 현재 「장애인차별금지 및 권리구제 등에 관한 법률」에서만 '정당한 편의'를 제공할 의무를 인정하고 있으나, 사회적 배제를 당하는 집단은 장애인만이 아니다. 자녀와 가족 돌봄을 담당하는 여성, 고령자 등 사회적 배제에 취약한 집단은 장애인과 마찬가지로 사회적 배제를 극복하기 위한 합리적인 편의를 제공받아야 할 권리가 인정되어야 한다.

자유시장경제질서 하에서는 기본적으로 능력주의에 의해 소득, 자산, 권리의 불평등, 즉 결과의 불평등이 발생할 수밖에 없다. 그리고 결과의 불평등은 사회적 배제로 이어진다. 즉 사회적 배제는 불평등을 의미한다. 바꾸어 말하면 사회적 포섭은 결과·기회·자원 또는 권리에 대한 평등의 가능성을 열어주는 것이다. 특히 실업 등 노동에서 배제되는 것은 사회적 배제의 1차적인 원인으로 작용하기 때문에 노동으로부터의 배제가 차별에서 기인한다면, 그 차별의 시정은 사회적 포섭의 핵심적인 목적이 된다. 성별·장애·연령 등 인적 속성에 기한 부당한 차별을 노동시장에서 배제함으로써 모든 자를 노동시장에 통합 또는 재통합하는 것은 새로운 규범 모색에 있어서 최소한의 전제조건이라고 할 수 있다.

---

34) Hugh Collins, Discrimination, Equality and Social Inclusion, p. 32-34.
35) Hugh Collins, Discrimination, Equality and Social Inclusion, p. 36-39.

3. 노동법의 새로운 규범적 목표로서의 잠재역량 향상

(1) 노동시장에서의 격차의 발생 원인과 메커니즘

디킨(Deakin)과 윌킨슨(Wilkinson)은 노동시장에서 경제적·사회적 격차가 발생하는 원인을 아마티아 센(Amartya Sen)의 잠재역량 접근방식(Capability Approach)을 근거로 제시하고 있다.[36)]

이들은 노동시장에서의 경제적·사회적 격차를 센이 제시한 개인 '자원'(resource endowment), '잠재역량'(capabilities), '기능'(functioning) 개념을 원용하여 설명한다. 개인 '자원'이란 노동력, 자산, 공적 급부에 대한 권리 등을 의미한다. 예컨대 자녀 자원에는 가족관계에 근거한 가정 내 재산이전, 자녀수당, 교육 형태의 공적인 재산이전 등이 포함된다. 이러한 개인 자원은 각 개인에 따라 다양한 형태로 존재한다. 여기에서 디킨과 윌킨슨은 센이 주장하는 '기능'과 '잠재역량'을 원용하면서 '자원'이 부여되면 개인의 '기능'은 그의 '잠재역량'에 의해 결정된다고 본다. '기능'이란 개인이 행할 가치가 있다고 생각하는 다양한 것을 의미한다. 예컨대 병에 걸리지 않는 것이나 공동체의 생활에 참가하는 것 등 각자에 따라 다양하다. '잠재역량'이란 이러한 다양한 '기능'을 달성할 수 있는 자유를 의미한다.[37)] 잠재역량은 개인 자원이라는 단순한 결과만이 아니라 자원을 이용하기 위한 교육, 훈련, 사회성을 획득하는 과정에의 억세스에도 의존한다. 디킨과 윌킨슨은 이상의 개념을 사용하면서 전통적인 가정의 구조가 노동시장에서의 여성의 잠재역량을 축소시켜왔다는 예를 든다. 여성근로자에 대한 가사노동의 불평등한 책임이 여성의 노동시장에서의 활동을 저해하여 왔다고 파악한다.

나아가 디킨과 윌킨슨은 노동조합 등 직업단체가 노동시장에의 참가를 통제하여 왔다는 역사적 연혁을 개관한 후, 성, 인종, 연령, 비정규직 등 사회적 지위에 수반한 노동시장에서의 불이익은 그러한 직업단체의 조직화의 대상에서 배제됨으로써 보다 악화된다고 한다. 또한 기업 내의 임금구조나 승진시스템 등도 개인의 노동 기회를 규율하여 왔다고 한다. 승진은 근로자의 노동시장에서의 지위를 높이는 한편, 해고, 퇴직 등에 의한 노동시장에서의 퇴출은 반대의 효과를 가진다. 근로자의 노동 기회는 노동공급을 증가시키기도 하지만, 사용자에 의한 구조조정 등 노동수요의 영향도 받는다. 이리하여 디킨과 윌킨슨은 노동시장에 가장 침투하기 쉬운 특징으로서 작업에의 억세스가 통제되고 보수나 사회적 지위가 높은 직업일수록 그 진입장벽이 높고, 반면에 노동시장의 하층 레벨에서는 작업 내용은 비숙련노동으로

---

36) Deakin & Wilkinson, The Law of Labour Market, pp. 286-288.

37) 센은 잠재역량을 다음과 같이 설명하고 있다. "어떤 사람의 capability란 그 사람에게 선택가능한 기능(functioning)의 대안적 조합을 의미한다. capability는 따라서 어떤 종류의 자유(a kind of freedom)이다. 지금까지의 것에 대체하는 기능의 조합(더 일상적인 말로 하면 다양한 라이프 스타일을 창출하는 것)을 달성하는 실질적 자유(substantive freedom)이다"(Sen, Development as Freedom, Oxford, 1999, p. 75).

되고 노동조합은 조직화되지 않는다는 점을 든다. 그 결과, 근로조건은 열악하게 되고, 비정규고용이 일상적인 상태로 된다.[38)]

특히 디킨과 윌킨슨은 노동시장에서는 자원, 잠재역량, 기능에 누적효과(cumulative effects)가 있다고 강조한다. 충분한 자원을 가지고 있는 자는 잠재역량이나 기능을 높일 수 있고, 그것에 의해 자원을 증가시킬 수 있다. 이에 반하여 자원을 충분히 보유하지 않은 자는 잠재역량이나 기능도 충분히 발휘할 수 없기 때문에 불이익의 악순환(vicious cycle of disadvantage)에 빠지고, 그 결과로서 자원, 잠재역량, 기능의 누적적인 저하가 발생한다는 것이다.[39)]

(2) 노동시장 규제의 목적과 기능

이상과 같은 노동시장에서 누적으로 발생하는 개인의 잠재역량 격차를 전제로 하여, 디킨과 윌킨슨에 따르면, 노동시장에 관한 법규제는 직업훈련이나 교육 등 타인과 교환관계를 형성하는 근로자의 잠재역량을 높이고, 단순한 재분배규제로서의 의미만이 아니라 노동시장의 전제조건을 정비하는 역할을 하게 된다.[40)] 즉 잠재역량이 개인의 자원이나 동기의 결과에 그치지 않고 개인이 그 자원을 이용할 수 있도록 하는 사회화 과정, 교육 및 직업훈련에 대한 억세스의 결과이기도 한다면, 이러한 과정에 대한 억세스를 일반적으로 이용가능하도록 하는 조건을 부여함으로써 재분배 메커니즘이 노동시장 운영의 전제조건으로 된다는 것이다.[41)]

디킨과 윌킨슨은 임신을 이유로 하는 해고금지규제를 사례로 노동법규제의 역할을 다음과 같이 설명하고 있다. 전통적인 경제학적 관점에 의하면 임신을 이유로 한 해고를 금지하는 법규제가 있는 경우 사용자는 임신한 여성근로자를 해고할 수 없고 그에 상응하는 비용을 사용자는 부담하게 된다. 그 귀결로 사용자는 여성을 고용하는 것을 피하게 되고, 자원배분의 비효율성이 발생한다. 이에 대해 법규제의 잠재역량 접근방식은 다음과 같이 이를 설명한다. 즉 임신을 이유로 하는 해고를 금지하는 규제가 존재하지 않는다면 여성은 임신하면 고용이 계속되지 않을 것이라고 판단하여 자신의 직업능력을 높이기 위한 노력이나 투자를 하지 않게 된다. 극단적인 경우 여성은 노동시장에도 참가하지 않는다. 그러나 임신을 이유로 한 해고가 규제되면 여성은 자신의 직업능력을 높이는 데 스스로 투자하고 사용자 역시 여성에 대해 직업훈련을 실시함으로써 전체 사회의 발전에 기여할 수 있다.

디킨과 윌킨슨은 최저임금규제에도 잠재역량을 높이는 역할이 있다고 한다. 한편에서 최저임금은 시장에서 결정된 임금을 넘는 수준을 요구하여 결과적으로 노동수요가 감소할 가능성을 인정하면서도, 다른 한편에서 최저임금규제가 존재하지 않으면 노동시장의 분절화에

38) Deakin & Wilkinson, The Law of Labour Market, p. 288.
39) Deakin & Wilkinson, The Law of Labour Market, pp. 288-289.
40) Deakin & Wilkinson, The Law of Labour Market, pp. 291-292.
41) Deakin & Wilkinson, The Law of Labour Market, p. 291.

의한 구조적 불평등의 존재로 인해 근로자가 그 능력에 따른 임금을 받을 수 없을 가능성이 확대된다고 한다. 따라서 임금이나 기타 근로조건에 관한 입법규제에 의해 근로자에 대한 교육훈련이나 안전보건보호를 개선하려는 인센티브가 사용자에게 작동하고, 그것에 의해 노동의 질이 향상되고 근로자의 잠재역량이 높아지게 되는 것이다.

이와 반대로, 일반적 또는 보편적 효과를 가지는 보호입법을 약화시키는 것을 목적으로 하는 규제완화가 이루어지면, 개인은 차별과 열악한 근로조건 등에 의해 사회적 배제의 위험에 노출되기 쉽고, 그 결과 잠재역량을 직접적으로 침해받게 된다.[42)]

(3) 잠재역량 접근방식에 기한 법규제의 가능성

디킨과 윌킨슨은 20세기 중반의 복지국가로부터 생성된 사회입법은 고용 개념을 중심으로 한 시티즌십 개념을 구체화한 것이었다고 한다. 사회보장법은 임금에 의존하는 대다수 사람에서 발생하는 위험에 대처하기 위한 것이었다. 그리고 단체교섭이나 고용정책을 통한 고용 안정화는 불안정성을 처리하기 위한 비용이 사회보장제도로 들어오는 상황을 회피하기 위한 것이었다고 한다.[43)] 이와 같이 디킨과 윌킨슨은 사회권은[44)] 시장메커니즘을 규제하는 일부로서 형성되었다고 한다.

디킨과 윌킨슨은 사회권을 인정하는 것은 한편에서는 시장에 의한 평가와 관계없는 소득에 관한 권리를 부여하는 것이라고 본다. 사회권은 시장의 유연성이나 효력을 약화시키는 측면이 있고, 복지국가에서의 사회입법은 시장과 사회권의 대립구조에 의해 그 특징을 찾을 수 있다고 한다. 그러나 다른 한편에서 시장화 과정에서 발생하는 개인화는 노동시장의 효과적인 기능을 보장하기 위한 사회권(social rights)의 필요성을 창출하였다고 하면서, 시장과 사회권을 가교하는 개념으로서 잠재역량 접근방식을 제시하고 있는 것이다.

잠재역량 접근방식은 실질적 자유에 착안한 개념이고, 여기에 사회권으로서 지위를 부여함으로써 새로운 가능성이 열리게 된다. 즉 사회권은 '자원'의 가능성을 실현하는 수단을 개인에게 부여하고, 그것에 의해 높은 경제적 '기능'을 달성하도록 하는 잠재역량의 제도적 형태로서 이해되어야 한다는 것이다. 잠재역량 접근방식은 현대 시장경제의 특징인 유연성의 지속가능성과 개인의 경제적 자기충족을 위한 제도적 전제조건이라는 것이다.

또한 잠재역량 접근방식은 사회권의 시장창출기능에 기한 것으로 파악하고 있다. 시장에 효과적으로 참가하기 위해서 개인은 계약과 소유권의 제도적 보장 이상의 것을 필요로 한다.

---

42) Deakin & Wilkinson, The Law of Labour Market, p. 293.

43) Deakin & Wilkinson, The Law of Labour Market, pp. 303-305.

44) Deakin & Wilkinson은 사회권의 개념에 대해 시티즌십을 시민권, 참정권, 사회권으로 분류한 Marshall의 정의를 인용하고 있다. Marshall에 의하면 사회권에는 경제적 복지나 보장에 대한 사소한 권리에서 사회적·문화적 유산을 공유할 권리, 사회에 보급하고 있는 기준에 합당한 생활을 영위할 수 있는 권리까지 다양한 것이 포함된다(Deakin & Wilkinson, The Law of Labour Market, p. 343).

예컨대 개인은 주거, 교육, 직업훈련의 보장이나, 차별을 금지하는 법제도 등 자신의 가능성을 실현하기 위한 경제적 수단을 제공받아야 한다. 사회권이 적절하게 제도화됨으로써 직장이나 사회에서의 균형이 유지된다. 사회권은 생산자원의 이용, 창출, 발전을 개선하고, 실업이나 빈곤을 방지한다. 따라서 디킨과 윌킨슨은 노동조합이나 단체교섭에 관한 법, 최저근로조건을 규제하는 법, 안전보건이나 교육을 보장하는 법, 정책목적으로서의 완전고용이 필요하다고 주장하고, 시장의 관점에서 사회권을 이해하기 위한 개념으로서 잠재역량 접근방식의 지위를 부여하고 있는 것이다.

디킨과 윌킨슨은 잠재역량 접근방식의 관점에서 사회권을 파악한 경우 사회권에는 두가지 범주가 있다고 한다. 하나는 사회보험급부와 같은 자원에 대한 권리이고, 또 하나는 노사관계, 단체교섭, 기업지배구조를 규제하는 룰 등의 특정한 제도적·절차적 상호작용으로서의 사회권이다. 전자의 사회권은 개인에 의해 기능으로 전환될 수 있는 것이다. 이에 대해 후자의 사회권은 개인이 스스로의 능력이나 기술을 기능으로 전환하는 제도적 환경을 제공하는 것이고, 여기에는 고용차별금지법이나 자녀양육을 행하는 여성이 일가정 균형을 실현하기 위한 법적 개입도 포함된다고 한다.

디킨과 윌킨슨은 잠재역량 접근방식에 기한 사회권은 특정한 결과를 실현하기 위한 것이 아니라 광범위한 경제적 기능에서 선택하는 개인의 잠재역량을 향상시키는 것이기 때문에, 그 규제형태는 디폴트 룰(default rule), 강행규정, 소프트 로(soft law) 등 다양한 규제의 균형 속에서 실현될 수 있다고 한다.[45] 또 이러한 사회권에 대한 평가는 특정한 맥락에서의 사회적 학습의 프로세스를 통하여 이루어지는 것이라고 한다. 이와 같이 디킨과 윌킨슨은 잠재역량 접근방식의 관점에서 사회권을 파악하고, 잠재역량 접근방식을 사회권과 노동시장의 가교로 설정하면서 사회권의 시장창출기능을 강조하는 논의를 전개하고 있는 것이다.

(4) 노동법의 새로운 규범적 근거로서 잠재역량 접근방식의 유용성과 한계

센의 잠재역량 접근방식(Capability Approach)이 노동법의 새로운 규범적 목표로서 유용한 이유는 센의 이론이 사회적 배제이론과의 정합성을 가지면서 '권리'라는 관점에서 빈곤과 개발을 설명하고 있기 때문이다. 노동법의 관점에서 보면, 센은 잠재역량이라는 경제적 관념을 사회권이라는 법적 개념으로 연계시킬 수 있는 가능성을 제시하고 있다.[46] 이 견해에 따르면 사회권은 잠재역량을 제도화하는 과정의 일부이다. 즉 잠재역량 접근방식은 개인에게 존재하는 광범위한 대안적 기능에 대한 선택을 확장시키기 위한 메커니즘을 제공하는 것이

45) Deakin & Wilkinson, The Law of Labour Market, p. 347.

46) J. Browne, S. Deakin, and F. Wilkinson, 'Capabilities, Social Rights and European Market Integration' in R Salais and R Villeneuve(eds), Europe and the Politics of Capabilities, Cambridge University Press, 2004, p. 205.

고, 사회권은 개인에 대해 실질적 선택을 강화시키는 '전환요소'(conversion factor)로서 기능하게 된다.[47]

센의 잠재역량 접근방식은 기본적으로 빈곤 내지 개발에 관한 모델에 관한 이론이지만, 빈곤을 재화라는 관점에서만이 아니라 인간의 실질적 '자유'에 착안하여 논의하고 있는 점에 특징이 있다. 따라서 시민사회에서 개인적 권리의 실질성이라는 관점에서 노동시장에서의 불평등과 차별을 설명하는 사회적 배제 이론과 이론적 정합성을 가지고 있다. 또한 잠재역량 접근방식은 불평등을 정합적으로 설명하는 이론이기도 하다. 센의 잠재역량 접근방식에 기한 불평등론은 빈곤하거나 권리를 박탈당한 자만을 대상으로 하고 있는 것이 아니다. 따라서 근로자를 포함한 사회 구성원 전체의 평등화를 촉진하는 정책에 반영될 수 있고, 그 과정에서 사회적 배제가 점차 해소될 수 있는 것이다. 이 점에서 센의 잠재역량 접근방식은 사회적 포섭론과도 이론적 정합성을 가진다고 평가할 수 있다.

센의 잠재역량 접근방식은 경제와 사회를 규율하는 규범적 기초로 기능할 수 있다. 잠재역량 접근방식은 노동시장에의 접근 보장과 근로자의 능력개발에 초점을 둔 규범이론으로서, 시민이 노동시장에 효과적으로 참가하여 더 높은 수준의 경제적 기능(functioning)을 획득하기 위한 사회적·경제적·제도적 수단을 부여받도록 함으로써[48] 사회권의 시장창출적 기능('market-creating' function)을 통해 노동시장의 경제적 측면을 통제할 뿐만 아니라,[49] 동시에 시장 접근의 불평등이나 능력개발기회의 불평등에도 주목한 규범적 기초로서 사회적 위험 배분도 통제할 수 있다.

이런 관점에서 볼 때 센의 잠재역량 접근방식은 경제적 불평등과 차별의 영속화라는 노동시장의 분절에 대응하기 위한 기존 노동법의 한계를 극복하는 새로운 규범적 토대를 제공할 수 있다는 것이다. 잠재역량 접근방식은 노동시장에 대한 접근과 직업능력개발기회 그 자체를 제한하거나 박탈하는 제도적 장애는 제거하면서 이를 촉진하는 것을 넘어서 고용형태 사이, 실직과 고용 사이, 자영과 고용 사이 등 이행노동시장(transitional labour market)에 대

47) J. Browne, S. Deakin, and F. Wilkinson, 앞의 논문, p. 210. 앞에서 본 바와 같이 이 견해에서는 사회권을 두가지 범주로 나눈다. 하나는 자원(복지수당과 같은 재정급여)에 대한 직접적인 청구권으로서의 사회권이고 다른 하나는 특정한 형태의 절차적 또는 제도화된 상호작용(사업장관계를 규율하는 규칙, 단체교섭, 기업거버넌스와 같은)으로서의 사회권이다(J. Browne, S. Deakin, and F. Wilkinson, 앞의 논문, p. 211). 질병수당과 모성수당과 같은 첫 번째 범주의 사회권에 대해서는 개인에 의해 기능(functioning)으로 전환될 수 있는 상품에 대한 청구권으로 파악하고, 두 번째 범주의 사회권에 대해서는 단체교섭과 노동조합과 같은 사회적 전환 요소로 파악한다. 이러한 절차적 권리는 모든 개인이 자신의 잠재역량을 광범위한 추가적인 기능(functioning)으로 전환하고 더 추가적인 잠재역량을 획득할 수 있도록 보장하기 위하여 제도적 환경을 형성할 수 있는 수단이 된다고 한다(J. Browne, S. Deakin, and F. Wilkinson, 앞의 논문, pp. 212-213).

48) Deakin & Wilkinson, The Law of Labour Market, pp. 347-348.

49) Deakin & Wilkinson, The Law of Labour Market, p. 278. 이런 관점에서 노동법의 재분배적 역할과 보호적 역할의 다수는 시장창출적 기능을 가진다고 할 수 있다(p. 284).

한 접근과 활용도 촉진하고 제고하는 방향성에 대한 규범적 근거를 제공함으로써 노동시장의 전개와 이행에 따른 사회적 위험을 최소화하면서 성장을 도모할 수 있는 지침을 제공하기 때문이다.

이런 성격으로 인해 센의 잠재역량 접근방식은 노동법학의 새로운 지평을 열어주는 접근방법으로서 최근 세계적으로 주목을 받고 있다.[50] 그 이유는 첫째, 노동법 규제의 범위를 기업 내의 근로관계를 넘어 보다 일반적으로 노동시장으로 확대할 수 있다. 둘째, 노동시장 규율에 관한 법에 대한 개념적 근거(고용관계에 대한 법 진화적 접근방식)를 제공할 수 있다. 셋째, 효율성도 포함한 목적의 다양성을 용인하는 규범적 틀인 잠재역량개념을 제공하고 있다. 넷째, 신고전주의 경제학 모델보다 사회적 현실을 더 잘 반영하는 노동시장 모델에 기초하고 있다.[51]

센의 잠재역량 접근방식에 한계가 없는 것은 아니다. 기본적으로 개인의 선택을 중시하고 의식적으로 집단에 의한 선택을 배제하거나 경시하는 점, 실체적인 내용이 있는 권리를 제시하지 못하는 점, 실체적 내용보다는 절차적 측면을 강조하는 점을 근거로 센의 잠재역량 접근방식이 노동법의 새로운 규범적 근거가 되기에는 한계가 있다고 비판하는 견해도 있다.[52] 마지막 비판과 관련하여 디킨과 브라운(Browne)은 잠재역량을 특정하기 위한 사회적 선택의 숙의과정(deliberative social choice procedure)에 의해 실체적 내용을 특정할 수 있다고 반박하고 있다.[53] 이 경우 사회적 숙의과정과 단체교섭과의 관계가 문제될 수밖에 없으나,[54] 디킨과 브라운은 이에 대한 명확한 해명은 하고 있지 않다.

그렇지만 노동시장에서 사회적 선택의 숙의과정이 반드시 단체교섭과 양립할 수 없는 것은 아니다. 분절된 노동시장에서 단체교섭의 적용대상에서 배제된 많은 집단은 노동조합과 단체교섭을 통한 노동시장의 형성에 전혀 참가할 수 없기 때문에 숙의과정을 통하여 목소리를 낼 수 있는 공간을 제도화시킬 수 있는 점에서 그러한 숙의과정은 큰 장점이 있기 때문

50) Deakin & Wilkinson 외에도, Brian Langile, "Take These Chains From My Heart and Set Me Free": How Labor Law Theory Drives Segmentation of Workers' Rights, 36 Comp. Lab. L. & Pol'y J 257 (2015); Brian Langille, Labour Law's Back Pages, in Guy Davidov & Brian Langille eds., The Boundaries and Frontiers of Labour Law, Oxford, 2006, pp. 13-36; Brian Langille, Labour Law's Theory of Justice, in Guy Davidov & Brian Langille eds., The Idea of Labour Law, Oxford, 2011, pp. 101-119 등.

51) Judy Fudge, 앞의 논문, p. 128.

52) Alan Bogg, Labour Law and the Trade Unions: Autonomy and Betrayal, in A. Bogg, C. Costello ACL Davies & J. Prassl eds., The Autonomy of Labour Law, Hart Publishing, 2017, pp. 73-94.

53) Deakin & Browne, 'Social Rights and Market Order: Adapting the Capability Approach', in T Hervey and J Kenner eds., Economic and Social Rights under the EU Charter of Fundamental Rights: A Legal Perspective, Hart Publishing, 2003, pp. 38-39.

54) 단체교섭의 영역에서 숙의모델에 대해 비판적인 입장을 취하는 견해로는 S. McCrystal and T. Novitz, 'Democratic' Preconditions for Strike Action-A Comparative Study of Australian and UK Labour Legislation' 28 International Journal of Comparative Labour Law and Industrial Relations 115(2012) 참조.

이다. 즉 노동시장에서 사회적 선택의 숙의과정은 단체교섭과 배척관계에 있는 것이 아니라 보완관계에 있는 것으로 보아야 할 것이다. 분절적 노동시장을 극복하고 포용적 노동시장 형성을 위해서는 헌법 제33조에 기한 노동삼권의 내재적 한계를 극복하는 방안으로서 사회적 선택의 숙의과정 내지 공론화과정이 요구되는 상황도 있는 것이다. 그리고 그것을 위한 규범적 계기를 헌법 제119조 제2항에서 찾을 수 있다.

Ⅳ. 노동법규범의 추가적 근거로서 헌법 제119조 제2항

노동시장에서의 국가와 규범의 역할을 고려하면, 국가는 사인 간의 계약인 근로계약의 제3당사자로서 경제적 위험을 배분하는 역할을 담당한다고 할 수 있다. 노동시장에서 국가의 역할은 헌법 제119조 제2항에서 정하고 있는 '적정한 소득의 분배', '경제의 민주화'에서 부각된다. 노동시장의 분절화에 대해 헌법 제33조가 예정하고 있는 규범적 역할의 한계가 명확히 부각되고 있는 현재의 상황에서 노동법 규범의 헌법상 근거를 헌법 제119조 제2항에서 보충적으로 구하는 것은 필요하고도 유용하다.

1. 노동삼권을 통한 소득분배의 한계

우리나라에서 소득, 특히 임금소득의 분배는 기본적으로 헌법 제33조에 따라 노사간의 집단적 교섭을 통하여 이루어지도록 제도화되어 있다. 노사 간의 교섭력의 불평등이 소득의 불평등으로 이어지지 않도록 교섭력의 불평등을 노동삼권을 통하여 자치적으로 시정할 수 있는 제도적 장치가 헌법 제33조이다. 따라서 기업 또는 산업레벨에서 근로자의 임금소득과 사용자 이윤 사이의 분배는 노동삼권을 수단으로 하여 노사간의 자주적 교섭을 통하여 당사자가 주체가 되어 그 기준과 범위를 결정하도록 헌법은 예정하고 있는 것이다.

여기에서 국가가 개입할 여지는 원칙적으로 없고, 노사의 자치에 따라 임금소득의 분배가 이루어지게 된다. 그러나 노동시장의 노동 공급과 수요는 항상 일치하는 것은 아니고, 자본주의 경제의 속성상 노사 간의 집단적 교섭을 통해 노동 자체의 종속성이 소멸하는 것도 아닌 이상, 근로자의 상대적 열악성이 본질적으로 해소될 수 없기 때문에 헌법 제33조에 의한 소득분배에는 일정한 한계가 있을 수밖에 없다.

특히 위에서 살펴본 바와 같이 최근 확산되고 있는 노동시장의 이른바 분절화 현상은 노사 간의 교섭력의 격차를 시정하는 헌법상 장치로서의 노동삼권이 해결할 수 없는 노동시장의 구조적 문제가 있을 수 있다는 우려가 현실화된 것이라고 할 수 있다. 이른바 기간제 등 비정규 근로자, 종속적인 노무제공자, 노무도급에 종사하는 자 등 다양한 유형의 노무제공자는 형식적으로 노동삼권이 보장되어 있다고 하여도 실질적으로 헌법상 권리를 행사할 수 없는 경우가 대부분이고 형식적으로도 노동삼권이 부여되지 않는 경우도 많다. 또한 이들은 대사용자와의 교섭력의 격차만이 아니라 정규직인 다른 근로자와의 격차도 함께 문제로 되는 것이 현실이기 때문에 헌법상 노동삼권에 의한 교섭력의 불평등 시정만으로는 노동시장의 분절화 내지 분단 현상이 해결될 수는 없다. 노동시장의 분절화가 확산되는 상황에서 소득분배의 적정성을 헌법 제33조가 담보할 수가 없는 것이다.

여기에서 헌법은 임금소득에 대해서 헌법 제33조에 의한 노사간의 교섭에 의한 분배 외에 국가가 직접 시장에 개입하여 '적정한' 소득을 분배할 수 있도록 하는 근거를 제119조 제2항에서 제시하고 있다. 바꾸어 말하면 헌법 제33조에 의한 소득의 분배는 노동시장의 한계로 인해 '적정성'을 유지하기 어려운 경우가 있고, 그 대상이 국민 전체가 아니라 근로자로 한정되어 있다는 한계가 있기 때문에 헌법 제119조 제2항은 국민 전체를 위한 '적정한' 소득의 분배를 헌법상 목표로서 제시하고 있는 것이다.

복지국가의 실현이라는 목표를 달리 표현한 것이라고 할 수 있는 이 목표를 위한 정책수단으로는 국민연금 등 사회보험, 누진세율이나 근로장려세제(Earned Income Tax Credit: EITC) 등 조세제도, 최저임금정책, 적극적 노동시장정책이 있을 수 있다. 이러한 다양한 정책수단을 종합적으로 동원함으로써 경제적 강자에게 소득에서의 부담을, 약자에게는 혜택을 부여함으로써 소득의 적정한 재분배를 달성할 수 있다. 따라서 적정한 소득의 분배란 단순히 경제질서에만 관련되는 것이 아니라 사회질서, 노동시장질서를 포함한 국가 정책 전체가 지향하여야 할 규범적 방향성이라고 할 수 있다.

다만 여기에서 유의하여야 할 점은 헌법은 소득의 재분배를 통한 평등의 달성이라는 결과적 평등을 지향하고 있는 것은 아니라는 것이다. 뒤에서 살펴보는 경제민주화라는 헌법상 요청은 민주적인 절차와 방법이 경제부문에서도 관철될 것을 요청하고 있다. 모든 국민이 시장경제 내 또는 국가 속에서 부여받고 있는 기회에 배제받지 않고 참가할 수 있도록 하는 조건을 정비하는 것이 중요하다는 것을 시사하고 있는 것이다. 그렇다면 경제민주화의 헌법상 요청이 의미하는 바는 소득의 분배를 목적으로 하는 법의 개입은 시장의 바람직하지 못한 결과 자체를 시정하는 데 직접적인 취지가 있는 것이 아니라 시장에 공정하게 참가할 수 있는 전제조건을 정비하는 데 취지가 있다는 것을 명확히 한 것이라고 이해할 수 있다.

2. 경제의 민주화와 포용적 노동시장의 형성

헌법재판소는 "헌법 제119조 제2항에 규정된 '경제주체간의 조화를 통한 경제민주화'의 이념도 경제영역에서 정의로운 사회질서를 형성하기 위하여 추구할 수 있는 국가목표로서 개인의 기본권을 제한하는 국가행위를 정당화하는 헌법규범"이라고 판단하고 있다.[55]

55) 헌법재판소 2003.11.27. 2001헌바35.

그러나 경제 민주화의 의미가 명확하지 않기 때문에 다양한 해석이 존재한다. 경제 민주화를 일반적인 민주주의의 구조 하에서 이해하고 경제민주화는 정치민주화와 함께 헌법원리를 구성하며, 경제의 민주화 요청에 의해 경제질서에 영향을 미치는 자조조직 또는 기업경영에의 참가가 요구된다는 입장,[56] 노사간의 균형관계의 확립의 필요성과 당위성을 의미한다는 입장,[57] 경제영역 전반에서 근로자와 사용자 그리고 사업자와 소비자간에 의사결정권의 집중을 완화하는 요청으로 이해하는 입장,[58] 경제적 측면에서 국민의 실질적 자유와 평등을 보장하려는 헌법적 결단의 표현이라는 입장[59] 등 적극적인 의미로 해석하는 견해가 있는 반면, '경제의 민주화'는 '경제민주주의'와는 무관하다는 입장,[60] 선언적 의미만을 가지고 독자적인 의미는 없다고 하는 입장[61] 등 소극적으로 해석하는 견해도 있다.

경제민주화에 대한 헌법재판소의 입장과 함께 학설의 입장을 전체적으로 고려하면, 경제민주화는 헌법에 명시적으로 규정된 구체적인 경제정책적 목표와 과제에 대한 상위개념으로서, 경제영역에서 발생하는 폐해와 부작용이 헌법에 명시적으로 규정된 구체적인 경제정책적 목표에 의해 해결될 수 없는 경우 기능하는 일반적·보충적 목표로서 작용한다는 점은[62] 부정하기 어려울 것으로 판단된다. 이렇게 해석하지 않으면 굳이 경제민주화를 위한 국가의 경제에 대한 규제와 조정권한을 헌법에 명시적으로 규정할 아무런 이유가 없기 때문이다.

경제민주화는 헌법에서 명시하는 독점으로 인한 폐해 이외에 시장의 실패를 교정하기 위한 수단을 모색하는 과정에서 어떠한 자도 경제의 성장과 안정에서 배제되지 않고 국민경제와 공동체에 참가할 수 있도록 하는 사회적 포섭을 실현하기 위한 규범적 목표라고 이해할 수 있다. 경제민주주의는 모든 자를 주체로 하는 것이고, 국가는 이를 위한 조건을 정비하고 제공하여야 한다는 절차적 관점에서 이해하여야 한다. 이런 관점에서 장애인, 빈민 등 사회적으로 배제된 자가 사회에 통합될 수 있도록 하는 조치가 수반될 필요가 있다. 사회적 포섭과 경제민주주의는 모두 실질적 민주주의, 공정성, 실질적 평등을 요구한다. 국가는 이러한 목적을 실현하고 수단을 효과적으로 실시하기 위한 규제와 조정 권한을 가지는 것이다. 노동시장에 대한 국가 개입의 당위성, 그리고 포용적 노동시장 형성이라는 목적의 당위성도 여기에서 찾을 수 있다.

---

56) 김종철, "헌법의 양극화에 대한 법적 대응", 법과 사회 제31호, 2006, 23면 이하.

57) 이덕연, "한국헌법의 경제적 좌표-시장(기업)규제의 범위와 한계", 공법연구 제33집 제2호, 2005, 16면 이하.

58) 양건, 헌법강의, 법문사, 2009, 183면.

59) 성낙인, 헌법학, 제17판, 법문사, 2017, 289면.

60) 한수웅, 헌법학 제7판, 법문사, 2017, 328면.

61) 전광석, "헌법 제119조", 헌법 주석서 Ⅳ, 법제처, 2010, 489면.

62) 한수웅, 앞의 책, 329면.

3. 분절화된 노동시장 극복을 위한 사회적 숙의과정의 헌법상 근거

헌법 제119조에서 규정하는 경제질서는 '적정한 소득의 분배'를 가능하도록 하기 위한 전제로서 국민경제의 균형있는 성장 및 안정을 통한 국민 경제의 지속가능성을 규범적으로 요구하고 있으며, 동시에 특정 사업자 등의 독점에 의한 시장의 왜곡을 포함한 시장의 실패를 경제민주화의 방법, 즉 사회적·경제적으로 제도나 권리에서 배제됨이 없이 모든 자가 통합적으로 참가하는 방법을 통하여 교정할 수 있도록 하는 헌법적 근거를 제공하고 있다고 평가할 수 있다.

따라서 헌법 제119조는 단순히 경제정책의 형성에 관한 국가의 규제·조정의 근거만을 규정하는 데 그치는 것이 아니라, 국가는 "균형있는" 국민경제, "적정한" 소득의 분배, "경제주체간의 조화"를 통한 경제 '민주화'를 '적극적'으로 추구하여야 하고, 특히 "경제주체간의 조화"를 통한 경제 '민주화'는 헌법에 명시된 다양한 목적(헌법 제120조 내지 제127조)에 대한 상위원칙(overarching principle) 내지 지도원칙(guiding principle)으로 파악되어야 한다. 경제의 '민주화'는 그 자체가 실체적인 내용도 가지고 있기는 하지만 그 핵심은 절차적인 요건을 부과한 점에 있다고 이해하여야 한다. 모든 국민이 참가하고 관여하는 절차의 민주화를 통해서만 국민경제의 "균형", 소득분배의 "적정성", 경제주체의 "조화"라는 추상적인 요건의 충족 여부를 판단할 수 있기 때문이다. 경제민주화라는 필터를 통할 때에만 이러한 추상적인 가치의 실현 여부를 판단할 수 있고 이런 관점에서 경제민주화는 '집단적 잠재역량'('collective capabilities')을[63] 절차적으로 구현하는 헌법상 요청이라고 할 수 있다.

경제민주화는 헌법상 명시적으로 경제주체의 조화를 전제로 하기 때문에, 각종 제도와 권리로부터 사회적·제도적으로 배제되고 있는 자를 포함한 모든 국민이 과정이나 절차에 참가할 수 있어야 한다는 것을 의미한다. 따라서 경제민주화는 '사회적 포섭'이라는 이상을 개념적으로 내포하고 있는 것이다. 그렇다면 사회를 구성하는 제도나 헌법이 보장하고 있는 권리를 모든 자가 실체적·절차적으로 향유할 수 있도록 하는, 즉 사회 내지 공동체에 참가할 수 있도록 하는 경제적·사회적 기반을 갖추기 위한 규범적 근거를 제시한 것이 헌법 제119조 제2항이라고 할 수 있다.

헌법 제119조 제2항이 요구하는 규범적 요청은 사회적 포섭의 실현과 국민의 잠재역량 향상을 통한 균형있는 경제의 성장, 적정한 소득 분배 달성이라고 요약할 수 있는 것이다. 헌법 제119조 제2항은 경제의 성장을 전제로 하여, 소득의 분배와 경제 성장 과정에서의 부

63) Judy Fudge, 앞의 논문, pp. 132-133. 이에 대하여 센은 집단 보다는 개인에 관심을 두고 집단을 오히려 경계하고 있다는 점(A. Sen, The Idea of Justice, Harvard University Press, 2009, pp. 245-247)을 고려하면, 센은 '집단적' 잠재역량이라는 개념을 부정하고 있다는 점에 유의할 필요가 있다.

작용 배제, 경제 성장과정에서의 절차적 민주주의의 확보를 요청하는 것으로 구성되어 있다. '국민경제의 성장'은 나머지 헌법상의 목적을 가능하도록 하는 필요조건이지만, 충분조건은 아니다. 바꾸어 말하면, 성장의 '균형' 등의 헌법상 목적을 달성하기 위해서는 그 전제로 성장 그 자체가 존재하여야 한다. 그 다음으로 경제성장이 나머지 헌법상의 요청과 병행하여 달성될 수 있도록 하기 위해서 '균형적인' 성장이 이루어질 수 있도록 사회적으로 배제된 자를 포함한 모든 자가 사회적으로 (재)통합되는 것이 가능하도록 하는 사회정책적 요구와, 국민 모두가 자신의 잠재역량을 노동을 통하여 경제영역을 포함한 각 영역에서 발휘할 수 있도록 노동정책적 요구가 충족되어야 한다.

여기에서 헌법 제119조 제2항 소정의 경제 '민주화'의 적극적인 의의는 실업자, 청년, 고령자, 여성 가사종사자 등 분절된 노동시장 속에서 배제되거나 불리한 상황에 있는 자가 노동시장에서 자신의 잠재역량을 발휘할 수 있도록 집단적 목소리를 낼 수 있는 제도화된 잠재역량을 사회적 숙의과정을 통한 공론화의 장, 즉 경제와 관련한 절차적 민주주의를 보장하여야 한다는 당위를 규범적으로 확인하고 그 헌법상 근거를 제공하고 있다는 점에서 찾을 수 있다.[64] 이와 같은 집단은 헌법 제33조에 기한 노동삼권을 향유하는 것이 사실상 어렵거나 불가능하기 때문이다.

4. 노동법이 가야 할 길

이상의 논의는 노동법이 이제 새로운 이념적 지향과 근거를 제시하여야 한다는 당위를 확인하고 있다. 지금까지 노동법은 헌법 제33조에 바탕을 두면서 근로자 보호와 노동조합을 통한 단결권의 행사를 핵심적인 수단으로 하여 근로자의 인간다운 생활을 확보하는 것을 목적으로 설계되고 운용되어 왔다. 그러나 근로계약을 매개로 한 보호대상, 수동적인 인간상을 전제로 한 개별적 노동보호법은 개인의 잠재역량을 발휘할 수 있는 제도적 장치로서 효율적으로 기능할 수 없었다. 또한 사회적으로 배제된 사람들은 노동조합에서도 배제됨으로써 노동법이 예정하고 있는 집단적 발언권 나아가 노동시장의 시민권도 획득할 수 없게 되었다. 그 결과로 나타난 것이 노동시장의 분절화와 차별의 영속화이다. 이러한 상황을 계속 용인하는 것은 노동법의 존재이유 자체를 부정하는 것과 다름없다.

노동법은 주체, 목적, 수단 등 모든 측면에서 근본적인 성찰과 재검토를 하여야 한다. 노동법은 계약을 통해 노동시장에 편입되어 있는 자만을 대상으로 하여서는 안 된다. 노동법은 노동조합으로 조직되어 있는 자에 대해서만 집단적 발언권을 보장하여서는 안 된다. 노동법은 개인에게 존재하는 다양한 가능성을 자유로이 선택할 수 있는 자유를 제도화함으로써 모

64) 다만 단체교섭과 구별되는 사회적 숙의과정을 인정한다고 하더라도 숙의과정에 참가하는 자의 선정, 권한, 지위 등 구체적인 내용을 정하는 것에는 상당한 어려움이 수반될 것으로 보인다.

든 사람이 사회적으로 배제되지 않고 노동을 통하여 자신의 잠재역량을 실현할 수 있는 장치를 제공하여야 한다. 이러한 당위를 헌법 제119조 제2항이 노동법에 대해 규범적으로 요구하고 있다. 이제 남은 과제는 어떻게 그것을 실현할 것인가 하는 것이다.

26. 국민건강보험법의 개정 및 제도에 관한 연구*

남 선 모**

Ⅰ. 서 설

최근 직장·지역 건강보험을 통합하고 소득중심 부과체계로 전면 개편하자는 국민건강보험법(이하 '보험법'이라 함)개혁 움직임이 보인다. 건강보험료(이하 '보험료'라 함) 부과대상에서 누락된 소득이 연간 200조원에 달한다며 법적 근거를 마련해 국세청으로부터 자료를 넘겨받겠다는 것이다. 그러나 이는 현재 개인정보의 유출로 많은 민원이 제기되고 있는 가운데 거센 저항을 피할 길이 없을 것이다. 현재 보험료 부과대상 가구는 770만 가구로 이 중 6개월 이상 장기체납한 가구는 157만 가구이며 체납보험료는 2조 1,566억원이다.[1]

이런 가운데 보건복지부는 건강보험법 시행령 및 시행규칙 개정안을 마무리해 2014년 1월분 보험료부터 적용하겠다는 것이다. 나아가 2014년 하반기에 직장가입자·지역가입자의 소득상한액도 인상할 계획이라고 밝혔다. 우선 소득 500만원이 넘는 지역가입자(153만가구)의 소득등급표를 현재 75등급에서 80등급으로 세분화한다. 고소득자 구간을 잘게 나눠 보험료를 물리겠다는 것이다. 이렇게 되면 상위 20% 가구들은 보험료가 인상될 것으로 보인다.[2] 이렇게 조정되면 기존의 최고 보험료가 지역가입자는 219만원, 직장가입자는 230만원이었으나 지역·직장 가입자 모두 월 269만원으로 조정될 수 있다고 덧붙였다. 2013년 상반기 건강보험 체납액(누적)은 2조 1918억원이며 4대 보험을 합친 체납액은 9조원을 넘어섰다. 한

---

* 본 논문은 한국법학회/원광대학교 법학연구소 주관으로 2013년 12월 13일 학술대회에서 발표한 것을 보완하여 학회지 법학연구 제53권 53호(2014.3)에 게재하였다. 그런데 2018년 7월 말 그동안 4년의 총장 임기를 마치고 퇴임하시는 기념으로 '성낙인총장 퇴임기념논문집'(제목 '국가와 헌법')을 마련코자 성낙인 총장 기념 논문집 간행위원회의 요청으로 향후 자료보완을 위하여 싣는 것이기 때문에 공식적인 논문게재가 아니며 인용을 하려면 학회지를 이용하시길 부탁드린다.

** 세명대학교 사회과학대학 법학과 교수, 법학박사

〈총장님의 기념논집을 축하드리며〉

우선 논문의 보정에 앞서 그간 성낙인 총장님의 노고에 경의를 표합니다. 오는 7월 말이면 4년의 총장 임기를 마치게 된다니 한편 아쉬움의 마음 그지없습니다. 총장님께서는 서울대 재직 중의 업적뿐만 아니라 법학 발전을 위하여 크게 기여하셨음은 익히 알고 있으며 주변으로부터 훌륭하신 업적의 소식을 전해 듣고 있습니다. 이러한 때 '성낙인총장 퇴임기념논문집'을 준비하고 계신다니 참으로 본받을 일이며 기쁜 소식이 아닐 수 없습니다. 특히 논문집의 제목을 '국가와 헌법'으로 정해 시의적절한 일면을 보여주고 있습니다. 평소 내유외강의 부드러우신 면모는 만인의 존경을 받아 마땅하다고 여깁니다. 퇴임 후에도 후학들의 바람직한 지도편달을 바라며 늘 강건하시고 가정에도 행복의 꽃이 만발하시길 지면을 통해 전해드립니다. 이러한 공간에 저의 논문 한 편을 허락하셔서 너무나 영광입니다. 감사합니다.

1) 2013.7.29. 한국경제 A10면.

2) www.nhic.or.kr

편 2013년도 2분기 국민건강보험공단(이하 '공단'이라 함)의 재정현황은 2조 4,285억원에 달했다. 이러한 현상은 보험료를 제대로 납부하는 국민도 병원가는 것을 기피하는 현상으로 보험료에 대한 대대적인 혁신을 시사하고 있다. 현행 보험료 징수는 4대 보험을 통합하여 공단이 맡고 있다. 학계, 재계, 언론 등 많은 분야에서 건강보험의 재정악화에 대한 우려의 목소리가 높다. 그러나 개선되지 못하는 것은 주로 정책적인 측면이나 비용부담의 개선책에 따른 재정통합 등의 내용을 담고 있어 제도 자체의 개혁이 이루어지지 않고 있다. 기존의 논문들에서도 여전히 정책의 변화 등 추상적인 개념에 일관하는 외 법률학자에 의한 법조개정을 검토한 바 없고 나아가 공단자체의 개혁 등이 부재한 바 개선방안에 실질적인 도움을 주지 못하고 핵심적인 개혁부분은 탈피해온 실정이다. 이렇다 보니 건강보험법의 제정취지에는 전반적으로 공감하면서도 동법에 대하여 끊임없는 저항과 비판이 제기되어 왔다. 여러 차례 개정을 통하여 미비점을 개선하고자 하는 시도들이 있어 왔음에도 이러한 비판들이 계속되는 것은 개선방향의 실효성에 대한 의문점이 제기되고 있기 때문이다. 구체적인 개선방안이 요구되는 부분이다. 이는 현재까지의 지엽적이고 임기응변식의 단기적인 대응에 대한 한계점을 시사하며 이제까지와는 다른 방식의 접근이 필요한 시점에 왔음을 가리키는 것이 아닌가 한다. 미래지향적인 사고에 근거하여 보다 핵심적이고 근본적인 접근을 할 필요가 있다. 비대하고 방만한 경영에 대한 제도 자체의 개혁이 있어야 한다. 이에 대한 구체적인 대응책이 국민의 건강을 올바르게 지킬 수 있는 전제조건이 될 것이다. 근본적 개혁 없이는 준조세적 거친 저항은 물론 국가 재정 파탄위기의 주범으로 전락할 것이다. 이를 위해 우선 그 동안 보험법의 연혁과 제·개정과 관련된 주요 내용을 살펴보고 실질적 개정방안을 모색할 필요가 있다.

Ⅱ. 연 혁

사회보험제도로서의 건강보험은 1977년부터 실시되어 1989년 전 국민을 대상으로 확대되어 국가적인 제도로 자리 잡게 되었다. 2000년 7월 1일에는 기존의 다보험자 방식에서 단일보험자 방식으로 통합되어 운영되고 있다. 현행 지역가입자의 보험료는 가족 수, 주택, 전세보증금, 월세, 소득, 자동차에 따라 부과하고 있다. 소득과 재산이 없는데도 부과대상 가구는 290만 가구로 전체 부과대상 가구의 38%에 달한다. 형평성과 공정성에 심각한 문제가 있는 부분이다. 여기서 건강보험 지역가입자의 전·월세금 기본공제액은 현행 300만원에서 500만원으로 늘리기로 했다. 전·월세가 오를 때 지역가입자의 보험료도 같이 올라 부담이 커지는 점을 감안한 것이다. 기본공제액이 200만원 늘어나면 전·월세에 사는 지역가입자 328만가구 중 65만가구(19.7%)의 보험료가 가구당 월평균 5600원 줄어들 것으로 예상된다.

최근 전세금이 가파르게 오르면서 집값 90%의 전세가 속출 하고 있다.[3] 12년 이상 된 노후 자동차의 평가 기준도 바뀐다. 현재 9년이 넘은 자동차는 3년 미만 자동차에 부과되는 점수의 40%를 일괄 적용했으나, 앞으로 12년 이상 된 자동차는 20%로 축소되고 15년 이상 자동차는 부과 대상에서 제외된다. 2014년부터 12년 이상 된 자동차 140만대가 새 기준의 적용을 받아 연간 보험료 673억원이 줄어들 것으로 전망된다. 최근 보험료의 인상으로 인해 서민들의 가계부담이 커지고 있다는 뉴스와 기사들이 보도되고 있다. 이러한 문제들은 사회보험에 대해 국민들이 불신하게 되고 부정적인 시각에 영향을 끼치기 때문에 문제해결을 위한 적극적이고 장기적인 국가적 노력이 요구되어 진다. 그 동안 보험법은 쟁점이 되는 부분의 위헌확인 소송 외 2,000년 이후에도 30여 차례 개정이 있었다.[4]

이 과정에서 보험법 제33조 제2항 등 위헌확인의 경우, 소득형태와 소득파악율에 있어서 본질적으로 이질적인 직장 · 지역가입자 집단의 통합에도 불구하고, 법은 지역가입자의 소득파악 또는 객관적인 소득추정을 위하여 1년 반의 유예기간을 둠과 아울러 직장 · 지역가입자 사이의 부담의 평등을 보장할 수 있는 법적 제도장치(법 제31조)를 두고 있으므로, 직장가입자와 지역가입자의 재정통합을 규정하는 "법 제33조 제2항은 헌법에 위반되지 아니한다."라고 판시한 바 있다.[5] 사회보험법상의 지위는 청구권자에게 구체적인 급여에 대한 법적 권리가 인정되어 있는 경우에 한하여 재산권의 보호대상이 된다. 그러나 여기의 재정통합의 경우, 조합원의 권리를 규정하고 있지 않을 뿐만 아니라, 적립금에는 사법상의 재산권으로 보호될 만한 최소한의 재산권적 특성이 결여되어 있다. 따라서 헌법 제23조에 의하여 보장되는 재산권의 보호대상이라고 볼 수는 없다. 나아가 재정통합이 직장가입자에게 불리하게 변경하는 것이 아니므로, 적립금의 통합에 의하여 재산권인 건강보험 수급권이 제한되는 것은 아니라 할 것이다. 또한 건강보험법 제49조 제4호 위헌확인을 보면 "교도소에 수용된 때에는 보험급여를 정지하도록 한 (구)보험법 제49조 제4호가 수용자의 건강권, 인간의 존엄성, 행복추구권, 인간다운 생활을 할 권리를 침해하지 않는다."라고 판시한 바도 있다.[6] 교도소에 수용된 때에는 건강보험급여를 정지하도록 한 규정은 수용자에게 불이익을 주기 위한 것이 아니라, 국가의 보호, 감독을 받는 수용자의 질병치료를 국가가 부담하는 것을 전제로 수용자에 대한 의료보장제도를 합리적으로 운영하기 위한 것이므로 입법목적의 정당성을 갖고 있다. 가사 국가의 예산상의 이유로 수용자들이 적절한 의료보장을 받지 못하는 것이 현실이라고 하더라도 이는 수용자에 대한 국가의 보건의무불이행에 기인하는 것이지 위 조항에 기

3) 2013.11.8.(금) 조선일보 A3면.
4) 최근개정은 법률 제11787호, 2013.5.22, 일부개정(시행 2013.11.23.)최근 2013.5.22.개정에 이어 31번째 개정이 있었다.
5) 2000.6.29. 99헌마289 전원재판부 합헌.
6) 2005.2.24, 2003헌마 31, 2004헌마 695(병합) 전원재판부 합헌.

인하는 것으로 볼 수 없다. 위 조항은 수용자의 의료보장수급권을 직접 제약하는 규정이 아니며, 입법재량을 벗어나 수용자의 건강권을 침해하거나 국가의 보건의무를 저버린 것으로 볼 수 없으므로 수용자의 건강권, 인간의 존엄성, 행복추구권, 인간다운 생활을 할 권리를 침해하는 것이라 할 수 없다. 이 외에도 보험료의 월별청구, 보험료의 과·오납 환급 등 주로 보험료 징수와 관련하여 끊임없는 위헌확인이 제기되어 왔다.

Ⅲ. 제·개정의 방향

2000년 이후 제·개정의 주요이유로는 보험운영의 방식 등 보험관리체계의 보완이며 보험료 부담의 형평성을 높이고 질병의 치료 외에 예방·건강증진 등을 포함하는 포괄적인 의료서비스를 제공하여 국민건강의 향상을 도모하려는 것이다. 그런데 주요 개정내용에 대해 보험료 및 진료비와 관련하여 공단의 통계를 중심으로 살펴보는 수준으로 정하고, 당시의 의원 입법(4개 案)에 대해서는 대부분 폐기되었기 때문에 새로운 과제(2. 의원 입법 案→2. 새로운 과제)를 중심으로 향후 개정방안을 모색해 보고자 한다.

1. 주요 개정내용

건강보험의 보험자는 공단으로 하고, 건강보험 가입자 및 피부양자의 질병·부상·출산 등에 대하여 진찰·약제지급·치료·예방 등의 요양급여를 요양기관에서 실시하고, 기타 장제비와 상병수당 등의 임의급여를 대통령령이 정하는 바에 의하여 실시할 수 있도록 하며 요양급여비용을 심사하고 요양급여의 질적 적정성을 평가하기 위하여 건강보험심의평가원을 공단과 별도로 설립하는 외 주로 보험료 인상 등의 내용을 담고 있다. 나아가 보험료를 일정기간 체납한 지역가입자가 보험급여를 받은 경우에 체납된 보험료의 납부가능기간을 연장하여 보험급여를 계속하여 받을 수 있도록 하였으며 건강보험의 재정건전화를 달성하기 위하여 제정된 「국민건강보험 재정건전화특별법」의 유효기한이 2006년 12월 31일로 만료됨에 따라 건강보험재정에 대한 정부지원의 규모와 방식, 건강보험 정책에 관한 의사결정조직인 건강보험정책심의위원회 등 동법에서 규정하고 있는 주요사항을 이 법으로 옮겨 규정하는 한편, 보험료 부과 기준이 되는 표준보수월액 및 부과표준소득의 등급제를 폐지하고, 취약계층에 대한 보험료 경감을 확대하는 등 현행 제도로 운영상 나타난 일부 미비점을 개선·보완하였다. 그리고 체납자의 보험료 분할납부의 시행, 건강보험정책심의위원회 및 사회보험징수통합준비위원회를 설치하도록 하며 건강보험제도의 안정적 운영을 위하여 당초 2011년 12월 말까지로 예정되어 있는 건강보험재정에 대한 정부지원을 2016년 12월 말까지 연장하고, 직장가입자에 대하여 보수를 기준으로 산정하는 보수월액보험료 외에 다른 소득을 기준으로 산정하는 소득월액보험료를 징수하는 근거를 마련하였다. 2007년에는 노인장기요양보험법[7] 을 제정하여 시행하고 있다. 의료자원관리의 효율성을 확보하고 요양급여비용의 누수를 방지하기 위하여 요양기관 시설·장비·인력 현황에 대한 신고의무를 법정화하고, 미신고 또는 거짓 신고 시에는 과태료를 부과할 수 있도록 하

7) 2007.4.27. 법률 제8403호 신규제정.

며, 납부능력이 있음에도 보험료를 체납하고 있는 자의 명단을 공개할 수 있도록 하고, 결손처분 후 재산이 발생한 경우 결손처분을 취소할 수 있도록 함으로써 보험료의 성실납부를 유도하며, 관할 세무서장 또는 지방자치단체의 장에게 과징금 납부의무자의 과세정보를 요청할 수 있도록 하여 과징금 징수율을 제고하며, 약제·치료재료 제조·판매업자 등으로 하여금 거짓 자료를 제출하여 약가를 부당하게 고가로 정하게 하는 등의 행위를 금지하고 그에 대한 위반 여부를 조사할 수 있는 근거를 마련하는 등 현행 제도의 운영상 나타난 일부 미비점을 개선·보완하는 것으로 납부능력이 있음에도 1천만원 이상의 보험료를 2년 이상의 기간 동안 체납한 자의 명단을 공개할 수 있도록 하고, 결손처분 후 재산이 발생한 경우 결손처분을 취소할 수 있도록 하였다.[8] 2013년에는 임의계속가입 신청기한 연장으로 임의계속가입 신청기한을 최초로 고지받은 지역보험료의 납부기한 이내에서 지역보험료 납부기한으로부터 2개월이 지나기 이전까지로 연장하며 신청 후 최초 납부기한으로부터 2개월이 지난 날까지 납부하지 않은 때에 자격을 상실시키도록 하고 보수월액을 직전 3개월간의 보수월액을 평균한 금액으로 정하였다.

특히 건강보험증 부정사용 등을 통한 부정수급행위에 대한 처벌 강화로 거짓이나 그 밖의 부정한 방법으로 보험급여를 받거나 타인으로 하여금 보험급여를 받게 한 자에 대하여 1년 이하의 징역 또는 1천만원 이하의 벌금에 처하도록 하였다. 이처럼 제·개정의 주요내용은 보험료의 인상이나 부정수급행위의 차단 및 공단 운영과 관련된 각종 위원회 설치 등 주로 외적 환경의 변화를 요구하는 방향으로 개정되어 왔다. 건강보험이 제대로 유지되기 위해서는 내적 환경을 정비하는 등 구체적인 개정방안이 요구된다.

2. 의원 입법(案) → 새로운 과제

본 논문이 발표된 시간도 어언 5년이란 세월이 흘렀다. 그동안 국민의 건강을 위하여 관계부처 등 여러 기관에서 많은 노력을 경주해 왔다. 한편 국민 개개인도 개별적인 건강에 대해 관심과 노력의 덕분으로 새로운 삶을 이끌고 있는 것이 사실이다. 하지만 건강보험료와 관련하여 많은 문제점과 국민 일반의 저항에 대해서는 간과할 사안이 아니다. 2017년도 건보 진료비가 세대 당 10만원을 넘었으며 전체 진료비도 7.4% 증가한 70조원에 육박하고 있다. 2018년 3월 21일 국민건강보험공단과 건강보험심사평가원이 발표한 ‘진료비 통계지표’ 등에 따르면 2017년 건보공단이 병원 등에 지급한 진료비는 2016년 보다 7.4% 증가한 69조 3,352억 원을 기록했다.[9] 2017년 건강보험 가입자에 대한 보험료 부과 금액은 2016년보다 5.9% 늘어난 50조 4,168억 원이었다. 이러한 진료비는 국민 개개인이 건보공단에 지급한 금액을 건보공단이 병원 등에 다시 지급하는 구조로 되어 있다. 국민 개개인은 건보공단에도 돈을 내고 진료한 병원에도 돈을 내는 2중 구조로, 그 부담은 실로 헤아릴 수 없을 정도로 심각한 수준에 직면하고 있다. 건보공단은 해체하고 노인건강보험공단으로 대체되어야 하며 건강보험심사평가원은 순수한 민간연구기관으로 이전해 본연의 임무를 수행할 수 있도

8) 국민건강보험법 전부개정, 법률 제11141호, 2011.12.31.(시행 2012.9.1.)

9) 조선일보, 2018년 3월 22일字 사회 A14면.

록 혁신하여야 할 것이다. 노인건강보험공단은 온라인으로 유지해 그 지출 규모를 줄여나가야 할 것이다.[10]

3. 공단 주요 통계

다음은 공단이 2013.9.13일 공개한 2013년 상반기 건강보험 주요 통계에 나타난 특징이다. 보험료 및 진료비와 관련된 부분이다.

(1) 진료비 증가

2013년 상반기에 국민들이 병원을 찾은 횟수는 1인당 9.63회로 작년 같은 기간(9.69회)에 비해 0.6% 줄었다. 그러나 병원을 찾아 하루 지출한 진료비는 5만1699원으로, 전년 동기(5만 12원)보다 3.4% 증가했다. 월평균으로 보면 1.61일 병원을 찾아 8만2984원을 지출한 셈이다. 건강보험 관계자는 "경기 침체로 외래 및 약국 방문 일수가 감소했기 때문"이라고 분석했다.

(2) 65세 이상 노인 인구 진료비 계속 증가

65세 이상인 노인 1명의 월평균 의료기관 이용일수는 4.3일로, 만 65세 미만인 사람의 내원 일수인 1.27일보다 약 3.4배 많은 것으로 집계됐다. 월평균 진료비도 65세 이상은 26만7782원으로 65세 미만의 5만9753원에 비해 4.5배나 많다. 65세 미만 진료비는 지난해 상반기 보다 1.2% 증가하는데 그쳤지만, 65세 이상 노인 인구의 진료비는 7.8%나 증가했다.

노인 인구가 크게 늘어나면서 노인 진료비도 급증하고 있는 것이다. 6월 말 현재 65세 이상 건강보험 적용인구는 561만명으로 건강보험 적용 인구 4980만 중 11.3%에 달한다. 노인 인구는 지난 2008년 9.6%에서 2011년 10.5%, 2012년 11%로 매년 증가해 왔다.

(3) 임신, 출산 건강보험 급여 확대

공단이 병원에 지급한 내역을 보면 상반기중 임신·출산 진료비로 1176억원이 지출됐다. 작년동기(810억원)에 비해 45.1%나 늘어났다. 이는 올 4월부터 임신·출산 건강보험의 급여 대상이 한방의료기관까지 확대되고, 하루 사용한도도 폐지된 데 따른 것이라는 분석이다.

(4) 직장 가입자의 증가

직장인 건강보험료 부과금액은 상반기 16조4808억원으로 지난해 동기 대비 9.0% 증가했다. 이에 반해 지역부과금액은 3조7138억원으로 지난해 동기 대비 1.9% 증가하는데 그쳤다. 전체 건강보험 가입자 중 6월 현재 65.3%가 직장가입자이다. 한편 2013년 11월 19일 공단은 지역가입가구의 재산과 소득변화를 반영해 보험료를 다시 계산한 결과 759만 가구 가운데 27.8%인 211만 가구의 보험료가 올라가게 됐다고 발표했다. 인상된 보험료는 이달부터 적용된다. 반면 18.7%인 141만 가구의 보험료는 내려간다. 407만 가구는 변동이 없다. 전체 지역가입자가 내는 보험료는 205억원(3.1%) 증가해 가구당 평균 2,700원씩 보험료를 더 부담해야 하는 것으로 나타났다.[11]

---

10) 2017년 전체 진료비 중 65세 이상 비중은 2016년 보다 1.2% 증가한 39.9%를 차지했다. 이는 2011년 33.1%에서 매년 1% 이상 증가하고 있는 추세이다.

11) 한국경제 2013.11.20.(수) A10면

(5) 검 토

(1)의 진료횟수는 줄어드는데 진료비는 증가하고 있는 현상으로 여전히 수급자의 부담이 커지며 보험료에 대한 거부감을 표출할 수 있는 요인으로 작용한다. (2), (3)의 진료비 증가 및 급여 확대는 고령화가 심화되면서 노인들의 진료비도 크게 늘고 있음을 나타내는 것으로 공단의 보험료 인상에 대한 공격적 구실 요인으로 작용하며 (4)의 경우, 건강보험료 총 부과금액 중 '직장' 보험료의 점유율은 2008년 76.2%에서 2012년 80.7%, 2013년 상반기에는 81.6%로 매년 증가하고 있는 반면 지역가입자는 2008년 23.8%의 점유율을 보였지만, 이후 매년 줄어들어 2013년 상반기에는 18.4%의 점유율을 보이고 있다. 지역가입자가 줄고 있는 현상에 대해서는 피부양자 등재 등으로 인한 부정적 시각으로 볼 수 있다.

Ⅳ. 개정 방안

건강보험법의 도입 이후 많은 개정이 이루어졌으나 연일 계속하여 민원이 제기되고 주요 쟁점에 대한 언론보도는 여전히 건보공단 자체의 개혁엔 소홀하고 수급자 조정 및 재원조달 방향에 대한 개정으로, 근본적인 대책 마련이 요구된다. 특히 지역가입자에 대하여 선별적이며 합리적인 부과체계를 개발하여야 한다. 그리고 노인 장기요양과 관련해서는 보험급여체계의 근본적인 개혁이 이루어져야 한다. 나아가 직장가입자에 대해서도 직장별 공제조합 등의 민간보험 개발상품을 활용하는 방안을 검토해 볼 필요가 있다.[12] 이에 쟁점사례별 문제점과 이에 따른 관련 법조의 개정방안을 검토해 보고자 한다.

1. 관련법 개정

(1) 건강보험증 발급 체계

1) 쟁 점

건강보험증은 매년 1800만건 가량 발급되고 있다. 전 국민이 3년마다 보험증을 발급받는 셈이다. 건강보험증 발급에 들어가는 비용은 매년 50억원 정도로 2012년에는 총 55억4000여만원의 예산이 들어갔다. 하지만 더 큰 문제는 인력 낭비다. 건보공단 직원 8000여명 중 2000명이 이와 직 · 간접적으로 관련된 업무를 처리하고 있다.[13]

공단 관계자는 시급한 민원이나 현안을 처리해야 할 인력이 쓰지도 않는 보험증을 만드는 일에 매달리고 있는 상황 이라고 설명했다. 건보공단이 예산과 인력 낭비인 줄 알면서도 보험증 발급 업무를 계속하고 있는 이유는 건보법 규정 때문이다. 2012년에는 1793만장이

12) www.ktcu.or.kr, 교원공제회의 The-k가족 실손의료보험상품을 개발, 2014.1.예정

13) 한국경제 2013년 9월23일 A8면.

발급되었다. 신규보험증은 직장을 새로 얻거나 가입 자격이 바뀔 때 발급되며 재발급은 분실 · 훼손 기한 만료 등의 사유로 이뤄진다.

2) 관련 법조

현행 보험법 제12조(건강보험증) 제1항에는 "국민건강보험공단은 가입자에게 건강보험증을 발급하여야 한다."라고 규정하고 있으며 제2항 및 제3항에서는 각각 "가입자 또는 피부양자가 요양급여를 받을 때에는 제1항의 건강보험증을 제42조제1항에 따른 요양기관(이하 "요양기관"이라 한다)에 제출하여야 한다. 다만, 천재지변이나 그 밖의 부득이한 사유가 있으면 그러하지 아니하다. 가입자 또는 피부양자는 제2항 본문에도 불구하고 주민등록증, 운전면허증, 여권, 그 밖에 보건복지부령으로 정하는 본인 여부를 확인할 수 있는 신분증명서(이하 "신분증명서"라 한다)로 요양기관이 그 자격을 확인할 수 있으면 건강보험증을 제출하지 아니할 수 있다."라고 규정하고 있다. 나아가 구체적 절차는 보건복지부령으로 정하고 있는데 "제1항에 따른 건강보험증의 서식과 그 교부 및 사용 등에 필요한 사항은 보건복지부령으로 정한다."라고 명시하고 있다.[14)]

3) 개정방안

이 법조는 수차례의 법개정에도 불구하고 한번도 검토된 바 없는 소위 "의무화 규정"으로 이러한 애매한 보험 규정 때문에 예산만 낭비하며 오히려 혼란을 가중시키고 있는 규정이다. 같은 법 3항은 1항과 2항의 규정을 무력화하는 내용을 담고 있다. 앞에서 살펴본 바와 같이 "가입자 또는 피부양자는 주민등록증, 운전면허증, 여권 등 그 밖에 보건복지부령으로 정하는 본인 여부를 확인할 수 있는 신분증명서로 요양기관이 그 자격을 확인할 수 있으면 건강보험증을 제출하지 않을 수 있다."라고 명시돼 있다. 건강보험증 없이도 신분확인이 가능한 상황이 발생한 것이다. 결국 병원도, 환자 측도 보험증을 휴대할 필요가 없어진 것이다. 실무에서는 병원 측의 편의로 신분증 확인도 제대로 이뤄지지 않는 게 현실이다. 그렇다면 법 제12조(건강보험증) 제1항의 규정인 "공단은 가입자에게 건강보험증을 발급하여야 한다."는 "공단은 가입자의 건강보험증을 온라인으로 유지하여야 한다."혹은 "DB화 하여야 한다."로 개정하면서 구체적 사안에 대해서는 시행령이나 시행규칙에 세부적 방안을 마련할 필요가 있다.

→ 이와 관련, 국민건강보험공단은 2018년 4월 5일 전산으로 건강보험 자격 확인이 가능해지면서 필요성이 떨어진 종이 건강보험증 발급을 대폭 축소하는 방안을 추진한다고 밝혔다. 이르면 올 하반기부터 신청자에 한해 건강보험증을 선택적으로 발급하는 방안을 추진 중이다. 2017년 한 해 발급된 건강보험증은 약 2100만장이다. 이를 제작하고 발송하는 데 약 64억원이 들었다. 이에 건보공단은 2018년 하반기부터 외국인 · 미성년자 등 신분증이 없어

14) 국민건강보험법 제12조 제7항(2013.5.22. 신설).

건강보험증이 꼭 필요한 사람 등이 신청하는 경우에만 건강보험증을 발급하는 방안을 추진 중이다. 가입자 자격 변동 시에는 간단한 안내문만 발송할 예정이다. 공단 관계자는 "안내문도 비용이 들기 때문에 예산 절감액은 7억원 수준일 것"이라고 했다.[15] 이 방안은 시의적절하며, 다만 미성년자의 경우에도 보호자와 연대하여 인터넷이나 모바일을 통한 안내문 발송 정도로 홍보대책을 마련할 필요가 있고, 외국인의 경우는 내국인과 분리하여 별도의 체계로 관리될 필요가 있어 보이는 부분이다. 예로서, 상대국의 우리 국민에 대한 건보적용 수준정도를 참조하여야 할 것이다.

(2) 선택진료비 등 특진비 논란

선택진료에 관한 규칙(보건복지부… 제174호, 2000.9.5, 제정, 시행)이 제정되어 14차례의 개정을 거듭하다 2018.4.4. 결국 폐지(보건복지부… 제567호, 2018.4.4, 폐지)됨으로써 그 동안 논란의 불씨를 없애고 소위 '특진비' 규정이 사라지게 되었다.

(3) 리베이트 쌍벌제

1) 쟁 점

제약사나 의료기기 업체가 의사에게 제품 사용을 권하며 금품 향응을 제공하면 양측을 모두 처벌하는 제도로 리베이트 비용으로 약값이 비싸지는 것을 막기 위해 2010년 11월 시행됐다. 이전에는 리베이트 제공자만 처벌하였다. 당시 보건복지부는 리베이트 쌍벌제와 관련해 '허용 가능한 경제적 이익 등의 범위'를 규정한 의료법, 약사법, 의료기기법 개정 시행규칙에 대한 법제처 심의가 끝나 13일부터 시행에 들어갔다고 밝혔다. 리베이트 쌍벌제 관련 법률은 2010.11.28일 발효했으나 그동안은 시행규칙이 마련되지 않아 사실상 선언적 효과만 있었다. 당시 규제개혁위원회에서는 2013년 말까지 리베이트 쌍벌제에 관한 제도를 유지 또는 개정에 관하여 복지부에 권고한 바 있다. 서울중앙지법 형사합의37부 는 동아제약으로부터 대가성 리베이트를 받은 혐의로 기소된 김모씨 등 의사 19명에게 2013.9.30일 유죄를 선고했다.[16] 재판부는 의약품시장 리베이트로 약값이 외국에 비해 비싸고 증가율도 높다 며 의약품시장의 공정한 경쟁을 저해하고 소비자 보호를 악화한다는 점에서 폐해가 크다고 판결했다. 동아제약이 준 돈은 정당한강의료 또는 설문조사 응답 비용이라는 피고의 주장을 받아들이지 않았다. 재판부는 "이번 사건은 리베이트 수법과 형태가 얼마나 다양화·지능화할 수 있는지를 상징적으로 보여 준다"며 "리베이트가 의료서비스의 질적 저하를 야기하는 행위는 엄연한 현행법 위반"이라며 검찰의 지적한 혐의를 모두 인정했다. 쟁점은 동아제약과 의료계는 다른 부분은 제외하더라도 강연·자문료에 대해서는 리베이트가 아니라고 주

15) http://news.chosun.com/site/data/html_dir/2018/04/06/2018040600114.html, 2018.4.6.검색.

16) 2013고합241, 242.

장했다. 하지만 재판부는 "동아제약의 교육 컨텐츠 제작 프로그램은 동아제약이 외부에 합법적으로 보이기 위한 프로모션 수단으로 활용한 방법"이라며 "사실상 리베이트를 제공했다"고 판시했다. 또 다른 쟁점은 의료인이 동아제약의 강연·자문 프로모션이 리베이트였는지를 인지했는지 여부다. 재판부는 프로그램 운영 과정에서 동아제약이 강의를 담당할 의사·강연비 지급 등을 주도적으로 선정한 점, 해당 비용이 영업팀 판촉비 예산에서 공제한 점, 강연 내용 중 일부는 동아제약·지명컨설팅이 제공한 자료를 사용해 제작한 점, 동아제약이 동영상 강의를 사후에 제대로 관리하지 않은 점 등을 분석해 사실상 의료인 역시 리베이트였다는 점을 인지했다고 판단했다.[17]

2) 관련 법조

리베이트 쌍벌제 법률 시행규칙(2010.12.13일부터 시행)은 기존 규제개혁위원회 심사 결과를 그대로 반영했다. 먼저 규제개혁위원회의 심사안대로 경조사비, 명절선물, 강연료, 자문료, 소액물품 등은 '기본적으로 제공하지 말도록 하되 통상 인정할 수준인지 사안별로 판단'하도록 하고 있다. 나아가 리베이트로 대표되는 부당한 경제적 이익을 주고받았을 때 자격정지 기간을 세분화하고 있다. 또 리베이트를 준 의료기기 제조업자의 판매업무정지의 행정처분 기준도 의약품 제조업자와 같게 신설하였다.

한편 의료법 시행규칙 16조의2 (경제적 이익 등의 범위)에서 법 제23조의2제1항 단서 및 제2항 단서에서 "보건복지부령으로 정하는 경제적 이익 등"이란 별표 2의3과 같다.(본조신설 2010.12.13.) 이 시행규칙에 따라 허용되는 것은 견본품 제공, 학술대회 지원, 임상시험 지원, 제품설명회, 대금결제조건에 따른 비용할인, 시판 후 조사 및 신용카드 포인트 등이다. 학술대회 지원도 '학술대회 주최자'가 지원하는 비용만 허용하도록 하고 있다.

3) 개정 방안

이 사건으로 기소된 의사 중 일부는 의료인의 경제적 이익 수수를 금지한 의료법 제23조의 2가 명확성의 원칙 등을 위반하고 있다며 위헌법률심판제청을 신청했지만 재판부는 기각한 바 있다. 사안에서는 강의제작 업체 A컨설팅을 통해 강의료와 설문조사비, 광고료 등 명목으로 김씨 등 의사 18명 등에게 1000만원에서 최고 3600만원을 전달한 혐의다. 이는 적정규모인지 시행규칙 등으로 세분화할 필요가 있다. 이 외에도 업자에 의한 심장수술 재료나 인공관절 등 의료용 치료재 수입가격의 적정공시를 규정할 필요가 있다. 최근 건강보험 재정의 지원을 받고 있는 치료재의 수입가격을 고가로 신고해 부당이득을 취한 사례가 있다.

→ 이와 관련, 법적 근거(의료법, 의료법시행규칙, 약사법, 약사법시행규칙, 의료기기법, 의료기기법 유통 및 판매질서 유지에 관한 규칙) 로는 의료법 제23조의2, 제88조의2, 의료법시행규칙 제16조의2, 별표2의3, 약사법 제47조제2항·제3항, 제95조의2, 약사법시행규칙 제44조 제4

17) 2013.10.11. 중앙일보헬스미디어.

항, 별표2, 의료기기법 제13조제3항, 제15조제6항, 제18조제2항, 제36조, 제53조, 의료기기법 유통 및 판매질서 유지에 관한 규칙 제2조, 별표 등에서 찾아 볼 수 있다. 한편 제도 연혁에 대해 살펴보면 2008.12. 의약품 분야 불법 리베이트 제공 금지, 2010.11. 의약품 및 의료기기 분야 리베이트 쌍벌제 도입, 2010.12.13. 리베이트 쌍벌제 관련 '허용 가능한 경제적 이익 등의 범위'를 정한 의료법 시행규칙, 약사법 시행규칙, 의료기기법 시행규칙 등이 법제처 심의를 완료하고 공포·시행되었으며, 2013.4. 자격정지 및 업무정지 등 행정처분이 강화되었다. 2018.1.1. 부터 개정된 '약사법 시행규칙'과 '의료기기 유통 및 판매질서 유지에 관한 규칙'이 시행되고 있다. 제약업계에선 소위 '선샤인 액트(Sunshine-Act)'라는 별칭으로 불린다. 제약사는 의사·약사에게 제공하는 경제적 이익(1만원 이상)을 반드시 기록으로 남기고, 보건복지부가 요구하면 관련 내역을 제출하도록 되어 있다.[18)]

(4) 전원(轉院) 의료급여

1) 쟁 점

의료급여 과징금 부과와 관련, 최근 서울 행정법원은 "부득이한 경우 환자 이송 후 요양급여 등의 청구 등을 적법하다."고 판시한 바 있다. 의료진 부족 등으로 입원 환자를 다른 병원으로 옮겨 치료했다면 실제 진료한 병원에서 의료·급여 비용을 청구한 행위는 적법하다는 판결이다. 이에 따라 비슷한 사정으로 급여를 청구했다가 거액의 과징금을 부과받은 다른 병원들의 유사 소송도 잇따를 전망이다. 순영재단 이사장 황모씨가 보건복지부장관·국민건강보험공단·사천시장을 상대로 낸 17억원대 과징금부과처분 취소 및 요양급여 등 환수처분 취소 청구 소송에서 원고 일부 승소 판정하고, 복지부 등 피고가 원고 측에 14억원을 돌려주라고 판결한 바 있다. 순영재단은 경남 사천에서 경상남도립정신병원·경남도립사천노인전문병원·순영병원 등 3개 병원을 운영하고 있는 의료재단이다. 2000년대 중반 이 재단은 3개 병원의 시설·인력·장비 공동 이용 현황 자료를 건강보험심사평가원에 제출하고 일부 환자를 다른 병원에 보내 치료·입원하게 하는 등 공동 운영했다. 2009년 6~8월 순영병원 내 유일한 정신과 전문의가 갑자기 사직하자 65명의 환자를 도립정신병원으로 보내 진료를 받게 했고, 이후 도립정신병원에 노조 파업 상태가 발생하자 일부 입원 환자를 순영병원 병동으로 옮겨 치료했다. 그러나 의료급여 및 요양급여 등 청구시에는 이와 같은 사실을 명시하지 않고 순영병원 입원환자에 대한 진료비용까지 모두 도립정신병원 명의로 청구했다. 이에 복지부는 "사전 신고 없이 입원 병원이 아닌 다른 병원 명의로 급여를 받아낸 행위는 위법"이라며 2011년께 총 17억원 상당의 과징금을 부과했다.

18) http://health.chosun.com/site/data/html_dir/2017/12/29/2017122901021.html, 2018.4.11.검색

2) 관련 법조

의료법 제39조(시설 등의 공동이용)를 보면 ① 의료인은 다른 의료기관의 장의 동의를 받아 그 의료기관의 시설·장비 및 인력 등을 이용하여 진료할 수 있다. ② 의료기관의 장은 그 의료기관의 환자를 진료하는 데에 필요하면 해당 의료기관에 소속되지 아니한 의료인에게 진료하도록 할 수 있다. ③ 의료인이 다른 의료기관의 시설·장비 및 인력 등을 이용하여 진료하는 과정에서 발생한 의료사고에 대하여는 진료를 한 의료인의 과실 때문이면 그 의료인에게, 의료기관의 시설·장비 및 인력 등의 결함 때문이면 그것을 제공한 의료기관 개설자에게 각각 책임이 있는 것으로 본다. 이 외에도 응급의료에 관한 법률' 시행규칙 제4조(응급환자의 이송절차 및 의무기록의 이송) 등의 규정을 살펴볼 수 있다.

3) 개정 방안

전원의 경우 전원 진료 신청서 및 소견서 등에 의해 사전 신고 절차를 거치도록 하고 급여비용 청구는 진료한 병원에서 직접 청구한 경우에만 지급토록 해야 할 것이다. 현재 응급의료에 관한 법률' 시행규칙 제4조(응급환자의 이송절차 및 의무기록의 이송)를 개정 중에 있다. 판례에서는 환자를 직접 진찰한 의사가 다른 사람의 이름으로 처방전을 작성하여 교부할 수 없으며 甲 안과의원을 개설하여 운영하고 있는 乙이 매주 화·목요일 오후와 토요일에 丙안과의원을 개설하여 운영하고 있는 丁으로 하여금 甲 안과의원을 내원한 환자를 일률적으로 진료하도록 하고 乙의 이름으로 원외처방전을 발행하도록 한 것은 보험법 제85조 제1항 제1호에서 정한 '속임수나 그 밖의 부당한 방법으로 보험자·가입자 및 피부양자에게 요양급여비용을 부담하게 한 때'에 해당한다.[19] 또한 개별환자에 대해 외부의료인의 진료 필요성에 관한 구체적인 판단이 선행되지 않은 상태에서, 일괄적으로 특정요일에 내원하는 환자 전부를 외부의료인에게 진료하도록 하는 행위가 의료법 제39조 제2항에 의해 허용되지 않는다. A안과를 운영하는 의사 甲이 B안과의원의 수술실을 사용하기 위해 B안과의원에 있는 동안 B안과의원의 의사 乙이 A안과의원에 내원한 환자들을 진료하면서 甲이 진료한 것으로 요양급여비용을 청구하고 甲명의로 원외처방전을 발행한 것이 부당한 요양급여비용 청구라는 이유로 甲에게 106일의 요양기관 업무 정지처분을 한 사안에서, 개별 환자에 대해 먼저 외부 의료인의 진료가 필요한지 구체적으로 판단하지 않은 채 일괄적으로 특정 요일에 내원하는 환자 전부를 외부 의료인에게 진료하도록 하는 행위가 허용되지 않는다.[20]

(5) 원격진료 및 의료수가 정책

1) 쟁 점

2013.11.20. 국립대병원장이 정부의 보건의료정책이 찌그러지고 복지에 치우쳐 있다고 강

19) 대법원 2010.9.30. 선고 2010두8959 업무정지처분취소.
20) 서울행정법원 2009.8.13. 선고 2009구합10192 업무정지처분취소.

하게 비판했다. "우리나라에서 보건의료정책이 실종이 되고 오로지 복지정책만 남은 현상이 지속하고 있다."라며 특히 선택진료 · 상급병실료 개선방안과 4대 중증질환 대책 등 보장성 강화를 핵심으로 하는 정부의 보건의료정책에 대해 이는 보건의료정책이 아니라 복지관점에서 비롯된 복지정책이라고 이견을 제시했다. 또한 지난 4년간 눈덩이처럼 불어난 서울대병원의 적자는 2013년 680억원에 달할 전망이다. 병원 측은 원가 보전이 안되는 현행 의료수가 때문에 적자가 발생하고 있다며 2014년엔 1,000억원을 넘어설 것으로 예상하고 있다.[21] 한편 서울대병원에서 연봉 3억원 이상인 의사는 2008년 2명에서 2012년 15명으로 늘었다. 2013년 기준으로 2억원 이상 연봉자의 연봉 29%는 선택진료수당으로 나타났다.[22] 병원은 병원대로 적자폭이 크다며 하소연이고 건강보험공단은 건강보험재정이 어렵다며 연일 정부지원이나 가입자에 그 책임을 떠넘기고 있다. 앞에서 살펴본 바와 같이 2013년 상반기 건강보험 체납액(누적)은 2조 1918억원 규모다. 건보 재정의 많은 돈이 과연 어디로 갔느냐? 의문이 제기되지 않을 수 없다.

2) 관련 법조

법 제34조(원격의료)에서는 ① 의료인(의료업에 종사하는 의사 · 치과의사 · 한의사만 해당한다)은 제33조 제1항에도 불구하고 컴퓨터 · 화상통신 등 정보통신기술을 활용하여 먼 곳에 있는 의료인에게 의료지식이나 기술을 지원하는 원격의료(이하 "원격의료"라 한다)를 할 수 있다.

② 원격의료를 행하거나 받으려는 자는 보건복지부령으로 정하는 시설과 장비를 갖추어야 한다.(시행일 2010.3.19.)

③ 원격의료를 하는 자(이하 "원격지의사"라 한다)는 환자를 직접 대면하여 진료하는 경우와 같은 책임을 진다.

④ 원격지의사의 원격의료에 따라 의료행위를 한 의료인이 의사 · 치과의사 또는 한의사(이하 "현지의사"라 한다)인 경우에는 그 의료행위에 대하여 원격지의사의 과실을 인정할 만한 명백한 근거가 없으면 환자에 대한 책임은 제3항에도 불구하고 현지의사에게 있는 것으로 본다.

3) 개정방안

대한의사협회는 원격의료 관련 의료법 일부개정법률안에 대한 의견서를 2013.11.29일 보건복지부에 제출하였다. 의협은 의견서에서 "원격진료를 허용하는 것은 국가 보건의료체계를 뒤흔들고 국민의 건강을 위협함으로써 의료 대재앙을 초래하게 될 것"이라며 "원격의료 논의를 즉각 중단"하라고 촉구했다. 2013년 10월 29일 보건복지부는 의사-환자 간 원격의료를 전면 허용하는 의료법 일부개정법률안을 입법예고 하였으며, 11월 29일까지 의견을 수렴

21) 2013.11.21. 한국경제 A 21면.

22) 2013.10월 교육문화체육관광위원회 의원이 공개한 국감자료.

한다고 밝힌 바 있다.

→이와 관련, 일본 정부는 2018.4. 부터 의사와 환자 간 원격의료에 건강보험을 적용하도록 하고 있다. 고혈압 당뇨 등 만성질환이 그 대상이다. 이를 계기로 원격의료가 빠르게 확산되고 모바일 헬스케어 등 관련 산업이 급성장할 것이라는 분석이 나온다. 19년째 시범사업만 벌이고 있는 한국과는 대조적이다. 장동경 삼성서울병원 정보전략실장은 "한국도 고령화가 빠르게 진행되고 있는 만큼 디지털 헬스케어를 통한 의료 질 향상과 의료비 절감은 더 이상 선택의 문제가 아니다"고 했다.[23] 이는 공청회 등을 통하여 의견을 수렴하야야 하며 왕진 등의 경우도 병행하는 것이 효과적이다.

(6) 공단의 재정확충정책의 감시

1) 쟁 점

(i) 건보공단이 국내외 담배회사를 상대로 수조원대 소송을 제기하는 방안을 추진하기로 했다. 공단이 보유하고 있는 지난 19년간의 검진 진료 데이터 분서을 통해 담배가 건강에 미치는 해악이 객관적으로 입증됐다는 이유에서다. 연세대 보건대학원 J교수는 건보공단이 보유한 130만명의 19년치 건강 관련 자료를 분석한 결과 흡연이 각종 암이 발생할 위험을 3~7배 높이며 이로 인해 발생하는 연간 진료비가 17조원에 육박하는 것으로 나타났다고 발표했다.[24] 건보공단 이사장은 담배로 인한 피해 규모가 나온 만큼 소송을 포함해 건보공단이 할 수 있는 모든 조치를 취하겠다고 말했다. 하지만 건보공단이 수조원대 담배 소송을 하면서 흡연이 암을 유발한다는 입증을 해야 한다. 패소하더라도 책임질 사람이 없다는 것이다. 수조원대의 소송으로 자칫 재정고갈상태를 불러올지도 모른다. 이러한 불확실한 소비행태에 대한 각종 위원회를 통합하여 감시기능을 강화하여야 할 것이다. 건강보험정책연구원은 "앞으로 건보료를 부담해야 하는 생산가능인구는 점점 감소하므로 지금처럼 근로자 부담에 의존하는 것은 건보의 지속가능성을 보장하기 어렵다"며 근로소득 외의 소득에도 건보료를 부과할 필요성을 주장하고 있다.[25]

(ii) 2013.8.6. 무자격자가 개설·운영하는 '사무장 병원'을 차려놓고 부당하게 건강보험 급여를 타낸 80대 남성이 붙잡혔다. 병원 개설 자격이 없음에도 불구하고 병원을 개설, 운영한 A(82) 씨와 병원에 고용돼 의료 행위를 한의사 B(77) 씨 등 8명은 의료법 위반 혐의로

23) http://plus.hankyung.com/apps/newsinside.view?aid=2018020829511&category=NEWSPAPER&sns=y, 2018.4.11.검색

24) 2013.8.27. 서울 건보공단 본부에서 개최된 "흡연의 영향 분석과 의료비 부담"이라는 주제의 세미나.

25) 우리나라의 전체 인구에서 생산가능인구(15~64세)가 차지하는 비중은 1990년 69.3%, 2000년 71.7%, 2010년 72.8% 등 꾸준히 증가했으나 2016년께 정점을 찍은 후 2020년 71.1%, 2030년 63.1%, 2040년 56.5%, 2050년 52.7%, 2060년 49.7%로 감소할 것으로 전망된다. 즉 2060년에는 일하는 사람보다 부양받는 사람이 더 많게 된다는 것이다. 이 때 전체 인구 중 노인(65세 이상) 인구는 40.1%에 이를 것으로 예상된다.

불구속 입건된 바 있다. 경찰은 수사 결과를 공단에 통보하고 공단은 이를 바탕으로 부당 지급액을 환수할 예정이다.

2) 관련 법조

공공기관인 건보공단이 흡연 피해 소송을 제기하겠다고 나선 것은 이번이 처음이다. 건보공단은 소송의 근거로 현행 국민건강보험법 제58조를 들고 있다. 제3자의 행위로 인해 건강보험 진료비가 지출됐다면 공단이 제3자에게 손해배상을 청구할 권리를 얻는다는 내용이다. 일종의 구상권 조항으로 여기서 제3자는 담배회사가 된다. 건보공단은 2013년 4월부터 소송 성립과 승소 가능성 등을 검토해온 것으로 알려졌다.[26] 하지만 이것만으로는 부족하다. 소송에서 이기려면 담배회사가 어떤 위법을 저질렀는지를 밝혀내야 한다. 앞서 국가와 담배회사를 상대로 폐암 사망자 유가족 등이 제기한 소송에서도 법원은 담배회사의 위법사실을 인정하지 않았다. 한편 KT&G측은 담배회사는 위법행위를 하지 않았다며 건보공단이 구상권을 행사하겠다는 것은 무리한 주장이라고 밝혔다. 이 외에도 특히 법 제62조(설립)에서 "요양급여비용을 심사하고 요양급여의 적정성을 평가하기 위하여 건강보험심사평가원을 설립한다." 라고 규정하여 법 제65조(임원)에서 ① 심사평가원에 임원으로서 원장, 이사 14명 및 감사 1명을 둔다. 이 경우 원장, 이사 중 3명 및 감사는 상임으로 한다. 또한 산하에 법 제66조(진료심사평가위원회)에 근거하여 진료심사평가위원회를 두고 ② 심사평가원의 업무를 효율적으로 수행하기 위하여 심사평가원에 진료심사평가위원회(이하 "심사위원회"라 한다)를 둔다. ③ 심사위원회는 위원장을 포함하여 50명 이내의 상근 심사위원과 1천명 이내의 비상근 심사위원으로 구성하며, 진료과목별 분과위원회를 둘 수 있다.

3) 개정 방안

위에서 지적하고 있는 공단규모의 확대 등 방만 운영이 계속될 경우 건보체계는 무너지고 재정은 악순환을 거듭할 것이다. 현재 정부의 두루누리사업으로 저소득 근로자와 소규모 사업장에 사회보험료를 지원하는 사업이 늘어나고, 국민건강증진법상의 국민건강증진기금의 지원이 확대되고 있으며, 보험법상의 지원 등 규모는 중복적으로 이루어지고 있다. 나아가 승소확률이 보장되지 않는데도 무리한 소송비용 지출은 오히려 건보재정 악화를 불러올 수 있다. 또한 사무장 병원은 불법이기 때문에 공단에 요양급여 비용을 청구할 수 없다. 이들에 대한 감시기능의 강화로 사무장 병원 등 불법의료행위의 색출이 요망된다.

(7) 노인요양급여의 문제

1) 쟁 점

관리운영체계의 문제점으로 부당청구의 확산이 이어지고 공단은 부당청구 환수과정에 불

---

26) 한국경제, 2013.8월28일(수요일) A1면.

만이 급증하고 있다. 중요한 것은 공급기관을 정비하여 서비스 질을 향상시킬 필요가 있다. 노인장기요양보험법 제4조(국가 및 지방자치단체의 책무 등)에는 "국가 및 지방자치단체는 노인인구 및 지역특성 등을 고려하여 장기요양급여가 원활하게 제공될 수 있도록 충분한 수의 장기요양기관을 확충하고 장기요양기관의 설립을 지원하여야 한다."라고 규정하고 있다. 사실 복지시설의 관리감독권은 지방자치단체장에게 있다. 그러나 시설유지에 가장 큰 영향을 미치는 '비용' 관련하여서는 명목상의 장기요양보험공단에 있다. 실질적인 업무는 국민건강보험관리공단이다. 이렇게 보면 실제 운영면에서 지방자치단체의 개입을 배제시키고 있는 실정이다.

2) 관련 법조

(i) 건강보험법 제108조(보험재정에 대한 정부지원)에서 국가는 매년 예산의 범위에서 해당 연도 보험료 예상 수입액의 100분의 14에 상당하는 금액을 국고에서 공단에 지원한다. 또한 공단은 「국민건강증진법」에서 정하는 바에 따라 같은 법에 따른 국민건강증진기금에서 자금을 지원받을 수 있다. 특히 공단의 지원금은 가입자와 피부양자 중 65세 이상 노인에 대한 보험급여에 사용한다.[27]

(ii) 노인장기요양보험법 제38조(재가 및 시설 급여비용의 청구 및 지급)를 보면 장기요양기관은 수급자에게 제23조에 따른 재가급여 또는 시설급여를 제공한 경우 공단에 장기요양급여비용을 청구하여야 한다. 공단은 제1항에 따라 장기요양기관으로부터 재가 또는 시설급여비용의 청구를 받은 경우 이를 심사하여 장기요양에 사용된 비용 중 공단부담금(재가 및 시설 급여비용 중 본인일부부담금을 공제한 금액을 말한다)을 당해 장기요양기관에 지급하여야 한다.

(iii) 노인장기요양보험법 제48조(관리운영기관 등)에서는 장기요양사업의 관리운영기관은 공단으로 한다.

3) 개정 방안

노인장기요양비는 노인(보호자)에게 직접 지불할 필요가 있다. 다만 요양급여를 받지 않으면 20만원 이내로 제한한다.[28] 지불형태는 현금이나 카드 활용이다. 이 비용을 직접 요양기관을 선택하여 이용하게 하며 그 비용을 제공한다. 이렇게 되면 우후죽순처럼 생성되는 노인장기요양기관은 스스로 서비스의 질을 높이며 전문화한다. 현 시설은 4,500개 정도로 이 중 9인 이하 규모는 2,200개 가령 된다. 노인장기요양보험법 제48조(관리운영기관 등) 의한 노인장기요양보험관리공단의 설립을 검토하여야 한다.

---

27) 2016.12.31까지 유효(2011.12.31 제11141호 부칙 제2조, 시행일 2011.12.31).

28) 영유아보육법 시행령(대통령령 제24454호, 시행 2013.3.23.) 참조, 가정양육의 경우, 10만원~20만원을 지원하고 있다.

2. 제도 개선

(1) 책임건강보험제의 시행

1) 가능성 – 주요 개선방향을 중심으로

(ⅰ) 2013.7.18일 서울 영등포구 그랜드컨벤션센터에서 열린 '2013년도 건강보험 국제심포지엄'에서는 '건강보험료 부과체계의 문제점과 개선방안'이 발표된 바 있다.이 자리에서 김진현 서울대 교수는 얼마의 소득을 올리는지 확인하기 어려운 지역가입자를 상대로 소득파악률이 일정 수준 이상에 이를 때까지 기본보험료 방식을 도입하자고 주장했다. 즉, 지역가입자에게는 신설한 기본보험료를 중심으로 여기에 소득비례 보험료를 부과해 지역보험료를 거두자는 것이다. 또 김 교수는 직장가입자를 대상으로 근로소득뿐 아니라 근로외소득과 이자와 배당 등 금융소득에도 보험료를 매겨 직장가입자 안에서의 보험료 부담 불공평 문제를 해결하자고 제안했다. 여기에 보험료를 전혀 내지 않는 직장가입자의 피부양자가 1995년 1,440만명에서 2012년 2,010만명으로 증가하면서 부작용을 낳고 있는 상황이라며, 피부양자 제도는 점진적으로 폐지하거나 자격 기준을 엄격하게 적용해 나가자고 제시했다. 공단측에서도 "공단이 독자적으로 건강서비스를 제공하는 것보다 관련 기관과의 연계가 더욱 효과적일 것이므로 향후 공공·민간 부문 간의 책임과 역할을 분담하는 협력체계도 구축해 나갈 것"이라고 덧붙였다.

(ⅱ) 민영건강보험의 도입찬성론의 입장을 보면 현행 의료서비스에 대한 소비자의 욕구가 다양화되고 있는 실정이다. 또한 인구의 노령화에 따라 우리나라의 상병 구조가 급성질환에서 만성질환으로 변화하고 있고, 노인 인구의 경제력이 과거에 비해 크게 신장되었으며, 노인인구의 의료수요가 다양화, 고급화되고 있는 추세이다. 이처럼 다양화된 의료서비스 수요자의 욕구를 획일적인 공적의료보험으로 충족시킨다는 것은 어려울 것이다. 현재의 공적의료보험은 급여 범위와 수준이 제한됨으로 발생하는 보장성 취약이라는 근본적인 문제점으로 인하여 의료서비스 소비자에게 실질적인 의료보장의 혜택을 제공하지 못하고 있는 실정이다. 결국 공적의료보험에 의한 획일화된 급여와 보험수가는 보건의료서비스의 가격과 질 경쟁의 유인을 제한하여 국가 보건의료체계의 효율성을 저해하고 있으며 새로운 의료기술이나 의약품을 개발하고자 하는 유인을 제거하여 장기적인 관점에 볼 때 보건의료발전의 장애가 될 수 있다(김한중, 민간의료보험의 발전방향, 2002).

(ⅲ) 의료보장에 있어서 사회적 책임과 개인적 책임의 균형을 확보하고 규제와 시장원리를 조화시켜나가야 한다. 즉, 의료보험관리운영의 선진화와 적정보험료 적정급여의 의료보험제도를 정립하되 공적보험의 영역을 벗어나는 고급 및 부가서비스(상급 병실료 차액, 간병인 등)는 민영건강보험으로 보충할 수 있는 길을 열어줄 필요가 있다. 이는 건강보험제도의 재

정립을 요구하는 부분이다(연하청, 21세기 보건사회복지정책의 발전방향, 2001).

(ⅳ) 건강보험의 재정위기를 극복하기 위해서는 재정악화의 원인분석을 기초하여 구조적인 적자문제를 해소하고, 왜곡된 진료관행을 바로 잡을 수 있는 근본적이고 장기적인 대책을 수립할 필요가 있다. 과잉진료를 유인하는 현행 행위당 수가체계의 개혁이 강구되어야 한다. 보험급여비의 증가를 억제하기 위하여 의료공급자의 도덕적 해이 해소에 역점을 두어야 한다. 단기적으로는 소액정액본인부담을 강화하고, 장기적으로 연간 누적 외래진료비의 일정액까지는 본인이 부담하고 그 일정액을 초과하는 금액에 대해서는 보험재정에서 지불하는 일종의 공제제도를 도입하는 것을 적극 검토해야 할 것이다. 의료비를 증가시키는 담배·주류에 부가세(건강기금)를 부과하여 보정재원으로 활용하는 방안을 검토해 볼 수 있을 것이다. 또한 노인들을 위한 별도의 노인요양보험을 도입하는 방안도 장기적으로 검토해 볼 수 있을 것이다. 이는 건강보험 재정부문의 개선방향으로 볼 수 있다(노인철, 건강보험재정의 진단과 처방, 2002).

(ⅴ) 건강보험 급여부문의 개선방향으로는 급여비 지출구조에 대한 구조조정이 필요한데 소액진료비에 대한 본인부담을 강화하고 대신 고액·중증질환에 대해서는 보장성을 강화하는 방향으로 구조를 개편해야 할 필요성이 있다(김창엽, 월간 복지동향 8월호 발췌, 국민건강보험의 과제, 2001).

(ⅵ) 건강보험 서비스부문의 개선방향으로는 현행의 수요자 측면에서 볼 때 우리의 의료공급체계는 외부의 변화에 대하여 그 대응속도가 늦다. 이는 의료시스템 자체가 경직되어 있기 때문이라고 생각되는데 수요자의 욕구를 함께 억제하는 역효과를 유발하며, 내적인 경직으로 의료공급자 역시 단순하게 질병에 대한 치료와 그에 관련된 서비스를 하는 수준으로서 의료서비스를 다양화하는 노력이 부족하다. 그러므로 이러한 경직성에서 탈피하여 새로운 개념의 의료공급기관에 대한 개념을 세워야 하겠다. 수직선상의 구분을 수평선상으로 확대하려는 서비스의 개발, 서비스를 하는 인력의 개발, 다양한 형태의 서비스와 시스템을 갖춘 의료기관의 개발 등 다각적인 수준에서 고려해야 한다(유승흠, 의료보험제도하에서 의료서비스의 문제점과 개선방향, 2001).

(ⅶ) 민영건강보험이 활성화되려면 의료이용의 형평성과 효율성 및 의료서비스의 질적 측면에서 공적건강보험과 민영건강보험의 관계를 종합적으로 고려하여 먼저 공적건강보험에서 보장되어야 할 기본적, 필수적 서비스에 대한 명확한 정의와 합리적인 선정기준개발을 통해 적정 급여 범위를 설정한 다음 이를 토대로 공적건강보험과 민영건강보험의 참여범위를 제시하는 방안이 강구되어야 할 것이다(김한중, 민간의료보험의 발전방향, 2002).

(ⅷ) 선진보건의료체계의 구축을 위해 공단의 관리운영의 효율화를 달성하기 위한 조직개편, 의료전달체계의 개선, 보험료부과체계의 개선 및 적립금 처리방안 등에 대한 신중한 재

검토가 이루어져야 하며, 특히 공단의 효율적 운영을 위한 책임경영과 경쟁시스템 마련 등 효율적 운영방안이 마련되어야 할 것이다(연하청, 21세기 보건사회복지정책의 발전방향, 2001). 대만의 경우 이미 1995년에 건강보험통합을 이뤄 통합시스템 내에 경쟁체제를 도입하고 있다.

2) 시행방법

(ⅰ) 지역가입자의 경우 책임보험료+민간보험 가입으로 개혁하여야 한다. 매월 15일 기준 만 15세 이상부터 월 10,000원의 책임건강보험료를 부담하게 한다.[29] 이후 현 건강보험을 유지하겠다는 의사에 따라 구분하게 되는데, 단서 규정으로 민간보험에 1개 상품이상 가입하는 조건을 제시하여야 한다. 미국의 경우 저렴한 건강 보험을 얻을 수 있는 새로운 방법으로 인터넷상의 건강보험 시장이 개방되어 있다.[30]

(ⅱ) 민간보험의 유형

ⅰ) NH농협생명 사망보장과 고액질병을 보험료 인상없이 평생 보장하는 '(무)NH평생행복건강보험' 상품은 고객 니즈가 높은 고액질병과 사망보장을 결합한 복합상품으로 조기사망위험과 고액질병으로 인한 장기생존 위험 보장을 모두 만족시켜 주는 비갱신형 보장성보험 이다. 주계약으로 사망보장과 함께 고액질병 보장범위에 따라 실속형(1종)과 종합형(2종) 중 선택할 수 있다. 실속형은 암, 뇌출혈, 급성심근경색증을 종합형은 실속형 보장질병에 말기신부전증, 말기폐질환, 루게릭병 등 총 13종의 고액질병을 종신토록 보장한다. 또한 고액질병 발생시 사망보험금의 최대 100%(50%, 80%, 100% 중 선택)까지 선지급해 병원 치료비뿐만 아니라 입원에 따른 소득상실 등 다양한 경제적 문제까지 대비할 수 있다. 이 상품의 전용 특약인 (무)두번째CI보장특약에 가입할 경우 처음 발병 이후 평생동안 두 번째암(첫번째 암 발생 후 새로운 암, 전이암)을 포함해 고액질병을 한 번 더 보장받을 수 있다. 이 특약은 3년 갱신형으로 운영되나, 첫 번째 고액질병 진단 확정 후에는 해당 특약으로 종신까지 보장된다. (무)NH평생행복건강보험의 가입나이는 만15세부터 65세까지이며, 보험기간은 주계약은 종신까지 특약은 종류에 따라 80세에서 최대 100세까지이다. 보험료는 가입금액 1000만원, 20년납, 월납, 남자 40세 기준으로 주계약 1종(실속형)에 사망보험금 50% 지급형 선택할 경우 월 2만6000원이다.

---

29) 통계청은 매월 경제활동인구조사를 통하여 고용통계를 생산하고 있다. 경제활동인구조사는 국민의 경제활동 즉, 국민의 취업, 실업 등과 같은 특성을조사하여 거시경제 분석과 인력자원의 개발 정책 수립에 필요한 기초 자료를 제공해 준다. 경제활동인구조사의 대상은 15세 이상 인구이다. 15세 이상 인구라고 표현하지만 실질적으로는 조사대상일 현재 '만 15세 이상의 인구'를 말한다. 15세 이상 인구를 경제활동조사의 대상으로 한 이유는 우리나라의 경우 의무교육이 끝나는 시점인 만 15세부터 경제활동이 가능한 나이로 보기 때문이다. 다만, 15세 이상 인구라도 현역군인이나 형이 확정된 교도소 수감자 등은 조사대상에서 제외한다. 15세 이상 인구는 현재 우리 경제가 활용할 수 있는 노동력 규모가 얼마나 되는지를 알려준다. 2013년 6월 기준 15세 이상 인구는 4209만8000명이다. 통계청 자료.

30) http://www.whitehouse.gov/healthreform, 2013.11.29.

ⅱ) 롯데홈쇼핑이 론칭(launching)하는 '신한생명 참 좋은 건강보험'(온라인 상품)
'신한생명 참 좋은 건강보험'은 보험료 납입이 부담스러웠던 고객들을 위해 적은 비용으로 든든하게 혜택을 받을 수 있도록 보장한 상품이다. 보장범위와 보장기준이 한정적이었던 기존 건강보험과 달리 일상생활 중 빈번히 발생할 수 있는 주요 질환에 대해 가입 첫날부터 통원비를 횟수제한과 본인공제금 없이 보장하는 것이 가장 큰 장점이다. 일반병원뿐 아니라 한의원, 한방병원, 치과(건강보험 급여부분)의 통원비도 보장되며 가입 첫날부터 입원급여금이 지급 될 뿐 아니라 수술 종류에 따라 10~200만원 한도로 수술비도 지급된다. 또한 일반적인 건강보험에서는 보장되지 않았던 한국인 5대 질병(뇌출혈, 급성심근경색, 말기신부전, 말기폐질환, 말기간질환)중 최초 발생하는 질병에 대해서도 2000만원의 진단급여금을 지급하며, 성인주요 질환 및 남녀주요질환에 대해서는 수술 및 입원 치료 시 집중적으로 보장한다. 본인만을 위한 보장만이 아니라 피보험자 사망 시 남겨진 가족을 위해 5000만원의 보험금이 일시에 지급되는 건강보험 상품이다. 상담예약 후 3~5일 이내 전문상담원이 직접 고객에게 연락하며, 이 전화를 통해 가입상담을 진행하면 된다. '신한생명 참 좋은 건강보험'은 15세~60세까지 가입이 가능하고 5년 만기 갱신을 통해 최대 80세까지 보장된다. 보험료는 여성 40세 기준 2만8300원, 남성 40세 기준은 3만6100원이며, 5년 만기 시마다 10만원의 만기지급금이 지급된다.

ⅲ) 한화생명의 '한화명품건강보험' 주요 사망원인인 뇌출혈, 급성심근경색증 등 성인질환을 집중 보장한다. 처음 냈던 보험료 그대로 80세까지 보장하며 뇌출혈, 급성심근경색증, 말기폐질환, 말기간질환, 말기신부전증과 같은 주요 5대 성인질환 진단시 2000만원의 진단자금을 지급한다. 성인질환에 대한 입원, 사망보장을 추가하고 싶다면 '성인질환입원특약'과 '과로사사망보장특약'을 가입하면 된다. '성인질환입원특약'은 질병의 경중에 따라 차등 보장한다. 심장질환의 경우 하루 최대 8만원, 뇌출혈 등은 최대 5만원을 지급한다. '과로사사망보장특약'은 협심증, 뇌경색증, 간질환 등 약관에서 정한 과로사 특정질병으로 사망시 2000만원의 사망보험금을 지급한다. 부족한 암 및 실손(갱신형), 장기간병 보장은 특약으로 선택가입할 수 있다. 주계약을 순수형, 환급형(50%/100%)으로 선택할 수 있다. 보장내용은 동일하지만 순수형은 보험료가 상대적으로 저렴하며 환급형은 보험기간이 끝난 이후 주계약 보험료를 추가로 받을 수 있다.

최저가입 보험료는 월 1만원이며 가입연령은 만 15~60세까지다. 30세 남성이 20년납으로 주계약(순수형) 1000만원, 성인질환입원특약 1000만원, 과로사사망보장특약 1000만원 가입시 월 보험료는 2만9200원이다. 주계약(100%환급형) 기준으로는 월 3만8400원이다.

ⅳ) 알리안츠생명의 무배당 알리안츠다이렉트프라임건강보험(텔레마케팅 전용 상품)
이 상품은 발생빈도가 높은 중대한 질병에 대해 경제적인 보험료로 보장을 받을 수 있도록 한 게 특징이다. 뇌출혈, 급성심근경색, 말기신부전증, 말기간질환에 대해 진단급여금을 지급하며 관상동맥우회술, 심장판막수술, 대동맥류 인조혈관치환수술, 5대 장기 이식 및 조혈모세포이식수술시 수술비를 제공한다. 또 (무)플러스정기특약이 의무로 부가돼 있어 순수보장형으로 가입할 경우 사망 시 사망보험금이 지급되며 만기환급형을 선택하면 만기 시 이미 납입한 보험료 100%를 되돌려 준다. 암, 재해사망, 재해장해, 수술, 입원에 대한 다양한 선택부가특약(일부 갱신형)을 제공하고 있어 추가 보장이 가능하며 보험대상자의 잔여수명이 6개월 이내로 판명날 경우 사망보험금의 일부를 미리 지급하는 선지급 서비스도 제공한다. 가입은 15세부터 60세까지 가능하며 보험기간은 70세 만기와 80세 만기 중 택일 할 수 있다. 순수보장형 주계약 가입금액 1000만원에 80세만기 20년납 가입시 월보험료는 40세 기준으로 남성의 경우 3만5000원, 여성은 2만600원이다.

ⅴ) 기타 2013년 개발상품으로 우리아비바생명, 동부화재 내생애 첫 건강보험, 한화손해보험이 '무배당 한아름 100세 건강보험, 라이나생명보험의 무배당 실버건강보험(갱신형), AIA생명의 (무)꼭 필요한 건강보험(갱신형), NH농협손해보험의 무배당 행복 100세 건강보험'(통합형보험) 등이 있다.

3) 검 토

최근 고령자용 암보험이 개발되었는데 주로 생명보험회사, 이들은 고혈압이나 당뇨병이 있어도 고령자 전용상품의 명목으로 가입된다. 현재 금융당국도 고령자 관련 상품개발을 독려하고 있다.[31] 삼성, 동부, 농협 암보험, AIA생명 암보험 등이 있으며 최근 출시된 생명보험사의 고령자보험으로는 NH농협생명의 NH 실버암보험, AIA생명의 꼭 필요한 100세 암보험, 라이나 생명의 라이나 실버 암보험, 흥국생명의 실버라이프암보험 등이며 메리츠화재의 고령층을 대상으로 치매보장을 특화한 건강보험 '(무)The즐거운 시니어보장보험1306' 상품은 치매보장을 특화하고 있다. 이들 상품을 선별하여 보험의 약관을 검토하고 책임보험료 10,000원+민간보험의 절충형 구도로 개편될 필요가 있다. 이러한 상품의 공통점은 월 보험료 20,000원~40,000원 정도로 저렴하면서도 공단의 부담으로 작용하는 노인보험료를 줄일 수 있는 방안이다. 우리나라 남성이 평생 쓰는 의료비는 1억이 넘으며 여성은 남성보다 20% 가량 많은 것으로 나타났다. 이 중 절반 이상을 65세 이후에 쓰는 것으로 남성은 50.5%(5,137만원), 여성은 55.5%(6,841만원)를 65세 이후에 지출하고 있다.[32] 주요 질병 중 1인당 의료비가 가장 많이 들어가는 병은 남자는 암, 여자는 고혈압이다. 남성의 암치료비는 평균 1,121만원, 여성의 고혈압 치료비는 857만원 이다.[33] 중요한 것은 보험약관의 교부·설명

31) 한국경제, 2013.10.16.(수) A16면.
32) 2013.11.28 보건산업진흥원 2011년 기준, 생애의료비 분석보고서, 남성 1억177만원, 여성 1억 2332만원이다.
33) 한국경제, 2013.11.29. A8면.

의무를 강화하는 방안이 검토되어야 한다. 보험약관의 교부 · 설명 의무란 보험자가 보험계약을 체결할 때에 보험계약자에게 보험약관을 교부하고 그 중요한 내용을 알려야 할 의무이다.[34)]

(2) 공단기능의 축소 – 온라인 업무로 개편

1) 가능성

(i) 미국의 건강보험개혁법의 원용 이른바 '오바마케어'의 미국식 건강보험은 2013년 10월 1일부터 온라인으로 운영되는 건강보험거래소를 통해 자신에게 맞는 건강보험을 살 수 있다. 무건강보험 미국인들은 온라인 건강보험거래소에 자신의 수입과 연령, 흡연 유무 등 건강상태에 대한 정보를 넣으면 민간 보험회사에서 제공하는 건강보험과 보험료, 정부의 보조금 혜택 여부 등을 알 수 있고 원하는 건강보험을 구입할 수 있다. 오바마케어는 소득이 낮거나 사전 병력이 있어(pre-existing condition) 건강보험을 구입할 수 없는 미국인들을 위한 마련되었다. 저소득층들에게 건강보험을 제공하는 메디케이드 수령 범위를 확대하고 보험회사들이 사전병력이 있는 사람을 거부하지 못하도록 하며 건강보험을 구입하지 않은 사람은 벌금을 내도록 해 전국민이 건강보험을 갖도록 하겠다는 것이다. 오바마케어가 시행되면 미국사회는 현재 자신 혹은 배우자의 직장 등을 통해 이미 개인건강보험을 갖고 있는 1억 5천 6백만명의 미국인들과 메디케이드, 메디케어 및 메디케이드 플러스(+)불리는 건강보험거래소를 통해 건강보험을 갖는 사람들로 분류된다.[35)] 이날 문을 연 건강보험거래소는 정부가 민영 보험회사가 판매하는 여러 보험상품을 모아놓고 개인에게 구매하게 하는 온라인 장터다. 보험에 가입하지 않은 미국인들은 내년 3월까지 건강보험거래소를 통해 보험에 가입하고 등록해야 한다.

(ii) 우리의 경우, 2013.10.31. 한일네트웍스는 공단과 87억3263만원 규모의 정보시스템 통합유지관리 용역에 관한 계약을 체결했다고 공시한 바 있다. 이러한 기능들로 이미 정보시스템이 개발되어 있으며 이를 원용하면 온라인 업무로 전환이 가능하다.

2) 시행절차

(i) 공단기능의 축소 온라인 중심의 최소인원으로 교체하여야 한다. 이 인력을 치료중심에서 예방차원으로 돌려야 한다. 현재 65세 이상 노인인구는 전체 인구의 11% 수준인데 의료비는 34%를 사용하고 있다. 각종 위원회를 통합하여 감시 기능으로의 전환 역할을 수행할 수 있도록 관련 법조를 개정하여야 한다. 건보공단 본부 및 도지부의 구조를 온라인 업무로 대체하고 시군 단위의 지부는 폐쇄하여야 할 것이다. 현재 건보규정에는 건강보험정책심의위원회, 진료심사평가위원회, 건강보험분쟁조정위원회, 재정운영위원회 등 각종 위원회

---

34) 송호신, 보험약관의 교부 · 설명 의무, 한국법학회 법학연구,제37집, 2010.2, 319면.
35) http://news.bbc.co.uk/2/hi/8160058.stm, 2013.11.25.

를 만들어 방만한 운영을 펴고 있다. 공단은 12,500여명의 인력과 전국에 본부 외 6개 지역 본부 및 178개 지사를 두고 있으며 53개 출장소와 226개 장기요양운영센터를 갖고 있다. 이러한 대부분의 지사와 인력은 건보료의 부과, 징수 업무에 종사하고 있다.[36)]

(ii) 노인공단의 설립으로의 전환 현행 노인장기요양기관은 노인장기요양보험법에 의거 국민건강보험공단에서 지도·감독하며 소재지를 관할구역으로 하는 시장·군수·구청장으로부터 지정을 받아야 한다.[37)]

노인장기용양보험법상 공단규정이 있지만 국민건강보험공단에서 관리하며 노인장기요양보험법 제48조(관리운영기관 등) ①항에서 규정하고 있는 "장기요양사업의 관리운영기관은 공단으로 한다."의 '공단'은 국민건강보험관리공단을 말한다.

(3) 예방 및 관리감독 기능의 강화

1) 2012년 화상을 입어 종합병원에서 입원치료를 받은 이○○(77세)의 경우, 비급여를 제외한 병원비만 2136만원이 나왔으나 본인부담상한제를 적용받아 400만원만 납부했다. 최근 이씨는 공단에서 200만원을 더 돌려 받을 수 있다는 안내문을 받았다. 지난해 정산 결과, 이씨의 건강보험료 납부액이 전체 가입자 중 하위 50%에 해당된 것이다. 공단은 지난해 병원과 약국 등에서 사용한 급여 부분 진료비 가운데 본인부담상한제(200~400만원)를 초과한 금액을 환급한다고 밝힌 바 있다. 2013년도 대상자는 28만6000명으로, 환급액은 5850억원이다. 전년보다 대상자는 3600명(1.3%), 환급액은 464억원(8.6%) 늘었다.

2) 건강보험은 보험자, 피보험자, 그리고 요양취급기관 등 삼자관계이기 때문에 다소 복잡하다. 피보험자는 보험자에게 보험료를 내고, 요양취급기관에서 요양급여를 받으면, 보험자는 요양취급기관에게 요양비를 지급하는 구조로 되어 있다. 이러한 체제는 관리감독이 소홀 해질 경우 보험료의 누수현상을 막을 수 없는 구조로 되어 있다. 특히 보험료 인상부담을 피하기 위해 위장취업, 페이퍼컴퍼니, 비상근근로자 취업 등으로 불법행위가 적발되고 있는 추세이다.[38)] 이 또한 관리감독의 기능을 강화해야 할 부분이다.

3) 2013.4.1. 정부는 건강보험 재정악화 문제를 국가재정의 최우선 위험요인으로 보고 현행 국고지원방식을 전면 개편키로 했다. 건강보험재정은 연간 3~5조원의 국고지원에도 매년 적자가 발생, 적자규모가 지난해 1조2994억원에서 고령화와 수입감소로 인해 2020년 17조

---

36) 참고로, 훨씬 큰 규모의 조세 징수를 담당하는 국세청의 전국 세무서 수는 109개에 불과하다. 한편 모 언론은 '전국에 178개 지사와 53개 출장소가 있고, 직원 수가 1만2000여명인 최대 의료 공공조직인 건보공단은 통합 진료와 질병예방 서비스 구축에는 무관심한 가운데 건보료 부과와 징수에만 매달려 있다'고 지적한 바 있다. 2013.6.4, 의학신문사, 2013.6.1.조선일보(A08면) "직원 1만2000명 한국 健保공단은 예방 진료에 무관심"제하의 보도자료.

37) 박현식, 노인장기요양보험법의 법제적 문제점과 개선방안, 한국법학회 법학연구, 제51집, 2013.9, 338면.

38) 남선모, 민간조사제도의 활성화 방안에 관한 연구, 한국법학회 법학연구, 제51집, 2013.9, 318면.

3000억원, 2030년 49조6000원까지 불어날 것으로 공단은 추계했다. 정부는 보험료 예상수입액의 20%인 현행 국고지원 방식이 금년도말 종료됨에 따라 합리적인 국고지원 방식과 함께 건강보험 재정 전반의 문제점을 중점 논의할 계획이다. 특히 보험료를 지나치게 많이 부과한다는 가입자들의 불만이 해마다 증가하는 것으로 나타났다. 2013.3.28. 공단이 발표한 '2012년 이의신청 발생 · 결정현황'에 따르면 지난해 전체 이의신청 결정건수 3034건 가운데 보험료에 대한 불만이 59.6%를 차지했다. 이는 전년(1659건) 대비 3.7% 늘어난 수치로 매년 증가 추세다.

4) 급속한 노령화와 생산가능인구 감소로 보험료의 연간 적자 규모가 2030년 28조원, 2060년에 132조원에 이를 수도 있다는 예상이 나왔다.[39] 2013.3.24. 건강보험정책연구원의 '인구구조 변화에 따른 건강보험 수입지출 구조 변화와 대응방안' 보고서에 따르면 보험료 연간 적자 규모는 비관적 시나리오의 경우 2030년 28조원, 2040년 65조6000억원, 2050년 102조2000억 원, 2060년 132조원으로 예상된다.

Ⅴ. 4차 산업혁명과 노인 건강

1. 노인건강보험공단의 설립

향후 '4차 산업혁명'(The Fourth Industrial Revolution)은 저성장시대를 돌파할 새로운 패러다임의 과제로 각광받고 있다. 빅데이터와 인공지능, 로봇 등 첨단 기술이 융 · 복합되어 새로운 기술을 탄생시키는 과정에서 주목할 분야는 보건과 건강산업이다. 인간을 이롭게 한다는 큰 틀에서 보면 융 · 복합 의료기술의 성장동력이 될 것이다. 이는 곧바로 노인 건강사회로의 뒷받침이 되어야 할 것이다. 융 · 복합 의료기술산업은 미래의 질병에 대처할 수 있는 방법 중 하나가 될 것이다. 이제는 건강의 개념이 질병의 치료를 넘어서 '행복한 삶의 영위'라는 영역으로 확장될 것으로 노인질병의 치유개념은 넓은 의미의 뷰티산업 및 건강식품산업과도 밀접하게 연관되어 있다. 정부도 4차 산업혁명의 과제로 새로운 혁신을 계획하고 있다. 이러한 때 노인건강보험공단을 설립하고 건강보험에 관한 새로운 체계를 도입하는 것은 매우 의미 있는 일이며 연구가치가 있는 분야이다.

2. 대한노인회의 역할

대한노인회는 1969년에 설립된 보건복지부 산하의 사단법인이다. 관련 법률로 대한노인회 지원에 관한 법률(약칭: 대한노인회법) 이 제정(법률 제10510호, 2011.3.30., 제정 및 시행)되어 국가의 지원을 받고 있다. 이 법률을 활성화시켜 노인건강보험공단의 역할을 병행하도록

39) 2013.3.23. 아시아경제.

법률개정작업을 서둘러야 할 것이다. 법제1조(목적)에서는 "이 법은 대한민국 노인의 권익신장과 복지증진 및 사회참여 촉진을 위하여 설립된 사단법인 대한노인회의 발전을 지원함으로써 민족의 번영과 국가·사회 발전에 기여함을 목적으로 한다."라고 정의하고 있다. 또한 제2조(활동)에서 "대한노인회는 노인의 권익신장과 복지향상 및 사회봉사 촉진을 도모하기 위하여 다음 각 호의 활동을 수행한다."라고 규정하고 있다.[40] 그 중 제5호의 '노인건강증진을 위한 생활체육 촉진'을 구체화하여 시행령과 시행규칙에 별도 명기할 필요가 있어 보인다. 현행 대한노인회 지원에 관한 법률 시행령(약칭: 대한노인회법 시행령)은 대통령령 제23374호(2011.12.13., 제정 및 시행)로 과태료의 부과기준(제2조 관련)을 별표로 마련하고 있다. ＜표 1＞에서 보는 바와 같이 대한노인회라는 유사명칭을 사용금지하는 규정으로, 과태료 금액만 3회로 나누어 분류하고 있을 뿐 특별한 의미부과는 없어 보인다.

〈표 1〉 별표 과태료의 부과기준(제2조 관련)

위반행위	근거 법조문	과태료 금액		
		1회 위반	2회 위반	3회 이상 위반
가. 「대한노인회 지원에 관한 법률」 제10조를 위반하여 대한노인회가 아닌 자가 대한노인회라는 명칭을 사용한 경우	「대한노인회 지원에 관한 법률」 제11조 제1항	300만원	300만원	300만원
나. 「대한노인회 지원에 관한 법률」 제10조를 위반하여 대한노인회가 아닌 자가 대한노인회와 유사한 명칭을 사용한 경우	「대한노인회 지원에 관한 법률」 제11조 제1항	100만원	200만원	300만원

나아가 대한노인회 지원에 관한 법률 시행규칙(보건복지부령 제418호, 2016.7.18., 제정, 2016.8.4. 시행) 또한 구체화하여 활성화 되도록 연계할 필요가 있으며, 이는 노인건강보험공단의 역할과 병행할 수 있도록 노인장기요양보험법의 적용을 현실화하고 그 체계를 정비하여야 할 것이다.

3. 재가 급여의 확대

노인장기요양보험법[41] 제1조(목적)에서 "이 법은 고령이나 노인성 질병 등의 사유로 일상

40) 제2조(활동) 대한노인회는 노인의 권익신장과 복지향상 및 사회봉사 촉진을 도모하기 위하여 다음 각 호의 활동을 수행한다. 1. 노인의 권익신장 및 복지향상 2. 노인 자원봉사활동의 증진 3. 노인교실 및 경로당 관리·운용 4. 노인 취업활동 및 노인 사회적 기업 지원 5. 노인건강증진을 위한 생활체육 촉진 6. 노인발전을 위한 조사연구·교육훈련·학술진흥·홍보출판·국제교류 등의 업무 7. 노인의 날 및 노인주간 행사 주관 8. 국가 또는 지방자치단체가 위탁하는 노인에 관한 업무 9. 그 밖에 대한노인회의 목적 달성에 필요하여 정관으로 정하는 사항.

생활을 혼자서 수행하기 어려운 노인 등에게 제공하는 신체활동 또는 가사활동 지원 등의 장기요양급여에 관한 사항을 규정하여 노후의 건강증진 및 생활안정을 도모하고 그 가족의 부담을 덜어줌으로써 국민의 삶의 질을 향상하도록 함을 목적으로 한다."라고 규정하고 있으며 제3조(장기요양급여 제공의 기본원칙) 제1항에서 "장기요양급여는 노인 등의 심신상태·생활환경과 노인등 및 그 가족의 욕구·선택을 종합적으로 고려하여 필요한 범위 안에서 이를 적정하게 제공하여야 한다."고 규정하는 외 제2항에서는 "장기요양급여는 노인 등이 가족과 함께 생활하면서 가정에서 장기요양을 받는 재가급여를 우선적으로 제공하여야 한다."라고 규정하고 있다. 이는 노인 등이 시설을 이용하기보다는 가정에서 가족과 함께 생활하도록 뒷받침하고 있는 제도이며 그 지원을 명문화하고 있는 규정이다. 대한노인회는 이와 연계하여 그 역할을 활성화하고 노인건강보험공단을 조기에 설립하여 노인장기요양보험법의 적용을 구체화시켜 나가야 할 것이다. 한편 장애인복지법, 의료급여법 등의 개정을 통해 후술하는 시행 방법(15-15-15 법칙)을 적용하고 지원에 따른 예산사용의 절차를 체계적으로 정비해 나가야 할 것이다. 이와 관련, 노인장기요양보험법 시행령[42] 제12조(가족요양비 지급기준)를 살펴보면 제1항에서 "법 제24조 제1항에 따른 가족요양비의 지급금액은 재가급여의 이용수준 등을 고려하여 법 제45조에 따라 장기요양위원회의 심의를 거쳐 보건복지부장관이 정하여 고시한다."라고 규정하고 있으며 그 기준으로 대통령령으로 정하는 사유에 대해 제2항에서 열거하고 있다.[43] 나아가 노인장기요양보험법 시행규칙[44] 제20조(가족요양비 지급절차 등) 제1항에서 "장기요양인정을 신청하는 자 중에서 법 제24조제1항[45]에 따른 가족요양비를 지급받으려는 자는 별지 제17호서식의 가족요양비 지급신청서를 공단이 법 제15조제1항에 따

41) 인장기요양보험법(법률 제8403호, 2007.4.27. 제정, 2007.10.1. 시행)은 최근 일부개정(법률 제15443호, 2018.3.13.)되어 2018.9.14. 시행예정에 있다.

42) 노인장기요양보험법 시행령(대통령령 제20287호, 2007.9.27. 제정, 2007.10.1. 시행)은 일부개정(대통령령 제28496호, 2017.12.26.)되어 2018.1.1. 시행되고 있다.

43) 제2항: 법 제24조제1항제3호에서 "신체·정신 또는 성격 등 대통령령으로 정하는 사유"란 다음 각 호의 어느 하나에 해당하는 경우를 말한다. 1.「감염병의 예방 및 관리에 관한 법률」에 따른 감염병환자로서 감염의 위험성이 있는 경우 2.「장애인복지법」 제32조에 따라 등록한 장애인 중 같은 법 시행령 별표 1에 따른 정신장애인인 경우 3. 신체적 변형 등의 사유로 대인과의 접촉을 기피하는 경우(본조신설 2008.6.11.) 종전 제12조는 제16조로 이동(2008.6.11.)

44) 노인장기요양보험법 시행규칙(보건복지부령 제418호, 2007.10.17. 제정, 시행)은 일부개정(보건복지부령 제555호, 2018.2.7.)되어 2018.2.7.시행되고 있다.

45) 노인장기요양보험법(법률 제15443호, 2018.3.13. 일부개정, 2018.9.14. 시행) 제24조(가족요양비) ① 공단은 다음 각 호의 어느 하나에 해당하는 수급자가 가족 등으로부터 제23조제1항 제1호 가목에 따른 방문요양에 상당한 장기요양급여를 받은 때 대통령령으로 정하는 기준에 따라 당해 수급자에게 가족요양비를 지급할 수 있다. 1. 도서·벽지 등 장기요양기관이 현저히 부족한 지역으로서 보건복지부장관이 정하여 고시하는 지역에 거주하는 자 2. 천재지변이나 그 밖에 이와 유사한 사유로 인하여 장기요양기관이 제공하는 장기요양급여를 이용하기가 어렵다고 보건복지부장관이 인정하는 자 3. 신체·정신 또는 성격 등 대통령령으로 정하는 사유로 인하여 가족 등으로부터 장기요양을 받아야 하는 자 ② 제1항에 따른 가족요양비의 지급절차와 그 밖에 필요한 사항은 보건복지부령으로 정한다.

라 등급판정위원회에 자료를 제출하기 전까지 공단에 제출하여야 한다. 이 경우 다음 각 호의 어느 하나에 해당하는 자는 해당 증명서류를 첨부하여 제출하여야 한다."라고 규정하고 있는데, 이를 간소화할 필요가 있다.

4. 재난적 의료비의 적용 검토

2018년도부터 연간 2,000만원 한도에서 지원하게 되며, 전질환으로 확대・시행되었다. 또한 개별 심사제도를 신설하여 지원 대상 선정 기준에 미치지 못하거나, 고가 약제 사용 등으로 지원 대상 금액보다 초과 비용 발생 시 개별 심사를 통해 지원이 필요하다고 인정이 되면 의료비를 지원받을 수 있으며, 최대 1천만 원까지 추가 지원도 가능하도록 하고 있다. 개별 심사 시에는 소득수준, 의료비 발생 수준, 질환 및 가구 특성 등을 고려해 의사 등으로 구성된 위원회에서 지원 여부를 결정하고 있다.

5. 블록체인기술의 접목

블록체인(block chain)은 관리 대상 데이터를 '블록'이라고 하는 소규모 데이터들이 P2P 방식을 기반으로 생성된 체인 형태의 연결고리 기반 분산 데이터 저장환경에 저장되어 누구도 임의로 수정될 수 없고 누구나 변경의 결과를 열람할 수 있는 분산 컴퓨팅 기술 기반의 데이터 위・변조 방지 기술이다.[46] 블록체인은 거대한 분산 공개 장부라고 했다. 이 분산 공개 장부는 여러 개의 노드에 복사되어 있으며, 여러 개의 노드는 p2p로 연결되어 블록체인 네트워크를 형성한다. 그리고 하나의 거래 정보가 발생하면 이 거래 정보는 블록체인 네트워크에 분산되어 있는 수많은 노드에 전파되어야 한다. 블록체인은 거래 당사자 간의 신뢰 확보를 위해 중앙 기관을 필요로 하지 않는 탈중앙화(Decentralization)를 달성한 최초의 소프트웨어 기술이다.[47] 이러한 기술과 연계하여 15세가 되면 누구나 민간건강보험에 가입하도록 법제화하며 이는 실손보험형태 등으로 유지하게 될 것이다. 1개 이상의 민간보험에 가입하게 되면 건강보험료 가입에서 해제시키는 구조이다. 노인공단은 민간보험의 부실화를 막도록 관리・감독 기능을 강화하고 피해자가 발생하지 않도록 상시 감독체계를 유지해야 할 것이다.

6. 검토 및 시행 방법(15-15-15 법칙)

현 정부의 건강보험 보장성 강화는 비급여 항목에 대한 전면 급여화에 초점이 맞춰지고 있다. 이는 향후 비급여 의료행위를 급여화하는 제도에 대해 의료계와 충돌이 예상되는 부분

46) http://ko.wikipedia.org/wiki/, 2018.4.11.검색
47) https://homoefficio.github.io/2017/11/19/, 2018.4.11.검색

이다. 2017년 건보공단이 병원 등에 지급한 진료비는 앞에서 살펴본 바와 같이 70조원에 육박하고 있다. 이는 잘못된 구조로 국가와 건보공단이 나설 일이 아니다. 현행의 3각 구도를 개편해 블록체인 기술을 도입하고 2원화 시켜야 할 것이다. 지역과 직장 모든 가입자의 경우 책임보험료+민간보험 가입으로 개혁하여야 할 부분이다. 매월 15일 기준 만 15세 이상부터 월 15,000원의 책임건강보험료를 부담하게 하는 제도로 개혁을 단행하여야 할 것이다(선행 논문에서는 10,000원으로 책정, 15-15-15 법칙으로 명명). 이후 현 건강보험을 유지하겠다는 의사에 따라 구분하게 되는데, 단서 규정으로 민간보험에 1개 상품이상 가입하는 조건을 제시하여야 한다. 미국의 경우 저렴한 건강 보험을 얻을 수 있는 새로운 방법으로 인터넷상의 건강보험 시장이 개방되어 있다.

Ⅵ. 결 어

현재 41조원 규모의 재정(2012년 기준)을 운용하는 건강보험은 국민연금·산재보험 등의 다른 사회보험이 '기금'으로 운용되는 것과 달리, 복지부 장관의 승인 하에 공단 일반회계로 운용되고 있다. 건강보험이 단기보험으로의 성격을 말하며 국회의 심의나 의결을 받지 않고 있다. 2012년도 건강보험 총지출은 42조 1,401억원이다. 2013년도 예산안에서 제시한 정부 총지출 342조원의 약 12%에 해당한다. 만약 건강보험이 정부 예산에 포함된다면 보건·복지·노동(97조4000억원), 일반공공행정(55조8000억원), 교육(49조8000억원) 다음으로 큰 규모를 차지하게 된다. 이러한 예산을 모두 공단이 관리한다는 것이다. 서두에서 살펴보았지만 현재 보험료를 6개월 이상 장기체납한 가구는 157만 가구이며 체납보험료는 2조 1,566억원이다. 여기에 가계가 진 빚이 연내 1000조원을 넘어설 전망이다. 보험료 지출에 대한 계속적인 지원만 있고 개혁이 없다면 향후 준조세적 거친 저항은 물론 국가 재정 파탄위기의 주범으로 전락할 것이다. 개선방안에서 거론한 관련법률의 개정에 이어 공단의 기능을 축소하고 민영보험을 절충하는 방향으로 빠른 시일 내 개혁이 단행되어야 한다. 책임보험은 처음에는 세대주로 하고 향후 연령별로 세분할 필요가 있다. 보험계약에서 보험자는 대수의 법칙에 의하여 산출된 평균위험률에 의지하여 보험인수 여부 및 보험료를 결정한다.[48] 이러한 민간보험의 유형은 시행령 등으로 세분할 수 있으며 공모나 정부(안)의 제시로 공시하는 방법이 있을 수 있다. 책임보험료 등의 제도로 개선되면 보험료문제로 더 이상 시비는 줄어들게 될 것이다. 구체적 개정방안으로 건강보험증 발급 체계를 온라인으로 유지하며 선택진료비 등 특진비 논란 부분은 관련법을 삭제하여 진료의 투명성을 확보하고 리베이트 쌍벌죄 부분은

48) 최정식, 고지의무 위반으로 인한 보험계약해지와 인과관계부존재에 관한 검토, 한국법학회 법학연구, 제41집, 2011.2, 363면.

리베이트를 준 의료기기 제조업자에 대한 관리 감독기능을 강화하는 외 전원(轉院) 의료급여 중 급여비용 청구는 진료한 병원·의사에 의해 직접 청구하도록 유도해 나가야 할 것이다. 의료수가 정책의 방향은 수급자의 권리로 원격진료를 허용해야 할 유형을 시행령으로 보완하여야 하며 왕진 등의 경우도 고려하여야 한다. 특히 공단의 재정확충정책의 일환으로 지원이나 소송 등으로 인한 보험료 누수현상이 발생하지 않도록 그 감시기능을 활성화하고 상시 관리감독체제로 전환하여야 한다. 이는 공단기능을 축소하는 것과 병행하여야 할 것이다. 나아가 공단은 점차 노인공단으로 그 업무를 이관하여 보험료 징수로부터 벗어나야 할 것이다. 국가는 더 이상 보험료 징수에 개입하지 말아야 한다. 국가 빚 청산에 매진하여야 할 때이다. 제도 개선책으로는 책임건강보험제의 시행으로 민간보험이 도입되면 불량보험이 진입하지 않도록 관리·감독 기능을 강화할 필요가 있으며 재정운용 건전성의 폭을 넓혀나가야 할 것이다. 공단의 유휴인력은 향후 준사법적 기능을 수행할 수 있도록 그 지위향상은 물론 대우를 달리하여야 할 것이다.

27. 한국과 프랑스에서 헌법재판을 통한 경제적 권리 보호
(LA PROTECTION DES DROITS ECONOMIQUES PAR LE JEGE CONSTITUIONNEL EN COREE ET EN FRANCE)

정 종 길*

La justice constitutionnelle permet de préserver le caractère absolument fondamental de la Constitution, d'en défendre l'autorité et de donner une force normative et pratique aux droits constitutionnels des personnes.

Dès lors, l'énoncé des droits et libertés garantis par la Constitution sera fait, non pas dans l'abstrait en dressant un catalogue des droits fondamentaux établi à partir de leurs sources, mais en fonction exclusivement de la jurisprudence constitutionnelle.

De nos jours, en Corée et en France, c'est la juridiction constitutionnelle, la Cour constitutionnelle pour la Corée, le Conseil constitutionnel pour la France, qui reconnaît à un tel droit de la personne le caractère de droit constitutionnel garanti et protégé par la Constitution.[1)]

Il convient donc de présenter ceux des droits fondamentaux qui ont été expressément consacrés par la Cour constitutionnelle coréenne et le Conseil constitutionnel français. Ainsi entendue, la matière reste très riche car elle ne comprend pas moins de trois grandes rubriques.

L'individu et la société participe à la vie économique et est ainsi un acteur de l'économie. Cette action est conditionnée par l'ensemble des droits et libertés dont il peut disposer, mais tout particulièrement par certains droits et certaines libertés propres à ses fonctions économiques.

Il a pour fonction d'inscrire dans un cadre juridique, les activités économiques, le droit est l'un de protéger les droits de l'individu et la société par le juge constituionnel.

Il conviendra d'étudier, à ce titre, le droit de propriété (A) et la liberté d'entreprendre (B).

---

* 한국헌법학회 국제이사, 법학박사

1) En ce qui concerne le droit constituionnel français, voir. Nak-in SUNG, Etude sur le droit constituionnel français, Bobmunsa, 1995.

I. LE DROIT DE PROPRIETÉ

En Corée comme en France, on peut considérer que le droit de propriété est un des éléments fondateurs du système juridique, voire de la société elle–même. Pourtant, dans ces deux pays, on reconnaît à la puissance publique un large pouvoir d'intervention sur les propriétés privées.[2)]

Il faudra donc examiner cette reconnaissance constitutionnelle (A) avant d'étudier les limites constitutionnelles du droit de propriété (B).

1. LA RECONNAISSANCE CONSTITUTIONNELLE DU DROIT DE PROPRIÉTÉ

(1) LA CONCEPTION DE LA PROPRIÉTÉ

La conception moderne du droit de propriété est une conception essentiellement individualiste qui maintient un droit subjectif de propriété sur une chose. Au contraire, ce droit subjectif disparaît dans la conception communautaire de la propriété qui fut celle notamment de la première République de la Corée, conception selon laquelle le propriétaire disposait simplement sur sa chose d'un faisceau de pouvoirs qui lui étaient reconnus pour lui permettre, dans tel cas défini, de donner satisfaction aux intérêts supérieurs de la communauté.

Après 1948, les constitutions coréennes ont consacré le droit d'expropriation des immeubles comme un pouvoir de l'État sous la condition d'une juste et préalable indemnité.

La Cour constitutionnelle a pourtant confirmé l'existence du droit de propriété et de la liberté du commerce et de l'industrie, pour les entreprises et les particuliers. Elle a fondé l'existence de ces droits sur l'existence d'un ordre économique inhérent à l'idée d'une libre démocratie, et censuré les atteintes excessives à règles en en fixant les limites.

En France, sous l'Ancien Régime, on distinguait le domaine éminent du seigneur et maître et le domaine utile de l'exploitant. Mais la Révolution française a consacré une conception plus globale de la propriété en liant ce droit à la liberté. C'est finalement la conception individualiste, exprimée par la Déclaration de 1789, qui a prévalu sur la conception plus sociale exprimé par la Déclaration de 1793, la Constitution de 1848 ou le projet de Préambule de la Constitution de 1946, rejeté

---

2) Le droit de propriété concerne l'individu comme acteur de la vie économique. Il concerne l'Homme dans sa relation avec les biens, matériels ou immatériels. Le droit de propriété constitue donc, d'abord, un aspect de la liberté individuelle. Mais, le droit de propriété, comme la conception qu'une société peut avoir de ce droit, constitue aussi un fondement essentiel du système économique. Il mérite donc d'être étudié au titre de ce chapitre consacré aux droits et libertés économiques.

par référendum. Le droit subjectif de propriété, maintenu dans la conception française, est donc un droit limité dans la mesure où il doit tenir compte des intérêts supérieurs.

En effet, le droit de propriété en Corée et en France comporte naturellement le droit de conserver ses biens. Mais il s'agit, non seulement de ce qui est déjà possédé, mais aussi de ce qui va l'être dès lors que la personne en cause y a d'ores et déjà droit, en particulier les créances en réparation de l'État.

(2) LA GARANTIE CONSTITUTIONNELLE

Selon l'article 23 de la Constitution coréenne de 1987,[3)] le droit de propriété doit être garanti pour tous les citoyens.[4)] Ainsi, l'article22 alinéa2[5)] énonce la garantie du droit de propriété intellectuelle.

Certes, le droit de propriété ne fait pas l'objet d'une reconnaissance solennelle puisqu'il est simplement question du droit au respect des biens, mais sa consécration ne fait aucun doute.[6)]

Il est vrai que la propriété est fondamentale: c'est en effet une application concrète de la liberté qui protége aussi l'égalité des hommes grâce au libre accès, leur dignité par la responsabilité;[7)] la propriété est assurément le fondement des relations sociales et des activités économiques,[8)] tout en étant un mode de protection de nombreux droits fondamentaux.[9)]

Le 25 janvier 1989, la première décision d'inconstitutionnalité de la Cour constitutionnelle portait justement sur un recours fondé sur le non-respect du droit

---

3) « 1) Le droit de propriété doit être garanti pour tous les citoyens. Les seules limitations à ce droit sont inscrites dans la loi. 2) Le droit de propriété ne saurait être exercé contrairement à l'utilité sociale. 3) L'expropriation ou l'usage de la propriété privée pour cause d'utilité publique-et l'indemnité afférente -doivent être précisés par la loi. Une juste indemnité doit être fixée. »

4) S'agissant des titulaires du droit de propriété, la Cour constitutionnelle a affirmé à plusieurs reprises que les personnes publiques bénéficiaient des dispositions constitutionnelles protectrices de la propriété. Ainsi, « cette propriété ne concerne pas seulement la propriété privée des particuliers mais aussi, à un titre égal, la propriété de l'État et des autres personnes publiques. N° n° 89(hun-ga) 7 du 13 mai 1991; n° 92(hun-ga) 6 ,7 du 1 octobre 1992.

5) « Les droits des auteurs, inventeurs, scientifiques, techniciens ou artistes doivent être protéges. »

6) Cf, n° 92(hun-ba) 20 du 29 juillet 1993. *cf.* B. LOMBAERT, La protection jurisprudentielle de la propriété privée face aux empiétements de l'administration, Rev. Trim. dr. Homme, 1995, p. 33 et s.

7) n° 89(hun-ga) 7 du 13 mai 1991.

8) n° 92(hun-ga) 15 du 24 février 1994; n° 92(hun-ba) 12 du 23 février 1995; n° 97(hun-ba) 10 du 27 novembre 1997; n° 92(hun-ga) 9 du 30 juin 1994; n° 96(hun-ba) 27 du 25 juin 1994; n° 96 (hun-ga) 22 du 27 août 1998; n° 96(hun-ba) 73 du 24 décembre 1998; n° 98(hun-ma) 456 du 25 novembre 1999; n° 95(hun-ga) 16 du 30 avril 1998; n° 98(hun-ba) 14 du 2é juillet 1999; n° 96 (hun-ma) 44 du 28 mai 1998, Rec,; n° 93(hun-ma) 14 du 21 juillet 1995, Rec,; n° 92(hun-ga) 3 du 28 avril 1994; n° 92(hun-ma) 264 du 20 avril 1995; n° 94(hun-ba) 19 du 21 août 1997.

9) En ce sens: F. HAYEK, La Constitution de la liberté, P.U.F., 1994(not. la 2e partie sur la place de la propriété dans la garantie de la liberté).

de propriété. L'article 6 (1) de la loi attaquée… permettait qu'un juge inclue dans son jugement une injonction d'exécution temporaire qui portait atteinte à la propriété d'une personne. La Cour a estimé que ce texte ne pouvait s'appliquer à la propriété de l'État, sauf dans le cas très particulier où l'État agit comme une personne privée, comme un acteur économique normal. Dans cette situation, il est alors dans un rapport 'horizontal' et dans une situation d'égalité avec les parties privées: il peut alors bénéficier des même droits qu'eux. Cependant, la disposition en question accorde à l'Etat un statut favorable, violant ainsi le principe de l'égalité.[10)]

Cette décision est considérée comme la première confirmation du principe de base de l'ordre économique libéral que tous les acteurs économiques sont égaux devant la loi. C'est également le premier exemple dans lequel on retire à l'État son statut de personne morale supérieure parce qu'il n'y a pas de d'intérêt public à ce qu'il possède des pouvoirs supérieurs dans cette hypothèse.

Quatre mois plus tard, la justification utilisée dans ce premier arrêt a conduit à l'inconstitutionnalité de la loi sur des mesures spéciales pour des prêts transférés des institutions financières. La Loi a donné aux institutions financières - personnes privées - un statut privilégié dans les enchères publiques en exigeant que la personne s'opposant à une vente demandée par une institution financière fasse un dépôt de garantie. La Cour constitutionnelle n'a trouvé aucune base raisonnable à ce statut de faveur et a censuré la loi en question.[11)] Cette décision a souligné l'importance de la liberté et de l'égalité de tous les acteurs économiques, non seulement en rappelant qu'elle s'appliquait entre l'État et les particuliers, mais égalementaux rapports entre les particuliers.

C'est pour les mêmes raisons que la Cour constitutionnelle a censuré la loi sur l'audiovisuel et les disques audio comme portant atteinte au principe de propriété. Cette loi prescrivait en effet la déchéance obligatoire de toutes les licences des fournisseurs. La Cour a estimé qu'une telle déchéance des licences ne pouvait être imposée que pour des disques et programmes au contenu illégal.[12)]

De même, la Cour constitutionnelle veille scrupuleusement au respect du principe d'égalité devant l'impôt.[13)]

Le principe que l'État et les particuliers devraient être traités de manière identique à moins qu'il y ait des justifications pour une inégalité de traitement a été confirmé lors de l'examen par la Cour constitutionnelle de l'article 5 (2) de la Loi sur les propriétés de l'État.[14)]

---

10) n° 88(hun-ga) 7 du 25 janvier 1989.

11) n° 89(hun-ga) 37 du 24 mai 1989.

12) n° 94(hun-ga) 3 du 30 novembre 1995.

13) n° 89(hun-ga) 95 du 3 septembre 1990; n° 90(hun-ba) 21 du 24 décembre 1992; n° 96(hun-ga) 19 du 24 décembre 1997.

En septembre 1990, la Cour a censuré l'article 35 al.1－3 de la loi cadre relative aux impôts nationaux qui accordait la priorité au paiement à l'impôt national sur le paiement des dettes privées arrivées à échéance dans l'année qui suit la date limite du paiement de l'impôt. La Cour estimait en effet que ces dispositions portaient atteinte aux droits de propriété des créanciers sans être justifiées par des considérations raisonnables.[15)]

Une fois de plus, cette affaire nie la spécificité intrinsèque de l'État par rapport aux personnes privées en matière économique. Elle a également confirmé que l'intérêt public de favoriser le trésor public ne pouvait se réaliser au détriment du droit de propriété. Notons qu'une solution similaire a été rendue lors de l'analyse par la Cour de la loi sur les impôts locaux qui mettait en place un privilège public du même ordre.[16)]

Le Conseil constitutionnel français fait une référence de principe au droit de propriété dans sa décision du 16 janvier 1982.[17)] Le Conseil constitutionnel cite l'article2 de la Déclaration de 1789 qui proclame: «le but de toute association politique est la conservation des droits naturels et imprescriptibles de l'homme, Ces droits sont la propriété, la sûreté et la résistance à l'oppression», puisson article17 «la propriété étant un droit inviolable et sacré, nul ne peut en être privé si ce n'est lorsque la nécessité publique, légalement constatée, l'exige évidemment et sous lacondition d'une juste et préalable indemnité».

Ainsi, dans des décisions des 25－26 juin 1986 et du 29 décembre 1998[18)] il a décidé que «les dispositions de la Déclaration des droits de l'homme de 1789, relatives au droit de propriété et à la protection qui lui est due, ne concernent pas seulement la propriété privée des particuliers, mais aussi, à un titre égal, la propriété de l'État et des autres personnes publiques». Cette reconnaissance, sur un même plan, du droit de propriété privée[19)] et du droit de propriété des personnes publiques, a été considérée comme révélant une interprétation très au dacieuse du texte de la Déclaration.[20)]

Ainsi, dans la décision du 15 janvier 1992,[21)] le Conseil constitutionnel considère

14) n° 89(hun-ga) 97 du 13 mai 1991; N° 92(hun-ga) 6 du 1 octobre 1992.

15) n° 89(hun-ga) 95 du 3 septembre 1990.

16) n° 91(hun-ga) 6 du 25 novembre 1991.

17) CC, n° 81-132 DC, 16 janvier 1982, Rec, p. 18.

18) CC, n° 86-207 DC, 25-26 juin 1986, Rec, p. 61; CC, n° 98-405 DC, 29 décembre 1998.

19) CC, n° 00-439 DC, 16 janvier 2001.

20) M. Benoît Jeanneau écrit que le Conseil constitutionnel « modifie le sens des textes qui étaient manifestement destinés à défendre les citoyens contre les abus de la puissance publique et non l'inverse ». Voir, « Juridicisation et actualisation de la Déclaration des droits de l'homme de 1789, R.D.P., 1988, p. 635 et s.

21) CC, n° 91-303 DC, 15 janvier 1992, Rec, p. 15.

que le droit pour le propriétaire d'un emarque de fabrique, de commerce ou de service d'utiliser celle－ci et de la protéger dans le cadre défini par la loi et les engagements internationaux de la France entre dans le champ d'application des articles2 et 17 de la Déclaration de 1789.

Ainsi, le 20 janvier 1993,[22] le Conseil constitutionnel considère que les documents des entreprisess ont couverts parle droit de propriété et juge en conséquence que le pouvoir donné au service central de prévention de la corruption de retenir des origin aux pendant un temps don't le terme n'est pas fixé par loi porte une atteinte excessive au droit de propriété, mais, dans la même décision, il déclare que si les limitations des activités d'achat d'espaces publicitaires représent ent effectivement des contraintes pour la liberté d'entreprendre, elles sont justifiées par l'objectif général[23] de transparence économique pour suivi par la loi et ne restreignent pas la liberté d'entreprendre des agents économiques concernés au point d'en dénaturer la portée.

Enfin, dans sa décision du 21 juillet 1994, le Conseil constitutionnel maintient que « l'article 17 de la Déclaration de 1789 relatif au droit de propriété et à la protection qui lui est due ne concerne pas seulement la propriété des particuliers mais aussi, à titre égal, la propriété de l'État et des autres personnes publiques. En revanche, le Conseil constitutionnel n'a pas constitutionnalisé le principe d'inaliénabilité du domaine public.

Autrement dit, ce qui reçoit valeur constitutionnelle, c'est le droit d'aujourd'hui et non d'hier, c'est－à－dire, un droit qui, ayant intégré de multiples atteintes et amputations depuis 1789, inclut nécessairement des limitations législatives pour des raisons d'intérêt général.[24]

2. LES LIMITES DU DROIT DE PROPRIÉTÉ

Les limites du droit de propriété résultent des faiblesses de la protection constitutionnelle, qui ouvrent la voie à une large intervention de la loi, et de l'existence d'une propriété publique constitutionnelle, qui est le fondement d'un important domaine de l'État.

(1) LE PRINCIPE CONSTITUTIONNEL DES LIMITES DU DROIT DE PROPRIETE

L'article 23 de la Constitution coréenne de 1987 établit les limites du droit de propriété. « Les limitations à ce droit sont inscrites dans la loi (al. 1). Le droit de

22) CC, n° 92-316 DC, 20 janvier 1993, Rec, p. 14.

23) CC, n° 00-434 DC., 20 juillet 2000.

24) Cette nouvelle rédaction est, peut-être, due à l'influence du Président Jacques Robert, membre du Conseil constitutionnel de 1989 à 1995, qui avait soutenu, en 1981, cette idée, dans une consultation rédigée avec François Luchaire pour éclairer le gouvernement sur la constitutionnalité des nationalisations.

propriété ne saurait être exercé contrairement à l'utilité sociale (al.2). L'expropriation, l'usage ou la limitation de la propriété privée pour cause d'utilité publique — et l'indemnité afférente — doivent être précisés par la loi. Une juste indemnité doit être fixée ».

Comme nous l'avons vu ci-dessus (sous-section I), la Cour constitutionnelle coréenne a estimé que les libertés économiques étaient une composante de l'État libéral et a estimé que l'atteinte à ces libertés devait être spécialement limitée. Cependant, la Cour a également clairement identifié la nature publique et sociale des activités économiques, nature qui permet de limiter les libertés des opérateurs privés. Elle a reconnu qu'aucun droit fondamental individuel ne pouvait être absolu et que leur exercice devait être concilié avec l'environnement social.

Si le principe du droit au respect de la propriété ne peut pas ne pas connaître certaines limites, un certain nombre de précautions doivent cependant être prises. Le principe du juste équilibre est très certainement l'une des plus importantes. Très souvent, les décisions de la Cour constitutionnelle se réfèrent à ce principe du juste équilibre qui doit être maintenu entre les exigences de l'intérêt général[25)] et la nécessité de sauve garder les droits fondamentaux de l'individu.[26)]

La Déclaration de 1789 elle-même pose, dès l'abord, le principe d'une atteinte caractérisée au droit de propriété dans l'article 17 qui énonce que: « la propriété étant un droit inviolable et sacré, nul ne peut en être privé, si ce n'est lorsque la nécessité publique légalement constatée, l'exige évidement et sous la condition d'une juste et préalable indemnité ».[27)] C'est ensuite la Constitution de 1958 qui, dans son article 34, confère au législateur le pouvoir de déterminer les «principes fondamentaux» du «régime de la propriété».[28)] La formule diffère de celle relative à la compétence de la loi en matière de libertés, qui consiste à fixer les règles concernant des « garanties fondamentales accordées aux citoyens pour l'exercice des libertés publiques ».

(2) LA JURISPRUDENCE CONSTITUTIONNELLE

C'est dans ces conditions que la Cour constitutionnelle coréenne, amené à se prononcer à plusieurs reprises, a reconnu le caractère constitutionnel d'un certain nombre d'atteintes au droit de propriété.

Le premier cas dans lequel la Cour constitutionnelle a mis en avant l'intérêt social par rapport au droit de propriété a été celui de la loi sur la gestion et l'utilisation

25) CC, n° 96-373 DC, 9 avril 1996.

26) n° 88(hun-ga) 13 du 22 décembre 1989; n° 92(hun-ba) 20 du 29 juillet 1993; n° 92(hun-ga) 15 du 24 février 1994.

27) CC, n° 00-440 DC, 10 janvier 2001.

28) CC, n° 434 DC du 20 juillet 2000.

du territoire national. Cette loi permettait au Gouvernement de réglementer le statut des terrains de manière à éviter la spéculation immobilière, les prix des terrains augmentant de façon exponentielle à cette époque. Finalement, la Cour a confirmé le statut de propriété publique de la terre dans le contexte d'une densité de population élevée, malgré la préférence traditionnelle pour la propriété privée.

En décembre 1989, la Cour constitutionnelle a eu à connaître de l'article 21－3 (1) de l'acte sur l'utilisation et la gestion du territoire national. Cette loi impose une autorisation préalable à toutes les transactions portant sur des terrains. La Cour a considéré que la loi pouvait faire une différence entre les droits de propriété et que la terre devant être protégée plus encore que la propriété industrielle, les dispositions de la loi étaitent constitutionnelles.[29)]

Le 29 juillet 1994, la Cour constitutionnelle a soutenu que la création de l'impôt sur l'augmentation excessive des prix fonciers était lui－même valide en raison de l'intention du législateur de soutenir le budget, de créer les conditions de la stabilité des prix fonciers et de contribuer à l'utilisation efficace du territoire national. Cependant, soulignant l'importance d'un calcul juste et proportionné des bénéfices imposés, la Cour constitutionnelle a constaté que le texte dans l'ensemble n'était pas conforme à la Constitution en ce que l'impôt était fondé sur les bénéfices seuls, sans considération des tranches de revenu, et qu'il laissait au règlement le pouvoir de mettre en place un système d'évaluation des prix du marché.[30)] Dans cette espèce, la Cour a estimé que le principe de l'imposition était constitutionnel en raison du principe d'égalité devant l'impôt, principe dérivé du principe d'égalité ,mais que cet impôt devait se concilier avec le principe de la propriété publique.

En juin 1992, la Cour constitutionnelle a eu à connaître de l'article 10(1) de la loi sur les publications périodiques. Cette loi imposait que les éditeurs remettent deux exemplaires des périodiques à paraître au ministre de l'information publique pour qu'il leur accorde une autorisation de publier. Cette obligation de remettre des exemplaires était assortie d'une juste indemnité. La Cour a estimé que cette disposition était constitutionnelle en ce qu'elle constituait une atteinte limitée au droit de propriété, qu'elle était une conciliation normale entre différents droits.

La Cour constitutionnelle coréenne a précisé ce qu'il fallait entendre par indemnisation juste. Dans la décision n° 89 (hun－ma) 107 du 25 juin 1990, elle vérifie qu'à la date de la dépossession, le montant de d'indemnisation est suffisant.

Dans la décision du 16 janvier 1982, le Conseil constitutionnel reconnaît que: « les conditions d'exercice du droit de propriété ont subi une évolution caractérisée à la fois par un notable extension de son champ d'application à des domaines individuels

29) n° 88(hun－ga) 13 du 12 décembre 1989.

30) n° 92(hun－ma) 49 du 29 juillet 1994.

nouveaux et par des limitations exigées par l'intérêt général ».

D'une manière plus générale, le droit de propriété souffre des atteintes légales plus ou moins importantes. En effet, la loi peut restreindre son exercice[31] et elle peut établir des servitudes d'intérêt public imposant au propriétaire une gêne qualifiée, par le Conseilconstitutionnel,[32] de supportable.

De sorte que la garantie constitutionnelle n'a pleine efficacité qu'en cas de privation de biens, de dépossession, de limitations graves dénaturant le sens et la portée du droit, ou le droit lui-même en le vidant de son contenu. Dans de telles situations, l'atteinte est indemnisée: on peut dire que l'atteinte au droit de propriété, si ce n'est le droit lui-même, se résout en dommages et intérêts. L'indemnité doit être « juste et préalable », ce que le juge contrôle.[33]

En ce qui concerne le caractère juste de l'indemnité, la première loi relative aux nationalisations a été annulée, au motif que le dispositif d'indemnisation retenu ne permettait pas d'appréhender la valeur réelle des actions des sociétés cotées en bourse et des actions des sociétés non cotées, les méthodes d'évaluation retenues n'étant pas assez précises.[34] De plus, le dispositif d'indemnisation est censuré parce que le paiement des dividendes afférents à l'exercice 1981 n'avait pas été prévu. Le caractère juste de l'indemnisation implique que celle-ci couvre l'intégralité du préjudice direct, matériel et certain, comme le Conseil constitutionnel a eu l'occasion de le préciser.[35]

Ⅱ. LA LIBERTE D'ENTREPRENDRE

Cette liberté est également reconnue par le droit constitutionnel; elle est assortie de diverses garanties(A) et limites(B).

1. LA GARANTIE DU DROIT D'ENTREPRENDRE

La liberté d'entreprendre comprend la liberté d'établissement et la liberté d'exercice d'une profession.[36] Cette liberté est reconnue en Corée et en france par le juge constitutionnel.

En Corée, Le 29 juillet 1993, la dissolution d'un groupe d'affaires(Kukje) a donne

31) CC, 85-191 DC., 10 juillet 1985, Rec, 46.
32) CC, 85-198 DC., 13 décembre 1985, Rec, 78.
33) Jean-jacques ISRAEL, Droit des libertés fondamentales, L.G.D.J., 1998., p. 519.
34) CC, n° 81-132 DC, du 16 janvier 1982.
35) CC, n° 89-256.
36) Lea liberté d'entreprendre est différemment dénommée dans les quatre pays considérés: liberté d'exercer une « activité lucrative » en Autriche; liberté de la profession en République fédérale d'Allemagne; « liberté d'entreprise » en Italie.

lieu à un recours constitutionnel.

La Cour constitutionnelle a évalué les faits et les raisons qui ont conduit à ce que l'autonomie de la banque ait été affaiblie jusqu'à devenir inexistante. Il en a conclu que la dissolution du groupe d'affaires (Kukje) avait en fait été provoquée par le ministre des finances qui par sa tutelle, imposait des prises de décision qui avaitent conduit à ce résultat. Cela justifiait d'une part la recevabilité du recours, et d'autre part, au fond, la demande du requérant, cette dissolution n'était fondé sur aucune règle légale ou réglementaire.

La décision a de nouveau confirmé que chaque atteinte aux droits fondamentaux devait être autorisée par la loi dans le secteur économique spécialement.

A l'occasion d'un recours, la Cour constitutionnelle a eu à juger de la constitutionnalité de la loi relative aux taxes sur les produits alcoolisés. Cette loi imposait à un grossiste de Soju d'acheter 50 % de la production de sa province afin de protéger les fabricants locaux de Soju de la concurrence extérieure. La Cour a censuré cette loi pour la raison qu'en dépit des objectif svisant à favoriser l'économie régionale et à empêcher un monopole national, elle a limité de façon excessive la liberté professionnelle du grossiste de Soju et la libre concurrence..[37)]

La Cour a fondé sa décision sur les dispositions économiques de l'article 119 qui énumère les objectifs économiques de la nation. Il fait référence d'une part aux intérêts publics susceptibles d'être atteints par une politique économique et d'autre part aux intérêts publics susceptibles de justifier des limitations aux libertés économiques en vertu de l'article 37(2). Aux yeux de la Cour, la lutte contre les monopoles, la promotion de l'économie régionale et la protection des petites et moyennes entreprises n'ont pas pu justifier l'atteinte à la liberté d'entreprendre, liberté liée à la libre concurrence.

La liberté de choix de la profession est une liberté fondamentale. L'article 15 de la Constitution coréenne concerne la liberté du choix de la profession, l'exercice de cette profession et la liberté du choix de la formation professionnelle. Le choix de la professionest la volonté intime de choisir une profession et les moyens d'accéder à celle-ci. Ce choix se perpétue pendant l'exercice professionnel. L'exercice de la profession inclut les formes, les moyens et la détermination de la portée et du contenu de l'activité professionnelle.[38)] Il s'agit des modalités de réalisation de la profession.

La liberté du choix de la profession a été reconnue à plusieurs reprises par la Cour constitutionnelle. En novembre 1989, la Cour à censuré l'article 10 de la loi relative à la profession d'avocat en ce qu'elle interdisait aux avocats d'exercer leur

---

37) n° 96(hun-ga) 18 du 26 décembre 1996.

38) n° 92(hun-ma) 80 du 13 mai 1993.

métier dans les secteurs géographiques dans lesquels ils entretiennent des relations personnelles.[39] En l'espèce, la Cour considère que l'atteinte à la liberté du choix de sa profession est excessive en ce qu'elle distingue les avocats selon des critères géographiques.[40] L'article 15 de la même loi－qui autorisait le Ministre de la justice à suspendre sans audition un avocat poursuivi dans une instance criminelle－a de même été censuré comme contraire à la liberté de choisir son métier.

En juillet 1994, la Cour a censuré l'article 58－2 (1) de la loi sur l'école privée qui prévoyait la mutation de tous les professeurs d'école privée poursuivis pour crimes. Cette solution a été justifiée par le fait qu'en ne permettant pas à l'école de juger de la réalité de l'infraction et de la crédibilité des preuves, cette loi portait atteinte à la liberté de choisir son métier sans considération ni de la proportionnalité des sanctions requises par l'article 37(2) de la Constitution ni de la présomption d'innocence de l'article 27(4).[41]

Des dispositions semblables de la loi sur la profession d'architecte ont été censurées comme portant atteinte à la liberté de choisir son métier.

La Constitution française ne consacre pas expressément la liberté d'entreprendre en tant que principe constitutionnel. Dans la décision du 16 janvier 1982,[42] le Conseil constitutionnel a néan moins déduit l'appartenance de la liberté d'entreprendre au bloc de constitutionnalité, de l'article 4 de la Déclaration des droits de l'homme, aux termes duquel« la liberté consiste à pouvoir faire tout ce qui ne nuit pas à autrui ».[43]

De plus, la liberté d'entreprendre doit être énoncée de façon claire et précise.[44]

La Cour constitutionnelle considère que la liberté de l'exercice de la profession peut être limitée dans la mesure où des considérations sérieuses d'intérêt public l'exigent.[45] A ce niveau, la garantie constitutionnelle ne permet d'exclure que les mesures faisant grief, c'est－à－dire disproportionné esetin acceptables.

La liberté du choix de la profession ne peut être limitée que dans la mesure où la protection de certaines sociétés le nécessite impérativement. Si cette restriction est inéluctable, le législateur doit à chaque fois choisir la forme de limitation qui restreint le moins possible ce droit fondamental.[46]

Le Conseil constisutionnel français a alors jugé que la législation sur les 35h

39) Cette disposition a été inscrite dans la Constitution de la troisième République pour la première fois.
40) n° 88(hun-ga) 102 du 20 novembre 1989.
41) n° 93(hun-ga) 3 du 29 juillet 1994.
42) CC, n° 81-132 DC, RJC I-104.
43) CC, n° 410 DC du 10 juin 1998; CC, n° 423 DC du 27 juillet 2000.
44) CC, n° 435 DC du 7 décembre 2000.
45) n° 94(hun-ma) 196 du 27 mars 1997.
46) n° 89(hun-ma) 178 du 15 octobre 1990.

présente un intérêt général car elle permet d'assurer, au mieux, le droit de chacun, d'obtenir un emploi (alinéa 5 du Préambule de 1946) ainsi que la garantie du repos et des loisirs (alinéa 11 du même Préambule).

Cette disposition montrait ainsi toutes ces potentialités en permettant de dégager un principe constitutionnel ne figurant pas explicitement dans la Constitution, sans avoir besoin d'utiliser la catégorie ouverte que constituent les principes fondamentaux reconnus par les lois de la République.

Le Conseil constitutionnel français a été amené à s'interroger, à plusieurs reprises, sur la portée des dispositions du cinquième alinéa du Préambule qui instituent, en une formule pour le moins ambiguë, le devoir de travailler autant que le droit d'obtenir un emploi.

S'il ne s'est pas prononcé directement sur le devoir de travailler, le Conseil constitutionnel a en revanche, reconnu valeur constitutionnelle au droit d'obtenir un emploi. Il appartient en particulier au législateur de déterminer les règles propres à assurer au mieux le droit pour chacun d'obtenir un emploi et une pension de retraite, notamment en soumettant l'exercice d'un emploi, en cas de cumul, à une contribution spécifique en vue de l'indemnisation des travailleurs privés d'emploi.[47)]

Cette liberté a une valeur constitutionnelle. Elle est aménagée par la loi. En vertu de l'article 34 de la Constitution de 1958, la loi détermine les garanties fondamentales accordées aux citoyens pour l'exercice des libertés publiques; il précise que le régime des nationalisations prévu par le Préambule de la Constitution de 1946 est du domaine de la loi. Le Conseil constitutionnel a reconnu la constitutionnalité du principe de ces nationalisations sous réserve du contrôle qu'il exerce de l'erreur manifeste d'appréciation, qui pourrait être commise par le législateur.

Par ailleurs le Conseil a considéré qu' « en soumettant à une aitorisation administrative tout changement de déstination d'un local commercial ou artisanal entrainant une modification de la nature de l'activité, le législateur a apporté, en l'espèce, tant au droit de propriété qu'à la liberté d'entreprendre une attéinte disproportionée à l'objectif pousuivi ». Le Conseil se fait ainsi juge de cette disproportion.[48)]

Enfin, dans sa décision n° 455 DC du 12 janvier 2002, le Conseil a considéré que le législateur doit concilier la liberté d'entreprendre avec les « règles propres à assurer le droit pour chacun d'obtenir un emploi 'ainsi que' la mise en oeuvre de droit, pour tout travailleur de participer, par l'intermédiaire de ses délégués, à la

---

47) CC, n° 81-1134 DC., 5 janvier 1982, Rec, p. 15; CC, n° 83-156 DC., 28 mai 1983, Rec, p. 41; CC, n° 85-200 DC., 16 janvier 1986, Rec, p. 9.

48) CC, n° 436 DC du 7 décembre 2000.

détermination collective des conditions du travail ainsi qu'à la gestion des entreprises (alinéa 8 du Preambule de 1946).

Mais, par la même décision, il censure une disposition portant définition du licenciement économique; la loi subordonnait les licenciements économiques à certaines conditions et notamment à « des difficultés économiques sérieuses n'ayant pu être surmontées par tout autre moyen »; le Conseil a en effet considéré que cette disposition affectait la liberté du chef, d'entreprises quant au choix entre les différentes solutions possibles; pour le Conseil, la loi portait ainsi « à la liberté d'entreprendre une atteinte manifestement excessive au regard de l'objectif poursuivi du maintien de l'emploi.

2. LES LIMITES CONSTITUTIONNELLES DE LA LIBERTÉ D'ENTREPRENDRE

Il faut constater que la reconnaissance de l'existence d'une liberté fondamentale ne se traduit pas par la suppression de tout pouvoir du législateur. Ce dernier peut réglementer la liberté d'entreprendre, celle-ci n'ayant pas un caractère absolu.

D'ailleurs, simultanément à la reconnaissance de la liberté d'entreprendre, la Cour constitutionnelle coréenne a précisé que cette dernière n'est ni générale, ni absolue, seules les restrictions arbitraires ou abusives étant susceptibles d'être annulées.[49]

En dehors de l'indication selon laquelle « la liberté ne saurait être elle-même préservée si des restrictions arbitraires et abusives étaient apportées… » le Conseil constitutionnel français, dans ses décisions sur *la communication audiovisuelle*[50] et sur *la limitation des cumuls entre pensions de retraite et revenus d'activité*[51] observe que «la liberté d'entreprendre n'est ni générale ni absolue et ne peut exister que dans le cadre d'une réglementation fixée par la loi».

La prudence de la formulation implique que ce droit n'est pas un droit au plein emploi permanent. Le Préambule de 1946 reconnaît d'ailleurs, dans son alinéa 11, que tout être humain peut se trouver dans l'incapacité de travailler en raison notamment de la situation économique, et bénéficier, dans cette hypothèse, de droit d'obtenir de la collectivité des moyens convenables d'existence.

Mais le Conseil constitutionnel admet que le Parlement, pour permettre au plus grand nombre d'obtenir un emploi, impose des limites d'âge, interdise le cumul entre une pension de retraite et le revenu d'une activité professionnelle, prenne des mesures particulières pour améliorer l'emploi de certaines catégories de travailleurs-les jeunes-ou dans certaines zones géographiques particulière ment touchées.[52]

49) n° 94(hun-ma) 196 du 27 mars 1997.
50) CC, 82-141 DC., 27 juillet 1982.
51) CC, 85-200 DC., 16 janvier 1986.

Cette reconnaissance résulte de la célèbre décision déjà citée du 16 janvier 1982: « la liberté qui, aux termes de la Déclaration des droits de l'homme et du citoyen, consiste à pouvoir faire tout ce qui ne nuit pas à autrui, ne saurait elle-même être préservée si des restrictions arbitraires ou abusives étaient apportées à la liberté d'entreprendre ». La liberté d'entreprendre est une composante de la liberté en général proclamée par l'article 2 de la Déclaration de 1789.

Le plus souvent la réponse du Conseil constitutionnel aux saisines invoquant cette liberté se limite à souligner que la loi ne méconnaît aucune règle ou aucun principe de valeur constitutionnelle. En fait la terminologie des saisines est souvent imprécise et il est parfois difficile de savoir si des notions distinctes sont visées sous les termes « liberté d'établissement »,[53] « liberté du commerce et de l'industrie »[54] et « libertéd'entreprendre ».[55] Il s'agit toujours d'une limitation à l'exercice d'une activité artisanale, commerciale ou industrielle, et la réponse du Conseil constitutionnel est toujours qu'aucun principe n'interdit au législateur de réglementer l'activité en cause.

Cette étude a présenté quelques problème essentiels auxquels sont confrontées la littérature et la jurisprudence coréenne et française relatives à la « protection constitutionnelle des droits economiques ».

La protection des droits economiques dans le cadre du contrôle de constitutionnalité des lois est le noyau dur du droit constitutionnel dans les Constitutions coréenne et française.

La Cour constitutionnelle coréenne joue maintenant un double rôle de protection, en ce qu'elle décide d'abord de la conformité des lois avec les dispositions constitutionnelles relatives aux droits economiques, mais aussi des recours constitutionnels contre les violations des droits economiques qui sont dues à des décisions individuelles et sociaux.

On admet généralement que la justice constitutionnelle, en Corée et en France, dispose de moyens suffisants pour mener à bien son action, vu que les Constitutions prévoient des mesures pour son bon fonctionnement et que, d'autre part, les droits economiques ayant tous la nature de principes juridiques, ils se prêtent ainsi à de constants progrès dans leur concrétisation et leur mise en application.

A présent, le développement de la protection constitutionnelle des droits economiques, en quantité comme en intensité, serait d'ailleurs tel qu'il ne faudrait pas hésiter à admettre l'existence d'une nouvelle branche du droit, du moins d'une nouvelle discipline.

---

52) CC, 86-207 DC, 25-26 juin 1986, Rec, p. 61.

53) CC, 84-172 DC., 26 juillet 1986.

54) CC, 81-129 DC., 30 et 31 octobre 1981.

55) CC, 82-141 DC., 27 juillet 1982.

28. 환경인권의 법적 고찰*

이 은 기**

Ⅰ. 서 설

인권개념은 봉건 군주제도를 붕괴시킨 시민혁명에 의해 세워진 근대국가에서 인정되게 되었다. 인권은 법치주의가 확립된 현대국가에 이르러서는 환경인권을 비롯하여 노동, 교육, 의료, 장애인, 국제 인권 등 매우 다원화된 개념으로 분화되었다.

국제적으로 환경문제가 대두된 1970년대 이후 환경인권문제는 주로 국제법학자들 및 사회학자들에 의해서 연구되어 왔다. 우리나라에서 경제성장이 정책의 우선순위였던 권위주의 시대에는 환경인권은 개발에 대한 반대진영의 논리로서 작동해 온 탓에 그다지 환영받지 못했다. 그러나 기후변화로 인한 지구의 위기론이 대두된 현 상황에서 환경인권의 문제는 특정 국가나 개인과 집단의 진영논리로만 바라볼 수만은 없게 되었다.

우리나라에서도 산업화와 경제성장이 최우선되던 시대에는 환경인권문제가 활발하게 논의될 수 없었다. 그러나 우리나라도 개인소득 3만 달러를 달성해 선진국 진입의 문턱에 있고 환경문제는 국내 문제에 머물지 않고 전 지구의 생존문제와도 연결되는 문제라는 인식을 공유하고 있다.

이제 환경인권운동을 국책사업을 저지, 지연시키는 부정적 관점의 진영논리에서만 바라보아서는 안 될 상황에 이르렀다.

위와 같은 문제인식하에 여기서는 인권 및 환경인권개념의 등장 배경과 내용 그리고 환경인권과 환경정의의 관계에 대해 고찰한 후 우리나라에서 전개된 환경인권운동사례에 대해 살펴보기로 한다.

Ⅱ. 인권과 환경인권

1. 인권의 연혁 및 정의

인권(human rights)은 주지하다시피, 봉건왕권국가시대로부터 근대시민사회로의 발전과정에서 시민계급에 의하여 성취된 개념이다. 시민들의 기본적 권리의 쟁취, 발달과정을 살펴봄

* 본 논문은 환경법연구 제35권 2집(2015.8.31)에 게재된 졸고, '환경인권에 관한 소고'를 수정, 재구성한 것임을 밝혀 둔다.

** 서강대학교 법학전문대학원 교수

으로써 인권개념의 성립에 따른 이념적 배경을 조명해 볼 필요가 있다.

역사적으로 볼 때, 인권개념은 영국에서 발현된 것으로 보는 것이 정설이다.[1] 1215년 영국 프란타지네트 왕조 존왕에 의한 마그나 카르타(Magna Carta Liberatatum, 자유대헌장),[2] 1628년 권리청원(Petition of Rights),[3] 1642년 영국의 청교도혁명, 1679년의 인신보호령(Habeas Corpus Act), 1689년 명예혁명의 결과인 권리장전(Bill of Rights), 1701년 왕위계승법(Act of Settlement) 등이 인권의 모태가 되었다. 근대적 인권개념은 마그나 카르타 및 권리청원에서 확인된 "대표 없이 과세 없다"는 문구로 대변되었는바, 국왕의 자의적 과세권의 제한으로부터 비롯되었다.

입법권에 대항할 수 있는 '인간의 권리'의 개념은 17, 18세기의 유럽의 자연법사상에 의해 발전되어 1776년 미국의 독립선언과 1789년 프랑스 혁명을 거치면서 근대시민헌법에 도입되었다.[4] 인권개념은 13세기에 태동되어 근대 시민혁명과정에 이르기까지 귀족 및 시민들에 의해 군주의 절대왕권 및 식민지배로부터 자유권 즉 지배자로부터의 (방어적)자유를 쟁취하는 역사적 과정을 거치면서 발전된 것이다.

결국 인권개념은 근대헌법의 생성·발전 과정에서 기본권의 토대로서 확립되어 왔는바, 1776.6.12. 미국의 버지니아 권리장전(Virginia Bill of Rights)에서 비로소 "천부 불가양의 권리(inherent, unalienable rights)"로 선언되었다. 인권은 천부인권으로 인식되기에 이르렀고, 1789년 프랑스 혁명이후 1791년 프랑스 헌법에서는 모든 인간의 자연적, 절대적 인권의 보장을 명문화하였고 1793년 헌법은 인권의 자연성, 불가양성을 강조하였다.[5] 인권은 국왕의 절대권력으로부터 쟁취된 시민의 천부적 권리로서 확립된 것이다.[6]

이러한 인권개념은 제2차 세계대전 이후 괄목할 만하게 성장하였고 1945년 유엔헌장으로

---

1) 일부 학자들은 인권개념의 기원을 고대 그리스의 자연법(natural law), 로마의 만민법에서 찾기도 한다. Donald K. Anton and Dinah L. Shelton, Environmental Protection and Human Rights, Cambridge University Press, New York, 2011, 151-174면.

2) 마그나 카르타는 존 왕이 그 이전인 1100년 헨리1세의 자유헌장, 1136년 스티븐스왕의 자유헌장, 1154년 헨리2세의 자유헌장 등 여러 헌장이나(법원에 의해 인정받은 통일관습법인) 보통법으로 승인되고 있는 봉신 등 자유민의 권리·의무를 무시한 것을 계기로 그것을 회복하고 장래까지 보장한다는 것을 다시 확인한 전문 63개조의 문서이다.
① 봉신에 대한 불가침영역의 보장, ② 봉신의 권리를 침해하는 경우, 일정하면서도 적정한 절차의 보장, ③ '대표 없이 과세 없다'는 원칙의 승인, ④ 법에 의한 왕권의 규제 등으로 요약할 수 있는데, 그것은 근대시민헌법에서 인권의 핵이 되었다. 스기하라 야스오(杉原泰雄)지음, 석인선 옮김, 인권의 역사, 16-18면.

3) 국왕 찰스1세가 동의한 것으로 의회의 동의없는 과세와 자의적인 체포를 금지하였다. 홍성방, 인권과 기본권의 역사적 전개, 한림법학 FORUM 제7권, 1998, 64면.

4) 스기하라 야스오, 인권의 역사, 21면.

5) 홍성방, 위 논문, 68면.

6) Edith Brown Weiss, Stephen C. McCaffrey, Daniel Barstow Magraw, A. Dan Tarlock, International Environmental Law and Policy, Wolters Kluwer, 2007, 430-431면. 프랑스에서는 나폴레옹의 쿠데타로 왕정복고되어 1799년 근대적 헌법이 폐기되었다가 나폴레옹의 실각이후 1814.6.4.헌법에서도 보수적 기본권만 존치하다가 1946.10 제4공화국헌법에 이르러서야 비로소 나폴레옹 체제 이전의 헌법으로 재탄생하였다.

인해 국제인권으로 확산되었고 1948년 세계인권선언(Universal Declaration of Human Rights), 1966년 시민과 정치적 권리에 관한 국제협약 그리고 경제·사회·문화적 권리에 관한 국제협약에 의해서 발전되었다.[7)]

현대적 인권개념은 여러 부문으로 다원화되고 있다.[8)] 프랑스에서는 현실적, 실제적 권리인 "주거권(droit a` l'habitat) 또는 주택권(droit au logement)은 하나의 기본적 권리(un droit fondamental)이다"라고 주택관련 개별법에 규정함으로써 주거에 관한 권리를 기본권 또는 인권개념으로 접근하고 있다.[9)] 일본에서는 주거문제에까지 인권개념을 적용하여 "주택인권"이라는 용어를 사용하고 있고,[10)] 우리나라에서도 주거권도입과 주거기본법제정을 인권적 차원에서 주장하는 연구가 있다.[11)]

2. 환경인권의 정의

환경권(right to environment, environmental right)과 환경인권(environmental human rights)은 어떠한 관계인가? 우리나라의 경우 환경권은 1980년 제5공화국 헌법 제33조에 규정되면서 헌법상의 기본권으로 등장하였다.[12)]

헌법학자들의 환경권 정의는 조금씩 차이가 있다. ① '인간다운 환경 속에서 생존할 수 있는 권리',[13)] ② 협의의 개념으로는 '오염되거나 불결한 환경으로 말미암아 건강을 훼손당하거나 훼손당할 위험에 놓인 자가 오염되거나 불결한 환경에 대하여 책임있는 공권력이나 제3자에 대하여 그 원인을 예방 또는 배제하여 주도록 요구할 수 있는 권리이고, 광의의 개

---

7) David R. Boyd, The Environmental Rights Revolution, A Global Study of Constitutions, Human Rights, and the Environment, UBC Press, Vancouver, 2012, 7-8면. Donald K. Anton and Dinah L. Shelton, Environmental Protection and Human Rights, 173-174면.

8) 대한변호사협회에서 발간한 2014인권보고서에서도 인권을 생명·신체의 자유, 표현의 자유, 교육과 인권, 환경권, 이주외국인의 인권, 여성·아동·청소년의 인권, 장애인의 인권, 노동권, 의료인권, 사법과 인권, 개인정보보호와 인권, 스포츠와 인권, 국제인권 등으로 부문별로 분류하고 있다. 9-50면.

9) 프랑스에서는 저임료 공공임대주택인 H.L.M.(Habitation a` loyer modeˊreˊ)제도를 도입한 1982년의 끼요(Quilliot)법 제1조에서 "주거권(droit a` l'habitat)은 하나의 기본적 권리이다"라고 규정하고 있고 1989년의 멜마즈-말랑뎅법 제1조에서도 "주택권(droit au logement)은 하나의 기본적 권리이다"라고 규정하고 있다. 일부 학자(Mme Francoise Zitouni)도 주택에 관한 권리를 인권(droits de l'homme)이나 기본권(droits fondamentaux)로 보고 있다. LE DROIT AU LOGEMENT, UNIVERSITE DE DROIT, D'ECONOMIE & DES SCIENCES D'AIX-MARSEILLE, 1991, 448면 참조. 이은기, 프랑스의 주거기본권 실현형태로서의 사회주택에 관한 법적 고찰-H.L.M.(저임료주택)을 중심으로-, 서울대 박사학위청구논문, 1995, 27-124면 참조.

10) 寺尾仁, フランスにおける住宅人權の展開, 하야까와 가즈오(早川和男) 편저, 住宅人權思想と生活空間, <住宅人權の思想>, 學陽書房, 1991, 3-19면 참조.

11) 이은기, 앞의 논문, 369-389면. 우리나라에서도 2015년 6월 22일 '주거기본법'이 제정되었는바, '주거권'이 법적 권리로 규정되었다.

12) 환경보호를 규정한 헌법으로는 그리스헌법, 인도헌법, 이란헌법, 스위스헌법, 태국헌법 등을 들 수 있고, 직접 환경권을 규정한 헌법례로서는 포르투갈헌법과 스페인헌법 등이 있다. 권영성, 헌법학원론, 법문사, 2010, 703면 각주2).

13) 김철수, 헌법학신론, 박영사, 2013, 1064면.

념으로는 '소극적 성격인 협의의 환경권은 물론이고 청정한 환경에서 건강하고 쾌적한 생활을 누릴 수 있는 권리를 내용으로 하는바, 적극적으로 청정한 환경을 보전하고 조성하여 줄 것을 국가에 대하여 요구할 수 있는 권리'까지 포함하는 것이라는 견해,[14] ③ '건강하고 쾌적한 환경에서 공해없는 생활을 누릴 수 있는 권리'[15] ④ '자연환경뿐만 아니라 사회적 환경까지도 포함하여 건강하고 쾌적한 환경에서 생활할 권리'[16] 등이 그것이다.

이러한 환경권은 다수학설상으로나 판례상 구체적 권리로서의 성격은 인정받지 못하고 있다.

환경문제는 소극적인 공해방지정책이나 시민법원리의 부분적인 수정만으로는 해결할 수 없을 정도로 심각해지자 세계 각국의 대응과 국제회의를 통하여 환경문제를 새롭게 인식하려는 상황에서 환경보호를 위한 국제적 노력으로 1972년 6월 스톡홀름 제1차 유엔환경회의가 개최되는 현실에서 현대적 인권으로 등장한 것으로 이해되고 있다.[17]

환경인권은 1960, 1970년대 이후 환경과 인간의 삶은 불가분의 관계에 있음을 자각함과 동시에 환경이 보호되지 않으면 인간의 권리도 진정으로 실현되기 어렵다는 인식이 높아지면서 환경보호와 인권이 접목하여 통합된 개념이다.[18] 환경인권은 그 생성배경으로 볼 때 환경보호에 대한 인권적 접근이다. 그러므로 인간의 생존에 악영향을 미치는 환경침해에 대한 소극적·방어권적 개념을 넘어 적극적으로 청정 환경을 보전하고 조성하여 줄 것을 국가에 대하여 요구하는 권리까지 포함한다고 보아야 한다. 환경보호(environmental protection)와 인권은 서로 다른 영역이라고 보는 견해도 있지만, 환경보호가 인간의 생명과 건강을 고양시키고 인간도 지구생태계의 일부라는 점에서 보면 상호보완적(complementary)이라고 보는 것이 타당하다.[19]

환경인권은 실정법상의 권리인 환경권보다 상위에 있는 권리로서 인간이 환경과 관련하여 가지는 인권이라고 할 수 있다. 다시 말하면 환경인권은 환경권을 내포하면서도 그보다는 넓은 외연을 갖는다. 우리 판례상 환경권이 구체적 권리성을 인정받지 못하고 있는 현실에서[20] 환경인권이 과연 실효성있는 실체적 권리로서 작용할 수 있을 것인가 대한 의문은 있

14) 권영성, 앞의 책, 702면.
15) 허영, 한국헌법론, 박영사, 2011, 457면.
16) 성낙인, 헌법학, 법문사, 2015, 1385면.
17) 권영성, 앞의 책, 603면
18) 병도, 환경보호에 대한 인권적 접근(Human Rights Approaches to Environmental Protection), 국제법학회논총 제48권 제2호(통권 제96호), 2003, 76면. 배정생, 유럽인권협약체제상 환경권의 보호, 유럽연구, 제26권 제1호, 2008년 봄, 155면.
19) Edith Brown Weiss, Stephen C. McCaffrey, Daniel Barstow Magraw, A. Dan Tarlock, 앞의 책, 438면.
20) 다수설은 물론 대법원의 판결에서도 "헌법 §35가 개개의 국민에게 직접으로 구체적인 사법상의 권리를 부여한 것으로 보기 어렵고… 사법상의 권리로서의 환경권이 인정되려면 그에 관한 명문의 법률규정이 있거나 관계법령의 규정취지 및 조리에 비추어 권리의 주체, 대상, 내용, 행사방법등이 구체적으로 정립될 수 있어야 한다"(대법원 1995.5.23. 선고 94마2218호 판결, 대법원 2006.3.16. 선고 2006두330 전원합의체 판결).

을 수 있다. 그러나 다양한 인권의 범주에 환경인권을 포함시켜야 한다는 점에는 이론이 있을 수 없다.

환경인권은 자신을 둘러싸고 있는 환경 속에서 환경의 영향을 받으면서 사는 인간이 국가나 제3자에 의해 환경을 침해받지 않도록 요구하는 권리이다. 이러한 환경인권 개념은 제2차 세계대전 후 UN의 1972년 스톡홀름선언[21)]과 1950년 유럽인권협약[22)] 등 다수의 국제협약을 통해서 급속하게 발달된 국제인권법과 국제환경법에서 활발하게 논의되어 왔다.[23)]

환경인권은 개인을 주체로 하는 제1세대 인권과 제2세대 인권과는 구분되는 제3세대 인권(third-generation human rights)으로 분류된다. 제3세대 인권이라는 개념은 1972년 프랑스의 바작(Karel Vazak)에 의해서 창안되었고 그의 뒤를 이은 얼스톤(Phillip Alston)에 의해서 발전하였다.[24)] 인권의 체계 분류상 제1세대 인권이 시민적·정치적 권리로서 '자유'를 이념으로 하고, 제2세대 인권이 경제적·사회적·문화적 권리로서 '평등'을 이념으로 함에 비하여, 새로운 인권(les nouvaux droits de l'homme)인 제3세대 인권으로 분류되는 환경인권의 이념은 '연대성(solidarité)'으로 보고 있다.[25)] 제3세대 인권의 주체는 제1, 제2세대 인권과는 달리 개인이 아닌 집단으로 보고 있다. 바작은 1977년 이러한 연대권으로서의 제3세대 인권으로서 경제발전권(right to economic and social development), 건강한 환경을 향유할 권리(right to a healthy environment), 평화권(right to peace) 및 인류공동의 유산에 대한 참여 및 이익을 얻을 권리(right to participate in and benefit from the common heritage of mankind)을 들고 있다.[26)]

인권과 기본권은 혼용되기도 하나, 인권은 인간의 자연적 권리라는 점에서 법학뿐만 아니라 철학·사회학에서 널리 논의되는 개념이고, 기본권은 인간의 자연권 내지 천부인권사상에

---

21) 전문에서 "환경은 인권의 향유를 위해 기본적으로 중요하다"고 규정하여 최초로 인권의 향유와 쾌적한 환경사이의 상호관계를 국제적으로 선언하였다. 배정생, 위 논문, 156면.

22) 유럽인권협약과 추가의정서 상에는 인권으로서의 환경권의 보장이나 환경의 보호에 관한 명시적인 규정이 없다. 배정생, 위 논문 159-160면.

23) 박병도, 앞의 논문, 76면.

24) K. Vazak, Le droit international des droits de l'homme, in: Revue des droits de l'homme, Vol. V, No.1, 1972, S. 43ff.(44f.), Ph. Alston, "A third generation of solidarity rights: Progressive development or Obfuscation of International Human Rights Law?", Netherlands International Law Review, 29(1982), S. 307ff. 홍성방 위 논문 88면 각주 126), 127)에서 재인용.

25) 고문현, 제3세대 인권으로서의 환경권, 환경법연구 제27권 제4호, 2005.12.30, 한국환경법학회, 272면. 홍성방, 위 논문, 88면.

26) 고문현, 위 논문 269면. 여기에 정치적·경제적·사회적·문화적 자기결정권을 향유할 권리(right to political, economic and cultural self-determination), 인도적 재난구조를 받을 권리(right to humanitarian disaster relief) 등을 합쳐 연대권(solidarity rights)으로 들고 있다. 박병도, 위 논문, 93면. 제3세대 인권으로서, 김철수 교수는 개발에 대한 권리, 평화에 대한 권리, 의사소통의 권리, 서로 다를 수 있는 권리, 건강하고 조화된 환경에서 살 수 있는 권리, 인류공동유산으로부터 이익을 얻을 수 있는 권리 인도적 구조를 받을 권리를 들고 있고, 최대권 교수는 개발의 권리, 평화의 권리, 깨끗한 환경 속에서 살 수 있는 권리, 인류공통유산으로부터 이익을 받을 권리, 인도적인 조력을 받을 권리를 들고 있다. 고문현, 위 논문, 271면.

기초하여 그것이 한 국가의 실정헌법체계에 편입되어 헌법적 가치를 갖는 국민으로서의 자유와 권리를 포괄하는 개념으로 구별한다.[27] 환경권과 환경인권의 관계도 그러한 개념표지로 구별할 수 있다.

우리나라에서도 발전소건설로 인한 자연생태계 파괴가 문제된 양수발전소사건, 갯벌의 환경적 가치에 대한 논쟁을 불러일으킨 새만금사건, 강의 수질 및 수생태계의 파괴문제와 관련된 4대강사건, 밀양송전선사건 등에서 자연환경보전이라는 환경공익과 주민의 생활환경보호라는 환경사익이 충돌하면서 환경권과 환경인권문제가 사회적으로 핫이슈화되는 계기가 되었다.[28]

3. 환경인권의 내용

(1) 건강한 환경에 대한 권리(right to a healthy environment)

우리 헌법 제35조는 "① 모든 국민은 건강하고 쾌적한 환경에서 생활할 권리를 가지며, 국가와 국민은 환경보전을 위하여 노력하여야 한다. …… ③ 국가는 주택개발정책 등을 통하여 모든 국민이 쾌적한 주거생활을 할 수 있도록 노력하여야 한다"고 규정함으로써 '건강하고 쾌적한 환경에서 생활할 권리'를 환경권의 내용으로 보고 있다. 제3항에서 주거환경권을 환경권의 내용으로 규정하고 있는 점은 헌법 입법례로서 매우 이례적이다.

'건강하고 쾌적한 환경'이라 함은 깨끗한 공기, 물과 오염되지 않은 토양(clean air, water and soil), 적정한 일조가 있고, 인간생활에서 발생할 수밖에 없는 소음·진동, 악취, 폐기물 등이 보다 적은 생활환경을 포함하는 것으로 볼 수 있다. 환경정책기본법 제3조에서는 '환경'을 자연환경과 생활환경으로 나누고, '자연환경'은 '지하·지표(해양 포함) 및 지상의 모든 생물과 이들을 둘러싸고 있는 비생물적인 것을 포함한 자연의 상태(생태계 및 자연경관을 포함)'로 정의하고, '생활환경'은 '대기, 물, 토양, 폐기물, 소음·진동, 악취, 일조(日照) 등 사람의 일상생활과 관계되는 환경'으로 정의하고 있는바, 이는 헌법의 '건강하고 쾌적한 환경'에 대한 구체적 입법으로 볼 수 있다.[29] 환경적으로 열악한 상황에서 거주한다는 것은 '적당한 주거적 삶을 누릴 권리'를 박탈당하는 것이다. 건강하고 쾌적한 환경에서 생활할 수 있는 권리는 '환경권'의 핵심으로 볼 수 있다.[30]

2015.6.22. '주거기본법'이 제정되었는바, 이 법의 목적은 주거권을 보장함으로써 국민의

---

27) 성낙인, 앞의 책, 896면.

28) 대한변협 2014년 인권보고서는 부문별 인권분류 중 '환경권'파트에서 4대강사업, 노후원전문제, 지역자치와 원전, 송배전설비건설에 따른 문제점, 환경규제완화 등을 들고 있다. 동보고서, 159-193면.

29) 김홍균 교수는 환경정의는 환경악화가 환경부정의라는 표현을 사용할 경우에는 헌법과 환경정책기본법에서 규정하고 있는 모든 국민의 건강하고 쾌적한 환경에서 생활할 권리, 즉 환경권을 법적 문제로 끌어들일 수 있는 가능성이 높아진다고 본다. 김홍균, 앞의 논문, 9면.

30) 조명래, 개발국가의 환경정의: 한국적 환경정의론의 모색, 환경법연구 제35권 3호, 2013.11, 79면.

주거안정과 주거수준의 향상에 이바지하는 것이다. 헌법상 환경권 규정의 '건강하고 쾌적한 환경'은 쾌적한 주거생활과도 관련된다. '주거기본법'은 "주거는 인권이다" "생활공간은 인권이다"[31]라는 주거인권사상에 터잡아 주거에 관한 환경인권을 구체화한 개별법으로 볼 수 있다. 도시환경개선을 위한 도시계획사업의 추진과정에서 원주민이 주거터전을 잃는 것도 환경불평등(environmental inequality) 혹은 환경부정의를 일으키는 것이다. 도시환경정비법에 의한 주택재개발, 재건축과정에서 영세민 가옥주들이 경제적 자력이 부족하여 원래의 주거지역에서 밀려나는 것이 그러한 경우이다.[32]

(2) 환경정보에 대한 접근권(access to environmental information)

환경정보에 대한 접근권은 절차적 인권(procedural human rights)으로서 실체적 인권(substantive human rights)을 보장하기 위해 정책결정에 대한 주민참여와 정부나 민간부분 활동을 감시하기 위해서 필수적 권리(a prerequisite to public participation in decision making and to monitoring governmental and private-sector activities)로 평가된다.[33] 환경에 관한 정보가 제대로 공개되어야 주민들이 이를 열람할 수 있고 그러한 정보를 바탕으로 정부의 환경행정행위나 기업의 환경침해 행위에 대해 의견을 제시하는 등 주민참여와 감시가 이루어질 수 있기 때문이다. 나아가 주민의 적극적인 협동도 이끌어 낼 수 있다.

Ⅲ. 환경인권과 환경정의

1. 환경인권과 환경정의의 관계

환경인권은 환경정의 관념과 밀접하게 관련되어 있다. 미국에서는 쓰레기소각장과 같은 환경위해시설의 입지(location)와 관련하여 흑인거주지역과 백인거주지역 간의 차별현상을 접하면서 시민인권운동으로 발전되었는바,[34] 환경인권 개념은 환경정의개념과 같은 의미로 사용되기도 한다.

환경정의는 외견상 상호 다른 개념으로 보이는 환경법과 정책을 인권(civil rights)운동과 결합시키는 결과 환경정의는 인권과 환경법의 교차점에 위치하게 된다. 환경정의 운동가들은 시설입지(location)에 대한 분노를 표출하기 위해 인권운동에서 기원하는 권리개념을 사용한다. 환경정의는 환경악화로 피해를 입는 소외계층 및 소외지역까지 관심을 두면서 인권을 환

31) 寺尾仁, フランスにおける住宅人權の展開, 하야까와 가즈오(早川和男) 편저, 住宅人權思想と生活空間, 住宅人權の思想, 3-40면 참조.

32) 조명래, 앞의 논문, 87-89면 참조.

33) Donald K. Anton and Dinah L. Shelton, Environmental Protection and Human Rights, 357면.

34) 김은주, 공생발전을 위한 이론적 토대, 환경정의론-미국에서의 이론과 법제도를 중심으로, 공법연구 제41집 제3호, 2013.2, 319-320면.

경법과 정책에 접목시키는 데 이론적 근거를 제공한다고 볼 수 있다.[35)]

저소득층과 소외지역의 환경정의 실현은 그에 소속된 사람들의 기본권을 보장하는 것과 같은 의미로 볼 수 있다.[36)] 다만 인권은 모든 사람이 주체가 될 수 있지만 환경정의는 불균형적으로 환경적 악영향을 받게 되는 특정지역의 주민이나 계층에게 주목하는 점이 다르다. 환경정의가 무너진 환경부정의(environmental injustice)상황에서 환경인권의 문제가 보다 명확하게 가시화될 수 있다.

우리 환경법제에서도 '환경정의'가 수용되고 있다. 2012.12.1. 환경정책기본법개정시 제2조 제2항에서 "국가와 지방자치단체는 지역 간, 계층 간, 집단 간에 환경 관련 재화와 서비스의 이용에 형평성이 유지되도록 고려한다"고 규정한 것이다. 이 규정은 선언적이기는 하지만 환경정의의 이념이 입법적으로 수용된 것으로 볼 수 있다.[37)38)]

2. 환경정의운동(environmental justice movement)

환경인권운동은 환경정의운동의 형태로 전개되었는바, 환경정의문제가 비교적 일찍이 논의된 미국에서의 전개과정에 대해 살펴보기로 한다.[39)]

미국에서는 환경정의 개념을 환경인종차별주의(environmental racism)나 환경형평성과 혼용하기도 한다. 환경인종차별주의는 1980년대 중반부터 문헌에 나타났는바, "소수자단체나 지역사회에 부과되는 균등하지 못한 환경부담(disproportionate environmental burdens)"으로 사용되었다. 동등하지 않은 환경적 대우나 보호를 표현하는 환경인종차별주의, 환경형평성, 환경정의 등 3개의 개념 중에서 환경정의가 가장 포괄적인 개념으로 사용되고 있다. 미국 EPA보고서에서는 환경보호와 규제정책의 관점에서 "환경적 형평성을 인종, 피부색, 민족, 경제적 지위 등에 관계없이 개인, 단체, 지역사회를 환경적 위험으로부터의 동등하게 보호하는 것"이라고 정의하였다.[40)] 환경정의는 공리주의, 계약론, 평등주의를 결합시킨 개념으로서 사회전체를 위한 재화를 최대화하기 위한 방법으로서 환경보호에 관심을 갖고(공리주의), 가난

---

35) 환경정의는 환경악화가 가중되는 소외계층 및 소외지역까지 관심을 두면서 인권원칙을 환경법과 정책에 접목하고 있다고 보는 견해가 있다. 김홍균, 환경위험에 있어서의 불평등 해소방안: 환경정의, 인권과 정의 제431호, 2013.2, 대한변호사협회, 7면.

36) April Hendricks Killcreas, The Power of Community Action: Environmental Injustice and Participatory Democracy in Mississippi, 81 Miss. L.J.769(2012), 776면, 각주6, 김홍균, 앞의 논문, 18면에서 재인용.

37) 同旨, 이덕연, 환경정의 개념의 외연과 내포, 환경법연구 제35권 2호, 2013.8, 156면.

38) 환경정의의 헌법적 근거를 헌법 전문, 제10조(행복추구권), 제11조(평등권), 제34조(인간다운생활을 할 권리), 제35조(환경권) 등에서 도출하는 견해가 있다. 김성배, 토양오염사건과 환경정의, 환경법연구 제35권2호, 2013.8, 40-43면.

39) 이하 환경정의운동 부분은 이은기, 기후변화와 환경정의-지속가능한 지구의 미래를 위한 선순환구조의 모색-, 환경법연구 제34권 제3호, 2012.12.30., 325-373면에서 발췌, 재구성한 것임.

40) Edwardo Lao Rhodes, Environmental Justice in America, A New Paradigm, Indiana University Press, 2003, 17면.

하거나 부유한 사람, 남녀 젠더, 미래세대[41] 등 모든 사람을 위한 공정한 사회를 만들기 위해서 분배적 정의를 실현하며, 불평등을 최소화하기 위해 관심을 가져야 하는 것(평등주의)으로 본다.[42]

미국의 환경정의론은 1970년대 환경정의운동으로부터 비롯되었는바, 백인사회가 제도적으로 환경적 보호를 받는 반면 주로 저소득층 사람들과 유색인종으로 이루어진 지역사회는 불균형적으로 환경적 부담[43]이나 환경적 위험[44]을 감수하는 것이 부당하다는 환경인종차별주의에 대한 시민운동에서 출발하였다.[45] 빈곤한 소수인종으로 이루어진 역사는 백인사회에 비해 상대적으로 정치적·경제적 권력이 약해 의사결정절차에서 소외됨으로서 환경위험시설의 입지(location of environmentally hazardous activities)라는 불이익을 받게 되었고 이를 알게 되면서 시민인권운동이 일어나게 된 것이다.[46]

미국 환경정의운동의 효시는 1982년 노스캐롤라이나주 환경청과 위해폐기물배출회사가 워렌카운티를 매립장소로 만드는 계획에 대한 반대운동으로 본다.[47] 환경정의운동은 의사결정과정에서의 공정성에 초점을 맞추는 절차적 정의와 자원배분 규범에 초점을 맞추는 배분적 정의를 모두 중시한다. 제1회 전국유색인환경지도자정상회의[48]에서 환경정의 원칙을 채택하였는바, 환경정의론자들의 주장의 요지는 저소득층 지역사회가 불균형적 환경적 부담을 져왔다는 것이다.

환경정의문제는 주택개발, 토지이용, 산업단지계획, 보건복지, 하수처리 등에 있어서 피해

---

41) 세대간 환경정의문제에 관한 경제학적 분석에 대해서는 이은기 옮김, Eric A. Posner, David Weisbach, 기후변화정의(Climate Change Justice), 서강대학교 출판부, 2014, 220-258면 참조.

42) Ruchi Anand, International Environmental Justice, A North-South Dimension, ASHGATE, 2004, 123면.

43) Clifford Rechtschaffen · Eileen Gauna, Environmental Justice, Law, Policy, and Regulation, California Academic Press, 2002, 3면.

44) 빈곤층이나 유색인 지역 거주민들은 집, 일터, 지역사회 주변에서 유독성 폐기물, 방사능 등 환경적 위험에의 노출을 감수하여야 했다. Edited by Rachel Stein, New Perspectives on Environmental Justice: Gender, Sexuality, and Activism, Rutgers University Press, 2004, 209면.

45) Clifford Rechtschaffen · Eileen Gauna, Environmental Justice, Law, Policy, and Regulation, California Academic Press, 2002, 3면. 한편 미국 내 환경정의운동이 흑백 인종문제에서 비롯되었으나, 여러 실증적 조사결과 그것이 빈부문제, 인종차별 그 자체의 문제이지 환경정책과 관련하여 풀어 갈 수 있는 문제가 아니라고 보고, 이러한 미국의 경험에 기해 환경정의론이 공허한 담론이라고 평가하는 견해도 있다. 이상돈, 앞의 논문, 86-87면 참조.

46) Edwardo Lao Rhodes, Environmental Justice in America, A New Paradigm, Indiana University Press, 2003, 6-7면.

47) 워렌 카운티는 우연히도 65%가 흑인이 사는 곳으로서 주내에서 가장 경제적으로 취약한 지역이었다. 그곳 주민들은 기독교 연합 등 여러 단체가 폐기물 매립의 위험성에 대해 경고할 때까지 매립의 성격에 대한 정보를 전혀 가지고 있지 않았다. 이 매립에 대해 반대하는 사람들은 워렌 카운티 거주자들의 인권이 침해되었고 건강과 환경의 질에 대한 위험을 주장하면서 시위를 했는바, 이 사건은 이후 많은 사건의 도화선이 되었다.

48) 미국의 국경을 넘어서 환경정의론이 확산되기 시작한 계기는 1991년 미국에서 개최된 '제1차 전국 유색인종 환경지도자 정상회의(National People of Color Environmental Leadership Summit)'이다. 엄은희, 환경(부)정의의 공간성과 스케일의 정치학: 밀양송전탑 갈등을 사례로, 공간과 사회 제22권 제4호(2012), 59면.

가 발생되는 행정을 막으려는 다른 시민운동과도 연계된다. 즉 인종차별적인 금융기관의 경계지구지정(racial redlining),[49] 경제적 투자포기, 인프라감소, 주거노후화, 납오염, 공장오염, 빈곤, 실업 등의 효과는 흑인슬럼가, 스페인계 거주구역, 시골부락, 인디언 거주지 등에서 상호 연관되어 있는 문제이다. 환경정의의 요체는 모든 개인은 환경악화로부터 보호받을 권리가 있다는 원칙을 구체화하는 것이다.

환경정의에 관한 미국의 입법례는 1964년 인권법, 1968년 공정주택법(Fair Housing Act)와 1988년 그 개정법, 1965년 투표법(Voting Rights Act) 등이 있다.[50] 또한 직접 환경정의법이라고 명명된 법으로는 EPA에 의해 유해화학물질이 심각히 존재한 것으로 확인된 지역에의 시설입지를 중지하도록 한 1992년 환경정의법(Environmental Justice Act), 기술적 지원을 제고할 목적으로 유해화학물질오염지역의 규명을 규정하고 있는 1993년 환경정의법, 환경적으로 불리한 지역에 폐기물처리시설의 입지를 금지한 1993년 환경평등권법(Environmental Equal Rights Act), 행정명령을 법제화하기 위하여 EPA로 하여금 감찰관과 회계감사원의 권고를 이행할 것을 요구하고 있는 1997년 환경정의법 등이 있다.[51]

Ⅳ. 환경인권운동의 구체적 전개

1. 환경인권의 국제적 상황[52]

환경인권과 관련된 국제적 이슈로는 유해폐기물처리, 생물다양성보전, 온실가스배출권거래제 등의 문제가 있으나, 최근 국제적 환경인권의 이슈는 지구온난화로 인한 해수면 상승(sea level rising)에 따른 섬나라에서 발생하는 기후난민문제이다.

지구인구의 약 5분의 1은 해수면상승의 영향을 직접 받을 수 있는 연안육역에 거주하고 있다.[53] 남태평양의 투발루와 키리바시, 인도양의 몰디브와 같이 지구온난화로 인하여 해수면상승으로 바닷물에 잠기는 섬나라가 생기고 있다. 이들 국가의 인접국들은 섬나라에서 탈출하는 기후난민(climate change refugees)[54]의 유입에 의한 국가안보를 우려하고 있다.[55]

---

49) 미국에서 금융기관들이 대출을 함에 있어 소수자거주구역주변으로 적색 선을 그리고 그 붉은 선내의 거주자들에게는 대출을 거부하는 불법적인 업무관행에서 비롯된 은유적 용어이다. Ruchi Anand, 앞의 책, 25면.

50) Ruchi Anand, 앞의 책, 25-26면.

51) 김홍균, 앞의 논문, 24-25면.

52) 이 부분은 이은기, 앞의 논문, 356-358면에서 발췌, 재구성하였음.

53) Council of European Union, Report from the Commission and the Secretary-General/High Representative to European Council on 'Climate Change and International Security'(Brussels, 3 March 2008)3, Edited by Jane McAdam, Climate Change and Displacement, Multidisciplinary Perspectives, Hart Publishing, 2010. 1면에서 재인용.

54) 국제법상으로 '기후난민'은 법적 용어는 아니고 서술적 용어(a descriptive, not a legal, term)로 사용되고 있다. Peter Penz, International Ethical Responsibilities to 'Climate Change Refugees'. 152면. Edited by Jane McAdam, Climate Change and Displacement, Multidisciplinary Perspectives, Hart Publishing, 2010.

기후난민 문제에 있어서도 국제 환경정의와 환경인권 차원에서 산업화과정에서 이산화탄소 등 온실가스를 많이 배출해온 선진국들의 기후변화 원인제공에 의해 영토상실에 이른 후진국인 섬나라의 입장이 고려되어야 한다. 그동안 이 문제를 남의 나라의 일로만 보고 자국에로의 인구유입가능성을 안보적 차원에서만 보는 관점이 있었다. 그러나 최근에는 국제법학자들도 종래 국제법상 월경난민의 개념과 같은 좁은 난민개념이 아니라 환경정의 및 윤리적 관점에서 온실가스과다 배출에 대한 보상책임, 영토주권을 넘어서는 세계주의(Cosmopolitanism) 및 거주이전기본권(basic liberty right to free movement)의 연장선상에서 월경난민(border-crossing refugee)의 범위를 넓히는 견해가 설득력을 얻고 있다.[56] 국제법에서 이론적으로 발전시키고 현실적으로는 국제사회가 상호협력해서 해결해야 할 기후변화의 책임과 국제적 환경정의 문제로 보는 견해가 유력하게 대두되고 있는 바, 오염원인자 책임주의라는 환경법의 기본적 법원리에 비추어 볼 때 타당하다.

해수면상승으로 투발루는 2000년 평균해발 3m인 9개 섬 중 2개 섬이 침수되자 인근국가인 호주, 파푸아 뉴기니와 피지에 자국민을 받아 줄 것을 요청했으나 거절당했다. 뉴질랜드가 이민쿼터를 수용하여 이주가 진행되고 있으나 2002년부터 순차적, 선별적으로 이주가 진행되고 있다.[57] 투발루와 더불어 앞으로 같은 상황에 닥칠 우려가 있는 몰디브나 키리바시 등 섬나라 국민의 생존문제는 아직 근본적으로 해결되지 못하고 있다. 섬나라 국민들의 이주 생존권문제는 지구온난화의 원인을 제공한 선진국들이 남의 나라 일로만 볼 수 없는 국제적 환경인권문제로서 환경윤리, 환경정의론적 관점에서 접근하여야 해결의 실마리가 풀릴 문제로 남아 있다.

2. 환경인권운동의 국내 현황[58]

우리나라에서는 환경운동연합, 녹색연합, 환경정의, 민주사회를 위한 변호사모임(환경위원회), 우이령보존회[59] 등 환경관련 시민단체들이 환경관련 사회문제에 관여하면서 현장에서의

---

55) 1993년 옥스퍼드대 놀먼 마이어스(Norman Myers)박사는 2050년까지 지구온난화로 인한 농업적 변화와 해수면상승으로 1억5,000만 명의 기후난민이 자기 집을 잃게 될 것이라고 예측하였다. Chris Wold, David Hunter, Melissa Powers, CLIMATE CHANGE AND THE LAW, LexisNexis, 2009, 33면. N. Myers, Environmental Refugees in a Globally Warmed World, 43 BioScience 752(Dec. 1993).
기후난민에 대해서는 Devyani Gupta, Climate of Fear: Environment, Migration and Security, Climate Change and Energy Insecurity, The Challenge for Peace, Security and Development, 2012, 71-77면 참조. Edited by Jane McAdam, Climate Change and Displacement, Multidisciplinary Perspectives, Hart Publishing, 2010.에는 Climate Migration and Climate Migrants: What Threat, Whose Security?,(Lorraine Elliot) 등에 관련논문이 실려 있다.

56) Peter Penz, International Ethical Responsibilities to 'Climate Change Refugees'. 155-160면.

57) 매년 75명씩 영어에 능통하고 뉴질랜드에 직장을 가진 45세 이하의 주민에 대해서만 이민을 받는 엄격한 조건이다.

58) 국내 환경인권운동에 대해서는 법학적 관점보다는 사회학적 시각에서 접근한 논문이 대부분이다.

시위 또는 행정처분의 취소소송이나 공사중지가처분소송 등을 제기해 왔다. 예컨대 우이령보존회는 양양양수발전소건설사업승인처분 취소소송에서 환경단체로서는 최초로 원고로 참여하였고,[60] 지역환경단체에 의한 환경운동의 경우는 1990년대 과천시 문원동주민들이 제기했던 '청계산 송전선로분쟁'[61]을 비롯하여 전국적으로 송전선로 및 변전소 건설을 둘러싼 다수 분쟁에서 볼 수 있다.

이러한 시민단체나 지역주민에 의한 소송의 청구원인을 살펴보면 그 근저(根底)에는 산, 강, 하천에서 서식하는 초목, 어패류 등 동식물 생태계, 경관 등 자연환경보전이라는 환경공익의 보호와 깨끗한 물(수질), 오염되지 않은 토양(토지), 신선한 공기 등 생활환경보전이라는 개발인근지역주민의 환경사익 보호 및 생명 · 건강권과 재산권보전이라는 두 가지 관점의 환경인권적 측면이 개재되어 있다고 볼 수 있다.

이러한 관점에서 양양양수발전소사건, 새만금사건, 속칭 도롱뇽사건, 4대강사건, 밀양송전선사건을 간략하게 살펴보기로 한다.

(1) 양양양수발전소건설이 점봉산, 남대천 상류의 자연생태계 파괴와 남대천의 연어어업에 환경적 악영향을 미친다는 이유로 인근주민 · 일반국민 · 산악인 · 사진가 · 학자 · 환경보호단체가 발전소건설사업승인의 취소를 구하는 행정소송을 제기했다. 대법원 판결에서는 환경단체 및 생태학자, 산악인, 사진가 등에게는 법률상 이익이 없다는 이유로 원고적격이 부정되었다. 이 사건은 점봉산과 남대천의 자연생태계의 환경보전운동이라는 관점에서 볼 때 그 의미가 있었을 뿐 아니라 '우이령보존회'라는 환경단체가 자연생태계보전이라는 환경공익을 위해 원고로 참여함으로서 '소송을 통한 환경인권운동의 효시'로 평가할 수 있다.

(2) 새만금방조제는 1989. 11. 새만금개발사업 종합계획이 수립된 후 1991.11.28. 공사가 착공되었다. 1999년 민간공동조사단의 구성 및 공사 중지에 이어 2003년 7월 서울행정법원의 집행정지결정[62]으로 방조제 공사가 중단되었다. 2004년 1월 서울고등법원의 집행정지결정취소로 공사재개, 2005년 2월 서울행정법원의 개발범위와 용도에 대한 사회적 합의가 끝나기 전까지 방조제를 막지 말라는 조정권고안이 내려져 공사 중단과 재개 과정을 거쳐

59) '우이령보존회'는 북한산국립공원의 북한산과 도봉산 사이에 있는 고갯길의 확 · 포장을 막아내는 과정에서 1994년 탄생한 지역환경단체인데 전국적인 대상에 대해 활동하고 있다.

60) 우이령보존회의 원고적격인정여부에 대하여 대법원은 "환경영향평가대상지역 밖의 주민 · 일반국민 · 산악인 · 사진가 · 학자 · 환경보호단체 등의 환경상 이익이나 전원개발사업구역 밖의 주민 등의 재산상 이익에 대하여는 전원개발에관한특례법령 등 근거 법률에 이를 그들의 개별적 · 직접적 · 구체적 이익으로 보호하려는 내용 및 취지를 가지는 규정을 두고 있지 아니하므로, 이들에게는 위와 같은 이익 침해를 이유로 이 사건 승인처분의 취소를 구할 원고적격이 없다"고 판시하며 원고적격을 부인하였다(대법원 1998.9.22. 선고 97누19571 판결).

61) '청계산 송전선로 분쟁'을 이끈 과천지역의 생명운동은 비슷한 시기 다른 지역의 유사분쟁들과는 달리 공기업인 한전의 대폭 양보를 끌어냈다는 점에서 성공한 운동으로 평가받는다. 엄은희, 앞의 논문 62면.

62) 서울행정법원 2003.7.15. 선고 2003아1142 판결 참조.

2006년 3월 대법원의 판결[63]이 내려졌고 2006년 4월 외관방조제공사가 완료되었다.[64] 이 사업에 대해 전국 각지의 시민 3,539인이 자연환경인 갯벌의 보전필요성[65] 등의 이유를 청구원인으로 하여 농림부장관을 상대로 정부조치계획등의 취소를 구하는 행정소송을 서울행정법원에 제기하였다.

새만금사건은 갯벌이라는 자연생태계보존을 위한 집단시민소송으로서의 성격을 가지고 있음에도 원고적격의 범위를 기존의 판결들과 다를 바 없이 좁게 인정함으로써 아쉬움을 남겼다. 만약 미국의 공공신탁이론이 우리 판례에서 수용된다면 행정처분의 직접 상대방이 아닌 일반국민도 원고적격이 인정될 여지가 있게 되어 원고적격의 확대에 기여할 것이고, 새만금소송에서 원고적격을 인정받지 못한 원고들도 이를 인정받게 되어 자연생태계보전을 위한 환경인권운동은 보다 실효적이 될 것이다.

(3) 속칭 도롱뇽 소송은 경부고속철도공사가 진행되던 중 2003년부터 2006년까지 지율스님,[66] 환경단체 등이 천성산 원효터널 공사에 대해 환경영향평가나 자연정밀변화보고서의 부실을 지적하며, 터널공사로 인한 지하수 유출과 고층습지 고갈, 생태계 훼손, 터널의 안전성 문제를 이유로 제기하였다. 이 사건은 '도롱뇽' 및 '도롱뇽의 친구들'이라는 자연물과 환경단체 그리고 천성산에 소재하고 터널공사 구간 중 일부 토지의 소유권을 보유한 전통사찰인 내원사, 미타암 등이 도롱뇽 서식지 파괴 등 환경적 이익에 대한 침해의 배제 또는 예방을 청구원인으로 하여 천성산을 관통하는 길이 13.5km의 원효터널의 착공금지가처분을 울산지법에 제기한 사건(울산지법 2004.4.8. 선고 2003카합982 판결)이다. 하급심과 대법원에서 '도롱뇽' 및 '도롱뇽의 친구들'의 원고적격이 부인되었으나[67] 자연물의 권리에 대한 우리나라 최초의 법원 판결이며,[68] 사법적 구제절차를 통한 환경인권운동이었다.

---

63) 2006.3.16. 선고 2006두330 정부조치계획취소등 전원합의체 판결(원고: 조경훈 외 3538인, 피고: 농림부장관, 피고보조참가인: 전라북도).

64) 최동배, 새만금사업의 향후 법적 과제, 환경법연구 제30권 1호(2008.5.), 39-40면.

65) 갯벌은 지구 생태계 면적의 0.3%를 차지할 뿐이지만, 숲의 10배, 농경지의 100배에 달하는 생태적 가치를 가지고 있다는 주장이 있고, 우리나라 갯벌의 연간 경제적 가치는 16조에 달한다고 한다. 이투데 2015.6.24. 독자칼럼(김영석 해수부차관, 생명을 품은 땅, 갯벌의 자원화로 일구는 창조경제), 조선일보 2015.7.24. 독자칼럼(이종구, 갯벌도 살리고 개발도 하는 묘안 찾아야) 참조.

66) 지율스님은 4회에 걸쳐 241일 동안 단식투쟁을 했다.

67) 대법원 2006.6.2. 선고 2004마1148 결정(공사착공금지가처분)에서, 대법원은 "신청인 도롱뇽의 당사자능력에 관하여 원심결정 이유를 기록에 비추어 살펴보면, 도롱뇽은 천성산 일원에 서식하고 있는 도롱뇽목 도롱뇽과에 속하는 양서류로서 자연물인 도롱뇽 또는 그를 포함한 자연 그 자체로서는 이 사건을 수행할 당사자능력을 인정할 수 없고…… 신청인 내원사, 미타암, 도롱뇽의 친구들이 환경권에 관한 헌법 제35조 제1항이나 자연방위권 등 헌법상의 권리에 의하여 직접 피신청인에 대하여 고속철도 중 일부 구간의 공사 금지를 청구할 수는 없고 환경정책기본법 등 관계 법령의 규정 역시 그와 같이 구체적인 청구권원을 발생시키는 것으로 해석할 수는 없다"고 판시하였다.

68) 자연물의 권리에 관하여 미국의 최초 판결은 Sierra Club v. Morton, 405 U.S. 727(1972)에서 Douglas대법관에 의해 반대의견으로 개진되었고, Christopher D. Stone교수도 Should Trees Have Standing? Toward Legal Rights for Natural Objects라는 책에서 동조하였다. 김홍균, 앞의 책, 929면 각주 68)참조.

이 사건은 과도한 개발반대운동으로 말미암아 대형 국책공사가 지연됨으로써 국가의 재정이 낭비되었다는 사회적 비판에서 자유로울 수 없는 것으로 평가되는 점은 환경인권운동의 역기능적 측면으로 지적할 수 있다. 그렇지만 자연생태계보전이라는 환경문제에 대한 화두를 우리 사회에 강하게 던졌다는 점에서는 긍정적인 측면도 경시되어서는 안 된다.

(4) 4대강사건은 이명박 정부시절 총사업비 22조원을 들여 4대강 외에도 섬진강 및 지류에 보 16개와 댐 5개, 저수지 96개를 만들어 4년 만에 공사를 마무리하겠다는 목표로 추진하면서 발생되었다. 이 사업에 대해서 민변, 국민소송단 등 환경시민단체들이 강의 수생태계 및 수질환경보전을 청구원인으로 하여 집행정지[69] 또는 취소를 구하는 행정소송 및 공사중지가처분 소송을 제기하였으나, 정부 측이 모두 승소하였다.[70] 비록 소송에서 원고인 시민단체 등이 패소하였지만 거액의 국가예산을 들인 대형 국책사업에 대하여 환경보전적 차원에서 제기한 소송은 환경인권에 기초한 운동사례로서 이 사업을 보다 친환경적인 치수사업으로 유도하게 하는 긍정적 기능도 없지 않았다고 본다.

(5) 밀양송전선사건은 한전이 울주군 신고리 원자력발전소에서 생산된 전기를 경남 일원에 공급하기 위해 2000년부터 밀양시를 거쳐 창녕군에 이르는 90.535km의 초고압선 송전선로를 가설하며 철탑 162기를 설치하는 사업을 함으로써 발단되었다. 송전선 설치공사로 인한 피해자는 송전탑이 들어서는 손실보상을 받는 부지와 송전선아래의 선하지[71] 및 인근토지의 소유자, 임차인 그리고 인근 지역 주민들이다. 밀양 765kV 송전탑 반대대책위원회 등 시민단체, 밀양 송전탑인권침해조사단, 밀양 765kV 송전선로 건설관련 갈등조정위원회, 보상제도개선 협의회, 밀양송전탑전문가협의체 등이 이 문제에 관여밀양 송전선 분쟁에 대한 기업인권적 접근했지만[72] 결국 행정대집행절차에 의해 경찰력에 의해서 강제진압하고 공사를 진행하였고, 그 과정에서 지역주민의 인권이 유린되었다. 이 사건은 우리나라에서 토지이용과 개발사업을 둘러싸고 국가, 공기업[73]과 주민의 이해관계가 대립하면서 환경인권문제가 사회문제로 노정된 사례이다. 이 사건의 해결과정에서 한전은 국가의 공권력에 의지함으로써

---

69) 대법원 2011.4.21. 선고 2010무11 전합체 결정(집행정지: 4대강살리기마스터플랜) 참조.

70) 2010년부터 2013년까지 4년간 한국수자원공사의 소송건수가 총 753건에 달해 변호사 선임 등 소송비용으로만 31억원을 지출한 사실이 드러났는데 주로 4대강 관련 소송이었다.

71) 여기서의 보상은 전기사업법 제90조의 2에 의한 보상은 부지는 수용, 매입하고 선하지는 송전선로의 양측 가장 바깥선으로부터 수평으로 3미터를 더한 범위에서 수직으로 대응하는 토지의 면적의 감정가의 약 28%를 의미한다. 이상수, 밀양 송전선 분쟁에 대한 기업인권적 접근, 이화여자대학교, 법학논집 제18권 제2호(2013.12), 135면.

72) 공사반대주민 22명은 늦게나마 2014.2. 창원지법 밀양지원에 한전이 환경영향평가법위반과 주민의 건강·인격·재산권을 침해했다는 이유로 공사중지가처분을 신청했으나 재판 진행도중 행정대집행으로 경찰력이 투입되고 송전탑공사는 완공되었고 가처분을 기각하였다(밀양지원 2014.9.26. 선고 2014카합2003 결정), 대한변협, 2014인권보고서, 178면.

73) 한전의 주주구성은 정책금융공사 29.94%, 정부 21.17%, 외국인 23.46%, 일반주주 및 기타 25.43%로 되어있다(http://kepco.co.kr. 2015.7.13. 방문).

주민의 환경인권을 전혀 인정하지 않는 태도를 취하였다. 이 사건은 우리 사회가 아직 '환경인권'이라는 제3세대 인권개념을 수용함에 있어 미온적이고 국가정책 집행자들도 그러한 인권개념을 고려하며 행정권을 행사하지 않고 있음을 반증해 준 사건이었다. 그러나 고압송전선 설치로 인한 자연경관의 손상, 건강권과 재산권침해 등 주민의 환경 갈등문제로 부각시키고 관련 입법이 이루어지는 계기를 제공하였다는 긍정적 측면도 있었다는 점은 평가되어야 한다.

3. 소 결

국제 환경인권적 측면에서 볼 때 기후난민의 문제는 국제적으로 해결해야 될 난제로서 기후변화협약 당사국회의에서 계속 논의될 문제이다.

위에서 살펴 본 여러 국내 사례들은 공공재인 자연생태계, 경관 등 자연환경보전이라는 환경공익의 보호와 산, 갯벌, 강, 하천, 고압송전선 설치지역 등 개발지역의 인근주민들에게 공기, 물, 토양 등 생활환경보전이라는 환경사익보호라는 두 가지 관점에서 볼 때 환경권적 쟁점이 함유된 분쟁이다. 그러나 헌법 제35조에 규정된 환경권에 대해 구체적 입법이 없는 상태에서는 추상적 권리로 보는 다수설과 "사법상의 권리로서의 환경권이 인정되려면 그에 관한 명문의 법률규정이 있거나 관계법령의 규정취지 및 조리에 비추어 권리의 주체, 대상, 내용, 행사방법 등이 구체적으로 정립될 수 있어야 한다"고 보고 있는 기존 판례에 의하면, 미국의 공공신탁이론이 수용되지 않는 한 자연생태계보전을 위해 원고적격의 인정범위가 넓혀질 수 없다.

환경보호와 인권이 접목하여 통합된 개념인 환경인권 개념은 환경보호에 대한 인권적 접근이며 동시에 인간의 생존에 악영향을 미치는 환경침해에 대한 방어권적 개념으로서 환경권보다는 넓은 범위의 상위개념으로 보아야 한다. 그러므로 위 사건들에서 '환경보호'라는 환경인권 개념이 저초(底礎)되어 있다는 점은 위 사건들 소송의 청구원인으로 '자연환경보전'(위 모든 사건) 또는 인근주민의 생활환경보전과 생명 · 건강권, 재산권보전'(밀양송전선사건)을 들고 있는 점에 의해서 확인될 수 있다.

입법론적으로는 우리나라에서 아직 인정되고 있지 않은 단체소송이나 집단소송[74]이 인정된다면 '법률상 이익이 있는 자'를 해석함에 있어 근거규범뿐만 아니라 관련규범까지 넓혀 원고적격의 인정범위를 점차 확대하고 있는 판례의 경향과 더불어 환경인권의 확립에 크게 기여할 것이다.

74) 우리나라에서 통상적으로 집단소송이 인정되지 않으나, 증권관련 집단소송법과 소비자기본법(제70조)에서는 법원의 허가에 의하여 제한적으로 인정되고 있다.

V. 결　어

환경인권은 환경오염피해문제와 인권이 접목, 통합된 개념으로서 국제사회와 지역사회에서 논의되어온 인권개념이다. 지구환경의 오염에 대한 선·후진국간 책임소재, 지역사회에 있어서 폐기물처리시설의 입지에 대한 환경정의 등의 문제로서 국제법 학자들과 사회학자들에 의해 연구되어 왔다. 따라서 국내 법학계에서는 환경인권 개념이 명료하게 정립되어 있지 않다.

현대국가에서는 국가 공권력이 다양한 분야에까지 미치는데다가 생활양식이 변화함에 따라 인권개념도 다양화될 수밖에 없다. 위에서 살펴본 국내 환경갈등사례에서 보듯이 환경문제로 인한 공공갈등을 해결할 마땅한 방법이 없다. 이 문제를 다수를 위한 공공사업이라는 '공익'과 지역주민의 이기적인 '사익'이 충돌하는 것으로 보고 법원이 비교형량이론으로 재단하는 것은 공공의 환경갈등을 합리적으로 해결함에 있어 바람직한 것인지 의문이다. 인근주민 등 다수가 환경적 악영향을 받는 생활환경도 보호대상이라는 인식하에서 개인이나 집단이 주체로 나서는 제3세대 인권의 하나로 인식되는 환경인권 개념을 인정하고 법원에서 원고적격과 대상적격 등을 판단함에 있어 전향적으로 수용함으로써 단체소송과 집단소송의 도입도 가능해지고 문제해결에 있어 진일보할 수 있다고 본다.

양수발전소사건, 새만금사건, 밀양송전선사건 등은 시민단체와 인근주민에 의한 환경인권운동의 관점에서 볼 때 유의미한 사례였는바, 사회적 비용의 증가라는 역기능적 측면도 있는 것은 사실이다. 그러나 현세대에 이어 우리 국토에서 살아갈 미래세대를 위해 자연생태계보전을 위하여 환경인권운동의 지평을 확대한 순기능적 측면 또한 부인할 수는 없다.

위 사건들은 환경문제로 인한 공공갈등을 해결하기 위해 국가, 지방자치단체, 공기업 등이 향후 어떠한 방법으로 대처할 것인가 즉 환경인권문제의 적절한 대응에 관한 과제를 부여한 사례들로서 되돌아보아야 한다.

29. 독일 이산화탄소 저장시설 법제의 입법원칙*

고 문 현**

Ⅰ. 서 설

일반적으로 토지는 공급이 한정된 '유한재'이면서 동시에 인간의 주거 및 경제적 활동에 있어서 필수적으로 요구되는 '필요재'라는 점에서 공익적 이익과 토지 소유자의 사법상 보호되는 권리의 충돌지점에 있다고 할 수 있다. 이러한 공익과 사익의 충돌이라는 관점에서 토지에서 발생하는 이익귀속의 사회적 분배왜곡 현상에 대한 다양한 학문적 접근이 이루어지고 있다.

한편 토지의 사용은 다양한 공적 이익을 위한 사용의 대상이 되며, 특히 환경법적 시각에서 본다면 다양한 환경문제를 해결하기 위한 도구의 의미를 지닌다고 할 수 있다. 이는 특히 이산화탄소 배출량의 국제적 규제에 따른 대응에서 확인할 수 있다. 이러한 의미에서 이산화탄소의 지중저장시설은 이러한 도구로서 각광을 받고 있으며, 이 또한 토지의 사용을 전제로 한다.

토지의 이러한 환경친화적 사용가치는 결국 토지의 유한성과 결합되어 토지에 대한 사용자간의 충돌을 더욱더 확대할 수 있는 동인이 된다고 볼 수 있다. 이러한 의미에서 독일은 이산화탄소 지중저장시설에 대한 토지의 사용문제를 토지의 경합적이고 수직적인 지하사용의 경합 내지 충돌의 문제로 보고 있다.

따라서 여기에서는 이러한 독일의 경합적·계층적 토지의 지하사용에 대한 법적 태도를 개관하고, 동시에 독일의 이산화탄소 저장법에 대한 내용의 검토를 할 것이다. 또한 독일에서의 관련주민들의 반대사례도 아울러 소개할 것이며, 이러한 반대사례와 앞서 행하여질 독일의 국내법적 검토를 통해 한국에서의 이산화탄소 저장시설 및 기술에 대한 대중적 이해 및 수용을 위한 입법기준을 제시하고자 한다.

---

* 이 연구는 한국환경산업기술원(KEITI)을 통해 환경부(MOE)로부터 지원받은 'CO_2지중저장의 환경관리 프로젝트'에 의해 수행된 연구임[This study was supported by the project(title: Environmental Management of Geologic CO_2 Storage) provided from Ministry of Environment through Korea Environmental Industry and Technology Institute]; 본 논문은 토지공법연구 제73집 제2호(2016년 2월) 571-588면에 게재된 것을 일부 수정한 것이다.

** 숭실대학교 법학과 교수, 한국헌법학회 회장

Ⅱ. 경합적 · 계층적 토지의 지하사용규제에 대한 독일 국내법적 근거

1. 공간정서법(Raumordnungsgesetz, ROG)[1)]

(1) 공간정서법(Raumordnungsgesetz)의 대상

공간정서법(ROG)에 의한 공간정서(Raumordnung)의 주된 과제는 국토전체에 대한 개괄적이고 상호조화적인 토지공간의 사용계획을 수립하는 것이다(ROG 제2조 제1항).[2)] 공간정서법(ROG) 제2조 제2항 제4호 제4문에 따르면 공간정서의 원칙으로서 특정한 장소에 한정된 자원의 획득 및 체계적 탐사 그리고 예방적 안전을 위한 공간적 조건을 형성[3)]하도록 하고, 이외에도 동법 동항 동호 제5문에 따르면 비용절감적인 그리고 안전하며 환경친화적인 에너지공급을 위한 공간의 필요성[4)]도 고려하도록 하고 있다. 이러한 두 가지 원칙들의 내용을 고려해 볼 때, 이는 이산화탄소 저장시설의 설치를 위한 토지의 사용도 동 원칙의 내용과 밀접한 관련성을 가진다고 볼 수 있다.[5)]

이 외에도 공간정서법 제2조 제2항 제6호 제8문에 따르면 재생 가능한 에너지의 확충, 절약적인 에너지 사용, 기후변화를 야기할 수 있는 물질의 자연적 침전의 진행 및 유지와 이러한 물질의 저장을 위해 필요한 공간적 조건(Die räumlichen Voraussetzungen für den Ausbau erneuerbarer Energien, eine sparsame Energienutzung sowie den Erhalt und die Entwicklung natürlicher Senken für klimaschädlichen Stoffe als auch die Einlagerung dieser Stoffe)을 공간정서원칙에서 형성하도록 함으로써, 주 단위의 토지공간계획단계에서 일반적인 기후보호의 필요성을 고려하도록 하고 있다.[6)] 특히 동 조항에 따라 기후변화를 야기할 수 있는 물질의 지하저장을 위한 토지의 사용도 공간정서법(ROG)의 대상이 됨을 알 수 있다.[7)] 그러나 현재의 공간정서법에 따라 다양한 목적의 경합적인 토지의 지하공간에 대한 수직적 사용,[8)] 즉 경합적 · 계층적 토지의 지하사용에 대한 입법적 흠결이 존재한다.[9)] 가령 예를 들

---

1) Raumordnungsgesetz(ROG) vom 22. Dezember 2008(BGBl. I. 2986쪽), das zuletzt durch Artikel 9 des Gesetzes vom 31. Juli 2009(BGBl. I. 2585쪽) geändert worden ist.

2) *M. Hellriegel*, Rechtsrahmen für eine Raumordnung zur Steuerung unterirdischer Nutzungen, NVwZ 3/2013, 111쪽.; vgl. *M. Deutsch*, Raumordnung als Auffassungskompetenz?-Zur Regelungsbefugnis der Raumordnungspläne-, NVwZ 2010, 1521쪽.

3) Die räumlichen Voraussetzungen für die vorsorgend Sicherung sowie für die geordnete Aufsuchung und Gewinnung von standortgebundenen Rohstoffen.

4) Die räumliche Erfordernis einer kostengünstigen, sichernden und umweltverträglichen Energieversorgung.

5) Vgl. *M. Hellriegel*(주 2), 111쪽; *W. Spannowky*, in: Spannowky/Runkel/Gopel(Hrsg.), Raumordnungsgesetz-Kommentar, 1. Aufl., 2010, § 2 Rdnr. 107.

6) Vgl. BT-Drs. 19/10292, 22쪽; *W. Spannowky*(o. Fußn. 5), § 2 Rdnr. 143.

7) *M. Hellriegel*(주 2), 112쪽.

8) “Stockwerknutzungen” für verschiedene Untergrundnutzung

9) *M. Hellriegel*(주 2), 112쪽.

어, 동일한 지역에서 지열을 이용한 에너지 저장 및 생산을 위한 시설의 지상 설치와 이산화탄소 저장시설의 지하설치를 위한 경합적 · 계층적 사용이 존재할 수 있다.[10] 공간정서법에서 이러한 사용형태에 대한 규제("dreidimensionale" Raumordnung)를 제외한 이유는 공간정서법(ROG)에 의한 심사는 어디까지나 해당 지역의 토지공간에 대한 이용계획의 실현성 여부이고 구체적인 토지이용을 위한 계획의 허가절차는 관련 행정청에서 이루어지며, 이 과정에서 토지의 깊이에 따라 다양하게 이루어지는 사용이 이루어지는 주변환경에 대한 토지이용계획의 영향도 평가대상에 포함된다. 특히 이러한 다양한 토지의 경합적 · 계층적 사용의 상호작용에 대해서는 토지이용계획에 따른 시설물의 관리기준의 설정을 통해 그 작용을 조절할 수 있으므로 공간정서에서 이러한 사용형태에 대한 고려를 할 필요가 없다고 보기 때문이다.[11]

결과적으로 자원의 지하탐사 및 획득, 에너지공급을 또는 CO_2의 지중저장을 위한 지하공간의 사용은 공간정서법에서 언급하고 있는 연방법률에 의해 규율되는 공간정서법 제2조 제2항에 의한 공간정서의 원칙에 포함되며, 이는 지하공간의 사용경합을 계획적으로 해결하기 위한 계획적 확정[12]을 가능하게 한다.[13] 그 밖에 현행 공간정서법은 경합적 · 계층적 토지사용을 위한 공간이용계획(eine dreidimensionale Raumplanung)은 그 대상에 포함시키지 않고 있다.

(2) 연방에 의한 공간이용계획(Raumordnungsplanung des Bundes)

공간정서법 제17조에 따르면 연방지역의 공간적 발전을 위한 공간정서법 제2조의 공간정서의 원칙들을 EU의 공간이용에 대한 중대한 계획이나 조치들을 고려하여 공간이용계획(Raumordnungsplan)에서 구체화시킬 수 있도록 하였다. 동 조항에 따른 특정지역을 위한 연방의 공간이용계획은 앞서 언급한 바와 마찬가지로 다양한 지하공간의 사용간에 발생할 수 있는 경합이라는 관점에서 자원획득을 위한, 지하공간의 에너지의 생산과 보전을 위한 지열 및 압축공기저장과 CO_2 저장을 위한 토지의 지하공간사용을 위한 기준들을 내용으로 할 수 있다.[14] 다만 이러한 연방법률에 의해서 구체화되는 공간정서의 원칙들은 단순히 고려할 수 있는 사항으로 주나 주 하위 단위의 공간이용계획에 있어서 절대적인 구속력을 가지지 않고, 다른 이익형량적 요소들에 의해 배척될 수 있다[공간정서법(ROG) 제4조 제1항 제1호, 제17조 제1항].[15]

---

10) Ebenda.

11) *M. Deutsch*, Raumordnung als Auffassungskompetenz?–Zur Regelungsbefugnis der Raumordnungspläne, NVwZ 2010, 1521쪽.

12) Raumordnerische Festlegung

13) *M. Hellriegel*(주. 2), 112쪽; vgl. *W. Erbguth*, Unterirdische Raumordnung, ZUR 2011, 123쪽.

14) Ebenda.

(3) 주에 의한 공간이용계획 (Raumordnungsplanung der Länder)

원칙적으로 개별 주는 주 지역 전체와 그 전체에 속하는 부분지역에 대한 공간이용계획(Landesweite Raumordnungsplan und Regionalpläne)을 수립하여야 한다[공간정서법(ROG) 제8조 제1항 제1문 2호]. 제17조에 따른 연방에 의한 공간이용계획과 달리 주들은 공간정서법 제8조 제1항에 의한 주 전체의 공간이용계획(Landesweite Raumordnungsplan) 또는 부분공간이용계획(Regionalpläne)에서 제한적 구속력을 가진 공간정서의 일반원칙뿐만 아니라 공간정서법 제3조 제1항 2호에 제시된 공간정서의 목적을 규정할 수 있다. 이러한 공간정서의 목적은 구속력을 가진 기준으로써 ROG 제4조 제1항에 따라 토지공간의 이용계획 및 조치와 그에 대한 행정청의 적합성 판단을 할 때 반드시 고려 내지 주의를 해야 하는 기준이다.[16)]

이러한 주 전체의 공간이용계획(Landesweite Raumordnungsplan) 또는 부분공간이용계획(Regionalpläne) 특정한 지역공간에 설치되는 시설물에 대한 내용도 포함될 수 있으며, 이 내용을 포함하는 주 단위의 공간이용계획의 확정은 관련 지역의 구분으로 이루어진다[공간정서법(ROG) 제8조 제7항 제1문].[17)]

(4) 소 결

공간정서법(ROG)을 중심으로 한 공간이용계획법(Raumordnungsrecht)은 단순히 공간사용과 기능의 지표상에 국한된 배분에 국한되지 않으며, 오히려 공간정서법(ROG) 제2조 제2항에 의한 공간정서의 원칙들을 통해 지하의 사용도 그 적용대상으로 삼고 있다. 다만 연방과 주의 공간이용계획의 경우 연방은 경합적인 지하공간의 사용간의 충돌을 해결을 그의 공간이용계획에 포함시킬 수 있으며, 주의 경우 자신들의 전체 및 부분공간이용계획에서 이익형량적 판단이 제외된 구속력 있는 해결기준을 공간정서(Raumordnung)의 목표로서 구속적으로 정할 수 있다.

Ⅲ. 개별연방법률에 의한 규제

1. Bundesberggesetz[18)](BbergG)

토지의 지하사용에 있어서 경합적 관계 문제에 있어서 가장 중요한 법률은 Bundes berggesetz(BbergG)이다. 왜냐하면 동법에 의해 규율되는 허가절차의 대상은 (Der bergrechtliche

15) Vgl. *K. Goppel*, in: Spannowky/Runkel/Gopel(Hrsg.), Raumordnungsgesetz-Kommentar, 1. Aufl., 2010, § 4 Rdnr. 53.

16) Vgl. *M. Deutsch*(o. Fußn. 12), 1520쪽(1523쪽); *M. Hellriegel*(주. 2), 112쪽.

17) 이를 위해 상세한 설명은 *M. Hellriegel*(주2), 112쪽 이하 참조.

18) Bundesberggesetz(BBergG) vom 13. August 1980(BGBl. I. 1310쪽), das zuletzt durch Artikel 4 Absatzes 71 des Gesetzes vom. 7. August 2013(BGBl. I. S. 3154) geändert worden ist.

Zulassungsverfahren) 전통적인 광업행위(die klassische Bergbautätigkeiten)에 국한되지 않는다(BbergG 제2조 제2항). 지하저장시설의 설치를 위한 지하공간의 적합성 조사, 지하저장시설 및 주로 동 시설의 운영에 기여하거나 기여하기 위한 특정된 시설의 설치 및 운영, 그 외에 업무 및 시설물도 동법의 적용대상이 되고, 이는 동시에 BbergG 제7조 제1항 제3호에 의해 허가절차의 대상이 된다.[19] 특히 BbergG의 적용을 받는 토지의 지하사용계획은 BbergG 제55조 이하에 규정된 운영계획절차의 범위에서 (Im Rahmen eines Betriebsplanverfahre) 허가를 필요로 한다.[20]

2. 이산화탄소저장법[Kohlendioxid-Speicherungsgesetz[21](이하 KSpG로 약칭)]

2012년 6월 28일에 연방상원(Bundesrat)에서 의결된 KSpG는 토지의 지하공간의 경합적 사용관계라는 점에 비추어 제2조 제5항에 특별규정(„Länderklausel"[22])을 두고 있다.

동 조항에 따르면 연방에 소속된 각 주는 다른 공익적 이익, 해당 지역의 지질학적 특성과 잠재적인 저장시설의 사용을 위한 다른 조건과의 형량을 통해 이산화탄소의 지속적인 저장의 시험 및 실연을 (eine Erprobung und Demonstration der dauerhaften Speicherung) 특정지역에서 허가여부를 결정할 수 있도록 하여, 경우에 따라 허가여부에 대한 주의 재량권을 인정하였다.

그 밖에 KSpG는 토지에 대한 사용충돌을 위한 규정을 동법에 의한 허가절차에서 볼 수 있다.[23] 먼저 CO_2의 저장을 위한 지하공간의 특성조사(Die Untersuchung der Eignung des Untergrunds zur CO_2-Speicherung)을 위한 허가를 받은 자는 동 허가의 목적에 반하는 다른 지하지층의 사용을 배제할 수 있다(KSpG 제7조 제5항[24]).

또한 동 규정에 의해 허가를 받은 조사행위가 이미 허가를 받은 BbergG에 의해 보호되는 사용 또는 보호가치 있는 사용가능성을 침해하지 않는 범위에서 허가가 주어진다. 이산화

---

19) § 7 Abs. 1 Nr. 3 BbergG: (1) Die Erlaubnis gewährt das ausschließliche Recht, nach den Vorschriften dieses Gesetzes in einem bestimmten Feld(Erlaubnisfeld)
3. die Einrichtungen im Sinne des § 2 Abs. 1 Nr. 3 zu errichten und zu betreiben, die zur Aufsuchung der Bodenschätze und zur Durchführung der damit nach § 2 Abs. 1 Nr. 1 und 2 im Zusammenhang stehenden Tätigkeiten erforderlich sind.

20) *M. Hellriegel*(주2), 114쪽.

21) Gesetz zur Demonstration der dauerhaften Speicherung von Kohlendioxid(Kohlendioxid-Speicherungsgesetz-KSpG) vom 17. August 2012(BGBl. I. 1726쪽).

22) *M. Hellriegel*(주 2), 114쪽.

23) Ebenda.

24) § 7 Abs. 5 KSpG: "(5) Der Untersuchungsberechtigte hat das alleinige Recht zur Untersuchung der in der Genehmigung bezeichneten Gesteinsschichten des Untersuchungsfeldes auf ihre Eignung zur dauerhaften Speicherung von Kohlendioxid. Während der Gültigkeitsdauer der Untersuchungsgenehmigung dürfen anderweitige, die Eignung als Kohlendioxidspeicher beeinträchtigende Nutzungen dieser Gesteinsschichten nicht zugelassen werden".

탄소저장을 위한 지역의 설정, 운영 및 본질적인 변화는(Errichtung, Betrieb und wesentliche Änderung eines Kohlendioxidspeichers) 관할 행정청의 사전적인 공간이용계획에 의해 이루어지며, 이러한 계획 수립에 있어서 고려사항으로 경합적인 사용관계를 규정하였다(KSpG 제13조 제1항). 특히 제2호는 이산화탄소 저장지역의 장기간 안전성, 그리고 제3호의 경우는 인간과 환경에 대한 위험의 예방, 제1호의 경우는 공공이익 및 사적 이익의 불가침성 등을 규정하고 있다.

3. 건설법전(Baugesetzbuch,[25] BauGB)

BauGB은 지표상 존재하는 시설을 규율대상으로 한다. 다만 BauGB 제35조의 경우 공익적 이익과 충돌하지 않고 동조 제1항 각 호에서 규정하고 있는 허용사유에 부합하는 범위에서 외부공간(Außenebreich)에 대한 건축계획을 허가를 받을 수 있는 것으로 하였다. 한편 동조 제3항 제3문에 따라 주나 주에 속한 하부행정조직은 지하공간의 사용을 위한 지표에 부속된 시설물을 위한 BauGB 제35조에서 규정하고 있는 외부공간의 공간계획적 이용을 추구할 수 있다.[26] 이 경우 근거는 공적 이익과의 상충가능성이 된다. 그 밖에 물관리법(Wasserhaushaltsgesetz)[27](WHG) 규정은 토지의 지하공간사용이라는 관점에서 지하수(Grundwasser)와 관련되는 범위에서 경합적인 사용 충돌의 조정을 위한 규범적 도구로 고려될 수 있다.[28]

Ⅳ. 독일 이산화탄소 저장법(Kohlendioxid-Speicherungsgesetz, KSpG)

1. 독일 이산화탄소 저장법의 입법배경

(1) 이산화탄소 저장에 대한 기술적 발전

이산화탄소 포집 및 저장(CCS)에서는 대기 중으로 배출되는 탄소배출량의 감소와 관련된 다단계적 과정과 상관성이 있다. 이를 좀 더 상세하게 설명하자면, 대기 중으로 배출될 수 있는 탄소배출가스를 탄소배출의 원인이 되는 시설이 설치된 지역에서 대기 중으로 유입되기 전에 포집을 하고, 이렇게 수집된 탄소가스를 적합한 저장시설로 수송을 하고, 저장시설

25) Baugesetzbuch(BauGB) in der Fassung der Bekanntmachung vom 23. September 2004(BGBl. I. 2414쪽), das zuletzt durch Artikel 1 des Gesetzes vom 20. November 2014(BGBl. I. 1748쪽) geändert worden ist.

26) *M. Hellriegel*(주. 2), 115쪽.

27) Gesetz zur Ordnung des Wasserhaushalts(Wasserhaushaltsgesetz-WHG) vom 31. Juli 2009(BGBl. I. 2585쪽), das zuletzt durch Artikel 2 des Gesetzes vom 15 November 2014(BGBl. I.. 1724쪽) geändert worden ist.

28) *S. Much*, Rechtsfragen der Ablagerung von CO_2 in unterirdischen geologischen Formationen, ZUR 2007, 134쪽.; M. Hellriegel, CO_2-Abscheidung und-Ablagerung Teil 1-Anwendbarkeit und Anforderungen des geltenden Rechts, RdE 2008, 116쪽.

의 설치된 지역의 지층 중에서 지질학적으로 저장적합성을 갖춘 지층에 이 가스를 보관하는 것이다.[29)]

그러나 탄소가스의 분리 단계에서 이루어지는 일련의 절차에 대한 상호관계가 아직 충분히 설명되어 있지 않다는 점,[30)] 이를 위한 비용이 상당할 뿐만 아니라 엄청난 에너지 사용과 방대한 토지의 사용을 요구한다는 점, 그리고 지하에 주입된 이산화탄소의 장기적인 현상에 대해서도 여전히 충분하게 연구되어 있지 않고 기술적으로도 아직까지 확인되지 않거나 위험을 야기할 수 있는 점들이 많다는 점[31)]은 이산화탄소 저장을 위한 시설에 대한 부정적인 인식을 가져다 줄 수 있다.

(2) 이산화탄소 저장에 대한 EU법적 근거

CCS지침(Richtlinie)[32)]는 독일 이산화탄소 저장법(KSpG)의 EU법적 기초가 된다. 이러한 지침은 이산화탄소의 환경친화적이고 지질학적 저장을 위한 법적 기준 내지 범위를 형성한다.[33)] 특히 이러한 점은 CCS지침 제1조에서 확인할 수 있다. 그리고 EU 가입국 내의 이산화탄소 저장시설을 위한 지역의 선택을 가입국의 결정에 위임하였고(CCS지침 제4조 제1항), 국내법적 수용기한을 특정하였다(2011년 6월 25일 CCS지침 제39조 제1항).

CCS지침은 EU(Europäische Union)의 CCS에 대한 기대감을 반영한 것이다. 이산화탄소 분리 및 저장기술의 발전과 사용은 발전소에서 배출되는 온실가스(Treibhausgas)의 감소를 2020년에 7.4%에서 7.6%까지 가능하도록 한다. 이로 인해 CCS 기술(CCS-Technologie)은 기후변화와 재상가능 에너지라는 EU의 목적을 위한 집행조치에서 핵심적인 위치를 가지고 있으며, 그러한 목적달성은 교토의정서의 의무이행이라는 면에서도 중요하다고 볼 수 있다.[34)] 또한 CCS 기술이 가지는 학문적으로 법률적인 관점에서 불모지와 같은 영역으로, 미래전략적인 기술발전의 중요한 한 축으로서 학문적 발전의 거대한 가능성을 내포하고 있는

29) *H. A. Wolf*, Das Kohlendioxid-Speicherungsgesetz: Eine erste Bewertung, UPR 2013, 298쪽(304쪽); M. Kohls, in: Danner/Theobald(Hrsg.), Energierecht, Stand Aug. 2012, Baurecht, Kommentar, B 1 I 3 Planung und Zulassung von Energieanlangen(Stand Jahr: 2010), Rdnr. 98

30) *H. Wißmann*, Kohlendioxidspeicherung als „Klimaretter für die Kohle", in: Gundel/Lange(Hrsg.), Klimaschutz nach Kopenhagen-Internationale Instrumente und nationale Umsetzung, 2011, 57쪽., 60 f.; *M. Vogt*, Einordnung des CCS-Technologie in das geltende Recht und Ausblick auf den künftigen Rechtsrahmen, 2001, 571쪽, 573쪽.

31) *H. A. Wolf*(주29), 298쪽.

32) Richtlinie 2009/31/EG des Europäischen Parlaments und des Rates vom 23. April 2009 über die geologische Speicherung von Kohlendioxid und zur Änderung der Richtlinie 85/337/EWG des Rates sowie Richtlinie 2000/60/EG, 2001/80/EG, 2004/35/EG, 2006/12/EG und 2008/1/EG des Europäischen Parlaments und des Rates sowie die Verordnung(EG) Nr. 1013/2006(ABl. EG Nr. L. 140 vom 5. 6. 2009, 114쪽).

33) *H. A. Wolf*(주 29), 299쪽.

34) *T. Hohmuth*, CCS und Emissionshandel-Technologie zur Abscheidung und Ablagerung von Kohlendioxid im Recht des Emissionshandels-, ZUR 2008, 295쪽 이하.

것으로 보고 있다. 이에 발맞추어 EU 또한 상당한 규모의 연구자금을 조달하려는 노력을 하고 있다.[35)] 상술한 이러한 일련의 사실들은 CCS에 대한 EU의 법률적 경제적 학문적 기대감을 말해준다.

(3) EU지침에 따른 독일 국내법적 수용절차

CCS지침이 공포된 이후 2009년 4월 27일 연방정부는 이산화탄소의 분리, 수송 그리고 지속적인 저장의 규제를 위한 법률안(Der Entwurf über das Gesetz zur Regelung von Abscheidung, Transport und dauerhafter Speicherung von Kohlendioxid: KSpG-E)을 제출했다. 동 법률안의 핵심은 장기간 CCS 기술의 사용을 배척하지 않고, 무엇보다 연방단위의 구속적인 허용을 전제로 하였다.[36)] 2009년의 연방정부의 법률안은 연방환경부(Bundesumweltministerium), 연방경제부(Bundesministerium für Wirtschaft), 산업계(Die Industrie)의 협력작업의 결과물이다.[37)] 하지만 2009년의 정부안은 다양한 방향으로 이루어진 엄청난 반대에 부딪혔고, 특히 이는 2009년 5월 25일에 열린 환경, 자연보호 그리고 원자로안전에 대한 위원회의 공청회에서 더욱더 분명하게 나타났다. 이로 인해 동 법률안은 의결되지 못하게 되었다. 주된 반대의 논거는 현재의 CCS관련 기술적 지식수준 내지 상황에 견주어 볼 때 장기적인 위험을 수용할 수 없고, CCS 기술에 대한 집중적인 지원은 대체에너지원에 대한 필수적인 국가적 지원을 약화시킬 수 있으며, 주 정부 CCS 저장시설의 계획 수립에 있어서 주 정부의 참여가 보장되지 않으며, 이와 유사한 취지에서 관련지역 주민의 계획 수립단계에서의 참여 보장이 이루어지지 않았다는 점이다.[38)] 이 외에도 지역 주민의 경우 이산화탄소의 저장 자체에 대하여도 많은 비판을 하였고, 실제로 2009년 Schleswig-Holstein주 선거에서는 주 정부의 이산화탄소저장계획이 선거이슈가 되었다. 2011년 5월에 제출된 연방정부의 법률안은 2009년의 법률안과 두 가지 점에서 차이가 난다. 첫째는 CCS 기술의 지속적이고 장기적인 사용이 아니라 동 기술의 시험(Erprobung der CCS-Technik)을 위한 법적 기준을 규정하는 것에 국한하였고, 둘째는 CCS저장시설을 주의 관할지역에 설치하는 것에 대한 판단을 연방의 개별 주에게 할 수 있도록 하여, 주에 속한 특정 지역에서의 시설설치를 제한할 수 있도록 하였다(KSpG 제1조 제1항 제2문, 동조 제2항).[39)]

2. 독일 이산화탄소 저장법의 기본구조

독일의 이산화탄소 저장법(KSpG)은 전체적으로 7개의 장으로 구성된다.[40)] 제1장은 입법

35) *H. A. Wolf*(주29), 299쪽.
36) BT-Drs. 16/12782 vom 27.4.2009.
37) 이를 위한 상세는 *M. Kohls/Chr. Kahle*, Klimafreundliche Kohlekraft dank CCS?, ZUR 2009, 122쪽(123쪽).
38) *H. A. Wolf*(주29), 299쪽.
39) *H. A. Wolf*(주29), 300쪽.

목적과 적용범위 등을 포함한 일반적인 규정을 포함한다. 제2장과 제3장은 이산화탄소의 수송 및 저장과 관련된 연방단위의 평가, 허가 및 관리, 행정청에 의한 이산화탄소 저장시설의 법령위반 여부 및 시설상태에 대한 검사를 내용으로 감독권을 규정하고 있다. 제4장과 제5장은 이산화탄소 시설에 대한 책임 및 예방조치 그리고 동 시설물에 대한 제3자의 참여와 출입에 관해서 또한 제6장은 10만 톤 미만의 이산화탄소를 주입할 수 있는 새로운 물질과 주입결과 및 절차 연구를 위한 지역을 위한 허가(Genehmigung von Forschungsspeichern)와 관련된 사항이 포함되어 있다. 그 밖에 필요한 조항들은 제7장에 존재한다. 전술한 바와 같이 독일연방이산화탄소 저장법은 개별 주에게 이산화탄소 저장시설의 주 지역 내에 설치하는 문제에 대하여 결정할 수 있도록 하였다(KSpG 제2조 제5항).[41] 이하에서는 특히 4가지 관점에서 동법의 기본구조를 살펴보고자 한다.

(1) 허가대상의 다양성

1) 설정허가(Genehmigung des Kohlendioxidspeichers)

KSpG 제2조 제2항에서 규정하고 있는 설정허가란 KSpG 제3조 제7호에 따른 이산화탄소 저장지역 설정 및 동 지역에 설치될 이산화탄소의 분리 및 수송에 따른 물질을 주입시설까지 수송하는데 필요한 지상 또는 지표에 설치된 시설물(Kohlendioxidspeicher)에 대한 허가를 의미한다. 다만 KSpG 제2조제1항에 따라 동 허가는 단지 지속적인 이산화탄소 저장에 대한 시험목적을 위해서만 허용된다. 그리고 KSpG 제2조 제2항 각 호에서는 허가를 위한 조건을 규정하고 있다. 이를 행정청에 의한 신청은 2016년 말까지 이루어져야 하며(제1호), 개별저장지역의 연간 이산화탄소 저장량이 3백만 톤을 넘지 않아야 하며(제2호), 연방전체의 저장량은 8백만 톤을 초과하지 않아야 한다(제3호). 다만 이러한 허가는 KSpG 제11조 제1항에 따라 관할 행정청의 사전적인 계획수립을 전제로 하며, 한편 동 계획의 수립 및 계획허가를 조건을 KSpG 제13조 제1항 각 호에 규정되어 있다. 이에 따라 설정허가를 위한 판단단계에서 이산화탄소 저장지역 및 시설물에 대한 장기적인 안전성(제2호), 인간과 환경에 대한 위험의 방지(제3호) 등의 판단의 중요한 기준이 된다.

2) 운영허가(Leitungsgenehmigung)

이산화탄소의 분리 및 수송에 의해 발생하는 물질의 수송과 관련된 허가절차로서 이 또한 설정허가와 마찬가지로 행정청의 사전계획을 전제로 하며(KSpG 제4조 제1항), 이러한 계

---

40) 여기에 관하여는 Koh Moon-Hyun, "The Outline of German Act on the Demonstration of the Permanent Storage of Carbon Dioxide and Its Evaluation", 「토지공법연구」, 제69집, 한국토지공법학회, 2015, 469-493쪽 참조.

41) 동 규정을 근거로 주 전체의 일반적인 이산화탄소 저장지역 및 시설설치의 제한을 주장할 수 없다(*Chr. Kurznik*, Kohlenstoffdioxidspeicher des CCS Technologie im Planungsrecht und die Opt-Out-Klausel des KSpG, ZNER 2012, 477쪽).

획수립절차에 관한 자세한 내용은 KSpG 제4조 제6항에 예정된 법규명령(Rechtsverordnung)과 행정절차법 제72조 이하(§§ 72 ff. Verwaltungsverfahrensgesetz: VwVfG) 규정 및 에너지경제법 제43조 이하(§§ 43 Energiewirtschaftsgesetze: EnWG) 규정의 준용을 통해 구체화된다.

3) 조사허가(Untersuchungsgenehmigung oder Erkundungsgenehmigung)

이산화탄소저장지역의 설정을 위한 지하공간의 특성을 위한 조사허가는 행정청의 사인에 의한 조사허가청구에 따라 일정한 허가요건을 구비한 경우에 한하여 이루어진다. 이러한 허가사유는 KSpG 제7조 제1항 각 호에 규정되어 있다. 이는 CCS지침 제5조에 비하여 가중된 요건을 요구하고 있으며,[42] 이로 인해 조사허가를 위한 신청자는 법규에 부합하는 조사를 위한 충분한 재정능력을 갖추어야 하며(제1호), 지하자원과 현존하는 공익적 요청에 의해 보호되는 지하공간의 현존하는 사용가능성과 BbergG와 WGH에 의해 허가를 침해를 유발하지 않아야 한다(제3호). 그리고 조사허가를 받은 자의 KSpG에 규정된 허가에 있어서 우선권을 가질 수 있어 설정허가에 대한 우선적 권리를 가질 수 있다(KSpG 제12조 제4항).

4) 폐쇄허가(Stillegungsgenehmigung)

이산화탄소 시설의 폐쇄(Stilllegung)에 관한 허가로서 이산화탄소 저장지역과 시설과 관련된 것으로 이산화탄소와 이산화탄소의 분리 및 수송과정에서 발생하는 부수적인 물질의 주입정지와 주입시설 및 이산화탄소 저장지역의 폐쇄를 의미한다(KSpG 제3조 제13호). 폐쇄허가의 경우 KSpG 제17조 제1항을 근거로 하여, 동조 제3항에서 허가를 위한 요건을 규정하고 있다. 폐쇄허가는 KSpG 운영정지 및 회복에 관한 내용이 KSpG에서 요구하는 사항과 일치를 해야 하며(제1호), 폐쇄 이후 그리고 이산화탄소 저장지역의 피해회복(Nachsorge) 동안에 KSpG 제13조 제1항 제1문 제2호로부터 제4호까지 규정된 사항을 준수하여야 하며(제2호), 기타 공익적 이익에 저촉되지 않아야 한다(제3호).

(2) 재산권 보호 문제 및 연방단위의 평가

KSpG 제10조 및 제14조는 타인의 토지사용을 위한 사전동의 및 토지 소유권자와 그 밖에 토지 사용권자의 일정한 수인의무를 규정하고 있다. 먼저 KSpG 제10조 제1항에 따르면 토지, 지하공간, 지하수의 필수적인 측정 및 조사 또는 조사를 위한 이와 유사한 행위를 하기 위해 타인의 토지를 민법 제905조 제2문에서 규정하는 사용을 하고자 하는 자, 즉 조사허가를 받은 자는 처음부터 토지소유자 및 기타 토지와 관련된 사용권자의 동의를 받아야 하고(제1호), 문제되는 토지가 공익적 목적에 기여하는 경우 이러한 공익적 목적실현에 관한 관할 행정청의 동의도 받아야 한다(제2호). 만약 KSpG 제10조 제1항 제1호에 따른 동의를 받지 못했지만, 더 중대한 공익적 요청에 의해 조사가 요구될 때에는 관할 행정청의 결정에

42) *H. A. Wolf*(주 29), 301쪽.

의해 동의를 받은 것으로 할 수 있다(KSpG 제10조 제5항). KSpG 제14조는 지속적인 토지의 저장과 관련된 작용에 대한 토지소유자와 토지와 관련된 사용권자의 수인의무를 규정하고 있다. 단 이러한 수인의무는 무제한적인 수인의무를 의미하지 않으며, 토지의 지하공간과 관련된 범위에서만 수인의무를 부담한다(KSpG 제14조 제1항 제1문). 이러한 수인의무를 지는 토지소유자와 사용권자의 이익보호를 위해 이들이 수인의무의 대상이 된 이산화탄소의 저장으로 인해 발생하는 불리한 영향에 대하여는 책임을 지지 않는다(제3문).

그 밖에 KSpG 제5조는 지속적이고 장기적인 이산화탄소의 저장을 위한 암반층의 잠재력(가능성)의 평가 및 분석에 대한 연방정부의 책무를 규정하고 있다. 이러한 연방단위의 이산화탄소 저장을 위한 암반층의 잠재력(가능성)의 평가는 환경 및 경제적인 행정영역의 상호간의 복잡한 협력작업을 전제로 한다고 볼 수 있다.[43]

(3) 소 결

이상에서 살펴본 KSpG의 허가대상의 차별화, 재산권 보호문제에 있어서 수인의무 및 사전동의 의무 그리고 연방단위의 관련부서에 의해 이산화탄소 저장지역에 대한 지질적 특성의 평가는 이산화탄소 저장기술에 대한 위험성과 발전가능성 및 권리보호문제에 대한 입법적 대응으로 볼 수 있다. 아래에서 기술할 것이지만, 이산화탄소 저장기술에 대한 기술적인 접근은 어디까지나 환경기술공학적인 문제로 이에 관한 전문적인 지식을 갖추지 않는 일반대중의 입장에서 간단하게 이해할 수 있는 문제로 볼 수 없다. 또한 이산화탄소 저장기술이 가지는 다양한 경제적 학문적 가능성에도 불구하고, 여전히 기술적인 위험성 해소할 수 없다는 점은 충분한 사전 통제의 지속적인 대상이 되어야 함을 말하며, 이러한 점에서 이산화탄소 저장기술이 가지는 위험성에 대한 우려는 대중적인 반대를 불러일으킬 수 있는 중요한 원인이 됨을 추측할 수 있다.

Ⅴ. 이산화탄소 저장시설의 설치지역의 주민 반대

1. 독일의 사례

독일의 경우 Schleswig-Holstein, Brandenburg주에서 2009년도 이후 주민들의 극심한 반대가 있었다. Schleswig-Holstein 주의 경우 주민들의 자발적인 활동에 의해 8만 명 이상의 서명과 거리시위 그리고 토론회 등이 이루어졌다. 결국 주민들의 극심한 반대로 인해 2009년 6월에 주 의회에서 만장일치로 이산화탄소 저장계획과 연방상원(Bundesrat)에서 의결된 CCS법률을 거부하기에 이르렀다. Brandenburg주의 경우도 마찬가지로 주민들의 반대

43) *H. A. Wolf*(주 29), 301쪽.

가 있었지만, 광업, 지질 및 자원에 관한 주 관청(Landesamt für Bergbau, Geologie und Rohstoffe Brandenburg: LBRG)은 2009년에 연방광업법에 근거하여 지하자원의 조사를 위한 허가를 해주었다. 이는 실질적으로 KSpG에서 규정된 조사허가의 일종으로 볼 수 있다.

2. CCS의 사회적 수용성 제고를 위한 독일의 법제

CO_2 수송관의 설치, 운영 및 중대한 변경을 하기 위해서는 CO_2 저장법 제4조 제1항에 따라 계획확정(Planfeststellung)이 필요하다. 계획확정절차를 위해서 동법 제4조 제2항 제1문에 의하면 행정절차법(VwVfG) 제72조 내지 제78조는 일정한 수송관계획을 확정하기 위해 준수한 에너지경제법의 규정에 따라 적용된다.

계획확정을 통해 행정절차법 제75조 제1항에 따라 CO_2 수송관의 허용은 공익의 관점에서 확정되고(허가효), 별도로 다른 행정청의 허가는 필요 없다(집중효).

CO_2 저장소의 설치, 운영 및 중대한 변경도 CO_2 저장법 제11조 제1항에 따라 계획확정을 받아야 한다. 여기에서 계획확정절차에는 CO_2 수송관에서와 마찬가지로 행정절차법 제72조에서 78조까지의 규정이 준용된다. 즉 CO_2 저장에 관한 법률은 발생할 수 있는 관련 이해관계를 행정절차를 통해 고려할 것을 규정하도록 하고 있는 것이다. 이 경우 모든 관련 이해관계가 고려되고 타당한 이익형량이 이루어져야 한다. 이는 행정절차를 통해 사회적 수용성이 강화된다고 볼 수 있다.

계획확정에서 현저한 형량과오가 있는 경우에는 이것을 보충적인 계획이나 보충적인 절차에 의해 시정할 수 없는 경우에만 계획확정결정이 취소된다(동법 제75조 제1a항 제2문). 계획확정결정을 더 이상 취소할 수 없게 된 경우에는 사업계획에 대한 중지, 시설의 제거, 변경 또는 이용 중지에 대한 청구권은 인정되지 아니한다(동법 제75조 제2항 제1문). 그러나 계획확정결정에 이렇듯 불가쟁력이 발생하고 5년이 도과했음에도 계획을 수행하지 않는 경우에는 그 계획은 실효된다(동법 제75조 제4항). 이처럼 실효에 관한 규정을 명문으로 명시함으로써 오랫동안 집행하지 않은 계획과 이로 말미암은 보상문제와 같은 법적 분쟁이나 갈등은 사전에 미리 저지하는 효과를 거둘 수 있다. 이와 같은 실권규정은 행정절차를 통해 사회적 수용성을 제고하는데 기여할 것이다.

집중효는 먼저 절차간소화를 통해 사업자의 부담을 해소하고 절차촉진에 기여하며, 둘째 다수의 인·허가부서를 통합하고, 마지막으로 인·허가에 필요한 구비서류를 감소시키는 효과를 가져 올 것이다.

'연방임미시온방지법' 제6조 제1항에 따라, 동법 제5조와 제7조에 근거해서 발령한 법규명령에서 생기고, 다른 공법상의 규정과 작업보호의 이익에 반하지 않은 의무들을 충족할 때, 계획은 허가받을 수 있다. 다른 공법상의 규정들에는 특별히 자연보호법이 해당될 수 있다. 예컨대 이른바 '자연-2000-영역'(Natura-2000-Gebiet)의 보존목표를 가진 CO_2 포집시설의 환경영향은 '연방자연보호법'(BNatSchG) 제34조 제1항에 의하여 평가받을 수 있다. 'CCS법'을 통하여 환경영향평가를 받을 의무가 있는 규정의 리스트를 가진 '환경영향평가법'의 부속서 1을 개정하고 있다는 점에 근거하여, 영구 저장을 위해 CO_2를 포집하는 소정의 시설을 설치하고 운영하는 경우에는 규칙적으로 환경영향을 평가할 수 있다.

CO_2 수송관의 설치, 운영 및 본질적 변경을 하기 위해서는 CO_2 저장법 제4조 제1항에 따라 계획 확정이 필요하다. 계획확정절차를 위해서 동법 제4조 제2항 제1문에 의하면 행정절차법 제72조 내지 제78조는 일정한 수송관계획을 계획확정하기 위해 에너지경제법의 규정에 따라 적용된다. 그 밖에 공장부지를 넘어 소정의 CO_2 수송관을 설치하고 운영(Errichtung und Betrieb einer Kohlendioxidleitung)하는 것은 환경에 미칠 수 있는 영향과 그 크기에 의존하여 환경영향평가를 할 의무가 있다.

CO_2 저장소의 설치, 운영 및 중대한 변경은 CO_2 저장법 제11조 제1항에 따라 계획확정을 받아야 한다. 계획허가는 동법 제11조 제2항에 따라 저장소의 중대한 변경이 신청된 때에만 고려된다. 따라서 CO_2 저장소의 설치 및 운영(Errichtung, Betrieb von Kohlendioxidspeichern)은 항상 계획확정이 필요하고, 중대한 변경과 달리 그 밖에도 환경영향평가를 받을 의무를 부담한다.

CO_2 저장소의 폐쇄(Stilllegung von Kohlendioxidspeichern)는 CO_2 저장법 제17조 제1항에 따르면 마찬가지로 허가받을 의무가 있고 환경영향평가가 필요하다. CO_2 주입이 일반적으로 오랜 시간동안 지연되는 것을 이유로 그 형량은 허가를 요구하는 것이다. 허가 발령 이후에 CO_2 저장소에 관한 인식수준이 기본적으로 변화될 수 있기 때문에, 폐쇄 후에 저장소의 안전에 관해서는 가능한 한 다른 관점을 고려할 수 있게 된다.

3. 시 사 점

주민들의 반대의 부딪혔던 CCS 법률안은 2009년도에 제안된 법률안에 대한 것이었다. 이 법률안에 대한 거부의 주된 근거는 이산화탄소 저장 자체에 대한 비판과 관련지역의 주민들의 참여하에 계획의 수립이 이루어지지 않았다는 점이다.[44] 따라서 이산화탄소 저장기술에 대한 정확한 정보 전달과 이를 위한 토지이용계획에 있어서 주민의 실질적인 참여가 매우 중요함을 알 수 있다.

44) *H. A. Wolf*(주 29), 301쪽.

Ⅵ. 결　　어

지금까지 고찰한 내용을 통해 이산화탄소 저장기술 및 시설에 대한 대중적 이해를 확보하기 위한 입법적 원칙을 다음과 같이 제시할 수 있다.

첫째, 이산화탄소 저장기술 및 시설은 광대한 토지의 지표 및 지하 사용을 전제로 하므로, 이와 경합될 수 있는 토지의 사용관계에 대한 문제점들을 고려해야 한다.

둘째, CCS 기술이 가지는 불완전성과 발전가능성을 전제로 CCS기술의 적용과정 및 위험도에 따른 세부적인 토지의 이용계획 및 시설의 관리와 설치에 대한 허가조건을 상세하게 규정하여야 하고, 동시에 토지의 지표 및 지하사용과 결부된 다양한 공익적 내지 사익적 보호에 대한 내용도 포함되어야 한다.

셋째, CCS 저장기술은 위험성을 전혀 배제하지 못하므로, 독일의 경우와 마찬가지로 시적 내지 양적 제한을 통해 관련기술의 발전속도나 수준을 고려한 단계적인 접근이 필요하다.

마지막으로 관련지역의 주민들의 이산화탄소 저장기술 및 시설을 위한 토지이용계획의 수립단계에 주민들의 참여를 최대한 보장해주어야 한다.

기후변화로 인한 환경문제를 해결하기 위해서는 CCS기술뿐만 아니라, 운영 근거와 효력기반으로서 법과 제도가 마련되어야 하고 집행력을 갖추어 추진되어야 한다. 그러한 추진력을 제공하는 근본적인 원동력은 헌법의 규범력으로부터 파생된다.[45] 따라서 헌법이 장식이 아닌 살아있는 최고규범이어야 한다. 헌법을 살아있게 만드는 것은 국민의 의식과 그러한 의식이 잘 반영되는 국가적 제반사항을 마련하는 것이고 이러한 작업은 공개적이고 지속적인 국민적 논의가 전제되어야 한다. 최근 논의되고 있는 CCS 단일법제정 연구에서도 대국민소통을 별도의 장으로 따로 규정하려는 흐름이 있는데,[46] 이를 보면 환경문제와 같은 국가적 사안의 경우 특히 국민과 함께 조율하며 풀어나가려고 하는 열린 자세의 중요성을 아무리 강조해도 지나침이 없다고 하겠다.

---

45) 고문현/안태용, “환경보호조항의 헌법적 수용: 독일기본법 제20a조와 대한민국헌법 제35조의 비교를 중심으로”, 「법학논총」, 제34집, 숭실대학교 법학연구소, 2015.7.1., 33쪽 참조.

46) 가칭 ‘이산화탄소 육상지하저장에 관한 법률 제정안’에서 지중저장에 관한 대국민소통을 제10장에서 규정하고 있는 것을 참조할 것. 고문현, “이산화탄소 육상지하저장에 관한 환경법적 문제와 개선방안”, 「이산화탄소포집·저장(CCS)에 관한 공법적 과제」, 유럽헌법학회 학술대회 발표문, 2014.12.19., 64쪽, 74쪽 등 참조.

30. 헌법상 기본권으로서의 소비자의 권리*

이 성 환**

Ⅰ. 서 설

현행 헌법 제124조는 「국가는 건전한 소비행위를 계도하고 생산품의 품질향상을 촉구하기 위한 소비자보호운동을 법률이 정하는 바에 의하여 보장한다」라고 규정함으로써 소비자보호를 명문화하고 있다.

최근의 헌법개정 논의에 있어서 이 조문을 개정하여 소비자의 권리를 헌법상 기본권으로 명시적으로 규정하여야 한다는 주장이 강하게 대두되고 있다.[1)] 현행 헌법 조문을 개정하여야 한다는 데에 대하여는 의견이 일치하지만, 기본권으로 명문화하여야 할 것인지 여부에 대하여는 견해의 대립이 있다. 국회헌법개정특별위원회 자문위원회안과 인권위원회 헌법개정안에서는 소비자의 권리가 기본권으로 명시되었는데 반하여[2)3)] 대통령 헌법개정안에서는 기본권 분야에서 규정되지 않고 경제의 장에서 규정되어 있다.[4)] 이러한 대립은 소비자권리의 이해와 기본권에 대한 해석의 차이에서 유래한 것으로 짐작된다.

현대 시장경제 체제 국가에서 경제생활은 주체 면에서는 기업, 가계, 정부 3주체로 이루어져 있고 과정 면에서는 생산, 소비, 분배 세 과정으로 구성되어 있다. 기업이 주체로 되는 생산과정에서는 사용자와 근로자의 관계설정이 문제로 되고, 가계가 주체로 되는 소비과정에서는 사업자와 소비자의 관계설정이 문제가 된다. 자본주의 시장경제 체제하에서는 사용자와 근로자의 관계에서는 근로자가 생계의 위협으로 인하여 약자의 관계에 있으며, 사업자와 소비자의 관계에서는 소비자가 정보의 부족으로 약자의 관계에 있다. 그 결과 사회적 약자인

---

* 이 글은 이성환, “소비자보호법의 개정방향”, 공법학연구 제6권 제1호, 한국비교공법학회, 2005.2을 바탕으로 최근 헌법개정과 관련하여 그 내용을 추가, 보완한 논문임을 밝힌다.

** 법무법인 안세 대표변호사

1) 정극원, “헌법 제124조”, 한국헌법학회편 헌법주석, 경인문화사, 2018, 1604-1606면; 김현철, “헌법상 소비자기본권과 안전”, 소비자권익포럼 창립기념 포럼 발표자료집, 2018.3, 39-44면 참조.

2) 국회 자문위 안에서는 기본권의 사회권에 관한 부분인 헌법 제38조에서 규정하고 있다.
헌법 제38조 ① 모든 사람은 소비자의 권리를 가진다. ② 국가는 소비자운동을 법률로 정하는 바에 따라 보장한다.

3) 2017년 국가인권위 안 역시 사회권 부분인 헌법 제35조에서 규정하고 있다.
헌법 제35조 모든 사람은 소비자의 권리가 있으며, 국가는 소비자운동을 보장한다.

4) 대통령 안에서는 소비자권리가 경제의 장인 제10장 헌법 제131조에서 규정하고 있다.
헌법 제131조 ① 국가는 안전하고 우수한 품질의 생산품과 용역을 제공받을 수 있도록 소비자의 권리를 보장해야 하며, 이를 위하여 필요한 정책을 시행해야 한다. ② 국가는 법률로 정하는 바에 따라 소비자운동을 보장한다.

근로자와 소비자의 보호문제가 인간의 존엄과 가치를 보장하여야 하는 국가공동체의 과제로 인식되어 헌법적 시각에서 논의되기 시작하였다.

우리나라에서도 1980년 제5공화국헌법 제정 당시 권위주의 체제의 약점을 보완하기 위하여 정의국가를 국정 지도이념으로 선언하면서 소비자보호를 헌법에서 규정하자는 주장이 대두되었다. 소비자보호의 이념을 헌법에 규정하자는 데에는 대체적인 찬동을 얻었으나, 그 구체적 방향에 관해서는 논란이 있었다. 즉 소비자보호를 기본권의 하나로 파악하여 국민의 경제활동과 거래에 있어서의 경제적 불이익을 방지하려는 견해와, 경제의 장에 소비자보호를 독과점규제와 더불어 규정하려는 견해의 대립이 있었는데, 결국 제5공화국헌법은 경제의 장에 따로 소비자보호조항을 신설하여 「국가는 건전한 소비행위를 계도하고 생산품의 품질향상을 촉구하기 위한 소비자보호운동을 법률이 정하는 바에 의하여 보장한다」라고 규정함으로써 소비자보호를 명문화하였다.[5][6] 현행 헌법 제124는 이 조항을 그대로 이어받고 있는 것이다.

우리 헌법재판소도 "소비자는 물품 및 용역의 구입 · 사용에 있어서 거래의 상대방, 구입장소, 가격, 거래조건 등을 자유로이 선택할 권리를 가진다. 소비자가 시장기능을 통하여 생산의 종류, 양과 방향을 결정하는 소비자주권의 사고가 바탕을 이루는 자유시장경제에서는 경쟁이 강화되면 될수록 소비자는 그의 욕구를 보다 유리하게 시장에서 충족시킬 수 있고, 자신의 구매결정을 통하여 경쟁과정에 영향을 미칠 수 있기 때문에 경쟁은 또한 소비자보호의 포기할 수 없는 중요 구성부분이다."라고 하여 소비자의 선택권을 소비자권리로 명시적으로 인정하였다.[7] 나아가 헌법재판소의 소수의견은 "소비자의 권리를 헌법상의 독자적인 기본권으로 고양시켜 보장하여야 하는 것이다. 소비자의 권리가 헌법상의 기본권으로 확립되고 보장될 때에 비로소 경제민주화와 정의사회구현을 통한 헌법상의 기본원리로서의 사회국가원리가 실현되고, 인간의 존엄과 가치, 행복추구권 및 재산권, 인간다운 생활을 할 권리, 범죄피해자구조구권 등 여타의 관련기본권이 실효성있게 보장될 수 있으며, 결국 헌법이 지향하는 사회공동체의 동화적 통합이 촉진될 수 있는 것이다. …… 헌법 제124조는 바로 헌법상 기본권으로서의 소비자권리의 헌법적 근거라고 보아야 할 것이다. 왜냐하면 헌법 제124조는 바로 소비자의 권리에 대한 헌법적 보장을 기본적 전제로 하면서 동시에 소비자의 권리보장을 그 궁극적인 목적으로 하고 있기 때문이다."라고 하여 소비자권리가 국민의 기본권임을 직접적, 명시적으로 인정하여 설시한 적이 있다.[8]

---

5) 성낙인, 헌법학, 법문사, 2007, 202-203면.

6) 헌법만이 아니라 이러한 헌법규정을 근거로 1980년 소비자보호법이 제정되었고, 2006년 정부는 위험사회에 대처하고 세계화와 정보화에 부응하고 소비자를 보호의 대상이 아니고 주권자로 취급하여야 한다며 소비자보호법을 소비자기본법으로 개정하였다.

7) 헌재 1996.12.26. 96헌가18.

외국의 입법례에 의하더라도 헌법상으로는 1966년 멕시코헌법(제28조), 1980년 터키헌법(제172조), 1991년 스위스헌법(제69조의2), 1992년 스페인헌법(제51조), 1997년 포르투갈헌법(제60조), 1997년 폴란드헌법(제76조), 2003년 미국 몬타나주헌법(제13조), 2004년 케냐헌법(제69조) 등에서 소비자보호를 규정하고 있다.[9][10] 전세계 49개국에서 소비자 보호문제를 헌법에서 언급하고 있다고 한다.[11]

소비자보호문제가 법적 문제로 인식하게 된 것은 1960년대부터로서 역사가 일천하므로 이에 대한 법이론적 연구도 아직 충분하지 않은 실정이다.[12] 특히 헌법적 측면에서의 연구는 더욱 빈약하다. 사회적 약자인 소비자의 피해상황이 계속하여 심각하게 발생하고 있음에도 헌법이론적 연구의 부족으로 소비자 문제를 해결하기 위한 합의가 된 헌법개정안이 나오지 못하고 있는 것이다. 소비자권리는 현대 자본주의 시장경제 체제 국가에서는 국민의 기본권으로 인정하여야 함이 사회국가의 성격과 소비자권리의 의미 그리고 기본권의 의의에 대한 올바른 이해와 부합한다고 보아야 한다.

본 논문에서는 소비자의 권리가 기본권으로 헌법에 명시하는 것에 대한 헌법적 쟁점들에 대하여 살펴보려고 한다. 현대 자본주의 시장경제 체제에서 소비자 보호가 왜 헌법적으로 문제되는지를 설명한 후 현행 헌법상 소비자 권리를 어떻게 해석하여야 하는지를 살펴보고, 기존의 기본권 이론에 비추어 소비자 권리의 개념과 소비자권리의 법적 성격을 파악한 다음 새로운 헌법에 있어서는 소비자권리는 사회적 기본권으로 인정되어야 함을 주장하려고 한다.

---

8) 헌재 1995.7.21. 94헌마136의 소수의견.

9) 권영성, 헌법학원론, 법문사, 2008, 579면; 김철수 외, 세계비교헌법, 박영사, 102-103면.

10) 각각의 헌법규정의 자세한 내용은 다음과 같다. 스페인 헌법 제51조「① 국가는 소비자와 이용자의 권익을 옹호하며, 이들의 안전, 건강, 정당한 경제적 이익을 효율적인 절차에 의하여 보호한다. ② 국가는 소비자와 이용자에 대하여 정보를 제공하고 교육을 장려하며, 이들의 조직을 후원하고, 법률이 정하는 바에 의하여 이에 관련한 사항에 대한 소비자와 이용자의 의견을 청취하여야 한다. ③ 제1항 및 제2항에 규정된 범위 내에서, 국내거래 및 상품의 인가제도에 관하여 법률로 정한다.」; 터키 헌법 제172조「국가는 소비자를 보호하고 소비자에게 정보를 제공하며, 소비자보호운동을 장려한다.」; 포르투갈 헌법 제60조「① 소비자는 양질의 상품 및 서비스에 대한 권리, 안내 및 정보제공을 받을 권리, 자신의 건강・안전・경제적 이익을 보호받을 권리, 그리고 피해보상에 대한 권리를 가진다. ② 광고는 법률에 의하여 규율하며, 허위・간접・사기 광고는 금지된다. ③ 소비자연맹과 소비자단체는 법률이 정하는 바에 따라 국가의 후원을 받으며 소비자보호에 관한 사항을 자문한다. 소비자연맹・단체의 이익, 집단적 이익, 또는 일반적 이익을 위한 소비자연맹・단체의 소송능력은 인정된다」; 멕시코 헌법 제28조 제2문「…, 소비자에게 과도하게 높은 가격을 강요하는 모든 협정 또는 담합은, … 법률에 따라 처벌한다」; 스위스헌법 제69조의2「① 연방은 다음 사항에 관하여 입법권한을 가진다. a) 식품에 관한 거래 b) 생명 또는 건강에 위협을 줄 수 있는 기타 소비재에 관한 거래 ② 주(Canton)은 전항을 이행하여야 한다. ③ 연방은 국경에서 수입품을 검역하여야 한다」(이상 계희열, 헌법학(중), 박영사, 2007, 586쪽에서 재인용).

11) Elkins, Zachary, Tom Ginsburg, and James Melton. 2014. "Characteristics of National Constitutions, Version 2.0." Comparative Constitutions Project. Last modified: April 18, 2014. Available at: http://www.comparativeconstitutionsproject.org.

12) 뒤에서 살펴보듯이 소비자 문제가 법적, 행정적 문제로 대두된 것은 1964년 미국 대통령인 케네디의 대의회 교서에서부터 라는 것이 일반적인 견해이다.

Ⅱ. 헌법적 문제로서의 소비자 권리

1. 소비자 문제의 대두

소비지권리가 헌법적 문제로 대두된 것은 현대의 경제생활이 시장경제 즉 상품생산을 기반으로 하고 있기 때문이다. 근대 이전의 경제는 자가생산, 자가소비를 원칙으로 하고 다만 자가소비를 하고 난 후 잉여분이 있을 경우에는 이를 물물교환의 형태로 약간의 교환이 이루어지는 경제가 주된 경제형태였다. 하지만 근대산업혁명 이후의 생산은 가내수공업을 넘어 대규모 공장에서 대량생산 체제가 갖추어지고, 이는 도매상이나 소매점 등 전문적 유통채널을 통하여 대규모로 많은 소비자에게 전달된 후, 소비자들은 이와 같이 통일적, 획일적으로 생산된 상품들을 동등하게 소비하는 구조가 이루어졌고, 화폐를 매개로 상품생산 형태를 갖추어 공급자와 수요자가 완전히 분리되는 구조를 취하게 되었다. 18세기 이래로 분업과 공장생산은 더욱 고도화되고 물리학이나 화학 그리고 생물학 등 과학의 발달은 상품이나 서비스의 내용이나 구조를 더욱 정밀화, 복잡화, 고도화 하였다. 그 결과로 소비자가 단순히 오감에 의하여 상품의 내용을 파악하는 것은 불가능하게 되고 생산 사업자를 신뢰하고 상품이나 서비스를 구입하고 소비하게 되었다.[13)]

그런데 오늘날의 자본주의 시장경제는 사업자가 최대이윤을 추구하는 것을 바탕으로 하기 때문에 사업자는 시장에서의 자동조절작용이 작동하지 않거나 만약 규제가 없다면 초과이윤 즉 지대를 추구하려고 함은 너무나 당연하다. 소비자나 규제당국이 미처 사업자가 제공하는 상품이나 서비스의 문제점을 파악하지 못한 경우에 사업자는 상품이나 서비스에 대하여 지식이나 정보 혹은 유통구조 등 자신의 우월적 지위를 이용하여 초과이윤을 획득하려고 한다. 1) 사업자는 지식이나 정보의 우월하기 때문에 소비자에 대하여 초과이익을 향유하려고 하고 2) 사업자의 수자는 상대적으로 소비자에 비하여 훨씬 소수이기 때문에 이들이 자신들의 이익을 극대화하기 위하여 서로 간에 합의하여 담합하거나 공모할 가능성이 높고 3) 사업자의 고의가 아니라고 하더라도 경쟁에서 승리하기 위하여 상품 등에 유전자 조작이나 특수 화학물질의 사용, 방사선 처리 등에 의하여 저비용으로 신속한 출시와 판매를 하여 그 위험성을 인식하지 못한 소비자의 생명이나 안전까지도 위협하거나 아니면 상당한 재산적 피해를 입힐 수 있는 측면이 있다.[14)] 오늘날 시장경제 체제에서 소비자가 입는 피해는 구조적 불평등과 같은 이른바 '구조적 피해'이고,[15)] 개별 소비자들은 스스로를 보호할 수 없는 상

13) 권오승, 소비자보호법, 법문사, 2002, 3-17면 참조.
14) 권오승, 앞의 책, 10-13면.
15) 계희열, 헌법학(중), 582면.

황에 처하고 있는 것이다.

헌법재판소 소수의견도 "오늘날의 독점자본주의 경제체제하에서의 경제구조는 대량생산·대량판매·대량소비를 특징으로 하고 있다. 이러한 상황에서 소비자대중은 유해·불량·위험·불공정가격의 상품 또는 용역으로 말미암아 생명·건강·재산 등에 심각한 피해를 입을 가능성에 항상 노출되어 있다. 그런데 소비자들은 자기보호의 능력이 결핍된 비조직적인 단계에 머물고 있을 뿐 아니라 정보에 어두워 스스로의 권리행사마저 포기하지 않을 수 없는 무력한 위치에 처해 있으며, 거대한 재벌기업에 비하여 약자로서의 소비자는 일방적으로 희생을 강요당하는 처지에 있다고 볼 수 있다. 이런 상황에서 사업자와 소비자간의 불평등성을 외면한 채 당사자해결방식만을 고집하는 것은 경제민주화와 정의사회의 이념에 정면으로 위배되는 것이다."라고 설명하고 있다.[16)]

2. 각국에 있어서의 소비자보호

소비자보호에 관하여는 일찍이 영국에서 1959년 소비자 보호를 위하여 바람직한 개혁을 심의하기 위한 공적 위원회가 몰로니(Molony)의 주재 하에 구성되었고, 1962년 이 위원회가 제출한 최종보고서는 비록 상품구입에 국한되기는 하였지만 많은 구체적 개혁을 제안하였다. 그 중에서도 소비자보호를 위한 중앙기구의 창설과 지역소비자자문기구의 설치를 제안하였는데 이들은 1972년과 1973년에 모두 실현되었다.[17)]

1962년 미국에서는 J. F. Kennedy 대통령이 의회에 보낸 소비자이익의 보호에 관한 연두교서에서 소비자기본권을 선포하였고, 소비자보호를 위한 프로그램의 제시와 소비자 자문기구의 설치를 촉구했다.

일본은 1968년에 소비자보호기본법을 제정하였고, 스웨덴은 1971년 오랜 연구와 준비 끝에 소비자 옴부즈만 제도를 도입하였으며, 노르웨이, 덴마크, 핀란드도 스웨덴의 예를 따랐다. 독일에서는 1971년 제1차 소비자정책보고서가 작성되었고, 1975년 제2차 소비자정책보고서가 제출되었다. 제1차 보고서의 제출 이후부터 독일에서는 연방과 지방차원에서 소비자보호를 위한 많은 법의 제정과 개정이 있었다. 프랑스는 1978년 '상품과 용역에 대한 소비자의 보호와 정보에 관한 법률'을 제정하였다. 멕시코는 1975년 광범한 소비자보호법을 제정하였다. 이 밖에 많은 나라에서 소비자보호운동은 점차 중요한 의미를 갖게 되었고 큰 성과를 거두게 되었다.[18)]

소비자보호의 문제는 국제적 차원에서도 점차 큰 관심을 갖게 되었다. 유럽공동체(EC)는

---

16) 헌재 1995.7.21. 94헌마136의 소수의견.
17) 계희열, 위의 책, 583쪽 참조.
18) 계희열, 위의 책, 584-585쪽 참조.

이미 소비자보호를 위한 각종 법과 제도를 마련하였고 유럽이사회는 소비자보호를 위한 각종 권고, 협정의 체결, 결의 등을 하였으며 1973년 5월 17일 소비자보호헌장을 제정하였다. 특히 경제협력개발기구(OECD)는 1969년 소비자정책위원회를 설치하였고 이 위원회는 1972년 소비자정책보고서를 발표하였다. 그 후 UN(국제연합)은 1985년 8개의 소비자 권리를 담은 UN 소비자보호지침을 발표하였고[19] CI(국제소비자기구)와 더불어 소비자보호와 관련되는 문제, 즉 생산품보증의 통일, 다국적기업의 활동, 국제거래와 관련되는 경쟁제한의 통제문제 등을 다루었으며, 그 산하 경제사회이사회의 자문기구로서 결성된 국제소비자연맹을 통하여 소비자운동이 세계적으로 확산되었다.[20]

3. 헌법의 과제로서 소비자보호

헌법은 국가공동체 구성원 모두의 존엄과 가치를 보장하기 위한 제도적 장치로 구성원의 자유와 평등을 보장하여야 한다. 현대의 공동체가 경제적으로 시장경제를 그 기초로 하고 있고 단순히 그 구성원의 형식적 자유와 평등만이 아니고 실질적 자유와 평등을 보장하는 장치라면 당연히 현대 헌법은 사업자와 소비자 사이에 있어서 사회적 약자로서의 소비자의 현실을 시정하기 위한 헌법적 장치를 마련하여야만 한다. 그렇기 때문에 소비자의 권리가 헌법상 기본권의 문제로 대두되는 것이다.

헌법재판소 소수의견도 "거대한 재벌기업의 횡포로부터 무력한 소비자들을 보호하고 그들의 피해를 예방하기 위한 정책적 배려와 함께 소비자의 권리를 기본적 인권의 차원에서 확보해야 할 필요성이 절실한 것이다. 즉 소비자의 권리를 헌법상의 독자적인 기본권으로 고양시켜 보장하여야 하는 것이다. 소비자의 권리가 헌법상의 기본권으로 확립되고 보장될 때에 비로소 경제민주화와 정의사회구현을 통한 헌법상의 기본원리로서의 사회국가원리가 실현되고, 인간의 존엄과 가치, 행복추구권 및 재산권, 인간다운 생활을 할 권리, 범죄피해자구조구권 등 여타의 관련기본권이 실효성있게 보장될 수 있으며, 결국 헌법이 지향하는 사회공동체의 동화적 통합이 촉진될 수 있는 것이다."라고 설시하고 있다.[21]

---

19) 현재 이 Guidelines의 정식명은 United Nations Guidelines for Consumer Protection(as expanded in 1999). NewYork; United Nations 2003. 이고, 여기에 규정된 8대 권리의 원문은 다음과 같다. (a) The protection of consumers from hazards to their health and safety (b) The promotion and protection of the economic interests of consumers; (c) Access of consumers to adequate information to enable them to make informed choicesaccording to individual wishes and needs; (d) Consumer education, including education on the environmental, social and economic impacts of consumer choice; (e) Availability of effective consumer redress; (f) Freedom to form consumer and other relevant groups or organizations and the opportunity of such organizations to present their views in decision-making processes affecting them; (g) The promotion of sustainable consumption patterns.

20) 계희열, 앞의 책, 585-586면.

21) 헌재 1995.7.21. 94헌마136의 소수의견.

자본주의 시장경제 체제하에서는 사용자와 근로자의 관계에서는 근로자가 생계의 위협으로 인하여 약자의 관계에 있으며, 사업자와 소비자의 관계에서는 소비자가 정보의 부족으로 약자의 관계에 있다. 그리하여 사회적 약자인 근로자에 대하여는 근로자의 권리를 보장하기 위하여 헌법은 근로권과 노동3권을 기본권으로 인정하여 이를 조문화하고 있다. 하지만 사업자와 소비자의 관계는 우리 헌법이 기본권으로 명문화하고 있지 아니하다. 다만 헌법의 경제조항에서 소비자 권리가 아니고 '소비자보호운동'을 보장한다는 내용으로 규정되어 있다.

이와 같은 헌법 조문체계를 가지게 된 것은 무엇보다도 역사적으로 근로자 문제가 먼저 헌법에 규정할 필요가 있었기 때문이다. 사회적 약자인 근로자들의 생존을 위한 투쟁으로 인하여 사회의 안전과 평화가 위태롭게 되자 국가 공동체 전체의 통합을 위하여 헌법은 근로자의 권리를 헌법에 명문화 하였던 것이다. 하지만 소비자 문제는 헌법사적으로 근로자 문제보다는 역사적으로 뒤늦게 헌법적 문제로 대두되었다.

자본주의 시장경제체제에서 사업자는 적극적, 능동적으로 창의적인 경제활동을 통하여 시장에서 최대의 이윤획득을 목적으로 자본을 투입하여 상품과 서비스를 생산한다. 이에 비하여 소비자는 이와 같이 생산된 상품과 서비스를 수동적으로 수용하여 사용한다. 자본주의 시장경제체제하에서는 소비자에게 상품과 서비스를 선택하는 권리가 있으나, 이러한 선택권은 사실상 사업자가 제공하는 정보에 의하여 제한되고 제어되고 있다. 소비자는 외견적으로 상품이나 서비스에 대한 선택권이 있는 것처럼 보이나 현실에 있어서 구체적, 개별 소비자는 사업자에 의하여 제공되는 정보에 의존하는 약자의 입장에 있을 뿐이다. 시장경제의 고도화와 더불어 마케팅 기법의 발달로 인하여 현실 시장에서 소비자는 자유로운 선택이 불가능하고 사업자의 더 많은 이윤추구를 위한 도구로 전락되는 현상을 보이고 있다. 그 결과 사회적 강자인 사업자가 사회적 약자인 소비자를 억압하는 권력적 현상이 나타났고, 이러한 현상은 사용자와 근로자 사이의 권력적 현상과 매우 유사한 것이라는 것을 국가공동체 구성원들은 인식하게 되었다.

해당 상품이나 물품등을 공급하는 사업자는 그 물품등을 제조 또는 유통·공급하는 과정에서 반대급부로 소비자들로부터 경제적 이익을 얻는 당사자이므로 해당 물품등과 관련한 소비자의 권익을 보호하기 위하여 정당한 소비자불매운동이 이루어질 경우 경제적 손해가 생기더라도 이를 감내해야 할 당연한 지위에 있다고 할 수 있다.[22)]

그리하여 현대 헌법은 소비자 문제를 국가로부터 자유로운 시장의 순수한 경제적 문제가 아니라 공동체 전체의 복지를 위하여 국가가 관여하여야 할 법적 문제로 인식하고 이를 헌법에 규정하게 된 것이다.

---

22) 헌재 2011.12.29. 2010헌바54 등.

Ⅲ. 현행 헌법과 소비자의 권리

1. 헌법규정과 입법연혁

헌법 제124조는 「국가는 건전한 소비행위를 계도하고 생산품의 품질향상을 촉구하기 위한 소비자보호운동을 법률이 정하는 바에 의하여 보장한다」라고 규정함으로써 소비자보호를 명문화하고 있다. 이 규정에 대하여 우리 헌법재판소는 "현대 자유시장 경제질서 하에서 생산물품 또는 용역의 가격이나 품질의 결정, 그 유통구조 등의 결정과정이 지나치게 사업자 중심으로 왜곡되어 소비자들이 사회적 약자의 지위에 처하게 되는 결과 구조적 피해를 입을 수 있음을 인식하고, 미약한 소비자들의 역량을 사회적으로 결집시키기 위하여 소비자보호운동을 최대한 보장・촉진하도록 국가에게 요구함으로써, 소비자의 권익을 옹호하고 나아가 시장의 지배와 경제력의 남용을 방지하며 경제주체간의 조화를 통해 균형있는 국민경제의 성장을 도모할 수 있도록 소비자의 권익에 관한 헌법적 보호를 창설한 것이다."고 설명하고 있다.

이 규정이 비록 '소비자보호운동'을 법률이 정하는 바에 의하여 보장한다는 조문이고 소비자보호운동도 '건전한 소비행위를 계도하고 생산품의 품질향상을 촉구하기 위한' 목적에 한정하여 보장한다는 것이지만 소비자에 대한 유일한 헌법 주문이기 때문에 이 조문과 소비자의 권리에 관하여는 여러 가지 논의가 있다. 이 조항이나 기타 조항에 의하여 소비자권리가 헌법상 보장되는가 하는 점에 대하여는 견해의 대립이 있다.

2. 소비자권리의 법적 성격

(1) 기본권인가 제도적 보장인가

소비자권리의 법적 성격과 관련하여서는 크게 세 가지의 견해가 나타나고 있다. 제도보장설과 기본권설 및 기본권유사적 권리설이 그것이다.

1) 제도보장설

성낙인 교수는 현행헌법이 보장하는 소비자보호에 관한 규정의 성격이 기본권을 보장한 것인지 아니면 하나의 제도보장인지에 대하여는 논란이 있을 수 있다고 하면서, 소비자주권론을 강조하는 시각에서는 이를 기본권의 보장으로 이해할 수 있겠지만, 소비자보호에 관한 현행헌법 규정이 기본권의 장이 아닌 경제의 장에 규정되어 있다는 점과 명문 규정이 소비자보호의 보장이 아니라 소비자보호'운동'의 보장으로 규정되어 있다는 점을 중시하여 객관적 법질서의 보장으로서의 제도보장으로 이해하고 있는 듯하다. 즉 헌법 표현상 '소비자보호운동'에서 소비자의 권리를 바로 연역해 낼 수 있는지에 대하여는 의문이라고 하고 있다.[23)]

---

23) 성낙인, 앞의 책, 203면.

2) 기본권설

이러한 제도보장설에 대하여는 소비자보호운동은 소비자의 권리를 전제하면서 이러한 소비자의 권리를 확보하기 위한 것이기 때문에 소비자보호운동을 보장하는 규정은 당연히 소비자의 권리를 기본권으로서 함께 보장한다고 보아야 한다는 비판이 가해지고 있다. 즉 헌법이 소비자의 권리를 명확하게 규정하지 않았다는 이유로 제124조를 소비자 권리의 헌법적 근거규정이 될 수 없다고 보거나, 또는 소비자의 권리가 제9장 '경제'편에 규정되어 있기 때문에 소비자기본권을 규정한 것이 아니라고 보는 것은 양심, 종교, 재산권, 직업의 자유 등 다른 기본권의 경우에도 그 개념이 불명확하기는 마찬가지이며, 또한 기본권은 제2장 '국민의 권리와 의무'에만 규정되어 있는 것은 아니기 때문에 타당하지 못하다는 것이다.[24] 이런 입장은 통상 헌법 제124조를 소비자기본'권'을 보장한 조항으로 이해하고 있으며, 소비자기본권의 개념을 "소비자가 인간다운 생활을 영위하기 위하여 공정한 가격으로 양질의 상품 또는 용역을 적절한 유통구조를 통해 적절한 시기에 구입하거나 사용할 수 있는 권리"라고 정의하고 있다.[25]

헌법재판소도 "소비자는 물품 및 용역의 구입·사용에 있어서 거래의 상대방, 구입장소, 가격, 거래조건 등을 자유로이 선택할 '권리'를 가진다. … 소비자가 시장기능을 통하여 생산의 종류, 양과 방향을 결정하는 '소비자주권의 사고가 바탕을 이루는' 자유시장경제에서는 경쟁이 강화되면 될 수록 소비자는 그의 욕구를 보다 유리하게 시장에서 충족시킬 수 있고, 자신의 구매결정을 통하여 경쟁과정에 영향을 미칠 수 있기 때문에 경쟁은 또한 소비자보호의 포기할 수 없는 중요구성부분이다"라고 판시함으로써,[26] 소비자는 '권리'를 가진다는 점과 자유시장경제에서는 소비자주권의 사고가 바탕을 이루게 된다는 점을 간접적으로 밝히고 있는 바, 근본적으로 기본권설에 입각하고 있는 것으로 이해할 수 있을 것이다.

3) 기본권유사적 권리설

한편 이러한 기본권설에 대하여는 다시 기본권편에 규정되어 있지 아니한, 그것도 '소비자의 권리'라고 명시되지도 아니한 것을 기본권이라 부르는 것은 문제가 있다고 하면서, 기본권편 이외의 다른 곳에 어떤 권리가 규정되어 있을 경우 그것을 '기본권유사적 권리'(grundrechtsähnliche Rechte)라고 부르는 독일헌법학의 예를 수용하여 소비자의 권리를 기본권유사적 권리로 보는 것이 타당할 것이라는 견해도 제시되고 있다.[27]

24) 계희열, 앞의 책, 588면.

25) 권영성, 앞의 책, 578면; 계희열, 앞의 책, 589면.

26) 헌재 1996.12.26. 96헌가18, 주세법 제38조의 7 등에 대한 위헌제청.

27) 홍성방, "한국헌법과 경제질서", 고시계, 2003.3, 15면.

(2) 어떠한 성격의 기본권인가

소비자권리를 기본권적인 시각에서 파악하는 다수의 견해도 기본권의 구체적인 성격과 관련하여서는 다시 경제적 자유권설, 사회권적(생존권적) 기본권설 및 복합적 기본권설로 나뉘고 있다.

1) 경제적 자유권설

소비자의 권리는 상품 또는 용역을 자유롭게 선택할 수 있고 양질의 상품 또는 용역을 공정한 가격으로 적절한 유통구조를 통하여 적절한 시기에 구입하여 사용하거나 이용할 권리(자유)를 행사함에 있어서, 거래상의 경제주체인 소비자의 경제적 이익의 침해로부터의 자유를 보장하는 것이기 때문에 자유권, 그 중에서도 경제적 자유권이라고 보는 견해이다.[28]

2) 사회적(생존권적) 기본권설

현대산업사회에 있어서 소비자의 권리는 경제적 약자로서 종속적 지위에 있는 소비자의 구조적 피해로부터 그 이익을 보호함으로써 인간다운 생활을 보장하기 위한 것이므로 사회적(생존권적) 기본권의 성격을 가진다고 한다.[29]

3) 복합적 기본권설

소비자의 권리를 다양한 성격을 함께 갖는 기본권으로 파악하는 견해로서, 다시 ⅰ) 경제적 자유권과 사회적 기본권의 이중적 성격의 기본권이라는 견해,[30] ⅱ) 경제적 자유권과 청구권적 기본권의 이중적 성격의 기본권이라는 견해,[31] ⅲ) 자유권적 기본권·경제적 기본권·청구권적 기본권·사회적 기본권의 성격을 모두 갖는 복합적 성격의 기본권이라는 견

28) 구병삭, 신헌법원론, 박영사, 1993, 520-526면 참조. 따라서 구병삭 교수는 소비자의 권리를 경제적 자유에 관한 기본권의 편에서 서술하고 계신다. 한편 강경근 교수도 소비자권을 새로운 유형으로 자유권적 기본권으로 분류하면서, 이는 특히 직업의 자유의 한 내용으로서의 영업의 자유에 대응하는 권리로서의 측면이 강하며, 소비자권리 중에서도 자기결정권은 행복추구권으로부터 파생된다고 하여 자유권적 기본권으로 소비자권을 파악하고 있는 듯 하다(강경근, 헌법, 법문사, 2002, 540면).

29) 양건, "헌법과 소비자보호", 「공법연구」 제10집, 1982, 98면; 윤명선, "소비자의 권리", 「월간고시」, 1993.9., 76면. 양건, 헌법강의, 법문사, 2009, 186면.

30) 한상범 교수는 소비자권리는 재산권의 보장을 받는 주체로서 경제적 이익인 가격·품질·위해 등에 있어서 자유를 보장받는 경제적 자유권의 성격을 가지는 반면, 경제적 약자로서 인간다운 생활을 누리기 위해 국가의 적극적인 간섭을 요구하는 사회적 기본권의 성격을 동시에 가지고 있으므로 이중적·복합적 성격의 기본권이라고 한다(한상범, "헌법상의 경제질서와 소비자보호의 제문제", 「공법연구」 제5집, 1977, 76면).

31) 계희열 교수는 소비자의 권리는 한편으로 상품 또는 용역을 자유로이 선택할 수 있는 권리라는 점에서 경제적 자유권의 성격을 가지며, 다른 한편 소비자의 권리가 국가에 대한 보호청구권을 그 주요내용으로 한다는 점에서, 즉 소비자가 경제적 약자로서 종속적 지위에 있는 소비자의 구조적 피해로부터 보호를 요구하는 것은 보호'청구권'으로서의 성격도 갖는다고 하며, 다만 서술의 편의상 경제적 자유권으로 분류하여 고찰하고 있다(계희열, 앞의 책, 593면). 그리고 홍성방 교수도 소비자권리를 기본권유사적 권리로 보자고 하면서도 이러한 기본권유사적 권리도 법적 성격은 기본권의 법적 성격에 준하여 생각해 볼 수 있다고 하면서, 이 경우 소비자의 권리는 한편으로는 국가의 간섭 없이 상품 또는 용역을 자유롭게 선택할 수 있는 권리라는 점에서 자유권적 성격을 가지며, 다른 한편으로는 경제적 약자인 소비자가 국가에 대하여 보호를 청구한다는 점에서 청구권적 성격을 병유하고 있는 것으로 볼 수 있다고 하고 있다(홍성방, "한국헌법과 경제질서", 15면).

해[32]로 나누어 볼 수 있다.

(3) 현행 헌법상 소비자권리의 헌법적 근거와 성격

소비자권리의 헌법적 근거와 관련하여서는 헌법 제124조를 소비자보호운동권만을 보호하는 것으로 보아 여러 헌법규정을 종합하여 그 근거로 보는 견해,[33] 소비자보호운동은 소비자의 권리를 전제하고 있기 때문에, 곧 소비자보호운동은 소비자의 권리를 확보하기 위한 것이기 때문에 소비자보호운동을 보장하는 규정은 당연히 소비자의 권리를 함께 보장한다는 논거에서[34] 또는 일정한 권리의 헌법적 근거는 특별히 다른 이유가 없는 한 가장 가까운 조항에서 찾아야 한다는 이유에서[35] 헌법 제124조에서 그 근거를 찾는 견해가 대립되어 있다.

헌법재판소의 소수의견은 헌법 제124와 헌법 제10조가 보장하는 행복추구권을 그 근거로 설명하고 있다. "소비자의 권리는 정의사회, 국민의 여러 관련 기본권의 실현 및 이를 통한 사회공동체의 동화적 통합을 위하여 불가피한 가치이자 권리이기 때문에 당연히 헌법상 보장되어야 할 기본권인 것이다. 즉, 헌법 제37조 제1항에 따라 국가권력에 의하여 보장되어야 하고 경시되어서는 안되는 기본권인 것이다. 문제는 그렇다면 이러한 소비자의 권리의 헌법상의 근거규정은 헌법 제124조 이외에 무엇인가 하는 것인데, 바로 헌법 제10조가 보장하는 행복추구권이 그것이라고 할 수 있다"[36]

개인적으로는 현행헌법상 소비자권리는 헌법에 열거되지 아니한 권리로서 광의의 인간다운 생활을 할 권리에 포함된다고 보아야 한다고 판단한다. 왜냐하면 이미 위에서 설명한 바와 같이 상품이나 서비스에 관한 정보나 지식에서 사회적 약자인 소비자를 보호하여 사회적 강자인 사업자와 동등한 입장에서 경제생활이나 문화생활 등을 향유하게 할 수 있게 국가가 적극적으로 사회적 약자인 소비자보호를 위한 권리가 소비자권리라 할 수 있기 때문이다. 특

---

32) 권영성 교수는 소비자권리의 법적 성격에 대하여 ㉠ 상품 또는 용역의 자유로운 선택과 소비자집단행동에 관하여 방해를 받지 아니하는 권리라는 측면에서는 자유권적 기본권이라 할 수 있고, ㉡ 양질의 상품 또는 용역을 공정한 가격으로 구입하거나 사용함으로써 경제적 손실을 피할 수 있는 권리라는 측면에서는 경제적 기본권이라 할 수 있으며, ㉢ 소비자의 피해의 예방 또는 보상을 청구할 수 있는 권리라는 측면에서는 청구권적 기본권이라 할 수 있고, ㉣ 양질의 상품 또는 용역을 적절한 유통구조를 통해 구입하거나 사용함으로써 인간다운 생활을 영위할 수 있고 또 건강을 침해당하지 아니할 권리라는 측면에서는 사회적 기본권이라 할 수 있다고 하여 하나의 현대형 인권으로서 복합적 기본권이라 설명하고 있다(권영성, 앞의 책, 580면).

33) 권영성 교수는 소비자의 권리는 새로운 유형의 현대형 인권으로서 다측면성을 가진 복합적 기본권이므로, 그 헌법적 근거도 ㉠ 인간의 존엄성존중과 행복추구권을 보장한 제10조를 이념적 근거규정으로 하고, ㉡ 소비자보호운동을 보장한 제124조를 부분적인 직접적 근거규정으로 하며, ㉢ 헌법에 열거되지 아니한 자유와 권리도 경시되지 아니한다는 제37조 제1항을 보완적 근거규정으로 하면서, ㉣ 제23조 제1항(재산권의 보장), 제34조 제1항(인간다운 생활의 보장) 및 동조 제6항(국가의 재해예방과 위험으로부터 국민의 보호의무), 제36조 제3항(보건에 관한 권리), 제26조(청원권), 제30조(범죄피해자구조청구권) 등을 간접적 근거규정으로 하여 헌법상 보장된다고 해석할 수 있다"고 설명하고 있다(권영성, 위의 책, 579-580면).

34) 계희열, 앞의 책, 587-588면.

35) 홍성방, "한국헌법과 경제질서", 14면.

36) 헌재 1995.7.21. 94헌마136의 소수의견.

히 우리 헌법은 현대사회에서 소비자가 경제사회의 엄연한 한 주체임에도 불구하고 그 존재 형식에 있어 개별화되어 있고 충분히 조직화되어 있지 못한 탓에 사회적 약자로서 존재한다고 보아 소비자보호운동에 초점을 맞추고 있다. 헌법은 소비자보호운동을 통하여 소비자의 정당한 권리를 보호함으로써 소비자 개개인의 인간다운 삶을 보장하고자 하는 데 있다고 한다면 소비자의 권리의 법적 성격도 사회적 기본권으로서의 성격이 가장 강하다고 할 것이고, 이는 현실적인 기능면에서도 소비자의 권리는 국가에 대하여 사회적 약자인 소비자를 보호하기 위한 다양한 정책과 제도의 마련과 집행을 요구하는 권리라는 점에서도 마찬가지라 할 수 있다.

Ⅳ. 소비자권리의 개념과 내용

새로운 헌법에서 소비자권리가 헌법상 기본권으로 보장되려면 비록 추상적, 포괄적이고 가변적인 것이라고 할지라도 먼저 그 개념과 내용이 분명하여야 한다.

소비자의 권리라고 함에 있어서 먼저 소비자의 개념과 의미부터 확정할 필요가 있다. 소비자란 사업자 혹은 생산자에 대응하는 용어인데 그 구체적 의미에 대하여는 견해의 대립이 있다. 소비자라 함은 사업자가 공급하는 상품 및 서비스를 소비생활을 위하여 구입하여 사용하거나 이용하는 자를 의미한다. 우리나라 소비자기본법 제2조는 "소비자라 함은 사업자가 제공하는 물품 및 용역을 소비생활을 위하여 사용하거나 이용하는 자 또는 대통령령이 정하는 자를 말한다"고 규정하고 있고, 같은 법 대통령령 제2조는 "사업자가 공급하는 상품이나 용역을 생산활동을 위하여 사용 또는 이용하는 자로서, 제공된 물품이나 용역을 최종적으로 사용하거나 이용하는 자와 제공된 물품을 농업 및 어업활동을 위하여 사용하는 자"를 소비자의 개념에 포함시키고 있다.[37] 이와 같은 소비자의 개념을 우리나라 소비자법 체계 전반이나 소비자보호 목적을 위해서는 적절한 정의라고 할 수도 있지만 헌법적인 측면에서는 좀 달리 이해하여야 한다고 본다. 개인과 국가의 관계 특히 기본권적 측면에서는 '국민일반을 소비생활이라고 하는 경제적, 사회적 측면에서 포착한 개념'으로 이해하는 것이 도움이 된다.[38] 왜냐하면 인간의 존엄과 가치 혹은 국가공동체 통합이라는 헌법적 과제와 관련하여 소비자의 개념을 포착하여야 하기 때문이다.

소비자를 소비생활이라고 하는 경제적, 사회적 측면에서 파악한 국민일반이라면 소비자의 권리란 과연 구체적으로 어떤 내용의 권리인가가 문제된다. 소비자의 권리에 대하여서는 소

37) 권오승. 앞의 책, 4-5면.

38) 加藤一郎, 消費者行政の 限界, ESP No.73(1978.5) 6면에서는 '소비자란 국민일반을 소비생활이라고 하는 시민생활의 측면에서 포착한 개념'이라고 한다. 권오승, 앞의 책, 4면에서 재인용.

비자기본법 제4조는 소비자가 스스로 안전과 권익을 위하여 다음 8가지 권리를 향유한다고 규정하고 있다. ①「모든 물품 및 용역으로 인한 생명·신체 및 재산에 대한 위해로부터 보호받을 권리」로서 안전할 권리, ②「물품 및 용역을 선택함에 있어서 필요한 지식 및 정보를 제공받을 권리」로서 알 권리, ③「물품 및 용역을 사용함에 있어서 거래상대방·구입장소·가격 및 거래조건 등을 자유로이 선택할 권리」로서 선택할 권리, ④「소비생활에 영향을 주는 국가 및 지방자치단체의 정책과 사업자의 사업활동 등에 대하여 의견을 반영시킬 권리」로서 의견을 반영시킬 권리, ⑤「물품 및 용역의 사용으로 인하여 입은 피해에 대하여 신속·공정한 절차에 의하여 적절한 보상을 받을 권리」로서 피해보상을 받을 권리, ⑥「합리적인 소비생활을 위하여 필요한 교육을 받을 권리」로서 교육을 받을 권리, ⑦「소비자 스스로의 권익을 증진하기 위하여 단체를 조직하고 이를 통하여 활동할 수 있다는 권리」로서 단체를 조직하고 활동할 권리, ⑧「안전하고 쾌적한 소비생활 환경에서 소비할 권리 」로서 환경에 대한 권리 등 모두 8가지를 규정하고 있다.

미국에서 소비자의 권리를 최초로 선언한 1962년 케네디 대통령의 소비자의 권리보호에 관한 특별교서에서는 안전할 권리(the right to be safe), 알 권리(the right to be informed), 선택할 권리(the right to choose), 의견을 반영시킬 권리(the right to be heard)를 갖는다고 주장하였다.[39]

유럽공동체(EC)의 이사회에서 1975년 채택한 '소비자보호와 정보에 관한 기본계획'에서는 소비자의 기본 권리로 건강과 안전의 보호에 대한 권리, 경제적 이익의 보호에 대한 권리, 손해에 대한 보상을 받을 권리, 정보 및 교육을 받을 권리, 대표를 참가시킬 권리 등 총 5가지를 들고 있고, 1980년 세계 각국의 소비자단체들의 협의기구인 국제소비자연맹(IOCU)은 안전할 권리, 알권리, 선택할 권리, 의사를 반영할 권리, 보상받을 권리, 교육받을 권리, 쾌적한 환경을 누릴 권리 등 7대권리를 선언하였다.[40] 1999년 유엔은 소비자보호가이드라인(UN Guidelines on Consumer Protection)을 개정하여 친환경적이고 지속가능한 소비의 생산행태를 동 지침에 추가하여 소비자보호와 환경보호를 동시에 추구하도록 하고 있다.[41]

헌법재판소의 소수의견은 소비자권리를 "소비자는 사업자가 제공하는 상품이나 용역을 자신의 소비생활을 위하여 구입하고 사용하는 자로서 사업자에 대립하는 개념이라고 할 수 있다. 그리고 소비자의 권리 내지 소비자기본권이라 함은 소비자가 그들의 인간다운 생활을 영위하기 위하여 공정한 가격으로 양질의 상품 또는 용역을 적절한 유통구조를 통하여 적기

39) John F. Kennedy, Special Message to the Congress on Protecting the Consumer Interest(May,10. 2018. Available at: http://www.presidency.ucsb.edu/ws/?pid=9108).
40) 신현윤, 경제법, 법문사, 2007, 515면.
41) 신현윤, 앞의 책, 520면.

에 구입하거나 사용할 수 있는 권리를 말한다."고 설명하고, "헌법 제124조의 구체화법으로서의 소비자보호법이 소비생활의 향상과 합리화를 통해 "소비자의 기본권리와 이익"을 보호함을 목적으로 하고 있다는 것을 천명하고 있으며, "소비자의 기본적 권리"에 관하여 규정하고 있는 동법 제3조가 "소비자는 스스로의 안전과 권익을 위하여 다음 각호의 권리를 향유한다.……"라고 하면서 "모든 물품 및 용역으로 인한 생명·신체 및 재산상의 위해로부터 보호받을 권리", "물품 및 용역의 사용 또는 이용으로 인하여 입은 피해에 대하여 신속·공정한 절차에 의하여 적절한 보상을 받을 권리" 등 소비자보호를 위한 여러가지 권리를 "소비자의 기본적 권리"로 보장하고 있는데, 이는 소비자보호법에 규정되어 있는 소비자보호를 위한 여러가지 권리가 바로 독자적인 소비자의 기본권의 내용을 이루고 있다는 것을 의미하는 것이다."라고 하여 결국 소비자보호법 즉 현행 소비자기본법에서 소비자권리로 열거하고 있는 권리가 헌법상의 소비자권리라고 설명하고 있다.[42)]

그런데 이러한 소비자권리에 관한 정의는 대부분 헌법적 측면에서보다는 법일반적 차원에서의 정의이고 헌법적 차원에서 정의되는 소비자의 권리란 과연 무엇인가 하는 의문이 여전히 남는다. 헌법적으로 의미가 있는 소비자의 권리란 소비자가 소비생활을 영위함에 있어서, 양질의 상품 또는 용역을 공정한 가격으로 적절한 유통구조를 통하여 적절한 시기에 구입하여 사용하거나 이용할 수 있는 권리라고 정의되기도 한다.[43)] 소비자의 권리를 기본권으로 인정한 헌법재판소의 소수의견도 "소비자의 권리 내지 소비자기본권이라 함은 소비자가 그들의 인간다운 생활을 영위하기 위하여 공정한 가격으로 양질의 상품 또는 용역을 적절한 유통구조를 통하여 적기에 구입하거나 사용할 수 있는 권리를 말한다."고 설명하고 있다.[44)] 헌법재판소는 "소비자는 물품 및 용역의 구입·사용에 있어서 거래의 상대방, 구입장소, 가격, 거래조건 등을 자유로이 선택할 권리를 가진다"고 설시한 적이 있다.[45)] 또한 소비자보호운동에 대하여 "현행 헌법이 보장하는 소비자보호운동이란 '공정한 가격으로 양질의 상품 또는 용역을 적절한 유통구조를 통해 적절한 시기에 안전하게 구입하거나 사용할 소비자의 제반 권익을 증진할 목적으로 이루어지는 구체적 활동'을 의미하고, 단체를 조직하고 이를 통하여 활동하는 형태, 즉 근로자의 단결권이나 단체행동권에 유사한 활동뿐만 아니라, 하나 또는 그 이상의 소비자가 동일한 목표로 함께 의사를 합치하여 벌이는 운동이면 모두 이에 포함된다 할 것이다. 이 소비자보호운동이 보장됨으로써 비로소 소비자는 단순한 상품이나 정보의 구매자로서가 아니라 상품의 구매 및 소비과정에서 발생하는 생산자 또는 공급자로부터의 부당한 지배와 횡포를 배제하고 소비자의 이익을 수호하는 소비주체로서의 지위를

42) 헌재 1995.7.21. 94헌마136의 소수의견.
43) 계희열, 앞의 책, 589면.
44) 헌재 1995.7.21. 94헌마136.
45) 헌재 1996.12.26. 96헌가18.

누릴 수 있게 된다."[46] 라고 설시하여 공정한 가격으로 양질의 상품 또는 용역을 적절한 유통구조를 통해 적절한 시기에 안전하게 구입하거나 사용할 권리가 소비자권리임을 간접적으로 설시한 적도 있다.

그런데 소비자 권리라는 용어 외에 소비자주권이란 용어가 사용되고 있는데 이 양자는 다른 의미를 가진다고 보아야 한다. 소비자주권이란 "시장경제에서는 주어진 생산자원을 가지고 무엇을 얼마만큼 생산할 것인가 하는 문제, 즉 사회전체의 자원배분이 소비자들의 자유로운 선택에 의하여 결정된다는 것을 의미한다"고 할 수 있다.[47] 소비자의 권리 중에서 알권리와 선택할 권리는 소비자 주권과 직접적 관련이 있다고 한다.[48] 헌법적으로는 주권이란 헌법 제1조제2항에서 규정한 바와 같이 국민주권의 개념만이 우리 헌법상 성립되는 개념이고 소비자 주권이란 하나의 비유적 개념이라고 보아야 한다. 주권의 최고성, 절대성으로 말미암아 주권자는 하나이고 둘일 수는 없는데 국민이 이미 주권자인데 소비자를 또 다시 주권자라고 함은 주권의 개념과 모순되어 논리적으로 성립할 수 없다. 특히 소비자주권이란 용어가 헌법상 기본권으로서의 국가의 보호 내지 급부를 요구하는 사회권적 성격을 강하게 가지는 소비자의 권리를 약화시키고 소비자의 자기책임을 부각시키는 역효과도 있으며, 주권이란 용어가 절대성, 최고성이라는 의미를 내포함으로 인하여 시장경제에 있어서 사업자의 자유와 창의의 의미를 축소시키는 측면이 있다는 점을 주의하여야 한다.[49]

결국 헌법적 차원에서 소비자권리란 국가에 대하여 경제주체로서 소비자가 인간다운 생활을 할 수 있도록 소비자보호를 위한 다양한 정책과 제도를 마련하고 이들을 집행하여 줄 것을 요구하는 권리라고 파악하여야 한다. 그리고 그 구체적 내용으로는 소비자기본법에서 규정한 8대권리를 포함한다고 할 수 있지만 이는 헌법상으로 직접 도출되는 권리가 아니고 법률에 의하여 비로소 구체화된 권리라고 보아야 한다. 왜냐하면 앞에서 살펴 본 바와 같이 경제적으로 자본주의 시장경제를 그 기초로 하고 있는 공동체 현실에서 헌법은 국가공동체 구성원 모두의 존엄과 가치를 확보하고 인간다운 생활을 보장하여야 하는데 사업자와 소비자 사이에 있어서 사회적 약자로서의 소비자의 현실을 시정하기 위한 헌법적 장치로서 소비자의 권리가 문제로 되기 때문이다. 또한 사회적 약자로서의 소비자의 현실을 시정하고 인간다운 생활을 보장하기 위한 헌법적 과제를 구체적으로 현실에서 실현하여야 할 내용들은 입법자에게 위임되어 있다고 보아야 하기 때문이다.

---

46) 헌재 2011.12.29. 2010헌바54 등.
47) 권오승, 앞의 책, 42면.
48) 권오승, 앞의 책, 42면. 다만 안전의 권리는 소비자주권과는 직접적인 관계는 없다고 한다.
49) 김현철, "헌법상 소비자기본권과 안전", 37-39면 참조.

V. 소비자권리의 기본권적 성격

1. 각국 헌법에서의 소비자권리의 보장

소비자의 권리 내지 보호를 헌법이 직접 규정하는 경우가 점점 늘어나고 있는바, 현재까지 전 세계적으로 49개의 국가에서 헌법상 소비자 권리를 규정하고 있다.[50] 소비자의 권리와 관련하여서는 헌법에 직접 명시적으로 규정하는 헌법과 국가목표나 국가의 기본원리에 포함하여 내포하는 것으로 해석하여야 하는 헌법으로 나누어 볼 수 있다.[51]

소비자권리를 사회적 기본권의 성격을 지니는 권리로 인정하여 보호하려는 태도를 취하는 것으로서 포르투갈과 스페인이 여기에 속한다고 할 수 있다. 1997년도 포르투갈 헌법 제60조[52]는 「① 소비자는 양질의 상품 및 서비스에 대한 권리, 안내 및 정보제공을 받을 권리, 자신의 건강・안전・경제적 이익을 보호받을 권리, 그리고 피해보상에 대한 권리를 가진다. ② 광고는 법률에 의하여 규율하며, 허위・간접・사기 광고는 금지된다. ③ 소비자연맹과 소비자단체는 법률이 정하는 바에 따라 국가의 후원을 받으며 소비자보호에 관한 사항을 자문한다. 소비자연맹・단체의 이익, 집단적 이익, 또는 일반적 이익을 위한 소비자연맹・단체의 소송능력은 인정된다.」고 규정하고 있다. 포르투갈 헌법이 다른 국가와 차별화 되는 점은 이와 같은 소비자 권리가 기본권 편 내의 경제・사회・문화적 권리와 의무의 장(TitleⅢ)에 규정되어 있다는 점이다.

스페인도 이와 상당히 유사하게 소비자의 기본적 권리를 규정하고 있다. 1992년 스페인 헌법 제51조는 「① 국가는 소비자와 이용자의 권익을 옹호하며, 이들의 안전, 건강, 정당한 경제적 이익을 효율적인 절차에 의하여 보호한다. ② 국가는 소비자와 이용자에 대하여 정보를 제공하고 교육을 장려하며, 이들의 조직을 후원하고, 법률이 정하는 바에 의하여 이에 관련한 사항에 대한 소비자와 이용자의 의견을 청취하여야 한다. ③ 제1항 및 제2항에 규정된 범위 내에서, 국내거래 및 상품의 인가제도에 관하여 법률로 정한다.」고 규정하고 있다. 이러한 규정은 포르투갈과 마찬가지로 기본적인 교육받을 권리, 알 권리, 안전할 권리 등의

---

50) Elkins, Zachary, Tom Ginsburg, and James Melton. 2014. "Characteristics of National Constitutions, Version 2.0." Comparative Constitutions Project. Last modified: April 18, 2014. Available at: http://www.comparativeconstitutionsproject.org.

51) Geraint G. Howells, I. Ramsay, Thomas Wilhelmsson. Handbook of Research on International Consumer Law은 소비자보호에 관한 각국의 헌법적 접근은 해당 국가의 역사적 전통과 정치적・경제적 경험을 반영하므로 제각각 특성이 있는데, 이를 크게 3가지로 분류해보면 보호모델・적정모델・자유모델로 나눌 수 있다고 하고 있다.
(https://www.e-elgar.com/shop/handbook-of-research-on-international-consumer-law)

52) Constitution of the Portuguese Republic, seventh revision(2005).

기본적인 소비자 권리와 소비자 단체의 역할에 관한 내용을 다루고 있다고 볼 수 있으나, 차이점은 이 규정이 스페인 헌법의 기본권 편의 경제정책 및 사회정책에 관한 제원칙이라는 절(Part Ⅰ, ChapterⅢ) 내에 규정하여 기본권과 자유에 관한 절(Part Ⅰ, ChaperⅡ)에 규정하고 있지 아니하다. 따라서 이 규정은 국가 또는 정부의 정책적 목표와 원칙을 나타내는 규정의 성격에 더 가깝다고 할 것이나, 입법자로 하여금 소비자의 경제적 이익을 보호하도록 장려한다는 점에서 의미가 있다고 볼 수 있다.

1966년 멕시코 헌법 제28조 제2문 「…, 소비자에게 과도하게 높은 가격을 강요하는 모든 협정 또는 담합은, … 법률에 따라 처벌한다.」라고, 1991년 스위스헌법 제69조의2는 「① 연방은 다음 사항에 관하여 입법권한을 가진다. a) 식품에 관한 거래 b) 생명 또는 건강에 위협을 줄 수 있는 기타 소비재에 관한 거래 ② 주(Canton)은 전항을 이행하여야 한다. ③ 연방은 국경에서 수입품을 검역하여야 한다.」고 규정하고 있으며,[53] 1980년 터키 헌법 제172조는 「국가는 소비자를 보호하고 소비자에게 정보를 제공하며, 소비자보호운동을 장려한다.」라고 규정하여, 국가에게 소비자 권리 보호를 위한 구체적인 입법의무 내지는 작위의무를 지우고 있다.

폴란드 헌법 제76조[54]에서는 소비자 이익과 보호에 관한 원칙이 법령에서 잘 준수되고 있는지에 관하여 헌법재판소가 판단할 수 있도록 하여 소비자의 이익을 보호하고 있다. 이 조항은 권리의 자유의 장에서 규정되고 있음에도 불구하고 단지 정책적 원칙만 규명하고 있을 뿐 법령의 준수 정도나 해당 규정을 근거로 어떠한 법적 주장을 할 수 있는지에 대하여는 전혀 드러내지 않고 있다는 문제점이 있다. 리투아니아 헌법 제46조도 국가가 소비자의 이익을 보호하여야 한다고 규정하고 있으나 폴란드의 경우와 마찬가지로 실질적인 소비자 권리에 관하여 언급하지 아니하고 있다.

국가목표 규정 내지 최소한의 제도적 보장을 통하여 소비자를 보호하려는 형식의 헌법으로는 독일과 프랑스를 들 수 있다. 특히, 독일 헌법에서는 소비자 기본권은 물론이고 직접적으로 사회적 기본권에 관하여 규정하고 있지 아니하나, 개괄적이고 일반적이 복지국가조항(제20조 제1항, 제28조 제1항)을 규정하고 있으며 이 이 조항을 근거로 소비자 보호의 필요성과 의무가 도출된다고 본다.

유럽연합의 인권헌장인 2003년의 EU인권헌장(CHARTER OF FUNDAMENTAL RIGHTS OF THE EUROPEAN UNION 2000/C 364/01) 제36조는 "유럽연합의 정책은 높은 수준의 소비자

53) 계희열, 앞의 책, 586면.

54) E. Letowska. The Constitutional Aspect of Consumer Protection in Poland(https://books.google.co.kr/books?id=qLtG8JPs0w4C&pg=PA37&lpg=PA37&dq=Letowska+consumer+protection+Poland&source=bl&ots=D6aZMYnqIn&sig=mk4Ic4h-6UZfjirJ2CiGe8p7NE8&hl=ko&sa=X&ved=0ahUKEwjWieaKtfzaAhVMlJQKHY37BIEQ6AEIJjAA#v=onepage&q=Letowska%20consumer%20protection%20Poland&f=false).

보호를 보장하여야 한다"고 규정하고 있다.[55] 이러한 규정의 형식은 기본권의 주체가 특정의 기본권을 향유한다는 형식이 아니고 유럽연합 국가의 정책으로서 소비자보호를 하여야 한다는 것으로 기본권에 관한 일반적인 형태는 아니다. 예를 들어 동 인권헌장 제31조는 공평하고 정의로운 근로조건(Fair and Just Working Condition)이란 제목 아래에 모든 노동자는 건강, 안전 그리고 존엄성에 상응하는 노동조건에 대한 권리를 가진다(Every worker has the right to working conditions which respect his or her health, safety and dignity.)라고 규정하는 조문형식과는 다른 조문형식을 가지고 있다.[56] 하지만 EU인권헌장은 주체가 어떠한 권리를 가진다는 조문형식만이 아니고 '유럽연합은 사회보장을 인정하고 존중한다' 거나 혹은 '높은 수준의 환경보호가 유럽연합의 정책에 포함되어야 한다'는 등 기본권 보장의 조문형태에 있어서는 다양한 형태를 취하고 있다. 따라서 조문형태를 이유로 기본권으로 보장되지 않는다고 하여서는 아니된다. 인권헌장(CHARTER OF FUNDAMENTAL RIGHTS)이란 이름 하에 기본권으로서 소비자 권리가 명문으로 보장되고 있는 것은 사실이기 때문이다.

우리나라에서는 원칙적으로 모든 기본권은 헌법 제2장 국민의 권리와 의무에 규정되고 심지어 헌법에 열거되지 않은 권리까지 헌법 제37조 제1항에 의하여 포괄적으로 기본권으로 보장하고 있기 때문에 헌법 제2장에 소비자권리가 규정되는 것이 체제 편제상 타당하다. 소비자권리를 헌법의 경제장에서 규정하는 것은 우리 헌법 체제상 타당하지 않은 것이다. 이런 측면에서 대통령안 제131조에서 "① 국가는 안전하고 우수한 품질의 생산품과 용역을 제공받을 수 있도록 소비자의 권리를 보장해야 하며, 이를 위하여 필요한 정책을 시행해야 한다. ② 국가는 법률로 정하는 바에 따라 소비자운동을 보장한다."라고 규정하여 소비자권리가 헌법에 의하여 보장하도록 규정하는 것을 체계적 일관성면에서도 타당하지 않다고 보아야 한다. 소비자권리가 헌법에 의하여 보장되는 것이 명문화 되었다면 이러한 소비자권리는 국민의 헌법상 권리로서 선언되었다고 할 것이므로 이를 경제의 장에 남겨두는 것은 소비자권리의 기본권적 성격에 오해를 불러일으키고 더 나아가서 현대 국가공동체 생활에 있어서 소비자권리의 중요성에 대한 헌법인식에 방해를 야기할 수 있는 입법태도라고 보아야 한다.

국회의 개헌자문위원회 논의에서 소비자권리를 기본권으로 명문화하는 것은 "현재도 판례에 의하여 소비자의 권리가 인정되고 있고(헌재 1996.12.26. 96헌가18), 시대변화에 따라 새로운 기본권을 모두 규정하기는 한계가 있"기 때문에 타당하지 않다는 견해가 있었다. 그런

---

55) CHARTER OF FUNDAMENTAL RIGHTS OF THE EUROPEAN UNION(2000/C 364/01)의 제38조는 Article 38(Consumer protection) Union policies shall ensure a high level of consumer protection.라고 규정하고 있다.

56) 유럽연합의 기능에 관한 조약(The Treaty on the Functioning of the European Union: TFEU) 제12조는 유럽연합 인권헌장 제36조에서 규정하는 소비자보호 요구는 다른 유럽연합 정책과 행위들을 결정하고 시행함에 있어서 고려하여야 한다고 규정하여 소비자보호를 시행하도록 하고 있다.

데 헌법재판소 판례에 의하여 소비자의 권리가 이미 헌법상 권리로 인정되었다는 것은 잘못된 설명이다. 헌법재판소는 "자도주 구입명령제도는 비록 직접적으로는 소주판매업자에게만 구입의무를 부과하고 있으나 실질적으로는 구입명령제도가 능력경쟁을 통한 시장의 점유를 억제함으로써 소주제조업자의 "기업의 자유" 및 "경쟁의 자유"를 제한하고, 소비자가 자신의 의사에 따라 자유롭게 상품을 선택하는 것을 제약함으로써 소비자의 행복추구권에서 파생되는 '자기결정권'도 제한하고 있다."고 설시하여 소비자의 행복추구권에서 파생되는 자기결정권을 소비자가 자신의 의사에 따라 자유롭게 상품을 선택하는 상품선택권의 논거로 들고 있는데 여기서 소비자의 행복추구권이란 용어는 소비자가 국민으로서 가지는 행복추구권을 의미하는 것으로 해석될 뿐이고, 소비자가 국민의 자격이 아닌 사업자에 대칙되는 독자적인 자격에서 가지는 권리로서의 소비자 권리를 설시한 것은 아니라고 보아야 한다. 소비자가 행복추구권을 가진다는 것은 국민의 자격에서는 타당하지만 소비자의 자격과 직접적인 관련은 없다. 이것은 근로자가 국민의 자격으로서는 행복추구권을 가지므로 파생되는 권리로 근로하지 않을 권리를 가진다고 주장하면서 근로자의 권리가 헌법상 보장되었다고 하는 것과 마찬가지 논리이다. 근로의 권리를 헌법상 규정한 것은 국민의 자격에서 일반적으로 가지는 권리가 아닌 근로자의 자격에서 특별히 인정되는 고유한 의미의 권리 즉 사회적 강자인 사용자의 억압에 의한 비자발적 근로를 강제당하지 않는다는 측면에서 규정한 것으로 이해하여야 한다. 이러한 의미(맥락)에서 근로의 권리에서 근로하지 않을 권리의 독자적인 의미를 찾아야 하는 것이고, 나아가 근로의 기회를 적극적으로 요구할 수 있는 권리를 갖는다는 의미에서 헌법적으로 근로의 권리를 행복추구권과는 별도로 규정한 것으로 해석하여야 한다.

헌법재판소는 "소비자는 물품 및 용역의 구입 · 사용에 있어서 거래의 상대방, 구입장소, 가격, 거래조건 등을 자유로이 선택할 권리를 가진다. 소비자가 시장기능을 통하여 생산의 종류, 양과 방향을 결정하는 소비자주권의 사고가 바탕을 이루는 자유시장경제에서는 경쟁이 강화되면 될수록 소비자는 그의 욕구를 보다 유리하게 시장에서 충족시킬 수 있고, 자신의 구매결정을 통하여 경쟁과정에 영향을 미칠 수 있기 때문에 경쟁은 또한 소비자보호의 포기할 수 없는 중요 구성부분이다."고 설시하여 소비자의 물품이나 용역에 있어서 선택할 권리를 언급하기는 하였지만[57] 이러한 권리가 과연 헌법상의 권리인지 여부는 명확하게 밝히지 않은 채 순수이 경쟁의 중요성을 언급한 것이고, 이러한 설시를 두고 헌법재판소가 소비자주권을 인정하였다고 한다면 이는 헌법적 의미에서 주권개념의 일대 혼란을 가져온다고 하여야 한다. 소비자주권이란 말은 소비자 선택이 자유경쟁에서 중요하다는 것을 강조하기 위한 수사적 표현이고 경제학적 용어로서 사용되었을 뿐 법적 의미는 아닌 것을 분명하다고 보아

57) 헌재 1996.12.26. 96헌가18.

야 한다.

특히 헌법재판소에서 소비자를 언급한 많은 판례들에서 한 번도 명시적으로 헌법상 권리로서 소비자권리를 설시한 적이 없고 오히려 소비자권리 침해를 주장한 많은 경우에 소비자권리 침해에 대하여서는 언급하지 않음으로서 소비자의 측면은 사업자의 반사적 측면이라는 사고를 보이고 있을 뿐이다. 직업선택이나 직업행사의 자유가 문제된 사례들에서 사용자의 기본권만 문제로 보아 기본권 침해여부를 판단하였고 소비자로서의 권리침해에 대하여는 언급이 없었다.[58] 다만 이미 보았듯이 헌법재판소의 소수의견에서는 소비자의 권리를 기본권으로 인정하여야 한다고 명시적으로 설명하였지만 이는 다수의견이 아니고 헌법재판관 1인의 소수의견에 그치고 있다.

다음으로 시대변화에 따라 모든 기본권을 규정하기에 타당하지 않다는 논거도 이해하기 어려운 것이다. 헌법은 그 역사성으로 말미암아 역사적 결과를 반영하여야 할 뿐 아니라 그 시대의 주요한 과제에 대하여는 명시적인 규범으로 작용하여야 한다.[59] 그런데 소비자보호 문제는 앞에서 충분히 살펴보았듯이 현대의 국가공동체 생활에 있어서 인간의 존엄과 가치를 보장하기 위하여 필수적으로 요청되는 것이다. 소비자권리는 18세기 대량생산 체제가 성립하면서 문제로 인식되기 시작하였지만 자유방임주의의 이념으로 인하여 미처 헌법에 규정되지 못하였고 사회국가 사상이 일반화되면서 헌법적 과제로 대두되었다. 소비자권리는 근로자의 권리와 매우 유사한 성격을 지니었지만 근로자가 일찍이 조직화되어 근로자의 권리들이 헌법에 명문화된 반면에 소비자는 미처 조직화되지 못하였기 때문에 그 권리가 헌법에 규정되는 것이 늦어졌다고 할 수 있다. 소비자의 권리는 기본권적 측면에서는 노동자권리와 환경권의 중간에 위치한 성격을 지닌다고 하겠다. 환경권이 국민일반에게 문제되듯이 소비자권리도 국민일반이 문제시 되고, 그 구체적 내용이 무엇인지, 그리고 그 권리보장의 수준이 어느 정도인지 모두 불분명하다는 사실과 단순히 대국가적 권리일 뿐만 아니라 사인(私人)에게도 주장 가능한 권리라는 사실에서 모두 비슷하다.

2. 기본권의 의미와 소비자권리

소비자의 권리가 반드시 헌법적 권리이어야 하느냐, 나아가 과연 권리로서 보장할 필요가 있느냐, 단순히 사회국가의 원리 혹은 국가목표 규정 속에서 반사적으로 보장되어도 충분하지 않느냐 하는 의문이 있을 수 있다. 사회국가의 원리 속에서 국가공동체가 모든 국민의 실질적 자유와 평등을 보장하여야 하기 때문에 단순히 국가의 프로그램 속에서 혹은 국가목표 속에서 국민들인 소비자를 보호하여야 하는 국가과제가 도출되고 그 과제의 수행에 의하

58) 헌재 2014.3.27. 2012헌마745; 2008.12.26. 2008헌마419 등 다수의 판례가 있다.
59) 김철수, 헌법학개론, 2007, 18-20면.

여 소비자가 보호될 뿐 소비자에게 주관적 공권으로서 소비자의 권리가 보장될 필요는 없다는 것이다. 이러한 견해의 핵심적 근거는 소비자의 권리가 그 내용이 불명확하고 경제발전에 따라 그 구성이 달라지기 때문에 이를 권리로 보장하기 어렵다는 것이다.[60] 하지만 양심의 자유나 재산권의 보장 등에 있어서도 그 의미가 명확하지 아니하고 가변적인 성격이 있으므로 이러한 논거는 타당하지 아니하고 무엇보다도 소비자의 권리는 현재 시장경제 체제에서는 국민의 삶에 있어서 본질적인 중요성을 지니는 것으로 인간의 존엄성에 치명적인 영향을 미치기 때문에 이는 개인적 권리로 보장되어야 한다. 국가목표나 과제로서만 소비자 보호문제가 다루어지는 것은 소비자를 하나의 객체로서만 취급한다는 오해를 야기할 위험성이 매우 크다. 국가목표나 과제가 개인이 기본권을 바탕으로 하였을 경우에만 그 목표나 과제는 헌법적 의무로서 국가가 반드시 수행하여야 할 과제가 되는 것이고 입법자의 형성의 자유는 엄격히 제한된다고 보아야 한다.

우리 헌법 전문(前文)은 '우리들과 우리들의 자손의 안전과 자유와 행복을 영원히 확보할 것을 다짐하면서' 라고 하여 국가공동체 구성원의 안전과 자유와 행복을 우리 헌법의 목적으로 삼고 있다. 대통령 제안의 헌법개정안에는 후손이라는 용어가 미래세대라는 용어로 변경되었을 뿐 동일하게 규정되어 있다. 국민 모두가 소비자이기 때문에 결국 전문에서 규정하는 '우리들과 우리들의 자손의 안전과 자유와 행복'이란 경제생활에 있어서 소비자의 안전과 자유와 행복을 보장하는 것이라고 할 수 있고, 그렇다면 이 전문 구절은 헌법적 소비자권리 보장의 간접적 근거가 된다고 할 수 있다.

소비자의 권리가 기본권으로 인정되어야 하는 이유는 기본권의 구성요소를 살펴보아도 명백하다. 기본권의 개인이 법적 공동체에 편입되는 기본적 전제가 되는 권리이다. 모든 인간은 존엄과 가치를 가지는 고귀한 존재로서 국가공동체의 인적 구성요소가 되는데 헌법은 국가의 최고법으로서 개인들에게 인간의 존엄과 가치를 보장하기 위한 문서이며 기술적 장치이다.[61] 주지하다싶이 기본권(fundamental right, Grundrecht)이란 존엄하고 고귀한 인간이 인간이라는 이유만으로 당연히 가지는 권리인 인권(human right)에서 유래한 것이다. 특히 우리 우리 헌법 제37조 제1항은 헌법에 열거되지 않은 자유와 권리도 경시되지 않는다고 규정하고, 제10조는 인간의 존엄과 가치를 규정하고 국가는 이를 확인하고 보장한다고 함으로써 헌법에 열거되지 않은 인권도 모두 기본권으로 보장하고 있기 때문에 기본적 인권으로 인정되면 당연히 기본권으로 인정된다고 보아야 한다. 결국 기본권인지 여부는 인간의 존엄과 가치에 직결되는 권리인가 여부에 따라 판단되어야 할 것이나, 구체적으로는, 첫째 모든

60) 국회 개헌 자문위원회에서 소비자권리를 기본권으로 규정하는데 반대하는 견해의 이유로 이와 같은 내용을 들고 있다.
61) 기본권에 대한 설명은 이성환, "헌법", 김문환 편, 법학의 이해, 99-100면에서 전제.

인간이 성별·종교·신분 등과 관계없이 인간으로서 당연히 누릴 수 있는 권리인가(인간의 고유성), 둘째 특정한 기간이나 상황에서 보장되는 권리가 아니라 시간과 장소에 관계없이 보편적으로 인정되는 권리인가(보편성), 셋째 타인의 권리 또는 복수의 인간공존을 위한 공공복리 등을 제외하고는 제한되거나 양도될 수 없는 권리인가(불가침, 불가양성) 등의 여부에 따라 판단된다. 그런데 소비자의 권리는 오늘날 시장경제 체제에서는 모든 성별·종교·신분 등과 관계없이 인간으로서 당연히 누릴 수 있는 권리라고 보아야 한다. 왜냐하면 일찍이 케네디 대통령이 설파하였듯이 오늘날 시장경제 체제 아래에서는 소비자란 우리 인간 모두를 의미하는 것이기 때문이다. 다음으로 소비자의 권리란 특정한 기간이나 상황에서만 보장되는 권리가 아니고 인간이 삶을 영위하는 동안은 보편적으로 인정되어야 한다는 측면에서도 당연히 보편성을 가진다. 마지막으로 소비자의 권리란 개인이 경제적으로 독립적인 주체로서 존엄과 가치 있는 삶을 영위하기 위하여서는 결코 침해 받아서는 아니 되는 성격의 권리이다. 무엇보다도 소비자의 권리는 오늘날 시장경제 체제에서 공동체에 있어서 소비자가 사업자의 이윤창출을 위한 결코 수단적 존재가 아닌 존엄과 가치를 가진 목적적 존재로서 존엄성을 유지하기 위한 필수적인 권리라는 측면에서 기본권이라고 아니할 수 없다.

3. 사회권으로서의 소비자권리

현행 헌법의 해석상 소비자권리는 사회권으로 해석하여야 한다고 이미 밝혔듯이 앞으로 개정되는 헌법에 있어서도 소비자권리는 그 성질상 사회권으로 이해되어야 한다. 사회권이란 개인이 인간다운 생활을 위하여 필요한 최소한의 조건을 국가에 대하여 적극적으로 유구할 수 있는 권리라고 할 수 있는데,[62] 상품이나 용역에 관한 정보나 지식에서 사회적 약자인 소비자를 보호하여 사회적 강자인 사업자와 동등한 입장에서 경제생활이나 문화생활 등을 향유할 수 있게 국가가 적극적으로 사회적 약자인 소비자의 보호를 위한 권리가 소비자권리라 할 수 있기 때문이다.

소비자권리를 사회적 기본권으로 규정한다고 하여도 주의하여야 할 것은 그 행사와 실현에 있어서 보충적인 성격의 권리라는 점이다. 헌법은 모든 국민에게 인간으로서의 존엄과 가치와 행복을 추구할 권리를 인정하고, 개인이 가지는 불가침의 기본적 인권을 확인하고 그 불가침성을 보장함으로서 국가공동체 의하여 조종되고 제어되는 인간이 아니라 자신의 행복을 주체적으로 추구하는 주체적인 인간상을 전제로 하고 있다. 경제질서에 관하여서도 개인과 기업의 경제상의 자유와 창의를 존중함을 기본으로 함으로써 개인의 주체적 경제생활을 보장하고 있다. 인간다운 생활의 보장을 이념으로 하는 사회적 기본권은 보충적인 성격을 지니게 된다. 각 개인의 경제생활은 주체적이고 자유로운 경제활동을 전제로 하여 자기책임 하

62) 이성환, “헌법”, 104면.

에 영위하게 하되, 독립적으로 존엄과 가치에 상응하는 삶을 영위할 수 없는 사회적 약자에 대하여서는 국가가 이를 극복할 수 있는 적극적인 배려나 조치를 행한다. 적극적인 배려나 조치도 국가가 직접 시행하기보다는 가능한 한 사회적 약자 스스로 단결하여 집단적으로 사회적 강자에 대항하여 인간다운 삶이 가능한 조건을 쟁취하도록 하여 자율적으로 해결하도록 하고 있다.

소비자권리를 사회적 기본권으로 정의하는 경우에도 이러한 법리는 마찬가지이다. 소비자도 원칙적으로 경제주체로서 자유롭게 자기책임 하에 경제생활을 영위하여야 한다. 하지만 이러한 자기책임 하의 경제생활이 상품이나 서비스에 관한 정보의 부족 등으로 인하여 인간의 존엄과 가치에 상응하는 수준에 도달하기 어려운 경우에 비로소 국가가 관여하게 된다. 개정될 헌법에서도 인간의 존엄과 가치에 상응하는 경제생활이 어려운 경우에 소비자가 스스로 단결하여 소비자운동을 하여 인간의 존엄과 가치에 상응하는 경제생활이 가능하도록 소비자운동을 보장하고 있다. 이러한 단결에 의하여 스스로 해결하기 어려운 부분에 한하여 국가가 개별 소비자를 구체적으로 보호하여야 한다. 사회적 기본권인 소비자권리는 다른 사회권이 그러하듯이 일차적으로 소비자 개인의 자유와 창의의 존중을 원칙으로 소비자 각자가 권리를 실현하도록 하되 사회적 약자로서의 소비자지위는 소비자 운동을 통하여 스스로 단결하여 극복하도록 하고 이것이 불가능한 경우에 비로소 국가가 개입할 수 있다고 해석하여야 한다.

Ⅵ. 결 어

헌법이 인간의 존엄과 가치를 보장하고 공동체의 통합을 이루어 가기 위한 인류 역사의 산물이라면 현대 자본주의 시장경제에 있어서 소비자는 사회적 약자로서 사업자의 이윤추구 대상에 그쳐서는 아니 된다. 경제생활에 있어서 소비자는 사업자가 제공하는 상품과 용역을 단순히 구매하는 이윤추구의 도구적 존재에 머물러서는 아니되고, 행복추구를 위하여 상품과 용역을 스스로 사용하는 주체적 존재이어야 한다. 특히 과학이 급속도로 발달하기 시작한 20세기 후반부터 상품과 용역은 생물학, 물리학, 핵공학, 유전학 등의 지식을 바탕으로 인간이 오감으로는 파악하기 어려운 구조와 효과를 지니게 되고 그 결과는 소비자의 건강이나 재산에 결정적 영향을 미치고 사회구성원 사이의 기본관계를 변화시키고 공동체의 존속 자체에도 심각한 위협으로 작용하고 있다. 따라서 소비자 문제는 국가가 관여하지 않는 자유영역으로 남겨두기에는 그 중요성이 너무 크게 되었다.

기본권이란 인간의 존엄과 가치를 실현하기 위한 개인의 권리로서 그 구체적 목록은 시대적 상황에 따라 다를 수 있다. 우리는 시민국가에 있어서의 자유권, 사회국가에 있어서의 사회권 그리고 국제적 연대사회에 있어서의 제3세대 기본권 등 그 내용은 변화되어 왔다. 기본권으로 인정할 것이냐 아니냐 하는 문제는 인간의 존엄과 가치를 지키는 데 필요한 것인가, 특수한 사정이나 조건과는 관계없이 인간 모두에게 인정되어야 할 권리인가, 그 권리를 항상 보장하여야 하고 침해하거나 박탈하는 것을 허용하여서는 아니 되는 것인가 등의 요소들을 고려하여야 한다. 현대에서 소비자의 권리는 인간의 존엄과 가치를 지키기 위하여 인간이라면 조건이나 특수한 사정의 고려 없이 당연히 주어지고 박탈되거나 침해받아서는 아니되는 것이어서 당연히 기본권으로 인정되어야 한다.

헌법적 차원에서 소비자권리란 국가에 대하여 경제주체로서 소비자가 인간다운 생활을 할 수 있도록 소비자보호를 위한 다양한 정책과 제도를 마련하고 이들을 집행하여 줄 것을 요구하는 권리라고 파악하여야 한다. 그리고 그 구체적 내용은 이미 국제연합이나 국제소비자기구 등에서 국제적으로 대체적으로 합의가 되고 우리 헌법재판소가 소수의견에서 언급된 선택의 권리, 안전의 권리, 알권리, 단결할 권리, 손해배상을 받을 권리, 지속가능한 소비의 권리 등을 상정할 수 있다. 소비자권리는 포르투갈이나 스페인에서 이미 헌법에 명문화되었고 유럽연합(EU)의 인권헌장에서도 규정되었으므로 비교법적으로 충분한 선례가 있다고 하겠다.

소비자권리를 기본권으로 명문화 함에 있어서도 주의할 점은 소비자권리는 사회권적 기본권으로 원칙적으로 그 권리의 실현을 소비자 스스로의 힘에 의하여 이루어져야 한다는 점이다. 인간의 삶은 자기책임으로 스스로의 선택과 판단에 의하여 이루어지는 것이 주체적 존재로서 인간에 합당한 것이다. 다만 개인으로서의 소비자는 사업자에 비하여 정보나 지식이 부족하기 때문에 이러한 부족한 점은 소비자들이 서로 단결하여 단체의 힘으로 스스로 해결함이 타당하다. 이러한 법리는 근로자와 사용자의 관계에서 근로자 스스로 단결하여 그 약자적 지위를 보충하는 것이 인간의 존엄과 가치에 더 합당하다는 것과 같은 법리이다. 국가는 다만 단결하여서도 해결되지 않을 경우에 보충적으로만 관여하는 것이다. 소비자권리와 관련하여서는 따라서 소비자 스스로 단결하여 사업자에 대항하여 자신들의 권리를 실현하는 소비자운동을 보장하는 것이 무엇보다 중요하다.

소비자권리를 헌법에 명문화하는 것에 대하여 반대하는 견해는 변화하는 시대에서 문제로 대두되는 모든 권리를 기본권으로 명문화할 수 없다고 한다. 하지만 이러한 견해는 헌법내지 기본권이 사회공동체 구성원들의 이해관계를 조정하고 공존의 질서를 정립하여 공동체 구성원 모두의 인간의 존엄과 가치를 보장하기 기술적 장치라는 점을 고려하면 시대의 변화에 따라 헌법내지 기본권도 변화하여야 한다는 점을 간과한 것이라고 보아야 한다. 특히 기본권으로서의 성문화내지 명문화의 문제는 명문화를 통하여 기본권으로의 성격을 부인하는 견해를 원천적으로 차단시키고 그 의미에 관한 불필요한 논쟁을 종식시킬 수 있는 장점이 있다. 특히 기본권장인 헌법 제2장에 규정되고 또 사회권적 기본권 부분에 존재함으로 인하여 기본권 내지 사회권에 관한 일반적인 헌법이론을 적용할 수 있는 장점이 있다. 그 역사적 의미나 의의 그리고 향유주체나 법적 성격, 효력, 제한 등에 관하여 확립된 사회권적 기본권 부분을 유추하여 앞으로 발생하는 많은 문제를 해결할 수 있다. 사회권적 기본권으로서의 보장의 정도나 침해의 인정문제 등에 대한 기존의 이론이나 논의를 소비자권리에도 원칙적으로 적용을 시도하되, 다만 소비자권리의 고유한 성격으로 인하여 다른 사회권적 기본권과 다를 경우에는 이를 차별화하여 논의와 설명을 진행하여야 할 것이다.

금번 개헌논의에 있어서 국회 개헌자문위원회나 국가인권회 안에서는 소비자권리가 사회권적 기본권으로 명문화되어 국민의 권리와 의무의 장에서 규정되었는데 대통령안에서는 경제의 장에서 규정되었음은 대단히 유감스럽다고 아니할 수 없다. 소비자권리는 반드시 사회권적 기본권으로 인정되어 환경권 등 다른 기본권과 함께 국민의 권리와 의무에 관한 장에서 규정되어야 할 것이다.

31. 징벌적 손해배상과 법치국가의 원리* - 징벌적 손해배상의 적법절차위반 여부에 대한 미연방대법원의 판결과 관련하여 -

장 재 옥**

Ⅰ. 서　　설

근래들어 대륙법계 국가 각국에서 미국의 거액 손해배상판결, 특히 이른바 징벌적 손해배상(punitive damages) 판결의 승인·집행의 문제가 제기되면서 미국의 징벌적 손해배상제도에 관한 국제적인 관심이 더욱 커지고 있다.[1] 우리나라에서는 이익추구형 불법행위가 증가하면서 이러한 불법행위의 억제를 위하여 징벌적 손해배상제도를 우리 법제에 접목하고자 시도하기도 하고,[2] 법경제학적인 관점에서 효율적으로 사고 총비용을 줄이고 불법행위의 과다생산을 막기위하여 이 제도의 도입을 적극 검토할 것을 주장하기도 한다.[3] 최근에 우리나라의 법원에서도 미국법원이 인용(認容)한 고액의 손해배상판결의 집행과 관련하여, 그 배상액 결정에 징벌적 손해배상이 잠재적으로라도 고려되고 있는 경우, 우리 손해배상법의 기준에 비추어 인정될 만한 상당한 금액을 현저히 초과하는 부분은 "헌법상의 법치국가원리로부터 파생되어 민사법질서에로 편입되어 있는 비례의 원칙"에 반한다는 취지의 판결[4]을 내려 주목을 끌고 있기도 하다.

---

* 이 글은 장재옥, "징벌적 손해배상과 법치국가의 원리", 법학논문집 제20집, 중앙대학교 법학연구소(1995.2), 15-250면에 게재하였던 논문을 한글변환 등 최소한의 수정으로 개고한 것이다.

** 중앙대학교 법학전문대학원 교수

1) 일본의 이른바 「萬世工業事件」에서 동경지방재판소는 징벌적 손해배상을 인정한 사실관계의 當否와 그 거액인 점(이 사건에서는 112만 5천달러)에 중점을 두어 이러한 미국판결의 집행을 인정하는 것은 일본의 公序에 反한다고 하였는데(東京地裁 平成 3年(1991年) 2月 18日 판결, 判時 1376號 79-88頁), 그후의 동경고등재판소는 징벌적 손해배상의 형벌적 성격으로 볼때 그러한 배상을 명하는 외국판결의 민사판결성 자체에 의문이 제기된다고 하고, 그 판결이 일본 민사집행법 제24조, 민사소송법 제200조가 규정하는 외국판결에 해당한다 하여도 일본 민사소송법 제200조 3호의 공서적합성의 문제가 생기는 것이라하여 이 판결의 집행을 명하는 것은 일본의 공서에 반하는 것으로 이해한다(東京高裁 平成 5年(1993年) 6月 28日 판결, 判タ 823號 126-130頁) 참조; 스위스에서는 영국법상의 징벌적 손해배상에(이 사건에서는 미국과 스위스 당사자들이 영국법을 준거법으로 정함) 부당이득을 전보하는 기능이 있음을 중시하고 억제적 기능을 부차적인 것으로 이해하여 징벌적 손해배상을 전액승인(이 사건에서는 그러나 징벌적 손해배상액이 상대적으로 적은 5만 달러이었다)한 판례가 있다(Zivilgericht Basel-Stadt, 1. Feb. 1989, Basler Juristische Mitteilungen 1991, S.31. 이 사건의 항소심(Appellationsgericht Basel-Stadt, 1. Dez. 1989)은 원심판결을 확인하였고(Basler Juristische Mitteilungen 1991, S.38 참조), 연방대법원은 상고를 기각하였다(Bundesgericht, 12. Juli. 1990, BGE Bd.116, Ⅱ, S.376); 그 밖에 독일에서의 사례는 후술 Ⅴ, 2 참조.

2) 이명갑, 현대불법행위법론에 관한 연구(국민대 박사학위논문 1987), 214면 이하.

3) 박세일, 법경제학(박영사 1995), 312면.

4) 서울지법 동부지원 1995.2.10., 93가합 19069, 법률신문 1995.3.27, 10-12면 게재(후술 Ⅴ 참조).

여기서 미국에서 보통법(common law)상의 제도로 인정되어[5] "강력한 무기"[6]라고까지도 일컬어지고 있는 이 징벌적 손해배상의 실체를 파악할 필요가 있겠고, 법치국가원리의 관점에서 징벌적 손해배상이라는 법적 효과에 대한 헌법적 판단을 하고 있는 미국연방대법원의 판결을 소개함으로써 이 제도에 대한 이해를 돕고자 한다.

미국에서는 이전부터 연방헌법상의 이유를 들어 징벌적 손해배상제도에 제한을 두거나 폐지하여야 한다는 주장이 여러 차례 제기되어 왔다. 하지만 미연방 대법원은 이러한 주장을 받아들이지 않고, 오히려 헌법적인 문제가 제기된 최근의 몇 가지 사건에서는 징벌적 손해배상의 합헌성을 명시적으로 확인하였다. 특히 1993년 6월 25일의 TXO Production Corp. v. Alliance Resources Corp. 사건에서 대법원은 징벌적 손해배상제도가 미연방헌법 증보(Amendment) 제14조의 적법절차조항에 반하지 아니하며 그 배상액에 있어 비례성이 요구되지 아니한다는 취지의 판시를 하고 있다. 대법원이 이 사건의 이송명령(certiorari)[7]을 허용한 데에는 이 사건에서 인용되고 있는 보상적 손해배상과 징벌적 손해배상사이에 극단의 관계가 설정되어 있다는데 기인하고 있는 것으로 보인다. 즉 이 사건 하급심에서 인용된 보상적 배상액은 19,000 달러인 데 반하여 징벌적 배상액은 1,000만 달러로서, 징벌적 손해배상이 보상적 손해배상의 526배에 달하고 있는 것이다.

이처럼 현실로 입은 손해에 비하여 현저하게 고액의 징벌적 손해배상이 점증하는 추세로 인하여 종래 미국에서는 비판이 있어 왔다. 이는 인용된 손해배상액수가 극도의 고액이라는 측면 외에 통상 비법률가로 구성되는 배심(jury)이 그러한 징벌적 의미가 있는 평결을 행하는 점이 징벌적 배상의 합헌성에 대해 의문을 갖게 하는 요인으로 특히 거론되고 있다고 할 수 있다. 징벌적 손해배상액은 원칙적으로 배심의 재량에 맡겨져 있고, 배심은 통상 이를 부과함으로써 생기는 불법행위에 대한 억제적 효과, 가해자 행태의 반가치적 성격, 불법행위로써 의도한 이익, 그리고 피고의 재정능력 등을 배상액산정의 기초로 삼을 수 있도록 되어 있는 것이다. 이와 같은 배심의 넓은 재량권으로 해서 원고의 실제 입은 손해와는 일치하지 아니하는 엄청나게 高額인 배상액이 인정되는 판결도 심심치 않게 나타나고 있다. 그리고 이는 대부분 1심법원이나 항소심의 법관이 배심의 평결(verdict)을 수정할 수 있는 가능성을

5) 미국에서 징벌적 손해배상을 허용한 판례는 이미 18세기 말에 나타나 있다: Genay v. Norris, 1 S.C.L.(1 Bay) 6(1784); Coryell v. Colbaugh, 1 N.J.L. 77(1791).

6) O'Connor 대법관이 Pacific Mutual Life Insurance Co. v. Haslip 사건의 반대의견에서 "punitive damages are powerful weapon"이라 표현한 바 있다(111 S.Ct. 1032, 1056, 499 U.S. 42(1991)).

7) 미연방대법원의 상고심사건 심리는 대부분 사건이송명령서(writ of certiorari)에 의하게 되는데, 이는 연방대법원이 연방항소법원 또는 주최고법원에 대하여 일체의 관련 소송자료를 이송하도록 명하는 것이다. 연방대법원은 당사자의 청원(petition)에 따라 그 재량으로 이송명령서를 발부하여 원하는 사건을 선택적으로 다루며, 또 그 발부를 거절함으로써 하급심판결에 대한 동의나 반대의 의사를 표시하지 아니하고 하급심판결의 효력을 유지시킨다.

거의 활용하지 않는 데서 연유하기도 한다.

징벌적 손해배상의 합헌성에 관한 논의는 미국과 많은 교류를 하는 우리나라 기업에 대하여도 중요한 의미를 갖게 된다. 미국 연방대법원이 징벌적 손해배상을 관대하게 인정함으로써 특히 제조물책임과 관련한 소송에서 우리 모기업이 불이익을 감수해야 하는 경우를 생각해 볼 수 있고 이에 대한 대비도 요망되는 것이다. 이하에서는 우선 징벌적 손해배상제도에 대한 개관을 하고(Ⅱ), 이 제도와 관련해서 종전에 미연방대법원이 다룬 합헌성에 관한 주요판례를 일견한 후에(Ⅲ), 이어서 법치국가원리의 관점에서 징벌적 손해배상이라는 법적 효과가 갖는 헌법적 의미와 이에 대한 연방대법원의 최근의 두 판례를 순서대로 고찰한다(Ⅳ). 또 최근의 우리법원의 판례 및 독일 판례와 관련하여 내국관련을 기준으로 하는 비례성 심사에 따른 집행판결의 문제를 다루고(Ⅴ), 결론을 맺는다(Ⅵ).

Ⅱ. 징벌적 손해배상제도의 개관

1. 징벌적 손해배상의 의의 · 기능 · 요건

(1) 징벌적 손해배상(punitive damages)[8]은 가해자의 특히 악성(惡性)이 높은 행위에 대하여 보상적 배상(compensatory damages), 경우에 따라서는 이른바 정신적 배상(damages for pain and suffering)에 부가적으로 인정되는 금전배상이다.[9]

(2) 징벌적 손해배상은 가해자의 행태, 동기나 그 밖의 주관적 사정, 재산상태 등의 가해자측의 사정을 고려한 다음, 실제 발생한 손해액에 더하여 손해배상을 인정하는 것이기 때문에 민사법제의 틀 안에서 사인(私人)이 소송을 제기하고 그 배상금을 취득하지만 그 성질 · 기능에 있어서는 제재적인 측면이 중심을 이루는 손해배상이라고 할 수 있다. 이에 따라 징벌적 손해배상의 주된 목적은 우선 위법행위의 처벌과 억제(punishment and deterrence)에 있는 것으로 이해된다. 즉 징벌적 손해배상을 부과함으로써 행위자에게 제재를 가하고, 가해자 및 그 이외의 자가 동일한 불법행위를 반복하는 것을 예방하고자 하는 것이다.[10] 이러한

8) 영국에서는 주로 exemplary damages라는 용어를 많이 사용하고, 또 vindictive damages, retributive damages 혹은 smart money 로 표현되기도 한다. 이러한 용어를 사용한 근대법에서의 기원은 18세기로 거슬러 올라가며, 초기에는 금전적으로 평가 · 회복이 불가능한 손해에 대한 배상, 즉 비재산적 손해에 대한 배상의 의미로 쓰여졌다. 그 기원에 관하여는 Sales/Cole, Punitive Damages: A Relic That Outlived Its Origins, 37 Vanderbilt Law Review 1117, 1119-1124(1984); Owen, Punitive Damages in Products Liability Litigation, 74 Michigan Law Review 1258, 1262–1264(1976); Levit, Punitive Damages: Yesterday, Today and Tomorrow, 688 Insurance Law Journal 257(1980) 참조.

9) Restatement(Second) of Torts § 908 (1)(1977): Punitive damages are damages, other than compensatory or nominal damages, awarded against a person to punish him for his outrageous conduct and to deter him and others like him from similar conduct in the future(징벌적 손해배상은 사악한 행위를 한 자의 처벌을 위하여 그리고 그 자와 타인이 장래 유사한 행위를 하는 것을 억제하기 위하여 보상적 혹은 명목적 손해배상에 부가하여 부과되는 손해배상이다) 참조.

처벌과 억제라는 측면에서 보면 결국 형벌과 동일한 기능을 갖는다고 할 수 있지만, 원칙적으로 가해자가 징벌적 손해배상금을 국가에 지급하는 것이 아니라 피해자 개인에게 지급하며 또 민사소송절차에 의하여 부과된다는 점에서 형법상의 벌금과는 구별된다. 다음에 그 두 번째 기능으로는 보상적 손해배상을 보완하기 위한 것으로서의 전보적 기능을 들 수 있다. 즉 미국법에 따르면 승소한 자가 지출한 소송비용의 변상을 상대방에게 요구할 수 없는데(American rule of costs), 징벌적 손해배상이 그 보상의 역할을 하게 되는 경우가 있는 것이다. 또 원고가 실제 소송에 있어서 현실적으로 발생한 손해의 전부를 주장·입증할 수 있는 것이 아니기 때문에, 결과적으로 징벌적 손해배상에 의해 피해자가 완전한 배상을 얻게 된다는 것도 이 전보적 측면에서 주장된다. 특히 비재산적 손해배상이 제한적으로 인정된 경우에 이를 보완하는 측면도 있는 것으로 이해된다.[11] 이에 더하여 징벌적 손해배상이 부과됨으로써 가해자에 대한 도덕적 평가가 이루어지기 때문에 피해자에게는 만족을 주는 기능이 있다는 것도 세 번째 기능으로서 말하여진다.[12] 이러한 기능 중에서 일반적으로는 징벌적 내지는 억제적 기능이 그 중심기능으로 나타나기 때문에 "징벌적(punitive)"이라는 이름이 정해졌다고 할 수도 있다.[13] 그러나 징벌적 손해배상이 전보적 기능을 갖고 있음은 대부분의 미국 주(州)에서 인정되고 있고, 더욱이 주에 따라서는 변호사비용 등 소송수행에 필요한 비용의 전보(Connecticut) 내지는 비재산적 손해에 대한 완전한 전보를 위하여서만(Michigan) 징벌적 손해배상을 인정하는 주도 있다.[14] 한편 불법행위를 통하여 얻고자 했던 가해자의 이익이 징

10) Owen(앞의 註 8), 74 Michigan L. Rev, 1279-1287(1976); Sales/Cole(앞의 註 8), 37 Vanderbilt L. Rev., 1126-1129(1984); Stoll, International Encyclopedia of Comparative Law vol. XI(Torts) chapter 8(Consequences of Liability: Remedies), p. 101; Keeton/Dobbs/Keeton/Owen, Prosser and Keeton on the Law of Torts, (5th ed. 1984 with supp. 1988), p. 9; Großfeld, Die Privatstrafe-Ein Beitrag zum Schutz des allgemeinen Persönlichkeitsrechts, 1961, S.46와 S.54에서는 보복·억제목적(Vergeltungs- und Abschreckungszweck)내지 속죄와 억제(Sühne und Abschreckung)로 표현한다.

11) Owen(앞의 註 8), 74 Michigan L. Rev. 1295-1297(1976); Stoll(앞의 註 10), Int. Enc. Comp. L., vol.XI ch.8, p. 102; Großfeld(앞의 註 10), S. 50-53; Keeton/Dobbs/Keeton/Owen(앞의 註 10), p. 9.

12) Großfeld(앞의 註 10), S. 53; Owen(前揭 註 8), 74 Michigan L. Rev. 1258, 1277-1299(1976); U. Magnus, Schaden und Ersatz-Eine rechtsvergleichende Untersuchung zur Ersatzfähigkeit von Einbußen, 1987, S. 46f, 212f; Stoll(前揭 註 10), Int. Enc. Comp. L., vol.XI ch.8, p. 101; Siehr, Zur Anerkennung und Vollstreckung ausländischer Verurteilungen zu "punitive damages", RIW 1991, 705, 706에서는 징벌적 손해배상이 구체적인 사례에 따라서는 대륙법에서 인정되는 정신적 손해배상에서의 만족기능(Genugtuungs-funktion)에 상당하는 기능을 가질 수 있다고 하고, 그러나 미국법에는 별도로 "pain and suffering"이라고 하는 정신적 손해배상에 관한 제도가 있기 때문에 이 "pain and suffering"이 징벌적 손해배상 액수에 비하여 상당히 적게 인정된 경우에만 징벌적 손해배상이(대륙법에서의) 정신적 손해배상과 상응하는 면이 비교되어져야 할 것이라 한다.

13) 이러한 점에서 punitive damages 는 엄밀한 대륙법적 의미에서는 손해배상이 아니라고 할 수도 있다. 독일에서는 Strafschadensersatz 또는 Privatstrafe 로 번역하기도 하지만 그 의미 전달의 어려움때문에 주로 punitive damages라는 원어 자체를 사용하고 있고(BGHZ 118, 312 참조), 일본에서는 주로 징벌적 손해배상으로 번역하나 기능면에서 보았을때 「손해배상」이라고 하는 것이 반드시 적절하지는 않다하여 단순히 징벌적 「배상」이라고 표기하기도 한다(酒井一, 米國懲罰的賠償判決の承認と執行に關する一考察(一), 民商'92, 357頁 註 2) 참조).

벌적 손해배상에 의하여 추급 상환되는 한에서는 대륙법상의 부당이득에 관한 제도와 기능적으로 비교될 수도 있을 것이다.[15)]

(3) 이러한 징벌적 손해배상을 부과하는데는 그 전제로서 일반 불법행위요건의 충족 외에 그 이상의 것, 예컨대 가해자의 특별히 비난받을 만한 행태를 요한다. 일반적으로는 고의적 불법행위, 특히 피고의 불법행위에 현실적 악의(actual malice)나 자의적 무시(wantonness) 등이 개재된 경우에 인정되곤 한다.[16)] 그 전형적인 예로는 고의폭행(assault and battery), 명예훼손(libel and slander), 사기(deceit), 부녀유괴(seduction), 악의소추(malicious prosecution), 불법침해(trespass), 사적 안온방해(private nuisance), 부실표시(misrepresentation) 등을 들 수 있다.[17)] 행위의 태양에 초점이 맞추어지기 때문에 행위자의 귀책성을 직접 문제로 하지 않는 엄격불법행위책임(strict tort liability)의 영역에 있어서도 징벌적 손해배상이 인정될 수 있는가라는 문제가 제기되는데, 예를들면 제조물책임에 관하여 제품의 결함이 "소비자의 안전에 대한 노골적인 경시(flagrant disregard of consumer safety)"나 "공적 안전에 대한 노골적인 무관심(flagrant indifference to the public safety)"을 나타내고 있는 경우 등에 징벌적 손해배상이 인정되고 있다.[18)]

2. 징벌적 손해배상(額)의 증가와 제도개선에 관한 논의

근래 징벌적 손해배상은 그 인정되는 사례의 수만이 아니라 그 배상액수도 놀라울 정도로 증가하고 있다. 징벌적 손해배상의 위헌성의 문제를 다루었던 1989년의 Browning-Ferris판결[19)] 이후 9개월 사이에 각각 2,000만 달러가 넘는 징벌적 손해배상액을 인정한 사건이 6건이나 있었다.[20)] 한 통계자료에 의하면 60년대와 80년대를 거치면서 인용된 징벌적 손해배상액이 지역에 따라 300%에서 1500% 사이의 증가가 있었다.[21)] 특히 신체침해

---

14) Owen(앞의 註 8), 74 Michigan L. Rev. 1258, 1296(fn.186)(1976); Schlueter/Redden, Punitive Damages (2nd ed. 1989), p. 17.

15) 앞의 註 1)의 스위스 판례는 이러한 관점에서 미국법원에서 인용한 징벌적 손해배상을 전액 집행가능하다고 하였다(ZivilG Basel-Stadt, Basler Juristische Mitteilungen 1991, S.36); Siehr(앞의 註 12), RIW 1991, 705, 708, 709도 同旨.

16) Keeton/Dobbs/Keeton/Owen(앞의 註 10), pp. 9-10; Sales/Cole(앞의 註 8), 37 Vanderbilt. L. Rev., 117, 1131f(1984); Restatement(Second) of Torts § 908(2) 참조.

17) Keeton/Dobbs/Keeton/Owen(앞의 註 10), pp. 10-11.

18) Stiefel/Stürner, Die Vollstreckbarkeit US-amerikanischer Schadensersatzurteile exzessiver Höhe, VersR 1987, 829, 835; Owen(앞의 註 8), 74 Michigan L. Rev.(1976) 1258, 1367-1371 참조.

19) 109 S. Ct. 2909(1989)(이에 관하여는 후술 Ⅲ 참조).

20) Haslip사건에서의 O'Connor 대법관의 반대의견에서 引用(Pacific Mutual Life Ins. Co. v. Haslip, 111 S.Ct. 1032, 1066, 499 U.S. 61(1991)).

21) 1964-69년에 California州의 San Francisco에서 인용된 징벌적 손해배상액은 평균 95,000 달러였는데 반해 1980-84년에는 381,000 달러에 달해 300%정도 증가되었고, Illinois州의 Cook County에서 인용된 징벌적 손해배상액은 1965-69의 평균 43,000 달러에서 1980-84의 729,000달러로 1,500%나 증가되었다(Daniels/Martin, Myth and Reality in Punitive Damages, 75 Minn. L. Rev. 1, 23(1990) 참조).

(personal injury) 사례에서 인용된 징벌적 손해배상액은 1965년과 1984년 사이에 13,700%나 증액되었다.[22] 우리에게도 이미 잘 알려져 있는 핀토차(Ford-Pinto) 사건에서는 연료탱크의 결함으로 인하여 사고가 발생할 위험이 있음을 알았음에도 불구하고 이를 방치하여 자동차사고를 야기한 포오드사가 사고로 중화상을 입은 13세의 원고에게 350만 달러의 보상적 손해배상과 1억 2,500만 달러의 징벌적 손해배상이라는 극히 고액의 손해배상을 지급하라는 배심의 평결이 있었다.[23]

미국의 일부 주에서는 징벌적 손해배상의 팽창에 제한을 가하고 있다. 징벌적 손해배상의 부과를 완전히 금지하거나,[24] 최소한 제조물소송에서는 그 부과를 금지하기도 한다.[25] 또 청구요건을 강화시켜 통상의 민사소송에서의 입증원칙인 "증거의 우세(preponderance of evidence)"원칙 대신에 보다 강화된 입증요건으로 "명백하고 확신적인 증거(clear and convincing evidence)" ―형사소송에서 요구되는 "합리적 의심의 여지가 없는" 정도의 증거(evidence beyond a reasonable doubt)를 뜻함 ―를 요하기도 한다.[26] 아울러 여러 형태로 징벌적 손해배상 인정액의 최대한을 법정하거나(absolute dollar cap, fixed ration cap, profit extraction cap)[27] 징벌적 손해배상의 일정액을 국고 내지는 공공기관에 지불하도록 하는 입법도 이루어져 있다.[28]

제조물책임 소송에서와 같이 동일한 원인으로 다수의 피해자가 발생하는 대량소송에서는 이른바 과잉처벌(overkill)의 위험, 다시 말해 고액의 징벌적 손해배상을 중복 부과함으로 해서 피고 제조자를 파산에 까지 이르게 하는 문제가 발생할 수 있다.[29] 대부분의 州에서 이

---

22) 1965-69년에 신체침해의 경우에 인용된 징벌적 손해배상액은 평균 14,000 달러였는데 반해 1980-84년에는 평균 1,934,000 달러에 달했다고 한다(Daniels/Martin, 앞의 주 21) p. 23 참조).

23) 이 배상액은 나중에 법원에 의해 251만 6천 달러의 보상적 손해배상과 350만 달러의 징벌적 손해배상으로 감액되었다(Grimshaw v. Ford Motor Co. 174 Cal. Rptr. 348(1981)). 이 사건에서는 포오드사가 자동차의 결함으로 인하여 지불하게 될 수도 있는 손해배상을 고려하여(그러나 포오드사가 징벌적 손해배상 까지는 계산에 넣지 않았던 것으로 보인다) 들어갈 비용과 영업상의 수익을 미리 산정하였고, 이로 미루어 포오드사가 사고의 위험을 알았던 것으로 보아 포오드사측에 「악의(malice)」가 있었던 것으로 평가되었다(Owen, Problems in Assessing Punitive Damages Against Manufacturers of Defective Products, 49 U. Chi. L. Rev. 1, 1-2, 56, fn. 264(1982)참조).

24) 예컨대 Louisiana州와 Massachusetts州.

25) Louisiana 州, Massachusetts 州, Michigan 州, Nebraska 州, Washington 州; Freedman, International Products Liability(1986), §1.18, 1987 supp. p. 28 참조.

26) 예컨대 Cal. Civ. Code § 3294(a)(Deering 1992)(California); Ga. Code. Ann. § 51-12-5.1(b)(1992)(Georgia); Raynor v. Richardson-Merrell, Inc. 643 F.Supp. 238(Distr. D.C. 1986).

27) Comment, Statutory Punitive Damage Caps and the Profit Motive: An Economic Perspective, 40 Emory L.J. 303, 331-340(1991); 또 Georgia Ga. Code. Ann. §51-12-5.1(g)(1992) 참조.

28) 예컨대 Illinois 110 Ⅲ. Rev. Stat. §2-1207(1992); Kansas Kan. Stat. Ann. 60-3402(e)(1991); Colorado Colo. Rev. Stat. §13·21·102(4) 1992); Georgia Ga. Code. Ann. §51-12-5.1(e)(2)(1992); Florida Fla. Stat. Ann. §768.73(2)(1991); Comment(앞의 註 27), 40 Emory L. J. 303, 328-329(1991).

29) Note, Class Actions for Punitive Damages, 81 Mich. L. Rev. 1787(1983); Note, Mass Liability and Punitive Damages Overkill, 30 Hastings L.J. 1797(1979); Owen(앞의 註 8), 74 Mich. L. Rev. 1258,

와같은 징벌적 손해배상을 중복적으로 부과하는 것이 공중을 비행으로 부터 보호하기 위하여 합리적인 이유가 있고 불가피한 수단임이 증명되는 경우에 이를 인정하고 있다.[30] 다만 이 경우 이미 부과된 징벌적 손해배상액은 나중의 징벌적 손해배상액의 크기를 정하는 데 고려할 요소가 된다. 일부 州에서는 대량소송, 특히 class action소송에서 인정되는 배상 최고한도액(cap)이 성문법으로 또는 판례에 의하여 정하여져 있기도 하다.[31]

특히 최근 1991년부터 미국에서는 소송법과 손해배상책임법분야의 제도개선을 위한 논의가 활발하게 전개되었다.[32] 이는 변호사성공보수의 고액화에 따라 폭발적으로 소송비용이 증가하고, 변호사의 광적인 소송제기로 인하여 기업이 갖는 부담이 더욱 늘어나게 됨으로써 미국의 국제시장에서의 경쟁력이 약해져서 결국은 미국민의 불이익으로 돌아간다는 이유에서 주로 논의된 것이다. 이러한 논의는 미국의 소송비용원칙(American rule of costs)상 패소한 당사자가 승소한 당사자에 대하여 소송비용을 변상하지 않기 때문에 징벌적 손해배상을 통하여 그 비용의 전보가 이루어 지는 경우가 많은 것과도 밀접한 관련이 있는 것이다. 미 부통령이었던 Dan Quayle도 고액의 비용이 드는 미국의 민사소송제도를 개선할 필요성을 역설하며 변호사의 업무행태에 대한 비판을 가하기도 하였고 이는 법조 사회에 많은 반향을 불러일으키기도 하였다. 그는 특히 공판전 개시(pretrial discovery), 징벌적 손해배상, 전문가 증인(expert witnesses) 등에 제한을 둘 것을 제안하였다.[33] 이러한 제도개선에 관한 논의는 비교법적인 시각에서 경쟁국들의 비용경제적인 제도에서 모범으로 삼을 만한 것을 본받아야 한다는 주장으로 이어졌고,[34] 또 징벌적 손해배상에 관한 하나의 법모델도 제안되게 되었다.[35]

미국 대부분의 州 법에는 보상적 손해배상과 징벌적 손해배상사이에 어떤 정형화된 비례관계가 성립되어 있지 않다. 예를 들어 단 6센트의 현실 손해(actual damages)에 5,000 달러의 징벌적 손해배상이 부과된 판례[36]도 보인다. 학설에서는 부분적으로 정형화된 비례관계를

1322-1325(1976); Keeton/Dobbs/Keeton/Owen(앞의 註 10), p. 14 참조.

30) Champagne v. Raybestos-Manhattan, Inc. 212 Conn. 509, 562 A. 2d 1100(Conn. Supr. Ct. 1989); Puppe v. A.C. & S., Inc. 733 F. Supp. 1355(Distr. N.D. 1990).

31) Restatement(Second) of Torts §908 Comment(e)(1977); 4 American Law of Products Liability, 3d(1987), § 60:50.

32) 이에 관하여는 Mullenix, The Counter-Reformation in Procedural Justice, 77 Minn. L. Rev. 375(1992) 참조.

33) Quayle Calls for Changes in Legal System, Wall St. J. Aug. 14 1991, Sec. B p. 6; Blum, Quayle's Proposals Still Making Waves, Nat'l L. J., Sept. 16 1991, p. 3.

34) Cortese/Blaner, Civil Justice Reform in America: A Question of Parity with our International Rivals, 13 U. Pa. J. Int'l Bus. L., 1(1992) 참조.

35) Proposed Civil Justice Reform Legislation: Proposed Legislation: Model State Punitive Damages Act, 60 U. Cin. L. Rev. 1077(1992) 참조.

36) Toomey v. Farley, 2 N. Y. 2d 71, 156 N. Y. S. 2d 840, 138 N. E. 2d 221(N. Y. App. Ct. 1956).

도입할 것이 주장되어, 예컨대 이미 1987년에 미연방헌법 증보 제8조로부터 비례원칙을 이끌어 내고, 징벌적 손해배상액을 정하는 3가지 중심적 가변요소로 1) 가해자 재산의 범위, 2) 가해자의 과실 정도, 3) 인용된 보상적 손해배상액의 크기 등이 제안되기도 하였다.[37)]

Ⅲ. 합헌성과 관련한 종전의 미연방대법원 판례

징벌적 손해배상액의 타당성과 관련하여 문제가 되는 헌법상의 몇 가지 중요한 근거조항으로는 연방헌법 증보 제8조의 과다한 벌금조항(excessive fines clause),[38)] 증보 제5조의 이중처벌금지조항(double jeopardy clause),[39)] 증보 제14조의 적법절차조항(due process clause)[40)] 등을 들 수 있다. 또 구체적 사안의 내용에 따라서는 계약조항(contract clause),[41)] 평등보호조항(equal protection clause),[42)] 정당한 보상조항(just compensation clause)[43)] 등에 근거한 합헌여부가 논의될 수 있을 것이다.

미연방대법원은 징벌적 손해배상의 헌법적 근거에 관하여 이의를 제기하는 사건에 있어서 전에는 통상 사건이송명령(certiorari)을 거부함으로써 논쟁을 피하곤 하였었다. 1987년의 Crenshaw v. Bankers Life & Casualty Co.사건[44)]에서 미연방대법원은 징벌적 손해배상과 관련하여 이송명령의 청원을 처음으로 받아들였다. 그런데 Mississippi州 최고법원에서 163만 5천달러의 징벌적 손해배상액이 인정되었던 이 사건에서, 연방대법원은 징벌적 손해배상에 대하여는 그 위헌성이 심리되어야 한다고 하면서도 궁극적으로는 적법절차, 과다벌금조항 등과 관련한 헌법적 쟁점들에 관하여 심리하기를 거부하였다. 심리의 거부이유는 주법원판결의 재심리는 주법원의 판결에 대한 최소간섭(less intrusiveness of resolution)의 원칙을 깨뜨리는 것이 되고, 또 위의 헌법적 쟁점들에 대하여 주법원에서 충분히 다루어지고 판결되어서

---

37) Comment, Punitive Damages and the Eighth Amendment: An Analytical Framework for Determining Excessiveness, 75 Cal. L. Rev. 1433, 1448-1470(1987); 최근의 제안으로는 Comment, Toward a Uniform Applicatipon of Punishment: Using the Federal Sentencing Guideliness as a Model for Punitive Damage Reform, 40 U.C.L.A. L. Rev. 753(1993).

38) 미국 연방헌법 증보 제8조: 과다한 보석금을 요구하거나 과다한 벌금을 부과하거나, 잔혹하고 이상한 형벌을 과하지 못한다.

39) 미국 연방헌법 증보 제5조: 누구든지 … 동일범행에 대하여 재차 생명 또는 신체에 대한 위험을 받지 아니한다. …

40) 미국 연방헌법 증보 제14조 제1항:… 어떠한 州도 합중국시민의 특권과 면제를 박탈하는 법률을 제정하거나 강행할 수 없다. 어떠한 주도 법의 적정한 절차에 의하지 아니하고는 어떠한 사람으로 부터도 생명·자유 또는 재산을 박탈할 수 없으며 그 지배권 안에 있는 어떠한 사람에 대하여도 법률에 의한 평등한 보호를 거부하지 못한다.

41) 미국 연방헌법 제1조 제10항(1): 어떠한 州도…계약상의 채무에 해를 주는 법률을 제정할 수 없다. …

42) 앞의 註 40)참조.

43) 미국 연방헌법 증보 제5조:… 정당한 보상없이는 그 사유재산은 공용을 위하여 수용당하지 아니한다.

44) 108 S. Ct. 1645(1988).

넘어온 것이 아니라는 것이었다.[45)]

그 후의 United States v. Halper 판결에서 대법원은 미연방헌법 증보 제5조의 "이중처벌 금지조항" 위반을 인정하였다. 하지만 이 사건은 가해자를 형벌에 처한 후에 사인(私人)이 아닌 국가가 재차 민사소송에 의해 징벌적 손해배상을 구한 경우였다. 그리고 여기서도 대법원은 부수의견(dictum)에서 이중처벌조항이 사인들 사이의 사적 소송에는 적용되지 않기 때문에 징벌적 손해배상의 문제가 제기되게 되는 사인 피해자의 손해배상청구 소송에서는 논쟁의 여지가 없다고 하였다.[46)] 이 경우에 두번째의 소송절차가 사적소송으로서의 특징을 잃지 않으면서 국가가 어느 정도나 관여될 수 있을지에 관한 문제에 대하여는 미해결로 남겨 두었다. 특히 징벌적 손해배상의 일정 비율이 국가 내지 국가 공공기관에 지불되도록 하고 있는 특정 연방주의 법규에 관하여는 아무런 언급을 하지 않고 있다.[47)] 그러나 대법원은 두번째 소송을 국가가 제기하지도 또 인용된 징벌적 손해배상액의 일부를 수취하지도 않는다면 이 소송은 사적 소송의 성격을 유지한다고 하였고, 이러한 것이 후에 민사사건으로서의 징벌적 손해배상판결의 헌법적 문제에 관하여 중요한 판시를 하게 하는 배경을 이룬다고 할 것이다.

미연방대법원이 사인 사이의 민사재판으로 문제가 된 징벌적 손해배상에 관하여 본격적으로 헌법적 판단을 한 최초의 사건은 1989년의 Browning-Ferris Industrie v. Kelco Disposal 사건[48)]이라 할 수 있다. 여기서 연방대법원은 연방헌법 증보 제8조의 "과다한 벌금조항(excessive fines clause)"의 관점에서 심사하였다. 이 사건에서는 보상적 손해배상으로는 51,146 달러만이 인정된 데 반하여 징벌적 손해배상으로 6백만 달러가 부과되었다. 대법원의 다수의견은 이 사건에서 "과다한 벌금조항"의 연혁적 근거와 목적 등을 들면서, 국가기관에 의하여 소송이 제기되지 아니하고 인정된 손해배상액의 일부를 국가가 수취하게 되지도 않는 사인사이의 민사사건에는 이 조항이 적용될 수 없는 것이라고 판시하였다.[49)] 이에 따라 징벌적 손해배상은 미연방헌법증보 제8조에 의하여는 무효가 되지 않는다는 것이 확인되게 된 것이다. 그러나 연방대법원은 "본질적인 공정성(fundamental fairness)"이라는 기본요소가 결여된 사법절차(司法節次)에서 손해배상의 인정이 이루어진 것이라면 적법절차조항을

45) 108 S. Ct. 1645, 1651(1988).

46) United States v. Halper, 109 S.Ct. 1892(1989).

47) 앞의 註 28) 참조. 이에 관하여는 다음의 Browning-Ferris Industries v. Kelco Disposal, Inc.(109 S.Ct. 2909, 2920(1989))도 마찬가지 태도이다.

48) 109 S. Ct. 2909(1989).

49) 이 사건에서 반대의견을 제시한 O'Connor 대법관과 Stevens 대법관은 과도성(excessiveness)에 관한 심사는 헌법증보 제8조에 규정하고 있는 "잔혹하고 이상한 형벌조항"에 관하여 전개되어온 유사한 요소에 비추어 이루어져야 한다고 한다. 그리고 특히 Solem v. Helm(463 U.S. 277(1983))사건에서 "잔혹하고 이상한 형벌"을 테스트하기 위해 고안된 "비례틀(proportionality framework)"을 적용할 것을 제안하였다(109 S.Ct. 2909, 2924-2931(1989)).

위반한 것일 수 있다는 점을 명시적으로 밝혀[50] 징벌적 손해배상의 합헌성의 문제가 증보 제14조의 "적법절차조항(due process clause)"을 기준으로 하여 심사될 수 있다는 가능성을 유보해 두었었다. 그리하여 이후 미국에서의 징벌적 손해배상의 합헌성에 관한 논의는 적법절차조항위반 여부에 집중되게 되었다.

Ⅳ. 연방헌법 증보 제14조에 따른 헌법적 판단

1. 증보 제14조의 적법절차조항

미국 헌법증보 제14조는 "적법절차에 의하지 아니하고는(without due process of law) 어떠한 사람(person)으로부터도 생명, 자유 또는 재산을 박탈할 수 없다"고 규정하여 국가권력의 자의적(恣意的) 행사로부터 개인의 자유와 권리를 보호하고자 하는 법치국가원리의 준수를 포괄적으로 보장하고 있다. 주지하듯이 연방대법원의 기본적인 판례경향인 선별적 수용론(selective incorporation)에 따르면 이 증보 제14조를 통하여 "권리장전"[51]에 의하여 보장되는 많은 "본질적인 권리(fundamental rights)"가 주에 선별적으로 수용되어 州의 권력에 한계를 주게 된다.[52] 다시 말하여 이 증보 제14조 규정은 연방헌법상의 법치국가원리를 미국 각 주의 헌법으로 그 적용범위를 확대시키는 것이다. 이처럼 적법절차는 법에 의한 평등보호와 더불어 미국헌법의 정수를 이루고 있다고 하겠다.[53]

이 적법절차조항은 절차적정성 내지 절차의 정의합치성을 의미하는 절차적 적법절차의 측면과 입법내용적정성을 뜻하는 실체적 적법절차의 측면을 가진다. 다시 말해서 이는 한편으로는 국가의 규제조치가 비례성의 원칙이라는 요구에 부합함을 보장하고 있고(실체적 적법절차), 다른 한편으로는 법치국가적 소송절차의 보장(절차적 적법절차)을 내용으로 하고 있는 것이다. 부연하면 실체적 적법절차는 생명, 자유 혹은 재산권에 대하여 행사되는 모든 국가적인 규제조치가 합리적으로 공중의 이익을 위하여 적합하고 필요한 것이 되어야 한다는 것을 의미한다. 절차적 적법절차는 생명, 자유 또는 재산권 등의 법익에 대한 법의 적정 절차에 따른 보호를 뜻하는 것으로 이해된다. 따라서 생명, 자유 또는 재산에 대한 제한 내지 침

50) 109 S.Ct. 2909, 2921(1989).
51) 미국헌법전의 본문이 주로 연방조직에 관한 것을 주된 내용으로 하였기에 그 보완의 필요에서 James Madison이 초안하고 헌법개정절차를 통하여 1791년에 확정된 증보(Amendment) 제1조부터 제10조까지의 10개의 인권조항을 일컬어 권리장전(Bill of Rights)이라고 부른다. 권리장전의 제1조부터 제3조까지는 인권에 관한 실체적인 부분이고, 제4조부터 제8조까지의 5개조항은 節次的인 규정이며, 나머지 2개 조항도 인권에 관한 일반적인 사항을 다룬 것이다.
52) Triebe, American Constitutional Law, Second Ed.(1988), p. 772; 권영설, 미국 헌법상 적법절차의 법리와 그 전개, 미국헌법연구, 제1호(미국헌법연구소 1990), 151-154면 참조.
53) 영설, 실체적 적법절차와 절차적 적법절차, 현대의 형사법학(益軒 朴貞根博士 화갑기념논문집 1990), 744면.

해가 있을 경우 바로 그 사실이 告知되어야 하며, 그 당사자에게는 반드시 소명의 기회와 자기방어의 기회가 사법절차의 개시에 앞서 주어져야 할 뿐만 아니라, 그 처리 또한 기본적으로 공평성에 부합되게끔 이루어져야 한다는 것이 절차적 적법절차의 요체가 되는 것이다.[54] 여기서 소송절차에서의 비자의성과 소송당사자에 대한 투명성도 요구되게 된다고 하겠다.

적법절차조항의 실체법적 측면, 즉 실체적 적법절차는 금세기 초엽에는 경제적 이익의 보호를 위하여 강조되었고, 당시에 연방대법원은 많은 경제규제입법들을 實體的 적법절차 심사를 통하여 무효화시켰다. 이와 같은 이른바 "경제적 적법절차(economic due process)"로서의 심사는, 잘 알려져 있고 많은 비판도 가하여진 Lochner v. New York사건[55]으로 대표된다. 이 Lochner 판결에서는 契約의 自由를 "본질적인 권리"로 파악하고 주의 노동입법의 실체적 적적성을 평가하는데 있어 채택된 수단과 입법목적 사이에 강도높은 합리성을 요구하는 "엄격심사(strict scrutiny)" 기준을 적용하였다. 그러나 1937년이후 연방대법원은 실체적 적법절차의 위반을 이유로 州의 경제규제입법을 심사하는 데에는 소극적인 자세를 보이면서, 경제문제에 관하여는 대신에 주로 평등보호조항(equal protection clause)에 따라 사법심사를 하게 되었다. 이와는 대조적으로 1960년대 중반부터 비경제적 생활영역에서, 특히 사생활권(privacy)의 보호를 위하여는 실체적 적법절차를 활발하게 활용하여 오늘에 이르고 있다. 그리하여 오늘날 미연방대법원이 실체적 적법절차심사를 행함에 있어서 대체로 다음의 두가지 상이한 심사기준을 적용하는 것으로 분석할 수 있다. 다시 말해서 비경제적인 생활영역에서의 권리 즉 인공임신중절이나 성생활의 영역, 그 밖의 사생활보호 등에 관한 권리와 같은 "본질적인 권리"가 규제입법에 의하여 침해되는 경우에는 "엄격심사(strict scrutiny)" 기준을 적용하게 된다. 이 엄격심사에 의하면 본질적인 권리에 대한 제한은 1) "도저히 거역할 수 없이(compelling)" 우세한 공적이익의 실현을 목적으로 하고 2) 목적달성을 하는 데 있어서 그 수단이 "없어서는 아니될 필수적인(necessary)" 것일 경우에만 정당화되게 된다. 반면에 경제적 영역에서는 일반적으로 본질적인 권리가 인정되고 있지 않기 때문에 단지 수단과 목적 사이의 합리적인 관계(reasonable 혹은 rational realation)를 요구할 뿐이다. 여기서는 일종의 자의성에 대한 심사로서 "합리적인 기초 테스트(rational basis test)", "단순 합리성 심사(mere rationality test)"의 완화된 기준만이 규제조치에 대한 심사기준으로 적용된다.

위의 두 가지 적법절차의 측면에서 징벌적 손해배상이 문제될 수 있다. 징벌적 손해배상에 대한 실체적 적법절차 측면에서의 반론은 주로 징벌적 손해배상의 처벌·억제적 성격은 이를 형벌로 규정하는 근거는 되지만 민사벌로 정하는 근거를 정당화시키지는 못한다는 점

54) 권영설(앞의 註 51), 미국헌법연구, 제1호(1990), 185면.
55) 25 S. Ct. 539(1905).

에서 제기된다. 다시 말해서 형벌에 처해진다는 위협을 가함으로써 적법한 행위를 하도록 유도하는 것은 민사법적 효과로서의 징벌적 손해배상을 정당화하지 못한다는 것이다. 민사법은 단지 사적 이익의 전보를 위한 것일 뿐이지 국가의 처벌과 억제의 목적을 수행하는 것이 아니기 때문이라는 것이다. 여기서 징벌적 손해배상 판결을 통하여 처벌과 억제의 목적을 수행하는 것이 타당한 것인가, 그리고 그 목적의 정당성이 인정된다 하더라도 그 목적과 수단(배상액) 사이에 합리적인 비례관계가 성립되느냐 하는 문제가 제기되는 것이다.

한편 절차법적 측면에서의 비판은 이른바 보통법의 방식에 따라 배심을 통하여 이루어지는 징벌적 손해배상의 결정이 충분히 재심사될 수 없다는 점을 그 핵심으로 하고 있다. 즉 이 보통법의 방식에 따르면 배심이 청구근거의 인정여부를 판단하는 외에 손해배상의 규모까지도 결정하게 되는 것이다. 원칙적으로 손해배상액의 결정은 배심의 재량에 맡겨져 있고, 법관은 손해배상이 단지 법익침해의 심한 정도와 장래의 유사한 不法을 억제하는 데 필요한 정도에 상당하여야 한다는 선에서 배심에 대한 설시(instruction)를 행할 뿐이다.

2. Haslip 판결

(1) 사건 개요

1991년의 Pacific Mutual Life Ins. Co. v. Haslip사건[56)]에서 연방대법원은 드디어 징벌적 손해배상의 합헌성을 증보 제14조의 적법절차조항과 관련하여 심사할 기회를 갖게 되었다. 이 사건의 사실관계는 다음과 같다.

보험회사의 한 직원이 보험계약자의 의료보험료를 장기간 동안 유용함으로써, 보험관계가 더이상 유지되지 않게 되었다. 보험회사는 보험료미납으로 인하여 의료보험혜택을 받을 수 없게 되었다는 사실을 보험계약자에게 고지하지 않았다. 이 보험계약자가 병원에 호송되는 일이 발생하였고, 병원측의 치료비 청구로 인하여 이 보험계약자의 재산에 강제집행이 가해지게 됨으로써 그의 신용에 침해가 생기게 되었다.

보험계약자들은 보험회사와 직원을 상대로 사기(fraud)를 이유로 들어 손해배상을 구하는 소를 제기하였다. Alabama 州의 1심법원은 보험계약자의 청구를 받아들여 보험료를 유용한 직원에 대하여는 사기에 대한 책임을, 그리고 보험회사에 대하여는 사용자책임(respondeat superior)[57)]을 인정하였다. 이 사건에서 배심은 1심법원의 법관으로부터 사기에 대한 책임으

56) 111 S. Ct. 1032, 499 U.S. 1(1991).

57) respondear superior의 법리는 우리 민법 756조에 상응하지만 사용자의 면책가능성이 인정되지 아니한다. 책임성립을 위하여서는 사용자를 위한 직무를 수행함에 있어서 법익침해가 있을것(Shell Petroleum Corp. v. Magnolia Pipe Line Co., 85 S.W. 2d 829, 832(Tex.Civ.App.1935), 고용관계가 법익침해당시에 이미 성립되어 있을 것과 또 그 고용관계가 직무수행으로 법익침해가 이루어진 경우의 직무를 포괄하고 있을 것(Rogers v. Town of Black Mountain, 224 N.C. 119, 29 S.E. 2d 203, 205(1944); Adams v. South Carolina Power Co., 200 S.C. 438, 21 S.E. 2d 17, 19(1942)과 같은 요건을 갖추어야 한다.

로 징벌적 손해배상이 인용될 수 있다는 설시(jury instruction)가 있은 후에 보험회사와 직원이 원고에게 1백 4만 달러의 손해배상을 지급하라는 평결을 하였다. 이 배상액 가운데 적어도 84만 달러가 징벌적 손해배상에 해당하는 금액이었다. 항소심은 1심법원의 이 손해배상액 판결을 확인하였고, 이에 보험회사는 연방대법원에 상고하게 되었다.[58)]

(2) 다수의견에 대한 검토

대법원은 우선 자신의 피용자가 행한 타인의 법익침해에 대하여 사용자에게 징벌적 손해배상을 부과하는 것은 적법절차조항의 실체적 요구에 부합한다는 입장을 견지하였다. 그 이유로는 징벌적 손해배상은 보험회사로 하여금 그 피용자에 대한 감독을 더욱 강화하도록 하는 동기를 부여한다는 것을 들고, 또 보험회사의 책임을 그 자신의 과실로만 제한한다면 그 피용자에 대한 감독을 소홀히 하도록 하는 요인을 만들게 된다고 한다.[59)]

이 판결에서 대법원은 미국의 배심제도와 관련하여 손해배상의 확정절차가 절차적 적법절차의 요구에 합치하는지의 문제를 집중적으로 다루었다. 다수의견은 과거의 판결[60)]에서와 마찬가지로 "제한없는" 징벌적 손해배상의 인용에 관하여 재차 우려를 표명하고는 있다.[61)] 대법원은 징벌적 손해배상을 결정하는 데 있어서 배심이 갖는 무제한의 재량이 일반의 헌법관에서 볼 때는 충격적으로 느껴지는 결과에 이를 수 있음을 인정하고 있는 것이다.

그러나 이 Haslip 사건에서도 이러한 우려로 인하여 다수법관이 배심절차에 관하여 근본적인 점에 의문을 제기하거나 전체적으로 보아 위헌판결에 이르고 있지는 않다. 이러한 대법원의 입장은 징벌적 손해배상을 산정하는 데 있어서 Alabama주에서 적용하고 있는 방식이 "적법절차를 부정하고 그 자체로서(per se) 위헌이 될 정도로 근본적으로 부당하지(inherently unfair)는 않은 것"[62)]이라는 논거에 잘 나타나 있다. 그리하여 대법원은 이러한 보통법에서 발전된 방식은 미 헌법 증보 제14조 제정 전부터 효력있는 법으로 자리잡고 있었으며, 징벌적 손해배상을 정함에 있어서 지금까지 효력이 있는 법을 증보 제14조가 바꾸도록 하는 어떠한 근거도 존재하지 않는 것이라고 판시하였다.[63)]

대법원은 징벌적 손해배상을 결정하는 데 있어서 중시되어야 할 한계가 있다는 점을 밝히고는 있지만, 하급법원이나 배심이 구체적인 기준으로 삼아야 할 명확한 표준을 제시하지

58) 이 판결에 대한 문헌으로는 Note, Pacific Mutual Life Insurance Co. v. Haslip: Punive Damages and the Modern Meaning of Procedural Due Process, 70 N. C. L. Rev. 1362(1992) 참조.

59) 111 S. Ct. 1032, 1041(1991).

60) Gertz v. Robert Welch, Inc., 418 U.S. 323, 350(1974); Newport v. Fact Concerts, Inc., 453 U.S. 247, 270(1981).

61) "We note once again our concern about punitive damages that, 'run wild'(111 S. Ct. 1032, 1043 (1991))".

62) 111 S. Ct. 1032, 1043(1991).

63) 111 S. Ct. 1032, 1041-1044(1991).

는 않았다. 대법원판결에 따를 때 징벌적 손해배상의 결정에 관한 헌법적 판단을 위하여 중요한 의미를 갖는 것의 하나는 그 결정절차가 "일반적으로 합리적인가(general concerns of reasonableness)"에 관한 것이다. 이러한 일반적인 합리성 고려는 개별적인 사례에 있어서는 손해배상의 액수를 정하는 데 나타나게 된다. 하지만 다수의견은 배상액수를 정함에 있어 "대법원이 헌법적으로 용납할 수 있는 것과 용납할 수 없는 것 사이에서 모든 사건에 적합한 산술적으로 명확한 선을 그을 필요도 없고 또 사실상 그렇게 할 수도 없는 것"[64]이라고 판시하고 있으며 이러한 논지는 후의 TXO사건에서도 그대로 이어지고 있다. 그 밖에 그 두 번째의 것으로는 법관의 배심에 대한 설시(說示)가 최소한의 일정한 요구에 상응하여야 한다는 점을 들 수 있다. 그러나 대법원은 법관의 설시 내용중에 배심에 대한 "적절한 안내(adequate guidence)"가 있을 것을 요구하기는 하지만 이때 "적절한" 것으로 판단하게 하는 표준에 관하여는 구체적인 언급을 하지 않고 있는 것이다.

이 판결에서 인용된 손해배상액이 원고의 실제 입은 손해액과 비교하여 현저히 많음에도 불구하고 헌법에 위반하는 것은 아니라는 것이 대법원의 입장임은 분명하다. 이처럼 대법원의 다수의견이 징벌적 손해배상을 인정한 Alabama州에서의 소송절차가 절차적 적법절차(procedural due process)의 요구를 충족시킨다는 결론에 이르는 데에는 다음과 같은 관점을 중시하고 있음을 보게 된다. 첫째, 1심법원이 징벌적 손해배상의 목적에 관하여 분명하게 설시하였고, 이를 통하여 배심員들은 징벌적 손해배상이 인정되지 않아야 했다면 이를 알았을 것이다. 둘째, 1심법원은 배심이 징벌적 손해배상의 액수에 관한 평결을 행한 후에, 피고의 행위와 손해배상이 있음으로 해서 얻어지는 억제효과 등 여러요소를 고려할 것을 요구한 Alabama州 최고법원의 종전판례[65]에 따라 손해배상액의 적절 여부에 관한 심리를 하였다. 이로써 판결의 투명성은 확보되는 것이다. 셋째, 원고는 배심평결에 따른 징벌적 손해배상 판결에 대하여 州 최고법원에서의 재심사를 받을 기회도 가졌고, 항소심법원인 Alabama주 최고법원은 이때 자세한 실체적 표준을 적용하였다. 특히 알라바마주 최고법원은 손해배상액이 "처벌과 억제를 기하고자 하는 사회일반의 목표 실현에 필요한 금액을 초과하지는 않는

64) "We need not, and indeed we cannot, draw a mathematical bright line between the constitutionally acceptable and the constitutionally unacceptable that would fit every case(111 S. Ct. 1032, 1043 (1991))".

65) 이 고려요소에 관한 심사를 "Hammond-test"라고도 하는데 이는 Alabama 최고법원이 Hammmond v. Citz of Gadsden, 493 So. 2 d 1374(1986)에서 행하였기 때문이다. 이 테스트는 그 후의 Green Oil Co. v. Hornsby, 539 So. 2 d 218, 223(1989)에서 더욱 세분화된 요소로 발전되었다. 이에 의하면 법원은 다음의 7가지 요소를 고려하여 징벌적 손해배상액을 정하여야 한다. 즉 1) 손해배상의 크기가 현실손해 및 예견되는 손해와 합리적인 관계에 있는가, 2) 침해행위의 비난가능성(비난가능성의 정도는 행위의 지속성, 피고의 인식정도, 과거의 유사한 비행에 따라 정한다), 3) 피고가 비행으로부터 이익을 추구하는 경우 그러한 추구이익을 박탈하여 피고에게 경제적 손실을 줄 것, 4) 피고의 경제적 상황, 5) 원고의 소송비용, 그리고 배상액을 경감하는 요소로, 6) 피고에 대한 형벌의 부과, 7) 피고의 동일 비행에 대한 다른 민사처분이 있었는가 등이 그것이다.

가"[66] 하는 점을 심사하였다. 이와 같은 항소심에서의 심사가 징벌적 손해배상이 법익침해행위와의 관계에서 볼 때 합리적이고 타당한 것임을 확인하게 한다.[67]

이처럼 Haslip 사건에서 대법원의 다수의견은 징벌적 손해배상에 헌법적인 한계가 있음을 언급하고는 있지만 이를 구체적으로 밝히고는 있지 않은 것이다. 대신에 공정하고 합리적인 기준을 설정하는 것은 개별 州의 몫으로 남겨두고 있다. 그리고 이 사건 Alabama 주법에서는 적법절차의 요구에 충실하게 소송절차가 이루어진 것이라고 보고 있는 것이다.

그리하여 법정의견을 대표하고 있는 Blackmun 대법관은 이 사건의 경우에 이른바 보상적 손해배상(compensatory damages)의 4배, 그 원고의 경제적 지출비용(out-of-pocket expenses)의 200배에 달하며, 또 알라바마주의 보험법에서 보험사기(insurance fraud)의 경우에 처벌가능하도록 하고 있는 벌금형을 훨씬 넘는 액수라 하더라도 "헌법상 허용될 수 없는 선"을 넘는 것은 아니며, 적법절차위반은 부정된다는 결론을 내리고 있다.[68]

(3) 연방대법원의 동지의견(同旨意見) 및 반대의견

연방대법원의 다수의견에 대하여는 징벌적 손해배상의 범위와 요건에 관하여 불명확한 상태로 남겨두고 있다는 점에서 비판이 제기되고, 이는 다수의견과 결론은 같이 하지만 그 이유를 달리하는 동지의견(concurring opinion)이나 결론을 달리하는 반대의견(dissenting opinion) 모두에서 나타나고 있다. 우선 동지의견을 내고 있는 Scalia 대법관은 대법원이 확실한 결단을 내리지 못한 점을 지적하고 있다. 자신이 적법절차에 관하여 이해하는 바로는 징벌적 손해배상을 결정하는 소송에 관하여 제기되는 위헌성의 문제는 적법절차의 관점에서는 처음부터 문제가 되지 아니한다는 것이다. 그 이유로는 이러한 소송절차는 이미 적법절차조항이 헌법속에 채택되기 이전부터 보통법의 확고한 구성요소로 되어 있었기 때문이라 한다. 적법절차조항과 더불어 당시에 새로운 절차보장으로서 이 절차가 도입된 것이 아니라는 것이다. 헙법제정자들은 당시에 이미 "이 나라의 법(law of the land)"으로서 효력을 가지고 있던 그리고 계속하여 연방대법원에 의해 "자유와 정의에 관한 근본원칙(fundamental principles of liberty and justice)"으로 승인되어 왔던 절차적 보통법의 원칙들을 적법절차조항으로 성문화 하고자 했을 뿐이라 한다. 이처럼 Scalia 대법관은 배심의 재량에 의해 징벌적 손해배상을 확정하도록 하는 보통법상의 절차가, 그것이 적법절차조항을 채택할 당시 이미 일반적으로 법치국가적인 것으로 승인되고 있던 절차임에도 불구하고, 다시 오늘날의 법치국가원리를 침해한다는 주장은 있을 수 없는 것으로 이해하는 것이다. 이미 미국국민의 법적 전통으로 지켜온 소송절차에 관하여 그것이 법치국가적인지에 대한 판단을 연방대법원이 연방헌법을

66) Green Oil Co. v. Hornsby, 539 So. 2d 218, 222(1989) 참조.
67) 111 S. Ct. 1032, 1045.
68) 111 S. Ct. 1032, 1046.

들어 수시로 한다는 것은 적절하지 못하다고 보는 것이다.[69]

반면에 Browning-Ferries 사건에서 반대의견을 낸 바 있는 O'Connor 대법관은 이 Haslip판결에 대해서도 강한 우려를 보이고, 대법원의 다수의견이 취하는 태도가 오신호(誤信號)가 되어 현재 추진되고 있는 징벌적 손해배상 제도에 관한 개선 노력에 부정적인 영향을 미치지 않겠는가 하는 점을 지적하면서 반대의견을 내고 있다.[70] O'Connor 대법관의 견해에 따르면 Alabama 州 1심법원 법관이 배심에 대하여 한 설시가 적법절차의 요구를 충족시키지 못할 정도로 막연하다는 것이다. 설시의 내용이 징벌적 손해배상을 결정함에 있어서 가해행위의 특성이나 심한 정도에 따라 판단하여야 하고 그 밖에는 배심의 자유재량에 맡긴다는 정도의 수준이었던 것은 "기준제시(안내)(guidance)가 전혀없는 것보다 조금 나은" 선에서 행해진 것에 불과하다고 한다.[71] 그리하여 O'Connor 대법관은 징벌적 손해배상의 형벌과 유사한 성격에 비추어 볼 때 명확한 기준이 반드시 필요한 것이라 하고, 1심법원이 배심에게 미리 설정된 명확한 기준을 제공하고 이 기준을 가지고 징벌적 손해배상판결에 대한 상급심에서의 재심사가 이루어지는 경우라야만 적법절차조항의 요구를 충족하는 것이 된다고 보는 것이다.[72]

3. TXO Production Corp. v. Alliance Resources Corp. 사건

(1) 개 관

Haslip 사건에 이어 미연방헌법 증보 제14조의 "적법절차조항"과 관련한 징벌적 손해배상의 문제가 최근의 TXO사건에서 다시 논하여졌다. 이 사건에서 대법원은 Haslip사건 이후 논의되어온(전술 Ⅱ, 2 참조) 법정책적 측면에 관하여는 고려를 하지 아니하고, 법이론적 문제 특히 법원판결 내지 배심평결에 관한 소극적 재심사로 사법자제의 원칙을 고수하는 등 위헌여부에 대한 사법심사 기준의 문제에 중점을 두어 다루고 있음이 특히 주목된다.

이 사건의 사실관계는 앞에 소개한 Haslip 사건보다도 극단적인 면이 있다.

TXO Production社는 석유·천연가스 개발권에 관한 교섭에서 유리한 입지를 확보하기 위하여 Alliance Resources社에게 정당한 권원이 있음을 알았음에도 불구하고 이에 대한 악의적인 허위의 주장을 하고 또 자신을 개발권자로 하는 확인의 소를 제기하였다. 이에 Alliance Resources社는 반소를 제기하였고(slander of title action), West Virginia McDowell

69) 111 S. Ct. 1032, 1048.
70) 111 S. Ct. 1032, 1056 이하 참조.
71) 111 S. Ct. 1032, 1059.
72) O'Connor 대법관은 앞의 註 65)의 Green Oil사건에서 인정된 기준(7가지 고려요소)이 배심으로 하여금 공정하고 합리적인 판단을 하도록 돕는데 이 사건 Alabama 1심법원은 이러한 요소들을 배심에게 설시하지 않고 배심이 기준없이 자유재량으로 징벌적 손해배상을 부과하도록 했다고 한다(111 S. Ct. 1032, 1062).

County 순회법원의 배심은 Alliance Resources사가 확인소송에서 방어비용으로 지출한 1만 9천 달러를 보상적 손해배상으로, 동시에 1,000만 달러를 징벌적 손해배상으로 인정하였고, West Virginia 항소법원(Supreme Court of Appeals)은 이를 확인하였다.[73)]

위에서 언급하였듯이 Haslip사건에서는 적법절차조항 위반의 주장이 7:1[74)]의 절대다수 비율로 부정되기는 하였지만, 다수의견에서도 그 근거에 대하여는 견해가 일치되지 못하였었다. Haslip사건 이후 새로 임용된 Clarence Thomas 대법관의 참여가 있었으나 역시 이 TXO사건에서도 판결은 일치를 보지 못하였다. 이 사건에서는 절대 다수의견(majority opinion)이 아닌 상대다수(plurality)로 판결이 이루어졌지만, 결과에 있어서는 6명의 대법원 판사가 적법절차 위반을 부정하였다. Stevens 대법관, Rehnquist대법원장, Blackmun 대법관은 징벌적 손해배상과 보상적 손해배상사이의 관계를 “적법절차 조항” 위반을 판단하는 결정적 요소로 삼는 것에 반대하였다. Kennedy 대법관은 결론에 동조하기는 하였지만 이 사건이 “실체적 적법절차” 측면에서의 “합리성(reasonableness)”의 문제와 관련되는 것으로 보지를 아니하고, 배심의 선입견이나 격정, 편견 등(즉 “bias, passion, or prejudice”)이 개입하고 있는지에 중점을 두었다.[75)] 다시 말해서 절차적 적법절차의 측면에서 이 사건에 대한 판결의 위치를 정하고 위헌성을 부정한 것이다. Scalia 대법관과 Thomas 대법관도 마찬가지로 결론에 동조하기는 하지만 헌법은 연방대법원에게 전통적인 “절차적 적법절차”에 대한 감시권한만을 부여하는 것이고, 따라서 합리성에 대한 심사는 대법원이 할 일이 아니라는 논지를 보이고 있다.

위의 결론에 반대하는 의견을 내고 있는 O'Connor 대법관과 White 대법관 그리고 이에 부분적으로 동조하고 있는 Souter 대법관은 법원판단의 객관적 “기준점(guidepost)”으로서 비례성이라는 표준을 반드시 설정했어야 했을 것이라는 견해를 피력하였다.

(2) 청구인의 주장

TXO는 징벌적 손해배상에 관한 심사의 경우에 강화된 심사(heightened scrutiny)가 “실체적 적법절차”의 범주내에서 이루어져야 한다고 주장하였다. 그리고 그 첫 번째 단계로 구체적인 징벌적 손해배상액이 적법절차조항의 본질적인 공정성이라는 개념(notions of fundamental fairness)을 침해하는 것이 아닌가에 관한 일정한 객관적 기준을 설정해야 할 것이라고 주장하였다. 또 그러한 객관적 기준으로서, 같은 법원관할(jurisdiction)에서 인용된 바 있는 징벌적 손해배상액의 크기, 다른 관할에서 유사한 침해행위에 인용된 배상액, 유사한 침해행위에 인정되는 형벌, 또는 종전 판결에서 나타난 징벌적 손해배상액과 보상적 손해배상액사이의 관계 등을 제시하였다. 여기서 문제가 된 징벌적 손해배상액의 액수는 결국 “다른 사건과 비

73) 187 W. Va. 457, 419 S.E. 2d 870(1992).
74) Souter 대법관은 판단을 유보하였다.
75) 61 U. S. L. W. 4766, 4772(1993).

교하여 현저히 많고" 또 "거역할 수 없는 특별한 정당화 사유(compelling and particularized justification)"가 존재하지 않는 국가권력행사이며, 그것이 자의적이고 과도한 것이기 때문에 "적법절차"에 대한 위반이 된다는 것이다.[76] 이와 같은 청구인측 주장에는 대법원에 의해 그간 "평등보호조항" 내지 "실체적 적법절차조항"과 관련하여 전개되어온 여러 심사기준을 빌어 엄격심사에 관한 기준을 적용하고자 하는 것이 드러나 있다고 하겠다.

(3) 다수의견에 대한 검토

연방대법원의 다수의견은 법원의 판결행위나 배심에 의해 인정된 손해배상액에 대한 심사는 입법행위에 대한 심사와 서로 비교될 수 없는 것이기 때문에 이 사건에 강화된 심사기준이 적용될 수 없는 것이라는 입장을 취하고 있다.[77] 이와 같은 대법원의 태도는 법원의 판결 내지는 배심의 배상액 산정이 입법자의 입법행위에 비하여 자의적이 될 위험이 적은 것으로 본다는 점에서 의문이 제기될 수 있을 것이다. 대법원은 이에 대하여 배심의 평결은 종합적인 고려와 논의를 거쳐 이루어져서 배심은 불편부당(impartiality)하다는 점, 배심에서 인정된 배상액은 연방대법원에서의 사건으로 다루어지기 전에 이미 사실심 법관(trial judge)에 의해 심사되어 州의 항소심에서 확인된 것이라는 점 등을 입법행위와 구별되는 근거로 든다. 그리고 그와 같은 소송절차에 따른 판결은 강한 타당성 추정력을 갖게 되고, 그러한 추정은 논박할 수 없는 것으로까지 보아야 할 것이라 한다.[78] 또 징벌적 손해배상으로의 구체적인 결정은 배심에게만 상세히 알려지고 그 평가가 맡겨져 있는 구체적인 사실관계에 따라 이루어진 것이기 때문에 그러한 점에 관하여 위헌여부를 심사하는 것은 허락되지 않는 것이라 한다.[79]

그리하여 다수의견을 집필한 Stevens 대법관은 Haslip사건에서 처럼[80] "헌법상 용납되는 손해배상액과 용납되지 않는 손해배상액 사이에 산술적으로 명확한 구분을 할 수는 없는 것"이라는 입장을 취하여 청구기각의 판결을 내리고 있다.[81] 대법원의 다수의견이 기술하고 있듯이 종전의 한 사건[82]에서 West Virginia주 항소법원도 징벌적 손해배상과 보상적 배상 사이의 관계의 "합리성(resonableness)"이 징벌적 손해배상을 부과하는 데 있어서의 한 요소가 됨을 강조한 바 있었다. 그런데 이러한 양자의 관계는 법관의 배심에 대한 설시속에 포

76) 61 U. S. L. W. 4766, 4769(1993).
77) 61 U. S. L. W. 4766, 4769(1993).
78) 61 U. S. L. W. 4766, 4769(1993); 또 이미 Haslip 499 U.S. 1, 24-40(Scalia 대법관의 동지의견) 과 40-42(Kennedy 대법관의 동지의견) 참조.
79) 61 U. S. L. W. 4766, 4770(1993).
80) Pacific Mutual Life Ins. Co. v. Haslip, 111 S. Ct. 1032, 1043(1991), 499 U. S. 1, 18(1991); 앞의 註 64) 참조.
81) 61 U. S. L. W. 4766, 4770(1993).
82) Garnes v. Fleming Landfill, Inc. 413 S.E.2d 897, 909(W. Va. 1991).

함되어 있는 여러 요소 가운데의 한 요소에 불과하였다. 마찬가지로 연방대법원도 TXO사건에서 보상적 배상과의 관계만이 아닌 다른 여러 요소, 즉 TXO의 동일한 행위로 다른 피해자들에게 야기할 수 있는 손해, TXO의 막강한 재정능력, TXO가 침해행위를 통하여 겨냥한 이익의 정도 등을 징벌적 배상을 부과하는 데 고려할 중요요소로 들고 있다.[83)]

Haslip사건에서는 징벌적 손해배상과 보상적 손해배상사이에 4:1의 관계가 있었고 이에 관하여 다수의견이 "헌법상 허용될 수 없는 것(constitutional impropriety)"이 아닌가 하는 의문을 보이기도 했으나,[84)] 이 TXO사건에서는 526:1의 관계에 대하여 다수의견이 별다른 언급을 하지 않고 있다. 엄청난 편차 그 자체만으로는 적법절차위반을 구성하기에 충분치 않다는 것이다. 그러한 점에서는 대법원이 Haslip사건의 경우에 어떤 여지를 남겨두고자 했던 것이 TXO사건에서 완전히 봉쇄된 것으로 볼 수도 있게 되었다.[85)] 그런데 연방대법원은 이미 Water-Pierce Oil Co. v. Texas사건[86)]에서 특히 징벌적 배상과 관련하여, "실체적 적법절차"에서의 기본권을 구체화하는 것으로서 특정 사건에서의 징벌적 배상액수가 "심히 과다하면(grossly excessive)" 적법절차에 반한 것이어서 "적법절차에 의하지 아니한 재산박탈"이 된다는 중요한 기준을 밝힌 바 있다. 반면에 연방대법원은 이 사건에서도 Haslip 사건에서처럼 일반적인 합리성 판단을 하는 것이 헌법적 분석의 기준이 됨을 밝히고는 있으나, Alliance사가 요구하는 합리적인 기초심사기준(rational basis standard)나 TXO사가 요구하는 강화된 심사기준(heightened scrutiny standard)과 같은 실체적 적법절차의 심사기준을 적용하는 것을 거부하고 있다.[87)] 여기서 Water-Pierce Oil사건에서의 "심히 과다한"이라는 기준을 "합리적인(reasonable)"이라는 개념이 갖는 기준과 비교하여 볼 때, 그 각각이 갖는 의미에 과연 차이가 있는 것인지 의문이 있을 수 있겠다.[88)]

(4) 반대의견의 주장

다수의견에 반대하는 O'Connor 대법관은 배심의 객관성에 대하여 비판적인 입장을 먼저 밝히고 배심에 대한 일정한 통제가 필요함을 강조하였다. 그리고는 이러한 필요에서 Solem v. Helm사건[89)]에서도 확인된 바 있듯이 보통법에 있어서는 처벌(punishment)과 법위반행위(offence) 사이에 비례성(proportionality)에 대한 요구가 깊이 뿌리내려 있고, 특히 적법절차조항(due process clause)과 관련하여서도 대법원이 이미 이를 유사하게 받아들인 바 있음을

83) 61 U. S. L. W. 4766, 4770-4771(1993).
84) Pacific Mutual Life Ins. Co. v. Haslip, 499 U. S. 1, 23, 111 S. Ct. 1032, 1046(1991).
85) 61 U. S. L. W. 4766, 4774(1993)의 Scalia 대법관의 견해 참조.
86) 212 U. S. 86, 111, 29 S. Ct. 220(1909).
87) 61 U. S. L. W. 4766, 4769(1993).
88) Scalia 대법관은 그 차이를 부정한다(61 U.S.L.W.4766,4774(1993)).
89) 463 U. S. 277, 284(1983).

들어 비례성의 원칙을 적극적으로 활용할 것을 주장하였다.[90] O'Connor 대법관은 징벌적 손해배상에 관한 하급심판결에 자칫 선입견, 기분 또는 격정(bias, caprice, or passion) 등에 좌우된 듯한 면이 있어 판결이 형평을 잃은 것으로 나타난다면 이의 적법절차조항위반을 묻는 사법심사가 요구되는 것으로 보고 있다.[91] 이와같은 O'Connor 대법관의 입장은 "평등보호조항(equal protection clause)"위반과 관련하여 "의심이 가는 차별(suspect classification)"로 보이는 경우에 "엄격심사기준(strict scrutiny standard)"을 적용시키는 것과 유사하다고 할 수 있겠다.[92] 이는 O'Connor 대법관이 평등보호조항위반에 대한 심사와 실체적·절차적 적법절차위반 심사의 일종의 혼용을 보충적으로 제안하고 있는 것이라 할 수 있다. 다른 한편으로 O'Connor 대법관은 징벌적 배상액(수단)과 이로써 기도된 속죄(목적)와의 사이에 어떤 관계를 설정할 수는 없는 것으로 보고 있다. 후자의 경우에 계량화가 불가능하기 때문이라는 것이다.[93] 하지만 이때 유사한 다른 사건에서의 판결이나 법률로 규정하고 있는 민사·형사적 처벌(수단)을 속죄(목적)에 대한 한계를 주는 기준점으로 든다.[94]

O'Connor 대법관은 잠재적이며 현실화되지 않은 손해도 고려되어야 한다는 입장(이른바 potential harm theory)을 취하고는 있다. 다시 말해 가해자의 모욕적인 행위로 인하여 일실(逸失)될 수 있는 이익의 배상을 인정한다. 그러나 이는 이 사건에서 법관이 배심에 대하여 행한 설시에 언급되지 않음으로 해서 배심에 의해 실제로 고려되지 않았다고 한다.[95] 반면에 법관의 배심에 대한 설시에는 오히려 TXO의 재정능력에 관하여 중점이 두어졌다는 것이다. 그래서 O'Connor 대법관은 TXO가 아주 거대하고 부유한, 주 밖에 소재하는(out-of- state) 회사라는 점에 영향을 받아서 배심이 사실과 거리가 먼 작량(酌量)을 했을 것을 배제할 수 없다고 한다. 그러한 "부(富)"라든가 "타주 소재(他州 所在)"의 "법인"이라는 요소들은 원고측 변호사에 의하여 배심에게 계속해서 환기시켜지고 주입되는 것으로 배심의 무의식적인 감성을 자극하여 사실적인 판단을 못하게 한다는 것이다.[96] 따라서 사실심의 판결을 파기하

90) O'Connor 대법관은 Southwestern Telegraph & Telephone Co. v. Danaher, 238 U. S. 482, 491(1915); Waters-Pierce Oil Co. v. Texas, 212 U.S. 86, 111(1909); St. Louis, I. M. & S. R. Co. v. Williams, 251 U. S. 63, 66-67(1919)(이 사건에서는 "법위반행위에 전혀 비례하지 않으며 명백히 비합리적인(wholly disproportionate to the offense and obviously unreasonable)"이라는 표현을 사용하였다)을 예로 든다(61 U. S. L. W. 4766, 4776(1993)).

91) 61 U. S. L. W. 4766, 4776(1993)

92) 이러한 경우의 평등보호조항위반에 대한 심사도 두 가지 단계로 기능을 한다. 우선 정부나 주(또는 입법자)의 차별조치가 일정한 의심이 가는 성질의 것이라면 엄격한 심사 기준이 적용되게 된다. 그리고 이때 정부나 주의 차별조치가 "도저히 거역할 수 없이 불가피한 공적 이익"의 실현을 위한 경우 및 "최저수단"에 기인하였음을 입증하지 않으면 그러한 조치는 정당화되지 않는 것이다(Tribe, American Constitutional LaW (2d ED. 1988) §§ 16·13-16·23(pp. 1464-1553); 윤후정, 평등권, 한국공법학회편: 한국에서의 미국헌법의 영향과 교훈(대학출판사 1987), 131면 참조).

93) 61 U. S. L. W. 4766, 4777(1993).

94) 61 U. S. L. W. 4766, 4777(1993).

95) 61 U. S. L. W. 4766, 4777-4778(1993).

고 새로운 배심에게 심리를 맡겨야 한다는 것이다.[97] 이 사건 항소심이었던 West Virginia Supreme Court of Appeals에 재심리를 맡기는 점에 대하여도 O'Connor 대법관은 비판적이다. West Virginia Supreme Court of Appeals는 종전의 Haslip사건에서 다루어졌던 문제 또는 동법원 스스로가 다루었던 문제, 즉 배심의 인정배상액에 대하여 헌법적인 문제로 제기되었던 여러 요소들에 대하여 실제적인 고려를 하지 아니하고 피상적으로만 심사를 하였다는 것이다.[98]

V. 징벌적 손해배상판결의 집행과 관련한 문제

1. 우리나라의 사례

최근에 우리나라에서도 미국의 손해배상판결의 승인·집행에 관하여 특기할 만한 사례가 있었다. 즉 한 한국유학생이 재미교포인 원고를 폭행, 강간하였음을 이유로 원고에게 입힌 정신적 손해, 과거 및 장래의 임금상실, 기왕 및 장래의 치료비와 기타 비용 등 합계 미화 50만 달러의 손해를 배상하라는 미국 미네소타주 법원의 판결에 대한 한국에서의 집행을 구하는 사건이다.[99] 이 사건에는 집행판결에 관한 우리 민사소송법 제477조 제2항과 제203조의 요건을 구비하고 있는지가 문제되지만, 이 글과 관련하여서는 특히 미국의 고액 손해배상판결이 우리의 실체적 공서에 반하는가의 문제 그리고 이와 관련하여 우리 법원이 (징벌적 손해배상을 포함한) 손해배상에서의 비례의 원칙에 관한 언급을 하고 있음에 주목하게 된다. 이 사건의 집행판결법원인 서울 동부지원은 당시의 섭외사법 제13조 제3항을 적용하여 외국판결의 승인을 제한할 수 있는 것으로 보고, 그 적용여부를 판단하는 중요한 고려요소로서 사건의 "내국관련성(Inlandsberührung)"을 들고 있다. 그리고 이 사건은 내국관련성이 강하다고 보아 손해배상산정에 동규정의 취지를 참작할 수 있다고 한다. 또한 미국법원이 인정한 손해배상액 중에 일단은 징벌적 손해배상은 포함되어 있지 않은 것으로 보면서도, "…이 사건 미국판결에서는 비록 징벌적 배상이 명시적으로 언급되어 있지는 아니하다 하더라도 그 배상액의 결정에 있어서 잠재적으로 이에 대한 고려가 내포되어 있다고 볼 여지가 있다 할 것인 바, 이러한 경우에는 '헌법상의 법치국가원리로 부터 파생되어 민사법질서에서도 그대로 타당하다고 할 수 있는 이른바 비례의 원칙'을 적용하여 우리나라 손해배상법에서의 기준

---

96) 61 U. S. L. W. 4766, 4779-4780(1993). 이러한 배심의 경향은 West Virginia 州에서 인정된 가장 고액의 징벌적 손해배상판결례 3건을 보면 모두가 부유한 타주 소재 피고에 관한 것이었음에서도 간접적으로 증명된다고 하고, 그 예로 Jarvis v. Modern Woodmen of America, 185 W. Va. 305, 406 S. E. 2d 736(1991); Berry v. Nationwide Mutual Fire Ins. Co., 181 W. Va. 168, 381 S. E. 2d 367(1989)를 들고 있다.

97) 61 U. S. L. W. 4766, 4780(1993).

98) 61 U. S. L. W. 4766, 4781-4782(1993).

99) 서울지법 동부지원 1995.2.10., 93가합 19069, 법률신문 1995.3.27, 10-12면 게재.

에 비추어 볼 때 비정상적으로 고액이라고 보이는 부분 전부를 승인하지 아니하고 우리나라에서 인정될만한 상당한 금액을 현저히 초과하는 부분에 한하여서는 우리나라의 공서양속에 반한다고 보아 승인을 제한할 수 있다고 보는 것이 상당하다 할 것이다"라고 판시하고 있다. 이 사건 판결은 징벌적 손해배상판결의 승인·집행에 관한 일본, 스위스, 독일 등의 판례에 뒤이어 나온 판결이라는 점에서 더욱 관심을 모으고 있다.[100] 특히 본건 사건과 유사한 사안에 대하여 다룬 독일연방대법원(BGH)의 판결은 징벌적 손해배상에 대하여 비교법적으로도 심도 있는 고찰을 한 것으로서 그러한 손해배상판결의 대륙법계 국가에서의 집행에 하나의 이정표(Meilenstein)적인 기초를 제공하는 판결로 평가되기도 하며,[101] 이 건 서울 동부지원 판결도 판시 내용으로 미루어 이에 상당한 영향을 받은 것으로 보이기도 한다. 이 독일 연방대법원의 판례에서 다룬 여러 쟁점에 대하여는 다른 글에서 소개를 한 바가 있으므로[102] 자세한 언급을 생략하나 이 글과 관련하여 주목되는 점은 아래와 같다.

2. 독일의 사례

문제가 된 독일 사례는 독일계 미국인인 피고가 13세의 원고에게 동성애적 자위행위를 강요한 후 자신의 재산이 있는 독일로 도피하여 생활하는 중 미국 캘리포니아주 법원에서 손해배상판결이 내려지게 된 사건이었다. 독일에서의 집행판결이 요구된 미국 손해배상판결에서 원고에게 인용된 것은 실제 치료비(past medical damages) 260달러, 장래의 정신치료비(future medical expenses) 10만달러 및 치료에 필요한 숙박비(cost of placement) 5만달러, 원고가 입은 공포와 육체적·정신적 고통 등에 관한 배상(anxiety, pain, suffering and general damages of that nature:정신적 손해배상) 20만달러, 징벌적 손해배상(exemplary and punitive damages) 40만달러 등 합계 75만 260달러이며, 그 밖에 캘리포니아 법원은 원고의 변호사에 대하여는 피고로부터 받게 될 전 손해배상액 중 40%를 보수로 지급받을 것을 명하였다.

독일 뒤셀도르프 지방법원(LG)은 1990년 4월 12일 이 미국의 손해배상 판결에 이자를 더하여 독일에서 무제한으로 집행가능함을 선고하였다. 이에 대하여 피고는 항소하였고, 1991년 5월 28일 뒤셀도르프 고등법원(OLG)은 정신적 손해배상과 징벌적 손해배상을 부분적으로 승인하여 27만 5천 325달러의 한도에서의 집행이 가능하다 하였다.[103] 여기에 원

---

100) 앞의 註 1) 참조.

101) Schack, Anmerkung zu BGH Urt. v. 4. 6. 1992, ZZP 1993, 104.

102) 장재옥, 미국의 거액 손해배상판결의 승인과 집행(비교사법, 창간호, 1994), 311면 이하 참조.

103) 정신적 손해배상으로 7만 달러만을 인정하여 전체 손해배상액으로 22만 260달러를 산정하고, 이것의 25%(40%가 아니라)인 5만 5천 65달러를 변호사보수로서 승인가능한 징벌적 손해배상부분에 해당한다 함. 이 판결에 대하여는 RIW 1991, 594=VersR 1991, 1661 참조.

고·피고쌍방이 다시 상고하였고 독일연방대법원(BGH)은 징벌적 손해배상 이외의 모든 손해배상을 승인하여 35만 260달러를 집행가능한 것으로 선고하였다.

이 사건에서 독일대법원은 우선 징벌적 손해배상판결의 민사사건성을 긍정하였다. 그러나 독일대법원은 처벌과 억제목적을 갖는 징벌적 손해배상은 독일의 민사법체계에 부합하지 않는다고 보았다. 특히 독일대법원은 독일법 중에서 부분적으로는 형벌적 성격이 예정되는 것으로도 논하여지는, 즉 독일민법 제847조에 의해서나 일반적 인격권 침해의 경우 위자료액수을 정하는 데 고려되는 만족기능(Genugtuungsfunktion)이 징벌적 손해배상의 처벌·억제적 기능에 상당하는 것으로 비교될 수는 없음을 상술(詳述)하였다. 다시 말해서 위자료에 있어서의 만족기능은 전보기능(Ausgleichsfunktion)과 서로 밀착되어 있어서 가해자와 피해자 사이의 밀접한 인적 관계를 일정한 정도 나타낼 뿐인 것으로 이해하고 결국은 만족기능으로부터 위자료의 형벌적 성격을 직접 이끌어 낼 수는 없다는 판시를 한 것이다.[104)]

주목할 것은 그럼에도 불구하고 BGH가 계속해서 징벌적 손해배상의 부분적 집행의 여지를 밝히고 있는 점이다. BGH는 징벌적 손해배상이 정신적 손해배상도 전보하게 되는 경우, 즉 위자료의 전보기능이나 만족기능이 징벌적 손해배상과 부분적으로 기능이 일치하는 경우에는 징벌적 손해배상의 부분적 승인이 있을 수 있는 것으로 보고 있는 것이다.[105)] 또 BGH는 그 외에도 미국의 판결 중에서 인용되지 않았던 원고부담의 비용이나 증명곤란한 경제적 불이익을 전보하고자 하거나, 혹은 가해자가 불법행위를 통하여 얻고자 목적한 이익을 추급하여 상환하고자 하는 것이 이 징벌적 손해배상에 의해 예정되어 있는 경우에도 마찬가지로 그 일부집행의 가능성이 있음을 언급하고 있다. 그런데 여기서 중요하게 생각해야 할 것은, 미국법원에서 징벌적 손해배상을 인용하는 경우에 처벌이나 억제목적 이외의 비용을 이 징벌적 손해배상으로써 해결하고자 한다는 것이 미국판결 중에서 이미 구체적으로 적시되고 있을 것이 독일에서의 일부집행을 인정하는 전제가 된다는 것이다. 이 사건의 미국 캘리포니아 판결에는 그것이 결여되어 있었다.[106)] 그렇다고 하여 독일법원이 미국의 징벌적 손해배상에 암묵적으로 포함되어 있을 개개의 동기를 스스로 찾아내고자 시도하는 것은 독일 민사소송법(ZPO) 723조 제1항의 실질적 재심사(révision au fond) 금지원칙에서 허용되지 아니한다. 더욱이 집행국의 법원에 의한 이러한 보충적 판단은 널리 추측에 의거하는 것이 되기 때문에 법적 안정성을 해하게도 된다고 BGH는 판시한다.[107)] 그리고 BGH는 미국의

---

104) 그러나 BGH는 종전의 다른 판례(BGH JZ 1976, 559f.)에서 위자료의 만족기능에는 Sühne(속죄)와 Buße(보속)의 목적이 있다고 한 바 있다.

105) BGHZ 118, 312, 339; NJW 1992, 3096, 3103.

106) BGH는 미국판결이나 재판기록에서 징벌적 손해배상이 원고의 소송비용에 충당된다는 내용을 찾을 수가 없고 치료비 및 정신적 손해배상에서도 이것이 소송비용을 포함하지 않는다고 할 수 있을 정도로 정확하게 또 불충분하게 산정되었다고 볼 수 없음을 언급하고 있다(BGHZ 118, 312, 340; NJW 1992, 3096, 3103).

107) BGHZ 118, 312, 342; NJW 1992, 3096, 3104.

징벌적 손해배상은 전체적으로 보아서는 처벌과 억제의 동기에 의하여 지배되고 죄책에 대한 동기를 표준적인 요건으로 한다고 평가한다. 더욱이 피해자를 기준으로 하는 것이 아니라 가해자를 기준으로 하여 청구권의 전제요건을 삼는다는 것은 피해자의 사적 이익이 부차적인 의미를 갖게 할 뿐이라는 것이 되며, 또 인정받는 액수와 입은 피해와의 사이에 합리적 관련성이 없기 때문에 전보의 사고에서는 멀어져 있다고 판단하고 있다.[108)]

이상과 같은 고찰로써 BGH는 소송비용이나 정신적 손해의 전보를 목적으로 하는 것으로 구체적으로 적시되지 않은 채 포괄적으로 인용된 고액의 징벌적 손해배상을 독일에서 집행하는 것은 독일법의 근본원칙과 합치하지 않는다고 하는 결론을 확인하고 있다. 여기서 독일법의 근본원칙으로 생각되는 것은 법치국가원리로부터 비롯되는 비례성의 원칙(Grundsatz der Verhältnismäßigkeit)이고 이는 민사법질서에도 효력을 갖는다 한다. 이로부터 징벌적 손해배상이 여러 목적을 가질 수 있으며, 실질은 소송비용이나 정신적 손해배상 등의 보상적 성격의 손해배상인 것이 미국판결에서 명시적으로 나타나고 이것이 징벌적 손해배상의 이름으로 인용된 것이라면 독일의 법질서에 반하지 않는 것으로 이해되고, 이와 같은 취지를 헌법재판소도 다시 확인하고 있다.[109)]

그 밖에 BGH는 미국법원이 인용한 현저하게 고액의 정신적 손해배상을 집행하는 데 있어서 제기되는 공서위반 여부의 문제와 관련하여 판시하였다. BGH는 미국법원이 인용한 20만 달러는 징벌적 손해배상과 구별되는 정신적 손해의 전보로 이루어지는 것이며, 독민법 제847조의 위자료에 거의 상응하는 것으로 이해될 수 있는 것이라 하고, 특히 이 사건에서의 희박한 "내국관련성(Inlandsbezug)"을 들어 독일의 공서위반을 부정하였다.[110)] 다시말해 BGH는 미국판결에서 인용된 정신적 손해배상 전액을 독일에서 집행할 수 있다 하고 있으며, 설령 그것이 같은 사례로 해서 독일법에 의하여 판결한다면 인정될 위자료 액수의 수배나 되는 정신적 손해배상이라 하더라도 이 사건에서는 독일의 공서에 위반한다고는 보지 않는 것이다.[111)] BGH가 여기서도 외국법 적용의 결과가 독일법에서의 기본적 사고 및 그 규제에 포함되는 정의의 관념과 현저히 모순되고, 그 결과 그것이 독일의 관념에 의하면 받아들이기 어렵다고 생각되는 경우에는, 외국판결은 실체적 공서에 합치하지 않는다고 하는 일반론에서 출발하고 있는 것은 지금까지의 공서심사와 같다. 하지만 그 형벌적 성격때문에 공서와 합치하지 않는 징벌적 손해배상과는 달리 여기서는 독일에서 요구되고 있는 미국판결의 기초에 있는 사실관계

108) BGHZ 118, 312, 343; NJW 1992, 3096, 3104.

109) BVerfG, Beschl. v. 7. Dez. 1994, 1 BvR 1279/94, S. 14.

110) OLG는 그 고액인 정신적 손해배상부분에 관해서도 징벌적 손해배상과 마찬가지로 독일의 법관념으로는 인정하기 어려운 고액이기 때문에, 한정적으로만 집행가능하다고 선고하였었다(OLG Düsseldorf, RIW 1991, 594, 596).

111) BGHZ 118, 312, 347; NJW 1992, 3096, 3105.

와 판결집행국인 독일과의 관계, 즉 사건의 내국관련성의 정도 및 의미가 결정적인 역할을 하고 있음이 특히 주목된다. BGH는 이 사건의 내국관련성은 피고가 독일국적을 가지고 미국에서의 소송계속 후에 독일로 그 거소를 이전했다는 정도밖에 인정되지 않고 따라서 내국관련성은 대단히 희박하다고 판단한다. 그리고 희박한 내국관련의 경우에는 피해자의 본국에서 표준이 되는 관념이나 생활상태에 따라 우선적으로 피해자의 이익, 입은 생활피해의 완전한 보상 및 만족이 이루어져야 한다고 한다. 결국 이 희박한 내국관련성의 정도가 고액의 손해배상 인정과 독일의 공서(즉 비례성의 원칙)와의 적합성 판단에서도 미국법의 기준을 될 수 있는 한 존중하는 방향에서 영향을 주게 되고, 그 결과 이 사건에서 배상액이 승인된 것이다. 이처럼 BGH는 각 사안마다 다른 내국관련성에 의거하여 비례성을 유연하게 판단하여야 한다는 입장을 취하고 있는데, 이는 학설에서 주장되어 오고 또 이 사건에서 OLG가 따르고 있는 것으로 보이는, 독일에서 인정되는 손해배상액과의 관계에서 "비례성심사를 정형(공식)에 따라 유형화(formelhafte Typisierung der Verhältnismäßigkeitsprüfung)"하고자 하는 시도[112]와 대조된다고 할 수 있겠다. 이 점에 관하여 BGH는 학설에서 이러한 정형적인 비례성심사를 제안하고 있는 사례, 전형적으로는 독일 기업의 제조물 책임을 묻는 미국판결에 대한 집행판결에서는 그 훨씬 강한 내국관련성 때문에 비례성심사에 있어서 이 사건과는 구별됨을 언급하고 있다.[113] 이처럼 BGH가 이 사건에 고유한 극히 희박한 내국관련성의 정도 및 의미를 손해배상액의 비례성의 심사에서의 기준으로 삼았다는 점은, 결론적으로는 대단히 관대한 배상액을 인정한 사례가 되는 이 BGH 판결이 장래의 다른 사안에 적용되는 데 있어서 일정한 제한이 될 것으로 생각된다.

마지막으로 BGH는 인용된 손해배상액의 비례성의 심사에서 피고의 재정적 급여능력이 고려되는지의 문제에 관하여는, 피고 자신이 이를 주장한 바가 없으며 미국법원에서의 소송기록에 피고의 재산상태에 대한 내용이 없음을 들어 그 판단을 유보하고 있다.[114]

3. 종합검토

이러한 독일 대법원의 판결을 종합하여 보면, 미국법원의 징벌적 손해배상판결은 그 배상액이 처벌과 억제의 목적만을 가지는 한은 독일 민사소송법 제328조 1항 제4호가 규정하는

112) 예컨대 Stiefel/Stürner는 「독일에서의 배상금액 × (미국에서의) 구매력할증률(또는 할인율) × 허용(묵인)비율(1.5) ÷ 환율 = 승인되는 배상액」의 산정방식을 제안한다. 바꾸어 말하면 가령 문제가 된 불법행위가 독일에서는 100마르크의 위자료를 받을 불법행위라면 미국에서의 구매할증률을 1.5로 하고 이에 허용비율 1.5를 곱하여 2.25배한 225마르크를 계산하고 이를 환율에 따라 나눈 금액(환율이 1.6이라면 약 140 달러)이 美貨로 계산되는 독일에서 승인가능한 손해배상액이 된다. Stiefel/Stürner(앞의 註 18), VersR 1987, 840, 844; OLG는 이 사건에서 독일에서라면 30,000가 인용될 수 있는 위자료액이고 이외에 인용된 장래치료비를 고려하여 120,000마르크(70,000달러)(즉 4배의 허용(묵인)비율을 인정)를 승인되는 위자료로 산정하였었다(RIW 1991, 594, 596 참조).

113) BGHZ 118, 312, 349; NJW 1992, 3096, 3105.

114) BGHZ 118, 312, 350; NJW 1992, 3096, 3106.

공서양속에 반하기 때문에 원칙적으로 독일에서는 승인·집행될 수 없는 것이 된다. 이에 반하여 징벌적 손해배상이 그외 달리 배상되지 않은 일정한 정신적 손해에 대한 배상이나 변호사비용 등의 소송비용상환, 가해자의 부당이득 반환 등과 같이 손해에 대한 보상적 목적을 갖고 그것이 미국판결에 명시적으로 나타나 있는 경우에는, 부분적으로 승인·집행이 가능한 것으로 된다. 미국에서는 각 州마다 징벌적 손해배상의 성질·기능에 대한 이해가 다르고, 징벌적 손해배상이 변호사비용이나 정신적 손해배상을 전보할 수 없도록 하고 있는 州가 상당수 있다는 점에서 볼 때 해당州의 제도에 따라 징벌적 손해배상의 목적이 구체적으로 적시될 것을 요구하는 것은 당연한 것이라고도 하겠다. 다만 독일 법원이 승인·집행의 목적에서 미국판결에 대한 재심사를 하거나 손해배상의 내용항목을 추정하는 것은 실질적 재심사(révision au fond) 금지의 원칙에 따라 허용되지 아니한다.

이처럼 미국판결에서 징벌적 손해배상의 전보적 목적이 적시되면 정신적 손해배상의 경우에서와 마찬가지로 이 "보상적 손해배상"의 공서위반에 대한 심사가 행해져야 할 것이다. 이 경우에 구체적인 사례에 있어서의 내국관련성의 정도에 따른 비례성심사가 행해져야 한다는 것이 된다. 제조물책임 등의 경우에는 BGH 판결이 암시하고 있듯이 그 내국관련성의 정도가 짙을 것이기 때문에 거액 손해배상의 비례성원칙 위반이 인정되기가 쉬울 것이다.

우리나라의 서울 동부지원판결은 미국법원에서 "별도로 징벌적 배상을 구분적시하거나 징벌적 배상을 포함한다는 취지의 기재가 없는 점 등에 비추어 보면 이 사건 미국 판결에는 징벌적 배상이 포함되지 아니하였다고 봄이 상당하다"라고 하면서도 "징벌적 배상이 명시적으로 언급되어 있지는 아니하다 하더라도 그 배상액 결정에 있어서는 잠재적으로 이에 대한 고려가 내포되어 있다고 볼 여지가 있다 할 것인 바"라고 하고, 이러한 경우에는 "법치국가의 원리로부터 파생되어 민사법 질서에 있어서도 타당하다고 할 수 있는 비례의 원칙을 적용하여"라고 하여 마치 징벌적 손해배상이 내포되어 있는 손해배상의 경우에만 비례성 심사가 이루어지는 것처럼 보이는 것은 문제가 있다고 하겠다. 이 건 미국판결기록에서 손해배상의 항목을 찾을 수 없는 것이었는지 의문이 가지만, 집행법원의 판시처럼 미국판결에 "명시적으로 언급되어 있지 아니한" 손해배상 항목을 추적하여 징벌적 손해배상부분을 구태여 찾아내는 것이 비례성 심사를 위하여 반드시 필요한 것은 아니며, 또 이는 실질적 재심사금지의 관점에서 보아도 타당하다고 보기 어려울 것이다.

한편 집행판결 법원은 섭외사법 제13조 제3항을 적용하여 외국판결의 승인을 제한할 수 있는 것으로 보고 있는데, 동조항은 우리법원에서 재판을 하는 경우에 외국법을 준거법으로 할때 적용되는 저촉법상의 규정이라 할 것이고,[115] 이 사건에서처럼 집행판결을 구하는 경우

115) 섭외사법 제13조 3항은 "외국에서 발생한 사실이 대한민국의 법률에 의하여 불법행위가 되는 경우일지라도 피해자는 대한민국의 법률이 인정한 손해배상 기타의 처분이외에 이를 청구하지 못한다"고 규정하고 있는

에는 미국판결에서 명시적으로 보이는 바에 따라 우리 민사소송법 제203조 제3호의 공서심사를 행하였어야 할 것이다. 이렇게 볼 때 우리 법을 적용하였더라면 인용되었을 배상액보다 많은 손해배상액을 외국판결이 명하는 경우라 하더라도 그 자체만으로 외국판결의 집행이 우리의 공서에 반한다고 할 수 없음은 물론이고, 사실관계의 내국관련성의 정도에 따라 비례성을 심사하여 공서위반을 따지는 논리 전개가 가능할 것이다. 다만 독일 사건에서는 내국관련성이 희박한 것으로 평가된 반면 이 사건 피고의 내국관련성이 강한 것으로 분류되고 있으므로 우리법의 기준이 보다 강하게 손해배상액산정에 영향을 미칠 수 있었을 것이다. 그런데 내국관련성이 강하다고 보았을 때 우리법에서 비례성 판단의 기준으로 삼는 것이 무엇인가에 대한 설시가 있어야 할 것인데, 이 사건 동부지원이 그에 대한 명확한 설시없이 미국에서 인용된 배상액의 막연히 50%의 한도로 승인을 제한한 것은 의문이 남는다 하겠다.

그 밖에 징벌적 손해배상이 적시되고 있는 미국법원 판결의 집행에 관한 문제가 우리나라 법원에 제기된 경우라면, 독일대법원의 판결을 기초로 하여 볼 때, 다음의 경우에는 징벌적 손해배상의 공서위반이 부정된다고 할 것이다. 첫째 미국법원의 판결에 형벌목적이 아닌 손해배상액으로 (전체 배상액중 일부라도)기능한다는 것이 명시적으로 나타나 있는 경우, 둘째 징벌적 손해배상중의 비형벌목적 부분, 즉 손해전보로서의 위자료에 상응하는 것과 같은 보상적 성격의 징벌적 손해배상이라면 그것이 미국법원의 판결중에 정신적 손해배상(damages for pain and suffering)의 형태로 따로 명시적으로 인정된 것이 아니어야 한다. 그리고 그러한 경우에는 역시 비례성을 표준으로 하여 배상액의 크기에 대한 검토가 이루어져야 할 것이고, 집행판결국법상의 비례의 원칙에 관한 문제를 고려할 수 있게 된다. 이와 관련하여 우리도 참고할 입법으로 독일 제조물책임법 제10조 1항의 규정을 들 수 있겠다. 동규정은 제조물의 결함으로 인한 인신사고의 경우에 하나의 제품결함당 책임지는 최고한도액을 정하여 두고 있다. 즉 인용손해배상액의 총계가 1억 6천만마르크를 넘지 않는 범위 내에서 제조물의 결함으로 인한 배상책임을 지도록 하고 있는데,[116] 이는 비례의 원칙을 구체화하는 것으로 평가할 수 있

데, 이 규정이 손해배상의 방법만이 아니라 손해배상액까지도 제한하는 것이라고는 하지만(서희원, 국제사법강의(일조각 1990), 247면 참조), 이것이 외국판결의 국내 승인·집행의 경우에도 적용되는가에 관한 학설상의 논의는 보이지 않는다. 동 조항과 동일 취지의 규정(민법시행법 제38조)을 두고 있는 독일에서는 원·피고 쌍방이 집행국에서의 승소가능성과 패소위험을 예견할 수 있고 독일인을 상대로 외국에서 소를 제기하는 유인을 없애 법적 안정성이 제고된다는 것을 들어 집행판결의 경우에도 적용을 긍정하는 입장(Schack, Internationales Zivilverfahrensrecht, 1991, Rz 869)과 이 규정은 독일법원이 재판을 하는 경우 준거법인 외국법을 적용할때 개입하는 규범으로서 국제사법상의 내국인보호규정에 불과하며 외국판결의 집행시에 이를 적용하는 것은 실질적 재심사금지의 원칙에 반한다는 부정설(Staudinger/Hoffmann, BGB, 12. Aufl., 1992, Art. 38 EGBGB n.F. Rz.248ff)이 갈린다. 앞에 소개된 독일대법원 판례는 부정설의 입장을 취하여 민법시행법(EGBGB) 제38조의 적용을 부정하고 미국판결의 공서 심사는 민사소송법(ZPO) 제328조 1항 4호의 일반공서규정에 따라 이루어져야 한다고 한다(BGHZ 118, 312, 328f; NJW 1992, 3096, 3100); 장재옥(앞의 註 102), 319-320면, 335-339면 참조.

116) 독일 제조물책임법 제10조: "(1) 단일 제조물 또는 동일한 결함을 가진 동종의 제조물들에 의하여 인적 손

겠다.[117] 이러한 법규정이 있음으로 해서 외국판결의 집행에 있어서도 마찬가지로 승인가능액이 위 금액을 한도로 하게 된다는 것을 추론해 낼 수 있게 될 것이다. 그와 같은 법규정이 없는 경우에는 집행국법상의 비례성의 원칙에 따라 내국관련성, 배상액의 크기, 손해배상 개별항목의 목적과 같은 여러 요소들을 고려해서 서로 비례하는 형태(Je-desto-Formel)를 기본으로 하여 승인·집행국법의 공서에 합치하도록 하는 배상액의 검토가 이루어져야 할 것이다.[118]

그러나 방법론적으로는 판결국인 미국에서 비례성의 표준으로 삼는 것을 우선하여야 한다는 것이 보다 설득력을 갖게 된다. 이는 이른바 "실질적 재심사(révision au fond)금지"의 원칙으로부터 요구되는 것이며, 외국법원에서 거의 우리법에 견줄 만한 정도의 비례성 심사가 이루어졌다면 우리의 집행법원은 집행판결을 하는 경우에 그것을 받아들여야 한다는 것이 된다. 이때 집행국법원이 아니라 판결국법원이 있는 미국에서의 비례성의 표준이 우선적으로 승인되어야 할 것이다. 이 경우에 미국의 일부 州에서 보상적 손해배상액의 3배의 액으로 징벌적 손해배상의 한도를 법규정으로 정하고 있는 것은[119] 비례성의 원칙을 특별히 구체화하는 것으로서 승인되어야 할 것이다. 다른 한편으로는 미국에서 개별 州의 판례법상 일반적으로 적용되고 있는 "합리적 비례(resonable proportion)"심사가 승인되어야 할 것이다. 셋째로는 연방전체의 헌법적 심사기준이 되는 적법절차조항으로부터 파생되는 "합리적 비례심사"가 승인될 수 있는데 이는 TXO 사건에서도 연방대법원이 그러한 심사를 해줄 것이 기대되었던 것이라 할 수 있다. 그리고 이러한 세 번째 관점에서 볼 때 연방대법원이 피상적 심사로 TXO 판결을 행함으로써 미국법원이 미국손해배상판결의 우리나라에서의 집행을 보다 쉽게 했을 수 있는 기회를 놓쳤다고 할 수도 있겠다.

Ⅵ. 결 어

연방대법원은 미국의 법치국가원리의 본류를 이루는 적법절차와 관련하여 Browning-

해가 발생한 경우, 배상의무자는 1억 6천만 마르크의 한도내에서만 책임을 진다.
(2) 다수의 피해자에게 지급하여야 하는 배상액이 제1항의 한도액을 초과하는 경우에 개별 배상은 그 총액의 한도액에 대한 비율에 따라 감액된다."

117) 이러한 "구체화된 법원칙적 성격(konkretisierte Rechtsgrundsatzcharakter)"은 독일 환경책임법 제15조가 제조물책임법의 규정과 동일한 액수의 배상한도액을 규정한 점에서도 확인할 수 있다. 독일 환경책임법 제15조: "배상의무자는 손해의 발생이 동일한 환경침해로 인하여 초래된 것인 때에는 사망, 신체 또는 건강침해에 대하여는 총합산액 1억6천만 마르크, 그리고 물건의 손해에 대하여도 마찬가지로 총합산액 1억6천만 마르크의 한도내에서만 책임을 진다. 동일한 환경침해로 인하여 지급하여야 할 추가의 배상이 제1문의 한도액을 초과하는 때에는 개별배상은 그 총액의 한도액에 대한 비율에 따라 감액된다."

118) Medicus, Der Grundsatz der Verhältnismäßigkeit im Privatrecht, AcP 192(1992), 35 참조

119) 예컨대 Fla. Stat. § 786.73 (1)(a)(1991): "작위적 고의나 무시, 중대한 비행이 개재된 과실, 엄격책임, 제조물책임, 상사거래에서의 비행, 전문가책임, 보증위반에 기초한 모든 민사소송에 있어서 1人의 원고에게 인용되는 징벌적 손해배상액의 총액이 보상적 손해배상 인용액의 3배를 초과하는 판결을 하여서는 아니된다".

Ferris판결에서 징벌적 손해배상의 적법절차조항 위반에 대한 판단을 미해결로 남겨두어 이 적법절차가 장래 징벌적 손해배상에 대한 일정한 제한이 될 것이 기대되었으나, Haslip사건과 TXO판결을 통하여 이러한 기대는 충족되지 못하게 되었다.

Haslip 사건에서 대법원이 하급법원과 배심에게 징벌적 손해배상을 확정하는 명확한 기준을 제시하지 아니한 점에서 부터 우려는 제기 되었었다.[120] "헌법상 용납되는 손해배상액과 용납되지 않는 손해배상사이에 산술적인 선을 그을 수는 없는 것"이라 하더라도 대법원이 징벌적 손해배상과 실제 손해사이의 관계에 대하여 보다 분명히 밝혀 줄 것이 기대 되었던 것이다.

또 Haslip 사건 이후 논의된 배상액의 정책적 제한에 관한 것을 연방대법원이 수용할 것이 기대되기도 했으나 이 또한 TXO사건을 통하여 무산되게 되었다. 미연방대법원은 이 사건에서 인용된 징벌적 손해배상액이 연방헌법 제14조 "적법절차조항"의 실체적 요소를 침해할 정도로 "심히 과다한(grossly excessive)" 것이 아니라고 보고 있다. 미연방대법원이 그 소극적인 사법자제(judicial self-restraint)의 경향에서 벗어나 장래의 또 다른 극단적인 징벌적 손해배상 사례에서 비례성의 실체적 표준을 수정하리라는 것은 기대하기 힘들게 되었다. 징벌적 손해배상제도는 보기에 따라서는 비합리적인 제도라고 할 수도 있다. 그러나 이 제도가 갖는 장점도 부인할 수 없다. TXO사건 이후 이 제도를 합리적인 방향으로 이끌어 가는 것은 개별 주에 의하여서만 가능하다게 되었다고 할 수 있다. 즉 더 많은 州에서 각자의 州법(statutes)에 절대적 배상한도 또는 징벌적 손해배상과 보상적 손해배상 사이의 산술적인 비례방식(특히 3배배상의 방식)을 명문으로 규정하는 방법과 법관이 배심에게 행하는 설시의 범위와 내용을 명확히 정하는 방법 등이 그것이다. 그러나 여기서 다시 한번 강조할 것은 이러한 것도 배심이 선입견이나 격정, 편견 등에 사로잡혀 객관적 사실에 부합하지 않는 방향으로 외국의 회사 등에 적대적으로 평결하는 문제를 해결하지는 못한다는 점이다. 배심제도의 개선을 통하여 그러한 위험으로부터 벗어날 수 있을 때, 배심제도에 대한 불신으로 이어지는 것을 방지할 수 있을 것이다. 이러한 전제하에 미국법원의 징벌적 손해배상 판결의 국내 승인·집행에 있어서의 비례성 심사에 미국에서의 비례성의 표준이 우선적으로 승인되어야 할 것이다. 이는 "실질적 재심사 금지"의 원칙으로부터 요구되는 것이며, 외국법원에서 거의 우리법에 견줄 만한 정도의 비례성 심사가 이루어졌다면 우리의 집행법원은 집행판결을 하는 경우에 그것을 받아들여야 한다는 것이 된다.

120) Pacific Mutual Life Ins. Co. v. Haslip, 111 S. Ct. 1032, 1056, 499 U.S. 42(1991).

32. 수용의 요건으로서 공익성 판단과 수용조항의 개헌과제*

정 남 철**

Ⅰ. 서　　설

최근 개헌 논의에 있어서 토지공개념이 다시 강조되고 있다.[1] 행정법학에 있어서 '공익' 개념은 추상적이며 불확정개념이다. 그러나 공익개념은 행정작용을 비롯하여 행정절차, 행정강제 및 행정구제 등 행정법의 모든 영역에서 매우 광범위하게 사용되고 있다.[2] 토지재산권의 수용에 있어서 공익성은 중요한 판단기준이 된다. 우리 헌법 제23조 제3항에는 "공공필요에 의한 재산권의 수용·사용 또는 재산"이라고 규정하여 수용 요건의 하나로서 '공공필요'의 개념을 사용하고 있다. 개별 법률에서는 공용수용의 요건을 명확히 규정하고 있지 않기 때문에 헌법 제23조에 규정된 '공공필요' 개념의 해석은 수용의 요건을 판단함에 있어서 중요한 역할을 하고 있는 것이다. 공익성을 표현하는 유사한 개념에는 공공필요 외에 '공공복리', '공익', '공공의 안녕과 질서' 등이 사용되고 있다. 우리 헌법 제23조 제2항에는 재산권의 행사가 '공공복리'에 적합하도록 하여야 한다고 규정하고 있다. 여기에서 사용되는 '공공복리'의 개념은 재산권의 사회적 기속성에 관련된 것이지만, 헌법 제23조 제3항의 '공공필요'와 어떠한 관계에 있는지가 문제된다.

구 도시계획법 제21조에 대한 위헌소원 사건에서 개발제한구역의 지정에 의한 재산권의 제약이 공용수용 또는 공용제한에 해당하는지 여부가 다투어졌다. 이 사건에서 헌법재판소는 "토지재산권의 강한 사회성 내지는 공공성으로 말미암아 이에 대하여는 다른 재산권에 비하여 보다 강한 제한과 의무가 부과될 수 있다"고 결정하였다.[3] 즉 개발제한구역 내의 건축제한 등은 재산권의 사회적 기속으로 보고 있다. 이러한 재산권의 사회적 기속성에 의해 재산권에 대한 제한과 의무는 원칙적으로 보상 없이 이루어질 수 있다. 개발제한구역의 지정은 도시의 무질서한 확산을 방지하고 도시주변의 자연환경 등을 보전하기 위한 규제라는 점에서 높은 공익적 성격을 가진다. 그러나 이러한 토지이용의 규제가 '의도된' 재산권의 박탈행

---

* 이 논문은 土地補償法硏究 제18호(2017.12)에 "公用收用의 要件인 '公共必要'의 判斷基準과 改憲課題"라는 제목으로 게재한 논문을 수정·보완한 글이다.

** 숙명여자대학교 법과대학 교수

1) 성낙인, "재산권보장과 토지공개념 실천법제", 헌법과 기본권의 현황과 과제(금랑김철수선생팔순기념논문집), 경인문화사, 2012, 669-692면.

2) 이에 대해서는 拙稿, "行政法學의 公益論", 유럽헌법연구 제19호(2015.12), 407-443면; 拙著, 現代行政의 作用形式, 법문사, 2017, 44면 이하.

3) 헌재 1998.12.24. 89헌마214, 90헌바16, 97헌바78(병합).

위로 보기는 어렵다. 헌법상 중요한 기본권의 하나인 재산권을 박탈하는 경우에 이러한 수용의 요건을 논구하는 것이 중요하다. 이러한 접근방식은 재산권의 '방어'를 핵심적 요소로 하는 '존속보장'의 가치와 맥락을 같이 하는 것이다. 그러한 의미에서 보상을 요하는 공용수용의 요건으로서 '공공필요'는 논리필연적으로 엄격하게 해석해야 한다. 또한 기본권제한의 한계요건과 과잉금지의 원칙을 규정한 헌법 제37조 제2항에서도 '공공복리'를 위해 국민의 자유와 권리를 제한할 수 있다고 규정하고 있다. 이러한 공공복리의 개념이 헌법 제23조 제3항의 '공공필요'와 어떠한 관계에 있는지가 다투어지고 있다.[4] 그러나 재산권에 대해서는 헌법 제23조 제3항에서 특별히 규정하고 있으므로 일반적인 재산권의 제한요건으로서 '공공복리'의 개념을 곧바로 적용할 수는 없다. 다만, 헌법 제37조 제2항에 규정된 과잉금지의 원칙은 調整的 補償附 內容限界規定(ausgleichspflichtige Inhalts- und Schrankenbestimmung)에 해당하는지 여부를 심사하는 경우에도 적용될 수는 있다. 이러한 과잉금지의 원칙은 실제 공용수용의 '한계'에서도 중요한 기능을 한다.

한편, 헌법재판소는 구 「지역균형개발 및 지방중소기업 육성에 관한 법률」 제18조 제1항 등 위헌소원 사건[5]에서 '공공필요'의 개념을 새로이 해석하고 있다. 사기업인 甲 주식회사가 고급골프장의 건설을 위해 토지를 수용하는 사건에서 이러한 민간개발자의 지구개발사업은 공익적 필요성이 인정되기 어렵다고 결정하였다. 또한 '공공필요'의 개념을 "국민의 재산권을 그 의사에 반하여 강제적으로라도 취득해야 할 공익적 필요성"이라고 해석하고 있다. 나아가 공공필요의 개념을 '공익성'과 '필요성'이라는 요소로 구성되어 있다고 보면서, 공공필요의 개념을 엄격히 해석하고 있다. 이 사건은 사기업(사인)을 위한 공용수용에 관한 것이라는 점이 특징이지만, 공공필요의 개념 해석을 적극적으로 시도하고 있다는 점이 주목된다.[6] 무엇보다 종전의 헌법재판소 결정과 달리 공공필요성의 개념을 매우 엄격하게 해석하고 있는 것이다. 그러나 고유한 '공공필요'의 개념을 '공익성'과 '필요성'으로 구성된 可分的 개념으로 이해하는 것에 대해서는 의문이다.[7] 공익성과 비례성은 밀접한 관련을 가지지만, 동일한 개념 내지

---

4) 이와 관련하여 공공필요의 개념과 공공복리를 동일한 개념으로 이해하는 견해(김도창, 일반행정법론(상), 제4전정판, 652-653면; 허영, 한국헌법론, 전정3판, 487면), 공공복리를 공공필요의 개념보다 넓게 해석하는 견해(권영성, 헌법학원론, 개정판, 556면) 등이 있다. 그 밖에 공공필요의 개념을 "공공복리를 위하여 필요한 경우"라고 해석하는 견해도 있다(한수웅, 헌법학, 제7판, 879면). 이와 달리 공공필요는 재산권에 대한 강력한 제한을 위한 정당한 사유이므로 헌법 제37조 제2항의 기본권제한의 일반적 사유보다는 좁다는 견해가 있다(계희열, 헌법학(중), 신정판, 552면). 공용필요의 개념을 좁게 해석하는 견해가 타당하다.

5) 헌재 2014.10.30. 2011헌바172 등, 판례집 26-2상, 639.

6) 사인을 위한 공용수용과 관련하여 "私用收用"이라는 표현도 사용되고 있다. 이 견해는 소위 私用收用이 허용되는 사업이 모두 공공성을 충족한다고 보기는 어렵다고 보면서, 사업시행자인 민간기업이 추진하는 대지조성사업이나 관광단지조성사업 등이 私用收用을 허용할 정도로 공공성이 크다고 단정하기 어렵다고 보고 있다(류해웅, "私用收用과 그 법제에 관한 고찰", 토지보상법연구 제13집, 43-44면).

7) 이에 대해서는 졸고, "민간기업에 의한 공용수용의 위헌성 판단과 '공공필요'의 개념해석", 법률신문 제4312호(2015.4.20.자), 12면.

구성요소가 아니다. 비례의 원칙 내지 과잉금지의 원칙은 공용수용의 성립요건이 아니라 한계 내지 허용성 요건에서 검토된다.[8)]

이하에서는 공용수용에 있어서 쟁점이 되는 수용의 요건으로서 공공필요성의 개념 해석 및 판단기준, 헌법재판소 및 대법원 판례의 문제점, 공공필요성과 관련된 개별 사례 그리고 수용조항의 개헌과제 등을 중심으로 검토하기로 한다.

Ⅱ. 收用의 要件으로서 '公共必要'의 判斷基準

1. 公共必要의 槪念 解釋 및 判斷基準

종래 헌법재판소는 공용수용의 개념을 "공공필요에 의한 재산권의 공권력적·강제적 박탈"이라고 간명하게 정의하고 있으며, '공공필요'를 수용의 허용요건으로 이해하고 있다.[9)] 이러한 공공필요의 개념은 전술한 헌법재판소 2011헌바172 등 사건에서 종전보다 구체화되고 있다. 각국의 입법례에서도 수용의 요건으로서 공익개념을 다양하게 사용하고 있다. 예컨대 미연방헌법 수정 제5조에는 "사유재산은 공적 사용을 위해 정당한 보상 없이 박탈당하지 아니한다(nor shall private property be taken for public use, without just compensation)"라고 규정하고 있다. 여기에서 수용을 정당화하기 위한 요건으로서 '공적 사용(public use)'이라는 용어를 사용하고 있다. 또한 독일기본법 제14조 제3항 제1문에는 "수용(Enteignung)은 공공복리(Wohle der Allgemeinheit)를 위해 허용된다"라고 규정하고 있다. 나아가 일본 헌법 제29조 제3항에는 "사유재산은 정당한 보상 하에 이를 공공을 위해 사용할 수 있다"라고 규정하고 있다. 여기에서 말하는 "공공을 위해 사용할 수 있다"는 규정의 의미를 두고 견해가 대립하고 있다. "공공을 위해 사용"이라는 규정의 의미에 대해 공용수용 외에 공용제한에 한정한다는 협의설과 공공의 이익도 포함하여 넓게 해석하는 광의설이 대립하고 있으며, 후설이 통설이다.[10)] 그러나 일본 헌법 제29조 제3항의 "공공을 위해 사용하다(公共のために用ひる)"는 의미를 공용사용이 아니라, 공용수용으로 파악하고 있다.[11)] 즉 "공적 목적을 위해 수용하는(to take for public use)" 것으로 이해하고 있는 것이다.[12)] 일본의 입법례에서는 법률에 보상규정이 흠결된 경우 직접 헌법에 근거하여 주장할 수 있다는 소위 '直接請求權說'이 통설이므로 일본 헌법 제29조 제3항의 규정은 중요한 의미를 가진다.[13)] 그러나 우리 헌법 제23

8) Maurer, Allgemeines Verwaltungsrecht, 18. Aufl., § 27 Rn. 57.
9) 헌재 1998.3.26. 93헌바12, 판례집 10-1, 226, 243 참조.
10) 이에 대해서는 佐藤幸治, 日本國憲法論, 成文堂, 2011, 316면.
11) 芦部信喜, 憲法, 第四版, 岩波書店, 2007, 224면.
12) 今村成和, 損失補償制度の研究, 有斐閣, 220면.
13) 田中二郎, 新版行政法上卷, 全訂第二版, 213면; 塩野 宏, 行政法 Ⅱ, 第四版, 326면.

조 제3항에는 수용 및 보상을 법률로 규정하도록 하고 있으므로 직접청구권설(직접적용설, 직접효력설)은 우리 헌법의 해석상 받아들이기 어렵다.[14)]

수용의 요건인 공공필요의 개념은 개별 법률에서 구체화되는 것이 바람직하다. 대표적인 입법례는 독일의 사례이다. 독일 건설법전 제87조 제1항에는 독일 기본법 제14조 제3항의 수용 요건을 보다 구체화하여 규정하고 있다. 즉 "수용은 개별 사례에서 공공복리를 위해 수용이 요구되고 다른 수인할 수 있는 방식으로 수용의 목적을 달성할 수 없는 경우에만 허용된다"고 규정하고 있다. 이와 같이 독일에서는 수용(Enteignung)의 개념만 사용되고 있으며, 수용 개념은 시대의 흐름에 따라 변하여 왔다. 수용의 목적이 공익에 기여하는지 여부는 원칙적으로 입법자가 결정한다.[15)] 수용을 위한 공공복리의 요건은 독일 기본법 제14조 제1항 제1문의 존속보장에서 정당화되는 사익과 재산권 박탈을 위한 공익을 서로 형량하는 것을 요구하고 있다.[16)] 독일 건설법전 제87조 제1항에 규정된 '공공복리'는 단순한 공익을 의미하는 것이 아니라, 재산권의 자유보장적 기능을 고려하여 "특별히 중대하고, 긴급한 공익(ein besonders schwerwiegendes, dringendes öffentliches Interesse)"이라고 해석되는 것이 지배적 견해이다.[17)] 私人을 위한 公用收用(Enteignung zugunsten Privater)에 있어서는 수용권 남용의 위험성이 높아 보다 면밀한 심사가 요구된다. 따라서 이 경우에는 사적 이용을 고려하더라도 수용을 위해 "충분히 중대하고, 특별한 공익(ein hinreichend schwerwiegendes, spezifisches öffentliches Interesse)"이 있는지 여부를 검토해야 한다고 보고 있다.[18)] 또한 이러한 방식에 의해 공익적 목적이 달성될 수 있고 지속적으로 보장되어야 한다.[19)]

행정법학에서 공익개념은 多義性을 가진다. 공익개념을 구체화하기 위한 이론적 분류를 위한 시도도 있었다. 대표적으로 독일의 볼프(Hans J. Wolff) 교수는 공익 개념을 공공이익으로서 국가나 기타 공동체의 이익에 해당하는 一般的 公益과 특정한 지역이나 기능적인 국가 내부의 종합체의 공동이익과 같은 特殊한 公益으로 대별하고 있다. 그는 일반적 공익을 다시 평화적인 사회질서의 유지, 인간의 존엄권 준수 등과 같은 '진정한 공공이익'과 행정주체 그 자체가 가지는 '사실상의 공익'으로 분류하고 있다.[20)] 특히 볼프 교수는 '規準的 公益

14) 朴鈗炘, 最新行政法講義(上), 改正29版, 753면. 한편, 유추적용할 법률규정이 없는 경우에 헌법 제23조 제3항을 근거로 하여 손실보상을 청구할 수 있다는 견해가 있다(박균성, 행정법론(상), 866-867면). 보상에 관한 규정이 없어 국민의 권익구제를 확대하기 위한 주장이라는 점에서 수긍할 수 있는 부분도 있다. 그러나 보상의 기준과 범위 등을 정한 법률의 규정이 없는 경우에 법원이 추상적인 헌법의 규정만을 근거로 보상을 확정하는 것은 현실적으로 쉽지 않다.

15) Jarass/Pieroth, GG, Art. 14 Rn. 80.

16) Alfred Scheidler, Die Voraussetzungen der Enteignung nach den §§ 85 ff. BauGB, ZfBR 2017, S. 125.

17) BVerfGE 74, 264; BVerwGE 117, 135(140); Battis, in: Battis/Krautzberger/Löhr(Hg.), BauGB, § 87 Rn. 2.

18) BVerfG, Urt. v. 17. 12. 2013, NVwZ 2014, 211.

19) BVerfGE 74, 264(285).

20) Wolff/Bachof/Stober, Verwaltungsrecht I, 10. Aufl., § 29 Rn. 1 f. 이에 대한 상세는 졸저, 현대행정의 작용형식, 52-53면.

(maßgebende öffentliche Interessen)'을 강조하고 있다. 그는 이러한 규준적 공익개념을 "헌법, 법률, 또는 자치법규 등에 구속적으로 확정된 것"으로 파악하고 있다.[21] 독일 건설법전 제87조 제1항의 규정과 같이 공공복리의 실체적 요건을 보다 구체화하여 규정하는 것은 개별 사건의 판단에 있어서 매우 유용하다.[22] 독일 기본법은 수용의 요건인 '공공복리'에 관한 규정을 민주적 정당성을 가진 의회의 입법자에게 맡겨 놓고 있는 것이다.[23]

이와 달리 우라니라에서는 공용수용의 요건으로서 공공필요의 개념을 구체화한 규정을 찾기 어렵다. 다만, 「공익사업을 위한 토지 등의 취득 및 보상에 관한 법률(이하 '토지보상법'이라 한다)」 제4조에 '공익사업'을 규정하고 있다.[24] 이러한 규정은 공공필요성을 판단함에 있어서 중요한 기준이 되고 있다. 헌법재판소의 2011헌바172 등 사건의 영향으로 토지보상법의 해당 조항은 지금과 같이 개정되었다. 즉 2015.12.29. 개정으로 이 법에 따라 토지 등을 수용하거나 사용할 수 있는 사업은 제4조 또는 별표에 규정된 법률에 따르지 아니하고는 정할 수 없다고 규정되었다(토지보상법 제4조의2). 이러한 규정이 공용수용의 공공필요성 요건을 판단함에 있어서 중요한 역할을 하고 있지만, 공익사업을 포괄적으로 열거해서 규정하는 것이 입법기술적으로 합리적인지에 대해서는 재고할 필요가 있다.[25] 공공필요성 개념은 추상적인 개념이며, 결국 개별 사례에서 관계된 사익과의 형량에 의해 구체화될 수 있다. 독

---

21) Wolff/Bachof/Stober, a.a.O., § 29 Rn. 13.

22) Maunz/Dürig, GG, Art. 14 Rn. 573.

23) Guckelberger, Denkmalschutz und Eigentum, NVwZ 2016, 19.

24) 공익사업을 위한 토지 등의 취득 및 보상에 관한 법률 제4조(공익사업) 이 법에 따라 토지등을 취득하거나 사용할 수 있는 사업은 다음 각 호의 어느 하나에 해당하는 사업이어야 한다.
1. 국방·군사에 관한 사업
2. 관계 법률에 따라 허가·인가·승인·지정 등을 받아 공익을 목적으로 시행하는 철도·도로·공항·항만·주차장·공영차고지·화물터미널·궤도(軌道)·하천·제방·댐·운하·수도·하수도·하수종말처리·폐수처리·사방(砂防)·방풍(防風)·방화(防火)·방조(防潮)·방수(防水)·저수지·용수로·배수로·석유비축·송유·폐기물처리·전기·전기통신·방송·가스 및 기상 관측에 관한 사업
3. 국가나 지방자치단체가 설치하는 청사·공장·연구소·시험소·보건시설·문화시설·공원·수목원·광장·운동장·시장·묘지·화장장·도축장 또는 그 밖의 공공용 시설에 관한 사업
4. 관계 법률에 따라 허가·인가·승인·지정 등을 받아 공익을 목적으로 시행하는 학교·도서관·박물관 및 미술관 건립에 관한 사업
5. 국가, 지방자치단체, 「공공기관의 운영에 관한 법률」 제4조에 따른 공공기관, 「지방공기업법」에 따른 지방공기업 또는 국가나 지방자치단체가 지정한 자가 임대나 양도의 목적으로 시행하는 주택 건설 또는 택지 및 산업단지 조성에 관한 사업
6. 제1호부터 제5호까지의 사업을 시행하기 위하여 필요한 통로, 교량, 전선로, 재료 적치장 또는 그 밖의 부속시설에 관한 사업
7. 제1호부터 제5호까지의 사업을 시행하기 위하여 필요한 주택, 공장 등의 이주단지 조성에 관한 사업
8. 그 밖에 별표에 규정된 법률에 따라 토지등을 수용하거나 사용할 수 있는 사업

25) 이와 관련하여 포괄주의를 비판하고 '制限列擧主義'로 전환해야 한다는 주장이 있다. 또한 이 견해는 토지보상법 제4조의 '공익사업'을 '토지를 수용·사용할 수 있는 사업'으로 변경하고 개별 법률의 사업명칭을 나열할 것을 제안하고 있다. 이에 대해서는 류해웅, "수용적격사업의 공공성 확보에 관한 법제적 고찰", 토지보상법연구 제1집(2001.2), 37-39면 참조.

일의 건설법전에는 공용수용의 요건만을 엄격히 규정하고 해석할 뿐, 공익사업을 열거하고 있지 않다. 사기업이 공용수용을 하는 경우에는 사익이 내포되어 있어 공익사업에 해당하더라도 공공필요성 여부를 개별적으로 해석할 수밖에 없다. 사기업이 실시하는 사업이 공익사업에 해당한다고 하더라도 수용의 요건이 당연히 충족된다고 볼 수 없다.

2. 判例의 立場 및 問題點

공용수용의 공익성 요건은 불확정개념이지만 행정청의 재량사항이나 판단여지가 아니라, 법원에 의해 공익성 요건이 수용을 정당화하는지 여부를 판단할 수 있다.[26] 헌법재판소는 구 도시개발법 제21조 제1항 본문 등 위헌소원에서 "공익사업의 범위는 국가의 목표 및 시대적 상황에 따라 달라질 수 있는 것으로 입법정책적으로 결정될 문제라고 할 수 있다"라고 보고 있다. 이 사건에서 도시개발사업을 위한 수용과 관련된 조항들은 헌법 제23조 제3항이 요구하는 '공공필요성'을 갖추고 있다고 판단하고 있다.[27] 그러나 헌법재판소의 판례 중에 공공필요의 요건이 문제가 되는 것은 사인(사기업)을 위한 공용수용의 경우이다.

헌법재판소는 구 「산업입지 및 개발에 관한 법률」 제11조 제1항 등 위헌소원 사건에서 지역경제의 발전을 위해 사기업이 수용하는 것이 공공필요의 요건을 충족한다고 판단하였다.[28] 또한 「국토의 계획 및 이용에 관한 법률」(이하 '국토계획법'이라 한다) 제2조 제6호 등 위헌소원 사건에서 회원제 골프장의 건설을 위한 토지계획시설사업이 공공필요성의 요건을 결하지 아니하였다고 보고 있다.[29] 그러나 헌법재판소는 앞에서 언급한 2011헌바129 등 사건에서 공공필요성의 개념을 달리 해석하고 있다. 헌법재판소는 헌법 제23조 제3항의 공공필요성이 '공익성'과 '필요성'으로 구성되어 있다고 판단하고 있다. 즉 공익성은 "공용수용을 허용하고 있는 개별법의 입법목적, 사업내용, 사업이 입법목적에 이바지 하는 정도"를 기준으로 판단하고 있다. 특히 그 사업이 대중을 상대로 하는 영업의 경우에 그 사업시설에 대한 대중의 이용가능성이나 접근가능성 등도 고려하고 있다. 또한 필요성은 재산권을 침해당하는 사익과의 형량을 통해 사인의 재산권침해를 정당화할 정도의 공익의 우월성이 인정되어야 한다고 보고 있다. 그러나 여기에서 언급하는 '필요성'은 비례의 원칙과 관련된 것이며, 공용수용의 한계에서 판단될 사항이다. 공익성과 비례성은 밀접한 관계를 가지지만, 서로 구별되어야 할 개념이다.[30]

한편, 대법원은 보상금증감청구소송[31]이나 실질적 당사자소송[32]이 인정된 일부 사례를 제

26) Maunz/Dürig, GG, Art. 14 Rn. 574.
27) 헌재 2010.12.28. 2008헌바57, 판례집 22-2하, 624.
28) 헌재 2009.9.24. 2007헌바114, 판례집 21-2상, 562.
29) 헌재 2011.6.30. 2008헌바166 등.
30) 이에 대한 논의는 拙著, 現代行政의 作用形式, 70면.

외하고, 재결취소소송을 심사하는 경우가 대부분이다. 이 경우 재결의 위법성을 판단함에 있어서 수용의 요건을 충족하는지 여부를 면밀히 검토한 사례는 없다. 물론 토지수용위원회의 재결도 구성요건적 효력이 발생하므로 다른 국가기관이 그 판단을 존중할 필요는 있다. 그러나 행정법원은 재결의 실체적·절차적 위법성을 심사할 수 있다. 대부분 재산권의 제약이나 침해 등에 대해 손실보상을 청구할 수 있는지가 쟁점이다. 또한 손실보상에 해당하는지 여부는 '특별한 희생'이라는 기준에 의해 판단하고 있다.[33] 또한 대법원은 공용수용의 남용과 관련하여 비례의 원칙을 위반하였는지 여부를 심사하면서 공익성 여부를 고려하고 있다.[34] 특히 대법원은 공용수용이 헌법상의 재산권 보장의 요청상 불가피한 최소한에 그쳐야 한다고 전제하고, 사업시행자가 사업인정을 받은 후 그 사업이 공용수용을 할 만한 공익성을 상실하거나 사업인정에 관련된 자들의 이익이 현저히 비례의 원칙에 어긋나게 된 경우 등에 수용권을 행사하는 것은 수용권의 남용에 해당한다고 판시하고 있다.[35]

3. 批判 및 立法論的 提言

수용의 요건으로서 규정된 헌법 제23조 제3항의 '공공필요'의 판단기준은 단순한 공익이나 공공복리의 개념보다는 중요한 공익적 필요성의 의미를 가져야 한다. 따라서 수용에 의해 침해되는 사익보다 재산권을 박탈해야 할 "특별히 중대한 공익적 필요성"이 있어야 한다. 일반적인 수용의 경우에도 '공공필요'의 개념은 이러한 정도의 중요한 공익성이 인정되어야 한다. 또한 사인을 위한 수용의 경우에는 일반적인 수용보다 높은 정도의 공익성이 보장되어야 한다. 사인(사기업)의 사익을 감안하더라도, 해당 사업에 있어서 "충분히 중대하고도 특별한 공익"이 인정되어야 한다. 지역경제의 미명 하에 민간기업에 의해 이루어지는 공익사업은 수용권 남용에 해당할 우려가 높다.

이러한 공공필요의 개념은 재산권을 박탈하는 개별 법률에서 보다 구체적으로 규정되어야 한다. 그러한 의미에서 규준적 공익개념은 개별 사례의 해석과 판단에 있어서 중요한 역할을 할 수 있다. 독일 건설법전 제87조는 독일 기본법을 구체화하고 있으며, 그 요건을 상

---

31) 한편, 대법원은 잔여지 수용청구를 받아들이지 않은 토지수용위원회의 재결에 대하여 토지소유자가 불복하여 제기하는 소송을 보상금의 증감에 관한 소송이라고 판시한 바 있다(대법원 2010.8.19. 선고 2008두822 판결).

32) "주거이전비는 당해 공익사업 시행지구 안에 거주하는 세입자들의 조기이주를 장려하여 사업추진을 원활하게 하려는 정책적인 목적과 주거이전으로 인하여 특별한 어려움을 겪게 될 세입자들을 대상으로 하는 사회보장적인 차원에서 지급되는 금원의 성격을 가지므로, 적법하게 시행된 공익사업으로 인하여 이주하게 된 주거용 건축물 세입자의 주거이전비 보상청구권은 공법상의 권리이고, 따라서 그 보상을 둘러싼 쟁송은 민사소송이 아니라 공법상의 법률관계를 대상으로 하는 행정소송에 의하여야 한다"(대법원 2008.5.29. 선고 2007다8129 판결).

33) 대법원 2010.12.9. 선고 2007두6571 판결.

34) 대법원 1987.9.8. 선고 87누395 판결; 대법원 2014.5.29. 선고 2013두12478 판결.

35) 대법원 2011.1.27. 선고 2009두1051 판결.

세히 규정하고 있다. 일반적인 공용수용에 있어서도 "특별히 중대하고, 긴급한 공익"이 있어야 한다고 해석하고 있다. 독일의 입법례와 비교하면, 수용의 요건으로서 공공필요의 개념은 보다 명확히 규정할 필요가 있다. 우리나라의 개별법에는 공공필요의 개념을 파악할 수 있는 법적 근거가 미흡하고, 그 개념을 명쾌하게 해석한 대법원 판례를 찾기는 어렵다. 구 「지역균형개발 및 지방중소기업 육성에 관한 법률」 제18조 제1항 등 위헌소원에서 공용수용의 요건을 엄격히 판단하고 있지만, 공공필요의 고유한 개념을 해석함에 있어서는 여전히 불충분하다. 토지보상법에 독일의 입법례와 같은 수용의 허용성 요건을 토지보상법에 신설할 필요가 있다. 예컨대 "수용은 특별히 중요한 공익적 필요(공공필요)를 위해 다른 방식으로 수용의 목적을 달성할 수 없는 경우에 허용된다"는 규정을 명시하는 것을 제안한다. 이러한 규정은 공공필요의 개념을 구체화하고 엄격히 해석하는 데에 기여할 수 있다.

Ⅲ. 事業認定과 公益性

1. 사업인정의 지정과 공익성 판단

사업인정은 국토교통부장관이 행정주체 또는 사업시행자 등에게 수용권을 설정하는 형성적 행정행위이다(토지보상법 제20조 참조).[36] 사업인정은 그러한 의미에서 공법적 성질을 가지는 설권행위로서 재량행위에 해당한다.[37] 이러한 사업인정의 지정에 있어서 국토교통부장관은 해당 사업이 특별히 중요한 공익성을 갖는지 여부를 심사해야 하며, 사업시행자가 민간사업자인 경우에는 더욱 그러하다. 이와 관련하여 판례도 공익성을 다른 이익과 형량하여 판단하여야 한다는 점을 강조하고 있다.[38] 이 판결에서는 사업시행자에게 해당 공익사업을 수행할 의사와 능력이 있어야 한다는 것도 사업인정의 한 요건이라고 보고 있다. 또한 대법원은 사업시행계획인가처분 취소소송에서 구 국토계획법에서 私人을 도시·군계획시설사업의 시행자로 지정하기 위한 요건으로 '소유' 요건과 '동의' 요건을 갖추지 못하였음에도 불구하고 사업시행자로 지정한 경우 그 하자가 중대하다고 판단하였다.[39] 여기에서 대법원은 도

36) 대법원 1983.9.27. 선고 83누324 판결; 대법원 1988.12.27. 선고 87누1141 판결.

37) 대법원 1992.11.13. 선고 92누596 판결. 한편, 이에 대해 사업인정을 공공필요성 여부를 확인하는 행위로 보는 견해가 유력하다. 즉 "사업인정은 사업시행자가 추진하고자 하는 사업의 공공성을 확인하고, 사업의 규모, 사업추진에 필요한 타인 토지의 수용 필요성 등을 잠정적으로 심사하여 토지수용의 요건의 성립 여부를 판단하는 확인적 행위"로 보아야 한다는 견해가 그러하다(金海龍, "현행 토지수용절차의 문제점과 개선방안", 土地公法研究 제73집 제2호(2016.2), 255면). 실제 사업인정에 있어서 공공필요성의 판단이 미흡하다는 점에서 매우 의미 있는 지적이라고 생각한다.

38) "사업인정기관으로서는 그 사업이 공용수용을 할 만한 공익성이 있는지의 여부와 공익성이 있는 경우에도 그 사업의 내용과 방법에 관하여 사업인정에 관련된 자들의 이익을 공익과 사익 사이에서는 물론, 공익 상호간 및 사익 상호간에도 정당하게 비교·교량하여야 하고, 그 비교·교량은 비례의 원칙에 적합하도록 하여야 한다"(대법원 2011.1.27. 선고 2009두1051 판결).

39) 대법원 2017.7.11. 선고 2016두35120 판결.

시·군계획시설사업은 공공복리의 실현과 밀접한 관련이 있다고 전제한 후, 사인이 이러한 사업을 시행하는 때에는 행정청이나 공공단체가 시행하는 때와 비교하여 상대적으로 공공성이 약하기 때문에 소유 요건이나 동의 요건 등을 통해 도시·군계획시설사업의 공공성을 보완하고 사인에 의한 일방적인 수용을 제어하기 위한 것이라는 점을 지적하고 있다. 이러한 대법원의 판결은 사인을 위한 공용수용과 관련된 헌법재판소 2011헌바172 등 결정의 영향을 받았음을 배제하기 어렵다. 또한 사업인정에 있어서 이러한 판단이 '판단여지'에 해당한다는 견해도 있다.[40] 다만, 토지보상법 제20조에는 사업인정에 있어서 공익성을 판단할 수 있는 요건에 관한 내용이 명확히 규정되어 있지 않다.

2. 사업인정의 의제와 공용수용의 정당성 확보

다수의 개별 법령에는 사업인정의 의제에 관한 규정을 두고 있다. 이러한 경우에는 공익성을 판단하기가 쉽지 않다.[41] 예컨대 국토계획법 제91조에 따른 도시·군계획시설사업에 관한 실시계획을 고시한 경우에는 토지보상법 제20조 제1항과 같은 법 제22조에 따른 사업인정 및 그 고시가 있었던 것으로 간주한다(국토의 계획 및 이용에 관한 법률 제96조 제2항). 또한 도로구역의 결정 또는 변경과 도로구역의 결정 고시 또는 변경 고시는 토지보상법 제20조 제1항 및 제22조에 따른 사업인정 및 사업인정고시로 간주한다(도로법 제82조 제2항). 그리고 「공공주택 특별법」 제127조에는 주택지구를 지정·고시한 때에 토지보상법에 따른 사업인정 및 사업인정의 고시가 있는 것으로 의제된다(공공주택 특별법 제27조 제2항). 그 밖에 국토교통부장관이 아니라 산업통상자원부장관의 인정에 의해 사업인정이 의제되는 경우도 있다. 즉 광업권자나 조광권자는 광업법 제72조에 따라 타인의 토지를 사용하거나 수용하려면 산업통상자원부장관의 인정을 받아야 하며, 이러한 산업통상자원부장관의 인정은 토지보상법 제20조 제1항에 따른 사업인정으로 의제하고 있다(광업법 제73조 제2항). 그러나 이러한 사업인정의 의제에 있어서 의견청취에 관한 규정만 두고 있을 뿐 공공필요의 요건심사에 관한 규정이 없다.

사업인정의 의제가 인정되는 이유는 대체로 공익사업의 신속하고 원활한 진행을 위한 것에 있다. 또한 사업인정의 의제에 대해 토지보상법의 보상규정을 준용하도록 하는 것이 보통이다. 구 항만법(2012.12.18. 법률 제11594호로 개정되기 전의 것, 이하 '구 항만법'이라 한다)이 항만공사 시행절차에 따른 각종 의제규정과 손실보상에 관한 규정을 둔 취지 및 공유수면 매립을 수반하는 항만공사로 발생한 손실의 보상에 관하여 적용 내지 준용될 법률이 다투어

40) 김남진/김연태, 행정법 II, 제21판, 597면.

41) 유력설은 사업인정의 의제효를 인정하는 규정으로 인해 공공필요성을 판단하는 사업인정절차가 실질적으로 이루어지지 못한다고 있다고 비판하고 있다(김해룡, 전게논문, 255면 이하).

진 사건에서 그러한 점을 인정하고 있다.[42] 이러한 입장은 존속보장의 이념보다는 가치보장의 가치에 바탕을 두고 있으며, 각종 개발사업에 있어서 보상만능주의로 흘러갈 우려도 있다. 또한 구속력 있는 행정계획(예컨대 실시계획이나 시행계획)을 고시하는 경우에 사업인정이 의제되는 경우도 적지 않다. 이러한 단계에서 수용의 요건으로서 공공필요성을 충분히 검토할 수 있는지 의문이다. 이와 같이 사업인정의 의제는 기본적으로 절차의 간소화와 신속화에 기초하고 있으므로 공용수용의 정당성을 확보하는 것이 더욱 어렵다. 그럼에도 불구하고 개별 법령에는 절차간소화를 목적으로 이러한 사업인정의 의제에 관한 규정을 확대하고 있다.

3. 사업인정과 수용재결 사이의 하자승계

판례는 사업인정과 수용재결의 하자승계를 부정하고 있다.[43] 이러한 사업인정은 수용권을 부여하는 형성적 행정처분으로 보는 견해가 지배적이다. 그러나 사업인정이 인정되거나 의제되는 경우에 토지소유자 등이 사업인정의 지정처분을 다투는 것을 기대하기는 어렵다. 또한 사업인정이 의제되는 경우에 의제된 행정처분을 다툴 수 있는지가 논란이 되고 있다. 독일에서는 擬制的 行政行爲(fiktiver Verwaltungsakt)의 취소를 구하는 소를 제기할 수 있지만[44], 우리나라에서는 의제적 인・허가의 실체를 인정하여 이에 대해 취소소송을 제기할 수 있는지에 대해서는 여전히 논란의 여지가 있는 것이 사실이다. 독일의 행정절차법 제42a조에는 許可擬制(Genehmigungsfiktion)에 관한 규정을 두고 있어, 이러한 문제를 어느 정도 입법적으로 해결하고 있다고 평가할 수 있다.

사업인정은 수용권의 설정을 내용으로 하고, 이러한 사업인정은 그대로 수용재결의 신청으로 이어지게 마련이다. 그러한 점에서 사업인정과 수용재결은 동일한 효과를 목적으로 하고 있다고 볼 수 있다.[45] 사업인정의 의제가 통지되는 경우도 있지만, 이러한 사업인정의 의제에 대해 다투는 것은 전술한 바와 같이 실무상 쉽지 않다. 또한 사업인정의 경우에는 공용수용의 요건에 관한 심사가 충분히 이루어진다고 보기 어렵다. 그러한 상황에서 이후의 절차에서 대부분 소정의 기간 내에 재결을 신청하도록 하고 있다. 토지소유자가 재결의 하자를

42) "구 항만법이 항만공사 시행절차에 따른 각종 의제규정과 손실보상에 관한 규정을 두고 있는 취지는, 공익사업을 위한 토지 등의 취득 및 보상에 관한 법률(이하 '공익사업법'이라 한다)상 '공익사업'으로 시행될 수밖에 없는 항만공사의 특성상 절차 진행에 따라 관련 인허가 및 사업인정이 곧바로 의제되도록 함으로써 항만공사의 원활한 진행을 도모하는 한편, 항만공사의 진행을 통하여 의사와 관계없이 손실을 입을 수밖에 없는 토지 소유자, 어업권자 등 권리자에 대한 정당한 보상을 보장하고자 함에 있다"(대법원 2014.4.24. 선고 2013두23607 판결).

43) 대법원 1993.6.29. 선고 91누2342 판결.

44) Kopp/Ramsauer, VwVfG, 13. Aufl., § 42a Rn. 20; Stelkens/Bonk/Sachs, VwVfG, § 35 Rn. 52a; BVerwGE 91, 7(9).

45) 이와 관련하여 사업인정과 수용재결은 본질적으로 공용수용의 요건을 이루며 수용을 위한 일련의 행정절차에 해당한다고 보는 견해가 있다(김해룡, 전게논문, 259면).

다투는 소를 제기하는 경우에 사업인정의 하자를 주장하도록 허용할 필요가 있다. 소위 규준력설에 의하는 경우에도 사업인정의 지정에 대해 제소기간이 경과하여 불가쟁력이 발생한 경우에도 예외적 요건으로서 기대가능성이나 예측가능성의 법리를 적용할 필요가 있다. 다만, 판례는 선행처분인 도시계획시설사업 시행자 지정 처분이 처분 요건을 충족하지 못하여 당연무효인 경우에 후행처분인 도시계획시설의 시행자가 작성한 실시계획을 인가하는 처분도 당연무효라고 판단하였다.[46]

한편, 일본의 경우에는 사업인정과 수용재결 사이에 하자승계를 인정하고 있다.[47] 일본에서는 제소기간의 운영상 문제점과 권리구제의 기회확대 등을 위해 위법성 승계를 인정하고 있다. 우리나라의 하자승계이론은 이러한 위법성 승계이론으로부터 영향을 받았다. 사업인정과 수용재결 사이에는 이러한 하자승계를 인정할 필요성이 있다. 이와 관련하여 향후 판례의 전향적 변화를 기대해 본다.

Ⅳ. 還買權과 公益性

공용수용의 요건을 갖추어 수용절차가 종료되었다고 하더라도 그 후에 수용의 목적인 공공사업이 수행되지 아니하거나 또는 수용된 재산권이 당해 공공사업에 필요 없게 된 경우, 수용의 헌법상 정당성과 공공필요에 의한 재산권 취득의 근거가 장래를 향하여 소멸한다.[48] 이 경우 수용 당시의 토지소유자 또는 그 포괄승계인은 사업시행자에게 보상금에 상당하는 금액을 지급하고 원소유권을 회복하는 환매권을 가진다. 대법원은 개별 법령의 규정에 의해 구체화되어야 한다고 보고 있지만[49], 환매권은 헌법이 보장하는 재산권의 내용에 포함되는 권리이며 헌법상 재산권조항에서 직접 도출되는 것으로 보는 것이 타당하다.[50] 독일 연방헌법재판소의 입장도 동일하다.[51]

환매권이 인정되기 위해서는 “10년 이내의 해당 사업의 폐지·변경 또는 그 밖의 사유로 취득한 토지의 전부 또는 일부가 필요 없게 된 경우”에 해당하여야 한다. 이는 결국 해당 토지의 공익적 필요성이 상실된 경우를 의미한다.[52] 이러한 공익적 필요성의 상실 여부는 사업시행자의 주관적 판단이 아니라, 객관적 기준에 의해 결정되어야 한다.[53] 그러나 환매권의

46) 대법원 2017.7.11. 선고 2016두35120 판결.
47) 芝池義一, 行政救濟法講義, 第3版, 73면.
48) 헌재 1998.12.24. 97헌마87 등, 판례집 10-2, 978.
49) 대법원 1998.4.10. 선고 96다52359 판결.
50) 헌재 1994.2.24. 92헌가15 등.
51) BVerfGE 38, 175.
52) 대법원 1993.12.28. 선고 93다34701 판결.
53) “협의취득 또는 수용된 토지가 필요 없게 되었는지 여부는 사업시행자의 주관적인 의사를 표준으로 할 것이 아니라 당해 사업의 목적과 내용, 협의취득의 경위와 범위, 당해 토지와 사업의 관계, 용도 등 제반 사

요건이 충족되는 경우도 관계 법령에 의해 다른 공익사업으로의 변환이 인정되는 경우에 일정한 제한을 받는다. 즉 국가, 지방자치단체 또는 「공공기관의 운영에 관한 법률」 제4조에 따른 공공기관 중 대통령령으로 정하는 공공기관이 사업인정을 받아 공익사업에 필요한 토지를 협의취득하거나 수용한 후 해당 공익사업이 토지보상법 제4조 제1호부터 제5호까지에 규정된 다른 공익사업(별표에 따른 사업이 제4조제1호부터 제5호까지에 규정된 공익사업에 해당하는 경우를 포함한다)으로 변경된 경우에는 환매권행사가 제한된다. 이러한 공익사업의 변환은 환매권을 행사한 후 다시 해당 토지를 협의취득하거나 수용하는 번거로운 절차를 되풀이하는 것을 피하기 위한 것에 있다. 그러나 환매권 제도의 본질에 비추어 수용된 토지가 더 이상 공공사업에 필요 없게 된 경우에 원소유자에게 소유권을 회복할 기회를 주는 것이 공평의 이념과 헌법상 재산권보장의 내용에 부합하는 것이다.[54] 따라서 공익사업의 변환은 환매권을 제한하는 것이므로 엄격하게 해석해야 한다. 그럼에도 불구하고 대법원은 토지보상법 제91조 제6항에서 정한 공익사업의 변환은 변경된 공익사업의 시행자가 국가, 지방자치단체 또는 「공공기관의 운영에 관한 법률」 제4조에 따른 공공기관 중 대통령령으로 정하는 공공기관이 아니어도 된다고 판시하고 있다.[55] 즉 민간기업이 관계 법률의 인·허가 등을 받아 도로, 철도, 항만 등 공익성이 높은 건설사업을 하는 경우에도 공익사업의 변환이 허용된다고 보고 있다. 그러나 토지보상법 제91조 제6항은 환매권행사의 한계에 관한 규정이므로 공익사업의 변환에 있어서 사업시행자를 제한적으로 규정하고 있다고 보아야 한다. 변환되는 공익사업이 민간기업인 경우에는 소위 사기업을 위한 공용수용과 마찬가지로 공공필요성을 엄격히 심사해야 한다. 따라서 환매권 행사를 제한하는 공익사업의 변환에는 공익성 요건을 충족하는지 여부를 검토할 필요가 있다. 이와 관련하여 대법원은 사업인정을 받은 경우에 공익사업의 변환을 인정하고 있음은 주목된다.[56]

Ⅴ. 改憲論議에 있어서 收用條項의 改善課題

1. 收用條項의 公法的 爭點과 問題點

근래에 수용법의 영역에서 판례가 수용의 요건인 '공공필요'의 개념을 면밀히 심사하고 있는 것은 수용이론의 발전을 반영하는 證左이다. 지금 국회를 중심으로 개헌 논의가 한창

정에 비추어 객관적·합리적으로 판단하여야 한다"(대법원 2010.9.30. 선고 2010다30782 판결).

54) 姜吉夫, "收用裁決의 問題點과 改善課題", 박윤흔(편), 行政上 損失補償의 主要問題, 461면.

55) 대법원 2015.8.19. 선고 2014다201391 판결.

56) "적어도 새로운 공익사업에 관해서도 같은 법 제20조 제1항의 규정에 의해 사업인정을 받거나 또는 위 규정에 따른 사업인정을 받은 것으로 의제하는 다른 법률의 규정에 의해 사업인정을 받은 것으로 볼 수 있는 경우에만 공익사업의 변환에 의한 환매권 행사의 제한을 인정할 수 있다"(대법원 2010.9.30. 선고 2010다30782 판결).

이며, 내년 초까지 개헌안을 제시할 예정이라고 한다. 그러나 아직까지 구체적인 개헌안의 내용을 제시하지 않아 개헌안에 대한 이론적인 검토나 논의를 하기가 어려운 상황이다. 국민적 염원과 소망을 담은 새로운 개헌안을 만드는 것은 매우 어려운 과제이지만, 충분한 의견 수렴이나 법리적 검토 없이 졸속으로 개헌이 이루어지는 것은 우려스러운 일이다.

헌법 제23조의 규정은 재산권 및 공용수용 등에 관한 중요한 내용을 담고 있으며, 헌정사에 있어서도 매우 의미 있는 역사적 발자취를 남기고 있다. 개헌논의와 관련하여 수용조항의 개선방안을 고려하는 것은 쉽지 않은 일이다. 다만, 현행 헌법조항의 해석으로도 충분하지만, 수용법의 이론 및 실무에서 쟁점이 되었던 사항을 염두에 두면서 개선해야 할 과제에 대해 살펴보기로 한다. 이미 제헌헌법에서 재산권의 수용 외에 '사용'과 '제한'을 규정하고 있다.[57] 우리 헌법재판소는 구 도시계획법 제21조 및 제6조에 대한 헌법소원 사건 이후 독일의 분리이론(Trennungstheorie)을 도입하여, 수용법의 이론을 체계화하고 있다.[58] 독일 연방헌법재판소가 확립한 분리이론의 장점은 '존속보장'의 가치를 추구한다는 점이다.[59] 또한 분리이론에서는 공용수용의 개념을 공식화하고 있다(소위 형식적 공용수용개념). 특히 분리이론은 보상부 공용수용과 무보상부 재산권의 내용한계를 엄별하고 있다. 이러한 독일의 분리이론의 특징을 간과하고 여전히 불명확한 구별기준에 의해 공용수용에 해당하는지 여부를 판단하고 있는 것은 지양해야 한다. 특별한 희생이라는 기준은 모호하며 결정적 구별기준이 될 수 없다. 이에 의할 경우 공용수용의 해당 여부는 전적으로 법원의 판단에 맡길 수밖에 없다.

이와 관련하여 일부 견해는 분리이론에 대해 여전히 불명확성을 제기하고 있으며, 재산권의 내용한계에 있어서 또 다시 전통적인 경계이론의 기준을 통해 보상이 필요한지 여부를 판단하고 있다고 비판하고 있다.[60] 분리이론은 흠결이 없는 완결된 보상법 이론은 아니며, 일정한 부분에서는 취약점을 가진다. 예컨대 분리이론은 엄격한 이원론의 입장을 채택하고 있어 보상의 범위가 상대적으로 협소할 수밖에 없다. 이러한 문제점을 극복하기 위해 전술한 '조정적 보상부 내용한계규정'의 이론이 등장한 것이다. 헌법 제23조 제1항 제2문의 재산권의 내용한계에서 보상이 필요한지 여부는 매우 예외적인 경우에 해당하며, 독일에서는 조정

---

57) 한편, 수용 외에 사용과 제한을 규정한 것은 俞鎭午案의 제1회 草稿에서도 발견된다. 즉 제1회 초안의 제15조에는 "公共必要에 의하여 人民의 財産權을 收用, 使用 또는 制限함은 法律이 정하는 바에 의하여 相當한 補償을 支佛함으로써 行한다"라고 규정되어 있다. 현민 유진오 제헌헌법 관계 자료집(고려대학교박물관 편), 고려대학교출판부, 2009, 146면 참조. 그러나 정작 제헌헌법에 '사용'과 '제한'이 포함된 이유에 대해서는 상세한 언급이 없다(俞鎭五, 新稿憲法解義, 一潮閣, 1953, 78면 참조). 다만, 대한민국헌법 제안이유의 설명에서 "재산권을 하등의 조건 없이 몰수하는 제도는 채용하지 아니하였다"는 점을 소개하고 있을 뿐이다(俞鎭五, 憲法基礎回顧錄, 一潮閣, 1981, 237면).

58) 헌재 1998.12.24. 89헌마214, 90헌바16, 97헌바78(병합) 전원재판부.

59) 이에 대해 존속보장의 원칙은 분리이론과 필요적인 관련성이 없으며, 1차적 권리구제와 2차적 권리에서 나타난 요청으로 나타난 것이라고 비판하는 견해가 있다(정하중, "헌법상의 재산권보장체계에 있어서 경계이론과 분리이론", 서강법학연구 제5권(2003.5), 86면).

60) 정하중, 전게논문, 81-82면.

적 보상(Ausgleichsentschädigung)의 문제로 판단하고 있다. 이러한 영역에 대해 헌법 제23조 제3항의 정당한 보상, 즉 완전보상을 해야 할 필요는 없다. 그 보상의 기준과 범위는 입법자의 형성적 자유에 맡겨져 있다. 이러한 조정적 보상 여부의 판단은 예외적으로 가혹한 상황에서 비례의 원칙이나 평등원칙을 위반한 경우에 인정되며, 경계이론이 그대로 적용된다고 단정할 수도 없다. 물론 위에서 언급한 비판론이 지적하는 바와 같이 헌법재판소가 구 도시계획법 제21조에 대한 위헌소원사건에서 다소 오해의 소지가 있는 표현을 사용하고 있는 점도 없지 않다. 그러나 이러한 점이 분리이론의 본질적인 부분이라고 보기 어렵고, 경계이론이 분리이론보다 더 우월하다고 평가할 수는 없다. 특별한 희생에 바탕을 둔 경계이론은 그 본고장인 독일에서 이미 1980년대 이후 이론적 쇠퇴를 경험하고 있다. 경계이론의 핵심적 지주였던 수용유사적·수용적 침해이론도 타격을 입고 있음은 주지의 사실이다. 이러한 이론을 포기하지 않는 일부 학자들도 분리이론에서 확립한 형식적 수용개념을 따르고 있다. 무엇보다 경계이론의 先鋒에 서 있던 연방통상법원(BGH)도 연방헌법재판소의 분리이론을 따르고 있다는 점을 간과해서는 아니된다. 그러나 분리이론뿐만 아니라 경계이론도 절대적인 수용법이론이 아님은 물론이다. 그러나 과거의 이론에 穿鑿해서 보다 발전된 새로운 수용법이론을 소홀히 하고 외면하는 것도 바람직하지 아니하다. 나아가 이러한 수용법이론을 대체할 만한 새로운 이론을 제시하지도 않은 채 우리 현실에 맞지 않는다는 맹목적으로 혹평을 하는 것은 매우 무책임한 태도이다. 이러한 서구의 이론을 우리의 법체계와 현실에 부합하게 해석하는 노력을 기울여야 한다. 헌법재판소가 언급한 "사회적 제약을 넘는" 경우는 재산권의 내용한계에서 예외적인 상황이므로 이를 구체화하는 것은 개별적으로 판단할 수밖에 없다. 구 도시계획법 제21조 및 제6조에 대한 헌법소원 사건을 '위헌'으로 해석하는 것은 타당하지 않다. 위 위헌소원사건에서 우리 헌법재판소는 위헌이 아닌 '헌법불합치' 결정을 내린 바 있고, 더불어 '입법촉구' 결정을 통해 입법자로 하여금 보상규정을 마련하도록 하고 있다.

독일 연방헌법재판소에 의해 발전된 '분리이론'은 공용수용의 요건을 확립하고 있는 반면, 우리 헌법재판소는 분리이론을 채택하고서도 그러한 노력을 기울이지 못하였다. 그러한 의미에서 독일의 분리이론은 불완전한 형태로 남아 있는 상황이다. 우리 헌법에는 수용 외에 '사용'과 '제한'을 규정하고 있지만, 대부분의 주요 선진국에서는 수용의 개념만을 규정하고 있는 것이 보통이다. 독일의 사례를 보더라도 수용의 개념은 역사적 변천에 따라 변화하고 있다. 고전적인 수용개념은 매우 좁게 이해되었고, 바이마르공화국을 거쳐 자갈채취판결 이전까지 수용개념은 확대되어 왔다. 그러나 자갈채취판결 이후 독일에서는 고전적인 수용개념으로 복귀하였다.[61] 최근 제2차 원전폐쇄에 관한 독일 연방헌법재판소의 결정에서 공용수용의

---

61) 이에 대해서는 拙著, 行政救濟의 基本原理, 제1전정판, 153면 참조.

요건 중 하나인 '박탈'의 개념에 '재화조달' 내지 '재화획득'(Güterbeschaffung)이 필요한지 여부가 다투어졌다. 이 사건에서 독일 연방헌법재판소는 '재화획득'이 공용수용의 요건이 된다고 결정하였다. 이러한 결정은 고전적인 수용개념으로 다시 복귀하고 있음을 의미하는 것이다.[62]

이러한 현상들은 보상부 수용과 재산권의 사회적 기속을 엄격히 구분하고 있음을 보여주는 것이다. 보상부 공용수용에 해당하지 않는 재산권의 제약은 모두 재산권의 내용한계에 해당하여 보상을 요하지 아니한다. 그러나 분리이론에서는 협소한 공용수용과 엄격한 이분법을 극복하기 위해 소위 '조정적 보상부 내용한계규정'을 인정하고 있는 것이다. 현대국가에서 복잡다기한 형식의 재산권 제약을 모두 보상해야 한다는 것은 비현실적이며, 이는 역설적으로 재산권의 침해를 더욱 용이하게 허용하는 것이다. 오히려 공용수용의 요건을 엄격히 규정하고 해석함으로써 재산권이 쉽게 침해되지 않도록 투텁게 보호해야 한다. "특별한 희생" 내지 "특별한 손실" 등으로 대변되는 경계이론(Schwellentheorie)은 법원의 판단에 의해 공용수용, 보다 정확히는 손실보상의 대상이 되는지 여부를 판단하고 있다. 그러한 점에서 경계이론은 존속보장보다 가치보장에 기반하고 있다고 평가할 수 있다. 또한 경계이론에서는 보상의 기준이 모호할 뿐만 아니라, 판례에서도 그 의미를 명확히 해석하고 있지 않다. 분리이론의 요체는 공용수용의 요건을 확립하고, 개별 사례의 재산권의 제약이 해석에 의해 이러한 요건에 해당하는지 여부를 판단하는 것에 있다. 공용수용의 요건은 헌법의 규정과 이를 구체화한 개별 법률의 규정에서 도출되어야 한다. 후자의 경우에는 민주적 정당성을 가진 입법자의 판단에 맡겨져 있는 것이다. 모호한 기준에 의해 법원이 개별적 그리고 유동적으로 판단하는 것보다는 법률에 의해 구체화된 공용수용의 요건을 통해 판단하는 것이 보다 타당하다. 그러한 이유만으로도 분리이론은 보상법이론에 충분한 기여를 하였다고 볼 수 있다. 가치보장 내지 보상만능주의가 아닌 존속보장의 가치에 근거한 수용법이론을 확립해야 한다.

2. 收用條項의 改善方案

보상부 공용수용과 무보상부 재산권의 내용한계의 구별에 어려움을 주는 '사용'과 '제한'은 삭제하는 것이 타당하다.[63] 또한 공용수용의 요건에서 '사실행위'에 의한 재산권의 침해는 인정되어서는 아니된다. 이와 관련하여 우리 헌법 제23조에는 "재산권의 수용·사용 또는 제한 및 그에 대한 보상은 법률로써"라고 규정하고 있을 뿐, 공용수용의 방식을 명확히 제시하고 있지 않다. 독일 기본법 제14조 제3항과 같이 '입법수용'과 '행정수용'의 방식을 규정하여야 한다. 사실행위에 의한 재산권 침해는 재산권의 내용한계의 문제에 해당한다. 헌법 제

62) Roller, Die Verfassungsrechtliche Bewertung des Atomausstiegs 2011, ZUR 2017, S. 287.
63) 헌법 제23조에 규정된 '사용'과 '제한'의 문제점에 대해서는 이광윤, 신행정법론, 154-155면 참조.

23조 제3항을 다음과 같이 개정할 것을 제안한다. 즉 "재산권의 수용은 공공필요를 위해 허용되며, 직접 법률에 의하거나 법률에 근거하여야 한다. 손실보상의 종류와 범위는 법률에 정하되, 정당한 보상을 지급하여야 한다"고 개정되어야 한다. 이러한 개정안은 보상부 공용수용과 무보상부 재산권의 내용한계를 구별하고, 공용수용의 요건과 방식을 명확히 하는 장점을 가진다.

보상부 공용수용에 해당하지 아니하는 각종 재산권의 제약이나 제한은 입법자의 형성적 여지에 맡기는 것이 바람직하다. 설사 이러한 유형의 재산권 제약을 법률에서 규정하고 있는 경우 보상을 규정하지 아니하였다고 하여, 이 법률을 모두 위헌이라로 판단하는 것은 비현실적이다. 예컨대 「부동산 가격공시에 관한 법률」 제13조에는 관계 공무원 또는 부동산각격공시업무를 의뢰받은 자가 표준지각격의 조사·평가 또는 토지가격의 산정을 위해 타인의 토지에 출입할 수 있다고 규정되어 있다. 이 법률에는 이러한 조사행위를 위해 타인의 토지에 출입하여 재산상 손실이 발생하는 경우에 손실보상을 청구할 수 있는 규정은 없다. 종래 이러한 사실행위에 의한 재산상 침해에 대해서도 수용유사적·수용적 침해이론을 적용하여 손실보상이 가능하다는 견해가 유력하였다. 그러나 근래에 이러한 수용유사적·수용적 침해이론은 독일 연방헌법재판소의 판례에 의해 그 법적 근거를 상실함으로써 假死의 상태에 있다. 이러한 이론이 우리나리에 도입될 당시에는 참신한 수용법 이론으로 상당한 주목을 받았지만, 행정판례에 있어서 큰 기여를 하지 못한 것도 사실이다. 조사행위와 같은 사실행위는 공용수용의 요건에 해당하지 않아 수용행위로 볼 수 없다. 오늘날 독일에서는 사실행위가 법적 행위를 요건으로 하는 공용수용의 개념에 포함되지 않는다고 보고 있다. 「부동산 가격공시에 관한 법률」 제13조와 관련된 재산상 손실에 대해 손실보상에 관한 규정을 두지 않았다고 하여 이를 위헌으로 볼 수는 없다. 이러한 행위로 인한 재산상 손실에 대한 보상 여부는 입법자의 판단에 맡겨 두는 것이 바람직하다. 이와 달리 전기사업법 제88조에도 전기설비의 설치·유지 및 안전관리를 위해 타인의 토지를 출입할 수 있는 규정을 두고 있지만, 이러한 출입 행위로 인한 재산상 피해에 대해서는 전기사업법 제90조에 손실보상에 관한 규정을 두고 있다. 향후 개헌의 논의과정에서 수용법의 이론적 발전을 반영할 수 있는 개정안을 마련하도록 노력해야 한다.

Ⅵ. 결　　어

지금까지 공용수용의 요건인 '공공필요'의 해석과 판단기준, 그리고 개헌논의와 관련된 수용조항의 개정방안 등을 검토하였다. 보상부 공용수용과 무보상부 재산권의 내용한계를 구별하기 위해 헌법 제23조 제3항의 '사용'과 '제한'에 관한 규정은 삭제하는 것이 타당하다. 이에 대한 보상 여부는 입법자의 판단에 맡겨야 한다. 수용의 요건인 공공필요의 개념은 불확정개념이며 정의하기가 쉽지 않다. 헌법 제23조 제3항의 '공공필요'의 개념을 구체화하기 위해서는 입법론적인 방안과 해석론적인 방안을 모두 모색해야 한다. 입법론적으로는 수용의 요건과 공공필요의 개념을 개별 법률에서 명확히 규정하도록 해야 한다. 더불어 해석론적으로도 공공필요의 개념은 중요한 기본권의 하나인 재산권을 박탈하는 요건이므로 일반적인 공익이나 공공복리의 개념보다 엄격히 해석해야 한다. 헌법상 공공필요의 개념은 "특별히 중대한 공익적 필요성"을 의미한다고 해석된다.

공공필요의 개념을 우리 헌법의 고유한 개념으로 파악하고, 이를 해석하는 노력을 해야 한다. 사인을 위한 공용수용의 경우에는 공익성 판단을 더욱 신중히 해야 한다. 그러나 공공필요의 개념은 명확히 정의되기보다, 개별 사안에서 제한되거나 침해되는 사익과의 형량을 통해 구현될 것이다. 따라서 토지보상법에서 공익사업의 종류를 광범위하게 열거하여 규정하는 입법방식은 비효율적이다. 공익사업에 해당한다고 하여 공용수용의 요건을 당연히 충족한다고 단정하기 어렵다. 수용과 밀접한 관련을 가지는 사업인정, 협의취득 및 환매권 등의 경우에 공공필요성의 요건을 면밀히 심사하여야 한다. 실시계획의 승인이나 처분 등에 의한 사업인정 의제의 경우에는 공익성을 판단하기가 쉽지 않다. 수용의 요건인 '공공필요' 개념의 해석과 판단은 存續保障의 가치를 실현할 수 있는 關門이다. '특별한 희생' 개념에 기초한 경계이론은 손실보상의 요건에 해당하는지 여부에 치중하고 있으며, 가치보상의 가치를 실현할 뿐이다. 특별한 희생이라는 개념은 그 기준이 여전히 모호하여, 수용 여부는 결국 법원의 판단에 맡겨져 있을 뿐이다. 헌법상 재산권을 '방어'하기 위해서는 공용수용의 요건에 관한 통일적인 기준을 체계화시켜 법적 명확성과 예측가능성을 확보하는 노력이 있어야 한다. 분리이론의 핵심은 공용수용의 '요건'을 확립하는 것이다. 향후 학계와 실무는 이러한 공용수용의 요건에 관한 이론의 체계화와 판례의 발전에 노력을 경주해야 한다.

최근 개헌 논의의 과정에서 거론되는 '토지공개념'의 도입은 헌법 제23조의 규정과의 관계에서 신중히 검토되어야 한다. 공익을 위한 토지재산권의 제한은 헌법 제23조 제3항의 사용 또는 제한에 해당할 수 있고, 보상 없는 재산권의 제한은 위헌 문제를 야기할 수 있다. 토지공개념의 도입이 없더라도 법률에 의한 재산권 제한은 대부분 헌법 제23조 제1항 제2문의 재산권의 내용한계에 포섭될 수 있다. 수용에 있어서 '공익' 개념의 해결은 공법학의 宿命이자 難題의 하나이다.

33. 사인의 공용수용과 공·사익의 조화*

안 동 인**

Ⅰ. 서　설

근대국가를 지나 현대국가로 접어들면서 종래 소유권절대의 원칙에 기초하였던 재산권에 대한 인식[1)]도 변화하게 되었다. 즉 점차 재산권의 사회적 기속성을 인정하게 되었고,[2)] 이러한 내용은 곧 헌법적 차원에서 수용되었다. 우리 헌법 역시 제23조에서 “① 모든 국민의 재산권은 보장된다. 그 내용과 한계는 법률로 정한다. ② 재산권의 행사는 공공복리에 적합하도록 하여야 한다. ③ 공공필요에 의한 재산권의 수용·사용 또는 제한 및 그에 대한 보상은 법률로써 하되, 정당한 보상을 지급하여야 한다.”라고 규정하여 재산권의 보장과 더불어 재산권행사의 공공복리적합성, 즉 사회적 기속성에 대해서 선언하고 있다.

오늘날 현대국가에서는 복리국가의 요청에 따라 국민의 복지수준의 향상과 공공복리의 증진 및 국가경쟁력의 향상을 위하여 사회간접자본시설을 설치·운영하는 등 다양한 공익사업을 시행할 수밖에 없고, 이에 따라서 토지등의 취득이 불가피해지는 경우가 많아지게 되었다.[3)] 이에 따라 특히 토지소유권의 경우 다른 재산권의 경우보다 사회적 기속성이 보다 강하게 인정될 수밖에 없는데,[4)] 이는 기본적으로 토지의 유한성에 기인한 것 이외에도 재산권에 대한 사회적 기속성을 집행하는 공적 부문에 대한 신뢰가 그 기저에 깔려 있기 때문이라

---

* 이 논문은 『행정법연구』 제46호(2016.8)에 게재하였던 것을 이후의 관계 법령의 개정사항 등을 반영하여 수정·보완한 것임을 밝힌다. 그리고 성낙인 서울대학교 총장님의 퇴임에 즈음하여 부족하나마 이 글을 통하여 우리나라 공법 발전에 큰 공헌을 하신 성낙인 총장님의 뜻을 기리고자 한다.

** 영남대학교 법학전문대학원 교수, 법학박사

1) 재산권의 절대성은 「인간과 시민의 권리 선언」(프랑스 인권선언, 1789.8.26.) 제17조(“재산권은 신성불가침의 권리이므로, 법에서 규정한 공공의 필요성에 의하여 명백히 요구되는 경우 이외에는 누구도 재산권을 박탈할 수 없다. 또한 그러한 경우라 해도 소유자가 사전에 정당하게 보상을 받는다는 조건을 갖추어야 한다.”) 및 미국 수정헌법(1791.12.15.) 제5조(“… 누구라도 정당한 법의 절차에 의하지 아니하고는 생명, 자유 또는 재산을 박탈당하지 아니한다. 또한 사유재산은 정당한 보상 없이 공공용으로 수용당하지 아니한다.”) 등에서 명확히 선언되었다.

2) 이는 “재산권은 의무를 수반한다. 재산권의 행사는 동시에 공공복리를 위하여야 한다.”라고 규정하였던 1919년 바이마르 헌법 제153조 제3항에서 최초로 등장하였다.

3) 헌재 2014.10.30. 2011헌바172 등, 판례집 26-2상, 639, 646면.

4) 헌법 역시 제122조에서 “국가는 국민 모두의 생산 및 생활의 기반이 되는 국토의 효율적이고 균형있는 이용·개발과 보전을 위하여 법률이 정하는 바에 의하여 그에 관한 필요한 제한과 의무를 과할 수 있다.”라고 규정하여, 일반 재산권에 대한 규정(제23조) 이외의 별도의 규정을 두고 있다. 토지재산권에 대한 강화된 사회적 기속성에 대해서는 헌법재판소 1989.12.22. 선고 88헌가13 전원재판부; 1998.12.24. 선고 89헌마214,90헌바16,97헌바78(병합) 전원재판부; 2003.4.24. 선고 99헌바110,2000헌바46(병합) 전원재판부; 2002.8.29. 선고 2000헌마556 전원재판부 등 참조.

고 생각할 수 있다. 즉 공적 부문이 행하는 사인의 토지소유권에 대한 제한은 곧 전체 공익의 증대를 위한 것이라는 점을 인정할 수 있기 때문인 것이다.

그런데 근자에 들어 공익 목적을 위한 사인의 토지소유권에 대한 제한이 공적 부문이 아니라 사적 부문에 의하여 행해지는 경우, 즉 이른바 사인의 공용수용[5]이 빈번히 발생하고 있다. 공용수용이라 함은 특정한 공익사업의 시행을 위하여 법률에 의거하여 타인의 토지등의 재산권을 강제적으로 취득하게 하는 제도를 말하고, 공용수용의 목적은 특정한 공익사업을 위한 재산권의 강제적 취득이며, 공익사업의 범위는 법률에 의해서 정해진다.[6] 그런데 사적 부문은 기본적으로 전체 공익의 증대보다는 자신의 사익의 증대에 관심의 초점을 맞출 수밖에 없는 한계를 지니고 있다는 점에서, 사인에 대하여 타인의 토지등을 강제로 취득할 수 있도록 하는 공용수용을 허용할 수 있는지, 만약 그것이 가능하다면 그에 대한 정당화의 근거 및 적정한 허용범위는 무엇인지에 대한 의문이 제기될 수밖에 없다.

이하에서는 현재 공용수용의 기본법이라 할 수 있는 「공익사업을 위한 토지 등의 취득 및 보상에 관한 법률」 및 그 별표의 규정에 따라서 현재 사인의 공용수용의 근거로 작용하고 있는 법률들의 현황을 분석해 보고(Ⅱ.), 헌법재판소의 판단을 중심으로 사인의 공용수용의 정당성과 적정한 허용범위에 대해서 검토해 본 후(Ⅲ.), 공·사익의 조화라는 관점에서 현행 사인의 공용수용제도의 문제점과 그에 대한 개선점에 대해서 생각해 보고자 한다(Ⅳ.).

Ⅱ. 사인의 공용수용에 대한 근거 법률의 현황

1. 「공익사업을 위한 토지 등의 취득 및 보상에 관한 법률」의 제·개정

현행 「공익사업을 위한 토지 등의 취득 및 보상에 관한 법률」(이하 '토지보상법'이라고 한다)은 과거 공용수용 및 그 보상에 대해서 규율하던 「토지수용법」과 공용수용 이전의 협의취득 및 그 보상에 대해서 규율하던 「공공용지의 취득 및 손실보상에 관한 특례법」으로 이원화되어 있던 공익사업 용지의 취득과 손실보상에 관한 제도를 일원적으로 통합하여 종래의 불합리한 제도를 개선하고, 국민의 재산권을 보다 충실하게 보호하는 한편, 공익사업의 효율적인 추진을 도모하고자 한 것이다.[7] 따라서 토지보상법에 기한 공용수용은 법 제4조에

5) 사인의 공용수용은 그 실질은 '사인을 위한 공용수용'이고, 형식은 '사인에 의한 공용수용'이라 할 수 있다. 이와 관련하여 그 용어에 대해서 종래 사인수용, 사용수용, 민간수용, 사적 수용, 또는 사인을 위한 공용침해라는 표현 등이 다양하게 사용되어 왔고, 적확한 용어의 사용에 대한 논의도 전혀 없지는 않았다. 다만 본고에서는 그 실질과 형식 어느 일방에 치우치지 않도록 하기 위하여 '사인의 공용수용'이라는 용어를 사용하기로 한다. 참고로 사인수용의 의미 및 용어에 대해서는 장은혜, "공용수용에서 사인수용의 법적 문제", 『토지공법연구』 제71집(2015. 8), 212-213면 참조.

6) 헌재 2014.10.30. 2011헌바172 등, 판례집 26-2상, 639, 646면.

7) 공익사업을 위한 토지 등의 취득 및 보상에 관한 법률 제정이유 참조.

서 나열적으로 규정하고 있는 공익사업의 경우에만 허용된다.

그런데 이와 관련하여 종래 공용수용의 대상이 되는 공익사업의 범위가 지나치게 광범위하게 규정되어 있다는 점 이외에도, 법[8] 제4조 제8호(그 밖에 다른 법률에 따라 토지등을 수용하거나 사용할 수 있는 사업)에 의하여 토지보상법에서 규정하고 있는 사업인정 등의 절차에 의하지 아니하고도 간이하게 사업인정의 의제를 받아 공익성이 부족한 사업에 대해서도 수용권을 행사할 수 있다는 점에 대해서 많은 비판과 논의가 이루어져 왔다. 특히 후자는 자칫 사인의 공용수용의 범위를 '무분별하게' 편의적으로 확대할 수 있다는 점에서 문제점이 심각하게 지적되어 왔고, 실제로 2003년 49개의 법률에 토지수용권이 규정되어 있던 것이 2015년 말에는 111개의 법률로 확대되기에 이르렀다.

이에 공용수용의 대상을 보다 엄격하게 규율하고자 하는 의도에서 토지보상법은 2015. 12.29. 토지보상법 제4조나 [별표]에 따르지 아니하고는 개별 법률에 따라 토지등을 수용·사용하는 사업을 규정할 수 없도록 개정되었다.[9] 이와 같은 토지보상법의 개정은 종래 공용수용의 기본법이라 할 수 있는 토지보상법에 마련되어 있는 본래의 사업인정 및 수용 등의 절차를 거치지 않은 채 다른 여타의 개별 법률에 따라서 다소 방만하게 공용수용이 인정되어 왔다는 현실을 인정하고, 그에 대하여 보다 엄격한 관리를 하고자 하는 입법자의 반성적 고려의 소산이라고 평가할 수 있을 것이다.

2. 사인의 공용수용의 법적 근거에 대한 분석[10]

(1) 사인의 공용수용의 근거법률

현재 공익사업을 수행하기 위하여 타인의 토지등을 수용하는 것의 근거가 되는 것은 토지보상법과 토지보상법 [별표]에 규정되어 있는 110개의 개별 법률들이다.[11] 그러나 [별표] 상의 법률들이 모두 사인의 공용수용의 근거로서 작용하는 것은 아니고, 그중 수용주체에 사인이 포함되어 있는 것은 총 57개의 법률이다.

즉 사인의 공용수용은 현재 "① 2011대구세계육상선수권대회, 2013충주세계조정선수권대회, 2014인천아시아경기대회, 2014인천장애인아시아경기대회 및 2015광주하계유니버시아드대회 지원법, ② 2015경북문경세계군인체육대회 지원법, ③ 2018 평창 동계올림픽대회 및 장애인동계올림픽대회

8) 2015.12.29. 법률 제13677호로 개정되기 이전의 법률.

9) 토지보상법 제4조의2(토지등의 수용·사용에 관한 특례의 제한) ① 이 법에 따라 토지등을 수용하거나 사용할 수 있는 사업은 제4조 또는 별표에 규정된 법률에 따르지 아니하고는 정할 수 없다.
② 별표는 이 법 외의 다른 법률로 개정할 수 없다. [본조신설 2015.12.29.]

10) 본 항(Ⅱ. 2.)의 내용의 상세는 《[부록] 공익사업을 위한 토지 등의 취득 및 보상에 관한 법률 "[별표] 그 밖에 별표에 규정된 법률에 따라 토지등을 수용하거나 사용할 수 있는 사업(제4조제8호 관련)"의 분석》 참조.

11) 토지보상법 제4조, 제4조의2.

지원 등에 관한 특별법, ④ 간선급행버스체계의 건설 및 운영에 관한 특별법, ⑤ 간척지의 농어업적 이용 및 관리에 관한 법률, ⑦ 경제자유구역의 지정 및 운영에 관한 특별법, ⑧ 고도 보존 및 육성에 관한 특별법, ⑭ 관광진흥법, ⑮ 광산피해의 방지 및 복구에 관한 법률, ⑯ 광업법, ⑰ 국가통합교통체계효율화법, ⑳ 국방·군사시설 사업에 관한 법률, ㉑ 국제경기대회 지원법, ㉒ 국토의 계획 및 이용에 관한 법률, ㉓ 군 공항 이전 및 지원에 관한 특별법, ㉖ 기업도시개발 특별법, ㉙ 농어촌도로 정비법, ㉚ 농어촌마을 주거환경 개선 및 리모델링 촉진을 위한 특별법, ㉜ 농업생산기반시설 및 주변지역 활용에 관한 특별법, ㉞ 댐건설 및 주변지역지원 등에 관한 법률, ㊱ 도시 및 주거환경정비법, ㊲ 도시개발법, ㊴ 도시철도법, ㊶ 동·서·남해안 및 내륙권 발전 특별법, ㊷ 마리나항만의 조성 및 관리 등에 관한 법률, ㊹ 물류시설의 개발 및 운영에 관한 법률, ㊺ 민간임대주택에 관한 특별법, ㊼ 사회기반시설에 대한 민간투자법, ㊾ 산업입지 및 개발에 관한 법률, ㊿ 새만금사업 추진 및 지원에 관한 특별법, 55 수도권신공항건설 촉진법, 56 수도법, 58 수질 및 수생태계 보전에 관한 법률, 59 신항만건설 촉진법, 61 어촌·어항법, 63 역세권의 개발 및 이용에 관한 법률, 64 연구개발특구의 육성에 관한 특별법, 65 연안관리법, 73 재해위험 개선사업 및 이주대책에 관한 특별법, 77 전원개발촉진법, 78 접경지역 지원 특별법, 79 제주특별자치도 설치 및 국제자유도시 조성을 위한 특별법, 81 주한미군 공여구역주변지역 등 지원 특별법, 85 지방소도읍 육성 지원법, 86 지역개발 및 지원에 관한 법률, 87 지역특화발전특구에 대한 규제특례법, 89 집단에너지사업법, 90 철도건설법, 91 청소년활동 진흥법, 93 태권도 진흥 및 태권도공원 조성 등에 관한 법률, 94 택지개발촉진법, 99 학교시설사업 촉진법, 105 항공법, 107 항만법, 108 해수욕장의 이용 및 관리에 관한 법률, 109 해저광물자원 개발법, 110 화물자동차 운수사업법"에 근거하여 행하여질 수 있다.[12)13)]

(2) 사인인 수용주체: 「사회기반시설에 대한 민간투자법」의 적용범위 확대

위 57개의 법률은 국가나 지방자치단체 혹은 정부투자기관, 특별법상의 공사 및 공단 등 공공부문 이외에도 여러 형태의 사인(민간법인 및 민관합동법인을 포함한다)을 공익사업의 시행자인 수용권의 주체로서 규정하고 있다. 그리고 종래 사인의 공용수용과 관련하여 특히 그 적용범위가 문제되어 왔던 대표적인 법률이 바로 '㊼ 사회기반시설에 대한 민간투자법'(이하, '민간투자법'이라고 한다)이라 할 수 있다. 그런데 토지보상법 [별표]는 이에 더하여 '① 2011 대구세계육상선수권대회, 2013충주세계조정선수권대회, 2014인천아시아경기대회, 2014인천장애인아시아경기대회 및 2015광주하계유니버시아드대회 지원법, ② 2015경북문경세계군인체육대회 지원법, ③ 2018 평창 동계올림픽대회 및 장애인동계올림픽대회 지원 등에 관한 특별법, ④ 간선급행버스체계의 건설 및 운영에 관한 특별법, ⑰ 국가통합교통체계효율화법, ㉑ 국제경기대회 지원법, 55 수도권신공항건설 촉진법, 58 수질 및 수생태계 보전에 관한

12) 각 법률에 부기된 연번은 토지보상법 [별표]상의 일련번호에 따른 것이다.

13) 이 외에 ㊽ 산림복지 진흥에 관한 법률도 규정상 사업시행자로서 형식상 사적 주체라 할 수 있는 '공익법인'을 포함하고 있기는 하나(제32조 제5호), 「공익법인의 설립·운영에 관한 법률」에 따른 공익법인은 '재단법인이나 사단법인으로서 사회 일반의 이익에 이바지하기 위하여 학자금·장학금 또는 연구비의 보조나 지급, 학술, 자선(慈善)에 관한 사업을 목적으로 하는 법인'으로 일반적으로 공용수용의 주체로서 논의되는 사적 이익의 추구자로서의 사인의 범주에는 포함되지 않는다 할 것이므로, 여기에서 제외하였다.

법률, ⑨⓪ 철도건설법' 등 총 9개의 법률에서 민간투자법에 따른 사업시행자에게 수용권을 부여하고 있어 민간투자법에 따른 사인의 공용수용의 범위를 더욱 확대하고 있음을 알 수 있다.

(3) 수용요건의 검토

토지보상법 [별표]상의 법률 중에는 수용요건을 별도로 규정하고 있는 것들이 있다. 총 20개의 법률에서 토지의 취득 등을 수용요건으로 규정하고 있는데, 이를 그 유형에 따라서 분류해 보면 다음과 같다.

1) 별도로 수용요건을 규정하고 있는 법률 가운데 가장 많은 15개의 법률은 '사업대상 토지면적의 2/3 이상의 매입 또는 소유와 토지소유자 총수의 1/2 이상에 해당하는 자의 동의'를 수용요건으로 규정하고 있다.[14] 이에 해당하는 법률은 다음과 같다.

⑤ 간척지의 농어업적 이용 및 관리에 관한 법률, ㉒ 국토의 계획 및 이용에 관한 법률, ㉜ 농업생산기반시설 및 주변지역 활용에 관한 특별법, ㊲ 도시개발법,[15] ㊶ 동·서·남해안 및 내륙권 발전 특별법, ㊷ 마리나항만의 조성 및 관리 등에 관한 법률, ㊺ 민간임대주택에 관한 특별법, ㊿ 새만금사업 추진 및 지원에 관한 특별법, ⑥③ 역세권의 개발 및 이용에 관한 법률, ⑥⑤ 연안관리법, ⑦⑧ 접경지역 지원 특별법, ⑦⑨ 제주특별자치도 설치 및 국제자유도시 조성을 위한 특별법,[16] ⑧⑤ 지방소도읍 육성 지원법, ⑧⑥ 지역 개발 및 지원에 관한 법률, ⑧⑦ 지역특화발전특구에 대한 규제특례법

2) 다음으로 '사업대상 토지면적의 2/3 이상을 취득하거나 매입할 것'을 수용요건으로 규정하고 있는 법률은 ⑭ 관광진흥법,[17] ⑰ 국가통합교통체계효율화법, ㊹ 물류시설의 개발 및 운영에 관한 법률이다.

3) 마지막으로 ㉖ 기업도시개발 특별법과 ㊾ 산업입지 및 개발에 관한 법률은 '개발구역 토지면적의 50/100 이상에 해당하는 토지를 확보한 후' 재결신청이 가능함을 규정하고 있다.

검토건대 위와 같이 많은 법률들이 일정 면적 이상의 토지를 취득하거나 일정 범위 이상의 토지소유자의 동의를 얻을 것을 공용수용의 요건으로 규정하고 있는 것은 우선 이를 통하여 해당 공익사업을 진행하고자 하는 사업시행자의 재정적 능력을 확인하고 담보함으로써 사업시행자에게 공익사업을 수행할 의사와 능력이 있는지 여부를 타진해 보기 위한 것이라

---

14) ⑤ 간척지의 농어업적 이용 및 관리에 관한 법률, ㉒ 국토의 계획 및 이용에 관한 법률, ㉜ 농업생산기반시설 및 주변지역 활용에 관한 특별법, ⑦⑨ 제주특별자치도 설치 및 국제자유도시 조성을 위한 특별법, ⑧⑦ 지역특화발전특구에 대한 규제특례법의 경우 국·공유지는 사업대상 토지에서 제외된다.

15) ㊲ 도시개발법은 위 수용요건에 더하여 수용 또는 사용방식에 따른 도시개발구역의 지정을 제안하는 토지소유자에 대해서는 '국공유지를 제외한 도시개발구역의 토지면적의 2/3 이상을 사용할 수 있는 권원을 가지고 1/2 이상을 소유할 것'이라는 요건을 규정하고 있다(제11조 제5항). 이와 같은 도시개발계획제안제도는 민간의 창의와 자본, 기술 등을 활용하기 위한 것으로서 제안자를 시행자로 지정하여 사업을 수행케 하려는 것이 그 주된 도입취지이다. [제정부, "민간사업시행자에 의한 토지수용 법제", 『토지보상법연구』 제1집(2001), 69-70면(각주 19)]

16) 제주특별자치도 설치 및 국제자유도시 조성을 위한 특별법은 위 수용조건에 더하여 '개발사업에 따른 사업규모가 도조례로 정하는 일정 면적 이상일 것'이라는 조건을 추가로 규정하고 있다(법 제151조 제1항).

17) ⑭ 관광진흥법은 '조성계획상의 조성 대상 토지면적 중 사유지의 2/3 이상을 취득한 경우'를 그 조건으로 한다(제54조 제4항).

고 생각할 수 있다.[18] 그리고 일정한 토지취득 요건은 수용에 앞서 협의에 의한 재산권의 이전을 상당부분 강제할 수 있고, 공익사업의 추진을 위하여 수용을 할 경우에도 토지소유자들의 재산권이 일방적으로 제한되는 범위를 줄여 그 피해를 최소화시킬 수 있다.[19] 또한 이는 사업시행자의 토지취득 과정을 통하여 이해당사자인 여타 토지소유자들의 의견을 수렴함으로써 목적사업의 시행과 관련하여 발생할 수 있는 민원을 예방하는 기능도 수행한다고 볼 수 있다.[20] 이 외에 원칙적으로 개발이익은 공동체 전체에 귀속되어야 하기 때문에 수용보상금 산정시 개발이익은 배제되어야 하나, 사인의 공용수용의 경우에는 그와 같은 개발이익이 당해 사인(사기업)에게만 귀속될 수 있고 이는 정당하다고 볼 수 없다는 점에서, 토지취득 요건을 통하여 사인의 공용수용으로부터 발생하는 개발이익을 사업시행자와 피수용자인 토지소유자 간에 일정 부분 분배하여 오히려 정당한 보상을 가능케 하는 제도적 장치로서 기능한다는 견해도 제시된다.[21]

다만 이에 대해서 헌법재판소는 "토지수용에서의 일정한 토지취득 요건은 보다 폭 넓은 국민들의 의사에 기반하여 수용절차의 수월한 추진을 도모한다거나 수용권한의 남용을 방지하기 위한 정책적인 맥락에서 이해되어야 한다."라고 설명하면서 합헌성 판단의 고려요소로는 인정하지 않았다.[22]

한편 현재 위와 같이 다양한 기준의 수용요건들이 규정되어 있는 것과 관련하여, 향후 유사한 입법을 할 경우 어떠한 기준을 원용할지 혼란스러울 수 있으므로, 다양한 수용요건들을 단일한 기준으로 통일하는 것이 필요한지 여부에 대한 의문이 제기될 수도 있다. 그러나 각 개별 법률상의 공익사업이 추구하는 목적이 다양하다는 점, 즉 어떠한 사업은 보다 신속하고 원활한 사업의 수행을 추구하는 반면에 또 다른 사업의 경우에는 상대적으로 이해당사자인 토지소유자들의 재산권 보호가 보다 중요할 수 있다는 점 등을 고려할 때, 여러 수용요건들을 단일한 기준으로 통일할 필요성은 없다 할 것이다.[23] 즉 해당 공익사업의 목적에 따라서 기존의 수용요건을 참조하여 가장 적절한 기준을 채택하면 될 것이다.

(4) 사업인정 의제의 형식

토지보상법상 사업인정은 '공익사업을 토지등을 수용하거나 사용할 사업으로 결정하는 것

18) 대법원은 "해당 공익사업을 수행하여 공익을 실현할 의사나 능력이 없는 자에게 타인의 재산권을 공권력적·강제적으로 박탈할 수 있는 수용권을 설정하여 줄 수는 없으므로, 사업시행자에게 해당 공익사업을 수행할 의사와 능력이 있어야 한다는 것도 사업인정의 한 요건이라고 보아야 한다."라고 하여 '사업시행자의 공익사업을 수행할 의사와 능력'을 토지보상법상 사업인정의 한 요건으로 파악하고 있다(대법원 2011.1.27. 선고 2009두1051 판결 등).
19) 헌재 2009.9.24. 2007헌바114, 판례집 21-2상, 562, 583면(김종대 재판관의 반대의견).
20) 제정부, 앞의 글, 70면.
21) 최계영, "민간기업에 의한 수용", 『행정판례연구』 XVI-1(2011), 260-262면.
22) 헌재 2009.9.24. 2007헌바114, 판례집 21-2상, 562, 577면.
23) 제정부, 앞의 글, 71면.

으로서 공익사업의 시행자에게 그 후 일정한 절차를 거칠 것을 조건으로 일정한 내용의 수용권을 설정하여 주는 형성행위'이다.[24] 그리고 사인의 공용수용의 근거가 되는 토지보상법 [별표]의 개별 법률들은 대부분 일정한 경우 토지보상법상 사업인정을 의제하는 규정들을 두어 그러한 경우 토지보상법상의 사업인정을 별도로 받지 않아도 되도록 하고 있다. 이를 그 유형에 따라서 분류해 보면 다음과 같다.

1) 우선 가장 많은 31개의 법률들은 '사업계획(혹은 실시계획이나 조성계획) 승인'이 있는 경우 토지보상법상 사업인정이 있는 것으로 본다. 이에 해당하는 법률들은 다음과 같다.

① 2011대구세계육상선수권대회, 2013충주세계조정선수권대회, 2014인천아시아경기대회, 2014인천장애인아시아경기대회 및 2015광주하계유니버시아드대회 지원법, ② 2015경북문경세계군인체육대회 지원법, ③ 2018 평창 동계올림픽대회 및 장애인동계올림픽대회 지원 등에 관한 특별법, ④ 간선급행버스체계의 건설 및 운영에 관한 특별법, ⑦ 경제자유구역의 지정 및 운영에 관한 특별법, ⑭ 관광진흥법, ⑮ 광산피해의 방지 및 복구에 관한 법률, ⑳ 국방·군사시설 사업에 관한 법률, ㉑ 국제경기대회 지원법, ㉒ 국토의 계획 및 이용에 관한 법률, ㉚ 농어촌마을 주거환경 개선 및 리모델링 촉진을 위한 특별법, ㉞ 댐건설 및 주변지역지원 등에 관한 법률, ㊴ 도시철도법, ㊼ 사회기반시설에 대한 민간투자법, ㊾ 산업입지 및 개발에 관한 법률, ㊿ 새만금사업 추진 및 지원에 관한 특별법, 55 수도권신공항건설 촉진법, 58 수질 및 수생태계 보전에 관한 법률, 59 신항만건설 촉진법, 61 어촌·어항법, 64 연구개발특구의 육성에 관한 특별법, 65 연안관리법, 77 전원개발촉진법, 79 제주특별자치도 설치 및 국제자유도시 조성을 위한 특별법, 90 철도건설법, 93 태권도 진흥 및 태권도공원 조성 등에 관한 법률, 99 학교시설사업 촉진법, 105 항공법, 107 항만법, 108 해수욕장의 이용 및 관리에 관한 법률, 110 화물자동차 운수사업법

2) 다음으로 아래와 같은 12개의 법률들은 '구역(혹은 지구나 노선) 지정'이 있는 경우 사업인정이 있는 것으로 본다.

⑤ 간척지의 농어업적 이용 및 관리에 관한 법률, ⑧ 고도 보존 및 육성에 관한 특별법, ⑰ 국가통합교통체계효율화법, ㉙ 농어촌도로 정비법, ㉜ 농업생산기반시설 및 주변지역 활용에 관한 특별법, ㊷ 마리나항만의 조성 및 관리 등에 관한 법률, ㊹ 물류시설의 개발 및 운영에 관한 법률, ㊺ 민간임대주택에 관한 특별법, ㊾ 산업입지 및 개발에 관한 법률, 63 역세권의 개발 및 이용에 관한 법률, 94 택지개발촉진법, 107 항만법

3) 그리고 위의 경우들과 비교할 때, 특히 ㉖ 기업도시개발 특별법, ㊲ 도시개발법, ㊶ 동·서·남해안 및 내륙권 발전 특별법, 73 재해위험 개선사업 및 이주대책에 관한 특별법, 78 접경지역 지원 특별법, 86 지역 개발 및 지원에 관한 법률 등 총 6개의 법률은 '개발계획(혹은 재해위험 개선사업 시행계획 또는 지역개발사업계획)의 승인에 따른 수용의 대상이 되는 토지등의 세부목록의 고시'가 있는 경우에 사업인정이 있는 것으로 의제한다.

이와 같이 토지세목의 고시를 사업인정 의제의 요건으로 하는 것은 다른 유형의 의제보다 상대적으로 이해관계인의 절차보장을 더욱 강하게 한다고 평가할 수 있을 것이다.

4) 한편 ㉓ 군 공항 이전 및 지원에 관한 특별법, 81 주한미군 공여구역주변지역 등 지원 특별법, 85 지방소도읍 육성 지원법 등 3개의 법률은 '(지원 또는 개발)사업시행승인'이 있는 경우에 사

24) 대법원 2011.1.27. 선고 2009두1051 판결.

업인정을 의제하고 있다.

5) 또한 ㊱ 도시 및 주거환경정비법, ㊹ 물류시설의 개발 및 운영에 관한 법률은 '사업(혹은 공사)시행인가'가 있는 경우에, 그리고 ㊻ 수도법은 '사업인가'가 있는 경우에 사업인정이 있는 것으로 본다.

6) 마지막으로 ⑯ 광업법, ⑲ 해저광물자원 개발법은 사업인정의 의제는 아니나, 타인의 토지를 수용하려면 '산업통산부장관의 인정'을 받을 것을 요구하여 사업인정과 유사한 작용을 하는 수용권의 근거를 마련해두고 있다.

Ⅲ. 사인의 공용수용의 정당성에 대한 검토

1. 사인의 공용수용의 허용성

(1) 공용수용의 주체로서의 사인의 의미

공용수용의 주체로서 국가와 같은 공적 부문과 대비되는 사적 부문으로서의 사인(사기업)은 국가 공권력 중 하나인 '수용권'을 부여받고,[25] 이에 따라 일반적으로 공무수탁사인으로 인정된다는 점에서[26] 행정객체의 지위에 있는 순전한 사인과 같은 지위에 있지 않다는 점은 명백하다. 즉 이 경우의 사인은 형식상 일정 부분 '사인에 의한 행정'을 행하고 있다고 볼 수 있는 것이다.

그렇지만 이와 같은 공용수용의 주체로서의 사인이 전형적인 공무수탁사인, 이를테면 행정절차법 제2조나 행정심판법 제2조에서 행정청의 일환으로 규정하고 있는 사인(행정권한을 위임 또는 위탁받은 사인)이나 국가배상법 제2조의 사인(공무를 위탁받은 사인)에 이르는 정도의 공적 성격을 지닌다고 볼 수는 없다. 무엇보다 공용수용의 주체로서의 사인은 목적사업을 추진함에 있어 본질적으로 전체 공익의 증대보다는 자기 자신의 사익의 증대, 즉 이윤을 추구한다는 점에서 공적 부문과 동일시 할 수 없는 한계를 지니고 있다 할 것이다. 이로부터 공용수용의 주체로서의 사인을 공적 부문에 준하는 범주에 포섭시키기 위하여 그 범위를 구분하여 파악할 필요성이 제기된다 하겠다.

---

25) 사업시행자가 국가가 아닌 경우 공용수용의 주체, 즉 수용권자가 누구인지에 대해서는 종래 ① 공용수용의 주체는 국가이고, 사업시행자는 수용청구권을 가지고 있음에 불과하다고 보는 '국가수용권설', ② 공용수용의 주체를 사업시행자로 보는 '사업시행자수용권설' 및 ③ 수용권은 국가에 귀속되는 국가적 공권이며, 국가는 사업인정을 통하여 이를 사업시행자에게 위탁한 것이라고 보는 '국가위탁권설' 등의 견해가 대립되고 있었다. 이와 같은 견해의 대립은 수용권의 본질을 수용의 효과를 야기할 수 있는 능력으로 볼 것인지 아니면 수용의 효과를 향수할 수 있는 능력으로 볼 것인지 여부에 따른 것으로서, 수용의 실체는 그 효과로서의 재산권의 취득에 있다고 할 것이므로 '사업시행자수용권설'이 타당하며 또한 현재의 지배적인 견해이기도 하다. 이에 대해서는 김남진/김연태, 『행정법Ⅱ』(제19판), 법문사, 2015, 580-581면; 김동희, 『행정법Ⅱ』(제22판), 박영사, 2016, 389면; 김철용, 『행정법』(전면개정 제5판), 고시계사, 2016, 855-856면 등 참조.

26) 김남진/김연태, 『행정법Ⅰ』(제19판), 법문사, 2015, 94면; 김동희, 『행정법Ⅰ』(제22판), 박영사, 2016, 83면; 김중권, 『행정법』(제2판), 법문사, 2016, 143면; 김철용, 위의 책, 663면 등.

(2) 사인의 공용수용의 허용범위

우리 헌법은 제23조 제3항에서 정당한 보상을 전제로 하여 재산권의 수용 등에 관한 가능성을 규정하고 있지만, 나아가 재산권 수용의 주체를 한정하고 있지는 않다. 이로부터 헌법재판소는 공용수용에 따른 재산권 수용의 주체가 국가 등의 공적 부문에 한정되는지, 아니면 민간기업 등의 사인에게도 허용될 수 있는지 여부는 "헌법이라는 규범적 층위에서는 구체적으로 결정된 내용이 없다"는 점을 의미한다고 하면서 공용수용의 주체를 국가 등의 공적 기관에 한정하여 해석할 이유가 없다고 판단하고 있다.[27] 그리고 이와 같이 사인의 공용수용이 헌법상 허용된다는 점에 대해서는 일단 현재 별다른 이론(異論)이 없는 것으로 보인다.

그러나 사인의 공용수용이 일반적으로 허용될 수 있다 할지라도, 위에서 언급한 바와 같이 그 허용범위와 관련하여 공용수용의 주체인 사인의 범위를 구분해 볼 필요가 있다. 왜냐하면 헌법 제23조 제3항이 오직 "공공필요에 의한 재산권의 수용"만을 규정하고 있음을 고려할 때, 기본적으로 공동체 전체의 이익을 추구하는 국가 등의 공적 부문과 본질적으로 사익을 추구할 수밖에 없는 민간기업이나 사인 등의 사적 부문을 아무런 차이를 두지 않고 동등하게 취급하는 것은 서로 같지 않고 같을 수도 없는 것을 같다고 보는 허구(fiction)의 오류에 빠져들 수 있기 때문이다. 사인의 공용수용이 헌법상 허용된다고 판단한 위 헌법재판소 결정의 소수의견[28]에서 민간기업에 의한 수용의 경우 "당해 수용의 공공필요성을 보장하고 수용을 통한 이익을 공공적으로 귀속시킬 수 있는 더욱 심화된 입법적 조치가 수반되어야 한다."라고 제시하고 있는 것도 바로 이와 같은 공적 부문과 사적 부문의 차이를 무시할 수 없다는 점에 기초한 것이라 하겠다.

이와 관련하여 공용수용의 주체인 사인(사기업)을 생존배려형 사기업과 경제적 사기업으로 구분하여, 교통·전기·가스·수도 등 이른바 생존배려형 급부를 제공하는 생존배려형 사기업은 사적 이윤을 추구한다 할지라도 상대적으로 공익적 성격이 강하므로 이들을 위한 공용수용은 원칙적으로 허용되지만, 이와 달리 이윤추구의 목적이 전면에 드러나는 경제적 사기업은 보다 엄격한 요건 하에서만 공용수용이 허용된다고 보는 견해가 있다.[29] 그리고 이는 상당히 고려할 만한 내용이라고 생각된다.

경제적 사기업을 위한 공용수용의 경우 설령 세수확보 및 지역경제 활성화와 같은 공익에 기여하는 부분이 인정된다 할지라도 이는 공공의 필요성에 직접적으로 기여하는 것이 아

27) 헌재 2009.9.24. 2007헌바114, 판례집 21-2상, 562, 571면; 헌재 2011.11.24. 2010헌가95 등, 판례집 23-2하, 176, 184면.

28) 헌법재판소 2009.9.24. 선고 2007헌바114 전원재판부 김종대 재판관의 반대의견.

29) 김성수, 『일반행정법: 일반행정이론의 헌법적 원리』(제7판), 홍문사, 2014, 717-718면; 김남철, "기업도시에서의 사인을 위한 토지수용의 법적 문제", 『토지공법연구』 제24집(2004.12), 583면; 정남철, 『행정구제의 기본원리』, 법문사, 2013, 177-178면; 김중권, 앞의 책, 797-798면.

니라 단지 사익의 추구에 수반하는 간접적인 효과에 불과하다 할 것이므로,[30] 경제적 사기업을 위한 공용수용의 경우에는 어떠한 조건 하에서 허용될 수 있는 것인지를 보다 엄격하고 명확하게 규정해 놓는 것이 필요하다 할 것이다.[31] 그리고 이와 같이 사인의 범주를 구분하여 공용수용의 요건을 달리 적용한다 할지라도 경제적 사기업의 공용수용을 인정하지 않는 것이 아니라 단지 당해 공용수용으로 인한 과실이 특정한 민간기업에게 일방적으로 귀속되는 것을 제어할 수 있는 요건을 수반하여 공용수용을 인정하자는 것이므로,[32] 이와 같은 구분이 헌법 제23조에 반하는 것도 아니라 할 것이다.

2. 사인의 공용수용의 정당성: '공공필요'의 검토

(1) 정당성 판단의 근거

사인의 공용수용과 관련하여 보다 중요한 점은 단지 사인의 수용이 허용된다는 결론 자체가 아니라 이를 정당화할 수 있는 근거에 대한 검토라 할 것이다. 우리 헌법은 공용수용의 주체를 한정하고 있지 않으며, 공용수용은 헌법 제23조에 명시되어 있는 대로 "국민의 재산권을 그 의사에 반하여 강제적으로라도 취득해야 할 공익적 필요성이 있을 것, 법률에 의거할 것, 정당한 보상을 지급할 것"의 요건을 갖추어야 한다.[33] 따라서 사인을 공용수용의 주체로서 인정할 수 있는지 여부에 대해서만 과도하게 논의를 집중시키는 것은 오히려 사인의 공용수용에 대한 본질을 흐리게 될 우려가 있다. 이와 관련하여 보다 중요한 것은 그 목적사업의 성격, 즉 사업의 공익성 여부이고, 사인의 공용수용의 정당성을 판단할 수 있는 요건과 기준이 바로 '공공필요'인 것이다. 사업시행자와 토지소유자 간의 이해충돌이 발생하는 상황에서 바로 공용수용을 위한 목적이라 할 수 있는 '공공필요'가 상충하는 이해의 조정을 위한 판단기준이 되고,[34] 공용수용으로 인한 재산권 침해의 적법성을 정당화하는 실질적 근거이자 한계를 이루기 때문이다.[35]

---

30) 헌법재판소 2014.10.30. 선고 2011헌바129,172(병합) 전원재판부 결정은 "고급골프장 등의 사업을 시행하기 위하여 공용수용을 통하여 달성하려는 공익과 그로 인하여 재산권을 침해당하는 사인의 이익을 형량해 볼 때, 고급골프장 등 사업의 특성상 그 사업 운영과정에서 발생하는 지방세수 확보와 지역경제 활성화는 부수적인 공익일 뿐이고, 이 정도의 공익이 그 사업으로 인하여 강제수용 당하는 주민들이 침해받는 기본권에 비하여 그 기본권침해를 정당화할 정도로 우월하다고 볼 수는 없으므로", 고급골프장 등의 사업시행을 위한 민간개발자의 공용수용의 필요성을 인정하지 않았다(판례집 26-2상, 639, 650면).

31) 同旨, 한수웅, 『헌법학』(제6판), 법문사, 2016, 872면.

32) 헌법재판소 2009.9.24. 선고 2007헌바114 전원재판부 김종대 재판관의 소수의견(반대의견) 참조.

33) 헌재 1995.2.23. 92헌바14, 공보 제9호, 107, 114면; 헌재 2014.10.30. 2011헌바172 등, 판례집 26-2상, 639, 647면; 예외로서의 공용수용이 허용되기 위한 헌법상 요건에 대해서는 이인호, "역 로빈훗 방식의 수용권행사의 위헌성: 헌법 제23조 제3항 「공공필요」의 해석론", 『헌법실무연구』 제10권(2009.12), 579-581면 참조.

34) 이부하, "토지수용절차에서 헌법적 쟁점: 헌재 2009.9.24. 2007헌바114 결정을 평가하며", 『토지공법연구』 제73집 제1호(2016.2), 99면.

35) 류하백, "토지수용에 있어 공익사업 강제의제규정의 위헌성: 대법원 및 헌법재판소의 관련 판례 평석을 겸

(2) 공익성의 검토

헌법재판소는 이와 같은 '공공필요'의 의미를 "국민의 재산권을 그 의사에 반하여 강제적으로라도 취득해야 할 공익적 필요성"으로 해석하고 있다. 그에 따라 이를 '공익성'과 '필요성'이라는 두 요소로 구성되어 있다고 보면서, "'공익성'은 추상적인 공익 일반 또는 국가의 이익 이상의 중대한 공익을 요구하므로 기본권 일반의 제한사유인 '공공복리'보다 좁게 보는 것이 타당하며, 공익성의 정도를 판단함에 있어서는 공용수용을 허용하고 있는 개별법의 입법목적, 사업내용, 사업이 입법목적에 이바지하는 정도는 물론, 특히 그 사업이 대중을 상대로 하는 영업인 경우에는 그 사업 시설에 대한 대중의 이용·접근가능성도 아울러 고려하여야 한다."고 설시하였다.[36]

그런데 헌법 제23조 제3항의 '공공필요'와 제37조 제2항의 '공공복리'의 관계에 대해서 헌법학계에서는 종래 일반적으로 공공필요를 공공복리보다 넓은 개념으로 파악하여 왔던 것으로 보인다.[37] 따라서 헌법재판소가 「지역균형개발 및 지방중소기업육성에 관한 법률」(이하 '지역균형개발법'이라고 한다)에 기한 사인의 공용수용과 관련하여 위와 같이 공공필요를 공공복리보다 좁게 파악한 배경과 의미에 대해서 생각해 볼 필요가 있다.

우선 「산업입지 및 개발에 관한 법률」(이하 '산업입지법'이라고 한다)과 관련하여 민간기업을 위한 공용수용의 합헌성을 최초로 확인하였던 2009.9.24. 선고 2007헌바114 결정에서 헌법재판소는 산업입지법상 준공인가, 우선 고용, 분양가격 제한, 환매권, 개발부담금 등 공익성이 해태되지 않도록 보장하려는 제도적 장치들이 마련되어 있음을 근거로 산업입지법에 따른 민간기업의 공용수용에 대해서 공공필요성을 인정하였다.[38] 그러나 이에 대해서 그와 같은 제도적 장치만으로는 공공성을 담보하기에 충분치 못하고 보다 엄밀한 법적·제도적 보완이 필요하다는 소수의견이 있었으며, 또한 법정의견이 제시하고 있는 제도적 장치 가운데 준공인가, 환매권, 개발부담금은 통상적인 공용수용에도 적용되는 제도로서 사인의 공용수용 특유의 공익성 담보장치라고 보기 어렵고, 산업입지법과 유사한 성격의 법률인 「기업도

하여", 『토지공법연구』 제44집(2009.5), 4면.

36) 헌재 2014.10.30. 2011헌바172 등, 판례집 26-2상, 639, 648면.

37) 권영성, 『헌법학원론』(개정판), 법문사, 2010, 568-569면; 김철수, 『헌법학신론』(제21전정신판), 박영사, 2013, 757-758면; 이부하, 앞의 글, 101면; 정종섭, 『헌법학원론』(제11판), 박영사, 2016, 720면; 홍성방, 『헌법학』(개정6판), 현암사, 2009, 548면 등. 반면에 공공필요를 공공복리보다 협의의 개념으로 파악하는 견해로는 김성수, 앞의 책, 700면(이 견해는 헌법 제23조 제3항을 제37조 제2항의 특별규정으로 파악하여 공용침해를 통한 재산권의 제한을 위해서는 공공복리라는 일반·추상적인 기본권제한의 요건에 더하여 공공필요라는 공용침해의 특유한 정당화근거가 필요하다고 본다. 이는 곧 공공필요의 개념을 '고양된 공익개념'으로 이해하는 것이라 하겠다.)

38) 「도시 및 주거환경정비법」(이하 '도시정비법'이라고 한다)상 도시환경정비사업과 관련하여 사인의 공용수용의 합헌성을 인정한 헌법재판소 2011.11.24. 선고 2010헌가95,96(병합) 전원재판부 결정도 같은 맥락에서 공공필요성을 인정하였다.

시개발 특별법」의 경우 산업입지법보다도 강화된 공익성 담보장치를 갖추고 있음을 고려할 때, 2007헌바114 결정의 법정의견이 산업입지법에 따른 사인의 공용수용에 대해서 공익성이 담보된다고 평가한 점에는 다소 무리가 있는 것으로 보인다는 분석이 있기도 하였다.[39]

헌법재판소는 이후 「국토의 계획 및 이용에 관한 법률」(이하 '국토계획법'이라 한다)에 대한 2011.6.30. 선고 2008헌바166,2011헌바35(병합) 결정에서 기반시설 중 체육시설에 관한 규정에 대하여 비록 포괄위임금지원칙 위배를 이유로 헌법불합치결정을 내리기는 하였으나, 여기서 사인을 위한 공용수용의 목적사업의 대상이 되는 체육시설을 공공필요성의 정도에 따라 구분하여, 공공필요성을 인정하기 곤란한 일부 골프장과 같은 시설을 설치하기 위한 수용권의 행사에 대해서 과잉행사의 우려를 표명하였다. 그리고 이와 같은 맥락에서 지역균형개발법에 기한 사인의 공용수용과 관련하여 공공필요를 공공복리보다 좁게 파악하였던 위 2011헌바129,172(병합) 결정에서도 관광휴양지 조성사업 중 대규모 놀이공원 사업을 고급골프장이나 고급리조트 등의 사업과 대비하면서 후자에 대해서는 공용수용을 통하여 달성되는 공익이 당해 사업으로 인하여 강제수용 당하는 주민들의 기본권 침해를 정당화할 정도로 우월하지 않음을 들어 그에 대한 공공필요성을 인정하기 어렵다고 판단하였다.

이와 같은 최근의 일련의 결정례를 살펴볼 때, 헌법재판소는 오늘날 공용수용이 인정되는 공익사업의 범위가 확대되는 경향에 대응하여 그와 같은 공용수용으로 인하여 기본권의 침해가 우려되는 사인들의 재산권 보호에 보다 관심을 기울이는 태도의 변화를 일으켰다고 볼 수 있고, 그에 따라서 공용수용에 따른 공익과 그에 상충하는 사익, 즉 재산권의 존속보장에 대한 요청 사이의 조화를 유지하기 위하여 보다 적극적인 움직임을 보이고 있다고 생각할 수 있다. 다시 말해서, 헌법재판소는 헌법 제23조 제3항을 다소 엄격하게 적용함으로써 공용수용의 범위를 조정하고자 의도하였다고 볼 수 있고, 이를 위하여 공용수용의 정당성에 대한 근거가 되는 '공공필요'를 일반적인 기본권 제한 사유인 공공복리보다 엄격하게 파악한 것이라고 평가할 수 있을 것이다. 그리고 이와 같은 태도는 사인의 공용수용에 대한 규제에 있어서 공·사익의 조화라는 측면에서 보다 적정한 기능을 발휘할 것으로 생각된다.

(3) 필요성의 검토

다음으로 공공필요 중 '필요성'에 대해서 헌법재판소는 "수용은 타인의 재산권을 직접적으로 박탈하는 것일 뿐 아니라, … 많은 헌법상 가치들의 제약을 초래할 수 있으므로, 헌법적 요청에 의한 수용이라 하더라도 국민의 재산을 그 의사에 반하여 강제적으로라도 취득해야 할 정도의 필요성이 인정되어야 하고, 그 필요성이 인정되기 위해서는 공용수용을 통하여 달성하려는 공익과 그로 인하여 재산권을 침해당하는 사인의 이익 사이의 형량에서 사인의

39) 최계영, 앞의 글, 256-258면.

재산권침해를 정당화할 정도의 공익의 우월성이 인정되어야 한다. 특히 사업시행자가 사인인 경우에는 위와 같은 공익의 우월성이 인정되는 것 외에도 사인은 경제활동의 근본적인 목적이 이윤을 추구하는 일에 있으므로, 그 사업 시행으로 획득할 수 있는 공익이 현저히 해태되지 않도록 보장하는 제도적 규율도 갖추고 있어야 한다."라고 설시하였다.[40)]

이에 비추어 검토해 볼 필요가 있는 것이 놀이공원이나 관광단지의 조성을 위한 공용수용에 있어서 공공필요의 요소로서의 필요성을 인정할 수 있을 것인지 여부이다. 지역균형개발법에 대한 위 2011헌바129,172(병합) 결정이나, 「관광진흥법」에 따른 관광단지 조성사업을 위한 사인의 공용수용에 대해서 판단하였던 2013.2.28. 선고 2011헌바250 결정에서는 모두 그에 대한 공익적 필요성이 인정되었다.

그러나 놀이공원이나 관광단지를 조성하기 위한 사인의 공용수용에 대하여 설령 관광산업의 국가전략사업적 성격 및 경제적 측면에서의 공익성을 어느 정도 인정할 수 있을지라도, 그와 같은 공용수용의 주체인 사인의 목적이 본질적으로 어디까지나 사익의 추구를 위한 것이라는 점을 감안할 때, 이에 대하여 그에 대립되는 사인들의 재산권과 계약의 자유 및 거주이전의 자유 등 많은 헌법상 가치들에 대한 침해를 정당화할 정도의 필요성까지 일반적으로 인정할 수 있을 것인지에 대해서는 보다 진지한 고민을 해 볼 필요가 있다고 생각된다.

Ⅳ. 사인의 공용수용과 공·사익의 조화

1. 절차보장의 강화 및 잔존하는 문제점

현행 토지보상법은 위에서 살핀 바와 같이 토지보상법 이외에 공용수용을 허용하는 법률을 그 [별표]에서 확정적·한정적으로 규정하고 있다. 그리고 이에 수반하여 [별표]에 규정된 법률에 따라 사업인정이 있는 것으로 의제되는 경우에도 토지보상법에 따른 사업인정의 경우와 마찬가지로 중앙토지수용위원회 및 사업인정에 이해관계가 있는 자의 의견을 의무적으로 청취하도록 규정하여 토지보상법상의 절차에 따르는 경우와 균형을 맞추고 있다.[41)] 이러한 현행 토지보상법의 태도는 공용수용의 이해관계인에 대한 절차의 보장을 강화하여 일응 사인의 공용수용에서 상충하는 공익과 사익 상호간의 조화에 기여할 수 있을 것으로 보인다.

그러나 이와 같은 절차보장의 강화에도 불구하고, 사인의 공용수용에서 공·사익의 조화를 위하여 여전히 아쉬운 점을 생각해 볼 수 있다. 이와 관련하여 사인의 공용수용의 대상, 절차 및 집행의 측면에서 각기 관련 쟁점을 살펴보기로 한다.

40) 헌재 2014.10.30. 2011헌바172 등, 판례집 26-2상, 639, 648면.

41) 토지보상법 제21조 제2항.

2. 민간투자법과 관련한 공익사업의 범위의 적정성 여부

사인의 공용수용은 토지보상법에서 정하고 있는 공익사업을 그 대상으로 한다. 그러나 이러한 공익사업의 개념은 헌법상 '공공필요'의 개념을 해석하는 중요한 척도가 되기는 하나 지나치게 포괄적이고 광범위하게 규정되어 있어 문제가 될 수 있다.[42] 물론 현재는 토지보상법 제4조의2가 신설되어 더 이상은 과거와 같이 토지보상법 이외의 다른 법률을 통하여 다소 무분별하게 수용권이 부여되지는 않을 것으로 예상되기는 하지만, 이로써 종전의 공익사업의 범위가 적정한 범위로 조정되었다고 보기는 어렵다.

이와 관련하여 특히 주의를 기울여야 할 부분이 바로 민간투자법의 적용과 관련한 공용수용의 대상범위이다. 민간투자법에 의하여 사업시행자는 민간투자사업의 시행을 위하여 필요한 경우 토지등을 수용할 수 있는데,[43] 이 때 주무관청은 사업시행자가 민간투자사업을 시행할 때 해당 사회기반시설의 투자비 보전 또는 원활한 운영, 사용료 인하 등 이용자의 편익 증진, 주무관청의 재정부담 완화 등을 위하여 필요하다고 인정하는 경우에는 여러 부대사업을 해당 민간투자사업과 연계하여 시행하게 할 수 있다.[44] 그런데 이 경우 사회기반시설의 범위가 공익성의 정도에 따라서 제한되어 있지 않고, 또한 투자비 보전과 같이 사업시행자의 사익의 보전에 기여하는 사유가 포괄적으로 적용될 수 있다는 점에서 문제의 소지가 있다.[45]

이에 대해서 근자에 헌법재판소에서 사인의 공용수용에 헌법위반의 문제가 없다고 판단하였던, 관광단지를 개발하기 위한 민간개발자의 공용수용의 경우에 비추어 생각해 보도록 하자. 관광단지의 개발에 대해서 헌법재판소는 '관광단지의 조성은 국내관광의 활성화를 통한 내수 진작 및 외국관광객 유치를 위한 기반으로 활용될 수 있고, 지역경제의 활성화를 위한 수단으로서뿐 아니라 국토의 효율적 이용이란 측면에서도 새롭게 부각되고 있으며, 나아가 관광단지의 개발은 대외적으로 국가 이미지를 제고시키는 데에도 이바지함으로써 사회경제적 중요성이 날로 더해가고 있'음을 들어 그 공공성을 인정하고 있는 것으로 보인다.[46] 그러나 관광단지[47]는 민간투자법상의 사회기반시설에 해당하기는 하나 그 중에서도 상대적으로 공공성이 약하다고 볼 수 있고, 앞서 언급한 바와 같이 공공필요 중 '필요성' 요소를 일반적으로 인정할 수 있을 것인지에 대해서도 의문의 여지가 있다.[48] 또한 관광단지를 개발하고자 하는 민간개발자가 앞서 살핀 바와 같이 공용수용의 주체로서의 사인을 구분할 때

---

42) 정남철, 앞의 책, 181면.
43) 민간투자법 제20조 제1항.
44) 민간투자법 제21조 제1항.
45) 同旨, 김성수, 앞의 책, 716면.
46) 헌재 2013.2.28. 2011헌바250, 판례집 25-1, 59, 66면.
47) 민간투자법 제2조 제1호 머목.
48) 위 Ⅲ. 2.(3) 참조.

생존배려형 사기업이 아닌 경제적 사기업에 해당함은 명백하다 할 것이다.

그런데 이와 같이 상대적으로 공공성이 약하다고 볼 수 있는 관광단지의 건설에 소요되는, 게다가 경제적 사기업에 해당하는 사업시행자의 투자비를 보전해주기 위하여 대규모의 택지개발사업[49]이나 대규모점포[50] 혹은 옥외광고물 및 게시시설의 설치 · 운영[51]을 위한 부대사업을 시행하도록 하고 그 경우에까지 사인의 공용수용을 허용한다면, 이는 사인의 공용수용에 요구되는 공익필요성의 요청을 충족한다고 보기 어려울 것으로 생각된다.[52] 따라서 민간투자법의 적용과 관련하여 특히 부대사업의 시행의 경우에도 제한 없이 사인의 공용수용을 허용할 수 있을 것인지 여부에 대해서는 '공공필요성'에 대한 보다 엄밀한 검토가 필요하다 할 것이다.

3. 토지보상법상 사업시행자의 협의의무의 실질적 효용 여부

헌법재판소는 앞서 살펴본 바와 같이 근자에 여러 차례에 걸쳐 산업입지법,[53] 국토계획법,[54] 도시정비법,[55] 관광진흥법,[56] 지역균형개발법[57] 등과 관련하여 사인의 공용수용의 합헌성을 인정하면서 동시에 이것이 과잉금지원칙을 위배하는 것도 아니라고 확인한 바 있다. 그리고 특히 과잉금지원칙 가운데 피해의 최소성 여부를 검토하면서 그 근거로서 관련 법률에 따를 때 사업시행자에게 토지보상법상의 협의의무, 즉 '사업시행자에게 여전히 토지등에 대한 보상에 관하여 토지소유자 및 관계인과 성실하게 협의하여야 하는 의무'가 주어져 있음을 정당화의 근거로 들고 있다.

그런데 헌법재판소가 자신 있게 제시하고 있는 것처럼 토지보상법상의 협의의무가 사인의 공용수용으로 인한 사익의 침해에 대하여 피해의 최소성을 담보하는 장치로서 실질적으로 기능하는지는 의문이다. 토지보상법령상 사업시행자는 사업인정 전에 협의에 의하여 토지등을 취득하고자 할 경우에는 토지조서 및 물건조서를 작성하여야 하며(법 제14조 제1항), 공익사업의 개요, 토지조서 및 물건조서의 내용과 보상의 시기 · 방법 및 절차 등이 포함된 보상계획을 전국을 보급지역으로 하는 일간신문에 공고하고, 토지소유자 및 관계인에게 각각 통지하여야 한다(법 제15조 제1항). 그리고 토지등에 대한 보상에 관하여 토지소유자 및 관계인과 성실하게 협의하여야 하는데(법 제16조), 여기서 말하는 '성실한 협의'란 사업시행자가

49) 민간투자법 제21조 제1항 제2호.
50) 민간투자법 제21조 제1항 제10호.
51) 민간투자법 제21조 제1항 제15호.
52) 同旨, 김성수, 앞의 책, 716-717면 참조.
53) 헌법재판소 2009.9.24. 선고 2007헌바114 전원재판부.
54) 헌법재판소 2011.6.30. 선고 2008헌바166,2011헌바35(병합) 전원재판부.
55) 헌법재판소 2011.11.24. 선고 2010헌가95,96(병합) 전원재판부.
56) 헌법재판소 2013.2.28. 선고 2011헌바250 전원재판부.
57) 헌법재판소 2014.10.30. 선고 2011헌바129,172(병합) 전원재판부.

보상협의요청서에 30일 이상의 협의기간 · 협의장소 및 협의방법, 보상의 시기 · 방법 · 절차 및 금액, 계약체결에 필요한 구비서류 등의 사항을 적어 토지소유자 및 관계인에게 통지하여야 한다는 것을 말한다(시행령 제8조 제1항, 제3항).

그런데 실제의 토지보상실무에서 사업시행자와 토지소유자 사이에서의 토지등의 보상에 관한 실질적인 협의는 위와 같이 사업인정 전의 협의과정에서 이루어지는 것이 아니라, 사업시행자가 사업인정을 받고 토지수용위원회의 수용재결이 있은 후에야 비로소 진행되는 경우가 상당히 많다.[58)]

즉 사업인정 및 수용재결 이전에는 위와 같이 보상계획 공고, 보상금 산정 및 협의공문 발송사실만 있다면 사업시행자는 법령상 요구되는 협의의무를 이행하였다고 인정되므로, 사업시행자로서는 사업인정에 따라서 수용권을 부여받기 이전에 굳이 토지소유자를 만나 '실질적으로, 성실하게 협의를 진행할 필요성'을 느끼기 어렵다. 이에 반하여 일반적인 토지소유자는 사실상 수용재결이 있기 이전에는 자신의 토지등이 공용수용될 것이라는 점, 즉 토지소유권이 자신의 의사에 반하여 박탈될 수 있다는 점을 실감하기 어렵고, 공용수용 및 보상에 대한 법률적 지식이 부족한 경우가 상당하며, 나아가 우리나라의 일반적인 법정서상 아직까지는 수용재결이 있기 전에 적극적으로 변호사 등의 법률적 지원을 구할 것을 기대하기도 어려운 것이 사실이다.[59)] 또한 사업시행자가 단순히 협의공문을 발송하는 것 이외에 보다 적극적으로 실질적인 협의를 청해오지 않는 이상 그와 반대로 토지소유자가 먼저 나서서 주도적으로 사업시행자에 대하여 협의를 진행하는 경우는 그다지 흔치 않은 것으로 보인다. 결국 사인의 공용수용 이전에 협의에 의한 토지등의 취득이 이루어지는 경우는 상대적으로 적다 할 것인데, 이는 일면 토지소유자들의 무경험 혹은 협조가 부족한 측면에 기한 것도 있겠으나, 보다 근본적으로는 사업시행자가 실질적으로 성실한 협의의무를 이행하지 않는 측면에 기인한 것이라 할 수 있다.

따라서 이와 같은 제반사정, 특히 현재 토지보상법 제16조의 협의의무의 이행이 단지 형식적으로 판단되고 있을 뿐이라는 점을 고려한다면, '사업시행자는 토지등에 대한 보상에 관하여 토지소유자 및 관계인과 성실하게 협의하여야 한다.'는 규정은 사실상 선언적 문구에 불과하게 되었다고 평가할 수도 있다. 그리고 헌법재판소가 사인의 공용수용이 과잉금지원칙에 위배되지 않는다는 점에 대해서 정당화의 근거로 제시하고 있는 '성실한 협의의무 절차'의 존재라는 것은 공허한 것이 될 수밖에 없다 할 것이다.

---

58) 다만 이는 기본적으로는 필자의 변호사로서의 직 · 간접적인 경험에 기초한 판단이라는 점을 밝혀둔다. 따라서 견해에 따라서는 위와 같이 일반화하여 단정 짓기에는 표본의 수가 충분치 않다고도 볼 수 있을 것이다.

59) 다만 법학전문대학원 체제가 도입된 이래 과거에 비하여 변호사의 수가 급격하게 증가하였고, 그에 따라서 변호사의 법률적 지원에 대한 접근이 점차적으로 용이해지고 있다는 점을 고려한다면, 이러한 측면은 향후 변화될 가능성이 크다 할 것이다.

그러므로 이러한 병리적 현상을 극복하고 헌법재판소가 가치를 부여하고 있는 '성실한 협의의무'의 실질을 회복하기 위해서는 제도적 보완이 필요하다 할 것이다. 즉 현재와 같이 협의의무의 이행을 전적으로 사업시행자에게만 맡겨놓고, 이를 시행령 제8조에서 규정하고 있는 바에 따라서 형식적으로만 판단할 것이 아니라, 성실한 협의의무의 실질적인 이행에 대한 감독적 조치가 제도적으로 이행되어야 할 것으로 생각된다.

이를테면, 사업인정 이전에 관할 토지수용위원회의 주재 하에 사업시행자와 토지소유자 등 이해당사자가 실제로 만나 실질적인 협의과정을 진행하도록 하는 것이 하나의 방법이 될 수 있다. 물론 이는 현행 토지수용법상 토지등의 수용과 사용에 관한 재결을 담당한다는 토지수용위원회의 업무범위[60]로부터 벗어나는 것이므로 토지수용법의 개정이 필요한 사항이고, 또한 수용이 아니라 협의에 의한 토지의 수용에 토지수용위원회가 개입한다는 것이 논리적으로는 적절치 않을 수도 있다. 그러나 실질적인 협의의 이행을 제도적으로 담보하고, 자칫 무의미하게 공전될 수 있는 협의 과정의 내실을 다짐으로써 추후 수용재결로 진행되는 것을 예방할 수도 있다는 점을 고려한다면 분쟁의 방지라는 측면에서도 충분히 고려해 볼 수 있다 할 것이다.

즉 토지보상법상 성실한 협의의무의 제도적 실질화는 사인의 공용수용을 둘러싼 이해관계의 조정에 있어서 관계자 모두에 대하여 긍정적인 절차적 의의를 지닐 수 있다. 이는 우선 토지소유자들에 대해서는 절차적 보호를 강화하고, 사업시행자에 대해서는 공용수용에 절차적 정당성을 부여하며, 토지수용위원회에 대해서는 향후 수용재결절차로의 진행을 예방할 수 있다는 절차적 의의를 지닌다고 할 것이다.

4. 공용수용에 기한 행정대집행의 가부[61]

사인의 공용수용의 집행과 관련하여 토지보상법상 대집행이 실제로 허용될 수 있는 것인지 여부가 문제된다. 이와 관련하여 우선 토지보상법의 관련규정을 살펴보면 다음과 같다.

> **제43조(토지 또는 물건의 인도 등)** 토지소유자 및 관계인과 그 밖에 토지소유자나 관계인에 포함되지 아니하는 자로서 수용하거나 사용할 토지나 그 토지에 있는 물건에 관한 권리를 가진 자는 수용 또는 사용의 개시일까지 그 토지나 물건을 사업시행자에게 인도하거나 이전하여야 한다. [전문개정 2011.8.4.]
>
> **제44조(인도 또는 이전의 대행)** ① 특별자치도지사, 시장·군수 또는 구청장은 다음 각 호의 어느 하나에 해당할 때에는 사업시행자의 청구에 의하여 토지나 물건의 인도 또는 이전을 대행

60) 토지수용법 제49조, 제50조.
61) 이는 물론 공용수용 일반에서 논의될 수 있는 것이고, 유독 사인의 공용수용의 경우에만 문제되는 것은 아니다. 그러나 사인의 공용수용의 경우에 행정청을 매개로 하여 사인인 사업시행자와 토지소유자 상호 간에 이익충돌의 양상이 더욱 극명하게 드러난다고 할 수 있다.

하여야 한다.

1. 토지나 물건을 인도하거나 이전하여야 할 자가 고의나 과실 없이 그 의무를 이행할 수 없을 때
2. 사업시행자가 과실 없이 토지나 물건을 인도하거나 이전하여야 할 의무가 있는 자를 알 수 없을 때

② 제1항에 따라 특별자치도지사, 시장·군수 또는 구청장이 토지나 물건의 인도 또는 이전을 대행하는 경우 그로 인한 비용은 그 의무자가 부담한다. [전문개정 2011.8.4.]

第89조(대집행) ① 이 법 또는 이 법에 따른 처분으로 인한 의무를 이행하여야 할 자가 그 정하여진 기간 이내에 의무를 이행하지 아니하거나 완료하기 어려운 경우 또는 그로 하여금 그 의무를 이행하게 하는 것이 현저히 공익을 해친다고 인정되는 사유가 있는 경우에는 사업시행자는 시·도지사나 시장·군수 또는 구청장에게 「행정대집행법」에서 정하는 바에 따라 대집행을 신청할 수 있다. 이 경우 신청을 받은 시·도지사나 시장·군수 또는 구청장은 정당한 사유가 없으면 이에 따라야 한다.

② 사업시행자가 국가나 지방자치단체인 경우에는 제1항에도 불구하고 「행정대집행법」에서 정하는 바에 따라 직접 대집행을 할 수 있다.

③ 사업시행자가 제1항에 따라 대집행을 신청하거나 제2항에 따라 직접 대집행을 하려는 경우에는 국가나 지방자치단체는 의무를 이행하여야 할 자를 보호하기 위하여 노력하여야 한다. [전문개정 2011.8.4.]

토지보상법은 제89조에서 공용수용에 기한 행정대집행을 인정하는 규정을 두고 있다. 또한 지난 2009년에 있었던 용산참사 이후, 2010.4.5. 제89조 제3항을 신설하여 대집행 시 국가나 지방자치단체는 철거의무자 등의 보호를 위하여 노력하도록 함으로써 강제철거로 인한 인권침해를 방지하도록 하였다.

문제는 지상에 존재하는 건물이나 공작물의 철거 이외에 토지의 인도 또는 이전이 토지보상법 제89조에서 규정하고 있는 대집행의 대상이 될 수 있는지 여부이다. 이에 대해서는 ① 토지의 인도·이전의무는 원칙상 비대체적 작위의무로서 행정대집행법상의 대집행의 대상이 되지 않으므로, 토지보상법 제89조에 따른 대집행은 그 규정에도 불구하고 불가능하다고 해석하여야 한다는 부정설,[62] ② 토지보상법 제89조는 수용 목적물인 토지등의 인도 또는 이전에 대한 대집행을 명문으로 인정하고 있으므로 대집행이 가능한 것으로 보아야 한다는 긍정설,[63] ③ 인도나 이전의 대상인 토지를 신체로써 점유하고 있는가, 존치물건만으로

62) 박규하, "대집행의 요건·절차·불복", 『고시연구』 제238호(1994.1), 103-104면(이 견해는 점유자의 점유하에 있는 토지의 인도를 거부한 경우에는 대집행할 수 없고 대집행에 대한 법규정은 단지 직접강제의 근거규정으로 보아 직접강제만이 가능하다고 말한다); 김중권, 앞의 책, 544면(이 견해는 본질적으로 대집행제도를 취할 수 없거니와 토지보상법에도 직접강제적인 대응방책이 마련되어 있지 않기에 경찰관직무집행법상의 조치나 형법상의 공무집행방해죄의 적용과 같은 우회적 방법을 통해 목적을 실현할 수밖에 없다고 설명한다).

63) 김용섭, "대집행에 관한 법적 고찰", 『행정법연구』 제4호(1999.4), 132면(이 견해는 토지의 인도에 관하여 모든 의무의 대집행을 규정하고 있는 법규정 및 행정대집행이 완화된 강제집행수단이라는 점에 비추어 비

점유하고 있는가를 기준으로 전자의 경우에는 대집행을 할 수 없지만, 후자의 경우에는 대집행을 할 수 있다는 부분긍정설,[64] ④ 토지보상법 제89조에 따라 대집행을 할 수 없다고 보는 것은 이 규정을 전혀 무의미하게 만드는 것이므로, 이에 대한 합리적·목적론적 해석이 필요하다는 견해[65] 등이 제시되고 있다.

그리고 판례는 피수용자 등이 기업자에 대하여 부담하는 수용대상 토지의 인도의무에 관한 구 토지수용법 소정의 규정과 관련하여 "각 규정에서의 '인도'에는 명도도 포함되는 것으로 보아야 하고, 이러한 명도의무는 그것을 강제적으로 실현하면서 직접적인 실력행사가 필요한 것이지 대체적 작위의무라고 볼 수 없으므로 특별한 사정이 없는 한 행정대집행법에 의한 대집행의 대상이 될 수 있는 것이 아니다. … 피수용자등이 기업자에 대하여 부담하는 수용대상 토지의 인도 또는 그 지장물의 명도의무 등이 비록 공법상의 법률관계라고 하더라도, 그 권리를 피보전권리로 하는 명도단행가처분은 그 권리에 끼칠 현저한 손해를 피하거나 급박한 위험을 방지하기 위하여 또는 그 밖의 필요한 이유가 있을 경우에는 허용될 수 있다."라고 하여 토지의 인도의무불이행에 대한 대집행을 부정한 바 있다.[66]

생각건대, 행정대집행법상 대집행이 대체적 작위의무를 대상으로 함은 대집행의 본질 및 행정대집행법 제2조의 문언상 명백하고, 토지의 인도·이전의무는 비대체적 작위의무라 할 것이므로, 이는 원칙적으로 행정대집행의 대상이 될 수 없다 할 것이다. 그러나 이렇게 보는 것은 외견상 토지보상법 제89조의 규정을 무시하는 것이라 할 수 있다. 따라서 이로부터 행정대집행법과 토지보상법의 규정과 취지를 모두 살리고, 판례의 태도 역시 토지보상법(구 토지수용법)의 규정에 맞추어 조화롭게 파악할 수 있는 법률에 관한 적용론으로서의 법해석방법론이 필요하다 할 것이다. 그리고 이 경우 보다 기본이 되는 것은 대집행의 본질 및 행정대집행법 제2조라 할 것이므로, 여기서 법해석방법론의 검토대상이 되는 것은 토지보상법 제89조가 된다 하겠다.

우선 위 판례에 대해서는 법원이 비대체적 작위의무인 토지의 인도의무에 대한 행정대집행을 인정하지 아니하면서, 현재 행정상 직접강제에 대해서는 일부 개별 법률에서 규정하고 있는 경우 이외에 따로 그에 대한 일반 규정이 존재하지 아니하다는 점을 고려하여 결국 민

례원칙상 이를 직접강제의 근거규정으로 파악하기 보다는 행정대집행의 대상이 된다고 본다); 박균성, 『행정법론(하)』(제14판), 박영사, 2016, 492면(이 견해는 대집행이 가능하다고 보면서도 이 경우의 대집행은 실질적으로는 직접강제라고 파악한다); 한편 류지태/박종수, 『행정법신론』(제15판), 박영사, 2011, 382면은 토지보상법 제44조의 규정을 행정대집행법 제2조의 예외적 규정으로 평가한다.

64) 박윤흔/정형근, 『최신행정법강의(상)』(개정30판), 박영사, 2009, 508-509면; 한견우, 『현대행정법신론1』, 세창출판사, 2014, 369면.

65) 김동희, 앞의 책, 406면(이 견해는 구청장등이 당해 토지에서 사업시행자에 대한 당해 토지의 인도를 선언하고 이를 표시하는 문서에 조인한 후 그러한 내용을 기재한 표시판을 설치하는 것을 토지보상법 제89조의 목적을 달성하는 하나의 방안으로 제시한다).

66) 대법원 2005.8.19. 선고 2004다2809 판결.

사소송 및 민사적 직접강제를 토지 인도의무의 실현수단으로 파악한 것이라고 평가할 수 있다.[67] 그러나 위 판례가 토지보상법 제89조의 적용범위를 제한하여 파악한 것에 대해서는 법학방법론적 측면에서 검토의 필요성이 있다 할 것이다.

전통적으로 (독일에서) 법학방법론의 두 축으로 법해석(Rechtsauslegung)[68]과 법형성(Rechtsfortbildung)이 제시되어 왔는데, 양자는 '법문의 가능한 의미'를 기준으로 구분된다.[69] 우선 해석의 대상인 법률규정의 문언으로부터 법규범의 구체적인 내용을 추출하고자 그 의미를 새기는 것이 바로 법해석으로, 이러한 법해석은 어디까지나 일반적인 언어관용상 수긍할 수 있는 최대한의 범위, 즉 '법문의 가능한 의미' 내에서만 인정된다.[70] 이에 반하여 해당 사안에 대한 법적 결정이 법문의 가능한 의미를 넘어서는 것이라면 이는 당해 사안에 대해서 법흠결이 있다고 볼 수 있는데, 그와 같은 흠결을 유추나 목적론적 축소 등의 추론방식에 의해 보충하는 것, 즉 법문의 가능한 의미라는 한계를 넘어서는 것이 바로 법형성인 것이다.[71]

토지보상법 제89조의 적용과 관련하여서는 위 판례가 법해석으로서 법규정을 '축소해석' 한 것인지, 아니면 법형성으로서의 '목적론적 축소'를 한 것인지에 대해서 검토해 볼 필요가 있다. 먼저 판례가 토지보상법 제89조를 적용하면서 예컨대 건물이나 공작물의 철거와 같이 대집행이 가능한 것만을 당해 규정에서의 대집행의 대상으로 파악한 것이라고 본다면 이는 곧 법문의 적용범위를 그 단어가 의심 없이 적용될 수 있는 대상으로만 한정한 '축소해석'을 한 것이라 할 수 있다.[72] 그러나 토지보상법 제89조 제1항은 법 제43조에 기한 토지소유자 등의 토지나 물건의 인도의무를 명백하게 대집행의 대상으로 규정하고 있고 여기에 다른 법해석의 여지는 없다 할 것이므로, 이로부터 위와 같이 대집행의 대상을 축소해석하는 것은 곧 법문의 가능한 범위를 넘어서는 것이라고 생각된다.

따라서 이로부터 이른바 목적론적 축소가 문제된다. 목적론적 축소는 규범의 적용범위를 법의 목적에 따라 축소하는 것으로서 해당 사안을 규율할 법규정은 존재하나 이를 그대로 적용할 경우 불합리한 결과가 나타나는 경우인 이른바 은폐된 흠결(verdeckte Lücke)을 그 전제로 한다.[73] 위 판례가 토지보상법 제89조의 대집행 규정을 적용함에 있어서 당해 규정

67) 同旨, 이상덕, "행정대집행과 민사소송의 관계", 『행정판례평선』, 박영사(2011), 404면.

68) 견해에 따라서 이를 '법발견'(Rechtsfindung)으로 칭하기도 한다. 김영환, "법학방법론의 관점에서 본 유추와 목적론적 축소", 『법철학연구』 제12권 제2호(2009.8), 8면 참조.

69) 박정훈, "행정법과 법해석: 법률유보 내지 의회유보와 법형성의 한계", 『행정법연구』 제43호(2015.11), 25면 참조.

70) 위의 글, 24-25면.

71) 박정훈, 위의 글, 25-26면, 김영환, 앞의 글, 8면.

72) 축소해석과 목적론적 축소 간의 개념적 구별을 적극적 후보자, 중립적 후보자, 소극적 후보자라는 개념을 통한 '세 가지 영역이론'(Drei-Bereiche-Model)으로 설명한 것에 대해서는 김영환, "한국에서의 법학방법론의 문제점-법발견과 법형성: 확장해석과 유추, 축소해석과 목적론적 축소 간의 관계를 중심으로-", 『법철학연구』 제18권 제2호(2015.8), 156-159면 참조.

73) 김영환, 앞의 글(각주 68), 14. 22-23면.

의 적용대상임이 명백한 토지보상법 제43조에 기한 토지의 인도의무를 토지보상법 제89조와 행정대집행법 제2조 및 대집행의 본질에 대한 체계적 해석이라는 법의 목적에 따라서 대집행의 대상이 될 수 없는 대상으로 만들어 법적용으로부터 배제하였다고 본다면, 이는 곧 '목적론적 축소'에 해당한다고 볼 수 있을 것이다. 그리고 이와 같은 목적론적 축소는 법해석의 범위를 넘어 법의 흠결을 전제로 한 법형성이므로 원칙적으로 그 정당성 여부가 확인되어야 하나, 다른 한 편으로 이는 곧 행정상대방에게 유리한 법형성이라 할 것이므로 금지되지 않는다 할 것이다.[74] 다만 이와 같은 문제 상황을 둘러싼 법적 분쟁을 보다 명확하게 해결하기 위해서는 입법적 보완이 행해지는 것이 바람직할 것으로 보인다.

요컨대 토지보상법 제89조는 비록 사인의 공용수용으로 인한 토지의 인도의무를 이행하여야 할 자가 그 의무를 이행하지 아니하는 경우의 해결책을 행정대집행으로 제시하고 있기는 하나, 행정대집행은 어디까지나 대체적 작위의무를 그 대상으로 하는 것이므로, 결국 토지보상법 제89조의 규정은 행정대집행법의 체계에 정합하지 않게 되는 결과를 야기한 것으로 볼 수 있다. 그리고 위 판례에서 대법원은 이와 같은 문제점을 인식하여 토지보상법(구 토지수용법)의 해당 규정을 그대로 적용하지 않고 이에 대해서 '목적론적 축소'를 함으로써 결국 토지의 인도의무불이행에 대한 대집행을 부정한 것이라고 파악할 수 있을 것이다. 이는 예컨대 만약 사업시행자가 토지소유자들과 의견합치를 이루지 아니한 채 공용수용 및 목적사업을 일방적으로 진행하고자 할 경우 결과적으로 그러한 시도를 어느 정도 저지하는 효과를 발휘할 수 있다는 측면에서는, 사인의 공용수용에 기한 행정대집행의 가부를 둘러싼 국면에서 공·사익의 조화에 기여하는 부분이 있다고 볼 수 있다 할 것이다.

V. 결 어

현대의 복리국가적 상황에서 사인의 공용수용은 일응 불가피하다 할 수 있고, 우리 헌법 제23조의 규정상으로도 공용수용의 주체를 국가 등의 공적 부문에 한정할 이유는 전혀 없다. 헌법재판소 역시 최근 이러한 내용을 반복하여 확인하고 있다. 다만 본질적으로 사익의 추구를 목적으로 하는 사인(사기업)을 공익의 추구를 본령으로 하는 국가 등의 공적 부문과 동등하게 취급하는 것은 부당하다 할 것이므로, 사인의 공용수용에 대해서는 그에 대한 공공필요성을 확실하게 담보할 수 있도록 하는 심화된 입법적 조치가 필요하다고 판단된다.

그리고 과거에는 토지보상법에서 규정하고 있는 사업인정 등의 절차에 의하지 아니하고도 다른 법률에 따라서 간이하게 사업인정의 의제를 받아 공익성이 부족한 사업에 대해서도 수용권의 행사가 가능하게 되었던 경우가 많았으나, 이에 대한 반성적 고려의 결과 토지보상

74) 박정훈, 앞의 글, 36면 참조.

법이 개정되어 현재는 토지보상법이 정하는 요건과 절차에 따라서만 사인의 공용수용이 가능하도록 되었다. 이와 같이 공용수용의 인정범위를 보다 엄격하게 규제하고자 하는 법체제하에서 사인의 공용수용에 대한 정당성 판단의 기준이자 근거라 할 수 있는 '공공필요'에 대한 적절한 해석 및 적용은 더욱 중요하게 되었다 할 수 있다.

한편 토지보상법의 개정에 따라서 법적용의 합리성과 절차보장이 강화되었다고 평가할 수 있지만, 이에 더하여 사인의 공용수용을 둘러싼 공·사익의 조화라는 측면에서 몇 가지 사항을 검토해 볼 수 있다. 우선 민간투자법의 적용과 관련하여 특히 부대사업의 시행의 경우에도 제한 없이 사인의 공용수용을 허용할 수 있을 것인지 여부가 문제될 수 있고, 이에 대해서는 공공필요성에 대한 보다 엄밀한 검토가 필요할 것으로 생각된다. 그리고 헌법재판소는 토지보상법상 사업시행자의 성실한 협의의무를 사인의 공용수용으로 인한 사익의 침해에 대하여 피해의 최소성을 담보하는 장치로 파악하고 있는데, 이러한 협의의무가 보다 실질적으로 기능할 수 있도록 하기 위해서는 그에 대한 감독적 조치가 제도적으로 이행되어야 할 것으로 생각되고, 이 경우 토지수용위원회의 개입을 고려해 볼 수 있을 것이다. 마지막으로 토지보상법 제89조에서 규정하고 있는 행정대집행에 대한 내용은 토지의 인도가 비대체적 작위의무임을 감안할 때 일응 법률의 은폐된 흠결이 있는 것으로 여겨지므로, 이와 관련하여 법규정의 목적론적 축소를 통해서 법률의 문언에도 불구하고 대집행이 인정되지 아니한다고 판단한 판례의 태도를 이해해 볼 수 있다 할 것이다.

34. 민영화와 국가책임* - 독일의 '機能私化' 논의를 중심으로 -

차 민 식**

Ⅰ. 서 설

독일에서 논의되는 국가임무와 機能私化, 이에 수반되는 국가책임에 관한 이론을 살펴보고 이를 통하여 우리에게 시사하는 바를 찾는 것이 本稿의 목적이다.

오늘날 국가는 급부행정을 비롯한 국가임무의 증가와 국가임무의 증가에 미치지 못하는 재정능력의 부족을 해결하기 위하여 부담을 줄이려고 노력한다.[1] 세계화는 국가 생존을 위한 목전의 과제이며, 시장기능과 사인의 창의력·전문성 활용의 명령이 행정의 내부개혁과 함께 행정활동의 효율화를 요구한다. 이러한 상황에서 행정의 시선은 행정목적의 실현에 기여할 수 있는 사인에게 향한다. 사인은 이미 그러한 능력을 갖추고 있었다.

독일의 국법학자대회에서도 사인의 관여에 따른 행정법의 구도변화와 관련된 주제들이 반복적이고 지속적으로 그리고 다양한 측면에서 논의되고 있다.[2] 이것은 행정에 있어서 능동적 사인의 중요성을 시사한다. 우리나라에서도 관심은 지속되어 왔다.[3] 그러나 우리의 이

---

* 이 글은 "機能私化와 국가책임에 관한 小考: 독일에서의 논의를 중심으로" 『행정법연구』 제29호, 2011, 61-104면을 수정·보완한 것임을 밝힌다.

** 법학박사, 전 부산항만공사 본부장

1) 이것은 "요구받는 국가"(Reiner Schmidt, "Der geforderte Staat", NJW 1980, S. 160)에서 "과도한 요구에 시달리는 국가"(Roman Herzog, "Der überforderte Staat", in: Badura/Scholz(Hg.), Wege und Verfahren des Verfassungslebens. Festschrift für Peter Lerche 1993, S. 15) 등으로 표현되어 왔다.

2) 독일 국법학자대회에서 반복적으로 사인의 관여에 대한 주제에 대하여 다양한 관점에서 논의되었다. 예컨대, Heitzen/Voßkuhle, Beteiligung Privater an der Wahrnehmung öffentlicher Aufgaben und staatliche Verantwortung, VVDStRL H. 62(2003), S. 220 ff. S. 266 ff.; Salzwedel/Bullinger, Staatsaufsicht in der Verwaltung und der Wirtschaft, VVDStRL H. 22(1965). S. 206 ff., S. 264 ff.; Leibholz/Winkler, Staat und Verbände, VVDStRL H. 24(1966), S. 5 ff., S. 34 ff.; Ossenbühl/Gallwas, Die Erfüllung von Verwaltungsaufgaben durch Private, VVDStRL H. 29(1971), S. 137 ff., S. 211 ff.; Bachof/Brohm, Die Dogmatik des Verwaltungsrechts vor den Gegenwartsaufgaben der Verwaltung, VVDStRL H. 30(1972), S. 193 ff., S. 245 ff.; Rauschning/Hoppe/Wenger/Wildhaber, Staatsaufgabe Umweltschutz, VVDStRL H. 38(1980), S. 167 ff., S. 211 ff., S. 318 ff., S. 325 ff.; Link/Ress, Staatszweck im Verfassungsstaat, VVDStRL H. 48(1990), S. 7 ff., S. 56 ff.; Burmeister/Krebs, Verträge und Absprachen zwischen Verwaltung und Privaten, VVDStRL H. 52(1993), S. 190 ff., S. 248 ff.; Hengstshläger/Osterloh/Bauer/Jaag, Privatisierung von Verwaltungsaufgaben, VVDStRL H. 54(1995), S. 165 ff., S. 204 ff., S. 243 ff., S. 287 ff.; Merten/Berka/Depenheuer, Bürgerverantwortung im demokratischen Verfassungsstaat, VVDStRL H. 55(1996), S. 7 ff., S. 48 ff., S. 90 ff.; Schmidt-Preuß/Di Fabio, Verwaltung und Verwaltungsrecht zwischen gesellschaftlicher Selbstregulierung und staatlicher Steuerung, VVDStRL H. 56(1997), S. 160 ff., S. 235 ff.; Schoch/Trute, Öffentlichrechtliche Rahmenbedingungen einer Informationsordnung, VVDStRL H. 57 (1998), S. 158 ff., S. 216 ff.; Löwer/Puhl/Holoubek, Der Staat als Wirtschaftssubjekt und Auftraggeber, VVDStRL H. 60(2001), S. 416 ff., S. 456 ff., S. 513 ff.

러한 논의는 공무수탁사인이나 행정보조자와 관련하여 현안의 문제 해결을 위한 개별 법리의 설명을 위주로 진행되어 왔을 뿐, 국가와 사회의 협력이라는 관점에서 사인을 능동적 활동의 주체로 파악하려는 새로운 행정의 체계화를 위한 노력은 미흡한 듯하다.[4)]

근대국가는 민주주의와 법치주의에 기초하여 국민의 기본권을 보호한다. 이때 사인에 의한 공임무 '수행'(Wahrnehmung)은 특별한 근거를 필요로 하는 예외적인 것이다. 하지만 자유주의적 질서의 관점에서 보면 공임무의 '실행'(Erfüllung)에 사인이 관여하는 것은 일상적인 것이다.[5)] 행정상 사인의 활용, 행정상 사인의 참여, 행정과 사인의 협력, 행정과 사인의 분담 등이 행정에 관여하는 사인을 설명하는 용어로 자주 사용되고 있다. 이제 私化는 공임무 수행에 대한 사인의 관여에 관련된 문제를 접근·발견·해결하는 기초개념으로 발전하고 있다.[6)] 私化는 국가의 부담경감과 효율화를 위한 현대행정이 지향하는 핵심적 가치의 하나이

---

3) 국내의 공임무 수행과 사인의 관여에 대한 연구로는 김기진, "공무수탁사인에 관한 연구", 『법학연구』 제15권 제4호(2005), 101-114면; 김대인, "행정기능의 민영화와 관련된 행정계약-민관협력계약과 민간위탁계약을 중심으로", 『행정법연구』 통권 제14호(2005), 347-376면; 김동희, "공역무제도에 관한 연구", 『서울대학교 법학』 제35권 제2호(1994), 130-154면; 김동희, "공익사업의 특허", 『서울대학교 법학』 제34권 제2호(1993), 35-58면; 박정훈, "행정법의 구조변화로서의 참여와 협력-독일에서의 이론적 논의를 중심으로", 『공법연구』 제30집 제5호(2002), 1-25면; 박해식, "한국증권업협회가 한 협회등록취소결정의 법적 성격", 『법조』 통권 546/547호(2002), 39-85/89-116면; 송시강, "행정법상 특허 개념의 연혁과 현황", 『홍익법학』 제10권 제1호(2009), 285-313면; 이광윤, "공역무(Les Services Publics) 개념의 변천과 공기업 및 특허기업", 『성균관법학』 제4집(1992), 1-13면; 이상천, "국가배상법 제2조 제1항의 입법론상 문제점-공무수탁사인을 중심으로", 『행정법연구』 제26집(2010), 225-256면; 이원우, "민영화에 대한 법적 논의의 기초", 『한림법학포럼』 제7권(1998), 207-231면; 이원우, "정부기능의 민영화를 위한 법적 수단에 대한 고찰-사인에 의한 공행정의 법적 수단에 대한 체계적 연구", 『행정법연구』 제3권(1998), 108-136면; 이원우, "항고소송의 처분대상인 개념요소로서 행정청", 『저스티스』 통권 제68호(2002), 160-199면; 이원우, "공기업 민영화와 공공성 확보를 위한 제도개혁의 과제", 『공법연구』 제31집 제1호(2002), 21-58면; 정하중, "사법행정의 기본권 기속", 『서강법학연구』 제2권(2000), 51-74면; 정하중, "민간에 의한 공행정수행", 『공법연구』 제30집 제1호(2001), 463-488면; 홍준형 "사인에 의한 행정임무의 수행-공무수탁사인을 둘러싼 법적 쟁점을 중심으로", 『공법연구』 제39집 제2호(2010), 630-650면.

4) 사인에 의한 공법적 행정활동형식의 사용여부나 지시의존성에 관한 문제가 공무수탁사인과 행정보조자에 관하여 주로 논의 되었으나, 이것은 주로 공법적 수단의 활용에 대한 법률유보나, 국가에 대한 국가배상 책임의 인정여부에 관하여 논의되었다. 이것은 협력적 행정활동과는 다른 관점이다. 私人의 행정상 활동에 대한 일반론적인 입장에서 새로운 접근이 필요함을 시사하는 견해로는 홍준형, "사인에 의한 행정임무의 수행-공무수탁사인을 둘러싼 법적 쟁점을 중심으로", 『공법연구』 제39집 제2호(2010), 631-632면 참조.

5) Markus Heintzen/Andreas Voßkuhle, Beteiligung Privater an der Wahrnehmung öffentlicher Aufgaben und staatliche Verantwortung, VVDStRL H. 62(2003), S.222/268 참조.

6) 본고에서는 독일에서 사용되는 'Privatisierung'을 '私化'라고 번역하며, 국내의 관련 현상에 대하여도 '私化'라는 용어를 사용한다. 그동안 '민영화'라는 용어가 사용되기도 하였으나, 이 용어는 국가자산의 매각이나 공기업의 지분매각을 지칭하는 말로 흔히 사용되어 왔다. 또한 민영화는 국민의 비용증가나 효율화에 편중된 공법적 통제의 이탈을 함축하는 부정적 이미지를 가지고 있기도 하다. 이러한 관점에서 민영화를 공법적 원리가 적용되는 사인의 등장을 포괄하는 일반적 상위 개념으로 사용하기에 부적합한 점이 있다(기획재정부가 편한 '2008-2010 공공기관선진화 백서'에서도 공기업 민영화라는 제하에서 공기업의 전부 또는 일부의 매각 을 설명한다. 또한 열요금 인상을 우려한 주민들이 '민영화'에 반대하는 소송을 제기한 한국지역난방공사의 사례는 민영화에 대한 부정적 이미지의 대표적 사례라 할 수 있다). 독일에서도 Privatisierung이 우리와 동일한 현상을 지칭하는 용어로 시작하였으나, 차츰 사인과의 관계에 대한 논의가 확장됨에 따라 의미의 전성을 일으켜, 행정상 사인의 등장에 관한 포괄적인 개념으로 발전하였다. 우리의 경우에도 '민

며, 동시에 민주주의 · 법치주의 · 기본권 보장에 대한 고찰을 촉발시키고, 국가책임의 검증을 명령하는 개념이 되었다.

행정은 – ① 자신의 조직을 私法的 형식의 법인으로 선택하는 경우, ② 자신의 임무를 私法的 형식의 활동을 선택 하여 수행하는 경우, ③ 사인과의 협력을 통하여 행정을 수행하는 경우, ④ 합의적 조직체 내에서 사인과 대등한 자격으로 합의하여 의사를 결정하고 집행하는 경우, ⑤ 행정목적의 달성을 위하여 사적 조직체 내에 지분권을 가지고 그 한도 내에서 결정에 개입하는 경우 등에 있어서 – 사법적 원칙의 도입을 주도한다. 다음으로 사인은 – ① 사적 자기책임을 강화하는 경우, ② 행정절차에 참여하는 경우, ③ 행정임무 수행의 집행 · 준비 단계에 관여하는 경우, ④ 대규모 국가 발주사업에 목적적 관점에서 관여하는 경우 등에 있어서 – 공법적 원칙의 적용을 수용한다. 이러한 국가와 사회의 움직임은 다양한 방법으로 행정성과주의, 탈규제화, 시장기능 강화, 환경법상 예방주의 원칙과 같은 행정상의 요구와 결합하여 행정을 개혁 시킨다.[7)]

독일에서의 私化는 국가자산의 매각이라는 틀을 벗어나 공임무 수행의 새로운 형태를 파악하는 기초개념이 되었고, 이러한 발전과 더불어 관여와 私化의 개념이 분리되었다. 즉, 사인과 행정이 공익실현을 위해 협력하는 관계를 포괄하는 '사인의 관여'(Beteiligung Privater)와 '국가임무에 관계되는 사인'을 포착하는 私化의 개념이 출현하고, 私化는 관여에서 분리되어 정밀한 요건 · 효과의 개념으로 발전하였다. 私化의 개념이 여기에 이르면, 이것은 문제해명의 개념을 넘어선 도그마틱적 개념이 된다. 독일에서의 私化는 이제 국가임무와 결합하여 민주주의 · 법치주의의 절차적 고찰과 기본권보장의 실질적 고찰을 요구한다. 私化는 이제 사인과 국가 사이의 관계를 결정하는 개념으로, 그리고 국가책임의 검증을 명령하는 개념으로 발전하고 있다. 여기에서 공법적 원리와 사법적 원리의 혼융이 발생하며, 기존의 행정법 이론으로는 설명하기 어려운 영향력 이동의 현상이 나타난다.[8)]

영화'의 개념이 확장되고 있는 것은 사실이지만 아직 미흡하다. 우선 여기에서는 국가 자산의 매각보다는 私化(민영화)이후의 국가책임을 강조하고 이때 필요한 규범적 관심을 촉구하는 의도로 '私化'라는 용어를 사용한다.

7) 국내에서도 신공공관리론에 기초한 책임행정기관이 논의되었으며, 규제행정에 대한 연구가 중점적으로 진행되었다. 예컨대, 권장준, 공익산업에서의 규제개혁에 관한 법적 고찰, 법학연구제33집, 2009, 39-61면; 김근세, 한국 책임운영기관 제도의 운영 평가: 조직구성원의 인식을 중심으로, 한국정책학회보 제8권 제3호, 1999, 233-256면; 김준기, 공기업의 개혁과 민영화, 최병선/최정원 공편, 국가운영시스템-과제와 전략, 2008, 139-179면; 선정원, 법치주의와 행정개혁, 공법연구 제32집 제2호, 2003, 229-286면; 이원우, 규제개혁과 규제완화-올바른 규제정책 실현을 위한 법정책의 모색, 저스티스 통권 제106호, 2008, 355-389면; 이원우, 경제규제와 공익, 서울대학교 법학 제47권 제3호, 2006, 89-120면; 이원우, 통신시장에 대한 공법적 규제의 구조와 문제점, 행정법연구 제3호, 2004, 61-95면; 조소영, 독립규제 위원회의 전문성 제고를 위한 시스템에 관한 연구-방송통신위원회의 기능과 역할을 중심으로, 공법학연구제10권 제1호, 2009, 475-500면; 한상우, 규제개혁을 위한 법제개선 추진 방향, 법제 제66호, 2008, 33-65면; 홍준형, 신공공관리론의 공법적 문제-공무원인사제도개혁을 중심으로, 행정논총 제37권, 1999, 93-110면 등의 논문이 있다.

8) 중앙집권적인 초기 자유주의 모형이 시간의 흐름 속에 이질적으로 관련된 질서체계인 포스트 모던적 모형

본고는 국가와 사인이 협력하여 공공복리를 달성한다는 관점에서 機能私化의 현상에 주목하며, 연계하여 機能私化 이후에 국가가 부담하는 국가책임에 대한 고찰을 시도한다.

Ⅱ. 機能私化 논의의 기초

機能私化, 행정보조자 및 이에 수반된 국가책임에 관한 논의를 전개하기 위해서는 우선 私化의 대상이 되는 공임무와 국가임무가 정의되어야 하며, 私化에 대한 논의가 대상으로 해야 할 범위와 유형에 대하여 경계를 명확히 할 필요가 있다. 機能私化에 대한 논의를 시작하기 전에 먼저 이에 대하여 살펴본다.

1. 국가임무와 공임무

(1) 국가와 사회

근대의 국가론은 광의의 국가인 '공동체' 내에 협의의 '국가'와 '사회'가 준별되어 존재한다고 이해한다. 국가의 법원칙은 보편과 평등의 객관적 원칙이며, 국가는 공공복리의 달성을 목표로 한다. 사회의 법원칙은 자유의 주관적 원칙이며, 자치적 자기결정의 권리이다. 사회 역시 국가와 더불어 공공복리 달성에 기여할 수 있지만, 공공복리를 달성하는 것이 사회의 목표로서 부여되는 것은 아니라는 점에서 국가와 사회는 차이가 있다.

자유주의적 법치국가에서 국가와 사회는 상호 영향을 주고받으며, 이때 공법적 구속과 사적자치가 공공복리 확립에 가장 적합한 형태로 보완적으로 결합된다. 만일 국가와 사회가 구별되지 않는다면, 평화로운 질서 속에서 개인의 자유와 인간의 존엄이라는 이상적 모습은 실현될 수 없다. 국가와 사회의 관계는 지속적으로 변화하며, 바로 이 변화가 행정상 사인의 등장 배경이 된다.

(2) 임무 · 공임무 · 국가임무

'임무'(Aufgabe)는 특정한 주체에 부여된 목표나 의무와 관계된 '활동'의 객관적 범위로 이해된다.[9] 임무는 누구에게 '주는 것'(Aufgeben)에 상응하는 개념으로 목표를 추구하는 과정에서 나타난다. 임무는 임무수행의 의무가 부여된 임무의 주체, 임무를 구성하는 활동, 임

으로 대체되어야 한다는 주장이 있다. 이것은 이러한 인식 변화의 결과로 이해된다. Andreas Voßkuhle, Beteiligung Privater an der Wahrnehmung öffentlicher Aufgaben und staatliche Verantwortung, VVDStRL H. 62(2003), S.272 및 Fn.15 참조.

9) 임무는 개별적인 이해관계인의 관심에 상응하는 활동의 범위를 의미한다. 예컨대, 폐기물 처리, 병원의 운영, 혹은 주차위반 차량의 제거는 임무가 된다. 임무는 활동으로 구성되며 예컨대, 주차위반 차량의 제거라는 임무는 견인결정, 견인차의 유지 · 관리, 위반차량의 적발 · 견인 · 보관 등과 같은 활동으로 구성된다. 임무와 활동의 구별에 관하여는 Martin Burgi, Funktionale Privatisierung und Verwaltungshilfe, Tübingen 1999, S.30 참조.

무수행의 책임을 연결시키는 체계요소이다.

임무와 '임무영역'은 구별될 수 있다. 임무가 임무의 주체와 결합되는 도그마틱적 개념이라면, 임무영역은 공통된 주제와 연관된 다수의 임무로 구성된 영역을 말한다. 임무영역은 포괄적이고 서술적 개념이라는 점에서 임무와 차이가 있다. 임무를 구성하는 일부 활동은 수행의 단계에 따라 다시 분리되어 결합될 수 있다. 이러한 단계화된 활동을 '기능'이라 한다. 기능은 임무의 일부에 불과하므로 기능의 수준에서 '분담'이 이루어진다 해도, 임무수행의 주체는 변하지 않는다. 공익관련성에 대한 판단은 임무 차원에서 이루어져야 하며 개별 기능의 차원에서는 판단될 수 없다.

'공임무'는 공익목적을 위한 활동의 객관적 범위로 공적인 책임과 관계된 임무로 이해된다. 여기에서 공익목적은 공익, 공동선 내지 공공복리 지향성으로 설명된다.[10] 공공복리의 개념은 불확정적이며, 개방적일 수밖에 없다. 공임무는 공공복리의 실현을 위한 임무이므로 공임무 개념 역시 불확정적이고 개방적이다. 공공복리는 사전에 정의될 수 없으며, 다원적 실현 주체에 의하여, 공공복리 발견 절차에 따라, 공공복리와 관련된 이익의 형량을 통하여 결정된다. 이러한 불확정성으로 인하여 공공복리에 있어서는 이를 발견하기 위한 의사형성의 조건·수단이 중요해지며, 공공복리 결정은 절차와 제도의 문제로 이동한다. 또한 입법자가 불확정 법개념, 재량적 요건, 목적·프로그램적 법률을 활용하는 경우가 증가하고, 의회에 의한 조종작용은 약화되고 있다. 이에 따라 법률의 내용이 행정의 집행단계에서 구체화되는 경우가 증가한다.[11] 공공복리 발견을 위해서 조직과 절차에 기초한 형식적 공공복리의 개념이 대두되는 것은 이러한 변화를 배경으로 한다.

'국가임무'는 국가가 수행해야 할, 헌법에 근거하여 국가에 부여된 일정한 활동범위로 이

---

10) 국내에서도 이러한 공익내지 공공복리에 대하여 그 개념을 밝히는 다수의 헌법학적 연구 들이 있다. 공익의 개념에 대한 자세한 고찰은 본 연구의 범위를 넘어서는 또 다른 거대 연구과제이다. 국내의 대표적인 행정법 관점의 공익관련 저작으로 최송화, 『공익론-공법적 탐구』, 서울대학교출판부, 2002 참조. 그 밖에 공익에 관한 국내의 논문으로는 김명재, "헌법상 공공복리의 개념과 실현구조", 『공법학연구』 제8집 제2호(2007), 3-35면; 양천수, "공익과 사익의 혼융현상을 통해 본 공익 개념-공익 개념에 대한 법사회학적 분석", 『공익과 인권』 제5권 제1호(2008), 3-29면; 이기철, "공공복리 내지 공익의 개념", 『토지공법연구』 제18권(2003), 147-189면; 이원우, "경제규제와 공익", 『서울대학교 법학』 제47권 제3호(2006), 89-120면; 장태주, "행정법상 공익이론의 함의", 『법학논총』 제24집 제2호(2007), 197-216면; 정극원, 헌법규범의 근거로서 공공복리, 『토지공법연구』 48권(2010), 525-549면; 정태호, "헌법 제23조 제2항의 해석론적 의의", 『토지공법연구』 제25집, 2005, 575-597면; 제철웅, "사적자치와 공익의 상호관계", 『서울대학교 법학』 제47권 제3호(2006), 121-154면; 조한상, "공공성과 공공복리", 『영남법학』 제26호(2008), 71-97면; 조한상, "헌법 제37조 제2항 '공공복리'개념에 관한 고찰", 『헌법학연구』 제12권 제5호(2006), 83-111면; 조한상, "헌법에 있어서 공공성의 의미", 『공법학연구』 제7권 제3호(2006), 252-275면; 지성우, "법학적 의미에서의 '공익'개념에 대한 고찰-국가 이데올로기 관철의 도구에서 국가작용 제한의 근거로의 전환", 『성균관법학』 제18권 제3호(2006), 211-233면 참조.

11) 박정훈, 『행정법의 체계와 방법론』, 박영사, 2005, 제6장 행정법의 구조변화로서의 '참여'와 '협력', 246-247면 참조. 행정절차를 중심으로 한 참여에 의한 행정법의 구조변화, 그리고 참여의 민주주의적 기능, 법치주의적 기능, 사회국가적 기능에 대하여는 같은 책, 248-260면 참조.

해된다. 국가임무와 공임무는 구별되며, 국가임무는 국가라는 임무의 주체에 의하여 수행되는 공임무를 말한다. 이것은 독일에서 통설의 입장이다.[12] 앞서 고찰한 국가와 사회의 준별을 임무의 관점에서 파악하면, 국가임무와 공임무가 분리된다는 이해가 가능하다. 국가임무는 도그마틱 개념이며, 어떤 임무를 국가임무로 인정한다는 것은 이 임무를 수행하는 국가활동이 헌법에 근거하여 정당하다는 것을 인정하는 것이다. 또한 국가임무로 인정되는 임무에 대해서는 기본권적 구속, 절차와 관할의 규칙, 구조와 조직의 원리와 같은 국가를 대상으로 하는 헌법규범의 체제가 적용되는 효과가 발생한다고 이해된다. 이러한 헌법 규범의 체제를 포괄하여 국가임무체제라 하며, 국가임무의 수행은 항상 이 체제의 틀 안에서 이루어진다.

2. 국가임무의 결정과 헌법적 근거

(1) 국가임무의 결정

독일에서는 국가임무 결정에 대하여 형식적으로 파악하는 견해와 실질적으로 파악하는 견해가 대립되고 있다. 전자는 全權限性 이론, 후자는 헌법적 구속의 이론을 근거로 한다. 형식적 개념을 취하는 입장에서는 국가가 스스로 수행해야 할 임무를 자유롭게 자기책임 하에 선택할 수 있다고 하면서, 공익이 존재하면 국가가 全權限을 가지며 국가의 결정에 따라 국가임무가 결정될 수 있다고 한다. 그리고 국가가 그 임무를 수행하기로 결정할 때 공임무가 국가임무로 전환된다고 이해한다.[13] 실질적 개념에 취하는 입장에서는 이와는 반대로 국가임무는 헌법으로부터 연역적으로 추론되어야 한다고 하면서, 국가임무의 수행은 헌법의 집행이며, 따라서 헌법해석에 근거하여 국가임무가 결정된다고 한다.[14] 오늘날 이러한 두 이론의 일방적 극단을 취하는 주장은 찾아보기 어렵다. 일반적으로 공익의 존재와 헌법과의 일치를 전제로 하여 국가가 국가임무 권한을 결정할 수 있는 권한 – 소위 '권한의 권한' – 을 가지고 있음을 인정하는 절충적인 입장을 취하고 있다. 이것은 대다수의 주장이 국가임무의 형식적 개념을 수용하는 한편 국가 결정권한이 과도하게 확장되는 것을 경계하여 실질적 개념의 관점에서 일정한 한계를 인정하는 것으로 이해된다.

한편 공공복리가 개방적 개념이므로 국가권한이 대상으로 하는 임무의 범위 역시 확정적일 수 없다. 이는 국가와 사회의 관계가 달라짐에 따라 이에 상응하여 변화한다고 이해된다. 헌법은 그 성격상 '기본권'과 '민주적 질서'를 근간으로 하여, 몇 개의 실체적 지도원리만을

---

12) Martin Burgi, Funktionale Privatisierung und Verwaltungshilfe, Tübingen 1999, S.41 참조.

13) Krüger는 '권한-권한'(Kompetenz-Kompetenz), 즉, 권한의 여부와 범위를 결정할 수 있는 권한이라는 용어를 사용하여 국가임무의 형식적 개념을 간결하게 설명하였다. 국가임무의 형식적 개념에 관하여 Herbert Krüger, Allgemeine Staatslehre. 2.Aufl., Stuttgart 1966. S.27, S.759 ff. 참조.

14) 국가임무의 실질적 개념에 관하여 Thomas Oppermann, Europarecht. Ein Studienbuch, München 1991. Rn.429 ff. 참조.

제시하고 있다. 따라서 헌법에 엄격하게 구속된 실질적 의미의 국가임무 권한은 생각할 수 없다. 국가는 일상적으로 변화하는 실제 여건과 계기에 대처해야 하며, 공공복리 달성을 위한 사회의 기여를 촉진・발전시키고 지원해야 한다. 이를 위하여 국가라는 작용단위는 탄력적이고 개방적으로 유지되어야 한다. 그리고 이를 지원하는 수단 차원에서 국가에 대한 주권을 인정하고, 법제정과 법집행이라는 최상위의, 그리고 최종적인 권력의 보유자로서의 지위를 국가에 인정해야 한다. 이러한 관점에서 국가임무를 형식적으로 정의할 필요가 인정되고 있다.

(2) 헌법적 근거

국가임무는 법적 효과를 가진 개념이므로 국가임무를 결정하기 위한 국가의 권한 역시 헌법에 근거하여 정당성이 입증되어야 한다. 그러나 독일 기본법에는 국가의 임무권한이나 국가임무의 私化에 관한 명시적 규정이 없다. 실질적 헌법이라는 관념은 이러한 실정헌법의 침묵을 해석하고 국가임무 권한을 지원하기 위한 관념으로 이해될 수 있다.

헌법국가는 헌법을 통하여 국가의 형태와 모형을 수용하며, 이러한 관점에서 국가의 통치권은 독자적으로 정당성을 갖는 주권이 아니라 헌법의 산물로 인정된다. '결정과 권력의 단일체로서의 국가'는 헌법에 의하여 구성되지만, 국가는 장차 모습을 갖출 미완의 소재로 헌법보다 먼저 존재하고 있었다. 독일의 실정 헌법인 기본법은 이 선재하는 국가의 모습을 받아들인 것이다. 성문헌법이 국가에 관한 세부적 내용에 대하여 침묵하는 것은 이미 존재하고 있었던 국가에 관한 구조와 개념을 참조하고 활용했기 때문이다. 그렇지 않았다면 실정헌법에 규정된 추상적 근거만으로 구체적인 모습의 국가가 구성될 수는 없었을 것이다. 이러한 맥락에서, 성문헌법은 고립된 것이 아니라 이미 존재하고 있던 국가의 법적 기본질서 −소위 실질적 헌법−를 문서로 표현한 기록으로 보아야 한다고 이해된다.

법적 기본질서와 단일한 통일체로서의 헌법이 성문헌법의 배경에 존재한다는 것을 인정하는 입장에서는 '헌법에 종속되지 않은' 국가임무를 부인한다. 또한 이런 의미에서 주장되는 본래적 국가임무를 인정하지 않는다. 다만 '실질적 헌법에 근거하여 인정되는' 국가임무와 국가임무 권한이 존재할 뿐이라고 이해한다. 전권한성은 국가의 기본질서로서 실질적 헌법의 중요한 내용의 하나로 인정되고 있다. 이 전권한성과 국가 임무권한이 '연계'되는 실정헌법의 규정을 찾아낸다면 국가임무 결정권한이 국가에 있다는 형식적 개념의 국가임무 체계가 헌법적 근거를 가진다는 결론이 완결될 수 있다.

시민에게 기본권은 자유주의적 방어권을 의미하지만, 국가에게는 구속을 의미한다. 기본법 제1조 제3항은 기본권이 직접적 효과를 갖는 권리이며, 이 기본권이 모든 국가권력을 구속한다는 취지의 규정으로 이해될 수 있다. 이 조항은 국가가 특정한 임무를 자신의 임무로 결정하고 그 임무를 수행하게 되면, 국가는 기본법의 규정에 구속된다는 것을 의미한다고 해석된다. 이것은 국가의 입법, 행정, 司法의 모든 권력이 기본권에 구속된다는 의미로 이해될 수 있다. 바로 이 조항이 국가의 결정권한이 실질적 헌법의 근거와 연계되는 지점이라고 이해된다. 헌법국가에서 국가 임무권한이 의미하는 모든 것이 여기에 정확하게 반영되어 있다. 즉, 국가의 결정이 시작되는 순간에 이 결정은 헌법적 구속과 연계된다는 것이다.15) 이 조항에 근거하여 실정헌법이 실질적 헌법과 연계되며, 국가임무권한은 헌법적 근거를 갖는다고 인정된다.

3. 私化의 유형과 논의의 대상

私化를 단일한 체계 속에 유형화하는 것은 법적 개념, 제도, 法源 상호간의 관계와 구조를 탐색하는 것이며, 이러한 유형의 분류는 적절한 법적용을 위한 필수적인 선행작업이다.16) 私化는 이론적으로 임무·조직·기능의 관점에서 파악될 수 있다.

(1) 私化의 이론적 유형

1) 任務私化는 국가가 국가임무로부터 벗어나는 私化의 유형이다. 이것은 임무수행이 국가에 의하여 공적 통제를 받지 않는 사적 주체에게 이전되는 것이다.

2) 組織私化는 사법적 형식으로 설립된 주체가 국가의 임무를 실행하는 것이다. 이러한 私化를 '형식적 私化'라고 하며, 私化 이후에도 국가는 자신의 임무로부터 벗어날 수 없다. 이것은 행정의 활동형식을 변경한 것에 불과하다고 이해된다.

3) 機能私化는 특정 임무에 대한 국가의 관할은 유지되지만, 임무의 준비와 집행이라는 임무실행과 관련된 구체적인 활동은 진정한 사적 주체인 행정보조자에게 위탁된다. 機能私化는 '절차의 私化' 또는 '계약에 의한 외주화'와 일부 중복되며, '재정 私化'라는 개념과 중복되는 개념이기도 하다.

(2) 私化 논의의 대상

私化를 체계화하기 위해서는 私化의 범주에 관한 고찰이 먼저 필요하다. 그런데, 여기에서는 '私化 후에 임무 없고, 私化 후에 사인 없고, 私化해도 私化없다'는 역설과 마주하게 된다.17)

1) 任務私化는 임무가 私化되므로, 私化이후에 국가임무는 더 이상 존재하지 않으며, 私化의 논쟁은 私化와 함께 그 대상을 잃는다. 이것은 국가임무체제의 구속이 중단되는 것

15) Martin Burgi, Funktionale Privatisierung und Verwaltungshilfe, Tübingen 1999, S. 52-54 참조.

16) 이원우, "민영화에 대한 법적 논의의 기초", 『한림법학포럼』 7권(1998), 217-221면 참조.

17) 이원우, "공기업 민영화와 공공성 확보를 위한 제도개혁의 과제", 『공법연구』 제31집 제1호(2002), 21-58면(40면) 참조. 이 논문에서 일정한 범위에서 법적 권력이 민간에게 이양된다 해도 국가의 임무 자체는 헌법상 여전히 국가에 남아 있다는 것을 인정해야 하며, 임무의 완전 민영화는 불가하며, 그러한 시도가 자체로서 이미 위헌이라고 한다.

이다.

2) 組織私化란 사인에 의한 국가임무의 수행이다. 국가임무는 여전히 존재하지만, 이때 임무를 수행하는 사인은 국가에 의하여 설립되거나 지배되는 형식적 사인으로서, 그 실질은 私法 형식으로 설립된 행정의 일부이다. 이것은 私化와 함께 국가가 私法的 형식의 단위로 형식만 달라진 것이며 진정한 사인이 아니다.[18]

3) 機能私化는 국가에 속하지 않는 독립적인 진정한 사인이 임무를 집행하는 私化이다. 이 경우 사인의 활동은 국가임무에서 분리된 일부 기능의 집행에 불과하며, 국가임무는 여전히 국가적 주체에 의하여 수행 된다. 따라서 국가임무의 관점에서 보면 私化된 것이 없다. 私化에 관한 논쟁 속에서, 위에서 유형화한 모든 경우가 私化의 현상 에 포섭되는지, 그리고 私化가 고찰해야 할 대상이 되는지 검증이 필요 하다.

생각건대 私化는 변화하는 현상이며, 변화란 출발점과 종점에서 그 대상이 달라지는 것으로, 이것은 종래의 성격과는 다른 성격의 사인이 나타난다는 의미이다. 私化가 발생한 이후에 임무의 성격에 변화가 나타나므로, 私化 이후의 사인이 종래의 사인과 다르다는 것은 당연한 것이다. 이러한 이유에서 私化에 관한 논의는 일정 시점에서 고착되는 전형적인 국가임무나 사인에 집착해서는 안 되며, 私化가 이루어지는 과정 전체에서 나타나는 변화를 대상으로 해야 한다. 결국 私化에 관한 연구는 私化가 실행되는 전후를 포함하는 전 과정에서 私法 형식의 조직, 절차, 활동이 국가임무와 어떤 관계를 유지하면서 변화하고 있는가를 추적하는 작업이 되어야 한다.

이러한 관점에서 앞서 언급된 임무와 조직, 기능의 私化 모두가 私化의 연구 대상에 포함되어야 한다. 특히 機能私化는 국가임무의 존재, 진정한 사인의 활동, 그리고 국가임무체제의 적용과 私法的 활동의 논리가 상호 작용하는 행정의 새로운 현상을 체계적으로 정리하기 위한 개념으로 이해되며 本稿의 주된 고찰 대상이다.

Ⅲ. 機能私化와 행정보조자

1. 機能私化의 개념과 주요영역

(1) 개 념

機能私化는 국가임무에 관하여 국가의 책임구조가 변화하는 私化이다. 국가임무는 국가에 의하여 '수행'(Wahrnehmung)된다. 국가가 직접 스스로 임무를 수행하는 것을 실행

18) 이러한 組織私化에는 국가가 지분 전부를 소유한 사적 기업이나, 공무수탁사인이 해당된다. 本稿에서는 공무수탁사인은 개별임무에 관하여 공적 수단을 활용하여 국가임무를 수행할 수 있는 법적지위가 이전된 私人으로 보며 組織私化에 속하는 현상으로 이해한다.

(Erfüllung)이라 하고 이때의 국가 책임을 '실행책임'(Erfüllungsverantwortung)이라 한다. 이 실행책임이 '지도책임'(Leitungsverantwortung)과 '준비 · 집행책임'(Vorbereitungs- und Durchführungsverantwortung)으로 분리되어, 지도책임은 국가에 남고 준비 · 집행책임은 사인에게 이전되는 현상을 機能私化라 한다.

機能私化는 법적 형식이나 조직 형식을 넘어선 임무의 성격이 실체적으로 私化되는 경향을 나타낸다. 이러한 실체적 私化는 組織私化에 있어서는 잠재적 '위험'이지만, 機能私化에 있어서는 소기의 목표이다. 機能私化에 있어서 국가는 수행책임의 가장 중요한 부분, 즉, 지도책임을 부담하고 있으며, 이러한 지도책임을 통하여 국가임무가 효과적으로 수행될 수 있도록 통제하고 규제한다.

그동안 독일에서는 '임무영역 內'에서 나타나는 국가책임의 기능적 단계화 현상에 대한 연구가 상당한 수준에서 이루어 졌으며, 이에 관한 연구의 성과는 任務私化와 관련된 규율의 내용을 구체화하는데 기여하였다고 이해된다.[19] 그러나 이러한 임무 영역내의 책임의 단계화는 개별 임무 내에서 국가임무책임이 분담되는 機能私化와는 다른 것이다. 機能私化와 관계된 국가책임은 '국가임무 內'에서 국가임무 자체가 사적 활동과 기능적 연계점이 될 수 있다는 시각에서 고찰된다.

機能私化와 관련하여 국가임무를 기능적으로 분담하는 사인을 행정보조자라 하며, 機能私化는 이러한 행정보조자가 등장하는 변화의 과정이라고 설명될 수 있다. 행정보조자의 분담은 입법, 행정행위, 행정계약, 사적계약 등 다양한 형식의 법적 계기를 통하여 결정된다. 이러한 법적 계기가 국가의 유도(Veranlassung)이며, 국가의 유도는 공임무의 위탁, 공익사업의 특허 등 다양한 관점에서 포착될 수 있다.

(2) 機能私化의 주요영역

機能私化는 '집행', '준비', '집행준비'의 분담으로 정리될 수 있다. 집행의 분담은 기반시설에 관한 임무, 전산시설에 관한 임무, 근로소득세에 관한 임무, 보조금지급에 관한 임무, 위험방지에 관한 임무들과 관련하여 나타난다. 준비의 분담은 국가임무에 대한 전문가의 자

19) 독일에서는 행정법적 또는 조종학적 관점에서 책임의 단계화에 대한 고찰이 강도 높게 논의되고 있다고 한다. 이러한 연구는 '조종도구'와 '법형식'을 국가입장에서 포착하고 체계화하려 한다. Schmidt-Aßmann은 이런 노력이 "최우선적인 문제해명적(heuristisch) 임무"라고 평가하면서, 완전한 "실행책임"(Erfüllungsverantwortung)과 "사인의 행위를 위한 국가의 기반조성"(staatliche Rahmensetzung für private Akctivitäten)을 양극으로 하는 분류의 체계를 제시하고 "자문책임"(Beratungsverantwortung), "감시책임"(Überwachungsverantwortung), "조직책임"(Organisasionsverantwortung), "보상책임"(Einstandsverantwortung)으로 책임을 단계화하려고 시도했으며, 이러한 분류를 통하여 행정행위의 규율의 내용을 상세하게 구체화하는 성과를 거두었다고 평가된다. Eberhard Schmidt-Aßmann, Zur Reform des Allgemeinen Verwaltungsrechts-Reformbedarf und Reformansätze, in: Hoffmann-Riem/Schmidt-Aßmann/Schuppert(Hg.), Reform des allgemeinen Verwaltungsrechts, Baden-Baden 1993, S.43 f., 60 f. 참조; Martin Burgi, Funktionale Privatisierung und Verwaltungshilfe, Tübingen 1999, S.160 ff. 참조.

문이나 사전계획을 수립하는 임무를 포함한다. 마지막으로 집행준비적 성격의 분담이 구별될 수 있는데, 이것은 행정보조자가 관할 임무주체로부터 집행성격의 분담을 위임 받았으나, 분담과 관련된 국가임무가 다른 국가임무에 대하여 준비적 성격을 가지고 연계되어 있는 경우이다.[20] 독일에서는 執行私化와 관련하여 주차위반 차량의 견인과 사적 보안업체의 활용이 자주 논의되었으며, 準備私化와 관련하여 자문이 機能私化에 해당하는가에 대하여 의문이 제기 되었다.

1) 주차위반 차량의 견인

주차위반 차량의 견인을 사인에게 위임하는 것은 금지를 위반하여 주차된 차량의 제거라는 국가임무의 집행을 '도급계약'(Werkvetrag)에 근거하여 사적 견인기업에 위탁하는 것으로 이해된다. 한동안 견인기업이 견인대상차량이나 여타 도로통행차량에 손해를 입힌 경우에 국가배상책임이 성립되는지 여부가 논쟁의 대상이 되었다. 초기에는 견인기업의 선정이라는 활동이 수요충족의 관점에서 포착되었으며, 차량견인을 위한 지위가 사인에게 부여된다는 사실은 관심 밖에 있었다. 그러나 견인기업의 선정이 위험방지 임무에 대한 사인의 협력을 야기하는 계기라는 관점에서 파악되어야 한다는 비판이 대두되었다.

연방통상재판소는 견인기업이 야기한 손해에 대하여 국가가 배상책임을 부담하지 않는다고 결정하였으나,[21] 1993년에 이르러 견인기업의 활동을 공적인 공무의 집행으로 인정하였다.[22] 이 판결은 소위 도구론(Werkzeugtheorie)에 따른 것으로 사인의 활동을 국가임무의 수행으로 이해한 것으로 평가된다. 동 사건에서 연방통상재판소는 국가가 기업의 활동에 상당한 영향력을 미치고 있어서, 사인의 활동이 국가의 활동으로 수용될 수 있을 정도에 이르렀으며, 아울러 기업이 고권적 임무, 즉 침해행정 임무의 수행에 관련된다는 것을 근거로 국가배상책임을 인정하였다. 이 사건에서 연방통상재판소가 국가배상책임에 관하여 사적 기업활동의 '사안적 접근도'(Sachnähe)와 '기업과 행정기관 의무들이 결합하는 정도'라는 판단기준을 인정한 것으로 평가된다. 이것은 機能私化와 관련된 행정보조자의 성격을 인정한 것이며, 국가임무의 헌법적 체제가 私化 이후에도 적용되는 영역이 있다는 것을 확인한 것으로 이해되고 있다.[23]

2) 사적 보안업체의 활용

사적 보안업체는 긴급한 위험상황에 직접 개입하여, 필요한 경우 물리적 강제력의 수단을 사용하는 사적 기업이다. 이들은 예견되는 장래적 위험을 통제하기 위하여 기술적 장비를 갖

20) 여기에는 사업관리와 절차이행에 관련된 사인의 임무, 시설물 감시에 관한 국가임무에 관련된 전문가의 활동들이 포함된다.

21) BGH, NJW 1977, 628; BGH, VersR 1984, 762.

22) BGH, JZ 1993, l001.

23) Martin Burgi, Funktionale Privatisierung und Verwatungshilfe, Tübingen 1999, S. 123-124 참조.

추어 대비하며, 국가의 위험방지 임무와 외형상 동일한 활동을 수행한다.

국가 시설관리자는 자기가 관리하는 시설물과 방문자의 안전을 보호하는 임무를 사적 보안업체가 집행하도록 위임할 수 있는데, 이때 국가 시설관리자에 의하여 機能私化가 실행된 것으로 인정될 수 있다. 이러한 私化는 사인의 현장경험, 시설관리에 대한 사인의 친숙성, 비용 효율성 등을 활용한다는 측면에서 긍정적으로 받아들여질 수 있다.

그러나 국가적 시설물 관리자는 법에 근거한 강제력의 수단을 사용할 권능을 갖고 있지 않으므로, 안전보호 임무를 사인에게 이전할 수 없다는 견해가 있다. 강제력의 집행은 항상 국가에 귀속되어야 한다고 이해하는 것이다. 한편 국가의 강제력 집행과 사인에게 허용된 긴급권적 강제력의 활용은 다른 것으로 이해하는 견해도 있다. 이것은 국가가 위임한 강제력은 국가임무체제가 적용되지만, 사적 긴급권에 근거한 강제력은 국가임무의 체제가 적용되지 않는다는 견해이다.

원칙적으로 사적 보조자는 임무수행에 강제력 수단을 사용할 수 없다. 따라서 이런 임무 영역에서의 私化를 선택할 수 있는 가능성은 현저하게 감소된다고 인정된다. 그러나 이러한 임무를 機能私化하는 것은 다른 유형의 私化와 분리하여 고찰할 필요가 있다.

3) 전문가의 자문

機能私化와 관련된 자문은 행정조직 외부에 존재하는 사적 조직단위가 국가의 유도에 따라 국가에 대하여 제공하는 준비적 자문을 말한다. 이러한 활동은 주로 과학·기술과 관련된 국가임무의 영역에서 나타난다. 그러나 합의체 행정기관 내에서 기능하는 독립적 학자의 협력적 활동, 사적인 단체에 의한 규범제정, 입법기능에 대한 자문은 機能私化에 관련된 자문이 아니다.

독일 행정절차법 제26조 제1항은 동법 제9조 소정의 행정절차를 이행할 때 전문가를 활용하는 경우를 예기하여 규정한 일반법적 조항으로 이해되고 있다. 독일에서는 전문적 결정의 명령이 법치국가 원칙의 하나이며, 전문지식의 활용은 헌법적 지침으로 이해된다. 또한 사적 자문인이 행정개혁과 機能私化를 선도함에 있어 중요한 역할을 하고 있다. 이 전문가의 자문을 私化와 관련된 논의의 대상에서 제외하려는 경향이 있으나,[24] 국가임무와 기능적 관련성을 가진다는 점은 집행적 성격의 분담과 다르지 않으므로 機能私化에서 제외할 이유는 없다고 이해된다.

24) 자문을 유도하는 행정은 전문가에 비하여 전문성·숙련도에 있어서 낮은 수준에 있으며, 전문가의 지식은 독점적인 경우가 많아서 발주자가 자문가를 통제하는 것이 사실상 불가능한 경우가 많다. 뿐만 아니라 과학과 학문은 기본권적으로 보호되는 기본법 제5조 제3항의 지원을 받는 영역으로 이와 관련된 자문은 지시로부터의 자유라는 독립성을 본질로 한다. 이러한 이유에서 자문은 도그마틱적 현상들 중의 하나로 포착하는 데 어려움이 있었다.

2. 행정보조자의 성격

국가가 국가외부와 협력적 관계를 맺는 가장 대표적인 활동양식은 공공발주이며, 이것은 그동안 국가의 수요충족이라는 개념에 포함되어 이해되어 왔다. 이러한 수요충족 활동은 임무수행 양식의 관점에서는 행정보조자의 선택과 차이가 없다. 그러나 국가임무의 관점에서는 명확하게 구별될 수 있다고 이해된다. 한편 기존 도그마틱에서는 행정보조자를 비독립적, 종속적 성격의 도구적 사인으로 파악하고 이에 근거하여 사인의 활동이 야기하는 국가배상책임을 인정하였다. 그러나 비독립성이라는 징표는 분류의 경계확정을 위한 기준으로 부적합하며, 임무관점에서 私化를 유형화하고 이를 바탕으로 국가임무체제의 적용을 결정하려는 입장과 배치된다고 이해된다. 機能私化를 구조적으로 이해하기 위해서는 수요충족과 비교하여 고찰하고, 비독립성에 대하여 비판적으로 분석할 필요가 있다.

(1) 수요충족과의 機能私化의 유도

국가가 필요로 하는 재화와 역무를 확보하는 단순한 '수요충족'은 도구적 임무이며, 사인에 의한 기능분담과는 다르다. 유도의 국가임무는 목적적 국가임무를 사인에게 위임하거나 수요충족의 성격을 갖는 국가임무를 사인이 직접 실행하도록 위임하는 국가임무이다. 이 유도임무의 영역이 機能私化의 영역이다. 수요충족과 유도임무는 국가와 사인 간에 체결되는 발주계약의 내용에 따라 구별될 수 있다.

국가의 입장에서 보면 역무를 제공받는 활동과 역무제공이 지향하는 목적적 국가임무를 수행하는 활동이 구별되는데, 수요충족의 임무에 있어서는 목적적 부분은 私化되지도 않고 사인에게 이전되지도 않는다. 역무를 제공하는 사인은 자신이 제공하는 역무가 국가임무와 어떤 관계에 있는지에 대하여 관심이 없으며, 국가가 사인에게 이러한 관심을 요구하지도 않는다. 사인이 국가임무의 목적을 실현하기 위한 임무를 일체로서 협력적으로 국가에 제공할 때, 이때의 사인이 機能私化와 관련된 사인이다. 이 국가임무와의 기능적 관련성에 의하여 국가에 대한 단순 공급과 사인의 분담이 구별된다.

수요충족은 국가임무 수행에 필요한 여건을 조성하고 수행에 전제되는 조건을 충족시킨다는 점에서 국가임무 수행에 영향을 미치지만, 간접적으로 기여할 뿐이다. 그러나 機能私化의 유도행위는 직접 국가임무 수행에 영향을 미친다. 이 점에서 양자는 차이가 있다. 사인이 분담한 국가임무의 집행, 이 집행의 과정에서 이루어지는 사적 활동은 행정외부의 국가이해관계인과 공법적 관계를 발생시키지 않는다. 그러나 분담된 사인의 활동이 제3자에 대한 사실상의 침해를 발생시킬 수 있다. 그럼에도 불구하고 이러한 유도행위를 '국고적 보조사무'로 보고 사인의 활동에 대한 공법적 통제가 중단된다고 이해하는 것은 국가임무체제와 관련된 도그마틱적 대처가 아니다.[25)] 이것이 機能私化가 제시하고자 하는 문제인식의 출발점이다.

(2) 비독립성에 대한 비판

기존 '행정보조자'(Verwaltungshelfer)의 징표로 지시의존성, 활동의 비독립성, 법률적 근거의 부재, 보조적 성격의 활동, 임무이해당사자와의 직접적인 법적 관계의 부재 등이 열거된다. 우선 법률적 근거가 없다는 것은 판단기준이 아니며, 행정보조자에 대하여 법률유보가 적용되지 않는다는 것을 설명하는 것에 불과한 것으로 이해된다. 다음으로 보조적 성격은 '기능적 분담의 관련성'과 동일한 의미로 볼 수 있는데, 이것은 機能私化와 관련하여 나타나는 행정보조자의 징표와 동일한 것으로 이해된다. 따라서 機能私化와 관련된 행정보조자와 기존 도그마틱의 행정보조자 사이에는 독립성에서만 그 차이가 있을 뿐이다. 즉, 기존의 행정보조자는 '비독립적' 사인이 국가임무와 '기능적 관련성'을 가진 분담을 제공하는 사인이라고 이해된다.[26)]

국가임무를 사인이 수행하면, 사인의 활동은 사적자치의 체제를 떠나 국가임무 체제로 진입하는 헌법체제의 변화라는 결과를 발생시킨다. 그러나 비독립적 행정보조자에 관한 이론은 분담에 관여한 자의 법적 지위가 사인이라는 본질을 무시하고, 단지 이를 부수적 성격이라고 본다. 이것은 機能私化가 진정한 사인의 선도적 역할과 능력의 활용을 기대한다는 것을 무시한 것이며, 국가임무가 국가 활동의 정당성 인정과, 국가임무 체제의 적용이라는 헌법적 효과를 촉발시키는 도그마틱적 개념이라는 것을 간과한 것이라고 비판된다.

한편 비독립성이라는 기준 자체에도 문제가 있다고 인정된다. 완전 독립에서 완전 의존에 이르는 범위 내에서 어느 지점에서부터 국가화가 인정될 수 있을 정도의 비독립성이 인정되는 것인지 그 경계를 명확하게 확정할 수 없다. 또한 독립성은 해당 임무영역의 개별법이 가진 특성, 사적인 활동을 유도하는 양식 등 다양한 요소에 따라 개별적으로 달리 판단될 수 있다. 이러한 불명확성과 일반성의 부재라는 단점은 비독립성이 판단기준으로 활용될 수 없다는 비판의 근거가 된다.

機能私化는 사인과의 협력적 분담의 관계를 출현 시키는 국가의 결정이다. 機能私化에 있어서 국가는 사인을 단순히 지시에 복종하는 도구로 사용하는 것이 아니라, 사인의 판단능력과 급부능력을 최대한 활용하려는 목적을 지향한다. 국가는 지시에 복종하는 사인보다는

25) 그동안 '수요충족'의 국가임무를 시장참여와 동일한 것으로 보고, 사인에 대한 사법형식의 발주를 일괄 조달사무로 인정하여 왔으며, 소위 '국고적 보조행위'라고 표현하였다. 물론 이러한 표현은 국가발주가 갖는 국가의 공경제적 중요성과 정치적 중요성을 고려하지 하지 않은 부적절한 것이라고 비판된다. Ernst Forsthoff, Der Staat als Auftraggeber. Unter besonderer Berücksichtigung des Bauauftragswesens, Stuttgart 1963, S. 7 ff. 참조; 권력행정과 비권력행정, 국고행정의 개념과 변화에 대하여는 박정훈, 『행정법의 체계와 방법론』, 박영사, 2005, 제5장 공법과 사법의 구별-행정조달계약으로서의 법적 성격, 176-180면 참조.

26) Martin Burgi, Funktionale Privatisierung und Verwatungshilfe, Tübingen 1999, S. 153-155 참조.

능동적으로 활동하는 자치적 사인을 기대한다. 따라서 機能私化에 관련된 행정보조자를 비독립적 사인으로 한정할 수 없다.

3. 사인을 유도하는 계약의 법적 성격

국가가 관여하여 체결한 계약의 법적 성격을 확인하기 위해서는 계약의 대상을 명확히 파악하여 검증해야 한다. 국가가 체결한 계약이 취한 법적 형식에 따라 공법적 구속이 결정되는 것은 아니며, 私法的 형식의 유도행위도 기본권의 구속을 받을 수 있다고 인정된다. 한편 사법적 계약과 행정계약의 성격이 점차 수렴되고 있다는 것은 인정되지만, 어떤 계약이 행정계약으로 인정될 경우 행정법적 구제절차의 개시, 행정절차법 제54조 이하 조항의 적용 가능성, 그리고 다양한 집행법의 실행에 이르기까지, 중요한 법적 결과가 발생한다. 개별 계약이 행정계약으로 인정될 수 있는가 하는 것은 법적으로 중요한 의미를 갖는다.

한 계약에 포함된 서로 다른 대상, 예컨대, 임무수행양식과 분담의무, 그리고 이에 대응되는 대가의 지불의무는 분리되어 판단될 수는 없다. 하나의 의무가 공법적이면, 쌍무적 관계에 있는 의무 역시 동일하게 공법적이 된다. 여기에서는 '국가임무와 기능적 관련성을 가진 분담을 제공할 의무'가 공법적 법규범 적용을 결정하는 판단 '대상'이다. 보조자의 역무에 대한 대가 지불 의무만을 검토하여 그 의무가 私法的 성격을 가질 수 있다는 것은 계약의 성격을 판단하는데 중요하지 않다.

행정보조자로서의 사인의 분담을 유도하는 것은 일차적으로 수요충족에 해당하는 요소를 가지고 있다. 여기에 사인을 책임의 구조 속으로 끌어 들이는 요소가 부가되고 이러한 성격을 추가하는 행정활동이 사인의 분담에 대한 유도이다. 국가는 유도계약을 통하여 사적 임무주체의 역무를 확보하며, 이와 함께 목적적 국가임무 수행을 위한 장래적 구조를 결정한다.

행정보조자는 공법적 형식으로 활동을 하지 않으며, 국가임무를 수행하지도 않는다. 그렇다고 하여 機能私化가 항상 私法的 계약에 의하여 이루어지는 것은 아니며, 여전히 공법적 계약과 관계될 수 있다. 유도계약은 국가임무와 관련된 계약이며, 국가는 행정보조자에 대하여 재화나 용역의 공급을 요청하는 선에서 그치지 않는다. 사적 보조자는 국가의 유도에 따라 국가에 급부를 제공할 의무를 부담하며, 이 의무의 이행은 목적적 국가임무 수행을 위한 협력적 활동이다. 이 협력적 활동을 '단순' 수요충족사무로 본다면 그것은 계약의 대상을 부적절하게 파악한 것이다. 機能私化에 관한 계약의 대상은 책임구조의 변화를 기준으로 파악되어야 하며, 이것은 관련된 국가임무의 관점에서 결정된다고 이해된다.

Martin Burgi는 유도행위 전체에서 행정계약이 많지 않다고 보는 그동안의 경향은 재고되어야 한다고 하면서, 행정의 실제에서는 수요충족을 넘어서는 국가의 활동이 다수 존재하고 따라서 공법적 원칙이 적용되어야 할 유도계약이 많다고 주장한다. 그는 국가와 사인 간에 체결된 행정계약은 機能私化에 적합한 활동양식이며 특히 독일 행정절차법 제56조 소정의 '교환계약'(Austauschvertrag)은 협력관계 속에서 임무를 실행하는 새로운 책임구조에 기여하는 적절한 도구라고 이해한다.[27)]

4. 機能私化의 헌법적 한계

(1) 私化의 간접적 한계

사적 조직단위의 활용을 제한하는 헌법의 규정은 私化의 간접적 한계가 된다. 배타적 국가임무에 대하여 기본법에 명시적 규정이 없으나 배타적 국가임무가 헌법적 범주에서 존재한다는 것에는 異論이 없다. 그러나 배타적 국가임무가 인정된다고 해서, 행정보조자의 활용까지 당연히 배제되는 것은 아니다. 이것은 헌법이 배타성을 인정한 배경이 사인에 의한 집행이나 준비의 분담까지를 포함하는 지를 검증한 후 결정될 수 있다. 배타성은 통상 사인에 의한 '수행'이 정당하지 않다는 것을 의미할 뿐이기 때문이다.[28)]

한편 기본법에는 국가적 활동과 사적인 활동이 병존한다는 것을 보여주는 다수의 근거가 있다.[29)] 이것은 국가적 임무권한의 배타성이 예외적으로만 인정되어야 한다는 것을 시사하는 것이라고 이해된다. 또한 국가임무의 배타성이 기본권에 의하여 제한될 수는 있지만, 국가임무권한이 헌법상 인정된 기본권을 제한할 수 없다. 배타적 영역을 인정한다는 것은 곧 바로 사인의 기본권을 제한하는 결과가 발생한다는 것을 의미하므로, 배타적 영역을 인정하기 위해서는 공익이나 국가목표가 국가임무로서 수행되어야 한다는 것만으로는 부족하며, 사적 임무주체를 경합적으로 허용할 경우 공익이 실현될 수 없다는 것이 입증되어야 한다고 이해되어야한다.

배타적 국가임무를 주장하는 견해는 주로 수단의 배타성에 주목하는데, 이것은 국가가 물리적 강제력을 독점한다는 인식에서 출발한다. 즉, 강제력의 활용이 필수적인 임무는 배타적으로 국가의 임무가 된다고 이해하는 것이다. 국가는 '최고 · 최종의 권력보유자'로서의 주권자이며, 내부적 안전을 유지해야할 의무를 부담하는 평화단체라고 보고, 이러한 '평화단체로서의 국가'의 관념이 강제력의 배타성과 강제력에 관련된 임무의 배타성을 포함하고 있다고 이해하는 것이다.

그러나 임무관점에서 보면 수단 차원의 추론은 의미가 없다. 강제적 수단이 필요하다는 것은 강제적 수단을 활용해야만 임무가 성공적으로 수행될 수 있다는 것을 확인하는 것에

27) Martin Burgi, Funktionale Privatisierung und Verwatungshilfe, Tübingen 1999, S. 153-155 참조.

28) 강제력의 활용과 결합될 수밖에 없는 임무가 배타적 국가임무라 해도, 자문과 같은 준비적 성격의 분담에 사인의 활용이 배제되지 않는다. 또한 분담이 강제력과 관계없는 집행활동과 관계 된다면 사인이 활용될 수 있다. 강제력을 투입하는 장소로 경찰공무원을 수송하는 것이 여기의 예이다.

29) 예컨대, 기본법 제7조, 국립학교와 사립학교; 기본법 제33조와 제12조, 국가공무원과 직업.

불과하다고 이해된다. 이러한 임무가 강제력에 의하지 않고 다른 수단을 활용했을 경우 효과적으로 수행이 될 수 없다고 해서, 이 임무가 배타적 국가임무가 되는 것은 아니다. 한편 국가에게 강제력을 활용할 수 있는 권한이 부여되고, 국가가 강제력을 활용하여 임무를 수행하고 있는 경우에, 이에 경합하여 사인이 활동한다 해서 강제력의 독점이 훼손되는 것은 아니다. 임무의 배타성은 강제력이라는 수단의 독점에 근거하여 설명될 수 없다. 강제력의 독점은 물리적 강제력이라는 수단의 배타성을 설명하는 것일 뿐이다.

(2) 機能私化의 직접적 한계

私化의 직접적 한계는 국가에 의한 사적 활동의 유도를 제한하는 것이다. 먼저 私化의 한계에 있어서 특별히 주목해야 할 대상인 국가의 강제력 독점에 대하여 살펴본다. 이어서 任務私化와 組織私化에 관련된 헌법상의 한계를 살펴보고, 이러한 私化가 機能私化에 적용될 수 있는지를 살펴본다.

1) 강제력독점과 私化

국가의 강제력독점은 배타적 국가임무의 근거가 될 수 없지만, 강제력이라는 수단이 국가에 유보되어 있으며, 사인 사이의 강제력 사용이 금지된다는 것은 여전히 유효하다. 임무를 수행함에 있어 국가가 사적 활동 주체를 선택했으나, 그 임무의 수행에 강제적 수단이 필요한 경우에 국가임무의 이익이 실현될 수 없는 경우가 나타날 수 있다. 국가이해관계인인 사인에게 국가가 선택한 사적 활동주체가 강제력을 사용하지 못함으로써 나타나는 임무수행의 실패에 대하여 국가는 그 가능성을 인식하고 대비해야 한다.

사인의 강제력과 관련하여 우선 사인에게도 강제력의 활용이 허용되는 경우가 있다는 점에 주목해야 한다. 국가가 평화질서를 보장할 수 없고 국가의 보호의무가 이행될 수 없는 긴급한 상황에서는 사인이 스스로 자구적 보호조치를 취해야 할 필요가 있는데, 이때 사적 강제력이 긴급권으로 허용된다. 이러한 예외적으로 허용된 사적 강제력은 국가의 강제력 독점과 논리적으로 배치되지 않는다. 사인에게 부여된 '긴급권'(Notbefugnis)의 조건・외연・적용범위는 법률로 정해지며, 이때 형법전(StGB) 제32조의 '정당방위'(Notwehrrecht) 혹은 '긴급피난'(Nothilferecht)이 패러다임으로 적용될 수 있다. 그러나 이러한 예외적인 상황이 아닌 경우에 사적 강제력의 수단에 관한 처분권이 사인에게 허용된다면, 그것은 강제력 독점의 원칙에 상충된다.

다음으로 강제력의 사용여부나, 사용의 개시와 종결을 사인이 자기의 책임으로 결정하는 경우가 아니라면, 사적 강제력의 활용이 금지되지 않는다는 점에 주의할 필요가 있다. 차량견인의 경우처럼 단순히 강제력을 집행하는 것은 처분권이 사인에 있지 않으며, 국가의 명령과 조치에 따라 이루어지는 것이므로 私化가 가능하다고 이해되고 있다. 사적 강제력은 구체적 임무와 활동에 따라 허용여부가 결정 될 수 있으며, 따라서 위험방지의 업무와 관계되면, 곧바로 국가의 강제력 독점이 적용된다는 획일적 결론은 적절치 못하다고 이해된다.

2) 필수적 국가임무와 私化

필수적 국가임무는 헌법에 근거하여 국가가 필수적으로 국가임무로 받아들여야 할 공임무를 말한다. 필수적 국가임무는 헌법상 인정되며,[30] 이 임무를 私化하는 것은 헌법적 의무의 불이행이 된다고 이해된다. 따라서 필수적 임무와 관련된 헌법규정은 任務私化를 금지하는 효과를 가지며 일단 私化의 한계로 작용한다. 이러한 필수적 국가임무의 내용은 국가목표규정[31]과 기본권에서부터 도출된다. 국가의 기본권적 보호의무는 연방헌법재판소에 의하여 구체화 되었으며,[32] 이에 근거하여 기본권적 보호의무의 일반적 관념이 발전되어 왔다. 이러한 보호의무가 필수적 국가임무를 결정하는 기준이 된다.[33]

한편 필수적 국가임무는 任務私化가 불가능하지만, 국가의 수행의무가 관련 헌법조항의 해석에 따라 지도책임의 이행으로 충족될 수 있다면, 機能私化는 허용될 수 있다고 인정된다. 임무수행을 의무화하는 헌법 조항은 관련된 임무이익을 국가가 관리해야 한다는 것을 정한 것이며, 기본법의 관련 조항들은 국가의 실행책임(Erfüllungsverantwortung)과 지도책임(Leitungsverantwortung)에 대하여 어떤 특별한 결정 없이 중립적이다. 이것은 관련된 임무이익을 국가가 관리하는 것으로 충분하다는 것을 의미한다고 이해된다. 준비와 집행의 분담에 대하여 살펴보면, 준비의 분담은 별도의 근거가 없어도 위임이 가능하지만, 집행의 분담은 위탁의 범위와 정도에 따라 허용여부가 개별적으로 검증되어야 한다. 이때 임무이익의 실현가능성이 판단 기준이 된다. 그러나 강제력이 필요한 필수적 국가임무를 私化하는 것은 그것이 機能私化라 하더라도 허용될 수 없다고 인정된다. 이 경우에는 국가가 지도책임을 이행하는 것만으로는 헌법의 요구를 충족시킬 수 없다.

3) 행정조직법과 私化

기본법의 행정조직법적 규정은 조직화된 국가의 활동을 대상으로 하는, 실행책임이 계속하여 국가조직에 존재한다는 것을 전제로 한 규정들이다. 그러나 機能私化 이후의 행정보조자는 사적 조직이다. 따라서 이들 규정이 직접 적용되지 않는다. 수행되는 전반적인 국가임

30) 독일 기본법 제7조 제1항은 교육제도가 국가의 감독 하에 있다고 규정하고 있다. 이 조항은 교육제도와 관련된 임무를 필수적 국가임무로 명시한 것으로 이해되며, 이 조항을 통하여 필수적 국가임무가 헌법적으로 인정되고 있다는 것이 확인된다고 이해된다.

31) 기본법 제20조 제1항은 사회국가적 명령이며, 기본법 제20a조 환경보호의 국가목표에 관한 조항이다.

32) 개별 기본권의 보호의무와 관련된 판례로는 BVerfGE 55, 37(68) [예술・학문의 자유]; 81, 242(255) [직업의 자유]; 39, 1(42), 88, 203(251) [임신중절]; 49, 89(140 ff.), 53, 30(57 ff.), 79, 174(201) [도로교통소음]; BVerfG, NJW 1995, 2343 [음주운전단속한계]; NJW 1996, 651 [오존위험성]; NJW 1996, 651 [속도제한]; NJW 1997, 1769 [혼인외의 자에 대한 교육권]; NJW 1997, 2509 [전자장의 위험] 참조.

33) 기본법 제1조에서부터 제19조까지 규정된 기본권을 국가가 보호하고 촉진해야 할 의무는 기본법 제1조 제1항 제2문 혹은 제6조 제1항에 근거한다고 인정된다.

무 중에서 보조자가 분담하고 있는 일부의 영역에서는 사법상의 활동형식과 규율이 적용된다. 따라서 機能私化를 제한하는 한계가 헌법상 행정조직법적 규정에서 도출될 수 없다. 국가조직에 있어 공법적 조직형식을 원칙적으로 우위에 두고 사적 조직을 예외로 허용하는 헌법상의 원칙－예외 공식은 행정보조자 활용에 적용되지 않는다고 이해된다. 또한 기본법 제33조 제4항은 인력의 일관성을 대상으로 한 규정으로 국가임무를 수행하는 활동에 있어서 공무원이 아닌 자의 활용을 배제하는 규정으로 이해되고 있다. 이들 조항은 機能私化의 특징인 책임이전이나 진정 사인과의 협력과는 관계가 없는 규정이며, 機能私化를 제한하는 근거가 될 수 없다.

5. 機能私化의 헌법적 촉진

기본법에는 구체적인 활동을 국가와 사회에 배정하는 규정이 있으나, 이러한 규정을 私化를 위한 프로그램이나, 私化에 대한 직접적 촉진으로 볼 수 없다. 예컨대, 기본법 제87e조 제3항, 제87f조 제2항 제1문의 규정은 철도・우편의 개혁과정에서 헌법에 도입된 것으로 개별 임무영역의 私化를 촉진하는 예외적인 경우이다. 機能私化에 대한 헌법적 촉진의 근거가 되는 일반적 원칙과 관련하여 독일에서는 보충성의 원칙, 경제성의 원칙, 전문성의 명령이 논의 되고 있다.

(1) 보충성 원칙

'보충성 원칙'은 자유로운 개인의 활동이나 개인의 협력적 활동으로는 설정된 목표의 달성이 불가능한 경우, 또는 국가적 수단을 활용할 때 관계된 이익이 달성 가능한 경우에 한하여 국가가 개입할 수 있다는 원칙으로 이해되고 있다.[34] 일반적으로 경제적 사안에 관하여 사적 임무수행과 경합하는 국가활동에 대하여 비례원칙, 특히, 과잉금지명령이 적용된다고 인정되고 있다. 이 비례원칙은 보충성의 관념과 밀접하게 관련되는 원칙이며, 따라서 국가의 임무결정권한이 과잉금지명령에 구속된다면, 동일한 맥락에서 보충성의 원칙에도 헌법적 지위의 구속적 효력이 인정되어야 한다는 주장이 가능할 것이다.[35]

국가와 사인이 특정한 공임무의 수행을 놓고 헌법적 선택을 받기 위하여 경쟁하는 경우라면 보충성의 원칙이 적용될 수 있다. 그러나 機能私化는 이와는 달리 하나의 국가임무를 국가와 사회가 기능적으로 분담하는 것이다. 이것은 임무가 먼저 국가에게 부여되고, 공적 이익이 헌법지침에 따라 국가의 관리에 맡겨진 것이며, 이에 후속하여 사전에 결정된 국가계획의 틀 안에 사적 활동을 정렬시키는 것이다. 機能私化의 선택은 자체적 실행과 사적인 보

34) Josef Isensee, Subsidiaritätsprinzip und Verfassungsrecht. Eine Studie über das Regulativ des Verhältnisses von Staat und Gesellschaft, Berlin 1968, S.71, 159 ff. 참조.

35) Josef Isensee, a.a.O., S.91, 314 참조.

조자 활용 중에서 하나를 선택하는 것이며, 경쟁하는 국가와 사회중의 어느 하나를 임무수행의 주체로 선정하는 것이 아니라는 점에 주목해야 한다.

한편 機能私化에 있어서는 私化가 결정될 때 이미 국가목적 추구와 사적목적 추구 사이의 경쟁이 국가에 의하여 국가목적 추구로 결정되었다. 따라서 보충성 원칙이 적용될 선택의 대상이 없어진 것이다. 결론적으로 보충성의 원칙은 機能私化를 촉진하는 헌법적 근거가 될 수 없다. 이 원칙은 경쟁관계에 있는 다수의 주체 중에서 하나를 선택할 때 적용되는 원칙이지만 機能私化에 있어 국가와 사회는 경쟁관계에 있지 않고 국가에 의하여 확정된 공익의 실현을 위한 협력적 관계에 있다.[36)]

(2) 경제성 원칙

경제성 원칙은 독일에서 기본법 제114조에 명시적 근거를 가진 헌법적 지침이다. 이것은 특정한 목적을 최소의 시간, 자금, 노동력을 투입하여 달성해야 한다는 명령으로 국가를 수범자로 한다. 사인을 활용하여 국가임무가 더 낮은 비용으로 수행될 수 있다면, 이것은 직접적인 私化의 촉진으로 기능한다.

재무적 장단점은 비교형량에 고려되는 요소의 하나이지만, 여기에서 비용은 공익목적 달성을 위한 수단의 전반적 효과와 연계하여 파악되어야 하며, 개별조치에 국한된 최저 비용에 초점을 맞추어서는 안 된다. 비용의 측정과 예측의 정확성 또한 중요한 요소이다. 경제성은 목적이 확정된 후에 정확히 측정될 수 있으나, 목적이 결정되기 전에 경제성을 측정해야 한다면, 이러한 경우에 측정을 전제로 하는 비교는 부적절하다. 이 경우 비용관점의 기준은 판단의 기준이 될 수 없다고 이해된다.

경제성 원칙의 적용을 私化의 유형별로 살펴보면, 組織私化의 경우는 공익실현을 위한 수단의 활용을 결정하는 것이므로, 국가예산법상의 경제성 원칙이 적용되는 범위라고 인정된다. 반면 任務私化에 경제성의 원칙을 적용하는 것은 국가임무의 실행에 대한 규율의 기능을 넘어서는 것으로, 국가에 의한 임무수행의 존폐를 결정하는 원칙이 된다. 만일 국가의 예산경제에 관한 규칙이 국가·시민 관계의 구조에 영향을 미친다면 그것은 과도한 것이다.[37)] 예산헌법적 경제성 원칙이 국가활동에 대하여 적용되는 최상위의 원칙이 될 수 없다고 이해된다.[38)]

---

36) 이상에 관하여는 Martin Burgi, Funktionale Privatisierung und Verwatungshilfe, Tübingen 1999, S. 236-238 참조.

37) Josef Isensee, Subsidiaritätsprinzip und Verfassungsrecht. Eine Studie über das Regulativ des Verhältnisses von Staat und Gesellschaft, Berlin 1968, S. 300 f. 참조.

38) Hans Herbert von Arnim, Rechtsfragen der Privatisierung. Grenzen staatlicher Wirtschaftstätigkeit und Privatisierungsgebote, Wiesbaden 1995, S. 102 f. 참조.

(3) 객관성과 전문성의 명령

행정결정은 '객관성'과 '전문성' 명령을 준수해야 한다고 이해된다. 이것은 임무수행의 조직과 절차에 대한 질적 요구이며, 다원적·전문적 독립행정단위의 활용을 촉진한다. 이러한 명령은 일차적으로 수직적인 기존 행정조직을 다원화하라는 헌법적 지침으로 해석되지만, 제한적이나마 私化를 촉진하는 근거로 이해될 수 있다.

6. 機能私化 결정에 고려되는 원칙

機能私化는 헌법이 예정하고 있는 구도에 따라 추진되어야 한다. 이것은 헌법이 機能私化에 대하여 요구하고 있는 것이 무엇인지를 확인하고 이를 준수하는 것이 필요하다는 것을 의미한다. 이와 관련하여 私法的 형식으로 이루어지는 유도행위, 행정보조자의 선정과정에서의 기본권, 재정헌법적 지침, 법치주의 관점의 법률유보와 법률우위 등에 대하여 고찰한다.

(1) 私法的 유도행위

機能私化는 국가의 실행책임이 부분 任務私化를 통하여 지도책임으로 전환되는 국가임무의 구조변화와 관계되는 것으로 사적 역무에 대한 국가의 수요를 충족시키는 것에서 끝나지 않는다. 機能私化는 사인을 행정보조자로 유도하는 국가임무이며, 고권적 임무로 이해된다. 이 과정은 법적인 형식에 관계없이 국가임무의 틀 내에서 유지되어야 한다고 인정된다.[39] 이것은 私化의 과정과 私化의 이후의 상황에서 헌법적 구속은 여전히 존재한다는 의미이다.

(2) 행정보조자 선정과정에서의 기본권

1) 私化 청구권의 부재

잠재적 행정보조자는 기본권에 근거하여 국가임무의 기능적 분담을 국가에 요청할 수 없다. 機能私化는 허가유보부 예방적 금지나 재량과 관련된 국가권한의 행사와는 그 성격이 다르기 때문이다. 따라서 사인에게는 機能私化를 요구할 기본권적 청구권이 없다고 이해된다.

2) 강제적 유도로부터의 보호

강제적 유도는 대가의 지급 없이 법률 또는 행정결정을 통하여 사인에게 국가임무를 기능적으로 분담할 것을 의무화하는 것이다. 이러한 강제적 성격의 機能私化는 법적인 근거가 필요한 침해유보 사항으로 인정된다. 이러한 강제적 유도를 결정할 때는 기본권의 보호를 받는 행정보조자의 지위와 機能私化의 대상이 되는 공공복리 이해관계 사이의 비교형량이 필요하다. 대가가 지급되지 않는 무상의 강제는 특별희생에 대한 보상, 기본법 제14조 제3항 소정의 수용 등과 연계된 문제이며, 시민의 부담균등, 조세국가의 원칙에 따라 검증되어야

39) 유도계약을 사법적 계약으로 보고 발주의 낙찰을 위해 경쟁하는 견인사업자가 발주자인 국가에 대하여 기본권적 보호를 받는 지위에 있지 않다고 하면서, 국고적 영역에서의 공적 기관은 계약 상대방을 자유롭게 선택할 권리를 갖는다고 하는 통상재판소의 판결은(BGH, NJW 1977, 628) 이런 의미에서 비판되고 있다.

할 사안으로 이해되고 있다. 독일에서는 '이해관계 일치'와 '공적인 이해관계에 대한 공동책임'이라는 판단기준이 활용되고 있다. 국가가 사인에게 행정보조자로서 활동하도록 강제할 수는 있으나, 이로 인하여 사인에게 발생하는 비용은 보상되어야 한다고 이해된다.

3) 경쟁 보호

입찰은 다수의 이해관계자가 관련된 私化의 추진과정이다. 이러한 입찰에서 낙찰에 실패한 경쟁자는 '배제된 경쟁자의 법적 청구권' 혹은 '경쟁배제에 대항하는 법적 청구권'으로 개념화 될 수 있으며, 이것은 기본권적 보호청구권으로 검토된다. 발주의 공정한 분배에 관한 헌법적 지침은 기본법 제3조의 평등의 원칙에서 도출될 수 있다. 그러나 이것은 낙찰에 실패한 경쟁자들의 자유권적 기본권에 관한 문제는 아니라고 이해되고 있다. 국가의 유도는 형성적으로 작용하며, 국가의 유도에 따라 기본권적 보장이 필요한 지위가 비로소 형성된다. 따라서 입찰의 단계에서는 침해될 수 있는 자유권적 기본권이 형성되기 전이므로, 유도에 의하여 침해될 기본권이 아직 존재하지 않는다고 이해된다.

(3) 재정헌법적 지침

경제성 명령은 재정헌법적 결정에 관련된 우선적인 원칙이다. 행정보조자를 선택하고 세부적 협력양식을 결정할 때, 발생비용을 명확하게 평가하고 이에 따라 가장 유리한 방법으로 결정해야 한다는 경제성의 원칙은 私化에 대해서도 적용된다고 이해된다. 사인에 대한 유도는 통상 재무적 의무부담이 수반되며, 이와 관련하여 재정헌법적 규정의 소정원칙이 적용된다. 총계예산주의 원칙(기본법 제110조 제1항 제1문)과 국가채무에 관한 원칙(기본법 제115조 제1항)이 여기에 관계된 규칙들이다. 자금집행의 단일성, 명확성 그리고 집중성은 최적 상태로 유지되어야 하며, 이를 위하여 행정보조자의 특허료 납부, 행정보조자에 지급되는 대가 등이 전액 예산에 계상되어야 한다. 이러한 원칙의 준수는 의회의 예산법과 재정통제가 효과를 거두기 위하여 반드시 필요하다고 이해된다.

(4) 법률우위와 법률유보

독일에서는 국가임무와 관련된 개별법에서 사인의 활용에 대한 명시적 규정이 자주 나타나고 있다.[40] 독일에서의 機能私化는 국가개혁의 문제이며, 더 나아가서 국가구조의 문제로 인식되고 있다. 이와 관련하여 私化를 선도하는 입법적 조치가 자주 취해지고 있으며, 이러한 경향이 증가함에 따라 私化가 법률유보의 대상이며, 私化에는 법적 근거가 필요하다는 견해가 나타난다. 이런 관점에서 사인의 활용과 관련하여 법률유보가 재조명되고 있다.

우선 개별 국가임무법률에서 국가가 수행할 공임무가 결정되는 경우에 私化를 허용할 수

40) 예컨대, 재활용 및 폐기물에 관한 법 제16조 제1항, 도시계획법 제124조, 장거리도로 민자유치법 제1조 제2항이 여기에 해당된다.

있는지의 여부는 입법자의 의사를 기준으로 판단되어야 하며, 私化가 지향하는 일반적 목적에 근거하여 판단될 수 없다고 이해된다. 이것은 법률우위의 원칙에 따라 해석하는 것이라고 보면 충분한 것이며, 개별 국가임무법률의 출현이 私化가 법률유보 사항임을 인정하는 근거가 되는 것은 아니라고 이해된다.

그러나 개별 국가임무의 私化와는 달리 임무유형 전체에 적용되는 행정보조의 확립을 위한 일반적 조치가 취해진다면, 그것은 개별 임무의 機能私化를 넘어서는 것으로, 책임구조의 변경을 목적으로 하는 私化 정책에 관한 문제로 이해된다. 이것은 국가에 의한 임무실행에 관하여 기존의 실무적 관행을 해체시키는 것이며, 재정적, 행정실무적, 헌법적 방식에 있어서 중요한 구조적 변경의 결과를 야기하는 것이므로 당연히 법적인 근거가 필요한 법률유보 사항으로 인정된다.

Ⅳ. 국가책임

私化를 추진하는 단계에서는 유형화, 허용가능성, 적용원칙 등이 고찰의 대상이다. 그러나 私化가 실행된 이후에는 관심의 중점이 국가와 사인의 상호 관계로 이동되며 국가책임이 중요한 논의의 대상이 된다. 국가책임에 관련된 헌법의 연구는 통상 국가가 실행책임을 이행하는 경우에 대한 연구이지만, 本稿는 이러한 국가의 실행책임이 지도책임으로 변경되는 경우에 실행책임에 적용되는 헌법적 규정이 어떤 변화를 거쳐 적용되는가에 대하여 관심을 갖는다.

1. 행정보조자의 헌법적 문제

국가임무 도그마틱의 중요한 효과중 하나는 국가임무가 수행될 때 기본권이 침해되어서는 안 된다는 것이다. 그러나 機能私化에 관계된 행정보조자의 활동은 국가임무를 수행하는 것이 아니므로, 국가임무가 인정되면 적용되는 국가임무체제[41]가 행정보조자에게 곧 바로 적

41) Burgi는 국가가 *私法的* 조직을 활용하여 국가임무를 수행하는 *組織私化*의 경우에 (1) 국가는 사법적으로 조직된 국가 위성조직의 활동이 기본권을 침해하지 않도록 보장해야 하며, (2) 적법성의 원칙을 준수해야 하며, (3) 기본법 제20조 제1항 및 제2항의 민주주의의 원칙에서 도출되는 행정활동의 정당성과 통제에 대한 헌법적 요구가 준수되어야 하며, (4) 소위 국가목표 조항의 구속적 효력이 동일하게 인정된다고 하면서, 이들은 모두 *私法的 규율체계*가 공법화되는 현상으로, 이런 현상과 관련하여 나타난 관념이 '행정사법'이라고 이해한다. 그는 행정사법이란 적용 가능한 *私法的* 규칙과 이들 사법적 *규율*을 대체 또는 수정하는 공법적 규칙의 합으로 이루어지는데, 이것은 국가가 사법적 조직을 활용한다고 해도 공법적 족쇄가 느슨해질 수는 있으나, 결코 완전히 해체되는 것은 아니라는 것을 표현하는 것이라고 한다. Martin Burgi, Funktionale Privatisierung und Verwaltungshilfe, Tübingen 1999, S. 316 참조. 한편 공무수탁사인에 관하여는 공무수탁사인은 국가에 대하여 '지시와 *충성*'(Auftrags- und Treuhandverhältnis)의 관계에 있다고 하면서 공무수탁사인은 이러한 관계에 근거하여 국가의 감독을 받으며, 국가는 별도의 법적인 근거가 없어도 공무수탁사인에게 지시를 할 수 있다고 한다. 이러한 통제는 공무수탁사인이 고권적 주체로 인정됨에 따른

용되지 않는다. 이것이 행정보조자와 관계된 헌법적 문제의 핵심이다.

기본권에 의하여 보호되는 이해관계인의 이익이 사적 행정보조자의 활동에 의하여 사실상 침해되는 경우가 있을 수 있지만, 이 경우에 사인에게 기본권을 보장할 의무가 있는 것은 아니라고 이해된다. 그러나 이해관계인의 기본권적 이익을 보호해야 할 국가의 의무는 해제되지 않는다. 기본권은 이때 국가가 사인을 보호해야 할 의무의 근거로 기능한다. 국가는 항상 기본권적 보호의무를 이행해야 하며 이 의무를 다해야할 국가의 책임이 행정보조자에 대한 지도책임으로 나타난다.

한편 국가임무의 수행에 사인의 활동이 개재되면, 공공성 통제는 약화될 수밖에 없으며, 민주주의와 법치주의 원칙에 관한 헌법의 프로그램을 벗어날 수 있다. 이 경우에도 헌법이 요구하는 민주적·법치적 통제는 본질적으로 동일하게 유지될 수 있어야 한다.

행정보조자로 활동하는 사인은 사회적 자치의 영역에 속한다. 행정보조자는 기본권적 자유체제의 적용을 받으며, 국가임무가 존재할 때 적용되는 구속의 체제에 편입되지 않는다. 이것은 사적 성격의 장점을 활용하고자 하는 헌법적 의도가 헌법의 적용으로 좌절되지 않는다는 것을 의미하지만, 반면에 지도책임의 부담자인 국가의 영향력이 약화된다는 위험을 의미한다. 이러한 상황에서 기본법이 설정한 요건이 항상 동일하게 유지되어야 한다는 국가임무 도그마틱의 최우선 원칙을 확립하기 위한 조치가 필요하며, 이러한 조치가 국가의 지도조치이다.

2. 국가의 지도책임

(1) 執行私化에 따른 헌법적 요청

執行私化에 관련된 행정보조자의 활동이 이해관계인의 기본권을 침해하는지, 이들에 대하여 조직과 절차에 관한 헌법적 원칙이 적용될 수 있는지의 여부는 우선적인 관심의 대상이 된다. 한편 재무관련 헌법적 원칙은 사적 행정보조자에 직접 적용될 수 없으나, 회계검사와 같은 국가에 적용되는 조치에 합의하도록 행정보조자를 유도하는 것은 대안이 될 수 있다고 이해된다.

1) 이해관계인에 대한 기본권의 침해

독일에서의 문헌과 실무는 국가활동의 결과로 발생한 제3자에 대한 침해를 방어권의 대상으로 인정한다. 이 경우 제3자에 대한 기본권 제한이 사적 행위자의 자치적 결정의 결과인지, 사적 행위자를 도구적으로 활용하는 국가적 결정의 결과인지에 따라 판단되어야 한다고 이해된다. 따라서 사인이 활용하는 수단보다는 국가에 의한 조종의 여부와 정도를 확인하는 것이 중요하다는 의미가 된다.[42] 국가는 機能私化에 관련된 임무의 수행주체이며, 私化

당연한 결과로 본다. Martin Burgi, a.a.O., S. 326 참조.

의 발생과정을 프로그램하는 주체이다. 따라서 행정보조자의 행위가 유도행위의 범위 내에서 이루어지는 한, 여기에 수반되는 기본권 제한은 국가의 프로그램에 따른 조치이므로 국가에 귀속될 수 있다.

그러나 이러한 논리의 전개는 국가가 유도한 범위를 넘어서서 자치적인 결정에 따라 행정보조자가 활동하게 되면, 행정보조자에 의한 이해관계인에 대한 기본권 제한은 국가에 귀속되지 않는다는 것으로 귀결된다. 따라서 국가에 의한 기본권 침해는 성립되지 않으며, 국가는 이에 대하여 책임을 지지 않는다고 이해된다. 機能私化에 관한 국가의 결정은 국가의 지시에 종속된 사적인 보조자가 공무원의 임무수행을 대신하여 집행할 것을 요구하는 국가의 결정과는 다른 것이다. 이 국가의 결정은 진정한 사적 결정과 활동의 장점을 행정보조자가 스스로를 위하여 이용할 수 있도록 허용하는 자치에 대한 유도가 내재되어 있는 복합적인 결정으로 이해된다. 헌법적 지침의 효력이 적용되는 범위와 행정보조자의 자치의 범위를 판단하기 위해서는 바로 이런 자치에 대한 국가의 유도가 개재되어 있다는 사실을 고려해야 한다고 이해된다.

그러나 자치적 활동으로 야기되는 침해와, 유도행위의 범위를 넘어선 행위가 국가에 귀속되지 않는다면, 집행적 機能私化가 점차 증가하고 이들이 중대한 결과를 야기하는 상황에서 이해관계인의 기본권에 대한 보호를 국가가 방치하고 있다는 비난을 면하기 어렵다. 또한 실제로 국가가 유도한 범위를 벗어난 활동이나 자치적 활동에 의한 침해가 일단 발생하면 그 결과가 국가의 프로그램 범위 내에 있는 경우에 비하여 중대한 손해를 발생시킬 가능성이 크다. 이러한 점을 감안하면 특별히 심각한 정도의 기본권 침해에 대한 국가의 대처가 필요하다고 인정된다. 따라서 국가는 유도행위의 단계에서 이러한 위험을 차단할 수 있는 방안을 강구해야 한다.

2) 조직과 절차에 관한 요청

機能私化가 실행되고 나면 국가임무의 수행은 국가와 사적 보조자에 의하여 분담된다. 국가가 분담한 부분에 대한 조직과 절차에 관한 헌법의 형식적 구속은 여전히 유지된다. 반면, 사적 보조자는 헌법적 구속을 받지 않는다.

'국가권력의 집행'은 기본법 제20조 제2항에 따른 정당성의 의무를 준수해야 한다. 이 국가권력의 집행이 '결정'이며, 결정의 행위는 국가임무의 실행에 관한 문제이다.[43] 행정의 민주적 정당성의 원칙은 정당성의 주체인 '국민'과 정당성의 객체인 '국가의 결정' 사이에서 단절 없이 연결되어야 한다는 것이다. 그러나 국가가 특정한 공익의 집행을 사인에게 위임하고 나면, 민주주의의 원칙이 사회의 작용영역에 영향을 미치지 못한다. 정당성의 연쇄는 국가의

---

42) 예컨대, 명령, 재무적 지원, 심리적 강제와 같은 수단에 의한 조종이 있을 수 있다.

43) BVerfGE 83, 60(72); BVerfG, DVBl. 1995, 1291 f.

결정에서 끝나고, 국가의 결정에 후속되는 사회의 활동에 대하여 이 명령이 적용될 수 없다고 이해되기 때문이다.

요컨대, 사인이 국가임무의 집행만을 분담한다면 '국가의 결정'이라는 '정당성의 객체'는 내용적으로 영향을 받지 않는다고 이해되는 것이다. 국가 조직의 인사, 공무집행, 결정에 대하여 헌법상 민주적 정당성이 요구되지만, 이러한 내부적 정당성을 관리하는 원칙이 집행을 분담하는 사인에게 적용될 수 없다. 이러한 결론은 조직과 절차에 동일하게 적용된다.

(2) 準備私化에 따른 헌법적 요청

準備私化의 경우에는 행정보조자의 분담 활동이 선재하고 후속하여 국가의 결정이 수반된다. 국가는 준비단계에서 사적 행정보조자를 지도하며, 수행되는 임무를 국가의 임무로 수용한다. 형식적인 관점에서 보면 사적 준비와 국가적 결정은 엄격하게 분리된다. 헌법적으로는 국가권력을 집행하는, 즉 '결정'하는 기관이 민주적 정당성을 유지하고 소정의 절차 요건을 준수하면 충분하다고 이해된다. '최종 결정책임'이 국가기관에 있고,[44] 국가임무 주체가 이 절차를 관리하며 사인은 이 절차를 지배하지 않는다.

그러나 국가의 책임을 이행하는 것은 형식적 관점의 절차지배를 충족시키는 것과는 전혀 다른 문제로 파악된다. 우선 사적 보조자의 전문성과 잠재적 행정능력이 행정결정에 사실상 영향을 미친다는 것은 불가피하다. 또한 사적 보조자가 제시한 결과를 단순히 수용하는 경우가 있을 수 있으며, 준비와 결정이 분리될 수 없는 경우도 있다. 결국, 사적 주체의 준비와 국가적 주체의 결정이 서로 영향을 주고받음 없이 독자적으로 실행된다는 것은 이론적 관념에 불과한 것이라 이해된다.

사적인 준비활동의 관점에서 추상적인 헌법적 명령과 구체적인 형식요건의 가정 사이에는 틈새가 존재하며, 이 근거의 틈새는 보완되어야 한다. 이러한 간격을 채우는 것이 국가의 구조조성 의무라고 이해되며 이 의무는 조직과 절차의 확립에 의해서 이행된다. 이러한 의무는 '형식적 공공복리 확립'이라는 개념으로 파악될 수 있으며, 헌법적 근거를 가진 국가의 의무로 이해된다. 구조조성의 의무에는 행정보조자의 자격과 능력에 관한 요소, 행정의 공개와 관련된 요소, 법치주의적 절차와 관련된 요소가 포함된다.

(3) 행정보조자 행위에 대한 국가배상책임의 성립

독일에서 행정보조자에 대한 법실무적 논쟁은 국가배상책임과 관련하여 논의되었다. 즉, 국가책임의 범위와 행정보조자의 법적 지위가 국가배상청구권 성립의 선결 문제로서 관심의 대상이었다. 국가배상책임은 공법적 형식의 활동에 대하여 인정된다. 그러나 機能私化 이후의 행정보조자는 사법적 활동형식을 활용한다. 따라서 행정보조자의 활동이 손해를 야기하는

44) BVerfG, DVBl. 1995, 1291 f. 참조.

경우에도 곧바로 '공적인 공무의 수행'(Ausübung eines … öffentlichen Amtes)으로 인정되지 않는다. 機能私化와 관련된 국가배상책임의 문제는 근본적으로 여기에서 발생한다.

우선 손해를 발생시키는 사적 행정보조자의 '활동'과 임무주체로서의 '국가' – 이 사이의 연계관계가 중요하다. 국가배상책임은 국가의 행위에 대한 배상책임에 관한 문제가 아니라, 관련된 공무를 수행함에 있어서 발생하는 개인의 위법한 행위를 대상으로 국가가 부담하는 배상책임이기 때문이다.

1) 공법적 활동의 요건과 지도책임

기본법 제34조는 국가배상책임의 성립에 관하여 국가임무의 존재를 요건으로 하며, 여기에 추가하여 관련 활동의 공법적 형식을 요구한다. 이 책임은 공법적 형식의 활동을 요구한다는 점에서 私法的 형식의 국가활동에 대해서 적용되는 국가의 기본권적 보호의무와는 적용 범위상 차이가 있다. 국가배상책임의 법적결과는 임무의 수준이 아니라 임무를 구성하는 활동의 수준에서 나오며, 피해를 야기하는 활동이 공법적 활동일 때 발생된다고 이해된다.

우선 국가가 분담한, 국가에 의하여 직접 외부를 향하여 취해진 조치, 즉 개별적인 행정행위가 관심의 대상이며, 이때 관련된 활동은 원칙적으로 헌법적 기본권과 개별 公法에 구속된다. 현직의 공무원이 시민의 이익을 위하여 부과된 규칙에 구속되는 것은 공직상의 의무이며, 공직상 의무의 위배는 국가배상청구권의 근거가 될 수 있다.

다음으로, 행정보조자의 선택, 유도, 결정, 통제와 같은 내부를 향해 취해진 활동과 관련된 위법행위가 관심의 대상이 된다. 이런 활동이 공법적 형식으로 이루어진 경우 국가배상청구권이 성립될 수 있다. 일반적으로 행정보조자에 대한 유도계약에서 행정보조자의 선택과, 선택된 행정보조자에 대한 지도책임의 근거가 확인될 수 있다고 이해된다.[45] 국가배상책임이 성립하기 위해서는 지도책임과 관련된 사인의 공법적 집행활동이 제3자에 대하여 존재하는 공무상의 의무를 위반하여 피해를 발생시켜야 하며, 이 의무의 위배와 손해사이에 인과관계가 입증되어야 한다.

지도책임을 이행하는 국가적 종사자의 일차적 직무상 의무는 임무수행에 관련된 피해자의 이익보호까지 포함하며, 이 의무는 제3자를 보호하는 성격으로 작용한다고 이해된다. 한편 행정보조자는 우연히 등장하여 손해를 야기한 사인이 아니라 국가에 의하여 선택되고, 활용되고, 지도되며 관련 국가임무를 분담하는 주체라는 점에 유념해야 한다.

2) 국가배상책임과 準備私化

사인에 의하여 이루어진 준비활동은, 행정에 의하여 수용되고, 이해관계인에 대한 조치로 이어지는 경우 비로소 침익적 작용이 가능해진다. 따라서 準備私化와 관련된 행정보조자의 활동은 임무와 관련된 이해관계인의 손해와 직접 인과관계가 엮어지지 않는다. 준비적 성격

45) 本稿 Ⅲ. 3. 사인을 유도하는 계약의 법적 성격 참조.

의 분담과 관계하여 행정보조자가 위법한 행위를 하는 경우, 국가배상의 관점에서는 지도책임 이행과 관련된 국가적 고권행위가 관심의 대상이다.[46)]

3) 국가배상책임과 執行私化

執行私化 이후에 지도책임을 이행하는 국가 공무원에 대하여 책임을 물을 수 없고, 손해의 원인이 행정보조자가 직접 책임져야 할 영역에 속한다고 하면, 이러한 손해에 대한 배상이 국가에 귀속될 수 없다는 결론에 이를 수 있다. 기본법 제34조 및 민법 제839조의 국가배상청구권은 공법적 형식의 활동에만 적용되지만, 행정보조자는 사법적 형식으로 활동하기 때문이다. 그러나 문헌상의 주장들은 국가는 항상 피해자의 이익을 고려해야 하며, 피해자의 이익을 보호하기 위한 헌법적 의무에서 벗어날 수 없으므로, 사적 집행주체의 행위에 대하여도 국가는 배상책임을 져야 한다는 점에 대해서 견해가 대체로 일치하고 있다.

귀속의 문제에 대한 대부분의 견해는 기본법 제34조를 귀속의 근거로 전제하고 있다고 이해된다. 그러나 국가의 활동을 공법 또는 사법으로 분류하는 데 있어서 기본법 제34조만을 근거로 하는 것은 부적합하며, 관련된 판례와 문헌에 나타나는 분류에 관한 일반적 원칙들에 따라 판단되어야 한다고 이해된다. 입법행위와 행정행위 및 행정계약들은 이러한 일반원칙에 따라 판단할 수 있지만, 사실행위는 사실적 결과의 발생을 지향하므로, 법적인 관점에서는 중립적이기 때문에 별도의 기준이 필요하다. 이 경우에는 국가임무의 차원으로 되돌아가서 판단해야 한다고 이해되고 있다. 그리고 관계된 사실행위가 공적인 이해관계에 기여하는 공법적 활동들과 '밀접한 내적·외적 연관성'을 가지고 있는지 여부가 고찰의 대상이 된다고 이해된다. 이런 맥락에서 '단순한 집행활동으로서의 성격'이라는 판단기준이 국가의 관여를 판단하는 기준이 될 수 있다고 이해되는데, 그것은 이때 국가가 私法 형식의 활동을 결정했다는 사실이 확인되며, 따라서 국가가 국가배상책임에 관한 일반원칙의 적용대상자로 인정되기 때문이라고 한다.[47)]

3. 국가의 지도조치와 행정보조자의 기본권

다양한 지도조치가 지도책임의 이행을 위하여 국가에 허용된다. 이들을 통하여 機能私化에 관련된 헌법적 요건들이 사인에 대하여 적용된다. 이러한 지도조치를 취하는 경우에도 선정된 행정보조자와 잠재적 행정보조자의 기본권은 여전히 구속력을 가지며, 이때 적용되는 기본권적 보호의 기준과 범위는 형식적 관점과 실체적 관점 양자 모두에서 고려되어야 한다고 이해된다. 특히 관련된 지도조치가 행정보조자의 활동을 제한하는 것인지를 고려해야 하

46) 예컨대, 공무원이 행정보조자에 대하여 부당한 지침을 제시하거나, 전문가 자문의 오류를 검증 없이 수용하여 국가활동의 기초로 활용한다면, 여기에 근거하여 국가배상책임이 성립될 수 있다.

47) 이상의 내용에 관하여는 Martin Burgi, Funktionale Privatisierung und Verwaltungshilfe, Tübingen 1999, S.402ff. S. 405-407 참조.

는데, 이 경우 법률적으로 명령되는 일방적인 조치와 합의에 의한 유도에 근거한 조치들은 각기 구별하여 차별적으로 고려될 수 있다. 행정보조자의 기본권을 보호해야 할 국가의 의무는 어떤 경우에도 축소될 수 없다는 것이 국가임무 도그마틱의 우선적인 원칙이다.

Ⅴ. 우리나라에 대한 시사점

행정상 사인의 활용에 있어 가장 주목할 대상은 '진정 사인'이 국가와 '협력'하는 관계이다. 국가와 사회의 관계는 변화하고 있고, 이 변화는 새로운 패러다임의 출현을 기대하고 있다. 지금까지 機能私化의 관점에서 공임무와 국가임무, 그리고 이에 연계된 국가책임의 성립과 그 내용에 대한 독일에서의 논의를 살펴보았다. 우리에게 있어서도 진정 사인의 협력이 행정상 필요하다는 것은 독일과 별반 다르지 않다. 헌법적 규정에 있어서도 별다른 차이가 발견되지 않는다. 무엇보다도 국가가 사인과 협력적으로 국가임무 수행을 분담하는 경우에 국가는 국가의 책임에서 벗어나지 않는다는 시각이 우리에게 가장 중요한 시사이다.

1. 국가임무와 국가의 결정

국가임무는 국가의 결정에 의하여 국가임무가 되며, 이러한 국가의 결정은 규제와 발주를 통하여 행정 외부의 사인과 관계된다. 국가임무 관점에서 보면, 국가의 규제활동과 발주사무가 국가임무를 수행하는 것이라는 성격이 확인될 수 있으며, 이러한 규제와 발주는 국가임무 체제 내에서 집행되어야 한다는 것이 명확해진다.

규제는 효율성의 확보와 시장의 기능유지 이상의 것으로 국가책임을 이행하는 것을 목표로 한다. 따라서 규제와 관련하여 국가임무의 개념에 근거한 국가와 사인과의 관계 속에서 국가임무 체제가 적용된다는 관념을 체계화하고 여기에 일반적으로 적용될 수 있는 도그마틱의 형성을 시도할 필요가 있다. 이것은 공익목적의 규제를 지향하는 전문규제에 관한 기존의 설명과 그 결과에 있어서 다르지 않다.[48] 다만 공익에서 공임무가 도출되고 국가임무가 국가 입법에 의하여 선언되는 과정과 행정의 결정 과정을 논리의 체계에 끌어 들임으로써, 규제가 국가결정에 의한 것임을 확실히 드러나게 하고 국가의 책임과 규제의 정당성에 대한 이론적 근거가 보다 체계적으로 확보될 수 있기를 기대하는 것이다.

한편 국가의 발주활동을 국가임무의 시각에서 분석하면, '국가의 단순 수요충족'과 '사인과의 기능적 협력관계'의 차이가 명확하게 인식될 수 있다.[49] 국가임무 관점에서 국가의 발주활동을 고찰하면, 발주의 공법적 성격이 보다 체계적으로 설명될 수 있다고 이해된다.[50]

48) 공익목적의 전문규제에 관해서는 이원우, "경제규제와 공익", 『서울대학교 법학』 제47권 제3호(2006), 106-116면 참조.

49) 本稿의 Ⅲ. 2. 행정보조자의 성격, 3. 사인을 유도하는 계약의 법적 성격 참조.

이렇게 발주의 공법적 성격에 주목하게 되면, 개별 발주활동의 효율성이나 경제성 뿐 아니라 발주가 경제전반에 미치는 공공복리적 영향을 고려해야 한다는 요구가 가능해진다. 또한 발주의 과정과 결과가 국가임무체제의 틀 안에 있는지를 확인하고, 평등의 원칙과 같은 헌법적 원칙을 준수하고 있는지를 검증해야 한다는 설명이 가능해진다.

한편 국가임무의 증가와 이에 미치지 못하는 국가의 재정부담 능력으로 인하여, 비용 최소화라는 경제성의 원칙이 강조되고 있다. 그러나 이러한 경제성의 원칙이 국가임무의 존부에 관한 원칙으로 적용된다면, 이것은 경제적 효율성의 확보라는 목적을 넘어서서 헌법에 근거한 국가와 시민의 관계 구조에 영향을 미치는 것이 된다. 이것은 헌법이 국가임무의 결정에 고려할 것을 요청하는 다양한 형량 요소를 무시한 결정이라 할 것이다. 경제성의 원칙은 사인의 활용을 국가임무 수행의 수단으로 선택하는 것이 타당한가를 결정하는 기준이 될 수는 있으나, 국가임무의 폐지나 존재의 여부를 결정하는 기준으로 이해되어서는 안 될 것이다.

2. 개별부문에 대한 시사점

(1) 공기업과 행정주체

국가임무체제의 적용을 결정하기 위해서는 임무를 수행하는 주체와 국가임무의 수행에 관여하는 사인이 국가에 편입될 수 있는 조직단위인지를 먼저 확인해야 한다. 우리의 私化는 국가 자산을 처분하는 자산매각에서 시작되었으며, 주로 실질적 私化 즉 자산의 私化와 임무의 私化를 위주로 하여 私化가 실행되었다.[51] 私化의 초기에 매각된 국가자산이 국가가 소유해야 할 논리적 필연성을 가진 국가임무와 관련된 자산이 아니라, 역사적으로 국가가 소유하게 된 자산을 중심으로 구성되었다. 이러한 이유에서 국가임무 주체에 대한 혼란이 발생하기 시작하였으며 또한 公社나 공기업에 대한 이해가 미흡한 상태에서 私化가 진행됨으로써 임무주체의 성격에 대한 혼란은 더욱 가중되었다. 그러나 국가와 사회가 임무를 분할하여 분배하는 단계를 넘어서서 국가와 사회가 임무수행을 위하여 협력한다는 관점에서 私化를 행정의 새로운 형태로 이해하게 됨으로써 임무 수행주체의 성격을 규명하는 것은 더욱 중요하게 되었다.[52]

---

50) 박정훈, 『행정법의 체계와 방법론』, 2005, 제5장 공법과 사법의 구별-행정조달계약의 법적 성격, 163-169면 참조; 발주의 공공계약적 성격에 대한 인정에 관하여는 대법원 2001.12.11. 선고 2001다33604 판결 참조.

51) 공기업 민영화 정책의 역사적 전개에 관하여는 이원우, "공기업 민영화와 공공성 확보를 위한 제도개혁의 과제", 『공법연구』 제31집 제1호(2002), 29-36 참조.

52) 그동안 행정주체에 관하여는 많은 연구들이 있었다. 김광수, "특별 공공행정조직에 대한 법적 규율", 『서강법학』 제9권 제2호(2007), 81-116면; 김민호, "행정주체로서의 공법상 사단법인의 의의에 관한 재검토", 『저스티스』 통권 제74호(2003), 148-163면; 이기철, "공공복리 내지 공익의 개념", 『토지공법연구』 제18권(2003), 147-189면; 이원우, "항고소송의 처분대상인 개념요소로서 행정청", 『저스티스』 통권 제68호(2002), 160-199면; 임현, "행정주체의 개념과 유형에 대한 재검토", 『토지공법연구』 제24권(2004), 663-677면; 정하중, "민간에 의한 공행정수행", 『공법연구』 제30집 제1호(2001), 463-488면; 최영규, "행정

公社化의 과정 속에서 나타나는 公社는 행정조직의 다양화라는 시각에서 파악되어야 하며, 행정의 일부 조직이 독립성 내지 독자성을 취득하는 것으로 이해되어야 한다.[53] 公社化는 국가임무체제의 변화를 야기하지 않으며, 公社는 공적인 통제 밖으로 벗어날 수 없다. 때로는 公社化에 의하여 관련된 임무가 국가임무의 체계에서 벗어난다는 것을 전제로 하여, 국가와 행정에 허용되어 있는 공법상의 수단의 활용이 공사에는 허용되지 않는다고 생각하는데, 이것은 公社化를 부적절하게 이해한 것이며, 지나치게 획일적이고 성급한 결론이다.

독일에서는 私法上의 조직인 경우에도 그 조직 자체가 국가에 귀속되는 조직인 경우에 국가임무체제가 적용된다고 인정된다. 또한 그 설립이 공법에 근거한 국가조직인 경우에는 私化와는 관계가 없으며, 당연히 국가의 행정주체로서의 성격이 유지됨을 인정하고 있다. 우리의 경우에는 흔히 公社化를 私化와 동일한 맥락으로 보고, 그것도 마치 任務私化가 이루어진 것처럼 간주하거나, 국가임무의 수행에 필요한 공적 주체에 허용될 수 있는 수단의 활용에서 일괄적으로 公社를 배제하려는 관념이 존재하고 있다. 이러한 시각이 우선 교정되어야 한다.

(2) 기능적 자치행정

사회・경제・문화 등 개별영역에서 전문 영역에 종사하는 관계자들이 당해영역에 관한 일정한 사무를 독립적으로 처리하는 것을 기능적 자치행정이라 한다. 기능적 자치행정의 본질이 당해 영역에 종사하는 관계자들이 자기영역에 대한 일정한 사무를 독립적으로 처리하는 것이라면, 직능단체나 동업자조합의 활동을 중심으로 이론이 전개되어야 할 것이다. 그렇다면, 사법적 설립행위에 의하여 자발적으로 형성된 인적인 결합의 사단이 행정의 임무수행에 어떻게 관여하는가를 중심으로 이론이 전개되어야 하고, 이들에 대한 공법적 통제와 자율성 보장의 필요성이 논의되어야 할 것이다.

그러나 그 동안에는 국가에 의하여 설립이 결정된 공법상의 단체와 물적 시설물의 이용관계와 관련된 공법상의 영조물 법인에 대하여 집중적으로 논의 되었으며, 사적 설립행위에 의하여 설립된 사인의 경우에는 공무수탁사인에 관하여만 논의 되었다. 이러한 상황에서 전통적인 국가행정조직이 아닌 외곽 조직을 통한 행정임무수행과 기능적 자치행정이 증대하고 있는 근래의 현상은 이와 관련된 새로운 이론의 정립이 필요하다는 것을 보여주는 것이며, 행정에 있어 사인에 대한 유도활동이 점차 증가함에 따라, 어느 시점에는 이르러서는 전통적

주체 및 공공단체의 개념과 범위-공공단체의 개념과 행정주체성을 중심으로", 『공법학연구』 제5권 제1호(2004), 333-359면.

53) 이원우, "민영화에 대한 법적 논의의 기초", 『한림법학포럼』 7권(1998), 223면 참조. 사법적 형태의 기업, 예컨대, 주식회사의 형태의 공기업이 있을 수 있으나, 이것은 조직의 민영화에 해당한다. 이것은 실무상 임무의 민영화를 위한 충격의 완화를 위하여 일반행정⇒公社化⇒조직민영화⇒임무민영화의 과정을 거치는 경우는 있으나, 公社化만으로는 민영화(私化)라고 할 수는 없다고 한다.

인 법도그마틱으로는 감당할 수 없는 수준에 이를 수도 있을 것이라는 견해가 제시되기도 하였다.[54)]

이제는 종래의 행정소송과 관련된 행정주체성 인정의 여부라는 한정된 관점에서 벗어나, 국가와 협력관계에 있는 사인의 활동이라는 시각에서 기능적 자치단체를 정리해야 할 필요가 있다. 기능적 자치단체가 책임구조의 변화와 관련된 행정보조자로 역할을 하는 사례가 증가하고 있으며, 장차 이 기능적 자치단체는 행정의 전문화와 함께 機能私化에 따라 활동하는 능동적 사인의 본류를 이룰 것으로 보인다.

(3) 민영교도소와 사적 강제력

우리나라 최초의 민영교도소인 '아가페 소망 교도소'가 경기도 여주에서 2010년 12월 1일 개소하고 정상운영을 목전에 두고 있다. 민영 교도소는 범죄의 증가로 인한 교정수요의 증대, 과다한 교정비용, 높은 재범률과 같은 국가에 의한 교정행정의 문제를 해결하기 위하여 도입된 것으로 이해된다.

민영교도소의 도입은 私法的으로 설립된 법인이 법률에 근거하여 국가와 위탁계약을 체결하고 이를 통하여 국가임무의 수행에 협력하는 관계를 만들어 내는 것이다. 이러한 현상이 私化의 체계 속에 어떤 위치에 있으며, 국가임무에 어떤 변화를 가져오는 가를 탐색하는 것은 매우 중요하다. 이러한 과정에서 행정상 사인과 관련하여 고찰되는 중요한 논점이 구체적으로 드러나게 된다.[55)]

우선 활동의 주체와 관련하여 보면, 교정행정의 수탁자는 사적 조직단위이며, 국가에 귀속되지 않는다. 다음 관련된 국가임무는 형벌권과 관련된 임무로서 전형적인 질서법적 국가임무인데, 이것은 임무의 수행에 있어서 강제력이 필요한 국가임무로 인정된다. 그리고 국가와 사인은 위탁계약을 체결하며,[56)] 이 계약은 특별법에 근거를 둔 것으로 그 체결의 방법과 내용이 법령의 통제를 받으며, 일종의 강제력 행사와 관련된 교정업무의 기준에 관한 사항을 포함하고 있다. 따라서 이 계약은 전형적인 공법적 계약이다. 이상의 내용을 살펴보면, 민영교도소의 운영을 수탁 받은 자는 그 성격상 사적인 지위와 공적인 기능이 분리되는 사인, 즉 임무에 관한 법적 지위가 사인에게 이전된 공무수탁사인이거나, 국가임무와 관련성을 가

54) 이원우, "항고소송의 대상인 처분의 개념요소로서의 행정청", 『저스티스』 통권 제68호(2002), 191면, 199면 참조.

55) 일반적으로 私化 추진의 동기로 인정되는 경제성과 효율성의 제고가 형벌권의 행사에까지 동일한 강도의 영향을 미칠 수 있는 계기가 될 수 있는가하는 문제가 가장 먼저 제기될 것이다. 다시 말하면, 전기, 가스, 수도, 철도 등 국가의 급부적 활동은 값싸고 질 좋은 제품과 서비스의 공급에 관한 문제로 이러한 조건만 충족되면 민간이든 공공이든 그 공급자가 누구이든 상관이 없겠지만, 형벌권의 행사는 일종의 정의를 실행하는 업무이기 때문에 사인에게 이전될 수 없다는 주장이 제기될 수 있다.

56) 「민영교도소 등의 설치, 운영에 관한 법률」 제4조 제1항은 '법무부장관은 교정업무를 위탁하려면 수탁자와 대통령령으로 정하는 방법으로 계약을 체결하여야 한다고 정한다.

지고 그 공임무를 분담하며 집행책임을 이행하는 행정보조자중 하나에 속하게 된다.[57)]

민영교도소를 공무수탁사인으로 보는 견해도 있으나 앞서 설명한 바와 같이 교도소 업무가 자유권을 제한하는 물리적 강제력을 수반하는 임무라는 점, 민영교도소의 수탁자가 민영교도소의 운영을 주된 업무로 하여 설립된다는 점, 그리고 현행법이 수탁자의 기본권 침해에 대한 효과적인 통제의 수단을 확보하고 있지 못하다는 점 등을 고려하면 국가임무가 법률에 근거하여 사인에게 이전되고 이 사인에 대하여 행정주체성을 인정하는 공무수탁사인의 법리는 적합하지 않아 보인다.

오히려 민영교도소의 수탁자를 機能私化 이후에 나타나는 독립적 행정보조자로 이해하고, 물리적 강제력과 분리될 수 없는 형벌집행 임무는 국가에 그대로 남아 있고, 물리적 강제력과 관련되는 행형활동은 국가고용인이 직접 수행하고, 물리적 강제력이 없이도 실행이 가능한 재활과 재범의 방지를 위한 교정, 교화의 활동만을 사적 수탁자가 분담하는 구도로 재편하는 것이 바람직할 것이다.

(4) 국가배상법의 공무원

독일의 공무상배상책임은 사인에 대한 손해의 전보를 주목적으로 하지만 국가책임의 강화라는 목적에도 기여한다. 우리의 국가배상법 역시 국가배상에 관하여 공무원의 직무상 불법행위에 대한 국가의 책임을 규정하고 있다. 국가 배상책임은 민법상 불법행위 책임과 유사하지만, 민법 제756조 제1항 단서의 사용자 책임 면책사유 적용을 배제하고 있어 국가책임이 강화된다.[58)] 또한 국가에 대한 배상청구는 국가의 우월한 담보능력을 통하여 피해자를 효과적으로 보호한다. 이러한 국가배상법상의 책임은 국가의 책임강화라는 입장에서 해석되고 구조화될 필요가 있다.

국가배상은 행정권의 행사에 의하여 발생한 손해에 대한 국가 또는 공공단체 등의 배상을 말한다. 私化의 관점에서는 사인의 활동에 대한 국가의 배상책임의 인정여부에 관한 문제가 되는데, 이 경우 먼저 국가임무를 확인하고, 국가임무와 사인과의 관계를 私化의 유형에 따라 분류하여 국가임무에 대한 책임의 구조를 검토하는 것이 필요하다. 사인의 활동이 국가임무의 수행에 해당하면, 이것은 組織私化에 해당하는 공무수탁사인으로 볼 수 있으며, 국가임무 수행에 대한 국가배상책임의 인정은 어렵지 않게 된다. 반면에 사인의 활동이 국가

57) 우선 행형과 관계된 국가임무는 폐지되지 않으므로 任務私化는 아니다. 다음 수탁자를 수요충족을 위한 단순 재화나 용역의 공급자로 볼 수 없다. 교정활동에 대한 위탁이 포괄적인 것이고, 수탁계약이 유도계약의 성격을 가지고 있기 때문이다. 마지막으로 국가임무와 관련성이 명백하므로 사적인 자기규제의 현상의 하나로 볼 수는 없다.

58) 국가배상법상 제2조의 공무원의 불법행위로 인한 배상책임에 대응하는 것이 민법 제756조의 사용자 책임이지만 민법 제756조 제1항 단서는 사용자에게 피용자의 선임감독에 과실이 없으면 사용자의 면책을 인정한다. 그러나 국가배상책임에는 이런 단서가 없다.

임무와 관련성이 있으나, 국가가 지도책임을 부담한 채로 사인에게 집행만을 위임한 경우라면, 이 사인의 활동은 국가임무의 수행이 아니므로, 機能私化에 관한 이론에 따라 국가의 배상책임에 대한 검토가 필요할 것이다.

대법원은 소위 교통할아버지 사건[59]에서 국가배상청구권의 성립을 인정하면서, 국가배상법 제2조 소정의 '공무원'이라 함은 공무원으로서의 신분을 가진 자에 국한하지 않고, 널리 공무를 위탁받아 실질적으로 공무에 종사하고 있는 일체의 자를 가리키는 것으로서, 공무의 위탁이 일시적이고 한정적인 사항에 관한 활동을 위한 것이어도 달리 볼 것은 아니라고 한다.

2009년 10월 21일 개정된 국가배상법의 제2조 제1항은 "국가나 지방자치단체는 공무원 또는 공무를 위탁받은 사인(이하 "공무원"이라 한다)이 직무를 집행하면서 고의 또는 과실로 법령을 위반하여 타인에게 손해"를 입힌 경우에 그 손해를 배상하여야 한다고 규정하고 있다. 이러한 개정은 제2항의 "공무원에게 고의 또는 중대한 과실이 있으면 국가나 지방자치단체는 그 공무원에게 구상할 수 있다"고 규정된 공무원에 대한 경과실 면책 조항과 관련하여 해석상의 문제가 있음이 지적되고 있다.[60] 이러한 법개정으로 '공무를 위탁 받은 사인'이 그동안 판례에 의하여 인정된 '널리 공무를 위탁받아 실질적으로 공무에 종사하고 있는 일체의 자'를 법문화 한 것[61]인지 아니면, 강학상의 개념화된 '공무수탁사인'을 입법에 의하여 도입한 것인지에 대하여 논쟁이 전개되고 있다.

그러나 이러한 논쟁은 '공무수탁사인'을 私化 체계상 組織私化에 속하는 독립적 행정주체

59) 대법원 2001.1.5. 선고 98다39060 판결. 이 판결은 지방자치단체가 '교통할아버지 봉사활동 계획'을 수립한 후 관할 동장으로 하여금 '교통할아버지'를 선정하게 하여 어린이 보호, 교통안내, 거리질서 확립 등의 공무를 위탁하여 집행하게 하던 중 '교통할아버지'로 선정된 노인이 위탁받은 업무 범위를 넘어 교차로 중앙에서 교통정리를 하다가 교통사고를 발생시킨 사건에 대한 판결로서, 국가배상법 제2조 소정의 '공무원'이라 함은 국가공무원법이나 지방공무원법에 의하여 공무원으로서의 신분을 가진 자에 국한하지 않고, 널리 공무를 위탁받아 실질적으로 공무에 종사하고 있는 일체의 자를 가리키는 것으로서, 공무의 위탁이 일시적이고 한정적인 사항에 관한 활동을 위한 것이어도 달리 볼 것은 아니며, 국가배상청구의 요건인 '공무원의 직무'에는 권력적 작용만이 아니라 비권력적 작용도 포함되며 단지 행정주체가 사경제주체로서 하는 활동만 제외되고, 국가배상법 제2조 제1항 소정의 '직무를 집행함에 당하여'라 함은 직접 공무원의 직무집행행위이거나 그와 밀접한 관계에 있는 행위를 포함하고, 이를 판단함에 있어서는 행위 자체의 외관을 객관적으로 관찰하여 공무원의 직무행위로 보일 때에는 비록 그것이 실질적으로 직무행위에 속하지 않는다 하더라도 그 행위는 공무원이 '직무를 집행함에 당하여' 한 것으로 보아야 한다고 판시하였다.

60) 공무상 배상책임은 국가가 공무원을 대신하여 책임진다는 대위 책임설, 국가의 자신의 책임이라는 자기책임설이 있다. 국가의 책임 공무원 개인의 책임은 공무상배상책임의 성격과 밀접한 관계가 있으며, 또한 입법 정책적 문제와도 관련이 된다. 여기에 상론할 범위는 아니므로 판례가 소위 제한적 긍정설 즉 절충설을 취한다는 것만을 언급하는데 그친다. 즉, 가해 공무원의 고의 또는 중과실이 인정되는 경우 국가배상책임과 사인의 손해배상책임이 병행하여 성립하고, 경과실만 인정되는 경우에는 공무원 개인에 대한 손해배상책임은 성립하지 않는다(대법원 1996.2.15. 선고 95다38677 전원합의체 판결). 여기에 대한 상세한 논의는 박균성, 『행정법론(상)』, 박영사, 2010, 675-680, 715-726면 참조.

61) 이러한 취지로 위 각주 58에서 소개한 대법원 2001.1.5. 선고 98다39060 판결은 '교통할아버지'를 국가공무원법상 공무원으로 파악하였다.

로 파악하고 널리 '공무를 위탁받은 사인'에 있어서, 국가임무와 기능적으로 관련된 활동을 집행하는 사인이 포함된다고 이해한다면, 다소 입법적 문제가 있어 보이는 법 개정을 해석으로 해결하는 방안이 될 수 있을 것이다.[62] 어쨌든 그 동안의 판례의 취지와 최근의 법개정 그리고 이에 대한 논쟁은 機能私化와 관련된 행정보조자에 대하여 관심이 필요함을 보여주고 있다고 이해된다.

생각건대, 국가배상법상 공무원에 포함되는 '공무를 위탁 받은 사인'은 판례상 '널리 공무를 위탁받아 실질적으로 공무에 종사하고 있는 일체의 자'로서, 여기에는 공무수탁사인과 機能私化 이후에 나타나는 행정보조자로서 국가임무에 기능적으로 관련된 집행과 준비를 분담하는 사인이 포함된다고 볼 수 있다. 이 중에서 독립적 의사 결정이 인정되고 도구이론이 적용될 수 없는 행정보조자는 국가배상책임의 대상자에서 제외된다고 보고, 이들은 피해자에 대하여 직접책임을 진다. 이 경우 사인은 경과실로부터 면책될 수 없는데 이것은 사인의 자치적 의사결정에 수반되는 사인의 책임의 강화가 필요하다는 관점에서 이해될 수 있다. 그러나 국가의 우월한 담보력의 활용에 의한 이해관계인에 대한 보호는 약화될 수 있으므로, 이러한 부분을 보완하기 위한 조치[63]를 행정과 사인 사이의 유도계약의 내용 속에 포함시키는 것이 대안으로 제시될 수 있겠다. 국가에 남겨진 부분에 대한 국가가 실행하여야 할 실행책임과, 사인에게 집행이 위임된 부분에 대한 국가의 지도책임의 위배에 따른 국가배상책임은 별도로 성립될 수 있다. 국가는 유도계약을 체결하여 지도책임을 확인하고, 이 책임의 이행을 통하여 국가의 임무실행과 실질적으로 동일한 결과가 나타날 수 있도록 항상 주의를 기울여야 한다.

Ⅵ. 결　　어

1. 누가 국가임무를 결정하는가?

국가의 임무는 국가가 결정한다. 공공복리와 관련된 임무가 공임무이며 이 중에서 국가가 자신의 임무라고 선언하고 국가가 수행하는 임무가 국가임무이다. 국가임무는 국가가 수행하는 공임무이지만 국가가 수행하지 않는 공임무는 국가임무가 아니다. 국가임무의 내용은 국민의 기본권 보호와 헌법적 목표에 근거하여 결정된다. 국가임무가 결정되면, 이 임무의 수

---

62) 이상천, "국가배상법상 제2조 제1항의 입법론상의 문제점-공무수탁사인을 중심으로", 『행정법연구』 제26호(2010), 230-241면. 법문상 '공무를 위탁받은 사인'은 표현상 '공무수탁사인'과 동시할 수밖에 없으며 이것은 명백한 입법상의 잘못이라고 한다. 만일 그동안의 판례에서 나타난 취지를 법문화 한 것이라면 '구체적인 경우 행정기관적 공무수행권한을 부여받아 행정기관에 실질적으로 편입되었다고 볼 수 있는 사인' 등으로 표현되어야 한다고 한다. 또한 강학상의 '공무수탁사인'이 공무원에 포함된다고 해석되는 경우에 대외적으로 강한 독자성을 지닌 사인에 대하여 면책의 범위를 확장하는 것은 옳지 않다고 주장한다.

63) 예컨대, 제3자에 대한 손해배상보험 체결의 의무 등이 고려될 수 있다.

행에는 국가의 활동에 적용되는 공법적 통제가 수반되며, 이러한 공법적 통제에 의하여 현대 사회의 다원적 이해관계가 공익으로 수용된다. 국가임무가 지속적 변화하고 헌법이 국가의 구조와 기능에 대하여 원칙적 규정만을 정하고 있는 상황에서는 이러한 국가임무의 형식적 개념은 필연적인 것이라고 이해된다. 이 개념 하에서 국가는 능동적이고 탄력적으로 기능할 수 있으며, 변화하는 국가와 사회의 관계 속에서 효과적이고 효율적으로 공공복리에 기여할 수 있다.

2. 국가임무 수행에 사인이 활용될 수 있는가?

국가임무는 국가라는 수행주체에 근거하여 그 성립 여부가 결정되므로, 진정 사인에 의하여 '수행'될 수 없다. 그러나 국가가 사인을 지도하여 국가임무의 이익이 실현될 수 있다면, 국가임무 수행을 분담하는 사인이 '활용'될 수 있다. 이때 국가의 책임은 실행책임에서 지도책임으로 전환된다. 여기에 관계된 준비와 집행을 분담하는 사인을 행정보조자라고 하며, 이 행정보조자는 국가가 활용하는 단순한 도구가 아니라, 사적자치의 원칙에 따라 국가임무체제의 구속을 받지 않고 활동하면서 국가임무 수행에 협력하는 독립적 사인이다.

3. 행정보조자를 통제할 수 있는 근거는 무엇인가?

機能私化 이후에도 국가임무는 여전히 국가에 남아 있으며, 국가임무를 수행하는 주체인 국가는 국가임무의 이익을 실현해야 할 의무를 부담한다. 국가가 사인을 활용한다는 결정은 사인과의 협력을 통하여 국가임무를 수행하기 위한 것이므로, 국가는 사인의 분담이 임무이익의 실현에 기여할 수 있도록 조치해야 할 지도책임을 부담한다. 이러한 지도책임이 행정보조자를 통제하는 근거이다.

한편 機能私化와 관련된 행정보조자는 진정 사인이며, 기본권의 주체이다. 국가의 임무체제는 이 사인에게 직접 적용되지 않는다. 행정보조자를 기본권에 근거하여 보호하는 것은 사인과 사적자치의 장점을 국가임무 수행에 활용할 수 있는 자유의 공간을 확보하게 해 주지만, 반면에 국가의 지도책임의 효과를 약화시킬 수 있다. 이러한 양자를 고려하여 공익달성을 위한 최적의 지도조치를 선택하는 것이 지도책임의 부담자인 국가가 결정할 핵심적 내용이며, 이러한 내용은 사인에 대한 국가의 유도행위 속에 반드시 포함되어야 한다.

4. 결　어

독일에서 논의되는 機能私化 이론은 사인의 활용에 대한 이론적 근거를 규명하고 국가책임의 근거와 국가의 사인에 대한 통제의 근거를 확인하며, 동시에 사인의 자유공간을 확장시키려고 시도하는 주목할 만한 이론으로 현대의 행정체제에 적합한 이론이다. 이 機能私化와 관계된 이론은 국가임무의 실행책임에서 분리되는 국가의 지도책임을 체계화하는 것으로, 이러한 체계는 국가임무의 시각에서 국가활동을 파악하려는 인식이 전제되지 않는 한 정상적으로 기능할 수 없다.

本稿가 주목하는 국가책임은 국민의 정치적 결단과는 다른 것이다. 국가의 지도책임은 국가임무를 수행하는 책임의 일부이다. 만일 국가임무가 명확하지 않은 상태에서 사인의 사적 공간이 허용되어야 한다는 것만을 지나치게 강조하게 되면 국가임무를 수행하는 행정활동이 헌법과 법률이 예기하고 있는 공법적 통제의 틀을 벗어날 위험이 증가한다. 또한 국가책임이 국가임무와 연계되어 있다는 개념을 명확하게 하지 않으면 국가책임은 법적책임이 아닌 정치적 구호로 인식되고 정치적 약속과 법적 의무가 혼동될 상황이 출현할 수 있을 것이다.

먼저 국가의 입법활동을 정상화 하고, 이를 통하여 국가임무에 대한 국민의 의사를 확인하여 국가임무에 대한 민주적 정당성을 확립해야 한다. 행정활동에 대한 형식적 규율의 한계를 극복하고 임무중심의 법적 규율을 통하여 국가임무의 수행에 적합한 국가와 사인간의 협력적 관계를 활용하는 구조조성의 의무가 국가에 있다. 행정절차와 행정소송 등에 대한 법적 정비가 필요하며, 아울러 국가임무에 대한 개별적인 특별법과 여기에 적용될 일반원칙이 임무관점에서 확립되어야 한다.

국가는 국가임무수행에 활용되는 사인이 이러한 국가임무에 관한 일반원칙에 따라 활동을 하도록 지도책임을 다해야 한다. 지도책임은 국가의 규제와 발주 단계의 유도행위의 단계에서 사인의 활동과 연계되며, 이러한 유도행위에 대한 공법적 통제가 행정의 지도조치를 통하여 이루어져야 한다. 그리고 사법은 국가임무와 관련된 행정의 활동이 헌법적 프로그램에 적합한지를 항상 심사해야 한다.

35. 철도산업에서의 국가책임* – 철도민영화의 공법적 문제와 관련하여 –

박 재 윤**

Ⅰ. 서 설

국민을 슬픔과 분노에 잠기게 했던 2014년 4월 16일 세월호 사태와 그 후속 과정에서 가장 많이 부각된 것은 '책임(Verantwortung)'이라는 단어이다. 2017년 3월 10일 대통령 탄핵이라는 사건도 국가권력이 자신에게 부여된 공적 책임을 도외시한 것에 대한 엄중한 광장 민주주의적인 심판과정이라고 볼 수 있다. 정치권과 언론에서 문제삼은 것이 주로 "누가 이 사태에 책임질 것인가"라는 관점이라면, 행정법학적인 관심은 주로 "앞으로 어떻게 책임을 지는가"에 모아진다.[1] 두 개의 책임개념이 반드시 일치하는 것은 아니지만, 서로 영향을 미치며 밀접하게 관련된다고 하겠다. 최근 행정법학적으로는 사인과의 민영화, 임무의 분배 내지 협력적 임무수행이라는 관점에서 책임개념이 많이 논의되고 있지만,[2] 최근 국가적 위기상황에서 실제로는 민간도, 국가도, 그 협력적 조직도 제대로 책임지지 못했다는 냉정한 평가에 비추어 본다면, 다시금 "누가 어떻게 책임을 질 것인가"라는 문제가 국가행정조직을 넘어 헌법구조 내지 국가기능 전반에 걸친 개혁에 있어서 핵심적 과제가 될 것이다.

이러한 문제의식은 최근 행정법학에서 새롭게 도입되고 있는 보장국가(Gewährleistungs-staat)에 관한 논의에서도 매우 중요한 역할을 한다.[3] 공공복리의 실현에 있어서 국가가 직접 임무를 수행하는 대신 사인이 일정한 역할을 하고, 국가는 이러한 임무수행이 제대로 이루어지도록 보장하는 현대국가의 변화된 국가상을 지칭하는 개념으로 보장국가를 이해한다면,[4]

---

* 본 논문은 2014.7.4. 한국행정법학회 정기총회 및 하계 학술대회에서 발표하여 행정법학 제7호(2014.9)에 게재한 논문을 일부 수정・보완한 것이다.

** 한국외국어대학교 법학전문대학원 교수, 법학박사

1) 책임(Verantwortung)개념을 다양한 맥락에서 법학적으로 비교 검토한 것으로는, Peter Saladin, Veantwortung als Staatsprinzip, 1984, S. 26ff.; Jan Henrik Klement, Verantwortung, 2006, S. 29ff.; 졸고, 독일 공법학 국가임무론에 관한 연구-우리나라 전력산업과 관련하여-, 서울대학교 박사학위논문, 2010, 77면 이하 참조.

2) 책임개념이 법학에 도입된 연원, 목적과 기능 및 용례 등에 관하여 설명하는 것으로는 Reinhard Ruge, Die Gewährleistungsverantwortung des Staates und der Regulatory State, Berlin 2004, S. 161ff. 참조.

3) 최근 김남진 교수의 소개로 우리 학계에서도 보장국가론에 대한 논의가 본격적으로 시작되었다. 김남진, 자본주의 4.0과 보장국가론, 법률신문, 2011.10.17; 보장국가의 정착과 구현, 법률신문, 2012.11.15. 참조.

4) 보장국가개념의 일반적인 이해에 관하여는 Gunnar Folke Schuppert, Der Gewährleistungsstaat-modisches Label oder Leitbild sich wandelnder Staatlichkeit?, in: Schuppert(Hg.), Der Gewährliestungsstaat-Ein Leitbild auf dem Prüfstand, Baden-Baden 2005, S.11; Claudio Franzius, Vom Gewährleistungsstaat zum Gewährleistungsrecht-Kommentar-, in: Schuppert(Hg.), Der Gewährliestungsstaat, S.53; 계인국, 보장행정의 작용형식으로서 규제-보장국가의 구상과 규제의미의 한정-, 공법연구 제41집 제4호, 2013.6 참조.

국가와 사인의 협력의 형태와 정도에 따라 다시 국가가 부담하는 책임의 형태와 정도가 정해질 것이다. 여기서 다루는 행정임무의 민영화는 변화된 국가상을 나타내는 대표적인 현상이다. 국가가 이행하던 전통적인 생존배려적 임무는 민영화를 통하여 제공방식과 형태가 변화되고, 이를 통해 민영화 이후에 나타나는 문제를 어떻게 대응할 것인가라는 민영화후속법(Privatisierungsfolgenrecht)의 논의가 바로 전형적인 보장책임의 문제영역이기 때문이다.[5)6)]

대표적인 망산업의 하나인 철도산업에 있어서는 보장책임의 내용으로 기간시설책임(Infrastrukturverantwortung)이 포함된다는 주장이 유력하게 제기되고 있다. 기간시설책임이란 민영화의 경향이 지배되는 우편, 통신, 철도 등의 망으로 연결된 인프라 영역에서의 책임형태를 보장책임의 일종으로 설명하려는 개념이다. 도로, 철도, 수로, 항로, 통신망, 전기 및 가스망 등은 인간, 재화, 정보의 거리(Entfernung)를 극복하는 데, 즉 이동 · 운송 · 전달에 기여한다는 특징이 있다. 이러한 망(Netz)은 공동체의 기본적 생존조건에 해당하는 것이므로, 모든 사람이 적절한 조건으로 접근할 수 있는 가능성이 보장되어야 한다. 경제학적으로는 망의 공급이 자연적 독점에 해당하므로 경쟁에 의한 조절만으로는 적합하지 않고 국가의 개입이 필수적이라고 본다. 그에 따라 국가는 사회적, 경제적, 정치적 통합의 형성이라는 망기간시설의 기본기능을 유지하기 위하여 기간시설의 기본공급(Grundversorgung)을 충분하게 하는 기준을 보장하는 책임을 진다는 것이다. 이러한 견해는 기간시설책임의 구체적인 내용으로 망과 역무의 분리, 1차망과 2차망의 구별, 규제를 통한 경쟁의 확립, 보편적 서비스(universalsienst)의 보장 등에 대하여 설명하고 있다.[7)]

본고에서 철도산업에서의 국가책임을 설명하는 핵심개념으로 사용하는 것이 바로 보장책임으로서의 기간시설책임이다. 다만, 보장책임 내지 기간시설책임의 구체적인 내용은 각 나라의 실정법적인 구조와 임수수행방식에 따라 정도와 형태가 달라지기 마련이다. 기간시설책

5) Schulze-Fielitz, §12 Grundmodi der Aufgabenwahrnehmung, in: Hoffmann-Riem/Schmidt-Aßmann/Voßkuhle, Grundlagen des Verwaltungsrechts, 2.Auf. 2012, S. 848; 졸고, 독일 공법상 국가임무론에 관한 연구, 138면 참조.

6) 본 논문의 발표당시 토론자인 계인국 박사로부터 민영화를 과정으로 보아야 할 것인지, 구조로 보아야 할 것인지에 대한 질의가 있었다. 필자는 민영화의 법적 문제를 지나치게 도식적인 대립적인 개념으로 파악하는 것은 문제가 있으나, 민영화를 임무수행방식으로서 책임분배의 구조 속에서 파악하면서 민영화가 이러한 책임분배의 구조를 변화시키는 원인이 된다고 보므로, 결국 민영화는 구조 속에서의 변화과정이라고 할 수 있을 것이다. 졸고, 위의 글, 131-132면 참조.

7) Georg Hermes, Gewährleistungsverantwortung als Infrastrukturverantwortung, in: Schuppert(Hg.), Der Gewährliestungsstaat, S. 112ff.; 이와 유사하게 독일 기본법상의 우편과 통신에 관한 보장조항(기본법 제87조f)을 해석하면서, 기간시설의 기본공급을 보장하는 헌법상 책무는, 생존배려를 대신하여 충분하고, 충분한 공급을 사경제적으로 활동하는 공급자가 자유롭게 경쟁하는 가운데 규제의 수단을 통하여 보장하는 것이라는 견해도 있다. Peter Badura, Wettbewerbsaufsicht und Infrastrukturgewaährleistung durch Regulierung im Bereich der Post und der Telekommunikation, in: Festschrift für Berhard Großfeld zum 65. Geburtstag, 1999, S. 35ff.(Schuppert, Verwaltungswissenschaft, Baden-Baden 2000, S. 935에서 재인용) 참조.

임을 주장하는 게오르크 헤르메스(Georg Hermes)도 국가가 제대로 기능하는 기간시설을 보장하는 방법으로서 국가가 직접 기간시설을 운영하거나, 사인이 한정된 기간동안 입찰을 통하여 기간시설을 운영하거나, 망과 역무를 분리하여 망의 접근을 보장하면서 역무에서는 경쟁하도로 하는 방식을 생각해 볼 수 있고, 이러한 구조는 당연하게 전제되는 것이 아니라 결국 민주적으로 정당화되는 결단을 통해 질서틀을 형성함으로써 만들어진다고 설명하고 있다.[8] 결국 보장책임이라는 개념도 국가임무의 수행방식으로서 여러 책임의 유형 중에 하나로서 다양한 스펙트럼을 갖는다고 본다면,[9] 철도민영화의 형태나 구조가 다른 우리나라에서는 그에 상응하여 기간시설책임의 구체적 내용도 다르게 파악하게 될 것이다. 더욱이 아직까지 철도산업에 민영화나 경쟁체계가 도입되지 않은 우리의 상황에서는 막연히 독일의 보장책임론이 우리의 철도산업에 적용되어야 한다고 보기보다는 민영화나 경쟁체계의 도입여부를 결정하는 현 단계에서 우리에게 실질적인 규범적 지침을 우리 헌법과 실정법 체계에서 찾으려는 노력을 다하여야 할 것이다.[10] 이러한 관점에서 본고는 우선 철도민영화의 경과과정을 비교법적으로 검토하고, 그동안 문제되었던 2013년 정부의 철도산업 발전방향을 소개하면서, 여기서 나타나는 공법적 문제점을 국가책임이라는 관점에서 검토하려고 한다.

Ⅱ. 철도민영화의 비교법적 고찰

1. 영 국

1980년대에 들어 대처 정부는 대부분의 국영기업의 민영화를 시도하였으나, 철도산업만은 민영화가 어려운 분야로 여기고 있었다.[11] 1990년에 존 메이저가 보수당의 리더로서 수상이 되고, 1992년 선거에서 철도민영화를 공약하여 승리하자, 1993년에는 철도법(Railways Act)을 개정하여 철도민영화를 추진하게 되었다. 당시 영국의 민영화 추진배경에는 스웨덴의

8) Hermes, a.a.O., S. 114-115, 120.

9) 졸고, 독일 공법상 국가임무론에 관한 연구, 116면 이하 참조; 망산업에서 규제개념이 미국법이나 경쟁법상의 규제개념과는 구별되어야 한다는 견해로는 계인국, 망규제법상 규제목적의 결합과 그 의의-보장행정의 공동선실현 메커니즘-, 강원법학 제39권, 2013.6, 89면 이하 참조.

10) 독일에서도 최근 법학적으로 논의되는 책임개념에 대하여 문제발견적(heuristisch)인 개념영역과 규범적(normativ)인 개념영역이 혼동되어, 서술적인 책임의 묘사로부터 법도그마틱적인 설명없이 법적 권한을 도출하게 된다는 비판이 있으나, 이에 대하여는 책임개념으로부터 바로 법효과를 도출하는 것이 아니라, 법질서 특히 헌법질서로부터 규범적인 지침을 도출함으로써 개념의 혼동을 피할 수 있다고 한다. 책임개념은 단지 법률관계를 구조화하는 기능을 한다는 것이다. Ruge, a.a.O., S. 169, 171 참조.

11) 이하 영국의 민영화과정에 대하여는 별도의 인용이 없는 한, Martin Lodge, On Different Tracks-Designing Railway Regulation in Britain and Germany, Westport CT 2002, p. 121 이하와 Wikipedia, Privatisation of British Rail, <http://en.wikipedia.org/wiki/Privatisation_of_ British_Rail>(2014.7.1. 최종방문) 및 홍갑선, 민영화 이후의 철도정책방향, 교통개발연구원 정책연구, 2000, 19면 이하를 참조하여 정리한 것이다.

사례나 1991년 유럽공동체 지침 91/440[12]의 영향이 있었으나, 이보다는 주로 이전의 망산업에서의 민영화의 추진경험이 반영된 것이라고 한다.[13]

1994년 민영화가 시행됨에 따라 영국철도산업 구조는 레일트랙(Railtrack)이라는 기간시설관리회사를 중심으로 개편되었다. 당초 민영화를 계획했던 1992년 백서 "New Opprtunities for the Railways"에 의하면, 민영화 이후에 잔존하는 선로와 신호기 등의 자산은 망소유관리회사인 레일트랙에 속하지만, 레일트랙은 새롭게 브리티시 레일(British Rail)의 일부가 되고, 브리티시 레일이 매각시까지 서비스와 기간시설을 책임지는 두 자회사를 소유하도록 구상되었다. 그러나 이러한 구상은 브리티시 레일이 근본적으로 정부의 민영화 계획을 반대한다는 이유로 거부되면서, 레일트랙은 브리티시 레일로부터 분리되어 1996년까지 유동화되는 것으로 하였다(실체적 민영화).[14] 그에 따라 레일트랙은 선로, 신호기 및 역사의 소유권을 갖지만, 이 중 대부분의 역사는 여객운송사업자에게 대여하고, 그 운영비는 이들 사업자에게 부과되는 사용료로 충당하였으며, 정부로부터의 보조금은 지급받지 않게 되었다.[15] 철도시설의 유지와 보수는 영국철도시설서비스(British Rail Infrastructure Services)에 외주를 통하여 처리되었다. 또한 브리티시 레일의 여객운송부분은 지역과 서비스형태에 따라 25개의 여객운송사업자(train operating company, 'TOC')로 분리되어 민영화되었다. 철도차량은 세 개의 임대회사('ROSCO')에서 소유하게 되었고, 화물운송사업자는 6개로 분리되는 과정을 겪었다(망과 역무의 분리).

한편, 민영화된 철도산업에 대한 규제기능은 철도규제청(Office of the Rail Regulator)의 장인 철도규제관(Rail Regulator)에게 부여되었다. 철도규제관은 철도시설의 사용계약에 대한 승인, 면허의 발급, 산업표준의 감독 등을 담당한다. 이를 통하여 철도규제관은 레일트랙이 징수하는 시설사용료(access charge)에 대하여 검토하고, 사용자의 보호와 경쟁법의 집행을 주요임무로 하였다. 이와는 별도로 당초 안전규제에 대한 권한은 보건안전관리청(Health and Safety Executive)에게 부여되었으나, 2005년 법개정으로 철도규제청으로 이관되었다. 반면, 여객운송영업권(franchise)의 입찰과 판매를 담당하는 기관은 철도영업권관리국(Offich of Passenger Rail Franchising, 'OPRAF')이 되었다. 영업권관리국장(Franchising Director)의 지휘로 이 기관에서 영업권협약을 통하여 사업자의 최소 서비스조건을 정하고, 여객운임을 규제하게 되었다. 그에 따라 민영화를 위한 최초의 경쟁입찰과정에서는 정해진 예산에서 최저의

12) 이 지침의 목적은 철도기업의 경영상 독립성을 확보하고, 철도운영과 기간시설의 경영을 철도운송서비스 공급으로부터 분리하되 회계분리는 필수적으로 조직 및 제도적 분리는 선택적으로 하며, 기업의 재정구조를 증진하고, 회원국의 망에 대한 접근을 보장함으로써 철도를 단일시장의 수요에 적응시키고, 효율성을 증진하는 것이다. Article 1, Eu Directive 91/440 참조.

13) Lodge, *op. cit.*, p. 127 참조.

14) Lodge, *op. cit.*, p. 129 참조.

15) 홍갑선, 앞의 책, 20면 참조.

보조금으로 운영하도록 입찰한 사업자에게 영업권이 낙찰되었다.

이러한 급격한 민영화과정을 거친 후 1997년경에는 철도민영화에 반대하던 노동당 정부가 집권하면서 당초의 철도산업 체계에 변화가 예견되게 되었다. 더욱이 2000년경 하트필드에서 대형 철도사고가 발생하자, 그 원인으로 차량접촉으로 인한 선로피로(rolling contact fatigue)가 지적되었으며, 근본적으로는 레일트랙이 선로에 대한 유지보수를 선로보수업자에게 외주한 것이 문제로 부각되었다. 이에 따라 급박하게 속도제한과 보수가 실시되었고, 이로 인해 재정위기에 빠진 레일트랙은 2001년 파산하여 정부의 관리에 놓이게 되었다. 그 후 노동당 정부는 2002년 주주가 없고 정부가 대출을 보증하는 보증유한책임회사(company limited by guarantee)의 형태로 네트워크레일(Network Rail)을 설립하여 레일트랙을 인수하게 하였다(사실상의 재국유화). 그 결과 규제기관인 철도규제청과 영업권관리국의 조직에도 변동이 생겼으며, 민영화로 다수의 사업자로 분리되었던 여객운송사업자의 수도 줄어들기에 이르렀다.

영국의 민영화의 목표는 망과 서비스를 분리하여, 망에 대한 자유로운 접속을 보장함으로써 최대한의 경쟁과 효율성을 추구한 것으로 평가된다.[16] 그러나 민영화된 이후의 체계가 너무 복잡하고 지나치게 많은 회사가 관여함으로써 책임의 혼란과 사고, 고비용 등의 문제가 나타난 것으로 지적된다.[17] 더 나아가 다른 국가에 비하여 영국철도는 서비스의 질과 투자가 부족한데, 이는 철도망시설이 민영화됨으로써 투자가 저하되었기 때문이라는 견해가 유력하게 제기되고 있다.[18]

2. 독 일

독일연방철도(Deutsche Bundesbahn)는 1950년대부터 도로교통에 비하여 철도교통의 비중이 줄어들면서 장기간 재정상태가 악화되고 있었고, 1990년 독일이 통일되자 동독지역에서 독점적 지위를 유지하면서 시설과 인력이 열악해진 독일 제국철도(Deutsche Reichbahnz)를 합병하면서 근본적인 개혁이 필요하게 되었다.[19] 그 밖에 독일 철도개혁은 행정관청이면서 동시에 기업으로서의 모순적 지위, 규제체계의 복잡성, 근거리 여객수송에서의 지역화의 부족, 유럽경제공동체 지침(91/440/EWG)의 영향 등이 배경으로 지적되었다.[20] 그에 따라 연방

16) Lodge, *op. cit.*, p. 136 참조.
17) Wikipedia, Privatisation of British Rail 중 Criticisms 참조.
18) Martin Weidauer, Bahnprivatisierung in Großbritannier, in: Ernst Ulich von Weizäcker u.a.(Hg.), Grenzen der Privatisiertung, Stuttgart 2004, S. 91 참조.
19) 이하 독일의 철도민영화 과정에 대하여는 별도의 인용이 없는 한, Lodge, *op. cit.*, p. 143 이하; Sina Stamm, Eisenbahnverfassung und Bahnprivatisierung, Berlin 2010, S. 66ff.; Wikipedia, Bahnreform (Deutschland), <http://de.wikipedia.org/wiki/Bahnreform_(Deutschland)>(2014.7.1. 최종방문); 홍갑선, 앞의 책, 23면 이하를 참조하여 정리한 것이다.
20) Stamm, a.a.O., S. 67ff. 참조.

교통부는 1989년 연방철도에 관한 정부위원회(Regierungskommission)를 설립하여 개혁안을 마련한 후 1992년부터 철도구조개편법(Eisenbahnneuordnungsgesetz)을 비롯하여 일련의 헌법 및 법률개정을 추진하게 되었다. 정부위원회는 당초 일본과 스웨덴의 철도민영화 모델을 검토하였으나 영국처럼 망과 서비스의 분리라는 개념을 채택하지 않고, 그 대신 국가의 생존배려임무와 철도의 기업적 임무를 분리하도록 구상하였다. 이를 위한 기초로서 1993년 12월 기본법 제87조e가 개정되었고, 이어서 1994년부터 일련의 철도개혁조치(Bahnreform)를 위한 법률이 시행되었다.

이후 독일 연방철도와 제국철도는 합병되어 국가의 고권적 임무인 허가 및 감독기능은 연방철도재산기구(Bundeseisenbahnvermögen)에게 귀속되고, 기업적 임무인 철도선로, 역사 및 열차의 운영은 도이치반(Deutsche Bahn AG, 'DB AG')에게 맡겨지게 되었다. 이러한 민영화의 전제조치로서 도이치반이 *私法*적으로 조직된 기업으로 시장에서 경제적으로 활동하기 위하여 기존 채무는 면제되었다.[21] 이후 새롭게 설립된 도이치반은 내부적으로 4개의 부분으로 조직되었는데, 1999년 2단계 개혁으로 지주회사로 변환된 후에는 5개의 자회사를 거느리게 되었다. 지주회사인 도이치반의 자회사에는 여객수송을 담당하는 DB Regio AG, 장거래여객수송의 DB Reise & Toristik AG(이후 DB Fernverkehr AG), 화물수송의 DB Cargo AG, 역사관리의 DB Station & Service AG는 물론이고, 망과, 신호기 등을 관리하는 DB Netz AG가 포함되었다. 이러한 일련의 조치는 일종의 형식적 민영화로 평가될 수 있다.[22] 다만, 이후 도이치반의 매각이 추진되더라도, 기본법 제87조e 제3항에 따라 망의 건설, 유지, 운영회사의 과반수 지분은 연방이 보유하여야 한다는 제한이 따르게 되었다.

독일 철도개혁의 또 다른 목표는 사기업인 철도기업을 위하여 철도망에 대한 차별없는 접근이 보장되어야 한다는 것이다. 이러한 목표를 위해서 규제관청인 연방철도청(Eisenbahnbundesamt)이 설립되어 사업면허의 발급, 선로시설의 계획, 건설, 보조금의 배분 등을 담당하게 되었다.[23] 다만, 경쟁법적인 문제에 대하여는 연방카르텔청과 철도청이 공동으로 권한을 행사한다고 한다.[24] 그 밖에 철도개혁의 내용으로 근거리 여객수송에 관한 권한을 주에게 이전하는 소위 지역화(Regionalisierung)가 포함되었다.

한편, 2004년경 슈뢰더 총리에 의하여 주식매각을 통한 부분적인 실체적 민영화를 추진하는 계획이 발표되었다.[25] 그 후 수년간의 논의를 거쳐 2007년경에는 소위 주식보유모델(Holdingmodell)에 따라, 근거리 여객수송, 장거리 여객수송, 화물 수송 등에 재무적 지주회

21) Stamm, a.a.O., S. 80 참조.
22) Stamm, a.a.O., S. 91 참조.
23) 홍갑선, 앞의 책, 24면 참조.
24) Lodge, *op. cit.*, p. 155 참조.
25) Stamm, a.a.O., S. 139 참조.

사(Finanzholding)가 설립되어, 그 회사의 지분이 부분적으로 민영화되도록 계획되었다. 연방정부는 2008년경 야당의 요구를 반영하여 연방하원에 법률의 개정없이 부분적인 실체적 민영화를 추진하는 방안을 제안하였다. 이에 의하면 24.9%의 도이치반의 지분이 민간자본에 매각되는바, 이를 위하여 화물운송회사, 장거리여객운송회사, 지역여객운송회사, 서비스회사가 설립되는 하나의 회사에 귀속되게 된다. 도이치반은 100% 연방재산에 남으면서 이 회사의 과반수 지분을 갖는다. 더불어 철도인프라회사('EIU')는 계속적으로 완전하게 도이치반에, 즉 연방에 남아있게 된다. 또 민간지분매각을 통한 수익은 철도교통의 개선프로그램, 도이치반의 자기자본증가 및 연방재정에 사용되는 것으로 하였다.[26] 이러한 민영화 모델을 수행하기 위하여 도이치반은 2008년 2월 자회사인 DB Mobility Logistics AG('DB ML')를 설립하고, 도이치반에 속하는 장거리 및 근거리 여객수송 및 서비스를 담당하는 기존 자회사들을 이 회사에 귀속시켰다.[27] 그러나 곧바로 불어닥친 2008년 금융시장의 악화로 추가적인 민영화는 추진이 중단되었다.[28]

이러한 독일의 철도민영화에 대하여는 긍정적 평가와 부정적 평가가 엇갈리고 있다.[29] 실제로 도이치반은 근거리 교통에서는 상당한 경쟁에 직면해 있지만, 장거리 교통에서는 사실상 독점상태에 있다고 한다.[30] 다만, 유력한 견해에 의하면 지주회사인 도이치반의 자회사로서 망운영회사와 서비스회사가 같이 있는 것이 경쟁에 있어서 차별적으로 작용하는 것이 문제가 된다고 한다.[31]

Ⅲ. 철도산업 발전방향의 개요

우리나라의 철도산업은 지난 수십년간 국가가 망과 역무를 직접 운영하는 철도청 체제로 있다가, 2003년경 철도청을 시설부문과 운영부문을 분리하되 철도시설은 국가가 소유하면서 시설공단에서 관리하고, 철도운영은 철도공사를 설립하여 운영하는 방안이 도입되었다. 그에 따라 철도산업발전기본법, 한국철도공사법, 한국철도시설공단법이 제정되었는바, 구체적으로는 철도시설의 건설임무는 시설공단에서는 담당하지만, 유지보수임무는 철도공사에 위탁하여 처리하도록 정해지게 되었다.[32] 현행 철도사업법 제5조는 민간사업자에게도 면허를 발급할

26) Stamm, a.a.O., S. 219f. 참조.
27) Stamm, a.a.O., S. 226f. 참조.
28) Stamm, a.a.O., S. 234 참조.
29) Martin Weidauer/Ernst Ulrich von Weizsäcker, Deutsche Bahnreform zwischen Zuschüssen und Marktwirtschft, in: Grenzen der Privatisiertung, S. 92 참조.
30) Weidauer/Weizsäcker, a.a.O., S. 94f. 참조.
31) Eckhard Bremer, Gewährleistungsverantwortung als Infrastrukturverantwortung am Beispiel der Eisenbahnreform in Deutschlan, in: Schuppert(Hg.), Der Gewährliestungsstaat, S. 141 참조.
32) 박정수/박석희, 공기업 민영하 성과평가 및 향후과제, 한국조세연구원 연구보고서, 2011.12, 332면; 철도산

수 있도록 허용하고 있으나, 실제로는 인천국제공항철도가 철도공사에 인수됨으로써 사실상 철도공사의 독점체제가 유지되고 있는 형편이다.[33] 이러한 법체계는 철도산업에 있어서 일종의 조직민영화(형식적 민영화)를 통하여 기업적 방식을 일부 도입한 것으로 평가할 수는 있겠으나, 아직 실체적인 민영화의 단계로 나아간 것은 아니며, 더욱이 독일의 보장책임 내지 기간시설책임론에서 언급하는 망과 역무의 분리가 이루어진 것이라고 볼 수도 없겠다. 이는 국가가 간접적 이행책임 내지 변형된 보장책임을 가진다고 분석할 수 있을 것이다.[34]

2013년 정부는 철도공사는 간선철도 중심으로 여객운송사업을 영위하면서 지주회사 역할을 수행하는 구조로 전환한다는 개편방안을 제안하였다.[35] 이에 의하면 2014년 1단계로 철도물류 자회사를 설립하는 것을 시작으로, 2단계로 차량정비 · 임대부문 자회사 설립(2015년), 3단계로 시설유지보수 분리 및 간선중심 지주회사 전환(2017년)하기로 예정되어 있었다. 이와 더불어 경쟁환경을 조성하기 위하여, 간선(장거리여객운송)은 철도공사 중심으로 운영하며 일부 노선에 대해 공공부문 내 경쟁을 도입하고, 지선의 경우 수요가 적어 철도공사가 운영하기 부적합한 노선은 개방하되, 신규노선이나 철도공사에서 운영을 포기하는 벽지노선 등은 공공서비스를 유지하기 위해 보조금 입찰제를 통해 운영자를 선정하며, 신규사업자 참여가 없는 경우 철도공사와 지방자치단체간 협업형태(제3섹터)로 운영하는 방안을 검토하기로 하였다. 이러한 경쟁환경 조성의 일환으로서 정부는 수서발 KTX 노선을 철도공사 출자회사로 운영하기로 하였는바, 2013.12.경 자회사인 수서고속철도 주식회사(현 주식회사 에스알, 이하 '에스알')가 설리되어 사업면허를 발급받았다. 그 후 철도파업을 거치면서 진통을 겪었으나, 현재는 철도공사와 그 자회사인 에스알이 경쟁하는 체계를 갖추고 있다. 최근에는 철도공사 신임 사장의 취임과 함께 철도공사와 에스알의 통합을 추진하는 움직임이 있다. 이에 대하여는 경쟁체제의 긍정적 효과를 무위로 돌린다는 비판적 여론도 존재한다.[36]

Ⅳ. 철도민영화의 쟁점

1. 민영화 개념논쟁

2013년 말 철도파업을 계기로 수서발 고속철도를 운영하는 철도공사의 자회사를 설립하는 방안이 민영화를 추진하는 것인지가 논란이 되었다. 당초 민영화의 개념에 속할 수 있는

업발전기본법 제38조 단서 참조.

33) 위키백과, 코레일공항철도 <http://ko.wikipedia.org/wiki/코레일공항철도>(2014.9.16. 최종방문) 참조.

34) 졸고, 독일 공법상 국가임무론에 관한 연구, 178면 참조.

35) 국토교통부, 철도산업 발전방안, 2013.6 참조.

36) 주간조선, "[교통] 역주행 한국 철도 코레일 · SR · 철도시설공단 통합으로?", 2018.2.12, <http://weekly.chosun.com/client/news/viw.asp?nNewsNumb=002495100022&ctcd=C02>(2018.3.16. 최종방문) 참조.

지가 논의되다가 향후 자회사의 정관변경을 통하여 민간에 지분을 매각할 수 있으므로, 민영화의 전단계에 해당한다는 노조측의 주장과 공적자금 유치시 민간에 매각하지 않는데 동의하는 공적자금만 참여토록 하고, 투자약정·정관에서 민간매각을 제한하도록 명시하므로 민영화의 우려가 없다는 정부의 주장이 대립되었다.[37)]

우선 개념적으로 보았을 때, 정부가 철도사업의 일부를 공기업의 형태로 운영하기로 한다는 측면에서 이러한 조치가 아직 실체적 민영화의 단계에 이르지는 않았다고 볼 수 있을 것이다. 그러나 민영화를 광의로 파악하여 "공기업의 경영 내지 공임무의 수행에 있어서 사경제적 방식의 도입"으로 이해하는 견해 등에 따른다면 그 개념에 포섭하는 것도 가능할 것이다.[38)] 그러나 이러한 논쟁은 개념의 포섭여부보다는 오히려 자회사의 설립을 통하여 실제로 정부가 의도하는 바와 같은 공익을 달성할 수 있는지에 의미가 있다고 하겠다. 즉, 국가책임론의 관점에서 정부가 추진하는 자회사 설립을 통하여 철도산업영역에서 과연 국가가 실질적인 책임을 다할 수 있는지가 문제인 것이다. 이를 위해서는 유효경쟁여부, 부채의 부담, 교차보조의 허용여부 등과 같은 관련 쟁점이 종합적으로 검토될 필요가 있다.

2. 민영화 결정의 고려요소

먼저, 민영화란 순전히 정치적인 결단의 문제이며 법학적으로는 이에 대한 아무런 실질적 지침도 제공될 수 없다는 비판이 문제될 수 있다. 이에 대하여는 독일의 오스터로(Osterloh) 교수를 원용하면서, "민영화에 대한 정책적 요구·명령을 현행법과 장래 법에 대한 결정적 주도적 지침으로 주어진 것으로 이해하여, 이러한 요구 내지 명령의 내용과 목표를 구체적·개별적으로 차별화하고 비판적으로 검토하는 것이 법학의 임무"로 보는 입장이 참고가 될 것이다.[39)] 이에 따르면 법적으로 민영화가 가능한지의 문제는 어떠한 민영화의 목적, 임무, 그 주체, 수단, 정도와 함께 민영화 이후의 규제체계를 고려하여 개별적으로 답변되는 문제가 되는 것이다.[40)] 마찬가지로 본고의 주제와 닿아 있는 보장국가론에 있어서도 이 논의가 결국 신자유주의적인 입장을 대변한다는 비판과 이에 대한 반박이 존재한다.[41)] 그러나 망산업과 같이 자연적 독점이 문제되는 곳에서는 연속적이고 예방적인 (규제)도구를 사용하여

37) 국토교통부, 철도산업 발전방안 주요 질의 답변, 2013.6, 4면; 헤럴드경제, "[취재X파일] 승자없는 철도파업, 민영화프레임 갇혀 '코레일 수술' 본질 묻어", 2013.12.31, <http:/news.heraldcorp.com/view.php?ud=20131231000019&md=20140103004000_BK>(2014.7.1. 최종방문) 참조.

38) 이원우, 경제규제법론, 2010, 644면 참조; 필자는 민영화를 "사인에게 임무가 이전되거나 임무의 이행에 사인이 참여하여 국가의 책임단계가 변화하거나 책임이 분배되는 현상"을 통칭하는 것으로 정의하였는바, 수서발 KTX 자회사를 사인으로 이해할 수 있는지 의문이 될 수 있으나, 일응 사법적으로 활동하는 자를 포함한다고 본다면, 일종의 책임의 분배현상으로 포섭할 수 있을 것이다.

39) 이원우, 위의 책, 666면 참조.

40) 이원우, 위의 책, 676면 참조.

41) Schuppert, Der Gewährleistungsstaat, S. 22 참조.

시장질서를 우선적으로 확립하고, 지속적으로 보장하는 것이 바로 보장국가의 책임이라고 이해한다면,[42] 보장국가론은 결국 망산업의 민영화 상황에서 공공복리의 실현을 위한 적절한 틀을 설정하면서 이로부터 원하는 공익적 효과가 발생할 수 있는지를 검토하여 입법자의 결정에 적절한 지침을 마련해 주는 기능을 할 수도 있을 것이다.[43] 이러한 지침은 다시 헌법 내지 실정법 체계로부터 뒷받침되어야 할 것이다.[44]

법학적인 민영화론 및 보장국가론의 관점에서 보면, 국내 철도산업의 민영화 내지 경쟁도입의 결정에 있어서 우선적으로 고려할 요소는 "철도공사의 기존 부채를 누가, 어떻게 책임질 것인지"이다. 2003년 철도공사를 설립하면서 제정된 철도산업발전기본법에 입법배경을 살펴보면, 당시 철도청의 부채의 처리와 관련하여 노조는 이를 전액 국가에서 부담하여야 한다고 주장하였으나, 고속철도는 건설계획시부터 수익자부담원칙(Nutznießerprinzip)에 근거하여 35%는 국고에서, 65%는 철도청이 자체조달 및 재정융자로 건설된 것이므로 철도청의 부채는 고속철도 운영수입을 통해 상환하는 것이 타당하다고 검토되었음을 알 수 있다. 그에 따라 운영자산과 직접 관련된 부채(2004년 기준 약 4.3조원)는 철도공사에서 인수하고, 고속철도시설부채(2004년 기준 약 6.8조원)는 철도시설공단이 인수하며, 기타 철도사업특별회계의 부채(2002년 기준 1조5,000억원)는 정부가 인수하도록 하여 마련된 것이 동법 제24조인 것이다.[45] 여기서 비록 설립당시 직접 철도공사가 승계한 채무는 철도청의 부채 중 일부에 불과하더라도, 시설공단이 인수한 고속철도시설부채도 철도시설사용료를 통하여 철도공사가 부담하게 될 것이다. 더 나아가 철도공사의 부담은 고속철도이용객이 지불하는 운임으로 상환될 것이므로, 결국 당초 정부가 인수한 부채를 제외하고는 고속철도의 운영 및 설치비용은 모두 철도사용자에게 전가되는 구조를 갖게 되는 것이다. 이는 정부가 수서발 고속철도 수익을 건설부채 원리금 상환에 충당하도록 계획하고 있다는 점에서도 뒷받침된다.[46] 이러한 조치는 철도민영화시 기존 부채를 면제해 준 영국과 독일의 상황과 비견하면 그 타당성이 의심된다고 하겠다.[47]

공기업 부채와 관련하여 많은 경우 언론에서는 이를 공기업의 방만 경영의 문제로 다루

42) Hermes, a.a.O., S. 114; 보장행정의 작용형식으로서 규제는 질서법적 위험방에 한정되지 않고, 생존배려적 급부제공의 망경제영역에서 경쟁을 설립하며, 사인이 공공복리에 분업적으로 참여하기 위해서는 규범적인 보장규정을 마련하는 것이 중요하다는 견해로는 계인국, 망규제법상 규제목적의 결합과 그 의의, 93-94면 참조.

43) 보장국가론을 주장하는 대표자 중 하나인 슈페르트는 보장국가론이 분석적 기능과 정치적 기능이 있다고 한다. 그러나 보장국가의 구체적인 민영화의 형태나 산업구조가 확정되지 않은 상태에서는 분석적 기능이 중시되어야 할 것이다. Schuppert, Der Gewährleistungsstaat, S. 13ff. 참조.

44) Ruge, a.a.O., S. 171 참조.

45) 건설교통위원회, 철도산업발전기본법안 심사보고서, 2003.6, 17면 참조.

46) 국토교통부, 철도산업 발전방안 중 4. 기대효과 참조.

47) 박정수/박석희, 앞의 책, 445, 449면 참조.

고 있다.[48] 그러나 공기업의 부채 문제를 이처럼 도식화하여 이해하는 것보다는 오히려 그 배경에 있는 조세국가원칙(Steuerstaatsprinzip)의 관점에서 공동부담(Gemeinlast)과 특별부담(Sonderlast)의 원리적 대립관계로 파악하는 것이 타당할 것이다. 현대국가는 자신의 재정수요를 원칙적으로 조세를 통하여 마련하는 조세국가에 해당하므로, 국가가 부담하는 임무가 일반적인 내용이라면 원칙적으로 조세를 통하여 충당되어야 할 것이다. 그러나 그 임무가 특정한 범위의 국민을 위한 것이라면, 보상원리에 입각하여 수수료 등이 적합할 것이다.[49] 다시 말하자면, 망설치와 같은 임무수행에 있어서 그 비용을 공기업을 통하여 궁극적으로 전체 국민이 분담하는 구조를 갖는다면 이는 공동부담을 위하여 조세국가원칙을 따르는 것이지만, 반대로 그 비용을 모두 사용자에게 대가를 받고 회수하는 구조를 갖는다면, 이는 특별부담으로서 수익자부담의 원칙을 따르는 것이 된다.[50] 결국 어떠한 임무가 공동부담에 적절한지, 특별부담에 적절한지가 일응의 입법적 지침이 되는 것이다.

이러한 관계를 철도공사의 부채처리에 적용하게 되면, 고속철도의 설치비용이 과연 공동체를 위한 일반적인 공익실현에 기여하는 것인지가 관건이 된다.[51] 이러한 문제의 해결에는 임무의 유형을 상대적으로 구별하여 접근하는 국가임무론적인 논의가 유용할 수 있다.[52] 부채처리 등의 문제가 궁극적으로 실정법의 규정에 의하여 결정되는 것이고, 정치적 과정을 통하여 정당화되는 것이라고 보더라도, 실정법을 통한 민영화의 결정시에는 위에서 살펴본 비용부담에 있어서의 공동부담 내지 특별부담의 대립원리에 대한 충분한 고려가 있어야 할 것이다. 공기업의 비용부담 문제에는 이미 조세국가적인 결단이 포함되어서 조세를 통한 국가 전반의 소득재분배의 구조가 포함되어 있다고 본다면, 민영화는 이러한 소득재분배의 구조를 근본적으로 변경하는 것이 되기 때문이다. 결국 공기업인 철도공사의 부채문제는 철도에서 발생하는 이익을 단순히 재정적인 관점에서 철도사용자의 개별적인 이익으로만 파악할 것인지 아니면 철도가 갖는 공동체의 통합형성에 기여하는 기능 및 전체 국민경제에 대한 기여 등을 고려할 것인지에 달려있다고 할 것이다.

---

48) 조선일보, “대형 공기업 중 첫 노사 합의 도출… 부채 관리 강화 등 빠른 정상화 행보”, 2014.6.30, <http://biz.chosun.com/site/data/html_dir/2014/06/29/2014062901569.html>(2014.7.2. 최종방문) 참조.

49) 졸고, 전기간선시설 설치비용 문제에 나타난 공기업과 조세국가의 원리, 행정법연구 제28호, 2010.12, 201면 이하 참조.

50) 전력사용에 있어서 환경부담에 대한 책임을 협력의 원칙과 수익자부담의 원칙 등을 기준으로 적절하게 분배하여야 한다는 논의로는 구지선, 전력사용에 따른 책임의 공정한 배분을 위한 법적 과제, 공법연구 제42집 제2호, 2013.12, 363면 이하 참조.

51) 철도공사가 기업적 방식으로 운영되는 공기업이라고 하여 반드시 영리적인 방식으로 수익을 추구해야 한다고 볼 수는 없다. 이원우, 경제규제법론, 650면; 졸고, 전기간선시설 설치비용 문제에 나타난 공기업과 조세국가의 원리(각주 49), 200면 참조.

52) 본 논문의 발표 당시 토론자로부터(행정)임무론의 효용이 다하여(행정)책임론으로 대체되었다는 지적이 있었으나, 임무론과 책임론은 여전히 효용성을 갖는 상호 보완적인 관계에 있다고 보아야 할 것이다. 졸고, 독일 공법상 국가임무론에 관한 연구, 82면 이하, 103면 이하 참조.

한편, 자회사인 에스알의 설립을 통한 KTX와 SRT 사이의 경쟁체제에 있어서 실제로 정부가 의도하는 바와 같은 유효경쟁이 가능한 것인지가 문제된다. 정부는 이를 위하여 출자회사에 대한 철도공사의 경영권은 보장하되, 철도사업의 효율적인 운영을 제약하는 부당한 경영간섭은 배제하는 독립적 경영구조를 확립하겠다고 한다.[53] 이러한 방안은 공기업 내부의 경영실적을 개선하기 위한 노력의 일환으로 독일과 같이 동일한 그룹에 속한 자회사 간의 경쟁제한적인 요소를 배제한다면 일정 부분 효과를 기대할 수 있을 것이다. 반면, 수서발 SRT의 운영에서 배제된 기존 철도공사의 입장에서는 고속철도의 수요가 분산되어 수익악화로 이어지고, SRT의 수익도 건설부채의 상환으로 사용되어 결국 철도공사의 재무상황을 악화할 것이라는 우려가 있는 것이 사실이다.[54]

이러한 상황에서 SRT의 효과를 판단하는 것은 아직 어려운 과제일 것이다. 이 문제는 단순히 경제적 효과가 있는지 보다는 궁극적으로 철도공사가 고속철도(KTX)의 운영에서 발생하는 수요를 적자노선을 운영하는데 사용하는 교차보조의 구조를 어떻게 평가할 것인가에 달려 있다. 많은 경우 입법자는 공익적인 목적에서 단순히 수익자 부담의 원칙을 넘어서는 의무를 독점사업자인 공기업에게 부여하는 경우가 있는바,[55] 이러한 의무부담은 일정 부분 의무자가 독점적 이익을 통하여 일종의 교차보조를 함으로써 가능하게 되는 것이다.[56] 결국 기간시설인 철도산업에 있어서 국가의 책임내용에는 경쟁이나 수익추구 이외에도 벽지노선 운영과 같은 공익이 있다는 점을 고려하여 조화적으로 판단해야 할 것이다. 반면, 정부는 1단계의 구조개편방안으로 철도물류 자회사를 설립한다고 하는바, 운송적자의 120%가 물류부분에서 발생한다는 배경을 살펴볼 때 이를 비교적 긍정적으로 평가할 수 있을 것이다.[57] 현행 체제에서 기업의 수출에 대한 간접적인 국가지원이라는 공익을 인정하더라도 여객수송에 비하여 국가의 책임은 상대적으로 적어질 것이므로 교차보조의 필요성은 크지 않을 것이기 때문이다. 여기서는 공동부담보다는 수익자부담원칙에 따른 특별부담의 필요성이 큰 것이다.

3. 민영화에 대한 통제

이제 철도민영화의 과정을 어떤 방식으로 통제할 수 있는지가 문제된다. 일응 민영화의 문제는 입법자의 재량이 인정되는 영역이므로, 민주적인 정치과정을 통하여 결정되는 것으로

53) 국토교통부, 철도산업 발전방안 중 ② 경쟁환경 조성 방안 참조.
54) 정부는 수서발 KTX 개통초기에 서울·용산역발 수요의 일부가 수서로 이전될 가능성이 있으나, 향후 전체적인 철도수요 증가로 회복될 수 있다고 한다. 국토교통부, 철도산업 발전방안 추가 질의 답변 참조; 반면, 정부의 수요예측이 과장되었다는 비판도 있다. 한겨레, 2014.1.7, <http://www.hani.co.kr/arti/economy/economy_general/618823.html?_ fr=sr23>(2014.7.2. 최종방문) 참조.
55) 전기사업법 제23조(간선시설의 설치 및 비용의 상환) 참조.
56) 헌재 2005.2.24. 2001헌바71 결정 참조.
57) 국토교통부, 철도산업 발전방안 중 [단계별 추진방안] 참조.

족하지 사법적인 통제는 불가능하다고 볼 여지도 있다.[58] 그러나 이러한 과정에 대하여도 헌법소원이나 행정소송을 통한 통제가 어느 정도 제한적으로 가능하다고 보아야 할 것이다.[59] 이러한 소송에서의 심사기준으로 주로 문제되는 것은 조직 내부 구성원의 공무담임권이나 근로권, 기존 급부를 제공받던 사용자의 권리와 사회적 기본권, 민영화를 통한 지위변동을 이유로 한 평등권 등이 주로 문제될 것이다.[60] 본고에서 다루는 보장책임이나 기간시설책임의 구체적 내용이 심사기준으로 사용될 수 있는지도 문제된다. 이러한 국가책임이 헌법적인 근거를 갖는다는 점을 인정할 수 있으나,[61] 이는 일종의 헌법원리로서 위헌심사의 기준보다는 입법의 지침으로 활용되어야 할 것이다.[62]

민영화과정의 통제를 위하여 주목해야 할 점은 오히려 법률유보 내지 의회유보의 관점이 될 것이다. 위에서 살펴본 바와 같이 민영화의 결정 내지 책임의 분배는 기존의 조세국가원칙을 기반으로 한 소득재분배구조에 중대한 영향을 미친다고 할 것이므로, 의회에서 결정되어야 할 본질적인 사항이라고 볼 수 있기 때문이다.[63] 이와 관련하여 정부는 현행 법률의 개정 없이도 철도산업 발전기본법 제31조, 철도사업법 제5조를 근거로 하여 철도공사가 출자한 회사는 철도사업법상 면허 발급 및 선로사용계약만으로 수서발 고속철도 사업을 영위할 수 있다는 입장을 취하였다.[64] 그러나 철도산업발전기본법에는 철도공사와 철도시설공단이 자산과 부채를 인수하여 단일한 공기업체제로 철도산업을 운영하기로 하는 입법자의 결단이 들어 있었다고 본다면,[65] 철도공사 자회사인 에스알의 설립은 단순히 민간사업자가 사업면허를 받아 철도공사에 대한 보조적인 역할을 수행하는 것을 넘어서 이러한 입법자의 결단을 실질적으로 변경하게 될 것이다. 따라서 의회에서의 논의를 거쳐서 입법적으로 처리하는 것이 타당할 것이다.[66] 더 나아가 이러한 의회유보적인 관점은 다른 국영산업의 민영화에

58) 독일에서는 시민에게 특정한 조직형태를 주장하거나, 재량의 하자가 없는 '올바른' 조직형태의 선택을 요구할 권리는 주어지지 않는다는 견해가 있다. Roman Loeser, System des Verwaltungsrechts, Bd.2 Verwaltungsorganisation, Baden-Baden 1994, S. 103. 참조.

59) 졸고, 행정조직형태에 관한 법정책적 접근-독일 조종이론적 관점에서-, 행정법연구 제26호, 2010.4, 277-278면 참조.

60) 헌재 2014.4.24. 2011헌마612; 2002.6.27. 2001헌마122 결정 참조.

61) Hermes, a.a.O., S. 117ff. 참조

62) 박정훈, 행정법의 일반원칙과 헌법원리, 한국공법학회·대법원 헌법연구회 공동학술대회 자료집, 2014.5, 10-11면 참조.

63) 독일의 제도적 유보설의 취지에 따라 철도의 민영화에 대한 문제를 국회에서 다루어야 한다는 견해로는 김남진, 법률유보이론의 재조명-특히 제도적 유보설과 관련하여-, 법제연구, 2014.6, 7면 이하 참조.

64) 국토교통부, 철도산업 발전방안 주요 질의 답변, 2013.6, 6면 참조.

65) 철도산업발전기본법 제22조 내지 제25조 참조.

66) 독일에서도 최근 추진하는 지분보유방식에 의한 실체적 부분민영화에 있어서 기본법 제87조의e 제4항 제2문에 위반되므로, 이를 추진하기 위해서는 법률의 근거가 필요하다는 견해가 주장되고 있다. 동항은 "연방은, 연방철도노선망의 확장과 유지 및 이 노선망에서의 교통공급이 근거리 여객교통과 관련되지 않는 한, 공중의 복리, 특히 교통수요가 고려되도록 보장하여야 한다. 자세한 사항은 연방법률로 정한다"라고 규정한다. Stamm, a.a.O., S. 238면 참조.

있어서도 관철되어야 할 것이다.

4. 경쟁도입 이후의 국가책임의 수단

이제 정부의 방안대로 철도공사와 자회사인 에스알 사이에 경쟁체제가 도입된 이후에는, 일종의 보장책임의 관점에서 규제의 문제가 발생하게 된다. 이와 관련하여 요금규제, 사용자 보호, 입찰방식, 보조금 등 공적자금의 투입 등에 대한 적절한 검토가 이루어져야 할 것이다. 더불어 민간사업자가 참여할 경우에는 적절한 시설투자의 확보방안 등에 대하여도 검토가 필요하다.

만일 2단계, 3단계 개편단계가 이루어져 차량정비·임대부분 및 시설유지보수 부분이 자회사로 분리되게 된다면, 이 단계에서는 자회사의 비용산정 등에 있어서 비합리적이고 지나치게 높은 요율을 설정하지 않도록 세밀한 규제가 필요할 것이다.[67]

한편, 정부는 철도공사와 자회사 사이에 면허조건과 선로사용계약을 통하여 요금, 선로사용료, 운행횟수 및 선로배분 등을 조절하여 인센티브를 부여하는 방식으로 실질적 경쟁을 유도하는 계획을 가지고 있었다. 즉, 철도서비스 및 안전에 대한 주기적 평가를 실시하여 우수 운영자에게 Peak-time 운행 확대, 선로배분 추가, 선로사용료 할인 등을 인센티브로 제공한다는 것이다.[68] 더불어 자회사의 요금에는 상한제를 두되, 운영 초기 기존 서울출발 KTX 대비 10% 낮은 수준으로 운영하도록 조건을 붙인다는 것이다.[69] 현재 운영요금에 있어서 SRT는 10%정도 낮은 요금을 적용하고 있다. 그에 따라 이러한 방식이 일종의 유도행정을 통하여 경쟁을 조성하는 측면이 있으며, 철도시설공단의 영업이익 등의 측면에서 긍정적인 평가도 존재한다.[70] 다만, 선로사용료 등의 조건은 결국 요금으로 전가되어 철도사용자에게 영향을 미치므로 "공역무 앞에서의 평등"이라는 원칙을 고려할 때, 향후에도 공기업인 철도공사와 자회사인 SRT 사이에 지나친 조건차이를 인정하기는 어려울 것이다.

V. 결 어

아직까지 공기업의 민영화와 같은 우리 사회에 심대한 영향을 미치는 정책문제에 있어서 법학의 실제적인 영향력은 사실 미미하다고 평가할 수 있을 것이다. 그러나 정책과정에서 활

67) 영국에서는 철도소유회사(ROSCO)가 요구하는 바대로 임대료가 결정되고, 철도의 연령이 노후되더라도 이러한 임대료가 줄어들지 않은 문제점이 지적되고 있다. Wikipedia, Privatisation of British Rail(각주 11) 중 Effects of privatisation 부분 참조.

68) 국토교통부, 철도산업 발전방안 주요 질의 답변, 8면 참조.

69) 국토교통부, 철도산업 발전방안 중 ③ 신규 · 적자노선 운영방안 참조.

70) 조선일보, "SRT 덕에… 철도시설공단, 처음으로 이자 낼 돈 다 벌었다", <http://news.chosun.com/site/data/html_dir/2018/03/12/2018031200235.html>(2018.3.16. 최종방문) 참조.

용되는 다른 학문분과에 있어서도 그 전제의 측면에서 다양한 반론이 가능한 만큼 단독으로 절대적인 기준을 제시하는 학문분과는 찾기 어려운 것도 사실이다. 보장책임으로 대표되는 행정책임과 임무에 관한 논의는 이러한 정책적 이슈에 대하여 새로운 방법론과 규범적인 기초를 제공한다는 점에서 그 의의를 찾을 수 있다. 따라서 철도산업과 같은 대표적인 기간시설의 문제를 접근함에 있어서는 기존의 행정법학의 도그마틱과 함께 새로운 방법론을 결합하고 다시 학제간의 공동연구를 통하여 대응하는 것이 필요하다고 것이다. 향후 관련된 정책의 진행상황에 맞추어 추가적인 연구가 계속되기를 기대한다.

36. '불확정 부관(개방형 부관)'에 대한 법적 검토* – 협의, 협약(계약) 체결, 사후 승인신청 등을 요하는 부관의 법적 문제점 –

이 승 민**

Ⅰ. 서　　설

국내에서 행정행위에 부관이 부가된 것이 언제부터인지 정확히 파악하기는 어려운데, 대법원 판결 중에 부관이 등장하는 것은 최소한 1962년 무렵의 일이다.[1] 그러나 강학상 '부담'과 같이 독립적인 행정처분으로 볼 수 있는 부관이 널리 활용된 것이 언제부터인지 확인하기는 쉽지 않다. 하지만 분명한 것은 현대 행정행위의 복잡성, 다단계성으로 인하여 부관, 특히 부담의 필요성이 높아지고 있으며, 그 활용 방식도 다양해지고 있다는 점이다.

일반적으로 행정행위는 그 자체로 종국적 효과를 갖는 것이고 별도로 이행의 문제를 남기지 않는다. 또한, 내용이 불명확하거나 실현가능하지 않은 행위는 행정행위로 성립하였다고 볼 수 없다.[2] 이는 부관의 경우에도 마찬가지인데, 대법원은 부관에 대해서도 내용적 적법성과 이행가능성을 요하고 있다.[3] 특히 쟁송법적으로 독립된 행정처분으로 취급되는 강학상 부담의 경우에는 일반적인 행정처분과 동등한 수준의 내용적 명확성이 요구된다 할 것이며, 따라서 내용이 특정되지 않은 부담은 이를 적법한 부담이라고 보기 어렵다고 생각된다.

그런데 최근 들어 각종 개발사업에 부가되는 부관 중에는 이러한 관점에서 의문스러운 것들이 발견된다. 다음의 예를 살펴보자.

> [사례 1] A구청은 도시・군계획시설(지하광장, 도로)사업 실시계획인가조건으로 다음과 같은 부관을 부가하였다.
> [사례 1-1] "지하광장 내 기존 상점(철거대상)에 대해 대체 상점을 조성하되, 그 계획안에 대해서는 별도로 우리 구와 협의할 것"
> [사례 1-2] "도로 착공 전에, 설치되는 도로에 대한 관리 및 유지보수 책임을 명시한 협약을 우리 구와

---

* 이 글은 행정법연구 제48호(2017.2)에 게재된 같은 제목의 글을 일부 수정・보완한 것이다.

** 법무법인(유한) 율촌 변호사, 법학박사

1) 대법원 1962.7.19. 선고 62누49 판결. 편집대표 김철용/최광율, 『주석 행정소송법』, 박영사, 2004, 583면에서 재인용.

2) 김동희, 『행정법(Ⅰ)』, 제22판, 박영사, 2016, 320면. 대법원은 "행정처분은 정당한 권한 있는 자가 그 권한 내에서 실현가능한 사항에 관하여 정상적인 의사에 기하여 법정의 일련의 절차와 소정의 형식을 갖추어 행해져야 하고 또 외부에 표시되어야만 유효하게 성립"한다고 판시하고 있다(대법원 1976.6.8. 선고 75누63 판결).

3) 대법원 1997.3.14. 선고 96누16698 판결.

> 체결할 것"
> [사례 2] C구청은 건축허가조건으로 "향후 하수관거 시설기준이 강화되어 사업부지 주변의 공공하수도 용량 부족이 발생하면, 하수관거 면적을 확대하는 내용의 하수관거 개량계획을 세워 우리 구의 승인을 얻은 후 하수관거를 개량할 것"이라는 부관을 부가하였다.

[사례 1]은 인·허가 발급의 조건으로 협의 또는 협약(계약) 체결 의무가 부과된 경우인데, 그러한 조건의 이행이 해당 인·허가의 대상이 된 사업의 완료 전에 이루어져야 한다는 점에 특색이 있다. 이러한 유형의 부관은 최근 들어 종종 발견되는데, 이 경우에는 부관의 이행 여부에 관한 다툼이 발생할 가능성이 높다. 그리고 협의 또는 협약 체결 자체는 사업 완료 전에 이루어지더라도, 그러한 협의 또는 협약 내용의 이행은 사업 완료 이후에 이루어지는 경우가 많을 것이기 때문에 문제 상황이 더 복잡해질 수 있다. 이에 대해서는, (ⅰ) 위와 같은 부관이 허용되는 것인지, (ⅱ) 해당 부관으로 인하여 이루어진 협의 또는 협약의 법적 성격은 무엇인지, (ⅲ) 수허가자가 어느 정도의 행위를 하면 부관을 이행한 것으로 볼 것인지, (ⅳ) 위와 같은 부관 자체 또는 이후의 협의 또는 협약 내용에 따른 이행과 관련하여 다투고자 할 때 쟁송의 대상은 무엇이며 제소기간은 어떻게 정해야 하는지, (ⅴ) 사업 완료 이후 협의 또는 협약 내용대로의 이행이 이루어지지 않았을 경우 이를 어떻게 처리할 것인지 등의 문제가 제기된다.

[사례 2]에서는 사업 완료 이후의 법령 개폐에 따라 부관에 따른 의무가 발생할 수도 있고 그렇지 않을 수도 있다. 여기서 문제되는 것은 (ⅰ) 위와 같은 부관이 허용되는 것인지, 즉 부관으로 대상 사업 완료 이후의 상황에 대해서까지 규율할 수 있는지, (ⅱ) 이러한 부관의 법적 성격은 무엇인지, (ⅲ) 해당 부관에 따라 향후 수립해야 하는 개량계획 및 이에 대한 구청장의 승인의 법적 성격은 무엇인지, (ⅳ) 위와 같은 부관 자체 또는 이후의 하수관거 개량의무와 관련하여 다투고자 할 때 쟁송의 대상은 무엇이고 그 제소기간은 어떻게 파악해야 하는지, (ⅴ) 사업 완료 이후 계획대로의 이행이 이루어지지 않았을 경우 이를 어떻게 처리할 것인지 등이다.

이처럼 부관 부가 당시에 그 내용 및 범위가 확정되지 않고 수허가자가 향후 별도의 행위를 통해 행정청의 협력을 구해야 하는 형태의 부관을 어떻게 지칭할 것인지에 대해서는 아직까지 특별한 논의가 없는 것 같다. 그 내용 및 범위가 명확하지 않다는 점에 주목한다면 이러한 부관은 '불확정 부관'으로, 부관 부가 이후의 행위를 통해 내용이 보충된다는 점에 주목한다면 '개방형 부관'이라 부를 수 있을 것인데, 이 논문에서는 편의상 이를 '불확정 부관'이라 부르기로 한다.

이하에서는 먼저 '불확정 부관'의 의의, 유형에 대해 살펴보고 근래에 논의되는 비공식적 행정작용과의 관계에서 이를 어떻게 바라볼 것인지 검토한 다음(아래 Ⅱ.), '불확정 부관'의 허용가능성 및 한계에 대해 살펴보고(아래 Ⅲ.), '불확정 부관'에 따른 협의, '불확정 부관'에 따라 체결된 협약 또는 '불확정 부관'에 예정되어 있는 수허가자의 신청 및 행정행위와 관련하여 그 각각의 법적 성격, 이행과 관련한 문제점 및 쟁송방법에 대해 논의한 후(아래 Ⅳ. 내지 Ⅵ.), 결론을 내려 보고자 한다(아래 Ⅶ.).

Ⅱ. '불확정 부관'의 의의, 유형 및 비공식적 행정작용과의 관계

1. '불확정 부관'의 의의

앞서 설명한 것처럼, '불확정 부관'에 대해서는 별도의 논의나 개념 정의를 찾아보기 어렵다. 다만, 이 논문의 검토 내용 및 목적에 비추어 볼 때, '불확정 부관'은 '부가 당시에 그 내용 및 범위가 확정되어 있지 않은 것으로서, 수허가자가 이를 이행하기 위하여 별도의 행위를 통해 행정청의 구속적·비구속적 협력을 구해야 하는 형태의 부관'으로 정의해 볼 수 있을 것이다.

2. '불확정 부관'의 유형

'불확정 부관'은 수허가자의 이행방식(이는 행정청의 협력방식이기도 하다)에 따라 구별해 볼 수 있다. 즉, 수허가자가 행정청과 '협의'해야 하는 유형([사례 1-1]의 경우), 행정청과 협약을 체결해야 하는 유형([사례 1-2]의 경우), 일정한 계획을 수립하여 행정청의 승인을 받아야 하는 유형([사례 2]의 경우) 등으로 구별이 가능하다.

'불확정 부관'을 그 이행시점을 기준으로 분류할 수도 있다. 즉, 해당 사업 완료 전에 행정청의 협력을 구해야 하는 유형([사례 1-1] 및 [사례 1-2]의 경우), 해당 사업 완료 후에 행정청의 협력이 필요한 유형([사례 2]의 경우)로 분류하는 것도 가능하다.

'불확정 부관'의 이행시점은 수허가자의 예측가능성 등의 측면에서 부관의 허용성에 영향을 미칠 수 있고 향후 이행 여부에 관한 다툼에 있어서도 그 취급이 달라질 수 있기 때문에 논의의 실익이 있지만, 이는 '불확정 부관'에 특유한 문제라고 보기 어려운 측면이 있다. 그러므로 이 논문에서는 수허가자의 이행방식(행정청의 협력방식)을 바탕으로 논의를 전개하고자 한다.

3. 비공식적 행정작용과의 관계

비공식적 행정작용의 개념에 대해서는 아직 통일되지 못한 측면이 있는데, "공식적인 행정작용에 앞서 그 준비행위로서 또는 그 대체적인 것으로서 행해지는 행정청과 국민간의 협의·합의 등"[4] 또는 "요건·효과·절차 등이 일반적으로 법에 의하여 정해지지 않으며, 법적 구속력을 발생하지 않는 일체의 행정작용"[5] 등으로 설명되고 있다.

이러한 비공식적 행정작용에는 부관안의 사전제시, 응답유보, 규범대체형의 합의 등이 포함되며,[6] '불확정 부관'의 내용이나 부가 경위에 따라서는 이러한 유형의 비공식적 행정작용에 해당할 여지가 있다. 예컨대, [사례 1-1]에서 신청인이 도시·군관리계획시설사업 실시계획인가를 조속히 받기 위하여 구체적인 조율이 필요한 사항을 부관의 형태로 유보하여 줄 것을 요청하였다면 이는 부관안의 사전제시 또는 응답유보에 해당할 가능성이 있고, [사례 2]에서 인·허가 당시의 하수관거 시설기준이 해당 건축물의 규모 등에 비추어 부족한 것임이 분명하고 가까운 장래에 그 개정이 예견되는 등의 사정이 있었다면 해당 '불확정 부관'을 규범대체형의 합의로 취급하는 것도 가능해 보인다.

그러나 비공식적 행정작용에 대해서는 그 임의성·비구속성으로 인하여 처분성이 인정되기 어렵고, 행정의 투명성 결여되고 남용 우려가 있으며, 행정내부적 통제가 어렵고, 이해관계 있는 제3자의 법적 지위가 불안해지는 등의 문제점이 존재한다.[7] 그러므로 '불확정 부관'에 대한 실체법적·절차법적 통제를 강화하고, 그 허용범위를 명확히 하여 법치행정의 원리를 구현하기 위해서는 이를 비공식적 행정작용으로 취급하기 보다는 부관의 한 유형으로 포섭할 필요성이 있다.

Ⅲ. '불확정 부관'의 문제점, 허용가능성 및 한계

1. 관련 논의

(1) 개 관

'불확정 부관'의 허용가능성 및 한계에 대해 본격적으로 논하고 있는 선행연구를 찾아보기는 어렵지만, 사전에 교섭 등을 통해 정하거나 합의한 내용을 부관으로 정하는 것이나, 협약 형식의 부관에 관해서는 논의가 있었다. 이는 '불확정 부관'이 발생하기에 앞서 협의나 협약 등이 부관과 일정한 형태로 결합하는 현상이 이미 존재하여 왔음을 의미한다. '불확정 부관'은 크게 보면 이러한 현상의 연장선상에 있다고도 할 수 있으므로, 기존의 논의를 살펴보는 것은 '불확정 부관'을 이해하는 데 도움이 된다.

---

4) 김동희, 앞의 책, 217면.
5) 정하중, 『행정법개론』, 제11판, 법문사, 2017, 349면.
6) 이에 관한 자세한 내용은 김동희, 앞의 책, 221-224면 참조.
7) 정하중, 앞의 책, 350면.

(2) 교섭 · 합의에 의한 부관

언제부터인지는 정확히 알 수 없지만, 개발사업에서 기부채납 부관이 강학상 부담의 형태로 부가되고, 그 내용과 범위를 정함에 있어 행정청과 수허가자 사이에 교섭이나 협의가 있어 왔던 것은 사실이다. 학문적으로는 1990년대 중반에 기속행위인 건축허가에 기부채납 부관(부담)이 부가될 수 있는지에 대해 이를 부정적으로 바라본 대법원 판시[8]와 관련하여 교섭 · 합의에 의한 부관이 부가되는 현실을 직시하고 이를 긍정적으로 바라보아야 한다는 견해가 제시된 바 있다.[9] 이 외에도, 협약을 체결하였음에도 불구하고 그 내용을 행정행위의 부관으로 부가하는 것은 법현실을 왜곡하는 것이며, 미국의 개발협약(Development Agreement) 제도를 입법으로 도입할 필요가 있다는 주장도 제기되었다.[10]

(3) 협약 형식의 부관(부담)

교섭 · 합의에 의한 부관은 부관의 내용을 정하는 단계에서 교섭이나 합의가 이루어진다는 점에 그 특징이 있다. 다만, 해당 부관은 여전히 일방적 행정행위의 모습을 띠고 있기 때문에 외형적으로는 다른 부관과 구별되지 않는다. 그러므로 부관 자체를 협약의 형식으로 정할 수 있는지는 논의 대상이 아니었다.

그러던 중 '송유관 사건'으로 잘 알려진 대법원 2009.2.12. 선고 2005다65500 판결을 통해 협약 형식의 부관(부담)에 관한 논의가 촉발되었다. 이 사건에서 대법원은 부담을 협약 형식으로 부가할 수 있음을 긍정하면서, 다만 협약 형식을 취하였다고 하더라도 부관에 대해 적용되는 일반적인 법리들이 그대로 적용될 수 있다고 판시하였다. 이에 따라, 협약 형식의 부담의 전제가 된 근거 법령이 개정된 경우에도 부관의 효력이 소멸하는 것은 아니라는 점,[11] 그리고 협약 형식의 부담이 부당결부금지원칙에 위반되어서는 안 된다는 점이 확인되었다.

다만, 위 대법원 판결이 협약 형식의 부담을 '협약', 즉 계약으로 본 것인지, 아니면 이를 일반적인 부관과 마찬가지로 '행정처분(일방적 행정행위)'에 해당하는 것으로 본 것인지는 분명하지 않다. 그렇지만 위 대법원 판결에 따라 내려진 파기환송심 판결[12]에서 "원고는

---

8) 대법원 1995.6.13. 선고 94다56883 판결.

9) 김남진, "교섭 · 합의에 의한 부관의 효력-대법원 1995.6.13. 선고 94다56883 판결", 행정판례연구, 제2권(1995), 121-122면. 이 논문에서는 대상판결의 사안에서 수허가자가 기부채납 부관의 내용을 엄수하겠다는 각서까지 작성하여 제출하였다는 점에 주목하여, 교섭 또는 합의에 의한 부관의 효력에 대해 논하고 있다.

10) 오준근, "부동산개발사업 허가의 부관과 개발협약에 관한 한국과 미국의 비교법적 고찰", 토지공법연구, 제40집(2008.5.), 109-110면.

11) 이와 관련하여 대법원은 '행정처분의 위법 여부는 행정처분이 행하여졌을 때의 법령과 사실상태를 기준으로 하여 판단하여야 하고, 처분 후 법령의 개폐나 사실상태의 변동에 의하여 영향을 받지는 않는다'는 선행 판시(대법원 1995.11.10. 선고 95누8461 판결, 2007.5.11. 선고 2007두1811 판결)를 원용하고 있다.

12) 서울고등법원 2009.10.7. 선고 2009나23315 판결.

1999.6.21.자로 이 사건 협약을 철회하는 의사를 외부적으로 명백히 표시하였다고 보아야 한다"라고 판시하면서 협약의 일방적 철회를 인정한 것을 보면, 법원은 협약을 부담 자체로 취급한 것 아닌가 하는 생각이 든다.

위 판결은 협약 형식의 부담의 법적 성격을 둘러싸고 여러 논의를 촉발시켰다. 이에 대해서는, ① 철회권 유보의 부관과 부관의 내용이 되는 협약이 결합된 형태로 보아야 한다는 견해,[13] ② 부담을 대체하는 공법상 계약에 해당한다는 견해,[14] ③ 공법상 계약에 해당한다고 볼 수 없고 부관(부담)에 관한 협약이라고 보아야 한다는 견해,[15] ④ 허가조건과 그 내용에 해당하는 협약이 합쳐져 전체로서 하나의 부관을 형성한다는 견해,[16] ⑤ 공법상 계약인 협약과 협약을 준수하라는 부담이 결합된 혼합적 행위로 보아야 한다는 견해,[17] ⑥ '부담계약'으로 파악하는 견해[18] 등이 대립한다. 어느 견해에 의하더라도 협약 형식의 부담 자체가 허용되지 않는다는 주장은 찾아보기 어려운 것 같다. 사견으로는 협약 형식의 부담이 허용되지 않을 이유는 없다고 생각되며, 그 법적 성질과 관련하여서는 법적 안정성, 상대방인 수허가자 및 제3자의 신뢰보호 등을 고려할 때, 그 외형이 계약의 형식을 취하고 있는 이상 이는 원칙적으로 공법상 계약으로 보되, 해당 협약이 체결된 경위 및 제반 사정을 고려할 때 이를 대등한 당사자 사이의 협상의 결과라고 보기 어려운 경우에는 일반적인 부담과 동일하게 취급하는 것도 가능할 것으로 생각된다.[19]

협약 형식의 부관의 법적 성격을 어떻게 보든 간에, 그 이후 별도의 협약을 체결하는 등의 문제는 발생하지 않는다. 해당 협약이 부관에 갈음하거나 부관 자체의 역할을 하기 때문이다. 반면, '불확정 부관'은 그 부관 외에 별도로 협의, 협약 체결 등을 요구한다는 점에서 구별되며, 논의의 평면도 달라진다. 특히, 협약 형식의 부담의 경우에는 부관 부가 당시에

13) 김용섭, "부당결부금지의 원칙과 부관", 행정판례연구, 제15-2권(2010), 292면.

14) 김중권, "'송유관이설협약의' 법적 성질에 관한 소고", 법률신문(2007.12.24.); 김대인, "계약의 형식으로 된 부관의 법률관계", 행정법연구, 제26호(2010.4.), 425면.

15) 김경란, "행정청이 수익적 행정처분을 하면서 사전에 상대방과 체결한 협약상의 의무를 부담으로 부가하였는데 부담의 전제가 된 주된 행정처분의 근거 법령이 개정되어 부관을 붙일 수 없게 된 경우, 위 협약의 효력-대법원 2009.2.12. 선고 2005다65500 판결", 대법원판례해설, 제79호(2009), 712면.

16) 노경필, "최근 행정판례의 주요 동향", 법제도 선진화를 위한 공법적 과제, 한국공법학자대회자료집(2010.6.25.), 531면. 김용섭, 앞의 글(부당결부금지원칙), 290면에서 재인용.

17) 박균성, 『행정법론(상)』, 제15판, 박영사, 2016, 360면.

18) 여기서 부담계약이란 "행정청이 행정행위를 발령하면서 혹은 그 전후에 걸쳐 상대방과 사이에 본체인 행정행위에 일방적으로 부가할 수 있는 부담에 관한 내용, 즉 상대방이 작위, 부작위, 급부, 수인을 이행하거나 부담한다는 내용을 주된 내용으로 삼으면서 쌍방의 대립되는 의사표시의 합치로써 성립되는 계약"을 말한다고 한다. 전영준, "행정행위에 부가된 '부담계약'의 법적 문제에 관한 연구-우리나라 실무상 문제를 중심으로", 서울대학교 대학원 석사학위논문, 2010, 7면. 이 논문에서는 부담계약을 '사전 부담계약', '통상의 부담계약', '사후 부담계약', '제3자와 체결한 부담계약'으로 분류하고 있다. 자세한 내용은 위 논문 9면 이하 참조.

19) 이는 행정행위의 부관을 대체하는 것으로서 그 근거법령이 공법규범에 해당하므로 이를 사법상 계약으로 볼 여지는 없다고 본다. 김대인, 앞의 글, 425면 참조.

어떠한 협약이 필요하고 그러한 협약의 내용이 무엇인지 특정된다는 점에서 큰 차이가 있다.

2. '불확정 부관'의 문제점 및 허용가능성

(1) '불확정 부관'의 문제점

'불확정 부관'의 경우, 부관 부가 당시에 향후 어떠한 내용의 협의, 협약 등이 이루어질 것인지 예견하기 어렵다는 점에 가장 큰 문제가 있다. 그리고 이러한 예견가능성 결여로 인하여 수허가자의 법적 지위가 불안정해질 수 있으며, 아울러 '불확정 부관'이 사업의 성패를 볼모로 행정청이 과도한 요구를 하는 빌미가 될 수 있다는 점에서 이를 가볍게 취급할 수 없다. 특히, 지방정부의 교체 등으로 인하여 행정청의 입장이 부관 부가 당시와 협의 또는 협약 체결 당시에 크게 달라지는 경우에는 법적 안정성이 심각하게 훼손될 우려가 있다.

(2) '불확정 부관'의 허용가능성

이와 관련하여 먼저 살펴볼 것은 법령에서 '불확정 부관'을 인정하고 있는 경우이다. 예컨대, 「군사기지 및 군사시설 보호법」 제4조 및 제5조에 따라 지정된 '군사기지 및 군사시설 보호구역' 내에서 행정기관이 인·허가를 하기 위해서는 같은 법 제13조 제1항에 따라 협의[20] 절차를 거쳐 국방부장관이나 관할부대장등으로부터 동의를 받아야 하는데, 이때 국방부장관·관할부대장등은 군사작전에 미치는 영향과 그 해소 대책을 검토하여 동의 여부를 결정하게 된다. 다만, 같은 법 시행규칙 제7조 제3항 각 호에 정해진 사항들을 이행하여 군사적 장애 요소를 해소할 경우에는 조건부 동의가 가능한데, 같은 항 제2호는 '군사적인 장애요소의 해소대책 등에 관하여 미리 합의'할 것을 요하고 있고, 같은 항 제3호는 이러한 합의의 이행을 확보하기 위해 필요한 경우 관계 행정기관의 장과 합의각서를 체결할 것을 요구하고 있다. 이처럼 '군사기지 및 군사시설 보호구역' 내에서 조건부 동의가 이루어지는 경우에는 그러한 조건(부관)의 내용으로 당사자 간의 합의각서[21] 체결을 요한다는 점에서 [사례 1-2]의 경우와 유사한 형태를 띠게 된다. 이는 '법정(法定) 불확정 부관'이라고 부를 수 있을 것인데, 이미 법령에 추후의 협약 체결이 예정되어 있을 뿐만 아니라 조건부 동의 상대방은 일반 사인이 아닌 행정기관이기 때문에, 법적 안정성이나 신뢰보호의 관점에서 큰 문제는 없다.

문제는 법적 근거가 없음에도 불구하고 '불확정 부관'이 허용될 수 있는가 하는 점이다. 이에 대해서는 앞서 (1)에서 살펴본 문제점들을 들어 '불확정 부관' 자체가 허용되지 않는다고 보아야 한다는 견해가 성립할 수 있으며, 협약 등을 통해 정한 내용을 부관의 형식으로 우회시키는 것은 부당하다는 견해[22]에 의한다면 '불확정 부관'은 긍정되기 어려울 수 있다.

---

20) 이를 흔히 '군사시설보호협의' 또는 '군보협의'라 부른다.
21) 이는 공법상 계약의 성질을 띤다고 보아야 할 것이다.

또한, '불확정 부관'이 명확성이 결여된 것으로서 처음부터 행정행위로 성립할 수 없다는 견해도 가능해 보인다. 반면, 교섭·합의에 의한 부관[23]이나 협약에 의한 부담의 가능성을 긍정하는 견해들[24]에 의한다면 '불확정 부관'의 허용을 긍정적으로 볼 가능성이 더 클 것으로 생각된다.

물론, 상기한 미국의 개발협약의 경우나 독일 연방행정절차법 제36조 제2항 제5호의 부담권의 유보 또는 부담유보[25]와 같이 명문의 근거가 있다면 '불확정 부관'의 허용가능성에 대한 논란은 줄어들 수 있을 것이다. 그러나 이러한 명문의 근거가 없더라도 행정청의 행위형식 선택의 자유를 존중한다는 측면이나, '불확정 부관'이 반드시 침익적 효과만을 갖는 것은 아니라는 점[26]을 고려할 때, 이를 원천적으로 허용되지 않는 것으로 볼 필요는 없다고 생각된다. '불확정 부관'의 불확정성으로 인하여 발생하는 문제는 그에 대한 한계 설정을 통해 해소가 가능할 것이다. 이러한 한계에 대해서는 항을 달리 하여 살펴보기로 한다.

3. '불확정 부관'의 한계

(1) 본체인 행정행위의 법적 성격에 따른 한계

'불확정 부관'의 경우에도 부관에 대한 기본적인 한계는 준수되어야 하며, 그렇지 않으면 행정행위의 계약으로의 도피 현상이 발생할 수 있다. 그러므로 법정부관이나 법률요건충족적 부관을 제외하고는 원칙적으로 기속행위에 대해서는 '불확정 부관'이 허용되지 않는다고 보아야 할 것이다.

(2) 부관의 본질에 따른 한계

'불확정 부관' 역시 일반적인 부관이 갖는 내용적 한계를 준수해야 한다. 그러므로 그 내용이 법률에 위반되어서는 안 되며, 이행 가능해야 하고, 비례원칙, 평등원칙, 부당결부금지원칙, 신뢰보호원칙과 같은 행정법의 불문원리를 준수해야 한다. 또한, '불확정 부관' 역시 행정행위의 종된 규율이므로, 본체인 행정행위의 본질적 효력을 저해하는 것이어서도 안 된다.[27]

---

22) 오준근, 앞의 글, 109-110면.
23) 김남진, 앞의 글, 121-122면.
24) 특히, 김용섭, 앞의 글(부당결부금지원칙), 284면.
25) 독일 연방행정절차법 제36조 제2항 제호는 부담의 사후 추가·변경·보충이 사전 유보를 조건으로 가능하도록 규정하고 있는데, 김동희, "행정행위의 부관에 관한 고찰", 서울대학교 법학, 제36권 1호(1995), 70면에서는 이를 '부담권의 유보'라고 표현하고 있고, 김중권, 『행정법』, 제2판, 법문사, 2016, 317면에서는 이를 '부담유보'라고 표현하고 있다.
26) 일단 필요한 인·허가를 취득하고 복잡한 세부사항은 추후 논의사항으로 정해두는 것이 수허가자 입장에서 유리할 수 있고, 수허가자가 이를 원할 수도 있다.
27) 우리나라에는 독일 연방행정절차법 제36조 제3항과 같은 규정은 없지만, 판례를 통해 이러한 요건이 인정되고 있다(대법원 1997.3.11. 선고 96다49650 판결, 1997.3.14. 선고 96누16698 판결 등).

그런데 '불확정 부관'은 불특정성 · 불명확성을 본래적 속성으로 하는 것이다. 또한 그 자체만으로는 이행가능성을 판단하기 어렵고, 향후의 협의, 협약 체결, 행정청의 후속 행정행위 등의 내용을 고려해야만 이행가능성 여부가 정해질 수 있다. 경우에 따라서는 '불확정 부관'으로 인하여 본체인 행정행위의 내용까지도 불특정 · 불명확해지는 결과가 발생할 수 있으며, 특히 수허가자에 대한 침익적 효과가 큰 부담이 '불확정 부관'으로 부가되는 경우에는 위와 같은 불특정성 · 불명확성으로 인하여 침익적 효과가 더 가중될 수 있다.

그러므로 '불확정 부관'이 부관의 본질적 한계를 준수했다고 보는 경우는 아무래도 제한적일 수밖에 없다. '불확정 부관'이 부관의 한계를 벗어나지 않은 것으로 볼 수 있는 경우로는, ① 부관 부가 당시 그 내용을 특정하기 곤란한 특별한 사정이 있거나 본체인 행정행위의 목적 달성을 위해 '불확정 부관'이 불가피하거나 매우 유용한 수단이 됨이 명백한 경우로서, 수허가자에게 추가적인 불이익을 야기하지 않는 경우[28] 또는 ② 수허가자의 자율적인 의사에 따라 스스로 '불확정 부관'을 요청한 경우[29] 정도에 한정될 것으로 보인다. 그리고 이러한 예외적인 경우에도 수허가자가 향후 자신의 의무 범위를 합리적으로 예견할 수 있어야 할 것이다. 이러한 기본적인 예견가능성조차 결여된 것이라면 부관으로서의 한계를 유월한 것으로 보아야 한다.

또한, '불확정 부관'의 내용에 따라 이루어지는 협의, 협약 체결, 행정청의 후속 행정행위 등도 부관으로서의 한계를 준수해야 한다. 이 경우에는 최초의 부관 내용과 협의, 협약 체결 등의 내용을 한꺼번에 고려하여 그 전체적인 내용이 부관으로서의 한계를 준수하고 있는지 판단해야 할 것으로 생각된다. 이렇게 보지 않을 경우, 행정청이 부관의 한계를 준수하지 않을 의도로 '불확정 부관'의 형식을 악용할 우려가 있기 때문이다.

(3) 부가시점에 관한 한계

부관의 사후변경과 관련하여, 대법원은 "법률에 명문의 규정이 있거나 그 변경이 미리 유보되어 있는 경우 또는 상대방의 동의가 있는 경우에 한하여 허용되는 것이 원칙이지만, 사정변경으로 인하여 당초에 부담을 부가한 목적을 달성할 수 없게 된 경우에도 그 목적달성에 필요한 범위 내에서 예외적으로 허용"된다고 판시하고 있다.[30]

이는 '불확정 부관'의 경우에도 마찬가지이겠지만, 다만 '불확정 부관'의 불특정성 · 불명확성을 고려할 때 일반적인 부관에 비해 그 허용범위를 좁게 볼 수밖에 없을 것이다. 즉, 당사자의 동의가 있는 경우에도 사후부관으로 '불확정 부관'을 부가하는 것을 허용하는 것에는

28) 특히, 다단계 행정행위나 행정계획의 경우에 이러한 상황이 발생할 가능성이 높다.

29) 부관의 내용을 특정하는 데 상당한 시일이 소요될 것이 우려되어 일단 인 · 허가를 발급받고 부관의 내용은 추후 형성하기를 원하는 경우를 예로 들 수 있다. 이러한 관점에서 법률요건충족적 부관인 경우에는 '불확정 부관'의 적법성이 긍정될 가능성이 높아진다고 할 수 있다.

30) 대법원 1997.5.30. 선고 97누2627 판결, 2007.9.21. 선고 2006두7973 판결.

신중할 필요가 있으며[31], 사정변경을 이유로 '불확정 부관'을 부가하는 것은 위법하다고 보는 것이 타당하다. 반면, '불확정 부관'의 사후변경에 대해서는 일반적인 부관의 경우와 비슷하게 취급할 수 있을 것으로 생각되는데, 그렇다고 하더라도 사정변경을 이유로 '불확정 부관'의 내용을 사후적으로 변경하는 것은 수허가자의 지위를 지나치게 불안정하게 할 수 있으므로 제한될 필요가 있다.

한편, '불확정 부관'은 그 내용상 협의, 협약 체결 등을 이미 예정하고 있으므로, 이러한 협의, 협약 체결 등을 통해 최초 부관의 내용이 보충되거나 완성되는 것은 최소한 부관의 사후변경의 관점에서는 위법하다고 보기 어렵다.

4. 사례의 경우

[사례 1-1]의 경우, 대체 상점 조성은 다양한 이해관계자의 의견을 종합적으로 반영하여 이루어져야 하기 때문에 지하광장 실시계획인가 당시 확정하기 어려운 측면이 있다. 또한, 협의의 내용도 대체 상점 조성에 관한 것임이 명확하다. 그러므로 이것이 수허가자 입장에서 크게 불리하지 않고, 실시계획인가를 조기에 받을 수 있는 이익이 있다는 등의 특별한 사정이 있다면 그 유효성을 긍정할 여지가 있다. 다만, 대체 상점 조성의무가 지하광장 실시계획인가의 부관(부담)으로 적법하게 부가될 수 있는 것이 아니라면 '불확정 부관'의 적법 여부를 논할 필요도 없이 위법한 것이다.

[사례 1-2]의 경우, 도로에 대한 관리 및 유지보수 책임은 부관 부가 당시 충분히 특정할 수 있는 것이므로 이를 향후의 협약을 통해 부과할 이유가 없고, 게다가 이러한 책임은 도로법상 도로관리청이 져야 하므로 이를 협약의 형식으로 수허가자에게 전가하는 것은 특히 부당결부금지원칙과 비례원칙에 반할 가능성이 높다. 다만, 부관이 협약의 형식으로 부가된 경우에는 행정행위의 형식으로 부가된 경우와는 다르게 취급해야 한다는 견해에 의한다면[32] 부당결부금지원칙과 비례원칙의 적용 여부 및 범위를 결정하는 것은 쉽지 않은 작업이 된다.

[사례 2]의 경우와 같이 개발사업 완료 이후 그 발생 여부가 불확실한 사정을 바탕으로 의무를 부과하는 것은 그 타당성을 쉽게 긍정할 수는 없다. 다만, 시설기준의 개정이 이미 예정되어 있고, 당사자가 그 내용을 모두 알고 있으며, 개정되는 시설기준에 맞게 하수관거 면적을 확대하는 것이 합리적이라고 볼 만한 특별한 사정이 있는 경우에는 이러한 형식의 부관도 허용된다고 볼 여지가 있다. 그렇지만 신청에 의한 처분의 경우, 행정청은 허가 당시

31) 대규모 개발사업을 진행 중인 수허가자 입장에서 행정청이 요청하는 부관의 사후변경을 거부하는 것이 실제상 어려운 경우가 많으므로, 수허가자의 동의가 진정한 동의의 의사에 기한 것이라고 보기 힘들 수 있기 때문이다.

32) 김대인, 앞의 글, 423-425면.

의 법령에 따라 허가 여부를 결정해야 하는데[33] [사례 2]의 경우에는 부관 부가 당시 시행되지 않던 법령을 근거로 부관을 부가하는 것이고, 또한 시설기준의 개정이 예정되어 있는 경우라면 부관 부가시점에 명확한 내용으로 특정할 수 있었을 것이라는 점에서 이러한 부관은 위법하다고 볼 소지가 상당하다. 또한, 행정청이 정당한 이유 없이 신청에 대한 처리를 늦추어 법령 및 허가기준이 변경된 경우에는 변경 전의 법령 및 허가기준이 적용되어야 하고,[34] "개정 전 법령의 존속에 대한 국민의 신뢰가 개정 법령의 적용에 관한 공익상의 요구보다 더 보호가치가 있다고 인정되는 경우"에는 개정 법령의 적용이 제한된다[35]는 판례의 취지를 고려할 때, [사례 2]에서 문제된 부관은 그 위법성에 대한 논란을 피하기 어렵다.

Ⅳ. '불확정 부관'에 수반되는 협의의 법적 성격, 그 이행 및 쟁송과 관련한 문제점

1. '불확정 부관'에 수반되는 협의의 법적 성격

(1) 행정법상 협의의 유형

1) 행정기관 간 협의

'불확정 부관'에 수반되는 협의의 법적 성격을 살피기에 앞서, 행정법상 '협의'의 의미부터 파악할 필요가 있다. 행정법상 협의는 두 가지 형태로 이루어진다. 첫 번째는 '행정기관 간 협의'이다. 이는 하나의 규제대상에 대해 여러 행정기관이 규제권한을 갖는 경우를 해결하기 위한 것이다. 즉, 복수의 행정기관이 중첩된 권한을 보유하는 경우, 행정기관 간에 분배된 각 권한을 존중하면서, 각 영역에서의 적법한 절차와 내용이 확보되도록 함과 동시에 행정의 효율성을 달성하기 위한 것이라고 할 수 있다. 다만, 이러한 이념들 중 어떤 것을 보다 중요시하는지 여부에 따라 그 협의의 정도와 구속력이 달라질 수 있다. 이러한 점에서 행정기관 간 협의의 성격을 규명함에 있어 중요한 판단기준은 해당 협의가 법령에 근거를 두고 있는 것인가, 근거를 두고 있다면 그 근거 법령의 취지와 목적이 무엇인가 하는 점이다.

행정기관 간 협의는 협의의 내용에 따른 효력, 즉 실체적 효력에 따라, 비구속적 협의, 구속적 협의, 인·허가대체협의로 나누어볼 수 있다.[36] 우선, (ⅰ) 비구속적 협의는 어떤 행

33) 대법원 1995.11.21. 선고 94누10887 판결, 1996.8.20. 선고 95누10877 판결 등.

34) 대법원 1995.11.21. 선고 94누10887 판결, 1996.8.20. 선고 95누10877 판결 등 참조.

35) 대법원 2001.8.21. 선고 2000두8745 판결.

36) 류철호, "법령상 협의규정에 관한 검토", 법제, 제569호(2005.5.), 47면 이하에서는 협의를 ① 관계 행정기관의 자문 또는 의견을 구하는 협의, ② 관계 행정기관의 합의 또는 동의를 구하는 협의 ③ 인·허가의제 규정에서의 협의, ④ 면허·허가 등에 상당하는 협의, ⑤ 법령 제·개정과정에서의 협의의 5가지로 구별하고 있다. 이 중 ①의 경우는 이 논문에서 말하는 비구속적 협의에 해당하며, ④의 경우는 인·허가대체협의에 해당한다. ②, ③의 경우에는 관계 행정기관의 의사가 반드시 반영되어야 한다는 점에서 이 논문에서 말하는 구속적 협의에 해당한다고 볼 수 있다. 마지막으로 ⑤의 경우는 입법단계에서 관계부처들 간에 이

정기관이 처분이나 결정을 함에 있어 관계 행정기관에 구속력이 없는 자문 또는 의견을 구하는 것을 말한다.[37] 이러한 협의는 그 내용에 법적 구속력은 부여되지 않지만, 그러한 절차가 법령에 필수적인 것으로 규정되어 있는 경우에는 이를 거치지 않은 처분에 취소사유의 하자가 존재하게 된다.[38] 다음으로, (ii) 구속적 협의는 그 내용이 다른 행정기관을 법적으로 구속하는 경우인데, 이는 다시 '협의 내용에 실체적 구속력이 있을 뿐만 아니라, 이에 반하는 처분·결정 등을 사후 교정할 수 있는 법적 수단이 마련되어 있는 경우의 협의'를 의미하는 '강한 구속적 협의'[39]와 '협의 내용에 실체적 구속력이 있지만, 이에 반하는 처분·결정 등을 사후 교정할 수 있는 법적 수단이 마련되어 있지 않은 경우의 협의'를 의미하는 '약한 구속적 협의'[40]로 분류될 수 있다. 마지막으로, (iii) 주로 강학상 특허, 허가와 관련하여 다른 행정기관의 인·허가를 대체하는 것으로서, 협의가 어떤 행정기관이 특정 행정행위를 하기 위한 사전절차에 그치는 것이 아니라 협의의 결과 자체가 신청에 대한 행정처분의 성격을 갖는 인·허가대체협의[41]가 있다.

뤄지는 협의이고, 행정기관 간의 처분권한 등 규제권한을 조율하기 위한 협의를 의미하는 것은 아니므로, 이 논문에서 말하는 행정법상 협의에 포함되지 않는다. 위와 같이 법령 제·개정과정에서의 협의는 '입법상 협의'라고 구별하여 부를 수 있을 것이다.

37) 택지개발촉진법 제3조 제2항에서 택지개발지구 지정·변경과 관련하여 시·도지사가 택지수급계획에서 정한 해당 시·도의 계획량을 초과하여 지정하고자 할 경우 국토교통부장관과 미리 협의하도록 한 것을 예로 들 수 있다. 만약 지정하려는 택지개발지구의 면적이 일정 규모 이상인 경우에는 국토교통부장관의 승인을 받아야 하는데, 같은 조항 내에서 '협의'와 '승인'을 대비시키고 있다는 점에서 위 택지개발촉진법 조항에서 말하는 '협의'는 비구속적인 것으로 해석된다. 류철호, 위의 글, 48면에서는 이러한 비구속적 협의를 법령상 '자문'이나 '의견'으로 용어를 통일함이 바람직하다고 한다.
한편, 비구속적 협의라도 근거 법령이 법률인지 법규명령인지 행정규칙인지에 따라, 혹은 절차의 취지나 실질, 또는 실무 관행 등에 따라 사실상의 효력이 달라진다. 후자의 예를 들어보면, 방송법 제85조의2 제3항, 「인터넷 멀티미디어 방송사업법」 제17조 제2항은 방송사업자등이 금지행위를 한 경우, 방송통신위원회가 공정거래위원회와 협의하여 과징금을 부과하도록 규정하고 있는데, 방송법상 금지행위에 대해 공정거래위원회가 관여할 특별한 이유가 없기 때문에 실제상 방송통신위원회는 공정거래위원회로부터 아주 간단한 형태의 의견만을 구하고 있고, 공정거래위원회도 방송통신위원회와 다른 견해를 제시하는 경우를 찾아보기 어렵다. 다만, 법령에 근거가 없이 이루어지는 행정기관 간 협의는 언제나 비구속적 협의일 수밖에 없다.
이 밖에, 비구속적 협의의 일종으로 볼 수 있으면서도 그와 구별할 필요가 있는 것이 '심의'인데, 이는 행정결정이 전문성을 토대로 신중하게 내려지도록 하기 위한 데 그 목적이 있는 것으로 볼 수 있다. 그러므로 심의는 일반적인 비구속적 협의에 비해 더 공식적인 절차와 토론을 요구하고 있고, 전문가들이 참여하며, 따라서 그 내용에 사실상 구속력이 인정되는 경우가 많다는 점에서 차이가 있다. 건축법 제4조의2에 따른 건축위원회의 건축심의를 그 예로 들 수 있으며, 대법원이 "구 건축법 제4조 제1항이 건축위원회를 반드시 설치하여야 한다고 규정하고 있는 취지는 건축허가행정의 공정성·전문성을 도모하려는 데 있는 것으로 보이므로, 건축계획심의신청을 받은 행정청으로서는 해당 건축물에 대한 건축허가가 불가능함이 객관적으로 명백하지 아니한 이상 건축위원회의 심의에 회부하여야" 한다면서 건축계획심의신청 반려처분의 처분성을 인정한 것은 이러한 관점에서 이해할 수 있다(대법원 2007.10.11. 선고 2007두1316 판결).

38) 대법원 2000.10.13. 선고 99두653 판결.

39) 이의 예로는 상기한 '군사시설보호협의'를 들 수 있으며, 이는 실제로는 '동의'에 가깝다.

40) 「여객자동차 운수사업법」 시행규칙 제5조 제1항, 「댐건설 및 주변지역지원 등에 관한 법률」 제9조 제3항을 예로 들 수 있다. 류철호, 앞의 글, 49면 참조.

41) 건축법 제29조 제1항의 공용건축물에 대한 건축협의, 농지법 제34조 제2항의 농지전용협의를 예로 들 수 있다.

또한, 협의절차를 반드시 거쳐야 하는지 여부에 따라 필수적 협의와 임의적 협의로 구별하는 것도 가능하다. 다만, 협의절차의 필수성 여부는 근거 법령 유무 또는 근거 법령에 규정된 바에 따라 정해지는 것이고, 절차적으로 필수적 협의라고 하여 반드시 구속적 협의인 것은 아니다. 반대로, 구속적 협의, 인·허가대체협의는 협의 내용에 실체적 효력이 인정되므로 이들이 임의적 협의일 수는 없다.

이상의 내용을 정리해 보면 다음과 같다.

〈표 1〉 행정기관 간 협의의 종류

<table>
<tr><th colspan="2">종류</th><th>절차</th><th>효과</th><th>하자의 정도</th></tr>
<tr><td>비구속적 협의</td><td></td><td>선택/필수</td><td>처분의 前 단계</td><td>취소
(필수 절차인 경우)</td></tr>
<tr><td rowspan="2">구속적 협의</td><td>약한 협의</td><td rowspan="3">필수</td><td rowspan="2">처분의 전제</td><td rowspan="2">취소/무효</td></tr>
<tr><td>강한 협의</td></tr>
<tr><td>인·허가대체협의</td><td></td><td>처분 그 자체</td><td>–</td></tr>
</table>

2) 행정기관과 사인 간 협의

행정법상 협의 중에는 행정기관과 사인의 협력관계에서 발생하는 협의도 있다. 넓게 보면 이러한 협의에는 인·허가신청 단계에서 신청인이 행정청과 인·허가요건에 대해 문의하고, 부관의 범위를 조율하는 행위 등이 모두 포함될 수 있으며, 이는 앞서 살펴본 비공식적 행정작용에 해당할 수도 있다. 다만, 부관 부가 단계부터 협의를 하여 부관을 부가하였다면 이는 '교섭' 또는 '합의'에 의한 부관으로서, 부관 자체는 일방적으로 부가되었으나 그 내용에 추후 협의를 요하도록 하고 있는 '불확정 부관'과는 구별된다. 또한, 행정기관 간 협의는 법령에 근거를 두는 경우가 많지만, 행정기관과 사인의 협의에는 법적 근거가 없거나 불분명한 것들이 많다. 그리고 법적 근거가 있다고 하더라도 그 내용에 대한 실체적 구속력을 인정하기에는 여전히 난관이 있다.

이러한 행정기관과 사인 간의 협의를 앞서 살펴 본 행정기관 간 협의의 분류기준에 비추어 보면, 이는 기본적으로 비구속적 협의이고, 선택적 절차인 경우가 많을 것이다. 다만, 협의가 처분의 前 단계에서 이루어질 수도 있고, 처분의 전제가 될 수도 있는데, 그렇다고 하더라도 처분 그 자체가 될 수는 없다. 그러나 '불확정 부관'에 따른 협의는 조금 다른 성격을 지니는데, 이에 대해서는 항을 달리 하여 살펴보기로 한다.

(2) '불확정 부관'의 경우

'불확정 부관'에 따른 협의는 '행정기관과 사인 간 협의'에 속하는 것이다. 그리고 그 법적 근거는 본체인 행정행위에 대해 부관을 부가할 권한에서 찾을 수 있다. 그러나 특정한 협의 결과가 도출될 것을 요구하는 것으로 보기는 어려우며, 협의의 결과로 당사자 사이에 하자 없는 의사표시에 기하여 별도의 협약이 새로이 체결된다면 그에 대한 협약의 효력으로서의 구속력이 발생할 수는 있겠지만, 이는 다른 차원의 문제이다.[42)]

사견으로는, '불확정 부관'에 따라 이행되어야 하는 협의는 절차적 구속력만 있는 것이고, 처음부터 부관에서 특정한 한계와 범위를 정하고 있지 않는 한 실체적 구속력(특정 내용으로 협의가 이루어질 것을 요하는 구속력)을 인정하기는 어렵다고 본다. 즉, 절차적 측면에서는 필수적 협의이지만, 내용적 측면에서는 원칙적으로 비구속적 협의로 보아야 할 것이다. 다만 비구속적 협의라도 해당 '불확정 부관'의 내용, 부가 경위, 당사자의 의사 등에 따라 사실상 구속력을 가질 수 있다.

[사례 1-1]의 경우, 협의의 내용이 대체 상점 조성에 관한 것이어야 한다는 점에 대해서는 '불확정 부관'의 구속력이 인정된다고 볼 수 있다. 그러나 협의의 구체적인 절차나 내용에 대해서까지는 구속력이 인정되기 어렵다. 그러므로 수허가자가 제시하는 계획안이 대체 상점 조성의 취지를 몰각시키거나 형해화하는 것이 아닌 이상 이를 두고 부관의 불이행으로 보기는 어려울 것인데, 이에 대해서는 아래 2.에서 좀 더 자세히 살펴보기로 한다.

2. '불확정 부관'의 이행과 관련한 문제점

(1) 이행의 정도

'불확정 부관'의 가장 큰 문제점은 그 이행 여부에 관해 필연적으로 다툼이 있을 수밖에 없다는 점이다. 물론, 일반적인 부관에서도 그 이행 과정에서 행정청과의 협의가 필요한 경우가 많지만, '불확정 부관'에서는 그러한 협의를 외부적으로 분명히 드러냄으로써 부관 내용의 불이행과는 별도로 협의의 불충분함이 부관의 불이행으로 귀결될 수 있다는 점에서 차이가 있다. 그리고 이러한 점이 '불확정 부관'의 허용가능성에 대해 주저하게 만드는 원인이 된다.

'불확정 부관'에 따른 협의를 한다고 할 경우 과연 어느 정도까지 협의를 하면 부관을 이행했다고 볼 것인가? 기본적으로는 해당 부관에 기재된 내용에 맞게 해석해야 한다. 불분명한 경우에는 사안에 따라 정할 수밖에 없을 것인데, 이때에는 부관의 전체적인 내용, 본체인 행정행위의 내용 및 부관 부가의 경위 등을 고려해야 할 것이지만, 그렇더라도 이는 계약이 아니기 때문에 당사자의 합리적 의사를 추론하는 것에만 치우치는 것은 타당하지 않아 보인다. 오히려 불분명한 측면이 있다면 이는 행정청의 불이익으로 귀속시킬 필요가 있다. 행정청은 일방적으로 부관을 부가할 수 있을 뿐만 아니라, 법치주의원리에 따라 행정처분의 적법

---

42) '송유관 사건' 판결에 의한다면 이러한 협약에 대해서도 부관에 대한 일반적인 제한법리는 모두 적용된다.

성을 담보하는 것은 행정기관의 1차적 의무이며, 소송법적으로도 처분의 적법성에 대한 입증책임은 행정청에 있기 때문이다.[43)]

[사례 1-1]의 경우, 수허가자 입장에서는 대체 상점 조성에 관한 구체적인 계획안을 작성하고, 합리적인 기간 내에 행정청과 조율하는 절차를 거쳤다면 해당 부관은 이행한 것으로 보아야 할 것이다. 그 외에 행정청이 의도하는 바가 있었다고 하더라도 이를 명확하게 표시하지 않은 데 따르는 불이익은 행정청이 감수할 수밖에 없다. 그리고 이렇게 해석해야만 행정청이 부관의 내용을 의도적으로 불명확하게 설정한 다음 향후 수허가자와의 협의 과정을 협상을 위한 지렛대로 활용(남용)하는 것을 방지할 수 있다.

(2) 불성실 협의 또는 협의 해태의 경우

한편, 행정청이 수허가자의 불성실 협의 또는 협의 해태를 이유로 본체인 행정행위를 철회할 수 있는지 또는 스스로 협의의 결과를 형성할 수 있는지 여부가 문제될 수 있다. [사례 1-1]의 경우를 예로 들자면, 수허가자가 협의를 해태한다는 등의 이유로 구청장이 실시계획인가를 철회하거나, 스스로 계획안을 수립하여 이의 이행을 강제하는 경우이다.

부담의 불이행으로 인한 철회는 비례원칙에 반하지 않는 범위에서 허용된다는 통설[44)]에 따르면, 수허가자의 귀책사유로 협의가 이루어지지 않은 경우에는 본체인 행정행위의 철회할 가능성이 발생한다. 반면, 철회권 유보의 부관이 부가된 경우가 아닌 이상 명시적 법적 근거 없이 행정행위의 철회는 허용되지 않는다는 견해[45)]에 의하면 이러한 이유만으로는 본체인 행정행위를 철회할 수 없다. 이러한 경우에는 후속 행정행위의 거부를 통해 의무이행의 실효성을 확보하는 수밖에 없는데, 근본적으로는 행정청이 부관을 부가할 당시에 철회권을 유보하지 않은 것에 그 잘못이 있다고 볼 수 있다.

반면, 불성실 협의나 협의 해태가 있다고 하여 행정청 스스로 협의의 결과를 형성하는 것은 원칙적으로 허용되지 않는다고 보아야 한다. 행정청이 사인의 의사에 갈음하는 행위를 할 권한이 없을 뿐만 아니라, 설령 행정청이 부관 부가시점에 의도하였던 내용을 나중에 부가하는 형태로 본다 하더라도 이는 당사자의 동의가 없어 위법한 사후부관이 될 수 있다. 다만, 행정청이 부관 부가 당시 의도한 바가 명확하였고, 수허가자 또한 이에 대해 명확히 인지하고 있었으며, 수허가자의 필요나 요청에 따라 '불확정 부관'을 정하게 된 예외적인 경우에는, 수허가자의 불성실 협의나 협의 해태를 사정변경으로 보아 '불확정 부관'을 최초 의도했던 내용대로의 부관으로 대체하는 사후변경이 허용될 여지는 있을 것이다.

43) 대법원 2012.6.18. 선고 2010두27639, 27646 전원합의체 판결.
44) 김동희, 앞의 책, 368면; 정하중, 앞의 책, 297면; 박균성, 앞의 책, 443면; 김중권, 앞의 책, 337면.
45) 김용섭, "법적인 근거가 없음에도 공행정을 정당화하는 행정판례에 대한 비판적 검토-행정행위의 부관과 수익적 행정행위의 철회에 관한 논의를 중심으로", 행정판례연구, 제17-1권(2012), 40면.

그러나 협의의 결과를 형성하는 형태의 강제집행은 불가능하다고 보아야 한다. 부담의 내용이 특정되어 있더라도 이를 집행할 수 있는 별도의 근거가 없다면 자력집행이 허용되지 않는다는 것은 판례의 입장이므로,[46] 부담의 내용이 확정되지 않은 상태에서는 더더욱 자력집행을 허용할 수 없다. 행정대집행이 허용된다고 하더라도 협의의 내용을 형성하는 것은 대체집행의 대상이 될 수 없다.

3. 쟁송과 관련한 문제점

(1) '불확정 부관'에 대한 제소기간

'불확정 부관'에 따른 협의의 하자는 '불확정 부관' 자체에 대한 하자를 구성하게 된다. 이때 '불확정 부관'에 대한 쟁송취소를 구함에 있어 그 제소기간을 어떻게 볼 것인지가 문제된다. 어떤 '불확정 부관'이 부가 당시에는 부관으로서의 한계를 준수한 것이라고 하더라도, 향후 협의 절차나 협의 내용(결과)에 따라 위법하게도, 적법하게도 될 수 있다. 예를 들면, 행정청과 협의하는 과정에서 행정청의 강박이 있었다거나, 외형상 협의가 이루어지기는 하였지만 그 내용이 비례원칙이나 부당결부금지원칙에 반하는 것일 경우에는 이는 '불확정 부관' 자체의 하자가 된다.

그런데 부관 부가시점을 기준으로 제소기간을 산정할 경우에는 협의로 인하여 위법하게 된 '불확정 부관'에 대해 다투지 못하게 되는 불합리한 결과가 발생할 수 있다. 따라서 이 경우에는 최소한 협의가 완료되는 시점(협의에 따른 구체적인 결과가 도출되거나, 협의가 최종적으로 결렬된 시점)을 기준으로 제소기간을 기산하는 것이 타당하다고 생각한다. 이 단계에 이르러야 해당 부관의 내용이 확정되기 때문이다. 그렇지 않다면 사정변경을 이유로 한 직권철회 청구 또는 부관의 변경신청이 허용될 필요가 있다.[47]

만약 이렇게 보지 않는다면, '불확정 부관'에 따른 협의의 하자가 후속 행정행위(예컨대, 건축물의 사용승인)에 승계된다고 볼 필요가 있다. 판례 중에는 수인가능성의 관점에서 하자의 승계 범위를 넓게 인정한 것들이 있는데,[48] '불확정 부관'에 따른 협의와 관련하여서도 참고가 될 수 있을 것이다.

---

46) 대법원 1992.1.21. 선고 91누1264 판결, 2011.6.9. 선고 2011다2951 판결. 박재윤, "행정행위의 부관에 관한 분쟁유형별 고찰", 행정법연구, 제38호(2014.2.), 38면.

47) 사정변경에 따른 부관의 철회 또는 변경신청에 관한 자세한 논의는 선정원, "제소기간이 지난 위법한 처분에 대한 구제", 행정소송(I)[재판실무연구(4)], 2007, 302-305면; 최계영, "행정소송의 제소기간에 관한 연구", 서울대학교 대학원 박사학위논문, 2008, 227면 이하; 박재윤, 앞의 글, 32면 각 참조.

48) 비교표준지공시지가결정의 하자를 수용보상금 증액소송에서 다투는 경우(대법원 2008.8.21. 선고 2007두13845 판결), 부모에 대한 친일반민족행위자 결정으로 인하여 독립유공자 적용배제결정을 받고 이를 다투는 원고가 친일반민족행위자 결정에 대한 통지를 받은 바 없는 경우(대법원 2013.3.14. 선고 2012두8964 판결)를 예로 들 수 있다.

(2) '불확정 부관'의 독립취소가능성

'불확정 부관'의 불특정성 · 불명확성으로 인한 수허가자의 법적 지위의 불안정 등을 고려할 때, 이에 대해서는 그 법적 성질, 즉 조건인지 부담인지 여부를 불문하고 그에 대한 독립취소가능성을 인정할 실익이 크다. 다만, 모든 부관에 대해 행정소송법 제2조 제1항 제1호의 처분성을 인정해야 한다는 견해[49] 또는 모든 부관에 대해 독립취소가능성을 긍정하되 부관이 쟁송취소된 후에는 철회 또는 사후부관으로 대응할 수 있다고 보는 견해[50]에 의할 때에는 '불확정 부관'인지 여부와 상관없이 독립취소가능성이 인정된다.

반면, 부관이 본체인 행정행위의 본질적 부분이 아닌 경우에만 부관만의 취소를 인정하는 견해[51]에 의할 경우에는 '불확정 부관'에 의해 요구되는 협의나 협약 체결의 내용을 고려하여 본질적인지 여부를 판단할 수밖에 없을 것이다. 독립취소가능성이 부정된다면 수허가자는 행정청에 해당 '불확정 부관'의 철회 · 변경을 요구하고 행정청이 이를 거부하면 이에 대한 취소소송을 제기해야 하는데,[52] 협의가 이루어지기 전에는 '불확정 부관' 중 협의를 요구하는 부분을 철회 · 변경해 줄 것을 요청해 볼 수 있을 것이지만, 협의가 이루어진 다음에는 해당 협의의 철회 · 변경을 요구해야 하는지, 아니면 '불확정 부관'의 철회 · 변경을 요구해야 하는지 명확하지 않다. 전자의 경우라면 거부처분 취소소송의 형태는 어렵고, 공법상 당사자소송을 활용해야 할 것으로 생각된다.

(3) 후행 행정행위와의 관계

[사례 1-1]의 경우 대체 상점 조성과정에서 별도의 인 · 허가가 요구될 수 있는데, 만약 행정청의 무리한 요구나 행정청에 책임 있는 사유에 의한 절차 지연으로 인하여 부관이 이행되지 못하였음에도 불구하고 행정청이 부관의 불이행을 이유로 대체 상점 조성을 위한 인 · 허가를 거부할 경우, 이러한 거부는 적법하다고 보기 어렵다.

그런데 부관의 이행 또는 불이행 여부에 대해서는 행정청이 이를 이유로 기존 실시계획 인가를 철회하지 않는 한 별도의 쟁송을 통해 확인받을 길이 없으므로, 부관의 이행 과정에서 발생한 행정청의 위법사항은 그에 후행하는 대체 상점 조성을 위한 인 · 허가에 대한 쟁송에서 다투거나, 아니면 그와 별도로 본체인 행정행위와의 연속선상에 이루어지는 후행 행정행위의 거부처분과 관련한 쟁송에서 다툴 수밖에 없다. 이상의 측면에서 선행 행정행위 및 그 부관 전체에 대해 불가쟁력을 인정하고 후속 행정행위에서 하자의 승계를 부정한 대법원

49) 박정훈, "행정행위 부관의 재검토", 행정행위의 쟁점과 과제, (사)한국행정법학회 · 법제처 공동학술대회 (2016.6.30.), 12면.
50) 정하중, 앞의 책, 226-227면; 박재윤, 앞의 글, 31면.
51) 박균성, 앞의 책, 372면.
52) 박균성, 위의 책, 372면.

의 판례[53]는 '불확정 부관'에 대해서는 그대로 적용되기 힘들다.

그리고 '불확정 부관'의 이행을 위한 인·허가를 거부하는 것은 일반적인 행정행위에 있어 부관의 불이행을 이유로 후속 행정행위를 거부하는 것[54]에 비해 그 위법성에 대한 심사기준이 강화되어야 할 필요가 있다. 정당한 협의 과정을 거쳤음에도 후속 인·허가를 거부하는 것은 결과적으로 행정청이 수허가자를 상대로 최초의 행정행위의 부관이 이행되지 못하도록 방해하는 결과가 되는데, 이는 마치 민법 제150조 제1항의 조건 성취에 대한 반신의 행위와 유사한 것으로서 신의성실의 원칙의 관점에서 행정청의 남용행위가 발생하지 않도록 할 필요가 있기 때문이다.

(4) '불확정 부관' 및 협의의 하자에 대한 심사강도

이는 앞서 '불확정 부관'의 한계와 관련하여 설명한 내용과 같다. 즉, '불확정 부관'의 경우 그에 후행하는 협의의 내용까지 포괄하여 하나의 부관을 이루며, 이에 대해서는 부관의 일반적인 한계가 그대로 적용된다고 보아야 한다.

(5) '불확정 부관'에 따른 협의 내용에 대한 쟁송방법

'불확정 부관'에 따라 협의가 이루어진 경우, 해당 협의의 하자는 '불확정 부관'에 대한 쟁송절차에서 다투면 족하고 별도로 협의된 내용 자체를 공법상 계약으로 인식하여 이에 대한 쟁송을 인정할 실익은 크지 않다고 생각된다. 다만, '불확정 부관'에 대한 제소기간을 협의 완료와 무관하게 그 부가 시점을 기준으로 기산하고, 아울러 하자의 승계마저 부정하는 경우에는 협의 내용 자체에 대한 쟁송(공법상 당사자소송)을 인정할 수밖에 없다.

V. '불확정 부관'에 수반되는 협약(계약)의 법적 성격, 그 이행 및 쟁송과 관련한 문제점

1. 법적 성격

앞서 살펴본 것처럼, '송유관 사건' 판결에서 문제된 협약 형식의 부담의 법적 성격에 대

53) 대법원 1991.4.23 선고 90누8756 판결("허가관청이 액화석유가스판매사업허가를 하면서 붙인 사업소 소재지 반경 25미터 이내 가옥주의 동의를 받아 사업개시 전에 그 동의서를 제출하도록 한 조건이 액화석유가스의안전및사업관리법 제3조 제2항, 제4항 및 같은법시행령 제3조 제1항에 위배되어 액화석유가스판매사업허가처분에 하자가 있다고 하더라도 위 하자는 그 처분 자체를 무효라고 볼 정도로 중대하고 명백한 하자라고 볼 수 없으므로 그와 같은 하자가 취소사유가 되는 위법한 것이라도 그 처분이 취소될 때까지는 누구도 그 효력을 부인할 수 없을 뿐 아니라, 이는 선행처분인 액화석유가스판매사업허가 단계에서 다투었어야 할 것이고 그 쟁송기간이 이미 경과된 후인 사업개시신고 단계에 있어서는 그 효력을 다툴 수 없고, 또 선행처분인 사업허가처분에 위와 같은 하자가 있다고 하여 후행처분인 사업개시신고반려처분도 당연히 위법한 것은 아니다.").

54) 부관의 불이행을 이유로 후속 행정행위를 거부하는 경우에 대한 상세한 논의는 박재윤, 앞의 글, 32-36면 참조.

해서는 많은 견해가 대립하고 있다. 사견으로는 협약 형식의 부관 역시 공법상 계약에 해당한다고 생각되며, '불확정 부관'에 따라 체결되는 협약은 부관에 정해진 내용을 사후적으로 이행하는 과정에서 별도의 협약을 체결하는 것이기 때문에 이는 공법상 계약의 성격이 더욱 명확하게 드러난다고 볼 수 있다. 또한, '불확정 부관'의 근거 법령은 공법규범일 것이기 때문에, 이의 이행으로 체결된 협약은 공법상 계약에 해당한다고 볼 수 있다.[55]

2. '불확정 부관'의 이행과 관련한 문제점

(1) '불확정 부관'에 수반되는 협의와의 유사성

협약은 근본적으로 당사자 사이의 의사합치를 전제로 한다. 따라서 그 협상 과정에서 얼마든지 내용에 이견이 있을 수 있고, 이에 따라 협약이 성립하지 못하는 경우가 발생할 수 있다. 그러므로 단순히 협약이 체결되지 못한 것만을 두고 '불확정 부관'이 이행되지 않았다고 보기는 어렵다. 따라서 협약 체결을 위해 성실하게 협상에 임하였다면 부관에서 정한 의무를 이행한 것으로 보아야 하는데, 어느 정도로 협상에 임하면 되는 것인지는 사안에 따라 개별적으로 판단할 수밖에 없다. 이러한 측면에서 '불확정 부관'에 따라 체결되는 협약과 관련하여 부관의 이행 정도를 판단하는 기준은 '불확정 부관'에 수반되는 협의의 경우와 비슷한 측면이 있다.

또한, 협약 체결 과정에 불성실하게 임하는 경우에도 앞서 협의와 관련하여 살펴본 것과 대체적으로 비슷한 결론이 내려질 수 있다. 즉, 협약 체결과 관련한 불성실 등을 이유로 본체인 행정행위를 철회하거나 후속 행정행위를 거부할 여지가 있지만, 협약의 내용을 구체적으로 형성하는 것은 허용된다고 보기 어렵다.

(2) '불확정 부관'에 수반되는 협약(계약)의 내용이 선행 행정행위 · 부관 · 협약(계약)에 배치되는 경우

그런데 협약의 내용이 그에 선행하는 행정행위, 부관 또는 협약의 내용과 배치되는 경우에는 어떻게 할 것인가? 이 경우에는 선행하는 행정행위 · 부관 · 협약의 내용에 따라 사안별로 판단해야 할 것이다.

우선, 협약으로 선행 행정행위를 대체할 수 있는지 여부는 해당 행정행위의 목적, 강행규정성, 공익적 측면, 제3자에 미치는 영향 등을 고려해야 판단해야 하며, 이는 이미 공정력이 발생한 행정행위의 내용을 대체하는 것이기 때문에 신뢰보호나 법적 안정성 측면에서 그 허용범위를 좁게 해석할 수밖에 없다. 만약 선행 행정행위가 협약을 통해 대체될 수 있고 그

55) 이러한 관점에서 기부채납을 사법상 증여계약으로 보고 있는 대법원의 견해(대법원 1996.11.8. 선고 96다20581 판결)에는 동의하기 어렵다. 기부채납에 대해서는 이를 공법상 법률행위로 보아야 한다는 견해가 유력하다(박정훈, 『행정법의 체계와 방법론』, 박영사, "제7장 기부채납부담과 의사표시의 착오", 2005, 306면).

것이 가분적인 것이라면 그 범위 내에서 행정행위가 철회된 것으로 볼 것이고,[56] 그 반대라면 해당 협약이 그 범위에서 이행가능성이 결여되어 무효에 해당한다고 보아야 한다.[57] 만약 잔존 부분만으로는 협약의 목적을 달성할 수 없다면 협약 전부가 무효로 될 것이다.

협약이 부관의 내용에 배치되는 경우에는 행정행위에 배치되는 경우와 동일하게 취급할 것은 아니다. 일반적으로 부관은 행정청이 부가 및 철회에 대해 일정한 재량권을 갖는 것이기 때문이다. 다만, 법률요건충족적 부관이 '불확정 부관'으로 부가되었는데 후행 협약의 내용만으로는 법률요건이 충족되지 못하는 경우나 후행 협약의 내용이 법정부관의 범위를 유월하는 경우에는 후행 협약의 효력을 인정하기 어렵게 된다.

협약이 선행 협약의 내용과 배치되는 경우(이는 두 협약의 체결주체가 동일한 경우에만 문제된다)에는 특별한 사정이 없는 이상 원칙적으로 후행 협약의 내용이 우선하는 것으로 볼 수 있다.

3. 쟁송과 관련한 문제점

(1) '불확정 부관'에 대한 제소기간, 독립취소가능성 및 후행 행정행위와의 관계

이는 앞서 '불확정 부관'에 따른 협의와 관련하여 살펴본 내용과 크게 다르지 않다. 다만, '불확정 부관'에 따른 협약의 경우 해당 부관을 다투기 위한 제소기간은 최소한 협약 체결시점(당사자 사이의 이견으로 협약이 체결되지 못한 경우에는 협약 체결이 곤란할 것이라는 사정이 명백히 드러나는 시점)부터 기산하는 것이 타당할 것이다. 또한, 행정청의 귀책사유로 협약이 체결되지 못한 경우 행정청은 협약의 이행을 위해 필요한 후속 인·허가를 거부할 수 없고, 그 하자는 후속 인·허가에 승계되며, 그 위법성 심사기준 또한 강화되어야 한다는 점도 협의의 경우와 유사하다.

한편, '불확정 부관'의 독립취소가능성과 관련하여, 부관이 본체인 행정행위의 본질적 부분이 아닌 경우에만 부관만의 취소를 인정하는 견해[58]에 의할 경우에는 협약 체결을 요구하는 경우에는 '불확정 부관'만의 독립취소는 어렵게 될 수 있다. 본체인 행정행위와의 관계에서 본질적 부분이 아닌 내용에 대해 굳이 협약 체결까지 요구할 가능성은 크지 않을 것이기 때문이다. 이 외에 '불확정 부관'의 철회·변경 요구 가능성 및 그와 관련한 쟁송방법은 '불확정 부관'에 따른 협의에서 살펴본 바와 같다.

---

56) 대법원 1995.11.1. 선고 95누8850 판결("외형상 하나의 행정처분이라고 할지라도 가분성이 있거나 그 처분대상의 일부가 특정될 수 있다면 그 일부분만의 취소(철회)가 가능하고 그 일부의 취소는 당해 취소부분에 한하여 효력이 미친다."). 행정법상 일부취소(철회)에 관한 논의는 김용섭, "행정법상 일부취소", 행정법연구, 제23호(2009.4.), 6-15면 참조.

57) 반대로, 공법상 계약이 선행하고 행정행위가 후행하는 경우, 양자 사이의 관계에 대해서는, 박재윤, 앞의 글, 40-43면 참조.

58) 박균성, 앞의 책, 372면.

그런데 협약을 체결하고 그 내용대로 이행을 마친 다음, 해당 개발사업에 대한 준공검사(사용승인)를 받아 사업까지 완료한 상태에서, '불확정 부관'의 위법성을 다툴 수 있을 것인가? 사업 완료 전까지는 현실적으로 '불확정 부관'의 위법성을 다투기 어렵다는 점을 고려할 때, 이는 중요한 쟁점이 될 수 있다. 특히, 사업이 완료되면 하자가 승계될 후속 행정행위도 없고, '불확정 부관'의 변경이나 철회를 구하기도 어렵기 때문에 '불확정 부관' 자체를 다투거나 그 무효를 전제로 부당이득반환 등을 구하는 것 외에는 다른 방법이 없게 된다. 이는 제소기간의 문제와 연결되는데, 현재의 이론으로 마땅한 해결책을 찾기 어렵다면 '불확정 부관'의 무효사유를 넓게 해석하거나 명백성 보충요건설[59] 등에 따라 무효요건을 완화할 필요가 있다.

(2) '불확정 부관'의 하자에 대한 심사강도

'불확정 부관'의 하자에 대한 심사강도는 앞서 '불확정 부관'에 따른 협의와 관련하여 살펴본 바와 같다. 다만, 특기할 점은 협약이 당사자의 의사가 합치하여 체결된다는 점을 어느 정도로 고려할 것인가 하는 점이다. 이와 관련하여 '송유관 사건' 판결에서 협약 형식의 부담에 대해 부당결부금지원칙 등 부관에 대한 한계 법리를 그대로 적용한 것이 타당한지에 대해서는 다소 의문이 있지만, 최소한 협약 체결을 명하는 '불확정 부관'에 대해서는 위 판결의 입장이 그대로 적용될 수밖에 없다고 본다. '불확정 부관'에서는 협의든 협약이든 수허가자가 일단 개발사업을 완료해야 한다는 압박 하에 행정청에 협조할 수밖에 없는 경우가 많고, 그 결과 행정청의 일방적 의사가 관철되기 용이할 것이어서 이에 대한 남용을 억제할 필요성도 그만큼 크기 때문이다.

(3) '불확정 부관'에 수반되는 협약(계약)의 내용이 기존 행정행위 · 부관 · 협약(계약)에 배치되는 경우의 쟁송방법

이 경우에는 쟁송방법이 다양해질 수 있다. 우선, 협약 내용이 '불확정 부관'의 본체인 행정행위와 별도로 내려진 기존 행정행위의 내용과 배치되는 경우, 수허가자는 행정청을 상대로 해당 협약의 내용을 그에 선행하는 기존 행정행위의 내용에 맞게 변경하여 줄 것을 요구하거나, 감액, 채무부존재확인, 협약의 무효확인 등 청구를 공법상 당사자소송의 형태로 제기할 수 있을 것으로 보인다. 기본적으로는 협약 체결을 위한 교섭 단계에서 기존 행정행위에 배치되지 않도록 해야 할 것이나, 당사자가 이를 간과할 수도 있고, 수허가자가 행정청의 우월적 지위에 반기를 들지 못하여 행정청의 의사대로 협약을 체결하는 상황이 발생할 수 있기 때문에 위와 같은 쟁송방법을 논하는 것은 실익이 있다.

협약이 해당 '불확정 부관' 외에 별도로 그에 앞서 존재하던 부관에 배치되는 경우, '불확

---

59) 대법원 2009.2.12. 선고 2008두11716 판결.

정 부관'에 따른 협약이 기존 부관에 우선하지 못하는 경우에는 동일한 형태의 소송이 가능하다고 본다. 반면, '불확정 부관'에 따른 협약이 우선하는 경우에는 기존 부관의 효력을 상실시킬 실익이 없을 수 있으나, 그 외형적 결과를 제거할 실익이 인정되는 경우라면 기존 부관의 변경을 신청하고 그것이 거부되면 그러한 거부처분을 다투거나,[60] 아니면 제소기간의 제한을 받지 않고 기존 부관의 취소를 구할 수 있다고 보는 것이 타당하다.

마지막으로, 기존 협약과 '불확정 부관'에 따른 협약 사이에 충돌이 있는 경우(앞서 살펴본 것처럼, 이는 두 협약의 체결주체가 동일한 경우에만 문제된다)에는 원칙적으로 후행 협약, 즉 '불확정 부관'에 따른 협약이 우선하게 되는데, 선·후행 협약 어느 것이든 그에 관한 분쟁은 공법상 당사자소송에 의하게 된다.

(4) '불확정 부관'에 따른 협약(계약)에 대한 쟁송방법

협약 체결 이후, 그 유·무효 및 이행에 관한 다툼은 공법상 당사자소송에 의해야 할 것이며,[61] 다만 사법상 계약에 비해 사정변경의 원칙 등이 완화되어 적용될 수 있다.[62] 그리고 '불확정 부관'에 따라 체결된 협약을 이행해야 하는 수허가자가 협약의 무효를 주장하거나 사정변경을 주장하면서 협약의 내용을 다투고자 할 때에는 감액청구나 채무부존재확인청구를 공법상 당사자소송의 형태로 제기할 수 있을 것이다.[63] 협약 이행 이후에도 해당 '불확정 부관'의 무효를 주장하여 부당이득반환을 청구하는 것도 가능하다.

(5) '불확정 부관'에 따른 협약(계약)의 하자에 대한 심사강도

'불확정 부관'에 따른 협약의 하자와 관해서는 일반적인 사법관계에 비해 의사표시의 하자가 더 넓게 인정될 필요가 있고, 민법 제2조, 제103조, 제104조의 요건도 완화할 필요가 있다. '불확정 부관'에 따른 협약은 행정청이 대상 사업의 완성 여부를 결정할 수 있는 권한을 보유하고 있다는 점에서 우월적 지위가 인정되고, 특히 해당 사업이 좌초할 경우 발생하는 손실이 크다면 그러한 손실의 정도에 비례하여 행정청의 지위가 강화될 수밖에 없으며, 일정한 경우에는 정보의 비대칭에 따른 문제도 발생할 수 있음을 고려할 때, 강박이나 착오의 성립이 완화될 필요가 있기 때문이다. 또한, 협약의 내용이 법령의 직접적으로 저촉되지는 않더라도 행정청이 법령의 취지를 잠탈하거나 우회하려 하는 경우에는 이를 협약이라는 이유만으로 허용하기는 어려우므로, 이에 대한 적절한 통제가 요구된다.

대법원은 "부담은 법치주의와 사유재산 존중, 조세법률주의 등 헌법의 기본원리에 비추어 비례의 원칙이나 부당결부의 원칙에 위반되지 않아야만 적법한 것인바, 행정처분과 부관 사

60) 대법원 1990.4.27. 선고 89누6808 판결; 박재윤, 앞의 글, 32면 각 참조.
61) 김대인, 앞의 글, 426면 참조.
62) 김대인, 앞의 글, 428면.
63) 김대인, 앞의 글, 430면.

이에 실제적 관련성이 있다고 볼 수 없는 경우 공무원이 위와 같은 공법상의 제한을 회피할 목적으로 행정처분의 상대방과 사이에 사법상 계약을 체결하는 형식을 취하였다면 이는 법치행정의 원리에 반하는 것으로서 위법"하다면서, "지방자치단체가 골프장사업계획승인과 관련하여 사업자로부터 기부금을 지급받기로 한 증여계약은 공무수행과 결부된 금전적 대가로서 그 조건이나 동기가 사회질서에 반하므로 민법 제103조에 의해 무효"라고 판단한 바 있는데,[64] 이러한 판시는 '불확정 부관'에 따른 협약의 하자에 대해서도 시사점을 준다.

한편, 기부채납 부관의 하자와 관련하여 해당 부관이 당연무효이거나 취소되어 공정력이 제거되지 않는 이상, 해당 부관에 따라 이루어진 기부채납(증여계약)의 중요부분에 착오가 있음을 이유로 이를 취소할 수 없다고 본 대법원의 입장[65]은 '불확정 부관'에 대해서는 원용되기 어렵다. 기부채납 부관의 경우에는 인·허가의 발급 당시에 이미 수허가자의 의무가 확정되어 있으므로, 인·허가 발급 당시에 어느 정도의 의무를 이행해야 할 것인지 명확하기 파악하기 어려운 '불확정 부관'의 경우와는 근본적인 차이가 있기 때문이다.

그런데 '불확정 부관'에 따른 협약이 기부채납약정[66]인 경우, 무상귀속과의 관계에서 주의할 부분이 있다. 개발사업에서 사업부지 내의 토지에 도로와 같은 공공시설을 설치하여 기부채납할 경우, 이는 무상귀속의 대상일 가능성이 높기 때문이다. 그런데 무상귀속 규정은 강행규정이므로,[67] 무상귀속 대상에 해당하는 시설 및 토지에 대한 기부채납약정이 체결된 경우 그 이행은 무상귀속 방식으로 처리해야 한다.[68] 주택건설사업의 예를 들자면, 주택법 제29조 제1항, 「국토의 계획 및 이용에 관한 법률」[69] 제65조에 따라 행정청 이외의 사업시행

64) 대법원 2009.12.10. 선고 2007다63966 판결. 이 판결에 대한 상세한 분석은 김중권, 앞의 책, 328면 참조.

65) 대법원 1999.5.25. 선고 98다53134 판결.

66) 기부채납은 그 자체가 계약이지만, 기부채납을 명하는 부관, 기부채납 의무의 이행 등과의 혼선을 피하기 위하여 여기서는 굳이 '약정'이라는 표현을 추가하였다.

67) 헌재 2003.8.21. 선고 2000헌가11, 2001헌가29(병합) 결정.

68) 서울고등법원 2013.10.25. 선고 2012누24452 판결("이 사건 사업계획승인 조건에서 도로에 대한 토지분할 및 도로개설 후 기부채납을 규정하고 있는데, 앞서 본 바와 같이 원고 주택조합이 진입도로를 개설하여 피고에게 이전하였으나, 이 사건 도로부지에 대한 토지분할 및 이전등기절차는 이루어지지 않은 사실이 인정된다. 그러나 … 다음과 같은 사정을 종합하면, 이 사건 도로부지에 대한 기부채납은 이미 추가적인 이행행위가 필요하지 않을 정도로 모두 이행되었다 할 것 … ③ 이 사건 도로부지의 경우, 그 귀속방식이 기부채납으로 되어 있기는 하지만, 실제로는 구 주택법 제30조 제1항, 국토의 계획 및 이용에 관한 법률(이하 '국토계획법'이라 한다) 제65조 제2항에 따른 무상귀속 대상이다. 즉 위 조항들에 의하면, 사업주체가 사업부지에 새로 공공시설을 설치하는 경우, 해당 공공시설은 관리청에 무상으로 귀속되는데, 도로의 경우 국토계획법 제2조 제13호에 따라 공공시설에 해당하므로, 이는 관리청인 피고에게 무상으로 귀속된다. ④ 이러한 무상귀속에 따른 소유권 변동은 민법 제187조 소정의 '법률의 규정에 의한 물권변동'에 해당하고, 주택건설사업의 시행으로 공공시설이 설치되면 그 사업완료(사용검사)와 동시에 당해 공공시설을 구성하는 토지와 시설물의 소유권은 그 시설을 관리할 국가 또는 지방자치단체에 직접 원시적으로 귀속된다(대법원 1999.4. 15. 선고 96다24897 전원합의체 판결 참조). ⑤ 이러한 무상귀속 대상에 대한 등기는 준공검사(주택법상 사용검사)를 받았음을 증명하는 서면을 등기원인으로 하여 이루어지므로(국토계획법 제65조 제7항), 이 사건 도로부지의 경우, 피고의 사용검사가 있게 되면 그 서면을 바탕으로 피고가 소유권보존등기를 신청할 수 있다.")

자가 무상귀속 대상인 공공시설을 설치하는 경우 그에 대한 소유권은 사용승인 시점에 이전되는데, 이러한 소유권 변동은 '법률의 규정에 의한 물권변동'이므로 사업완료와 동시에 당해 공공시설을 구성하는 토지와 시설물의 소유권은 국가 또는 해당 지방자치단체에 원시적으로 귀속된다.70) 그리고 국토계획법 제65조 제7항에 따라 국가 또는 지방자치단체는 사용승인서 등 준공검사를 받았음을 증명하는 서면을 등기서류로 제출하여 소유권보존등기를 신청할 수 있다. 따라서 기부채납약정에 소유권이전등기절차 이행의무까지 포함되어 있다고 하더라도 행정청으로서는 소유권이전등기가 완료되지 않았다는 이유로 기부채납약정의 불이행을 주장할 수 없고, 수허가자로서는 해당 공공시설을 설치하여 토지와 함께 인도를 완료하면 기부채납약정을 이행한 것이 된다.71)

Ⅵ. '불확정 부관'에 수반되는 신청 및 행정행위의 법적 성격, 그 이행 및 쟁송과 관련한 문제점

1. 법적 성격

'불확정 부관'의 내용에 행정청의 승인과 같이 행정행위가 포함될 경우, 그 법적 근거 유무에 따라 해당 행정행위의 법적 성격이 달라진다. [사례 2]에서 문제되고 있는 '하수관거 개량계획 승인'은 수도법이나 건축법에 근거를 둔 것이 아니며, 오로지 '불확정 부관'에 의해서 행정행위가 창설되고 있다. 법률유보원칙을 고려할 때, 이를 일방적 성격을 갖는 행정처분으로 보기는 어렵다. 그러므로 이는 무효로 보거나, 아니면 '승인'을 '협의'로 해석하는 것

69) 이하 "국토계획법".

70) 대법원 1999.4.15. 선고 96다24897 전원합의체 판결. 공공시설의 무상귀속과 기부채납의 관계에 대해서는 拙稿, "공공시설의 무상귀속에 대한 소고", 행정법연구, 제34호(2012.12.), 356-366면 참조.

71) 사업부지 내에 설치되는 시설이지만 공공시설에 해당하지 않는 시설 및 그 토지에 대해 기부채납을 하는 경우, 소유권등기는 사용검사가 이루어진 다음에야 가능한 경우가 많다. 위에서 예로 든 주택건설사업의 경우, 사업부지가 확정되면 해당 부지에 대한 종래의 지적공부가 폐쇄되고 지적측량을 거쳐 신 지적공부가 작성되는데, 신 지적공부에 따라 기존의 지번들은 모두 소멸하고 일정한 가지번(임시지번)이 부여되며, 이러한 부지에 대해서는 주택조합 등 사업주체 명의로 신탁등기가 되는 것이 보통이다. 이후 아파트가 완공되고 이에 대한 동별 사용검사가 이루어지면 아파트 입주가 시작되는데, 입주민들에 대해서는 부지에 대한 가지번(임시지번)을 바탕으로 자신이 입주하는 아파트 호수에 대한 소유권이전등기가 경료된다. 다만, 아파트 부지에 대해서는 그에 대한 별도의 사용검사가 있어야만 지적공부 및 등기부 편성이 완료되고, 가지번(임시지번)만으로는 부지에 대한 대지권 등기가 경료되지 않는다. 사용검사가 마쳐지면 가지번(임시지번)에 따라 지적공부가 정리되고 사업주체 명의의 소유권보존등기가 이루어지며, 이후 대지 부분에 대해서는 각 입주자별 소유권이전등기(대지권 등기)가, 기부채납 부분에 대해서는 국가 또는 지방자치단체 명의의 소유권이전등기가 가능해진다. 이와 달리, 신 지적공부를 편성하고 가지번(임시지번)을 부여하면서 토지대장에 국가나 지방자치단체를 소유자로 기재한 다음, 나중에 사용검사를 받으면 사업시행자가 이러한 지적공부 및 가지번(임시지번)을 바탕으로 기부채납 대상에 대한 국가 또는 지방자치단체 명의의 소유권보존등기를 직접 신청할 수도 있다. 이때에는 등기권리자(국가 또는 지방자치단체)의 신청이 없더라도 그 명의의 소유권보존등기가 이루어지는 것이 등기 실무이다. 어느 경우든 소유권등기가 사용검사에 선행하기는 어렵다.

이 타당하다. 마찬가지 관점에서 수허가자의 개량계획 수립 및 승인 신청은 '협의 요청'으로 해석되어야 할 것이다.

2. '불확정 부관'의 이행과 관련한 문제점

이처럼 '불확정 부관'에서 요구하는 '승인'을 '협의'로 해석하는 이상, 이의 이행에 관한 문제점에 대해서는 앞서 설명한 '불확정 부관'에 수반되는 협의의 경우와 큰 차이는 없다고 생각된다. 다만, 행정청이 '승인'이라는 표현을 사용한 것에 굳이 의미를 둔다면, 이는 비구속적 협의 중에서도 사실상의 구속력이 좀 더 강한 것이라고 볼 여지도 있다.

3. 쟁송과 관련한 문제점

'승인'을 '협의'로 해석하는 이상, 이에 대한 쟁송방법도 앞서 '불확정 부관'에 수반되는 협의에서 논의한 것과 크게 다를 바 없다. 다만, 승인을 행정처분으로 관념할 것인지 여부와 상관없이, 그에 대한 거부나 반려에 대해서는 쟁송법적 처분개념에 따라 항고소송을 인정할 필요가 있다. '협의'의 경우에는 행정청이 협의 자체를 거부하는 경우가 드물 것이어서 협의 거부에 대한 항고소송을 인정할 실익이 작지만, 행정청이 '승인'이라는 표현을 사용했을 때는 (비록 법적으로는 효력이 없을 지라도) 외형상 거부나 반려행위가 발생할 수 있기 때문이다.

한편, [사례 2]와 같이 사업완료 이후에 의무가 발생하는 경우, 해당 부관의 내용도 그러한 의무가 발생하는 시점에 확정된다고 보아야 하므로, 해당 '불확정 부관' 자체의 취소소송에 대한 제소기간은 하수관거 시설기준이 강화되는 시점 또는 하수관거 개량계획에 대한 행정청의 승인시점부터 기산해야 할 것이다.

Ⅶ. 결 어

이상에서 '불확정 부관'과 관련한 문제점들에 대해 살펴보았다. '불확정 부관'은 그 명칭만큼 내용도 다양할 수밖에 없으며, 이 논문에서 논의된 사례들과는 다른 유형의 부관들이 얼마든지 존재할 수 있다. 이러한 측면에서도 '불확정 부관'은 '개방적'인데, 그럼에도 불구하고 법치행정의 관점에서 이에 대한 통제를 고민하지 않을 수 없다. 이 논문에서 이를 '불확정 부관'으로 표현한 것은 이러한 통제 필요성에 좀 더 주목하기 위한 것이다.

현대 행정에서 부관의 필요성·유용성은 부정하기 어렵다. 이를 통해 달성되는 행정의 유연성이 공익에 기여하는 바도 상당하다. 그러나 부관에 대해서는 이미 오랜 기간 동안의 논의를 거쳐 그 범위와 한계가 정해져 왔다. 반면, '불확정 부관'은 이미 행정현실에 상당히 깊숙이 들어와 있음에도 불구하고 그에 대한 판례나 법적 검토를 찾기 어렵다. 이는 '불확정 부관'을 쟁송의 영역으로 끌어들이는 데 많은 어려움이 있기 때문이다. 대개 '불확정 부관'이 부가되는 사업은 그 규모가 크고 다단계 행정을 요하는 경우가 많다. 따라서 수허가자가 사업을 완료하고, 더 나아가 이를 장기적인 관점에서 정상적으로 유지하기 위해서는 행정청의 지속적인 협력이 요구된다. 이러한 의존관계로 인하여 수허가자는 '불확정 부관'의 법적 문제점을 쉽게 지적하지 못하는 것이 현실이다. 이러한 현실적 어려움을 극복하고 행정작용이 법치주의원리를 벗어나지 않도록 감시하는 것은 공법학의 영원한 과제이며, 실제로 그간 여러 측면에서 공법이론에 대한 연구와 실천을 통해 법치국가의 기틀이 마련되어 왔다. '불확정 부관'에 대한 논의도 이러한 측면에서 그 의의를 찾을 수 있기를 기대한다.

37. 민주화운동관련자 명예회복 및 보상 등에 관한 법률에 따른 보상금의 지급을 구하는 소송의 형태에 관한 소고(小考)*

– 대법원 2008.4.17. 선고 2005두16185 전원합의체 판결에 대한 실무적 관점에서의 검토를 중심으로 –

이 은 상**

I. 서 설

어떠한 법적 분쟁이 발생된 경우, 이를 소송으로 해결하기 위하여 그 분쟁의 일방 당사자가 원고(原告)가 되어 법원에 소를 제기함에 있어서, 일차적으로 부딪히게 되는 문제가 바로 누구를 소의 상대방, 즉 피고(被告)로 삼을 것인가의 문제(피고의 선정)와 원고가 원하는 바를 성취할 수 있는 적절한 소송형태는 어떤 것일까의 문제(소송형태의 선택)이다. 특히 공법상의 법률관계에 관한 분쟁을 행정소송으로 다투고자 하는 경우, 행정소송은 통상의 민사소송과는 달리, 당사자 적격, 소송의 대상(처분 등), 전심절차, 제소기간, 잠정적 구제제도 등에 있어서 차이가 있을 뿐만 아니라, 상대적으로 본안판단에 들어가기 전까지의 소송요건에 대한 판단이 엄격하고, 그 행정소송의 종류가 한정[1)]되어 있는 관계로, 원고가 자신이 행정소송의 제기를 통하여 달성하고자 하는 바를 제대로 반영하고, 그에 따른 본안판단까지 받을 수 있는 적절한 소송형태를 선택하는 것은, 결코 용이한 일이 아니다. 이와 같은 적절한 소송형태의 선택은, 비단 법률의 문외한인 일반인뿐만이 아니라, 법률전문가라고 할 수 있는 소송대리인도 마찬가지로 겪을 수 있는 문제이다.

특히 행정소송의 주된 형태가 항고소송, 그중에서도 취소소송에 집중되어 있는 현실에서, 다른 한편으로는 종전부터 있어 왔던 당사자소송에 대한 활성화 논의와 더불어, 광주민주화운동관련자보상등에관한법률에 의한 보상금청구 사건(대법원 1992.12.24. 선고 92누3335 판결)을 필두로 대법원의 일련의 판결례들을 통하여 당사자소송의 인정 영역이 확대되어 왔을 뿐만 아니라, 실무에서도 판결례를 통하여 종래 당사자소송의 영역으로 확인되었던 분쟁영역 이외에도, 그 밖의 분쟁영역을 효과적으로 해결하기 위한 시도로서 당사자소송의 선택을 통

---

* 본 논문은 먼저 2010.7.9.에 행정법이론실무학회 제198차 정기발표회에서 발표되었고, 그 후 행정법연구 제27호(2010, 행정법이론실무학회), 227-256면에 게재된 바 있으며, 성낙인 선생님의 퇴직기념논문집에 수록하기 위해 그 내용을 일부 수정한 것이다.

** 서울고등법원, 고등법원 판사, 법학박사

1) 행정소송법 제3조에 의하면, 행정소송을 ① 항고소송, ② 당사자소송, ③ 민중소송, ④ 기관소송의 네 가지로 구분하고 있다.

한 다양한 형태의 청구가 이루어지고 있는 것이 현실이다. 이에 따라 하나의 행정법적 분쟁에 대하여 항고소송을 제기할 것인지, 아니면 당사자소송을 제기해야 할 것인지에 관한 '소송형태의 선택'이라는 문제가 실무상 적지 않게 야기되고 있는 상황이고,[2] 그러한 문제의 양상은, 한편으로 실무의 측면에서는 (1) 행정소송을 제기하는 원고의 입장에서는 '청구취지의 작성'[3] 및 '피고의 특정'[4]이라는 문제로 부각되고, (2) 행정소송을 담당하는 법원의 입장에서는 '피고적격, 대상적격 등의 소송요건의 판단',[5] '소송형태에 대한 석명권 행사 및 그 한계'[6]라는 문제로 부각되며, 다른 한편으로 이론적 측면에서는 어떠한 분쟁의 종류 또는 유형에 따라 어떠한 소송형태가 선택 또는 허용되는 것이 올바른지에 대한 법논리적인 해명이라는 문제로 부각된다.

이와 같이 항고소송과 당사자소송 가운데 '적절한 소송형태의 선택'이라는 문제가 최근에 극명하게 발생·제기된 분쟁영역으로서, 2000년대에 들어서 제정된 '민주화운동관련자 명예회복 및 보상 등에 관한 법률'과 같은 각종 특별보상법[7]에 의한 보상금 지급을 구하는 행정

---

2) 박정훈, 항고소송과 당사자소송의 관계, 2008.12.1., 대법원특별소송실무연구회 발표문, 2면에서는 이와 같은 당사자소송의 활성화 현상을 '당사자소송의 부활과 성장'으로 표현하면서, 이와 같은 당사자소송의 부활과 성장이 항고소송과의 관계에서 행정소송 내부에서의 '소송유형의 선택'이라는 문제를 야기하였다고 지적한다.

3) 만약 ① 항고소송의 경우라면, 취소소송(예: "피고가 0000. 0. 0. 원고에 대하여 한 …처분을 취소한다"), 무효등 확인소송(예: "피고가 0000. 0. 0. 원고에 대하여 한 … 처분이 무효임을 확인한다"), 부작위위법확인소송(예: "피고가, 원고들의 0000. 0. 0.자 … 신청에 대하여 한 부작위가 위법함을 확인한다")인지 여부에 따라 청구취지가 달라질 것이고, ② 당사자소송의 경우라면, 민사소송의 경우와 유사하게, 다시 원고가 구하는 내용이 이행청구(예: "피고는 원고에게 금 0000원을 지급하라")인지, 확인청구(예: "피고가 0000. 0. 0. 원고에 대하여 한 …계약 해지가 무효임을 확인한다")인지 등에 따라 그 청구취지가 달리 작성되어야 할 것이다.

4) 다시 말해서, 항고소송의 경우에는 피고가 당해 처분을 발급한 '행정청'이 되고, 당사자소송의 경우에는 피고가 법인격의 귀속주체인 '국가' 또는 '지방자치단체', '공법인' 등이 된다.

5) 소송형태의 선택 및 그에 따른 피고, 소송대상의 선택 등이 부적법한 것인지의 여부는, 소송요건(당사자적격)에 관한 사항으로서, 법원은 당사자의 주장에 구애됨이 없이 직권으로 심리·판단하는 것이 원칙이지만, 대개의 경우에는 피고측에서 본안전 항변을 하고 있다.

6) 즉, 만일 법원이 원고가 잘못 작성하여 온 청구취지를 그대로 둘 것인지, 아니면 어느 정도까지 시사를 하여 정정이 이루어질 수 있도록 석명을 할 것인지는 생각보다 민감한 문제로 보인다. 왜냐하면 ① 법원이 청구취지의 정정을 석명하거나 요구할 경우, 자칫 본안에 대한 인용가능성을 암시하는 것으로 오인받을 소지가 있고, ② 역으로 원고의 청구를 배척할 마당이라면, 그냥 부적법한 청구취지에 대해 소각하를 하면 될 것이지, 굳이 소송요건에 부합하는 청구취지로 변경할 것을 권유한 이후에 본안에서 기각을 하는 것은, 소송불경제로 여겨질 수 있기 때문이다. 하지만, 단지 원고가 법의 부지 등으로 인하여 소송형태를 잘못 선택하거나 피고를 잘못 지적한 경우, 변론종결 전까지 스스로 이를 시정하지 않았다는 이유만으로 곧바로 소송요건에 대한 판단으로 소각하 판결을 하게 된다면, 이는 경우에 따라는 본안에서의 승소가능성이 있는 사건을 소송요건 판단의 단계에서 배척해 버리는 셈이 되어, 실체적 정의에 반할 뿐만 아니라 행정소송법 제8조 제2항에 의하여 준용되는 민사소송법 제136조 제4항의 석명의무에 위반된 것으로 평가될 수도 있기 때문이다. 이하 상술한다.

7) 여기서 말하는 각종 특별보상법이란, '민주화운동관련자 명예회복 및 보상 등에 관한 법률'(2000.1.12. 제정), '삼청교육피해자의 명예회복 및 보상에 관한 법률'(2004.1.29. 제정), '특수임무수행자 보상에 관한 법률'(2004.1.29. 제정), '제주4·3사건 진상규명 및 희생자명예회복에 관한 특별법'(2000.1.12. 제정) 등을 말한다. 이현수, 민주화보상법상 금전적 구제의 법적 성격, 공법연구 34집 1호, 2005, 199-201면에서는 이와

소송의 경우를 들 수 있다. 이러한 각종 특별보상법이 시행됨에 따라, 위 각 법률에 의하여 설치된 국무총리 소속의 각 위원회가 활동하게 되었고, 각 위원회가 각 개별 법률에 의한 보상금 지급 대상자에 해당되지 않는다는 등의 이유로 보상금 지급신청에 관한 기각결정을 함에 따라, 그 기각결정을 받은 당사자들이 이를 다투면서 서울행정법원에 보상금의 지급을 구하는 행정소송을 다수 제기하게 되었으며, 이때 소송형태가 항고소송으로 제기되기도 하고, 당사자소송으로 제기되기도 하는 등으로 실무상 혼선이 있었고, 하급심의 판결례 역시 그 입장이 나뉘어 왔다. 그런데, 최근 선고된 대법원 2008.4.17. 선고 2005두16185 전원합의체 판결(이하 '연구대상 판결'이라 한다)에서는 이와 같은 분쟁영역에 대하여 대법원의 입장이 비교적 분명하게 표명되었고, 이에 따라 하급심 실무도 이에 크게 영향을 받고 있는 것으로 보인다.

이러한 점에서 연구대상 판결의 검토를 통하여, 민주화운동관련자 명예회복 및 보상 등에 관한 법률과 같은 각종 특별보상법에 의한 보상금의 지급을 구하는 소송형태에 관하여, 필자가 서울행정법원에서 실무를 경험하면서 가지게 되었던 몇 가지 의문점과 문제의식 및 이에 따른 생각들을 정리해 보는 것이 본고(本稿)의 목적이다. 이하에서는 먼저 연구대상 판결의 내용 및 논거들을 검토해 보고(Ⅱ), 각종 특별보상법에 의한 보상금의 지급을 구하는 소송형태에 관하여, 실무상 발생되는 몇 가지 문제점을 지적·정리하며, 그에 관하여 나름의 생각을 제시하고자 한다(Ⅲ). 다만, 이러한 논의에 있어서 이론적인 관점[8]보다는 실무적인 관점[9]에 보다 중점을 두고 접근해 보고자 한다.

같은 각종 특별보상법은 과거의 진실을 직면하고 밝혀진 진실과 화해할 필요성이라는 시대적 흐름에 따라, 과거사를 청산한다는 의미에서 제정된 법률이라고 한다. 후술하는 바와 같이, 이들 법률은 보상 대상의 규정 방식, 보상금의 지급 심의·결정, 지급 절차, 보상금의 산정방식, 불복에 관한 규정 등의 여러 측면에서, 서로 매우 유사한 내용 및 구조를 담고 있다.

8) 이와 같은 민주화운동관련자 명예회복 및 보상 등에 관한 법률에 기한 보상금 지급 행정쟁송에 대하여, 상대적으로 이론적 관점에서 접근한 대표적인 글로는 박정훈, 전게논문, 1-18면; 이현수, 전게논문, 199-229면; 조해현, 민주화운동관련자명예회복및보상등에관한법률에 기한 행정소송의 형태, 행정판례연구 제11집, 2006, 315-341면; 김동석, 민주화운동관련자 명예회복 및 보상 등에 관한 법률에 기한 행정소송에 있어서의 몇 가지 문제, 인권과 정의 307호, 2002, 대한변호사협회, 57-63면이 있다.

9) 상대적으로 실무적인 관점에서 위 주제에 관하여 접근한 글로는 임영호, 민주화운동관련자 명예회복 및 보상 등에 관한 법률에 따른 보상금 등의 지급을 구하는 소송의 형태, 대법원판례해설 제76호(2008년 상반기), 법원도서관, 9-27면; 염우영, 민주화 운동 관련 법률 등의 소송형태, 행정재판실무연구Ⅲ(재판자료 제120집), 법원도서관, 3-32면; 정욱도, 각종 특별보상법상의 보상분쟁에 관한 소송형태-항고소송과 당사자소송 사이의 선택, 행정재판실무연구Ⅱ(재판자료 제114집), 법원도서관, 193-227면; 박민수, 항고소송과 당사자소송의 소송형태 선택기준, 판례연구 제20집, 부산판례연구회, 629-668면 등이 있다.

Ⅱ. 연구대상 판결의 검토

1. 사안의 개요

(1) 사실관계

1) 원고(망인의 처)의 남편인 망인(1993년 사망)은 1970.7.경 서울대학교 재학 중에 권위주의 정권에 항거하여 교련반대시위를 주동하여 수배를 받던 중, 1972년경 경찰에 체포되어 조사를 받는 과정에서 집단구타 등 고문을 당하여 치아 4개가 상실되었다.

2) 원고는 2002.5.3. 망인이 위와 같은 고문으로 인하여 치아 4개가 상실되었을 뿐만 아니라 고문후유증으로 인하여 전신마비와 전신경련 증세를 보였고, 이는 민주화운동관련자 명예회복 및 보상 등에 관한 법률 제2조 제2호 나, 다목 소정의 민주화운동관련자의 상이질병 혹은 그 후유증에 해당한다고 주장하면서 피고(민주화운동관련자 명예회복 및 보상 심의위원회)에게 보상금의 지급을 신청하였다.

3) 이에 대하여 피고는 2004.8.16. 망인의 치아상실 부분(이하 '제1부분'이라 한다)에 대하여는 민주화운동과 관련하여 입은 상이로 인정하였으나, 고문의 후유증으로 전신마비와 전신경련의 증세가 발생하였다는 부분(이하 '제2부분'이라 한다)에 대하여는 이를 인정할 치료기록 등이 없어 인과관계를 인정하기 어렵다는 사유를 들어 이 부분에 관한 원고의 신청을 기각하였다.

(2) 소송의 경과

1) 망인의 유족인 원고는 위 위원회의 결정 중 제2부분에 대한 기각결정을 소송대상으로 하여,[10] 2004.11.18. 서울행정법원에 피고를 상대로 한 취소소송을 제기(서울행정법원 2004구합35196호 민주화운동관련자불인정처분취소 사건)하였다.

2) 아래에서 보는 바와 같이 제1심은, 당사자소송이 아니어서 소가 부적법하다는 피고의 본안전 항변을 배척하고, 본안에서 제2부분에 대한 기각결정이 위법함을 인정하여 원고 전부 승소판결을 하였다.

3) 이에 피고가 항소를 하였고, 제2심은 원심을 그대로 유지하였다.

4) 피고는 다시 상고를 하면서, 아래와 같은 상고이유를 주장하였다.

(가) 원심은 대법원 1992.12.24. 선고 92누3335 판결(광주민주화운동관련자보상등에관한법률 사건)과 다른 소송형태를 인정함으로써, 법령의 같은 내용에 대하여 상반되게 판단하여 법령해석의 통일이라는 일반적 목적을 위반하였다.

---

10) 이는 연구대상 판결의 제1심인 서울행정법원 2005.3.24. 선고 2004구합35196 판결의 청구취지가 "피고가 2004.8.16. 원고에 대하여 한 민주화운동관련자<u>불인정처분</u>을 취소한다"로 되어 있는 점을 통해 알 수 있다.

(나) 망인이 수사기관으로부터 고문을 당하여 제2부분의 증세가 발생하였다는 원심의 사실인정은 부당하다.

5) 대법원은 아래의 판결요지와 같이 피고의 상고를 기각하고, 전원합의체 판결을 통하여 원심의 판단이 정당하다는 취지로 판단하였다.

(3) 원심판결의 요지

1) 제1심(서울행정법원 2005.3.24. 선고 2004구합35196 판결)

(가) 본안전 항변[11)]에 관한 판단

민주화운동관련자 명예회복 및 보상 등에 관한 법률상으로는 보상금 등의 지급 요건 내지 자격에 관한 위원회의 결정에 대하여는 바로 위원회를 상대로 항고소송의 제기가 가능하다.

(나) 본안에 관한 판단

망인은 권위주의적인 통치에 항거하여 국민의 자유와 권리를 회복·신장시킨 민주화운동을 하였고, 그러한 과정에서 수사기관으로부터 고문을 당하여 제1부분 외에 제2부분도 발병하였다고 할 것이므로, 망인은 민주화운동관련자 명예회복 및 보상 등에 관한 법률 소정의 민주화운동관련자에 해당한다. 따라서, 제2부분에 대한 기각결정은 위법하여 이를 취소한다.

2) 제2심(서울고등법원 2005.11.9. 선고 2005누8254 판결)

항소심은 제1심의 이유를 그대로 인용하여 피고의 항소를 기각하였다.

(4) 대법원 판결의 요지

1) 다수의견

(가) 민주화운동관련자 명예회복 및 보상 심의위원회의 보상금 등의 지급 대상자에 관한 결정이 행정처분인지 여부(적극)

'민주화운동관련자 명예회복 및 보상 등에 관한 법률' 제2조 제1호, 제2호 본문, 제4조, 제10조, 제11조, 제13조 규정들의 취지와 내용에 비추어 보면, 같은 법 제2조 제2호 각 목은 민주화운동과 관련한 피해 유형을 추상적으로 규정한 것에 불과하여 제2조 제1호에서 정의하고 있는 민주화운동의 내용을 함께 고려하더라도 그 규정들만으로는 바로 법상의 보상금 등의 지급 대상자가 확정된다고 볼 수 없고, '민주화운동관련자 명예회복 및 보상 심의위원회'에서 심의·결정을 받아야만 비로소 보상금 등의 지급 대상자로 확정될 수 있다. 따라

11) 피고는 ① 제2부분에 대한 기각결정은, 민주화운동관련자 명예회복 및 보상 등에 관한 법률 소정의 보상금 등의 지급에 관한 소송을 제기하기 위한 '전치요건'에 불과하여 항고소송의 대상이 되는 행정처분이라 할 수 없고, ② 원고의 보상금 등의 지급청구권은 민주화운동관련자 명예회복 및 보상 등에 관한 법률이 특별히 인정하고 있는 공법상의 권리로서, 이에 관한 소송은 행정소송법 제3조 제2호 소정의 '당사자소송'에 의하여야 하며, 따라서 보상금 등의 지급에 관한 주체인 대한민국을 피고로 삼아야 할 것이므로, 결국 이 사건 소는 부적법하다는 취지의 본안전 항변을 하였다.

서 그와 같은 심의위원회의 결정은 국민의 권리의무에 직접 영향을 미치는 행정처분에 해당하므로, 관련자 등으로서 보상금 등을 지급받고자 하는 신청에 대하여 심의위원회가 관련자 해당 요건의 전부 또는 일부를 인정하지 아니하여 보상금 등의 지급을 기각하는 결정을 한 경우에는 신청인은 심의위원회를 상대로 그 결정의 취소를 구하는 소송을 제기하여 보상금 등의 지급 대상자가 될 수 있다.

(나) 민주화운동관련자 명예회복 및 보상 등에 관한 법률에 따른 보상금 등의 지급을 구하는 소송형태(=취소소송)

'민주화운동관련자 명예회복 및 보상 등에 관한 법률' 제17조는 보상금 등의 지급에 관한 소송의 형태를 규정하고 있지 않지만, 위 규정 전단에서 말하는 보상금 등의 지급에 관한 소송은 '민주화운동관련자 명예회복 및 보상 심의위원회'의 보상금 등의 지급신청에 관하여 전부 또는 일부를 기각하는 결정에 대한 불복을 구하는 소송이므로 취소소송을 의미한다고 보아야 하며, 후단에서 보상금 등의 지급신청을 한 날부터 90일을 경과한 때에는 그 결정을 거치지 않고 위 소송을 제기할 수 있도록 한 것은 관련자 등에 대한 신속한 권리구제를 위하여 위 기간 내에 보상금 등의 지급 여부 등에 대한 결정을 받지 못한 때에는 지급 거부결정이 있는 것으로 보아 곧바로 법원에 심의위원회를 상대로 그에 대한 취소소송을 제기할 수 있다고 규정한 취지라고 해석될 뿐, 위 규정이 보상금 등의 지급에 관한 처분의 취소소송을 제한하거나 또는 심의위원회에 의하여 관련자 등으로 결정되지 아니한 신청인에게 국가를 상대로 보상금 등의 지급을 구하는 이행소송을 직접 제기할 수 있도록 허용하는 취지라고 풀이할 수는 없다.

2) 반대의견

'민주화운동관련자 명예회복 및 보상 등에 관한 법률' 제17조의 규정은 입법자가 결정전치주의에 관하여 특별한 의미를 부여하고 있는 것으로, 심의위원회의 결정과 같은 사전심사를 거치거나 사전심사를 위한 일정한 기간이 지난 후에는 곧바로 당사자소송의 형태로 권리구제를 받을 수 있도록 하려는 데 그 진정한 뜻이 있는 것이다. 또한, 소송경제나 분쟁의 신속한 해결을 도모한다는 측면에서도 당사자소송에 의하는 것이 국민의 권익침해 해소에 가장 유효하고 적절한 수단이다. 따라서 보상금 등의 지급신청을 한 사람이 심의위원회의 보상금 등의 지급에 관한 결정을 다투고자 하는 경우에는 곧바로 보상금 등의 지급을 구하는 소송을 제기하여야 하고, 관련자 등이 갖게 되는 보상금 등에 관한 권리는 위 법이 특별히 인정하고 있는 공법상 권리이므로 그 보상금 등의 지급에 관한 소송은 행정소송법 제3조 제2호에 정한 국가를 상대로 하는 당사자소송에 의하여야 한다.

2. 쟁점별 검토

연구대상 판결은 위원회의 보상금 등의 지급 대상자에 관한 결정이 행정처분인지 여부 및 보상금 지급을 구하는 소송의 형태에 관하여, 당해 법률의 체계적인 해석뿐만 아니라, 광주민주화운동관련자보상등에관한법률에 의한 보상금청구 사건(대법원 1992.12.24. 선고 92누3335 판결) 및 구 국가배상법 제9조 전단에 의한 배상전치주의 및 배상심의회의 결정의 행정처분성에 관한 사안(대법원 1981.2.10. 선고 80누317 판결 등)과의 면밀한 비교・분석에 따른 논거제시 등을 통하여, 다수의견과 반대의견이 첨예하게 대립되고 있다. 이하에서는 각 쟁점별로 다수의견・다수의견에 대한 보충의견과 반대의견・반대의견에 대한 보충의견의 내용을 간략히 살펴보고, 이에 대한 사견(私見)을 제시하고자 한다.

(1) 민주화운동관련자 명예회복 및 보상 심의위원회의 보상금 등의 지급 대상자에 관한 결정이 행정처분인지 여부

1) 다수의견은, 법규정 자체만으로는 바로 법에서 정한 보상금 등의 지급 대상자가 확정된다고 볼 수 없고, 위원회에서 심의・결정을 받아야만 비로소 보상금 등의 지급 대상자로 확정될 수 있다는 점에서, 위원회의 결정은 국민의 권리의무에 직접 영향을 미치는 행정처분에 해당된다고 본다.

2) 반대의견은, 법규정에 의하여 관련자 등이 갖게 되는 보상금 등에 관한 권리는 법에서 특별히 인정하고 있는 공법상 권리라고 판시하면서, 그 권리는 '구체적 권리'라는 전제하[12]에서, 위원회의 결정은 보상금 등의 지급을 위한 사전심사로서 '전치요건'에 불과하다고 본다.

3) 사견으로는, ① 민주화운동관련자 명예회복 및 보상 등에 관한 법률 제2조 제2호[13]가 보상금 등 지급 대상이 되는 '민주화운동관련자'를 위원회에서 '심의・결정된 자'라고 명시하

---

12) 반대의견은, 그와 같은 전제에서, 법에 정한 보상금 등을 지급받을 수 있는지 여부는 법 제2조 제2호 각 목에 정한 자에 해당하는지 여부일 것이고, 그에 대한 최종적인 심판 권한은 당연히 법원에 있고, 법원으로서는 위원회의 보상금 등의 지급결정에서 판단・결정한 사항에 기속됨이 없이 자유롭게 대상자의 관련자 해당 여부, 상이의 정도, 보상금 등의 액수 등을 판단할 수 있다고 설시한다.

13) 민주화운동관련자 명예회복 및 보상 등에 관한 법률 제2조(정의)
이 법에서 사용하는 용어의 정의는 다음과 같다.
1. "민주화운동"이라 함은 1964년 3월 24일 이후 자유민주적 기본질서를 문란하게 하고 헌법에 보장된 국민의 기본권을 침해한 권위주의적 통치에 항거하여 헌법이 지향하는 이념 및 가치의 실현과 민주헌정질서의 확립에 기여하고 국민의 자유와 권리를 회복・신장시킨 활동을 말한다.
2. "민주화운동관련자(이하 "관련자"라 한다)"라 함은 다음 각 목의 1에 해당하는 자 중 제4조의 규정에 의한 민주화운동관련자명예회복및보상심의위원회에서 심의・결정된 자를 말한다.
가. 민주화운동과 관련하여 사망하거나 행방불명된 자
나. 민주화운동과 관련하여 상이를 입은 자
다. 민주화운동으로 인해 대통령령이 정하는 질병을 앓거나 그 후유증으로 사망한 것으로 인정되는 자
라. 민주화운동을 이유로 유죄판결・해직 또는 학사징계를 받은 자

여 규정하고 있는 점, ② 같은 법 제4조[14] 제2항 제1호가 위원회의 기능 중 하나로 관련자 및 그 유족에 해당하는지 '여부'의 심의 · 결정을 규정하고 있는 점, ③ 같은 법 제4조 제2항 제4호에서 위원회의 기능 중 하나로 제1호와 함께 대등하게 열거하고 있는 '관련자 및 그 유족의 명예회복을 위하여 필요한 사항'으로서 명예회복신청기각결정도 행정처분성이 인정되는 이상(대법원 2007.5.11. 선고 2006두20228 판결,[15] 헌법재판소 2002.10.31. 선고 2002헌마213 결정[16] 참조), 위원회의 위 결정 역시 행정처분으로 봄이 상당한 점, ④ 공무원연금법, 군인연금법, 국민연금법, 산업재해보상보험법, 국가유공자 예우 및 지원에 관한 법률 등 공법상 급부관계를 규정하는 여러 법률에서 그러한 급부의 지급을 구하는 신청을 하였다가 거부당한 경우, 그 신청인으로서는 곧바로 그 급부의 지급을 구하는 당사자소송을 제기할 것이 아니라, 그러한 거부처분에 대한 항고소송으로 권리구제를 받아야 한다는 것은 기존 판례에 의해서도 확인되고 있고, 문헌상으로도 별다른 이론이 없는 점 등에 비추어 보면, 위원회의 보상금 등의 지급 대상자에 관한 결정은 행정처분이라고 봄이 타당하다고 생각된다.

(2) 민주화운동관련자 명예회복 및 보상 등에 관한 법률 제2조 제2호 등의 법규정 자체에 의해서 보상금 지급청구권이 발생하는지 여부

1) 다수의견은, 위 처분성 논의에서 살펴본 바와 같이, 법규정 자체만으로는 보상금 지급청구권이 구체적으로 발생하였다고 보기는 어렵다는 입장이다.

2) 다수의견에 대한 보충의견은, 법에서 보상금 등의 지급대상으로 심의될 수 있는 자와 위원회의 심의 · 결정을 받아 보상금 등을 지급받을 수 있는 자를 구분하여 취급하고 있는 이상, 보상금 등의 지급대상으로 심의될 수 있는 자가 가지는 지위 내지 기대는 추상적이고 불확실하여 구체적인 권리라고 할 수 없다는 입장이다.

---

14) 민주화운동관련자 명예회복 및 보상 등에 관한 법률 제4조(민주화운동관련자명예회복및보상심의위원회)
① 이 법에 의한 관련자 및 그 유족에 대한 명예회복과 보상금 등을 심의 · 결정하기 위하여 국무총리소속하에 민주화운동관련자명예회복및보상심의위원회(이하 "위원회"라 한다)를 둔다.
② 위원회의 기능은 다음 각호와 같다.
1. 관련자 및 그 유족에 해당하는지 여부의 심의 · 결정
2. 관련상이자의 장해등급 판정
3. 관련자 또는 그 유족의 보상금 등의 심의 · 결정 및 지급
4. 관련자 및 그 유족의 명예회복을 위하여 필요한 사항
5. 관련자 또는 그 유족의 보상금 등에 관한 재원대책의 강구
6. 관련자추모단체에 대한 지원
7. 기타 명예회복과 보상 등에 관련하여 대통령령이 정하는 사항

15) 위 대법원 2007.5.11. 선고 2006두20228 판결은 민주화운동관련자 명예회복 및 보상 등에 관한 법률에 따라 명예회복신청을 기각한 결정에 대하여 항고소송으로 불복할 수 있음을 전제로 원심의 판단을 그대로 받아들였다.

16) 위 헌법재판소 2002.10.31. 선고 2002헌마213 결정은, 민주화운동관련자 명예회복 및 보상 심의위원회의 명예회복신청기각결정에 대하여는 행정소송법에 의하여 행정소송을 제기할 수 있으므로 청구인은 그 절차에 따라 구제를 받았어야 하고, 그 절차 없이 막바로 제기한 이 사건 헌법소원심판청구는 부적법하다고 판시하고 있어, 명예회복신청기각결정에 대하여 행정처분성을 인정하고 있는 것으로 보인다.

3) 반대의견은, 위 처분성 논의에서 살펴본 바와 같이, 법규정 자체만으로도 보상금 지급청구권이 구체적으로 발생하였다는 입장이고, 이를 위원회의 심의·결정에 처분성이 부정되는 논거로 함께 사용하고 있다.

4) 사견으로는, ① 법 제2조 제1호 소정의 민주화운동이 무엇인지, 신청인이 한 행위가 이에 해당하는지를 위원회가 구체적으로 심사하지 않고서는 신청인이 곧바로 그 보상대상자에 해당한다고 보기는 어려운 점, ② 민주화운동관련자의 구성요건이 불확정적 법개념에 의해 추상적이고 포괄적으로 규정되어 있는 점 등에 비추어 보면, 해당 법규정 자체만으로 보상금 신청자에게 당사자소송의 형태로 직접 보상금의 지급을 소구할 수 있을 정도의 '구체적인 청구권'이 발생하였다고 보기는 어렵다고 생각한다.

(3) 민주화운동관련자 명예회복 및 보상 등에 관한 법률 제17조[17] 소정의 '결정전치주의'의 해석

1) 다수의견은, 법 제17조 전단에서 말하는 보상금 등의 지급에 관한 소송은 위원회의 보상금 등의 지급신청에 관하여 전부 또는 일부를 기각하는 결정에 대한 불복을 구하는 소송이므로 취소소송을 의미한다고 보아야 하고, 후단에서 보상금 등의 지급신청을 한 날부터 90일을 경과한 때에는 그 결정을 거치지 않고 위 소송을 제기할 수 있도록 한 것은 관련자 등에 대한 신속한 권리구제를 위하여 위 기간 내에 보상금 등의 지급 여부 등에 대한 결정을 받지 못한 때에는 지급 거부결정이 있는 것으로 의제하여, 곧바로 법원에 심의위원회를 상대로 그에 대한 취소소송을 제기할 수 있는 것으로 해석한다.

2) 반대의견은, 법 제17조의 규정은 다른 공법상 급부관계를 규정하는 여러 법률에서 찾기 어려운 규정으로서, 입법자가 결정전치주의에 관하여 특별한 의미를 부여하고 있는 것으로, 심의위원회의 결정과 같은 사전심사를 거치거나 사전심사를 위한 일정한 기간이 지난 후에는 곧바로 당사자소송의 형태로 권리구제를 받을 수 있도록 하려는 데 그 진정한 뜻이 있는 것이라고 본다.[18]

---

17) 민주화운동관련자 명예회복 및 보상 등에 관한 법률 제17조(결정전치주의)
① 이 법에 의한 보상금 등의 지급에 관한 소송은 위원회의 보상금 등의 지급 또는 기각의 결정을 거친 후에 한하여 이를 제기할 수 있다. 다만, 보상금 등의 지급신청이 있는 날부터 90일을 경과한 때에는 그러하지 아니하다.

18) 위 반대의견은, ① 만약 위 규정의 보상금 등의 지급에 관한 소송의 의미를 다수의견과 같이 위원회의 보상금 등의 지급 또는 기각의 결정에 대한 취소를 구하는 소송으로 본다면, 위 규정은 항고소송은 그 대상이 되는 행정처분이 있은 후에 제기할 수 있다는 지극히 당연한 내용을 확인하는 의미에 지나지 않으므로, 매우 어색할 뿐만 아니라 무의미하고, 입법자가 규정의 제목부터 결정전치주의라 하고 특별한 규정을 둔 취지를 헤아리면, 보상금 등의 지급에 관한 소송의 의미는 보상금 등의 지급을 구하는 소송이라고 이해할 수밖에 없고, ② 법 제17조 제1항 후단의 규정에 의하면, 보상금 등의 지급신청 후 일정기간이 지나면 위원회의 결정이 없다 하더라도 소송을 제기할 수 있는데, 아무런 결정이 없는데도 항고소송의 대상이 되는 처분이 있는 것으로 의제하여 항고소송을 제기하는 것은 매우 어색하고 자연스럽지 못하며, ③ 법은 위 규정과 같이 결정전치주의 조항을 두고 있는 광주민주화운동관련자보상등에관한법률과 비교하여 위원회의 기능, 보상금 등의 신청절차 등을 비롯한 전체적인 법 체계가 거의 유사하므로, 특별한 사정이 없는 한, 광주

3) 다수의견에 대한 보충의견은, 광주민주화운동관련자보상등에관한법률은 적용 대상, 법률 규정의 문언이 서로 달라 그 해석을 그대로 원용할 수 없다고 하면서 위 반대의견을 반박한다.[19]

4) 사견으로는, 비록 법 제17조가 그 제목이 '결정전치주의'라고 규정되어 있고, 문언해석상으로는 반대의견의 입장도 설득력이 있으나, ① 법 제17조 제1항은 보상금 등의 '지급을 구하는' 소송이 아니라, 보상금 등의 '지급에 관한' 소송이라고 규정하고 있어서, 그 소송형태로서 반대의견에서 말하는 바와 같이 반드시 당사자소송만이 허용되는 것으로 단정할 수는 없는 점, ② 공공기관의 정보공개에 관한 법률 제11조 제5항의 예 등에서 보더라도, 법 제17조 제1항 후단이 거부처분을 의제하는 것으로 해석하는 다수의견이 부자연스럽다고 볼 수만은 없는 점, ③ 위 법과 광주민주화운동관련자보상등에관한법률 또는 구 국가배상법은 그 법문의 내용과 체계적 구조에서 적지 않은 차이[20]를 보이고 있는 점, ④ 앞서 본 바와 같이 보상금 지급 대상자에 관한 결정은 그 분쟁의 실질상 단순한 전치절차가 아닌 '행정처분'으로서 항고소송의 대상이 된다고 봄이 타당한 점 등에 비추어 볼 때, 다수의견에 찬동한다.

(4) 소송경제, 분쟁의 신속한 해결의 관점

1) 반대의견은, 행정소송을 통한 권리구제를 받으려는 당사자의 입장에서 무엇이 더욱 합목적적인 것인가의 관점이 중요하다고 전제하면서, 항고소송에 의할 경우 소송당사자의 입장에서 분쟁이 1회적으로 해결되지 않고 반복될 가능성이 있기 때문에 소송경제나 분쟁의 신속한 해결을 도모한다는 측면에서 국민의 권리구제에 바람직스럽지 않은 반면에, 당사자소송에 의할 경우 신청인이 위원회의 사전심사절차를 거쳐 소송을 제기하게 되면, 법원으로서는

민주화운동관련자보상등에관한법률에 대한 기존의 대법원 판례, 즉 대법원 1992.12.24. 선고 92누3335 판결의 입장을 좇아 위원회의 결정에 불복하는 경우의 소송형태를 당사자소송으로 보아야 한다고 함이 일관된다는 점을 지적하고 있다.

19) 이러한 견지에서, 연구대상 판결의 다수의견이 광주민주화운동관련자보상등에관한법률에 관한 대법원 1992.12.24. 선고 92누3335 판결을 실질적으로 변경하겠다는 것인지 여부가 논란이 되었다. 사견으로는 연구대상 판결에 대한 검토 과정에서 민주화운동관련자 명예회복 및 보상 등에 관한 법률과 유사한 구조를 가지고 있는 다른 특별보상법에 미칠 영향까지 고려하여 대법원의 입장을 미리 확립하는 것이 필요하다는 인식하에 검토가 진행되었던 것으로 보인다는 점에서{윤인성, 구 특수임무수행자 보상에 관한 법률에 규정된 특수임무수행자에 해당하지 않는다는 이유로 보상금 지급신청이 기각된 경우 그 보상금의 지급을 구하는 소송의 형태, 대법원판례해설 제78호(2008년 하반기), 법원도서관, 127면의 각주 7) 참조}, 연구대상 판결이 위 92누3335 판결의 입장을 실질적으로 변경하는 방향으로 나아간 것이 아닌가 생각된다.

20) 특히, 광주민주화운동관련자보상등에관한법률은 그 대상을 '1980년 5월 18일을 전후한 광주민주화운동'으로 한정하고 있어 그 대상자가 상대적으로 구체적이고 분명하게 규정되어 있는 반면, 민주화운동관련자 명예회복 및 보상 등에 관한 법률은 보다 추상적이고 포괄적으로, 민주화운동을 '1964년 3월 24일 이후 자유민주적 기본질서를 문란하게 하고 헌법에 보장된 국민의 기본권을 침해한 권위주의적 통치에 항거하여 헌법이 지향하는 이념 및 가치의 실현과 민주헌정질서의 확립에 기여하고 국민의 자유와 권리를 회복・신장시킨 활동'으로 규정하여 불확정적 법개념을 사용하고 있다는 점에서, 처분성 여부 및 구체적 권리 발생 여부 등을 판단함에 있어서 양자는 적지 않은 차이가 있는 것으로 생각된다.

위원회의 결정 사항에 기속됨이 없이 자유롭게 지급 대상자 여부 및 보상금의 액수 등을 판단할 수 있어서 분쟁이 실질적으로 1회에 해결될 수 있으므로 당사자소송에 의하는 것이 국민들의 권익침해 해소에 가장 유효하고도 적절한 수단이라는 입장이다.

2) 이에 대하여 다수의견은, 소송경제나 분쟁의 신속한 해결이라는 합목적적인 관점에 대한 직접적인 언급 없이, 다만 보상금 등의 지급 대상자에 관한 결정이 행정처분으로 인정되는 이상, 논리필연적으로 보상금의 지급을 구하는 소송의 형태는 항고소송이고, 당사자소송은 허용되지 않는다는 입장이다.

3) 사견으로는, 반대의견이 소송의 대상이라는 논리적 관점에서가 아니라, 지극히 실제적인 기능의 관점에서 소송형태의 선택을 접근하는 시각[21]을 제공하였다는 점에서는 대단히 시사하는 바가 크다고 할 것이다. 하지만, 앞서 본 바와 같이 보상금 등의 지급 대상자에 관한 위원회의 결정은, 그 민주화운동관련자의 구성요건이 불확정적인 법개념으로 규정되어 있는 관계로 행정청에 1차적 판단권을 부여하는 것이 바람직한 것으로 보여 행정처분으로 봄이 타당하고, 또한 해당 법규정 자체만으로 보상금 신청자에게 당사자소송의 형태로 직접 보상금의 지급을 소구할 수 있을 정도의 구체적인 청구권이 발생하였다고 보기는 어렵다는 점에서, 반대의견에 쉽게 찬동하기는 어렵다.

3. 소송형태에 관한 기존의 논의

(1) 소송형태의 선택기준에 관한 일반적인 논의[22]

공법상의 법률관계에 관한 분쟁을 행정소송으로 다투고자 하는 경우, －항고소송의 사항과 당사자소송의 사항이 구별된다는 전제 하에－ 항고소송과 당사자소송 사이의 선택(구별)기준에 관하여 아래와 같은 견해가 대립되고 있는 것으로 파악된다.

1) 소위 '구체적 권리 발생 기준설'

이 견해는, 공법상의 급부청구권이 관계 법령의 규정 자체에 의하여 구체적으로 발생한 경우에는 그 구체적 권리를 침해하는 행정청의 거부행위가 개재된다고 하더라도 이는 처분이 아니라고 하면서 당사자소송을 곧바로 제기하면 된다고 본다. 반면, 당해 법령의 규정 자체만으로는 급부청구권이 추상적 권리에 그치는 경우에는 급부신청에 대한 행정청의 거부행위는 추상적 권리의 침해에 해당하고 이는 처분에 해당되므로 취소소송을 먼저 제기하여야 한다는 견해이다.[23]

---

21) 박정훈, 전게논문 7면에 의하면, 프랑스의 행정소송의 역사적 발전과정에서는, 월권소송(필자 주: 우리나라의 '항고소송'에 해당)과 완전심판소송(필자 주: 우리나라의 '당사자소송'에 해당)의 구별은 소송의 '대상'이라는 논리적 관점에서가 아니라, 지극히 실제적인 '기능'의 관점에서 이루어진다는 점을 강조하고 있다.

22) 이는 선정원, 금전청구권, 취소소송과 당사자소송, 특별법연구 제8권, 박영사, 110-120면; 박민수, 전게논문 651-653면; 정욱도, 전게논문 204-211면의 내용을 기초로 정리한 것이다.

23) 선정원, 전게논문, 110-112면 참조.

2) 소위 '처분성 기준설'

이 견해는, 급부신청에 대한 행정청의 결정이 항고소송의 대상이 되는 행정처분에 해당되면, 이에 관한 급부청구소송은 논리필연적인 귀결로서 그 결정에 대한 취소소송의 형태가 되어야만 하고, 당사자소송의 제기는 불가능하다는 것이다.[24)]

3) 절충설

이 견해는, 취소소송사항과 당사자소송사항의 구별은 행정청의 금전지급거부행위가 처분인지 여부에 의하여 우선적으로 구별하되, 구체적으로는 일단 제소기간이나 행정심판의 존부를 살펴 판단하고, 나아가 상급기관에서 독립적인 행정심판을 받지 않는 경우에도 행정재량이 인정되거나 새로운 급부결정이 필요한 경우에는 당해 행정기관의 급부관련결정에 대해서는 항고소송에 의해 처리되어야 한다고 보는 견해이다.[25)]

4) 소위 '종합 검토설'

이 견해는, 처분성 기준설에 대한 비판적인 입장에 서서, 관계 법령의 입법취지나 목적, 규정 내용, 적용 실태, 역사적 배경, 다른 법령과의 관계 등을 종합적으로 검토하여 당사자소송의 가부를 결정하여야 한다는 것이다.[26)]

(2) 항고소송설과 당사자소송설의 대립[27)]

특히 연구대상 판결에서 다루는 민주화운동관련자 명예회복 및 보상 등에 관한 법률에서 정한 보상금 등의 청구소송에 있어서 적합한 소송형태에 관하여는 크게 '항고소송설'과 '당사자소송설'이 대립되어 왔다.

1) 항고소송설[28)]

법에 따른 보상금 등의 지급에 관한 소송은 항고소송으로 하여야 한다는 견해로서, 그 근거와 구체적인 내용은 아래와 같다.

(가) 법규정상 민주화운동 및 그 관련자의 개념은 완결적으로 규정된 것이 아니라 광범위하고 포괄적인 것이어서, 그 해당 여부에 관하여 사법에 비하여 민주적 정당성에서 보다 앞서 있는 행정에 1차적인 판단권을 부여하고, 이에 관한 쟁송이 생길 경우에는 사법에 최종적인 판단권을 준 것으로 보아야 한다.[29)]

---

24) 정욱도, 전게논문, 204-208면 참조.

25) 선정원, 전게논문, 112-118면.

26) 정욱도, 전게논문, 222면.

27) 이는 임영호, 전게논문, 17-23면; 박민수, 전게논문, 653-655면의 내용을 기초로 정리한 것이다.

28) 대표적으로는 이현수, 전게논문, 210-219면; 이성환, 민주화희생자보상위원회의 활동과 문제점, 공익과 인권 제1권 제1호, 2004.2., 104면 참조.

29) 이에 대하여, 당사자소송설의 입장에서는, 법 제17조에서 규정한 '전치절차'에 의하여 이미 행정에 1차적 판단권은 충분히 부여된 것으로 볼 수 있고, 어차피 구성요건에 대한 최종적인 판단권은 사법부에 있는 이상, 각종 특별보상법의 입법취지 및 입법자의 의사를 고려할 때, 당사자소송으로 해결하는 것이 더 타당하다고 본다{행정법이론실무학회 제198차 정기 학술발표회(2010.7.9.)에서 백윤기, 박재윤 회원의 토론내용 중 지

(나) 법 제2조 제2호가 '민주화운동관련자'를 '…심의위원회에서 심의·결정된 자를 말한다'고 규정함으로써, 문언상 보상금 등의 지급요건으로서 법 제2조 제2호 각 목에 해당하는 것만으로는 부족하고, 반드시 위원회의 심의·결정을 받을 것까지 요구하고 있다.

(다) 위원회의 심의·결정은 특정한 사실 또는 법률관계에 관하여 의문이 있는 경우에 공권적으로 그 존부 또는 정부를 판단·확정하는 행위로서 '확인적 행정행위'이다.

(라) 법 제17조 제1항도 '보상금 등의 지급을 구하는 소송'이 아니라, '보상금 등의 지급에 관한 소송'이라고 규정되어 있어, 그 소송형태를 당사자소송과 같은 '이행청구소송'으로만 이해하여 보상금 지급결정의 처분성을 부인하는 것은 설득력이 약하다.

(마) 실제로 심의위원회에 보상금 등의 지급신청을 하였다가 기각결정을 받은 자에 대하여는 법 시행령 [별지 제7호 서식] (나) '보상결정통지서(기각용)'에 의하여 통지하는데, 여기서도 "위원회 결정에 대하여 이의가 있는 때에는 … 위원회에 재심을 신청할 수 있으며, 재심신청을 하지 아니하고 곧바로 행정소송을 제기하고자 하는 때에는 … 서울행정법원에 행정소송을 제기할 수 있습니다"라고 기재하여 심의위원회의 결정에 대하여 행정소송을 제기할 수 있다고 함으로써 항고소송인 취소소송의 형태로 소를 제기할 수 있는 것처럼 통지하고 있다.

(바) 동법과 광주민주화운동관련자보상등에관한법률은 특히 관련자성의 인정에 관한 구조에 있어서 큰 차이를 보이고 있다는 점을 간과해서는 안 된다.

2) 당사자소송설[30]

법 제17조 제1항 소정의 '보상금 등의 지급에 관한 소송'은 바로 '보상금 등의 지급을 구하는 소송'과 같은 의미라고 파악하는 견해로서, 그 근거와 구체적인 내용은 아래와 같다.

(가) 법 제17조는 결정전치주의라는 제목 하에 그 불복방법으로서 보상금 등의 지급에 관한 소송을 두고 있을 뿐, 달리 보상금에 관한 위원회의 결정취소 소송 등을 예정하고 있다고 할 만한 규정을 두고 있지 않다. 따라서 위 문구상의 '보상금 등의 지급에 관한'이라는 의미는 특별한 사정이 없는 이상 '보상금 등의 지급을 구하는'이라는 의미 이외에 다른 의미로 새기는 것은 곤란하다.

(나) 법 제17조 제1항 단서는 위원회의 보상금 등의 지급 결정이 없더라도 보상금 등의 지급에 관한 소송을 제기할 수 있다고 규정하고 있으므로, 보상금 청구 소송은 행정청의 어떤 결정이나 처분을 다투는 것을 전제로 하고 있지 않다. 법 제17조의 해석을 통하여 보더라도 위원회의 보상금 등의 지급 또는 기각의 결정은 보상금 등의 지급에 관한 소송을 제기하기 위한 원칙적인 전치요건에 불과하다.

적된 부분).

30) 김동석, 전게논문, 61면 참조.

(다) 심의위원회가 보상결정통지를 함에 있어 사용하는 법 시행령 [별지 제7호 서식] (가)와 (나)의 '보상결정통지서' 및 '보상결정통지서(기각용)'의 기재내용만으로는 항고소송설이 주장하는 바와 같이 취소소송의 형태로만 소를 제기할 수 있는 것으로 해석되어야 한다고 할 수는 없다.

(라) 명예회복결정에 대한 불복과 보상금 등의 지급(기각)결정에 대한 불복을 같은 형태로 파악하여야 한다고 할 수도 없을 뿐만 아니라, 명예회복결정에 대해 항고소송으로만 불복할 수 있다고 해석하기도 곤란하다.

(마) 동법과 광주민주화운동관련자보상등에관한법률은 그 체계 및 규정 내용이 대동소이한데, 광주민주화운동관련자보상등에관한법률의 보상금 지급청구 소송의 소송형태에 관하여 대법원 1992.12.24. 선고 92누3335 판결에서 위원회의 결정을 행정처분으로 보지 아니하고, 항고소송이 아닌 당사자소송에 의하여야 한다고 판시하고 있으므로, 동법에 의한 보상금 지급청구 소송 역시 당사자소송에 의함이 타당하다.

(바) 보상금 등의 지급(기각)결정 자체가 어떠한 행정처분에 해당하는가가 문제되나, 결론적으로, 지급(기각)결정에 구애받지 아니하고 또 그 결정 자체를 다투지 않고서도 법원에 보상금 등의 지급에 관한 소송을 제기할 수 있을 뿐만 아니라, 법원으로서도 심의위원회의 보상금 등의 지급결정에서 판단·결정한 사항에 기속됨이 없이 자유롭게 대상자의 관련자 해당 여부, 상이의 정도, 보상금 등의 액수 등을 판단할 수 있는 점에 비추어 볼 때, 보상금 등의 지급결정은 보상금 등의 지급신청에 대한 심의위원회의 사실적 또는 법률적 판단에 불과하고 그 판단 자체에 어떤 형태로의 기속력을 인정할 여지도 없는 것이어서, 이를 행정처분이라 파악하기는 곤란하고(대법원 1981.2.10. 선고 80누317 판결은 국가배상심의위원회의 결정이 행정처분이 아니라고 판시하였다), 또 그럴 필요성도 없다.

(3) 검토 및 사견

1) 소송형태의 선택기준에 관한 논의에 대하여

(가) 어떠한 급부청구권에 관한 개별법령상의 근거규정을 해석함에 있어, 해당 규정이 그 구성요건을 어느 정도로 구체적으로 규정하고 있는지의 여부는 어디까지나 '상대적'으로 판단될 수밖에 없는 문제라고 생각된다. 다시 말해서, 연구대상 판결의 사안에 있어서, 민주화운동관련자 명예회복 및 보상 등에 관한 법률에 규정된 보상금 등 지급청구권이 그 구성요건의 규정방식에 비추어 '추상적 권리'에 불과하다고 말할 수 있는 것은, 어디까지나 대법원 판례에 의해 당사자소송에 의하여 직접 청구가 가능한 '공법상 권리'로 인정되고 확인된 광주민주화운동관련자보상등에관한법률의 구성요건의 규정방식 내지 밀도가 그 판단의 기준이 되었기 때문으로 보인다. 따라서 어떠한 기준점이 되는 구성요건의 규정방식 내지 밀도에 관

한 예가 없이, 단지 개별 급부청구권에 관한 근거법령상의 구성요건을 두고, 이를 해석하여 곧바로 그것이 법령의 규정 자체에 의하여 구체적으로 발생되는 권리인지, 아니면 추상적 권리에 그친다고 볼 것인지를 결정하는 것은 지극히 어려운 문제로 보인다. 그렇다면, 소위 '구체적 권리 발생 기준설'이 제시하는 기준은 소송형태의 선택기준 중 하나의 고려요소가 될 수 있을 뿐, 절대적인 기준 내지 충분조건이 되기에는 부족하다.

(나) 소위 '처분성 기준설'은 소송형태의 선택기준을 '처분성의 유무'로 파악함으로써, 간명한 기준을 제시하고 있는 듯 보인다. 그러나, 항고소송의 대상으로서의 '처분성'의 인정이라는 문제 역시 결코 쉬운 판단이라고 할 수 없다.[31] 또한 처분성 기준설은 행정처분의 '공정력'(즉, 처분의 효력을 부인하기 위해서는, 그 처분의 하자가 중대·명백하여 무효이거나 부존재라고 볼 수 있는 경우가 아닌 한, 취소소송에 의해서만 그 효력을 부인할 수 있다는 논리)에 기반하여, 논리필연적으로 처분성이 인정되는 이상 취소소송만이 가능하고 당사자소송은 불가능하다는, 소위 '행정소송형태의 양분 내지 대립구도'가 당연히 형성되는 것을 전제로 하는 것으로 보인다. 그러나, 행정소송법 제3조 제2호[32]가 당사자소송의 유형을 후단의 '그 밖에 공법상의 법률관계에 관한 소송'만을 규정하고 있는 것이 아니라, 전단의 '행정청의 처분 등을 원인으로 하는 법률관계' 역시 하나의 유형으로서 명문으로 인정하고 있는 터이므로, 어떠한 공법적 분쟁사실관계에 있어서 처분이 개재되는 상황이라는 이유만으로 그 소송형태가 항고소송(취소소송)만이 가능하다고 볼 것은 아니라고 생각한다.[33] 따라서, 소위 '처분성 기준설'이 제시하는 기준 역시 하나의 고려요소가 될 수 있을 뿐, 소송형태의 선택기준으로서 유일하거나 충분조건적 기준이라고 보기에는 부족하다.

(다) 따라서, 어떠한 일률적인 기준만을 가지고 마치 소송형태의 선택이 선험적(先驗的)·절대적으로 구분될 수 있는 것처럼 보는 것은 옳지 않고, 해당 급부청구권의 구성요건의 규정방식, 당해 법률의 체계적 해석, 급부청구권이 발생함에 있어서 처분이 개재되는지 여부 등의 요소를 종합적으로 고려하면서도, 아래에서 보는 바와 같이 근본적으로는 각 개별

---

31) 특히, 선정원, 전게논문 112-113면은, 행정기관의 금전지급거부행위가 어디까지 거부처분으로 인정될 수 있는가의 문제에 관하여, ① 금전급부에 관한 법령을 집행하는 공무원이나 급부를 받을 가능성을 가지고 있는 당사자는 대법원이 최종적으로 유권해석을 하기 전까지는 어떤 급부에 대한 권리가 법령에 충분히 구체화되어 있어 법령으로부터 이미 구체적인 권리를 부여받았다고 볼 수 있는지 확신을 가지고 인식하기 어렵고, ② 모든 급부는 어떤 형태로든 간에 행정공무원들의 의사표시를 거칠 수밖에 없다는 점에서, 어느 지점의 의사표시까지를 처분으로 파악할 수 있을지는 행정실무뿐만 아니라 하급심 법원을 더욱 큰 어려움에 빠뜨린다고 지적한다.

32) 행정소송법 제3조(행정소송의 종류)
행정소송은 다음의 네 가지로 구분한다.
1. 항고소송: 행정청의 처분 등이나 부작위에 대하여 제기하는 소송
2. 당사자소송: 행정청의 처분 등을 원인으로 하는 법률관계에 관한 소송 그 밖에 공법상의 법률관계에 관한 소송으로서 그 법률관계의 한쪽 당사자를 피고로 하는 소송

33) 이하 각주 43)의 내용 등 참조.

법령이 규율하는 분쟁양상을 해결함에 있어서 가장 소송경제에 부합하고 합목적적인 소송형태가 무엇인지에 따라, 적합한 소송형태가 결정되는 것으로 보는 것이 타당하다고 생각한다. 다시 말해서, 구체적인 분쟁유형에 따라 그 소송형태가 달리 결정되는 것(즉, 분쟁유형에 따라 보다 직접적인 권리구제수단이 무엇인가 하는 관점)으로 봄이 상당하다.[34)]

2) 항고소송설과 당사자소송설의 대립에 관하여

이 문제 역시, 위의 검토내용에 따라, 여러 가지 요소를 종합적으로 고려하면서도, 특히 민주화관련자 명예회복 및 보상 등에 관한 법률의 운용에 있어서 실제로 발생하게 되는 구체적인 분쟁의 유형에 따라 적합한 소송형태가 달리 결정되는 것으로 봄이 타당하다. 아래에서 상술한다.

Ⅲ. 실무상 발생되는 문제점

1. 소제기 단계에서 예상되는 원고의 어려움

(1) 소송형태 및 피고의 선택 가능성

앞서 본 바와 같이, 심의위원회의 보상금 지급 기각결정은 '위원회' 명의의 '보상결정통지서(기각용)'에 의한 통지로써 이루어지게 되는 관계상, 위 기각결정을 받아 이를 다투고자 하는 원고는 우선적으로 당해 통지문서의 명의인인 위원회를 피고로 삼아 위 기각결정의 취소를 구하는 취소소송(항고소송)을 법원에 제기할 가능성이 상대적으로 높다고 볼 수 있다. 이는 특히 위 통지서 양식에 "서울행정법원에 행정소송을 제기할 수 있습니다"라는 안내문구가 있기 때문에 더욱 그러할 것으로 생각된다.

(2) 청구의 실태

1) 그러나, 원고는 당초에 심의위원회에 신청하였던 보상금 액수를 그대로 들고 와서, 법원에 위 금액을 직접 지급하여 달라는 청구형태를 취하기도 하고, 이 역시 흔히 있는 소송형태이다(예를 들어, "피고 위원회는 원고에게 0000원을 지급하라"는 방식). 이 경우, 일단 법원에서는 전체적인 청구취지를 기준으로 소송형태를 파악하고, 피고를 잘못 지정한 사안으로 보고 금전지급청구의 상대방으로서 피고는 법인격 주체가 되어야 한다는 전제에서, 피고를 '대한민국'으로 바꾼 청구취지 변경신청서를 제출할 것을 원고에게 권유하고 이에 따라 청구변경을 하여 소송을 진행하거나, 경우에 따라서는 피고의 기재사항에 명백한 오류가 있다고 보아 직권으로 당사자표시정정의 방식으로 피고 정정결정을 통해 위 문제를 해결함이 실무

34) 비슷한 견지에서, 공법상 급부청구관계에서 항고소송과 당사자소송을 구분 짓는 징표로서 앞서 언급한 여러 요소를 지적하면서 이를 종합해서 소송형태를 결정함이 상당하다는 견해로는 윤인성, 전게논문, 123-124면 참조.

례이다.

2) 한 사례로는, 원고가 당초부터 청구취지를 “피고 대한민국은 0000. 0. 0. 원고에 대하여 한 보상금 기각결정을 취소하라”라고 적시를 하여, 법원으로서는 그 청구취지를 선해하여 일단 그 소가 항고소송으로 제기된 것으로 파악하고, 원고에게 피고를 ‘위원회’로 변경하는 등[35]으로 청구취지변경을 할 것을 석명하였으나, 원고는 보상금 지급신청이 계속 받아들여지지 않았다거나 관련자 인정여부를 위한 심의위원회의 조사 과정에서 어떠한 어려움을 겪었던 것인지, ‘위원회’를 더이상 상대하고 싶지 않다고 하면서, 재판부에 대한민국을 피고로 하는 소송형태로 소송을 진행해 달라고 요청하여, 결국 －소송가액에 따른 인지대 등의 추가부담을 감수하여야 함을 고지[36]하면서도－ 피고를 대한민국으로 한 당사자소송의 형태로 청구취지를 변경하여 기일을 진행한 경우도 있었다.

2. 연구대상 판결 이전의 실무의 태도

(1) 분쟁유형의 구별[37]

1) 연구대상 판결 이전의 서울행정법원의 실무에서는, 각 재판부별로 조금씩 달리 해결하는 경우도 있었으나, 대체로는 분쟁유형을 크게 두 가지 형태로 나누어 파악하여, ① 애초부터 관련자에 해당되지 않는다는 위원회의 결정을 다투고자 하는 경우(이하 ‘분쟁 제Ⅰ유형’[38]이라 한다)와 ② 관련자의 지위는 인정되지만, 원고가 신청한 대로의 보상금은 지급할 수 없다는 결정을 다투고자 하는 경우(즉, 보상금액의 증액을 요구하는 경우, 이하 ‘분쟁 제Ⅱ유형’[39]이라 한다)를 나누어, 전자의 경우는 항고소송으로, 후자의 경우는 당사자소송으로 처리하는 것이 주류적인 실무례였던 것으로 보인다.

2) 이와 같이 각 분쟁유형을 구별하여 소송형태를 달리 보는 실무적 태도가, 법이론적 검토의 결과물인지는 단정할 수는 없으나, 적어도 분쟁유형별로 보다 알맞은 소송유형이 있음을 암암리에 전제로 하고 있었던 것으로 파악된다.

---

35) 또한 ‘취소하라’라는 이행청구 형태를, ‘취소한다’라는 형성청구의 형태로 바꿀 것을 권유하였다(이러한 오류는 실무상 흔히 볼 수 있다).

36) 왜냐하면, 거부처분 취소소송의 소가(訴價)는 20,000,100원으로 소장에 첩부해야 할 인지는 95,000원에 불과한 반면, 금전급부를 구하는 당사자소송은 청구금액이 소가가 되므로 인지대는 취소소송의 경우보다 고액이 될 수 있기 때문이다.

37) 이와 같은 분류방법은 염우영, 전게논문, 8-9면에 근거한 것이다.

38) 분쟁 제Ⅰ유형은, 위원회가 원고를 관련자 등으로 인정하지 않는 경우(즉, ① 위원회가 원고는 민주화운동에 해당되는 행위를 전혀 하지 않았다고 인정하거나, ② 위원회가 원고가 주장하는 상이와 민주화운동 등 사이에 인과관계를 인정하지 않는 경우 등이 그 예이다)를 말한다.

39) 분쟁 제Ⅱ유형은, 위원회가 원고 주장의 상이를 모두 인정하였으나, 보상금 등의 지급요건 또는 구성요건(사실인정률, 근무기간, 평균임금, 직업 등)에 대한 판단의 차이로 원고가 주장하는 보상금의 액수보다 적은 금액을 지급하는 결정을 하여, 원고가 보상금의 증액을 다투는 경우를 말한다.

(2) 보상금 지급신청에 대한 위원회의 결정의 구조

이러한 실무 태도의 근저에는, 보상금신청에 관한 위원회의 결정을 2단계의 구조,[40] 즉 ① 관련자 또는 유족에 해당하는지 여부, 즉 법적 지위를 결정하는 '관련자 해당 결정'과 ② 그 관련자·유족에게 보상금의 지급에 관한 구체적인 내용을 정하는 '보상금 지급결정'으로 구성되는 것으로 파악하여, 1) 전자에 대해서는 관련자 구성요건이 불확정 법개념으로 되어 있어 행정청에게 요건해석상의 '재량'[41]이 인정된다는 전제에서, 행정청의 1차적 판단권을 존중하여 이를 행정처분으로 보아 항고소송으로 다투는 것이 바람직하다고 보고, 2) 후자에 대해서는 그 구성요건이 월급액, 월실수액, 평균임금, 필요 요양기간, 장래의 취업가능기간 등으로서 상대적으로 구체적인 법개념이어서, 법원이 최종적인 심판권을 가지고 직접 액수를 산정하여 결론을 내는 것이, 원고의 소송경제 및 분쟁의 1회적 해결의 필요성 측면[42]에서 더 타당하다는 실질적 고려가 바탕이 되었던 것으로 보인다.[43]

---

40) 박정훈, 전게논문, 15면 참조.

41) 다만, 여기서의 '재량'은 행정법 총론상의 재량행위론에서 논의하는 '행정재량'이라기보다는, 통상 관용적인 어법으로 사용되는 '판단, 해석의 여지, 가능성' 정도를 뜻하는 것으로 사용하였으므로, 오해가 없어야 할 것이다. 한편, 우리나라의 다수설을 차지한다고 볼 수 있는 '재량론'에서는 법률효과 부분에만 재량이 인정된다는 '효과재량설'을 취하면서, 법률요건에 불확정적 법개념이 규정되어 있는 경우에 법원의 심사강도가 완화되는 현상을 '요건재량'으로 보지 않고 '판단여지설'로 파악하고 있는 것으로 보인다. 김동희, 행정법 I (제12판), 2006, 박영사, 258-264면 참조.

42) 즉, ① 보상금의 지급신청을 하는 당사자의 궁극적인 목적은 어디까지나 금전의 수령에 있지, 위원회의 금전지급 거부처분의 취소에 있다고 보이지는 않고, ② 금전급부청구에 있어서 항고소송은, 보상금 청구권의 존부만을 판단할 수 있을 뿐, 적정한 보상금액을 결정하여 원고에게 지급하라는 내용의 구체적인 판결을 주문에 표시할 수 없기 때문에, 당사사소송에 비하여 상대적으로 약점을 갖는다. 선정원, 전게논문, 130-132면 참조.

43) 한편, 박정훈, 전게논문, 14-18면에서는, 취소소송과의 관계에서 당사자소송의 허용범위를 고찰함에 있어 선행되어야 할 것은 '처분' 개념임을 전제로, 독일식의 최협의의 행정행위를 '실체법적 처분'으로, 우리의 판례·학설상 확대된 처분개념을 '소송법적 처분'으로 파악한 후, '구속력(공정력)'과 '불가쟁력'의 관점에서 보아 ① '실체법적 처분'은 당해 처분을 취소하지 않고서는 당사자소송에서 그 구속력을 배제할 수 없을 뿐만 아니라, 제소기간의 도과로 인한 불이익을 부과하는 데 문제가 없는 개념으로 상정하고, 반면에, ② '소송법적 처분'은 '처분'으로 인정하는 이유는 취소소송으로 다툴 '기회'를 준다는 것일 뿐, 반드시 취소소송을 제기할 '의무'를 부과해서는 안 되는 것으로, 당해 처분을 취소하지 않고서도, 심지어 제소기간이 지난 후에도 당사자소송에서 그 구속력이 장해가 되지 않는 개념으로 상정을 하여, 금전 기타 물건의 급부의 이행에 관한 분쟁에서는 ㈎ 급부의 전제요건이 되는 행정청의 결정이 실체법적 처분인 경우에는 거부처분 취소송만을 허용하고, ㈏ 금전급부결정을 거부한 행정청의 거부처분에 대하여, 제소기간이 도과하지 않는 한, 거부처분 취소소송과 당사자소송의 병합제기는 물론, 양자의 선택적 제기도 허용되어야 할 것이며, ㈐ 금전급부 자체에 관한 행정청의 결정이 실정법상 실체법적 처분이 될 수 없는 경우에도, 직접 당사자소송을 제기할 수 있음은 물론, 이를 소송법적 처분으로 파악하여 거부처분 취소소송을 허용해야 한다고 한다. 이와 같은 논의는 금전급부에 관한 공법상 법률관계에 있어서 항고소송과 당사자소송이 양립할 수 있는 경우를 상정한 법이론적 시도로 이해된다.

사견으로는, 위의 '실체법적 처분' 개념과 '소송법적 처분' 개념을 각종 과거청산 특별보상법에 의한 보상금 지급을 구하는 행정소송의 경우에 적용하여 본다면, 위의 Ⅲ. 2. 나.에 적시한 근거를 들어, '관련자 해당 결정'은 실체법적 처분으로서 '공정력'과 '불가쟁력'이 그대로 적용되어 항고소송으로만 다툴 수 있는 것으로 봄이 상당하고, '보상금 지급결정'은 소송법적 처분으로서 그 구속력이 장해가 되지 않고 당사자소송을 통한 만족이 가능한 것으로 봄이 타당할 것으로 생각된다.

(3) 병합청구의 허용

1) 각종 과거청산을 위한 특별보상법에 기한 보상금 지급 청구소송의 초기에는, 소송형태나 피고를 정함에 있어 혼선이 있었던 관계로, 위원회를 피고로 한 항고소송과 행정주체인 국가를 피고로 한 당사자소송의 두 가지를 병합하는 경우도 허용하였고, 실제로 앞서 본 광주민주화보상법 사건(대법원 1992.12.24. 선고 92누3335 판결)의 원심에서는 이를 모두 인용하는 두 개의 주문이 선고되기도 하였다.[44]

2) 또한 실무는, 하나의 보상금 지급신청에서 관련 상이 부분을 두 개 이상 주장하였는데, 위원회의 일부 기각결정(즉, 일부 상이 인정, 나머지 상이 불인정)이 있자, 이를 모두 다투어 관련 상이로 인정된 부분에 대해서는 보상금의 증액을 구하고, 관련 상이로 인정되지 않은 부분에 대해서는 그 취소를 구하는 청구취지의 경우(즉, 분쟁 제Ⅰ, Ⅱ유형이 혼합된 경우, 이하 '분쟁 제Ⅲ유형'[45]이라 한다)에도, 전자는 당사자소송, 후자는 항고소송을 긍정하고, 양자를 병합청구[46]의 형태로 보아 본안판단에까지 나아간 예도 있었다.

3. 연구대상 판결 이후의 실무의 태도

그러나, 소송형태에 관하여 판시를 한 연구대상 판결이 나오자, 서울행정법원의 실무례에도 큰 변화가 있었다.

(1) 전면적으로 항고소송설을 채택한 경우

연구대상 판결을 보상금 지급 관련 모든 분쟁 유형(분쟁 제Ⅰ 내지 Ⅲ유형)에 대해서 앞서 본 '항고소송설'을 취한 것으로 이해하여, 당초 원고가 분쟁 제Ⅱ유형에서 당사자소송을 청구취지로 하였던 사건마저도 －분쟁유형의 구별 없이－ 모두 항고소송으로 청구취지변경을 할 것을 석명한 후, 청구변경이 이루어진 다음에 재판을 진행하는 재판부가 적지 않게 있었다.

---

44) 광주고등법원 1992.2.13. 선고 91구161 판결에서는 "1. 피고 위원회가 1990.12.6. 원고에 대하여 한 보상금 등 77,295,090원의 지급결정을 취소한다. 2. 피고 대한민국은 원고에게 122,290,707원 및 이에 대한 지연손해금을 지급하라"라는 주문이 선고되었는데, 당초 원고의 청구취지 역시 이와 같았다.

45) 분쟁 제Ⅲ유형은, 예를 들어 원고가 제1상이와 제2상이를 주장하면서 보상금 지급 신청을 하였는데, 위원회가 제1상이에 관하여는 민주화관련성을 인정하여 그에 대한 보상금을 지급하고, 제2상이에 관하여는 민주화관련성을 인정하지 않은 경우, 원고가 이를 모두 다투어 민주화관련성이 인정된 제1상이 부분에 대해서는 보상금의 증액을 원하고, 민주화관련성이 인정되지 않은 제2상이 부분에 대해서는 그 기각결정의 취소를 원하는 사안을 말한다.

46) 원고에 대하여 동일한 민주화운동에 의하여 발생한 두 개의 상이를 각각 다른 소송형태로 다투는 경우에, 그 항고소송과 당사자소송은 기초가 되는 사실관계를 공통으로 하고 있으므로 관련청구에 해당된다고 할 것이고, 행정소송법 제44조 제2항에 의해 준용되는 제10조 제2항에 의하면, 당사자소송과 관련청구 관계에 있는 취소소송의 병합도 허용된다고 봄이 상당하다.

(2) 유보적으로 항고소송설을 채택한 경우

절충적 방안으로, 분쟁 제Ⅰ 내지 Ⅲ유형의 구별을 전제로, 연구대상 판결은 분쟁 제Ⅰ유형에 해당되는 판시로 보되, 원칙적으로 '항고소송설'을 채택한 점을 중시하여, -향후 분쟁 제Ⅱ, Ⅲ유형에 해당되는 사안에서도 항고소송설이 관철될 것인지가 대법원 판례에 의해 확인되기 전까지는 소송진행을 사실상 유보하면서- 제소기간의 도과로 인한 당사자의 불이익 등을 방지하기 위해, 예비적 청구취지로 항고소송을 추가하도록 하거나, (제소기간이 도과하였거나 도과할 우려가 있는 경우에는) 위원회에 보상금 지급의 재신청을 하여 재차 거부처분을 받도록 한 후 그 새로운 거부처분의 취소를 구하는 항고소송을 예비적 청구취지로 추가하도록 하는 재판부도 있었다.

(3) 기존 실무례를 유지하는 경우

연구대상 판결은 분쟁 제Ⅰ유형에만 해당되는 것으로 보아, 분쟁 제Ⅱ, Ⅲ유형에 해당되는 사안의 경우에는 종전처럼 당사자소송 또는 취소소송과 당사자소송의 병합청구 형태로 재판을 진행하는 재판부도 일부 있었다.

4. 상이 부분을 두 개 이상 주장하였을 경우, 그 중 일부만 관련 상이로 인정되고, 다른 부분은 인정되지 않았을 때(분쟁 제Ⅲ유형), 처분의 개수 및 불복의 범위

(1) 처분의 개수

1) 일반적으로 처분의 개수를 판단함에 있어서는, 처분일자, 처분의 수범자, 처분이 겨냥하는 물적(物的) 대상, 처분의 근거가 되는 법령, 처분의 기간 등이 그 판단요소가 된다.

2) 동일한 원고가 하나의 민주화운동과 관련하여 각각 다른 신체부위에 입은 상이에 대한 위원회의 각 결정은, 비록 처분일자, 처분의 수범자, 근거법령 등을 같이하지만, 처분의 물적 대상(즉, 상이의 부위)에서 차이가 있으므로, 별개의 처분으로 보는 것이 타당하다고 생각된다.[47]

3) 설령, 이를 하나의 처분으로 본다고 하더라도, ① 처분의 물적 대상의 차이로 인하여 가분적이고 특정이 가능한 경우로 볼 수 있고, ② 인용결정이 된 일부 상이 부분과 기각결정이 된 일부 상이 부분은 각각 유지가 되어야 할 별개의 이익이 있어서, 일부 상이에 대한 기각결정만의 취소를 청구하는 것도 가능하고, 이에 대하여 일부 취소판결도 가능한 것으로 봄이 상당하다.[48]

---

47) 예를 들어, 연구대상 판결의 사안처럼, 동일한 원고에 대한 민주화운동의 결과 발생한 제1부분과 제2부분에 대한 위원회의 결정 중 제1부분에 대한 인용결정과 제2부분에 대한 기각결정을 각각 별개의 처분으로 보는 경우가 그것이다(이때의 청구취지 및 판결 주문은 "피고 위원회가 0000. 0. 0. 원고에 대하여 한 민주화운동관련자불인정처분을 취소한다"가 된다).

48) 이때의 청구취지 및 판결 주문은 "피고 위원회가 0000. 0. 0. 원고에 대하여 한 민주화운동관련자결정 중

(2) 불복의 범위에 따른 소송형태

분쟁 제Ⅲ유형의 경우라고 하더라도, 실제 소송에 있어서 1) 인용결정된 상이 부분은 다투지 않고 기각결정된 상이 부분만을 다투어 그 취소를 구하는 경우라면, 분쟁 제Ⅰ유형과 다를 바가 없고, 2) 기각결정된 상이 부분은 다투지 않고, 인용결정된 상이 부분만을 다투어 보상금의 증액을 구하는 경우라면, 분쟁 제Ⅱ유형과 다를 바가 없으며, 3) 위원회의 각 결정을 모두 다투어, 인용결정된 상이 부분에 대해 보상금의 증액을 구하고, 기각결정된 상이 부분에 대해 그 취소를 구하는 경우라면, 이는 분쟁 제Ⅰ, Ⅱ유형이 혼합된 경우로서, 처분의 개수를 위와 같이 보는 이상, 종전 실무례와 같이 당사자소송과 항고소송이 병합된 경우로 처리하면 될 것이다.

5. 청구병합 가능성의 문제

(1) 분쟁 제Ⅲ유형의 경우

앞서 본 바와 같이, 분쟁 제Ⅲ유형의 경우 위원회의 각 결정을 모두 다툰다면, 행정소송법 제44조 제2항, 제10조 제2항에 의하여 관련청구의 병합이 가능할 것이다.

(2) 분쟁 제Ⅰ유형의 경우, 취소소송과 당사자소송의 병합제기 가능 여부

1) 보상금의 지급신청을 하는 원고의 궁극적인 목표는 보상금액의 수령에 있기 때문에, 비록 분쟁 제Ⅰ유형에 해당하여 관련자 등의 지위조차 인정받지 못한 원고가 당해 소송에서 피고 위원회를 상대로 관련자 불해당 결정의 취소소송을 제기함과 동시에, 그 쟁송취소에 따라 피고 대한민국을 상대로 보상금 지급청구를 당사자소송의 형태로 병합하여 청구하는 것이 가능한지가 문제된다.[49]

2) 실무례에서는, "위원회의 인용결정을 통한 구체적인 보상금 청구권이 발생하지 않은 상태에서 곧바로 대한민국을 상대로 보상금의 지급을 구할 수는 없다"는 이유로 피고 대한민국에 대한 소를 각하하고 있는 것으로 보인다.[50]

---

00 상이에 관한 불인정 부분을 취소한다"가 될 것이다.

49) 한편, 선정원, 전게논문, 108-110면에 의하면, 독일 사회법원법(SGG) 제54조 제4항("취소청구된 행정행위가 급부청구권과 관련이 있을 때, 그 소에서는 행정행위의 취소와 동시에 급부가 주장될 수 있다")에 근거하여 급부의 거부처분에 대한 취소소송과 급부의 이행을 구하는 이행소송이 결합된 '부진정한 이행소송(unechte Leistungsklage)'이 빈번하게 제기된다고 한다.

50) 예를 들어, 서울행정법원 2007.12.27. 선고 2007구합16073 판결 등.

6. 분쟁 제II유형을 항고소송으로 해결할 경우 발생되는 문제점[51)]

(1) 보상금 지급결정의 요소인 각 구성요건에 대한 판단의 위상

앞서 본 처분의 개수를 판단하는 기준에 비추어 볼 때, 보상금 등의 지급기준이 되는 각 구성요건(사실인정률, 근무기간, 평균임금, 직업 등)에 대한 위원회의 각 판단이 각각 별개로 수개의 행정처분을 구성한다고 보기는 어렵다. 왜냐하면, 이러한 각 구성요건에 대한 판단은 '보상금 지급결정'이라는 하나의 처분을 구성하는 일부분이고, 성질상 가분적이라고 보기 어려울 뿐만 아니라, 보상금 지급 인용결정 또는 거부결정에 있어서 각각의 구성요건에 대한 판단에 행정청의 의사적 요소가 개입된다고 하여 이를 모두 각각 별개의 처분으로 볼 수는 없기 때문이다.

(2) 소송경제, 분쟁의 신속한 해결의 측면

1) 연구대상 판결의 반대의견이 지적하는 바와 같이, 분쟁 제II유형을 항고소송으로 해결하고자 하는 경우, 법원이 위원회의 보상금 지급 전부 기각결정이나 일부 기각결정을 취소하는 판결을 선고하여 그 판결이 확정된다고 하더라도, 만일 위원회가 확정판결에 따라 재처분을 하여 보상금을 다시 산정함에 있어 신청인이 구하는 액수보다 적은 금액을 지급하는 결정을 함으로써 신청인이 여전히 만족을 얻지 못하였다면, 신청인은 위원회를 상대로 다시 보상금 일부기각결정의 취소를 구하는 소송을 제기해야만 되고, 이에 따라 만족하는 금액을 수령하게 될 때까지 수회 행정소송을 제기할 수밖에 없게 되어 소송경제나 분쟁의 신속한 해결을 도모하기 어렵게 된다.

2) 물론 연구대상 판결의 다수의견에 대한 보충의견에서 지적하는 바와 같이, 법원에서 그 구성요건을 상세하게 판단하여 구체적인 금액을 판결 이유 중에라도 기재한다면, 그 기속력이 판결 주문 및 그 전제로 된 요건사실의 인정과 효력에 미치게 되므로, 이유에서 금액을 특정한다면, 대부분은 일회적인 분쟁의 해결이 가능할 것이다.

3) 그러나 보상금 등의 지급의 기준이 되는 구성요건들에 관하여 단 하나의 요소라도 잘못이 있을 경우, 항고소송의 경우에는 법원이 나머지 점에 관하여 살펴볼 필요도 없이[52)] 위원회의 당해 기각결정 전체[53)]가 위법하다고 판단하더라도, 그 판결에는 어떠한 문제가 있는 것은 아니게 된다.

---

51) 이에 관하여는 염우영, 전게논문, 10-11면에서 많은 착안점을 얻었다.

52) 심지어, 나머지 구성요건 중에서도 행정청의 판단상 또다른 잘못이 있다고 하더라도, 법원은 별도로 이를 지적하지 아니한 채 그대로, 문제가 된 구성요건에 관한 행정청의 판단에 잘못이 있다는 이유로 당해 기각결정 전체가 위법하다고 판단할 수도 있다.

53) 이는 앞서 본 대로 보상금 지급결정의 구성요건은 하나의 행정처분을 구성하는 요소에 불과하다고 보기 때문이다.

(3) 주문 기재방식의 문제

예를 들어, 항고소송에 의할 경우 원고의 보상금 지급신청에 대한 위원회의 보상금 지급 기각결정 중 평균임금 산정이 위법하므로, 그 기각결정을 취소해야 한다면, 크게는 두 가지의 주문의 형태를 생각해 볼 수 있다.

1) 먼저 생각해 볼 수 있는 주문형태는 "1. 피고 위원회가 0000. 0. 0. 원고에 대하여 한 보상금 기각결정 중 평균임금 부분을 취소한다. 2. 원고의 나머지 청구를 기각한다."라는 형태이다. 그런데, 이와 같이 보상금의 지급결정의 요소인 구성요건 중 하나에 위법이 있어서, 판결에서 그 취소주문을 설시하는 경우, 위의 예처럼 보상금 지급결정의 한 구성요건에 불과한 '평균임금'에 대한 판단이 위법함을 지적하여 주문을 기재하는 것은, 앞서 본 바와 같이 보상금 지급결정의 요소인 각 구성요건별로 별개의 처분을 구성하는 것은 아니라는 점에 비추어 적절하지 않을 뿐만 아니라, 자칫 행정행위의 일부취소 주문처럼 비춰질 우려가 있어서 실무상 곤란함을 야기한다.

2) 그렇다면, 위와 같은 곤란함을 피하여, 보상금 지급결정의 요소인 구성요건 중 하나에 위법함이 있어서, 판결에서 원고청구 인용의 주문을 설시하고자 한다면, 또다른 주문형태로는 "피고 위원회가 0000. 0. 0. 원고에 대하여 한 보상금 기각결정을 취소한다"라는 방식의 전부취소 주문이 가능할 것이다. 그런데, 이는 다른 한편으로 －재량처분의 일부에만 위법이 있더라도, 행정청의 재량을 존중하여, 그 재량처분 전체를 취소함이 실무례인 관계상－ 마치 '보상금 지급결정' 자체가 항상 재량처분인 것으로 오인될 수 있는 여지를 남기게 되는 문제가 있다.[54)]

(4) 항소의 이익 문제

1) 위와 같이 보상금 지급결정의 요소인 구성요건 중 하나에 위법함이 있어서 전부취소 주문이 나가게 될 경우, 보다 더 큰 문제점은 바로 '항소의 이익'이다.

2) 예를 들어 민주화운동관련자 명예회복 및 보상 등에 관한 법률에 의하여 위원회가 원고의 월급여액을 A원으로 판단하여 보상금액을 10,000,000원으로 인정함에 대하여, 원고는 실제 월급여액이 C원이라고 주장하면서 그에 따른 보상금액 30,000,000원을 청구하는 사례를 가정해 보았을 때, 1심 재판부의 심리결과 원고의 주장과 같이 월급여액을 C원이라고 인정할 증거는 없지만, 노동부 직종별임금실태조사보고서 등의 자료에 근거하여 월급여액을 B

54) 사견으로는, 민주화운동관련자 명예회복 및 보상 등에 관한 법률의 입법취지 및 목적, 해당 법규정의 해석 등에 의할 때, 해당 법규정에서 정한 관련자 해당 결정 및 보상금 지급결정의 구성요건을 충족하는 이상, 보상금의 지급 여부 및 그 범위, 액수 등의 결정에 관하여 행정청의 재량이 인정된다고 보기는 어려운 것으로 생각되고, 또한 실질적으로 보상금 지급에 관한 행정청의 결정이 재량처분이라고 보는 것은, 기속행위로 보는 것에 비하여, 국민의 입장에서도 결코 유리하다고 할 수 없다.

원으로 인정하여 보상금액수가 20,000,000원이라고 판단한 경우를 상정해 본다(이때 A<B<C임을 전제로 한다).

3) 이를 당사자소송으로 해결한다면, 원고의 청구취지는 “피고 대한민국은 원고에게 30,000,000원을 지급하라”가 될 것이고, 판결 주문은 “1. 피고 대한민국은 원고에게 20,000,000원을 지급하라. 2. 원고의 나머지 청구를 기각한다. 3. 소송비용 중 1/3은 원고가, 나머지는 피고가 각 부담한다.”로 설시되어, 별다른 문제가 없을 것이고, 원고는 불복의 범위를 청구취지와 주문 간의 차액 10,000,000원으로 정하여 항소를 제기할 수도 있으며, 별도의 새로운 소제기 없이도 원고의 분쟁도 일회적으로 종결될 수 있다.

4) 반면, 이를 항고소송으로 해결하고자 한다면, 판결 주문은 “피고 위원회가 0000. 0. 0. 원고에 대하여 한 보상금 기각결정을 취소한다. 2. 소송비용은 피고가 부담한다”가 될 것인데, 이때 원고로서는 청구취지상의 30,000,000원 청구액 중 20,000,000원만 인용판결이 됨으로써 판결에 만족하지 못하여 불복의사가 있을 것임에도, 주문 형식상으로는 전부 승소를 한 것이 되어, 원고에게는 ‘항소의 이익’이 없게 되는 문제점[55]이 발생한다.[56]

(5) 소 결

따라서, 분쟁 제Ⅱ유형의 경우는 소송경제, 분쟁의 신속한 해결의 측면이라는 실제적인 기능적 관점에서뿐만 아니라, 주문 기재방식상의 문제 및 항소의 이익 문제를 고려할 때에도, 당사자소송으로 이를 해결하는 것이 더 바람직하다고 생각한다.

7. 석명권 행사의 범위 및 한계의 문제

(1) 석명권 행사가 요구되는 경우(석명의무)

1) 원고가 일단은 「소송형태와 피고」의 조합, 즉 ‘항고소송＋피고 위원회’ 또는 ‘당사자소송＋피고 대한민국’의 조합은 일단 맞추어 보상금의 지급을 구하는 행정소송을 제기하였고, 변론종결에 이를 정도로 심리가 이루어졌으며, 변론종결 후 주심판사가 원고청구 인용의 심증을 가지고 판결 작성을 하면서 기록을 검토한 결과, 「분쟁유형과 소송형태」의 조합이 맞지 않아 원고의 청구취지대로 소송형태를 유지하여 판결을 선고하기에는 여러 가지 문제점

55) 왜냐하면, 항소는 자기에게 불이익한 판결을 받은 사람의 불복신청이므로 전부 승소판결을 받은 원고는 항소의 이익이 없고, 이러한 원고에게는 항소권이 발생하지 아니하는데, 여기서 원고에게 불이익한 판결인지 여부는 판결의 ‘주문’을 표준으로 판단하여야 한다는 것이 민사소송상의 일반적인 견해이며, 행정소송의 경우에도 다르게 볼 수는 없을 것이기 때문이다. 법원실무제요 민사소송 Ⅲ, 법원행정처(2008), 300면 참조.

56) 물론, 이와 비슷한 상황은 통상의 재량처분에 일부라도 위법이 있는 경우 그 전부에 대하여 쟁송취소가 되어, 전부 취소의 주문이 나오게 되지만(따라서, 원고는 전부승소한 것이 되어 항소이익은 마찬가지로 부정될 것이다), 앞서 본 바와 같이 보상금 지급결정이 재량처분이라고 단정할 수도 없을 뿐만 아니라, 위와 같은 각종 특별법상의 보상금의 지급을 구하는 원고의 의사와 분쟁의 실질에 비추어 보더라도 항소의 이익이 부정되는 결과는 지극히 부당하다.

이 있음을 발견하게 되었다면(예를 들어, 앞서 본 바와 같이 분쟁 제Ⅱ유형에 해당하는 사안임에도 원고의 최종적인 청구취지가 항고소송으로 되어 있어서 위의 6.에서 본 바와 같은 문제점이 있는 경우), 만일 본안판단까지 나아간다면 원고에게 충분한 인용가능성이 있고, 그와 같이 판단할 수 있을 정도로 사건의 심리결과가 무르익었음에도, 본안판단에 앞서 원고가 소송형태를 잘못 선택하였음을 이유로 소각하 판결을 한다는 것은 실질적 정의관념에 부합하지 않을 것이다.

2) 이러한 경우, 실무례는 변론을 재개한 후 원고에게 소송형태의 변경을 촉구하는 취지의 석명을 하여, 소변경(소송형태를 바꾸는 내용의 청구취지 변경)을 유도[57]한 후 원고 승소 판결을 하여 사건을 종결짓고 있다.[58]

3) 그러나, 사견으로는 이와 같은 석명권의 행사는 자칫 판결 선고에 앞서 본안에 대한 인용가능성을 강하게 시사하는 것이 되어 부적절한 것일 수 있다.

(2) 적절한 석명권 행사의 방식

위와 같은 문제점을 피하기 위해, 애당초 소제기가 되고 나서 소장심사 단계나 변론준비절차 등 빠른 시일 내에 원고의 청구취지, 원고가 달성하고자 하는 소송의 목적 등 원고의 진정한 의사의 내용, 원고가 처한 분쟁의 유형 등을 파악하여, 「분쟁유형＋소송형태＋피고」가 일치할 수 있도록 미리 석명권을 행사하는 것이 가장 바람직한 것으로 보인다.

(3) 석명권 행사의 한계

다만, 1) 재판부가 원고에게, 원고가 처해 있는 분쟁의 상황, 항고소송과 당사자소송의 양 소송형태, 이에 따른 피고의 지정, 추가적인 인지대 등 소송비용의 부담 문제, 적절한 소변경을 하지 않을 경우의 소각하 가능성 등에 관하여 충분한 설명을 하였음에도, 원고가 청구변경 등을 통하여 이를 이행하지 않고 있는 경우, 2) 소제기 단계에서부터 일견 보더라도 본안판단에서 원고의 청구가 인용될 가능성이 지극히 낮아 보이는 경우임에도, 「분쟁유형＋소송형태」의 불일치라는 상황만을 들어, －특히, ① 항고소송에서 당사자소송으로 변경을 하는 경우는, 인지액의 부담 증가, 주장 · 입증책임의 변경 등의 불이익이 있을 수 있고, ② 당사자소송에서 항고소송으로 변경을 하는 경우는 제소기간 준수 등에서 불이익이 있을 수 있음에도－ 소송형태의 변경을 요구하는 석명을 하는 것은 역시 부적절하다고 생각된다. 또한 3) 법원이 석명권을 행사함에 있어서는, 원고가 당해 행정소송을 통해서 달성하고자 하는 바

57) 왜냐하면, 소변경은 원고의 신청에 의하여야 하고, 직권에 의한 소변경은 인정되지 않기 때문이다. 전정증보 법원실무제요 행정, 법원행정처(1997), 203면 참조.

58) 또한, 원고가 피고의 지정을 잘못하였을 경우, 법원으로서는 석명권을 행사하여 원고로 하여금 이를 시정할 기회를 주어야 하고, 만일 그러한 기회를 줌이 없이 바로 소를 각하함은 위법이다(대법원 1985.11.12. 선고 85누621 판결, 1990.1.12. 선고 89누1032 판결).

를 가장 잘 반영할 수 있는 소송형태를 선택할 수 있도록 석명권을 행사해야 할 것이라는 취지에서, 석명의무의 개념본질상 한계가 있다고 생각된다.

8. 피고 소송수행자의 일응 모순된 본안전 항변의 문제

실무에서는, 피고 소송수행자가, 동일한 분쟁유형임에도, 항고소송을 제기한 원고에 대하여는 소송형태가 당사자소송이어야 한다는 취지로 본안전 항변을 하고, 당사자소송을 제기한 원고에 대하여는 소송형태가 항고소송이어야 한다는 취지로 본안전 항변을 하는 등 사건마다 논리일관성 없이 서로 모순되는 본안전 항변을 제출하는 예가 다수 있었다. 이는 각종 과거청산 특별보상법에 관한 쟁송의 초기에 나타났던 현상으로서, 연구대상 판결의 등장으로 인해 이러한 현상이 사라질 것으로 기대된다.

Ⅳ. 결 어

지금까지 살펴본 바와 같이 각종 과거청산 특별보상법에 의한 보상금의 지급을 구하는 소송에 있어서, 항고소송과 당사자소송 사이에서 그 소송형태의 선택이라는 문제는 법이론적으로 뿐만 아니라 실무상으로도 적지 않은 문제점을 야기하였다.

이와 같은 항고소송과 당사자소송은 우리 행정소송법상 규정된 2개의 주된 소송유형이기 때문에, 양자의 관계를 파악하는 것은 행정소송체계 전체를 이해하는 것이나 다름없이 중요하도고 어려운 법이론적인 문제로서,[59] 이를 명쾌하게 해명하기가 매우 어렵고, 행정소송 체계 전체를 통관해서 살펴보면서 신중히 접근해야 할 중요한 문제이다.

결론적으로, 특히 각종 특별보상법에 의한 보상금의 지급을 구하는 소송에 있어서, 앞서 제시한 분쟁 제Ⅰ 내지 Ⅲ유형에 따라 소송형태를 선택·결정하고, 이에 상응하는 피고를 지목하는 방식의 실무례가, 현재로서는 지금까지 복잡하게 야기된 문제를 어느 정도 해결할 수 있는 최선의 방안이라고 생각한다.

비록 본고는 필자의 능력과 시간의 부족으로, 각종 과거청산 특별보상법에 의한 보상금의 지급을 구하는 소송에 있어서 실무상 발생되는 위와 같은 문제점을 단순히 제시하는 정도에 그쳤지만,[60] 앞으로 이를 법이론적으로 해결해 나갈 수 있는 추후의 보다 훌륭한 연구성과를 기대해 본다.

---

59) 박정훈, 전게논문, 2면.

60) 이와 같은 문제는 결국 각종 특별보상법에서 소송형태에 관한 규정을 별도로 둠으로써 입법에 의해 일거에 해결이 될 수 있는 것으로 보이고, 특히 행정소송법에 일반적으로 '의무이행소송'을 도입할 경우에는 문제상황이 크게 달라질 수도 있다고 생각되나, 이와 같은 입법론적 논의는 본고에서는 다루지 않는다.

38. 「민법」 제정에서 민법학자들의 역할* – 민사법연구회와 『민법안의견서』의 기여 –

명 순 구**

Ⅰ. 서　　설

우리나라에서 근대적 의미의 민법 제정 작업은 크게 보면 구한말에 시작되었다.[1] 그러나 현행 민법의 제정과 직접적으로 연결되는 사항에 한정한다면 그 시작은 1948년 「法典編纂委員會職制」의 제정과 법전편찬위원회의 구성이다. 당시 대법원장 김병로(金炳魯)는 법전편찬위원회와 민법분과위원회 위원장을 겸했으며, 민법분과위원회의 다른 위원들도 모두 법률실무가로 구성되었다. 이는 요즘 법안 기초를 위한 위원회의 구성과 극명하게 대비된다. 요즘 법안(특히 민법 개정안)의 기초를 위한 위원회 활동에서는 법학계의 역할이 매우 크기 때문이다. 법전편찬위원회의 구성상의 특징은 일제강점기의 교육환경에서 그 원인을 찾을 수 있다. 일제시대에 법학교육을 받은 사람들은 실무를 지향할 수밖에 없었다.[2] 법학을 강의하고 연구하는 기관은 경성제국대학, 보성전문학교 등 극소수에 불과했다.

민법 제정과정에서 법학자들의 참여는 1956년 민사법연구회가 발족한 이후의 일이다. 민사법연구회는 민법초안 및 민법안심의소위원회의 수정안에 대한 의견을 모아 『民法案意見書』[3]를 발표했다. 민사법연구회는 이를 통해 당시 민법안의 주요부분에 대하여 의견을 발표했고, 어떤 의견은 현석호(玄錫虎) 의원의 수정안을 통하여 국회 본회의에 제출되어 영향을 미치기도 했다. 이와 관련하여 유의할 것은, 민사법연구회의 의견 중에는 현석호 의원 수정안에 포함되어 국회 본회의에 부의된 것도 있지만 국회 본회의에 부의되지 못하고 단순한 의견에 그친 것도 있다는 점이다. 또한 국회 본회의에 부의되었더라도 가결 여부에 대해서는 장경근 의원의 영향력이 결정적이었다는 점도 유의할 부분이다.[4]

『民法案意見書』는 여러 대학교의 교수가 함께 모여 방대한 입법의견을 정리하여 제시한 것으로 이는 대한민국 입법사에서 처음 있는 일이었다.[5] 민법 제정 과정에서 당시 민법학자

---

* 이 글은 「민사법학」 제74호(2016.3)에 실린 글을 약간 수정한 것이다.

** 고려대학교 법학전문대학원 교수

1) 이에 대해서는 崔鐘庫, 『韓國法學史』, 博英社, 1990, 81면 이하 등 참조.

2) 俞鎭午, '韓國 法學界의 回顧와 展望', 『高大新聞』 1954.11.24, 3면.

3) 民事法研究會, 『民法案意見書』, 一朝閣, 1957.

4) 현석호 의원 수정안 중 장경근 의원의 반대의견에도 불구하고 가결된 것은 단 한 건이다. 이에 대해서는 뒤에서 살펴볼 『민법안의견서』 제57항 설명 부분 참조.

5) 소고 이항녕 선생 유고집 『작은 언덕 큰 바람』, 나남, 2011, 156면 이하.

들이 입법상의 이슈에 대하여 어떤 입장을 취했으며, 그 입장이 민법 제정 또는 그 후에 어떤 영향을 주었는지를 확인하는 작업은 학문적으로 흥미로운 일이다. 더 나아가 『民法案意見書』의 내용 중에는 현재에도 여전히 유효한 아젠다를 제공하는 것도 적지 않다. 1958년 2월에 공포된 「民法」의 제정과정에서 '民事法硏究會'와 『民法案意見書』를 되돌아보아야 할 이유이다.

Ⅱ. 민법 제정 과정 개요[6)]

아래서는 현행 민법의 제정 과정을 시간 순서에 따라 정리해 본다.

① 1948.9.15. 「法典編纂委員會職制」(대통령령 제4호)[7)] 제정: 민법·형법 등 법전편찬을 위하여 「法典編纂委員會職制」가 제정되고 대통령 직속 하에 '法典編纂委員會'가 조직되었다.[8)]

② 1953.7.4. 민법초안 완성: 법전편찬위원회 민법분과위원회는 1948년 12월 15일부터 민법안 기초작업에 착수하였다.[9)] 민법안 기초작업은 민법전편찬요강을 작성하는 것에서부터 시작되었다(법전편찬위원회처무규정 제9조).[10)] 민법 재산편에 대한 요강이 1950년 한국전쟁 전에 완성된 것은 분명하나[11)] 그 시기는 정확하지 않다. 가족편에 대한 요강은 1949년 6월 11일부터 작업을 시작하여 그 해에 '민법친족상속법편찬요강'(친족편 42항목, 상속편 7항목)을 발표하였다.[12)] 이 요강은 張暻根[13)]의 私案[14)]을 기초로 구성되었다. 1953년 7월 4일[15)] 민법초안은 법전편찬위원회의 총회를 거쳐 법전편찬위원회의 공식법안이 되었다.[16)]

---

6) 명순구, 『실록 대한민국 민법 1』, 법문사, 2008, 1-13면을 요약한 것이다.

7) 『官報』 제4호(1948.9.15.), 17면 수록.

8) 법전편찬위원회의 조직과 구성에 대해서는 특히 鄭種休, '韓國民法典의 制定過程', 『民法學論叢』(厚岩 郭潤直教授 華甲紀念論文集), 博英社, 1985, 6면 이하; 梁彰洙, '民法典의 成立過程에 대한 小考', 『서울대학교 法學』 제30권 제3·4호(1989), 192면 참조.

9) 民議院 法制司法委員會 民法案審議小委員會, 『民法案審議錄 上卷』, 1957, 머리말, 1면.

10) '民法典編纂要綱'의 구체적인 내용은 張厚永, 『現行民法總論』, 同硏社, 1950, 306-327면에 '附錄 1: 民法編纂要綱'이라는 제하에 수록되어 있다. 여기에는 "이 要綱은 法典編纂委員會의 會議錄에서 轉載한 것임"이라는 문구가 있다. 『現行民法總論』의 저자인 張厚永 변호사는 단국대학교 강사 겸 법전편찬위원회 위원이었다. 전문 소개는 이홍민, 『민법 제정과 그 성과 분석』, 고려대학교 박사학위논문, 2011, 299-303면 참조.

11) 이와 같은 사실은 1957년 11월 6일 국회 본회의에서 있었던 金炳魯의 발언에 잘 나타나 있다(제26회 국회정기회의속기록 제30호, 국회사무처, 1957.11.6, 4면 참조).

12) 그 내용에 대해서는 張暻根·張承斗, '民法親族相續編要綱解說(一)', 『法政』 제4권 제10호(1949.10.), 4-10면; 張暻根·張承斗, '民法親族相續編要綱解說(二)', 『法政』 제4권 제11호(1949. 11.), 13-19면; 張暻根·張承斗, '民法親族相續編要綱解說(三)', 『法政』 제4권 제12호(1949.12.), 28-31면 참조.

13) 張暻根은 일찍부터 친족법 분야에 큰 관심을 보였다. 그 대표적인 예로, 그는 1946년 12월 21일 '한미법률가협회'(Korean-American Lawyer Society) 강연을 통하여 우리나라의 관습법을 소개하였다. 이에 대해서는 張暻根, '朝鮮親族慣習法-朝鮮親族法의 특색-', 『法政』 제2권 제3호(1947. 3.), 6-10면 참조. '한미법률가협회'에 대해서는 崔鍾庫, 앞의 글 '解放後 基本法制의 制定過程', 111면 참조.

14) 張暻根, '親族相續法立法方針及要綱私案', 『法政』 제3권 제9호(1948.9.), 13-17면.

15) 총칙편, 물권편, 채권편은 1951년 7월 1일까지는 완성되었는데 친족편과 상속편은 그때까지 완성되지 않은 상태에 있었다(『法律新聞』 1951.7.1, 1면 참조).

16) 鄭光鉉, 『韓國親族相續法講義 上卷』, 葦聲文化社, 1956, 5면. 법전편찬위원회의 민법초안은 編輯部, '民法草

③ 1954.9.30. 민법안 국무회의 통과: 1953년 9월 30일 법전편찬위원회의 공식초안이 정부에 이송되었다.[17] 정부는 법제실을 통하여 용어의 통일과 조문 정리 정도의 심사를 하였고 내용상의 변경은 없었다.[18] 1954년 9월 30일 국무회의는 정부안으로서 민법제정안을 확정하였다.

④ 1954.10.26. 정부 국회에 민법안 제출: 1954년 10월 26일[19] 정부는 민법제정안을 국회에 제출하였다. 정부가 제출한 민법안에는 제안이유서라든가 기초이유서 같은 참고자료가 전혀 딸려 있지 않았다.[20] 민법 기초자료가 없는 이유에 대하여 종래 학자들 사이에 여러 추측이 있었다. 그 중에는 원래는 기초자료가 있었는데 1950년 한국전쟁 때에 소실되었다고 보는 의견도 있었다. 국회 본회의에서 민법안에 대한 제1독회에서 민법안에 대한 법무부의 제안설명을 보면 원래는 민법기초자료가 있었는데 한국전쟁 때에 소실된 것 같이 보인다.[21] 그러나 1957년 11월 6일 국회 본회의에서 金炳魯가 한 발언을 보면 유의미한 기초자료는 처음부터 존재하지 않았던 것 같다.[22]

⑤ 1954.10.28. 민법안 국회 법제사법위원회에 회부: 민법안은 1954년 10월 28일 법제사법위원회에 회부되었다. 1954년 11월 6일 법제사법위원회는 민법안심의소위원회를 구성하여 예비심사를 전담하도록 하였고, 1955년 3월 15일 제1차 회의 이래 모두 65차에 걸친 회의를 통해 민법안에 대한 예비심사를 진행하였다.[23] 민법안심의소위원회에서 민법안에 대한 예비심의를 주도한 사람은 張

案(Ⅰ)', 『法政』 제9권 제5호(1954.4・5.), 42-49면; 編輯部, '民法草案(Ⅱ)', 『法政』 제9권 제8호(1954.6・7・8.), 47-50면; 編輯部, '民法草案(Ⅲ)', 『法政』 제9권 제10호(1954.10.), 45-49면 등 참조.

17) '男女平等原則保障 新民法草案 政府에 回附', 『法律新聞』 1953.10.1, 2면 참조.

18) '公聽會速記錄', 『民法案審議資料集』, 75면 참조.

19) 민법안이 정부로부터 국회에 제출된 날짜에 대해서 1954년 10월 13일이라는 문헌도 있기는 하다(예컨대, 출판사항이 전혀 없이 법제실에서 민법 공포 직후에 발간한 것으로 보이는 『民法』이라는 문헌). 그런데 국회에서 발간한 문헌은 한결같이 1954년 10월 26일로 되어 있다(예컨대, 앞의 책 『民法案審議錄 上卷』, 머리말, 1면; 제26회 국회정기회의속기록 제29호, 국회사무처, 1957.11.5, 6면; 제26회 국회정기회의속기록 제33호, 국회사무처, 1957.11.9, 8면).

20) 이와 관련하여 제26회 국회 본회의에서 11월 5일 張暻根 의원의 다음과 같은 발언이 있다: "법제사법위원회와 민법안심의소위원회에서의 민법안 예비심사의 경과에 있어서 몇 가지 중요한 점을 말씀드리겠습니다. 첫째, 정부제출의 민법안에 제안이유서와 기초에 관한 회의록이 전혀 없었기 때문에 우리 민의원에서의 심사에 커다란 곤란과 시간의 소비가 많았다는 것입니다"(제26회 국회정기회의속기록 제29호, 국회사무처, 1957.11.5, 6면 참조).

21) 다음과 같은 발언 부분이다: "정부는 민법전편찬사업의 중대성을 통감하고 1948년 정부수립 즉시로 법전편찬위원회로 하여금 민법초안의 기초에 착수하도록 하고 동 위원회는 이 중대한 사업의 완수를 위하여 전력을 다하고 있던 중 불의의 6・25사변을 당하여 혹은 기초위원들이 납치되고 혹은 기초자료가 분실되는 등 허다한 난관을 겪으면서 1953년 7월 4일에 겨우 기초를 완료하고 1954년 10월에 국회에 제출한 것으로서 지금까지 실로 10년이라는 세월을 소요한 우리나라 법제사상 획기적인 사업입니다"(제26회 국회정기회의속기록 제29호, 국회사무처, 1957.11.5, 14면 참조).

22) 다음과 같은 발언 부분이다: "… 참고문헌이라는 것이 그렇게 많지 못합니다. 문헌을 약간 참고하면서 내가 또 조년(早年)부터 오늘날까지 한 40년 동안 머리속에서 항상 떠나지 않고 있던 그 관념을 냉철하게 생각해서 이 법안의 기안에 착수하게 되었습니다. 이와 같은 사정으로 인하여 기초이유서와 같은 저술을 제출하지 못했으니 양해해 주시기를 바랍니다. 단행법이라든가 민법 중에서도 어느 한 분야에 한정된다면 모르되 민법전과 같은 대법전을 일시에 기안하는 마당에 있어서는 특수한 전업적(專業的) 기구가 아니고서야 기초이유서와 같은 방대한 저술을 할 수 없음을 양해해 주시기 바랍니다"(제26회 국회정기회의속기록 제30호, 국회사무처, 1957.11.6, 4면 참조).

23) 법제사법위원회에서 민법안에 대한 심의가 진행되던 시기에 정부가 제출한 민법안에 대한 평가가 학계에서 활발하게 이루어졌다. 다음과 같은 연구물이 그 예이다: 李丙浩, '新民法草案概說(1), 民法總則論', 『法政』 제10권 제3호(1955.3.), 15-20면; 張庚鶴, '民法草案에 대한 批判(一)', 『法政』 제10권 제3호(1955.3.), 21-28면; 張庚鶴, '民法草案에 대한 批判(二)', 『法政』 제10권 제4호(1955.4.), 18-21면; 張庚鶴, '民法草案에 대한 批判(三)', 『法政』 제10권 제5호(1955.5.), 15-20면; 張庚鶴, '民法草案에 대한 批判(四)', 『法政』 제

曝根 의원(민법안심의소위원회 위원장)이었다. 그는 법전편찬위원회에서부터 민법안이 국회 본회의에서 통과되기까지 민법 제정을 위한 모든 과정에 걸쳐 가장 핵심적인 역할을 하였다.

⑥ 1956.9.5. 민법안심의소위원회 심의결과 발표: 민법안심의소위원회는 1956년 9월 5일 민법 3편(총칙, 물권, 채권)에 대한 축조심의를 완료하고 그 결과를 발표하였다. 그러나 친족·상속편에 대해서는 견해의 대립이 커서 축조심의를 통한 수정안을 작성하지 못하고 친족편 34항목과 상속편 7항목의 요강만을 결정한 채 각 항목마다 이유를 붙인 '민법안친족편상속편심의요강심의록'을 발표하는 데 그쳤다.[24]

⑦ 1957.4. 6·7. 국회 법제사법위원회 주최 민법안 공청회: 법제사법위원회는 민법안에 대한 각계의 반응을 청취하기 위하여 국회 본회의실에서 공청회를 개최했다. 첫날인 4월 6일은 재산법편에 대한 토론이, 둘째 날인 4월 7일은 가족법편에 대한 토론이[25] 전개되었다.[26] 공청회에서 여러 가지 사항이 논의되었으나 가장 뜨거운 토론의 대상이 되었던 것은 재산법 분야에서는 물권변동에 있어서의 형식주의 문제, 가족법 분야에서는 동성동본불혼 문제였다.[27]

⑧ 1957.5. 3. 제24회 임시국회 폐회에 따라 민법안 폐기: 제24회 임시국회(1957.3.5~5.3)에 정부안으로 민법안이 국회에 제출되었으나 임시국회가 폐회됨에 따라 민법안도 폐기되었다.[28]

⑨ 1957.6.17. 정부 민법안 다시 제출: 정부는 1954년 10월 26일에 제출하였던 것과 동일한 내용의 민법안을 1957년 6월 17일 다시 국회에 제출하였다. 법제사법위원회는 1957년 6월 20일 이를 접수하고 1957년 7월 2일 지난번과 같은 구성원으로 민법안심의소위원회를 구성하였다. 민법안심의소위원회는 전에 이루어진 재산편의 축조심의결과를 그대로 채택했다.[29]

⑩ 1957.11.5. 민법안 제26회 국회 본회의에 상정: 1957년 9월 11일 법제사법위원회 민법안심의소위원회에서 심의한 수정안이 법제사법위원회 본회의에 상정되었다. 이 회의는 민법안심의소위원회의 수정안의 내용을 그대로 통과시켰고, 다음날인 12일 국회 본회의에 회부하였다.[30] 1957년 11월 5일 법제사법위원회의 수정안은 정부안, 현석호 의원의 수정안 등과 함께 제26회 국회 본회의에 상정되었다. 1957년 11월 5일 민법안에 대한 제1독회가 시작되었다. 11월 11일까지 계속된 제1독회에서는 민법안의 중요쟁점(물권변동에 관한 형식주의, 전세권, 친족의 범위, 동성동본불혼제도, 호주제 등)에 대한 질의응답 및 대체토론(大體討論)이 있었다. 1957년 11월 21일부터는 제2독회가 시작되

10권 제6호(1955.6.), 12-17면; 張庚鶴, '民法草案에 대한 批判(五)', 『法政』 제10권 제7호(1955.7.), 27-31면; 張庚鶴, '民法草案에 대한 批判(六)', 『法政』 제10권 제8호(1955.8.), 22-26면; 張庚鶴, '民法草案에 대한 批判(七)', 『法政』 제10권 제10호(1955.10.), 24-29면

24) '민법안친족편상속편심의요강심의록'의 내용에 대해서는 앞의 책 民議院 法制司法委員會 民法案審議小委員會, 『民法案審議錄 下卷』, 1957, 1-24면 참조.

25) 4월 7일 가족법편의 공청회 발언내용에 대해서는 '公聽會速記錄', 『民法案審議資料集』, 100-152면 참조.

26) 이 공청회는 세간의 큰 관심을 일으켰는데 이에 관한 언론의 평가로는 '民法草案 公聽會를 보고-遵守할 수 있는 立法을 바란다-', 『法律新聞』 1957.4.22, 1면 참조.

27) 『法律新聞』, 1957.4.22, 1면 참조.

28) 대한민국헌법은 1962년 개정 이후 회기계속의 원칙을 채택하고 있다(현행헌법 제51조). 그러나 당시의 헌법은 회기계속의 원칙을 정하지 않았고 국회법 제61조는 회기불계속의 원칙을 정하고 있었다.

29) 한편 가족편에 대해서는 전에는 친족편 34항목과 상속편 7항목으로 구성된 '민법안친족편상속편심의요강심의록'만이 채택되었으나, 이번에는 이것을 기초로 축조심의가 이루어졌다. 가족편의 축조심의를 위한 제1차 회의의 날짜가 1957년 8월 19일이고(앞의 책 『民法案審議錄 下卷』, 25면), 민법안에 대한 법제사법위원회의 수정안이 확정된 것이 1957년 9월 2일이다. 그러고 보면 민법 친족·상속편에 대한 축조심의에 소요된 시간은 약 보름이었다.

30) 제26회 국회정기회의속기록 제6호, 국회사무처, 1957.9.12, 2면.

었다.

⑪ 1957.12.17. 민법안에 대한 국회심의 종료: 1957년 12월 17일 회의에서 제2독회를 종료하고 제3독회는 생략하기로 의결하면서[31] 민법안에 대한 국회의 심의는 종료되었다.

⑫ 민법의 공포 · 시행: 대통령은 1958년 「민법」(1958.2.22. 법률 제471호)[32]을 공포하고, 1960년 1월 1일부터 시행되었다.

Ⅲ. '民事法研究會' 및 『民法案意見書』 개요

1. 민사법연구회의 창립과 구성

정부로부터 국회로 넘어온 민법안이 1954년 10월 28일 국회 법제사법위원회에 회부된 후 본격적인 심의에 앞서 법제사법위원회는 관련 기관에 민법안에 대한 의견을 조회하였다. 법제사법위원회는 1955년 2월 초 각급 법원, 각급 검찰청 및 대한변호사협회 등 법조계뿐만 아니라 전국 15개 법과대학에도 의견조회를 하였다. 그러나 1955년 5월 23일 현재 의견을 제출한 곳은 대검찰청과 대한변호사협회에 불과했다.[33]

민법학자들이 민법안에 대하여 적극적인 의견을 제시하기 시작한 것은 1956년 9월 5일 민법안심의소위원회가 민법안에 대한 심의결과를 발표한 직후이다. 1956년 9월 25일 서울 소재의 민법학 교수들을 중심으로 '민법초안연구회'(이 연구회는 곧바로 '민사법연구회'로 개칭)[34]를 결성하여 정부가 제출한 민법안 및 민법안심의소위원회의 수정안에 대하여 검토를 시작하였다. 민사법연구회의 연구결과에 대하여 당시 언론은 입법당국이 이들의 의견을 존중하여 민법제정에 신중을 기할 것을 당부하고 있다.[35]

민사법연구회의 대표자는 高秉國 교수(당시 서울대학교 법과대학 교수)와 李熙鳳 교수(당시 고려대학교 법과대학 교수)였으며, 그 구성원은 다음과 같다(총 22명, 가나다 순[36]).

高秉國(서울대학교 법과대학) 金基善(서울대학교 법과대학)
金曾漢(서울대학교 법과대학) 金振雄(고려대학교 법과대학)
金顯泰(이화여자대학교 법정대학) 朴昌根(중앙대학교 법정대학)

---

31) 第26회 국회정기회의속기록 제62호, 국회사무처, 1957.12.17, 11면.

32) 『官報』 제1983호(1958.2.22.), 1-296면 수록.

33) 『法律新聞』 1955.5.23, 1면 참조. 법제사법위원회에서는 줄곧 민법안에 대하여 활발하게 의견을 개진해 줄 것을 요청한 것으로 보인다(법제사법위원회 민법안심의소위원회 張暻根 위원장이 초안에 대한 각계의 비판을 호소한다는 내용의 기사로는 『法律新聞』 1956.9.3, 2면 참조).

34) 앞의 책 『民法案意見書』, 서문, 1면.

35) '民法制定에 愼重을 要望함-특히 教授團 研究委意見을 尊重하라-', 『法律新聞』 1957.2.25, 1면; '基本法典의 制定에는 學界의 見解가 尊重되어야 한다' 『韓國日報』 1957.2.11.자 사설(민의원 법제사법위원회 편, 『民法案審議資料集』, 1957, 59-60면 수록); '學界의 意見이 尊重되어야 한다-民法草案에 대한 意見書要綱을 보고-', 『世界日報』 1957.2.13.자 사설(민의원 법제사법위원회 편, 『民法案審議資料集』, 1957, 61-62면 수록).

36) 앞의 책 『民法案意見書』는 구성원의 명단을 가나다 순으로 소개하고 있다(같은 책, 서문 3-4면).

方順元(숭실대학교) 徐燉珏(서울대학교 법과대학)
安二濬(신흥대학교 법과대학) 李丙浩(단국대학교)
李榮郁(중앙대학교 법정대학) 李宗洽(단국대학교)
李恒寧(고려대학교 법과대학) 李熙鳳(고려대학교 법과대학)
鄭光鉉(서울대학교 법과대학) 鄭範錫(정치대학교)
鄭熙喆(경북대학교 법정대학) 朱宰璜(고려대학교 법과대학)
車洛勳(고려대학교 법과대학) 崔 栻(정치대학교)
玄勝鍾(고려대학교 법과대학) 黃山德(서울대학교 법과대학)

2. 민사법연구회의 활동

민사법연구회에서는 원래 정부가 제출한 민법안,[37] 법제사법위원회 민법안심의소위원회의 수정안[38] 및 '민법안친족편상속편심의요강심의록'을 연구·검토하고자 하였다. 민사법학회는 1956년 9월 25일 창설 이후 11월 9일까지 4개 분과(총칙, 물권, 채권, 신분법)로 나누어 예비토의를 하고, 그 후로부터 1957년 1월 19일까지 12차에 걸쳐 전체회의를 열어 검토했다고 보고하고 있다.[39]

재산법의 심의에 있어서는 이슈마다 전원일치 또는 다수결로 민사법학회의 공식의견(이를 '公的意見'이라 함)을 결정하였으나, 소수의견을 대표하는 사람이 그 의견을 부기할 수 있도록 했다(이를 '附見'이라 함).[40] 『民事法意見書』의 서술방식은 민법안의 체제에 따라 항목별로 의견을 제시하고 그에 대한 이유를 설명하는 형식이다.

한편, 가족법 분야에 대해서는 의견차이가 심하고 다른 부수적인 사정으로 인하여 공식의견을 형성하지 못하여 『民事法意見書』에 반영할 수 없었다.[41]

3. 『民事法意見書』의 내용과 그 분류

(1) 公的意見과 附見

『民法案意見書』는 公的意見 168개 항목으로 구성되어 있으며, 公的意見의 말미에 기재한 성명은 해당 사항에 대하여 원고정리를 담당한 사람을 밝힌 것에 불과하다고 밝히고 있다.[42] 그런데 각 항의 주제와 집필자 명단을 보면 해당 이슈에 대해서는 해당 집필자가 주도적 역할을 한 것으로 보인다.

37) 이하 '민법초안'이라 한다.
38) 이하 '법사위수정안'이라 한다.
39) 앞의 책 『民法案意見書』, 서문, 1면.
40) 앞의 책 『民法案意見書』, 서문, 1면.
41) 앞의 책 『民法案意見書』, 서문, 2면.
42) 앞의 책 『民法案意見書』, 서문, 2면.

168개 항목 중 소수의견(附見)이 부가된 항목은 아래와 같다.

① 公的意見 제72항에 대한 부견(김기선): 선취특권 폐지에 반대하는 것[43)]

② 公的意見 제82항에 대한 부견(김기선): 척제제도 폐지에 반대하는 것[44)]

③ 公的意見 제93항에 대한 부견(정범석): 이자채권의 이율을 대통령령에 위임하자는 것[45)]

④ 公的意見 제98항에 대한 부견(정범석): 손해배상의 예정액은 감액뿐만 아니라 증액도 허용하자는 것[46)]

부견은 위 4개가 전부이며, 이는 개인의견으로서 민법 제정에 영향을 주지는 않았다. 위 부견 중 ①과 ②는 의용민법으로 회귀하자는 취지인데, 이것은 큰 틀에서 담보물권에 관한 입법적 결단을 한 현재의 시점에서 재차 고민할 만한 사항은 아닌 것 같다. 반면, ③과 ④는 현재의 시점에서도 입법론으로 여전히 유효성을 가진다.

(2) 公的意見의 구분

公的意見은 항목에 따라서는 민법 제정에 영향을 주기도 했다. 민사법연구회의 공식의견인 公的意見은 민법초안 또는 법사위수정안과의 관계를 기준으로 크게 다음 세 가지로 구분할 수 있다.

① 제1유형: 민법초안 또는 법사위수정안에 동의하는 의견[47)]

② 제2유형: 민법초안 또는 법사위수정안의 규정을 변경하는 의견

③ 제3유형: 민법초안 또는 법사위수정안의 규정을 삭제하자는 의견

④ 제4유형: 민법초안 또는 법사위수정안에 없는 규정을 추가하는 의견

위의 네 유형에 대해서는 각각 세부 구분이 가능할 것이다. 가령, 제1유형의 경우에는 단순히 동의한다든가, 동의의 논거를 추가한다든가 혹은 달리한다든가 등의 유형이 있을 것이다. 제2유형의 경우에는 의용민법으로 회귀하자는 의견, 전부를 수정하자는 의견, 일부를 수정하자는 의견 등의 유형이 있을 것이다.

한편, 『民法案意見書』는 168개 항의 公的意見을 제시하기에 앞서 "草案全體(財產編)의 總評"를 담고 있다. 고려대학교 이항령 교수의 집필 부분으로 '체재', '근본원리', '용어', '제1편 총칙', '제2편 물권', '제3편 채권'의 6개 부분으로 구성되어 있다.[48)] 이 부분에도 학문적으로 의미있는 사항들이 다수 포함되어 있다. 특히 '용어'에 관한 아래 의견은 2015년 "민법

43) 앞의 책 『民法案意見書』, 115-116면.
44) 앞의 책 『民法案意見書』, 122-123면.
45) 앞의 책 『民法案意見書』, 133-138면.
46) 앞의 책 『民法案意見書』, 143-145면.
47) 『民法案意見書』의 168개 항목 중 약 60%인 99개 항목이 이에 속한다.
48) 앞의 책 『民法案意見書』, 2-17면.

일부개정법률(안) 입법예고"[49]의 근본 취지와 그대로 일치한다.

> "법률의 대중화의 견지에서 보면 초안의 용어도 현행민법의 용어와 같이 너무 난삽한 혐의가 있다. 민법은 물론 궁극에 가서는 법관의 재판규범이지만 그것보다도 먼저 일반 민중의 생활규범이 되어야 할 것이다. 이러한 의미에서 민법은 누구라도 이해할 수 있는 평이한 용어로 제정되어야 될 것이다. 이러한 의미에서 법률적으로만 독특한 의미를 갖는 용어는 될 수 있는 대로 피하여서 가능한 한 일반적 의미와 법률적 의미가 동일하도록 하는 것이 좋겠고 또 넉넉히 '한글'로써 표현할 수 있는 말은 구태여 어려운 한자를 사용할 필요가 없다고 생각된다. 또 지금까지 관용되어 오던 용어를 생경한 신조어로 대치하는 것도 될 수 있으면 피하는 것이 좋을 것 같다."[50]

Ⅳ. 『民法案意見書』에 대한 내용 분석

1. 논의의 범위

『民法案意見書』에 대한 분석은 위에서 말한 4개 유형 모두를 대상으로 하는 것이 바람직하다. 정부안으로 민법안이 국회에 넘어올 때에 이유서와 같은 자료가 붙어있지 않아 종합적인 입법자료로서는 법제사법위원회의 『民法案審議錄』이 유일한 상황에서 『民法案意見書』는 또 하나의 종합적 입법자료로 볼 수 있기 때문이다. 그러나 여기에서는 위에서 말한 제1유형을 제외하고 제2·3·4유형의 의견을 중심으로 살피고자 한다. 제1유형의 의견도 학문적 의미를 인정하기에 부족함이 없다. 그러나 민법초안 및 법사위수정안이 주로 법실무가들의 작품이라는 점에서 볼 때, 실무가들의 의견과 선명하게 대비되는 민법학자들의 시각을 선명하게 보여주는 것은 제2·3·4유형이기 때문이다.

아래에서는 이들 세 유형을 구분하여 분석하고자 한다. 이들 세 유형에 속하는 의견들이 가지는 현대적 의미는, 법리적인 시각에서 볼 때 민법 제정 과정에서 반영되었어야 마땅했을 의견, 그 정도는 아니지만 현재의 시점에서도 입법론으로 여전히 유효한 의견, 법 발전의 시각에서 반성의 계기를 제공하는 의견 등 다양하게 분류할 수 있을 것이다.

2. 제2유형: 민법초안 또는 법사위수정안의 규정을 변경하는 의견

제2유형의 의견 중 민법초안 및 법사위수정안에 실질적 변경을 수반하지 않는 것은 이 글의 목적을 고려하여 논의에서 제외한다. 단순히 용어나 표현을 변경하는 의견,[51] 제목을 변경하자는 의견[52] 등이 이에 해당한다.[53] 아래에서는 규범내용에 실질적 변화를 가져오는

49) 법무부공고 제2015-228호(2015년 8월 26일).

50) 앞의 책 『民法案意見書』, 6면.

51) 예: 민법초안 제2조 제2항이 "權利는 濫用하지 못한다"라고 한 것을 "權利의 濫用은 이를 허하지 아니한다"로 수정할 것(앞의 책, 『民法案意見書』, 23-24면(김기선 집필부분)).

52) 예: 민법초안 제1편 제2장의 제목을 '人'에서 '自然人'으로 수정할 것(앞의 책, 『民法案意見書』, 25면(이항령

의견을 소개한다.

(1) 제1항(민법초안 제1조[54]를 "민사에 관하여 법률 또는 관습법이 없으면 조리에 의한다"로 수정한다): 성문법과 관습법의 관계에 관하여 이른바 민법초안과 법사위수정안의 보충적 효력설과 달리 대등적 효력설을 주장한 것이다.[55] 이 의견은 현석호 의원 수정안에 반영되어 국회 본회의에서 치열하게 논의했으나 부결되었다.[56] 제1조의 입법과정 및 문언은 보충적 효력설 채택이 명백하다. 사정이 이러하다면 의용민법 시대의 해석론을 지금까지 이어가는 것은 무리한 것 같다.[57]

(2) 제12항(민법초안 제15조 제1항 단서 중 '알았을 때' 다음에 '또는 알 수 있었을 때'를 삽입한다): 현행민법 제16조 제1항 단서에 관한 것이다. 제한능력자의 상대방이 계약 당시에 제한능력자임을 알았을 경우뿐만 아니라 과실로 알지 못한 때에도 철회권을 행사할 수 없도록 하자는 의견이다.[58] 이 의견은 현석호 의원 수정안에 반영되어 국회 본회의에서 논의했으나 부결되었다.[59]

(3) 제42항(민법초안 제176조[60]를 "물권은 법률 또는 관습법에 의하는 것 외에 임의로 창설하지 못한다"로 수정한다): 현행민법 제185조에 관한 것이다. 관습법에 대하여 대등한 효력을 인정해야 한다는 취지이다.[61] 이 의견은 현석호 의원 수정안에 반영되어 국회 본회의에서 가결되어 현행민법 제185조가 되었다. 현행민법 제185조에 해당하는 의용민법 제175조의 '법률'에 대해 당시의 학설은 물권법정주의의 폐해를 완화한다는 점에서 관습법을 포함하는 것으로 해석하였다.[62] 그리고 조선민사령 제12조는 "부동산에 관한 물권의 종류 및 효력에 대하여는 제1조의 법률에 정하는 물권을 제외하고 관습에 의한다"고 정하고 있었다. 제1조와 달리 여기에서 관습법과 법률을 대등하게 보자는 『民法案意見書』의 의견이 수용된 것은 이와 같은 규범상황이 크게 작용한 것으로 보인다.

(4) 제43항(물권변동에 있어서 형식주의를 취하는 것에 반대한다[63]): 형식주의의 채용을 위

집필부분)). 이 의견은 2015년 "민법 일부개정법률(안) 입법예고"(법무부공고 제2015-228호(2015년 8월 26일)에 반영되어 있다.

53) 이에 해당하는 『民法案意見書』의 구체적인 항목에 대해서는 이홍민, '「민법안의견서」의 학설 편입과정을 통해 본 민법개정에 대한 태도', 『법학논총』(조선대학교 법학연구원), 제19집 제1호, 310면 참조.

54) 민법초안 제1조: "민사에 관하여 법률에 규정이 없으면 관습법, 관습법이 없으면 조리에 의한다."

55) 앞의 책 『民法案意見書』, 20-21면(방순원 집필).

56) 국회 본회의에서의 구체적인 토론에 대해서는, 명순구, 앞의 책 『실록 대한민국 민법 1』, 64-69면 참조.

57) 명순구, '민법학의 학설에 대한 적정성 평가', 『민사법학』 제47권(2009.12), 94-97면 참조.

58) 앞의 책 『民法案意見書』, 30면(이항령 집필).

59) 국회 본회의에서의 구체적인 토론에 대해서는, 명순구, 앞의 책 『실록 대한민국 민법 1』, 110-112면 참조.

60) 민법초안 제176조: "물권은 법률에 정한 것 외에 임의로 창설하지 못한다."

61) 앞의 책 『民法案意見書』, 66-67면(김증한 집필).

62) 我妻榮 저/安二濬 역, 『物權法』, 文星堂, 1956, 19-20면.

63) 앞의 책 『民法案意見書』, 67-74면(김증한 집필).

해서는 등기가 잘 정비되어 있어야 하는데 당시 상황은 그렇지 않다는 것, 형식주의를 채용하려면 등기에 공신력을 인정하여야 하는데 당시는 등기에 공신력을 인정할 수 있는 상황이 아니었고 민법초안도 등기에 공신력을 인정하자는 것까지 나아간 것은 아니었다는 점 등을 들어 의용민법의 의사주의를 그대로 유지하자는 것이었다. 이 문제는 동성동본불혼 규정과 함께 민법 제정시에 가장 뜨거운 이슈였다. 이 의견은 현석호 의원 수정안에 반영되어 국회 본회의에서 매우 열띤 논의를 했으나 부결되었다.[64)]

(5) 제62항(민법초안[65)] 제235조 제1항 중 '법원의 판결을 얻어 등기함으로써'를 삭제하고, 제2항에서 '부동산의 소유자로 등기한 자가'를 삭제한다[66)]): 『民法案意見書』가 물권변동에 있어서 의사주의를 채택함에서 따른 후속작업에 해당한다. 이 의견은 현석호 의원 수정안에 반영되어 국회 본회의에서 논의했으나 부결되었다.[67)] 법사위수정안은 민법초안 제235조 제1항 중 '법원의 판결을 얻어'를 삭제하는 것이었고 이것이 현행민법 제245조가 되었다.

(6) 제66항(절의 명칭을 '공유'에서 '공동소유'로 하고 공유, 합유, 총유의 3유형을 규정한다[68)]): 공동소유를 상위개념으로 하면서 그 아래에 인적 결합의 모습에 따라 공유, 합유, 총유의 개념을 설정하자는 것이다. 민법초안은 제262조를 통해 원래 의용민법상의 총유(예: 종중재산)와 합유(조합재산)를 포괄하고자 했다.[69)] 이는 당시의 판례가 의용민법상 공유 외의 공동소유 형태의 개념 설정에 있어 총괄하여 '합유'라는 용어를 사용한 데에 기인한 것이다.[70)] 민사법연구회(특히 김증한 교수)는 총유와 구별되는 개념으로서의 합유 개념을 제안했다. 『民法案意見書』의 제안을 반영한 현석호 의원 수정안이 가결되어 현행민법 제271조부터 제277조가 되었다.[71)] 공동소유에 관한 『民法案意見書』의 시각은 단체나 공동소유의 유형파악 및 그 각 유형의 내용설명이 선험적으로 전개되었고 우리 사회에서의 단체의 구성이나 운영의 실제에 대한 언급은 거의 이루어지지 않았다[72)]. 아울러 거주·이전의 자유가 원칙적으로 존재하지 않았던 중세 게르만 사회에서의 총유 개념이 우리나라의 문중·종중과 같은 혈연단체에는

64) 국회 본회의에서의 구체적인 토론에 대해서는, 명순구, 『실록 대한민국 민법 2』, 법문사, 2010, 9-24면 참조.

65) 민법초안 제235조: "① 20년간 소유의 의사로 평온, 공연하게 부동산을 점유하는 자는 법원의 판결을 얻어 등기함으로써 그 소유권을 취득한다. ② 부동산의 소유자로 등기한 자가 10년간 소유의 의사로 평온, 공연하게 선의이며 과실 없이 그 부동산을 점유한 때에는 소유권을 취득한다."

66) 앞의 책 『民法案意見書』, 93면(김증한 집필).

67) 국회 본회의에서의 구체적인 토론에 대해서는, 명순구, 앞의 책 『실록 대한민국 민법 2』, 174-176면 참조.

68) 앞의 책 『民法案意見書』, 96-106면(김증한 집필).

69) 민법초안 제262조: "① 어느 지역의 주민, 친족단체 기타 관습상 집합체로서 수인이 물건을 소유하는 때에는 합유로 한다. ② 합유물에 대한 권리의 득실변경 및 합유자의 권리, 의무에 관하여는 관습에 의하는 외에 이하 2조의 규정에 의한다."

70) 의용민법 당시의 법상태 및 판례의 소개에 대해서는, 梁彰洙, "共同所有-민법 제정과정에서의 論議와 그 후의 評價를 중심으로-", 「韓國民法理論의 發展」(茂巖 李英俊博士 華甲記念論文集), 博英社, 1999, 363-368면 참조.

71) 국회 본회의에서의 구체적인 토론에 대해서는, 명순구, 앞의 책 『실록 대한민국 민법 2』, 246-250면 참조.

72) 양창수, 앞의 글 '共同所有-민법 제정과정에서의 論議와 그 후의 評價를 중심으로-', 378면.

부합하지 않는다는 지적[73]도 있다. 총유에 관한 규정이 실질적인 의미를 가지지 못한다는 점도 지적하고자 한다.[74] 민법은 비법인사단의 소유형태를 총유로 규정하면서(제275조 제1항) 사단의 정관 기타 특별한 계약이 없으면 제276·277조에 의하도록 규정하고 있다(제275조 제2항). 즉 제276·277조는 비법인사단의 법률관계에 관한 기본적인 사항을 정하고 있다. 그런데 제276·277조가 적용의 기회를 가질 것인가에 대해서는 의문이다. 그 이유는 이러하다: 비법인사단이라고 평가되기 위해서는 설립등기 외에는 사단법인과 동일한 수준의 실체를 가지고 있어야 한다[75]; 그러므로 어떤 단체가 비법인사단으로 판단되었다면 단체 구성원들의 재산관계에 대해서는 정관 내지 규약에 제276·277조의 규정내용을 포함하여 사단법인의 정관에 해당하는 매우 상세한 내용들이 포함되어 있어야 한다; 만약 어떤 단체가 제276·277조의 내용이 포함된 구체적인 정관 내지 규약을 보유하지 못하다면 그 단체는 비법인사단으로 평가할 수 없을 것이다; 그렇다면 제276·277조는 실질적 의미를 가지는 규정으로 볼 수 없다. 즉 적용의 기회를 가질 수 없는 규정이라는 것이다.

(7) 제70항, 제151항(전세권을 물권으로 규정할 것이 아니라 채권편 임대차의 절 다음에 '전세계약'의 절을 신설한다[76]): 타인 소유의 부동산(특히 주택)을 빌리는 사람을 어떻게 보호할 것인가 하는 것이 전세권에 관한 논쟁의 핵심이었다. 결과적으로 볼 때 전세권을 물권으로 구성하여 전세권자를 보호하고자 했던 민법초안은 그 목적을 달성할 수 없었다. 활용 가능성이 없는 물권으로서의 전세권이 아니라 채권인 임차권을 강화하는 방향의 『民法案意見書』의 입장이 실제적 효용을 고려한 것이었다. 이 문제는 현석호 의원 수정안에 반영되어 국회 본회의에서 매우 열띤 논의가 진행되었으나 부결되었다.[77]

(8) 제73항(유치권의 목적물을 '타인의 물건'으로 변경한다[78]): 현행민법 제320조에 해당하는 민법초안 제310조 제1항은 "타인의 유가증권 또는 기타 물건을 점유한 자는 그 유가증권이나 기타 물건에 관한 채권이 변제기에 있는 때에는 변제를 받을 때까지 그 유가증권 또는 기타 물건을 유치할 권리가 있다"고 규정했다. 법사위수정안은 민법초안의 "유가증권 또는 기타 물건"이라는 표현에 대하여 무기명채권에 대해서는 이를 동산으로 보고 물건으로 취급할 수 있으나[79] 그 외의 유가증권은 반드시 물건의 개념에 포함되는 것이 아니므로 본조에

73) 이호정, '우리 民法上의 共同所有制度에 대한 약간의 疑問-特히 合有와 總有를 中心으로-', 『서울대학교 法學』 제24권 2·3호(1983), 116-117면.

74) 명순구, '공동소유제도의 개정방향-합유·총유의 재정비-', 『안암법학』 제34호(2011), 351-352면 참조.

75) 대법원 1999.4.23. 선고 99다4504 판결 등 참조.

76) 앞의 책 『民法案意見書』, 112면(김진웅 집필), 184-186(주재황 집필).

77) 국회 본회의에서의 구체적인 토론에 대해서는, 명순구, 앞의 책 『실록 대한민국 민법 2』, 316-323면 참조.

78) 앞의 책 『民法案意見書』, 116-117(김증한 집필).

79) 의용민법상으로는 무기명채권을 동산으로 간주하였으므로(의용민법 제86조 제3항) 이렇게 설명할 수 있지만, 원안은 무기명채권에 대한 특별규정을 설치하면서 위 규정을 삭제하였다. 따라서 원안에 따르면 민법안심의소위원회의 위 설명은 적절치 않다(명순구, 앞의 책 『실록 대한민국민법 1』, 297면 및 명순구, 『실록

서 '유가증권 또는 기타 물건'이라고 한 것은 정확하지 않다는 이유로 "타인의 유가증권 또는 기타 물건을 점유한 자는"을 "타인의 물건 또는 유가증권을 점유한 자는"으로 변경했다.[80] 또한 법사위수정안은, 채권과의 견련관계를 더 명백히 하기 위하여 "그 유가증권이나 기타 물건에 관한 채권"을 "그 물건이나 유가증권에 관하여 생긴 채권"이라고 변경했다.[81] 그 결과 법사위수정안은 "타인의 물건 또는 유가증권을 점유한 자는 그 물건이나 유가증권에 관하여 생긴 채권이 변제기에 있는 경우에는 변제를 받을 때까지 그 물건 또는 유가증권을 유치할 권리가 있다"로 되었다. 『民法案意見書』는, 유가증권을 물건이 아닌 것으로 보고 있는 수정안의 용어법은 온당치 않으며, 또 원안과 같이 특별히 '유가증권 또는 기타'라고 하지 않고 단순히 '물건'이라고만 하더라도 유가증권도 포함될 수 있다는 주장이다. 이 의견은 현석호 의원 수정안에 반영되지 않아 국회 본회의에서 논의될 여지가 없었고, 법사위수정안은 현행민법 제320조가 되었다.

(9) 제79항(민법초안 제332조의 준용규정에 제201조와 제202조를 추가한다[82]): 민법초안 제332조(현행민법 제343조에 해당)는 제193조(현행민법 제204조), 제239~241조(현행민법 제249~251조) 및 제312조(현행민법 제323조)를 준용하는 것으로 정했다. 법사위수정안은 민법초안 제193조를 삭제하고, 민법초안 제311·313·314조(현행민법 제321·324·325조)를 추가하였다. 『民法案意見書』는 민법초안 제332조에 제201·202조(현행민법 제213·214조)를 추가하자는 것이다. 이 의견은 현석호 의원 수정안에 반영되어 국회 본회의에 상정되었으나 현석호 의원이 중도에 철회하여[83] 법사위 수정안에 따라 현행민법 제343조가 되었다. 현행민법 제343조의 준용규정에 제213·214조가 포함되지 않음에 따라 질권에 기한 물권적 청구권 인정 여부 대하여 현재에도 학설이 대립하고 있다. 민법 제정 당시의 여러 사정으로 미루어 볼 때 민사법연구회의 의견이 타당하다고 생각한다.

(10) 제84항(민법초안 제350조를 삭제하고 그 대신 의용민법 제375조와 같은 규정을 둔다[84]): 민법초안 제350조(현행민법 제361조)는 의용민법(제375조[85])보다도 저당권의 부종성을 강화하는 것인데, 이는 근대 저당제도에 역행한다는 것이다. 이 의견은 현석호 의원 수정안에 반영

대한민국민법 3』, 법문사, 2007, 276-277면 참조).

80) 명순구, 앞의 책 『실록 대한민국 민법 2』, 375면 참조.

81) 명순구, 앞의 책 『실록 대한민국 민법 2』, 375면 참조.

82) 앞의 책 『民法案意見書』, 120면(김증한 집필).

83) 철회의 이유는 기록에 나타나 있지 않다. 국회 본회의에서의 구체적인 토론에 대해서는, 명순구, 앞의 책 『실록 대한민국 민법 2』, 425-426면 참조.

84) 앞의 책 『民法案意見書』, 124-125면(김증한 집필).

85) 의용민법 제375조: "① 저당권자는 그 저당권으로써 다른 채권의 담보로 할 수 있고 동일채무자에 대한 다른 채권자의 이익을 위하여 저당권이나 그 순위를 양도하거나 이를 포기할 수 있다. ② 전항의 경우에 저당권자가 수인을 위하여 그 저당권을 처분한 때에는 그 처분의 이익을 받는 자의 권리의 순위는 저당권등기에 부기를 한 전후에 의한다."

되어 국회 본회의에 상정되었으나 현석호 의원이 중도에 철회하여[86] 민법초안이 그대로 현행민법 제361조가 되었다. 현행민법은 의용민법보다 저당권의 부종성을 철저하게 강화하는 방향으로 선회하였다. 근대 저당권의 일반적인 경향과 정반대로 입법을 한 이유를 확인할 방법이 없다.

(11) 제85항(법정지상권에 관해서는 원안 제356조나 법제사법위원회의 수정안보다 의용민법 제388조 정도로 규정하는 것이 타당하다[87]): 의용민법 제388조는 "토지 및 그 위에 존재하는 건물이 동일의 소유자에 속하는 경우에 그 토지 또는 건물만을 저당으로 한 때"라고 하여 법정지상권의 성립요건으로서 저당권 설정 당시부터 건물이 존재하였을 것을 요구하였다. 이에 대해 당시의 학설 중에는 저당권 설정 당시에 건물이 존재하였는지를 불문하고 법정지상권이 성립한다는 견해가 있었는데,[88] 민법초안은 이를 받아들인 것으로 생각된다.[89] 이 의견은 현석호 의원 수정안에 반영되지 않아 국회 본회의에서 논의될 여지가 없었고, 법사위수정안이 현행민법 제366조가 되었다. 민법 제정 후 당시 민법초안과 법사위수정안의 의도에 충실한 견해도 있었지만,[90] 현재의 통설 및 판례는 의용민법 당시의 통설 및 판례와 같이 저당권 설정 당시부터 건물이 존재하였을 것을 요구하고 있다.

(12) 제89항(민법초안 제361조에 의하여 준용되는 조문에 제202조를 추가한다[91]): 민법초안 제361조와 제202조는 각각 현행민법 제370조와 제214조에 해당한다. 저당권은 점유를 수반하는 권리가 아니므로 저당권에 기한 반환청구권은 있을 수 없으나 방해제거 및 예방청구권은 인정해야 하며, 의용민법의 해석에 있어서도 이론이 없다는 주장이다. 이 제안은 위 제안은 현석호 의원 수정안에 반영되어 국회 본회의에 부의되어 가결되었다.[92] 질권에 관한 현행민법 제343조의 입법과정에서 제213조와 제214조를 준용규정에 포함시키지 않은 것과 균형이 맞지 않는 것으로 평가된다.

(13) 제98항(민법초안 제389조 제2항의 감액청구는 법원의 직권으로 할 것이 아니라 채무자의 청구에 의하여 법원이 감액할 수 있도록 하자[93]): 현행민법 제398조(배상액의 예정) 제2항에 관

86) 철회의 이유는 기록에 나타나 있지 않다. 국회 본회의에서의 구체적인 토론에 대해서는, 명순구, 앞의 책 『실록 대한민국 민법 2』, 466-467면 참조.

87) 앞의 책 『民法案意見書』, 125-126면(김증한 집필).

88) 柚木馨, 앞의 책 『擔保物權法』, 312-314면 참조. 이 견해는 다음과 같은 점을 근거로 한다: ① 저당권자체가 저당권 설정 후 설정자의 사용·수익을 인정하는 것이기 때문에, 저당권자는 후에 건물이 세워지면 건물에 지상권이 인정되어 저당권이 제한될 수도 있다는 것을 예상할 수 있을 것이다; ② 저당권 설정 후에 세워진 건물에는 법정지상권을 인정할 수 없다면, 이 건물에 대해서는 철거될 가능성이 있으므로 사회경제적인 요청에 반한다.

89) 민법전편찬요강(물권법, 十二, 2)은 "법정지상권이 적용되는 범위를 확장할 것"으로 정하고 있다(명순구, 앞의 책 『실록 대한민국 민법 2』, 482면 참조).

90) 金顯泰, 『新物權法(下)』, 一潮閣, 1964, 199면.

91) 앞의 책 『民法案意見書』, 128면(김증한 집필).

92) 명순구, 앞의 책 『실록 대한민국 민법 2』, 496면 참조.

한 의견이다. 배상액 감액 규정은 민법전편찬요강이 정하는 항목이었다.[94] 민법초안은 스위스채무법의 예에 따라 직권감액으로, 민사법연구회는 독일민법의 예에 따른 것이다. 이 의견은 현석호 의원 수정안에 반영되지 않아 국회 본회의에서 논의될 여지가 없었다.

(14) 제99항(채권자지체에 관한 민법초안 제392조 중 "그 책임 있는 사유가 없으면"을 "고의 또는 중대한 과실이 없으면"으로 변경한다[95]): 채권자지체 제도는 의용민법상의 통설을 성문화한 것이다. 의용민법에서의 통설이나 독일민법(제300조)에 따르면 공평의 관념상 수령지체 후에는 채무자의 책임은 경감되어 단지 고의 또는 중과실에 대하여만 책임을 지도록 되어 있음에 반하여, 민법초안은 경과실일 때에도 채무자가 책임을 지도록 했는데 이는 독일민법과 같이 수정함이 타당하다는 것이다. 이 의견은 현석호 의원 수정안에 반영되어 국회 본회의에 부의되어 가결되었다.[96]

(15) 제103항(민법초안 제427조에서 '본다'를 '추정한다'고 변경한다[97]): 현행민법 제436조에 관한 논의이다. 의용민법(제449조)은 무능력의 경우로 한정하고 있으나 만법초안은 취소의 원인을 한정하지 않고 있다. 또 의용민법은 독립채무를 부담한 것으로 '추정한다'고 하고 있으나 원안은 '본다'고 하고 있다. 의용민법 제449조에 대해서는 보증채무의 부종성에 반하므로 신중하게 적용되어야 하며 무능력 이외의 사유에 이 규정을 준용해서는 안 된다는 것이 당시의 학설이었다.[98] 민법초안은 의용민법보다 오히려 그 적용범위를 넓히고 있는데 그 이유는 알 수 없다. 현행민법 제436조에 대해서는 입법론상 비판적 시각이 다수이다.[99] 이 의견은 현석호 의원 수정안에 반영되지 않아 국회 본회의에서 논의될 여지가 없었다.

(16) 제105항(민법초안 제443조 제1항의 문구 중 '선의인 채무자는'을 '선의이며 과실없는 채무자는'으로 변경한다): 현행민법 제452조에 관한 것이다. 의용민법에 없던 것을 독일민법(제409조)의 예에 따라 신설한 것이다. 채무자의 선의만으로써 채무자를 보호하는 것은 채권자인 양도인에게 너무나 가혹한 바가 있기 때문에 무과실을 요건으로 첨가하자는 것이다. 이 의견은 현석호 의원 수정안에 반영되지 않아 국회 본회의에서 논의될 여지가 없었다.

(17) 제111항(법사위수정안 중 '권리는 있으나'를 삭제한다[100]): 현행민법 제518조에 관한 것이다. 지시채권의 채무자의 조사권리·의무와 관련하여 민법초안은 만주민법 제506조를

93) 앞의 책 『民法案意見書』, 142-143면(주재황 집필).
94) 명순구, 앞의 책 『실록 대한민국 민법 3』, 63면 참조.
95) 앞의 책 『民法案意見書』, 146-147면(주재황 집필).
96) 명순구, 앞의 책 『실록 대한민국 민법 3』, 73-74면 참조.
97) 앞의 책 『民法案意見書』, 149면(김기선 집필).
98) 高窪喜八郎·中島弘道 編, 앞의 책 『學說判例總覽民法債權總則編(下)』, 888-889면; 西村信雄 편/中井美雄 집필, 앞의 책 『注釋民法(11)』, 237면 참조.
99) 郭潤直 편/朴炳大 집필, 『民法注解[X]』, 博英社, 1995, 281-282면; 朴駿緒 편/金俊鎬 집필, 앞의 책 『註釋民法債權總則(2)』, 296면 참조.
100) 앞의 책 『民法案意見書』, 154~155면(서돈각 집필).

참고하여 "채무자는 배서의 연결 여부를 조사할 의무가 있고 배서인의 인장의 진위나 소지인의 진위를 조사할 의무는 없다"고 규정했다. 법사위수정안은 "채무자는 배서의 연속 여부를 조사할 의무가 있으며 배서인의 서명 또는 날인의 진위나 소지인의 진위를 조사할 권리는 있으나 의무는 없다"고 규정했다. 민사법연구회는 법사위수정안 중 '권리는 있으나'를 삭제하자는 것이다. 이 의견은 현석호 의원 수정안에 반영되지 않아 국회 본회의에서 논의될 여지가 없었다.

(18) 제126항(증여의 해제에 관한 규정을 변경한다[101]): 현행민법 제558조에 관한 것이다. 이 규정은 제555조부터 제557조의 해제를 일률적으로 다루고 있다. 이에 대하여 민사법연구회는 비판적인 의견을 제시하고 있다. 원안 제555조와 제557조의 경우에는 원안 증여계약 해제에도 불구하고 이미 이행한 부분에 대하여는 영향을 미치지 않는 것으로 해도 문제가 없겠지만 제556조의 경우에는 사정이 다르다는 것이다. 매우 타당한 지적임에도 불구하고 입법에 전혀 반영되지 않았고 원안이 그대로 현행민법이 되어 지금까지 적용되고 있다.[102]

(19) 제130항(민법초안 제580조의 5년을 부동산은 5년, 동산은 3년으로 수정한다[103]): 현행민법 제591조(환매기간)에 관한 것이다. 의용민법이 환매기간을 10년으로 한 것과 달리 민법초안은 5년으로 단축했다. 이것은 매도인이 장기간 환매권을 행사할 수 있게 함으로써 매매물건의 경제적 이용에 장애를 일으킬 우려가 있으므로 그 장애를 가능한 한 적게 하자는데 있는 것이다. 이런 입법취지를 고려해 보면 동산의 경우에는 3년으로 단축하는 것이 타당하다는 것이다. 이 의견은 현석호 의원 수정안에 반영되어 국회 본회의에 부의되어 가결되었다.[104]

(20) 제143항(민법초안 제610조에서 건물의 임대차의 경우에는 등기 없이도 단기간에 한하여 대항력을 인정하는 규정을 둔다[105]): 현행민법 제621조에 관한 것이다. 의용민법 제605조는 부동산임대차를 등기한 때에는 그 때부터 대항력을 가지는 것으로 하고 있었지만, 특약이 없는 한 임대인에게 등기의무는 없다는 것이 통설·판례였다. 이 때문에 실제상 임차권의 등기가 행해지는 것은 희박하고, 이 규정은 임차권보호의 역할을 하지 못한다는 비판이 있었다.[106] 민법초안은 반대특약이 없는 한 임대인은 등기에 협력할 의무가 있다고 규정했다. 민법초안은 민법전편찬요강[107]을 반영한 것으로, 만주민법 제589조와 같은 취지이다. 민사법연구회는 여기에서 더 나아가 건물임대차의 경우에는 단기간(예: 6개월)에 한하여 등기없이도 대항력을

101) 앞의 책 『民法案意見書』, 168-169면(현승종 집필).
102) 이 문제에 대하여 보다 자세한 것은 명순구.
103) 앞의 책 『民法案意見書』, 171-172면(현승종 집필).
104) 국회 본회의에서의 구체적인 토론에 대해서는 명순구, 앞의 책 『실록 대한민국 민법 3』, 459면 참조.
105) 앞의 책 『民法案意見書』, 177-178면(주재황 집필).
106) 高窪喜八郎·白羽祐三 編, 앞의 책 『學說判例總覽民法債權各論編(中)』, 569면 참조.
107) 명순구, 앞의 책 『실록 대한민국 민법 3』, 516면 참조.

인정하는 규정을 두자는 것이다. 이 의견은 현석호 의원 수정안에 반영되지 않아 국회 본회의에서 논의될 여지가 없었다.

(21) 제157항(민법초안 제696조 중 '공유에 속한다'를 '합유로 한다'로 수정하고 민법초안 제706조를 삭제한다[108]): 민법초안 제696조는 현행민법 제704조에 해당한다. 공동소유제도에 대해서는 민사법연구회의 제안이 대폭 반영되었는데,[109] 이 제안은 그 일환이다. 의용민법이나 만주민법은 합유에 관한 규정이 없으며, '조합재산은 조합원의 공유'라고 하고 있다. 그러나 학설은 여기에서의 공유는 이른바 '합유'라고 하는 것이 일반적인 견해였다.[110] 민사법연구회의 제안은 이러한 당시의 학설을 받아들인 것이다. 민법초안 제696조를 합유로 수정하면 민법초안 제706조[111]의 규정은 합유의 개념으로부터 당연히 생겨나는 것이므로 불필요하여 삭제하여야 한다. 이 의견은 현석호 의원 수정안에 반영되어 국회 본회의에 부의되어 가결되었다.[112]

(22) 제162항(민법초안 제727조 제3항의 '전 2항'을 '전항'으로 수정한다[113]): 현행민법 제734조에 관한 논의이다. 제3항은 민법전편찬요강("본인의 의사에 반하는 사무관리에 의하여 발생한 손해에 대하여는 무과실책임을 인정할 것")에 따라 의용민법에 없던 규정을 신설한 것이다.[114] 이는 독일민법(제678조) 등을 참조한 것이다. 민사법연구회는, 제3항은 제2항에만 해당되는 것으로 하자는 것이다. 그 이유를 본다. 일단 유효하게 사무관리를 시작한 자는 본인에게 가장 이익이 되는 방법으로(현행민법 제734조 제1항) 관리를 적당한 시기까지 계속할 의무가 있는데(현행민법 제737조), 법률상 관리의무가 없는 자가 타인을 위하는 의사를 가지고 그 타인의 사무를 관리하기 시작하였는데, 후에 그 관리방법이 본인에게 가장 이익이 되는 방법이 못된다고 하여 무과실책임을 묻는다면 관리자에게 너무나 가혹한 결과가 되어 상호부조의 이상에서 장려하여야 할 제도를 도리어 방해하는 결과가 되어 타당하지 못하다. 그렇다고 관리방법이 가장 본인에게 이익이 되지 못하여 본인에게 손해를 입힌 경우도 그것을 내버려두자는 것은 아니다. 일단 사무관리를 개시한 이상은, 관리자는 '가장 본인에게 이익이 되는

108) 앞의 책『民法案意見書』, 189-190면(현승종 집필).
109) 이에 대해서는 명순구, 앞의 책『실록 대한민국 민법 2』, 233면 이하 참조.
110) 朱宰璜, 앞의 책『債權各論講義』, 217면; 高窪喜八郎・白羽祐三 編, 앞의 책『學說判例總覽民法債權各論編(下1)』, 242-246면; 石田文次郎・岩井萬龜, 앞의 책『滿洲民法(債權各論)』, 167-168면 참조. 원래 일본민법의 입법자와 明治 시대의 학설은 조합의 재산에 대해 '부분적으로 수정을 가한 공유'라고 이해하고 있었다. 그러나 독일민법학의 학설계수현상에 따라 大正 시대 말에 이르러 공유가 아닌 공동소유형태로서의 합유와 총유에 대한 이론이 도입되면서 조합재산은 합유라는 것이 통설이 되었다. 이에 대해서는 鈴木禄彌 편/品川孝次 집필,『新版注釋民法(17)』, 有斐閣, 1993, 63-65면 참조.
111) 민법초안 제706조: "① 조합원은 조합원 전원의 동의없이 조합재산에 대한 지분을 처분하지 못한다. ② 조합원은 조합의 청산 전에 조합재산의 분할을 청구하지 못한다."
112) 국회 본회의에서의 구체적인 토론에 대해서는 명순구, 앞의 책『실록 대한민국 민법 3』, 693면 참조.
113) 앞의 책『民法案意見書』, 195-196면(현승종 집필).
114) 명순구, 앞의 책『실록 대한민국 민법 3』, 752면 참조.

방법으로 관리하여야' 할 채무를 부담하니, 그 관리방법에 위반하는 경우는 채무불이행이 되므로 일반의 채무불이행의 책임(원안 제381조)을 묻는 것이 타당하다. 한편, 제2항에 위반하는 경우는 제1항의 관리방법에 위반하는 경우와는 구분하여 고려할 필요가 있다. 제2항에 위반하는 경우, 즉 관리자가 본인의 의사를 알거나 알 수 있는데도 불구하고 그 의사에 위반되는 방법으로 관리하여 본인에게 손해를 준 경우는 도리어 사무관리의 근본이념에도 배치되는 것이며, 본인에게 억울한 결과를 초래할 것이니, 이때에는 관리자에게 무과실책임을 묻는 것도 무방하다고 사료된다. 외국의 입법례를 보건대, 독일민법 제678조도 본조 제2항에 위반하는 경우에만 무과실책임을 묻고 있음은 좋은 참고가 될 것이다. 이 제안은 현재도 유효한 것으로 생각한다. 이 의견은 현석호 의원 수정안에 반영되지 않아 국회 본회의에서 논의될 여지가 없었다.

(23) 제167항(민법초안 제750조를 부활시킨다[115]): 민법초안은 미성년자, 심신상실자, 감독의무자 또는 사용인에게 손해배상의 책임이 없는 경우에도 법원은 당사자의 경제상황 및 기타 사정을 참작하여 손해의 전부 또는 일부의 배상을 명할 수 있도록 하자는 것이다. 이것은 독일민법(제829조), 스위스채무법(제54조)을 참고한 민법전편찬요강의 반영이기도 하다.[116] 법사위수정안은, 이 규정이 자기책임의 원칙에 대한 전면적 예외에 해당하는 것으로 개인의 자유활동을 부당하게 위축시키는 결과를 초래하며, 무과실책임은 특별법으로 규율할 수 있다는 이유로 삭제하였다. 민사법연구회는 민법초안을 부활시키자는 것이다. 이 의견은 현석호 의원 수정안에 반영되지 않아 국회 본회의에서 논의될 여지가 없었다.

3. 제3유형: 민법초안 또는 법사위수정안의 규정을 삭제하자는 의견

제3유형의 의견 중 규범내용에 실질적 변경을 가져오지 않는 것은 이 글의 목적을 고려하여 논의에서 제외한다. 체계상의 이유로 혹은 중복으로 불필요하다는 것으로 제24항,[117] 제58항,[118] 제81항,[119] 제88항,[120] 제94항[121] 등이 그것이다. 아래에서는 규범내용에 실질적 변경을 가져오는 의견을 소개한다.

(1) 제8항(법사위수정안은 "법정대리인은 미성년자가 아직 법률행위를 하기 전에는 전 2조의 동의와 허락을 취소할 수 있다"는 규정을 추가하는데, 이 규정은 삭제한다)[122]: 이 의견은 법사위

115) 앞의 책 『民法案意見書』, 200-201면(김기선 집필).
116) 명순구, 앞의 책 『실록 대한민국 민법 3』, 803-804면 참조.
117) 앞의 책 『民法案意見書』, 38-40면(안이준 집필).
118) 앞의 책 『民法案意見書』, 89면(최식 집필).
119) 앞의 책 『民法案意見書』, 121면(김증한 집필).
120) 앞의 책 『民法案意見書』, 127-128면(김증한 집필).
121) 앞의 책 『民法案意見書』, 139면(주재황 집필).
122) 이에 대해서는 앞의 책 『民法案意見書』, 27면(이항령 집필) 참조.

수정안의 취지를 오해한 데에[123] 기인한 것이다. 이 의견은 현석호 의원 수정안에 반영되지 않아 국회 본회의에서 논의될 여지가 없었고, 법사위수정안은 현행민법 제7조로 존재하고 있다.

(2) 제9항(한정치산제도를 폐지한다): 무능력자로서 미성년자와 금치산자를 인정하면 족하다는 것이다.[124] 이 의견은 현석호 의원 수정안에 반영되지 않아 국회 본회의에서 논의될 여지가 없었다.

(3) 제15항(주소에 관하여 복수주의를 채택한 법사위수정안에 반대한다): 주소에 관해서는 개수만이 아니라 여러 가지 논점이 있는데 개수에 대하여 입법할 바에야 다른 것에 대해서도 입법해야 한다는 의견이다.[125] 복수주의는 주소에 관한 객관주의와 짝을 이루는 것이며, 복수주의의 필요성이 실재한다는 점에서[126] 『民法案意見書』의 주장은 설득력이 없어 보인다. 이 의견은 현석호 의원 수정안에 반영되지 않아 국회 본회의에서 논의될 여지가 없었고, 법사위수정안은 현행민법 제18조 제2항으로 존재하고 있다.

(4) 제49항(자력구제에 관한 규정을 삭제하자[127]): 민법초안은 의용민법과 같이 자력구제에 관한 규정을 두지 않았으나 법사위수정안은 독일민법 등의 입법례와 당시 통설을 근거로 이에 관한 규정을 신설하였다.[128] 『民法案意見書』는, 예외적으로 허용되는 자력구제는 명문으로 정하지 않고 종전과 같이 해석상 인정하는 것이 바람직하다는 입장이다. 이 의견은 현석호 의원 수정안에 반영되지 않아 국회 본회의에서 논의될 여지가 없었고, 법사위수정안은 현행민법 제209조로 존재하고 있다.

(5) 제57항(민법초안 제230조를 삭제한다[129]): "수목의 과실이 타인의 거주하는 인지(隣地)에 떨어진 때에는 그 거주자가 이를 수취한다"는 규정은 의용민법에 없던 것을 독일민법(제911조)을 참고하여 민법초안에서 신설한 것이다. 이에 대하여 『民法案意見書』는, 종래 학설이 그와 반대로 해석하고 있고 한국의 관습에도 부합하지 않으니 삭제하자는 것이다. 이 의견은 현석호 의원 수정안에 반영되어 국회 본회의에서 논의했고 가결되었다.[130] 법제사법위원회와 다른 의견으로서 현석호 의원의 수정안이 가결된 것은 이것이 유일하다. 민법초안 제230조에 관한 토론 내용 중 "현석호 의원의 수정안은 무조건 그 동안 부결이 되었기 때문에

123) 이에 대해서는 이홍민, 앞의 글 '「민법안의견서」의 학설 편입과정을 통해 본 민법개정에 대한 태도', 311면 참조.
124) 앞의 책 『民法案意見書』, 27-28면(이항령 집필).
125) 앞의 책 『民法案意見書』, 31면(이항령 집필).
126) 이에 대해서는, 명순구, 앞의 책 『실록 대한민국 민법 1』, 76면, 117면 참조.
127) 앞의 책 『民法案意見書』, 82-83면(이종흡 집필).
128) 명순구, 앞의 책 『실록 대한민국 민법 2』, 78면 참조.
129) 앞의 책 『民法案意見書』, 89면(최식 집필).
130) 이에 대해서는, 명순구, 앞의 책 『실록 대한민국 민법 2』, 159-161면 참조.

이 조문만은 현석호 의원의 수정안대로 이의 없이 통과를 시키는 것이 좋을 줄 압니다"라는 한 의원의 발언이 눈길을 끈다.

(6) 제59항(민법 초안 제271조,[131] 제220~225조[132]를 삭제한다[133]): 『民法案意見書』의 제안 논거를 본다. 첫째, 토지소유권 상호간에 이용의 조절이라는 목적은 자유계약에 의하여 지역권을 설정한다든가 혹은 권리남용의 법리에 의할 수도 있으므로 최소한도의 요구만을 법정해야 한다. 둘째, 민법초안은 유수(流水)를 토지의 일부(구성부분)로 취급하는데, 지표수와 지하수 중 전자는 公共用水로서 토지소유권의 내용이 아님은 분명하고, 후자는 地下流水, 地下溜水, 및 岩石間浸透水로 나눌 수 있는데 이 중 地下流水는 지표수·지하수의 차이는 있으나, 역시 公共用水로서 토지소유권의 내용이 아니라고 해야 할 것이고, 단지 地下溜水와 岩石間浸透水만이 그렇다 할 것이다. 이 의견은 현석호 의원 수정안에 반영되지 않아 국회 본회의에서 논의될 여지가 없었고, 민법초안은 모두 현행민법이 되었다. 그러나 물의 공공성을 간파하고 있는 『民法案意見書』의 제안은 지금도 유의할 가치가 있다.

(7) 제90항(민법초안 제351조를 삭제한다[134]): 민법초안 제351조는 유저당을 금지하는 규정이다. 이에 대하여 민사법연구회는, 이와 같은 입법례가 없는 것은 아니지만 유질계약의 금지조차도 그 타당성이 의문시되고 있는 오늘날, 의용민법에도 금지되지 아니하고 오히려 판례에 의하여 유효성이 인정된 유저당을 금지한 것은 하나의 시대착오라고 비판하고 있다. 이 의견은 현석호 의원 수정안에 반영되어 국회 본회의에서 가결되었다.[135]

4. 제4유형: 민법초안 또는 법사위수정안에 없는 사항을 추가하는 의견

제4유형의 의견 중 제2항("사권은 공공의 복리에 따른다"[136])와 같이 원칙적인 선언을 추가하는 것은 제외하고 규범내용에 실질적 변경을 가져오는 의견을 소개한다.

(1) 제23항(외국법인에 관한 규정을 신설한다): 의용민법이 외국적의 자연인과 외국법인에 관하여 특별규정(제2조와 제36조)을 두었던 것과 달리 민법초안은 이들 규정을 모두 삭제하였다. 민법초안에 대하여 국회 법제사법위원회도 헌법 제7조 제2항의 정신[137], 외국적의 자연인이나 법인의 권리능력을 제한할 필요가 있을 때에는 특별법으로 규정하면 될 것이라는 점, 외자도입의 길을 개방해야 한다는 점, 자선·문화·후생 등을 목적으로 하는 단체적 활

131) 현행민법 제228조(여수급여청구권)에 해당함.
132) 현행민법 제231조(공유하천용수권), 제232조(하류연안의 용수권 보호), 제233조(용수권의 승계), 제234조(용수권에 관한 다른 관습), 제235조(공용수의 용수권), 제236조(용수장해의 공사와 손해배상, 원상회복)에 해당함.
133) 앞의 책 『民法案意見書』, 90-91면(최식 집필).
134) 앞의 책 『民法案意見書』, 129면(김증한 집필).
135) 국회 본회의에서의 구체적인 토론에 대해서는, 명순구, 앞의 책 『실록 대한민국 민법 2』, 469-470면 참조.
136) 앞의 책 『民法案意見書』, 21-23면(김기선 집필).
137) 헌법 제6조 제2항: "외국인의 법적 지위는 국제법과 국제조약의 범위 내에서 보호된다."

동이 국제성을 띤다는 점 등을 고려하여 원안을 그대로 유지했다.[138] 『民法案意見書』는 외국법인에 관한 규정을 유지하자는 것이다.[139] 민법초안과 법사위수정안이 외국법인에 관한 규정을 두지 않은 것은 외국적의 자연인의 권리능력에 관한 규율과 짝을 지어 면밀한 규율계획에 따른 것이다. 그리고 그 규율계획은 매우 모던한 관념으로 적절하다고 평가된다. 이에 반해 『民法案意見書』 제23항의 설명은 설득력이 없다. 게다가 자연인에 관해서는 민법초안이 의용민법 제2조를 삭제한 것에 찬성하면서[140] 법인 분야에서는 의용민법 제36조를 유지하자는 쪽으로 주장함으로써 정책의 일관성을 잃고 있다. 이 의견은 현석호 의원 수정안에 반영되지 않아 국회 본회의에서 논의될 여지가 없었다.

(2) 제25항("법인이 아닌 사단 또는 재단에 관하여는 본 장의 규정을 준용한다"는 규정을 신설한다[141]): 이 의견은 공동소유의 유형으로 공유, 합유, 총유를 인정해야 한다는 것[142]과 같은 맥락에서 주장된 것이다. 이 의견은 현석호 의원 수정안에 반영되어 국회 본회의에서 논의했으나 부결되었다.[143]

(3) 제34항(착오자가 착오를 이유로 법률행위를 취소한 경우에 그에게 과실이 있다면 신뢰이익배상책임을 부담시키는 규정을 신설한다[144]): 독일민법의 예에 따라 현행민법 제109조 제3항에 신뢰이익배상 규정을 신설하자는 주장이다. 이 의견은 현석호 의원 수정안에 반영되어 국회 본회의에서 논의했으나 부결되었다.[145]

(4) 제40항("권리의 소멸시효가 완성한 때에는 그 권리의 소멸로 인하여 이익을 받는 당사자는 권리의 소멸을 주장할 수 있다"는 규정을 신설한다[146]): 소멸시효 완성의 효과와 관련하여 의용민법은, 한편으로는 소멸시효의 완성으로 권리 자체가 소멸되는 것으로 규정하고(의용민법 제167조, 제168조 참조), 다른 한편으로는 원용을 조건으로 한다(의용민법 제145조). 그 결과 학설이 난무하는 상황이었다. 이를 명확하게 정리하기 위하여 법전편찬위원회 단계부터 조치를 강구했다. [민법전편찬요강 총칙 13]은 "소멸시효 완성의 효과는 권리를 소멸시킬 수 있는 일종의 항변권을 발생하도록 할 것"으로 정하고 있다.[147] 이에 따라 민법초안은 절대적 소멸

---

138) 이에 대해서는, 명순구, 앞의 책 『실록 대한민국 민법 1』, 76면, 157면 참조.
139) 앞의 책 『民法案意見書』, 37-38면(황산덕 집필).
140) 앞의 책 『民法案意見書』, 31면(이항령 집필).
141) 앞의 책 『民法案意見書』, 40면(김증한 집필).
142) 앞의 책 『民法案意見書』, 96-106면(김증한 집필).
143) 국회 본회의에서의 구체적인 토론에 대해서는, 명순구, 앞의 책 『실록 대한민국 민법 1』, 170-172면 참조.
144) 앞의 책 『民法案意見書』, 51-53면(이병호 집필).
145) 국회 본회의에서의 구체적인 토론에 대해서는, 명순구, 앞의 책 『실록 대한민국 민법 1』, 318-322면 참조. 장경근은 이 의견에 대하여 매우 단호하게 부정적인 입장을 견지한 것으로 보인다. 자신의 주장을 관철하기 위하여 그는 심지어 독일민법에는 그런 규정이 없다는 발언까지 한다. 그의 법학 수준으로 볼 때 독일민법에는 그런 규정이 있다는 것을 몰랐을 가능성은 희박하다.
146) 앞의 책 『民法案意見書』, 60-63면(김증한 집필).
147) 명순구, 앞의 책 『실록 대한민국 민법 1』, 423면 참조.

설을 전제로 의용민법 제145조를 삭제하였고, 법제사법위원회도 같은 입장을 취하였다.[148] 『民法案意見書』의 입장은 소멸시효 완성의 효과를 권리의 절대적 소멸로 보는 것은 이론적으로 정당하지 않다는 것이다. 이 의견은 현석호 의원 수정안에 반영되어 국회 본회의에서 논의했으나 부결되었다.[149]

(5) 제74항(유치권자에게 경매권을 인정하는 규정을 신설한다[150]): 민법초안이 질권과 저당권에 관하여 경매권을 명정한다면 유치권에 관하여도 이것을 명정함이 타당하다는 것이다. 의용민법은 유치권은 물론 선취특권 및 질권에 대해서도 경매권을 인정하지 않고 있었다. 그러나 선취특권 및 질권은 우선변제권이 있었으므로(의용민법 제303조 및 제342조 참조), 경매법에 의해 경매권을 인정하는 데에 아무런 이견이 없었다.[151] 유치권은 우선변제권이 없으므로 경매법상 유치권자를 경매권자로 인정하는 것은 무용한 규정이라는 견해도 있었지만, 통설은 경매법의 문언[152]을 중시하여 유치권자도 경매를 청구할 수 있다고 하였다.[153] 민사법연구회의 의견은 이러한 당시의 통설을 따른 것이다. 이 의견은 현석호 의원 수정안에 반영되어 국회 본회의에서 가결되어 현행민법 제322조 제1항이 되었다.[154]

(6) 제86항(단기임대차에 관한 규정을 신설한다[155]): 의용민법상 저당목적물의 이용을 원활하게 하려는 제도 중 하나로 '단기임대차의 보호'제도가 있었다(의용민법 제395조). 그러나 이에 대해서는 경매가격을 저하시키고, 단기임대차 기간을 넘는 장기의 임대차는 일체 저당권에 대항할 수 없게 하는 것은 지나치다는 점, 목적물의 소유자가 임차인과 통모하여 저당권의 실행을 방해하기 위한 수단으로 사용된다는 점 등이 지적되어 왔다.[156] 원안은 이러한 지적을 따라 단기임대차의 보호 제도를 받아들이지 않았다. 『民法案意見書』의 제안은 현석호 의원 수정안에 반영되지 않아 국회 본회의에서 논의될 여지가 없었다.

(7) 제99항(채권총칙에 채권자지체에 관한 일반규정을 두는 것과 함께 매매와 도급에서 채권자에게 수령의무를 이전하는 규정을 신설한다[157]): 독일민법(제433조 제2항, 제640조 제1항)의 예에

---

148) 이와 관련하여 법제사법위원회는 "원안은…시효원용에 관한 의용민법 제145조를 삭제함으로써 시효에 관해서는 앞으로 소위 절대적 소멸설이 확정되고, 따라서 원용은 하나의 항변권으로 되게 된 것이다"라는 입장으로 밝히고 있다(명순구, 앞의 책 『실록 대한민국 민법 1』, 424면 참조).

149) 국회 본회의에서의 구체적인 토론에 대해서는, 명순구, 앞의 책 『실록 대한민국 민법 1』, 468-470면 참조.

150) 앞의 책 『民法案意見書』, 117면(김증한 집필).

151) 金曾漢 · 安二濬 共編, 앞의 책 『擔保物權法』, 87면 및 125면 참조.

152) 조선민사령 제1조 제22호에 의해 의용되었던, 일본 경매법 제3조 제1항은 "동산의 경매는 유치권자…의 위임에 의하여 경매를 할 곳의 지방 재판소 소속의 집달리가 한다"고 규정하고, 동 경매법 제22조 제1항은 "부동산의 경매는 유치권자…의 신청에 의하여 부동산소재지의 지방 재판소가 한다"고 규정하였다.

153) 我妻榮 저/安二濬 역, 앞의 책 『擔保物權法』, 32면; 金曾漢 · 安二濬 共編, 앞의 책 『擔保物權法』, 44-45면 참조.

154) 국회 본회의에서의 구체적인 토론에 대해서는, 명순구, 앞의 책 『실록 대한민국 민법 2』, 378-379면 참조.

155) 앞의 책 『民法案意見書』, 126-127면(김증한 집필).

156) 金曾漢 · 安二濬 共編, 앞의 책 『擔保物權法』, 222-223면; 張庚鶴, 앞의 책 『新物權法各論(下卷)』, 664-666면 등 참조.

따른 제안이다. 이 의견은 현석호 의원 수정안에 반영되어 국회 본회의에 상정되었으나 현석호 의원이 중도에 철회하였다.[158)]

(8) 제116항(교차청약에 관한 규정을 신설한다[159)]): 민법초안은 의용민법이나 만주민법과 같이 교차청약에 관한 규정을 두지 않았다. 그러나 당시의 학설은 교차청약에 의한 계약성립을 인정하고 그 성립 시기는 각 청약이 도달한 때라고 해석하고 있었다.[160)] 민사법연구회는 이러한 학설을 성문화하자는 것이었다. 이 의견은 현석호 의원 수정안에 반영되어 국회 본회의에서 가결되어 현행민법 제535조가 되었다.[161)]

(9) 제121항(민법초안 제528조 다음에 "전 조의 경우에 계약의 상대방은 채무자에 대하여 제3자에게 이행할 것을 청구할 수 있다"는 규정을 신설한다): 현행민법의 조문으로 말하자면, 낙약자에 대한 제3자의 이행청구권(제539조)과 제3자에 대한 낙약자의 최고권(제540조)을 규정하고 있으나, 낙약자가 제3자에 대하여 이행할 것을 요약자가 청구할 수 있는 권리는 규정하지 않고 있다. 이 낙약자에 대한 요약자의 청구권은 당연한 것이지만 원안으로서는 그 규정을 두는 것이 균형상 좋을 것이며, 독일민법(제335조)이 역시 그와 같은 규정을 두고 있다. 이 의견은 현석호 의원 수정안에 반영되지 않아 국회 본회의에서 논의될 여지가 없었다.

(10) 제117항(계약체결상의 과실에 관한 규정을 신설한다[162)]): 계약의 내용이 원시적 불능의 경우에 신의성실의 원칙을 이유로 하여 계약체결상의 과실이 있는 자에게 손해배상의무를 부담시키자는 것이다. 물론 이 책임을 묻는데 불법행위의 이론을 적용할 수도 있을 것이지만(더욱이 제750조는 불법행위의 요건으로 위법행위를 들고 있으니 불법행위의 성립을 인정할 수 있을 것) 신의성실의 원칙을 이유로 하는 계약상의 책임으로 하여, 그 입증책임, 이행보조자의 책임 등에 관하여도 일반의 불법행위보다 무거운 책임을 지우는 것이 훨씬 더 적절하다는 주장이다. 이 의견은 현석호 의원 수정안에 반영되어 국회 본회의에서 가결되어 현행민법 제535조가 되었다.[163)]

(11) 제147항(민법초안 제636조에서 임대인도 임차인에게 대하여 그 부속물의 매도를 청구할 수 있다는 취지의 규정을 신설한다[164)]): 현행민법 제646조에 관한 것이다. 의용민법에는 민법초안과 같은 규정이 없었는데,[165)] 이에 대해 당시의 학설은 임차인이 수거권을 행사하여도

157) 앞의 책『民法案意見書』, 146-147면(주재황 집필).

158) 국회 본회의에서의 구체적인 토론에 대해서는, 명순구, 앞의 책『실록 대한민국 민법 3』, 412-413면, 618면 참조.

159) 앞의 책『民法案意見書』, 160면(현승종 집필).

160) 我妻榮 저/安二濬 역, 앞의 책『債權各論』, 6-7면; 高窪喜八郎・白羽祐三 編, 앞의 책『學說判例總覽民法債權各論編(上)』, 149-151면 참조.

161) 국회 본회의에서의 구체적인 토론에 대해서는, 명순구, 앞의 책『실록 대한민국 민법 3』, 328-329면 참조.

162) 앞의 책『民法案意見書』, 160-163면(현승종 집필).

163) 국회 본회의에서의 구체적인 토론에 대해서는, 명순구, 앞의 책『실록 대한민국 민법 3』, 334면 참조.

164) 앞의 책『民法案意見書』, 181-182면(주재황 집필).

임차인은 투하자본의 회수를 기도할 수 없을 뿐만 아니라 부속물을 수거하는 것은 물건의 객관적 가치를 감소시켜 사회적 손실을 초래한다는 이유로 입법상 부속물매수청구권을 두는 것이 타당하다고 하고 있었다.[166] 민법초안은 이러한 지적을 반영한 만주민법 제615조를 받아들인 것이다. 민사법연구회는 이 규정의 매수청구권이 임차인의 이익뿐만 아니라 사회경제적인 이익도 고려한 규정이라는 점에 착안하여 임대인에게도 매수청구권을 인정하는 취지의 규정을 신설하자는 것이다. 이 제안은 현석호 의원 수정안에 반영되어 국회 본회의에 상정되었으나 현석호 의원이 중도에 철회하였다.[167]

(12) 제148항(민법초안 제637조에 제3항을 신설하여 전대차에서 임대인에게도 매도청구권을 인정하는 규정을 신설한다[168]): 현행민법 제647조에 관한 것이다. 위 제147항과 같은 이유로 제안한 것이다. 이 제안은 현석호 의원 수정안에 반영되어 국회 본회의에 상정되었으나 현석호 의원이 중도에 철회하였다.[169]

V. 결 어

우리 민법전 제정의 역사를 생각하면 대체로 어두운 그림자가 함께 떠오르는 경우가 많다. 일본 제국주의에 의한 타율적인 법의 근대화, 일본 민법전 내지 일본 민법학의 영향 아래에서 만들어진 민법전, 입법 당시의 상황을 알려주는 입법자료가 극히 미약한 민법전, 시간에 쫓겨 서둘러 제정하다 보니 '졸속입법'이라는 비판을 듣기도 하는 민법전…… . 사실 우리 민법전은 태생적으로 그와 같은 부정적인 요소들을 가지고 있다. 그러나 이러한 평가들은 매우 추상적 또는 개괄적인 것일 뿐, 구체적인 사항을 들어 그 평가를 증거하는 작업은 아직까지 미약하였다.

「민법」을 세밀히 들여다보면 일본 민법학의 그늘을 벗어나지 못한 규정 및 외국(특히 독일)의 제도를 무비판적으로 계수한 것에서부터 세련되고 진취적인 규정에 이르기까지 다양한 스펙트럼을 발견하게 된다. 그리고 「민법」 제정과정을 자세히 관찰해 보면 그 이유를 파악할 수 있는 경우가 적지 않다. 입법과정에 대한 정확한 이해, 즉 과거에 대한 구체적인 인식 없이는 앞을 향한 발걸음에 확신을 가질 수 없다. 「민법」 제정과정에서 가장 안타깝게 관찰

165) 일본 차가법 제5조는 부속물매수청구권을 규정하고 있었지만, 이 법은 조선민사령에 의해 의용되지 않았으며 조선에서는 이러한 내용의 법이 없었다.

166) 金基善, 앞의 책 『債權法』, 148면.

167) 국회 본회의에서의 구체적인 토론에 대해서는, 명순구, 앞의 책 『실록 대한민국 민법 3』, 412-413면, 572면 참조.

168) 앞의 책 『民法案意見書』, 182-183면(주재황 집필).

169) 국회 본회의에서의 구체적인 토론에 대해서는, 명순구, 앞의 책 『실록 대한민국 민법 3』, 412-413면, 575면 참조.

되는 부분은 외국의 입법례에 대한 관심이 명확한 목적성도 없이 지나치게 확대되고, 그 반면 정작 「민법」이 적용될 대한민국의 사회현실, 법감정 또는 사고방식에 대한 고려가 너무 미약했다는 것이다. 당시의 시대적 사정으로 보아 그럴 수밖에 없는 이유가 있어 그 현상을 양해할 수 있으나, 앞으로는 그와 유사한 일이 일어나지 않도록 특별히 유의해야 할 것이다.

「민법」 제정에 관한 입법자료가 풍부하지는 않은 상황에서 민사법연구회의 『民法案意見書』는 매우 소중한 학문적 유산이다. 위에서 민법 제정과정에서 민사법연구회의 활동을 『民法案意見書』에 나타난 사항을 중심으로 살펴보았다. 『民法案意見書』는 1945년 해방으로 교육·학문 주권을 회복한 이후 약 10여년 동안 급속하게 성장한 민법학계의 성과를 잘 보여주고 있다. 『民法案意見書』의 의견 총 168개 항목은 한결같이 오늘날 민법을 연구하는 사람들에게 매우 유익한 시사점을 준다. 어떤 항목은 앞으로는 반복하지 말아야 할 반성의 계기로, 또 어떤 것은 지금이라도 제대로 인식하여 앞으로의 법해석과 입법에 반영해야 할 지침의 계기를 제공한다.

39. 독일법상 신상보호를 위한 장래대리*

안 경 희**

Ⅰ. 서　설

독일은 1970년대에 이미 고령사회에, 2010년에는 초고령사회에 진입했고, 2013년 현재 70-74세 노인의 5%, 75세-79세 노인의 10%가 장기요양을 필요로 하며, 90세 이상 노인의 경우에는 남자노인의 50%, 여자노인의 64%가 각각 수발을 받으면서 생활하고 있다.[1] 이러한 통계수치에 비추어 볼 때 가령 인간의 평균 수명을 100세라고 가정한다면 노년의 10-15년은 병상에서 타인의 도움을 받으면서 생활할 가능성이 상당히 높은바, 이러한 시기를 대비하여 사적으로 대리인을 선임하는 등 제반 조치를 강구할 필요가 있다.

이와 같은 인구구조 및 사회상의 변화를 반영하듯 독일에서는 1982년부터 고령을 대비한 대리권(Altersvorsorge-Vollmacht)에 대한 법적인 검토가 시작되었고,[2] 그 후 이 개념을 일반화시켜서 -고령은 물론, 질병이나 사고로 타인의 도움을 필요로 하는 경우를 대비하여 수여되는- 장래대리권(Vorsorgevollmacht)[3][4]이라는 용어가 사용되다가 1990년 후견법 제정[5]

---

* 이 논문은 2018년 2월 22일에 개최되었던 고령자·장애인을 위한 의사결정지원제도 도입을 위한 국제포럼에서 필자가 발표했던 논문 및 법학논총(한양대 법학연구소), 제35집 제1호(2018.3)에 게재되었던 논문을 수정·보완한 것이다.

** 국민대학교 법과대학 교수

1) Statistisches Bundesamt, Wissenschaftszentrum Berlin für Sozialforschung(Hrsg.), *Datenreport 2016: Ein Sozialbericht für die Bundesrepublik Deutschland*, Bundeszentrale für politische Bildung, 2016, S. 17, 281.

2) 이 용어는 Müller-Freienfels, Wolfram, Die Altersvorsorge-Vollmacht. Studie zur Vollmachtserteilung über Minderungen der Geschäftsfähigkeit hinaus, *Europäisches Rechtsdenken in Geschichte und Gegenwart, Festschrift für Helmut Coing zum 70. Geburtstag*, Band Ⅱ, München, 1982, S. 395에서 처음으로 사용되었다.

3) 이 용어는 Bühler, Martin, Vorsorgevollmacht zur Vermeidung einer Gebrechlich-keitspflegschaft oder Betreuung, *BWNotZ*, 1990, S. 1 이하에서 처음으로 사용되었는데, 이 논문이 공간되기 전에도 Baden-Württemberg주의 Württemberg 지역에 활동했던 공증인들은 이 용어를 사용하고 있었다고 한다.

4) 영미법에서는 지속적 대리권(The Lasting/Enduring Power of Attorney)이라는 용어가 주로 사용되는데, 독일어 Vorsorge는 '사전예방' 또는 '장래에 대한 준비'를 의미하므로 본고에서는 이 의미를 살려서 장래대리권이라고 번역하기로 한다. 만일 Vorsorgevollmacht를 지속적 대리권이라고 번역한다면 이는-내용면에서 보면 후견도 후견이 개시된 때로부터 종료될 때까지 후견인과 피후견인 사이에 지속적으로 대리관계가 존속하므로 이 역시 지속적 대리권에 포함되기 때문에- '협의의 지속적 대리권'을 의미한다.

광의의 지속적 대리권	
법정대리권	임의대리권
후견	협의의 지속적 대리권(장래대리권)

5) Das Gesetz zur Reform des Rechts der Vormundschaft und Pflegschaft für Volljährige(das Betreeungsgesetz)

시에 －후자의 의미에서－ 임의대리인(einen Bevollmächtigten)을 선임할 수 있음을 간접적으로 인정했다(독일민법[6] 제1896조 제2항 제2문).[7]

그 후 1999년 제1차 후견법 개정[8]을 통하여 임의대리인이 －법정대리인인 후견인(Rechtliche Betreuer)과 마찬가지로－ 본인의 생명 및 신체에 중대한 위험이 초래될 수 있는 의료행위에 동의할 수 있고(제1차 성년후견법 개정에 의한 제1904조 제2항. 현행법 제1904조 제5항[9]), 본인을 폐쇄병동에 입원시키거나 가정에서 본인에게 자유박탈적 처치를 하는 것에 대해서도 동의할 수 있다는 규정이 신설되었다(제1906조 제5항). 다만 임의대리인의 권한 남용을 막기 위하여 대리인이 이러한 행위를 할 때에는 후견법원의 허가를 받도록 명문화했다. 2009년(제3차 후견법 개정[10])에는 환자의 사전의료지시서에 관한 명문규정이 신설되었는데, 이 지시서에 따른 의료행위에 대한 동의 등에 있어서도 장래대리인에게 후견인과 마찬가지의 지위가 부여되었다(제1901조의a 제5항, 제1901조의b 제3항). 나아가 2013년 「의료적 강제처치에 대한 후견법적인 동의를 규율하는 법률[11]」에 따라 일정한 요건 하에 장래대리인이 본인의 자연적 의사에 반해서도 의료적 필수처치에 동의할 수 있도록 법정되었다(제1906조 제3항, 제3항의a, 제1901조의b 제3항). 이하에서는 이 개정된 민법규정들을 중심으로 독일법상 신상보호를 위한 장래대리의 의의(Ⅱ), 장래대리권(Ⅲ), 장래대리인의 대리행위(Ⅳ)에 대하여 검토하고자 한다.

Ⅱ. 장래대리의 의의

독일민법에는 제1896조 제2항 제2문을 비롯하여 제1901조의a 제5항, 제1904조 제5항, 제1906조 제5항 제1문에 임의대리인이라고 법정되어 있고, 제1901조의c의 표제에 장래대리권이라는 용어가 등장하지만 이에 대한 정의규정은 두고 있지 아니하다. 강학상 장래대리라 함은 장차 신상보호 및 재산관리에 관하여 스스로 결정을 내리지 못하게 되는 경우를 대비하여 본인이 특정인에게 일정한 의사표시 또는 법률행위를 할 수 있는 대리권을 수여하고,

vom 12. September 1990(BGBl. I 1990, S. 2002).

6) 본고에서 법명의 언급 없이 인용된 법률조문은 독일민법의 규정이다.

7) 이 민법규정에는 임의대리인이라고만 법정되어 있으나 동 규정에 대한 입법자료(Deutscher Bundestag, Drucksache 11/4528, S. 122)에 비추어 볼 때 이 대리인은 내용면에서-노령을 대비한 임의대리인을 일반화한-장래를 대비한 임의대리인(장래대리인)을 의미한다.

8) Gesetz zur Änderung des Betreuungsrechts sowie weiterer Vorschriften(Betreuung-srechtsänderungsgesetz BtÄndG) vom 25. Juni 1998(BGBl. I 1998, S. 1580).

9) 규정 신설 당시에는 제1904조 제2항이었으나, 2009년 개정 시에 동조에 제2항, 제3항, 제4항을 부가함에 따라 조문의 위치가 제2항에서 제5항으로 변경되었다.

10) Drittes Gesetz zur Änderung des Betreuungsrechts vom 29. Juli 2009(BGBl. I 2009, S. 2286).

11) Gesetz zur Regelung der betreuungsrechtlichen Einwilligung in eine ärztliche Zwangsmaßnahme vom 18, Februar 2013(BGBl. I 2013, S. 266).

대리인이 수권 받은 범위에서 본인의 이름으로 의사표시나 법률행위를 하면 당해 행위의 효과가 직접 본인에게 귀속되는 임의대리를 말한다.[12)]

이 장래대리는 기본적으로 제164조 이하의 의미에서의 통상의 대리에 해당하는데, 행위무능력 내지는 후견 필요성이 발생하는 경우를 사전에 미리 대비하는 '사전예방적' 성격을 가진다는 점에 특색이 있다. 아울러 장래대리는 본인이 대리인을 직접 선임하고 본인의 의사에 따라 자신의 행위능력이 제한될 것으로 예상되는 범위에서만 대리인에게 대리권을 수여하므로, 본인의 자기결정권을 존중하고 사적 자치를 확장・보충하는 기능을 담당한다.

바로 이러한 특성 때문에 후견법 개정과정에서 임의대리인(장래대리인)은 본인의 신뢰 하에 본인에 의하여 직접 선임된 사람이므로 법정대리인(후견인)과 비교하여 법원에 의한 감독을 보다 덜 받아야 한다는 지적이 있었다.[13)] 그렇지만 입법자는 권한 및 중요결정에 관한 법원의 통제에서 임의대리인과 후견인에게 동일한 지위를 부여했다(제1901조의a 제5항, 제1901조의b 제3항, 제1904조 제5항 제1문). 그 대신에 후견인도 −임의대리인과 마찬가지로− 본인의 의사를 존중하여 선임하도록 명문화되었다. 가령 성년자가 후견인으로 선임될 수 있는 사람을 지정[14)]한 경우에는 −그의 복리에 반하지 아니하는 한− 그 지정에 따르고, 특정한 사람이 후견인으로 선임되어서는 아니 된다고 제안한 경우에도 이를 고려해야 하며(제1897조 제4항) 본인이 후견인을 지정하지 아니한 경우에는 그의 친족관계와 그 밖의 개인적인 관계, 특히 부모, 자녀, 배우자, 기타 이익충돌의 위험을 고려하여 후견인을 선임해야 한다(제1897조 제5항). 그 결과 <표 1>에서 보는 바와 같이 후견인 가운데 가족후견인이 차지하는 비율이 거의 과반수에 달하고 있다.

〈표 1〉 후견인의 구성(2014−2016)

구분		2014년		2015년		2016년	
		숫자(명)	비율(%)	숫자(명)	비율(%)	숫자(명)	비율(%)
사인	가족	108,275	51.42	104,243	49.72	90,075	43.90

12) Brauer, Daniel/Lipp, Volker, Patientenautonomie und Familie, *MedR* 2016, S. 232; Bühler, Martin, Vollmachtserteilung zur Vermeidung einer Betreuerbestellung-Möglichkeiten und Grenzen der Vorsorgevollmacht-, *FamRZ* 2001, S. 1586; Vorsorgeverfügungen/Lipp, §4 Rn. 14; Palandt/Götz, Einführung vor §1896 Rn. 5; Uphoff, Lisanne Henriette, *Vorsorgevollmacht*, S. 22; Zimmermann, Walter, Die Formulierung der Vorsorgevollmacht, *NJW*, 2014, S. 1573.

13) 이에 대해서는 Nationaler Ethikrat(Hrsg.), *Patientenverfügung-Ein Instrument der Selbstbestimmung*, Nationaler Ethikrat, 2005, S. 32 참조.

14) 성년자가 후견인을 지정하는 경우에는 의사표시가 문제되지 아니하기 때문에, 그의 행위능력과 독립적으로 그의 희망사항이 고려되어야 한다(Deutscher Bundestag, Drucksache 11/4528, S. 127). 요건은 단지 본인이 특정한 사람을 그의 후견인으로 지정하는 희망을 표명하는 것이다: BGH Beschluss vom 15.12.2010, XII ZB 165/10

	기타 명예직 후견인	11,703	5.56	11,992	5.72	18,414	8.97
	변호사	16,303	7.74	16,490	7.86	15,749	7.67
	기타 직업후견인	60,201	28.59	62,622	29.87	65,253	31.80
사단법인	직원	13,313	6.32	13,688	6.53	15,258	7.43
	사단법인	306	0.15	263	0.13	193	0.09
관청	직원	261	0.12	249	0.12	182	0.09
	관청	192	0.09	117	0.06	101	0.05

* 자료출처: 독일연방법무부의 통계자료(Betreuungsverfahren Zusammenstellung der Bundesergebnisse für die Jahre 1992 bis 2016)[15]에서 재구성.

이와 같이 장래대리인과 후견인의 역할이 중복될 뿐만 아니라 가족이 대리인이 되는 경우가 많으므로, 제1896조 제2항 제2문에서는 임의대리인에 의하여 후견인이 있는 경우와 동일하게 후견인의 임무가 처리될 수 있는 한, 후견은 필요하지 아니하다고 법정하고 있다(보충성의 원칙).[16] 물론 대리권 수여에 대한 어떠한 의구심도 존재하지 아니하는 경우에만 후견인이 선임되지 아니하는데,[17] 가령 연방대법원은 공증인에 의하여 작성된 대리권 수여 문건이 있는 경우에는 후견인의 선임은 배제된다고 판시한 바 있다.[18]

연방법무부도 본인의 자기결정권을 존중하고 후견제도 운영에 소요되는 비용을 절감하기 위하여 장래대리제도에 대한 안내책자를 발간하고 법무부 홈페이지에서 누구나 대리권수여 양식(양식은 [서식 1] 참조)을 다운로드받을 수 있게 하는 등 장래대리를 적극적으로 홍보하고 있다. 이러한 노력의 결과 연방공증위원회 산하 장래대리권 중앙등록소(Zentrales Vorsorgeregister: 이하 중앙등록소)에 등록된 장래대리권 등록건수가 거의 해마다 증가하고 있고(<표 2> 참조), 이에 비하여 2013년부터 후견 이용건수는 점점 감소하고 있다(<표 3> 참조).

---

15) https://www.bundesjustizamt.de/DE/SharedDocs/Publikationen/Justizstatistik/Betreuungsverrfahren.html(검색일: 2018년 2월 1일)

16) 이 보충성의 원칙에 따르면 본인이 그의 사무를 스스로 처리할 수 없고 유효한 장래대리권을 수여하는 등 스스로 장래를 준비하지 아니한 경우에만 후견법원이 후견인을 선임할 수 있다: Uphoff, *Vorsorgevollmacht*, S. 28.

17) BGH Beschluss vom 15.12.2010, XII ZB 170/08; Schulte-Bunert, Kai, *Familienrecht*, 2. Aufl., München, 2014, Rn. 275.

18) BGH Beschluss vom 30.03.2011, XII ZB 537/10.

〈표 2〉 장래대리권 등록건수(2005－2017)

연도	누적된 등록 건수	신규 등록 건수
2005	325,637	125,885
2006	472,965	147,931
2007	642,532	170,362
2008	823,765	181,233
2009	1,011,227	187,462
2010	1,230,059	218,832
2011	1,520,848	290,789
2012	1,856,594	335,746
2013	2,278,555	421,746
2014	2,648,931	370,375
2015	3,031,223	382,292
2016	3,415,114	383,891
2017(9월 30일 현재)	3,709,829	251,471

* 자료출처: 연간보고서 및 통계자료를 기준으로 재구성[19)]

〈표 3〉 성년후견 이용 건수 및 전년대비 증감률(2005－2015)

연도	이용 건수	전년대비 증감률(%)
2005	1,198,373	+3.5
2006	1,227,932	+2.46
2007	1,242,180	+1.16
2008	1,273,265	+2.50
2009	1,291,410	+1.42
2010	1,314,051	+1.75
2011	1,319,361	+0.40
2012	1,325,031	+0.42
2013	1,310,619	－1.09
2014	1,306,589	－1.09
2015	1,276,538	－2.30

* 자료출처: 연간보고서 및 통계자료를 기준으로 재구성[20)]

19) 2004년-2008년 수치는 장래대리권등록소의 연간보고서 자료를, 2009년-2017년 수치는 장래대리권등록소의 통계자료를 기준으로 작성했음: http://www.vorsorgeregister.de/Presse/Jahresbericht.php(검색일: 2018년 2월 1일)

20) https://www.bundesanzeiger-verlag.de/fileadmin/BT-Prax/downloads/Statistik_Betreungszahlen/2015/

Ⅲ. 장래대리권

1. 장래대리권의 수여

장래대리권은 행위능력을 상실할 경우 또는 후견필요성이 발생할 경우를 대비하여 특정인(본인)이 다른 특정인(대리인)에게 수여한 일정한 의사표시 내지 법률행위를 할 수 있는 자격(대리권)을 말한다. 이처럼 장래대리권은 －통상의 대리권과 마찬가지로－ 대리인에게 본인을 위하여 일정한 법률행위를 할 수 있는 자격을 부여할 뿐 대리인에게 의무를 부과하는 것은 아니므로, 본인이 특정인에게 자신을 위하여 일정한 법률행위를 할 수 있는 자격을 부여한다는 의사표시를 하고, 상대방에게 이 의사표시가 도달함으로써 대리권이 수여된다(제167조 제1항 참조). 따라서 대리권수여행위(수권행위)의 법적 성질은 상대방의 수령을 요하는 단독행위이다.[21)]

이처럼 수권행위는 본인이 대리권을 수여한다는 의사를 표시하는 것이기 때문에 이 수권행위를 할 때 본인은 원칙적으로 행위능력자이어야 한다.[22)] 성년자는 정신활동의 병적 장애로 자유로운 의사결정을 할 수 없는 사람을 제외하고는 행위능력을 가지기 때문에(제104조), 통상 성년자의 행위능력은 추정된다. 이에 비하여 장래대리인은 본인과의 신뢰관계에 기초하여 선임되는 임의대리인이므로 반드시 행위능력자일 필요는 없으나,[23)] 제한적 행위능력을 가지는 7세 이상의 미성년자(제106조)는 장래대리인이 될 수 없다.[24)] 그런가 하면 제1897조 제3항에 따라 후견인으로 선임될 수 없는 성년자(성년자가 수용되거나 거주하는 시설, 요양원 또는 그 밖의 시설과 종속관계 또는 기타 밀접한 관계에 있는 사람)도 장래대리인이 될 수 없다.[25)]

Betreuungsstatistik_2015.pdf(검색일: 2018년 2월 1일)

21) Bühler, *FamRZ* 2001, S. 1590; Palandt/Ellenberger, § 167 Rn. 1; Schulte-Bunert, *Familienrecht*, Rn. 276; Vorsorgeverfügungen/Spalckhaver, §8 Rn. 37; Uphoff, *Vorsorgevollmacht*, S. 63.

22) OLG Stuttgart, FamRZ 1994, 1417; OLG Zweibrücken, FamRZ 2006, 1710; Brauer, Daniel, *Autonomie und Familie*, Heidelberg, 2013, S. 54; Bühler, *FamRZ* 2001, S. 1590; Palandt/Götz, Einführung vor §1896 Rn. 5, 13; Vorsorgeverfügungen/Spalckhaver, §11 Rn. 38; Schulte-Bunert, *Familienrecht*, Rn. 276; Taupitz, Jochen, Empfehlen sich zivilrechtliche Regelungen zur Absicherung der Patientenautonomie am Ende des Lebens?, in: *Verhandlungen des Dreiundsechzigsten Deutschen Juristentages Leipzig 2000*, Band I, Gutachten, München, 2000, A 3, A 102; Uphoff, *Vorsorgevollmacht*, S. 63; Zimmermann, *NJW* S. 1574. 이에 비하여 동의능력만 가지고 있으면 된다는 견해도 있다: Berger, Christian, Privatrechtliche Gestaltungsmöglichkeiten zur Sicherung der Patientenautonomie am Ende des Lebens, *JZ*, 2000, S. 797, 803.

23) 설령 대리인이 성년인 제한행위능력자라 하더라도 대리인이 행한 의사표시 또는 대리인에 대하여 행한 의사표시의 효력은 제한행위능력자라는 사실에 의하여 영향을 받지 아니한다(제165조).

24) Brauer, *Autonomie und Familie*, S. 53.

25) Palandt/Götz, Einführung vor §1896 Rn. 6; Vorsorgeverfügungen/Spalckhaver, §11 Rn. 18; Zimmermann, *NJW* 2014, S. 1574.

2. 장래대리권의 범위

통상 임의대리는 특정한 현재의 사무 처리를 목적으로 하는데, 장래대리권은 아직 발생하지 아니한 '장래'의 사무를 대리인에게 부탁하는 것이므로, 가능하면 대리권의 범위 및 본인의 희망, 선호도, 생활스타일 등을 분명하게 제시하여 분쟁의 소지를 최소화할 필요가 있다. 재산행위에 대해서는 포괄수권도 가능하지만,[26] 신상행위의 경우에는 가령 제1904조에 따른 의료처치 전반에 대하여 포괄적으로 대리권을 수여할 수는 없고, 반드시 대리권증서에 구체적인 의료행위가 명시되어 있어야만 한다.[27] 장래대리권의 범위에 포함될 수 있는 사항들을 정리하면 다음과 같다.

장래대리권의 범위		세부사항
재산	재산 관련 사무	• 재산관리에 관한 포괄적 수권 부여 여부 • 처분할 수 있는 재산 유형과 범위 • 채무수령 • 임대차계약 체결 · 해지 • 장기요양급여, 사회보장급여 등의 신청 • 은행 관련 사무
신상	의료 관련 사무	• 제1904조 제1항 제1문에 따른 의료처치 • 생명연장조치의 실시, 거부 또는 중단
	입원, 기타 자유박탈적 처치 관련 사무	• 제1906조 제1항, 제4항에 따른 처치 • 제1906조 제3항, 제3항의a에 따른 처치
	기타 신상에 관한 사무	• 우편물 수령, 개봉 • 통신 관련 업무
소송행위		• 소송행위에 대한 대리권한 부여 여부
복대리		• 복대리인 선임권 부여 여부
후견에 관한 사전지시		• 희망하는 후견인 지정
의료행위에 관한 사전지시		• 의료행위의 유형과 범위 등 지시

그 밖에 본인은 사전의료지시서를 통하여 의료행위에 대한 희망사항이나 가치관을 미리 밝혀 둘 수도 있다. 민법상 사전의료지시서는 동의능력 있는 성년자가 장차 의료행위 등에 대한 동의능력이 없을 때를 대비하여 작성시점에서 아직 직접적으로 임박하지 아니한 특정

26) 다만 은행 등 금융기관은 통상 대리권이 공증되었거나 은행이나 금고용 위임장서식에 따라 대리권이 수여된 경우에만 대리권을 인정한다.

27) BeckOK BGB/Müller, §1904 Rn. 16; Bühler, *FamRZ* 2001, S. 1588; Palandt/Götz, Einführung vor §1896 Rn. 5; Zimmermann, *NJW* 2014 S. 1574.

한 그의 건강상태에 대한 검진, 치료행위 또는 의료적 침습행위에 동의할지 또는 거부할지를 확정해 둔 서면(제1901조의a 제1항 제1문)을 말한다. 성년자인 본인은 연방법무부나 의사협회에서 제공하는 양식을 사용하여 이러한 지시서를 작성할 수 있는데, 서명만은 반드시 자필로 해야 한다.[28] 연방법무부가 제공하는 사전의료지시서[29]는 ① 도입부(작성자의 인적 사항 기재), ② 사전의료지시서가 적용되어야 할 예시적인 상황, ③ 특정한 의료적 처치의 실행, 범위 또는 중단의 확정, ④ 임종장소와 지원, ⑤ 의사의 비밀준수의무 면제, ⑥ 사전의료지시서의 구속성, 해석, 실행, 철회를 위한 언급, ⑦ 기타 장래의 지시에 관한 참조, ⑧ 사전의료지시서를 위한 부가 설명, ⑨ 장기기증, ⑩ 결어, ⑪ 최종 언급, ⑫ 정보/상담, ⑬ 의사의 설명/동의능력의 확인, ⑭ 효력의 순으로 구성되어 있다(양식은 [서식 2] 참조).

3. 장래대리권의 수여 방식

서면으로 대리권을 수여한 경우에만 후견인 선임을 배제할 수 있다고 규정하는 것은 장래대리제도의 목적(본인의 자기결정권 내지는 사적자치의 보장)에 상응하지 아니하기 때문에,[30]장래대리권 수여 방식에는 원칙적으로 제한이 없다(방식의 자유). 다만 제1904조, 제1906조에서는 서면으로 대리권을 수여받은 대리인만이 본인에 대한 의료처치, 폐쇄병동 입원 등에 대하여 동의할 수 있도록 법정하고 있다.

장래대리가 아직 발생하지 아니한 장래의 사무처리를 타인에게 부탁하는 제도라는 점을 감안한다면, 법정된 신상관련 대리뿐만 아니라 재산관련 대리의 경우에도 본인의 의사를 분명하게 나타내는 서면을 남겨 둘 필요가 있다. 이러한 의미에서 대리권증서에 공증을 받거나 후견청에 수수료 10€를 지급하고 인증을 받아 두는 것도 고려할 만하다(후견청법 제6조 제5항). 공증은 공증인이 대리권 수여의 내용까지 공증하는 것이고, 후견청의 인증은 본인의 서명임을 인증하는 것에 불과하다. 물론 －관계당사자들 사이에서 장래대리권에 대하여 다툼이 없는 한－ 이러한 공증이나 인증이 없더라도 대리권의 법적 효력에는 차이가 없다.

연방법무부는 일반인들이 보다 쉽게 대리권수여문서를 작성할 수 있도록 4면으로 구성된 장래대리권 수여 양식을 무료로 제공하고 있는데, 누구나 연방법무부 홈페이지에 들어가면 이 양식파일을 다운로드 받을 수 있다.[31] 이 양식은 본인과 대리인의 표시란, 대리권 수여 범위 및 장소, 날짜, 서명 기재란 그리고 후견청의 인증표시란으로 구성되어 있다.

---

28) Palandt/Götz, §1901a Rn. 11.

29) http://www.bmjv.de/DE/Service/Formulare/Formulare_node.html(검색일: 2018년 2월 1일)

30) Deutscher Bundestag, Drucksache 11/4528, S. 122 참조.

31) http://www.bmjv.de/DE/Service/Formulare/Formulare_node.html(검색일: 2018년 2월 1일)

4. 장래대리권의 등록

본인은 서면으로 베를린에 있는 중앙등록소에 장래대리권의 등록을 신청할 수 있다(중앙 장래대리권등록부 법규명령 제2조). 장래대리권등록부(Vorsorgeregister)에 대리권을 입력・저장하게 되면 대리권의 존재가 외부에 공시되지만, 등록 자체가 대리권의 성립요건 내지는 유효요건은 아니기 때문에, 등록 여부가 대리권의 법적 효력에 영향을 미치지는 아니한다. 다만 전술한 바와 같이 임의대리인이 선임되어 있는 경우에는 후견인 선임이 원칙적으로 배제되는바(제1896조 제2항 제2문), 이 임의대리인의 선임 여부를 확인하는 데 등록이 중요한 의미를 가진다.

장래대리권등록부에 저장되는 사항은 대리권의 내용이 아니라, ① 본인의 표시(성명, 성별, 출생연월일, 출생지, 주소), ② 대리인의 표시(성명, 출생연월일, 출생지, 주소, 전화번호), ③ 대리권증서 작성일자, ④ 대리권증서 보관장소, ⑤ 대리권 수여사항(재산관리 사무, 건강 돌봄사무 및 1904조 제1항 제1문과 제1906조의a 제1항, 제4항에 따른 처치들이 명시적으로 포함되는지의 여부, 거주장소 결정 사무, 1906조 제1항, 제4항에 따른 처치가 명시적으로 포함되는지의 여부, 기타 신상에 관한 사무), ⑥ 특별한 지시나 희망사항(다수의 대리인 상호간의 관계, 후견법원이 후견인을 선임하는 경우에 관한 사전지시, 의료처치의 유형과 범위)이다(중앙 장래대리권등록부 법규명령 제1조).

사인이 대리권 등록을 신청하는 경우의 수수료는 [표 4]와 같다. 본인이 우편 또는 팩스로 대리권의 등록을 신청하는 경우에는 −온라인으로 직접 등록 신청을 하는 경우와는 달리− 추가적인 행정비용이 소요되므로 전자의 수수료가 보다 높게 책정되어 있다. 이 수수료는 등록시에 한 번만 납부하면 되고, 장래대리권과 사전의료지시서를 함께 등록하는 경우에도 추가 비용이 발생하지는 아니한다.[32]

〈표 4〉 등록 수수료

구 분	우편/팩스 신청	온라인/인터넷 신청
기본수수료	18.50€	16€
자동이체를 하는 경우	16€	13€
대리인이 2명 이상인 경우 추가 비용	1명 당 3€	1명 당 2.50€

<표 5>에서 보는 바와 같이 2009년에 사전의료지시서에 대한 명문규정이 신설된 이래 신규로 장래대리권을 등록하는 사람들 가운데 의료지시서도 함께 등록하는 비율이 점점 증

32) http://www.vorsorgeregister.de/ZVR-Zentrales-Vorsorgeregister/Kosten/index.php(검색일: 2018년 2월 1일)

가하는 추세이다. 2017년의 경우에는 그 비율이 88.05%나 되기 때문에 독일에서는 이러한 지시서를 작성하는 것이 거의 일반화되었다고 볼 수 있다. 현행법상 사전의료지시서의 작성에는 강제적인 성질이 없어서[33] 누구도 의료지시서를 작성할 의무를 부담하지 아니함에도 불구하고(제1901조의a 제4항)[34] 이렇게 지시서 작성이 보편화된 것은 환자 본인의 자기결정권을 확보해 주는 역할[35]에서 비롯된 것으로 보인다.

〈표 5〉 장래대리권 · 사전의료지시서 등록건수[36]

연도	장래대리권 신규 등록 건수	사전의료지시서도 함께 등록한 건수	비율(%)
2004			
2005	125,885		
2006	147,931		
2007	170,362		
2008	181,233		
2009	187,462	138,956	74.12
2010	218,832	163,174	74.57
2011	290,789	219,119	75.35
2012	335,746	64,513	19.21
2013	421,746	318,154	75.44
2014	370,375	279,871	75.56
2015	382,292	290,043	75.87
2016	383,891	291,690	75.98
2017	251,471	221,426	88.05

5. 장래대리권의 효력발생시기

장래대리인은 행위무능력 내지는 후견필요성이 있을 때를 대비하여 본인에 의하여 선임된 임의대리인이므로, 대리권은 그 명칭에 상응하게 대리권 수여자가 행위무능력 등이 될 때 비로소 유효해야 하지만, 외부관계에서는 본인이 대리인에게 수권하는 즉시 그 대리권은 유

33) Deutscher Bundestag, Drucksache 16/13314, S. 30.

34) 특히 사전의료지시서 작성을 조건으로 요양병원 등의 입원계약이 체결되어서는 아니된다: Palandt/Götz, §1901a Rn. 30; Spickhoff, Andreas, Rechtssicherheit kraft Gesetzes durch sog. Patientenverfügungen?, *FamRZ* 2009, S. 1949, 1954.

35) BeckOK BGB/Müller, §1901c Rn. 4; Palandt/Götz, §1901a Rn. 2.

36) 2004년-2008년 수치는 장래대리권등록소의 연간보고서 자료를, 2009년-2017년 수치는 장래대리권등록소의 통계자료를 기준으로 작성했음: http://www.vorsorgeregister.de/Presse/Jahresbericht.php(검색일: 2018년 2월 1일)

효하다. 물론 본인의 행위능력상실을 정지조건으로 대리권을 수여할 수도 있으나, 향후 대리인이 대리권 및 조건성취를 입증해야 하기 때문에 다툼의 여지가 많다. 따라서 외부관계에서는 무조건적인 대리권을 수여하되, 내부관계에서는 본인이 행위무능력이 되었을 때 비로소 대리권을 행사할 수 있다는 문구를 넣는 방식이 선호된다.[37] 이렇게 되면 대리권 수여 문구에 삽입된 지시 또는 조건은 본인과 대리인의 내부관계에서만 적용되고, 외부관계에서는 통상의(조건이 부가되지 아니한) 대리권을 수여한 것이 된다. 연방법무부의 대리권수여양식에도 "본인이 이 양식을 작성한 후 법률행위능력을 상실하게 된 때로부터 대리권은 효력을 가진다."라는 문구가 삽입되어 있다.

내부관계에서는 성년자인 본인이 제104조 제2호에 따른 행위무능력자('정신활동의 병적 장애로 자유로운 의사결정을 할 수 없는 사람으로서 성질상 그 상태가 일시적이 아닌 사람')가 되었을 때 또는 제1896조 제1항에서 법정하고 있는 후견개시의 요건('본인이 정신병 또는 신체적 장애, 지적 장애, 심인성 장애로 자신의 사무를 전부 또는 부분적으로 처리할 수 없는 경우')이 충족되었을 때 비로소 대리권을 행사할 수 있다.

6. 장래대리권의 소멸

대리권은 원칙적으로 본인의 사망으로 소멸하고, 본인은 행위능력이 있는 한 언제든지 대리권을 철회할 수 있다(제168조 제2문). 아울러 장래대리인이 더 이상 대리권을 행사하고자 하지 아니하는 경우 또는 행사할 수 없는 경우에도 대리권은 소멸한다. 다만 대리권증서가 수여된 경우에는 대리인은 본인에게 대리권증서를 반환해야 하므로(제175조), 그 증서가 본인에게 반환되거나 공고에 의하여 대리권증서가 실효된 것으로 선언[38]될 때까지 대리권은 존속한다(제172조 제2항, 제176조 제1항). 따라서 만일 이 시점에 본인이 여전히 행위능력을 가지고 있다면 대리인은 본인에게 대리권증서 원본을 반환해야 한다. 이에 비하여 본인이 더 이상 행위능력이 없고 따라서 후견필요성이 있는 경우에는, 대리인은 후견법원에 후견인의 선임을 청구해야 한다. 아울러 공증인에 의하여 대리권증서가 작성되었다면 공증했던 공증인에게 이 증서를 반환해야 하고, 대리권이 중앙등록소에 등록된 경우에는, 이 등록소에 대리권 반환에 대한 정보를 제공해야 한다.[39]

---

37) OLG Frankfurt am Main, Beschluss vom 15. Oktober 2010, Az. 20 W 399/10; Brauer, *Autonomie und Familie*, S. 54 ff.; Bühler, *FamRZ* 2001, S. 1591; Keilbach, Heinz, Vorsorgeregelungen für Krankheit, Alter und Tod, *FamRZ* 2003, S. 969, 981; Müller, Gabriele Altersvorsorgevollmacht-Gestaltung ihres Inkrafttretens, *DNotZ* 1997, S. 100, 111; Palandt/Götz, Einführung vor §1896 Rn. 5; Schulte-Bunert, *Famililenrecht*, Rn. 276; Vorsorgeverfügungen/Spalckhaver, §11 Rn. 27.

38) 소환장의 공시송달에 관한 민사소송법 규정에 따라 공보에 대리권증서의 실효선언이 최후로 게재된 때로부터 1개월이 경과하면 대리권증서는 실효한다(제176조).

39) *Leitfaden für Bevollmächtigte*, S. 17.

Ⅳ. 대리행위

1. 현명주의

장래대리인은 임의대리인이므로 수권행위에서 정한 범위 내에서 의사표시를 하거나 법률행위를 할 수 있다. 물론 현명주의의 원칙상 대리인은 명시적으로 또는 제반사정에 비추어 본인의 이름으로 병원, 장기요양보험금고 등과 법률행위를 해야 한다(제164조 제1항 제1문). 그 밖에 대리인이 타인에 대하여 하는 단독행위는 그가 대리권증서를 제시하지 아니하고 또 상대방이 이를 이유로 지체 없이 법률행위에 이의를 제기한 때에는 효력이 없는바(제174조 제1문), 장래대리인은 의료행위 등에 대한 동의를 할 때 자신이 대리권을 수여받았음을 증명하기 위하여 대리권증서를 제시해야 한다.

서면으로 건강 등 본인의 신상과 관련된 대리행위를 할 권한을 부여받은 장래대리인은 본인이 행위능력을 상실하거나 후견필요성이 생긴 경우에 본인을 위하여 의료행위에 대한 동의권을 행사하거나 폐쇄병동 입원 계약 등을 체결할 수 있다. 이 때 본인이 서면으로 작성해 둔 사전의료지시서가 있는 경우에는 －그 지시가 철회되지 아니하는 한－ 제1901조의a 내지 제1901조의c에 따라 장래대리인과 진료의사는 이 지시서의 내용에 구속되는바, 대리인은 이 지시서의 내용에 상응하게 동의권 등을 행사해야 한다.

2. 제1904조에 따른 의료처치

(1) 의료처치에 대한 동의 등

건강상태의 검진, 치료행위 또는 의료적 침습행위를 하지 아니하면 본인이 사망하거나 중대하고 장기간 지속되는 건강손상을 입을 근거 있는 위험이 있는 경우에도 －이러한 의료처치의 지체로 본인에게 위험이 초래될 수 있는 경우를 제외하고는－ 본인에게 의료처치의 의미를 이해할 수 있는 동의능력만 있다면 본인이 의사로부터 이러한 처치에 대한 설명을 듣고 이에 대한 동의 여부를 결정한다.[40)]

다만 본인에게 동의능력이 없는 경우에는 서면으로 의료행위에 대한 동의권을 수여받은 장래대리인이 사전의료지시서에 표시된 본인의 의사에 따라 동의 여부를 결정한다(제1901조의a 제1항, 제5항). 사전의료지시서에 기술된 질병상황이 발생했고, 진료의사가 제안한 처치가 지시서에 기술된 본인의 희망에 따른 것이라면, 대리인은 당해 의료처치에 대하여 동의를 하게 된다(사전의료지시서의 구속력).

이에 비하여 사전의료지시서에 기재된 상황이 현재의 생명 및 진료 상황에 해당되지 아

40) BeckOK BGB/Müller, §1904 Rn. 6; Bühler, *FamRZ* 2001 S. 1588; Palandt/Götz, §1904 Rn. 8.

니하거나 지시서 자체가 없는 경우에는, 본인의 진료희망 또는 본인의 추정적 의사가 탐구되어야 한다. 진료희망을 확정하는 경우에는 본인이 과거에 구두로 가족이나 신뢰하는 지인(친구, 간병인 등)에게 표명한 의사표시, 본인이 남긴 사적인 문건이나 메모 등에 담긴 의사표시가 현재 발생한 진료 및 생활상황에 해당하는지의 여부가 검토되어야 하고,[41) 양자가 일치한다면 구두로 사전에 지시했던 내용이 추정적 의사에 우선한다. 진료희망이 확정되지 아니하거나 그 희망이 현재의 상황에 해당하지 아니하는 경우에는, 대리인은 본인의 윤리적·종교적 신념, 그 밖의 개인적 가치관을 고려하여 본인의 추정적 의사를 확정하고 이에 따라 동의 여부를 결정해야 한다(제1901조의a 제2항). 물론 이 경우에도 현저한 시간적 지체가 없다면 본인의 근친 등에게 의사표시를 할 기회가 부여되어야 한다(제1901조의b 제2항).

(2) 후견법원의 허가

건강상태의 검사, 치료행위 또는 의료적 침습행위로 본인이 사망하거나 중대하고 장기간 지속되는 건강상 손해를 입는다는 근거 있는 위험이 있는 경우에는, 장래대리인은 원칙적으로 후견법원의 허가(Genehmigung)를 받고 이러한 의료적 처치에 동의해야 한다(제1904조 제1항 제1문). 시간이 지체되면 본인에게 위험이 초래될 수 있는 경우에는 법원의 허가 없이 이러한 의료처치를 할 수 있지만(제1904조 제1항 제2문), 이 경우에도 처치 후 곧바로 법원의 허가를 받아야 한다. 아울러 건강상태의 검진 등이 의학적으로 적절하고 그 처치를 취하지 아니하거나 중단하면 본인이 사망하거나 중대하고 장기간 지속되는 건강상의 손해를 입을 근거 있는 위험이 있는 경우에는, 이러한 의료처치에 대한 대리인의 부동의 또는 동의의 철회도, 후견법원의 허가를 필요로 한다(제1904조 제2항).

이와 같이 원칙적으로 후견법원의 사전허가를 받은 경우에만 의료처치에 대한 동의·부동의 또는 동의 철회의 유효성이나 적법성이 인정되므로,[42) 의료처치를 하기 전에 후견법원의 허가를 받지 못하면, 의사나 대리인은 형법상 또는 민사상 책임을 질 수 있다. 물론 허가를 받은 경우라 하더라도 대리인이 이 허가내용에 상응하게 일정한 의료처치에 동의를 하거나 거부할 의무를 부담하는 것은 아니고, 동의여부는 대리인의 결정에 따른다.[43)]

이에 비하여 대리인과 진료의사가 의료적 처치단계, 사전의료지시서에 따라 확정된 환자의 의사 또는 환자의 추정적 의사에 대하여 의견의 일치를 보이는 경우에는 후견법원의 허가는 필요하지 아니하다(제1904조 제4항).

(3) 제1904조에 따른 허가 신청 현황

대리인이 후견법원에 동의, 부동의 또는 동의의 철회에 대한 허가를 신청한 경우, 후견법

41) BeckOK BGB/Müller, §1901b Rn. 5.

42) OLG Frankfurt, NJW 1998, 2747; BeckOK BGB/Müller, §1901b Rn. 34; Palandt/Götz, §1904 Rn. 25.

43) BeckOK BGB/Müller, §1901b Rn. 34.

원은 동의 등이 본인의 의사에 상응하는 경우에는 허가를 해야 한다(1904조 제3항). <표 6>에서 보는 바와 같이 2004년부터 2016년까지 대리인(임의대리인 및 법정대리인)이 제1904조에 따라서 후견법원에 허가를 신청한 건수는 연평균 2,716건이었고, 이 가운데 허가 비율은 무려 연평균 92.19%에 달한다.

〈표 6〉 제1904조에 따른 후견법원의 허가·불허건수

연도	신청 건수	허가 건수	불허 건수	허가 비율(%)
2004	2,870	2,646	224	92.20
2005	3,226	3,016	210	93.49
2006	3,947	3,693	254	93.56
2007	3,745	3,513	232	93.81
2008	3,709	3,483	226	93.91
2009	3,615	3,383	232	93.59
2010	3,603	3,374	229	93.64
2011	2,330	2,137	193	91.72
2012	1,969	1,712	257	86.95
2013	2,118	1,922	196	90.75
2014	1,562	1,409	153	90.20
2015	1,619	1,487	132	91.85
2016	990	916	74	92.83
평균	2,716			92.19

* 자료출처: 연방법무부의 통계자료[44]를 기준으로 재구성.

<표 7>에서 보는 바와 같이 2012년부터 2016년까지 법정대리인(후견인)이 허가를 신청한 비율은 평균 77.16%이고, 임의대리인(장래대리인)이 신청한 비율은 평균 22.84%로서, 후견인의 연평균 허가신청률이 압도적으로 높은 상태이다. 그렇지만 −2015년을 제외한다면− 후견인의 신청률은 해마다 감소하고 있고 임의대리인의 신청률은 증가하는 추세인데, 이는 정부의 적극적 홍보 등에 힘입어 2013년부터 성년후견 이용건수는 점점 감소하는 반면에 지속적 대리권의 신규 등록 건수는 증가하는 데 따른 결과라고 하겠다.

44) https://www.bundesjustizamt.de/DE/SharedDocs/Publikationen/Justizstatistik/Betreuungsverfahren.pdf?__blob=publicationFile&v=13(검색일: 2018년 2월 1일)

〈표 7〉 제1904조에 따른 동의 허가 신청 건수와 비율

연도	후견인에 의한 신청		임의대리인에 의한 신청	
	건수	비율(%)	건수	비율(%)
2012	1,545	78.47	424	21.53
2013	1,648	77.81	470	22.19
2014	1,213	77.66	349	22.34
2015	1,281	79.12	338	20.88
2016	720	72.73	270	27.27
평균		77.16		22.84

* 자료출처: 통계자료[45]와 통계분석자료[46]를 기준으로 재구성.

3. 제1906조 제1항에 따른 입원

(1) 폐쇄병동 등에의 입원 결정

본인의 복리를 위하여 필요한 경우에는 장래대리인은 원칙적으로 법원의 허가를 받고 자유박탈과 결부되어 있는 병동에 본인을 입원(Unterbringung)시킬 수 있다(제1906조 제1항, 제2항, 제5항). 제1906조 제1항의 의미에서의 입원은 '본인의 의사에 반하여(Widerwilligkeit)' 자유를 박탈하는 폐쇄병동 등에 본인을 입원시키는 것을 말한다.[47] 따라서 개방병동에 본인을 입원시키는 경우, 동의능력 있는 본인이 스스로 폐쇄병동 입원에 동의한 경우[48] 또는 본인이 제3자의 도움을 받고도 자연적 의사를 표시할 수 없는 경우(가령 사고나 심장마비로 의식이 없는 환자의 경우)[49]에는 본 규정에 따른 법원의 허가를 받을 필요가 없다.

주지하는 바와 같이 폐쇄병동에 입원하게 되면 본인의 자유가 박탈되므로, (i) 정신병 또는 지적 장애·심인성 장애로 본인이 자살하거나 자해 등 중대한 건강손상을 야기할 위험이 있는 경우 또는 (ii) 급박한 중대한 건강손상을 피하기 위하여 건강상태의 검진, 치료행위 또는 의료적 침습행위가 필요하고, 입원을 하지 아니하면 이러한 의료처치를 할 수 없으며 본인이 정신병 또는 지적장애·심인성 장애로 입원 필요성을 인식하지 못하거나 이러한 인식에 따라 행위할 수 없는 경우에 한하여 입원이 허용된다(제1906조 제1항).

장래대리인에 의한 폐쇄병동 입원은 대리권이 서면으로 교부되고, 폐쇄병동 입원 동의권

---

45) https://www.bundesanzeiger-verlag.de/fileadmin/BT-Prax/downloads/Statistik_Betreungszahlen/2014/Betreuungszahlen2014_Genehmigungen.pdf(검색일: 2018년 2월 1일)

46) Deinert, Horst, Betreuungszahlen 2015, *Betreuungsrechtliche Praxis(BtPrax)* 2016, S. 219; Deinert, Betreuungszahlen 2016: Leider verspätet und unvollständig, *BtPrax* 2018, S. 15면.

47) BeckOK BGB/Müller, §1906 Rn. 5; Bühler, *FamRZ* 2001, S. 1589; Palandt/Götz, §1906 Rn. 5.

48) BayObLG, FamRZ 1996, 1375; OLG Hamm, Beschluss vom 07.10.1993, 15 W 168/93; BeckOK BGB/Müller, §1906 Rn. 6; Palandt/Götz, §1906 Rn. 6.

49) Hamm, FamRZ 1994, 1270; OLG Bamberg Urteil vom 5. Dezember 2011, Az. 4 U 72/11.

이 명시적으로 대리권의 범위에 포함된 경우에만 유효하다(제1906조 제5항 제1문). 따라서 포괄적으로 의료처치에 대한 동의권을 수여받은 대리인은 이 폐쇄병동 입원에 대한 동의권이 없다.[50)]

(2) 후견법원의 허가

장래대리인이 본인을 폐쇄병동에 입원시키려면 원칙적으로 후견법원의 허가를 받아야 한다. 다만 입원시기가 지체되면 본인이 자살, 자해 등을 할 위험이 있는 경우에는 법원의 허가 없이도 입원절차를 밟을 수 있고, 입원 후 지체 없이 후견법원에 허가를 신청해야 한다(제1906조 제2항).

후견법원은 사실관계를 심사한 후 허가 여부를 결정하는데, 허가 결정에는 항상 기간이 설정된다(가사 및 비송사건절차법 제323조). 만일 허가 받은 기간이 만료할 때가 되었는데도 여전히 입원해야 할 필요가 있는 경우에는 대리인은 기간 경과 전에 기간연장을 신청해야 한다.[51)] 그런가 하면 아직 허가된 기간이 만료하기 전이라 하더라도 치료 등을 통하여 자살 등의 위험이 없어진 경우에는 대리인은 본인을 퇴원시켜야 하고, 이러한 사실을 후견법원에 통지해야 한다(제1906조 제2항).

(3) 제1906조 제2항에 따른 허가 신청 현황

<표 8>에서 보는 바와 같이 2004년부터 2016년까지 대리인(임의대리인 및 법정대리인)이 제1906조 제2항에 따라서 후견법원에 허가를 신청한 건수는 연평균 54,810건이었고, 이 가운데 허가 비율은 평균 96.32%이다. 같은 기간 동안 제1904조에 따른 평균 허가 신청 건수(2,716건) 및 비율(92.19%)과 비교했을 때 제1906조 제2항에 따른 허가 신청 건수는 전자의 거의 20배에 달하고, 허가비율은 4% 정도 높은 편이다. 이러한 수치와 비율에 비추어 볼 때 노령사회가 되면서 개별적인 의료처치보다 요양병원 폐쇄병동 등에 입원하는 사례가 증가한 것으로 보인다.

〈표 8〉 제1906조 제2항에 따른 허가·불허 건수

연도	신청 건수	허가 건수	불허 건수	허가 비율(%)
2004	48,304	46,381	1,923	96.02
2005	47,783	45,778	2,005	95.80
2006	48,268	46,557	1,711	96.46

50) Dieckmann, Johann Andreas, Zur Neuregelung des §1906 BGB und den Auswirkungen auf die notarielle Praxis, *Zeitschrift für das Notariat in Baden-Württemberg(BWNotZ)*, 2013, S. 34; Palandt/Götz, § 1906 Rn. 32.

51) BeckOK BGB/Müller, §1906 Rn. 22; *Leitfaden für Bevollmächtigte*, S. 8.

2007	50,587	48,889	1,698	96.64
2008	54,492	52,776	1,716	96.85
2009	56,011	54,131	1,880	96.64
2010	57,227	55,366	1,861	96.75
2011	59,111	57,116	1,995	96.62
2012	58,813	56,490	2,323	96.05
2013	57,176	54,831	2,345	95.90
2014	57,649	55,292	2,357	95.91
2015	58,992	56,646	2,346	96.02
2016	58,114	56,048	2,066	96.44
평균	56,817.20	54,758.50		96.38

* 자료출처: 연방법무부의 통계자료[52]를 기준으로 재구성.

2012년부터 2016년까지 법정대리인(후견인)이 입원 허가를 신청한 비율은 평균 79.41%이고, 임의대리인(장래대리인)의 허가 신청 비율은 평균 20.59%이다.

〈표 9〉 제1906조 제2항에 따른 동의 허가 신청건수와 비율

연도	후견인에 의한 신청		임의대리인에 의한 신청	
	건수	비율(%)	건수	비율(%)
2012	48,386	82.27	10,427	17.73
2013	46,055	80.55	11,121	19.45
2014	45,747	79.35	11,902	20.65
2015	45,539	77.20	13,453	22.80
2016	45,133	77.66	12,981	22.34
평균		79.41		20.59

* 자료출처: 연방법무부의 통계자료[53]와 통계분석자료[54]를 기준으로 재구성.

52) https://www.bundesjustizamt.de/DE/SharedDocs/Publikationen/Justizstatistik/Betreuungsverfahren.pdf?__blob=publicationFile&v=13(검색일: 2018년 2월 1일)

53) https://www.bundesanzeiger-verlag.de/fileadmin/BT-Prax/downloads/Statistik_Betreuungszahlen/2014/Betreuungszahlen2014_Genehmigungen.pdf(검색일: 2018년 2월 1일)

54) Deinert, *BtPrax* 2016, S. 219; Deinert, *BtPrax* 2018, S. 15.

4. 제1906조 제3항, 제3항의a에 따른 의료적 필수처치

(1) 본인의 자연적 의사에 반하는 의료적 필수처치에 대한 동의

장래대리인은 일정한 경우에는 본인의 '자연적 의사(natürliche Wille)'에 반하더라도 후견법원의 허가를 받고 의료적 필수처치(급박하고 중대한 건강손상을 피하기 위한 본인의 건강상태의 검진, 치료행위 또는 의료적 침습행위)에 동의할 수 있다. 자연적 의사는 자유로운 의사결정을 배제하는 정신활동의 병적인 장애 상태에서 파악되는 의사로서[55] 본인이 그의 표시의 의미나 결과를 인지할 수 있는 경우에 자연적 의사가 존재하는 것으로 본다.[56]

이러한 예외에 해당하는 경우는 (ⅰ) 본인이 정신병 또는 지적장애·심인성 장애로 인하여 의료적 처치의 필요성을 인식하지 못하거나 이러한 인식에 따라 행위할 수 없는 경우. (ⅱ) 사전에 본인에게 의료처치의 필요성을 설득하려고 시도했던 경우, (ⅲ) 급박한 중대한 건강손상을 피하기 위하여 제1906조 제1항에 따른 입원의 범위에서 의료적 필수처치가 본인의 복리를 위하여 필요한 경우, (ⅳ) 본인에게 기대가능한 그 밖의 처치에 의하여 중대한 건강 손상을 피할 수 없는 경우, (ⅴ) 의료적 필수처치로 기대되는 장점이 기대되는 손상을 명백하게 압도하는 경우로 한정된다(제1906조 제3항).

(2) 후견법원의 허가

장래대리인이 예외적으로 본인의 자연적 의사에 반하여 의료적 필수처치에 대한 동의를 하는 경우에는 반드시 처치 전에 후견법원의 허가를 받아야 한다. 통상 후견법원은 일정한 기간을 설정하여 허가를 하는데, 이 기간에 치료 등을 통하여 강제적 의료처치의 요건이 없어진 경우에는 대리인은 이에 대한 동의를 철회해야 하고, 후견법원에 이 철회 사실을 고지해야 한다(제1906조 제3항의a).

(3) 후견법원의 허가 현황

＜표 10＞에서 보는 바와 같이 2013년 2월에 본인의 자연적 의사에 반하는 의료적 필수처치에 대한 대리인의 동의 및 후견법원의 허가에 대한 규정이 신설된 이래 2014년부터 2016년까지 3년 동안 법정·임의대리인이 제1906조 제3항의a에 따른 동의 허가를 신청한 건수는 평균 5,268건이고, 허가비율은 평균 93.80%이다. 동조 제2항에 따른 2004년부터 2016년까지의 연평균 허가 신청 건수(54,810건)와 비교했을 때 제3항에 따른 신청 건수가 압도적으로 적고, 특히 2016년의 경우 전년대비 허가신청건수가 거의 50% 정도 감소했는데, 이는 본인의 의사에 반하여 의료처치를 한다는 것은 본인의 인격권에 반한다는 인식 및 엄

55) http://www.bundesanzeiger-verlag.de/betreuung/wiki/Nat%C3%BCrlicher_Wille (검색일: 2018년 2월 1일)
56) OLG Schleswig-Holstein, Beschl. v. 07.11.2006, Az. 2 W 262/06.

격한 요건을 충족하기가 어렵다는 현실적인 이유에 기인하는 것으로 보인다.

〈표 10〉 제1906조 제3항, 제3항의a에 따른 허가・불허 건수

연도	신청 건수	허가 건수	불허 건수	허가 비율(%)
2014	6,145	5,745	400	93.49
2015	6,089	5,682	407	93.32
2016	3,569	3,376	193	94.59
평균	5,268			93.80

* 자료출처: 통계자료[57]를 기준으로 재구성

2014년부터 2016년까지 3년 동안 법정대리인(후견인)이 허가를 신청한 비율은 평균 75.90%이고, 임의대리인(장래대리인)이 신청한 비율은 평균 24.10% 이다.

〈표 11〉 제1906조 제3항에 따른 동의 허가 신청건수와 비율

연도	후견인에 의한 신청		임의대리인에 의한 신청	
	건수	비율(%)	건수	비율(%)
2014	4,080	66.40	2,065	33.6
2015	4,792	78.70	1,297	21.3
2016	2,948	82.60	621	17.40
평균		75.90		24.10

* 자료출처: 통계자료[58]와 통계분석자료[59]를 기준으로 재구성

5. 제1906조 제4항에 따른 동의

(1) 가정 내 자유박탈적 처치에 대한 동의

장래대리인은 후견법원의 허가 하에 가정 내에서 침대에 가드를 설치하는 것, 사지억제대로 침대나 의자에 환자를 묶는 것, 환자가 밖으로 나가지 못하도록 방문을 닫는 것, 특정한 약품을 투약하는 것 등을 통하여 오랜 기간 동안 또는 정기적으로 본인의 자유가 박탈되는 처치를 할 수 있다(제1906조 제3항에 의한 동조 제1항 준용). 전술한 폐쇄병동 입원에 대한 결정과 마찬가지로 본인에게 동의능력이 있다면, 본인이 스스로 이러한 처치를 할 것인지에 대

57) https://www.bundesanzeiger-verlag.de/fileadmin/BT-Prax/downloads/Statistik_Betreungszahlen/2014/Betreuungszahlen2014_Genehmigungen.pdf(검색일: 2018년 2월 1일)

58) https://www.bundesanzeiger-verlag.de/fileadmin/BT-Prax/downloads/Statistik_Betreungszahlen/2014/Betreuungszahlen2014_Genehmigungen.pdf(검색일: 2018년 2월 1일)

59) Deinert, *BtPrax* 2016, S. 220; Deinert, *BtPrax* 2018, S. 15.

하여 결정한다. 물론 본인이 이러한 처치에 동의한다면 이는 동조의 의미에서의 자유박탈적 처치에 해당하지 아니한다.

본인에게 이러한 동의능력이 없는 경우에는, 대리인이 본인의 입장에서 동의여부를 결정한다. 물론 이러한 동의권은 서면으로 대리권을 수여받고 명시적으로 자유를 박탈하는 처치에 대하여 결정을 내릴 수 있는 권한을 부여받은 대리인만이 행사할 수 있다(제1906조 제5항). 그 밖의 사람들, 가령 요양보호사, 의사, 간호사 등은 이러한 동의를 할 권한이 없다.

앞서 예시한 자유박탈적 처치들도 폐쇄병동 입원과 마찬가지로 인권침해적 요소가 많으므로 (ⅰ) 정신병 또는 지적 장애·심인성 장애로 본인이 자살하거나 중대한 건강손상을 일으킬 위험이 있는 경우 또는 (ⅱ) 의료적 필수처치의 경우에만 허용된다(제1906조 제3항에 의한 동조 제1항 준용).

(2) 후견법원의 허가

가정 내에서 본인의 자유를 박탈하는 처치를 하는 경우에도 원칙적으로 후견법원의 허가를 받아야 한다. 다만 시간이 지체되면 본인이 자해 등을 할 위험이 있는 경우에는 법원의 허가 없이 이러한 처치를 한 후 지체 없이 법원의 허가를 받으면 된다(제1906조 제4항에 의한 동조 제2항 준용).

후견법원으로부터 허가를 받기 위해서는 －요양원 등 제도적인 시설에서의 생활여건에 비견할 정도로－ 본인이 홀로 집에 거주하면서 대부분의 시간을 타인(가령 요양보호사, 이웃 등)의 돌봄을 받고 있어야 한다.[60)]

나아가 특정한 자유박탈적 처치에 대하여 후견법원의 허가를 받았다 하더라도 이러한 처치가 항상 시행되어야만 하는 것은 아니다. 어떤 특정한 자유박탈적 처치 및/또는 다양한 처치가 실시되어야 하는가에 대한 최종 판단은 항상 대리인의 몫이다. 특히 특정한 약품을 투약하거나 본인을 묶는 등의 처치를 실시하는 요양보호사들은 매번 당해 처치의 필요성 및 무위험성을 확인해야만 한다.[61)] 허가된 처치가 더 이상 필요하지 않게 된 경우에는 대리인은 이를 중단할 것을 결정해야 하고, 이러한 사실을 후견법원에 통지해야 한다(제1906조 제4항에 의한 동조 제2항 준용).

(3) 제1906조 제4항에 따른 허가 신청 현황

<표 12>에서 보는 바와 같이 2004년부터 2016년까지 대리인(임의대리인 및 법정대리인)이 제1906조 제4항에 따라서 후견법원에 허가를 신청한 건수는 연평균 86,667건이었고, 이 가운데 허가 비율은 연평균 91.95%이다.

---

60) *Leitfaden für Bevollmächtigte*, S. 8.

61) *Leitfaden für Bevollmächtigte*, S. 8.

〈표 12〉 제1906조 제4항에 따른 동의 허가 · 불허 건수

연도	신청 건수	허가 건수	불허 건수	허가 비율(%)
2004	86,005	79,391	6,614	92.31
2005	90,657	83,781	6,876	92.42
2006	88,961	82,904	6,057	93.19
2007	90,412	84,443	5,969	93.40
2008	98,319	91,825	6,494	93.39
2009	100,578	96,062	4,516	95.51
2010	106,021	98,119	7,902	92.55
2011	96,788	89,074	7,714	92.03
2012	94,753	85,132	9,621	89.85
2013	84,095	75,727	8,368	90.05
2014	67,057	60,438	6,619	90.13
2015	66,489	59,945	6,544	90.16
2016	56,538	51,097	5,441	90.38
평균	86,667			91.95

* 자료출처: 연방법무부의 통계자료[62]를 기준으로 재구성

2004년부터 2016년까지 제1906조 제2항에 따라서 신청된 평균 허가 신청 건수(54,810건)와 비교했을 때 제1906조 제4항에 따른 허가 신청 건수가 거의 63%가 많은데, 이처럼 허가 신청 건수가 많은 것은 가정에서 환자를 돌보는 '재가돌봄' 사례와 밀접한 관계가 있는 것으로 보인다. 본인이 더 이상 스스로를 돌볼 수 없게 되어 장기요양을 할 필요성이 있는 경우에 본인은 요양병원 등 시설에 입원하여 돌봄서비스를 받거나 자신의 집에서 생활하면서 재가돌봄서비스를 받을 수 있는데, －대부분의 사람들은 부득이한 사유가 없는 한 현재 자신이 살고 있는 집에서 거주하기를 원하므로－ 재가서비스를 받는 비율이 압도적으로 높다. 가령 2015년의 경우 －<표 13>에서 보는 바와 같이－ 장기요양필요자의 27.4%만 시설돌봄을 받았고 2/3 이상(72.6%)이 재가돌봄을 받았으며 이 가운데 48.4%는 순수하게 가족들이 환자를 돌보면서 장기요양급여(현금급여)를 수령했고 24.2%는 돌봄종사자들의 방문서비스(현물급여)도 받았다.

62) https://www.bundesjustizamt.de/DE/SharedDocs/Publikationen/Justizstatistik/Betreuungsverfahren.pdf?__blob=publicationFile&v=13(검색일: 2018년 2월 1일)

〈표 13〉 돌봄 유형별 장기요양필요자의 숫자와 비율(2015년)

구 분		숫자(명)	비율(%)
재가돌봄	가족돌봄	1,384,604	48.4
	방문돌봄서비스	692,273	24.2
시설돌봄		783,416	27.4
합계		2,860,293	100

* 자료출처: 2015년 통계자료[63]에서 재구성

<표 14>에서 보는 바와 같이 2012년부터 2016년까지 법정대리인(후견인)이 허가를 신청한 비율은 평균 65.19%이고, 임의대리인(장래대리인)이 신청한 비율은 평균 35.81%이다. 동일한 기간 동안에 있었던 제1904조에 따른 임의대리인에 의한 허가 신청 건수 평균 비율(22.84%) 및 제1906조 제2항에 따른 신청건수 비율(20.59%)과 비교할 때 동조 제4항에 따른 허가 신청 건수 평균 비율이 13-15% 정도 높다. 이렇게 가정 내 자유박탈적 처치에 대한 동의 허가 신청 건수가 상대적으로 높은 것은 임의대리인들이 대부분 동거하는 가족이어서 이러한 처치에 대하여 보다 밀접한 이해관계를 갖기 때문인 것으로 판단된다.

〈표 14〉 제1906조 제4항에 따른 동의 허가 신청건수와 비율

연도	후견인에 의한 신청		임의대리인에 의한 신청	
	건수	비율(%)	건수	비율(%)
2012	62,735	66.92	31,018	33.08
2013	53,837	64.02	30,258	35.98
2014	43,953	65.99	22,654	34.01
2015	41,380	62.24	25,109	37.76
2016	34,931	61.78	21,607	38.22
평균		64.19		35.81

* 자료출처: 통계자료[64]와 통계분석자료[65]를 기준으로 재구성

63) https://www.destatis.de/DE/ZahlenFakten/GesellschaftStaat/Gesundheit/Pflege/Tabellen/PflegebeduerftigePflegestufe.html(검색일: 2018년 2월 1일)

64) https://www.bundesanzeiger-verlag.de/fileadmin/BT-Prax/downloads/Statistik_Betreuungszahlen/2014/Betreuungszahlen2014_Genehmigungen.pdf(검색일: 2018년 2월 1일)

65) Deinert, *BtPrax* 2016, S. 220; Deinert, *BtPrax* 2018, S. 15.

V. 결　어

1. 독일에서는 개인의 자기결정권 보장 및 공적 비용 절감을 위하여 후견제도를 장래대리제도로 대체 또는 보완하고자 다양한 시도를 하고 있다. 우선 임의대리인에 의하여 –후견인이 있는 경우와 동일하게– 후견인의 임무가 처리될 수 있는 경우에는 후견인 선임을 배제하고 있고(제1896조 제2항 제2문), 이러한 임의대리 우선주의 내지는 후견제도 보충성의 원칙을 뒷받침하기 위하여 비교적 저렴한 비용으로 중앙등록소에 대리권을 등록할 수 있는 제도를 마련하고 있으며 장래대리제도에 대한 안내책자 제작 및 배포, 홈페이지를 통한 대리권수여양식 제공 등을 통하여 이 제도에 대한 접근성도 높이고 있다. 이러한 일련의 노력에 힘입어 2013년부터 후견 이용건수는 서서히 감소하고 있고, 그 대신에 장래대리권 등록건수는 꾸준히 증가하고 있다. 장래대리권 등록이 선택사항이라는 점을 감안한다면 실제로 장래대리권을 수여받은 건수는 이보다 상당히 많을 것으로 예상된다.

2. 후견(법정대리)과 장래대리(임의대리)는 모두 연령, 질병, 사고 등으로 타인의 도움을 필요로 하는 사람들을 지원하기 위하여 마련된 법제도이므로, 이 가운데 어떠한 제도를 선택할 것인지는 일응 당사자(피후견인, 본인)에게 일임되어 있다. 그렇지만 아래와 같은 점에서 비추어 볼 때 후자가 상당한 장점을 가지고 있는 것은 분명해 보인다. 우선 후견의 경우에는 후견사유가 발생한 후에 비로소 일정한 자의 청구에 의하여 후견법원이 후견인을 선임하는 절차를 거치기 때문에(제1896조), 후견필요성이 발생한 시점부터 후견인이 선임될 때까지 권리보호의 공백이 생기게 되지만, 장래대리의 경우에는 후견사유가 발생할 것을 대비하여 사전예방적으로 대리인을 미리 선임해 두기 때문에 후견필요성이 발생했을 때 곧바로 대처할 수 있는 장점이 있다.

둘째, 성년자의 자유로운 의사에 반하여 후견인이 선임되어서는 아니 되고(제1896조 제1항의a), 성년자가 후견인으로 선임될 수 있는 사람을 지정한 경우에는 –그 성인의 복리에 위반되지 아니한다면– 그 지정에 따라야 한다(제1897조 제4항)는 규정을 두고 있기는 하지만, 후견은 기본적으로 국가의 후견적 개입 하에 후견인을 선임하는 구조이므로 개인의 자기결정권이 절대적으로 관철되지는 아니하는 반면, 장래대리의 경우에는 본인의 의사에 따라 대리인을 선임할 수 있기 때문에 사적 자치에 보다 근접하게 된다.

셋째, 후견법원이 후견인의 선임, 해임, 감독 등을 해야 하므로 후견제도를 운영하려면 상당히 많은 경비가 소요되지만, 장래대리의 경우에는 후견법원의 허가를 받아야 하는 몇몇 경우를 제외하고는 대리인 선임 등에 드는 비용을 본인이 직접 부담하므로 사회적 비용이 보다 적게 든다.

3. 독일에서 신상보호를 위한 장래대리제도를 도입한 것은 의학의 발전에 따른 인구분포도의 변화 및 노인장기요양환자의 비율 증가와 밀접한 관련이 있었다.[66] 2000년에 고령화사회에 진입한 후 2017년에 고령사회가 된 우리나라의 경우에도 노년의 상당 기간 동안 치매 등 질병을 앓는 사람들이 증가하고 있으므로 이러한 제도를 도입하는 방안을 적극적으로 검토해야 할 시점에 이르렀다고 볼 수 있다. 물론 현행법상으로도 성년후견제도가 도입되어 있지만, 성년후견인은 후견의 필요성이 발생했을 때 일정한 자의 청구에 의하여 법원에서 선임되므로, 피성년후견인에게 후견 필요성이 발생했을 때 곧바로 대처할 수 없고, －미성년후견인과는 달리 지정후견인은 인정되지 아니하므로－ 본인이 직접 후견인을 지정할 수도 없다. 이에 비하여 신상보호를 위한 장래대리제도를 도입하게 되면 본인이 자신에게 치매 등으로 후견이 필요한 상황을 대비하여 스스로 대리인을 선임하게 되므로 본인의 자기결정권이 보장될 뿐만 아니라 본인에게 후견필요성이 발생하는 즉시 대리인이 대리행위를 할 수 있게 되어 본인의 이익에 보다 더 부합하게 된다. 이와 더불어 장래대리제도가 안착하여 성년후견제도를 서서히 대체하게 되면 후견제도 운용에 소요되는 비용도 상당히 절감할 수 있게 된다.

4. 다만 독일식의 신상보호를 위한 장래대리제도를 도입할 경우에는 다음과 같은 점들이 고려되어야 한다. 먼저 본인이 대리권을 수여한 시기와 본인에게 치매 등이 발병하여 대리인이 본인을 위하여 대리행위를 하는 시기 사이에 상당한 시간적 간격이 존재하는바, 대리권의 존재 및 범위와 관련한 분쟁을 방지하기 위하여 반드시 서면으로 대리권을 수여하도록 강제할 필요가 있다. 이와 더불어 대리인이 본인을 폐쇄병동에 입원시키는 등 본인의 신상에 중대한 영향을 미치는 행위를 할 경우에는 본인의 복리를 위하여 가정법원의 허가를 얻도록 해야 할 것이다.

나아가 장래대리인은 임의대리인으로서 본인으로부터 수권을 받은 범위 내에서만 본인을 위하여 대리행위를 할 수 있는데, 통상 신상관련대리의 경우에는 개별수권만 허용되므로, 대리권 수여 문건에 대리행위의 범위가 분명하게 적시되어 있어야 한다. 따라서 장래대리를 둘러싼 법률관계의 명확성을 담보하는 것은 물론이고 이 제도에의 접근성을 높이기 위하여 －독일의 예에서 보듯이－ 법무부에서 대리권수여양식을 마련하여 일반인들에게 제공하는 것이 바람직하다.

더 나아가 이러한 제도를 도입할 경우 그 근거규정을 어디에 둘 것인가도 중요한 검토사항 가운데 하나이다. 독일의 경우에는 민법전에 장래대리 및 －연명의료중단을 포함한－ 사

66) 가령 Baden-Württemberg주에서 2010년부터 2015년까지 후견을 이용한 원인별 비율을 보면 심적장애/정신병 28.82%, 정신적 장애 9.05%, 신체적 장애 25.03%, 치매 28.20%, 기타 8.92%으로, 치매가 차지하는 비율이 1/4을 초과하고 있는데, 장래대리의 이용비율도 이와 비슷할 것으로 보인다. https://www.kvjs.de/soziales/service-betreuungsrecht/betreuungsstatistik/ 참조(검색일: 2018년 2월 1일)

전의료지시서에 대한 명문규정을 두고 있는데, 모든 사람에게 적용되는 일반법인 민법전에서 이러한 제도들을 규율한다는 것은 곧 이러한 제도가 모든 사람에게 적용되는 일반적인 제도임을 나타내는 것이라고 할 수 있다. 따라서 신상보호를 위한 장래대리제도를 도입한다면 −특별법이 아니라− 민법전에서 이를 규율하는 방안이 모색되어야 할 것이다.

40. 법률구조청구권의 헌법적 의의와 가치* – 헌법상 권리로서 법률구조청구권 입론 –

김 대 환**

Ⅰ. 서 설

법률구조법에 따르면 법률구조란 “기본적 인권을 옹호하고 나아가 법률 복지를 증진하는 데 이바지할 목적으로 경제적으로 어렵거나 법을 몰라서 법의 보호를 충분히 받지 못하는 자에게 법률상담, 변호사나 「공익법무관에 관한 법률」에서 정한 공익법무관에 의한 소송대리 그 밖에 법률사무에 관한 모든 지원을 하는 것”을 말한다(법 제1조 및 제2조). 법률구조가 되는 경우에는 소송대리 및 소송비용의 지원, 법률상담 등 모든 법률사무를 포괄하여 지원을 할 수 있다(법률구조사건처리규칙 제3조 참조).

한편 민사소송법상으로는 패소할 것이 분명한 경우가 아닌 때에 소송비용을 지출할 자금능력이 부족한 사람의 신청에 따라 또는 직권으로 소송비용의 일부 또는 전부를 면제하거나 유예하는 소송구조제도를 두고 있다(법 제128조 이하). 법률구조법상 법률구조와 민사소송법상 소송구조는 모두 무자력자의 재판받을 권리를 보장하는 제도라는 점에서 유사한 목적을 지향하나 각 지원요건과 범위 면에서 상이한 점이 적지 않다. 어쨌든 이 제도에 의해 일정한 요건에 해당하는 사람은 일정한 법적 지위를 가지게 되는데 이를 법률구조법상의 법률구조청구권, 민사소송법상의 소송구조청구권이라고 개념할 수 있다.

여기서 법률구조법상의 법률구조청구권과 민사소송법상의 소송구조청구권을 포괄하는 광의의 법률구조청구권을 상정해 볼 수 있다. 소위 헌법상의 권리로서 법률구조청구권이다. 헌법상의 권리로서 법률구조청구권은 국가에 대해 법률구조를 청구할 수 있는 권리라고 할 수 있을 것이다.

물론 법률구조청구권을 헌법상 기본권으로 인정할 수 있는지에 대해서는 헌법에 명문의 규정이 없기 때문에 다툼이 있을 수 있다. 그런데 법률구조가 지향하는 이념이나 그 실현하고자 하는 가치는 직접적으로 헌법적 가치의 실현에 있고, 그리고 헌법상의 다른 기본권의 실현과도 밀접한 관련성을 가지며, 특히 무자력자에 대한 법률구조는 경우에 따라서는 생존

---

* 이 글은 2017.9.1. 대한법률구조공단 창설 30주년 기념 법률구조 국제심포지엄(법률구조의 현황과 발전방향)에서 발표하고, 공법연구 제46집 제2호(2017.12), 211-241쪽에 실렸던 논문을 일부 가필하는 외에 거의 수정 없이 게재한 것임을 밝힌다.

** 서울시립대학교 법학전문대학원 교수

권 실현과도 직결되므로 갈수록 그 헌법적 의의가 커지고 있는 바 대한민국헌법이 지향하는 사회국가 내지 복지국가원리의 구현이라는 점에서도 법률구조청구권이 헌법적으로 어떠한 의미와 가치를 가지는 것인지를 규명하는 것은 필요하고도 요구되는 작업이라고 하지 않을 수 없다.

비록 현행 헌법에는 법률구조청구권이라는 기본권이 명시되어 있지 않지만, 법률구조청구권의 헌법적 의의와 가치를 어떻게 평가하느냐에 따라서는 현행헌법의 기본권목록에 제시되어 있는 다른 기본권과 비추어 결코 경시되어서는 안 되는 기본권(헌법 제37조 제1항 참조)으로 자리매김할 수 있을 뿐만 아니라, 헌법 개정 시에는 신설되어야 할 새로운 기본권으로 평가될 수도 있다.

이 글은 법률구조청구권이 대한민국헌법에서 갖는 의미와 가치를 살펴봄으로써 법률구조청구권에 정당한 헌법적 지위를 설정하는 것을 목적으로 한다. 우선 법률구조청구권의 헌법적 의의와 가치와 관련하여 법률구조청구권은 국가의 기본권보장의무와 재판청구권(특히 재판청구권의 실현과 관련하여서는 재판청구권의 헌법적 의의, 법원접근권, 공정한 재판을 받을 권리, 효과적인 권리보호의 원칙이 중요한 헌법적 가치로 거론될 수 있다), 무기평등의 원칙 그리고 사회국가원리의 실현과 밀접한 관련성을 갖는다는 점을 주목하였다. 나아가서 각국에서 법률구조청구권을 도출하는 논리 및 입법례를 검토하고 마지막으로 대한민국헌법의 해석을 통한 법률구조청구권의 도출을 시도하여 보았다.

Ⅱ. 법률구조청구권의 헌법적 의의와 가치

1. 국가의 목적으로서 기본권 보장과 국가의 기본권보장의무의 실현

대한민국헌법 전문에서는 대한국민이 지향하는 목적은 '대한국민과 대한국민의 자손의 안전과 자유와 행복을 영원히 확보하는 것'이라고 선언하고 있다. 이러한 국민의 안전과 자유와 행복은, 헌법 제10조 제1문에서 "모든 국민은 인간으로서의 존엄과 가치를 가지며, 행복을 추구할 권리를 가진다."라고 규정함으로써 국민 개개인의 헌법상의 권리로 구현되어 있다.[1]

그런데 헌법은 여기서 그치지 않고 제10조 제2문에서 "국가는 개인이 가지는 불가침의 기본적 인권을 확인하고 이를 보장할 의무를 진다."고 함으로써 국가에 기본권보장의무를 부과하고 있다.[2] 국민은 인간의 존엄과 가치 및 행복을 추구할 권리를 가지고 그에 대응하여 국가는 기본권을 보장할 의무를 포괄적으로 부담하는 구조로 되어 있는 것이다. 이것이

1) 헌재 1990.9.10. 89헌마82, 형법 제241조의 위헌 여부에 대한 헌법소원(합헌) 등 확립된 다수의 판례 참조.
2) 기본권보장의무에 관하여는 송기춘, 국가의 기본권보장의무, 서울대박사학위논문, 1999 참조.

1962년 제5차 개정 헌법[3] 이후 명시된 기본권보장의 기본적 골격체계다.

공권력 행사와 관련하여 볼 때 국가의 기본권보장의무는 크게 소극적 의무(negative obligation)와 적극적 의무(positive obligation)로 구분할 수 있다. 소극적 보장의무는 자유권의 방어권적 기능을 국가의 의무적 관점에서 고찰한 것이다. 국가는 개인의 기본권을 존중·보장하여야 하고 법률유보의 원칙에 따르지 아니하고서는 기본권을 제한할 수 없다. 이 소극적 보장의무는 국가에 대한 일정한 부작위의무를 부과하는 것을 내용으로 한다. 그에 반하여 적극적 보장의무는 국가가 인권을 단순히 존중하고 침해하지 않는데 그치는 것이 아니라 적극적으로 일정한 조치를 취할 의무를 부과하는 것을 내용으로 한다. 국가의 적극적 보장의무는 특히 생존권(사회권)이나 권리구제를 위한 기본권과 같은 절차적 기본권 등의 경우에 성립한다. 헌법이 생존권을 보장한 경우에는 국가는 최소보장(minimum guarantee)의 원칙에 입각하여 최소한의 보장을 실현할 국가의 적극적 의무가 도출될 수 있다.[4] 또 절차적 기본권의 경우에는 국가에게는 일정한 절차형성의 입법의무가 도출될 수 있다.[5]

그런데 국가의 기본권보장의무는 국가 자신에 의한 침해의 경우에만 요구되는 것은 아니다. 국가가 보장하려는 기본권적 가치는 국가뿐만 아니라 제3자에 의해서도 언제든지 침해될 수 있기 때문에 국가는 국가가 아닌 제3자의 침해행위로부터도 기본권적 가치를 보장할 의무를 부담한다. 더구나 국민의 공법생활영역과 더불어 *私法*생활영역의 비중도 점점 커지고 중요해져 가고 있다는 사실도 고려하여야 한다. 이를 특히 국가의 기본권보호의무라고 한다. 이 기본권보호의무는 헌법재판소의 판례에서도 인정하고 있다.[6] 헌법재판소에 따르면 기본권보호의무는 주로 사인인 제3자(자연력 포함)에 의한 개인의 생명이나 신체의 훼손에서 문제되는데, 이는 개인의 신체나 생명 등의 법익이 국가의 보호 없이는 타인에 의하여 무력화될 경우에 적용된다.[7] 그런데 기본권의 의무주체(＝기본권의 수범자)는 원칙적으로 국가이기 때문에, 사인 간에 기본권의 효력이 문제되는 경우에도 사인이 국가와 같은 기본권의 의무주체가 되는 것이 아니라, 국가가 기본권보호의무자로서 등장하여 기본권주체와 사인간의

---

3) 제5차 개정헌법은 문언상으로도 현행 헌법 제10조의 제1문과 제2문의 관계를 명백히 하고 있었다. 즉, 제5차 개정 헌법 제8조에서는 “모든 國民은 人間으로서의 尊嚴과 價値를 가지며, 이를 위하여 國家는 國民의 基本的人權을 最大限으로 보장할 義務를 진다.”라고 규정하고 있었다.

4) 생존권의 실현을 위한 국가의 의무정도는 최소한의 보장이다. 헌재 1995.7.21. 93헌가14, 7-2, 1, 30-32, 국가유공자예우등에관한법률 제9조 본문 위헌제청(합헌) 결정 참조.

5) 절차권을 보장하기 위한 국가의 보장의무는 기본권 형성적 법률유보의 경우에 발생한다. 적극적 의무를 강제하기 위해서는 부진정부작위의 경우에는 부진정부작위의 입법이 적극적 작위의무의 관점에서 보았을 때 위헌적이라는 주장을 하여야 하며, 진정부작위가 위헌이라고 하기 위해서는 작위의무가 인정되어야 한다는 것이 헌법재판소의 판례이다. 헌법 제10조는 포괄적 작위의무를 인정하는 것이 된다.

6) 헌재 2009.2.26. 2005헌마764등, 21-1상, 156 교통사고처리특례법 제4조 제1항등 위헌확인(위헌, 반대의견 있음).

7) 헌재 2009.2.26. 2005헌마764등, 21-1상, 156 교통사고처리특례법 제4조 제1항등 위헌확인(위헌, 반대의견 있음).

헌법적 이익을 조율하게 된다는 점을 주의할 필요가 있다.[8)]

국가의 기본권보호의무로부터 제3자에 의한 기본권적 법익의 침해가 일어나지 않도록 일반적으로 제도적 장치를 강구할 국가의 의무가 도출될 수 있고(일반적 적극적 보장의무), 구체적으로 제3자에 의해 기본권 침해를 당한 경우에도 국가의 보호의무가 도출될 수 있다(개별적 또는 구체적 적극적 보장의무). 私法질서에 있어서 국가의 적극적 보장의무의 침해도 결국은 사인에 의한 기본권적 가치의 침해에 대해 국가가 효율적인 제도적 대비책을 가지지 않는 경우에 인정될 수 있다.

결론적으로 헌법 제10조로부터 공법관계에서든 사법관계에서든 국가는 개인의 기본권적 이익을 침해해서는 안 될 뿐만 아니라, 기본권에 대한 국가의 적극적 보장의무에 따라 당해 기본권이 보장하는 개인적 법익이 침해되거나 침해가 급박한 경우에는 국가는 그 보장을 위한 실효성 있는 절차적 방안을 갖출 의무가 도출될 수 있다.

2. 재판청구권의 실현

(1) 절차적 기본권으로서 재판청구권의 헌법적 의의

헌법 제27조 제1항은 “모든 국민은 헌법과 법률이 정한 법관에 의하여 법률에 의한 재판을 받을 권리를 가진다.”고 규정하여 재판을 받을 권리를 보장하고 있다. 재판을 받을 권리란 재판을 요청하는 적극적인 권리를 의미하므로 재판청구권이라고도 한다.[9)] 이 재판청구권은 같은 조 제2항 이하에 구체화되어 있다. 즉, 제2항에서는 군사재판을 받지 않을 권리, 제3항에서는 신속한 재판을 받을 권리와 지체 없이 공개재판을 받을 권리, 제4항에서는 무죄추정권, 제5항에서는 형사피해자의 재판절차진술권을 보장하고 있다.

“헌법과 법률이 정한 법관에 의하여” 재판을 받을 권리라 함은 헌법과 법률이 정한 자격과 절차에 의하여 임명되고, 물적 독립과 인적 독립이 보장된 법관에 의한 재판을 받을 권리를 의미하며, “법률에 의한 재판”을 받을 권리라 함은 법관에 의한 재판을 받되 법대로의 재판 즉, 절차법이 정한 절차에 따라 실체법이 정한 내용대로 재판을 받을 권리를 말한다.[10)] 이는 법관이 (법에 따른 재판이 아닌) 자의와 전단에 의한 재판을 하는 것을 배제한다는 의미로 이해된다.[11)] 재판청구권의 재판에는 민사재판, 형사재판, 행정재판뿐 아니라 헌법재판도 포함된다.[12)]

---

8) 김대환, 사법질서에서의 기본권의 효력, 헌법학연구 16-4, 2010.12., 117쪽 이하 참조.
9) 헌재 1996.10.4. 95헌가1등, 8-2, 258, 269, 민사소송등인지법 제2조 제1항 등 위헌소원(합헌).
10) 헌재 1996.2.29. 92헌바8, 8-1, 98, 민사소송법 제361조에 대한 헌법소원(합헌).
11) 헌재 1996.2.29. 92헌바8, 8-1, 98, 민사소송법 제361조에 대한 헌법소원(합헌).
12) 헌재 2013.8.29. 2011헌마122, 25-2상, 494, 504, 형의 집행 및 수용자의 처우에 관한 법률 제41조 등 위헌확인(헌법불합치, 각하). 권영성, 헌법학원론, 법문사, 2009, 604; 양건, 헌법강의, 법문사, 2011, 627; 정재황, 헌법입문, 박영사, 2016, 541; 전광석, 한국헌법론, 집현재, 2017, 519 등 다수의 학설도 같은 의견이다.

그런데 "구체적 사건에 관하여 사실의 확정과 그에 대한 법률의 해석적용을 그 본질적인 내용으로 하는 일련의 과정"으로서 재판은[13] 법관에 의하여 사실적 측면과 법률적 측면의 적어도 한 차례의 심리검토의 기회는 보장되어야 하기 때문에 그와 같은 기회에 접근하기 어렵도록 제약이나 장벽을 쌓아서 만일 그러한 보장이 제대로 안되면 재판을 받을 권리의 본질적 침해의 문제가 생길 수 있다.[14] 따라서 재판청구권은 국민에게 실효적, 실질적으로 보장되어야 하며 수인할 수 없을 정도로 법원에의 제소를 어렵게 하여 단지 명목적인 권리가 될 정도로 제한되어서는 안 된다.[15] 말하자면 재판청구권을 문제가 되는 실체적 기본권의 관점에서 보면, 실체적 기본권의 본질적 내용의 침해가 처음부터 배제될 수 없는 그런 중대한 기본권 제한의 문제가 제기되는 사건에 있어서는 예외 없이 법원에서 재판을 받을 권리의 핵심적인 내용이 보장되어야 한다는 것을 의미한다.[16]

본질적 내용 침해금지명령이 갖는 최소기준의 관점에서 무자력자의 권리보호청구권의 최소기준을 보면, 위와 같은 중대한 기본권제약이 문제로 될 때에는 예외 없이 소송수행과 변호인의 조력이 무상으로 보장되어야 한다는 것을 의미한다. 사실관계의 복잡성으로 인하여 당사자가 소송절차를 따라가거나 소송절차에서 자신의 권리를 지킬 수 없는 경우에는 그러한 소송절차로 인한 기본권 침해의 결과는 결코 정당화될 수 없다. 나아가서는 구체적인 사건의 복잡성과 관계없이, 승소가능성이 없지 않은 상황에서 당사자는 무자력이고 법적으로 무지한데 상대방은 변호인의 조력을 받는 경우에는 언제나 무자력으로 인한 변호인의 조력이 보장되어야 한다.[17] 이는 국가비상사태의 경우에도 마찬가지다.[18] 결국 법률구조청구권의 전면적 부인은 재판청구권의 본질적 내용의 침해가 된다는 점을 주의하여야 한다. 그러므로 법률구조청구권은 헌법상 기본권으로서 재판청구권의 당연한 전제로서 인정된다는 헌법해석의 결과가 도출될 수 있다.

(2) 법원접근권

재판청구권을 흐름에 따라 보면 법원에의 접근(Zugang zum Gericht)과 법원에서의 재판절차(Verfahren vor dem Gericht) 및 법원에 의한 판결(Entscheidung durch das Gericht)의

이에 대해서는 헌법재판을 받을 권리가 헌법 제27조 제1항에서 연역적으로 도출되는 것은 아니고 헌법 제27조 제1항과 헌법 제111조 제1항을 동시에 근거로 하여 도출된다고 하는 견해(정종섭, 헌법학원론, 박영사, 2015, 827)가 있고, 헌법소원심판청구권은 여기에 포함되는 것이 아니라 헌법 제111조 제1항 제5호에 근거하여 파생하는 주관적 권리라는 견해가 있다(한수웅, 헌법학, 법문사, 2017, 921).

13) 헌재 1995.9.28. 92헌가11등, 7-2, 264, 278, 特許法 제186조 제1항 등 違憲提請(헌법불합치).

14) 헌재 1992.6.26. 90헌바25, 4, 343, 349 이하, 少額事件審判法 第3條에 대한 憲法訴願(합헌); 1995.9.28. 92헌가11등, 7-2, 264, 278, 特許法 제186조 제1항 등 違憲提請(헌법불합치).

15) 헌재 1996.10.4. 95헌가1등, 8-2, 258, 269, 민사소송등인지법 제2조 제1항 등 위헌소원(합헌).

16) Markus Schefer, Die Kerngehalte von Grundrechten, Stämpfli, 2001, S. 530.

17) Markus Schefer, Die Kerngehalte von Grundrechten, Stämpfli, 2001, S. 533.

18) Markus Schefer, Die Kerngehalte von Grundrechten, Stämpfli, 2001, S. 533, 534.

보장으로 구분해 볼 수 있다.[19] 헌법 제27조 제1항은 이를 모두 포괄하고 있는 것으로 볼 수 있고,[20] 제2항에서 제5항까지는 재판에서의 절차 보장과 관련된다. 헌법재판소도 재판청구권을 사법절차에의 접근권과 사법절차상의 기본권을 포함하는 포괄적인 권리로 인식하고 있다.[21] 따라서 권리구제의 보장을 위해서는 무엇보다도 우선은 법원에의 접근권이 보장되어야 한다.[22]

독일연방헌법재판소도 법원접근권(Recht auf Zugang zum Gericht)을 법치국가원리에서 도출하고, 기본법은 권리구제에 대한 구체적인 형성을 그 때 그 때의 소송법규정에 위임하면서도, 법원이 이 소송법규정을 해석하고 적용함에 있어서는 청구인이 허용된 심급에 접근하는 것을 예측 불가능한 방법으로 어렵게 하는 것이 되어서는 안 된다고 밝히고 있다.[23] 독일연방헌법재판소는 기본법 제2조 제1항과 법치국가원리로부터 사법행위청구권(Justizgewährungsanspruch)이라는 기본권을 도출하는데,[24] 이 권리에는 기본법 제19조 제4항의 권리보호보장과 함께 효과적인 권리보호의 보장과 법원접근권이 포함된다고 한다.[25] 또한 독일연방헌법재판소는 일반적으로 법원에의 접근 가능성은 소송비용의 부담능력과 변호사조력에 의존하기 때문에 입법자는 평등원칙에 따라 무자력자도 소송에서 자신의 이익을 주장할 수 있도록 배려하여야 하고, 당사자는 무자력으로 인하여 소송수행이 불가능하게 되어서는 안 된다고 보았다. 즉, 국가의 충분한 소송구조가 없어서 당사자가 최소한의 생존마저도 침해되는 곳에 위헌성이 존재하게 된다고 하였다.[26]

유럽인권재판소에서도 독일과 유사하게 도출하고 있다. 민사적 청구권이 문제가 되는 경우에 공정한 재판을 받을 권리를 규정하고 있는 유럽인권협약 제6조 제1항[27]은 법원에의 접

---

19) Pieroth/Schlink, Grundrechte Staatsrecht II, 26 Aufl., 2010, Rn 1108; Degenhart, in: Sachs(Hrsg,), GG, Beck, 4. Aufl., 2007, Art. 103 Rn. 4. 허영, 한국헌법론, 박영사, 2010, 382에서도 이와 유사하게 법관의 재판을 요구할 수 있는 제소권 내지 재판청구권으로서의 실체적 권리와 재판에서 사법절차적 기본권으로서 절차적 권리로 구분하고 있다.

20) 같은 취지의 판례로는 헌재 2005.5.26. 2003헌가7, 17-1, 558, 566, 형사소송법 제312조 제1항 위헌제청(합헌) 결정 참조.

21) 헌재 2005.5.26. 2003헌가7, 17-1, 558, 566, 형사소송법 제312조 제1항 위헌제청(합헌). 그 외 1996.12.26. 94헌바1, 8-2, 808, 820; 1997.11.27. 94헌마60, 9-2, 675, 693-696; 1998.12.24. 94헌바46, 10-2, 842, 850도 참조.

22) Eser, in: Mayer(Hrsg.), Charta der Grundrechte der Europäischen Union, Nomos, 3. Aufl., 2011, Art. 47 Rn. 28.

23) BVerfGE 110, 339, 342. 그 외 BVerfGE 40, 237, 256; 44, 302, 305; 50, 217, 231; 52, 203, 207; 54, 94, 97; 60, 253, 268f.; 69, 381, 385; 77, 275, 284; 88, 118, 123f.; 101, 106, 123ff.; 101, 397, 408 등도 참조.

24) BVerfGE 107, 395, 401.

25) Pieroth/Schlink, Grundrechte Staatsrecht II, 20 Aufl., 2004, Rn 1006.

26) BVerfG, Beschluß vom 26.4.1988-1 BvL 84/86.

27) 유럽인권협약 제6조(공정한 재판을 받을 권리) 제1항 제1문: "모든 사람은 민사상의 권리 및 의무, 또는 형사상의 죄의 결정을 위하여 법률에 의하여 설립된 독립적이고, 공평한 법원에 의하여 합리적인 기한 내에 공정한 공개심리를 받을 권리를 가진다."

근을 보장하고 있는 것으로 보고 있다.[28] 이에 따르면 ① 협약 제6조 제1항은 법원접근권을 명시적으로 보장하고 있는 것은 아니지만 이를 배제하고 있다고도 볼 수 없고, 법원접근권이 인정되는지 여부는 해석을 통하여 확인하여야 할 법원의 의무라는 점,[29] ② 협약 제6조 제1항에 따라 공정하고 신속한 사법절차의 권리는 계속 중인 절차에만 적용되지만 이것이 반드시 그러한 절차를 제도적으로 수립할 권리가 배제된다고 하는 것은 아니라는 점,[30] ③ 협약 제6조 제1항은 협약 제5조 제4항[31]과 제13조[32]가 법원접근권(rights of access to the court)을 명시적으로 규정하고 있기 때문에 제6조 제1항에서 법원접근권을 인정하는 것은 불필요하다고 할 수 없는데 그것은 제5조 제4항과 제13조 그리고 제6조 제1항은 같은 차원의 것이 아니기 때문이라는 점(제5조 제4항과 제13조는 특정한 권리를 부여하는 것이 아니라 신청인의 의지에 따른 절차적 보장을 규정하고 있는 것이며, 제5조 제4항의 요건은 어떤 점에서는 제6조 제1항의 요건에 비하여 보다 엄격하다),[33] ④ 제6조의 의미와 목적은 법치주의(rule of law)를 선언하고 있는 전문에서 찾아 볼 수 있는데, 법치주의는 법원에의 접근을 보장하지 않고서는 상상할 수가 없다는 점,[34] ⑤ 비엔나협약 제31조 제3항 c.는 "국제법의 중요한 원칙들은 체약국간의 관계에도 적용된다."고 규정하고 있는데, 이 원칙들에는 특히 문화국가에 의해 승인된 일반적 법원칙들이 포함되고, 민사상의 주장은 법관 앞에서 재판을 받을 수 있어야 한다는 것은 이러한 보편적으로 인정된 법의 기본원칙 중의 하나이기 때문에, 협약 제6조 제1항은 재판의 거부를 금지하는 것은 국제법원칙이라는 관점에서 읽혀져야 한다는 점[35] 등의 논거를 제시하면서, 결론적으로 법원접근권은 유럽인권협약 제6조 제1항의 권리에 내재해 있다고 보았다.[36]

독립적이고 공평한 법률에 근거한 법원접근권은 유럽인권협약 제6조의 절차보장의 핵심이라고 할 수 있다.[37] 법원은 법률문제와 사실문제에 대해 충분한 결정권한을 가지고 쟁송에 대해 전적으로 결정할 수 있어야 한다. 효율적인 접근은 소송에서 법원이 충분히 청문할 것

---

28) EGMR, 21.2.1975, Golder v. Vereinigtes Königsreich, Nr. 4451/70, Rn. 36.
29) EGMR, 21.2.1975, Golder v. Vereinigtes Königsreich, Nr. 4451/70, Rn. 28.
30) EGMR, 21.2.1975, Golder v. Vereinigtes Königsreich, Nr. 4451/70, Rn. 32.
31) "체포 또는 구금에 의하여 자유를 박탈당한 사람은 누구든지 법원이 자신의 구금의 합법성을 지체 없이 결정하고, 합법적이 아닌 경우에는 석방이 명령되도록 법원에 절차를 취할 권리를 가진다."
32) "이 협약에 규정된 권리와 자유를 침해당한 모든 사람은 그 침해가 공무집행 중인 자에 의하여 행해진 것이라 할지라도 국가당국에 실효적인 구제를 청구할 권리를 가진다."
33) EGMR, 21.2.1975, Golder v. Vereinigtes Königsreich, Nr. 4451/70, Rn. 33.
34) EGMR, 21.2.1975, Golder v. Vereinigtes Königsreich, Nr. 4451/70, Rn. 34.
35) EGMR, 21.2.1975, Golder v. Vereinigtes Königsreich, Nr. 4451/70, Rn. 35.
36) William A. Schabas, The european convention on human rights, Oxford, 2015, p. 284. 법원접근권을 보장하고 있는 최근의 판결로는 EGMR, 6.12.2001, Yagtzilar u.a. v. Griechenland, No. 41727/98, Rn. 26도 참조.
37) Karpenstein/Mayer, EMRK Kommentar, Beck, 2012, Art. 6 Rn. 51.

을 요구할 뿐만 아니라 전반적으로 실질적인 접근이 가능할 것을 요구한다.[38] 유럽인권재판소는 민주사회에 있어서 공정한 절차를 요구할 권리가 갖는 특별한 의미로 인하여 법원접근권은 이론적으로만 보장되어서는 안 되고 효과적으로(effektiv) 보장되어야 함을 강조하면서,[39] 이 공정한 절차를 요구할 권리는 조약국에게 개인이 법원접근권을 실효적인 방법으로 행사할 수 있도록 배려할 적극적인 의무를 부과하는 것으로 해석하고,[40] 이로부터 개인이 법원접근을 사실상 가능하게 하는 권리보호제도를 마련할 조약국의 의무를 도출했다. 그리고 무료로 변호인의 변호를 받을 수 있는 가능성이 규정되어야 한다고 하였다.[41]

유럽연합법원(EuGH)에 따르면 유럽연합(European Union)에 있어서도 사법을 통한 효과적 권리보호의 보장은 우선 법원접근권을 보장하는 것이라고 한다. 원칙적으로 유럽연합의 기관의 결정에 대한 법원의 효과적인 심사라고 하는 원칙은 공동체법의 일반원칙에 속하는 것이라고 보았다.[42] 유럽연합법원은 조약은 권리구제와 절차의 완전한 제도를 창설하여야 하고 유럽연합의 판사들이 그 행위를 통제하는 것을 보장하여야 한다는 점을 강조하였다.[43]

유럽연합법원은 유럽공동체조약 회원국의 과제와 의무를 규정한 유럽공동체조약 제10조(리스본조약에서는 삭제됨)와 유럽연합법원의 사전결정(Vorabentscheidung)에 관하여 규정한 유럽공동체조약 제234조(리스본조약에서는 제267조) 그리고 효과적인 권리보호청구권의 존속을 보장할 수 있는 소송방법과 절차의 제도를 마련하는 것은 회원국의 과제라는 점에서 법원접근권을 도출하였다.[44]

이상에서 살펴본 바와 같이 법률대리가 강제되어 있거나 사건의 절차적 복잡성으로 인해서 효과적인 법원접근을 위하여 불가피한 경우에는 법률구조가 제공되어야 한다.[45] 법률구조의 이용가능성은 공정한 재판을 받을 권리 특히 무기평등(equality of arms)의 원칙과도 관련된다. 사법절차를 규율하는 규정은 제한규정이 아니고 법원접근권을 구체화하는 규정이기 때문에,[46] 절차의 이행이 실제 가능하고 결정의 집행이 보장되어야 한다. 물론 법원접근권이라

---

38) Karpenstein/Mayer, EMRK Kommentar, Beck, 2012, Art. 6 Rn. 51.

39) EGMR, 21.2.1975, Golder v. Vereinigtes Königsreich, Nr. 4451/70, Rn. 34f.; EGMR, 19.6.2001, Kreuz v. Poland, No. 28249/95, Rn. 53. Karpenstein/Mayer, EMRK Kommentar, Beck, 2012, Art. 6 Rn. 51; William A. Schabas, The european convention on human rights, Oxford, 2015, p. 284.

40) EGMR, 9.10.1979, Airey v. Ireland, No. 6289/73, Rn. 20ff.

41) EGMR, 19.9.2000, Gnabore, RJD 2000-Ⅸ, Rn. 38; EGMR, 26.2.2002, Del sol, RJD 2002-Ⅲ, Rn. 21. Christoph Grabenwarter, Europäische Menschenrechtskonvention, 2. Aufl., 2005, 2. Kapitel Rn. 48.

42) EuGH, Slg 2006, I-7795, Rn. 80-Reynolds Tobacco u a/Kommission.

43) Jörg Gundel, in: Dirk Ehler(Hrsg.), Europäische Grundrechte und Grundfreiheiten, 3. Aufl., 2009, §20 Rn. 23.

44) EuGH, Rs C-50/00 P, 25.7.2002., UNIÓN DE PEQUEÑOS AGRICULTORES/RAT, Rn. 41: "Es ist somit Sache der Mitgliedstaaten, ein System von Rechtsbehelfen und Verfahren vorzusehen, mit dem die Einhaltung des Rechts auf effektiven gerichtlichen Rechtsschutz gewährleistet werden kann."

45) William A. Schabas, The european convention on human rights, Oxford, 2015, p. 285.

46) Margit Bühler, Einschränkung von Grundrechten nach der Europäischen Grundrechtecharta, Duncker &

고 하더라도 배심원재판과 같은 특정한 유형의 재판이라든가 1심을 넘어서는 상소심의 보장이 도출되는 것은 아니다.[47]

법원접근권은 절대적인 권리가 아니라 소위 선량한 사법행정의 관점에서(in the interest of the good administration of justice) 일정한 경우에는 제한될 수 있다. 유럽인권재판소는 법원접근권을 제한할 수 있는 3가지 전제로서 ① 제한은 정당한 목적에 기여하는 것이어야 하고, ② 제한은 이 목적과 관련하여 비례적인 것이어야 하며, ③ 법원접근권의 본질이 침해되는 방식 또는 그러한 정도로 제한되어서는 안 된다는 것을 확립했다.[48]

법원접근권과 관련하여 허용되는 제한 가운데 변호사강제주의나 소송비용의 문제가 있다. 고가의 소송비용[49]이나 매우 극복하기 어려운 절차적 어려움으로 인하여 당사자가 소송과정에서 상대방과 비교하여 불균형적으로 방해를 받거나 절차에서 완전히 배제되어서는 안 된다는 것도 법원접근권에 속한다. 따라서 법원접근권은 당사자가 소송비용을 준비할 수 없는 경우에는 소송구조도 포함한다. 법원접근권을 사실상 배제하는 높은 소송비용은 유럽인권협약과 일치하지 않으며 금지된다. 다만 법률구조를 할 것인지 여부의 판단기준으로 청구인의 재정상황과 성공가능성이 없지 않을 것(mangelnde Erfolgsaussichten) 등의 요건이 고려되고 있다.[50] 독일연방헌법재판소도 소송구조절차는 권리보호를 제공하는 것이 아니라 법원에의 접근을 가능하게 하는 것이라고 이해하고,[51] 소송구조가 이루어지지 않아서 법원에 접근할 수 없는 사람에게는 소송구조가 이루어질 수 있어야 한다고 판시하고 있다.[52]

유럽차원에서 소송구조는 그 동안 유럽연합법원의 절차규정 제76조에서 규율하였으나 유럽연합기본권헌장이 시행되면서 제47조 제3항에서 소송구조청구권이 기본권으로 규정되게 되었다. 이는 유럽인권협약 제6조 제3항 c의 보충적 보장을 확대 수용한 것으로 평가된다.[53]

(3) 공정한 재판을 받을 권리

공정한 재판을 받을 권리는 헌법에 명시적인 규정은 존재하지 않는다. 헌법 제27조에서

Humblot, 2005, S. 188.

47) 이상 Eser, in: Mayer(Hrsg.), Charta der Grundrechte der Europäischen Union, Nomos, 3. Aufl., 2011, Art. 47 Rn. 28.

48) EGMR, 28.5.1985, Aahingdane v. the United Kingdom, No. 8225/78, Rn. 57; EGMR, 8.7.1986, Lithgow and others v. the United Kingdom, No. 9405/81, Rn. 194; EGMR, 27.8.1991, Philis v. Greece, No. 12750/87, 13780/88, 14003/88, Rn. 59; EGMR, 29.7.1998, Omar v. France, No. 43/1997/827/1033, Rn. 34-44; EGMR, 25.7.2002, Papon v. France, No. 54210/00, Rn. 90-100 참조.

49) EGMR, 19.6.2001, Kreuz v. Poland, No. 28249/95, Rn. 66.

50) Anne Peters, Einführung in die Europäische Menschenrechtskonverntion, Beck, 2003, S. 117.

51) BVerfGE 81, 347, 357.

52) Pieroth/Schlink, Grundrechte Staatsrecht Ⅱ, 26 Aufl., 2010, Rn 1110 및 거기에 소개된 독일연방헌법재판소 판례 참조.

53) 주요판결로는 EGMR, 9.10.1979, Airey v. Ireland, No. 6289/73, Rn. 20ff.; EGMR, 7.5.2002, McVicar v. the United Kingdom, No. 46311/99, Rn. 46ff. 참조.

는 헌법과 법률이 정한 법관에 의하여 법률에 의한 재판을 받을 권리, 군사재판을 받지 않을 권리, 신속한 재판을 받을 권리, 지체 없이 공개재판을 받을 권리, 무죄추정권, 재판절차 진술권을 규정하고 있을 뿐이다. 그러나 헌법과 법률이 정한 법관에 의하여 법률에 의한 재판을 받을 권리라고 하는 것은 결국 공정한 재판을 받을 권리라고 하는 데 학설은 일치하고 있다.[54)]

헌법재판소도 공정한 재판을 받을 권리는 헌법 제27조의 재판청구권에 의하여 함께 보장되는 것으로 보고 있다.[55)] 헌법재판소는 헌법 제27조 제1항의 내용을 '공정한 재판을 받을 권리'로 해석하고, 헌법에 '공정한 재판'에 관한 명문의 규정이 없지만 재판청구권이 국민에게 효율적인 권리보호를 제공하기 위해서는 법원에 의한 재판이 공정하여야만 할 것임은 당연하므로, '공정한 재판을 받을 권리'는 헌법 제27조의 재판청구권에 의하여 함께 보장된다고 보아야 한다고 하였다.[56)] 재판에는 민사재판, 형사재판, 행정재판뿐만 아니라 헌법재판을 받을 권리도 포함되므로, 헌법상 보장되는 기본권인 '공정한 재판을 받을 권리'에는 공정한 민사재판·공정한 형사재판·공정한 행정재판·공정한 헌법재판을 받을 권리를 포괄한다.[57)]

또 공정한 재판을 받을 권리는 비밀재판을 배제하고 일반 국민의 감시하에서 심리와 판결을 받는 것을 말하기 때문에, 여기에는 신속하고 공개된 법정의 법관의 면전에서 모든 증거자료가 조사·진술되고 이에 대하여 피고인이 공격·방어할 수 있는 기회가 보장되는 재판 즉, 원칙적으로 당사자주의와 구두변론주의가 보장되어 당사자가 공소사실에 대한 답변과 입증 및 반증하는 등 공격·방어권이 충분히 보장되는 재판을 받을 권리가 포함되어 있다고 한다.[58)] 특히 형사재판의 증거법칙과 관련하여서는 소극적 진실주의가 헌법적으로 보장되어

---

54) 김철수, 헌법학신론, 박영사, 2013, 1086; 권영성, 헌법학원론, 법문사, 2009, 603, 610; 허영, 한국헌법론, 박영사, 2010, 383; 양건, 헌법강의, 법문사, 2011, 638; 성낙인, 헌법학, 법문사, 2017, 1482; 김학성, 헌법학원론, 피엔씨미디어, 2014, 677; 정재황, 헌법입문, 박영사, 2016, 542; 전광석, 한국헌법론, 집현재, 2017, 520; 정종섭, 헌법학원론, 박영사, 2015, 833; 한수웅, 헌법학, 법문사, 2017, 652; 이준일, 헌법학강의, 홍문사, 2015, 700. 그런데 공정한 재판을 받을 권리의 기본권성에 대해 회의적인 입장이 없는 것은 아니다. 이 견해는 공정한 재판을 받을 권리의 성격이 모호하여 서로 모순되는 법익의 주장이 모두 공정한 재판을 받을 권리라는 옷을 입고 헌법재판에 등장할 우려가 있기 때문이라고 한다(장석조, 우리헌법상 절차적 기본권-헌법 제27조의 재판청구권에 관한 해석론-, 헌법논총 9, 1998, 448 참조).

55) 헌재 1989.5.24. 89헌가37등, 1, 48, 54 이하, 金融機關의延滯貸出金에관한特別措置法 第5條의2의 違憲審判(위헌); 1996.12.26. 94헌바1, 8-2, 808, 820; 1998.9.30. 97헌바51, 10-2, 541, 형사소송법 제314조 위헌소원(합헌); 2002.7.18. 2001헌바53; 2005.5.26. 2003헌가7, 17-1, 558, 566, 형사소송법 제312조 제1항 위헌제청(합헌); 2006.7.27. 2005헌바58, 18-2, 139, 형사소송법 제20조 제1항 등 위헌소원(합헌, 각하); 2013.8.29. 2011헌마122; 2014.4.24. 2012헌마2, 26-1하, 209, 퇴임재판관 후임자선출 부작위 위헌확인(각하).

56) 헌재 2006.7.27. 2005헌바58, 18-2, 139, 147, 형사소송법 제20조 제1항등 위헌소원(합헌, 각하); 1996.12.26. 94헌바1, 8-2, 808, 820, 형사소송법 제221조의2 위헌소원(위헌).

57) 헌재 2014.4.24. 2012헌마2, 26-1하, 209, 퇴임재판관 후임자선출 부작위 위헌확인(각하). 또 헌재 2002.7.18. 2001헌바53, 14-2, 20, 민사소송법 제171조의2 제2항 위헌소원(합헌); 2013.8.29. 2011헌마122, 25-2, 494, 형의 집행 및 수용자의 처우에 관한 법률 제41조 등 위헌확인(헌법불합치, 각하) 결정도 참조.

58) 헌재 1994.4.28. 93헌바26, 6-1, 348, 355, 형사소송법 제314조 위헌소원(합헌); 1996.1.25. 95헌가5, 8-1, 1, 14, 반국가행위자의처벌에관한특별조치법 제2조 제1항 제2호 등 위헌제청(위헌); 1996.12.26. 94헌바1,

있고, 형사피고인으로서는 형사소송절차에서 단순한 처벌대상이 아니라 절차를 형성·유지하는 절차의 당사자로서의 지위를 향유하며 형사소송절차에서는 검사에 대하여 "무기대등의 원칙"이 보장되는 절차를 향유할 헌법적 권리를 가진다고 한다.[59] 공정한 재판을 기대하기 어려운 입법형성을 함으로써 입법형성권의 한계를 벗어났는지 여부는 법률이 재판청구권을 침해한 것인지 여부를 판단하는 기준이 된다.[60]

그런데 헌법이 보장하는 공정한 재판절차를 어떠한 내용으로 구체화 할 것인가의 문제는 우선적으로 입법자의 과제다. 여기서 헌법재판소는 입법자는 형사소송절차를 규율함에 있어서 형사피고인인 국민을 단순한 처벌대상으로 전락시키는 결과를 초래하는 등 헌법적으로 포기할 수 없는 요소를 무시한 재판절차를 형성할 수는 없기 때문에, 형사소송에 관한 절차법에서 소극적 진실주의의 요구를 외면한 채 범인필벌의 요구만을 앞세워 합리성과 정당성을 갖추지 못한 방법이나 절차에 의한 증거수집과 증거조사를 허용하는 것은 적법절차의 원칙 및 공정한 재판을 받을 권리에 위배되는 것으로서 헌법상 용인될 수 없다고 선을 긋고 있다.[61]

독일기본법에도 공정한 재판을 받을 권리(Recht auf ein faires Verfhren)에 관한 명문의 규정은 없다. 기본법 제19조 제4항에서는 공권력에 의해 자신의 권리를 침해받은 경우에는 소송을 제기할 수 있다는 취지를 규정하고 있고, 제101조에서는 예외법원을 금지하고 있으며, 제103조 제1항은 법적 청문권(Recht auf rechtliches Gehör)을 규정하고 있고, 제104조에서는 인신의 자유를 제한할 경우의 법적 보장 등을 규정하고 있는 것이 전부다. 이러한 상황에서 독일연방헌법재판소는 1975년에 법치국가원리와 함께 기본법 제2조 제1항에서 공정한 재판청구권을 도출하였고, 다음 해 판결에서는 이를 기본권으로 명명하였다.[62] 일반적 절차적 기본권으로서 공정한 재판은 법관이 당사자가 기대 가능한 방식으로 그리고 무모순적으로 행동할 것과 법원의 태만이 당사자의 불이익으로 되지 않도록 절차를 이끌어갈 것을 법관에게 요구하는 권리로 이해된다.[63]

1948년 12월 10일의 세계인권선언 제10조(공정한 재판)에서도 공정한 재판을 받을 권리가 선언되어 있다.[64] 유럽인권협약은 공정한 재판을 받을 권리를 제6조 제1항에 수용하였다.

8-2, 808, 820, 형사소송법 제221조의2 위헌소원(위헌); 1998.12.24. 94헌바46, 10-2, 842, 850, 형사소송법 제279조 등 위헌소원(합헌).

59) 헌재 1997.11.27. 94헌마60, 9-2, 675, 謄寫申請拒否處分取消(위헌확인); 1996.12.26. 94헌바1, 8-2, 808, 820, 형사소송법 제221조의2 위헌소원(위헌).

60) 헌재 2016.7.28. 2015헌마105등, 민사소송법 제128조 제3항 위헌확인 등(기각, 합헌).

61) 헌재 1996.12.26. 94헌바1, 8-2, 808, 820, 형사소송법 제221조의2 위헌소원(위헌).

62) BVerfGE 57, 250, 274: "연방헌법재판소는 기본법 제2조 제1항의 일반적 자유권과 함께 법치국가원리로부터 피고의 공정하고 법치국가적인 형사절차요구권을 도출하였다."

63) Degenhart, in: Sach(Hrsg,), GG, Beck, 4. Aufl., 2007, Art. 103 Rn. 42.

64) "모든 사람은 자신의 권리와 의무 및 자신에 대한 형사책임이 결정될 때에 독립된 공평한 법원에 의해 공

이는 미국법의 적정절차(due process), 영국법의 자연적 정의 원칙(principles of natural justice), 아일랜드의 헌법적 정의(constitutional justice)를 사상적 기초로 하여 인권으로서 공정절차청구권을 규정한 것이라고 한다.[65]

이와 같이 영미법계에서 차용된 공정한 재판을 받을 권리는 법치국가원리의 표현으로서 그 동안 많은 절차보장에서 규정되어 왔지만 그 구체적 내용은 아직 정의된 바가 없고, 다만 절차참여자에게 충분한 참여권을 보장하고 또 일방적인 불이익으로부터 보호하고자 하는 것을 특징적인 징표로 한다는 것 정도로만 이해되고 있다.[66]

그런데 공정한 절차에 대한 권리로부터 법원의 독립성과 법원접근권의 절차법적 구체화로서 소송구조가 특히 중요한 것으로 인식되고 있다.[67] 유럽인권재판소도 공정한 절차로부터 소송구조의 필요성을 도출했다.[68] 즉, 절차 전체에 걸친 공정성 요구로부터 무기평등원칙을 도출해내고 그에 따라 변호와 관련하여서도 절차참여자에게는 대립하는 상대방과 동일하게 효율적인 권한이 보장되어야 한다는 것을 이끌어 낸 것이다.[69]

유럽연합은 회원국에 공통으로 적용되는 법원칙으로 법치국가원칙을 선언하고(EUV 제6조 제1항), 회원국의 행위를 기본권에 기속시키고 있다(EUV 제6조 제2항). 유럽연합법원도 유럽인권협약 제6조를 끌어 들이면서 1960년대부터 모든 사람은 공정한 절차에의 권리를 가진다는 일반원칙을 발전시켰다.[70] 여기에는 소송구조와 법적 조력을 받을 권리 외에 법적청문권, 무기평등원칙, 구두진술의 원칙 및 공개원칙, 자신의 언어를 사용할 권리, 정보와 서류 열람권, 신뢰보호의 권리, 영업비밀보호를 받을 권리, 불리한 증언으로부터 보호받지 위한 고지거부권, 적절한 기간 내에 충분한 근거가 있는 판결을 받을 권리 등이 포함된다.[71]

(4) 효과적인 권리보호의 원칙

유럽인권재판소는 효과적인 권리보호를 유럽인권협약 제6조 제1항으로부터 이끌어내고

정한 공개 심리(a fair and public hearing)를 받는 데 있어 완전히 평등한 권리를 가진다."

65) Schorkopf, in: Heselhaus/Nowak(Hrsg.), Handbuch der Europäischen Grundrechte, Beck ua., 2006, §53, Rn. 2.

66) Gerda Marx, in: Gregor Heissl(Hrsg.), Handbuch Menschenrechte, facultas, 2009, 26/28.

67) Schorkopf, in: Heselhaus/Nowak(Hrsg.), Handbuch der Europäischen Grundrechte, Beck ua., 2006, §53, Rn. 21.

68) EGMR, 15.2.2005, Steel and Morris v. the United Kingdom, No. 68416/01.

69) Gerda Marx, in: Gregor Heissl(Hrsg.), Handbuch Menschenrechte, facultas, 2009, 26/28. 공정한 재판을 받을 권리에는 무기평등의 원칙, 당사자의 서류열람권, 법적청문권, 정돈된 입증절차의 원칙, 공판참여청구권, 판결의 근거요구권 등이 포함된다. Christoph Grabenwarter, in: Dirk Ehler(Hrsg.), Europäische Grundrechte und Grundfreiheiten, 3. Aufl., 2009, §6 Rn. 40도 참조.

70) Schorkopf, in: Heselhaus/Nowak(Hrsg.), Handbuch der Europäischen Grundrechte, Beck ua., 2006, §53, Rn. 3.

71) Schorkopf, in: Heselhaus/Nowak(Hrsg.), Handbuch der Europäischen Grundrechte, Beck ua., 2006, §53, Rn. 5.

있다. 즉, 러시아 정부가 법원의 판결에도 불구하고 4년간이나 아무런 보상을 해주지 않은 사건에서 유럽인권협약 제6조로부터 효과적인 권리보호청구권(Anspruch auf effecktiven Rechtsschutz)을 도출해 내었다.[72)]

유럽연합법원도 일찍이 모든 사람은 유럽연합에서 효과적인 사법적 권리보호를 받을 권리를 가진다고 선언하였다.[73)] 그러나 효과적인 사법적 권리구제를 위한 공동체기본권(Gemeinschaftsgrundrechte)으로부터 법률구조청구권이 도출되는 것으로 명시하진 않아 왔었는데, 최근에는 유럽인권재판소의 그 동안의 판결과 유럽연합 회원국의 일반적 헌법전통을 참조하면서 효과적인 권리보호를 받을 권리를 불문의 일반적 법원칙(allgemeine Rechtsgrundsätzen)에 속하는 것으로 판시하였다.[74)] 유럽연합법원이 이러한 태도를 취한 이유는 법률구조청구권은 무자력의 경우에는 공동체기본권에 의해 분명히 보호되는 법원접근권을 위해서 포기할 수 없는 전제(eine unverzichtbare Voraussetzung)로 보기 때문이다.[75)] 유럽의 이러한 법전통에 따라 효과적인 권리보호가 유럽연합기본권헌장 제47조에도 규정되었다. 이 청구권은 유럽연합법원의 절차규정(rules of procedure; Verfahrensordnung) 제4장 제115조 이하에 구체화되어 있다.

1948년 12월 10일의 세계인권선언 제8조(효과적인 권리보호)[76)]와 1966년 12월 12일의 시민적 및 정치적 권리에 관한 국제규약 제2조 제3항[77)]에도 효과적인 권리보호가 규정되어 있다.

소송을 통한 효과적인 권리보호는 대부분의 유럽국가의 헌법에서도 규정하고 있다.[78)] 특히 독일연방헌법재판소의 확립된 판결에 따르면 독일기본법 제19조 제4항은 단지 단순한 이익의 침해가 아니라 기본권이나 기본권유사의 권리 또는 법률에 근거가 있는 권리의 침해나

---

72) EGMR, 7.5.2002, Burdov v. Russia, No. 59498/00, Rn. 33ff.

73) EuGH, Rs. 222-84, Slg. 1986, 1651 Rn. 18-Johnston; EuGH, Rs. C-50/00 P, Slg. 2002, I-6677, R. 39-Unión de Pequeños Agricultores.

74) EuGH, Rs. C-263/02 P, Slg. 2004, I-3425ff, Rn. 29. 물론 그 전통은 유럽인권협약 제6조와 제13조에도 규정되어 있다는 것에서 크게 의존하고 있다(Nowak, in: Heselhaus/Nowak(Hrsg.), Handbuch der Europäischen Grundrechte, Beck ua., 2006, §51, Rn. 16).

75) Nowak, in: Heselhaus/Nowak(Hrsg.), Handbuch der Europäischen Grundrechte, Beck ua., 2006, §51, Rn. 16.

76) "모든 사람은 헌법 또는 법률에 의해 부여된 기본적인 권리를 침해하는 행위에 대하여, 권한을 가진 국내법원으로부터 효과적인 구제(effective remedy)를 받을 수 있는 권리를 가진다."

77) "이 규약의 각 당사국은 다음의 조치를 취할 것을 약속한다. (a) 이 규약에서 인정되는 권리 또는 자유를 침해당한 사람에 대하여, 그러한 침해가 공무집행중인 자에 의하여 자행된 것이라 할지라도 효과적인 구제조치를 받도록 확보할 것. (b) 그러한 구제조치를 청구하는 개인에 대하여, 권한 있는 사법, 행정 또는 입법 당국 또는 당해 국가의 법률제도가 정하는 기타 권한 있는 당국에 의하여 그 권리가 결정될 것을 확보하고, 또한 사법적 구제조치의 가능성을 발전시킬 것. (c) 그러한 구제조치가 허용되는 경우, 권한 있는 당국이 이를 집행할 것을 확보할 것."

78) 이에 대한 자세한 소개는 Nowak, in: Heselhaus/Nowak(Hrsg.), Handbuch der Europäischen Grundrechte, Beck ua., 2006, §51, S. 1367 Fn. 93 참조.

침해가 급박한 경우에, 실효적이고 효과적인 그리고 가능하면 빈틈없는 권리보호청구권이라는 기본권을 보장하고 있는 것이라고 한다.79) 이 기본권은 공권력에 대한 권리보호를 위하여 기본법상의 법치국가원리를 구체화하고 주관화한 것으로서 우선은 효과적이고 가능한 흠결 없는 사법적 권리보호 즉, 무자력의 경우에는 추가적으로 소송구조청구권에 의해 확보되는 법원접근권을 포함하는 것으로 이해된다.80)

헌법재판소도 "헌법 제27조 제3항에 의하여 보장되는 신속한 재판을 받을 권리의 '신속'의 개념에는 분쟁 해결의 시간적 단축뿐만 아니라 효율적인 절차의 운영이라는 요소도 포함된다고 보아야 한다."라고 판시함으로써 효과적인 권리보호를 수용하고 있다. 학설에서도 신속한 재판을 받을 권리 속에 시간적 단축뿐만 아니라 효과적인 절차의 운영이라는 요소가 포함되는 것으로 본다.81) 특히 효과적인 권리보호를 강조하여 효과적인 권리보호의 요청은 권리구제절차를 입법자가 구체적으로 형성함에 있어서 중요한 기준이자 입법형성권의 한계를 의미하며, 또한 재판청구권에 내재된 본질적인 요소로서 그의 존재의미이자 헌법적 목적으로 보는 견해82)도 있다.

3. 무기평등 원칙의 보장

당사자들은 본질적으로 동일한 조건하에서만 자신의 이익을 변호할 수 있다. 무기평등원칙은 사적 이익에 관한 소송을 포함하여 모든 당사자에게는 대립하는 당사자에 비하여 중대한 불이익에 처해지지 않는다는 조건 하에 자신의 소송을 수행할 수 있는 합리적인 기회가 부여되어야 한다는 것을 의미하는 것으로 공정한 재판을 받을 권리의 한 요소로 볼 수 있다.83)

재판절차에서 대립당사자의 지위를 평등하게 보장한다는 것은 실무적으로도 큰 의미를 갖는다. 스위스연방법원은 1874년의 연방헌법 제4조로부터 "무기평등(Waffengleichheit)의 원칙"을 도출했다. 무기평등원칙은 절차를 동등하게 보장하면서 절차를 이끌어가는 기본적인 원칙이다. 스위스연방법원은 평등원칙으로부터 무자력자의 권리보호청구권을 제대로 기능할 수 있도록 하기 위해 무자력자인 피고에게 자력자와 마찬가지로 정당한 재판을 받을 수 있도록 동일한 보장이 이루어져야 한다는 것을 이끌어 내었다. 이 무기평등의 원칙으로부터 스

---

79) Nowak, in: Heselhaus/Nowak(Hrsg.), Handbuch der Europäischen Grundrechte, Beck ua., 2006, §51, Rn. 26. BVerfGE 118, 168, 207; BVerfG 2 BvR 2236/04 v. 18.7.2005 및 Peter Michael Huber, in: v. Mangoldt/Klein/Starck(Hrsg.), GG, Art. 19 Abs. 4 S. 1886, Fn. 338에 있는 다수의 판례도 참조.

80) Nowak, in: Heselhaus/Nowak(Hrsg.), Handbuch der Europäischen Grundrechte, Beck ua., 2006, §51, Rn. 26.

81) 성낙인, 헌법학, 법문사, 2017, 1484.

82) 한수웅, 헌법학, 법문사, 2017, 922.

83) William A. Schabas, The european convention on human rights, Oxford, 2015, p. 288.

위스연방법원은 소송에서 법에 생소한 당사자가 갖는 권리에 대해서는 판사가 직권으로 환기시킬 의무가 있음도 밝히고 있다.[84)]

독일연방헌법재판소도 일반적 평등원칙으로부터 '법관 앞에서 소송상 지위의 평등'이라는 의미로 소송상 무기평등원칙을 도출하고 있다.[85)] 또한 무기평등원칙은 공정한 절차청구권을 의미하는 것으로 보기도 한다.[86)]

유럽차원에서도 무기평등의 원칙은 유럽인권협약 제6조 제1항의 공정성원칙의 구성부분이면서 평등원칙의 구체적 표현으로 이해된다.[87)] 유럽인권재판소는 사법절차에서 평등처우요구의 중요성을 특별히 강조하면서 당사자를 사법절차에서 타방에 비하여 심각한 불이익에 처하게 하는 모든 차별취급은 허용되지 않는다고 판시하였다.[88)] 무기평등의 원칙에 따라 민사소송의 원고와 피고 그리고 형사소송의 피고인과 소추기관은 원칙적으로 동등하게 즉, 상대방과의 관계에서 본질적으로 불이익하지 않도록 취급되어야 한다. 민사소송에서 모든 당사자는 맞소송을 할 권리를 가지고 있고, 모든 서류에 동등하게 접근할 수 있으며, 모든 절차에서 그리고 모든 증거를 동등하게 청문할 권리가 있다.[89)] 유럽인권재판소에서는 민사소송에서 일방만이 증인으로 진술하게 하는 것은 무기평등의 원칙을 침해하는 것이라고 판단하였다.[90)] 형사절차에서는 무기평등원칙은 제시된 증거를 열람하고 그에 대해 의견을 제시하거나 다른 입장을 견지할 권리가 포함된다.[91)] 형사소송에서 무기평등의 원칙은 유럽인권협약 제6조 제3항 d.[92)]에서 규정하고 있다. 여기서는 증인심문에 있어서 무기평등을 규정하고 있다.

무기평등의 원칙이 지켜지기 위해서는 무자력자에 대한 법률구조가 필수적이다. 이에 따라 유럽인권협약 제6조 제3항 c.에서는 형사소송에서 법률구조를 규정하고 있다. 그러나 유럽인권재판소는 이를 민사소송에도 적용하고 있다.[93)] 변호사의 조력을 받을 수 없을 경우에

---

84) BGE, Urt. vom 3.6.1998, 124 I 185 S. 189ff.

85) BVerfGE 52, 131, 156; 9, 256, 258; 10, 264, 270; 22, 83, 86; Starck, in: v. Mangoldt/Klein/Starck (Hrsg.), GG, Art. 3 Abs. 1 Rn. 264.

86) BVerfGE 38, 105, 111; 63, 45, 67.

87) Christoph Grabenwarter, in: Dirk Ehler(Hrsg.), Europäische Grundrechte und Grundfreiheiten, 3. Aufl., 2009, §6 Rn. 45; Anne Peters, Einführung in die Europäische Menschenrechtskonverntion, Beck, 2003, S. 129.

88) EGMR, 6.6.2000, Morel v. France, No. 34130/96, Rn. 27; EGMR, Nideröst-Huber v. Switzerland, No. 19880/91, Rn. 23.

89) Anne Peters, Einführung in die Europäische Menschenrechtskonverntion, Beck, 2003, S. 129; Christoph Grabenwarter, in: Dirk Ehler(Hrsg.), Europäische Grundrechte und Grundfreiheiten, 3. Aufl., 2009, §6 Rn. 45.

90) EGMR, 27.10.1993, Dombo Beer B.V. v. the Netherlands, No. 14448/88, Rn. 20(Gerda Marx, in: Gregor Heissl(Hrsg.), Handbuch Menschenrechte, facultas, 2009, 26/29).

91) EGMR, 28.8.1991, Brandstetter v. Austria, No. 11170/84; 12876/87; 13468/87(Gerda Marx, in: Gregor Heissl(Hrsg.), Handbuch Menschenrechte, facultas, 2009, 26/30).

92) "자기에게 불리한 증인을 심문하거나 심문받도록 할 것, 그리고 자기에게 불리한 증인과 동일한 조건으로 자신을 위한 증인을 출석시키도록 하고 또한 심문받도록 할 것."

는 무료의 변호를 받을 수 있다. 그러나 이러한 규정이 아니라도 당사자가 대립하는 소송에서는 당연히 법률구조가 전제되어 있는 것으로 보는 것이 유럽인권재판소의 판례이다.[94)]

대한민국헌법에서도 무기평등의 원칙이 명시되어 있지 않지만, 헌법재판소는 공정한 재판을 받을 권리에서 무기평등의 원칙을 도출하고 있다.[95)]

무기대등의 원칙은 주로 형사절차와 관련하여 논의되고 있지만, 공정한 재판을 받을 권리를 규정한 헌법 제27조 제1항으로부터 무기대등의 원칙을 도출한다고 하면 민사소송의 경우에도 무기대등의 원칙이 보장되어야 하는 것은 당연한 것이다.

4. 사회국가원리의 실현

이상에서 살펴본 바와 같이 법률구조는 법치국가적 가치의 구현에 기여하지만 여기에 그치지 않고 사회국가원리 내지 복지국가적 관점에서도 일정한 헌법적 가치를 구현한다. 헌법상의 인간다운 생활을 할 권리를 실현하는 방법으로서 법률구조의 필요성을 인식하는 입장이다.[96)] 이러한 관점에서 보면 다양한 형태의 법률구조제도를 통하여 빈곤 또는 무지로 인하여 법률상 구제가 필요함에도 불구하고 그 권리를 행사할 수 없는 이에게 국가가 적극적으로 법률서비스시장에 개입하여 법률서비스를 제공받을 수 있게 하여야 할 헌법적 의무가 도출된다.[97)]

사법절차에 접근할 수 있는 권리는 단순히 재판청구권의 성격만을 가지는 것이 아니라 사회적 기본권의 성격을 가지는 종합적인 기본권이라는 주장[98)]도 있다. 법률구조청구권을 사회국가원리의 실현의 관점에서 이해하게 되면 법률구조청구권을 공정한 재판이 이루어지도록 하는 기본적 역할을 넘어 국민들의 법적분쟁을 미리 방지하거나 신속히 해결하는 것까지 포섭하게 되는 의의를 가지게 되고,[99)] 법률구조신청을 통하여 손해배상 등 재판을 통해 침해받은 사회적 기본권의 회복이나 그에 따른 배상을 청구할 수 있을 것이므로 법률구조청구권이야말로 사회복지권을 비롯한 사회적 기본권을 실질적으로 보장해 주는 기본권보장수단이

---

93) EGMR, 15.2.2005, Steel and Morris v. the United Kingdom, No. 68416/01, Rn. 72.

94) EGMR, 14.1.2003, Lagerblom v. Sweden, No. 26891/95, Rn. 49.(William A. Schabas, The european convention on human rights, Oxford, 2015, p. 310). 유럽인권협약 제34조에 따라 유럽인권재판소에 제소할 때에 법률구조를 신청할 수 있는데, 법률구조 시행여부는 재판장이 판단한다. 소송의 적절한 운영에 필요하거나 청구인이 소송비용의 전부 또는 일부를 충당할 충분한 재력이 없는 경우에 법률구조가 필요하다고 재판장이 판단하는 경우에 법률구조가 이루어진다(European Court of Human Rights, Rules of Court, Rule 100 참조).

95) 헌재 1996.12.26. 94헌바1, 8-2, 808, 형사소송법 제221조의2 위헌소원(위헌); 1998.12.24. 94헌바46, 10-2, 842, 850, 형사소송법 제279조 등 위헌소원(합헌). 김학성, 헌법학원론, 피엔씨미디어, 2014, 677도 참조.

96) 정종섭, 21세기 법치국가의 법률복지 방향과 제도 설계, 법과사회 43, 2012.12., 22-23쪽 참조.

97) 민경식, 법률복지 실현을 위한 법률구조제도의 개선방안, 중앙법학4-1, 2002.3., 7쪽 참조.

98) 성낙인, 법률복지국가 실현을 위한 정부와 법률구조공단의 역할과 과제, 공법연구 38-3, 2010.2., 77쪽 참조.

99) 성낙인, 법률복지국가 실현을 위한 정부와 법률구조공단의 역할과 과제, 공법연구 38-3, 2010.2., 78쪽 참조.

된다.[100] 보편적 법률복지가 공동체의 일원인 시민 자율성의 기초가 된다는 주장도 이에 속한다.[101] 이 견해에 따르면 복지국가는 모든 국민에게 법률서비스에 대한 접근권을 보장하는 법률복지를 근간으로 할 때 그 실질적 실현이 가능하게 된다. 즉, 사회복지는 법률복지를 근간으로 할 뿐만 아니라,[102] 오히려 법률복지를 통한 복지국가는 민주적 법치국가의 제도적 전제가 된다.[103] 보편적 법률복지를 주장하는 견해는 법률구조의 개념을 법률상담이나 법교육, 법문화계몽활동 등도 포함하는 넓은 개념으로 이해하게 되는데 이렇게 함으로써 법률구조가 법치국가의 원리에 따른 기본적 인권의 단편적이고 형식적 보장을 보완하여 인권 보장을 실질화하는 '보충적' 국가과제로서의 성격을 넘어 인간의 존엄과 행복추구권에 바탕하여 인간다운 생활을 영위하기 위한 '기본적'인 국가과제로서의 성격을 확보할 수 있게 된다고 한다.[104]

Ⅲ. 비교법적 고찰 – 법률구조청구권의 도출과 입법례

1. 법률구조청구권의 도출

스위스에서는 무자력자의 권리보호청구권을 기본권으로 보장하고 있다.[105] 독일연방헌법재판소도 소송구조청구권(Anspruch auf Prozesskostenhilfe)을 기본법 제3조 제1항의 일반적 평등원칙으로부터 도출하고 있다.[106] 예컨대 판결에서는 자력자와 무자력자의 소송상의 지위가 전체적으로 보아서 평등하여야 하며 무자력자가 자력자와 비교하여서 소송수행이나 자신의 권리를 방어함에 있어서 불균형적으로 어렵게 되어서는 안 된다는 원칙을 밝히고 있다.[107] 이 판결에서는 소송구조의 도출 근거로서는 평등원칙과 함께 기본법 제20조 제1항[108]의 사회국가원리도 제시하고 있다.[109] 학설에서는 소송구조가 기본법 제19조 제4항으로부터 직접 도출되는지, 이 조항과 더불어 기본법 제3조 제1항을 함께 고려함으로써 도출되는지 아니면 기본법 제19조 제4항과는 관계없이 일반적 평등원칙으로부터 도출되는지는 논의가 있다. 견해에 따르면 소송구조는 절차상의 무기평등의 원칙으로부터 나오고 빈곤한 당사자에

100) 김대환, 법률구조제도에 관한 연구, 전남대 박사학위논문, 2008, 38쪽.
101) 김종철, 법률복지와 법률구조 서비스의 발전과제, 법과사회 43, 2012.12., 58쪽.
102) 김종철, 법률복지와 법률구조 서비스의 발전과제, 법과사회 43, 2012.12., 54쪽.
103) 김종철, 법률복지와 법률구조 서비스의 발전과제, 법과사회 43, 2012.12., 56-57쪽.
104) 김종철, 법률복지와 법률구조 서비스의 발전과제, 법과사회 43, 2012.12., 61쪽.
105) Markus Schefer, Die Kerngehalte von Grundrechten, Stämpfli, 2001, S. 530 및 각주 106과 107에 소개된 참고문헌 및 판례도 참조.
106) Jarass, in: Jarass/Pieroth, GG(2000), Art. 3 Rn. 61f 및 BVerfG, Beschluß vom 18.07.1984-1 BvR 1455/83=BVerfGE 67, 245.
107) BVerfGE 22, 83(BVerfG, Beschluß vom 6. 6. 1967-1 BvR 282/65(NJW 1967, 1267, beck-online).
108) "독일연방공화국은 민주적·사회적 연방국가다."
109) BVerfGE 22, 83(BVerfG, Beschluß vom 6. 6. 1967-1 BvR 282/65(NJW 1967, 1267, beck-online).

게 평등한 법원접근을 가능하게 하는 바의 우선적인 법치국가적 절차요구(rechtsstaatliches Verfahrenspostulat)라고 보기도 한다.[110] 이 견해는 평등한 권리보호는 법원에의 접근의 보장 즉, 소송구조와 관련되고 입법자도 기속한다고 본다.[111] 그에 반해서 기본법 제19조 제4항으로부터 바로 도출되는 것이라는 주장도 있다.[112] 그 이유는 무자력은 법원에의 효과적인 접근의 장애가 문제가 되는 것이어서 소송구조에서 문제의 중심은 효율적인 권리보호를 위한 국가의 급부의 필요범위에 있는 것이고, 자력자와 무자력자 간의 차별이 문제가 되는 것은 아니기 때문이라고 한다.[113]

유엔인권전문위원회(UN Human Rights Committee)도 시민적 및 정치적 권리에 관한 국제규약 제2조 제3항 및 제14조 제3항과 관련하여 법률구조를 하지 않는 것은 법적 구제를 받을 권리를 방해하는 것이고 그 자체로 인권침해라고 판단하였다.[114]

유럽인권협약에서는 아래에서 보는 바와 같이 유럽연합기본권헌장과 같은 법률구조청구권 규정이 없다. 유럽 차원에서 법률구조청구권을 발전시킨 것은 유럽인권재판소의 판결[115]이다.

유럽인권재판소는 법원접근권은 사실상 접근이 불가능하거나 소송의 중대성이나 복잡성으로 인하여 개인의 법원접근의 효율성이 침해되면 그에 따른 보상적 제도를 요구하게 되는데 여기에서 소송구조제도가 등장한다고 보았다. 즉, 소송구조는 효과적인 접근을 가능하게 하기 위해서 불가피한 경우에 등장한다는 것이다.[116] 따라서 법률대리인이 강제되어 있거나 법률과 절차가 법률조언을 불가피하게 하는 정도로 복잡성을 가지는 경우에는 변호사의 조력이 제공되어야 한다고 판시하였다.[117] 반대로 자의적인 판결에 대하여 충분한 보호가 이루어지는 한 소송구조에 적절한 조건(청구인의 재정상황이나 소송의 성공가능성)을 제시하는 것은 유럽인권협약에 위배되지 않는다고 보았다.[118]

구체적으로 유럽인권재판소는 민사상 소송구조를 협약 제6조 제1항으로부터 도출하고 있다.[119] 유럽인권협약이 형사절차를 규정한 제6조 제3항 c[120]에서 법률구조청구권을 보장하고

---

110) Degenhart, in: Sach(Hrsg,), GG, Beck, 4. Aufl., 2007, Art. 103 Rn. 24.
111) Degenhart, in: Sach(Hrsg,), GG, Beck, 4. Aufl., 2007, Art. 103 Rn. 49.
112) Peter Michael Huber, in: v. Mangoldt/Klein/Starck(Hrsg.), GG, Art. 19 Abs. 4 Rn. 462.
113) Peter Michael Huber, in: v. Mangoldt/Klein/Starck(Hrsg.), GG, Art. 19 Abs. 4 Rn. 462.
114) Steve Peers/Tamara Hervey/Jeff Kenner/Angela Ward, The EU charter of fundamental rights, 2014, p. 1209.
115) 예컨대 EGMR, 9.10.1979, Airey v. Ireland, No. 6289/73, Rn. 20ff.
116) EGMR, 9.10.1979, Airey v. Ireland, No. 6289/73, Rn. 34.
117) EGMR, 21.2.1975, Golder v. the United Kingdom, No. 4451/70, Rn. 34; EGMR, 9.10.1979, Airey v. Ireland, No. 6289/73, Rn. 26. Steve Peers/Tamara Hervey/Jeff Kenner/Angela Ward, The EU charter of fundamental rights, 2014, p. 1209 참조.
118) EGMR, 26.2.2002., Del Sol v. France, No. 46800/99, Rn. 25ff.
119) Anne Peters, Einführung in die Europäische Menschenrechtskonverntion, Beck, 2003, S. 127.

있지만, 이 제3항은 제1항의 몇몇 구체적인 적용례들만을 예시하고 있는 것으로 보면서, 비록 제3항이 형사소송에만 적용되는 것이라고 규정하고 있을지라도 마찬가지의 보장을 민사소송에도 직접적으로 적용되는 것으로 보았다. 특히 최근에 유럽인권재판소는 소송구조가 부당하게 거부되면 무기평등원칙을 침해하는 것으로 보고 있다.[121)]

2. 입 법 례

유럽연합차원에서는 유럽연합기본권헌장 제47조 제3항에서 법률구조청구권을 명시적으로 규정하였다. 이와 같이 법률구조청구권은 효율적인 권리보호를 위해 필수적인 제도로 인정된다.[122)]

유럽연합기본권헌장을 논의하는 헌법회의에서는 회원국들 간에 법률구조에 공통된 전통이 없어서 활발한 논의가 있었다고 한다. 여기서 법률구조는 사회권으로서의 성격[123)]도 중요하게 논의되었으나 결국은 司法에 관한 권리 부분에 규정하게 되었다.[124)] 그리하여 유럽연합기본권헌장 제47조에서는 "법원에의 접근을 효과적으로 보장하기 위하여 필요한 경우에, 충분한 자력이 없는 사람에게는 법률구조가 이루어져야 한다."고 함으로써, 효과적인 구제와 공정한 재판 규정과 함께 여기서 법률구조청구권을 규정하였다. 유럽연합기본권헌장에 대한 공식적인 해설문에서는 법률구조청구권은 효과적인 권리보호라는 공동체기본권뿐만이 아니라, 공정한 절차의 요구라는 공동체기본권에도 영향을 미친다고 설명하고 있다. 물론 유럽연합기본권헌장 이전에 이미 유럽연합법원에서는 자체 절차규정[125)]에 따라 소송구조를 시행하고 있었다.

그 외 다수의 개별 국가 헌법에서도 법률구조청구권을 규정하고 있다. "형사범죄로 기소된 모든 사람은 … 자신을 직접 또는 대리인을 통하여 변호하거나 사건의 상황에 따라 합리적으로 요구되는 바의 대리에 비용을 지불할 수 없는 사람은 공공의 비용으로 그 대리를 받

---

120) 3. 모든 형사피의자는 다음과 같은 최소한의 권리를 가진다.
a. 그에 대한 기소의 성격 내지 이유를 그가 이해하는 언어로 신속하고 상세하게 통보받을 것.
b. 자신의 변호의 준비를 위하여 충분한 시간과 편의를 가질 것.
c. 직접 또는 본인이 선택한 법적 조력을 통하여 자신을 변호할 것, 또는 법적 조력을 위한 충분한 지불수단을 가지고 있지 못하지만 사법상의 이익을 위하여 필요한 경우에는 무료로 법적 조력이 부여될 것.
d. 자기에게 불리한 증인을 심문하거나 심문받도록 할 것, 그리고 자기에게 불리한 증인과 동일한 조건으로 자신을 위한 증인을 출석시키도록 하고 또한 심문받도록 할 것.
e. 법정에서 사용되는 언어를 이해하지 못하거나 또는 말할 수 없는 경우에는 무료로 통역의 조력을 받을 것.

121) EGMR, 15.2.2005, Steel and Morris v. the United Kingdom, No. 68416/01, Rn. 72.

122) Walter Frenz, Handbuch Europarecht, Bd.4 Europäische Grundrechte, Springer, 2009, Rn. 5059.

123) 우리나라에서 소송구조를 재판청구권에 포함된 사회권적 기능의 구체화제도로 이해하는 견해로는 예컨대 이준일, 헌법학강의, 홍문사, 2015, 705.

124) Alber, in: Peter J. Tettinger/Klaus Stern(Hrsg.), Europäische Grundrechte-Charta, Beck, 2006, Art. 47 Rn. 75.

125) Art. 94-97 VfO-EuG 및 Art. 76 VfO-EuGH.

을 권리를 가진다."라고 규정하고 있는 몰타헌법 제39조 제6항 c, "모든 사람은 자신의 정당한 권리와 법적 보호를 받는 이익을 방어하기 위하여 법원에의 접근이 보장된다. 재정적 수단의 부족으로 인하여 재판을 거부하는 것은 허용되지 않는다."고 규정한 포르투갈헌법 제20조 제1항, "재판은 법률에서 정하는 경우 및 소송비용을 부담할 능력이 없는 자에 대하여 모든 경우에 무상으로 한다."고 규정한 스페인헌법 제119조, "형사피고인은 자신의 방어를 준비할 시간과 가능성에 대한 권리를 가지고 스스로 또는 변호인을 통하여 변호할 권리를 가진다. 법률에 따라 그러한 권리를 가져야 함에도 불구하고 그가 변호인을 선정할 수 없는 경우에는 법원이 변호인을 지명한다. 어떤 경우에 형사피고인이 변호인의 무료 조력을 받을 권리를 가지는 가는 법률로 정한다."고 규정한 체코공화국 기본권과 기본자유 헌장[126] 제40조 제3항, "모든 사람은 스스로 선택하는 변호인을 가질 권리와 재판상의 이익을 위하여 필요하거나 법률이 규정하는 경우에는 무료 법률지원을 받을 권리를 가진다."고 규정한 사이프러스헌법 제30조 제3항 d,[127] "필요한 경제력을 가지지 않은 사람은 쟁송의 승소가능성이 없는 것으로 보이지 않는 한 무상의 법률지원을 받을 청구할 권리를 가진다. 권리 보호를 위해 필요한 경우에는 무료변론청구권을 가진다."고 규정한 스위스헌법 제29조 제3항, "무자력자는 법에 의하여 모든 법원에서 소송을 하거나 방어할 적절한 수단이 보장된다."고 규정한 이탈리아헌법 제24조 제3항, "모든 사람은 자격을 갖춘 법적 조력을 받을 권리가 보장된다. 법적 조력은 법에 규정된 경우에는 무상으로 제공된다."고 규정한 러시아헌법 제48조 제1항, "소송의 양 당사자는 모든 법원에서 변호인을 선임할 권리를 가지며, 변호인 선임이 불가능한 경우에는 법적 조력을 제공하도록 조치가 강구되어야 한다."라고 규정한 이란헌법 제35조, "국가는 법제도의 운영이 평등한 기회에 기초하여 정의를 증진하도록 보장하고, 특히 정의의 보장기회가 경제나 다른 장애사유로 인하여 부인되지 않도록 보장하기 위하여 적절할 입법이나 계획 또는 다른 방식을 통하여 무료 법률구조를 제공한다."고 규정한 인도헌법 제39A조, "법원 및 준사법 기구에 대한 자유로운 접근과 적절한 법률적 지원은 어떠한 국민에게도 빈곤하다는 이유만으로 부인되지 않는다."고 규정한 필리핀헌법 제11조 등에서 헌법상 보장된 기본권으로서 법률구조청구권의 입법례를 찾아 볼 수 있다.

Ⅳ. 대한민국헌법상 법률구조청구권

1. 헌법규정의 해석과 법률구조청구권

헌법 제12조 제4항에서는 변호인의 조력을 받을 권리를 보장하고 있다. 헌법의 문언에

126) 1991.1.9. 체코공화국헌법 제3조와 제112조 제1항에 따라 헌법의 일부로 인정되었다.

127) 여기서는 법원접근권(Access to the Courts)의 일환으로 보장되고 있다.

의하면 변호인의 조력을 받을 권리는 체포 또는 구속을 당한 때에 즉시 행사할 수 있다. 따라서 체포 또는 구속된 피의자나 피고인은 즉시 변호인의 조력을 받을 권리를 가진다. 물론 체포·구속되지 아니한 피의자나 피고인도 헌법의 법치국가원리나 적법절차원칙에 비추어 볼 때 당연히 변호인의 조력을 받을 권리는 가진다.[128] 말하자면 헌법 제12조 제4항 본문은 누구나 특히 '체포 또는 구속을 당한 때에' 변호인의 조력을 받을 권리를 가짐을 강조하고 있는 것이고, 체포·구속되지 않은 피의자나 피고인을 변호인의 조력을 받을 권리에서 배제하려는 규정이 아니다.

변호인의 조력을 받을 권리를 헌법으로 보장하면 필연적으로 제기되는 문제가 무자력 등을 이유로 변호인을 선임할 수 없는 경우의 처리문제다. 그런데 헌법 제12조 제4항 단서에서는 '형사피고인'이 스스로 변호인을 구할 수 없을 때에는 국선변호인의 도움을 받을 수 있다고 함으로써 국선변호인의 조력을 받을 권리를 형사피고인에 한하여 인정하는 것처럼 규정되어 있다. 헌법재판소도 규정의 문언에 따라 형사사건에서 변호인의 조력을 받을 권리는 피의자나 피고인을 불문하고 보장된다고 보면서도 국선변호인의 조력을 받을 권리는 피고인에게만 인정되는 것으로 해석하고 있다.[129]

그런데 헌법재판소는 변호인의 조력을 받을 권리의 헌법적 의의와 관련하여 헌법상의 변호인의 조력을 받을 권리는 변호인의 충분한 조력을 받을 권리를 의미하고, 변호인의 충분한 변호를 받을 권리의 필수적인 내용은 변호인과의 접견교통권이며, 변호인과의 자유로운 접견교통권은 어떠한 경우에도 제한할 수 없는 절대적 권리임을 강조한바 있다.[130] 변호인의 조력을 받을 권리의 헌법적 의의를 이와 같이 이해하면 누구든지 체포 또는 구속을 당하면 즉시 변호인의 조력을 받을 수 있어야 하는데, 무자력 등을 이유로 변호인의 조력을 받을 수 없다면 변호인의 조력을 받을 권리는 무용한 것이 되어버린다. 따라서 체포 또는 구속을 당한 '형사피의자'에게도 무자력 등 일정한 경우에 국선변호인의 조력을 받을 권리가 인정될 수 있어야 할 것이라는 점에서 볼 때, 헌법 제12조 제4항 단서의 의미를 위의 헌법재판소 판례와 같이 해석하면 헌법의 기본권보장체계에 결함이 존재하게 된다.[131]

---

128) 헌재 2004.9.23. 2000헌마138, 16-2, 543, 변호인의 조력을 받을 권리 등 침해 위헌확인(위헌확인).

129) 헌재 2008.9.25. 2007헌마1126, 20-2상, 628, 체포처분취소(각하).

130) 헌재 1992.1.28. 91헌마111, 4, 51, 변호인의 조력을 받을 권리에 대한 헌법소원(위헌). 이 결정에 대한 헌법재판소 자신의 평가도 참조(헌법재판소, 헌법재판소 20년사, 612). 후에 헌법재판소는 "어떠한 명분으로도 제한할 수 없다고 한 것은 구속된 자와 변호인 간의 접견이 실제로 이루어지는 경우에 있어서의 '자유로운 접견', 즉 '대화내용에 대하여 비밀이 완전히 보장되고 어떠한 제한, 영향, 압력 또는 부당한 간섭 없이 자유롭게 대화할 수 있는 접견'을 제한할 수 없다는 것이지 변호인과의 접견 자체에 대해 아무런 제한도 가할 수 없다는 것을 의미하는 것이 아니다."라고 해명한 바 있다(헌재 2011.5.26. 2009헌마341, 미결수용자 변호인 접견불허 처분 위헌확인(기각) = 헌재 2016.4.28. 2015헌마243, 공2016, 126, 접견실내 CCTV 감시·녹화행위 등 위헌확인(기각)).

131) 위 헌법재판소 결정의 반대의견에서는 체포·구속된 피의자에게도 국선변호인의 조력을 받을 권리가 인정되어야 한다는 주장이 있었다(헌재 2008.9.25. 2007헌마1126, 20-2상, 628, 632 이하, 체포처분취소(각하)

이와 같이 헌법 제12조 제4항의 변호인의 조력을 받을 권리는 형사사건에서 변호인의 조력을 받을 권리를 의미기 때문에 형사소송 외에 민사소송, 행정소송, 헌법소송 등에서 변호인의 조력을 받을 권리는 명문의 규정은 없으나, 모든 국민은 헌법과 법률이 정한 법관에 의하여 법률에 의한 재판을 받을 권리를 가진다고 선언하고 있는 제27조 제1항의 재판청구권에서 보장되는 것으로 보아야 한다.[132)]

그런데 헌법 제27조 제1항에서 형사절차 이외에서 변호인의 조력을 받을 권리가 도출된다고 하더라도 무자력 등을 이유로 변호인을 선임할 능력이 없는 사람들에 대한 헌법적 대응은 마련되어 있지 않다. 변호인의 조력을 받을 권리가 헌법상의 권리라면 헌법적 차원의 법률구조가 따르지 않으면 변호인의 조력을 받을 권리, 나아가서는 재판청구권이 형해화될 수 있다. 바로 여기에서 법률구조청구권의 헌법적 의의를 찾을 수 있고, 이로부터 법률구조청구권을 구현하는 제도를 마련할 입법자의 헌법적 의무가 도출된다고 할 수 있다.

유럽인권재판소는 유럽인권협약 제5조와 제6조 제1항에서 나오는 절차권은 개인의 실체적 기본권의 의미에서 그리고 전체로서 민주 사회라는 의미에서 해석하고 있다. 그에 따라 유럽인권협약 제6조 제1항은 절차에서의 권리(Recht im Verfahren)만을 보호하는 것이 아니라 절차에 대한 권리(Recht auf ein Verfahren)도 보장하고 있다고 보았다.[133)]

또한 절차적 기본권은 법의 평등이념을 실현하는 방법으로 보장되어야 한다는 것은 매우 중요하다. 모든 당사자가 평등하게 자신의 주장을 펼 수 있을 때 소송절차에서 일방당사자를 유리하게 하거나 타방당사자를 불리하게 절차를 왜곡하지 않게 되고 그렇게 함으로써 재판결과를 비로소 정당화시킬 수 있기 때문이다.[134)] 이러한 해석은 우리의 경우에도 그대로 타당하다.

나아가서 헌법 제37조 제2항의 본질적 내용 침해금지원칙에서 보면 헌법상의 절차적 기본권은 절차에서 최소한의 보호를 보장하는데, 적용되는 법률상의 절차권이 충분한 보장을 포함하지 않는 경우에 중요한 의미를 갖는다.[135)] 독일연방헌법재판소는 독일기본법 제1조 제1항은 인간을 국가절차의 단순한 객체(Objekt)로 격하하는 것을 금지하고, 그로부터 피고인의 능동적 절차적 권한의 최소한의 존속을 전제하고 있는 것으로 해석하고 있다.[136)] 이렇게

결정에서 김종대 재판관의 반대의견 참조).

132) "현대 사회의 복잡다단한 소송에서의 법률전문가의 증대되는 역할, 민사법상 무기 대등의 원칙 실현, 헌법소송의 변호사강제주의 적용 등을 감안할 때 교정시설 내 수용자와 변호사 사이의 접견교통권의 보장은 헌법상 보장되는 재판청구권의 한 내용 또는 그로부터 파생되는 권리로 볼 수 있다."(헌재 2004.12.16. 2002헌마478, 16-2하, 548, 564-567, 접견불허처분 등 위헌확인(기각, 위헌); 2013.8.29. 2011헌마122, 25-2상, 494, 504, 형의 집행 및 수용자의 처우에 관한 법률 제41조 등 위헌확인(헌법불합치, 각하).

133) Edgar Stieglitz, Allgemeine Lehren im Grundrechtsverständnis nach der EMRK und der Grundrechtsjudikatur des EuGH, Nomos, 2002, S. 163.

134) Markus Schefer, Die Kerngehalte von Grundrechten, Stämpfli, 2001, S. 515.

135) Markus Schefer, Die Kerngehalte von Grundrechten, Stämpfli, 2001, S. 88.

보면 법률구조청구권을 전면적으로 부인하는 것은 헌법상의 재판청구권의 본질의 침해로 될 뿐만 아니라, 기본권 이론적으로 법률구조청구권의 최소한의 내용은 헌법적으로 언제나 요청되는 것이다.

2. 소송구조의 제외 조건으로서 '패소할 것이 명백한 경우'의 문제

헌법 제27조 제1항의 문언에 따르면 재판청구권은 "법률에 의한" 재판을 받을 권리를 말한다. 따라서 법률에 의한 형성을 전제로 하고 있음을 알 수 있다. 이에 따라 헌법재판소도 광범위한 입법형성권을 인정하고 있다.[137] 따라서 입법자는 소송대리, 변호사 강제제도, 소송수수료규정 등을 통하여 원칙적으로 소송법에 규정된 형식적 요건을 충족시켜야 비로소 법원에 제소할 수 있도록 규율할 수 있다.[138]

그러나 이렇게 하여 마련된 제도가 법원에 제소할 수 있는 권리를 이론적으로만 제공하고 실효성이 없다면 이로 인하여 재판청구권은 사실상 형해화될 수 있다.[139] 따라서 헌법상 보장된 기본권인 재판청구권의 본질적 내용을 침해하거나 재판청구권을 형해화할 정도로 입법재량을 현저히 불합리하게 또는 자의적으로 행사하여서는 안 될 것이다.[140] 특히 헌법재판소는 소송구조사건과 관련하여서는 공정한 재판을 기대하기 어려운 입법형성을 함으로써 입법형성권의 한계를 벗어났는지 여부를 기준으로 판단하고 있다.[141]

독일연방헌법재판소에서도 권리보호를 위한 보장을 함에 있어서는 필연적으로 요구되는 최소한의 수준에 미달되는 것이어서는 안 된다고 선언하고 있다.[142] 여기서 요구되는 바의 최소한의 수준이란 바로 권리보호의 효율성(Effektivität des Rechtsschutzes)이라고 하였다.[143] 이는 권리보호의 보장에서는 흠결 없고 사실상 효과가 있는 사법적 통제가 가능한 것이어야 한다는 의미다.

한편 법은 누구에게나 평등하여야 하고 따라서 모든 사람은 법 앞에 평등할 수 있도록 참여가 보장되어야 한다. 누구도 재정적인 이유로 자신의 선량한 권리를 포기하도록 되어서는 안 되며 자신의 권리를 사법절차를 통하여 향유하고 관철시킬 수 있어야 한다. 그러나

---

136) BVerfGE 57, 250, 274-275.

137) 헌재 2002.5.30. 2001헌바2814-1, 490, 496, 민사소송법 제118조 제1항 등 위헌소원(합헌, 각하).

138) 헌재 2002.10.31. 2001헌바40, 14-2, 473, 481, 도로교통법 제101조의3 위헌소원(합헌).

139) 헌재 2002.10.31. 2001헌바40, 14-2, 473, 481, 도로교통법 제101조의3 위헌소원(합헌). 그 외 헌재 2001.2.22. 2000헌가1 참조; 2001.6.28. 2000헌바77, 13-1, 1358, 1372; 2010.7.29. 2005헌바89, 22-2상, 212, 222; 2013.8.29. 2011헌마122, 25-2상, 494, 504, 형의 집행 및 수용자의 처우에 관한 법률 제41조 등 위헌확인(헌법불합치, 각하); 2016.7.28. 2015헌마105등, 민사소송법 제128조 제3항 위헌확인 등(기각, 합헌) 결정도 참조.

140) 헌재 2002.5.30. 2001헌바2814-1, 490, 496, 민사소송법 제118조 제1항 등 위헌소원(합헌, 각하).

141) 헌법 2016.7.28. 2015헌마105등, 민사소송법 제128조 제3항 위헌확인 등(기각, 합헌).

142) BVerfGE 89, 28, 35f.

143) BVerfGE 96, 27, 39.

다른 한편으로는 누구도 공공의 비용으로 임의로 그리고 아무런 근거도 없이 소송을 할 수 있게 되어서는 안 된다. 따라서 법률구조는 특정한 조건하에서만 이루어지는 것이 합리적이다.

이에 따라 현행 민사소송법상 소송구조는 다음과 같이 형성되어 있다. 민사소송법상 소송구조제도를 통하여 소송비용을 지출할 자금능력이 부족한 사람이 구조사유를 소명하여 신청하는 경우(패소할 것이 명백한 경우는 제외) 또는 직권으로 재판비용의 납입유예, 변호사 및 집행관의 보수와 체당금의 지급유예(변호사나 집행관이 보수를 받지 못하는 경우에는 국고에서 상당한 금액 지급), 소송비용의 담보면제, 대법원규칙이 정하는 그 밖의 비용의 유예나 면제를 받을 수 있다. 물론 위 각 항목의 일부에 대해서만 소송구조를 할 수도 있다(법 제128조, 제129조). 소송구조의 결정이 있는 경우에는 납입의 취소(법 제131조)나 납입유예비용의 추심(법 제132조)이 가능하다. 이 민사소송법상 소송구조는 가사사건과 행정사건에도 준용된다(가사소송법 제12조 및 행정소송법 제8조 제2항 참조).

여기서 법원접근권의 보장이라는 관점에서 볼 때 문제가 되는 것은 패소할 것이 분명한 경우에는 소송구조를 거절하도록 하고 있다는 점이다(민사소송법 제128조 제1항 단서).

이 문제에 대해서 헌법재판소는 매우 신중한 태도를 보이고 있다. 소송구조의 거부는 재판청구권의 침해로 될 우려가 있으므로 법원이 소송구조를 거부할 때는 매우 신중히 결정하여야 함을 강조하면서, 이를 위해서 가장 합리적인 방법은 심급에 따른 불복이 가능하게 하고 당사자로 하여금 소송자료에 직접적이고도 쉽게 접근할 수 있게 하고, 패소할 것이 명백한지 여부를 전문적인 법관으로 하여금 판단하게 하는 것이라고 하는 입장이다. 이렇게 보면 법관이 실제 판단을 그르칠 가능성이 완전히 배제되지는 않는다고 하더라도 패소할 것인 명백한 경우에는 법관의 판단에 따라 소송구조를 거부할 수 있게 하는 것은 재판청구권을 침해하는 것은 아니라고 판시하였다.[144)]

그런데 이러한 법정의견에 대해서는 이혼소송이나 친권존부확인소송, 복지급여결정에 관한 소송과 같이 형사사건이 아니라 하더라도 형사사건에 버금가는 유형의 예외적인 사건인 경우에 한하여 형사사건과 같은 조건으로 소송구조를 하여 재판청구권을 행사할 수 있게 보호하는 것이 평등원칙과 법률복지실현에 부합한다는 반대의견이 있다. 물론 이 반대의견도 사법기관에의 접근이 평등보호원칙에 위반되지 않는 한 소송구조의 범위는 차등적으로 할 수 있다는 입장이다.[145)]

---

144) 헌재 2001.2.22. 99헌바74, 13-1, 250, 민사소송법 제118조 제1항 단서 위헌소원 등(합헌, 각하).

145) 반대의견은 그 이유를 다음과 같이 설명하고 있다. "국가는 우리 사회의 가장 기본적 단위인 가족관계를 법률에 의하여 통제·개입하고 있다. 국가의 통제를 받는 가족법 사건은 일반 민사사건 등과 구별하여 특별히 보호하지 않으면 안될 경우가 있다. 이혼은 혼인에 관한 헌법상의 권리와 관련되어 있고 법률은 이혼이 성립되지 않으면 중혼에 대하여 혼인에 관한 권리를 행사할 수 없게 하였다. 쌍방의 의사가 합치되지

이 반대의견은 소송구조제도의 헌법적 의의에 비추어 볼 때 적절한 지적으로 평가된다.

V. 판례로부터 법률구조청구권의 도출

1. 변호사강제주의 판결

헌법 제111조 제1항 제5호에는 법률이 정하는 헌법소원에 관한 심판을 헌법재판소의 관장사항으로 하고 있다. 이에 근거하여 헌법재판소법 제16조 제1항에서는 권리구제형 헌법소원심판을, 제2항에서는 위헌심판형 헌법소원심판을 규정하고 있다. 헌법소원심판청구권은 비록 헌법재판소법에서 명시하고 있지만 이는 헌법이 정한 헌법소원심판을 구체화한 것이므로 헌법소원심판청구권은 헌법상 보장된 권리다.[146)]

헌법재판소법 제25조 제3항에서는 "각종 심판절차에서 당사자인 사인은 변호사를 대리인으로 선임하지 아니하면 심판청구를 하거나 심판 수행을 하지 못한다. 다만, 그가 변호사의 자격이 있는 경우에는 그러하지 아니하다."라고 규정함으로써 변호사강제주의를 규정하고 있다. 그런데 변호사강제주의는 사인이 당사자가 되는 심판청구인 탄핵심판청구와 헌법소원심판청구에 적용된다.[147)]

여기서 특히 문제가 되는 것이 당사자 적격에 아무런 제한을 두지 않는 헌법소원심판이다. 헌법소원심판의 청구는 청구서를 제출함으로써 하고, 무자력자의 헌법재판을 받을 권리를 크게 제한하는 것이라 하여 변호사강제주의는 위헌이라는 주장이 있다. 헌법재판(특히 헌법소원심판)은 최후적인 구제수단이고 청구인의 권리구제뿐만 아니라 객관적인 헌법질서의 수호·유지를 위한 것이기도 한만큼 반드시 변호사강제주의를 채택하여야만 하는지에 대해서는 의문이 있을 수 있다.

않는 한 법원의 독점적인 관여 하에 혼인을 해소할 수 있도록 한 것은 헌법의 보호를 받는 혼인의 자유를 위협하는 것이므로 이혼을 하고자 하는 자의 소송을 자력의 부족을 앞세워 거부하여서는 안되는 것이다. 또한 친권상실 그 자체는 가족관계의 파괴를 의미하고, 법원이 친권자로서는 부적절하다고 내린 결정에 자(子)의 부모가 불복하는 것은, 형사사건에서 무죄를 주장하는 피고인과 마찬가지로, 자신에게 낙인을 찍은 국가의 불이익한 처분으로부터 벗어나려는 몸부림인데도, 자력이 부족하다는 이유만으로 그 심사를 거부하는 것은 부당하다. 국가는 생활이 어려운 자의 최저생활을 보장하고 자활을 조성하는 복지급여를 하고 있다. 이 급여와 관련된 분쟁에 대한 제소자를, 자력이 없다 하여 모른 체하고 법정의 문을 닫아걸어서는 안된다. 국가는 생활이 어려운 자의 의·식을 해결하는 데 필수적인 최소불가결한 최저생활의 유지수단인 복지급여를 결정하는 위치에 있고, 수급자에게 불리한 복지급여의 결정을 번복하는 길은 재판을 하는 것 외에 다른 구제방법이 없기 때문이다."

146) 헌법 제27조 제1항의 재판청구권은 적어도 한번의 사실심과 법률심의 재판을 받을 권리를 그 보장내용으로 하므로 헌법소원심판청구권은 제27조 제1항에 근거하는 것으로 보기는 어렵다는 견해로는 한수웅, 헌법학, 법문사, 2017, 921 참조. 헌법재판소 판례에서는 헌법재판이 재판청구권에 포함된다는 입장이다(헌재 2014. 4.24. 2012헌마2, 26-1하, 209, 퇴임재판관 후임자선출 부작위 위헌확인(각하); 2013.8.29. 2011헌마122, 25-2상, 494, 504, 형의 집행 및 수용자의 처우에 관한 법률 제41조 등 위헌확인(헌법불합치, 각하)).

147) 헌재 1990.9.3. 89헌마120등, 2, 288, 293-296, 헌법재판소법 제25조 제3항에 관한 헌법소원(기각).

그러나 헌법재판소는 다음과 같이 합헌으로 판시하였다. "헌법재판소법 제70조에서는 국선대리인제도를 두어 헌법소원심판청구에서 변호사를 대리인으로 선임할 자력이 없는 경우에는 당사자의 신청에 의하여 국고에서 그 보수를 지급하게 되는 국선대리인을 선정해 주도록 되어 있다. 따라서 무자력자의 헌법재판을 받을 권리를 크게 제한하는 것이라 하여도 이와 같이 국선대리인 제도라는 대상조치가 별도로 마련되어 있는 이상 그러한 제한을 두고 재판을 받을 권리의 본질적 내용의 침해라고는 볼 수 없을 것이다."[148]

헌법재판소는 변호사강제주의의 이점으로 ① 재판의 본질을 이해하지 못하고 재판의 자료를 제대로 정리하여 제출할 능력이 없는 당사자를 보호해 주며 사법적 정의의 실현에 기한다는 점을 든다. 변호사 비용부담의 불이익에도 불구하고 재판을 통한 기본권의 실질적 보장이요 사법적 정의 실현의 첩경으로 평가하고 있다. ② 승소가망성이 없는 사건을 사전에 변호사를 통해 소거시키는 한편, 재판자료를 법률적으로 다듬고 정리하여 재판소에 제출함으로써 보다 효율적으로 국가의 헌법재판제도의 운영을 기할 수 있는 이점이 있다고 본다. 그렇게 하여 재판소로 하여금 무엇이 헌법정신이며, 가치인가 나아가 어떠한 것이 사법적 정의인가를 올바로 찾아내는 데 결정적인 도움을 준다고 한다. ③ 당사자가 소송을 수행할 때 감정에 복받쳐 사안을 불투명하게 할 수 있으며 선별 없는 무리한 자료의 제출로 재판자료를 산적하게 하여 심리의 부담을 가중시키고 또 경직하게 하는 폐해를 해소시킬 수 있다고 한다. ④ 재판관을 견제하여 재판관의 관료적인 편견과 부당한 권위의식 또는 자의로부터 당사자를 보호하여 국가사법 운영의 민주화에 공헌한다는 점을 들고 있다.[149]

이러한 입장에서 변호사강제주의를 이상적인 사법운영방안으로 평가하면서 다만 무자력자의 헌법소원심판청구권을 제한하는 측면에서는 국선대리인이라는 대상조치가 마련되어 있으므로 합헌이라는 것이다. 따라서 변호사강제주의가 채택되고 있는 현실에서 국선변호인의 선임은 헌법상의 보장된 권리로서 법원접근권을 보장하기 위한 헌법적 요청이라고 할 수 있다.[150]

---

148) 헌재 1990.9.3. 89헌마120등, 2, 288, 293-296, 헌법재판소법 제25조 제3항에 관한 헌법소원(기각).

149) 헌재 1990.9.3. 89헌마120등, 2, 288, 293-295, 헌법재판소법 제25조 제3항에 관한 헌법소원(기각). 국선대리인을 신청할 수 있는 사람은 월평균수입이 230만원 미만인 자, 국민기초생활보장법에 의한 수급자, 국가유공자 등 예우 및 지원에 관한 법률에 의한 국가유공자와 그 유족 또는 가족이고, 그 밖에 청구인이 시각·청각·언어·정신 등 신체적·정신적 장애가 있는지 여부 또는 청구인이나 그 가족의 경제능력 등 제반사정에 비추어 보아 변호사를 대리인으로 선임하는 것을 기대하기 어려운 경우에도 국선대리인을 신청할 수 있다(헌법재판소국선대리인의 선임 및 보수에 관한 규칙 제4조 제1항). 헌법재판소는 심판청구가 명백히 부적합하거나 이유 없는 경우, 권리남용인 경우에는 국선대리인 선임을 거부할 수 있다(헌법재판소법 제70조 제3항).

150) 한수웅, 헌법학, 법문사, 2017, 925-926; 박종현, 헌법주석[1](한국헌법학회 편), 박영사, 2013, 994 참조.

2. 소송비용 문제

(1) 인지액 판결

1) 헌법재판소의 원칙적 입장

헌법재판소는 국민의 권리구제를 위한 민사소송제도를 운영하면서 개개의 소송수행에 필요한 경비를 소송제도를 이용하는 당사자의 부담으로 하는 수익자부담의 원칙을 채택하고 형식적으로 법원의 문을 누구에게나 개방한다고 하더라도, 자력이 부족한 자에 대하여도 소송을 제기함에 있어서 미리 이 사건 법률조항에 의하여 소가에 따라 고액화하는 인지를 붙일 것을 언제나 예외 없이 요구하고 인지를 붙이지 아니하는 경우 소장을 각하하도록 한다면, 그러한 규정은 그 비용을 지출할 자력이 부족한 자에 대하여는 제소의 기회를 형식상 보장하고 있을 뿐 실질적으로는 그 기회를 이용하기 심히 어렵게 되어 결국 자력이 부족한 당사자에게 불합리하게 소송에 의한 권리구제의 기회를 제한하는 문제가 발생할 뿐만 아니라, 소송을 제기하는 자 사이에 불합리한 차별의 결과를 가져옴으로써 헌법 제11조 제1항에 의하여 보장된 평등의 원칙에도 위반될 수 있다고 판시하였다.[151)]

이는 상소제도에 있어서도 마찬가지다. 재판에 대한 불복 방법으로 상소제도를 두면서 객관적인 정당성이 없는 방법으로 상소제기에 특별한 요건을 가하여 상소제기를 어렵게 하는 것은 국민의 실체적 권리의 실현을 위한 기본권인 재판청구권을 규정한 헌법 제27조 제1항에 위반될 수 있고, 평등원칙을 규정한 헌법 제11조에도 위반될 수 있다는 판단을 하였다.[152)]

그런데 "민사소송법은 법원이 소송비용을 지출할 자력이 부족한 자에 대하여는 그 신청과 소명에 의하여 패소할 것이 명백한 경우를 제외하고는 각 심급에서 소송상의 구조를 할 수 있게 하고(같은 법 제118조 참조), 이에 따라 소송상의 구조를 받는 자는 인지대 등 재판비용의 납입이 유예되므로(같은 법 제119조 제1항 참조), 항소장 또는 상고장의 인지액이 항소 또는 상고를 하고자 하는 당사자의 자력으로는 부담하기 어려울 정도로 고액인 경우에는 그 당사자가 패소할 것이 명백하여 항소 또는 상고의 실질적 이익이 없다고 인정되지 않는 한 항소장 또는 상고장에 인지를 붙이지 아니하고도 항소심 또는 상고심의 재판을 받을 수 있는 길을 열어 두고 있다. 이와 같이 자력이 부족한 자에 대한 소송구조의 제도가 마련되어 있어 법 제3조는 자력이 부족한 당사자에 대하여 항소 또는 상고의 기회를 제대로 이용할 수 없을 정도로 어렵게 하거나 차단하는 규정이라고는 볼 수 없으므로 그들의 재판청구권이 침해되거나 불합리한 차별을 받고 있다고는 할 수 없다."고 판시하였다.[153)] 또한, 민사

151) 헌재 1996.10.4. 95헌가1등, 8-2, 258, 275, 민사소송등인지법 제2조 제1항 등 위헌소원(합헌).
152) 헌재 1994.2.24. 93헌바10, 6-1, 79, 86, 민사소송등인지법 제3조 위헌소원(합헌).

소송비용은 패소한 당사자가 최종적으로 부담하므로(민사소송법 제98조) 국민이 정당한 권리를 소구하는 경우에는 그에 따른 소송비용을 회수할 수 있어 인지대를 선납하는 부담이 있더라도 그러한 부담 때문에 일반적으로 소 제기 자체를 포기하게 된다고 보기 어렵다고 판단하였다.[154)]

2) 구체적 판단

헌법재판소는 인지제도 자체는 수익자부담의 원칙에 따른 것이고, 이를 통하여 성공가능성이 없는 소송을 제기하는 것을 막을 수 있고, 남소에 따른 법원의 권리구제의 양질성과 효율성의 저하를 방지함과 동시에 법적 안정성도 보증하는 것이므로 국민의 권리보호와 법적 생활의 안정에 기여하는 정당한 제도임을 인정하면서,[155)] 앞에서 살펴본 바와 같은 원칙적 입장에서 헌법재판소는 소장에 소가에 1천분의 5를 곱하여 산출한 금액 상당의 인지를 붙이도록 하고 있었던 구 민사소송등인지법(법률 제4299호, 1990.12.31, 전부개정) 제2조 제1항에 대해서 합헌 결정하였다.[156)]

그러나 헌법재판소의 합헌판결에도 불구하고 경제규모의 확대에 따른 소송물 가액의 고액화로 인하여 인지액부담이 지나치게 무겁다는 국민의 불만이 지속적으로 제기되자 법무부는 1997.12.13. 민사소송등인지법 제2조 제1항을 개정하여 소가의 0.5%의 정율제에서 소가가 증가함에 따라 부담을 낮추는 4단계 역진제로 변경하여 현재에 이르고 있다.[157)]

또 항소장에는 제1심 인지액(소가의 1천분의 5)의 2배액의 인지를 붙이도록 하고 상고장에는 3배액의 인지를 붙이도록 한 민사소송등인지법 제3조가 인지를 첨부할 자력이 부족한 자들의 재판청구권을 침해하거나 평등원칙에 위배된다고 보기는 어렵다고 판시하였다.[158)] 그

153) 헌재 1994.2.24. 93헌바10, 6-1, 79, 87 이하, 민사소송등인지법 제3조 위헌소원(합헌); 1996.10.4. 95헌가1등, 8-2, 258, 270 이하, 민사소송등인지법 제2조 제1항 등 위헌소원(합헌); 2015.6.25. 2014헌바61, 27-1, 461, 467 이하, 민사소송 등 인지법 제1조 위헌소원(합헌, 각하).

154) 헌재 2015.6.25. 2014헌바61, 27-1, 461, 467 이하, 민사소송 등 인지법 제1조 위헌소원(합헌, 각하).

155) 헌재 1996.10.4. 95헌가1등, 8-2, 258, 270 이하, 민사소송등인지법 제2조 제1항 등 위헌소원(합헌).

156) 헌재 1996.10.4. 95헌가1등, 8-2, 258, 270 이하, 민사소송등인지법 제2조 제1항 등 위헌소원(합헌). 이 결정의 2인의 반대의견에서는 위헌을 주장하였는데, 그 이유는 심판대상조항은 모든 민사사건에 대하여 단순비율로 5/1,000의 인지를 붙이도록 규정하고 있어서 이 사건과 같이 소송목적의 값이 200억 원인 경우에는 1억 원 상당의 인지를 첨부하여야 하는데 이는 수수료로서는 무색할 정도로 다액이고 실질적으로 재판에 의한 권리구제의 길을 막는다고 아니할 수 없어서 재판청구권을 지나치게 제한하기 때문이라고 하였다(헌재 1996.10.4. 95헌가1등, 8-2, 258, 281, 민사소송등인지법 제2조 제1항 등 위헌소원(합헌)).

157) 현행 민소소송 등 인지법 제2조 제1항은 현재는 다음과 같다.

1. 소송목적의 값이 1천만원 미만인 경우에는 그 값에 1만분의 50을 곱한 금액
2. 소송목적의 값이 1천만원 이상 1억원 미만인 경우에는 그 값에 1만분의 45를 곱한 금액에 5천원을 더한 금액
3. 소송목적의 값이 1억원 이상 10억원 미만인 경우에는 그 값에 1만분의 40을 곱한 금액에 5만5천원을 더한 금액
4. 소송목적의 값이 10억원 이상인 경우에는 그 값에 1만분의 35를 곱한 금액에 55만5천원을 더한 금액

158) 헌재 1994.2.24. 93헌바10, 6-1, 79, 87 이하, 민사소송등인지법 제3조 위헌소원(합헌). 1997.12.13. 민사소송등인지법 개정에서는 상소심 인지액의 할증비율도 인하하여 항소심은 제1심 인지액의 2배에서 1.5배로,

리고 민사소송절차의 소장에 일률적으로 인지를 첩부하도록 하면서 인지액의 상한에 관한 규정을 두고 있지 아니한 것이 인지를 첩부할 자력이 부족한 자들의 재판청구권을 침해하거나 평등원칙에 위배된다고 보기는 어렵다고 판시하였다.[159]

3) 인지대와 법률구조의 관계

인지액과 같은 소송수수료는 특히 무자력자에게 있어서는 법원절차에의 접근을 어렵게 하여 재판을 받을 권리를 제한하는 것이고[160] 자력이 있는 사람에게 비하여 차별하는 것이므로 평등권을 제한하는 것이다.

헌법재판소의 판시요지는 상소에 1심보다 많은 인지대를 첩부하게 함으로써 무자력자의 재판청구권을 제한하는 것이지만, 소송구조제도가 마련되어 있어서 재판청구권이나 평등원칙을 위반한 것으로 볼 수 없다는 것이다. 그런데 민사소송 등의 인지대는 국가의 소송제도를 이용하는 자가 수익자부담으로서 국고에 납부하는 수수료임과 동시에 남소를 억지함으로써 법원기능의 효율성을 높이는 역할을 하는 제도다.[161] 다른 한편 헌법재판소의 결정에 따르면 사인의 자력구제를 금지하고 국가의 사법질서를 유지하기 위하여 법원에 그 기능을 맡기면서 법원의 물적 시설·인건비는 되도록 국가가 부담하는 것이 마땅하다고 하면서도 개개의 소송수행을 위하여 필요한 비용까지 모두 국가가 부담하여야 한다고 하는 것은 부당하다고 한다.[162]

이와 같이 인지대가 필요불가결하다면 소송구조제도는 재판청구권이라는 헌법상 기본권을 보장하기 위한 당연한 제도적 보장이 되는 것으로 이해할 수 있다.[163]

상고심은 제1심 인지액의 3배에서 2배로 하였다(법 제3조 내지 제5조 및 제6조제1항).

159) 헌재 2015.6.25. 2014헌바61, 27-1, 461, 467 이하, 민사소송 등 인지법 제1조 위헌소원(합헌, 각하). 이외 소송구조제도와 관계없이 인지액 상한을 규정하지 않은 것 자체에 대해서도 "일반적으로 소송목적의 값이 큰 경우에는 사건의 난이도가 높고 소송이 장기간에 걸쳐 진행되는 경우가 많아 소송수행에 따르는 법원의 비용이 증가하게 되고, 날로 소송사건이 다종·다양해지는 현실에서 사건의 난이도, 재판에 소요되는 기간, 사건에 투입되는 법관 및 법원사무관의 업무 강도 등을 계량화·표준화하여 인지액의 상한을 규정하기는 용이하지 아니하며, 인지액의 상한을 정해놓을 경우 소송목적의 값을 무한정 높게 설정할 수 있어 남소방지라는 인지제도의 취지에 어긋날 수 있다. 이에 더하여, 법 제2조는 소송목적의 값이 고액인 경우 그 값이 증가할수록 첩부하여야 하는 인지의 비율이 줄어들도록 규정함으로써 소송당사자가 지나치게 많은 인지액을 부담하는 것을 방지하고 있다."는 논거를 들고 있다. 이 결정에 대해서는 인지액에 상한을 두는 것은 가능할 뿐만 아니라 소송물 가액에 단순 비례하는 인지를 붙이도록 강제하여 과잉금지원칙에 위반하여 재판청구권을 침해하고 있다는 반대의견이 있다. 현행 제도에 따르면 경제력이 취약한 사람은 높은 소송물 가액의 소송을 제기하기 어렵고 고액 소송의 피고가 되어 패소한 경우 상소하기도 어렵다는 점을 들고 있다(재판관 강일원, 재판관 서기석).

160) 한수웅, 헌법학, 법문사, 2017, 924; 정종섭, 헌법학원론, 박영사, 2015, 842-843; 박종현, 헌법주석[1](한국헌법학회 편), 박영사, 2013, 993 참조.

161) 헌재 1994.2.24. 93헌바10, 6-1, 79, 84, 민사소송등인지법 제3조 위헌소원(합헌).

162) 헌재 1994.2.24. 93헌바10, 6-1, 79, 83, 민사소송등인지법 제3조 위헌소원(합헌).

163) 제도적 보장에 대한 자세한 논의는 김대환, 제도보장에 있어서 핵심영역의 보장-기본권의 본질적 내용 보장과 관련하여-, 헌법실무연구 제10권, 2009 참조.

(2) 금융기관의연체대출금에관한특별조치법상의 공탁제도 판결

금융기관의연체대출금에관한특별조치법 제5조의2는 제1항에 "연체대출금에 관한 경매절차에 있어서 경락허가결정에 대한 항고를 하고자 하는 자는 담보로서 경락대금의 10분의 5에 해당하는 현금 또는 금융기관이 발행한 자기앞수표 및 대통령령으로 정하는 유가증권을 공탁하여야 한다."라고 규정하였고, 제2항에 "항고의 제기에 있어서 그 항고장에 제1항의 규정에 의한 담보의 공탁이 있는 것을 증명하는 서류를 첨부하지 아니한 때에는 원심법원은 그 항고장을 접수한 날로부터 7일 내에 결정으로 이를 각하하여야 한다."라고 규정하였으며, 제3항에는 "제2항의 결정에 대하여는 즉시항고를 할 수 없다"라고 규정하였다.

이에 대해서 헌법재판소는 이는 결국 합리적 근거 없이 금융기관에게 차별적으로 우월한 지위를 부여하여 경락허가결정에 대한 항고를 하고자 하는 자에게 과다한 경제적 부담을 지게 함으로써 특히 자력이 없는 항고권자에게 부당하게 재판청구권인 항고권을 제한하는 내용의 것이라 아니할 수 없는 것이므로 헌법 제11조 제1항, 제27조 제1항 및 제37조 제2항에 위반된다고 판시하였다.[164)]

헌법재판소의 결정은 은행과 연체대출자의 관계에서 소송(여기서는 항고)비용을 상대적으로 과도하게 요구하는 것은 재판청구권의 침해라는 것이다. 이는 소송절차에 있어서 재판청구권의 침해가 아니라 소송비용을 과도하게 요구함으로써 법원접근권을 차단하였다고 판단한 것으로 이해할 수 있다.

(3) 변호사비용 판결

소송대리를 한 변호사에게 당사자가 지급한 또는 지급할 보수는 대법원규칙으로 정하는 금액의 범위 안에서 이를 소송비용으로 하고 있는 구 민사소송법 제99조의2가 재판청구권을 침해하는지 여부에 대한 결정에서 헌법재판소는 2가지를 원칙적으로 확인하고 있다. 첫째는 "소송수행을 위하여 지출한 비용 중에서 어느 범위의 것을 소송비용으로 하여 패소한 당사자에게 부담시킬 것인가, 특히 변호사보수를 소송비용에 산입하여 패소한 당사자로부터 이를 상환 받을 수 있게 할 것인지는 국가의 재정규모, 국민의 권리의식과 경제적·사회적 여건, 소송실무에 있어 변호사대리의 정도 및 변호사강제주의를 채택하였는지 여부 등을 고려하여 국민의 효율적인 권리보호와 소송제도의 적정하고 합리적인 운영이 가능하도록 입법자가 법률로 정할 성질의 것"이라는 점과, 둘째는 "입법자가 정한 소송비용의 범위가 과도하게 넓다거나 비교적 고액인 변호사보수가 아무런 제한 없이 모두 소송비용에 산입된다면 패소한 당사자의 경우에 상환하여야 할 소송비용액이 과도하게 높게 되어 자신의 정당한 권리실행을

---

164) 헌재 1989.5.24. 89헌가37등, 1, 48, 58, 金融機關의延滯貸出金에관한特別措置法 第5條의 2의 違憲審判(위헌). 그런데 항고권이 재판청구권의 내용에 포함되는지에 대해서는 재론의 여지가 있다.

위하여 소송제도를 이용하려는 사람들도 패소할 경우에 부담하게 될 소송비용의 상환으로 인하여 소송제도의 이용을 꺼리게 될 위험이 있고, 특히 경제적인 능력이 부족한 사람들에게는 법원에의 접근을 사실상 어렵게 하여 결과적으로 헌법 제27조가 보장하는 재판청구권을 제한하게 된다."는 점이다.

그런데 변호사강제주의를 취하지 않고 있다고 하더라도 변호사 비용을 소송비용으로 하는 것은 세계적인 추세이면서 부당한 제소나 응소로부터 정당한 권리자의 보호, 남소와 남상소의 방지는 중대한 입법목적이라고 전제하고,[165] 변호사보수를 소송비용에 산입시켜 패소한 당사자의 부담으로 하도록 하는 것은 "경제적인 능력이 부족한 사람들의 법원에의 접근을 일부 제한하게 되는 점은 부인할 수 없다고 할 것이지만, 정당한 권리 실행을 위하여 소송제도를 이용하려는 사람들에게 실효적인 권리구제수단을 마련하고 사법제도를 적정하고 합리적으로 운영하기 위한 중대한 공익을 추구"하고 있어서 합헌이라고 판단하였다.[166]

이 결정의 취지대로라면 변호사비용을 소송비용으로 하는 것에 따라 필연적으로 경제적으로 자력이 부족한 사람들에 대해서는 적절한 법률구조가 따르지 않으면 안 될 것이다.

3. 소송구조 판결

(1) 헌법적 의의

소송구조는 민사재판에 의한 권리구제절차 즉 민사소송에서 소송비용을 지출할 자력이 부족한 자에게 소송비용의 납입을 유예하거나, 변호사 보수 등의 지급을 유예하거나 또는 소송비용의 담보제공을 면제하는 등의 조력을 제공함으로써 재판을 하는 국민에게 국가가 일정한 조력을 제공하는 제도다.[167] 민사소송법상 소송구조는 가사소송과 행정소송에도 준용된다. 그렇기 때문에 소송구조제도는 직접적으로는 헌법 제27조에서 규정하는 재판청구권을 실질적으로 보장하고, 간접적으로는 헌법 제34조에서 규정하는 인간다운 생활을 할 권리 및 생활능력이 없는 국민에게 법률이 정하는 바에 따르는 국가의 보호를 받을 권리를 보장해 주는 수단이다.[168]

(2) 소송구조의 거부

그런데 헌법재판소는 소송구조를 하지 않는다고 하여 그 국민의 재판청구권이 소멸되거나 그 행사에 직접 제한을 받는다거나 하는 일은 있을 수 없으므로 소송구조의 거부 자체가 국민의 재판청구권의 본질을 침해한다고는 할 수 없다고 하면서도,[169] 소송비용을 지출할 자

---

165) 헌재 2002.4.25. 2001헌바20, 14-1, 289, 298, 민사소송법 제99조의2 위헌소원(합헌).

166) 헌재 2002.4.25. 2001헌바20, 14-1, 289, 299, 민사소송법 제99조의2 위헌소원(합헌).

167) 헌재 2001.2.22. 99헌바74, 13-1, 250, 민사소송법 제118조 제1항 단서 위헌소원 등(합헌, 각하).

168) 헌재 2002.5.30. 2001헌바28, 14-1, 490, 496, 민사소송법 제118조 제1항 등 위헌소원(합헌, 각하).

169) 헌재 2001.2.22. 99헌바74, 13-1, 250, 민사소송법 제118조 제1항 단서 위헌소원 등(합헌, 각하).

력이 없는 국민이 적절한 소송구조를 받기만 한다면 훨씬 쉽게 재판을 받아서 권리구제를 받거나 적어도 권리의 유무에 관한 정당한 의혹을 풀어볼 가능성이 있다고 할 경우에는 소송구조의 거부가 재판청구권 행사에 대한 '간접적인 제한'이 될 수도 있고 경우에 따라서는 이것이 재판청구권에 대한 본질적인 침해가 될 수도 있음을 시사하였다.[170)]

기본권이론적으로 볼 때 기본권에 대한 제한은 다양한 형태로 이루어지고 있으며 따라서 간접적인 제한도 당연한 기본권제한의 한 형태로 인정된다. 물론 통상으로는 기본권제한은 직접적인 것이지만 간접적인 사실상의 제약이나 방해도 기본권의 제한에 해당한다.[171)] 간접적인 제한도 직접적인 제한과 마찬가지로 평가하는 것은 간접적인 제한도 자유와 권리에 대한 '사실상의' 제한이기 때문이다.[172)]

소송구조를 거부하였다고 하여 재판을 청구할 수 없는 것은 아니기 때문에 소송구조의 거부가 직접 재판청구권을 제한하는 것은 아니라는 헌법재판소의 입장은 틀린 것은 아니다. 그러나 무자력자에게 소송구조를 거부하는 것은 법원접근권을 제한하는 것이고 법원접근권은 재판청구권의 일부라는 점에서 또 사실상으로도 무자력자에게 소송구조를 거부하면 재판을 청구할 수 없게 될 것이라는 점에서도 무자력자에 대한 소송구조의 거부는 재판청구권을 침해하는 것임은 분명하다. 그렇기 때문에 헌법재판소도 소송구조의 거부가 재판청구권에 대한 간접적인 제한이 될 수 있고 나아가서는 재판청구권의 본질적 내용의 침해로도 될 수 있음을 인정하고 있는 것이다. 나아가서 소송구조는 법률복지의 실현이라는 관점에서 보면 대한민국헌법의 기본원리인 사회국가원리의 실현과 관련된다는 점도 주의할 필요가 있다.[173)]

이렇게 볼 때 소송구조는 무자력자의 법원접근권의 보장, 나아가서는 재판청구권과 대한민국헌법이 지향하는 사회국가성을 보장하기 위해서 필요한 헌법적 요청이라고 할 수 있다.[174)] 소송구조에 필요한 요건을 부가하는 것은 법원접근권의 제한문제로 될 것이다.

(3) 소송구조의 객관적 범위 문제

앞에서 살펴본 바와 같이 법률에 따르면 소송구조의 객관적 범위는 재판비용납입유예, 변

---

170) 헌재 2001.2.22. 99헌바74, 13-1, 250, 민사소송법 제118조 제1항 단서 위헌소원 등(합헌, 각하).

171) BVerfGE 110, 177/191; Jarass, in: Jarass/Pieroth, GG, Art. 11 Rn. 8; Manssen, Staatsrecht Ⅱ, Rn. 535; Pieroth/Schlink, Grundrechte, Rn. 801; Pernice, in: Dreier(Hrsg.), GG, Art. 11 Rn. 20. 반대견해: Kunig, in: v. Münch/Kunig, GG, Art. 11 Rn. 19. 그러나 간접적인 사실상의 제약이나 방해가 모두 기본권제한으로 되는 것은 아니고 기본권주체의 의사형성에 중대한 영향을 미치는 경우에만 기본권제한으로 된다(BVerwG, NVwZ-RR 2000, 645; Ziekow, in: Friauf/Höfling(Hrsg.), BK, Art. 11 Rn. 93 f.; Kunig, in: v. Münch/Kunig, GG, Art. 11 Rn. 13; Gusy, in: v. Mangoldt/Klein/Starck(Hrsg.), GG, Art. 11 Rn. 49).

172) 물론 간접적으로 제한되는 경우에도 그 보호되는 내용이 단순히 반사적 이익의 성격을 갖는 것이어서는 안 된다(헌재 1999.4.29. 94헌바37등, 11-1, 289, 346 참조).

173) 이준일, 헌법학강의, 홍문사, 2015, 705에서는 소송구조를 재판청구권에 포함된 사회권적 기능의 구체화라고 보고 소송구조의 거부는 재판청구권에 대한 국가의 부작위에 의한 제약행위라고 한다.

174) 한수웅, 헌법학, 법문사, 2017, 925도 같은 견해다.

호사 등 보수와 체당금 지급유예, 소송비용담보면제 등만을 인정하고 있다. 이것은 결국 무자력자가 패소하는 경우에는 소송구조를 통하여 유예 받은 비용을 지급하여야 하는 것이어서[175] 여기서 헌법재판소는 사실상 무자력자에게 법원에의 접근을 방해하여 재판청구권을 침해한 것이 아닌가라는 의문을 스스로 제기하고 있다.[176] 그런데 헌법재판소는 패소한 경우에도 일체의 소송비용을 부담하지 않도록 하면 이는 남소를 초래할 우려가 있고, 세금으로 무자력자를 오히려 지나치게 보장하게 되어 불공평을 초래하기 때문에 무자력자라 하더라도 패소하였다면 소송비용을 부담하게 하는 것이 형평에 맞는다는 입장을 취하였다.[177]

Ⅵ. 결　　어

현대 민주적 헌법국가에서는 개인과 국가를 포함하여 사회구성원간의 갈등은 자력에 의한 해결이 금지되고 종국적으로는 소송을 통한 해결을 원칙으로 하고 있다. 따라서 실체적 권리로서 자유권 등 기본권의 의의에 비교하여 볼 때 재판청구권의 헌법적 의의는 아무리 강조하여도 지나침이 없다. 실체적 권리의 보장도 그것을 민주적 헌법국가의 시스템에 부합하는 방식으로 관철시킬 수 없다면 그야말로 프로그램으로 전락하고 말 것이기 때문이다.

판례에 따르면 재판청구권은 입법자의 광범위한 입법재량에 속한다. 그런데 재판청구권은 민주적 헌법국가에서 다른 실체적 권리를 구현하는 궁극적 수단이기 때문에 입법자의 형성에 있어서는 각별한 주의를 요한다. 재판청구권은 다양한 측면에서 형성될 수 있지만, 이 글에서 특히 강조하고자 하는 바는 법원접근권의 관점이다. 그런데 법원접근을 사실상 불가능하게 하는 주요한 장애가 바로 고가의 소송비용의 문제다. 분쟁이 궁극적으로 국가의 사법시스템을 통한 해결만이 허용된다면 국민은 누구나 재판청구를 할 수 있도록 하는 것이 이상적이다. 그러나 현실에서는 국가의 사법시스템을 활용하는 데는 고가의 비용이 발생하는 경우도 적지 않기 때문에 이를 전적으로 국가가 부담하기 보다는 소송당사자에게 부담하게 하는 것이 합리적인 방안일 수 있다. 이 두 가지 가치를 모두 고려한 것이 법률구조청구권이다. 전자의 의미에서는 법률구조청구권은 헌법적 위상을 갖고, 후자의 의미에서 법률구조청구권은 법률에 유보된 기본권이다. 현재의 제도는 (비록 완전하지는 않지만) 법률적 형성은

175) 무자력자가 승소하는 경우에는 "국가가 상대방 당사자에 대해 직접 추심권을 가지며, 변호사나 집행관에게도 추심권이 인정되므로 이와 같이 재판비용의 납입유예나 변호사·집행관의 보수나 체당금의 지급유예 등의 소송구조방법에 의하더라도 자력이 부족한 자는 충분히 재판을 받아서 권리구제를 받을 수 있으므로 재판을 받을 권리가 침해된다고 보이지 않는다"(헌재 2002.5.30. 2001헌바28, 14-1, 490, 497, 민사소송법 제118조 제1항 등 위헌소원(합헌, 각하)).

176) 헌재 2002.5.30. 2001헌바28, 14-1, 490, 496, 민사소송법 제118조 제1항 등 위헌소원(합헌, 각하).

177) 헌재 2002.5.30. 2001헌바28, 14-1, 490, 497, 민사소송법 제118조 제1항 등 위헌소원(합헌, 각하). 이 결정에서는 나아가 심판대상조항이 인간다운 생활을 할 권리를 규정하는 헌법 제34조 제1항이나 인간으로서의 존엄과 가치 및 국가의 기본권 보호의무를 보장한 헌법 제10조에 위반된다고 할 수 없다고 판시하였다.

존재하나 헌법적 지위의 설정은 없는 실정이다. 이 글은 이러한 관점에서 헌법상 기본권 체계에서 기본권으로서 법률구조청구권이 갖는 의미를 강조하고자 하였다. 이론적으로 볼 때 법률구조청구권은 헌법상 권리로서 충분한 자격을 가질 뿐만 아니라, 헌법 규정으로 볼 때도 법률구조청구권은 이미 일부 규정되어 있는 것으로 볼 수 있음을 살펴보았다.

그런데 법률구조청구권의 헌법적 의의는 생존권(사회권)의 관점에서도 고찰할 수 있다. 무자력자에 대한 소송구조는 결국은 생존배려에 속하기 때문이다.[178] 그러나 생존권은 소위 제2세대 기본권인데 반하여 재판청구권은 생존권을 포함하여 모든 기본권의 제도적 관철 수단인 절차적 기본권이라는 점에서 법률구조청구권은 재판청구권과 보다 중대한 관련성을 갖는 것이라고 할 수 있다. 이러한 점에서 유럽연합기본권헌장에서도 법률구조청구권을 재판청구권과 함께 규정하고 있는 것이다.

한편 법률구조청구권에 대해서 헌법적 지위를 부여하게 되는 경우에도 반드시 통제규범으로서만 그 헌법적 의미를 다하는 것이라고 할 수 없다는 점을 주의할 필요가 있다. 기본권은 재판과 관련하여서만 의미를 갖는 것이 아니기 때문이다. 기본권에 대하여 재판관련적으로만 의미를 부여하는 것은 필연적으로 기본권의 의미를 축소하는 것이 될 것이다. 기본권은 입법정책적 측면에서는 재판상 관철시킬 수 있는 의미 이상의 방향성을 제시하는 것이다. 다시 말하면 인간의 존엄과 가치 및 행복추구를 최대한으로 보장할 수 있도록 하는 것이 기본권 친화적 해석이다. 이러한 점에서 법률구조청구권도 비단 소송절차에 있어서 조력뿐만 아니라 비소송적 법률관련 내용도 다양하게 포섭할 수 있을 것이다.

끝으로 최근에 논의되고 있는 개헌을 계기로 법률구조청구권을 새로운 기본권으로 포섭하는 논의가 활발히 이루어지기를 바라면서, 재판청구권 또는 사법절차에 관한 권리 부분[179]에 다음과 같은 내용의 법률구조청구권을 신설할 것을 제안하면서 이 글을 마치고자 한다. "경제적, 신체적, 시간적, 지역적인 어려움 등으로 인하여 효과적인 권리구제를 받을 수 없는 사람은 법률구조를 청구할 권리를 가진다. 구체적인 내용은 법률로 정한다."[180] 누구나 경제적인 어려움을 겪는 무자력자뿐만 아니라 장애인의 경우 그리고 생업에 종사하여야 하거나 원격지 거주자와 같이 시간적, 지역적인 어려움으로 인하여 충분한 사선 변호인의 조력을 받을 수 없는 경우에는 국가에 의한 변호인의 조력을 받을 수 있어야 한다. 여기서 경제적, 신체적, 시간적, 지역적 어려움은 예시에 불과하고 이를 구체화하는 것은 종국적으로는 헌법개정권자의 몫이다.

178) 독일연방헌법재판소에 따르면 무자력자의 수입이 생활의 기본적 수요를 초과하지 않는 경우에 소송비용의 분담을 요구하는 것은 헌법에 부합하지 않는다(BVerfG, Beschluß vom 26.4.1988-1 BvL 84/86).

179) 범죄피해자구조청구권과 함께 규정하자는 견해도 있으나 범죄피해자구조청구권은 범죄피해구조금을 지급하려는 취지이므로 법률구조와는 구분할 필요가 있다.

180) 이는 필자가 포함된 국가인권위원회의 기본권강화포럼(2017.2.-2017.9.까지 활동)에서 도출한 초안임을 밝힌다.

41. 법무부의 부패방지법제*

최 병 문**

Ⅰ. 서 설

'부패행위'는 공직자가 직무와 관련하여 그 지위나 권한을 남용하거나 법령을 위반하여 자기 또는 제3자의 이익을 도모하고, 공공기관에 손해를 입히며, 이런 행위나 은폐를 강요·권고·제의·유인하는 일련의 행위이고,[1] '부패범죄'는 불법·부당한 방법으로 자기나 제3자의 물질적·사회적 이득을 위해 저지른 일정한 유형의 범죄를 말한다.[2]

이 글은 공직사회의 부패에 대해 우리나라의 실정법이 지금까지 어떻게 대응해왔는지 신문, 법령, 판례(법원, 헌법재판소), 논문 기타 관련 문헌을 통해 살펴본 것이다. 먼저 부패방지 법체계와 연혁을 살펴보고, 교정기관을 포함한 법무부 소속의 국가기관에 적용될 수 있는 부패방지 관계법이 무엇인지 정리해보았다. 그리고 이른바 '김영란법'이라 불리면서 시행한 지 1년이 지나도록 그 타당성과 실효성을 둘러싸고 끊임없이 논란이 되어왔던 「청탁금지법」이

* 이 글은 최병문, "법무부의 부패방지법제", 교정연구, 제27권 제4호(통권 제77호)(서울: 한국교정학회, 2017. 12), 111-145쪽에 발표한 논문을 이후 개정된 법령의 내용을 반영하여 일부 수정한 것이다. 이 논문을 성낙인 총장님 퇴임기념논문집에 헌정합니다.

** 상지대학교 법학과 교수, 법학박사

1) 「부패방지법」(주9 참조) 제2조(정의) 제4호.

2) 「부패재산의 몰수 및 회복에 관한 특례법」(주6 참조) 제2조(정의) 제1호. "부패범죄"란 불법 또는 부당한 방법으로 물질적·사회적 이득을 다른 사람으로 하여금 얻도록 도울 목적으로 범한 죄로서 별표에 규정된 죄를 말한다. [별표] 부패범죄(제2조제1호 관련) 1. 「형법」 중 다음 각 목의 죄. 가. 제2편제7장 공무원의 직무에 관한 죄 중 제129조부터 제133조까지의 죄, 나. 제2편제34장 신용, 업무와 경매에 관한 죄 중 제315조의 죄, 다. 제2편제40장 횡령과 배임의 죄 중 제355조부터 제357조까지 및 제359조의 죄. 2. 「형법」 외의 법률에서 규정한 공무원 의제에 따른 「형법」 제129조부터 제132조까지의 죄. 3. 「특정범죄가중처벌 등에 관한 법률」 제2조 및 제3조의 죄. 4. 「특정경제범죄 가중처벌 등에 관한 법률」 제3조 중 「형법」 제355조 및 제356조에 해당하는 죄 및 「특정경제범죄 가중처벌 등에 관한 법률」 제5조부터 제9조까지의 죄. 5. 「국제상거래에 있어서 외국공무원에 대한 뇌물방지법」 제3조제1항의 죄. 6. 「국민투표법」 제99조 및 제100조의 죄. 7. 「공직선거법」 제230조부터 제233조까지 및 제235조의 죄. 8. 「정치자금법」 제45조의 죄. 9. 「부패방지 및 국민권익위원회의 설치와 운영에 관한 법률」 제86조의 죄. 10. 「변호사법」 제33조 및 제109조부터 제111조까지의 죄. 11. 「선박소유자 등의 책임제한절차에 관한 법률」 제93조 및 제94조의 죄. 12. 「상법」 제630조, 제631조 및 제634조의2의 죄. 13. 「주식회사의 외부감사에 관한 법률」 제19조의 죄. 14. 「채무자 회생 및 파산에 관한 법률」 제645조, 제646조, 제655조 및 제656조의 죄. 15. 「경륜·경정법」 제29조부터 제31조까지의 죄. 16. 「한국마사회법」 제51조제1호부터 제3호까지의 죄. 17. 「독점규제 및 공정거래에 관한 법률」 제19조제1항 및 제66조제1항제9호의 죄. 18. 「건설산업기본법」 제38조의2, 제95조 및 제95조의2의 죄. 19. 「고등교육법」 제64조제2항제2호의 죄. 20. 「공인회계사법」 제22조제3항 및 제53조제1항의 죄. 21. 「국민체육진흥법」 제47조제1호 및 제48조제1호·제2호의 죄. 22. 「근로기준법」 제9조 및 제107조의 죄. 23. 「금융지주회사법」 제48조의3제1항 및 제70조제2항제2호의 죄. 24. 「보험업법」 제201조 및 제203조의 죄. 25. 「선주상호보험조합법」 제59조 및 제60조의 죄. 26. 「신용협동조합법」 제30조의2 및 제99조제2항제3호의 죄. 27. 「유류오염손해배상 보장법」 제58조 및 제59조의 죄. 28. <삭제>. 29. 「전통소싸움경기에 관한 법률」 제25조 및 제27조의 죄.

우리 사회에 미친 입법영향평가를 나름대로 어떻게 볼 것인지 짚어보았다. 여기서는 서론(Ⅰ)에 이어, 한국의 부패방지 법체계(Ⅱ), 「청탁금지법」에 대한 평가(Ⅲ), 결론(Ⅳ) 순서로 검토한다.

Ⅱ. 한국의 부패방지 법체계

1. 국제법과 그 이행을 위한 국내법

대한민국이 국제연합(United Nations; UN)의 회원국으로서 다자조약인 「국제연합부패방지협약」(United Nations Convention against Corruption)에 가입하고 우리나라에서의 이행을 위해 국내법인 「부패재산의 몰수 및 회복에 관한 특례법」을 제정하고 이 협약의 우리나라 발효일인 2008.4.26.에 맞추어 동시에 시행하였다. 이처럼 부패범죄를 효율적으로 방지・척결하기 위한 국제적인 노력에 동참함으로써 우리나라의 부패방지 정책을 효과적으로 실행하는 기반을 마련하였다.

(1) 「국제연합부패방지협약」[3]

국제법인 이 다자조약은 더 효율적이고 효과적으로 부패를 방지・척결하기 위한 조치를 촉진・강화하고, 자산회복 등 부패 방지・척결에서 국제협력과 기술지원을 장려・촉진하고 지원하며, 청렴성, 책임감, 그리고 공공사무와 공공재산의 적절한 관리를 장려할 목적으로 만들어졌다.[4] 8개의 '장'(Chapter), 71개의 '조문'(Article) 그리고 다음과 같은 '전문'(Preamble)을 두고 있다.[5]

---

3) 「국제연합부패방지협약」(United Nations Convention against Corruption): 2003.10.31. 뉴욕에서 채택→국제연합(UN) 사무총장에게 기탁→2005.12.14. 원조약 발효; 우리나라는 2003.12.10. 메리다(멕시코)에서 '조건부 서명'→2007.10.30. 국무회의(제46회) 심의→2008.2.29. 국회동의(제272회 국회(임시회) 제1차 본회의)→3.27. 비준서 기탁→2008.4.26.(조약 제1896호) 우리나라 발효→4.30. 관보게재.(외교부(www.mofa.go.kr)→조약과 국제법→조약정보→다자조약→'국제연합 부패방지협약' 참조. 또는 '국가법령정보센터'(www.law.go.kr)→조약→'국제연합 부패방지협약' 참조).

4) 같은 조약 제1조(목적).

5) 같은 조약 제1장 총칙(General provisions) 제1조(목적), 제2조(용어의 사용), 제3조(적용범위), 제4조(주권보호); 제2장 예방 조치(Preventive measures) 제5조(부패방지 정책과 관행), 제6조(부패방지기구), 제7조(공공부문), 제8조(공무원 행동강령), 제9조(공공조달과 공공재정 관리), 제10조(공공보고), 제11조(사법부와 소추기관에 관한 조치), 제12조(민간부문), 제13조(사회의 참여), 제13조(사회의 참여), 제14조(자금세탁 방지조치); 제3장 범죄화와 법집행(Criminalization and law enforcement) 제15조(자국공무원의 뇌물수수), 제16조(외국공무원과 공적 국제기구 직원의 뇌물수수), 제17조(공무원의 횡령・배임과 그 밖의 재산 유용), 제18조(영향력에 의한 거래), 제19조(직권남용), 제20조(부정축재), 제21조(민간부문의 뇌물수수), 제22조(민간부문의 재산 횡령), 제23조(범죄의 수익의 세탁), 제24조(은닉), 제25조(사법방해), 제26조(법인의 책임), 제27조(참가와 미수), 제28조(범죄구성요소로서 인식・고의와 목적), 제29조(공소시효), 제30조(소추・재판과 제재), 제31조(동결・압수와 몰수), 제32조(증인・감정인과 피해자의 보호), 제33조(신고자 보호), 제34조(부패행위의 결과), 제35조(손해배상), 제36조(전문기관), 제37조(법집행기관과의 협력), 제38조(국가기관 간의 협력), 제39조(국가기관과 민간부문간의 협력), 제40조(금융비밀), 제41조(범죄기록), 제42조(관

“이 협약의 당사국은, 민주주의 제도와 가치, 윤리적 가치 및 정의를 훼손하고, 지속가능한 발전과 법의 지배를 위태롭게 하는 부패가 사회의 안정과 안전에 대하여 야기하는 문제와 위협의 심각성에 대해 우려하고, 또한 부패와 다른 유형의 범죄, 특히 조직범죄(organized crime) 및 자금세탁(money-laundering) 등 경제범죄(economic crime) 사이의 연관성에 대해 우려하며, 나아가 부패사건이 국가 자원의 상당한 부분을 점할 거액의 자산과 결부되어 그 국가의 정치적 안정과 지속가능한 발전에 위협이 되고 있음을 우려하고, 부패가 더 이상 국내적 문제가 아니라 모든 사회 및 경제에 영향을 미치는 초국경적 현상으로서, 부패를 방지·통제하기 위한 국제협력이 필수적임을 확신하며, 또한 부패를 효과적으로 방지·척결하기 위해서는 포괄적이고 다각적인 접근이 요구됨을 확신하고, 나아가 기술지원의 이용가능성이 역량 강화와 제도화 등에 의하여 부패를 효과적으로 방지·척결하는 국가능력을 향상하는 데에 중요한 역할을 할 수 있음을 확신하며, 개인적 부의 불법적 취득은 특히 민주주의적 제도, 국가 경제 그리고 법의 지배에 해를 끼칠 수 있음을 확신하고, 불법적으로 취득된 자산의 국제적 이전을 더 효과적인 방법으로 방지·탐지·억제하고 자산회복에서 국제협력을 강화하기로 결정하며, 형사절차상 그리고 재산권에 관한 재판을 하는 민사·행정절차상의 적법절차의 기본원칙을 인정하고, 부패의 방지와 근절이 모든 국가의 책임이고, 이 분야에서의 국가의 노력이 효과적이려면, 시민사회(civil society), 비정부기구(non-governmental organizations) 그리고 지역사회기반기구(community-based organizations) 등 공공부문 외 개인과 집단의 지지·참여와 함께 국가가 서로 협력하여야 함을 명심하며, 또한 공공사무와 공공재산의 적절한 관리, 공평, 책임과 법 앞의 평등의 제 원칙과 청렴성을 보호하고 부패척결문화를 조성하여야 할 필요성을 명심하고, ‘범죄예방·형사사법위원회’(the Commission on Crime Prevention and Criminal Justice)와 ‘국제연합마약범죄사무소’(the United Nations Office on Drugs and Crime)가 부패 방지·척결에서 수행한 과업을 치하하며, 이 분야에서 ‘아프리카연합’(the African Union), ‘유럽평의회’(the Council of Europe), (‘세계관세기구’로도 알려져 있는) ‘관세협력이사회’(the Customs Cooperation Council), ‘유럽연합’(the European Union), ‘아랍연맹’(the League of Arab States), ‘경제협력개발기구’(the Organization for Economic Cooperation and Development; OECD)와 ‘미주기구’(the Organization of American States)의 활동 등 다른 국제기구·지역기구가 수행한 과업을 상기하고, 특히, 1996년 3월 29일 ‘미주기구’(the Organization of American States)에서 채택한 「미주 국가간 부패방지협약」(the Inter-American Convention against Corruption), 1997년 5월 26일 ‘유럽연합 이사회’(the Council of the European Union)에서 채택한 「유럽공동체 직원 또는 유럽연합회원국 직원 관련 부패척결 협약」(the Convention on the Fight against Corruption involving Officials of the European Communities or Officials of Member States of the European Union), 1997년

할권); 제4장 국제협력(International cooperation) 제43조(국제협력), 제44조(범죄인인도), 제45조(수형자이송), 제46조(사법공조), 제47조(형사절차의 이관), 제48조(법집행 협력), 제49조(합동수사), 제50조(특별수사기법); 제5장 자산 회복(Asset recovery) 제51조(총칙), 제52조(범죄의 수익의 이전방지와 탐지), 제53조(재산의 직접 회복을 위한 조치), 제54조(몰수에 있어서의 국제협력을 통한 재산회복 체계), 제55조(몰수를 위한 국제협력), 제56조(특별 협력), 제57조(자산의 반환과 처분), 제58조(금융정보기관), 제59조(양자·다자간 협정과 약정); 제6장 기술지원과 정보교환(Technical assistance and information exchange) 제60조(훈련과 기술지원), 제61조(부패에 관한 정보의 수집·교환과 분석), 제62조(그 밖의 조치: 경제발전과 기술지원을 통한 협약 이행); 제7장 이행체제(Mechanisms for implementation) 제63조(협약 당사국총회), 제64조(사무국); 제8장 최종조항(Final provisions) 제65조(협약의 이행), 제66조(분쟁의 해결), 제67조(서명·비준·수락·승인 및 가입), 제68조(발효), 제69조(개정), 제70조(폐기), 제71조(수탁자와 언어). (여기서 장, 조문(표제), ‘조직’, 「조약」, (영문병기)는 필자가 재편집).

11월 21일 '경제협력개발기구'에서 채택한 「국제상거래에 있어서 외국공무원에 대한 뇌물제공방지를 위한 협약」(the Convention on Combating Bribery of Foreign Public Officials in International Business Transactions), 1999년 1월 27일 '유럽평의회 각료위원회'(the Committee of Ministers of the Council of Europe)에서 채택한 「부패에 관한 형사법협약」(the Criminal Law Convention on Corruption), 1999년 11월 4일 '유럽평의회 각료위원회'에서 채택한 「부패에 관한 민사법협약」(the Civil Law Convention on Corruption), 2003년 7월 12일 '아프리카연합 국가원수와 정부수반'(the Heads of State and Government of the African Union)이 채택한 「부패방지 및 척결에 관한 아프리카연합협약」(the African Union Convention on Preventing and Combating Corruption) 등 부패 방지·척결을 위한 다자문서를 평가하고 주목하며, 「국제연합초국가적조직범죄방지협약」(the United Nations Convention against Transnational Organized Crime)이 2003년 9월 29일에 발효한 것을 환영하면서, 다음과 같이 합의하였다."

(2) 「부패재산의 몰수 및 회복에 관한 특례법」[6)]

이 법은 「국제연합부패방지협약」 및 그 밖의 관련 국제협약을 효율적으로 이행하기 위하여 부패재산의 몰수 및 추징, 환수 등에 관한 특례를 규정함으로써 부패범죄를 조장하는 경제적 요인을 근원적으로 제거하여 부패범죄를 효과적으로 방지·척결하고 청렴한 국제사회 질서 확립에 이바지할 목적으로 제정되었다.[7)] 같은 법 「시행령」[8)]이 있다.

2. 국내 규제법

(1) 「부패방지 및 국민권익위원회의 설치와 운영에 관한 법률」[9)]

이 법은 '국민권익위원회'를 설치하여 고충민원의 처리와 이에 관련된 불합리한 행정제도를 개선하고, 부패의 발생을 예방하며 부패행위를 효율적으로 규제함으로써 국민의 기본적 권익을 보호하고 행정의 적정성을 확보하며 청렴한 공직 및 사회풍토의 확립에 이바지할 목적으로 만들어졌다.[10)] 그 「시행령」[11)]과 「시행규칙」[12)]이 있다.

---

6) 「부패재산의 몰수 및 회복에 관한 특례법」(제정 2008.3.28. 법률 제8993호. 시행 2008.4.26.; 타법개정 2017.10.31. 법률 제15022호. 시행 2018.11.1.).

7) 같은 법 제1조(목적).

8) 「부패재산의 몰수 및 회복에 관한 특례법 시행령」(제정 2012.11.20. 대통령령 제24181호; 일부개정 2014.8.6. 대통령령 제25532호).

9) 「부패방지 및 국민권익위원회의 설치와 운영에 관한 법률」(제정 2008.2.29. 법률 제8878호; 일부개정 2009.1.7. 법률 제9342호; 타법개정 2009.2.3. 법률 제9402호; 타법개정 2010.1.25. 법률 제9968호; 일부개정 2012.2.17. 법률 제11327호; 타법개정 2013.3.23. 법률 제11690호; 일부개정 2014.5.28. 법률 제12717호; 타법개정 2014.11.19. 법률 제12844호; 일부개정 2016.3.29. 법률 제14145호; 타법개정 2017.3.21. 법률 제14609호; 일부개정 2017.4.18. 법률 제14831호; 일부개정 2017.10.31. 법률 제15024호; 일부개정 2018.4.17. 법률 제15617호.)(이 글에서는 「부패방지법」이라고 한다).

10) 「부패방지법」 제1조(목적).

11) 「부패방지 및 국민권익위원회의 설치와 운영에 관한 법률 시행령」(제정 2008.2.29. 대통령령 제20737호; 일부개정 2018.1.30. 대통령령 제28619호).

12) 「국민감사청구·부패행위신고등처리에관한규칙」(제정 2002.1.25. 감사원규칙 제149호; 일부개정 2016.9.27.

이 법의 입법연혁을 제・개정이유와 주요내용을 중심으로 살펴보면 다음과 같다.[13)]

① 「2008년 제정법률」:[14)] (제정이유) 국민권익위원회가 국민의 권익을 실질적으로 증진시키고 보다 내실있게 운영될 수 있도록 동 위원회 구성에 관한 사항과 기능을 보완・조정하고, 부위원장 임명시 국무총리 제청을 거치도록 하여 정무직 선출기준에 부합하도록 하며, 일부 법률 조항간 상충이 우려되는 부분을 수정함으로써 법체계를 명확히 함. (주요내용) 제명을 「부패방지 및 국민권익위원회의 설치와 운영에 관한 법률」로 함. 대통령령으로 시행중인 현역장병 및 군 관련 의무복무자가 제기하는 경우를 고충민원의 범위에 포함하도록 함(제2조제5호). 국민의 권리보호・권익구제 및 부패방지 기능을 효율적으로 수행하도록 하기 위하여 관련 정책의 수립 및 시행, 민원사항의 처리실태에 대한 확인・지도, 정부민원 안내 통합콜센터 운영, 다수인관련 갈등 사항에 대한 중재 및 조정기능 등을 보완함(제12조). 권익위원회 위원수를 15명으로 하고, 정무직 부위원장의 임명은 국무총리의 제청으로 대통령이 임명하며, 청렴업무 담당 비상임위원 2명에 대하여는 국회와 대법원장이 추천하는 자를 임명 또는 위촉하도록 함(제13조제1항, 제3항). 위원회에서 고충민원 조사관련 규정과 부패방지 업무 조사관련 규정간에 상호 충돌이 우려될 수 있는 부분을 수정함(제29조제1항). 국민권익위원회와 시민고충처리위원회를 통칭하여 권익위원회로 하도록 함(제39조-제54조).

② 「2009년(1월) 개정법률」:[15)] (개정이유) 2008.7.1. 주광덕의원 등 14인으로부터 발의되어 동년 8.29.자로 우리 위원회에 회부된 「부패방지 및 국민권익위원회의 설치와 운영에 관한 법률 일부개정법률안」 및 2008.10.1. 조문환의원 등 12인으로부터 발의되어 동년 10. 2.자로 우리 위원회에 회부된 「부패방지 및 국민권익위원회의 설치와 운영에 관한 법률 일부개정법률안」을 제278회 국회(정기회) 제18차 정무위원회(2008.11.28.)에서 상정한 후 제1차 법안심사소위원회(2008.12.2.)에 회부하여 심사함. 제278회 국회(정기회) 제20차 정무위원회(2008.12.3.)는 법안심사소위원회의 심사보고대로 이 두 건의 개정법률안을 통합하여 위원회 대안을 제안하고 이 두 건의 법률안을 각각 본회의에 부의하지 아니하기로 의결함. (대안이유) 현재 업무상 비밀이용의 죄의 대상이 부패방지 업무로 한정되어 그 밖의 업무 중 알게 된 비밀을 이용하여 재물 또는 재산상의 이익을 취득하거나 제3자로 하여금 취득하게 한 경우에 대한 처벌을 할 수 없어 그 대상을 확대할 필요가 있으므로, 실효적인 부패방지를 위하여 업무상 비밀이용의 죄의 대상을 부패방지 업무에서 일반적인 업무로 확장하려는 것임. 그 밖에 현행 법은 국민감사청구인의 연령을 20세 이상으로 규정하고 있음. 그러나 「공직선거법」과 「지방

감사원규칙 제294호).

13) 이하 국회(www.assembly.go.kr) → 법률정보 → '부패방지 및 국민권익위원회의 설치와 운영에 관한 법률' → '전체 개정요약' 참조.

14) 제정 2008.2.29. 법률 제8878호.

15) 일부개정 2009.1.7. 법률 제9342호.

자치법」은 선거권과 주민 감사청구권을 부여하는 대상 연령을 당초 20세 이상에서 19세 이상으로 하도록 개정하여 국민의 참여폭을 확대해 나가고 있음. 따라서 공공기관의 사무처리가 법령위반 또는 부패행위로 인하여 공익을 현저히 해하는 경우에 감사청구할 수 있는 연령을 19세 이상으로 확대 개선하여 국민의 감사청구권한을 보장할 필요가 있음. (주요내용) 공직자의 업무상 비밀이용의 금지 의무를 신설하여 업무상 비밀이용의 죄의 대상자를 국민권익위원회 직원만이 아닌 공직자를 의미하는 것으로 명확히 규정함(제7조의2 신설). 공공기관의 사무처리에 대한 국민의 감사청구 연령을 '20세 이상'에서 '19세 이상'으로 확대함(제72조제1항). 공직자의 업무상 비밀이용의 죄의 대상을 부패방지 업무에서 업무로 확대함(제86조제1항).

③ 「2009년(2월) 개정법률」:[16] (개정이유) 재산등록의무자의 재산등록 친족의 범위를 본인의 직계존비속으로 하되 그 범위를 합리적으로 조정하고, 금융통화위원회 추천직 위원에게도 권한과 지위에 부합하도록 재산등록 및 공개 의무를 부과하며, 등록의무자가 구금 등으로 사실상 재산신고가 곤란한 경우 신고의무를 유예 또는 면제할 수 있는 규정을 신설하는 등 재산등록제도의 실효성을 높이는 한편, 법 문장을 원칙적으로 한글로 적고, 어려운 용어를 쉬운 용어로 바꾸는 등 현행 제도의 운영상 나타난 일부 미비점을 개선・보완하려는 것임. (주요내용) 금융통화위원회의 추천직 위원에 대한 재산등록・공개 의무 부과(제3조제11호, 제10조제11호). 금융통화위원회 위원은 우리나라 금융정책을 결정하는 최고의 권한을 가지고 있으나, 현재 7명 중 2명(한국은행 총재・부총재)만 재산등록・공개 의무자로 지정되어 있음. 기획재정부장관 등이 추천하는 5명의 금융통화위원회 위원에게도 한국은행 총재・부총재와 동일하게 재산등록・공개 의무를 부과함. 금융통화위원회 위원의 책임성과 윤리성을 제고하는 한편, 다른 재산등록・공개 의무자와의 형평성을 도모함. 공직유관단체 지정기준에 관한 근거 마련(제3조의2). 공직유관단체 지정기준을 대통령령으로 명확하게 규정한 후 공직유관단체를 지정하도록 함으로써 공직유관단체 지정의 공정성, 투명성 및 신뢰성을 확보함. 재산등록 친족범위의 합리적 조정(제4조제1항제3호, 부칙 제2조). 혼인한 남성 등록의무자와 혼인한 여성 등록의무자는 각각 배우자의 직계존속의 재산을 신고하도록 함으로써 재산등록제도의 취지와 부합하지 않는 측면이 있음. 모든 재산등록의무자는 본인의 직계존비속의 재산을 신고하도록 하되, 이 법 시행 전에 재산등록을 한 혼인한 여성 등록의무자에 한하여 종전 규정에 따라 배우자의 직계존속의 재산을 등록하도록 함. 재산변동신고 유예 대상의 재조정(제6조의3). 등록의무자가 구금 등으로 신고의무를 이행하지 못할 사유가 있는 경우에는 해당 행정기관의 장이 관할 공직자윤리위원회 의결을 거쳐 신고의무를 유예 또는 면제할 수 있도록 함.

16) 타법개정 2009.2.3. 법률 제9402호.

④ 「2010년 개정법률」:[17] (개정이유) 행정심판청구사건이 매년 큰 폭으로 증가하고 있고, 행정심판의 준사법절차화에 따른 당사자의 행정심판절차에의 참여 요구가 증가함에 따라, 임시처분, 이의신청, 전자정보처리조직을 통한 행정심판제도 등 당사자의 절차적 권리를 강화하기 위한 제도를 도입하는 한편, 그 밖에 현행 제도의 운영상 나타난 일부 미비점을 개선·보완하려는 것임. (주요내용) 특별행정심판 신설 등을 위한 협의 의무화(제4조). 특별한 사유 없이 개별법령에 행정심판에 대한 특별한 절차를 규정하는 사례가 늘어나고 있음. 특별행정심판의 남설을 방지하기 위하여 관계 행정기관의 장이 개별법에 특별행정심판을 신설하거나 국민에게 불리한 내용으로 변경하고자 하는 경우 미리 국무총리행정심판위원회와 협의하도록 함. 행정심판제도의 통일적 운영이 가능해지고 개별법에 의한 특별행정심판절차의 남설이 억제될 것으로 기대됨. 행정심판위원회의 회의 정원 및 위촉위원 비중 확대(제7조제5항). 국무총리행정심판위원회 외에 시·도행정심판위원회 등 이 법에 따른 다른 행정심판위원회의 공정성 제고를 위하여 회의정원 등을 확대할 필요가 있음. 국무총리행정심판위원회처럼 시·도행정심판위원회 등 다른 행정심판위원회도 원칙적으로 회의정원을 7명에서 9명으로 늘리고 회의 시 위촉위원의 비중도 4명 이상에서 6명 이상으로 늘림. 회의정원과 위촉위원의 비중을 늘림으로써 행정심판위원회의 공정성이 높아질 것으로 기대됨. 행정심판위원회 결정에 대한 이의신청제도의 도입(제16조제8항, 제17조제6항, 제20조제6항 및 제29조제7항). 양수인의 청구인 지위 승계신청에 대한 불허가 등 위원회의 절차적 사항에 대한 결정에 대하여는 당사자가 다툴 방법이 없음. 행정심판위원회의 결정 중 당사자의 절차적 권리에 중대한 영향을 미치는 지위 승계의 불허가, 참가신청의 불허가 또는 청구의 변경 불허가 등에 대하여는 행정심판위원회에 이의신청을 할 수 있도록 함. 심판절차에 참여하는 자의 절차적 권리를 보장하고, 행정심판위원회로 하여금 관련 결정을 신중히 하도록 함으로써 행정심판절차의 공정성이 강화될 것으로 기대됨. 심판참가인의 절차적 권리 강화(제20조-제22조). 행정심판절차에 참가하려는 경우 참가절차, 참가인의 권리에 관한 규정이 미비하여 행정심판절차에서 참가가 미진한 편임. 심판참가인은 당사자에 준하는 절차적 지위를 갖도록 하고, 관련 서류를 참가인에게도 송달하도록 하는 등 참가인의 절차적 지위를 강화함. 행정심판절차에서 참가인의 지위를 보장함으로써 행정심판사건에 이해관계가 있는 자의 절차 참여가 활성화될 것으로 기대됨. 임시처분제도의 도입(제31조). 행정심판의 청구인이 처분이나 부작위에 의하여 회복하기 어려운 손해를 입게 되는 경우 종전의 집행정지제도만으로는 청구인의 권익을 구제하기가 어려웠음. 행정청의 처분이나 부작위 때문에 발생할 수 있는 당사자의 중대한 불이익이나 급박한 위험을 막기 위하여 당사자에게 임시지위를 부여할 수 있는 임시처분제도

---

17) 타법개정 2010.1.25. 법률 제9968호.

를 도입함으로써 집행정지에 비해 보다 적극적으로 당사자의 임시적 권익보호에 기여할 것으로 기대됨. 전자정보처리조직을 통한 행정심판 근거 마련(제52조-제54조). 전자정보처리조직을 통하여 간편하게 행정심판을 청구할 수 있는 시스템이 개발·운영됨에 따라 이와 관련된 제반 법적 근거를 마련하는 것이 필요함. 전자문서를 통한 송달에 관한 근거를 두는 등 온라인 행정심판제도의 운용 근거를 마련함. 전자정보처리조직을 통한 행정심판제도 운영의 법적 근거를 명확히 함으로써 국민의 권리구제가 활성화되고, 행정심판제도 운영의 효율성을 높일 수 있을 것으로 기대됨.

⑤ 「2012년 개정법률」:[18] (개정이유) 현행법은 국민권익위원회를 구성하는 15명의 위원 가운데 국회와 대법원장이 각각 1명의 비상임위원을 추천하도록 규정하고 있는데, 위원회가 사회 각계의 다양한 참여를 통하여 보다 공정한 업무를 수행하도록 하기 위해서는 국회와 대법원장이 추천하는 위원의 수를 늘려야 할 필요가 있음. 이에 국회와 대법원장이 추천하는 비상임위원을 각각 3명으로 늘려 고충민원과 부패방지업무를 더욱 공정하고 전문적으로 수행하도록 함으로써 국민의 권익 보호를 강화하고 청렴한 공직 및 사회풍토 확립에 기여하도록 함(제13조제3항).

⑥ 「2013년 개정법률」:[19] (개정이유) 국가 성장동력의 양대 핵심 축인 과학기술과 정보통신기술을 창조경제의 원천으로 활용하여 경제부흥을 뒷받침할 수 있도록 정부 조직체계를 재설계하고, 국민생활 전반에 영향을 미치는 안전 관련 업무 기능을 강화하여 국민의 안전을 최우선으로 하는 정부를 구현하는 한편, 각 행정기관 고유의 전문성을 강화하여 행정환경의 변화에 능동적으로 대처할 수 있도록 하는 등 창조적이고 유능한 정부를 구현할 수 있도록 정부기능을 재배치하려는 것임. (주요내용) 대통령의 국가 위기상황 관리기능을 효과적으로 보좌하기 위하여 대통령 밑에 국가안보실을 신설함(제15조). 대통령실·국무총리실 및 특임장관으로 분산되었던 정무기능 수행체계를 효율적으로 개편하기 위하여 특임장관을 폐지함. 금융위기 등 급변하는 대내외 경제 환경에 체계적으로 대응하기 위하여 경제분야 정책을 총괄·조정하는 경제부총리제를 도입함(제19조). 국무총리의 정책조정 기능을 강화하여 책임총리제를 뒷받침할 수 있도록 국무총리실을 국무조정실과 국무총리비서실로 확대·개편함(제20조-제21조). 국민생활의 안전을 위하여 식품 및 의약품 안전관리체계를 국무총리 소속의 식품의약품안전처로 일원화함(제25조). 과학기술과 정보통신기술 발전을 통하여 일자리를 창출하고, 경제부흥의 기반을 마련할 수 있도록 미래창조과학부를 신설하고, 그 소관업무를 과학기술정책의 수립·총괄·조정·평가, 과학기술의 연구개발·협력·진흥, 과학기술인력 양성, 원자력 연구·개발·생산·이용, 국가정보화 기획·정보보호·정보문화, 방송·통신의 융

18) 일부개정 2012.2.17. 법률 제11327호.

19) 타법개정 2013.3.23. 법률 제11690호.

합・진흥 및 전파관리, 정보통신산업, 우편・우편환 및 우편대체에 관한 사무로 하며, 교육과학기술부는 교육부로 개편함(제28조-제29조). 통상교섭의 전문성을 강화하고 국내산업의 대외경쟁력을 제고하기 위하여 외교통상부의 통상교섭 기능을 지식경제부로 이관하고, 그 명칭을 산업통상자원부로 개편함(제30조, 제37조). 국민행복의 필수조건인 국민생활 안전을 책임지는 안전관리 총괄부처로서의 위상과 기능을 강화하기 위하여 행정안전부를 안전행정부로 개편함(제34조). 동북아 해양환경 변화에 능동적으로 대응하고 해양・항만정책과 수산정책의 상호 연계를 통해 해양기능의 융합효과를 제고하기 위하여 해양수산부를 신설하고, 농림수산식품부 및 국토해양부를 각각 농림축산식품부 및 국토교통부로 개편함(제36조, 제42조-제43조). 창의와 혁신을 기반으로 하는 다양한 창조기업의 육성・지원 강화를 위하여 중소기업청의 업무영역을 확대함(제37조제3항). (수정내용) 2013.3.22. 제314회 국회(임시회) 법제사법위원회에서 의결되어 본회의에 제출된 「정부조직법 전부개정법률안」(대안) 중 「정보통신망 이용촉진 및 정보보호 등에 관한 법률」의 개정 내용을 수정하여 정보보호 사전점검 기능을 방송통신위원회에서 미래창조과학부로 이관하려는 것임(부칙 제6조제687항).

⑦ 「2014년(5월) 개정법률」:[20] (개정이유) 국민의 가장 기본적 기본권인 신체의 자유와 재산권을 침해하는 형사처벌에서 유사한 위반행위에 대하여 각 법률이 규정하는 법정형에 합리적으로 설명할 수 없는 편차가 존재하는 것을 개선하여 불법성에 상응하는 처벌이 되도록 하려는 것임. 또한, 「국가공무원법」이 개정됨에 따라, 실적주의가 적용되며 사전에 임기가 정해진 국민권익위원회의 상임위원 3명을 별정직공무원에서 일반직공무원으로 그 직종을 변경하려는 것임. (주요내용) 업무상 비밀이용의 죄에 대한 법정형을 현행의 '7년이하의 징역 또는 5천만원이하의 벌금'에서 '7년이하의 징역 7천만원 이하의 벌금'으로 변경하도록 함(제86조제1항). 국민권익위원회의 위원 15명 중 고위공무원단에 속하는 별정직공무원으로 보하는 상임위원 3명을 고위공무원단에 속하는 임기제공무원으로 보하도록 함(제13조제4항).

⑧ 「2014년(11월) 개정법률」:[21] (개정이유) 국가적 재난관리를 위한 재난안전 총괄부처로서 국무총리 소속의 '국민안전처'를 신설하고, 현행 해양경찰청과 소방방재청의 업무를 조정・개편하여 국민안전처의 차관급 본부로 설치하며, 공직개혁 추진 및 공무원 전문역량 강화를 위해 공무원 인사 전담조직인 인사혁신처를 국무총리 소속으로 설치하고, 교육・사회・문화 분야 정책결정의 효율성과 책임성을 제고하기 위하여 교육・사회・문화 부총리를 신설하려는 것임. (주요내용) 교육・사회・문화 부총리 신설(제19조제1항・제3항, 제19조제5항). 교육부장관이 겸임하는 교육・사회・문화 부총리를 신설하여 국무총리의 명을 받아 교육・사회・문화 정책에 관하여 관계 기관을 총괄・조정하도록 함. 국무총리 소속 국민안전처 설

20) 일부개정 2014.5.28. 법률 제12717호.

21) 타법개정 2014.11.19. 법률 제12844호.

치 등(제22조의2 신설 등). 안전행정부의 재난안전 총괄·조정, 소방방재청의 소방·방재, 해양경찰청의 해양경비·안전·오염방제 및 해상에서 발생한 사건의 수사 기능 등을 통합하여 국무총리 소속으로 국민안전처를 설치함. 국민안전처장관은 국무위원으로 보하고, 안전 및 재난에 관하여 국무총리의 명을 받아 관계 중앙행정기관을 총괄·조정하도록 함. 국민안전처에 소방사무를 담당하는 본부장과 해양경비·안전·오염방제 및 해상에서 발생한 사건의 수사에 관한 사무를 담당하는 본부장을 각각 두고, 본부장은 차관급으로 함. 국민안전처와 각 부처의 유기적 연계를 위하여 특정직공무원을 국민안전처의 보조기관 및 보좌기관에 보할 수 있도록 함. 국무총리 소속 인사혁신처 설치(제22조의3 신설). 안전행정부의 공무원 인사·윤리·복무 및 연금 기능을 이관하여 국무총리 소속으로 인사혁신처를 설치함. 안전행정부의 행정자치부로의 개편(제34조). 안전행정부는 정부 의전·서무, 정부조직관리, 정부혁신, 전자정부, 지방자치제도 및 재정·세제 등의 기능 중심으로 개편하고, 행정자치부로 명칭을 변경함. 소방방재청 및 해양경찰청 근거규정 삭제(현행 제34조제6항·제7항 및 제43조제2항·제3항 삭제) 소방방재청의 소방·방재 기능을 국민안전처로 이관함. 해양경찰청의 수사·정보 기능(해상에서 발생한 사건의 수사 및 정보에 관한 사무는 제외)을 경찰청으로, 해양에서의 경비·안전·오염방제 및 해상에서 발생한 사건의 수사 기능을 국민안전처로 이관함.

⑨ 「2016년 개정법률」:[22] (개정이유) 국민권익위원회의 효율적인 부패방지 업무수행을 위하여 공공기관에 대한 계량적 부패측정 및 조사 등의 법적근거를 마련하고, 이에 따른 공공기관 청렴도 조사·평가 결과를 해당 공공기관의 홈페이지에 의무적으로 공개하도록 하며, 공공기관의 청렴교육을 의무화하여 공직자의 청렴성 및 윤리의식을 제고하고 공직사회의 부패를 척결하고자 하려는 것임. 한편, 부패행위를 저지른 자가 징계를 받기 전에 자발적으로 퇴직하는 경우에도 취업제한 대상에 포함하여 제도상의 미비점을 보완하고, 더불어 비위면직자의 취업제한과 관련된 규정을 정비하여 공직자의 부패행위를 보다 효율적으로 규제하려는 것임. (주요내용) 위원회의 공공기관의 계량적 부패측정 평가지표 개발, 공공기관의 부패에 관하여 조사·결과공표 및 컨설팅 실시의 법적근거를 규정 함(제27조의2). 위원회의 청렴도 조사·측정 결과를 해당 공공기관의 인터넷 홈페이지에 공개하도록 함(제27조의3). 위원장은 부패신고자가 이 법에 따른 신고로 인하여 불이익 처분 절차가 예정되어 있거나 진행 중인 경우 등에는 소속기관의 장 등에게 그 불이익 처분 절차의 잠정적인 중지를 요구할 수 있도록 함(제62조의2). 공직자의 부패방지 교육 실시를 의무화함(제81조의2). 퇴직공직자가 직무와 관련된 부패행위로 벌금 300만원 이상의 형을 선고받은 경우 비위면직자와 같이 취업제한 하도록 함(제82조). 비위면직자 등의 취업제한 대상기관을 「공직자윤리법」과 동일한 수준

22) 일부개정 2016.3.29. 법률 제14145호.

으로 확대함(제82조). 위원회의 비위면직자 등의 취업제한 위반여부 확인을 위한 자료제출 요구권 규정(제82조의2) 및 위원회의 비위면직자 해임요구에 대한 거부시 과태료 규정을 신설하도록 함(제91조).

⑩ 「2017년(3월) 개정법률」:[23] (개정이유) 준사관후보생의 임관반 교육 중의 보수 지급이나 사고 발생 시의 신분 보호를 위해서 준사관후보생을 이 법률의 적용범위에 포함하고, 군인 계급상의 장관2은 행정각부의 장관(장관)으로 오인되는 측면이 있어, 장관급(장관급) 장교를 장성급(장성급) 장교로 용어를 변경하며, 군장학금과 관련하여 학업성적우수자나 생계곤란자를 위한 학자금 성격의 국가장학금과의 명칭상 혼란을 방지하기 위하여, '군장학금'을 '군 가산복무 지원금'으로, '군 장학생'을 '군 가산복무 지원금을 받은 사람'으로 용어를 변경하고, 국방부가 각 군의 군인의 인사기록을 통합·전산화하여 운영하고 있는 현실을 반영하기 위하여 국방부장관의 군인의 인사기록 전산화 운영에 대한 근거를 마련하려는 것임. (주요내용) 준사관후보생을 이 법률의 적용 범위에 포함하도록 함(제2조제2호). 장관급(장관급) 장교를 장성급(장성급) 장교로 용어를 변경하도록 함(제3조제1항제1호, 제8조제4항, 제11조제1항제6호, 제13조제2항, 제16조의2 제목·제1항·제2항, 제18조제1항, 제19조제1항, 제20조제1항·제2항, 제25조제5항, 제26조제2항, 제30조제1항, 제51조제1항제3호, 제58조제1항제1호-제3호까지·제2항·제3항제1호·제2호·제4항, 제60조제1항·제4항, 제60조의2제1항). '군장학금'을 '군 가산복무 지원금'으로, '군 장학생'을 '군 가산복무 지원금을 받은 사람'으로 용어를 변경하도록 함(제6조제7항제2호, 제7조제4항, 제62조 제목·제1항부터 제3항까지, 제62조의2제1항제2항). 국방부장관은 군인의 인사기록을 작성·유지·보관하여야 하며, 군인의 인사기록을 데이터베이스화하여 관리하고 인사 업무를 전자적으로 처리할 수 있는 시스템을 구축하여 운영할 수 있도록 함(제63조).

⑪ 「2017년(4월) 개정법률」:[24] (개정이유) 현행법은 공공기관과 공직자등의 부패 발생을 예방하고 부패행위를 효율적으로 관리하기 위하여 제정되었으나, 그 범위에 사립학교와 그 교직원 등은 포함하지 않고 있음. 그런데 사립학교 및 학교법인의 경우 국가 또는 지방자치단체로부터 예산이나 보조금을 교부받아 그 목적과 다르게 집행하거나 횡령하는 등 다양한 부패행위와 비리문제가 빈번하게 발생하고 있음. 이러한 행위는 극소수 관계자들 간에 은밀하게 이루어지고 있어 사전 적발 및 신속한 조치가 어려운 실정임. (주요내용) 이에 부패행위의 신고 및 신고자 보호와 관련하여 공공기관 및 공직자등의 범위에 각급 학교와 교직원 등을 포함하여 학교운영의 투명성을 제고하고자 함(제2조제1호 및 제3호).

⑫ 「2017년(10월) 개정법률」:[25] (개정이유) 현행법상 「공익신고자 보호법」과 달리 신고자

23) 타법개정 2017.3.21. 법률 제14609호.
24) 일부개정 2017.4.18. 법률 제14831호.

의 인적사항이 공개 또는 보도된 경우 권익위 경위 확인 권한 및 관련자 징계요구권한이 없어 신고자 보호에 한계가 있는 실정임. 또한, 이 법 위반행위에 대한 징역형·벌금형 수준의 균형이 맞지 않아 벌칙규정이 불합리한 측면이 있음. 이에 부패행위신고자의 인적사항 공개·보도된 경우 권익위가 그 경위를 확인·징계요구를 할 수 있도록 하고, 업무상 비밀누설죄 및 인적사항 공개 등 금지 위반의 죄에 대한 벌금수준을 각각 5천만원 및 3천만원으로 상향조정하여 벌칙규정의 균형을 맞추는 동시에 신고자 인적사항 노출에 대한 억지력을 강화하려는 것임. (주요내용) 신고자에 대한 인적사항이 공개 또는 보도된 경우 권익위로 하여금 그 경위를 확인하고, 공개·보도한 자에 대한 징계를 요구할 수 있는 권한을 부여함(제64조). 신변보호조치에 대한 조문을 제64조에서 분리 신설함(제64조의2). 업무상 비밀누설죄의 벌금형 부과 한도 수준을 5천만원 이하로 상향조정함(제87조). 인적사항 공개 등 금지 위반의 죄에 해당하는 벌금형 부과 한도 수준을 3천만원 이하로 상향조정함(제88조).

⑬ 「2018년(4월) 개정법률」:[26] (개정이유) 공문서 작성 시 도장을 서명으로 대체하는 경향을 반영하여 각종 조서를 작성할 때 기명날인과 함께 서명도 허용하는 내용으로 2007년에 「형사소송법」이 개정된 바 있음. 최근 들어서는 더욱 서명이 보편화되어 가는 추세이므로 인감증명 또는 전자인증 등 특별한 경우를 제외하고는 기명날인 외에 서명도 함께 허용할 필요가 있음. (주요내용) 이에 현행법상 '기명날인'해야 하는 사항을 '기명날인하거나 서명'으로 가능하도록 하여 행정의 효율성과 이용자의 편의성을 제고하려는 것임(제45조제2항).

(2) 「**법무부 공무원 행동강령**」[27]

이 영은 「부패방지 및 국민권익위원회의 설치와 운영에 관한 법률」 제8조[28]와 「공무원 행동강령」[29]에 따라 법무부 공무원이 준수하여야 할 행동기준을 규정하기 위해 만들어졌

---

25) 일부개정 2017.10.31. 법률 제15024호.

26) 일부개정 2018.4.17. 법률 제15617호.

27) 「법무부 공무원 행동강령」(제정 2003.5.15. 법무부훈령 제481호; 일부개정 2006.1.17. 법무부훈령 제538호; 일부개정 2009.3.4. 법무부훈령 제680호; 일부개정 2013.6.26. 법무부훈령 제900호; 일부개정 2016.3.2. 법무부훈령 제1057호; 일부개정 2016.3.31. 법무부훈령 제1058호; 일부개정 2016.10.24. 법무부훈령 제1080호; 일부개정 2017.6.13. 법무부훈령 제1109호; 일부개정 2018.4.19. 법무부훈령 제1148호).

28) 「부패방지법」 제8조(공직자 행동강령) ① 제7조[(공직자의 청렴의무)]에 따라 공직자가 준수하여야 할 행동강령은 대통령령·국회규칙·대법원규칙·헌법재판소규칙·중앙선거관리위원회규칙 또는 공직유관단체의 내부규정으로 정한다. ② 제1항에 따른 공직자 행동강령은 다음 각 호의 사항을 규정한다. 1. 직무관련자로부터의 향응·금품 등을 받는 행위의 금지·제한에 관한 사항. 2. 직위를 이용한 인사관여·이권개입·알선·청탁행위의 금지·제한에 관한 사항. 3. 공정한 인사 등 건전한 공직풍토 조성을 위하여 공직자가 지켜야 할 사항. 4. 그 밖에 부패의 방지와 공직자의 직무의 청렴성 및 품위유지 등을 위하여 필요한 사항. ③ 공직자가 제1항에 따른 공직자 행동강령을 위반한 때에는 징계처분을 할 수 있다. ④ 제3항에 따른 징계의 종류, 절차 및 효력 등은 당해 공직자가 소속된 기관 또는 단체의 징계관련 사항을 규정한 법령 또는 내부규정이 정하는 바에 따른다.

29) 「공무원 행동강령」(「공무원의청렴유지등을위한행동강령」 제정 2003.2.18. 대통령령 제17906호; 일부개정 2018.1.16. 대통령령 제28587호. 시행 2018.4.17.)

다.[30] 다음과 같이 6개의 '장'과 34개 '조문', 5개 '부칙'으로 구성되어 있다.

제1장 총칙 제1조(목적), 제2조(정의), 제3조(적용범위);
제2장 공정한 직무수행 제4조(공정한 직무수행을 해치는 지시에 대한 처리), 제5조(사적 이해관계의 신고 등), 제5조의2(고위공직자의 민간 분야 업무활동 내역 제출), 제5조의3(직무 관련 영리행위 등 금지), 제5조의4(가족 채용 제한), 제5조의5(수의계약 체결 제한), 제5조의6(직무관련자 등 사적 접촉의 신고), 제6조(특혜의 배제), 제7조(입찰 시 퇴직자 영입현황 확인), 제8조(예산의 목적 외 사용 금지), 제9조(정치인 등의 부당한 요구에 대한 처리), 제10조(인사청탁 등의 금지);
제3장 부당이득의 수수 금지 등 제11조(이권 개입 등의 금지), 제12조(직위의 사적 이용 금지), 제13조(알선·청탁 등의 금지), 제14조(직무관련 정보를 이용한 거래 등의 제한), 제15조(공용물의 사적 사용·수익의 금지), 제15조의2(사적 노무 등 요구 금지), 제16조(금품등의 수수 금지);
제4장 건전한 공직풍토의 조성 제17조(품위유지), 제18조(외부강의등의 사례금 수수 제한), 제19조(초과사례금의 신고방법 등), 제20조(직무관련자 거래 신고), 제21조(경조사의 통지 제한),
제5장 위반 시의 조치 제22조(위반여부에 대한 상담), 제23조(위반행위의 신고 및 확인); 제24조(징계 등),[31] 제25조(수수 금지 금품등의 신고 및 처리),
제6장 보칙 제26조(교육), 제27조(행동강령책임관의 지정), 제28조(기관별 행동강령의 운영 등);
부칙 제1조(시행일), 제2조(고위공직자의 민간 분야 업무활동 내역 제출에 관한 적용례), 제3조(가족 채용 제한에 관한 적용례), 제4조(수의계약 체결 제한에 관한 적용례), 제5조(직무관련자 거래 신고에 관한 적용례).

〈표 1〉 금품 등 수수(授受)금지 위반 징계양정기준[1]

비위유형	금액 / 수수행위	100만원 미만	100만원 이상 300만원 미만	300만원 이상 500만원 미만	500만원 이상
직무와 직접적인 관계 없이 금품 등을 직무관련자 또는 직무관련공무원으로부터 받거나 직무관련공무원에게 제공한 경우	수동	감봉·정직·강등	강등·해임·파면	해임·파면	파면
	능동	정직·강등·해임	해임·파면	파면	
직무와 직접 관련하여 금품 등을 수수하였으나, 위법·부당한 처분을 하지 아니한 경우	수동	정직·강등·해임	해임·파면	파면	
	능동	강등·해임·파면	파면		
직무와 직접 관련하여 금품 등을 수수하고, 위법·부당한 처분을 한 경우	수동	강등·해임·파면	파면		
	능동	해임·파면	파면		

1. 「법무부 공무원 행동강령」(일부개정 2018.4.19. 법무부훈령 제1148호) 제24조(징계 등) 제2항 별표 5 참조.

30) 「법무부 공무원 행동강령」 제1조(목적).
31) <표 1> 참조.

(3) 「부정 청탁 및 금품 등 수수의 금지에 관한 법률」[32)]

이른바 '김영란법'으로 불리는 이 법은 공직자 등에 대한 부정청탁 및 공직자 등의 금품등의 수수를 금지함으로써 공직자 등의 공정한 직무수행을 보장하고 공공기관에 대한 국민의 신뢰를 확보할 목적으로 제정되었다.[33)] 같은 법 「시행령」[34)]과 그 「시행규칙」[35)]이 있다.

「2015년 제정법률」의 입법연혁은 다음과 같다. (제정이유) 최근 지속적으로 발생하고 있는 공직자의 부패·비리사건으로 인하여 공직에 대한 신뢰 및 공직자의 청렴성이 위기 상황에 직면해 있으며, 이는 공정사회 및 선진 일류국가로의 진입을 막는 최대 장애요인으로 작용하고 있으나, 이를 효과적으로 규제하기 위한 제도적 장치가 미비한 상태인 바, 이에 공직자등의 공정한 직무수행을 저해하는 부정청탁 관행을 근절하고, 공직자등의 금품등의 수수행위를 직무관련성 또는 대가성이 없는 경우에도 제재가 가능하도록 하여 공직자등의 공정한 직무수행을 보장하고 공공기관에 대한 국민의 신뢰를 확보하려는 것임. (주요내용) 공직자등에 대한 부정청탁의 금지(제5조-제7조, 제22조제2항, 제23조제1항-제3항). 누구든지 직접 또는 제3자를 통하여 직무를 수행하는 공직자등에게 부정청탁을 하지 못하도록 하고, 부정청탁을 받은 공직자등이 거절하는 의사를 명확히 표시한 후에도 부정청탁이 계속되는 경우에는 소속기관장에게 신고하도록 함. 제3자의 이익을 위해서 부정청탁을 한 자 또는 제3자를 통해서 부정청탁을 한 직무관련자 등에 대하여 과태료를 부과하고, 공직자등이 부정청탁을 받고 그에 따라 직무를 수행한 경우에는 2년 이하의 징역 또는 2천만원 이하의 벌금에 처하도록 함. 공직자등의 금품등의 수수 금지(제8조, 제22조제1항, 제23조제5항). 공직자등이 직무 관련 여부 및 기부·후원·증여 등 그 명목에 관계없이 동일인으로부터 1회에 100만원 또는 매 회계연도에 300만원을 초과하는 금품 등을 받은 경우에는 3년 이하의 징역 또는 3천만원 이하의 벌금에 처하고, 직무와 관련하여 대가성 여부를 불문하고 1회에 100만원 이하의 금품등을 받은 경우에는 해당 금품등 가액의 2배 이상 5배 이하에 상당하는 금액의 과태료를 부과하도록 함. 위반행위 신고 및 신고자등의 보호(제13조-제15조). 누구든지 이 법의 위반행위가 발생하였거나 발생하고 있다는 사실을 알게 된 경우에는 피신고자가 소속된 공공기관, 감독기관, 감사원, 수사기관 또는 국민권익위원회에 신고할 수 있도록 함. 부정청탁을 신고한 공직자등, 수수 금지 금품등을 신고·인도한 공직자등 또는 이 법 위반행위를 신고한 자

32) 「부정 청탁 및 금품 등 수수의 금지에 관한 법률」(제정 2015.3.27. 법률 제13278호. 시행 2016.9.28.; 타법개정 2016.5.29. 법률 제14183호)(이 글에서는 「청탁금지법」이라고 한다).

33) 「청탁금지법」 제1조(목적).

34) 「부정청탁 및 금품등 수수의 금지에 관한 법률 시행령」(제정 2016.9.8. 대통령령 제27490호; 일부개정 2018.1.17. 대통령령 제28590호).

35) 「부정청탁 및 금품등 수수의 금지에 관한 법률의 시행에 관한 대법원 규칙」(제정 2016.11.29. 대법원규칙 제2699호; 일부개정 2018.3.7. 대법원규칙 제2780호).

등에 대하여 불이익조치 금지, 신분 비밀보호, 책임감면 등의 보호장치를 마련함.

현행 「2016년 개정법률」은 다음과 같이 5개의 '장'과 24개의 '조문', 2개의 '부칙'으로 되어 있다(「청탁금지법」의 주요내용은 ＜표 2＞, ＜표 3＞ 참조).

제1장 총칙 제1조(목적), 제2조(정의), 제3조(국가 등의 책무), 제4조(공직자등의 의무);

제2장 부정청탁의 금지 등 제5조(부정청탁의 금지), 제6조(부정청탁에 따른 직무수행 금지), 제7조(부정청탁의 신고 및 처리);

제3장 금품등의 수수 금지 등 제8조(금품등의 수수 금지), 제9조(수수 금지 금품등의 신고 및 처리), 제10조(외부강의등의 사례금 수수 제한), 제11조(공무수행사인의 공무 수행과 관련된 행위제한 등);

제4장 부정청탁 등 방지에 관한 업무의 총괄 등 제12조(공직자등의 부정청탁 등 방지에 관한 업무의 총괄), 제13조(위반행위의 신고 등), 제14조(신고의 처리), 제15조(신고자등의 보호・보상), 제16조(위법한 직무처리에 대한 조치), 제17조(부당이득의 환수), 제18조(비밀누설 금지), 제19조(교육과 홍보 등), 제20조(부정청탁 금지 등을 담당하는 담당관의 지정);

제5장 징계 및 벌칙 제21조(징계), 제22조(벌칙), 제23조(과태료 부과), 제24조(양벌규정);

부칙 제1조(시행일).

〈표 2〉 「청탁금지법」의 부정청탁행위

'허용'되는 청탁행위(제5조①)	'금지'되는 부정청탁행위(제5조②)
1. 「청원법」, 「민원사무 처리에 관한 법률」, 「행정절차법」, 「국회법」 및 그 밖의 다른 법령・기준(제2조제1호나목~마목의 공공기관의 규정・사규・기준 포함)에서 정하는 절차・방법에 따라 권리침해의 구제・해결을 요구하거나 그와 관련된 법령・기준의 제정・개정・폐지를 제안・건의하는 등 특정한 행위를 요구하는 행위 2. 공개적으로 공직자 등에게 특정한 행위를 요구하는 행위 3. 선출직 공직자, 정당, 시민단체 등이 공익적인 목적으로 제3자의 고충민원을 전달하거나 법령・기준의 제정・개정・폐지 또는 정책・사업・제도 및 그 운영 등의 개선에 관하여 제안・건의하는 행위	1. 인가・허가・면허・특허・승인・검사・검정・시험・인증・확인 등 법령(조례・규칙 포함)에서 일정한 요건을 정하여 놓고 직무관련자로부터 신청을 받아 처리하는 직무에 대하여 법령을 위반하여 처리하도록 하는 행위 2. 인가 또는 허가의 취소, 조세, 부담금, 과태료, 과징금, 이행강제금, 범칙금, 징계 등 각종 행정처분 또는 형벌부과에 관하여 법령을 위반하여 감경・면제하도록 하는 행위 3. 채용・승진・전보 등 공직자 등의 인사에 관하여 법령을 위반하여 개입하거나 영향을 미치도록 하는 행위 4. 법령을 위반하여 각종 심의・의결・조정 위원회의 위원, 공공기관이 주관하는 시험・선발 위원 등 공공기관의 의사결정에 관여하는 직위에 선정 또는 탈락되도록 하는 행위 5. 공공기관이 주관하는 각종 수상, 포상, 우수기관 선정 또는 우수자 선발에 관하여 법령을 위반하여 특정 개인・단체・법인이 선정 또는 탈락되도록 하는 행위 6. 입찰・경매・개발・시험・특허・군사・과세 등에 관한 직무상 비밀을 법령을 위반하여 누설하도록 하는 행위 7. 계약 관련 법령을 위반하여 특정 개인・단체・법인이 계약의 당사자로 선정 또는 탈락되도록 하는 행위 8. 보조금・장려금・출연금・출자금・교부금・기금 등의 업무에 관하여 법령을 위반하여 특정 개인・단체・법인에 배정・지원하거나 투자・예치・대여・출연・출자하도록 개입하거나 영향을 미치도록 하는 행위

4. 공공기관에 직무를 법정기한 안에 처리하여 줄 것을 신청·요구하거나 그 진행상황·조치결과 등에 대하여 확인·문의 등을 하는 행위 5. 직무 또는 법률관계에 관한 확인·증명 등을 신청·요구하는 행위 6. 질의 또는 상담형식을 통하여 직무에 관한 법령·제도·절차 등에 대하여 설명이나 해석을 요구하는 행위 7. 그 밖에 사회상규(社會常規)에 위배되지 아니하는 것으로 인정되는 행위	9. 공공기관이 생산·공급·관리하는 재화 및 용역을 특정 개인·단체·법인에게 법령에서 정하는 가격 또는 정상적인 거래관행에서 벗어나 매각·교환·사용·수익·점유하도록 하는 행위 10. 각급 학교의 입학·성적·수행평가 등의 업무에 관하여 법령을 위반하여 처리·조작하도록 하는 행위 11. 병역판정검사, 부대 배속, 보직 부여 등 병역 관련 업무에 관하여 법령을 위반하여 처리하도록 하는 행위 12. 공공기관이 실시하는 각종 평가·판정 업무에 관하여 법령을 위반하여 평가 또는 판정하게 하거나 결과를 조작하도록 하는 행위 13. 법령을 위반하여 행정지도·단속·감사·조사 대상에서 특정 개인·단체·법인이 선정·배제되도록 하거나 행정지도·단속·감사·조사의 결과를 조작하거나 또는 그 위법사항을 묵인하게 하는 행위 14. 사건의 수사·재판·심판·결정·조정·중재·화해 또는 이에 준하는 업무를 법령을 위반하여 처리하도록 하는 행위 15. 제1호부터 제14호까지의 부정청탁의 대상이 되는 업무에 관하여 공직자 등이 법령에 따라 부여 받은 지위·권한을 벗어나 행사하거나 권한에 속하지 아니한 사항을 행사하도록 하는 행위

〈표 3〉「청탁금지법」의 벌칙[1] (단위: 원)

유형	위반행위	행위주체	대가성	직무 관련성	벌칙	비고
금품 등	동일인으로부터 1회 100만(연간 300만) 초과	공직자 등	×	×	'3년 이하 징역' 또는 '3천만 이하 벌금'	공직자 등 처벌
		배우자		○		
		제공자				
	동일인으로부터 1회 100만(연간 300만) 이하	공직자 등	×	○	'수수가액의 2~5배 과태료'	공직자 등 과태료
		배우자		○		
		제공자				
부정청탁	제3자 위함	공직자 등			'3천만 이하 과태료'	청탁자
		공직자 등 제외			'2천만 이하 과태료'	
	본인 위함	제3자 통해			'1천만 이하 과태료'	
		본인 직접			제재 없음	
	부정청탁 받고 직무수행	공직자 등			'2년 이하 징역' 또는 '2천만 이하 벌금'	직무수행자

1. 「청탁금지법」(타법개정 2016.5.29. 법률 제14183호) 제8조(금품등의 수수 금지), 제22조(벌칙), 제23조(과태료 부과).

(4) 기타 관계법

그 밖에 부패방지에 관련되는 국내법에는 「공직자윤리법」, 「공무원 징계령」, 「법무부 소속 공무원 등의 직무관련 범죄 고발지침」, 「공익신고자 보호법」 등의 행정법과 「형법」, 「특정범죄 가중처벌 등에 관한 법률」, 「공무원범죄에 관한 몰수 특례법」, 「형의 집행 및 수용자의 처우에 관한 법률」 등의 형사법이 있다.

① 「공직자윤리법」: 이 법은 공직자 및 공직후보자의 재산등록, 등록재산 공개 및 재산형성과정 소명과 공직을 이용한 재산취득의 규제, 공직자의 선물신고 및 주식백지신탁, 퇴직공직자의 취업제한 및 행위제한 등을 규정함으로써 공직자의 부정한 재산 증식을 방지하고, 공무집행의 공정성을 확보하는 등 공익과 사익의 이해충돌을 방지하여 국민에 대한 봉사자로서 가져야 할 공직자의 윤리를 확립할 목적으로 제정되었다.[36] 같은 법 「시행령」[37]과 「시행규칙」[38]이 있다.

② 「공무원 징계령」: 이 영은 「국가공무원법」 제10장 '징계'[39]에 따라 공무원의 징계와 징계부가금 부과에 필요한 사항을 규정할 목적으로 만들어졌다.[40] 다른 법령에 특별한 규정이 있는 경우를 제외하고는 행정부 소속의 '경력직국가공무원'과 「국가공무원법」 제10장이 준용되는 '별정직국가공무원'에게 적용된다.[41] 같은 영 「시행규칙」[42]이 있다.

③ 「법무부 소속 공무원 등의 직무관련 범죄 고발지침」: 이 지침은 「공무원의 직무관련 범죄 고발지침」[43]과 「법무부 자체감사규정」 제19조 제1항[44]의 규정에 의하여 법무부 소속 공무원(검찰청 제외) 및 산하단체 임·직원이 그 직무와 관련하여 범죄행위를 한 경우에 고발할 대상과 절차 등을 정하여 이행함으로써 깨끗한 공직사회를 만들 목적으로 제정되었다.[45]

36) 「공직자윤리법」(제정 1981.12.31. 법률 제3520호; 타법개정 2017.7.26. 법률 제14839호) 제1조(목적).
37) 「공직자윤리법 시행령」(제정 1982.12.31. 대통령령 제11020호; 타법개정 2017.12.19. 대통령령 제28475호).
38) 「공직자윤리법 시행규칙」(제정 1982.12.31. 총리령 제267호; 타법개정 2017.7.26. 총리령 제1408호).
39) 「국가공무원법」(제정 1949.8.12. 법률 제44호; 타법개정 2017.7.26. 법률 제14839호) 제78조(징계 사유), 제78조의2(징계부가금), 제78조의3(재징계의결 등의 요구), 제78조의4(퇴직을 희망하는 공무원의 징계사유 확인 등), 제79조(징계의 종류), 제80조(징계의 효력), 제81조(징계위원회의 설치), 제82조(징계 등 절차), 제83조(감사원의 조사와의 관계 등), 제83조의2(징계 및 징계부가금 부과 사유의 시효), 제83조의3(특수경력직공무원의 징계).
40) 「공무원 징계령」(제정 1949.10.15. 대통령령 제202호; 타법개정 2017.1.10. 대통령령 제27787호) 제1조(목적).
41) 같은 법 제1조의2(적용 범위).
42) 「공무원 징계령 시행규칙」(「공무원징계양정등에관한규칙」 제정 1981.7.14. 총리령 제251호; 일부개정 2017.1.10. 총리령 제1356호).
43) 「공무원의 직무관련 범죄 고발지침」(제정 1994.11.24. 국무총리훈령 제305호).
44) 「법무부 자체감사규정」(제정 1998.10.30. 법무부훈령 제403호; 일부개정 2015.11.2. 법무부훈령 제1019호) 제19조(범죄혐의 사건의 고발 및 수사의뢰 등) ① 법무부 및 그 소속기관의 공무원과 산하단체의 임·직원이 그 직무와 관련하여 범죄행위를 행한 경우에는 "법무부 소속 공무원 등의 직무관련 범죄 고발지침"에 따라 고발하여야 한다. ② (생략)
45) 「법무부 소속 공무원 등의 직무관련 범죄 고발지침」(제정 2011.7.11. 법무부 훈령 제829호; 일부개정 2014.

④ 「공익신고자 보호법」: 이 법은 공익을 침해하는 행위를 신고한 사람 등을 보호하고 지원함으로써 국민생활의 안정과 투명하고 깨끗한 사회풍토의 확립에 이바지할 목적으로 만들어졌다.[46] 같은 법 「시행령」[47]이 있다.

⑤ 「형법」:[48] 제7장 '공무원의 직무에 관한 죄' 가운데 뇌물죄,[49] 제40장 '횡령과 배임의 죄' 중에 배임수증죄[50] 등이다.

⑥ 「특정범죄 가중처벌 등에 관한 법률」: 이 법은 「형법」, 「관세법」,[51] 「조세범 처벌법」,[52] 「지방세기본법」,[53] 「산림자원의 조성 및 관리에 관한 법률」[54] 및 「마약류관리에 관한 법률」[55]에 규정된 특정범죄에 대한 가중처벌 등을 규정함으로써 건전한 사회질서의 유지와 국민경제의 발전에 이바지할 목적으로 만들어졌는데,[56] 제2조 특정범죄가중처벌등에관한법률위반(뇌물),[57] 제3조 특정범죄가중처벌등에관한법률위반(알선수재),[58] 제4조(뇌물죄 적용대상의 확대)[59] 등이 있다.

7.23. 법무부훈령 제953호) 제1조(목적).

46) 「공익신고자 보호법」(제정 2011.3.29. 법률 제10472호; 일부개정 2018.4.17. 법률 제15616호. 시행 2018.10.18.) 제1조(목적).

47) 「공익신고자 보호법 시행령」(제정 2011.9.30. 대통령령 제23198호; 일부개정 2017.10.17. 대통령령 제28393호).

48) 「형법」(제정 1953.9.18. 법률 제293호; 일부개정 2017.12.12. 법률 제15163호). 이하 죄명은 「공소장 및 불기소장에 기재할 죄명에 관한 예규」(제정 1993.11.26. 대검찰청예규 형사 제214호; 개정 2016.7.1. 대검찰청예규 제850호) 참조.

49) 「형법」 제129조 ① 뇌물(수수, 요구, 약속), ② 사전뇌물(수수, 요구, 약속), 제130조 제3자뇌물(수수, 요구, 약속). 제131조 ① 수뢰후부정처사, ②,③ 부정처사후수뢰, 제132조 알선뇌물(수수, 요구, 약속), 제133조 ① 뇌물(공여, 공여약속, 공여의사표시), ② 제3자뇌물(교부, 취득), 제134조(몰수, 추징), 제135조(공무원의 직무상 범죄에 대한 형의 가중).

50) 같은 법 제357조 ① 배임수재, ② 배임증재, 제359조(배임수재, 배임증죄)미수.

51) 「관세법」(제정 1949.11.23. 법률 제67호; 일부개정 2017.12.19. 법률 제15218호. 시행 2018.7.1.)

52) 「조세범 처벌법」(제정 1951.5.7. 법률 제199호; 일부개정 2016.3.2. 법률 제14049호).

53) 「지방세기본법」(제정 2010.3.31. 법률 제10219호; 일부개정 2017.12.26. 법률 제15291호).

54) 「산림자원의 조성 및 관리에 관한 법률」(제정 2005.8.4. 법률 제7678호; 타법개정 2017.11.28.법률 제15080호. 시행 2018.11.29.)

55) 「마약류관리에 관한 법률」(제정 2000.1.12. 법률 제6146호; 일부개정 2018.3.13. 법률 제15481호. 시행 2018.9.14.).

56) 「특정범죄 가중처벌 등에 관한 법률」(제정 1966.2.23. 법률 제1744호; 일부개정 2017.12.29. 법률 제15256호) 제1조(목적).

57) 같은 법 제2조(뇌물죄의 가중처벌) ① 「형법」 제129조·제130조 또는 제132조에 규정된 죄를 범한 사람은 그 수수(수수)·요구 또는 약속한 뇌물의 가액(가액)(이하 이 조에서 "수뢰액"이라 한다)에 따라 다음 각 호와 같이 가중처벌한다. 1. 수뢰액이 1억원 이상인 경우에는 무기 또는 10년 이상의 징역에 처한다. 2. 수뢰액이 5천만원 이상 1억원 미만인 경우에는 7년 이상의 유기징역에 처한다. 3. 수뢰액이 3천만원 이상 5천만원 미만인 경우에는 5년 이상의 유기징역에 처한다. ② 「형법」 제129조·제130조 또는 제132조에 규정된 죄를 범한 사람은 그 죄에 대하여 정한 형(제1항의 경우를 포함한다)에 수뢰액의 2배 이상 5배 이하의 벌금을 병과(병과)한다.

58) 같은 법 제3조(알선수재) 공무원의 직무에 속한 사항의 알선에 관하여 금품이나 이익을 수수·요구 또는 약속한 사람은 5년 이하의 징역 또는 1천만원 이하의 벌금에 처한다.

59) 같은 법 제4조(뇌물죄 적용대상의 확대) ① 다음 각 호의 어느 하나에 해당하는 기관 또는 단체로서 대통령령으로 정하는 기관 또는 단체의 간부직원은 「형법」 제129조부터 제132조까지의 규정을 적용할 때에는 공무원으로 본다. 1. 국가 또는 지방자치단체가 직접 또는 간접으로 자본금의 2분의 1 이상을 출자하였거나

⑦ 「공무원범죄에 관한 몰수 특례법」: 이 법은 특정공무원범죄를 범한 사람이 그 범죄행위를 통하여 취득한 불법수익 등을 철저히 추적·환수하기 위하여 몰수 등에 관한 특례를 규정함으로써 공직사회의 부정부패 요인을 근원적으로 제거하고 깨끗한 공직 풍토를 조성함을 목적으로 만들어졌고,[60] 그 「시행규칙」[61]이 있다.

⑧ 「형의 집행 및 수용자의 처우에 관한 법률」: 이 법은 수형자의 교정교화와 건전한 사회복귀를 도모하고, 수용자의 처우와 권리 및 교정시설의 운영에 관하여 필요한 사항을 규정할 목적으로 제정되었다.[62] 같은 법 「시행령」[63]과 「시행규칙」[64]이 있다. 그런데 같은 법 제132조(주류의 반입 등)[65]와 같은 벌칙규정에 교정공무원이 연루된 경우에 문제된다.

Ⅲ. 「청탁금지법」에 대한 평가

「청탁금지법」이 처음 만들어질 때부터[66] 그리고 시행을 앞두고도,[67] 또한 시행된 이후에

출연금·보조금 등 그 재정지원의 규모가 그 기관 또는 단체 기본재산의 2분의 1 이상인 기관 또는 단체. 2. 국민경제 및 산업에 중대한 영향을 미치고 있고 업무의 공공성(공공성)이 현저하여 국가 또는 지방자치단체가 법령에서 정하는 바에 따라 지도·감독하거나 주주권의 행사 등을 통하여 중요 사업의 결정 및 임원의 임면(임면) 등 운영 전반에 관하여 실질적인 지배력을 행사하고 있는 기관 또는 단체. ② 제1항의 간부직원의 범위는 제1항의 기관 또는 단체의 설립목적, 자산, 직원의 규모 및 해당 직원의 구체적인 업무 등을 고려하여 대통령령으로 정한다.

60) 「공무원범죄에 관한 몰수 특례법」(제정 1995.1.5. 법률 제4934호; 타법개정 2016.12.27. 법률 제14476호) 제1조(목적).

61) 「공무원범죄의 몰수보전 등에 관한 규칙」(「공무원범죄에관한몰수특례법에의한몰수보전및추징보전등에관한규칙」 제정 1995.10.27. 대법원규칙 제1396호; 타법개정 2007.3.29. 대법원규칙 제2079호).

62) 「형의 집행 및 수용자의 처우에 관한 법률」(「행형법」 제정 1950.3.2. 법률 제105호; 일부개정 2017.12.19. 법률 제15259호. 시행 2018.6.20.) 제1조(목적).

63) 「형의 집행 및 수용자의 처우에 관한 법률 시행령」(「행형법시행령」 제정 1956.2.2. 대통령령 제1125호; 일부개정 2017.9.19. 대통령령 제28296호).

64) 「형의 집행 및 수용자의 처우에 관한 법률 시행규칙」(제정 2008.12.19. 법무부령 제655호; 일부개정 2017.8.22. 법무부령 제907호).

65) 「형의 집행 및 수용자의 처우에 관한 법률」 제132조(주류의 반입 등) ① 다음 각 호의 어느 하나에 해당하는 행위를 한 사람은 6개월 이하의 징역 또는 200만원 이하의 벌금에 처한다. 1. 주류·담배·현금·수표를 교정시설에 반입하거나 소지·사용·수수·교환 또는 은닉하는 행위. 2. 수용자에게 전달할 목적으로 주류·담배·현금·수표를 허가 없이 교정시설에 반입하거나 수용자와 수수 또는 교환하는 행위. ② 제1항의 미수범은 처벌한다. ③ 제1항의 금지물품은 몰수한다.

66) "여야 '김영란법' 합의… 오늘 국회처리", 조선일보, 2015.3.3. 화. A1쪽; "'세월호'에 여론 악화되자… 원안에 없던 사립교원·언론인 끼워넣어", "'취지는 좋은데 위헌 소지' '이번 임시국회서 최우선 통과', 여야·정파 떠나 의원들 '김영란법' 온도차", "사학·언론단체 관계자들 반발, '공무원도 아닌데 포함시켜 잠재적 범죄자 취급'", 조선일보, 2015.3.3. 화. A3쪽; "배우자가 돈 받았을 때, 알고도 신고 안한 공직자 처벌", "부정청탁, 뒷돈 안줘도 처벌… 3자 통해 청탁하면 과태료", "공직자가 배우자 금품 수수 신고… 양심 자유 과도한 제한", 조선일보, 2015.3.3. 화. A4쪽; "위헌요소 알면서 통과시킨 '김영란법'", 조선일보, 2015.3.4. 수. A1쪽; "'위헌 뻔한데 어떻게 방망이 두드리나' '악용하려면 얼마든지 가능'", "'자괴감이 든다'던 의원들… 정작 반대표는 4명뿐", "공무원은 청탁하면 처벌받는데, 국회의원은 예외", "편협 등 언론단체 '언론의 자유 침해 등 부작용 우려'", 조선일보, 2015.3.4. 수. A3쪽; "기업인이 부의금 200만원 줬는데… 공무원은 신고·반환하면 면책, 돈 준 기업인은 처벌", 조선일보, 2015.3.4. 수. A4쪽; "'경기에 찬물 끼얹는 김빵란법'

도[68] 그 타당성과 실효성을 둘러싸고 많은 지상 논쟁이 있어왔다. 그러나 우리나라의 여론과 실무는 대체로 이 법의 '입법영향평가'를 긍정적으로 보고 있는 것 같다.[69]

자영업자 울상", 조선일보, 2015.3.4. 수. A5쪽; "변질된 김영란법을 '위헌'이라면서도 통과시킨 여야", 조선일보, 2015.3.4. 수. A31쪽; "국민권익위원장 '시행령 보완해 김영란법 정착시킬 것'", 조선일보, 2015.3.5. 목. A3쪽; "김영란법 인쇄도 하기전에… 여야 '문제있는 부분 개정'", 조선일보, 2015.3.5. 목. A3쪽; 장영수(고려대 법학전문대학원 교수), "졸속 입법이 훼손한 '김영란법'", 조선일보, 2015.3.6. 금. A35쪽; "확대된 '김영란법' 국회 본회의 통과, 사학비리 근절 기대… 교직원도 포함해 '과잉입법' 논란", 교수신문, 2015.3.9. 월. 1쪽; "김영란 '원안서 후퇴한 반쪽법안… 국회의원, 청탁브로커 될 우려'", 조선일보, 2015.3.11. 수. A4쪽; 양은경(법조전문기자, 변호사), "대법관 출신이… 여론 70%가 법안 찬성하니 위헌 아니다?" 조선일보, 2015.3.11. 수. A4쪽; "법학자들 '김영란법, 전국민이 전국민 감시하는 사회 만들 것'", 조선일보, 2015.3.12. 목. A12쪽; 이진강(변호사, 전.대한변협회장), "'김영란법', 정치권이 결자해지하라", 조선일보, 2015.3.14. 토. A31쪽; 이명진(논설위원), "검사들의 '인사 청탁'", 만물상, 조선일보, 2015.3.16. 월. A30쪽; 김낭기(논설위원), "'빽'이 안 통해야 김영란법이 산다", 조선일보, 2015.3.17. 화. A31쪽; 신영무(바른사회운동연합 상임대표, 전.대한변협회장), "'김영란법', 조속한 개정이 정답이다", 조선일보, 2015.3.26. 목. A35쪽; "헌재, '김영란법 헌법소원' 전원재판부에 회부", 조선일보, 2015.4.1. 수. A1쪽.

67) "불평등한 관행 끊으려면 부패범죄에 대한 무관용 원칙 필요하다", 교수신문, 2016.6.27. 월. 9쪽; "국회 김영란법 개정안 잇따라 발의… 헌재, 법 시행 전 위헌 여부 결정", 대한변협신문, 2016.7.18. 월. 2쪽; "헌재 '김영란법으로 침해받는 사익보다 전체 공익이 크다'", "김영란법 일부 고치자는 '개정안 4건' 국회 통과 어려워져", 조선일보, 2016.7.29. 금. A3쪽; "알쏭달쏭 김영란법… 상황따라 처벌여부 달라진다", "농수축산·유통업계 반응 '생존권 위협… 소비 위축시킬 것'", 조선일보, 2016.7.29. 금. A4쪽; "관행처럼 해오던 선물·식사… 이젠 바뀔 때가 됐다", 조선일보, 2016.7.29. 금. A5쪽; "'김영란법 충격 요법' 써서라도 윤리 선진국 올라서야 한다", "기업이 공무원 접대할 일 없게 해줘야 김영란법 성공할 것", 조선일보, 2016.7.29. 금. A35쪽; "백화점·술·한우주 급락… 스크린 골프·수입육주 반등", "전경련 회장 '김영란법, 편법 많아질 것… 빨리 개정해야'", 조선일보, 2016.7.30. 토. A8쪽; "김영란법 합헌결정, 언론통제 수단 합법화", 대한변협신문, 2016.8.1. 월. 1쪽; "국회는 하루 속히 부정청탁금지법을 개정하라", 대한변협신문, 2016.8.1. 월. 11쪽; 이시윤(변호사), "청탁금지법에 대한 소감", 대한변협신문, 2016.9.12. 월. 9쪽; "청탁금지법, 시행 코앞에… 위반되는 경우는?", 대한변협신문, 2016.9.26. 월. 5쪽.

68) "스승의 날, 카네이션도 걸린다", 조선일보, 2016.10.3. 월. A10쪽; "경찰, 김영란법 수사1로 강남구청장, 법위반 아니다", 조선일보, 2016.10.5. 수. A12쪽; 최재경, "조선시대의 청탁금지법, 분경금지는 왜 실효했나?", 조선일보, 2016.10.10. 월. A33; 백현석(변호사), "김영란법과 변호사", 대한변협신문, 2016.10.10. 월. 11쪽; "청탁금지법 만든 의원들이 '헷갈린다' 불평", 조선일보, 2016.10.11. 화. A4쪽; "장관들도 '너무 헷갈려' 청탁금지법 해석 컨트롤타워 만든다", 조선일보, 2016.10.15. 토. A6쪽; "권익위 청탁금지법 해석과 재판 판결은 다를 수 있어, 대법원 국정감사에서 밝혀", 조선일보, 2016.10.15. 토. A12쪽; "더치페이 계산기, 비밀 녹음앱… 청탁금지법 관련 서비스 봇물", 조선일보, 2016.10.18. 화. B3쪽; "김영란법 경조사비 한도 5만원으로 내릴 필요 있다", 조선일보, 2016.10.20. 목. A35쪽; "청탁금지법으로 투명한 사회 계기, 윤리경영 강화해 고객신뢰 얻어야", 조선일보, 2016.10.20. 목. B2쪽; "뉴스 속의 한국사 청탁금지법, 벼슬 높은 친척 만나기만 해도 벌 받았어요", 조선일보, 2016.10.24. 월. A30쪽; "'교수들 꼼짝마' 김영란법 10조4항… 사립대 교수들이 비명 지른 이유는?", 교수신문, 2016.10.24. 월. 3쪽; 김성윤(음식전문기자), "청탁금지법이 '저녁 접대'를 '미팅 런치'로 바꿔놓을까", 조선일보, 2016.10.27. 목. A33쪽; "사내 게시판에 청탁금지 사례 공유… 내부 신고 직통 핫라인까지", 조선일보, 2016.10.27. 목. E1쪽; "청탁금지법 이후 '강연 시장' 엄동설한, 고액특강 줄고, 그나마 교수는 상한선", 조선일보, 2016.10.31. 월. B3쪽; "청탁금지법 한 달, '사랑'마저 식어간다", "공무원 술값 계산이 일이었는데, 관공서에서 먼저 오지말라니", "'위반신고 1호' 대학가도 변화의 바람", 조선일보, 2016.11.1. 화. A14쪽; "서울에서 열리는 IBA의 반부패 콘퍼런스", 대한변협신문, 2016.10.31. 월. 10쪽; 이형규(한양대 법학전문대학원장), "김영란법, 과연 이대로 잘 지킬 수 있을까?" 국제인권보, 2016.11.15. 화. 3쪽; "공무원들, 내일부터 퇴직선배 못 만난다?", 조선일보, 2018.4.16. 월. A1쪽; "피감기관 지원받아 출장, 청탁금지법 위반", 조선일보, 2018.4.20. 금. A8쪽; "'돈봉투 만찬' 이영렬 2심도 청탁금지법 무죄", 조선일보, 2018.4.21. 토. A10쪽.

69) 황지태/김유근/박준희, 최근 부패방지법의 쟁점에 관한 연구: 청탁금지법에 관한 법리적 검토 및 국민의식 조사(서울: 한국형사정책연구원, 2015); 길준규, "청탁금지법 시행에 따른 법적 쟁점과 입법평가", 입법평가

1. 헌법재판소의 '합헌'결정

'헌법재판소'는 일단 그 합헌성을 다음과 같이 인정하고 문제점은 앞으로 수정해나가자는 입장이라고 할 수 있다.[70)]

헌재 2016.7.28. 2015헌마236 · 412 · 662 · 673(병합) 전원재판부(「부정청탁 및 금품등 수수의 금지에 관한 법률」 제2조 제1호 마목 등 위헌확인 등)(기각, 각하):[71)]

(판시사항) 1. 자연인을 수범자로 하는 법률조항에 대한 민법상 비영리 사단법인의 심판청구가 기본권 침해의 자기관련성 요건을 갖추었는지 여부(소극)[72)]

2. 언론인 및 사립학교 관계자를 공직자등에 포함시켜 이들에 대한 부정청탁을 금지하고, 사회상규에 위배되지 아니하는 것으로 인정되는 행위는 「부정청탁 및 금품등 수수의 금지에 관한 법률」(2015.3.27. 법률 제13278호로 제정된 것, 다음부터 「청탁금지법」이라 한다)을 적용하지 아니하는 「청탁금지법」 제5조 제1항 및 제2항 제7호 중 사립학교 관계자와 언론인에 관한 부분(다음부터 '부정청탁금지조항'이라 한다)이 죄형법정주의의 명확성원칙에 위배되는지 여부(소극)[73)]

3. '부정청탁금지조항' 및 대가성 여부를 불문하고 직무와 관련하여 금품등을 수수하는

연구, 제12호(서울: 한국법제연구원, 2017.10.) 등 참조.

70) 특히 쟁점 가운데 적용 대상에 언론인과 사립학교 관계자가 포함된 것은 재판관 7대2로 합헌; 배우자의 금품 수수 신고를 의무화한 조항은 5대4로 합헌; '부정청탁'이나 '사회상규' 등의 용어는 모호하지 않아 전원일치로 합헌; 수수가 허용되는 금품과 외부강의 등에 대한 사례금의 구체적 액수를 대통령령에 위임한 것도 5대4로 합헌.

71) 이하 위헌 쟁점별로 다수견해의 결론인 '판시사항'을 본문에, 그 이유인 '결정요지'를 각주에 기재하였고, 소수견해를 반영하는 아래 '반대의견'과 '보충의견'은 생략하였다. 즉, 재판관 김창종, 재판관 조용호의 '정의조항'에 대한 반대의견. 재판관 김창종의 '정의조항' 반대의견에 대한 보충의견; 재판관 이정미, 재판관 김이수, 재판관 안창호의 '위임조항' 중 제8조 제3항 제2호에 대한 반대의견. 재판관 김창종의 '위임조항'에 대한 반대의견. 재판관 서기석의 '위임조항' 법정의견에 대한 보충의견; 재판관 이정미, 재판관 김이수, 재판관 김창종, 재판관 안창호의 '제재조항' 중 제22조 제1항 제2호에 대한 반대의견 생략.(여기서 「법명」과 '용어'는 필자가 재편집)

72) (결정요지) 1. 청구인 사단법인 한국기자협회는 전국의 신문 · 방송 · 통신사 소속 현직 기자들을 회원으로 두고 있는 민법상 비영리 사단법인으로서, 「언론중재 및 피해구제에 관한 법률」 제2조 제12호에 따른 언론사에는 해당한다. 그런데 심판대상조항은 언론인 등 자연인을 수범자로 하고 있을 뿐이어서 청구인 사단법인 한국기자협회는 심판대상조항으로 인하여 자신의 기본권을 직접 침해당할 가능성이 없다. 또 사단법인 한국기자협회가 그 구성원인 기자들을 대신하여 헌법소원을 청구할 수도 없으므로, 위 청구인의 심판청구는 기본권 침해의 자기관련성을 인정할 수 없어 부적법하다.

73) (결정요지) 2. '부정청탁'이라는 용어는 형법 등 여러 법령에서 사용되고 있고, 대법원은 부정청탁의 의미에 관하여 많은 판례를 축적하고 있으며, 입법과정에서 부정청탁의 개념을 직접 정의하는 대신 14개 분야의 부정청탁 행위유형을 구체적으로 열거하는 등 구성요건을 상세하게 규정하고 있다. 한편, '부정청탁금지조항'은 통상적 의미의 법령뿐만 아니라 조례와 규칙도 법령에 포함된다고 명시적으로 규정하고 있다. '사회상규'라는 개념도 형법 제20조에서 사용되고 있으며, 대법원이 그 의미에 관해 일관되게 판시해 오고 있으므로, '부정청탁금지조항'의 사회상규도 이와 달리 해석할 아무런 이유가 없다. 이와 같이 '부정청탁금지조항'이 규정하고 있는 '부정청탁', '법령', '사회상규'라는 용어는 그 의미내용이 명백하므로, 죄형법정주의의 명확성원칙에 위배된다고 보기 어렵다.

것을 금지할 뿐만 아니라, 직무관련성이나 대가성이 없더라도 동일인으로부터 일정 금액을 초과하는 금품등의 수수를 금지하는 「청탁금지법」 제8조 제1항과 제2항 중 사립학교 관계자와 언론인에 관한 부분(다음부터 '금품수수금지조항'이라 한다)이 과잉금지원칙을 위반하여 언론인과 사립학교 관계자의 일반적 행동자유권을 침해하는지 여부(소극)[74)]

4. 언론인 및 사립학교 관계자가 받을 수 있는 외부강의등의 대가와 음식물 · 경조사비 · 선물 등의 가액을 대통령령에 위임하도록 하는 「청탁금지법」 제8조 제3항 제2호, 제10조 제1항 중 사립학교 관계자와 언론인에 관한 부분(다음부터 '위임조항'이라 한다)이 죄형법정주의에 위반되는지 여부(소극)[75)]

---

74) (결정요지) 3. 가. 교육과 언론이 국가나 사회 전체에 미치는 영향력이 크고, 이들 분야의 부패는 그 파급효가 커서 피해가 광범위하고 장기적인 반면 원상회복은 불가능하거나 매우 어렵다는 점에서, 사립학교 관계자와 언론인에게는 공직자에 맞먹는 청렴성 및 업무의 불가매수성이 요청된다. 부패와 비리 문제가 계속 발생하고 있는 교육과 언론 부문의 현실, 사립학교 관계자 및 언론인이 사회 전체에 미치는 영향, 부정청탁 관행을 없애고자 하는 「청탁금지법」의 목적, 교육 및 언론의 공공성과 이를 근거로 한 국가와 사회의 각종 지원 등 여러 사정을 종합하여 보면, 사립학교 관계자 및 언론인을 '공직자등'에 포함시켜 이들에게 부정청탁하는 것을 금지하고, 이들이 정당한 이유 없이 금품등을 수수하는 것도 금지한 입법자의 선택은 수긍할 수 있다. 부정청탁 및 금품수수 관행을 근절하여 공적 업무에 종사하는 사립학교 관계자 및 언론인의 공정한 직무수행을 보장함으로써 국민의 신뢰를 확보하고자 하는 '부정청탁금지조항'과 '금품수수금지조항'의 입법목적은 그 정당성이 인정되고, 사립학교 관계자와 언론인이 법령과 사회상규 등에 위배되어 금품등을 수수하지 않도록 하고 누구든지 이들에게 부정청탁하지 못하도록 하는 것은 입법목적을 달성하기 위한 적정한 수단이다.

나. '부정청탁금지조항'은 부패가 빈발하는 직무영역에서 금지되는 행위를 구체적으로 열거하여 부정청탁의 유형을 제한하고 있고, 부정청탁의 행위 유형에 해당하더라도 법질서 전체와의 관계에서 정당시되는 행위는 예외를 인정하여 제재대상에서 제외하고 있으며, 언론인이나 사립학교 관계자가 부정청탁을 받고 그에 따라 직무를 수행한 경우에만 처벌하고 있다. 한편, 대가관계 증명이 어려운 부정청탁행위나 금품등 수수행위는 배임수재죄로 처벌할 수 없어 형법상 배임수재죄로 처벌하는 것만으로는 충분하지 않고, 교육계와 언론계에 부정청탁이나 금품등 수수 관행이 오랫동안 만연해 왔고 크게 개선되지 않고 있다는 각종 여론조사 결과와 국민 인식 등에 비추어 볼 때, 교육계와 언론계의 자정노력에만 맡길 수 없다는 입법자의 결단이 잘못된 것이라고 단정하기도 어렵다. 금품수수금지조항은 직무관련성이나 대가성이 없더라도 동일인으로부터 1회 100만원 또는 매 회계연도 300만원을 초과하는 금품등을 수수한 경우 처벌하도록 하고 있다. 이는 사립학교 관계자나 언론인에게 적지 않은 금품을 주는 행위가 순수한 동기에서 비롯될 수 없고 일정한 대가관계를 추정할 수 있다는 데 근거한 것으로 볼 수 있다. 우리 사회에서 경제적 약자가 아닌 사립학교 관계자와 언론인에게 아무런 이유 없이 이러한 금품을 줄 이유가 없기 때문이다. 또한 사립학교 관계자와 언론인이 직무와 관련하여 아무리 적은 금액이라도 정당한 이유 없이 금품 등을 받는 것을 금지하는 것이 부당하다고 할 수 없다. 시행되기 전 법률의 위헌 여부를 심판하면서 국가가 당해 법률의 입법목적을 무시하고 권력을 남용하여 법률을 부당하게 집행할 것이라는 전제하에 당해 법률의 위헌성을 심사할 수는 없다. 이런 사정을 모두 종합하여 보면 '부정청탁금지조항'과 '금품수수금지조항'이 침해의 최소성 원칙에 반한다고 보기 어렵다.

다. 사립학교 관계자나 언론인은 '금품수수금지조항'에 따라 종래 받아오던 일정한 금액 이상의 금품이나 향응 등을 받지 못하게 되는 불이익이 발생할 수는 있으나, 이런 불이익이 법적으로 보호받아야 하는 권익의 침해라 보기 어렵다. 반면 '부정청탁금지조항'과 '금품수수금지조항'이 추구하는 공익은 매우 중대하므로 법익의 균형성도 충족한다.

라. 따라서 '부정청탁금지조항'과 '금품수수금지조항'이 과잉금지원칙을 위반하여 청구인들의 일반적 행동자유권을 침해한다고 보기 어렵다.

75) (결정요지) 4. 사립학교 관계자와 언론인이 동일인으로부터 1회 100만원 또는 매 회계연도 300만원을 초과하는 금품등을 수수하면 처벌되므로, 이 경우 '위임조항'의 '대통령령으로 정하는 가액'이 소극적 범죄구성

5. '위임조항'이 명확성원칙에 위배되어 언론인과 사립학교 관계자의 일반적 행동자유권을 침해하는지 여부(소극)[76]

6. '위임조항'이 포괄위임금지원칙에 위배되어 언론인과 사립학교 관계자의 일반적 행동자유권을 침해하는지 여부(소극)[77]

7. 배우자가 언론인 및 사립학교 관계자의 직무와 관련하여 수수 금지 금품등을 받은 사실을 안 경우 언론인 및 사립학교 관계자에게 신고의무를 부과하는 「청탁금지법」 제9조 제1항 제2호 중 사립학교 관계자와 언론인에 관한 부분(다음부터 '신고조항'이라 한다)과 미신고 시 형벌 또는 과태료의 제재를 하도록 하는 「청탁금지법」 제22조 제1항 제2호 본문, 제23조 제5항 제2호 본문 중 사립학교 관계자와 언론인에 관한 부분(다음부터 '제재조항'이라 한다)이 죄형법정주의의 명확성원칙에 위배되어 언론인과 사립학교 관계자의 일반적 행동자유권을 침해하는지 여부(소극)[78]

8. '신고조항'과 '제재조항'이 자기책임의 원리와 연좌제금지원칙에 위반되는지 여부(소극)[79]

요건으로 작용할 여지는 없다. 따라서 죄형법정주의 위배 문제는 발생하지 않는다. 한편, 사립학교 관계자 및 언론인이 외부강의등의 대가로 대통령령으로 정하는 금액을 초과하는 사례금을 받고 신고 및 반환조치를 하지 않는 경우, 또는 직무와 관련하여 동일인으로부터 1회에 100만원 또는 매 회계연도에 300만원 이하의 금품 등을 수수하는 경우에는 과태료가 부과된다. 그런데 과태료는 행정질서벌에 해당할 뿐 형벌이 아니므로 죄형법정주의의 규율대상에 해당하지 아니한다. 따라서 위임조항이 죄형법정주의에 위반된다는 주장은 더 나아가 살펴볼 필요 없이 이유 없다.

76) (결정요지) 5. '사교', '의례', '선물'은 사전적으로 그 의미가 분명할 뿐만 아니라 일상생활에서 흔히 사용되는 용어들이며, '위임조항'의 입법취지, 「청탁금지법」 제2조 제3호의 금품등의 정의에 관한 조항 등 관련 조항들을 종합하여 보면, '위임조항'이 규정하고 있는 '사교·의례 목적으로 제공되는 선물'은 다른 사람과 사귈 목적 또는 예의를 지킬 목적으로 대가없이 제공되는 물품 또는 유가증권, 숙박권, 회원권, 입장권 그 밖에 이에 준하는 것을 뜻함을 충분히 알 수 있다. 따라서 '위임조항'이 명확성원칙에 위배되어 청구인들의 일반적 행동자유권을 침해한다고 볼 수 없다.

77) (결정요지) 6. 「청탁금지법」상 수수가 허용되는 외부강의등의 사례금이나 사교·의례 목적의 경조사비·선물·음식물 등의 가액은 일률적으로 법률에 규정하기 곤란한 측면이 있으므로, 사회통념을 반영하고 현실의 변화에 대응하여 유연하게 규율할 수 있도록 탄력성이 있는 행정입법에 위임할 필요성이 인정된다. '위임조항'이 추구하는 입법목적 및 관련 법조항을 유기적·체계적으로 종합하여 보면, 결국 '위임조항'에 의하여 대통령령에 규정될 수수허용 금품등의 가액이나 외부강의등 사례금은, 직무관련성이 있는 경우이므로 100만원을 초과하지 아니하는 범위 안에서 누구나 납득할 수 있는 정도, 즉 일반 사회의 경조사비 지출 관행이나 접대·선물 관행 등에 비추어 「청탁금지법」상 공공기관의 청렴성을 해하지 아니하는 정도의 액수가 될 것임을 충분히 예측할 수 있다. 따라서 '위임조항'이 포괄위임금지원칙에 위배되어 청구인들의 일반적 행동자유권을 침해한다고 볼 수 없다.

78) (결정요지) 7. 배우자를 통한 금품등 수수의 우회적 통로를 차단하는 한편, 신고라는 면책사유를 부여하여 사립학교 관계자나 언론인을 보호하고자 하는 '신고조항'과 '제재조항'의 입법취지, 「형법」 제13조 등 관련 법조항을 유기적·체계적으로 종합하여 보면, 사립학교 관계자나 언론인은 자신의 직무와 관련하여 배우자가 수수 금지 금품등을 받거나 그 제공의 약속 또는 의사표시를 받은 사실에 대한 인식이 있어야 '신고조항'과 '제재조항'에 따라 처벌될 수 있음을 충분히 알 수 있다. 따라서 '신고조항'과 '제재조항'이 죄형법정주의의 명확성원칙에 위배되어 청구인들의 일반적 행동자유권을 침해한다고 볼 수 없다.

79) (결정요지) 8. 사립학교 관계자나 언론인 본인과 경제적 이익 및 일상을 공유하는 긴밀한 관계에 있는 배우자가 사립학교 관계자나 언론인의 직무와 관련하여 수수 금지 금품등을 받은 행위는 사실상 사립학교 관계자나 언론인 본인이 수수한 것과 마찬가지라고 볼 수 있다. 「청탁금지법」은 금품등을 받은 배우자를 처벌하는 규정을 두고 있지 않으며 '신고조항'과 '제재조항'은 배우자가 위법한 행위를 한 사실을 알고도 공직자

9. '신고조항'과 '제재조항'이 과잉금지원칙을 위반하여 언론인과 사립학교 관계자의 일반적 행동자유권을 침해하는지 여부(소극)[80)]

10. '부정청탁금지조항'과 '금품수수금지조항' 및 '신고조항'과 '제재조항'이 언론인과 사립학교 관계자의 평등권을 침해하는지 여부(소극)[81)]

2. 법무부 소속 공무원에 대한 '징계'

「청탁금지법」을 적용하여 부패공직자를 '징계'하는 사례가 늘어날 수도 있지만, 이 법의 일반예방 효과로 오히려 감소할지는 앞으로 지켜볼 일이다.

등이 신고의무를 이행하지 아니할 때 비로소 그 의무위반 행위를 처벌하는 것이므로, 「헌법」 제13조 제3항에서 금지하는 연좌제에 해당하지 아니하며 자기책임 원리에도 위배되지 않는다.

80) (결정요지) 9. 가. '신고조항'과 '제재조항'은 공적 업무에 종사하는 사립학교 관계자와 언론인이 배우자를 통하여 금품등을 수수한 뒤 부정한 업무수행을 하거나 이들의 배우자를 통하여 사립학교 관계자 및 언론인에게 부정한 영향력을 끼치려는 우회적 통로를 차단함으로써 공정한 직무수행을 보장하고 이들에 대한 국민의 신뢰를 확보하고자 함에 입법목적이 있는바, 이러한 입법목적은 정당하고 수단의 적정성 또한 인정된다. 나. 「청탁금지법」은 금품등 수수 금지의 주체를 가족 중 배우자로 한정하고 있으며, 사립학교 관계자나 언론인의 직무와의 관련성을 요구하여 수수 금지의 범위를 최소화하고 있고, 배우자에 대하여는 어떠한 제재도 가하지 않는다. 사립학교 관계자나 언론인은 배우자가 수수 금지 금품등을 받은 사실을 알고도 신고하지 않은 자신의 행위 때문에 제재를 받게 되는 것이고, 그러한 사실을 알고 소속기관장에게 신고하거나, 본인 또는 배우자가 수수 금지 금품등을 제공자에게 반환 또는 인도하거나 거부의 의사를 표시한 경우에는 면책되도록 하여 사립학교 관계자와 언론인을 보호하고 있다. 한편, 사립학교 관계자나 언론인은 배우자의 금품등 수수 사실을 알게 된 경우에만 신고의무가 생기므로, '신고조항'과 '제재조항'이 사립학교 관계자나 언론인에게 배우자의 행동을 항상 감시하도록 하는 등의 과도한 부담을 가하고 있다고 보기도 어렵다. 「청탁금지법」의 적용을 피하기 위한 우회적 통로를 차단함으로써 공정한 직무수행을 보장하기 위한 다른 효과적인 수단을 상정하기도 어려우므로, '신고조항'과 '제재조항'이 침해의 최소성 원칙에 반한다고 보기 어렵다. 다. '신고조항'과 '제재조항'으로 달성하려는 공익이 이로 인해 제한되는 사익에 비해 더 크다고 할 것이므로, '신고조항'과 '제재조항'이 과잉금지원칙을 위반하여 청구인들의 일반적 행동자유권을 침해한다고 보기 어렵다.

81) (결정요지) 10. 공무원에 버금가는 정도의 공정성·청렴성 및 직무의 불가매수성이 요구되는 각종 분야에 종사하는 사람 중 어느 범위까지 「청탁금지법」의 적용을 받도록 할 것인지는 업무의 공공성, 청탁관행이나 접대문화의 존재 및 그 심각성의 정도, 국민의 인식, 사회에 미치는 파급효 등 여러 요소를 고려하여 입법자가 선택할 사항으로 입법재량이 인정되는 영역이다. '부정청탁금지조항'과 '금품수수금지조항' 및 '신고조항'과 '제재조항'은 전체 민간부문을 대상으로 하지 않고 사립학교 관계자와 언론인만 '공직자등'에 포함시켜 공직자와 같은 의무를 부담시키고 있는데, 이들 조항이 청구인들의 일반적 행동자유권 등을 침해하지 않는 이상, 민간부문 중 우선 이들만 '공직자등'에 포함시킨 입법자의 결단이 자의적 차별이라 보기는 어렵다. 교육과 언론은 공공성이 강한 영역으로 공공부문과 민간부문이 함께 참여하고 있고, 참여 주체의 신분에 따른 차별을 두기 어려운 분야이다. 따라서 사립학교 관계자와 언론인 못지않게 공공성이 큰 민간분야 종사자에 대해서 「청탁금지법」이 적용되지 않는다는 이유만으로 '부정청탁금지조항'과 '금품수수금지조항' 및 '신고조항'과 '제재조항'이 청구인들의 평등권을 침해한다고 볼 수 없다.

〈표 4〉 부패공직자 징계처분: 법무부(2015 – 2017)[1]

부패행위유형(금액)	발생연도	징계종류	처분일	고발여부
수용자에게 부정물품전달	2012	해임	2015.1.9.	
뇌물(11,050,000원)	2014	파면	2015.7.15.	○
직무관련자를 통한 재산상이익 (1,500,000원)	2015	정직(1월)	2015.12.8.	
향응(865,000원)	2014	감봉(1월)	2015.12.11.	
향응, 예산전용(2,543,800원)	2012	정직(2월)	2016.1.19.	
뇌물(5,000,000원)	2012	해임	2016.2.15.	
뇌물(953,317,100원)	2005	해임	2016.8.18.	
문서(위 · 변조)	2013	파면	2016.10.4.	○
뇌물	2016	파면	2016.10.4.	○
뇌물	2013	해임	2017.2.9.	
뇌물(233,000원)	2016	파면	2017.2.9.	○
뇌물	2015	파면	2017.4.7.	
뇌물	2016	해임	2017.7.3.	
비밀누설, 개인정보보호위반	2015	파면	2017.7.13.	
뇌물, 비밀누설	2016	파면	2017.8.7.	

1. 법무부(www.moj.go.kr) → 정보공개/개방 → 청렴자료공개 → 부패행위현황(2017.12.26.)

3. 법원의 '과태료' 부과

지방법원에서도 「청탁금지법」 위반으로 '과태료' 부과를 결정한 사례가 발생하였다.

① 춘천지방법원 2016.12.6. 2016과20 결정(「부정청탁및금품등수수의금지에관한법률」 위반)(확정): **(판시사항)** 경찰서에 고소장을 제출한 갑이 경찰서에 출석하여 조사받기 하루 전에 직원을 통하여 담당 경찰관 을에게 45,000원 상당의 떡 1상자를 제공하였는데 경찰관 을이 이를 반환한 다음 소속기관장에게 신고한 사안에서, 갑의 행위를 직무관련성 있는 공직자등에게 수수 금지 금품등을 제공한 행위로 인정하고 갑이 제공한 금품등이 원활한 직무수행, 사교 · 의례 또는 부조의 목적으로 제공되거나 사회상규에 따라 허용되는 것으로 볼 수 없다고 판단한 후, 제공된 금품등 가액의 2배에 해당하는 '과태료'를 부과한 사례.

② 대구지방법원 안동지원 2017.3.3. 2017과2 결정(「부정청탁및금품등수수의금지에관한법률」 위반)(확정): **(판시사항)** 안동문화예술의전당 초청 공연작으로 결정된 뮤직드라마의 공연제작사 대표이사 갑이 안동문화예술의전당 소속 공연 관련 업무 담당공무원 등과 저녁식사를 하고 246,000원 상당(1인당 49,200원)의 음식 값을 지불한 데 대하여, 소속 기관장인 시장이 음식물 수수 · 제공행위가 「부정청탁 및 금품등 수수의 금지에 관한 법률」에 위반된다며 법원에

과태료 부과 의뢰를 통보한 사안에서, 음식물을 제공한 행위는 같은 법 제8조 제2항, 제5항에서 금지된 직무관련성 있는 공직자 등에 관해 수수 금지 금품 등을 받거나 제공한 행위에 해당한다고 판단한 후, 위반자들에게 각자 받거나 제공한 금품 등 가액의 2배를 조금 상회하는 금액에 해당하는 '과태료'를 부과한 사례.

Ⅳ. 결 어

우리나라는 「국제연합부패방지협약」에 가입하였고, 그 이행을 위한 「부패재산의 몰수 및 회복에 관한 특례법」을 제정하였으며, 이 협약의 우리나라 발효일에 발맞추어 동시에 시행함으로써 부패범죄의 방지와 척결을 위한 국제적인 노력에 동참하였다.

법무부 소속 국가기관으로서 교정기관에 적용되는 중요한 부패방지 관계법에는 「부패방지법」, 「법무부 공무원 행동강령」, 「청탁금지법」이 있고, 그 밖에 「공직자윤리법」, 「공무원징계령」, 「법무부 소속 공무원 등의 직무관련 범죄 고발지침」, 「공익신고자 보호법」 등의 행정법과 「형법」, 「특정범죄 가중처벌 등에 관한 법률」, 「공무원범죄에 관한 몰수 특례법」, 「형의 집행 및 수용자의 처우에 관한 법률」 등의 형사법이 적용될 수 있다.

「청탁금지법」(이른바 '김영란법')은 많은 논란이 있었음에도 불구하고, '헌법재판소'가 '합헌'결정을 함으로써 그 '타당성'을 뒷받침해주었다. 앞으로 이 법이 적용되어 '징계'나 '처벌'이 늘어날지, 아니면 일반예방 효과로 오히려 감소할지 그 '실효성'은 더 지켜볼 일이다. 그러나 필요최소한도로 최후에 발동되어야 하는 형사법의 일반원칙을 고려한다면, 처벌을 강화하는 것만이 능사는 아닐 것이다.

생각건대, 교정기관을 포함하여 경찰, 검찰, 법원 등의 형사사법기관은 사회에서 소금의 역할을 해야 한다. "윗물이 맑아야 아랫물이 맑다."는 속담처럼 공직자가 솔선수범해야 한다. 이제는 학연 · 지연 · 혈연과 같은 인연에 얽매이지 말고 정직과 성실에 기초한 청렴성을 가지고 공직에 임한다는 인식의 전환이 필요하다.

집 필 진

- 전 상 현 (서울대학교)
- 정 재 황 (성균관대학교)
- 송 덕 수 (이화여자대학교)
- 김 재 형 (대법관)
- 박 현 정 (동아대학교)
- 장 준 혁 (성균관대학교)
- 김 성 태 (홍익대학교)
- 김 상 겸 (동국대학교)
- 조 국 (서울대학교)
- 신 옥 주 (전북대학교)
- 음 선 필 (홍익대학교)
- 이 용 식 (서울대학교)
- 박 용 상 (변호사)
- 신 평 (경북대학교)
- 이 동 훈 (세명대학교)
- 이 우 영 (서울대학교)
- 김 신 규 (목포대학교)
- 지 성 우 (성균관대학교)
- 김 광 수 (서강대학교)
- 권 건 보 (아주대학교)
- 이 진 수 (영남대학교)
- 남 유 선 (국민대학교)
- 강 호 균 (변호사)
- 이 상 경 (서울시립대학교)
- 이 철 수 (서울대학교)
- 이 승 욱 (이화여자대학교)
- 남 선 모 (세명대학교)
- 정 종 길 (한국헌법학회 국제이사)
- 이 은 기 (서강대학교)
- 고 문 현 (숭실대학교)
- 이 성 환 (변호사)
- 장 재 옥 (중앙대학교)
- 정 남 철 (숙명여자대학교)
- 안 동 인 (영남대학교)
- 차 민 식 (전 부산항만공사 본부장)
- 박 재 윤 (한국외국어대학교)
- 이 승 민 (변호사)
- 이 은 상 (서울고등법원 판사)
- 명 순 구 (고려대학교)
- 안 경 희 (국민대학교)
- 김 대 환 (서울시립대학교)
- 최 병 문 (상지대학교)

國家와 憲法 II 기본권론

2018년 6월 15일 초판 인쇄
2018년 6월 20일 초판 1쇄 발행

저 자 성낙인총장 퇴임기념논문집 간행위원회

발행인 배 효 선

발행처 도서출판 法 文 社

주 소 10881 경기도 파주시 회동길 37-29
등 록 1957년 12월 12일 / 제2-76호 (윤)
전 화 (031)955-6500~6 FAX (031)955-6525
E-mail (영업) bms@bobmunsa.co.kr
(편집) edit66@bobmunsa.co.kr
홈페이지 http://www.bobmunsa.co.kr

조 판 법 문 사 전 산 실

정가 60,000원 ISBN 978-89-18-09161-7